INCLUS : Profitez dès maintenant des versions numériques de votre Mémento

W0303624

Sur tablette ou smartphone :
Téléchargez l'application «iMemento» sur l'Apple Store (iPhone & iPad) ou sur Google Play (Androïd)

Sur votre ordinateur :
RDV sur www.memento.efl.fr

Les avantages des versions numériques :

> Un contenu actualisé en permanence à chaque connexion.
> Des fonctionnalités pratiques : moteur de recherche, copier-coller, marque-page, notes, favoris...

?

COMMENT ÇA MARCHE

Vous disposez déjà de votre login et mot de passe ?

Votre login et votre mot de passe restent identiques.

Si vous avez perdu vos codes d'accès, vous pouvez contacter notre Service Relation Clients au **01 41 05 22 22** (du lundi au vendredi, de 9h à 18h).

Vous n'avez pas d'identifiant ?

Rendez-vous sur :
www.efl.fr/activation

Et utilisez le code personnel d'activation ci-dessous :

1421240C3BR

Cet ouvrage a été réalisé par
la **Rédaction des Éditions Francis Lefebvre**

Responsabilité éditoriale

Isabelle Larcher

Rédacteurs

Guy Neulat

Clémentine Viel

Stéphanie Viutti

ÉDITIONS FRANCIS LEFEBVRE
42, rue de Villiers 92300 LEVALLOIS

ISBN 978-2-36893-615-3 – © Editions Francis Lefebvre 2022

MÉMENTO EXPERT

TVA

23

À jour au 15 octobre 2022

EDITIONS
FRANCIS LEFEBVRE

Présentation et mode d'emploi du Mémento

Les entreprises sont quotidiennement confrontées à des questions concernant la TVA, allant des plus simples aux plus complexes. Le Mémento Expert « TVA », qui expose l'**ensemble de la réglementation** en la matière, apporte des réponses précises à toutes les questions concernant les règles régissant la TVA, grâce notamment à de **nombreux exemples concrets, commentaires** et **interprétations.** Il décrypte en outre le **double cadre législatif de la TVA,** français et européen, constitué de textes en constante évolution.

À jour des textes parus ou en projet à la date du **15 octobre 2022,** l'ouvrage s'adresse aux entreprises et organismes divers ainsi qu'à leurs conseils (experts-comptables, avocats...).

La consultation du Mémento est facilitée par :

– des **sommaires** placés en tête de chaque chapitre, ainsi qu'un **plan général** et une **table alphabétique** figurant respectivement en début et en fin d'ouvrage ;

– l'emploi de **paragraphes numérotés** auxquels renvoient la table alphabétique et le plan général (la numérotation est discontinue, de manière à faciliter l'intégration de mesures nouvelles ou la création de nouveaux développements) ;

– un système de **mots-repères** en caractère gras.

Ce Mémento est assorti d'une **version numérique** (Web, smartphone, tablette) mise à jour en continu. Muni de votre code d'accès (voir mode d'emploi en page de garde), il vous suffit de télécharger l'application « iMémento » sur votre tablette/smartphone ou de vous rendre sur www.mémento.efl.fr.

Plan général

Les chiffres renvoient aux paragraphes

CHAPITRE 15

Corse

Principales abréviations

AN	Assemblée nationale (Journal officiel)
Art.	Article
Bofip (BOI)	Bulletin officiel des finances publiques
« B to B »	« Business to Business » (relations entre assujettis)
« B to C »	« Business to Consumer » (relations entre prestataires assujettis et preneurs non assujettis)
CAA	Cour administrative d'appel
CE	Conseil d'État
CGI	Code général des impôts
CIBS	Code des impositions sur les biens et services
CJUE	Cour de justice de l'Union européenne
D. adm.	Documentation administrative de la Direction générale des finances publiques
DAU	Document administratif unique
DES	Déclaration européenne des services
DGDDI	Direction générale des douanes et droits indirects
DGE	Direction des grandes entreprises
DGFiP	Direction générale des finances publiques
DLF	Direction de la législation fiscale
DOM	Départements d'outre-mer
FAQ	Foire aux questions publiée par l'administration fiscale
HT	Hors taxes
« IOSS »	« Import One Stop Shop » (régime de guichet unique)
LPF	Livre des procédures fiscales
MOA	Mission d'organisation administrative
« OSS-non UE »	« One Stop Shop-régime non UE » (régime de guichet unique)
« OSS-UE »	« One Stop Shop-régime UE » (régime de guichet unique)
PBRD	Personnes bénéficiant du régime dérogatoire à la taxation des acquisitions intracommunautaires de biens
Rép.	Réponse ministérielle
RJF	Revue de jurisprudence fiscale Francis Lefebvre
RSA	Régime simplifié de l'agriculture
Sén.	Sénat (Journal officiel)
TA	Tribunal administratif
TTC	Toutes taxes comprises
TVA	Taxe sur la valeur ajoutée
UE	Union européenne
VAD	Vente à distance
VAD-BI	Vente à distance de biens importés
VAD-IC	Vente à distance intracommunautaire de biens

PARTIE 1

Généralités

La taxe sur la valeur ajoutée (**en abrégé : TVA**) est, de loin, la principale taxe sur le chiffre d'affaires et constitue la pièce maîtresse du système fiscal français, puisqu'elle représente, à elle seule, quasiment la moitié des recettes fiscales du budget général de l'État. 1

Il s'agit d'un **impôt général de consommation,** qui frappe l'utilisation des revenus des personnes, c'est-à-dire la dépense ou la consommation en France de biens ou de services, qu'ils soient d'origine nationale ou étrangère.

Au contraire de l'impôt direct, qui est recouvré personnellement auprès de chaque contribuable, la TVA est **recouvrée** sur les consommateurs **de façon indirecte,** par l'intermédiaire des commerçants et prestataires de services.

Ces opérateurs économiques, seuls redevables de la TVA, ajoutent celle-ci à leurs prix « hors taxe », la réclament à leurs clients en même temps que le prix et en versent périodiquement le montant au service des impôts.

> **Précisions** Il existe d'autres taxes sur le chiffre d'affaires, souvent perçues dans les mêmes conditions que la TVA (telles la taxe sur les services fournis par les opérateurs de communications électroniques ou la taxe sur la diffusion en vidéo physique et en ligne de contenus audiovisuels). Ces taxes ne sont pas étudiées dans le présent ouvrage.

Après avoir procédé à une présentation de la TVA (nos 50 s.), nous verrons que cette taxe est aujourd'hui largement harmonisée au niveau communautaire (nos 220 s.). 5

I. PRÉSENTATION GÉNÉRALE DE LA TVA

1. LA TVA : UNE TAXE UNIQUE À PAIEMENTS FRACTIONNÉS

50 Il existe trois catégories de taxes sur le chiffre d'affaires : les taxes uniques, les taxes cumulatives (ou à cascade) et les taxes uniques à paiements fractionnés. Toutes ont été expérimentées en France.

Les taxes uniques frappent les produits ou services à un seul stade du circuit économique (production, commercialisation ou consommation finale). Elles ont comme avantages la simplicité et leur poids fiscal relativement modeste. Elles ont comme principal inconvénient un risque élevé de fraude par dissimulation.

Les taxes cumulatives (ou à cascade) s'appliquent à tous les stades du circuit économique et ont, en général, un taux faible en raison de leur effet cumulatif. Leur avantage principal est de limiter les effets de la fraude, les conséquences de la dissimulation par un opérateur étant relativement faibles. Elles ont un double inconvénient : d'une part, elles sont inflationnistes, du fait de la superposition des impositions, et, d'autre part, la charge fiscale varie en fonction de la longueur du circuit économique, les circuits intégrés ou courts étant avantagés par rapport aux circuits longs.

Les taxes uniques à paiements fractionnés, dont fait partie la TVA, permettent de concilier les avantages des taxes uniques et des taxes cumulatives, en limitant les inconvénients.

55 Le **principe général** est le suivant : le montant total de la taxe est en principe celui qui résulterait de l'application d'une taxe unique prélevée au stade de la consommation, mais la taxe est acquittée à tous les stades du circuit économique.

En pratique, chaque opérateur du circuit économique calcule la taxe sur le prix de vente du produit, la facture à son acheteur et la reverse au Trésor public, après avoir déduit de ce montant la taxe facturée par l'opérateur qui l'a précédé dans le circuit.

EXEMPLE

Soit un circuit économique comportant un fabricant, un grossiste et un détaillant. Le taux de la taxe est de 20 %.
Le fabricant vend son produit 100 € au grossiste.
Montant facturé : 100 € + 20 € de taxe = 120 €.
Montant de taxe versé au Trésor public : 20 € (pour simplifier, on considère qu'aucune taxe n'est facturée en amont au fabricant).
Le grossiste vend le produit 110 € au détaillant.
Montant facturé : 110 € + 22 € de taxe = 132 €.
Montant de taxe versé au Trésor public : 22 € (taxe facturée au détaillant) - 20 € (taxe facturée au grossiste par le fabricant) = 2 €.
Le détaillant vend le produit 135 € au consommateur final.
Montant facturé : 135 € + 27 € de taxe = 162 €.
Montant de taxe versé au Trésor public : 27 € (taxe facturée au consommateur final) - 22 € (taxe facturée au détaillant par le grossiste) = 5 €.
Montant total de taxe versé au Trésor public : 20 € + 2 € + 5 € = 27 €.
On constate que le montant de taxe versé au Trésor public est égal à celui payé par le consommateur final, qui supporte l'intégralité de la charge.
On constate également que le montant de taxe effectivement versé au Trésor par chaque opérateur correspond à la taxation de la valeur ajoutée au produit (le grossiste fait une marge de 10 € et reverse 2 € au Trésor ; le détaillant fait une marge de 25 € et reverse 5 € au Trésor public).

60 Les inconvénients des taxes uniques et des taxes en cascade sont ainsi en grande partie éliminés par ce mécanisme : notamment, les conséquences de la fraude sont en principe limitées, la taxe étant payée à tous les stades du circuit économique, et la taxe n'avantage pas les circuits intégrés ou courts, chaque opérateur étant imposé seulement sur la « valeur ajoutée » au produit.

Pour que le mécanisme de la taxe unique à paiements fractionnés soit le plus neutre possible, il convient que la taxe ait un champ d'application le plus large possible et que les opérateurs puissent déduire complètement la taxe grevant leurs charges.

Si le schéma de base de la TVA est simple, et si cette taxe est en principe neutre pour les opérateurs économiques, nous verrons cependant que de nombreuses règles particulières complexifient grandement ce dispositif.

2. CARACTÈRES GÉNÉRAUX DE LA TVA

La rapide présentation des caractères généraux de la TVA opérée ci-après suit l'ordre de l'étude du présent Mémento, de façon à permettre au lecteur de se reporter aux commentaires susceptibles de l'intéresser. 90

CHAMP D'APPLICATION

Le champ d'application de la TVA (nos 1000 s.) est très large. Les **opérations imposables** comprennent : 100

- les **opérations effectuées à titre onéreux par un assujetti** (nos 1150 s.), parmi lesquelles on distingue, d'une part, les livraisons de biens corporels et, d'autre part, les prestations de services ;
- les **opérations imposables en vertu d'une disposition spéciale** (nos 1800 s.), parmi lesquelles on peut notamment citer les livraisons à soi-même de biens ou de services.

La loi prévoit cependant un certain nombre d'**exonérations** (nos 1900 s.). Bénéficient ainsi de telles exonérations de TVA, notamment, le secteur de la santé, l'enseignement, le secteur locatif immobilier, le secteur bancaire et financier, les assurances et le secteur non lucratif (associations, fondations, etc.).

Certaines opérations exonérées peuvent toutefois être taxées par voie d'**option** (nos 2050 s.) Il en est ainsi par exemple pour certains bailleurs d'immeubles (biens ruraux, locaux nus à usage professionnel).

TERRITORIALITÉ

Par ailleurs, la TVA comporte un caractère territorial, en ce sens qu'elle s'applique seulement aux **opérations** imposables considérées comme **localisées en France** (nos 18500 s.). À cet égard, les règles diffèrent selon qu'il s'agit d'opérations (acquisitions, livraisons) portant sur des **biens** (nos 19000 s.) ou de **prestations de services** (nos 24000 s.). 110

L'imposition pouvant résulter de l'application des règles de territorialité peut cependant se trouver neutralisée par l'effet de certaines **exonérations** prévues, notamment en faveur des **exportations** (nos 22400 s.) et des **livraisons intracommunautaires** (nos 20280 s.), des **services liés aux échanges extracommunautaires** (nos 26400 s.), ou encore des **transports internationaux** (nos 27000 s.).

CALCUL ET PAIEMENT

Après avoir défini les opérations qui sont effectivement soumises à la TVA, il convient de procéder au calcul et au paiement de la taxe, c'est-à-dire à la détermination : 120

- de son **assiette** ou base d'imposition (nos 35100 s.) ;
- de son **fait générateur** et de son **exigibilité** (nos 38200 s.) ;
- du **taux** applicable (nos 40000 s.) ;
- des **droits à déduction** concernant la taxe ayant grevé les éléments du prix des opérations réalisées (voir ci-après no 130) ;
- des **obligations** (comptabilité, facturation, déclaration de chiffre d'affaires et paiement de l'impôt, etc.) des assujettis (nos 44000 s.).

RÉGIME DES DÉDUCTIONS

La TVA repose sur le régime des déductions (nos 50500 s.). L'**objectif** est de faire en sorte qu'à chaque **stade** de la production et de la distribution la taxe frappe seulement la « valeur ajoutée » (c'est-à-dire la plus-value conférée au produit), de telle façon qu'à la fin du cycle suivi par ce produit, la charge fiscale globale l'ayant finalement grevé corresponde à la taxe calculée sur le prix de vente au consommateur (voir l'exemple au no 55 ci-dessus). À chaque stade de la production ou de la distribution, le redevable calcule et facture à son client une taxe (taxe dite « d'aval ») correspondant au prix de vente qu'il pratique. Mais, lors du règlement au Trésor, l'intéressé impute sur cet impôt le montant de la taxe (taxe dite « d'amont ») qui a grevé les éléments de son prix de revient (matières premières achetées, marchandises en stock, immobilisations, prestations de services, etc.). Ainsi, il ne verse que la différence entre la taxe facturée au client et la taxe déductible. 130

RÉGIMES PARTICULIERS

Enfin, l'étude de la TVA ne serait pas complète sans évoquer les divers régimes particuliers prévus par la réglementation. Ces régimes particuliers concernent : 140

- les **opérations immobilières** (nos 67500 s.) ;
- l'**agriculture** (nos 69500 s.) ;

– les **opérations bancaires et financières** (nos 76500 s.) ;
– les **biens d'occasion, œuvres d'art, objets de collection ou d'antiquité** (nos 78000 s.) ;
– la **suspension de taxe** (nos 80900 s.) ;
– les **produits pétroliers** (nos 81800 s.) ;
– les **commissionnaires et autres intermédiaires** (nos 83100 s.) ;
– les **agents de voyages** (nos 83700 s.) ;
– la **presse** (nos 84600 s.) ;
– les **auteurs et artistes-interprètes** (nos 86800 s.) ;
– les **spectacles, jeux et divertissements** (nos 88100 s.) ;
– l'**or** (nos 90600 s.) ;
– les **locations meublées** à usage d'habitation (nos 91500 s.) ;
– les départements d'outre-mer (**DOM**) (nos 93400 s.) ;
– la **Corse** (nos 94600 s.).

II. LA TVA ET L'EUROPE

220 La TVA est un impôt européen en ce sens qu'elle fait l'objet d'une harmonisation au niveau communautaire. Cette harmonisation s'est faite par étapes successives, matérialisées par des directives du Conseil dont les plus significatives sont : les première et deuxième directives du 11 avril 1967 qui ont jeté les bases de l'harmonisation ; la **sixième directive** du 17 mai 1977 qui est venue resserrer les règles de cette harmonisation en précisant l'ensemble (ou presque) des règles régissant la TVA (champ d'application, territorialité, assiette, exigibilité, déduction), constituant ainsi un véritable « Code européen de la TVA » ; la **directive 91/860/CEE du 16 décembre 1991** fixant le régime applicable aux opérations intracommunautaires ; la **directive 92/77/CEE du 19 octobre 1992** relative au rapprochement des taux de TVA ; la **directive 2006/112/CE du 28 novembre 2006** qui a procédé à la refonte des règles de TVA contenues, pour l'essentiel, dans la sixième directive et qui s'est substituée à cette dernière (l'article 411, 2 de la directive 2006/112/CE précise à cet égard que les références faites à la sixième directive s'entendent comme faites à la directive 2006/112/CE et sont à lire selon le tableau de correspondance qui lui est annexé) ; la **directive 2008/8/CE du 12 février 2008** qui a modifié les règles de territorialité applicables aux prestations de services ; la **directive UE/2017/2455 du 5 décembre 2017** modifiée qui a changé les règles applicables au commerce électronique transfrontière entre entreprises et consommateurs (B to C) ; la **directive UE/2020/285 du 18 février 2020** qui modifie à compter du 1er janvier 2025 les règles applicables aux petites entreprises.

> **Précisions** La directive 2006/112/CE du 28 novembre 2006 (que l'on nommera également « directive TVA » dans la suite de l'ouvrage) fait l'objet d'un **règlement d'application** (Règl. UE/282/2011 du 15-3-2011 modifié), qui est juridiquement contraignant et directement applicable dans tout État membre.

225 Si l'**harmonisation** de la TVA au niveau communautaire a atteint, aujourd'hui, un degré élevé (chacun des États membres de l'UE possédant un système de TVA, en principe, totalement conforme à la directive 2006/112/CE du 28 novembre 2006), celle-ci n'est toutefois **pas encore totale,** en raison notamment de la survivance de certaines marges de manœuvre laissées aux États membres ou de la difficulté rencontrée par ces derniers à régler certaines questions délicates (comme celle concernant les dépenses pouvant faire l'objet d'une exclusion du droit à déduction).

230 Le **mécanisme** prévu par la directive TVA, qui, sauf exception, prévoit l'exigibilité de la **TVA** de l'**État où est établi l'acquéreur** ou le preneur, n'a été mis en place à l'origine qu'à titre **provisoire,** l'objectif initialement prévu étant à terme de parvenir, dans les relations entre résidents de l'Union, à une taxation généralisée des biens et services dans le pays d'origine.

Mais la **Commission européenne,** dans une communication du 6 décembre 2011 (COM(2011) 851 final), a pris acte du fait que l'objectif affiché d'un régime définitif fondé sur l'imposition des échanges transfrontaliers dans le pays d'origine n'est plus d'actualité, et a proposé de pérenniser le principe de l'imposition dans l'État de destination, en l'améliorant afin d'éviter les fraudes et d'alléger les obligations des redevables. Dans cette optique, elle a proposé un **système de TVA définitif fondé sur le principe de destination** des échanges transfrontières dans lequel la TVA serait facturée par le fournisseur en principe selon les règles relatives au pays d'origine mais au taux applicable dans le pays de consommation des biens (pays de destination). Les fournisseurs pourraient accomplir leurs formalités par l'intermédiaire d'un portail internet en ligne dans leur pays d'origine au moyen d'un guichet unique. Dans un premier temps, les entreprises fiables certifiées par leur administration fiscale pourraient toutefois continuer à appliquer le système actuel et à être redevables de la TVA sur les biens acquis dans d'autres États membres (Communiqué du 7-4-2016 COM(2016) 148 final).

À cet effet, la Commission a présenté une proposition de directive le 25 mai 2018 (COM(2018) 329 final), qui prévoit la mise en place de ce système de TVA définitif pour les échanges intracommunautaires de biens entre assujettis. Sont notamment prévus l'institution du statut d'assujetti certifié, le concept et les règles d'imposition de la livraison intra-Union de biens (opération unique, taxable dans le pays de destination, qui se substituerait au diptyque « livraison intracommunautaire exonérée dans le pays de départ et acquisition intracommunautaire taxable dans le pays d'arrivée ») et l'extension du guichet unique à toutes les opérations des assujettis non établis dans l'État d'imposition. Dans l'attente de la mise en place du système de TVA définitif, des solutions provisoires visant à renforcer le régime actuel (« quick fixes ») ont été adoptées et s'appliquent depuis le 1er janvier 2020.

De la **primauté du droit communautaire,** il résulte notamment que les lois et règlements français ne sont applicables que pour autant qu'ils sont compatibles avec les objectifs définis par les directives et règlements communautaires en vigueur. **240**

PARTIE 2

Champ d'application

1000 Les **opérations** qui sont situées **dans le champ** d'application de la TVA sont des opérations **imposables** à la TVA. Cela signifie qu'elles sont soit imposées à la TVA, **soit exonérées** de la TVA.

Les opérations situées **hors du champ** d'application de la TVA ne sont **pas imposables** à la TVA.

1005 L'objet de la présente partie est de définir les **opérations imposables** à la TVA. Après l'examen des **règles générales** gouvernant la matière (nos 1100 s.), nous préciserons leur portée dans plusieurs **exposés catégoriels** consacrés à un certain nombre d'opérations qui appellent des explications particulières (nos 3000 s.).

Une fois définies les opérations imposables à la TVA, il conviendra d'examiner **le champ d'application territorial** de la TVA, dont l'étude fait l'objet d'une troisième partie (nos 18500 s.). Le champ d'application de la taxe n'est, en effet, pas illimité dans l'espace, mais comporte au contraire un caractère territorial.

CHAPITRE 1 RÈGLES GÉNÉRALES

SOMMAIRE

Les **opérations imposables** à la TVA peuvent être classées en **deux groupes** (le premier étant bien plus étendu que le second) : **1100**

– à titre général, les opérations **effectuées à titre onéreux par un assujetti** (nos 1150 s.) ;

– les opérations **désignées expressément par la loi** (nos 1800 s.).

Bien qu'entrant en principe dans le champ d'application de la TVA, diverses opérations en sont **exonérées** par une disposition particulière de la loi (nos 1900 s.).

Enfin, pour certaines opérations normalement exonérées de la TVA (ou placées hors champ s'agissant des collectivités locales), les intéressés peuvent, s'ils le désirent, renoncer à cette exonération (ou cette non-imposition) en exerçant une **option pour l'imposition à la TVA** (nos 2050 s.).

SECTION 1 OPÉRATIONS EFFECTUÉES À TITRE ONÉREUX PAR UN ASSUJETTI

Ce premier groupe d'opérations imposables, qui est défini par les articles 256 et 256 A du CGI, est de beaucoup le plus important. **1150**

L'article 256 du CGI place dans le champ d'application de la TVA les livraisons de biens corporels et les prestations de services effectuées à titre onéreux par un assujetti agissant en tant que tel.

Il convient donc de définir successivement les notions :

– de **livraisons de biens corporels** (nos 1180 s.), **de prestations de services** (nos 1250 s.) et d'**opérations complexes,** composées de plusieurs actes ou éléments fournis au client, et qui nécessitent la mise en œuvre de certains critères permettant, le cas échéant, de les rattacher à l'une ou l'autre des deux premières catégories (nos 1270 s.) ;

– d'**opérations effectuées à titre onéreux,** étant précisé dès à présent que cette dernière notion suppose l'existence d'un **lien direct** entre le service rendu ou le bien livré et la contrepartie (ou contre-valeur) reçue (nos 1390 s.) ;

– d'**assujetti** défini à l'article 256 A du CGI (nos 1550 s.).

A. Livraisons de biens corporels et prestations de services

1. Livraisons de biens corporels

1180 Aux termes du 1° de l'article 256, II du CGI qui transpose l'article 14, 1 de la directive TVA, « est considéré comme livraison d'un bien le **transfert du pouvoir de disposer d'un bien corporel comme un propriétaire** ».

BIENS CONCERNÉS

1190 Les biens visés à l'article 256 du CGI sont les biens **corporels,** qu'il s'agisse de **meubles** (véhicules, meubles meublants, vêtements, produits alimentaires, animaux, etc.) ou d'**immeubles** (sur les dispositions spécifiques dont font l'objet les opérations immobilières, et notamment les livraisons d'immeubles, voir nos 67500 s.).

Sont assimilés à des biens meubles corporels l'**électricité,** le **gaz,** la **chaleur,** le **froid** et les biens similaires (voir no 38435).

Quant aux opérations portant sur les biens meubles **incorporels,** elles constituent des prestations de services (voir no 1250).

OPÉRATIONS CONCERNÉES

1200 Les opérations concernées sont, selon les termes mêmes de l'article 256, II du CGI et de l'article 14, 1 de la directive TVA, les opérations qui emportent « **transfert du pouvoir de disposer d'un bien corporel comme un propriétaire** ». Selon la CJUE, cette définition va **au-delà du transfert de propriété** au sens formel du transfert juridique : elle englobe toute opération de transfert d'un bien corporel par une partie qui habilite l'autre à en disposer en fait comme si elle était propriétaire de ce bien (CJUE 8-2-1990 aff. 320/88 : RJF 4/90 no 504).

Cette analyse se fonde non seulement sur la lettre du texte (« comme un propriétaire »), mais aussi sur sa finalité : le système commun de TVA ne doit pas dépendre des conditions variables posées par les législations nationales pour caractériser le transfert de propriété en droit civil.

1205 Le contrat translatif de propriété le plus courant est le **contrat de vente.** Au sens de l'article 256, II du CGI, les livraisons de biens corporels s'identifient donc en premier lieu aux ventes portant sur de tels biens.

Le cas particulier des livraisons de biens corporels opérées dans le cadre de contrats de **location-vente,** de **vente à tempérament** ou de **vente avec réserve de propriété** est analysé aux nos 38380 s.

En ce qui concerne les **ventes avec faculté de rachat,** voir no 67935.

1210 Sont également considérés comme des livraisons de biens :
- l'**apport en société** ;
- l'**échange** d'un bien contre un autre bien ou un service (voir nos 35250 s.) ;
- le **prêt de consommation.**

> Précisions Le 3°-a de l'article 256, II du CGI, qui transpose l'article 14, 2-a de la directive TVA, assimile le transfert de propriété d'un bien meuble corporel opéré en vertu d'une **réquisition** de l'autorité publique à une livraison de bien. En ce qui concerne l'indemnité de réquisition, voir no 6820.

1215 Un certain nombre d'opérations sont assimilées à des livraisons de biens. Il s'agit :
- du **transfert par un assujetti d'un bien de son entreprise à destination d'un autre État membre** de l'Union européenne (nos 20500 s.) ;
- des opérations d'**entremise** réalisées par des **intermédiaires opaques** (nos 83320 s.) ;
- des négociations de titres représentant de l'**or d'investissement** et conférant un droit de propriété ou de créance (no 90825).

2. Prestations de services

1250 Les prestations de services sont définies, de manière négative, comme les opérations autres que les livraisons de biens corporels (Dir. TVA art. 24, 1 ; CGI art. 256, IV-1°).

Sont considérés comme des prestations de services, **notamment** :
- les cessions de biens meubles incorporels : cessions définitives ou temporaires (concessions) de droits, de brevets, de marques de fabrique, etc. ;
- les locations de biens meubles ou immeubles ;
- les transports et prestations accessoires ;

– les travaux immobiliers ;
– les ventes à consommer sur place de produits alimentaires ou de boissons (restaurants, débits de boissons) ;
– les opérations d'entremise réalisées par les intermédiaires transparents (n° 83250) ;
– les opérations de change ou sur titres décrites aux n°s 76650 et 76660 s. ;
– les opérations de façon (n° 36780) ;
– les travaux d'étude, de recherche ou d'expertise ;
– l'exécution des obligations du fiduciaire.

Constitue une prestation de services le fait de **s'obliger à ne pas faire ou à tolérer** un acte ou une situation (CGI art. 256, IV-1°). Il s'agit par exemple : **1255**
– de la rémunération versée par une entreprise à une agence de publicité en contrepartie de la renonciation par celle-ci à effectuer de la publicité pour une entreprise concurrente ;
– des sommes que reçoit une entreprise d'une autre en contrepartie de sa renonciation à vendre un matériel donné, concurrent de celui commercialisé par cette autre entreprise ;
– de la rémunération versée par une entreprise à son concessionnaire exclusif à l'occasion de ventes qu'elle effectue directement par dérogation au contrat d'exclusivité (BOI-TVA-BASE-20-20 n° 1).

3. Opérations complexes

Bien que l'article 256 du CGI donne la définition, d'une part, des livraisons de biens corporels et des opérations assimilées et, d'autre part, des prestations de services, il est parfois malaisé de classer certaines opérations dans l'une ou l'autre catégorie. Certaines activités ou opérations peuvent en effet être constituées de deux ou plusieurs actes ou éléments fournis au client. La question se pose alors de savoir si l'on est en présence d'une **opération unique** et, dans l'affirmative, si cette opération unique doit être **qualifiée de livraison de biens ou de prestation de services,** ou, au contraire, si l'on est en présence de plusieurs **opérations dissociables** qui revêtent le caractère de livraisons de biens et/ou de prestations de services. **1270**

La double question de l'étendue d'une opération et de la distinction entre livraison de biens et prestation de services revêt une **importance particulière** du point de vue de la TVA, tant pour localiser le lieu des opérations taxables (territorialité) que pour l'application des dispositions relatives aux exonérations, à l'exigibilité, ou au taux de la taxe, ou encore pour la détermination des seuils qui délimitent les différents régimes d'imposition. Il est observé que la question de l'étendue d'une opération peut se poser au sein d'une même catégorie d'opérations (prestations de services ou livraisons de biens).

> Précisions La question de savoir si deux ou plusieurs opérations constituent des prestations distinctes et indépendantes ou une prestation unique se pose principalement lorsque ces opérations sont réalisées par le même opérateur. Selon la CJUE, cette question peut toutefois également se poser lorsque les prestations sont effectuées par des **opérateurs économiques distincts.** Si, en principe, de telles opérations doivent être regardées comme distinctes et indépendantes, elles peuvent, dans certains cas, en raison des circonstances et des éléments caractéristiques de ces opérations, être regardées comme une opération unique (en ce sens, concernant des opérations d'assurance, CJUE 16-7-2015 aff. 584/13 : n° 14840 ; voir également, en ce qui concerne une opération de cession-bail, CJUE 27-3-2019 aff. 201/18 : n° 61945, précisions).

OPÉRATION UNIQUE OU OPÉRATIONS DISSOCIABLES

Il convient d'abord de déterminer si l'opération réalisée constitue au plan économique une succession d'opérations dissociables ou une opération unique complexe. **1280**

À cette fin, le premier alinéa de l'article 257 ter, I du CGI dispose que chaque opération imposable à la TVA est considérée comme étant **distincte et indépendante** et suit son régime propre déterminé en fonction de son élément principal ou de ses éléments autres qu'accessoires.

Le second alinéa fixe la méthode permettant de définir l'étendue d'une opération (opérations distinctes ou opération unique) : celle-ci est déterminée à l'issue d'une **appréciation d'ensemble** réalisée du point de vue du consommateur, envisagé comme un **consommateur moyen,** tenant compte de l'importance qualitative et quantitative des différents éléments en cause ainsi que de l'ensemble des circonstances dans lesquelles l'opération se déroule.

Ainsi, en vertu du II de l'article 257 ter précité, relèvent d'une seule et même opération les éléments qui sont si étroitement liés qu'ils forment, objectivement, une seule **prestation économique indissociable** dont la décomposition revêtirait un caractère artificiel.

Lorsqu'un **élément** est **accessoire** à un ou plusieurs autres éléments, il relève de la même opération que ces derniers.

> **Précisions a.** Les dispositions ci-dessus reprennent les principes dégagés par la **CJUE** (notamment, CJUE 25-2-1999 aff. 349/96 : RJF 4/99 n° 512 ; CJUE 27-10-2005 aff. 41/04 : RJF 1/06 n° 112 ; CJUE 29-3-2007 aff. 111/05 : RJF 6/07 n° 778 ; CJUE 11-2-2010 aff. 88/09 : RJF 5/10 n° 553 ; CJUE 4-3-2021 aff. 581/19 : RJF 5/21 n° 550). Ces principes peuvent être résumés de la façon suivante. Dans les cas où une opération économique est constituée par un faisceau d'éléments et d'actes, il y a lieu de prendre en considération toutes les circonstances dans lesquelles se déroule l'opération en question afin de déterminer s'il s'en dégage une ou plusieurs prestations, étant précisé que, **en règle générale, chaque prestation** doit être considérée comme **distincte et indépendante.** Toutefois, par exception à cette règle générale, une opération constituée d'une seule prestation sur le plan économique ne doit pas être artificiellement décomposée pour ne pas altérer la fonctionnalité du système de la TVA.
> Il existe ainsi une **prestation unique** lorsque plusieurs **éléments ou actes** sont si **étroitement liés** qu'ils forment, objectivement, une seule prestation économique indissociable dont la décomposition revêtirait un caractère artificiel (n° 1295).
> De même, une opération économique constitue une prestation unique lorsqu'un ou plusieurs éléments doivent être considérés comme constituant la **prestation principale,** alors que, à l'inverse, d'autres éléments doivent être regardés comme une ou des **prestations accessoires** partageant le sort fiscal de la prestation principale (n° 1300).
> On notera que, selon la Cour de justice, il existe une troisième exception au principe d'autonomie des prestations, résultant de la directive TVA elle-même, concernant les « opérations étroitement liées » à une prestation exonérée, lesquelles partagent l'exonération de celle-ci afin d'assurer la pleine efficacité de cette exonération (CJUE 4-3-2021 aff. 581/19 précité).
> **b.** S'agissant des règles dérogatoires applicables aux **agents de voyages,** voir n°s 83700 s.

1295 Opérations formellement distinctes mais formant un tout indissociable

Dans certaines circonstances, plusieurs opérations formellement distinctes qui pourraient être fournies séparément doivent être considérées comme une opération unique lorsqu'elles ne sont pas indépendantes (notamment, CJUE 21-2-2008 aff. 425/06 : RJF 6/08 n° 765 ; CJUE 11-6-2009 aff. 572/07 : RJF 10/09 n° 900 ; CJUE 27-9-2012 aff. 392/11 : RJF 1/13 n° 119).

C'est l'**analyse objective** des éléments ou actes fournis et de leurs liens qui permet de déterminer si l'opération est ou non indissociable. Ainsi, lorsque deux ou plusieurs **éléments ou actes** fournis par un assujetti à un consommateur, envisagé comme un consommateur moyen, sont si **étroitement liés** qu'ils forment objectivement, sur un plan économique, un tout dont la dissociation revêtirait un caractère artificiel, l'ensemble de ces éléments ou de ces actes constitue une prestation unique aux fins de l'application de la TVA, le sort fiscal de celle-ci étant alors déterminé par celui de la prestation prédominante au sein de cette opération (notamment, CJUE 27-10-2005 aff. 41/04 : RJF 1/06 n° 112 ; CJUE 19-11-2009 aff. 461/08 : RJF 2/10 n° 191 ; CJUE 21-2-2013 aff. 18/12 : RJF 5/13 n° 569).

Il convient d'identifier, selon la Cour, les **éléments caractéristiques** de l'opération en cause en se plaçant du point de vue du consommateur moyen, en distinguant :

1. Les éléments d'ordre intellectuel et d'**importance décisive** visant à établir, d'une part, le **caractère objectivement indissociable** ou non des éléments de l'opération en cause et, d'autre part, sa **finalité économique,** unique ou non (voir la précision a ci-dessous) ;

2. Les **éléments d'ordre matériel** qui ne sont **pas décisifs** mais venant, le cas échéant, au soutien de l'analyse des éléments visés au 1 ci-dessus, tels que l'accès séparé ou conjoint aux prestations en cause ou l'existence d'une facturation unique ou distincte (voir la précision b ci-dessous) (notamment, CJUE 4-3-2021 aff. 581/19 : RJF 5/21 n° 550).

> **Précisions a.** La finalité économique correspond aux éléments objectifs qui traduisent l'**intention de l'acquéreur,** à savoir s'il recherche ou non spécifiquement la combinaison des éléments en cause, compte tenu des caractéristiques propres à cette opération (BOI-TVA-LIQ-30-20-70 n° 250).
> **b.** La **CJUE** a eu l'occasion de préciser, à plusieurs reprises, que les **modalités de facturation et de tarification** peuvent fournir des **indices** en ce qui concerne le caractère unique ou non d'une prestation mais n'ont **pas** une **importance décisive** (CJUE 17-1-2013 aff. 224/11 : RJF 4/13 n° 449) :
> – la réalisation d'une opération composée de plusieurs éléments contre paiement d'un **prix unique** peut militer en faveur de l'existence d'une opération unique, sans pour autant revêtir une importance décisive (CJUE 25-2-1999 aff. 349/96 : RJF 4/99 n° 512 ; CJUE ord. 19-1-2012 aff. 117/11 : RJF 6/12 n° 668). Aussi, s'il découle des circonstances de l'espèce que les clients entendent acheter des prestations distinctes, il convient alors d'isoler la partie du prix unique relative à chacune des prestations fournies en retenant, à cet effet, la méthode de calcul ou d'appréciation la plus simple possible (CJUE 25-2-1999 aff. 349/96 précité) ;
> – la circonstance que des **prix distincts** soient facturés ou soient contractuellement prévus pour les différentes prestations fournies plaide en faveur de l'existence de prestations indépendantes, mais n'est pas déterminante (CJUE 27-10-2005 aff. 41/04 précité ; CJUE 2-12-2010 aff. 276/09 : RJF 4/11 n° 532 ;

CJUE 17-1-2013 aff. 224/11 précité) et n'est, en tout état de cause, pas de nature à affecter l'existence avérée d'un lien objectif étroit unissant ces prestations et caractérisant une opération économique unique (CJUE 27-10-2005 aff. 41/04 précité). De même, selon l'**administration fiscale,** constituent notamment des éléments non décisifs le fait que l'acquéreur ait la faculté ou non d'acquérir séparément les prestations, l'existence d'une facturation unique ou distincte et l'identification d'un prix dédié au sein du contrat (BOI précité n° 260).

Opération principale assortie de prestations accessoires Une opération unique doit également être constatée en présence d'une opération principale assortie de prestations accessoires **partageant** alors le **sort fiscal de l'opération principale.** 1300

L'identification des éléments accessoires doit être réalisée dans le cadre d'une appréciation d'ensemble du point de vue du consommateur moyen en tenant compte de l'importance qualitative et quantitative de ces éléments ainsi que de l'ensemble des circonstances dans lesquelles l'opération se déroule (BOI-TVA-LIQ-30-20-50 n° 150).

Pour déterminer si une opération doit être considérée comme accessoire à une opération principale, il convient de prendre en considération **deux critères** (CJUE 4-3-2021 aff. 581/19 : RJF 5/21 n° 550 repris par l'administration au BOI-TVA-LIQ-30-20-70 n° 280 ; CE 24-2-2022 n° 446128 : RJF 5/22 n° 435) :

1. Le premier critère est l'**absence de finalité autonome** de la prestation du point de vue du consommateur moyen. Ainsi, une prestation doit être considérée comme accessoire à une prestation principale lorsqu'elle ne constitue **pas pour la clientèle une fin en soi** mais le moyen de bénéficier dans les meilleures conditions de l'opération principale fournie par le fournisseur ou le prestataire (voir, notamment, CJUE 25-2-1999 aff. 349/96 : RJF 4/99 n° 512 ; CJUE 18-1-2018 aff. 463/16 : RJF 4/18 n° 457 ; CJUE 25-3-2021 aff. 907/19 : RJF 6/21 n° 674) (voir la précision a ci-dessous).

Remarque : L'**administration** fiscale a quant à elle ajouté que sont également accessoires les éléments qui présentent un intérêt limité au sein de l'ensemble de l'offre (BOI-TVA-LIQ-30-20-50 n° 140 à propos des expositions, sites, installations et appareils à caractère ludique, éducatif ou professionnel).

2. Le second critère, qui constitue en réalité un indice du premier, tient à la prise en compte de la **valeur respective** de chacune **des prestations** composant l'opération économique, l'une s'avérant minime, voire marginale, par rapport à l'autre (en ce sens, CJUE 22-10-1998 aff. 308/96 et 94/97 : RJF 12/98 n° 1521).

> Précisions a. Afin de déterminer si une prestation est accessoire, la Cour de justice examine les circonstances dans lesquelles se déroule l'opération et recherche en particulier si celle-ci présente un **caractère facultatif** et si elle peut être fournie par un autre opérateur (en ce sens, CJUE 16-7-2015 aff. 584/13 : RJF 11/15 n° 981). Le Conseil d'État ainsi que l'administration font même du caractère facultatif d'une opération le critère déterminant pour écarter la qualification d'opération accessoire (CE 24-4-2019 n°s 411007-411013 et 418912 : RJF 7/19 n°s 645 et 646 ; BOI-TVA-CHAMP-30-10-60-10 n° 270 ; BOI-RES-TVA-000057 ; voir toutefois n° 42410 où des services facultatifs ont été qualifiés d'accessoires).

b. Si, parmi les éléments composant la prestation complexe unique, il n'est pas possible de déterminer un élément principal et un ou plusieurs éléments accessoires, les **éléments** composant cette prestation doivent être **considérés comme étant équivalents,** la prestation complexe unique n'étant alors, selon la Cour de justice, pas susceptible de bénéficier d'un taux réduit ou d'une exonération (en ce sens, CJUE 10-11-2016 aff. 432/15 : RJF 2/17 n° 203 ; CJUE 19-7-2012 aff. 44/11 : n° 76670, précisions ; s'agissant du taux applicable, voir toutefois n° 1350).

Il appartient au juge national de vérifier si tel est le cas, en ayant égard, dans le cadre d'une appréciation d'ensemble, à l'importance qualitative, et non simplement quantitative, des éléments pertinents (CJUE 10-11-2016 aff. 432/15 précité).

LIVRAISON DE BIENS OU PRESTATION DE SERVICES

Lorsqu'une opération constituée par un faisceau d'éléments ou d'actes constitue une **opération unique complexe,** il convient ensuite, pour qualifier cette opération de livraison de biens ou de prestation de services, de prendre en considération toutes les **circonstances dans lesquelles se déroule l'opération** en question pour en rechercher les **éléments caractéristiques** (notamment, CJUE 2-5-1996 aff. 231/94 : RJF 10/96 n° 1256). 1320

Alors même que le caractère matériel de la fourniture d'un bien corporel et du transfert du droit d'en disposer comme un propriétaire caractérise une livraison de biens, l'opération peut être qualifiée de prestation de services si, compte tenu de l'**importance** que les **services complémentaires** revêtent **pour la clientèle,** de leur **ampleur,** du **temps nécessaire à leur exécution** et de la **part de leur coût** dans le coût total, ceux-ci ne sont ni mineurs ni accessoires mais présentent un caractère prédominant par rapport à la livraison de sorte qu'ils constituent une **fin en soi pour le client** (notamment, CJUE 27-10-2005 aff. 41/04 : RJF 1/06 n° 112 ; CJUE 11-2-2010 aff. 88/09 : RJF 5/10 n° 553).

À cet égard, s'il est vrai que le rapport entre le prix du bien et celui des services est une donnée objective constituant un indice dont il peut être tenu compte aux fins de la distinction livraison de biens/prestation de services, il n'en demeure pas moins que le coût du bien ou du service ne doit pas, à lui seul, revêtir une importance déterminante (CJUE 29-3-2007 aff. 111/05 : RJF 6/07 n° 778).

1330 D'une manière générale, l'administration classe dans la catégorie des prestations de services toutes les opérations qui relèvent du **louage d'industrie** ou du **contrat d'entreprise** par lequel une personne s'oblige à exécuter, moyennant une rémunération déterminée ou en échange d'un autre service, un travail quelconque ou à exercer des activités qui donnent lieu à la perception de profits divers (primes, participations, redevances) (BOI-TVA-CHAMP-10-10-40-30 n° 10).

Le Conseil d'État pour sa part estime que la qualification de « contrat d'entreprise », dont le critère est l'exécution d'un travail spécifique répondant aux besoins particuliers du donneur d'ordre, est sans incidence sur la distinction entre livraison de biens et prestation de services (CE 5-6-2002 n° 204741 : RJF 8-9/02 n° 919).

TAUX APPLICABLE AUX OPÉRATIONS COMPLEXES UNIQUES

1350 L'article 278-0 du CGI dispose que, lorsqu'une opération complexe unique (au sens défini aux nos 1280 s.) comprend **plusieurs éléments autres qu'accessoires** (c'est-à-dire équivalents) **relevant de taux différents,** le taux applicable à l'opération est le taux le plus élevé parmi ces taux (ce taux n'étant pas nécessairement le taux normal).

Toutefois, par dérogation, lorsque les éléments autres qu'accessoires d'une opération relèvent du **taux particulier de 2,1 %** (« premières représentations », vente d'animaux de boucherie et de charcuterie, publications de presse), seuls ceux-ci sont soumis au taux particulier, les éléments accessoires relevant du taux qui leur est propre. S'il y a plusieurs éléments accessoires soumis à des taux différents, c'est le plus élevé de ces taux qui s'applique à l'ensemble des éléments accessoires (CGI art. 278-0 A).

Lorsqu'une opération unique comprend des **éléments** dont certains sont **principaux** (non accessoires) **et** d'autres **accessoires,** le taux applicable à l'opération est celui de l'élément principal ou, en cas de pluralité d'éléments principaux, le taux déterminé dans les conditions exposées ci-dessus (CGI art. 257 ter, II : n° 1280).

Ces règles peuvent être résumées ainsi :

Composition de l'opération unique		Taux applicable à l'opération unique
Élément principal (non accessoire) soumis à un taux autre que le taux de 2,1 %	Élément(s) accessoire(s)	Taux de l'élément principal (CGI art. 257 ter, II)
Élément principal (non accessoire) soumis au taux de 2,1 %	Élément(s) accessoire(s)	Élément principal soumis au taux de 2,1 % ET Élément accessoire soumis à son taux propre, ou, si plusieurs éléments accessoires, au taux le plus élevé qui leur est applicable (CGI art. 278-0 A)
Élément principal (non accessoire), quel que soit son taux (y compris le taux de 2,1 %)	Élément principal (non accessoire), quel que soit son taux (y compris taux de 2,1 %)	Taux le plus élevé (CGI art. 278-0)
Plusieurs éléments principaux (non accessoires) soumis à des taux différents	Élément(s) accessoire(s)	Taux le plus élevé applicable aux éléments principaux (CGI art. 257 ter, II et 278-0)

> **Précisions** Les règles de taux applicables aux abonnements relatifs aux livraisons d'électricité, de gaz naturel combustible et d'énergie calorifique dérogent, selon l'administration, aux principes ci-dessus (voir nos 41480 s.).

SOLUTIONS D'APPLICATION

1370 Sont exposées ci-après, à titre d'**exemples,** un certain nombre de solutions données à propos d'opérations composées de plusieurs éléments ou actes, pour lesquelles s'est posée la question de l'existence d'une opération unique ou de plusieurs opérations dissociables et/ou de celle de la distinction entre livraison de biens et prestation de services.

ILLUSTRATIONS

1370 (suite)

L'**activité de reprographie** consistant en la reproduction en un nombre d'exemplaires plus ou moins élevé d'un document original fourni par le client s'accompagne de travaux d'assemblage, de brochage et de mise en ordre des copies. Ces opérations ne sont toutefois qu'un moyen de faire bénéficier la clientèle de la prestation dans les meilleures conditions. L'activité de reprographie ne donne donc lieu qu'à une seule opération économique indissociable. Celle-ci est en principe qualifiée de livraison d'un bien corporel à moins que les prestations complémentaires telles que le conseil et l'adaptation, la modification et l'altération de l'original en fonction des souhaits du client ne revêtent, compte tenu de leur ampleur, du temps nécessaire et de leur coût, un caractère prédominant par rapport à la livraison des documents reproduits.

CJUE 11-2-2010 aff. 88/09 : RJF 5/10 n° 553 ; CE 10-6-2010 n° 296591 : RJF 10/10 n° 889 ; BOI-TVA-CHAMP-10-10-40 n° 10

Selon l'administration, les tirages de **photographies,** consistant en la simple impression des fichiers remis par le client, éventuellement assortie de quelques améliorations standardisées (mise aux dimensions, contrôle qualité, etc.), constituent des livraisons de biens. Notamment, les photographes effectuent des livraisons de biens quand ils produisent et vendent des articles marchands tels que cartes postales, portraits d'artistes ou de personnalités, cartes de vœux, etc., en un grand nombre d'exemplaires. En revanche, la fourniture de photographies à partir de prises de vues réalisées par le photographe à la demande de son client est une prestation de services.

BOI-TVA-CHAMP-10-10-40 n° 10

Selon l'administration, la notion de série permet également d'opérer la distinction entre prestation de services et livraison de biens en ce qui concerne les opérations portant sur les **films.**

BOI-TVA-CHAMP-10-10-40 n° 10

La **fabrication et la pose de panneaux publicitaires** sur commande, destinés à être fixés temporairement sur des chantiers pour y figurer l'immeuble à construire, constituent une livraison de biens (voir toutefois sur ce point n° 25795).

CAA Paris 27-6-1989 n° 358 : RJF 8-9/89 n° 946

Un fabricant d'enseignes et de **signalétiques extérieures et intérieures** réalise des opérations complexes uniques de livraisons de biens dès lors que les services complémentaires réalisés (conseil, prises de vues ou de cotes, repérage sur site, réalisation ou mise en page de maquettes, conception technique, adaptation du support et pose des dispositifs fabriqués) ont un caractère accessoire par rapport à la livraison des biens en cause.

CAA Bordeaux 22-2-2020 n° 17BX02028 : RJF 7/20 n° 591

Un fabricant d'**agencements professionnels** sur mesure réalise des opérations complexes uniques de livraison de biens dès lors que les services d'études, de conseil et de pose ont un caractère accessoire par rapport à la livraison des biens.

CE (na) 26-4-2017 n° 405563 : RJF 8-9/17 n° 790

La **vente d'images satellitaires reconditionnées** sur un support matériel, qu'il soit numérique ou analogique, constitue une livraison de biens.

CAA Bordeaux 20-3-2003 n° 99-768 : RJF 11/03 n° 1234

La **cession,** après l'achèvement de l'installation et la réalisation d'essais de mise en service, **d'un câble à fibres optiques** posé et en état de fonctionnement forme une opération unique et non la cession du câble suivie de sa pose. Cette opération a la nature d'une livraison de biens compte tenu de l'importance de la prestation de services au regard de la livraison du câble, les travaux effectués par le fournisseur se limitant à la pose et n'ayant pas pour but ni pour résultat d'altérer sa nature ni de l'adapter aux besoins spécifiques du client.

CJUE 29-3-2007 aff. 111/05 : RJF 6/07 n° 778

L'opération de **restauration** est caractérisée par un faisceau d'éléments et d'actes dont la livraison de nourriture n'est qu'une composante et au sein duquel les services prédominent largement. Elle doit par conséquent être considérée comme une prestation de services. Il en va en revanche différemment lorsque l'opération porte sur les aliments « à emporter » et qu'elle ne s'accompagne pas de services destinés à agrémenter la consommation sur place dans un cadre adéquat.

CJUE 2-5-1996 aff. 231/94 : RJF 10/96 n° 1256

L'**émission** de droits contractuels dénommés « **droits à points** », permettant de recevoir des points pouvant être **convertis en** un droit d'occuper temporairement un logement (**location**) dans un complexe touristique, constitue une opération préalable à une prestation de services et non une opération distincte soumise à la TVA. En effet, le client conclut le contrat initial non pas dans l'intention de collectionner les points, mais en vue d'utiliser momentanément une résidence, l'achat de ces « droits à points » n'étant donc pas une finalité en soi pour le client.

CJUE 16-10-2010 aff. 270/09

L'**émission de « crédits »** permettant aux clients de **participer à** des ventes aux **enchères en ligne** présente, pour ces derniers, un intérêt autonome par rapport à l'achat des biens en ligne, à savoir la possibilité d'acheter des biens à un prix inférieur à la valeur de marché. Par conséquent, le droit reconnu à ces utilisateurs ayant acquis des crédits de participer aux enchères en ligne constitue en soi une prestation de services à part entière distincte de la livraison de biens susceptible d'intervenir à l'issue desdites ventes.

CJUE 5-7-2018 aff. 544/16 : RJF 10/18 n° 1049

La **vente de vinasse de betteraves** par une société à ses adhérents aux fins de fertiliser leurs sols **et son épandage sur les champs** effectué par un sous-traitant, lequel ne fait pas l'objet d'une facturation distincte et n'est pas facultatif puisque la vinasse n'est vendue qu'épandue, constitue une opération unique de livraison de biens qui doit être soumise dans son intégralité au taux réduit prévu à l'article 278 bis, 5°-b du CGI.

TA Montreuil 30-11-2020 n° 1901342 : RJF 3/21 n° 253

Une société ayant pour objet la location d'emplacements dans les parcs, forêts ou jardins et les prestations annexes, qui propose à ses clients des **contrats « de culture et d'entretien »** dont l'objectif final est de mettre à disposition un emplacement, sur lequel est planté un arbre, destiné à constituer un lieu de souvenir pour un défunt, réalise une seule et même prestation sur le plan économique consistant à mettre à disposition un lieu de souvenir et à l'entretenir. La décomposition faite entre la vente de l'arbre et la prestation annuelle d'entretien de l'espace paysagé mis à disposition revêt un caractère artificiel de sorte que le taux réduit alors prévu à l'article 278 bis, 3° du CGI n'était pas applicable à la vente de l'arbre et l'opération devait être soumise dans son intégralité au taux normal.

CAA Nantes 18-3-2021 n° 19NT02066 : RJF 7/21 n° 708

Les prestations de **services de conciergerie,** dans le cadre desquelles une société exploitant un **hôtel de catégorie cinq étoiles** se charge de mettre ses clients, à leur demande, en relation avec des prestataires offrant des cours de ski et des forfaits de remontées mécaniques et reverse à ces derniers le montant des prestations payées par ses clients après déduction d'une retenue de 3 %, ne constituent pas pour les clients une fin en soi mais le moyen de bénéficier dans de meilleures conditions de la prestation principale d'hôtellerie et doivent être regardées comme des prestations accessoires à celle-ci. Par suite, la commission forfaitaire retenue par la société dans le cadre de ce service de conciergerie doit être soumise à la TVA au même titre que la prestation d'hôtellerie.

CAA Lyon 17-6-2021 n° 19LY02303 : RJF 11/21 n° 1006

1375 Le tableau ci-après dresse également une **liste non exhaustive** de **solutions** données à propos d'opérations composées de plusieurs éléments ou actes et étudiées dans d'autres parties de l'ouvrage.

Exonérations (au regard de l'existence ou non de prestations accessoires)	
Activités d'**enseignement**	n° 8360
Formation associée à la fourniture de logiciels	n° 16265
Location d'immeubles	n° 3220, k
Opérations d'**assurance**	n°s 14840 s.
Service de suivi et de **conseil nutritionnels** fourni **au sein d'établissements sportifs**	n° 9320
Transports de voyageurs entre le continent et la Corse	n° 94905, précisions
Prestations d'**affranchissement**	n° 35550
Croisières et excursions maritimes réalisées **dans les DOM**	n° 93700, précision b
Prestation de **négociation de crédits** assortie de conseils patrimoniaux	n° 76575
Territorialité	
Prestations de services rendues au profit de **plusieurs preneurs**	n° 24390
Prestations fournies aux visiteurs et aux exposants dans le cadre des **foires, salons et congrès**	nos 26080 et 26090 s.
Base d'imposition d'une opération	
Frais d'**expédition** d'une **prime en nature** rémunérant un service (existence ou non de prestations accessoires)	n° 35315
Commission versée à la société de financement en cas de vente avec crédit gratuit (existence ou non de prestations accessoires)	n° 35205
Offres composites comprenant des **services numériques**	nos 36820 s.
Services comportant des **fournitures**	nos 36700 s.
Services de **façons**	nos 36780 s.

Taux	
Prestation combinant le **stationnement de véhicules** et le transport de voyageurs (existence ou non de prestations accessoires)	n° 3865
Accès au **complexe aquatique** d'un établissement d'hébergement (existence ou non de prestations accessoires)	n° 92015
Organisation de corridas comprenant, notamment, la fourniture de taureaux	n° 89197
Droits d'admission aux **expositions, sites** et installations **à caractère culturel, ludique, éducatif** ou professionnel	n°s 89710 s.
Opérations de **gestion des déchets ménagers** comprenant des éléments relevant de taux différents	n°s 41545 s.
Emballages vendus avec la marchandise	n°s 80360 s.
Vente de **corbeilles** assemblées contenant des **produits alimentaires et** des **confiseries**	n° 40510, précisions

B. Opérations effectuées à titre onéreux

Conformément à l'article 256, I du CGI, pour être imposables à la TVA, les livraisons de biens corporels et les prestations de services doivent, sous réserve du cas des transferts de biens (n°s 20500 s.), être effectuées à titre onéreux. **1390**

Ces opérations doivent donc comporter la fourniture, par l'acquéreur du bien ou le bénéficiaire du service, d'une **contrepartie,** quelle qu'en soit la nature (somme d'argent, bien livré ou service rendu, etc.) ou la valeur. La taxe s'applique, en principe, à toutes les livraisons de biens et prestations de services effectuées à titre onéreux par un assujetti, quels qu'en soient les buts ou les résultats. Peu importe, à cet égard, que les opérations soient effectuées sans **but** lucratif ou sans **bénéfice.**

La notion d'opération effectuée à titre onéreux suppose toutefois l'existence d'un « lien direct » entre le service rendu (ou le bien livré) et la contre-valeur reçue.

La notion de lien direct, qui contribue à limiter le domaine d'application de la TVA par la mise hors champ de divers « opérateurs » et la non-imposition de certaines recettes, a été dégagée en premier lieu par la jurisprudence communautaire. Bien que ne constituant pas le critère exclusif de détermination du champ d'application de la TVA, cette **notion** de lien direct revêt néanmoins une importance **fondamentale** dans l'appréciation du caractère imposable ou non d'une « opération ». **1395**

LIEN DIRECT

Dans son arrêt du 8 mars 1988 (CJUE 8-3-1988 aff. 102/86, Apple and Pear Development Council : RJF 8-9/88 n° 970), la Cour de justice de l'Union européenne a jugé que l'exercice par un organisme de droit public d'une activité de publicité, de promotion et d'amélioration de la qualité des pommes et des poires financée par une taxe annuelle obligatoire ne constitue pas une prestation de services effectuée à titre onéreux en l'absence d'un lien direct **entre celui qui fournit le service** (l'organisme) **et son bénéficiaire** (les producteurs individuels). L'existence d'un tel lien suppose la réunion de **deux conditions** : **1410**

– d'une part, le **service** doit être rendu directement à un bénéficiaire déterminé (autrement dit, doit être **individualisé**) ;

– d'autre part, il doit exister une **« relation nécessaire » entre le niveau des avantages** retirés par le bénéficiaire du service **et la contre-valeur** qu'il verse au prestataire.

Cette définition du lien direct a été affinée tant par le juge communautaire que par le juge national, et reprise à son compte par l'administration (BOI-TVA-CHAMP-10-10-10). C'est cette notion qui permet notamment de déterminer le régime d'imposition des **aides et subventions** (n°s 5550 s.) et des **indemnités** (n°s 6350 s.). Si elle intéresse au premier chef les prestations de services, la notion de lien direct peut concerner également les livraisons de biens. Toutefois, à l'égard des critères examinés aux n°s 1430 s., cette catégorie d'opérations est par nature moins susceptible de susciter des difficultés. **1415**

Service individualisé ou individualisable Le premier critère de reconnaissance d'un lien direct entre le service rendu et la contre-valeur reçue est l'existence d'un avantage **1430**

directement procuré au client ; par commodité de langage, on parle aussi de « service direct » ou de « service individualisé ». La condition est remplie selon l'administration :

– lorsqu'il y a un **engagement exprès** du fournisseur ou du prestataire de fournir un bien ou un service déterminé à la personne qui assure le financement ;

– ou, en l'absence d'engagement exprès, lorsqu'une **action** a été entreprise ou que des **moyens** ont été mis en œuvre qui permettent d'établir l'existence d'un tel engagement.

L'existence de cet engagement doit être recherchée à partir des éléments de droit ou de fait. Ainsi, en présence de **relations contractuelles** réciproques (contrat synallagmatique), le service est aisément identifiable. Mais le service peut également s'inscrire dans le cadre d'une **obligation légale.** Tel est le cas par exemple des services rendus, moyennant cotisations, par les associations interentreprises de médecine du travail.

1435 À condition que les cotisants en tirent un avantage direct, le **service** rendu peut être **collectif.** Il est alors non pas individualisé, mais seulement **individualisable.** Tel est notamment le cas lorsqu'un organisme exerce une action collective qui va dans le sens des intérêts particuliers. Le seul fait qu'un organisme agisse dans le cadre d'une mission d'intérêt général n'exclut pas qu'il soit assujetti à la TVA dès lors que les cotisants tirent un avantage direct de cette action collective.

Mais si l'action collective profite à des tiers et non aux cotisants, ou si elle va à l'encontre de leurs intérêts immédiats, la condition tenant à l'existence d'un service direct ne peut pas être considérée comme remplie.

ILLUSTRATIONS

La **condition** tenant à la perception d'un **avantage individualisé** est **satisfaite** dans les cas suivants :
– organisme chargé par ses membres de procéder à la promotion des produits qu'ils fabriquent mais sans mention de marques ;
– association syndicale autorisée qui effectue des travaux collectifs pour protéger des terrains contre la mer moyennant une cotisation établie proportionnellement à l'intérêt qu'y trouve directement chaque propriétaire (CE sect. 28-7-1993 n° 46886 : RJF 8-9/93 n° 1138).
En revanche, la condition n'est **pas remplie** dans les cas suivants :
– comité économique agricole ayant pour mission légale d'appliquer sous le contrôle et avec l'aide financière de l'État des règles visant à discipliner l'organisation des productions agricoles (quotas de production) et les conditions de leur mise sur le marché, et qui peut, le cas échéant, prendre des sanctions financières (CE 9-5-1990 n° 82611 : RJF 6/90 n° 676) ;
– association, financée par des laboratoires pharmaceutiques, chargée de diffuser gratuitement des informations relatives à l'emploi et aux conséquences de l'emploi de médicaments (CAA Paris 24-9-1992 n°s 91-770 à 772 : RJF 2/93 n° 206).

1440 La nécessité d'établir l'existence d'un service direct ne signifie pas que ce service doive consister en une obligation de résultat. Une simple obligation de moyens suffit dès lors que le client peut en attendre un avantage direct. L'avantage retiré par le bénéficiaire de la prestation n'est donc **pas nécessairement mesurable** avec précision.

EXEMPLE

La condition tenant à la reconnaissance d'un service individualisable est en général remplie dans le cas d'un organisme dont l'objet est de procéder à la promotion des produits fabriqués par ses membres moyennant une cotisation volontaire, alors même que l'impact d'une opération de promotion n'est pas toujours certain, ni mesurable.

1450 **Paiement en relation avec le service rendu** Le second critère de reconnaissance d'un lien direct entre le service rendu et la contre-valeur reçue est l'existence d'une relation nécessaire entre le niveau des avantages retirés par le bénéficiaire du service et la contre-valeur versée au prestataire. Cette notion de contre-valeur recouvre toutes les sommes, valeurs, tous les biens ou services reçus ou à recevoir (cotisations, redevances, prix, remise de biens ou prestations de services dans le cadre d'un échange, etc.) en contrepartie d'une livraison de biens ou d'une prestation de services.

La relation nécessaire entre les avantages fournis et la contre-valeur reçue n'est cependant pas obligatoirement une relation d'équivalence objective.

En pratique, c'est le second critère caractérisant le lien direct qui est déterminant.

1455 L'existence d'une relation entre le service rendu et le prix perçu ne fait pas de doute lorsqu'un prix est fixé dans le cadre de relations contractuelles définies par un **contrat** proprement dit, un **barème,** les **statuts** d'une association, etc.

Lorsqu'un contrat porte sur le droit d'accéder à un service, l'importance de l'**utilisation effective** de ce **service** est indifférente.

EXEMPLE

Une prestation n'est pas placée en dehors du champ d'application de la TVA du fait que, le prix étant acquitté sous forme d'**abonnement,** l'utilisation effective des services proposés est laissée à la discrétion des abonnés, et que les services effectivement rendus peuvent varier considérablement d'un abonné à l'autre.

Le prix payé en contrepartie n'est pas nécessairement versé par le bénéficiaire de la livraison de biens ou de la prestation de services. 1460

La contrepartie peut être, totalement ou partiellement, **acquittée par un tiers.** Il en est ainsi notamment dans le cas de subventions publiques qui complètent le prix versé par les usagers d'un service public imposable.

EXEMPLE

Prix du transport effectué par une entreprise payé en partie par l'usager (billet) et en partie par les pouvoirs publics.

La relation entre le service rendu et le prix perçu peut exister alors même que le prix ne correspond pas à la **valeur économique** normale du bien ou du service fourni. Aucune condition de proportionnalité n'est requise. La relation entre le prix et le service peut même exister en cas d'**opérations à perte.** 1465

Toutefois, elle n'autorise pas la pratique d'un prix fixé à un niveau très inférieur à celui du marché, constitutif d'une **libéralité.** Le prestataire ne pourrait en effet être regardé comme exerçant une activité économique (voir nos 5200 s. une application de ce principe au domaine locatif).

> Précisions Cette question relève d'une appréciation de chaque situation. Selon l'administration, elle concerne en pratique les cas où les mécanismes de marché, qui interdisent la réalisation durable d'opérations à perte, ne jouent pas normalement : par exemple, lorsque des collectivités publiques sont impliquées ou que des opérations sont réalisées entre personnes ayant une communauté d'intérêts (groupe d'entreprises). Elle peut viser, par exemple, une location pour un euro symbolique. Mais elle ne concerne pas les **rabais** et les **prix d'appel exceptionnels** (Comité MOA 7-2-1995, non repris au Bofip).
S'agissant des **organismes de droit public,** voir également les précisions données au n° 10370.

Le **prix** peut **être acquitté sous forme de rabais.** Ainsi, dans le cas où une relation est établie entre l'octroi d'un « rabais » à un client et un service rendu par ce client au fournisseur, ce service entre dans le champ d'application de la TVA (CJUE 23-11-1988 aff. 230/87 : RJF 3/89 n° 294). 1470

Si le **paiement volontaire** par le bénéficiaire d'un service laisse présumer qu'il existe un lien direct avec le service rendu, inversement le **caractère obligatoire du financement** laisse présumer qu'un tel lien n'existe pas mais ces présomptions peuvent être renversées. Ainsi, les activités de certains organismes financées par des taxes affectées sont placées hors du champ d'application de la TVA (tel est, par exemple, le cas des activités d'intérêt général – activités de normalisation, actions collectives de promotion – effectuées par les centres techniques industriels). 1475

Il importe peu en revanche, selon le Conseil d'État, que les modalités de **rémunération** (y compris le montant du prix) soient **fixées a posteriori** et qu'elles ne soient pas fixées par les intervenants eux-mêmes mais, par exemple, par leurs sociétés mères (CE 17-5-2013 n° 339526 : RJF 8-9/13 n° 811). 1480

REMBOURSEMENT DE FRAIS

Les livraisons de biens et les prestations de services effectuées à titre onéreux par un assujetti sont imposables à la TVA même si elles sont effectuées « **à prix coûtant** » (BOI-TVA-CHAMP-10-10-40-10 n° 60 ; CJUE 11-3-2020 aff. 94/19 : RJF 6/20 n° 573). Absence de profit ne signifie pas gratuité : même non profitable, une opération donnant lieu à une contrepartie financière entre dans le champ d'application de la TVA. 1500

> Précisions Certains services rendus à prix coûtant sont cependant exonérés par des dispositions spéciales (nos 12320 s. et 12700 s.).
Par ailleurs, les sommes reçues en remboursement des dépenses exposées pour le compte d'un commettant sont exclues de la base d'imposition (nos 36350 s.).

C. Notion d'assujetti

L'article 256 du CGI soumet à la TVA les opérations réalisées par un assujetti agissant en tant que tel. L'article 9 de la directive TVA considère comme assujetti quiconque exerce, d'une **façon indépendante** et quel qu'en soit le lieu, une **activité économique** quels qu'en soient les buts 1550 ou les résultats. Est définie comme activité économique toute activité de producteur, de commerçant ou de prestataire de services, y compris les activités extractives, agricoles et celles des professions libérales ou assimilées. En particulier, constitue une activité économique l'exploitation d'un bien corporel ou incorporel en vue d'en tirer des recettes ayant un caractère de permanence.

> **Précisions** Par **exception** aux principes rappelés ci-dessus, certaines opérations immobilières en matière de logement social réalisées hors d'une activité économique sont soumises à la TVA (voir n° 68500, précisions).

1555 L'article 256 A du CGI reprend dans des termes quasi identiques la définition communautaire de l'assujetti. Il précise que la qualité d'assujetti est indépendante du statut juridique des personnes (personne physique ou morale, société, association ou GIE, etc.), de leur situation au regard des autres impôts et de la forme ou de la nature de leur intervention. Cette règle affirme d'une façon très nette le caractère essentiellement réel de la TVA, dont l'application est liée à la **matérialité de l'action,** de l'opération.

> **Précisions** **a.** La notion d'assujetti n'est aucunement liée au fait que les opérations donnent lieu ou non à paiement effectif de la TVA (CJUE 6-9-2012 aff. 324/11 : RJF 12/12 n° 1179). Elle diffère en cela de la notion de **redevable** (n°s 47900 s.).
> La qualité d'assujetti ne dépend pas non plus d'une quelconque autorisation ou licence octroyée par l'administration, ni du respect de l'obligation de déclarer le commencement d'activité en qualité d'assujetti ou de publier des comptes annuels (CJUE 6-9-2012 aff. 324/11 précité).
> **b.** Un régime facultatif de **groupe TVA** permet aux personnes assujetties établies en France et étroitement liées entre elles de constituer, depuis le 1er janvier 2023, un **assujetti unique** (voir n°s 1660 s.).

EXERCICE D'UNE ACTIVITÉ ÉCONOMIQUE

1570 La **nature** des activités économiques est précisée à l'article 256 A du CGI. Sont concernées les activités suivantes :

– activités de **nature industrielle ou commerciale,** notamment les opérations d'entremise, façons, transports, locations de biens meubles, ventes à consommer sur place, ventes de biens achetés en vue de la revente, etc. ;

– activités **libérales,** quelles que soient leurs modalités d'exécution ou la forme juridique des entreprises qui les réalisent. Sont ainsi visées les professions réglementées (CJUE 26-3-1987 aff. 235/85). Signalons que certaines activités libérales touchant à la médecine et aux « soins » sont expressément exonérées de la TVA (n°s 9000 s.) ;

– activités **agricoles.** Cependant, les exploitants sont en pratique placés de plein droit sous le régime dit du remboursement forfaitaire dès lors qu'ils ne sont pas imposés en vertu de dispositions expresses de la loi ou d'une option (n°s 69500 s.) ;

– activités **civiles,** telles que la location de terrains non aménagés ou de locaux nus (n°s 3650 s.) ou la cession de brevets par les inventeurs ou leurs héritiers (n° 15870) ;

– activités **extractives,** dans la mesure où elles se concrétisent par des livraisons de biens ou des prestations de services imposables à la TVA (n°s 16800 s.).

> **Précisions** **a.** La vente par un **particulier** de biens tels que diamants, or ou vins (par exemple) acquis sans intention de les revendre ne relève pas d'une activité économique (Comité MOA 21-6-1984, non repris au Bofip mais dont la solution nous paraît conserver sa valeur). Même solution pour la livraison de biens en vente publique effectuée occasionnellement par un particulier (BOI-TVA-SECT-90-50 n° 60).
> En revanche, les livraisons de biens ou les prestations de services effectuées par un particulier pour d'autres utilisateurs à travers des plates-formes d'économie du partage, qui gèrent des marchés en ligne permettant aux utilisateurs individuels souhaitant fournir des biens ou des services d'entrer en contact avec des utilisateurs souhaitant acquérir ces biens ou services, moyennant une contrepartie financière, doivent être considérées comme des opérations imposables et soumises à la TVA si, en fournissant ces biens et services, le particulier exerce une activité économique permettant de le considérer comme un assujetti (Orientation Comité TVA du 26-10-2015 n° 2016/1162824, adoptée à l'unanimité). Même solution lorsque la contrepartie n'est pas financière, mais est constituée d'autres biens ou services (Orientation Comité TVA du 26-10-2015 précitée, adoptée presque à l'unanimité).
> **b.** La **location de terrains nus ou d'immeubles non aménagés** est citée par la doctrine administrative en tant qu'activité civile entrant dans le champ d'application de la TVA (BOI-TVA-CHAMP-10-10-30 n° 110).
> Cette position de l'administration doit cependant être nuancée par les précisions qu'elle apporte en matière d'opérations immobilières : dans ses commentaires (BOI-TVA-IMM-10-10-10-10 n° 50), l'administration a posé en effet une présomption de non-assujettissement à la TVA des investisseurs privés (non assujettis par

ailleurs à la TVA) qui louent des immeubles, cette présomption tombant toutefois lorsque l'investisseur place ses opérations dans une logique économique (n° 67560).
Cette dernière doctrine ne nous paraît pas en phase avec l'article 9, 1 de la directive TVA tel qu'interprété par l'arrêt de la CJUE du 4-12-1990 évoqué au n° 1575, précision b.
c. S'agissant de la situation des **holdings refacturant** (même à prix coûtant) des **frais à leurs filiales,** il résulte de l'arrêt « Sté Lagardère SCA » du Conseil d'État du 13 décembre 2017 (n° 397580 : RJF 3/18 n° 264), éclairé par les conclusions du rapporteur public, que :
– les **holdings mixtes** (exerçant, parallèlement à la détention et à la gestion de leurs participations, une activité économique soumise à la TVA, quelle qu'elle soit) qui refacturent, **de manière occasionnelle** (ou ponctuelle), des frais à leurs filiales sont assujettis à la TVA au titre de cette opération de refacturation, dans la mesure où cette opération présente les caractéristiques d'un service au sens de la TVA (à cet égard, il est nécessaire, selon le rapporteur public, que l'intervention du holding dans la chaîne économique ne soit pas artificielle et dépourvue de tout sens et que la refacturation ne s'inscrive pas en porte-à-faux avec la réalité de l'identité du bénéficiaire du service rendu ni avec les obligations juridiques des uns et des autres) et remplit les critères de l'opération à titre onéreux (n°s 1390 s.). Présentent ces caractéristiques et remplissent ces critères les refacturations de conseils stratégiques en vue d'une restructuration aux filiales concernées par cette restructuration ;
– les **holdings purs** qui refacturent, de manière ponctuelle, des frais à leurs filiales ne peuvent pas être regardés comme assujettis à la TVA au titre de cette opération de refacturation, même si celle-ci présente les caractéristiques d'un service au sens de la TVA et remplit les critères de l'opération à titre onéreux ;
– les **holdings qui refacturent des frais** à leurs filiales **de manière permanente** ont à ce titre la qualité d'assujetti, même s'ils n'exercent pas d'autres activités économiques permanentes, dès lors que les opérations de refacturation présentent les caractéristiques d'un service au sens de la TVA et remplissent les critères de l'opération à titre onéreux.

Une activité économique se définit de manière générale comme la réalisation **à titre habituel** de livraisons de biens et de prestations de services à titre onéreux. La personne qui réalise à titre occasionnel une opération économique n'a en principe pas la qualité d'assujetti (BOI-TVA-CHAMP-10-10-20 n° 330 ; en ce sens, également, CJUE 26-9-1996 aff. 230/94 : RJF 11/96 n° 1370). **1575**

On relèvera que l'article 256 A du CGI précise qu'est notamment considérée comme une activité économique l'exploitation d'un bien en vue d'en retirer des **recettes ayant un caractère de permanence.** Il en est ainsi alors même que cette exploitation se concrétiserait par la réalisation d'**une seule opération** telle que la location d'un bien corporel ou la concession d'un bien incorporel (BOI-TVA-CHAMP-10-10-30 n° 400).

> Précisions a. Une **personne assujettie** à la TVA **pour une activité donnée** doit être considérée comme un assujetti pour toute **autre activité** économique exercée de manière **occasionnelle** (CJUE 13-6-2013 aff. 62/12 : RJF 10/13 n° 992). Le Conseil d'État a fait application de cette jurisprudence communautaire en matière de refacturation de frais par un holding à ses filiales (voir n° 1570, précision c).
b. Doit être considéré comme une activité économique comportant l'exploitation d'un bien corporel en vue de retirer des recettes ayant un caractère de permanence au sens de l'article 9, 1 de la directive TVA l'**octroi** par le propriétaire d'un bien immeuble à un tiers d'un **droit de superficie** sur ce bien, donnant au bénéficiaire un pouvoir d'utilisation sur le bien immeuble pendant une période déterminée et moyennant rémunération (CJUE 4-12-1990 aff. 186/89 : RJF 3/91 n° 380).

Selon la Cour de justice de l'Union européenne, le fait qu'un bien convienne à une **exploitation exclusivement économique** suffit, en règle générale, pour qu'il soit admis que son propriétaire l'exploite pour les besoins d'activités économiques et, par conséquent, pour réaliser des recettes ayant un caractère de permanence. En revanche, si un bien est, en raison de sa nature, susceptible d'être **utilisé tant à des fins économiques que privées,** il convient d'analyser l'ensemble des conditions de son exploitation pour déterminer s'il est utilisé en vue d'en retirer des recettes présentant effectivement un caractère de permanence (CJUE 26-9-1996 aff. 230/94 : RJF 11/96 n° 1370 à propos de la location d'un camping-car ; CJUE 19-7-2012 aff. 263/11 : RJF 12/12 n° 1176 à propos de l'exploitation d'une forêt par une personne physique ; CJUE 20-6-2013 aff. 219/12 : RJF 10/13 n° 993 à propos de l'exploitation d'une installation photovoltaïque d'une maison d'habitation). **1580**

Le Conseil d'État a étendu cette analyse à la **cession d'une marque** en jugeant que, même s'il ne l'avait **pas** personnellement **exploitée** auparavant, la cession d'une marque par son titulaire entre dans le champ d'application de la TVA. Il semble donc implicitement considérer, dans cette décision, que le caractère économique de l'activité exercée est déterminé par la seule nature du bien en cause, nonobstant le caractère occasionnel de l'opération : la cession, même isolée, d'une marque qui ne peut faire l'objet que d'une exploitation économique relève donc d'une activité économique au sens de l'article 256 A du CGI (CE 3-9-2008 n°s 300420-300421-300422 : RJF 12/08 n° 1292).

> **Précisions** Cette décision du Conseil d'État nous semble être fragilisée par sa jurisprudence plus récente qui tient compte également du caractère habituel d'une activité pour la qualifier d'activité économique (voir CE 13-12-2017 n° 397580 : n° 1570, précision c).

1585 C'est en matière d'**opérations financières** que la notion d'activité économique résultant de l'**exploitation d'un bien** suscite le plus de difficultés. Sur la situation des produits financiers perçus par les entreprises au regard du champ d'application de la TVA et du droit à déduction, voir n°s 53130 s.

1590 Les activités économiques peuvent consister en plusieurs **actes consécutifs.** Ainsi les activités préparatoires, telles que les premières dépenses d'investissement effectuées pour les besoins et en vue d'une entreprise, sont considérées comme des activités économiques (notamment, CJUE 14-2-1985 aff. 268/83 : n° 50660).

1595 En ce qui concerne la notion d'activité économique applicable aux **organismes de droit public** dégagée par la CJUE, voir n° 10370.

ACTIVITÉ EXERCÉE DE MANIÈRE INDÉPENDANTE

1610 La qualité d'assujetti à la TVA résulte de l'exercice d'une activité économique de manière indépendante. Les personnes qui agissent de manière indépendante sont celles qui exercent une activité sous leur propre **responsabilité** et jouissent d'une totale **liberté** dans l'organisation et l'exécution des travaux qu'elle comporte.

Tel est le cas, notamment, des personnes qui exercent une activité professionnelle en vertu d'un contrat d'entreprise ou d'un contrat de mandat (BOI-TVA-CHAMP-10-10-20 n° 20).

1615 Ne sont pas considérés comme agissant de manière indépendante et ne sont donc pas assujettis à la TVA :

– les salariés et les autres personnes qui sont liées par un **contrat de travail,** ou par tout autre rapport juridique créant des **liens de subordination** en ce qui concerne les conditions de travail, les modalités de rémunération et la responsabilité de l'employeur (exemples : journalistes, simples vacataires des associations sans but lucratif) (CGI art. 256 A ; BOI-TVA-CHAMP-10-10-20 n° 30) ;

– les **représentants de commerce** statutaires ou salariés (BOI précité n° 120) ;

– les **travailleurs** (et ouvriers) **à domicile** dont les gains sont considérés comme des salaires, lorsqu'ils exercent leur activité dans les conditions prévues par les articles L 7412-1, L 7412-2 et L 7413-2 du Code du travail (CGI art. 256 A) ;

– les **présidents** des **établissements publics,** fonctionnaires et assimilés qui assument en tant que **représentants de l'État ou d'organismes de droit public** des tâches de direction, de contrôle ou de conseil dans le secteur public ou parapublic et dont les rémunérations relèvent, en matière d'impôt sur le revenu, de la catégorie des traitements et salaires (BOI précité n° 210) ;

– les **dirigeants de sociétés** personnes physiques dont les rémunérations sont fiscalement soumises au régime des traitements et salaires ou perçues dans l'exercice normal de leurs fonctions de direction, d'administration et de contrôle. En revanche, les rémunérations perçues par les personnes morales en leur qualité de dirigeantes de sociétés doivent être soumises à la TVA (Comité MOA 30-11-2000, non repris au Bofip mais dont la solution nous paraît conserver sa valeur).

1620 Il résulte de la jurisprudence de la **Cour de justice** que l'expression « d'une façon indépendante » au sens de l'article 9, 1 de la directive TVA exprime, comme celle « d'une manière autonome », le besoin d'apprécier le **lien de subordination** dans l'exercice d'une activité économique. Les critères d'appréciation de la condition d'indépendance sont l'accomplissement par une personne de ses activités en son nom, pour son propre compte et sous sa propre responsabilité et la prise en charge du risque économique lié à l'exercice de ces activités (CJUE gr. ch. 29-9-2015 aff. 276/14 : RJF 12/15 n° 1080 ; CJUE 13-6-2019 aff. 420/18 : RJF 10/19 n° 996). Ces critères sont applicables à **toutes les personnes, physiques ou morales,** aussi bien **publiques** que **privées** (en ce sens, CJUE 29-9-2015 précité).

> **Précisions** Dans l'arrêt du 13 juin 2019 susvisé, la Cour de justice a ainsi jugé que n'exerce pas une activité économique de façon indépendante un **membre du conseil de surveillance** d'une **fondation** qui, bien qu'il ne soit lié par aucun lien de subordination hiérarchique à l'organe de direction de cette fondation ni ne soit lié par un tel lien au conseil de surveillance de ladite fondation en ce qui concerne l'exercice de son activité de membre de ce conseil, n'agit ni en son nom, ni pour son compte, ni sous sa propre responsabilité, mais agit pour le compte et sous la responsabilité de ce même conseil et ne supporte pas non plus le risque économique découlant de son activité, dès lors qu'il perçoit une rémunération fixe, qui ne dépend ni de sa participation aux réunions ni des heures de travail qu'il a effectivement accomplies.

L'exercice à titre indépendant est essentiellement une appréciation d'**éléments de fait.** 1622

L'inscription au registre du commerce ou des métiers n'est qu'un indice parmi d'autres. Ainsi, la cour administrative d'appel de Bordeaux a jugé qu'un ancien salarié du donneur d'ordre, qui exécute des travaux sans contrat, réalise la quasi-totalité de son chiffre d'affaires avec ce donneur d'ordre et utilise du matériel appartenant à ce dernier ne peut pas être regardé comme ayant agi de manière indépendante, alors même qu'il était inscrit au registre des métiers (CAA Bordeaux 9-10-2008 n° 06-1306 : RJF 2/09 n° 117).

> Précisions a. Mandataires, les **syndics d'immeubles** sont assujettis à la TVA. Mais les retraités ou salariés qui se bornent à remplir les fonctions de syndic dans un immeuble dont ils sont eux-mêmes copropriétaires ne sont pas recherchés en paiement de la TVA (BOI-TVA-CHAMP-10-10-20 n° 310). 1625

b. Les **GIE** étant dotés d'une personnalité morale distincte de celle de leurs membres, les opérations qu'ils réalisent avec leurs membres ou des tiers sont imposables dans les conditions de droit commun (CE plén. 9-1-1981 n° 10164 : RJF 3/81 n° 199). Même solution pour les GEIE (Règl. UE/282/2011 du 15-3-2011 art. 5).

c. La **location d'un bien à une société civile par un associé** constitue une activité économique exercée de manière indépendante (CJUE 27-1-2000 aff. 23/98 : RJF 3/00 n° 438).

d. Des **sociétés** civiles qui apparaissent en tant que telles de façon indépendante à l'égard des tiers, et dont chacune assure sa production en utilisant pour l'essentiel ses moyens de production, et qui **commercialisent** une grande partie de leurs **produits sous une marque commune par l'intermédiaire d'une société de capitaux,** doivent être considérées comme des entreprises indépendantes assujetties à la TVA (CJUE 12-10-2016 aff. 340/15 : RJF 1/17 n° 96).

e. S'agissant des **expertises judiciaires** effectuées par des **fonctionnaires** ou des agents des collectivités locales, voir n° 7390.

f. En ce qui concerne les **relations** entre **siège et succursale(s),** voir nos 16000 s.

ASSUJETTI AGISSANT EN TANT QUE TEL

Pour qu'une opération effectuée à titre onéreux puisse être regardée comme imposable à la TVA, il ne suffit pas qu'elle soit réalisée par un assujetti. Encore faut-il, comme l'exige l'article 256, I du CGI, que celui-ci « agisse en tant que tel ». 1640

Ainsi, lorsqu'un assujetti vend un **immeuble** dont il avait décidé, dès l'acquisition, de réserver une partie à son **usage privé,** il n'agit pas, pour ce qui concerne la vente de cette partie, en qualité d'assujetti agissant en tant que tel (CJUE 4-10-1995 aff. 291/92 : RJF 12/95 n° 1447). Sur la situation au regard du droit à déduction des biens à usage mixte des assujettis personnes physiques, voir n° 51060.

Il en est de même d'une société, même commerciale par son objet ou par sa forme, qui revend des biens (en l'espèce, des **lingots d'or**) acquis dix-huit ans auparavant non comme objet de négoce, mais à titre de simple placement (CE 29-12-1995 n° 118754 : RJF 2/96 n° 186).

En ce qui concerne les produits financiers, voir nos 53140 s.

RÉGIME OPTIONNEL DE GROUPE TVA

Les **personnes assujetties établies en France** et qui sont **étroitement liées** entre elles sur les plans financier, économique et de l'organisation peuvent demander à constituer **un seul assujetti** au sens de l'article 256 A du CGI (CGI art. 256 C, transposant les dispositions de l'article 11 de la directive TVA). 1660

Ce régime optionnel de groupe TVA, applicable depuis le 1er janvier 2023, est ouvert à tous les secteurs d'activité économique. Il a pour objectif de simplifier la gestion fiscale des groupes en permettant l'effacement total des transactions économiques intragroupes au regard de la TVA.

> Précisions a. Parallèlement, le périmètre de l'**exonération** de TVA dont bénéficient les **groupements autonomes de personnes** (CGI art. 261 B) est restreint, depuis le 1er janvier 2023, aux seuls groupements dont les membres sont soit des non-assujettis, soit des assujettis qui exercent des activités d'intérêt général exonérées (voir nos 12320 s.).

b. La mise en place d'un groupe TVA n'a pas vocation à se substituer au **régime de consolidation du paiement de la TVA** (nos 48640 s.) dont la finalité, limitée au recouvrement de la taxe, est différente.

Personnes concernées Peuvent demander à constituer un groupe TVA : 1665

– les **personnes assujetties** au sens de l'article 256 A du CGI (réalisant des opérations taxées ou exonérées) qui ont **en France** le siège de leur activité économique ou un établissement stable ou, à défaut, leur domicile ou leur résidence habituelle, à l'exception des établissements stables de ces assujettis qui ne sont pas situés en France ;

– et qui, bien que juridiquement indépendantes, sont **étroitement liées entre elles** sur les plans financier, économique et de l'organisation (voir nos 1670 s.).

Les liens financier, économique et de l'organisation mentionnés ci-dessus doivent exister lors de l'exercice de l'option pour la création de l'assujetti unique et **de manière continue** pendant toute la période couverte par la demande (CGI art. 256 C, II-4).

> Précisions **a.** Un **assujetti partiel,** exerçant des activités dans le champ et en dehors du champ d'application de la taxe, peut appartenir à un groupe TVA. Tel n'est pas le cas, en revanche, des **personnes non assujetties** dont toutes les activités sont situées hors du champ d'application de la TVA (FAQ publiée le 13-10-2022 sur impots.gouv.fr).
b. Les **établissements stables** des **entreprises étrangères** situés en France peuvent intégrer le groupe.
En ce qui concerne les **relations entre siège et succursales,** voir n° 1720, précision a.
c. Les différentes entités sont libres, **en pratique,** de fixer le périmètre du groupe et de choisir d'y inclure ou non certains membres de sorte que plusieurs groupes TVA peuvent être créés au sein d'un même groupe économique. Toutefois, une personne assujettie ne peut être **membre** que **d'un seul groupe TVA** et un groupe TVA ne peut pas lui-même être membre d'un autre assujetti unique (CGI art. 256 C, III-1).

1670 L'article 256 C, II-1 du CGI prévoit que sont considérés comme liés entre eux **sur le plan financier** les assujettis **contrôlés** en droit, directement ou indirectement, par une même personne, y compris cette dernière. Ce critère de contrôle est satisfait lorsqu'un **assujetti ou une personne morale non assujettie détient** de manière continue pendant toute l'existence de l'assujetti unique :

– plus de 50 % du **capital** d'un autre assujetti directement ou indirectement par l'intermédiaire d'autres assujettis ou personnes morales non assujetties ;

– ou plus de 50 % des **droits de vote** d'un autre assujetti ou d'une personne morale non assujettie dans les mêmes conditions.

Par ailleurs, les **sociétés de coordination** (CCH art. L 423-1-2) sont considérées comme liées financièrement aux organismes qui détiennent leur capital.

Des **présomptions de liens financiers** sont également prévues pour permettre l'application du régime de groupe TVA à des **entités non capitalistiques** pour lesquelles les liens financiers ne peuvent être établis, du fait de leur structure, par l'application des critères ci-dessus. Il s'agit des réseaux des banques mutualistes ou coopératives, des groupements prudentiels dans le domaine des assurances, des personnes respectant les conditions pour l'établissement de comptes combinés et des groupements paritaires de protection sociale.

1675 Sont considérés comme liés entre eux **sur le plan économique** en vertu de l'article 256 C, II-2 du CGI les assujettis exerçant :

– soit une activité principale de même nature ;

– soit des activités interdépendantes, complémentaires ou poursuivant un objectif économique commun ;

– soit une activité réalisée en totalité ou en partie au bénéfice des autres membres (par exemple, mutualisation de services supports au sein d'un membre spécifique du groupe).

1680 En application de l'article 256 C, II-3 du CGI, sont considérés comme liés entre eux **sur le plan de l'organisation** les assujettis :

– qui sont en droit ou en fait, directement ou indirectement, sous une **direction commune** (société mère, organe central ou entité faîtière) ;

– ou qui **organisent leurs activités** totalement ou partiellement **en concertation.**

1690 Les membres de l'assujetti unique désignent parmi eux le **représentant** du groupe. Ce dernier s'engage à accomplir les obligations déclaratives et de paiement au nom de l'assujetti unique, à obtenir les remboursements de crédit de TVA éventuels et, plus généralement, à effectuer les formalités nécessaires en matière de TVA (CGI art. 256 C, III-2).

1700 **Option pour le groupe TVA et évolution de son périmètre** La création de l'assujetti unique s'effectue sur **option** formulée par son représentant auprès du **service des impôts** dont il dépend. Elle ne peut être exercée qu'avec l'**accord** de chacun **des membres** de l'assujetti unique.

L'option pour le groupe TVA doit être **formulée au plus tard** le 31 octobre de l'année qui précède son application. Elle prend **effet** au 1er janvier de l'année qui suit celle au cours de laquelle elle a été exprimée et couvre obligatoirement une **période** de trois années civiles (CGI art. 256 C, III-3).

EXEMPLE

Une société, qui souhaite former en 2024 un groupe TVA avec deux de ses filiales, devra notifier son option au service des impôts au plus tard le 31 octobre 2023. Cette option prendra effet au 1er janvier 2024 pour une période minimale de trois ans, soit jusqu'au 31 décembre 2026.

L'option pour le régime de groupe TVA, qui vaut **déclaration de création d'entreprise ou d'activité** (nos 44320 s.) pour l'assujetti unique, doit préciser la dénomination, la domiciliation et le représentant de l'assujetti unique ainsi que la nature des activités de chacun de ses membres. La déclaration doit comporter la **liste des membres** ainsi que les numéros individuels d'identification à la TVA qui leur ont été attribués avant leur entrée dans l'assujetti unique (CGI art. 286, III).

> Précisions a. L'option pour la création d'un assujetti unique doit être **accompagnée, en pratique,** d'un formulaire de création (modèle F CM), de l'accord conclu entre les membres signé par chacun d'eux ainsi que de la déclaration du périmètre de l'assujetti unique (formulaire 3310-P-AU) qui doit être télétransmise en mode EDI dès que le nouvel assujetti unique obtient son numéro Siren (FAQ du 13-10-2022).
b. Lors de l'entrée dans le groupe, le **crédit de TVA** constaté par un membre de l'assujetti unique au titre d'une **période antérieure à l'entrée en vigueur de l'option** pour ce régime ne peut pas faire l'objet d'un report sur une déclaration souscrite par l'assujetti unique. Ce crédit donne donc obligatoirement lieu à remboursement au membre concerné dans les conditions de droit commun (nos 58430 s.), sans condition de montant (FAQ précitée).
c. Chaque membre doit déclarer en tant qu'assujetti à part entière, le cas échéant, les **prestations de services** réalisées avant son entrée dans l'assujetti unique et **dont l'exigibilité intervient après son intégration** dans le groupe TVA. Il est tenu de souscrire à cet effet une déclaration rectificative au titre de la dernière période de son assujettissement propre à la TVA, avec une mention expresse précisant la période d'imposition à laquelle se rapporte la régularisation de TVA (FAQ précitée).

Au cours de la **période obligatoire de trois ans** : **1710**

– l'**introduction d'un nouveau membre** ne peut intervenir que s'il s'agit d'un assujetti qui ne remplissait pas les conditions de liens entre les membres (nos 1665 s.) au jour de prise d'effet de l'option. S'il vient à les remplir, il peut alors intégrer le groupe TVA sur demande formulée par le représentant de l'assujetti unique accompagnée de l'accord exprès du membre concerné, cette introduction prenant effet le 1er janvier de l'année qui suit celle au cours de laquelle elle a été formulée ;

– la **sortie d'un membre** ne peut s'effectuer que si celui-ci ne remplit plus les conditions susvisées et a lieu, de plein droit, à compter du premier jour du mois suivant celui au cours duquel il ne remplit plus les conditions ;

– il ne peut être **mis fin à l'assujetti unique** que si les conditions visées aux nos 1665 s. ne sont plus remplies (en cas, notamment, de sortie du groupe de son avant-dernier membre), l'assujetti unique cessant de plein droit à la date à laquelle lesdites conditions ne sont plus remplies.

Dans ces deux derniers cas, le représentant de l'assujetti unique doit en informer l'administration sans délai.

À l'issue de la période obligatoire :

– tout nouveau membre remplissant les conditions de liens visées aux nos 1665 s. peut **rejoindre le groupe TVA.** Cette introduction doit être formulée par le représentant de l'assujetti unique, accompagnée de l'accord exprès du membre concerné. Elle prend effet le 1er janvier de l'année qui suit celle au cours de laquelle elle a été formulée ;

– un membre peut volontairement décider de **sortir du groupe,** ce retrait prenant effet à compter du 1er janvier de l'année suivante. Il s'effectue avec l'accord du représentant de l'assujetti unique, chargé d'en informer l'administration au plus tard le 31 octobre de l'année qui précède celle de la sortie du membre ;

– il peut être **mis fin à l'assujetti unique** sur **dénonciation de l'option** formulée par son représentant, et sur accord exprès de chacun des membres de l'assujetti unique. Cette dénonciation prend effet à compter du premier jour du deuxième mois qui suit celui au cours duquel elle est intervenue.

> Précisions a. L'adhésion ou la sortie d'un assujetti en tant que membre d'un groupe TVA est traitée comme un **transfert d'une universalité totale** de biens bénéficiant des dispenses de taxation à la TVA prévues par l'article 257 bis du CGI (voir nos 15360 s.) et, corrélativement, de régularisation du droit à déduction en application de l'article 207, III-4-1° de l'annexe II au CGI (nos 15420 s.).
b. Le représentant doit communiquer **chaque année** à l'administration, au plus tard le 31 janvier, la **liste des membres** de l'assujetti unique appréciée au 1er janvier de la même année (CGI art. 256 C, III-5). En pratique, cette déclaration de périmètre est effectuée via le formulaire 3310-P-AU comportant, d'une part, la liste des membres au 1er janvier de l'année de référence indiquant expressément les nouveaux membres et, d'autre part, la liste des entreprises qui ont cessé d'être membres au cours de l'année précédente (FAQ du 13-10-2022).

Règles de fonctionnement au sein du groupe TVA Pendant la durée d'application du régime, le groupe TVA agit comme un assujetti unique **par rapport aux tiers.** Ainsi, toutes les livraisons de biens ou prestations de services effectuées par un membre du **1720**

groupe en faveur d'une personne non membre du groupe sont réputées avoir été **effectuées par le groupe lui-même** (et non par le membre concerné).

Réciproquement, les opérations effectuées par un tiers en faveur d'un ou de plusieurs membres du groupe sont considérées comme effectuées **en faveur du groupe** lui-même.

À compter de son entrée dans le groupe TVA, chaque **membre de l'assujetti unique** n'est plus un assujetti au sens de l'article 256 A du CGI mais constitue un **secteur d'activité distinct** de l'assujetti unique aux fins de la TVA (CGI art. 256 C, III-3 et CGI ann. II art. 209, I-6° ; chaque membre pouvant lui-même constituer des secteurs d'activités distincts, dénommés « **sous-secteurs** d'activités » : n° 54650). Les opérations réalisées entre les membres du groupe (c'est-à-dire entre les différents secteurs de l'assujetti unique) sont traitées comme des **opérations internes** sans incidence pour l'application de la TVA.

> **Précisions a.** Dans le cadre des **relations siège-succursales,** les opérations réalisées entre les différentes **entités** françaises (siège ou succursale) des **membres de l'assujetti unique** constituent des opérations internes placées hors du champ de la TVA (par exemple, lorsque deux sociétés établies en métropole forment un groupe TVA, les opérations réalisées par l'une des sociétés au profit de la succursale de l'autre société sise dans un DOM sont considérées comme des opérations internes à l'assujetti unique : FAQ du 13-10-2022).
> En revanche, les opérations qu'une entité membre d'un groupe TVA réalise en faveur d'une autre entité appartenant à la même personne morale mais **extérieure au groupe** (notamment, parce qu'elle est située dans un autre État) sont imposables, qu'il s'agisse d'une opération du siège vers la succursale, d'une succursale vers le siège, entre succursales ou entre des entités membres de groupes TVA distincts (voir n° 16050). Dans ce cas, la TVA ayant grevé ces opérations peut être déduite, par l'entité fournisseur ou prestataire, dans les conditions exposées au n° 16080, remarque 2.
> **b.** L'**option formulée par un assujetti unique** pour l'assujettissement à la TVA des **opérations bancaires et financières** exonérées (nos 76900 s.) est exercée par secteur d'activité que constitue chacun de ses membres (CGI art. 260 B, dernier al.). Elle vaut alors, sauf indication contraire de l'assujetti unique, également pour les **sous-secteurs** d'activités du membre concerné (BOI-TVA-SECT-50-10-30-20 n° 70).
> **c.** L'option pour le **paiement** de la TVA **d'après les débits** formulée par l'assujetti unique (nos 38800 s.) peut être exercée par secteur d'activité (CGI art. 269, 2-c-dernier al.).

1730 L'**assujetti unique** est identifié par un **numéro individuel d'identification** à la TVA (nos 44400 s.), sans préjudice du numéro d'identification attribué à ses membres que ces derniers conservent (CGI art. 286 ter, 6°).

Il est seul tenu de souscrire, par le biais de son représentant, les **déclarations de TVA mensuelles** (selon les modalités du régime réel normal d'imposition : nos 48400 s.) au titre de toutes les opérations réalisées par l'ensemble de ses membres avec des tiers et d'**acquitter** la taxe correspondante. Le **crédit de TVA** éventuellement constaté sur les déclarations souscrites pendant l'application du régime optionnel est définitivement acquis à l'assujetti unique.

> **Précisions a.** Pour chacun de ses membres, l'assujetti unique **communique** à l'administration, sur un **formulaire annexé à sa déclaration de TVA** (formulaire n° 3310-M-AU), les informations de la déclaration de TVA ainsi que les coefficients de taxation forfaitaires (voir n° 53030) et le montant total du chiffre d'affaires afférent aux opérations internes réalisées par le membre au bénéfice d'autres membres qui auraient été imposables à la TVA en l'absence d'assujetti unique (CGI art. 287, 7 ; CGI ann. IV art. 41-0 bis).
> **b.** Les membres de l'assujetti unique restent toutefois **tenus solidairement** au paiement de la TVA et, le cas échéant, des intérêts de retard, majorations et amendes fiscales correspondantes, à hauteur des droits et pénalités dont ils seraient redevables s'ils n'étaient pas membres de l'assujetti unique (CGI art. 256 C, III-2).
> **c.** Chaque membre doit continuer à respecter ses **obligations d'ordre comptable** (voir nos 44700 s.) (CGI art. 286, III-al. 2).
> S'agissant des règles de **facturation,** lorsque la livraison de biens ou la prestation de services est effectuée par le membre d'un assujetti unique, la facture doit comporter, outre les mentions obligatoires visées aux nos 46150 s., la **mention** « Membre d'un assujetti unique » ainsi que le nom, l'adresse et le numéro individuel d'identification à la TVA de ce membre (CGI ann. II art. 242 nonies A, 5° bis) et de l'assujetti unique, réputé avoir réalisé l'opération (n° 46230). Toutefois, pour les factures émises **avant le 30 juin 2023,** l'administration admet que la mention du nom et de l'adresse de l'assujetti unique ne figure pas sur la facture (FAQ du 13-10-2022).
> En revanche, le **fournisseur ou prestataire** n'a pas en principe à faire figurer une référence à l'appartenance de son client à un assujetti unique. Dans les cas où les numéros d'identification à la TVA de l'acquéreur ou du preneur doivent être mentionnés sur la facture (livraisons intracommunautaires : n° 20410 ; autoliquidation : nos 24670 et 31960), celle-ci doit uniquement porter le **numéro TVA** du membre destinataire de la facture. Si le membre n'en dispose pas, il doit communiquer à son fournisseur ou prestataire le numéro de TVA intracommunautaire de l'assujetti unique (FAQ précitée).

Les **droits à déduction** de l'assujetti unique sont en **principe** déterminés dans les conditions de **droit commun** en fonction des différentes activités exercées par les membres du groupe, considérés comme des secteurs d'activités distincts (nos 52500 s. et, notamment, 53390 s. s'agissant du calcul du coefficient de taxation forfaitaire en cas de constitution de secteurs distincts). 1735

Toutefois, compte tenu des spécificités de ces assujettis uniques, les **dispositions particulières** suivantes s'appliquent :

1. Pour la détaxation des **dépenses mixtes** (biens ou services utilisés pour la réalisation d'opérations ouvrant droit à déduction et d'opérations n'y ouvrant pas droit) utilisées par **plusieurs de ses membres,** l'assujetti unique peut décider que le chiffre d'affaires à retenir pour le calcul du **coefficient de taxation forfaitaire** est celui de l'ensemble du chiffre d'affaires afférent aux opérations imposables de cet assujetti unique (CGI ann. II art. 206, III-3-2°).

2. S'agissant de la possibilité de retenir, par année civile et pour l'ensemble des biens et services acquis (**dépense mixtes et non mixtes**), un **coefficient de taxation unique** calculé de manière forfaitaire (nos 53430 s.), cette option doit être mise en œuvre au **niveau de chacun des** secteurs distincts que constituent les **membres de l'assujetti unique** et s'applique à l'ensemble des dépenses de ce membre (CGI ann. II art. 206, VI). Le rapport servant à déterminer ce coefficient de taxation unique est alors établi de la manière suivante :

- au **numérateur,** le montant total annuel du chiffre d'affaires afférent aux opérations ouvrant droit à déduction, y compris les subventions directement liées au prix de ces opérations, majoré du produit entre, d'une part, le montant total annuel du chiffre d'affaires afférent aux opérations effectuées par le membre à destination des autres membres de l'assujetti unique et qui auraient été imposables en l'absence de constitution de cet assujetti unique (exception faite du montant afférent aux cessions de biens d'investissement : n° 53090 et aux opérations immobilières et financières accessoires exonérées : nos 53130 s. et 53310) et, d'autre part, un coefficient de taxation de l'assujetti unique déterminé à partir de l'ensemble du chiffre d'affaires de ses opérations imposables ;
- au **dénominateur,** le montant total annuel du chiffre d'affaires afférent aux opérations imposables, y compris les subventions directement liées au prix de ces opérations, majoré du montant total annuel du chiffre d'affaires afférent aux opérations effectuées par le membre à destination des autres membres de l'assujetti unique et qui auraient été imposables en l'absence de constitution de cet assujetti unique (exception faite du montant afférent aux mêmes opérations que celles visées ci-dessus).

> **Précisions** **a.** Les modalités de détermination du coefficient de taxation pour la détaxation des dépenses d'un assujetti unique exposées ci-dessus doivent également tenir compte, le cas échéant, des **sous-secteurs** d'activités créés par les différents membres du groupe.
> **b.** Lorsque l'option pour un **coefficient de taxation unique** est exercée pour un membre du groupe, l'assujetti unique bénéficie d'un **délai d'un mois supplémentaire** (soit au plus tard le 25 mai de l'année suivante) pour arrêter les **coefficients de déduction définitifs** applicables au membre concerné (nos 52630 s.) (CGI ann. II art. 206, V-2-al. 2) et pour procéder, le cas échéant, aux **régularisations annuelles** exigibles au titre des immobilisations (nos 61400 s.) (CGI ann. II art. 207, II-4-al. 2).
> **c.** L'existence de l'assujetti unique aux fins de l'application de la TVA est sans incidence sur les **autres impôts, taxes, droits** et prélèvements de toute nature dont sont redevables ses membres (CGI art. 256 C, III-7).

Modalités de contrôle du groupe TVA Des contrôles peuvent être exercés, dans les conditions de droit commun, à l'encontre d'un ou de plusieurs membres en matière de TVA comme s'ils n'étaient pas **membres de l'assujetti unique,** à l'exclusion des opérations internes réalisées avec les autres membres (LPF art. 16 F). Les **conséquences financières** sont notifiées au membre concerné mais doivent toutefois également être portées, préalablement à la mise en recouvrement, à la connaissance du représentant de l'assujetti unique qui supportera la charge des rappels de TVA ainsi que des intérêts de retard et des pénalités correspondants (LPF art. 16 G). 1750

L'administration fiscale est par ailleurs autorisée à procéder, si besoin, à **plusieurs vérifications** ou examens de la comptabilité du **représentant de l'assujetti unique** en matière de TVA pour une même période d'imposition (LPF art. L 51, 5° bis).

> **Précisions** **a.** Signalons également qu'un membre du groupe ne peut être **taxé d'office** à la TVA que s'il n'a pas démontré, dans les 30 jours d'une mise en demeure, avoir accompli les diligences nécessaires pour permettre le respect par l'assujetti unique de ses obligations déclaratives (LPF art. L 66 A) et qu'en cas de contrôle d'un membre de l'assujetti unique, le dispositif de **déduction en cascade** « simple » des rappels de TVA s'applique à ce membre (LPF art. L 77).
> **b.** Le représentant de l'assujetti unique doit justifier du montant de la TVA déductible et des **crédits de taxe** même **nés antérieurement à une période prescrite** (LPF art. L 177).

S'agissant de la procédure d'**instruction sur place** des **demandes de remboursement d'un crédit de TVA** (LPF art. L 198 A : n° 58570, précisions), l'**avis d'instruction** sur place d'une demande de remboursement souscrite par le représentant d'un assujetti unique est adressé au(x) membre(s) dont les opérations ont concouru à la formation du crédit, le représentant étant informé de l'engagement de cette procédure. Les **délais** de 60 jours (à compter de la première intervention) et de quatre mois (à compter de la notification de l'avis d'instruction sur place) laissés à l'administration pour prendre sa décision ne sont pas applicables à l'instruction d'une telle demande. Les membres ayant fait l'objet de cette procédure sont informés de la **décision** transmise, par l'administration, au représentant du groupe.

SECTION 2 OPÉRATIONS IMPOSABLES EN VERTU D'UNE DISPOSITION SPÉCIALE

1800 Même si elles n'entrent pas dans la catégorie générale des opérations effectuées à titre onéreux par un assujetti (nos 1150 s.), certaines opérations sont néanmoins soumises à la TVA en vertu d'une disposition spéciale de la loi.

Ainsi, l'article 257 du CGI donne une liste d'opérations que le législateur entend soumettre expressément et obligatoirement à la TVA.

Il s'agit d'opérations de nature très diverse qui, de ce fait, font l'objet d'exposés distincts :

– les **livraisons à soi-même de** certains **travaux immobiliers réalisés dans le cadre de la politique sociale du logement** (CGI art. 257, I-3-1° : nos 69000 s.) ;

– les livraisons à soi-même **d'immeubles du secteur social** réalisées **en dehors d'une activité économique** (CGI art. 257, I-3-2° : n° 68500, précisions) ;

– les livraisons à soi-même **de biens ou de services** (CGI art. 257, II : nos 13800 s. et, s'agissant des livraisons à soi-même d'immeubles neufs, nos 68510 s.) ;

– le changement d'affectation de **matériel naval ou aéronautique** (CGI art. 257, III-1° et 2° : nos 29345 s. et 29600).

1805 Outre l'article 257 du CGI, il existe quelques autres textes qui créent des cas spéciaux d'imposition à la TVA. Les plus importants sont l'article 256 bis du CGI pour les **acquisitions intracommunautaires** (nos 19650 s.) et l'article 291 du CGI pour les **importations** en provenance de pays tiers (nos 21870 s.).

SECTION 3 OPÉRATIONS EXONÉRÉES

1900 Il y a exonération lorsqu'une opération, entrant **dans le champ d'application** de la TVA, est **dispensée** de cette taxe par une disposition particulière de la loi.

Ainsi, les textes d'exonération n'ont de portée utile que pour autant que l'activité en cause est bien « assujettie » à la TVA, notamment en considération de la notion de lien direct définie aux nos 1410 s.

1905 La **liste** des exonérations est **limitative.** Elle a été déterminée par la directive TVA et les États membres ne peuvent en prévoir d'autres.

De même, les exonérations sont de **droit strict** et ne peuvent être étendues par voie d'analogie.

1910 On trouvera dans le tableau ci-après la liste des exonérations de TVA actuellement en vigueur avec, pour chacune, les références aux commentaires correspondants.

Nature de l'exonération	Commentaires (n^os)
Exportations et opérations assimilées	22400 s.
Livraisons intracommunautaires	20280 s.
Certaines importations	22200 s.
Certaines acquisitions intracommunautaires	19825
Opérations réalisées avec les missions diplomatiques, les organismes européens et internationaux et les forces armées	18570 s.
Transports internationaux	27000 s.
DOM (exonérations spéciales)	93690 s.
Professions médicales et paramédicales	9050 s.
Établissements de santé (y compris les maisons de retraite médicalisées et les lieux de vie et d'accueil)	9800 s.
Enseignement et formation professionnelle par certains organismes	8100 s.
Certaines opérations bancaires et financières	76520 s.
Opérations portant sur l'or d'investissement	90620 s.
Opérations d'assurance et de réassurance	14750 s.
Certaines locations immobilières (terrains non aménagés, locaux nus, terres et bâtiments agricoles, baux à construction ou emphytéotiques)	3670 s., 4570 s. et 67955
Certaines locations de droits incorporels relevant de la gestion d'un patrimoine foncier (location du droit d'affichage, concession d'un droit de pêche ou de chasse)	n°s 5090 s.
Certaines locations en meublé	91500 s.
Livraisons de terrains non à bâtir et d'immeubles achevés depuis plus de cinq ans	68030 s.
Remboursements de frais par les adhérents de groupements de moyens	12320 s.
Sociétés de « pluripropriété »	12700 s.
Organismes sans but lucratif (y compris organismes philosophiques, religieux, politiques, civiques ou syndicaux)	11050 s.
Monuments aux morts	17060 s.
Certains objets usagés vendus par leurs utilisateurs	80250 s.
Entraide agricole	71070
Pêche	17000
Maisons de jeux	17170
Jeux et paris	17160 s.
Transports sanitaires	9700 s.
Analyses de biologie médicale	9400 s.
Fournitures de prothèses dentaires par les prothésistes	9500 s.
Organes, sang et lait humains	9600 s.
Marchés à terme de marchandises	17020 s.
Timbres fiscaux et timbres-poste	17120 s.
Crèches et haltes-garderies	17220 s.
Service postal universel	17250
Mandataires judiciaires à la protection des majeurs	17260

EXONÉRATION ET DROIT À DÉDUCTION

L'exonération d'une opération entraîne en principe la **perte du droit à déduction** de la TVA qui **1920**
a grevé les éléments du prix de cette opération. Si le client de l'entreprise exonérée est lui-même redevable de la TVA, il ne pourra donc pas (aucune taxe ne pouvant légalement lui être facturée

par le fournisseur exonéré) déduire de la taxe dont il est redevable celle qui a grevé « en amont » le prix de revient de son fournisseur.

Cependant, certaines exonérations telles que celles applicables aux exportations et opérations assimilées (nos 22400 s.), y compris aux livraisons intracommunautaires (nos 20280 s.), et aux transports internationaux (no 27000 s.) ont une portée plus large. En effet, ces opérations ouvrent **droit à récupération** de la taxe d'amont (no 52900). Les exportateurs et assimilés bénéficient même d'une possibilité d'**achats en franchise** ou « suspension » (nos 30000 s.).

Les opérations portant sur l'or d'investissement, quant à elles, ouvrent un **droit à déduction spécifique** (nos 91020 s.).

DISTINCTION ENTRE EXONÉRATION ET SUSPENSION OU DISPENSE DE LA TVA

1930 Le régime des exonérations ne doit pas être confondu avec le régime de **suspension de taxe** qui, dans les cas où il s'applique, a pour objet, sans altérer les droits à déduction, de reporter à un stade ultérieur l'exigibilité de l'impôt normalement dû (nos 80900 s.).

Il doit être également distingué du régime de **dispense de TVA** dont bénéficient les **transmissions d'universalités de biens** (nos 15360 s.).

Enfin, il faut noter que l'article 293 B du CGI prévoit l'application d'une **franchise de TVA en base** au bénéfice des « petits redevables » qui a les mêmes effets qu'une exonération (nos 49050 s.).

EXONÉRATION ET OPTION

1940 Pour certaines des opérations exonérées de la TVA (mais pas pour toutes), les intéressés peuvent, s'ils le désirent, renoncer à cette exonération en exerçant une option pour l'imposition à la TVA (no 2050).

Mais, en dehors de ces cas d'option, les opérations exonérées ne peuvent pas donner lieu au paiement volontaire de la TVA.

SECTION 4 OPÉRATIONS IMPOSÉES SUR OPTION

2050 Les personnes physiques ou morales qui exercent **certaines activités exonérées** de la TVA (**ou même** placées **hors** de son **champ** d'application s'agissant des collectivités locales) se voient reconnaître, par une disposition expresse de la loi (CGI art. 260 s. principalement), la possibilité de se soumettre volontairement à la taxe par le biais d'une option prévue à cet effet.

2055 La liste des options est regroupée dans le tableau ci-après avec, pour chacune, les références aux commentaires correspondants.

En dehors de ces **cas expressément prévus** par la réglementation, il n'est pas possible d'exercer une option pour des activités placées hors du champ d'application de la TVA ou exonérées de cette taxe.

Personnes pouvant opter	Commentaires (nos)
Bailleurs d'immeubles nus à usage professionnel	4100 s.
Bailleurs de biens ruraux	4620 s.
Collectivités locales au titre de certains services publics	10570 s.
Assujettis réalisant des livraisons de terrains non à bâtir ou d'immeubles achevés depuis plus de cinq ans	68030 s.
Établissements bancaires et financiers, pour certaines opérations	76900 s.
Personnes effectuant des opérations sur l'or d'investissement, pour certaines opérations	90900 s.
Bailleurs de baux à construction ou de baux emphytéotiques	67955 et 68230
Exploitants agricoles	70350 s.

Remarque : L'option pour la taxation ne doit pas être confondue avec celle ouverte aux personnes désireuses d'échapper à la franchise en base (nos 47650 s.), ni avec celle propre aux acquisitions intracommunautaires des personnes bénéficiant du régime dit « dérogatoire » (no 20190).

CONSÉQUENCES DE L'OPTION

Celui qui exerce l'option est tenu d'acquitter la TVA sur ses opérations et de se soumettre à l'**ensemble des obligations** (déclarations, comptabilité, contrôle, etc.) incombant aux redevables de la TVA. D'une manière plus générale, il est placé à tous égards sous le même régime que les redevables de plein droit. **2070**

En particulier, il peut **déduire** de la taxe dont il est redevable celle grevant ses investissements et frais d'exploitation (sauf, bien entendu, ceux expressément exclus du droit à déduction). Au **début de son assujettissement,** un droit à déduction lui est ainsi reconnu au titre de certains de ses investissements en cours d'utilisation depuis moins de 20 ans (immeubles) ou de cinq ans (autres biens) (nos 62475 s.).

INTÉRÊT DE L'OPTION

La taxe dont est redevable celui ayant opté et qui est facturée au client est récupérable par ce dernier s'il est lui-même redevable de la TVA. La **composition de la clientèle** (et spécialement la présence de clients ayant la possibilité de récupérer la TVA facturée) constitue un élément essentiel à prendre en considération lorsqu'il s'agit d'apprécier si l'option peut ou non être avantageuse. **2090**

Un autre élément dont il doit être tenu compte est l'**importance des investissements** que l'intéressé envisage de réaliser, ainsi que la part des **dépenses d'exploitation** grevées de la TVA.

Il ne faut pas oublier enfin (et ce facteur est parfois loin d'être négligeable) que l'option entraîne l'exonération de la **taxe sur les salaires.**

CHAPITRE 2 EXPOSÉS CATÉGORIELS

SOMMAIRE

3000 Pour certaines catégories d'activités ou d'opérations, la mise en œuvre des règles générales qui définissent le champ d'application de la TVA (nos 1100 s.) appelle des explications particulières.

Il en est ainsi notamment lorsque, dans un domaine donné, on se trouve simultanément en présence d'opérations susceptibles, selon le cas, soit d'être effectivement soumises à la TVA, soit d'en être exonérées, soit encore de se situer hors du champ d'application de la taxe. De tels problèmes de frontière se présentent, par exemple, pour les locations immobilières (nos 3200 s.), pour certains organismes publics (nos 10300 s.) ou encore pour certaines collectivités de droit privé (nos 11000 s.).

Parmi les autres situations appelant des explications particulières, on peut citer le cas où il est nécessaire de préciser la définition de certaines « opérations » de caractère purement fiscal, dont la taxation est prévue par une disposition spéciale de la loi. C'est le cas notamment des « livraisons à soi-même » de biens ou de services (nos 13800 s.).

3010 **Remarques : a.** Lorsque, à la lumière des explications qui lui sont consacrées dans le présent chapitre, une opération donnée apparaît comme devant être effectivement imposée à la TVA, elle obéit en principe, pour tout ce qui concerne ses modalités d'imposition, aux **règles de droit commun** exposées dans les études d'ensemble consacrées aux différents stades du processus d'imposition (territorialité, calcul et paiement, déductions, etc.). Si, sur un point quelconque de ce processus, l'opération en cause présente une particularité appelant une précision, celle-ci est intégrée dans l'étude d'ensemble correspondante.

Par exception, le présent chapitre comporte toutefois quelques rubriques dans lesquelles, en vue de faciliter la compréhension d'une matière à la fois spécifique et très complexe, il a été jugé préférable, après avoir défini les opérations imposables, d'aborder immédiatement le problème de leurs **modalités d'imposition.** Il en est ainsi, en particulier, pour le cas des « livraisons à soi-même » (nos 13800 s.).

b. Les activités pour lesquelles la loi a institué de véritables **régimes particuliers,** susceptibles d'affecter (souvent profondément) les différents aspects du processus d'imposition, et pas seulement la définition des opérations taxables, sont quant à elles examinées aux nos 67400 s.

SECTION 1 LOCATIONS

3100 Les locations sont des prestations de services normalement soumises à la TVA. Ce principe général vaut pour les locations de biens mobiliers comme pour les locations immobilières mais ces dernières bénéficient de diverses exonérations. En outre, parmi les locations immobilières exonérées, celles portant sur les immeubles nus à usage professionnel d'une part, et celles portant sur les biens ruraux d'autre part, peuvent être soumises à la TVA par option.

Dans le cadre de la présente section nous traiterons successivement :

- des **locations de biens meubles corporels** (nos 3150 s.) ;
- des **locations immobilières** (nos 3200 s.) ;
- des **locations de biens ou droits incorporels** (nos 5040 s.) ;
- enfin, du cas particulier des **locations consenties pour un loyer très faible** (nos 5200 s.).

I. LOCATIONS DE BIENS MEUBLES CORPORELS

PRINCIPE

3150 De manière générale, les locations de biens meubles corporels, neufs ou d'occasion, constituent des opérations soumises à la TVA. Il en est ainsi, en particulier, des locations de tous matériels, de véhicules, de wagons, d'animaux, de livres, de films, de vêtements (cette liste n'est évidemment pas limitative).

L'imposition en France peut cependant se trouver supprimée, dans certains cas, par l'effet des règles de **territorialité** (nos 24000 s.).

> Précisions Constitue une **location de biens meubles corporels** la cession au locataire, par le propriétaire du bien (ou par la personne qui en dispose, par exemple, dans le cadre d'un contrat de leasing), contre un loyer et pour une durée convenue, du droit d'utiliser celui-ci et d'en exclure d'autres personnes (CJUE 20-1-2021 aff. 288/19 : RJF 4/21 n° 440).

EXEMPLES

Le tableau ci-après présente, à titre d'illustrations, une **liste** de locations de biens meubles corporels dont l'assujettissement à la TVA a été confirmé par l'administration ou par la jurisprudence. 3165

Nature des locations	Références
a. Location d'objets mobiliers	
Locations de **grues** aux entreprises de construction	BOI-TVA-CHAMP-10-10-50-30 n° 10
Locations d'**appareils orthopédiques** ou médicaux	
Locations de **livres** et de **films**	
Locations de **bateaux de plaisance** habitables naviguant sur plans d'eau intérieurs (house-boats)	
Locations de **maquettes** ou ensembles composés d'éléments électroniques ou « **dioramas** »	CE 20-10-1976 n° 96665 : RJF 12/76 n° 531
b. Location de matériaux et d'éléments préfabriqués	
Locations de **matériaux** et d'**éléments préfabriqués** utilisés pour la réalisation de locaux légers et transportables	Rép. Vacant : AN 15-9-1979 n° 17184, non reprise au Bofip mais dont la solution nous paraît conserver sa valeur
Location des éléments préfabriqués et des **matériels nécessaires à la réalisation d'un bâtiment démontable**	CE 20-12-1985 n° 41055 : RJF 2/86 n° 167
Le fait que le locataire ait doté ces bâtiments d'une base de fixation en béton et de murs en parpaings, donnant ainsi le caractère d'immeuble par nature à l'ensemble des bâtiments construits, ne modifie pas le caractère mobilier des éléments démontables loués. *En ce qui concerne la location d'un bâtiment préfabriqué incorporé au sol, voir* n° 3220, d.	
c. Location de véhicules	
Associé mettant contre rémunération **son véhicule personnel à la disposition de sa société,** ce véhicule étant affecté aux besoins de ses fonctions dans l'entreprise, laquelle en supportait les frais d'utilisation	CE 28-6-1978 nos 7854 à 7857 : RJF 11/78 n° 466
L'associé soutenait que les sommes qui lui étaient versées par la société correspondaient au remboursement par cette dernière des frais d'utilisation du véhicule. Cet argument a été écarté car la société supportait elle-même ces frais. Les sommes qu'elle versait en plus à son associé rémunéraient donc la location pour les besoins de la société du véhicule appartenant à l'associé.	
Mise à disposition rémunérée de véhicule **consentie par les garagistes** réparateurs **à leurs clients**	Rép. Hunault : AN 16-7-1984 n° 47736, non reprise au Bofip mais dont la solution nous paraît conserver sa valeur
Mise à disposition rémunérée de véhicule **consentie par un employeur à ses salariés**	CAA Lyon 30-3-2017 n° 15LY02973 : RJF 12/17 n° 1172 CJUE 20-1-2021 aff. 288/19 cité au n° 3150
Dans l'arrêt susvisé, la CJUE a précisé que, dans une telle hypothèse, le paiement du loyer peut s'entendre non seulement d'un paiement de la part du salarié, mais également de la renonciation par ce dernier à une partie de sa rémunération ou à d'autres avantages offerts par l'employeur, que la durée de location peut ne pas être précisément délimitée dans le temps mais dépendre du contrat de travail et que la condition liée au droit d'utiliser le bien n'interdit pas à l'employeur d'imposer une utilisation du véhicule à des fins professionnelles mais suppose néanmoins que celui-ci demeure en permanence à la disposition du salarié, y compris pour ses besoins privés.	

Nature des locations	Références
d. Location d'animaux	
Locations d'animaux faites **à des laboratoires** qui procèdent à des recherches sur les maladies animales	BOI-TVA-CHAMP-10-10-50-30 n° 20
Location de **taureaux de combat** ou de vaches pour les spectacles de courses landaises	
Location pure et simple **de chevaux** faite par un exploitant agricole, une association hippique ou un centre équestre	

II. LOCATIONS IMMOBILIÈRES

3200 Le régime des locations immobilières repose sur la distinction fondamentale entre :

– d'une part, les **locations d'immeubles aménagés,** qu'il s'agisse d'immeubles bâtis (nos 3250 s.) ou de terrains (nos 3550 s.), qui constituent des opérations de nature commerciale et, à ce titre, normalement soumises à la TVA (voir toutefois l'étude particulière consacrée aux **locations meublées à usage d'habitation** qui dérogent assez largement à ce principe dans la mesure où elles bénéficient de larges exonérations : nos 91500 s.) ;

– d'autre part, les **locations de terrains non aménagés et de locaux nus** qui présentent, sous réserve d'exceptions limitées (locations d'emplacements pour le stationnement des véhicules, locations d'immeubles nus réputées commerciales), un caractère civil et bénéficient d'une exonération de la TVA (nos 3650 s.).

Les **locations de terres et bâtiments à usage agricole** (spécialement équipés à cette fin ou non) sont soumises, pour leur part, à un régime spécifique : elles bénéficient normalement d'une exonération de la TVA, sauf option des bailleurs pour le paiement de la taxe (nos 4560 s.).

Avant d'analyser en détail le régime de TVA applicable à chacun de ces types de location, nous nous arrêterons sur la **notion de location immobilière** telle qu'elle résulte de la jurisprudence de la CJUE et de l'article 13 ter du règlement UE/282/2011 du 15 mars 2011 (voir nos 3210 s.).

NOTION DE LOCATION D'IMMEUBLES AU SENS DE LA DIRECTIVE TVA

3210 **Notion de « biens immeubles »** Sont considérés comme biens immeubles pour l'application de la directive TVA :

a. Toute **partie déterminée de la terre,** située à ou sous sa surface, à laquelle peuvent être attachés des droits de propriété et de possession (voir n° 3215, a).

b. Tout **immeuble ou** toute **construction fixé(e) au sol** ou dans le sol au-dessus ou au-dessous du niveau de la mer, qui ne peut être aisément démonté(e) ou déplacé (e) (voir n° 3215, b).

c. Tout **élément installé** et **faisant partie intégrante d'un immeuble** ou d'une construction sans lequel l'immeuble ou la construction est incomplet, tel que portes, fenêtres, toitures, escaliers et ascenseurs (voir n° 3215, c).

d. Tout élément, matériel ou **machine, installé à demeure** dans un immeuble ou une construction qui ne peut être déplacé sans destruction ou modification de l'immeuble ou de la construction (voir n° 3215, d) (Règl. UE/282/2011 art. 13 ter).

Remarque : À noter que cette définition s'inspire très largement des critères dégagés par la jurisprudence de la CJUE notamment en matière de location de biens immeubles (voir n° 3220 et, en particulier, les points d et g).

3215 **>Précisions a.** Le terme « **terre** » inclut le **sol proprement dit** (toute parcelle de terre, y compris les terres recouvertes d'eau) ainsi que les biens fixés, intégrés ou enracinés dans le sol (arbres et cultures notamment) et le **sous-sol** (puits de pétrole, nappes phréatiques, minerais et autres ressources).
La notion de « **droits de propriété et/ou de possession** », fait référence à celle de transfert du pouvoir de disposer d'un bien corporel comme un propriétaire. Il peut ainsi y avoir transfert du pouvoir de disposer d'un bien corporel comme un propriétaire, même s'il n'y a pas transfert de la propriété juridique du bien. Les biens immeubles inaliénables, comme les **biens publics** ainsi que les biens pour lesquels, au moment de l'appréciation, personne ne détient de droits de propriété ou de possession

3215 (suite)

effectifs mais auxquels de tels droits peuvent être attachés peuvent également être qualifiés de biens immeubles (Notes explicatives du 26-10-2015 nos 49 à 63).

b. Un **immeuble** peut être défini comme une structure (artificielle) disposant d'un toit et de murs, comme une maison ou une usine. Le terme « **construction** » a un sens plus large et englobe d'autres structures (artificielles) qui ne sont généralement pas qualifiées d'immeubles. Elles peuvent inclure les ouvrages de génie civil tels que les routes, ponts, aéroports, ports, digues, gazoducs, systèmes d'approvisionnement en eau et systèmes d'égouts, ainsi que les installations industrielles telles que les centrales électriques, les éoliennes, les raffineries, etc.

Les immeubles et les constructions sont considérés comme des biens immeubles **dans tous leurs éléments constitutifs,** à savoir non seulement la structure de l'immeuble ou de la construction, mais également chaque élément installé et faisant partie intégrante de l'immeuble ou de la construction ou installé à demeure, pour constituer un tout de sorte que, en l'absence de ces éléments, l'immeuble ou la construction serait incomplet ou son intégrité serait modifiée (exemples : briques, ciment, béton, colonnes, poutres, murs, planchers, charpente, systèmes d'égouts, conduites d'eau, raccordement à l'égout, systèmes de drainage, tubes de chauffage ou de refroidissement, conduites de ventilation, câblage interne).

Un **immeuble incomplet** (par exemple, sans toit ou fenêtres, comme les monuments anciens) peut être qualifié de bien immeuble, pour autant qu'il soit fixé au sol ou dans le sol. Tel sera le cas des immeubles en cours de construction, qui deviennent des biens immeubles à mesure que les travaux de construction progressent et que la structure est fixée au sol ou dans le sol.

Un immeuble ou une construction peut être **fixé(e) au sol** ou dans le sol par différentes méthodes (utilisation de ciment, fixations telles que cordes, chaînes, boulons ou ancrages). Ce qui est toutefois déterminant pour qualifier une structure de bien immeuble, c'est de savoir si l'immeuble ou la construction peut **être ou non aisément démonté(e) ou déplacé(e).** Il n'est cependant pas nécessaire que la structure soit indissociablement incorporée au sol : il convient seulement de vérifier si les dispositifs d'immobilisation ne peuvent pas être enlevés aisément, c'est-à-dire **sans fournir d'efforts et sans supporter des coûts non négligeables** (Notes explicatives du 26-10-2015 nos 64 à 79, 81 et 82).

Pour l'appréciation du caractère aisément démontable ou déplaçable, il peut être tenu compte des éléments suivants : la nécessité de recourir à des compétences ou des outillages professionnels, le coût total de l'opération de démantèlement ou de déplacement par rapport au coût des éléments démontés ou déplacés, le temps nécessaire, le fait que les opérations de démantèlement ou de démontage entraîneraient la destruction ou une réduction considérable de la valeur de l'immeuble ou de la construction (Notes explicatives précitées n° 80 ; BOI-TVA-CHAMP-20-50-30 n° 130).

c. Un **élément installé** dans un immeuble ou une construction désigne un élément placé ou fixé en position et prêt à l'emploi dans l'immeuble ou la construction. Il peut généralement être enlevé ou remplacé. L'utilisation et la finalité d'une structure déterminent les éléments qui en font **partie intégrante.**

Pour que des éléments puissent être considérés comme des biens immeubles il convient de vérifier si, en leur absence, la **nature de l'immeuble** ou de la construction serait en elle-même **modifiée** de sorte que l'immeuble ou la construction ne serait plus adapté(e) à la fonction pour laquelle il ou elle a été conçu(e).

Les exemples donnés à l'article 13 ter, c (portes, fenêtres, toitures, escaliers et ascenseurs) font partie des éléments de finition sans lesquels certains immeubles ou certaines constructions seraient considérés comme incomplets. Ce sont des éléments dont l'installation ne contribue pas à la structure de l'immeuble mais qui complètent ou équipent cet immeuble. À titre d'exemples, on peut également citer comme éléments de finition les isolations, les cloisons, les revêtements muraux et de sol, les systèmes électriques, sanitaires, les aérations ou installations thermiques (Notes explicatives du 26-10-2015 nos 83 à 94).

d. Les éléments, le matériel et les machines sont des éléments qui remplissent une tâche ou une **fonction spécifique indépendante de l'immeuble** dans lequel ils sont situés. Même s'ils sont physiquement attachés au bien immeuble, ils ne visent pas à améliorer l'utilisation ou l'exploitation de ce bien, mais ont une fonction précise et sont destinés à durer. Il est déterminant de se demander si l'enlèvement de l'élément installé de manière permanente dans l'immeuble lui causerait un dommage certain.

L'expression « à demeure » pourrait être interprétée de façon **subjective,** en faisant référence à l'**intention** de la personne d'installer l'élément de manière permanente, ou de façon objective, en faisant référence à la période de temps pendant laquelle l'élément est installé. Dans le cas des éléments installés dans des immeubles ou constructions **utilisés à des fins d'activités économiques,** il convient de privilégier un **critère objectif** pour déterminer quels types d'éléments sont susceptibles d'être installés à demeure. Le matériel industriel et les machines industrielles ont des **durées de vie** économique/utile plus courtes que les immeubles ou constructions dans lesquels ils sont utilisés. Dans ce contexte, l'expression « à demeure » signifierait que les éléments sont utilisés pendant un certain temps au cours de l'activité économique pour laquelle ils ont été acquis.

Le critère déterminant quant au **caractère permanent** de cette installation est la question de savoir si ces éléments, ce matériel ou ces machines peuvent être **enlevés sans destruction ou modification de l'immeuble** ou de la construction dans lequel ils sont installés.

Contrairement à la « destruction » qui couvre des situations dans lesquelles le bien subit de graves dommages ou une modification importante de ses caractéristiques physiques, la « **modification** » est un processus moins radical. Cela signifie souvent la modification de la nature ou de la composition de l'immeuble, généralement d'une manière relativement moins importante que pour la destruction, mais toujours **significative.** Les **efforts,** le **temps ou** le **coût nécessaires pour réparer l'immeuble** ou la construction pourraient être utiles pour déterminer si la modification est significative ou non. Le fait que l'enlèvement de l'élément cause un **dommage certain à l'élément lui-même** peut être un indicateur supplémentaire, par exemple si, une fois enlevé, l'élément doit être réparé, n'a aucune valeur, est inutile ou n'a plus la même fonction.

En revanche, un **dommage ou** un **changement mineur** n'est pas en soi suffisant (Notes explicatives du 26-10-2015 n°s 95 à 112).

En ce qui concerne l'incidence de cette nouvelle définition sur la territorialité des **livraisons de biens après montage ou installation,** voir n° 19405.

3220 **Notion de « location » de biens immeubles** Selon la jurisprudence de la CJUE, la location de biens immeubles se définit au sens de la directive TVA comme le **droit** donné par le propriétaire d'un immeuble au locataire, **contre rémunération** et pour une **durée convenue,** d'**occuper** cet **immeuble** comme s'il était un propriétaire et d'exclure toute autre personne du bénéfice de ce droit. La Haute Juridiction européenne a tiré d'importantes **conséquences de cette définition** qui prévaut, en matière de TVA, sur celles en vigueur dans les droits nationaux.

a. Péages routiers

Les péages routiers ne peuvent **pas** bénéficier de l'**exonération** prévue par l'article 135, 1-l et 2 de la directive TVA pour les locations de biens immeubles. En effet, les contrats prévoyant la mise à disposition d'une infrastructure routière, qui sont caractérisés par l'**absence de prise en compte de la durée de la jouissance du bien immeuble,** élément essentiel du contrat de location, ne peuvent être inclus dans la notion de « location de biens immeubles » (CJUE plén. 12-9-2000 aff. 358/97 : RJF 12/00 n° 1536).

b. Constitution d'un droit réel pour une durée limitée

Les articles 135, 1-l et 2 et 137, 1-d de la directive TVA ne s'opposent pas à une disposition nationale qui, pour l'application de l'exonération de la TVA, permet d'assimiler à l'affermage et à la location de biens immeubles la **constitution, pour une durée convenue et contre rémunération, d'un droit réel conférant** à son titulaire **un pouvoir d'utilisation** sur un bien immeuble tel que le **droit d'usufruit** (CJUE 4-10-2001 aff. 326/99 : RJF 1/02 n° 122).

c. Engagement de prendre à bail, contrat d'option ou reprise d'un bail moyennant rémunération

N'entrent dans la notion de « location de biens immeubles » exonérée de TVA en vertu de l'article 135, 1-l et 2 de la directive TVA ni l'accord par lequel une entreprise accepte de prendre un immeuble à bail moyennant versement d'une somme d'argent par le propriétaire (à supposer d'ailleurs qu'il s'agisse vraiment d'une prestation de services), ni le contrat d'option pour prendre un immeuble à bail moyennant versement de fonds par le propriétaire, débloqués lors de la levée de l'option par le locataire, ni le contrat par lequel un locataire rémunère un tiers pour qu'il se porte cessionnaire de son bail (CJUE 9-10-2001 aff. 409/98 et 108/99 : RJF 1/02 n° 124).

d. Location d'un bâtiment préfabriqué incorporé au sol

La location d'un bâtiment construit à base d'**éléments préfabriqués incorporés au sol** de manière à n'être **ni aisément démontables ni aisément déplaçables** constitue une location de bien immeuble au sens de la directive TVA, même si ce bâtiment doit être enlevé à la fin du contrat de location et réutilisé sur un autre terrain (CJUE 16-1-2003 aff. 315/00 : RJF 4/03 n° 523).

Remarque : Décision rendue à titre préjudiciel pour l'application de la TVA en Allemagne, pays dont le Code civil dispose que ne constituent pas des immeubles les choses qui ne sont attachées au fonds et au sol que dans un but provisoire. La CJUE réaffirme ainsi la **primauté des concepts communautaires** sur les droits civils nationaux.

e. Droit d'installation d'un distributeur automatique

Ne constitue pas une location de biens immeubles au sens de la directive TVA le contrat par lequel le propriétaire d'un établissement octroie au propriétaire d'un **distributeur de cigarettes** le **droit d'installer** ce distributeur et d'en **assurer le fonctionnement** et la maintenance dans son établissement pour une période de deux ans, en échange d'un pourcentage des bénéfices bruts résultant de la vente de cigarettes et d'autres produits à base de tabac, sans toutefois que le propriétaire du distributeur se voie octroyer des droits de possession ou de contrôle autres que ceux qui ont été expressément prévus dans le contrat (CJUE 12-6-2003 aff. 275/01 : RJF 10/03 n° 1195).

Remarque : Dans le cas de l'installation de machines automatiques, le propriétaire du local n'accorde pas à l'exploitant des machines la jouissance exclusive d'un emplacement déterminé, mais accepte d'accueillir les machines. L'occupation d'une partie de la surface ne constitue en réalité qu'un moyen de mettre en œuvre la prestation qui constitue l'objet du contrat, à savoir garantir l'exercice du droit de vente exclusive de cigarettes dans l'établissement par l'installation et la maintenance de distributeurs automatiques, en échange d'un pourcentage des bénéfices. **3220** (suite)

f. Droit d'occupation précaire

Constituent des opérations de « location de biens immeubles » au sens de la directive TVA les opérations par lesquelles une société octroie simultanément, par des contrats différents à des sociétés qui lui sont liées, un **droit précaire d'occupation** sur le même immeuble contre le paiement d'une **indemnité** fixée principalement **en fonction de la surface occupée** et lorsque ces contrats, tels qu'ils sont exécutés, ont essentiellement pour objet la **mise à disposition passive de locaux** ou de surfaces d'immeubles, moyennant une rémunération liée à l'écoulement du temps et non une prestation de services susceptible de recevoir une autre qualification (CJUE 18-11-2004 aff. 284/03 : RJF 2/05 n° 206).

Remarque : Cette décision a conduit la Cour à préciser certains éléments de la définition communautaire de la location d'immeuble :

- la durée d'occupation peut ne pas être expressément fixée dans le contrat ;
- la rémunération peut être calculée accessoirement selon d'autres paramètres que la durée d'occupation ;
- la pluralité d'occupants ne fait pas obstacle à l'occupation exclusive.

Sur les questions de la durée et de la rémunération, la Cour réaffirme un élément fondamental de la notion de location : la mise à disposition, de manière relativement passive, d'un immeuble déterminé, pour une certaine durée.

g. Emplacements pour l'amarrage et l'entreposage de bateaux

La notion de « location de biens immeubles » au sens de la directive TVA englobe la **location d'emplacements** prévus **pour l'amarrage de bateaux** sur l'eau, ainsi que d'emplacements pour l'entreposage de ces bateaux à terre dans l'aire portuaire (CJUE 3-3-2005 aff. 428/02 : RJF 5/05 n° 517).

Cette notion comprend également la **location d'une péniche et du ponton auquel elle est fixée** au moyen d'attaches non aisément amovibles fixées à la berge et au bassin d'un fleuve, dès lors que cette péniche est **exclusivement affectée,** selon les termes du contrat de bail, **à l'exploitation permanente d'un restaurant-discothèque** sur cet emplacement. Une telle péniche ne constitue **pas un véhicule** au sens de la directive TVA. La location en cause constitue une prestation unique exonérée, sans qu'il y ait lieu de distinguer la location de la péniche de celle du ponton (CJUE 15-11-2012 aff. 532/11 : RJF 2/13 n° 245).

h. Droit d'occupation et d'utilisation de zones du domaine public maritime

Relève de la notion de « location de biens immeubles » au sens de la directive TVA une relation juridique dans le cadre de laquelle une personne se voit accorder le droit d'occuper et d'utiliser, y compris de manière exclusive, un bien public, à savoir des zones du domaine maritime, **pour une durée déterminée** et moyennant rémunération (CJUE 25-10-2007 aff. 174/06 : RJF 1/08 n° 103).

i. Location d'un stade de football

Ne constitue pas, en principe, une location de biens immeubles au sens de la directive TVA la mise à disposition, à titre onéreux, d'un stade de football en vertu d'un contrat réservant certains **droits et prérogatives au propriétaire** et prévoyant notamment des **services de maintenance,** de **nettoyage,** d'**entretien et** de **mise aux normes** représentant 80 % de l'indemnisation contractuellement prévue. La location du stade est ici considérée comme l'accessoire d'un service complexe de fourniture d'accès à des installations sportives (CJUE 22-1-2015 aff. 55/14 : RJF 4/15 n° 374).

j. Services d'hébergement en centre de données

Ne constituent pas, en principe, des services de location de biens immeubles des services d'hébergement en centre de données dans le cadre desquels le prestataire de ces services met à la disposition de ses clients, afin qu'ils y installent leurs serveurs, des baies de brassage et leur fournit des biens et des services accessoires (électricité, services destinés à assurer l'utilisation de ces serveurs dans des conditions optimales, etc.) dès lors qu'un tel prestataire ne procède **pas** à une **mise à disposition passive** d'une surface ou d'un emplacement à ses clients et que les **baies de brassage** ne font **pas partie intégrante de l'immeuble** dans lequel elles sont installées et n'y sont **pas** non plus **installées à demeure** (CJUE 2-7-2020 aff. 215/19 : RJF 2/21 n° 230).

k. Critères permettant de qualifier de prestation unique une location et des prestations liées

Faisant application des critères généraux exposés aux nos 1280 s., la CJUE considère qu'une location de biens immeubles et les prestations de services liées à cette location peuvent constituer une prestation unique au regard de la TVA lorsqu'elles sont si étroitement liées qu'elles forment objectivement une prestation économique indissociable ou lorsque les prestations de services doivent être regardées comme l'accessoire de la location d'immeuble.

Pour déterminer si les prestations fournies constituent plusieurs prestations principales distinctes ou une prestation unique, il importe de rechercher les **éléments caractéristiques de l'opération** concernée et de prendre en compte l'ensemble des **circonstances dans lesquelles se déroulent la location et les prestations** qui l'accompagnent, le contenu du contrat de bail, les modalités de facturation et de tarification des prestations en cause ainsi que la faculté ou non pour le locataire de choisir le prestataire pouvant constituer des indices en ce qui concerne l'appréciation du caractère unique ou non de la prestation (CJUE 11-6-2009 aff. 572/07 : RJF 10/09 n° 900 ; CJUE 27-9-2012 aff. 392/11 : RJF 1/13 n° 119 ; CJUE 17-1-2013 aff. 224/11 : RJF 4/13 n° 449).

Au regard des éléments dégagés dans les arrêts précités, la Cour distingue ainsi deux principaux cas de figure :

– si le locataire a la **faculté** de **choisir** ses **prestataires et/ou** les **modalités d'utilisation** des biens ou des **services** en cause, les prestations s'y rapportant peuvent, en principe, être considérées comme distinctes de la location. Tel est le cas en particulier si le locataire peut décider de ses consommations concernant les **prestations individualisables** (compteurs individuels ou facturation en fonction de la consommation pour l'eau, l'électricité, le chauffage, etc.). Pour les **prestations collectives** (nettoyage des parties communes, ramassage des déchets, etc.), il y a lieu de les considérer comme distinctes de la location si le locataire a le choix du prestataire ou la possibilité de conclure un contrat directement avec lui et si les factures qui lui sont adressées mentionnent la fourniture de ces services dans des postes distincts du loyer. À cet égard, la Cour précise toutefois que le simple fait qu'un tiers pourrait, en principe, fournir certaines prestations de services n'est pas en lui-même déterminant et que la seule circonstance que le non-paiement des charges locatives permette au bailleur de résilier le contrat de location n'empêche pas que les prestations soient considérées comme distinctes ;

– si un bien **immeuble** offert à la location **apparaît objectivement,** sur un plan économique, **former un tout** avec les **prestations** qui l'accompagnent (par exemple, bureaux « clefs en main », locations de courte durée, bailleur tenu d'avoir recours aux prestataires désignés par une copropriété), ces dernières peuvent être considérées comme constituant une prestation unique avec la location (CJUE 16-4-2015 aff. 42/14 : RJF 7/15 n° 666).

A. Locaux à usage professionnel aménagés

3250 Les locations de locaux à usage professionnel (magasins, ateliers, salles de spectacles, etc.) **munis de mobilier,** du **matériel ou des installations nécessaires à** l'exercice de **l'activité** constituent des prestations de services soumises à la TVA, même dans le cas où tous les autres éléments du fonds ne sont pas compris dans la location (BOI-TVA-CHAMP-10-10-50-30 n°s 40 et 50).

3255 La question de savoir si un local à usage professionnel est aménagé a donné lieu à de nombreuses solutions jurisprudentielles ou administratives.

Jusqu'à l'intervention d'un **arrêt du Conseil d'État du 26 décembre 2013** (n° 360124 : RJF 3/14 n° 234), la Haute Assemblée définissait les locaux ou terrains aménagés comme étant ceux qui étaient « munis de l'essentiel des équipements immobiliers et mobiliers et du matériel nécessaires à l'exploitation à laquelle ils étaient destinés ». Mais le terme « essentiel » était ambigu et avait conduit à des **solutions jurisprudentielles peu homogènes** dans l'appréciation de l'existence de mobilier nécessaire à l'exploitation, si bien qu'il était difficile d'en extraire des critères objectifs permettant de faire la distinction entre locaux aménagés (dont la location est taxable) et locaux non aménagés (dont la location est exonérée).

Afin de préciser sa jurisprudence, le Conseil d'État a donc modifié, avec l'**arrêt du 26 décembre 2013** précité, la formule qu'il utilisait jusqu'alors. Il a ainsi substitué à la formule locaux ou terrains « munis de l'essentiel des équipements immobiliers et mobiliers et du matériel nécessaires à l'exploitation à laquelle ils sont destinés », la formule : **locaux** ou terrains « **pourvus des aménagements nécessaires,** c'est-à-dire de **ceux sans lesquels l'exploitation commerciale** à laquelle ils sont destinés **n'est pas possible** ». Cette dernière formule est en adéquation avec la doctrine administrative exposée au n° 3250. L'idée est qu'il existe une gradation dans l'équipement d'un local ou d'un terrain. À partir d'un certain seuil d'équipement, l'exploitation commerciale devient possible. La circonstance qu'un niveau supérieur d'équipement aurait permis d'améliorer l'exploitation commerciale demeure sans incidence.

Nous présentons aux nos 3280 s. un certain nombre de solutions jurisprudentielles ou administratives, regroupées par catégorie d'établissements, qui ont été rendues ou données antérieurement à l'arrêt du Conseil d'État du 26 décembre 2013 précité, mais qui, au regard du critère dégagé par cette décision, nous paraissent conserver leur valeur.

SALLES AMÉNAGÉES

Sont imposables à la TVA les locations de **salles meublées à usage de réunion** (BOI-TVA-CHAMP-10-10-50-30 n° 60). **3280**

SALLES DE SPECTACLES

Sont soumises à la TVA les locations de **salles de spectacles aménagées** pour recevoir les spectateurs ou auditeurs (BOI-TVA-CHAMP-10-10-50-30 n° 60). **3290**

Il a ainsi été jugé que la location, aux fins d'exploitation, d'une **salle de cinéma munie de certaines installations** nécessaires à cette exploitation, **et notamment de fauteuils,** est passible de la TVA. La circonstance que la société locataire s'engage, en contrepartie du prix de location, fixé de façon forfaitaire, à effectuer à son compte des travaux de rénovation du cinéma, et notamment à fournir de nouveaux fauteuils, lesquels resteront en fin de bail la propriété de la société bailleresse, est sans effet sur la consistance des biens loués et, par suite, sur le caractère taxable de la location (CE 24-2-1967 n° 64979).

Doit être également considérée comme imposable à la TVA la location d'**immeuble à usage de casino et de théâtre** muni d'une partie importante du mobilier et des installations nécessaires à leur fonctionnement (CE 8-5-1967 n° 51883 ; BOI-TVA-CHAMP-10-10-50-30 n° 60). **3295**

LOCAUX À USAGE DE BUREAUX

Une SCI louait des bureaux à usage commercial par des **baux portant sur des locaux nus.** En même temps, elle obligeait chaque preneur à passer avec une autre société, composée pour partie des mêmes associés, une **seconde convention prévoyant** pendant toute la durée d'occupation des lieux **la mise à disposition du preneur du mobilier et de certains services** contre paiement de sommes fixées à 20 % du loyer. **3320**

Le Conseil d'État a jugé qu'en l'espèce la preuve du **caractère fictif de la séparation des deux contrats** de location était établie : la SCI devant être considérée comme ayant assuré en fait la location de bureaux meublés, les loyers perçus présentaient bien un caractère commercial les rendant passibles de la TVA (CE 25-3-1983 n° 30787 : RJF 6/83 n° 775 ; BOI-TVA-CHAMP-10-10-50-30 n° 60).

La **société** qui – se comportant en locataire **sous-louant en meublé** – donne en location en son nom propre **des locaux à usage de bureaux** sis dans un immeuble ne lui appartenant pas, locaux **munis** par ses soins **de mobilier,** et qui fournit en outre diverses **prestations de services,** sans individualiser la part du loyer afférent aux surfaces nues, doit être regardée comme procédant à des opérations de location commerciale (CE 20-2-1985 n° 44227 : RJF 4/85 n° 548). **3325**

LOCAUX SPORTIFS

Doit être considérée comme imposable à la TVA en tant que location d'immeubles aménagés la **location de courts de tennis** moyennant **redevances horaires ou saisonnières** (BOI-TVA-CHAMP-10-10-50-30 n° 60). **3340**

HALLS ET STANDS D'EXPOSITION

Accomplit des actes relevant d'une profession commerciale et passibles, par suite, de la TVA la **société qui exploite un** immeuble formant **hall d'exposition** avec stands et comptoirs, **au moyen de contrats de location qui,** tantôt lui **permettent de percevoir un droit d'entrée** du hall, tantôt lui assurent une **participation aux droits perçus** à l'entrée des locaux donnés en location, tantôt, enfin, prévoient une **occupation simplement temporaire** des stands (CE 25-3-1946 n° 68273 ; BOI-TVA-CHAMP-10-10-50-30 n° 60). **3360**

Selon l'administration, sont de même passibles de la TVA les **locations de vitrines** consenties par certains assujettis (hôtels, théâtres, etc.) même si elles sont effectuées à titre précaire (BOI précité n° 60).

LOCAUX À USAGE DE CLINIQUE

La location d'un immeuble en vue de son exploitation à usage de clinique est imposable à la TVA dès lors que l'immeuble comprend des **installations spécialisées** (CE 27-1-1967 n° 64998 ; BOI-TVA-CHAMP-10-10-50-30 n° 60). **3370**

CABINETS ÉQUIPÉS MIS À LA DISPOSITION DE PRATICIENS

3380 Une société civile constituée en vue de la **location d'un cabinet dentaire muni de son matériel d'exploitation** et fournissant à des praticiens l'ensemble des moyens nécessaires à l'exercice de leur profession exerce une activité de fourniture d'un ensemble de moyens de nature commerciale la rendant passible de la TVA (CE 26-7-1991 n° 81732 : RJF 10/91 n° 1210).

3385 Exerce une activité commerciale soumise à la TVA une **société civile qui met plusieurs cabinets dentaires à la disposition de chirurgiens-dentistes** qui n'en sont pas les associés, moyennant le prélèvement d'une partie des honoraires perçus par ces praticiens (CE 8-7-1992 n° 90391 : RJF 10/92 n° 1333).

3390 Le **médecin radiologue qui met ses locaux à la disposition de certains confrères** moyennant le paiement de **redevances** destinées à couvrir les frais d'usage, d'entretien, d'amortissement, d'assurances, etc., doit être regardé comme se livrant à une activité commerciale et le montant des redevances qu'il perçoit doit être soumis à la TVA (Rép. David : AN 2-2-1957 n° 1914 ; BOI-TVA-CHAMP-10-10-50-30 n° 60).

3395 Les sommes perçues en contrepartie de la **mise à disposition d'un cabinet médical équipé** constituent des recettes de nature commerciale. Elles sont donc imposables à la TVA même si l'opération n'a pas pour objet, ni pour résultat, la réalisation d'un profit (CE 4-6-1986 n° 74126).

3400 En ce qui concerne :

– les **redevances pour clinique ouverte** : voir n° 9960 ;

– les redevances perçues dans le cadre d'un **contrat de collaboration** : voir n° 9260 ;

– les **conventions d'exercice conjoint** et les rétrocessions d'honoraires **en cas de remplacement occasionnel** : voir n°s 9270 et 9280.

SOUS-LOCATION D'UN LOCAL AMÉNAGÉ PAR LE LOCATAIRE

3410 L'**entreprise qui** prend en location un immeuble nu, y effectue d'importants aménagements et **sous-loue à un tiers la partie de l'immeuble qu'elle n'utilise pas** réalise une opération de sous-location commerciale **dès lors que les locaux sous-loués sont munis des agencements et matériels nécessaires à leur utilisation** pour le tiers sous-locataire. Les sommes que celui-ci lui verse et qui correspondent au remboursement d'une fraction (proportionnelle à la surface occupée), d'une part, du loyer versé au propriétaire et, d'autre part, des charges de fonctionnement supportées sont donc passibles de la TVA (CE 18-2-1987 n° 44446 : RJF 4/87 n° 384).

B. Terrains aménagés

3550 Les locations de terrains aménagés ne peuvent être considérées comme des revenus de la terre et sont donc soumises à la TVA (BOI-TVA-CHAMP-10-10-50-30 n° 80).

Sur la notion de « terrains aménagés » retenue par le Conseil d'État, voir n° 3255.

TERRAINS DE CAMPING

3555 Sont soumises à la TVA les locations de terrains de camping pourvus d'aménagements tels que **sanitaires, emplacements,** etc. (BOI-TVA-CHAMP-10-10-50-30 n° 80).

3560 Le Conseil d'État a notamment jugé imposable la location par une association à un exploitant d'un terrain de camping comportant des **réseaux,** des **blocs sanitaires** et des **locaux à usage collectif** suffisants pour permettre le classement du terrain, même si la valeur des aménagements est sans rapport avec la valeur vénale, très supérieure, du terrain, et si les exploitants successifs ont complété ces aménagements (CE 26-1-1990 n° 78653-82699-82700 : RJF 3/90 n° 274).

TERRAINS DE SPORT

3580 Un **terrain** sur lequel ont été réalisés des travaux d'aménagement d'une importance telle qu'il puisse être **directement exploité à usage de golf** présente le caractère d'un terrain aménagé dont la location est obligatoirement imposable à la TVA en application des articles 256, 256 A et 261 D, 2° du CGI. Cela étant, l'appréciation de l'importance des travaux d'aménagement est une question de fait (Rép. Albouy : AN 3-2-1992 n° 48461, non reprise au Bofip mais dont la solution nous paraît conserver sa valeur).

3585 En ce qui concerne les locations de **courts de tennis,** voir n° 3340.

TERRAIN AMÉNAGÉ POUR L'ENTRAÎNEMENT À LA CONDUITE

3595 Un terrain, donné en location à une société d'auto-école, a reçu les aménagements nécessaires à son utilisation pour une activité d'entraînement à la conduite sur site propre, dès lors que ce terrain avait fait l'objet d'aménagements préalables à sa location, consistant, après la réalisation de **travaux de terrassement,** à créer une **piste d'entraînement goudronnée** plane, dotée d'un **réseau d'évacuation** des **eaux pluviales,** conçue pour être utilisée par des motos, des voitures et des camions et disposant d'une **aire de stationnement,** l'ensemble étant clôturé et fermé par deux portails. Des **marquages au sol** délimitaient les **circuits** permettant de pratiquer divers exercices de conduite. L'absence de locaux d'accueil pour les clients et de hangars pour les véhicules et autres matériels utilisés pour l'apprentissage de la conduite ne fait pas obstacle à l'exploitation commerciale du terrain par la société d'auto-école locataire (CE 26-12-2013 n° 360124 : RJF 3/14 n° 234).

C. Locations de terrains non aménagés et de locaux nus

L'article 261 D, 2° du CGI exonère de la TVA « les locations de terrains non aménagés et de locaux nus ». **3650**

Le principe de l'exonération est toutefois assorti de deux exceptions concernant :

- d'une part, les locations d'emplacements pour le stationnement des véhicules ;
- d'autre part, certaines locations faites dans des conditions telles qu'un caractère commercial est susceptible de leur être attribué.

Pour certaines des locations immobilières exonérées en vertu de l'article 261 D, 2° du CGI, les bailleurs ont la faculté d'acquitter volontairement la TVA par voie d'option (nos 4100 s.).

1. LOCATIONS EXONÉRÉES

L'exonération prévue par l'article 261 D, 2° du CGI s'applique en principe à toutes les opérations **3670**
de location de terrains non aménagés et de locaux nus dès lors qu'elles s'analysent en des opérations de caractère civil (BOI-TVA-CHAMP-30-10-50 n° 30).

a. Nature des biens loués

IMMEUBLES NUS À USAGE PROFESSIONNEL

L'exonération de l'article 261 D, 2° du CGI concerne, notamment, la location de **locaux** à usage **3690**
industriel ou commercial **dépourvus de tout matériel ou mobilier** qui est une opération de nature civile, non imposable de plein droit à la TVA (CE 16-11-1983 n° 36970 : RJF 1/84 n° 29).

Sur le **critère de l'aménagement,** se reporter d'une façon générale aux nos 3250 s.

LOCAUX NUS À USAGE D'HABITATION

La **distinction,** au regard de la TVA, entre les **locations de logements nus** et les locations de **3700**
logements meublés a **perdu** une grande part **de son intérêt** depuis l'intervention de l'article 48-I de la loi 90-1169 du 23 décembre 1990, dont les dispositions (codifiées à l'article 261 D, 4° du CGI) exonèrent dans une large mesure les locations de logements meublés ou garnis à usage d'habitation.

Nous rappelons néanmoins aux nos 3705 s. quelques solutions administratives et jurisprudentielles concernant les locations de locaux nus à usage d'habitation.

En ce qui concerne la **location** de locaux nus dont la destination finale est le **logement meublé,** voir nos 91860 s.

La location nue d'immeubles à usage d'habitation revêt, **en toute hypothèse,** un **caractère civil.** **3705**
Il en est ainsi notamment lorsqu'un **promoteur** ou un **marchand de biens** loue des appartements de son stock en attendant de les vendre (BOI-TVA-CHAMP-30-10-50 n° 30).

Les **locaux d'habitation** qui comportent des éléments mobiliers n'ayant pas pour effet de leur **3710**
conférer un **minimum d'habitabilité** sont assimilés à des locaux nus (Rép. Desanlis : AN 28-1-1980 n° 17701 ; BOI-TVA-CHAMP-30-10-50 n° 110 a contrario). Leur location bénéficie donc de l'exonération de la TVA prévue à l'article 261 D, 2° du CGI.

N'est pas une location meublée mais une location nue, et donc une opération civile non **3715**
susceptible d'être imposable à la TVA, la **location** d'un immeuble d'habitation **à une personne qui a,** indépendamment du bail, **la jouissance de tous les meubles** contenus dans cet immeuble (CE 23-1-1985 n° 38889 : RJF 3/85 n° 390). Au cas particulier, le preneur était un des grands-parents du bailleur.

b. Qualité du loueur

3750 La **qualité du loueur** n'a pas d'incidence sur l'exonération prévue par l'article 261 D, 2° du CGI. Il s'ensuit, par exemple, que bénéficient de l'exonération dans les conditions de droit commun :

– les **organismes de crédit-bail immobilier** (en ce sens, Rép. Vadepied : Sén. 11-1-1977 n° 21336 ; BOI-TVA-SECT-50-10-20 n° 70) ;

– les **promoteurs** ou **marchands de biens** qui louent des appartements de leur stock en attendant de les vendre (n° 3705).

3755 De même, le fait que la **location** soit **réalisée par une société commerciale** ne peut, en aucun cas, avoir à lui seul pour conséquence de rendre commerciale et imposable à la TVA une location nue (BOI-TVA-CHAMP-30-10-50 n° 30).

Cette doctrine administrative fait notamment écho aux arrêts suivants du Conseil d'État :

a. Une **agence immobilière** exploitée par une **SARL** qui perçoit des commissions et honoraires à l'occasion de la mise en location de locaux nus lui appartenant et correspondant à l'intervention de son personnel – notamment pour la passation et la rédaction des baux – est passible de la TVA sur ces **recettes** qui sont **détachables** des actes de location eux-mêmes, ces derniers conservant un caractère civil (CE 14-10-1977 n° 99686 : RJF 11/77 n° 591).

b. Ne sont pas imposables à la TVA car elles présentent un caractère civil les **locations** de locaux nus à usage d'habitation même lorsqu'ils sont inscrits à l'actif d'une société commerciale dès lors que ces locations sont **sans lien avec l'activité** exercée par cette société (CE 22-10-1975 n° 93471 : RJF 12/75 n° 554).

c. Les opérations de location d'immeubles nus présentent en principe un caractère civil et conservent ce caractère même si, le bailleur étant une société ou une entreprise commerciale, leur **produit** est **compris dans les bénéfices imposables** de la société ou de l'entreprise. En revanche, elles peuvent perdre leur caractère civil lorsqu'elles doivent être regardées comme non détachables de l'activité du bailleur (CE 9-11-1977 n° 99721 : RJF 12/77 n° 647).

d. La société, dont l'objet statutaire principal est de sous-louer des locaux préalablement aménagés et équipés par ses soins, ne saurait être recherchée en paiement de la TVA au titre des loyers qu'elle perçoit pour les **locations de locaux nus** auxquelles elle procède également **à titre exceptionnel,** ces dernières locations constituant en effet des actes civils détachables de son activité commerciale (CE 25-1-1984 n° 34645 : RJF 3/84 n° 288).

c. Sous-location

3790 L'exonération prévue par l'article 261 D, 2° du CGI s'applique en cas de **sous-location d'immeubles nus** comme en cas de location proprement dite (CE 16-11-2005 n° 257532 : RJF 2/06 n° 130 ; BOI-TVA-CHAMP-50-10 n° 20).

Remarque : La décision susvisée du 16 novembre 2005 concerne la sous-location par un crédit-preneur **de locaux nus pris en crédit-bail.** À l'appui de cette solution, qui s'applique à tous les cas de sous-location, le Conseil d'État a relevé que la location visée par l'article 261 D, 2° du CGI s'entend, au sens de l'article 135, 1-l et 2 de la directive TVA, de la concession faite à un preneur, pour une durée et moyennant une rémunération convenues, du droit d'occuper des locaux à titre exclusif, quelle que soit la qualité en laquelle le donneur a la faculté d'accorder ce droit. En conséquence, la location au sens de la directive TVA englobe la sous-location.

2. LOCATIONS IMPOSABLES

3830 L'article 261 D, 2° du CGI prévoit deux exceptions au principe de l'exonération des locations de locaux nus ou de terrains non aménagés, qui concernent :

– d'une part, les locations d'emplacements pour le stationnement des véhicules (n°s 3850 s.) ;

– d'autre part, certaines locations faites dans des conditions telles qu'un caractère commercial est susceptible de leur être attribué (n°s 3940 s.).

a. Locations d'emplacements pour le stationnement des véhicules

3850 Les locations d'emplacements pour le stationnement des véhicules sont en principe imposables à la TVA à titre obligatoire, même si elles revêtent un caractère civil. Ces locations sont en effet expressément exclues du bénéfice de l'exonération prévue à l'article 261 D, 2° du CGI. Toutefois, certaines exceptions viennent nuancer le principe d'imposition de ces locations.

PRINCIPE DE L'IMPOSITION

Les locations d'emplacements pour le stationnement des véhicules sont imposables à la TVA **quelle que soit la nature du véhicule** pour le stationnement duquel l'emplacement est loué (automobiles, bateaux, avions, caravanes, etc.). 3860

Il en est ainsi pour toutes les locations de l'espèce, consenties à titre onéreux :

- quels que soient les **caractéristiques** ou le type **de l'emplacement loué** (garages individuels, boxes, simples emplacements, en sous-sol, en surélévation ou en surface) ;
- que la location s'accompagne ou non de **prestations commerciales annexes** telles que le gardiennage et la mise à disposition d'installations permettant l'entretien, la réparation ou le ravitaillement en carburant des véhicules ;
- quel que soit le **statut juridique** de la **personne qui loue les emplacements** (collectivités locales, sociétés commerciales, sociétés civiles ou simples particuliers, etc. ; pour les collectivités locales, voir toutefois n°s 3900 s.) ;
- quels que soient la **périodicité** de la location (à l'heure, à la journée, au mois) ou son mode de rémunération (parcmètres, loyer à la journée ou au mois) (BOI-TVA-CHAMP-10-10-30 n° 150).

Remarques : 1. L'interprétation large de la notion de véhicules a été confirmée par la CJUE, celle-ci jugeant que cette notion englobe les bateaux (CJUE 3-3-2005 aff. 428/02 : RJF 5/05 n° 517).

2. Les **frais de contrôle de stationnement irrégulier** perçus par une société privée chargée de l'exploitation d'un parc de stationnement en cas de non-respect par les automobilistes des conditions générales d'utilisation dudit parc sont soumis à la TVA (CJUE 20-1-2022 aff. 90/20 : RJF 4/22 n° 415).

Dans le cas d'une **prestation combinant le stationnement de véhicules** dans un parking situé à l'extérieur d'un aéroport et **le transport des voyageurs** entre ce parking et l'aéroport, dont le prix est exclusivement calculé en fonction de la durée de stationnement du véhicule, la prestation fournie doit être considérée comme une prestation complexe unique dans laquelle le service de stationnement est prédominant (CJUE ord. 19-1-2012 aff. 117/11 : RJF 6/12 n° 668). Cette prestation relève, par conséquent, pour son prix total, du régime applicable aux locations d'emplacements pour le stationnement de véhicules (en France imposition au taux normal). 3865

Remarque : En l'**espèce,** deux sociétés britanniques fournissaient des services de stationnement aux usagers d'aéroports dans des parcs sécurisés situés en dehors de la zone de l'aéroport. Les clients déposaient leur véhicule dans ces parcs et étaient transportés, en autobus ou minibus, jusqu'aux terminaux d'aéroport. À leur retour, l'exploitant du parc allait les chercher pour les raccompagner jusqu'à leur véhicule. Le tarif demandé aux clients était exclusivement lié à la durée du stationnement du véhicule dans le parc, le nombre de passagers à déposer à l'aéroport n'étant pas pris en compte et le transport jusqu'aux terminaux n'étant pas facturé séparément. On observera que ce type de prestations est également fourni dans plusieurs aéroports français.

EXCEPTIONS

Le principe de l'imposition à la TVA de toutes les locations d'emplacements pour le stationnement des véhicules comporte deux exceptions qui concernent respectivement : 3870

- les locations d'emplacements liées à une location non imposable (n°s 3875 s.) ;
- les locations d'emplacements consenties par les collectivités locales (n°s 3900 s.).

Bien entendu, les bailleurs d'emplacements de stationnement non concernés par ces exonérations spécifiques peuvent néanmoins échapper à la taxation lorsqu'ils bénéficient de la **franchise de TVA** prévue par l'article 293 B du CGI (n°s 47600 s.).

Locations d'emplacements liées à une location non imposable La CJUE a jugé que les **locations** d'emplacements pour le stationnement des véhicules **étroitement liées à celles, elles-mêmes exonérées, de biens immeubles destinés à un autre usage** (habitation ou professionnel) ne doivent pas être soumises à la TVA (les deux locations formant alors une opération économique unique). Tel est le cas si, d'une part, l'emplacement pour le stationnement des véhicules et l'immeuble destiné à un autre usage font partie d'un même ensemble immobilier et si, d'autre part, ces deux biens sont loués au même locataire par le même propriétaire (CJUE 13-7-1989 aff. 173/88 : RJF 10/89 n° 1183). 3875

Tirant les conséquences de la décision de la CJUE analysée au n° 3875, l'administration fiscale précise que la location d'un emplacement pour le stationnement des véhicules est exonérée dès lors qu'elle est **étroitement liée à la location,** elle-même obligatoirement **exonérée,** d'un **local** : 3880

- nu à usage d'habitation ;

– nu à usage professionnel lorsque l'option pour le paiement volontaire de la TVA prévue à l'article 260, 2° du CGI n'a pas été exercée ;
– meublé ou garni à usage d'habitation (BOI-TVA-CHAMP-10-10-30 n° 170).

3885 En pratique, la location d'un emplacement pour le stationnement des véhicules étroitement liée à la location non soumise à la TVA d'un local destiné à un autre usage est exonérée dès lors que les **conditions** suivantes sont réunies :
– les emplacements sont situés dans le **même ensemble immobilier** ;
– les emplacements sont donnés en location par le **même bailleur** ;
– les emplacements sont pris en location par le **même locataire** ;
– les **emplacements** sont l'**accessoire des locaux** à usage d'habitation ou professionnel, qui constituent l'**objet principal du bail.** L'existence de **baux** ou de **loyers distincts** ne s'oppose pas, par elle-même, à ce que cette condition puisse être satisfaite (BOI-TVA-CHAMP-10-10-30 n° 180).

3890 L'exception prévue en faveur des **locations d'emplacements** de stationnement de véhicules **liées à celles de logements,** elles-mêmes non soumises à la TVA, joue dans tous les cas où il existe un **lien juridique** et un lien **matériel** entre la location du logement et celle du garage. Ce lien est établi lorsqu'un propriétaire donne en location à une même personne un logement et un garage et que ces locaux sont situés dans le même immeuble ou le même ensemble immobilier.

En vertu de ces principes, les locations de parkings sont imposables à la TVA quand un même propriétaire loue à une même personne une habitation et un garage dans des **immeubles distincts** et faisant l'objet, dans certains cas, d'un bail distinct, ou lorsque **deux propriétaires** louent dans un même immeuble et à la même personne, l'un un garage et l'autre, une habitation.

En revanche, lorsqu'un particulier loue un **local** ou un **terrain nu destiné à l'entrepôt de véhicules** en attente de réparation ou de vente, sans que la destination de la location soit précisée, la situation est différente. En effet, dans la mesure où le **terrain** loué ne possède **pas les caractéristiques d'un emplacement réservé au stationnement** des véhicules et où le **bail ne spécifie pas la destination** du local, la location est exonérée, sauf si le bailleur a **opté** pour l'imposition, conformément aux dispositions de l'article 260, 2° du CGI (Rép. Philibert : AN 8-9-1980 n° 26608, non reprise au Bofip).

Remarque : S'agissant des terrains destinés au stockage de véhicules, le tribunal administratif de Lyon a retenu une position différente. Il a en effet jugé que, sauf si elle est étroitement liée à celle, elle-même exonérée, de biens immeubles destinés à un autre usage (n° 3875), la location d'emplacements pour le stationnement de véhicules est soumise à la TVA, même s'il s'agit, comme en l'espèce, d'une **aire utilisée** pour le **stationnement de véhicules destinés à être transformés** ou **aménagés** (TA Lyon 7-9-1999 n° 93-727 : RJF 11/99 n° 1349).

Même si elle n'a pas été reprise au Bofip, la réponse ministérielle Philibert susvisée qui précise que la location d'un terrain destiné au stockage de véhicules est exonérée nous paraît continuer à refléter la position des services fiscaux. Cependant, elle n'est plus juridiquement opposable à l'administration.

3900 **Locations d'emplacements consenties par les collectivités locales** Il convient, en ce qui concerne ces locations, de distinguer le stationnement dans les parcs aménagés spécialement à cet effet du stationnement sur les voies publiques affectées à la circulation.

a. Stationnement dans les parcs publics aménagés. – Dans ce cas, la location des emplacements de stationnement représente un service rendu aux usagers. Le fait que ces parkings soient généralement bâtis sur le domaine public, dont ils constituent une dépendance, ne peut faire perdre aux redevances de location le caractère de **rémunération pour services rendus.** Le Conseil d'État a écarté l'analyse qui aurait conduit à considérer ces redevances comme des taxes.

La location d'emplacements publics de stationnement des véhicules ne peut donc être considérée comme un service administratif susceptible d'être placé en dehors du champ d'application de la TVA en vertu de l'article 256 B du CGI (BOI-TVA-CHAMP-10-10-30 n° 190).

Remarques : **1.** Les locations d'emplacements pour le stationnement des véhicules sont également imposables de plein droit en application des dispositions de l'article 261 D, 2° du CGI lorsqu'elles sont consenties par une **entreprise agissant en tant que concessionnaire** d'une collectivité locale (Rép. Masson : Sén. 31-5-2005 n° 17032 et Rép. Zimmermann : AN 7-6-2005 n° 64603, non reprises au Bofip mais dont la solution nous paraît conserver sa valeur).

2. La mise en place d'une **première « heure gratuite de stationnement »** n'est pas de nature à remettre en cause le **droit à déduction** de l'exploitant au titre de la TVA grevant les dépenses d'investissement et de fonctionnement afférentes à l'activité (Rép. Mouiller : Sén. 8-11-2018 n° 5054).

b. Stationnement sur les voies publiques. – Dans ce second cas, les **droits perçus en contrepartie des autorisations de stationner** pendant un temps limité, sur la chaussée réservée à la circulation, ont avant tout un caractère dissuasif et répondent à un objectif de régulation de la circulation et du stationnement. Cette activité doit donc être rattachée à l'exercice du pouvoir de police du maire et considérée comme un service administratif hors du champ d'application de la TVA en vertu de l'article 256 B du CGI (BOI précité ; Rép. Masson : Sén. 29-4-2021 n° 20990 ; doctrine confirmée par la CJUE : voir n° 3905).

Confirmant la doctrine exposée au n° 3900, la CJUE a jugé que la location d'emplacements destinés au stationnement des véhicules est une **activité** qui, lorsqu'elle est **exercée par** un **organisme de droit public,** est accomplie par celui-ci **en tant qu'autorité publique,** au sens de l'article 13, 1-al. 1 de la directive TVA, si cette activité est accomplie dans le cadre d'un régime juridique propre aux organismes de droit public. Tel est le cas lorsque l'exercice de cette activité comporte l'usage de prérogatives de puissance publique, comme celles consistant à autoriser ou à limiter le **stationnement sur une voie ouverte à la circulation publique** ou à sanctionner par une amende le dépassement du temps de stationnement autorisé (CJUE 14-12-2000 aff. 446/98 : RJF 3/01 n° 421). 3905

> **Précisions** Le critère permettant de déterminer si des organismes de droit public exercent des activités « en tant qu'autorités publiques » est en principe l'accomplissement de l'activité dans le cadre d'un **régime juridique national propre aux organismes de droit public,** se distinguant des conditions juridiques d'activité des opérateurs privés (voir n° 10380).
> S'il appartient au juge national de qualifier les activités de locations d'emplacement pour le stationnement des véhicules au regard du critère dégagé par la CJUE, celle-ci donne deux indications. D'une part, cette qualification ne dépend pas de la propriété ou du régime domanial des terrains sur lesquels sont situées les places de stationnement : domaine public, domaine privé de la commune, ou terrains appartenant à des particuliers. D'autre part, et comme déjà dit, la soumission à un régime de droit public peut résulter du fait que l'activité comporte l'usage de prérogatives de puissance publique (réglementation de la voie publique, amendes).
> Appliquant ces principes, le Conseil d'État juge que l'**exploitation** par une commune **de parkings payants,** activité dont les modalités ne comportent pas l'usage de prérogatives de puissance publique et ne se distinguent pas de celles qui pourraient être mises en œuvre par des opérateurs privés, doit être assujettie à la TVA. Est sans incidence le fait que la commune use de ses prérogatives de puissance publique (exercice de son pouvoir de police) sur d'autres parties de son territoire en interdisant le stationnement sur la voie publique afin d'inciter les usagers à stationner sur les emplacements payants qu'elle a réalisés (CE 16-2-2015 n° 364793 : RJF 5/15 n° 395).

b. Locations d'immeubles nus réputées commerciales

L'article 261 D, 2° du CGI (issu de la loi 78-1240 du 29-12-1978) exclut du bénéfice de l'exonération prévue en faveur des locations de terrains non aménagés et de locaux nus : 3940

- les locations d'immeubles nus qui constituent pour le bailleur un moyen de poursuivre, sous une autre forme, l'exploitation d'un actif commercial ;
- celles qui constituent pour le bailleur un moyen d'accroître ses débouchés ;
- celles consenties par des bailleurs qui participent aux résultats de l'entreprise locataire.

Ces trois cas d'exclusion de l'exonération confirment le caractère imposable reconnu par la jurisprudence rendue pour l'application de l'article 256 du CGI, dans sa rédaction applicable avant le 1er janvier 1979, à certaines locations auxquelles était attribué un caractère commercial.

Avant de revenir plus en détail sur chacun de ces cas d'imposition, il importe de souligner qu'ils n'ont pas de frontières extrêmement précises et que de nombreuses solutions jurisprudentielles peuvent indifféremment se rattacher à l'un ou l'autre des cas d'imposition. Le classement par critère d'imposition retenu dans la présente rubrique ne saurait donc dispenser d'un examen approfondi de l'ensemble des conditions de fait et de droit propres à chaque location.

LOCATIONS CONSTITUANT POUR LE BAILLEUR UN MOYEN DE POURSUIVRE L'EXPLOITATION D'UN ACTIF COMMERCIAL

L'article 261 D, 2° du CGI exclut en premier lieu de l'exonération de TVA les locations de locaux nus qui constituent pour le bailleur un moyen de poursuivre, sous une autre forme, l'exploitation d'un actif commercial. Cette formulation se réfère à un ancien courant de jurisprudence selon lequel la personne qui, ayant fait **apport** à une société **de** son **fonds de commerce,** donne en **location à la même société** l'immeuble nécessaire à l'exploitation de ce fonds, poursuit sous une autre forme l'exploitation de l'actif commercial qu'elle détenait auparavant (voir n° 3955). 3950

La loi du 29 décembre 1978 citée au nº 3940 a, en quelque sorte, entériné cette jurisprudence que le Conseil d'État avait paru abandonner au profit d'une approche plus globale en considérant que la « poursuite de l'exploitation sous une autre forme » ne pouvait avoir que la portée limitée d'un indice et qu'il convenait de juger du caractère imposable d'une location nue en fonction de l'ensemble des circonstances de fait (nº 3960). Comme on le verra en examinant sa jurisprudence la plus récente, la Haute Juridiction se réfère à nouveau à la « notion de poursuite sous une autre forme de l'exploitation d'un actif commercial », mais en limitant, judicieusement selon nous, son application à l'hypothèse d'abus de droit (nº 3965).

Remarque : Si l'article 261 D, 2° du CGI confirme les principaux critères d'imposition définis par la jurisprudence rendue pour l'application des règles antérieures à 1979, il ne reprend pas la présomption de commercialité précédemment attachée aux locations réalisées par une société à forme commerciale lorsque la société n'apporte pas la preuve que ces locations sont étrangères à son objet. Ce critère, utilisé dans d'anciennes décisions (CE 18-3-1963 nº 34869 ; CE 8-12-1967 nº 64941), est désormais clairement abandonné.

3955 **Jurisprudence rendue pour l'application des règles antérieures à 1979** Dans un premier temps, le Conseil d'État retenait deux **présomptions de commercialité** tirées, l'une, de la concomitance entre l'apport d'un fonds de commerce à une société et la location, à celle-ci, d'un immeuble nu (voir notamment les arrêts du 21-12-1959 et du 28-5-1962 ci-dessous), l'autre, du maintien de l'immeuble nu dans le patrimoine commercial de l'exploitation (arrêt du 9-7-1971, a contrario).

ILLUSTRATIONS

Une société qui a fait **apport** à une autre société de l'**établissement industriel** et commercial qu'elle exploitait et lui a donné en **location** les **terrains et constructions nécessaires** à son exploitation doit être regardée comme ayant accompli un acte de caractère commercial, bien que le bail ne porte que sur les terrains et immeubles nus, cette circonstance n'étant pas de nature à faire disparaître la **connexité** existant entre ce même bail et l'apport en société.

CE 21-12-1959 nº 87331

Accomplit un acte commercial la personne qui, faisant **apport d'un fonds** de commerce à une société, dont elle détient la **majorité du capital,** loue à celle-ci les bâtiments nécessaires à son exploitation ; la circonstance que ces locaux soient nus n'est pas de nature à faire disparaître le **lien existant entre la location et l'apport du fonds de commerce,** ces deux actes constituant en réalité une seule opération.

CE 28-5-1962 nº 49153

Demeure une opération civile génératrice de revenus fonciers et non passible de la TVA la **location de locaux à usage industriel et commercial** mais dépourvus de tous éléments nécessaires à leur exploitation par un réparateur de machines agricoles à une société dont il est le fondateur et le président-directeur général et qui a pour objet l'entretien et la réparation du matériel agricole, dès lors que l'entreprise exploitée par la société, située dans une commune éloignée de celle de l'entreprise personnelle du réparateur, est distincte de celle-ci qui continue à fonctionner, que les locaux loués ne figurent plus à l'actif de ladite entreprise personnelle et que le loyer, d'un montant **normal,** ne comporte **aucune participation aux résultats** ou au chiffre d'affaires de la société.

CE 9-7-1971 nº 79894

3960 Les présomptions analysées au nº 3955 ont ensuite été écartées au profit d'un **critère objectif de commercialité** constitué à titre principal par la participation aux résultats de l'entreprise (voir notamment les illustrations ci-dessous), critère repris à l'article 261 D, 2° du CGI (nºˢ 4000 s.).

Par cet infléchissement de sa jurisprudence, le Conseil d'État a donc reconnu que la simple location d'un immeuble nu précédemment exploité par le bailleur ne présente pas un caractère commercial lorsque le bail n'a pas pour effet d'associer ce dernier à la gestion et aux résultats de l'entreprise locataire.

ILLUSTRATIONS

Un contribuable qui, ayant conservé la **majorité du capital** social ainsi que la **direction** d'une société, loue à ladite société des immeubles dépourvus de tous éléments d'exploitation qui avaient été préalablement **transférés du patrimoine commercial de la société au patrimoine privé** de l'intéressé n'exerce pas une activité de caractère commercial dès lors que le **loyer** est **normal** et ne comprend **aucune clause destinée à associer le bailleur aux résultats** de l'exploitation.

CE 3-3-1971 nº 75437

Le **président-directeur général et principal actionnaire** d'une société qui loue à cette dernière des immeubles dépourvus de tous éléments d'exploitation et dont le bail ne comporte **aucune**

clause ayant pour effet d'associer le bailleur aux résultats de l'exploitation n'accomplit pas un acte relevant d'une activité industrielle ou commerciale.
Les recettes provenant de cette location ne sont donc pas imposables aux taxes sur le chiffre d'affaires, dès lors que le loyer est normal. Il en est ainsi alors même que l'**immeuble** dans lequel le bailleur continuait d'exercer à titre personnel une autre activité commerciale a été **maintenu dans son patrimoine commercial.**

CE 13-3-1974 n° 90490

Jurisprudence rendue pour l'application des règles actuelles Compte tenu de l'introduction dans le texte même de l'article 261 D, 2° du CGI du principe d'imposition des « locations qui constituent pour le bailleur un moyen de poursuivre sous une autre forme l'exploitation d'un actif commercial », la question se posait de savoir si le Conseil d'État allait renouer avec son ancienne jurisprudence (n° 3955) au risque de soumettre à la TVA des locations qualifiées de civiles en matière d'impôt sur le revenu. 3965

La réponse a été apportée par une décision du 25 mai 1983 qui, tout en reprenant la notion de « poursuite sous une autre forme de l'exploitation d'un actif commercial », réduit la présomption de commercialité aux **hypothèses où il y a abus de droit.** Après avoir rappelé que les revenus procurés par la location de terrains occupés par des carrières ou ballastières, y compris les recettes correspondant à la concession du droit d'exploitation, sont en principe des revenus fonciers non passibles de la TVA, le Conseil d'État juge qu'il en est ainsi en l'espèce alors même que :

– d'une part, la **redevance d'extraction** est **proportionnelle au tonnage extrait,** cette seule circonstance, traditionnelle eu égard à l'ancien article 115 du Code minier, ne suffisant pas à faire regarder le bailleur comme participant aux résultats de l'entreprise locataire ;

– d'autre part, le **terrain** loué a été, préalablement à sa location, **transféré du patrimoine commercial au patrimoine privé du bailleur,** l'administration ne soutenant **pas** que ce transfert aurait été effectué **dans des conditions constitutives d'un abus de droit** conduisant à admettre que le bailleur aurait poursuivi en réalité son exploitation commerciale antérieure (CE 25-5-1983 n° 28930 : RJF 7/83 n° 873).

Remarques : **1.** La décision ne peut qu'être approuvée dans la mesure où elle protège les anciens exploitants qui louent leurs immeubles professionnels contre une présomption de commercialité qui n'a pas de raison d'être lorsque aucune clause du bail ne les associe aux résultats de l'entreprise locataire.

2. À propos du critère relatif à la participation du bailleur aux résultats du locataire (n°s 4000 s.), la rédaction de l'arrêt paraît impliquer qu'il n'a pas été jugé rempli parce que le bailleur ne participait pas autrement que sous la forme prévue au Code minier aux résultats de l'entreprise locataire.

Dans le prolongement de la jurisprudence « constructive » du Conseil d'État, la cour administrative d'appel de Lyon a jugé que la location de locaux nus ne peut pas être regardée comme un moyen pour le bailleur de poursuivre, sous une autre forme, l'exploitation d'un actif commercial ou d'accroître ses débouchés, au sens de l'article 261 D, 2° du CGI, dès lors que les **locaux** ont été loués seulement parce qu'ils **n'étaient plus utiles au bailleur** pour son exploitation (CAA Lyon 23-10-2003 n° 98-407 : RJF 10/04 n° 981). 3970

LOCATIONS CONSTITUANT POUR LE BAILLEUR UN MOYEN D'ACCROÎTRE SES DÉBOUCHÉS

Ce cas d'imposition était déjà appliqué par le Conseil d'État avant l'intervention de la loi du 29 décembre 1978 citée au n° 3940. Ainsi, dans un arrêt du 29 avril 1977 (n° 4030), la Haute Juridiction fonde l'imposition de locations nues à des commerçants sur deux arguments : 3980

– les **locataires** de locaux nus loués par un magasin à grande surface **bénéficient d'un apport de clientèle** du fait de la proximité du commerce du bailleur et leurs **loyers** sont de ce fait **plus élevés** que ceux de locaux à usage commercial ordinaires ;

– le **bailleur bénéficie en retour d'un apport de clientèle** de la part de ses locataires et « l'ensemble commercial intégré » ainsi formé lui permet d'accroître ses débouchés (BOI-TVA-CHAMP-10-10-30 n° 130).

Remarque : Le critère fondé sur l'extension des débouchés était déjà sous-jacent dans un arrêt de 1941 concernant une brasserie qui donnait à bail des locaux à usage de débit de boissons dans des conditions telles qu'il existait des liens de connexité certains entre l'octroi du droit au bail et l'exercice d'actes de commerce tendant à accroître les débouchés de la société (CE 4-7-1941 n° 53659).

3985 Dans le cas d'un ensemble intégré, où la **location** de locaux est **aménagée de façon à stimuler les affaires commerciales du bailleur** (sélection des activités du locataire, aménagements favorisant la circulation du public entre la portion louée et celle qui ne l'est pas, etc.), le bailleur, qui détient d'ailleurs 50 % du capital de la société locataire, est imposable à la TVA sur les loyers perçus (CE 26-11-1982 n° 28224 : RJF 1/83 n° 42).

LOCATIONS CONSENTIES PAR DES BAILLEURS QUI PARTICIPENT AUX RÉSULTATS DE L'ENTREPRISE LOCATAIRE

4000 L'article 261 D, 2° du CGI prévoit une troisième exception à l'exonération des locations de locaux nus lorsque le bailleur participe aux résultats de l'entreprise locataire. Il s'agit, là encore, de la confirmation par le législateur d'une solution issue de la jurisprudence du Conseil d'État.

Selon l'administration, ce cas d'imposition trouve à s'appliquer lorsque le **bailleur** est **associé,** sous une forme ou une autre, et notamment par le mode de détermination du loyer, **aux profits ou aux aléas de la gestion commerciale de l'entreprise** locataire (en ce sens, BOI-TVA-CHAMP-10-10-30 n° 130). Compte tenu de ces principes, le montant de la **location** d'un établissement thermal, d'un casino et d'hôtels consentie par une collectivité locale, **moyennant un loyer indexé sur les recettes** de l'exploitation, doit être soumis à la TVA (Rép. Maroselli : Sén. 3-4-1966 n° 5567, non reprise au Bofip mais dont la solution nous paraît conserver sa valeur).

Nous présentons aux nos 4010 s. plusieurs décisions de jurisprudence qui illustrent les conditions posées par le juge administratif pour établir la participation du bailleur aux résultats de l'entreprise locataire.

4010 **Locations jugées imposables** Sont imposables les loyers perçus par une société qui donne en location un **immeuble** commercial **à usage de casino** comprenant un restaurant, un théâtre et des salles de jeux – alors même que la plus grande part des meubles meublants aurait été fournie par la société locataire – l'immeuble commercial comprenant dès l'origine des installations techniques en ordre de marche, la **partie mobile** du loyer étant calculée à raison de 18 % du montant des bénéfices de la société locataire, cette dernière prenant en charge certaines des dépenses incombant au propriétaire, et l'attribution de deux sièges au conseil d'administration de la société locataire étant prévue dans une convention annexe.

En effet, cette **association** étroite de la société bailleresse à la **gestion** du casino et aux profits réalisés par celui-ci constituait un **mode particulier d'exploitation** du commerce installé dans les bâtiments loués (CE 15-7-1960 n° 37664).

4015 La location d'un ensemble d'immeubles servant à l'exploitation d'une station thermale à une compagnie, dont le bailleur préside le conseil d'administration, moyennant un **loyer fixe** et une **redevance annuelle** égale à 30 % des recettes brutes et qui ne saurait être inférieure chaque année à 80 % de celle versée l'année précédente, doit être regardée, même si le bailleur n'est pas propriétaire du fonds de commerce de la station thermale et si les locaux loués ne suffisent pas à eux seuls à permettre le fonctionnement normal d'une exploitation, comme associant le bailleur à la gestion de la station et constituant un **mode particulier d'exploitation de son actif commercial** par le bailleur (CE 7-12-1962 n° 53680).

4020 Sont imposables à la TVA les loyers perçus par un négociant en boissons, brasseur, pendant la période où il donne en **location des locaux,** à usage de **débit de boissons,** les baux faisant **obligation** aux locataires de **s'approvisionner** en boissons **à sa brasserie,** leur interdisant le transfert hors des locaux loués de la licence et obligeant les locataires à restituer cette licence à la fin du bail, et pendant la période ultérieure où il a fait **apport** de sa brasserie **à une société** dont il reçoit des **actions représentant** la valeur commerciale du **droit exclusif d'approvisionnement** qui se trouve transféré à la société bénéficiaire de l'apport (CE 1-7-1970 nos 77743 et 77744).

4025 La personne qui loue à la société anonyme dont elle est président-directeur général et dont elle détient la quasi-totalité des actions des locaux dans lesquels cette société exerce son activité industrielle accomplit un acte de nature commerciale et, par suite, est imposable aux taxes sur le chiffre d'affaires dès lors qu'elle **participe aux résultats de la société locataire.** Il en est ainsi lorsque le **bail stipule un loyer de 2 % du chiffre d'affaires** de la société et qu'en fait le bailleur a, par deux fois au cours de la période d'imposition litigieuse, **renoncé à la perception de loyers** qui lui étaient dus pour pallier les difficultés de la société locataire (CE 13-3-1974 n° 90766).

4030 Les locations portant sur des **locaux nus** situés dans un bâtiment construit aux **alentours** immédiats d'un **supermarché** et consenties par la société anonyme exploitant ce magasin **à des commerçants** et divers prestataires de services (pressing, salons de coiffure, banques, etc.) sont imposables à la TVA, dès lors que les activités des locataires forment avec celle de la société bailleresse un **ensemble commercial intégré** facilitant les activités de cette dernière et qu'en contrepartie de l'**apport de clientèle** qui leur est procuré par le supermarché, les **loyers** réclamés à ces commerçants et prestataires sont **plus élevés** que si les locaux livrés n'avaient pas été situés à proximité du magasin (CE plén. 29-4-1977 n° 275 : RJF 6/77 n° 343).

Une société avait loué un **terrain,** sur lequel elle avait déjà entrepris des travaux de gros œuvre pour le rendre propre à recevoir un **golf,** à une association sportive qui avait aménagé le golf et le gérait. **4035**

Le président de l'association était un membre influent de la société et il ressortait de plusieurs éléments (**destination du terrain** imposée au preneur ; **calcul des redevances** à verser par ce dernier en pourcentage du montant des cotisations des joueurs) que la société était en fait associée aux résultats de cette exploitation.

Jugé en conséquence que la location présentait un caractère commercial et était passible de la TVA (CE 16-6-1982 n° 24192 : RJF 8-9/82 n° 781).

Remarque : Le Conseil d'État n'a pas estimé que les **travaux d'aménagement** effectués par la société sur le terrain étaient suffisants pour faire du terrain un local spécialement aménagé dont la location aurait été de ce seul fait commerciale, mais a retenu le critère de la location-participation aux résultats.

La location de terrains nus présente un caractère commercial lorsque le **bailleur participe** indirectement, sous le couvert de la location consentie, à la gestion et **aux résultats d'une entreprise commerciale** exploitée par le preneur. Tel est le cas de la location d'un terrain par une SCI à une SA exploitant un supermarché, ces deux sociétés étant contrôlées par les mêmes personnes, pour laquelle le bail stipule un **loyer calculé en pourcentage du chiffre d'affaires** du preneur et prévoit l'attribution gratuite en fin de bail au bailleur des locaux réalisés par le preneur (CE 9-12-1991 n° 65556 : RJF 2/92 n° 190). **4040**

Locations jugées non imposables La société qui **loue des immeubles** à une autre société (coopérative fromagère) par **bail emphytéotique,** après lui avoir **vendu le matériel et les installations mobiles** les garnissant, n'est pas soumise à la TVA sur les loyers car ce **mode de location,** qui marque une **renonciation pour une longue durée** par la société bailleresse à l'utilisation desdits immeubles pour son commerce, ne peut être regardé comme un moyen d'exploitation normal même indirect d'un actif commercial et constitue un acte de gestion civile. Il en est ainsi alors même que les **baux** sont **indexés** (sur le prix du blé) et imposent à la coopérative une affectation précise des locaux (CE 26-6-1968 n°s 73865 et 73866). **4045**

Ne sont pas imposables à la TVA les recettes provenant de la location d'immeubles à usage de débits de boissons lorsque les **baux portent sur les seuls immeubles** à l'exclusion de tout autre élément d'exploitation et prévoient des **loyers d'un montant normal, sans** que soit stipulée une quelconque **participation aux résultats** de l'exploitation des locataires. Il en va ainsi alors même que les baux comportent une clause obligeant ces derniers à **s'approvisionner** auprès de la SARL constituée par le bailleur avec ses enfants et à laquelle il a fait apport du fonds de **négoce de boissons** qu'il exploitait jusque-là, car cette clause qui n'implique pas une participation aux résultats des débits de boissons ne permet pas, bien qu'elle soit favorable aux intérêts de la société, de regarder l'ensemble des stipulations comme ayant conduit à la formation d'un **ensemble économique intégré** (CE 12-12-1979 n° 15225 : RJF 2/80 n° 89). **4050**

Le fait de donner à bail un terrain et des immeubles nus, le bail ne portant pas sur les **moyens d'exploitation** (propriété d'une tierce entreprise qui les loue au même preneur), moyennant un loyer qui ne fait **aucune référence aux résultats** de l'exploitation du preneur, est une opération civile. Les loyers ne sont donc pas passibles de la TVA, alors même que le bailleur concède par ailleurs au preneur une **marque** et des **procédés de fabrication** dont il conserve la propriété, moyennant une **redevance proportionnelle** au prix des produits vendus. **4055**

Cette solution n'est pas affectée par la circonstance que le bailleur soit une **société anonyme** (CE 3-12-1982 n°s 28085 et 28086 : RJF 2/83 n° 198).

Un bailleur ne peut pas être considéré comme **participant aux résultats** de l'entreprise locataire lorsque le **loyer** prévu par le bail est **fixe.** Il en est ainsi même s'il a été amené à consentir une diminution de ce loyer à la suite d'un incendie des biens loués. **4060**

Par ailleurs, la circonstance que le **principal actionnaire** de la société locataire soit également l'un des associés majoritaires de la société civile bailleresse ne suffit pas à donner au bail conclu le caractère d'un bail commercial pour l'assujettissement à la TVA (CE 2-12-1988 n° 43745 : RJF 2/89 n° 159).

La circonstance que le **bailleur** de locaux nus **détient la quasi-totalité du capital** du preneur ne permet pas, à elle seule, de considérer que le bailleur participe aux résultats de l'entreprise locataire au sens de l'article 261 D, 2° du CGI (CAA Lyon 22-12-2005 n° 00-1149 : RJF 6/06 n° 683). **4065**

3. OPTION PRÉVUE POUR LES LOCATIONS DE LOCAUX NUS À USAGE PROFESSIONNEL

4100 Aux termes de l'article 260, 2° du CGI, peuvent sur leur demande acquitter la TVA les personnes qui donnent en location des locaux nus pour les besoins de l'activité d'un preneur assujetti à la TVA ou, si le bail est conclu à compter du 1er janvier 1991, pour les besoins de l'activité d'un preneur non assujetti, à la condition dans ce cas que le bail fasse mention de l'option par le bailleur.

Cependant, l'option ne peut pas être exercée si les locaux nus donnés en location sont destinés à l'habitation ou à un usage agricole. Les conditions et modalités de l'option sont fixées par les articles 193 à 195 de l'annexe II au CGI.

4105 Après avoir examiné le champ d'application de l'option (nos 4130 s.), nous en préciserons les modalités et la portée (nos 4280 s.) ainsi que les conséquences (nos 4450 s.). Sur l'intérêt de l'option, on se reportera aux explications générales données au n° 2090.

a. Champ d'application de l'option

CONDITIONS RELATIVES AUX BAILLEURS

4130 **Personnes pouvant exercer l'option** L'option peut être exercée par **toute personne,** qu'il s'agisse d'une personne physique ou d'une personne **morale de droit public ou de droit privé.**

Elle est donc notamment ouverte aux commerçants, aux industriels, aux prestataires de services, aux associations de la loi de 1901, aux administrations, aux collectivités locales et aux établissements publics à caractère administratif ou à caractère industriel ou commercial.

Elle est également ouverte aux organismes de crédit-bail immobilier qui donnent en location des locaux nus à usage professionnel (Rép. Vadepied : Sén. 11-1-1977 n° 21336 ; BOI-TVA-SECT-50-10-20 n° 70).

4135 En cas de **sous-location** d'un immeuble, l'option peut être exercée par le locataire principal (Rép. Jourdan : AN 10-6-1985 nos 56118 et 66282, non reprise au Bofip mais dont la solution nous paraît conserver sa valeur).

4140 L'**usufruitier** d'un immeuble qui conclut un bail commercial en accord avec le nu-propriétaire a seul qualité pour opter en faveur du paiement de la TVA (BOI-TVA-DED-40-30 n° 90).

4145 L'option prévue à l'article 260, 2° du CGI peut être exercée par les associés des **sociétés immobilières transparentes** visées à l'article 1655 ter de ce Code à raison de la location des fractions d'immeubles sociaux auxquelles leurs parts ou actions donnent vocation (Rép. Hamelin : AN 7-9-1974 nos 7789 et 11007, non reprise au Bofip mais dont la solution nous paraît conserver sa valeur).

4150 En ce qui concerne les **indivisions immobilières,** voir nos 13190 s.

4155 **Qualité de bailleur** L'administration ne subordonne pas la validité de l'option à la **production d'un bail,** d'une promesse de bail ou de tout document analogue, tout en réservant le cas de **situation frauduleuse ou abusive** (n° 4290). Il n'est donc pas nécessaire, pour que l'option produise ses effets, que l'immeuble soit loué, en tout ou partie, au moment de l'exercice de l'option, mais l'**intention de conclure des baux** doit pouvoir être justifiée selon les modalités indiquées au n° 4325.

CONDITIONS RELATIVES AU PRENEUR

4170 **Qualité du preneur** L'article 260, 2° du CGI autorise l'exercice de l'option quelle que soit la qualité d'**assujetti ou** de **non-assujetti** du preneur au regard de la TVA dès lors que celui-ci utilise le local nu pour les besoins de son activité.

L'option peut donc porter sur des locaux que les preneurs utilisent pour les besoins de leurs **activités** situées **dans le champ d'application de la TVA** – que ces activités soient imposées ou exonérées – comme de celles qui sont situées **hors du champ** d'application de la TVA.

Sont donc concernées, en pratique, toutes les **activités économiques** (y compris les activités économiques des personnes physiques placées hors du champ d'application en raison de l'existence d'un lien de dépendance) que peuvent exercer des personnes de droit privé ou de droit public, ainsi que les activités **administratives** exercées par les personnes de droit public ou certains organismes qui interviennent dans des conditions similaires.

EXEMPLES

Locaux à usage de bureaux donnés en location à une **commune** qui les utilise pour des activités non soumises à la TVA ; local à usage de bureau donné en location à un **représentant de commerce statutaire** pour les besoins de son activité professionnelle (BOI-TVA-CHAMP-50-10 n° 30) ; locaux nus donnés en location par les collectivités locales à l'État qui les affecte aux besoins de la **gendarmerie nationale** (Rép. Girard : AN 27-10-2003 n° 4130, non reprise au Bofip mais dont la solution nous paraît conserver sa valeur).

L'option est interdite pour les locaux nus que leurs preneurs utilisent pour des **besoins autres que ceux de leur activité** économique ou administrative. 4175

EXEMPLES

Locaux utilisés pour des besoins privés ; locaux à usage d'habitation (voir n°s 4220 s.) (BOI-TVA-CHAMP-50-10 n° 40).

Accord ou non du preneur L'option prévue à l'article 260, 2° du CGI peut-elle être exercée sans l'accord du preneur ? 4180

La réponse à cette question diffère selon que le preneur est ou non assujetti.

L'option concernant les **baux conclus avec un preneur non assujetti** doit résulter d'un accord entre le bailleur et le preneur. L'article 260, 2°-b du CGI subordonne en effet, en ce qui concerne les preneurs non assujettis, l'exercice de l'option à la condition que le bail fasse **mention expresse** de l'option par le bailleur. 4185

Cette disposition impose de prévoir une **clause particulière** dans le contrat de bail. Cette clause traduit l'accord exprès du bailleur et du preneur non assujetti sur le paiement de la TVA (BOI-TVA-CHAMP-50-10 n° 50).

En revanche, l'article 260, 2° du CGI ne subordonne pas, en ce qui concerne les **preneurs assujettis,** l'option du bailleur à l'accord du locataire. 4190

Les locataires assujettis ne peuvent donc pas refuser au bailleur l'exercice de l'option (Rép. Mousseaux : Sén. 21-2-1985 n° 21020, non reprise au Bofip mais dont la solution nous paraît conserver sa valeur). Mais les locataires ne peuvent pas non plus contraindre le bailleur à exercer l'option (Rép. Cousté : AN 30-9-1972 n° 23689, non reprise au Bofip mais dont la solution nous paraît conserver sa valeur).

Pour le cas où le **preneur devient non assujetti,** voir n° 4410.

IMMEUBLES OUVRANT DROIT À L'OPTION

Nature des immeubles Les locaux visés à l'article 260, 2° du CGI s'entendent de tout **ensemble immobilier bâti** présentant le caractère soit d'une unité technique de production ou de commercialisation, soit d'une unité de gestion ou de prestations de services. Il doit donc s'agir de **bâtiments construits.** 4200

En revanche, les **chapes en béton** destinées à recevoir des constructions, les **murs non couverts** et loués en l'état ne constituent pas des locaux au sens de l'article 260, 2° du CGI (Inst. 15-2-1979 p. 61 et 62, non reprise au Bofip mais dont la solution nous paraît conserver sa valeur).

L'option ne concerne que les locations d'**immeubles nus exonérés** en vertu de l'article 261 D, 2° du CGI. Les locations d'immeubles entrant, de droit, dans le champ d'application de la TVA sont exclues de celui de l'option (location de fonds de commerce, de locaux aménagés, locations « commerciales » au sens de l'article précité) (BOI-TVA-CHAMP-50-10 n°s 80 et 90). 4205

L'article 193, al. 1 de l'annexe II au CGI prévoit que l'option peut être exercée pour les **immeubles en cours de construction** et non encore achevés. Cette disposition peut être interprétée comme exigeant que l'immeuble existe à la date de l'option, même s'il n'est pas encore achevé. Il a ainsi été jugé que l'option devait être déposée après le début des travaux de construction (TA Marseille 2-4-2008 n° 0504299). 4210

La cour administrative d'appel de Lyon a jugé pour sa part que l'**option peut être exercée avant même le début des travaux de construction** et qu'elle peut produire ses effets dès la conclusion des baux commerciaux, avant même la construction de l'immeuble, à condition que ces baux commerciaux correspondent à des engagements contractuels réels et sérieux susceptibles de justifier l'option ainsi formulée (CE (na) 7-12-2015 n° 386964 : RJF 3/16 n° 232).

Destination des immeubles L'article 260, 2° du CGI précise que l'option ne peut pas être exercée lorsque la location porte sur des **locaux nus destinés à l'habitation.** Cette interdiction est liée à la nature des locaux et s'applique donc quelles que soient la qualité du preneur et sa situation au regard de la TVA. 4220

4225 S'agissant de la **preuve** que la location porte sur des **locaux à usage professionnel** et non sur des locaux destinés à l'habitation, celle-ci peut notamment résulter des **mentions portées sur le permis de construire** (CE 4-3-2009 n° 296470 : RJF 6/09 n° 546 ; CE 30-12-2011 n° 322799 : RJF 4/12 n° 351).

Il convient toutefois de noter que les mentions du permis de construire prévoyant un usage d'habitation sont insuffisantes pour établir l'absence de location à usage professionnel s'il existe des éléments dans le sens d'une telle location (CE 30-12-2011 n° 311081 : RJF 4/12 n° 351).

4230 Lorsqu'un **bailleur donne en location à une même personne à la fois des locaux commerciaux nus et des locaux d'habitation,** l'option pour le paiement de la TVA ne peut porter que sur les locaux dans lesquels le preneur exerce son activité professionnelle. Dans le cas où un bail unique a été conclu, il doit faire apparaître la **ventilation du loyer** entre les locaux à usage commercial et les locaux à usage d'habitation. En l'absence d'une telle ventilation, il appartient au bailleur de déterminer, sous sa propre responsabilité, la quotité des loyers se rapportant aux locaux commerciaux ; cette quotité, qui doit refléter les conditions normales de location du marché, peut faire l'objet d'un contrôle de l'administration (Rép. Lasbordes : AN 23-3-1998 n° 4696, non reprise au Bofip mais dont la solution nous paraît conserver sa valeur).

En ce qui concerne les règles applicables lorsqu'un **immeuble,** pour lequel une option pour le paiement de la TVA a été formulée, **regroupe à la fois des locaux couverts et des locaux non couverts par cette option,** voir n° 4475.

4235 Les bailleurs de **locaux à usage mixte,** c'est-à-dire de locaux utilisés à la fois comme locaux professionnels et d'habitation, peuvent exercer l'option prévue à l'article 260, 2° du CGI (Inst. 3 A-2-89, non reprise au Bofip mais dont la solution nous paraît conserver sa valeur).

Cette doctrine administrative ne saurait être limitée aux seuls locaux à usage mixte dans lesquels l'usage professionnel présente un caractère prépondérant (CE 2-7-1986 n° 54743 : RJF 10/86 n° 876).

4240 S'agissant des **locaux affectés au logement du personnel,** il résulte des dispositions de l'article 260, 2° du CGI que le bailleur de locaux peut opter pour son assujettissement à la TVA pour l'ensemble des bâtiments nécessaires à l'exercice de l'activité d'une entreprise. L'option couvre les locaux d'habitation **affectés à des personnels** exerçant des **fonctions impliquant** par nature et au regard de l'activité exercée par le preneur une **résidence permanente sur les lieux mêmes du travail** (CE 7-9-2009 n° 313138 : RJF 12/09 n° 1074 ; BOI-TVA-CHAMP-50-10 n° 200).

Par **exemple,** sont ainsi couverts par l'option les locaux affectés à du personnel chargé de fonctions permanentes de gardiennage, de surveillance et de sécurité (CE 18-3-1987 n° 50768 : RJF 5/87 n° 498 ; CE 7-9-2009 précité ; BOI précité n° 190).

4245 En vertu des dispositions combinées des articles 260 D et 261 D, 4° du CGI, les **locations de locaux nus destinés à la fourniture de logement en meublé ou à l'habitation** sont soit soumises de plein droit à la TVA, soit exonérées. Elles ne peuvent donc en aucun cas faire l'objet de l'option prévue à l'article 260, 2° du CGI (BOI-TVA-CHAMP-50-10 n° 70).

4250 L'article 260, 2° du CGI précise que l'option ne peut pas porter sur des **locaux destinés à un usage agricole.**

Il s'agit d'une simple précision de coordination. En effet, l'option concernant les locaux à usage agricole est prévue au 6° de l'article 260 du CGI. Cet article permet l'option en cas de location d'immeuble à usage agricole lorsque le preneur est redevable de la TVA (nos 4620 s.).

b. Modalités et portée de l'option

OPTION EXPRESSE

4280 L'option pour le paiement de la TVA doit faire l'objet d'une déclaration expresse (nos 4285 s.). La souscription de déclarations de TVA et l'acquittement de la taxe ou la souscription d'une demande de remboursement de crédit de taxe non imputable ne peuvent valoir option, celle-ci ne pouvant être tacite (nos 4300 s.).

4285 L'article 195 de l'annexe II au CGI prévoit que l'**option initiale** est déclarée dans les conditions et selon les modalités de l'article 286, I-1° du CGI relatif notamment à la déclaration de création d'entreprise ou d'activité (nos 44320 s.).

Le Conseil d'État a jugé, à cet égard, que si l'option peut être exercée à l'occasion de la **déclaration de création d'entreprise ou d'activité,** c'est à condition que celle-ci comporte des **indications suffisamment précises** pour identifier le ou les immeubles auxquels elle se rapporte. Par suite, lorsque l'activité exercée revêt un caractère général (en l'espèce « toutes opérations à caractère immobilier »), la déclaration expresse ne saurait résulter de la mention du régime auquel la société indique être assujettie dans le cadre de sa déclaration de constitution. Cette mention ne peut en effet être interprétée par l'administration, de manière claire et univoque, comme l'expression de l'option de la société pour la soumission au régime réel de TVA de l'activité afférente à des immeubles précis (CE 23-12-2011 n° 323189 : RJF 3/12 n° 236 ; BOI-TVA-CHAMP-50-10 n° 20).

> **Précisions** Tout en réaffirmant le principe selon lequel l'option pour l'assujettissement des loyers à la TVA doit faire l'objet d'une déclaration expresse à l'administration et distincte pour chaque immeuble (ou ensemble d'immeubles), le Conseil d'État admet que la déclaration de création d'entreprise ou d'activité puisse valoir option expresse auprès de l'administration fiscale, sous réserve que cette déclaration comporte des indications suffisamment précises pour identifier le ou les immeubles auxquels elle se rapporte. La déclaration de création d'entreprise ou d'activité pourra ainsi être prise en compte lorsque la société a pour activité la **location d'un seul immeuble.** En revanche, dès lors que **plusieurs locaux nus** sont **donnés en location** ou que la société exerce par ailleurs d'**autres activités,** il appartiendra à celle-ci de préciser sur cette déclaration quels locaux nus précisément identifiés font l'objet de l'option pour l'assujettissement à la TVA des loyers perçus à raison de leur location.

4290 L'option peut être exercée par **lettre simple adressée au service des impôts** territorialement compétent, formalisant l'intention de son auteur de soumettre à la TVA son activité de location de locaux nus à usage professionnel.

La **validité de l'option** par les assujettis n'est pas **subordonnée** à ce que cette déclaration soit accompagnée d'un **bail,** d'une **promesse de bail** ou de tout document analogue. Cependant, l'administration est fondée à rejeter l'option en cas de situation frauduleuse ou abusive (BOI-TVA-CHAMP-50-10 n° 210).

> **Précisions** Un courrier adressé à l'administration par lequel le bailleur de locaux commerciaux nus indique qu'il renouvelle son option à la TVA, alors même que ce renouvellement n'est pas obligatoire, vaut **reconnaissance de la souscription de la déclaration initiale de l'option,** à défaut d'élément permettant d'établir l'absence de souscription d'une telle déclaration (CE (na) 12-2-2014 n° 365389 : RJF 11/14 n° 996).

4295 L'**option** peut donc être formulée même en l'**absence de bail** portant sur tout ou partie des locaux.

Elle peut ainsi être **formulée avant l'achèvement d'un immeuble,** sans avoir à attendre la location effective de tout ou partie des locaux (en ce sens, lettre DLF 20-6-2006 : n° 4325), voire **avant le début de la construction** (CE (na) 7-12-2015 n° 386964 : voir n° 4210).

L'option ne produit toutefois ses effets en matière de droits à déduction que si le bailleur est en mesure de prouver, par des éléments objectifs, son **intention de procéder** véritablement **à la location** des locaux pour lesquels l'option a été exercée (n° 4325).

L'administration admet également que l'option puisse être exercée alors même que **celui qui opte** n'est **pas encore propriétaire** (le transfert du pouvoir de disposer de la chose comme un propriétaire intervient généralement au moment de l'acte notarié) ou n'a **pas encore la jouissance** de la fraction d'immeuble, de l'immeuble ou de l'ensemble immobilier sur lequel porte l'option (BOI-TVA-CHAMP-50-10 n° 230 ; en ce sens, également, TA Lyon 14-2-2012 n° 1002050 : RJF 11/12 n° 994).

L'option peut ainsi être **formulée** dès la première concrétisation d'un projet, par conséquent **au stade des avant-contrats** (promesse unilatérale ou synallagmatique de vente, vente sous seing privé, projet de traité d'apport n'emportant pas subrogation du bénéficiaire dans les droits et obligations de l'apporteur, projet de bail ou de crédit-bail conclu par un preneur ou crédit-preneur qui entend se livrer à une sous-location d'immeubles nus à usage professionnel) ou même à la **constitution d'une société** ayant vocation à donner à bail un immeuble. En cas d'exercice par anticipation de l'option, le futur bailleur est tenu, dans la lettre d'option, de désigner l'immeuble affecté à l'activité locative (BOI précité).

S'agissant des **baux** conclus **avec effet rétroactif,** voir n° 4335.

4300 S'agissant de la **forme de l'option,** un courrier sur **papier libre** adressé au centre des impôts qui se borne à confirmer, « suite à [un] entretien téléphonique, l'option pour le paiement mensuel de la TVA à partir du 1er janvier 1991 », **sans préciser la qualité de bailleur** de son auteur **ni l'immeuble** ou la partie d'immeuble faisant l'objet de l'option, ne saurait être regardé comme constituant une déclaration d'option régulièrement faite en application du 2° de l'article 260 du CGI et de l'article 195 de l'annexe II à ce Code.

Par suite, même si la **société a souscrit par la suite des déclarations** faisant apparaître des déductions de TVA, alors d'ailleurs que les loyers qu'elle percevait n'incluaient pas ladite taxe, le service des impôts n'a pu légalement considérer qu'elle devait être assujettie à la TVA à raison des loyers perçus (CAA Bordeaux 13-3-2006 n° 03-1097 : RJF 8-9/06 n° 1006).

4305 Il résulte des articles 286, I-1° du CGI et 195 de l'annexe II au même Code que l'**option ne peut pas être tacite** et résulter par exemple de **la souscription d'une demande de remboursement** de crédit de taxe non imputable.

En conséquence, l'**option** initiale **exercée par une société civile immobilière** de location pour un premier immeuble **ne s'applique pas** pour **les autres immeubles** qu'elle a acquis ensuite et pour lesquels la société avait fourni des demandes de remboursement indiquant notamment l'adresse des immeubles et les numéros des lots de copropriété (Rép. Péricard : AN 25-5-1987 n° 15281, non reprise au Bofip mais dont la solution nous paraît conserver sa valeur).

4310 De même, ne peut prétendre avoir exercé l'option pour le paiement de la TVA sur ses locations de locaux nus industriels et commerciaux le bailleur qui n'a **pas souscrit de déclaration d'option** dans les conditions et selon les modalités prévues à l'article 286, I-1° du CGI.

La **circonstance** qu'il ait **facturé, déclaré ou payé la TVA** sur les loyers n'est pas de nature à révéler une option implicite, laquelle n'est prévue par aucun texte (BOI-TVA-CHAMP-50-10 n° 20 ; CE 16-11-2005 n° 257532 : RJF 2/06 n° 130). De même, le moyen tiré de ce que l'administration aurait prononcé le dégrèvement du rappel de droit de bail auquel il a été assujetti est inopérant (CAA Nantes 9-11-1995 n° 93-1100).

DATE D'EFFET DE L'OPTION

4320 En application du troisième alinéa de l'article 194 de l'annexe II au CGI, l'option prévue à l'article 260, 2° du CGI prend effet à compter du **premier jour du mois au cours duquel elle est formulée** auprès du service des impôts.

4325 Dès lors qu'une option a été formulée en bonne et due forme par le bailleur, l'**administration** admet, en ce qui concerne l'exercice des droits à déduction, que l'**option produise ses effets sur les locaux** nus à usage professionnel non effectivement donnés en location par le bailleur mais dont il peut être établi, par des éléments objectifs, **qu'il** les **offre à la location.**

Pour ce faire, les conditions suivantes doivent être réunies :

– des **mandats** conclus par le bailleur ou toute autre démarche qu'il a initiée attestent des efforts dans la **recherche active de locataires** pour les locaux nus à usage professionnel restés vacants ;

– les **locaux** nus à usage professionnel **qui ne font pas encore l'objet d'un bail** ou d'une promesse de bail au moment de la formulation de l'option **représentent une faible superficie** du total des locaux nus à usage professionnel de l'immeuble concerné. En tout état de cause, cette dernière condition doit être réputée satisfaite si la vacance de ces locaux est justifiée par des circonstances économiques indépendantes de la volonté du bailleur (début d'activité, conjoncture du marché immobilier, sinistre, etc.) (BOI-TVA-CHAMP-50-10 n° 170).

Une **demande de remboursement** de crédits de TVA peut donc être formulée **pendant la phase de construction** d'un immeuble dès lors que l'intention de réaliser des opérations taxables existe. La circonstance qu'au moment de l'exercice de l'option l'assujetti n'ait pas encore conclu de baux ou perçu de loyers est sans incidence sur sa validité (Lettre DLF du 20-6-2006).

> **Précisions** **a.** La **condition de faible superficie** doit, selon nos renseignements, être relativisée. Ainsi, elle n'est pas exigée en cas de début d'activité, l'option produisant ses effets même si aucune des parties de l'immeuble concerné ne fait l'objet d'un bail. La condition relative aux **efforts du bailleur** dans la recherche de locataires est, en revanche, déterminante.
> À noter par ailleurs que le bailleur peut décider d'exercer l'option seulement pour certains des locaux éligibles d'un même immeuble (voir n° 4355).
> **b.** On rappelle que la **validité** de l'option n'est **pas subordonnée à la production d'un bail,** d'une promesse de bail ou de tout document analogue (n° 4290). L'assujetti ayant opté peut exercer son droit à déduction immédiatement, même si, comme indiqué ci-dessus, il n'a pas encore conclu de baux ou perçu de loyers. L'administration admet également que l'option soit exercée avant que le futur bailleur ne soit propriétaire ou n'ait la jouissance de l'immeuble (n° 4295).

4330 Le **Conseil d'État,** adoptant une position plus restrictive que l'administration (n° 4325), a jugé que l'**option ne peut être valide** et emporter des effets, tels que l'ouverture du droit à déduction de la TVA ayant grevé le coût d'acquisition des locaux, **qu'à la date de souscription des engagements** contractuels aux fins de location, immédiate ou future, de ces locaux.

Dès lors, une société ayant obtenu le remboursement de la TVA ayant grevé le coût d'acquisition d'un immeuble pour la location duquel elle avait formulé l'option régie par les dispositions du 2° de l'article 260 du CGI s'est vu réclamer à bon droit le reversement de cette taxe dès lors que, à la date de ce remboursement, l'immeuble n'avait pas encore fait l'objet d'un engagement de location (CE 13-1-2006 n° 253404 : RJF 4/06 n° 366 ; dans le même sens, CE 30-12-2011 n°s 311081 et 322799 : RJF 4/12 n° 351).

La jurisprudence du Conseil d'État fixant la date d'effet de l'option pour la TVA à la date de souscription des engagements contractuels aux fins de location, immédiate ou future, des locaux concernés (n° 4330) ne s'est pas prononcée sur la question des **engagements de location présentant un caractère rétroactif.** 4335

Saisie de cette difficulté, la cour administrative d'appel de Nantes a jugé qu'en cas d'engagement contractuel de location à effet rétroactif non frauduleux, souscrit à titre de régularisation postérieurement à l'exercice de l'option, l'option emporte effet à la date de son exercice et non à celle de la signature de l'engagement contractuel (CAA Nantes 11-10-2012 n° 11NT01763 : RJF 3/13 n° 278).

Remarque : En l'espèce, la commune avait conclu le 3 août 2009 avec la société Locaposte une « convention de droit public » prenant effet « à compter rétroactivement du 1er février 2006 pour une durée de 12 ans », dont l'article 6.3 précisait que les redevances dues au titre de l'occupation des locaux du 1er février 2006 au 31 décembre 2008 seraient réglées par le versement d'une redevance unique. La commune avait formulé l'option pour l'assujettissement des loyers le 26 septembre 2006. Par ailleurs, la réalité de l'occupation des locaux par le preneur dès 2006 n'était pas contestée.

LIEU DE DÉPÔT DE LA DÉCLARATION D'OPTION

La déclaration d'option doit être adressée au **service des impôts territorialement compétent.** 4340
Il s'agit (CGI ann. IV art. 32 et 33) :

1. Dans le cas des **immeubles appartenant à une personne physique** :

- du service des impôts du lieu de situation de l'immeuble si le **bailleur** est **imposable** à l'impôt sur le revenu **dans la catégorie des revenus fonciers** ;
- de celui où le bailleur déclare ses revenus lorsqu'ils sont imposables **dans une catégorie autre** que les revenus fonciers (exemple : service du lieu de souscription de la déclaration BIC lorsque l'immeuble est inscrit à l'actif d'une entreprise commerciale).

2. Dans le cas des **immeubles appartenant à une personne morale** : du service du **lieu où est souscrite la déclaration de résultats** de la personne morale, c'est-à-dire le lieu de son principal établissement.

Pour plus de détails sur cette question, voir n° 48140, précision a-3.

PORTÉE DE L'OPTION

Les personnes qui donnent en location plusieurs immeubles ou ensembles d'immeubles doivent exercer l'option pour le paiement de la TVA **distinctement par immeuble** ou **ensemble d'immeubles** (CGI ann. II art. 193, al. 2). Lorsque ces derniers comprennent à la fois des **locaux** nus donnés en location **ouvrant droit à l'option et** d'**autres locaux,** l'option ne s'étend pas à ces derniers mais elle s'applique globalement à l'ensemble des locaux de la première catégorie (CGI ann. II art. 193, al. 3). 4355

Le **Conseil d'État,** auquel s'est ralliée la doctrine administrative, a jugé que, si les dispositions précitées permettent à un bailleur d'opter pour la soumission à la TVA de l'ensemble des locations ouvrant droit à option qu'il réalise dans un même bâtiment, elles ne lui en font pas obligation. Au sein d'un même bâtiment, l'option peut donc être exercée seulement pour **certains des locaux éligibles** à l'option (CE 9-9-2020 n° 439143 : RJF 12/20 n° 989). Lors de l'exercice de l'option, le bailleur peut donc décider de mentionner les locaux pour lesquels il entend soumettre les loyers à la TVA, ce choix s'appréciant **par opération de location,** c'est-à-dire pour un même contrat de bail. La désignation doit alors être effectuée **de façon expresse, précise et non équivoque** (Rép. Grau : AN 16-11-2021 n° 38389 ; pour les options en cours à la date de l'arrêt du Conseil d'État, voir précision b ci-dessous).

En tout état de cause, conformément à l'article 193 de l'annexe II au CGI, l'option ne s'étend **pas** aux **locaux exclus** de son **champ d'application** situés dans ces ensembles immobiliers (notamment, locaux loués à des personnes morales de droit public exerçant une activité située hors du champ d'application de la TVA et dont le contrat de bail ne mentionne pas l'option : BOI-TVA-CHAMP-50-10 n° 120).

> Précisions a. Par « ensemble immobilier », il faut entendre non seulement un **groupe de bâtiments** ayant fait l'objet d'un même plan de masse, d'un permis de construire unique, ou d'un même programme de construction, réalisé sur un terrain appartenant à une même personne, mais également deux ou **plusieurs immeubles construits sur un même terrain** et destinés à l'exercice d'une seule et même activité par le preneur (BOI précité n° 110).

b. S'agissant des **options en cours au 9 septembre 2020** pour lesquelles court la période de neuf années civiles (n° 4370), les bailleurs qui avaient opté globalement pour l'ensemble des locaux éligibles d'un même immeuble sur le fondement de l'article 193, al. 3 de l'annexe II au CGI sont fondés, sous réserve d'en informer l'administration, à limiter la portée de cette option à certains des locaux éligibles, sans que cette limitation n'ait une incidence sur le décompte et le terme de cette période (Rép. Grau précitée).

DURÉE, DÉNONCIATION ET INTERRUPTION DE L'OPTION

4370 L'option couvre **obligatoirement** une **période initiale de neuf années,** dont celle au cours de laquelle elle a été exercée.

En effet, l'option peut être dénoncée à partir du 1er janvier de la neuvième année civile qui suit celle au cours de laquelle elle a été exercée, cette dénonciation prenant effet à compter du 1er jour du mois au cours duquel elle est formulée auprès du service des impôts (CGI ann. II art. 194).

En pratique, l'option couvre donc obligatoirement une période initiale de :

– neuf années pleines lorsqu'elle est exercée au mois de janvier d'une année (la période couverte par l'option allant du 1er janvier de l'année d'exercice au 31 décembre de la huitième année suivante) ;

– huit années et onze mois lorsqu'elle est exercée au mois de février d'une année (la période couverte allant du 1er février de l'année d'exercice au 31 décembre de la huitième année suivante) ;

– et ainsi de suite, la période initiale obligatoire étant de huit années et un mois lorsque l'option est exercée au mois de décembre d'une année (la période couverte par l'option allant du 1er décembre de l'année d'exercice au 31 décembre de la huitième année suivant celle de l'exercice de l'option).

Une fois passée la période initiale d'option, celle-ci peut être dénoncée à tout moment. Cette dénonciation doit faire l'objet, comme l'option elle-même (nos 4280 s.), d'une déclaration expresse.

À **défaut de dénonciation** après la période initiale, **l'option s'applique aussi longtemps** qu'elle n'est **pas dénoncée.** Rien ne s'oppose, bien entendu, à ce qu'un bailleur, après avoir dénoncé l'option initiale, exerce à nouveau l'option pour la TVA (pour une nouvelle période pouvant varier de neuf années à huit années et un mois selon la date d'exercice de l'option).

Remarque : Le fait de bénéficier d'un remboursement de crédit de TVA au cours de la période couverte par l'option ne fait pas obstacle à la dénonciation de l'option (BOI-TVA-CHAMP-50-10 n° 260).

4375 EXEMPLES

1. Une option formulée en janvier 2023 prend effet le 1er janvier 2023 et pourra être dénoncée à compter du 1er janvier 2032. Si le bailleur décide de dénoncer l'option le 1er janvier 2032, la dénonciation prendra effet à cette même date (application de l'exonération à compter du 1-1-2032).

2. La même option, formulée en janvier 2023 avec effet au 1er janvier 2023, est dénoncée le 10 juin 2034. Cette dénonciation prendra effet le 1er juin 2034 (application de l'exonération à compter de cette date).

4380 Une **option exercée au titre d'un immeuble non achevé** s'étend obligatoirement jusqu'au **31 décembre de la huitième année qui suit celle de l'achèvement** de l'immeuble. Aux termes de l'article 194, al. 2 de l'annexe II au CGI, l'option ne peut en effet être dénoncée, dans cette hypothèse, qu'à compter du 1er janvier de la neuvième année qui suit celle au cours de laquelle l'immeuble a été achevé. En d'autres termes, dans cette hypothèse, la période d'option initiale est allongée d'une durée égale à la période écoulée entre la date d'effet de l'option et la date d'achèvement de l'immeuble.

EXEMPLE

Une option est exercée en mars 2023 pour un immeuble non encore achevé. Celui-ci est achevé au cours de l'année 2024. L'option pourra être dénoncée à compter du 1er janvier 2033.

4385 La **cessation d'activité** du bailleur met en principe fin à l'option. Toutefois, l'administration admet que dans l'hypothèse d'actes emportant **substitutions de détenteurs de l'immeuble** (tels que notamment les promesses de vente), l'option exercée peut être transférée à la personne venant aux droits sur l'immeuble.

Lors de la **transmission d'une universalité totale ou partielle** d'une activité locative soumise sur option à la taxe, l'option exercée par le cédant au titre de l'immeuble exploité peut être transmise au cessionnaire dès lors que ce dernier entend poursuivre une telle activité soumise à la taxe.

Il en est ainsi en cas d'**apport** d'une universalité de biens suite à une scission d'entreprise, en cas de **cessions d'immeubles** attachés à une activité de location immobilière avec reprise ou renégociation des baux en cours, **ou** encore en cas de cession de ses droits sur un **contrat de**

crédit-bail immobilier par un crédit-preneur assujetti à la TVA dès lors que l'acquéreur, qui continue la personne du cédant, est tenu d'opérer, s'il y a lieu, les régularisations du droit à déduction et les taxations des cessions qui deviendraient exigibles et qui auraient incombé au cédant si ce dernier avait continué à exploiter lui-même l'universalité transmise (BOI-TVA-CHAMP-50-10 n° 240). Pour plus de précisions sur les cas de transmissions d'universalité totale ou partielle de biens, voir n°s 15360 s.

L'**option** peut être **interrompue** lorsque le loyer devient manifestement inférieur au prix du marché. Sur cette question, voir nos 5200 s. **4395**

En ce qui concerne les incidences d'une vacance de la location, voir n° 4510.

CHANGEMENT DE SITUATION LOCATIVE PENDANT LA DURÉE DE L'OPTION

Changement d'utilisation des locaux Le changement d'utilisation des locaux est sans incidence sur la validité de l'option lorsqu'il s'agit d'un simple **changement d'activité.** Il en est ainsi notamment dans le cas d'un preneur assujetti qui change d'activité et devient non assujetti (exemple : représentant libre choisissant le salariat), même si le contrat de bail ne mentionne pas l'option du bailleur (BOI-TVA-CHAMP-50-10 n° 280). **4410**

En revanche, si le **preneur n'utilise plus le local** pour son activité économique ou administrative, l'option cesse ses effets de plein droit pour les locaux concernés. Elle devient éventuellement caduque si ce changement affecte l'ensemble des locaux de l'immeuble pour lesquels le bailleur a décidé d'exercer l'option (en ce sens, BOI précité n° 290).

Changement de locataire Le changement de locataire n'affecte pas la validité de l'option sous réserve, le cas échéant, que le nouveau bail conclu avec un preneur non assujetti contienne bien la **clause** indiquant que l'**option** est **exercée par le bailleur** (n° 4185). Si le nouveau **preneur** non assujetti **n'accepte pas l'option,** celle-ci cesse ses effets de plein droit pour les locaux concernés (BOI-TVA-CHAMP-50-10 n° 300). **4415**

Renouvellement de bail sans changement de locataire L'option continue de produire ses effets même si les parties concluent des renouvellements de leur bail et, le cas échéant, cessent d'y insérer la clause qui a initialement répondu aux conditions fixées pour l'exercice de l'option (n° 4185) (BOI-TVA-CHAMP-50-10 n° 310). **4420**

c. Conséquences de l'option

Nous allons examiner les principales conséquences de l'option au regard des règles d'imposition (n° 4460) puis du régime des déductions (nos 4470 s.). **4450**

RÈGLES D'IMPOSITION

Les personnes qui se placent volontairement sous le régime de la TVA sont soumises à l'**ensemble des obligations** qui incombent aux redevables de cette taxe. Elles sont, notamment au regard des règles concernant le régime d'imposition, le recouvrement et le contentieux de l'impôt, placées dans la même situation que les redevables de plein droit (BOI-TVA-CHAMP-50-10 n° 270). **4460**

On rappelle cependant que les opérations soumises à la TVA en vertu d'une option se trouvent hors du champ d'application de la **franchise en base** (n° 47630).

DÉDUCTIONS

En dehors du problème de la constitution de secteurs distincts d'activité (n° 4480), les conditions d'exercice du droit à déduction par les bailleurs ayant exercé l'option prévue à l'article 260, 2° du CGI sont normalement celles prévues pour l'ensemble des redevables de la TVA (voir nos 50500 s.). **4470**

Sur les conséquences, en matière de déductions, d'un **loyer** fixé à un prix **manifestement inférieur à celui du marché,** voir nos 5200 s.

> **Précisions** Il résulte des dispositions de l'article 271, V-d du CGI (n° 18630) que les **locations de locaux nus à usage professionnel** effectuées **dans un autre État membre** par une société établie en France ouvrent droit à la déduction de la **taxe d'amont supportée en France** pour les besoins de cette activité, sous réserve que ces locations soient effectivement soumises à la TVA dans cet État membre et que les conditions d'exercice de l'option pour leur taxation en France auraient été réunies si ces locations y avaient été imposables. La déduction de la TVA n'est donc pas conditionnée à la formalisation d'une quelconque option en France (Rép. Louwagie : AN 20-9-2022 n° 94).

Lorsque l'**immeuble** ou l'ensemble d'immeubles, au titre duquel une option a été formulée, **regroupe à la fois des locaux** pour lesquels cette **option s'applique** conformément aux **4475** dispositions de l'article 260, 2° du CGI (voir n° 4355) **et des locaux** pour lesquels une telle **option ne s'applique pas,** la TVA afférente aux dépenses de construction ou d'acquisition de l'immeuble ou de l'ensemble d'immeubles concerné n'est déductible qu'à concurrence de la surface des locaux effectivement couverts par l'option (en ce sens, BOI-TVA-CHAMP-50-10 n° 160). Même solution en cas de réparation (Rép. Zimmermann : AN 23-11-2010 n° 78147, non reprise au Bofip mais dont la solution nous paraît conserver sa valeur).

4480 **Secteurs distincts d'activité** Au regard du droit à déduction, chaque **immeuble, ensemble d'immeubles ou fraction d'immeuble ayant fait l'objet d'une option** en vertu de l'article 260, 2° du CGI constitue un secteur d'activité distinct (CGI ann. II art. 209, I-2°).

En conséquence, les loueurs qui ont exercé des options afférentes à plusieurs immeubles sont tenus de suivre distinctement les déductions propres à chaque immeuble. De même, les loueurs qui exercent par ailleurs des activités passibles de la TVA sont tenus de séparer les deux catégories d'activité (BOI-TVA-CHAMP-50-10 n° 130).

Enfin, en application de l'article 209, I-2° de l'annexe II au CGI, l'obligation de constituer un secteur d'activité s'étend à tout **redevable** de la TVA **qui, en sus de son activité taxable, loue un ou plusieurs immeubles** ou un ensemble d'immeubles dont la location n'est pas soumise à la TVA (par exemple : immeuble nu à usage exclusif d'habitation ou immeuble nu à usage professionnel n'ayant pas fait l'objet d'une option pour le paiement de la TVA) (BOI précité n° 140).

En ce qui concerne les **conséquences de la création de secteurs d'activité** distincts sur l'exercice du droit à déduction, voir n°s 54720 s.

4490 **Date à laquelle le droit à déduction peut être exercé** Nous l'avons vu au n° 4325, l'administration admet, lorsque l'option a été formulée en bonne et due forme, que l'assujetti puisse exercer ses droits à déduction **immédiatement** même s'il n'a pas encore conclu de baux (ou perçu de loyers) dès lors qu'il peut être établi, par des éléments objectifs, qu'il offre des immeubles à la location.

Ainsi, les dépenses d'amont grevées de TVA supportées par le bailleur ouvrent droit à déduction, en pratique, le premier jour du mois au cours duquel l'option a été régulièrement formulée (en ce sens, Inst. 3 A-8-10 n° 6, non reprise au Bofip).

> **> Précisions a.** Cette position est en accord avec la jurisprudence du Conseil d'État qui considère que le droit à déduction peut être exercé sans attendre la réalisation des opérations au titre desquelles la taxe est déduite, par exemple avant même tout encaissement de loyers ou de préloyers, sauf éventuelle régularisation ultérieure (CE plén. 21-12-1979 n° 13230 : RJF 2/80 n° 104).
> **b.** Rappelons que l'option peut être formulée par anticipation dans les cas d'immeubles non encore achevés (n° 4210) et des futurs bailleurs non encore propriétaires de l'immeuble (n° 4295).

4510 **Régularisation des déductions** Aucune régularisation des déductions n'est exigible sur le fondement de l'article 207 de l'annexe II au CGI dans les situations où, pendant la durée de l'option, il est constaté une **vacance temporaire des locaux nus à usage professionnel** précisément justifiée par des circonstances économiques étrangères à la volonté du bailleur telles que décrites au n° 4325.

EXEMPLE

Il en est ainsi, en cas de **changement de locataire,** pendant la période au cours de laquelle le bailleur effectue les diligences nécessaires à la recherche d'un nouveau locataire.

Bien entendu, si le bailleur se trouve dans une situation où la vacance de ces locaux perdure et aboutit, en définitive, à une cessation de son activité imposable de location d'immeuble nu à usage professionnel (refus de reconduction tacite, cessation des effets de l'option, cessation d'activité, etc.), il est alors tenu de procéder, le cas échéant, en application de l'article 207, III de l'annexe II au CGI, à la régularisation de la taxe antérieurement déduite (BOI-TVA-CHAMP-50-10 n° 180).

> **> Précisions** Une **inoccupation** des locaux **pendant plus de deux ans** peut être considérée comme une vacance temporaire.
> La Cour de justice a, en effet, jugé que le fait qu'un immeuble soit inoccupé pendant plus de deux ans, pour des raisons indépendantes de la volonté de l'assujetti, n'interrompt pas l'affectation de l'immeuble aux fins de l'entreprise, et n'entraîne donc pas de régularisation, lorsqu'il est établi que l'assujetti a toujours l'**intention** de continuer à exercer une activité de location soumise à la TVA et entreprend les démarches nécessaires à cet effet (en l'espèce, l'assujetti avait notamment conclu des mandats avec des agences immobilières et procédé à la création d'une plaquette et d'un site internet, à l'affichage de panneaux publicitaires sur les immeubles et à l'ajustement des loyers à des prix plus compétitifs) (CJUE 28-2-2018 aff. 672/16 : RJF 5/18 n° 567).

D. Locations de terres et de bâtiments à usage agricole

L'article 261 D, 1° du CGI exonère de la TVA « les locations de terres et bâtiments à usage agricole ». **4560**

Ces opérations revêtent, en principe, un caractère civil. Toutefois, certaines de ces locations peuvent, si le bailleur le désire, être taxées par voie d'option (nos 4620 s.).

1. LOCATIONS EXONÉRÉES

L'exonération de TVA prévue à l'article 261 D, 1° du CGI concerne essentiellement les **baux à ferme** qui se traduisent, moyennant le versement de « fermages » par le preneur au bailleur, par la location de biens ruraux. Ils portent souvent non seulement sur les **terres** et **bâtiments** mais encore sur le **matériel** à usage agricole et sur le **cheptel.** **4570**

L'exonération s'applique à la totalité du bail, quelle qu'en soit par ailleurs la forme (bail écrit ou location verbale) (BOI-TVA-CHAMP-30-10-50 n° 10).

Outre les « baux à ferme » proprement dits, l'exonération concerne l'**ensemble des baux** portant sur des **immeubles à usage agricole** (voir n° 4720 la liste des baux concernés). Les **baux à métayage** n'apparaissent pas dans cette liste dès lors que les propriétaires de parcelles louées en métayage ont la qualité d'exploitants agricoles. Les bailleurs en métayage qui ne sont pas soumis de plein droit à la TVA ont cependant la possibilité d'opter pour le paiement de la taxe, soit en tant qu'exploitants agricoles (CGI art. 298 bis : n° 74520), soit en tant que bailleurs de biens ruraux (CGI art. 260, 6° : n° 4660). **4575**

En ce qui concerne les **locations ou concessions de droits incorporels** (droit d'affichage, de chasse, de pêche, etc.) portant sur les terres et bâtiments agricoles, voir nos 5090 s.

2. OPTION CONCERNANT LES BIENS RURAUX

L'article 260, 6° du CGI autorise les personnes qui donnent en location des terres et bâtiments d'exploitation à usage agricole à opter pour le paiement de la TVA. **4620**

Nous examinons successivement le champ d'application (nos 4640 s.), les modalités (nos 4790 s.) et les conséquences (nos 4860 s.) de l'option.

a. Champ d'application de l'option

L'option prévue à l'article 260, 6° du CGI est ouverte : **4640**

- aux personnes qui donnent en location des **terres et bâtiments** d'exploitation à **usage agricole** ;
- lorsque le **preneur** est **redevable** de la TVA de plein droit ou par option.

CONDITIONS RELATIVES AU BAILLEUR

Règles générales L'option peut être exercée par toutes les personnes qui donnent en **location** des **terres** et des **bâtiments d'exploitation** à usage agricole. Elle est indépendante du **statut juridique** du bailleur. **4650**

Le droit d'exercer l'option est donc accordé :

- aux personnes physiques ;
- aux indivisions et aux sociétés créées de fait ;
- aux usufruitiers ;
- aux personnes morales (groupements agricoles d'exploitation en commun, groupements fonciers agricoles, associations foncières pastorales, sociétés civiles, sociétés commerciales, établissements publics, collectivités locales, etc.), qui n'ont pas la qualité d'exploitant pour les biens sur lesquels porte l'option (BOI-TVA-SECT-80-50-10 n° 10).

Métayage Les propriétaires de parcelles données en métayage qui ont la **double qualité de loueurs** de biens **et d'exploitants agricoles** peuvent exercer l'option prévue par l'article 260, 6° du CGI. Le Conseil d'État a, en effet, jugé que le bail à métayage constitue un bail de location de terres ou d'installations à usage agricole alors même que le bailleur est regardé comme exploitant. **4660**

Ils peuvent, en outre, en tant qu'**exploitants** agricoles, opter à la TVA au titre de l'article 298 bis, I du CGI (régime simplifié agricole) (n° 74520) (BOI-TVA-SECT-80-50-10 n° 20).

CONDITIONS RELATIVES AUX IMMEUBLES

4670 L'option de l'article 260, 6° du CGI ne porte que sur les **terres** et les **bâtiments d'exploitation** à usage agricole.

Elle ne s'applique donc :

– ni aux **locaux à usage d'habitation** (occupés par le preneur ou par des tiers) ;

– ni aux **parcelles et bâtiments** qui sont affectés **à** un **usage non agricole** au moment où le bail est consenti pour la première fois au fermier (exemple : immeubles à usage industriel ou commercial, terrains ne dépendant pas d'une exploitation agricole, etc.) (BOI-TVA-SECT-80-50-10 n° 30).

4680 **Terres et bâtiments d'exploitation à usage agricole** L'exonération concerne tous les immeubles bâtis et non bâtis qui sont utilisés pour les besoins d'une activité agricole quels que soient leur situation et les équipements et aménagements dont ils sont dotés (BOI-TVA-SECT-80-50-10 n° 40).

4685 En règle générale, la location des terres et bâtiments d'exploitation à usage agricole est soumise au **statut du fermage** fixé par les articles L 411-1 et suivants du Code rural et de la pêche maritime.

Lorsqu'il en est ainsi, l'option prévue à l'article 260, 6° du CGI s'étend :

– aux **matériels et agencements** ainsi qu'au **cheptel** compris dans le bail ;

– aux **bâtiments d'exploitation** ou **terrains** qui sont affectés à un usage agricole au moment où le bail est conclu et auxquels le fermier donne ensuite une **destination commerciale** (terrains de camping, terrains utilisés pour le gardiennage de caravanes, locaux utilisés pour la restauration à la ferme ou aménagés en gîtes ruraux, notamment) (BOI-TVA-SECT-80-50-10 n° 50).

4700 **Locaux d'habitation** Les dispositions de l'article 260, 6° du CGI ne permettent pas au bailleur d'opter pour les **immeubles** à usage d'habitation et leurs **dépendances** bâties (garages) ou non bâties (jardins) dont il concède la jouissance au fermier pour ses besoins ou ceux de son personnel. Il ne peut donc pas comprendre dans sa base d'imposition à la TVA les loyers qui se rapportent aux locaux d'habitation compris dans le bail à ferme (ni exercer de droits à déduction pour les dépenses afférentes à ces locaux).

Pour l'application de cette règle, ne sont pas considérés comme des locaux d'habitation :

– ceux qui sont affectés à l'**hébergement des membres du personnel** chargés de fonctions permanentes de surveillance et de sécurité ;

– les **locaux d'habitation collectifs** (dortoirs) mis à la disposition du personnel dans l'exploitation ;

– les bâtiments agricoles qui après transformation sont affectés par le preneur à la **location meublée** (gîtes ruraux, etc.) (BOI-TVA-SECT-80-50-10 n°s 60 à 80).

4705 Le **montant des loyers se rapportant aux locaux d'habitation** qui ne peut être soumis à la TVA à la suite de l'option prévue à l'article 260, 6° du CGI est égal :

– au **prix** exprimé dans le contrat de bail, **augmenté** éventuellement des **charges** imposées au preneur ;

– ou à la **valeur locative réelle** des biens loués si cette valeur est supérieure au prix augmenté des charges.

Lorsque le montant des loyers se rapportant aux locaux d'habitation n'est pas mentionné dans le bail, le propriétaire doit déterminer ce montant sous sa propre responsabilité (BOI-TVA-SECT-80-50-10 n° 90).

Remarque : La détermination du montant des loyers se rapportant aux locaux d'habitation est facilitée par l'article L 411-11 du Code rural et de la pêche maritime qui prévoit l'**individualisation,** dans les baux à ferme, d'un **loyer spécial pour les bâtiments d'habitation.**

CONDITIONS RELATIVES AUX BAUX

4720 **Objet agricole** Pour que l'option prévue à l'article 260, 6° du CGI soit possible, les baux doivent porter sur des immeubles à usage agricole définis aux n°s 4680 et 4685. Ainsi sont concernés :

– les **baux ruraux** (baux à ferme, baux à domaine congéable) soumis au statut du fermage selon les dispositions du livre IV du Code rural et de la pêche maritime (C. rur. art. L 411-1) y compris les mises à disposition à titre onéreux d'immeubles à usage agricole en vue de les exploiter ;

– les **baux placés en dehors du statut du fermage** (C. rur. art. L 411-2), notamment dans le cas des conventions conclues en application des dispositions législatives particulières, comme les conventions pluriannuelles de pâturage conclues dans les zones de montagne en application des articles L 481-1 s. du Code rural et de la pêche maritime ;

– les baux portant sur des **petites parcelles** (C. rur. art. L 411-3), c'est-à-dire ceux qui portent sur des terres ayant une superficie inférieure au minimum fixé par arrêté préfectoral et par nature de cultures, sous réserve de leur constatation par un acte ;

– les **baux ne relevant pas du statut des baux ruraux** mais portant sur des immeubles utilisés par un agriculteur pour les besoins de son exploitation (hangars, serres, bâtiments d'élevage intensif, bureaux, etc.).

En revanche, l'option ne peut être valablement exercée pour les **baux à vie ou à durée illimitée** qui, en application des dispositions de l'article 744 du CGI, sont assimilés à des ventes (BOI-TVA-SECT-80-50-10 n°s 100 et 110).

S'agissant des **baux à métayage,** voir n° 4660.

Enregistrement L'enregistrement des **baux** ruraux **à durée limitée** n'est pas exigé pour bénéficier de l'option pour la taxation à la TVA prévue par l'article 260, 6° du CGI (BOI-TVA-SECT-80-50-10 n° 110). **4730**

CONDITIONS RELATIVES AU PRENEUR

L'option pour l'assujettissement à la TVA des locations de biens ruraux n'est autorisée que si le **preneur** est **redevable de la TVA de plein droit ou par option** (option prévue à l'article 298 bis, I du CGI : voir n°s 70350 s.). **4740**

L'option ne peut donc pas porter sur des terrains et bâtiments d'exploitation agricole loués à un agriculteur qui est placé sous le régime du **remboursement forfaitaire.**

Pour que son option soit recevable, le bailleur doit apporter la **preuve** que le preneur est redevable de la TVA, par exemple en joignant à la déclaration d'option une copie :

– soit de la déclaration de création d'entreprise ou d'activité du preneur ;

– soit de la dernière déclaration de TVA mentionnant le numéro du dossier (BOI-TVA-SECT-80-50-10 n°s 150 et 160).

Bail consenti à un agriculteur membre d'un groupement ou d'une société d'exploitation agricole Pour que l'option soit exercée, il faut que le preneur soit personnellement redevable de la TVA, de plein droit ou sur option, au moment de la conclusion du bail (n° 4740). **4745**

Mais le bail peut être consenti à un agriculteur qui, **à la date de conclusion du contrat,** est membre d'un groupement (Gaec) ou d'une société d'exploitation agricole (SCEA, EARL) au profit desquels les **biens** pris à bail sont **mis à disposition** dans les conditions fixées par l'article L 411-37 du Code rural et de la pêche maritime.

Dans cette hypothèse, bien que l'agriculteur n'utilise pas les biens pour les besoins d'une activité au titre de laquelle il est personnellement redevable de la TVA, l'administration admet que l'option puisse être exercée et que le droit à déduction soit transféré si les conditions suivantes sont remplies.

1) Conditions d'exercice de l'option. Le bailleur doit être en mesure d'établir que le bien donné à bail a été mis à la disposition d'un **organisme redevable de la TVA.** Cette preuve est apportée en joignant à la déclaration d'option :

– une **attestation** signée conjointement par le preneur et l'organisme au profit duquel le bien a été mis à disposition déclarant que celui-ci utilisera effectivement le bien à des fins d'exploitation et qu'il est imposé à la TVA ;

– ainsi qu'une **copie de la déclaration de création** d'entreprise ou d'activité **de l'organisme** ou de la dernière **déclaration de TVA** souscrite par celui-ci.

2) Conditions du transfert du droit à déduction. Le fermier associé peut transmettre au groupement ou à la société le droit à déduction de la TVA facturée par le bailleur si les deux conditions suivantes sont satisfaites :

– le **fermage** est acquitté par le groupement ou la société ;

– le fermier adresse au groupement ou à la société une **attestation** comportant les mentions suivantes : identité du fermier ; identification des biens loués et identité du propriétaire ; montant hors taxe des loyers, taux de TVA et montant de l'impôt correspondant.

L'option ayant une durée initiale obligatoire au cours de laquelle elle ne peut pas être dénoncée (n° 4825), le bailleur reste assujetti à la TVA même si notamment le fermier quitte le groupement ou s'il cesse de mettre les biens pris à bail à sa disposition (BOI-TVA-SECT-80-50-40 n°s 140 à 160).

Accord ou non du preneur Sur la question de savoir s'il est possible ou non d'imposer l'option au locataire, voir n° 4190. **4750**

PORTÉE DE L'OPTION

4760 L'option pour l'assujettissement à la TVA des locations de biens ruraux est **globale** et **indivisible** : elle s'applique à tous les baux conclus par un même bailleur avec des agriculteurs redevables de la TVA au moment où l'option est exercée, ou qui sont placés dans cette situation au cours de la période de validité de l'option.

Si, en cours d'option, un **preneur devient redevable** de la TVA à titre obligatoire ou sur option, l'option exercée par le propriétaire s'étend obligatoirement aux baux conclus avec ce preneur.

Si, au cours de la période initiale obligatoire, un **fermier cesse d'être redevable** de la TVA, l'option exercée par le bailleur continue à produire ses effets, comme indiqué au n° 4825 (BOI-TVA-SECT-80-50-20 n° 1).

> **Précisions** **a.** L'option ne peut valablement être exercée que pour la **totalité d'un bail.** Elle ne peut donc porter seulement sur la location d'immeubles en omettant les vignes (CE 29-7-1998 n° 193473 : RJF 10/98 n° 1104).
> **b.** L'option ne peut valablement être exercée que pour la **totalité des biens mis à disposition** par un contribuable, qu'il en soit propriétaire ou locataire. L'exploitant agricole qui a exercé cette option ne peut pas exclure du champ de celle-ci les produits des terres prises en location par lui et mises à disposition à titre onéreux d'une entreprise agricole à responsabilité limitée (CAA Douai 28-6-2005 n° 03-528 : RJF 12/05 n° 1377).
> **c.** La question de la **compatibilité** du **caractère global** de cette option avec les dispositions de la **directive TVA** peut se poser suite à la décision du Conseil d'État rendue en matière d'option prévue pour les locations de locaux nus à usage professionnel (voir n° 4355).

b. Modalités et durée de l'option

EXERCICE DE L'OPTION

4790 **Modalités** L'option ouverte aux bailleurs de biens ruraux prend **effet** le **premier jour du mois** au cours duquel elle est formulée auprès du service des impôts (CGI ann. II art. 202, al. 2).

Elle revêt la forme d'une **lettre signée** par le bailleur à laquelle sont **annexés** :

- un bulletin d'identification pour son activité de bailleur (déclaration de création d'entreprise ou d'activité : voir nos 44320 s.) ;
- et une copie de la déclaration de création d'entreprise ou d'activité de chacun des preneurs ou de leurs dernières déclarations de TVA (n° 4740).

Lorsque les **immeubles** donnés à bail **appartiennent à une indivision** ou à une **personne morale,** l'option peut être exercée au nom de l'indivision ou de la personne morale par l'un des indivisaires ou par le gérant de la société, à condition qu'il soit dûment mandaté à cet effet (BOI-TVA-SECT-80-50-30 nos 1 à 20).

4795 **Service des impôts compétent** La déclaration d'option pour l'assujettissement à la TVA des bailleurs de biens ruraux ainsi que les déclarations de chiffre d'affaires doivent être adressées au service des impôts :

- du lieu de situation de l'immeuble si le bailleur est une personne physique (CGI ann. IV art. 33) ;
- du lieu d'encaissement des loyers si les immeubles appartiennent à une indivision ;
- du lieu où est souscrite la déclaration de résultats si le bailleur est une personne morale (BOI-TVA-SECT-80-50-30 n° 30).

DURÉE DE L'OPTION ET DÉNONCIATION

4810 L'option couvre obligatoirement une **période initiale de cinq années** dont celle au cours de laquelle elle est exercée.

En effet, l'option peut être dénoncée à partir du 1er janvier de la cinquième année civile qui suit celle au cours de laquelle elle a été exercée, cette dénonciation prenant effet à compter du 1er jour du mois au cours duquel elle est formulée auprès du service des impôts (CGI ann. II art. 202).

En pratique, l'option couvre obligatoirement une période initiale de :

- cinq années pleines lorsqu'elle est exercée au mois de janvier d'une année (la période couverte par l'option allant du 1er janvier de l'année d'exercice au 31 décembre de la quatrième année suivante) ;
- quatre années et onze mois lorsqu'elle est exercée au mois de février d'une année (la période couverte allant du 1er février de l'année d'exercice au 31 décembre de la quatrième année suivante) ;
- et ainsi de suite, la période initiale obligatoire étant de quatre années et un mois lorsque l'option est exercée au mois de décembre d'une année (la période couverte par l'option allant

du 1er décembre de l'année d'exercice au 31 décembre de la quatrième année suivant celle de l'exercice de l'option).

Une fois passée la période initiale d'option, celle-ci peut être dénoncée à tout moment. Cette dénonciation doit faire l'objet, comme l'option elle-même (nos 4790 s.), d'une déclaration expresse.

À **défaut de dénonciation** après la période initiale, **l'option continue de produire ses effets** tant qu'il n'y est pas mis fin. Rien ne s'oppose, bien entendu, à ce qu'un bailleur, après avoir dénoncé l'option initiale, exerce à nouveau l'option pour la TVA (pour une nouvelle période pouvant varier de cinq années à quatre années et un mois selon la date d'exercice de l'option).

Remarque : Le fait de bénéficier d'un remboursement de crédit de TVA au cours de la période couverte par l'option ne fait pas obstacle à la dénonciation de l'option.

EXEMPLES **4815**

1. Une option formulée en janvier 2023 prend effet le 1er janvier 2023 et pourra être dénoncée à compter du 1er janvier 2028. Si le bailleur décide de dénoncer l'option le 1er janvier 2028 la dénonciation prendra effet à cette même date (application de l'exonération à compter du 1-1-2028).

2. La même option, formulée en janvier 2023 avec effet au 1er janvier 2023, est dénoncée le 10 juin 2030. Cette dénonciation prendra effet le 1er juin 2030 (application de l'exonération à compter de cette date).

L'option ne peut **pas être dénoncée** au cours de la période initiale obligatoire et le bailleur reste **4825**
donc assujetti à la TVA, **même si** :

- le **preneur** (ou l'un des preneurs) **cesse d'être redevable** de la TVA ;
- la location (ou l'une des locations) est conclue avec un **nouveau preneur** qui n'est pas lui-même redevable de la TVA, le bailleur devant informer le nouveau fermier de son option et des conséquences qui en résultent (BOI-TVA-SECT-80-50-20 n° 20).

En revanche, selon nous, après la période initiale, si les conditions de l'option cessent d'être remplies, celle-ci devient caduque.

c. Conséquences de l'option

Les bailleurs qui exercent l'option prévue à l'article 260, 6° du CGI sont imposables à la TVA selon **4860**
le **régime simplifié agricole** (CGI art. 298 bis, II-6°).

Ils doivent donc accomplir les obligations qui incombent aux redevables placés sous ce régime d'imposition (nos 70750 s.). La taxe est établie, liquidée, recouvrée, contrôlée suivant les règles retenues à l'égard de cette catégorie de redevables, compte tenu des précisions exposées aux nos 4870 s.

BASE D'IMPOSITION

Principes La base d'imposition des bailleurs de biens ruraux ayant opté pour l'assujettisse- **4870**
ment à la TVA comprend toutes les **sommes reçues en contrepartie de la location** des terres et bâtiments d'exploitation à usage agricole concernés par l'option (CGI art. 266, 1-a). Ainsi doivent être soumis à la taxe :

- les **loyers** ou fermages en principal ;
- les recettes qui présentent le caractère d'un **complément de ces loyers** (charges forfaitaires, etc.), de droits d'entrée, de dépenses incombant au propriétaire et mises par convention à la charge du locataire (BOI-TVA-SECT-80-50-40 nos 10 et 20).

Il n'y a **pas** lieu de **comprendre dans la base d'imposition** des bailleurs de biens ruraux ayant **4875**
opté pour le paiement de la TVA :

- les remboursements de charges locatives (voir n° 36550) ;
- les loyers se rapportant à l'habitation (nos 4700 s.) ;
- les recettes accessoires perçues auprès de personnes autres que le fermier et correspondant par exemple à la location du droit d'affichage ou du droit de chasse ou de pêche. Ces recettes ne sont pas à prendre en compte pour le calcul du coefficient de taxation permettant de déterminer le coefficient de déduction du bailleur (BOI-TVA-SECT-80-50-40 n° 30).

Fermages payés en nature Le prix du fermage est parfois payable en tout ou partie en **4880**
nature. Le fermier doit alors livrer au propriétaire une quantité convenue de denrées. Dans ce cas, la taxe est due sur la **valeur réelle des produits** au jour où ils sont mis à la disposition du bailleur.

Cette valeur réelle s'entend de la valeur marchande des produits, c'est-à-dire du prix de vente à la production.

EXEMPLE

Le preneur doit livrer chaque année au bailleur 1 000 litres de vin. Il remet le 1er décembre 2023 au bailleur 1 000 litres de vin.
Le prix de vente à la production du vin est de 2 € hors taxe le litre.
Le bailleur facture au preneur :

2 € × 1 000 =	2 000 €
TVA 20 %	400 €
TTC	2 400 €

Remarque : Le fermier est dispensé de soumettre à la TVA le prix des marchandises remises au bailleur en contrepartie du paiement du fermage.

4890 **Début d'option** Le bailleur doit soumettre à la TVA toutes les **sommes perçues** à compter de la date d'effet de l'option visée à l'article 260, 6° du CGI, même si elles se rapportent à la période antérieure à l'option.

La taxe due au titre de ces encaissements est dûment facturée au preneur. Elle peut être déduite par celui-ci (BOI-TVA-SECT-80-50-40 n° 50).

TAUX

4900 Les loyers perçus par les bailleurs de biens ruraux ayant exercé l'option pour l'assujettissement à la TVA sont imposables au **taux normal** de la taxe même s'il s'agit d'un fermage payable en nature (en aucun cas il n'y a lieu de retenir le taux applicable au produit livré).

EXEMPLE

Le bail stipule que le preneur doit livrer 100 quintaux de blé.
Le bailleur doit délivrer au preneur une facture établie comme suit :

20 € (valeur au jour de la remise) × 100	2 000 €
TVA 20 %	400 €
TTC	2 400 €

DROITS À DÉDUCTION

4910 La déduction de la TVA supportée par les bailleurs de biens ruraux s'opère selon les modalités fixées par les articles 205 à 209 de l'annexe II au CGI (voir nos 52500 s.).

Il est admis, à cet égard, que l'ensemble des baux soumis à la TVA soit regroupé au sein d'un seul **secteur distinct d'activité.** Cependant, lorsqu'un propriétaire est à la fois exploitant et bailleur, l'activité agricole fait l'objet d'un secteur d'activité distinct du ou des secteurs locatifs (en ce sens, BOI-TVA-DED-20-20 n° 100).

4915 Les **baux pour lesquels le bailleur ne peut pas exercer l'option** visée à l'article 260, 6° du CGI (cas, par exemple, des baux consentis à des agriculteurs qui ne sont pas redevables de la TVA : n° 4740) constituent également un secteur distinct d'activité. La TVA n'est pas exigible sur les loyers correspondants. Les dépenses se rapportant à ce secteur n'ouvrent pas droit à déduction (CGI art. 271).

4920 Le **droit à déduction** peut être **exercé** par le bailleur de biens ruraux **dès la date d'effet de l'option.**

OBLIGATIONS

4930 **Déclarations et paiement de l'impôt** Les bailleurs de biens ruraux qui optent pour le paiement de la TVA doivent respecter les mêmes obligations déclaratives que les agriculteurs relevant du régime simplifié agricole (voir nos 72400 s.). Ils versent des **acomptes trimestriels** et souscrivent une **déclaration annuelle** n° 3517-AGR-SD (CA 12A). Cette déclaration regroupe l'ensemble des loyers et de la TVA déductible qui se rapportent à des baux couverts par l'option.

Les **propriétaires** qui sont **à la fois exploitants et bailleurs** doivent regrouper l'ensemble de leurs opérations sur la même déclaration de TVA (BOI-TVA-SECT-80-50-40 n° 70).

Les bailleurs peuvent cependant demander à souscrire des déclarations trimestrielles ou mensuelles (nos 72740 s.).

4935 **Exclusion de la franchise** Les bailleurs de biens ruraux qui optent pour le paiement de la TVA en vertu de l'article 260, 6° du CGI ne peuvent pas bénéficier de la franchise en base prévue à l'article 293 B du CGI dès lors que les opérations soumises à la TVA sur option n'ouvrent pas droit au bénéfice de cette franchise (n° 47630).

Facturation Les bailleurs de biens ruraux qui optent pour le paiement de la TVA doivent délivrer aux preneurs des factures mentionnant la TVA due au titre des loyers couverts par l'option (CGI art. 289). Cette taxe est déductible par les preneurs dans les conditions habituelles (BOI-TVA-SECT-80-50-40 n° 90). **4940**

III. LOCATIONS DE BIENS OU DROITS INCORPORELS

Les locations de biens ou droits incorporels entrent dans le champ d'application de la TVA et sont en principe **imposables.** **5040**

Toutefois, l'article 261 D, 3° du CGI prévoit une **exonération** en faveur des locations ou concessions de droits incorporels portant sur les immeubles dont les locations bénéficient des exonérations prévues aux 1° (**terrains et bâtiments à usage agricole**) et 2° (**terrains non aménagés et locaux nus**) du même article, dans la mesure où elles relèvent de la gestion d'un patrimoine foncier.

a. Locations imposables

Sous réserve des exonérations examinées n°s 5090 s., toutes les locations de biens ou droits incorporels (fonds de commerce, clientèles, brevets d'invention, droits d'auteur, etc.) sont normalement imposables à la TVA. Ce principe appelle cependant des précisions importantes qui font l'objet des rubriques suivantes : **5070**

- opérations portant sur les **fonds de commerce,** voir n°s 15540 s. et 15800 s. ;
- concession de **brevets d'invention** ou d'autres droits de propriété industrielle, voir n° 15870 ;
- concession de droit d'exploitation de **mines ou carrières,** voir n°s 16800 s. ;
- concessions de droits par les **auteurs des œuvres de l'esprit,** voir n°s 86800 s.

b. Locations exonérées

En application de l'article 261 D, 3° du CGI, la cession à titre temporaire, c'est-à-dire la **location** ou la **concession d'un droit incorporel portant sur des terres et bâtiments à usage agricole, sur des terrains non aménagés ou des locaux nus,** est exonérée de la TVA, dans la mesure où elle relève de la gestion d'un patrimoine foncier, c'est-à-dire dans les cas où les droits incorporels concernés ne font pas partie d'un actif commercial ou ne constituent pas un élément qu'il est d'usage de trouver dans un actif commercial (BOI-TVA-CHAMP-30-10-50 n° 60). **5090**

L'exonération s'étend à certains **démembrements de la location principale,** à savoir essentiellement la location du droit d'affichage et la concession de droits de chasse ou de pêche.

LOCATION DU DROIT D'AFFICHAGE

La location du droit d'affichage est exonérée lorsque son produit entre dans la catégorie des **revenus fonciers** et ne constitue pas un élément de recettes d'une entreprise commerciale (BOI-TVA-CHAMP-30-10-50 n° 70). **5100**

Sont en revanche soumises de plein droit à la TVA en raison de leur nature commerciale :

- les **locations d'emplacements publicitaires** sur les terrains de sport (Rép. Authié : Sén. 10-2-1983 n° 8952, non reprise au Bofip mais dont la solution nous paraît conserver sa valeur) ;
- les concessions du droit de **publicité sur les palissades d'une foire commerciale** (CE 24-7-1937) ;
- les **redevances perçues par une société civile de construction** d'immeubles en vue de la vente au titre de la location du droit d'affichage sur un terrain qu'elle a acquis pour construire (Rép. Goussebaire-Dupin : Sén. 5-5-1988 n° 9125, non reprise au Bofip mais dont la solution nous paraît conserver sa valeur).

CONCESSION D'UN DROIT DE PÊCHE OU DE CHASSE

La **concession pure et simple** d'un droit de chasse ou de pêche, **non assortie d'autres prestations** (telles qu'hébergement et nourriture des chasseurs ou pêcheurs, fourniture de personnel spécialisé), bénéficie de l'exonération de la TVA prévue par l'article 261 D, 3° du CGI, son produit entrant dans la catégorie des revenus fonciers (BOI-TVA-CHAMP-30-10-50 n° 70). **5110**

Se livrent en revanche à une **activité de nature commerciale d'organisateur de parties de chasse** passible de la TVA : **5115**

- le propriétaire d'un domaine agricole qui y élève des canards ou des faisans en quantité importante, y organise des parties de chasse moyennant rémunération et qui a par ailleurs apporté des **aménagements importants** à ses immeubles pour **accueillir et héberger les chasseurs** et leur fournir des repas et recourt à la **publicité** pour le recrutement de ses clients. Jugé que, dans ces conditions, l'activité de l'intéressé présente un caractère commercial, aussi bien en ce qui concerne la location du droit de chasse que les prestations de logement et de nourriture (CE 10-7-1972 n° 82490) ;

– l'exploitant agricole qui, pour assurer un débouché de son élevage de gibier, a loué un territoire de chasse de 1825 ha qu'il a aménagé pour permettre, moyennant paiement, l'**hébergement** et la **restauration des chasseurs,** qui rémunère **deux gardes** et une employée de maison, qui accueille, moyennant **cotisation,** non seulement des amis recrutés par cooptation mais également un groupe de chasseurs d'un autre département acquittant une **cotisation globale** et des **chasseurs à la journée,** et qui n'est pas le mandataire d'une association de fait constituée par les chasseurs (CE 12-12-1990 n° 64212 : RJF 2/91 n° 156) ;

– celui qui exploite un **droit de chasse pris en location,** sous la forme de **vente,** par actions ou demi-actions, de parts annuelles de chasse et de **journées de chasse** au cours desquelles sont procurées des **prestations hôtelières** (CE 25-3-1991 n° 61642 : RJF 5/91 n° 586).

5120 L'**organisation de parties de pêche** constitue une activité commerciale quel que soit **le statut juridique** de la personne pratiquant cette activité. Le caractère commercial qui distingue les prestations fournies de la simple location du droit de pêche peut notamment résulter soit d'un **ensemble d'aménagements** des lieux de pêche comportant, par exemple, un établissement de ventes à consommer sur place, soit d'une modalité particulière de cession momentanée du droit de pêche, revêtant un aspect spéculatif, telle que la **vente d'une carte à la journée ou à la demi-journée** avec déversement concomitant d'une certaine quantité de poissons sur les lieux de pêche. Dans de telles hypothèses, l'opération constitue une prestation de services et non une vente de poisson (Rép. Haesebroeck : AN 5-7-1974 n° 9301, non reprise au Bofip mais dont la solution nous paraît conserver sa valeur).

CONCESSION DU DROIT D'EXPLOITATION D'UNE MINE OU D'UNE CARRIÈRE

5130 Voir n°s 16800 s.

IV. LOCATIONS CONSENTIES POUR UN LOYER TRÈS FAIBLE

5200 Lorsque le prix d'un bien ou d'un service est fixé à un niveau très inférieur au prix du marché, l'opération est constitutive d'une libéralité et le fournisseur ou le prestataire ne peut être regardé comme exerçant une activité économique (n° 1465).

Dans le domaine locatif, ce principe conduit à distinguer selon qu'il s'agit de locations consenties par des personnes privées ou par des collectivités locales.

a. Locations consenties par des personnes privées

5220 Lorsque des locations sont consenties entre des **personnes liées juridiquement ou économiquement,** il arrive que le loyer soit fixé à un prix manifestement inférieur à celui du marché. Dans cette hypothèse (qui est celle d'un acte anormal de gestion), le bailleur ne peut pas être réputé exercer une activité économique au sens des articles 256 et suivants du CGI et la location se trouve placée hors du champ d'application de la TVA, d'où le **caractère inopérant de l'option** qui aurait été exercée (qu'il s'agisse d'immeubles à usage professionnel ou de biens ruraux) et l'**obligation de reverser** :

– la totalité de la TVA déduite, lorsque les loyers sont anormalement faibles depuis le début de l'activité ;

– une fraction de la TVA déduite (calculée dans les conditions indiquées aux n°s 62700 s.), l'année où les loyers fixés à un niveau normal deviennent anormalement bas. Dans cette situation, la sortie de l'option est effective à compter du 1er janvier de l'année considérée (en ce sens, D. adm. 3 D-1524 n°s 39 à 41, non reprise au Bofip mais dont la solution nous paraît conserver sa valeur).

Remarque : On soulignera la gravité des conséquences attachées au non-respect de la condition « économique ».

NOTION DE LOYER ANORMALEMENT BAS

5225 L'administration n'estime pas possible de fixer un seuil permettant de considérer qu'un loyer est manifestement fixé en dessous du prix normal du marché, cette notion devant s'apprécier **cas**

par cas. Elle considère néanmoins que cette situation devrait être assez rare dès lors que les propriétaires ont normalement intérêt à rentabiliser leurs investissements (en ce sens, D. adm. 3 D-1524 nos 39 et 40, non reprise au Bofip).

En l'absence de précision administrative, l'examen de la jurisprudence (nos 5230 s.) montre que la **notion** de loyer anormalement bas est **délicate à appréhender.** Il n'est pas certain, par exemple, que les taux de rentabilité de 2,2 % et 2,39 % considérés comme anormalement bas par les tribunaux administratifs de Rennes et de Lyon (no 5230) ne feraient pas l'objet d'une appréciation différente en période de crise économique et de faible inflation.

Loyers regardés comme étant anormalement bas 5230

ILLUSTRATIONS

La confrontation du loyer annuel exigé par une société civile immobilière pour un **ensemble immobilier** qu'elle donne en location à un établissement de formation et du prix de revient des constructions concernées, qui fait ressortir un **taux de 2,2 %,** suffit à elle seule, dans les circonstances de l'espèce, à établir la disproportion existant entre la mise à disposition des locaux loués et la contrepartie versée par le preneur. La société civile immobilière ne peut donc pas être regardée comme exerçant une activité économique au sens de l'article 256 A du CGI et ne peut en conséquence se prévaloir de l'option qu'elle a formulée pour être assujettie à la TVA.

TA Rennes 13-6-2002 n° 98-1680 : RJF 2/03 n° 163

Des loyers retirés de la **location d'une mosquée à des associations** cultuelles qui assurent une **rentabilité de 2,39 %** du capital investi pour la construire révèlent, au bénéfice des preneurs, dont deux détiennent la totalité du capital de la société civile ayant construit l'immeuble, une libéralité. La location litigieuse ne peut, en conséquence, être regardée comme une activité économique au sens de l'article 256 A du CGI et n'ouvre donc pas droit à la déduction de la TVA ayant grevé la construction de la mosquée donnée à bail.

TA Lyon 3-3-2003 n° 98-5583 : RJF 6/03 n° 705

Des opérations de location de véhicules et de bateaux sont constitutives de libéralités dès lors, d'une part, que la **location** de plusieurs **véhicules** est consentie pour des loyers annuels hors taxe inférieurs au montant des amortissements susceptibles d'être comptabilisé à un taux de 20 % et que la location d'un autre véhicule et de deux bateaux est consentie pour des **loyers très largement inférieurs aux charges comptabilisées,** d'autre part, que ces véhicules et bateaux sont loués uniquement au dirigeant ou à son épouse, également associée, dans le seul but de leur conférer un avantage et une rémunération supplémentaire à un prix sans lien avec l'avantage obtenu par le bénéficiaire alors que la SAS s'est dispensée de toute démarche commerciale ou de recherche de clientèle. La société ne peut, par suite, être considérée comme se livrant à une activité économique au titre de ces locations, lesquelles n'ouvrent donc pas droit à déduction.

CAA Lyon 12-4-2016 n° 14LY01742 : RJF 7/16 n° 615

Loyers regardés comme n'étant pas anormalement bas 5235

ILLUSTRATIONS

Un **loyer** de l'ordre de **4,26 %** n'est pas hors de proportion avec la prestation de mise à disposition des locaux, ni manifestement inférieur au prix du marché pour des biens équivalents, même s'il apparaît effectivement faible en comparaison de celui constaté pour l'agglomération urbaine concernée qui est compris entre 10 et 12 %. La location litigieuse (taxable sur option) peut donc être regardée comme une activité économique au sens de l'article 256 A du CGI et ouvre droit, par suite, à la déduction de la TVA ayant grevé l'acquisition des locaux donnés à bail.

TA Toulouse 2-10-2001 n° 97-3208

La seule circonstance que le loyer annuel incombant au preneur de locaux équipés à usage de **clinique** d'une surface de 5 000 m^2, représentant la somme de 48 F **(7,32 €) au mètre carré,** est anormalement bas au regard d'une gestion commerciale normale ne fait pas obstacle à la déduction de l'intégralité de la taxe supportée par le loueur sur les dépenses de construction et d'aménagement des locaux loués. En effet, cette circonstance ne peut avoir pour effet de priver de la qualification d'activité économique une location dont les recettes, qui ne sont pas insignifiantes, présentent le caractère de permanence exigé par les dispositions de l'article 256 A du CGI.

CAA Lyon 15-5-2007 n° 03-1267 : RJF 2/08 n° 134

La location de bâtiments et de terrains par une société civile immobilière à une société qui y exploite un **gîte rural** pour un **loyer annuel de 48 000 €** doit être regardée comme constituant une prestation de services effectuée à titre onéreux et présentant un caractère économique dès lors qu'elle a assuré à la société civile immobilière la perception de recettes qui n'étaient pas insignifiantes et qui présentent un caractère de permanence. Ni la faiblesse du loyer par rapport au coût de revient des biens loués (s'élevant à 1 840 000 € environ), qui n'assurerait selon le service qu'un taux de **rentabilité de 2,94 %,** ni la présence au bail commercial de clauses favorables au preneur, et notamment l'impossibilité de réévaluer le loyer, ni les liens existants entre les deux sociétés (qui ont le même dirigeant) ne permettent de remettre en cause cette qualification d'activité économique et de faire obstacle à la déduction de la taxe.

CAA Lyon 28-4-2016 n° 13LY01889 : RJF 8-9/16 n° 696

La location d'**emplacements sur un terrain de camping** par une SAS à ses actionnaires moyennant un tarif de **2 €** hors charges **par mètre carré et par an** doit être regardée comme une activité présentant un caractère économique dès lors qu'elle a assuré à la société la perception de recettes qui n'étaient pas symboliques (8 126 € pour 2010, 22 390 € pour 2011 et 23 381 € pour 2012) et qui présentaient, eu égard à la durée de location de deux ans renouvelable prévue aux contrats, un caractère de permanence. Ni la modicité des loyers dont le caractère anormalement bas n'est pas établi en l'absence de termes de comparaison similaires, ni les liens existant entre les associés et les locataires ne permettent de remettre en cause cette qualification d'opération économique. Par suite, cette activité, dont le caractère patrimonial n'a pas été démontré par l'administration, ouvre droit à déduction.

CAA Nantes19-10-2017 n° 16NT01751 : RJF 2/18 n° 153

Une activité de **mise à disposition d'une flotte de véhicules** ayant donné lieu à une facturation sur la base d'un **forfait mensuel** permettant de **couvrir les frais engendrés** par la location des véhicules et assurant la perception de recettes, qui n'étaient pas symboliques et présentaient un caractère de permanence, doit être considérée comme une activité économique soumise à la TVA. Sont à cet égard **sans incidence** la faiblesse des tarifs pratiqués par rapport aux sociétés concurrentes, le fait que les locations soient limitées au cercle informel de la société, l'absence de publicité visant à développer l'activité ou encore la facturation forfaitaire.

TA Nice 17-12-2020 n° 1800423 : RJF 5/21 n° 468

b. Locations consenties par les collectivités locales

5270 Les collectivités qui financent l'acquisition, la construction ou la livraison d'un immeuble à usage professionnel qu'elles destinent à la location à titre onéreux soumise à la TVA (de plein droit ou sur option) peuvent **déduire** la taxe ayant grevé les différents éléments constitutifs du prix du loyer (Loi 2005-157 du 23-2-2005 art. 11). Ces collectivités peuvent donc déduire la TVA grevant ledit immeuble même si le **montant des loyers ne couvre pas l'amortissement** normal de ce bien.

La mise à disposition d'un immeuble par une collectivité moyennant un **loyer dérisoire ou symbolique** serait néanmoins assimilée à une libéralité n'entrant pas dans le champ d'application de la taxe. Dans une telle situation, la collectivité ne saurait avoir la qualité d'assujetti à la TVA et la taxe grevant les dépenses directement affectées à la réalisation d'une telle activité n'est pas déductible. L'appréciation du caractère onéreux d'une activité économique doit être réalisée **au cas par cas** en fonction des circonstances propres à chaque situation (Inst. 3 D-1-06, non reprise au Bofip mais dont la solution nous paraît conserver sa valeur).

SECTION 2 AIDES ET SUBVENTIONS

5550 Le régime de TVA des aides et subventions actuellement en vigueur trouve son origine dans la jurisprudence de la CJUE qui subordonne le caractère imposable d'une opération à l'existence d'un **lien direct** entre celui qui fournit le service (ou qui effectue la livraison) et son bénéficiaire (CJUE 8-3-1988 aff. 102/86 : voir nos 1410 s.).

Dans le cas où un organisme est financé par des sommes qualifiées d'aides, de subventions, d'abandons de créances ou de dons, il convient de rechercher successivement :

– si les sommes versées constituent la **contrepartie d'une opération** réalisée au profit de la partie versante. Dans l'affirmative, il s'agit du prix payé pour un service rendu ou pour une vente. Les sommes versées sont donc taxables (sauf exonération expresse de l'opération), quels que soient le statut de la partie versante (personne de droit public ou de droit privé) ou la dénomination donnée à ces sommes (subventions, crédits budgétaires, aides, abandons de créances, etc.) ;

– à défaut, si les sommes versées **complètent le prix** d'une opération imposable. Dans l'affirmative, elles doivent être comprises dans la base d'imposition à la TVA et doivent donc être taxées sauf si l'opération est expressément exonérée.

En cas de **réponse négative** aux deux premiers points, la subvention, l'aide ou le don n'est pas taxable à la TVA (BOI-TVA-BASE-10-10-50 n° 10).

Nous allons analyser les conséquences de ces principes généraux en distinguant respectivement le régime applicable aux subventions publiques (nos 5600 s.), aux aides interentreprises (nos 5950 s.) et aux dons (n° 6100). Nous verrons ensuite un certain nombre de cas particuliers et de solutions diverses (nos 6220 s.).

I. SUBVENTIONS PUBLIQUES

L'examen du régime applicable aux subventions versées par l'État ou des collectivités publiques (collectivités locales, établissements publics, etc.) conduit à distinguer les subventions constituant la contrepartie d'une opération et les subventions présentant le caractère d'un complément de prix. **5600**

A. Subventions constituant la contrepartie d'une opération

a. Principes

Les subventions perçues par un organisme constituent la contrepartie d'une prestation de services (ou de la fourniture d'un bien) entrant dans le champ d'application de la TVA lorsque les circonstances de droit ou de fait permettent d'établir l'existence d'un **engagement** de cet organisme **de fournir un bien ou un service** déterminé ou de constater la réalisation d'un tel engagement. **5650**

Il convient donc de rechercher dans chaque situation si la subvention n'est pas en fait le prix d'un service direct rendu.

Ainsi, le Conseil d'État (CE sect. 6-7-1990 n° 88224 : RJF 8-9/90 n° 989) a jugé que la réalisation par un organisme d'une étude au profit d'une collectivité publique moyennant une rémunération spécifique est une opération imposable à la TVA (BOI-TVA-BASE-10-10-50 n° 30).

EXEMPLES

L'administration a indiqué que seraient imposables à la TVA :
1. Les sommes versées par une collectivité locale à une **radio locale** en contrepartie de diverses obligations contractuelles (information sur la vie locale, bulletins d'information, etc.). Cette solution a toutefois été contredite par un arrêt de la CAA de Nantes du 29 juin 1994 analysé n° 5710, 5.
2. Les sommes versées par une commune à une **entreprise chargée de** procéder à des **relevés topographiques** (BOI précité).

En revanche, les subventions versées à des **organismes qui n'ont souscrit aucune obligation** en contrepartie de l'octroi de ces sommes ne constituent pas la rémunération d'un service rendu (BOI-TVA-BASE-10-10-50 n° 190). Tel est le cas : **5660**

– des **subventions globales** versées par une ville et une chambre de commerce **en fonction des « perspectives générales d'action »** d'un organisme qui, dans le but de favoriser l'expansion économique d'une région, effectue des études, informe et conseille les communes et les entreprises de cette région (CE 6-7-1990 n° 88224 : voir n° 5710, 1). Ainsi, le financement d'un organisme (association notamment) au seul vu des buts généraux qu'il s'est assignés ou qu'il prend l'engagement de satisfaire ne constitue pas la contrepartie d'une prestation de services qui serait rendue à la collectivité versante. De même, l'exigence de compte rendu quant à l'utilisation des fonds publics ne caractérise pas, à elle seule, l'existence d'une prestation de services ;

– des **subventions** versées par une commune à une chambre de commerce et d'industrie (CCI) pour lui permettre de faire face aux échéances de remboursement des emprunts qu'elle a contractés pour la réalisation d'un aéroport et **qui ne donnent pas lieu à des prestations de services** individualisées au profit de la collectivité versante dès lors que la CCI n'avait souscrit en contrepartie de ces subventions aucune obligation en ce qui concerne la nature des prestations offertes (CE 10-7-1991 n° 61575 : voir n° 5710, 2) ;

– de la subvention versée par une commune à un organisateur de salons professionnels dans la commune dès lors que le **bénéficiaire n'a souscrit aucune obligation** en contrepartie de ces subventions (CE 8-7-1992 n° 80731 : voir n° 5710, 3).

L'administration admet également que ne soient pas incluses dans la base d'imposition :

– les sommes versées aux entreprises par les **organismes de mutualisation** agréés dans le cadre de la formation professionnelle continue ;

– les **primes d'aide à l'embauche** perçues par les entreprises, puisqu'elles ne constituent pas la contrepartie d'une prestation de services ;

– les aides ou les subventions destinées à **couvrir des charges sociales** (embauche d'apprentis par exemple) ;

– les aides qui sont un **encouragement** pur et simple **à l'embauche** (par exemple aide à la création d'emplois d'initiative locale) ;

– les subventions qui couvrent une **charge étrangère à l'activité productive** de l'entreprise (aides destinées à payer le salaire des éducateurs embauchés par les entreprises intermédiaires ou les centres d'aide par le travail destiné aux handicapés). Il en va de même en ce qui concerne les aides versées par l'État en application des dispositions de l'article L 5213-19 du Code du travail pour compenser le surcoût de charges résultant de l'emploi de travailleurs à capacité professionnelle réduite (BOI précité n° 200).

b. Jurisprudence

5690 Nous présentons, sous forme de tableaux, les **principales décisions jurisprudentielles** ayant examiné la situation des aides et subventions constituant (ou non) la contrepartie d'une opération.

TABLEAUX RÉCAPITULATIFS

5700 Subventions reconnues imposables

Nature des subventions	Références
1. Subventions versées par des collectivités locales à une **association** qui prend en charge l'**organisation d'un festival cinématographique** destiné à promouvoir la région auprès des professionnels et les inciter à venir y tourner des films, dont le **montant** est **fixé a posteriori** pour correspondre au coût de la manifestation et assurer l'équilibre financier. ***Remarque*** : *En ce qui concerne la solution inverse retenue par la même cour (CAA Paris 21-11-1995 n° 93-1281) à propos des subventions versées par divers organismes publics à l'association chargée d'organiser le festival du film fantastique à Avoriaz, voir* n° 5710, 6.	CAA Paris 16-9-1997 n° 95-3990 : RJF 12/97 n° 1120
2. Subvention d'équilibre versée par une commune à une **société** d'économie mixte **chargée,** d'une part, de **gérer le stationnement à péage de la ville** et, d'autre part, d'une **mission de conseil** en matière de stationnement, dont le **montant** est **fixé a posteriori** en fonction des résultats de l'exploitation du service par la société. ***Remarque*** : *Les produits financiers résultant du placement des fonds gérés par la société pour le compte de la commune, qui viennent en diminution du montant de la subvention d'équilibre, constituent une modalité de versement de ladite subvention et sont, par suite, également imposables à la TVA.*	CAA Nancy 10-6-1999 n° 95-1182 : RJF 10/99 n° 1155
3. Subventions versées par l'État à une communauté urbaine qui exploite un réseau d'assainissement, pour financer le **raccordement** à ce réseau **de bâtiments appartenant à l'État.**	CE 29-10-2003 n° 241524 : RJF 1/04 n° 25
4. Subventions versées par un conseil général à une entreprise **pour l'enlèvement de cadavres d'animaux** chez les éleveurs, qui sont directement liées au coût des opérations d'enlèvement.	CAA Nantes 31-12-2001 n° 98-2184 : RJF 5/02 n° 491
5. Subventions versées par une commune **à une société d'économie mixte** pour achever la mise en œuvre d'un programme d'aménagement de zone, qui inclut la maîtrise d'ouvrage de la **construction d'une école maternelle** ainsi que la **rénovation** et l'extension **d'une école primaire** dont la propriété est transférée à la commune.	CAA Versailles 20-12-2005 n° 04-889 : RJF 5/06 n° 512

Nature des subventions	Références
6. Contributions financières versées par des collectivités locales à une société d'économie mixte pour la production et la diffusion d'un programme de télévision locale.	CAA Versailles 1-12-2015 n° 14VE01070 : RJF 3/16 n° 230
7. Subventions versées par une région à une **association,** ayant pour objet de promouvoir et de développer la pratique du sport cycliste et dont l'activité réelle consiste à encadrer une équipe de coureurs cyclistes, en contrepartie de son engagement à mentionner le **partenariat avec la région** (citation de son soutien, inscription de son logo sur tous les documents promotionnels) et à assurer la **lisibilité de la marque de la région** en constituant le bloc marque de l'équipe à partir du logotype de la marque de ladite région. ***Remarque*** *: Le tribunal administratif de Rennes a considéré que le niveau des* ***avantages*** *pour la région* ***en termes de promotion et d'image*** *était en rapport avec le montant des subventions en litige. On notera toutefois que les prestations publicitaires liées au mécénat ne sont, en général, pas regardées comme équivalentes à la contre-valeur des subventions (voir* CE 2-6-1999 n° 191937 *:* n° 5710, 7 *et* CE 31-5-2000 n° 182012 *:* n° 5710, 8*).*	TA Rennes 27-10-2021 n° 1906491 : RJF 2/22 n° 134

Subventions non imposables 5710

Nature des subventions	Références
1. Subventions versées par la ville de Cholet et sa chambre de commerce au **Comité pour le développement industriel et agricole du Choletais** (Codiac), association de la loi de 1901 ayant pour objet l'étude et la promotion de toute action propre à favoriser l'expansion économique de cette région. Le Conseil d'État a jugé que ces subventions, **fixées globalement en fonction des perspectives générales d'action** du comité, ne correspondent pas à des **prestations de services individualisées** au profit des collectivités versantes. Dès lors, en l'**absence** d'un lien **direct entre** le montant des contributions versées au comité et les opérations réalisées par lui, ce dernier ne peut être regardé comme ayant effectué de façon générale des prestations de services soumises à la TVA.	CE sect. 6-7-1990 n° 88224 : RJF 8-9/90 n° 989
2. Subventions versées par une commune à une chambre de commerce et d'industrie, pour lui permettre de faire face aux échéances du remboursement des **emprunts** qu'elle a **contractés pour la réalisation d'un aéroport,** en contrepartie desquelles la chambre de commerce n'a souscrit **aucune obligation** quant à la nature des prestations offertes ou à leur prix et qui ne donnent **pas** lieu à des **prestations de services individualisées** au profit de la collectivité versante.	CE 10-7-1991 n° 61575 : RJF 10/91 n° 1215
3. Subventions versées par une commune **à un organisateur de salons professionnels,** réalisant sur le territoire de cette commune trois manifestations, qui ne donnent pas lieu à des prestations de services individualisables au profit de la commune et n'entraînent pour l'organisateur **aucune obligation** en contrepartie.	CE 8-7-1992 n° 80731 : RJF 11/92 n° 1487
4. Subventions d'équilibre versées par une commune **à une société d'économie mixte** chargée de la construction de logements sociaux. Ces subventions, qui étaient destinées à **compenser les pertes** résultant d'erreurs commises dans la conception et l'exécution de programmes de logements, de retards de commercialisation et d'insuffisances de gestion, ne correspondent **pas** à des **prestations de services individualisées** fournies par la société à la commune et n'ont, par suite, pas de lien direct avec les avantages que peut retirer la commune des activités de la société. Par ailleurs, **faute d'engagement** de la société **quant aux prix de vente** des logements ou au niveau des loyers, ces subventions ne pouvaient être regardées comme étant directement liées au prix des opérations réalisées par la société et ne pouvaient, par suite, être comprises dans sa base d'imposition.	CE 18-9-1998 n° 152656 : RJF 11/98 n° 1280

5710
(suite)

Nature des subventions	Références
5. Subventions annuelles d'équilibre versées par une commune à une association gérant une **radio locale.** La circonstance que l'association s'est engagée à promouvoir les activités culturelles et sociales de la ville, à informer les auditeurs des actions menées par les services publics et à participer à la lutte pour l'emploi ne suffit pas à établir que ces subventions correspondent à des opérations individualisées de promotion conduites au profit de la ville et sont en relation nécessaire avec les avantages immédiats que celle-ci peut retirer de l'activité de l'association. ***Remarque*** *: La CAA de Marseille a également jugé non imposable la subvention versée par une collectivité locale à une entreprise exploitant une radio privée organisatrice d'un festival national de radios « FM », n'ayant aucune contrepartie autre que la mention du concours de la collectivité (*CAA Marseille 15-5-2003 n° 99-473 : RJF 6/04 n° 588*).* *En revanche, pour l'administration, les sommes versées par une collectivité locale à une radio locale en contrepartie de diverses obligations contractuelles sont imposables (*n° 5650*).*	CAA Nantes 29-6-1994 n°s 93-509 et 93-520 : RJF 12/94 n° 1313
6. Subventions versées par divers organismes publics à l'association chargée d'organiser le **festival du film fantastique à Avoriaz,** ces subventions ne donnant pas lieu à des **prestations de services individualisables** au profit de ces organismes et n'entraînant pour l'organisateur **aucune obligation** en contrepartie. ***Remarque*** *: Le Conseil d'État a refusé l'admission du pourvoi en cassation dirigé contre l'arrêt de la cour de Paris (*CE CAPC 4-11-1996 n° 176909 : RJF 2/97 n° 125*).*	CAA Paris 21-11-1995 n° 93-1281 : RJF 4/96 n° 430
7. Subventions et participations financières accordées par des collectivités, institutions et établissements publics et par des entreprises privées à une **association organisatrice d'un festival,** nonobstant le fait que les noms des parties versantes étaient mentionnés dans les programmes des spectacles organisés par l'association. Par ailleurs, **faute d'engagement** de l'association **quant au prix de vente** des billets des spectacles qu'elle organisait, les subventions et participations ne peuvent être regardées comme étant directement liées au prix des opérations réalisées par l'association et ne peuvent, par suite, être comprises dans sa base d'imposition. ***Remarque*** *: L'administration se prévalait de la* ***mention des mécènes*** *sur les programmes des spectacles pour identifier une prestation de promotion. Mais le lien direct suppose une équivalence, fût-ce approximative, entre l'avantage retiré de la prestation et sa contre-valeur. Or le lien entre un service résultant de la mention sur les programmes et le montant des subventions a été jugé trop incertain.* *Pour une solution inverse dans laquelle le niveau des avantages en termes de promotion a été considéré comme étant en rapport avec le montant des subventions, voir* TA Rennes 27-10-2021 n° 1906491 : n° 5700, 7.	CE 2-6-1999 n° 191937 : RJF 7/99 n° 851
8. Subventions d'équilibre versées par une commune et un département à une **association gérant un Palais de la musique et des congrès** dès lors que ces subventions ne sont la contrepartie d'**aucune prestation de services individualisable** rendue par l'association à ces collectivités, que leur octroi n'est **pas** lié à la souscription par l'association d'un engagement relatif à la nature ou au prix des prestations effectuées par elle et que leur montant et leur mode de calcul ne sont **pas en relation avec** le service de **« promotion »** que l'association aurait rendu aux collectivités.	CE 31-5-2000 n° 182012 : RJF 9-10/00 n° 1066
9. Subvention versée par un conseil régional à un **laboratoire de recherche universitaire** pour sa participation à la réalisation d'un contrat de recherche et de développement avec une société privée. Par ailleurs, **faute d'engagement** de l'université **quant au prix** de ses prestations à l'égard des tiers, cette subvention n'est pas directement liée au prix de ces prestations et ne peut donc pas être comprise dans sa base d'imposition.	CAA Nantes 28-3-2000 n° 97-295 : RJF 9-10/00 n° 1068

Nature des subventions	Références
10. Subvention versée par une commune à une **société chargée de la réalisation et de l'exploitation de réseaux câblés,** même si elle a pour objet de compenser les coûts supplémentaires inhérents à la configuration géographique de la commune, dès lors que la société agit pour son propre compte et non en lieu et place de la commune. Par ailleurs, même s'il est fait mention dans la convention des **tarifs pratiqués,** la société ne peut pas être regardée comme ayant souscrit des engagements particuliers au profit de la commune dès lors que les prix sont ceux du marché.	CAA Nancy 4-4-2000 n° 96-262 : RJF 4/01 n° 464
11. Subventions accordées par un conseil régional à une chambre régionale de commerce et d'industrie au titre d'une **agence régionale collectant et diffusant des informations et des études scientifiques** réalisées pour les entreprises dès lors que leur versement n'a pas mis à la charge de l'organisme consulaire une obligation au profit de la région ni un engagement envers les entreprises bénéficiant de ses services. Il n'y a donc **pas de lien direct** entre ces subventions et les avantages qui pouvaient en résulter pour les parties versantes, même si l'existence des subventions était mentionnée lors des manifestations publiques organisées par la chambre régionale.	CAA Nancy 20-12-2001 n° 97-260 : RJF 5/02 n° 490
12. Indemnité versée à un **exploitant agricole qui s'est engagé,** dans le cadre d'un régime d'indemnités national, **à s'abstenir de récolter au moins 20 % des pommes de terre** qu'il a cultivées. En effet, un tel engagement n'apporte ni aux autorités nationales compétentes ni aux autres personnes identifiables d'avantages de nature à permettre de les considérer comme les consommateurs d'un service. ***Remarque*** *: La CJUE s'était déjà prononcée dans le même sens à propos d'une indemnité d'origine communautaire versée en contrepartie de l'abandon définitif de la production laitière* (CJUE 29-2-1996 aff. 215/94 : RJF 5/96 n° 691)*.* *L'administration considère également que les aides versées aux agriculteurs pour compenser une perte de revenus consécutive par exemple à un changement ou à l'abandon d'une production ne doivent pas être soumises à la TVA* (n° 71085)*.*	CJUE 18-12-1997 aff. 384/95 : RJF 4/98 n° 521

B. Subventions complément de prix

L'article 73 de la directive TVA prévoit expressément l'inclusion dans la base d'imposition à la TVA des « subventions directement liées au prix des opérations ». Cette disposition, reprise à l'article 266, 1-a du CGI, vise les cas où la contrepartie d'une prestation de services ou d'une livraison de biens est versée par un tiers qui n'est pas le client. Dans cette situation, il n'y a pas de service rendu au tiers, mais la subvention versée par celui-ci au prestataire est imposable chez ce dernier dès lors qu'elle constitue pour lui une contrepartie obtenue à raison de son activité imposable et directement liée au prix. Il importe peu, à cet égard, que la subvention représente une partie ou la totalité du prix perçu par le fournisseur. **5800**

DÉFINITION

Selon la Cour de justice de l'Union européenne, la **notion de « subventions directement liées au prix »** doit être interprétée en ce sens qu'elle comprend uniquement les subventions qui constituent la **contrepartie totale ou partielle d'une opération de livraison de biens ou de prestation** de services et qui sont **versées par un tiers** au vendeur ou au prestataire. Il appartient au juge national de vérifier, sur la base des éléments de fait qui lui sont soumis, si la subvention constitue ou non une telle contrepartie (CJUE 22-11-2001 aff. 184/00, « Office des produits wallons » : RJF 2/02 n° 250 ; dans le même sens, CJUE 15-7-2004 aff. 144/02, 381/01, 463/02 et 495/01 : RJF 11/04 n° 1214). **5810**

L'administration a tiré les conséquences de l'arrêt « Office des produits wallons » de la CJUE du 22 novembre 2001 (n° 5810) et considère que pour être qualifiée de « subvention directement liée au prix », une subvention doit satisfaire aux **conditions cumulatives** suivantes (il s'agit en fait des conditions fixées par la CJUE). **5815**

1) La **subvention** est **versée par un tiers** à celui qui réalise la livraison ou la prestation. Une subvention complément de prix implique donc nécessairement la présence de **trois parties** : la personne qui accorde la subvention, la personne qui en bénéficie et l'acheteur ou le preneur. En conséquence, les **virements financiers internes,** constatés entre différents budgets de l'État, des collectivités locales ou des établissements publics, ne répondent pas à la définition des subventions, dès lors qu'ils ne sont pas versés par une personne différente du bénéficiaire. Ces mouvements comptables ne doivent donc pas être soumis à la TVA.

2) Elle constitue la **contrepartie totale ou partielle d'une livraison de biens ou d'une prestation de services.** Le principe du versement de la subvention doit exister en droit ou en fait avant l'intervention du fait générateur des opérations dont elle constitue la contrepartie. En outre, le prix du bien ou du service doit être **déterminé,** quant à son principe, au plus tard **au moment où intervient le fait générateur** de ces opérations. Il doit exister une **relation entre** la décision de la partie versante d'octroyer la **subvention** et la **diminution des prix** pratiqués par le bénéficiaire. La subvention doit être spécifiquement versée à l'organisme subventionné afin qu'il fournisse un bien ou effectue un service déterminé. Elle doit donc être **identifiable** comme la contrepartie d'une opération taxable **et non versée globalement** pour couvrir les coûts de l'organisme subventionné (il ne suffit pas que son versement permette indirectement à cet organisme de pratiquer des prix moins élevés). Cette relation, qui résulte de l'intention des parties, doit apparaître de manière non équivoque au terme d'une **analyse au cas par cas** des circonstances qui sont à l'origine du versement de cette subvention.

Les acheteurs du bien ou les preneurs du service doivent tirer profit de la subvention octroyée au bénéficiaire. En effet, **il est nécessaire que le prix** à payer par l'acheteur ou le preneur soit fixé de telle façon qu'il **diminue à proportion de la subvention accordée** au vendeur, laquelle constitue alors un élément de détermination du prix exigé. Ainsi une subvention ne saurait être qualifiée de complément de prix dès lors qu'elle n'est pas calculée de manière à **couvrir spécialement l'insuffisance de recettes résultant de la tarification** mais a pour objet de prendre en charge des coûts fixes et/ou variables.

3) Elle permet au client de payer un **prix inférieur au prix du marché,** ou, à défaut, au prix de revient. La notion de subvention directement liée au prix d'opérations imposables doit s'appliquer strictement. La taxation des subventions ne doit pas conduire à une surtaxation de l'opération, notamment lorsque le bénéficiaire de la subvention ne pratique pas, en définitive, un prix inférieur au prix de marché.

Le prix de marché est le montant total qu'un preneur, se trouvant au stade de la commercialisation où est effectuée l'opération, devrait payer, au moment où s'effectue l'opération et dans des conditions de pleine concurrence, à un fournisseur ou un prestataire indépendant pour obtenir les mêmes biens ou services. **Lorsqu'il n'existe pas d'éléments de comparaison** pour établir l'existence d'un tel prix, celui-ci doit s'entendre du coût de revient de la prestation ou du bien (BOI-TVA-BASE-10-10-50 n°s 70 à 90).

RÈGLES D'IMPOSITION

5830 Lorsque les trois conditions définies au n° 5815 sont réunies, les subventions sont soumises aux **règles** d'imposition (taux, exonération, etc.) **applicables aux opérations dont elles complètent le prix.** Ces sommes, qui ne constituent pas la contrepartie d'une opération imposable pour la partie versante, n'ouvrent **aucun droit à déduction** de TVA à cette dernière (BOI-TVA-BASE-10-10-50 n° 90).

En ce qui concerne les modalités de prise en compte des subventions dans le calcul du **coefficient de taxation forfaitaire** qui sert à déterminer le coefficient de déduction de la TVA grevant un bien ou un service, voir n°s 53350 s.

EXEMPLES

5840 **Subventions imposables** Constituent **notamment** des subventions directement liées au prix d'opérations imposables (BOI-TVA-BASE-10-10-50 n° 100) :

– les **sommes versées à un organisme de recherche** assujetti à la TVA en complément des recettes afférentes aux prestations de recherche qu'il réalise au profit d'une entreprise et contractuellement **destinées à abaisser le prix de ces prestations** en dessous de leur prix de marché ;

– les subventions versées à un **organisateur de spectacles** afin que ce dernier diminue, en deçà du prix de marché, les prix qu'il pratique vis-à-vis du public, et ce, en rapport avec le montant des subventions octroyées.

Selon le Conseil d'État, constituent également des subventions directement liées au prix d'opérations imposables :

– des **subventions** versées par les collectivités **publiques** à des **Sicomi** qui se sont conventionnellement engagées à les **répercuter sur les loyers de crédit-bail du crédit-preneur,** qui s'est lui-même engagé conventionnellement à en **répercuter** l'effet **sur les loyers** demandés à son **sous-locataire,** une société étrangère dont il s'agit de favoriser l'implantation en France (CE 27-1-2010 n° 299113 : RJF 4/10 n° 339) ;

– une **subvention d'équilibre** versée seulement en cas de déficit d'exploitation par des collectivités publiques à l'exploitant de patinoire en contrepartie d'**obligations quant à la nature et au prix** des prestations offertes, qui ont été **souscrites avant le fait générateur** de la taxe (CE 10-6-2010 n° 301586 : RJF 10/10 n° 884). Au regard des critères exposés au n° 5815, la solution paraît toutefois contestable ;

– des subventions **versées par** un **syndicat mixte à une société d'économie mixte** chargée de réaliser des **équipements publics** destinés à être **remis gratuitement** à ce syndicat mixte (CE (na) 8-2-2012 n° 347149 : RJF 4/12 n° 350).

Subventions non imposables Les subventions dont le versement ne présente pas un lien direct et immédiat avec le prix d'une livraison de biens ou d'une prestation de services ne doivent pas être soumises à la TVA, et ce, même si économiquement elles participent indirectement à la formation du prix. **5850**

Il en est **notamment** ainsi des subventions suivantes (BOI-TVA-BASE-10-10-50 n° 200) :

– les **subventions** d'équipement qui sont, au moment de leur versement, **allouées pour le financement** total ou partiel **d'un bien d'investissement déterminé.** Tel est le cas des aides financières versées dans le cadre de conventions de financement de travaux en économies d'énergie et de valorisation des certificats d'économies d'énergies (Rép. Le Fur : AN 10-5-2016 n° 86313) ;

– les **subventions** dites **« à l'achat »,** destinées à prendre financièrement en charge l'achat par le bénéficiaire de biens ou de services déterminés auprès d'un autre assujetti (exemples : subventions de l'État versées aux entreprises dans le cadre des aides à l'emploi, de l'implantation dans certaines zones défavorisées, « chèques conseils », etc.) ;

– les **subventions** dites **de fonctionnement,** destinées à couvrir exclusivement une partie des frais d'exploitation d'un organisme. Si ces sommes ont souvent une influence sur le prix de revient des biens livrés et des services fournis par l'organisme subventionné, elles ne constituent pas pour autant des subventions directement liées au prix de ces opérations (par exemple, les avances consenties, puis abandonnées, par le Centre national du cinéma et de l'image animée au profit d'une société spécialisée dans la production de films et de programmes audiovisuels) ;

– les **subventions d'équilibre** versées à une entreprise afin de **compenser a posteriori un déficit** résultant de la conjoncture économique, d'erreurs de gestion imputables à l'entreprise ou de tout événement ne relevant pas de sujétions particulières qui lui auraient été imposées par un tiers ;

– les subventions versées à une entreprise, dont le **montant** est **déterminé globalement** compte tenu des coûts totaux d'exploitation de l'activité économique de cette dernière, et qui ne sont **pas directement liées à une opération taxable** de cette entreprise. Il en va ainsi, en particulier, des sommes qui peuvent être versées à un aménageur de zones au titre d'une opération d'aménagement dès lors que ces sommes sont versées globalement sans affectation précise à une opération imposable ;

– les subventions qui n'ont **pas pour objet d'abaisser le prix** d'une livraison de biens ou d'une prestation de services **en dessous du prix de marché** habituel de ces marchandises ou services, ou à défaut, de leur prix de revient ;

– le **versement de transport** qui, lorsqu'il est perçu par une collectivité qui exploite en régie directe son service de transport public de voyageurs, n'entretient aucun lien direct et immédiat avec le prix du service et ne doit donc pas être soumis à la TVA.

Pour d'autres exemples de subventions qui ont été considérées comme ne constituant pas des « subventions complément de prix », voir les décisions de jurisprudence évoquées aux points 4, 7 et 9 du n° 5710.

II. AIDES ENTRE ENTREPRISES

PRINCIPES

5950 Conformément aux principes définis aux nos 5550 s., les aides interentreprises (subventions et abandons de créances consentis essentiellement entre mères et filiales) entrent dans le champ de la TVA lorsqu'elles constituent la contrepartie d'une opération réalisée au profit de l'entreprise versante ou lorsqu'elles complètent le prix d'une opération imposable. Il convient donc d'adopter la démarche suivante :

1. Rechercher s'il existe une **prestation de services individualisée et précise,** rendue par le bénéficiaire à l'entreprise qui a consenti l'aide. L'existence d'une prestation individualisée résulte de l'existence d'**engagements** pris par le bénéficiaire de l'aide.

2. En l'**absence de service individualisé,** il convient de rechercher si l'aide constitue un **complément de prix** à inclure dans la base d'imposition conformément aux dispositions de l'article 266, 1-a du CGI (nos 5800 s.).

3. Si l'aide ne rémunère pas une opération individualisée et ne constitue pas le complément de prix d'une opération imposable, elle s'analyse en une subvention non imposable (BOI-TVA-BASE-10-10-50 nos 130 à 160).

La distinction entre les aides à caractère commercial et les autres formes d'aides (notamment aides à caractère financier), qui prévaut en matière d'imposition des bénéfices, est sans portée en matière de TVA.

AIDES RECONNUES IMPOSABLES

5970 Les **subventions et abandons de créances** consentis à une société par ses associés qui sont ses seuls clients, afin de **combler le déficit d'exploitation résultant** principalement **de la faiblesse des prix de vente** pratiqués à leur égard sont imposables à la TVA en tant que compléments de prix (CAA Nantes 4-5-2001 nos 98-137 et 98-637 : RJF 10/01 n° 1209).

Remarque : La société, qui avait pour seuls clients ses associés, produisait à un prix qui n'était pas concurrentiel mais fixé à l'avance et identique pour tous, les associés s'étant engagés à combler le déficit pouvant en résulter.

5975 La subvention qu'un **constructeur immobilier perçoit de Gaz de France** constitue la contrepartie d'une prestation de services rendue à titre onéreux et est imposable à la TVA, dès lors que la convention qui les lie **permet** à Gaz de France **d'accéder à une nouvelle clientèle** selon des conditions particulières, tenant notamment au **prééquipement** par le constructeur des villas concernées en appareils au gaz naturel et à l'**obligation** contractuelle des acquéreurs de ces villas **d'utiliser cette énergie,** et que le montant de la subvention a été **déterminé en fonction du nombre de logements** concernés (TA Rennes 30-5-2002 n° 98-1759 : RJF 3/03 n° 278).

5980 Une société s'est engagée par une **convention de parrainage** conclue avec un **orchestre philharmonique** et une société d'édition musicale, à laquelle l'orchestre est lié par un contrat d'enregistrement exclusif, à participer au financement de l'enregistrement et de la réalisation de disques de cet orchestre.

Les **subventions versées** dans le cadre de cette convention par la société à la société d'édition musicale **en contrepartie de la réalisation** et de la fourniture à prix coûtant ou minoré **de disques** de l'orchestre philharmonique doivent être regardées comme des subventions directement liées au prix des opérations, et assujetties par suite à la TVA en application des articles 256 et 266 du CGI (CAA Paris 31-12-2004 n° 00-3352 : RJF 4/05 n° 316).

5985 L'**abandon de créance consenti** par une société mère **à sa filiale structurellement déficitaire,** afin de compenser les pertes dues aux tarifs trop bas que lui impose une convention de groupe pour les services rendus à ses sociétés sœurs, constitue, selon le Conseil d'État, une aide « complément de prix » imposable (CE 16-4-2012 n° 323232 : RJF 7/12 n° 693).

> Précisions La société requérante bénéficiaire de l'aide avait une activité de services auprès des sociétés filiales du groupe auquel elle appartenait (prestations de sécurité, de ressources humaines, de communication et de gestion commerciale). Ces prestations étaient facturées aux filiales opérationnelles selon des modalités, fixées par une **convention de groupe,** qui ne permettaient pas à la société requérante de couvrir ses coûts. Le Conseil d'État déduit du **caractère structurel de la sous-rémunération** du prestataire et de l'**organisation du groupe** qui privait la filiale requérante de toute maîtrise sur les tarifs de ses prestations l'existence d'un **arrangement préalable** permettant de garantir un **prix bas** aux bénéficiaires des prestations, de sorte que l'abandon de créance consenti dans ce contexte par la société mère du groupe à la société devait être regardé comme un **complément du prix** soumis à la TVA.

Le Conseil d'État considère donc que les **critères d'appréciation des subventions**

« **complément de prix** » dégagés par la CJUE étaient remplis en l'espèce. On peut néanmoins avoir certaines hésitations à cet égard, notamment en ce qui concerne l'existence au cas particulier d'un engagement préalable de la société mère de verser la subvention litigieuse. En tout état de cause, la présente décision du Conseil d'État nous paraît conduire à un élargissement contestable de la notion de subvention « complément de prix » lorsque des politiques tarifaires ont été mises en place dans le cadre des services intragroupe. La définition extrêmement précise de cette même notion donnée par la doctrine administrative nous paraît à la fois plus réaliste et plus en phase avec la jurisprudence de la CJUE (voir nos 5815 s.).

AIDES NON IMPOSABLES

Dans la majorité des cas, les aides interentreprises ne constituent pas la contrepartie ou le complément du prix d'une opération imposable et échappent dès lors à la TVA. Il en est ainsi, par exemple : **5990**

1) Des sommes versées par une société à sa société sœur pour **pallier** ses **difficultés de trésorerie,** quel que soit l'intérêt commercial qu'aurait la société versante à la préservation des activités de sa sœur (CAA Paris 21-2-1991 n° 2606 : RJF 4/91 n° 420).

2) De la subvention versée par une société mère à l'une de ses filiales pour lui permettre de **financer le plan de licenciement d'une partie de son personnel** (CAA Paris 18-3-1993 n° 91-1158 : RJF 6/93 n° 812).

3) Des sommes versées par ses associés à une société en nom collectif (SNC) ayant pour objet la commercialisation des produits vinicoles pour lui permettre d'**équilibrer son compte d'exploitation** (CAA Bordeaux 2-11-1993 n° 92-164 : RJF 1/94 n° 25).

4) De la subvention et de l'abandon de créance consentis par une société à sa filiale dans le but de préserver son **renom** en évitant le dépôt de bilan de sa filiale, de **s'exonérer** de sa **responsabilité** vis-à-vis des encours bancaires de celle-ci et de **poursuivre des relations commerciales** entre les deux sociétés (CAA Lyon 1-3-1994 n° 92-1069 : RJF 5/94 n° 539).

5) De l'**abandon de créance** qu'une société anonyme consent **à une société civile immobilière en difficulté** dont elle détient 60 % du capital, sur un prêt qu'elle lui a accordé (TA Grenoble 27-1-1994 n° 89-381 : RJF 11/94 n° 1190).

6) Des **subventions versées par une association à une société** ayant pour principale activité **l'édition et** la **diffusion du journal de l'association** pour lui permettre d'**équilibrer globalement ses comptes** dès lors que ces subventions ne correspondaient pas à des prestations de services individualisées fournies à l'association et que leur octroi n'était pas lié à la souscription par la société d'un quelconque engagement concernant le prix de vente du journal (CE 20-3-1996 n° 139062 : RJF 5/96 n° 567).

7) De la participation à l'**effort d'implantation sur le marché** versée par une société mère à sa filiale, dès lors que cette participation porte sur un **montant fixé de manière forfaitaire** par rapport aux dépenses prévisibles de la filiale, **sans corrélation avec les retombées commerciales** à attendre, et qu'à la date d'octroi de cette participation aucun avantage précis et direct procuré par la filiale à sa mère n'était prévu (CAA Douai 26-4-2005 n° 02-736 : RJF 11/05 n° 1175).

> **Précisions** Les **remises de dettes** consenties dans le cadre des procédures de **redressement** ou de **liquidation judiciaires** des entreprises (C. com. art. L 631-1 s.), de **conciliation des entreprises** (C. com. art. L 611-4 s.) ou de **sauvegarde des entreprises** (C. com. art. L 620-1 s.) ne sont pas soumises à la TVA (BOI-TVA-DED-40-10-20 n° 120). L'entreprise qui consent la remise de dette peut récupérer la TVA facturée dans les conditions exposées aux nos 59100 s.

III. DONS

Les dons sont soumis aux **mêmes règles** de TVA **que les subventions** (n° 5550). Il est précisé à cet égard que les sommes qualifiées de dons sont imposables à la TVA lorsqu'elles rémunèrent en réalité un service. Tel est le cas des sommes versées en contrepartie d'une prestation de publicité ou de parrainage, comme par exemple des « dons » versés dans le cadre du **parrainage de sportifs** qui s'engagent à certaines obligations (utilisation d'un nom, d'une raison sociale, de certains équipements, etc.) moyennant, en contrepartie, le versement d'argent ou la remise en nature de biens ou de services (n° 7810) (BOI-TVA-BASE-10-10-50 n° 170). **6100**

En revanche, les sommes versées dans le cadre du **mécénat** échappent normalement à la taxation en l'absence d'engagement du bénéficiaire (n° 5710, 7).

IV. CAS PARTICULIERS ET SOLUTIONS DIVERSES

SUBVENTIONS PRIVÉES VERSÉES AUX ASSOCIATIONS

6220 Les subventions versées à des associations par des organismes privés (syndicats, entreprises, autres associations, etc.) suivent les règles générales prévues en cette matière. Elles sont donc imposables à la TVA lorsqu'elles constituent la contrepartie d'une opération réalisée au profit de la partie versante ou lorsqu'elles complètent le prix d'une opération imposable.

Ont ainsi été regardées comme **imposables** des subventions versées par une association à une autre **association ayant pour objet la promotion du patrimoine lyrique,** afin de **financer la réalisation de deux opéras,** dès lors qu'elles ont constitué la contrepartie de l'opération promotionnelle commanditée par l'association donatrice (CAA Paris 14-5-2004 n° 00-942 : RJF 8-9/04 n° 872).

Remarque : La jurisprudence n'admet pas en général de regarder les **prestations publicitaires liées au mécénat** comme équivalentes à la contre-valeur des subventions (CE 2-6-1999 n° 191937 : n° 5710, 7).

Toutefois, en l'espèce, la contrepartie a été regardée comme équivalente, pour la première année en litige, en raison du caractère gratuit et donc purement promotionnel des représentations et, pour la deuxième année, dans la mesure où la subvention n'a pas eu le caractère de soutien à une activité générale d'une association culturelle, mais pour objet la seule réalisation des représentations de cette seconde et dernière année d'activité.

6225 En revanche, ont été regardées comme **non imposables,** en l'absence de lien direct avec des prestations de services individualisées au profit des organismes versants :

– les **subventions du syndicat de l'industrie pharmaceutique** et les **cotisations des laboratoires** perçues par une association dont la mission principale est de diffuser toutes informations relatives à la nature, à l'emploi et aux conséquences de l'emploi de médicaments et dont les services sont en principe rendus gratuitement à leurs utilisateurs (CAA Paris 24-9-1992 nos 91-770 à 91-772 : RJF 2/93 n° 206) ;

– les sommes perçues par une association poursuivant un but lucratif à titre de **dons** et dans le cadre de **quêtes et collectes** ainsi que les **cotisations annuelles** de ses membres. La circonstance que les cotisations donnent accès, pour certains membres, aux activités de l'association ne suffit pas à les considérer comme un complément de prix des prestations, qui font par ailleurs l'objet de règlements spécifiques par leurs bénéficiaires (CAA Paris 8-7-1999 n° 97-622 : RJF 12/99 n° 1527).

Remarque : Dans une espèce où l'accès aux prestations, à savoir aux installations d'une association sportive, ne faisait pas l'objet d'un paiement spécifique, mais était financé exclusivement par les cotisations, la CJUE a conclu à l'existence d'un lien direct entre les **cotisations** et les prestations de l'association (CJUE 21-3-2002 aff. 174/00 : RJF 6/02 n° 736).

AIDES VERSÉES DANS LE SECTEUR AGRICOLE

6240 Voir nos 71080 s.

SECTION 3 INDEMNITÉS

6350 La notion de lien direct, qui sert à déterminer le champ d'application de la TVA (nos 1410 s.), revêt une importance particulière dans le cas des indemnités. En effet, celles-ci ne sont imposées à la TVA que si elles correspondent à des sommes qui constituent la contrepartie d'une prestation de services individualisée rendue à celui qui la verse.

A. Principes

6400 Pour être imposées à la TVA, les indemnités doivent correspondre à des sommes qui constituent la **contrepartie d'une prestation de services** individualisée rendue à celui qui la verse **ou d'une livraison de biens.**

À l'inverse, une indemnité qui a pour objet exclusif de **réparer un préjudice commercial, fût-il courant,** n'a pas à être soumise à cet impôt, dès lors qu'elle ne constitue pas la contrepartie d'une prestation de services ou d'une livraison de biens.

Pour déterminer les règles de TVA applicables à une indemnité, il convient donc, dans chaque situation de fait, d'analyser les **conditions de** son **versement.** Si la somme représente, pour la personne qui la verse, la contrepartie d'un service qui lui est rendu, il convient de conclure au caractère taxable de cette somme indépendamment du fait qu'elle résulte de l'application du contrat ou de la loi ou qu'elle est fixée par le juge.

En outre, le fait que le versement de l'indemnité soit subordonné à la renonciation par le bénéficiaire à tout recours juridictionnel ne saurait être assimilé à un service rendu à la partie versante (BOI-TVA-BASE-10-10-50 nos 240 et 250).

> **Précisions** Dès lors qu'elle est la contrepartie de la réalisation d'une opération taxable, l'indemnité doit donner lieu à l'émission d'une **facture** dans les conditions prévues à l'article 289 du CGI. Cette facture permet au client ou au fournisseur, débiteur de l'indemnité, de **déduire** la taxe dans les conditions de droit commun, sous réserve bien entendu que l'indemnité ne se rapporte pas à l'acquisition ou à la location d'un bien exclu du droit à déduction chez le débiteur.

En application des principes exposés au n° 6400, sont **notamment** considérés comme **imposables** : **6405**

- les indemnités perçues en contrepartie d'une **obligation de ne pas faire** ou de tolérer un acte ou une situation (voir nos 6680 s.), dès lors qu'elles constituent en réalité la rémunération d'un service rendu ;
- l'« indemnité » versée en contrepartie d'une **réservation de capacité de production** non suivie d'une vente (voir n° 6525) ;
- le **dépôt de garantie** conservé par un **promoteur immobilier** en cas de désistement du candidat acquéreur d'un logement, cette somme constituant la rémunération du service de réservation du bien (n° 35750) ;
- l'indemnité versée dans le cadre de la **résiliation d'un contrat de travaux immobiliers,** lorsqu'elle constitue, en fait, la rémunération d'un commencement d'exécution (n° 6520) ;
- l'indemnité de **résiliation anticipée par le client** d'un **contrat de prestations de services** prévoyant une **période minimale d'engagement** ou d'un contrat de **crédit-bail immobilier,** dont le montant correspond au montant total des sommes non payées sur ladite période ou le contrat de crédit-bail (nos 6620 et 6637) ;
- l'indemnité de **résiliation anticipée** des **baux commerciaux,** versée par le bailleur en rémunération de la **renonciation** du preneur à son **droit d'occuper le bien** (n° 6640) ou versée par le locataire lorsqu'elle rémunère la renonciation du bailleur à **percevoir le loyer** (n° 6632) ;
- le prix de **capacités réservées non utilisées et non remboursables** (nos 6780 s.) et les sommes qui peuvent s'analyser comme la **contrepartie d'une faculté de dédit** par l'acquéreur (n° 6790) ;
- les sommes versées en contrepartie d'une **dispense** de l'obligation de **remise en état des locaux** en fin de bail (n° 6880).

Les indemnités reçues par un assujetti qui correspondent exclusivement à la **réparation d'un préjudice** ou d'un dommage ne constituent pas la contrepartie d'une prestation de services. Elles ne sont **pas** situées **dans le champ d'application de la TVA.** Plus généralement, ne constituent pas la contrepartie d'opérations imposables à la TVA les indemnités qui sont de véritables **dommages-intérêts,** c'est-à-dire qui ne font que sanctionner l'inexécution d'une obligation (C. civ. art. 1217 s.) ou, à titre général, la lésion d'un intérêt quelconque (C. civ. art. 1240) (BOI-TVA-BASE-10-10-50 n° 300). **6410**

À titre indicatif, peuvent **notamment** être citées :

- les **indemnités** versées par les compagnies **d'assurances** à la suite de sinistres (nos 6740 s.) ;
- l'**indemnité d'éviction** (n° 6820) ;
- l'indemnité pour **rupture du contrat** d'exclusivité (n° 6570) ;
- l'**indemnité de clientèle** versée aux représentants de commerce dans les conditions prévues par l'article L 7313-13 du Code du travail ;
- les **arrhes** versées en application de l'article 1590 du Code civil (nos 35730 s.) ;
- les **indemnités fixées par** le **juge judiciaire** et versées au titre de l'**occupation illégale** (n° 6825).

B. Solutions d'application

Nous analysons aux nos 6520 s. les principales solutions jurisprudentielles et administratives fondées sur la notion de « **contrepartie d'une prestation de services** » qui constitue le critère applicable pour conclure au caractère imposable ou non imposable d'une indemnité. **6480**

a. Indemnités perçues lors de la rupture d'un contrat

MARCHÉS DE TRAVAUX

6520 Les indemnités perçues par une **entreprise ayant dû interrompre des travaux** en cours sont imposables lorsqu'elles représentent la contrepartie des travaux déjà effectués.

ILLUSTRATIONS

L'entreprise qui, ayant passé un marché de travaux, n'a pu les achever en raison de l'interruption du contrat par la faute du client doit acquitter la taxe sur la partie de l'indemnité qui lui est allouée, en vertu d'une sentence arbitrale, et qui représente la **contrepartie des travaux** ayant reçu un commencement d'exécution (CE 7-3-1966 n° 63384).
L'indemnité allouée conventionnellement par une commune à une société à laquelle elle avait confié la **réalisation d'une ZAC** et qui n'a pu mener sa tâche jusqu'au bout est soumise à la TVA dans la mesure où elle est la contrepartie des travaux réalisés par la société jusqu'à leur interruption (CE 30-11-1990 n° 73449 : RJF 1/91 n° 44).

Constitue, en revanche, de véritables **dommages-intérêts** et n'est donc pas imposable l'indemnité qu'un entrepreneur obtient par jugement à titre de **remboursement** de la valeur **des stocks** de matériaux qu'il a achetés en vue de l'exécution d'un marché passé avec une coopérative de construction et que celle-ci a fait résilier (BOI-TVA-BASE-10-10-50 n° 310).

6525 En l'**absence de réalisation de la vente** prévue par un contrat, l'indemnité due par la partie défaillante doit être soumise à la TVA lorsqu'elle constitue la **contrepartie d'une réservation de capacité de production.**

Cette solution résulte de l'arrêt SA Polyclad Europe du 15 décembre 2000 qui constitue une application particulièrement éclairante du critère du lien direct. En l'espèce, une société s'était engagée, par contrat conclu avec une autre société, à mettre en place et à **réserver les moyens matériels et humains nécessaires à la fabrication de produits spécifiques** pour satisfaire aux commandes que celle-ci devait lui passer, et qui devaient normalement porter, en deux ans, sur au moins 460 000 produits. Le contrat stipulait que, si la société cliente était amenée à renoncer à ses commandes avant que ce nombre ne soit atteint, il lui incomberait de verser au fournisseur une « indemnité » d'un **montant égal** à celui des **investissements** et **frais de formation** supportés par lui afin de se mettre en mesure d'exécuter le marché, affecté du rapport constaté entre le nombre de produits commandés manquants pour atteindre celui de 460 000 et ce dernier nombre. Ayant renoncé à passer toute commande, la société cliente avait versé ladite indemnité, liquidée conformément aux prévisions du contrat.

Le Conseil d'État a jugé que cette indemnité constituait la **contrepartie directe** et la rémunération, selon l'une des modalités dont les parties étaient convenues pour assurer l'équilibre du contrat, du **service** que le fournisseur avait **fourni à son cocontractant** en prenant avec lui l'engagement de satisfaire à ses besoins d'approvisionnement. Cette indemnité, qui constitue donc la rémunération d'une prestation de services à titre onéreux, entre dès lors dans le champ d'application de la TVA (CE sect. 15-12-2000 n° 194696 : RJF 3/01 n° 293 repris au BOI-TVA-BASE-10-10-50 n° 260).

6530 Le Conseil d'État a été amené à préciser sa jurisprudence Polyclad (n° 6525) dans le cas d'une société (créée en partenariat par une filiale d'un équipementier) qui s'était engagée à produire un tableau de bord pour un constructeur automobile. Ce programme ayant été annulé par le constructeur automobile avant le commencement de la production, celui-ci a dédommagé la société cocontractante, laquelle a de son côté versé une indemnité à l'équipementier afin de le **dédommager des pièces spécifiques** achetées par lui et **non réutilisables.**

La Haute Juridiction a jugé que la somme versée à l'équipementier ne constitue pas la contrepartie directe et la rémunération d'une prestation individualisable de préparation de la fabrication des tableaux de bord, distincte de leur fourniture proprement dite, mais a pour objet de **réparer le préjudice subi** par l'équipementier **du fait de la résiliation unilatérale du contrat** par le constructeur automobile. Cette somme, qui a donc le caractère d'une indemnité de résiliation pour rupture de contrat, n'entre pas dans le champ d'application de la TVA (CE 28-5-2004 n° 250817 : RJF 8-9/04 n° 916).

Remarque : Le litige se présentait en des termes différents de l'affaire Polyclad. En effet, l'équipementier ne s'était **pas engagé** par contrat **à réserver ses moyens de production** en vue de satisfaire la demande du constructeur automobile dans les délais de ce dernier : il n'existait aucune pièce traduisant un accord entre les parties matérialisant une telle prestation de services, ni aucun **contrat stipulant le versement d'une indemnité** en cas d'abandon du projet par le constructeur automobile. La somme versée à l'équipementier correspondait donc seulement à une **indemnisation du préjudice** subi à la suite de la résiliation du contrat par le constructeur automobile et résidant dans les coûts exposés à perte par l'équipementier.

L'**indemnité** due par une société en exécution de la convention qu'elle avait passée avec une entreprise, qui ne résulte pas des modalités convenues entre les parties pour assurer l'équilibre économique du contrat de commercialisation de tabac qui les avait liées, ne constitue pas la contrepartie directe et la rémunération d'une prestation individualisable fournie par l'entreprise à cette société. Cette indemnité, qui a pour seul objet de **réparer le préjudice** subi par l'entreprise du fait de la **résiliation** de ce **contrat,** n'entre pas dans le champ de la TVA (CE 21-11-2011 n° 316485 : RJF 2/12 n° 108). **6535**

CONTRAT DE FRANCHISE

L'indemnité versée au franchiseur en cas de rupture d'un contrat de franchise qui ne constitue pas la contrepartie directe et la rémunération d'une prestation individualisable mais qui a pour objet de réparer le **préjudice** subi par le franchiseur du fait de la **résiliation unilatérale du contrat de franchise** par le franchisé n'entre pas dans le champ de la TVA (en ce sens, CE 10-6-2010 n° 308495 : RJF 10/10 n° 880). **6550**

Le Conseil d'État s'est prononcé dans une espèce particulière : une société A, franchisée de la société X et en litige avec cette dernière, a été rachetée par une société B qui l'a recédée à une société C. Une convention de garantie d'actif et de passif, passée entre la société cédante B et la société cessionnaire C, et à laquelle la société A était également partie, a prévu que la société B se substituera à la société A pour le paiement de l'indemnité éventuellement due par la société A à la société X. Il a jugé que le versement à la société X par la société B, se substituant dans le paiement à la société A, avait pour objet de réparer le préjudice subi par la société X du fait de la résiliation unilatérale du contrat de franchise par la société A et qu'en conséquence, cette indemnité n'entrait pas dans le champ d'application des dispositions des articles 256 et 266 du CGI.

CONTRAT D'EXCLUSIVITÉ

Selon l'administration, constitue une véritable indemnité compensatrice de dommages-intérêts l'indemnité prévue au contrat et versée par un constructeur à un concessionnaire de sa marque pour rupture du contrat d'exclusivité (BOI-TVA-BASE-10-10-50 n° 310). **6570**

CONTRATS PASSÉS ENTRE CLUBS DE FOOTBALL PROFESSIONNEL

Les sommes qui sont versées entre les clubs dans le cadre de **prêt de joueurs** (mutations temporaires) sont soumises à la TVA. **6590**

Il en est de même, en application des dispositions des articles 256, I et 256, IV-1° du CGI, des indemnités de résiliation de contrat reçues par les clubs de football professionnel au titre de **mutations définitives** de leurs joueurs dès lors qu'elles constituent la contrepartie de prestations de services effectuées à titre onéreux (BOI-TVA-BASE-10-10-50 n° 280).

L'imposition s'applique sous réserve de l'application des règles de territorialité, étant observé que les prestations de services en cause constituent à cet égard des « prestations immatérielles » de la nature de celles visées à l'article 259 B du CGI.

Les **commissions versées aux intermédiaires,** qu'elles concernent les transferts temporaires ou définitifs, sont également imposables (Rép. Deniau : AN 24-6-1996 n° 35642, non reprise au Bofip mais dont la solution nous paraît conserver sa valeur).

MANDAT D'AGENT COMMERCIAL

L'**indemnité compensatrice** versée (en application de l'article L 134-12 du Code de commerce) à un agent commercial lors de la rupture de son contrat d'agence n'est pas imposable à la TVA dès lors que la **reprise par le mandant de la clientèle** acquise par cet agent commercial durant la période d'exécution du contrat d'agence ne caractérise pas une prestation individualisée de services entrant dans le champ d'application de la taxe (CAA Nancy 29-11-2007 n° 06-762). **6610**

Dans le cas du versement d'une **indemnité globale,** seule la fraction de cette indemnité pouvant s'analyser comme la contrepartie d'une prestation de services individualisée rendue par l'agent commercial au profit de son mandant doit être soumise à la TVA (sous réserve de pouvoir ventiler la part de l'indemnité réparant un préjudice de celle venant en contrepartie d'une prestation de services individualisée).

Peuvent notamment s'analyser comme la contrepartie d'une prestation de services individualisée, et être soumis à la TVA, les **rappels de commissions** (quelle que soit leur dénomination) et l'**indemnité** versée au titre d'une **clause de non-concurrence.** À l'inverse, une indemnité qui aurait pour objet exclusif de réparer un préjudice n'aurait pas à être soumise à la taxe (BOI-TVA-BASE-10-10-50 nos 270 et 310).

6615 Le versement fait par le mandant, en exécution d'une décision judiciaire, de l'indemnité de rupture prévue par l'article L 134-12 du Code de commerce, qui ne résulte **pas** des modalités dont les parties étaient convenues pour assurer l'**équilibre économique du contrat,** ne constitue pas la contrepartie directe et la rémunération d'une prestation individualisable fournie par l'agent commercial, mais a pour objet de **réparer le préjudice subi** par ce dernier **du fait de la rupture de son contrat** d'agent commercial par la faute du mandant.

Une telle indemnité compensatrice, qui a pour cause la rupture fautive du contrat, **ne rémunère pas,** fût-ce pour partie, l'**obligation de non-concurrence contractuelle** à la charge de l'agent commercial.

La **formulation de la clause** relative à cette obligation de non-concurrence suivant laquelle celle-ci pèse sur le mandataire « à la cessation du présent contrat et en raison du paiement de l'indemnité de rupture », qui n'implique pas que ce paiement est la cause de cette obligation mais seulement que celle-ci **prend effet à compter de ce paiement,** ne suffit pas à faire regarder ce dernier comme la contrepartie directe d'une prestation, même par abstention, du mandataire (CAA Bordeaux 24-1-2012 n° 10BX02695 : RJF 11/12 n° 993).

CONTRAT DE PRESTATIONS DE SERVICES PRÉVOYANT UNE PÉRIODE MINIMALE D'ENGAGEMENT

6620 Dans les domaines des **télécommunications,** d'**accès à internet,** de la **télévision** et des **multimédias,** certains contrats de prestations de services prévoient des périodes minimales d'engagement. Ces contrats stipulent que, en cas de résiliation anticipée avant l'échéance de la période minimale d'engagement convenue, à la demande du client ou pour un motif qui lui est imputable, la société prestataire a droit à une indemnité versée par le client.

La **Cour de justice** a estimé que, dès lors que la réalité économique de la relation entre la société et son client n'est pas modifiée, l'indemnité de résiliation en cause doit être considérée comme la rémunération d'une prestation de services effectuée à titre onéreux et soumise en tant que telle à la TVA, que l'indemnité corresponde à la somme que l'opérateur aurait perçue pendant le reste de la période d'engagement en l'absence de résiliation ou qu'elle n'en couvre qu'une partie.

Dans ces conditions, il y a lieu de considérer que la contre-valeur du montant payé par le client à la société est constituée du **droit du client de bénéficier de l'exécution,** par cet opérateur, **des obligations découlant du contrat** de prestations de services, même si le client ne souhaite pas ou ne peut pas mettre en œuvre ce droit pour un motif qui lui est imputable (CJUE 22-11-2018 aff. 295/17 : RJF 2/19 n° 232 et CJUE 11-6-2020 aff. 43/19 : RJF 10/20 n° 843, repris au BOI-TVA-BASE-10-10-50 n° 260).

Remarque : La Cour a estimé que ne sont **pas déterminants** pour la qualification du montant prédéterminé dans le contrat dû par le client en cas de résiliation anticipée de celui-ci : le fait que l'objectif de ce montant forfaitaire vise à dissuader les clients de ne pas respecter la période minimale d'engagement et à **réparer le préjudice que l'opérateur subit** en cas de non-respect de cette période ; le fait que la rémunération perçue par un agent commercial pour la conclusion de contrats stipulant une période minimale d'engagement soit plus élevée que celle prévue dans le cadre des contrats ne stipulant pas une telle période ; le fait que ledit montant soit **qualifié** en droit national **de clause pénale** (CJUE 22-11-2018 précité).

CONTRAT DE LOCATION OU DE CRÉDIT-BAIL

6630 **Indemnités versées en cas de dommages causés au bien loué** Les entreprises de crédit-bail ou de location simple proposent des contrats faisant généralement obligation à leurs clients de souscrire une assurance destinée à couvrir les dommages pouvant être causés au bien loué. Le dommage peut notamment consister en la perte totale du bien à la suite, par exemple, d'un vol, d'un incendie ou d'un accident.

La police d'**assurance souscrite par le locataire** comporte, le plus souvent, une clause stipulant que l'indemnité prévue en cas de sinistre doit être **versée** directement **au crédit-bailleur** par la compagnie d'assurances.

En application du **principe du lien direct** dégagé par la jurisprudence communautaire (CJUE 8-3-1988 aff. 102/86 : n° 1410), le Conseil d'État a jugé que les sommes perçues par un crédit-bailleur, en exécution de polices d'assurance que ses clients étaient contractuellement tenus de souscrire, n'étaient **pas reçues en contrepartie de prestations de services** effectuées à titre onéreux et ne devaient pas, dès lors, être soumises à la TVA. En effet, ces sommes, représentatives de la valeur vénale des biens assurés avant leur perte, n'ont pas pour objet de compenser le préjudice ayant résulté pour le bailleur de l'interruption prématurée du contrat (sur ces indemnités de résiliation, voir n°s 6632 s.), mais de le dédommager de l'inexécution par ses locataires de leur obligation de restituer le bien loué en fin de location. Les **indemnités ayant pour objet de**

dédommager les entreprises de crédit-bail ou de location simple de la seule **perte du bien loué** (véhicule par exemple) et qui correspondent à la **valeur vénale** du bien au moment du sinistre n'ont donc pas à être soumises à la TVA (CE 29-7-1998 n° 146333 : RJF 8-9/98 n° 926).

Lorsque l'indemnité versée par la compagnie d'assurances ne compense que partiellement la valeur vénale du bien, la **somme complémentaire que peut,** le cas échéant, **verser le locataire** pour que la compensation à ce titre soit totale n'est pas non plus imposable à la TVA (BOI-TVA-BASE-10-10-50 n° 340).

Indemnités de résiliation anticipée perçues par le bailleur S'agissant des indemnités dites de résiliation perçues par le bailleur, qui sont destinées à **compenser l'interruption prématurée** des contrats à l'initiative du preneur (et qui sont réclamées indépendamment des indemnités représentatives du dédommagement du sinistre subi par le bien loué : voir n° 6630), l'**administration** considère que leur versement ne permet pas à lui seul de conclure au caractère taxable desdites sommes (BOI-TVA-BASE-10-10-50 n° 250). Le régime TVA de ces indemnités doit ainsi être déterminé suivant les modalités figurant au n° 6400, quel que soit leur mode de versement (par le client ou en exécution d'une police d'assurance) et de calcul. **6632**

Les indemnités de résiliation anticipée des **baux commerciaux** sont notamment considérées comme la contrepartie d'un service (et doivent être soumises à la TVA) lorsqu'elles rémunèrent la renonciation du bailleur à son droit de percevoir le loyer (BOI précité n° 260).

Le **Conseil d'État et** la **Cour de justice** ont eu, chacun, à se prononcer sur le sort d'indemnités de résiliation de contrats de **crédit-bail,** dans des arrêts que nous examinons aux n°s 6635 s.

6635 Le **Conseil d'État** a fait application du critère du lien direct dans le cas d'une société qui construit et rénove des immeubles qu'elle donne en location à des entreprises industrielles et commerciales dans le cadre de **contrats de crédit-bail.** Tout en finançant les travaux par des emprunts, elle confie au preneur le mandat de réaliser lesdits travaux en qualité de maître d'ouvrage. Lorsque le coût effectif des travaux réalisés excède les dépenses prévues, le **preneur s'engage à compléter le financement** en consentant à la société un prêt complémentaire sans intérêt qu'elle rembourse par compensation avec un complément de loyer facturé à raison du surcoût des travaux ainsi réalisés. Le contrat de crédit-bail stipule qu'en cas de résiliation anticipée du bail par le preneur, la société conserve le reliquat des sommes ainsi mises à sa disposition par le preneur et non encore remboursées.

Jugé que dès lors que le programme des **travaux de construction ou de rénovation** des immeubles donnés à bail, définis d'un commun accord entre les parties, est conçu de manière à ce que le bien réponde aux **besoins spécifiques de l'activité exercée par le preneur,** le bailleur assure au profit du preneur une **prestation, distincte de la location** proprement dite, consistant en la **réalisation d'un local individualisé,** prestation à raison de laquelle est institué le complément de loyer. Par suite, les sommes conservées par la société en cas de résiliation anticipée du contrat doivent être regardées comme la rémunération de cette prestation d'individualisation et doivent ainsi être soumises à la TVA (CE 30-7-2003 n° 241371 : RJF 11/03 n° 1232).

Remarque : Le Conseil d'État a estimé implicitement que la somme versée par le preneur à titre de financement complémentaire, versée en une fois en début de contrat et fictivement remboursée par le mécanisme du surloyer non perçu, rémunérait forfaitairement la partie des travaux correspondant aux besoins spécifiques du preneur.

La motivation retenue par le Conseil d'État pour conclure à l'imposition des sommes en cause pourrait aujourd'hui être différente compte tenu de l'arrêt de la CJUE du 3 juillet 2019 analysé au n° 6637.

6636 Le Conseil d'État a eu, par ailleurs, à se prononcer sur le sort des indemnités perçues par une société ayant pour activité la location de longue durée de **véhicules automobiles,** lors de la **résiliation des contrats de location avec promesse de vente.** Ces indemnités étaient égales à la différence entre, d'une part, la somme des loyers restant à échoir majorée de la valeur résiduelle des véhicules en fin de contrat et, d'autre part, la valeur vénale de ces véhicules au moment de la résiliation. Une telle indemnité ainsi calculée correspond à l'indemnité maximale que le bailleur est en droit d'exiger, aux termes de l'article D 311-8 du **Code de la consommation** (devenu article D 312-18 dudit Code).

Ces dispositions réglementaires ont été prises pour l'application de l'article L 311-25 du Code de la consommation (devenu article L 312-40 dudit Code), qui dispose que l'indemnité en cause est ainsi fixée sans préjudice de l'application de l'article 1152 du Code civil (devenu article 1231-5 dudit Code), en vertu duquel la clause pénale prévoyant le versement de dommages et intérêts en cas d'inexécution de l'obligation prévue par le contrat peut être modulée, même d'office, par le juge du contrat, afin de tenir compte de la réalité du préjudice subi par le bailleur.

Jugé que ces indemnités ne représentent la contrepartie d'aucun service individualisable rendu aux preneurs mais doivent être regardées comme versées, dans le cadre légal et réglementaire, à titre de compensation d'un préjudice lorsqu'il est mis fin unilatéralement par le preneur au service de location (CE 20-3-2013 n° 346990 : RJF 6/13 n° 600).

Remarque : Le Conseil d'État tient compte, pour regarder l'indemnité de résiliation en cause comme étant réparatrice d'un préjudice, de son **caractère de clause pénale** dont le montant peut être modulé par le juge en fonction du préjudice effectivement supporté.

Sur le cas d'indemnités de résiliation prévues par le contrat, voir au n° 6637 l'arrêt de la CJUE du 3 juillet 2019.

6637 Dans le cadre d'un **contrat de crédit-bail immobilier** avec option d'achat qui prévoit qu'en cas de rupture anticipée du contrat du fait du preneur, le bailleur peut exiger le paiement d'une indemnité égale à la somme de tous les loyers non payés sur toute la durée du crédit-bail, la **Cour de justice** a jugé qu'une telle indemnité de résiliation doit être regardée comme constituant la rémunération de l'opération faisant l'objet du contrat de crédit-bail et soumise en tant que telle à la TVA.

En effet :

– le **versement, à titre d'indemnité de résiliation, des échéances** en cause est un **élément constitutif du contrat** dans la mesure où l'existence du lien juridique unissant les parties dépend du versement desdites échéances ;

– en outre, le **montant dû en cas de résiliation** du contrat avant le terme convenu **correspond uniquement à la somme de tous les loyers non payés** sur toute la durée du contrat (à l'exclusion donc de la redevance annuelle et de la valeur résiduelle de l'actif qui n'aurait été exigible qu'en cas de levée de l'option), le bailleur percevant ainsi les mêmes revenus qu'il aurait perçus en l'absence de résiliation anticipée du contrat.

Ainsi, il y a lieu de considérer que, dans le cadre d'un tel contrat, la contrepartie du montant payé par le preneur au bailleur est constituée du **droit du preneur de bénéficier de l'exécution,** par cet opérateur, **des obligations** précises **découlant du contrat,** même si le preneur ne souhaite pas ou ne peut pas mettre en œuvre ce droit pour un motif qui lui est imputable ;

– enfin, dans une situation telle que celle en présence, les obligations incombant au bailleur et le **montant facturé au preneur en cas de résiliation anticipée** du contrat ont été **déterminés lors de la conclusion de ce contrat.** Ainsi, ce montant, qui correspond au montant total des mensualités à échoir (lesquelles deviennent immédiatement exigibles sans que la réalité économique de la relation contractuelle s'en trouve modifiée), doit donc être considéré comme faisant partie intégrante du montant total que le preneur s'est engagé à verser pour l'exécution par le bailleur de ses obligations contractuelles (CJUE 3-7-2019 aff. 242/18 : RJF 10/19 n° 997).

Remarques : 1. Cette décision se recommande d'un précédent arrêt de la CJUE rendu à propos d'une indemnité de résiliation anticipée par le client d'un contrat de prestations de services prévoyant une période minimale d'engagement. La Cour a, par la suite, précisé la portée de ce précédent et a retenu la même solution dans une hypothèse où les montants perçus par l'opérateur en cas de résiliation anticipée du contrat à l'initiative du client ne correspondent pas au montant qu'il aurait perçu en l'absence d'une telle résiliation (voir n° 6620).

2. L'**administration** a repris à son compte cette jurisprudence au BOI-TVA-BASE-10-10-50 n° 260.

6640 Indemnité de résiliation anticipée d'un bail immobilier versée par le bailleur

Interrogée sur le point de savoir quel était le régime d'une **indemnité conventionnelle de résiliation anticipée** d'un bail portant sur un immeuble versée par le bailleur au locataire, la **CJUE** a estimé que le régime de cette indemnité doit être aligné sur celui du bail lui-même (exonération ou taxation, selon le cas). La Cour considère, en effet, que le régime d'un même bail ne saurait faire l'objet d'un fractionnement (CJUE 15-12-1993 aff. 63/92, Lubbock Fine and Co. : RJF 3/94 n° 367). L'idée est d'éviter, pour respecter le principe de neutralité de la TVA, à la fois, la rupture de la chaîne des déductions (situation où les loyers seraient taxés mais l'indemnité de résiliation non taxée) et les rémanences de taxe (situation inverse où les loyers seraient exonérés mais l'indemnité de résiliation taxée) (voir en ce sens les conclusions de M. Darmon sur l'affaire Lubbock précitée, points 49 s.).

La position du **Conseil d'État,** qui recherche si l'indemnité de résiliation a pour contrepartie une prestation de services rendue par le preneur au bailleur, s'écarte de l'arrêt Lubbock précité. Il a ainsi considéré que la libération de locaux consécutive à la résiliation anticipée d'un bail commercial, afin de permettre au bailleur de récupérer la jouissance des locaux et de conclure un nouveau bail dans des conditions plus avantageuses, devait être regardée comme un service rendu par le preneur au bailleur nettement individualisable et a, par suite, soumis à la TVA l'indemnité de résiliation versée par le bailleur au preneur à cette occasion (CE 27-2-2015 n° 368661 :

RJF 7/15 n° 576). En l'espèce, on notera que, si le résultat auquel aboutit le Conseil d'État n'est pas différent de celui qui aurait résulté de l'application de la jurisprudence Lubbock (les loyers étaient en effet soumis à la TVA sur option), sa solution aurait en revanche conduit à une différence de traitement entre l'indemnité et les loyers si ces derniers avaient été exonérés, ce qui aurait créé une rémanence de taxe.

Reprenant à son compte ces deux jurisprudences, l'**administration** admet ainsi que, lorsque une indemnité de résiliation du bail commercial a pour contrepartie une prestation de services rendue par le preneur au bailleur et entre dans le champ de la TVA, elle peut toutefois être **exonérée** si les loyers sont eux-mêmes exonérés. Elle précise à cet égard que l'alignement des régimes de TVA de l'indemnité et des loyers est destiné à ne pas pénaliser le bailleur qui décide de ne pas opter pour la TVA et ne peut donc pas déduire la taxe grevant ladite indemnité (BOI-TVA-BASE-10-10-50 n° 260).

Divers En ce qui concerne : **6650**

– les **dépôts de garantie** conservés par les loueurs, voir n°s 35700 s. ;

– les **arrhes conservées en cas d'annulation** ou de résiliation d'un contrat, voir n°s 35730 s. ;

– les **indemnités d'immobilisations conservées par le vendeur** en cas de **défaillance de l'acheteur,** voir n° 35760.

b. Indemnités de renonciation à un droit ou à une activité

RENONCIATION À UN DROIT DE REPRÉSENTATION

Les sommes qu'un **représentant** de commerce **non salarié** reçoit en contrepartie de l'acceptation par lui de l'abandon de son droit de représentation sont imposables à la TVA (CE 14-11-1973 n° 86579). **6680**

Remarque : Bien qu'elle résulte d'une jurisprudence ancienne, cette solution nous paraît conserver sa valeur au regard des principes dégagés depuis lors par le Conseil d'État (n°s 6400 s.).

RENONCIATION À UN DROIT OU À UNE ACTIVITÉ DANS LE CADRE D'ACCORDS D'ORDRE ÉCONOMIQUE

Les sommes reçues en contrepartie de la renonciation à un droit ou à une activité dans le cadre d'accords d'ordre économique sont à inclure dans la base imposable à la TVA. **6700**

Il a ainsi été jugé que constituent la contrepartie d'une opération imposable et sont, dès lors, soumises à la TVA :

– les sommes qu'une société industrielle A reçoit d'une société industrielle B, en exécution d'un accord par lequel A **s'oblige,** pour remédier aux effets de la crise économique, **à cesser** la **fabrication** d'un produit moyennant la perception de redevances consistant en une part du produit des ventes que continue à réaliser B. En effet, bien qu'ayant fermé son usine pour respecter l'accord intervenu, A doit être regardée comme poursuivant sous une forme indirecte l'exploitation de son actif (CE 7-2-1938) ;

– les **redevances proportionnelles** au chiffre d'affaires allouées par une firme à sa filiale **en contrepartie de la réduction des prix** de façon **imposée** par la première à la seconde (CE 12-12-1938) ;

– la **redevance forfaitaire** reçue par une société commerciale d'une autre société envers laquelle elle s'est **engagée à ne pas ouvrir** pendant une durée de 20 ans **un magasin** qu'elle s'était proposé d'installer (CE 18-3-1963 n° 34869) ;

– l'indemnité versée sous forme de **redevance annuelle** à une société en contrepartie de sa **renonciation à l'exploitation d'une marque** (CE 1-6-1964) ;

– la somme que reçoit une entreprise en contrepartie de sa **renonciation à vendre un matériel** donné, **concurrent** de celui commercialisé par une autre entreprise. En effet, cette somme ne constitue pas une indemnité de résiliation de contrat mais la contrepartie d'un **engagement de non-concurrence** (CE 27-10-1971 n° 80285) ;

– les ristournes proportionnelles aux quantités de lait exportées par ses soins qu'une société reverse aux laiteries qui lui ont donné mandat de collecter directement auprès des producteurs le lait ultérieurement exporté pour leur compte. Les laiteries adhérentes s'étant interdit de procéder directement à des exportations, ces ristournes rémunéraient non pas le produit direct de vente de lait effectuée par la société concernée pour le compte des laiteries adhérentes, mais la **cession,** par ces dernières, **du droit d'exercer leur activité commerciale** consistant à acheter du lait à la production en vue de son exportation (CE 23-11-1977 n° 92659 : RJF 1/78 n° 9) ;

– l'indemnité perçue par un assujetti en contrepartie de sa **renonciation** à se prévaloir d'une **décision de justice** lui reconnaissant le droit à la **protection des droits d'auteur** qu'il détient sur une dénomination commerciale et sur le logo associé et de l'**autorisation** qu'il a donnée à une société et à son repreneur de continuer à les utiliser pour les besoins de leur **exploitation commerciale** (CE 18-2-2022 n° 443762 : RJF 5/22 n° 436).

c. Indemnités d'assurance

6740 Selon une jurisprudence et une doctrine établies de longue date, les **indemnités versées** par les compagnies d'assurances **à la suite de sinistres** (incendies, vols, etc.) ne constituent pas la contrepartie d'opérations imposables à la TVA (notamment, CE 1-7-1991 n° 62584 : RJF 8-9/91 n° 1071 ; CE 30-12-2002 n° 232240 : RJF 3/03 n° 279 ; BOI-TVA-BASE-10-10-50 n° 310).

Cette règle générale appelle toutefois des précisions dans le cas des biens sinistrés abandonnés aux compagnies d'assurances et dans celui des indemnités relevant de l'assurance-crédit.

BIENS SINISTRÉS ABANDONNÉS AUX COMPAGNIES D'ASSURANCE

6750 L'administration admet, à titre de tolérance, que les transporteurs et les compagnies d'assurance ne soient pas imposés sur la **valeur de réalisation des marchandises ou objets** qui leur sont **abandonnés** par les propriétaires de ces derniers lors du règlement des sinistres (BOI-TVA-BASE-10-10-50 n° 310).

Cette solution étant réservée aux transporteurs et compagnies d'assurance auxquels ces biens sont abandonnés par leur propriétaire, le **revendeur de biens sinistrés achetés à des tiers** ne peut en revendiquer le bénéfice et doit donc acquitter la TVA sur les recettes provenant de la revente de ces biens (CAA Nancy 10-2-1994 n° 92-767 : RJF 10/94 n° 1053).

INDEMNITÉS PERÇUES DANS LE CADRE DE L'ASSURANCE-CRÉDIT

6760 Pour se garantir contre les risques découlant de l'insolvabilité de leurs clients, certains commerçants souscrivent des contrats dits d'« assurance-crédit » auprès de sociétés d'assurance spécialisées qui se substituent aux débiteurs pour désintéresser, au moins partiellement, les créanciers impayés.

L'**indemnité proprement dite** versée en vertu d'un contrat d'assurance-crédit n'est pas soumise à la TVA. À titre d'**exemple,** une entreprise de crédit-bail mobilier liée à une compagnie d'assurances par un contrat d'assurance-crédit couvrant le **risque de non-paiement** à l'échéance, par les locataires, des loyers dont ils sont redevables n'est pas imposable sur les indemnités reçues de la compagnie en exécution de ce contrat, alors même que l'objet du contrat a été de fournir à l'assuré des recettes se substituant, au moins partiellement, au montant des loyers que les locataires auraient dû verser (CE plén. 18-3-1988 n° 66891 : RJF 5/88 n° 581).

En revanche, la **partie de la créance** que le créancier récupère **en sus de l'indemnité d'assurance-crédit,** soit directement, soit par l'intermédiaire de l'assureur, ne présente plus le caractère de dommages-intérêts et doit être soumise à la TVA.

Quant aux **sommes que la société d'assurance récupère** éventuellement **sur les débiteurs,** au-delà du règlement fait à l'assuré et sans les lui reverser, elles sont soumises à la taxe sur les conventions d'assurance (CGI art. 991 s.) et sont, de ce fait, exonérées de la TVA (CGI art. 261 C, 2°) (BOI-TVA-BASE-10-10-50 n° 330).

d. Autres indemnités

6770 Nous envisageons aux nos 6780 s., à titre d'illustrations, un certain nombre d'indemnités ou de sommes dont la situation a été tranchée par la doctrine administrative ou la jurisprudence.

SOMMES CONSERVÉES PAR LE PRESTATAIRE AU TITRE DE SERVICES FINALEMENT NON UTILISÉS

6780 **Prix de capacités réservées non utilisées et non remboursables** Tirant les conséquences de la jurisprudence de la CJUE analysée au n° 6785, l'administration considère que le prix de capacités réservées non utilisées et non remboursables doit être considéré comme la **contrepartie d'un service** et, par suite, soumis à la TVA. Ce principe d'imposition, qui s'applique quel que soit le **domaine d'activité,** concerne les sommes versées à un prestataire pour la réservation d'un service qui n'est finalement pas utilisé par le client, quelle qu'en soit la raison, et qui ne sont pas remboursées à ce dernier.

EXEMPLES

Réservation de chambres d'hôtel, de visites, de voyages (y compris dans le cadre de l'application du régime de la marge), d'activités, achat de cartes à entrées multiples et de carnets de tickets de cinéma, etc.

Sont **sans incidence** sur la taxation :

– la circonstance que le **client** ne **supporte qu'une fraction du prix** des capacités réservées et non utilisées (c'est-à-dire que le client n'ait initialement versé qu'une partie du prix du service, non remboursable, ou que seul un remboursement partiel lui soit accordé) ;

– les **modalités de paiement du prix** par le client (sommes acquittées à l'avance et non remboursées ou sommes acquittées après l'annulation) ;

– le **comportement individuel du client.** Que le client renonce formellement à l'utilisation des capacités avant le début de la période de réservation ou qu'il ne se présente pas le jour convenu sans prévenir préalablement le prestataire, les sommes effectivement acquittées sont soumises à la TVA dès lors qu'elles peuvent s'analyser comme la contrepartie du fait d'avoir bénéficié, entre la réservation et le renoncement, du **droit de disposer** des capacités pendant la période de réservation (BOI-TVA-BASE-10-10-50 n° 260 ; dans le même sens à propos de sommes correspondant à l'intégralité du prix du séjour conservées par un hôtelier : CAA Paris 10-6-2022 n° 20PA02348 : RJF 10/22 n° 836).

Remarque : On rappelle que les indemnités qui sont de véritables **dommages-intérêts** (n° 6410) et les **arrhes** versées en application de l'article 1590 du Code civil (nos 35730 s.) ne constituent pas la contrepartie d'opérations imposables et ne sont donc pas soumis à la TVA.

Selon la **CJUE,** la contre-valeur du prix versé lors de l'achat d'un billet d'avion est constituée par **6785**
le **droit** qu'en tire le passager **de bénéficier de l'exécution des obligations découlant du contrat de transport,** indépendamment du fait que le passager mette en œuvre ce droit, la compagnie aérienne réalisant la prestation dès lors qu'elle met le passager en mesure de bénéficier de ces prestations.

Le montant conservé par la compagnie aérienne lorsque ce billet n'a pas été utilisé par le passager ne vise **pas** à **indemniser un préjudice** qu'elle aurait subi du fait de la défaillance du passager, mais constitue une **rémunération** et ce, même si le passager n'a pas bénéficié du transport. Par suite, les sommes conservées par une compagnie aérienne concernant des vols intérieurs soumis à la TVA, au titre de **billets émis non échangeables** périmés en raison de l'absence des clients lors de l'embarquement ou au titre de **billets échangeables et non remboursables** inutilisés dans le délai de leur validité, sont soumises à la TVA, cette taxe étant exigible au moment de l'encaissement du prix du billet (CJUE 23-12-2015 aff. 250/14 et 289/14 : RJF 3/16 n° 309 ; CE 13-4-2016 nos 365172 et 365173 : RJF 7/16 n° 608 ; BOI-TVA-BASE-10-10-50 n° 260).

Dans le même sens, s'agissant des **sommes conservées par** un **exploitant de cinéma au titre des entrées non utilisées,** voir n° 88560.

Sommes constituant la contrepartie d'une faculté de dédit par l'acquéreur **6790**

Sont considérées comme la **contrepartie d'un service** les sommes qui peuvent s'analyser comme la contrepartie d'une faculté de dédit par l'acquéreur, indépendamment de la circonstance qu'il l'exerce et y compris lorsque le vendeur se ménage la possibilité de commercialiser les capacités réservées auprès d'une tierce personne. Tel est notamment le cas des sommes pouvant s'analyser comme s'intégrant à une **politique tarifaire de l'opérateur** visant à moduler le prix de la prestation en fonction d'une plus ou moins grande souplesse de renonciation par le client (BOI-TVA-BASE-10-10-50 n° 260).

Le Conseil d'État, se fondant sur les principes dégagés par la CJUE dans sa jurisprudence analysée au n° 6785, considère que sont également taxables les sommes conservées par une compagnie aérienne dans l'hypothèse où le passager qui renonce à faire valoir ses droits aux prestations qu'il a acquises dispose de la faculté d'obtenir le remboursement (**billets émis remboursables**) de tout ou partie du prix acquitté en contrepartie de cette renonciation, qu'il exerce ou non cette faculté (CE 10-7-2019 nos 419398, 423126 et 423128 : RJF 11/19 n° 1023). Dans ce cas, l'assujetti est toutefois en droit de solliciter la restitution de la TVA collectée lors de l'encaissement du prix du billet lorsque le passager en a effectivement demandé, dans les délais, le remboursement.

Remarque : Les **arrhes** versées en application de l'article 1590 du Code civil, qui ouvrent une faculté de dédit à la fois à l'acquéreur et au fournisseur (ou prestataire), ne sont toutefois pas imposables à la TVA (voir nos 35730 s.).

INDEMNITÉS COMPENSATRICES DE DOMMAGES CAUSÉS À DES BIENS

Les indemnités réparatrices de dommages causés à des biens ont le caractère de dommages- **6800**
intérêts non imposables. Tel est le cas notamment :

– des indemnités reçues en réparation de dommages accidentels **causés aux cultures par le gibier** (BOI-TVA-SECT-80-30-20-10 n° 80) ;

– de la somme versée, à l'issue d'une transaction, par une société mère à sa fille en **réparation d'accidents occasionnés à des ouvrages** construits par la seconde à partir de brevets mis au point par la première, dès lors que ces accidents sont révélateurs de graves manquements de la mère à sa mission de conception (CAA Paris 12-3-1991 n° 1361 : RJF 5/91 n° 585).

En ce qui concerne les **contrats d'assurance** destinés à couvrir les dommages pouvant être causés aux biens loués, voir n° 6630.

INDEMNITÉS POUR RETARD DANS L'EXÉCUTION DU CONTRAT

6810 Les pénalités dues à son client par le fournisseur d'un bien ou d'une prestation de services en raison du retard pris dans l'exécution de ses obligations contractuelles ont pour objet de réparer le préjudice subi, de ce fait, par le client.

Elles ne constituent **pas la contrepartie d'une livraison** de biens **ou d'une prestation de services** et ne sont donc pas situées dans le champ d'application de la TVA (BOI-TVA-BASE-10-10-30 n° 70).

INDEMNITÉS D'ÉVICTION OU D'EXPROPRIATION

6820 Les indemnités d'éviction ou d'expropriation représentent la réparation du préjudice subi par la personne évincée ou dépossédée et échappent de ce fait à la TVA.

EXEMPLE

L'**exploitant** exproprié **d'une sablière** concessionnaire du droit d'extraire du sable moyennant des redevances proportionnelles aux quantités extraites ou vendues n'est imposable :
– ni sur l'**indemnité, allouée par le juge,** correspondant au montant du bénéfice net que l'intéressé aurait pu réaliser s'il avait exploité la partie expropriée ;
– ni sur les **intérêts moratoires** afférents à cette indemnité et versés en raison du retard apporté au paiement de cette dernière (BOI-TVA-BASE-10-10-50 n° 310).

Remarque : Les indemnités perçues en contrepartie de la **réquisition de biens meubles** sont en revanche imposables à la TVA, même si le montant de ces indemnités ne correspond pas exactement à la valeur commerciale des biens en cause (BOI-TVA-CHAMP-10-10-40-10 n° 110). En effet, l'article 256, II-3°-a du CGI prévoit que le transfert de propriété d'un bien meuble corporel opéré en vertu d'une réquisition de l'autorité publique est considéré comme une livraison de biens.

INDEMNITÉ D'OCCUPATION SANS TITRE DE LOCAUX

6825 L'indemnité d'occupation de locaux professionnels **accordée au bailleur par le juge** judiciaire au titre de l'**occupation illégale** par le preneur n'est pas taxable car elle ne constitue pas la rémunération d'une prestation de services à titre onéreux mais vise seulement à réparer le préjudice causé au bailleur par l'occupant sans titre (BOI-TVA-BASE-10-10-50 n° 310). Peu importe à cet égard que le montant de l'indemnité, réclamée à un preneur qui avait donné son congé mais s'était maintenu dans les lieux après la résiliation, ait été fixé par le juge par référence au loyer contractuellement prévu par le bail (CE 30-5-2018 n° 402447 : RJF 8-9/18 n° 840).

> Précisions L'arrêt du Conseil d'État concerne une indemnité d'occupation sans titre accordée au bailleur par le juge judiciaire en application de l'article 1240 du Code civil.
Il n'est pas rare qu'une telle **indemnité d'occupation,** dite « de droit commun », soit **prévue par une clause du bail commercial.** La question se pose alors de savoir si la solution de non-imposition trouve également à s'appliquer dans une telle hypothèse.
De même, l'**indemnité d'occupation statutaire,** prévue par l'article L 145-28 du Code de commerce, qui est due par le locataire ayant reçu un congé comportant refus de renouvellement du bail et offre de paiement de l'indemnité d'éviction, doit-elle suivre le même régime ?

INDEMNITÉS POUR NON-RESPECT D'UNE CLAUSE GARANTISSANT UN MINIMUM DE TRAVAIL

6830 A été jugée **non imposable** l'indemnité, non prévue au contrat, versée par une compagnie de chemins de fer à une entreprise de réparations pour non-exécution d'une clause prévoyant un minimum d'heures de travail garanti. En effet, ladite indemnité représentait uniquement la **perte subie** par le réparateur à la suite de l'inexécution partielle de la convention (CE 12-11-1945).

Le Conseil d'État a en revanche conclu au caractère **imposable** des indemnités versées à un entrepreneur de travaux lié à une compagnie de chemins de fer par une **convention** lui **garantissant un minimum mensuel d'heures de travail** et prévoyant qu'au cas où ce minimum ne serait pas atteint, le nombre d'heures nécessaires pour compléter ce minimum garanti serait néanmoins **facturé,** « à titre de dédommagement », **sur la base d'un prix horaire réduit.** Les recettes perçues par l'entrepreneur en exécution de cette stipulation, calculées sur des bases forfaitaires convenues, doivent être regardées comme constituant, avec celles perçues en raison de travaux effectivement faits, le paiement de l'ensemble des **prestations de services** de caractère industriel et commercial prévues contractuellement (CE 11-7-1949).

INDEMNITÉS POUR RÉDUCTION D'ACTIVITÉ

6840 Des sommes qualifiées d'« indemnités pour réduction d'activité » qu'une société mère verse à sa filiale à qui elle confie le conditionnement de produits, pour remédier aux conséquences résultant d'une **diminution du volume initialement prévu** des produits à conditionner et sur la base duquel avaient été calculés les prix initialement versés par la société mère à sa filiale, ont pour objet de compenser l'estimation prévisionnelle insuffisante des coûts unitaires de conditionnement et constituent, par suite, des **compléments de prix** et non des subventions d'équilibre (CE 19-11-1986 n° 47088 : RJF 1/87 n° 22).

INDEMNITÉS PERÇUES EN L'ABSENCE DE LOYER

6850 Les **acquéreurs d'immeubles** industriels et commerciaux en l'état futur d'achèvement et **destinés à la location** demandent fréquemment aux promoteurs de leur verser une **indemnité compensatrice** de l'absence de perception de loyers pendant la période de construction de l'immeuble. Cette indemnité est en règle générale calculée en appliquant le taux prévisionnel de rendement locatif des immeubles au montant des sommes versées au constructeur.

Ces indemnités étaient considérées par l'administration comme des **recettes accessoires** de l'activité de **location,** soumises au même régime de TVA que les loyers. Par suite, elles devaient être soumises à la TVA lorsque les opérations de location sont taxables de plein droit ou sur option (Inst. 3 A-12-91). Cette doctrine, difficilement compatible avec la jurisprudence analysée au n° 6855, n'est pas reprise au Bofip en vigueur depuis le 12 septembre 2012 et semble donc abandonnée par l'administration. Une confirmation officielle de ce revirement serait néanmoins souhaitable.

6855 Le Conseil d'État a jugé qu'une **indemnité forfaitaire** versée par le vendeur d'un immeuble à l'acheteur **à titre de garantie de loyer** (et calculée par mètre carré de bureau et par emplacement de parking non loué dans un délai d'un an courant trois mois après la prise de possession effective) n'est la contrepartie ni d'une livraison de biens, ni d'un service. Elle constitue seulement une modalité de réalisation de la vente de l'immeuble de nature à entraîner **une réduction du prix d'acquisition** stipulé ainsi que de la TVA y afférente (CE 5-1-1994 n° 73875 : RJF 3/94 n° 249 ; dans le même sens, CE 28-9-2016 n° 393229 : RJF 12/16 n° 1074).

S'agissant de la position de la doctrine administrative, voir n° 6850.

REMBOURSEMENT DES FRAIS DE PROCÉDURE

6870 Les remboursements des frais irrépétibles ne constituent pas, en application de l'article 256 du CGI, la contrepartie d'une prestation de services à titre onéreux réalisée par le bénéficiaire. Ils ne sont donc pas imposables à la TVA (Rép. Authié : Sén. 16-7-1992 n° 19501, non reprise au Bofip mais dont la solution nous paraît conserver sa valeur).

Sur la situation des dépens et frais irrépétibles affectés au paiement des prestations de l'avocat, voir n° 36520.

INDEMNISATION DE LA PERTE SUBIE LORS DE LA REVENTE D'UN IMMEUBLE

6875 Pour faire face aux **défaillances** éventuelles **de** ses **clients ayant souscrit des emprunts immobiliers,** une banque a conclu avec un marchand de biens une convention aux termes de laquelle celui-ci s'engageait à intervenir à l'occasion des ventes aux enchères portant sur les biens grevés de sûretés au bénéfice de la banque, à faire monter les enchères et, s'il n'y avait pas d'acquéreur, à devenir adjudicataire de cette vente. La convention fixait les conditions de **rémunération du marchand de biens en cas de perte** résultant d'une de ces opérations.

La cour administrative d'appel a, par une appréciation souveraine, estimé que le marchand de biens fournissait à la banque une **prestation individualisée** qui résultait de l'engagement pris dans la convention. L'indemnité prévue au contrat ne pouvait donc pas être regardée comme la réparation d'un préjudice subi par le marchand de biens mais était en **lien direct** avec la prestation fournie et constituait la contrepartie des prestations individualisées rendues par la société à la banque, à l'occasion de chaque opération, en la garantissant de tout risque économique.

Ces opérations, qui ont une nature purement immobilière, ne peuvent pas être regardées comme des opérations de garantie de crédit exonérées de la TVA en application de l'article 261 C du CGI (CE 24-4-2012 n° 342026 : RJF 7/12 n° 691).

SOMMES VERSÉES EN CONTREPARTIE D'UNE DISPENSE DE REMISE EN ÉTAT EN FIN DE BAIL

6880 Doivent être soumises à la TVA les sommes perçues par le bailleur en contrepartie de la possibilité accordée au preneur de se libérer de son **obligation contractuelle** de remise en état des locaux à la fin du bail, qui oblige le preneur à les restituer dans l'état dans lequel ils étaient au commencement du bail. Le fait pour le bailleur de libérer le preneur de cette obligation en contrepartie du versement d'une indemnité s'analyse en effet comme une prestation de services qui consiste à se substituer au preneur pour la réalisation des travaux nécessaires de remise en état (BOI-TVA-BASE-10-10-50 n° 260 ; dans le même sens, TA Paris 17-10-2006 n° 00-1614 : RJF 3/07 n° 265).

INDEMNITÉ VERSÉE EN CONTREPARTIE DE TRAVAUX NON PRÉVUS AU CONTRAT

6885 Une société française dont l'objet est le recouvrement de créances s'est vu confier, par contrat signé avec la filiale française d'un groupe automobile allemand, la gestion des comptes de créances appartenant à cette dernière société. Pour mener à bien sa mission de recouvrement amiable et judiciaire, la société requérante a mis au point, sans que cela soit prévu au contrat, un système informatique permettant une résiliation automatique des contrats de financement en cas d'incidents de paiement. Le groupe automobile allemand s'est engagé à verser à la société mère de la société de recouvrement une indemnité « pour des tâches non comprises dans le contrat – notamment pour des tâches exceptionnelles ». Cette société mère a reversé la somme perçue à la société de recouvrement.

La somme perçue par la société de recouvrement correspond **non** à la **compensation d'un préjudice mais** à la **rémunération** d'une **prestation** de services (selon des modalités dont les parties étaient convenues postérieurement à sa réalisation) qui est passible à ce titre de la TVA.

La circonstance que la somme ait été **versée à la société mère** de la société de recouvrement, qui l'a **reversée à sa filiale,** est **sans incidence** (CE 17-5-2013 n° 339526 : RJF 8-9/13 n° 811).

PRIMES DE CAPTURE DE CARTES BANCAIRES FRAUDULEUSES OU EN OPPOSITION

6890 Dans le cadre du **dispositif de contrôle et de confiscation** par les commerçants des **cartes bancaires utilisées frauduleusement ou en opposition,** mis en place par le **GIE des cartes bancaires,** une prime est contractuellement versée au commerçant pour chaque carte en opposition ou contrefaite que ce dernier intercepte et remet au GIE.

Une telle prime doit être regardée comme ayant un lien direct avec un service effectif et individualisé rendu par le commerçant au GIE, qui est constitué par la capture de la carte suivie de sa remise effective. Elle ne présente **pas** le **caractère d'une indemnité** non imposable et doit être soumise à la TVA.

Sont sans incidence les circonstances :

– que cette prestation bénéficie également à l'établissement bancaire propriétaire de la carte capturée et adhérent au GIE ainsi qu'à l'ensemble des utilisateurs de ce système ;

– que le paiement des primes ne soit pas assuré par le GIE lui-même mais confié par celui-ci à l'un de ses membres ;

– que le commerçant ne s'engage pas à procéder au retrait systématique de toute carte contrefaite ou en opposition ;

– qu'il n'y ait pas de rapport d'équivalence entre le niveau de rémunération et les coûts engagés par le commerçant (CAA Versailles 15-11-2016 n° 14VE03680 : RJF 3/17 n° 224).

SECTION 4 ACTIVITÉS LIBÉRALES

7100 Il n'existe pas de **définition** précise des activités libérales. En pratique, cette expression désigne ici les professions libérales proprement dites, les charges et offices (officiers publics et ministériels) et aussi les autres activités dont les profits sont soumis à l'impôt sur le revenu dans la catégorie des bénéfices non commerciaux.

7105 Conformément aux règles générales exposées aux nos 1100 s., les opérations relevant de l'exercice d'une activité libérale sont, en **principe,** obligatoirement soumises à la TVA, dès lors qu'elles sont effectuées par des personnes agissant à titre indépendant.

Toutefois, certaines activités libérales, peu nombreuses, bénéficient d'**exonérations.** La principale intéresse les **professions médicales et paramédicales,** cette exonération ainsi que celles concernant d'autres activités relevant du secteur de la santé (analyses de biologie médicale, prothèses dentaires, opérations sur les organes, le sang et le lait humains) étant examinées dans l'exposé spécifiquement consacré au secteur de la santé (nos 9000 s.). Certaines activités d'**enseignement** sont également exonérées de la TVA (nos 8100 s.). Sous réserve de ces exonérations, la TVA est applicable à l'ensemble des activités libérales.

La TVA s'applique à l'ensemble des honoraires perçus au titre de l'exercice des activités libérales, quelles que soient leurs **modalités d'exécution** ou la **forme juridique** des entreprises qui les réalisent (entreprises individuelles, sociétés civiles professionnelles, sociétés de personnes, sociétés de capitaux, associations sans but lucratif, établissements publics, etc.) (BOI-TVA-CHAMP-10-10-60 n° 10). **7110**

Les membres des professions libérales sont en principe soumis aux mêmes **obligations** que les autres redevables, notamment au regard des règles de facturation.

Plus généralement, les **modalités d'imposition** des opérations réalisées dans le cadre d'une activité libérale sont régies, en principe, aux différents stades (base d'imposition, taux, déductions, déclaration et autres obligations) par les **règles de droit commun** applicables à l'ensemble des assujettis. Lorsque toutefois, sur tel ou tel point, des **particularités** se présentent pour les activités libérales ou pour certaines d'entre elles, les explications nécessaires sont incorporées dans l'étude correspondante. **7115**

On trouvera aux nos 7150 s. des précisions concernant un certain nombre d'activités libérales, étant précisé que la liste des professions ou activités résultant de cet examen ne présente en aucune façon un caractère limitatif.

A. Travaux d'études et de recherches

D'une manière générale, quel que soit leur objet, les travaux d'études sont imposables à la TVA. Tel est le cas **notamment** pour des travaux d'études de **caractère technique, industriel, économique, financier, démographique ou sociologique** et de ceux qui concernent l'**informatique,** l'**organisation,** la **publicité** et l'**urbanisme** (BOI-TVA-CHAMP-10-10-60-50 n° 20). **7150**

De même, dans le secteur du bâtiment et des travaux publics, sont notamment imposables à la TVA les prestations d'ingénierie et d'architecture effectuées par des **architectes, métreurs, ingénieurs-conseils, bureaux d'études** du bâtiment ou des travaux publics ainsi que les prestations des **maîtres d'œuvre en bâtiment** (BOI-TVA-CHAMP-10-10-60-50 n° 1). **7155**

Les commissaires enquêteurs et les membres des commissions d'enquêtes sont redevables de la TVA au titre des **enquêtes d'utilité publique** préalables aux procédures d'**expropriation** et des enquêtes publiques prévues sur les **installations classées** (BOI-TVA-CHAMP-10-10-60-50 n° 200). **7160**

Les personnes physiques qui procèdent à des **enquêtes sociales ou de personnalité** ainsi qu'à des **contrôles judiciaires** relèvent également du champ de la taxe.

Il en va de même des études menées par des **généalogistes** et des prestations des **détectives privés.**

B. Activités de conseil et d'assistance

D'une manière générale, les activités de conseil et d'assistance sont imposables à la TVA. Il en est ainsi par exemple des activités de **conseil en brevets d'invention,** en **informatique,** en **publicité,** en **formation,** en **organisation,** en **finance** (BOI-TVA-CHAMP-10-10-60-50 nos 30 à 70). **7250**

Les activités de conseil et d'assistance exercées par les professions juridiques et judiciaires sont étudiées aux nos 7500 s.

CENTRES DE GESTION ET ASSOCIATIONS AGRÉÉS

Les centres de gestion agréés comme les associations agréées de membres des professions libérales sont soumis au paiement de la TVA au titre des opérations de **conseil en gestion** (en matière comptable, juridique ou fiscale notamment) qu'ils effectuent pour le compte de leurs adhérents moyennant le versement d'une cotisation. **7260**

Sont notamment soumises à la taxe les activités suivantes qui tendent à rendre un **service personnel** aux adhérents, la liste n'étant en aucun cas exhaustive (BOI-TVA-CHAMP-10-10-60-50 n° 110) :

– réponse aux demandes de renseignements ;

- examen de cohérence et vraisemblance des documents fournis ;
- établissement des déclarations fiscales ;
- tenue des documents comptables ;
- assistance en cas de contrôle fiscal ;
- élaboration du dossier de gestion ;
- fourniture de livres comptables, etc.

7265 Les **actions de caractère collectif** des associations et centres de gestion agréés qui sont **destinées à la formation ou à l'information des adhérents** peuvent être exonérées en application de l'article 261, 4-9° du CGI (n°s 11770 s.). Il s'agit, notamment, des activités suivantes :

- la diffusion de bulletins comportant des informations de caractère administratif, fiscal, comptable ou économique ;
- l'organisation de réunions ou sessions de formation portant sur ces mêmes sujets.

Il est rappelé que l'exonération ne peut être accordée que si le montant des opérations correspondantes est susceptible d'être déterminé avec précision, ce qui suppose :

- que les sommes réclamées aux adhérents en contrepartie de services collectifs soient connues et donc qu'elles fassent l'objet d'une facturation distincte (par exemple, lorsqu'un bulletin d'information est publié, le montant de l'abonnement doit être précisé même s'il est inclus dans le montant global de la cotisation). En aucun cas les centres de gestion et associations agréés ne sont autorisés à évaluer forfaitairement le prix des services collectifs ;
- que les recettes correspondant à des services exonérés soient suivies de manière distincte en comptabilité (BOI-TVA-CHAMP-30-10-30-30 n°s 430 et 440).

7270 L'administration admet également que les cotisations versées aux centres de gestion agréés et aux associations agréées de membres des professions libérales par leurs membres soient considérées, pour partie, comme un **droit d'entrée** non imposable à la TVA sous les conditions et limites suivantes :

- le droit d'entrée ne doit pas dépasser, pour chaque adhérent, la somme de 76,22 € par an, ni représenter plus de la moitié du total des sommes versées annuellement au centre (ou à l'association) par chaque adhérent, droit d'entrée inclus ;
- cette exonération n'est susceptible de s'appliquer que pendant les trois premières années d'existence de chaque centre (ou association) ;
- la part de la contribution annuelle considérée comme droit d'entrée (dans les limites définies ci-dessus) doit être arrêtée par une délibération expresse des organes compétents de chaque centre (ou association) et doit faire l'objet d'une comptabilisation distincte (BOI-TVA-CHAMP-10-10-60-50 n° 90).

Remarques : 1. L'exonération des droits d'entrée ne peut profiter qu'une seule fois à un centre ou une association agréé, quels que soient les changements qui interviennent dans sa vie juridique (en cas de fusion ou d'absorption de l'organisme agréé, notamment).

2. On notera que l'exonération d'impôt sur les sociétés prévue pour la partie de la cotisation considérée comme un droit d'entrée, sous les mêmes conditions, par le BOI-DJC-OA-40 n° 70 a en revanche été supprimée par l'administration lors de la mise à jour de ce BOI du 5 juillet 2017.

C. Travaux d'expertise

7370 Les travaux d'expertise entrent dans le champ d'application de la TVA. Il en est notamment ainsi des opérations effectuées par les **experts-comptables,** par les **géomètres experts,** les **experts en ventes publiques,** en **objets d'art,** en **automobiles,** en **matière maritime, foncière, agricole.**

En ce qui concerne les experts en diagnostic d'entreprise, voir n° 7580.

EXPERTISES EN ASSURANCES

7380 Les expertises ayant trait à l'**évaluation des indemnités d'assurance** sont en principe imposables à la TVA.

Cependant, certaines expertises visant à évaluer les dommages subis par les **navires,** les **aéronefs** et leur **cargaison** ainsi que par des **marchandises exportées** sont exonérées (voir respectivement n°s 29300 s., 29550 s. et 26565 s.).

Les **expertises médicales,** qu'elles soient réalisées dans le cadre d'une instance ou dans celui d'un contrat d'assurance, sont soumises à la TVA. En effet, conformément à la jurisprudence de la Cour de justice (CJUE 20-11-2003 aff. 212/01 : RJF 2/04 n° 210), les prestations médicales effectuées dans un but autre que thérapeutique ne peuvent bénéficier de l'exonération « prestations de soins » prévue à l'article 132, 1-c de la directive TVA dont le 1° du 4 de l'article 261 du CGI constitue la transposition en droit français (nos 9050 s.). La Cour précise également que les prestations médicales dont le but est de permettre à un tiers de prendre une décision produisant des effets juridiques ne peuvent bénéficier de cette exonération. Dès lors, les expertises médicales qui poursuivent nécessairement cet objectif et dont la finalité principale n'est pas la protection, le maintien ou le rétablissement de la santé, mais bien la fourniture d'un avis exigé préalablement à l'adoption par un tiers d'une décision produisant des effets juridiques doivent faire l'objet d'une taxation (BOI-TVA-CHAMP-30-10-20-10 n° 80). Tel est notamment le cas des expertises psychiatriques (Rép. Apparu : AN 4-2-2014 n° 45775 ; Rép. Priou : AN 1-9-2015 n° 46438).

Sur le fondement de l'analyse ci-dessus, l'administration précise que les **expertises réalisées par les commissions de réforme et** les **expertises réalisées préalablement à l'attribution de congés maladie** ou à la mise en disponibilité d'office pour raison de santé par les comités médicaux sont soumises à la TVA. En revanche, elle considère que les expertises médicales réalisées par les comités médicaux dans le cadre de **visites d'aptitude pour l'admission à un emploi public,** de la réintégration à l'issue de congés maladie, de l'aménagement des conditions de travail ou du reclassement dans un autre emploi, ayant principalement une finalité préventive, sont exonérées de taxe (Rép. Urvoas : AN 29-7-2014 n° 53452). La solution de taxation prévue par l'administration pour les expertises médicales relevant de la première catégorie ne nous paraît pas en parfaite adéquation avec la jurisprudence de la CJUE précitée, laquelle admet l'exonération des examens médicaux faits à la demande d'employeurs ou de compagnies d'assurances qui ont pour finalité principale la protection de la santé de la personne concernée.

> **Précisions** Les enquêtes et études effectuées par les **agents enquêteurs** des caisses de sécurité sociale ou de la mutualité sociale agricole sont imposables à la TVA (en ce sens, Rép. Sainte-Marie : AN 28-10-1985 n° 72287 et Rép. Braconnier : Sén. 26-7-1990 n° 9495, non reprises au Bofip mais dont la solution conserve sa valeur).

EXPERTISES JUDICIAIRES

Les expertises réalisées par des experts nommément désignés pour accomplir leur mission, par un organe juridictionnel, sont toutes imposables à la TVA, quelle que soit la situation au regard de cette taxe de l'activité développée par ailleurs par ces experts. **7390**

Les **fonctionnaires** ou **agents des collectivités locales** qui réalisent des expertises de manière indépendante et qui ont alors la qualité d'assujettis lorsqu'ils les fournissent à titre onéreux sont, bien que désignés en raison des compétences développées dans l'exercice de leurs fonctions et sous réserve du bénéfice de la franchise en base, notamment soumis à la TVA.

De même, les **retraités** (quelle que soit leur ancienne activité : fonctionnaires, salariés, praticiens libéraux, industriels, commerçants, artisans, etc.) sont redevables de la TVA sur les honoraires afférents aux expertises qui leur ont été confiées par des décisions juridictionnelles prises à partir de la date de leur départ en retraite (BOI-TVA-CHAMP-10-10-60-50 nos 160 et 180).

En ce qui concerne les **expertises médicales,** voir n° 7380.

D. Professions judiciaires et juridiques

Les prestations des membres des professions judiciaires et juridiques sont en principe imposables à la TVA, qu'il s'agisse des prestations effectuées dans le cadre de leur activité spécifique (définie par la réglementation professionnelle qui leur est applicable) ou en dehors de ce cadre (notamment celles relevant de la gestion d'affaires). **7500**

Des **particularités** existent, pour les professions judiciaires ou juridiques, dans la détermination de la base d'imposition en ce qui concerne les **honoraires rétrocédés** (n° 36525) et les **remboursements de débours** (nos 36350 s.).

AVOCATS

Les avocats, avocats au Conseil d'État et à la Cour de cassation doivent soumettre à la TVA les prestations accomplies dans le cadre de l'activité définie par la **réglementation** applicable à la profession (activités de postulation, plaidoirie, consultation, assistance, représentation, conseil et rédaction d'actes sous seing privé tels que statuts, baux, déclarations administratives, mémoires, réponses, etc.). **7510**

Les prestations qu'ils effectuent en dehors des activités réglementées sont également imposables à la TVA. C'est le cas notamment des activités de **gestion et** d'**administration de biens,** d'entremise et de négociation en matière de locations et de **transactions immobilières** ou sur fonds de commerce, de **recouvrement de créances,** de mise à disposition de locaux ou de clientèle.

> **Précisions** Constitue une activité économique l'activité de **représentation de** personnes **majeures légalement incapables** et visant à les protéger dans les actes de la vie civile, exercée à titre onéreux par un **avocat sur mandat de l'autorité judiciaire,** lorsque le niveau d'ensemble de la rémunération compensant cette activité, fixée par la même autorité de manière forfaitaire ou sur la base d'une appréciation tenant compte de la situation financière de la personne incapable (la rémunération pouvant être prise en charge par l'État en cas d'indigence de celle-ci), garantit la couverture de ses frais de fonctionnement (CJUE 15-4-2021 aff. 846/19 : RJF 7/21 n° 775).
> Sur l'**exonération** dont bénéficient les mandataires judiciaires à la protection des majeurs, voir n° 17260.

7515 Les prestations d'**enseignement** effectuées par les avocats appellent les précisions suivantes.

Les rémunérations perçues au titre de cours ou leçons dispensés **dans des établissements d'enseignement** sont hors du champ d'application de la TVA dans la mesure où l'enseignant est à l'égard de l'établissement dans une situation de subordination caractéristique du contrat de travail. Par ailleurs, les avocats bénéficient, le cas échéant, de l'exonération prévue par l'article 261, 4-4°-b du CGI en faveur des **cours ou leçons** relevant de l'enseignement universitaire ou professionnel dispensés par des personnes physiques **rémunérées directement par leurs élèves** (n°s 8420 s.).

Enfin, il est admis que les rémunérations perçues par les avocats qui dispensent des cours dans les **centres de formation professionnelle d'avocats** ne soient pas soumises à la TVA (BOI-TVA-CHAMP-10-10-60-10 n°s 160 et 170).

7520 La **qualité d'assujetti,** qui détermine la personne redevable de la TVA, dépend des conditions d'exercice de la profession d'avocat, qui sont extrêmement variées.

Ainsi, l'avocat qui exerce sa profession **à titre individuel** ou au sein d'un cabinet de groupe (avocats liés par une convention de partage de frais sans création d'une personne morale) ou dans le cadre d'une société civile de moyens, ou encore en qualité de membre d'un groupement d'intérêt économique (GIE), d'un groupement européen d'intérêt économique (GEIE) ou d'une société en participation dont l'objet est limité à la mise en commun de moyens est personnellement redevable de la TVA pour les opérations qu'il réalise. Il en va de même de l'**avocat collaborateur** d'un autre avocat ou groupe d'avocats (voir n° 36525 les modalités particulières d'imposition à la TVA des avocats collaborateurs).

Lorsque l'exercice de la profession d'avocat a pour cadre une **société civile professionnelle,** une **société de capitaux** (société d'exercice libéral anonyme, à responsabilité limitée ou en commandite par actions), c'est la société qui a la qualité d'assujetti redevable de la TVA et non les avocats membres de ces sociétés. Il en va de même des sociétés en participation, lorsque les conditions qui déterminent leur prise en compte en qualité de redevables de la TVA sont remplies (participation aux apports, à la gestion et aux résultats).

Lorsque des avocats concluent un contrat d'**association** pour exercer en commun, chacun des avocats membres de l'association demeure responsable vis-à-vis de ses clients et est donc en principe redevable de la TVA. Néanmoins, si les avocats membres de l'association se comportent entre eux et vis-à-vis des tiers comme de véritables associés (en participant aux apports, à la gestion et aux résultats), c'est l'association qui est considérée comme assujettie à la TVA.

L'avocat exerçant en qualité de **salarié** d'un avocat, d'une association ou d'une société d'avocats n'a pas la qualité d'assujetti. Il appartient à l'avocat employeur de soumettre à la TVA la totalité de ses recettes, y compris celles résultant des prestations de l'avocat salarié (BOI-TVA-CHAMP-10-10-60-10 n°s 50 à 100).

> **Précisions** Les sommes perçues par les groupements d'avocats dotés de la personnalité morale (GIE, sociétés civiles, associations) en contrepartie des services rendus à leurs membres adhérents sont soumises à la TVA. Sont en revanche non soumises à la TVA les **répartitions de frais** effectuées par les **groupements de fait** constitués entre avocats dont le seul objet est de répartir des dépenses communes entre leurs membres (cabinets de groupe, non dotés de la personnalité morale) (BOI précité n° 140).

7525 Les avocats peuvent bénéficier d'un système de **franchise en base** plus avantageux que celui de droit commun (n°s 47690 s.).

NOTAIRES

7540 Les prestations des notaires effectuées dans le cadre de leur **activité spécifique** telle qu'elle est définie par la réglementation applicable à leur profession sont soumises à la TVA. Il en va de même des **opérations qui ne relèvent pas de la charge notariale.**

EXEMPLES

Gestion de biens et entremise dans le domaine des locations et des transactions sur immeubles ou fonds de commerce ; gestion ou négociation en dehors de la liquidation d'une indivision successorale ou postcommunautaire ; encaissement de loyers ou fermages effectué en l'absence d'une élection de domicile contenue dans un bail notarié.

De même, la conduite d'une **vente aux enchères** par un notaire autorisé à procéder à des ventes aux enchères publiques est une opération imposable.

> **Précisions** Comme pour les avocats (n° 7520), lorsque les notaires exercent leur activité à titre individuel, dans le cadre d'une **SCP** ou d'une **société d'exercice libéral** ayant la forme d'une société de capitaux (Selarl, Selas, etc.), seule la société est redevable de la TVA due au titre des honoraires encaissés auprès de la clientèle (BOI-TVA-CHAMP-10-10-60-10 n° 185).

PROFESSEURS DE DROIT

Les honoraires perçus par les professeurs de droit (y compris les agrégés inscrits au barreau d'avocats), de sciences économiques ou de gestion à l'occasion de **consultations juridiques** doivent être soumis à la TVA. **7560**

GREFFIERS DES TRIBUNAUX DE COMMERCE

Les honoraires qu'ils perçoivent au titre de leur **activité spécifique** (rédaction des jugements et autres actes, délivrance des expéditions, garde des minutes et tenue des archives des tribunaux) doivent être soumis à la TVA (voir toutefois au n° 29310 le cas de certaines prestations effectuées sur les navires) (en ce sens, BOI-TVA-CHAMP-10-10-60-10 n° 190 ; CE 1-4-2019 n° 419393 : RJF 8-9/19 n° 768). Il en va de même des **opérations de nature commerciale** qu'ils sont susceptibles d'effectuer. **7570**

MANDATAIRES ET ADMINISTRATEURS JUDICIAIRES

Les honoraires perçus à l'occasion de l'exercice de l'activité de liquidateur judiciaire, de syndic ou d'administrateur judiciaire sont soumis à la TVA. **7580**

Par ailleurs, les honoraires perçus par les **experts en diagnostic d'entreprise,** qui peuvent être désignés en justice à l'effet d'établir un rapport sur la situation économique d'une entreprise en cas de règlement amiable ou de redressement judiciaire de celle-ci, sont également soumis à la TVA.

En ce qui concerne les **mandataires judiciaires à la protection des majeurs,** voir n° 17260.

COMMISSAIRES AUX COMPTES

Les prestations effectuées par les commissaires aux comptes tant dans le cadre de l'activité spécifique définie par leur réglementation professionnelle qu'en dehors de celle-ci sont soumises à TVA (BOI-TVA-CHAMP-10-10-60-10 n° 210). **7590**

Il est admis que la rémunération des prestations effectuées, dans le cadre de leurs **mandats personnels,** par des commissaires aux comptes qui exercent également leur activité en qualité de **salariés d'une société de commissariat aux comptes dont ils sont les associés** soit considérée comme des recettes de la société lorsqu'ils ont conclu au préalable une convention d'exclusivité précisant, d'une part, que le commissaire aux comptes s'engage à consacrer toute son activité à la société et à démissionner de ses mandats personnels dès qu'il cesse d'exercer au sein de cette société et, d'autre part, qu'il abandonne à la société les honoraires qui correspondent à ses mandats personnels. La société facture ces honoraires et les encaisse directement. **7595**

Lorsque ces conditions sont satisfaites, il est admis que le commissaire aux comptes ne soit **pas personnellement assujetti** à la TVA. Il en résulte que les honoraires qui proviennent de mandats personnels sont compris dans la base d'imposition de la **société.** Cette dernière est donc notamment tenue de respecter les **obligations** concernant l'établissement des factures, la déclaration des opérations réalisées et le paiement de l'impôt correspondant. Le commissaire aux comptes, pour sa part, ne peut procéder à aucune déduction à raison des dépenses qui se rapportent aux honoraires taxés au nom de la société, ni procéder à un transfert de droits à déduction au bénéfice de la société.

Cette mesure est strictement limitée à cette situation. Elle ne peut en aucun cas être étendue à une situation dans laquelle les commissaires aux comptes ne seraient pas effectivement salariés de la société de commissaires (Rép. Bachelot : AN 12-9-1994 n° 13779, non reprise au Bofip).

COMMISSAIRES DE JUSTICE (EX-HUISSIERS ET COMMISSAIRES-PRISEURS JUDICIAIRES)

7610 Les **prestations effectuées** par les commissaires de justice (non salariés) sont imposables à la TVA, qu'elles le soient **dans le cadre de leur activité spécifique** (actes dont ils ont le monopole : recouvrement amiable ou judiciaire de toutes créances) **ou en dehors** (activité d'administrateur d'immeubles, d'intermédiaire en transactions immobilières, etc.).

La conduite d'une **vente aux enchères judiciaire** par un officier public ou ministériel (commissaire de justice et notaire) autorisé à procéder à de telles ventes, est notamment une opération imposable (BOI-TVA-CHAMP-10-10-60-10 n° 175).

> **Précisions** **a.** Le **service de compensation des frais de déplacements** de la chambre nationale des commissaires de justice bénéficie de l'exonération de TVA prévue par l'article 261, 4-9° du CGI. De ce fait, il n'est pas redevable de la TVA sur les prélèvements qu'il opère au titre de ses frais de fonctionnement (en ce sens, BOI-TVA-BASE-10-20-40-30 n° 120).
> **b.** Concernant le régime des ventes aux enchères publiques elles-mêmes, voir n°s 79960 s.

7615 La **chambre nationale,** les **chambres de discipline** et les **groupements** de commissaires de justice ne poursuivent pas un but lucratif. Ils peuvent donc bénéficier de l'exonération prévue par l'article 261, 4-9° du CGI pour les prestations de services et les livraisons de biens qui leur sont étroitement liées fournies à leurs membres (voir nos 11770 s.), à la double condition que ces opérations se rattachent directement à la défense des intérêts moraux ou matériels des intéressés et qu'elles soient rémunérées par les cotisations fixées conformément à leurs statuts.

De même, les **cotisations spéciales** versées à la chambre nationale chargée notamment de **garantir la responsabilité professionnelle** des commissaires de justice peuvent bénéficier de l'exonération prévue par l'article 261, 4-9° du CGI pour les opérations qu'elles réalisent dans le cadre des textes qui les réglementent (en ce sens, BOI-TVA-CHAMP-30-10-30-30 nos 460 et 470 ; Ord. 2016-728 du 2-6-2016 ; Décret 2022-729 du 28-4-2022).

COMMISSAIRES-PRISEURS DE VENTES VOLONTAIRES

7630 La conduite d'une vente volontaire de biens aux enchères par un commissaire-priseur habilité à réaliser des ventes **autres que** des **ventes aux enchères judiciaires** (lesquelles sont effectuées par les commissaires de justice : nos 7610 s.) est une opération imposable (BOI-TVA-CHAMP-10-10-60-10 n° 175).

Concernant le régime des ventes aux enchères publiques elles-mêmes, voir nos 79960 s.

E. Vétérinaires

7700 L'exonération prévue pour les soins médicaux et paramédicaux (nos 9050 s.) concerne exclusivement la santé humaine et ne s'applique donc pas aux vétérinaires, dont les activités sont soumises de plein droit à la TVA lorsqu'ils exercent leur profession à titre indépendant. Il en est ainsi notamment des opérations suivantes :

- prestations de **soins** qui concourent au diagnostic, à la prévention ou au traitement des maladies des animaux ;
- **fourniture de médicaments,** qu'elle soit effectuée ou non dans le prolongement direct d'un acte médical ou chirurgical et qu'elle dépasse ou non les nécessités de la posologie ;
- **vente de** produits qui ne constituent pas de véritables médicaments (**produits diététiques** pour animaux, **aliments supplémentés** et autres produits destinés à la **nourriture** des animaux) ;
- **toilettage** des animaux ;
- prise en **pension** d'animaux sans qu'il y ait lieu de tenir compte du fait qu'elle intervient ou non à l'occasion d'un traitement médical ou chirurgical ;
- **tatouage** des animaux (et vente de la carte d'identification).

Les maréchaux experts et les hongreurs sont redevables de la TVA dans les mêmes conditions que les vétérinaires.

> **Précisions** **L'exigibilité** de la TVA intervient pour les prestations de soins lors de l'encaissement, par le prestataire, des acomptes, du prix, de la rémunération ou, sur option du redevable, d'après les débits. Par contre, pour les fournitures de médicaments et d'autres produits, la taxe est en principe exigible lors de la livraison.
> Dans un souci de simplification, les **ventes de médicaments** vétérinaires prescrits par ordonnance et donc administrés ou livrés comme prolongement direct d'un acte médical ou chirurgical, que les intéressés font généralement figurer sur une note globale d'honoraires, ne sont imposables qu'au moment de l'encaissement du prix (BOI-TVA-BASE-20-20 n° 180).

Les rémunérations perçues par les **vétérinaires investis d'un mandat sanitaire** sont assimilées à des revenus tirés de l'exercice d'une profession libérale lorsqu'elles sont la contrepartie des actes accomplis dans le cadre des **opérations de prophylaxie collective** (surveillance, prévention ou lutte contre les maladies réglementées) des maladies des animaux dirigées par l'État **ou** dans le cadre des opérations **de police sanitaire.** **7705**

Les vétérinaires sont redevables de la TVA sur le prix total des prestations de prophylaxie collective ou de police sanitaire tel qu'il résulte des tarifs fixés par voie conventionnelle ou administrative, y compris le cas échéant sur la partie du prix versée (au titre d'une aide visant à atténuer le coût pour l'éleveur) par une collectivité publique ou un organisme tiers payant (BOI-TVA-BASE-10-20-40-30 n°s 290 à 320).

Les prestations d'**enseignement** effectuées par les vétérinaires dans le cadre des établissements scolaires ou universitaires, en contrepartie desquelles ils perçoivent des rémunérations soumises à l'impôt sur le revenu dans la catégorie des traitements et salaires, sont placées hors du champ d'application de la TVA. **7710**

Les prestations d'enseignement universitaire ou professionnel effectuées par les vétérinaires et rémunérées directement par les élèves sont exonérées en vertu des dispositions de l'article 261, 4-4°-b du CGI (n°s 8420 s.).

F. Professions ou activités diverses

AUTEURS ET ARTISTES-INTERPRÈTES

Les auteurs des œuvres de l'esprit, les artistes-interprètes et les artistes du spectacle agissant à titre indépendant sont, en principe, passibles de la TVA. Mais ils bénéficient d'un **régime particulier** qui est exposé aux n°s 86800 s. **7800**

SPORTIFS

Les prestations effectuées par les sportifs à titre onéreux et indépendant sont imposables de plein droit à la TVA. Il en est ainsi notamment des **prestations publicitaires** rendues par les sportifs en dehors d'un contrat de travail conclu avec un club sportif ou une entreprise commerciale qui peuvent prendre la forme, notamment, de la participation à des campagnes publicitaires ou de la concession du droit d'utiliser le nom et l'image du sportif. **7810**

De même, toutes les sommes, même qualifiées de « primes », perçues par un sportif dans le cadre d'un **contrat de parrainage** constituent la contrepartie de prestations de publicité et sont donc imposables, y compris lorsque ces prestations sont rendues à l'occasion d'une épreuve sportive.

En revanche, les sommes perçues dans le cadre d'un rapport juridique impliquant un lien de subordination ou qui n'ont pas de lien direct avec la fourniture d'une prestation de services ne sont pas imposables à la TVA. Ainsi, ne sont pas imposables, notamment, les sommes perçues dans le cadre d'un contrat de travail, les **cachets, prix ou primes** perçus à l'occasion de **compétitions ou épreuves sportives,** ou l'aide personnalisée versée par le Comité national olympique et sportif français aux athlètes de haut niveau (BOI-TVA-CHAMP-10-10-60-50 n° 350).

> **> Précisions** La TVA s'applique non seulement aux versements monétaires mais également, comme en matière d'échange (n°s 35250 s.), aux **biens ou services reçus en contrepartie** de la prestation publicitaire rendue par le sportif.
> Par **exemple,** un motard recevant d'un commerçant des pièces détachées pour améliorer sa moto moyennant l'obligation de personnaliser son engin, pendant les courses, à la marque dudit commerçant doit soumettre à la TVA le prix correspondant à la valeur des pièces reçues et délivrer au commerçant une facture faisant mention de la taxe.
> Il en va de même pour le sportif recevant d'un fabricant d'articles de sport des équipements en contrepartie de son engagement de les utiliser à des fins publicitaires (BOI-TVA-BASE-10-20-40-30 n° 280).

Les sportifs sont susceptibles de bénéficier, pour les cours ou leçons qu'ils dispensent, relevant de l'**enseignement** sportif, de l'exonération prévue par l'article 261, 4-4°-b du CGI (n°s 8420 s.) lorsqu'ils sont rémunérés directement par leurs élèves (BOI-TVA-CHAMP-10-10-60-50 n° 360). **7815**

TRADUCTEURS ET INTERPRÈTES

Les opérations des interprètes de langues étrangères agissant à titre indépendant sont soumises à la TVA. Il en va de même des opérations de traduction écrite ou orale d'œuvres de l'esprit et de textes de toute nature (documents juridiques ou commerciaux notamment). **7830**

Les **traductions d'œuvres de l'esprit** (écrits littéraires, conférences, etc.) sont elles-mêmes des œuvres de l'esprit et bénéficient du régime particulier exposé aux nos 86800 s.

> **> Précisions** Eu égard aux conditions dans lesquelles ils exécutent leur mission, à la nature de leurs relations avec l'administration et aux modalités de leurs rémunérations, les **interprètes-traducteurs collaborateurs du service public de la justice** doivent être regardés comme agissant de manière indépendante et, par suite, comme étant assujettis à la TVA (CE 6-3-2015 n° 377093 : RJF 8-9/15 n° 683). La doctrine administrative la plus récente semble considérer que les collaborateurs du service public, inscrits sur la liste de l'article D 311-1 du Code de la sécurité sociale, au nombre desquels figurent les interprètes et traducteurs, étant affiliés au régime général de la sécurité sociale, sont dans un lien de subordination avec l'État ou ses collectivités et, par suite, ne sont pas soumis à la TVA (en ce sens, Rép. Capdevielle : AN 9-8-2016 n° 45774).

GUIDES ET ACCOMPAGNATEURS

7840 Les opérations des guides et accompagnateurs agissant à titre indépendant sont imposables à la TVA. Il en va ainsi, dès lors qu'ils ne sont pas salariés, des guides interprètes et des accompagnateurs ainsi que des conférenciers nationaux accompagnant des personnes ou des groupes lors de séjours touristiques, de visites de musées, de sites historiques, d'expositions, etc.

7845 Les **guides et accompagnateurs de montagne** (accompagnateurs en moyenne montagne, moniteurs d'escalade, aspirants-guides et guides de haute montagne) ont un rôle d'enseignement prépondérant.

Cette prestation d'enseignement des sports de montagne est susceptible de bénéficier de l'exonération prévue à l'article 261, 4-4°-b du CGI lorsqu'elle est rémunérée directement par les élèves.

Pour bénéficier de cette exonération, le professionnel doit facturer séparément la prestation d'enseignement des autres prestations (logement et restauration, notamment) qu'il est susceptible de fournir à ses clients. Deux cas de figure se présentent alors pour les prestations de logement et de restauration : soit le guide ou accompagnateur réclame au client le montant exact des dépenses engagées sur son ordre et pour son compte et ces sommes suivent le sort des remboursements de débours (nos 36350 s.) ; soit le guide ou accompagnateur inclut une rémunération dans le prix demandé au client et il agit alors, selon le cas, comme un intermédiaire opaque ou transparent (nos 83320 s. et 83250).

S'il ne facture pas séparément ses prestations, il fournit à ses clients une prestation composite moyennant le paiement d'un **prix forfaitaire et global** et doit alors soumettre à la TVA l'intégralité de sa rémunération (BOI-TVA-CHAMP-10-10-60-50 nos 300 à 330).

> **> Précisions** Sur les critères, issus de la jurisprudence de la CJUE et repris à l'article 257 ter du CGI, permettant de déterminer si l'on est en présence d'une **opération unique** ou d'**opérations dissociables** soumises à leur régime propre, voir nos 1270 s.

TRAVAUX D'ANALYSE

7860 À l'exception des **travaux d'analyse de biologie médicale,** qui sont expressément exonérés de la TVA par l'article 261, 4-1° du CGI (nos 9400 s.), tous les travaux d'analyse (notamment dans les domaines chimique et industriel) ainsi que les travaux de sondage ou de reconnaissance des sols doivent être soumis à la TVA quelles que soient leurs modalités d'exécution ou la forme juridique des organismes qui les réalisent.

SECTION 5 ENSEIGNEMENT

8100 Les activités d'enseignement entrent, en **principe,** dans le **champ** d'**application de la TVA.** Toutefois, un **grand nombre** d'entre elles sont **exonérées** par la loi.

8105 Il convient de **distinguer** entre les opérations de **formation professionnelle continue (FPC)** (nos 8580 s.) **et** les **autres** activités d'enseignement (nos 8150 s.).

I. ACTIVITÉS D'ENSEIGNEMENT AUTRES QUE LA FPC

Sont **exonérés** de la TVA, en vertu de l'article 261, 4-4° du CGI : **8150**
– les **enseignements scolaire, universitaire, technique, agricole et à distance réglementés** (nos 8180 s.) ;
– les **cours ou leçons particuliers** dispensés par des personnes physiques (nos 8420 s.).
Ces enseignements ne peuvent **pas** être soumis à la TVA par **option.**

ACTIVITÉS D'ENSEIGNEMENT NON EXONÉRÉES

Toutes les catégories d'enseignement (autres que la FPC) qui se situent en dehors des deux cas d'exonération visés au n° 8150 sont soumises à la TVA. **8160**
Tel est le cas notamment :
– des écoles ou laboratoires de **langues** ;
– des établissements d'enseignement de la **conduite automobile** (auto-écoles : voir n° 8510) et du pilotage des **bateaux** ou des **aéronefs** ;
– des établissements d'enseignement des **arts d'agrément** (musique, théâtre, etc.) ou des diverses **disciplines sportives** (voile, tennis, équitation, judo, culture physique, natation, etc.) ;
– des **organismes de soutien scolaire** (CE 10-12-2021 n° 457050 : RJF 3/22 n° 250). Sur les prestations de soutien scolaire dispensées par des établissements d'enseignement, voir n° 8340.
En ce qui concerne :
– les activités d'enseignement musical ou artistique exercées par les **organismes publics,** voir n° 10430 ;
– les services de caractère éducatif rendus à leurs membres par des **organismes sans but lucratif,** voir nos 11650 s.

A. Enseignements scolaire et universitaire, technique, agricole et à distance réglementés

L'article 261, 4-4°-a (alinéas 1 à 4 et 7) du CGI exonère de la TVA les enseignements scolaire et universitaire, technique, agricole et à distance réglementés. On indiquera successivement quels sont les établissements et les opérations concernés par cette exonération. **8180**

1. ÉTABLISSEMENTS CONCERNÉS

ÉTABLISSEMENTS SCOLAIRES

Sont exonérés les **établissements publics** du **1er degré** (primaire), du **2nd degré** (secondaire) **ou de l'enseignement supérieur,** ainsi que les **établissements comparables du secteur privé** régis par les articles L 151-3, L 212-2, L 424-1 à L 424-4, L 441-1, L 443-1 à L 443-5 et L 731-1 à L 731-17 du Code de l'éducation. **8200**

> Précisions a. L'exonération s'applique aux établissements scolaires ou universitaires du **secteur privé** relevant des textes visés ci-dessus et au n° 8210, **qu'ils aient ou non souscrit des contrats avec l'État** (Rép. Krieg : AN 28-7-1979 n° 8197, non reprise au Bofip mais dont la solution nous paraît conserver sa valeur).
À noter toutefois que, pour la Cour de justice, l'exonération ne peut être accordée aux prestations fournies par des organismes non publics que dans la mesure où le **but poursuivi** par ces derniers est **comparable** à celui des **organismes publics** qui bénéficient de la même exonération (CJUE 28-11-2013 aff. 319/12 : RJF 2/14 n° 204).
b. La **déclaration préalable d'ouverture** à laquelle sont tenus les **établissements privés d'enseignement secondaire** en application des articles L 441-1 et suivants du Code de l'éducation est une condition de l'exonération de TVA (CAA Paris 28-2-2013 n° 11PA01226 : RJF 7/13 n° 713).
c. L'article L 443-5 du Code de l'éducation, visé par l'article 261, 4-4°-a du CGI, a été abrogé par l'article 34 de la loi 2018-771 du 5 septembre 2018. Les **centres de formation d'apprentis**, désormais visés aux articles L 6231 s. du Code du travail, continuent toutefois de bénéficier de l'exonération (n° 8220). Les **écoles de production** mentionnées à l'article L 443-6

du Code de l'éducation (créées à compter du 1-1-2020 par l'article 25 de la loi 2018-771 précitée) ne sont en revanche pas expressément visées par l'article 261, 4-4°-a du CGI. Ces dernières étant des écoles techniques privées reconnues par l'État au titre de l'article L 443-2 du Code de l'éducation, elles bénéficient également, selon nous, de l'exonération.

ÉTABLISSEMENTS UNIVERSITAIRES

8210 Sont exonérés les établissements du **secteur public** qui dispensent un enseignement universitaire : **universités** ou autres établissements publics à caractère scientifique et culturel relevant du ministère de l'éducation nationale ainsi que les unités d'enseignement et de recherche qui leur sont rattachées (certaines **écoles d'ingénieurs,** ainsi que les instituts universitaires de technologie ou **IUT**).

Sont également exonérés les **établissements privés** visés aux articles L 613-7, L 714-2 et L 718-16 du Code de l'éducation.

> Précisions En ce qui concerne :
– les établissements universitaires du **secteur privé,** voir n° 8200, précision a ;
– le régime applicable aux activités, y compris d'enseignement exonérées, des **établissements publics d'enseignement supérieur** (universités, grandes écoles), voir n°s 10710 s.

ÉTABLISSEMENTS D'ENSEIGNEMENT TECHNIQUE OU PROFESSIONNEL

8220 Sont exonérées les **écoles techniques publiques ou privées** qui dispensent un enseignement technique ou professionnel du 2nd degré ou supérieur, y compris les **centres de formation des apprentis** (CFA) régis par le titre III du livre II de la sixième partie du Code du travail (BOI-TVA-CHAMP-30-10-20-50 n° 10).

> Précisions Ne relèvent pas des enseignements professionnels exonérés des cours d'**iridologie,** de **sophrologie** ou de **naturothérapie,** disciplines paramédicales non sanctionnées par l'obtention de diplômes permettant de ranger leurs titulaires parmi les professions de santé réglementées (CAA Paris 1-2-2001 n° 97-1699 : RJF 3/02 n° 278).
Il en va de même de l'enseignement de la **myothérapie** (n° 8435).

8225 La **déclaration préalable d'ouverture** à laquelle sont tenus les **établissements privés** d'enseignement technique en application des articles L 441-1 et suivants du Code de l'éducation est une condition de l'exonération de TVA (CE 10-4-2002 n° 219715 : RJF 7/02 n° 779).

8230 Certains établissements d'enseignement technique dispensent plusieurs types d'enseignement dont un enseignement dénommé « **formation et perfectionnement des adultes** » qui regroupe plusieurs sortes de cours (cours de langue, cours de perfectionnement en informatique, bureautique, comptabilité, français, etc.).

Ces cours peuvent être dispensés dans le cadre de la formation professionnelle continue. Ils sont dans ce cas financés par les entreprises dans le cadre de leurs obligations en matière de formation professionnelle et peuvent le cas échéant bénéficier de l'exonération de TVA prévue en matière de formation professionnelle continue (n°s 8580 s.).

Ces **cours** peuvent également être **dispensés isolément à des particuliers** désireux de se perfectionner. L'administration admet que de tels cours, dispensés par des établissements d'enseignement technique légalement ouverts, sont exonérés de TVA (BOI-TVA-CHAMP-30-10-20-50 n° 30).

8235 En ce qui concerne les cours dispensés par des avocats dans des **centres de formation professionnelle des avocats,** voir n° 7515.

ÉTABLISSEMENTS D'ENSEIGNEMENT AGRICOLE

8250 Sont exonérés les établissements qui dispensent un enseignement et une **formation professionnelle** agricole organisés par la loi 60-791 du 2 août 1960.

ENSEIGNEMENT À DISTANCE (OU PAR CORRESPONDANCE)

8260 Sont exonérés les organismes publics ou les organismes privés régis par les articles L 444-1 à L 444-11 du Code de l'éducation et les textes subséquents qui dispensent à distance un enseignement **primaire, secondaire, technique ou supérieur** (enseignement par correspondance).

En revanche, ces établissements sont soumis à la taxe pour les autres catégories d'enseignements qu'ils dispensent (cours de langues, d'arts d'agrément, de graphologie, d'astrologie, de yoga, etc.) (BOI-TVA-CHAMP-30-10-20-50 n° 10).

ÉTABLISSEMENTS ÉTRANGERS

8270 L'exonération bénéficie, dans les mêmes conditions que pour les établissements d'enseignement français, aux établissements étrangers, implantés en France, lorsqu'ils ont été **agréés** en qualité d'établissements d'enseignement **par l'autorité de tutelle** concernée **de l'État dont ils relèvent** et lorsque leur cycle d'enseignement correspond à leur programme général national. L'exonération ne s'applique qu'aux opérations effectuées dans le cadre de cet agrément (BOI-TVA-CHAMP-30-10-20-50 n° 20).

2. OPÉRATIONS EXONÉRÉES

8320 L'exonération s'applique aux **prestations d'enseignement proprement dites,** ainsi qu'aux **prestations de services ou livraisons de biens** qui sont **étroitement liées** à cet enseignement (CGI art. 261, 4-4°-a-al. 1).

PRESTATIONS D'ENSEIGNEMENT PROPREMENT DITES

8330 Sont exonérées les prestations d'enseignement proprement dites effectuées par les établissements visés aux 1er à 4e et 7e alinéas de l'article 261, 4-4°-a du CGI (n°s 8200 s.).

8335 L'exonération s'applique notamment aux **frais de scolarité** perçus par les établissements d'enseignement concernés (Rép. Bayard et Charles : AN 28-2-1983 n°s 25566 et 23941, non reprises au Bofip mais dont la solution nous paraît conserver sa valeur).

En ce qui concerne la mise à disposition d'enseignants, voir n° 8360.

8340 L'exonération couvre les prestations de **soutien scolaire** qui sont dispensées par les établissements publics ou privés régis par les dispositions du Code de l'éducation mentionnées à l'article 261, 4-4° du CGI.

Les prestations de soutien scolaire sont également exonérées lorsqu'elles sont réalisées par des organismes privés sans but lucratif, qui répondent aux conditions des organismes d'utilité générale fixées à l'article 261, 7-1°-a et b du CGI (n°s 11180 s. et n°s 11650 s.) (BOI-TVA-CHAMP-30-10-20-50 n° 45).

En revanche, les prestations réalisées par les organismes de soutien scolaire sont soumises à la TVA (n° 8160).

8345 L'exonération prévue par le a de l'article 261, 4-4° du CGI est limitée à l'éventuelle rémunération des cours et leçons donnés dans les établissements d'enseignement et perçue par ces derniers. Elle ne s'étend pas à celle perçue par un **enseignant exerçant à titre libéral** au sein de l'établissement dont les droits à exonération, lorsqu'il est assujetti à la TVA, sont exclusivement régis par le b du même article (n°s 8420 s.) (CE 11-4-2014 n° 353219 : RJF 7/14 n° 675).

De même, cette exonération ne s'étend pas à la **rémunération servie par les établissements d'enseignement aux personnes morales qui donnent des cours dans leurs locaux** et dans le cadre des enseignements qu'ils dispensent (CAA Versailles 15-5-2014 n° 12VE02748 : RJF 10/14 n° 886).

PRESTATIONS OU LIVRAISONS DE BIENS ÉTROITEMENT LIÉES À L'ENSEIGNEMENT

8350 Sont exonérées les prestations de services et livraisons de biens qui sont étroitement liées aux prestations d'enseignement effectuées par les établissements visés aux 1er à 4e et 7e alinéas de l'article 261, 4-4°-a du CGI (n°s 8200 s.).

8355 Sont ainsi notamment exonérés :

- le **logement et** la **nourriture** des **internes ou demi-pensionnaires** (BOI-TVA-CHAMP-30-10-20-50 n° 40 ; dans le même sens, s'agissant de la fourniture de repas dans les cantines scolaires, CE 28-5-2021 n° 441739 : RJF 8-9/21 n° 797) ;
- les **articles ou fournitures scolaires,** tels que livres ou cahiers, qui constituent le complément obligé et indispensable de l'enseignement dispensé (BOI précité n° 40) ;
- dans le cadre de l'**enseignement à distance,** les ventes aux élèves de supports pédagogiques qui constituent le complément obligé et indispensable de cet enseignement, que les cours ou leçons soient transmis par **voie postale ou** diffusés en ligne via **internet** (BOI-TVA-CHAMP-20-50-40-20 n° 200).

> **Précisions** Les prestations d'hébergement et de restauration non liées à l'enseignement que peuvent fournir, en particulier pendant les vacances scolaires, certains établissements d'enseignement ne bénéficient pas de l'exonération prévue par l'article 261, 4-4°-a du CGI (Rép. Cozan : AN 15-3-1993 n° 62585, non reprise au Bofip mais dont la solution nous paraît conserver sa valeur).
> Ces prestations sont toutefois susceptibles de bénéficier de l'exonération prévue par l'article 261, 7-1°-b du CGI pour les organismes sans but lucratif (n°s 11050 s.) ou de celle prévue par l'article 261 D, 4° du même Code en faveur des locations meublées (n°s 91670 s.).

8360 Le fait pour un établissement d'enseignement de **mettre,** à titre onéreux, **un professeur à** la **disposition d'un** autre **établissement d'enseignement,** dans lequel ce professeur assure **temporairement** des tâches d'enseignement sous la responsabilité du deuxième établissement, n'est pas constitutif d'une prestation d'enseignement exonérée.

Toutefois, cette mise à disposition peut constituer une opération exonérée en tant qu'il s'agit de prestations de services « étroitement liées » à l'enseignement lorsqu'une telle mise à disposition présente un caractère indispensable à l'enseignement dispensé par l'établissement destinataire et qu'elle n'est pas essentiellement destinée à procurer des recettes supplémentaires par la réalisation d'une opération effectuée en concurrence directe avec des entreprises commerciales (CJUE 14-6-2007 aff. 434/05 : RJF 10/07 n° 1181). À noter cependant que la doctrine administrative ne paraît pas en phase avec cette jurisprudence dans la mesure où elle indique, sans réserver d'exception, que l'exonération de l'article 261, 4-4°-a du CGI ne s'étend pas à la mise à la disposition du personnel spécialisé (BOI-TVA-CHAMP-30-10-20-50 n° 70).

> Précisions Ne peuvent **pas** en revanche bénéficier de l'exonération de la TVA au titre des **prestations étroitement liées** à l'enseignement les **prestations de services pédagogiques** fournies par le **holding d'un groupe d'enseignement privé** (regroupant les services administratifs et financiers mais également les organisateurs, concepteurs et contrôleurs de programmes pédagogiques) **au profit de ses filiales** développant les prestations d'enseignement, dès lors qu'elles ne sont pas fournies par un établissement visé à l'article 261, 4-4°-a du CGI (Rép. Mailllard : AN 3-11-2020 n° 31183).

PRODUITS FABRIQUÉS ET SERVICES FOURNIS PAR LES ÉLÈVES D'ÉTABLISSEMENTS D'ENSEIGNEMENT TECHNIQUE

8370 Les ventes d'objets fabriqués et les prestations de services fournies par les élèves des établissements d'enseignement technique échappent au paiement de la TVA dans la mesure où elles font **partie intégrante** de l'**enseignement ou** en constituent le **prolongement indispensable** (BOI-TVA-CHAMP-30-10-20-50 n° 60 ; en ce sens également, CJUE 4-5-2017 aff. 699/15 : RJF 7/17 n° 762).

Toutefois, cette exemption ne s'applique pas si les opérations en cause revêtent, sur le plan local, une importance telle qu'elles soient susceptibles de **concurrencer l'activité d'entreprises** redevables de la taxe ou en cas de recours à des méthodes commerciales de gestion (BOI précité n° 100).

B. Leçons ou cours particuliers

8420 L'article 261, 4-4°-b du CGI exonère de la TVA les cours ou leçons relevant de l'**enseignement scolaire, universitaire, professionnel, artistique ou sportif** dispensés par des personnes physiques qui sont **rémunérées directement par leurs élèves.**

L'exonération s'applique aux cours ou leçons dispensés par des **personnes indépendantes** (en dehors du cadre de l'exploitation d'un établissement d'enseignement), **sans l'aide d'aucun salarié** (BOI-TVA-CHAMP-30-10-20-50 n°s 360 et 370).

Nous examinerons successivement les disciplines susceptibles de bénéficier de l'exonération (n°s 8430 s.), puis les conditions de rémunération directe par les élèves (n°s 8450 s.) et d'exercice indépendant sans l'aide d'aucun salarié (n°s 8470 s.).

DISCIPLINES SUSCEPTIBLES DE BÉNÉFICIER DE L'EXONÉRATION

8430 L'article 261, 4-4°-b du CGI vise les cours ou leçons relevant de l'enseignement scolaire, universitaire, professionnel, artistique ou sportif.

Sont ainsi **exonérés,** notamment :

– les cours ou leçons particuliers de **mathématiques, français, langues étrangères,** etc. ;

– les cours ou leçons de **chant, piano, danse,** etc. ;

– les cours ou leçons **d'éducation physique, judo, natation, tennis,** etc. (BOI-TVA-CHAMP-30-10-20-50 n° 360) ;

– l'enseignement dispensé par un artiste **peintre** et **sculpteur** qui prépare des étudiants aux différents concours des grandes écoles d'art (Rép. Ginoux : AN 11-5-1981 n° 42893, non reprise au Bofip mais dont la solution nous paraît conserver sa valeur) ;

– l'enseignement du **wa-jutsu,** discipline faisant partie du jiu-jitsu, pour laquelle le requérant est titulaire d'un diplôme de professeur délivré par le ministère de la jeunesse et des sports (CE (na) 29-11-2002 n° 247991 : RJF 5/03 n° 559) ;

– les leçons de **pilotage d'aéronefs** (BOI précité n° 380) ;

– les cours de **formation professionnelle** dispensés **par** un **kinésithérapeute** à ses collègues (TA Lyon 11-3-1999 n° 92-5118 : RJF 7/99 n° 852).

En ce qui concerne :
- les **leçons d'équitation,** voir n° 75110 ;
- les **guides et accompagnateurs de montagne,** voir n° 7845.

Ne sont en revanche **pas exonérés** : **8435**
- les **baptêmes de l'air en parapente,** même qualifiés de vols d'initiation (Rép. Barnier : AN 10-12-1990 n° 31756, non reprise au Bofip) ; on signalera, dans le même sens, qu'un arrêt de la cour administrative d'appel de Nantes a jugé que les baptêmes de l'air organisés par un aéro-club n'associent pas les intéressés à une pratique sportive (CAA Nantes 24-5-1989 n° 92 : RJF 8-9/89 n° 943) ;
- le **parachute ascensionnel nautique** proposé aux estivants qui fréquentent les plages, cette activité constituant un loisir ou une activité récréative quand bien même elle nécessite certaines qualités physiques ainsi qu'un minimum de connaissances techniques (BOI-RES-TVA-000002 ; CAA Marseille 18-6-2013 n° 10MA02970) ;
- les cours de **yoga,** cette discipline n'étant pas reconnue en tant que discipline sportive par le ministère de l'éducation nationale, de la jeunesse et des sports (BOI-TVA-CHAMP-10-10-60-40 n° 360) ;
- l'enseignement par un « relaxologue » de techniques de **relaxation** proches du yoga, qui ne peut être regardé ni comme un enseignement sportif, ni comme une autre catégorie de cours ou leçons relevant de l'ensemble scolaire, universitaire ou professionnel (CAA Lyon 13-11-2003 n° 98-823 : RJF 10/04 n° 985) ;
- l'enseignement de la **myothérapie** (thérapie manuelle), discipline non reconnue comme discipline médicale par les autorités compétentes, et qui ne figure donc pas au nombre des enseignements professionnels visés par le a de l'article 261, 4-4° du CGI, auquel renvoie nécessairement le b du même article (TA Pau 27-4-2004 n° 02-411 : RJF 10/04 n° 986) ;
- les **soins esthétiques** (utilisation d'appareils de sauna, de massage et d'ionisation et application de divers produits) fournis à sa clientèle **par** un **professeur de culture physique** en sus de l'enseignement de la culture physique (CE 29-6-1988 n° 70394 : RJF 10/88 n° 1080) ;
- l'enseignement du **bridge** par un professeur, maître assistant ou moniteur, le bridge n'appartenant à aucune des disciplines énumérées à l'article 261, 4-4°-b du CGI (BOI précité n°s 390 à 420). Cette solution paraît transposable aux **autres jeux de cartes.**

CONDITION DE RÉMUNÉRATION DIRECTE PAR L'ÉLÈVE

Cette condition, expressément prévue par le b de l'article 261, 4-4° du CGI, a été jugée conforme à l'article 132, 1-j de la directive TVA par le Conseil d'État (CE 26-1-2000 n° 169626 : RJF 3/00 n° 353). **8450**

Mais on relèvera que, pour la **CJUE,** la notion de « leçons données à titre personnel » au sens de l'article 132, 1-j précité permet de désigner les prestations effectuées par des enseignants pour leur propre compte et sous leur propre responsabilité, par opposition aux enseignements fournis pour des établissements d'enseignement sous la responsabilité de ceux-ci : cette définition s'applique notamment aux cours particuliers mais peut également s'appliquer à des leçons dispensées sous forme de cours à plusieurs personnes. Elle ne requiert **pas nécessairement** qu'il existe un **lien contractuel direct** entre l'élève et l'enseignant (CJUE 14-6-2007 aff. 445/05 : RJF 10/07 n° 1182). Littéralement, les motifs de la Cour de justice semblent heurter ceux de l'article 261, 4-4°-b du CGI. Cela dit, l'exigence de rémunération directe pourrait être interprétée comme incluant l'hypothèse, protégée par la Cour, de la rémunération de l'enseignant par les parents de son élève.

> **Précisions a.** L'exonération est maintenue lorsque l'enseignement est donné par **plusieurs personnes réunies dans un même établissement** mais rémunérées directement par leurs élèves respectifs (Rép. Halimi : AN 11-6-1984 n° 45132, non reprise au Bofip mais dont la solution nous paraît conserver sa valeur).
> **b.** L'exonération demeure applicable même si la participation des élèves est collectée et complétée par un **comité social et économique** (remplaçant les comités d'entreprise) (Lettre SLF 11-4-1988).

À titre d'**exemples,** ont été considérés comme **ne remplissant pas la condition** de rémunération directe par l'élève et, partant, comme ne pouvant bénéficier de l'exonération : **8455**
- des professeurs d'une **école de musique** dont le **directeur perçoit** des élèves l'ensemble des frais de scolarité qui sont ensuite reversés en partie aux professeurs (CE 26-1-2000 n° 169626 : RJF 3/00 n° 353) ;
- des **enseignants** associés dans le cadre d'une **société de fait** ou d'une EURL **chargée d'encaisser le prix** des leçons particulières (TA Lyon 28-2-1990 n° 85-9428 : RJF 1/91 n° 40 ; TA Paris 21-10-1999 n° 94-13528 : RJF 12/00 n° 1438) ;
- des **professeurs** de golf qui ont mis en commun leur expérience et leur matériel pour l'exercice de leur activité professionnelle, dans le cadre d'une **convention d'exercice conjoint** organisant leur temps de travail, y compris en l'absence de l'un d'eux, et prévoyant un partage par moitié

des honoraires et des charges, et qui enregistrent leurs honoraires sur un compte bancaire commun à partir duquel sont payées les charges, même si, conformément aux stipulations de la convention d'exercice conjoint, ils perçoivent directement des élèves le montant des honoraires des cours qu'ils effectuent (CAA Nantes 28-6-2010 n° 09-1865 : RJF 12/10 n° 1155) ;

– l'**organisateur de stages de football,** qui dirige les stages et confie l'encadrement à des personnes qualifiées qu'il rémunère par des **rétrocessions d'honoraires** (CAA Marseille 11-10-2001 n° 98-1371 : RJF 5/02 n° 493).

CONDITION D'EXERCICE INDÉPENDANT SANS AIDE D'AUCUN SALARIÉ

8470 L'exonération s'applique aux cours ou leçons dispensés par des personnes indépendantes en dehors du cadre de l'exploitation d'un établissement d'enseignement.

Ainsi, par exemple, des professeurs exerçant dans le cadre d'écoles créées sous la forme de **sociétés civiles professionnelles,** qui constituent des entités juridiques distinctes des personnes physiques qui les composent, ne peuvent pas bénéficier de l'exonération (Rép. Santrot : AN 1-9-1980 n° 32436, non reprise au Bofip).

> **Précisions** Des professeurs qui exercent en tant que **salariés ou vacataires** dans des conditions impliquant des liens étroits de subordination vis-à-vis des organismes qui les emploient ne sont pas considérés comme agissant de manière indépendante et échappent, de ce fait, à l'assujettissement à la TVA (en ce sens, BOI-TVA-CHAMP-10-10-20 n° 270 et BOI-TVA-CHAMP-10-10-60-40 n° 340).

8475 En général, les professeurs de mathématiques, de français, de langues étrangères, de piano, de chant, etc., dispensent leurs cours soit à leur **propre domicile,** soit au **domicile de leurs élèves.** Par contre, l'initiation à certaines disciplines sportives ou artistiques comme la gymnastique, le judo ou la danse implique, en principe, que l'enseignant dispose d'un local muni de diverses installations. Mais les situations de fait sont très diverses à cet égard.

En tout état de cause, il convient d'admettre que les cours ou leçons dispensés à un ou plusieurs élèves sont exonérés de la TVA même si l'enseignant dispose, en qualité de propriétaire ou de locataire, d'un **local aménagé** à cet effet, dans la mesure où il exerce son activité **sans l'aide d'aucun salarié** (BOI-TVA-CHAMP-30-10-20-50 n° 370).

8480 Les personnes qui enseignent avec le **concours de salariés, quelles que soient leurs fonctions** (c'est-à-dire même s'ils ne participent pas directement à l'enseignement), doivent être soumises au paiement de la TVA (en ce sens, CE 27-1-2017 n° 391373 : RJF 4/17 n° 316). Tel est le cas, par **exemple** :

– de professeurs de musique qui enseignent avec le concours de salariés (assistants, accompagnateurs de musique, etc.) (BOI-TVA-CHAMP-30-10-20-50 n° 370) ;

– de professeurs de danse classique employant des pianistes salariés à temps complet ou partiel qui concourent effectivement à l'activité pédagogique artistique (Rép. Péricard : AN 23-6-1980 n° 29080, non reprise au Bofip) ;

– de professeurs de danse qui dispensent leur enseignement avec le concours d'un conjoint enseignant salarié (Rép. Chevallier : AN 10-4-1989 n° 7388, non reprise au Bofip) ;

– d'un moniteur de jet-ski qui emploie des salariés saisonniers pour remplir des missions d'accueil de stagiaires, de veille radio, d'avitaillement et d'entretien des jet-skis (CE 27-1-2017 précité).

> **Précisions** À propos des **leçons de pilotage d'aéronefs,** l'administration admet toutefois qu'un simple **mécanicien** salarié ne soit pas considéré comme un assistant d'enseignement participant directement ou indirectement à l'enseignement (BOI précité n° 380).

8485 L'exonération prévue par l'article 261, 4-4°-b du CGI ne s'applique pas à un enseignant donnant des leçons avec le concours de **bénévoles** lorsque ces derniers **participent aux prestations d'enseignement** dans la mesure où les leçons ne peuvent pas être regardées comme dispensées à titre personnel par l'enseignant dans une telle situation (CAA Nantes 7-1-2022 n° 20NT03378 : RJF 4/22 n° 345).

En revanche, il est admis de ne pas remettre en cause l'exonération lorsque l'enseignant qui dispense personnellement les cours s'adjoint les services d'un tiers qui, sans participer lui-même à ces leçons, apporte un **simple concours bénévole** (Rép. de Villiers : AN 2-6-2003 n° 6085, non reprise au Bofip mais dont la solution nous paraît conserver sa valeur).

De même, le concours bénévole qu'apporte une **épouse** à un peintre et sculpteur qui prépare des étudiants aux différents concours des grandes écoles d'art sans l'aide d'aucun enseignant salarié ne lui fait pas perdre le bénéfice de l'exonération (Rép. Ginoux : AN 11-5-1981 n° 42893, non reprise au Bofip mais dont la solution nous paraît conserver sa valeur).

CAS PARTICULIERS

Enseignement du ski En ce qui concerne l'enseignement du ski, l'exonération s'applique aux **moniteurs indépendants,** s'ils respectent les conditions de rémunération directe et d'exercice indépendant sans l'aide d'aucun salarié. **8500**

Elle s'applique également aux prestations d'enseignement fournies par les **moniteurs des écoles du ski français** (ou autres groupements de fait ou associations fonctionnant dans des conditions identiques), dès lors qu'ils dispensent directement leur enseignement à des personnes physiques et que les écoles du ski français n'interviennent que pour orienter les élèves, fixer les rendez-vous et redistribuer le prix des leçons après retenue opérée au profit de l'école.

En revanche, les **écoles de ski** doivent soumettre à la taxe le montant des commissions d'entremise perçues par **prélèvement sur les honoraires reversés** aux moniteurs, la **cotisation syndicale** perçue d'ordre et pour compte du syndicat national des moniteurs de ski échappant à l'imposition en vertu de l'article 267, II-2° du CGI (n°s 36350 s.). Cette même cotisation bénéficie naturellement, au niveau du syndicat, de l'exonération visée à l'article 261, 4-9° du CGI (n°s 11770 s.).

Lorsqu'elles sont effectuées dans le cadre d'**associations** sans but lucratif à gestion désintéressée, les prestations d'enseignement du ski sont susceptibles de bénéficier des exonérations prévues par le b ou le a de l'article 261, 7-1° du CGI (n°s 11050 s. et 11650 s.).

Enfin, lorsque les **moniteurs** sont **regroupés en sociétés civiles professionnelles,** ces dernières sont exclues du bénéfice des dispositions de l'article 261, 4-4°-b du CGI qui concernent seulement les personnes physiques et non les personnes morales (n° 8470).

Auto-écoles Les **établissements d'enseignement de la conduite** ne bénéficient pas de l'exonération de TVA prévue à l'article 261, 4-4°-a du CGI pour les enseignements autres que la formation professionnelle continue. Ils sont donc obligatoirement soumis à la TVA (en ce sens, BOI-TVA-CHAMP-10-10-60-40 n° 270 ; CJUE 14-3-2019 aff. 449/17 : RJF 6/19 n° 609). **8510**

Les **exploitants individuels** d'écoles de conduite de véhicules automobiles sont également soumis à la TVA. Ces exploitants ne peuvent pas bénéficier de l'exonération prévue par l'article 261, 4-4°-b du CGI puisque celle-ci ne concerne que « les cours ou leçons relevant de l'enseignement scolaire, universitaire, professionnel, artistique ou sportif dispensés par des personnes physiques qui sont rémunérées par leurs élèves » (BOI précité n° 300 ; en ce sens, également, CJUE 14-3-2019 aff. 449/17 précité).

L'administration considère cependant que les cours de conduite des **véhicules automobiles autres que de tourisme** peuvent être exonérés de TVA lorsqu'ils sont dispensés dans le cadre de la **formation professionnelle continue** assurée dans les conditions prévues aux n°s 8580 s. (BOI précité n° 310).

S'agissant des **leçons de pilotage d'aéronefs,** voir n°s 8430 et 8480, précisions.

En ce qui concerne les **déductions** de la TVA grevant les véhicules d'auto-écoles, voir n°s 53950 s.

II. FORMATION PROFESSIONNELLE CONTINUE

L'article 261, 4-4°-a (5e et 6e alinéas) du CGI exonère de TVA les prestations de services et les livraisons de biens qui leur sont étroitement liées effectuées dans le cadre de la formation professionnelle continue (FPC), telle qu'elle est définie par les dispositions législatives et réglementaires qui la régissent, assurée soit par des personnes morales de droit public, soit par des personnes de droit privé titulaires d'une attestation délivrée par l'autorité administrative compétente reconnaissant qu'elles remplissent les conditions fixées (par un décret en Conseil d'État) pour exercer leur activité dans le cadre de la formation professionnelle continue. Il convient ici de **distinguer** le régime applicable aux **organismes publics** et aux organismes **privés.** **8580**

Remarque : Le livre III de la 6e partie du Code du travail consacré à la formation professionnelle continue a été modifié par l'article 4 de la loi 2018-771 du 5 septembre 2018 relative à la liberté de choisir son avenir professionnel. En particulier, le **champ de la formation professionnelle** continue (dénommée désormais « formation professionnelle ») a été **étendu aux actions de formation par l'apprentissage** (C. trav. art. L 6313-1).

La question se pose de savoir si les organismes qui seraient désormais amenés à fournir des prestations de services (et des livraisons de biens étroitement liées) dans le cadre de ces actions de formation par l'apprentissage sont susceptibles de bénéficier de l'exonération de TVA prévue par l'article 261, 4-4°-a (5e et 6e alinéas) du CGI, dont le texte n'a, à ce jour, pas été modifié.

A. Organismes publics

ORGANISMES CONCERNÉS

8600 Sont concernées par l'exonération, pour les opérations qu'elles effectuent dans le cadre de la formation professionnelle continue, telle qu'elle est définie par les dispositions législatives et réglementaires qui la régissent, **notamment** les personnes morales de droit public suivantes :

- les **administrations de l'État,** au niveau central ou local ;
- les régions et les **collectivités locales** (départements, communes, etc.) ;
- les **établissements publics de l'État,** y compris ceux ayant un caractère industriel ou commercial ;
- les **établissements publics locaux** ;
- les **établissements rassemblant plusieurs collectivités** territoriales : communautés urbaines, établissements publics des villes nouvelles, institutions interdépartementales, syndicats de communes, syndicats mixtes ;
- les **établissements dépendant d'une collectivité locale** : offices publics d'HLM, offices de tourisme, services départementaux d'incendie ;
- les **chambres de commerce et d'industrie,** les chambres **des métiers,** les chambres **d'agriculture.** Toute personne juridiquement distincte d'une de ces chambres ne peut se prévaloir de l'exonération en question même si elle est placée sous la dépendance économique ou de décision de l'établissement public (BOI-TVA-CHAMP-30-10-20-50 n° 140).

8605 Il est également admis que certaines **institutions** qui tiennent d'un texte législatif ou réglementaire un **statut spécial,** sans être des personnes morales de droit public, soient admises au bénéfice de l'exonération.

Il s'agit de la **Banque de France,** de la **Comédie-Française,** de l'Union des caisses nationales de sécurité sociale (**Ucanss**), des **unions régionales d'organismes de sécurité sociale,** ainsi que des centres de formation professionnelle d'avocats (**CFPA**) (BOI-TVA-CHAMP-30-10-20-50 n° 150).

PORTÉE DE L'EXONÉRATION

8620 L'exonération de la TVA s'applique, **sans possibilité d'option,** aux prestations de **formation** professionnelle continue proprement dites dispensées et aux prestations de **services ou livraisons de biens** qui y sont **étroitement liées** (notamment logement et nourriture des stagiaires, fournitures de documents pédagogiques).

Les **ventes d'objets fabriqués** et les prestations de **services fournies par les stagiaires** de ces organismes de droit public échappent au paiement de la TVA dans la mesure où elles constituent le prolongement indispensable de la formation (BOI-TVA-CHAMP-30-10-20-50 n°s 160 et 170).

B. Organismes privés

8670 Les actions de formation professionnelle continue assurées par des organismes privés ne sont exonérées qu'à certaines conditions.

En pratique, il convient de **distinguer** la situation des **organismes reconnus** (n°s 8690 s.) de celle des **organismes non reconnus** (n°s 8820 s.).

Cette reconnaissance se fait via l'obtention, auprès de l'autorité administrative dont relèvent les actions de formation, d'une attestation que l'organisme doit demander.

Cette procédure permet en pratique à nombre d'organismes privés de **choisir** le régime – **imposition ou exonération** – qui leur est le plus favorable.

> **Précisions** Selon certaines **juridictions du fond,** la faculté ainsi offerte aux organismes de formation professionnelle de droit privé de choisir l'assujettissement à la TVA en ne demandant pas l'attestation crée un droit d'**option** en dehors des cas limitativement prévus par l'article 137 de la directive TVA et n'est par suite, dans cette mesure, **pas compatible** avec ladite **directive.** Toutefois, l'incompatibilité de ces dispositions n'a pas pour effet de permettre, selon le cas, à l'administration de refuser à l'organisme en cause le bénéfice de l'exonération ou à celui-ci d'être assujetti à la TVA, dès lors qu'il remplit l'ensemble des conditions de fond pour entrer dans le régime de l'exonération (CAA Marseille 12-6-2007 n° 04-1438 : RJF 1/08 n° 25 ; TA Rouen 30-12-2010 n° 09-2348 : RJF 6/11 n° 695 ; CAA Lyon 5-1-2012 n° 10LY00987 : RJF 6/12 n° 583 ; CAA Douai 4-6-2020 n° 17DA01777 : RJF 11/20 n° 879). Le Conseil d'État ne s'est pas prononcé à ce jour sur cette question.

1. ORGANISMES RECONNUS

Le bénéfice de l'exonération est réservé aux **personnes de droit privé** reconnues réalisant des opérations de formation professionnelle continue. Cette reconnaissance est établie par la possession d'une **attestation en cours de validité** (BOI-TVA-CHAMP-30-10-20-50 n° 190). **8690**

PERSONNES POUVANT OBTENIR L'ATTESTATION

Toutes les **personnes** de droit privé, **physiques ou morales,** qui réalisent des opérations de formation professionnelle continue peuvent demander l'attestation **quelle que soit leur forme juridique** (association loi de 1901, société commerciale, etc.). **8700**

Les **opérateurs de compétences** (Opco) mentionnés à l'article L 6332-1 du Code du travail relèvent du même dispositif (BOI-TVA-CHAMP-30-10-20-50 nos 200 et 210).

MODALITÉS D'OBTENTION DE L'ATTESTATION

En vertu de l'article 202 A, I de l'annexe II au CGI, la demande d'attestation doit être faite sur un **formulaire n° 3511-SD,** dont les trois premiers exemplaires sont à transmettre par **lettre recommandée avec accusé de réception** à la direction régionale des entreprises, de la concurrence, de la consommation, du travail et de l'emploi dont relève le demandeur, c'est-à-dire dans le ressort de laquelle se situe son principal établissement (BOI-TVA-CHAMP-30-10-20-50 nos 220 et 240). **8710**

Les opérateurs de compétences présentent leur demande auprès de l'autorité administrative qui a procédé à leur agrément (BOI précité n° 230).

Le demandeur conserve le quatrième exemplaire de l'imprimé. Selon une réponse Marchand (AN 7-5-2001 n° 52520), non reprise au Bofip, une copie de la demande doit être transmise, pour information, à la direction des finances publiques dont relève l'organisme.

En vertu de l'article 202 A, II de l'annexe II au CGI, pour obtenir l'attestation, les organismes doivent remplir les trois **conditions** suivantes : **8715**

- avoir souscrit la **déclaration d'activité** prévue à l'article L 6351-1 du Code du travail, ou avoir obtenu l'**agrément** mentionné à l'article L 6332-1 du même Code ;
- être à jour de leurs obligations de dépôt de **bilans pédagogiques et financiers** telles qu'elles sont prévues par l'article L 6352-11 du Code du travail ;
- exercer une **activité entrant dans le cadre de la formation professionnelle continue** telle qu'elle est définie par les dispositions législatives et réglementaires qui la régissent (notamment par les articles L 6311-1 et L 6313-1 du Code du travail ; voir toutefois la remarque au n° 8580) ou relevant des missions légalement dévolues aux opérateurs de compétences.

L'attestation ne peut être délivrée que si les trois **conditions** visées au n° 8715 sont cumulativement remplies **à la date de la demande.** **8720**

Toutefois, pour les **organismes qui débutent leur activité,** la condition relative aux dépôts de bilans pédagogiques et financiers n'est pas exigée puisqu'elle ne peut être remplie avant la fin du premier exercice clos (BOI-TVA-CHAMP-30-10-20-50 n° 250).

En vertu du III de l'article 202 A de l'annexe II au CGI, la décision doit être prise dans un **délai de trois mois** à compter de la réception de la demande. **À défaut** de décision dans ce délai, l'attestation est réputée **tacitement accordée.**

Le **refus** de délivrance doit être **motivé.**

Un exemplaire de l'attestation ou de la décision de refus est adressé au demandeur et à la direction des finances publiques dont il relève. Le troisième exemplaire est conservé par la direction régionale (ou par l'autorité qui a procédé à l'agrément) (BOI précité n° 270).

CONSÉQUENCES DE L'OBTENTION DE L'ATTESTATION

En vertu de l'article 202 B de l'annexe II au CGI, l'obtention de l'attestation entraîne l'**exonération** de TVA **au jour de la réception de la demande** de l'assujetti par le service ou l'autorité qui a délivré l'attestation. **8730**

Cette exonération s'impose à **l'assujetti** qui **ne peut** pas **y renoncer,** l'assujettissement à la TVA des opérations réalisées dans le cadre de la formation professionnelle continue ne pouvant résulter que du retrait de l'attestation (BOI-TVA-CHAMP-30-10-20-50 n° 280) ou d'une remise en cause de l'exonération par le service des impôts (n° 8780).

RETRAIT DE L'ATTESTATION

L'article 202 C de l'annexe II au CGI précise que le retrait de l'attestation est prononcé par l'autorité qui l'a délivrée (direction régionale des entreprises, de la concurrence, de la consommation, du travail et de l'emploi ou autorité ayant procédé à l'agrément) en cas de **8740**

caducité de la déclaration d'activité ou en cas de **retrait de l'agrément** (la déclaration d'activité devient caduque lorsque l'organisme ne dépose pas ses bilans pédagogiques et financiers pendant deux années consécutives ou lorsque ceux-ci ne font apparaître aucune activité de formation au cours de la même période).

La **décision** de retrait, qui doit être **motivée,** est adressée au titulaire de l'attestation et à la direction des finances publiques dont il relève.

Le retrait de l'attestation entraîne obligatoirement l'**assujettissement** à la TVA des opérations de formation professionnelle continue **à compter** de la date **de sa notification** à l'assujetti (BOI-TVA-CHAMP-30-10-20-50 n° 290).

PORTÉE DE L'EXONÉRATION

8750 L'attestation ne vaut, en vertu de l'article 202 B de l'annexe II au CGI, que pour les **opérations** effectuées **dans le cadre de la formation professionnelle** continue ou des **missions dévolues aux opérateurs de compétences.**

Elle s'applique obligatoirement à toutes les opérations de formation professionnelle continue réalisées par le titulaire de l'attestation. Ainsi, lorsqu'un assujetti a demandé et obtenu l'attestation, toutes les opérations de formation professionnelle continue, le cas échéant de tous ses établissements, sont exonérées de TVA sans considération notamment pour la qualité du client et sa situation au regard de la TVA (BOI-TVA-CHAMP-30-10-20-50 n° 320).

> **Précisions** La question de savoir si les **prestations de formation sous-traitées** peuvent bénéficier de l'exonération a donné lieu à des solutions divergentes de la part des juges du fond.
> Ainsi, selon la cour de Versailles, l'exonération de TVA s'applique à l'ensemble des opérations réalisées par le seul titulaire de l'attestation : l'exonération ne s'applique donc pas aux opérations de formation qui auraient été sous-traitées par le titulaire de l'attestation (CAA Versailles 1-2-2011 n° 09-2201 : RJF 8-9/11 n° 929). On peut toutefois se demander si la solution aurait été la même en présence d'un sous-traitant lui-même titulaire de l'attestation, ce qui n'était pas le cas en l'espèce.
> À l'inverse, les cours de Douai et de Lyon considèrent que les prestations facturées par un organisme de formation à ses clients peuvent être qualifiées de prestations de formation, même si elles sont externalisées, dès lors que les conditions de fond de l'exonération sont remplies, sauf s'il est établi que les prestations sous-traitées n'ont pas été réalisées sous la responsabilité effective dudit organisme (CAA Douai 4-6-2020 n° 17DA01777 : RJF 11/20 n° 879 ; CAA Lyon 25-2-2021 n° 19LY01955 : RJF 6/21 n° 570). L'assujettissement éventuel à la TVA des opérations facturées à l'organisme de formation par ses sous-traitants est donc sans incidence sur l'assujettissement des prestations que cet organisme rend lui-même à ses clients (CAA Douai 4-6-2020 précité).

8755 Sont **notamment exonérés,** en tant qu'opérations effectuées dans le cadre de la formation professionnelle continue :

– les opérations de **formation** professionnelle continue **proprement dites,** y compris la réalisation de **bilans de compétences** ;

– les **prestations** de services **ou livraisons de biens** qui leur sont **étroitement liées** (logement, nourriture des stagiaires, fourniture de documents pédagogiques) (BOI-TVA-CHAMP-30-10-20-50 n° 300) ;

– les **prestations d'accompagnement au profit des demandeurs d'emploi** présentant les critères de qualité prévus par l'article R 6316-1 du Code du travail (programme préétabli, objectifs déterminés, moyens pédagogiques et techniques d'encadrement et moyens permettant de suivre son exécution et d'en apprécier les résultats) (BOI précité n° 340 ; en ce sens, également, TA Rouen 30-12-2010 n° 09-2348 : RJF 6/11 n° 695), y compris les prestations « Trajectoire Emploi » (BOI précité n° 350 ; CAA Nantes 29-6-2018 n° 17NT00652 : RJF 12/18 n° 1221) ;

– les **bilans de compétence approfondis** mis en œuvre au bénéfice des **demandeurs d'emploi** dès lors qu'ils s'inscrivent dans un parcours de formation ou d'accès à l'emploi (BOI précité n° 340).

En ce qui concerne :

– les **cours de conduite** des **véhicules automobiles autres que de tourisme,** voir n° 8510 ;

– les prestations de **formation** fournies dans le cadre d'une **vente de logiciels,** voir n° 16265.

8765 Sont **imposables** les autres opérations réalisées par une personne titulaire de l'attestation. Tel est **notamment** le cas :

– des livraisons de **matériels** ne présentant **pas** un **intérêt pédagogique** ;

– des **locations de salles** aménagées ;

– des prestations de **conseil** ou de **recrutement** ;

– des prestations **d'enseignement** qui ne constituent **pas** des opérations de **formation professionnelle continue** telle qu'elle est définie par les dispositions législatives et réglementaires qui la régissent (BOI-TVA-CHAMP-30-10-20-50 n° 310).

Sont également imposables : **8770**

– une action de **formation d'élèves militaires,** français et étrangers, dispensée par une personne privée, dans le cadre de conventions passées avec une école placée sous la tutelle du ministère de la défense, nonobstant la circonstance que les élèves perçoivent une solde (CAA Nantes 15-2-2006 n° 04-1400 : RJF 7/06 n° 840) ;

– des actions visant à la mise en place de projets d'établissement et de projets de services pour l'amélioration du travail en équipe et de la qualité de la prise en charge des personnes et des soins dans le milieu hospitalier, qui relèvent du **diagnostic ou** de l'**audit de fonctionnement et** de l'**aide à l'organisation et à la décision** des établissements clients, nonobstant le fait qu'elles impliquent **en aval** la mise en œuvre de **plans de formation,** dès lors que le prestataire n'est pas directement chargé de la réalisation de ces plans (CAA Douai 5-11-2009 n° 07-1476 : RJF 4/10 n° 388) ;

– les **stages de sensibilisation à la sécurité routière,** suivis par des usagers volontaires souhaitant récupérer des points sur leur permis de conduire ainsi que par des usagers pour qui le suivi d'un tel stage s'inscrit dans le cadre d'une décision de justice, organisés par les exploitants des centres spécialisés dans cette activité (BOI-RES-TVA-000045).

CONTRÔLE DU SERVICE DES IMPÔTS

L'article 202 D de l'annexe II au CGI prévoit expressément que les agents de la Direction générale des finances publiques contrôlent l'application du dispositif notamment quant à la **nature des opérations réalisées** par l'assujetti. **8780**

Selon l'administration, il appartient à l'assujetti qui revendique le bénéfice de l'exonération d'établir que l'enseignement qu'il dispense s'inscrit dans le cadre de la formation professionnelle continue. Si tel n'est pas le cas, l'exonération est remise en cause alors même que l'organisme est titulaire d'une attestation (BOI-TVA-CHAMP-30-10-20-50 n° 330).

Le Conseil d'État a toutefois précisé que, **sauf** dans l'hypothèse où l'attestation a été obtenue par **fraude,** lorsque l'administration constate que l'activité au titre de laquelle un organisme a obtenu l'attestation n'entre pas dans le champ de la formation professionnelle continue, la **remise en cause de l'exonération** de TVA ne peut concerner que les opérations réalisées **à compter de l'abrogation** de l'attestation par l'autorité qui l'a délivrée, si tel a été le cas, **ou,** à défaut d'abrogation, à compter de la **notification à l'organisme des résultats du contrôle.** L'exonération appliquée à des opérations autres que celles correspondant à l'activité au titre de laquelle il a obtenu l'attestation peut être, quant à elle, remise en cause dans le délai de reprise prévu par l'article L 176 du LPF (Avis CE 10-3-2020 n° 437592 : RJF 6/20 n° 525).

2. ORGANISMES NON RECONNUS

Les personnes ou organismes de droit privé **qui choisissent** de ne **pas demander l'attestation** de participation à la formation professionnelle continue **ou ceux** auxquels cette attestation est **refusée ou retirée** sont, selon l'administration, obligatoirement soumis à la TVA dans les conditions de droit commun pour l'ensemble de leurs activités de formation professionnelle continue (en ce sens, BOI-TVA-CHAMP-30-10-20-50 n°s 290 et 330). **8820**

Il existe cependant des **exonérations spécifiques,** en faveur :

– des **organismes sans but lucratif** dits « **fermés** » agissant au profit exclusif de leurs membres (CGI art. 261, 7-1°-a), la formation professionnelle étant assimilée pour eux à un service de caractère éducatif (n° 11695) ;

– des organismes sans but lucratif présentant un caractère social ou philanthropique dits « **ouverts** » (CGI art. 261, 7-1°-b) exerçant des activités de formation professionnelle continue, dès lors que les critères de non-lucrativité exposés aux n°s 11180 s. sont remplis (BOI-TVA-CHAMP-30-10-30-20 n° 200) ;

– les **organisations syndicales ou politiques** (CGI art. 261, 4-9°) pour la formation de leurs militants (n° 11830, précisions).

> **Précisions** **a.** En ce qui concerne les **organismes qui choisissent de ne pas demander l'attestation** alors qu'ils remplissent l'ensemble des conditions de fond pour entrer dans le régime de l'exonération, voir toutefois n° 8670, précisions.
> **b.** L'exonération spécifique aux **organismes sans but lucratif** qui dispensent de la formation professionnelle ne présente en fait d'intérêt que dans la mesure où ils n'ont pas obtenu l'attestation de participation à la formation professionnelle continue.

SECTION 6 SECTEUR DE LA SANTÉ

9000 Conformément aux règles générales exposées aux nos 1100 s., les activités relevant du secteur de la santé entrent **dans le champ d'application** de la TVA, dès lors que les opérations correspondantes sont effectuées à titre onéreux par des personnes agissant à titre indépendant.

Cependant, dans ce secteur, certaines activités bénéficient de **mesures d'exonération.** Parmi les activités exonérées figurent au premier rang les **soins médicaux et paramédicaux** (nos 9050 s.). Sont également exonérés les **travaux d'analyse de biologie médicale** (nos 9400 s.), les fournitures de **prothèses dentaires** (nos 9500 s.), les opérations portant sur les **organes,** le **sang** et le **lait humains** (nos 9600 s.), les **transports sanitaires** (nos 9700 s.). Les **établissements de santé** bénéficient également d'une mesure d'exonération (nos 9800 s.), étant précisé que les opérations réalisées par les **hôpitaux publics** sont, en principe, situées hors du champ d'application de la TVA (n° 10430).

Les **autres activités,** pour lesquelles aucune exonération n'est expressément prévue par la loi, sont **soumises à** la **TVA.** C'est **notamment** le cas pour la fabrication et la distribution des **produits pharmaceutiques.**

I. SOINS MÉDICAUX ET PARAMÉDICAUX

9050 L'article 261, 4-1° du CGI **exonère** de la TVA, **sans possibilité d'option,** les soins dispensés aux personnes par les membres des professions médicales et paramédicales. Nous étudierons les personnes (nos 9080 s.), puis les opérations (nos 9180 s.) concernées par cette exonération. La situation des établissements de soins est examinée aux nos 9800 s.

1. PRATICIENS CONCERNÉS

PRINCIPES

9080 Seuls, en principe, les **praticiens et auxiliaires** dont les **professions** sont **réglementées** par une disposition législative ou par un texte pris en application d'une telle disposition peuvent bénéficier de l'exonération au titre des soins qu'ils dispensent.

Il existe cependant des **exceptions** à cette règle, prévues par l'article 261, 4-1° du CGI, en faveur des **ostéopathes** (n° 9130), des **chiropracteurs** (n° 9135), des **psychologues et psychothérapeutes** (n° 9140), des **psychanalystes** (n° 9150) et des **pharmaciens** (n° 9155).

En dehors de ces exceptions, dès lors qu'une **profession** n'est **pas réglementée,** seuls les **titulaires** du **diplôme** d'État de **docteur en médecine** qui l'exercent, à titre principal ou accessoire, sont fondés à se prévaloir de l'exonération de TVA (BOI-TVA-CHAMP-10-10-60-50 n° 380 et BOI-TVA-CHAMP-30-10-20-10 n° 210). Il y a lieu selon nous de considérer, eu égard aux dispositions de l'article L 4131-1 du Code de la santé publique, que le diplôme de docteur en médecine est soit le diplôme d'État français, soit un diplôme équivalent délivré par un État membre de l'Union européenne ou par un État partie à l'accord sur l'Espace économique européen.

> **Précisions a.** Ne peuvent être regardées comme réalisées par un membre d'une profession médicale ou paramédicale et, par suite, exonérées de TVA, des prestations informatisées fournies par un logiciel qui ne reposent pas sur un **dialogue et** une **interaction** réelle entre un **patient et** un **professionnel de santé** (en l'occurrence, un diététicien) (CE 29-12-2020 n° 426219 : RJF 3/21 n° 263). Selon le Conseil d'État, une relation personnelle et directe entre le patient et le praticien peut donc être considérée comme une **condition inhérente et nécessaire** à la caractérisation de la prestation de soins et à la garantie de la qualité des soins fournis dans le cadre de l'exercice de la profession considérée.
> **b.** La limitation de l'exonération aux soins dispensés par les membres des professions médicales et paramédicales réglementées ne méconnaît pas l'objectif poursuivi par l'article 132, 1-c de la **directive TVA,** qui est de garantir que l'exonération s'applique uniquement aux prestations de soins à la personne fournies par des prestataires possédant les qualifications professionnelles requises. En effet, la directive renvoie à la réglementation interne des États membres la définition de la notion de professions paramédicales, des qualifications requises pour exercer ces professions et des activités spécifiques de soins à la personne qui relèvent de telles professions (CE 16-4-2010 n° 318941 : RJF 8-9/10 n° 786). Toutefois, l'exclusion d'une profession ou d'une activité spécifique de soins à la personne de la définition des professions paramédicales retenue par la réglementation nationale aux fins de

l'exonération de TVA prévue à l'article 132, 1-c serait contraire au **principe de neutralité fiscale** inhérent au système commun de TVA s'il pouvait être démontré que les personnes exerçant cette profession ou activité disposent, pour la fourniture de telles prestations de soins, de qualifications professionnelles aptes à assurer à ces prestations un niveau de qualité équivalent à celles fournies par des personnes bénéficiant, en vertu de la réglementation nationale, de l'exonération (CJUE 27-4-2006 aff. 443/04 et 444/04 : RJF 7/06 n° 973 ; CE 16-4-2010 précité ; en ce sens également, CJUE 27-6-2019 aff. 597/17 : RJF 11/19 n° 1107).

Ne confère pas à une activité le caractère de profession médicale ou paramédicale réglementée au sens de l'article 261, 4-1° du CGI la circonstance que les actes accomplis dans le cadre de cette activité soient, sous certaines conditions, **remboursés par la sécurité sociale** (CE 15-6-1987 n° 61576 : RJF 8-9/87 n° 868). **9085**

L'exonération des soins médicaux et paramédicaux ne dépend pas de la **forme juridique** de l'assujetti qui fournit ces soins. Elle s'applique donc aux prestations de soins effectuées par des **personnes morales.** Ainsi jugé à propos : **9090**

– de prestations de soins à caractère thérapeutique effectuées par une société de capitaux gérant un service de soins ambulatoires fournis par du personnel infirmier qualifié (CJUE 10-9-2002 aff. 141/00 : RJF 12/02 n° 1433) ;

– de traitements psychothérapeutiques dispensés par une fondation de droit privé à l'aide de psychothérapeutes employés par cette dernière (CJUE 6-11-2003 aff. 45/01 : RJF 1/04 n° 105) ;

– de prestations de soins fournies par des infirmiers qualifiés travaillant au sein d'une société d'exercice libéral à responsabilité limitée (Selarl) (TA Lyon 25-9-2018 n° 1605386 : RJF 8-9/19 n° 771).

Ne sont pas considérés comme des assujettis les médecins ou membres de professions paramédicales qui se trouvent dans un état de **subordination** vis-à-vis de la collectivité, de l'établissement ou de l'entreprise qui les emploie (sur la situation de l'établissement qui utilise leurs services, voir nos 9800 s.). **9095**

Mais l'article 261, 4-1° du CGI intéresse le régime des soins dispensés par un praticien exerçant à titre **libéral au sein d'un établissement** (voir n° 9910).

En ce qui concerne :

– l'exercice dans le cadre de **conventions d'exercice conjoint,** voir n° 9270 ;

– les membres de professions médicales ou paramédicales ayant conclu des **contrats de collaboration,** voir n° 9260.

SOLUTIONS D'APPLICATION

Peuvent bénéficier de l'**exonération** prévue par l'article 261, 4-1° du CGI, en tant que praticiens d'une profession réglementée (liste non exhaustive) : les **médecins** (omnipraticiens ou spécialistes), les chirurgiens-**dentistes,** les **sages-femmes,** les masseurs-**kinésithérapeutes,** les **pédicures-podologues,** les **infirmiers** ou infirmières, les **orthoptistes,** les **orthophonistes,** les **diététiciens** (voir également n° 9320) et les **psychomotriciens.** **9110**

En revanche, ne figurent **pas au nombre des professions médicales ou paramédicales** réglementées et ne peuvent par suite bénéficier de l'exonération les professions suivantes, dès lors que les praticiens qui les exercent ne sont pas titulaires du diplôme de docteur en médecine (liste non exhaustive) : acupuncteurs, étiopathes, iridologues, sophrologues, thanatologues, naturothérapeutes ou naturopathes, podologues, moniteurs-éducateurs (voir les précisions ci-dessous), « conseillers conjugaux » (sauf si cette activité s'inscrit en réalité dans le cadre de l'exercice de la profession de psychologue), pisteurs secouristes. **9115**

Il en va de même, bien sûr, des magnétiseurs, mages, guérisseurs, exorcistes et autres rebouteux, marabouts, voyants-parapsychologues, cartomanciens.

> **Précisions** Les **éducateurs spécialisés exerçant à titre libéral,** qui ne figurent pas parmi les professions médicales et paramédicales réglementées et dont les prestations (s'inscrivant dans le cadre de l'aide sociale) ne poursuivent pas une finalité thérapeutique, ne peuvent pas bénéficier de l'exonération de TVA prévue à l'article 261, 4-1° du CGI, ni de celle prévue par l'article 261, 7-1°-b du même Code en faveur des organismes sans but lucratif (nos 11050 s.) (Rép. Grandjean : AN 16-2-2021 n° 26030).

Ostéopathes En vertu d'une disposition expresse de l'article 261, 4-1° du CGI, les praticiens **autorisés à faire légalement usage du titre** d'ostéopathe bénéficient de l'exonération de TVA. **9130**

> **Précisions** Les **conditions d'usage** professionnel **du titre d'ostéopathe** sont fixées par le décret 2007-435 du 25 mars 2007 modifié, pris en application de l'article 75 de la loi 2002-303 du 4 mars 2002 relative aux droits des malades et à la qualité du système de santé.

9135 **Chiropracteurs** L'article 261, 4-1° du CGI exonère les soins dispensés par les praticiens **autorisés à faire légalement usage du titre** de chiropracteur.

> **Précisions** Les **conditions d'usage** professionnel **du titre de chiropracteur** sont fixées par le décret 2011-32 du 7 janvier 2011, pris en application de l'article 75 de la loi 2002-303 du 4 mars 2002. Ce décret (art. 5 et 7) subordonne l'autorisation de faire usage professionnel du titre de chiropracteur à l'enregistrement, y compris provisoire, des diplômes, certificats, titres, autorisations ou récépissés de ces professionnels. Par conséquent, le praticien ne peut prétendre à l'exonération de TVA qu'au titre des actes réalisés à compter de cet enregistrement. Si l'autorisation accordée au praticien de faire usage à titre provisoire du titre de chiropracteur n'est pas confirmée par l'autorité compétente, celui-ci doit soumettre à la TVA les actes de chiropraxie réalisés à compter du lendemain du jour où la demande est rejetée ou réputée rejetée (BOI-TVA-CHAMP-30-10-20-10 n° 200).

9140 **Psychologues et psychothérapeutes** En vertu de l'article 261, 4-1° du CGI, sont exonérés les soins dispensés par les praticiens **autorisés à faire légalement usage du titre** de psychologue ou de psychothérapeute.

Sont visés les praticiens qui, après examen de leur situation individuelle par l'autorité administrative compétente, se sont vu reconnaître les qualifications professionnelles requises pour faire légalement usage des titres de psychothérapeute et psychologue (BOI-TVA-CHAMP-30-10-20-10 nos 100 et 105).

> **Précisions** Les **conditions d'usage** professionnel du **titre de psychothérapeute** sont prévues par le décret 2010-534 du 20 mai 2010 modifié qui conditionne son utilisation à l'inscription des professionnels à un registre national des psychothérapeutes pris en application de l'article 52 de la loi 2004-806 du 9 août 2004 relative à la politique de santé publique. Les conditions d'usage professionnel du **titre de psychologue** sont fixées par le décret 2003-1073 du 14 novembre 2003 modifié, pris en application de l'article 44 de la loi 85-772 du 25 juillet 1985 portant diverses dispositions d'ordre social.
> Par conséquent, le praticien psychothérapeute ou psychologue ne peut prétendre à l'exonération de TVA qu'au titre des actes réalisés à compter de la confirmation de cette inscription par l'autorité compétente (BOI précité n° 105).

9150 **Psychanalystes** En vertu d'une disposition expresse de l'article 261, 4-1° du CGI, bénéficient de l'exonération de TVA, alors même que leur profession n'est pas réglementée au sens défini au n° 9080, les psychanalystes non-médecins mais **titulaires** d'un des **diplômes requis** par la réglementation, à la date de la délivrance, pour être recrutés comme **psychologues** dans la **fonction publique hospitalière** (diplôme universitaire de second cycle en psychologie, diplômes figurant sur une liste fixée par arrêté, diplômes étrangers reconnus équivalents à ces diplômes).

L'exonération s'applique également aux psychanalystes seulement titulaires (avant 1994) d'une licence de psychologie obtenue avant 1969 ou d'une maîtrise de psychologie (ou d'un diplôme post-maîtrise en psychologie) orientée vers la psychopathologie ou la psychologie clinique (BOI-TVA-CHAMP-30-10-20-10 nos 110 à 122).

L'exonération s'applique à tous les psychanalystes respectant ces conditions de diplôme quelle que soit l'**école doctrinale** à laquelle ils appartiennent (BOI précité n° 130).

> **Précisions** Le Conseil d'État a jugé, conformément au principe dégagé par la CJUE (n° 9080, précision b), que les actes des **praticiens non titulaires d'un des diplômes** désignés à l'article 261, 4-1° du CGI (il s'agissait dans ces espèces de psychothérapeutes, mais la solution nous paraît transposable aux psychanalystes) peuvent bénéficier de l'exonération s'il peut être démontré que les intéressés disposent, pour la fourniture de ces actes, de qualifications professionnelles aptes à assurer à ces prestations un niveau de **qualité équivalente** à celles fournies par les praticiens bénéficiant de l'exonération. Cette appréciation doit être effectuée in concreto afin que, à activité équivalente, le même régime s'applique (CE 30-12-2014 n° 360809 : RJF 3/15 n° 199 ; CE (na) 23-12-2016 n° 395352 et 399353 : RJF 3/17 n° 228).

9155 **Pharmaciens** En application de l'article 261, 4-1° du CGI, sont exonérés de TVA les actes de soins dispensés par les pharmaciens qui remplissent les **conditions d'exercice** de la profession prévues à l'article L 4221-1 et suivants du Code de la santé publique. Il peut s'agir notamment d'**actes de vaccination** directement effectués par les pharmaciens en vertu du 9° de l'article L 5125-1-1 A du même Code (BOI-TVA-CHAMP-30-10-20-10 n° 95).

2. OPÉRATIONS EXONÉRÉES

9180 Sont exonérées au premier chef les **prestations de soins** dispensées aux personnes, c'est-à-dire les prestations qui concourent à l'établissement des **diagnostics médicaux** ou au **traitement des maladies** humaines dispensées par les personnes concernées (BOI-TVA-CHAMP-30-10-20-10 n° 1).

> **Précisions** Si une prestation, d'une part, constitue une prestation de soins à la personne et, d'autre part, est effectuée dans le cadre de l'exercice des professions médicales et paramédicales telles qu'elles sont définies par l'État membre concerné, elle est susceptible de relever de l'exonération prévue par l'article 132, 1-c de la directive TVA, **quel que soit le lieu** où elle est réalisée, qu'il s'agisse du cabinet du praticien, du domicile du patient, ou de tout autre lieu (CJUE 18-9-2019 aff. 700/17 : RJF 12/19 n° 1208), y compris s'il s'agit de consultations médicales réalisées par **téléphone** (CJUE 5-3-2020 aff. 48/19 : RJF 5/20 n° 512). En revanche, l'exonération ne s'applique pas lorsque les prestations informatisées fournies par un **logiciel** ne reposent pas sur un **dialogue et** une **interaction** entre le patient et le praticien (CE 29-12-2020 n° 426219 : n° 9080, précision a).

La **CJUE** a précisé que les prestations de soins à la personne susceptibles d'être exonérées par l'article 132, 1-c de la directive TVA (que transpose en droit français l'article 261, 4-1° du CGI) impliquent une **finalité thérapeutique.** Elle considère que relèvent d'une telle finalité, non seulement les actions de diagnostic et de soins, mais également les **actions de prévention.** **9185**

Ainsi, selon elle, **l'extraction de cellules de cartilage** articulaire du matériel cartilagineux prélevé sur un être humain **et** la **culture** ultérieure de celles-ci **en vue de leur réimplantation à des fins thérapeutiques** constituent une prestation de soins à la personne exonérée (CJUE 18-11-2010 aff. 156/09 : RJF 2/11 n° 259).

En revanche, les prestations d'une banque de cellules souches consistant en l'**envoi** d'un **matériel de collecte** de **sang de cordon ombilical** des nouveau-nés ainsi que dans **l'analyse** et le **traitement** de ce sang **et,** le cas échéant, dans la **conservation** des **cellules souches contenues dans** ce **sang** en vue d'un éventuel futur usage thérapeutique visent uniquement à garantir qu'une ressource soit disponible en vue d'un traitement médical dans l'hypothèse incertaine où cela deviendrait nécessaire, et non, en soi, à diagnostiquer, à soigner ou à guérir les maladies ou anomalies de santé. De telles activités n'ayant pas de finalité thérapeutique, elles ne bénéficient pas de l'exonération prévue pour les prestations de soins à la personne, ni de celle prévue pour les établissements de santé (CJUE 10-6-2010 aff. 262/08 et 86/09 : RJF 10/10 n° 974).

De même, selon la Cour, une activité de **transport d'organes et** de **prélèvements d'origine humaine,** exercée par un tiers indépendant dont les prestations sont comprises dans le remboursement opéré par la sécurité sociale, **en faveur d'hôpitaux et** de **laboratoires** ne constitue pas des soins médicaux, ni des prestations de soins à la personne au sens des b et c de l'article 132, 1 de la directive TVA. En particulier, une telle activité ne peut pas bénéficier d'une exonération de la TVA au titre des opérations étroitement liées à des prestations de nature médicale telles que prévues à l'article 132, 1-b, dès lors que ce tiers indépendant ne peut être qualifié d'« organisme de droit public », ni répondre à la qualification d'« établissement hospitalier », de « centre de soins médicaux », de « centre de diagnostic » ou de tout autre « établissement de même nature dûment reconnu », qui opère dans des conditions sociales comparables à celles qui valent pour les organismes de droit public (CJUE 2-7-2015 aff. 334/14 : RJF 10/15 n° 874).

En ce qui concerne un **service de suivi nutritionnel,** voir n° 9320.

ACTES DE MÉDECINE ET DE CHIRURGIE ESTHÉTIQUE

La Cour de justice a jugé que les actes de médecine ou de chirurgie esthétique peuvent bénéficier de l'exonération lorsqu'ils poursuivent un but thérapeutique (CJUE 21-3-2013 aff. 91/12 : RJF 7/13 n° 794). **9190**

Bénéficient ainsi de l'exonération de TVA, en matière de médecine et de chirurgie esthétique, les **actes pris en charge totalement ou partiellement par l'assurance maladie,** c'est-à-dire notamment les actes de **chirurgie réparatrice** et certains actes de chirurgie esthétique justifiés par un **risque pour la santé** du patient ou liés à la reconnaissance d'un **grave préjudice** psychologique ou social. Lorsqu'ils ne sont pas pris en charge totalement ou partiellement par l'assurance maladie, sont également admis au bénéfice de l'exonération les actes de médecine et de chirurgie esthétique dont l'**intérêt diagnostique ou thérapeutique** a été **reconnu** dans les avis rendus par l'autorité sanitaire compétente saisie dans le cadre de la procédure d'inscription aux nomenclatures des actes professionnels pris en charge par l'assurance maladie dans les conditions fixées aux articles L 162-1-7 et R 162-52-1 du CSS.

Un acte de médecine ou de chirurgie esthétique non pris en charge par la sécurité sociale et dont la finalité thérapeutique n'est pas avérée dans les conditions précisées ci-dessus doit en revanche être soumis à la TVA, quel que soit le type d'établissement (**établissements de soins privés** ou **hôpitaux publics**) dans lequel cet acte est pratiqué (BOI-TVA-CHAMP-30-10-20-10 n°s 40 à 45 ; doctrine confirmée par CE 27-12-2021 n° 453928 : RJF 4/22 n° 346).

Lorsque l'opération de médecine ou de chirurgie esthétique, pour laquelle le praticien remet obligatoirement au patient un **devis** détaillé en application de l'article L 6322-2 du Code de la santé publique (comprenant notamment la nature précise de l'acte et de l'anesthésie nécessaire et le décompte détaillé, en quantité et en prix, de chaque prestation et produit nécessaires), ne fait pas l'objet d'un remboursement par l'assurance maladie ou lorsque son intérêt thérapeutique n'est pas avéré, c'est l'ensemble des prestations figurant sur ce devis qui se trouve soumis à la TVA (BOI précité n° 48).

> **Précisions** La **chirurgie réfractive** réalisée par un ophtalmologiste permettant de corriger certaines **pathologies de l'œil,** comme la myopie, l'hypermétropie ou l'astigmatisme qui ne constitue pas un acte de chirurgie esthétique, ni de médecine esthétique, est couverte par l'exonération de TVA prévue à l'article 261, 4-1° du CGI, quel que soit son régime de prise en charge par l'assurance maladie (Rép. Canayer : Sén. 12-4-2018 n° 3356).

MASSEURS-KINÉSITHÉRAPEUTES

9200 Les soins que les masseurs-kinésithérapeutes sont habilités à dispenser dans l'exercice de leur profession réglementée sont exonérés, même s'ils ne sont pas effectués sur ordonnance médicale. Sont ainsi exonérés les **massages** même non prescrits (CE 15-2-1999 n°s 176931 et 176932 : RJF 4/99 n° 396).

Il en va de même de la **gymnastique médicale** définie à l'article R 4321-4 du Code de la santé publique (BOI-TVA-CHAMP-10-10-60-50 n° 420). En revanche, les actes de gymnastique n'ayant pas de but thérapeutique ne peuvent pas bénéficier de l'exonération (BOI précité n° 430).

En ce qui concerne les **cours de formation professionnelle** donnés par les masseurs-kinésithérapeutes, voir n° 8430.

9205 Les soins de **kinébalnéothérapie et** d'**hydrothérapie** dispensés par les kinésithérapeutes sont également exonérés. En revanche, s'ils sont dispensés par des **auxiliaires thermaux,** même sous le contrôle de masseurs-kinésithérapeutes diplômés, de tels soins sont soumis à la TVA (CE (na) 16-10-2002 n° 234655 : RJF 2/03 n° 168).

INFIRMIERS

9215 Les soins dispensés aux personnes par les infirmiers sont exonérés (n° 9110).

Les **actes de relaxation et d'hypnose** pratiqués par une infirmière clinicienne ne sont pas exonérés sauf si ces soins sont accomplis dans le cadre d'une **prescription médicale ou relèvent du rôle propre** qui lui est dévolu, tels qu'ils sont définis dans le Code de la santé publique.

Tel est notamment le cas lorsqu'ils répondent à une finalité thérapeutique et s'inscrivent dans les soins de confort et de bien-être mentionnés à l'annexe I de l'arrêté SASH0918262A du 31 juillet 2009 relatif au diplôme d'État d'infirmier (Rép. Grelier : AN 27-2-2018 n° 3636).

PSYCHOLOGUES

9220 En ce qui concerne les **psychologues, psychanalystes et autres psychothérapeutes,** seuls les **soins dispensés aux personnes** physiques, c'est-à-dire les actes liés à l'établissement d'un diagnostic et à la mise en œuvre d'un traitement de troubles psychologiques, bénéficient de l'exonération (BOI-TVA-CHAMP-10-10-60-50 n° 400 et BOI-TVA-CHAMP-30-10-20-10 n° 130).

Ces praticiens sont, en revanche, soumis à la taxe pour les **prestations** rendues **aux entreprises** pour les besoins du recrutement de leur personnel (BOI-TVA-CHAMP-10-10-60-50 n° 410).

EXPERTISES MÉDICALES

9230 Les expertises médicales sont en principe soumises à la TVA (voir n° 7380).

FOURNITURES DE BIENS

9240 L'article 261, 4-1° du CGI exonère expressément de la TVA les fournitures de **prothèses dentaires par les dentistes** (sur le régime applicable aux fournitures de prothèses dentaires par les prothésistes, voir n°s 9500 s.).

L'exonération s'étend à la fourniture d'**implants dentaires** et d'infrastructures coronaires par les dentistes ou stomatologues (même non dentistes), laquelle ne peut pas être dissociée de leur pose, dont elle constitue l'accessoire indispensable et nécessaire (BOI-RES-TVA-000009).

Par ailleurs, selon l'administration, l'exonération prévue par l'article précité s'étend à certaines fournitures de biens effectuées par les praticiens concernés, dans la mesure où elles constituent le **prolongement direct des soins** dispensés à leurs malades.

Sont par exemple exonérées, à ce titre, les **semelles orthopédiques** ou appareils podologiques fabriqués par des pédicures-podologues et vendus aux personnes auxquelles ils prodiguent leurs soins (BOI-TVA-CHAMP-30-10-20-10 n° 10).

En revanche, la vente de prothèses ou d'articles orthopédiques à des personnes auxquelles les praticiens n'ont pas prodigué de soins sont soumises à la TVA (BOI précité n° 20). Il en est ainsi, par exemple, des pédicures-podologues pour les ventes ne se rattachant pas directement aux soins prodigués à leur clientèle personnelle telles que : ventes d'articles et appareils même entièrement fabriqués par leurs soins ; reventes des prothèses et semelles orthopédiques en l'état ou après simple adaptation à chaque cas particulier ; ventes d'appareils simplement montés à partir de différentes pièces acquises auprès de fabricants ou magasins spécialisés (Rép. Chenard : AN 23-8-1982 n° 13057, non reprise au Bofip mais dont la solution nous paraît conserver sa valeur).

Selon la **CJUE,** une **livraison de médicaments et d'autres biens** ne peut pas bénéficier de l'exonération prévue à l'article 132, 1-c de la directive TVA (transposé à l'article 261, 4-1° du CGI), à moins qu'elle soit strictement nécessaire au moment de la prestation de soins à la personne et, par suite, **matériellement et économiquement indissociable,** ce qu'il appartient à la juridiction nationale de vérifier (CJUE 23-2-1988 aff. 353/85 ; CJUE 13-3-2014 aff. 366/12 : RJF 6/14 n° 649). 9245

À cet égard, il ne suffit pas, pour que des médicaments ou d'autres biens puissent être regardés comme « strictement nécessaires au moment de la prestation de soins à la personne » que ceux-ci s'inscrivent dans la continuité thérapeutique de cette prestation ou qu'ils soient indispensables pour que celle-ci ait un objet. Encore faut-il que les médicaments ou d'autres biens en cause soient utilisés dans le cadre d'opérations et d'étapes qui ne puissent pas être individuellement distinguées (CJUE 13-3-2014 précité). Il s'agissait, en l'espèce, de **médicaments cytostatiques** prescrits dans le cadre d'un **traitement ambulatoire contre le cancer** par des médecins exerçant à titre indépendant au sein d'un hôpital.

En France, le **Conseil d'État** a jugé que de telles livraisons de médicaments cytostatiques étaient matériellement et économiquement indissociables de la prestation de soins médicaux principale et bénéficiaient, dès lors, de l'exonération prévue par l'article 261, 4-1° du CGI (CE 4-6-2019 nos 423435 et 423436 : RJF 8-9/19 n° 772 repris au BOI-TVA-CHAMP-30-10-20-20 n° 90).

Les **repas** fournis à certains patients appelés à subir des séances de soins de longue durée sont exonérés car ils n'en sont pas dissociables et constituent le prolongement direct de l'activité de soins exonérée (CE 13-11-1991 n° 77627 : RJF 1/92 n° 38). 9250

CONTRAT DE COLLABORATION

Le contrat de collaboration est l'acte par lequel un praticien met à la disposition d'un confrère les locaux et le matériel nécessaires à l'exercice de la profession ainsi que, généralement, la clientèle qui y est attachée, moyennant une redevance égale à un certain pourcentage des honoraires encaissés par le collaborateur. 9260

Aux termes de ce contrat, l'assistant-collaborateur exerce son art sous sa propre responsabilité et jouit d'une entière indépendance professionnelle. Il porte sur les documents de l'assurance maladie son propre cachet et assure lui-même la couverture de sa responsabilité professionnelle.

Eu égard aux clauses de ce type de contrat, qui ne remet pas en cause le caractère libéral de l'activité, l'**assistant-collaborateur** doit être regardé comme exerçant sa profession de manière indépendante. Dès lors il peut bénéficier de l'exonération prévue à l'article 261, 4-1° du CGI pour les honoraires qu'il perçoit.

La **redevance versée au propriétaire du cabinet** constitue en revanche pour celui-ci la contrepartie de la location de locaux professionnels aménagés ainsi que de sa clientèle et doit, à ce titre, être soumise à la TVA (BOI-TVA-CHAMP-30-10-20-10 n° 230). Il en est de même d'un prélèvement directement effectué sur les honoraires du médecin collaborateur (ou remplaçant), avant rétrocession de ces honoraires à ce dernier (Rép. Brindeau : AN 26-1-2021 n° 27595).

CONVENTION D'EXERCICE CONJOINT

Le fait d'exercer une profession médicale ou paramédicale dans le cadre d'une convention d'exercice conjoint ne modifie pas le caractère libéral de l'activité de chacun des membres avec les clients. Cela ne remet donc pas en cause l'exonération des honoraires qu'ils perçoivent. 9270

Les **opérations internes réalisées au sein de la convention** peuvent être assimilées, compte tenu des prescriptions d'ordre public sur la déontologie de la profession, aux opérations pratiquées entre les membres d'une société en participation. Elles échappent, à ce titre, au paiement de la TVA (voir nos 13030 s.) (BOI-TVA-CHAMP-30-10-20-10 n° 220).

> **Précisions** En l'**absence** d'une telle **convention ou** de tout **autre contrat** de groupe ou d'association présentant les caractéristiques d'une **société de fait,** les membres des professions médicales ou paramédicales qui mettent à la disposition de collaborateurs non salariés tout ou partie de leur cabinet pourvu de ses installations effectuent des **locations de nature commerciale** passibles de la TVA sur le montant des rémunérations perçues à cette occasion et qui sont fréquemment qualifiées de rétrocession d'honoraires (Rép. Brindeau : AN 26-1-2021 n° 27595).

REMPLACEMENT OCCASIONNEL D'UN PRATICIEN

9280 Les sommes reversées (**honoraires rétrocédés**) par un médecin remplacé au médecin **remplaçant** sont exonérées de TVA dès lors qu'elles rémunèrent une prestation de soins. En revanche, la redevance perçue par le médecin remplacé en contrepartie de la mise à disposition de ses installations techniques et locaux au médecin remplaçant est soumise à la TVA, sauf si le remplacement revêt un caractère occasionnel (BOI-TVA-CHAMP-30-10-20-10 n° 240 ; BOI-RES-TVA-000056 ; Rép. Brindeau : AN 26-1-2021 n° 27595).

PROPHARMACIE

9290 Certains **médecins,** qualifiés de « **propharmaciens** », peuvent être autorisés, par arrêté préfectoral, à fournir dans les localités dépourvues de pharmacie des médicaments aux malades auxquels ils dispensent leurs soins, sans tenir officine et sans vendre à tout venant.

Les médecins propharmaciens doivent soumettre à la TVA les **ventes de médicaments ou** d'**autres produits,** réalisées au profit de tous bénéficiaires, y compris les personnes auxquelles ils dispensent leurs soins, et ne bénéficient de l'exonération de la TVA prévue par l'article 261, 4-1° du CGI que pour leurs honoraires se rapportant aux prestations de soins dispensées à leurs malades. Les suppléments de prix dits « **supplément honoraire pharmacien** » (SHP) doivent être inclus dans la base d'imposition à la TVA des praticiens (pour les livraisons de médicaments qui sont matériellement et économiquement indissociables des prestations de soins, voir toutefois n° 9245).

S'agissant de l'**exigibilité** de la taxe, il est admis, dans un souci de simplification, que les ventes de médicaments prescrits sur ordonnance du médecin propharmacien revendeur ne soient soumises à la TVA qu'au moment de l'encaissement des acomptes ou du prix correspondant. Par contre, les ventes de produits divers, tels que les cosmétiques, ainsi que les cessions de médicaments effectuées en exécution des ordonnances d'autres médecins demeurent imposées à la TVA au moment de la délivrance matérielle de ces biens (BOI-TVA-BASE-20-20 n° 190 ; BOI-TVA-CHAMP-10-10-60-50 nos 460 à 480), sauf si, à compter du 1er janvier 2023, des acomptes sont encaissés sur ces ventes (n° 38350).

ACTIVITÉ DE CONSEIL

9310 Les **médecins** qui agissent en qualité de **conseils de laboratoires** de fabrication de produits **pharmaceutiques** ou de toutes **autres entreprises** (telles, par exemple, qu'une entreprise de fabrication de produits diététiques) doivent être soumis au paiement de la TVA au titre des honoraires perçus à raison de leur activité de conseil (BOI-TVA-CHAMP-10-10-60-50 n° 490 et BOI-TVA-CHAMP-30-10-20-10 n° 90 ; CAA Bordeaux 23-3-1999 nos 96-1332 et 96-1333 : RJF 10/99 n° 1162).

De même, sont imposables des **actes,** même de nature médicale (électrocardiogrammes), réalisés par un médecin, qui ont pour **finalité** principale la **fourniture à un laboratoire** pharmaceutique **d'un avis** destiné à apprécier le **bon déroulement d'essais** cliniques en vue de la mise sur le marché d'un **nouveau médicament** (CE 2-4-2015 n° 375212 : RJF 7/15 n° 579).

SERVICE DE SUIVI NUTRITIONNELS

9320 Selon la CJUE, un service de suivi et de conseil nutritionnels **fourni au sein d'établissements sportifs** (séparément ou dans le cadre de programmes incluant également des services de bien-être et de culture physiques), bien qu'assuré par une **nutritionniste dotée d'une qualification professionnelle** l'habilitant à effectuer des activités paramédicales, ne constitue pas des « prestations de soins à la personne » susceptibles de bénéficier de l'exonération prévue à l'article 132, 1-c de la directive TVA (transposé à l'article 261, 4-1° du CGI) dès lors que, si ce service présente effectivement une finalité sanitaire (par exemple, la prévention de l'obésité), il est en revanche **dépourvu de finalité thérapeutique,** n'étant pas fourni (ou alors seulement de façon très indirecte) à des fins de prévention, de diagnostic ou de traitement d'une maladie et de rétablissement de la santé (CJUE 4-3-2021 aff. 581/19 : RJF 5/21 n° 550).

> **Précisions** On notera que la Cour a également considéré, dans la présente affaire, qu'un tel service de suivi nutritionnel constituait en tout état de cause une **prestation distincte et indépendante** de l'accès aux salles de sport au regard des critères dégagés par sa jurisprudence sur les opérations complexes (voir n° 1280, précision a) en relevant, d'une part, que les différents services rendus étaient facturés séparément et qu'il était possible de bénéficier des uns sans avoir recours aux autres et, d'autre part, que le suivi nutritionnel répondait à une finalité autonome (non pas sportive, mais sanitaire et esthétique) et que son coût (40 % des sommes facturées) n'était pas minime ou marginal par rapport à celui des autres prestations.

II. TRAVAUX D'ANALYSE DE BIOLOGIE MÉDICALE

En vertu de l'article 261, 4-1° du CGI, sont **exonérés** de la TVA (**sans possibilité d'option**) les travaux d'analyse de biologie médicale, c'est-à-dire tous les examens biologiques destinés à faciliter la prévention, le diagnostic ou le traitement des maladies humaines, effectués dans des laboratoires qui fonctionnent conformément aux dispositions légales relatives aux **laboratoires** d'analyses de biologie médicale (CSP art. L 6211-1 s.). **9400**

> **> Précisions** Les **analyses d'eau ou de produits alimentaires** ne sont pas comprises dans la définition des analyses de biologie médicale. Les travaux en cause ne peuvent donc pas bénéficier de cette exonération même lorsqu'ils sont assurés par des laboratoires bénéficiant par ailleurs d'une autorisation administrative leur permettant d'effectuer des analyses de biologie médicale exonérées (BOI-TVA-CHAMP-10-10-60-50 n° 220).

L'exonération s'applique **quelles que soient** les **modalités d'exécution** des travaux d'analyse et la **forme juridique** des laboratoires concernés qui peuvent être exploités dans les conditions prévues aux articles L 6223-1 à L 6223-7 du Code de la santé publique (BOI-TVA-CHAMP-30-10-20-10 n° 260). **9405**

OPÉRATIONS DE CONTRÔLE FACULTATIF DES ANALYSES DE BIOLOGIE MÉDICALE

L'exonération de l'article 261, 4-1° du CGI s'applique aux opérations de contrôle facultatif des analyses de biologie médicale que réalisent les laboratoires, qui sont effectuées par des **organismes publics** ou des **associations agréées** (D. adm. 3 A-3121 n° 39, non reprise au Bofip mais dont la solution nous paraît conserver sa valeur). **9420**

ANALYSES MÉDICALES EFFECTUÉES PAR DES PHARMACIENS D'OFFICINE

Les pharmaciens d'officine qui effectuent des travaux d'analyse de biologie médicale dans un laboratoire fonctionnant dans les conditions prévues par les articles L 6212-1 et suivants du Code de la santé publique peuvent échapper au paiement de la TVA au titre des recettes provenant de l'exploitation de laboratoires d'analyses, à condition que les recettes provenant du laboratoire fassent l'objet d'une **comptabilisation distincte** de celle des recettes tirées de l'exploitation de l'officine (BOI-TVA-CHAMP-30-10-20-10 n° 270). **9430**

ANALYSES EFFECTUÉES PAR UN LABORATOIRE TIERS

L'article L 6211-23 du Code de la santé publique impose, pour certains **actes d'analyse spécialisés,** le recours à des laboratoires expressément habilités à cet effet. La liste des actes d'analyse spécialisés et des **laboratoires habilités** à les réaliser est fixée par arrêté. **9440**

L'article L 6211-19 du même Code prévoit également que lorsqu'un **laboratoire** de biologie médicale n'est **pas en mesure de réaliser un examen** de biologie médicale, il transmet à un autre laboratoire de biologie médicale les échantillons biologiques à des fins d'analyse et d'interprétation.

Dans ces hypothèses, les honoraires perçus par le laboratoire ayant procédé au prélèvement en contrepartie de l'opération de transmission (distincte de l'acte de prélèvement et d'analyse) bénéficient de l'exonération prévue par l'article 261, 4-1° du CGI (CJUE 11-1-2001 aff. 76/99 : RJF 4/01 n° 575 ; BOI-TVA-CHAMP-30-10-20-10 n° 280).

III. FOURNITURES DE PROTHÈSES DENTAIRES PAR LES PROTHÉSISTES

L'article 261, 4-1° du CGI **exonère** de TVA les ventes de prothèses par les dentistes à leurs patients (n° 9240). **9500**

Ce même texte exonère également (**sans possibilité d'option**) les fournitures de prothèses dentaires par les prothésistes dentaires.

L'exonération s'applique aux fournitures de prothèses dentaires ou d'éléments séparés de prothèse (plaques de squeletté ou stellites par exemple) par les prothésistes dentaires, sous les **conditions** suivantes : **9505**

– la prothèse ou l'élément séparé de prothèse, spécialement fabriqué pour l'usage exclusif d'un patient déterminé, est réalisé **sur commande** directe **d'un praticien prescripteur** (chirurgien-dentiste principalement) à partir d'une prise d'empreinte préalable qu'il a effectuée ou de spécifications techniques qu'il a établies, mais il n'est pas exigé que le prothésiste fabricant soit en relation directe avec le praticien (il peut donc intervenir en tant que sous-traitant) ;

– le prothésiste doit être en mesure de **justifier,** par tout moyen, du nom et des coordonnées du praticien qui a passé commande et des spécifications techniques définies par ce dernier (BOI-TVA-CHAMP-30-10-20-10 n° 310).

> **Précisions a.** Les **importations** et les **acquisitions intracommunautaires** de prothèses ou d'éléments séparés de prothèse sont également exonérées (n°s 22250 et 19825).
> **b.** L'exonération ne s'applique pas aux livraisons de prothèses dentaires effectuées par un **intermédiaire** qui n'a pas la qualité de dentiste ou de mécanicien-dentiste, mais qui a acquis de telles prothèses auprès d'un mécanicien-dentiste (CJUE 14-12-2006 aff. 401/05 : RJF 3/07 n° 378).

9510 En cas de **sous-traitance,** il appartient au prothésiste auquel le praticien a passé commande et au sous-traitant de mettre en place, sous leur propre responsabilité, un système d'information qui permettra au sous-traitant d'appuyer l'exonération de ses fournitures des éléments de justification mentionnés au n° 9505.

Toutefois, il n'est pas exigé du sous-traitant qu'il justifie que l'opération de sous-traitance a été spécifiquement commandée par le praticien. Le sous-traitant devra seulement, mais nécessairement, justifier que cette opération est effectuée dans le prolongement de la commande d'un praticien et sur la base des spécifications techniques utiles à la réalisation de cette opération (BOI-TVA-CHAMP-30-10-20-10 n° 310).

9515 Sont également exonérées les prestations de **réparation, adaptation, amélioration, ou** travail à **façon** réalisées directement ou en sous-traitance et portant sur des **prothèses** dentaires **ou** des **éléments séparés** de prothèse, dès lors que ces prestations sont réalisées **sur commande** préalable et spécifications formulées par un praticien et dont le prothésiste peut justifier (BOI-TVA-CHAMP-30-10-20-10 n° 320).

9520 Sont en revanche exclues de l'exonération, notamment :

– la **vente de matières** servant à la fabrication de prothèses ou d'éléments séparés ainsi que de tout élément standard qui n'est pas spécialement adapté pour l'usage d'un patient déterminé ;

– la **fabrication et** la **pose** de **prothèses** ou d'éléments séparés de prothèse **sans commande** préalable ni prise d'empreinte par un dentiste ; le prothésiste effectue alors des actes qui, selon le Code de la santé publique, ne peuvent être exécutés que par des praticiens diplômés ;

– les prestations de services autres que celles visées au n° 9515 qui ne se rattachent pas à la fourniture de prothèses dentaires (par exemple, mise à disposition de personnel, location de cheville) (BOI-TVA-CHAMP-30-10-20-10 n° 330).

9525 Les **reventes en l'état de prothèses** ou d'éléments séparés de prothèse sont également soumises à la TVA lorsque le prothésiste n'intervient ni dans leur fabrication ni dans leur mise au point. Elles peuvent toutefois bénéficier du régime particulier d'imposition sur la marge prévu pour les biens d'occasion (n°s 78700 s.) (BOI-TVA-CHAMP-30-10-20-10 n° 340).

9530 Les prothésistes sont dispensés du paiement de la TVA lorsqu'ils cèdent, **en fin d'activité,** leur stock à prix coûtant (BOI-TVA-CHAMP-30-10-20-10 n° 350).

IV. OPÉRATIONS PORTANT SUR LES ORGANES, LE SANG ET LE LAIT HUMAINS

9600 L'article 261, 4-2° du CGI exonère de la TVA (sans possibilité d'option) les **livraisons, services d'intermédiation et** prestations de travail à **façon** portant sur les organes, le sang et le lait humains.

L'exonération s'applique à ces opérations effectuées par les **établissements de transfusion sanguine ou** par les établissements **de santé** publics, privés et privés d'intérêt collectif selon les modalités fixées par le Code de la santé publique.

9605 L'exonération s'applique au sang humain, c'est-à-dire au **sang total** (il s'agit du sang qui n'a donné lieu à aucune division physique ou chimique de ses composants) et aux **produits dérivés** du sang total (tels les concentrés de globules rouges, plaquettes, plasma, etc.) lorsque ces derniers sont **destinés à un usage thérapeutique direct.** En revanche, les cessions des produits sanguins effectuées à titre onéreux doivent être soumises à la TVA lorsqu'elles portent sur des produits qui ne sont pas destinés à un usage thérapeutique direct (par exemple, plasma vendu exclusivement pour la fabrication de médicaments) (CJUE 5-10-2016 aff. 412/15 : RJF 12/16 n° 1142 ; BOI-TVA-CHAMP-30-10-20-30 n°s 1 et 10).

Les **importations** et les **acquisitions intracommunautaires** d'organes, de sang et de lait humains sont également exonérées (n°s 22250 et 19825).

L'exonération s'étend à d'autres produits d'origine humaine (**urines, sperme,** etc.) à condition qu'ils soient utilisés à des fins médicales. **9610**

Les transactions portant sur des **cheveux** demeurent donc soumises à la taxe lorsque ces produits sont destinés à la fabrication de postiches (BOI-TVA-CHAMP-30-10-20-30 n° 20).

Les opérations autres que celles visées au n° 9600 sont taxables. Il en est ainsi, notamment, du **transport** des produits concernés (BOI-TVA-CHAMP-30-10-20-30 n° 30 ; CJUE 3-6-2010 aff. 237/09 : RJF 10/10 n° 975). **9615**

V. TRANSPORTS SANITAIRES

Sont exonérés (sans possibilité d'option), en vertu de l'article 261, 4-3° du CGI, les transports de malades ou de blessés à l'aide de véhicules **spécialement aménagés** à cet effet, qu'effectuent les personnes titulaires de l'**agrément** administratif visé à l'article L 6312-2 du Code de la santé publique. **9700**

DÉFINITION DES TRANSPORTS SANITAIRES

Conformément à l'article L 6312-1 du Code de la santé publique, constitue un transport sanitaire tout transport d'une personne malade, blessée ou parturiente, pour des raisons de soins ou de diagnostic, sur prescription médicale ou en cas d'urgence médicale, effectué à l'aide de moyens de **transports terrestres, aériens ou maritimes,** spécialement adaptés à cet effet. Les personnes qui effectuent de tels transports sanitaires doivent avoir été **préalablement agréées** dans les conditions prévues par l'article L 6312-2 du même Code (BOI-TVA-CHAMP-30-10-20-40 n°s 10 et 20). **9710**

TRANSPORT EN VÉHICULE SPÉCIALEMENT AMÉNAGÉ

Conformément à l'article 261, 4-3° du CGI, l'exonération ne s'applique que lorsque les véhicules sont spécialement aménagés **pour** le **transport de malades ou de blessés.** **9720**

En ce qui concerne le **transport sanitaire terrestre,** l'article R 6312-8 du Code de la santé publique précise quelles sont les catégories de véhicules qui sont considérées comme spécialement aménagées pour le transport sanitaire. Il s'agit des ambulances de secours et de soins d'urgence (ASSU – catégorie A), des voitures de secours aux asphyxiés et blessés (VSAB – catégorie B) et des ambulances (catégorie C). **9725**

En revanche, les **véhicules sanitaires légers** (VSL – catégorie D) ne sont pas des véhicules spécialement aménagés pour le transport de malades ou de blessés. Les transports effectués au moyen de véhicules sanitaires légers ne bénéficient donc pas de l'exonération (BOI-TVA-CHAMP-30-10-20-40 n° 1 ; BOI-TVA-LIQ-30-20-60 n° 60).

De même, les **transports mortuaires** effectués par les ambulanciers, au moyen de véhicules qui doivent normalement être distincts de ceux utilisés pour les transports de malades, ne bénéficient pas de l'exonération (Comité MOA 17-12-1990, solution non reprise au Bofip mais dont la solution nous paraît conserver sa valeur).

En ce qui concerne le **transport sanitaire aérien,** l'administration considère que le caractère spécialement aménagé de l'aéronef (hélicoptère ou avion) résulte de l'existence, constatée dès sa conception ou après réalisation de travaux de transformation ou de modifications substantielles de l'habitacle, d'aménagements spécifiques qui, en raison de la fixité ou du caractère permanent de ceux-ci, réservent l'aéronef au seul usage du transport du malade, du blessé ou de la parturiente ou le rendent difficilement utilisable pour un autre usage sans la réalisation de nouveaux travaux de transformation (BOI-TVA-CHAMP-30-10-20-40 n° 70). **9730**

Par exemple, ne constituent pas des appareils spécialement aménagés pour le transport de malades ou de blessés les **hélicoptères,** utilisés pour les vols de service médical d'urgence et les vols d'ambulance, dépourvus des aménagements spécifiques décrits ci-dessus, même si ces appareils font l'objet, le temps du vol, d'adaptations appropriées au transport d'un malade ou d'un blessé. Il peut notamment s'agir de l'ajout par l'établissement hospitalier, et sous la responsabilité du médecin régulateur, du matériel médical répondant au besoin spécifique de la mission sanitaire concernée.

À cet égard, le seul fait que les modèles d'hélicoptères couramment utilisés pour ce type de vols présentent un plancher sur lequel sont disposés des rails non spécifiquement prévus dans leur conception pour accueillir des équipements utilisés pour le transport de malades ou de blessés ne permet pas de les regarder comme spécialement aménagés à cet effet (BOI précité n° 90 ; CAA Lyon 8-6-2010 n° 08-2111 : RJF 12/10 n° 1156). En revanche, la cour de Paris considère que les transports sanitaires en hélicoptère sont exonérés de TVA dès lors qu'ils sont effectués par une entreprise agréée, les appareils utilisés par une telle entreprise répondant nécessairement aux normes d'aménagement fixées par décret dont le respect est l'une des conditions de l'obtention de l'agrément (CAA Paris 9-12-2005 n° 03-1109 : RJF 4/06 n° 368).

9735 L'exonération de TVA prévue par l'article 261, 4-3° du CGI pour le transport de malades ou de blessés n'est pas applicable à de telles prestations effectuées par des **pisteurs secouristes** sur le **domaine skiable** dès lors qu'elles ne sont réalisées ni à l'aide des véhicules spécialement aménagés, ni par des personnes titulaires de l'agrément administratif visé à l'article L 6312-2 du Code de la santé publique (Rép. Estrosi : AN 24-3-2009 n° 33490, non reprise au Bofip).

VI. ÉTABLISSEMENTS DE SANTÉ

9800 Il convient d'examiner successivement la situation des établissements de santé privés (nos 9830 s.), celle des maisons de retraite médicalisées (nos 10000 s.), celle des établissements thermaux (nos 10060 s.) et enfin celle des lieux de vie et d'accueil (n° 10100).

1. ÉTABLISSEMENTS DE SANTÉ PRIVÉS

9830 L'article 261, 4-1° bis du CGI (qui transpose en droit interne l'article 132, 1-b de la directive TVA) exonère, sans possibilité d'option, les frais d'hospitalisation et de traitement, y compris les frais de mise à disposition d'une chambre individuelle, dans les établissements de santé privés titulaires de l'autorisation mentionnée à l'article L 6122-1 du Code de la santé publique.

9835 Nous n'envisageons pas ici la situation des **hôpitaux publics,** qui, on le rappelle, sont en principe placés hors du champ d'application de la TVA (n° 10430), étant précisé que les redevances pour cliniques ouvertes perçues par les établissements publics (voir n° 9960) et les actes de médecine ou de chirurgie esthétique non pris en charge par la sécurité sociale et dont la finalité thérapeutique n'est pas avérée pratiqués dans les hôpitaux publics (n° 9190) sont toutefois taxables.

ÉTABLISSEMENTS CONCERNÉS PAR L'EXONÉRATION

9850 L'exonération s'applique aux établissements de santé privés **titulaires de l'autorisation** mentionnée à l'article L 6122-1 du Code de la santé publique.

Peuvent être titulaires de cette autorisation, **notamment,** les établissements sanitaires comportant des moyens d'hospitalisation qu'il s'agisse d'établissements polyvalents ou spécialisés (par exemple **établissements chirurgicaux ou psychiatriques**), les établissements contribuant aux soins médicaux, mais ne comportant pas de moyens d'hospitalisation, lorsqu'ils sont munis d'équipements lourds (tels les **centres de dialyse**), les **établissements de rééducation fonctionnelle,** les centres ou **services d'hospitalisation de jour ou de nuit** et les centres ou **services d'hospitalisation à domicile.**

> Précisions a. Il est admis que les **groupements de soins infirmiers** à domicile, qui constituent une alternative à l'hospitalisation, bénéficient de l'exonération prévue par l'article 261, 4-1° bis du CGI dans les mêmes conditions que les établissements hospitaliers, au titre de leur rémunération constituée par un forfait qui couvre à la fois les frais infirmiers et les prestations rendues par les aides-soignants. Il en est ainsi quelle que soit leur forme (association ou groupement d'intérêt économique par exemple) (BOI-TVA-CHAMP-30-10-20-20 n° 150).

b. Les **établissements de santé privés à but non lucratif** peuvent être exonérés sur le fondement de l'article 261, 7-1°-b du CGI (n° 11180). Ils peuvent être également exonérés sur le fondement de l'article 261, 4-1° bis s'ils sont titulaires de l'autorisation susvisée.

c. En ce qui concerne les **établissements thermaux** privés, voir nos 10060 s.

9855 Les établissements qui ne répondent pas à la définition donnée au n° 9850 sont en principe **imposables.** Il en est ainsi, notamment :

– des **établissements** privés qui dispensent des soins **sans** avoir obtenu une **autorisation** de l'autorité administrative compétente, **ou après** le **retrait** de celle-ci ;

– des **établissements hôteliers ou parahôteliers** qui accueillent des curistes même lorsque les frais d'hébergement de ces derniers sont pris forfaitairement en charge par la sécurité sociale ;

– des **établissements sociaux ou médico-sociaux** énumérés par l'article L 312-1 du Code de l'action sociale et des familles : on citera, notamment, les maisons d'enfants à caractère social, les établissements médico-éducatifs qui reçoivent de jeunes handicapés ou inadaptés, les établissements d'enseignement qui dispensent à titre principal une éducation spéciale aux jeunes handicapés ou inadaptés, les établissements d'éducation surveillée, les établissements qui assurent l'hébergement des personnes âgées (pour les maisons de retraite, voir cependant nos 10000 s.), des adultes handicapés ou inadaptés (pour les lieux de vie et d'accueil, voir toutefois n° 10100), les établissements d'aide par le travail, les foyers de jeunes travailleurs.

On observera toutefois que les établissements gérés par les collectivités publiques sont susceptibles d'être placés hors du champ de la TVA (n° 10430) et que ceux gérés par un groupement sans but lucratif à objet social ou philanthropique sont susceptibles de bénéficier de l'exonération prévue à l'article 261, 7-1°-b (nos 11180 s.).

> **Précisions** En ce qui concerne l'activité de **prélèvement de sang de cordon ombilical** et de stockage des cellules souches qu'il contient et celle de **transport d'organes et de prélèvements d'origine humaine** exercée par un tiers indépendant en faveur d'hôpitaux et de laboratoires, voir n° 9185.

OPÉRATIONS CONCERNÉES PAR L'EXONÉRATION

L'article 261, 4-1° bis du CGI exonère de TVA les **frais d'hospitalisation et de traitement,** y compris les frais de mise à disposition d'une chambre individuelle, exposés dans les établissements définis au n° 9850 (pour une liste, non exhaustive, de frais entrant dans le champ d'application de l'exonération, voir nos 9880 s.). **9870**

Pour ouvrir droit à l'exonération, l'hospitalisation et le traitement doivent être consécutifs à une **prescription médicale** mais ils n'impliquent pas nécessairement la présence permanente du patient en milieu hospitalier (l'exonération concerne, on l'a vu au n° 9850, toutes les formes d'hospitalisation, y compris l'hôpital de jour ou de nuit et l'hôpital à domicile, ainsi que les établissements de soins ne disposant pas de moyens d'hospitalisation, mais qui sont dotés d'équipements importants, tels les centres de dialyse) (BOI-TVA-CHAMP-30-10-20-20 n° 20).

En ce qui concerne les actes de **médecine** ou de **chirurgie esthétique,** voir n° 9190.

Frais de séjour et de soins Sont exonérés les frais de séjour et de soins des patients tels que : **9880**

– **hébergement, nourriture et boissons,** à l'exception des dépenses facturées séparément pour répondre à des exigences particulières du patient (pour ces dernières dépenses, voir n° 9930) ;

– **chauffage,** éclairage, fourniture et **blanchissage** du **linge** de maison ;

– **service infirmier** ;

– produits sanguins et autres produits d'origine humaine exonérés par l'article 261, 4-2° du CGI (nos 9600 s.) (BOI-TVA-CHAMP-30-10-20-20 n° 50).

> **Précisions** L'exonération de TVA des frais d'hospitalisation et de traitement s'étend aux frais de **mise à disposition d'une chambre individuelle** quel qu'en soit le motif : prescription médicale dictée par l'état de santé du patient, manque de lits dans les chambres communes ou demande particulière du patient (CE 6-4-2001 n° 219443 : RJF 7/01 n° 991).

Frais de traitement Sont également exonérés les frais de traitement, c'est-à-dire les médicaments et pansements, prothèses, appareils orthopédiques, stimulateurs cardiaques, sondes d'entraînement, etc., fournis au cours du séjour dans l'établissement et en prolongement direct et immédiat des soins (BOI-TVA-CHAMP-30-10-20-20 n° 70). **9890**

Les **appareils orthopédiques et prothèses** placés par des fabricants ou négociants à la disposition permanente des chirurgiens orthopédiques en vue de leur implantation sur des patients dans les locaux des cliniques et autres établissements de soins privés (« **stocks consignés** »), et qui sont facturés directement au patient par le fabricant ou négociant après implantation doivent être soumis à la TVA (Rép. Haenel : Sén. 16-10-1997 n° 431, non reprise au Bofip mais dont la solution nous paraît conserver sa valeur).

> **Précisions** En ce qui concerne les **livraisons de médicaments cytostatiques** effectuées par les établissements de soins dans le cadre de **traitements ambulatoires contre le cancer** prescrits par des médecins exerçant à titre indépendant au sein de ces établissements, voir n° 9245.

Frais de salle d'opération ou d'accouchement Sont exonérés les frais de salle d'opération ou d'accouchement (utilisation de la salle, du personnel salarié et du matériel ; **9900**

fourniture des anesthésiques, des pansements, du linge, ainsi que de la pharmacie) (BOI-TVA-CHAMP-30-10-20-20 n° 60).

9910 **Honoraires des membres des professions de santé intervenant dans l'établissement** Les honoraires **perçus** par les médecins et auxiliaires médicaux intervenant dans l'établissement, **en leur nom personnel,** sont exonérés en vertu de l'article 261, 4-1° du CGI (voir nos 9050 s.), sous réserve toutefois de ceux correspondant à des actes de médecine ou de chirurgie esthétique ne poursuivant pas un but thérapeutique (n° 9190).

Lorsqu'ils sont perçus **pour leur compte par les cliniques,** ils ne constituent pas des recettes propres de l'établissement, même lorsqu'ils figurent sur la facture délivrée au malade (BOI-TVA-CHAMP-30-10-20-20 n° 90).

En ce qui concerne les **redevances versées par les praticiens à la clinique,** voir n° 9960.

9920 **Cours de préparation à l'accouchement** Des cours de préparation à l'accouchement **dispensés par** les **sages-femmes** d'une clinique aux **femmes enceintes** qui **doivent accoucher dans cet établissement** doivent être regardés comme étroitement liés à l'hospitalisation devant avoir lieu dans cet établissement ainsi qu'aux soins qui y sont dispensés au sens de l'article 132, 1-b de la directive TVA et constituent, par suite, des frais d'hospitalisation et de traitement exonérés de TVA en vertu de l'article 261, 4-1° bis du CGI, alors même qu'ils ne résultent pas d'une prescription médicale (CAA Paris 31-12-2004 n° 01-2689 : RJF 8-9/05 n° 844).

9930 **Autres frais** Sont, en revanche, taxables toutes les opérations qui ne présentent pas le caractère de frais d'hospitalisation et de traitement ou qui ne résultent pas d'une prescription médicale (en ce qui concerne les repas et chambres fournis aux personnes accompagnant les malades, voir toutefois n° 9950).

Sont ainsi taxables, **notamment,** les **suppléments** correspondant à des exigences particulières du malade tels que **boissons, nourriture,** blanchissage d'effets personnels, frais de **téléphone,** location d'un **téléviseur** (lorsque l'établissement agit comme mandataire d'une entreprise spécialisée dans ce type de location, il est taxable sur la commission qu'il reçoit à ce titre) (BOI-TVA-CHAMP-30-10-20-20 nos 100 et 110).

9940 **Ventes et services divers** Sont taxables les **locations diverses,** ainsi que les **ventes** de biens qui ne participent pas au traitement des patients (**librairie, papeterie,** etc.) lorsque les recettes reviennent à l'établissement. Dans les autres cas, les ventes sont taxées chez le commerçant qui est autorisé à exercer son activité dans l'enceinte de l'établissement, ce dernier étant imposé sur les sommes reçues en contrepartie de cette autorisation (loyer, commission, etc.) (BOI-TVA-CHAMP-30-10-20-20 n° 110).

9950 **Services rendus à des tiers** Sous réserve de ce qui est dit ci-après pour les personnes accompagnant les malades, les prestations fournies à des personnes autres que les patients sont taxables (BOI-TVA-CHAMP-30-10-20-20 n° 110).

Les recettes correspondant aux repas et chambres fournis aux **personnes accompagnant les malades** sont taxables, sauf lorsque la présence d'une personne auprès du malade est consécutive à une prescription médicale. En pratique, il est admis que la fourniture exceptionnelle de repas à un visiteur ou la location d'une chambre pour une très courte période répondent à un souci thérapeutique (BOI précité n° 80).

9960 **Redevances pour clinique ouverte** Sont taxables les **sommes versées à l'établissement par les praticiens et auxiliaires médicaux** qui y exercent leur activité à titre libéral, quelles que soient la qualification de ces sommes (loyers, redevances, etc.) et la nature du service rendu (mise à disposition de locaux, de personnel, de matériel, comptabilisation des honoraires, etc.) et qu'il s'agisse d'un établissement privé (à but lucratif ou non) ou public (BOI-TVA-CHAMP-30-10-20-20 n° 110).

Sont ainsi taxables :

– la **mise à disposition** par un centre de radiothérapie du personnel ainsi que **des locaux aménagés et équipés** de matériels à des médecins spécialisés, rémunérée par une redevance calculée sur les honoraires payés par les patients (qualifiée de forfait technique) (CE 31-12-2008 n° 306091 : RJF 4/09 n° 321) ;

– le reversement par des médecins à la clinique où ils exercent leur activité libérale de 10 % du montant de leurs honoraires en contrepartie de la mise à la disposition, par la clinique, des

services nécessaires au suivi administratif et comptable de leur activité, à leur **secrétariat** et à leur prise de rendez-vous, de telles prestations n'étant pas un élément indispensable et donc indissociable du processus thérapeutique (CE 16-4-2010 n° 307944 : RJF 7/10 n° 666).

En revanche, sont exonérés les **forfaits techniques** versés directement par les organismes de sécurité sociale à des **groupements exploitant** un appareil d'imagerie médicale par résonance magnétique (**IRM**) (BOI-TVA-CHAMP-10-10-50-70 n° 220).

2. MAISONS DE RETRAITE PRIVÉES MÉDICALISÉES

L'article 261, 4-1° ter du CGI exonère de TVA les **soins** dispensés par les établissements privés d'hébergement pour personnes âgées mentionnés au 6° du I de l'article L 312-1 du Code de l'action sociale et des familles, **pris en charge par un forfait annuel global** de soins en application de l'article L 174-7 du Code de la sécurité sociale. **10000**

Sont seuls concernés par l'exonération prévue à l'article 261, 4-1° ter du CGI les **établissements privés à but lucratif** hébergeant des personnes âgées (maisons de retraite, logements-foyers, etc.) qui ont été dûment **autorisés** en application de l'article L 312-1 du Code de l'action sociale et des familles. **10005**

Sont donc exclues du dispositif d'exonération les **résidences pour personnes âgées,** notamment les résidences en copropriété ou les résidences locatives sans prise en charge collective, non soumises à l'article L 312-1 du Code de l'action sociale et des familles (BOI-TVA-LIQ-30-20-10-10 nos 110 et 140).

Rappelons par ailleurs que les établissements d'hébergement pour personnes âgées gérés par une collectivité publique (collectivité locale, etc.) sont, en principe, placés hors du champ d'application de la TVA en vertu de l'article 256 B du CGI (n° 10430). Ceux qui sont gérés par des organismes sans but lucratif bénéficient de l'exonération prévue à l'article 261, 7-1°-b du même Code en faveur des œuvres sociales et philanthropiques s'ils remplissent les conditions fixées par ce texte (nos 11180 s.).

Le « **forfait soins** » versé par l'**assurance maladie** au bénéfice des personnes âgées hébergées dans les maisons de retraite privées médicalisées en vertu de l'article L 174-4 du Code de la sécurité sociale **rémunère** les soins courants et les soins donnés dans les sections de cure médicale. Les sommes perçues au titre de ce forfait sont donc exonérées de TVA (BOI-TVA-LIQ-30-20-10-10 n° 140). **10010**

> **Précisions** La CJUE a jugé que le « forfait soins » constitue la contrepartie des prestations de soins effectuées, à titre onéreux, par un établissement d'hébergement pour personnes âgées dépendantes au profit de ses résidents et entre, à ce titre, dans le champ d'application de la TVA. Les sommes versées au titre du « forfait soins » étant toutefois exonérées, elles doivent être prises en compte pour la détermination du **coefficient de taxation forfaitaire** des établissements concernés, au seul dénominateur (CJUE 27-3-2014 aff. 151/13 : RJF 6/14 n° 648 ; en ce sens également, CE 20-10-2014 n° 364715 : RJF 1/15 n° 19).
> S'agissant de la **déduction** de la TVA grevant les dépenses de fonctionnement des établissements d'hébergement pour personnes âgées dépendantes (Ehpad), voir n° 50950, précision a.

Demeurent soumis à la TVA les **soins médicaux et paramédicaux** dispensés par le personnel salarié de l'établissement qui ne **sont pas couverts par** le **forfait** annuel global de **soins.** **10015**

Pour leur part, les soins dispensés par les médecins, infirmiers et les autres membres des **professions médicales et paramédicales** réglementées **exerçant à titre libéral** au sein de l'établissement sont exonérés de TVA en application de l'article 261, 4-1° du CGI (nos 9050 s.).

Les **autres prestations** de services fournies par l'établissement (logement, nourriture, prestations liées à l'état de dépendance des pensionnaires, etc.) sont également soumises, en principe, à la TVA. Toutefois, les **repas** servis par les maisons de retraite médicalisées bénéficient de l'exonération prévue par l'article 261, 4-1° ter du CGI lorsqu'ils sont **compris dans le « forfait soins »** (Rép. de Saint-Sernin : AN 22-12-2003 n° 17929, non reprise au Bofip mais dont la solution nous paraît conserver sa valeur).

Certaines prestations taxables fournies par les maisons de retraite privées bénéficient du taux réduit (voir nos 92160 s.).

3. ÉTABLISSEMENTS THERMAUX

Les établissements thermaux sont des établissements qui utilisent sur place ou par adduction directe, pour le traitement interne ou externe des malades, l'eau d'une ou plusieurs sources minérales autorisées ou ses dérivés (boues, gaz ou vapeurs). **10060**

Les établissements thermaux doivent, en vertu de l'article L 162-21 du Code de la sécurité sociale, être autorisés pour dispenser des **soins de cures thermales** susceptibles d'être remboursés aux assurés sociaux.

10065 À la différence des hôpitaux publics, les établissements thermaux gérés par des collectivités publiques ne sont en principe pas placés hors du champ d'application de la TVA (voir n° 10440). La TVA est donc applicable aux opérations, y compris les soins de cures thermales, réalisées par tous les établissements thermaux, qu'ils soient gérés par des exploitants **privés ou** par des **collectivités publiques** (commune, régie, etc.) (D. adm. 3 C-222 n°s 3 et 4, non repris au Bofip).

10070 Sont notamment imposables à la TVA les sommes perçues par les établissements de cure thermale en rémunération des **soins dispensés par** les **salariés** de l'établissement (kinésithérapeutes, agents thermaux).

En revanche, les **honoraires perçus** directement par les **médecins et** les **auxiliaires médicaux, en leur nom personnel,** sont exonérés de TVA en application de l'article 261, 4-1° du CGI (n°s 9050 s.). Lorsque les honoraires sont perçus **pour le compte de ces professionnels** libéraux **par les établissements thermaux,** ils ne constituent pas des recettes propres de l'établissement, même lorsqu'ils figurent sur la facture délivrée au curiste (BOI-TVA-BASE-10-10-10 n°s 480 et 490).

10075 Les établissements thermaux peuvent cependant exercer soit exclusivement, soit en complément de leur activité de cure thermale, une **activité de réadaptation ou de rééducation fonctionnelle** pour laquelle ils sont titulaires de l'autorisation mentionnée à l'article L 6122-1 du Code de la santé publique. Les soins dispensés dans le cadre de cette activité spécifique ne sont pas soumis à la TVA, soit parce qu'ils sont exonérés en vertu de l'article 261, 4-1° bis du CGI (s'agissant des établissements privés) (BOI-TVA-CHAMP-30-10-20-20 n° 140), soit parce qu'ils sont placés hors du champ de la TVA en vertu de l'article 256 B du même Code (s'agissant des établissements publics) (D. adm. 3 C-222 n° 5, non repris au Bofip).

10080 En vertu de l'article 279, a quinquies du CGI, la TVA est perçue au **taux** intermédiaire de 10 % pour les prestations de soins fournies par les établissements thermaux qui sont titulaires de l'autorisation de dispenser des soins aux assurés sociaux prévue à l'article L 162-21 du Code de la sécurité sociale, qu'ils soient de 2e classe (tarifs réglementés) ou de 1e classe (tarifs libres).

Le taux intermédiaire s'applique aux seules **pratiques thermales** qui constituent des soins, c'est-à-dire qui sont reconnues comme **participant au traitement de maladies ou d'affections.**

En pratique, il s'agit des prestations dispensées par un établissement autorisé qui sont remboursables par la sécurité sociale dès lors qu'elles sont prévues par la convention particulière passée entre cet établissement et les caisses d'assurance maladie. L'application du taux intermédiaire ne doit donc pas être limitée aux seules prestations de soins qui donnent effectivement lieu à remboursement (BOI-TVA-LIQ-30-20-100 n° 140).

Le taux intermédiaire s'applique à la totalité du **forfait de cure thermale** (traitement type sur 18 ou 21 jours) quels que soient le nombre et la nature des pratiques thermales mises en œuvre dès lors que la cure thermale a été prescrite au curiste par un médecin et qu'elle donne lieu à une prise en charge totale ou partielle par l'assurance maladie dans le cadre de la procédure de l'entente préalable.

Les **soins supplémentaires** dispensés au curiste pendant la durée de sa cure, qui ont fait l'objet d'une prescription médicale particulière et sont pris en charge par l'assurance maladie, bénéficient également du taux intermédiaire.

Il en va de même pour les **pratiques thermales** (traitement type ou à l'unité) dispensées **en dehors d'une prescription médicale** mais prévues soit dans le forfait de base, soit à titre de supplément par la convention passée entre l'établissement thermal et les caisses d'assurance maladie et pour les pratiques thermales prescrites par un médecin mais qui n'ont pas fait l'objet d'une décision de prise en charge par l'assurance maladie (**curistes libres**) (BOI précité n° 150).

Selon l'administration, les **ventes de biens et** les **prestations** de services **autres que** les **soins thermaux** effectuées par ces établissements sont toujours soumises au taux qui leur est propre. Ainsi, à titre d'exemple, les ventes d'eau thermale et les prestations d'hébergement ou de restauration (hors boissons alcoolisées) bénéficient du taux intermédiaire, alors que les forfaits gymnastique, les soins esthétiques et les locations de linge sont soumis au taux normal. Pour ce qui concerne les cures qui ne comportent pas exclusivement des pratiques thermales (semaine privée, **forfait revitalisation, cure anti-tabac,** etc.), le taux intermédiaire ne s'applique qu'aux soins thermaux définis ci-dessus, les autres prestations étant passibles du taux normal, à condition de différencier les prestations bénéficiant du taux intermédiaire des autres (à défaut, l'ensemble de la cure est soumis au taux normal) (BOI précité n°s 170 et 180 ; sur les critères permettant de déterminer si l'on est en présence d'une opération unique ou d'opérations dissociables soumises à leur régime propre, voir n°s 1270 s.).

Sont également soumises au taux normal les **sommes versées** à l'établissement **par les praticiens** et auxiliaires médicaux qui y exercent leur activité à titre libéral, quelle que soit la qualification de ces sommes (loyers, redevances, etc.) et quelle que soit la nature du service rendu (mise à disposition de locaux, de personnel, de matériel) (BOI précité n° 170).

> Précisions Le taux intermédiaire ne concerne pas les prestations des **établissements de thalassothérapie,** qui demeurent soumises au taux normal (comme les établissements thermaux, ces établissements sont en principe imposables même lorsqu'ils sont exploités par des collectivités publiques : voir n° 10440).

4. LIEUX DE VIE ET D'ACCUEIL

Les **prestations de services** et les **livraisons de biens** qui leur sont étroitement liées, effectuées **10100**
par les lieux de vie et d'accueil (LVA) mentionnés à l'article L 312-1, III du Code de l'action sociale et des familles dans le cadre de leur mission d'insertion sociale telle que définie à l'article D 316-1, I du même Code, sont exonérées de TVA sans possibilité d'option (CGI art. 261, 7-1° quater).

Sont concernés les LVA mentionnés à l'article L 312-1, III précité, quelle que soit la **forme juridique** sous laquelle ces établissements sont exploités (associations, structures privées à caractère commercial, établissements publics, etc.), et quel que soit le **type de public** qu'ils accueillent : enfants et jeunes majeurs bénéficiaires d'une protection administrative ou judiciaire, mineurs ou majeurs présentant des troubles psychiques, mineurs ou majeurs handicapés ou présentant des difficultés d'adaptation, personnes en situation de précarité ou d'exclusion sociale (BOI-TVA-CHAMP-30-10-60-10 n° 470).

L'exonération s'applique à toutes les **sommes, versées sous forme de forfait journalier,** qui constituent la contrepartie des services rendus par les LVA dans le cadre de leur mission d'insertion sociale et ce, quelle que soit la qualité de la personne qui les verse (État, départements, établissements sanitaires ou médico-sociaux, familles). Ainsi, elle s'applique :

– au **forfait journalier de base** (CASF art. D 316-5, II-1°), lequel rémunère, d'une part, les prestations effectuées par les LVA au titre de leur mission d'accompagnement social, et d'autre part, l'ensemble des prestations de services et livraisons de biens qui sont étroitement liées à l'exercice de cette mission (fourniture de logement et de nourriture, blanchisserie, prestations d'animation, loisirs, transports des personnes accueillies, etc.) ;

– et au **forfait journalier complémentaire** susceptible d'être alloué aux LVA dans les conditions prévues à l'article D 316-5, II-2° du CASF dès lors que celui-ci constitue la contrepartie d'opérations spécifiques qui, bien qu'elles ne soient pas couvertes par le forfait de base, demeurent néanmoins étroitement liées à la mission d'insertion sociale dévolue à ces organismes (BOI précité n° 480).

SECTION 7

ORGANISMES DE DROIT PUBLIC

Les organismes de droit public s'entendent **essentiellement** : **10300**

– de l'État et de ses établissements publics y compris ceux ayant un caractère industriel ou commercial ;

– des collectivités territoriales (départements, communes, régions) et de leurs groupements ainsi que de leurs établissements publics : établissements rassemblant plusieurs collectivités territoriales (notamment communautés urbaines, communautés d'agglomérations, communautés de communes, établissements publics des villes nouvelles, institutions interdépartementales, syndicats de communes, syndicats mixtes) ; établissements dépendant d'une collectivité locale (offices publics de l'habitat, offices de tourisme, services départementaux de lutte contre l'incendie) ;

– des groupements constitués exclusivement entre des personnes morales de droit public, dès lors qu'ils assurent des missions de service public, fonctionnent avec la participation et sous le contrôle d'autorité publique et ont un financement assuré en quasi-totalité par des fonds publics (subventions) ;

– des organismes consulaires.

En matière de TVA, les opérations réalisées par les personnes morales de droit public font l'objet de **dispositions particulières** figurant à l'**article 13 de la directive TVA.** Le **paragraphe 1** de cet article prévoit que, pour les activités ou opérations qu'ils accomplissent en tant qu'autorités publiques, les États, les régions, les départements, les communes et les autres organismes de droit public ne sont pas considérés comme des assujettis sauf si leur non-assujettissement conduit à des distorsions de concurrence d'une certaine importance. En tout état de cause, les personnes morales de droit public sont obligatoirement assujetties à la TVA pour certaines de leurs opérations expressément visées à l'annexe I de la directive TVA. Le **paragraphe 2** dudit article indique que les États membres peuvent considérer comme activités de l'autorité publique les activités des organismes de droit public, lorsqu'elles sont exonérées en vertu de certaines dispositions de la directive et, notamment, de son article 132 (qui concerne certaines activités d'intérêt général : hospitalisation et soins médicaux, assistance sociale et protection sociale, protection et éducation de l'enfance et de la jeunesse, enseignement et formation, services en lien avec la pratique du sport, services culturels, etc.). Ces dispositions sont peu ou prou reprises à l'**article 256 B du CGI.**

> Précisions Selon la CJUE, la dérogation à la règle générale d'assujettissement à la TVA prévue en faveur des organismes de droit public doit être interprétée strictement. La notion d'**« autres organismes de droit public »** au sens de l'article 13, 1 de la directive TVA ne doit dès lors pas être interprétée par référence à celle retenue par l'article 1er, 9 de la directive 2004/18/CE du 31 mars 2004 qui, en matière de marchés publics, définit au contraire cette notion de manière très large (CJUE 29-10-2015 aff. 174/14 : RJF 1/16 n° 16).

I. PRINCIPES

10350 En vertu de l'article 13, 1 de la directive TVA (transposé à l'article 256 B du CGI), les personnes morales de droit public (définies n° 10300) ne sont pas considérées comme des assujettis pour les activités ou opérations qu'elles accomplissent en tant qu'autorités publiques, même lorsque, à l'occasion de ces activités ou opérations, elles perçoivent des droits, redevances, cotisations ou rétributions.

Toutefois, lorsqu'elles effectuent de telles activités ou opérations, elles doivent être considérées comme des assujettis pour ces activités ou opérations dans la mesure où leur non-assujettissement conduirait à des distorsions de concurrence d'une certaine importance.

En tout état de cause, les organismes de droit public ont la qualité d'assujettis pour certaines activités (expressément visées à l'annexe I de la directive TVA) et dans la mesure où celles-ci ne sont pas négligeables.

10355 Selon le Conseil d'État, il résulte de l'article 13, 1 de la directive TVA, tel qu'interprété par la Cour de justice (notamment dans son arrêt Saudaçor du 29-10-2015 aff. 174/14 : RJF 1/16 n° 104), que le **non-assujettissement** à la TVA prévu en faveur des personnes morales de droit public, qui déroge à la règle générale d'assujettissement de toute activité de nature économique, est subordonné à deux **conditions** cumulatives tenant, d'une part, à ce que l'activité soit exercée par un **organisme agissant en tant qu'autorité publique** et, d'autre part, à ce que le non-assujettissement ne conduise **pas** à des **distorsions de concurrence d'une certaine importance** (Avis CE 12-4-2019 n° 427540 : RJF 7/19 n° 642 ; CE 28-5-2021 nos 441739 et 442378 : RJF 8-9/21 nos 797 et 798 ; CE 9-12-2021 n° 439617 : RJF 3/22 n° 249).

Avant d'examiner ces deux conditions (nos 10380 s. et 10410 s.), il convient de préciser la **notion d'activité économique** applicable aux personnes morales de droit public (n° 10370), car l'application de l'article 13 de la directive TVA suppose la constatation préalable du caractère économique de l'activité. Nous verrons ensuite quelles sont les activités des organismes de droit public qui sont expressément assujetties à la TVA (nos 10500 s.) et l'option pour l'imposition à la TVA prévue pour certaines activités (nos 10570 s.).

A. Notion d'activité économique applicable aux organismes de droit public

10370 Il résulte de la jurisprudence de la CJUE que la notion d'activité économique pour les organismes de droit public est appréciée par la Cour selon des critères plus stricts que ceux qu'elle utilise pour les opérateurs privés. Cette plus grande rigueur dans l'appréciation des critères de l'activité économique pour les organismes de droit public se traduit, essentiellement, d'une part, par la distinction qu'il convient d'opérer en ce qui les concerne entre la notion de prestation de services effectuée à titre onéreux au sens de l'article 2, 1-c de la directive TVA et celle de **« rémunération » caractérisant une activité économique** au sens de l'article 9, 1 (la Cour précisant à cet égard que l'existence d'une prestation de services à titre onéreux ne suffit pas pour constater l'existence d'une activité économique) et, d'autre part, par l'examen des **conditions dans lesquelles la prestation de services est effectuée** par l'organisme.

En outre, elle considère qu'**en l'absence d'activité économique,** il n'est pas nécessaire d'examiner si un organisme agit en tant qu'autorité de droit public ou si le non-assujettissement de cette activité conduirait à des distorsions de concurrence, l'application de l'article 13 de la directive TVA supposant la constatation préalable du caractère économique de l'activité.

Jugé ainsi que n'exercent pas une activité économique :

– une collectivité territoriale qui fournit un service de transport scolaire, en ajustant la contribution demandée aux parents en fonction de leurs revenus et qui ne récupère, à travers ces contributions, qu'une très faible part des coûts engagés (de l'ordre de 3 %) (CJUE 12-5-2016 aff. 520/14 : RJF 8-9/16 n° 775) ;

– des bureaux publics qui fournissent dans le cadre de procédures judiciaires des services d'assistance juridique en contrepartie d'une contribution partielle calculée sur les revenus et le patrimoine des bénéficiaires dès lors que leurs revenus excèdent le seuil fixé pour bénéficier de l'assistance juridique gratuite (CJUE 29-10-2009 aff. 246/08) ;

– une autorité réglementaire nationale responsable de l'assignation des fréquences qui octroie des licences telles que des licences de télécommunications mobiles de la troisième génération, dites « UMTS », par voie de mise aux enchères des droits d'utilisation d'équipements de télécommunications (CJUE gd. ch. 26-6-2007 aff. 369/04 et 284/04 : RJF 11/07 n° 1364).

B. Organisme agissant en tant qu'autorité publique

Une fois l'activité qualifiée d'économique selon les critères mentionnés au n° 10370, et avant toute recherche d'une éventuelle distorsion de concurrence qui résulterait du non-assujettissement à **10380**
la TVA de ladite activité, il convient, pour savoir si celle-ci est susceptible d'être placée hors du champ d'application de la TVA, de vérifier si l'activité économique en cause est réalisée par l'organisme de droit public en tant qu'autorité publique.

Selon la jurisprudence de la **Cour de justice,** reprise par le **Conseil d'État,** les activités économiques sont exercées par les organismes de droit public en tant qu'autorité publique :

1. Lorsqu'elles sont accomplies dans le cadre du **régime juridique qui leur est particulier,** à l'exclusion des activités qu'ils exercent dans les mêmes conditions juridiques que les opérateurs économiques privés. Le seul critère permettant de distinguer avec certitude ces deux catégories d'activités est par conséquent le régime juridique applicable **en vertu du droit national** (CJUE plén. 17-10-1989 aff. 231/87 et 129/88 : RJF 1/90 n° 103 ; CJUE 15-5-1990 aff. 4/89 : RJF 7/90 n° 934).

Le fait que l'exercice d'une activité comporte l'**usage de prérogatives de puissance publique** permet ainsi d'établir que cette activité est soumise à un régime de droit public (CJUE 14-12-2000 aff. 446/98 : RJF 3/01 n° 421 ; en ce sens, également, CJUE gr. ch. 16-9-2008 aff. 288/07, Isle of Wight Council et autres : RJF 1/09 n° 100 ; CE 16-2-2015 n° 364793 : RJF 5/15 n° 395 ; Avis CE 12-4-2019 n° 427540 : RJF 7/19 n° 642 ; CE 28-5-2021 n°s 441739 et 442378 : RJF 8-9/21 n°s 797 et 798).

Il en va de même, selon le Conseil d'État, notamment, lorsque l'activité est accomplie en raison d'une **obligation légale** ou dans le cadre d'un **monopole** ou encore lorsqu'elle **relève par nature des attributions d'une personne publique** (Avis CE et CE 28-5-2021 précités).

Voir également n° 10385 l'interprétation donnée par l'administration de ce régime juridique particulier.

2. Lorsqu'elles sont **exonérées en application, notamment, de l'article 132 de la directive** TVA, si la législation de l'État membre le prévoit, en vertu des dispositions de l'article 13, 2 de la directive (voir n° 10300). Dans ce cas, la condition d'exercice de l'activité en tant qu'autorité publique est regardée comme remplie alors même que cette activité ne serait pas effectuée dans le cadre du régime particulier des organismes publics visés au 1 ci-dessus, mais d'une manière analogue à celle d'un opérateur économique privé (CE 28-5-2021 précités ; CE 9-12-2021 n° 439617 : RJF 3/22 n° 249 ; en ce sens également, CJUE 6-2-1997 aff. 247/95 : RJF 7/97 n° 758). Or, il résulte de l'article 256 B du CGI que la France a fait usage de cette possibilité de regarder comme des activités effectuées en tant qu'autorités publiques les **services éducatifs** et les **services à caractère sportif** (exonérés de TVA par l'article 132, 1-i et m de la directive) rendus par les organismes publics (CE 28-5-2021 et 9-12-2021 précités) ainsi que les **services à caractère sociaux** (exonérés par l'article 132, 1-g de la directive) rendus par ces mêmes organismes (CAA Nantes 15-2-2022 n° 19NT04979 : RJF 5/22 n° 440).

Remarque : Ces solutions, limitées aux services éducatifs, sportifs et sociaux en cause dans ces affaires (concernant l'exploitation par une commune d'une cantine scolaire et d'une piscine municipale et l'exploitation d'un Ehpad par un centre hospitalier public), devraient selon nous pouvoir être étendues aux **services culturels** également visés au premier alinéa de l'article 256 B du CGI (exonérés de TVA par l'article 132, 1-n de la directive). La doctrine administrative, qui conditionne le non-assujettissement de ces services au seul examen des distorsions de concurrence, sans examiner si ces activités sont exercées par l'organisme en tant qu'autorité publique, est d'ailleurs en ce sens (voir nos 10420 s.).

10385 Selon l'**administration,** les activités exercées en vertu de prérogatives de puissance publique sont les **tâches administratives fondamentales et obligatoires** de l'État et des autres collectivités publiques (défense nationale, gendarmerie, éducation nationale, police, sécurité publique, justice, diplomatie, santé publique, état civil, recouvrement de l'impôt, etc.). Les recettes perçues par les collectivités dans le cadre de l'exercice de ces prérogatives hors du champ d'application de la taxe ne sont donc pas imposables à la TVA. Tel est notamment le cas des impôts et taxes locaux et des droits perçus en contrepartie du stationnement sur les voies publiques affectées à la circulation (BOI-TVA-CHAMP-10-20-10-10 n° 50 ; s'agissant des locations d'emplacements pour le stationnement des véhicules consenties par les collectivités locales, voir également nos 3900 s.).

Toujours selon l'administration, doivent également être considérées comme exercées en tant qu'autorité publique (et, à ce titre, placées hors du champ d'application de la TVA) les activités suivantes :

– **péages** perçus en contrepartie de l'exploitation d'ouvrages de circulation routière ;

– **fourniture de l'eau, assainissement, abattoirs publics,** enlèvement et traitement des **ordures ménagères,** marchés d'intérêt national. Ces activités peuvent toutefois être soumises à la TVA par détermination expresse de la loi (nos 10500 s.) ou par exercice du droit d'option prévu à l'article 260 A du CGI (nos 10570 s.) (BOI précité nos 60 et 70).

> **Précisions** S'agissant de l'**autorisation d'occupation privative du domaine public** par des activités économiques (terrasses de bars, etc.), l'administration a précisé que les personnes morales de droit public sont réputées agir en **qualité d'autorité publique** lorsqu'elles ont la possibilité de révoquer unilatéralement les autorisations délivrées à titre précaire ou d'établir des servitudes à leur profit ainsi que lorsqu'elles exercent des missions de police de conservation en constatant des infractions assorties d'amendes pénales. Les redevances perçues à ce titre ne sont donc pas assujetties à la TVA puisque les personnes publiques sont seules habilitées à accorder de telles autorisations (**absence de concurrence** avec les opérateurs privés). Toutefois, tel n'est pas le cas lorsque les autorisations d'occupation du domaine public sont **constitutives de droits réels** (bail emphytéotique administratif, par exemple), les personnes publiques intervenant alors dans des conditions juridiques similaires à celles des opérateurs du secteur privé (Rép. Masson : Sén. 30-12-2021 n° 24241).

10390 Lorsqu'une activité économique exercée par un organisme de droit public n'est **pas accomplie** par celui-ci **en tant qu'autorité publique,** ce dernier est nécessairement assujetti à la TVA à raison de cette activité, sans préjudice des **éventuelles exonérations** applicables (CE 28-5-2021 n° 442378 : RJF 8-9/21 n° 798 ; CE 9-12-2021 n° 439617 : RJF 3/22 n° 249).

C. Absence de distorsions de concurrence d'une certaine importance

10410 Une fois établi que l'activité économique exercée par un organisme de droit public est bien accomplie par celui-ci en tant qu'autorité publique, il convient de rechercher une éventuelle distorsion de concurrence qui résulterait du non-assujettissement à la TVA de ladite activité.

Selon le **Conseil d'État,** il résulte de la directive TVA, telle qu'interprétée par la jurisprudence de la Cour de justice, que les **distorsions de concurrence** mentionnées au paragraphe 1 de l'article 13 de la directive **s'apprécient à la fois au regard de l'activité en cause et des conditions d'exploitation** de cette activité. L'existence de telles distorsions ne saurait, dès lors, résulter de la seule constatation que des prestations réalisées par un organisme de droit public sont identiques à celles réalisées par un opérateur privé, sans examen de l'état de la **concurrence réelle ou,** à défaut, **potentielle,** sur le marché en cause (Avis CE 12-4-2019 n° 427540 : RJF 7/19 n° 642 ; CE 28-5-2021 nos 441739 et 442378 : RJF 8-9/21 nos 797 et 798 ; en ce sens, également, CE 23-12-2010 n° 307856 : RJF 3/11 n° 296).

> Précisions a. La jurisprudence de la **Cour de justice** sur laquelle se fonde le Conseil d'État résulte de deux arrêts :
– le premier du 16 septembre 2008 rendu en grande chambre (aff. 288/07, Isle of Wight Council et autres : RJF 1/09 n° 100), par lequel la Cour, abandonnant sa jurisprudence antérieure qui laissait au juge national le soin d'apprécier les circonstances de chaque espèce afin de déterminer l'existence ou non de distorsions de concurrence, a considéré que les distorsions de concurrence devaient être évaluées « in abstracto », c'est-à-dire par rapport à l'activité en cause, en tant que telle, sans que cette évaluation porte sur un marché local particulier, et en prenant en compte non seulement la concurrence actuelle, mais également la concurrence potentielle, pour autant que la possibilité pour un opérateur privé d'entrer sur le marché soit réelle et non purement hypothétique ;
– le second du 19 janvier 2017, rendu en chambre simple (aff. 344/15, National Roads Authority : RJF 4/17 n° 398), à propos de l'exploitation d'une route à péage par un organisme public, par lequel la Cour a jugé que les distorsions de concurrence d'une certaine importance devaient être évaluées en tenant compte des circonstances économiques.
Selon nous, la question se pose de savoir si cette seconde décision était liée au cas d'espèce ou s'il faut y voir un retour à la position de principe de la CJUE antérieure à son arrêt « Isle of Wight » (position qui privilégiait, rappelons-le, une appréciation concrète des distorsions de concurrence).
En tout état de cause, le Conseil d'État considère qu'il y a lieu de combiner les deux arrêts susvisés de la Cour de justice et qu'il convient, dès lors, d'apprécier les distorsions de concurrence à la fois au regard de l'activité en cause et des conditions d'exploitation de cette activité, ce qui revient, en définitive, à apprécier concrètement les distorsions de concurrence.
b. Dans les arrêts du 28 mai 2021 susvisés, le Conseil d'État a considéré que le non-assujettissement à la TVA d'une **activité exercée en régie directe par une commune** ne peut pas être regardé comme entraînant des distorsions de concurrence avec des opérateurs privés lorsque l'activité est **structurellement déficitaire,** que ce soit en raison du cadre réglementaire régissant cette activité (**cantines scolaires,** par exemple) ou de considérations purement factuelles visant à permettre un large accès de la population locale à cette activité (**piscine municipale** traditionnelle, par exemple). En effet, l'exercice d'une activité de nature à satisfaire le même besoin pour le public concerné (notamment, dans des conditions de prix comparables) ne peut être assuré de manière profitable et économiquement viable par un opérateur privé, sauf à ce que ses recettes d'exploitation soient complétées par des subventions publiques. Par suite, le non-assujettissement de l'organisme public n'est pas susceptible de créer des distorsions de concurrence avec un opérateur privé autonome, l'entrée de ce dernier sur le marché en cause apparaissant en fait purement hypothétique (absence de concurrence potentielle).
c. Le Conseil d'État a expressément souligné que seules les **distorsions de concurrence au détriment** des **opérateurs privés** doivent être prises en compte, la circonstance que le non-assujettissement à la TVA constitue un désavantage pour les organismes de droit public eux-mêmes étant en revanche sans incidence (CE 28-5-2021 n° 441739 précité). Au regard des conclusions du rapporteur public, la Haute Assemblée considère ainsi que l'arrêt du 4 juin 2009, dans lequel la Cour de justice avait considéré que les distorsions de concurrence peuvent exister tant au détriment des concurrents privés qu'à celui des organismes publics eux-mêmes (CJUE 4-6-2009 aff. 102/08 : RJF 8-9/09 n° 806), constitue un arrêt d'espèce.

Comme déjà indiqué aux nos 10350 et 10355, les **distorsions de concurrence** auxquelles conduirait le non-assujettissement d'une activité économique exercée par un organisme de droit public ne peuvent déclencher la mise dans le champ d'application de la TVA de l'activité en cause que dans la mesure où celles-ci sont **d'une certaine importance.** **10415**

L'expression « d'une certaine importance » doit être comprise dans le sens que les distorsions de concurrence (actuelles ou potentielles) doivent être plus que négligeables (CJUE gr. ch. 16-9-2008 aff. 288/07 : RJF 1/09 n° 100).

CRITÈRES ADMINISTRATIFS DES DISTORSIONS DE CONCURRENCE

La doctrine administrative (BOI-TVA-CHAMP-10-20-10-10 nos 100 à 120) pose en principe que la notion de concurrence doit s'apprécier dans un cadre qui peut dépasser les limites territoriales de la circonscription dans laquelle s'exerce l'activité de l'organisme de droit public en cause. Elle estime qu'il convient, suivant les cas, de situer au plan communal, départemental, ou même national le domaine concurrentiel, celui-ci pouvant varier en fonction du champ d'action géographique de l'organisme concerné, de l'étendue du marché ou de la clientèle vers laquelle son activité est orientée. Le caractère concurrentiel d'un organisme de droit public ne peut être établi que par rapport à la même activité ou une activité semblable au titre de laquelle les entreprises privées **10420** sont soumises à la taxe. Il s'ensuit que l'organisme de droit public exerçant la même activité qu'un organisme de droit privé exonéré ne doit pas être recherché en paiement de la TVA.

Les services à caractère social exploités par les régies communales ou départementales, qui sont exclus du nombre des régies à caractère industriel ou commercial (CGCT art. L 2221-9), ne sont pas, en principe, susceptibles d'entrer en concurrence avec les activités du secteur privé (régies d'hygiène ou d'assistance).

À titre de **règle pratique,** l'administration considère que sont plus particulièrement susceptibles d'entrer en concurrence avec le secteur privé les services publics à caractère industriel et commercial des collectivités territoriales qui peuvent être concédés à des entreprises privées. Sauf circonstances particulières qui ne peuvent être appréciées que cas par cas, les activités des services administratifs, sociaux, éducatifs, culturels et sportifs des personnes morales de droit public également susceptibles d'être effectuées par des opérateurs privés peuvent être réparties en trois catégories : activités pour lesquelles la non-concurrence doit être présumée, activités pour lesquelles la concurrence doit être présumée, autres activités.

> **Précisions** Lorsqu'une personne morale de droit public est considérée comme assujettie, soit parce qu'elle exerce des activités qui sont obligatoirement soumises à la taxe, soit parce qu'elle se trouve en concurrence avec des entreprises privées, les opérations qu'elle effectue ne donnent effectivement lieu au paiement de la TVA que si elles ne bénéficient pas d'une **exonération** de caractère général (BOI précité n° 120).

10430 **Activités pour lesquelles la non-concurrence doit être présumée** Certaines activités sont, selon l'administration (BOI-TVA-CHAMP-10-20-10-10 n° 130), hors du champ d'application de la TVA au motif que le non-assujettissement des organismes qui les exercent est présumé ne pas entraîner de distorsions de concurrence.

Sont concernées les activités suivantes :

– opérations étroitement liées à l'**assistance sociale** et à la **sécurité sociale** : sont notamment visées les activités fournies dans les maisons de retraite (dans le même sens, CAA Nantes 15-2-2022 n° 19NT04979 : RJF 5/22 n° 440) et les foyers-logements, dès lors qu'en raison de leur mode de fonctionnement et de leur caractère social très marqué, le non-assujettissement de ces établissements n'est pas susceptible de provoquer des distorsions de concurrence, ainsi que l'exploitation des campings municipaux lorsqu'elle procure à la commune moins de recettes annuelles que le seuil mentionné au a du 2° du I de l'article 293 B du CGI (voir n° 47600, 2e tiret) (BOI-TVA-CHAMP-10-20-10-30 n° 310) ;

– **hospitalisation et soins médicaux** pour lesquels les établissements de soins privés bénéficient d'une exonération (nos 9830 s.), ainsi que les activités qui leur sont étroitement liées. Dans le cas contraire, les opérations réalisées par les hôpitaux publics, qui sont de même nature que celles qui, effectuées par des établissements de soins privés, ne bénéficient pas d'une exonération, entrent nécessairement en concurrence avec ces dernières et doivent être soumises à la TVA (tel est notamment le cas des actes de médecine ou de chirurgie esthétique : voir n° 9190) ;

– prestations de services et livraisons de biens étroitement liées à la **protection de l'enfance et de la jeunesse** (centres de loisirs, centres de vacances) ;

– **prestations sportives et culturelles** : sont concernés par exemple les droits d'entrée perçus au titre de l'exploitation d'une piscine (dans le même sens, voir CE 28-5-2021 n° 442378 : n° 10410, précision b), d'une patinoire, d'une bibliothèque, de musées, de monuments historiques, les droits d'entrée perçus au titre de l'organisation d'expositions d'intérêt local ou les recettes afférentes aux activités d'enseignement musical ou artistique.

> **Précisions** **a.** La **présomption de non-concurrence** est une présomption simple qui **peut être renversée.** Ainsi, l'absence de taxation disparaît s'il s'avère que les collectivités publiques exerçant les activités en cause sont en concurrence avec des entités privées à but lucratif, cette situation devant être appréciée, sur un marché de taille pertinente, en fonction de la nature et des conditions d'exercice de l'activité (en ce sens plusieurs réponses ministérielles non reprises au Bofip mais dont la solution nous paraît conserver sa valeur : notamment Rép. Besson Sén. 20-1-2005 n° 14355 ; Rép. Jacquat AN 10-10-2006 n° 97139 ; Rép. Zimmermann AN 2-10-2007 n° 1472).
> **b.** S'agissant des **musées et monuments historiques,** seules les recettes provenant des droits d'entrée et celles qui peuvent leur être assimilées (droits perçus pour photographier, filmer ou reproduire les objets des musées ou des monuments), ainsi que les subventions complétant le financement de ces activités ne supportent pas la TVA. En revanche, les activités accessoires (location de salles aménagées, exploitation de bars et buvettes, vente de cartes postales, photographies, reproductions, moulages, etc.) sont imposables (BOI-TVA-CHAMP-10-20-10-30 n° 290).
> **c.** L'exploitation d'un **complexe aquatique** par une commune est soumise à la TVA, par la **doctrine administrative,** si cette exploitation entre en concurrence avec un exploitant privé proposant effectivement le même service (Rép. Besson précitée). Le **Conseil d'État** considère toutefois qu'il convient d'abord de déterminer si la

commune agit en tant qu'autorité publique en examinant notamment, en pratique, si l'exploitation du complexe aquatique constitue un service à caractère sportif (sur les critères fixés à cette fin par CJUE 21-2-2013 aff. 18/12 : RJF 5/13 n° 569 et repris par l'administration, voir l'exemple du n° 89900) : en cas de réponse négative, l'exploitation du complexe aquatique est soumise à la TVA ; dans l'hypothèse inverse, l'activité doit être taxée uniquement si le non-assujettissement entraîne des distorsions de concurrence d'une certaine importance avec des opérateurs privés (CE 9-12-2021 n° 439617 : RJF 3/22 n° 249). Sur ce dernier point, on rappelle que l'absence de distorsions de concurrence pourrait être retenue si l'exploitation en régie directe du complexe aquatique est structurellement déficitaire (voir CE 21-5-2018 n° 442378 : n° 10410, précision b).

Activités pour lesquelles la concurrence doit être présumée Les activités des organismes de droit public qui sont, par leur **nature,** leur **étendue** ou la **clientèle** à laquelle elles s'adressent et les moyens mis en œuvre (publicité, tarifs pratiqués), en concurrence directe avec des entreprises commerciales qui proposent des services similaires sont imposables. 10440

Tel est le cas par **exemple** des recettes afférentes à l'exploitation d'un golf, d'un parc zoologique ou botanique, d'un parc d'attractions, d'une salle de spectacles ou de cinéma, d'établissements thermaux ou de thalassothérapie et d'organisation de spectacles de son et lumière ou de festivals (musique, théâtre) (BOI-TVA-CHAMP-10-20-10-10 n° 140).

> Précisions La jurisprudence la plus récente du **Conseil d'État** pourrait toutefois entraîner le non-assujettissement à la TVA de certaines de ces activités lorsque, exercées en régie directe et soumises à des contraintes tarifaires spécifiques, elles sont structurellement déficitaires (voir CE 28-5-2021 n°s 441739 et 442378 : n° 10410, précision b).

Autres activités Le régime de TVA applicable aux autres activités des personnes morales de droit public doit, selon l'administration, être apprécié au cas par cas compte tenu de la possibilité ou non pour le secteur privé de satisfaire les besoins concernés. 10450

Lorsqu'une activité exercée par une personne morale de droit public n'est pas située hors du champ d'application de la TVA au regard des critères énoncés aux n°s 10350 s., elle est nécessairement située dans le champ d'application de la taxe, c'est-à-dire soit taxée soit exonérée.

Par exemple, les établissements publics d'enseignement et les crèches publiques sont assujettis à la TVA mais peuvent être exonérés en application du a du 4° (n°s 8180 s.) ou du 8° bis (n°s 17220 s.) du 4 de l'article 261 du CGI (BOI-TVA-CHAMP-10-20-10-10 n° 150).

D. Activités expressément assujetties

L'article 256 B du CGI énumère une **liste d'activités** pour lesquelles les organismes de droit public sont obligatoirement assujettis. Il s'agit des activités suivantes : 10500

- livraisons de biens neufs fabriqués en vue de la vente (manufactures nationales par exemple) ;
- distribution de gaz, d'électricité et d'énergie thermique ;
- opérations des économats et établissements similaires ;
- transports de biens, à l'exception de ceux effectués par La Poste ;
- transports de personnes (voir précision b ci-dessous) ;
- opérations des organismes d'intervention agricoles portant sur les produits agricoles et effectuées en application des règlements portant organisation commune du marché de ces produits ;
- organisation d'expositions à caractère commercial ;
- prestations de services portuaires et aéroportuaires (collectivités locales concessionnaires de ports de pêche, de commerce ou de plaisance par exemple) ;
- entreposage de biens meubles ;
- organisation de voyages et de séjours touristiques ;
- diffusion ou redistribution de programmes de radiodiffusion ou de télévision ;
- télécommunications ;
- fourniture d'eau dans les communes d'au moins 3 000 habitants ou par les établissements publics de coopération intercommunale dont le champ d'action s'exerce sur un territoire d'au moins 3 000 habitants (voir n°s 10750 s.).

> Précisions a. La Poste ayant perdu depuis le 1er mars 2010 son statut d'organisme de droit public, les activités liées à l'exercice du service postal ne sont plus placées hors du champ d'application de la TVA. Les prestations de services et les livraisons de biens accessoires à ces prestations, à l'exception des transports de personnes et des télécommunications, qui relèvent du **service universel postal** et qui sont effectuées par le prestataire en France dudit service sont toutefois exonérées (n° 17250).

b. Lorsqu'elle exploite directement un **service public de transports de voyageurs** (réseau routier, rail, métro, remontées mécaniques, etc.), la collectivité locale concernée (autorité organisatrice) est soumise au régime suivant : imposition des sommes provenant des usagers, non-imposition des « recettes » provenant du versement de transport et des virements internes (nos 5815 et 5850).

Au titre des **transports scolaires,** la TVA n'est exigée des collectivités locales que si elles exploitent aussi, avec le même matériel, une ou plusieurs lignes régulières de transport de voyageurs. Lorsqu'elles n'effectuent que des opérations de transport scolaire à l'aide d'équipements non affectés à d'autres opérations, elles peuvent être exonérées (ce qui a pour contrepartie l'absence de tout droit à déduction) (BOI-TVA-CHAMP-10-20-10-30 n° 270).

Par ailleurs, l'administration considère que, lorsque la somme des participations financières perçues par un conseil régional auprès des familles d'élèves (ainsi que, le cas échéant, des subventions complément de prix versées par d'autres collectivités territoriales) couvre moins de 10 % du coût de revient annuel des prestations relatives à l'ensemble des contrats de transports scolaires, l'activité de transport scolaire est située hors du champ d'application de la TVA (Rép. Bruneel : AN 15-5-2018 n° 4573 ; Rép. Prud'homme : AN 13-11-2018 n° 10692).

c. La **redevance d'affermage** perçue, dans le cadre de la **délégation d'un service public**, par une collectivité publique de son délégataire en contrepartie de la mise à disposition à titre onéreux des investissements réalisés par la collectivité doit être soumise à la TVA (au taux normal), à moins que cette redevance soit dérisoire ou symbolique auquel cas la mise à disposition est considérée comme fournie à titre gratuit. Sont visés les contrats d'affermage, par lesquels le délégataire perçoit, pour son propre compte, les recettes sur les usagers du service. En revanche, ne sont pas concernés les contrats (même qualifiés de délégations de services publics), telles les régies intéressées, par lesquels le délégataire perçoit la rémunération sur l'usager au nom et pour le compte de la collectivité (dans cette hypothèse, la rémunération du délégataire, considéré comme un prestataire de services de la collectivité, suit le régime décrit n° 10575, précisions). Ne sont pas non plus concernés les contrats de concession dans lesquels le concessionnaire réalise les investissements nécessaires à l'exploitation du service.

Pour les **contrats** qui étaient **en cours au 1er janvier 2014,** les parties ont pu soit réputer hors taxe le montant de la redevance initialement prévu par la convention (et calculer la TVA sur ce montant), soit écarter l'assujettissement à la TVA (BOI-TVA-CHAMP-10-20-10-10 n° 93).

d. Les États membres n'ont pas l'obligation de transposer dans leur législation fiscale le critère du **caractère non négligeable** en tant que condition pour l'assujettissement des opérations énumérées à la liste de l'annexe I à la directive TVA (CJUE plén. 17-10-1989 aff. 231/87 et 129/88 : RJF 1/90 n° 103). Le législateur français n'a pas repris ce critère du caractère négligeable.

e. En ce qui concerne les **virements financiers internes** des collectivités publiques, voir n° 5815.

10505 La **liste** fixée par l'article 256 B du CGI n'est **pas limitative.** Sont également soumises de plein droit à la TVA les activités économiques qui ne relèvent pas des services administratifs, sociaux, éducatifs, culturels et sportifs des organismes de droit public mais, notamment, de certains de leurs **services à caractère industriel et commercial.**

Il s'agit en particulier des opérations suivantes : location de locaux aménagés, location d'emplacements de stationnement hors voie publique, exploitation de bars et buvettes, travaux d'études et de recherches, opérations agricoles dont les recettes dépassent le seuil mentionné au n° 69750 (BOI-TVA-CHAMP-10-20-10-10 n° 90).

E. Option des collectivités locales

CHAMP D'APPLICATION DE L'OPTION

10570 Les collectivités locales, leurs groupements ou leurs établissements publics (communes, départements, régions, ententes interrégionales, institutions ou organismes interdépartementaux, syndicats mixtes, établissements de coopération intercommunale visés à l'article L 5210-1-1 A du Code général des collectivités territoriales) peuvent opter pour leur assujettissement à la TVA au titre de certaines opérations, normalement situées hors du champ d'application de la taxe, qui sont limitativement énumérées à l'article 260 A du CGI. Il s'agit des services publics à caractère industriel et commercial suivants :

– **fourniture de l'eau** dans les communes de **moins de 3 000 habitants** ou par les établissements publics de coopération intercommunale dont le champ d'action s'exerce sur un territoire de moins de 3 000 habitants (voir nos 10750 s.) ;

– **assainissement** collectif et non collectif, qui comprend l'évacuation des eaux usées et pluviales ;

– **abattoirs publics** ;

– **marchés d'intérêt national** ;

– **enlèvement et traitement des ordures,** déchets et résidus lorsque ce service donne lieu au paiement d'une redevance calculée en fonction de l'importance des services rendus.

Remarque : L'intérêt de l'option pour le paiement de la TVA par les collectivités locales a **diminué depuis** que, par le biais du Fonds de compensation de la TVA (**FCTVA**), elles peuvent également récupérer l'intégralité de la TVA ayant grevé leurs investissements.

L'option ne peut être exercée que par les organismes qui **exploitent directement** les services visés au n° 10570 (BOI-TVA-CHAMP-50-20 n° 70). **10575**

Lorsque l'**exploitation** est **concédée ou affermée** à une autre collectivité, la collectivité délégataire n'est pas imposable à la TVA mais peut opter pour son assujettissement. La collectivité délégante est imposable sur la redevance qu'elle reçoit, le cas échéant, de son délégataire sauf s'il ressort des termes du contrat que cette redevance ne constitue pas la contrepartie de la mise à disposition des investissements réalisés par la collectivité délégante (voir n° 10500, précision c) (BOI précité n° 110).

> Précisions Les collectivités ou organismes locaux (communes, syndicats, etc.) qui fournissent le service public aux usagers peuvent avoir recours, pour l'exécution de tout ou partie des tâches du service, à d'autres collectivités ou organismes locaux qui agissent en qualité de **prestataires de services de la collectivité titulaire** du service. En principe, la collectivité prestataire est imposable à la TVA (CGI art. 256 et 256 A).
Toutefois, lorsque les prestations sont rendues pour des services publics dont les recettes ne sont pas soumises à la TVA, les collectivités prestataires peuvent ne pas soumettre à la TVA ces prestations. En revanche, les prestations rendues pour des services publics dont les recettes sont effectivement soumises à la TVA (de plein droit ou sur option) doivent obligatoirement être imposées (BOI précité n° 102).
Les précisions ci-dessus ne valent pas pour les prestations rendues pour les services publics de fourniture d'eau, lesquelles répondent à des règles différentes (voir n°s 10750 s.).

PORTÉE DE L'OPTION

L'option pour le paiement de la TVA peut être exercée pour chacun des services entrant dans son champ d'application (CGI art. 260 A). L'option **peut** donc **être exercée pour tous les services** concernés **ou certains d'entre eux** seulement, voire pour un seul. **10590**

Lorsqu'une collectivité territoriale, un groupement ou un établissement public entend exercer l'option pour plusieurs services, il doit prendre une décision pour chaque service (CGI ann. II art. 201 quinquies). En d'autres termes, l'option doit être **exercée distinctement pour chacun des services** y ouvrant droit.

L'option couvre l'**ensemble des opérations** relatives au service considéré (BOI-TVA-CHAMP-50-20 n° 120).

EXERCICE ET DATE D'EFFET DE L'OPTION

Formulée sur papier libre, la **déclaration d'option** doit être revêtue de la signature de l'autorité compétente (maire, président du syndicat, etc.). **10600**

Elle est adressée au **service local des finances publiques** dont dépend la collectivité ou l'organisme, obligatoirement accompagnée d'un extrait du registre des **délibérations de l'assemblée** qui a pris la décision d'option, ainsi que de la déclaration d'identification (BOI-TVA-CHAMP-50-20 n° 130).

L'option pour le paiement de la TVA prend **effet à compter du premier jour du mois suivant** celui au cours duquel elle est formulée auprès du service des impôts (CGI ann. II art. 201 quinquies). **10605**

La date d'effet de l'option dépend donc de la date de la déclaration d'option et non pas de celle de la délibération de l'assemblée qui a pris la décision d'option (cette délibération pouvant être prise plusieurs mois avant l'exercice de l'option).

DURÉE DE L'OPTION ET DÉNONCIATION

L'option couvre **obligatoirement** une **période initiale de cinq années** dont celle au cours de laquelle elle est exercée. **10620**

En effet, l'option peut être dénoncée à partir du 1er janvier de la cinquième année civile qui suit celle au cours de laquelle elle a été exercée, cette dénonciation prenant effet à compter du premier jour du mois suivant celui au cours duquel elle est formulée auprès du service des impôts (CGI ann. II art. 201 quinquies).

En pratique, et compte tenu de la date d'effet de l'option (n° 10605) et de celle de sa dénonciation, l'option couvre obligatoirement une période initiale de :

– cinq années pleines lorsqu'elle est exercée au mois de janvier d'une année (la période couverte par l'option allant du 1er février de l'année d'exercice au 31 janvier de la cinquième année suivante) ;

– quatre années et onze mois lorsqu'elle est exercée au mois de février d'une année (la période couverte par l'option allant du 1er mars de l'année d'exercice au 31 janvier de la cinquième année suivante) ;

– et ainsi de suite, la période initiale obligatoire étant de quatre années et un mois lorsque l'option est exercée au mois de décembre d'une année (la période couverte par l'option allant du 1er janvier de la première année au 31 janvier de la cinquième année suivant celle de l'exercice de l'option).

Une fois passée la période initiale d'option, celle-ci peut être dénoncée à tout moment. Cette dénonciation doit être formulée et présentée dans les mêmes conditions que celles exigées pour son exercice (voir n° 10600).

À **défaut de dénonciation** après la période initiale, l'**option continue de produire ses effets** tant qu'il n'y est pas mis fin. Rien ne s'oppose, bien entendu, à ce qu'une collectivité ou un organisme public, après avoir dénoncé l'option initiale, exerce à nouveau l'option pour la TVA (pour une nouvelle période obligatoire pouvant varier de cinq années à quatre années et un mois selon la date d'exercice de l'option).

Remarque : Le fait de bénéficier d'un remboursement de crédit de TVA au cours de la période couverte par l'option ne fait pas obstacle à la dénonciation de l'option.

10625 EXEMPLES

1. Une option formulée en janvier 2023 prend effet le 1er février 2023 et pourra être dénoncée à compter du 1er janvier 2028. Si la collectivité ou l'organisme public décide de dénoncer l'option le 1er janvier 2028, cette dénonciation prendra effet le 1er février 2028 (le service public concerné n'étant plus soumis à la TVA à compter de cette date).

2. La même option, formulée en janvier 2023 avec effet au 1er février 2023, est dénoncée le 10 juin 2030. Cette dénonciation prendra effet le 1er juillet 2030 (le service public concerné n'étant plus soumis à la TVA à compter de cette date).

3. Une option formulée en décembre 2023 prend effet le 1er janvier 2024 et pourra être dénoncée à compter du 1er janvier 2028. Si l'option est dénoncée le 1er janvier 2028, le service public concerné ne sera plus soumis à la TVA à compter du 1er février 2028.

CONSÉQUENCES DE L'OPTION

10640 L'ensemble des obligations incombant aux redevables de la TVA ainsi que les règles relatives à la base imposable, à la liquidation, au paiement, au contrôle et au contentieux de cette taxe s'appliquent en principe aux collectivités locales qui optent pour leur imposition à la TVA (CGI ann. II art. 201 octies).

Chaque service couvert par l'option constitue un **secteur d'activité distinct** pour l'exercice des droits à déduction (CGI ann. II art. 209, I-3°).

> Précisions a. Les collectivités locales doivent souscrire **une seule déclaration TVA pour toutes leurs activités** même sectorisées (BOI-TVA-DED-20-20 n° 230).

b. Chaque service au titre duquel l'option a été exercée doit faire l'objet d'une **comptabilité distincte** s'inspirant du plan comptable général et faisant apparaître un équilibre entre, d'une part, l'ensemble des charges du service (y compris les amortissements techniques des immobilisations) et, d'autre part, l'ensemble des produits et recettes du service (CGI ann. II art. 201 octies).

c. En ce qui concerne le **taux** applicable :
– aux **prestations relatives à l'eau,** voir nos 42730 s. ;
– aux prestations de collecte, de **tri et** de **traitement des déchets ménagers,** voir nos 41535 s. et 42950 s.

II. APPLICATIONS PARTICULIÈRES

OFFICES DE TOURISME

10700 Les activités des offices de tourisme et des syndicats d'initiative peuvent être réparties en trois catégories (BOI-TVA-CHAMP-10-20-10-20 nos 10 à 90) :

– les activités liées à l'**accueil,** l'**information,** l'**animation locale,** la **promotion du tourisme** et la coordination des acteurs locaux du développement touristique (délivrance de guides et cartes touristiques, de listes d'hébergements, organisation de visites guidées et d'expositions, etc.) à titre gratuit ou moyennant un prix symbolique qui sont situées hors du champ d'application de la TVA ;

– les activités d'**organisation de manifestations et d'exploitation d'installations culturelles ou sportives** qui suivent les règles énoncées aux nos 10385 s. lorsque l'office de tourisme est doté du statut d'établissement public à caractère industriel et commercial. Elles suivent les règles exposées aux nos 11050 s. à propos des organismes sans but lucratif lorsqu'il est doté du statut associatif. Lorsque l'office de tourisme ou le syndicat d'initiative est constitué sous forme de société d'économie mixte ou de société commerciale, les activités culturelles et sportives sont soumises de plein droit à la TVA ;

– les **autres activités** de ventes et de services sont en principe soumises de plein droit à la TVA : ventes de billets de spectacles ou de manifestations sportives, de cartes postales, de guides et cartes touristiques, de livres, d'affiches, de produits régionaux, etc., prestations rendues aux hôteliers, restaurateurs, chambres de commerce moyennant un financement spécifique, recettes de parrainage, organisation ou distribution de voyages, etc.

> **Précisions** **a.** Les offices de tourisme et les syndicats d'initiative qui organisent ou distribuent des **voyages** ou des **séjours touristiques** et ont recours, pour la réalisation de ces opérations, à des livraisons de biens et des prestations de services d'autres assujettis relèvent du régime des agents de voyages prévu par l'article 266, 1-e du CGI (nos 83700 s.).
> **b.** Les offices de tourisme ou les syndicats d'initiative qui exploitent une **centrale de réservation,** s'entremettent dans l'organisation de visites de villes ou de leurs environs ou délivrent des billets de spectacles sont soumis aux règles de TVA propres aux **intermédiaires** (nos 83100 s.). Ainsi, ceux qui agissent au nom et pour le compte d'autrui sont soumis à la TVA sur leur seule commission (no 83250).

ÉTABLISSEMENTS PUBLICS D'ENSEIGNEMENT SUPÉRIEUR

Les universités et, d'une manière générale, tous les établissements publics d'enseignement supérieur assurent un **service éducatif** qui entre dans le champ d'application de la TVA mais qui en est exonéré. Ils réalisent également d'**autres opérations** qui sont imposables. **10710**

Sont exonérés de TVA en vertu de l'article 261, 4-4°-a-al. 3 du CGI les établissements du secteur public qui dispensent un **enseignement universitaire** : universités ou autres établissements publics à caractère scientifique, culturel et professionnel relevant du ministère chargé de l'enseignement supérieur ainsi que les unités d'enseignement et de recherche qui leur sont rattachées (certaines écoles d'ingénieurs, ainsi que les instituts universitaires de technologie) (BOI-TVA-CHAMP-30-10-20-50 no 10). **10715**

Cette exonération couvre également certaines **livraisons de biens et prestations de services étroitement liées** à l'enseignement : vente de matériels pédagogiques aux élèves et étudiants (**polycopiés,** etc.) et travaux d'impression de mémoires et de thèses en nombre limité d'exemplaires, vente d'objets fabriqués par les élèves et services rendus par les élèves dans le cadre de la mise en pratique de l'enseignement dispensé (y compris les travaux de recherche réalisés par les étudiants), etc. L'exonération est toutefois subordonnée à l'absence de recours à des méthodes commerciales de gestion susceptibles de conférer un caractère concurrentiel à ces opérations (BOI précité nos 90 à 100).

> **Précisions** Les prestations de services effectuées par les universités ou les établissements d'enseignement pour leurs propres besoins (par exemple, mise à disposition pour les activités administratives d'un ordinateur affecté à la recherche) ne sont pas soumises à la TVA (BOI précité no 110).

Les autres opérations réalisées par les établissements suivent leur régime propre. **10720**

Ainsi les **travaux d'études et de recherche** (fondamentale ou appliquée) sont imposables à la TVA lorsqu'ils se traduisent par la réalisation d'une prestation de services ou d'une livraison de biens directe **au profit d'un tiers,** y compris d'un autre organisme public juridiquement distinct (établissement public, autres collectivités publiques), et que celui-ci verse en contrepartie de cette opération une rémunération, sous quelque forme que ce soit. Constituent notamment des opérations de recherche individualisées :

– les conventions portant une clause ayant pour objet le **transfert de la propriété du résultat** de l'opération de recherche au profit de la partie versante et permettant à celle-ci de l'exploiter commercialement ;

– les **abandons d'avances remboursables en cas de succès** si la décision d'abandon donne le droit à la personne qui a octroyé les fonds d'utiliser le résultat des recherches effectuées dans le cadre du programme au titre duquel l'aide a été initialement consentie (BOI-TVA-CHAMP-10-10-60-40 nos 70 et 80).

L'**exploitation de droits intellectuels** tels que droits de propriété littéraire ou artistique, brevets d'invention, procédés ou modèles est imposable à la TVA (BOI précité n° 160).

RÉGIES MUNICIPALES DES POMPES FUNÈBRES

10730 Depuis la suppression du monopole communal du **service extérieur des pompes funèbres,** toutes les régies communales des pompes funèbres sont soumises à la concurrence. Elles sont donc soumises à la TVA de plein droit, à raison des opérations réalisées dans le cadre de cette mission de service public à caractère industriel et commercial (BOI-TVA-CHAMP-10-20-10-30 nos 1 à 20).

> Précisions Le service extérieur des pompes funèbres comprend le transport des corps avant et après mise en bière (sur le taux applicable, voir n° 42360), l'organisation des obsèques, les soins de conservation, la fourniture des housses, des cercueils et de leurs accessoires intérieurs et extérieurs ainsi que des urnes cinéraires, la gestion et l'utilisation des chambres funéraires, la fourniture des corbillards et des voitures de deuil, la fourniture de personnel et des objets et prestations nécessaires aux obsèques, inhumations, exhumations et crémations (à l'exception des plaques funéraires, emblèmes religieux, fleurs, travaux divers d'imprimerie et de la marbrerie funéraire).

10735 D'autres activités ne relevant pas du service extérieur des pompes funèbres peuvent être exercées par les régies communales. Ces activités sont en principe soumises à la TVA. Il en est ainsi :

– de la création et de la gestion d'un **crématorium** : construction et entretien du crématorium, ensemble des opérations liées à la crémation des personnes décédées, de la réception du corps à la remise de l'urne à la famille (opération de crémation, location des salons de recueillement et des salles de cérémonie), etc. ;

– des **services annexes** proposés lors des obsèques (vente de fleurs, travaux d'impression d'enveloppes, faire-part de décès, publication d'annonces dans la presse), la construction, l'entretien et la vente de caveaux, l'entretien et le nettoyage des sépultures et monuments funéraires.

Sont toutefois situées en dehors du champ d'application de la TVA les opérations qui relèvent d'une **mission de police administrative** du maire (surveillance des opérations consécutives au décès, police du cimetière, organisation des obsèques des personnes dépourvues de ressources suffisantes, enlèvement des corps des personnes décédées sur la voie publique, organisation des obsèques en cas de catastrophe) et les opérations de gestion et d'entretien des cimetières (BOI-TVA-CHAMP-10-20-10-30 nos 30 à 70).

FOURNITURE DE L'EAU

10750 L'article 256 B du CGI soumet obligatoirement à la TVA la fourniture d'eau dans les communes d'**au moins 3 000 habitants** ou par les établissements publics de coopération intercommunale dont le champ d'action s'exerce sur un territoire d'au moins 3 000 habitants (n° 10500). Lorsque le nombre d'habitants est **inférieur à 3 000,** la fourniture d'eau dans les communes ou par les établissements de coopération communale est placée hors champ d'application de la TVA mais peut y être soumise sur **option** (CGI art. 260 A : voir n° 10570).

L'imposition à la TVA concerne l'ensemble des opérations de **service public de distribution** de l'eau de la commune ou des établissements publics de coopération intercommunale à destination de leurs **usagers.** L'imposition porte également sur les livraisons d'eau ou les prestations de services afférentes à la fourniture d'eau que les communes ou les établissements publics de coopération intercommunale d'au moins 3 000 habitants fournissent éventuellement à d'autres personnes ou organismes qui ne sont pas leurs usagers, notamment **à d'autres communes ou établissements publics** quelle que soit la population de ces derniers.

S'agissant des prestations réalisées par des communes ou établissements publics locaux de moins de 3 000 habitants qui ne sont pas taxables au titre de leur propre service de fourniture d'eau, il est admis qu'elles ne soient pas soumises à la TVA lorsqu'elles sont rendues à d'autres communes ou établissements publics de moins de 3 000 habitants qui n'ont eux-mêmes pas exercé l'option pour leur assujettissement à la taxe au titre du même service (BOI-TVA-CHAMP-10-20-10-30 n° 380).

10755 La **base d'imposition** à la TVA, de plein droit ou sur option, comprend notamment les différentes sommes reçues des usagers en contrepartie du service fourni (produit des consommations d'eau, redevances d'abonnement, de location de compteur, de branchement individuel, d'entretien des installations, surtaxes sur l'eau et l'assainissement, redevance pollution, etc.) et les subventions complément de prix. Sur le taux applicable, voir n° 40480.

COLLECTE ET TRAITEMENT DES DÉCHETS

Le service de collecte et de traitement des ordures ménagères rendu par les communes ou leurs groupements constitue, en principe, une activité située hors du champ d'application de la TVA (nº 10385). Cependant, lorsque la collectivité a choisi d'instituer la **redevance pour enlèvement des ordures ménagères** (Reom) prévue à l'article L 2333-76 du CGCT, elle peut opter pour l'assujettissement à la TVA de ce service (nº 10570). En revanche, lorsque la collectivité a choisi de financer ce service par son budget général ou par la taxe d'enlèvement des ordures ménagères (Teom), c'est-à-dire par l'impôt, l'option n'est pas possible. Quel que soit le choix opéré, la collectivité est soumise de plein droit à la TVA à raison des ventes de produits ou de sous-produits issus de la **valorisation des déchets.** De même, les redevances spécifiques qu'elle perçoit le cas échéant (à raison des dépôts dans les déchetteries par exemple) sont soumises de plein droit à la TVA (BOI-TVA-CHAMP-10-20-10-30 nºs 160 à 180). **10770**

> Précisions Les **déchetteries** et les **usines d'incinération** font partie intégrante du service de collecte et de traitement des ordures ménagères dont le régime de TVA dépend du mode de financement. Les communes peuvent rester titulaires de ce service mais confier à un **groupement intercommunal** la construction et l'exploitation d'une déchetterie ou d'une usine d'incinération. Ce groupement agit alors en qualité de prestataire de services des communes. Dès lors qu'aucune des collectivités membres du groupement n'est assujettie à la TVA pour le service d'enlèvement des ordures, le groupement peut bénéficier pour les prestations de traitement des ordures ménagères qu'il leur rend d'une exonération de TVA (BOI précité nºs 190 à 230). En revanche, si le groupement n'entend pas appliquer cette exonération ou si l'une des collectivités membres est assujettie à la TVA au titre du service des ordures ménagères, le groupement doit soumettre à la TVA la totalité de ses recettes d'exploitation, y compris les versements de toute nature provenant des collectivités locales (BOI précité nº 240).

SERVICES D'ASSAINISSEMENT

Les services publics d'**assainissement collectif et non collectif** (l'assainissement non collectif concerne les immeubles non raccordés aux égouts) constituent deux **services publics distincts,** à caractère industriel et commercial, financés par deux redevances distinctes. Chacun de ces services peut faire l'objet d'un mode d'exploitation spécifique (régie, concession, affermage, etc.). Ces services sont, en principe, placés hors du champ d'application de la TVA (nº 10385). Ils peuvent, toutefois, faire l'objet d'une **option** pour le paiement de la TVA (nº 10570), étant observé que l'option peut être exercée pour l'un ou l'autre de ces services, ou les deux à la fois mais de manière séparée. **10780**

> Précisions a. Le **raccordement** des immeubles aux **systèmes d'assainissement collectif** est en principe obligatoire. Les diverses sommes, distinctes de la redevance d'assainissement collectif, perçues par la commune du ou des propriétaires de l'immeuble lors de la mise en service d'un nouvel égout ou lors du raccordement d'un nouvel immeuble à un égout existant constituent la contrepartie de travaux immobiliers taxés de plein droit à la TVA. En revanche, l'éventuelle participation forfaitaire demandée par la commune aux propriétaires d'immeubles édifiés postérieurement à la mise en service de l'égout pour tenir compte de l'économie réalisée par eux en évitant une installation d'évacuation ou d'épuration individuelle n'est pas soumise à la TVA (BOI-TVA-CHAMP-10-20-10-30 nºs 440 et 450).

b. Les prestations portant sur les systèmes d'**assainissement non collectif,** non prises en charge financièrement par la commune, sont soumises de plein droit à la TVA (au taux normal), quelle que soit la personne qui les réalise, car elles ne relèvent pas du service public d'assainissement non collectif (BOI-TVA-LIQ-30-20-30 nº 130).

MISES À DISPOSITION DE PERSONNEL CONSENTIES ENTRE PERSONNES PUBLIQUES

Conformément à l'article 256 B du CGI, les mises à disposition de personnels consenties entre personnes morales de droit public peuvent ne pas être soumises à la TVA, à la condition toutefois que ces prestations soient fournies par ces organismes en tant qu'autorités publiques et que leur non-assujettissement n'entraîne pas de distorsions dans les conditions de la concurrence. Il en va ainsi des **mises à disposition** de personnels **consenties par** les **chambres de commerce et d'industrie régionales** (CCIR), personnes morales de droit public, **au profit** des **chambres de commerce et d'industrie territoriales** (CCIT), dans la mesure où le recrutement des personnels de droit public ainsi que leurs mises à disposition par les CCIR au profit des CCIT sont effectués en vertu de l'obligation légale prévue à l'article L 711-8, 5º du Code de commerce. À cet égard, le non-assujettissement des CCIR au titre de ces mises à disposition n'est pas, en raison de la nature des personnels concernés et du contexte juridique de leur réalisation, susceptible d'emporter de distorsions dans les conditions de la concurrence. En conséquence, les prestations **10790** de mises à disposition de personnels consenties par les CCIR aux CCIT relèvent de plein droit des dispositions de l'article 256 B du CGI et ne sont pas soumises à la TVA (Rép. Colas : AN 20-9-2016 n° 61282).

De même ne sont pas non plus assujetties à la TVA en application de l'article 256 B du CGI les mises à disposition d'agents par les **centres de gestion de la fonction publique territoriale** aux collectivités et établissements publics dans les conditions prévues par l'article 25 de la loi 84-53 du 26 janvier 1984 (Rép. Joncour : AN 10-4-2018 n° 5485).

SECTION 8

COLLECTIVITÉS DE DROIT PRIVÉ

11000 Le statut juridique de l'assujetti étant sans influence sur l'exigibilité de la TVA (n° 1555), les associations, fondations, organismes divers (tels que coopératives et groupements d'achats), sociétés de toutes formes et, plus généralement, toutes les collectivités de droit privé sont, en **principe,** passibles de la TVA lorsqu'elles réalisent des opérations entrant dans le champ d'application de cette taxe.

Cependant, **certaines** collectivités bénéficient d'**exonérations** expressément prévues par la loi. Pour **certaines autres,** non exonérées, l'application de la TVA appelle des **explications particulières,** compte tenu notamment de la spécificité de leur objet et de leur fonctionnement.

11005 Après avoir étudié les exonérations applicables aux organismes sans but lucratif (nos 11050 s.), aux groupements de moyens (nos 12320 s.) et aux sociétés de « pluripropriété » (nos 12700 s.), nous examinerons les spécificités concernant les sociétés en participation et sociétés de fait (nos 12950 s.), les indivisions immobilières (nos 13190 s.), les syndicats de copropriété (nos 13300 s.), les résidences-services (nos 13450 s.) et les unions commerciales (nos 13600 s.).

En ce qui concerne les exonérations prévues pour :

– les établissements d'enseignement (y compris la formation professionnelle continue), voir nos 8100 s. ;

– les établissements de santé, voir nos 9800 s.

I. ORGANISMES SANS BUT LUCRATIF

A. Règles générales

11050 Les organismes sans but lucratif (associations, fondations, fonds de dotation, congrégations religieuses, syndicats professionnels, etc.) sont en principe passibles de la TVA lorsqu'ils se livrent à des opérations entrant dans le champ d'application de cette taxe. Des exonérations sont toutefois prévues en leur faveur pour tenir compte de leurs spécificités.

CAS D'EXONÉRATION

11060 Les organismes sans but lucratif ne sont pas soumis aux **impôts** dits « **commerciaux** » qui frappent les activités professionnelles – TVA, IS et CET – lorsqu'ils respectent l'ensemble des **critères de non-lucrativité** fixés par la jurisprudence et la doctrine administrative (nos 11180 s.).

Dans la mesure où il n'entretient pas de relations privilégiées avec des entreprises, un organisme est ainsi totalement exonéré :

– si sa gestion est désintéressée ;

– et si son activité ne concurrence pas le secteur commercial ou, dans le cas contraire, si elle est exercée dans des conditions différentes de celles du secteur marchand.

Ces critères, auxquels le Conseil d'État et l'administration confèrent une portée générale, recouvrent en fait les conditions d'exonération de TVA posées par l'article 261, 7-1°-b du CGI pour les œuvres à caractère social ou philanthropique (qualifiées d'organismes « ouverts » dès lors qu'ils ne réservent pas leurs prestations à leurs membres). C'est ce qui ressort de la doctrine administrative (BOI-IS-CHAMP-10-50-10-20) qui fait coïncider critères généraux de non-lucrativité et conditions d'exonération de l'article 261, 7-1°-b. Le Conseil d'État a également fait application à plusieurs reprises des critères de non-lucrativité pour juger qu'une association était en droit de bénéficier de l'exonération prévue par l'article 261, 7-1°-b du CGI (notamment, CE sect. 1-10-1999 n° 170289, Association « Jeune France » : RJF 11/99 n° 1354 et CE 3-12-1999 n° 133291 : RJF 1/00 n° 35).

Les organismes qui sortent du cadre strict de la non-lucrativité et exercent accessoirement une activité lucrative peuvent bénéficier d'un **régime de franchise** spécifique qui leur permet d'échapper aux impôts commerciaux pour leurs **recettes commerciales** lorsque celles-ci n'excèdent pas un certain seuil (nos 11420 s.). **11065**

Les organismes qui ne sont pas intégralement non lucratifs peuvent par ailleurs bénéficier le cas échéant, à titre subsidiaire, des **exonérations spécifiques de TVA** prévues au profit : **11070**

– des services à caractère social, éducatif, culturel ou sportif rendus à leurs membres par les organismes légalement constitués agissant sans but lucratif (organismes dits « fermés ») : nos 11650 s. ;

– des organismes philosophiques, religieux, politiques ou syndicaux : nos 11770 s. ;

– des recettes d'un certain nombre de manifestations de bienfaisance ou de soutien organisées dans l'année à leur profit exclusif : nos 11900 s. ;

– des associations intermédiaires conventionnées et de services aux personnes : nos 12000 et 12010.

– des publications périodiques des organismes sans but lucratif : n° 12020.

En plus de ces exonérations spécifiques, les organismes sans but lucratif peuvent également être concernés par certaines exonérations « générales » de TVA (n° 11625).

> **Précisions** L'exonération prévue à l'article 261, 7-3° du CGI à l'égard de certains **groupements** agréés **d'aveugles ou de travailleurs handicapés** n'a plus de portée pratique du fait de l'abrogation des dispositions régissant l'agrément de ces groupements. Mais les associations concernées peuvent revendiquer le bénéfice de l'exonération plus large de l'article 261, 7-1°-b ou opter pour la TVA dans les mêmes conditions que les Ésat (n° 11335) (BOI-TVA-CHAMP-30-10-30-20 n° 90).

L'article 132, 1 de la **directive** TVA prévoit des exonérations au profit de certains services rendus par des organismes sans but lucratif. Les textes français s'inspirent largement de ces dispositions. **11075**

CARACTÈRE SUBSIDIAIRE DES EXONÉRATIONS PROPRES À LA TVA

Dans sa base documentaire (BOI-TVA-CHAMP-30-10-30 s. et BOI-IS-CHAMP-10-50 s.) qui définit les critères à prendre en compte pour apprécier la lucrativité ou non d'un organisme, l'administration présente les exonérations propres à la TVA, et notamment l'exonération des **organismes « fermés »** de l'article 261, 7-1°-a du CGI, comme étant subsidiaires à l'exonération « générale » des organismes sans but lucratif applicable lorsque l'ensemble des critères de non-lucrativité qu'elle définit (qui correspondent à ceux mentionnés à l'article 261, 7-1°-b du CGI) est réuni. **11090**

Cette subsidiarité est énoncée encore plus clairement, concernant les associations sportives locales, au BOI-IS-CHAMP-10-50-30-10 n° 110 selon lequel ce n'est que lorsque les activités de l'association sont lucratives au regard de critères « généraux » qu'il convient d'examiner si l'exonération prévue à l'article 261, 7-1°-a du CGI peut s'appliquer.

Notons aussi que le Conseil d'État applique aux associations fermées les critères généraux de non-lucrativité (CE 23-11-2001 n° 206850 : RJF 2/02 n° 142 ; CE 8-4-2013 n° 349662 : RJF 7/13 n° 712), ces critères étant transposables aux associations fermées, pourvu que l'on tienne compte des spécificités de leurs modes d'action.

La **démarche à suivre** consiste donc à examiner dans un premier temps si l'organisme est exonéré des différents impôts commerciaux, et donc de la TVA, en application des critères généraux de non-lucrativité. Si ce n'est pas le cas, il peut le cas échéant bénéficier : **11095**

– de la franchise des impôts commerciaux examinée aux nos 11420 s. pour ses opérations commerciales accessoires ;

– et/ou des exonérations spécifiques de TVA étudiées aux nos 11620 s.

CARACTÈRE OBLIGATOIRE DES EXONÉRATIONS

Les opérations exonérées ne peuvent pas être soumises à la TVA sur **option,** sauf très rares exceptions (concernant, pour l'essentiel, les établissements et les services d'aide par le travail : n° 11335). **11110**

NOTION D'« ORGANISME » EXONÉRÉ

Se fondant sur le principe de neutralité qui interdit de faire dépendre l'assujettissement ou l'exonération de la forme juridique de l'opérateur, la CJUE a jugé que l'expression « organisme » **11120** figurant à l'article 132 de la directive TVA qui exonère de TVA certaines activités d'intérêt général n'exclut pas les **personnes physiques** du bénéfice de ces exonérations (CJUE plén. 7-9-1999 aff. 216/97 : RJF 12/99 n° 1631 ; CJUE 3-4-2003 aff. 144/00 : RJF 6/03 n° 793).

Le Conseil d'État a jugé pour sa part qu'une **société anonyme** peut prétendre à la qualité d'organisme sans but lucratif et être exonérée de TVA à ce titre si elle remplit les conditions requises (CE plén. 28-9-1983 n° 35051 : RJF 11/83 n° 1292, rendu pour l'application, avant 1976, de l'exonération prévue par l'ancien article 261, 7-1° au profit des œuvres sans but lucratif à caractère social ou philanthropique, mais qui reste à notre avis valable sous le régime actuel).

> Précisions Sur le cas des **personnes morales de droit public** exerçant des activités exonérées en application de l'article 132 de la directive, voir nos 10380 s.

B. Exonération attachée au respect des critères de non-lucrativité

11180 Un organisme est considéré comme non lucratif sur le plan fiscal et échappe en principe à la TVA, ainsi qu'aux autres impôts commerciaux (IS et CET), lorsqu'il remplit les trois critères suivants :

- sa gestion doit être désintéressée ;
- son activité ne doit pas concurrencer le secteur commercial ou, s'il y a concurrence, doit s'exercer dans des conditions différentes de celles du secteur marchand ;
- l'organisme ne doit pas entretenir de relations privilégiées avec des entreprises.

Les **organismes concernés** par ces critères sont les suivants :

- associations régies par la loi du 1er juillet 1901 ;
- associations régies par la loi locale maintenue en vigueur dans les départements de la Moselle, du Bas-Rhin et du Haut-Rhin ;
- associations cultuelles régies par la loi du 9 décembre 1905 et congrégations religieuses ;
- fondations d'utilité publique et fondations d'entreprise ;
- fonds de dotation ;
- comités sociaux et économiques (anciens comités d'entreprise), même non constitués sous forme d'associations ;
- syndicats professionnels.

11185 Les organismes qui ont un doute sur leur régime fiscal peuvent s'adresser au **correspondant « association »** de la direction des finances publiques de leur département. La liste de ces correspondants est disponible sur Internet (www.impots.gouv.fr, rubrique « Contact et RDV », « Vous êtes un professionnel », « Votre demande concerne : vos correspondants spécialisés », « Au sujet de : correspondants associations »). Les organismes qui font usage de cette possibilité sont invités à remplir un questionnaire au vu duquel l'administration se prononce. Les positions prises par l'administration lui sont opposables, sous réserve du caractère complet et sincère des informations fournies et sauf changement ultérieur de la situation de l'organisme.

> Précisions L'administration reprend également dans le Bofip (sous l'appellation de rescrits) des **fiches sectorielles** sur l'appréciation du caractère lucratif ou non lucratif de certaines activités associatives réalisées dans les domaines sportifs et culturels, du tourisme et des loisirs, socio-éducatif, etc. (BOI-IS-CHAMP-10-50-30 s.). Si la plupart de ces fiches ne sont qu'une simple illustration des critères de non-lucrativité exposés aux nos 11220 s., certaines peuvent toutefois donner des précisions qui justifient de les consulter.

1. GESTION DÉSINTÉRESSÉE

11220 La notion de gestion désintéressée est précisée à l'article 261, 7-1°-d du CGI. Elle implique que les trois conditions suivantes soient réunies :

- l'**organisme** doit être géré et administré **à titre bénévole** par des personnes n'ayant elles-mêmes, ou par personne interposée, aucun intérêt direct ou indirect dans les résultats de l'exploitation, les dirigeants pouvant toutefois être rémunérés, sous certaines conditions, sans que le caractère désintéressé de la gestion soit remis en cause (nos 11230 s.) ;
- l'organisme ne doit procéder à **aucune distribution** directe ou indirecte de bénéfices, sous quelque forme que ce soit, la recherche systématique d'excédents n'étant toutefois pas interdite dès lors que l'organisme les affecte par la suite à l'exécution de ses prestations ou à des projets entrant dans le champ de l'objet non lucratif (CJUE 21-3-2002 aff. 174/00 : RJF 6/02 n° 736 ; CE 21-11-2007 n° 291375 : RJF 2/08 n° 132 ; BOI-IS-CHAMP-10-50-10-20 n° 630) ;
- les membres de l'organisme et leurs ayants droit ne peuvent pas être déclarés **attributaires** d'une part quelconque **de l'actif,** sous réserve du droit de reprise des apports.

> **Précisions a.** Une association peut recourir aux services d'un **personnel salarié,** même pour des fonctions de direction, pourvu que la personne investie de ces fonctions soit choisie en dehors du collège des administrateurs. En effet, le bénévolat (sous réserve des conditions de rémunération visées nos 11230 s.) n'est exigé que des dirigeants (CJUE 21-3-2002 aff. 267/00 : RJF 6/02 no 736).
> **b.** La notion de **distribution de bénéfices** est très large. Sont visés tous les prélèvements sur les ressources qui ne s'inscrivent pas dans la logique de l'objet statutaire de l'association, c'est-à-dire les rémunérations, les distributions directes des résultats et les avantages injustifiés de quelque nature qu'ils soient (prise en charge de dépenses personnelles, rémunérations exagérées ou injustifiées, rémunérations de comptes courants, prélèvements en nature, prêts à des taux préférentiels, etc.). La qualité du bénéficiaire est indifférente.
> **c.** En cas de **dissolution,** le caractère désintéressé de la gestion d'un organisme n'est pas remis en cause lorsque le patrimoine de l'organisme est dévolu à un autre organisme ayant un but effectivement non lucratif (BOI précité no 500).

CONDITIONS DE RÉMUNÉRATION DES DIRIGEANTS

Par **tolérance, l'administration** autorise tous les organismes sans but lucratif à rémunérer leurs dirigeants, de droit ou de fait, pour un montant brut mensuel (hors remboursement des frais réels) n'excédant pas, pour chaque dirigeant, les 3/4 du Smic, soit 1 259 € par mois depuis le mois d'août 2022. Ce seuil s'applique même si la rémunération est versée au dirigeant au titre d'une activité autre que ses fonctions de direction (BOI-IS-CHAMP-10-50-10-20 nos 100, 370 et 420). **11230**

Un **dispositif légal** permet par ailleurs aux associations et fondations les plus importantes de rémunérer un, deux ou trois de leurs dirigeants de droit sans que le caractère désintéressé de leur gestion soit remis en cause (CGI art. 261, 7-1°-d). L'administration admet que ce dispositif s'applique également aux organismes syndicaux (BOI-IS-CHAMP-30-70 no 220) et aux congrégations (BOI-IS-CHAMP-10-50-10-10 no 20). Pour en bénéficier, les organismes concernés doivent remplir les **conditions** suivantes. **11235**

Les **statuts** de l'organisme et ses **modalités de fonctionnement** doivent assurer sa transparence financière, l'élection périodique et régulière des dirigeants, le contrôle effectif de sa gestion et, enfin, l'adéquation de la rémunération aux missions confiées aux dirigeants. La possibilité de rémunérer les dirigeants doit être explicitement prévue par les statuts et la décision doit être prise expressément par l'organe délibérant à la majorité des deux tiers.

L'organisme doit en outre disposer de **ressources financières** suffisantes pour assurer le paiement des rémunérations. Le nombre des dirigeants pouvant être rémunérés, qui dépend d'un montant moyen annuel de ressources, est de :

- un, si le montant des ressources est compris entre 200 000 € et 500 000 € ;
- deux, si le montant est compris entre 500 000 € et 1 000 000 € ;
- trois, si le montant des ressources est supérieur à 1 000 000 €.

Les ressources à prendre en compte s'entendent de la moyenne, calculée sur les trois exercices précédant celui du paiement de la rémunération, du montant annuel des ressources financières de l'organisme, **hors financements publics.** Ce montant doit être majoré le cas échéant du montant des ressources des organismes qui lui sont affiliés et qui remplissent eux-mêmes les conditions de transparence financière et de fonctionnement démocratique mentionnées ci-dessus.

Le **montant de la rémunération** versée à chaque dirigeant ne peut pas dépasser trois fois le plafond de la sécurité sociale, soit 10 284 € bruts par mois en 2022 et 10 998 € bruts par mois en 2023 (Communiqué Boss du 10-10-2022).

> **Précisions a.** Lorsqu'un dirigeant exerce dans l'organisme des **fonctions autres** que de direction, l'ensemble des rémunérations perçues doit être pris en compte pour l'application du plafonnement. S'il dirige **plusieurs organismes,** il convient de tenir compte pour l'appréciation du plafond légal de toutes les rémunérations versées par les différents organismes (BOI-IS-CHAMP-10-50-10-20 nos 240 et 250).
> **b.** Le dispositif légal de rémunération ne peut se **cumuler** avec la **tolérance administrative** des trois quarts du Smic. Ainsi, si une association rémunère trois dirigeants dans les conditions prévues par l'article 261, 7-1°-d du CGI, les autres dirigeants ne peuvent pas être rémunérés dans la limite des trois quarts du Smic (BOI précité no 410).
> **c.** La condition d'**exclusion** des **financements publics** pour apprécier le montant des ressources de l'organisme n'est **pas applicable** aux **associations de jeunesse et d'éducation populaire** ayant fait l'objet d'un agrément national dont l'instance dirigeante est composée de membres dont la moyenne d'âge est inférieure à 30 ans et qui décident de rémunérer, dans la limite du plafond de la sécurité sociale (soit 3 428 € en 2022 et 3 666 € en 2023), leurs dirigeants âgés de moins de 30 ans à la date de leur élection, pour une durée maximale de trois ans renouvelable une fois.

2. ABSENCE DE CONCURRENCE AVEC LE SECTEUR COMMERCIAL

11270 Même lorsqu'il est géré de façon désintéressée, un organisme peut présenter un caractère lucratif s'il concurrence des entreprises commerciales en recourant à des **méthodes de gestion analogues** à celles du secteur marchand.

Pour qu'il y ait concurrence, il faut, selon le Conseil d'État, qu'une entreprise commerciale exerce une activité identique à celle de l'organisme, dans la même zone géographique d'attraction et en s'adressant au même public. Lorsqu'il entre ainsi en concurrence avec une entreprise, l'organisme peut toutefois échapper à la taxation s'il exerce son activité dans des conditions différentes de celles des entreprises commerciales, soit en répondant à certains besoins insuffisamment satisfaits par le marché, soit en s'adressant à un public ne pouvant accéder au marché, notamment en pratiquant des prix inférieurs ou en modulant ses tarifs, à la condition de ne pas recourir à des procédés publicitaires excédant les besoins de l'information du public sur les services offerts (CE sect. 1-10-1999 n° 170289, Assoc. Jeune France : RJF 11/99 n° 1354 ; CE 3-12-1999 n° 133291 : RJF 1/00 n° 35 ; CE 1-3-2000 n° 197584 : RJF 4/00 n° 465).

Le Conseil d'État a confirmé que l'**absence de concurrence avec le secteur commercial** doit se faire au regard de la seule **concurrence effective, et non potentielle,** avec des entreprises privées. À cet effet, il y a lieu de déterminer la **zone géographique d'attraction** et d'examiner si, dans cette zone, des entreprises privées subviennent aux mêmes besoins que l'association en cause et, le cas échéant, si les conditions d'exploitation sont ou non identiques (CE 13-2-2013 n° 342953 : RJF 5/13 n° 472).

EXISTENCE D'UNE SITUATION DE CONCURRENCE

11280 Seule une **situation objective** de concurrence est prise en compte : il faut que le consommateur potentiel d'un produit ou service déterminé ait véritablement le choix, pour se procurer ce produit ou service, de s'adresser à l'organisme ou à une entreprise commerciale. L'organisme doit donc exercer la même activité qu'une entreprise implantée dans le même secteur géographique (en ce sens, notamment, CE 13-2-2013 n° 342953 : RJF 5/13 n° 472).

L'**identité d'activité** s'apprécie à un niveau fin : il doit s'agir d'activités véritablement identiques et non seulement voisines. L'administration estime, par exemple, qu'il n'y a pas de concurrence entre une association organisatrice de spectacles de variétés musicaux et un théâtre, pas plus qu'entre les activités de tourisme s'adressant aux enfants et celles qui s'adressent aux étudiants ou aux familles (BOI-IS-CHAMP-10-50-10-20 nos 530 et 540). Il a aussi été jugé que n'est pas concurrentiel un gîte rural qui accueille des classes de découverte, des colonies de vacances, et organise des spectacles en collaboration avec les collectivités locales, aucun équipement identique n'étant exploité dans la même zone géographique d'attraction (CAA Nancy 15-2-2001 n° 96-2243).

L'**étendue du périmètre du marché** dépend de la nature de l'activité. Il peut s'agir de la région : une association qui prend des chevaux en pension dans le bois de Boulogne exerce une activité concurrentielle, parce qu'il existe en région parisienne des entreprises commerciales qui exercent la même activité (CE 23-11-2001 n° 206850 : RJF 2/02 n° 142) ; dans le cas d'une association ayant pour objet la pratique d'activités sous-marines établie à l'extrémité de la baie de Morlaix, la cour administrative d'appel a pu, à bon droit, considérer que la zone géographique d'attraction couvrait au moins l'ensemble du territoire et des côtes de la Bretagne (CE 13-2-2013 précité). La zone géographique d'attraction peut être réduite à un simple quartier (pour une association sportive parisienne, par exemple) ou, à l'inverse, étendue à l'ensemble du territoire national : par exemple, pour une association offrant des séjours linguistiques à l'étranger, ou pour les associations gérant des lieux de vie et d'accueil (Rép. Raincourt : Sén. 4-9-2008 n° 3514, non reprise au Bofip).

> **> Précisions** Pour l'administration, le **secteur concurrentiel** comprend non seulement les entreprises commerciales mais également les organismes lucratifs, notamment les associations, fiscalisés (BOI précité n° 530). La jurisprudence semble en revanche plutôt favorable à une comparaison restreinte aux seules entreprises commerciales. Il a ainsi été jugé qu'un cercle de jeux associatif parisien ne concurrence pas le secteur commercial au motif que tous les cercles de jeux parisiens sont constitués sous forme associative, sans distinguer selon le régime fiscal des différentes associations (TA Paris 14-3-2006 n° 00-9204 : RJF 10/06 n° 1157). Jugé également que le centre équestre d'une commune proche et celui géré par l'UCPA ne peuvent, compte tenu de leur statut, être regardés comme appartenant au secteur commercial concurrentiel (CAA Versailles 23-11-2010 n° 09-166).

APPRÉCIATION DES MODALITÉS DE CONCURRENCE

11290 Un organisme qui concurrence le secteur commercial n'a pas nécessairement un caractère lucratif : seuls sont considérés comme lucratifs les organismes qui exercent leur activité dans des conditions similaires à celles des entreprises commerciales. Pour apprécier si cette condition est remplie, l'administration et la jurisprudence utilisent un certain nombre de critères, selon la méthode du faisceau d'indices.

L'administration applique la **règle dite des « 4 P »** qui consiste à examiner successivement quatre critères, tirés de la jurisprudence (nº 11270), dans un ordre d'importance décroissante (BOI-IS-CHAMP-10-50-10-20 nºs 570 et 580).

Critères nºs 1 et 2 : Utilité sociale de l'activité (« produit » proposé et « public » visé) L'activité d'un organisme est considérée comme d'utilité sociale lorsque le produit ou le service proposé tend à satisfaire un besoin qui n'est pas pris en compte par le marché ou qui l'est de façon insuffisante. Sont notamment susceptibles d'être d'utilité sociale les actes payants réalisés principalement au profit de personnes justifiant l'octroi d'avantages particuliers au vu de leur situation économique et sociale (chômeurs, personnes handicapées notamment, etc.). 11300

> **Précisions** **a.** Le fait que l'association remplisse une **mission de service public** administratif semble être un indice fort en faveur de la non-lucrativité (en ce sens, notamment, CE 28-7-1999 nº 150296 : RJF 10/99 nº 1149 ; CE 5-6-2002 nº 219339 : RJF 8-9/02 nº 911 ; CAA Bordeaux 27-5-2004 nº 00-545 : RJF 12/04 nº 1231).
b. Pour leur activité principale de diffusion radiophonique, les **radios associatives** éligibles au fonds de soutien à l'expression radiophonique satisfont, en s'adressant à des publics spécifiques, des besoins qui ne sont pas suffisamment pris en compte par les opérateurs commerciaux. La diffusion de messages présentant le caractère de publicité de marque ou de parrainage ne remet pas en cause leur caractère non lucratif d'ensemble lorsque les recettes y afférentes sont inférieures à 20 % du chiffre d'affaires total (BOI-TVA-CHAMP-10-10-70 nºs 70 à 100).
c. Les organismes sans but lucratif (associations, fondations) qui gèrent de manière désintéressée **des musées ou des monuments historiques** peuvent bénéficier de l'exonération lorsque leurs ressources sont complétées par des subventions de l'État ou des collectivités locales. Cette exonération s'applique aux ressources provenant des droits d'entrée et aux subventions accordées pour les compléter (BOI-TVA-CHAMP-30-10-30-10 nº 240).

Critère nº 3 : « Prix » pratiqués Un organisme qui pratique des prix nettement inférieurs à ceux de la concurrence présente, a priori, un caractère non lucratif. Une modulation des tarifs en fonction de la situation des bénéficiaires peut également constituer un indice de non-lucrativité. L'administration présume la condition de prix respectée lorsque les **tarifs** sont **homologués par une autorité publique,** ce qui suppose que l'organisme soit soumis à une tarification propre. Les dépassements des tarifs homologués sont, à l'inverse, de nature à caractériser une activité lucrative (BOI-IS-CHAMP-10-50-10-20 nºs 650 et 660). 11310

Critère nº 4 : « Publicité » Les organismes qui concurrencent le secteur marchand ne doivent pas recourir à la publicité commerciale s'ils veulent conserver un caractère non lucratif. Mais cela ne signifie pas que toute forme de communication leur soit interdite. L'administration a notamment indiqué qu'un organisme peut, sans que sa non-lucrativité soit remise en cause, procéder à des **opérations de communication** destinées à faire appel à la générosité publique (sont citées en exemple les campagnes de dons au profit de la lutte contre les maladies génétiques) ou réaliser une **information sur les prestations** qu'il fournit, à condition que cette information ne s'apparente pas à de la publicité commerciale destinée à capter un public analogue à celui des entreprises du secteur concurrentiel. 11320

> **Précisions** **a.** Un organisme sans but lucratif peut disposer d'un **site internet** pour diffuser des informations sur ses activités. En revanche, il ne doit pas recourir sur internet à de la publicité payante pour se faire connaître, par le biais de bandeaux publicitaires (BOI-IS-CHAMP-10-50-10-20 nºs 670 à 710). La vente, par l'organisme, d'espaces publicitaires sur son site internet constitue par ailleurs dans tous les cas une activité lucrative (Lettre DLF du 5-3-2002).
b. Les organismes qui perçoivent des **dons d'entreprises** peuvent associer le nom des entreprises donatrices aux opérations qu'ils réalisent sans perdre leur caractère non lucratif à condition de ne pas effectuer de ce fait de véritables prestations publicitaires relevant du **parrainage,** ce qui implique l'existence d'une disproportion marquée entre le montant du don et la valorisation de la « prestation » rendue (BOI-BIC-RICI-20-30-10-20 nºs 120 à 140). L'administration fiscale n'a pas fixé le seuil au-delà duquel l'opération pourrait être considérée comme du parrainage. Toutefois, il semble admis que la contrepartie peut représenter jusqu'à 25 % de la valeur du don du mécène.

Cas particulier : établissements et services d'aide par le travail (Ésat) et entreprises adaptées Les associations dont l'objet est d'aider des personnes défavorisées ou handicapées en leur permettant d'exercer une activité professionnelle et en commercialisant sur le marché leurs produits ou leurs prestations, c'est-à-dire principalement les 11330

Ésat et les entreprises adaptées, ne sont **pas soumis à la TVA** (ni aux autres impôts commerciaux) si les **conditions** suivantes sont réunies (BOI-IS-CHAMP-10-50-10-20 nos 720 à 760) :

– l'organisme a pour objet l'insertion ou la réinsertion économique ou sociale de personnes, qui ne pourrait être assurée dans les conditions du marché ;

– l'activité ne pourrait pas être exercée durablement par une entreprise lucrative en raison des charges particulières induites par la situation de la population employée (adaptations particulières des postes de travail, productivité faible, etc.) ;

– les opérations normalement lucratives sont indissociables de l'activité non lucrative, en contribuant par nature et non pas seulement financièrement à la réalisation de l'objet social de l'organisme.

Bien entendu, l'organisme ne doit pas faire prévaloir la recherche du profit et sa gestion doit rester désintéressée.

> **Précisions** **a.** L'exonération dont bénéficient les Ésat et les entreprises adaptées est applicable même lorsque ces organismes exécutent des travaux en **sous-traitance d'entreprise** (Rép. Feurtet : AN 7-6-1999 n° 24889, non reprise au Bofip mais dont la solution nous paraît conserver sa valeur).
b. Pour éviter, le cas échéant, une interruption dans l'exercice du droit à déduction de la TVA, les organismes exonérés ont la **possibilité de remettre à leurs clients assujettis une attestation** indiquant le montant de la taxe qui a grevé, d'une part, les matières premières ou produits assimilés utilisés pour les travaux à façon ou la fabrication des objets livrés, d'autre part, les services et le petit outillage utilisés pour les besoins de ces travaux ou fabrications. Cette attestation confère aux clients le droit de déduire la taxe en cause (BOI-TVA-CHAMP-30-10-30-20 n° 110).

11335 Les **Ésat** peuvent renoncer à l'exonération et **opter pour le paiement de la TVA.**

Ils peuvent soumettre volontairement à la TVA les recettes provenant des opérations de production et de commercialisation effectuées par les personnes handicapées qu'ils encadrent étant précisé que l'exercice de cette option n'entraîne pas leur assujettissement à l'impôt sur les sociétés et à la contribution économique territoriale (BOI-TVA-CHAMP-30-10-30-20 n° 90). Les modalités d'exercice de l'option sont celles fixées par les articles 195 B à 195 D de l'annexe II au CGI.

Selon la doctrine administrative, ces organismes doivent, en cas d'option, distinguer leurs opérations à caractère socio-éducatif de leurs activités de production et de commercialisation effectuées par les personnes handicapées en créant deux **secteurs distincts d'activité** (BOI précité). Leurs activités à caractère socio-éducatif constituent un secteur entièrement exonéré qui n'ouvre droit à aucune déduction de la TVA supportée, alors que les activités de production et de commercialisation doivent être traitées comme des activités imposables ouvrant droit à déduction.

La « **subvention interne** de fonctionnement » – quote-part de la dotation globale de financement (DGF) destinée à couvrir l'activité de production – n'est pas soumise à la TVA (Rép. Bouin : AN 9-1-2007 n° 100682, non reprise au Bofip mais dont la solution nous paraît conserver sa valeur).

> **Précisions** La doctrine administrative citée ci-dessus ne vise que les Ésat. Une note de la DGFiP à la délégation interministérielle à l'innovation sociale et à l'économie sociale avait indiqué qu'il était envisagé d'étendre cette possibilité d'option pour les **entreprises adaptées** afin de maintenir l'option de fait dont elles bénéficient. Cette précision n'a pas été reprise ultérieurement par l'administration.

3. ABSENCE DE RELATIONS PRIVILÉGIÉES AVEC DES ENTREPRISES

11350 Même s'ils remplissent l'ensemble des critères de non-lucrativité, les organismes qui ont pour objet de fournir des **services aux entreprises** qui en sont **membres,** dans l'intérêt de leur exploitation, présentent toujours un caractère lucratif. L'objet de l'organisme est alors de permettre le développement de l'activité de ses membres. La jurisprudence, constante, utilise souvent la formule de « prolongement de l'activité commerciale des membres ». Pour l'administration, il y a entretien de relations privilégiées avec des entreprises qui en retirent un avantage concurrentiel, ce qui signifie que l'action de l'association permet, de manière directe, de diminuer les charges, d'accroître les produits des entreprises concernées ou de les faire bénéficier de meilleures conditions de fonctionnement. La réalisation à titre accessoire de prestations au profit d'entreprises ne suffit toutefois pas à caractériser l'existence de relations privilégiées avec les entreprises (BOI-IS-CHAMP-10-50-10-30 nos 10 à 40).

Présentent par **exemple** un caractère lucratif :

– une association composée de professionnels du secteur du bâtiment offrant à ses adhérents des services de formation (CE 15-4-1991 nos 77075-77076 : RJF 6/91 n° 804) ;

– sauf cas particuliers, les associations de gouvernance des pôles de compétitivité qui ont, par nature, pour objet de développer l'activité des entreprises du secteur économique concerné et notamment de celles membres du pôle (BOI précité n° 90).

Les organismes ayant un **rôle fédératif,** ceux assurant la **défense collective** des intérêts moraux ou matériels des membres autres que des professionnels et ceux rendant à leurs membres des services pour leur activité non lucrative, ne sont pas réputés procurer un avantage concurrentiel à leurs membres. Leurs activités doivent être analysées au regard des critères de lucrativité de droit commun (n°s 11180 s.) (BOI-IS-CHAMP-10-50-10-30 n° 60). **11355**

Sur les exonérations spécifiques dont bénéficient les syndicats professionnels, voir n°s 11770 s.

Cas des associations interentreprises de médecine du travail En raison du lien direct établi entre les services qu'elle rend à ses adhérents et la rémunération versée par ceux-ci, proportionnelle à leur effectif salarié, une association interentreprises pour la médecine du travail a la qualité d'assujettie à la TVA (CE 6-11-1995 n°s 153024, 153220 et 147388 : RJF 1/96 n° 23). Elle ne peut bénéficier ni de l'exonération prévue à l'article 261, 7-1°-b du CGI, ni de celle visée à l'article 261, 7-1°-a du même Code en l'absence de caractère social des services rendus (CE plén. 20-7-1990 n° 84846 : RJF 10/90 n° 1177 ; CE 1-3-1991 n° 78917 ; CE 25-11-1994 n° 108907 : RJF 1/95 n° 15). L'administration s'est ralliée à cette jurisprudence (BOI-TVA-CHAMP-10-10-60-50 n° 570). **11370**

C. Franchise des activités lucratives accessoires

Les organismes sans but lucratif ne sont pas soumis à la TVA et échappent également à l'IS et la CET au titre de leurs activités commerciales accessoires lorsque les recettes correspondantes n'excèdent pas un certain montant annuel. Ce montant est fixé, pour 2023, à 76 679 € (il était fixé à 73 518 € pour 2022 et à 72 432 € pour 2021). Cette **limite** est **indexée,** chaque année, sur la prévision de l'indice des prix à la consommation, hors tabac, retenue dans le projet de loi de finances de l'année (CGI art. 261, 7-1°-b, dernier al.). **11420**

Bien que qualifié de « franchise des impôts commerciaux », ce dispositif ne constitue pas en matière de TVA une « franchise » en base au sens de l'article 293 B du CGI, mais une exonération prévue par l'article 261, 7-1°-b du CGI. Il s'applique obligatoirement lorsque ses conditions d'application sont réunies et il n'est pas possible d'y renoncer.

1. ORGANISMES CONCERNÉS

Le dispositif de la franchise s'applique aux organismes suivants, énumérés par l'article 206, 1 bis du CGI : **11450**

- **associations** régies par la loi du 1er juillet 1901 et celles régies par la loi locale maintenue en vigueur en Alsace-Moselle ;
- fondations reconnues d'utilité publique ;
- **fondations** d'entreprise ;
- **congrégations** religieuses (y compris les établissements publics des cultes d'Alsace-Moselle) ;
- **syndicats** régis par les articles L 2131-1 et suivants du Code du travail ;
- **fonds de dotation.**

L'administration admet que la franchise s'applique également aux **comités sociaux et économiques** (qui ont remplacé les comités d'entreprise) (BOI-IS-CHAMP-10-50-20-20 n° 20).

> **> Précisions** Selon l'administration, la franchise s'applique également au profit des **comités des fêtes** (Rép. Parrenin : AN 11-12-2000 n° 45373, non reprise au Bofip mais dont la solution nous paraît conserver sa valeur) ou des **offices du tourisme** constitués sous forme associative (Rép. Souvet : Sén. 18-1-2001 n° 25109, non reprise au Bofip mais dont la solution nous paraît conserver sa valeur).

2. CONDITIONS D'APPLICATION

Le bénéfice de la franchise est subordonné à la réunion de **trois conditions cumulatives** : **11480**

- la gestion de l'organisme doit être désintéressée, au sens indiqué aux n°s 11220 s. ;
- ses activités non lucratives doivent rester significativement prépondérantes (n° 11490) ;
- le montant annuel des recettes provenant des activités lucratives ne doit pas excéder le montant indiqué au n° 11420 hors TVA.

Il n'est pas nécessaire en revanche que l'activité lucrative soit sectorisée.

> **Précisions** Les organismes dont l'activité principale ne satisfait pas aux critères de non-lucrativité sont exclus du bénéfice de la franchise. Tel est le cas, selon l'administration :
> – des organismes qui entretiennent des **relations privilégiées avec les entreprises** (BOI-IS-CHAMP-10-50-20-20 n° 50) ;
> – des **associations de commerce équitable** (Rép. Nicolin : AN 15-1-2001 n° 48244, non reprise au Bofip).

CARACTÈRE PRÉPONDÉRANT DE L'ACTIVITÉ NON LUCRATIVE

11490 Il s'apprécie normalement à partir de **critères comptables** : part des recettes commerciales par rapport à l'ensemble des ressources de l'organisme (recettes, subventions, dons, cotisations, etc.). Ce critère des recettes n'est pas toujours pertinent, par exemple lorsque le mode de fonctionnement des activités non lucratives fait appel à des soutiens non financiers (bénévolat, dons en nature, etc.). L'administration admet alors la prise en compte d'**autres éléments** : part des effectifs et des moyens affectée aux différentes activités, temps passé, etc. Quel que soit le critère retenu, l'administration recommande d'effectuer la comparaison sur plusieurs années, de façon à lisser les effets de situations exceptionnelles (BOI-IS-CHAMP-10-50-20-10 n°s 190 à 220).

PLAFOND DE RECETTES

11500 Le plafond visé au n° 11420 s'apprécie par organisme, quels que soient son importance et le nombre de ses établissements. Au regard de la TVA, les **recettes à prendre en compte** sont les recettes d'exploitation HT provenant d'activités lucratives qui ont été encaissées lors de l'année civile en cours (n° 11545). Toutefois, le bénéfice de la franchise est également subordonné au respect de la limite précitée au titre des recettes encaissées lors de l'année civile précédente (n° 11530).

Sont **exclus** (BOI-IS-CHAMP-10-50-20-20 n°s 90 et 100) :

– les recettes retirées d'activités non lucratives : cotisations, libéralités affectées au secteur non lucratif, recettes publicitaires des revues considérées comme non lucratives (ces recettes étant taxables à la TVA dans le cadre du secteur presse), aides publiques, etc. ;

– les recettes provenant de la gestion du patrimoine (loyers, intérêts) ;

– les résultats des activités financières lucratives et des participations financières ;

– les recettes exceptionnelles provenant d'opérations immobilières non exonérées de TVA (n°s 67500 s.) ;

– les autres recettes exceptionnelles (cessions de matériel, subventions exceptionnelles, etc.) ;

– les recettes perçues à l'occasion des six manifestations annuelles de bienfaisance ou de soutien (définies n°s 11900 s.) qui bénéficient d'une exonération spécifique cumulable avec la franchise. En revanche, les recettes provenant de la réalisation de manifestations supplémentaires sont prises en compte pour la détermination de ce seuil. De même, les recettes susceptibles de bénéficier d'une autre mesure d'exonération et celles tirées de la commercialisation d'une revue de presse doivent être prises en compte pour l'appréciation de la limite dès lors qu'elles relèvent d'une activité lucrative.

> **Précisions** **a.** Sont réputées lucratives les activités de gestion et de capitalisation, par les **fonds de dotation,** de dons, droits et legs dont les fruits sont versés à des organismes publics ayant une activité exclusivement lucrative ou à des organismes ne bénéficiant pas de la franchise des impôts commerciaux (CGI art. 206, 1 bis).
> **b.** Comme déjà indiqué (n° 11420), la **limite** de la franchise est en principe **indexée, chaque année,** sur la prévision de l'indice des prix à la consommation, hors tabac, retenue dans le projet de loi de finances de l'année. **En pratique,** en matière de TVA, la nouvelle limite indexée s'applique aux recettes lucratives accessoires encaissées à compter du 1er janvier de l'année. Toutefois, c'est également cette limite qui doit être appliquée pour apprécier si le montant de la franchise n'a pas été dépassé au titre des recettes encaissées lors de l'année civile précédente.

EXEMPLE

Le montant de la franchise s'élève, pour 2023, à 76 679 € (il était fixé pour 2022 à 73 518 €). La limite de 76 679 € s'applique aux recettes lucratives accessoires encaissées à compter du 1er janvier 2023. Toutefois, c'est également la limite de 76 679 € qui doit être appliquée pour déterminer si l'organisme a ou non satisfait à la condition au titre de l'année précédente (2022).

3. MODALITÉS D'APPLICATION

11530 La franchise de TVA s'applique de plein droit au 1er janvier d'une année N lorsque les recettes de l'année N – 1 n'ont pas dépassé le plafond visé au n° 11420 (en cas de dépassement du seuil en cours d'année, voir n° 11545). L'organisme exonéré de TVA ne bénéficie alors d'aucun **droit à**

déduction pour les biens ou services acquis dans le cadre des opérations lucratives accessoires exonérées.

Les **recettes non retenues pour l'appréciation du plafond** (n° 11500) ne bénéficient pas de l'exonération applicable aux opérations lucratives accessoires. Elles sont soumises à la TVA, sauf si elles bénéficient de dispositions particulières : caractère hors champ, exonération spécifique ou franchise en base. **11535**

Selon l'administration, les **recettes retenues** pour l'appréciation du plafond sont imputées sur ce plafond, même si elles bénéficient par ailleurs d'une mesure d'exonération spécifique (par exemple, prestations de formation professionnelle continue) (BOI-TVA-CHAMP-30-10-30-10 n° 360).

La franchise des impôts commerciaux et la **franchise en base** de TVA (nos 47600 s.) ne peuvent pas s'appliquer simultanément.

Les organismes qui bénéficient de la franchise ne sont pas soumis aux **obligations comptables** des redevables de la TVA (BOI-IS-CHAMP-10-50-20-20 n° 340). Mais ils doivent : **11540**

– tenir un **livre** aux pages numérotées pour y inscrire, jour par jour, chacune de leurs opérations et suivre distinctement leurs opérations accessoires lucratives, de façon à pouvoir apprécier si celles-ci excèdent ou non le seuil d'application de la franchise (CGI art. 286, I-3°). Ils n'ont toutefois aucune obligation de créer un secteur comptable spécifique ;

– délivrer une **facture** pour les opérations réalisées au profit d'assujettis à la TVA ou de personnes morales non assujetties (BOI précité nos 350 à 370).

En cas de **dépassement du plafond** en cours d'année, l'organisme doit en informer le service des impôts dans le mois qui suit. Il perd le bénéfice de l'exonération à compter du premier jour du mois qui suit celui du dépassement (et jusqu'à la fin de l'année suivante : n° 11530) mais il peut, le cas échéant, bénéficier de la franchise en base de TVA (BOI-TVA-CHAMP-30-10-30-10 nos 380 à 400). **11545**

En cas de **non-respect** des conditions tenant à la **gestion désintéressée** ou à la **prépondérance de l'activité non lucrative,** c'est l'ensemble du régime d'exonération de l'organisme qui cesse de s'appliquer au titre de l'année en cause (BOI-TVA-CHAMP-30-10-30-10 n° 420). **11550**

D. Exonérations spécifiques à certains organismes

Lorsqu'ils ne satisfont pas à l'ensemble des critères de non-lucrativité exposés aux nos 11180 s., les organismes sans but lucratif peuvent, à titre subsidiaire, prétendre à des exonérations de TVA spécifiques. **11620**

Ces exonérations sont toutes subordonnées au caractère non lucratif de l'organisme même si, par hypothèse, il ne remplit pas l'ensemble des critères de non-lucrativité pour certaines de ses activités.

Les organismes sans but lucratif peuvent également bénéficier des **exonérations de portée générale prévues pour certains types d'activités,** qui s'appliquent sans considération de l'objet lucratif ou désintéressé des organismes, à condition bien sûr de remplir les conditions requises. **11625**

Ils peuvent ainsi prétendre le cas échéant aux exonérations prévues :

– pour les activités d'enseignement, y compris la formation professionnelle continue (nos 8100 s.) ;
– pour les établissements de santé (nos 9800 s.) ;
– pour les remboursements de frais par les adhérents de groupements de moyens (nos 12320 s.) ;
– pour les locations de terres, terrains et locaux nus (nos 3650 s.) ;
– pour les locations de logements meublés à usage d'habitation (nos 91670 s.).

On notera que l'intérêt pratique des exonérations « générales » ne vaut bien sûr que si les opérations en cause ne sont pas déjà visées par l'une ou par l'autre des exonérations spécifiques aux organismes sans but lucratif examinées aux nos 11650 s.

On notera aussi que les organismes sans but lucratif dont la gestion est désintéressée sont autorisés à acquérir ou importer en **franchise de TVA** les **biens qu'ils destinent à l'exportation** dans le cadre de leur activité humanitaire, charitable ou éducative, sous réserve qu'ils adressent à leurs fournisseurs l'attestation mentionnée aux nos 30350 s. (CGI art. 275, II). La solution vaut, à notre avis, quel que soit le pays dans lequel ces biens sont expédiés (y compris les États de l'Union). **11630**

Par ailleurs, en application de l'article 273 septies D du CGI, les entreprises qui consentent des **dons** d'invendus alimentaires et non alimentaires neufs aux **associations reconnues d'utilité**

publique (y compris les fondations) présentant un intérêt général de caractère humanitaire éducatif, social ou charitable sont dispensées de **régularisation** de la TVA initialement déduite au titre des biens en cause. La dispense s'applique sous réserve que l'organisme bénéficiaire du don (ou un tiers dûment mandaté agissant en son nom et pour son compte) adresse aux assujettis donateurs une **attestation** dans les conditions fixées à l'article 84 B de l'annexe III au CGI. Sous réserve du respect de cette condition formelle, sont également admis au bénéfice de cette dispense les dons effectués au profit de ces organismes qui portent sur des biens autres que des invendus (biens acquis ou fabriqués en vue de leur donation ; biens usagés utilisés par le donateur pour les besoins de l'exploitation) ainsi que les dons de biens effectués par les assujettis au profit des « **banques alimentaires** » affiliées à la Fédération française des banques alimentaires et au profit d'associations ou fondations sans but lucratif dont la gestion est désintéressée qui les exportent dans le cadre de leurs activités humanitaires, éducatives, sociales ou charitables. Le bénéfice de cette dispense de régularisation vaut également dispense de taxation de la **livraison à soi-même** desdits biens (BOI-TVA-DED-60-30 n° 70 ; BOI-TVA-CHAMP-10-20-20 n° 130).

1. ORGANISMES SPORTIFS, CULTURELS OU SOCIO-ÉDUCATIFS

11650 L'article 261, 7-1°-a du CGI exonère de TVA les services à caractère social, éducatif, culturel ou sportif, rendus à leurs membres par les organismes légalement constitués agissant sans but lucratif et dont la gestion est désintéressée, ainsi que certaines ventes accessoires. Les opérations ainsi exonérées ne sont pas susceptibles d'être soumises à la TVA par option.

ORGANISMES CONCERNÉS

11660 L'exonération concerne les **associations** régies par la loi de 1901 (qu'elles soient simplement déclarées ou reconnues d'utilité publique) ou par la loi locale maintenue en vigueur en Alsace-Moselle et tous les autres organismes légalement constitués agissant sans but lucratif : congrégations, fondations, comités sociaux et économiques (anciens comités d'entreprise), groupements mutualistes, etc.

Elle concerne également les **unions d'associations** (fédérations, confédérations) dans leurs rapports avec les membres des associations en faisant partie (CGI art. 261, 7-1°-a, dernier al.).

11665 Ces organismes peuvent bénéficier de l'exonération ouverte par l'article 261, 7-1°-a du CGI pour les services rendus à leurs membres lorsqu'ils agissent sans but lucratif et que leur **gestion** est **désintéressée** au sens défini aux nos 11220 s. L'administration précise qu'ils ne doivent pas avoir recours à des **pratiques commerciales** et que cette condition doit être appréciée avec rigueur : l'organisme ne doit pas procéder à une publicité de type commercial à destination de personnes non membres pour faire connaître ses activités (BOI-TVA-CHAMP-30-10-30-10 n° 160).

OPÉRATIONS EXONÉRÉES

11680 **Services rendus aux membres de l'organisme** Peuvent être exonérés les services à caractère :

– **sportif** : enseignement de la discipline sportive, mise à disposition des installations et de matériels ou équipements nécessaires à l'exercice du sport ;

– **éducatif ou culturel,** tels que l'organisation de conférences, de concerts, de séances de théâtre ou de cinéma, de location de disques, de livres, etc. ;

– **social,** tels que le soutien à des enfants malades et à leurs parents.

Si on considère en général que l'exonération concerne les associations sportives, culturelles ou socio-éducatives, il convient de souligner que l'article 261, 7-1°-a du CGI n'a pas pour effet d'exonérer l'ensemble des prestations fournies par ces associations mais uniquement les services qu'il vise. Inversement, ce texte peut permettre d'exonérer des services ayant un caractère social, culturel, éducatif ou sportif, rendus par des organismes sans but lucratif dont l'objet principal est d'une autre nature.

11685 Seuls les services rendus aux membres de l'organisme peuvent être exonérés.

La **qualité de membre** suppose, selon l'administration, une adhésion à l'organisme présentant un caractère de permanence. Sont considérées comme membres les personnes qui, en tant qu'**adhérentes,** sont personnellement titulaires du droit de participer aux assemblées générales et sont éligibles au conseil d'administration (ou organe de gestion équivalent) de l'organisme. Pour les **mineurs,** seule la condition d'adhésion à l'organisme est exigée. L'organisme doit établir que ses membres sont mis en mesure d'exercer effectivement leurs prérogatives. En l'absence de convocation individuelle aux assemblées générales, il doit prévoir l'insertion d'une annonce dans un journal accessible à tous, ou dans sa propre revue, ainsi qu'un encart dans ses locaux qui indique aux membres la date et le lieu de l'assemblée générale (BOI-TVA-CHAMP-30-10-30-10 n°s 70 et 80).

Les associations fédérées par des **unions d'associations** (exemple : fédérations) sont, en vertu de la loi, considérées ainsi que leurs membres comme des membres de l'union (BOI précité n° 100).

L'administration refuse la qualité de membres (BOI-TVA-CHAMP-30-10-30-10 n°s 70 à 120) : **11690**

– aux **ayants droit des membres** (conjoints, par exemple) alors que le Conseil d'État semble au contraire admettre que les opérations faites à leur profit peuvent bénéficier de l'exonération (CE 27-7-1984 n° 26942 : RJF 11/84 n° 1312) ;

– aux **personnes qui adhèrent ou cotisent pour une durée limitée** et inférieure à l'année (journée, semaine, etc.) ou pour bénéficier de façon occasionnelle des services de l'organisme ;

– ainsi qu'aux **personnes morales** adhérentes, au motif qu'elles ne sont pas les bénéficiaires directs des prestations qui sont, en réalité, rendues à leur personnel. Le personnel de ces personnes morales n'étant pas lui-même membre de l'association, les prestations qui lui sont rendues ne peuvent donc pas bénéficier de l'exonération.

> Précisions a. En tant que services à caractère éducatif, les prestations de **formation professionnelle** fournies par des organismes de formation « fermés » peuvent être exonérées sur le fondement de l'article 261, 7-1°-a du CGI. Selon l'administration, cette exonération ne s'applique toutefois qu'aux prestations de formation dispensées aux membres de droit de l'organisme, tels que définis au n° 11685, et la formation dispensée aux salariés d'un adhérent ne peut pas bénéficier de l'exonération (BOI-TVA-CHAMP-30-10-30-20 n° 170). En pratique, cette exonération ne semble donc pouvoir concerner que des associations de type « amicale » ou associations d'anciens élèves assurant une formation à leurs membres. **11695**

b. Les **clubs de golf associatifs** peuvent bénéficier de l'exonération dans les mêmes conditions que les autres associations, sous réserve de certains assouplissements admis par l'administration. Par exception à la règle énoncée au n° 11685, l'administration reconnaît la qualité de membres aux **membres dits « artisans » ou « hors saison »** qui disposent de toutes les prérogatives attachées à la qualité de membres mais qui acquittent une cotisation annuelle réduite dès lors qu'ils n'ont pas accès aux prestations du club pendant la période touristique estivale (BOI précité n° 20).

L'administration accepte également que soient exonérés :

– les **droits d'inscription** des joueurs **à des compétitions amateurs** qui sont considérés, lorsqu'aucun droit d'entrée n'est réclamé aux spectateurs, comme la contrepartie de services à caractère sportif (BOI précité n° 10) ;

– les services rendus occasionnellement à des personnes qui ne sont pas membres de l'association sportive à condition que ces **utilisateurs occasionnels** soient **licenciés de la fédération** (BOI-IS-CHAMP-10-50-30-10 n° 110).

Ventes accessoires Les organismes sont fréquemment amenés à consentir à leurs membres des ventes accessoires (fanions, brochures, programmes, articles de sport, guides, cartes postales, etc.). Ces ventes sont exonérées dans la limite de **10 % des recettes totales** de l'organisme, lesquelles s'entendent de l'ensemble de ses ressources financières, y compris le produit desdites ventes et les subventions d'exploitation (BOI-TVA-CHAMP-30-10-30-10 n° 160). **11710**

Le seuil de 10 % ne s'applique pas aux ventes réalisées à l'occasion de **manifestations de bienfaisance** ou de soutien dont toutes les recettes sont exonérées (n°s 11900 s.).

OPÉRATIONS EXCLUES DE L'EXONÉRATION

Sont expressément exclues du bénéfice de l'exonération, d'une part, les recettes tirées de l'exploitation de **bars et buvettes** (soit toutes les recettes provenant des ventes à consommer sur place, au comptoir ou sur table, de boissons), d'autre part, les recettes provenant d'opérations d'**hébergement** et de **restauration,** réserve faite bien sûr des recettes encaissées dans le cadre des six manifestations exonérées (n°s 11900 s.). L'activité de restauration et d'hébergement peut toutefois échapper à la TVA si les critères généraux de non-lucrativité sont remplis (CGI art. 261, 7-1°-b et BOI-TVA-CHAMP-30-10-30-10 n° 180) ou dans le cadre du dispositif de franchise examiné aux n°s 11420 s. L'hébergement est également susceptible de bénéficier de l'exonération prévue au profit des locations meublées (n°s 91670 s.). **11730**

Sont également exclues de l'exonération toutes les opérations qui ne remplissent pas l'ensemble des conditions requises, c'est-à-dire **les services qui ne présentent pas un caractère social, éducatif, culturel ou sportif,** même s'ils sont rendus aux membres de l'organisme, et toutes les **opérations faites avec des tiers** (BOI-TVA-CHAMP-30-10-30-20 n° 60). Ces opérations peuvent néanmoins échapper à la TVA si elles remplissent les critères de non-lucrativité exposés aux n°s 11180 s. **11735**

> **Précisions** **a.** Ne font par **exemple** pas partie des services exonérés :
> – la prise en pension de chevaux par un centre équestre (CE 1-6-2001 n° 200236 : RJF 8-9/01 n° 1059) ;
> – les baptêmes de l'air organisés par un aéroclub (CAA Nantes 24-5-1989 n° 92 : RJF 8-9/89 n° 943) ;
> – le contrôle technique des véhicules automobiles effectué par des automobiles clubs au profit de leurs membres (CE 4-11-1992 n° 84188 : RJF 1/93 n° 35).
> **b.** Sont également exclues de l'exonération les **recettes publicitaires,** telles celles provenant :
> – de la location d'emplacements publicitaires dans les stades par les clubs (Rép. Authié : Sén. 10-2-1983 n° 8952, non reprise au Bofip) ;
> – de la vente des plaquettes publicitaires éditées par les associations sportives (Rép. Bernard : AN 4-4-1988 n° 36096, non reprise au Bofip).

2. ORGANISMES PHILOSOPHIQUES, RELIGIEUX, POLITIQUES OU SYNDICAUX

11770 L'article 261, 4-9° du CGI prévoit une exonération spécifique au profit des organismes légalement constitués agissant sans but lucratif et gérés de manière désintéressée qui poursuivent un objectif de nature philosophique, religieuse, politique, patriotique, civique ou syndicale. Ce texte transpose l'article 132, 1-l de la directive TVA.

Les opérations exonérées à ce titre ne sont pas susceptibles d'être soumises à la TVA par option.

11775 Les organismes en cause peuvent également bénéficier, le cas échéant :

– de l'exonération visée aux nos 11650 s., pour les **services à caractère social, éducatif, culturel ou sportif** rendus à leurs membres ainsi que certaines ventes accessoires ;

– de l'exonération visée aux nos 11900 s., pour les recettes de six **manifestations de bienfaisance** annuelles ;

– de l'exonération visée aux nos 12320 s., pour les services rendus par les **groupements de moyens** à leurs membres.

ORGANISMES CONCERNÉS

11790 L'exonération concerne les **associations** régies par la loi de 1901 (qu'elles soient simplement déclarées ou reconnues d'utilité publique) ou par la loi locale maintenue en vigueur en Alsace-Moselle, les **congrégations,** les fonds de dotation et les **fondations.** Elle intéresse aussi les syndicats (ouvriers, patronaux, etc.) et autres organismes syndicaux professionnels, les **associations de commerçants** (voir nos 13600 s. les précisions données à propos des unions commerciales) et les **organismes professionnels des professions libérales.**

> **Précisions** Selon l'administration, ni les **sociétés civiles ou commerciales,** ni les **personnes physiques** ou les simples **groupements de fait** ne peuvent bénéficier de cette exonération. Ces exclusions semblent toutefois en contradiction avec l'interprétation extensive que la jurisprudence semble vouloir conférer à la notion d'organisme en y incluant les personnes physiques et les sociétés commerciales (voir la jurisprudence citée au n° 11120 à propos de l'exonération de l'article 261, 7-1° du CGI) ainsi que les sociétés civiles (CAA Marseille 9-10-2000 n° 97-5304 : RJF 12/01 n° 1508).

11795 Pour pouvoir bénéficier de l'exonération, l'organisme doit :

– poursuivre un **objectif de nature philosophique, religieuse, politique, patriotique, civique ou syndicale** ;

– être légalement constitué, agir **sans but lucratif** (même si, par hypothèse, il ne satisfait pas aux critères de non-lucrativité exposés aux nos 11180 s. pour certaines de ses activités) et avoir une **gestion désintéressée** au sens défini aux nos 11220 s.

> **Précisions** Un organisme poursuivant des **objectifs de nature syndicale** désigne une organisation qui a pour objectif principal la défense des intérêts collectifs de ses membres, qu'ils soient travailleurs, employeurs, titulaires de professions libérales ou opérateurs exerçant une activité économique donnée, et la représentation de ceux-ci vis-à-vis des parties tierces concernées, y compris les autorités publiques (CJUE 12-11-1998 aff. 149/97 : RJF 1/99 n° 116).

OPÉRATIONS EXONÉRÉES

11810 **Opérations dans le champ** L'exonération ne peut concerner, par hypothèse, que des opérations situées dans le champ d'application de la TVA. La CJUE a par exemple jugé que des **activités de publicité** externe réalisées par la section nationale d'un **parti politique** au profit des sections locales ne visaient pas à dégager des revenus ayant un caractère de permanence (en l'absence de paiement fixe et régulier par les sections locales) mais à diffuser ses idées en tant qu'organisation politique et ne pouvaient être assimilées à une activité économique imposable (CJUE 6-10-2009 aff. 267/08 : RJF 1/10 n° 93).

Certaines opérations réalisées par les organismes visés à l'article 261, 4-9° du CGI, et plus particulièrement les groupements et syndicats professionnels, sont également susceptibles d'être placées hors du champ d'application de la TVA lorsque le « **lien direct** » défini aux nos 1410 s. fait défaut. Il convient donc de définir dans quels cas ces organismes doivent être considérés comme réalisant des activités hors champ ou des activités dans le champ susceptibles de relever de l'exonération de l'article 261, 4-9° du CGI. Les positions de la doctrine administrative et de la jurisprudence ne concordent pas totalement sur ce point.

Selon l'**administration,** les actions menées dans le cadre d'une **mission d'intérêt général** **11815**
dévolue par les pouvoirs publics à un organisme de droit privé doivent être considérées comme placées hors du champ d'application de la TVA dès lors que cet organisme peut, conformément à sa mission, prendre des décisions qui n'auraient pas pour effet de donner un avantage particulier à ses membres. Il en est ainsi des opérations réalisées en vertu de missions de réglementation professionnelle (dévolues aux ordres professionnels, par exemple) ou de mise en œuvre de la politique économique ou sociale (par exemple, missions d'organisation et de régulation des marchés dévolues aux organisations interprofessionnelles reconnues dont les accords sont étendus par les pouvoirs publics) (BOI-TVA-CHAMP-30-10-30-30 n° 30).

Ne sont pas non plus imposables à la TVA les prestations et les ventes réalisées par l'organisme au profit de ses membres lorsqu'il n'existe pas de lien direct entre ces opérations et une **contrepartie financière** (cotisation, rémunération spécifique, etc.) versée par le bénéficiaire : cas, par exemple, des opérations réalisées à titre gratuit (BOI précité n° 30).

En revanche, les **opérations collectives** menées par un organisme en dehors de toute mission d'intérêt général, dans le prolongement naturel et librement organisé de l'activité économique indépendante de ses membres, entrent dans le champ d'application de la TVA. Dans ce cas, elles ont en effet vocation à procurer aux membres un **avantage individualisé** qui ne s'efface pas devant l'intérêt général. Dès lors que des professionnels décident de confier le soin à un organisme de procéder à des activités (promotion, recherche, défense syndicale, etc.) en rapport avec leurs activités économiques, celles-ci sont nécessairement situées dans le champ d'application de la TVA (BOI précité nos 40 et 50).

Cette doctrine paraît toutefois quelque peu restrictive par rapport à la **jurisprudence.** Elle nous **11820**
semble en effet peu compatible avec la décision de la **CJUE** du 12 février 2009 (aff. 515/07, VNLTO : RJF 5/09 n° 529) qui indique que « des activités, telles que celles consistant pour une association à défendre les intérêts généraux de ses membres, ne constituent pas des activités "soumises à la TVA" au sens de l'article 2, 1-a et c de la directive TVA, dès lors qu'elles ne consistent pas en des livraisons de biens ou des prestations de services effectuées à titre onéreux ». En l'espèce, il s'agissait d'un organisme qui avait pour mission de promouvoir les intérêts du secteur rural de certaines régions néerlandaises et dont les membres lui versaient des cotisations, dont la plus grande partie était destinée aux activités de défense de leurs intérêts généraux.

Elle n'est pas non plus en total accord avec la jurisprudence du **Conseil d'État** sur le lien direct. Selon la Haute Juridiction, si le fait qu'un service soit rendu collectivement par un groupement à ses adhérents ne fait pas obstacle en soi à l'existence d'un lien direct, la reconnaissance d'un tel lien implique une **relation d'équivalence,** même approximative, **entre les cotisations versées et la prestation** individualisée, ou individualisable, **fournie à chaque membre.** L'absence de relation d'équivalence est par suite de nature à entraîner la mise hors champ de certains services collectifs rendus à leurs membres par les syndicats et groupements professionnels. Le Conseil d'État a ainsi jugé qu'un groupement d'entreprises de sous-traitance dont l'activité principale consiste à mettre en relation ses adhérents avec des donneurs d'ouvrage (soit par le biais d'annonces publicitaires dans les revues professionnelles, soit au moyen d'emplacements loués dans les foires et salons), moyennant le paiement d'une cotisation annuelle calculée en fonction du nombre de salariés de l'adhérent, ne peut pas être regardé comme effectuant des prestations de services à titre onéreux au sens de l'article 256 du CGI, faute d'équivalence suffisante et, partant, de lien direct entre les prestations individuelles susceptibles d'être reçues par chaque adhérent et la cotisation qu'il verse (CE 21-12-2001 n° 206683 : RJF 3/02 n° 277).

> **Précisions** C'est au regard du critère du lien direct ainsi défini qu'il convient d'examiner la situation des organismes professionnels qui organisent des **campagnes de publicité collective.** La jurisprudence (CE 17-3-1993 n° 73272 : RJF 5/93 n° 640) qui plaçait ces prestations hors champ du seul fait de leur caractère collectif doit être regardée comme abandonnée et c'est désormais la seconde condition caractérisant le lien direct (relation d'équivalence, même approximative, entre l'avantage retiré par chaque bénéficiaire de la prestation et sa contre-valeur) qui est déterminante.

11830 **Nature des opérations exonérées** Pour être exonérées, les opérations doivent remplir simultanément quatre conditions :

– **Première condition** : il doit s'agir de **prestations** de services, ou de **livraisons de biens** étroitement liées à ces prestations, **fournies** par l'organisme à ses **adhérents.** Sont donc exclues de l'exonération les opérations réalisées au profit de tiers non adhérents et les livraisons de biens qui n'ont pas de lien direct avec les services rendus aux adhérents ou qui représentent une part prépondérante de l'activité de l'organisme. Cela dit, l'exonération prévue pour les ventes accessoires aux adhérents (n° 11710) peut, le cas échéant, s'appliquer (BOI-TVA-CHAMP-30-10-30-30 n° 130).

– **Deuxième condition** : il doit s'agir d'opérations exclusivement rémunérées par la perception d'une **cotisation statutaire** (qui inclut les droits d'adhésion). Toutes les opérations qui donnent lieu à la perception de rémunérations quelconques autres que les cotisations fixées conformément aux statuts sont exclues de l'exonération, qu'il s'agisse de prestations de services ou de livraisons de biens (BOI précité n° 140).

– **Troisième condition** : les opérations exonérées doivent se rattacher directement à la **défense collective des intérêts moraux ou matériels des membres.** Tel est le cas, par exemple, des opérations suivantes : représentation collective auprès des pouvoirs publics ou d'autres organisations syndicales ; participation à l'élaboration de textes législatifs ou réglementaires, de conventions collectives, d'accords professionnels ; opérations de caractère administratif ou technique imposées par les pouvoirs publics ; représentation en justice ; études, recherches, documentation technique pouvant concerner l'ensemble ou une très large majorité des adhérents et ne se situant pas dans le prolongement direct de leur activité économique (BOI précité n° 150).

– **Quatrième condition** (non prévue par l'article 261, 4-9° du CGI mais résultant de l'article 132, 1-l de la directive TVA) : les opérations ne doivent pas être susceptibles de provoquer des **distorsions de concurrence** (BOI précité n° 180).

> **Précisions** Les actions de **formation** dispensées aux **militants politiques ou syndicaux** sont exonérées lorsqu'elles sont consenties contre le paiement de la cotisation. L'exonération couvre les livraisons de matériels et documents pédagogiques accessoires aux actions de formation (BOI précité n° 220).

OPÉRATIONS EXCLUES DE L'EXONÉRATION

11840 Les opérations **sans rapport direct avec la défense des intérêts moraux ou matériels** des adhérents ou qui relèvent de la protection individuelle de tels intérêts ne sauraient bénéficier de l'exonération même si elles sont « couvertes » par la perception de cotisations. **Exemples** : tenue de comptabilité, établissement de factures ou de déclarations fiscales, recouvrement de créances, conseils ou consultations personnalisés (en gestion, fiscalité, droit social, etc.) allant au-delà d'une simple explication de la réglementation (BOI-TVA-CHAMP-30-10-30-30 n° 170 et, à propos de consultations individuelles et personnalisées en gestion patrimoniale, CAA Paris 2-7-1996 n° 94-1738 : RJF 11/96 n° 1285).

De même, sont toujours exclues de l'exonération, selon l'administration, les prestations qui, par nature, sont rendues aux entreprises membres dans un **but directement économique,** par exemple les prestations de publicité, même collectives (BOI précité n° 160 ; voir toutefois n° 11820 en ce qui concerne la **mise hors champ** d'application de la TVA de certaines opérations au regard de la jurisprudence sur le lien direct).

11845 Lorsque les **droits d'adhésion** ou les **cotisations** perçus par un organisme constituent à la fois la **contrepartie d'opérations exonérées** (ou hors champ) **et d'opérations taxables,** il appartient à l'organisme concerné d'évaluer, sous sa propre responsabilité et sous réserve du droit de contrôle du service des impôts, la part des droits d'adhésion ou des cotisations qu'il y a lieu de soumettre à la TVA, faute de quoi la totalité de ces sommes donnerait lieu à imposition (BOI-TVA-CHAMP-30-10-30-30 n° 190).

Remarque : Sur le régime applicable aux **associations** et **centres de gestion agréés,** voir nos 7260 s.

3. MANIFESTATIONS DE SOUTIEN OU DE BIENFAISANCE

11900 L'article 261, 7-1° –c du CGI prévoit une exonération de TVA au profit des recettes que certains organismes, dont les organismes sans but lucratif, tirent de manifestations de bienfaisance ou de soutien organisées à leur profit exclusif. Le nombre de manifestations ouvrant droit à cette exonération est limité à six par an.

L'exonération est cumulable avec celle des activités commerciales accessoires (voir n° 11500).

ORGANISMES CONCERNÉS

Les **organismes sans but lucratif** susceptibles de bénéficier de l'exonération de l'article 261, 7-1°-c du CGI sont : 11910

- les organismes remplissant les critères généraux de non-lucrativité exposés aux nos 11180 s. ;
- les organismes sportifs, culturels et sociaux-éducatifs définis aux nos 11650 s. ;
- les organismes philosophiques, religieux, politiques ou autres, visés aux nos 11770 s.

L'exonération bénéficie également, aux termes mêmes de la loi, aux **organismes** permanents **à caractère social des collectivités locales** (caisses des écoles, bureaux d'aide sociale, comités des fêtes municipaux, syndicats d'initiative, etc.) et aux **comités sociaux et économiques** (qui ont remplacé les comités d'entreprise) (BOI-TVA-CHAMP-30-10-30-10 n° 470).

> **Précisions** Les **partis politiques** peuvent prétendre à l'exonération. La condition relative à la gestion désintéressée de l'organisme ne fait pas obstacle au versement par le parti, conformément à la réglementation applicable en la matière, de sommes destinées à financer la campagne électorale d'un de ses dirigeants (Rép. Masson : AN 22-7-1996 n° 36636, non reprise au Bofip mais dont la solution nous paraît conserver sa valeur).

MANIFESTATIONS EXONÉRÉES

Ce sont les manifestations de bienfaisance ou de soutien qui, faisant appel à la générosité du public, procurent à l'organisme organisateur des **moyens financiers exceptionnels** destinés à faciliter la réalisation de son objet. Elles sont de nature variée : bals, concerts, spectacles, ventes de charité, expositions, kermesses, tombolas, divertissements sportifs (baptêmes de l'air par exemple). 11920

Les **manifestations payantes** ouvertes au public, tels les spectacles, qui sont **organisées à titre habituel** et qui constituent l'objet même de l'organisme sont normalement exclues du bénéfice de l'exonération (BOI-TVA-CHAMP-30-10-30-10 n° 500).

Le **nombre** de manifestations exonérées est **limité à six par an,** sans que l'exonération concerne nécessairement les six premières organisées dans l'année (BOI-TVA-CHAMP-30-10-30-20 n° 260). 11925

La détermination du nombre des manifestations dépend des circonstances de fait.

À titre indicatif, on notera que l'organisation, dans un court laps de temps (la fin de la semaine par exemple), d'un bal, d'une kermesse et d'un concert peut être regardée comme constituant une seule manifestation, alors qu'éloignées dans le temps les unes des autres les mêmes réunions seront considérées comme des manifestations distinctes. Il convient à cet égard de se référer aux traditions locales (BOI-TVA-CHAMP-30-10-30-10 n° 530). S'agissant de l'organisation de corridas (notamment par un comité des fêtes), chaque journée au cours de laquelle est organisé un (ou plusieurs) spectacle tauromachique est comptée pour une manifestation (BOI-TVA-CHAMP-30-10-30-20 n° 250).

Pour les **organismes représentés sur diverses parties du territoire** (associations ou fondations à caractère national, départemental, régional ou intercommunal, clubs omnisports, associations locales à activités multiples), l'exonération est accordée à chaque section locale (ou spécialisée) à condition que le nombre des manifestations organisées dans la même commune au cours d'une année par les différentes sections locales (ou spécialisées) et l'organisme central ne soit pas supérieur à six. Il en résulte que la septième manifestation organisée dans une même commune, même par une section qui n'a pas encore épuisé son contingent de manifestations exonérées, est taxable (BOI-TVA-CHAMP-30-10-30-10 nos 590 à 610).

Lorsque **plusieurs organismes s'associent** pour organiser à leur profit une manifestation de bienfaisance ou de soutien, la manifestation est portée au compte de chacun des organisateurs dont le nombre de manifestations susceptibles d'être exonérées est diminué en conséquence. 11930

Le fait qu'un seul des coorganisateurs ne remplisse pas effectivement les conditions prévues suffit à exclure la manifestation dans son ensemble du bénéfice de l'exonération, quelle que soit la situation des autres organisateurs (BOI-TVA-CHAMP-30-10-30-10 n° 550).

> **Précisions** Ne sont **pas** considérées comme les **organisateurs des manifestations** (BOI précité n° 560) :
> – les associations qui se bornent à apporter leur concours matériel ou leur « patronage » (ou ceux de leurs adhérents) sans percevoir à ce titre de rétribution auprès du public ;
> – les personnes qui sont autorisées par l'organisateur (en général moyennant redevance de concession) à exercer pour leur propre compte certaines activités pendant la manifestation (ventes à consommer sur place ou à emporter, etc.).
> Ces opérations sont imposables à la TVA (si elles relèvent d'une activité économique effectuée à titre onéreux par un assujetti). Mais ces participations ne remettent pas en cause l'exonération que peut revendiquer l'organisateur lui-même au titre de ses propres recettes (y compris les redevances de concession).

RECETTES EXONÉRÉES

11940 L'exonération est générale et porte tant sur le **prix d'entrée** à la manifestation et aux divers spectacles réalisés dans le cadre de celle-ci que sur l'**ensemble des recettes** perçues à cette occasion (exemples : buffet, buvette, location de stands, ventes de programmes, de confiserie, de disques enregistrés lors des concerts organisés dans le cadre de la manifestation, loteries ou tombolas, recettes publicitaires, subvention directement liée au prix d'opérations imposables versée par une commune pour assurer l'équilibre financier de la manifestation, etc.) (BOI-TVA-CHAMP-30-10-30-10 nos 620 et 630).

11945 Pour être exonérées, les **recettes** doivent être **perçues au profit exclusif de l'organisme organisateur,** sous déduction des frais engagés par lui pour l'organisation de la manifestation. Dans les cas où il y a pluralité d'organisateurs, les intéressés peuvent se répartir, dans des proportions qu'ils ont librement convenues, les bénéfices (ou les pertes) enregistrés.

> Précisions La condition de profit exclusif ne peut pas être considérée comme remplie lorsque, par exemple, une personne ou une entreprise prêtant son concours à une manifestation ou lui accordant son patronage est attributaire d'une partie du bénéfice ou supporte une fraction des pertes éventuelles. Il est cependant admis qu'une **partie des bénéfices** réalisés soit **versée à un groupement** sans but lucratif remplissant les conditions prévues par la loi bien que ce dernier n'ait **pas** été **déclaré** formellement **organisateur** de la manifestation. Mais il est alors considéré comme tel pour la limitation à six du nombre des manifestations (BOI-TVA-CHAMP-30-10-30-10 n° 580).

4. AUTRES CAS D'EXONÉRATION

ASSOCIATIONS INTERMÉDIAIRES

12000 Les associations intermédiaires conventionnées visées à l'article L 5132-7 du Code du travail, qui ont pour objet d'embaucher des personnes sans emploi et de les mettre à la disposition de personnes physiques ou morales afin de faciliter leur insertion professionnelle et dont la gestion est désintéressée, sont exonérées de plein droit de la TVA (sans option possible) pour toutes les opérations qui entrent dans leur objet (CGI art. 261, 7-1° bis).

ASSOCIATIONS DE SERVICES AUX PERSONNES

12010 Les associations de services aux personnes **agréées** en application de l'article L 7232-1 du Code du travail **ou autorisées** en application de l'article L 313-1 du Code de l'action sociale et des familles, qui assurent leur activité dans les conditions prévues aux 2° et 3° de l'article L 7232-6 du Code du travail (c'est-à-dire soit qui assurent le recrutement de travailleurs pour les mettre, à titre onéreux, à la disposition de personnes physiques, soit assurent elles-mêmes la fourniture des prestations de services aux personnes physiques) et dont la gestion est désintéressée, sont **exonérées** de la TVA, en application de l'article 261, 7-1° ter du CGI, au titre des prestations de services visées aux nos 41330 et 43100 réalisées au profit de populations en situation de fragilité ou de dépendance (BOI-TVA-CHAMP-30-10-30-20 nos 380 à 410).

Celles qui réalisent leur activité en application du 1° de l'article L 7232-6 susvisé (mode « mandataire ») ne sont en revanche pas éligibles à cette exonération (BOI précité n° 385 ; CE 22-11-2019 n° 432648 : RJF 2/20 n° 108).

> Précisions Les **populations en situation de fragilité ou de dépendance** sont les suivantes :
– personnes physiques et familles mentionnées aux 1°, 6°, 7° et 16 ° du I de l'article L 312-1 du Code de l'action sociale et des familles (CASF), c'est-à-dire : les mineurs et les majeurs de moins de 21 ans relevant du service de l'aide sociale à l'enfance ; les personnes âgées de 60 ans ou plus ; les personnes handicapées au sens de l'article L 114 du CASF et les personnes atteintes de pathologies chroniques ; les familles fragiles économiquement ou socialement (il s'agit des familles rencontrant une difficulté temporaire de nature à mettre en péril leur autonomie, leur équilibre et leur maintien dans l'environnement social) (CASF art. D 312-6-1) ;
– personnes mentionnées au 1° de l'article L 7232-1 du Code du travail, c'est-à-dire les enfants de moins de six ans ou les enfants de moins de 18 ans en situation de handicap au sens de l'article L 114 du CASF (BOI précité nos 400 et 410).

PUBLICATIONS DES ORGANISMES SANS BUT LUCRATIF

12020 Les publications des organismes sans but lucratif qui présentent le caractère de publications de presse au sens défini aux nos 84650 s. (ce qui suppose notamment l'obtention d'un certificat d'inscription à la commission paritaire) peuvent bénéficier du régime de la presse. À défaut, les livraisons et services d'intermédiation portant sur ces publications sont **exonérés** de la TVA, sous certaines conditions, sur le fondement de l'article 298 duodecies du CGI (voir nos 86230 s.).

E. Modalités d'imposition des activités lucratives

Lorsqu'elles ne peuvent bénéficier d'aucun régime d'exonération, les opérations relevant d'une activité économique réalisée par les organismes sans but lucratif sont soumises à la TVA selon les règles générales, sous réserve de quelques particularités concernant les obligations et le régime des déductions. **12140**

1. OBLIGATIONS

Les organismes sans but lucratif qui réalisent des opérations imposables à la TVA sont, comme les autres redevables, normalement tenus de respecter les obligations prescrites par les articles 286 à 289 B et 290 quater du CGI en matière de déclarations, de tenue de la comptabilité et de facturation. Leurs obligations déclaratives présentent cependant quelques particularités. **12160**

Les organismes qui réalisent des **opérations taxables à titre occasionnel** sont dispensés de souscrire une déclaration de création d'entreprise ou d'activité (BOI-TVA-DECLA-20-30-20-10 n° 10). **12165**

Quel que soit le montant de leurs recettes, les organismes sans but lucratif sont obligatoirement placés sous le **régime** du chiffre d'affaires **réel normal** (en ce sens, BOI-TVA-DECLA-20-30-20-10 n° 60). Ils peuvent cependant bénéficier de la **franchise en base** dans les mêmes conditions que les autres redevables et sont alors dispensés de la déclaration et du paiement de la TVA (nos 49050 s.). **12170**

En matière de **déclarations,** les obligations des organismes qui ne bénéficient pas de la franchise en base diffèrent selon qu'ils ont une activité imposable régulière ou intermittente. **12175**

Ceux qui réalisent des **opérations imposables de manière permanente** souscrivent des déclarations CA3 tous les mois ou tous les trimestres en fonction du montant annuel de la TVA due (nos 48425 s.). Les ventes accessoires consenties aux membres sont déclarées globalement en fin d'année sur la déclaration CA3 souscrite au titre du dernier mois ou du dernier trimestre. Les opérations réalisées à l'occasion de manifestations de bienfaisance ou de soutien taxables sont quant à elles toujours déclarées en tant qu'opérations occasionnelles sur une déclaration souscrite dans les 30 jours qui suivent la fin de la manifestation (BOI-TVA-DECLA-20-30-20-10 nos 50 à 110).

Les organismes qui réalisent des **opérations imposables de manière intermittente** (activité saisonnière notamment) doivent déclarer leurs opérations imposables sur une déclaration CA3 souscrite dans les 30 jours qui suivent la réalisation de ces opérations. S'il y a lieu, les ventes accessoires aux membres sont déclarées globalement en fin d'année civile sur une déclaration CA3 souscrite au plus tard le 24 janvier de l'année suivante (BOI précité nos 120 et 130).

2. DROITS À DÉDUCTION

Les organismes sans but lucratif peuvent se trouver dans l'une ou l'autre des situations suivantes : **12220**

– ils ne réalisent que des opérations situées hors du champ d'application de la TVA ou exonérées et n'ont, de ce fait, aucun droit à déduction (sauf pour les opérations exonérées ouvrant droit à déduction, par exemple exportations ou livraisons intracommunautaires) ;

– ils sont soumis à la TVA pour la totalité de leurs activités, faute de remplir les conditions d'exonération posées par l'article 261, 7-1° (organismes n'agissant pas sans but lucratif ou dont la gestion n'est pas désintéressée) ou de pouvoir se prévaloir d'un autre chef d'exonération. Dans cette hypothèse, ils disposent des mêmes droits à déduction que les entreprises redevables de la TVA sur la totalité de leurs opérations suivant les règles de droit commun ;

– ils sont partiellement exonérés : pour déterminer leurs droits à déduction, ils doivent alors sectoriser leurs différentes activités dans les conditions prévues par l'article 209, I-4° de l'annexe II au CGI.

Les **organismes partiellement exonérés** doivent ainsi constituer deux ou plusieurs secteurs d'activité distincts : **12225**

– un secteur regroupant l'ensemble de leurs opérations exonérées de TVA et les ventes taxables consenties à leurs membres au-delà de 10 % de leurs recettes totales ;

– un secteur qui regroupe les opérations soumises à la TVA, autres que les ventes taxées consenties aux membres et autres que les opérations pour lesquelles la loi impose la création d'un secteur particulier ;

– un secteur spécifique pour chacune des activités au titre desquelles la création d'un secteur distinct est obligatoire, notamment pour chacune des manifestations de bienfaisance ou de soutien dont les recettes sont imposables à la TVA.

Doivent également être regroupées au sein d'un **secteur distinct d'activité** toutes les publications périodiques éditées par les organismes sans but lucratif lorsque ces publications ont la qualité de publications de presse soumises au régime spécial de TVA sur la presse (n° 86250).

Les organismes concernés doivent comptabiliser distinctement les opérations réalisées dans chaque secteur (achats, recettes, cessions d'immobilisations, etc.).

Dans le cadre de ces différents secteurs, les droits à déduction s'exercent selon les règles de droit commun.

> **Précisions** L'article 209, I-4° de l'annexe II au CGI qui fixe ces règles particulières de sectorisation ne vise expressément que les organismes désignés au a de l'article 261, 7-1° du CGI, soit les organismes « fermés ». Cependant, ni le texte d'origine dont il est issu (décret 76-1173 du 16-12-1976 art. 2), ni les commentaires administratifs ne laissent entendre que les **organismes « ouverts »** visés au b de l'article 261, 7-1° du CGI seraient exclus du champ d'application de cet article, ces organismes pouvant eux aussi organiser des manifestations de bienfaisance taxables.

II. GROUPEMENTS DE MOYENS

12320 En application de l'article 261 B du CGI (dans sa rédaction issue de la loi 2020-1721 du 29-12-2020 art. 162), les **services** rendus **à leurs adhérents** par les groupements constitués par des personnes physiques ou morales exerçant une activité exonérée de la TVA sur le fondement du 4, à l'exception du 10°, et du 7 de l'article 261 du CGI ou pour laquelle elles n'ont pas la qualité d'assujetti sont **exonérés** de cette taxe **à la condition qu'ils concourent** directement et exclusivement à la réalisation de ces **opérations exonérées ou exclues** du champ d'application **de la TVA, et que** les **sommes réclamées aux adhérents** correspondent **exactement** à la **part** leur incombant dans les **dépenses.**

Cette exonération constitue une dérogation au principe selon lequel la TVA est applicable aux opérations effectuées « à prix coûtant » (n° 1500). Cette exonération ne **vise que les** prestations de **services,** à l'exclusion par conséquent des livraisons de biens qui doivent être soumises à la TVA, qu'elles soient effectuées auprès de **membres** du groupement ou non. De même, les services rendus à des personnes étrangères au groupement sont soumis à la taxe dans les conditions de droit commun (BOI-TVA-CHAMP-30-10-40 n° 1).

> **Précisions** **a.** Le périmètre de l'article 261 B du CGI est réduit, **depuis le 1er janvier 2023,** afin de prendre en compte la jurisprudence communautaire (CJUE 21-9-2017 aff. 326/15 et 605/15 : RJF 12/17 n° 1266). Seuls sont désormais exonérés de TVA les services rendus à leurs adhérents par les groupements constitués de personnes exerçant une **activité d'intérêt général exonérée** visée au 4 (à l'exception du 10°) de l'article 261 du CGI (prestations de soins, y compris ceux dispensés par les maisons de retraite médicalisées ; frais d'hospitalisation et de traitement ; opérations portant sur les organes, le sang et le lait humain ; transport de malades ou de blessés ; activités d'enseignement ou de formation professionnelle, leçons ou cours particuliers ; garde d'enfants ; prestations réalisées par les mandataires judiciaires à la protection des majeurs ; activités des organismes philosophiques, religieux, politiques ou syndicaux ; opérations relevant du service universel postal) et au 7 du même article (services à caractère social, éducatif, culturel ou sportif rendus à leurs membres par les organismes sans but lucratif ; activités des organismes sans but lucratif présentant un caractère social ou philanthropique ; opérations réalisées par les associations intermédiaires, les associations agréées ou autorisées de services à la personne ou dans les lieux de vie et d'accueil) ou exerçant une activité pour laquelle elles n'ont pas la qualité d'assujetti.
>
> Ne peuvent donc plus notamment bénéficier de l'exonération à compter de cette date les groupements dont les membres exercent une activité économique dans le domaine des **services bancaires et financiers** ou dans celui des **assurances,** qui ne constituent pas de telles activités d'intérêt général. On rappelle à cet égard que ces derniers ont toutefois la possibilité d'opter pour le régime de l'assujetti unique (**groupe TVA**) permettant l'effacement total des transactions économiques intragroupes au regard de la TVA (nos 1660 s.).
>
> **b.** Selon la **CJUE** :
>
> – l'exonération prévue par l'article 132, 1-f de la directive TVA (que transpose l'article 261 B du CGI) ne se limite pas aux groupements dont les membres exercent exclusivement une activité exonérée ou pour laquelle ils n'ont pas la qualité d'assujettis. Ainsi, les services rendus par un groupement dont les **membres exercent** également des **activités imposables** peuvent en bénéficier, mais seulement dans la mesure où ces services sont directement nécessaires pour les activités exonérées desdits membres ou pour lesquelles ils n'ont pas la qualité d'assujetti. À cet égard, la Cour semble admettre, s'agissant des services mixtes, une facturation des services hors TVA en fonction de la part qu'occupent dans l'ensemble des

activités de ses membres les activités exonérées ou non imposables ;
– les membres du groupement ne peuvent pas déduire la TVA grevant les biens et services fournis au groupement pour les besoins de ses activités ;
– les services fournis par un membre au groupement doivent être considérés comme des opérations entre deux assujettis entrant dans le champ d'application de la TVA (CJUE 4-5-2017 aff. 274/15 : RJF 7/17 n° 761).

1. GROUPEMENTS CONCERNÉS PAR L'EXONÉRATION

NOTION DE GROUPEMENT

Il n'est pas exigé que le **groupement** soit légalement constitué, de sorte que la notion de groupement recouvre aussi bien des entités dotées de la **personnalité juridique** que de simples groupements **de fait** (BOI-TVA-CHAMP-30-10-40 n° 20). **12340**

> Précisions a. L'administration exigeait que les groupements de fait soient formalisés dans une convention écrite (Comité MOA 29-3-2000), mais cette solution n'est pas reprise dans le Bofip. Si le juge n'exige pas une telle formalisation, il n'en demeure pas moins que l'exonération de TVA ne peut être accordée en l'absence de preuves de l'existence d'un groupement de fait (en ce sens, CAA Paris 28-9-1993 n° 92-436 : RJF 12/93 n° 1538 ; CAA Bordeaux 21-11-2000 n° 97-1772 : RJF 3/01 n° 297 ; CE (na) 20-12-2006 n° 275436 : RJF 3/07 n° 270).
b. La convention prévoyant la simple **mise à disposition de moyens par une société mère au profit de sa filiale** ne constitue pas un groupement de moyens au sens de l'article 261 B du CGI, même si la mise à disposition est facturée à prix coûtant (CE 10-7-2012 n° 345595 : RJF 11/12 n° 1001).

Parmi les groupements susceptibles de bénéficier de l'exonération, on peut citer : **12345**
– les groupements d'intérêt économique (**GIE**) ;
– les sociétés de moyens (essentiellement les **sociétés civiles de moyens**) ;
– les **groupements de fait** constitués entre entreprises (BOI-TVA-CHAMP-30-10-40 n° 20).

> Précisions a. L'administration cite également les **sociétés en participation.** Mais cette citation appelle des réserves : en effet, les opérations internes à ces sociétés échappent à la TVA non en application de l'article 261 B mais de l'article 256 du CGI ; quant aux opérations externes, elles ne peuvent, en tout état de cause, être concernées par l'article 261 B. Le même raisonnement vaut pour les **sociétés de fait** (voir n°s 12950 s. l'étude consacrée aux sociétés en participation et aux sociétés de fait).
b. En ce qui concerne les **conventions d'exercice conjoint,** voir n° 9270.

Certains **organismes sans but lucratif** rendent à leurs membres des services que les intéressés utilisent pour les besoins de leur activité professionnelle. C'est le cas notamment des **organismes professionnels** et des **syndicats patronaux ou ouvriers.** Ces organismes peuvent bénéficier, au titre de ces services, de l'exonération de l'article 261 B du CGI s'ils remplissent toutes les conditions requises (BOI-TVA-CHAMP-30-10-40 n°s 20 et 100). **12350**

> Précisions L'exonération de l'article 261 B du CGI est également susceptible de s'appliquer aux **groupements d'employeurs,** constitués sous la forme d'associations « loi 1901 », qui ont pour objet de permettre à leurs adhérents de faire appel en fonction de leurs besoins aux salariés qu'ils ont recrutés (BOI-TVA-CHAMP-30-10-30-10 n° 200).

Les **groupements d'intérêt public** peuvent, le cas échéant, bénéficier de l'exonération de TVA prévue à l'article 261 B du CGI pour les prestations de services rendues à leurs membres (Rép. Baudot : Sén. 14-4-2005 n° 16037, non reprise au Bofip mais dont la solution nous paraît conserver sa valeur). **12355**

L'article 261 B du CGI ne fixant aucune condition particulière touchant à la nationalité du groupement ou de ses membres, les prestations de services rendues à leurs membres par des **groupements** de droit ou de fait **transfrontaliers** peuvent dès lors être exonérées de TVA sur ce fondement si les **conditions** suivantes sont remplies : **12360**
– les prestations en cause sont, en vertu des règles de territorialité, situées en France ;
– le groupement et ses membres satisfont aux conditions d'application de l'article 261 B (conditions relatives au groupement : n°s 12340 s. ; conditions relatives aux membres du groupement et aux opérations effectuées par celui-ci : n°s 12370 s.). La transposition de l'article 132, 1-f de la directive TVA par les autres États membres n'est donc pas une condition nécessaire ;
– les prestations taxables à l'étranger en vertu des règles de territorialité n'ouvrent pas droit à déduction pour le groupement établi en France ;
– le bénéficiaire de l'exonération doit pouvoir justifier qu'il remplit toutes les conditions prévues par la réglementation (BOI-TVA-CHAMP-30-10-40 n° 30).

SITUATION DES MEMBRES DU GROUPEMENT AU REGARD DE LA TVA

12370 Les membres du groupement (qui peuvent être des **personnes physiques ou morales**) doivent exercer, selon l'article 261 B du CGI, une **activité d'intérêt général exonérée** (voir n° 12320, précision a) **ou** pour laquelle ils n'ont **pas la qualité d'assujetti.**

12375 Parmi les personnes qui peuvent en règle générale être considérées comme exerçant une activité d'intérêt général exonérée ou n'ayant pas la qualité d'assujetti figurent **notamment** :

– les personnes physiques qui n'exercent pas une activité indépendante (salariés, travailleurs à domicile, VRP, etc.) ;

– la plupart des organismes de droit public (État, régions, départements, communes, établissements publics) pour les activités de leurs services administratifs, sociaux, éducatifs, culturels et sportifs ;

– les organismes légalement constitués, agissant sans but lucratif et dont la gestion est désintéressée ;

– les membres des professions médicales et paramédicales ;

– la plupart des établissements d'enseignement ;

– les entreprises qui rendent des services se situant hors du champ d'application territorial de la TVA française.

À cette liste non exhaustive, on peut également ajouter une partie des agriculteurs.

> **Précisions a.** Un **groupement de droit** (GIE notamment) bénéficiant de l'exonération de l'article 261 B du CGI peut, lui-même, être **membre d'un autre groupement** de droit ou de fait.
> La situation d'une telle **cascade de groupements** est cependant fragile. L'exonération des services rendus par un groupement dépend, en effet, du respect des conditions d'application de l'article 261 B du CGI pour les prestations réalisées par les sous-groupements au bénéfice de leurs membres. Il faut donc veiller au respect des conditions auxquelles est subordonnée l'exonération à tous les niveaux de la cascade. Ainsi, si le groupement réalisait des opérations taxables pour plus de 20 % de son chiffre d'affaires, il ne pourrait plus lui-même en principe participer à un groupement (Comité MOA 29-3-2000, solution non reprise au Bofip).
> **b.** Selon la **CJUE,** l'exonération prévue par l'article 132, 1-f de la directive TVA (transposé à l'article 261 B du CGI) peut s'appliquer aux prestations de services fournies par un groupement autonome de personnes à un groupement de personnes formant un **groupe TVA au sens de l'article 11 de la directive** (transposé à l'article 256 C du CGI : nos 1660 s.) dès lors que tous les membres du groupe TVA sont également membres du groupement autonome de personnes. Les services rendus à un groupe TVA d'un périmètre différent (alors considéré comme un **tiers** pour le groupement autonome de personnes) sont en revanche taxables (CJUE 18-11-2020 aff. 77/19 : RJF 3/21 n° 340).

12380 Il peut arriver que certaines des personnes physiques ou morales **membres** d'un groupement soient **redevables de la TVA pour certaines de leurs opérations,** à titre obligatoire ou sur option. Cette circonstance n'exclut pas a priori le groupement du bénéfice de l'exonération au titre des services qu'il leur rend, dès lors que, **pour chacune** d'entre elles, le pourcentage des recettes donnant lieu au paiement de la taxe par rapport aux recettes totales traduit le **caractère** nettement **prépondérant des opérations qui échappent à l'imposition.** Cette condition est présumée remplie si ce **pourcentage** est inférieur à 20 % (BOI-TVA-CHAMP-30-10-40 n° 50). Au-delà, l'exonération n'est admise que si l'activité imposée présente tous les caractères d'autonomie liés à l'obligation de sectorisation (nos 54570 s.) (BOI précité n° 60).

Toutefois, pour les groupements agissant au profit de **secteurs d'activités exonérées pour raison d'intérêt général** qui comportent des membres soumis à la TVA pour plus de 20 % de leur chiffre d'affaires, il est admis que l'exonération s'applique aux **prestations qui concourent directement et exclusivement** à la réalisation des **activités non imposables ou exonérées** des membres, à l'exclusion des autres prestations, ce qui suppose un suivi précis de l'utilisation des services acquis par le membre (BOI-RES-TVA-000082).

12385 Si au 31 décembre d'une année déterminée, il apparaît qu'un adhérent d'un groupement est redevable de la TVA sur plus de 20 % de ses recettes annuelles, le groupement devrait, en droit strict et sous réserve des cas visés au n° 12380, perdre le bénéfice de l'exonération à compter du 1er janvier de la même année.

Cependant, pour tenir compte de la difficulté d'apprécier de façon précise, au début ou en cours d'année, la situation de tel ou tel adhérent d'un groupement au regard de son assujettissement à la TVA, et pour ne pas faire supporter aux autres adhérents du groupement les conséquences de cette incertitude, l'administration admet qu'il n'y a pas lieu de remettre en cause l'exonération des groupements pour la **première année** au cours de laquelle les recettes taxables réalisées par un de leurs **membres** ont **franchi** la **limite** de 20 % à la **double condition** :

– que le dépassement ne résulte pas d'un changement intervenu dans la nature ou les conditions d'exercice de l'activité de l'intéressé ;

– que l'adhérent en cause n'appartienne plus au groupement à compter du 1er janvier de l'année suivant celle au cours de laquelle s'est produit le dépassement (BOI-TVA-CHAMP-30-10-40 n° 70).

2. OPÉRATIONS SUSCEPTIBLES D'ÊTRE EXONÉRÉES

L'article 261 B du CGI n'exonère de la TVA que les **prestations de services** à l'exclusion, par conséquent, comme nous l'avons vu au n° 12320, des livraisons de biens. 12430

Parmi les prestations de services qui sont le plus couramment susceptibles de donner lieu à la perception de **simples remboursements de frais** l'administration cite **notamment** :

– la mise à la disposition de personnels ou de matériels ;

– le recrutement ;

– la gestion et la paie du personnel ;

– la gestion et l'entretien de locaux ou d'installations ;

– les travaux d'informatique (BOI-TVA-CHAMP-30-10-40 n° 110).

Pour pouvoir bénéficier de l'exonération de l'article 261 B du CGI, les services doivent remplir **trois conditions** tenant respectivement à la **qualité du client,** à l'**utilisation** qui est faite **du service** et au **mode de rémunération** (BOI-TVA-CHAMP-30-10-40 n° 110). 12435

QUALITÉ DU CLIENT

Pour l'application de l'exonération prévue par l'article 261 B du CGI, les services doivent être rendus aux **adhérents du groupement.** 12450

L'exonération s'applique **même** si les services ne sont fournis qu'**à un seul ou à quelques-uns seulement** des adhérents (CJUE 11-12-2008 aff. 407/07 : RJF 3/09 n° 304).

Services rendus à des tiers L'**administration** admet que l'exonération prévue à l'article 261 B du CGI soit maintenue, pour les services rendus aux adhérents, lorsque les groupements rendent des services à des personnes qui leur sont étrangères, à condition qu'ils soumettent ces prestations à la TVA, dans les conditions de droit commun. 12460

Mais il peut arriver qu'au cours d'une **année civile,** les **services rendus** par un groupement à ses membres soient **utilisés** à titre principal, et non accessoire, **par des entités extérieures** à cet organisme. Lorsqu'un groupement se trouve dans cette situation pour l'exécution d'un service déterminé, l'administration considère que la réalisation de cette opération ne correspond pas à l'objet pour lequel le groupement a été constitué.

Dès lors, les recettes que procure à un groupement la fourniture d'un service déterminé doivent, selon elle, être soumises en totalité à la TVA (y compris donc les sommes versées par les adhérents au titre dudit service) si les **rémunérations perçues auprès de tiers atteignent ou dépassent 50 %** du montant de ces recettes.

Ainsi, s'il apparaît, au 31 décembre d'une année, qu'un groupement a perçu, pour une prestation déterminée, de personnes qui n'y ont pas adhéré, des sommes atteignant ou dépassant 50 % du montant total des recettes afférentes à cette prestation, cette dernière doit être en totalité, y compris donc pour la partie facturée aux adhérents, soumise à la TVA **depuis le 1er janvier de la même année.** Dans un tel cas, il appartient donc au groupement de **régulariser,** à compter de cette date, sa situation au regard de la TVA et notamment d'acquitter la taxe sur le montant des remboursements de frais décomptés à ses adhérents (BOI-TVA-CHAMP-30-10-40 nos 120 et 130). Bien entendu, le groupement conserve dans cette situation le bénéfice de l'exonération pour les autres services (c'est-à-dire ceux pour lesquels le seuil de 50 % n'est pas atteint).

La **CJUE** et le **Conseil d'État** admettent également la possibilité pour les groupements de moyens de rendre des services à des tiers mais, contrairement à l'administration, ils ne fixent pas de seuil au-delà duquel ces services feraient perdre le bénéfice de l'exonération pour les services rendus aux adhérents (CE 8-7-2002 n° 212867 : RJF 10/02 n° 1086 ; CJUE 20-11-2019 aff. 400/18 : RJF 2/20 n° 191).

S'agissant des prestations rendues par un groupement de moyens à ses membres formant un **groupe TVA,** voir n° 12375, précision b.

UTILISATION DU SERVICE

12470 Pour bénéficier de l'exonération de l'article 261 B du CGI, les services rendus par le groupement doivent **concourir,** aux termes de cet article, « **directement et exclusivement** » à la réalisation d'**opérations d'intérêt général exonérées ou d'opérations exclues** du champ d'application de la TVA.

12475 Les **services** qui ne sont **pas directement nécessaires** à l'exercice des activités des adhérents du groupement ne peuvent pas bénéficier de l'exonération. Tel est le cas, en particulier :
- des opérations de restauration ou d'hébergement ;
- des ventes à consommer sur place d'aliments ou de boissons ;
- de la mise à la disposition de moyens, en personnel ou en matériel, destinés à la satisfaction des besoins privés des adhérents (BOI-TVA-CHAMP-30-10-40 n° 150).

12480 En droit strict, les services rendus par le groupement devraient n'être utilisés par l'adhérent que **pour** la réalisation d'**opérations ne donnant pas lieu au paiement de la TVA.**

L'administration estime cependant que cette condition doit être appréciée avec **largeur de vue,** et qu'il convient d'accorder l'exonération au titre des services qui sont **essentiellement** destinés à la réalisation d'opérations échappant à l'imposition (BOI-TVA-CHAMP-30-10-40 n° 160).

MODE DE RÉMUNÉRATION

12490 Selon l'article 261 B du CGI, les **sommes réclamées aux adhérents** doivent correspondre exactement à la part leur incombant dans les **dépenses communes.**

Selon l'administration, le groupement ne peut réclamer à ses adhérents que des sommes couvrant le montant des **dépenses** communes **effectivement payées** au cours de la période de référence et l'exonération ne peut être accordée lorsque le groupement perçoit des remboursements présentant un caractère forfaitaire ou excédant les dépenses réglées.

Il est admis toutefois que l'exonération bénéficie aux groupements de moyens qui, toutes autres conditions étant supposées remplies, réclament à leurs adhérents des sommes n'excédant pas leurs **charges communes de fonctionnement,** charges qui s'entendent :
- des **charges comptables certaines** dans leur principe et dans leur montant qui ont été engagées au cours de l'exercice, même si elles n'ont pas été réglées, en tout ou partie, au cours de cet exercice ;
- des **amortissements** linéaires ou dégressifs régulièrement comptabilisés au titre des biens communs.

Elles ne comprennent **pas,** en principe, le montant des **provisions** faites par le groupement, dès lors que celles-ci constatent des charges seulement probables et **incertaines dans leur montant.** Toutefois, une exception est admise en faveur de la **provision pour congés payés** (BOI-TVA-CHAMP-30-10-40 n° 170).

12495 La **répartition des dépenses** communes doit se faire :
- en imputant à chaque membre le **coût exact** des dépenses afférentes aux services qui lui sont rendus **ou,** lorsque ce coût ne peut être déterminé, en l'évaluant de manière aussi équitable que possible, en fonction de **critères significatifs** (par exemple : temps de mise à la disposition de personnels ou de matériels) **déterminés à l'avance** ;
- en répartissant dans la même proportion les amortissements régulièrement comptabilisés de l'année, les frais à payer, et, le cas échéant, la provision pour congés payés.

La **périodicité des répartitions** des frais entre les membres du groupement peut être variable, mais doit, en tout état de cause, être opérée au moins une fois par an (BOI-TVA-CHAMP-30-10-40 nos 180 et 200).

ILLUSTRATIONS

Exemple de critère de répartition des dépenses **admis** lorsque le coût exact des services rendus à un adhérent ne peut être déterminé : répartition des dépenses effectuée forfaitairement entre les membres en fonction de la fraction du capital détenue par chacun d'entre eux (en ce sens, CE 6-2-1984 n° 37882 : RJF 4/84 n° 433).

Exemple de critère de répartition des dépenses **non admis** : dans le cas d'un GIE mettant en relation des infirmiers libéraux avec des infirmiers remplaçants rémunérés par une rétrocession d'honoraires de 75 % effectuée par l'intermédiaire du GIE qui, au passage, déduisait un pourcentage allant de 5 à 10 % des honoraires, le Conseil d'État a jugé que le GIE ne pouvait bénéficier de l'exonération dès lors que les sommes réclamées aux infirmiers ne correspondaient pas exactement à leur part dans les dépenses du groupement (CE (na) 25-7-2007 n° 290904 : RJF 12/07 n° 1404).

12500 Le groupement peut demander à ses membres des **avances de trésorerie** à condition de procéder à leur apurement lors de la répartition des dépenses effectives.

Cet apurement est subordonné à la présentation à chaque adhérent d'un décompte faisant apparaître :

- le montant total des avances qu'il a consenties au groupement ;
- le détail des divers frais dont le remboursement lui incombe personnellement ;
- le solde, créditeur ou débiteur, de son compte.

Si le solde de son compte est débiteur, l'adhérent est amené à effectuer un complément de versement. Si ce solde est créditeur, il est remis à la disposition de l'adhérent.

Après avoir procédé à l'apurement des comptes, le groupement peut, bien entendu, demander à ses adhérents de lui consentir de nouvelles avances de trésorerie. Mais les avances de trésorerie ne doivent jamais excéder d'une façon notable le montant des frais susceptibles d'être engagés entre deux apurements des comptes (BOI-TVA-CHAMP-30-10-40 nos 190 et 200).

Le bénéfice de l'exonération des remboursements de frais effectués selon les modalités exposées **12505**
aux nos 12495 s. est subordonné aux conditions ci-après :

- **aucune déduction** ne doit être opérée au titre des biens ou prestations de services utilisés pour la réalisation de ces opérations ;
- la **taxe sur les salaires** doit être acquittée sur les rémunérations versées aux personnes concourant à l'exécution des services rendus (BOI-TVA-CHAMP-30-10-40 n° 210).

3. OBLIGATIONS DÉCLARATIVES

L'article 96 A de l'annexe III au CGI, pris en application de l'article 261 B, al. 2 du CGI, prévoit **12550**
que les « sociétés » de moyens qui bénéficient de l'exonération de TVA prévue à l'article 261 B du même Code sont tenues de joindre à leur déclaration de résultats une **déclaration** indiquant, pour la période d'imposition en cause :

- les éléments nécessaires à l'**identification des associés et** à leurs **droits dans le capital** social ;
- le **montant des dépenses** réparties entre les associés en distinguant notamment les achats effectués pour le compte des associés, les frais de personnel, les frais afférents aux locaux, au mobilier et au matériel, les frais de bureau et les autres frais généraux.

En pratique, cette déclaration est constituée par la déclaration modèle 2036-SD pour les sociétés civiles de moyens (qui tient lieu à la fois de déclaration de résultats et de déclaration spéciale de renseignements incombant aux sociétés de moyens en vertu de l'article 96 A de l'annexe III au CG) et par la déclaration complémentaire modèle 2036 bis-SD pour les autres groupements de moyens (cette déclaration s'ajoute à la déclaration de résultats modèle 2031-SD). Ces déclarations doivent être **télédéclarées** selon les délais applicables à la déclaration de résultats.

En ce qui concerne les obligations de **déclaration des opérations** effectuées, les groupements **12555**
de moyens qui réalisent des opérations **soumises à la TVA** (de manière habituelle ou ponctuelle) doivent souscrire des déclarations de TVA dans les conditions de droit commun.

4. SOLUTIONS PARTICULIÈRES

MISE À DISPOSITION DE PERSONNEL OU DE BIENS AU PROFIT DE CERTAINS ORGANISMES

La doctrine administrative avait étendu l'application du dispositif d'exonération prévu par **12610**
l'article 261 B du CGI (nos 12320 s.) aux mises à disposition de personnel et de matériels consenties **au profit de certains organismes sans but lucratif ou personnes morales de droit public** et facturées à prix coûtant. Cette **doctrine** (BOI-TVA-CHAMP-30-10-40 nos 220 à 260, 4-11-2015) a été **rapportée à compter du 1er janvier 2016** afin de la mettre en conformité avec le droit communautaire.

Toutefois, le ministre a indiqué que la suppression de cette doctrine n'emporte pas la soumission à la TVA de l'ensemble des mises à disposition qui en étaient auparavant exonérées. Dans **certaines situations,** ces mises à disposition peuvent continuer à ne **pas** être **soumises à la taxe,** soit qu'elles n'entrent pas dans le champ d'application de la TVA, soit qu'elles sont exonérées de cette taxe en tant qu'opérations étroitement liées à la fourniture de prestations elles-mêmes exonérées de TVA (Rép. Le Callenec : AN 3-5-2016 n° 94395 et Rép. Leroy : Sén. 5-5-2016 n° 21207). Sont ainsi susceptibles d'échapper à la TVA les mises à disposition de personnel consenties entre personnes publiques (voir n° 10790).

III. SOCIÉTÉS DE « PLURIPROPRIÉTÉ »

12700 Les **personnes morales** passibles de l'impôt sur les sociétés, **qui ont pour objet de transférer gratuitement à leurs membres la jouissance d'un bien** meuble ou immeuble, bénéficient en vertu de l'article 261 A du CGI d'une exonération de la TVA pour les **services indispensables à l'utilisation du bien** et qu'elles fournissent moyennant, indépendamment des apports, le **strict remboursement** par les membres de la part qui leur incombe dans les dépenses communes (BOI-TVA-CHAMP-30-10-60-10 n° 240).

1. SOCIÉTÉS CONCERNÉES

12720 Aux termes de l'article 261 A du CGI, entrent dans le champ d'application de cet article les **personnes morales désignées à l'article 239 octies** du même Code, c'est-à-dire les sociétés qui mettent gratuitement à la disposition de leurs membres des biens meubles ou immeubles, dans la mesure où elles **n'échappent pas à l'impôt sur les sociétés,** notamment par le jeu de la transparence fiscale instituée par l'article 1655 ter du CGI.

12725 Sont ainsi concernées les sociétés dont l'objet est d'accorder à leurs membres l'**utilisation en temps partagé de biens meubles** tels que bateaux de plaisance, chevaux, voitures, etc. Ainsi en est-il des sociétés civiles à capital variable regroupant des personnes qui se mettent en commun pour acheter et utiliser de tels biens.

12730 Sont également concernées les sociétés qui ont pour objet d'attribuer la **jouissance gratuite de locaux meublés** déterminés à des groupes d'associés dont chacun a lui-même la disposition exclusive **pendant une période annuelle d'une ou plusieurs semaines.**

Bien entendu, de telles sociétés ne peuvent fonctionner en pratique que si elles mettent à la disposition de leurs membres **des locaux entièrement meublés et équipés** (mobilier, vaisselle, etc.) dont elles assurent la gestion ainsi que le nettoyage à la fin de chaque séjour et la remise en état périodique (peintures intérieures, réparation et remplacement éventuel du mobilier). Cette gestion est d'ailleurs le plus souvent confiée à une société de services.

La loi 86-18 du 6 janvier 1986, en créant les sociétés civiles d'attribution d'immeubles à usage principal d'habitation en jouissance à temps partagé, a constitué le cadre juridique des formules désignées, à l'origine, sous les vocables de « multipropriété », « propriété spatio-temporelle » ou encore « propriété à temps partagé », ou par l'anglicisme « time-sharing ».

Ne sont en revanche **pas concernées** les sociétés de copropriété classiques qui ont pour objet la division de l'immeuble dans l'espace à l'exclusion de la division de jouissance dans le temps et dont la gestion ne porte que sur les parties communes à l'exclusion des parties privatives.

12735 L'article 239 octies du CGI vise enfin les sociétés qui mettent gratuitement à la disposition de leurs membres des **installations concédées.**

Il en est ainsi des sociétés concessionnaires de **ports de plaisance ou** de **parkings,** qui ne sont jamais propriétaires des installations ou des ouvrages dont elles sont concessionnaires et qui appartiennent dès l'origine à l'autorité publique concédante. Ces sociétés sont seulement titulaires d'un droit mobilier qu'elles exploitent, d'une part, en mettant à la disposition privative de leurs actionnaires tout ou partie des installations concédées, d'autre part, en louant (souvent par l'intermédiaire d'une société fermière) la partie des installations à usage public.

2. PORTÉE DE L'EXONÉRATION

12780 Les sociétés de « pluripropriété » sont réputées exercer une activité de nature commerciale et entrent de ce fait dans le champ d'application de la TVA. Les sommes qui leur sont versées par leurs associés seraient donc, en principe, passibles de la TVA.

C'est pour éviter cette conséquence, qui pénalise la mise en commun de biens mobiliers sous la forme sociale, que l'article 261 A du CGI prévoit que les services indispensables à l'utilisation du bien et fournis par la personne morale à ses membres moyennant, indépendamment des apports, le strict remboursement de la part qui leur incombe dans les dépenses communes, sont exonérés de la TVA.

12785 L'exonération prévue par l'article 261 A du CGI est tout d'abord limitée aux **services indispensables à l'utilisation du bien.**

EXEMPLES

1. Dans le cas d'une **société d'attribution d'immeubles** à usage principal **d'habitation en jouissance à temps partagé,** l'éclairage, le chauffage, le gardiennage, l'entretien des locaux et du mobilier ainsi que des ustensiles ménagers mis à la disposition des associés paraissent constituer des services indispensables à l'utilisation du bien susceptibles d'être exonérés.
La situation est déjà moins certaine pour le linge de maison mis éventuellement à la disposition des associés.
En revanche, des services tels qu'une garderie d'enfants, une discothèque, un restaurant, même réservés aux membres de la société, n'entrent pas dans le champ de l'exonération.
2. Dans le cas d'une **société concessionnaire d'un port de plaisance,** peuvent bénéficier de l'exonération, notamment, les opérations d'entretien, de surveillance, de gardiennage, de réparation des installations portuaires. En revanche, sont exclus de l'exonération les services de caractère personnel n'ayant pas de lien direct avec les équipements mobiliers ou immobiliers mis à la disposition des associés, tels ceux portant sur les bateaux (réparation, location ou avitaillement, etc.) (Inst. 3 A-20-80, non reprise au Bofip mais dont la solution nous paraît conserver sa valeur).

Par ailleurs, l'exonération de l'article 261 A du CGI ne concerne que les **services fournis** par la personne morale **à ses membres.** Elle n'est donc pas applicable aux services fournis à des personnes qui n'ont pas la qualité d'associées et admises par exemple à utiliser certaines installations de la société. **12790**

EXEMPLE

Dans le cas d'une **société concessionnaire d'un port de plaisance,** seules sont susceptibles de bénéficier de l'exonération les recettes perçues en contrepartie des services rendus aux porteurs d'actions. Ainsi, dans leur ensemble, les recettes relevant de l'exploitation de la partie publique du port (service public portuaire) et recouvrées conformément aux cahiers des charges de la concession, ainsi que les recettes accessoires, sont passibles de la TVA, qu'il s'agisse des recettes perçues en contrepartie du droit d'amarrage ou des autres services rendus par la société concessionnaire.

L'administration a également précisé, à propos des sociétés concessionnaires de ports de plaisance, que l'exonération prévue à l'article 261 A du CGI ne s'applique qu'aux **services rendus** à leurs associés par les personnes morales visées à l'article 239 octies du même Code à l'exclusion des services qui pourraient être rendus à ces mêmes associés **par une entreprise de gestion tierce** (Inst. 3 A-20-80, non reprise au Bofip mais dont la solution nous paraît conserver sa valeur).

Enfin, il faut, selon l'article 261 A du CGI, que les sommes versées par les associés correspondent au **strict remboursement de la part qui leur incombe** dans les dépenses communes. La société ne doit donc réaliser **aucun excédent de recettes** par rapport aux sommes qu'elle a effectivement déboursées, ce qui lui interdit de réclamer à ses associés des sommes calculées selon des méthodes forfaitaires. **12795**

Par ailleurs, la **répartition des dépenses** entre les associés doit se faire en imputant à chacun les coûts des services le concernant. Si cette **individualisation** ne peut être effectuée (par exemple pour les dépenses d'entretien et de réparation des parties communes), il conviendra d'utiliser une **clef de répartition** aussi équitable que possible selon la nature des prestations. L'administration admet à ce titre une répartition au prorata des droits sociaux.

L'exonération ne peut s'appliquer lorsque la société réclame à ses membres des sommes destinées à lui permettre de réaliser des **bénéfices** ou de **couvrir des provisions ou l'amortissement** des biens exploités (Inst. 3 A-20-80, non reprise au Bofip mais dont la solution nous paraît conserver sa valeur).

En cas de réalisation d'**excédents,** c'est l'ensemble des sommes perçues qui est taxable et non la seule fraction excédant les dépenses communes (en ce sens, Rép. de la Forest : Sén. 30-8-1984 n° 16229, non reprise au Bofip mais dont la solution nous paraît conserver sa valeur).

> Précisions a. S'agissant du montant des sommes remboursables, on notera que l'administration a une doctrine moins souple pour les sociétés de pluripropriété que pour les groupements de moyens. Pour ces derniers, elle admet en effet le remboursement des amortissements pratiqués au titre des biens communs et, le cas échéant, de la provision pour congés payés (n° 12490).

b. Les **sociétés concessionnaires de ports de plaisance** qui demandent à leurs actionnaires des **sommes forfaitaires** destinées à couvrir non seulement le coût des services rendus à leurs associés, mais également à équilibrer globalement leur budget, sans effectuer aucune **distinction entre partie publique et privée du port,** ne peuvent bénéficier de l'exonération et doivent acquitter la TVA sur la totalité des sommes perçues auprès des associés du port au titre des prestations dont ils bénéficient (Inst. 3 A-20-80, non reprise au Bofip mais dont la solution nous paraît conserver sa valeur). Le fait que la construction du port public résulte d'une obligation imposée par la puissance publique ou que les sommes réclamées aux actionnaires seraient scindées en deux cotisations n'est pas susceptible de remettre en cause le principe de l'imposition des versements effectués par les actionnaires (Rép. de la Forest précitée).

12800 L'exonération n'est en principe **pas applicable aux personnes morales qui réalisent des opérations** productives de recettes **avec des tiers,** c'est-à-dire des personnes qui ne font pas partie de leurs membres, à moins qu'il ne s'agisse d'**opérations accessoires n'excédant pas 10 %** de leurs recettes totales ou résultant d'une obligation imposée par la puissance publique (BOI-TVA-CHAMP-30-10-60-10 n° 250).

Par opérations accessoires il faut entendre des opérations ayant un certain rapport avec l'objet de la société.

EXEMPLES

Société civile d'attribution d'immeubles à usage principal d'habitation en jouissance à temps partagé mettant à la disposition de tiers certaines de ses installations (piscine, terrain de jeux, salle de réunion, etc.) ; société concessionnaire donnant en location à des tiers non associés des emplacements de parking ou des postes d'accostage.

Le montant des recettes réalisées avec des tiers ne doit pas excéder en principe 10 % des recettes totales. Par recettes totales, il faut entendre l'ensemble des sommes versées par les associés à la société à quelque titre que ce soit et des recettes réalisées avec les tiers.

Il est cependant prévu une dérogation à cette limite de 10 % lorsque les opérations réalisées avec des tiers résultent d'une **obligation imposée par la puissance publique.** En ce qui concerne les sociétés concessionnaires de ports de plaisance, ces dernières opérations s'entendent de celles réalisées en exécution du cahier des charges de la concession (Inst. 3 A-20-80, non reprise au Bofip mais dont la solution nous paraît conserver sa valeur).

3. OBLIGATIONS DÉCLARATIVES

12850 L'article 46 quaterdecies de l'annexe III au CGI, pris en application de l'article 239 octies du CGI, prévoit que les personnes morales qui bénéficient des exonérations d'impôt sur les sociétés et de TVA prévues respectivement aux articles 239 octies et 261 A de ce Code sont tenues de joindre à la déclaration des résultats prévue à l'article 223 du CGI une **déclaration** modèle 2038-SD indiquant, pour la période d'imposition en cause :

– les **noms, prénoms, adresses des associés** qui bénéficient de la jouissance gratuite des biens sociaux ainsi que le **nombre de parts** ou actions dont ces associés sont titulaires ;

– la désignation précise des **biens et** des **périodes** au cours desquelles chaque associé en a la **jouissance** ;

– le **montant** des **dépenses communes,** ventilées par catégories, et leur **répartition** entre les associés.

IV. SOCIÉTÉS EN PARTICIPATION ET SOCIÉTÉS DE FAIT

12950 Par principe, dès lors qu'elles sont amenées, comme n'importe quelle entreprise, à réaliser des opérations imposables, les sociétés en participation et les sociétés créées de fait ne paraissent pas justifier d'un régime particulier d'imposition. Mais leur **absence de personnalité morale** entraîne des difficultés ayant justifié l'adoption de certaines solutions particulières.

> **Précisions** L'administration est en droit d'opposer aux sociétés dépourvues de personnalité morale leur véritable caractère, même lorsque celui-ci ne lui a pas été révélé par les associés (Rép. Mesmin : AN 13-3-1976 n°s 1089 et 3735, non reprise au Bofip).

1. DÉFINITIONS

SOCIÉTÉ EN PARTICIPATION

12970 La société en participation est une société que les associés sont convenus de ne **pas immatriculer.** Elle n'est **pas** dotée de la **personnalité morale** (elle ne peut donc être titulaire ni de créances ni de dettes), n'est pas soumise à publicité et son existence peut être **prouvée par tous moyens** (C. civ. art. 1871).

Elle n'est **juridiquement qu'un contrat** conclu entre ses associés, et peut être **occulte ou ostensible.**

Mais elle présente les caractères essentiels d'une société. Les coparticipants doivent donc :
- avoir l'intention de s'associer ;
- apporter chacun une mise consistant dans l'apport d'une industrie ou d'un bien, en jouissance ou en propriété (dans ce dernier cas, le bien est apporté à une indivision constituée entre les associés) ;
- participer aux bénéfices et aux pertes (BOI-TVA-CHAMP-10-10-50-50 n° 10).

La **participation aux bénéfices et aux pertes** est un des éléments essentiels de la validité de la société en participation. Si la plus grande liberté préside en ce domaine aux conventions des parties, trois prescriptions doivent, en tout état de cause, être respectées : **12975**
- il ne peut être valablement prévu de distribution que par prélèvement sur le bénéfice net. La convention qui garantit en toute circonstance, à l'un quelconque des associés, une rémunération de sa mise, entraîne la nullité de l'association, mais il peut être valablement stipulé que les capitaux apportés en compte courant par les participants sont productifs d'intérêts et remboursables avant tout partage des bénéfices ;
- la participation aux bénéfices entraîne nécessairement la participation aux pertes. À défaut de stipulations contraires, la part des bénéfices ou des pertes de chaque participant est proportionnelle à sa mise. Il n'est pas nécessaire que la participation de chacun aux résultats soit proportionnelle à son apport. Les participants jouissent de la plus entière latitude pour la fixation des coefficients, mais il est indispensable que ceux-ci soient précisés dans le contrat ; les portions d'intérêt ainsi déterminées pour la répartition des résultats doivent être scrupuleusement respectées ;
- les apports doivent être effectués au prix de revient, sinon il ne s'agirait plus d'un apport, mais d'une opération de vente (BOI-TVA-CHAMP-10-10-50-50 n°s 10 et 20).

SOCIÉTÉ DE FAIT

Les sociétés de fait ou sociétés créées de fait sont, en vertu de l'article 1873 du Code civil, soumises au même régime juridique que les sociétés en participation. **12990**

La différence entre les deux types de société réside dans la volonté délibérée des associés de la société en participation de constituer un groupement alors que la société de fait résulte du comportement des personnes qui, sans en avoir pleinement conscience, se comportent entre elles et vis-à-vis des tiers comme de véritables associées.

Pour que soit reconnue l'existence d'une société de fait, il faut que les trois **conditions** suivantes soient simultanément réunies :
- participation aux apports (en capital ou en industrie) ;
- participation à la gestion (à la direction ou au contrôle de l'entreprise) ;
- participation aux résultats (bénéfices ou pertes).

2. OPÉRATIONS INTERNES

Les **livraisons** et les **prestations** de services que les associés sont amenés à se rendre et qui **participent au prix de revient de l'activité commune** (par exemple, les frais engagés par un membre et qui viennent s'inscrire au débit du compte d'exploitation de la société) perdent, à raison de la personnalité fiscale de la société, leur caractère d'opérations réalisées entre entités juridiques distinctes pour devenir de simples « opérations internes » à la société. **13030**

Les **mouvements financiers internes** à la société en participation ou à la société de fait, tels ceux relatifs à la **répartition de dépenses** (sous réserve que cette répartition s'effectue exactement et porte sur de véritables dépenses, à l'exclusion donc des charges n'ayant pas ce caractère, comme les amortissements, provisions, etc.), ne constituent pas des opérations imposables à la TVA. **13035**

Ne sont pas non plus imposables les règlements relatifs à la **répartition des bénéfices ou des pertes** (BOI-TVA-DED-20-20 n° 80).

En ce qui concerne les sociétés de fait ou en participation investies des **droits d'auteur** et les sociétés en participation constituées dans le cadre d'un **contrat de compte à demi,** voir n° 86880.

3. OPÉRATIONS EXTERNES

Les sociétés en participation et les sociétés créées de fait étant dépourvues de personnalité morale ne peuvent agir commercialement ou civilement en tant que telles. **13050**

Toutefois, d'un point de vue fiscal, une **fiction de personnalité propre** leur est reconnue, laquelle permet aux associés d'agir sous le couvert de cette entité et, notamment, de déclarer globalement l'ensemble des recettes qu'ils réalisent à ce titre avec des tiers. Ces « opérations externes » peuvent ainsi être imposées à la TVA comme si elles étaient le fait d'une entreprise unique.

13055 Les sociétés de fait et sociétés en participation sont normalement **soumises à** la **TVA** au titre des **opérations faites avec des tiers.**

De même, sont imposables les opérations faites **avec des participants en dehors du contrat de participation** ou les rétributions acquises aux participants en tout état de cause et indépendamment des résultats de la participation (BOI-TVA-CHAMP-10-10-50-50 n° 50), lesquelles ne constituent pas des mouvements financiers internes au sens évoqué aux nos 13030 s.

ILLUSTRATIONS

Sont notamment **imposables** au niveau de la société de fait ou en participation :

– les locations de matériel ou des frais de gérance rémunérés forfaitairement (CE 28-11-1973 n° 90462 ; CE 7-6-1961 n° 33028 ; CE 27-3-1963 n° 53433) ;

– les opérations d'agence d'affaires réalisées par une société en participation (CE 14-4-1982 n° 22457) ;

– la mise à la disposition d'une société en participation, par son gérant, d'un cabinet professionnel équipé, même si les sommes perçues en contrepartie par le gérant correspondent à des remboursements de frais. En l'espèce, le gérant ne se bornait d'ailleurs pas à répartir entre les associés les intérêts des emprunts contractés par lui, mais mettait également à leur charge l'amortissement du capital de ces emprunts (CE 25-7-1980 n° 9719 : RJF 10/80 n° 769) ;

– l'exploitation d'un hôtel par une société en participation à laquelle ses associés ont apporté en jouissance l'ensemble des moyens matériels d'exploitation d'un hôtel ainsi que du droit de l'exploiter, même si elle n'est pas dotée de la personnalité morale et si les immobilisations affectées à l'activité hôtelière n'ont pas été inscrites à son bilan (CAA Marseille 4-7-2006 n° 03-1823 : RJF 1/07 n° 15).

4. DROITS À DÉDUCTION

13080 Les sociétés en participation et les sociétés de fait se différencient des autres formes de sociétés, on l'a vu, par le fait qu'elles ne possèdent pas une personnalité juridique distincte de leurs membres. Dès lors, l'exercice conjoint de l'activité commune s'effectue à l'aide de biens qui sont soit des **biens propres** à chacun des associés, soit des **biens indivis.**

Toute société en participation ou toute société de fait, quelle que soit la durée du contrat, doit être considérée comme constituant un **secteur d'activité distinct** des activités propres de ses membres, englobant l'ensemble des opérations réalisées en vertu du contrat de société en participation ou en société de fait.

Le droit à déduction de la TVA afférente à l'ensemble des biens et services utilisés pour les besoins de l'activité commune (qu'ils soient propres aux associés ou indivis) est exercé au sein de ce secteur distinct.

Il est précisé que ce régime s'applique même dans l'hypothèse où les membres (ou certains des membres) de la société n'exerceraient par ailleurs aucune activité soumise à la TVA (sociétés de fait, « pools » de wagons) (BOI-TVA-DED-20-20 n° 80).

13085 Lors de la **dissolution** d'une société de fait, qui implique la cessation d'une activité constituée en secteurs distincts d'activité, la **reprise par** les **associés des biens** qui leur sont **propres** s'analyse en un transfert entre secteurs.

Les **cessions** faites **à des associés,** à l'occasion de la dissolution, de biens précédemment affectés à la société suivent le régime applicable aux cessions faites à des tiers (BOI-TVA-DED-20-20 n° 240).

Ces solutions sont transposables, selon nous, aux sociétés en participation.

5. MODALITÉS DE DÉCLARATION ET DE PAIEMENT DE LA TAXE

13110 Le **redevable légal** de la taxe est la société de fait ou en participation (voir à cet égard n° 47905).

13115 Les opérations réalisées conjointement par les membres d'une société en participation ou de fait font l'objet de **déclarations uniques** généralement établies par l'un des membres qui est considéré comme le **gérant** de la société. De plus, le gérant d'une société en participation peut regrouper les opérations relatives à cette société sur les mêmes déclarations qu'il doit souscrire au titre de ses activités propres.

La souscription de déclarations uniques facilite l'exercice des droits à déduction auxquels peuvent prétendre les membres de telles sociétés au titre des opérations ouvrant droit à déduction réalisées sous le couvert de la société et qui portent sur les biens propres ou sur les biens et services acquis en commun. À défaut, un tel exercice ne serait pas possible, notamment pour l'associé qui n'exercerait par ailleurs aucune activité imposable.

Cependant, lorsque les **activités** exercées dans le cadre d'une société en participation ont un certain **caractère de permanence,** la souscription d'une déclaration séparée regroupant les seules opérations en participation peut être autorisée par le service des impôts (BOI-TVA-DED-20-20 n° 210).

Pour les sociétés de personnes et assimilées (y compris, selon nous, les sociétés en participation), les **chiffres d'affaires limites** du **régime simplifié de déclaration** s'apprécient globalement et non en fonction du nombre d'associés. **13120**

Il en est de même pour les sociétés de fait : c'est le chiffre d'affaires de la société qu'il convient de retenir et non la part revenant à chacun des membres (CE plén. 13-6-1979 n°s 11560 et 11561 : RJF 7-8/79 n° 422 ; BOI-TVA-DECLA-20-20-30-10 n° 40).

La solution vaut également pour l'application des limites de la **franchise en base** (BOI-TVA-DECLA-40-10-10 n° 330).

V. INDIVISIONS IMMOBILIÈRES

Il arrive que des sociétés (notamment des SCPI ou des Sicomi) acquièrent en indivision des immeubles à usage commercial ou industriel afin de les donner en location, la gestion de l'indivision étant généralement confiée à un indivisaire, parfois à un tiers. **13190**

Dans cette hypothèse, trois questions se posent : qui doit exercer l'option pour l'assujettissement à la TVA de la location de l'immeuble nu à usage professionnel, qui souscrit les déclarations correspondantes et qui exerce le droit à déduction ?

L'**option pour** l'assujettissement à **la TVA** des locations de locaux nus à usage professionnel, prévue à l'article 260, 2° du CGI, qui est exercée au nom de l'indivision immobilière, ne peut résulter que d'une décision globale des coïndivisaires en raison de la nature juridique de l'indivision qui constitue une entité distincte des membres qui la composent, les coïndivisaires ne pouvant donc exercer une option séparée. L'exercice de cette option requiert le consentement exprès de tous les indivisaires (CAA Paris 29-3-2007 n° 05-2104 : RJF 8-9/07 n° 904). **13195**

L'option pour la TVA peut être **exercée** par le gérant de l'indivision (muni d'un mandat exprès de l'ensemble des membres de l'indivision), qu'il soit lui-même membre de l'indivision ou tiers à celle-ci. Elle peut, à défaut de gérant, être exercée par un coïndivisaire non gérant, muni d'un mandat exprès de l'ensemble des membres de l'indivision (Comité MOA 25-6-1985, non repris au Bofip mais dont la solution nous paraît conserver sa valeur).

> **> Précisions** La cour administrative d'appel de Paris admet une ratification implicite, par les indivisaires n'ayant pas donné leur consentement exprès, de l'option irrégulièrement exercée lorsque ceux-ci ont régulièrement acquitté la TVA sur les loyers (CAA Paris 29-3-2007 n° 05-2104 précité).

En ce qui concerne les **déclarations périodiques,** lorsqu'il y a un gérant membre de l'indivision, l'administration préconise que celui-ci les souscrive par immeuble au nom de l'indivision. Mais il est également admis qu'il puisse constituer en secteur distinct de ses propres activités les opérations réalisées par l'indivision et qu'il souscrive alors des déclarations uniques pour l'ensemble de ses activités. Quel que soit le choix retenu, le gérant exerce le **droit à déduction** au nom de l'indivision. À cet effet, les coïndivisaires transmettent au gérant les originaux des factures ou, éventuellement, des attestations certifiées par eux (Comité MOA 25-6-1985, non repris au Bofip mais dont la solution nous paraît conserver sa valeur). **13200**

Les mêmes solutions trouvent, selon nous, à s'appliquer au coïndivisaire non gérant chargé de souscrire les déclarations. En revanche, pour un gérant tiers à l'indivision, la possibilité de déclarer les opérations de l'indivision avec les siennes propres n'est, semble-t-il, pas autorisée.

Les coïndivisaires ne pouvant exercer une option séparée (n° 13195), ils ne peuvent dès lors créer un secteur d'activité distinct pour exercer leur quote-part de droit à déduction.

VI. SYNDICATS DE COPROPRIÉTAIRES

L'action des syndicats de copropriétaires assurant la gestion d'une **copropriété traditionnelle,** dont la constitution est prévue à l'article 14 de la loi 65-557 du 10-7-1965 fixant le statut de la copropriété des immeubles bâtis, se limite en principe à la conservation d'un immeuble et à l'administration des parties communes d'une copropriété dont l'usage est limité au logement ou, éventuellement, à une occupation professionnelle (bureaux, commerces). **13300**

Sur la situation des syndicats de copropriétaires assurant la gestion des **résidences avec services,** voir n°s 13450 s.

13305 L'activité des syndicats de copropriétaires s'analyse en une **prestation de gestion de la copropriété** rendue à titre onéreux aux copropriétaires. Elle entre donc **dans le champ d'application de la TVA.** Toutefois, l'administration admet que les remboursements de certaines dépenses (« **remboursements de charges** ») puissent ne pas être imposés à la TVA (BOI-TVA-CHAMP-10-10-20 n° 310).

NON-IMPOSITION DES REMBOURSEMENTS DE CHARGES

13320 Agissant le plus souvent en leur nom propre, les syndicats de copropriétaires ne peuvent légalement bénéficier des dispositions de l'article 267, II-2° du CGI qui prévoit l'exclusion de la base d'imposition, sous certaines conditions, des sommes remboursées aux intermédiaires effectuant des dépenses au nom et pour le compte de leurs commettants.

Toutefois, pour tenir compte des contraintes inhérentes à leur activité, l'**administration** admet que les syndicats de copropriétaires, dont l'activité se limite à gérer des immeubles utilisés pour l'habitation ou pour une occupation professionnelle, puissent exclure de leur base d'imposition les versements effectués par les copropriétaires et destinés à couvrir les charges des syndicats (BOI-TVA-CHAMP-10-10-20 n° 310 ; BOI-TVA-BASE-10-10-30 n° 350).

> **Précisions** **a.** La solution s'applique également aux **unions de syndicats de copropriétaires** lorsqu'elles agissent dans les mêmes conditions que les syndicats pour la répartition de charges de copropriété (BOI précités).
> **b.** Le **Conseil d'État** va plus loin en considérant que le simple fait, pour un syndicat de copropriétaires, d'assurer la mission de conservation et d'entretien de l'immeuble et l'administration des parties communes ainsi que la prise en charge des éléments d'équipement communs et les services collectifs nécessaires à cette mission ne constitue **pas une activité économique** au sens de l'article 256 A du CGI (CE sect. 7-12-2001 n° 212273 : RJF 2/02 n° 148).

13325 Le bénéfice de la mesure de non-imposition est strictement limité aux « remboursements de charges » afférents :

– à la **conservation,** l'**entretien** et l'**administration** des **parties communes** ;

– aux éléments d'**équipement commun** (ascenseurs et monte-charges, installations de chauffage collectif et de conditionnement d'air, installations de production et de distribution d'eau chaude, compteurs, interphones, gaines à ordures, etc.) ;

– aux éléments d'équipement affectés à des **services collectifs courants** dans ce type de copropriété (jeux d'enfants, piscines et courts de tennis) à l'exclusion des sommes réclamées au titre de l'utilisation de ces équipements (droit d'usage, rémunération d'un professeur de tennis, etc.) ;

– aux services de **gardiennage** et d'**enlèvement** des **ordures ménagères** (BOI-TVA-BASE-10-10-30 n° 360 ; CE sect. 7-12-2001 n° 212273 : RJF 2/02 n° 148).

Ces charges peuvent constituer des frais propres du syndicat, employeur du personnel ou propriétaire des matériels (BOI précité).

13330 L'exclusion de la base d'imposition des « remboursements de charges » est subordonnée dans tous les cas au respect des **conditions** suivantes :

– reddition de comptes aux copropriétaires ;

– justification de la nature et du montant exact des débours (BOI-TVA-BASE-10-10-30 n° 370).

13335 En revanche, constitue une activité économique, en principe imposable, le fait pour un syndicat de copropriétaires de prendre en charge des éléments d'équipement et de fournir à ses membres des **biens et** des **services collectifs** lorsque ces éléments d'équipement et ces biens et services sont **sans lien avec la conservation et l'entretien de l'immeuble** et l'administration de ses parties communes (CE sect. 7-12-2001 n° 212273 : RJF 2/02 n° 148).

Pour les résidences-services, voir n° 13460, précision b.

DROIT À DÉDUCTION ET OBLIGATIONS

13350 Les syndicats de copropriétaires qui ne perçoivent que des « remboursements de charges » non imposés et ne réalisent par ailleurs aucune opération imposable à la TVA ne peuvent pas déduire la TVA grevant les dépenses engagées pour le compte des copropriétaires. Ils sont dispensés de souscrire une déclaration de création d'entreprise ou d'activité.

> **Précisions** Les **copropriétaires** qui exercent une activité imposable à la TVA ouvrant droit à déduction peuvent déduire, dans les conditions habituelles, la TVA qui figure sur le relevé des charges qui leur est délivré, soit par le syndic s'il y en a un, soit par le syndicat des copropriétaires (BOI-TVA-DED-40-10-10 n° 130).

SYNDICATS COOPÉRATIFS

Les rémunérations perçues, pour leur propre compte, par les syndicats coopératifs qui assument la gestion et l'administration d'immeubles en copropriété doivent être soumises à la TVA. Toutefois, comme tout propriétaire qui remplit ces fonctions, dans sa résidence, un syndicat coopératif constitué dans le cadre des dispositions de l'article 14, al. 2 de la loi 65-557 du 10 juillet 1965 (ce syndicat est nécessairement un copropriétaire), et qui représente la collectivité des copropriétaires, n'est pas assujetti au paiement de la taxe si son intervention s'effectue **à titre gratuit,** sans aucune contrepartie financière autre que les remboursements de dépenses communes engagées au profit exclusif de ses membres (BOI-TVA-CHAMP-10-10-20 n° 310). **13360**

VII. RÉSIDENCES-SERVICES

Les résidences avec services offrent à leurs occupants, en plus du logement, des services supplémentaires qui comprennent notamment la restauration. **13450**

Elles s'adressent le plus souvent aux personnes âgées, parfois aux célibataires ou aux étudiants. Selon la formule choisie, l'occupant peut être copropriétaire, titulaire d'un droit d'habitation viager ou locataire.

La **gestion des services** est confiée à des **groupements sans but lucratif** (société civile coopérative de consommation, association syndicale libre régie par le titre II de l'ordonnance 2004-632 du 1-7-2004, association régie par la loi de 1901) constitués par les résidents et pour leurs besoins exclusifs. Elle peut également être confiée le cas échéant au **syndicat des copropriétaires.**

CHAMP D'APPLICATION

L'activité des organismes chargés d'assurer des prestations de services à titre onéreux ou des ventes de biens telles qu'elles sont fournies dans les résidences-services entre dans le champ d'application de la TVA. Elle ne peut bénéficier : **13460**

– ni de l'exonération prévue par l'article 261 B du CGI pour les remboursements de frais par les groupements de moyens, dès lors que les services rendus aux adhérents sont ici à caractère personnel ;

– ni de l'exonération prévue par l'article 261, 7-1°-b du CGI en faveur des organismes sans but lucratif, dès lors que l'activité des résidences de services n'a pas un caractère social ou philanthropique (BOI-TVA-CHAMP-10-10-50-70 n°s 240 et 250 ; CE sect. 7-12-2001 n° 212273 : RJF 2/02 n° 148).

> Précisions a. En ce qui concerne l'exclusion de l'**exonération en faveur des organismes sans but lucratif,** on notera que le Conseil d'État, dans une décision postérieure à celle mentionnée ci-dessus, a estimé qu'un syndicat de copropriétaires qui au-delà de sa mission de gestion de la copropriété offre aux résidents des services supplémentaires peut échapper à l'impôt sur les sociétés et à la contribution économique territoriale s'il satisfait aux critères de non-lucrativité (CE 30-12-2009 n°s 294933 et 294934 : RJF 4/10 n° 329). La démarche retenue par la Haute Juridiction nous paraît transposable à la TVA.

b. Lorsque la **résidence-services** est **gérée par un syndicat de copropriétaires** :
– celui-ci bénéficie, pour l'activité liée à la gestion classique d'une copropriété, de la mesure de non-imposition des remboursements de charges étudiée aux n°s 13320 s. ;
– mais est imposable au titre des services supplémentaires et des livraisons de biens (restauration, soins, blanchissage, coiffure, installations sportives autres que celles considérées comme des services courants : n° 13325, animations, aide ménagère, etc.), que ces opérations soient exécutées par le syndicat ou un fournisseur extérieur et quelles que soient les modalités selon lesquelles le prix est réclamé aux copropriétaires (BOI-TVA-CHAMP-10-10-20 n° 310).

Les prestations de soins rendues par l'organisme gestionnaire de la résidence à l'aide d'**infirmières salariées** ne peuvent pas bénéficier de l'exonération prévue à l'article 261, 4-1° du CGI, dès lors que les soins ne sont pas dispensés dans le cadre de l'exercice d'une profession libérale (CE 31-3-1993 n° 115511 : RJF 6/93 n° 809). **13465**

On rappelle, toutefois, que, pour la CJUE, l'exonération des soins médicaux et paramédicaux ne dépend pas de la forme juridique de l'assujetti fournissant les soins (n° 9090).

L'exonération prévue à l'article 261, 4-1° ter du CGI (n°s 10000 s.) n'est pas non plus applicable dès lors que les résidences avec services ne sont pas des établissements d'hébergement relevant de l'article L 312-1 du Code de l'action sociale et des familles.

13470 Les **locations nues ou meublées** (chambres d'hôtes) éventuellement consenties par l'organisme gestionnaire de la résidence sont exonérées dans les conditions prévues aux articles 261 D, 2° et 4° du CGI (voir nos 3700 s. et 91670 s.).

BASE D'IMPOSITION

13480 La base d'imposition comprend toutes les sommes, quelle que soit leur dénomination (prix, cotisations fixes ou variables, part des charges communes de copropriété afférentes aux services), qui sont destinées à financer le **coût des services** rendus aux adhérents.

S'agissant des **résidences-services gérées par un syndicat de copropriétaires,** doivent donc être comprises dans la base d'imposition à la TVA non seulement les sommes payées par les utilisateurs au titre des services supplémentaires, mais aussi la quote-part des charges de copropriété relative à ces services : charges correspondant à la conservation, l'entretien et l'administration des parties communes affectées à ces services, aux éléments d'équipement, aux frais de personnel, etc. (BOI-TVA-BASE-10-10-30 n° 410).

Pour les remboursements de charges perçus par le syndicat de copropriétaires au titre de son activité liée à la gestion classique de la copropriété, voir n° 13460, précision b.

13485 Lorsqu'un organisme gestionnaire d'une résidence-services **confie la gestion** des services spécifiques **à un organisme tiers** avec mise à disposition des installations nécessaires, il est fréquent que ce dernier ne lui verse aucune contrepartie financière pour la mise à disposition des locaux. Dans cette situation, les charges de copropriété afférentes à l'entretien des locaux concernés que l'organisme gestionnaire de la résidence réclame le cas échéant aux copropriétaires doivent être comprises dans la base d'imposition de l'organisme tiers gestionnaire des services puisqu'elles constituent une quote-part du prix des services réclamé aux clients.

L'organisme tiers gestionnaire des services ne peut pas, en revanche, déduire la TVA incluse dans les charges de copropriété afférentes aux locaux mis à sa disposition.

Dans le cas où l'organisme gestionnaire de la résidence effectue une mise à disposition de ces locaux à titre onéreux, l'organisme tiers gestionnaire des services pourra, selon les modalités habituelles, exercer un droit à déduction au titre de cette mise à disposition, l'organisme gestionnaire de la résidence lui ayant délivré une facture établie à son nom et mentionnant la TVA conformément aux dispositions de l'article 289 du CGI (BOI-TVA-BASE-10-10-30 n° 410).

TAUX

13500 Les services et les biens fournis dans les résidences avec services sont en principe imposables au taux qui leur est propre.

Les **soins** sont imposables au taux normal (en ce sens, BOI-TVA-LIQ-20-20 n° 20).

La **fourniture de repas** aux résidents et aux visiteurs peut bénéficier du taux intermédiaire de 10 % en application de l'article 279, m du CGI (nos 42590 s.).

En ce qui concerne le taux applicable aux **prestations d'hébergement** fournies aux personnes hébergées dans la résidence et à leurs visiteurs, voir n° 92105.

> **Précisions** Sur les critères, issus de la jurisprudence de la CJUE et repris à l'article 257 ter du CGI, permettant de déterminer si l'on est en présence d'une **opération unique** ou d'**opérations dissociables** soumises à leur régime propre, voir nos 1270 s.

DROITS À DÉDUCTION

13510 Les résidences-services peuvent déduire dans les conditions de **droit commun** la taxe afférente à l'acquisition des biens ou services nécessaires à l'exercice de leur activité imposable.

S'agissant des **résidences-services gérées par un syndicat de copropriétaires,** la taxe grevant les dépenses engagées exclusivement pour les besoins de la copropriété traditionnelle n'est pas déductible et celle qui se rapporte aux opérations imposables est déductible dans les conditions de droit commun. Ainsi la TVA grevant l'acquisition de biens ou services utilisés concurremment pour les opérations de gestion classique de la copropriété (donnant lieu à « remboursements de charges » non imposés) et pour les services supplémentaires imposables ne sera que partiellement déductible.

Le coefficient de taxation forfaitaire est ainsi déterminé en fonction du rapport suivant : chiffre d'affaires des services supplémentaires ouvrant droit à déduction / ressources totales du syndicat, y compris les « remboursements de charges ».

L'administration admet que le syndicat détermine la part de taxe déductible à partir du critère qui est retenu pour la répartition des dépenses communes (exemple : surfaces) (Inst. 3 A-3-98 nos 24 à 27, non reprise au Bofip mais dont la solution nous paraît conserver sa valeur).

> Précisions a. Les **syndicats** sont tenus de **justifier** auprès du service des impôts de la nature et du montant exact des **débours.** Leur comptabilité doit permettre de s'assurer de la pertinence de la ventilation des dépenses entre les opérations de gestion de la copropriété traditionnelle et les services supplémentaires rendus (Inst. 3 A-3-98 n° 28, non reprise au Bofip mais dont la solution nous paraît conserver sa valeur).
b. Sur les droits à déduction en cas de délégation de la **gestion** des services à un **organisme tiers,** voir n° 13485.

VIII. UNIONS COMMERCIALES

Les unions commerciales, généralement constituées sous la forme d'**associations de la loi de 1901,** ou de groupements d'intérêt économique (**GIE**), ont trois types d'activités : **13600**
– elles permettent aux commerçants qui s'y regroupent d'engager collectivement diverses actions d'animation du commerce local. Ces unions organisent ainsi des **manifestations commerciales** (journées, semaines, quinzaines commerciales, etc.) ;
– elles mettent en place des **systèmes de promotion commerciale collective** tels que celui de « timbres-escompte » ou de « cartes de fidélité » ;
– certaines (sous forme d'associations) peuvent assurer également un rôle de **défense des intérêts matériels ou moraux des commerçants** qui en sont membres.

DÉFENSE DES INTÉRÊTS MATÉRIELS OU MORAUX

Les services que les associations de commerçants rendent à leurs membres, dans le cadre de leur activité syndicale, et qui se rattachent à la **défense collective** des intérêts des membres peuvent bénéficier de l'exonération de TVA prévue par l'article 261, 4-9° du CGI, dans les conditions indiquées aux nos 11770 s. **13610**

En revanche, les sommes reçues de leurs adhérents pour certains **services individuels** que ces associations leur rendent (par exemple, le conseil ou l'assistance juridique) sont soumises à la TVA car ces services ne constituent pas une activité syndicale.

L'association doit **ventiler en comptabilité** les cotisations qu'elle perçoit au titre de la défense collective des intérêts de ses membres et celles perçues en contrepartie des services individuels qu'elle leur fournit (Inst. 3 A-13-80, non reprise au Bofip mais dont la solution nous paraît conserver sa valeur).

MANIFESTATIONS COMMERCIALES

Les manifestations commerciales de toute nature organisées par les unions de commerçants relèvent de l'exercice d'une activité commerciale, puisqu'elles ont pour objet de développer l'activité économique locale et, par suite, celle des adhérents du groupement. **13620**

Les associations qui les organisent ne peuvent donc bénéficier ni de l'exonération prévue en faveur des organismes sans but lucratif prévue à l'article 261, 7-1°-a du CGI, ni de celle prévue pour les recettes de six manifestations de bienfaisance prévue à l'article 261, 7-1°-c du même Code (Inst. 3 A-13-80, non reprise au Bofip mais dont la solution nous paraît conserver sa valeur ; en ce sens également, BOI-TVA-BASE-10-20-10 nos 450 et 460).

Les associations de commerçants doivent soumettre à la TVA l'ensemble des recettes qu'elles réalisent au titre de ces manifestations commerciales. Il en est ainsi des **cotisations** perçues en contrepartie des prestations de nature commerciale fournies à leurs adhérents. Les **subventions** qui constituent un complément du prix de cette activité sont également imposables (BOI-TVA-BASE-10-20-10 n° 460). **13625**

Sont également imposables les recettes qu'elles perçoivent en contrepartie de services rendus ou de produits livrés à des tiers, ainsi que les recettes publicitaires.

Corrélativement, elles peuvent **déduire** la taxe ayant grevé les acquisitions de biens et services nécessaires à leur activité taxable, dans les conditions de droit commun. **13630**

L'administration admet que la déduction puisse également être opérée pour les biens acquis en vue de constituer les lots qui seront distribués lors des manifestations commerciales, sous les seules réserves des **lots** de la nature suivante : véhicules, voyages, séjours ou croisières (Inst. 3 A-13-80, non reprise au Bofip mais dont la solution nous paraît conserver sa valeur).

PROMOTION COMMERCIALE COLLECTIVE

Sont également taxables, selon des modalités particulières, les procédés commerciaux de fidélisation utilisés par les unions commerciales que constituent les **timbres-escompte et cartes de fidélité** (BOI-TVA-BASE-10-20-10 nos 470 à 530). **13640**

SECTION 9 LIVRAISONS À SOI-MÊME

13800 L'article 257 du CGI prévoit l'imposition à la TVA de certaines opérations particulières, communément qualifiées de « livraisons à soi-même ».

Le II de l'article 257 du CGI soumet notamment à la taxation certaines **livraisons à soi-même de biens** (mobiliers ou immobiliers) **ou de services.** Avant d'examiner le régime de ces opérations, nous définissons ce qu'il convient d'entendre par « livraison à soi-même » et précisons la finalité d'un tel dispositif.

> **> Précisions** Les livraisons à soi-même prévues par l'article 257, II du CGI trouvent également à s'appliquer dans le cadre de la « **TVA immobilière** » mais comportent des spécificités étudiées aux nos 68500 s. Des dispositifs particuliers de livraisons à soi-même sont, par ailleurs, prévus par l'article 257, I-3 du CGI concernant certains travaux de réhabilitation réalisés par des assujettis dans les logements sociaux (nos 69000 s.) et la construction, par des non-assujettis, de certains logements sociaux (no 68500, précisions).

A. Généralités

NOTION DE LIVRAISON À SOI-MÊME

13850 La livraison à soi-même est l'opération par laquelle une personne obtient, avec ou sans le concours de tiers, un bien ou une prestation de services à partir de biens, d'éléments ou de moyens lui appartenant.

Cette notion peut également désigner un changement d'affectation dans l'utilisation d'un bien.

FINALITÉ DU DISPOSITIF

13860 Le mécanisme de taxation des livraisons à soi-même de biens ou de services vise à assurer le respect du **principe de neutralité** à la base du système de la TVA et est étroitement lié au **régime des déductions.** Il permet de tenir compte des dispositions qui limitent, excluent ou restreignent l'exercice du droit à déduction. Dans certaines situations, il évite la remise en cause de la déduction initialement opérée ou constitue une contrepartie de l'exercice du droit à déduction.

EXEMPLES

13870 **Bien destiné à l'exploitation fabriqué par l'entreprise elle-même** Une entreprise décide de réaliser un investissement dans un nouveau bien (outillage, matériel, aménagements ou installations dans des locaux existants, etc.) destiné à l'exploitation :

– ou bien (cas le plus courant) elle acquiert ce bien auprès d'un fournisseur. Sur la TVA facturée par celui-ci, elle pourra exercer son droit à déduction mais, si ce droit est supprimé ou réduit par l'effet de l'une des exclusions ou limitations prévues par la loi, elle conservera la charge de la taxe (ou fraction de taxe) non récupérable ;

– ou bien elle décide de fabriquer elle-même le bien par ses propres moyens (travail de son personnel, notamment). En l'absence d'une disposition spéciale, ces opérations purement internes ne seraient pas soumises à la TVA et l'entreprise échapperait ainsi à la « rémanence » de taxe susceptible d'être constatée dans la première hypothèse.

C'est pour éviter une distorsion entre les deux situations que la loi prévoit, en cas de fabrication en interne, pour les déducteurs non intégraux, le recours à la technique de la livraison à soi-même. En pratique, l'entreprise sera considérée, par une sorte de « fiction » fiscale, comme étant à la fois le « fournisseur » et l'« acquéreur » du bien. En tant que « fournisseur », elle sera redevable de la TVA sur le prix de revient du bien. En tant qu'« acquéreur », elle pourra exercer son droit à déduction, mais (comme dans l'hypothèse d'une acquisition externe) ce droit sera supprimé ou réduit par l'effet des exclusions ou limitations légales.

13880 **Bien meuble cessant d'être utilisé pour les besoins de l'entreprise** Lorsqu'un bien meuble initialement affecté aux besoins de l'entreprise et qui, à ce titre, a donné droit à la déduction (totale ou partielle) de la TVA correspondante reçoit ultérieurement une autre affectation étrangère aux besoins de l'entreprise (par exemple, prélèvement pour les besoins privés de l'exploitant), le droit à déduction précédemment exercé n'est pas remis en cause, mais le changement d'affectation donne lieu à une imposition au titre de la livraison à soi-même.

Prestations de services rendues pour des besoins autres que ceux de l'entreprise Lorsqu'un bien ou un service est utilisé à la fois pour les besoins de l'exploitation et pour des besoins privés, la technique de la livraison à soi-même de services constitue la contrepartie du droit à déduction exercé au moment de l'acquisition du bien (lorsque l'utilisation privée est inférieure à 90 % et qu'il n'existe pas un critère de partage objectif). 13890

Ainsi, un matériel utilisé alternativement pour les besoins de l'entreprise et pour ceux d'un membre du personnel peut ouvrir droit à déduction dans les conditions de droit commun lors de son acquisition dans la mesure où l'utilisation privée donne lieu à une prestation de services à soi-même taxable.

PERSONNES CONCERNÉES

L'imposition d'une livraison à soi-même ne concerne que les **assujettis** tels que définis à l'article 256 A du CGI. 13900

N'ont pas à procéder à l'imposition des livraisons à soi-même les personnes qui réalisent exclusivement des opérations situées en dehors du champ d'application de la TVA (BOI-TVA-CHAMP-10-20-20 n° 30).

> **Précisions** L'administration considère ainsi que les assujettis réalisant exclusivement des **opérations exonérées** de TVA doivent procéder à l'imposition des livraisons à soi-même de biens affectés à la réalisation de telles opérations. Cette position est en phase avec la jurisprudence de la Cour de justice selon laquelle l'article 18, a de la directive TVA, qui permet aux États membres d'assimiler à une livraison effectuée à titre onéreux, soumise à la TVA, « l'affectation par un assujetti aux besoins de son entreprise d'un bien produit, construit, extrait, transformé, acheté ou importé dans le cadre de son entreprise dans le cas où l'acquisition d'un tel bien auprès d'un autre assujetti ne lui ouvrirait pas droit à la déduction complète de la TVA » concerne notamment les entreprises qui exercent une activité exonérée de TVA (CJUE 8-11-2012 aff. 299/11 : RJF 2/13 n° 242).

B. Livraisons à soi-même de biens

Il faut distinguer selon qu'il s'agit : 13950

– de biens affectés aux besoins de l'entreprise (nos 14000 s.) ;

– ou de biens affectés à des besoins autres que ceux de l'entreprise (nos 14220 s.).

Remarque : L'**articulation** entre les **livraisons à soi-même** de biens et les **régularisations des déductions** initiales n'est pas toujours aisée, certains des événements susceptibles de déclencher une régularisation de la déduction initiale pouvant, légalement, également donner lieu à une livraison à soi-même (cas notamment du transfert d'un bien immobilisé vers un secteur exonéré, de la cession à titre gratuit d'un immeuble immobilisé, de la cessation d'activité). Dans ces hypothèses, il convient, selon l'administration, d'opérer une distinction selon que le bien est un bien meuble ou un bien immeuble. S'il s'agit d'un bien meuble, il y a lieu de constater une livraison à soi-même. S'il s'agit d'un bien immeuble, il y a lieu d'effectuer une régularisation (BOI-TVA-CHAMP-10-20-20 n° 160 ; BOI-TVA-DED-60-20-10 nos 60 et 110). Le Conseil d'État, quant à lui, semble privilégier la régularisation (voir en ce sens, CE 9-10-2019 n° 418100 : n° 62710, précisions). 13955

1. BIENS AFFECTÉS AUX BESOINS DE L'ENTREPRISE

a. Cas d'imposition

Sont considérés comme affectés aux besoins de l'entreprise tous les biens meubles ou immeubles destinés à être utilisés en vue de la réalisation de livraisons de biens ou de prestations de services à titre onéreux, c'est-à-dire les biens qui font partie des **stocks** ou des **immobilisations** (BOI-TVA-CHAMP-10-20-20 n° 230) et non affectés en fait à des besoins tels que ceux définis aux nos 14240 s. 14000

Ces biens peuvent donner lieu à livraison à soi-même lorsqu'ils sont **fabriqués** par l'entreprise ou lorsqu'ils font l'objet d'un **changement d'affectation.**

Les **biens** (stocks ou immobilisations) **acquis** par l'entreprise (achat, importation, acquisition intracommunautaire) ne sont pas soumis lors de leur acquisition à l'imposition de la livraison à soi-même, lorsque (ce qui est le cas le plus courant) ils sont immédiatement utilisés en l'état pour 14005 les besoins d'une activité taxable, la taxe y afférente étant alors déduite selon les règles de droit commun (pour les cas où le bien acquis par l'entreprise n'a pas au départ été utilisé pour les besoins d'une activité taxable et reçoit une telle affectation par la suite, voir nos 62475 s. pour les immobilisations et nos 63050 s. pour les stocks).

Lorsque l'utilisation d'un bien acheté et destiné à être utilisé en l'état requiert certaines **prestations accessoires** faites par des tiers, telles que le transport, la manutention ou l'installation de matériels, ces opérations ne lui font pas perdre son caractère de bien acheté (BOI-TVA-CHAMP-10-20-20 n° 40).

BIENS FABRIQUÉS PAR L'ENTREPRISE

14015 En application de l'article 257, II-1-2° du CGI, la taxation de la livraison à soi-même s'applique, lors de leur mise en service, aux biens fabriqués (c'est-à-dire produits, construits, extraits ou transformés) par l'entreprise elle-même et destinés à être utilisés dans le cadre de son exploitation.

Un bien est réputé extrait, produit, construit ou transformé par l'entreprise quelle que soit l'importance des **biens et services acquis auprès de tiers** en vue de l'extraction, de la production, de la construction ou de la transformation. En matière immobilière, par exemple, il y a construction ou transformation même si l'assujetti fait exclusivement appel à des concours extérieurs en vue de réaliser ces opérations (façonniers ou entrepreneurs de travaux immobiliers) (BOI-TVA-CHAMP-10-20-20 n° 40).

14020 La nature des biens susceptibles de faire l'objet d'une livraison à soi-même étant ainsi définie, il reste à déterminer dans quels cas la taxation de la livraison à soi-même est effectivement exigible. L'article 257, II-1-2° du CGI dispose qu'il y a lieu à taxation dès lors que les biens sont susceptibles de faire l'objet d'une **exclusion** ou d'une **limitation du droit à déduction.**

À cet égard, il n'y a pas lieu d'opérer une distinction entre les **immobilisations** et les **autres biens.**

Par suite, les **déducteurs intégraux** n'ont pas à constater de livraison à soi-même pour les biens affectés aux besoins de leur entreprise.

14040 L'imposition de la livraison à soi-même de biens (stocks ou immobilisations) n'est exigée que s'il s'agit :

– de biens utilisés pour la réalisation d'opérations intégralement exonérées ;

– de **biens exclus du droit à déduction,** y compris les biens nécessaires à la réalisation des prestations de services à soi-même ayant le caractère de celles visées à l'article 206, IV-2-5° et 10° (prestations de transport de personnes et prestations accessoires à ce transport ; prestations de toute nature, notamment location, afférentes aux biens dont le coefficient d'admission est nul) ;

– de biens dont la taxe n'est déductible que **partiellement** (il s'agit de biens pour lesquels le montant de la taxe déductible est déterminé par l'application d'un coefficient d'assujettissement ou de taxation unique dans les conditions fixées à l'article 206, V-1 de l'annexe II au CGI) (BOI-TVA-CHAMP-10-20-20 n° 250).

> **Précisions a.** L'adjonction d'une **banquette** arrière à un véhicule acquis comme **véhicule utilitaire,** qui a pour effet de le transformer en moyen de transport de personnes exclu du droit à déduction, constitue une livraison à soi-même taxable et la taxe exigible à ce titre n'est pas déductible (CAA Paris 21-5-1991 n° 195 : RJF 7/91 n° 903 ; CAA Bordeaux 30-12-1991 n° 617 : RJF 4/92 n° 457).
>
> **b.** Les déducteurs intégraux, qui n'ont pas l'obligation de constater de livraisons à soi-même (n° 14020), doivent, bien entendu, également procéder, le cas échéant, pour les **immobilisations** (au sens défini nos 60520 s.), aux **régularisations** des déductions initiales prévues par l'article 207 de l'annexe II au CGI (nos 61050 s. et plus particulièrement n° 61120, précision b et n° 61205, précisions).

CHANGEMENTS D'AFFECTATION

14060 Il n'y a pas lieu à taxation d'une livraison à soi-même lorsque le bien (stocks ou immobilisations), n'ayant **pas, au départ,** été **utilisé pour** les besoins d'une **activité taxable,** reçoit une telle affectation par la suite. En effet, dans cette hypothèse qui concerne les entreprises nouvelles ou qui deviennent redevables de la TVA, cette affectation déclenche une régularisation (nos 62475 s. et 63050 s.).

Dans la situation inverse, des **biens acquis au départ pour les besoins d'une activité taxable** sont en revanche susceptibles d'être imposés par la suite au titre de la livraison à soi-même s'ils viennent à être affectés à un secteur d'activité exonéré n'ouvrant pas droit à déduction. Cette hypothèse concerne tant les biens (immobilisations et stocks) fabriqués par l'entreprise que ceux qui ont été acquis en l'état (n° 14080). S'ils viennent à être affectés à des opérations situées hors du champ d'application de la TVA, aucune livraison à soi-même n'est en revanche exigible (n° 14070).

Pour les biens qui passent de la catégorie de stocks à celle d'immobilisations, voir n° 14065.

Les **biens en stock** (acquis ou fabriqués) peuvent faire l'objet d'un **changement d'affectation,** soit dans le cadre de la même activité, soit dans le cadre d'un transfert entre secteurs d'activité, qui déclenche l'imposition d'une livraison à soi-même si, à l'occasion de ce changement : **14065**

– les biens sont désormais utilisés en tant qu'immobilisations et affectés à des opérations qui n'ouvrent pas droit à déduction complète de la taxe ;

– ou si, tout en conservant leur caractère de biens en stock, leur affectation nouvelle n'autorise aucune déduction ou seulement une déduction partielle.

> Précisions a. Si la **précédente affectation** avait entraîné l'imposition d'une **livraison à soi-même** (bien exclu du droit à déduction ou seulement susceptible d'une déduction partielle) et sauf cas dans lequel le bien ayant donné lieu à déduction partielle est affecté à un secteur exonéré (n° 14080), une seconde imposition n'est pas exigible lors du changement d'affectation. Cependant, celui-ci peut donner lieu à des reversements ou à des compléments de déduction, compte tenu des données propres à l'affectation nouvelle (BOI-TVA-CHAMP-10-20-20 n° 340). Ces reversements ou compléments sont calculés à partir de la taxe acquittée lors de la livraison à soi-même. Cette même taxe peut également devenir totalement ou partiellement déductible, si, lors de l'imposition de la livraison, elle n'avait été susceptible d'aucune déduction.

b. Le transfert d'une **immobilisation** d'un secteur d'activité à un autre constitue en revanche un évènement déclenchant une régularisation globale (n° 62100 s.). Aucune livraison à soi-même n'est donc imposable à ce titre, sauf dans le cas d'un transfert d'un bien mobilier d'investissement à un secteur d'activité exonéré (voir n° 14080).

c. S'agissant des **immeubles inscrits en stock** et utilisés dans l'attente de leur revente à une activité ou une opération, voir n° 68805 s.

Affectation à un secteur d'activité hors champ Aucune livraison à soi-même n'est exigible à ce titre. Il convient dans cette hypothèse de faire application des règles prévues en matière de **régularisations** (n° 62700 s. pour les immobilisations ; n° 63200 s. pour les biens en stock). **14070**

Affectation à un secteur d'activité exonéré n'ouvrant pas droit à déduction **14080**

L'affectation d'un bien à un secteur d'activité exonéré n'ouvrant pas droit à déduction doit être imposée au titre de la livraison à soi-même (sans déduction possible), dès lors que ce bien a ouvert droit à une déduction complète ou partielle de la TVA lors de son acquisition ou de sa précédente affectation (CGI art. 257, II-1-3°).

S'il s'agit d'un **immeuble,** il n'y a pas lieu toutefois de procéder à cette livraison à soi-même, mais à une régularisation de la déduction initiale dans les conditions décrites aux n° 62100 s. (voir la remarque figurant au n° 13955).

On notera que le **transfert d'une immobilisation entre deux secteurs d'activité imposables,** qu'il s'agisse d'un bien meuble ou immeuble, donne lieu à régularisation (voir n° 62100 s.).

b. Modalités d'imposition

BASE D'IMPOSITION ET TAUX

L'article 266, 1-c du CGI prévoit que la base d'imposition des livraisons à soi-même de biens est constituée, selon le cas : **14100**

– soit par le prix d'achat de ces biens ou de biens similaires ;

– soit, à défaut de prix d'achat, par le prix de revient.

Ces prix sont déterminés dans le lieu et à la date à laquelle la taxe devient exigible (BOI-TVA-BASE-10-20-50 n° 10).

S'agissant de l'imposition de la livraison à soi-même de **biens extraits, fabriqués ou transformés,** il y a lieu, en toute hypothèse, selon l'administration, de retenir comme base de la taxation le **prix de revient** (à cet égard, voir toutefois n° 14110 la position de la CJUE). **14105**

Le prix de revient est constitué par la valeur hors taxe des biens et des services utilisés pour la réalisation de la livraison à soi-même, qu'ils aient été ou non grevés de taxe, ainsi que, le cas échéant, les dépenses de personnel qui ont été nécessaires à cette livraison à soi-même. De la sorte, le coût des services que l'entreprise se rend à elle-même à l'aide de ses propres moyens en matériel et en personnel se trouve inclus dans celui du bien obtenu grâce à ces services. En pratique, il y a lieu de suivre les mêmes règles que celles applicables en matière d'impôts directs. Ainsi, pour les immobilisations, le prix de revient est déterminé dans les mêmes conditions que la valeur amortissable du bien à inscrire à l'actif du bilan de l'entreprise (BOI-TVA-BASE-10-20-50 n° 30).

14110 La **CJUE** a précisé la base d'imposition à la TVA des prélèvements et des affectations de biens au sens des articles 16 et 18 de la directive TVA (transposés en droit interne à l'article 257, II du CGI), opérations pour lesquelles l'article 74 de la directive (transposés à l'article 266, 1-c du CGI) indique que la base d'imposition est constituée par le prix d'achat de ces biens ou de biens similaires ou, à défaut de prix d'achat, par le prix de revient déterminé au moment où s'effectuent ces opérations. La Cour considère que :

– par « **prix d'achat des biens** », il faut entendre la valeur résiduelle des biens au moment du prélèvement ou de l'affectation de ceux-ci ;

– le critère du « **prix d'achat de biens similaires** » permet de déterminer la base d'imposition pour un prélèvement ou une affectation dans des cas où les biens en cause n'ont pas été obtenus par l'assujetti au moyen d'un achat ;

– ce n'est qu'**à défaut** de prix d'achat des biens ou de biens similaires que la base d'imposition est constituée par le « **prix de revient** » (CJUE 23-4-2015 aff. 16/14 : RJF 7/15 n° 665).Ces principes ont été dégagés à propos de la livraison à soi-même d'un immeuble mais sont transposables aux livraisons à soi-même de biens meubles.

La **doctrine administrative** analysée au n° 14105 qui précise, s'agissant des livraisons à soi-même de biens extraits, fabriqués ou transformés, qu'il y a lieu, en toute hypothèse, de retenir le prix de revient comme base de la taxation, n'est pas en phase avec les principes dégagés par le présent arrêt de la Cour de justice.

> **Précisions** Il s'agissait, dans l'espèce au principal, d'un promoteur qui avait donné en location (exonérée de TVA), en attendant de les vendre, des immeubles qu'il avait fait construire. La Cour juge qu'il convient donc de retenir le prix d'achat (au moment de l'affectation des biens à la location) d'immeubles similaires. À cet égard, il importe que les biens dont le prix d'achat est pris en compte soient des immeubles dont la situation, la dimension et les autres caractéristiques essentielles soient similaires à celles des biens en cause. La Cour précise que, contrairement au critère du prix de revient, celui du prix d'achat de biens similaires se fonde sur les prix du marché de ce type de biens au moment de l'affectation de l'immeuble, sans avoir à examiner en détail quels éléments de valeur ont conduit à ces prix. Est donc, à cet égard, dépourvue de pertinence la question de savoir si une partie de ce prix d'achat est née du paiement d'intérêts intercalaires.

14115 S'agissant de l'imposition de la livraison à soi-même de biens pour **changement d'affectation,** la base d'imposition est constituée par le prix d'achat (ou à défaut par le prix de revient). Ce prix correspond en pratique à la valeur vénale du bien au jour du transfert.

14120 Les livraisons à soi-même relèvent du **taux** applicable au bien objet de la livraison (BOI-TVA-BASE-10-20-50 n° 20).

DATE D'EXIGIBILITÉ DE LA TVA

14130 La date d'exigibilité de la taxe est fixée à la date de la **première utilisation** du bien (CGI ann. II art. 175) ou du **changement d'affectation.** Cette taxation est due quelle que soit la date d'acquisition ou de fabrication du bien.

EXEMPLE

> En cas de construction d'une machine-outil, l'exigibilité de la taxe due au titre de la livraison à soi-même est fixée à la date de mise en service.

En pratique, pour les exploitants soumis au régime réel normal, la TVA est à liquider sur la **déclaration** CA3 souscrite au titre du mois de la mise en service ou du changement d'affectation.

RÈGLES DE DÉDUCTION

14140 Il faut distinguer la TVA ayant grevé les biens et services utilisés pour la réalisation de la livraison à soi-même et la TVA acquittée par l'entreprise au titre de la livraison à soi-même.

14150 **TVA ayant grevé les biens et services utilisés pour la réalisation de la livraison à soi-même** Dans la mesure où ces biens et services sont affectés exclusivement à la réalisation d'une opération imposable (la livraison à soi-même), la taxe y afférente est intégralement déductible en application de la règle de l'affectation (nos 51010 s.).

14160 **Taxe acquittée au titre de la livraison à soi-même** Compte tenu du champ assigné au dispositif des livraisons à soi-même prévu par l'article 257, II-1-2° du CGI (n° 14040), la taxe acquittée au titre de la livraison à soi-même d'un bien est, selon le cas, non déductible (cas des biens exclus du droit à déduction), soit déductible seulement partiellement (cas des biens ayant un coefficient de déduction inférieur à un).

Bien entendu, comme indiqué au n° 14080, aucune déduction ne peut être opérée au titre de la TVA due sur les livraisons à soi-même de biens affectés à un secteur d'activité exonéré n'ouvrant pas droit à déduction de la TVA.

Les livraisons à soi-même imposables d'**immobilisations** (mais pas les autres) restent en dehors du calcul du coefficient de taxation forfaitaire (n° 53090).

La taxe due au titre de la livraison à soi-même et, le cas échéant, la part déductible de cette taxe sont portées sur la même **déclaration** de chiffre d'affaires. **14165**

On notera qu'aucune condition de forme n'est mise à l'exercice du droit à déduction de la TVA dont un assujetti est personnellement redevable au titre d'une livraison à soi-même (n° 56230).

> **Précisions** Le **défaut de déclaration** de la taxe exigible au titre d'une livraison à soi-même entraîne l'application de l'**amende** de 5 % calculée sur le montant de la taxe déductible à ce titre (nos 56240 s.).
> Toutefois, conformément à la loi, dans le cas des livraisons à soi-même, le montant de l'amende doit être multiplié par le rapport entre les coûts ou les dépenses non grevés de TVA figurant dans la **base** de la livraison à soi-même (nos 14100 s.) et la totalité de cette base d'imposition (CGI art. 1788 A, 4-al. 2).
> Il en résulte, selon certains juges du fond, que lorsque toutes les dépenses figurant dans la base d'imposition de la livraison à soi-même de biens sont grevées de TVA, le rapport susvisé est nul et le montant de l'amende est nécessairement égal à zéro (TA Cergy-Pontoise 14-11-2013 n° 1101205 : RJF 5/14 n° 445).

EXEMPLE **14170**

Une entreprise fait aménager dans ses locaux un nouvel ascenseur (immobilisation) pour un coût total de 200 000 €.

L'entrepreneur chargé des travaux lui facture des acomptes, réglés immédiatement, au titre des mois d'avril (25 %) et juin (50 %) 2023.

L'ascenseur, achevé en septembre 2023, est immédiatement mis en service.

L'entrepreneur facture le solde de ses travaux (25 %) au titre de ce même mois.

1er cas : l'entreprise dispose au titre de l'immobilisation d'un coefficient de déduction égal à 1

Aucune livraison à soi-même n'est imposable, l'assujetti étant un déducteur intégral au titre de cette opération.

Sur ses déclarations des mois d'avril, juin et septembre 2023, l'entreprise porte en TVA déductible le montant de la TVA facturée au titre des acomptes et du solde des travaux qu'elle a réglés (soit 10 000 € sur avril, 20 000 € sur juin et 10 000 € sur septembre).

2e cas : l'entreprise dispose au titre de l'immobilisation d'un coefficient de déduction égal à 0,4

L'opération n'ouvre que partiellement droit à déduction pour l'assujetti. Elle donne donc lieu à l'imposition d'une livraison à soi-même au titre du mois de septembre, au cours duquel l'ascenseur est mis en service.

Comme dans le cas précédent, l'entreprise porte en TVA déductible sur ses déclarations des mois d'avril et juin 2023 l'intégralité du montant de la TVA facturée au titre des acomptes qu'elle a réglés (soit 10 000 € sur avril et 20 000 € sur juin).

Sur la déclaration du mois de septembre, l'entreprise fait figurer l'opération de livraison à soi-même dans le chiffre d'affaires imposable du mois (soit 200 000 €), ce qui majore le montant de la TVA à payer (de 40 000 €, dans cette hypothèse). Elle porte en déduction le montant de la TVA déductible au titre de la livraison à soi-même, lequel est limité à 40 % (soit 16 000 €).

Enfin, dans la mesure où elle a acquitté le solde des travaux, elle mentionne sur la même déclaration en TVA déductible le montant de la TVA correspondante (soit 10 000 €).

2. BIENS AFFECTÉS À DES BESOINS AUTRES QUE CEUX DE L'ENTREPRISE

a. Cas d'imposition

OPÉRATIONS VISÉES

Aux termes de l'article 257, II-1-1° du CGI, le **prélèvement** par un assujetti d'un bien de son entreprise pour ses **besoins privés** ou ceux de son personnel ou qu'il transmet **à titre gratuit** ou, plus généralement, qu'il affecte à des **fins étrangères à l'entreprise,** entraîne en principe, au moment où il se produit, une imposition à la TVA selon les règles des livraisons à soi-même, lorsque ce bien ou les éléments le composant ont ouvert droit à une déduction complète ou partielle de la TVA. **14220**

Les prélèvements effectués pour les besoins de l'entreprise pour donner des cadeaux de faible valeur et des échantillons ne sont toutefois pas visés (nos 14290 s.).

L'article 257, II-1-1° du CGI transpose en droit interne l'article 16 de la **directive** TVA. Selon l'administration, ce texte ne vise que les biens affectés à des besoins autres que ceux de **14225** l'entreprise mais, compte tenu de la jurisprudence de la CJUE, il pourrait avoir une **portée** plus large. La Cour de justice a en effet jugé que la **transmission à titre gratuit** par un assujetti **d'un bien** de son entreprise entraîne la taxation d'une livraison à soi-même même lorsque cette opération est effectuée **pour les besoins de l'entreprise.** Elle s'est prononcée en ce sens à propos des cadeaux (non constitutifs de cadeaux de faible valeur) remis contre des bons obtenus lors d'achats d'essence dans les stations-service (CJUE 27-4-1999 aff. 48/97 : RJF 6/99 n° 813). On notera qu'en régime interne, les cadeaux n'ouvrent pas droit à déduction de la taxe grevant leur acquisition, sauf s'ils sont de très faible valeur (n°s 54070 s.). Leur cession à titre gratuit ne peut donc donner lieu à imposition au titre d'une livraison à soi-même que si, lors de leur acquisition, ils étaient destinés à une opération ouvrant droit à déduction (dans ce cas, ils ont en effet donné lieu à une déduction totale ou partielle) ou s'ils ont été fabriqués par le cédant (n° 54125).

14230 La CJUE exclut du champ d'application des livraisons (ou prestations) à soi-même les opérations pour lesquelles une contrepartie réelle est acquittée même si cette **contrepartie** est **inférieure au prix de revient** du bien ou du service fourni (CJUE 20-1-2005 aff. 412/03 : RJF 4/05 n° 417). Seules les cessions totalement gratuites ou les utilisations sans paiement sont donc concernées. Cette solution est cohérente avec l'esprit du système des livraisons et prestations à soi-même, consistant à compenser la déduction par l'entreprise d'une TVA d'amont en créant par assimilation une TVA d'aval lorsque les éléments ayant donné droit à déduction sont utilisés pour une consommation finale échappant normalement à la TVA.

> **Précisions** S'agissant du **droit à déduction,** l'article 206, IV-2-3° de l'annexe II au CGI exclut la déduction de la taxe ayant grevé les biens cédés, non seulement sans rémunération, mais aussi moyennant une rémunération très inférieure à leur prix normal (nos 54070 s.). Ce texte entre dans le champ de la clause de gel prévue par l'article 176 de la directive TVA. Il a, selon l'administration, indirectement une conséquence sur le régime des livraisons à soi-même : lorsque la TVA d'amont a été initialement déduite, l'utilisation ultérieure du bien pour une opération visée à l'article 206, IV-2-3° de l'annexe II donne lieu à une livraison à soi-même (n° 54125).
> Dans ce cas, un texte couvert par la clause de gel aurait pour conséquence une livraison à soi-même en cas de cession de bien à faible prix, dans des conditions contraires à ce qui a été jugé par la Cour de justice. Cela pose la question des conséquences de la clause de gel : sont-elles limitées à une régularisation du droit à déduction ou peuvent-elles inclure une livraison à soi-même dérogatoire au droit commun ?

DÉFINITION DES BESOINS AUTRES QUE CEUX DE L'ENTREPRISE

14240 Il peut s'agir aussi bien des besoins des dirigeants que du personnel de l'entreprise ou encore de tiers, étant observé que le CGI vise également, de façon plus générale, l'affectation à des fins étrangères à l'entreprise. Il est toutefois admis que le prélèvement de biens effectué pour les besoins privés normaux du chef d'entreprise individuelle ne soit pas taxé (voir n° 14270).

En ce qui concerne les **biens à usage mixte** (professionnel et privé), voir nos 14450 s.

14245 Pour l'application de l'article 257, II-1-1° du CGI, la **notion de besoins de l'entreprise** est plus restreinte que celle retenue pour l'imposition des bénéfices, laquelle englobe toutes les dépenses se rattachant à la gestion de l'entreprise ou exposées dans l'intérêt de l'exploitation. On peut considérer qu'il y a utilisation pour des besoins autres que ceux de l'entreprise dès lors que les biens sont prélevés pour la satisfaction de besoins privés, soit dans le cadre d'une consommation extérieure, soit dans le cadre d'une consommation finale interne à l'entreprise (BOI-TVA-CHAMP-10-20-20 n° 70).

Concernant la notion de besoins autres que ceux de l'entreprise, on peut également se reporter aux précisions données aux nos 14430 s. pour l'imposition des prestations de services à soi-même.

BIENS CONCERNÉS

14255 Toutes les catégories de biens peuvent être concernées, qu'il s'agisse de stocks ou d'immobilisations, que les biens aient été acquis par l'entreprise (achat, importation, acquisition intracommunautaire) ou qu'ils aient été fabriqués directement par elle et aient déjà donné lieu à une livraison à soi-même. Cependant, l'imposition n'est exigible que si la **taxe ayant grevé ces biens** (ou les éléments les composant) a été **totalement ou partiellement déductible** lors de leur acquisition (ou de leur affectation initiale aux besoins de l'exploitation) (CGI ann. II art. 173).

Autrement dit, ne sont pas susceptibles de donner lieu à une livraison à soi-même les biens prélevés pour lesquels aucune déduction n'a été pratiquée (cas, par exemple, des biens exclus par nature du droit à déduction ou affectés dès leur acquisition à une activité exonérée ou hors champ).

EXEMPLE

Une entreprise ayant acquis pour les besoins de son exploitation une voiture particulière totalement exclue du droit à déduction ne supportera aucune taxation si cette voiture vient à être affectée aux besoins privés de l'exploitant ou d'un dirigeant. En revanche, la livraison à soi-même sera imposable si la taxe d'origine était déductible, que la déduction ait été totale ou partielle ou qu'elle ait été ou non effectivement exercée.

Il faut souligner que, lorsqu'elle est exigible, la taxe motivée par le changement d'affectation d'un bien ne peut elle-même donner lieu à aucune **déduction.**

> Précisions Dans le cas d'un **bien prélevé qui n'a pas ouvert droit à déduction lors de son achat** et qui a fait l'objet, **postérieurement** à son acquisition, de **travaux pour lesquels la TVA a été déduite,** seuls les éléments corporels intégrés au bien (c'est-à-dire ceux ne restant pas séparables et autonomes du bien) qui ont ouvert droit à déduction et qui ont entraîné une augmentation durable de la valeur du bien non totalement consommée lors du prélèvement donnent lieu à la taxation d'une livraison à soi-même. Dans une telle hypothèse, la base d'imposition à la TVA doit être déterminée par référence au prix, au moment du prélèvement, des biens incorporés au bien prélevé qui constituent des « éléments composant le bien » (CJUE 17-5-2001 aff. 322/99 et 323/99 : RJF 8-9/01 n° 1165).

Livraison à soi-même d'éléments du stock Doit donner lieu à imposition d'une livraison à soi-même **tout prélèvement,** utilisation ou affectation à des fins autres que les besoins de l'entreprise, de biens compris dans les stocks. 14265

EXEMPLE

Opération consistant, pour un fabricant ou un revendeur d'ordinateurs, à céder gratuitement à un client, un fournisseur ou un de ses salariés un ordinateur prélevé sur ses stocks, ou à leur en laisser gratuitement la jouissance (sauf pour une courte durée en vue d'un essai ou d'une démonstration) et quand bien même l'acquéreur ou l'utilisateur de l'ordinateur l'affecterait à la réalisation d'opérations imposables (BOI-TVA-CHAMP-10-20-20 n° 90).

Il existe toutefois une **exception** pour les prélèvements effectués pour les besoins privés normaux des **exploitants** d'entreprises individuelles (mais non ceux des dirigeants de sociétés). Il est admis que ces prélèvements (« **autoconsommation** ») ne soient pas considérés comme des livraisons à soi-même taxables sous réserve qu'ils ne présentent pas un caractère manifestement exagéré. Par besoins privés normaux, on entend également les besoins des membres de la famille à la charge du redevable (BOI-TVA-CHAMP-10-20-20 n° 110). 14270

Corrélativement, cette dispense d'imposition rend obligatoire la régularisation de la taxe d'amont ayant grevé les biens prélevés ou de celle des biens et services qui ont été nécessaires à leur fabrication (voir n° 63215).

En ce qui concerne :

– les **prélèvements** (nourriture et autres) effectués **pour les besoins du personnel,** voir n°s 14430 s. et 63225 ;

– les **dons** de marchandises et de matériels consentis par les entreprises à des **organismes sans but lucratif,** voir n° 11630.

Livraison à soi-même d'immobilisations Doivent donner lieu à imposition de livraisons à soi-même : 14280

– les **cessions à titre gratuit de biens mobiliers d'investissement** ;

EXEMPLE

Cession par une entreprise à ses salariés d'ordinateurs à l'occasion du renouvellement de son parc informatique.

– les **prélèvements de biens mobiliers** : tel est le cas notamment du transfert par un exploitant individuel, un dirigeant ou un associé, dans son patrimoine privé, d'un élément d'actif de l'entreprise, que ce prélèvement intervienne pendant l'exercice de l'activité ou lors de la cessation d'activité. Toutefois, lorsque l'affectation est temporaire, l'opération est taxée au titre des prestations de services à soi-même (voir n°s 14430 s.).

Pour les **immeubles immobilisés,** la technique de la livraison à soi-même ne trouve pas son application car leur sort est réglé par le dispositif des régularisations des déductions initiales (voir la remarque figurant au n° 13955).

CAS PARTICULIER DES CADEAUX DE FAIBLE VALEUR ET DES ÉCHANTILLONS

Cadeaux de faible valeur La remise à titre de cadeaux de biens qui ont donné lieu à déduction de la TVA lors de leur acquisition ou de leur fabrication ne donne pas lieu à l'imposition 14290 d'une livraison à soi-même lorsque les **deux conditions** suivantes sont simultanément remplies :

– la valeur des biens offerts ne doit pas excéder le montant fixé par l'article 23 N de l'annexe IV au CGI par objet et par an pour un même bénéficiaire ;

– le prélèvement est effectué pour les besoins de l'exploitation. Si tel n'est pas le cas, la livraison à soi-même est imposable quelle que soit la valeur du bien remis en cadeau (par exemple, prélèvement pour les besoins privés d'un dirigeant).

Lorsque ces conditions sont remplies, le **droit à déduction** initialement exercé dans les conditions de droit commun reste donc acquis.

> **Précisions** a. La **limite** fixée par l'article 23 N de l'annexe IV au CGI s'apprécie selon les règles indiquées aux n°s 54140 s. Son montant est fixé, depuis le 1er janvier 2021, à **73 €** toutes taxes comprises (avant cette date, il était fixé à 69 €). Il sera réévalué à compter du 1er janvier 2026 (n° 54140, précisions).
> b. La réglementation française paraît en la matière compatible avec la **directive TVA.** La CJUE a en effet validé une réglementation nationale prévoyant un plafond d'environ 56 €, par an et par bénéficiaire, pour les cadeaux de faible valeur (CJUE 30-9-2010 aff. 581/08 : RJF 12/10 n° 1243).
> c. Les cadeaux offerts par une entreprise établie en France à un **client établi dans un autre État membre de l'Union** suivent les règles ci-dessus : non-taxation en France de la livraison à soi-même si les conditions requises sont réunies ; taxation dans le cas inverse. Dans les deux cas, la remise des biens au destinataire n'étant pas effectuée à titre onéreux, il n'y a pas de livraison intracommunautaire au sens de l'article 262 ter du CGI (n°s 20280 s.) (BOI-TVA-CHAMP-10-20-20 n° 420).

14300 **Échantillons** Les échantillons ou les spécimens prélevés pour les besoins de l'entreprise ne donnent lieu ni à l'imposition au titre des livraisons à soi-même, ni à la remise en cause de la déduction de la taxe ayant grevé ces biens, et cela **quelle que soit leur valeur.**

L'administration fournit une **définition** des biens concernés qui ne coïncide pas totalement avec celle retenue par la CJUE (n°s 14305 s.).

14305 Selon l'**administration,** les **échantillons** sont de petites quantités de marchandises destinées à donner une idée des produits disponibles sur le marché, qui sont cédés gratuitement aux clients potentiels dans un conditionnement différent de celui des produits commercialisés, qui les rend impropres à la vente. Ainsi, dans le domaine de la parfumerie et des cosmétiques, un bien constitue un échantillon si sa contenance est réduite (par exemple, entre 2 ml et 10 ml) et s'il comporte la mention « vente interdite » (en ce qui concerne les produits dits « presse-plus », voir n° 85470). La remise d'un bien à titre gratuit qui ne correspond pas à cette définition entraîne l'imposition d'une livraison à soi-même, sous réserve des règles applicables aux cadeaux (n° 14290), et la taxe exigible à cette occasion n'est pas déductible. Il appartient à l'entreprise d'apporter la preuve de la nature d'échantillon des biens qu'elle entend traiter comme tels (BOI-TVA-DED-30-30-50 n°s 150 à 170).

L'administration applique les mêmes règles aux produits « **spécimens** », c'est-à-dire aux biens identiques aux biens commercialisés, distribués en nombre limité à certaines personnes qui sont en mesure, en raison de leur activité professionnelle, de faire connaître au public les produits concernés. Sous réserve que la mention « spécimen » soit apposée de manière claire et indélébile sur le produit et que le nombre de spécimens similaires remis gratuitement par une entreprise à une même personne soit fondé (s'agissant des disques et cassettes spécimens, les professionnels peuvent ainsi distribuer à une même station de radio ou chaîne de télévision jusqu'à cinq exemplaires d'un même enregistrement par année, et un seul exemplaire pour les autres catégories de bénéficiaires : critiques musicaux, revues spécialisées, discothèques), la distribution de spécimens ne donne pas lieu à l'imposition des livraisons à soi-même. Les entreprises distributrices doivent conserver une liste des bénéficiaires des spécimens qui mentionne la qualité commerciale de ces derniers (BOI précité n° 190).

> **Précisions** Les articles de démonstration appelés « **testeurs** » que les entreprises de **parfumerie** et de **cosmétiques** remettent gratuitement à leurs distributeurs ne donnent pas lieu à livraison à soi-même dès lors qu'ils sont utilisés aux seules fins de démonstration, qu'ils se distinguent du produit commercialisé (conditionnement et présentation différents ou apposition de la mention « article de démonstration », par exemple) et comportent la mention « vente interdite » (BOI précité n° 180).

14310 La **CJUE** retient pour sa part une définition plus large de la notion d'échantillon ou de spécimen (CJUE 30-9-2010 aff. 581/08 : RJF 12/10 n° 1243). Elle considère :

– d'une part, que cette notion ne se limite pas aux biens donnés sous une **forme** qui n'est pas d'ordinaire disponible à la vente au public. Dans certains cas, il peut en effet s'avérer nécessaire, en fonction de la nature du produit, que les spécimens fournis correspondent exactement au produit définitif pour que ses caractéristiques puissent être révélées à l'acheteur potentiel ou effectif. Tel était, selon elle, le cas des enregistrements musicaux en cause en l'espèce ;

– et, d'autre part, que la remise d'une **quantité** considérable de spécimens d'un même produit à un destinataire donné peut, dans certains cas, être nécessaire. Ainsi, dans le cas d'enregistrements musicaux, il peut être nécessaire, aux fins de la critique et de la promotion d'un CD, que de nombreux exemplaires de CD (plusieurs centaines) soient donnés à des intermédiaires pour que ceux-ci puissent les transmettre par la suite à des personnes ciblées en fonction de leur capacité à promouvoir les ventes. La définition des échantillons et des spécimens en vigueur en France devrait donc être aménagée pour tenir compte de la jurisprudence de la CJUE.

CESSATION DE L'ACTIVITÉ IMPOSABLE

L'article 257, II-1-4° du CGI assimile à une livraison de biens effectuée à titre onéreux la détention de biens par un assujetti ou par ses ayants droit en cas de cessation de son activité économique taxable, lorsque ces biens ont ouvert droit à déduction complète ou partielle lors de leur acquisition ou de leur affectation au sens du 2° du même article (nos 14000 s.). **14320**

Constituent par suite une livraison à soi-même imposable en cas de cessation d'activité :

– le fait, pour l'exploitant, de conserver son **stock** pour son usage, à moins que les prélèvements puissent être considérés comme répondant à ses besoins privés normaux, auquel cas la dispense visée au n° 14270 peut jouer ;

– le transfert dans le patrimoine privé de l'intéressé (ou de ses ayants droit) des **biens mobiliers d'investissement** (matériel et outillage, mobilier de bureau, etc.) existant à la date de la cessation, dès lors qu'ils ont ouvert droit à la déduction totale ou partielle de la taxe les ayant grevés (BOI-TVA-CHAMP-10-20-20 nos 150 et 160).

Cette imposition ne concerne pas les **immeubles** qui demeurent passibles des régularisations prévues à l'article 207, III-1-5° de l'annexe II au CGI (nos 62700 s.).

> **> Précisions** En cas de **transmission d'une universalité de biens** (fonds de commerce, par exemple) **à titre gratuit** (donation ou succession) entre redevables, les biens faisant partie de cette universalité sont dispensés d'imposition (nos 15360 s. ; voir toutefois la position retenue par le Conseil d'État s'agissant de l'application de la dispense pour des opérations non soumises à la TVA : n° 15360, précisions).
> En ce qui concerne l'exercice du **droit à déduction** lorsque la transmission d'un bien à titre gratuit est imposable, voir n° 15360, précisions.

b. Modalités d'imposition

BASE ET TAUX D'IMPOSITION

Aux termes de l'article 266, 1-c du CGI, la base d'imposition des livraisons à soi-même de biens affectés à des besoins autres que ceux de l'entreprise est constituée par le **prix d'achat** de ces biens ou de biens similaires ou, à défaut, par le **prix de revient,** déterminé dans le lieu et à la date à laquelle la taxe devient exigible. **14350**

La valeur du bien s'apprécie donc au jour de l'événement qui motive la taxation de la livraison à soi-même. Par exemple, dans le cas d'un actif retiré de l'entreprise par le dirigeant, la base d'imposition est constituée par le prix d'achat d'un même bien à la date du transfert dans le patrimoine privé du dirigeant. Ce prix correspond donc à la **valeur vénale du bien** au jour du transfert et non pas à sa valeur nette comptable (BOI-TVA-BASE-10-20-50 n° 40).

Pour les biens extraits, fabriqués ou transformés, l'administration applique la règle exposée au n° 14105 (prise en compte du seul prix de revient), laquelle on le rappelle, n'est pas en phase avec les principes dégagés par la Cour de justice (n° 14110).

En ce qui concerne la détermination de la base d'imposition à la TVA des livraisons à soi-même de biens sur lesquels des **travaux** ont été **effectués postérieurement à leur acquisition,** voir n° 14255, précisions.

Les livraisons à soi-même relèvent du **taux** applicable au bien objet de la livraison (BOI-TVA-BASE-10-20-50 n° 20). **14355**

DATE D'EXIGIBILITÉ DE LA TVA

La TVA est exigible à la date à laquelle le **prélèvement** à des fins étrangères à l'entreprise est effectué. **14365**

RÈGLES DE DÉDUCTION

Comme déjà indiqué au n° 14255, la taxe due sur les livraisons à soi-même effectuées pour des besoins autres que ceux de l'entreprise n'est jamais déductible. **14375**

> Précisions a. En cas de **transmission** d'un bien **à titre gratuit** donnant lieu à livraison à soi-même imposable, le **nouveau propriétaire** exerce ses droits à déduction dans les conditions de droit commun (au vu de la facture établie par l'assujetti et faisant apparaître la taxe qu'il a dû payer au titre de la livraison à soi-même).
b. Les livraisons à soi-même imposables d'**immobilisations** (mais pas les autres) restent en dehors du calcul du coefficient de taxation forfaitaire (n° 53090).

C. Livraisons à soi-même de services

1. CAS D'IMPOSITION

14430 La livraison à soi-même de services ou « prestation de services à soi-même » est l'opération par laquelle une personne obtient une prestation de services à partir de biens, d'éléments ou de moyens lui appartenant, que cette personne fasse appel ou non à des tiers pour tout ou partie de la réalisation de la prestation.

Conformément à l'article 257, II-2 du CGI (transposant en droit interne l'article 26 de la directive TVA), on distingue **deux cas d'imposition** des prestations de services à soi-même :

1° L'**utilisation d'un bien** affecté à l'entreprise pour les besoins privés de l'assujetti ou pour ceux de son personnel ou, plus généralement, **à des fins étrangères à son entreprise,** lorsque ce bien a ouvert droit à une déduction complète ou partielle de la TVA.

2° Les **prestations de services à titre gratuit** effectuées par l'assujetti pour ses besoins privés ou pour ceux de son personnel ou, plus généralement, **à des fins étrangères à son entreprise.**

Selon l'**administration,** l'imposition des prestations de services à soi-même, n'est exigée que si **deux conditions** sont réunies :

- ces prestations sont faites pour des besoins autres que ceux de l'entreprise ;
- la taxe ayant grevé les biens ou éléments utilisés pour réaliser ces prestations a ouvert droit à une déduction totale ou partielle (BOI-TVA-CHAMP-10-20-20 n° 50). Cette seconde condition n'est toutefois pas exigée, selon la **CJUE,** dans l'hypothèse n° 2 ci-dessus (voir la précision a. ci-dessous).

> Précisions a. La CJUE a précisé l'**articulation** des **deux cas d'imposition** susvisés. Une prestation de services consistant dans l'utilisation d'un bien affecté à l'entreprise à des fins étrangères à l'entreprise qui, lorsque le **bien n'a pas ouvert droit à déduction** de la TVA payée en amont, ne peut pas être assimilée à une prestation à titre onéreux sur le fondement du 1° ci-dessus, ne peut pas, à titre subsidiaire, être assimilée à une telle prestation sur le fondement du 2° ci-dessus, sauf à remettre en cause l'effet utile de la condition relative à l'impossibilité de déduction de la TVA d'amont prévue par le 1°. En l'espèce, il s'agissait d'une mise à disposition de véhicule à un salarié à titre gratuit. Seul le 1° ci-dessus pouvait trouver à s'appliquer à cette situation et, dans la mesure où le véhicule n'avait pas ouvert droit à déduction pour l'entreprise, la mise à disposition ne pouvait être soumise à la TVA (CJUE 20-1-2021 aff. 288/19 : RJF 4/21 n° 440).
b. Sont considérés comme recouvrant des **besoins autres que ceux de l'entreprise** :
- les services qui bénéficient en fait personnellement au chef d'entreprise, à ses dirigeants ou à des membres du personnel ;
- les services relatifs à des biens meubles ou immeubles non affectés à l'exploitation ;
- les services constituant des libéralités ou des dépenses d'agrément dont le rapport avec l'objet de l'entreprise n'est pas établi (BOI précité n° 180).

c. En aucun cas l'**utilisation d'un bien pour les besoins de l'entreprise au titre d'opérations situées hors du champ d'application de la TVA** n'est susceptible de donner lieu à l'imposition d'une prestation de services à soi-même (pour les conséquences de pareille utilisation au regard des déductions, voir nos 62700 s.). La CJUE a jugé qu'un assujetti qui exerce à la fois des activités économiques, taxées ou exonérées, et des activités non économiques ne relevant pas du champ d'application de la TVA, n'est pas en droit de déduire intégralement et immédiatement la TVA due lors de l'acquisition des biens et services à usage mixte et procéder ensuite à l'imposition de prestations de services à soi-même pour la part d'utilisation de ces biens et services à son activité non économique en considérant cette activité comme étant exercée à des fins étrangères à l'entreprise. En effet, l'article 26 de la directive TVA n'a pas vocation à établir une règle selon laquelle des opérations qui se situent en dehors du champ d'application du régime de la TVA peuvent être considérées comme étant effectuées à des « fins étrangères » à l'entreprise au sens dudit article (voir CJUE 12-2-2009 aff. 515/07 : RJF 5/09 n° 529 ; dans le même sens, BOI-TVA-CHAMP-10-20-20 n° 220).
d. La CJUE exclut également du champ d'application des prestations à soi-même les opérations pour lesquelles une **contrepartie** réelle est acquittée même si cette contrepartie est **inférieure au prix de revient** du service fourni (voir n° 14230).

UTILISATION D'UN BIEN AFFECTÉ À L'ENTREPRISE POUR DES BESOINS PRIVÉS OU À DES FINS ÉTRANGÈRES À L'ENTREPRISE

Lorsqu'un **bien ayant ouvert droit à déduction** totale ou partielle de la TVA est ensuite utilisé pour les besoins privés de l'assujetti, de son personnel ou pour des usages étrangers à l'entreprise, il n'y a pas lieu de procéder à la régularisation de la taxe déduite (voir toutefois nº 51060 s'agissant des immeubles à usage mixte des assujettis personnes physiques). Mais, en contrepartie, l'assujetti doit soumettre à la TVA la prestation de services à soi-même qui résulte de cette utilisation. **14450**

EXEMPLES

Utilisation partielle d'un ordinateur d'une entreprise pour les besoins privés d'un dirigeant ou d'un membre du personnel ; bateau de plaisance affecté à la location mais utilisé un mois de l'année, à titre privé, par le dirigeant de la société de location.

L'**utilisation** s'entend donc de l'emploi d'un bien pour effectuer une prestation **sans** qu'il y ait **changement d'affectation** du bien, auquel cas il y aurait imposition de la livraison à soi-même visée aux nºs 14220 s. (biens affectés à des besoins autres que ceux de l'entreprise) ou, s'agissant d'immeubles, régularisation de la déduction initiale comme indiqué au nº 14280.

La taxation des prestations de services à soi-même n'est pas exigée lorsque la taxe grevant les **biens et services** nécessaires à la réalisation de la prestation ne pouvait faire l'objet d'**aucune déduction.** Il en est ainsi, notamment : **14455**

- lorsque les biens et services utilisés pour rendre les services à soi-même sont tous exclus du droit à déduction (exemple : utilisation, pour des besoins privés, d'une voiture de tourisme de société exclue de toute déduction) ;
- lorsqu'un assujetti réalise des opérations n'ouvrant pas droit à déduction ;
- lorsqu'un bien ou service est affecté dès son acquisition à des besoins autres que ceux de l'entreprise (exemple : dépenses de traiteur prises en charge par une entreprise pour les besoins d'un repas privé du chef d'entreprise) (BOI-TVA-CHAMP-10-20-20 nº 190).

Il est par ailleurs admis de ne pas soumettre à la TVA la valeur de l'utilisation privée d'un véhicule qu'un exploitant de **taxi** affecte à des déplacements personnels pendant ses jours de repos (nº 53880).

> **Précisions** Sur l'impossibilité d'imposer une prestation de services à soi-même sur le fondement des « prestations effectuées à titre gratuit » lorsque les biens ou services utilisés pour la réalisation de la prestation n'ont pas ouvert droit à déduction, voir nº 14430, précision a.

PRESTATIONS EFFECTUÉES À TITRE GRATUIT POUR DES BESOINS PRIVÉS OU À DES FINS ÉTRANGÈRES À L'ENTREPRISE

Les prestations de services rendues à titre gratuit pour des fins privatives ou plus généralement pour des fins étrangères à l'entreprise sont imposables à la TVA dans les conditions exposées aux nºs 14430 s. **14465**

Exemples : Prestations de conseil rendues gratuitement par un cabinet d'avocats à son dirigeant ; prestation de transport effectuée par un transporteur pour effectuer un déménagement pour le compte d'un de ses salariés.

> **Précisions** La CJUE a jugé que si le **transport gratuit de salariés** assuré par l'employeur entre leur domicile et leur lieu de travail au moyen d'un véhicule affecté à l'entreprise satisfait, en principe, des besoins privés des salariés et est donc effectué à des fins étrangères à l'entreprise, il ne donne cependant pas lieu à taxation d'une prestation à soi-même lorsque les exigences de l'entreprise, eu égard à certaines circonstances particulières telles que la difficulté de recourir à d'autres moyens de transport convenables et les changements de lieu de travail, commandent que le transport des salariés soit assuré par l'employeur, cette prestation n'étant pas, dans ces conditions, effectuée à des fins étrangères à l'entreprise. Il en va de même lorsque l'employeur ne transporte pas ses salariés dans ses propres véhicules mais charge l'un de ses salariés d'assurer le transport au moyen de son véhicule privé (CJUE 16-10-1997 aff. 258/95 : RJF 12/97 nº 1212).
> La Cour a appliqué un raisonnement similaire s'agissant de **repas fournis à des salariés ou à des relations d'affaires dans le cadre de l'entreprise,** jugeant que ne constituent des prestations de services à soi-même taxables :
> – ni la fourniture à titre gratuit de repas dans les cantines d'entreprises à des relations d'affaires à l'occasion de réunions qui se tiennent dans les locaux de ces entreprises, dès lors qu'il ressort de données objectives que ces repas sont fournis à des fins strictement professionnelles ;
> – ni la fourniture à titre gratuit de repas par une entreprise à son personnel dans ses locaux dès lors que les exigences de l'entreprise, telles que garantir la continuité et le bon déroulement des réunions de travail, nécessitent que la fourniture des repas soit assurée par l'employeur (CJUE 11-12-2008

aff. 371/07 : RJF 4/09 n° 419). En France, la doctrine administrative exige, de manière générale, des entreprises servant des repas gratuitement à leur personnel, non pas l'imposition d'une livraison à soi-même, mais le reversement de la TVA grevant le coût de revient des repas, pour son montant exact ou forfaitaire (n° 63225).
Faisant application de cette jurisprudence de la CJUE, le Conseil d'État a jugé que la fourniture gratuite de repas par des **sociétés de restauration** à leur personnel, eu égard à l'activité en cause (**restauration collective,** restauration sur des **aires d'autoroutes,** dans des **aéroports,** des **gares ferroviaires**), répond à des exigences spécifiques de l'entreprise tenant soit à un lieu d'activité de ses salariés caractérisé par la rareté voire l'absence des offres alternatives de restauration, soit à l'impossibilité pour eux, dans le délai donné pour déjeuner, de prendre un repas à l'extérieur du site où sont servis les clients du fait des contraintes liées au port de leur uniforme et aux mesures d'hygiène requises. Par suite, elle ne doit pas être assimilée à une prestation de services effectuée à titre onéreux soumise à la TVA (CE 11-10-2017 n° 397902 : RJF 1/18 n° 17 ; CE 15-12-2017 n°s 397913 et 404990 : RJF 3/18 n° 258 ; CE 27-12-2017 n° 397907 : RJF 3/18 n° 258).

2. MODALITÉS D'IMPOSITION

BASE ET TAUX D'IMPOSITION

14500 La base d'imposition des prestations de services à soi-même, fixée par l'article 266, 1-c du CGI, est constituée par les dépenses engagées pour leur exécution, c'est-à-dire en pratique par le **prix de revient** du service. Elle correspond donc à la valeur **hors taxe** des biens (autres que les immobilisations) et des services utilisés pour la réalisation de la prestation (pour autant qu'ils aient ouvert droit à déduction). En cas d'utilisation d'un bien immobilisé (ayant ouvert droit à déduction), il est également tenu compte de l'amortissement linéaire correspondant à la durée d'utilisation du bien (BOI-TVA-BASE-10-20-50 n° 60).

14505 Lorsqu'un **bien destiné à la location** est **également utilisé à des fins privées,** la base d'imposition de la prestation de services à soi-même est calculée en fonction de la durée effective de l'utilisation privée (BOI-TVA-BASE-10-20-50 n° 60).

EXEMPLE

Dans le cas d'un bateau de plaisance loué deux mois et utilisé à titre privé pendant un mois, la base d'imposition comprend l'ensemble des dépenses qui ont concouru à la réalisation de la prestation de services à soi-même, les dépenses engagées à la fois pour les besoins de l'activité de l'entreprise et pour l'utilisation privative n'étant retenues qu'à hauteur du tiers de leur montant (amortissement, assurance, droit d'amarrage, dépenses d'entretien et de réparations, etc.).

14510 Les prestations de services à soi-même sont passibles du **taux** qui leur est propre (taux normal de manière générale).

DATE D'EXIGIBILITÉ

14520 L'article 175 de l'annexe II au CGI fixe la date d'exigibilité de la TVA des livraisons à soi-même de services à la date de l'exécution du service. L'exigibilité intervient donc au fur et à mesure de la réalisation des prestations et doit être mentionnée sur les déclarations de chiffre d'affaires correspondantes.

DROITS À DÉDUCTION

14530 La taxe résultant de l'imposition de la livraison à soi-même du service n'est jamais déductible (en revanche, celle supportée en amont l'est dans les conditions de droit commun).

Les prestations de services à soi-même imposables figurent aux deux termes du rapport servant au calcul du coefficient de taxation forfaitaire (n° 53090).

SECTION 10

SOLUTIONS DIVERSES ET CAS PARTICULIERS

14700 La présente section est consacrée à l'étude, au regard du champ d'application de la TVA, d'un certain nombre d'opérations ou d'activités de nature très diverse. Nous examinerons ainsi successivement :
- les opérations d'assurance (n°s 14750 s.) ;
- la transmission d'une universalité de biens (n°s 15360 s.) ;

- les opérations sur fonds de commerce et opérations assimilées (nos 15540 s.) ;
- les cessions et concessions de droits (nos 15800 s.) ;
- les opérations entre succursales et siège (nos 16000 s.) ;
- les opérations portant sur les logiciels (nos 16110 s.) ;
- les bons (nos 16370 s.) ;
- les carrières et mines (nos 16800 s.) ;
- les opérations s'analysant en des actes anormaux de gestion (nos 16950 s.) ;
- les autres exonérations diverses ne faisant pas l'objet d'une rubrique particulière (nos 17000 s.).

I. OPÉRATIONS D'ASSURANCE

L'article 261 C, 2° du CGI, qui transpose en droit français les dispositions de l'article 135, 1-a de la directive TVA, **exonère** de la TVA, **sans possibilité d'option,** « les **opérations d'assurance et de réassurance** ainsi que les prestations de services afférentes à ces opérations effectuées par les **courtiers** et **intermédiaires d'assurance** ». **14750**

> **Précisions** Bien qu'exonérées, les opérations d'assurance et de réassurance (ainsi que les commissions ou courtages) concernant soit des assurés ou réassurés domiciliés ou établis en dehors de l'UE, soit des exportations de biens à destination de pays situés hors de l'UE ouvrent droit à déduction (n° 52900).

1. OPÉRATIONS D'ASSURANCE

RÈGLES GÉNÉRALES

Les « opérations d'assurance », dont la définition est d'interprétation stricte, se caractérisent par le fait qu'un assureur se charge de procurer à un assuré une prestation convenue (argent ou assistance) dans le cadre d'un contrat, d'une convention ou de tout autre document les liant, moyennant le paiement préalable d'une prime. Ces opérations impliquent donc par nature l'existence d'une **relation contractuelle entre le prestataire du service d'assurance et l'assuré** et l'**existence d'un risque** à la charge de l'assureur ou du réassureur. Le fait que l'opération d'assurance soit réalisée par un assujetti qui ne possède pas la **qualité d'assureur** au sens de la réglementation sectorielle nationale ou européenne encadrant l'exercice des activités d'assurance ou de réassurance est **sans incidence** sur le bénéfice de l'exonération (CJUE 25-2-1999 aff. 349/96 : RJF 4/99 n° 512 ; CJUE 8-3-2001 aff. 240/99 : RJF 6/01 n° 892 ; CJUE 17-1-2013 aff. 224/11 : RJF 4/13 n° 449 ; CJUE 16-7-2015 aff. 584/13 : RJF 11/15 n° 981 ; CJUE 17-3-2016 aff. 40/15 : RJF 6/16 n° 585 ; BOI-TVA-CHAMP-30-10-60-10 nos 270 et 280). **14800**

> **Précisions a.** Bénéficient ainsi, notamment, de l'exonération de la TVA les **sociétés, compagnies d'assurance, mutuelles et tout autre assureur** pour les opérations d'assurance et de réassurance qu'ils effectuent **pour leur propre compte** (**ou en leur nom** et pour le compte d'un tiers), la circonstance qu'ils soient régis par le Code des assurances ou le Code de la mutualité étant indifférente (BOI précité n° 280).
> **b.** Dans l'hypothèse d'une opération de vente d'un bien réalisée par un assujetti qui propose à l'acheteur une garantie couvrant la réparation des pannes éventuelles (n° 14845), laquelle est fournie par un opérateur économique (un assureur) indépendant du vendeur du bien, il est indifférent qu'une **convention** soit **conclue entre l'acheteur** du bien **et l'assureur** (le vendeur dudit bien n'ayant alors qu'un simple rôle d'intermédiaire), que ce **vendeur** ait **conclu la convention en son nom propre mais pour le compte de l'acheteur ou** encore que le vendeur ait transféré à l'acheteur les droits issus de la convention qu'il a conclue **en son nom propre et pour son compte** avec l'assureur dans la mesure où les éléments caractéristiques de l'opération d'assurance tels que définis ci-dessus sont présents dans chacune de ces situations (CJUE 16-7-2015 aff. 584/13 précité).

Opérations susceptibles de bénéficier de l'exonération En application des principes définis au n° 14800, est ainsi exonéré l'octroi d'une couverture d'assurance par un **opérateur qui n'est pas lui-même assureur** mais qui, dans le cadre d'une **assurance collective,** procure à ses clients une telle couverture, dès lors qu'il existe une **relation contractuelle** entre le prestataire du service d'assurance et la personne dont les risques sont couverts (CJUE 25-2-1999 aff. 349/96 : RJF 4/99 n° 512 ; BOI-TVA-CHAMP-30-10-60-10 n° 270). **14805**

De même, un crédit-bailleur qui assure lui-même les biens qu'il donne en crédit-bail et qui **refacture** le **coût exact** de l'assurance au crédit-preneur bénéficie de l'exonération au titre de l'opération de refacturation (CJUE 17-1-2013 aff. 224/11 : RJF 4/13 n° 449). Même solution pour une société qui refacture à ses filiales la quote-part d'une prime de contrat d'assurance de groupe souscrit auprès d'un assureur (CAA Nantes 17-5-2010 n° 08-3512 : RJF 10/10 n° 886 ; BOI-RES-TVA-000058 qui exige également une refacturation à l'euro l'euro).

> **Précisions** L'exonération est, en revanche, **refusée** dans le cas d'une **refacturation par la société mère** dans une hypothèse où le contrat assure la société mère elle-même pour les risques encourus par les sites exploités par les filiales mais **n'assure pas les filiales** elles-mêmes (CAA Paris 23-2-2016 n° 14PA04692 : RJF 12/16 n° 1071). Tel est également le cas lorsque la société mère négocie et conclut un **contrat standard** dont toutes les filiales sont les souscripteurs dès lors que le contrat est conclu entre l'assureur et les filiales et que le risque est directement assumé par l'assureur (BOI précités).

14810 Constituent également des opérations d'assurance aux fins de l'application de l'exonération de la TVA, les **opérations de substitution d'une mutuelle par une autre mutuelle** prévues à l'article L 211-5 du Code de la mutualité, qui consistent pour les mutuelles ou unions « substituantes » à conclure une convention avec les mutuelles ou unions « substituées » au titre de laquelle elles donnent à ces dernières leur caution solidaire pour l'ensemble de leurs engagements financiers et charges, y compris non assurantiels, vis-à-vis des membres participants, ayants droit, bénéficiaires et de toute autre personne physique ou morale (BOI-TVA-CHAMP-30-10-60-10 n° 270).

14815 **Opérations ne constituant pas des opérations d'assurance exonérées** En l'**absence** d'une **relation contractuelle** entre le prestataire d'assurance et l'assuré, les évaluations de dommages causés à des véhicules automobiles effectuées par une association dont les membres sont des sociétés d'assurance ne constituent ni des opérations d'assurance, ni des prestations de services afférentes à ces opérations effectuées par un courtier ou un intermédiaire d'assurance au sens de cette disposition (CJUE 20-11-2003 aff. 8/01 : RJF 2/04 n° 208).

De même, selon la CJUE, ne constitue pas une opération d'assurance au sens de l'article 135, 1-a de la directive TVA l'engagement d'une compagnie d'assurances d'exercer, en contrepartie d'une rémunération calculée sur la base des prix du marché, les activités d'une autre compagnie d'assurance, qui est sa filiale à 100 %, **sans** toutefois en **assurer les risques** (la filiale continuant de conclure les contrats d'assurance en son propre nom). Dans une telle hypothèse, en effet, il n'existe aucune relation juridique entre la compagnie gestionnaire et les clients de sa filiale (CJUE 8-3-2001 aff. 240/99 : RJF 6/01 n° 892).

> **Précisions** La **doctrine administrative** française admettait toutefois que les sociétés ou compagnies d'assurance qui font souscrire des contrats d'assurance pour le compte d'autres entreprises agréées ou qui gèrent ou exploitent un portefeuille ou une branche de portefeuille d'une autre compagnie d'assurance puissent bénéficier de l'exonération pour ces opérations. Elle excluait par ailleurs de l'exonération de TVA les entreprises régies par le Code de la mutualité, non habilitées par le Code des assurances à effectuer des actes de présentation d'opérations d'assurance (BOI-TVA-CHAMP-30-10-60-10 anciens n°s 270 et 320). Ces commentaires ont été **rapportés à compter du 27 avril 2022** mais les entreprises ont été autorisées à s'en prévaloir jusqu'au 31 décembre 2022.

14820 Les **opérations autres que celles d'assurance ou de réassurance** et prestations y afférentes sont soumises à la TVA lorsqu'elles ne peuvent être regardées comme des prestations accessoires d'une opération exonérée. Doivent ainsi être soumises à la TVA les prestations suivantes :

– la **mise à disposition de locaux,** de matériel et de personnel, par un agent général d'assurance à une société et à un cabinet d'assurance (CAA Bordeaux 21-11-2000 n° 97-1772 : RJF 3/01 n° 297) ;

– l'opération par laquelle un courtier en assurance donne en **location-gérance** le **cabinet de courtage** dont il est propriétaire, cette opération n'étant ni une opération d'assurance ou de réassurance, ni une prestation de services afférente à une opération d'assurance ou de réassurance au sens de l'article 261 C, 2° du CGI (CE 6-3-2002 n° 221353 : RJF 5/02 n° 492) ;

– l'activité qui consiste, sur mandat de compagnies d'assurance, à rechercher à l'étranger des véhicules automobiles volés en France et à les rapatrier (CAA Bordeaux 14-12-1995 n° 93-992 : RJF 1/97 n° 15) ;

– l'**expertise de dommages** par une association dont les membres sont des sociétés d'assurance (CJUE 20-11-2003 aff. 8/01 : RJF 2/04 n° 208) ;

– la **commercialisation de mandats d'arbitrage** liés à des **contrats d'assurance-vie** (CAA Versailles 22-10-2015 n° 13VE01696 : RJF 2/16 n° 127).

PRESTATIONS D'ASSURANCE ACCESSOIRES À UNE AUTRE OPÉRATION

14840 Lorsqu'une vente de bien ou une prestation de services s'accompagne d'une prestation d'assurance du bien ou du service, réalisée par le même assujetti ou des assujettis indépendants, la prestation d'assurance ne peut bénéficier de l'exonération si elle constitue une prestation accessoire à l'opération principale de vente du bien ou de prestation de services.

Selon la **CJUE,** toute opération d'assurance présente, par sa nature, un lien avec le bien qu'elle a pour objet de couvrir. Néanmoins, un tel lien ne saurait suffire, en lui-même, pour déterminer s'il existe ou non une prestation unique. Il convient dès lors d'examiner s'il existe des raisons propres aux circonstances en cause qui conduiraient à considérer que les éléments concernés constituent une opération unique. Tel est le cas, si la prestation d'assurance peut être regardée comme une prestation accessoire, partageant le sort fiscal de la prestation principale, notamment lorsqu'elle ne constitue pas pour la clientèle une fin en soi, mais le moyen de bénéficier dans les meilleures conditions du service principal. À cette fin, il appartient aux juridictions nationales de rechercher l'ensemble des **éléments caractéristiques des opérations** en cause permettant de déterminer si l'assujetti fournit ou non une prestation unique (faculté d'assurer le bien auprès de l'opérateur de son choix, obligation de souscrire à cette garantie, modalités de facturation, de tarification ou de résiliation, etc.) (CJUE 25-2-1999 aff. 349/96 : RJF 4/99 n° 512 ; CJUE 17-1-2013 aff. 224/11 : RJF 4/13 n° 449 ; CJUE 16-7-2015 aff. 584/13 : RJF 11/15 n° 981 ; CJUE 25-3-2021 aff. 907/19 : RJF 6/21 n° 674).

S'appuyant sur la jurisprudence communautaire, la **doctrine administrative** et la **cour administrative d'appel de Lyon** considèrent que la prestation d'assurance d'un bien vendu ou loué, d'une part, et la prestation consistant en la vente ou la location de ce même bien, d'autre part, sont **dissociables** lorsque la fourniture de l'**assurance** par le vendeur est **facultative** et qu'une telle prestation peut être **recherchée auprès d'un autre opérateur** que celui réalisant la fourniture du bien à assurer (CAA Lyon 13-12-2016 n° 15LY01413 : RJF 4/17 n° 315 ; CAA Lyon 28-3-2017 n° 15LY02661 : RJF 7/17 n° 674 ; CAA Lyon 11-1-2018 n° 16LY02645 : RJF 5/18 n° 474 ; BOI-TVA-CHAMP-30-10-60-10 n° 270). On notera, à cet égard, que le Conseil d'État a confirmé, dans d'autres situations, que le caractère facultatif d'une opération était un critère déterminant pour écarter la qualification d'opération accessoire (voir n° 1300, précision a).

Sur la notion d'opération accessoire, voir également la jurisprudence analysée au n° 1300.

ILLUSTRATIONS 14845

Une **garantie,** proposée par un vendeur de véhicule d'occasion, **couvrant la réparation des pannes** éventuelles qui est fournie par un opérateur économique (un assureur) indépendant du revendeur du véhicule, constitue une prestation distincte de la vente du véhicule, dès lors que la garantie en réparation, fournie à l'acheteur du véhicule d'occasion par un opérateur indépendant qui n'était pas partie à la vente, ne pouvait être considérée comme fournie par le revendeur, que l'acheteur du véhicule pouvait acheter celui-ci sans souscrire à cette garantie, qu'il disposait de la faculté, sans passer par le revendeur du véhicule, de souscrire une telle garantie auprès d'un autre assureur et, enfin, que l'opérateur indépendant se réservait, dans certains cas, le droit de résilier la convention de garantie sans que cette résiliation n'affecte le contrat de vente du véhicule (CJUE 16-7-2015 aff. 584/13 : RJF 11/15 n° 981 ; dans le même sens, Cass. com. 24-11-2015 n° 12-15.419 FS-PB : RJF 3/16 n° 298).

Une prestation d'**assurance facultative proposée** à sa clientèle **par une société de location de matériels de ski** venant couvrir les risques de bris, casses et vol n'est pas indispensable à l'exercice de l'activité principale de location de matériels de ski de la société et constitue une fin en soi pour ses clients, la seule circonstance que cette prestation ne serait pas proposée en dehors de la location de ski par la société requérante n'étant pas suffisante pour établir qu'elle formerait objectivement une seule opération économique indissociable de l'activité de location de ski. Elle constitue donc une prestation indépendante de l'activité de location de matériels de ski pouvant bénéficier de l'exonération prévue par l'article 261 C, 2° du CGI (CAA Lyon 13-12-2016 n° 15LY01413 : RJF 4/17 n° 315).

Une prestation complémentaire fournie par un hôtelier tenant à la souscription auprès d'une compagnie d'assurances, lors de la réservation du séjour, d'une **assurance annulation du séjour,** offerte seulement à titre facultatif, n'est pas indispensable à l'exercice de l'activité principale de location d'hébergement et de pension et constitue dès lors une fin en soi pour les clients et peut bénéficier de l'exonération prévue par l'article 261 C, 2° du CGI (CAA Lyon 28-3-2017 n° 15LY02661 : RJF 7/17 n° 674).

Une prestation d'**assurance proposée** à titre facultatif à sa clientèle **par une société de location de longue durée de véhicules** n'est pas indispensable à l'exercice de l'activité principale de location de véhicules et constitue, par suite, une fin en soi pour ses clients, la seule circonstance que cette prestation ne serait pas proposée en dehors de la location de véhicules par la société requérante n'étant pas suffisante pour établir qu'elle formerait objectivement une seule opération économique indissociable de l'activité de location de véhicules. Dans ces conditions, cette prestation d'assurance constitue une prestation indépendante de l'activité de location de véhicules et peut, par suite, bénéficier de l'exonération prévue par l'article 261 C, 2° du CGI (CAA Lyon 11-1-2018 n° 16LY02645 : RJF 5/18 n° 474).

Une **garantie dommages-ouvrage souscrite par le constructeur au nom du maître d'ouvrage** en application d'une option du contrat de construction constitue une prestation distincte dès lors que la désignation du constructeur pour souscrire la garantie en son nom est optionnelle et que le client peut également obtenir par lui-même une telle assurance auprès d'un autre assureur. La refacturation des primes d'assurance dommages-ouvrage par le constructeur à ses clients bénéficie de l'exonération dès lors qu'elle intervient pour un montant inchangé (BOI-RES-TVA-000057).

L'**octroi d'une licence d'utilisation d'un produit d'assurance** par une société à un assureur, d'une part, et les **services d'intermédiation** fournis à cet assureur par la société (placement de ce produit et gestion des contrats d'assurance conclus), d'autre part, ne peuvent être qualifiés de prestation unique dans la mesure où l'assureur n'est pas tenu d'avoir recours aux services d'intermédiation de la société et cette intermédiation n'apparaît pas comme permettant à l'assureur de mieux utiliser la licence octroyée ou comme garantissant, à elle seule, à l'assureur de bénéficier de cette licence dans les meilleures conditions (CJUE 25-3-2021 aff. 907/19 : RJF 6/21 n° 674).

CESSIONS DE CONTRATS D'ASSURANCE OU DE RÉASSURANCE

14870 La **CJUE** a jugé que la cession à titre onéreux d'un portefeuille de contrats de réassurance-vie ne répond pas aux caractéristiques d'une opération d'assurance, ni à celles d'une opération de réassurance, la société cédant le portefeuille de contrats de réassurance n'entretenant plus de rapport juridique avec les réassurés à la suite de la cession (CJUE 22-10-2009 aff. 242/08 : RJF 1/10 n° 91).

L'**administration** considère désormais également, sur le fondement de cette jurisprudence, que les cessions de contrats d'assurance et de réassurance ne sont pas des opérations d'assurance et sont taxables de plein droit (la doctrine antérieure contraire reste toutefois opposable jusqu'au 31-12-2022 : n° 14815, précisions). Elle estime toutefois que ces opérations doivent être qualifiées de **transfert d'une universalité partielle** au sens des articles 19 et 29 de la directive TVA et bénéficient à ce titre de la dispense de TVA prévue à l'article 257 bis du CGI (n°s 15360 s.) (BOI-TVA-CHAMP-30-10-60-10 n° 275).

Remarque : Cette solution repose sur une interprétation libérale des dispositions de l'article 257 bis du CGI. En effet, l'administration n'exige pas, au cas particulier, que le cédant et le cessionnaire soient tous deux redevables de la TVA.

2. PRESTATIONS AFFÉRENTES À DES OPÉRATIONS D'ASSURANCE ET DE RÉASSURANCE EFFECTUÉES PAR LES COURTIERS ET INTERMÉDIAIRES D'ASSURANCE

14950 Les prestations de services afférentes à des opérations d'assurance et de réassurance (définies au n° 15000) sont exonérées de la TVA lorsqu'elles sont rendues par un assujetti qui agit en tant que courtier ou intermédiaire d'assurance (n°s 14960 s.).

NOTION DE COURTIER OU D'INTERMÉDIAIRE D'ASSURANCE

14960 Les « prestations de services afférentes à des opérations d'assurance ou de réassurance effectuées par les courtiers et intermédiaires d'assurance » sont définies par le contenu même des activités en cause, lequel suppose la réunion de **deux conditions** (le fait que l'opérateur n'ait pas la qualité formelle ou statutaire de courtier ou d'intermédiaire d'assurance étant sans incidence à cet égard) :

– d'une part, le prestataire doit être en relation avec l'assureur et avec l'assuré, cette relation pouvant n'être qu'indirecte ;

– d'autre part, les prestations en cause doivent être liées à la nature même du métier de courtier ou d'intermédiaire d'assurance, lequel consiste en la recherche de clients et la mise en relation de ceux-ci avec l'assureur, en vue de la conclusion de contrats d'assurance (CJUE 17-3-2016 aff. 40/15 : RJF 6/16 n° 585 ; CJUE 25-3-2021 aff. 907/19 : RJF 6/21 n° 674 ; CE 9-10-2019 n° 416107 : RJF 1/20 n° 16 ; BOI-TVA-CHAMP-30-10-60-10 n° 300).

> **Précisions** L'exonération de TVA s'applique **notamment** aux prestations afférentes à des opérations d'assurance et de réassurance effectuées par :
>
> – des **associations** qui gèrent les **sinistres couverts par** un contrat d'**assurance de groupe** souscrit par elles dans les conditions fixées par les articles L 141-1 s. et R 512-4 du Code des assurances ;
>
> – des **établissements de crédit** et sociétés de financement qui interviennent pour le **placement des contrats d'assurance de groupe** dans les conditions définies par le Code des assurances ;
>
> – des **entreprises régies par le Code de la mutualité** qui font **souscrire** des **contrats d'assurance** pour le compte d'une société ou d'une compagnie d'assurance ou **gèrent un portefeuille** ou une branche de portefeuille d'une société ou compagnie d'assurance (BOI-TVA-CHAMP-30-10-60-10 n° 315) ;
>
> – s'agissant plus particulièrement de l'**assurance affinitaire,** des sociétés de **vente d'appareils électroménagers, informatiques et de télécommunication** qui proposent à leurs clients de souscrire lors de l'achat, auprès d'une entreprise d'assurance, une **extension de garan-**

tie leur assurant la réparation ou le remplacement du produit acheté en cas de sinistre (CJUE 8-7-2021 aff. 695/19 : RJF 10/21 n° 992).

L'exonération n'est cependant pas limitée à ces professions ou opérations, pour autant que les conditions définies aux nos 14950 s. sont remplies.

Existence d'un lien avec l'assureur et avec l'assuré Pour être reconnu comme intermédiaire d'assurance bénéficiant de l'exonération de la TVA au titre des prestations de services afférentes à des opérations d'assurance ou de réassurance qu'il effectue, l'assujetti doit entretenir un rapport avec l'assureur et avec l'assuré. 14965

La relation peut être indirecte si le prestataire est un **sous-traitant** du courtier ou de l'intermédiaire. Il en va ainsi lorsque le prestataire exerce son activité au nom et pour le compte d'un assureur et qu'il est en contact avec l'assuré (BOI-TVA-CHAMP-30-10-60-10 n° 305).

EXEMPLE

Peuvent notamment entrer dans cette catégorie les courtiers d'assurance organisés sous forme de **courtiers-grossistes,** qui délèguent les aspects essentiels de leurs activités à des mandataires en lien direct avec le client.

La CJUE a en effet jugé que la circonstance qu'un courtier ou un intermédiaire d'assurance entretient non pas un rapport direct avec les parties au contrat d'assurance ou de réassurance à la conclusion duquel il contribue, mais seulement un **rapport indirect** avec ces dernières par l'entremise d'un autre assujetti, qui est lui-même en relation directe avec l'une de ces parties et auquel ce courtier ou cet intermédiaire d'assurance est lié contractuellement, ne s'oppose pas à ce que la prestation fournie par ce dernier soit exonérée de la TVA. En effet, si le courtier ou l'intermédiaire n'est pas lié formellement aux assureurs pour le compte desquels un autre assujetti intervient, il entretient néanmoins un rapport indirect avec les assureurs, du fait de la convention qui le lie à cet assujetti qui est lui-même impliqué dans une relation contractuelle avec les assureurs (CJUE 3-4-2008 aff. 124/07 : RJF 7/08 n° 916).

L'exonération s'applique **notamment** lorsqu'une opération de courtage d'assurance donne lieu à l'intervention de plusieurs courtiers et à partage de la rémunération. Qu'il s'agisse de **cocourtage** (intervention conjointe de plusieurs courtiers recevant directement chacun sa part de rémunération) ou de **sous-courtage** (rétrocession par un courtier à un confrère d'une partie de sa rémunération), les sommes acquises par chacun des intervenants sont exonérées de la TVA. 14970

L'administration admet qu'il en est de même dans l'hypothèse où un **courtier d'assurance gère ou exploite un portefeuille** de courtage **qui ne lui appartient pas,** s'il est établi que ce portefeuille appartient à un courtier dont l'activité répond aux conditions énoncées aux nos 14950 s. (BOI-TVA-CHAMP-30-10-60-10 n° 305).

Réalisation de prestations caractéristiques d'un intermédiaire d'assurance Les courtiers ou les intermédiaires d'assurance doivent exercer une activité recouvrant les **aspects essentiels** de la fonction d'intermédiaire d'assurance en fournissant des prestations liées à la nature même du métier de courtier ou d'intermédiaire d'assurance, telles que la **recherche de prospects** et la **mise en relation** de ceux-ci **avec l'assureur** en vue de la conclusion de contrats d'assurance (CJUE 3-3-2005 aff. 472/03 : RJF 5/05 n° 516 ; CJUE 17-3-2016 aff. 40/15 : RJF 6/16 n° 585 ; BOI-TVA-CHAMP-30-10-60-10 n° 310). 14980

Sur la notion de prospection, voir n° 14985.

La notion de **prospection** s'apprécie de manière large. Elle regroupe l'ensemble des actions qui consistent à identifier et contacter de nouveaux clients potentiels (prospects) dans le but de les amener à conclure un contrat, sans que la signature effective d'un contrat à l'issue de leur intervention ne soit déterminante, ainsi que les actions qui consistent à présenter de nouvelles garanties à un assuré ou à lui faire reconduire un contrat d'assurance déjà souscrit. 14985

EXEMPLES

Sont **notamment** considérées comme de la prospection les actions :
– prenant la forme de la renégociation ou de la reconduction d'un contrat d'assurance préexistant qui ont pour objet sa prolongation, l'augmentation ou la réduction des conditions prévues au contrat ;
– visant à obtenir la souscription d'extensions de garanties d'un contrat appartenant au portefeuille confié à l'intermédiaire ;
– consistant à chercher à faire souscrire un contrat par un potentiel client, y compris si celui-ci fait déjà partie de son portefeuille commercial au titre d'autres produits assurantiels.
En revanche, n'est **pas** considérée comme de la **prospection** l'ouverture de la faculté annuelle de résiliation prévue par l'article L 113-12 du Code des assurances, y compris si elle se fait par tacite reconduction, lorsqu'elle n'entraîne aucune modification des stipulations contractuelles.

La condition de prospection est ainsi remplie lorsqu'un agent général d'assurance démarche un client (issu du portefeuille que l'assureur lui a confié), avec ou sans **pouvoir d'engagement de l'assureur,** en vue de lui faire souscrire un contrat ou lorsqu'un **sous-courtier** exerce les actions de prospection qui lui ont été déléguées par un courtier grossiste (BOI-TVA-CHAMP-30-10-60-10 n° 310).

> **Précisions** La signature effective d'un contrat ou la méthode utilisée pour réaliser l'action de prospection n'étant pas déterminantes, l'action de l'intermédiaire peut intervenir sur la base d'un **script de vente** fourni par l'assureur pour distribuer un type de contrat ou dans le cadre d'une **démarche de télémarketing ou de télévente** (BOI précité).

PRESTATIONS DE SERVICES AFFÉRENTES À DES OPÉRATIONS D'ASSURANCE ET DE RÉASSURANCE

15000 La notion de **prestation de services afférente à des opérations d'assurance** et de réassurance n'est pas définie de manière stricte (contrairement à la notion d'opération d'assurance : n°s 14800 s.). Elle inclut en principe toutes les prestations de services présentant un **lien avec** une **opération d'assurance ou de réassurance.**

Tel est **notamment** le cas des opérations nécessaires à l'émission de contrats, l'affiliation de nouveaux bénéficiaires pour un contrat existant, l'émission, l'appel et l'encaissement des primes, la gestion et la résiliation des polices, la gestion et le règlement des sinistres et l'évaluation de dommages (BOI-TVA-CHAMP-30-10-60-10 n° 315).

15010 Toutefois, les prestations de services afférentes à des opérations d'assurance et de réassurance (n° 15000) ne sont **exonérées** de la TVA que si elles sont rendues par un assujetti qui agit en tant que courtier ou intermédiaire d'assurance au sens défini aux nos 14960 s. (BOI-TVA-CHAMP-30-10-60-10 n° 315).

EXEMPLE

Un courtier d'assurance apporte un risque, par l'entremise d'un autre courtier placeur (courtier-grossiste, affinitaire, comparateur, etc.), auprès d'un assureur. En contrepartie de ce placement, l'assureur verse une rémunération au courtier placeur, lequel en rétrocède une fraction prédéterminée au courtier apporteur. L'assureur réalise une prestation d'assurance qui est exonérée de TVA.

L'assureur délègue les prestations de prospection à un **courtier placeur.** Ces prestations présentant les **aspects essentiels** des **fonctions d'intermédiaire** d'assurance, et le courtier placeur étant en lien direct avec l'assureur, les honoraires versés en rémunération du courtier placeur sont exonérés de TVA.

Le courtier placeur sous-délègue la prospection à un **courtier apporteur** qui rend des prestations présentant des aspects essentiels des fonctions d'intermédiaire d'assurance, en **lien** direct **à la fois avec l'assureur et l'assuré.** La partie d'honoraires rétrocédés qui le rémunère est exonérée de TVA pour cette activité de prospection, ainsi que pour la potentielle activité de gestion du portefeuille au titre duquel il a réalisé ces prestations de prospection (BOI précité).

15025 ILLUSTRATIONS

Des **évaluations de dommages** causés à des véhicules automobiles effectuées **par une association** dont les membres sont des sociétés d'assurance ne peuvent pas bénéficier de l'exonération prévue pour les prestations afférentes à des opérations d'assurance (CJUE 20-11-2003 aff. 8/01 : RJF 2/04 n° 208).

L'**octroi d'une licence d'utilisation d'un produit d'assurance** à un assureur pour qu'il puisse le proposer à ses clients et conclure, par ce biais, des contrats d'assurance ne peut bénéficier de l'exonération, et ce, même si des services d'intermédiation (placement dudit produit, gestion des contrats d'assurance conclus) sont fournis, à titre accessoire, par la société ayant conçu le produit (CJUE 25-3-2021 aff. 907/19 : RJF 6/21 n° 674).

S'agissant des services de back office, voir nos 15040 s.

CAS PARTICULIER DES SERVICES D'APPUI OU D'INTENDANCE (« BACK OFFICE »)

15040 Les services d'appui ou d'intendance (services de « back office ») ne sont **pas** susceptibles de bénéficier de l'**exonération** de TVA lorsqu'ils ne sont pas afférents à une opération d'assurance ou de réassurance (n° 15000) ou lorsque, bien qu'afférents à une telle opération, ils ne sont pas effectués par un courtier ou un intermédiaire d'assurance au sens défini aux nos 14960 s. (BOI-TVA-CHAMP-30-10-60-10 n° 320)

L'exonération de TVA ne s'applique pas notamment dans les situations suivantes :

1. Services d'appui et d'intendance ne constituant pas des prestations afférentes à des opérations d'assurance ou de réassurance : réalisation par une société au profit d'une autre société de **prestations d'intendance générale** sous forme de **services de comptabilité, d'assistance en matière juridique,** d'assistance en matière d'administration générale et de

gestion de plateforme téléphonique, dès lors qu'il s'agit de prestations d'intendance sans lien avec des opérations d'assurance au titre desquelles la société exercerait la fonction de courtier ou d'intermédiaire d'assurance (BOI précité).

2. Activités de back office, certes afférentes à des opérations d'assurance, mais effectuées par un prestataire n'agissant pas en tant que courtier ou intermédiaire d'assurance :

– réalisation au profit d'un assureur de prestations de **gestion de contrats et de sinistres sans que le prestataire s'intermédie** dans la **conclusion de contrats** au titre du portefeuille géré (BOI précité) ;

– services de **règlement des sinistres** fournis au nom et pour le compte d'un assureur, lesquels n'incluent **pas** la **recherche de prospects** et la **mise en relation de ceux-ci avec l'assureur** (CJUE 17-3-2016 aff. 40/15 : RJF 6/16 n° 585) ;

– réalisation au profit d'une entreprise d'assurance de services tels que la gestion de sinistres, l'**émission,** la **gestion et** la **résiliation des polices** ou le **traitement des modifications contractuelles et tarifaires** dès lors que les aspects essentiels à cette fonction (telle la **prospection) font défaut** (CJUE 3-3-2005 aff. 472/03 : RJF 5/05 n° 516 ; BOI précité ; dans le même sens, CE 9-10-2019 n° 416107 : RJF 1/20 n° 16 s'agissant de services de traitement de données et de fourniture d'informations à un agent d'assurances). Cette solution s'applique, de manière plus générale, à toute prestation constituant un simple **démembrement de l'activité de l'assureur** (CJUE 3-3-2005 aff. 472/03 précité).

En revanche, les **prestations d'appui ou d'intendance** telles que celles visées au n° 15040 sont **exonérées** de la TVA lorsqu'elles sont rendues par un courtier ou un intermédiaire d'assurance au sens défini aux n°s 14960 s. et qu'elles sont afférentes à des opérations d'assurance ou de réassurance (BOI-TVA-CHAMP-30-10-60-10 n° 320). **15050**

EXEMPLE

Une société réalise au profit d'un assureur des **prestations d'intermédiation** en commercialisant ses produits d'assurance auprès de nouveaux clients, **ainsi que** des prestations de **gestion de** ces **contrats et de sinistres.** Tant les opérations d'intermédiation que les opérations de gestion des contrats et des sinistres sont exonérées de la TVA.

Autrement dit, si l'assujetti exerce à la fois des prestations d'intermédiation en commercialisant des produits d'assurance (prospection en vue de conclure des contrats, mise en relation des prospects avec l'assureur) et réalise, dans ce cadre, des prestations de back office afférentes à des opérations d'assurance ou de réassurance, l'exonération s'applique à l'ensemble de ces prestations.

II. TRANSMISSION D'UNE UNIVERSALITÉ DE BIENS

Les dispositions des articles 19 et 29 de la **directive TVA** permettent aux États membres de considérer que, à l'occasion de la transmission à titre onéreux ou à titre gratuit ou sous forme d'apport à une société d'une universalité totale ou partielle de biens (c'est-à-dire d'un fonds de commerce ou d'une partie autonome d'une entreprise), **aucune livraison** de biens (ou prestation de services) n'est intervenue et que le bénéficiaire continue la personne du cédant, tout en les autorisant à prendre, le cas échéant, les dispositions nécessaires pour éviter des distorsions de concurrence dans le cas où le bénéficiaire n'est pas un assujetti total et toutes mesures utiles pour éviter que l'application de cet article rende la fraude ou l'évasion fiscales possibles. **15360**

En **droit interne,** le législateur a fait usage de cette faculté en adoptant un **dispositif légal unique de dispense de TVA** codifié à l'article 257 bis du CGI pour l'ensemble des livraisons de biens et prestations de services réalisées entre redevables de la TVA dans le cadre d'une telle transmission ou d'un tel apport.

> Précisions On notera que le **Conseil d'État** a considéré que la **dispense prévue par l'article 257 bis** du CGI ne peut bénéficier qu'à une **opération soumise à la TVA.** Une opération qui n'entre pas dans le champ de la TVA (en l'occurrence, une cession d'immeuble achevé depuis plus de cinq ans placée hors champ de la taxe jusqu'au 10-3-2010) ne peut donc être regardée comme une transmission d'universalité de biens « dispensée » de TVA en application de l'article précité. Corrélativement, la dérogation permettant au cédant de ne pas procéder à la **régularisation** de la taxe d'amont en cas de cession dispensée de taxe ne peut pas non plus s'appliquer (CE 31-5-2022 n° 451379 : RJF 8-9/22 n° 721). Cette solution a notamment vocation à s'appliquer aux transmissions à titre gratuit (hors champ de la taxe) et aux cessions exonérées (tel est le cas, notamment, des cessions d'immeuble de plus de cinq depuis le 11-3-2010, lorsque l'option pour la taxation n'est pas exercée).

DÉFINITION DE LA TRANSMISSION D'UNE UNIVERSALITÉ DE BIENS

15370 La notion de « transmission à titre onéreux ou à titre gratuit ou sous forme d'apport à une société d'une universalité totale ou partielle de biens » doit être interprétée à la lumière de la jurisprudence de la Cour de justice de l'Union européenne (CJUE 27-11-2003 aff. 497/01 : RJF 2/04 n° 211). Cette jurisprudence peut se résumer en trois propositions :

1. La transmission d'une universalité de biens s'entend du **transfert d'un fonds de commerce ou d'une partie autonome d'une entreprise,** comprenant des éléments corporels et, le cas échéant, incorporels qui, ensemble, constituent une entreprise ou une partie d'une entreprise susceptible de poursuivre une activité économique autonome.

2. Cette notion ne couvre **pas** les **transferts** de biens et de services **réalisés au profit d'une personne qui n'entend pas exploiter l'universalité** ainsi transmise mais simplement liquider immédiatement l'activité concernée. Il en est ainsi de la simple cession de biens, telle que la **vente d'un stock** de produits ou de la **vente isolée d'un bien immobilisé** en dehors de toute opération de transmission d'entreprise ou de restructuration.

3. Le **bénéficiaire** de la transmission est **réputé continuer la personne du cédant** en poursuivant l'exploitation de l'universalité transmise sous une forme ou une autre. Il n'est **pas exigé qu'il ait** préalablement exercé **la même activité** que le cédant ou qu'il poursuive strictement la même activité que celle précédemment exercée par le cédant (BOI-TVA-CHAMP-10-10-50-10 n° 20). À noter toutefois, s'agissant de la poursuite de l'activité, que cette position n'est pas partagée par la cour de Nantes qui exige que l'activité exercée par le cessionnaire soit identique à celle exercée antérieurement par le cédant (CAA Nantes 21-4-2016 n° 14NT02617 : RJF 8-9/16 n° 701).

La CJUE a jugé, en application de ces principes, que constitue la transmission d'une universalité totale ou partielle de biens la **cession de la propriété du stock de marchandises et de l'équipement** commercial **d'un magasin** de détail, **concomitant à la location,** au cessionnaire, **des locaux** dudit magasin pour une durée indéterminée, mais résiliable à court terme par les deux parties, à condition que les biens transférés permettent au cessionnaire de poursuivre de manière durable une activité économique autonome (CJUE 10-11-2011 aff. 444/10 : RJF 2/12 n° 202). Il résulte de cette décision que la **transmission des biens immobiliers** dans lesquels s'exerce l'activité n'est pas déterminante pour caractériser la transmission d'une universalité de biens. S'il s'avère que la poursuite de l'activité économique exige que l'acquéreur utilise les mêmes locaux que ceux dont a disposé le vendeur, rien ne s'oppose, en principe, à ce que ces locaux soient mis à sa disposition en vertu d'un **contrat de bail.**

En revanche, ne constitue pas une transmission d'une universalité de biens l'opération par laquelle un bien **immeuble qui servait à une exploitation commerciale** est **donné en location, avec tous les biens d'équipement et consommables nécessaires** à cette exploitation, même si le locataire poursuit l'activité du bailleur sous la même enseigne, dès lors qu'il n'y a pas eu de transfert des droits de propriété relatifs à ces biens (CJUE 19-12-2018 aff. 17/18 : RJF 3/19 n° 311).

La CJUE a également jugé que la **cession des actions d'une société** ne peut, indépendamment de l'importance de la participation, être assimilée à la transmission partielle ou totale d'une universalité de biens que si la participation transmise fait partie d'une unité indépendante qui permet l'exercice d'une activité économique indépendante et que cette activité est poursuivie par l'acquéreur. Il faut ainsi que la cession d'actions s'accompagne de la transmission d'actifs permettant au cessionnaire de poursuivre une activité économique indépendante. La solution n'est pas différente dans l'hypothèse où plusieurs cessions ont lieu simultanément, conduisant à ce que 100 % des actions de l'entreprise soient transmises à un unique cessionnaire (CJUE 30-5-2013 aff. 651/11 : RJF 10/13 n° 994).

> **Précisions** Il a été déduit des principes exposés ci-dessus que les **cessions concomitantes mais séparées** du fonds de commerce d'une société de recherche à une société exerçant la même activité (sous le régime de la dispense de TVA de l'article 257 bis du CGI) et de son principal actif de recherche, indispensable à la poursuite de ladite activité (soumise à la TVA), présentaient un **caractère purement artificiel** et devaient être regardées, dans leur ensemble, comme caractérisant la transmission de l'universalité de biens ainsi transmise et dispensée de TVA (CAA Bordeaux 31-12-2020 n° 18BX02021 : RJF 6/21 n° 571 ; CE (na) 14-12-2021 n° 450280 : RJF 4/22 n° 347). Au cas particulier, l'assujettissement à la TVA de la cession de l'actif de recherche avait permis au cessionnaire d'éviter le paiement des droits d'enregistrement.

15375 Conformément aux principes dégagés par la CJUE (n° 15370), l'administration fiscale regarde notamment comme la transmission d'une universalité totale ou partielle de biens (BOI-TVA-CHAMP-10-10-50-10 n° 30) :

a. Les **apports globaux,** effectués dans le cadre d'une opération de fusion, d'absorption ou de scission et les apports partiels d'actifs constatés à l'occasion, par exemple, de la restructuration d'un groupe.

EXEMPLE

Constitue la transmission d'une universalité de biens l'**apport d'une branche complète d'activité** constituée par l'ensemble des éléments investis dans une division de société qui constitue au point de vue technique une exploitation autonome, c'est-à-dire un ensemble capable de fonctionner par ses propres moyens dans des conditions pouvant être qualifiées de normales dans le secteur considéré.

b. Les **mutations à titre onéreux et apports de fonds de commerce** ou d'exploitations agricoles, commerciales ou professionnelles. Il en est ainsi notamment des apports de fonds de commerce donnés en location-gérance qui permettent la poursuite d'une activité économique autonome, la location-gérance ne constituant qu'un simple mode d'exploitation du fonds (nos 15700 s.).

Remarque : La dispense de TVA s'applique lors de la levée de l'option d'achat d'un fonds de commerce donné en location dans le cadre d'un contrat de **crédit-bail,** lorsque ce dernier porte sur la totalité du fonds de commerce (en ce sens, Rép. Miqueu : AN 29-7-1991 n° 30699, non reprise au Bofip).

c. La **transmission d'une exploitation agricole** même en cas de conservation par l'exploitant agricole qui cède ou apporte son exploitation de la parcelle de subsistance prévue à l'article L 732-39 du Code rural et de la pêche maritime (c'est-à-dire la parcelle qu'un agriculteur peut conserver pour ses besoins personnels lorsqu'il part à la retraite), des bâtiments d'exploitation qu'il donne à bail au repreneur redevable ou de stocks, ainsi que les **mutations partielles** d'exploitations agricoles réalisées dans le cadre de plans de transmission si elles portent sur des branches complètes d'activité.

d. La **transmission** d'une exploitation agricole à la suite de la **dissolution de la communauté conjugale** par divorce ou par le décès d'un conjoint commun en biens, à l'un des membres de ladite communauté qui vient immédiatement continuer l'activité de celle-ci.

e. La transmission d'une entreprise à la suite d'une **procédure d'apurement collectif du passif**.

f. La transmission universelle du patrimoine réalisée dans le cadre d'une **opération de dissolution sans liquidation par confusion de patrimoine** (C. civ. art. 1844-5).

g. Les **transferts de compétences** réalisés **entre collectivités locales et** établissements publics de coopération intercommunale **(EPCI)** en application des articles L 1321-1 et suivants du Code général des collectivités territoriales, ainsi que ceux réalisés par les collectivités locales ou leurs groupements à un **syndicat mixte ouvert** en application de l'article L 5721-6-1 du même Code, dans les conditions prévues aux articles L 1321-1 s. et suivants précités (Rép. Maurey : Sén. 9-7-2015 nos 11253 et 13159).

h. Les **transferts** de biens opérés lors de **changements de mode d'exploitation des services publics.**

Remarques : 1. Peuvent également être regardés, selon nous, comme la transmission d'une universalité totale ou partielle de biens les transferts en **fiducie** et la sortie de la fiducie de biens constituant une universalité de biens.

2. L'**adhésion ou** la **sortie d'un membre** d'un **groupe TVA** constitué en application de l'article 256 C du CGI (nos 1660 s.) est traitée comme un transfert d'universalité totale bénéficiant des dispositions de l'article 257 bis du CGI (voir n° 1710, précision a).

3. On rappelle que, selon le Conseil d'État, les **transmissions à titre gratuit** (hors champ de la TVA) ne peuvent pas bénéficier de la dispense de TVA prévue par l'article 257 bis du CGI (n° 15360, précisions).

CESSIONS D'IMMEUBLES DONNÉS EN LOCATION

La dispense de taxation (ou de régularisation) s'applique à la **cession d'un immeuble inscrit à l'actif immobilisé** du cédant et **affecté à une activité de location immobilière** (immeubles non destinés à la revente) **soumise à la TVA** (de plein droit ou sur option), **avec reprise,** avec ou sans négociation, **du ou des baux en cours,** qui intervient au bénéfice d'un cessionnaire qui continue de soumettre la location à la TVA, la transmission en cause s'inscrivant dans une logique de transmission d'entreprise. La circonstance qu'à la suite d'une telle transmission le cédant continue par ailleurs d'affecter d'autres immeubles de son patrimoine à une telle activité de location soumise à la TVA est sans incidence (BOI-TVA-CHAMP-10-10-50-10 n° 30 ; BOI-TVA-DED-60-20-10 nos 282 et 285 ; dans le même sens, CE 23-11-2015 nos 375054 et 375055 : RJF 2/16 n° 129). **15380**

Remarque : On rappelle que, dans une décision postérieure à l'arrêt précité, le **Conseil d'État** a considéré que la cession d'un **immeuble achevé depuis plus de cinq ans** donné en location pour l'exercice d'une activité commerciale ne peut pas être regardée comme dispensée de TVA en application de l'article 257 bis du CGI, une telle dispense ne pouvant bénéficier qu'à une opération soumise à cette taxe et, par suite, que le cédant ne peut bénéficier de la dispense de régularisation de la TVA ayant grevé l'acquisition et la construction dudit immeuble (n° 15360, précisions). La doctrine administrative susvisée, qui accorde une telle possibilité, reste toutefois opposable à l'administration tant qu'elle n'est pas rapportée.

> **Précisions** La cession peut également bénéficier de la dispense de TVA si, au moment de la cession :
> – l'**immeuble** est provisoirement **vacant** du fait par exemple d'un changement de locataire, dès lors que le cédant est en mesure de démontrer qu'il recherche activement un locataire (Rép. Gérard : AN 8-3-2016 n° 90962) ;
> – l'immeuble n'est **mis en location que depuis quelques mois** (CAA Versailles 25-2-2020 n° 18VE01521 : RJF 7/20 n° 590).

15382 En revanche, la **cession isolée d'un immeuble** jusqu'alors **affecté de manière partielle** à une activité locative au titre de laquelle les loyers perçus étaient en tout ou partie soumis effectivement **à la TVA** ne bénéficie pas de la dispense de taxation ou de régularisation visée à l'article 257 bis du CGI, dans la mesure où l'immeuble cédé ne constitue pas dans son ensemble une partie d'entreprise susceptible d'être qualifiée d'universalité partielle (BOI-TVA-CHAMP-10-10-50-10 n° 30 ; BOI-TVA-DED-60-20-10 n° 287).

Remarque : La portée de cette décision de rescrit est limitée au cas d'un immeuble affecté pour partie à une activité locative (dont les loyers sont en tout ou partie soumis à la TVA) et pour partie à une activité autre qu'une activité locative (ou à usage privé).

Elle ne concerne pas l'hypothèse dans laquelle un **immeuble comprend des locaux dont une partie** fait l'objet de **locations soumises à la TVA** de plein droit ou sur option, **et** dont **l'autre partie** fait l'objet de **locations exonérées** sans possibilité d'option (locaux d'habitation, notamment). En effet, dans cette hypothèse, d'une part, l'immeuble est intégralement affecté à une activité locative et, d'autre part, du chef de cette activité, l'assujetti est redevable de la TVA (même si ce n'est que partiellement). Par suite, la dispense de taxation ou de régularisation trouve à s'appliquer (même si, au moment de la cession, l'immeuble est en tout ou partie vacant du fait, par exemple, d'un changement de locataire), à condition, bien entendu, que l'acquéreur du bien entende poursuivre une activité de location soumise à la TVA.

15383 Lorsque dans le cadre de son **activité d'achat-revente d'immeubles,** un assujetti procède à la vente isolée d'un immeuble prélevé parmi son actif circulant (stock), il ne peut pas bénéficier de la dispense prévue par l'article 257 bis du CGI, et ce, même si dans l'attente de sa revente, cet immeuble fait l'objet d'une location soumise à la TVA. En effet, l'**inscription en stock de l'immeuble** constitue un élément objectif permettant de révéler l'intention de l'opérateur de ne pas affecter durablement l'immeuble en cause à une activité de location en tant que loueur d'immeuble mais de le destiner purement et simplement à la revente (BOI-TVA-DED-60-20-10 n° 285 ; position non partagée par la CAA de Lyon qui considère que l'inscription en stock de l'immeuble loué est sans incidence si les autres conditions prévues par l'article 257 bis sont remplies : CAA Lyon 1-4-2021 n° 19LY00379 : RJF 8-9/21 n° 799).

En revanche, la cession par l'acheteur-revendeur du ou des immeubles qu'il détient en stock, qui interviendrait dans le cadre de la **transmission de l'ensemble de son activité** de négociant en biens immobiliers au profit d'une personne qui continuera à réaliser cette activité, bénéficie du régime de dispense (BOI précité n° 285).

S'agissant de la revente d'un immeuble par un crédit-preneur ayant levé l'option d'achat à un assujetti exerçant une activité d'achat-revente d'immeubles, voir n° 15384.

15384 **Transmissions effectuées dans le cadre d'un contrat de crédit-bail immobilier** La dispense de taxation (ou de régularisation) couvre :

– la situation dans laquelle un immeuble, loué dans le cadre d'un contrat de crédit-bail immobilier soumis à la TVA, est cédé au crédit-preneur lors de sa **levée d'option d'achat** et que celui-ci, qui affectait l'immeuble à une activité de sous-location taxée, entend soit continuer à affecter l'immeuble à une telle activité locative soumise à la TVA après la levée d'option (BOI-TVA-DED-60-20-10 n° 286), soit **revendre l'immeuble le jour même** de la levée d'option à un nouvel acquéreur qui entend inscrire l'immeuble à son actif immobilisé et l'affecter à une activité de location soumise à la taxe (CE 23-11-2015 n°s 375054 et 375055 : RJF 2/16 n° 129). Dans cette deuxième situation, les deux ventes successives de l'immeuble bénéficient de la dispense. À cet égard, la circonstance que le crédit-preneur ou l'acquéreur in fine ait pris, par ailleurs, un engagement de revendre ou de construire est sans incidence. En revanche, si, dans la situation évoquée, le crédit-preneur revend l'immeuble à un assujetti exerçant une activité d'achat-revente d'immeubles qui décide de l'inscrire à son actif circulant (stock), l'opération ne peut pas bénéficier de la dispense (Rép. Grau : AN 10-7-2018 n° 7359) ;

– les **transferts** de l'immeuble opérés **pour le changement de crédit-bailleurs,** au profit du crédit-preneur (qui lève l'option d'achat), puis d'un groupement de crédit-bailleurs (BOI précité n° 286) ;

– la **cession de ses droits** sur un contrat de crédit-bail immobilier **par un crédit-preneur** assujetti à la TVA (n° 4385).

En revanche, lorsqu'un exploitant hôtelier acquiert un immeuble qu'il prenait précédemment en location en crédit-bail, la **dispense** de taxation (ou de régularisation) **ne s'applique pas** chez le cédant dans la mesure où il s'agit de la simple acquisition d'une immobilisation affectée à l'activité préexistante dudit exploitant (Rép. Grau : AN 5-4-2022 n° 35808).

QUALITÉ DU CÉDANT ET DU BÉNÉFICIAIRE

Seules bénéficient de la dispense de taxation les **transmissions** d'une universalité totale ou partielle de biens qui interviennent **entre deux assujettis redevables de la TVA** au titre de l'universalité transmise. La dispense de taxation ne s'applique donc pas lorsque la transmission est réalisée par un assujetti redevable de la taxe au bénéfice d'un assujetti non redevable (BOI-TVA-CHAMP-10-10-50-10 n° 40). **15385**

EXEMPLE

La cession d'un fonds de commerce de restaurant exploité par un redevable soumis au régime simplifié de la TVA n'ouvre pas droit à la dispense de taxation lorsque le repreneur du fonds bénéficie de la franchise en base de la TVA.

Des **exceptions** à ce principe sont toutefois prévues en ce qui concerne la cession d'une exploitation agricole par un exploitant assujetti à un non-assujetti (voir n° 71920) et s'agissant de la cession de contrats d'assurance ou de réassurance (voir n° 14870).

En revanche, la dispense de taxation demeure applicable lorsque la transmission est réalisée entre deux personnes ayant toutes deux, ou l'une seulement, la qualité de **redevable partiel** au titre de l'universalité transmise. Dans ces hypothèses, le bénéficiaire de la transmission, qui est réputé continuer la personne du cédant, est, le cas échéant, tenu d'opérer, au titre des biens d'investissements transmis dans le délai de régularisation, les régularisations du droit à déduction exigibles (CGI ann. II art. 207) (BOI-TVA-CHAMP-10-10-50-10 n° 50). **15390**

BIENS ET SERVICES CONCERNÉS

La dispense de taxation, qui présente un caractère **obligatoire,** concerne l'**ensemble des biens et des services** qui appartiennent à l'universalité transmise, quelle que soit leur nature (CGI art. 257 bis). Elle bénéficie en conséquence : **15400**

– aux transferts de **marchandises neuves** et d'autres biens détenus **en stock** ;

– aux transferts de **biens mobiliers corporels d'investissement** qui ont ouvert droit à déduction complète ou partielle de la TVA lors de leur achat, acquisition intracommunautaire, importation ou livraison à soi-même ;

– aux transferts de **biens mobiliers incorporels d'investissement** ;

– et aux transferts d'**immeubles** et de **terrains à bâtir** (BOI-TVA-CHAMP-10-10-50-10 n° 60).

> **Précisions** Sur une remise en cause de la cession séparée des différents éléments de l'universalité transmise, considérée comme artificielle, voir n° 15370, précisions.

RÉGULARISATIONS DU DROIT À DÉDUCTION

Les transferts de biens d'investissement réalisés dans le cadre de la transmission d'une universalité totale ou partielle de biens, dans le délai de régularisation prévu à l'article 207 de l'annexe II au CGI (n° 61100), ne donnent **pas lieu, chez le cédant, aux régularisations** du droit à déduction prévues à cet article (CGI ann. II art. 207, III-4-1° ; voir toutefois n° 15360, précisions). **15420**

Le **bénéficiaire de la transmission** est réputé continuer la personne du cédant. Il **est** donc **tenu,** s'il y a lieu, **d'opérer les régularisations** du droit à déduction et les taxations de cessions ou de livraisons à soi-même qui deviendraient exigibles postérieurement à la transmission d'universalité et qui auraient en principe incombé au cédant si ce dernier avait continué à exploiter lui-même l'universalité. La transmission n'entraîne pas une remise à zéro des délais de régularisation (BOI-TVA-DED-60-20-10 n° 280). **15425**

Remarque : On notera qu'il n'est **pas exigé que le bénéficiaire** de la transmission **s'engage dans l'acte** formalisant la transmission à procéder à ces régularisations.

DÉDUCTIBILITÉ DE LA TVA GREVANT LES SERVICES ACQUIS POUR LA TRANSMISSION D'UNE UNIVERSALITÉ DE BIENS

15435 Les dépenses exposées par le cédant pour les services acquis afin de réaliser une transmission d'universalité totale ou partielle de biens non soumise à la TVA font partie des **frais généraux** de cet assujetti et peuvent dès lors être détaxées dans les conditions de droit commun (en ce sens, CJUE 22-2-2001 aff. 408/98 : RJF 6/01 n° 894 ; CAA Versailles 10-10-2017 n° 16VE00567 : RJF 6/18 n° 606 ; CAA Paris 21-3-2019 n° 18PA02009 : RJF 8-9/19 n° 773 ; CAA Lyon 1-4-2021 n° 19LY00379 : RJF 8-9/21 n° 799).

MODALITÉS DÉCLARATIVES

15445 Le cédant et le bénéficiaire de la transmission d'universalité doivent mentionner le montant total hors taxe de la transmission sur la **déclaration de TVA** souscrite au titre de la période au cours de laquelle elle est réalisée. Ce montant est mentionné sur la ligne « Autres opérations non imposables » (BOI-TVA-DECLA-20-30-20 n° 20).

BÉNÉFICIAIRE SOUMIS À UN RÉGIME DE TAXATION SUR LA MARGE

15455 Si le bénéficiaire de la transmission d'universalité réalise des opérations dont la base d'imposition est assise sur la marge, il doit la calculer en retenant au deuxième terme de la différence le montant qui aurait été celui retenu par le cédant si celui-ci avait réalisé l'opération (Inst. 3 A-6-06, non reprise au Bofip mais qui nous paraît conserver sa valeur).

PRÉCISIONS DIVERSES

15465 Indépendamment du dispositif prévu par l'article 257 bis du CGI en matière de **fusion** ou de **dissolution sans liquidation,** le bénéficiaire de ces opérations est juridiquement pleinement subrogé aux droits et obligations de l'entité absorbée ou dissoute.

À ce titre, il peut :

– opérer la **déduction** d'une TVA qui lui a été facturée au titre de dépenses engagées par l'entité absorbée ou dissoute avant la fusion ou la dissolution sans liquidation pour la réalisation d'une opération ouvrant droit à déduction, et non déduite à cette date ;

– bénéficier du **transfert du crédit** de TVA attaché à la personne absorbée ou dissoute dont le remboursement n'a pas été demandé par celle-ci avant sa disparition juridique (n° 58825, précision b) ;

– bénéficier du **transfert de l'option** pour la TVA formulée par la personne absorbée ou dissoute au titre d'un immeuble (ou d'un ensemble d'immeubles) donné en location à usage professionnel, sur le fondement des dispositions de l'article 260, 2° du CGI (BOI-TVA-DED-60-20-10 n° 282).

Remarque : S'agissant du transfert de l'option pour la TVA prévue à l'article 260, 2° du CGI en cas de fusion ou de dissolution sans liquidation, il n'y a donc pas lieu d'exercer une nouvelle option pour les immeubles qui ont été apportés par la société absorbée ou la société dissoute. L'option initialement formulée par cette dernière continue de produire ses effets dans les mêmes conditions (n° 4385).

III. OPÉRATIONS SUR FONDS DE COMMERCE ET OPÉRATIONS SIMILAIRES

15540 Le fonds de commerce et ses éléments peuvent donner lieu à diverses opérations : vente globale du fonds ou apport du fonds en société, cession d'un élément séparé, location ou mise en gérance libre du fonds, etc.

Si les opérations d'apport ou de vente globale d'un fonds de commerce bénéficient de la dispense de taxation applicable aux transmissions d'universalité de biens (nos 15360 s.), les autres opérations sur fonds de commerce sont normalement soumises à la TVA.

a. Cession globale du fonds de commerce

15570 La cession globale d'un fonds de commerce constitue une **opération** normalement **imposable** à la TVA.

Cependant cette opération, lorsqu'elle est réalisée au profit d'un redevable de la TVA, est susceptible de bénéficier de la **dispense de taxation** prévue pour les transmissions d'universalité de biens (voir nos 15360 s.).

b. Cession d'un élément séparé du fonds de commerce

La cession d'un élément séparé du fonds de commerce entraîne, en principe, l'exigibilité de la TVA. Ce principe d'imposition s'applique notamment en cas de cession, séparée de celle du fonds, portant sur : **15600**

- le **stock de marchandises** ;
- un **bien mobilier d'investissement** (c'est-à-dire un bien usagé précédemment utilisé pour les besoins de l'exploitation) **lorsque ce bien a ouvert droit à déduction** totale ou partielle de la TVA avant sa cession (CGI art. 261, 3-1°-a : nos 80150 s.) ;
- ou un **bien meuble incorporel** autre qu'une clientèle (voir nos 15610 s.).

BIENS MEUBLES INCORPORELS

La cession d'un élément incorporel séparé du fonds de commerce constitue en général un acte normal de la profession qui entraîne l'exigibilité de la TVA. **15610**

Toutefois, la taxe n'est pas effectivement exigée par l'administration lorsque la cession est soumise aux **droits proportionnels d'enregistrement** (BOI-TVA-CHAMP-10-10-50-10 n° 70). Il en est ainsi, en pratique, lorsqu'il résulte des circonstances de fait qu'il y a une **cession au moins implicite de clientèle.**

Remarque : La dispense de TVA résulte, selon nous, directement de l'article 257 bis du CGI lorsque la cession, même implicite, de clientèle répond à la définition de la transmission d'une universalité de biens au sens de cet article (nos 15370 s.).

Le point de savoir si une cession d'éléments incorporels séparés du fonds de commerce constitue ou non une cession du fonds est une **question de fait.** Ainsi, le droit proportionnel d'enregistrement dû sur les cessions de fonds (CGI art. 719) a été reconnu applicable, à l'exclusion de la TVA, dans les cas suivants : **15615**

- **cessions successives** au même acquéreur et à des dates rapprochées (ou non) des divers éléments composant un fonds de commerce ;
- **cession d'un droit au bail** à un commerçant appelé, en fait, à recueillir la clientèle du quartier ;
- **cession de matériel** corrélative à l'apport pur et simple en société des éléments incorporels.

EXEMPLES D'OPÉRATIONS SOUMISES À LA TVA

On trouvera ci-après, sous forme de **tableau,** un certain nombre de solutions administratives ou jurisprudentielles ayant conclu à l'**imposition à la TVA de cessions d'éléments incorporels** séparés du fonds. On rappelle à cet égard que la TVA n'est pas effectivement exigée par la doctrine lorsque la cession (telle la cession de clientèle) est soumise aux droits proportionnels d'enregistrement (n° 15610). **15625**

Nature des opérations ou des produits taxables	Références
1. Cessions de transfert d'alcool par un distillateur à des viticulteurs assujettis aux prestations viniques ou d'alcools de vins	BOI-TVA-CHAMP-10-10-50-10 n° 70
2. Cession de **droits portant sur un film**	BOI précité n° 70
3. Somme perçue par un industriel au titre de sa **renonciation** à son **contingent de fabrication**	CE 6-6-1962 n° 37034
4. Cession par une entreprise de presse du **droit de reproduction** en feuilleton ou en illustration des **dessins et des œuvres** acquis auprès de tiers	CE 12-10-1962 n° 35505 ; BOI précité n° 70
5. Cession à des tiers, par un éditeur, d'une fraction des **droits de publication** qu'il a lui-même acquis de l'auteur. Même solution en ce qui concerne la cession par l'éditeur des **droits d'adaptation** cinématographique	CE 17-5-1961 nos 39450 et 44247 Dans le même sens, CE 8-5-1963 nos 43914 et 47348
6. Cession du **droit d'exploiter une carrière ou une mine**	BOI précité n° 70
7. Cession d'un **droit d'importation** exclusive de **vin**	CE 5-2-1975 n° 90898 : RJF 4/75 n° 182
8. Cession d'**options** détenues pour l'**acquisition de terrains** occupés par des sablières	CE 6-11-1985 n° 41291 : RJF 1/86 n° 33

Nature des opérations ou des produits taxables	Références
9. Sommes qu'une entreprise reçoit d'une autre en contrepartie de sa **renonciation** à l'**exploitation d'une marque** *La TVA n'est pas exigée si la renonciation s'analyse en une cession de marque exploitée (n° 15830).*	CE 1-6-1964 n° 51711
10. Redevances perçues par une clinique qui accorde à des praticiens un **droit** cessible d'**exclusivité de longue durée,** portant sur des **locaux et équipements médicaux** et chirurgicaux	CE 20-11-1981 n° 21306 : RJF 1/82 n° 34

c. Apport d'un élément séparé du fonds de commerce

15660 L'apport en société d'un élément séparé du fonds (marque, licence, etc.), réalisé **à titre onéreux** (inscription en compte courant rémunéré par des intérêts, remise d'obligations), constitue une opération soumise à la TVA à moins que des droits d'enregistrement ne soient perçus à cette occasion.

Toutefois, conformément aux dispositions de l'article 261, 3-1°-a du CGI, les apports de **biens mobiliers d'investissement** sont soumis à la TVA dès lors qu'ils ont ouvert droit à déduction complète ou partielle de cette taxe lors de leur acquisition (BOI-TVA-CHAMP-10-10-50-10 n°s 80 et 90).

d. Location ou mise en gérance libre d'un fonds de commerce

15700 La **location** d'un fonds de commerce (clientèle, achalandage, droit au bail, enseigne, nom commercial, marques de fabrique, licences, mobilier, outillage, matériel, etc.) constitue une **prestation de services** effectuée à titre onéreux et imposable à la TVA en vertu de l'article 256 du CGI (BOI-TVA-CHAMP-10-10-50-10 n° 100).

Il en est de même de la **mise en gérance libre** d'un fonds de commerce qui s'analyse en une location du fonds (CE 6-3-1963 n° 53238 ; BOI précité n° 120).

EXEMPLES

Une jurisprudence ancienne du Conseil d'État, à laquelle l'administration continue de se référer, a notamment reconnu un caractère commercial (les rendant passibles de la TVA) à :
– la **location d'un fonds d'entreprise** de cylindrage consentie par le propriétaire du fonds à son fils moyennant paiement d'un loyer fixe et d'une redevance proportionnelle au volume des cailloux cylindrés (CE 30-3-1936 ; BOI précité n° 100) ;
– la **convention** par laquelle l'un des contractants s'engage à **exploiter un hôtel** à ses risques et périls, à supporter tous les frais et à verser au propriétaire de l'établissement une quote-part des recettes en lui garantissant une redevance annuelle minimum (CE 31-1-1938 ; BOI précité n° 100) ;
– la **location-gérance d'un hôtel** consentie par une commune, la circonstance que la redevance encaissée aurait été affectée au remboursement d'un emprunt contracté par la ville pour l'équipement de l'hôtel restant sans influence sur son caractère imposable (CE 23-10-1968 n° 72359).

15705 La **base d'imposition** à la TVA comprend, non seulement la redevance payée pour le fonds, mais aussi le loyer de l'immeuble commercial (même si le bailleur du fonds n'est que locataire de l'immeuble, et même si en pareil cas le loyer de cet immeuble est versé directement par le gérant du fonds au propriétaire des murs). De même, lorsque la location porte sur l'**ensemble d'un établissement** commercial ou industriel, la TVA porte sur la totalité des loyers perçus par le bailleur.

EXEMPLE

La **location d'un ensemble** portant simultanément sur :
– le **fonds** de commerce ;
– un **immeuble à usage d'hôtel**-restaurant ;
– un **pavillon** attenant (pour l'habitation du locataire exploitant l'hôtel-restaurant) ;
– le **mobilier** et le **matériel** nécessaire au fonctionnement de l'hôtel-restaurant ;
constitue pour le bailleur un mode d'exploitation de son patrimoine commercial et présente donc le caractère d'une activité commerciale taxable. Les **locations nues** (de l'immeuble à usage d'habitation et de l'immeuble à usage de commerce) ne sont pas séparables de la location du fonds et ne peuvent avoir un caractère civil (CE 17-6-1981 n° 8563 : RJF 9/81 n° 747).

15710 En revanche, la **sous-location de locaux nus abandonnés** par un commerçant qui a transféré son fonds de commerce dans une rue avoisinante ne constitue pas une location de fonds de commerce. Cette sous-location n'est pas passible de la TVA dès lors que les locaux ne comprennent ni installations ni matériels (CE 20-4-1939 ; BOI-TVA-CHAMP-10-10-50-10 n° 110).

> Précisions a. Les opérations de **locations** et de crédit-bail **de véhicules à des exploitants de taxis,** dont le prix demandé est fonction des jours d'utilisation du véhicule, sont assimilées à des locations de fonds de commerce passibles de la TVA dès lors que les prestations concernées comportent, outre la **mise à la disposition du véhicule,** la fourniture des **divers équipements** « taxi » (voyant lumineux, horodateur, taximètre), **l'assurance,** les **services d'entretien** et de réparation, le droit au remplacement du véhicule en cas de panne ou d'accident et l'exploitation de la carte de stationnement (Inst. 3 C-1-84, non reprise au Bofip mais dont la solution nous paraît conserver sa valeur).
b. Lorsque, au moment de la mise en gérance du fonds, le **stock de marchandises** neuves est cédé au nouvel exploitant, cette cession rend exigible la TVA, laquelle pourra être récupérée par l'intéressé dans les conditions de droit commun (CE 9-11-1981 n° 15217 : RJF 1/82 n° 108).

IV. CESSIONS ET CONCESSIONS DE DROITS

a. Principes

La cession à titre définitif (**vente**) ou temporaire (**location ou concession**) d'un **droit incorporel** faisant partie d'un actif commercial ou constituant un élément qu'il est d'usage de trouver dans un actif commercial est un acte de commerce imposable (BOI-TVA-CHAMP-10-10-50-70 n° 150). **15800**

Toutefois, conformément à la doctrine exposée au n° 15610, la TVA n'est pas effectivement exigée lorsque la cession du droit incorporel est soumise aux droits proportionnels d'enregistrement.

EXEMPLES

Ont notamment été considérées comme imposables à la TVA (BOI précité n° 150) :
– la cession, par le concessionnaire d'une **marque commerciale,** de son droit pour tout ou partie de sa circonscription d'exercice ;
– la concession par un locataire principal d'un **droit d'occupation** sur des locaux et emplacements qu'il a loués pour les besoins de son exploitation ;
– la concession par le directeur d'une salle de spectacles de **l'exploitation de buffets, vestiaires,** etc., installés dans son établissement ;
– la concession du **droit de publicité** sur les palissades d'une foire commerciale.
Sont également soumises à la taxe les **cessions de noms de domaine** sur le réseau internet par un assujetti agissant en tant que tel (Rép. Morhet-Richaud : Sén. 30-3-2017 n° 20601).

b. Marques de fabrique

Les **cessions** de biens meubles incorporels échappent à la TVA lorsque la cession est soumise aux droits proportionnels d'enregistrement (n° 15800). Or, le régime applicable aux cessions de marques de fabrique en matière de droits d'enregistrement diffère selon que la marque est ou non exploitée. **15830**

a. La cession d'une **marque de fabrique exploitée** entraîne non seulement cession de la marque, mais également de la clientèle qui y est attachée. Elle est donc soumise aux **droits proportionnels d'enregistrement,** dans les conditions prévues à l'article 719 du CGI, à l'exclusion de la TVA.

b. En revanche, la cession d'une **marque de fabrique non exploitée** ne donne pas lieu au paiement des droits d'enregistrement mais de la TVA (BOI-TVA-CHAMP-10-10-30 n° 220 ; CE 3-9-2008 n°s 300420-300421-300422 : RJF 12/08 n° 1292).

Remarque : Ce régime s'applique également aux **cessions de marques de commerce** qui sont soumises aux droits d'enregistrement dans les mêmes conditions que les marques de fabrique.

La **concession exclusive** d'une marque de fabrique pour un temps déterminé s'analyse, en principe, en un contrat de louage. Elle constitue, par suite, une prestation de services imposable à la TVA (Rép. Frédéric-Dupont : AN 26-9-1983 n° 27688, non reprise au Bofip mais dont la solution nous paraît conserver sa valeur). **15835**

c. Brevets

Les **cessions de brevets,** les **concessions de licences d'exploitation** de brevets ainsi que les cessions ou concessions d'autres **droits similaires** faisant l'objet d'une protection par l'**Institut national de la propriété industrielle** constituent des prestations de services imposables à la TVA. **15870**

Il importe peu, à cet égard, que de telles opérations soient effectuées par l'**inventeur** lui-même, par ses **héritiers** ou par des **tiers** qui cèdent des brevets ou concèdent des licences d'exploitation de brevets précédemment acquis de l'inventeur ou de ses héritiers.

Par ailleurs, l'**inventeur** qui met lui-même en œuvre ses inventions en **fabriquant** des produits demeure imposable à la TVA dans les conditions de droit commun (BOI-TVA-CHAMP-10-10-30 n° 200).

ILLUSTRATIONS

Présentent notamment le caractère de recettes imposables à la TVA :
– la **rémunération** consistant en un pourcentage sur le chiffre d'affaires réalisé par l'exploitant d'un brevet d'invention, perçue après l'expiration de son contrat de travail, par un **ancien salarié** (inventeur du brevet) (Rép. Vivien : AN 28-6-1982 n° 13034, non reprise au Bofip mais dont la solution nous paraît conserver sa valeur) ;
– la somme perçue par un **inventeur** en contrepartie de la cession d'un brevet à titre onéreux, quel que soit le mode de rémunération de la cession et **alors même** qu'il n'en aurait retiré qu'une **recette unique** (CE 20-10-2000 n° 204129 : RJF 1/01 n° 19) ;
– la somme perçue par un copropriétaire au titre de la cession de sa **quote-part de copropriété de brevet à un tiers** à la copropriété qui a pour effet de transférer à ce tiers les droits d'exploitation du brevet attachés à la seule qualité de copropriétaire, quel que soit le mode de rémunération de la cession et **alors même** que le cédant n'en aurait retiré qu'une **recette unique** (CAA Lyon 6-8-2020 n° 18LY03432 : RJF 1/21 n° 25).

En revanche, l'**apport** pur et simple **d'un procédé de fabrication** non brevetable, moyennant l'attribution à son auteur d'un certain nombre d'actions de la société anonyme constituée en vue de son exploitation, ne constitue pas une opération entrant dans le champ d'application de la TVA (Rép. Barnier : AN 28-12-1979 n° 14886, non reprise au Bofip mais dont la solution nous paraît conserver sa valeur).

d. Cession d'un contrat de crédit-bail immobilier

15900 Le régime applicable à cette opération diffère selon que la cession est consentie par le crédit-preneur ou par le crédit-bailleur.

CESSION PAR LE CRÉDIT-PRENEUR

15910 Sur le plan juridique, la cession d'un contrat de crédit-bail a un double effet. D'une part, elle confère au cessionnaire le droit à la jouissance de l'immeuble, pour la durée du contrat restant à courir, d'autre part, elle le rend titulaire de la promesse unilatérale de vente portant sur cet immeuble.

a. La **cession du droit de jouissance** d'un immeuble à destination industrielle ou commerciale est soumise au **droit de mutation** prévu à l'article 725 du CGI ainsi qu'aux taxes locales additionnelles. L'assiette de ces droits et taxes est constituée par le prix stipulé ou estimé ou par la valeur vénale si celle-ci est supérieure. Cette perception est exclusive de celle de la TVA.

Remarque : La doctrine administrative selon laquelle la cession d'un contrat de crédit-bail immobilier doit être soumise au droit de mutation prévu à l'article 725 du CGI, sur la partie du prix correspondant à la cession du droit de jouissance de l'immeuble, a été confirmée par la Cour de cassation (Cass. com. 23-4-2003 n° 00-21.938 FS-PB : RJF 8-9/03 n° 1053).

b. La **cession de la promesse unilatérale de vente** donne seulement ouverture au droit fixe des actes innommés (mais ce droit n'est pas perçu si le droit proportionnel prévu à l'article 725 susvisé est exigible pour un montant plus élevé). Il s'ensuit que la **partie du prix** correspondant à la cession de cette promesse doit être considérée comme entrant dans le champ d'application de la TVA. La taxation ou l'exonération de la cession de cette promesse de vente va alors dépendre de la situation de l'immeuble auquel elle se rapporte. En effet, conformément à l'article 257, I-1-2° du CGI, le régime applicable à la cession de la promesse de vente est celui qui aurait été appliqué à l'immeuble auquel elle se rapporte si lui-même avait été cédé, c'est-à-dire : application de la TVA de plein droit si l'immeuble sous-jacent est achevé depuis moins de cinq ans ; dans le cas contraire, exonération avec faculté d'option pour l'imposition (en ce sens, BOI-TVA-IMM-10-10-20 n°s 110 et 120 ; pour plus de détails sur le régime de TVA des opérations immobilières, voir n°s 67500 s.).

En ce qui concerne la cession par le crédit-preneur de ses droits portant sur un **immeuble** qu'il a **affecté à une activité de location soumise à la TVA,** voir n° 15384.

c. La **sous-location temporaire** des locaux nus au premier titulaire du contrat ou, à l'expiration du contrat, leur **location à des tiers,** peut donner lieu à l'**option** pour l'assujettissement à la TVA prévue à l'article 260, 2° du CGI (n°s 4100 s.) (Lettre SLF du 10-10-1984).

CESSION PAR LE CRÉDIT-BAILLEUR

15920 La cession d'un contrat de crédit-bail immobilier par le crédit-bailleur s'analyse comme une **cession de l'immeuble** donné à bail (Rép. Chollet : AN 9-9-1996 n° 37208, non reprise au Bofip mais dont la solution nous paraît conserver sa valeur). Cette cession est soumise au régime de TVA des opérations immobilières (n°s 67500 s.), à savoir :
– assujettissement à la TVA de plein droit si l'**immeuble** est **achevé depuis moins de cinq ans** (et quel que soit le nombre de cessions antérieures de l'immeuble) ;
– exonération avec faculté d'option pour la TVA si la **cession** intervient **plus de cinq ans après l'achèvement** de l'immeuble.

e. Cession du droit d'achat d'un véhicule en crédit-bail

La vente d'un véhicule neuf par un **concessionnaire automobile** peut s'accompagner de la reprise d'un autre véhicule loué en crédit-bail par le client. 15950

Le concessionnaire rachète alors le véhicule ancien à la société de crédit-bail et il arrive qu'il verse à son client une somme correspondant en tout ou partie à la différence entre la valeur vénale du véhicule ancien et le prix d'achat à la société de crédit-bail.

Cette opération emporte les conséquences suivantes.

Pour la **société de crédit-bail,** la vente du véhicule au concessionnaire est soumise à la TVA.

Pour le **client,** la somme reçue du concessionnaire constitue la contrepartie de la cession du droit d'achat qu'il détenait sur ce véhicule en vertu de son contrat de crédit-bail. Cette **cession d'un droit incorporel** (promesse unilatérale de vente) est imposable à la TVA dans les conditions fixées pour les prestations de services (CGI art. 256, IV).

Quant au **concessionnaire,** il peut déduire la taxe facturée par la société de crédit-bail (achat du véhicule) et par le client (acquisition de la promesse unilatérale de vente) si le véhicule est destiné à être revendu et si le concessionnaire, au moment de la revente, soumet la totalité du prix correspondant à la TVA (n°s 80420 s.) (Inst. 3 A-7-87, non reprise au Bofip mais dont la solution nous paraît conserver sa valeur).

V. OPÉRATIONS ENTRE SUCCURSALES ET SIÈGE

Les **prestations** de services (prêts, tenue de comptabilité, services informatiques, etc.) **que se rendent** réciproquement une **entreprise et sa succursale** constituent en principe des opérations internes en dehors du champ de la TVA mais deviennent imposables lorsque la succursale se comporte de manière autonome vis-à-vis du siège de la société ou lorsque l'une des deux entités (siège ou/et succursale) est membre d'un groupe TVA. 16000

La question des relations « siège-succursales » appelle par ailleurs des précisions s'agissant des **droits à déduction.**

Remarque : Bien entendu, les **prestations** de services **entre une société mère et sa filiale** échappent à cette problématique dans la mesure où il s'agit d'entités juridiques distinctes dont les opérations sont soumises aux mêmes règles de TVA que celles conclues entre entreprises indépendantes.

a. Champ d'application

PRINCIPE DE NON TAXATION DES OPÉRATIONS EFFECTUÉES ENTRE SIÈGE ET SUCCURSALE

Lorsqu'une **même personne morale** assujettie à la TVA dispose de **plusieurs établissements** stables, les opérations réalisées entre ces différents établissements constituent des opérations internes étrangères au système de la TVA. Tel est le cas **même** lorsque ces différents établissements sont **situés dans des États différents,** qu'il s'agisse de pays tiers ou d'États membres de l'UE. 16010

Ce principe vaut notamment pour les **prestations rendues par** le **siège** d'une société **à ses succursales, par** les **succursales au siège ou entre** les **succursales.** Ces prestations n'entrent pas dans le champ d'application de la TVA et, par suite, ne sont pas soumises à cette taxe (BOI-TVA-CHAMP-10-10-20 n° 280).

> **Précisions** Ces opérations n'ouvrent donc pas droit à déduction conformément aux dispositions de l'article 271 du CGI. Ainsi, en cas de **prêt consenti par une succursale française à son siège** situé hors de l'UE, les intérêts servis ne peuvent être inscrits au numérateur du rapport qui permet de déterminer le coefficient de taxation de cette succursale lorsqu'elle rend par ailleurs des services à des tiers (en ce sens, Rép. Guéna : AN 23-11-1987 n° 29039, non reprise au Bofip mais dont la solution nous paraît conserver sa valeur).
> Sur les droits à déduction dans les relations « siège-succursales », voir également n°s 16070 s.

EXCEPTIONS

Succursale se comportant de manière autonome vis-à-vis du siège de la société Selon la **CJUE,** les articles 2, 1 et 43 de la directive TVA doivent être interprétés en ce sens qu'un **établissement stable** (succursale), **qui n'est pas une entité juridique distincte** 16030 de la société dont il relève, établi dans un autre État membre et auquel la société fournit des prestations de services, **ne doit pas être considéré comme un assujetti** en raison des coûts qui lui sont imputés au titre desdites prestations, **dès lors qu'il n'exerce pas une activité économique indépendante.** À cet égard, il y a lieu de rechercher si une succursale peut être considérée comme étant **autonome,** notamment en ce qu'elle supporte le **risque économique** découlant de son activité. L'unité juridique des deux entités n'est donc pas déterminante (CJUE 23-3-2006 aff. 210/04 : RJF 6/06 n° 806 ; dans le même sens, CJUE 7-8-2018 aff. 16/17 : RJF 11/18 n° 1193 ; CJUE 24-1-2019 aff. 165/17, Morgan Stanley : RJF 4/19 n° 406 ; CJUE 11-3-2021 aff. 812/19 : RJF 6/21 n° 673).

Le **Conseil d'État** s'est rallié implicitement à la position de la Cour de justice entraînant l'imposition des opérations entre succursale et siège lorsque la succursale se comporte de façon autonome, en reprenant la solution résultant de la jurisprudence « Morgan Stanley » précitée (CE 5-4-2019 n° 389105 : RJF 6/19 n° 533). À noter que l'**administration** cite également dans sa doctrine, depuis le 29 décembre 2021, l'arrêt de la CJUE du 23-3-2006 précité, sans reprendre toutefois explicitement le critère d'autonomie de la succursale (BOI-TVA-CHAMP-10-10-20 n° 280).

> **> Précisions** Dans l'affaire ayant donné lieu à l'arrêt du 23 mars 2006 (aff. 210/04 précitée) qui concernait un établissement de crédit, la Cour de justice avait relevé, pour conclure à l'**absence d'autonomie** de la succursale en cause, que celle-ci ne disposait pas d'un capital de dotation et ne supportait pas elle-même les risques économiques liés à l'exercice de l'activité d'établissement de crédit, tels que, par exemple, le défaut de remboursement d'un prêt par un client. Ces risques reposaient intégralement sur le siège.

16050 **Siège ou succursale appartenant à un groupe TVA** Les **prestations de services** fournies par un établissement principal établi dans un pays tiers **à sa succursale** établie dans un État membre de l'UE (ou par un siège établi dans un État membre à sa succursale établie dans un autre État membre) constituent des opérations imposables quand la succursale est **membre d'un groupe TVA** (constitué sur le fondement de l'article 11 de la directive TVA). Les prestations doivent alors être considérées, aux fins de la TVA, comme étant effectuées en faveur non pas de ce membre mais en faveur de l'ensemble du groupe TVA auquel ce membre appartient (CJUE 17-9-2014 aff. 7/13 : RJF 12/14 n° 1161 ; CE 4-11-2020 nos 435295 et 436082 : RJF 2/21 n° 137).

De même, les prestations fournies par un **siège appartenant à un groupe TVA** dans un État membre à sa succursale établie dans un autre État membre doivent être regardées comme réalisées entre deux assujettis distincts et sont donc taxables (CJUE 11-3-2021 aff. 812/19 : RJF 6/21 n° 673).

Reprenant ces jurisprudences, l'**administration** précise que, par dérogation au principe exposé au n° 16010, les **établissements d'une personne morale membre d'un groupe TVA** ne relèvent **pas tous** du **même assujetti** (ceux situés dans l'État membre du groupe TVA relèvent de l'assujetti unique alors que ceux situés dans d'autres États relèvent de la personne morale elle-même).

Par suite, alors même qu'elles bénéficient à un établissement relevant de la même personne morale, sont **imposables à la TVA** :

– les opérations que les établissements stables (siège ou succursale) non situés dans l'État membre du groupe TVA réalisent auprès de cet assujetti unique ou, inversement, acquièrent auprès de ce dernier ;

– les opérations réalisées entre établissements stables relevant de **groupes TVA distincts** constitués dans des États membres différents.

En revanche, demeurent **hors du champ de la TVA** les opérations réalisées entre les établissements relevant d'une même personne morale membre d'un groupe TVA et situés en dehors de l'État membre où est constitué ce groupe (BOI-TVA-CHAMP-10-10-20 n° 285).

EXEMPLE

> Les prestations réalisées par une succursale française au profit de la succursale d'une même société située dans un autre État membre A ne sont pas imposables, quand bien même l'établissement principal de cette société est membre d'un groupe TVA dans un troisième État membre B.

Remarques : 1. On rappelle qu'un régime optionnel de groupe TVA est effectif en **France** depuis le 1er janvier 2023 (voir nos 1660 s.).

2. On notera que, dès lors que l'une au moins des deux entités (situées dans deux États différents) est membre d'un groupe TVA, l'examen de l'**exercice d'une activité économique indépendante** par la succursale (permettant de déterminer si la succursale est autonome vis-à-vis du siège : n° 16030) n'est **pas nécessaire,** les deux entités constituant forcément des assujettis distincts.

> **Précisions a.** Tant le groupe TVA que les établissements stables non situés dans l'État membre du groupe TVA sont soumis aux **obligations d'identification et** de **déclaration** de ces opérations imposables dans les conditions de droit commun (BOI précité n° 285).
> En ce qui concerne les **droits à déduction** s'agissant de ces opérations, voir la remarque 2 au n° 16080.
> **b.** Les **prestations imposables** effectuées entre entités relevant d'une même personne morale, lorsque l'une d'elles appartient à un groupe TVA dans son État membre, sont en principe taxables au **lieu** de l'établissement stable du preneur conformément à l'article 259, 1° du CGI (n° 24550 s.) (BOI-TVA-CHAMP-20-50-20 n° 30).

EXEMPLES 16055

1. Une opération de crédit est effectuée par le **siège** d'une entité **situé en France** au profit de sa **succursale établie dans un autre État membre** de l'UE et qui y est **membre d'un groupe TVA.** Ces prestations sont dans le champ de la TVA. Leur lieu d'imposition n'est pas situé en France (CGI art. 259, 1°). La TVA grevant les coûts de l'opération donnant lieu aux intérêts perçus par le siège n'est pas déductible.
2. Le **siège** d'une personne morale situé dans un **autre État membre** de l'UE et qui y est **membre d'un groupe TVA** fournit des prestations de conseil à sa **succursale française** qui les utilise pour effectuer une activité d'octroi de crédits à des entreprises et des particuliers situés dans l'UE. Ces prestations de conseil sont imposables à la TVA et soumises à la taxe en France. Le redevable de la taxe est la succursale en tant qu'assujetti preneur des prestations. Les prestations de conseil étant utilisées par la succursale pour effectuer des opérations de crédit exonérées n'ouvrant pas droit à déduction, celle-ci ne peut pas déduire la TVA y afférente.
3. Une prestation d'ingénierie informatique est effectuée par la **succursale française** d'une personne morale dont le **siège** est établi **dans un pays tiers** au profit d'une **autre succursale** de cette personne qui est **établie dans un État membre** de l'UE autre que la France et qui y est membre d'un groupe TVA. Ces prestations sont imposables à la TVA. Leur lieu d'imposition n'est pas situé en France (CGI art. 259, 1°). Elles ouvrent droit à déduction pour leur prestataire (BOI-TVA-CHAMP-10-10-20 n° 285).

b. Précisions relatives aux droits à déduction

Selon la CJUE, le calcul du « **prorata** » de déduction de la TVA d'une société dont le **siège** est situé dans un État membre et qui dispose de succursales dans d'autres pays **ne peut pas être mondialisé.** La Cour a, en effet, jugé que, pour la détermination du prorata de déduction qui lui est applicable, une société, dont le siège est situé dans un État membre, ne peut pas prendre en compte le chiffre d'affaires réalisé par ses succursales établies dans d'autres États membres ou dans des États tiers. Un État membre ne peut pas, par ailleurs, retenir une règle de calcul du prorata de déduction par secteur d'activité d'une société assujettie autorisant celle-ci à prendre en compte le chiffre d'affaires réalisé par une succursale établie dans un autre État membre ou dans un État tiers (CJUE 12-9-2013 aff. 388/11, Le Crédit Lyonnais : RJF 12/13 n° 1192). 16070

Le Conseil d'État a fait application des principes dégagés par la CJUE et a précisé :

– que l'absence de prise en compte des recettes des succursales établies hors de France concernait tant le prorata de déduction unique (désormais coefficient de taxation forfaitaire) qui s'appliquait à la société requérante que le prorata de déduction qui se serait appliqué à des secteurs d'activité distincts si elle en avait constitué ;

– que la société requérante ne pouvait pas exiger l'application d'une **autre méthode** de **détermination** du **prorata** de déduction qui serait, selon elle, plus respectueuse du **principe de neutralité,** la mise en œuvre de ce principe étant assuré par les dispositions de droit interne, qui transposent les dispositions communautaires (CE 28-5-2014 n° 301849 : RJF 8-9/14 n° 864).

La Cour de justice a, ultérieurement, été amenée à préciser sa jurisprudence « Le Crédit Lyonnais » (voir n° 16080 et, en particulier, la remarque 3).

Par ailleurs, la **CJUE** a également jugé qu'une **succursale** (**non autonome** vis-à-vis de son siège : n° 16030) établie dans un État membre où elle réalise des opérations taxables peut **déduire** la **TVA** qu'elle y a **supportée** et qui grève l'achat de biens et services utilisés non pour ses propres besoins mais **pour** les **besoins des opérations taxées** réalisées par son **siège** dans un autre État membre. Cette solution repose sur le principe de neutralité qui conduit la Cour à ne pas tenir compte du fait que les opérations internes entre un siège et sa succursale ne sont pas soumises à la TVA et, par suite, à ne pas faire de distinction selon que les dépenses grevées de TVA supportées par la succursale l'ont été pour elle-même ou pour le siège. La Cour regarde seulement si elles ont été effectuées pour les besoins des opérations taxées de l'assujetti constitué d'une succursale et d'un siège (CJUE ord. 21-6-2016 aff. 393/15 : RJF 10/16 n° 917 ; CJUE 24-1-2019 aff. 165/17, Morgan Stanley : RJF 4/19 n° 406). 16080

Saisie d'un litige concernant la succursale française d'une banque britannique, qui avait opté pour l'assujettissement de ses opérations bancaires à la TVA et rendait à la fois des prestations

16080 (suite) ouvrant droit à déduction à ses clients français et des services internes à son siège britannique, la CJUE a précisé l'étendue et les modalités de calcul des droits à déduction d'une telle succursale. Elle a ainsi jugé que la TVA ayant grevé les **dépenses à usage mixte** engagées par la succursale pour les besoins à la fois des opérations taxées et des opérations exonérées de son siège étranger ne peut être déduite qu'en application d'un **prorata de déduction** (coefficient de taxation forfaitaire en France) déterminé, conformément à l'article 173, 1-al. 2 de la directive, « pour l'ensemble des opérations effectuées par l'assujetti ». Cette dernière précision se réfère, selon la Cour, aux seules **opérations** taxées ou exonérées **auxquelles ces biens et ces services à usage mixte ont été affectés,** à l'exclusion des autres opérations économiques réalisées par l'assujetti.

Le prorata de déduction doit donc être **calculé différemment** selon la catégorie de dépenses en cause :

– pour les **dépenses affectées exclusivement** aux **opérations** (taxées et exonérées) **réalisées par son siège,** le prorata est constitué, au dénominateur, du chiffre d'affaires de ces seules opérations (à l'exclusion des autres opérations économiques réalisées par l'assujetti) et, au numérateur, de celui des opérations taxées du siège qui ouvriraient également droit à déduction si elles étaient effectuées en France, y compris pour les opérations taxées sur option (il s'agissait, en l'espèce, on le rappelle, d'une activité bancaire) ;

– pour les **frais généraux qui concourent** à la réalisation à la fois de ses **propres opérations et** de **celles** réalisées par son **siège,** le prorata de déduction tient compte, au dénominateur, de l'ensemble du chiffre d'affaires réalisé par l'assujetti (opérations réalisées tant par la succursale que par le siège) et, au numérateur, des opérations taxées de la succursale et des seules opérations taxées du siège qui ouvriraient droit à déduction si elles étaient effectuées en France (CJUE 24-1-2019 aff. 165/17 précité, repris par CE 5-4-2019 n° 389105 : RJF 6/19 n° 533).

Remarques : **1.** La jurisprudence « Morgan Stanley » laisse en suspens de nombreuses questions et notamment celles de savoir si les modalités de calcul du droit à déduction peuvent être étendues, dans les relations siège-succursale, à d'autres situations (siège situé hors de l'UE, par exemple) et si celles-ci sont **transposables** dans l'hypothèse inverse de **dépenses** à usage mixte engagées par un **siège pour les besoins** de sa **succursale** située dans un autre État membre. On notera qu'à cette dernière question la cour administrative d'appel de Versailles a répondu par l'affirmative (CAA Versailles 4-7-2019 n° 16VE02700 : RJF 11/19 n° 1037 ; CAA Versailles 19-9-2019 n°s 15VE00454 et 17VE01071 : RJF 2/20 n° 115).

2. Ces modalités de calcul du droit à déduction ne sont en revanche **pas applicables** lorsque la succursale fait partie d'un **groupe TVA** au sens de l'article 11 de la directive dès lors que le siège et la succursale constituent alors des assujettis distincts (n°s 16050 s.). Dans cette hypothèse, la **détaxation des dépenses engagées** par un siège établi dans un État membre et refacturées à sa succursale membre d'un groupe TVA dans un autre État membre dépend uniquement du régime TVA applicable aux opérations de refacturation au groupe auquel appartient cette succursale. La TVA ayant grevé ces dépenses est donc susceptible, le cas échéant, d'être intégralement déductible (CE 4-11-2020 n°s 435295 et 436082 : RJF 2/21 n° 137 ; BOI-TVA-CHAMP-10-10-20 n° 285). En effet, dans cette situation (transposable aux cas où le siège est membre d'un groupe TVA ou lorsque les deux entités sont membres de deux groupes TVA distincts), la déductibilité de la TVA grevant les coûts supportés pour la réalisation des opérations réalisées entre les deux entités est appréciée compte tenu de la nature de ces opérations (ouvrant droit à déduction ou non), et non des opérations ultérieures réalisées par le preneur. En revanche, la **déductibilité de la TVA grevant ces opérations** chez le preneur est appréciée compte tenu de la nature des opérations ultérieures que celui-ci entend réaliser (BOI précité n° 285).

3. Dans l'arrêt« Morgan Stanley », la Cour de justice indique par ailleurs que la prise en compte des opérations réalisées par le siège étranger, avec lesquelles les dépenses en cause présentent un lien direct et immédiat, n'est pas infirmée par sa jurisprudence « Le Crédit lyonnais » (n° 16070), qui a exclu la possibilité pour un siège de calculer un **prorata mondial** prenant en compte le chiffre d'affaires total de ses succursales étrangères. Cette solution était justifiée, selon la Cour, par le fait que, au moins pour une part, il n'existait aucun lien entre les dépenses exposées par le siège et les activités des succursales. La Cour n'avait donc pas entendu exclure, dans la détermination de l'étendue du droit à déduction d'un établissement stable d'un assujetti situé dans un État membre, la prise en compte des opérations réalisées par un établissement stable du même assujetti, situé dans un autre État membre, qui présentent un lien direct et immédiat avec les dépenses supportées par le premier de ces établissements stables.

VI. OPÉRATIONS PORTANT SUR LES LOGICIELS

Les logiciels sont des **œuvres de l'esprit** protégées par le Code de la propriété intellectuelle. La reproduction et la mise sur le marché d'un logiciel (nécessaires en particulier à la distribution des logiciels standards), si elles ne sont pas réalisées par l'auteur lui-même, sont donc subordonnées à la **cession par l'auteur de son droit** d'exploitation. Les **exemplaires** du logiciel sont ensuite **commercialisés.** 16110

Les règles applicables aux opérations portant sur les logiciels (**cessions et autres opérations** : location, installation, formation, maintenance, fourniture d'adaptations, etc.) ainsi que la distinction entre logiciels standards et spécifiques avaient été définies par l'administration dans une instruction 3 A-1-96 du 16 février 1996, reprise dans la D. adm. 3 A-2143 n°s 65 s. consacrée à la territorialité des services. La D. adm. 3 A-214 a été abrogée par l'instruction 3 A-1-10 du 11 janvier 2010, en raison des nouvelles règles de territorialité applicables aux services au 1er janvier 2010, et les dispositions de la D. adm. 3 A-2143 relatives aux logiciels n'ont pas été reprises au Bofip. Cependant, selon nos renseignements, sous réserve des adaptations exposées aux n°s 16145 s., la plupart des commentaires administratifs antérieurs concernant les logiciels ont conservé leur valeur. 16115

a. Cessions de logiciels

Le régime de TVA applicable à une cession de logiciel diffère suivant qu'il s'agit d'un logiciel « standard » ou d'un logiciel « spécifique ». 16145

En effet, les opérations de fourniture de logiciels aux entreprises s'analysent en des **prestations de services** lorsque ces logiciels constituent seulement le **support** matériel des **travaux d'études** particuliers nécessités par leur conception ou leur adaptation aux besoins spécifiques de l'entreprise.

En revanche, la **vente en série** de logiciels procède de la livraison de biens meubles corporels.

DÉFINITION DES LOGICIELS STANDARDS ET SPÉCIFIQUES

Les **produits standards** sont des articles **fabriqués en série** qui peuvent être acquis par tous les clients et être utilisés par eux après leur installation et une formation limitée, pour la réalisation des mêmes applications ou fonctions. Ils sont constitués d'un ensemble cohérent de programmes et de matériels d'appui et comportent souvent des services d'installation, de formation et de maintenance. La plupart des **logiciels pour micro-ordinateur,** les logiciels **pour ordinateur domestique** et les **logiciels de jeux** appartiennent à cette catégorie. Tel est le cas également des logiciels standards adaptés, à l'initiative des fournisseurs, par **incorporation d'un dispositif de sécurité** ou de dispositifs analogues. 16155

Les logiciels qui ne répondent pas à la définition des logiciels standards (n° 16155) sont des **logiciels spécifiques.** Il s'agit, d'une manière générale, des logiciels **conçus ou adaptés pour les besoins particuliers d'une entreprise** ou d'un organisme, lorsque cette adaptation revêt un caractère prédominant par rapport à la livraison du logiciel standard correspondant (voir n° 16165 les précisions apportées sur ce point par la CJUE). 16160

Cette **distinction entre logiciels standards et logiciels spécifiques** a été confirmée par la CJUE dans un arrêt du 27 octobre 2005. Comme déjà indiqué au n° 1295, il résulte de cet arrêt que lorsque deux ou plusieurs éléments ou actes fournis par un assujetti à un consommateur, envisagé comme un consommateur moyen, sont si étroitement liés qu'ils forment objectivement, sur un plan économique, un tout dont la dissociation revêtirait un caractère artificiel, l'ensemble de ces éléments ou de ces actes constitue une **prestation unique** pour l'application de la TVA. 16165

Tel est le cas d'une opération par laquelle un assujetti fournit à un consommateur un **logiciel standard** précédemment développé et commercialisé, enregistré sur un support, ainsi que l'**adaptation subséquente** de ce logiciel aux besoins spécifiques de cet acquéreur, même moyennant paiement de prix distincts.

Les articles 24 et 25 de la directive TVA doivent être interprétés en ce sens qu'une telle prestation, consistant à céder un logiciel spécifique adapté aux exigences du client, doit être qualifiée de « prestation de services » lorsqu'il apparaît que l'**adaptation en cause** n'est ni mineure ni accessoire, mais qu'elle **revêt** au contraire **un caractère prédominant.** Il en est notamment ainsi lorsque, au vu d'éléments tels que son ampleur, son coût ou sa durée, cette adaptation revêt une importance décisive pour permettre l'utilisation d'un logiciel sur mesure par l'acquéreur (CJUE 27-10-2005 aff. 41/04 : RJF 1/06 n° 112).

16170 Dans la ligne de la jurisprudence de la CJUE, le tribunal administratif de Toulouse a jugé que l'opération complexe composée de la **livraison** d'un **logiciel standard,** de son **adaptation** aux besoins spécifiques de chaque client, de son **installation,** des prestations de **formation** spécifique ainsi que de la **fourniture de matériels** constitue une prestation unique et doit être qualifiée de prestation de services au sens des articles 256 et 269 du CGI dès lors que, eu égard à la durée du service rendu aux clients allant de cinq mois à une année et au coût estimé par client de 40 000 € à 300 000 €, les **opérations de personnalisation,** d'adaptation et de paramétrage doivent, en l'espèce, être regardées comme **prépondérantes** (TA Toulouse 17-11-2009 n° 05-2500 : RJF 7/10 n° 668).

CESSIONS DE LOGICIELS STANDARDS

16180 La cession d'un logiciel standard, pour un prix déterminé à la date de l'opération, est toujours considérée comme une **livraison de biens sauf** lorsque :

1. Le contrat s'analyse en une **cession de droits d'auteur.**

EXEMPLE

Contrat conclu entre l'auteur (développeur) et l'éditeur en vue de la fabrication et de la commercialisation d'exemplaires conformément aux dispositions de l'article L 122-6 du Code de la propriété intellectuelle.

Dans le cas de la commercialisation d'un exemplaire d'un logiciel standard, pour un prix forfaitaire et définitif, les **clauses** du contrat **qui limitent les prérogatives de l'acheteur** afin de protéger les droits de l'auteur n'ont pas pour effet de déqualifier fiscalement l'opération en cession de droits (quelle que soit la terminologie employée dans le contrat : convention de droits d'utilisation, d'usage, etc.). En effet, il y a bien cession des exemplaires qui constituent des biens meubles corporels.

2. La cession intervient en l'**absence de support matériel** (transmission par voie télématique ou téléchargement, par exemple).

Dans ces deux hypothèses (cession de droits portant sur un logiciel standard ou absence de support matériel), l'opération constitue une **prestation de services.**

> Précisions Le Conseil d'État a jugé, dans le cas d'une société française qui achetait auprès d'une société américaine des **logiciels fournis sur un support matériel** jusqu'en 2001 **puis** par transmission **par voie électronique sécurisée** à compter de 2002 et qui, pour assurer la distribution de ces produits à compter de 2002, procédait en France à la duplication du logiciel, à sa matérialisation sur CD-ROM et à son emballage, que la société française exerçait une activité de prestations de services relevant de l'article 259 B, 12° du CGI et de l'article 98 C de l'annexe III à ce Code (prestation de services fournis par voie électronique) (CE 7-3-2016 n° 390746 : RJF 6/16 n° 519).

16185 Dans le cas où elle constitue une **livraison de bien meuble corporel,** la cession d'un logiciel standard est imposable à la TVA au **taux normal** selon les règles de droit commun applicables aux livraisons de biens. Elle peut toutefois relever, le cas échéant :

- du régime particulier des **ventes à distance** (n°s 22800 s.) ;
- ou, suivant les cas, du régime des **livraisons et acquisitions intracommunautaires** (n°s 19600 s.).

Lorsque le contrat de vente dispose que la cession du logiciel intervient après son installation chez le client, l'opération s'analyse en une **livraison après installation** (n° 19400).

16190 Dans les hypothèses où elle est considérée comme une **prestation de services** (n° 16180), la cession d'un logiciel standard est soumise aux règles d'imposition indiquées aux n°s 16200 s. pour les logiciels spécifiques.

CESSIONS DE LOGICIELS SPÉCIFIQUES

16200 La cession d'un logiciel spécifique est toujours considérée comme une **prestation de services** (en ce sens, CJUE 27-10-2005 aff. 41/04 : n° 16165 ; BOI-TVA-CHAMP-20-50-50 n° 40).

Cette opération est imposable à la TVA au **taux normal** selon les règles de droit commun applicables aux prestations de services. Les **cessions de droits** portant sur des logiciels, qu'ils soient standards ou spécifiques, ne bénéficient pas du taux intermédiaire de la TVA (CGI art. 279, g).

16205 En matière de **territorialité,** la cession de logiciels spécifiques est imposable ou non en France conformément aux règles exposées aux n°s 24500 s. (si le preneur est un assujetti) ou aux n°s 25900 s. et 25980 s. (si le preneur est un non-assujetti).

REMARQUE

16210 Les opérations portant sur des logiciels, qu'il s'agisse de livraisons de biens ou de prestations de services, peuvent bénéficier de la **franchise en base** de droit commun prévue à l'article 293 B I du CGI (nos 47600 s.). En revanche, la franchise particulière prévue à l'article 293 B, III-2 du CGI en faveur des **auteurs d'œuvres de l'esprit** ne s'applique pas à ces opérations (n° 47690, précision a).

b. Autres opérations portant sur les logiciels

LOCATIONS DE LOGICIELS

La location de logiciels (mise à disposition moyennant une redevance périodique) constitue une **prestation de services.** **16240**

OPÉRATIONS D'INSTALLATION

Selon nous, par analogie avec la solution concernant les opérations de formation (n° 16265), les opérations d'installation de logiciels suivent le régime de l'opération principale de vente lorsqu'elles peuvent être regardées comme constituant l'accessoire de cette opération. Dans le cas contraire, elles constituent des **prestations de services** imposables dans les conditions de droit commun. **16250**

Lorsque l'opération d'installation consiste en une **intervention matérielle sur un site d'implantation français** et qu'elle est détachable de l'opération de vente, elle constitue des travaux sur biens meubles corporels et est imposable ou non en France, conformément aux règles exposées aux nos 24500 s. (preneur assujetti) ou aux nos 25660 s. (preneur non assujetti). Lorsque le logiciel est **installé à distance** (téléchargement) ou que l'**intervention** du fournisseur **se limite à une assistance téléphonique,** l'opération constitue une prestation « immatérielle » et est imposable ou non en France conformément aux règles exposées aux nos 24500 s. (si le preneur est un assujetti) ou aux nos 25980 s. (si le preneur est un non-assujetti).

OPÉRATIONS DE FORMATION

Des services de formation peuvent être fournis à l'occasion de la cession de logiciels, standards ou spécifiques. **16265**

Interrogée sur la possibilité, pour un prestataire titulaire d'une attestation d'exonération en tant qu'organisme de formation continue, de bénéficier de l'exonération de TVA prévue par l'article 261, 4-4°-a du CGI pour une prestation de **formation accessoire à la vente de logiciels,** l'administration a rappelé que cette exonération s'applique aux opérations de formation professionnelle continue au sens du Code du travail ainsi qu'aux opérations qui leur sont étroitement liées lorsqu'elles sont assurées soit par des personnes morales de droit public, soit par des personnes de droit privé titulaires d'une attestation reconnaissant qu'elles remplissent les conditions fixées pour exercer leur activité dans le cadre de la formation professionnelle continue (nos 8580 s.). La Cour de justice de l'Union européenne a précisé que les prestations de services et les livraisons de biens ne peuvent être considérées comme « étroitement liées » à la formation professionnelle continue, et être soumises aux mêmes règles fiscales, que lorsqu'elles constituent l'accessoire d'une opération de cette formation éligible à l'exonération. Il en est ainsi lorsque la **prestation** ou la livraison **ne constitue pas** pour la clientèle **une fin en soi mais le moyen de bénéficier** dans les meilleures conditions **du service principal** (en ce sens, CJUE 14-6-2007 aff. 434/05 : n° 8360).

Il ressort de cette analyse que la **prestation de formation** concernée, **constituant l'accessoire d'une** opération de **vente d'un logiciel,** suit le régime fiscal de l'opération principale qui, par sa nature, ne constitue pas une prestation éligible à l'exonération de l'article 261, 4-4°-a du CGI. Toutefois, **si** cette **prestation de formation peut être détachée** de l'opération de vente du logiciel et satisfait par ailleurs aux conditions prévues par le Code du travail, elle peut, le cas échéant, bénéficier de l'exonération dès lors que le prestataire est titulaire de l'attestation délivrée par l'autorité administrative compétente (Rép. Buffet : Sén. 11-3-2010 n° 11147, non reprise au Bofip mais dont la solution nous paraît conserver sa valeur).

OPÉRATIONS DE MAINTENANCE

Selon nous, par analogie avec la solution concernant les opérations de formation (n° 16265), les opérations de maintenance suivent le régime de l'opération de vente d'un logiciel lorsqu'elles peuvent être regardées comme constituant l'accessoire de cette opération. Dans le cas contraire, elles constituent des prestations de services imposables selon les règles habituelles. **16275**

Les opérations de maintenance qui constituent des prestations de services en tant que telles et qui se traduisent par une **intervention à distance** (dépannage à distance, assistance téléphonique, etc.) ou qui sont réalisées en exécution d'un **contrat d'assistance par abonnement** constituent des prestations « immatérielles » et sont ou non imposables en France conformément aux règles exposées aux nos 24500 s. (preneur assujetti) ou aux nos 25980 s. (preneur non assujetti).

Lorsqu'elles consistent en une **intervention matérielle chez le client** ou résultent d'un **contrat d'assistance sur site,** elles constituent des travaux sur biens meubles corporels et sont imposables ou non en France conformément aux règles exposées aux nos 24500 s. (preneur assujetti) ou aux nos 25660 s. (preneur non assujetti).

FOURNITURE D'ADAPTATIONS

16285 Lorsque l'adaptation d'un **logiciel standard** est effectuée en fonction des besoins spécifiques d'un client, les opérations d'adaptation de ce logiciel constituent des prestations de services.

Lorsque l'adaptation est elle-même standard, le régime des livraisons de biens s'applique (sous réserve que l'adaptation soit fournie sur un support matériel : no 16180).

Les opérations d'adaptation de **logiciels spécifiques** constituent toujours des prestations de services.

FOURNITURE DE MISES À JOUR

16295 La **qualification** de cette opération doit s'opérer selon les critères définis aux nos 16145 s.

IMPORTATION

16300 Les **logiciels** (**standards ou spécifiques**) importés de pays tiers sur supports physiques sont imposables sur leur valeur totale (élément intellectuel compris) (en ce sens, Règlement particulier valeur en douane, édition juillet 2014, no 2187, non repris expressément par l'instruction des douanes du 14-1-2020 relative à la valeur en douane des marchandises et ses fiches réglementaires mais qui nous paraît conserver sa valeur).

VII. BONS

16370 Les bons, tels que définis au no 16380, font l'objet, au regard de la TVA, de **règles particulières** prévues par les articles 256 ter et 266, 1-a bis du CGI.

DÉFINITION

16380 Un instrument peut être qualifié de bon au sens de l'article 256 ter, 3-a du CGI si les conditions suivantes sont réunies :

– il est **remis à titre onéreux à son bénéficiaire** par son émetteur ou un tiers (intermédiaire, distributeur, etc.). Les **bons remis gratuitement** à leurs bénéficiaires par l'émetteur ne sont pas concernés par les dispositions de l'article 256 ter du CGI et suivent le régime fiscal des cadeaux (nos 54070 s.) ;

– il comporte une **obligation de l'accepter comme contrepartie totale ou partielle** à la fourniture d'une ou plusieurs livraisons de biens ou prestations de services ;

– les **livraisons de biens ou prestations de services** concernées ou les fournisseurs ou prestataires potentiels sont **indiqués** soit sur l'instrument lui-même, soit dans la documentation correspondante (telles que les conditions générales d'utilisation de l'instrument) (BOI-TVA-CHAMP-10-10-40-50 nos 1, 10 et 30).

16385 Sont **exclus** du champ des dispositions de l'article 256 ter du CGI les instruments pour lesquels, au moment de leur émission, la **livraison des biens ou** la **fourniture de services** pouvant être obtenus en contrepartie du transfert du bon ne sont **pas garantis** par l'émetteur ou soumis à un aléa. Tel est le cas des certificats ou **jetons d'usage,** émis par une société en échange d'un financement participatif, pouvant donner droit à des services ou biens futurs réalisés par la société, non encore déterminés lors de l'émission de ces instruments.

De même, les **actifs numériques** au sens du 2° de l'article L 54-10-1 du Code monétaire et financier contenant des unités de valeur non monétaire **acceptés** par des personnes physiques ou morales comme un **moyen d'échange** (« Bitcoins », par exemple) et les **jetons** mentionnés à l'article L 552-2 du Code précité qui remplissent les caractéristiques des **instruments financiers** mentionnés à l'article L 211-1 dudit Code ne peuvent être qualifiés de bons au sens de l'article 256 ter du CGI. Les opérations de change de devises traditionnelles contre ces actifs numériques et inversement, ainsi que les opérations de change entre ces actifs numériques, sont exonérées de TVA en application de l'article 261 C, 1°-d du CGI (no 76650) (BOI-TVA-CHAMP-10-10-40-50 no 10 et BOI-RES-TVA-000054).

> **Précisions** **a.** S'agissant des **jetons dits « d'usage »**, en raison de l'existence d'un aléa sur le principe même des contreparties futures, il n'existe pas de lien direct au sens de la TVA au moment de l'émission et de l'acquisition du jeton avec un quelconque bien ou service. Il s'ensuit qu'**au moment de la levée des fonds** donnant lieu à la remise de jetons dans le cadre de l'offre au public de jetons, les sommes perçues par la société émettrice des jetons n'ont pas à être soumises à la TVA, sans que cela ait d'incidence sur la possibilité pour cette société de déduire la TVA ayant grevé ses dépenses d'amont.
> Si les jetons sont **ultérieurement utilisés** par leurs bénéficiaires **pour obtenir un bien ou un service individualisé** auprès de la société émettrice, cette opération est soumise à la TVA dans les conditions de droit commun, sa base d'imposition étant égale au montant de la contrepartie obtenue lors de la vente initiale des jetons indépendamment des fluctuations à la hausse ou à la baisse qui auraient pu affecter leur valeur entre la date de leur acquisition et celle de leur utilisation. Mais si, au moment de l'échange effectif du jeton, la contrepartie obtenue par le fournisseur s'avère sans relation avec l'avantage reçu, les opérations doivent alors être considérées comme effectuées gratuitement ou pour une contrepartie symbolique par l'émetteur (ce qui entraînerait, le cas échéant, chez ce dernier la régularisation de la TVA d'amont) (BOI-RES précité).
> **b.** Si l'offre de jetons au public permet l'acquisition de **jetons donnant accès à un ensemble de biens ou de services déterminés au moment de l'émission** desdits jetons, les règles prévues à l'article 256 ter du CGI en matière de bons sont susceptibles de s'appliquer.
> Si le **jeton ne confère** à son bénéficiaire **qu'un droit à percevoir des dividendes** et à prendre des décisions au sein de la société émettrice, il aura la même fonction qu'une action ou une part sociale et sera soumis aux règles du droit des sociétés. En conséquence, aucune TVA ne sera due sur cette opération (BOI-RES précité).

Ne peuvent également pas recevoir la qualification de bons au sens des dispositions de l'article 256 ter du CGI les instruments suivants : **16390**

– les **monnaies électroniques** au sens de l'article L 315-1 du Code monétaire et financier, qui sont des **moyens de paiement** ;

– les **titres-restaurant,** les **chèques-vacances** et les **chèques emploi-service universel** (Cesu) en ce qu'ils constituent des titres spéciaux de paiement ou des moyens de paiement ;

– les **bons de réduction** ou tout autre instrument permettant à leur détenteur de bénéficier d'une remise lors de l'achat de biens ou services mais n'incorporant pas un droit à recevoir ces biens ou services, ni l'obligation pour le fournisseur du bien ou le prestataire de services de les accepter ;

– les **timbres-poste** (dont le régime de TVA relève des dispositions du 3° de l'article 261 C du CGI : n° 17140) ;

– les **packages de voyages** commercialisés par les agences de voyages en leur nom (ces packages relèvent du régime particulier de la marge des agences de voyages : n°s 83700 s.) (BOI-TVA-CHAMP-10-10-40-50 n° 20).

> **Précisions** Le 5e **considérant** de la **directive UE/2016/1065** du 27 juin 2016 indique que « les dispositions relatives aux bons ne devraient **pas** entraîner de **modification** du **traitement TVA** des tickets de transport, des billets d'entrée au cinéma et aux musées, des timbres-poste ou d'autres instruments similaires ». Il en résulte notamment, selon la **CJUE**, que, si de tels services sont proposés dans le cadre d'un instrument qualifié de bon (en l'occurrence, une carte donnant accès à des attractions touristiques et des transports dans une même ville), ils ne peuvent être qualifiés de « **prestation de service unique** » dès lors qu'une telle qualification, qui aboutirait à imposer un taux unique à des services tels que les transports ou les entrées de musée (soumis à des taux de TVA différents ou exonérés), serait contraire à l'objectif exprimé au 5e considérant précité (CJUE 28-4-2022 aff. 637/20 : RJF 8-9/22 n° 808).

RÈGLES APPLICABLES

Les règles applicables aux bons diffèrent selon la catégorie à laquelle ils appartiennent. Il existe en effet deux catégories de bons : le **bon à usage unique** (**BUU**) et le **bon à usages multiples** (**BUM**). **16400**

Bons à usage unique Un bon est à usage unique (BUU) lorsqu'au moment de son émission, le lieu de la livraison des biens ou de la prestation des services à laquelle le bon se rapporte et la TVA due sur ces biens ou services sont connus (assiette, taux, territorialité). Un instrument qui donne droit à obtenir plusieurs services de même nature dont l'ensemble des modalités de taxation est connu à l'émission constitue un BUU. De même, un bon qui permet en échange d'avoir accès à des livraisons de biens ou à des prestations de services de nature différentes mais dont le montant de la taxe dû (même taux et assiette) et le lieu des livraisons de biens ou des prestations de services auxquels le bon se rapporte sont déterminés dès son émission, constitue un BUU (BOI-TVA-CHAMP-10-10-40-50 n° 40). **16410**

EXEMPLES

1. Une carte conférant à son bénéficiaire le droit de bénéficier d'un certain nombre de séances dans une salle de spectacle pour lesquelles le lieu d'imposition et le taux de la TVA sont déterminés constitue un BUU au sens des dispositions de l'article 256 ter du CGI.
2. Une carte-cadeau qui permet d'avoir accès à différents biens dans un réseau de boutiques constitue un BUU au sens des dispositions de l'article 256 ter du CGI si tous les biens auxquels la carte donne accès sont soumis au même taux de TVA et toutes les boutiques sont situées dans le même pays (ou région si celle-ci a des taux spécifiques) (BOI précité).

16415 Chaque **transfert à titre onéreux** d'un BUU effectué **par un assujetti agissant en son nom propre** est considéré comme une livraison des biens ou une prestation des services à laquelle il se rapporte.

La **remise matérielle des biens** ou la **prestation effective des services** en échange d'un BUU accepté en contrepartie totale ou partielle par le fournisseur ou le prestataire n'est pas considérée comme une opération distincte.

Toutefois, lorsque le fournisseur de biens ou le prestataire de services n'est pas l'assujetti qui a, en son nom propre, émis le BUU, ce **fournisseur** ou ce prestataire est néanmoins **réputé avoir livré ou fourni à l'émetteur** les biens ou la prestation des services en lien avec ce bon.

EXEMPLE

Un bon est émis et commercialisé par une société A qui permet à son bénéficiaire d'obtenir l'accès à une séance d'initiation à la conduite sportive sur circuit dans le cadre d'un encadrement spécialisé et sur des modèles de véhicules de collection.
La prestation est offerte sur le territoire français (sur trois circuits automobiles différents) et par trois entreprises différentes (B, C, D). Le lieu d'imposition de la prestation (la France) et le montant de la TVA due au titre de la prestation (taux normal) étant déterminés dès l'émission du bon, celui-ci constitue un BUU.
La TVA est due lors de la vente du bon par l'émetteur A au consommateur.
Lorsque ce dernier choisit d'utiliser le bon auprès de l'entreprise C, cette dernière est réputée avoir fourni la prestation, non pas au porteur du bon, mais à son émetteur. Elle doit donc soumettre à la TVA la contrepartie financière obtenue auprès de ce dernier en remboursement du bon.
De son côté, l'émetteur est fondé à déduire la taxe correspondante dans les conditions de droit commun (CGI art. 271).
Lorsqu'il en a été convenu contractuellement, la commission conservée par l'émetteur est elle-même soumise à la TVA et doit être facturée en tant que telle même si elle fait l'objet d'une compensation.
Lorsque le porteur du BUU est un assujetti, l'utilisation du bon auprès de l'entreprise C ne doit pas donner lieu à la délivrance d'une facture au sens de l'article 289 du CGI (BOI-TVA-CHAMP-10-10-40-50 n° 60).

Lorsque le transfert d'un BUU est effectué par un assujetti agissant au nom d'un autre assujetti (**intermédiaire transparent**), ce transfert est considéré comme une livraison des biens ou une prestation des services à laquelle le bon se rapporte, réalisée par l'autre assujetti au nom duquel l'intermédiaire agit (Dir. TVA art. 30 ter).

16420 Lorsqu'un **distributeur achète un BUU auprès d'un émetteur et le revend en son nom propre,** le transfert du bon par l'émetteur est considéré comme la livraison des biens ou la prestation de services à laquelle le bon se rapporte, tout comme sa revente par le distributeur.

Le distributeur déduit la TVA afférente à l'acquisition du bon dans les conditions de droit commun (n°s 52500 s.). Le **coefficient d'admission** attribué à la dépense d'acquisition par le **distributeur** de BUU est toujours égal à l'unité. De même, le coefficient d'admission attribué au remboursement de la livraison du bien ou de la prestation de services par l'**émetteur** au fournisseur est toujours égal à l'unité (BOI-TVA-CHAMP-10-10-40-50 n° 60).

EXEMPLE

Un bon de distribution d'essence est émis en 2023 par un commerçant A et vendu à un distributeur B. Ce dernier le revend à un assujetti C qui l'utilise pour l'approvisionnement de ses véhicules exclus du droit à déduction auprès d'un fournisseur D.
Aux termes de l'article 298, 4-1°-a du CGI, le coefficient d'admission pour l'exercice du droit à déduction de l'essence utilisée pour des véhicules exclus du droit à déduction est de 0,8 (n° 82420).
Le distributeur B aura néanmoins un coefficient d'admission égal à 1 si le bon est acheté en vue de la revente.
L'assujetti C devra appliquer le coefficient d'admission selon les règles de droit commun (soit 0,8).
Enfin, l'émetteur A pourra déduire la TVA sur les sommes que lui refacture le fournisseur D en appliquant un coefficient d'admission égal à 1.

La **base d'imposition** de la livraison de biens ou de la prestation de services effectuée en échange d'un BUU est déterminée conformément au 1 de l'article 266 du CGI (nos 35200 s.). 16425

À chaque transfert du bon effectué par un assujetti agissant en son nom propre, le **fait générateur** se produit et la taxe devient **exigible** dans les conditions applicables à l'opération sous-jacente en application des dispositions de l'article 269 du CGI (nos 38200 s.). Ainsi, lorsque le bon donne droit à une livraison de biens, l'exigibilité intervient à chaque transfert (ou, depuis le 1-1-2023, lors de l'encaissement d'acomptes) par application combinée du a du 1 de l'article 269 du CGI et du 1 de l'article 256 ter du CGI : lorsque le fournisseur est également l'émetteur du bon, elle intervient à l'émission du bon ; lorsque l'émetteur est distinct du fournisseur qui effectue la livraison de biens, la remise du bon par le fournisseur à l'émetteur en vue du paiement de la livraison de biens réalisée au bénéfice de l'utilisateur du bon constitue un transfert du bon.

Lorsque le bon donne accès à une prestation de services, l'exigibilité intervient lors de l'encaissement des acomptes, du prix, de la rémunération par l'émetteur, le distributeur ou par le prestataire lorsqu'il est distinct de l'émetteur ou, sur option par le redevable, d'après les débits.

Le **taux** applicable dans le cadre de chaque transfert d'un BUU est le taux applicable à la prestation de services ou à la livraison de biens à laquelle le bon se rapporte (BOI-TVA-BASE-20-40 n° 270).

Les BUU qui ne sont **pas échangés** contre la remise d'un bien ou d'une prestation de services pendant leur période de validité ne peuvent donner droit au remboursement de la TVA y afférente collectée par l'émetteur dès lors que la contrepartie du prix du bon est constituée par le droit qu'en tire son titulaire de bénéficier de l'exécution des obligations découlant du contrat conclu lors de l'acquisition dudit bon. 16430

Corrélativement, la déduction de la TVA ayant grevé l'acquisition du bon, opérée, le cas échéant, dans le respect des conditions de droit commun, n'est pas remise en cause (BOI-TVA-CHAMP-10-10-40-50 n° 70).

Bons à usages multiples Est considéré comme un bon à usages multiples (BUM) un bon autre qu'un bon à usage unique. Dès lors qu'une des modalités de taxation (lieu de la livraison de biens ou de la prestation de services, TVA due : n° 16410) n'est pas établie de façon précise lors de l'émission du bon, le bon constitue un BUM (BOI-TVA-CHAMP-10-10-40-50 n° 50). 16440

EXEMPLES

1. Un **coffret-cadeau** contenant un chèque-cadeau sans valeur faciale d'une durée limitée peut être utilisé par son bénéficiaire dans plusieurs pays de l'Union européenne pour acquérir des **prestations de bien-être ou de loisirs.** Les formalités de réservation sont réalisées par le bénéficiaire lui-même directement auprès d'un des prestataires partenaires. Ce coffret-cadeau, qui peut être commercialisé directement par la société émettrice ou par l'intermédiaire de distributeurs, après avoir été remis par le bénéficiaire au prestataire qu'il a choisi, est ensuite adressé par ce dernier à la société émettrice qui procède à son remboursement à hauteur d'un prix contractuellement convenu avec lui, sous déduction d'une rémunération correspondant aux frais de gestion. Ce type d'instrument constitue un BUM dans la mesure où, lors de son émission, la taxe due sur les différentes prestations ne peut être liquidée, la nature et le taux des prestations qui seront réalisées en échange n'étant pas connus ou le lieu des prestations proposées n'étant pas déterminé (BOI précité n° 50).
2. Une **carte donnant accès,** pendant une durée limitée et pour un certain montant, à des **attractions touristiques et des services de transport d'une même ville** (soumis à des taux de TVA différents ou exonérés) peut constituer un bon dès lors qu'elle satisfait aux conditions posées par l'article 30 bis, 1 de la directive TVA et ce, même si, en raison de la durée de validité limitée de cet instrument, un consommateur moyen ne saurait bénéficier de la totalité des services proposés. Il s'agit d'un BUM dans la mesure où la TVA due sur les services qui seront ultérieurement retenus par le titulaire de la carte n'est pas connue au moment de l'émission de celle-ci (CJUE 28-4-2022 aff. 637/20 : RJF 8-9/22 n° 808).

En l'**absence de lien direct** entre la fourniture d'une livraison de biens ou d'un service et une contre-valeur perçue, les **sommes versées par les acquéreurs de BUM** à l'émission ou lors des transferts successifs sont situées hors du champ d'application de la TVA (les documents qui seraient éventuellement émis à l'occasion de la délivrance du BUM ne doivent ainsi comporter aucune TVA facturée). En revanche, la commission du distributeur (intermédiaire ou acheteur-revendeur) du bon (qui s'entend soit de celle prévue au contrat, soit de la différence entre la valeur d'achat et la valeur de revente du bon) doit être soumise à la TVA (BOI-TVA-CHAMP-10-10-40-50 n° 80). 16445

Lorsque l'opération sous-jacente se réalise, entendue comme la **remise matérielle des biens ou la prestation effective des services en échange d'un BUM** accepté en contrepartie totale ou partielle par le fournisseur ou le prestataire, elle est, en vertu de l'article 256 ter, 2 du CGI, 16450 soumise à la TVA lorsqu'elle est effectuée, tous les éléments de nature à permettre la liquidation de la TVA étant alors connus (BOI-TVA-CHAMP-10-10-40-50 n° 80 ; dans le même sens, BOI-TVA-BASE-20-40 n° 280).

16455 La **base d'imposition** de la livraison de biens ou de la prestation de services effectuée en contrepartie de la remise d'un BUM est égale à la **contrepartie** payée en échange du bon, diminuée du montant de la TVA afférente aux biens livrés ou aux services fournis (CGI art. 266, 1-a bis). Cette contrepartie peut correspondre soit aux sommes perçues lors de l'émission du BUM lorsqu'il y a identité entre l'émetteur et le fournisseur ou le prestataire, soit aux sommes versées par la société émettrice en remboursement de la fourniture du bien ou du service à l'opérateur final (cette dernière est réputée TTC). Les sommes constituant la rémunération de la prestation de services de la société émettrice et retenues par cette société sur le remboursement auquel donnent droit les bons ne peuvent venir en diminution de la base d'imposition des prestataires ou fournisseurs qui ont accepté les bons. En revanche, les prestataires ou fournisseurs peuvent déduire la TVA grevant les **frais de gestion** facturés par la société émettrice dans les conditions de droit commun (BOI-TVA-BASE-20-40 n° 280).

En l'**absence d'information sur la contrepartie** payée en échange d'un BUM, la base d'imposition de la livraison de biens ou de la prestation de services est égale à la valeur monétaire indiquée sur le BUM ou dans la documentation correspondante, diminuée du montant de la TVA afférente aux biens livrés ou aux services fournis (Dir. TVA art. 73 bis transposé, depuis le 1-7-2022, à l'article 266, 1-a bis du CGI).

Au titre des ventes de biens, la taxe est **exigible,** à la date de l'acceptation des bons par les fournisseurs dès lors qu'il peut être considéré que la livraison de ces biens est effectuée à l'instant où les bons sont repris en échange par les points de vente. Pour ce qui concerne les prestations de services, l'exigibilité interviendra à l'encaissement du prix de l'opération au sens du c du 2 de l'article 269 du CGI, c'est-à-dire au moment de l'encaissement du remboursement effectué par la société émettrice, ou lors de la reprise du bon lorsque le prestataire est l'émetteur du bon (BOI précité n° 280).

16460 Si à l'échéance de la date d'utilisation des BUM, ils ne sont **pas échangés** contre la remise d'un bien ou la réalisation d'une prestation de services, aucune TVA n'est due (BOI-TVA-CHAMP-10-10-40-50 n° 90).

VIII. CARRIÈRES ET MINES

16800 Les **industries extractives** entrent dans le champ d'application de la TVA dans la mesure où elles se concrétisent par des **livraisons de biens** ou des **prestations de services** imposables à cette taxe.

Ce principe d'imposition concerne notamment (BOI-TVA-CHAMP-10-10-30 n° 230) :

1. Les opérations effectuées par l'exploitant d'une carrière, d'une mine ou d'une sablière ou par le propriétaire du sol et du sous-sol en vue de la **mise au jour,** de l'**extraction** et de la **vente** des matériaux extraits.

2. La redevance perçue par le propriétaire ou l'exploitant d'une carrière ou d'une sablière pour **décharge de déblais** ou **remblaiement.**

3. La **cession du droit d'exploiter** une mine, une carrière ou une sablière pendant une **période déterminée** et moyennant une **redevance,** qu'elle soit effectuée ou non par le propriétaire du sol et du sous-sol.

On trouvera aux n°s 16810 s. des précisions concernant le remblaiement consécutif à l'extraction et la concession du droit d'exploiter ou de décharger des déblais.

REMBLAIEMENT CONSÉCUTIF À L'EXTRACTION

16810 L'**opération de remblaiement** d'une carrière après épuisement des matériaux constitue, lorsqu'elle est effectuée à l'initiative de l'exploitant, la conséquence et le prolongement de l'opération d'extraction. Il en est ainsi même si cette opération n'est pas réalisée par l'exploitant lui-même, mais par une entreprise avec laquelle il a conclu, à cet effet, un contrat de location.

Par suite, la **société qui donne en location les gravières** et sablières d'où elle a achevé d'extraire des matériaux **à des tiers qui les utilisent pour y déverser des déblais** doit être considérée comme réalisant de ce fait une opération de nature commerciale imposable aux taxes sur le chiffre d'affaires à raison des loyers encaissés et non comme exerçant une activité civile de bailleur de terrains nus (CE 9-10-1974 n° 88582 ; BOI-TVA-CHAMP-10-10-30 n° 230).

CONCESSION DU DROIT D'EXPLOITER OU DE DÉCHARGER DES DÉBLAIS

Les **recettes perçues par le propriétaire** du terrain au titre de la concession du droit d'exploitation d'une carrière ou en contrepartie du droit d'y décharger des déblais sont exonérées de la TVA en vertu de l'article 261 D, 3° du CGI (nos 5090 s.), dans la mesure où la location ne porte pas sur un établissement muni du matériel nécessaire à son exploitation et ne s'accompagne pas de la location d'éléments incorporels du fonds de commerce précédemment exploité par le propriétaire (BOI-TVA-CHAMP-10-10-30 n° 240). 16820

Cette exonération trouve à s'appliquer même si les **recettes** perçues au titre de la concession du droit d'exploitation sont **proportionnelles au tonnage extrait** sous réserve, toutefois, qu'elles trouvent leur origine dans le droit de propriété ou d'usufruit du concédant (n° 16825) (en ce sens Rép. Le Douarec : AN 11-3-1972 nos 20024 et 21889, non reprise au Bofip mais dont la solution nous paraît conserver sa valeur).

Seules constituent des **revenus fonciers,** et peuvent donc échapper à ce titre à la TVA, les **recettes** provenant de l'extraction de matériaux **qui ont pour origine un droit de propriété** ou d'usufruit dont le concédant est titulaire. 16825

Sont donc imposables à la TVA les redevances, proportionnelles au tonnage extrait, perçues du concessionnaire par une **société qui a racheté** au concédant, propriétaire des terrains des carrières dont sont extraits les matériaux, **les droits attachés à la qualité de concédant.** En effet, ces redevances ne proviennent pas pour elle du droit d'exploitation de terrains dont elle serait propriétaire ou usufruitière (CE 6-11-1985 n° 41291 : RJF 1/86 n° 33).

La société A, propriétaire d'une carrière, qui, après avoir concédé, par contrat de foretage, l'exploitation du gisement à une société B, apporte à une société C les droits de percevoir les redevances attachées à la qualité de concédante, est imposable à la TVA sur le produit de cette cession d'un élément incorporel de son actif, sans qu'y puissent faire obstacle la circonstance que la cession soit regardée comme celle d'un droit immobilier, ni celle que l'opération serait passible de droits d'enregistrement (CAA Bordeaux 6-4-1993 n° 91-612 : RJF 8-9/93 n° 1136). 16830

IX. OPÉRATIONS S'ANALYSANT EN DES ACTES ANORMAUX DE GESTION

D'une manière générale, une entreprise est considérée comme effectuant un acte de gestion anormal lorsque cet acte met à sa charge une dépense ou la prive d'une recette sans être justifié par les intérêts de l'exploitation commerciale. L'administration fiscale est alors fondée, sous certaines conditions, à rectifier les conséquences de ces actes en matière d'impôt sur les bénéfices. 16950

La **notion** d'acte anormal de gestion est en revanche **étrangère à la TVA,** sauf dans des circonstances très particulières. Ce principe se vérifie notamment en matière de détermination de la TVA exigible et de déduction.

TVA EXIGIBLE

La TVA étant due sur les sommes réellement encaissées, l'administration ne peut modifier la base taxable en cas de **prix anormalement bas** ou de **renonciation à des recettes.** 16960

ILLUSTRATIONS

La circonstance qu'une SARL ait consenti des prix anormalement bas pour des travaux exécutés au profit de ses associés ne permet pas de réintégrer dans les recettes taxables les sommes correspondant à ces minorations de prix, même si ces sommes doivent être regardées, en matière d'impôts directs, comme une distribution de bénéfices sociaux (CE 19-2-1975 n° 93262 : RJF 4/75 n° 183).

Sur cette question, voir aussi n° 38730.

Si les prix échappent en principe au contrôle de l'administration, une opération doit être regardée comme étant hors du champ d'application de la TVA (et ne peut dès lors ouvrir droit à déduction de la taxe d'amont) lorsqu'elle traduit en fait une **libéralité** ou lorsque le **prix** payé n'est **pas en relation avec l'avantage obtenu** par le bénéficiaire du service ou de la livraison (voir nos 1450 s.). 16965

En matière de **TVA immobilière,** l'administration peut toutefois substituer au prix effectif stipulé par les parties la valeur vénale des immeubles en cas de fraude ou d'évasion fiscale (n° 68155).

Par ailleurs, en matière de **livraisons à soi-même,** la TVA est assise sur le prix de revient des prélèvements opérés pour des besoins autres que ceux de l'entreprise (nos 14350 s.).

DÉDUCTIONS

16975 Le principe selon lequel la théorie de l'acte anormal de gestion ne s'applique pas en matière de TVA concerne également la TVA déductible. Ainsi, un redevable est normalement en droit de déduire la taxe grevant des biens acquis à un **prix anormalement élevé** (n° 55755) ou à un **prix supérieur à celui** qui avait été **convenu** (CE 6-7-1988 n° 46549 : RJF 10/88 n° 1085).

Il existe cependant des **restrictions,** comme l'interdiction de déduire la TVA qui a grevé des **biens cédés sans rémunération** ou moyennant une rémunération très inférieure à leur prix normal (nos 54070 s.).

X. EXONÉRATIONS DIVERSES

1. PÊCHE

17000 L'article 261, 2-4° du CGI exonère de la TVA les opérations effectuées par les **pêcheurs et armateurs à la pêche** et portant sur la vente des produits de leur pêche (poissons, crustacés, coquillages frais ou conservés à l'état frais par un procédé frigorifique). Cette **énumération** est **limitative.** En conséquence, les pêcheurs et armateurs à la pêche sont redevables de la TVA pour les ventes des produits de leur pêche autres que ceux visés ci-dessus (BOI-TVA-CHAMP-30-10-60-10 n° 10).

Sont exclus de l'exonération les **pêcheurs professionnels en eau douce,** qui relèvent du régime applicable aux exploitants agricoles (nos 69630 s.) : ils sont donc, soit imposables à la TVA selon le régime simplifié agricole, soit bénéficiaires du remboursement forfaitaire agricole.

Remarque : Sont également exonérées (par d'autres dispositions) les **importations** et **acquisitions intracommunautaires** des **produits de la pêche maritime** (nos 22250 et 19825) et les opérations portant sur les **bateaux** ainsi que sur les **engins** et **filets de pêche** (nos 29100 s.).

2. MARCHÉ À TERME SUR MARCHANDISES

17020 Aux termes de l'article 261, 1-4° du CGI, les opérations à terme sur marchandises réalisées sur un **marché réglementé** sont exonérées de la TVA (à l'exception toutefois de celles qui déterminent l'arrêt de la filière et à la suite desquelles le dernier acheteur se fait livrer réellement le lot de marchandises).

OPÉRATIONS EXONÉRÉES

17030 L'exonération de TVA prévue par l'article 261, 1-4° du CGI concerne :

– tous les profits qui sont tirés de l'**exécution d'un ordre passé sur un marché à terme** soumis à la réglementation fixée par l'Autorité des marchés financiers ;

– **quelle que soit la qualité** ou la situation **du donneur d'ordre** au regard de la TVA (BOI-TVA-CHAMP-30-10-60-10 n° 370).

Sont toutefois exclues de cette exonération les opérations qui se traduisent par la **livraison matérielle des marchandises.** Ces opérations sont assimilées à des livraisons de biens et sont taxables dans les conditions habituelles au taux applicable aux biens concernés.

EXEMPLE

Sur un marché à terme sur marchandises réglementé, X s'engage auprès de Y à lui livrer, dans trois mois, 50 tonnes d'un produit pour le prix de 50 000 €. Cette promesse de livraison à terme constitue le contrat coté sur le marché à terme.
À l'expiration du délai de trois mois, deux situations peuvent se présenter :
Premier cas : avant l'expiration du délai de trois mois, Y a revendu ce contrat à Z. Le profit réalisé par Y à l'occasion de la cession de ce contrat est exonéré de TVA.
Second cas : à l'expiration du délai de trois mois, Y n'a pas revendu ce contrat. Il y a dénouement de l'opération. Y reçoit de X la livraison effective de 50 tonnes du produit pour le prix fixé lors de la signature du contrat (50 000 €). X qui est détenteur de la marchandise ou qui se l'est procurée sur le marché exécute son contrat de livraison, facture la TVA à Y sur le montant de cette transaction de 50 000 € (BOI précité n° 390).

17035 Par ailleurs, les **opérations réalisées sur le marché libre** (non réglementé) sont exclues de l'exonération. Elles sont normalement soumises aux règles prévues pour les **ventes par filière** (BOI-TVA-CHAMP-30-10-60-10 n° 400).

Ainsi, en cas de vente en filière **dite « débouclée »** (lorsque le premier vendeur ne rachète pas la marchandise qu'il a cédée avant le terme de la livraison et livre effectivement la marchandise au dernier acquéreur), le premier vendeur qui est à l'origine de la filière acquitte la TVA sur son prix de vente facturé au dernier acheteur, au taux applicable au produit livré ; chaque opérateur intermédiaire ayant réalisé un gain dans la filière facture la différence de prix à son client au titre du transfert du droit à être livré, cette cession constituant une prestation de services soumise à la taxe au taux normal.

En cas de vente en filière **dite « bouclée »** (lorsque le premier acheteur rachète la marchandise qu'il a cédée avant le terme de la livraison), si aucune livraison n'a eu lieu, l'opérateur intermédiaire facture toutefois la différence de prix au titre du transfert du droit à être livré.

Dans ces deux types de filière, si le premier vendeur facture un montant supplémentaire à son client initial, pour accepter de livrer au dernier opérateur à des conditions tarifaires différentes, ce montant est considéré comme la contrepartie du fait de tolérer la substitution. Il s'agit également d'une prestation de services soumise au taux normal.

Si le premier vendeur se trouve dans l'impossibilité d'exécuter le contrat conclu avec son acheteur (filière **dite « en défaut »**), l'indemnité que chaque vendeur doit verser à son acheteur lésé en réparation du préjudice subi n'est pas soumise à la TVA (BOI-TVA-BASE-10-20-10 n°s 410 à 420 et BOI-TVA-CHAMP-10-10-40-30 n° 320).

DÉDUCTIONS

Les **opérations exonérées** de la TVA en application de l'article 261, 1-4° du CGI n'ouvrent pas droit à déduction. Si le donneur d'ordre est une entreprise qui exerce par ailleurs une activité soumise, en tout ou partie, à la TVA, il doit tenir compte des opérations réalisées sur les marchés à terme sur marchandises pour déterminer le coefficient de taxation forfaitaire (n°s 53000 s.) (BOI-TVA-DED-20-10-20 n° 260). **17040**

La situation des **intermédiaires** (commissionnaires et courtiers notamment) qui interviennent sur le marché à terme des marchandises est différente. Ces opérateurs sont les **mandataires** de leurs clients et les marchandises correspondantes sont le plus souvent destinées à être exportées, situées à l'étranger ou placées sous un régime suspensif. Dès lors, en application de l'article 263 du CGI, les prestations réalisées par les opérateurs sont exonérées de la TVA (BOI-TVA-DED-20-10-20 n° 280). **17045**

Toutefois, aux termes de l'article 271, V-c du CGI, les opérations exonérées en application des dispositions de l'article 263 de ce Code ouvrent droit à déduction dans les mêmes conditions que si elles étaient imposées (BOI précité n° 290).

3. MONUMENTS AUX MORTS

L'article 261, 4-10° du CGI exonère de la TVA les travaux de construction, d'aménagement, de réparation et d'entretien des monuments, cimetières, sépultures commémoratifs des combattants, héros, victimes ou morts des guerres, lorsque ces travaux sont effectués pour des collectivités publiques ou des organismes légalement constitués agissant sans but lucratif. **17060**

L'application de cette exonération est soumise à trois conditions relatives à la nature des travaux, aux ouvrages et aux bénéficiaires qui doivent être simultanément remplies.

NATURE DES TRAVAUX

L'exonération de TVA ne peut concerner que les opérations suivantes : **17070**

- travaux de construction d'ouvrages immobiliers ;
- travaux d'équipement, de réfection ou de réparation de tels ouvrages ;
- travaux d'entretien d'ouvrages immobiliers, même s'ils ne présentent pas le caractère de travaux immobiliers (BOI-TVA-CHAMP-30-10-60-10 n° 210).

OUVRAGES CONCERNÉS

Selon l'article 261, 4-10° du CGI, les opérations doivent porter sur des « **monuments, cimetières ou sépultures commémoratifs** des combattants, héros, victimes ou morts **des guerres** ». **17080**

Dès lors qu'ils ne sont pas destinés, dès l'origine, à perpétuer le **souvenir** d'une personne ou d'un événement, les **ouvrages militaires,** restaurés et aménagés pour en permettre la **visite,** ne constituent pas des monuments commémoratifs au sens de l'article 261, 4-10° du CGI.

Par ailleurs, l'exonération ne s'applique pas aux travaux portant sur des ouvrages (monuments, plaques, etc.) destinés à commémorer des **actes** de courage ou de dévouement accomplis en **temps de paix,** ou érigés en souvenir des victimes d'**accidents** ou de **sinistres** (BOI-TVA-CHAMP-30-10-60-10 n° 220).

BÉNÉFICIAIRES DES TRAVAUX

17090 Les entreprises doivent pouvoir justifier à l'aide de documents suffisamment explicites (contrats, marchés, attestations, correspondances) que les travaux ont été effectués pour une **collectivité publique** (État, région, département, commune), ou un **organisme** légalement constitué agissant **sans but lucratif** (association d'anciens combattants, de déportés, de résistants, de victimes de la guerre, etc.).

Remarque : L'exonération de TVA ne s'étend pas aux **sous-traitants** et aux **fournisseurs.** Ceux-ci doivent, en conséquence, acquitter et facturer la TVA aux entrepreneurs titulaires du marché (BOI-TVA-CHAMP-30-10-60-10 n° 230).

DÉDUCTIONS

17100 Bien qu'exonérées, les opérations visées par l'article 261, 4-10° du CGI ouvrent droit à déduction. La déduction peut notamment concerner la taxe facturée à l'entrepreneur titulaire du marché par ses fournisseurs et sous-traitants (en ce sens, BOI-TVA-CHAMP-30-10-60-10 n° 230).

4. VENTES DE TIMBRES FISCAUX ET DE TIMBRES-POSTE

17120 Selon l'article 261 C, 3° du CGI, sont exonérées de la TVA les livraisons à leur valeur officielle de timbres fiscaux et de timbres-poste ayant cours ou valeur d'affranchissement en France.

Cette exonération ne concerne que les « livraisons » c'est-à-dire les ventes, à l'exclusion de toutes autres opérations (impression, transports, etc.).

Remarque : Les opérations portant sur les **timbres de collection** sont soumises à la TVA selon les règles prévues pour l'ensemble des objets de collection (n°s 78000 s.).

TIMBRES FISCAUX

17130 L'exonération de TVA concerne les timbres fiscaux de toute nature **ayant cours** en France, c'est-à-dire les timbres de quittance, d'enregistrement, de permis, de chancellerie, les vignettes fiscales, etc. Ces impressions sont **vendues, pour le compte de l'État,** par des fonctionnaires ou des préposés de la Direction générale des finances publiques (DGFiP).

Les ventes de timbres fiscaux **n'ayant plus cours** en France, qui sont effectuées par certains négociants, sont soumises au régime applicable aux ventes de timbres de collection (BOI-TVA-CHAMP-30-10-60-10 n° 340).

TIMBRES-POSTE

17140 Sont exonérées de TVA les ventes portant sur les timbres **normalement utilisés en France pour affranchir** les correspondances ainsi que les timbres de surtaxes, timbres pour colis postaux, aérogrammes, etc.

Ces timbres-poste sont généralement **vendus** à leur valeur faciale (y compris, le cas échéant, le montant des surtaxes) **par** des fonctionnaires ou **préposés** de **La Poste.** L'exonération est étendue, par mesure de tolérance, aux ventes de timbres-poste ayant valeur d'affranchissement dans la principauté d'**Andorre** ou celle de **Monaco** qui sont effectuées dans certains bureaux de poste français (BOI-TVA-CHAMP-30-10-60-10 n° 350).

> **Précisions a.** Les **ventes** faites **par des négociants** en timbres-poste **à d'autres négociants ou à des collectionneurs de timbres-poste** ayant valeur d'affranchissement en France sont soumises au régime de la TVA applicable aux ventes de timbres de collection (n°s 78490 s.), sauf dans les cas extrêmement rares où elles seraient faites à un prix inférieur ou égal au montant de la valeur faciale du timbre (BOI précité).
> **b.** En ce qui concerne les prestations d'affranchissement proposées en complément d'une autre prestation, voir n° 35550.

5. OPÉRATIONS RELEVANT DE L'IMPÔT SUR LES SPECTACLES ; JEUX DE HASARD OU D'ARGENT ; PARIS

17160 L'article 261 E du CGI exonère de la TVA :

– l'organisation des jeux de hasard ou d'argent soumis aux prélèvements progressifs mentionnés à l'article 1560 du CGI, à l'article L 2333-56 du Code général des collectivités territoriales et à l'article 34 de la loi 2017-1775 du 28 décembre 2017 (n° 17170) ;

– les paris mutuels hippiques, la loterie nationale et le loto national (nos 17190 s.) ;
– les paris sportifs et les jeux de cercle en ligne (n° 17210).

> **Précisions** **a.** Conformément au principe de neutralité fiscale, la circonstance que les **activités** précitées soient **exercées de manière illégale** ne fait pas obstacle à l'application de l'exonération (CJUE 11-6-1998 aff. 283/95 : RJF 10/98 n° 1232 ; CJUE 17-2-2005 aff. 453/02 et 462/02 : RJF 5/05 n° 518).
> **b.** L'article 135, 1-i de la directive TVA – qui exonère les paris, loteries et autres jeux de hasard ou d'argent, sous réserve des conditions et limites déterminées par chaque État membre – doit être interprété en ce sens que l'exercice de cette **marge de manœuvre** dont disposent les États membres pour fixer les conditions et limites à cette exonération permet à ceux-ci de **n'exonérer que certains jeux de hasard ou d'argent** (CJUE 10-6-2010 aff. 58/09 : RJF 6/11 n° 767). Toutefois, lorsque les États membres font usage de cette marge de manœuvre, ils doivent respecter le **principe de neutralité fiscale** inhérent au système commun de la TVA, lequel s'oppose à ce que des prestations de services semblables du point de vue du consommateur moyen soient traitées de façon différente au regard de cette taxe (CJUE 10-11-2011 aff. 259/10 et 260/10 : RJF 3/12 n° 331).
> **c.** Conformément au principe exposé au n° 83370 selon lequel les intermédiaires agissant en leur nom propre mais pour le compte d'autrui (**intermédiaires opaques**) qui interviennent dans des opérations exonérées sont eux-mêmes exonérés, un intermédiaire opaque qui s'entremet dans une activité de prise et de collecte de paris relevant de l'exonération prévue par l'article 135, 1-i de la directive TVA bénéficie également, au titre de son activité d'entremise, de cette exonération (CJUE 14-7-2011 aff. 464/10 : RJF 11/11 n° 1254).

ORGANISATION DE JEUX DE HASARD ET D'ARGENT

L'article 261 E, 1° du CGI exonère de TVA l'organisation de jeux de hasard ou d'argent soumis aux prélèvements progressifs mentionnés à l'article 1560 du CGI (maisons de jeux), à l'article L 2333-56 du Code général des collectivités territoriales (casinos) et à l'article 34 de la loi 2017-1775 du 28 décembre 2017 (clubs de jeux). **17170**

Cette exonération s'applique à l'ensemble des **recettes** perçues par un **casino, un club ou une maison de jeux** en contrepartie de l'organisation de jeux de hasard ou d'argent **y compris** celles qui ne sont **pas retenues** dans l'assiette des **prélèvements progressifs** (CE 10-5-1999 n° 176468 : RJF 8-9/99 n° 981 ; BOI-TVA-CHAMP-30-10-10 n° 30).

En conséquence, sont exonérées de TVA, outre le **produit brut des jeux** encaissé par les casinos et la **cagnotte** encaissée par les maisons de jeux et soumis aux prélèvements progressifs, toutes les sommes dont le versement constitue une condition préalable et nécessaire à la participation aux jeux et notamment, bien qu'ils ne soient pas soumis à un prélèvement progressif :
– les **droits d'entrée** perçus par les casinos ;
– les **droits de carte ou de table** perçus par les maisons de jeux ;
– les **cotisations des membres** (BOI précité n° 30).

En revanche, les **recettes qui ne se rattachent pas à l'organisation des jeux** (recettes de spectacles, ventes de programmes, de confiserie, ventes à consommer sur place, recettes de vestiaires, etc.) sont soumises à la TVA (BOI-TVA-CHAMP-10-10-50-70 n° 200).

> **Précisions** **a.** Les recettes procurées par l'exploitation dans les casinos d'appareils automatiques de jeux d'argent (dénommés « **machines à sous** ») bénéficient de l'exonération de TVA (BOI-TVA-CHAMP-30-10-10 n° 40).
> **b.** Selon la CAA de Bordeaux, les **jeux de loto** sont des jeux de hasard dont l'organisation bénéficie de l'exonération de TVA prévue à l'article 261 E, 1° du CGI, même si l'impôt sur les spectacles n'a pas été acquitté (CAA Bordeaux 21-11-2005 n° 01-2070 : RJF 6/06 n° 688). En revanche, selon la CAA de Marseille, les jeux de loto ne figurent pas au nombre des jeux qui peuvent bénéficier de cette exonération (CAA Marseille 16-4-2009 n° 06-362 : RJF 7/10 n° 662).
> **c.** Le **prélèvement progressif** dû par les **clubs de jeux** (Loi 2017-1775 précitée art. 34) est institué, à titre expérimental, jusqu'au 31 décembre 2024 (Loi 2021-1900 du 30-12-2021 art. 148).

COURSES DE CHEVAUX ET DE LÉVRIERS ; LOTERIE NATIONALE ET LOTO NATIONAL

L'article 261 E, 2° du CGI exonère de TVA le produit de l'exploitation des **paris mutuels** hippiques, de la **loterie nationale** ou du **loto national,** à l'exception des rémunérations perçues par les organisateurs et les intermédiaires qui participent à l'organisation de ces jeux. **17190**

> **Précisions** L'exclusion de l'exonération des **intermédiaires** ne concerne que les intermédiaires agissant au nom et pour le compte d'autrui (intermédiaires transparents). Les intermédiaires agissant en leur nom propre (intermédiaires opaques) qui interviennent dans des opérations relevant d'une exonération bénéficient en effet de la même exonération (n° 17160, précision c).

17195 **Courses de chevaux et de lévriers** Le régime d'imposition à la TVA des **paris** sur les courses de chevaux est également applicable, par assimilation, aux paris sur les courses de lévriers (BOI-TVA-CHAMP-30-10-10 n° 50). Ce régime est le suivant :

a. Les **gains attribués aux parieurs** et les sommes correspondant aux différents **prélèvements** opérés **sur les enjeux** (recettes non fiscales du budget général) sont exonérés de TVA.

b. Les **sommes attribuées aux sociétés de courses** de chevaux et de lévriers ainsi que les **remises versées aux auxiliaires du PMU** qui participent à la collecte des paris donnent lieu au paiement de la TVA (BOI précité n° 50). En ce qui concerne les intermédiaires, voir toutefois n° 17190, précisions.

S'agissant des **gains de course** perçus par les propriétaires et entraîneurs de chevaux, voir n°s 74950 s.

17200 **Loterie nationale et loto national** L'article 261 E, 2° du CGI exonère de la TVA une partie du produit de l'exploitation de la loterie nationale et du loto national. Il s'agit :

- des sommes correspondant au **prélèvement de l'État sur les mises** ;
- du **produit des lots** attribués **aux gagnants.**

Sont en revanche normalement imposables sur leurs rémunérations les personnes qui organisent ou participent à l'organisation des jeux. Il s'agit essentiellement des **personnes qui assurent la commercialisation des billets** ou bulletins, des **détaillants** (débitants de tabac, dépositaires de presse, etc.), des « **courtiers** » (intermédiaires entre les émetteurs et les détaillants, etc.) (BOI-TVA-CHAMP-30-10-10 n° 60).

> Précisions **a.** L'organisation et l'exploitation de la loterie nationale et du loto national sont confiées à la **Française des jeux.** Les sommes perçues par cette société notamment en couverture des frais d'organisation et d'exploitation du loto national et de la loterie nationale sont imposables à la TVA au taux normal (BOI-TVA-LIQ-20-20 n° 350).

b. L'exclusion de l'exonération des **intermédiaires** ne concerne que les intermédiaires transparents. Les intermédiaires opaques qui interviennent dans des opérations relevant d'une exonération bénéficient en effet de la même exonération (n° 17160, précision c).

En pratique, **les intermédiaires du loto national** (courtiers, émetteur de bulletins, détaillants) qui opèrent pour le compte de la Française des jeux sont dispensés du paiement de la TVA dès lors que la taxe afférente à leur commission et au produit de la vente de bulletins est acquittée en leur lieu et place par la Française des jeux et que les **conditions** suivantes justifiant leur qualité de mandataires sont remplies :

– commission préalablement fixée en pourcentage des mises par décision du ministre ;
– rémunération limitée à leur commission et au produit des ventes des bulletins du loto national ;
– aucune autre responsabilité incompatible avec la qualité de mandataire ;
– compte rendu périodique des opérations réalisées (BOI précité n° 350).

Néanmoins, leur rémunération est assimilée, au regard des **droits à déduction,** à une recette soumise à la taxe (en ce sens, BOI-TVA-DED-10-20 n° 140).

c. La prestation de services de « **call centre** », effectuée au bénéfice d'un organisateur de paris par téléphone et qui inclut l'**acceptation des paris au nom de l'organisateur,** ne peut pas bénéficier de l'exonération de la TVA. En effet, cette activité, qui ne se caractérise aucunement par l'attribution d'une chance de gain aux parieurs et l'acceptation, en contrepartie, du risque de devoir financer ces gains, ne peut être qualifiée d'opération de paris (CJUE 13-7-2006 aff. 89/05 : RJF 11/06 n° 1483).

PARIS SPORTIFS ET JEUX DE CERCLE EN LIGNE

17210 L'article 261 E, 2° du CGI exonère également (outre les sommes visées n°s 17190 s.) le produit de l'exploitation des **paris sur des compétitions sportives** et des **jeux de cercle en ligne.** Toutefois, comme pour le loto et les paris mutuels hippiques, l'exonération ne s'applique pas aux **rémunérations perçues par les organisateurs et les intermédiaires** qui participent à l'organisation de ces paris sportifs ou de ces jeux en ligne (s'agissant des intermédiaires, voir n° 17190, précisions).

> Précisions **a.** Les rémunérations perçues par les sociétés organisatrices de jeux et les divers intermédiaires qui participent à l'organisation de ces jeux (courtiers et détaillants, auxiliaires ou mandataires accrédités spéciaux pour les paris mutuels hippiques, etc.) sont imposables à la TVA au **taux normal** (BOI-TVA-LIQ-20-20 n° 340).

b. La **rémunération des organisateurs** de jeux en ligne qui est soumise à la TVA ne comprend ni les prélèvements de l'État sur les mises, ni les gains des joueurs. Aussi, la **base d'imposition** de ces opérateurs est déterminée en retranchant du montant des mises les prélèvements opérés au profit de l'État et les sommes versées aux joueurs. Il y a lieu pour l'application de ces dispositions de comprendre, dans les sommes versées aux joueurs, les différents bonus qui peuvent être consentis aux joueurs sous la forme de mises apportées par l'opérateur à titre gracieux en complément de celles du joueur, ou de gains supplémentaires attribués au joueur par l'organisateur en complément de ceux auxquels il peut prétendre. Le produit ainsi obtenu constitue la rémunération TVA comprise de l'organisateur qui doit par conséquent calculer la TVA due « en dedans » de cette somme (BOI-TVA-CHAMP-30-10-10 n° 85).

c. Pour les **organisateurs de paris à cote fixe,** la base d'imposition à la TVA est constituée par le résultat brut des opérations au cours d'une période donnée d'imposition. Les pertes éventuellement constatées au titre d'une opération peuvent faire l'objet d'une imputation sur la rémunération perçue au titre des autres opérations de jeux de l'opérateur, qu'il s'agisse des autres paris à cote ou des jeux ou paris en la forme mutuelle organisés au cours de la même période d'imposition (BOI-RES-TVA-000033).

6. CRÈCHES ET HALTES-GARDERIES

L'article 261, 4-8° bis du CGI exonère de la TVA « les prestations de services et les livraisons de biens qui leur sont étroitement liées, effectuées dans le cadre de la garde d'enfants par les établissements visés aux deux premiers alinéas de l'article L 2324-1 du Code de la santé publique et assurant l'accueil des enfants de moins de trois ans ». **17220**

ÉTABLISSEMENTS CONCERNÉS

Sont exonérés, quelle que soit la personne qui les gère (collectivité publique, association, entreprise), les **établissements** et services, couramment dénommés « **crèches** », qui assurent l'**accueil régulier d'enfants de moins de trois ans.** L'exonération n'est pas remise en cause si les « crèches » reçoivent **occasionnellement** des **enfants de moins de six ans.** **17230**

En revanche, selon l'administration, l'exonération ne s'étend pas aux structures dénommées « **jardins d'enfants** » qui assurent l'accueil exclusif des enfants de plus de deux ans (BOI-TVA-CHAMP-30-10-60-10 n° 420).

Remarque : Le refus de l'administration d'appliquer l'exonération aux **« jardins d'enfants »** semble discutable dès lors que l'article 261, 4-8° bis du CGI vise, de manière générale, les établissements assurant « l'accueil des enfants de moins de trois ans ». Des réponses ministérielles, non reprises au Bofip et donc non opposables à l'administration, ont d'ailleurs indiqué que les **haltes-garderies** peuvent bénéficier de l'exonération dès lors qu'elles accueillent des enfants remplissant cette condition d'âge (en ce sens, notamment, Rép. Zimmermann : AN 2-10-2007 n° 1472).

> **Précisions** L'exonération vise en particulier les prestataires qui accomplissent les opérations caractéristiques d'une « crèche », en permettant l'**accueil effectif des enfants.** Tel n'est pas le cas, à l'inverse, lorsque le prestataire effectue uniquement la gestion administrative et financière de la crèche (BOI précité).

OPÉRATIONS CONCERNÉES

L'exonération s'applique à toutes les **sommes qui constituent la contrepartie de prestations de garde d'enfants,** quelles que soient, d'une part, leur dénomination (réservation de berceaux, subventions, prestation de services unique, participation des familles) et, d'autre part, la qualité de la personne qui les verse (parents, entreprises, collectivités publiques, caisses d'allocations familiales). Elle s'applique également à toutes les **prestations de services et livraisons de biens étroitement liées à la garde d'enfants,** par exemple la fourniture de repas ou la délivrance de menus matériels. **17240**

En revanche, elle ne s'applique pas aux **achats de biens** ou de **services** effectués en amont par le gestionnaire (matériels de puériculture, denrées alimentaires, prestations de gestion administrative et financière, d'études ou de montage de projet par exemple) (BOI-TVA-CHAMP-30-10-60-10 n° 440).

> **Précisions** Les opérations qui ne sont pas exonérées en application de l'article 261, 4-8° bis du CGI peuvent, dans certains cas, échapper à la TVA en application d'autres dispositions légales, en particulier l'article 256 B du CGI (personnes morales de droit public) ou l'article 261, 7-1°-b du même Code (organismes sans but lucratif) (voir nos 10350 s. et nos 11050 s.) (BOI précité n° 430).

7. SERVICE UNIVERSEL POSTAL

En application de l'article 261, 4-11° du CGI, sont exonérées de la TVA les prestations de services et les livraisons de biens accessoires à ces prestations, à l'exception des transports de personnes et télécommunications, qui relèvent du service universel postal tel que défini par l'article L 1 du **17250**

Code des postes et des communications électroniques, effectuées par le prestataire en France du service universel postal tel que désigné à l'article L 2 du même Code (en l'occurrence « La Poste »).

En ce qui concerne les prestations d'affranchissement proposées en complément d'une autre prestation, voir n° 35550.

8. MANDATAIRES JUDICIAIRES À LA PROTECTION DES MAJEURS

17260 Sont exonérées de la TVA les prestations de services réalisées par les mandataires judiciaires à la protection des majeurs (MJPM) au sens de l'article L 471-2 du Code de l'action sociale et des familles (CGI art. 261, 4-8° ter).

Sont **visés par** cette **exonération** les MJPM inscrits sur la liste préfectorale prévue à l'article L 471-2 précité. L'exonération s'applique à toutes les **sommes qui constituent la contrepartie des prestations réalisées** dans le cadre des dispositions de l'article L 471-1 du CASF, quelles que soient, d'une part, leur dénomination (prestation de services, gestion de compte, subvention, participation) et, d'autre part, la qualité de la personne qui les verse (majeurs protégés, conseil général ou tiers).

> Précisions La fonction de MJPM peut être exercée par :
– des services mettant en œuvre les mesures de protection des majeurs visés au 14° du I de l'article L 312-1 du CASF ;
– des personnes physiques agréées au titre de l'article L 472-1 du même Code ;
– ou des préposés d'établissement et de services visés aux 6° et 7° de l'article L 312-1 du même Code pour personnes âgées, personnes adultes handicapées ou atteintes de pathologies chroniques.

PARTIE 3

Territorialité

Très large quant à la définition des opérations imposables, le **champ d'application de la TVA** n'est pas illimité dans l'espace ; il comporte au contraire un **caractère territorial.** 18500

En présence d'une opération normalement imposable à la TVA, l'application des règles de territorialité permet de **déterminer** si, compte tenu de sa localisation, cette opération doit effectivement être soumise à la **TVA française ou bien** si, au contraire, elle doit y échapper comme se situant hors du champ d'application territorial de cette taxe (opération dite « **extraterritoriale** »).

Les **critères** à retenir à cet égard sont **différents** selon qu'il s'agit d'opérations portant sur des **biens** (livraisons, acquisitions) ou de prestations de **services.**

Ainsi qu'il a déjà été indiqué (n° 220), les règles actuelles de territorialité résultent de la **directive** européenne 2006/112/CE **du 28 novembre 2006** modifiée dont les dispositions ont été **transposées dans le CGI.**

C'est ce qui explique les **distinctions** à faire (dans tous les cas pour les opérations portant sur les biens et dans certains cas pour les prestations de services), selon que les **échanges** interviennent **avec des États membres** de l'Union européenne **ou avec des pays « tiers ».**

Dans certains cas, l'imposition qui résulterait de l'application des règles de territorialité peut se trouver neutralisée par l'effet des **exonérations** spécialement prévues, **notamment** en faveur des exportations vers les pays tiers, des livraisons intracommunautaires (notion qui a remplacé celle d'exportation, pour les relations entre États membres), des services liés aux échanges extracommunautaires de biens, ou encore des transports internationaux.

Seront traitées successivement les **opérations portant sur des biens** (n°s 19000 s.), les **prestations de services** (n°s 24000 s.) et enfin les **dispositions diverses** susceptibles d'intéresser ces deux catégories d'opérations (n°s 28500 s.). 18505

Au préalable, nous donnerons quelques explications générales concernant la **définition des territoires** (n°s 18520 s.), les opérations réalisées avec les **missions diplomatiques,** les organismes européens et internationaux et les **forces armées** (n°s 18570 s.), la **terminologie** employée (n° 18610) et le cas des **opérations « extraterritoriales »** (n°s 18620 s.).

Les critères d'application territoriale de la TVA sont déterminés par **référence** au **lieu où l'opération** concernée est **réputée se situer.** 18510

Le lieu de signature des contrats, celui où est effectué le paiement, la nature de la monnaie utilisée pour le règlement, la nationalité des opérateurs n'ont aucune influence sur l'exigibilité de la TVA. Les conventions passées avec d'autres États étrangers dans le but d'éviter une double imposition des revenus ne sauraient, par ailleurs, être utilement invoquées en la matière.

DÉFINITION DES TERRITOIRES

18520 Pour l'application des règles de territorialité de la TVA, il faut, en précisant leur contenu, distinguer trois groupes de territoires : France, Union européenne, pays tiers.

18530 **France** Au regard de la TVA, l'expression « **en France** » englobe :

- la France continentale, y compris les zones franches du pays de Gex et de Savoie et les îles du littoral ;
- la Corse (voir aux n°s 94600 s. les règles particulières prévues sur certains points) ;
- la principauté de Monaco, où la législation française est introduite (sous réserve des adaptations nécessaires) par ordonnances princières ;
- les eaux territoriales qui s'étendent jusqu'à une limite fixée à 12 miles marins à partir des lignes de base ;
- le plateau continental.

Quant aux départements d'outre-mer, ils appellent des explications particulières données aux nos 93400 s.

18535 L'expression « en France » ne couvre pas les **territoires** ci-après, qui sont donc **assimilés à des pays tiers** (n° 18560) : collectivités d'outre-mer de Saint-Pierre-et-Miquelon, de Saint-Barthélemy, de Saint-Martin, de Nouvelle-Calédonie, de Wallis-et-Futuna et de la Polynésie française ; les îles et territoires composant les Terres australes et antarctiques françaises ; Andorre.

18545 **Union européenne** Pour l'application de la TVA, l'Union européenne comprend, outre la France (telle que définie au n° 18530), les États membres suivants : Allemagne, Autriche, Belgique, Bulgarie, Chypre (y compris les zones de souveraineté britannique à Akrotiri et Dhekelia), Croatie, Danemark, Espagne, Estonie, Finlande, Grèce, Hongrie, Irlande, Italie, Lettonie, Lituanie, Luxembourg, Malte, Pays-Bas, Pologne, Portugal, Roumanie, Slovénie, Slovaquie, Suède et République tchèque.

L'Union européenne est donc constituée (France comprise) de **vingt-sept États membres.**

> **Précisions** Depuis le 1er janvier 2021, les règles de l'UE ne s'appliquent plus au Royaume-Uni (**Brexit**). Toutefois, le protocole sur l'Irlande et l'Irlande du Nord prévoit que les règles de l'UE en matière de TVA prévues pour les **biens** continuent de s'appliquer en **Irlande du Nord** comme si ce territoire était un État membre au moins jusqu'au 31 décembre 2024. Les opérations comprenant des mouvements de biens entre l'Irlande du Nord et les États membres sont donc considérées comme des opérations intracommunautaires. Pour que le système de TVA de l'UE fonctionne correctement, des **numéros d'identification à la TVA distincts** comportant un préfixe spécifique ont été introduits en Irlande du Nord, afin d'identifier les assujettis et les personnes morales non assujetties dont les opérations portant sur des biens sont soumises à des dispositions du droit de l'UE en matière de TVA (voir n° 44425).
> En revanche, les opérations portant sur les **services** réalisées entre les États membres et l'Irlande du Nord ne sont pas couvertes par le protocole susvisé et sont traitées comme des opérations réalisées avec un pays ou territoire tiers (Protocole art. 8 et section 1 de l'annexe 3).

18550 Au regard de la TVA, les **territoires** suivants sont **exclus** du territoire communautaire et sont donc **assimilés à des pays tiers** (n° 18560) :

- l'île de Helgoland et le territoire de Büsingen pour l'Allemagne ;
- Ceuta, Melilla et les îles Canaries pour l'Espagne ;
- les îles Åland pour la Finlande ;
- le mont Athos pour la Grèce ;
- Livigno, Campione d'Italia et les eaux nationales du lac de Lugano pour l'Italie.

18560 **Pays tiers** Les pays tiers, ou **hors Union européenne,** s'entendent de tous les pays autres que la France et les autres États membres de l'Union européenne. En outre, les **territoires** visés aux nos 18535 et 18550 ci-dessus sont **assimilés** à des pays tiers.

OPÉRATIONS RÉALISÉES AVEC LES MISSIONS DIPLOMATIQUES, LES ORGANISMES EUROPÉENS ET INTERNATIONAUX ET LES FORCES ARMÉES

18570 Les opérations réalisées avec les missions diplomatiques et consulaires, les organismes européens et internationaux et les forces armées bénéficient de mesures d'**exonération** spécifiques examinées ci-après (nos 18575 s.). Certaines opérations réalisées par des organismes européens dans le cadre de la lutte contre la Covid-19 peuvent également bénéficier de mesures d'exonération dans les conditions étudiées au n° 18590.

Aux termes de l'article 262-00 bis du CGI, transposant l'article 151, 1-a à e de la directive TVA, sont exonérées de TVA, pour les seuls **achats** dont le montant hors taxe **excède 150 €,** les livraisons de biens et prestations de services : **18575**

– effectuées **dans le cadre des relations diplomatiques et consulaires** dans la limite, le cas échéant, des contingents attribués par l'administration lorsque l'achat des biens et services est effectué pour un **usage officiel** (CGI art. 262-00 bis, I-1° et II). Cette exonération ne s'applique pas aux travaux réalisés sur les immeubles des missions diplomatiques et consulaires (CAA Versailles 29-6-2017 n° 16VE00158 : RJF 12/17 n° 1171) ;

– effectuées pour un **usage officiel** et destinées :

• à l'**UE,** la **Communauté européenne de l'énergie atomique,** la **Banque centrale européenne,** la **Banque européenne d'investissement** et aux organismes créés par l'UE auxquels s'applique le protocole n° 7 annexé au TFUE relatif aux privilèges et immunités de l'UE, dans les limites et conditions fixées par ce protocole et les accords relatifs à sa mise en œuvre ou par les accords de siège et dans la mesure où cette exonération n'engendre pas de distorsions de concurrence ;

• aux **organismes internationaux autres** que ceux mentionnés au précédent tiret, reconnus comme tels par les autorités publiques françaises ou par celles de l'État d'accueil, membre de l'UE, ainsi qu'à des membres de ces organismes, dans les limites et conditions fixées par les conventions internationales instituant ces organismes ou par les accords de siège (CGI art. 262-00 bis, I-2° et 3° et II) ;

– **destinées aux forces armées pour leur usage,** pour l'**usage de l'élément civil** qui les accompagne ou pour l'approvisionnement de leurs **mess ou cantines, lorsque** ces forces armées :

• sont affectées à l'effort de défense mené en vue de la mise en œuvre d'une activité de l'UE dans le cadre de la politique de sécurité et de défense commune ou à l'effort commun de défense prévu par le traité de l'Atlantique Nord (si elles relèvent d'un État partie à ce traité) ;

• **et** sont stationnées ou séjournent dans un État membre de l'UE autre que celui dont elles relèvent (CGI art. 262-00 bis, I-4°).

Ces exonérations s'appliquent, en tant que telles, pour les livraisons de biens expédiés **hors de France** et prestations de services exécutées hors de France, lesquelles ouvrent toutefois **droit à déduction** dans les mêmes conditions que si elles étaient soumises à la TVA, à l'instar des autres opérations relevant du commerce extérieur (CGI art. 271, V-c).

En revanche, lorsque les biens ne sont pas expédiés hors de France ou que les services sont exécutés **en France,** l'exonération est mise en œuvre au moyen d'une **procédure de remboursement** (CGI art. 262-00 bis, III). Ainsi, pour ces opérations internes, les fournisseurs ou prestataires acquittent la TVA et en facturent le montant à l'organisme, à charge pour ce dernier de demander le remboursement de la taxe ainsi supportée.

> **Précisions** Sont également exonérées de TVA les livraisons de biens et prestations de services destinées aux **forces armées du Royaume-Uni** de Grande-Bretagne et d'Irlande du Nord stationnées sur l'île de **Chypre** en application du traité établissant la République de Chypre, pour leur usage, pour l'usage de l'élément civil qui les accompagne ou pour l'approvisionnement de leurs mess ou cantines (CGI art. 262-00 bis, I-5°).

Aux termes de l'article 291, IV du CGI, transposant l'article 143, 1-f à i de la directive TVA, sont également exonérées de TVA les **importations** de biens réalisées par les représentations consulaires ou diplomatiques, les organismes européens et internationaux et les forces armées **dont la livraison est exonérée** dans les conditions exposées au n° 18575. **18580**

En application de l'article 256 bis, I-1° bis du CGI, transposant les articles 3, 1-a et 148 de la directive TVA, ne sont pas soumises à la TVA les **acquisitions** de biens effectuées par un assujetti ou une personne morale non assujettie **dont la livraison est exonérée** dans les conditions exposées au n° 18575. **18585**

> **Précisions a.** Les livraisons de biens effectuées au profit d'un assujetti ou d'une personne morale non assujettie dont les acquisitions intracommunautaires de biens ne sont pas soumises à la TVA en application des dispositions précitées, lorsque ces acquisitions ont lieu en France, peuvent être (toutes autres conditions étant remplies) considérées comme des **ventes à distance intracommunautaires** de biens (nos 22920 et 23000 s.) (CGI art. 256, II bis-1°-a).

b. Est en revanche assimilée à une **acquisition intracommunautaire effectuée à titre onéreux,** l'affectation de biens par les **forces armées stationnées ou séjournant en France,** à leur usage ou à l'usage de l'élément civil qui les accompagne, lorsque l'**une des conditions** suivantes est remplie :

– ces forces sont les forces armées françaises et ont acquis ces biens dans un État membre de l'UE autre que la France alors qu'elles y étaient affectées soit à un effort de défense mené en vue de la mise en œuvre d'une activité de l'UE dans le cadre de la politique de sécurité et de défense commune, soit à l'effort commun de défense prévu par le traité de l'Atlantique Nord ;

– ces forces relèvent d'un autre État partie au traité de l'Atlantique Nord, ne sont pas affectées à l'effort commun de défense et ont acquis ces biens en exonération en dehors de l'État membre de l'UE dont elles relèvent en raison de leur affectation à cet effort commun de défense (CGI art. 256 bis, II-4°, transposant l'article 22 de la directive TVA).

18590 Sont exonérées les **livraisons** de biens et **prestations** de services **destinées à la Commission européenne ou** à une **agence** ou à un **organisme** créé en application du droit de l'UE, lorsque les **conditions** suivantes sont **cumulativement** remplies :

– ces biens ou services sont achetés dans le cadre de l'exécution des missions qui sont confiées par le droit de l'UE à l'acquéreur afin de réagir à la pandémie de **Covid-19** ;

– les biens et services achetés ne sont pas utilisés, immédiatement ou ultérieurement, aux fins de livraisons de biens ou prestations de services subséquentes effectuées à titre onéreux par l'acquéreur (CGI art. 262-00 bis, I-6°, transposant les articles 143, 1-a ter et 151, 1-a ter de la directive TVA).

Sont également exonérées les **importations** par la Commission ou une agence ou un organisme de droit européen de biens dont la livraison est exonérée dans les conditions décrites ci-avant (CGI art. 291, IV).

Les **acquisitions intracommunautaires** de ces mêmes biens ne sont pas soumises à la taxe (CGI art. 256 bis, I-1° bis).

TERMINOLOGIE

18610 Nous ne reviendrons ici ni sur les notions générales déjà définies par ailleurs (exemples : livraisons de biens : n°s 1180 s. ; prestations de services : n°s 1250 s. ; assujettis : n°s 1550 s.), ni sur les abréviations courantes signalées en début d'ouvrage. Nous nous en tenons donc à des expressions qui concernent plus spécialement la territorialité de la TVA :

– **États membres** : États membres de l'Union européenne (n° 18545) ;

– **pays tiers** : pays n'appartenant pas à l'Union européenne et territoires assimilés à ces pays tiers (n° 18560) ;

– **opérations intracommunautaires** : opérations réalisées entre la France et d'autres États membres de l'Union européenne. Les **acquisitions intracommunautaires** (équivalent de ce que sont les importations en matière extracommunautaire) se traduisent par des transferts de biens d'un autre État membre vers la France (n°s 19650 s.). Les **livraisons intracommunautaires** (équivalent de ce que sont les exportations en matière extracommunautaire) se traduisent par des transferts de biens de France vers un autre État membre (n°s 20280 s.) ;

– **opérations extracommunautaires** : opérations réalisées entre la France et des pays tiers (ou assimilés). C'est seulement en ce domaine qu'interviennent les notions d'**importation** (n°s 21870 s.) et d'**exportation** (n°s 22400 s.) ;

– **opérations extraterritoriales** : opérations placées hors du champ d'application territorial de la TVA française (n°s 18620 s.) ;

– **preneur** : en matière de prestations de services, le « preneur » s'entend de la personne qui est le bénéficiaire effectif de la prestation ;

– **donneur d'ordre** : généralement le « preneur » (c'est-à-dire le client), en matière de prestations de services ;

– **identification** : numéro individuel d'identification TVA attribué aux assujettis qui réalisent en France des livraisons de biens ou des prestations de services pour lesquelles ils sont eux-mêmes redevables de la TVA ou au titre desquelles ils bénéficient d'un droit à déduction sans être redevables de la TVA ; aux assujettis et personnes morales non assujetties qui effectuent des acquisitions intracommunautaires de biens ; aux personnes ne bénéficiant plus du régime dérogatoire en matière d'acquisitions intracommunautaires ; aux assujettis qui effectuent en France des acquisitions intracommunautaires de biens pour les besoins de leurs opérations qui relèvent des activités économiques effectuées à l'étranger ; aux prestataires et aux preneurs de services au titre desquels le preneur est redevable de la taxe ; aux assujettis redevables de la TVA sur des importations ou lors de sorties de biens de régimes douaniers communautaires ou du régime d'entrepôt fiscal (à l'exception des assujettis visés aux 2° du n° 44412), ainsi qu'aux assujettis uniques au sens de l'article 256 C du CGI (n° 44410) ;

– **représentant fiscal** : à désigner, le cas échéant, par les entreprises étrangères établies dans un pays tiers n'ayant pas conclu de convention d'assistance au recouvrement des créances fiscales avec la France (nos 31000 s.) ;

– **mandataire fiscal** : mandataire auquel peuvent avoir recours les entreprises étrangères établies dans un autre État membre de l'Union européenne ainsi que les entreprises établies dans un pays tiers ayant conclu une convention d'assistance au recouvrement des créances fiscales avec la France (nos 30900 s.).

OPÉRATIONS « EXTRATERRITORIALES »

Il s'agit des opérations dont le lieu d'imposition ne se situe pas en France, au sens défini par la loi (nos 19200 s., pour les opérations portant sur des biens ; nos 24100 s., pour les prestations de services). **18620**
Ces opérations ne sont **pas taxables en France,** dès lors qu'elles n'entrent pas dans le champ d'application territorial de la TVA française.

(Situation des **intermédiaires** intervenant dans les opérations extraterritoriales : voir n° 26700).

Le fait, pour une opération « extraterritoriale », de ne pas être imposée en France ne signifie nullement qu'elle puisse pour autant échapper à toute **taxation dans le pays étranger** où elle est réputée réalisée. **18625**

S'il s'agit d'un **pays tiers,** l'imposition suppose évidemment qu'il existe dans ce pays un système de taxes sur le chiffre d'affaires et, d'autre part, que la réglementation propre à ce système prévoie effectivement la taxation de l'opération en cause.

S'il s'agit d'un **autre État membre** de l'UE, une corrélation existe normalement entre la non-taxation en France et la taxation dans cet autre État, dès lors que la directive 2006/112/CE prévoit des règles de territorialité communes à tous les États membres. Autrement dit, lorsqu'une opération « à cheval » entre la France et un autre État membre est réputée ne pas se situer en France et échappe ainsi à la TVA française, elle sera considérée comme se situant dans l'autre État et y sera donc soumise en principe à la TVA. Bien entendu, cette taxe sera calculée au taux propre à cet État et elle sera, en principe, perçue selon les modalités fixées par la réglementation de cet État, ces modalités pouvant sur certains points comporter des différences selon les États.

Bien que n'étant pas soumises à la TVA française, les **opérations « extraterritoriales »** ouvrent **droit à déduction de la taxe** ayant grevé les éléments de leur prix. **18630**

Cette déduction n'est cependant autorisée, en application de l'article 271, V-d du CGI, que **dans la mesure** où les opérations en cause ouvriraient droit à déduction (c'est-à-dire seraient effectivement **soumises** à la TVA) **si** leur **lieu d'imposition** se situait **en France.** Cette condition a pour effet d'exclure du droit à déduction les opérations exonérées en régime intérieur ou réalisées par des non-assujettis.

Pour les **assujettis établis en France** (ainsi que pour les assujettis non établis en France mais qui y réalisent des opérations imposables), la **récupération** de la taxe déductible peut se faire selon les **règles ordinaires,** c'est-à-dire par imputation ou remboursement (nos 58300 s.).

Pour les **assujettis établis hors de France** et qui ne réalisent en France aucune opération imposable, le droit à déduction ne peut s'exercer qu'en suivant la **procédure spéciale de remboursement** décrite aux nos 31350 s.

> **> Précisions** La CJUE a précisé qu'un assujetti peut déduire dans son État membre la TVA qui a grevé les biens acquis dans cet État et utilisés pour la réalisation d'opérations dans un autre État membre, même si elles n'ont pas donné lieu au paiement de la TVA dans cet autre État membre, dès lors que ces opérations auraient ouvert droit à déduction dans son État membre si elles y avaient été effectuées (CJUE 22-12-2010 aff. 277/09 : RJF 3/11 n° 396).

CHAPITRE 1

OPÉRATIONS PORTANT SUR DES BIENS

SOMMAIRE

19000 Seront tout d'abord exposées les règles de **territorialité** de la TVA applicables aux opérations portant sur des biens, ce qui revient à préciser leurs **cas d'imposition en France** (nos 19200 s.).

Seront ensuite examinées les dispositions particulières de TVA prévues en matière de **trafic international des biens.** Ces dispositions diffèrent selon qu'il s'agit d'**échanges « intracommunautaires »,** entre États membres de l'UE (nos 19600 s.) ou d'**échanges « extracommunautaires »** avec des pays tiers (nos 21850 s.). Nous examinerons enfin le régime particulier des ventes à distance de biens (nos 22800 s.).

SECTION 1 CAS D'IMPOSITION EN FRANCE

19200 Les **critères** d'application territoriale de la TVA sont déterminés par **référence au lieu où** les opérations concernées sont réputées être **réalisées,** tel que ce lieu est défini par la loi.

À cet égard, s'agissant des opérations portant sur des biens meubles corporels, il faut distinguer entre les **livraisons de biens** (nos 19250 s.) et les **acquisitions intracommunautaires** (nos 19450 s.). Les règles prévues pour les prestations de services sont exposées dans le chapitre 2, nos 24000 s.

Deux situations peuvent se présenter :

– ou bien le **lieu** où l'opération est réputée réalisée se situe **hors de France** : il s'agit alors d'une opération « extraterritoriale » n'entrant **pas** dans le champ d'application de la **TVA** française (nos 18620 s.) ;

– ou bien ce **lieu** se situe **en France** : l'opération est alors passible de la **TVA** française.

Malgré la valeur générale de ces principes, leur portée peut cependant être affectée, dans certains cas, par l'effet des **dispositions particulières** intéressant les échanges intracommunautaires (nos 19600 s.) ou les échanges extracommunautaires (nos 21850 s.). On citera **notamment** à cet égard les dispositions concernant :

– les **exonérations** prévues pour les **livraisons intracommunautaires** (nos 20280 s.) et pour les **exportations** vers les pays tiers (nos 22400 s.) ;

– le régime particulier des **ventes à distance** de biens (nos 22800 s.).

I. LIEU DES LIVRAISONS DE BIENS

19250 Les règles de territorialité applicables aux livraisons de biens sont fixées par l'article 258, I, III et V du CGI. Elles diffèrent selon que les biens sont livrés en l'état (nos 19280 s.) ou après montage ou installation (nos 19400 s.), étant rappelé que les ventes à distance relèvent de règles particulières (nos 22800 s.). En ce qui concerne le lieu des opérations immobilières, voir no 67650.

1. BIENS LIVRÉS EN L'ÉTAT

19280 Plusieurs situations peuvent se présenter selon le point de départ de l'expédition ou du transport (nos 19290 à 19310), ou en l'absence d'expédition ou de transport (no 19330), ou encore pour les ventes à bord d'un bateau, avion ou train (nos 19340 s.). Des règles particulières sont prévues pour les livraisons de gaz naturel, d'électricité, de chaleur et de froid (nos 19360 s.).

LIEU DE DÉPART SITUÉ EN FRANCE

19290 Lorsque le bien est expédié ou transporté à partir de la France, et **quel que soit le lieu de destination** (France, autre État membre, pays tiers), le lieu de la livraison est situé en France et la TVA française est donc applicable (sous réserve notamment des exonérations prévues pour les livraisons intracommunautaires et pour les exportations).

Il en est ainsi que l'expédition ou le transport soit effectué par l'acquéreur ou pour son compte, ou par le vendeur ou pour son compte (sous réserve, dans ce second cas, de l'application éventuelle du régime des ventes à distance dans l'UE : nos 23000 s.) (BOI-TVA-CHAMP-20-20-10 nos 20 à 40).

LIEU DE DÉPART SITUÉ DANS UN AUTRE ÉTAT MEMBRE

Lorsque le lieu de départ du bien expédié ou transporté se situe dans un autre État membre, le **lieu d'arrivée** se situant **en France,** le lieu de la livraison est situé dans cet autre État membre. **19300**

Il en est ainsi que l'expédition ou le transport soit effectué par l'acquéreur ou pour son compte, ou par le vendeur ou pour son compte (sous réserve, dans ce second cas, de l'application éventuelle du régime des ventes à distance de biens dans l'UE : nos 23000 s.) (BOI-TVA-CHAMP-20-20-10 nos 70 à 90).

LIEU DE DÉPART SITUÉ DANS UN PAYS TIERS

Est réputé se situer **en France** le lieu des livraisons suivantes : **19310**

- la **livraison** d'un bien qui est **importé,** lorsque le vendeur recourt à l'**option** décrite au n° 22115 ;
- les éventuelles **livraisons subséquentes** à celle mentionnée au premier tiret (CGI art. 258, V).

En ce qui concerne le régime des **ventes à distance de biens importés,** voir nos 23200 s.

ABSENCE D'EXPÉDITION OU DE TRANSPORT

Lorsque le bien ne donne pas lieu à une expédition ou à un transport, la livraison est imposable si le bien est situé en France lors de sa **mise à disposition** de l'acquéreur. En revanche, elle échappe à l'imposition si le bien est situé à l'étranger lors de cette mise à disposition (CGI art. 258, I-c). **19330**

VENTES À BORD D'UN BATEAU, AÉRONEF OU TRAIN À DESTINATION D'UN AUTRE ÉTAT MEMBRE

La livraison des biens meubles corporels vendus à bord d'un bateau, d'un aéronef ou d'un train est en principe imposable en France lorsque les biens se trouvent en France au moment du départ d'un transport dont le lieu d'arrivée est situé sur le territoire d'un autre État membre de l'UE (CGI art. 258, I-d). **19340**

Cette disposition s'applique aux **biens** meubles corporels **destinés à être vendus dans les magasins** ou boutiques **situés sur ces moyens de transport.** Elle ne concerne pas les livraisons de biens destinés à l'**avitaillement** des moyens de transport (pour ces livraisons, le critère à retenir est celui indiqué au n° 19290 ; lorsqu'elles sont destinées à certains navires ou aéronefs, ces livraisons bénéficient de l'exonération visée aux nos 29650 s.).

Il est toutefois admis de ne pas taxer les ventes de biens, réalisées à bord d'un bateau ou d'un aéronef, destinés à être consommés à bord (BOI-TVA-CHAMP-20-20-10 n° 480). Cette dispense est fondée sur l'article 37, 3 de la directive 2006/112/CE qui prévoit que les États membres peuvent exonérer ou continuer d'exonérer ces ventes.

En ce qui concerne les ventes à consommer sur place de produits alimentaires réalisées à bord d'un bateau, d'un aéronef ou d'un train : voir nos 25210 s.

La disposition ci-dessus (n° 19340) ne concerne pas le cas où l'**arrivée** du moyen de transport se situe dans un **pays tiers.** En pareille hypothèse, le critère à retenir est normalement celui indiqué au n° 19330 (s'agissant de biens qui se trouvent déjà à bord, au moment de la vente). **19345**

Cependant, comme on le verra au n° 22680, les ventes faites à bord d'avions ou navires à destination de pays tiers, et dont le lieu est en France en application de ce critère, sont exonérées en tant qu'exportations.

Les trajets à destination d'un État membre de l'UE avec **escale** dans un **pays tiers** doivent être considérés comme des voyages à destination de pays tiers (BOI-TVA-CHAMP-20-20-20 n° 110), étant précisé que constitue une escale en dehors de l'UE tout arrêt effectué dans un pays tiers au cours duquel les voyageurs peuvent quitter le moyen de transport, même pour une courte période (CJUE 15-9-2005 aff. 58/04 : RJF 12/05 n° 1495). **19350**

LIVRAISONS DE GAZ NATUREL, D'ÉLECTRICITÉ, DE CHALEUR ET DE FROID

Des règles particulières sont prévues pour les livraisons de gaz naturel et d'électricité **acheminés par réseau de transport et/ou de distribution** à destination de l'acquéreur, ainsi que pour les livraisons de chaleur et de froid via les réseaux de chauffage ou de refroidissement à destination de l'acquéreur. **19360**

Le **lieu** de ces livraisons est situé **en France** :

- lorsque ces biens sont consommés ou utilisés effectivement en France, quel que soit par ailleurs le lieu d'établissement de l'acquéreur ou du vendeur (le lieu de consommation ou d'utilisation effective est l'endroit où se trouve le compteur de gaz naturel, d'électricité, de chaleur ou de froid) ;
- dans les autres cas, c'est-à-dire en l'absence de consommation ou d'utilisation effective de ces biens en France, lorsque l'acquéreur a en France le siège de son activité économique ou un

établissement stable pour lequel les biens sont livrés ou, à défaut, son domicile ou sa résidence habituelle (opérations d'achat-revente notamment) (CGI art. 258, III ; BOI-TVA-CHAMP-20-20-10 nos 520 et 560).

Compte tenu de ces règles de territorialité, ni le régime prévu pour les échanges intracommunautaires de biens (nos 19600 s.) ni le régime fiscal des exportations (nos 22400 s.) ne s'appliquent aux livraisons de gaz naturel, d'électricité, de chaleur et de froid (les opérateurs ne sont toutefois pas dispensés des formalités et obligations exigées par la réglementation douanière en matière d'exportation). Ainsi, l'introduction en France de gaz naturel, d'électricité, de chaleur ou de froid pour les besoins d'une livraison dont le lieu y est situé n'est **pas** assimilée à une **acquisition intracommunautaire** (n° 19895) ; de même, le transfert de ces biens dans un autre État membre de l'UE pour les besoins d'une livraison dont le lieu y est situé n'est **pas** assimilé à une **livraison intracommunautaire** (n° 20515 ; voir également précision e ci-dessous).

Les **importations** de gaz naturel, d'électricité, de chaleur ou de froid sont exonérées (n° 22250).

Pour les livraisons de gaz naturel, d'électricité, de chaleur ou de froid imposables en France effectuées par des fournisseurs établis hors de France, ainsi que pour les livraisons de gaz naturel et d'électricité (et services liés visés aux nos 25880 s.) faites à des fins autres que leur consommation ou leur utilisation effective en France (achat-revente) par des fournisseurs établis en France, la **taxe** doit être **acquittée** par l'acquéreur si celui-ci est identifié à la TVA en France (CGI art. 283, 2 quinquies) (mention sur la facture : voir nos 46365 et 46505 ; amende applicable en cas de défaut d'autoliquidation : voir nos 56240 s.). Dans les autres cas d'imposition en France, la taxe doit être acquittée par le fournisseur.

> **Précisions** **a.** Le montant total, hors TVA, des livraisons de gaz naturel, d'électricité, de chaleur ou de froid imposables sur le territoire d'un autre État membre de l'UE doit être identifié dans la **déclaration de chiffre d'affaires** (CGI art. 287, 5-a). Il en va de même du montant, hors TVA, des livraisons de gaz naturel, d'électricité, de chaleur ou de froid imposables en France et pour lesquelles l'acquéreur est désigné comme redevable de la taxe (CGI art. 287, 5-b).
> **b.** Les **entreprises étrangères non établies dans l'UE** qui réalisent uniquement des livraisons de gaz naturel, d'électricité, de chaleur ou de froid pour lesquelles la taxe est due en France par l'acquéreur sont dispensées de désigner un **représentant fiscal** (CGI art. 289 A, I-2°).
> **c.** Les entreprises étrangères non établies en France qui réalisent des livraisons de gaz, d'électricité, de chaleur ou de froid pour lesquelles la taxe est due en France par l'acquéreur peuvent bénéficier de la **procédure spéciale de remboursement** de la TVA visée aux nos 31350 s.
> **d.** Les assujettis établis en France peuvent **acquérir ou importer en franchise** de TVA le gaz naturel et l'électricité qu'ils destinent à une livraison située hors de France (nos 30000 s.).
> **e.** Dès lors que les livraisons de gaz naturel, d'électricité, de chaleur ou de froid effectuées par un fournisseur établi en France et situées dans un autre État membre ne donnent pas nécessairement lieu aux flux physiques correspondants et ne constituent pas des livraisons intracommunautaires exonérées, ces opérations n'ont pas à être mentionnées sur l'**état récapitulatif des clients** (BOI-TVA-DECLA-20-20-40 n° 60).

19365 EXEMPLES

1. Une personne ayant le siège de son activité hors de France et disposant d'un établissement stable en France acquiert du gaz naturel auprès d'un fournisseur étranger (opération n° 1). Le fournisseur étranger facture l'établissement stable. Le gaz naturel est revendu pour partie par l'établissement stable à un client consommateur français (opération n° 2) et pour partie par le siège à un client consommateur établi dans le pays du siège (opération n° 3). Ces opérations s'analysent de la manière suivante :
– opération n° 1 : la livraison est imposable en France. L'établissement stable est redevable de la taxe ;
– opération n° 2 : la livraison est imposable en France. L'établissement stable est redevable de la taxe ;
– opération n° 3 : la livraison est située dans l'État du siège. Il convient de considérer que l'établissement stable réalise une opération interne, située hors du champ de la TVA, à destination du siège, puisque le siège vend le gaz naturel au consommateur. Le siège est redevable de la taxe.

2. Une personne a le siège de son activité en France et dispose d'un établissement stable dans un autre État membre. L'établissement stable achète du gaz naturel auprès d'un fournisseur étranger (opération n° 1) qu'il revend à un consommateur français (opération n° 2). Ces opérations s'analysent de la manière suivante :
– opération n° 1 : la livraison n'est pas située en France ;
– opération n° 2 : la livraison est imposable en France. Si le client consommateur est identifié à la TVA en France, il est redevable de la taxe en application de l'article 283, 2 quinquies du CGI.

3. Une entreprise locale de distribution (ELD), établie et identifiée à la TVA en France, acquiert de l'électricité, pour la revendre, auprès d'un producteur d'électricité photovoltaïque ou éolienne établi et identifié à la TVA en France. La livraison par le producteur à l'ELD est imposable en

France. L'ELD doit autoliquider la taxe afférente à cette livraison. De même, la revente de l'électricité par l'ELD à une autre entreprise établie et identifiée à la TVA en France, pour des fins autres que sa consommation, est imposable en France et doit donner lieu à autoliquidation de la taxe par le nouvel acquéreur.

2. BIENS LIVRÉS APRÈS MONTAGE OU INSTALLATION

Le lieu de livraison des biens est situé **en France** lorsque le bien se trouve en France lors du **montage** ou de l'installation **par le vendeur ou pour son compte** (CGI art. 258, I-b). 19400

En pratique, cette règle ne trouve à s'appliquer que lorsque l'opération dans son ensemble (**livraison et montage** ou installation par le vendeur ou pour son compte) constitue une **opération unique** considérée comme une livraison de biens (voir n° 19405).

> **> Précisions** Les biens livrés après montage ou installation sont exclus du régime des **ventes à distance** (CGI art. 256, II bis) (n° 22930).

En application des dispositions de l'article 13 ter, d du règlement UE/282/2011 modifié, est considéré comme un bien immeuble pour l'application de la directive TVA tout élément, matériel ou machine, installé à demeure dans un immeuble ou une construction qui ne peut être déplacé sans destruction ou modification de l'immeuble ou de la construction (n° 3210). Par ailleurs, en application de l'article 31 bis, 2-m dudit règlement, constituent des prestations de services se rattachant à un bien immeuble, dont le lieu d'imposition est situé à l'endroit où se trouve l'immeuble en application de l'article 47 de la directive TVA, l'installation ou le montage de machines ou de matériel qui, après installation ou montage, sont considérés comme des biens immeubles (n° 25085). 19405

Selon les notes explicatives publiées par la Commission européenne le 26 octobre 2015 (nos 159 à 162, 219 et 220), pour déterminer le régime de TVA applicable à une opération portant sur la livraison et l'installation de machines ou de matériels, il convient de déterminer si l'opération de livraison et d'installation ou de montage doit être qualifiée d'opération unique, soit parce que ces opérations ne sont pas dissociables, soit parce que la livraison des éléments ou la prestation d'installation ou de montage doit être considérée comme l'accessoire de l'opération principale au regard de la jurisprudence communautaire, ou si l'on est en présence d'opérations distinctes (livraison de biens suivie d'une prestation de services d'installation ou de montage). Sur les critères, issus de la jurisprudence de la CJUE et repris à l'article 257 ter du CGI, permettant de déterminer si l'on est en présence d'une **opération unique** ou d'**opérations dissociables** soumises à leur régime propre, voir nos 1280 s.

a. S'il s'agit d'une **opération unique,** il faut déterminer si l'opération doit être qualifiée de livraison de biens ou de prestation de services en prenant en considération les circonstances dans lesquelles se déroule l'opération :

– si l'opération unique est qualifiée de **prestation de services,** il convient d'apprécier si, après son installation ou son montage, la machine ou le matériel constitue un bien immeuble au sens de l'article 13 ter, d précité auquel cas il s'agira d'une prestation de services se rattachant à un bien immeuble relevant de l'article 47 de la directive TVA (lieu de la prestation situé au lieu de l'immeuble), ou si cette machine ou ce matériel demeure un bien meuble auquel cas la prestation relèvera de la règle de territorialité prévue à l'article 44 de la directive précitée si le preneur est un assujetti (lieu de la prestation situé au lieu d'établissement du preneur) ou de celle prévue à l'article 54, 2-b de la directive (lieu d'exécution matérielle de la prestation) si le preneur est un non-assujetti ;

– si l'opération unique est qualifiée de **livraison de biens,** son lieu d'imposition est, en application de l'article 36 de la directive TVA (transposé à l'article 258, I-b du CGI), situé à l'endroit où le bien est monté ou installé, que ce bien soit qualifié de bien meuble ou de bien immeuble.

b. Si le montage ou l'installation est réalisé en tant que **service distinct** (indépendant de la livraison du bien, qui est imposée comme une livraison de biens au lieu où le bien se trouve au moment du départ de son expédition, conformément à l'article 32 de la directive TVA), il convient également de rechercher si après le montage ou l'installation la machine ou le matériel constitue ou non un bien immeuble au sens de l'article 13 ter, d précité afin de déterminer le régime applicable à la prestation d'installation ou de montage (service se rattachant à un bien immeuble relevant de la règle de territorialité prévue à l'article 47 de la directive TVA ou service relevant de la règle de territorialité prévue à l'article 44 de ladite directive si le preneur est un assujetti ou à l'article 54, 2-b si le preneur est un non-assujetti).

Lorsque la règle de territorialité exposée au n° 19400 trouve à s'appliquer, une **entreprise étrangère** non établie en France qui introduit en France des matériels, transportés à partir d'un autre **État** 19410

membre, destinés à être montés ou installés par elle-même ou pour son compte est redevable de la TVA en France au titre de la livraison si le client n'est pas identifié à la TVA en France (dans le cas contraire, le client doit, en principe, autoliquider la taxe : n°s 31850 s.).

Le montant hors TVA de cette livraison doit être identifié dans la déclaration de chiffre d'affaires de l'entreprise étrangère lorsqu'elle est redevable (CGI art. 287, 5-b). L'introduction en France des matériels n'est pas considérée comme une acquisition intracommunautaire taxable (n° 19940). L'entreprise étrangère redevable est tenue de s'identifier à la TVA en France directement (ou par l'intermédiaire d'un mandataire fiscal) auprès de l'administration lorsqu'elle est établie dans l'UE ou dans un pays tiers ayant conclu une convention d'assistance au recouvrement des créances fiscales avec la France (n°s 30850 s.) ou de faire accréditer un représentant assujetti établi en France lorsqu'elle est établie dans un pays tiers n'ayant pas conclu une telle convention (n°s 31000 s.).

De même, une entreprise étrangère non établie en France qui importe d'un **pays tiers** en France des matériels dont elle assure le montage ou l'installation chez l'acquéreur doit acquitter la taxe, d'une part, lors de l'importation des matériels, d'autre part, si le client n'est pas identifié à la TVA en France (n°s 31850 s.), sur la livraison de ces matériels montés ou installés (sous déduction de la taxe payée à l'importation). À cet effet, elle est tenue de s'identifier à la TVA en France directement (ou par l'intermédiaire d'un mandataire fiscal) auprès de l'administration lorsqu'elle est établie dans l'UE ou dans un pays tiers ayant conclu une convention d'assistance au recouvrement des créances fiscales avec la France (n°s 30850 s.) ou de faire accréditer un représentant assujetti établi en France lorsqu'elle est établie dans un pays tiers n'ayant pas conclu une telle convention (n°s 31000 s.).

II. LIEU DES ACQUISITIONS INTRACOMMUNAUTAIRES

19450 Le lieu d'une acquisition intracommunautaire de biens meubles corporels est réputé se situer en France lorsque les **biens** se trouvent **en France** au moment de l'**arrivée** de l'expédition ou du transport à destination de l'acquéreur (CGI art. 258 C, I).

Par « **acquéreur** », il faut entendre, selon le cas :

– la personne établie ou identifiée à la TVA en France ou y ayant désigné un représentant en application de l'article 289 A, I du CGI à laquelle le bien a été vendu ;

– l'assujetti qui a réalisé en France l'affectation d'un bien de son entreprise pour les besoins de celle-ci ;

– l'assujetti destinataire des biens qui obtient le pouvoir de disposer comme un propriétaire des biens expédiés ou transportés dans les conditions prévues à l'article 17 bis, 2 de la directive TVA dans les 12 mois suivant l'arrivée des biens en France (« régime de stocks sous contrat de dépôt ») ;

– l'assujetti agissant en son nom propre mais pour le compte d'autrui (intermédiaire opaque, agissant pour le compte du vendeur ou de l'acquéreur) (BOI-TVA-CHAMP-20-30 n° 10).

19455 Par **exception** à cette règle, lorsque les **biens** ne sont **pas expédiés** ou transportés **en France,** le lieu de l'acquisition est réputé néanmoins se situer en France si l'acquéreur a donné au vendeur son **numéro d'identification** à la TVA **en France** et s'il n'établit **pas** que l'acquisition a été soumise à la **TVA dans l'État membre** de destination des biens (mécanisme dit du « **filet de sécurité** ») (CGI art. 258 C, II). Dans ce cas, la taxe due sur cette acquisition intracommunautaire n'ouvre pas droit à déduction dans la mesure où les biens ne sont pas réellement introduits en France (CJUE 22-4-2010 aff. 536/08 et 539/08 : RJF 7/10 n° 758 ; CE 23-12-2011 n° 330608 : RJF 3/12 n° 241). Cependant, si l'acquéreur justifie par la suite que l'acquisition a été **effectivement soumise à la taxe** dans l'État membre où est arrivé le bien expédié ou transporté, la base d'imposition en France est diminuée du montant de celle qui a été retenue dans cet État.

> **> Précisions** La **demande de restitution** doit être présentée selon la procédure contentieuse. Elle doit comporter tous les éléments permettant à l'administration de vérifier la réalité de l'arrivée du bien dans l'État membre concerné, ainsi que l'imposition relative à cette acquisition intracommunautaire. En pratique, cette dernière condition est remplie par la production d'une **attestation de l'administration fiscale de l'État membre d'arrivée** du bien indiquant que l'imposition a été effectuée (BOI-TVA-CHAMP-20-30 n° 40).

SECTION 2

ÉCHANGES INTRACOMMUNAUTAIRES DE BIENS

Dans l'espace sans frontières que constitue aujourd'hui l'UE, les notions d'importation et d'exportation ont été remplacées respectivement par celles d'acquisition intracommunautaire et de livraison intracommunautaire. 19600

Ainsi, un assujetti se livrant à des opérations intracommunautaires est considéré, selon le cas, comme effectuant :

– soit une **acquisition intracommunautaire** taxable dans l'État d'arrivée des biens (nos 19650 s.) ;

– soit une **livraison intracommunautaire** qui, bien qu'entrant en principe dans le champ d'application de la TVA dans l'État de départ des biens, s'y trouve le plus souvent exonérée (nos 20280 s.).

Les **particuliers** ne sont **pas concernés** directement par la réglementation des échanges intracommunautaires. C'est ainsi que les achats effectués par un particulier dans un autre État membre supportent en principe la seule TVA de cet État. Cependant, des dispositions spécifiques visant à limiter les risques de distorsion de concurrence sont prévues pour les **ventes à distance** (nos 23000 s.) et pour les **moyens de transport neufs** (nos 20850 s.).

Signalons enfin, pour les opérations des assujettis, les mesures particulières concernant les **opérations triangulaires** (nos 21100 s.) et les **stocks sous contrat de dépôt** (nos 21410 s.).

REMARQUES

Sur le **plan économique,** une livraison intracommunautaire d'un bien et l'acquisition intracommunautaire de celui-ci constituent en réalité une seule et même opération, bien que sur le **plan fiscal,** cette opération unique crée différents droits et obligations tant pour les opérateurs que pour les autorités fiscales des États membres concernés. Ainsi, en principe, toute acquisition intracommunautaire taxée dans l'État membre d'arrivée a pour corollaire une livraison exonérée dans l'État membre de départ du bien. Il s'ensuit que l'exonération d'une livraison intracommunautaire corrélative à une acquisition intracommunautaire permet d'**éviter la double imposition** et, partant, la violation du principe de neutralité de la TVA (CJUE 27-9-2007 aff. 409/04 : RJF 12/07 n° 1511). 19610

Toutefois, lorsqu'une acquisition intracommunautaire est réalisée, l'État membre d'arrivée du bien exerce sa compétence de taxation quel que soit le traitement TVA qui est appliqué à l'opération dans l'État membre de départ du bien. Le fournisseur peut cependant demander une correction de la TVA facturée et déclarée à l'État membre de départ, qui la traite selon ses propres dispositions nationales (Règl. UE/282/2011 art. 16).

Les opérations portant sur des **biens** placés ou destinés à être placés **sous un régime douanier communautaire ou un entrepôt fiscal** font l'objet de dispositions spéciales exposées aux nos 32250 s. 19615

Les échanges intracommunautaires de **biens d'occasion, œuvres d'art, objets de collection ou d'antiquité** sont examinés avec le régime particulier de ces biens (nos 79440 s.). 19620

I. ACQUISITIONS INTRACOMMUNAUTAIRES

La **vente** (à titre onéreux) **à partir d'un État membre,** par un assujetti, d'un **bien** meuble corporel qui est **expédié** ou transporté **en France,** par le vendeur, par l'acquéreur ou pour leur compte, à destination de l'**acquéreur,** constitue une acquisition intracommunautaire (CGI art. 256 bis, I-1°). 19650

Dès lors que le **lieu** de cette acquisition, tel qu'il est défini aux nos 19450 s., est réputé se situer **en France,** la **TVA** française est exigible en principe, selon les règles générales exposées aux nos 19700 s.

Ainsi qu'il a déjà été indiqué (n° 19600), ce régime n'intéresse pas les achats effectués par des particuliers. Il ne concerne pas non plus les biens vendus par un assujetti qui bénéficie dans son État membre du régime particulier de **franchise** des petites entreprises (Directive TVA art. 2, 1-b-i ;

CGI art. 256 bis, I-1°). Il concerne, en revanche, les **acquisitions intracommunautaires** réalisées, non seulement par des **assujettis,** mais encore par des **personnes morales non assujetties, sous réserve** toutefois (pour ces personnes morales et pour certains assujettis) de l'application éventuelle **du régime dérogatoire** décrit aux nos 20050 s.

Doivent également être examinées les dispositions particulières visant :

– les **exonérations** prévues pour certaines acquisitions intracommunautaires (n° 19825) ;

– les **opérations assimilées** à des acquisitions intracommunautaires (nos 19850 s.).

1. RÈGLES GÉNÉRALES

DÉFINITION

19700 Aux termes de l'article 256 bis, I-3°-1er alinéa du CGI, est considérée comme acquisition intracommunautaire l'obtention du pouvoir de disposer comme un propriétaire d'un bien meuble corporel expédié ou transporté en France par le vendeur, par l'acquéreur ou pour leur compte, à destination de l'acquéreur, à partir d'un autre État membre de l'UE.

Ainsi, pour qu'une opération soit, au sens de ce texte, une acquisition intracommunautaire, elle doit notamment présenter les caractéristiques suivantes :

– transfert du pouvoir de disposer d'un bien meuble corporel comme un propriétaire au profit de l'acquéreur ;

– expédition ou transport du bien à partir d'un autre État membre de l'UE à destination de la France (BOI-TVA-CHAMP-10-10-40-20 n° 10).

REDEVABLE

19710 Le redevable de la taxe due au titre d'une acquisition intracommunautaire dont le lieu (déterminé comme indiqué aux nos 19450 s.) se situe en France est l'**acquéreur** (CGI art. 283, 2 bis).

S'il n'est pas établi en France, il est tenu de s'identifier à la TVA en France directement (ou par l'intermédiaire d'un mandataire fiscal) auprès de l'administration lorsqu'il est établi dans l'UE ou dans un pays tiers ayant conclu une convention d'assistance au recouvrement des créances fiscales avec la France (nos 30850 s.) ou de désigner un représentant fiscal lorsqu'il est établi dans un pays tiers n'ayant pas conclu une telle convention (nos 31000 s.). Le vendeur est solidairement tenu au paiement de la taxe lorsque l'acquéreur n'est pas établi en France.

BASE D'IMPOSITION

19720 La base d'imposition des acquisitions intracommunautaires est constituée, comme en régime intérieur, par toutes les sommes, valeurs, biens ou services reçus ou à recevoir par le fournisseur en contrepartie de l'opération, y compris les subventions directement liées au prix (CGI art. 266, 1-a). Les **éléments à retenir** sont ainsi **les mêmes** que ceux retenus pour déterminer la base d'imposition des **livraisons de biens** et des **prestations de services** (BOI-TVA-BASE-10-10 n° 1). On se reportera donc aux développements figurant aux nos 35200 s., étant précisé que les **accises** entrent dans la base de taxation des acquisitions intracommunautaires de biens.

En ce qui concerne les opérations facturées en **devises étrangères** : voir nos 36920 s.

FAIT GÉNÉRATEUR ET EXIGIBILITÉ

19730 Conformément à l'article 269, 1-a du CGI, le **fait générateur** de la taxe intervient au moment où l'acquisition intracommunautaire est effectuée, c'est-à-dire au moment où la livraison à l'intérieur du pays de biens similaires est considérée comme effectuée (Dir. TVA art. 68) (voir à cet égard nos 38350 s.).

(Acquisition par un intermédiaire opaque : voir n° 83360.)

La taxe est **exigible** le 15 du mois suivant celui au cours duquel s'est produit le fait générateur. Toutefois, la taxe devient exigible lors de la délivrance de la facture, à condition qu'elle précède la date d'exigibilité prévue ci-dessus et qu'il ne s'agisse pas d'une facture d'acompte (CGI art. 269, 2-d). La **date de délivrance de la facture** doit s'entendre comme la date de la facture (BOI-TVA-BASE-20-30 n° 20).

19735 Les **factures émises avant l'intervention du fait générateur,** qui ne peuvent s'analyser (sous réserve d'éventuels cas de facturation irrégulière) que comme des factures d'acompte, n'entraînent pas l'exigibilité de la TVA, sauf cependant dans les cas suivants (BOI-TVA-BASE-20-30 nos 30 à 70) :

– établissement d'une **facture** mentionnant le prix total de l'opération **au moment de l'expédition** de la marchandise alors que le transfert de propriété ne s'opère qu'à la réception du bien. Dans cette situation où la facture précède le fait générateur d'une période équivalente aux délais d'acheminement du bien, la taxe peut être acquittée à la date de la facture ; cette facture est alors également prise en considération pour l'exercice des droits à déduction ;

– **périodiques vendus par abonnements** (journaux, revues ou magazines hebdomadaires, mensuels, trimestriels). Dans cette situation où la facture est délivrée au début de la période d'abonnement (le client acquittant dès ce moment le prix de toutes les livraisons à venir), il est admis, par mesure de simplification, que la facture délivrée au début de la période d'abonnement détermine l'exigibilité de la taxe pour l'ensemble des acquisitions de biens comprises dans la période d'abonnement. Toutefois, cette solution ne s'applique que lorsque la périodicité des différentes livraisons est inférieure ou égale au trimestre.

Toute **facture établie après** la réalisation du **fait générateur** (mais avant le 15 du mois qui suit sa réalisation) rend la taxe exigible pour le montant total de l'opération, même si cette facture ne comporte de façon irrégulière que la mention d'une partie du prix.

Le tableau ci-après illustre les différentes hypothèses (à l'exclusion de celle relative aux pério- **19740**
diques vendus par abonnements). L'hypothèse est celle d'une acquisition intracommunautaire dont le prix est de 100 €.

Date du fait générateur	Date de la facture	Montant de la facture	Date de l'exigibilité	Mois où intervient l'exigibilité	Montant à déclarer
20 mars	25 mars	100	Date de la facture : 25 mars	Mars	100
20 mars	2 avril	100	Date de la facture : 2 avril	Avril	100
20 mars	16 avril	100	15 du mois suivant celui du fait générateur : 15 avril	Avril	100
20 mars	25 mars	60	Date de la facture : 25 mars	Mars	100 même si la facture ne comporte que la mention d'une partie du prix
20 mars	16 avril	60	15 du mois suivant celui du fait générateur : 15 avril	Avril	100 même si la facture ne comporte que la mention d'une partie du prix
20 mars	3 mars 25 mars	50 50	Date de la facture établie après réalisation du fait générateur : 25 mars	Mars	100
20 mars	3 mars 16 avril	50 50	15 du mois suivant celui du fait générateur : 15 avril	Avril	100
20 mars	3 mars	100	15 du mois suivant celui du fait générateur : 15 avril (1)	Avril	100

(1) Toutefois, si le bien est expédié le 3 mars et que la période entre le 3 mars et le 20 mars correspond aux délais d'acheminement du bien, l'acquéreur peut acquitter la TVA à la date de la facture, soit le 3 mars.

TAUX

Le taux applicable aux acquisitions intracommunautaires de biens est le **même que** celui **19750**
applicable aux **importations** ou aux livraisons (voir notamment n° 40310 en ce qui concerne le taux réduit et n° 41580 en ce qui concerne le taux « intermédiaire »).

DÉCLARATIONS

La TVA afférente aux **acquisitions intracommunautaires taxables** (y compris aux transferts : **19760**
n°s 19850 s.) est liquidée et déclarée sur les déclarations de chiffre d'affaires : CA 3 pour les redevables au réel normal et CA 12A/CA 12AE pour les agriculteurs au RSA. Les données à déclarer sont le montant total hors taxe des acquisitions intracommunautaires et la taxe correspondante qui doivent être identifiés sur les lignes prévues à cet effet (CGI art. 287, 5-b).

Les **acquisitions intracommunautaires non taxées** sont également portées sur ces déclarations.

> **Précisions** Les redevables réalisant des acquisitions intracommunautaires de biens, des importations ou des sorties de régimes d'entrepôt fiscal sont **exclus du régime simplifié** (n° 47760).

DÉDUCTIONS

19770 La taxe acquittée par les redevables au titre d'une acquisition intracommunautaire est déductible selon les principes de **droit commun** à **condition** qu'ils aient fait figurer sur leurs déclarations de chiffre d'affaires les données requises et qu'ils détiennent les **factures** correspondantes établies conformément à la réglementation communautaire (mention notamment du prix hors taxe et des numéros d'identification du fournisseur et de l'acquéreur) (CGI art. 271, II-1-d et 2-b-1°).

En ce qui concerne la non-déductibilité de la taxe acquittée au titre du mécanisme dit du « **filet de sécurité** » : voir n° 19455.

19775 La taxe qui n'a pas été portée sur les déclarations de chiffre d'affaires est déductible en cas de **rappel** si les conditions de fond sont réunies (CGI art. 271, II-2), cette taxe étant imputée par l'administration dans le cadre de la procédure de rectification. Le rappel des droits déductibles est cependant assorti d'une amende de 5 % (nos 56240 s.).

2. ACQUISITIONS INTRACOMMUNAUTAIRES EXONÉRÉES

19825 L'article 262 ter, II du CGI prévoit que sont exonérées les acquisitions intracommunautaires :

– de biens dont la **livraison en France** serait **exonérée** : prothèses dentaires fournies par les prothésistes, organes, sang et lait humains, timbres, etc. ;

– de biens dont la livraison en France serait **assimilée aux échanges internationaux** : navires, aéronefs et objets y afférents visés aux nos 29000 s., biens destinés à leur avitaillement, or, sous toutes ses formes, acquis par les instituts d'émission ;

– de biens dont l'**importation** serait **exonérée** de TVA en application de l'article 291, II du CGI (la liste de ces biens est donnée au n° 22250) ;

– pour lesquelles l'**acquéreur non établi en France** bénéficierait, en application de l'article 271, V du CGI (nos 31420 s.), du **remboursement** total de la taxe qui serait due au titre de l'acquisition.

Acquisitions intracommunautaires d'or d'investissement : voir nos 90800 s.

3. OPÉRATIONS ASSIMILÉES À DES ACQUISITIONS INTRACOMMUNAUTAIRES

19850 Sont assimilées à des acquisitions intracommunautaires effectuées à titre onéreux par l'article 256 bis, II du CGI les opérations suivantes :

– l'affectation en France d'un bien de l'entreprise en provenance d'un autre État membre (nos 19890 s.) ;

– la réception en France, par une personne morale non assujettie, d'un bien qu'elle a importé sur le territoire d'un autre État membre (n° 20000) ;

– l'affectation de biens par les forces armées stationnées en France (voir n° 18585, précision b).

19855 Ces opérations sont susceptibles de bénéficier **le cas échéant** des **exonérations** des acquisitions intracommunautaires prévues au n° 19825 (BOI-TVA-CHAMP-30-20-20 n° 1).

a. Affectation en France d'un bien de l'entreprise en provenance d'un autre État membre

PRINCIPE

19890 Conformément à l'article 256 bis, II-2° du CGI, est **assimilée à une acquisition intracommunautaire,** soumise à ce titre à la TVA française, l'affectation par un assujetti pour les besoins de son entreprise en France d'un bien de son entreprise expédié ou transporté, par l'assujetti ou pour son compte, à partir d'un autre État membre dans lequel le bien a été produit, extrait, transformé, acheté, a fait l'objet d'une acquisition intracommunautaire ou a été importé par l'assujetti, dans le cadre de son entreprise.

Il s'agit principalement des **mouvements de stocks ou de biens d'investissement,** intervenant **sans changement de propriété** (BOI-TVA-CHAMP-10-10-40-20 n° 30).

Cette assimilation est la **réciproque du transfert dans l'État de départ** (nos 20500 s.).

La **base d'imposition** de l'affectation est constituée, selon le cas, soit par le prix d'achat des biens ou de biens similaires soit, à défaut de prix d'achat, par le prix de revient (CGI art. 266, 1-c).

L'**exigibilité** de la taxe intervient le 15 du mois suivant le **fait générateur** constitué par le départ de l'expédition ou du transport (CGI art. 269, 2-d ; BOI-TVA-BASE-20-10 n° 60).

Ne constituent **pas** des **affectations** assimilées à des acquisitions intracommunautaires les expéditions et les transports de biens à partir d'un État membre à destination de la France, lorsque les biens font l'objet : 19895
- d'une livraison soumise au régime des **ventes à distance** (nos 23000 s.) ;
- d'une **exportation** à partir de la France (les biens doivent, dans ce cas, immédiatement faire l'objet des formalités douanières d'exportation) ;
- d'une expédition ou d'un **transport** dont une **partie** du trajet est effectuée **en France** alors que les lieux de **départ et d'arrivée** sont situés sur le territoire d'**autres États** membres.

Dans les deux dernières situations, les biens peuvent être éventuellement transbordés, en France, d'un moyen de transport à un autre (BOI-TVA-CHAMP-10-10-40-20 n° 35).

N'est pas non plus assimilée à une acquisition intracommunautaire l'affectation en France de **gaz naturel,** d'**électricité,** de **chaleur** ou de **froid** à partir d'un autre État membre pour les besoins d'une livraison imposable en France (n° 19360) ou l'affectation de biens sous le régime des stocks sous contrat de dépôt (nos 21410 s.).

EXCEPTIONS

Par exception, la réception en France, par l'assujetti, d'un bien de son entreprise n'est pas assimilée à une acquisition intracommunautaire dans les situations ci-après (nos 19915 s.). 19905

Bien destiné à être utilisé temporairement en France et qui bénéficierait, s'il était importé, de l'admission temporaire en exonération totale de droits Lorsque le bien est destiné à être utilisé temporairement en France dans des conditions qui ouvriraient droit à l'assujetti, si ce bien était importé, au bénéfice de l'admission temporaire en exonération totale de droits à l'importation, la réception en France de ce bien par l'assujetti n'est pas assimilée à une acquisition intracommunautaire (CGI art. 256 bis, II-2°-a). 19915

Le bénéfice du régime de l'admission temporaire en exonération totale des droits à l'importation est accordé, sous certaines conditions, aux biens mentionnés au n° 20565. La durée d'utilisation en France fixée par les règlements communautaires ne peut pas excéder, en tout état de cause, 24 mois. L'assujetti doit être en mesure d'établir qu'il aurait pu prétendre au bénéfice de l'admission temporaire si le bien avait été importé (BOI-TVA-CHAMP-10-10-40-20 nos 50 et 60).

Bien destiné à être utilisé temporairement en France pour les besoins de services effectués par l'assujetti Lorsque le bien est destiné à être utilisé temporairement en France pour les besoins de prestations de services effectuées par l'assujetti, la réception en France de ce bien par l'assujetti n'est pas assimilée à une acquisition intracommunautaire (CGI art. 256 bis, II-2°-a). Cette disposition ne s'applique pas aux biens qui, s'ils avaient été importés, auraient ouvert droit au bénéfice de l'admission temporaire en exonération totale de droits à l'importation. 19920

L'utilisation temporaire doit remplir simultanément les **conditions** suivantes :
- le bien doit être utilisé en France par l'assujetti lui-même, ou sous sa propre direction, dans le cadre de son entreprise, afin d'y réaliser une **prestation de services** déterminée, dans un **délai** qui ne peut excéder 24 mois. Les matériels ne doivent **pas** faire l'objet d'un contrat de **location** ou similaire auquel une personne établie en France serait partie ;
- le bien doit être **retourné en l'état dans l'autre État** membre après utilisation temporaire en France sauf s'il s'agit de biens destinés à subir des **examens, analyses ou essais** ayant pour but de déterminer leur composition, leur qualité ou leurs caractéristiques techniques, dès lors que ces **biens** sont entièrement **consommés** ou détruits au cours de ces examens, analyses ou essais (BOI-TVA-CHAMP-10-10-40-20 nos 70 à 90).

Bien destiné à faire l'objet de travaux ou d'expertises et réexpédié ou transporté à destination de l'assujetti dans l'État membre de l'expédition ou du transport La réception en France par l'assujetti d'un bien de son entreprise en provenance d'un autre État membre n'est pas assimilée à une acquisition intracommunautaire lorsque le bien est destiné à faire l'objet de travaux ou d'expertises, à condition que le bien soit réexpédié ou transporté à destination de l'assujetti dans l'État membre de départ de l'expédition ou du transport (CGI art. 256 bis, II-2°-b). Ces dispositions visent les matériaux ou les biens reçus par un façonnier ou un prestataire établi en France, expédiés ou transportés par un donneur d'ouvrage établi dans un autre État membre. 19930

> **Précisions** Lorsque la condition de réexpédition susvisée n'est pas remplie, il y a lieu, comme indiqué au n° 19960, de constater une acquisition intracommunautaire soumise à la taxe, sous réserve toutefois des cas pour lesquels il est prévu des **mesures de simplification** (voir nos 21220 s.).

19940 **Bien destiné à faire l'objet d'une installation ou d'un montage en France** La réception en France par l'assujetti d'un bien de son entreprise n'est pas assimilée à une acquisition intracommunautaire lorsque le bien est destiné à être monté ou installé en France par l'assujetti établi dans un autre État membre ou pour son compte (CGI art. 256 bis, II-2°-c). La livraison est alors imposable en France (nos 19400 s.).

19950 **Bien destiné à faire l'objet de livraisons à bord de navires ou d'aéronefs** L'introduction en France de biens détenus à bord de navires ou aéronefs en provenance d'un autre État membre de l'UE et destinés à faire l'objet de livraisons à bord de ces moyens de transport (nos 19340 s.) n'est pas non plus assimilée à une acquisition intracommunautaire (CGI art. 256 bis, II-2°-d). Sont ici visés en pratique les biens destinés à la vente à bord qui n'ont pas été vendus lors de l'arrivée du moyen de transport en France.

REMARQUE COMMUNE

19960 Lorsque l'**une des conditions** qui caractérisent l'une ou l'autre des situations examinées ci-dessus n'est **plus remplie,** le bien en cause est considéré, en principe, comme faisant l'objet d'une affectation assimilée à une acquisition intracommunautaire. Dans ce cas, le **fait générateur** de l'affectation intervient au moment où la condition cesse d'être remplie.

19965 EXEMPLES

1. Le bien expédié aurait pu bénéficier du régime de l'admission temporaire s'il avait été importé. L'assujetti réalise une affectation assimilée à une acquisition intracommunautaire au moment où :
– soit la durée d'utilisation du bien en France excède la durée fixée pour ce bien par les règlements communautaires définissant le régime de l'admission temporaire (cette durée ne peut excéder 24 mois) ;
– soit le bien a fait l'objet d'une vente en France.

2. Le bien est expédié temporairement en France pour les besoins d'une prestation de services ou d'un travail à façon ou de travaux. L'assujetti réalise une affectation assimilée à une acquisition intracommunautaire au moment où le bien, initialement destiné à être retourné dans l'autre État membre :
– soit est vendu en France ;
– soit est expédié dans un troisième État membre ;
– soit est exporté ;
– soit est affecté définitivement à l'activité exercée en France (BOI-TVA-CHAMP-10-10-40-20 n° 180).

Toutefois, dans les hypothèses nos 2 et 4 de l'exemple 2, il n'y a pas affectation assimilée à une acquisition intracommunautaire lorsque le bien est destiné à faire l'objet de travaux ou d'expertises bénéficiant des mesures de simplification prévues aux nos 21220 s.

CAS PARTICULIERS

19975 **Biens expédiés par un assujetti étranger à partir d'un État membre directement chez le client identifié à la TVA en France** Un assujetti étranger qui expédie des biens de l'État membre de départ **directement chez son client** établi et identifié à la TVA en France peut **choisir de traiter** cette **opération comme une affectation de biens** assimilée à une acquisition intracommunautaire **suivie d'une livraison interne** audit client. Le fournisseur étranger réalise alors une acquisition intracommunautaire exonérée (n° 19825, 4e tiret) au titre de laquelle il doit s'identifier à la TVA en France conformément à l'article 286 ter, 2° du CGI ; la taxe afférente à la livraison interne est autoliquidée par le client identifié (nos 31850 s.) (BOI-TVA-CHAMP-20-30 nos 20, 50 et 60).

À notre avis, la tolérance ci-dessus devrait pouvoir s'appliquer dans l'hypothèse où le client est seulement identifié à la TVA (en ce sens, Inst. 3 A-9-06 n° 26 ; BOI-TVA-DECLA-10-10-20 n° 80).

b. Réception en France, par une personne morale non assujettie, d'un bien qu'elle a importé sur le territoire d'un autre État membre

20000 La réception en France, par une personne morale non assujettie **ne bénéficiant pas du régime dérogatoire** (décrit aux nos 20050 s.), d'un bien qu'elle a importé sur le territoire d'un autre État membre est assimilée à une acquisition intracommunautaire (CGI art. 256 bis, II-3°) et doit donc être soumise à la TVA. La taxe acquittée à l'importation est remboursable dans l'État membre d'importation.

4. RÉGIME DÉROGATOIRE

Lorsqu'elles réalisent des **acquisitions intracommunautaires** d'un montant **ne dépassant pas** globalement **un certain seuil, certaines personnes** bénéficient d'un régime dérogatoire, prévu à l'article 256 bis, I-2° du CGI, qui leur permet de ne pas soumettre ces opérations à la **TVA.** 20050

Sont **exclues** de l'application de ce régime dérogatoire les acquisitions intracommunautaires : 20055
- de **moyens de transport neufs,** qui relèvent du régime spécifique exposé aux nos 20850 s. ;
- de **produits** soumis à **accises,** toujours taxables selon le régime général.

a. Personnes bénéficiant du régime dérogatoire

Les personnes concernées par le régime dérogatoire sont les **personnes suivantes,** désignées par l'abréviation **PBRD** (c'est-à-dire « personnes bénéficiant du régime dérogatoire ») : 20090
- personnes morales non assujetties à raison de l'activité pour laquelle l'acquisition est réalisée ;
- assujettis ne réalisant que des opérations n'ouvrant pas droit à déduction (bénéficiaires de la franchise en base, par exemple) ;
- exploitants agricoles au remboursement forfaitaire (nos 73000 s.).

> **Précisions a.** Les personnes visées ci-dessus ne peuvent pas bénéficier du régime dérogatoire dès lors qu'au cours de l'**année civile précédente** :
> – la personne morale a été assujettie, de plein droit ou sur option, à la TVA en raison de l'activité pour laquelle l'acquisition est réalisée ;
> – l'assujetti a réalisé des opérations lui ouvrant droit à déduction ;
> – l'exploitant agricole n'a pas été soumis au régime du remboursement forfaitaire (BOI-TVA-CHAMP-10-10-40-20 n° 370).
> **b.** Même si le régime dérogatoire ne concerne directement que les acquisitions intracommunautaires, la situation des **PBRD** présente cependant certaines **autres particularités,** notamment en matière de **livraisons intracommunautaires** (n° 20350), de **ventes à distance** (nos 22800 s.) et d'opérations sur **moyens de transport neufs** (n° 20850).

L'**attribution** d'un **numéro d'identification** à la TVA à une PBRD qui reçoit des services pour lesquels elle est redevable de la TVA (CGI art. 286 ter, 4°) ou qui fournit des services sur le territoire d'un autre État membre et pour lesquels la TVA est due exclusivement par le bénéficiaire en application de l'article 196 de la directive TVA (n° 44410) ne fait pas perdre à cette PBRD, le cas échéant, la qualité de personne bénéficiant d'un régime dérogatoire. En conséquence, l'intéressée doit préciser, dans sa demande d'attribution d'un numéro de TVA (n° 44415), si elle souhaite continuer à bénéficier ou non du régime dérogatoire en matière de taxation des acquisitions intracommunautaires de biens (BOI-TVA-DECLA-20-10-20 n° 50). 20095

Toutefois, si la PBRD **communique ce numéro** d'identification TVA **à un fournisseur** dans le cadre d'une acquisition intracommunautaire de biens, elle est réputée avoir opté pour l'application du régime général (Règl. UE/282/2011 art. 4).

b. Condition de seuil

Pour toutes les **acquisitions** de biens (autres que ceux visés au n° 20055) en provenance d'autres États membres, réalisées par les personnes visées au n° 20090, le régime dérogatoire est applicable, dans la limite d'un **seuil annuel** fixé à **10 000 €.** 20130

En dessous du seuil, les acquisitions en cause ne sont **pas** soumises en tant que telles à la **TVA.** Elles sont traitées comme les achats des particuliers, la taxation se situant exclusivement au niveau du **fournisseur** lors de la **livraison** (avec application, s'il y a lieu, des règles prévues pour les ventes à distance : nos 22800 s.).

En revanche, **au-dessus du seuil,** ces acquisitions suivent le **régime général** des acquisitions intracommunautaires et ces personnes ont un numéro d'identification TVA (n° 44410). La taxe due sur les acquisitions intracommunautaires **taxables** doit obligatoirement être liquidée et déclarée sur des formulaires modèle **CA 3.**

Pour l'**appréciation de ce seuil,** on retient le total, hors TVA, des acquisitions (autres que celles exclues du régime dérogatoire : n° 20055) ayant donné lieu, dans un autre État membre, à une livraison soumise à la TVA par le vendeur dans cet État (à l'exception, par conséquent, des livraisons exonérées dans ledit État). 20135

Le régime dérogatoire s'applique si le montant d'achats ainsi déterminé n'a pas excédé durant l'**année précédente,** et n'excède pas durant l'**année en cours,** le seuil de 10 000 €.

EXEMPLE

Une PBRD, dont les achats de l'année N – 1 n'ont pas dépassé 10 000 €, a réalisé durant le premier trimestre de l'année N 7 600 € d'achats, qui ont bénéficié du régime dérogatoire. Si, durant le deuxième trimestre, elle réalise un nouvel achat de 4 600 € (franchissement du seuil), cet achat sera entièrement taxable selon le régime général. De même pour les achats suivants qui interviendront avant la fin de l'année N ou durant toute l'année N + 1.

20140 Des **régimes dérogatoires analogues** à celui décrit ici pour la France existent également (avec des seuils propres à chaque pays) dans les **autres États membres** de l'UE. Le tableau ci-après indique le seuil retenu par les différents États de l'UE pour l'application de ces régimes dérogatoires à la taxation des acquisitions intracommunautaires par les PBRD.

États membres	Seuil en monnaie nationale	États membres	Seuil en monnaie nationale
Allemagne	12 500 €	Italie	10 000 €
Autriche	11 000 €	Lettonie	10 000 €
Belgique	11 200 €	Lituanie	14 000 €
Bulgarie	20 000 BGN	Luxembourg	10 000 €
Chypre	10 251,61 €	Malte	10 000 €
Croatie	77 000 HRK	Pays-Bas	10 000 €
Danemark	80 000 DKK	Pologne	50 000 PLN
Espagne	10 000 €	Portugal	10 000 €
Estonie	10 000 €	République tchèque	326 000 CZK
Finlande	10 000 €	Roumanie	34 000 RON
Grèce	10 000 €	Slovaquie	14 000 €
Hongrie	10 000 €	Slovénie	10 000 €
Irlande	41 000 €	Suède	90 000 SEK

c. Option pour le paiement de la TVA

20190 La personne bénéficiant du régime dérogatoire peut y renoncer en choisissant de soumettre par option toutes ses acquisitions intracommunautaires à la TVA selon le **régime général** (CGI art. 260 CA).

L'option peut être exercée en cours d'année même si la personne bénéficiant du régime dérogatoire a déjà réalisé des acquisitions intracommunautaires dans le cadre du régime dérogatoire. Elle doit être formulée par écrit et **prend effet** au premier jour du mois au cours duquel elle est exercée. Elle expire le 31 décembre de la deuxième année qui suit celle au cours de laquelle elle a été exercée. Ainsi, par exemple, une option formulée le 21 juin 2023 prend effet le 1er juin 2023 et produira ses effets jusqu'au 31 décembre 2025.

L'option est tacitement reconduite, par périodes de deux années civiles, sauf **dénonciation** formulée par écrit avant l'expiration de chaque période, c'est-à-dire au plus tard le 31 décembre de l'année d'échéance de l'option. La dénonciation prend effet le 1er janvier de l'année suivant celle au cours de laquelle elle est déclarée.

Remarque : Les personnes ayant exercé cette option sont identifiées par un numéro d'identification à la TVA (n° 44410). Il est rappelé qu'une PBRD qui communique à un fournisseur, dans le cadre d'une acquisition intracommunautaire, le numéro d'identification à la TVA qui lui a été attribué pour les besoins de la taxation de services transfrontaliers est réputée avoir opté pour le paiement de la TVA (n° 20095).

d. Personnes ne remplissant plus les conditions pour bénéficier du régime dérogatoire en cours d'année

20230 Les personnes désignées au n° 20090 cessent de bénéficier du régime dérogatoire dans les cas suivants :

– leur activité ne leur permet **plus** d'être regardées comme **des PBRD** : la personne morale est assujettie, de plein droit ou sur option, au titre de l'activité pour laquelle l'acquisition est réalisée ; l'assujetti réalise désormais, totalement ou partiellement, des opérations lui ouvrant droit à déduction ; l'exploitant agricole n'est plus placé sous le régime du remboursement forfaitaire ;

– le montant de leurs acquisitions intracommunautaires de biens, autres que celles exclues du régime dérogatoire (n° 20055), a **dépassé** le **seuil** de 10 000 € hors TVA au cours de l'année civile précédente ou pendant l'année civile en cours.

Dès qu'elles **ne remplissent plus les conditions** pour bénéficier du régime dérogatoire, les personnes en cause doivent en informer par écrit et sans délai le service des impôts et, lorsqu'elles n'ont pas déjà satisfait à l'obligation de déclaration de création d'entreprise ou d'activité visée au n° 44320, souscrire un document en vue de l'attribution du numéro individuel d'identification à la TVA (CGI art. 286 bis et CGI ann. II art. 242 decies).

II. LIVRAISONS INTRACOMMUNAUTAIRES

Dès lors qu'elles sont réputées faites en France (au sens défini au n° 19290), les livraisons intracommunautaires de biens, c'est-à-dire les **livraisons de France à destination d'un autre État membre** de l'UE, entrent en principe dans le champ d'application de la **TVA** française. Mais elles en sont **exonérées,** en application de l'article 262 ter, I du CGI, lorsque sont réunies les conditions indiquées aux n°s 20350 s. **20280**

La situation est la même pour les **transferts** de biens **assimilés** à des livraisons intracommunautaires (n°s 20500 s.).

Remarques : Bien qu'exonérés, les livraisons intracommunautaires de biens et les transferts assimilés ouvrent **droit à déduction.** Les assujettis qui les réalisent peuvent donc déduire la TVA qui a grevé les éléments du prix des biens expédiés à l'étranger. Ils sont en droit, lorsqu'ils ne peuvent pas récupérer la taxe par imputation, d'en obtenir le **remboursement** (n°s 58430 s.). **20285**

Par ailleurs, les assujettis ont la faculté d'**acquérir** ou d'importer **en franchise** de taxe les biens qu'ils destinent à des livraisons à l'étranger en l'état ou après transformation (n°s 30000 s.). **20290**

Le montant total des livraisons intracommunautaires de biens exonérées et des transferts assimilés doit être mentionné, de manière apparente, sur les **déclarations** de chiffre d'affaires (CGI art. 287, 5-a). Il doit être porté sur ces déclarations (ainsi que sur l'état récapitulatif des clients : n°s 21500 s.) le 15 du mois suivant celui au cours duquel s'est produit le fait générateur (CGI art. 269, 2-d). **20295**

En ce qui concerne : **20300**

- le régime particulier des **ventes à distance** : voir n°s 23000 s. ;
- le régime spécifique des **moyens de transport neufs** : voir n°s 20850 s. ;
- les livraisons intracommunautaires et transferts de **biens d'occasion, d'œuvres d'art, d'objets de collection ou d'antiquité** : voir n°s 79450 s. et 79560 s.

1. LIVRAISONS INTRACOMMUNAUTAIRES EXONÉRÉES

Conformément à l'article 262 ter du CGI, sont exonérées de TVA les livraisons de **biens** expédiés ou **transportés sur le territoire d'un autre État membre** de l'UE **à destination d'un autre assujetti** ou d'une personne morale non assujettie. **20350**

L'exonération s'applique lorsque les **six conditions** suivantes sont réunies (BOI-TVA-CHAMP-30-20-10 n° 10) :

1. La livraison est effectuée à **titre onéreux** ;

2. Le **vendeur** est un **assujetti** agissant en tant que tel. L'exonération ne s'applique pas aux livraisons réalisées par les bénéficiaires de la **franchise en base** (n°s 49050 s.), puisqu'elles sont déjà exonérées au titre de ladite franchise ;

3. L'**acquéreur** est un **assujetti** ou une **personne morale non assujettie** qui ne bénéficie **pas,** dans son État membre, du **régime dérogatoire** (du type décrit aux n°s 20050 s.) autorisant à ne pas soumettre à la TVA les acquisitions intracommunautaires (**PBRD**) ;

4. Le bien est **expédié ou transporté hors de France** à destination d'un autre État membre (quelle que soit la personne qui effectue le transport) (voir les précisions ci-après aux n°s 20365 s.) ;

5. L'**acquéreur** (assujetti ou personne morale non assujettie) est **identifié à la TVA** dans un **État membre autre que celui du départ** de l'expédition ou du transport des biens et **a communiqué son numéro d'identification** TVA au vendeur (voir les précisions ci-après aux n°s 20400 s.) ;

6. Le **vendeur** doit satisfaire à l'**obligation** de déposer un **état récapitulatif des clients** (n°s 21500 s.), lequel doit contenir toutes les informations correctes concernant sa livraison (le manquement à cette obligation ne remet toutefois pas en cause l'exonération si le vendeur peut dûment en justifier à la satisfaction de l'administration fiscale).

> **Précisions** **a.** Lorsque l'acquéreur est une **PBRD bénéficiant** effectivement, dans son État membre, **du régime dérogatoire,** la livraison dont le lieu est réputé se situer en France ne bénéficie pas de l'exonération, sauf toutefois s'il s'agit de **produits soumis à accises.** Dans ce dernier cas, en effet, l'acquisition intracommunautaire sera taxée dans l'autre État membre, puisque les produits en cause sont exclus du régime dérogatoire (n° 20055).
> **b.** Les livraisons en France de biens destinés à y faire l'objet de **travaux ou expertises** bénéficiant des mesures de simplification (nos 21220 s.) sont assimilées à des livraisons intracommunautaires exonérées (BOI-TVA-CHAMP-10-10-50-40 n° 190).
> **c.** L'exonération ne s'applique pas aux livraisons de **biens d'occasion, d'œuvres d'art, d'objets de collection ou d'antiquité** soumises au **régime de la marge** (n° 79460).
> **d.** En ce qui concerne :
> – les livraisons intracommunautaires réalisées par l'entremise d'un **intermédiaire « opaque »** ou d'un **GIE** : voir nos 83380 s. ;
> – les livraisons intracommunautaires de **moyens de transport neufs** : voir nos 20850 s. ;
> – les livraisons intracommunautaires d'**or d'investissement** : voir nos 90800 s. ;
> – les **stocks sous contrat de dépôt** : voir n° 21410 s.

20355 L'exonération ne s'applique pas dans les échanges entre les **départements d'outre-mer** et un autre État membre de l'UE, lesquels relèvent du régime des exportations (voir n° 93430).

a. Expédition ou transport du bien hors de France à destination d'un autre État membre

20365 La condition d'exonération tenant à l'expédition ou au transport du bien hors de France à destination d'un autre État membre de l'UE (n° 20350) appelle des précisions quant au délai et à la preuve de l'expédition ou du transport.

DÉLAI DE L'EXPÉDITION OU DU TRANSPORT

20375 La qualification de l'opération en tant que livraison intracommunautaire ne dépend **pas du respect d'un quelconque délai** dans lequel le transport du bien de l'État membre de livraison vers l'État membre de destination devrait commencer ou s'achever. **Mais** il doit exister un **lien temporel et matériel entre** la **livraison** du bien **et** le **transport** de celui-ci, ainsi qu'une **continuité** dans le déroulement de l'opération pour que celle-ci puisse être qualifiée de livraison ou d'acquisition intracommunautaire et que le lieu d'acquisition soit déterminé (CJUE 18-11-2010 aff. 84/09 : RJF 2/11 n° 257).

En ce qui concerne les livraisons successives ne donnant lieu qu'à une expédition ou un transport unique, voir nos 20445 s.

PREUVE DE L'EXPÉDITION OU DU TRANSPORT

20385 Le vendeur qui se prévaut de l'exonération doit justifier **par tout moyen** l'existence du transport ou de l'expédition des biens hors de France. Les moyens de preuve peuvent être directs ou indirects. L'ensemble des indications résultant des **documents commerciaux usuels** doit permettre, en principe, d'apporter cette preuve.

Selon la doctrine administrative, il peut **notamment** s'agir des documents suivants (liste non exhaustive) : document de transport (lettre de voiture CMR, lettre de transport aérien, connaissement maritime ou fluvial, etc.), facture du transporteur, contrat d'assurance relatif au transport international des biens, contrat conclu avec l'acquéreur, correspondance commerciale, bon de commande écrit émanant de l'acquéreur et indiquant que les biens doivent être expédiés ou transportés dans un autre État membre, bon de livraison, bon d'enlèvement, confirmation écrite par l'acquéreur de la réception des biens, double de la facture du vendeur revêtu du cachet de l'acquéreur, avis de règlement d'un établissement bancaire étranger.

La valeur d'ensemble des justifications apportées doit être appréciée au **cas par cas.**

Si le vendeur estime ne **pas** détenir les **justifications suffisantes** lui permettant de prouver l'existence de l'expédition ou du transport, il soumet à la taxe la livraison qu'il réalise (BOI-TVA-CHAMP-30-20-10 n° 50).

Les entreprises qui le souhaitent peuvent également se prévaloir du système de présomptions réfragables instauré, dans un souci de simplification, par l'article 45 bis du règlement UE/282/2011 (voir ci-après précision b).

> **Précisions** **a.** Il arrive souvent que les **documents de transport** mentionnent une **personne destinataire** qui n'est **pas l'acquéreur** proprement dit. Selon la Cour de cassation, cette circonstance ne fait pas obstacle à l'application de l'exonération dès lors qu'il est justifié de la qualité d'assujetti de l'acquéreur et du transport ou de l'expédition des biens hors de France à destination d'un autre État membre (Cass. com. 10-2-2015 n° 12-28-770 : RJF 5/15 n° 394).

De même, selon la Cour de justice, le fait qu'un bien n'a pas été reçu directement de la main de l'émetteur de la facture n'est pas nécessairement la conséquence d'une dissimulation frauduleuse commise par le fournisseur réel, mais peut avoir d'autres raisons, telles que, notamment, l'existence de deux **ventes successives** portant sur les mêmes biens, qui, sur ordre, sont transportés directement du premier vendeur au second acquéreur, de telle sorte qu'il y a deux livraisons successives au sens de l'article 14, 1 de la directive TVA, mais un seul transport effectif (CJUE ord. 6-2-2014 aff. 33/13 ; CJUE ord. 15-7-2015 aff. 159/14 ; CJUE ord. 10-7-2019 aff. 273/18 : RJF 10/19 n° 999), le premier acquéreur et revendeur ne disposant pas nécessairement lui-même des moyens de stockage et de transport indispensables pour la réalisation des biens en cause (CJUE 22-10-2015 aff. 277/14 : RJF 1/16 n° 109).

En outre, il n'est pas nécessaire que le premier acquéreur soit devenu propriétaire des biens en cause au moment de ce transport, étant donné que l'existence d'une livraison au sens de cette disposition ne présuppose pas le transfert de la propriété juridique du bien (CJUE ord. 6-2-2014 aff. 33/13 ; CJUE ord. 10-7-2019 aff. 273/18 précités).

Sur les livraisons successives ne donnant lieu qu'à un transport unique, voir les précisions données aux nos 20445 s. (détermination du lieu des livraisons) et nos 21100 s. (régime des opérations triangulaires).

b. L'article 45 bis du règlement UE/282/2011 du 15 mars 2011 modifié prévoit une **présomption réfragable** (pouvant être réfutée par l'administration) de l'expédition ou du **transport** des biens dans un autre État membre de l'UE, assuré par le vendeur ou pour son compte, lorsque le vendeur dispose soit d'au moins deux documents (non contradictoires) relatifs à l'expédition ou au transport des biens (tels qu'un document ou une lettre CMR signé, un connaissement, une facture de fret aérien ou une facture du transporteur des biens) délivrés par deux parties différentes qui sont indépendantes l'une de l'autre, du vendeur et de l'acquéreur, soit d'un seul de ces documents et de l'un des documents suivants (non contradictoires), confirmant l'expédition ou le transport, délivrés par deux parties différentes qui sont indépendantes l'une de l'autre, du vendeur et de l'acquéreur : police d'assurance concernant l'expédition ou le transport des biens ou documents bancaires prouvant le paiement de l'expédition ou du transport des biens ; documents officiels délivrés par une autorité publique, tel qu'un notaire, confirmant l'arrivée des biens dans l'État membre de destination ; récépissé délivré par un entrepositaire dans l'État membre de destination attestant l'entreposage des biens dans cet État membre.

La notion de parties indépendantes implique que les opérateurs disposent de personnalités juridiques distinctes. Ainsi, est sans incidence sur le caractère probant des éléments produits la circonstance qu'il existe entre les parties des liens familiaux ou d'autres liens personnels étroits, des liens organisationnels, de propriété, d'affiliation, financiers ou juridiques au sens de l'article 80 de la directive TVA. Le seul critère de l'appartenance à un même groupe économique ou fiscal ne doit donc pas conduire, de facto, à réfuter la présomption d'indépendance. Bien entendu, lorsque les entreprises ne souhaitent pas se prévaloir de ce système de présomptions réfragables, le système de preuves par tout moyen décrit ci-dessus s'applique (BOI-TVA-CHAMP-30-20-10 n° 90).

Lorsque la **vente** est consentie aux conditions **départ France** et que l'**acquéreur assure** **20390**
lui-même le transport, le vendeur ne dispose pas, au moment de la livraison, des moyens de preuve permettant d'établir la réalité de l'expédition ou du transport des biens hors de France à destination d'un autre État membre.

Dans ces conditions, le régime applicable à l'opération doit être déterminé par le vendeur, sous sa responsabilité.

En pratique, deux hypothèses doivent être envisagées selon la doctrine administrative :

– l'opération s'inscrit dans le cadre de **relations commerciales régulières** avec l'acquéreur. Le vendeur doit recueillir auprès de l'acquéreur, pour chaque livraison, les pièces justificatives lui permettant, en cas de contrôle ultérieur, d'établir la réalité de l'expédition ou du transport des biens hors du territoire français (confirmation commerciale de la réception des biens dans un autre État membre, copie des documents de transport et/ou d'assurance détenus par l'acquéreur, etc.) ;

– l'opération est conclue avec un **client occasionnel.** Il appartient au vendeur, préalablement à la réalisation de la livraison, de prendre auprès de l'acquéreur toutes les garanties (par exemple, copie d'une pièce d'identité de l'acquéreur, copie d'un document justifiant du siège de l'activité ou d'un établissement dans un autre État membre, copie du certificat d'immatriculation du véhicule au moyen duquel le transport est effectué) qui lui semblent nécessaires afin de pouvoir prouver la réalité de l'expédition ou du transport des biens. En outre, il peut, dans l'attente de la réception de documents justificatifs établissant la réalité de l'expédition ou du transport des biens hors de France, demander à l'acquéreur de lui remettre en garantie une somme égale à la TVA dont il serait redevable au titre de la livraison, si l'exonération n'était pas appliquée.

Si, lors de la réalisation de l'opération, le vendeur estime ne pas détenir de justifications suffisantes lui permettant de prouver l'existence de l'expédition ou du transport des biens hors de France (cas du paiement au comptant des biens par l'acquéreur, par exemple), il soumet à la TVA la livraison qu'il effectue (BOI-TVA-CHAMP-30-20-10 n°s 60 à 80).

Les entreprises qui le souhaitent peuvent également se prévaloir du système de présomptions réfragables instauré, dans un souci de simplification, par l'article 45 bis du règlement UE/282/2011 (voir ci-après précision b).

> **Précisions** **a.** **L'état récapitulatif des clients** et l'**enquête statistique,** qui remplacent l'ancienne déclaration d'échanges de biens (DEB) depuis le 1er janvier 2022 (n°s 21500 s.), sont à eux seuls insuffisants pour prouver la réalité de la livraison d'une marchandise sur le territoire d'un autre État membre (CJUE 27-9-2007 aff. 409/04 : RJF 12/07 n° 1511 ; CE 7-9-2009 n° 308751 : RJF 12/09 n° 1063 ; CE 25-2-2011 n° 309574 : RJF 5/11 n° 563).
b. L'article 45 bis du règlement UE/282/2011 du 15 mars 2011 modifié prévoit une **présomption réfragable** (pouvant être réfutée par l'administration) de l'expédition ou du **transport** des biens dans un autre État membre de l'UE, assuré par l'acquéreur ou pour son compte, lorsque le vendeur est en possession (outre des documents requis lorsque le transport est assuré par lui-même ou pour son compte : voir n° 20385, précision b) d'une attestation de transport, établie sur support papier ou sous format électronique, délivrée par l'acquéreur au plus tard le dixième jour du mois suivant la livraison et portant les mentions suivantes : État membre de destination, date d'émission, nom et adresse de l'acquéreur, quantité et nature des biens, date et lieu d'arrivée des biens, si le bien est un moyen de transport, son numéro d'identification, identification de la personne acceptant le bien au nom de l'acquéreur. Lorsque les entreprises ne souhaitent pas se prévaloir de ce système de présomptions réfragables, le système de preuves par tout moyen décrit ci-dessus s'applique (BOI-TVA-CHAMP-30-20-10 n° 90).

b. Numéro d'identification de l'acquéreur

20400 Nous l'avons vu au n° 20350, pour que l'exonération puisse s'appliquer, l'**acquéreur** doit être **identifié aux fins de la TVA** dans un **État membre autre que celui du départ** de l'expédition ou du transport des biens et **doit avoir communiqué son numéro d'identification** TVA **au vendeur.** Ce numéro peut avoir été **attribué par un État membre autre que celui d'arrivée** de l'expédition ou du transport des biens.

20405 Selon l'**administration,** le **vendeur** doit **s'assurer** de l'existence et de la **validité du numéro d'identification** à la TVA communiqué par l'acquéreur. Lorsque l'acquéreur ne fournit pas de numéro d'identification à la TVA dans un autre État membre ou fournit un numéro invalide à la date de l'opération, la livraison doit être soumise à la TVA (BOI-TVA-CHAMP-30-20-10 n° 100).

Cette vérification peut notamment être effectuée en consultant sur Internet la base administrative de données des numéros d'identification à la TVA mise à la disposition des assujettis par la Commission européenne à l'adresse suivante : http://ec.europa.eu/taxation_customs/vies/ ou en interrogeant le centre des impôts dont ils dépendent.

Toutefois, selon le **Conseil d'État,** lorsqu'un assujetti ne dispose **pas d'éléments** lui **permettant de soupçonner** l'existence d'une **fraude,** son droit à exonération ne peut pas être remis en cause au seul motif qu'il n'a pas procédé à la vérification de la validité du numéro d'identification à la TVA de l'acquéreur dans cette base de données. A contrario, si le fournisseur dispose de tels éléments au moment de la livraison, il devra consulter la base de données des numéros d'identification à la TVA. À défaut, l'exonération pourra être remise en cause si le numéro de l'acquéreur est invalide (CE 25-2-2011 n° 312290 : RJF 5/11 n° 562). Toute la difficulté consistera alors, pour le fournisseur, à déterminer si les informations dont il dispose doivent ou non le conduire à soupçonner un comportement frauduleux de son client.

20407 L'acquéreur doit communiquer son numéro **avant le début de l'expédition ou du transport.** Lorsqu'il établit qu'il est un assujetti agissant en tant que tel au moment de l'acquisition et **communique ultérieurement** à son vendeur un **numéro** d'identification à la TVA attribué par l'État membre de destination, et qu'il n'existe aucune indication de fraude ou d'abus, le vendeur doit émettre une facture rectificative. Si le vendeur n'en a pas la possibilité ou si la correction de la facture devient excessivement difficile (cas du fournisseur ayant cessé son activité), l'acquéreur assujetti non établi en France peut obtenir le remboursement de la TVA ainsi supportée dans les conditions prévues aux n°s 31350 s. (BOI-TVA-CHAMP-30-20-10 n° 100).

20410 Le numéro d'identification à la TVA de l'acquéreur doit figurer sur les **factures** afférentes aux livraisons intracommunautaires (CGI ann. II art. 242 nonies A, I-3°).

Cette mention permet de considérer que l'acquéreur a fourni son numéro au vendeur. Mais cette seule mention ne saurait prouver que les conditions d'application de l'exonération sont réunies. L'**absence du numéro** de l'acquéreur sur la facture constitue une présomption de non-communication de son numéro par l'acquéreur. Le vendeur doit alors être en mesure de prouver qu'au moment de la livraison l'acquéreur lui avait communiqué un numéro d'identification à la TVA valide délivré par un État membre autre que la France (BOI-TVA-CHAMP-30-20-10 n° 110).

> Précisions Selon le Conseil d'État, si le non-respect d'exigences formelles, tel que l'**absence du numéro** de TVA de l'acquéreur **sur la facture,** est insuffisant à lui seul pour remettre en cause l'exonération, il peut toutefois, en tant qu'élément de contexte, constituer une **preuve supplémentaire** qui corrobore la preuve déterminante tirée de l'absence de document établissant le flux physique des biens (CE 6-3-2014 n° 362827 : RJF 6/14 n° 556).

c. Refus de l'exonération en cas de fraude

La **fraude « carrousel »** est une fraude à la TVA impliquant plusieurs entreprises d'une même chaîne commerciale généralement établies dans au moins deux États membres de l'UE. Cette fraude consiste à obtenir la déduction ou le remboursement de la TVA afférente à une livraison de biens alors que celle-ci n'a pas été reversée, de façon abusive au Trésor par le fournisseur. Le schéma de base est le suivant (sachant qu'il existe des circuits plus complexes) : **20420**

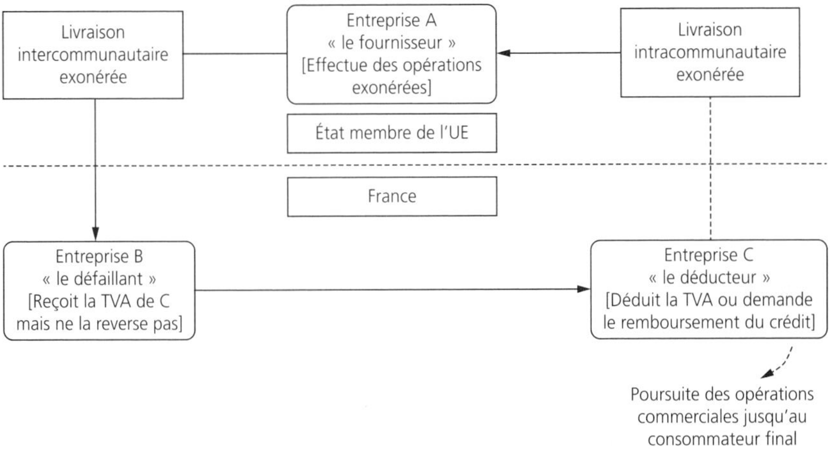

Conformément à l'article 262 ter, I-1°-3ᵉ alinéa du CGI, l'exonération de la livraison intracommunautaire ne s'applique pas lorsqu'il est démontré que le fournisseur (entreprise A dans le schéma ci-dessus) savait ou ne pouvait ignorer que le **destinataire** présumé de l'expédition ou du transport n'avait **pas d'activité réelle.** **20425**

Ce dispositif tire les conséquences de la jurisprudence du Conseil d'État et de la Cour de justice de l'Union européenne rendue en matière de fraude à la TVA intracommunautaire (notamment CE 27-7-2005 nᵒˢ 273619 et 273620 : RJF 11/05 n° 1173 ; CJUE 6-7-2006 aff. 439/04 et 440/04 : RJF 10/06 n° 1301).

L'**administration doit démontrer** : **20430**

– d'une part, que le **destinataire présumé** (entreprise B) n'a **pas d'activité réelle.** L'absence d'activité réelle est caractérisée en cas d'absence de substance du destinataire (défaut de locaux, de matériels, de personnel) ou en cas d'absence d'activité économique du destinataire en rapport avec les marchandises acquises. Cette démonstration nécessite de rassembler un **faisceau d'indices,** tout élément de nature à établir l'absence d'activité réelle pouvant être retenu (voir CE 9-3-2012 nᵒˢ 330760 et 330761 : RJF 5/12 n° 457) ;

– d'autre part, que le **fournisseur savait** (l'administration doit fournir des éléments objectifs incontestables) **ou ne pouvait ignorer l'absence d'activité réelle de l'acquéreur.** Pour démontrer que le fournisseur ne pouvait ignorer l'absence d'activité réelle de l'acquéreur, l'administration peut s'appuyer, notamment, sur les indices suivants, classés par ordre d'importance :

- liens juridiques, économiques et personnels existant entre les opérateurs participant à la fraude. L'ignorance de l'existence du schéma frauduleux pourra difficilement être invoquée en cas de communauté d'intérêts, en particulier si les structures impliquées dans le schéma frauduleux ont en commun le même dirigeant ou, comme l'a jugé le Conseil d'État, lorsque le fournisseur détient la majorité du capital de son client (CE 1-7-2009 n° 295689 : RJF 10/09 n° 822),
- livraisons répétées et portant sur un montant important avec le même destinataire : cette situation permet de présumer une relation commerciale suivie et une certaine connaissance du partenaire commercial (voir, en ce sens, CE 27-7-2005 n° 273619-273620 : RJF 11/05 n° 1173 ; CE 25-2-2011 n° 312290 : RJF 5/11 n° 562),
- adresse de domiciliation de l'acquéreur, absence de personnel et de moyens d'exploitation en adéquation avec le volume des transactions alléguées,
- activité économique de l'acquéreur sans lien avec les livraisons de biens effectuées,

• mode de règlement des achats ne correspondant pas à un usage commercial normalement établi dans la profession.

En revanche, il n'est pas nécessaire que soit démontrée la connivence ou la complicité (BOI-TVA-CHAMP-30-20-10 nos 210 à 230).

> **Précisions** **a.** Sur la distinction qu'il y a lieu d'opérer entre l'« acquéreur » des biens et le « destinataire », lequel n'est pas nécessairement l'acquéreur, voir n° 20385, précision a.
> **b.** Sur la notion d'assujetti qui « savait ou ne pouvait ignorer » qu'il participait à un circuit de fraude, voir également les développements figurant aux nos 51300 s. concernant le droit à déduction (et plus particulièrement n° 51310, précisions et n° 51320, précision b).

20435 À noter que, selon la **CJUE,** l'administration ne peut obliger un fournisseur, qui a agi de bonne foi et présenté des preuves justifiant à première vue son droit à l'exonération d'une livraison intracommunautaire de biens, à acquitter ultérieurement la TVA sur ces biens lorsque les preuves se révèlent être fausses sans que soit établie la participation du fournisseur à la fraude fiscale, pour autant que ce dernier a pris toute mesure raisonnable en son pouvoir pour s'assurer que la livraison qu'il effectue ne le conduit pas à participer à une telle fraude (CJUE 27-9-2007 aff. 409/04 : RJF 12/07 n° 1511). En revanche, lorsque le fournisseur a dissimulé l'identité du véritable acquéreur afin de lui permettre d'éluder le paiement de la TVA, l'exonération de la livraison peut être refusée même si la livraison intracommunautaire a bien eu lieu (CJUE 7-12-2010 aff. 285/09 : RJF 3/11 n° 394).
Par ailleurs, l'administration ne peut refuser d'exonérer une livraison intracommunautaire qui a effectivement eu lieu au seul motif que la preuve d'une telle livraison n'a pas été apportée en temps utile. Lors de l'examen du droit à l'exonération afférente à une telle livraison, le juge national ne doit prendre en considération le fait que l'assujetti a dissimulé, dans un premier temps et en pleine connaissance de cause, l'existence d'une livraison intracommunautaire que s'il existe un risque de perte de recettes fiscales et si celui-ci n'a pas été complètement éliminé par l'assujetti (CJUE 27-9-2007 aff. 146/05 : RJF 12/07 n° 1512).

d. Livraisons successives ne donnant lieu qu'à une expédition ou un transport unique

20445 Lorsque plusieurs livraisons successives portant sur les mêmes biens, effectuées à titre onéreux entre assujettis agissant en tant que tels, donnent lieu à une expédition ou un transport intracommunautaire unique, cette expédition ou ce **transport** ne peut être **imputé qu'à une seule de ces livraisons,** qui sera la seule exonérée en tant que livraison intracommunautaire. Le lieu de la livraison qui donne lieu à expédition ou à transport intracommunautaire est réputé se situer dans l'État membre de départ de cette expédition ou de ce transport. Le lieu de l'autre ou des autres livraisons (ne donnant pas lieu à expédition ou transport) est réputé se situer soit dans l'État membre de départ, soit dans l'État membre d'arrivée de ladite expédition ou dudit transport, selon que ces livraisons interviennent avant ou après celle à laquelle est imputée l'expédition ou le transport (en ce sens, CJUE 6-4-2006 aff. 245/04 : RJF 7/06 n° 971).
Conformément à l'article 262 ter, I-1° bis du CGI (qui transpose l'article 36 bis de la directive TVA), lorsque les mêmes biens font l'objet de livraisons successives et qu'ils sont expédiés ou transportés de France vers un autre État membre, directement du premier vendeur au dernier acquéreur dans la chaîne :
– en **principe,** l'expédition ou le transport n'est imputé qu'à la livraison effectuée à l'opérateur intermédiaire (lequel s'entend d'un assujetti dans la chaîne autre que le premier vendeur, qui expédie ou transporte les biens, soit lui-même, soit par l'intermédiaire d'un tiers agissant pour son compte) ;
– par **dérogation,** l'expédition ou le transport n'est imputé qu'à la livraison de biens effectuée par l'opérateur intermédiaire (au sens défini ci-dessus) lorsque ce dernier a communiqué à son fournisseur le numéro d'identification TVA qui lui a été attribué en France (État membre à partir duquel les biens sont expédiés ou transportés). L'opérateur intermédiaire et son fournisseur doivent conserver une preuve de la communication de ce numéro. À défaut, c'est le principe énoncé ci-dessus qui s'applique (BOI-TVA-CHAMP-30-20-10 n° 123).

> **Précisions** **a.** Pour justifier de son statut, l'opérateur **intermédiaire** doit conserver les **éléments prouvant qu'il a transporté les biens** pour son propre compte ou qu'il a organisé le transport des biens avec un tiers agissant pour son compte. Il peut arriver que l'opérateur intermédiaire confie le transport à différentes personnes, par exemple lorsque le transport des biens doit s'effectuer pour partie par camion et pour partie par bateau. Tant qu'il reste la seule partie **responsable des contrats de transport,** il demeure l'opérateur intermédiaire s'il existe une continuité dans l'opération de transport de sorte que l'ensemble de l'itinéraire peut être considéré comme un transport unique. En revanche, en cas de transport fractionné et de

discontinuité apparente dans la chaîne de transport, seule une analyse au cas par cas permettra d'apprécier si le dispositif ci-dessus s'applique, et quel est l'opérateur intermédiaire, notamment au vu des accords conclus par les parties au moment où les mouvements de biens ont lieu (BOI-TVA-CHAMP-30-20-10 n° 124).

b. Que l'expédition ou le transport soit imputé à la livraison effectuée par le fournisseur de l'opérateur intermédiaire ou à celle effectuée par l'opérateur intermédiaire, l'acquéreur (opérateur intermédiaire ou son client, selon le cas) est susceptible de bénéficier de la **mesure de simplification** prévue pour les **opérations triangulaires intracommunautaires** (BOI-TVA-CHAMP-30-20-10 n° 127) (nos 21100 s.).

Le dispositif exposé au n° 20445 ne trouve donc à s'appliquer que si un **fournisseur** au sein de la chaîne **autre que le premier** fournisseur **effectue** (ou fait effectuer pour son compte) l'expédition ou le **transport des biens,** ce fournisseur étant alors désigné par les termes « opérateur intermédiaire ». Lorsque tel est le cas, l'exonération au titre de la livraison intracommunautaire bénéficie donc : **20450**

– soit, à la seule livraison effectuée, à l'opérateur intermédiaire par son fournisseur (ce dernier pouvant, selon le cas, être ou non le premier dans la chaîne) à condition que l'opérateur intermédiaire n'ait **pas communiqué** à son fournisseur un **numéro d'identification TVA** attribué par l'**État membre de départ** des biens. Les autres livraisons dans la chaîne sont alors en principe taxées (sous réserve de l'application de la mesure de simplification prévue pour les opérations triangulaires : nos 21100 s.) ;

– soit, à la seule livraison effectuée, par l'opérateur intermédiaire à son propre client si l'opérateur intermédiaire **a communiqué** à son fournisseur le **numéro d'identification TVA** attribué par l'**État membre de départ** des biens. Les autres livraisons dans la chaîne sont alors en principe taxées (sous réserve de l'application de la mesure de simplification prévue pour les opérations triangulaires : nos 21100 s.).

EXEMPLES

1. Les biens sont livrés successivement des assujettis A à B, puis de B à C et ne font l'objet que d'un seul transport directement de A à C (voir le schéma ci-après). B est l'opérateur intermédiaire. L'expédition ou le transport est imputé à la livraison entre A et B dès lors que B n'a pas communiqué de numéro d'identification à la TVA délivré par l'État membre 1 à partir duquel les biens sont expédiés ou transportés (CGI art. 262 ter, I-1° bis-al. 1). Il en résulte que A réalise une livraison intracommunautaire exonérée dans l'État membre 1, B constate une acquisition intracommunautaire taxable dans l'État membre 3 et une livraison domestique intervient entre B et C dans l'État membre 3.

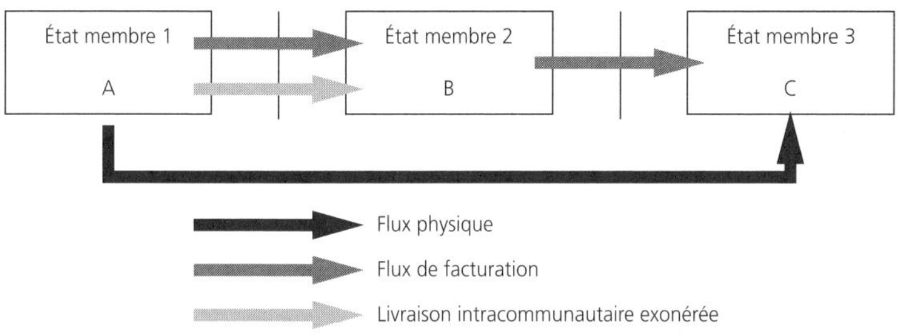

2. Dans le cadre du deuxième alinéa du 1° bis de l'article 262 ter du CGI, l'opérateur intermédiaire B a communiqué son numéro d'identification à la TVA délivré par l'État membre 1, à partir duquel les biens sont expédiés ou transportés. Le transport est alors imputé à la livraison effectuée par l'opérateur intermédiaire (B à C). Il en résulte une livraison domestique dans l'État membre 1 entre A et B, une livraison intracommunautaire exonérée dans l'État membre 1 entre B et C et une acquisition intracommunautaire constatée par C dans l'État membre 3.

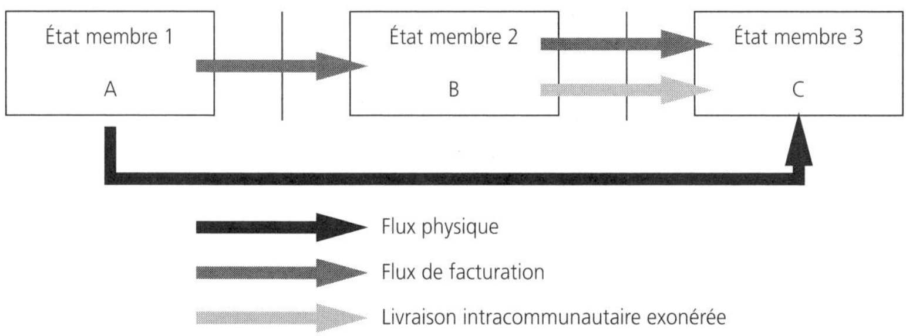

20452 Lorsque l'expédition ou le **transport des biens** est effectué par le **premier fournisseur ou le dernier client** (ou pour le compte), ce dispositif ne s'applique pas (BOI-TVA-CHAMP-30-20-10 nos 124 et 125).
Dans ces hypothèses, l'expédition ou le transport des biens est imputable :
– à la livraison du premier fournisseur si ce dernier réalise l'expédition ou le transport des biens ; sa livraison sera alors exonérée en tant que livraison intracommunautaire si les conditions sont remplies (no 20350), les autres livraisons dans la chaîne étant en principe taxées ;
– à la livraison du dernier fournisseur au dernier client si ce dernier réalise l'expédition ou le transport des biens, cette livraison étant seule exonérée si les conditions sont remplies (en ce sens, CJUE 21-2-2018 aff. 628/16 : RJF 5/18 no 566) ; les autres livraisons sont en principe taxées.

20455 L'administration admet que lorsque **deux ventes successives concourent à la livraison d'un seul bien,** elles peuvent chacune être exonérées en tant que livraisons intracommunautaires dès lors que les délais les séparant sont conformes aux usages de la profession. Par **exemple,** des pots en verre sont achetés en France par un client belge qui les fait remplir de colle chez un autre fournisseur français avant leur livraison en Belgique. Il est admis que les deux fournisseurs français successifs peuvent prouver par tout moyen que les biens ont été livrés hors de France, étant entendu qu'ils ont agi respectivement dans une même opération économique, dans des délais normaux, pour des opérations en continu. Ceci exclut notamment les opérations de stockage intermédiaire (Comité fiscal de la Mission d'organisation administrative : réunion du 6-4-1993 non repris au Bofip mais dont la solution nous paraît conserver sa valeur).

e. Livraison à un client établi dans un autre État membre après transformation du bien par un prestataire établi dans l'État du client

20465 Le lieu d'une livraison d'un bien, vendu par une société établie dans un État membre à un acquéreur établi dans un autre État membre, et sur lequel le vendeur a fait réaliser par un prestataire établi dans cet autre État membre des **travaux de finition visant à rendre** ce **bien apte pour la livraison, avant** de le **faire expédier** par ledit prestataire à destination de l'acquéreur, doit être réputé se situer dans l'État membre où ce dernier est établi (CJUE 2-10-2014 aff. 446/13 : RJF 1/15 no 87 ; CE 30-12-2014 no 345103 : RJF 3/15 no 197).

2. TRANSFERTS ASSIMILÉS À DES LIVRAISONS INTRACOMMUNAUTAIRES

a. Principe

20500 Le transfert, par un assujetti en France, d'un bien de son entreprise à destination d'un autre État membre de l'UE pour les besoins de son entreprise est assimilé à une livraison de biens (CGI art. 256, III).
Le transfert présente donc les **caractéristiques** suivantes :
– il est effectué par un assujetti à la TVA en France ;
– il concerne les biens de son entreprise ;
– il est réalisé pour les besoins de cette entreprise ;
– le transport ou l'expédition est réalisé par l'assujetti ou pour son compte ;
– le bien est envoyé dans un autre État membre de l'UE, à destination essentiellement d'une succursale ou d'un établissement de l'assujetti.
Il s'agit principalement des **mouvements de stocks ou de biens d'investissement,** intervenant **sans changement de propriété** (BOI-TVA-CHAMP-10-10-40-10 no 120).
Remarque : La notion de transfert ne s'applique pas aux échanges de biens entre les **départements d'outre-mer** et un autre État membre qui relèvent du régime des exportations (nos 22400 s.).

20505 Le transfert d'un bien entre, en **principe,** dans le **champ d'application** de la TVA.
Mais, à l'instar des livraisons intracommunautaires, il est **exonéré** si l'assujetti dispose d'un **numéro d'identification** dans l'État membre d'arrivée des biens, s'il **justifie** de la réalité **du transport** ou de l'expédition par lui-même ou pour son compte du bien dans l'autre État membre (CGI art. 262 ter, I-2° ; BOI-TVA-CHAMP-30-20-10 no 260) et s'il a déposé un **état récapitulatif des clients** (nos 21500 s.) au titre du mois d'arrivée des biens dans l'État membre de destination indiquant notamment son numéro d'identification dans l'État membre d'arrivée des biens et la valeur de ces biens, laquelle est déterminée soit par le prix d'achat des biens ou de biens similaires, soit par le prix de revient (BOI-TVA-DECLA-20-20-40 no 95) (no 20350).

Symétriquement, l'affectation du bien dans l'autre État membre est assimilée à une acquisition intracommunautaire (n° 19890).

> **Précisions** Les assujettis procédant au transfert intracommunautaire d'un bien doivent mentionner sur la facture, d'une part, leur numéro d'identification à la TVA en France, d'autre part, le numéro d'identification à la TVA attribué par l'État membre d'arrivée des biens (BOI-TVA-DECLA-30-20-20-30 n° 60).

Le **fait générateur** du transfert intervient lors du départ de l'expédition ou du transport du bien. **20510**
En pratique, le transfert étant exonéré dans l'État membre de départ du bien, il s'agit du fait générateur de la taxe due sur l'affectation dans l'État membre d'arrivée (laquelle est la réciproque du transfert).

Ne constituent **pas** des **transferts** les expéditions ou les transports de biens à partir de la France **20515**
à destination d'un autre État membre effectués par un assujetti ou pour son compte lorsque les biens font l'objet :

- d'une livraison soumise au régime des **ventes à distance** (nos 23000 s.) ;
- d'un transfert sous le régime des **stocks sous contrat de dépôt** (nos 21410 s.) ;
- d'une **exportation** à partir d'un autre État membre (cette exportation doit être immédiate et sa réalité doit être justifiée par la production du document douanier) (BOI-TVA-CHAMP-10-10-40-10 n° 130).

N'est pas non plus assimilé à une livraison intracommunautaire le transfert de **gaz naturel,** d'**électricité,** de chaleur ou de **froid** vers un autre État membre pour les besoins d'une livraison dont le lieu y est situé (n° 19360).

b. Exceptions

Bien que réunissant les caractéristiques d'un transfert, l'expédition ou le transport, par un **20550**
assujetti ou pour son compte, d'un bien de son entreprise à destination d'un autre État membre de l'UE n'est pas un transfert entrant dans le champ d'application de la TVA dans les situations examinées ci-après (nos 20560 s.)

BIEN DESTINÉ À ÊTRE UTILISÉ TEMPORAIREMENT DANS L'AUTRE ÉTAT MEMBRE ET QUI BÉNÉFICIERAIT, S'IL Y ÉTAIT IMPORTÉ, DE L'ADMISSION TEMPORAIRE EN EXONÉRATION TOTALE DE DROITS

Ne constitue pas un transfert entrant dans le champ d'application de la TVA l'expédition ou le **20560**
transport, par un assujetti, d'un bien destiné à être utilisé temporairement dans l'autre État membre dans des conditions qui ouvriraient droit, si ce bien était importé dans cet État, au bénéfice de l'admission temporaire en exonération totale de droits à l'importation (CGI art. 256, III-a).

Le régime de l'admission temporaire est décrit aux articles 250 à 253 du règlement UE/952/2013 **20565**
établissant le Code des douanes de l'Union, aux articles 204 à 238 du règlement délégué UE/2446/2015 ainsi qu'aux articles 322 et 323 du règlement UE/2447/2015 fixant les modalités d'application de certaines dispositions du Code des douanes de l'Union. Le bénéfice de ce régime est accordé, sous certaines conditions, notamment aux **biens ci-après** :

- matériels professionnels pour l'exercice d'un métier ou d'une profession notamment matériel de presse ou cinématographique et leurs pièces détachées ;
- marchandises destinées à être présentées ou utilisées à une foire, une exposition, un congrès, une manifestation similaire ;
- matériels pédagogique et scientifique ;
- matériels médico-chirurgical et de laboratoire destinés à des hôpitaux et autres établissements sanitaires ;
- matériels destinés à lutter contre les effets des catastrophes ;
- films destinés à être visionnés avant leur utilisation commerciale (films, bandes magnétiques destinées à la sonorisation, au doublage ou à la reproduction ; supports d'information de son et d'informatique enregistrés mis gratuitement à disposition) ;
- emballages ;
- moules, matrices, clichés, dessins, projets ainsi que les instruments de mesure, de contrôle, de vérification ;
- animaux vivants destinés au dressage, à l'entraînement, à la reproduction, à la transhumance ;
- matériels de propagande touristique ;
- matériel de bien-être destiné aux gens de mer ;
- moyens de transport.

La **durée d'utilisation** dans l'autre État membre est fixée pour chaque bien par les règlements précités et ne peut excéder 24 mois. Si l'utilisation dans l'autre État membre excède cette durée, le transfert du bien est assimilé à une livraison intracommunautaire.

20570 L'assujetti doit être en mesure d'**établir qu'il aurait pu prétendre** au bénéfice de l'**admission temporaire** si le bien avait été importé (BOI-TVA-CHAMP-10-10-40-10 n° 230).

BIEN DESTINÉ À ÊTRE UTILISÉ TEMPORAIREMENT DANS L'AUTRE ÉTAT MEMBRE POUR LES BESOINS DES SERVICES EFFECTUÉS PAR L'ASSUJETTI

20580 Ne constitue pas un transfert entrant dans le champ d'application de la TVA l'expédition ou le transport, par un assujetti, d'un bien destiné à être utilisé temporairement dans l'autre État membre pour les besoins de prestations de services effectuées par l'assujetti (CGI art. 256, III-a). Cette disposition ne s'applique pas aux biens qui, s'ils avaient été importés, auraient ouvert droit au bénéfice de l'admission temporaire en exonération totale de droits à l'importation, et qui relèvent des dispositions prévues aux n°s 20560 s.

Le bien doit être utilisé dans l'autre État membre par l'assujetti lui-même, ou sous sa propre direction, dans le cadre de son entreprise, afin d'y réaliser une prestation de services déterminée, dans un **délai** qui ne peut excéder 24 mois.

Les matériels ne doivent **pas** faire l'objet d'un contrat de **location** ou d'un contrat similaire auquel une personne domiciliée ou établie dans l'autre État membre serait partie (à cet égard, voir les précisions ci-dessous).

Le bien doit être **retourné en l'état en France** après l'utilisation temporaire dans l'autre État membre. Il est admis de ne pas exiger la réalisation de cette condition pour les biens destinés à subir des **examens, analyses** ou **essais** ayant pour but de déterminer leur composition, leur qualité ou leurs caractéristiques techniques, dès lors que ces **biens** sont entièrement **consommés** ou détruits au cours de ces examens, analyses ou essais (BOI-TVA-CHAMP-10-10-40-10 n°s 240 à 260).

> **> Précisions** Le transfert, par un assujetti, de biens en provenance d'un État membre et à destination d'un autre État membre, aux fins de la prestation, par cet assujetti, de **services de location** de ces **biens** dans ce dernier État membre, ne doit pas être assimilé à une livraison intracommunautaire lorsque l'**utilisation** desdits biens pour les besoins d'une telle prestation est **temporaire** et qu'ils ont été expédiés ou **transportés à partir de l'État membre dans lequel ledit assujetti est établi** (CJUE 11-6-2020 aff. 242/19 : RJF 8-9/20 n° 750).

BIEN DESTINÉ À FAIRE L'OBJET DANS L'AUTRE ÉTAT MEMBRE DE TRAVAUX OU D'EXPERTISES ET RÉEXPÉDIÉ OU TRANSPORTÉ EN FRANCE À DESTINATION DU DONNEUR D'ORDRE ASSUJETTI

20590 Ne constitue pas un transfert entrant dans le champ d'application de la TVA l'expédition ou le transport, par un assujetti, d'un bien destiné à faire l'objet dans l'autre État membre de travaux ou d'expertises, à condition que le bien soit réexpédié ou transporté en France à destination du donneur d'ordre assujetti (CGI art. 256, III-b) (des mesures de simplification sont cependant admises dans certains cas : voir n°s 21220 s.).

Les matériaux ou les biens utilisés par le façonnier ou faisant l'objet de travaux ou d'expertises par le prestataire de services doivent être expédiés ou transportés par le donneur d'ouvrage ou pour son compte, à partir de la France.

Le bien fabriqué ou assemblé par le façonnier ou le bien qui a fait l'objet des travaux ou des expertises doit être réexpédié ou transporté en France à destination du donneur d'ouvrage assujetti. Toutefois, le donneur d'ouvrage peut expédier ou transporter ou faire expédier ou transporter le bien directement chez son client établi ou domicilié en France.

En revanche, si le **bien ne revient pas en France,** ce donneur d'ouvrage réalise un transfert de matériaux ou de biens à destination de l'État membre du façonnier ou du prestataire, assimilé à une livraison intracommunautaire (BOI-TVA-CHAMP-10-10-40-10 n°s 270 et 280).

BIEN DESTINÉ À FAIRE L'OBJET D'UNE INSTALLATION OU D'UN MONTAGE DANS L'ÉTAT MEMBRE D'ARRIVÉE

20600 Ne constitue pas un transfert entrant dans le champ d'application de la TVA l'expédition ou le transport, par un assujetti, d'un bien destiné à être monté ou installé par le vendeur ou pour son compte dans l'État membre d'arrivée du transport ou de l'expédition (CGI art. 256, III-c). La livraison est alors imposable dans cet État membre.

Son montant doit néanmoins être mentionné sur la **déclaration de chiffre d'affaires** comme s'il s'agissait d'une livraison intracommunautaire de biens exonérée (CGI art. 287, 5-a).

BIEN DESTINÉ À FAIRE L'OBJET DE LIVRAISONS À BORD DE NAVIRES OU D'AÉRONEFS

Ne constitue pas un transfert entrant dans le champ d'application de la TVA l'expédition ou le transport, par un assujetti, d'un bien destiné à faire l'objet d'une livraison à bord d'un navire ou d'un aéronef, effectuée par l'assujetti, dans les conditions mentionnées à l'article 37 de la directive 2006/112/CE (CGI art. 256, III-d). Sont ici visés **en pratique** les biens destinés à la vente à bord qui n'ont pas été vendus lors de l'arrivée du moyen de transport dans l'autre État membre. **20610**

REMARQUE COMMUNE

Lorsque l'**une des conditions** qui caractérisent l'une ou l'autre des situations ci-dessus n'est **plus remplie,** le bien en cause est considéré comme faisant l'objet d'un transfert assimilé à une livraison. Dans ce cas, le transfert est effectué au moment où la condition cesse d'être remplie. **20620**

REGISTRE DES BIENS EXPÉDIÉS À TITRE TEMPORAIRE DANS UN AUTRE ÉTAT MEMBRE

L'article 286 quater, I-1 du CGI prévoit que les assujettis doivent tenir un registre des biens expédiés ou transportés dans un État membre à titre temporaire dont l'expédition ne constitue pas un transfert assimilé à une livraison intracommunautaire. **20630**

Ne sont concernés par ce registre que les biens expédiés ou transportés à titre temporaire, à l'exclusion par conséquent des biens destinés à faire l'objet d'une installation ou d'un montage dans l'État membre d'arrivée (n° 20600) et de ceux destinés à être livrés à bord d'un moyen de transport (n° 20610).

Ce registre comporte, dans l'ordre chronologique, les mentions suivantes (CGI ann. IV art. 41 bis) :

- désignation des biens ou matériaux ;
- quantité exprimée en poids, volume ou unité ;
- lieu de destination ;
- date de l'expédition ou du transport ;
- date du retour ;
- nature de l'opération ;
- s'il y a lieu, désignation par son numéro d'assujetti à la TVA du prestataire établi dans un autre État membre, auquel les biens ont été expédiés en vue de travaux.

Modalités de tenue de ce registre et sanctions : voir n° 36810.

III. MESURES PARTICULIÈRES

1. ÉCHANGES INTRACOMMUNAUTAIRES DE MOYENS DE TRANSPORT NEUFS

Lorsqu'ils sont effectués par des **particuliers** ou par des **PBRD** (bénéficiaires d'un régime dérogatoire à la taxation des acquisitions intracommunautaires, tel que celui applicable en France décrit aux nos 20050 s.), ces échanges font l'objet de **règles particulières** prévues par l'article 298 sexies du CGI. **20850**

Elles reposent sur l'idée que les achats intracommunautaires de moyens de transport neufs (définis aux nos 20900 s.) doivent être soumis à la TVA dans l'État membre de destination.

Par suite, la personne résidant ou établie en France qui **achète** un tel bien **dans un autre État membre** est redevable **en France** de la **TVA** sur son **acquisition** (n° 20950). Par symétrie, les **livraisons** de ces biens expédiés ou transportés **dans un autre État membre** sont **exonérées** de la TVA française (n° 21020).

Pour les opérations entre **redevables habituels** de la TVA, ce sont les **règles générales** des échanges intracommunautaires qui s'appliquent (nos 19650 s. et 20280 s.). Ils ont la possibilité d'acquérir en franchise de taxe, dans les conditions prévues aux nos 30000 s., les moyens de transport neufs destinés à faire l'objet d'une livraison intracommunautaire ou d'une exportation exonérée. **20855**

S'agissant des **déductions,** les redevables habituels relèvent également des règles de droit commun. À cet égard, il est rappelé que sont exclus du droit à déduction les véhicules et engins conçus pour le transport des personnes ou à usages mixtes (nos 53690 s.).

Cependant, les redevables habituels sont également concernés par celles des dispositions du régime particulier qui visent la **définition** des moyens de transport neufs (nos 20900 s.), le **certificat**

fiscal exigé pour les moyens de transport provenant d'un autre État membre (nos 20965 s.) et les **obligations de facturation** en cas de livraison intracommunautaire (n° 21030). Par ailleurs, les redevables habituels (ainsi que les personnes morales non assujetties identifiées à la TVA) sont, en la matière, tenus à une obligation déclarative particulière : ils doivent en effet fournir à l'administration un **relevé détaillé** de leurs acquisitions de moyens de transport provenant d'un autre État membre (n° 20990).

20860 Les présents commentaires ne concernent pas les opérations portant sur des **moyens de transport d'occasion,** qui relèvent du régime des biens d'occasion exposé aux nos 78000 s. (voir notamment, pour les véhicules automobiles d'occasion, les explications et le tableau récapitulatif figurant aux nos 80420 s.).

Cependant, même s'ils sont d'occasion, les moyens de transport provenant d'un autre État membre doivent faire l'objet du **certificat fiscal** et être mentionnés sur le **relevé détaillé** visés aux nos 20965 s. et 20990.

a. Définition

NOTION DE MOYENS DE TRANSPORT

20900 Sont considérés comme moyens de transport au sens de l'article 298 sexies du CGI, qu'ils soient destinés au transport de personnes ou de marchandises, les engins suivants :

– les bateaux de plus de 7,5 m, à l'exception de ceux visés à l'article 262, II-2° du CGI (n° 29100). La longueur à retenir est la longueur hors tout du navire (mesure entre les points extrêmes avant et arrière de la structure permanente du navire sans tenir compte des appendices qui ne sont pas fixés à demeure) ;

– les aéronefs dont le poids total au décollage excède 1 550 kg, à l'exception de ceux visés à l'article 262, II-4° du CGI (nos 29400 s.) ;

– les véhicules terrestres à moteur d'une puissance supérieure à 7,2 KW ou d'une cylindrée de plus de 48 cm^3 (cyclomoteurs de plus de 48 cm^3, motocyclettes, tricycles à moteur, voitures de tourisme, véhicules utilitaires, poids lourds). Ne sont pas concernés par cette définition les tracteurs agricoles, machines agricoles automotrices, matériels forestiers et matériels de travaux publics spécialement conçus pour les travaux publics et ne servant pas normalement sur route au transport de marchandises ou de personnes ainsi que les véhicules et appareils remorqués de toute nature.

NOTION DE MOYENS DE TRANSPORT NEUFS

20910 Ces moyens de transport sont considérés comme neufs lorsqu'ils remplissent l'une des deux conditions suivantes (**critères alternatifs**) :

– être livrés dans les six mois suivant la première mise en service pour les véhicules terrestres, ou dans les trois mois pour les autres véhicules (la mise en service correspond à la date de première mise en circulation pour les véhicules terrestres et à la date à laquelle le bien est autorisé à naviguer ou à voler lorsqu'il s'agit d'un bateau ou d'un aéronef) ;

– avoir parcouru moins de 6 000 km pour les véhicules terrestres, navigué moins de 100 heures pour les bateaux, ou volé moins de 40 heures pour les aéronefs.

EXEMPLES

Une automobile dont la livraison intervient moins de six mois après sa mise en service est un véhicule neuf même si elle a parcouru plus de 6 000 kilomètres.
Il en est de même d'une automobile qui a parcouru, lors de la livraison, moins de 6 000 kilomètres même si sa mise en service remonte à plus de six mois.
En revanche, une automobile dont la mise en service remonte à plus de six mois au moment de la livraison intracommunautaire et qui a parcouru plus de 6 000 kilomètres n'est pas un véhicule neuf.

Cette définition des moyens de transport neufs vaut aussi (comme indiqué au n° 20855) pour les opérations réalisées par les **redevables habituels.**

20915 Pour apprécier le **caractère neuf d'un moyen de transport,** il faut se placer au moment de la livraison du bien concerné par le vendeur à l'acquéreur, c'est-à-dire au moment où le droit de disposer du bien comme un propriétaire est transféré du vendeur à l'acquéreur (lequel correspond peu ou prou à la mise à la disposition effective du bien à l'acquéreur), et non au moment de l'arrivée du bien dans l'État membre de destination (CJUE 18-11-2010 aff. 84/09 : RJF 2/11 n° 257). La doctrine administrative est dans le même sens : elle prévoit en effet que, pour apprécier si un moyen de transport est neuf ou d'occasion, il faut se placer à la date de mise à disposition matérielle de l'acquéreur (Rép. Richert : Sén. 7-7-2005 n° 16832 non reprise au Bofip mais dont la solution nous paraît conserver sa valeur).

Des véhicules acquis par un assujetti-revendeur dont les **certificats** destinés à l'immatriculation en France **mentionnent une date de livraison** postérieure au délai de six mois mais qui ont fait l'objet d'un **enlèvement** chez le fournisseur **avant** l'expiration de ce délai doivent être réputés neufs (CAA Bordeaux 5-7-2007 n° 05-2091 : RJF 1/08 n° 21). **20920**

b. Acquisitions

L'achat d'un moyen de transport neuf **dans un autre État membre** par un non-redevable – particulier ou PBRD – est une acquisition intracommunautaire **taxable en France.** **20950**

Le **redevable** de la taxe est l'acquéreur. La taxe est due au taux applicable au bien en France.

La **base d'imposition** est constituée par le prix mentionné sur la facture délivrée à l'acquéreur, converti, le cas échéant, en euros comme indiqué aux n°s 36920 s.

La taxe doit être acquittée auprès du service des impôts dans le **délai** de 15 jours suivant la livraison (BOI-TVA-SECT-70-30-10 n° 20).

Pour les acquisitions réalisées par les **particuliers,** le **règlement de la TVA** doit, en principe, être obligatoirement effectué par l'acquéreur (auprès du service des impôts ou par un chèque, émis par lui, libellé à l'ordre du Trésor public), même en cas de recours à un **intermédiaire transparent.** Dans cette dernière hypothèse, celui-ci est tenu d'informer son mandant de cette obligation, par écrit à la signature du contrat, sous peine de nullité de ce dernier (CGI art. 298 sexies, V ter). Toutefois, si l'intermédiaire est en mesure de produire le contrat de mandat faisant apparaître une telle information ainsi que la volonté expresse de l'acquéreur de faire procéder au paiement de la TVA par un chèque émis par l'intermédiaire lui-même, il est admis que le service des impôts accepte ce moyen de paiement (BOI-TVA-SECT-70-30-10 n° 90). **20955**

CERTIFICAT D'ACQUISITION DÉLIVRÉ PAR L'ADMINISTRATION FISCALE

Tout acquéreur d'un moyen de transport en provenance d'un autre État membre de l'UE est tenu de **faire viser par l'administration fiscale** un certificat attestant que le moyen de transport est en situation régulière au regard de la TVA, que ledit moyen de transport soit neuf ou d'occasion, que son introduction en France constitue ou non une acquisition intracommunautaire et que l'acquéreur procède ou non à son immatriculation en France ou à sa francisation (lorsque l'immatriculation ou la francisation est sollicitée, le certificat fiscal doit être obligatoirement présenté aux services compétents). **20965**

Cette obligation concerne tant les particuliers et les PBRD que les redevables habituels (comme indiqué au n° 20855).

Le **service des impôts compétent** pour viser le certificat est celui de leur domicile pour les particuliers et celui du principal établissement ou du siège social pour les assujettis et les personnes morales non assujetties (pour les acquisitions intracommunautaires de bateaux, les personnes non identifiées à la TVA peuvent également se faire délivrer un certificat par le service des impôts du lieu de stationnement ou d'immatriculation du bateau).

Lors de la demande de visa du certificat fiscal, le demandeur doit **présenter** au service des impôts : **20970**

– l'original et une copie de la **facture** que lui a remis son vendeur, reprenant les éléments relatifs à l'identification du moyen de transport et à l'assiette de la taxe ;

– l'original ou une copie du **certificat d'immatriculation** délivré à l'étranger, lorsque le moyen de transport y a fait l'objet de cette formalité.

Pour les navires destinés à être francisés, l'original du certificat de radiation du pavillon étranger doit également être présenté (BOI-TVA-SECT-70-30-10 n°s 10 à 40).

> **> Précisions** Sur la validité de la doctrine administrative exigeant d'un particulier acquéreur la production du certificat d'immatriculation délivré à l'étranger, voir n° 80455, précision e.

Les certificats fiscaux ne sont en **principe visés** par l'administration qu'**au moment où** la **taxe** due au titre de l'opération est **effectivement acquittée** ou qu'au vu des documents présentés attestant que l'opération n'est pas taxable. **20975**

Pour les **véhicules d'occasion** acquis par les acheteurs-revendeurs ou par l'intermédiaire d'un mandataire, le certificat fiscal n'est délivré que si le demandeur justifie du régime de TVA appliqué par le titulaire du certificat d'immatriculation (n° 80455).

Par **dérogation** à cette règle, les certificats fiscaux des assujettis et personnes morales non assujetties (autres que les PBRD) peuvent être **visés par anticipation,** dès la réalisation de l'acquisition intracommunautaire et avant le dépôt de la déclaration périodique de TVA, lorsque les intéressés ont soit présenté une **caution** solvable solidaire agréée par l'administration, soit obtenu de l'administration une dispense de caution.

La caution est en principe afférente à une opération déterminée, mais elle peut porter, avec l'accord du redevable, sur l'ensemble des opérations réalisées au cours d'un mois, d'un trimestre ou d'une année déterminée. Sa durée est fixée à trois ans à compter de la date de l'opération ou à compter du terme de la période qu'elle couvre (BOI-TVA-SECT-70-30-20 nos 60 et 110).

La **dispense de caution,** dont la demande doit être présentée par lettre recommandée avec accusé de réception auprès des services fiscaux territorialement compétents, ne peut être accordée qu'aux demandeurs qui présentent des garanties suffisantes de solvabilité. L'administration statue sur la demande de dispense dans un délai de 30 jours ; l'absence de prise de position dans ce délai vaut accord tacite. Lorsqu'elle est accordée, la dispense vaut pour une durée de trois mois renouvelable par tacite reconduction. Si au cours de la période de validité de la dispense l'administration constate que le demandeur ne présente plus de garanties suffisantes de solvabilité, la dispense est rapportée. Cette décision, qui doit être motivée, est notifiée au demandeur (BOI précité nos 140 s.).

20980 Les assujettis qui ont obtenu une dispense de caution peuvent également solliciter une **dispense de certificat fiscal** pour les moyens de transport qu'ils destinent à la revente, lorsque le nombre de certificats à établir au cours d'une année représente une gêne marquée pour l'assujetti (ce peut être le cas, par exemple, des **professionnels de l'automobile**). L'absence de prise de position de l'administration dans un délai de 30 jours à compter de la réception de la demande vaut rejet. La dispense de certificat est établie pour la même durée que la dispense de caution (no 20975). Lorsqu'ils ont obtenu une telle dispense, les intéressés doivent tenir à l'appui de leur comptabilité un état récapitulant par année civile les véhicules ainsi dispensés de certificat fiscal. Lorsque les circonstances ou les éléments l'ayant conduit à accorder la dispense de certificat ne sont plus réunis ou lorsque les obligations particulières incombant aux bénéficiaires ne sont pas remplies, l'administration peut, indépendamment de la dispense de caution, rapporter la dispense de certificat. La dispense de certificat devient en tout état de cause caduque si la dispense de caution est rapportée (BOI-TVA-SECT-70-30-30 no 40).

RELEVÉ DÉTAILLÉ

20990 Outre le visa du certificat d'acquisition, les **redevables habituels** (ainsi que les personnes morales non assujetties, identifiées à la TVA) doivent joindre à leur déclaration de chiffre d'affaires un **relevé détaillé** (établi sur papier libre) indiquant, pour la période couverte par la déclaration, l'identification, le prix et la date de chacune de leurs acquisitions (taxables ou non) de moyens de transport (neufs ou d'occasion) en provenance d'un autre État membre (CGI ann. II art. 242 quaterdecies, 2o). Cette obligation n'est toutefois pas exigée des assujettis bénéficiant d'une dispense de certificat fiscal (voir no 20980) et des assujettis qui ne réalisent qu'une seule acquisition intracommunautaire de moyen de transport au cours de la période couverte par la déclaration (BOI-TVA-SECT-70-30-40 no 20).

c. Livraisons

21020 Les particuliers et les PBRD sont considérés comme des **assujettis occasionnels** lorsqu'ils procèdent à la livraison intracommunautaire d'un moyen de transport neuf.

La livraison est **exonérée** en application de l'article 298 sexies, II du CGI, mais ouvre droit pour le vendeur, dans les conditions décrites ci-après (nos 21040 s.), au **remboursement** de la TVA qu'il a supportée lors de l'achat, de l'importation ou de l'acquisition intracommunautaire de ce bien. Le remboursement est limité au montant de la taxe qui serait due si la livraison n'était pas exonérée.

Remarques : **1.** Les assujettis bénéficiant de la **franchise en base** (nos 47600 s.) sont soumis au régime ici décrit, pour leurs livraisons intracommunautaires de moyens de transport neufs. L'exonération de l'article 298 sexies, II du CGI s'applique également aux livraisons intracommunautaires de moyens de transport neufs effectuées par les **redevables habituels** de la TVA **à destination des particuliers ou des PBRD.**

2. Les particuliers et les PBRD procédant à la livraison intracommunautaire d'un moyen de transport neuf ne sont pas soumis à l'obligation du **numéro d'identification à la TVA** (no 44410, précision a).

FACTURATION

21030 Toute personne effectuant une livraison intracommunautaire d'un moyen de transport neuf doit obligatoirement délivrer à l'acquéreur (quelle que soit sa qualité) une **facture comportant** les noms et adresses du vendeur et de l'acquéreur, l'État membre de destination, l'identification complète du moyen de transport (nature, genre, marque, type et numéro de série, cylindrée, date de première mise en circulation, immatriculation), la date de la livraison, la distance parcourue, le prix de vente HT et la mention « Exonération de TVA, art. 298 sexies du CGI ».

> Précisions a. Pour les **assujettis occasionnels, l'acte de vente** peut être considéré comme une facture dès lors qu'il comporte l'ensemble des mentions requises (en ce sens BOI-TVA-SECT-70-20 n° 50).
b. Pour les livraisons entre **redevables habituels,** qui (comme indiqué au n° 20855) sont également concernées par cette obligation de facturation, les éléments d'identification des moyens de transport peuvent être portés sur des documents annexés à la facture. Dans la mention « Exonération de TVA », on se réfère alors à l'article 262 ter (au lieu de 298 sexies) du CGI (BOI-TVA-SECT-70-20 n°s 40 et 90).
Pour les livraisons qu'ils effectuent à destination de personnes non identifiées à la TVA, les redevables habituels doivent, afin de justifier de l'exonération, conserver une copie d'une pièce d'identité de l'acquéreur et d'un document justifiant d'un domicile ou d'un établissement hors de France (BOI-TVA précité n° 40).

DROIT À DÉDUCTION OU À REMBOURSEMENT

Pour les **redevables habituels** de la TVA, la déduction de la taxe ayant grevé le moyen de transport neuf faisant l'objet de la livraison intracommunautaire est opérée (par imputation ou remboursement) dans les conditions de droit commun. **21040**

Les **assujettis occasionnels** (particuliers et PBRD) peuvent, quant à eux, en application de l'article 298 sexies, V du CGI, obtenir le remboursement de la TVA qu'ils ont eux-mêmes acquittée au titre de l'achat, de l'importation ou de l'acquisition intracommunautaire du moyen de transport neuf. Le remboursement ne peut excéder le montant de TVA qui serait due si la livraison n'était pas exonérée. **21045**

Le droit à remboursement prend naissance au moment de la livraison du bien. Il peut être exercé **jusqu'au 31 décembre de la deuxième année** qui suit celle de la livraison (BOI-TVA-SECT-70-20 n° 150).

> Précisions En vertu de l'article 242 duodecies de l'annexe II au CGI, la **demande de remboursement** est établie sur **papier libre** conformément au modèle fixé par l'administration. Elle est déposée auprès du service des impôts dans le ressort duquel est situé le siège de l'activité ou, à défaut, le domicile.
Le demandeur doit établir que le moyen de transport est affecté aux besoins d'un résident d'un autre État membre (attestation d'immatriculation du véhicule ou du paiement de la TVA dans l'État membre de destination).
Le remboursement est en outre subordonné à la production, à l'appui de la demande :
a. Du document justifiant que le demandeur a précédemment acquitté la TVA sur le moyen de transport neuf qu'il vend : facture d'achat, déclaration d'importation ou document en tenant lieu, certificat délivré par l'administration des impôts dans les conditions prévues à l'article 242 quaterdecies de l'annexe II au CGI ;
b. De la facture de vente établie par le demandeur, conformément à l'article 242 undecies de l'annexe II au CGI ;
c. De l'original ou d'une copie certifiée :
– du certificat d'immatriculation annotée conformément à la réglementation applicable en matière d'immatriculation des véhicules terrestres à moteur,
– du certificat de radiation de l'immatriculation pour les aéronefs et les bateaux destinés à la navigation intérieure,
– du certificat de radiation de la francisation pour les autres bateaux.

2. OPÉRATIONS TRIANGULAIRES

Est ainsi qualifiée l'opération dans laquelle un assujetti A, identifié dans un État membre 1 de l'UE, vend un bien meuble corporel à un assujetti B, identifié pour cette opération dans un État membre 2, qui revend ce bien à un client C identifié dans un État membre 3, le bien étant directement expédié ou transporté de l'État membre 1 dans l'État membre 3. **21100**

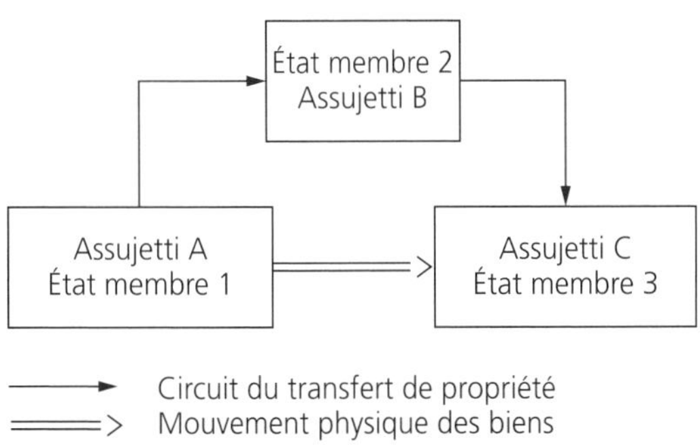

a. Principes

21120 Les opérations triangulaires suivent les **règles de territorialité** applicables aux livraisons de biens expédiés ou transportés et aux acquisitions intracommunautaires de biens :

– le lieu de la livraison des biens expédiés ou transportés par le vendeur, par l'acquéreur ou pour leur compte, est situé dans l'État membre de départ de l'expédition ou du transport ;

– le lieu de l'acquisition intracommunautaire de biens expédiés ou transportés par le vendeur, par l'acquéreur ou pour leur compte, est situé dans l'État membre d'arrivée de l'expédition ou du transport.

Les principes d'imposition des opérations intracommunautaires impliquent, normalement, que l'acheteur-revendeur B soit identifié soit dans l'État membre 1 (à partir duquel il réalise alors une livraison intracommunautaire exonérée à destination du client C), soit dans l'État membre 3 (dans lequel il réalise alors une acquisition intracommunautaire, suivie d'une livraison interne TTC au client C). L'identification à la TVA de l'acheteur-revendeur B dans l'État membre 1 ou dans l'État membre 3 ne relève pas en principe d'un choix que celui-ci pourrait opérer, contrairement à ce que laisse entendre la doctrine administrative (voir à cet égard les exemples ci-après), mais dépend du moment auquel intervient le transfert, par B à C, du pouvoir de disposer du bien comme un propriétaire (sous réserve toutefois du cas particulier prévu par l'article 36 bis de la directive TVA transposé à l'article 262 ter, I-1° bis du CGI : nos 20445 s.). En effet, et sauf application de l'article 36 bis précité, dans le cas des ventes en chaîne intracommunautaires, la Cour de justice considère que l'acheteur-revendeur B ne peut être considéré comme réalisant une acquisition intracommunautaire dans l'État membre 3 (impliquant son identification dans cet État membre et ayant pour corollaire une livraison intracommunautaire exonérée effectuée par A) que si le transfert de ce pouvoir a lieu après la réalisation du transport intracommunautaire (notamment CJUE 26-7-2017 aff. 386/16 : RJF 11/17 n° 1141 ; CJUE 21-2-2018 aff. 628/16 : RJF 5/18 n° 566).

Dans ce cadre, les assujettis qui réalisent des opérations situées en France doivent alors remplir les obligations fiscales leur incombant, notamment souscription de la déclaration de chiffre d'affaires (CGI art. 287) et de l'état récapitulatif des clients. Lorsque ces assujettis sont établis dans un pays tiers n'ayant pas conclu de convention d'assistance au recouvrement des créances fiscales avec la France, ils doivent désigner un représentant fiscal qui s'engage à remplir les formalités leur incombant et à acquitter la taxe en leur lieu et place ; lorsqu'ils sont établis dans l'UE ou dans un pays tiers ayant conclu une telle convention avec la France, ils doivent s'identifier à la TVA en France.

EXEMPLES

1. Bien expédié ou transporté hors de France à destination d'un autre État membre. Un bien est vendu par un assujetti français à un assujetti belge qui le revend à un assujetti allemand, le transport (ou l'expédition) étant réalisé directement de France en Allemagne. Selon la doctrine administrative (BOI-TVA-CHAMP-20-40 nos 20 s.), l'acquéreur belge a le choix entre deux possibilités (sur l'existence même d'un tel choix, voir toutefois les indications ci-dessus) :

– il fournit au vendeur français son numéro d'identification à la TVA en Allemagne. Le vendeur français réalise une livraison intracommunautaire de biens à destination de l'Allemagne, exonérée en application de l'article 262 ter, I du CGI ;

– il ne fournit pas au vendeur français un numéro d'identification à la TVA dans un autre État membre. La livraison réalisée par l'assujetti français est située en France, conformément à l'article 258, I du CGI. Elle est soumise à la TVA, sauf application de la procédure d'achats en franchise.

L'assujetti belge réalise ensuite une livraison intracommunautaire du bien à destination de l'Allemagne exonérée si les conditions de l'article 262 ter, I-1° sont réunies. Dans l'hypothèse où l'acquéreur belge fournit au vendeur français son numéro d'identification à la TVA en France, le traitement fiscal des opérations est identique.

2. Bien expédié ou transporté à partir d'un État membre à destination de la France. Un bien est vendu par un assujetti italien à un assujetti luxembourgeois qui le revend à un assujetti français, le transport ou l'expédition étant réalisé directement d'Italie en France. Selon la doctrine administrative (BOI-TVA-CHAMP-20-40 nos 60 s.), deux hypothèses peuvent être envisagées (sur l'existence même du choix envisagé ci-après, voir toutefois les indications ci-dessus).

Première hypothèse L'acquéreur luxembourgeois fournit au vendeur italien son numéro d'identification à la TVA en France. L'assujetti italien réalise une livraison intracommunautaire de biens à destination de la France, exonérée conformément à l'article 138 de la directive TVA.

L'assujetti luxembourgeois effectue une acquisition intracommunautaire de biens, située en France, conformément à l'article 258 C du CGI. En conséquence, il doit soumettre cette opération à la TVA. Il réalise ensuite une livraison de biens située en France en application de l'article 258 du CGI. Cette livraison est soumise à la TVA, la taxe qui a grevé l'acquisition étant déductible selon les règles de droit commun.

Seconde hypothèse L'acquéreur luxembourgeois fournit au vendeur italien son numéro d'identification à la TVA en Italie. La livraison réalisée par l'assujetti italien est située en Italie en application de l'article 31 de la directive TVA.
L'assujetti luxembourgeois réalise ensuite une livraison intracommunautaire à destination de la France, exonérée lorsque les conditions prévues à l'article 138 de la directive TVA sont réunies. L'assujetti français réalise une acquisition intracommunautaire de biens située en France en application de l'article 258 C du CGI. En conséquence, il doit soumettre cette opération à la TVA.

b. Simplifications

L'article 141 de la directive TVA (transposé à l'article 258 D du CGI) a prévu toutefois une **mesure de simplification** pour des opérations qui mettent en relation **trois opérateurs identifiés** à la TVA **dans trois États membres différents.** Cette mesure de simplification ne s'applique pas lorsque l'assujetti B : 21130

– est établi dans un pays tiers et n'est pas identifié à la TVA dans un État membre de l'UE ;

– est établi sur le territoire de l'État membre où se situe l'acquisition intracommunautaire de biens ;

– établi dans l'UE, est identifié à la TVA dans plusieurs États membres et qu'il utilise pour l'acquisition en cause le numéro d'identification à la TVA délivré par l'État membre de départ ou d'arrivée des biens (BOI-TVA-CHAMP-20-40 nos 130 et 140).

Selon la doctrine administrative (BOI précité n° 150), l'application de cette mesure de simplification place l'assujetti-revendeur B dans la deuxième hypothèse visée au n° 21120 (acquisition intracommunautaire dans l'État membre 3, suivie d'une livraison interne au client C soumise à la TVA), celui-ci étant **dispensé du paiement de la taxe.** Mais, comme nous l'avons vu au n° 21120, il n'existe pas en la matière de véritable choix pour l'assujetti-revendeur B, l'État membre dans lequel celui-ci doit être identifié dépendant en principe du moment auquel intervient le transfert, de B à C, du pouvoir de disposer du bien comme un propriétaire, sauf application de l'article 36 bis de la directive TVA (nos 20445 s.).

La simplification consiste à **dispenser** l'acheteur-revendeur B du **paiement de la taxe** sur les opérations qu'il réalise dans l'État membre 3 et, par suite, de s'y faire identifier à la TVA, le client C étant alors redevable de la taxe afférente à la livraison consécutive réalisée par B dans cet État membre. Trois hypothèses sont envisagées ci-après selon que la France est l'État membre 1, 2 ou 3.

Signalons que la mesure de simplification n'est **pas obligatoire** et que les entreprises peuvent choisir l'application du régime décrit au n° 21120.

BIEN EXPÉDIÉ OU TRANSPORTÉ À PARTIR D'UN ÉTAT MEMBRE 1 À DESTINATION DE LA FRANCE (ÉTAT 3)

L'hypothèse est la suivante : 21140

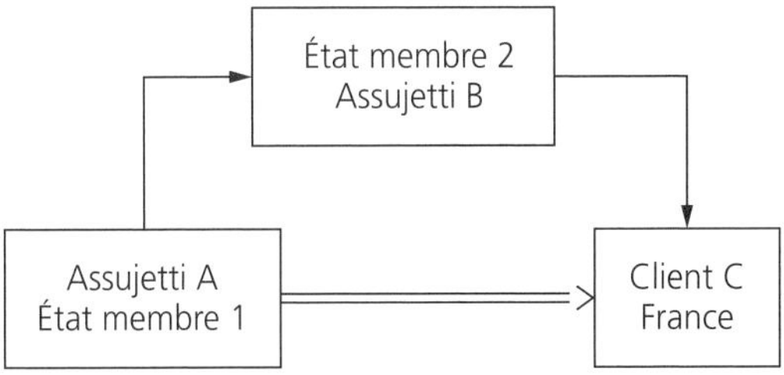

Dans cette hypothèse, sous réserve de respecter les conditions décrites ci-après (n° 21145), l'assujetti B n'a aucune obligation en France : l'acquisition intracommunautaire réalisée en France par cet assujetti identifié dans l'État membre 2 n'est pas soumise à la TVA ; cet assujetti n'est pas recherché en paiement pour sa livraison consécutive et, par suite, il n'a pas à s'identifier à la TVA en France.

La **TVA** afférente à la livraison consécutive faite au profit du client C par l'assujetti B est **due par ce client.** L'assujetti B reste toutefois solidairement tenu avec le client au paiement de la taxe (CGI art. 283, 2 ter).

> **Précisions** Le **client** doit mentionner cette livraison sur sa **déclaration de chiffre d'affaires** comme s'il s'agissait d'une acquisition intracommunautaire, au titre de la période d'imposition au cours de laquelle la taxe sur cette livraison est devenue exigible.

21145 Pour bénéficier de la mesure de simplification, les conditions suivantes doivent être réunies (CGI art. 258 D, I) :

– l'assujetti B ne doit pas être établi ou identifié en France, ou y avoir désigné un représentant fiscal en application de l'article 289 A, I du CGI ;

– l'acquisition intracommunautaire est effectuée pour les besoins d'une livraison consécutive du même bien, située en France, et réalisée par B ;

– le bien est expédié ou transporté directement, à partir d'un État membre et l'assujetti B a recours au numéro d'identification à la TVA délivré par un autre État membre que celui de départ et d'arrivée des biens ;

– le client C, destinataire de la livraison consécutive, est un assujetti ou une personne morale non assujettie identifiée à la TVA en France ;

– l'assujetti B s'assure qu'une facture hors taxe est délivrée au client C qui comporte : son numéro d'identification à la TVA dans l'État membre 2 ; le numéro d'identification à la TVA en France du client C ; la mention requise par l'article 258 D, I-4°-c du CGI « Application de l'article 141 de la directive 2006/112/CE du Conseil du 28 novembre 2006 » (selon le CGI, cette mention conditionne, en effet, l'absence d'imposition à la TVA de l'acquisition intracommunautaire réalisée en France par l'assujetti B, alors même qu'elle n'est pas prévue par la directive TVA).

BIEN EXPÉDIÉ OU TRANSPORTÉ À PARTIR D'UN ÉTAT MEMBRE 1 À DESTINATION D'UN AUTRE ÉTAT MEMBRE 3, L'ASSUJETTI B ÉTANT IDENTIFIÉ À LA TVA EN FRANCE (ÉTAT 2)

21155 L'hypothèse est la suivante :

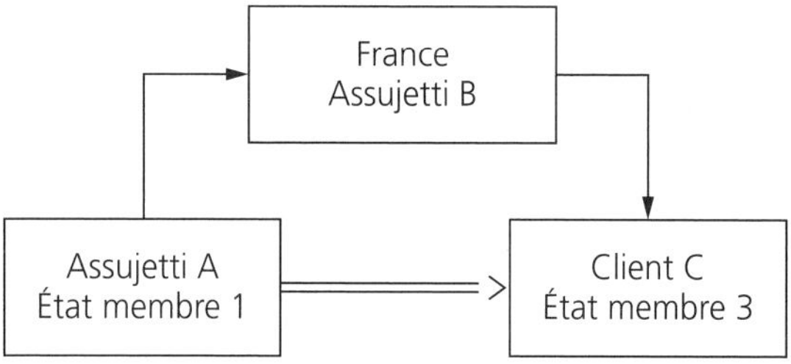

La mesure de simplification permet, dans cette hypothèse, d'écarter l'application du mécanisme dit du « **filet de sécurité** » (n° 19455). Afin de justifier de la non-application de ce mécanisme, il est recommandé à l'assujetti B d'annoter la facture qui lui a été adressée par son vendeur A d'une mention signalant que cette facture est relative à une opération triangulaire traitée selon les dispositions décrites aux nos 21160 s. ci-après (BOI-TVA-CHAMP-20-40 n° 250).

21160 Pour bénéficier de la mesure de simplification (transposée pour ce cas au II de l'article 258 D du CGI), les **conditions** suivantes doivent être réunies selon la doctrine administrative (BOI-TVA-CHAMP-20-40 n° 240) :

– l'assujetti B doit être établi ou identifié en France ou y avoir désigné un représentant ;

– il n'est pas établi dans l'État membre 3 ;

– l'acquisition intracommunautaire réalisée par B dans l'État membre 3 est effectuée pour les besoins d'une livraison consécutive du même bien située dans l'État membre 3 ;

– le bien est expédié ou transporté directement de l'État membre 1 dans l'État membre 3, chez le client C ;

– le client C, destinataire de la livraison consécutive, est un assujetti ou une personne morale non assujettie identifiée à la TVA dans l'État membre 3 ;

– l'assujetti B doit s'assurer qu'une **facture** a été délivrée à son client C, laquelle doit comporter son numéro d'identification à la TVA en France, le numéro d'identification à la TVA du client C dans l'État membre 3 et la mention « Application de l'article 141 de la directive 2006/112/CE du 28 novembre 2006 » ;

– l'assujetti B doit souscrire un **état récapitulatif des clients** (nos 21500 s.) sur lequel il indique son numéro d'identification à la TVA en France, le numéro d'identification à la TVA du client C, le code régime 31 (refacturation dans le cadre d'une opération triangulaire) et le montant total hors taxe de la livraison de biens effectuée au profit du client C établi dans l'État membre 3 (BOI-TVA-DECLA-20-20-40 nos 55 et 90).

L'acquisition intracommunautaire effectuée par l'assujetti B, établi ou identifié à la TVA en France, dans l'État membre 3 n'est pas soumise à la TVA. Le client C est le **redevable légal** de la taxe due au titre de la livraison consécutive dans cet État. **21165**

L'assujetti B n'a pas à déclarer en France l'opération sur sa **déclaration de chiffre d'affaires.**

BIEN EXPÉDIÉ OU TRANSPORTÉ À PARTIR DE LA FRANCE (ÉTAT 1) À DESTINATION DE L'ÉTAT MEMBRE 3

L'hypothèse est la suivante : **21175**

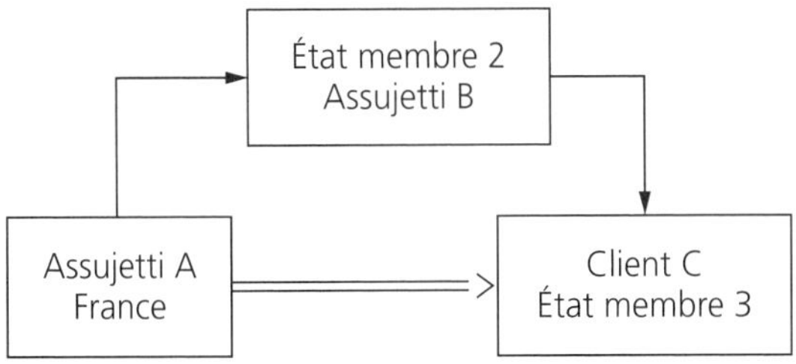

L'assujetti A identifié à la TVA en France réalise une livraison intracommunautaire exonérée lorsque les conditions requises sont réunies (n° 20350). **21180**

Il doit déclarer cette expédition sur son **état récapitulatif des clients** (nos 21500 s.) en indiquant notamment, sous le code régime 21 (livraison exonérée en France et taxable dans l'État membre d'arrivée), le numéro d'identification à la TVA que lui a fourni son client dans l'État membre 2 et non pas le numéro du destinataire (client C dans l'État membre 3) du bien expédié (BOI-TVA-DECLA-20-20-40 n° 90).

Il doit également mentionner cette livraison sur sa **déclaration de chiffre d'affaires.**

3. TRAVAUX ET EXPERTISES SUR BIENS MEUBLES CORPORELS : MESURES DE SIMPLIFICATION

Les États membres sont convenus d'appliquer des mesures de simplification aux prestations de services (travaux et expertises) portant sur des biens meubles corporels afin d'éviter d'appliquer, dans certaines situations précises, le mécanisme des transferts-affectations. **21220**

Ces mesures permettent donc, dans les cas expressément visés ci-après aux nos 21225 s., de dispenser le donneur d'ordre, assujetti établi dans un État membre de l'UE, de se faire identifier dans chaque État membre où sont effectués les travaux et expertises et, partant, de ne **pas** faire **application du mécanisme des transferts-affectations** décrit aux nos 19890 s. et nos 20500 s.

Les mesures de simplification s'appliquent dans les **quatre cas** suivants : **21225**

– le donneur d'ordre fait réaliser dans le même État membre deux prestations de services successives (travail et/ou expertise) par deux prestataires ;

– le donneur d'ordre fait réaliser dans deux États membres deux prestations de services successives (travail et/ou expertise) ;

– le donneur d'ordre achète le bien dans un État membre et fait réaliser la prestation (travaux ou expertise) dans ce même État ;

– le donneur d'ordre achète les biens dans un État membre et fait réaliser la prestation de services (travaux ou expertise) dans un autre État membre.

Dans toutes ces hypothèses :

– le bien, objet des prestations, doit en définitive être expédié ou transporté à destination de l'État membre qui a attribué au donneur d'ordre le numéro d'identification sous lequel le service lui a été rendu. Ainsi, aucune mesure de simplification ne peut être appliquée si le **donneur d'ordre** n'est pas **identifié** à la TVA dans l'**État membre d'arrivée** du bien ;

– si le bien n'est pas matériellement fourni au prestataire par le donneur d'ordre mais directement par le fournisseur de ce dernier, le **transfert de propriété entre** le **vendeur du bien et** le **donneur d'ordre** doit intervenir avant la délivrance matérielle du bien au prestataire (BOI-TVA-CHAMP-10-10-50-40 nos 80 et 90).

21230 Nous envisageons ci-après (nos 21260 s.) les deux hypothèses suivantes : donneur d'ordre établi en France et vendeur des biens établi en France.

a. Donneur d'ordre établi en France

21260 Il est admis que le donneur d'ordre puisse expédier ou faire expédier le bien ayant fait l'objet de travaux ou d'expertise directement chez le client établi ou domicilié en France (n° 20590) (BOI-TVA-CHAMP-10-10-50-40 n° 100).

LE BIEN EXPÉDIÉ À PARTIR DE FRANCE FAIT L'OBJET DE PRESTATIONS SUCCESSIVES

21270 Deux prestations de services sont successivement réalisées dans un autre État membre ou dans deux États membres différents.

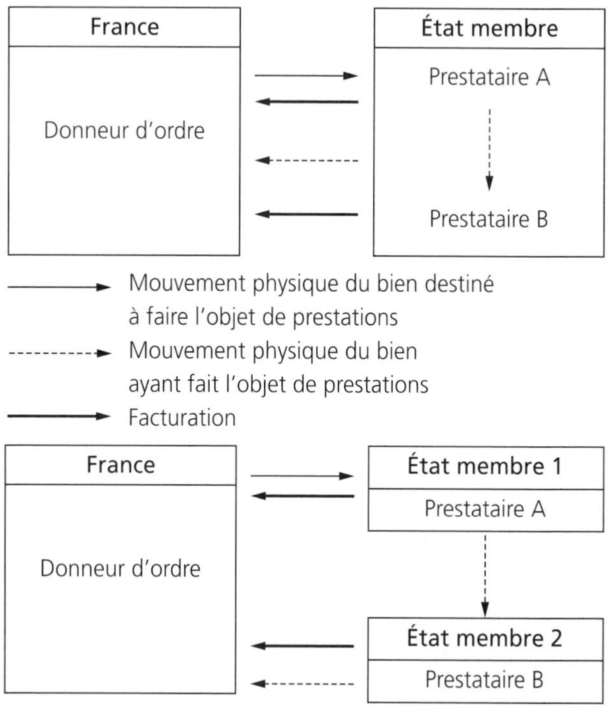

21275 Dans les situations visées ci-dessus, les **prestations** de services de travaux et expertises sont **situées en France** en application de l'article 259, 1° du CGI.

Le donneur d'ordre doit **autoliquider** la taxe due au titre de chacune des prestations sur sa **déclaration de chiffre d'affaires** (CGI art. 283, 2).

Les **factures** fournies par les prestataires A et B doivent être émises conformément aux règles en vigueur dans l'État membre où ils sont établis sauf mandat de facturation confié au donneur d'ordre.

Le donneur d'ordre doit annoter le **registre** mentionné au n° 20630 et l'apurer au retour des biens.

LE BIEN N'EST PAS EXPÉDIÉ À PARTIR DE FRANCE

Le vendeur du bien et le prestataire sont établis dans le même État membre ou dans deux États **21285**
membres différents.

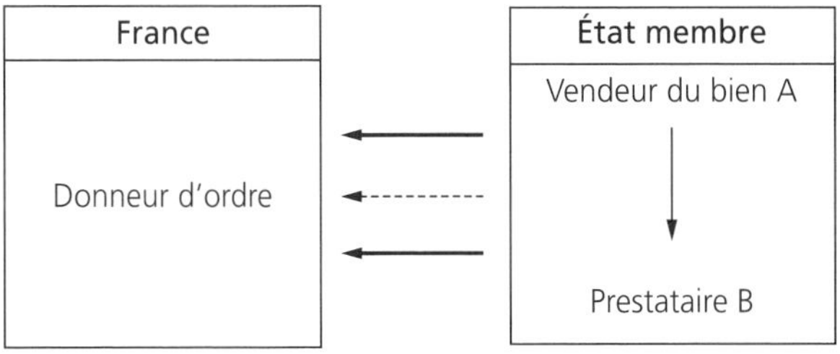

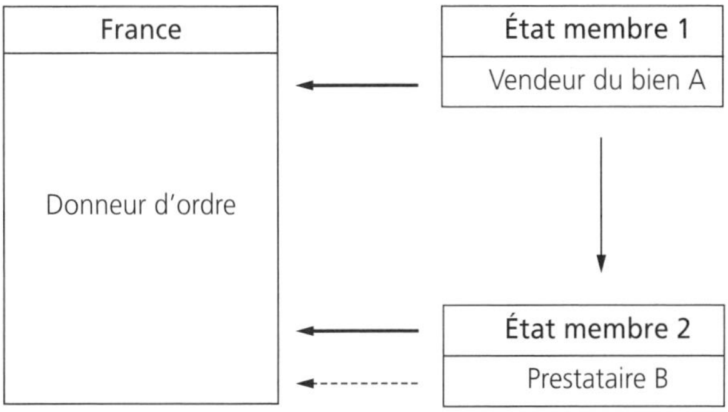

Dans les situations visées ci-dessus, le **donneur d'ordre** réalise une **acquisition intracommunautaire** taxable en France (nº 19450). **21290**

La **prestation** de services est **située en France** en application de l'article 259, 1° du CGI.

Le donneur d'ordre doit **autoliquider** distinctement sur sa **déclaration de chiffre d'affaires** la taxe due au titre de l'acquisition intracommunautaire (CGI art. 283, 2 bis) et celle due au titre de la prestation de services (CGI art. 283, 2).

Les **factures** émises par le vendeur du bien et le prestataire doivent, sauf mandat de facturation confié au donneur d'ordre, être émises conformément aux règles en vigueur dans l'État membre dans lequel ils sont établis.

Le **registre** des biens décrit au nº 20630 n'a pas à être servi.

b. Vendeur du bien établi en France

Le dispositif décrit ci-après n'est pas applicable lorsque le donneur d'ordre est établi ou identifié **21320**
en France ou y a désigné un représentant fiscal.

LA PRESTATION N'EST EXÉCUTÉE NI EN FRANCE NI DANS L'ÉTAT DU DONNEUR D'ORDRE

Les opérations sont réalisées dans les conditions suivantes : **21330**

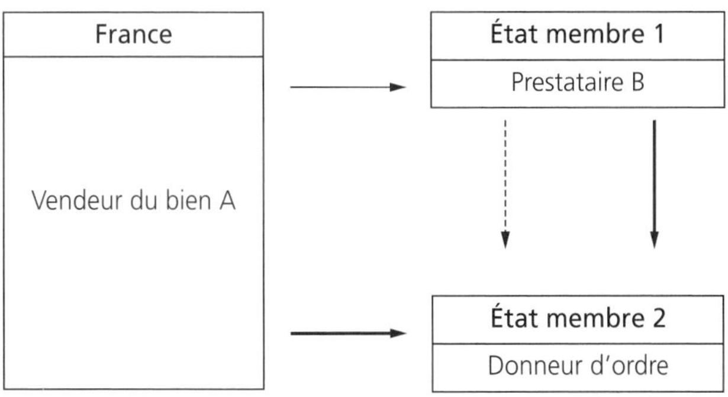

Dans la situation visée ci-dessus, le vendeur du bien effectue une **livraison intracommunautaire** **21335**
exonérée lorsque les conditions mentionnées au nº 20350 sont respectées.

Il mentionne cette livraison intracommunautaire sur sa **déclaration de chiffre d'affaires** et délivre une **facture** sans TVA comportant la mention « Exonération TVA, art. 262 ter, I du CGI ». Il souscrit un **état récapitulatif des clients** (nos 21500 s.) en utilisant le code régime 21 (livraison exonérée en France et taxable dans l'État membre d'arrivée).

LA PRESTATION EST EXÉCUTÉE EN FRANCE

21345 Les opérations sont réalisées dans les conditions suivantes :

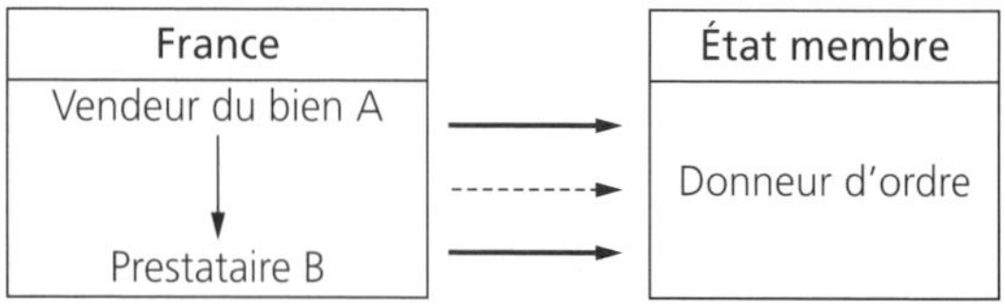

21350 Dans la situation visée ci-dessus, il est admis que le **vendeur** effectue une **livraison intracommunautaire** exonérée dès lors que le donneur d'ordre lui a fourni son numéro d'identification à la TVA dans l'autre État membre et qu'il apporte la preuve de l'expédition ou du transport des biens chez le prestataire puis à destination du donneur d'ordre.

Le vendeur du bien établi en France mentionne cette livraison intracommunautaire sur sa **déclaration de chiffre d'affaires** et délivre une **facture** sans TVA comportant la mention « Exonération TVA, art. 262 ter, I du CGI ». Il souscrit un **état récapitulatif des clients** (nos 21500 s.) en utilisant le code régime 31 (facturation de matériaux à un donneur d'ouvrage établi dans un autre État membre, les matériaux faisant l'objet d'une prestation de services en France).

Le **prestataire** établi en France réalise une **opération** qui n'est **pas située en France** en application de l'article 259, 1° du CGI. Il délivre une facture sans TVA et y indique que l'opération bénéficie d'un régime d'autoliquidation de la taxe par le donneur d'ordre (mention « Autoliquidation », si ce sont les règles françaises de facturation qui s'appliquent). Il doit souscrire une **déclaration européenne des services** (voir nos 24680 s.).

Si l'opération constitue un travail à façon, il doit annoter le **registre** des façonniers, mentionné au n° 36810, des matériaux reçus du fournisseur et l'apurer lors du renvoi du bien façonné au donneur d'ouvrage.

4. AUTRES MESURES PARTICULIÈRES

21400 Les dispositions mentionnées ci-après résultent de mesures de simplification prévues pour certains contrats passés dans le cadre des échanges intracommunautaires.

STOCKS SOUS CONTRAT DE DÉPÔT

21410 Le régime des stocks sous contrat de dépôt désigne une situation dans laquelle un assujetti expédie ou transporte des biens vers un stock situé dans un autre État membre, qui sont destinés à un acquéreur dont l'identité et le numéro d'identification TVA sont connus au moment du transport ou de l'expédition et qui a le droit de prélever des biens dans son stock à sa discrétion, la propriété des biens étant transférée au moment du prélèvement (Notes explicatives décembre 2019 n° 2.2).

Sont concernés par ce régime les **ventes dites « en consignation »** qui se caractérisent par le fait que le fournisseur place chez son client, qui peut être un commissionnaire à la vente, des biens qui deviennent la propriété de ce dernier au moment où celui-ci les revend lui-même en l'état à un sous-acquéreur, ainsi que les **transferts de stocks,** dans le cadre d'un contrat de dépôt, par un fournisseur dans les locaux d'un client qui les prélève au fur et à mesure des ses besoins pour les intégrer dans son processus de fabrication, le transfert de propriété n'intervenant qu'au moment de ce prélèvement (BOI-TVA-CHAMP-10-10-40-10 n° 450 ; BOI-TVA-CHAMP-10-10-40-20 n° 326).

Une **mesure de simplification harmonisée,** obligatoire pour tous les États membres et pour tous les assujettis, est prévue par l'article 17 bis de la directive TVA (transposé à l'article 256, III bis du CGI), pour les stocks sous contrat de dépôt intracommunautaires, qui permet, lorsque certaines conditions sont réunies, de ne pas faire application du régime des transferts/affectations (nos 19890 s. et 20500 s.).

La mesure de simplification s'applique lorsque les **conditions** suivantes sont réunies :

– les biens sont expédiés ou transportés par le fournisseur assujetti (ou par un tiers pour son compte) vers un autre État membre afin d'y être livrés à un stade ultérieur et après leur arrivée, à un client assujetti qui pourra en disposer comme un propriétaire en vertu d'un accord existant entre le fournisseur et son client ;

– le fournisseur n'est pas établi ou ne dispose pas d'un établissement stable dans l'État membre d'arrivée des biens (en revanche, le régime s'applique lorsque le fournisseur est identifié dans l'État membre d'arrivée sans y être établi) ;

– le client est identifié à la TVA dans l'État membre d'arrivée des biens et il a communiqué son identité et ce numéro d'identification TVA au fournisseur au moment du départ de l'expédition ou du transport ;

– le fournisseur inscrit le transfert des biens dans un registre (n° 21420) et indique l'identité et le numéro d'identification TVA de son client dans l'état récapitulatif des biens (nos 21500 s.) (BOI-TVA-CHAMP-10-10-40-10 n° 400 ; BOI-TVA-CHAMP-10-10-40-20 n° 322).

> **Précisions** **a.** Dans la mesure où ce régime s'applique de manière obligatoire, les fournisseurs ne peuvent échapper à cette mesure de simplification que s'ils ne respectent pas l'ensemble des conditions requises.
> **b.** L'expédition, ou le transport, par le fournisseur vers l'autre État membre doit être portée sur l'**état récapitulatif des clients** (nos 21500 s.) au titre du mois de l'expédition ou du transport du bien avec l'indication du code régime 20 (cas des transferts de stocks sous contrat de dépôt, sans transfert de propriété) et du numéro d'identification à la TVA de son client, sans indication de la valeur des biens transférés (BOI-TVA-CHAMP-10-10-40-10 n° 410).
> Dans les situations où un commettant établi en France envoie des biens sous le régime des stocks sous contrat de dépôt chez un **intermédiaire à la vente,** ou commissionnaire agissant en son nom propre, établi dans un autre État membre de l'UE, c'est le numéro d'identification à la TVA de cet intermédiaire opaque qu'il doit indiquer sur l'état récapitulatif (BOI-TVA-DECLA-20-20-40 n° 97).
> Ultérieurement, lorsque le prélèvement dans le stock se produit, le fournisseur doit mentionner la livraison intracommunautaire exonérée sur sa **déclaration de TVA** déposée au titre de la période concernée et inclure la transaction dans son état récapitulatif des clients, sous le code régime 21 (livraison exonérée en France et taxable dans l'État membre d'arrivée), en mentionnant le numéro de TVA de l'acquéreur ainsi que le montant de l'opération (BOI précités).
> **c.** Le fournisseur doit établir une **facture** pro forma au moment du départ de l'expédition ou du transport des biens dans l'autre État membre de l'UE. La facture mentionnée à l'article 289 du CGI doit être établie au moment de la réalisation du fait générateur de cette livraison intracommunautaire (BOI-TVA-CHAMP-10-10-40-10 n° 410).

Lorsque les conditions mentionnées au n° 21410 sont remplies, l'assujetti qui procède à l'expédition ou au transport d'un bien de son entreprise dans un autre État membre sous ce régime ne réalise pas un transfert des biens assimilé à une livraison de biens pas plus qu'une affectation intracommunautaire dans l'État membre d'arrivée. Les règles suivantes s'appliquent **lors du transfert du pouvoir de disposer des biens comme un propriétaire** au client, pour autant que le transfert ait lieu **dans les 12 mois** suivant l'arrivée des biens dans l'État membre où ils sont stockés : **21415**

– le fournisseur est réputé effectuer une **livraison intracommunautaire** exonérée dans l'État membre de départ de l'expédition ou du transport ;

– le client est réputé effectuer une acquisition intracommunautaire taxable dans l'État membre d'arrivée.

Dans le délai de 12 mois susvisé, le fournisseur a la possibilité, sans être tenu de déclarer un transfert au titre de l'expédition ou du transport des biens :

– de **remplacer le client par un autre,** pour autant que toutes les autres conditions requises pour l'application de la mesure de simplification demeurent remplies et que ce remplacement soit inscrit par le fournisseur dans le registre des stocks sous contrat de dépôt, étant précisé que la substitution n'a aucune incidence sur le décompte de la période de 12 mois initiée lors de l'arrivée des biens qui poursuit son cours. Le fournisseur doit également indiquer dans l'état récapitulatif des clients (nos 21500 s.), au titre du mois de remplacement, sous le code régime 20 (cas des transferts de stocks sous contrat de dépôt, sans transfert de propriété), le numéro de TVA du nouveau destinataire ;

– ou de **renvoyer les biens** dans l'État membre de départ lorsque le droit d'en disposer comme un propriétaire n'a pas été transféré, à condition que le retour soit inscrit dans le registre des stocks sous contrat de dépôt tenu par le fournisseur et que ce dernier indique sur son état récapitulatif des clients (nos 21500 s.), sous le code régime 10 (correction de l'état récapitulatif initialement déposé avec la modalité 20 du code régime en cas de retour de stock, sans transfert de propriété dans un délai de 12 mois), le numéro d'identification à la TVA de l'assujetti auquel ces biens sont destinés avec une mention de renvoi (BOI-TVA-CHAMP-10-10-40-10 n° 420 ; BOI-TVA-DECLA-20-20-40 n° 97).

Le fournisseur est, en revanche, tenu de déclarer un transfert/affectation intracommunautaire :

– au moment où, **dans le délai de 12 mois, une des conditions** d'application de la mesure de simplification **cesse d'être remplie** (voir précision b ci-dessous) ;

– le jour suivant l'**expiration de ce délai** pour les biens restant en stock.

Dans les deux hypothèses visées ci-dessus, le fournisseur établi en France doit renseigner l'état récapitulatif sous le code régime 21 (livraison exonérée en France et taxable dans l'État membre d'arrivée) en indiquant son propre numéro d'identification à la TVA dans l'État membre où ces biens sont entreposés (BOI-TVA-DECLA-20-20-40 n° 97).

> **Précisions** **a.** Pour la computation de la période de 12 mois, la date d'arrivée s'entend de la **date d'arrivée des biens** dans leur lieu de stockage dans l'État membre de destination. La période de 12 mois débute à la première heure du premier jour de la période et prend fin à l'expiration de la dernière heure du jour correspondant à la date à laquelle la période débute. À cet effet, « le **premier jour de la période** » correspond au jour suivant le jour où l'arrivée des biens a eu lieu.
> Pour le cas de biens « en vrac », il convient de retenir la méthode « first in-first out ». À cet égard, la période de 12 mois doit être déterminée individuellement pour chaque acquéreur destinataire de biens (BOI-TVA-CHAMP-10-10-40-10 n° 430).
> **b.** Les **conditions** d'application de la mesure de simplification sont considérées comme **cessant d'être remplies** :
> – en cas de livraison des biens à un client autre que le client initial identifié sans inscription de la modification dans le registre tenu par le fournisseur, immédiatement avant cette livraison (entendu comme le jour où la livraison est effectuée) ;
> – en cas de transport ou d'expédition des biens vers un pays autre que celui dans lequel ils ont été stockés, immédiatement avant le début de ce transport ou de cette expédition ;
> – en cas de destruction, perte ou vol des biens, à la date à laquelle l'événement est intervenu ou, si cette date est impossible à déterminer, à la date à laquelle il a été constaté que les biens étaient détruits ou manquants. Toutefois, de faibles pertes de biens (inférieures à 5 % de la valeur ou du volume des stocks totaux) découlant de la nature même des biens (biens périssables), d'un cas fortuit ou par suite d'une autorisation ou d'une instruction des autorités compétentes ne remettent pas en cause l'application de la mesure de simplification (BOI-TVA-CHAMP-10-10-40-10 n° 440).

21420 Le **registre** des stocks sous contrat de dépôt tenu par le **fournisseur** doit contenir les informations suivantes (Règl. UE/282/2011 art. 54 bis, 1 ; CGI ann. IV art. 41 bis A, 1°) :

– l'État membre à partir duquel les biens ont été expédiés ou transportés et la date d'expédition ou de transport ;

– le numéro d'identification TVA du client auquel les biens sont destinés, attribué par l'État membre d'arrivée des biens ;

– l'État membre vers lequel les biens sont expédiés ou transportés, le numéro d'identification TVA de l'entrepositaire, l'adresse de l'entrepôt, la date d'arrivée des biens dans l'entrepôt ainsi que leur valeur, leur description et leur quantité ;

– le numéro d'identification TVA du client qui remplace le client initial dans l'État membre d'arrivée des biens ;

– le montant de la livraison intracommunautaire au client ou à son remplaçant, la description des biens, la quantité livrée, la date de la livraison et le numéro d'identification TVA de l'acquéreur ;

– le montant du transfert intracommunautaire quand une des conditions requises cesse d'être remplie dans le délai de 12 mois, la description des biens et la quantité, la date de survenance et la justification correspondante ;

– la valeur, la description, la quantité et la date de renvoi des biens retournés dans l'État membre de départ dans le délai de 12 mois.

21425 Le **client** auquel sont livrés des biens sous le régime des stocks sous contrat de dépôt doit également tenir un **registre,** lequel doit mentionner (Règl. UE/282/2011 art. 54 bis, 2 ; CGI ann. IV art. 41 bis A, 2°) :

– le numéro d'identification TVA du fournisseur ;

– la description et la quantité des biens qui lui sont destinés ;

– la date à laquelle ces biens arrivent dans l'entrepôt ;

– le montant et la date de l'acquisition intracommunautaire, la description des biens et la quantité délivrée ;

– la description, la quantité des biens et la date à laquelle les biens sont enlevés de l'entrepôt sur ordre du fournisseur ;

– la description, la quantité des biens détruits ou manquants et la date de destruction, de perte ou de vol des biens précédemment arrivés à l'entrepôt ou la date à laquelle il a été constaté que les biens étaient détruits ou manquants.

> **Précisions** Le **manquement** à cette obligation par l'acquéreur ne remet pas en cause l'application du régime des stocks sous contrat de dépôt (BOI-TVA-CHAMP-10-10-40-10 n° 400 ; BOI-TVA-CHAMP-10-10-40-20 n° 322).

L'**entrepositaire** des biens autre que l'assujetti auquel les biens sont destinés à être livrés doit également tenir un **registre,** lequel doit mentionner (CGI ann. IV art. 41 bis A, 3°) : **21427**
- l'État membre à partir duquel les biens ont été expédiés ou transportés ;
- la date à laquelle les biens destinés à être livrés au client arrivent dans l'entrepôt ;
- le numéro d'identification TVA du client auquel les biens sont destinés, attribué par l'État membre d'arrivée des biens ;
- la description et la quantité des biens arrivés dans l'entrepôt, et la date à laquelle ces biens en sont enlevés sur ordre du fournisseur qui transfère les biens sous le régime des stocks sous contrat de dépôt ;
- la description et la quantité des biens détruits ou manquants et la date de destruction, de perte ou de vol des biens précédemment arrivés à l'entrepôt ou la date à laquelle il a été constaté que les biens étaient détruits ou manquants.

> Précisions L'article 54 bis du règlement UE/282/2011 n'exige pas les mentions visées aux 2ᵉ, 4ᵉ et 5ᵉ tirets ci-dessus.

VENTES À L'ESSAI

Les ventes à l'essai sont réalisées sous **condition suspensive** d'essais satisfaisants. Le transfert de propriété n'intervient que lorsque cette condition est remplie. **21430**

Lorsque les **biens** sont **expédiés** ou transportés de la France **vers un autre État membre,** l'expédition ou le transport n'est pas considéré comme un transfert assimilé à une livraison. Le fournisseur réalise une livraison intracommunautaire qui doit être constatée lors du transfert de propriété. L'**état récapitulatif des clients** (nᵒˢ 21500 s.) ne doit donc être déposé qu'au moment où le transfert de propriété devient effectif sous un code régime 21 (livraison exonérée en France et taxable dans l'État membre d'arrivée). **21435**

Lorsque les **biens** sont **expédiés** ou transportés d'un autre État membre **vers la France,** la réception des biens en France n'est pas considérée comme une affectation assimilée à une acquisition intracommunautaire. Le client réalise une acquisition intracommunautaire lors du transfert de propriété (BOI-TVA-CHAMP-10-10-40-10 nᵒˢ 190 à 210 ; CHAMP-10-10-40-20 nᵒˢ 290 à 310).

IV. ÉTAT RÉCAPITULATIF DES CLIENTS

Conformément à l'article 289 B, I du CGI, tout assujetti identifié à la TVA doit déposer, selon les modalités décrites aux nᵒˢ 21530 s., un état récapitulatif des clients auxquels il a livré des biens dans les conditions prévues à l'article 262 ter, I du CGI (**livraisons intracommunautaires et transferts assimilés** : nᵒˢ 20280 s.) ou auxquels des biens sont destinés dans les conditions prévues à l'article 256, III bis du CGI (**stocks sous contrat de dépôt** : nᵒˢ 21410 s.). **21500**

L'état récapitulatif des clients est donc déposé uniquement pour les **flux de nature expédition/livraison au départ** concernant des biens (BOI-TVA-DECLA-20-20-40 n° 20).

> Précisions **a.** Depuis le 1ᵉʳ janvier 2022, l'état récapitulatif des clients **remplace,** avec l'enquête statistique, l'ancienne déclaration d'échanges de biens (**DEB**) (Loi 2021-1900 du 30-12-2021 art. 30). Les données fiscales étant uniquement collectées dans cet état récapitulatif, seules les règles y afférentes sont étudiées aux nᵒˢ 21530 s.

b. Le dépôt d'un état récapitulatif des clients comportant les informations correctes afférentes aux **livraisons intracommunautaires (ou transferts assimilés** à de telles livraisons) est une **condition** expresse de l'**exonération** de ces livraisons ou transferts (n° 20350). Il constitue également une condition d'application du régime des **stocks sous contrat de dépôt** (n° 21410).

c. La production de l'état récapitulatif des clients ne dispense pas le redevable de se conformer aux **autres obligations** prévues par la réglementation (nᵒˢ 44000 s.), **notamment** en ce qui concerne les **déclarations de chiffre d'affaires** à souscrire auprès du service des impôts.

d. Indépendamment de l'état récapitulatif des clients, les mouvements de biens dans l'UE peuvent donner lieu à la tenue des **registres** suivants : registre des stocks sous contrat de dépôt (nᵒˢ 21420 s.), registre des biens expédiés (n° 20630), registre des biens meubles corporels provenant d'un autre État membre et faisant l'objet de travaux ou expertises (n° 24710), registre des façonniers (n° 36810).

1. DÉCLARANTS

21530 Toute **personne physique ou morale domiciliée ou établie en France,** ou représentée par un représentant fiscal (nos 31000 s.) ou qui a désigné un mandataire ponctuel (nos 30920 s.), est tenue de souscrire un état récapitulatif des clients :

– si elle est **assujettie et identifiée à la TVA en France,** ou si elle a désigné un représentant fiscal ou un mandataire ponctuel ;

– et si elle réalise des **livraisons intracommunautaires** (nos 20350 s.), des **transferts assimilés** (nos 20500 s.) ou des transferts de stocks sous le régime de **stocks sous contrat de dépôt** (nos 21410 s.) (BOI-TVA-DECLA-20-20-40 n° 30).

> Précisions **a.** L'état récapitulatif des clients peut être établi par une **tierce personne** (BOI précité). **b.** En pratique, pour les **entreprises étrangères** non établies en France, l'état récapitulatif des clients est souscrit par l'entreprise elle-même (ou son mandataire) lorsqu'elle est établie dans l'UE ou dans un pays tiers ayant conclu une convention d'assistance au recouvrement des créances fiscales avec la France (nos 30850 s.) ou par son représentant fiscal lorsqu'elle est établie dans un pays tiers n'ayant pas conclu une telle convention (nos 31000 s.) (CGI ann. III art. 96 J).

21550 Les personnes bénéficiant de la **franchise en base** (nos 47600 s.) ne sont pas tenues de déposer des états récapitulatifs (BOI-TVA-DECLA-20-20-40 n° 30). Il en va de même des **particuliers.**

2. CONTENU

21570 L'état récapitulatif comporte l'ensemble des informations énoncées à l'article 289 B, II du CGI, à savoir :

– le **numéro d'identification** sous lequel l'**assujetti** a effectué les livraisons de biens visées au n° 21500 ;

– le **numéro** par lequel chaque **client** est identifié à la TVA dans l'État membre où les biens lui ont été livrés ;

– pour chaque acquéreur, le **montant total des livraisons** de biens effectuées par l'assujetti ;

– pour les **transferts assimilés** à des livraisons intracommunautaires (nos 20500 s.), le numéro par lequel l'assujetti est identifié à la TVA dans l'État membre d'arrivée de l'expédition ou du transport ainsi que la valeur du bien, déterminée soit par le prix d'achat des biens ou de biens similaires, soit par le prix de revient ;

– le montant des **régularisations** effectuées en application de l'article 272, 1 du CGI (nos 59100 s.) ;

– le numéro par lequel le client auquel sont destinés les biens est identifié à la TVA dans l'État membre où les biens sont expédiés ou transportés dans le cadre du régime des **stocks sous contrat de dépôt,** ainsi que tout changement concernant les informations fournies.

> Précisions Les **documents** nécessaires à l'établissement de l'état récapitulatif des clients doivent être **conservés** par les assujettis pendant un délai de **six ans** à compter de la date de l'opération ayant donné lieu à cet état (CGI art. 289 B, IV-B).

3. MODALITÉS DE TRANSMISSION

21590 L'état récapitulatif est transmis à l'administration des douanes par **voie électronique** (en utilisant le service de saisie en ligne disponible sur le portail des douanes douane.gouv.fr) **au plus tard le dixième jour ouvrable** du mois suivant le mois au cours duquel la TVA est devenue exigible au titre des livraisons intracommunautaires de biens ou le mois au cours duquel a eu lieu le mouvement de marchandises pour les autres opérations.

Les **régularisations** sont, quant à elle, déclarées au titre du mois au cours duquel elles sont notifiées à l'acquéreur (BOI-TVA-DECLA-20-20-40 nos 90 et 120).

Les **omissions ou inexactitudes** constatées par le déclarant ou portées à sa connaissance font l'objet, dès leur constat, d'un **état récapitulatif rectificatif** qui comporte les mentions listées au n° 21570 et qui est déposé sans délai jusqu'à l'expiration d'une période de six ans décomptée à partir du mois au titre duquel les omissions ou inexactitudes ont été commises (CGI ann. III art. 96 M).

> Précisions En cas de **défaut de dépôt** de l'état récapitulatif **par voie électronique,** voir n° 21610.

4. SANCTIONS

21610 L'article 1788 A du CGI prévoit que le **défaut de production** de l'état récapitulatif des clients dans les délais fait l'objet d'une **amende** de 750 € (portée à 1 500 € à défaut de production dans les 30 jours d'une mise en demeure) et chaque **omission ou inexactitude** d'une amende de 15 €

avec un maximum de 1 500 €. L'amende est prononcée, dans le même délai de reprise qu'en matière de TVA, par l'administration (des douanes ou des impôts) qui constate l'infraction. Le recouvrement et le contentieux de cette amende suivent les mêmes règles que celles prévues pour la TVA.

Par ailleurs, le **non-respect** de l'obligation de **dépôt par voie électronique** (n° 21590) est sanctionné par une **amende** de 15 € par état récapitulatif déposé selon un autre procédé, sans que le total puisse être inférieur à 60 € ni supérieur à 150 € (CGI 1738, 1-al. 2).

SECTION 3 ÉCHANGES EXTRACOMMUNAUTAIRES DE BIENS

Après les échanges « intracommunautaires » se situant à l'intérieur de l'UE (nos 19600 s.), nous en arrivons aux échanges « extracommunautaires » qui résultent d'**opérations** réalisées **avec des pays tiers** (**ou** territoires **assimilés**), tels qu'ils sont définis au n° 18560. **21850**

C'est seulement dans ce domaine que l'on retrouve les notions d'« **importation** » et d'« **exportation** » qui, en matière communautaire, ont été respectivement remplacées par celles d'« acquisition intracommunautaire » et de « livraison intracommunautaire ».

En réalité, les deux réglementations présentent entre elles certaines analogies, mais aussi de notables différences :

– comme les acquisitions intracommunautaires (nos 19650 s.), les **importations** en provenance **de pays tiers** sont passibles en principe de la TVA française (nos 21870 s.) ;

– comme les livraisons intracommunautaires (nos 20280 s.), les **exportations vers des pays tiers,** placées en principe dans le champ d'application de la TVA, en sont le plus souvent exonérées, ici également selon des règles spécifiques (nos 22400 s.).

Remarques :

1. Les opérations portant sur des **biens** placés ou destinés à être placés **sous un régime douanier communautaire ou un entrepôt fiscal** font l'objet de dispositions spéciales exposées aux nos 32250 s.

2. Les échanges extracommunautaires de **biens d'occasion, œuvres d'art, objets de collection ou d'antiquité** sont examinés avec le régime particulier de ces biens (nos 79700 s.).

3. En ce qui concerne les **prestations de services liées aux échanges extracommunautaires** de biens, on se reportera aux nos 26400 s.

I. IMPORTATIONS (EN PROVENANCE DE PAYS TIERS)

L'introduction en France de biens en provenance de pays tiers ou assimilés (au sens défini au n° 18560) donne lieu, en principe, à **perception de la TVA lors de l'importation** (sauf cas d'exonération visés aux nos 22200 s.) dans les conditions décrites aux nos 21890 s. **21870**

> **Précisions** Concernant les **ventes à distance de biens importés,** voir nos 23200 s.

A. Définition de l'importation

Aux termes de l'article 291, I-2 du CGI, l'importation est constituée, selon le cas, par : **21890**

– l'**entrée du bien** sur le territoire communautaire, lorsque ce bien est mis à la consommation en France (ou, éventuellement, placé sous un entrepôt fiscal ; dans cette dernière hypothèse, l'importation est effectuée en suspension de taxe : n° 32850) ;

– la **mise à la consommation** en France d'un bien précédemment placé sous l'un des régimes douaniers communautaires suivants : conduite en douane, installations de stockage temporaire et lieux agréés aux fins du dépôt temporaire (qui ont remplacé les magasins et aires de dépôt temporaire), zone franche, entrepôt d'importation, perfectionnement actif, admission temporaire en exonération totale de droits, transit externe ou transit communautaire interne (le texte vise également l'entrepôt franc, mais ce régime est supprimé depuis le 1er mai 2016).

Certaines **importations** sont cependant **exonérées** de TVA, en vertu de dispositions particulières (nos 22200 s.).

Remarques : **1.** En ce qui concerne les **prestations de services** se rapportant aux **importations** : voir nos 26450 s.

2. En ce qui concerne l'introduction irrégulière d'une marchandise sur le territoire de l'UE : voir no 21955.

21895 Dès lors que le bien est considéré comme importé au sens de l'article 291, I-2 du CGI, la TVA s'applique (sauf exonération ou suspension de la taxe), qu'il y ait ou non **transfert de propriété** et que l'**opération** soit faite **à titre onéreux ou à titre gratuit** (en ce sens : BOI-TVA-CHAMP-10-20-40 no 250 ; Inst. douanes 19-11-1992 texte 92-092 no 10 : BOD 5720).

21900 Le **lieu de dédouanement** d'un bien en provenance d'un pays ou territoire tiers, entré dans l'UE par un autre État membre et à destination de la France, est laissé au choix de l'entreprise.

Il n'existe en effet aucune obligation de procéder aux formalités de dédouanement proprement dites des marchandises dès l'entrée physique de celles-ci sur le territoire de l'UE : les marchandises tierces peuvent circuler à l'intérieur de l'UE sous le couvert d'un titre de transit douanier jusque dans l'État membre où l'opérateur souhaite les placer sous un régime économique prévu par la réglementation communautaire ou procéder directement aux formalités douanières d'importation définitive (Inst. douanes 13-3-2007 texte 07-014 : BOD 6705).

B. Biens imposables

21950 Tout **produit, neuf ou usagé,** destiné à un assujetti ou à un non-assujetti, qui est passible de la TVA en régime intérieur l'est également à l'importation (BOI-TVA-CHAMP-10-20-40 no 260).

21955 L'**importation illégale** de marchandises qui, en raison de leur nature même et de leurs caractéristiques particulières, ne sont pas susceptibles d'être mises dans le commerce licite ni d'être intégrées au circuit économique (stupéfiants, fausse monnaie) ne peut donner lieu à perception de la TVA à l'importation (CJUE 28-2-1984 aff. 294/82 ; CJUE 6-12-1990 aff. 343/89 : RJF 2/91 no 240).

En revanche, la TVA est applicable à des opérations illicites lorsque toute concurrence entre un secteur économique licite et un secteur illicite n'est pas exclue (par exemple, alcool éthylique, cigarettes) (CJUE 29-6-2000 aff. 455/98 : RJF 12/00 no 1537).

Les **marchandises saisies** par les autorités douanières et fiscales lors de leur introduction sur le territoire de l'UE et détruites par ces autorités, sans avoir jamais cessé d'être en leur possession, doivent être considérées comme n'ayant pas été importées dans l'UE, de sorte que la TVA n'est pas exigible. En revanche, lorsque la saisie intervient après leur introduction irrégulière, à savoir à partir du moment où elles ont quitté la zone dans laquelle se trouve le premier bureau de douane, et qu'elles sont ensuite détruites, le fait générateur de la TVA est intervenu et la taxe est exigible (CJUE 29-4-2010 aff. 230/08 : RJF 7/10 no 760). L'extinction de la dette douanière est, à cet égard, sans incidence (CJUE 7-4-2022 aff. 489/20 : RJF 7/22 no 692).

C. Perception de la TVA à l'importation

22000 La gestion et le recouvrement de la TVA due à l'importation par les assujettis et les non-assujettis identifiés à la TVA, ainsi que de celle due en sortie de régime douanier communautaire ou de régime d'entrepôt fiscal, relèvent de la **DGFiP** qui est donc compétente pour recevoir la déclaration et le paiement de la TVA due :

– au titre des importations pour lesquelles le redevable est une personne assujettie ou une personne non assujettie identifiée à la TVA (nos 22110 s.) ;

– lors de la sortie de l'un des régimes douaniers communautaires visés aux no 32300 ;

– lors de la sortie d'un régime d'entrepôt fiscal visé aux nos 32800 s., y compris en cas de retrait de l'autorisation d'ouverture prévue pour ces régimes.

La **DGDDI** est, quant à elle, compétente, d'une part, pour constater la base d'imposition à la TVA des opérations d'importation, ainsi que les éventuelles régularisations qui y sont apportées (nos 22030 s.), et, d'autre part, pour percevoir la TVA due lors des importations de biens pour lesquelles le redevable est une personne non assujettie et non identifiée, ainsi que pour la TVA due au titre des transports entre la France et les territoires situés en dehors du territoire communautaire, qui sont listés par décret (il s'agit des transports de passagers et des transports de biens effectués pour des personnes non assujetties – transports « B to C » – autres que des transports intracommunautaires de biens).

1. BASE D'IMPOSITION

La base d'imposition à l'importation est constituée, selon l'article 292 du CGI, par la **valeur** définie par la législation **douanière** conformément aux règlements communautaires en vigueur, cette valeur devant être **ajustée** comme indiqué ci-après. **22005**

La définition de la valeur en douane, donnée par le Code des douanes de l'Union, se fonde sur la notion de **valeur transactionnelle,** qui est constituée en principe par le **prix facturé.** Pour les opérations facturées en devises étrangères : voir nos 36920 s.

a. Éléments venant en augmentation de la valeur en douane

En vertu de l'article 292, 1° du CGI, sont à comprendre dans la base d'imposition les **impôts,** droits, prélèvements **et autres taxes** dus en raison de l'importation, à l'exception de la TVA elle-même. Sont notamment à inclure dans la base d'imposition les droits de douane, les taxes fiscales perçues comme en matière de TVA, les droits d'accises sur les produits de tabac manufacturé et les alcools et boissons alcooliques. Sont toutefois expressément exclus de la base d'imposition à l'importation dans les DOM l'octroi de mer et l'octroi de mer régional (Loi 2004-639 du 2-7-2004 art. 45). **22010**

Aux termes de l'article 292, 2° et 3° du CGI, sont à comprendre dans la base d'imposition à l'importation les **frais accessoires** (tels que les frais de commission, d'emballage, de transport et d'assurance) **intervenant jusqu'au premier lieu de destination** des biens **à l'intérieur** du pays. Par « premier lieu de destination », il faut entendre le lieu mentionné sur la lettre de voiture ou tout autre document de transport sous le couvert duquel les biens sont importés ; à défaut de cette mention, le premier lieu de destination est celui de la première rupture de charge. **22015**

Les frais accessoires visés ci-dessus sont également à retenir lorsqu'ils découlent du **transport jusqu'à un autre lieu de destination** à l'intérieur de l'**UE** (c'est-à-dire jusqu'au lieu de destination réelle des biens à l'intérieur de l'UE), si ce lieu est connu au moment de l'importation (ce lieu pouvant être un autre État membre ou un autre lieu de destination à l'intérieur du pays).

> Précisions a. Les frais accessoires ne sont à comprendre dans la base d'imposition que dans la mesure où ils sont **facturés distinctement et à l'identique** au destinataire final des biens (BOI-TVA-BASE-10-20-60-10 n° 180).

Lorsqu'ils ne sont **pas encore facturés,** les opérateurs peuvent évaluer les frais accessoires à inclure dans la base d'imposition. Cette évaluation est réputée conforme aux dispositions de l'article 292, 3° du CGI dès lors qu'elle a été faite de façon économiquement rationnelle et qu'il n'y a pas d'écart manifestement anormal avec le prix des prestations facturées. Lorsque les frais **ne peuvent être connus ni évalués** de façon économiquement rationnelle au moment de la déclaration d'importation, il est alors admis qu'ils ne soient pas compris dans la base d'imposition à condition d'avoir été soumis à la TVA en régime intérieur lors de leur facturation (BOI précité n° 240).

b. Les frais accessoires au sens de l'article 292, 2° et 3° du CGI sont ceux relatifs à des **prestations qui concourent directement** à la réalisation de l'**opération d'importation** des marchandises proprement dite (BOI précité n° 190). Tel n'est pas le cas, notamment, des frais suivants : frais d'évaluation des dommages subis par les marchandises importées ; frais de contrôles de qualité et/ou de quantité ; frais de contrôle sanitaire ; pénalités ; frais bancaires (intérêts de crédit pour paiement différé, crédits documentaires). En revanche, les surestaries intervenant entre le lieu d'introduction des biens dans l'UE et le premier lieu de destination doivent (sous réserve de la mesure de tolérance exposée au a ci-dessus, et sauf exonération de la prestation à laquelle elles se rapportent) être comprises dans la base d'imposition (BOI précité nos 290 s.).

c. Dans le cas où les **frais connexes au transport** (frais de stationnement des marchandises, de manutention, de magasinage, d'emballage, honoraires de représentants en douane) **intervenant après le premier lieu de destination** ne font pas l'objet d'une facturation distincte de celle du transport auprès du destinataire des marchandises ou d'une mention distincte sur la facture afférente au transport, ils ne doivent pas être retranchés de la base d'imposition à l'importation. Tout dépend en pratique des mentions portées sur le contrat de vente (BOI précité n° 220).

d. Les dispositions de l'article 292, 2° et 3° du CGI se combinent avec l'**exonération** prévue par l'article 262, II-14° du même Code pour les **prestations** de services se rapportant à l'importation de biens et **dont la valeur est comprise dans la base d'imposition de l'importation** (nos 26450 s.).

e. Il résulte de la combinaison des articles 86, 1-b et 144 de la directive TVA (transposés respectivement aux articles 262, II-14° et 292, 2° et 3° du CGI) que les **prestations accessoires** aux importations doivent, en tant que telles, suivre le sort fiscal de la prestation principale (l'importation) à condition que leur valeur soit incluse dans la base d'imposition. Par suite, dans la mesure où des frais accessoires, tels que des frais de transport, sont inclus dans la base d'imposition **d'une importation exonérée,** ces frais accessoires doivent être également exonérés, alors même qu'ils n'ont pas été soumis à la TVA en douane lors de l'importation (CJUE 4-10-2017 aff. 273/16 : RJF 12/17 n° 1265). Sur les critères, issus de la jurisprudence de la CJUE et repris à l'article 257 ter du CGI, permettant de déterminer si l'on est en présence d'une **opération unique** ou d'**opérations dissociables** soumises à leur régime propre, voir nos 1270 s.

b. Éléments exclus de la valeur en douane

22025 Conformément à l'article 292 du CGI, viennent en diminution de la base d'imposition les remises, escomptes pour paiement anticipé, rabais et autres **réductions de prix** acquis au moment de l'importation (soit, en pratique, les réductions de prix figurant sur la facture présentée à l'appui de la déclaration d'importation, pour autant qu'elles correspondent à des pratiques commerciales normales).

c. Constatation de la base d'imposition par la DGDDI

22030 Conformément à l'article 292, dernier alinéa du CGI, la base d'imposition à la TVA des **opérations d'importation** est constatée par l'administration des douanes et droits indirects, y compris en cas de régularisation.

La DGDDI est également compétente pour constater la base d'imposition des opérations suivantes, mentionnées à l'article 293 A, 3-2° du CGI, lesquelles sont en principe **dispensées de TVA** :

– importations réalisées en **franchise** (nos 30000 s.) ;

– importations de biens destinés à être placés sous un régime d'**entrepôt fiscal** (nos 32800 s.) et importations de biens en provenance des **DOM ou d'un territoire assimilé à un pays tiers** qui rempliraient les conditions pour bénéficier du régime d'**admission temporaire** en exonération totale s'il s'agissait de biens en provenance d'un pays tiers (n° 32360) ;

– importations effectuées dans le cadre d'une **vente à distance de biens importés** contenus dans des envois d'une valeur intrinsèque ne dépassant pas 150 € et déclarées par le biais d'un régime de guichet unique « **IOSS** » (nos 23240 et 33700 s.) ;

– opérations pour lesquelles la taxe n'est pas perçue sur un autre fondement.

À cette fin de constatation, l'administration des douanes dispose des pouvoirs prévus par le Code des douanes pour l'établissement, le recouvrement et le contrôle des droits de douane.

> **> Précisions** Les **informations** communiquées par le redevable pour permettre à l'administration des douanes de constater la base d'imposition sont **transmises** par cette dernière **à la DGFiP** (CGI art. 293 A, 3-2°), afin notamment de permettre des recoupements entre la déclaration en douane et la déclaration de chiffre d'affaires CA 3.

22035 Concernant les **régimes douaniers ou entrepôt fiscaux** (nos 32250 s.), la base d'imposition de la TVA due est constatée par l'administration chargée de la gestion du régime, y compris en cas de régularisation et pour les opérations exonérées ou dispensées du paiement de la taxe (CGI art. 277 A, IV). La **gestion** de ces régimes (à l'**exception** de l'entrepôt de stockage de biens négociés sur un marché à terme international et de l'entrepôt destiné à la fabrication de biens réalisée en commun par des entreprises dont la gestion relève de la DGFiP : n° 33000) relevant de la **DGDDI,** cette dernière est compétente pour constater la base d'imposition à la TVA due à la sortie des biens.

22040 **Communication de justificatifs** Les assujettis redevables doivent communiquer à l'administration des douanes, outre les informations nécessaires pour constater la base imposable :

– leur **numéro d'identification à la TVA** en cours de validité (nos 44400 s.) ou, en cas de ventes à distance de biens importés exonérées en application de l'article 291, II-11° du CGI (n° 23240), l'identifiant attribué dans le cadre du guichet unique « **IOSS** » (nos 33700 s.) ;

– le cas échéant, les **autres informations** utiles pour le contrôle de la TVA.

Les assujettis redevables précisent, le cas échéant, s'il s'agit d'une des opérations dispensées de TVA mentionnées aux nos 22030 s. (CGI art. 293 A, 3).

Les **manquements** à cette obligation de communication sont **sanctionnés** par une amende de 300 € à 3 000 € (C. douanes art. 410, 1 et 2-e).

> **Précisions** Ces informations sont **transmises** par la DGDDI **à la DGFiP** (CGI art. 293 A, 3-2°).

Conséquences sur l'enlèvement des marchandises Il ne peut être disposé des marchandises conduites en douane sans l'autorisation du service des douanes et sans que : **22045**

– les **droits et taxes** à l'importation n'aient été préalablement **payés, consignés ou garantis** ;
– la **base d'imposition** à la TVA n'ait été **constatée** conformément à l'article 292, dernier alinéa du CGI (n° 22030) ;
– le cas échéant, la **validité des identifiants** mentionnés au n° 22040 n'ait été **vérifiée** (C. douanes art. 113, 1).

> **Précisions** Les opérateurs ont toutefois la possibilité de recourir à la **procédure du crédit d'enlèvement** prévue à l'article 114 du Code des douanes qui permet, sous conditions, de disposer des marchandises avant que les obligations susvisées n'aient été remplies.

d. Cas particuliers

RÉIMPORTATION EN SUITE D'OUVRAISON OU DE RÉPARATION

Conformément à l'article 293 du CGI, les biens exportés temporairement et réimportés après avoir fait l'objet d'une réparation, d'une transformation, d'une adaptation, d'une façon ou d'une ouvraison hors de l'UE (réimportation en suite d'ouvraison ou de réparation dans le cadre du régime de perfectionnement passif ou indépendamment de ce régime) sont soumis à la taxe, lors de leur réimportation, sur la valeur des biens et services fournis par le **prestataire étranger.** **22050**
La base d'imposition est en conséquence constituée par le montant de la facture du prestataire étranger, augmentée éventuellement des droits de douane et impositions dus en raison de l'importation ainsi que des frais accessoires intervenant jusqu'au lieu de destination. Dans une telle hypothèse, il est admis que la prestation, lorsqu'elle est située en France en raison du fait qu'elle est fournie à un preneur assujetti établi en France (n° 24500), ne soit pas effectivement soumise à la taxe dès lors qu'elle est déjà taxée lors de la réimportation des biens (n° 24580) (BOI-TVA-CHAMP-20-50-20 n° 200).

MISE À LA CONSOMMATION EN SUITE DE RÉGIMES DOUANIERS

Lorsqu'un bien placé sous l'un des régimes douaniers mentionné au n° 32300 est mis à la consommation, sont également à comprendre dans la base d'imposition les prestations de services effectuées sous le régime en suspension de taxe (n° 32365) et celles directement liées au placement du bien sous le régime, lors de son entrée sur le territoire (n° 32385), autres que les frais accessoires visés au n° 22015 (CGI art. 292, 6e al.). **22055**

MARCHANDISES PLACÉES SOUS LE RÉGIME DE L'ADMISSION TEMPORAIRE EN EXONÉRATION PARTIELLE DES DROITS DE DOUANE

Lorsqu'un **bien** est placé sous le régime de l'admission temporaire en exonération partielle des droits de douane, la TVA est acquittée au moment du placement du bien sous le régime tandis que le montant des droits de douane est perçu au terme de l'opération d'admission temporaire. **22060**
Il est admis que cette perception, postérieure à l'acquittement de la TVA, n'entraîne pas de régularisation de la base d'imposition à la TVA, alors même que ces droits de douane entrent en principe dans l'assiette de la TVA, dès lors que l'importateur est un assujetti qui a un droit à déduction totale de la TVA pour les biens importés (Inst. douanes 28-4-2008 texte 08-025 : BOD 6757).

IMPORTATIONS DE LOGICIELS

Concernant la base d'imposition à retenir en cas d'**importation de logiciels,** voir n° 16300. **22065**

2. FAIT GÉNÉRATEUR ET EXIGIBILITÉ

Conformément à l'article 293 A, 1 du CGI, à l'importation, le fait générateur se produit et la taxe devient exigible **au moment où le bien** est **considéré comme importé,** au sens indiqué au n° 21890. **22080**

> **Précisions** **a.** En ce qui concerne le fait générateur et l'exigibilité de la TVA :
> – des livraisons de biens réalisées par des **assujettis facilitant** des ventes à distance de biens importés, ainsi que celles à destination de ces opérateurs, voir n° 23680 ;
> – des opérations déclarées via le guichet unique « IOSS », voir n° 23250.
> **b.** La **TVA à l'importation** relative à des biens soumis à des droits de douane **prend naissance dans l'État membre où** a été opérée la constatation de l'inobservation d'une obligation

imposée par la législation douanière de l'UE, lorsque les **biens** en cause, même s'ils ont été physiquement introduits sur le territoire douanier de l'UE dans un autre État membre, sont **entrés dans le circuit économique** de l'UE dans l'État membre où ladite constatation a été faite (CJUE 3-3-2021 aff. 7/20 : RJF 5/21 n° 547).

S'agissant plus particulièrement des **moyens de transport,** la Cour a jugé que le lieu de l'importation d'un véhicule immatriculé dans un État tiers et introduit dans l'UE en infraction à la réglementation douanière se situe dans l'État membre dans lequel l'auteur de l'inobservation des obligations imposées par la réglementation douanière réside et utilise effectivement le véhicule (CJUE 8-9-2022 aff. 368/21).

3. TAUX

22090 Les importations de biens, autres que les œuvres d'art, relèvent du taux prévu pour les livraisons portant sur les mêmes biens (CGI art. 278-0 B).

> **Précisions** Concernant le taux de TVA applicable aux importations réalisées dans le cadre du **régime particulier** prévu à l'article 298 sexdecies I du CGI, voir n° 33775.

4. DROIT À DÉDUCTION

22100 La TVA supportée à l'importation par une entreprise redevable de la TVA peut faire l'objet d'une déduction dans les conditions décrites aux n°s 56110 s.

5. REDEVABLE DE LA TVA

22110 En application de l'article 293 A, 2 du CGI, le redevable de la taxe est :

- lorsque le bien fait l'objet d'une **livraison située en France** (n°s 19250 s.) ou d'une vente à distance de biens importés, expédiés ou transportés dans un autre État membre (**VAD-BI « indirectes »**) (n°s 23300 s.), la personne qui réalise cette livraison ;
- lorsque le bien fait l'objet d'une **vente à distance de biens importés autre** que celle mentionnée ci-dessus et qu'un assujetti (opérateur d'interface électronique) facilite la livraison (n° 23570), cet assujetti ;
- dans les **autres situations,** le destinataire des biens indiqué sur la déclaration d'importation.

Toutefois, par dérogation aux règles ci-dessus, il est possible, pour certaines personnes, d'opter pour devenir redevable de la taxe due à l'importation (n° 22115).

> **Précisions** Les règles ci-dessus ne s'appliquent pas lorsqu'il est fait usage du **régime particulier** décrit aux n°s 33770 s. Dans cette hypothèse, le redevable de la TVA est le destinataire du bien indiqué sur la déclaration d'importation et l'option prévue au n° 22115 ne peut être exercée (CGI art. 298 sexdecies I, II-1°).

22115 Conformément à l'article 293 A quater du CGI, peuvent **opter,** lorsqu'elles ne sont pas désignées comme redevables au sens donné au n° 22110, et lorsqu'elles déposent la déclaration d'importation (ou mandatent une personne à cette fin), les personnes suivantes :

- en cas de **vente à distance de biens importés,** l'assujetti réalisant cette livraison ;
- dans les **autres situations,** tout assujetti réalisant une activité économique pour les besoins de laquelle l'importation est réalisée.

L'option s'exerce par la mention, par les personnes souhaitant opter, de leur numéro d'identification à la TVA en cours de validité (n°s 44400 s.) sur la déclaration d'importation.

22120 Le **représentant en douane** est **solidairement tenu** au paiement de la taxe lorsqu'il agit en son nom propre et pour le compte d'autrui (**représentation indirecte**).

Il peut toutefois échapper à cette solidarité pour les opérations pour lesquelles il a rempli, pour le compte du redevable assujetti, les obligations visées au n° 22040, et lorsqu'il est en mesure d'établir qu'il a transmis à ce redevable (ou lui a rendu accessible par voie électronique), au plus tard lors de la réception des marchandises par le destinataire, l'information de la base imposable constatée (n° 22030), ainsi que les documents nécessaires pour l'exercice du droit à déduction (n°s 56110 s.) (CGI art. 293 A, 4).

En cas de **vente à distance de biens importés** (n°s 23200 s.), lorsque ni le **vendeur** ni le **destinataire** indiqués sur la déclaration d'importation ne sont redevables de la taxe, ils sont néanmoins **solidairement tenus** au paiement (CGI art. 293 A, 5) (n° 23570, précision c).

22125 Les **opérateurs établis dans un pays tiers n'ayant pas conclu de convention d'assistance au recouvrement** des créances fiscales avec la France qui réalisent des importations en France sont tenus, en application de l'article 289 A du CGI (n°s 31000 s.), de désigner et de faire accréditer auprès de l'administration fiscale un **représentant fiscal** chargé d'accomplir à leur place les formalités déclaratives et de paiement de la TVA à l'importation (BOI-TVA-DECLA-20-30-40-10 n° 30).

> **Précisions** Un tel opérateur qui réalise en France des **importations suivies de livraisons internes** soumises à autoliquidation de la taxe par le client selon le dispositif général d'autoliquidation visé aux nos 31850 s. est tenu de s'identifier à la TVA en France et de désigner un représentant fiscal afin de remplir à sa place les formalités déclaratives et de paiement de la TVA à l'importation (BOI-TVA-DECLA-20-10-20 n° 105).

6. RECOUVREMENT ET CONTENTIEUX

RECOUVREMENT DE LA TAXE PAR LA DGFIP

Lorsque le recouvrement de la TVA due à l'importation relève de la compétence de la DGFiP (n° 22000), les assujettis redevables **déclarent, paient** et, le cas échéant, **déduisent,** simultanément sur la **même** déclaration de chiffre d'affaires **CA 3,** la TVA due au titre des importations, ainsi que celle due en sortie de régime douanier communautaire ou de régime d'entrepôt fiscal. Pour ce faire, les assujettis concernés doivent être **identifiés à la TVA** (n° 44410). **22130**

> **Précisions a.** Le **montant total, hors TVA,** des importations et des sorties de régimes suspensifs (régimes douaniers ou entrepôts fiscaux) doit être identifié dans la déclaration CA 3 en distinguant les opérations qui sont taxables et celles qui ne le sont pas, ainsi que le montant de la taxe dû afférent à ces opérations (CGI art. 287, 5-b quater).
> **b.** Les redevables réalisant des acquisitions intracommunautaires de biens, des importations ou des sorties de régimes d'entrepôt fiscal sont **exclus du régime simplifié** (n° 47760).
> **c.** S'agissant de la procédure du **crédit d'enlèvement,** voir n° 22045, précisions.

RECOUVREMENT DE LA TAXE PAR LA DGDDI

Lorsque le recouvrement de la TVA due à l'importation relève de la compétence de la DGDDI (n° 22000), l'article 1695, I-1° du CGI prévoit que la TVA exigible est recouvrée et contrôlée selon les mêmes procédures et sous les **mêmes sanctions, garanties, sûretés et privilèges que les droits de douane.** **22150**

> **Précisions a.** La TVA due à l'importation qui n'a pas été acquittée dans le délai légal donne lieu au versement d'un **intérêt de retard** déterminé dans les conditions prévues à l'article 440 bis du Code des douanes.
> **b.** S'agissant de la procédure du **crédit d'enlèvement,** voir n° 22045, précisions.

CONTENTIEUX

S'agissant de la TVA perçue par la **DGFiP,** cette dernière étant compétente en matière de **contrôle,** les **juridictions administratives** sont compétentes pour connaître du contentieux y afférent. **22160**

S'agissant de la TVA recouvrée par la **DGDDI,** il résulte des dispositions des articles 1790 du CGI et L 234 du LPF que l'ensemble des règles se rapportant au contentieux **douanier** est applicable, à l'importation, au contentieux de la TVA et des autres taxes ou redevances assimilées. Il convient donc de se référer aux dispositions contentieuses du Code des douanes français (le Code des douanes de l'Union ne contient pas de dispositions répressives et prévoit seulement quelques sanctions de nature administrative et un droit de recours). **22165**

D. Importations exonérées de TVA

Diverses exonérations de TVA à l'importation sont prévues par le II de l'article 291 du CGI (nos 22250 s.) et par le III du même article (nos 22300 s.). **22200**

> **Précisions a.** Les **biens destinés à une exportation** ou à une livraison intracommunautaire peuvent être importés en franchise de TVA (nos 30000 s.).
> **b.** Les **personnes morales non assujetties** qui ont acquitté la TVA lors de l'importation d'un bien en France et qui expédient ce bien vers un autre État membre de l'UE peuvent obtenir le remboursement de la TVA acquittée, si elles justifient que l'acquisition intracommunautaire a été soumise à la TVA dans cet État (CGI art. 293 A bis).
> **c.** En ce qui concerne les **biens placés sous un régime douanier** communautaire, deux exonérations sont spécialement prévues, en matière de TVA à l'importation :
> – la première (CGI art. 291, II-1°) intéresse, lors de leur **sortie du régime** douanier, les **biens** qui, pendant leur placement sous ce régime, ont fait l'objet d'une ou plusieurs livraisons en suspension de taxe (voir n° 32645) ;
> – la seconde (CGI art. 291, III-2°) concerne les **services liés au placement,** sous l'un des

régimes douaniers, **de biens** en provenance d'un pays tiers (voir n° 32385).

d. Concernant l'exonération prévue dans le cadre des **ventes à distance de biens importés** dont la valeur intrinsèque des envois est inférieure à 150 € et pour lesquelles l'opérateur a recours au régime de guichet unique, voir nos 23240 et 33720.

e. Importations d'**or d'investissement** : voir nos 90800 s.

1. EXONÉRATIONS DE L'ARTICLE 291, II DU CGI

PRODUITS OU BIENS DE NATURE DIVERSE

22250 Les produits suivants sont exonérés de TVA à l'importation (CGI art. 291, II-3°) :

– **produits de la pêche** (en l'état ou ayant fait l'objet d'opérations destinées à les préserver en vue de leur commercialisation telles que la congélation, le salage et l'évidage) importés par les entreprises de pêche maritime ;

– **navires, aéronefs,** objets incorporés, engins et filets pour la pêche maritime, définis aux nos 29100, 29225 et 29400 ;

– **prothèses dentaires** et éléments séparés de prothèses importés par les dentistes, les prothésistes dentaires ou les négociants en prothèses (sous réserve, pour ces deux dernières catégories d'importateurs, du respect des conditions exposées au n° 9505) ;

– **organes, sang total et produits dérivés** employés pour des soins de santé ou à des fins thérapeutiques (n° 9605) et **lait humain**, ainsi que d'autres produits d'origine humaine (urines, sperme, par exemple) à la condition que lesdits produits soient utilisés à des fins médicales ;

– **devises, billets de banque et monnaies** qui sont des moyens de paiement légaux (à l'exception des billets et monnaies de collection) ;

– **or,** sous toutes ses formes, importé par les instituts d'émission ;

– **œuvres d'art originales, timbres, objets de collection ou d'antiquité,** lorsque leur importation est réalisée directement à destination d'établissements agréés par le ministre de la culture (nos 79730 s.) ;

– **gaz naturel** (gaz naturel liquéfié et gaz naturel à l'état gazeux non utilisé comme carburant), **électricité, chaleur** ou **froid.**

BIENS IMPORTÉS DÉFINITIVEMENT DANS LE CADRE DE FRANCHISES FISCALES COMMUNAUTAIRES

22260 Sont également exonérés de TVA à l'importation les biens importés définitivement dans le cadre des franchises fiscales communautaires et désignés par les articles 50 septies à 50 octies C de l'annexe IV au CGI.

Parmi les biens ainsi visés figurent notamment les biens personnels importés dans le cadre du trafic international de voyageurs et les marchandises faisant l'objet de petits envois entre particuliers, lesquels nécessitent quelques explications particulières données aux nos 22265 s.

22265 Les marchandises contenues dans les **bagages personnels** (et les coffres ou habitacles des voitures) **des voyageurs en provenance de pays tiers** bénéficient de la franchise des taxes sur le chiffre d'affaires et des droits de douane normalement exigibles à l'importation, à condition que ces marchandises ne traduisent, par leur nature ou leur quantité, aucune préoccupation d'ordre commercial et que leur valeur globale ne dépasse pas 430 € (utilisation d'un mode de transport aérien ou maritime) ou 300 € (utilisation d'un autre moyen de transport) par personne (150 € pour les enfants de moins de 15 ans, quel que soit le mode de transport) (CGI ann. IV art. 50 octies, 10°).

Sont considérés comme bagages personnels l'ensemble des bagages que le voyageur est en mesure de présenter au service des douanes lors de son arrivée, ainsi que ceux qu'il présente ultérieurement à condition qu'ils aient été enregistrés auprès de la compagnie de transport comme bagages accompagnés au moment du départ du pays tiers.

Pour les travailleurs **frontaliers,** les personnes ayant leur résidence dans une zone frontalière et le personnel des moyens de transport utilisés pour voyager à partir d'un pays tiers, les montants sont fixés à 75 €, pour les personnes de 15 ans et plus, et 40 € pour les moins de 15 ans. La zone frontalière est une zone qui ne peut excéder 15 kilomètres de profondeur à vol d'oiseau à compter de la frontière et qui comprend les communes dont le territoire se trouverait compris en partie dans celle-ci.

Par ailleurs, des **limites quantitatives** sont fixées, pour les personnes âgées de 17 ans au moins, pour certains produits : tabacs, boissons alcoolisées (CGI ann. IV art. 50 octies, 10°-2 et 4). La valeur des marchandises soumises à limitation quantitative n'est pas prise en considération pour la détermination de la franchise.

Les marchandises en provenance de pays tiers faisant l'objet de **petits envois** sans caractère commercial, **entre particuliers,** bénéficient de la franchise des taxes sur le chiffre d'affaires lorsque leur valeur globale n'excède pas 45 €, des limites quantitatives étant par ailleurs prévues pour certaines marchandises (tabac, boissons alcoolisées, parfums) (CGI ann. IV art. 50 octies, 6°). **22270**

2. EXONÉRATIONS DE L'ARTICLE 291, III DU CGI

RÉIMPORTATION DE BIENS EN L'ÉTAT

Conformément à l'article 291, III-1° du CGI, est exonérée de TVA la réimportation, par la personne qui les a exportés, de biens dans l'état où ils ont été exportés (c'est-à-dire dont la valeur n'a pas augmenté entre son exportation et sa réimportation) et qui bénéficient de la franchise des droits de douane (ou qui en bénéficieraient s'ils étaient soumis à des droits de douane). **22300**

La réimportation peut être envisagée dès l'exportation initiale (elle fait suite à une exportation temporaire avec réserve de retour) ou présenter un caractère « accidentel » lorsqu'elle fait suite à une exportation définitive en simple sortie.

Sauf circonstances particulières, elle doit avoir lieu dans le **délai** de trois ans à partir de l'exportation (Inst. douanes 13-12-2006 texte 06-053 : BOD 6692).

RADOUBS, RÉPARATIONS ET TRANSFORMATIONS DES NAVIRES FRANÇAIS À L'ÉTRANGER

Conformément à l'article 291, III-3° du CGI, les radoubs, réparations et transformations de navires français à l'étranger sont exonérés de la TVA, à l'exception toutefois de celles de ces opérations qui portent sur des bateaux de sport ou de plaisance. **22310**

BIENS FAISANT L'OBJET, CONSÉCUTIVEMENT À LEUR IMPORTATION, D'UNE LIVRAISON INTRACOMMUNAUTAIRE EXONÉRÉE PAR L'IMPORTATEUR

Il peut arriver que des biens dont le **point de départ** se situe dans un **pays tiers** soient importés en France, alors que le **lieu d'arrivée** de l'expédition ou du transport est situé sur le territoire d'un **autre État membre** de l'UE. En pareil cas, conformément à l'article 291, III-4° du CGI, l'importation est exonérée de la TVA française lorsque, sitôt après dédouanement, les biens font l'objet, par l'**importateur** lui-même, d'une **livraison intracommunautaire exonérée** dans les conditions indiquées au n° 20350. **22320**

L'expédition à destination de l'autre État membre doit être consécutive à l'opération d'importation. **22325**

En **pratique,** il ne peut être procédé, entre le moment où les biens sont importés et celui à partir duquel ils sont expédiés ou transportés vers un autre État membre, à des opérations de stockage, des ouvraisons, des manipulations autres que celles nécessaires, au transbordement des biens d'un moyen de transport sur l'autre.

Le délai qui peut s'écouler entre la mise à la consommation et la réexpédition des biens vers un autre État membre doit être limité au délai strictement nécessaire au transbordement des marchandises (Inst. douanes 14-12-2011 texte 11-034 : BOD 6912).

Lorsque l'importateur est une **entreprise étrangère** non établie en France, elle doit s'identifier à la TVA en France directement (ou par l'intermédiaire d'un mandataire fiscal) auprès de l'administration lorsqu'elle est établie dans l'UE ou dans un pays tiers ayant conclu une convention d'assistance au recouvrement des créances fiscales avec la France ou désigner un représentant fiscal lorsqu'elle est établie dans un pays tiers n'ayant pas conclu une telle convention, afin d'accomplir les formalités lui incombant ; elle peut toutefois, selon la même distinction, recourir aux services d'un mandataire ponctuel sans avoir à solliciter un numéro d'identification (n°s 30920 s.) ou désigner un représentant ponctuel (n°s 31150 s.). **22330**

En application de l'article 96 P de l'annexe III au CGI, l'exonération de l'importation s'applique lorsque l'expédition du bien vers un autre État membre est consécutive à son importation et que l'assujetti importateur **fournit,** au moment de l'importation, les **informations suivantes** : **22335**

– s'agissant de l'**importateur** lui-même, son numéro d'identification à la TVA en France, ou, le cas échéant, lorsqu'il est établi à l'étranger et qu'il est dispensé de s'identifier à la TVA en France, le numéro d'identification attribué à son mandataire ponctuel ou son représentant fiscal ponctuel ;

– s'agissant du **destinataire des biens,** le numéro d'identification à la TVA qui lui a été attribué dans un autre État membre ou, en cas de transfert exonéré de TVA, celui qui a été attribué à l'importateur dans l'État membre d'arrivée de l'expédition ou du transport des biens ;

– s'agissant des **biens importés,** un élément de preuve justifiant que ces biens sont destinés à être transportés ou expédiés vers un autre État membre. À cette fin, l'assujetti importateur peut, notamment, produire l'un des documents suivants : un document de transport, une facture du transporteur ou un contrat d'assurance relatif au transport des biens vers un autre État membre, un contrat conclu avec l'acquéreur ou une correspondance commerciale mentionnant un lieu de destination dans un autre État membre, un bon de commande écrit émanant de l'acquéreur et indiquant que les biens doivent être expédiés ou transportés vers un autre État membre, un bon de livraison ou un bon d'enlèvement mentionnant un lieu de destination dans un autre État membre. Lorsqu'il utilise la procédure de dédouanement Delta, l'importateur n'est pas tenu de produire un document de preuve à l'appui du DAU, mais il doit pouvoir le présenter à toute réquisition du service des douanes (Inst. douanes 14-12-2011 texte 11-034 : BOD 6912).

> **Précisions** **a.** Selon la **CJUE,** l'exonération de l'importation ne peut pas être refusée :
> – au seul motif que, à la suite d'un changement de circonstances intervenu postérieurement à l'importation, les **biens** en cause ont été **livrés à un assujetti autre** que celui dont le numéro d'identification TVA était indiqué dans la déclaration d'importation, alors que l'importateur a communiqué à l'administration l'ensemble des informations relatives à l'identité du nouvel acquéreur, dès lors que les conditions de fond de l'exonération de la livraison intracommunautaire subséquente sont effectivement réunies ;
> – au motif que les **biens** ont été non **pas transmis directement à l'acquéreur,** mais pris en charge par des **entreprises de transport** et des **entrepôts fiscaux** désignés par l'acquéreur, lorsque le pouvoir de disposer desdits biens comme un propriétaire a été transféré par l'importateur à l'acquéreur ;
> – lorsque les conditions de l'exonération de la livraison intracommunautaire subséquente ne sont pas réunies en raison d'une **fraude fiscale** commise par l'acquéreur, à moins qu'il ne soit établi que l'importateur savait ou aurait dû savoir que l'opération était impliquée dans une fraude commise par l'acquéreur et qu'il n'a pas pris toutes les mesures raisonnables en son pouvoir pour éviter cette fraude (CJUE 20-6-2018 aff. 108/17 : RJF 12/18 n° 1302).
> **b.** La CJUE a également jugé qu'une **importation suivie d'un transfert intracommunautaire, d'une part, et** une **opération frauduleuse postérieure, d'autre part,** réalisée dans le cadre d'une livraison intracommunautaire intervenant après cette importation suivie d'un transfert, doivent être considérées comme étant des opérations indépendantes l'une de l'autre. Dès lors qu'il est établi que la fraude n'a pas porté sur le transfert dont dépend l'octroi de l'exonération de la TVA à l'importation visée par l'article 143, 1-d de la directive TVA (transposé à l'article 291, III-4° du CGI), cette exonération ne peut être refusée à l'importateur désigné ou reconnu comme étant redevable de la taxe au sens de l'article 201 de la directive sauf si celui-ci savait ou aurait dû savoir que cette opération postérieure était impliquée dans une fraude commise par le destinataire (CJUE 14-2-2019 aff. 531/17 : RJF 5/19 n° 506).
> **c.** S'agissant du **DAU,** voir n° 22475, précision c.

E. Biens transitant par un entrepôt ou une plateforme logistique de stockage

22350 Les exploitants d'entrepôts ou de plateformes logistiques où sont stockés les **biens importés destinés à être vendus en France ou dans un autre État membre,** doivent **tenir à la disposition de l'administration** et lui communiquer, à sa demande, certaines **informations,** dont la liste est fixée par l'article 50 sexies M de l'annexe IV au CGI, relatives, notamment, à l'origine, la nature, la quantité des biens stockés et à l'identité des propriétaires des biens (CGI art. 298 sexdecies J).

Cette obligation s'applique lorsque les **conditions** suivantes sont remplies :

– les biens stockés, qui ont été **importés en France ou dans un autre État membre de l'UE** en provenance d'un pays ou d'un territoire tiers, sont destinés à faire l'objet d'une **vente réalisée par l'entremise d'une plateforme** de mise en relation par voie électronique (définie comme l'entreprise, quel que soit son lieu d'établissement, qui met en relation à distance, par voie électronique, des personnes en vue de la vente d'un bien, de la fourniture d'un service ou de l'échange ou du partage d'un bien ou d'un service) ;

– ces biens sont la propriété d'un **assujetti** qui est établi **en dehors de l'UE** ;

– ils n'ont **pas encore** fait l'objet d'une **livraison** ou d'un transfert depuis leur introduction en France.

Ces informations doivent être **conservées** par l'exploitant de l'entrepôt ou de la plateforme logistique jusqu'au 31 décembre de la sixième année suivant celle durant laquelle a eu lieu l'opération d'importation des biens stockés.

L'exploitant de l'entrepôt ou de la plateforme logistique doit, par ailleurs, faire toute diligence afin de s'assurer de l'**identité des propriétaires** des biens et **les informe** par tous moyens de leurs obligations en matière de TVA. Cette information doit comporter un renvoi aux sites de la DGFiP (www.impots.gouv.fr/portail/immatriculation-la-tva) et de la DGDDI (www.douane.gouv.fr/fiche/tva-limportation-les-essentiels). Le modèle de courrier d'information utilisé à cette fin figure dans le BOI-LETTRE-000259 (BOI-CF-COM-10-90 n°s 90 et 100).

> Précisions a. Les entrepôts ou plateformes logistiques de stockage visés ci-dessus sont ceux qui correspondent à des activités d'exploitation, pour compte de tiers, d'installations d'entreposage non frigorifique ou de lieux de stockage tels les entrepôts et les hangars et qui stockent des marchandises destinées à être revendues pour le compte d'une personne établie hors de France ou de l'UE (BOI-CF-COM-10-90 n°s 50 et 60).

b. La **liste** des **informations** fixée par l'article 50 sexies M de l'annexe IV au CGI est la suivante :

– les coordonnées relatives au propriétaire du bien : raison sociale, adresses physique et postale (si différentes), numéro d'identification fiscal national ;

– le numéro de TVA intracommunautaire du propriétaire du bien ou celui de son représentant fiscal au sein de l'UE ;

– la date à laquelle le propriétaire du bien a été informé de ses obligations en matière de TVA ;

– l'identifiant douanier EORI du propriétaire du bien ou de l'opérateur économique ayant procédé aux formalités douanières d'importation ;

– le numéro de référence inscrit sur la déclaration en douane d'importation du bien ;

– les informations suivantes relatives au bien : État ou territoire de provenance, nature et quantité numéraire du bien, durée de détention, lieu et date de livraison.

c. En ce qui concerne :

– le dispositif de **solidarité en paiement** des plateformes en ligne pour la TVA due par les opérateurs qui effectuent, par leur intermédiaire, des livraisons de biens ou des prestations de services taxables en France à destination ou au profit de personnes non assujetties à la TVA ou des importations taxables en France, voir n° 48100 ;

– les règles de TVA applicables aux plateformes en ligne qui interviennent dans le **commerce électronique transfrontière,** voir n°s 23500 s.

II. EXPORTATIONS (À DESTINATION DE PAYS TIERS)

L'article 262, I du CGI vise les livraisons de biens expédiés ou transportés **en dehors de l'UE.** Les territoires d'exportation s'entendent donc **uniquement** des **pays tiers** (ou territoires **assimilés**) tels qu'ils sont définis au n° 18560. **22400**

Selon une conception générale comparable à celle retenue pour les livraisons intracommunautaires (n°s 20280 s.), les exportations de France vers des pays tiers entrent en principe dans le champ d'application de la **TVA** française, mais elles en sont **exonérées** lorsque sont remplies les conditions fixées par la loi. Ces **conditions** sont **différentes** selon que l'**exportation** est réalisée **par le vendeur** (n°s 22440 s.) **ou par un acheteur non établi en France** (n°s 22600 s.).

Une exonération spéciale est également prévue pour les **livraisons d'or aux instituts d'émission** (n° 22720).

Remarque : En ce qui concerne :

– les **prestations de services liées aux exportations** : voir n°s 26550 s. ;

– les livraisons de **biens** placés ou destinés à être placés **sous régime douanier ou entrepôt** fiscal : voir n°s 32250 s. ;

– les exportations d'**or d'investissement** : voir n°s 90800 s.

A. Exportations par le vendeur (ou pour son compte)

Sont exonérées de TVA, lorsque sont remplies les conditions indiquées aux n°s 22475 s., les livraisons de biens expédiés ou transportés par le vendeur (dernier propriétaire des marchandises dans l'UE) ou pour son compte en dehors de l'UE. **22440**

L'exonération s'applique qu'il s'agisse de **livraisons directes** par l'exportateur ou de livraisons réalisées par l'entremise d'un **intermédiaire transparent** agissant au nom et pour le compte d'autrui.

Malgré l'exonération, les exportateurs conservent leur **droit à déduction.** Ils peuvent donc déduire la TVA qui a grevé les éléments du prix des biens exportés. Ils sont en droit, lorsqu'ils ne peuvent pas récupérer la taxe par imputation, d'en obtenir le **remboursement** (n°s 58430 s.). Par ailleurs, ils ont la faculté d'**acquérir** ou d'importer **en franchise** de taxe les biens qu'ils destinent à l'exportation en l'état ou après transformation (n°s 30000 s.).

> **Précisions** **a.** L'exonération ne s'applique pas aux **exportations temporaires** de biens (BOI-TVA-CHAMP-30-30-10-10 n° 1). Celles-ci peuvent être effectuées soit pour travaux (perfectionnement passif), soit pour retour en l'état.
b. Par « livraisons de biens expédiés ou transportés en dehors de l'UE », il convient d'entendre, selon l'administration :
– les **exportations** de biens dont la **livraison** a lieu soit dans un pays ou territoire tiers, soit en France (chez le vendeur, dans le port d'expédition, « départ usine », « wagon départ », en « cale péniche départ », « wagon gare frontière », etc.) pourvu que la vente ait pour effet direct et immédiat l'exportation des biens et que la réalité de cette exportation ne fasse aucun doute. Cette certitude résulte des justifications fournies par l'exportateur et prévues par l'article 74 de l'annexe III au CGI (n° 22475) ;
– les **envois à titre gratuit** : cadeaux, primes, échantillons, etc. ;
– les **exportations** de biens **sans transfert de propriété** : matériel neuf loué à un étranger (en ce qui concerne la location proprement dite, voir n°s 3150 s.) ; matériels et produits exportés par une entreprise sans réserve de retour et utilisés à l'étranger pour les besoins de ses exploitations (travaux publics, par exemple) (BOI-TVA-CHAMP-30-30-10-10 n° 30). À cet égard, il est toutefois observé que, selon nos renseignements, l'exonération ne s'applique pas aux **ventes en consignation** et aux **ventes en dépôt** réalisées hors de l'UE, dans le cadre desquelles le transfert de propriété n'intervient qu'au moment de la revente des biens ou du prélèvement dans les stocks par le client.
c. Les exportations réalisées par l'entremise d'un **intermédiaire opaque** agissant en son nom propre mais pour le compte d'autrui appellent des explications données aux n°s 83380 s.
d. Il est admis que les personnes ayant leur résidence principale en France qui sont en instance d'**affectation ou** de **transfert de** leur **résidence principale vers un pays tiers** puissent acquérir des biens pour l'exportation en exonération de TVA, y compris des moyens de transport (BOI-TVA-CHAMP-30-30-10-20 n° 440).

22445 Sont assimilées à des exportations les livraisons faites par les membres d'un **GIE** à ce groupement agissant en leur nom, lequel, ayant pour unique activité l'exportation des biens de ses membres, les exporte en l'état. Le GIE est considéré comme intervenant en qualité de commissionnaire-exportateur.

Les membres du GIE doivent conserver copie de la facture délivrée au GIE et qui est visée par une personne habilitée ou autorisée à déclarer en douane et annotée des références permettant d'identifier la déclaration en douane correspondante (BOI-TVA-CHAMP-30-30-10-10 n°s 203 et 208).

1. EXPORTATIONS RÉALISÉES PAR LES ENTREPRISES ÉTRANGÈRES

22455 Les entreprises étrangères **n'ayant pas d'établissement en France** et qui, à partir de ce pays, expédient des marchandises à destination de l'étranger (pays ou territoire tiers à l'UE) peuvent, comme les exportateurs français, bénéficier des avantages qui s'attachent aux livraisons d'exportation, sous réserve qu'elles remplissent les obligations qui leur incombent et qu'elles accomplissent les formalités prévues par l'article 74, 1 de l'annexe III au CGI (n°s 22475 s.) (BOI-TVA-CHAMP-20-70 n° 170).

2. EXPORTATIONS ILLÉGALES

22465 L'exonération des exportations effectuées en violation de dispositions nationales subordonnant à une autorisation préalable, dans le cadre d'un **embargo,** les exportations à destination de certains États ne peut pas être refusée, dès lors que les produits exportés ne sont pas frappés d'une interdiction générale de commerce et font partie du circuit économique (CJUE 2-8-1993 aff. 111/92 : RJF 11/93 n° 1517).

3. CONDITIONS DE L'EXONÉRATION

22475 L'exonération est subordonnée à la **justification de la réalité de l'exportation.**

Ceci implique (CGI ann. III art. 74) :

– l'inscription des envois dans les livres comptables (ou, le cas échéant, sur le livre spécial visé au n° 44745) ;

– la production soit de la **certification électronique de la sortie** du territoire de l'UE dans le cadre du dispositif communautaire ECS (Export Control System) ou de l'**exemplaire n° 3 du DAU**

visé par le bureau des douanes du point de sortie de l'UE en cas d'utilisation de la procédure papier dite « procédure de secours », soit de l'un des **éléments alternatifs de preuve** dont la liste figure au n° 22570.

> **Précisions** **a.** Au regard de la TVA, il résulte de l'article 262, I du CGI que l'exportateur est la personne qui livre des biens en exonération de TVA pour cause d'exportation, tandis que, au regard de la réglementation douanière, il s'agit de la personne qui est directement responsable du transport des biens en dehors de l'UE (en ce sens Règl. UE/2446/2015), cette personne (ou son représentant) devant figurer en case 2 du DAU. Ainsi, dans certaines situations (cas notamment des exportations commerciales par l'acheteur non établi en France : n° 22650), les **notions fiscales et douanières d'exportateur** ne se recoupent pas entièrement.
> Dès lors, aux fins de la justification fiscale de l'exportation par le fournisseur des biens, que celui-ci figure ou non en **case 2 du DAU** comme exportateur, la **case 44** du DAU doit systématiquement comporter la donnée relative au fournisseur suivie de son numéro d'identification à la TVA français (en ce sens Note douanes du 15-1-2019).
> **b.** Pour les marchandises d'une **valeur inférieure à 1 000 €** et d'un **poids net inférieur à 1 000 kg**, la déclaration d'exportation peut être remplacée par une simple facture commerciale dont l'exportateur doit conserver le deuxième exemplaire visé par le service des douanes. Cette facilité ne concerne pas les produits agricoles, les produits accompagnés de titres particuliers et les produits sensibles ou stratégiques soumis à prohibitions ou restrictions diverses (Inst. douanes 12-7-1994 texte 94-127 : BOD 5909 ; 16-12-2002 texte 03-001 : BOD 6572 ; BOI-TVA-CHAMP-30-30-10-10 n° 330).
> Par ailleurs, les expéditions de biens par **paquets-poste** ou **colis postaux** d'une valeur inférieure à 8 000 € peuvent être justifiées par des documents particuliers (CGI ann. III art. 74, 2 ; BOI-TVA-CHAMP-30-30-10-10 n° 310).
> **c.** Une refonte des systèmes informatiques douaniers est actuellement en cours, avec pour objectif un déploiement progressif, **à compter de 2023,** d'un nouveau système appelé « **Delta IE** » (Import/ Export) qui a vocation à généraliser la dématérialisation des déclarations en douane. Le **DAU** en tant que tel serait, à cette occasion, supprimé.

a. Contenu et lieu de souscription de la déclaration d'exportation

La déclaration d'exportation comporte différentes **énonciations** relatives à l'identité du déclarant, de l'expéditeur et du destinataire, à la nature et à la valeur des marchandises, au règlement financier ainsi que le détail des droits et taxes éventuellement applicables. **22485**

Une déclaration doit être souscrite dans tous les cas d'exportation définitive, même s'il s'agit de produits exonérés de taxes sur le chiffre d'affaires (C. douanes art. 84).

La procédure de dédouanement est, en principe, informatisée (étant précisé qu'il est possible de recourir à une procédure de dédouanement papier en cas de défaillance de la procédure électronique).

Les formalités d'exportation doivent, en principe, être accomplies dans l'**État membre** où l'**exportateur** (ou, en cas de sous-traitance, le sous-traitant) **est établi,** ou bien où les marchandises sont emballées ou chargées pour le transport d'exportation. **Toutefois,** la déclaration d'exportation peut être déposée dans tout bureau de douane de sortie de l'UE lorsque l'envoi porte sur des **marchandises de faible valeur,** c'est-à-dire n'excédant pas 3 000 €, qui ne sont pas soumises à des mesures de prohibition ou de restriction à l'exportation. La déclaration d'exportation peut également être déposée dans un bureau de douane d'un autre État membre lorsqu'il existe des **raisons dûment justifiées,** notamment lorsqu'il s'agit d'une situation imprévisible dans laquelle l'application de la règle générale demanderait à l'exportateur des efforts économiques déraisonnables (Inst. douanes 29-6-2009 texte 09-049 : BOD 6830, fiche 2).

En France, la déclaration d'exportation est effectuée auprès du bureau de douane d'exportation via la procédure de **dédouanement en ligne par transmission automatisée** (Delt@). Les données sont transmises automatiquement au système ECS. Le bureau de douane d'exportation transmet l'avis anticipé d'exportation au bureau de douane de sortie qui lui renvoie via ECS la constatation de la sortie effective des marchandises. Ce message permet au bureau de douane de certifier par voie électronique de la sortie des marchandises de l'UE. Lorsque le bureau de douane d'exportation et de sortie sont identiques, la preuve électronique est fournie via le système de téléprocédure Delt@ (BOI-TVA-CHAMP-30-30-10-10 n°s 150 et 180).

b. Utilisation de la déclaration d'exportation

EXPORTATION DIRECTE

Lorsque la déclaration d'exportation est établie dans le cadre de la **procédure électronique,** **22495**
l'assujetti exportateur doit fournir la **certification électronique de sortie** délivrée par le bureau

de douane de sortie et envoyée au bureau de douane d'exportation auprès duquel la déclaration d'exportation a été initialement déposée dans le système de téléprocédure Delt@. L'assujetti exportateur pourra se rapprocher de son déclarant pour obtenir cette certification électronique.

En cas de recours à la **procédure papier,** l'exportateur conserve à l'appui de sa comptabilité ou du livre spécial mentionné au n° 44745 l'exemplaire exportateur de la déclaration d'exportation qui lui est remis, après visa au verso, par le service des douanes ; s'il est souscrit par un représentant en douane, cet exemplaire, visé, est remis à l'exportateur.

EXPORTATION PAR L'ENTREMISE D'UN INTERMÉDIAIRE TRANSPARENT

22505 Lorsque l'intermédiaire est **désigné comme expéditeur** des biens sur la déclaration d'exportation, le fournisseur doit conserver une copie de sa facture délivrée à l'intermédiaire et visée par la personne habilitée ou autorisée à déclarer en douane et annotée des références permettant d'identifier la déclaration en douane correspondante (CGI ann. III art. 74).

LIVRAISONS COMMUNES À L'EXPORTATION ET GROUPAGES

22515 Lorsque des opérateurs interviennent dans le cadre d'une livraison commune de marchandises à l'exportation, ou dans le cas d'une opération de groupage, chaque assujetti exportateur figure nommément dans la rubrique exportateur de la déclaration dématérialisée en case 2 bis.

Le DAU généré par le système de **téléprocédure Delt@** ne reprend en case 2 que le premier expéditeur renseigné par le déclarant en douane et comporte la mention « **expéditeurs multiples** ».

Chaque assujetti exportateur justifie de l'exonération de TVA dès lors qu'il est repris en tant que tel dans la rubrique 2 bis de la déclaration d'exportation. Les assujettis exportateurs peuvent également, conformément aux dispositions de l'article 74 de l'annexe III au CGI, conserver à l'appui de leur comptabilité, comme justificatif de l'exportation, un exemplaire de leur facture visée par la personne habilitée en douane ou qui s'est chargée de réaliser le dépôt de la déclaration auprès du bureau de douane d'exportation. Dans ce cas, la facture est annotée des références permettant d'identifier la déclaration en douane d'exportation concernée.

La même procédure doit être appliquée lorsque, dans la fabrication des marchandises exportées, sont intervenus à la fois un ou plusieurs fournisseurs et un ou plusieurs prestataires de services (ou façonniers) (BOI-TVA-CHAMP-30-30-10-10 n° 210).

En cas de recours à la **procédure papier,** la justification de sortie de l'exportateur est constituée par un exemplaire de sa facture visé par la personne habilitée ou autorisée à déclarer en douane et annoté des références permettant d'identifier la déclaration en douane correspondante (CGI ann. III art. 74).

> **Précisions** **a.** Une **livraison commune** de marchandises est par **exemple** une opération dans laquelle un client établi à l'étranger donne ordre à un ou plusieurs fournisseurs situés en France de livrer les marchandises qu'il leur a achetées, à un opérateur situé également en France qui utilise ces biens dans la fabrication ou la façon des produits qu'il expédie lui-même à l'étranger.
> **b.** S'agissant du **DAU,** voir n° 22475, précision c.

EXPORTATION PAR UN FOURNISSEUR ÉTABLI EN FRANCE SUR L'ORDRE DE SON CLIENT ÉTABLI EN FRANCE

22545 Lorsqu'une entreprise A établie en France vend une marchandise à une entreprise B également établie en France qui la revend à une entreprise C établie hors de l'UE et que le **transfert de propriété** entre A et B intervient **après dédouanement,** la livraison de A à B est exonérée à condition que A justifie de l'exportation des biens par la production du document douanier sur lequel elle est mentionnée en qualité d'exportateur. L'entreprise B doit être mentionnée comme destinataire sur le document d'exportation établi par A ; sa livraison à C est située en dehors de l'UE et est donc facturée hors taxe (Comité fiscal de la Mission d'organisation administrative : réunion du 30-9-1998 ; Inst. douanes 19-5-2008 texte 08-029 : BOD 6761).

EXPORTATION PAR GIE

22555 Sur cette question, voir n° 22445.

c. Éléments de preuve alternatifs

22570 Lorsqu'il ne détient **pas** la **certification de sortie ou l'exemplaire n° 3 du DAU visé au verso** par le bureau des douanes compétent, l'exportateur doit, pour justifier de l'exonération, détenir l'un des éléments de preuve alternatifs suivants (CGI ann. III art. 74, 1-d).

Pour les **exportations effectuées par le vendeur** ou pour son compte : déclaration d'importation authentifiée par la douane du pays d'importation ou attestation de celle-ci (accompagnée, le cas échéant, d'une traduction officielle), tout document de transport des biens vers un pays ou territoire tiers ou tout document afférent au chargement du moyen de transport quittant l'UE, documents douaniers de surveillance s'il s'agit de biens soumis à des contrôles particuliers, documents d'accompagnement ou tout autre élément de preuve alternatif accepté par la douane s'il s'agit de produits soumis à accises.

Pour les **exportations effectuées par l'acheteur non établi en France** ou pour son compte : déclaration du transporteur ou du transitaire qui a pris en charge les biens, accompagnée de la preuve du paiement des biens par le client, étant précisé que, pour les produits soumis à accises ou à des contrôles particuliers, la preuve de l'exportation demeure constituée, pour la TVA, par l'exemplaire n° 3 du DAU visé au verso.

> Précisions S'agissant du DAU, voir n° 22475, précision c.

B. Exportations par l'acheteur non établi en France (ou pour son compte)

Sont exonérées de TVA les livraisons de biens expédiés ou transportés, hors de l'UE, par l'acheteur qui n'est pas établi en France, ou pour son compte, qu'il s'agisse d'exportations à caractère commercial (n° 22650) ou d'exportations à caractère touristique (nos 22680 s.). **22600**

Sont **toutefois** exclues de l'exonération et, par conséquent, **taxables** en tout état de cause les livraisons de biens d'**équipement** et d'**avitaillement** des bateaux de plaisance, des avions de tourisme ou de tous autres **moyens de transport à usage privé** (voiture automobile notamment) (CGI art. 262, I-2°).

Les livraisons exonérées portant sur des marchandises dont l'exportation est justifiée ouvrent droit chez le **vendeur** aux **déductions** prévues pour les exportations (n° 22440). Les vendeurs peuvent, en outre, bénéficier des possibilités d'**acquisitions en franchise** (nos 30000 s.). **22605**

Pour ces livraisons, les intéressés doivent tenir la **comptabilité** propre aux exportateurs et annexer à leurs **déclarations** périodiques un **relevé global** des opérations de l'espèce réalisées au cours de la période considérée.

EXPORTATION FRAUDULEUSE

Un fournisseur a droit à l'exonération prévue en matière d'exportation par l'acheteur lorsque les conditions d'une telle exonération ne sont pas remplies, dès lors qu'il ne pouvait pas s'en rendre compte, même en déployant toute la diligence d'un commerçant avisé, en raison de la **falsification** de la **preuve de l'exportation** présentée par l'acheteur (CJUE 21-2-2008 aff. 271/06 : RJF 6/08 n° 763). **22615**

a. Exportations à caractère commercial

L'exonération est applicable dans les situations où l'acheteur, établi hors de l'UE ou dans un autre État membre, prend livraison des biens en France et en assure le transport par ses soins ou par l'intermédiaire d'un transporteur, lorsque les biens lui sont livrés par exemple aux conditions départ wagon, usine ou locaux du vendeur. Dans ces différents cas, les livraisons réalisées par le vendeur sont exonérées en application de l'article 262, I-2° du CGI, les opérations douanières d'exportation étant effectuées par l'acheteur (ou son représentant) (en ce qui concerne les justifications de la réalité de l'exportation des biens : voir nos 22475 s.). **22650**

Il est rappelé que les **entreprises étrangères** n'ayant pas d'établissement en France peuvent bénéficier de l'exonération des livraisons à l'exportation (voir n° 22455).

b. Exportations à caractère touristique

Conformément à l'article 262, I-2° du CGI, lorsque la livraison porte sur des biens à emporter dans les bagages personnels de voyageurs, l'exonération s'applique si les **conditions** suivantes sont réunies : **22680**

– le **voyageur** n'a **pas** son domicile ou sa **résidence** habituelle en **France** (y compris les DOM) ou dans un autre État membre de l'**UE** (la qualité de résident hors UE doit être établie par des pièces justificatives : passeport, carte consulaire, carte d'identité, carte de séjour) ;

– la livraison ne doit **pas** porter sur les **produits ci-après** : tabacs manufacturés, marchandises qui correspondent par leur nature ou leur qualité à un approvisionnement commercial ainsi que celles qui sont frappées d'une prohibition de sortie ;

– les biens sont **transportés en dehors de l'UE avant la fin du troisième mois** suivant celui au cours duquel la livraison est effectuée ;

– la **valeur** globale de la livraison (totalité des achats réalisés par le client, dans le délai de trois jours calendaires, dans un même magasin, dans plusieurs magasins disséminés dans une même ville et identifiés sous le même numéro de TVA intracommunautaire ou dans différents magasins d'un même centre commercial lorsque ces achats sont regroupés sur un seul bordereau de vente), TVA comprise, doit **excéder 100 €.**

Afin de déterminer si le seuil a été dépassé, le calcul nécessaire est effectué sur la base de la valeur de la facture (Règl. UE/282/2011 art. 48).

L'exonération est accordée selon la **procédure du bordereau de vente** (voir ci-après n° 22685).

> Précisions a. L'exonération prévue à l'article 147, 1 de la directive TVA (transposé à l'article 262, I-2°-al. 2 du CGI) en faveur des « **biens à emporter dans les bagages personnels de voyageurs** » n'est **pas applicable** aux biens qu'un particulier qui n'est pas établi dans l'UE emporte avec lui en dehors de l'UE **à des fins commerciales,** en vue de leur revente dans un État tiers. **Toutefois,** lorsque l'administration fiscale constate que les conditions de cette exonération ne sont pas remplies, mais que les biens concernés ont effectivement été transportés en dehors de l'UE par l'acquéreur, elle est tenue d'examiner si l'exonération de TVA prévue à l'article 146, 1-b de la directive TVA (transposé à l'article 262, I-2°-al. 1 du CGI : n°s 22600 s.) peut être appliquée à la livraison en cause, alors même que les formalités douanières applicables n'ont pas été effectuées et que, lors de l'achat, l'acquéreur n'avait pas l'intention de voir appliquée cette dernière exonération (CJUE 17-12-2020 aff. 656/19 : RJF 3/21 n° 337).

b. La procédure du bordereau de vente ne concerne **pas les opérations suivantes,** qui peuvent donc bénéficier de l'exonération à l'exportation sans condition de valeur ou de résidence :

– **livraisons à destination de pays tiers,** faites dans les **comptoirs de vente** « hors douane » installés dans certains **ports, aéroports** ou au sein du terminal ferroviaire de Coquelles ;

– **ventes** faites **à bord des navires ou aéronefs** à destination de **pays tiers.**

22685 Avec le système du **bordereau de vente,** le vendeur peut faire profiter son client de la franchise de TVA, de deux façons :

– soit lui accorder la **remise immédiatement** ;

– soit au contraire encaisser la taxe et lui en **ristourner** le montant **après** accomplissement des formalités de détaxe.

Dans les deux cas, il doit remettre à l'acheteur un bordereau de vente. Ce bordereau est en principe obligatoirement émis dans le cadre du téléservice **Pablo.** Il comporte un code-barres et le logo Pablo et mentionne les frais de gestion retenus par le vendeur. Le vendeur est toutefois autorisé à utiliser une **procédure de secours** dans les cas suivants : indisponibilité générale de l'interface Pablo, panne des outils informatiques permettant l'émission des bordereaux, interruption de la connexion Internet. Dans le cadre de cette procédure de secours, le vendeur doit utiliser le modèle de bordereau papier défini par la DGDDI.

Le voyageur doit présenter le bordereau au visa du service des douanes du point de sortie définitive de France (bureaux de route, ports, aéroports, gares frontières) ou, pour les touristes transitant par un autre État membre, au visa de l'autorité compétente du dernier État membre de sortie définitive de l'UE.

L'octroi définitif de l'exonération est lié à l'**apurement des bordereaux** dans la base de données dédiée en cas de visa électronique (visa par lecture optique à la borne de sortie Pablo) ou au renvoi des bordereaux de vente dûment visés manuellement par la douane au vendeur intéressé (procédure de secours ou panne ou absence de la borne de sortie). Les données du bordereau de vente créé sous forme électronique doivent être conservées pendant un délai de dix ans (même délai de conservation pour l'exemplaire retourné, le cas échéant, par le client). Pour justifier l'exonération, le bordereau doit avoir été visé (manuellement ou électroniquement) avant la fin du troisième mois suivant celui au cours duquel il a été émis.

Le bénéfice de la procédure du bordereau de vente concerne une large gamme de marchandises, y compris les alcools et boissons alcooliques. Cependant, lorsque les quantités acquises sont supérieures à 90 litres pour le vin et les produits fermentés autres que le vin, 20 litres pour les produits intermédiaires, 10 litres pour les alcools, ils doivent être accompagnés du ticket de caisse ou de tout autre document commercial lors de la présentation du bordereau de vente à l'exportation.

Sont toutefois exclus de la procédure notamment : les biens soumis à embargo commercial, les biens pour lesquels les ventes présentent par leur nature ou leur qualité le caractère d'un approvisionnement commercial pour l'acheteur, les tabacs manufacturés, les biens à double usage, certains biens culturels, etc. (Arrêté CCPD2131536A du 10-12-2021 : JO du 1-1-2022 ; Inst. douanes 10-12-2021 n° 21-056 : BOD 7445).

Le fait, pour une personne, de solliciter ou d'obtenir le visa d'un bordereau de vente alors que les **conditions** de l'exonération rappelées au n° 22680 ne sont **pas réunies** est passible d'une **amende** de 150 € à 1 500 € et de la **confiscation des marchandises litigieuses** (C. douanes art. 412, 10°).

> Précisions **a.** Lorsque le vendeur décide de recourir aux services d'un **opérateur de détaxe** afin d'accorder le bénéfice de l'exonération à ses clients, cet opérateur doit être agréé par l'administration (n° 22690).
b. Une **régularisation** de l'opération par **visa a posteriori** du bordereau de vente à l'exportation est possible à titre **exceptionnel** lorsque le bordereau de vente n'a pas pu être visé par la douane pour des raisons tenant exclusivement à l'organisation du service (absence de service douanier ou dysfonctionnement des bornes Pablo). Elle permet aux voyageurs quittant l'UE sans avoir fait viser leurs bordereaux pour ces motifs, et sous certaines conditions, de solliciter après l'exportation du bien un visa de l'autorité douanière territorialement compétente (Arrêté du 10-12-2021 précité ; Inst. douanes du 10-12-2021 précitée).
c. Les **voyageurs résidant sur le territoire du Royaume-Uni,** exceptée l'Irlande du Nord, peuvent bénéficier d'une exonération de TVA pour les marchandises transportées dans leurs bagages hors de l'UE dans les conditions décrites aux n°s 22680 s.

Afin d'accorder le bénéfice de l'exonération à ses clients, le vendeur peut : **22690**
– soit assurer lui-même la gestion de la procédure de détaxe en utilisant la téléprocédure Pablo-indépendants (Pablo-I) ;
– soit recourir aux services d'un opérateur de détaxe ; ce dernier utilise alors la téléprocédure Pablo-opérateurs (Pablo-O).Lorsqu'il a **recours à un opérateur de détaxe,** le vendeur a à sa disposition deux types de contrat :

• un **contrat classique de facturation** : le vendeur mandate l'opérateur de détaxe pour accomplir la procédure. Il conserve son statut de vendeur exportateur mais il charge l'opérateur de détaxe de la procédure d'exportation (contrôle de l'exécution par le client éligible des démarches douanières et paiement de la détaxe à celui-ci). À ce titre, l'opérateur de détaxe rembourse au client du commerçant le montant de TVA diminué de ses frais de gestion. L'opérateur de détaxe agit alors au nom et pour le compte du vendeur affilié,

• un **contrat de subrogation** : le vendeur cède les marchandises à l'opérateur de détaxe qui les revend immédiatement au client éligible. Ainsi, le vendeur opère une vente intérieure, soumise à la TVA, et c'est l'opérateur de détaxe qui vend les marchandises au client éligible et qui devient l'exportateur. L'opérateur agit alors en son nom et pour son compte (en ce sens : Inst. douanes 10-12-2021 n° 21-056 annexe 1 : BOD 7445).

En application de l'article 262-0 bis du CGI, les **opérateurs de détaxe** (intervenant en leur nom et pour leur compte ou au nom et pour le compte des vendeurs) doivent, pour pouvoir exercer leur activité, être **agréés** par l'administration.

> Précisions **a.** Afin d'obtenir l'agrément, les opérateurs de détaxe doivent **remplir** les **trois critères** suivants :
– disposer d'un dispositif efficace de sécurisation de leurs opérations au moyen d'un système informatique de gestion des bordereaux de vente à l'exportation (critère de **fiabilité**) ;
– justifier d'une solvabilité financière (critère de **solvabilité**). Ce critère est réputé rempli dès lors que le demandeur n'a pas fait l'objet de défaut de paiement auprès des services fiscaux et douaniers au cours des trois dernières années précédant la présentation de la demande, ne fait pas l'objet d'une procédure collective et apporte la preuve, sur la base des écritures comptables et d'autres informations disponibles, qu'il présente une situation financière lui permettant de s'acquitter de ses engagements, compte tenu des caractéristiques du type de l'activité économique concernée. Si le demandeur est établi depuis moins de trois ans, sa solvabilité est appréciée sur la base des informations disponibles au moment du dépôt de la demande ;
– ne pas avoir été sanctionnés du fait de manquements graves et répétés aux règles prévues par le Code des douanes ou par le CGI au cours des trois années précédant la présentation de la demande (critère d'**intégrité**) (CGI art. 262-0 bis, I).
Les modalités pour l'obtention de l'agrément sont fixées par les articles 202 E à 202 O de l'annexe II au CGI et par l'article 50 sexies L de l'annexe IV audit Code.
La demande d'agrément doit respecter le modèle fixé par l'arrêté CPAD1800889A du 13 janvier 2018 (JO du 19). Les grilles d'audit comportant les critères sur la base desquels la décision d'agrément pour l'activité d'opérateur de détaxe est rendue sont fixées par l'arrêté CCPD2027343A du 18 janvier 2021.
b. L'opérateur de détaxe est soumis à un certain nombre d'**obligations** : transmission à l'administration des données électroniques des bordereaux de vente dans un délai fixé par décret ; utilisation d'un système d'évaluation et de gestion des risques liés au processus de détaxe ; formation et information régulière de son personnel et de ses clients ; information de l'administration, dans un délai fixé par décret, de toute modification de ses statuts et de tout changement ne lui permettant plus d'assurer le respect des critères mentionnés ci-dessus. Le non-respect de ces obligations peut entraîner l'application d'une **amende** dont le montantest fixé par l'article 202 L de l'annexe II au CGI (CGI art. 262-0 bis, II et III).

C. Livraisons d'or aux instituts d'émission

22720 En application de l'article 262, II-12° du CGI, les livraisons d'or, sous toutes ses formes, à la Banque de France et aux autres instituts d'émission sont exonérées de TVA.

Ces opérations ouvrent droit à déduction (nº 77525).

Remarque : Une exonération semblable est prévue en matière d'importations (nº 22250).

SECTION 4 VENTES À DISTANCE (VAD)

22800 Le commerce électronique fait l'objet de certaines règles particulières qui conduisent notamment :

– à définir, **au sein des livraisons de biens,** une **sous-catégorie** d'opérations qualifiées de ventes à distance de biens (**VAD**) (nºs 22850 s.) ;

– à des règles particulières en cas de livraisons de biens facilitées au moyen d'**interfaces électroniques** (nºs 23500 s.) (BOI-TVA-CHAMP-10-10-40-60 nº 1).

> **> Précisions** En ce qui concerne les **collectivités d'outre-mer,** voir nºs 93420, précision b et 93442.

22850 Les VAD sont des livraisons de biens meubles spécifiques qui répondent aux trois **conditions cumulatives** suivantes :

– la livraison est effectuée par le fournisseur ou pour son compte à destination de l'acquéreur ;

– le bien est expédié ou transporté à destination de l'acquéreur à partir d'un État autre que celui d'arrivée de l'expédition. Le bien doit ainsi traverser une frontière de la France métropolitaine (BOI-TVA-CHAMP-10-10-40-60 nº 20) ;

– l'acquéreur est une personne physique non assujettie ou une personne assimilée.

> **> Précisions** Le lieu d'établissement du fournisseur (France, autre État membre, pays tiers) est sans incidence sur la qualification de VAD.

22860 Au sein des VAD, sont distinguées :

– les ventes à distance intracommunautaires de biens (**VAD-IC**) (nºs 23000 s.) ;

– les ventes à distance de biens importés de territoires tiers ou de pays tiers (**VAD-BI**), qui peuvent être qualifiées de ventes « directes » ou de ventes « indirectes » (nºs 23200 s.) (BOI-TVA-CHAMP-20-20-30 nº 1).

Une livraison de biens est qualifiée de VAD-IC lorsque le **lieu de départ** de l'expédition ou du transport à destination de l'acquéreur se situe dans un **État membre** de l'UE **autre que celui d'arrivée** de l'expédition ou du transport à destination de l'acquéreur.

Une livraison de biens est qualifiée de VAD-BI lorsque le **lieu de départ** de l'expédition ou du transport à destination de l'acquéreur se situe dans un territoire tiers ou un **pays tiers** à l'UE (BOI-TVA-CHAMP-10-10-40-60 nº 30).

I. CARACTÉRISTIQUES COMMUNES AUX VAD-IC ET VAD-BI

a. Conditions relatives à l'expédition ou au transport

EXPÉDITION OU TRANSPORT PAR LE FOURNISSEUR OU POUR SON COMPTE

22900 Les livraisons doivent porter sur des biens qui sont expédiés ou transportés par le fournisseur ou pour son compte à destination de l'acquéreur. Cette condition sera réputée remplie dès lors que le **vendeur intervient directement ou indirectement** dans le transport ou l'expédition des biens.

L'article 5 bis du règlement UE/282/2011 du 15 mars 2011 précise certaines des situations dans lesquelles les **biens** doivent être **considérés comme expédiés ou transportés par le fournisseur ou pour son compte** :

– lorsque l'expédition ou le transport des biens est sous-traité par le fournisseur à un tiers qui livre les biens à l'acquéreur ;

– lorsque l'expédition ou le transport des biens est effectué par un tiers mais que le fournisseur assume en tout ou partie la responsabilité de la livraison des biens à l'acquéreur ;
– lorsque le fournisseur facture les frais de transport à l'acquéreur et les perçoit auprès de celui-ci pour ensuite les reverser à un tiers qui assurera l'expédition ou le transport des biens ;
– lorsque le fournisseur promeut par tout moyen les services de livraison d'un tiers auprès de l'acquéreur, met en relation l'acquéreur et un tiers ou communique à un tiers les informations nécessaires à la livraison des biens à l'acquéreur (BOI-TVA-CHAMP-10-10-40-60 n° 60).

DÉTERMINATION DU LIEU DE DÉPART DE L'EXPÉDITION OU DU TRANSPORT

Le lieu de départ de l'expédition ou du transport s'entend du **dernier lieu avant l'acheminement direct** à l'acquéreur. En cas de prépositionnement des biens dans un **entrepôt,** il est donc tenu compte de la localisation de l'entrepôt (BOI-TVA-CHAMP-10-10-40-60 n° 30). 22910

EXEMPLE

Un opérateur possède des stocks situés en Chine. Dans le cadre de son activité, il prépositionne régulièrement une partie de ses stocks dans des entrepôts situés en Italie afin d'optimiser les délais de livraison d'éventuelles commandes. La vente de ces biens au départ d'un stock situé en Italie et à destination d'un acquéreur final situé en France métropolitaine sera qualifiée de VAD-IC (et non de VAD-BI).

b. Condition relative à la qualité de l'acquéreur

Pour être qualifiée de VAD, une livraison de biens ne doit pas donner lieu à une acquisition intracommunautaire dans l'État membre de destination de l'expédition ou du transport. Elle doit donc être effectuée à destination de l'une des personnes suivantes : 22920
– un acquéreur **personne physique non assujettie** ;
– sauf pour les produits soumis à accises (n° 22950), un acquéreur, personne morale non assujettie ou un assujetti, bénéficiant effectivement du régime dérogatoire à la taxation des acquisitions intracommunautaires (**PBRD** : n°s 20050 s.), étant précisé que lorsque l'acquéreur choisit de renoncer à ce régime dérogatoire, ses acquisitions ne constituent plus des VAD ;
– une personne morale non assujettie dont les acquisitions sont exonérées de TVA en application de l'**article 151 de la directive TVA** (relations diplomatiques et consulaires, organismes européens et internationaux, forces armées stationnées ou séjournant en dehors de leur État membre de rattachement) (n°s 18570 s.) (BOI-TVA-CHAMP-10-10-40-60 n° 80).

c. Condition relative à la nature des biens livrés

Les livraisons de **moyens de transport neufs** ou de **biens livrés après montage ou installation,** avec ou sans essai de mise en service, par le fournisseur ou pour son compte ne peuvent jamais être qualifiées de VAD (BOI-TVA-CHAMP-10-10-40-60 n° 70). 22930

Les **biens d'occasion, œuvres d'art, objets de collection ou antiquités** (y compris les moyens de transport d'occasion) (n°s 78000 s.) peuvent relever du régime des VAD, à condition que l'assujetti-revendeur applique les règles de droit commun et, partant, **renonce** au **régime de la marge** bénéficiaire (n°s 78700 s.) (BOI-TVA-CHAMP-10-10-40-60 n° 70 ; BOI-TVA-CHAMP-20-20-30 n° 10 ; BOI-TVA-SECT-90-60 n° 20). 22940

Le régime de la marge ne peut pas s'appliquer lorsque les biens ont fait l'objet d'une **VAD-BI** (n°s 23200 s.) (BOI-TVA-SECT-90-20-20 n° 90).

Pour plus de précisions concernant les règles applicables aux VAD-IC de ces biens, voir n°s 23090 s.

Les **produits soumis à accises** (produits énergétiques, alcools, tabacs) relèvent du régime relatif aux VAD au même titre que les autres biens, exception faite des ventes intracommunautaires de produits soumis à accises réalisées au profit de PBRD (n°s 20050 s.) qui constituent des acquisitions intracommunautaires de biens (BOI-TVA-CHAMP-10-10-40-60 n°s 70 et 80). 22950

II. VENTES À DISTANCE INTRACOMMUNAUTAIRES DE BIENS (VAD-IC)

Aux termes de l'article 256, II bis-1° du CGI, une vente à distance intracommunautaire de biens (VAD-IC) s'entend d'une livraison de **biens expédiés ou transportés par le fournisseur** ou pour son compte, y compris lorsque le fournisseur intervient indirectement dans le transport ou 23000 l'expédition des biens, **à partir d'un État membre autre que celui d'arrivée** de l'expédition ou du transport à destination de l'acquéreur, personne non assujettie ou PBRD (personne bénéficiant d'un régime dérogatoire à la taxation des acquisitions intracommunautaires, tel que celui applicable en France décrit aux nos 20050 s.).

a. Territorialité des VAD-IC

23010 Par dérogation au principe général de détermination du lieu de livraison des biens meubles corporels au lieu de départ de l'expédition ou du transport, l'article 258 A du CGI prévoit des **règles de territorialité particulières** pour les VAD-IC.

Une VAD-IC est, en **principe, imposable en France** lorsque le territoire de la France métropolitaine constitue le lieu de l'arrivée de l'expédition ou du transport des biens. Inversement, lorsque les biens sont expédiés ou transportés de France métropolitaine à destination d'un autre État membre de l'UE, la VAD-IC est en principe **imposable** dans cet **autre État** (BOI-TVA-CHAMP-20-20-30 n° 10).

23020 Par **dérogation,** lorsque l'assujetti bénéficie du **régime des petits opérateurs** décrit aux nos 23040 s., le lieu des VAD-IC est réputé être situé au **lieu de départ de l'expédition ou du transport.** Dans ce cas, le lieu d'imposition d'une VAD-IC est situé en France lorsque les biens sont expédiés ou transportés par l'assujetti au départ du territoire de la France métropolitaine (BOI-TVA-CHAMP-20-20-30 n° 20).

RÉGIME DES PETITS OPÉRATEURS

23040 Les conditions d'application du régime des petits opérateurs sont les suivantes :

- l'assujetti est établi dans un **unique État membre** de l'UE ;
- le montant total annuel du chiffre d'affaires afférent aux VAD-IC qu'il réalise et aux prestations de services de télécommunication, de télévision et de radiodiffusion et de services électroniques (nos 25940 s.) qu'il rend à destination de non assujettis établis dans un autre État membre n'a pas dépassé, durant l'année civile en cours et durant l'année civile précédente, le **seuil de 10 000 € hors TVA** (BOI-TVA-CHAMP-20-20-30 n° 20).

> **Précisions** **a.** Sont **exclus** du régime des petits opérateurs les assujettis non établis dans l'UE ainsi que les assujettis établis dans plusieurs États membres de l'UE (BOI-TVA-CHAMP-20-50-40-20 n° 220).
> **b.** Lorsqu'un **assujetti uniquement établi en France** relève du régime des petits opérateurs, il remplit ses **obligations fiscales** auprès de l'**administration française** pour l'**ensemble des VAD-IC** qu'il réalise sur le territoire de l'UE (BOI-TVA-CHAMP-20-20-30 n° 20).
> **c.** L'application du régime des petits opérateurs a également une incidence sur la **territorialité des prestations** de services visées ci-avant (voir n° 26010).

23050 **Calcul du seuil de 10 000 €** Pour la détermination du seuil de 10 000 € (fixé à l'article 259 D, I-2 du CGI), il y a lieu de prendre en compte l'ensemble du **chiffre d'affaires** afférent :

- aux **services de télécommunication,** de **télévision** et de **radiodiffusion** et aux **services électroniques** (nos 25940 s.) fournis à des personnes non assujetties établies ou domiciliées dans un autre État membre de l'UE (exception faite de celui réalisé dans l'État d'établissement du prestataire) ;
- et aux **VAD-IC** réalisées par ce même prestataire sur l'ensemble du territoire de l'UE (BOI-TVA-CHAMP-20-50-40-20 n° 220).

> **Précisions** Le seuil de 10 000 € est un **seuil global** : il est apprécié en tenant compte de l'ensemble des opérations (ventes à distance et prestations de services visées ci-dessus) réalisées au niveau de l'UE (et non État par État).
> Lorsque le montant d'une opération a pour effet le **franchissement** de ce **seuil,** l'opération est réputée se situer dans l'autre État membre (État membre d'établissement du preneur non assujetti ou État membre d'arrivée des biens). Il en est de même pour les opérations ultérieures, quel qu'en soit le montant.

23070 **Renonciation au régime des petits opérateurs** L'assujetti établi en France qui remplit les conditions pour bénéficier des règles de territorialité prévues pour le régime des petits opérateurs peut décider de renoncer à ce régime en exerçant une **option** pour l'application des **règles générales** de territorialité, afin que le lieu des **VAD-IC** soit situé dans l'État membre à destination duquel les biens sont expédiés ou transportés et que celui des **prestations de services électroniques,** de télécommunication, de radiodiffusion et de télévision fournies à des personnes non assujetties soit situé dans l'État membre où ces personnes résident, dès le premier euro (n° 25980) (CGI art. 259 D, II-2).

Cette option doit être formulée par écrit auprès du service des impôts des entreprises dont l'assujetti relève et couvre obligatoirement une **période de deux années** civiles en plus de celle au cours de laquelle elle a été exercée. Elle **prend effet** le premier jour du mois au cours duquel elle est déclarée. Elle est **renouvelable** par tacite reconduction par période de deux années civiles, sauf **dénonciation** formulée par écrit au cours de l'année d'échéance de l'option, au plus tard le 31 octobre (BOI-TVA-CHAMP-20-50-40-20 nos 240 à 260 ; BOI-TVA-CHAMP-20-20-30 n° 30).

> **Précisions** De la même manière, l'**assujetti établi dans un autre État membre** qui remplit les conditions du régime des petits opérateurs peut opter, auprès de son administration fiscale, pour que le lieu de ses VAD-IC soit situé dans l'État membre à destination duquel les biens vendus sont expédiés et que le lieu des prestations susvisées qu'il réalise en faveur de personnes non assujetties résidant en France se situe en France (CGI art. 259 D, I-3 ; BOI-TVA-CHAMP-20-50-40-20 n° 270 ; BOI-TVA-CHAMP-20-20-30 n° 30).

Emporte également renonciation par l'assujetti au régime des petits opérateurs l'**adhésion au guichet unique « OSS-UE »** (nos 33630 s.) (BOI-TVA-CHAMP-20-20-30 n° 30 ; BOI-TVA-DECLA-20-20-60-10 n° 120). 23075

EXEMPLES 23080

1. Une entreprise établie (uniquement) en France ne réalise que des VAD-IC à destination de l'Allemagne (pour 12 000 €), de la République tchèque (pour 14 000 €) et de la Suède (pour 9 000 €). La valeur totale des ventes transfrontières à des acquéreurs non-assujettis dépasse 10 000 €, le lieu de livraison des VAD se situe donc dans le pays vers lequel les biens sont expédiés. Concernant la déclaration de la TVA due sur les VAD expédiés vers l'Allemagne, la République tchèque et la Suède, il y a deux possibilités :

– s'immatriculer dans chacun de ces États membres et déclarer et acquitter la TVA due en utilisant la déclaration de TVA nationale de l'État membre concerné (en l'occurrence, l'Allemagne, la République tchèque et la Suède) ;

– s'inscrire au régime de guichet unique « OSS-UE » (en France). Ce régime doit alors être utilisé pour toutes les VAD-IC et, le cas échéant, pour toutes les prestations de services visées aux nos 25940 s. à des acquéreurs ou preneurs non assujettis établis dans d'autres États membres de l'UE. Après l'inscription, la TVA due en Allemagne, en République tchèque et en Suède pourra être déclarée et acquittée en utilisant le guichet unique français.

2. Une entreprise établie (uniquement) en France fournit des services de télécommunications, de radiodiffusion et de télévision et des services électroniques d'une valeur de 2 500 € à des preneurs situés en Belgique et en Allemagne et effectue des VAD pour une valeur de 7 000 € à destination des Pays-Bas. La valeur totale des services de télécommunications, de radiodiffusion et de télévision, des services électroniques transfrontières et des VAD-IC est de 9 500 €, soit une valeur inférieure à 10 000 €. L'entreprise peut donc appliquer à ces opérations transfrontières le même traitement TVA que pour ses opérations intérieures. Elle peut également choisir le lieu d'imposition dans l'État membre de l'arrivée des biens ou du preneur, mais ce choix doit concerner tant les prestations de services de télécommunications, de radiodiffusion et de télévision et les services électroniques que les VAD-IC. Elle sera liée par cette décision pendant deux années civiles.

CAS PARTICULIERS : VAD-IC DE BIENS D'OCCASION, D'ŒUVRES D'ART, D'OBJETS DE COLLECTION OU D'ANTIQUITÉ

Conformément à l'article 258 A, II du CGI, les livraisons de biens d'occasion, d'œuvres d'art, d'objets de collection ou d'antiquité effectuées à destination de particuliers ou de PBRD établis dans un autre État membre par un assujetti-revendeur qui applique le régime particulier de la **marge** bénéficiaire (nos 78700 s.), bien que qualifiées de VAD-IC, ne sont **pas** soumises aux **dispositions particulières** de taxation dans l'État membre d'arrivée de l'expédition ou du transport prévues pour les **VAD-IC** (BOI-TVA-SECT-90-60 n° 10). 23090

Les opérateurs qui réalisent **à la fois** des **VAD-IC de biens neufs** et des **VAD-IC de biens d'occasion,** d'œuvres d'art, d'objets de collection ou d'antiquité conservent la possibilité de soumettre ces dernières VAD-IC au régime particulier de la marge bénéficiaire (nos 78700 s.) tout en optant pour la déclaration et le paiement des VAD-IC de biens neufs via le guichet unique « **OSS-UE** » (nos 33630 s.). Toutefois, s'ils décident de ne pas soumettre certaines de leurs VAD-IC de biens d'occasion, d'œuvres d'art, d'objets de collection ou d'antiquité au régime de la marge bénéficiaire susmentionné, dans la mesure où la renonciation au régime de la marge bénéficiaire entraîne la soumission des VAD-IC concernées aux règles particulières de territorialité applicables à l'ensemble des VAD-IC, ces VAD-IC devront être déclarées via le guichet unique « OSS-UE » si l'assujetti a opté pour ce régime (BOI-TVA-DECLA-20-20-60-10 n° 120). 23100

b. Obligations liées à la réalisation de VAD-IC

23110 Les VAD-IC sont en principe, sauf application du régime des petits opérateurs ou du régime de la marge (nos 23040 s. et 23090 s.), imposables dans l'État membre d'arrivée de l'expédition ou de transport des biens. L'assujetti qui réalise des VAD-IC est donc en principe tenu de s'**identifier à la TVA** dans tous les États membres dans lesquels elles sont situées afin d'y déclarer et d'y payer la taxe afférente à ces opérations.

Ainsi, **en cas d'imposition en France,** le vendeur qui n'est pas établi en France doit, en principe, s'**identifier à la TVA en France** directement (ou par l'intermédiaire d'un mandataire fiscal) auprès de l'administration lorsqu'il est établi dans l'UE ou dans un pays tiers ayant conclu une convention d'assistance au recouvrement des créances fiscales avec la France (nos 30850 s.) ou désigner un **représentant fiscal** lorsqu'il est établi dans un pays tiers n'ayant pas conclu une telle convention (nos 31000 s.).

Ces opérations doivent également donner lieu à l'établissement de **factures** (nos 45500 s.) (CGI art. 289, I-1-b).

En outre, le montant total, hors TVA, des VAD-IC réalisées à partir de la France et taxables dans l'État membre d'arrivée doit être identifié dans la **déclaration de chiffre d'affaires** (CGI art. 287, 5-a), ainsi que celui des ventes à distance réalisées à partir d'un autre État membre et taxables en France (CGI art. 287, 5-b).

23120 Toutefois, lorsque l'assujetti adhère au **guichet unique « OSS-UE »** (nos 33630 s.) :

– il n'est immatriculé à la TVA aux fins de ses VAD-IC que dans un seul État membre et il remplit ses obligations déclaratives et de paiement auprès de ce seul État. Ainsi, l'assujetti non établi en France qui se prévaut dans un autre État membre du régime de guichet unique « OSS-UE » n'est pas tenu de s'identifier à la TVA en France (CGI art. 286 ter A, II-4°) ;

– il est dispensé d'émettre une facture pour ces opérations (n° 45877) ;

– il n'a pas à indiquer dans sa déclaration de chiffre d'affaires le montant de ses ventes à distance (CGI art. 287, 6).

III. VENTES À DISTANCE DE BIENS IMPORTÉS (VAD-BI)

23200 Aux termes de l'article 256, II bis-2° du CGI, une vente à distance de biens importés (VAD-BI) s'entend d'une livraison de **biens expédiés** ou transportés par le fournisseur ou pour son compte, y compris lorsque le fournisseur intervient indirectement dans le transport ou l'expédition des biens, **à partir d'un pays ou territoire tiers** à destination d'un acquéreur dans un État membre, lorsque la livraison de biens est effectuée **au profit d'une PBRD ou** de toute autre **personne non assujettie.**

23210 On distingue deux catégories de VAD-BI :

– les **VAD-BI dites « directes »,** lorsque le bien fait l'objet d'une importation directement dans l'État membre de l'UE d'arrivée de l'expédition ou du transport des biens (l'État membre d'importation et l'État membre de destination finale de l'expédition ou du transport sont identiques) (n° 23260) ;

EXEMPLE

Un envoi expédié au départ des États-Unis, à destination d'un acquéreur localisé en France métropolitaine et qui fait l'objet d'un dédouanement à son arrivée à l'aéroport de Roissy-Charles de Gaulle, même s'il a auparavant transité par le territoire d'un autre État membre.

– les **VAD-BI dites « indirectes »,** lorsque le bien fait l'objet d'une importation dans un premier État membre de l'UE avant d'être acheminé jusqu'à un second État membre de l'UE (l'État membre d'importation et l'État membre de destination finale de l'expédition ou du transport sont différents) (nos 23270 s.).

EXEMPLE

Un envoi expédié depuis le Royaume-Uni, à destination d'un acquéreur localisé en France métropolitaine et qui est dédouané aux Pays-Bas avant d'être acheminé jusqu'à l'acquéreur situé en France métropolitaine.

L'importation est réputée être réalisée dans l'État membre de l'UE où le bien est **mis en libre pratique** au sens du Code des douanes de l'Union, c'est-à-dire là où sont réalisées les formalités de dédouanement qui lui confèrent le statut de marchandise de l'UE (cet État membre peut être différent de celui où les biens sont physiquement introduits, en particulier lorsqu'ils circulent entre ces deux États sous le régime du transit externe prévu par le Code des douanes de l'Union) (BOI-TVA-CHAMP-10-10-40-60 n° 40).

CONSÉQUENCES FISCALES EN CAS D'ADHÉSION AU GUICHET UNIQUE « IOSS »

Le recours au guichet unique « IOSS » (nos 33700 s.) emporte, contrairement aux guichets uniques « OSS-non UE » (nos 33550 s.) et « OSS-UE » (nos 33630 s.), des conséquences sur les caractéristiques fiscales des opérations concernées, à savoir sur l'opération de **livraison** et, pour les VAD-BI n'excédant pas 150 €, sur l'**opération d'importation** qui en résulte (BOI-TVA-DECLA-20-20-60-10 n° 190). **23220**

> **Précisions** Seules les VAD-BI d'une **valeur intrinsèque ne dépassant pas 150 €** peuvent relever du régime de guichet unique « IOSS ». Sur cette **notion** de valeur intrinsèque d'un envoi et sur sa **détermination,** voir n° 33720, précision b.

Ainsi, en cas de recours au guichet unique « IOSS », la livraison est automatiquement **territorialisée** au lieu d'arrivée de l'expédition du transport. Elle est en outre exemptée de l'obligation de facturation (Dir. TVA art. 33, c ; CGI art. 258, IV-b ; BOI-TVA-DECLA-20-20-60-10 n° 190). **23230**

> **Précisions** **a.** La **territorialisation automatique** de la livraison dans l'État membre d'arrivée en cas de recours au guichet unique « IOSS » ne concerne, en pratique, que les cas de VAD-BI « directes », les VAD-BI « indirectes » étant territorialisées dans l'État membre d'arrivée en toutes circonstances (nos 23270 s.).
> **b.** La **dispense de facturation** évoquée par l'administration trouve également à s'appliquer lorsque l'assujetti n'a pas recours au guichet unique « IOSS » (BOI-TVA-DECLA-30-20-10-10 n° 40).

L'assujetti qui réalise la livraison est **redevable** de la TVA sur l'importation, mais cette **importation** est **exonérée** de TVA en cas de recours au guichet unique « IOSS » (Dir. TVA art. 143, 1-c bis ; CGI art. 291, II-11°). L'assujetti est également exempté d'**obligations déclaratives** (BOI-TVA-DECLA-20-20-10-20 n° 400). En pratique, il n'a pas à déclarer une telle importation sur sa déclaration de chiffre d'affaires CA 3. **23240**

Le **fait générateur** et l'**exigibilité** de la VAD-BI interviennent au moment où le paiement a été accepté (Dir. TVA art. 369 quindecies ; CGI art. 298 sexdecies H, I-D ; BOI-TVA-DECLA-20-20-60-10 n° 190). **23250**

> **Précisions** Concernant la **définition** du moment où le paiement a été accepté, voir n° 23680, précision b.

a. Territorialité des VAD-BI

VAD-BI « DIRECTES » (ÉTAT MEMBRE D'IMPORTATION ET ÉTAT MEMBRE D'ARRIVÉE DES BIENS IDENTIQUES)

La VAD-BI dite « directe » d'un **bien acheminé en France** métropolitaine est imposable en France lorsque l'une des conditions suivantes est remplie : **23260**

– l'assujetti réalisant la livraison est inscrit au guichet unique « IOSS » (nos 33700 s.) (CGI art. 258, IV-b) ;

– l'assujetti réalisant la livraison est redevable de la TVA sur l'opération d'importation (CGI art. 258, IV-c). Tel est le cas en cas de facilitation au moyen d'une interface électronique des VAD-BI n'excédant pas 150 € (nos 23610 s.) ou, en l'absence de facilitation au moyen d'une interface électronique, lorsque le vendeur choisit de s'inscrire comme destinataire réel sur la déclaration d'importation (BOI-TVA-CHAMP-20-20-30 n° 60).

> **Précisions** S'agissant de la seconde hypothèse visée ci-avant, la VAD-BI « directe » est territorialisée en France à la **condition** que le redevable de la TVA à l'importation soit également celui qui réalise la livraison.
> Lorsque ce n'est pas le cas, la VAD-BI n'est pas imposable en France. Deux situations sont alors envisagées :
> – en l'**absence de facilitation au moyen d'une interface électronique,** lorsque le vendeur (assujetti réalisant la livraison) qui n'a pas recours au guichet unique « IOSS » (soit parce que la valeur de l'envoi excède 150 €, soit parce qu'il ne souhaite pas y adhérer) n'est **pas** désigné comme **destinataire réel** sur la déclaration d'importation. Le vendeur n'est pas le redevable de la TVA sur l'opération d'importation. La VAD-BI est alors territorialisée en dehors de l'UE ;
> – en cas de **facilitation au moyen d'une interface électronique,** s'agissant des **VAD-BI « directes » excédant 150 €,** l'assujetti facilitateur est le redevable de la TVA à l'importation, mais il n'est pas réputé réaliser la livraison subséquente (dans cette hypothèse, en effet, le schéma de l'achat-revente décrit aux nos 23590 s. ne s'applique pas). Il en résulte que ces VAD-BI ne seront pas territorialisées en France, mais en dehors de l'UE (BOI-TVA-DECLA-10-30 nos 1 et 20).

VAD-BI « INDIRECTES » (ÉTAT MEMBRE D'IMPORTATION ET ÉTAT MEMBRE D'ARRIVÉE DES BIENS DIFFÉRENTS)

23270 L'article 221, 4 du règlement UE/2015/2447 du 24 novembre 2015 établissant certaines modalités d'application du Code des douanes de l'Union prévoit que le bureau de douanecompétent pour la mise en libre pratique de marchandises contenues dans un envoi d'une valeur inférieure ou égale à 150 €, lorsqu'il n'est pas recouru au guichet unique « IOSS » (nos 33700 s.), est nécessairement un bureau de douane dans l'État membre d'arrivée de l'expédition ou du transport des biens (l'État membre d'importation et l'État membre de destination finale de l'expédition ou du transport sont donc obligatoirement identiques). Il en résulte que les VAD-BI dites « indirectes » se limitent à **deux situations** :

- les **envois excédant 150 €** ;
- pour les envois n'excédant pas ce seuil, lorsqu'il est recouru au guichet unique « **IOSS** ».

23280 **Biens importés dans un autre État membre et acheminés en France** La VAD-BI « indirecte » d'un bien acheminé en France métropolitaine est **imposable en France en toutes circonstances** en application de l'article 258, IV-a du CGI (BOI-TVA-CHAMP-20-20-30 n° 70).

EXEMPLE

Un bien stocké dans un entrepôt au Royaume-Uni fait l'objet d'une vente à distance à destination d'un consommateur situé en France. Une fois sorti de l'entrepôt britannique, le bien est expédié par avion jusqu'à l'aéroport de Francfort afin d'y être dédouané et avant d'être acheminé par la route jusqu'au consommateur situé en France. Cette vente sera qualifiée de VAD-BI et localisée en France, le point de départ des biens à destination du consommateur français étant situé en pays tiers (BOI précité).

23290 Dans cette situation, l'**importation** du bien, réalisée **dans un autre État membre** de l'UE, donne lieu aux formalités et paiements qui s'y appliquent. Il appartient au vendeur ou à l'assujetti facilitateur de s'assurer que la TVA à l'importation n'y constitue pas une charge définitive, soit qu'elle bénéficie d'une exonération au moyen du recours au guichet unique « IOSS » (nos 33700 s.), soit qu'elle puisse y être déduite. En **aucun cas,** la TVA supportée dans cet autre État membre ne pourra donner lieu à un **remboursement ou** à une **régularisation en France** métropolitaine au motif qu'elle présenterait un caractère cumulatif avec la TVA due en France sur la VAD-BI. La circonstance que la neutralisation de la TVA à l'importation dans l'autre État membre n'a pu être obtenue ne pourra pas non plus fonder un non-paiement ou un remboursement de la TVA due en France sur la VAD-BI (BOI-TVA-CHAMP-20-20-30 n° 70).

23300 **Biens importés en France et acheminés dans un autre État membre** La VAD-BI « indirecte » d'un bien importé en France métropolitaine et acheminé dans un autre État membre est **imposable** dans cet **État membre d'arrivée des biens en toutes circonstances** (Dir. TVA art. 33, b). L'importation est réalisée en France et les dispositions des articles 291, II-11° et 293 A du CGI s'appliquent (nos 21870 s.).

23310 Pour les **envois n'excédant pas 150 €,** dans la mesure où le recours au guichet unique « **IOSS** » est **obligatoire** pour réaliser une VAD-BI « indirecte » (n° 23270), l'importation est exonérée en application de l'article 291, II-11° du CGI (n° 23240).

23320 Pour les VAD-BI « indirectes » **excédant 150 €,** la taxe doit être acquittée, en principe, par la personne qui réalise cette livraison (c'est-à-dire le vendeur qui pourra déduire la TVA due sur l'opération d'importation).

> **Précisions** Lorsque les VAD-BI « indirectes » excédant 150 € sont **facilitées** par un assujetti par l'utilisation d'une **interface électronique,** il est **dérogé** à la règle spécifique selon laquelle le **redevable** de la TVA à l'importation est l'**assujetti facilitateur** (n° 23570). Cette dérogation permet aux vendeurs de pouvoir se déclarer redevables de la TVA à l'importation pour pouvoir la déduire (nos 23340 s.).

Le tableau ci-après récapitule le **lieu de taxation** des **VAD-BI.** **23330**

Lieu de départ du transport	Lieu d'importation et importateur	Lieu d'arrivée du transport	Qualification de l'opération	Lieu de taxation de l'opération
Pays ou territoire tiers	État membre de l'UE autre que la France	France	VAD-BI « indirecte »	France
Pays ou territoire tiers	France métropolitaine	État membre de l'UE autre que la France	VAD-BI « indirecte »	État membre de l'UE autre que la France
Pays ou territoire tiers	France métropolitaine avec fournisseur désigné importateur (sans assujetti facilitateur)	France	VAD-BI « directe »	France
Pays ou territoire tiers	France métropolitaine avec assujetti facilitateur	France	VAD-BI « directe »	Envois ⩽ 150 € : France Envois > 150 € : non imposable dans l'UE
Pays ou territoire tiers	France métropolitaine avec client redevable de la TVA à l'importation (sans assujetti facilitateur)	France	VAD-BI « directe »	Non imposable dans l'UE

b. Déductibilité de la TVA frappant l'opération d'importation

Les VAD-BI ouvrent droit à déduction dans les conditions de **droit commun** (nos 50500 s.), quel que soit le lieu où elles sont territorialisées (BOI-TVA-DED-10-20 n° 190). **23340**

La **question de la déductibilité** de la TVA frappant l'opération d'**importation** résultant de la VAD-BI se pose lorsque cette importation est réalisée en France métropolitaine, à savoir dans les **deux situations** suivantes : **23350**

– VAD-BI dite « directe » d'un bien à destination d'un acquéreur en France métropolitaine ;

– VAD-BI dite « indirecte » d'un bien à destination d'un acquéreur dans un autre État membre de l'UE (BOI-TVA-DED-10-20 n° 190).

> **Précisions** Lorsqu'il est recouru au guichet unique « IOSS » pour déclarer et acquitter la TVA sur la VAD-BI, l'importation est exonérée de la TVA et exemptée d'obligations déclaratives (n° 23240). La question de la déductibilité de la TVA sur l'opération d'importation ne se pose donc, **en pratique,** que pour les VAD-BI pour lesquelles l'assujetti n'a **pas recours à ce guichet,** à savoir :
> – les VAD-BI « directes » portant sur des envois excédant 150 € ;
> – les VAD-BI « directes » portant sur des envois n'excédant pas ce seuil pour lesquelles l'assujetti n'a pas souhaité adhérer au guichet « IOSS » ;
> – les VAB-BI « indirectes » portant sur des envois excédant 150 €.

La TVA supportée au titre de l'importation en France métropolitaine est déductible par la personne qui la doit dans la mesure où elle est réalisée pour les **besoins des opérations taxables** que cette personne réalise. **23360**

Dès lors que l'importation est réalisée pour les besoins de la VAD-BI, afin que la TVA y afférente soit déductible, il est nécessaire que le redevable de la TVA à l'importation soit la personne qui réalise cette VAD-BI (BOI-TVA-DED-10-20 n° 200).

> **Précisions** Cette dernière précision revêt une importance particulière s'agissant des opérations des **assujettis facilitateurs,** et notamment selon que les opérations qu'ils facilitent sont ou non éligibles au schéma de l'**achat-revente.** En effet, lorsque ce schéma, décrit aux nos 23590 s., s'applique, l'assujetti facilitateur est réputé réaliser la VAD-BI et il peut déduire la TVA qu'il supporte à l'importation. Lorsque ce schéma ne s'applique pas, l'assujetti facilitateur n'est pas réputé réaliser ladite vente et la TVA qu'il supporte à l'importation n'est pas déductible.

VAD-BI « DIRECTES »

23370 Pour les VAD-BI « directes », l'administration indique que la TVA à l'importation n'est **pas déductible** dans les situations suivantes :

– en l'**absence de facilitation** de l'opération par une interface électronique, lorsque le vendeur n'est pas désigné comme redevable de la TVA à l'importation (par exemple, car c'est l'acquéreur qui est désigné) (BOI-TVA-DED-10-20 n° 210). Toutes les VAD-BI « directes » pour lesquelles il n'est pas recouru au guichet unique « IOSS » sont concernées par cette situation, que la valeur de l'envoi excède ou non 150 € ;

– en cas de **facilitation** de l'opération par une **interface électronique,** lorsque le bien est inclus dans un colis dont la valeur intrinsèque excède 150 €. Dans cette situation, le schéma de l'achat-revente ne s'applique pas et l'assujetti facilitateur, redevable de la TVA à l'importation (n° 23570), n'est pas réputé avoir réalisé la VAD-BI (BOI précité).

> **Précisions a.** Dans l'un et l'autre cas, la VAD-BI est **territorialisée** en dehors de l'UE et ne donne lieu à la perception d'aucune TVA sur cette vente (BOI précité).
> **b.** Lorsque, en l'absence de facilitation par une interface électronique, le **vendeur se déclare redevable de la TVA à l'importation,** il peut déduire cette taxe au titre de la VAD-BI qu'il réalise (BOI précité). En revanche, s'agissant de l'**assujetti facilitateur,** la TVA portant sur l'opération d'importation qu'il aura supportée et qui porte sur un envoi dont la valeur intrinsèque excède 150 € ne sera jamais déductible.

VAD-BI « INDIRECTES »

23390 Pour les VAD-BI « indirectes », la TVA à l'importation en France métropolitaine est toujours **déductible sauf** dans le cas particulier des colis dont la valeur intrinsèque excède 150 € lorsque le vendeur a choisi de ne pas se déclarer comme redevable de la TVA à l'importation.

En cas d'**importation en France métropolitaine,** l'administration recommande vivement aux vendeurs de s'inscrire en tant que redevables de la TVA à l'importation pour déduire la TVA à l'importation auprès de l'administration française. À défaut, le client acquittera la TVA à l'importation en France en sus de la TVA que le vendeur lui applique dans l'État membre de destination du bien (BOI-TVA-DED-10-20 n° 220).

> **Précisions a.** Les VAD-BI « indirectes » sont toujours **territorialisées** dans l'UE et donnent lieu à la perception de la TVA dans l'État membre de destination (n°s 23270 s.).
> **b.** La **question de la déductibilité** de la TVA à l'importation en France ne concerne que les VAD-BI « indirectes » excédant 150 € dans la mesure où, pour les envois d'une valeur n'excédant pas ce seuil, le recours au guichet unique « IOSS » est obligatoire en application des règles douanières et que, par conséquent, l'importation est exonérée (n° 23240).

IV. OPÉRATIONS FACILITÉES AU MOYEN D'INTERFACES ÉLECTRONIQUES

23500 Des **règles spécifiques,** concernant principalement la redevabilité de la TVA, sont prévues pour les assujettis qui facilitent, par l'utilisation d'une interface électronique telle qu'une place de marché, une **plateforme,** un portail ou d'un dispositif similaire, certaines opérations relevant du commerce électronique réalisées entre assujettis et non-assujettis (**relations « B to C »**).

Le **terme « facilite »** désigne l'utilisation d'une interface électronique permettant à un acquéreur et à un fournisseur qui met des biens en vente au moyen de cette interface électronique d'entrer en contact, ce qui aboutit à une livraison de biens au moyen de cette interface électronique (Règl. UE/282/2011 modifié art. 5 ter) (BOI-TVA-CHAMP-10-10-40-60 n° 110).

Après avoir donné une définition de l'assujetti facilitateur (n°s 23510 s.), nous étudierons le cas de l'assujetti facilitateur désigné redevable de la TVA à l'importation en France (n° 23570) puis le schéma particulier d'achat-revente (n°s 23590 s.).

> **Précisions** Dans les commentaires de l'administration, ces assujettis sont dénommés « **assujetti facilitateur** » ou « **fournisseur présumé** ». On relèvera que les termes « assujetti facilitateur » utilisés par l'administration visent tant les hypothèses pour lesquelles le schéma d'achat-revente s'applique (n°s 23590 s.) que celles pour lesquelles il ne s'applique pas. Ils sont plus larges que les termes de « fournisseur présumé » qui ne visent que l'hypothèse où l'assujetti est réputé avoir acquis et livré les biens (**schéma d'achat-revente** : n°s 23590 s.).

1. NOTION D'ASSUJETTI FACILITATEUR

Est considéré comme un assujetti facilitateur tout assujetti exploitant une interface électronique qui remplit l'**une des conditions** décrites aux nos 23520 s. Ces conditions sont appréciées au regard de l'**ensemble des circonstances** qui entourent l'opération, notamment : 23510
- les conditions contractuelles des parties en cause ;
- les conditions d'utilisation de l'interface par les vendeurs et les acquéreurs ;
- les fonctionnalités techniques de l'interface ;
- les opérations matérielles dans lesquelles l'assujetti intervient ;
- la réalité économique objective sous-jacente (BOI-TVA-CHAMP-10-10-40-60 n° 120).

En revanche, il ressort des dispositions de l'article 5 ter du règlement UE/282/2011 du 15 mars 2011, éclairées par les exemples fournis par les notes explicatives publiées par la Commission européenne, que ne sont **pas** considérées comme un **fournisseur présumé** les interfaces électroniques réalisant uniquement :
- le traitement de paiements en rapport avec la livraison de biens ;
- et/ou le placement d'annonces concernant des biens ou la promotion de ceux-ci ;
- et/ou la réorientation ou le transfert des acquéreurs vers d'autres interfaces électroniques où des biens sont mis en vente, sans autre intervention dans la livraison.

> **Précisions** Les interfaces électroniques non considérées comme fournisseur présumé devraient être rares en pratique.

Est considéré comme un assujetti facilitateur l'assujetti qui fixe, directement ou indirectement, l'une des **conditions générales** en vertu desquelles la livraison des biens est effectuée (BOI-TVA-CHAMP-10-10-40-60 n° 120). 23520

EXEMPLES

L'interface électronique :
- possède ou gère la plateforme technique au moyen de laquelle les biens sont livrés ;
- fixe des règles pour le placement et la vente de biens par l'intermédiaire de sa plateforme ;
- est propriétaire des données clients concernant la livraison ;
- fournit la solution technique pour le processus de prise de commande ou le lancement de la procédure d'achat (par exemple, le placement des biens dans un panier) ;
- organise/gère la communication de l'offre, l'acceptation de la commande ou le paiement des biens ;
- fixe les conditions dans lesquelles le fournisseur ou l'acquéreur est responsable du paiement des frais de retour des biens ;
- impose au fournisseur du bien un ou plusieurs modes de paiement, des conditions de stockage ou d'exécution des commandes, ou des méthodes d'expédition ou de livraison spécifiques pour la réalisation de l'opération ;
- a le droit de traiter ou de suspendre le paiement de l'acquéreur auprès du fournisseur de biens ou de restreindre d'une autre manière l'accès aux fonds ;
- est en mesure de créditer la vente sans l'autorisation ou l'approbation du fournisseur de biens si les biens n'ont pas été reçus correctement ;
- fournit un service à la clientèle, une assistance pour le retour des biens ou les échanges, ou prévoit des procédures de réclamation ou de gestion des litiges pour les fournisseurs et/ou leurs acquéreurs ;
- a le droit de fixer le prix de vente des biens, par exemple en proposant une ristourne dans le cadre d'un programme de fidélisation de la clientèle (Notes explicatives 9-2020 n° 2.1.6.1 p. 20).

Est également considéré comme un assujetti facilitateur l'assujetti qui intervient, directement ou indirectement, dans l'**autorisation** de la **facturation** à l'acquéreur en ce qui concerne le paiement effectué (BOI-TVA-CHAMP-10-10-40-60 n° 120). 23530

> **Précisions** Reprenant les développements figurant dans les notes explicatives sur les règles de TVA pour le commerce électronique (n° 2.1.6.2), l'administration précise que l'interface électronique doit être vue comme **autorisant le paiement** lorsqu'elle décide que le compte, la carte bancaire ou un moyen de paiement similaire de l'acquéreur peut être débité en tant que paiement de la livraison ou lorsqu'elle intervient dans la réception du message d'autorisation de paiement ou de l'engagement de paiement de la part de l'acquéreur. Cette notion ne signifie pas que l'interface électronique doit effectivement percevoir le paiement ou qu'elle devrait intervenir à chaque étape du processus de paiement (BOI précité).

EXEMPLES 23540

L'interface électronique :
- communique à l'acquéreur des informations sur le paiement, telles que le prix à payer, ses composantes, les éventuels frais supplémentaires exigibles, le délai de paiement, les modes de paiement, etc. ;

– lance le processus de facturation à l'égard de l'acquéreur ;
– recueille/reçoit de l'acquéreur des données/informations sur le paiement telles que le numéro de carte de crédit/débit, la validité de la carte, le code de sécurité, le nom et/ou le compte du titulaire du paiement, des informations relatives au compte en monnaie numérique ou en cryptomonnaie, des informations relatives au portefeuille numérique, etc. ;
– perçoit l'argent pour les biens livrés avant de le reverser au fournisseur de biens clientèle (Notes explicatives 9-2020 n° 2.1.6.2 p. 21).

23550 Est enfin considéré comme un assujetti facilitateur l'assujetti qui intervient, directement ou indirectement, dans la **commande ou** dans la **livraison** des biens (BOI-TVA-CHAMP-10-10-40-60 n° 120).

EXEMPLES

L'interface électronique :
– fournit l'outil technique permettant d'enregistrer la commande de l'acquéreur (généralement le panier d'achats/le processus de finalisation de la commande) ;
– communique la confirmation et/ou les détails de la commande à l'acquéreur et au fournisseur de biens ;
– facture au fournisseur de biens des frais ou une commission sur la base de la valeur de la commande ;
– envoie une approbation autorisant la livraison des biens/donne instruction au fournisseur des biens ou à un tiers de procéder à la livraison des biens ;
– propose au fournisseur de biens des services d'exécution pour la commande ;
– organise la livraison des biens ;
– communique à l'acquéreur les informations relatives à la livraison clientèle (Notes explicatives 9-2020 n° 2.1.6.3 p. 22).

23560 Lorsque **plusieurs interfaces électroniques** interviennent dans le processus de commande, l'assujetti facilitateur est celui qui exploite celle sur laquelle la commande est enregistrée et au moyen de laquelle l'opération est finalisée. Les autres assujettis suivent alors le régime de droit commun, en particulier s'agissant des prestations de services d'intermédiation ou de facilitation qu'ils fournissent aux autres intervenants (BOI-TVA-CHAMP-10-10-40-60 n° 140).

2. CAS DE L'ASSUJETTI FACILITATEUR REDEVABLE DE LA TVA À L'IMPORTATION DUE EN FRANCE

23570 L'article 293 A, 2-2° du CGI énonce que, pour les **VAD-BI facilitées** par un assujetti par l'utilisation d'une interface électronique, le **redevable** de la TVA à l'importation en France métropolitaine est cet **assujetti facilitateur.**

Toutefois, cette règle ne s'applique **pas** aux **VAD-BI « indirectes » excédant 150 €** (n°s 23300 s.), c'est-à-dire lorsque la VAD-BI est territorialisée dans un autre État membre de l'UE (BOI-TVA-DECLA-10-30 n° 10).

> Précisions a. En pratique, les cas dans lesquels l'assujetti facilitateur est **effectivement redevable** de la TVA sur l'opération d'importation en France se limitent :
– aux VAD-BI « directes » dont la valeur de l'envoi n'excède pas 150 € s'il n'a pas recours au guichet unique « IOSS » ;
– aux VAD-BI « directes » dont la valeur de l'envoi excède 150 € (cette TVA ne sera pas déductible : n° 23370, précision b).

b. Lorsque l'assujetti facilitateur est redevable de la TVA à l'importation en France métropolitaine, il est soumis aux **formalités** propres à la TVA à l'**importation** (notamment, exemption de déclaration en cas de recours au guichet unique « IOSS ») (BOI précité n° 20).

c. En cas de VAD-BI, lorsque ni le vendeur, ni le destinataire indiqué sur la déclaration d'importation ne sont redevables, ils sont **solidairement tenus** au paiement de la taxe (CGI art. 293 A, 5).

3. SCHÉMA D'ACHAT-REVENTE

23590 En vertu de l'article 256, V-2° du CGI, les assujettis qui facilitent certaines ventes de biens au moyen d'interfaces électroniques sont regardés comme ayant **personnellement acquis et livré le bien** (schéma d'achat-revente). Il en résulte que :

– le vendeur du bien est réputé réaliser une livraison du bien à destination de l'assujetti facilitateur. Cette livraison suit le régime normal des livraisons entre assujettis ;

– l'assujetti facilitateur est, pour les besoins de la TVA, réputé réaliser lui-même la livraison du bien, à destination de l'acquéreur final (BOI-TVA-CHAMP-10-10-40-60 n° 90).

> **Précisions** **a.** La livraison unique effectuée par un fournisseur qui vend des biens à un consommateur final au moyen d'une interface électronique est ainsi décomposée, **aux fins de la TVA,** en **deux livraisons distinctes.**
> **b.** À moins de disposer d'informations contraires, un assujetti facilitateur **peut considérer** que le fournisseur qui vend des biens par son intermédiaire est un assujetti et que la personne qui acquiert ces biens est une personne non assujettie (**présomption réfragable**) (Règl. UE/282/2011 art. 5 quinquies).
> **c.** Pour les opérations décrites au n° 23610 (y compris pour les livraisons domestiques), les assujettis facilitateurs peuvent recourir à l'un des régimes de **guichet unique** décrits aux n°s 33630 s. et 33700 s.
> En revanche, les **exportations de biens** visées au n° 23630 ne devraient pas pouvoir, selon nous, relever du guichet unique « OSS-UE » (n°s 33630 s.) puisque celui-ci ne concerne, s'agissant de livraisons de biens, que les VAD-IC et les livraisons domestiques facilitées que les interfaces électroniques sont réputées réaliser en application de l'article 256, V-2°-b du CGI (CGI art. 298 sexdecies G, I-3°-b et c ; BOI-TVA-DECLA-20-20-60-10 n° 110). Ces opérations d'exportation devraient donc être déclarées par les assujettis facilitateurs via leurs **déclarations de chiffre d'affaires CA 3.**

23600 Lorsque le schéma dit « d'achat-revente » s'applique, l'assujetti facilitateur (alors dénommé « fournisseur présumé » : n° 23500, précisions) est également **redevable** de la **TVA sur l'opération facilitée.** La mise en œuvre du schéma d'achat-revente pour les seuls besoins de la TVA nécessite la réunion de **conditions** relatives :
– aux modalités d'intervention de l'interface électronique : celle-ci doit être regardée comme ayant « facilité » la livraison de biens en cause au moyen d'une interface numérique (voir n°s 23510 s.) ;
– aux caractéristiques de la livraison de biens (voir n°s 23610 s.).

Remarque : Indépendamment de l'application du schéma d'achat-revente et conformément à l'article 293 A du CGI, pour les VAD-BI, l'assujetti facilitateur est redevable de la TVA à l'importation consécutive des VAD-BI, sauf dans le cas des VAD-BI « indirectes » excédant 150 € (n° 23570) (BOI-TVA-CHAMP-10-10-40-60 n° 100).

a. Opérations concernées

23610 Seules sont éligibles au schéma de l'achat-revente des assujettis facilitateurs les ventes de biens suivantes :
– les **livraisons de biens** qui ne sont **pas importés,** uniquement lorsque le **vendeur** n'est **pas** établi **dans l'UE** (n°s 23630 s.) ;
– les **VAD-BI,** uniquement lorsque les biens sont contenus dans un envoi dont la valeur intrinsèque **ne dépasse pas 150 €,** « directes » ou « indirectes » (n° 23650).

Dans tous les cas, seules sont concernées les livraisons réalisées par des assujettis **à des personnes non assujetties.**

Les personnes facilitant des transactions entre particuliers ne sont pas concernées par le régime tant que ces particuliers n'agissent pas en tant qu'assujettis.

Les livraisons à des personnes morales non assujetties qui ne bénéficient pas du régime des PBRD (n°s 20050 s.) ou à des assujettis ne sont donc pas concernées (BOI-TVA-CHAMP-10-10-40-60 n° 150).

> **Précisions** Les livraisons par des assujettis à des personnes morales non assujetties qui bénéficient du régime des **PBRD** (n°s 20050 s.) peuvent donc être concernées par le schéma d'achat-revente.

23620 Le schéma de l'achat-revente étant appliqué **opération par opération,** un assujetti facilitant des livraisons répondant aux caractéristiques mentionnées au n° 23610 et des livraisons n'y répondant pas ne sera réputé acheteur-revendeur que pour les premières (BOI-TVA-CHAMP-10-10-40-60 n° 150).

LIVRAISONS DE BIENS NON IMPORTÉS PAR DES PERSONNES NON ÉTABLIES DANS L'UE

23630 Les **deux conditions cumulatives** d'éligibilité au schéma de l'achat-revente sont les suivantes :
– le bien n'est pas importé, c'est-à-dire qu'il est situé en France métropolitaine ou sur le territoire d'un autre État membre avant d'être vendu. Sont donc concernées à la fois les **VAD-IC,** les **livraisons internes** à un État membre de l'UE (y compris les livraisons de biens d'occasion, d'objets d'art ou d'antiquités taxées sur le prix total, de moyens de transport neufs ou de biens livrés avec montage) et les **exportations exonérées** telles que définies aux n°s 22400 s. Dans cette dernière hypothèse, l'assujetti facilitateur est en droit de livrer les biens en exonération de TVA dans la mesure où il respecte l'ensemble des conditions d'exonération normalement applicables au fournisseur ;
– le **vendeur** n'est **pas établi dans l'UE** (BOI-TVA-CHAMP-10-10-40-60 n° 160).

> Précisions a. Les livraisons pour lesquelles le **bien** n'est **pas expédié au domicile** de l'acquéreur mais à un endroit où il est mis à sa disposition (livraisons de biens en point relais, par exemple) sont concernées (BOI précité).
b. Les livraisons susvisées sont exclues du régime de la **marge** applicable aux biens d'occasion, œuvres d'art, objets de collection ou antiquités (n° 78765).
c. S'agissant des **modalités déclaratives des exportations** susvisées, voir n° 23590, précision c.

23640 En application de l'article 262 ter, III du CGI, la **première opération,** entre le vendeur et l'assujetti facilitateur qui résulte du schéma d'achat-revente, est **exonérée** de TVA sans perte du **droit à déduction** pour le vendeur (BOI-TVA-CHAMP-30-10-60-10 n°s 490 et 530). En effet, en application de l'article 271, V-c du CGI, les opérations ainsi exonérées ouvrent droit à déduction dans les mêmes conditions que si elles étaient soumises à la taxe.

Le fournisseur qui est réputé réaliser une livraison de biens à destination de l'assujetti facilitateur est autorisé à déduire la TVA grevant les éléments du prix de cette opération dans les conditions de droit commun alors même que cette livraison est exonérée de la TVA (BOI-TVA-DED-10-20 n° 240).

VAD-BI N'EXCÉDANT PAS 150 €

23650 Les **deux conditions cumulatives** d'éligibilité au schéma de l'achat-revente sont les suivantes :
– la livraison répond à la définition de la **VAD-BI** (n°s 23200 s.), qu'elle soit « directe » ou « indirecte » et indépendamment du lieu d'établissement du vendeur ;
– les biens sont contenus dans un envoi dont la valeur intrinsèque **ne dépasse pas 150 €** (BOI-TVA-CHAMP-10-10-40-60 n° 180).

> Précisions Concernant la **notion** de **valeur intrinsèque** d'un envoi et sa **détermination,** voir n° 33720, précision b.

b. Règles communes aux opérations entrant dans le schéma de l'achat-revente

IMPUTATION DU TRANSPORT À LA LIVRAISON RÉALISÉE PAR LE FOURNISSEUR PRÉSUMÉ

23660 Lorsque le bien fait l'objet d'un transport ou d'une expédition à destination de l'acquéreur final, ce transport ou cette expédition est rattaché à la **seconde opération** (CGI art. 256, V). Ainsi, dès lors que la vente facilitée est une VAD, l'opération réalisée par l'assujetti facilitateur est qualifiée de VAD, l'opération réalisée par le vendeur étant assimilée à une opération sans transport (BOI-TVA-CHAMP-10-10-40-60 n° 90).

IDENTITÉ DE LA BASE D'IMPOSITION POUR LE VENDEUR ET LE FOURNISSEUR PRÉSUMÉ

23670 La base d'imposition de chacune de ces deux opérations est identique et déterminée dans les conditions de **droit commun** (n°s 35100 s.). Elles sont réputées intervenir **concomitamment** au moment de leur fait générateur, qui est régi par les règles particulières décrites au n° 23680.

Remarque : Il en résulte que le montant des livraisons déclaré par l'assujetti facilitateur au titre de la TVA sera différent du montant de son chiffre d'affaires pouvant être pris en considération par ailleurs (BOI-TVA-CHAMP-10-10-40-60 n° 90).

> Précisions Lorsque, pour déclarer et acquitter correctement la TVA due, un assujetti facilitateur est tributaire des informations transmises par les fournisseurs qui vendent des biens ou par d'autres tiers et que ces **informations** sont **erronées,** il n'est pas redevable d'un quelconque **montant de TVA excédant** la **TVA** qu'il a **déclarée** et payée dès lors qu'il peut démontrer qu'il ignorait et ne pouvait pas raisonnablement savoir que les informations reçues étaient incorrectes (Règl. UE/282/2011 art. 5 quater).

RÈGLES PARTICULIÈRES DE DÉTERMINATION DU FAIT GÉNÉRATEUR ET DE L'EXIGIBILITÉ

23680 En cas d'application du schéma de l'achat-revente (qu'il s'agisse de livraisons de biens non importés par des personnes non établies dans l'UE ou de VAD-BI dont la valeur intrinsèque de l'envoi n'excède pas 150 €), le fait générateur de la taxe et l'exigibilité se produisent au **moment où** le **paiement** par le client final a été **accepté** (CGI art. 269, 1-a sexies et 2-a jusqu'au 31-12-2022 ; CGI art. 269, 1-a sexies et 2-b à compter du 1-1-2023).

> Précisions a. Ce moment désigne le moment où la **confirmation du paiement,** le message d'autorisation du paiement ou un engagement de paiement de la part de l'acquéreur est **reçu,** indépendamment du moment où le montant est effectivement versé, selon ce qui intervient en premier (Règl. UE/282/2011 art. 41 bis).

b. Ces règles particulières s'appliquent **indépendamment du recours** ou non par l'assujetti facilitateur à un régime particulier de **guichet unique.**

RÈGLES DE FACTURATION

Dans le cadre de ce schéma, **deux livraisons de biens** doivent être analysées au regard des règles de facturation applicables : **23690**

– l'assujetti facilitant l'opération est considéré avoir personnellement acquis le bien auprès du fournisseur dit « sous-jacent » non établi sur le territoire de l'UE (livraison n° 1 : n° 23700) ;

– l'assujetti facilitant l'opération est considéré avoir personnellement livré le bien à l'acquéreur final (livraison n° 2 : n° 23710).

Remarque : Le schéma d'achat-revente n'étant instauré que pour les **seuls besoins de la TVA,** les factures que doivent, le cas échéant, émettre les fournisseurs dits « sous-jacents » aux assujettis facilitateurs ou les assujettis facilitateurs aux consommateurs finaux dans les conditions décrites aux nos 23700 et 23710 ne le sont que pour les seuls besoins de la TVA (BOI-TVA-DECLA-30-20-10-10 n° 50).

La **livraison n° 1** est une livraison de biens sans transport réalisée par le fournisseur sous-jacent au profit de l'assujetti facilitant la vente (n° 23660). Conformément aux articles 258, I-c du CGI et 31 de la directive TVA, cette livraison est localisée à l'endroit où le bien se trouve au moment de la livraison (pays de départ de l'expédition ou du transport). **23700**

Partant, les **règles de facturation** diffèrent selon la **nature de l'opération facilitée** :

– pour les VAD-IC ou les livraisons domestiques facilitées, la livraison n° 1 est réputée située dans l'État membre de départ de l'expédition ou du transport. Dès lors, le fournisseur qui réalise l'opération n° 1 doit émettre à destination de l'assujetti facilitateur une facture conformément à l'article 289, I-1-b du CGI lorsque cet État membre est la France ; lorsque cet État membre n'est pas la France, une facture doit également être émise aux conditions de l'État membre concerné (Dir. TVA art. 220, 1-1) ;

– pour les VAD-BI, la livraison n° 1 est réputée située en dehors de l'UE. Dès lors, les règles de facturation issues de la directive TVA ne trouvent pas à s'appliquer à cette opération (BOI-TVA-DECLA-30-20-10-10 n° 60).

La **livraison n° 2** est une livraison de biens avec transport réalisée par l'assujetti facilitant la vente au profit d'une personne non assujettie (livraison domestique facilitée, VAD-IC ou VAD-BI). Dans cette situation, sont applicables les règles de **facturation de droit commun.** Dès lors, si cette opération est qualifiée de vente à distance, il convient d'appliquer les règles décrites aux nos 23000 s. pour les **VAD-IC** et aux nos 23200 s. pour les **VAD-BI.** **23710**

En revanche, si l'opération est une **livraison interne** à la France, aucune obligation de facturation ne pèsera sur l'assujetti dans la mesure où il n'existe pas en France d'obligation de facturation pour les livraisons réalisées au profit de personnes non assujetties (BOI-TVA-DECLA-30-20-10-10 n° 70).

4. OBLIGATION DE TENUE DE REGISTRE

Tout assujetti qui facilite, par l'utilisation d'une interface électronique, la **livraison de biens** ou la **prestation de services** à une personne non assujettie est tenue de consigner dans un **registre** ces livraisons ou prestations (CGI art. 286 quinquies). **23730**

Sont ici visées les obligations de tenue de registres pesant sur les **assujettis** qui, au moyen d'une interface électronique, ont facilité la réalisation d'une livraison de biens ou d'une prestation de services, localisée sur le territoire de l'UE, à une personne non assujettie, **sans que** cette **intervention ne les rende redevables** de la TVA sur l'opération facilitée.

Il s'agit des assujettis qui facilitent :

– des livraisons de bien réalisées à l'intérieur de l'UE par un fournisseur établi sur le territoire européen ;

– des ventes à distance de biens importés de territoire tiers ou de pays tiers contenus dans des envois dont la valeur intrinsèque excède 150 € ;

– des prestations de services pour lesquelles ils ne sont pas présumés agir en leur nom propre (BOI-TVA-DECLA-30-10-15 n° 80).

> Précisions Les obligations en matière de tenue de registres concernant les assujettis facilitateurs assimilés à des **acheteurs-revendeurs** diffèrent selon qu'ils ont ou non opté pour l'un des régimes de guichet unique. Si tel est le cas, leurs obligations de tenue de registres sont celles décrites aux n° 33585, n° 33660 ou n° 33755 selon le guichet unique auquel ils ont recours. Les assujettis facilitateurs assimilés à des acheteurs-revendeurs qui n'ont pas opté pour l'un des régimes de guichet unique restent soumis aux obligations d'ordre comptable traditionnelles prévues à l'article 286, 1-3° du CGI (nos 44700 s.).

23735 Le registre visé au n° 23730 doit mentionner, pour chaque opération, les **informations** listées à l'article 41 quinquies C de l'annexe IV au CGI et doit être suffisamment détaillé pour permettre de vérifier que la TVA a été correctement appliquée.

Il est mis à disposition de l'administration, à sa demande, par voie électronique.

Il doit être conservé pendant dix ans à compter du 31 décembre de l'année au cours de laquelle l'opération a été effectuée.

CHAPITRE 2

PRESTATIONS DE SERVICES

SOMMAIRE

24000 En ce qui concerne les prestations de services (définies aux nos 1250 s.), les **critères d'application territoriale de la TVA** sont déterminés **par référence au lieu où** ces opérations sont **réputées se situer,** tel que ce lieu est défini par la loi.

Cette idée de base est comparable à celle précédemment évoquée pour les opérations portant sur les biens (nos 19200 s.). Mais ce sont des **dispositions spécifiques** qui doivent être mises en œuvre lorsqu'il s'agit d'apprécier les **cas** dans lesquels les **prestations de services** doivent être **considérées** comme se **situant en France** et donc comme entrant dans le champ d'**application de la TVA française.**

Nous exposerons tout d'abord les **cas d'imposition en France** des prestations de services (**règles générales et règles particulières** de territorialité qui leur sont applicables). Nous examinerons ensuite les régimes d'exonération prévus pour les **services liés aux échanges extracommunautaires de biens** (nos 26400 s.) et pour certains **transports internationaux** (nos 27000 s.).

Remarque : Nous avons précisé au n° 18610 le sens de diverses **expressions** utilisées dans l'étude de la territorialité de la TVA. On rappelle notamment, s'agissant des prestations de services, que l'expression fréquemment utilisée de « **preneur** » de la prestation **ou** encore de « **donneur d'ordre** » désigne la personne qui est le bénéficiaire effectif de la prestation (CE 9-10-2015 n° 371794 : RJF 1/16 n° 14).

SECTION 1 CAS D'IMPOSITION EN FRANCE

24100 Après avoir défini un certain nombre de **notions utiles** pour la détermination du lieu des prestations de services (nos 24150 s.), nous exposerons les **règles générales** de territorialité applicables aux prestations de services tant dans les relations entre assujettis (relations dites « B to B » pour « Business to Business »), que dans les relations entre prestataires assujettis et preneurs non assujettis (relations dites « B to C » pour « Business to Consumer ») (nos 24450 s.).

Nous exposerons ensuite les **règles particulières** de territorialité applicables à certaines prestations de services (nos 24850 s.), étant précisé que certaines de ces règles sont communes aux relations « B to B » et « B to C » (nos 24900 s.), alors que d'autres sont spécifiques aux seules relations « B to B » (nos 25300 s.) ou aux seules relations « B to C » (nos 25400 s.). Nous donnerons enfin un certain nombre de solutions diverses et de cas particuliers (nos 26050 s.).

I. DÉFINITIONS

24150 Aux fins de l'application des règles relatives au lieu des prestations de services, il convient de définir les notions de preneur assujetti, d'établissement en France et de lieu d'utilisation ou d'exploitation effective d'un service.

A. Notion de preneur assujetti

24180 Les règles de territorialité applicables aux services sont en principe différentes selon que le preneur est un assujetti ou une personne non assujettie. La **qualité du preneur** est dès lors **déterminante** pour localiser le lieu de taxation des prestations de services.

La notion d'assujetti retenue en matière de territorialité des services pour déterminer si le preneur du service est ou non un assujetti est plus large que la notion servant habituellement à définir les opérations entrant dans le champ d'application de la TVA (nos 1550 s. ; pour une illustration, voir précisions ci-après).

Ainsi, conformément à l'article 259-0 du CGI (pris pour la transposition de l'article 43 de la directive TVA), doit être considéré comme ayant la qualité de preneur assujetti au regard des règles de territorialité des services :

– l'**assujetti de « droit commun »** (tel que défini aux nos 1550 s.), peu important le fait que les opérations qu'il réalise soient effectivement taxées ou exonérées ou bénéficient d'un régime de franchise ;

– pour tous les services qui lui sont fournis, un assujetti de « droit commun » qui exerce également des activités ou réalise des opérations placées hors du champ d'application de la TVA. Un tel **assujetti « partiel »** a donc la qualité d'assujetti au regard des règles de territorialité des services même si la prestation est acquise pour les besoins de ses activités ou opérations situées hors champ de la TVA, pour autant que ces **activités non économiques** soient **exercées à titre professionnel** (CJUE 17-3-2021 aff. 459/19 : RJF 6/21 n° 672 ; dans le même sens, BOI-TVA-CHAMP-20-50-20 n° 220) ;

– une **personne morale non assujettie** qui est **identifiée à la TVA** ou, comme l'indique l'article 17, 2 du règlement UE/282/2011 du 15 mars 2011, qui est tenue de l'être. Sont ici visées les personnes morales non assujetties à la TVA mais qui sont imposables au titre de leurs acquisitions intracommunautaires de biens, soit de plein droit (parce qu'elles ne remplissent pas ou plus les conditions leur permettant de ne pas être soumises à la taxe au titre de ces opérations), soit sur option, et qui, de ce fait, doivent être identifiées à la TVA (Dir. TVA art. 214, 1-b). Le numéro d'identification attribué à la personne morale non assujettie doit être en cours de validité au moment de la réalisation de la prestation de services.

> **> Précisions** Selon la CJUE, un trustee exerçant des activités d'investissements dans le cadre de la gestion d'un trust caritatif et des activités commerciales ne constitue pas un **assujetti** « agissant en tant que tel » **au sens de l'article 2, 1 de la directive** pour l'exercice de ses activités d'investissements dès lors que celles-ci ne constituent pas des activités économiques au sens de l'article 9, 1 de la même directive (CJUE 20-6-1996 aff. 155/94 : n° 53155) mais peut être considéré comme tel **en matière de territorialité** (Dir. TVA art. 43) dès lors que les services de gestion d'investissements sont fournis pour les besoins de ses activités professionnelles non économiques d'investissements et ne sont pas destinés à un usage privé de l'assujetti ou de son personnel (CJUE 17-3-2021 précité).

EXEMPLES 24185

1. Une **commune** acquiert une prestation de services de conseil auprès d'un prestataire établi dans un autre État membre de l'UE pour les besoins de son service d'état civil, activité placée hors du champ d'application de la TVA. Elle exploite par ailleurs une centrale hydroélectrique et procède à des ventes d'électricité imposables de plein droit. Pour la détermination du lieu de la prestation de services de conseil, la commune est réputée avoir la qualité d'assujettie.

2. Une **société** exerçant en France une activité de conseil en patrimoine (située dans le champ d'application de la TVA) effectue, par ailleurs, pour son propre compte, des opérations de placement dans des fonds d'investissement (opérations situées hors du champ d'application de la taxe). Elle acquiert elle-même auprès d'un prestataire étranger des prestations de conseil pour les besoins de ses opérations de placement. Pour l'application des règles de territorialité aux services ainsi acquis, elle doit être considérée comme un preneur assujetti.

3. Un **enseignant** est employé dans une école en France. En plus de ses activités de professeur salarié, il exerce une activité de manière indépendante en tant que conseiller pour certaines entreprises, et est considéré, pour ces activités, comme un assujetti. Pour la préparation de ses cours, cet enseignant s'est abonné à une newsletter produite par des chercheurs américains afin de recevoir certaines informations par e-mail ainsi qu'à un service d'assistance téléphonique. Pour la détermination du lieu des services reçus par cet enseignant, celui-ci est réputé avoir la qualité d'assujetti.

4. Un **service départemental de lutte contre l'incendie** a fait l'acquisition en décembre N de matériels de secours auprès d'une société établie en Allemagne pour un montant supérieur à 10 000 €. Un numéro d'identification lui a donc été délivré. En juin N + 1, il fait l'acquisition d'un logiciel spécifique auprès d'une entreprise établie hors de France. Dans la mesure où il dispose d'un numéro d'identification, il est considéré comme un preneur assujetti pour la détermination du lieu de l'opération de fourniture du logiciel spécifique.

En revanche, le preneur du service doit être considéré comme un **non-assujetti,** au regard des 24190
règles de territorialité des services, dans les hypothèses suivantes :

– assujetti de « droit commun » ou personne morale non assujettie mais identifiée à la TVA qui acquiert une prestation **pour** ses **besoins privés ou ceux de son personnel.** Dans une telle hypothèse, le preneur n'est **pas** en effet considéré comme un **assujetti agissant en tant que tel** au sens de l'article 259, 1° du CGI (BOI-TVA-CHAMP-20-50-20 n° 210 ; Règl. UE/282/2011 du 15-3-2011 art. 19) ;

– **personne morale non assujettie et non identifiée à la TVA** ;

– **particulier.**

EXEMPLE

Un commerçant, acquiert des prestations informatiques pour la création d'un site internet destiné à présenter son activité et commercialiser ses produits à distance. Dans cette situation, il agit bien en qualité d'assujetti (le service relèvera alors de l'article 259, 1° du CGI). À l'inverse, cela ne sera pas le cas s'il demande à ce même prestataire de lui créer un site personnel à usage familial (le service relèvera alors de l'article 259, 2° du CGI).

24195 Lorsqu'une prestation de services est destinée **en partie à des besoins privés et** en partie **à des besoins professionnels** d'un preneur assujetti, le lieu de la prestation doit être déterminé, pour la totalité de la prestation, selon les règles applicables aux relations « B to B » (BOI-TVA-CHAMP-20-50-20 n° 250 ; Règl. UE /282/2011 du 15-3-2011 art. 19).

24200 L'**usage effectif** du service acquis par un preneur assujetti (usage professionnel ou usage privé) doit être **pris en considération uniquement au moment** où le **service est fourni.** Sauf abus de droit, le lieu d'imposition du service ne sera pas remis en cause par la modification ultérieure de l'utilisation qui en sera faite (BOI-TVA-CHAMP-20-50-20 n° 260 ; Règl. UE/282/2011 du 15-3-2011 art. 25).

JUSTIFICATIONS À APPORTER PAR LE PRESTATAIRE

24210 Le prestataire doit être en mesure de justifier de la **qualité d'assujetti ou de non-assujetti du preneur** et de l'**usage auquel est destiné le service.**

24220 **Preneur établi dans l'UE** Sauf s'il dispose d'informations contraires, le prestataire peut considérer qu'un preneur établi dans l'UE a le **statut d'assujetti** lorsque ce dernier lui a communiqué son **numéro individuel d'identification TVA** et s'il obtient la confirmation de la validité de ce numéro d'identification ainsi que du nom et de l'adresse y associés, conformément à l'article 31 du règlement CE/904/2010 du 7 octobre 2010 (Règl. UE/282/2011 du 15-3-2011 art. 18, 1-a).

Le prestataire doit donc procéder à la vérification de la validité du numéro d'identification à la TVA fourni par le preneur sur le site internet Europa, à l'adresse suivante : http://ec.europa.eu/taxation_customs/vies/ ou en interrogeant le centre des impôts dont il dépend.

24225 A contrario, sauf informations contraires, le prestataire peut considérer qu'un preneur établi dans l'UE a le statut de personne **non assujettie** lorsqu'il démontre que ce preneur ne lui a pas communiqué son numéro d'identification à la TVA (Règl. UE/282/2011 du 15-3-2011 art. 18, 2).

Sur le cas particulier des prestations de services de télécommunication, de radiodiffusion et de télévision et des prestations de services électroniques, voir n° 25980, précision b.

24230 Par ailleurs, selon l'article 19 du règlement UE/282/2011 du 15 mars 2011, sauf s'il dispose d'informations contraires, telles que sur la nature des services fournis, le prestataire peut considérer que les services sont destinés **aux fins de l'activité économique du preneur** si, pour cette opération, il lui a communiqué son **numéro individuel d'identification TVA.**

De son côté, l'**administration fiscale** française a indiqué que, dans ce cadre, la communication par le preneur à son prestataire de son **numéro d'identification à la TVA** en cours de validité à la date de l'opération, la mention de ce numéro sur la facture ainsi qu'une **référence à l'article 44 de la directive TVA** faisant apparaître que le preneur a déclaré utiliser le service aux fins de son entreprise constituent une **présomption simple** que le preneur agit bien en tant qu'assujetti permettant de ne pas engager la responsabilité du prestataire s'agissant du lieu des prestations de services. Toutefois, cette présomption simple ne dispense pas le prestataire de son obligation de vigilance et notamment de vérifier la validité du numéro d'identification de son preneur (BOI-TVA-CHAMP-20-50-20 n° 230).

24235 Lorsque le **preneur n'a pas encore reçu un numéro** individuel d'identification à la TVA mais qu'il informe le prestataire qu'il en a fait la demande, et si le prestataire obtient tout autre élément de preuve attestant que le preneur est un assujetti ou une personne morale non assujettie tenue d'être identifiée à la TVA et s'il effectue des **vérifications d'une ampleur raisonnable** en ce qui concerne l'exactitude des informations fournies par le preneur, au moyen des procédures de sécurité commerciales normales telles que celles relatives aux contrôles d'identité ou de paiement, le prestataire peut considérer que le preneur a la qualité d'assujetti (Règl. UE/282/2011 du 15-3-2011 art. 18, 1-b).

24245 **Preneur établi en dehors de l'UE** La définition de preneur assujetti donnée aux nos 24180 s. est également applicable aux preneurs, personnes physiques ou morales, établis dans un pays tiers.

Sauf s'il dispose d'informations contraires, le prestataire peut considérer qu'un preneur établi en dehors de l'UE a le **statut d'assujetti** :
– s'il obtient du preneur un certificat délivré par les autorités fiscales dont relève le preneur confirmant que ce dernier se livre à des activités économiques lui permettant d'obtenir un remboursement de la TVA au titre de la directive 86/560/CEE du Conseil du 17 novembre 1986 (13e directive) ;
– lorsque le preneur n'est pas en possession de ce certificat, s'il dispose du numéro de TVA du preneur, ou d'un numéro similaire attribué au preneur par le pays d'établissement de celui-ci et servant à identifier les entreprises ou tout autre élément de preuve attestant que le preneur est un assujetti et s'il effectue des vérifications d'une ampleur raisonnable en ce qui concerne l'exactitude des informations fournies par le preneur, au moyen des procédures de sécurité commerciales normales telles que celles relatives aux contrôles d'identité ou de paiement (Règl. UE/282/2011 du 15-3-2011 art. 18, 3).

Parmi les autres éléments de preuve, on peut citer notamment les documents commerciaux ou le site internet du preneur attestant de l'exercice d'une activité économique, les bons de commande ou autres documents du preneur mentionnant son adresse commerciale et son numéro d'inscription à un registre du commerce et des sociétés ou à tout autre registre en tenant lieu (en ce sens, BOI-TVA-CHAMP-20-50-10 n° 90).

Pour les preneurs assujettis non établis dans l'UE, la **mention sur la facture** d'une référence à l'article 44 de la directive TVA confère une présomption simple que le preneur a la qualité d'un assujetti agissant en tant que tel. Pour les services qui ne sont pas de ceux qui sont communément utilisés dans le cadre de l'activité exercée par le preneur, il est recommandé au prestataire de réunir tous autres éléments attestant que son preneur agit bien en tant qu'assujetti (BOI-TVA-CHAMP-20-50-20 n° 240). **24250**

B. Notion d'établissement en France

Conformément à l'article 259 du CGI, est considéré comme établi en France l'assujetti, prestataire ou preneur, qui a en France le **siège de son activité** économique ou un **établissement stable** ou, à défaut, son **domicile ou** sa **résidence habituelle.** **24300**

En ce qui concerne la notion d'assujetti établi en France pour les besoins de la **détermination du redevable,** voir nos 31750 s.

1. NOTION DE SIÈGE DE L'ACTIVITÉ ÉCONOMIQUE

Conformément à l'article 10 du règlement UE/282/2011 du 15 mars 2011, pour l'application des articles 44 et 45 de la directive TVA, le « lieu où l'assujetti a établi le siège de son activité économique » est le lieu où sont exercées les fonctions d'administration centrale de l'entreprise. **24310**

Afin de déterminer le lieu visé ci-dessus, sont pris en considération le **lieu où sont prises les décisions essentielles** concernant la gestion générale de l'entreprise, le lieu de son siège statutaire et le lieu où se réunit la direction.

Lorsque ces critères ne permettent pas de déterminer avec certitude le lieu du siège de l'activité économique, le lieu où sont prises les décisions essentielles concernant la gestion générale de l'entreprise est le critère prépondérant.

La présence d'une adresse postale ne peut déterminer à elle seule le lieu où l'assujetti a établi le siège de son activité économique.

Ces précisions s'inspirent de la jurisprudence de la Cour de justice (CJUE 28-6-2007 aff. 73/06 : RJF 11/07 n° 1367) qui a été reprise par l'administration (BOI-TVA-CHAMP-20-50-10 nos 100 à 120).

> **Précisions** En revanche, des notions telles que le lieu du preneur des prestations ou le lieu d'exploitation ou d'utilisation de ces prestations ne sauraient figurer parmi les facteurs de détermination du siège de l'activité du prestataire (CE 28-5-2014 n° 361413 : RJF 8-9/14 n° 777).

2. ÉTABLISSEMENT STABLE

Conformément à la jurisprudence de la Cour de justice, le point de **rattachement** le plus utile afin de déterminer le lieu des prestations de services, du point de vue fiscal et, partant, **prioritaire,** est celui où l'assujetti a établi le siège de son activité économique. La prise **24320** en considération d'un autre établissement stable s'impose toutefois dans le cas où le rattachement au siège ne conduit pas à une solution fiscale rationnelle ou crée un conflit avec un autre État membre (CJUE 20-2-1997 aff. 260/95 : RJF 4/97 n° 406 ; CJUE 16-10-2014 aff. 605/12 : RJF 1/15 n° 88 ; CE 17-6-2015 n° 369100 : RJF 10/15 n° 772 ; BOI-TVA-CHAMP-20-50-10 n° 130).

24325 Un établissement stable en matière de TVA est caractérisé par un degré suffisant de permanence et une structure apte, du point de vue de l'équipement humain et technique, à rendre possible :

– soit la fourniture par cet établissement d'un service au sens de l'article 259, 2° du CGI (« **établissement stable prestataire** ») (voir à cet égard n°s 24360 s.) ;

– soit l'utilisation par cet établissement des services qui lui sont rendus au sens de l'article 259, 1° du CGI (« **établissement stable preneur** »). À cet égard, il n'est pas indispensable que l'établissement stable preneur exerce lui-même une activité économique (voir n°s 24340 s.).

> **Précisions** La CJUE a jugé qu'une structure dépourvue de personnel propre ne peut constituer un établissement stable, tant prestataire que preneur (CJUE 3-6-2021 aff. 931/19 : RJF 8-9/21 n° 887). Elle a toutefois nuancé cette solution en ce qui concerne la notion d'**établissement stable preneur** en considérant qu'il n'est pas requis d'un assujetti qu'il détienne des **moyens humains ou techniques** en propre mais seulement qu'il ait le pouvoir de disposer de ces moyens comme s'ils étaient les siens (par exemple, par des contrats de service ou de location mettant ces moyens à sa disposition et ne pouvant être résiliés à brève échéance) (CJUE 7-4-2022 aff. 333/20 : RJF 7/22 n° 693).
> À noter qu'il a également été jugé qu'est sans incidence sur la qualification d'**établissement stable prestataire** la circonstance que les **moyens techniques** nécessaires à la réalisation de l'activité ne soient pas possédés par l'établissement mais seulement loués ou mis à sa disposition à titre gratuit (CAA Nantes 11-2-2021 n° 19NT00976 ; CE (na) 22-12-2021 n° 451610 : RJF 4/22 n° 340).

24330 Dès lors qu'un assujetti a son **siège dans un État** (au sens défini au n° 24310), il n'y a pas à rechercher l'existence d'un établissement stable distinct dans ce même État (BOI-TVA-CHAMP-20-50-10 n° 170).

24335 Le fait pour un assujetti de disposer d'un **numéro d'identification à la TVA en France** n'est pas suffisant en soi pour considérer qu'il y dispose d'un établissement stable (Règl. UE/282/2011 du 15-3-2011 art. 11, 3 ; BOI-TVA-CHAMP-20-50-10 n° 170).

a. Établissement stable preneur

24340 La notion d'établissement stable preneur est utilisée pour l'application de l'article 44 de la directive TVA (transposé à l'article 259, 1° du CGI), qui (sauf exceptions) situe dans le pays d'établissement du preneur le lieu des prestations de services fournies dans le cadre des relations « B to B » (Règl. UE /282/2011 du 15-3-2011 art. 11, 1).

24345 L'établissement stable preneur est caractérisé par un degré suffisant de permanence et une structure appropriée, en termes de moyens humains et techniques, lui permettant de recevoir et d'utiliser les services qui sont fournis pour les besoins propres de cet établissement (Règl. UE/282/2011 du 15-3-2011 art. 11, 1 ; voir également n° 24325, précisions). Ainsi, il est nécessaire que l'établissement à qui la prestation de services est rendue soit **capable de recevoir et d'utiliser** les **services** concernés (CJUE 16-10-2014 aff. 605/12 : RJF 1/15 n° 88 ; BOI-TVA-CHAMP-20-50-10 n° 140).

Il appartient au juge national de vérifier si ces faits sont établis (CJUE 16-10-2014 précité).

24350 Une **succursale** française d'une société étrangère qui ne réalise que des opérations internes au profit de son siège n'entrant pas dans le champ d'application de la TVA constitue un « établissement stable preneur » si elle présente une consistance minimum rendant possible l'utilisation de services pour les besoins d'opérations exclusivement réalisées au profit du siège.

De même, les **bureaux de représentation** et les **chantiers** n'ont pas, en principe, le caractère d'établissement stable prestataire mais peuvent néanmoins avoir une consistance suffisante pour constituer des établissements stables au regard de l'utilisation des services (BOI-TVA-CHAMP-20-50-10 n°s 150 et 160).

Par ailleurs, même s'il n'est pas exclu qu'une **filiale** constitue un établissement stable de sa société mère, l'existence d'un tel établissement dans un État membre ne peut pas être déduite par un prestataire de services du seul fait que cette société y possède une filiale. Cette qualification résulte de la réunion des conditions matérielles énoncées par le règlement UE/282/2011 appréciées à la lumière de la réalité économique et commerciale. À cet égard, le prestataire n'est pas tenu de s'enquérir, aux fins d'une telle appréciation, des relations contractuelles entre les deux entités (CJUE 7-5-2020 aff.547/18 : RJF 8-9/20 n° 749 ; CJUE 7-4-2022 aff. 333/20 : RJF 7/22 n° 693).

b. Établissement stable prestataire

Conformément à l'article 11, 2 du règlement UE/282/2011 du 15 mars 2011, la notion d'établissement stable prestataire est utilisée pour l'**application** des **dispositions suivantes** de la directive TVA : **24360**

– article 45 (transposé à l'article 259, 2° du CGI), qui fixe la règle générale de territorialité prévue dans le cadre des relations « B to C » (n° 24750) ;

– article 56, 2-al. 2 (transposé à l'article 259 A, 1° du CGI), concernant les règles de territorialité applicables aux locations de bateaux de plaisance autres que celles de courte durée fournies à des personnes non assujetties (n° 25040) ;

– article 192 bis (transposé à l'article 283-0 du CGI), qui définit la notion d'établissement stable participant à la réalisation de l'opération pour les besoins de la détermination du redevable de la taxe (n°s 31750 s.).

Conformément à l'article 11, 2 du règlement UE/282/2011, l'établissement stable prestataire désigne tout établissement, autre que le siège de l'activité économique, qui est caractérisé par un degré suffisant de permanence et une structure appropriée, en termes de moyens humains et techniques, lui permettant de **fournir les services** dont il assure la prestation (voir également n° 24325, précisions). **24365**

ILLUSTRATIONS

1. Un **immeuble donné en location** dans un État membre par un propriétaire qui ne dispose **pas** de **personnel propre** pour y exécuter les prestations de gestion locative (lesquelles sont assurées par une société tierce mandatée à cet effet) ne constitue pas un établissement stable prestataire (CJUE 3-6-2021 aff. 931/19 : RJF 8-9/21 n° 887 ; dans le même sens, Rép. Philibert : AN 9-3-1992 n° 50054, non reprise au Bofip ; Notes explicatives 26-10-2015 n° 28 qui indiquent que la simple circonstance que l'entreprise est propriétaire d'un bien immeuble situé dans un État membre ne permet pas, en soi, de conclure qu'elle dispose d'un établissement stable dans ce territoire).
2. Une **société** française à laquelle les propriétaires d'un bateau de plaisance établis à l'étranger ont confié la **garde**, l'**entretien** et la **location** du **bateau** en France ne constitue pas un établissement stable des propriétaires (CE 31-1-1997 n°s 170164 et 170166 : RJF 3/97 n° 217).
3. Un **bureau parisien** d'une banque étrangère, qui ne réalise en France aucune activité bancaire ou financière mais seulement des **fonctions de publicité et de relations publiques,** ne constitue pas un établissement stable de la banque (CAA Paris 30-3-1995 n° 93-647 : RJF 6/95 n° 723).
4. Une **société de leasing** établie dans un État membre, qui loue dans un autre État membre à des clients y établis des voitures particulières en vertu de contrats de leasing (établis et signés à son siège) par l'entremise d'intermédiaires indépendants établis dans ce même autre État, n'effectue pas ses prestations à partir d'un établissement stable situé dans cet État dès lors qu'elle n'y dispose ni de bureau ni de lieu d'entreposage des voitures (CJUE 17-7-1997 aff. 190/95 : RJF 10/97 n° 999 ; CJUE 7-5-1998 aff. 390/96 : RJF 7/98 n° 892). Par ailleurs, l'immatriculation des véhicules dans l'État membre concerné n'est pas l'indice d'un établissement stable dans cet État (CJUE 28-6-2007 aff. 73/06 : RJF 11/07 n° 1367).
5. Ne constitue pas un établissement stable une installation fixe utilisée aux seules fins d'exercer, pour l'entreprise, des **activités à caractère préparatoire** ou auxiliaire, telles que le **recrutement** du personnel ou l'**achat des moyens techniques** nécessaires à l'accomplissement des activités de l'entreprise (CJUE 28-6-2007 aff. 73/06 précitée).
6. Une société dont le siège social est en Grande-Bretagne mais qui a pour activité l'**exécution** en France **d'excursions sur les rivières** et les canaux et qui dispose à cette fin, en France, où elle a constitué une « succursale », de trois péniches animées par un personnel de navigation et d'hôtellerie exploite en France un établissement stable au sens de la convention fiscale franco-britannique du 22 mai 1968 (CE 19-10-1992 n° 94137 : RJF 12/92 n° 1706).
7. Une installation destinée à une activité commerciale, comme l'**exploitation de machines à sous, sur un bateau** naviguant hors du territoire national en haute mer ne saurait être qualifiée comme établissement stable que si cet établissement comporte une réunion permanente de moyens humains et techniques nécessaires aux prestations de services en cause et si ces prestations ne peuvent pas être utilement rattachées au siège de l'activité économique du prestataire (CJUE 4-7-1985 aff. 168/84).
8. Une société suisse, ayant pour activité la **mise à disposition de personnel** au profit d'entreprises de travaux publics, qui dispose d'un bureau implanté en France, notoirement connu des tiers, qui bénéficie de locaux mis à sa disposition et de personnels affectés en permanence, et qui est chargée de démarcher les éventuels recruteurs, de rechercher les candidats correspondant à leurs besoins et de proposer les contrats de mise à disposition aux intéressés, doit être regardée comme ayant en France un établissement stable (CE 6-10-2010 n° 307680 : RJF 2/11 n° 143).
9. Cas d'une **filiale** établie dans un État membre agissant en **simple auxiliaire** de la société mère établie dans un autre État membre : voir n° 83860, précisions.

10. Une société irlandaise, qui dispose en France, par l'intermédiaire d'une société sœur, de moyens humains qui lui permettent de prendre la décision de conclure avec un annonceur, un contrat lui ouvrant le bénéfice des services dont la société irlandaise assure l'exploitation, doit être regardée comme possédant un établissement stable en France quand bien même les infrastructures techniques nécessaires à l'exercice de son **activité de marketing digital** (centre de données, serveurs, etc.) sont localisées hors de France (CE plén. 11-12-2020 n° 420174 : RJF 2/21 n° 196).

3. DOMICILE OU RÉSIDENCE HABITUELLE

24375 Conformément à l'article 12 du règlement UE/282/2011 du 15 mars 2011, le lieu de domicile d'une personne physique, assujettie ou non assujettie, est l'**adresse** figurant dans le **registre national de la population** ou un registre similaire, ou l'adresse donnée par cette personne aux autorités fiscales compétentes, à moins qu'il n'existe des preuves indiquant que cette adresse n'est pas conforme à la réalité.

Conformément à l'article 13 dudit règlement, la résidence habituelle d'une personne physique, assujettie ou non assujettie, est le lieu où cette personne réside habituellement en raison d'**attaches professionnelles et/ou personnelles.** Lorsque des attaches professionnelles existent dans un autre pays que celui des attaches personnelles ou lorsqu'il n'existe pas d'attaches professionnelles, le lieu de résidence habituelle est déterminé par des attaches personnelles révélant des liens étroits entre la personne physique concernée et un endroit où elle vit.

4. PRÉCISIONS SUR LE LIEU D'ÉTABLISSEMENT D'UN PRENEUR NON ASSUJETTI POUR CERTAINES OPÉRATIONS

24380 L'article 13 bis du règlement UE/282/2011 précise le lieu d'établissement des personnes morales non assujetties pour l'application des dispositions relatives au lieu des prestations de services suivantes : **location de moyens de transport de longue durée,** services de **télécommunication,** de **radiodiffusion** et de **télévision, services électroniques** et **services immatériels** fournis à des personnes non assujetties établies en dehors de l'UE.

En application de cet article, pour ces prestations, le lieu d'établissement d'un preneur **personne morale non assujettie** est déterminé selon les mêmes critères que celui retenu pour la détermination du lieu d'établissement des assujettis.

Ainsi le lieu d'établissement d'un preneur personne morale non assujettie est le lieu où il a établi le siège de son activité, à savoir le lieu où sont exercées les fonctions d'administration centrale (lieu où sont prises les décisions essentielles, lieu du siège statutaire, lieu où se réunit la direction) ou le lieu où ce preneur possède un établissement stable caractérisé par un degré suffisant de permanence et une structure appropriée, en termes de moyens humains et techniques, lui permettant de recevoir et d'utiliser les services qui sont fournis pour les besoins propres de cet établissement.

5. LIEU DES PRESTATIONS RENDUES À PLUSIEURS PRENEURS

24390 La seule circonstance qu'une prestation de services soit rendue au profit de plusieurs preneurs ne permet pas de la regarder comme comportant plusieurs prestations distinctes pour l'application des règles de territorialité. Il convient de **rechercher si** la **prestation présente un caractère divisible** permettant de la décomposer en plusieurs prestations **ou** si elle doit être regardée comme une prestation **indivisible** rendue au profit d'une unique entité économique.

Ainsi, en cas de pluralité de preneurs, les juges du fond doivent tenir le **raisonnement** suivant :

– la prestation est-elle divisible ? (la circonstance qu'il y ait plusieurs preneurs n'en préjuge pas) ;

– si oui, elle doit être décomposée en prestations distinctes. Le lieu d'imposition de ces prestations est alors déterminé de manière indépendante en tenant compte de la qualité de chaque preneur et des règles de territorialité applicables aux prestations en cause ;

– si la prestation est indivisible, est-elle rendue en fait à une seule des personnes en cause ou à une entité économique, sans personnalité morale, distincte des personnes qui la composent ?

– quels sont les **critères de rattachement territorial** de l'entité économique ? Afin de déterminer le siège de l'activité économique de l'entité preneuse, il convient de rechercher le lieu où sont adoptées les décisions essentielles concernant sa direction générale. À cette fin, le lieu d'exploitation et d'utilisation de la prestation, s'il peut constituer, en fonction des circonstances, un indice concourant à la détermination du siège de l'activité économique du ou des preneurs, ne peut être à lui seul un critère de rattachement territorial pour l'assujettissement à la TVA de ce ou ces preneurs (CE 9-2-2012 n° 330852 : RJF 5/12 n° 458).

C. Lieu de l'utilisation ou de l'exploitation effective d'un service

Afin d'éviter les cas de double imposition, de non-imposition ou de distorsion de concurrence, les États membres ont la **possibilité** de recourir au critère du lieu de l'utilisation ou de l'exploitation effective du service pour les **prestations relevant des règles générales de territorialité des services,** pour les **locations de moyens de transport,** pour les services de **télécommunication,** de **radiodiffusion** et de **télévision** et les **services électroniques** fournis à des personnes non assujetties, pour les **autres prestations immatérielles** lorsqu'elles sont fournies à des non-assujettis établis hors de l'UE ainsi que pour les prestations de services **ayant pour objet** des **activités culturelles, artistiques, sportives, scientifiques, éducatives, de divertissement** ou similaires, telles que les foires et les expositions (y compris des prestations des organisateurs de telles activités), et les prestations de services accessoires à ces activités, qui sont **diffusées ou mises à disposition virtuellement** et fournies à des personnes non assujetties (pour ces prestations, voir la précision b ci-dessous). **24400**

Le recours à ce critère leur permet de considérer le lieu des prestations de services ou de certaines d'entre elles :

– qui est situé sur leur territoire conformément aux règles de territorialité normalement applicables à ces prestations, comme s'il était situé en dehors de l'Union, si l'utilisation ou l'exploitation effective des services s'effectue en dehors de l'Union (Dir. TVA art. 59 bis, a) ;

– qui est situé en dehors de l'Union conformément aux règles de territorialité normalement applicables à ces prestations, comme s'il était situé sur leur territoire, si l'utilisation ou l'exploitation effective des services s'effectue sur leur territoire (Dir. TVA art. 59 bis, b).

En ce qui concerne l'**usage** fait **par la France** de ce critère, voir n° 24580 s'agissant des relations « B to B » et nos 24750, 25040 et 25910 s'agissant des relations « B to C ».

> Précisions a. La CJUE a précisé que, pour l'appréciation de l'utilisation ou l'exploitation effective d'une prestation, la **durée du séjour** sur le territoire d'un État membre des personnes établies ou domiciliées dans un pays tiers peut n'être que temporaire dès lors que l'article 59 bis, b de la directive ne fixe aucune condition sur ce point (solution transposable, selon nous, pour l'application de l'article 59 bis, a) et que les divers cas de **double imposition, de non-imposition** ou de distorsion de concurrence doivent être appréciés en fonction du traitement fiscal des services concernés dans les États membres sans tenir compte du traitement fiscal auquel ces services sont soumis dans le pays tiers (sous réserve toutefois de l'hypothèse où un accord international aurait été conclu avec ce pays tiers) (CJUE 15-4-2021 aff. 593/19 : RJF 7/21 n° 774).

b. L'ajout à la liste des prestations visées à l'article 59 bis de la directive des **prestations ayant pour objet des activités culturelles,** artistiques, sportives, scientifiques, éducatives, de divertissement (et des services accessoires à ces activités) fournies à une personne non assujettie lorsqu'elles se rapportent à des activités qui sont **diffusées ou mises à disposition virtuellement** est entré en vigueur le 6 avril 2022 (Dir. UE/2022/542 du 5-4-2022 art. 1er, 3). On notera toutefois que la modification du lieu d'imposition de ces prestations (qui sera fixé au lieu d'établissement du preneur en vertu de l'article 54, 1-al. 2 de la directive TVA et non plus au lieu d'exécution de la prestation), justifiant cet ajout, ne s'appliquera qu'à compter du 1er janvier 2025 (voir n° 25605, précisions).

II. RÈGLES GÉNÉRALES

Pour la détermination du lieu des prestations de services (autres que celles visées aux nos 24850 s.), il convient de distinguer selon que la prestation est fournie à un preneur assujetti ou à un preneur non assujetti au sens défini aux nos 24180 s. **24450**

Remarques : **1.** Lorsqu'une **prestation de services** est **réputée se situer en France** au sens des règles exposées aux nos 24500 s. et 24750 s., elle entre dans le champ d'application de la TVA française et elle est donc **imposable en France.** **24455**

Cette imposition ne sera cependant pas effective si la prestation en cause se trouve par ailleurs couverte :

– soit par l'une des **exonérations** légales récapitulées dans le tableau du n° 1910 ;

– soit par l'un des régimes de **suspension** de taxe énumérés dans le tableau du n° 80910.

(Nous ne reviendrons pas ici sur ces exonérations et suspensions, qui sont commentées sous les références indiquées dans ces deux tableaux.)

2. Lorsque, au contraire, une **prestation de services** est **réputée se situer hors de France** au sens des mêmes règles, elle constitue une **opération « extraterritoriale »** n'entrant **pas** dans le champ d'application de la **TVA française** (n°s 18620 s.).

Cependant, comme indiqué au n° 18630, elle ouvre droit à déduction de la taxe ayant grevé les éléments de son prix, dans la mesure où elle serait effectivement soumise à la taxe si son lieu d'imposition se situait en France.

A. Prestations de services fournies à un preneur assujetti

24500 En application de l'article 259, 1° du CGI, le lieu des prestations de services (autres que celles visées aux n°s 24900 et 25300) est, en **principe,** situé en France lorsque le **preneur** est un **assujetti agissant en tant que tel** qui a **en France** :

– le siège de son activité économique, sauf lorsqu'il dispose d'un établissement stable non situé en France auquel les services sont fournis ;

– ou un établissement stable auquel les services sont fournis ;

– ou, à défaut, son domicile ou sa résidence habituelle.

1. SERVICES VISÉS

24520 Sont **notamment concernés** par ces dispositions les prestations des intermédiaires transparents qui ne se rattachent pas à un bien immeuble, les transports de biens, qu'il s'agisse de transports internationaux, intracommunautaires ou nationaux, et leurs prestations accessoires, les expertises ou travaux portant sur des biens meubles corporels, les prestations immatérielles (de la nature de celles visées aux n°s 25750 s.), les prestations de stockage consistant dans la fourniture d'une prestation complexe (voir n° 25085, précision b), les locations de moyens de transport (notamment en vertu d'un contrat de crédit-bail) autres que de courte durée (BOI-TVA-CHAMP-20-50-20 n° 80), les prestations de services qui ont pour objet des activités culturelles, artistiques, sportives, scientifiques, éducatives, de divertissement ou similaires mais qui ne consistent pas à donner accès à des manifestations de cette nature.

Sont également concernés l'octroi de droits de retransmission télévisée de matchs de football par des organismes à des assujettis, les prestations de services consistant à demander ou à percevoir un remboursement de la TVA au titre de la directive 2008/9/CE du 12 février 2008, les prestations de services effectuées pour un assujetti dans le cadre de l'organisation d'obsèques dans la mesure où elles constituent un seul et même service, les prestations de services fournies à un assujetti consistant en la traduction de textes (Règl. UE/282/2011 art. 26 à 29).

> **> Précisions** En ce qui concerne les services de télécommunication, de radiodiffusion et de télévision et services électroniques fournis dans le cadre d'un service d'hébergement dans le secteur hôtelier ou similaire, voir n° 25080, précisions.

2. RÈGLE DE TERRITORIALITÉ

24550 En application de l'article 259, 1° du CGI, le lieu des prestations de services autres que celles désignées à l'article 259 A du CGI (1°, 2°, 4°, 5°, 5° bis et 8°) est situé en France lorsque le **preneur** est un **assujetti agissant en tant que tel** qui a **en France** :

– le siège de son activité économique ou un établissement stable pour lequel les services sont rendus ;

– ou, à défaut de posséder un tel siège ou un tel établissement stable, son domicile ou sa résidence habituelle.

Inversement, le lieu des mêmes services n'est pas situé en France lorsque le **preneur** est un assujetti agissant en tant que tel qui remplit les mêmes conditions **dans un autre État membre ou en dehors de l'UE** (BOI-TVA-CHAMP-20-50-20 n°s 1 et 10).

24555 Le prestataire établit le lieu d'imposition sur la base des **informations fournies par le preneur,** qu'il vérifie au moyen des procédures de sécurité commerciales normales telles que celles relatives aux contrôles d'identité ou de paiement. Ces informations peuvent inclure un numéro d'identification TVA attribué par l'État membre où le preneur est établi (Règl. UE/282/2011 du 15-3-2011 art. 20).

S'agissant des prestations de **télécommunication,** de **radiodiffusion** et de **télévision** et des **services électroniques,** des **présomptions** relatives à la **localisation du preneur** assujetti sont prévues (voir nos 25982 s.).

Pour la détermination du lieu d'une prestation de services lorsque le preneur dispose de **plusieurs** **24560**
établissements, le siège de l'activité économique apparaît comme le point de rattachement prioritaire.

Toutefois, lorsque la prestation est fournie à un établissement stable du preneur situé dans un autre État que celui de son siège, elle est imposable au lieu de cet établissement (tel est notamment le cas des prestations entre entités relevant d'une même personne morale lorsque l'une de ces entités appartient, dans son État membre d'établissement, à un groupe TVA et que ces prestations sont imposables à la TVA : n° 16050, précision b).

À défaut de siège économique ou d'établissement stable, le domicile ou la résidence habituelle du preneur peuvent constituer un autre point de rattachement (BOI-TVA-CHAMP-20-50-20 n° 30 ; Règl. UE/282/2011 du 15-3-2011 art. 21).

Afin d'**identifier l'établissement stable** du preneur **auquel le service est fourni,** le prestataire **24565**
examine la nature et l'utilisation du service fourni.

Lorsque la nature et l'utilisation du service fourni ne lui permettent pas d'identifier l'établissement stable auquel le service est fourni, le prestataire, pour identifier cet établissement stable, examine en particulier si le contrat, le bon de commande et le numéro d'identification TVA attribué par l'État membre du preneur et qui lui a été communiqué par le preneur identifient l'établissement stable comme preneur du service et si l'établissement stable est l'entité qui paie pour le service.

Lorsque l'établissement stable du preneur auquel le service est fourni ne peut pas être déterminé en vertu des alinéas 1 et 2 du présent paragraphe ou lorsque des services relevant de l'article 44 de la directive 2006/112/CE sont fournis à un assujetti dans le cadre d'un contrat couvrant un ou plusieurs services destinés à être utilisés, de manière non identifiable ou non quantifiable, le prestataire considère légitimement que les services sont fournis au lieu où le preneur a établi le siège de son activité économique (Règl. UE/282/2011 art. 22, 1).

> **Précisions** L'administration fiscale française a, de son côté, prévu les solutions suivantes :
> – pour les besoins du contrôle, lorsque le **numéro d'identification** à la TVA du preneur **mentionné sur la facture** est **attribué par un autre État membre,** il est présumé que les services sont fournis dans cet État membre, sauf preuve contraire (BOI-TVA-CHAMP-20-50-20 n° 50) ;
> – dans le cas de prestations fournies au titre d'un **contrat global** et destinées à être utilisées en plusieurs endroits, le preneur doit être entendu comme le client direct désigné comme tel au prestataire pour les besoins de la facturation, sous réserve de l'abus de droit (BOI précité n° 70).

CAS DE CERTAINES PRESTATIONS UTILISÉES OU EXPLOITÉES HORS UE

Par dérogation à la règle générale (nos 24500 s.), il est admis que certaines prestations ne soient **pas** **24580**
soumises à la TVA en France lorsqu'elles sont effectivement utilisées ou exploitées hors de l'UE, cette caractérisation résultant du fait qu'elles sont matériellement exécutées hors de l'UE (il s'agit ici de l'utilisation, par la doctrine administrative, de la faculté de délocalisation hors UE offerte aux États membres qui est décrite au n° 24400). Sont concernés par cette mesure de tolérance (**liste limitative**) :

- les transports de marchandises et commissions y afférentes ;
- les prestations de convoyage de moyens de transport pour les besoins de transport de marchandises ;
- les locations de véhicules et de matériels pour les besoins de transport de marchandises ;
- le gardiennage, le magasinage, la manutention, le chargement et le déchargement des marchandises ;
- les prestations de réparation, de transformation, d'adaptation, de façon ou d'ouvraison portant sur les biens qui lors de leur réimportation sont soumis aux règles énoncées au n° 22050.

À titre de **règle pratique,** les critères suivants peuvent être retenus :

- la distance parcourue hors de l'UE, s'agissant des transports de marchandises, des prestations de convoyage de moyens de transport, des locations de véhicules et de matériels et des commissions afférentes aux transports ;
- le lieu d'exécution matérielle, s'agissant du gardiennage, de la manutention ou du chargement et du déchargement (BOI-TVA-CHAMP-20-50-20 nos 170 à 200).

3. FAIT GÉNÉRATEUR ET EXIGIBILITÉ

24600 Conformément à l'article 269, 2-b bis du CGI, pour les **prestations de services** relevant de la règle générale « B to B » fournies par un prestataire non établi en France à un preneur établi en France, pour lesquelles la **taxe** doit être **autoliquidée par le preneur** en application de l'article 283, 2 du CGI (n°s 24630 s.), l'exigibilité de la taxe intervient **au moment du fait générateur** ou lors de l'encaissement des **acomptes.**

En application de l'article 269, 1-a du CGI, le fait générateur d'une prestation de services se produit, en principe, au moment où cette prestation est effectuée.

Toutefois, le a bis de l'article 269, 1 précité prévoit que, lorsque les prestations de services donnent lieu à l'établissement de décomptes ou à des encaissements successifs, le fait générateur intervient lors de l'expiration des périodes auxquelles ces décomptes et ces encaissements se rapportent.

En outre, le a quater de l'article 269, 1 précité prévoit un fait générateur spécifique pour les prestations de services pour lesquelles la taxe est autoliquidée par le preneur en application de l'article 283, 2 du CGI et qui ont lieu de manière continue sur une période supérieure à une année sans donner lieu à des décomptes ou à des paiements durant cette période : pour ces prestations, le fait générateur intervient à l'expiration de chaque année civile, tant qu'il n'est pas mis fin à la prestation de services.

24605 Compte tenu des dispositions figurant au n° 24600, l'**exigibilité** de la taxe pour les prestations de services donnant lieu à autoliquidation par le preneur sur le fondement de l'article 283, 2 du CGI intervient donc :

– dans le **cas général,** lors de la réalisation de la prestation ou lors du versement d'acomptes, si ce versement est antérieur à cette réalisation ;

– dans le cas des **prestations de services donnant lieu à l'établissement de décomptes** ou à des encaissements successifs, lors de l'expiration des périodes auxquelles ces décomptes et ces encaissements se rapportent, ou encore lors du versement d'acomptes (et à concurrence de leur montant) lorsqu'il en est demandé avant l'expiration des périodes ;

– dans le cas des **prestations de services** qui ont lieu **de manière continue sur une période supérieure à une année sans** donner lieu à des **décomptes ou** à des **paiements durant cette période,** à l'expiration de chaque année civile ou à la fin de la prestation lorsque celle-ci s'achève avant la fin de l'année civile.

> Précisions a. Lorsque l'**intégralité du prix** ou de la rémunération est **versée avant le fait générateur,** c'est-à-dire avant l'exécution de la prestation, l'exigibilité de la taxe peut intervenir lors de ce versement, dès lors qu'une somme représentant 100 % du prix ou de la rémunération d'un service peut constituer un acompte (en ce sens, CAA Douai 25-6-2009 n° 07-1080 : RJF 1/10 n° 20).

b. Les prestations visées par l'article 269, 2-b bis du CGI sont exclues du champ de l'option pour le **paiement de la TVA** d'après les **débits** (BOI-TVA-BASE-20-20 n° 110).

c. Lorsque la prestation de services est située en France en application de l'article 259, 1° du CGI et que le **prestataire** a **en France** le siège de son activité économique, ou un établissement stable à partir duquel le service est rendu, ou, à défaut d'un siège ou d'un établissement stable établi hors de France à partir duquel le service serait rendu, y a son domicile ou sa résidence habituelle, l'exigibilité de la taxe intervient dans les conditions de droit commun, c'est-à-dire lors de l'encaissement ou, sur option, lors des débits (n°s 38800 s.) (BOI précité n° 110).

d. Une prestation de **services de nature ponctuelle** qui fait l'objet d'une rémunération par paiements échelonnés ne relève pas du champ d'application de l'article 64, 1 de la directive TVA (transposé en droit interne à l'article 269, 1-a bis du CGI) concernant les prestations de services donnant lieu à des décomptes ou à des paiements successifs (CJUE 28-10-2021 aff. 324/20 : RJF 1/22 n° 103).

24610 EXEMPLES

1. Un transporteur routier italien réalise, pour le compte d'une société établie en France, un transport intracommunautaire de biens Italie-France. Ce transport, réalisé en mars 2023, a été commandé en février 2023 et a donné lieu lors de la commande au versement d'un acompte égal à 25 % du prix, le solde (75 %) étant versé en avril 2023.

La taxe afférente à ce transport, qui doit être autoliquidée par la société française, devient exigible :

– en février à concurrence de 25 % ;

– en mars (et non en avril) à concurrence de 75 %.

2. Un transporteur maritime établi aux Pays-Bas donne en location des conteneurs à une société établie en France pour une période de 15 mois (du 1-5-2023 au 31-7-2024). La location est consentie pour un prix de 158 550 € HT. Le prix est payé au terme du contrat.

Dans cet exemple, les règles sont les suivantes :
– 31 décembre 2023 : intervention du fait générateur et donc de l'exigibilité, sur une partie de la prestation, à hauteur de 158 550 (8/15) = 84 560 € HT ;
– 31 juillet 2024 : fin de la prestation et paiement du prix, et donc intervention du fait générateur et de l'exigibilité sur le solde de la prestation, à savoir : 158 550 (7/15) = 73 990 € HT.
3. Mêmes données que dans l'exemple 2, la location donne toutefois lieu à des encaissements mensuels (soit 10 570 € HT chaque mois) : dans ce cas le fait générateur et l'exigibilité interviennent chaque mois à hauteur de 10 570 € HT.

4. REDEVABLE DE LA TAXE

En application de l'article 283, 2 du CGI, lorsque les prestations mentionnées au n° 24520 sont fournies par un prestataire non établi en France au sens de l'article 283-0 du CGI (voir n°s 31750 s.), le **redevable** de la taxe est le **preneur** assujetti établi en France (**autoliquidation**). **24630**

> Précisions Le défaut d'autoliquidation de la taxe par le preneur est sanctionné par l'amende de 5 % prévue par l'article 1788 A, 4 du CGI (n°s 56240 s.).

Lorsque le **prestataire et** le **preneur** assujetti sont tous les deux **établis en France,** la taxe est due par le prestataire dans les conditions de droit commun. **24635**

> Précisions Le **preneur** est **solidairement tenu** au paiement de la taxe s'il savait ou ne pouvait ignorer que tout ou partie de la taxe due sur cette prestation ou toute prestation antérieure ne serait pas reversée de manière frauduleuse (voir n°s 48020 s.).

5. OBLIGATIONS DES REDEVABLES

a. Identification

Le **preneur établi en France** non déjà identifié à la TVA en raison de son activité ou d'acquisitions intracommunautaires de biens est tenu de **s'identifier** à la TVA lorsqu'il est redevable de la taxe en France en application de l'article 283, 2 du CGI (n° 44410, 4°). **24650**

Le **prestataire établi en France** non déjà identifié à la TVA en raison de son activité ou d'acquisitions intracommunautaires de biens est tenu de **s'identifier** à la TVA lorsqu'il fournit une prestation de services au titre de laquelle seul le preneur est redevable de la taxe dans un autre État membre de l'UE en application de l'article 196 de la directive TVA (n° 44410, 5°).

b. Déclaration de TVA

La taxe due en application de l'article 283, 2 du CGI est autoliquidée par le preneur sur sa **déclaration de chiffre d'affaires** (pour les preneurs assujettis non par ailleurs redevables, elle est obligatoirement autoliquidée sur un formulaire CA 3). **24660**

Aux fins de recoupement avec la déclaration européenne des services (voir n°s 24680 s.), le montant hors taxe des achats de prestations de services fournies par un prestataire établi dans un autre État membre de l'UE doit être déclaré, par le preneur, sur une ligne spécifique de la déclaration (« Achats de prestations de services intracommunautaires : art. 283-2 du CGI »). Le montant hors taxe des achats de prestations de services fournies par un prestataire établi en dehors de l'UE est déclaré sur la ligne « Autres opérations imposables ».

La taxe ainsi acquittée peut être **déduite** dans les conditions de droit commun (n°s 50500 s. et, notamment, n°s 56220 s.).

c. Facturation

La facture délivrée par le prestataire établi hors de France relative aux opérations pour lesquelles le preneur est redevable de la taxe en France en application de l'article 283, 2 du CGI peut être soumise, selon le cas, aux règles de facturation françaises ou aux règles de facturation d'un autre État membre si le prestataire est établi dans cet État membre (voir n° 45595). **24670**

Lorsque ce sont les règles de facturation françaises qui s'appliquent, la mention « autoliquidation » doit figurer sur la facture (CGI ann. II art. 242 nonies A, I-13°).

Le numéro d'identification à la TVA du preneur de services doit également être mentionné sur la facture (CGI ann. II art. 242 nonies A, I-4°).

d. Déclaration européenne des services

Toute personne physique ou morale, établie ou domiciliée en France (à l'exclusion des DOM), doit déclarer, dès le premier euro, sur un état récapitulatif (dénommé « déclaration européenne **24680** des services » ou « DES » en France) les prestations de services relevant de la règle générale « B to B » (nos 24500 s.) réalisées au profit de **preneurs assujettis** agissant en tant que tels qui sont **établis** ou domiciliés **dans un autre État membre** de l'UE et pour lesquelles la taxe est autoliquidée par le preneur en application de l'article 196 de la directive TVA (CGI art. 289 B, I et ann. III art. 96 N).

Le prestataire n'a pas à déclarer sur sa DES les prestations de **services exonérées** dans l'État membre du preneur (BOI-TVA-DECLA-20-20-40 n° 140).

EXEMPLE

Un établissement bancaire établi en France fournit, tant à des assujettis établis en France que dans un autre État membre, des services bancaires exonérés en application de l'article 135 de la directive TVA, mais pour lesquels l'article 137 de la même directive offre une faculté d'option aux États membres. L'option formulée par le prestataire en application de l'article 260 B du CGI qui transpose en droit interne cette faculté n'est valable que pour les opérations situées en France. Par conséquent, les services bancaires situés au lieu du preneur établi dans l'autre État membre ne devront être mentionnés sur la DES que si, dans l'État membre du preneur, une faculté identique est offerte à l'établissement bancaire français et que celui-ci y a formulé une option pour la taxation.

24685 La déclaration européenne des services est une déclaration **mensuelle** qui doit être produite, obligatoirement par voie informatique (ou sur support papier pour les prestataires bénéficiant du régime de la franchise en base : nos 47600 s.), dans les dix jours ouvrables du mois qui suit celui au cours duquel la TVA est devenue exigible dans l'autre État membre au titre des prestations de services réalisées ou celui au cours duquel une régularisation commerciale est notifiée au preneur.

Le téléservice DES est accessible via le **portail électronique** de l'administration des douanes (www.douane.gouv.fr). Il permet soit la saisie en ligne, soit l'importation de fichiers.

La déclaration doit être souscrite dès le premier euro. Elle peut être **établie par** une **tierce personne.**

24690 La déclaration **comporte** les **informations suivantes** :

- le numéro d'identification du prestataire ;
- l'adresse et la raison sociale ou la dénomination sociale du prestataire ;
- la période au titre de laquelle est établie la déclaration ;
- le numéro d'identification du preneur de services dans l'État membre de l'UE où la prestation de services est taxable en application des règles de territorialité ;
- pour chaque preneur, le montant total, hors TVA, en euros des prestations de services effectuées ou de l'acompte encaissé par le prestataire ;
- s'il y a lieu, le montant des régularisations commerciales (rabais, remises, ristournes accordés par le prestataire ; modifications de prix par rapport à la facture initiale).

Une **déclaration rectificative** doit être souscrite, sans délai, par le déclarant lorsque celui-ci constate des inexactitudes ou des omissions portant sur les numéros d'identification à la TVA des acquéreurs et la valeur fiscale des prestations déclarées. Toutefois, une telle déclaration n'est pas requise lorsque ce constat intervient à l'issue d'une période de six ans décomptée à partir du mois au cours duquel l'omission ou l'inexactitude a été commise (BOI-TVA-DECLA-20-20-40 n° 250).

24695 Les **sanctions** pour défaut de déclaration dans les délais de la DES et pour omission ou inexactitude sont identiques à celles prévues pour l'état récapitulatif des clients en matière de livraison de biens (voir n° 21610).

e. Registres

24710 En application de l'article 286 quater, II-3 du CGI, les prestataires de services, autres que les façonniers, qui réalisent des **travaux et expertises** portant **sur des biens meubles corporels** doivent tenir un registre spécial indiquant, pour les **biens** expédiés à partir **d'un autre État membre** de l'UE par un assujetti identifié à la TVA dans cet État (ou pour son compte), la date de réception et celle où les biens quittent l'entreprise, la nature et la quantité des biens concernés, le nom et l'adresse du donneur d'ordre ainsi que son numéro de TVA intracommunautaire.

En ce qui concerne le registre des **façonniers,** voir n° 36810.

S'agissant des modalités de tenue de ces registres et des sanctions applicables, voir également n° 36810.

B. Prestations de services fournies à un preneur non assujetti

Le lieu des prestations de services (autres que celles visées aux nos 24900 et 25400) fournies à un preneur non assujetti au sens défini au no 24190 est situé en France, en application de l'article 259, 2° du CGI (assurant la transposition de l'article 45 de la directive TVA) lorsque le **prestataire** : **24750**

- a **établi en France** le siège de son activité économique, sauf s'il dispose d'un établissement stable non situé en France à partir duquel les services sont fournis ;
- ou dispose d'un établissement stable en France à partir duquel les services sont fournis ;
- ou, à défaut, a en France son domicile ou sa résidence habituelle.

En outre, en application de l'article 259 C du CGI, le lieu de ces prestations est également situé en France lorsqu'elles sont fournies à un **preneur établi dans l'UE** par un **prestataire établi en dehors de l'UE** et que ces **services** sont **utilisés** ou exploités **en France.**

> **Précisions** En ce qui concerne les régimes de **guichet unique** dont peuvent se prévaloir les prestataires fournissant des services à des personnes non assujetties, voir nos 33550 s.
> Sur l'obligation de tenue de **registre** par les **plateformes** facilitant la fourniture de prestations de services (ou la livraison de biens) à destination de non-assujettis, voir nos 23730 s.

Sont **notamment concernées** par les dispositions visées au no 24750 les prestations destinées à la consommation des particuliers (coiffure, soins corporels, etc.), les prestations immatérielles (visées aux nos 25750 s.), les prestations d'exécution testamentaire (BOI-TVA-CHAMP-20-50-20 nos 300 et 310). **24755**

Sont également concernées les prestations de services effectuées dans le cadre de l'organisation d'obsèques dans la mesure où elles constituent un seul et même service et les prestations de services consistant en la traduction de textes (Règl. UE/282/2011 du 15-3-2011 art. 28 et 29).

Les prestations de services relevant de l'article 259, 2° du CGI et fournies à des **collectivités publiques établies hors de l'UE** sont normalement soumises à la TVA en France lorsqu'elles n'ont pas la qualité d'assujetti. Toutefois, sur le fondement de l'article 59 bis, a de la directive TVA, il y a lieu de considérer comme étant situées hors de l'UE et non soumises à la TVA en France les prestations de services rendues depuis la France à ces collectivités publiques, dès lors qu'en règle générale l'utilisation de ces services s'effectue sur le territoire de ces collectivités. **24760**

Lorsque la collectivité publique établie hors de l'UE présente la qualité d'assujetti au sens de l'article 259-0 du CGI, le lieu des prestations de services qui lui sont fournies est déterminé comme tel. Par ailleurs, lorsqu'elle n'a pas cette qualité d'assujetti, les prestations ne sont pas taxables en France si elles relèvent de l'article 259 B du CGI (prestations immatérielles) (BOI-TVA-CHAMP-20-50-20 no 320).

III. RÈGLES PARTICULIÈRES

Par dérogation au critère du lieu d'établissement du preneur (relations « B to B » : no 24500) ou au critère du lieu d'établissement du prestataire (relations « B to C » : no 24750), des règles particulières sont prévues par les articles 259 A à 259 D du CGI, afin de déterminer le lieu d'imposition de certaines prestations de services. **24850**

Certaines de ces **règles particulières** sont **communes aux relations « B to B »** et aux relations **« B to C »,** c'est-à-dire qu'elles s'appliquent aussi bien lorsque le preneur a la qualité d'assujetti que lorsque ce dernier est un non-assujetti. En revanche, un certain nombre d'**autres règles** sont **spécifiques soit** aux **seules relations « B to B », soit** aux **seules relations « B to C ».**

> **Précisions** En ce qui concerne les régimes de **guichet unique** dont peuvent se prévaloir les prestataires fournissant des services à des personnes non assujetties, voir nos 33550 s.
> Sur l'obligation de tenue de **registre** par les **plateformes** facilitant la fourniture de prestations de services (ou la livraison de biens) à destination de non-assujettis, voir nos 23730 s.

A. Règles particulières communes aux relations « B to B » et « B to C »

24900 Les règles particulières de territorialité communes aux relations « B to B » et aux relations « B to C » concernent les prestations suivantes : **locations de moyens de transport de courte durée** (pour une meilleure lisibilité du régime, les développements figurant aux nos 24950 s. reprennent l'ensemble des règles de territorialité applicables aux locations de moyens de transport qu'elles soient ou non de courte durée) ; **prestations se rattachant à un immeuble** ; **transports de passagers** ; **ventes à consommer sur place.**

1. LOCATIONS DE MOYENS DE TRANSPORT

24950 Des règles particulières de territorialité sont prévues, par l'article 259 A, 1° du CGI, pour les locations de moyens de transport de courte durée fournies tant à des preneurs assujettis qu'à des preneurs non assujettis. Toutefois, pour une meilleure lisibilité du régime, les développements exposés aux nos 24955 s. reprennent l'ensemble des règles de territorialité applicables aux locations de moyens de transport **qu'elles soient ou non de courte durée.**

> **Précisions** La **mise à disposition à titre onéreux d'une voiture de société à un salarié,** autorisé à l'utiliser pour un usage privé, constitue une location de moyen de transport (sur ce point, voir n° 3165, c) soumise aux règles de territorialité prévues à l'article 56 de la directive TVA (transposé à l'article 259 A, 1° du CGI). En revanche, ces règles de territorialité ne sont pas applicables à la prestation de services à soi-même imposée en vertu de l'article 26, 1-a de la directive lorsque le véhicule (ayant ouvert droit à déduction pour la société : n° 14430) est mis à disposition du salarié **à titre gratuit,** une telle opération ne pouvant pas constituer une « location d'un moyen de transport » au sens de l'article 56 précité (CJUE 20-1-2021 aff. 288/19 : RJF 4/21 n° 440).

24955 **Remarques** : **1.** Les locations de moyens de transport situées en France sont susceptibles de bénéficier de certaines mesures d'**exonération** ou mesures similaires, auquel cas la location, bien qu'entrant dans le champ territorial de la TVA française, n'est pas soumise à cette taxe. Il s'agit :

– des locations de moyens de transport utilisés en vue de l'acheminement de marchandises à l'exportation (n° 26565) ;

– des locations de moyens de transport se rapportant à l'importation de biens (n° 26450) ;

– des locations de navires et d'aéronefs désignés aux nos 29100 et 29400 ;

– des locations de véhicules utilisés en vue du transport de biens placés ou destinés à être placés sous un régime douanier ou un entrepôt fiscal (nos 32365 et 32855).

Par ailleurs, les locations de véhicules consenties à des preneurs assujettis pour les besoins de transports de marchandises et qui sont effectivement utilisées ou exploitées hors de l'UE ne sont pas soumises à la TVA en France (n° 24580).

2. S'agissant des **bateaux de plaisance,** pour les **contrats conclus à compter du 6 novembre 2020** (ou à compter du 1-12-2020 lorsqu'un bon de commande était signé à la date du 6-11-2020), la part des loyers correspondant à la proportion de la durée d'utilisation ou d'exploitation effective du bateau en dehors des eaux territoriales de l'UE est **exonérée.** Les modalités d'évaluation de cette part par le redevable, effectuée sous sa responsabilité et sous réserve du droit de contrôle de l'administration, diffèrent selon que :

– le navire est doté d'un système d'identification automatique conforme aux normes du chapitre V de la convention Solas : les données enregistrées par ce système sont présumées probantes et ne peuvent être remises en cause par l'administration qu'en cas de fraude portant sur ce système ;

– le navire n'est pas doté d'un tel système d'identification automatique : pour les navires d'une longueur hors-tout strictement inférieure à 15 mètres, l'évaluation peut résulter des termes du contrat de location ou des données consignées dans le journal de bord s'il est apporté une preuve de la sortie du navire des eaux territoriales françaises ou d'un autre État membre de l'UE ; pour les navires dont la longueur hors-tout est égale ou supérieure à 15 mètres, l'évaluation est effectuée à partir de toute donnée technique permettant d'établir la durée réelle passée en dehors des eaux territoriales françaises ou d'un autre État membre. Cette règle est applicable que la location soit ou non de courte durée et que le preneur soit ou non un assujetti (BOI-TVA-CHAMP-20-50-30 n° 40 ; BOI-TVA-CHAMP-20-50-20 n° 80 ; BOI-TVA-CHAMP-20-50-40-10 n° 40).

Les contrats conclus **avant cette date** (ou au plus tard le 30-11-2020 lorsqu'un bon de commande était signé à la date du 6-11-2020) peuvent toutefois continuer à bénéficier de la doctrine antérieure admettant de ne taxer les locations situées en France qu'à proportion du temps passé dans les eaux territoriales communautaires, ce temps pouvant être estimé de manière forfaitaire à 50 % du temps total de location, quelle que soit la catégorie du navire de plaisance concerné (BOI-RES-TVA-000080).

a. Définition des moyens de transport

Sont **considérés comme des moyens de transport** les véhicules, motorisés ou non, et les autres dispositifs ou équipements conçus pour transporter des personnes ou des objets d'un endroit à un autre, pouvant être tirés, tractés ou poussés par des véhicules (wagons, remorques, etc.) et normalement conçus et utilisés pour le transport. **24965**

Ainsi, constituent **notamment** des moyens de transport :

- les véhicules terrestres motorisés ou non (automobiles, motocyclettes, bicyclettes, tricycles, caravanes non fixées au sol, etc.) ;
- les remorques et semi-remorques ;
- les wagons de chemin de fer ;
- les bateaux et les aéronefs motorisés ou non, y compris les yachts à voile de haute mer utilisés pour la pratique du sport (CJUE 15-3-1989 aff. 51/88 : RJF 5/89 nº 651) ;
- les véhicules spécialement conçus pour le transport de malades ou de blessés ;
- les tracteurs et autres véhicules agricoles ;
- les véhicules militaires (autres que ceux destinés au combat) et les véhicules de surveillance ou de défense passive ;
- les véhicules à propulsion mécanique ou électronique pour personnes handicapées.

En revanche, les **véhicules** qui sont **immobilisés en permanence** et les **conteneurs** sont des biens meubles corporels autres que des moyens de transport. Leur location suit donc les règles exposées aux nos 24500 s. ou 25750 s. (BOI-TVA-CHAMP-20-50-30 nos 10 et 20 ; Règl. UE/282/2011 du 15-3-2011 art. 38).

b. Locations de courte durée

Le lieu des locations de moyens de transport de courte durée est situé **en France** lorsque le moyen de transport est **effectivement mis à disposition** du preneur, assujetti ou non assujetti, en France, c'est-à-dire lorsque le moyen de transport se trouve en France au moment où le preneur en prend effectivement et physiquement possession. La simple **prise de possession juridique** du moyen de transport (signature du contrat, remise des clés) ne suffit pas à caractériser la mise à disposition du preneur (BOI-TVA-CHAMP-20-50-30 nos 40 et 50 ; Règl. UE/282/2011 du 15-3-2011 art. 40). **24975**

EXEMPLE

Une entreprise établie dans un autre État membre de l'UE que la France donne en location pour deux semaines un véhicule automobile à M. Y, domicilié en France, qui souhaite visiter cet autre État membre. Le contrat prévoit que le véhicule est mis à disposition du client dans cet autre État membre, mais la remise matérielle du véhicule se fait en France et le véhicule doit être rendu au terme du contrat dans une succursale de l'entreprise également située dans cet autre État membre. La location du véhicule est réputée se situer en France.
Lors de son séjour dans un autre État membre de l'Union européenne, M. Y prend en location pour une journée un hélicoptère auprès d'une société établie dans cet autre État membre. L'hélicoptère y est également mis à sa disposition. Le lieu de la prestation de location n'est pas en France.

Conformément à l'article 259 A, 1° du CGI, la location de courte durée s'entend de la possession ou de l'utilisation continue du moyen de transport pendant une période ne dépassant pas **30 jours ou,** dans le cas d'un **moyen de transport maritime, 90 jours.** **24980**

La durée de la possession ou de l'utilisation continue d'un moyen de transport qui fait l'objet d'une location est déterminée sur la base du **contrat** conclu entre les parties concernées. Le contrat constitue une **présomption** qui peut être réfutée par tout moyen de fait ou de droit permettant d'établir la durée réelle de la possession ou de l'utilisation continue (Règl. UE/282/2011 du 15-3-2011 art. 39, 1). **24985**

EXEMPLE

La société Z, assujettie établie en France, prend en location un navire de commerce auprès d'un armateur établi en Grèce pour une durée de 91 jours. Le navire est mis à sa disposition en Grèce à partir du 1er mai. Or la société Z ne récupère le navire que le 3 mai pour des raisons qui lui sont propres et l'utilise effectivement pendant 89 jours. Dès lors qu'aux termes du contrat la société Z avait la jouissance du navire pendant une période consécutive de 91 jours, il ne s'agit pas d'une location de courte durée. Le lieu de l'opération relève donc des dispositions de l'article 259 du CGI : la location est donc taxable en France. En revanche, si la société Z ne peut récupérer le navire que le 3 mai pour des raisons qui sont imputables à l'armateur, la location doit être considérée comme étant de courte durée (la durée réelle de la possession du navire n'étant que de 89 jours) et son lieu n'est donc pas situé en France.

24990 En cas de **contrats de location successifs** entre les mêmes parties sur un même moyen de transport, la durée du premier contrat est prise en compte pour évaluer si le deuxième contrat est de courte durée (BOI-TVA-CHAMP-20-50-30 n° 90).

Remarque : Le règlement UE/282/2011 du 15 mars 2011 reprend ces indications, étant observé que la rédaction de l'article 39, 2-al. 1, qui prévoit que « lorsque la location d'un même moyen de transport est couverte par des contrats successifs conclus entre les mêmes parties, la durée est celle de la possession ou de l'utilisation continue du moyen de transport au titre de l'ensemble des contrats », peut faire naître certaines hésitations sur le maintien de l'application des règles de territorialité prévues pour les locations de moyens de transport de courte durée au **contrat précédant le contrat qualifié de longue durée.** Le troisième alinéa de l'article 39, 2 dudit règlement prévoit cependant que la durée du ou des contrats de location de courte durée qui précèdent le contrat qui est qualifié de longue durée n'est pas remise en question pour autant qu'il n'existe pas de pratique abusive.

En revanche, si les contrats se succèdent entre les mêmes parties mais sur des **moyens de transport différents,** chaque contrat est examiné séparément afin de déterminer s'il est ou non de courte durée sous réserve de l'abus de droit (BOI précité n° 110).

24995 L'existence d'une **clause de reconduction** tacite ne suffit pas pour considérer que la location n'est pas de courte durée (BOI-TVA-CHAMP-20-50-30 n° 90).

25000 Lorsqu'un contrat de courte durée fait l'objet d'une **prolongation** due à des raisons échappant au contrôle des parties signataires (comme, un cas de **force majeure**) conduisant à dépasser la durée mentionnée au n° 24980, cela n'est pas suffisant pour requalifier la location comme étant de la longue durée (BOI-TVA-CHAMP-20-50-30 n° 100).

Le dépassement pour cause de force majeure de la durée contractuelle de la location de courte durée n'a en effet pas d'incidence sur la détermination de la durée de la possession ou de l'utilisation continue du moyen de transport (Règl. UE/282/2011 du 15-3-2011 art. 39, 1-al. 3).

EXEMPLE

M. et Mme X louent un camping-car auprès d'une société établie dans un autre État membre que la France. La location est consentie pour 30 jours (du 1er au 30 septembre) et le véhicule est mis à leur disposition en France. Toutefois, M. et Mme X rendent le véhicule le 2 octobre à la suite d'une tempête intervenue le 29 septembre rendant toute circulation impossible. Bien que la possession réelle du véhicule soit supérieure à 30 jours, le caractère de location de courte durée n'est pas remis en cause dès lors que la non-restitution du véhicule n'est pas liée à la volonté du preneur (cas de force majeure).

c. Locations autres que de courte durée

25020 Pour les locations de moyens de transport autres que de courte durée, des règles différentes s'appliquent selon que la prestation est fournie à un assujetti (relations « B to B ») ou à un non-assujetti (relations « B to C »).

RELATIONS « B TO B »

25025 Dans le cadre des relations « B to B », les locations de moyens de transport autres que de courte durée relèvent de la règle générale exposée aux nos 24500 s. avec application, le cas échéant, de la tolérance mentionnée au n° 24580 lorsque la location du moyen de transport est utilisée en dehors de l'UE.

RELATIONS « B TO C »

25030 Dans le cadre des relations « B to C », il convient de distinguer :
- les locations de moyens de transport autres que des bateaux de plaisance ;
- les locations de bateaux de plaisance.

> **Précisions** Le **preneur non assujetti** est **présumé** être **établi** ou avoir son domicile ou sa résidence habituelle au lieu identifié comme tel par le prestataire sur la base de deux éléments de preuve non contradictoires figurant parmi les éléments suivants : adresse de facturation du preneur ; coordonnées bancaires (lieu de tenue du compte bancaire utilisé pour le paiement,

adresse de facturation du preneur connue par la banque) ; informations détaillées sur l'immatriculation du moyen de transport loué si celle-ci est requise à l'endroit où le véhicule est utilisé ou autres informations similaires ; autres informations commerciales pertinentes (Règl. UE/282/2011 du 15-3-2011 art. 24 quater et 24 sexies).
L'administration fiscale peut réfuter cette présomption lorsqu'il existe des indications d'abus ou de fraude (Règl. UE précité art. 24 quinquies, 2).

Locations de moyens de transport autres que de bateaux de plaisance. Les locations de moyens de transport (autres que les bateaux de plaisance) autres que celles de courte durée sont situées en France lorsque : **25035**

– le preneur est établi en France, quel que soit le lieu d'établissement du prestataire (France, UE ou pays tiers) et quel que soit le lieu d'utilisation de la prestation ;

– le preneur est établi en dehors de l'UE et le service est utilisé en France, quel que soit le lieu d'établissement du prestataire (France, UE ou pays tiers).

EXEMPLE

La location avec option d'achat d'un véhicule automobile pour une durée de 36 mois à un preneur non assujetti établi en France par un prestataire établi dans un autre État membre est taxable en France. Le loueur qui n'est pas établi en France doit se faire identifier à la TVA auprès des services de la Direction des impôts des non-résidents.
Inversement, la location avec option d'achat de 36 mois d'un véhicule automobile à un preneur non assujetti établi dans un autre État membre par un prestataire établi en France n'est pas taxable en France.

Les locations de moyens de transport autres que celles de courte durée sont **réputées être utilisées ou exploitées en France** à proportion des distances qui y sont parcourues. Afin d'apprécier ces éléments, le prestataire doit obtenir les informations nécessaires du preneur et en vérifier l'exactitude au moyen, le cas échéant, des dispositifs de localisation dont serait équipé le moyen de transport loué et qui permettent d'en déterminer la position géographique. À défaut de pouvoir établir de manière précise la proportion de l'utilisation en France sur la base de ces éléments, les véhicules dont l'immatriculation en France est imposée par la réglementation nationale sont présumés faire l'objet d'une utilisation ou exploitation effective en France (BOI-TVA-CHAMP-20-50-40-10 n° 330).

Locations de bateaux de plaisance. Les locations de bateaux de plaisance autres que celles de courte durée sont, en **principe,** situées en France lorsque le preneur non assujetti est établi ou a son domicile ou sa résidence habituelle en France (CGI art. 259 A, 1°-b). Inversement, une telle location n'est pas, en principe, située en France lorsque le preneur non assujetti est établi ou a son domicile ou sa résidence habituelle hors de France. **25040**

Toutefois, par **dérogation** à ce principe, la location d'un bateau de plaisance autre que de courte durée consentie à un preneur non assujetti est située en France lorsque le prestataire est établi en France et que le bateau est effectivement mis à la disposition du preneur en France (CGI art. 259 A, 1°-c). Si ces deux conditions cumulatives ne sont pas remplies, alors la location est située au lieu du preneur. Aussi, lorsque ces deux conditions cumulatives ne sont pas satisfaites dans un autre et même État membre et que le preneur non assujetti est établi, domicilié ou a sa résidence habituelle en France, la location est taxable en France (BOI-TVA-CHAMP-20-50-40-10 n° 30).

Enfin, doit également être considérée comme située en France la location d'un bateau de plaisance autre que de courte durée consentie à un preneur non assujetti qui est établi dans un autre État membre par un prestataire établi dans un pays tiers, lorsque la location est effectivement utilisée en France, ainsi que la location consentie à un preneur non assujetti qui est établi dans un pays tiers par un prestataire établi à l'étranger (autre État membre ou pays tiers) lorsque la location est utilisée en France (sauf lorsque le prestataire est établi dans l'État membre, autre que la France, où a lieu la mise à disposition du bateau) (CGI art. 259 C, 1° et 2°).

EXEMPLES

1. Un loueur met à disposition en France au profit d'un preneur non assujetti pour une période de deux ans, un bateau de plaisance à partir du siège de son activité économique situé en France ou d'un établissement stable situé en France : la location est taxable en France (CGI art. 259 A, 1°-c).
2. Si ce même loueur dispose par ailleurs d'un établissement stable dans un autre État membre et met à disposition le bateau au profit de ce même preneur à partir de cet établissement, la location n'est pas taxable en France mais dans cet autre État membre conformément à l'article 56, 2-al. 2 de la directive TVA.

3. La location par un prestataire établi dans un État membre A, à un preneur non assujetti domicilié ou ayant sa résidence habituelle en France, d'un bateau de plaisance mis à sa disposition en France où le prestataire n'est pas établi, est taxable en France (CGI art. 259 A, 1°-b). La même location avec une mise à disposition dans un État membre B dans lequel le prestataire n'est pas établi est également taxable en France sur le même fondement.

Il est rappelé que la part des loyers correspondant à la proportion de la durée d'utilisation ou d'exploitation effective du bateau en dehors des eaux territoriales de l'UE est exonérée (voir n° 24955, remarque 2).

TABLEAU RÉCAPITULATIF

25050 Le tableau ci-après récapitule le **lieu** des **locations de moyens de transport autres que celles de courte durée** consenties à des preneurs assujettis ou non assujettis, étant rappelé que les locations de moyens de transport de courte durée consenties à des preneurs assujettis ou non assujettis sont situées en France lorsque le moyen de transport est effectivement mis à la disposition du preneur en France.

Lieu d'établissement du preneur		Lieu d'établissement du prestataire		
		France	Autre État de l'UE	Pays tiers
France	**a.** Il s'agit d'un assujetti	France [1]	France [1]	France [1]
	b. Il s'agit d'un non-assujetti	France	France	France
Autre État de l'UE	**a.** Il s'agit d'un assujetti	État membre où est établi le preneur [2]	État membre où est établi le preneur [2]	État membre où est établi le preneur [2]
	b. Il s'agit d'un non-assujetti	État membre où est établi le preneur [2], [4]	État membre où est établi le preneur [2], [6]	État membre où est établi le preneur [2], [5]
Pays tiers	**a.** Il s'agit d'un assujetti **b.** Il s'agit d'un non-assujetti	Pays tiers [3]	Pays tiers [3]	Pays tiers [3]
	Service utilisé en France	France	France [6]	France
	Service non utilisé en France	Pays tiers [4]	Pays tiers [3], [6]	Pays tiers [3]

(1) Sous réserve des locations de véhicules pour les besoins de transport de marchandises lorsqu'elles sont effectivement utilisées ou exploitées en dehors de l'UE (n° 24580).
(2) Sauf si le service est utilisé dans un pays tiers et que l'État membre d'établissement du preneur a fait usage de la faculté offerte par l'article 59 bis, a de la directive TVA, auquel cas le lieu de la prestation est situé dans ce pays tiers.
(3) Sauf si le service est utilisé dans un État membre autre que la France et que cet État membre a fait usage de la faculté offerte par l'article 59 bis, b de la directive TVA, auquel cas le lieu de la prestation est situé dans cet autre État membre.
(4) S'agissant de la location de bateau de plaisance, lieu de la location en France si mise à disposition effective en France.
(5) S'agissant de la location de bateau de plaisance, lieu de la location en France si utilisation en France.
(6) Sauf si, s'agissant de la location de bateau de plaisance, le prestataire est établi dans l'État membre de mise à disposition du bateau.

2. PRESTATIONS SE RATTACHANT À UN IMMEUBLE

25070 En application de l'article 259 A, 2° du CGI, les prestations de services se rattachant à un immeuble ne sont imposables en France que lorsque l'**immeuble** est **situé en France.** C'est donc le lieu de situation de l'immeuble qui détermine le lieu d'imposition des prestations qui s'y rapportent.

Sur la **définition des biens immeubles,** voir nos 3210 s.

Sont expressément visés par l'article 259 A, 2° du CGI comme étant des prestations de services se rattachant à un immeuble (BOI-TVA-CHAMP-20-50-30 n° 140) : **25080**

– les prestations d'**experts** et d'**agents immobiliers** : notamment services d'évaluation de biens immobiliers, prestations d'intermédiation à l'achat, à la vente ou à la location de biens immobiliers, prestations de bornage ;

– la **fourniture de logements dans le secteur hôtelier** ou de secteurs ayant une fonction similaire tels que des camps de vacances ou des sites aménagés pour camper, **à l'exception** des prestations des **intermédiaires transparents** qui s'entremettent dans un tel service, lesquelles relèvent des règles exposées aux n°s 24500 s. et 25700 s. (Règl. UE/282/2011 du 15-3-2011 art. 31 bis, 2-i et 3-d) ;

– l'octroi de droits d'**utilisation d'un bien immeuble** : notamment locations à usage d'habitation meublée, à usage industriel, commercial ou agricole, droits d'accès aux voies de communication et ouvrages d'art (péages) (sur les locations d'immeubles, voir également n° 25085), cessions ou concessions de droits de chasse ou de pêche sur une partie déterminée d'un territoire (CJUE 7-9-2006 aff. 166/05 : RJF 11/06 n° 1482), prestations de garde-meubles (voir n° 25085, précision b), location de coffres-forts (BOI-TVA-CHAMP-20-50-50 n° 260) ;

– les prestations tendant à **préparer ou** à **coordonner l'exécution de travaux immobiliers,** telles que celles fournies par les architectes (qu'elles consistent dans la conception des projets immobiliers dès la phase de dialogue compétitif ou dans leur mise en œuvre une fois leur projet sélectionné, y compris celles qui sont directement consécutives à la construction) ou celles des géomètres, bureaux d'études relatives à des projets immobiliers lorsqu'elles concernent un ou plusieurs immeubles ou constructions destinés à être érigés sur une parcelle ou un emplacement déterminé.

> **Précisions** Lorsque des **services de télécommunication, de radiodiffusion et de télévision ou des services électroniques** sont **fournis** par un prestataire de services d'hébergement, agissant en son nom propre, **dans le cadre d'un service d'hébergement** dans le **secteur hôtelier** ou dans des secteurs ayant une fonction similaire, ces services sont considérés comme étant fournis sur les lieux de prestation concernés (Règl. UE précité art. 31 quater). En d'autres termes, par dérogation aux règles de territorialité applicables aux services immatériels susvisés, lorsqu'ils sont fournis dans le cadre d'un service d'hébergement par le prestataire du service d'hébergement agissant en tant qu'**intermédiaire opaque** au regard desdits services immatériels, ces derniers suivent les règles de territorialité applicables à la fourniture de l'hébergement et sont taxables au lieu de situation de l'immeuble, que ces services soient fournis à un preneur assujetti ou non assujetti.

Relèvent également de la catégorie des services se rattachant à un immeuble les services **25085** présentant un **lien suffisamment étroit avec un bien immeuble,** c'est-à-dire les services dont l'immeuble constitue un élément central et indispensable de la prestation ainsi que les services qui sont fournis ou destinés à un bien immeuble et ont pour objet de **modifier juridiquement ou physiquement le bien immeuble** (BOI-TVA-CHAMP-20-50-30 n°s 150 et 160 ; Règl. UE/282/2011 du 15-3-2011 art. 31 bis, 1). Les modifications physiques, même mineures, sont couvertes par cette disposition (Notes explicatives du 26-10-2015 n° 142 ; BOI précité n° 150).

Il s'agit **notamment** des prestations suivantes (Règl. UE précité art. 31 bis, 2) :

– établissement de plans d'un immeuble ou de parties d'un immeuble destiné à être érigé sur une parcelle de terrain déterminée, indépendamment du fait que la construction ait effectivement lieu ;

– surveillance ou sécurité sur place (ainsi que les services fournis à distance : Notes explicatives du 26-10-2015 n° 158 ; BOI précité n° 160) ;

– construction, démolition, entretien, rénovation et réparation d'immeubles ou de parties d'immeubles, y compris les travaux, tels que le nettoyage, la pose de carrelage, de papier peint et de parquet ;

– construction, démolition, entretien, rénovation et réparation de structures permanentes telles que les réseaux de canalisations pour le gaz et l'eau, les égouts et les structures analogues ;

– travaux effectués sur des terrains, y compris des services agricoles tels que le labourage, l'ensemencement, l'irrigation et la fertilisation. Des travaux effectués dans le jardin d'immeubles sont au nombre des travaux effectués sur des terrains (TA Montreuil 28-11-2017 n° 1608913 : RJF 8-9/18 n° 837) ;

– étude et évaluation du risque et de l'intégrité du bien immeuble ;

– évaluation du bien immeuble, y compris à des fins d'assurance ;

– crédit-bail ou location d'un bien immeuble (autres que les services de publicité impliquant l'utilisation de biens immeubles), y compris entreposage de biens dans une partie spécifique du bien immeuble affectée à l'utilisation exclusive du preneur (la mise à disposition d'un espace d'entreposage non affecté à l'usage exclusif du preneur, telle que la location de simples conteneurs individuels placés dans des dépôts et des hangars, constitue en revanche une location de biens meubles : Rép. Frassa : Sén. 31-5-2018 n° 4482) ;

– installation ou montage, entretien et réparation, inspection et contrôle de machines ou de matériel considérés comme des biens immeubles (BOI précité n° 160) (y compris services d'inspection et de contrôle à distance : Notes explicatives du 26-10-2015 n° 226) (voir précision d ci-dessous) ;

– gestion de propriété, autre que la gestion des portefeuilles d'investissements immobiliers, consistant en l'exploitation de biens immobiliers commerciaux, industriels ou résidentiels, par le propriétaire ou pour le compte de celui-ci (en général, ces services consistent à coordonner la surveillance, le nettoyage et l'entretien du bien, à percevoir les loyers, à tenir les registres, à gérer les paiements des dépenses courantes, à assurer la publicité du bien, à faire respecter les clauses du bail et à organiser les contacts pour l'atténuation et le règlement des différends entre le propriétaire du bien, les prestataires de services et les locataires : Notes explicatives du 26-10-2015 n°s 227 à 229 ; BOI précité n° 160) ;

– services d'intermédiaire concernant la vente, le crédit-bail ou la location de biens immeubles et l'octroi ou le transfert de certains droits sur un bien immeuble ou de droits réels immobiliers, qu'ils soient ou non assimilés à des biens corporels (y compris lorsque ces services n'aboutissent pas au final à l'opération visée : Notes explicatives du 26-10-2015 n° 241), autres que les services d'intermédiaire agissant au nom et pour le compte d'autrui (intermédiaire transparent) dans une prestation de services d'hébergement dans le secteur hôtelier ou similaire ;

– services juridiques relatifs au transfert d'un titre de propriété immobilière, à l'octroi ou au transfert de certains droits sur un bien immeuble ou de droits réels immobiliers (qu'ils soient ou non assimilés à des biens corporels), tels que les actes notariés, ou à l'établissement d'un contrat en vue de la vente ou de l'achat d'un bien immeuble, même si l'opération se traduisant par la modification du statut juridique desdits biens n'est pas menée à terme.

De même, la **location de matériel aux fins de l'exécution de travaux** sur un bien immeuble (échafaudages par exemple) est considérée comme un service se rattachant à un immeuble si le prestataire est responsable de l'exécution des travaux (Règl. UE précité art. 31 ter).

> Précisions a. Afin de déterminer si un service est considéré comme un service se rattachant à un immeuble, il convient de vérifier si le service est inclus dans la liste de l'article 31 bis, 2 du règlement UE/282/2011 mentionnée ci-dessus. Dans la négative, il convient d'examiner s'il est exclu des services se rattachant à un immeuble par la liste donnée à l'article 31 bis, 3 dudit règlement (n° 25090). Lorsque le service ne figure sur aucune de ces deux listes, il convient de vérifier s'il remplit les critères énoncés à l'article 31 bis, 1 dudit règlement (Notes explicatives du 26-10-2015 n° 125).

b. Les **prestations de stockage** relèvent de la règle générale « B to B » (n°s 24500 s.) ou « B to C » (n°s 24750 s.) lorsqu'elles consistent dans la fourniture d'une prestation complexe comprenant, par exemple, diverses prestations de conservation ou de logistique. En revanche, lorsque la prestation s'analyse en une simple location d'espace (**garde-meubles,** etc.) dans une partie spécifique d'un bien immeuble affectée à l'usage exclusif du preneur, elle est considérée comme une prestation de services se rattachant à un immeuble (BOI précité n° 140 ; BOI-TVA-CHAMP-20-50-20 n° 80 ; dans le même sens, CJUE 27-6-2013 aff. 155/12 : RJF 11/13 n° 1101).

En ce qui concerne la mise à disposition d'une installation de stockage d'**électricité,** de **gaz naturel,** de chaleur ou de froid à des preneurs non assujettis, voir n° 25890.

c. S'agissant de la mise à disposition dans le cadre d'une foire ou d'une exposition :
– d'un site à l'organisateur : voir n° 26115 ;
– d'un stand à un exposant : voir n° 26120.

d. Tous les **services d'installation et de montage** fournis à l'endroit **où** l'élément, le **matériel ou** la **machine** sera **finalement installé** ou monté sont concernés. En revanche, les services de **montage** fournis **à un endroit différent avant la livraison** ne sont pas concernés. De même pour le **transport** et la livraison de ces biens ou des outils et machines nécessaires à leur installation ou montage. Pour les **prestations groupées** (lorsque le service de transport est inclus, par exemple), une évaluation individuelle de la nature globale du service s'impose (Notes explicatives du 26-10-2015 n°s 222 à 224).

S'agissant des biens livrés après montage ou installation, voir également n° 19405.

25090 En revanche, ne constituent **pas** des prestations de **services se rattachant à un immeuble,** et relèvent par suite des règles qui leur sont propres l'établissement de plans d'immeuble ou de parties d'immeubles si l'immeuble n'est pas destiné à être érigé sur une parcelle de terrain déterminée, l'entreposage de biens dans l'immeuble si aucune partie spécifique du bien n'est affectée à l'usage exclusif du preneur (voir n° 25085), les services de publicité même s'ils impliquent l'utilisation de biens immeubles, les services d'intermédiaire dans la prestation de services d'hébergement dans le secteur hôtelier ou similaire si l'intermédiaire agit au nom et pour le compte d'autrui, l'installation ou le montage, l'entretien et la réparation, l'inspection ou le contrôle de machines ou de matériel qui ne font pas partie du bien immeuble ou n'en deviennent pas partie, la gestion de portefeuilles d'investissements immobiliers, les services juridiques relatifs à des contrats autres que ceux visés au n° 25085 (Règl. UE/282/2011 art. 31 bis, 3)

Il en va de même des opérations portant sur les parts de sociétés immobilières non transparentes (BOI-TVA-CHAMP-20-50-30 n° 190).

> **Précisions** Des **services d'hébergement en centre de données** dans le cadre desquels le prestataire de ces services met à la disposition de ses clients, afin qu'ils y installent leurs serveurs, des baies de brassage et leur fournit des biens et des services accessoires (électricité, services destinés à assurer l'utilisation des serveurs dans des conditions optimales, etc.) ne constituent pas des services se rattachant à un bien immeuble lorsque ces clients ne jouissent **pas** d'un droit d'**usage exclusif** de la partie de l'immeuble dans laquelle sont installées les baies de brassage (CJUE 2-7-2020 aff. 215/19 : RJF 2/21 n° 230 ; dans le même sens s'agissant de services fournis par les **data centers,** CAA Versailles 8-12-2020 n° 19VE00526 : RJF 3/21 n° 255).

3. TRANSPORTS DE PASSAGERS

En application de l'article 259 A, 4° du CGI, les prestations de transport de passagers sont situées en France en fonction des **distances** qui y sont **parcourues.** **25130**

> **Précisions** La notion de prestation de transport inclut l'organisation de **promenades touristiques en bateau** dont l'élément essentiel consiste à déplacer des personnes sur des distances non négligeables, alors même que cette prestation commence et se termine en un même endroit (CJUE 1-8-2022 aff. 294/21 : RJF 11/22 n° 1017).

Lorsqu'une **partie seulement du transport** est effectuée **en France,** la base d'imposition à la TVA française est constituée par la somme correspondant au **prix de cette fraction.** Si ce prix est déterminé (cas des transports ferroviaires, par exemple), il constitue la base de l'imposition. S'il ne l'est pas, c'est-à-dire lorsque le transport est effectué pour un prix global, la somme imposable est déterminée en appliquant au prix du transport le rapport entre la longueur du transport effectué en France et la longueur totale du transport. Les redevables sont tenus de justifier de tous les éléments de calcul. À défaut, la taxe serait exigée sur le prix total du transport (CGI ann. III art. 68 ; BOI-TVA-CHAMP-20-50-30 n° 260 ; BOI-TVA-CHAMP-20-60-20 n° 330). **25135**

La règle exposée aux n°s 25130 s. n'a qu'une portée pratique limitée, compte tenu des régimes particuliers d'exonération prévus par ailleurs en matière de **transports internationaux** (voir n°s 27000 s.). **25140**

En ce qui concerne : **25145**
- les transports entre la France continentale et la **Corse,** voir n°s 94900 s. ;
- les transports effectués par des **entreprises étrangères** non établies en France, voir n°s 31250 s. ;
- les **locations** de moyens de transport, voir n°s 24950 s.

4. VENTES À CONSOMMER SUR PLACE

En application de l'article 259 A, 5°-b du CGI, les ventes à consommer sur place (telles que définies aux n°s 42610 s.), y compris celles réalisées par les restaurants placés sous douane, entrent dans le champ d'application de la TVA française lorsqu'elles sont **matériellement exécutées ou exercées en France.** **25200**

Les opérations réalisées par les hôteliers, **restaurateurs,** débits de boissons **établis en France** y sont donc imposables quelle que soit la nationalité du bénéficiaire du service.

Il en est de même des opérations effectuées dans les **cars de tourisme** circulant sur le territoire français ou des ventes à consommer sur place réalisées en France par des **entreprises étrangères à l'occasion,** par exemple, de **foires ou** d'**expositions.** Les opérations qui ne répondent pas à la définition des ventes à consommer sur place constituent des ventes à emporter dont les règles de TVA sont celles applicables en matière de livraison de biens.

VENTES À CONSOMMER SUR PLACE RÉALISÉES À BORD DE NAVIRES, D'AÉRONEFS OU DE TRAINS

Sont réputées effectuées en France, en application de l'article 259 A, 5°-c du CGI, les ventes à consommer sur place lorsqu'elles sont réalisées matériellement à bord de navires, d'aéronefs ou de trains au cours de la partie d'un transport de passagers effectuée à l'intérieur de l'UE et que le lieu de départ du transport de passagers est situé en France. **25210**

Une « **partie d'un transport de passagers effectuée à l'intérieur de l'UE** » est la partie d'un transport dont le point de départ et le point d'arrivée se situent à l'intérieur de l'UE sans escale en dehors de l'UE. **25215**

Est inclus dans la « partie d'un transport de passagers effectuée à l'intérieur de l'UE » le trajet effectué en dehors de l'UE sans escale, entre le lieu de départ et le lieu d'arrivée du transport de passagers qui sont situés dans l'UE (sur la notion d'escale, voir n° 19350).

La partie d'un transport de passagers effectuée dans l'UE est déterminée par le parcours du moyen de transport et non par le parcours effectué par chacun des passagers (Règl. UE/282/2011 du 15-3-2011 art. 35).

Ainsi, aux fins de la détermination de la partie du transport de passagers effectuée à l'intérieur de l'UE, c'est le moyen de transport qui est déterminant et non le voyage des différents passagers. En d'autres termes, il n'existe qu'une seule partie du transport de passagers effectuée au sein de l'UE, même lorsqu'il y a des escales au sein de l'Union, si le voyage est effectué par un seul moyen de transport. Le lieu où les différents passagers embarquent ou débarquent n'a pas d'incidence sur cette analyse. En particulier, un **vol** comportant des escales au sein de l'Union doit être considéré comme une seule partie du transport effectuée à l'intérieur de l'UE lorsqu'il y a un seul numéro de vol. Pour les **trains,** l'itinéraire doit être déterminant pour identifier l'unique partie d'un transport de passagers (BOI-TVA-CHAMP-20-50-30 n° 660).

25220 Le **lieu de départ** d'un transport de passagers est le premier point d'embarquement de passagers prévu dans l'UE, le cas échéant après escale en dehors de l'UE.

Le **lieu d'arrivée** d'un transport de passagers est le dernier point de débarquement prévu dans l'UE, pour les passagers ayant embarqué dans l'UE, le cas échéant avant escale en dehors de l'UE.

En présence d'un transport de passagers **aller-retour,** le retour est considéré comme un transport distinct (BOI-TVA-CHAMP-20-50-30 n°s 640 et 650).

25225 Lorsque les ventes à consommer sur place commencent à être matériellement effectuées au cours de la partie d'un **transport** qui, s'achevant à l'extérieur de l'UE, n'est **pas située dans l'Union,** la règle applicable à la vente à consommer sur place est celle du **lieu** de son **exécution matérielle.** Il en est de même dans le cas inverse de la partie d'un transport à l'extérieur de l'Union s'achevant dans un État membre (BOI-TVA-CHAMP-20-50-30 n° 670).

Ces prestations fournies en dehors de la partie d'un transport de passagers effectuée dans l'UE, mais sur le territoire d'un État membre ou d'un pays tiers ou d'un territoire tiers relèvent des règles prévues par l'article 55 de la directive TVA et sont imposables au lieu où elles sont matériellement exécutées (Règl. UE/282/2011 du 15-3-2011 art. 36, al. 2).

25230 Cela étant, le **lieu de la prestation** rendue à une personne est **défini au moment où l'exécution** de cette prestation **a commencé,** et par conséquent en se référant à la partie de transport où s'est situé ce commencement. Dans un transport dont le point de départ ou le point d'arrivée est dans un pays tiers avec des escales dans un ou des États membres, si l'exécution de la prestation de services a commencé entre des étapes communautaires, le lieu de cette prestation sera au point de départ de cette partie de transport à l'intérieur de l'UE, même si l'exécution de la prestation s'achève au cours du trajet hors de l'Union (BOI-TVA-CHAMP-20-50-30 n° 670).

Le règlement communautaire indique sur ce point que le lieu d'un service de restaurant exécuté dans l'UE partiellement au cours de la partie d'un transport de passagers effectuée dans l'UE et partiellement en dehors de cette partie, mais sur le territoire d'un État membre, est déterminé dans sa totalité selon les règles utilisées pour déterminer le lieu de prestation au début de la prestation du service (Règl. UE/282/2011 du 15-3-2011 art. 37).

B. Règles spécifiques aux seules relations « B to B »

25300 Des règles de territorialité spécifiques sont prévues dans le cadre des seules relations « B to B » (preneur assujetti) en ce qui concerne les **prestations de services consistant à donner accès** à des **manifestations culturelles, artistiques, sportives, scientifiques, éducatives, de divertissement ou similaires.**

25310 En application de l'article 259 A, 5° bis du CGI, les prestations de services consistant à donner accès à des manifestations culturelles, artistiques, sportives, scientifiques, éducatives, de divertissement ou similaires (telles que les foires et les expositions), ainsi que celles qui leur sont accessoires, fournies à un assujetti, entrent dans le champ d'application de la TVA française lorsque ces **manifestations ont effectivement lieu en France.**

Les **prestations** de services, fournies à un assujetti, qui ont pour objet des activités culturelles, artistiques, sportives, scientifiques, éducatives, de divertissement ou similaires mais **qui ne**

consistent pas à donner accès à des manifestations de cette nature relèvent de la règle générale « B to B » (nos 24500 s.).

En ce qui concerne le cas particulier des foires, salons et congrès, voir nos 26050 s.

> **Précisions** **a.** La règle selon laquelle l'accès à de telles manifestations est imposable à l'endroit où la manifestation a effectivement lieu s'applique également lorsque les **billets** d'accès à ces manifestations ne sont pas vendus directement par l'organisateur mais sont **distribués par** des **intermédiaires** (Règl. UE/282/2011 du 15-3-2011 art. 33 bis).
> **b.** À compter du **1er janvier 2025**, les dispositions de l'article 259 A, 5° bis du CGI (transposant l'article 53 de la directive TVA) ne seront plus applicables à l'**accès aux manifestations** susvisées lorsque la **présence** sera **virtuelle** (Dir. UE/2022/542 du 5-4-2022 art. 1er, 1 et 3 ajoutant un second alinéa à l'article 53 de la directive 2006/112). Ces services relèveront de la règle générale « B to B » et seront donc situés au lieu d'établissement du preneur (nos 24500 s.). Sera **notamment** concerné l'accès à la diffusion en direct de manifestations ou visites (spectacles, théâtres, foires, parcs d'attraction, concerts, musées, expositions, etc.), de manifestations sportives ou de cours de sport, fourni à des personnes assujetties.

Conformément à l'article 32 du règlement UE/282/2011 du 15 mars 2011, les services ayant pour objet l'accès à des manifestations culturelles, artistiques, sportives, scientifiques, éducatives, de divertissement ou similaires comprennent les prestations de services dont les caractéristiques essentielles consistent à **octroyer un droit d'accès à une manifestation en échange d'un billet ou d'une rémunération,** y compris une rémunération sous forme d'un abonnement ou d'une cotisation périodique. **25315**

Cette définition recouvre **notamment** :

– le droit d'accès à des spectacles, représentations théâtrales, spectacles de cirque, foires, parcs d'attraction, concerts, expositions, ainsi qu'à d'autres manifestations culturelles similaires ;

– le droit d'accès à des manifestations sportives telles que matches ou compétitions, à l'exclusion des droits d'engagement versés par les compétiteurs en contrepartie du droit de concourir, lesquels relèvent de l'article 259, 1° du CGI (nos 24500 s.) ;

– le droit d'accès à des manifestations éducatives et scientifiques telles que des conférences et des séminaires (voir à cet égard les précisions ci-après) (BOI-TVA-CHAMP-20-50-30 nos 300 et 310).

> **Précisions** L'**administration** considère que ne constituent pas des manifestations au sens de l'article 259 A, 5° bis du CGI les séminaires ou conférences dans le cadre desquels sont dispensées des **prestations de formation** au profit d'un seul assujetti. Elle estime, en revanche, que les droits d'inscription à des formations ouvertes à un public composé de plusieurs personnes assujetties et/ou non assujetties constituent la rémunération d'une prestation consistant à donner accès à une manifestation située, par suite, au lieu où elle se tient, sans préjudice, le cas échéant, si elle est située en France, du bénéfice de l'exonération prévue en matière de formation professionnelle (nos 8580 s.).
> À titre de **règle pratique,** elle admet que les prestations de formation réalisées au profit de plusieurs assujettis, qui se déroulent sur une durée n'excédant pas sept jours ouvrés (à l'exclusion du samedi et du dimanche) consécutifs constituent des manifestations au sens de l'article 259 A, 5° bis du CGI (BOI précité nos 320 et 325).
> Cette règle pratique est confortée par la jurisprudence de la **CJUE,** laquelle a considéré que des séminaires de formations (en comptabilité et gestion) d'une durée de cinq jours dispensés à des preneurs assujettis entrent dans la catégorie des manifestations éducatives et sont donc situés à l'endroit où ils ont effectivement lieu (CJUE 13-3-2019 aff. 647/17 : RJF 7/19 n° 727). En revanche, rien dans la décision de la Cour ne permet de conforter la position de l'administration selon laquelle les prestations de formation dispensées au profit d'un seul assujetti ne constituent pas des manifestations au sens de l'article 259 A, 5° bis du CGI.

Ne relève pas du régime de l'article 259 A, 5° bis du CGI l'accès à des installations, telles que des salles de gymnastique ou autres, en échange du paiement d'une cotisation pour l'exercice d'une activité, lequel relève de la règle générale « B to B » (nos 24500 s.) lorsque le preneur agit en tant qu'assujetti (BOI-TVA-CHAMP-20-50-30 n° 330). **25320**

Conformément à l'article 33 du règlement UE/282/2011 du 15 mars 2011, les **services accessoires** visés à l'article 53 de la directive TVA (repris à l'article 259 A, 5° bis du CGI) comprennent les services qui sont en relation directe avec l'accès à des manifestations culturelles, artistiques, sportives, scientifiques, éducatives, de divertissement ou similaires et qui sont fournis séparément à la personne qui assiste à une manifestation, moyennant une contrepartie distincte. **25325**

De tels services accessoires comprennent notamment l'utilisation de vestiaires, de parking ou d'installations sanitaires, mais ne comprennent pas les simples services d'intermédiaires relatifs à la vente de billets.

C. Règles spécifiques aux seules relations « B to C »

25400 Des règles de territorialité spécifiques sont prévues dans le cadre des seules relations « B to C », c'est-à-dire pour des prestations de services fournies à des **preneurs non assujettis.**

Ces règles spécifiques concernent les prestations suivantes : **transports intracommunautaires de biens, transports de biens autres** qu'intracommunautaires, **prestations accessoires** aux transports (de biens ou de passagers), **prestations culturelles, artistiques, sportives, scientifiques, éducatives,** de divertissement ou similaires, **travaux et expertises sur biens meubles corporels,** prestations des **intermédiaires transparents,** certaines **prestations immatérielles** lorsqu'elles sont fournies à des preneurs établis hors de l'UE, **services de télécommunication, de radiodiffusion et de télévision** et **services électroniques.**

> **Précisions** En ce qui concerne les régimes de **guichet unique** dont peuvent se prévaloir les prestataires fournissant des services à des personnes non assujetties, voir nos 33550 s.
> Sur l'obligation de tenue de **registre** par les **plateformes** facilitant la fourniture de prestations de services (ou la livraison de biens) à destination de non-assujettis, voir nos 23730 s.

1. TRANSPORTS INTRACOMMUNAUTAIRES DE BIENS

25450 En application de l'article 259 A, 3° du CGI, le lieu des transports intracommunautaires de biens fournis à des preneurs non assujettis est situé en France lorsque le lieu de **départ** est situé **en France.**

25455 Sont considérés comme transports intracommunautaires de biens les transports dont le lieu de **départ** et le lieu d'**arrivée** se trouvent **dans deux États membres** différents de l'UE.

Le **lieu de départ** est le lieu où commence effectivement le transport des biens, sans tenir compte des trajets effectués pour se rendre au lieu où se trouvent les biens. Le **lieu d'arrivée** est celui où s'achève effectivement le transport des biens.

> **Précisions** Les **transports nationaux d'approche,** c'est-à-dire les transports précédant ou faisant suite à un transport intracommunautaire (transports destinés à acheminer un bien vers une plateforme de groupage ou une plateforme d'éclatement située en France jusqu'à son acquéreur) ne constituent pas des transports intracommunautaires mais relèvent de la règle de territorialité prévue par l'article 259 A, 4° du CGI (voir n° 25500).

25460 EXEMPLES

1. Mme X déménage de France vers un autre État membre de l'UE. Elle fait appel à une société de déménagement pour transporter son mobilier et ses effets personnels de son domicile français à sa résidence située dans cet autre État. Les lieux de départ et d'arrivée étant situés dans deux États membres différents, la prestation constitue un transport intracommunautaire. Cette prestation est taxable en France dès lors que le lieu de départ y est situé.

2. M. Y fait appel à des ébénistes situés en France pour la création de mobilier pour meubler son domicile situé dans un autre État membre de l'UE. Il fait appel à deux transporteurs. Le premier est chargé de transporter les meubles de chez l'ébéniste jusqu'à la plateforme de groupage du second transporteur chargé d'acheminer l'ensemble du mobilier de la plateforme au domicile situé dans l'autre État.

Hypothèse 1 : La plateforme de groupage est située en France. La prestation de transport réalisée par le premier transporteur (entre l'ébénisterie et la plateforme) est un transport interne qui est taxable en France conformément à l'article 259 A, 4° du CGI (n° 25500). La prestation de transport réalisée par le second transporteur est un transport intracommunautaire de biens taxable en France (le lieu de départ étant la plateforme de groupage).

Hypothèse 2 : La plateforme de groupage est située dans l'autre État membre. La prestation de transport réalisée par le premier transporteur (entre l'ébénisterie et la plateforme) est un transport intracommunautaire qui est taxable en France (le lieu de départ étant l'ébénisterie). La prestation de transport réalisée par le second transporteur est un transport interne de biens qui n'est pas taxable en France.

Hypothèse 3 : La plateforme de groupage est située dans un pays tiers à l'UE. Aucune des prestations de transport ne constitue un transport intracommunautaire de biens. La prestation de transport réalisée par le premier transporteur (entre l'ébénisterie et la plateforme) est un transport de biens taxable en France en fonction des distances parcourues en France conformément à l'article 259 A, 4° du CGI (n° 25500). La prestation de transport réalisée par le second transporteur est un transport de biens qui n'est pas taxable en France.

25465 Les transports intracommunautaires de biens dont le lieu est situé en France sont susceptibles de bénéficier, le cas échéant, des **exonérations** prévues pour les **transports internationaux** de

marchandises (nos 27000 s.). Tel est le cas, notamment, des **transports d'approche intracommunautaires** portant sur des marchandises destinées à une **exportation hors de l'UE** (voir n° 27200). Ils sont également susceptibles de bénéficier d'une **suspension de la TVA** lorsque le bien est placé ou destiné à être placé sous un régime douanier ou un entrepôt fiscal (nos 32365 et 32855).
En ce qui concerne les transports intéressant **Madère** et les **Açores,** voir n° 27255.

2. TRANSPORTS DE BIENS AUTRES QU'INTRACOMMUNAUTAIRES

En application de l'article 259 A, 4° du CGI, les transports de biens autres que les transports intracommunautaires effectués au profit de personnes non assujetties sont passibles de la TVA française pour la **distance parcourue en France** (dans le cas où le transport est effectué pour partie en France, les dispositions figurant au n° 25135 s'appliquent). **25500**

EXEMPLES

1. Un transport de biens est réalisé entre un État membre de l'UE et un pays tiers à l'Union, en passant par la France. Ce transport n'est pas un transport intracommunautaire (n° 25450). Cela étant, sous réserve le cas échéant des exonérations applicables aux transports internationaux, la partie du transport de biens réalisée en France, déterminée conformément aux dispositions figurant au n° 25135, est soumise à la TVA en France.
2. Une collectivité locale française (non assujettie et non identifiée à la TVA) exporte des biens dans un pays d'Afrique dans le cadre d'une activité humanitaire. Le transport des biens est effectué par avion par une compagnie aérienne française. Le lieu de la prestation de transport est situé en France à concurrence de la distance qui y est parcourue, mais cette prestation bénéficie de l'exonération prévue pour les services liés à l'exportation (nos 26550 s.) puisque les biens sont exportés vers un pays tiers à l'UE. Le lieu des opérations de manutention et de chargement des biens dans l'avion au départ de France, réalisées par un prestataire français au profit de la collectivité locale, est également situé en France en application de la règle étudiée aux nos 25550 s. Mais ces prestations bénéficient de la même exonération que le transport.

La règle exposée ci-dessus n'a donc qu'une portée pratique limitée, compte tenu des régimes particuliers d'exonération prévus par ailleurs en matière de **transports internationaux** (voir nos 27000 s.).

> Précisions En ce qui concerne :
– les transports entre la France continentale et la **Corse,** voir nos 94900 s. ;
– les transports effectués par des **entreprises étrangères** non établies en France, voir nos 31250 s. ;
– les transports de biens placés ou destinés à être placés sous un **régime douanier** ou un **entrepôt fiscal,** voir nos 32365, 32385 et 32855 ;
– les **locations** de moyens de transport, voir nos 24950 s.

3. PRESTATIONS ACCESSOIRES AUX TRANSPORTS

En application de l'article 259 A, 6°-a du CGI, les prestations accessoires aux transports, de biens ou de passagers, de tous types (national, intracommunautaire, etc.) rendues à des preneurs non assujettis sont imposables en France lorsqu'elles y sont **matériellement exécutées.** Sont notamment visés le chargement, le déchargement, la manutention et les activités similaires. **25550**

Les prestations accessoires aux transports de biens dont le lieu est réputé se situer en France peuvent, le cas échéant, bénéficier des **exonérations** prévues pour les services liés aux **échanges extracommunautaires** (nos 26400 s.). Il peut en être ainsi, notamment, lorsque les prestations concernent un transport portant sur des marchandises destinées à une **exportation hors de l'UE** (nos 26550 s. ; voir également l'exemple 2 au n° 25500). Elles sont également susceptibles de bénéficier d'une **suspension de la TVA** lorsqu'elles se rapportent à des biens placés ou destinés à être placés sous un régime douanier ou un entrepôt fiscal (nos 32365 et 32855). **25555**

4. PRESTATIONS CULTURELLES, ARTISTIQUES, SPORTIVES, SCIENTIFIQUES, ÉDUCATIVES, DE DIVERTISSEMENT OU SIMILAIRES

En application de l'article 259 A, 5°-a du CGI, les prestations de services **ayant pour objet des activités culturelles, artistiques, sportives, scientifiques, éducatives, de divertissement ou similaires,** ainsi que les prestations des **organisateurs** de telles activités **et** les **prestations accessoires** à ces activités, fournies à des preneurs non assujettis, entrent dans le champ d'application de la TVA française lorsqu'elles sont **matériellement exécutées ou ont effectivement lieu en France.** **25600**

25605 La notion d'« activités » au sens de l'article 259 A, 5°-a du CGI inclut les **manifestations** visées au n° 25315. Elle vise également certaines prestations de **services** qui, sans être rattachées à un événement, sont **fournies pour l'exercice d'une activité** culturelle, artistique, sportive, scientifique, éducative, de divertissement ou similaire. Sont ainsi concernées :

– les prestations délivrées à l'occasion d'événements ponctuels de nature culturelle, artistique (tels que concerts, spectacles, expositions), sportive (compétitions, matchs, rencontres sportives), scientifique (colloques, congrès), foires, salons (voir les précisions figurant aux n°s 26050 s.), qui se tiennent en France, qu'il s'agisse des droits d'accès à ces événements lorsqu'il en est perçu ou, en amont, des prestations réalisées pour leur organisation ;

– les prestations fournies pour l'exercice d'une activité de cette nature telles que notamment la pratique d'un sport (adhésion à un club, abonnement à une salle de sport), l'accès à une installation sportive, à un musée (visite ponctuelle ou abonnement), à un parc d'attractions situé en France, le suivi d'un enseignement dispensé par un établissement de formation situé en France (autre que les prestations d'enseignement fournies par voie électronique et sous réserve des exonérations prévues aux n°s 8100 s.) (BOI-TVA-CHAMP-20-50-30 n° 370).

> Précisions À compter du **1er janvier 2025,** les dispositions de l'article 259 A, 5°-a du CGI (transposant l'article 54, 1 de la directive TVA) ne seront plus applicables aux prestations susvisées (et aux services accessoires) lorsqu'elles se rapportent à des **activités** qui sont **diffusées ou mises à disposition virtuellement.** Le lieu de ces prestations sera situé à l'endroit où la personne non assujettie est établie, a son domicile ou sa résidence habituelle (Dir. UE/2022/542 du 5-4-2022 art. 1er, 2 et 3 ajoutant un second alinéa à l'article 54, 1 de la directive 2006/112) ou au lieu de l'utilisation ou de l'exploitation effective de la prestation si l'État membre a fait usage du critère fixé par l'article 59 bis de la directive (n° 24400). Sera **notamment** concerné l'accès à la diffusion en direct de manifestations ou visites (spectacles, théâtres, foires, parcs d'attraction, concerts, musées, expositions, etc.), de manifestations sportives ou de cours de sport, fourni à des personnes non assujetties.

25610 Sont également concernées par les dispositions de l'article 259 A, 5°-a du CGI les prestations de **services accessoires** aux prestations visées au n° 25605. Il s'agit des prestations qui, sans constituer elles-mêmes des prestations culturelles, artistiques, sportives, scientifiques, éducatives, de divertissement ou similaires, constituent une condition nécessaire à la réalisation de ces activités.

En ce sens, la qualification d'« accessoire » est appréciée de manière objective, indépendamment de la personne qui réalise la prestation. Par conséquent, peu importe que cette personne soit l'organisateur de l'activité ou une autre personne agissant pour le compte de ce dernier (BOI-TVA-CHAMP-20-50-30 n° 380).

25620 **ILLUSTRATIONS**

Constituent des prestations culturelles, artistiques, sportives, scientifiques, éducatives, de divertissement ou similaires, ou des prestations accessoires à ces prestations, relevant de l'article 259 A, 5°-a du CGI les prestations suivantes :

– prestation de services consistant à permettre au public d'utiliser, contre rémunération, des **machines à sous installées dans des salles de jeu** établies sur le territoire d'un État membre (CJUE 12-5-2005 aff. 452/03 : RJF 8-9/05 n° 983) ;

– prestation de **sonorisation de manifestations** artistiques ou récréatives qui est une condition nécessaire à la réalisation de la prestation artistique ou récréative principale (CJUE 26-9-1996 aff. 327/94 : RJF 12/96 n° 1498) ;

– prestation de fourniture de **corridas** ;

– prestation de **dressage** et de **domptage** d'animaux, **entraînement de chevaux de course** ;

– organisation d'un **séjour linguistique** en France pour des stagiaires étrangers (CAA Paris 31-5-1994 n° 93-1181 : RJF 10/94 n° 1060) ;

– vente d'**abonnements** annuels d'**accès à des parcours de golf** (TA Montreuil 20-2-2017 n° 1508630 : RJF 8-9/17 n° 788) ;

– une prestation de services complexe consistant à proposer des **sessions interactives à caractère érotique** filmées et **diffusées en direct par internet,** cette prestation devant être considérée comme étant matériellement exécutée à l'endroit où le prestataire est établi (et non à l'endroit où sont établis les modèles, en l'occurrence dans un pays tiers) dès lors que les activités nécessaires à la fourniture de cette prestation (organisation des sessions et du visionnage de ces sessions par internet) se concentrent à l'endroit où le prestataire est établi (CJUE 8-5-2019 aff. 568/17 : RJF 7/19 n° 726).

5. TRAVAUX ET EXPERTISES SUR BIENS MEUBLES CORPORELS

25660 En application de l'article 259 A, 6°-b du CGI, les **travaux** (**entretien, façon, réparation, transformation, analyses,** travaux divers) **et expertises** portant sur des biens meubles corporels réalisés au profit de preneurs non assujettis entrent dans le champ d'application de la TVA française lorsque ces prestations sont **matériellement exécutées en France.**

> **Précisions** Les expertises et travaux en cause sont, lorsqu'ils sont matériellement exécutés en France, susceptibles de bénéficier de certaines mesures d'**exonération,** auquel cas la prestation, bien qu'entrant dans le champ d'application territorial de la TVA française, n'est pas effectivement soumise à cette taxe. Les principales mesures d'exonération susceptibles d'intéresser les prestations en cause sont celles prévues pour :
> – les services directement liés aux exportations (nos 26550 s.) ;
> – les travaux portant sur des biens meubles acquis ou importés en vue de faire l'objet de ces travaux et expédiés ou transportés en dehors de l'UE par le prestataire ou par le preneur établi hors de France ou pour leur compte (nos 26650 s.).

La notion de « **travaux** » correspond à une intervention simplement physique sur des biens meubles corporels, de nature en principe non scientifique ni intellectuelle. **25665**

La notion d'« **expertise** », selon son acception dans le langage courant, correspond à l'examen de l'état physique ou à l'étude de l'authenticité d'un bien, en vue de procéder à une estimation de sa valeur ou à une évaluation de travaux à effectuer ou de l'étendue d'un dommage subi (CJUE 6-3-1997 aff. 167/95 : RJF 5/97 n° 514).

Constituent **notamment** des prestations de travaux et expertises sur biens meubles corporels les opérations suivantes : **25670**

– réparation d'un véhicule automobile (en ce sens, BOI-TVA-CHAMP-20-50-40-10 n° 140) ;

– travaux de doublage ou de sonorisation de films (Rép. Auberger : AN 18-11-1996 n° 41589, non reprise au Bofip mais dont la solution nous paraît conserver sa valeur) ;

– assemblage des différentes parties d'une machine lorsque ces biens ne sont pas intégrés dans un bien immeuble (Règl. UE/282/2011 du 15-3-2011 art. 34 ; voir aussi à cet égard n° 19405) ;

– les expertises judiciaires effectuées sur des biens meubles corporels (Rép. Mesmin : AN 24-2-1986 n° 78346, non reprise au Bofip ; en ce qui concerne les expertises sur biens meubles corporels réalisées à la suite d'un sinistre, voir toutefois n° 25830).

En ce qui concerne l'installation de logiciel, voir n° 16250 ; le stockage et le déstockage d'électricité, de gaz naturel, de chaleur ou de froid, voir n° 25890.

Ne relève pas des règles particulières prévues pour les travaux sur biens meubles corporels mais de la règle générale exposée au n° 24750 une **prestation de services complexe** consistant à collecter, à trier, à transporter et à éliminer des **déchets** et des ordures ménagères, même lorsqu'un élément de cette prestation est sous-traité dans un État membre autre que celui où le titulaire du contrat principal est établi (CJUE 25-1-2001 aff. 429/97 : RJF 4/01 n° 578). **25675**

6. PRESTATIONS DES INTERMÉDIAIRES TRANSPARENTS

Les intermédiaires transparents sont ceux qui agissent au nom et pour le compte d'autrui (nos 83160 s.). La disposition examinée ici concerne les prestations réalisées par ces intermédiaires transparents **dans les opérations** (livraisons de biens ou prestations de services), **autres que les prestations se rattachant à un immeuble** (n° 25080), pour le compte de preneurs non assujettis. **25700**

Il est précisé que les intermédiaires transparents qui s'entremettent dans un **service d'hébergement** dans le **secteur hôtelier** ou des secteurs similaires fourni à des personnes non assujetties relèvent de la présente règle (Règl. UE/282/2011 du 15-3-2011 art. 31).

En application de l'article 259 A, 7° du CGI, les prestations d'entremise des intermédiaires transparents dans ces opérations sont **imposables en France lorsque** le lieu de l'**opération principale** sur laquelle porte la prestation est situé **en France.**

> **Précisions a.** Sont concernés par cette règle de territorialité tant les **intermédiaires à l'achat** (agissant au nom et pour le compte de l'acheteur ou du preneur de la prestation principale) que les **intermédiaires à la vente** (agissant au nom et pour le compte du vendeur ou du prestataire de la prestation principale) (en ce sens, Règl. UE/282/2011 du 15-3-2011 art. 30).
> **b.** Les prestations d'entremise dont le lieu est réputé se situer en France en application de ces règles sont **exonérées** de la TVA lorsqu'elles portent sur des **exportations** ou opérations assimilées (n° 26700).

Pour la détermination du lieu d'une activité d'intermédiaire, il est indifférent que l'**opération principale** soit **soumise à la TVA ou** qu'il s'agisse d'une opération **non imposable.** Dans ce dernier cas, le lieu de l'opération principale est déterminé selon les critères retenus pour les opérations de même nature situées dans le champ d'application de la TVA (BOI-TVA-CHAMP-20-50-40-10 n° 210). **25705**

25710 EXEMPLES

1. Un intermédiaire intervient au nom et pour le compte de Mme Y auprès d'un transporteur pour réaliser le déménagement de Mme Y depuis la France vers un pays hors de l'UE. La prestation de transport de biens réalisée par le transporteur est taxable en France en fonction de la distance qui y est parcourue (CGI art. 259 A, 4° : n° 25500). La prestation d'intermédiation est également taxable en France dans la même proportion.
2. Un intermédiaire intervient au nom et pour le compte de Mme Z auprès d'un transporteur pour réaliser le déménagement de Mme Z de France vers un autre État membre de l'UE. La prestation de transport de biens qui est réalisée par le transporteur est un transport intracommunautaire taxable en France (CGI art. 259 A, 3° : nos 25450 s.). La prestation d'intermédiation est également taxable en France dès lors que le lieu de départ du transport y est situé.
3. Un intermédiaire intervient au nom et pour le compte de M. X, qui souhaite vendre en France son ancien mobilier à d'autres particuliers. Bien que la livraison du mobilier n'entre pas dans le champ d'application de la TVA et que M. X n'ait pas la qualité d'assujetti, la prestation d'intermédiaire est soumise à la TVA en France, lieu où se situe la livraison du mobilier.

7. PRESTATIONS « IMMATÉRIELLES »

25750 Des règles particulières de territorialité sont prévues, par l'article 259 B du CGI, pour certaines prestations dites « immatérielles » lorsqu'elles sont fournies à des preneurs non assujettis établis hors de l'UE. Pour une meilleure lisibilité du régime, les développements exposés aux nos 25760 s. reprennent l'**ensemble des règles de territorialité applicables aux prestations « immatérielles »** fournies à des **preneurs non assujettis.**

Remarque : La situation des **services de télécommunication, de radiodiffusion et de télévision et des services électroniques** fournis à des preneurs non assujettis est examinée aux nos 25940 s. En effet, ces prestations, par nature « immatérielles », obéissent à des règles de territorialité spécifiques en vertu des dispositions de l'article 259 D du CGI.

a. Prestations concernées

25760 Les prestations « immatérielles » sont énumérées à l'article 259 B du CGI.

CESSIONS ET CONCESSIONS DE DROITS

25770 Les cessions et concessions de droits d'auteur, de brevets, de droits de licences, de marques de fabrique et d'autres droits similaires sont visées à l'article 259 B, 1° du CGI. Sont **notamment** concernées :
- la concession de droits d'utilisation d'un logiciel spécifique (nos 16200 s.) ;
- la cession du droit d'utilisation d'une photographie ;
- l'exploitation des droits « voisins du droit d'auteur » que détient un artiste-interprète (BOI-TVA-CHAMP-20-50-50 nos 40 et 50).

LOCATIONS DE BIENS MEUBLES CORPORELS AUTRES QUE DES MOYENS DE TRANSPORT

25780 Relèvent notamment de cette catégorie visée à l'article 259 B, 2° du CGI les opérations de **crédit-bail.**

> **Précisions** **a.** En ce qui concerne **les locations de moyens de transport,** voir nos 24950 s.
b. Les locations de biens meubles corporels autres que des moyens de transport situées en France sont susceptibles de bénéficier des **exonérations** prévues notamment :
– pour les locations de certains matériels utilisés en vue de l'exportation des biens : nos 26550 s. ;
– pour les locations d'objets incorporés dans certains bateaux ou aéronefs : nos 29220 s. et 29500 ;
– pour les services se rapportant à l'importation de biens : nos 26450 s.
Il est par ailleurs admis que les **locations de matériels de transport** (autres que des moyens de transport), tels que les conteneurs, soient exonérées lorsque les matériels sont destinés exclusivement à un trafic international (BOI-TVA-CHAMP-20-50-50 n° 90).

PRESTATIONS DE PUBLICITÉ

25790 Doivent être regardées comme des prestations de publicité, visées à l'article 259 B, 3° du CGI, toutes les opérations, quels qu'en soient les auteurs, la nature ou la forme, dont l'objet est de **transmettre un message** destiné à informer le public de l'existence et des qualités d'un bien ou d'un service dans le but d'en augmenter les ventes, ou qui font indissociablement partie d'une campagne publicitaire (CJUE plén. 17-11-1993 aff. 68/92 : RJF 1/94 n° 115 ; CE 21-8-1996 n° 133816-133878 : RJF 10/96 n° 1147).

> **Précisions** Certaines **livraisons de biens** peuvent donc avoir la nature de « prestations de publicité » au regard des règles de territorialité (voir également, en ce sens, n° 25795). Selon le Conseil d'État, cette assimilation des prestations de publicité, quelles qu'elles soient, à des prestations de services vaut également pour les règles d'exigibilité de la TVA (CE 20-6-2006 n° 264316 : RJF 10/06 n° 1173).

Constituent **notamment** des prestations de publicité les opérations qui consistent à : **25795**
- concevoir des projets de campagnes publicitaires ;
- conseiller les annonceurs ;
- céder ou louer un espace publicitaire ;
- concevoir et assurer la diffusion d'annonces publicitaires ;
- fabriquer ou faire fabriquer des supports publicitaires (films, photographies, messages radiodiffusés ou télévisés, documents divers, objets destinés à être distribués gratuitement) ;
- vendre des biens en vue de leur distribution gratuite aux consommateurs à l'occasion notamment de jeux ou concours ;
- organiser des manifestations de relations publiques (cocktails, séances récréatives, etc.) ;
- promouvoir l'action de l'annonceur (promotion de l'image de marque de l'organisme, diffusion d'informations sur la vie de l'organisme, etc.).

Ne constituent **pas** des prestations de publicité, dès lors qu'elles n'ont pas **pour finalité une action de promotion** directe ou indirecte d'un bien ou d'un service, les opérations qui consistent : **25800**
- à rechercher des ordres publicitaires puis à les transmettre à des exploitants de supports de publicité (presse, affichage, cinéma, radio, télévision) ;
- à organiser des foires, salons, expositions ou manifestations similaires (voir n°s 26050 s.) ;
- à assurer la conception ou la diffusion d'annonces légales de publicité financière ou d'annonces judiciaires et légales.

De même, les opérations effectuées par les **fournisseurs de l'entreprise de publicité** suivent leur régime propre. Il en est ainsi notamment des prestations suivantes qui ne sont pas des prestations de publicité : réalisation de films (conception, tournage, montage, sonorisation, doublage, etc.), impression de documents publicitaires, cession ou location d'espaces publicitaires, fourniture de repas, d'aliments ou de boissons, location de biens meubles corporels, transport de personnes ou de biens (BOI-TVA-CHAMP-20-50-50 n°s 130 et 170).

> **Précisions** Certaines opérations qui ne constituent pas des prestations de publicité proprement dites peuvent, néanmoins, relever de l'article 259 B du CGI à un autre titre. Tel est le cas :
> – des études nécessaires à l'élaboration d'une campagne publicitaire (études économiques, de marché, enquêtes de motivation, tests, etc.) ou du contrôle des résultats d'une telle campagne ;
> – de la fourniture aux annonceurs d'informations sur les méthodes commerciales et publicitaires du secteur d'activité concerné ;
> – de l'exploitation de leurs droits par les créateurs d'œuvres publicitaires (n° 86950) (BOI précité n° 160).

Lorsque les diverses opérations effectuées par le prestataire en exécution du contrat conclu avec le preneur forment un **ensemble indissociable d'actions à finalité publicitaire,** la prestation s'analyse globalement comme une prestation de publicité (BOI-TVA-CHAMP-20-50-50 n° 140). **25805**

Le fait pour le prestataire de confier en totalité ou en partie l'exécution matérielle de la prestation de publicité à un ou plusieurs **sous-traitants** ne remet pas en cause la qualification de l'opération réalisée par le prestataire (BOI-TVA-CHAMP-20-50-50 n° 150). **25810**

PRESTATIONS DES CONSEILLERS, INGÉNIEURS, BUREAUX D'ÉTUDES, EXPERTS-COMPTABLES

Ces opérations constituent des prestations de l'article 259 B, 4° du CGI sans qu'il y ait à tenir compte du statut juridique du prestataire, de la nature de la profession qu'il exerce à titre principal ou du caractère permanent ou occasionnel de la prestation (BOI-TVA-CHAMP-20-50-50 n° 180). **25820**

Sont visées les prestations des conseillers, ingénieurs, bureaux d'études dans tous les domaines, y compris ceux de l'organisation, de la recherche et du développement (notamment en matière environnementale et technologique : CJUE 7-10-2010 aff. 222/09 : RJF 1/11 n° 124), les prestations des experts-comptables.

Sont concernés **notamment** les commissaires aux comptes, avocats, notaires, conseillers en brevets d'invention, conseils en organisation, conseils en matière d'études de marchés, conseils en informatique, conseils en ingénierie (BOI précité n° 190).

En ce qui concerne les prestations réalisées par les membres des professions juridiques et judiciaires, voir n°s 26160 s.

25825 S'analysent en des prestations de conseil ou d'études :

– les prestations d'**analyse** portant **sur un produit** et pour lequel le prestataire ne se borne pas à définir ses caractéristiques mais examine en outre ses possibilités d'emploi en vue d'orienter le client sur ses utilisations éventuelles ;

– les **essais, vérifications ou contrôles** effectués **sur** des **biens** en vue de s'assurer qu'ils sont conformes aux prescriptions techniques réglementaires ;

– les prestations d'**études** et de **recherches** réalisées par les **établissements publics d'enseignement** pour le compte de tiers ;

– les services rendus par un prestataire et qui met à la disposition de ses clients ses connaissances et son savoir-faire pour leur permettre d'**améliorer** leur **gestion** (BOI-TVA-CHAMP-20-50-50 n° 200).

25830 Entrent dans la catégorie des prestations « immatérielles » les **expertises sur biens meubles corporels réalisées à la suite d'un sinistre** qui ne comportent pas la réalisation de constatations matérielles : il en est ainsi des expertises consistant à rechercher les causes des sinistres et les responsabilités des parties.

En revanche, si l'expertise appelle des constatations matérielles, la règle applicable est celle indiquée au n° 25660 pour les travaux et expertises sur biens meubles corporels (BOI-TVA-CHAMP-20-50-40-10 nos 150 à 190).

Les **expertises** judiciaires sur **biens meubles incorporels** sont considérées comme des prestations « immatérielles ». C'est le tribunal qui a commis l'expert qui est « preneur » de la prestation (Rép. Mesmin : AN 24-2-1986 n° 78346, non reprise au Bofip).

Rappelons que les **expertises** portant sur des **immeubles** figurent parmi les prestations visées au n° 25080 (imposition en France, si l'immeuble est situé en France).

> **Précisions** La CJUE a jugé que des **services de règlement des sinistres** fournis par des sociétés tierces, au nom et **pour le compte d'une société d'assurance** (comprenant notamment la gestion des demandes d'indemnisation et des dossiers de réclamation, l'examen des causes et des circonstances de l'accident, le constat des dégâts et l'évaluation des dommages, l'estimation et le versement des indemnisations incluant, le cas échéant, un pouvoir décisionnel, la fourniture de services d'organisation, techniques et juridiques, nécessaires), qui constituaient une **prestation complexe unique** selon la juridiction de renvoi, ne relèvent pas des « prestations immatérielles des conseillers, ingénieurs, bureaux d'études, avocats, experts-comptables et autres prestations similaires » (CJUE 1-8-2022 aff. 267/21 : RJF 11/22 n° 1018).

TRAITEMENT DE DONNÉES ET FOURNITURES D'INFORMATION

25840 Constituent **notamment** des prestations de traitement de données ou des fournitures d'information visées à l'article 259 B, 5° du CGI :

– les travaux de traduction de documents juridiques, commerciaux ou autres (BOI-TVA-CHAMP-20-50-50 n° 230 ; Règl. UE/282/2011 art. 41) ;

– la fourniture par une entreprise des noms et adresses de personnes figurant sur son fichier (BOI précité n° 230) ;

– les prestations des traducteurs et interprètes de langues étrangères (D. adm. 3 A-1153 n° 96, non reprise au Bofip ; Orientation Comité TVA des 14 et 15-11-1988 n° 1988/1653, adoptée à la majorité).

> **Précisions a.** La société qui **édite** un **bulletin regroupant des annonces** émanant de **cabinets de recrutement** et se borne à transmettre à ces derniers les réponses reçues de ses abonnés ne peut être regardée comme fournissant un service propre à chacun de ses abonnés et plus précisément un service de fourniture d'information au sens de l'article 259 B du CGI. En réalité, elle procure à l'ensemble de ceux-ci un bien meuble corporel qui lorsqu'il est exporté bénéficie de l'exonération prévue par l'article 262, I du CGI (CE 23-11-1992 n° 82241 : RJF 1/93 n° 31).
> **b.** En ce qui concerne les opérations portant sur les **logiciels**, voir nos 16110 s.

OPÉRATIONS BANCAIRES ET FINANCIÈRES, D'ASSURANCE OU DE RÉASSURANCE

25850 Les opérations bancaires et financières (à l'exception de la location de coffres-forts qui constitue un service se rattachant à un immeuble : voir n° 25080) et les opérations d'assurance ou de réassurance constituent des prestations immatérielles (CGI art. 259 B, 6°).

Pour les opérations bancaires et financières, voir les précisions aux nos 76500 s., notamment nos 77300 s.

En ce qui concerne l'exonération de TVA prévue pour les opérations d'assurance et de réassurance, voir nos 14750 s.

MISE À DISPOSITION DE PERSONNEL

Les prestations de mise à disposition de personnel constituent des « prestations immatérielles » en application de l'article 259 B, 7° du CGI. **25860**

> **Précisions a.** Cette notion recouvre également la mise à disposition de **personnel indépendant, non employé à titre salarié par l'entrepreneur prestataire** (CJUE 26-1-2012 aff. 218/10 : RJF 4/12 n° 434).
> **b.** Constituent des composantes d'une prestation de mise à disposition de personnel les **frais de déplacement** du personnel mis à disposition ainsi que la part des commissions destinées à couvrir les **frais de gestion** des salariés concernés (CAA Paris 17-12-1992 n° 89-2690 : RJF 2/93 n° 203).

OBLIGATION DE NE PAS EXERCER UNE ACTIVITÉ OU UN DROIT

L'obligation de ne pas exercer, même à titre partiel, une activité professionnelle ou un droit mentionné à l'article 259 B du CGI consiste en une **renonciation** à accomplir l'activité ou le droit en question. Une telle prestation constitue une « prestation immatérielle » en application de l'article 259 B, 9° du CGI. **25870**

ACCÈS À CERTAINS RÉSEAUX DE TRANSPORT ET DE DISTRIBUTION

Sont considérés comme des « prestations immatérielles », en application de l'article 259 B, 13° du CGI, l'accès aux réseaux de transport et de distribution d'**électricité** ou de **gaz naturel,** l'accès aux réseaux de **chauffage** ou de **refroidissement,** l'acheminement par ces réseaux et les **services liés.** **25880**

Constituent, **notamment,** des prestations visées au 13° de l'article 259 B du CGI en matière de gaz naturel les prestations d'**accès au réseau** et d'**acheminement** du **gaz** (raccordement, réservations de capacité, acheminement, comptage, prestations optionnelles offertes par les gestionnaires de réseau de transport ou de distribution, etc.), le service d'accès aux terminaux méthaniers ou aux stockages souterrains ; en matière d'**électricité,** les prestations d'accès et de transmission d'électricité sur le réseau de transport et de distribution (raccordement, acheminement, comptage, regroupement tarifaire de plusieurs points de livraison, suivi de la continuité et de la qualité du service de transport et de distribution, etc.), les prestations liées au maintien de l'équilibre entre la production et la consommation et à la sûreté du réseau, les services liés à l'interconnexion frontalière des réseaux de transport au transit d'électricité (BOI-TVA-CHAMP-20-50-50 nos 510 à 550). **25885**

Les prestations de **mise à disposition d'installations de stockage** relèvent en principe des dispositions de l'article 259 A, 2° du CGI (nos 25070 s.). Les prestations matérielles d'**injection du gaz dans les installations de stockage** et de **soutirage hors de ces installations** ainsi que les services de **conversion du gaz** relèvent des dispositions de l'article 259 A, 6°-b du CGI (nos 25660 s.). **25890**

Cependant, ces prestations relèvent de l'article 259 B du CGI lorsqu'elles sont directement liées à des opérations de transport et/ou de distribution du gaz naturel (BOI-TVA-CHAMP-20-50-50 nos 570 et 580).

b. Règles de territorialité applicables aux prestations « immatérielles »

CAS D'IMPOSITION EN FRANCE

Les prestations « immatérielles » énumérées aux nos 25770 s., fournies à un **preneur non assujetti,** sont imposables en France dans les cas suivants : **25900**

a. Lorsqu'elles sont réalisées par un **prestataire établi en France** et que le **preneur** est **établi dans l'UE** (France ou autre État membre) (CGI art. 259, 2°).

b. Lorsqu'elles sont réalisées par un **prestataire établi en dehors de l'UE,** si le preneur est établi dans l'UE (France ou autre État membre) et si le **service** est **utilisé en France** (CGI art. 259 C) (voir n° 25910 concernant l'utilisation du service en France).

c. Dans toutes les hypothèses autres que celles énumérées aux a et b ci-dessus, les prestations immatérielles ne sont **pas imposables en France.**

Il en est ainsi, notamment, dans les cas suivants :

– prestataire établi en France et preneur établi en dehors de l'UE ;

– prestataire établi en dehors de l'UE et preneur établi dans l'UE (France ou autre État membre) mais utilisant le service hors de France (voir n° 25910) ;

– prestataire établi dans un autre État membre de l'UE, quel que soit le lieu d'établissement du preneur non assujetti (France, autre État membre ou pays tiers).

d. Le **tableau** reproduit ci-après récapitule le **lieu** des **prestations « immatérielles »** énumérées aux nos 25770 s. fournies à des preneurs non assujettis.

Lieu d'établissement du preneur	Lieu d'établissement du prestataire			
	France	Autre État de l'UE	Pays tiers	
			Service non utilisé en France	Service utilisé en France
France	France	État membre où est établi le prestataire (1)	Pays tiers (2)	France
Autre État de l'UE	France (3)	État membre où est établi le prestataire (1)	Pays tiers (2)	France
Pays tiers	Pays tiers (2)	Pays tiers (2)	Pays tiers (2)	Pays tiers

(1) Sauf si le service est utilisé dans un pays tiers et que l'État membre d'établissement du prestataire a fait usage de la faculté offerte par l'article 59 bis, a de la directive TVA, auquel cas le lieu de la prestation est situé dans ce pays tiers.
(2) Sauf si le service est utilisé dans un État membre autre que la France et que cet État membre a fait usage de la faculté offerte par l'article 59 bis, b de la directive TVA, auquel cas le lieu de la prestation est situé dans cet autre État.
(3) Sauf prestations fournies à certaines organisations internationales (n° 25920).

CRITÈRE DU LIEU D'UTILISATION OU D'EXPLOITATION EFFECTIVE

25910 Dans certains cas, le lieu de l'utilisation ou de l'exploitation effective du service « immatériel » est pris en considération pour déterminer le lieu de situation dudit service (n° 25900).

Ce critère tient compte de la nature du service et des conditions dans lesquelles celui-ci est utilisé ou exploité. L'**analyse** doit donc être effectuée **au cas par cas.**

EXEMPLE

Les prestations de **publicité** sont situées en France lorsque l'endroit à partir duquel sont diffusés les messages publicitaires au public cible est situé en France, c'est-à-dire, notamment dans le cadre d'une campagne publicitaire par voie d'affichage si les panneaux publicitaires sont situés en France, ou dans le cadre d'une campagne de presse si le média écrit est diffusé à titre principal en France, ou encore dans le cadre d'une campagne audiovisuelle si le média émet à destination du public français. Le fait que le média puisse être reçu au-delà de la France est sans incidence lorsque le public cible est effectivement situé en France (BOI-TVA-CHAMP-20-50-40-10 n° 320).

CAS PARTICULIERS

25920 Normalement imposables en France, les prestations « immatérielles » rendues par des entreprises françaises à des **organisations internationales,** établies **dans un autre État membre** de l'UE (sans y être assujetties) et bénéficiant d'accords internationaux leur garantissant l'effacement de l'incidence de la TVA, sont directement exonérées de TVA (tout en ouvrant droit à déduction). Cette exonération concerne les prestations immatérielles rendues à l'**Union européenne** dans le cadre des opérations qu'elle réalise conformément à l'article 308 du traité de Rome et pour les programmes comportant une contribution financière de l'Union (Lettre SLF du 12-6-1981 ; BOI-TVA-CHAMP-20-50-40-10 nos 340 à 360).

> **Précisions** S'agissant de l'exonération applicable aux prestations de services effectuées à destination des **organismes européens** pour un **usage officiel,** voir également nos 18570 s.

25925 Il est admis qu'échappent à l'imposition les prestations « immatérielles » rendues par des entreprises françaises à des **ministères** (ou organismes publics) français lorsqu'elles concernent des **pays ou organismes** situés **hors de l'UE** (exemple : travaux d'études effectués dans le cadre de la **coopération africaine**) (Note SLF du 28-3-1986 ; BOI-TVA-CHAMP-20-50-40-10 n° 370).

> **Précisions** S'agissant de l'exonération applicable aux prestations de services effectuées à destination de certains **organismes internationaux** pour un **usage officiel,** voir également n° 18570 s.

8. SERVICES DE TÉLÉCOMMUNICATION, DE RADIODIFFUSION ET DE TÉLÉVISION ET SERVICES ÉLECTRONIQUES

a. Prestations concernées

PRESTATIONS DE TÉLÉCOMMUNICATION

Sont considérés comme services de télécommunication les services **ayant pour objet** la **transmission,** l'**émission** et la **réception** de signaux, écrits, images et sons ou informations de toute nature par fils, par radio, par moyens optiques ou par d'autres moyens électromagnétiques, y compris la cession et la concession y afférentes d'un droit d'utilisation de moyens pour une telle transmission, émission ou réception, y compris la fourniture d'accès aux réseaux d'information mondiaux (Dir. TVA art. 24, 2). **25940**

Les prestations de télécommunication visées à l'article 259 B, 10° du CGI comprennent **notamment** :

– les services de téléphonie fixe et mobile pour la transmission et la commutation de la voix, de données et d'images, y compris les services téléphoniques comportant une composante d'imagerie (services de vidéophonie) ;

– les services téléphoniques fournis via internet, y compris le protocole de téléphonie vocale via internet (VoIP) (voir le n° 25970 s'agissant des services fournis par des intermédiaires) ;

– la messagerie vocale, l'appel en instance, le transfert d'appel, l'identification de l'appelant, la conversation à trois et les autres services de gestion d'appels ;

– les services de radiomessagerie ;

– les services d'audiotexte ;

– la télécopie, le télégraphe et le télex ;

– l'accès à internet, y compris le World Wide Web ;

– les connexions privées fournissant des liens de télécommunication à l'usage exclusif du preneur (Règl. UE /282/2011 du 15-3-2011 art. 6 bis ; BOI-TVA-CHAMP-20-50-40-20 n° 10) ;

– les services d'itinérance consistant, pour un fournisseur de services de communication mobile, à permettre à ses abonnés d'utiliser leur appareil portable sur un autre réseau de communication mobile, conformément aux accords passés entre les opérateurs de ces réseaux (CJUE 15-4-2021 aff. 593/19 : RJF 7/21 n° 774).

> **Précisions** Les **services d'assistance téléphonique,** qui sont expressément exclus de la catégorie des services électroniques par l'article 7, 3-n du règlement UE/282/2011, ne relèvent pas, en tant que tels, de la définition des services de télécommunication lorsqu'ils sont fournis comme des services indépendants. La situation peut toutefois être différente lorsque l'assistance fournie aux utilisateurs ne vise qu'à répondre à des problèmes liés au réseau de télécommunication, au réseau de radio ou de télévision ou à un réseau électronique similaire pour lequel l'utilisateur paye une redevance séparée. Le service d'assistance, dans ce cas, ne constitue pas une fin en soi mais un moyen de profiter au mieux du service principal et peut donc être considéré comme un service accessoire soumis au même traitement fiscal que le service principal (Notes explicatives du 3-4-2014 n° 2.4.1.1)

SERVICES DE RADIODIFFUSION ET DE TÉLÉVISION

Il s'agit des services consistant en la **fourniture de contenus audio et audiovisuels** tels que les programmes de radio ou de télévision fournis **au grand public** via des réseaux de communication par un fournisseur de services de médias et sous la **responsabilité éditoriale** de celui-ci, pour l'**écoute ou** le **visionnage simultanés,** sur la base d'une grille de programmes (Règl. UE/282/2011 du 15-3-2011 art. 6 ter, 1). **25945**

Les services de radiodiffusion et de télévision visés à l'article 259 B, 11° du CGI comprennent **notamment** les programmes de radio ou de télévision :

– transmis ou retransmis sur un réseau de radiodiffusion ou de télévision ;

– diffusés via internet ou un réseau électronique analogue (IP), uniquement s'ils sont retransmis simultanément à leur transmission ou retransmission sur un réseau de radiodiffusion ou de télévision (Règl. UE/282/2011 du 15-3-2011 art. 6 ter, 2 ; BOI-TVA-CHAMP-20-50-40-20 n° 60). Dans le cas contraire, ils relèvent normalement de la définition des services électroniques (Notes explicatives du 3-4-2014 n° 2.3.2).

> **Précisions a.** La **responsabilité éditoriale** du fournisseur suppose qu'il dispose d'un contrôle effectif sur la sélection des programmes et leur organisation. Elle ne suppose pas nécessairement une responsabilité juridique en vertu du droit national pour ce qui est du contenu ou des services fournis au grand public (Notes explicatives du 3-4-2014 n° 2.3.2).

b. L'écoute ou le visionnage simultanés comprennent également l'**écoute ou** le **visionnage quasi simultanés.** Il s'agit des situations qui donnent la possibilité au preneur d'influencer dans certaines limites le moment où il souhaite écouter ou visionner un programme sans influencer la transmission du signal lui-même (situation de décalage entre la transmission et la réception de l'émission, pour des raisons techniques inhérentes au processus de transmission ou du fait de la connexion; situations dans lesquelles le preneur a la possibilité d'enregistrer le signal/programme pour une écoute ou un visionnage ultérieurs et d'utiliser les fonctions « pause », « avance rapide » ou « rembobinage » ou de programmer à l'avance l'enregistrement d'un contenu donné au moment de sa diffusion) (Notes explicatives précitées n° 2.3.2).

Les **programmes à la demande** relèvent de la catégorie des services électroniques (voir n° 25960).

c. La condition de fourniture « au **grand public** » ne suppose pas que les programmes doivent être fournis à tout le monde. La transmission ou la retransmission peut se limiter au grand public d'un pays, ou d'une région ou même être réservée à des preneurs qui paient pour accéder à ces programmes (Notes explicatives précitées n° 2.4.2.1).

d. S'agissant des **services d'assistance téléphonique** visant à répondre à des problèmes liés au réseau de radiodiffusion ou de télévision, voir n° 25940, précisions.

25950 En revanche, ne constituent **pas** des **services de radiodiffusion et de télévision,** les services suivants :

- les services de télécommunication ;
- les services fournis par voie électronique ;
- la fourniture d'informations sur des programmes particuliers à la demande ;
- le transfert de droits de diffusion ou de transmission ;
- le crédit-bail de matériel technique ou d'installations destinés à la réception d'un service de diffusion ;
- les programmes de radio ou de télévision diffusés via internet ou un réseau électronique analogue (IP), à moins que les programmes ne soient diffusés simultanément à leur transmission ou retransmission sur un réseau de radiodiffusion ou de télévision (Règl. UE/282/2011 du 15-3-2011 art. 6 ter, 3).

SERVICES FOURNIS PAR VOIE ÉLECTRONIQUE

25955 Les services fournis par voie électronique visés par l'article 259 B, 12° du CGI comprennent les **services fournis sur internet ou sur un réseau électronique** et dont la nature rend la prestation largement automatisée, accompagnée d'une intervention humaine minimale (ce critère étant apprécié au niveau du prestataire et non du consommateur du service), et impossible à assurer en l'absence de technologie de l'information (BOI-TVA-CHAMP-20-50-40-20 n°s 70 et 80 ; Règl. UE/282/2011 du 15-3-2011 art. 7, 1).

> **Précisions** Conformément au dernier alinéa de l'article 58, 1 de la directive TVA repris à l'article 98 C de l'annexe III au CGI, lorsque le **prestataire et** le **preneur** du service **communiquent par voie électronique,** cela ne signifie pas en soi que le service est un service fourni par voie électronique.

25960 Sont notamment visés (**liste indicative et non exhaustive** fixée par l'annexe II à la directive TVA, reprise à l'article 98 C de l'annexe III au CGI, et complétée par l'article 7 du règlement UE/282/2011 du 15-3-2011) :

- la fourniture de **produits numériques** en général, en ce compris les logiciels et leurs modifications ou leurs mises à jour ;
- les services consistant à assurer ou à soutenir la présence d'entreprises ou de particuliers sur un réseau électronique, tels qu'un site ou une page internet ;
- les services générés automatiquement par ordinateur sur internet ou sur un réseau électronique, en réponse à des données particulières saisies par le preneur ;
- l'**octroi,** à titre onéreux, du **droit de mettre en vente** des **biens** ou des **services** sur un site internet opérant comme marché en ligne, où les acheteurs potentiels font leurs offres par un procédé automatisé et où les parties sont averties de la réalisation d'une vente par un courrier électronique généré automatiquement par ordinateur ;
- les offres forfaitaires de services internet (ISP) dans lesquelles l'aspect télécommunications est auxiliaire et secondaire (c'est-à-dire forfaits allant au-delà du simple accès à internet et comprenant d'autres éléments comme des pages à contenu donnant accès aux actualités, à des informations météorologiques ou touristiques ; espaces de jeu ; hébergement de sites ; accès à des débats en ligne ; etc.) ;
- la fourniture et l'**hébergement** de **sites** internet, la maintenance automatisée de programmes, à distance et en ligne, l'administration de systèmes à distance, l'entreposage de

données en ligne, permettant le stockage et l'extraction de données particulières par voie électronique, la fourniture en ligne d'espace disque sur demande ;

– la fourniture de **logiciels** et la mise à jour de ceux-ci : logiciels utilisés en ligne ou téléchargés (notamment, programmes de passation des marchés/de comptabilité, logiciels antivirus) et leurs mises à jour, logiciels servant à empêcher l'apparition de bannières publicitaires, connus également comme filtres antibannières, pilotes à télécharger, tels que les logiciels d'interconnexion entre un ordinateur et des périphériques (tels que les imprimantes), installation automatisée en ligne de filtres sur des sites internet, installation automatisée en ligne de pare-feu ;

– la consultation ou le **téléchargement** d'éléments servant à personnaliser le « bureau » de l'ordinateur, de photos, d'images ou d'économiseurs d'écran ; le contenu numérisé de livres et autres publications électroniques ; l'abonnement à des journaux et à des périodiques en ligne ; les blogs et statistiques de fréquentation de sites internet ; les informations en ligne, informations routières et bulletins météorologiques en ligne ; les informations en ligne générées automatiquement par un logiciel, au départ de données saisies par le client, telles que des données juridiques ou financières (notamment, cours des marchés boursiers en temps réel) ; la fourniture d'espaces publicitaires, en ce compris de bannières sur un site ou une page internet ; l'utilisation de moteurs de recherche et d'annuaires internet ;

– la consultation ou le téléchargement de musique sur les ordinateurs et les téléphones mobiles, de sonals, d'extraits, de sonneries ou d'autres sons, de films ; le téléchargement de jeux sur les ordinateurs et les téléphones mobiles ; l'accès à des jeux automatisés en ligne qui sont dépendants de l'internet ou de réseaux électroniques analogues et où les différents joueurs sont géographiquement distants les uns des autres ; la réception d'émissions de radio ou de télévision diffusées via un réseau de radiodiffusion ou de télévision, l'internet ou un réseau électronique analogue, pour l'écoute ou la visualisation de programmes au moment choisi par l'utilisateur et à la demande individuelle de l'utilisateur, sur la base de la liste des programmes retenus par le fournisseur de services de médias, tels que des chaînes de télévision ou de vidéo à la demande ; la réception d'émissions de radio ou de télévision diffusées via internet ou un réseau électronique analogue (IP) sauf diffusion simultanée à leur transmission ou retransmission sur un réseau de radiodiffusion ou de télévision ; la fourniture de contenus audio et audiovisuels via des réseaux de communication et qui ne sont pas fournis par un prestataire de services de médias et sous la responsabilité éditoriale de celui-ci ; la fourniture ultérieure de la production audio et audiovisuelle d'un prestataire de services de médias, diffusée via des réseaux de communication par une personne autre que ledit prestataire ;

– l'**enseignement à distance** automatisé dont le fonctionnement dépend de l'internet ou d'un réseau électronique analogue et dont la fourniture exige une intervention humaine limitée, voire nulle, y compris les classes virtuelles, sauf lorsque l'internet ou un réseau électronique analogue est utilisé comme simple moyen de communication entre l'enseignant et l'étudiant ; les cahiers d'exercices complétés en ligne par les élèves, avec notation automatique ne nécessitant aucune intervention humaine (Règl. UE/282/2011 du 15-3-2011 art. 7, 2 et ann. I).

En ce qui concerne les services d'assistance téléphonique visant à répondre à des problèmes liés au réseau électronique, voir n° 25940, précisions.

Ne constituent **pas** des **services fournis par voie électronique,** notamment : **25965**

– les services de radiodiffusion et de télévision ;

– les services de télécommunication ;

– les biens pour lesquels la commande et le traitement de la commande se font par voie électronique ;

– les cédérom, disquettes et supports matériels analogues ;

– les imprimés tels que les livres, les lettres d'information, les journaux ou les périodiques ;

– les compact-disc et cassettes audio ;

– les cassettes vidéo et DVD ;

– les jeux sur cédérom ;

– les services de professionnels tels que les juristes et les consultants financiers, qui conseillent leurs clients par courrier électronique ;

– les services d'enseignement, lorsque le contenu des cours est fourni par un enseignant sur l'internet ou sur un réseau électronique (à savoir au moyen d'une connexion à distance) ;

– les services de réparation matérielle hors ligne de l'équipement informatique ;

– les services de stockage de données hors ligne ;

– les services de publicité, notamment dans les journaux, sur des affiches et à la télévision ;

– les services d'assistance téléphonique ;

– les services d'enseignement exclusivement fournis par correspondance, utilisant notamment les services postaux ;

– les services classiques de vente aux enchères reposant sur une intervention humaine directe, indépendamment de la façon dont les offres sont faites ;

– les billets d'accès à des manifestations culturelles, artistiques, sportives, scientifiques, éducatives, de divertissement ou autres manifestations similaires réservés en ligne ;

– les services d'hébergement, de location de voiture, de restauration, de transport de passagers ou services similaires réservés en ligne (Règl. UE/282/2011 art. 7, 3).

Ne constituent pas non plus des services fournis par voie électronique les services d'intermédiation fournis au nom et pour le compte d'autrui portant sur des prestations de services de nature tangible, qui exigent une intervention active de l'intermédiaire (BOI-TVA-CHAMP-20-50-40-20 n° 130).

SERVICES ÉLECTRONIQUES ET SERVICES TÉLÉPHONIQUES VIA INTERNET FOURNIS PAR UN INTERMÉDIAIRE

25970 Lorsque des services électroniques ou des services téléphoniques fournis via internet, y compris le protocole de téléphonie vocale via internet (VoIP), sont fournis par l'intermédiaire d'un **réseau de télécommunication,** d'une **interface** ou d'un **portail** tel qu'une **plate-forme de téléchargement,** l'assujetti qui s'entremet dans cette prestation est **présumé agir,** en son nom propre mais pour le compte du fournisseur de ces services (**intermédiaire opaque**).

Cette présomption peut être réfutée si le fournisseur est explicitement reconnu comme étant le prestataire par l'intermédiaire et que cela ressort des accords contractuels entre les parties.

Pour combattre cette présomption, les conditions suivantes doivent être réunies : chaque facture émise ou mise à disposition de chaque assujetti participant à la fourniture du service électronique doit préciser les services rendus ainsi que le prestataire de ceux-ci ; il en est de même de la facture remise au consommateur final. En revanche, dès lors que l'intermédiaire autorise la facturation au preneur ou la fourniture des services ou qu'il fixe les conditions générales, il est obligatoirement considéré comme un intermédiaire opaque.

Cette présomption d'opacité ne s'applique pas, en revanche, aux prestataires qui assurent uniquement le traitement des paiements et qui ne participent pas à la fourniture du service (Règl. UE/282/2011 art. 9 bis).

b. Règles de territorialité

PRINCIPES D'IMPOSITION

25980 Le lieu des prestations de services électroniques, de télécommunication, de radiodiffusion et de télévision est réputé se situer en France lorsqu'elles sont **effectuées en faveur de personnes non assujetties** qui sont établies, ont leur domicile ou leur résidence habituelle **en France,** quel que soit le lieu d'établissement du prestataire (CGI art. 259 D, I-1).

Les services de même nature qui sont fournis par un assujetti établi en France à une personne non assujettie établie ou domiciliée ou ayant sa résidence habituelle **dans un autre État membre** de l'UE sont situés dans ce dernier État. Les prestataires établis en France qui réalisent de telles opérations et dont le lieu d'imposition est situé dans un autre État membre ont la possibilité de se prévaloir du régime particulier de **guichet unique** dans les conditions prévues à l'article 298 sexdecies G du CGI (régime « OSS-UE » : n°s 33630 s.) (BOI-TVA-CHAMP-20-50-40-20 n° 210).

Remarque : Sur les règles de territorialité applicables, par **dérogation,** aux prestations réalisées par les **petits opérateurs,** voir n° 26010.

> **Précisions** **a.** En ce qui concerne les services de télécommunication, de radiodiffusion et de télévision et services électroniques fournis dans le cadre d'un service d'hébergement dans le secteur hôtelier ou similaire, voir n° 25080, précisions.
> **b.** Même en présence d'informations contraires, le prestataire de services de télécommunication, de services de radiodiffusion et de télévision ou de services fournis par voie électronique peut considérer qu'un preneur établi dans l'UE a le statut de personne non assujettie tant que ce dernier ne lui a pas communiqué son numéro individuel d'identification TVA (Règl. UE/282/2011 du 15-3-2011 art. 18, 2-al. 2).

25982 Lorsqu'un prestataire de services de télécommunication, de radiodiffusion ou de télévision ou d'un service électronique fournit ces services dans un lieu tel qu'une cabine téléphonique, une zone d'accès sans fil, un café internet, un restaurant ou le foyer d'un hôtel, où la **présence physique du preneur** à cet endroit est **requise** pour que le service lui soit fourni par le prestataire, il est **présumé** que le preneur est **établi** ou domicilié dans ce lieu (cette présomption vaut pour un **preneur assujetti ou non assujetti**). Si ce lieu se situe à bord d'un bateau, d'un avion ou d'un train effectuant un transport de passagers à l'intérieur de l'UE, le lieu de localisation du preneur est le pays de départ du transport (Règl. UE/282/2011 art. 24 bis).

Cette présomption peut toutefois être réfutée (voir n° 25990).

EXEMPLES

1. Un ressortissant français part en vacances en Espagne et achète un crédit pour utiliser pendant deux heures une connexion internet dans un café internet sur son lieu de vacances. Conformément à l'article 24 bis, 1 du règlement UE/282/2011, le crédit est soumis à la TVA espagnole (sous réserve de l'application du II de l'article 259 D du CGI : n° 26010). En revanche, toute autre prestation (services dits « over the top » ou OTT qui ne peuvent être fournis qu'au moyen d'une connexion établie par l'intermédiaire de réseaux de communication et qui ne requiert pas la présence physique du destinataire du service à l'endroit de la prestation) que le preneur achète pendant qu'il utilise la connexion n'entre pas dans cette présomption de localisation.
2. Si le preneur n'utilise pas la connexion sans fil d'un café internet mais passe par le réseau de son opérateur mobile français pour télécharger des chansons au format MP3 sur une plate-forme de vente en ligne, l'article 24 bis ne s'applique pas. Dans cette situation, le code mobile national de la carte SIM désignant la France, c'est la TVA française qui s'applique au service de télécommunication et à la vente de la chanson au format MP3 (n° 25985).

Lorsque des services de télécommunication, de radiodiffusion ou de télévision ou des services électroniques sont fournis à une **personne non assujettie** : **25985**

– par l'intermédiaire de sa **ligne fixe,** le preneur est présumé établi ou domicilié au lieu d'installation de la ligne fixe ;

– à partir de **réseaux mobiles,** le preneur est présumé établi ou domicilié dans le pays identifié par le code mobile national de la carte SIM utilisée ;

– au moyen d'un **décodeur,** d'un dispositif similaire ou d'une carte de décryptage sans utilisation d'une ligne fixe, le preneur est présumé établi ou domicilié au lieu où se trouve le décodeur ou le dispositif similaire ou, si ce lieu n'est pas connu, au lieu où la carte de décryptage est envoyée pour y être utilisée.

Si, dans un endroit donné, outre la ligne fixe, un décodeur ou une carte de décryptage sont également utilisés pour fournir les services, la présomption qui repose sur la ligne fixe prévaut (Notes explicatives du 3-4-2014 n° 7.4.2.1) ;

– dans d'**autres conditions** que celles visées ci-dessus et au n° 25982, le preneur est présumé établi ou domicilié au lieu identifié comme tel par le prestataire sur la base de deux éléments de preuve non contradictoires figurant sur la liste donnée au n° 25995 ou, si le chiffre d'affaires du prestataire n'excède pas 100 000 € au cours de l'année civile en cours et de l'année civile précédente, sur la base d'un seul de ces éléments (excepté les autres « informations commerciales ») fourni par une personne participant à la prestation de services autre que le prestataire ou le preneur (Règl. UE/282/2011 art. 24 ter).

Ces présomptions peuvent toutefois être réfutées (voir n° 25990).

Un prestataire peut **réfuter** les **présomptions** mentionnées au n° 25982 et aux trois premiers tirets du n° 25985 sur la base de trois éléments de preuve non contradictoires indiquant que le preneur est établi ou domicilié à un autre endroit (voir la liste des éléments autorisés au n° 25995). L'administration fiscale ne peut réfuter une présomption que lorsqu'il existe des indications d'abus ou de fraude. Le preneur du service ne peut jamais les réfuter (Règl. UE/282/2011 art. 24 quinquies). **25990**

Les **éléments de preuve** permettant de déterminer la localisation du preneur (n° 25985, dernier tiret) ou de réfuter des présomptions (n° 25990) sont **notamment** les suivants : adresse de facturation du preneur (excepté adresse électronique à laquelle une facture électronique est envoyée : Notes explicatives du 3-4-2014 n° 9.5.2) ; adresse IP du dispositif utilisé par le preneur ou toute autre méthode de géolocalisation ; coordonnées bancaires (lieu de tenue du compte utilisé pour le paiement ou adresse de facturation du preneur connue par la banque) ; code mobile national (MCC) de l'identité internationale de l'abonné mobile (IMSI) enregistré sur la carte SIM utilisée par le preneur ; localisation de la ligne fixe du preneur par l'intermédiaire de laquelle le service lui est fourni ; autres informations commerciales pertinentes (utilisation d'un mode de paiement propre à un État membre donné, historique des achats du consommateur, point de vente de cartes cadeaux, cartes cadeaux limitées à un pays, autocertification du preneur, etc.) (Règl. UE/282/2011 art. 24 septies ; Notes explicatives précitées n° 9.5.1). **25995**

EXCEPTION : RÉGIME DES PETITS OPÉRATEURS

26010 Par exception aux principes d'imposition énoncés au n° 25980, lorsque le **prestataire** est un assujetti remplissant les conditions d'application du régime des petits opérateurs (nos 23040 s.), les prestations de services électroniques, de télécommunication, de radiodiffusion et de télévision ne sont pas imposées dans l'État membre où sont établis ou domiciliés les clients non assujettis mais dans l'État membre d'établissement de ce prestataire.

Les prestations sont donc imposables en France lorsqu'elles sont fournies par le prestataire **établi uniquement en France** ou, en l'absence d'établissement, qui a uniquement en France son domicile ou sa résidence habituelle, à des personnes non assujetties établies ou domiciliées dans d'autres États membres de l'UE (CGI art. 259 D, II-1).

Symétriquement, les prestations fournies par le prestataire établi **dans un seul autre État membre** de l'UE ou, en l'absence d'établissement, qui a dans ce seul État membre son domicile ou sa résidence habituelle, à des personnes non assujetties établies ou domiciliées en France sont imposables dans cet autre État membre (CGI art. 259 D, I-2) (BOI-TVA-CHAMP-20-50-40-20 n° 220).

Toutefois, les assujettis concernés ont la **possibilité de renoncer** à l'application du **régime des petits opérateurs** (en exerçant une option ou en adhérant au régime de guichet unique « OSS-UE » : nos 23070 s.). Dans ce cas, les règles générales de territorialité exposées au n° 25980 s'appliquent.

TABLEAU RÉCAPITULATIF

26030 Le **tableau** reproduit ci-après récapitule le **lieu** des prestations de **services électroniques, de télécommunication, de radiodiffusion et de télévision** fournies à des preneurs non assujettis.

Lieu d'établissement du preneur	Lieu d'établissement du prestataire		
	France	Autre État de l'UE	Pays tiers
France	France	France (4)	France
Autre État de l'UE	État membre où est établi le preneur (1), (2)	État membre où est établi le preneur (1), (4)	État membre où est établi le preneur (1)
Pays tiers	Pays tiers (3)	Pays tiers (3)	Pays tiers (3)

(1) Sauf lorsque le service est utilisé dans un pays tiers et que l'État membre d'établissement du preneur a fait usage de la faculté offerte par l'article 59 bis, a de la directive TVA, auquel cas le lieu de la prestation est situé dans ce pays tiers.
(2) Par dérogation, lorsque la valeur totale, hors TVA, des prestations en cause et des VAD intracommunautaires de biens effectuées par cet assujetti ne dépasse pas 10 000 €, le lieu de la prestation est situé en France, sauf option pour l'imposition au lieu d'établissement du preneur (n° 26010).
(3) Sauf lorsque le service est utilisé dans un État membre autre que la France et que cet État membre a fait usage de la faculté offerte par l'article 59 bis, b de la directive TVA, auquel cas le lieu de la prestation est situé dans cet autre État.
(4) Par dérogation, lorsque la valeur totale, hors TVA, des prestations en cause et des VAD intracommunautaires de biens effectuées par cet assujetti ne dépasse pas 10 000 €, le lieu de la prestation est situé dans son État membre d'implantation, sauf option pour l'imposition au lieu d'établissement du preneur (n° 26010).

IV. SOLUTIONS DIVERSES ET CAS PARTICULIERS

1. FOIRES, SALONS ET CONGRÈS

a. Modalités d'organisation de ces manifestations

26050 L'organisation d'une foire, d'un salon ou d'un congrès est généralement confiée par un donneur d'ordre (souvent une association professionnelle) à un professionnel de l'organisation (désigné en pratique par le terme d'organisateur ou de « Professional Congress Organiser » dit « PCO »).

Ce professionnel est chargé de la **conception,** de l'organisation et/ou de la **commercialisation** de la manifestation et perçoit à ce titre, en son nom propre ou au nom et pour le compte de son mandant, les recettes provenant des **droits d'entrée** et autres services fournis aux visiteurs, celles tirées de la **location de stands** aux exposants, celles acquittées par les partenaires de l'événement avec lesquels peut être conclu un contrat de **sponsoring.**

Corrélativement, il lui appartient de gérer les relations avec les fournisseurs et prestataires auxquels il est recouru pour l'organisation de la manifestation. À ce titre, il lui revient d'acquitter, en son nom propre ou au nom et pour le compte de son mandant, les dépenses liées à la location et à l'aménagement du site dans lequel se tient la manifestation (centre de congrès, parc des expositions, etc.) et l'ensemble des dépenses relatives à la tenue de la manifestation (notamment celles qui concourent à la promotion de l'événement) (BOI-TVA-CHAMP-20-50-30 n° 390).

Lorsque le **donneur d'ordre cède à l'organisateur** le **droit d'exploiter une manifestation** dont il détient la propriété, cette cession ou concession, fournie entre assujettis, relève de la règle générale de territorialité qui fixe le lieu d'imposition au lieu d'établissement du preneur, c'est-à-dire au lieu d'établissement de l'organisateur (nos 24500 s.). Si l'organisateur est établi en France, il est donc redevable de la TVA sur cette cession de droits lorsque le donneur d'ordre n'est pas établi en France (BOI-TVA-CHAMP-20-50-30 n° 400). **26055**

Inversement, lorsque l'organisateur perçoit en sus des recettes produites par la manifestation une **rémunération** de la part de son donneur d'ordre en contrepartie de sa **prestation d'organisation de la manifestation,** cette dernière relève du principe général de taxation au lieu d'établissement du preneur de la prestation d'organisation, s'il est assujetti (CGI art. 259, 1° : nos 24500 s.) et de la règle dérogatoire de taxation à l'endroit où se tient la manifestation dans le cas contraire (CGI art. 259 A, 5°-a : nos 25600 s.) (BOI-TVA-CHAMP-20-50-30 n° 410). **26060**

EXEMPLE

Un assujetti organise en France pour le compte d'une collectivité territoriale étrangère non assujettie un salon destiné à promouvoir son territoire. Cette prestation d'organisation est taxable en France, lieu où se déroule la manifestation.

Lorsque l'**organisateur intervient au nom et pour le compte du donneur d'ordre,** lequel conserve donc la qualité d'organisateur (intermédiaire transparent), il fournit au donneur d'ordre une prestation d'intermédiation qui relève, si le donneur d'ordre est un assujetti, de la règle générale de territorialité qui fixe le lieu d'imposition au lieu d'établissement du preneur, c'est-à-dire le lieu d'établissement du donneur d'ordre (nos 24500 s.), ou de la règle dérogatoire de taxation au lieu de l'opération principale prévue par l'article 259 A, 7° du CGI si le donneur d'ordre est un non-assujetti (nos 25700 s.). **26065**

Dans une telle situation, le donneur d'ordre fournit les services aux exposants et visiteurs et demeure le preneur des prestations nécessaires à l'organisation de la manifestation. À cet égard, le professionnel mandaté pourra ne pas comprendre dans sa base d'imposition le remboursement des dépenses engagées au nom et pour le compte de son mandant s'il satisfait aux conditions posées par l'article 267, II-2° du CGI. De la même manière, il pourra recevoir mandat de facturer au nom et pour le compte de son donneur d'ordre les prestations fournies aux exposants et visiteurs (BOI-TVA-CHAMP-20-50-30 nos 420 et 430).

b. Prestations fournies aux visiteurs

Par visiteurs, il convient d'entendre les personnes qui accèdent à une manifestation, dont l'objectif est de collecter des informations, de faire des achats ou de prendre des contacts auprès des exposants pour des motifs liés ou non à leur activité professionnelle. **26080**

Au-delà des **droits d'accès** et de leurs **accessoires** (nos 25315 s.), et pour lesquels les règles applicables conduisent à une imposition au lieu de la manifestation sur le fondement de l'article 259 A, 5°-a ou 5° bis du CGI, l'organisateur peut fournir aux visiteurs d'une manifestation **divers services** qui ne constituent pas l'accessoire aux droits d'accès au sens du n° 25325.

Lorsque l'organisateur fournit au visiteur un ensemble de services comprenant, outre l'accès stricto sensu à la manifestation et ses accessoires, de telles prestations qui bien qu'étant nécessairement en rapport avec la manifestation ne constituent pas pour autant des prestations accessoires à l'accès à la manifestation au sens de l'article 259 A, 5° bis du CGI, ces prestations suivent leur régime propre.

Si l'ensemble des éléments fournis au preneur assujetti doit être considéré comme une **prestation unique,** il y a lieu de rechercher l'**élément prédominant** de cet ensemble pour déterminer le lieu de taxation de la prestation unique (BOI-TVA-CHAMP-20-50-30 nos 440 à 470).

> Précisions Sur le **taux** applicable en France aux droits d'accès à des foires, expositions et congrès, voir nos 89700 s.

c. Prestations fournies aux exposants

26090 Par « exposants », il convient d'entendre les personnes physiques ou morales qui, dans le cadre d'une manifestation commerciale, présentent leurs produits ou services au sein d'une surface d'exposition. De manière générale, la prestation ne se limite pas à la mise à disposition d'un espace réservé, mais consiste dans une combinaison de services de communication, de logistique et de promotion commerciale dont l'objectif est de permettre à l'exposant de présenter son offre au public. En effet, généralement, une série de services accompagne cette mise à disposition d'espace et la prestation globale fournie par l'organisateur à l'exposant est le plus souvent une opération complexe dont les diverses composantes ne doivent pas être scindées artificiellement dès lors que, prises séparément, elles n'ont pas d'intérêt pour le preneur.

Selon la CJUE, **l'ensemble complexe de ces services fournis doit être considéré comme une prestation unique** dont les diverses composantes ne peuvent être scindées. À cet égard, le fait que chacun des différents éléments d'une opération donne lieu, sur la facture, le contrat ou tout autre document, à une valorisation ne signifie pas nécessairement que l'on est en présence d'une opération composée de prestations distinctes (CJUE 27-10-2005 aff. 41/04 : RJF 1/06 n° 112 ; BOI-TVA-CHAMP-20-50-30 n°s 480 et 490).

26095 Cette qualification de prestation complexe conduit à situer le lieu de taxation de cette prestation unique en France sur le fondement de l'article 259 A, 5°-a du CGI lorsque la manifestation s'y déroule et que le **preneur** n'est **pas assujetti.** Elle emporte en revanche un rattachement différent lorsqu'elle est fournie à un preneur assujetti dès lors que cette prestation unique ne peut être considérée comme ayant pour objet de donner accès à la manifestation. En effet, quand bien même un des éléments composant cette prestation complexe comporterait l'octroi d'un certain nombre de droits d'accès à la manifestation pour les besoins du personnel de l'exposant ou de ses invités, cet élément ne peut être considéré comme l'élément prédominant et emporter la qualification de l'opération globale comme relevant de l'article 259 A, 5° bis du CGI.

Dès lors que ce service ne peut être rattaché à une autre exception au principe général de taxation au lieu d'établissement du preneur assujetti, cette prestation unique complexe est située au lieu du **preneur assujetti** conformément au principe posé à l'article 259, 1° du CGI (BOI-TVA-CHAMP-20-50-30 n° 500).

d. Distinction avec les notions voisines

PRESTATIONS SE RATTACHANT À UN IMMEUBLE

26110 Au regard des critères exposés aux n°s 25070 s., et les manifestations étant généralement organisées dans l'enceinte d'immeubles spécialement conçus pour les accueillir (parcs des expositions, centres de congrès notamment), les précisions suivantes peuvent être apportées.

26115 La **location par le propriétaire du site à l'organisateur de la manifestation** de l'immeuble pour la durée nécessaire à son organisation constitue une prestation consistant à octroyer un droit d'utilisation d'un bien immeuble relevant des dispositions de l'article 259 A, 2° du CGI.

Ainsi, lorsque le propriétaire du site octroie directement à l'exposant un droit d'utilisation sur l'immeuble ou une partie de l'immeuble, la prestation doit être imposée au lieu de l'immeuble (BOI-TVA-CHAMP-20-50-30 n° 520).

26120 En revanche, la **mise à disposition d'un stand** sur le site d'une foire ou d'une exposition, ainsi que d'**autres services connexes** permettant à l'exposant de présenter des objets, tels la conception du stand, le transport et l'entreposage des objets, la mise à disposition de machines, le câblage, l'assurance et la publicité, ne constitue pas un service se rattachant à un bien immeuble (Règl. UE/282/2011 du 15-3-2011 art. 31 bis, 3-e ; BOI-TVA-CHAMP-20-50-30 n° 525 ; CJUE 27-10-2011 aff. 530/09 : RJF 1/12 n° 87).

Une telle prestation relève donc, dans les relations « B to B », de la règle générale exposée aux n°s 24550 s.

PRESTATIONS RELEVANT DU RÉGIME PARTICULIER DES AGENTS DE VOYAGES

26140 Sur la définition de ces prestations relevant des dispositions de l'article 259 A, 8° du CGI, voir n°s 83700 s.

2. SERVICES RENDUS PAR LES MEMBRES DES PROFESSIONS JURIDIQUES OU JUDICIAIRES

26160 Les différentes prestations réalisées par les membres des professions juridiques ou judiciaires peuvent relever des règles générales de territorialité prévues à l'article 259 du CGI ou des règles particulières prévues par l'article 259 B du CGI. Cette distinction n'a pas d'intérêt dans le cadre des relations « B to B » : toutes ces prestations relèvent en effet de la règle générale fixant le lieu de la prestation au lieu d'établissement du preneur. Elles ont, en revanche, un intérêt dans le cadre des relations « B to C » : les prestations relevant de l'article 259 B du CGI sont soumises à des règles particulières de territorialité.

En outre, certains services rendus par les membres des professions juridiques ou judiciaires peuvent également relever des règles spécifiques de territorialité prévues par l'article 259 A du CGI (notamment des règles prévues pour les prestations se rattachant à un immeuble).

Les prestations réalisées par les membres des professions juridiques ou judiciaires, dans le cadre de la réglementation applicable à leur profession, sont, pour une part importante, de la nature de celles désignées à l'article 259 B du CGI (prestations de conseils). Il en est ainsi notamment : **26165**

- des **consultations** et de l'**assistance** en matière juridique, fiscale, administrative ;
- du **conseil** dans la rédaction des déclarations, mémoires, réponses et documents divers adressés aux administrations et à tous organismes ;
- de la **rédaction d'actes** publics ou sous seing privé, autres que ceux se rapportant à l'achat, la souscription ou la vente d'immeubles ou d'actions ou parts de sociétés immobilières (n° 25085) ;
- des **prestations** des **commissaires aux comptes** ;
- du **recouvrement** amiable ou judiciaire des **créances** ;
- des prestations de services des avocats qui constituent des **dépens.**

Certaines opérations réalisées par les membres des professions juridiques ou judiciaires peuvent être classées parmi celles des articles 259 et 259 A du CGI. Ainsi, constituent notamment des opérations relevant : **26170**

- de l'article 259 du CGI les actes de **poursuites** effectués par les **commissaires de justice** et dont les intéressés ont le monopole (BOI-TVA-CHAMP-20-50-50 n° 220) ;
- de l'article 259 A du CGI les **expertises** fournies à des personnes non assujetties qui portent **sur des biens meubles corporels** et ont trait à l'**évaluation** des **dommages** et des **indemnités d'assurances** destinées à réparer le préjudice qui en résulte.

AVOCATS

Les prestations réalisées par les avocats établis en France, dans le cadre de la réglementation applicable à leur profession, sont essentiellement de la nature de celles qui sont désignées à l'article 259 B du CGI. **26180**

Il en est ainsi notamment des prestations :

- de **postulation** (engagement de la procédure et conduite des instances dans les formes et délais requis) ;
- de **plaidoirie** (exposé, soutien de prétentions des clients devant les juridictions judiciaires ou administratives) ;
- de **consultation,** d'assistance, de représentation, de conseil ;
- de **rédaction d'actes juridiques** sous seing privé autres que ceux se rapportant à l'achat, à la souscription ou à la vente d'immeubles ou d'actions ou parts de sociétés immobilières ;
- de services des avocats qui constituent des **dépens.**

La prestation de **rédaction d'actes** juridiques sous seing privé **se rapportant à** l'achat, à la souscription ou à la vente d'**immeubles** ou d'actions ou parts de sociétés immobilières relève de l'article 259 A du CGI (n° 25085). Elle est imposable ou non en France selon que l'immeuble y est situé ou est situé à l'étranger.

Lorsque l'avocat procède au **recouvrement direct** de tout ou partie de sa prestation **auprès de la partie condamnée aux dépens,** le preneur de la prestation de l'avocat n'en demeure pas moins son client. **26185**

Autrement dit, les règles de territorialité applicables sont déterminées compte tenu de la qualité (assujetti ou non-assujetti) et du lieu d'établissement du client de l'avocat et non de la qualité et du lieu d'établissement de la partie condamnée aux dépens (D. adm. 3 A-1153 n° 41, non reprise au Bofip mais dont la solution nous paraît conserver sa valeur).

Les opérations effectuées par les avocats établis en France, autres que les prestations réalisées dans le cadre de la réglementation applicable à leur profession, relèvent, selon leur nature, des règles de territorialité qui leur sont propres, c'est-à-dire essentiellement des dispositions des articles 259 A, 2° ou 259 B du CGI. Ainsi, constituent notamment des opérations : **26190**

- de l'article 259 A, 2° du CGI les prestations de **gestion et** d'**administration** de **biens immobiliers,** les prestations d'**entremise** et de négociation en matière de **transactions ou** de **locations immobilières** (n° 25085) ;

– de l'article 259 B du CGI les prestations de **recouvrement de créances** (D. adm. 3 A-1153 n° 42, non reprise au Bofip mais dont la solution nous paraît conserver sa valeur).

PRESTATIONS D'ARBITRAGE

26200 Ne relèvent pas de l'article 59, c de la directive TVA (transposé à l'article 259 B du CGI) les prestations d'un **membre d'un tribunal arbitral** (CJUE 16-9-1997 aff. 145/96 : RJF 11/97 n° 1093).

Ces prestations relèvent des règles générales de territorialité exposées aux n°s 24500 s. et 24750 s.

EXÉCUTEUR TESTAMENTAIRE

26210 La prestation d'exécution testamentaire, qui peut impliquer des activités de gestion, des actes juridiques ainsi qu'un ensemble d'autres opérations matérielles ou juridiques, doit s'analyser comme une **prestation de services unique** ayant pour **objet de donner suite à la volonté du testateur.**

Il s'ensuit que le lieu d'imposition de cette prestation doit être situé au lieu d'établissement de l'exécuteur testamentaire lorsqu'elle est rendue à une personne non assujettie en application des dispositions de l'article 45 de la directive TVA (transposées en droit interne à l'article 259, 2° du CGI) (CJUE 6-12-2007 aff. 401/06 : RJF 2/08 n° 251 ; BOI-TVA-CHAMP-20-50-20 n° 300).

RÉDACTION D'UN ACTE NOTARIÉ

26220 La rédaction d'un acte par un notaire est **susceptible** de recevoir, selon l'objet sur lequel elle porte, **deux qualifications différentes** au regard des règles de territorialité de la TVA.

Lorsque l'acte conduit à opérer une modification dans la situation juridique d'un bien immeuble, la prestation du notaire est considérée comme se rattachant à l'immeuble et est située au lieu de l'immeuble, conformément à l'article 259 A, 2° du CGI, quelle que soit la qualité du preneur de la prestation (n° 25085).

Dans le cas contraire, la rédaction d'un acte notarié constitue une prestation de conseil dont le lieu de taxation diffère selon la qualité du preneur. Lorsque le preneur est assujetti à la TVA au sens de l'article 259-0 du CGI, la prestation du notaire est taxable au lieu d'établissement du preneur conformément à l'article 259, 1° du même Code. En revanche, lorsque le notaire est établi en France et que le preneur n'est pas assujetti au sens de l'article 259-0 du CGI, la prestation est située en France conformément à l'article 259, 2° de ce Code si le preneur est établi dans l'UE, mais n'est pas située en France lorsque le preneur n'est pas établi dans l'UE conformément à l'article 259 B, 4° du Code précité. Enfin, lorsque le notaire est établi hors de France, la prestation qu'il fournit à un preneur non assujetti établi en France n'est pas soumise à la TVA en France (sauf utilisation effective du service en France, voir n° 25900) (Rép. Joissains-Masini : AN 8-2-2011 n° 88614, non reprise au Bofip ; Règl. UE/282/2011 du 15-3-2011 art. 31 bis, 2-q et 3-h).

3. REPRÉSENTANT FISCAL D'UN BAILLEUR ÉTRANGER POSSÉDANT UN IMMEUBLE EN FRANCE

26230 La prestation réalisée par le représentant fiscal d'une personne établie en dehors de l'UE, et qui consiste en l'établissement des **déclarations fiscales,** l'**assistance** à l'occasion des contrôles fiscaux ou des **consultations diverses,** constitue une prestation de l'article 259 B du CGI. Dans le cadre des relations « B to B », ces prestations relèvent de la règle générale qui repose sur le critère du lieu d'établissement du preneur (n°s 24500 s.).

Lorsque ce même représentant réalise des prestations de **gestion ou** d'**administration de biens immeubles** ou d'entremise et de négociation en matière de transactions ou de locations immobilières, ces prestations relèvent des dispositions de l'article 259 A, 2° du même Code et sont taxables au lieu de situation de l'immeuble (n°s 25070 s.) (Rép. Philibert : AN 9-3-1992 n° 50054, non reprise au Bofip mais dont la solution nous paraît conserver sa valeur).

4. PRESTATIONS RÉALISÉES PAR LES GUIDES ET LES ACCOMPAGNATEURS

26240 Entrent dans le champ d'application des règles générales de territorialité les prestations réalisées par les guides et accompagnateurs. Ces prestations, lorsqu'elles sont fournies à une personne non assujettie, sont imposables en France lorsque le prestataire y a le siège de son activité ou un établissement stable à partir duquel le service est rendu ou, à défaut, son domicile ou sa résidence habituelle. Lorsqu'elles sont fournies à un preneur assujetti, elles sont imposables en France lorsque ce preneur y est établi ou domicilié. Toutefois, lorsque les guides et accompagnateurs interviennent, au nom et pour le compte d'autrui, dans des **opérations de logement**

ou de restauration matériellement exécutées hors de France, la prestation correspondant à ces opérations est exonérée de la TVA (CGI art. 263).

La prestation d'**enseignement** dispensée par les guides et les accompagnateurs de montagne constitue une prestation de l'article 259 A du CGI (voir nos 25310 s. et 25600 s.) (D. adm. 3 A-1153 n° 96, non reprise au Bofip mais dont la solution nous paraît conserver sa valeur).

SECTION 2

SERVICES LIÉS AUX ÉCHANGES EXTRACOMMUNAUTAIRES DE BIENS

Plusieurs catégories de **prestations de services liées** aux échanges extracommunautaires de biens, qui résultent d'opérations (**importations et exportations** : nos 21850 s.) réalisées avec des pays tiers (ou territoires assimilés) tels qu'ils sont définis au n° 18560, sont **exonérées** de TVA. **26400**

Il faut souligner que, bien qu'exonérées, ces prestations ouvrent, en principe, **droit à déduction** de la taxe d'amont ayant grevé les éléments de leur prix (n° 52900).

Remarques : **1.** Les **transports de marchandises à l'importation ou à l'exportation,** qui figurent parmi les prestations de services liées aux échanges extracommunautaires de biens, font l'objet de commentaires particuliers sous la rubrique consacrée aux transports internationaux (nos 27000 s.).

2. Les services portant sur des biens placés ou destinés à être placés sous **un régime douanier ou un entrepôt fiscal** sont régis par des dispositions particulières exposées aux nos 32250 s.

I. SERVICES SE RAPPORTANT AUX IMPORTATIONS

En application de l'article 262, II-14° du CGI, les prestations de services se rapportant à l'importation de biens en France ou dans un autre État membre de l'UE et **dont la valeur est comprise dans la base d'imposition à l'importation** sont exonérées de TVA. **26450**

Sont **notamment** visés, conformément à l'article 292, 2° et 3° du CGI (n° 22015), les frais de **transport,** de **commission,** d'**assurance** et d'**emballage** intervenant **jusqu'au lieu de destination** des biens et dont la valeur est comprise dans la base d'imposition lors du dédouanement.

S'agissant du cas des **services se rapportant à des importations exonérées,** voir n° 22015, précision e.

Lorsque la valeur des **services** n'est **pas comprise** dans la **base d'imposition à l'importation,** le montant de ces services est imposable, en principe, dans les conditions de droit commun (voir toutefois la mesure de tolérance exposée au n° 24580). **26455**

Lorsque le **bien importé** n'a **pas** de **valeur commerciale** intrinsèque, tels des déchets destinés à être éliminés, il n'existe pas de véritable base d'imposition à l'importation. Les services se rapportant à l'importation de tels biens (transport notamment) ne peuvent alors pas bénéficier de l'exonération prévue par l'article 262, II-14° du CGI (Note SLF du 12-10-1992). **26460**

Pour bénéficier de l'exonération, les prestataires intéressés doivent apporter la **preuve** que le montant de leur **rémunération** est **effectivement compris dans** la **base d'imposition à l'importation** (BOI-TVA-BASE-10-20-60-20 n° 140). À relever en la matière le caractère peu formaliste de la jurisprudence (CE 7-5-1986 n° 62591 : RJF 7/86 n° 681). **26465**

Il est toutefois admis que les prestataires qui éprouvent des **difficultés pour justifier** de l'exonération de leurs prestations soumettent leur rémunération à la TVA. Cette tolérance vise à résoudre les difficultés de justification de l'exonération de TVA auprès des services fiscaux sans remettre en cause le droit à déduction des preneurs assujettis de ces prestations. La soumission à la TVA de ces prestations de services en régime intérieur est donc sans incidence sur le calcul de la base d'imposition à l'importation tel que précisé aux nos 22005 s. La même tolérance s'applique aux assujettis redevables de la taxe sur les prestations réalisées dans un autre État membre au titre d'une importation et pour lesquelles ils éprouveraient des difficultés à justifier de leur incorporation dans la base d'imposition de l'importation effectuée dans l'État membre en question. Ces assujettis peuvent autoliquider la taxe dans les conditions de droit commun (BOI précité nos 150 et 160).

PRESTATIONS DES INTERMÉDIAIRES TRANSPARENTS

26475 Les prestations d'entremise rendues par les intermédiaires transparents à l'occasion de l'importation de biens meubles corporels en France sont exonérées de la TVA en application soit des dispositions combinées des articles 262, II-14° et 292 du CGI (n° 26480), soit de l'article 263 du même Code (n° 26485).

> **Précisions** Ces exonérations ne concernent pas le cas des intermédiaires qui prennent une part active à l'exécution de la livraison des biens en France par les entreprises étrangères établies hors de l'UE et qui, en vertu du dernier alinéa de l'article 266, 1-b du CGI, doivent acquitter la TVA sur la totalité de la transaction (Inst. 3 A-14-83, non reprise au Bofip mais dont la solution nous paraît conserver sa valeur).

26480 Les commissions perçues lors d'opérations d'entremise se rapportant à des importations de **biens vendus aux conditions de livraison en France** et effectuées par des intermédiaires transparents (agissant au nom et pour le compte d'autrui) ne sont pas soumises à la TVA dans la mesure où elles sont comprises dans la base d'imposition des biens à l'importation (n° 26450).

Pour bénéficier de cette exonération, les intermédiaires doivent apporter la **preuve** que leur commission est effectivement comprise dans la base d'imposition à l'importation (n° 26465) (BOI-TVA-CHAMP-30-30-20-40 nos 30 à 50).

26485 Les intermédiaires transparents dont l'entremise se rapporte à des importations de **biens vendus avant dédouanement ou aux conditions de livraison hors de France** sont exonérés de TVA en vertu de l'article 263 du CGI (n° 26700), dans la mesure où ils justifient (au moyen de factures, correspondance, etc.) que leur entremise porte sur de telles ventes (BOI-TVA-CHAMP-30-30-40 n° 20 ; CE 7-5-1986 n° 62591 : RJF 7/86 n° 681).

À défaut, ces prestations peuvent bénéficier, dans les conditions analysées au n° 26480, de l'exonération prévue par l'article 262, II-14° du CGI.

II. SERVICES LIÉS AUX EXPORTATIONS

26550 En application de l'article 262, I-1° et 2° du CGI, les prestations de services directement liées à l'exportation de biens meubles corporels (à destination de pays tiers ou territoires assimilés) sont **exonérées** de TVA.

Ces dispositions présentent un **caractère général.** Elles s'appliquent, quels que soient la qualité et le lieu d'établissement du donneur d'ordre (preneur), aux opérations portant sur des biens destinés à l'exportation telle que cette notion est définie aux nos 22400 s. (BOI-TVA-CHAMP-30-30-20-10 n° 1).

> **Précisions** À noter que la CJUE interprète de manière très restrictive la notion de « prestations directement liées à l'exportation ». Elle refuse, en effet, le bénéfice de l'exonération aux prestations qui sont liées à des exportations mais qui sont réalisées par des sous-traitants (n° 27190, précisions).

OPÉRATIONS CONCERNÉES

26560 Les prestations de services directement liées aux exportations de biens meubles corporels visées à l'article 262, I du CGI s'entendent des prestations qui **concourent à la réalisation matérielle d'une livraison de biens** à un acheteur établi **à l'étranger.**

Tel n'est pas le cas :

– de la prestation consistant à prendre envers un client l'engagement de satisfaire à ses besoins d'approvisionnement, même si ce client est établi à l'étranger (CE 15-12-2000 n° 194696 : RJF 3/01 n° 293) ;

– des prestations de nettoyage et de désinfection de cuves de véhicules de transport d'entreprises étrangères, en l'absence de la réalisation effective d'une livraison de certaines marchandises liquides sur une destination déterminée à l'étranger (CE 1-12-2004 n° 258780 : RJF 4/05 n° 313).

Outre les **transports** de marchandises à l'exportation (dont le régime est examiné aux nos 27190 s.), l'exonération de l'article 262, I du CGI concerne **notamment** les opérations suivantes : 26565

– **prestations accessoires aux transports** à l'exportation (location d'appareils de levage, fourniture de bâche, frais de transbordement de camion sur wagon ou inversement, frais afférents à des transports sous température dirigée, frais d'emballage, transports à vide, etc.) ;

– **opérations effectuées par** les **représentants en douane** et inhérentes à l'exportation : dépôt de déclaration pour le compte d'autrui, opérations matérielles accessoires à la présentation des marchandises en douane (ouverture et fermeture de colis, pesage, jaugeage, prélèvement d'échantillons, etc.), accomplissement de diverses formalités administratives rendues nécessaires par la constitution des dossiers d'exportation (formalités consulaires, établissement de connaissements et d'imprimés divers, correspondances, etc., formalités dont le coût est répercuté par les représentants en douane sur leurs clients au titre des « frais fixes ») ;

– **chargement et déchargement** des moyens de transport et **manutentions accessoires** des marchandises (arrimage, désarrimage, saisissage, accorage, hissage, relevage, marquage, étiquetage, comptage, triage ou ensachage de produits en vrac, mesurage, pesage, jaugeage, échantillonnage, remplissage, dépotage et groupage des cadres ou conteneurs, manutentions nécessaires à la présentation des marchandises en douane, expertise des marchandises, etc.) ;

– **locations des moyens de transport** (par route, fer, air, mer ou navigation intérieure), des engins de manutention (grues, ponts et tapis roulants, pompes, appareils de levage, diables, chariots, etc.), des contenants et des matériels pour la protection des marchandises exportées ;

– **gardiennage, magasinage et emballage** de ces marchandises ;

– travaux à **façon** portant sur des produits destinés à l'exportation ;

– **expertises d'assurances** sur les biens destinés à l'exportation et effectivement exportés (en revanche, les expertises qui ont pour objet de certifier la conformité des biens expédiés à partir de France à des normes notamment commerciales applicables dans le pays tiers de destination des marchandises ne sont pas directement liées à l'exportation et ne peuvent par suite bénéficier de l'exonération, dès lors qu'elles sont exclusivement destinées à permettre ou à faciliter l'importation des biens dans le pays tiers) ;

– **convoyage** de moyens de transport entre deux points sans transport à titre onéreux de passagers ou de marchandises ;

– **cession de certificats d'exportation** dans le cadre de la politique agricole commune (BOI-TVA-CHAMP-30-30-20-10 nos 20 à 140).

En ce qui concerne les prestations des **intermédiaires transparents** intervenant dans les exportations ou dans les prestations de services énumérées ci-dessus, voir no 26700.

L'exonération applicable aux prestations de services liées aux exportations prévue par l'article 262, I du CGI ne vaut, en principe, que lorsqu'elles se rapportent à une exportation effectuée depuis le territoire français. 26570

Toutefois, il est admis que les **services liés aux exportations** de marchandises **effectuées depuis un autre État membre** de l'UE soient, lorsque leur lieu d'imposition est en France, exonérés sur le fondement de l'article 146, 1-e de la directive TVA (en ce sens, Lettre DLF du 30-10-2009 ; voir l'exemple au no 27210).

FORMALITÉS

Pour les prestations mentionnées aux nos 26560 s., autres que les transports de marchandises (spécialement visés aux nos 27190 s.), les conditions d'octroi de l'exonération diffèrent selon que le donneur d'ordre est établi en France ou à l'étranger, étant observé que, dans le second cas, il ne peut s'agir que d'un donneur d'ordre non assujetti (si le donneur d'ordre établi à l'étranger est un assujetti, la prestation n'est, en effet, pas imposable en France : nos 24500 s.). 26580

Lorsque le **donneur d'ordre** est **établi en France,** c'est normalement au prestataire d'établir, par tout moyen reconnu valable, la **preuve** que le service rendu porte sur des biens destinés à l'exportation. 26585

S'il éprouve des difficultés pour apporter cette preuve, il peut demander à son donneur d'ordre de lui délivrer une **attestation** par laquelle celui-ci certifie que les prestations demandées portent sur des marchandises destinées à l'exportation et s'engage à acquitter la TVA au cas où ces marchandises ne recevraient pas cette affectation.

Les solutions exposées pour les transports de marchandises, en ce qui concerne le moment de la délivrance de l'attestation et les mentions que doit comprendre celle-ci (no 27245, b), sont transposables aux services liés aux exportations (BOI-TVA-CHAMP-30-30-20-10 no 150).

Remarque : Les **emballeurs** et les **façonniers** peuvent éventuellement demander à leur donneur d'ordre la délivrance d'attestations d'achats en franchise (voir n°s 30350 s.).

26590 Lorsque le **donneur d'ordre non assujetti est établi à l'étranger,** la preuve résulte normalement de l'**attestation** que le **donneur d'ordre** (ou la personne agissant pour son compte) doit délivrer au prestataire, certifiant que les services exécutés portent sur des marchandises destinées à l'exportation (CGI ann. III art. 73 H, I-1°).

En outre, le **prestataire** est tenu à des **obligations** similaires à celles indiquées, pour les transporteurs, au n° 27235, b (inscription au jour le jour en comptabilité, conservation des attestations et copies de factures délivrées par le donneur d'ordre). Toutefois, si le **prestataire** apporte la **preuve,** par tout moyen reconnu valable, que le service rendu a porté sur des marchandises destinées à l'exportation, il est dispensé d'exiger de son donneur d'ordre tant les attestations que les copies des factures (BOI-TVA-CHAMP-30-30-20-10 n°s 160 et 180).

III. TRAVAUX PORTANT SUR DES BIENS EXPÉDIÉS ENSUITE HORS DE L'UE

26650 En application de l'article 262, II-1° du CGI, sont exonérées de la TVA les prestations de services consistant en travaux (façon, réparation, entretien) portant sur des **biens** meubles **acquis ou importés en vue** de faire l'objet **de ces travaux** et qui sont **ensuite expédiés** ou transportés **en dehors** du territoire des États membres **de l'UE** par le prestataire de services ou par le **preneur** établi **hors de France** ou pour leur compte.

26655 La **portée** de cette **exonération** est limitée aux travaux effectués pour le compte de **preneurs non assujettis** établis hors de France, dès lors que les travaux sur biens meubles effectués pour le compte de preneurs assujettis établis hors de France ne sont pas imposables en France (n°s 24500 s.).

26660 L'exonération concerne exclusivement les biens dont l'**état** nécessite **lors de leur acquisition ou de leur importation** des travaux que le preneur étranger fait effectuer en France avant leur expédition ou leur transport hors de l'UE.

Elle ne s'applique pas aux travaux de réparation et d'entretien (y compris la fourniture de biens d'équipement et de pièces détachées incorporées) portant sur des véhicules routiers, des bateaux de plaisance, des avions de tourisme ou tout autre **moyen de transport à usage privé,** et qui sont devenus nécessaires à la suite d'une **panne** ou d'un **accident** survenu **pendant le séjour en France** de ces moyens de transport. Ces travaux demeurent donc imposables, sous réserve de la suspension de la TVA qui s'attache aux biens placés sous un régime douanier ou un entrepôt fiscal (n°s 32365 et 32855) (BOI-TVA-CHAMP-30-30-20-20 n°s 20 et 30).

26665 L'exonération ne s'applique pas aux travaux portant sur des biens qui sont ensuite **expédiés** ou transportés **dans un autre État membre** de l'UE (BOI-TVA-CHAMP-30-30-20-20 n° 10). Elle ne s'applique pas non plus aux travaux de réparation et d'entretien portant sur des bateaux fluviaux ayant leur port d'attache dans un autre État membre ou sur des **bateaux de plaisance** battant pavillon **d'un autre État membre.**

IV. PRESTATIONS DES INTERMÉDIAIRES TRANSPARENTS DANS LES EXPORTATIONS ET OPÉRATIONS HORS UE

26700 En application de l'article 263 du CGI, les prestations de services effectuées par les intermédiaires transparents (agissant au nom et pour le compte d'autrui) sont **exonérées** de TVA, lorsqu'ils interviennent soit dans les exportations et opérations assimilées exonérées par l'article 262 du CGI, soit dans les opérations réalisées hors de l'UE (marchandises situées et livrées dans un pays tiers ou biens vendus avant dédouanement, par exemple).

EXEMPLE

Un intermédiaire transparent établi en Pologne s'entremet, au nom et pour le compte d'une société établie en France, dans la revente à un client russe de marchandises préalablement achetées en Russie par la société française. Le lieu d'imposition de la prestation d'entremise est situé en France, pays dans lequel le preneur assujetti est établi (nos 24500 s.). Cette prestation d'entremise est toutefois exonérée de TVA sur le fondement de l'article 263 du CGI.

S'agissant du cas où l'intervention concerne des **importations,** voir n° 26485.

> Précisions La présente disposition ne s'applique pas aux prestations de services uniques réalisées par les **agences de voyages** et organisateurs de circuits touristiques. Mais l'article 262 bis du CGI exonère de TVA la partie de ces prestations se rapportant aux services exécutés hors de l'UE (voir n° 83865).

SECTION 3

TRANSPORTS INTERNATIONAUX

Les **transports de passagers** ou de voyageurs sont passibles en principe de la TVA française pour la distance parcourue en France, quelle que soit la qualité du preneur, assujetti ou non assujetti (nos 25130 s.). **27000**

S'agissant des transports **de marchandises ou de biens,** ceux effectués pour le compte de preneurs assujettis établis en France sont passibles en principe de la TVA française pour la distance totale du transport (nos 24500 s.) et ceux effectués pour le compte de preneurs non assujettis sont, quant à eux, passibles en principe de la TVA française :

– pour la distance totale du transport lorsqu'il s'agit d'un transport intracommunautaire et que le lieu de départ du transport se trouve en France (nos 25450 s.) ;

– pour la distance parcourue en France lorsqu'il s'agit d'un transport autre qu'un transport intracommunautaire (n° 25500).

Toutefois, l'application effective de la TVA française en vertu de ces règles est limitée aux transports (de marchandises ou de voyageurs) qui ne bénéficient pas de l'une des **exonérations** expressément prévues en matière de **transports internationaux.**

Il faut souligner que les transports ainsi exonérés ouvrent, en principe, **droit à déduction** de la taxe d'amont ayant grevé les éléments de leur prix (n° 52900).

Remarques : **1.** Les **autres services** (et notamment les prestations accessoires aux transports) liés aux **échanges extracommunautaires** de biens sont susceptibles d'être également exonérés de TVA dans les conditions exposées aux nos 26400 s.

2. En ce qui concerne :

– les transports entre la France continentale et la **Corse,** voir nos 94900 s. ;

– les transports réalisés par des **entreprises étrangères,** voir nos 31250 s. ;

– les transports de biens placés ou destinés à être placés sous **un régime douanier ou un entrepôt fiscal,** voir nos 32365, 32385 et 32855 ;

– les **opérations** portant sur les **navires et aéronefs,** voir nos 29000 s.

I. TRANSPORTS INTERNATIONAUX DE VOYAGEURS

L'article 262, II-8° à 10° du CGI exonère de la TVA : **27050**

– les transports **aériens ou maritimes** de voyageurs **en provenance ou à destination** de l'étranger ou des collectivités et départements d'outre-mer ;

– les transports **ferroviaires** de voyageurs **en provenance et à destination** de l'étranger (**transit**), ainsi que les transports de voyageurs effectués par les trains internationaux et sur les relations désignées à l'article 24 A de l'annexe IV au CGI ;

– les transports **par route** de voyageurs étrangers **en provenance et à destination** de l'étranger, circulant en groupe d'au moins dix personnes (**transit**).

TRANSPORTS AÉRIENS DE VOYAGEURS

27060 Les transports aériens de voyageurs en **provenance ou à destination** de l'étranger ou des collectivités et départements d'outre-mer sont exonérés (CGI art. 262, II-8°) même pour la partie du trajet effectuée au-dessus du territoire national dès lors que le point de **départ ou** le point d'**arrivée** sont situés à l'étranger ou dans les collectivités et départements d'outre-mer. Il en est de même, a fortiori, des transports de **transit** (BOI-TVA-CHAMP-20-60-10 n° 30).

27065 Les transports dont le point de **départ et** celui d'**arrivée** sont situés **en France** sont imposables en France pour la distance parcourue au-dessus du territoire national. Toutefois, il est admis que l'exécution sur le territoire français d'une fraction – initiale ou terminale – d'un transport aérien international par une autre compagnie que celle qui assure le vol international ne donne pas lieu à exigibilité de la TVA (BOI-TVA-CHAMP-20-60-10 n° 40).

EXEMPLE

Dans le cas d'une compagnie aérienne A qui dessert la ligne Lyon-Paris et qui délivre un billet pour le voyage Lyon-Paris-New York, le transport Lyon-Paris n'est pas soumis à la TVA, et ce au même titre que le trajet Paris-New York assuré par la compagnie aérienne B.

TRANSPORTS MARITIMES DE VOYAGEURS

27080 Les transports maritimes de voyageurs **à destination ou en provenance** de l'étranger ou des collectivités et départements d'outre-mer sont exonérés (CGI art. 262, II-8°).

Les transports entre ports français métropolitains (**cabotage national**) dont une **partie** est exécutée dans les **eaux internationales** sont imposables pour la distance parcourue à l'intérieur des eaux territoriales.

L'entreprise qui exécute une **partie** d'un **transport international** est exonérée dans la mesure où le transport qu'elle effectue, considéré isolément, est à destination ou en provenance de l'étranger ou est réalisé en dehors des eaux territoriales. Dans le cas contraire, elle doit la TVA (BOI-TVA-CHAMP-20-60-10 n° 60).

27085 Les transports par **navigation intérieure** de voyageurs sont imposables sur la partie française du parcours (BOI-TVA-CHAMP-20-60-10 n° 70).

TRANSPORTS FERROVIAIRES DE VOYAGEURS

27100 Les transports ferroviaires de voyageurs à **destination ou en provenance** de l'étranger sont imposables sur la partie française du parcours.

En revanche, sont exonérés de TVA, en application de l'article 262, II-9° du CGI, même pour la partie du trajet située sur le territoire national :

– les transports ferroviaires de voyageurs effectués par les **trains internationaux** et sur des relations comprenant certains parcours (fixés par l'article 24 A, 1° de l'annexe IV au CGI) ;

– les transports de groupes en trafic international dont l'effectif correspond au moins à la capacité d'une voiture-lits ou d'une voiture du chemin de fer, au départ et à destination de localités desservies par des aérodromes ouverts au trafic des passagers (CGI ann. IV art. 24 A, 2°) ;

– les transports effectués dans le cadre de la **liaison fixe transmanche** (CGI ann. IV art. 24 A, 3°).

27105 Les transports ferroviaires de voyageurs dont le point de **départ et** celui d'**arrivée** sont situés **en France** sont imposables pour la distance parcourue en France (BOI-TVA-CHAMP-20-60-10 n° 80).

TRANSPORTS PAR ROUTE DE VOYAGEURS

27120 Les transports par route de voyageurs à **destination ou en provenance** de l'étranger sont imposables sur la partie française du parcours (BOI-TVA-CHAMP-20-60-10 n° 90).

27125 Sont, en revanche, exonérés de TVA, en application de l'article 262, II-10° du CGI, les transports par route de voyageurs étrangers en provenance et à destination de l'étranger (**transit**) circulant en **groupe** d'au moins dix personnes (il doit s'agir de voyageurs de nationalité étrangère ou de voyageurs français résidant à l'étranger).

L'exonération s'applique, y compris dans l'hypothèse où les pays de provenance et de retour sont identiques. L'**interruption du transport** routier ne fait pas obstacle à l'exonération (tel est le cas lorsque les voyageurs s'arrêtent dans une ou plusieurs villes françaises ou lorsque les voyageurs disposent, pendant la durée du transport en France, de journées libres, et ce, quelle que soit la durée du séjour en France). Le redevable doit justifier des conditions de l'exonération au moyen de sa comptabilité et des documents annexes (copie du titre de transport, copie des documents commerciaux) (BOI-TVA-CHAMP-20-60-10 nos 100 à 150).

> **Précisions** Cette exonération s'applique dans l'hypothèse où l'opération en cause s'analyse effectivement comme une prestation de transport de personnes et non comme une prestation d'organisation de circuits touristiques. Tel est le cas notamment des **autocaristes** qui véhiculent en France des touristes étrangers pour le compte d'une agence de voyages (BOI précité n° 100).

II. TRANSPORTS INTERNATIONAUX DE MARCHANDISES

1. TRANSPORTS DE MARCHANDISES À L'IMPORTATION

En application de l'article 262, II-14° du CGI, les transports se rapportant à l'importation de biens en France ou dans un autre État membre de l'UE et dont la **valeur** est **comprise dans la base d'imposition à l'importation** sont exonérés de TVA, quel que soit le mode de transport utilisé. **27175**

Il s'agit des transports intervenant **jusqu'au lieu de destination** visé au n° 22015.

La même règle est applicable pour les **autres services** se rapportant aux importations (nos 26450 s.).

Les **transports** de marchandises à l'importation dont le lieu est situé en France et qui sont effectués **à partir du lieu de destination** visé au n° 22015 sont imposables dans les conditions de droit commun (sauf si les biens importés sont placés ou destinés à être placés sous un régime douanier ou un entrepôt fiscal, ces transports étant exonérés ou effectués en suspension de la TVA : nos 32250 s.). **27180**

2. TRANSPORTS DE MARCHANDISES À L'EXPORTATION

Les prestations de services directement liées à l'exportation sont **exonérées** de TVA en application de l'article 262, I du CGI (nos 26550 s.). **27190**

Il en est ainsi des transports de marchandises à destination de pays situés en dehors de l'UE (c'est-à-dire à destination de pays tiers ou territoires assimilés).

> **Précisions** Selon l'administration, les **transports effectués en sous-traitance** peuvent bénéficier de l'exonération prévue par l'article 262, I du CGI (en ce sens, BOI-TVA-CHAMP-20-60-20 n° 140 ; voir aussi n° 27195). La jurisprudence du Conseil d'État est dans le même sens (CE 18-2-1976 n° 98967 : RJF 4/76 n° 168).
> En revanche, selon la CJUE, les transports de biens à destination d'un pays tiers sont exclus de l'exonération lorsque ces services ne sont pas fournis directement à l'expéditeur ou au destinataire des biens mais au transporteur principal par un transporteur sous-traitant (CJUE 29-6-2017 aff. 288/16 : RJF 10/17 n° 1008). À noter toutefois que cette décision de la Cour de justice s'éloigne d'un courant jurisprudentiel plus libéral de la même Cour concernant l'exonération des services effectués pour les besoins directs des bateaux et de leur cargaison (voir n° 29300, précision a).

Cette exonération **concerne** : **27195**

- les transports de marchandises effectués à destination d'un port, aéroport, gare routière ouverte au trafic international, d'une ville ou gare frontière en vue de leur transbordement vers des pays tiers ;

- les transports de marchandises destinés à l'avitaillement des navires et aéronefs bénéficiant de l'exonération de la TVA et transbordées à cet effet dans un port ou aéroport ;

- les transports d'approche autres que ceux visés ci-dessus effectués pour le compte d'entreprises exportatrices en vue d'acheminer vers des pays ou territoires d'exportation des marchandises destinées à l'exportation, quel que soit le lieu d'établissement du donneur d'ordre. Il est admis que ces mêmes transports d'approche soient exonérés lorsqu'ils sont exécutés pour le compte d'un transporteur titulaire d'un contrat de transport international (BOI-TVA-CHAMP-20-60-20 n° 30 ; sur les transports d'approche, voir également n° 27200).

L'exonération, qui s'applique aux **transports d'approche** effectués en vue d'acheminer des marchandises hors de l'UE, concerne aussi bien les transports d'approche **nationaux** que les **27200** transports d'approche **intracommunautaires** de marchandises qui sont (directement ou à la suite de transbordement) immédiatement exportées à partir de la France ou éventuellement d'un autre État membre (BOI-TVA-CHAMP-20-60-20 n° 40).

EXEMPLE

Une entreprise française confie à un transporteur français le transport de Paris à Gênes de marchandises qu'elle exporte en Asie. Cette prestation peut être exonérée par le transporteur, dès lors qu'elle porte sur des biens dont l'exportation est justifiée (pour les formalités : voir nos 27220 s.) (BOI précité n° 50).

27205 L'exonération prévue par l'article 262, I du CGI s'applique aux opérations de **déménagement** à destination de pays tiers ou territoires assimilés (BOI-TVA-CHAMP-20-60-20 n° 280).

En revanche, les opérations de déménagement en provenance de ces pays tiers ou assimilés dont le lieu est situé en France sont imposables dans les conditions de droit commun. Il en va de même des opérations de déménagement de France vers un autre État membre de l'UE ou, inversement, dont le lieu est situé en France.

En ce qui concerne les déménagements en provenance ou à destination de la Corse, voir n° 94915.

27210 L'exonération applicable aux transports de marchandises à l'exportation prévue par l'article 262, I du CGI ne vaut, en principe, que lorsqu'ils se rapportent à une exportation effectuée depuis le territoire français.

Toutefois, il est admis que les **transports portant sur des marchandises exportées depuis un autre État membre** de l'UE soient, lorsque leur lieu d'imposition est en France, exonérés sur le fondement de l'article 146, 1-e de la directive TVA (Lettre DLF du 30-10-2009).

EXEMPLE

Une société établie en France achète des marchandises en Italie qu'elle fait expédier directement en Turquie. Elle fait réaliser le transport Milan-Istanbul par un transporteur italien et les opérations de chargement des marchandises sur le moyen de transport par une entreprise italienne. Le lieu d'imposition de ce transport et de ces opérations de chargement est situé en France (nos 24500 s.). Bien que les marchandises soient exportées à partir du territoire d'un autre État membre de l'UE, ce transport bénéficie de l'exonération à l'exportation sur le fondement de l'article 146, 1-e de la directive TVA. Il en va de même, comme indiqué au n° 26570, des opérations de chargement de marchandises.

Remarque : Si la société française prend également à sa charge les opérations de débarquement des marchandises en Turquie, le lieu de ces opérations sera situé en France (nos 24500 s.) mais celles-ci pourront échapper à la TVA française sur le fondement de la mesure de tolérance exposée au n° 24580.

FORMALITÉS

27220 L'exonération des transports de marchandises à l'exportation est subordonnée à la réalisation de formalités qui diffèrent selon la nature de ces transports.

27225 **Transports de marchandises vers un port ou aéroport en vue de leur transbordement** Pour ces transports, l'exonération est en principe subordonnée à la présentation d'une **attestation** délivrée par le **donneur d'ordre** (propriétaire, expéditeur ou commissionnaire de transports), visée par le service des impôts dont dépend ce donneur d'ordre et certifiant la destination des produits (CGI ann. III art. 73 A).

L'attestation doit être délivrée au plus tard lors de la facturation du transport. Elle mentionne le nom du donneur d'ordre, la destination des produits et leurs caractéristiques.

Les donneurs d'ordre qui réalisent de nombreuses expéditions vers l'étranger peuvent, sur demande justifiée, être **dispensés du visa** des attestations. La facture du transporteur doit alors mentionner le numéro et la date de la décision de dispense.

L'attestation n'est pas exigée si le **transporteur** peut apporter la **preuve** par tout moyen reconnu valable (feuille de route ou récépissé de transport, par exemple) que le transport des marchandises est effectué à destination d'un port ou d'un aéroport en vue de leur transbordement vers un pays situé en dehors de l'UE (BOI-TVA-CHAMP-20-60-20 nos 80 à 100).

> **Précisions** Les transporteurs qui éprouvent des difficultés pour présenter les justificatifs exigés pour bénéficier de l'exonération peuvent facturer en franchise de taxe sous le couvert des **attestations d'achats en franchise** (voir, à cet égard, nos 30350 s.).

27235 **Transports exécutés pour le compte de donneurs d'ordre non assujettis établis à l'étranger** **a.** L'exonération est subordonnée, en principe, à la délivrance par le **donneur d'ordre** (ou la personne agissant pour son compte) d'une **attestation** certifiant la destination à l'exportation des marchandises transportées (CGI ann. III art. 73 H, I-1°).

b. En outre, le **transporteur** est tenu :

– d'inscrire, jour par jour, dans sa **comptabilité** ou sur le livre spécial visé au n° 44745, les transports effectués pour le compte d'entreprises étrangères (avec la date de l'inscription et les noms et adresses des donneurs d'ordre étrangers) ;

– de mettre **à l'appui de sa comptabilité** les attestations qui lui sont délivrées par ses clients étrangers et les copies des factures que ces derniers doivent lui renvoyer, annotées des références aux déclarations d'exportation des marchandises transportées (CGI ann. III art. 73 H, II).

c. Toutefois, les formalités visées aux a et b ne sont pas exigées si le transporteur peut présenter l'**attestation** prévue au n° 27225.

d. Par ailleurs, les **transporteurs** qui apportent, par tout moyen, la **preuve** que les transports ont été effectués en vue d'acheminer des marchandises destinées à l'exportation sont dispensés d'exiger de leurs clients étrangers les attestations et copies de factures (BOI-TVA-CHAMP-20-60-20 nos 110 à 130).

Remarque : Il est rappelé que les transports exécutés pour le compte de **donneurs d'ordre assujettis** établis à l'étranger ne sont pas imposables en France (nos 24500 s.).

Autres transports de marchandises Il s'agit essentiellement des transports de marchandises afférents aux expéditions directes vers un pays tiers et des transports d'approche (autres que ceux à destination d'un port ou d'un aéroport), effectués pour le compte d'un donneur d'ordre établi en France. **27245**

a. Pour ces transports, l'exonération est subordonnée à la **preuve** que les transports exécutés entrent dans les prévisions de l'article 262, I du CGI. Cette preuve, qui est fournie par tout moyen, incombe aux **transporteurs,** mais il appartient à l'administration d'apprécier, sous le contrôle du juge de l'impôt, les justifications fournies.

b. Les transporteurs qui éprouvent des **difficultés** pour apporter cette preuve peuvent demander à leur **donneur d'ordre** de leur délivrer une **attestation** par laquelle celui-ci certifie la destination des marchandises et s'engage à acquitter la TVA au cas où ces marchandises ne recevraient pas cette destination. L'attestation doit être **délivrée, au plus tard,** au moment de la facturation du transport. Elle mentionne, outre le nom du donneur d'ordre et la destination des marchandises, les caractéristiques des marchandises transportées et, le cas échéant, tout renseignement concernant cette destination (notamment la référence à la déclaration d'exportation). Lorsqu'ils ne sont pas connus au moment de la délivrance de l'attestation, les renseignements peuvent être communiqués au transporteur, après cette délivrance, au moyen d'une note complémentaire portant référence à l'attestation concernée (BOI-TVA-CHAMP-20-60-20 nos 140 à 160).

> **Précisions** **a.** Un **carnet TIR** visé par la douane du pays de destination peut constituer un élément de preuve de la réalité d'un transport de biens à l'exportation (CJUE 8-11-2018 aff. 495/17 : RJF 1/19 n° 116).
> **b.** Les transporteurs qui éprouvent des difficultés pour présenter les justificatifs exigés pour bénéficier de l'exonération peuvent facturer en franchise de taxe sous le couvert des **attestations d'achats en franchise** (voir, à cet égard, nos 30350 s.).

3. TRANSPORTS DE BIENS INTÉRESSANT MADÈRE ET LES AÇORES

En application de l'article 262, II-11° bis du CGI, les prestations de transport intracommunautaire de biens effectuées à destination ou en provenance des Açores ou de Madère sont **exonérées** de la TVA. **27255**

4. ACHEMINEMENT DU COURRIER

Les sociétés de courrier établies en France participent activement au trafic international des plis, paquets ou colis. **27265**

L'acheminement des envois par ces sociétés constitue une prestation de transport. Le régime d'imposition de cette prestation diffère selon qu'elle est réalisée à l'exportation ou à l'importation.

À l'**exportation,** la prestation que ces sociétés assurent, pour le compte des expéditeurs français, en acheminant vers des pays ou territoires d'exportation des plis, paquets ou colis qui leur sont confiés est exonérée de la TVA en application de l'article 262, I du CGI (BOI-TVA-CHAMP-20-60-20 n° 60).

27265 (suite) À l'**importation,** les sociétés de courrier établies en France agissent généralement en qualité de sous-traitant des sociétés de courrier étrangères, responsables à l'égard de l'expéditeur étranger de l'arrivée chez le destinataire des plis, paquets ou colis.

Dès lors, le prix de la prestation rendue par les sociétés de courrier françaises ne constitue pas un élément direct de la valeur à l'importation des envois et, par suite, cette prestation ne peut être exonérée en application des dispositions combinées des articles 262, II-14° et 292, 2° du CGI. Toutefois, il a été admis que le manifeste sous le couvert duquel les biens transportés par ces sociétés sont introduits ait valeur de déclaration de transit communautaire de la frontière jusqu'au lieu de dédouanement. Dès lors qu'elle porte sur des envois placés sous le régime du transit, la prestation est exonérée en vertu de l'article 291, III-2° du CGI (n° 32385) (BOI précité n° 205).

CHAPITRE 3

DISPOSITIONS DIVERSES

SOMMAIRE

28500 Pour en terminer avec l'étude de la territorialité de la TVA, nous examinerons diverses dispositions particulières qui, bien que concernant des sujets différents, ont entre elles un **point commun** : elles sont toutes susceptibles d'intéresser **à la fois,** de façon globale ou partielle, des **opérations portant sur des biens** et des **prestations de services.**

SECTION 1

OPÉRATIONS PORTANT SUR LES NAVIRES ET LES AÉRONEFS

29000 Plusieurs catégories d'opérations portant sur les navires, aéronefs et leur cargaison sont **exonérées** de la TVA. Nous examinerons successivement les règles prévues en cette matière, d'abord pour les navires (nos 29100 s.), puis pour les aéronefs (nos 29400 s.), l'exposé s'achevant sur une disposition commune relative à l'avitaillement des navires et aéronefs (nos 29650 s.).

Remarques : **1.** Bien qu'exonérées, ces opérations ouvrent, en principe, droit à déduction de la taxe d'amont ayant grevé les éléments de leur prix (n° 52900).

2. Des exonérations sont également prévues en matière d'acquisition intracommunautaire ou d''importation de navires, d'aéronefs et d'objets incorporés (voir nos 19825 et 22250).

I. OPÉRATIONS AFFÉRENTES AUX NAVIRES

1. BÂTIMENTS INTÉRESSÉS

29100 Les opérations définies aux nos 29150 s., 29220 s. et 29300 s. sont exonérées de TVA lorsqu'elles portent sur les navires suivants (CGI art. 262, II-2°) :

– navires de **commerce maritime** affectés à la navigation en haute mer ; il s'agit des navires d'une longueur hors tout supérieure ou égale à 15 mètres et qui remplissent cumulativement les **quatre conditions** suivantes : 1° inscription comme navire de commerce sur un registre commercial (pour les navires battant pavillon étranger, l'inscription s'entend de la reconnaissance par une autorité étrangère de l'affectation à une activité commerciale) ; 2° présence à bord d'un équipage permanent ; 3° affectation à une activité commerciale ; 4° navigation en dehors des eaux territoriales françaises représentant au moins 70 % de l'ensemble des trajets du navire. Les sorties en mer doivent constituer l'activité principale du navire par rapport à son activité à quai (BOI-TVA-CHAMP-30-30-30-10 nos 10 et 30) ;

– bateaux utilisés pour l'exercice d'une **activité industrielle en haute mer** ;

– bateaux affectés à la **pêche professionnelle maritime** ;

– bateaux de **sauvetage** et d'**assistance en mer.**

> Précisions **a.** S'agissant des **navires de commerce maritime,** le **pourcentage de 70 %** est déterminé chaque année. Il résulte du rapport entre le nombre de trajets au cours desquels le navire de commerce maritime sort des eaux territoriales françaises au cours de l'**année civile précédant** l'année d'application de l'exonération de TVA et l'ensemble des trajets effectués au cours de la même période. Lorsque ce pourcentage est égal ou supérieur à 70 % au titre d'une année civile, le navire ouvre droit à l'exonération au titre de l'année civile suivante. Lorsqu'il est inférieur à 70 %, l'exonération cesse de s'appliquer à compter du 1er janvier de l'année suivante.

Pour les **navires ayant une activité spécifique** et dont les sorties en mer sont aléatoires (navires chimiquiers ou câbliers, etc.), ce rapport peut être déterminé à partir du nombre moyen de trajets effectués au cours des cinq années précédant l'année d'application de l'exonération ou des années précédant l'année d'application lorsque le navire est utilisé depuis moins de cinq ans.

Seuls les **trajets** réalisés pour raisons commerciales, entendus comme toute navigation commerciale effectuée entre deux ports situés dans les eaux territoriales nationales, communautaires ou internationales, et où sont notamment effectuées les opérations de chargement/déchargement des marchandises et/ou d'embarquement/débarquement de passagers, sont pris en compte pour le calcul du pourcentage, à l'exclusion donc des essais en mer, des navigations pour aller au chantier, etc.

Le pourcentage de 70 % doit être justifié par tout moyen : journal de mer, livre de bord ou informations issues du système de navigation et des instruments de géolocalisation (relevé de position GPS, impression de trajectographie, trace AIS) du navire (BOI-TVA-CHAMP-30-30-30-10 n° 20).

b. Les exploitants des **navires de commerce maritime** affectés à la navigation en haute mer remettent à leurs fournisseurs une **attestation** établie sous leur propre responsabilité certifiant que le navire remplit les conditions requises et sur laquelle ils s'engagent à acquitter la taxe au cas où les conditions de l'exonération ne seraient pas remplies. Lors de la mise en service d'un navire de commerce neuf ou à l'occasion d'un changement de propriétaire ou lorsque le navire n'a jamais été exploité en France, l'exploitant assujetti peut, pour pouvoir bénéficier dès la première année de l'exonération de TVA, remettre à ses fournisseurs ou prestataires une attestation provisoire s'il estime que le navire remplira les conditions d'exonération prévues ci-dessus (si ces conditions ne sont pas remplies la première année, il devra régulariser la TVA et ne pourra pas bénéficier des exonérations sur les opérations réalisées l'année suivante) (BOI précité n° 140).

c. S'agissant des bateaux de **sauvetage** et d'**assistance en mer,** seuls sont concernés par l'exonération ceux effectivement utilisés à de telles missions, sans toutefois qu'une utilisation marginale à d'autres missions leur fasse perdre le bénéfice de l'exonération (CE 23-12-2010 n° 309886 : RJF 3/11 n° 293). L'administration admet que l'exonération prévue pour les bateaux de sauvetage et d'assistance en mer s'applique également aux entreprises de **pilotage,** de **remorquage** et de **lamanage** en ce qui concerne les bâtiments de mer utilisés pour les besoins de leur activité (BOI précité n° 70).

d. L'exonération est également accordée aux bâtiments acquis par les **ostréiculteurs, mytiliculteurs** et **conchyliculteurs** lorsque ceux-ci les utilisent concurremment pour la pêche maritime et pour leur activité ostréicole, mytilicole et conchylicole et que la pêche constitue leur activité principale (BOI précité n° 60).

Les bateaux qui n'entrent pas dans l'une des catégories visées ci-dessus sont exclus de l'exonération. C'est notamment le cas des bateaux industriels utilisés **à l'intérieur des eaux territoriales,** des bateaux de **sport ou** de **plaisance** (voir la précision a figurant sous le n° 29150), des bâtiments de la **Marine nationale** (s'agissant de l'avitaillement des navires de guerre, voir toutefois n° 29650), des bateaux naviguant sur les **fleuves internationaux.** Les opérations portant sur ces bâtiments obéissent aux règles générales de territorialité (nos 19250 s. et 24500 s. ; voir également n° 29320). **29110**

2. OPÉRATIONS CONCERNANT LES NAVIRES EUX-MÊMES

En application de l'article 262, II-2° du CGI, sont exonérées de la TVA les opérations de **livraison,** de **réparation,** de **transformation,** d'**entretien,** d'**affrètement** (total ou partiel) et de **location** qui portent sur les bâtiments visés au n° 29100. **29150**

> Précisions **a.** L'exonération ne s'applique pas aux opérations de **location et** d'**affrètement** qui consistent, contre rémunération, à mettre un **navire,** avec ou sans équipage, à la disposition de personnes à des fins de **voyages d'agrément,** y compris lorsque ce voyage se déroule en haute mer, et qui n'affectent pas elles-mêmes le navire à une activité rémunérée (CJUE 22-12-2010 aff. 116/10 : RJF 3/11 n° 395). Ces prestations de location et d'affrètement, effectuées pour les besoins de voyages d'agrément, sont donc soumises à la TVA selon les règles de droit commun déterminées pour les besoins des navires de plaisance à usage privé. Il en va de même des opérations effectuées par des intermédiaires qui s'entremettent entre l'exploitant du navire et la personne qui l'utilise à des fins d'agrément (BOI-TVA-CHAMP-30-30-30-10 n° 180).

En revanche, l'exonération s'applique aux opérations autres que la location et l'affrètement (livraison, réparation, transformation, entretien, avitaillement, amarrages, services portuaires, importation...) portant sur les navires mis à disposition avec équipage pour les besoins de l'agrément du client (en ce sens, Rép. Marie-Jeanne : AN 20-9-2016 n° 84681).

À cet égard, il est précisé que, dans le cas de ces navires, pour le respect du critère de 70 % de la navigation hors des eaux territoriales nationales (n° 29100, précision a), un contrat de charter constitue un unique trajet dès lors qu'aucun passager nouveau n'est embarqué ou qu'aucun passager n'est débarqué définitivement au cours d'une escale. Dans le cas contraire il sera décompté autant de trajets que le contrat compte d'escales (BOI précité n° 30).

Une exonération particulière est prévue pour les **locations de courte durée** de **navires de grande plaisance** en **Guadeloupe** et à la **Martinique** (voir n° 93800).

b. Il est admis que les constructeurs, réparateurs et transformateurs puissent **acquérir en franchise** de taxe, sous le couvert d'**attestations** du type de celle prévue à l'article 275, I du CGI (nos 30350 s.), les biens destinés aux livraisons visées à cet article (exportations, livraisons intracommunautaires...) ainsi que les fournitures nécessaires à la construction, à la réparation ou à la transformation des bâtiments exonérés (BOI précité n° 190).

29155 Les entreprises qui participent à des opérations de construction, de transformation ou de réparation en qualité de **sous-traitants** sont exonérées au même titre que le maître d'œuvre (BOI-TVA-CHAMP-30-30-30-10 n° 210).

29160 Les opérations destinées à **transformer en navire de commerce maritime** un navire n'ayant pas encore cette affectation ne bénéficient pas de l'exonération (Comité MOA 23-5-2002, non repris au Bofip mais dont la solution nous paraît conserver sa valeur). De même, la **commercialisation de parts de copropriété** de navires de commerce maritime, qui constitue une activité distincte de la livraison de navires, n'est pas exonérée (CAA Bordeaux 5-2-2004 n° 00-1037 : RJF 6/04 n° 584).

JUSTIFICATIFS À FOURNIR

29170 En dehors des obligations prévues à titre général, pour tous les redevables, les entreprises qui réalisent des opérations exonérées sont soumises à des formalités particulières fixées par les articles 42 à 46 de l'annexe IV au CGI.

29175 Pour toutes les opérations éligibles à l'exonération (**livraison, réparation, transformation, entretien, affrètement** et **location**), le vendeur ou le prestataire doit tenir à l'appui de sa **comptabilité** :

– soit l'indication du numéro et de la date de l'acte de francisation ou d'inscription dans un bureau de douane ou de documents équivalents pour un navire ne battant pas pavillon français ;

– soit, si ce titre n'a pas encore été délivré, le duplicata de la demande de francisation ou de l'inscription en douane visé par le service des douanes et qu'il leur appartient de réclamer à leurs acheteurs, ou de documents équivalents pour les navires étrangers.

Les références correspondantes doivent être reportées sur la **facture** destinée au client.

Lorsque l'administration délivrant l'immatriculation au commerce subordonne celle-ci à la réalisation du transfert de propriété du navire, il est admis que la mention « livraison exonérée en application du II de l'article 262 du CGI sous réserve de l'immatriculation définitive au commerce par l'administration de », complétée par le nom du pays dont le navire battra pavillon, remplace le numéro d'immatriculation.

Le vendeur ou le prestataire doit également détenir l'**attestation** établie par l'exploitant du navire mentionnée au n° 29100, précision b (BOI-TVA-CHAMP-30-30-30-10 n° 220).

29180 Les personnes qui réalisent des opérations de **réparation, entretien** et **transformation** doivent faire apparaître distinctement dans leur **comptabilité** le montant des fournitures d'articles, quelle que soit leur nature, nécessitées par ces opérations (BOI-TVA-CHAMP-30-30-30-10 n° 230).

29185 **Remarque** : Lorsqu'il n'est **pas l'utilisateur du navire exonéré,** le **client** délivre à son fournisseur une attestation, établie sous sa responsabilité, mentionnant les nom et adresse de l'entreprise utilisatrice du navire exonéré (compagnie de navigation, pêcheurs professionnels notamment) et comportant toutes précisions utiles sur le navire (voir à cet égard n° 29175 ci-dessus) (BOI-TVA-CHAMP-30-30-30-10 n° 230).

3. OPÉRATIONS PORTANT SUR LES OBJETS INCORPORÉS DANS LES NAVIRES ET SUR LES ENGINS ET FILETS DE PÊCHE

29220 En application de l'article 262, II-3° du CGI, les opérations de **livraison,** de **location,** de **réparation** et d'**entretien** portant sur les objets destinés à être incorporés dans les navires et bateaux visés au n° 29100 ou utilisés pour leur exploitation en mer sont exonérées de TVA. Il en est de même pour les engins et filets de pêche et certains vêtements utilisés pour la pêche professionnelle maritime. L'exonération concerne les livraisons faites aux **utilisateurs** ainsi que les prestations de location, de réparation et d'entretien rendues à ces mêmes personnes. Toutefois, cette condition n'est pas exigée lorsqu'en raison de la nature des biens leur utilisation dans les conditions permettant l'exonération ne fait aucun doute (BOI-TVA-CHAMP-30-30-30-10 n° 300).

Les entreprises qui participent à des opérations de **construction ou** de **réparation** des objets mentionnés au n° 29225 en qualité de **sous-traitants** sont exonérées au même titre que le maître d'œuvre (BOI précité n° 320).

> **Précisions** Il est admis que les constructeurs et les réparateurs puissent **acquérir** en **franchise** de taxe, sous le couvert d'**attestations** du type de celle prévue à l'article 275, I du CGI (n°s 30350 s.), les biens destinés aux livraisons visées à cet article (exportations, livraisons intracommunautaires...) ainsi que les fournitures nécessaires à la construction ou à la réparation des objets désignés à l'article 262, II-3° du CGI (BOI précité n° 310).

Le mot « incorporés » ne doit pas être pris dans son sens littéral et l'exonération est admise pour les objets de gréement et d'armement dont certains ne sont pas, au sens strict du mot, incorporés dans le navire. **29225**

Les **objets concernés** sont notamment :

– les produits, appareils et articles destinés soit à former le corps du navire avec tous ses appareils et instruments de bord, soit à constituer l'outillage de celui-ci (conteneurs maritimes), l'ameublement des salons et cabines, leur mobilier et leur décoration ;

– les engins et filets pour la pêche maritime (voir les précisions a et b ci-après) ;

– les vêtements du personnel des compagnies de navigation (uniforme...) et les vêtements professionnels (bottes, cirés, gants) livrés à des armateurs à la pêche ou à des patrons pêcheurs, dès lors qu'ils restent la propriété des compagnies, armateurs ou patrons pêcheurs et sont repris à l'inventaire de bord (BOI-TVA-CHAMP-30-30-30-10 nos 260 et 270).

> **Précisions a.** S'agissant des **engins et filets de pêche,** l'exonération ne s'applique qu'aux produits destinés à la **pêche maritime professionnelle,** y compris la **pêche à pied.** Par « engins et filets de pêche », il faut entendre les produits et objets susceptibles d'attirer, d'appâter, de prendre et de conserver le poisson (appâts, lignes, hameçons, filets, carrelets, chaluts et leurs accessoires, caisses d'emballage, produits utilisés pour la conservation des filets). L'exonération ne s'applique pas, en principe, aux matières premières servant à fabriquer les engins et filets. Toutefois, l'exonération a été étendue aux cordes et ficelles spéciales pour chaluts et filets de pêche lorsque les clients (pêcheurs ou armateurs) procèdent eux-mêmes à la fabrication ou à la réparation de leurs filets et aux bois, lattes et feuillards livrés en vue de la fabrication des casiers pour la pêche des crustacés (BOI précité nos 280 et 290).
> **b.** L'élevage des huîtres, des moules et des autres coquillages ne procédant pas de l'exercice de la pêche maritime, les **produits et engins livrés aux ostréiculteurs, mytiliculteurs et conchyliculteurs** ne peuvent bénéficier de l'exonération de l'article 262, II-3° du CGI (BOI précité n° 280).

JUSTIFICATIFS À FOURNIR

Opérations portant sur les objets incorporés dans les navires Les entreprises qui réalisent des opérations de **livraison, location, réparation** et **entretien** d'objets destinés à être incorporés dans les bâtiments et bateaux visés au n° 29100 ou à être utilisés pour leur exploitation en mer doivent indiquer sur leurs **factures** le nom du navire, les numéro et date de francisation ou d'inscription correspondants ou la mention équivalente pour les navires étrangers ainsi que la qualité de l'acheteur ou du donneur d'ordre (compagnie de navigation, pêcheur maritime professionnel notamment). À cet effet, l'intéressé doit remettre à son fournisseur une attestation établie sous sa propre responsabilité, soit pour chaque commande, soit pour l'année entière (dans ce cas, les fournisseurs indiquent au verso de l'attestation les dates et les numéros des factures établies au bénéfice du signataire) (BOI-TVA-CHAMP-30-30-30-10 n° 340). **29240**

Les produits et fournitures achetés par les compagnies de navigation et les armateurs à la pêche peuvent être **conservés** par ces derniers **avant d'être incorporés** dans l'un des navires exploités. Dans ce cas, les fournisseurs sont dispensés de porter sur leurs factures les mentions relatives à l'identité du bâtiment mais, en contrepartie, l'attestation de l'acheteur doit indiquer que les produits sont destinés à être conservés provisoirement en magasin et l'acheteur doit pouvoir justifier la destination donnée ultérieurement aux produits (BOI-TVA-CHAMP-30-30-30-10 n° 350). **29245**

S'agissant des **livraisons de vêtements professionnels de l'équipage des bateaux de pêche** (visés au n° 29100), les armateurs ou les patrons pêcheurs doivent, en principe, avant la livraison des biens, remettre à leurs fournisseurs une **attestation,** visée par le service des impôts dont ils **29250** dépendent, indiquant, pour chaque commande, le nom du bâtiment ou du navire affecté à la pêche professionnelle maritime et sur lequel les vêtements professionnels sont destinés à être utilisés. Lorsque la présentation de l'attestation au visa du service constitue une gêne sérieuse, le directeur départemental des finances publiques peut, sur justification, accorder une dispense du visa, valable pour l'année en cours. La décision de dispense est mentionnée sur l'attestation délivrée au fournisseur. Au début de l'année suivante, les armateurs ou les patrons pêcheurs déposent auprès du service des impôts un relevé indiquant le nom du bâtiment ou du navire, l'importance de l'équipage et faisant apparaître, au regard de chaque fournisseur, la nature, le nombre et le montant des achats de vêtements professionnels effectués en exonération de taxe pour les besoins de l'activité de pêche professionnelle maritime.

De leur côté, les fournisseurs sont tenus, après s'être assurés de la qualité de pêcheur professionnel maritime de leurs clients, de mettre à l'appui de leur comptabilité les attestations délivrées par ceux-ci et d'indiquer sur leurs factures, outre le nom de l'armateur ou du patron-pêcheur, le nom du bâtiment ou du bateau et, le cas échéant, les numéro et date de francisation ou d'inscription correspondants (BOI-TVA-CHAMP-30-30-30-10 nos 390 et 400).

29260 Les entreprises qui réalisent des opérations de **réparation** et d'**entretien** portant sur les objets désignés ci-dessus (no 29225) doivent, **en outre,** tenir leur **comptabilité** de façon à faire apparaître distinctement le montant des fournitures d'articles que nécessitent les opérations de réparation ou de transformation, et ce quelle que soit la nature des articles (BOI-TVA-CHAMP-30-30-30-10 no 370).

29270 **Engins et filets de pêche** En raison des difficultés que l'application stricte des dispositions de l'article 44 de l'annexe IV au CGI pourrait entraîner au cas particulier, il a été décidé de limiter les obligations des entreprises à l'indication sur leurs **factures** de la qualité du **pêcheur maritime professionnel** pour le compte duquel les opérations ont été réalisées. Cette qualité est établie par la remise d'une attestation émanant de la direction départementale des territoires de la mer auprès de laquelle est enregistré le pêcheur ou l'armateur. L'attestation est considérée comme valable pour toutes les opérations exonérées réalisées pour le compte d'un même pêcheur ou armateur tant que l'intéressé reste enregistré auprès de la même direction.

Les **coopératives maritimes** qui sont en principe constituées exclusivement entre marins pêcheurs sont dispensées d'exiger cette justification dès lors que leur comptabilité permet d'identifier les acheteurs et de vérifier leur qualité de pêcheur professionnel (BOI-TVA-CHAMP-30-30-30-10 no 380).

4. SERVICES RENDUS POUR LES BESOINS DIRECTS DES BATEAUX ET DE LEUR CARGAISON

29300 En application de l'article 262, II-7° du CGI, les services effectués pour les besoins directs des bateaux visés au no 29100 et de leur cargaison sont exonérés.

> Précisions **a.** Selon la CJUE, les services en cause sont susceptibles d'être exonérés, qu'ils interviennent au stade final de commercialisation du service ou à un stade antérieur (service fourni par un **sous-traitant,** service refacturé par un opérateur économique...), dès lors que la finalité du service, eu égard à sa nature, peut être tenue pour certaine (CJUE 4-5-2017 aff. 33/16 : RJF 7/17 no 763). En revanche, si le service est susceptible d'être détourné de sa finalité, l'exonération n'est susceptible de s'appliquer qu'au stade final de commercialisation. Ainsi, des prestations de transport de carburant effectuées pour le compte d'un donneur d'ordre qui vend ensuite ce carburant à des armateurs ne bénéficient pas de l'exonération (CJUE 14-9-2006 aff. 181/04 : RJF 12/06 no 1648).

b. Les listes des prestations de services susceptibles de bénéficier de l'exonération, données ci-après aux nos 29310 et 29325, n'ont **pas** un **caractère limitatif** (en ce sens, CJUE 14-9-2006 aff. 181/04 précité ; CE 9-2-1983 no 35283 : RJF 4/83 no 500).

c. Cette exonération n'englobe pas l'**exploitation de machines à sous** installées à bord des bateaux de mer (CJUE 4-7-1985 aff. 168/84).

d. Sont également exonérées les **participations financières** réclamées par les **grands ports maritimes** (ou ports autonomes) à certains usagers au titre des frais d'équipement, lorsqu'elles se rapportent aux prestations énumérées aux nos 29310 et 29320 s. (exemple : surtaxe à la tonne déchargée) (BOI-TVA-CHAMP-30-30-30-10 no 600).

SERVICES EFFECTUÉS POUR LES BESOINS DIRECTS DES BATEAUX

29310 Bénéficient de l'exonération les prestations de services effectuées pour les besoins directs des bateaux visés au no 29100.

Il s'agit notamment des **prestations suivantes** (CGI ann. III art. 73 B) : pilotage, remorquage (y compris l'« attente » lorsque le remorqueur a été attaché au navire et le déplacement du remorqueur non suivi d'un remorquage effectif en raison des conditions météorologiques ou de nécessités commerciales), amarrage (y compris halage, lamanage et désamarrage) ; utilisation des installations portuaires (notamment manœuvre des écluses et ponts, occupation des quais, services de liaison par vedettes, utilisation du matériel de manutention, de l'éclairage des installations et du chenal) ; opérations d'entretien du navire et du matériel de bord (désinfection, dératisation, désinsectisation, nettoyage et dégazage des cales, blanchissage du linge de bord) ; gardiennage et services de prévention et de lutte contre l'incendie ; visites de sécurité, examens de carènes, expertises techniques ; assistance et sauvetage du navire ; enlèvement d'une épave à l'entrée d'un port mais non les travaux de dragage ; opérations effectuées dans l'exercice de leur profession par les courtiers conducteurs et interprètes de navires, les consignataires et agents maritimes et les gérants de navires ; expertises d'assurance ; visa et paraphe du journal de mer, enregistrement ou affirmation du rapport de mer par les greffiers des tribunaux de commerce (BOI-TVA-CHAMP-30-30-30-10 nos 490 à 520).

SERVICES EFFECTUÉS POUR LES BESOINS DIRECTS DE LA CARGAISON DES BATEAUX

Comme indiqué au n° 29300, l'exonération s'applique aux prestations qui sont effectuées pour les besoins directs de la cargaison des bateaux désignés au n° 29100. Les services effectués pour les besoins de la cargaison des bateaux exécutant des transports internationaux sur les **fleuves, rivières et canaux** ne bénéficient donc pas de l'exonération. Toutefois, certaines prestations directement liées aux transports de marchandises à destination de pays tiers peuvent être exonérées en tant que prestations liées à des **exportations** : nos 26550 s. Mais les prestations effectuées pour les besoins de la cargaison des bateaux de rivière exécutant des transports internationaux à l'**importation** sont taxables dans les conditions de droit commun (sous réserve de l'exonération applicable lorsque les prestations sont incluses dans la base d'imposition à l'importation : nos 26450 s.) (D. adm. 3 A-3331 n° 47 non reprise au Bofip mais dont la solution nous paraît conserver sa valeur). **29320**

Bénéficient de l'exonération les prestations de services effectuées pour les besoins directs de la cargaison des bateaux visés au n° 29100. **29325**

Les **opérations concernées** sont notamment les suivantes (CGI ann. III art. 73 C) : chargement et déchargement du bateau ; manutention de la marchandise accessoire au chargement et au déchargement du bateau ; location de matériel pour le chargement et le déchargement ; location de contenants et de matériel de protection de la marchandise ; gardiennage de la marchandise ; stationnement et traction des wagons de marchandises sur les voies de quai ; magasinage de la marchandise nécessaire au transport par voie d'eau, dans la limite des 15 jours qui précèdent l'embarquement ou qui suivent le débarquement de la marchandise ; usage des halles à marée pour la vente aux enchères des produits de la pêche maritime ; embarquement et débarquement des passagers et de leurs bagages ; location de matériels d'équipement nécessaires aux opérations d'embarquement ou de débarquement des passagers et de leurs bagages, usage des gares maritimes ; expertises d'assurance (BOI-TVA-CHAMP-30-30-30-10 nos 530 à 590).

FORMALITÉS

Conformément à l'article 45 de l'annexe IV au CGI, les personnes effectuant des opérations mentionnées aux nos 29310 et 29320 s. doivent indiquer sur leurs **factures** la qualité de leurs donneurs d'ordre justifiant la franchise. **29335**

5. CHANGEMENT D'AFFECTATION

En application de l'article 257, III-2° du CGI, lorsque les **bateaux ou matériels** visés aux nos 29100 et 29225 **cessent d'être** utilisés par des compagnies de navigation ou des pêcheurs professionnels ou cessent d'être **affectés** exclusivement à la navigation maritime, la TVA devient exigible (BOI-TVA-CHAMP-10-20-40 n° 200). **29345**

L'article 46 de l'annexe IV au CGI précise que le changement d'affectation d'un bateau destiné à une navigation privilégiée doit être **déclaré au service des douanes** du lieu de la francisation ; de même, une déclaration préalable doit être déposée lorsque les matériels doivent être débarqués en vue de recevoir une affectation non privilégiée.

> **Précisions** Sont notamment considérés comme ayant cessé d'être affectés exclusivement à une utilisation exonérée les navires inscrits au commerce qui **modifient**, même en dehors des eaux nationales, leur **inscription maritime** et reviennent en France sous une inscription

maritime à la plaisance sans que le navire ou ses identifiants aient fait l'objet de modification et que ce navire ait été cédé, donné en location, etc., à un autre propriétaire ou un autre exploitant. De même, le **non-respect** par le destinataire de l'opération, bénéficiaire de l'exonération de TVA, des **conditions** énumérées au nº 29100 est constitutif d'un changement d'affectation au sens de l'article 46 de l'annexe IV au CGI justifiant le rappel de la TVA auprès de ce bénéficiaire (BOI-TVA-CHAMP-30-30-30-10 nº 130).

29350 La **revente d'un navire d'occasion par un négociant** est exonérée si l'acquéreur l'utilise pour une navigation exonérée. Dans le cas contraire, elle est imposable dans les conditions indiquées aux nºs 78700 s. ; cette imposition est indépendante de celle qui a pu être opérée lorsque la vente se traduit par un changement d'affectation (BOI-TVA-CHAMP-30-30-30-10 nº 170).

II. OPÉRATIONS AFFÉRENTES AUX AÉRONEFS

29400 En application de l'article 262, II-4° du CGI, les opérations définies aux nºs 29450 s., 29500 et 29550 s. sont exonérées de TVA lorsqu'elles portent sur les aéronefs utilisés par des **compagnies, françaises ou étrangères, de navigation aérienne** dont les services à destination ou en provenance de l'étranger (Union européenne ou pays tiers) ou des territoires et départements d'outre-mer, à l'exclusion de la France métropolitaine, représentent au moins 80 % des services qu'elles exploitent.

Pour que les exonérations soient applicables, il faut donc que le **trafic international** de la compagnie représente **au moins 80 %** des services qu'elle exploite.

29405 La **condition** tenant au seuil de 80 % est **appréciée au vu des déclarations** souscrites par les compagnies aériennes auprès de leur ministère de tutelle, sur la base des passagers kilomètres ou des tonnes kilomètres transportés (BOI-TVA-CHAMP-30-30-30-20 nº 10). Sont réputées satisfaire à cette condition l'**ensemble des compagnies aériennes étrangères** ainsi que les **compagnies aériennes françaises** figurant **sur** la **liste** établie par l'administration (liste actualisée au 7-9-2022 donnée au BOI-ANNX-000215 : voir ci-après).

À noter que, pour la **CJUE,** les exonérations bénéficient aux compagnies aériennes, y compris à celles pratiquant des vols charters (CJUE 19-7-2012 aff. 33/11 : RJF 11/12 nº 1089), dont les activités autres qu'internationales se révèlent sensiblement moins importantes que leurs activités internationales. Pour apprécier l'importance respective de ces activités, peuvent être pris en compte tous les éléments qui donnent une indication de l'importance relative du type de trafic concerné, notamment le chiffre d'affaires (CJUE 16-9-2004 aff. 382/02 : RJF 12/04 nº 1291).

Liste des compagnies aériennes françaises réputées remplir la condition des 80 % :

- Air Austral (REU)
- Air Caraïbes (FWI)
- Air Caraïbes Atlantique (CAJ)
- Air France (AFR) et ses filiales
- Air ITM (MQT)
- Air Tahiti Nui (THT)
- Airbus Transport International (BGA)
- AS Ailes (HMJ)
- Corsair (CRL)
- Dassault Falcon Service (DSO)
- French Bee (FBU)
- Heli Union (HLU)
- Intairline (ITI)
- Ixair (IXR)
- La Compagnie (DJT)
- Michelin Air Services (BIB)
- St Barth Commuter (SBU)
- Transavia France (TVF)

> Précisions Aux fins de l'appréciation du pourcentage de 80 %, l'activité des compagnies aériennes se mesure en « unité de trafic kilomètre transporté » (UDTKT) où une unité

de trafic équivaut à 1 000 passagers ou 10 tonnes de fret ou de courrier. La **proportion de trafic international** résulte ainsi du rapport entre :
– au numérateur, les UDTKT correspondant à la somme des vols internationaux effectués à destination ou en provenance de l'étranger ou des collectivités et départements d'outre-mer mais à l'exclusion des vols entre la France continentale et la Corse ;
– au dénominateur, les UDTKT correspondant au total général du transport aérien généré par la compagnie visée (BOI-TVA-CHAMP-30-30-30-20 n° 10).

Les exonérations bénéficient aux **aéronefs utilisés pour des vols intérieurs** par les compagnies aériennes internationales concernées (CJUE 16-9-2004 aff. 382/02 : RJF 12/04 n° 1291). 29410

Il est admis que l'exonération s'applique aux **avions d'États étrangers** utilisés par les **chefs d'État** et les membres de **gouvernements** étrangers à l'occasion de leur venue et de leurs déplacements en France (BOI-TVA-CHAMP-30-30-30-20 n° 150). Les **opérations** sur lesquelles porte l'exonération sont essentiellement les suivantes : 29415
– prestations de réparation et d'entretien ;
– livraisons, locations, réparations et entretien des objets destinés à être incorporés à ces appareils ;
– livraisons de biens destinés à l'avitaillement des avions ;
– prestations de services désignées aux articles 73 D et 73 E de l'annexe III au CGI.

1. OPÉRATIONS CONCERNANT LES AÉRONEFS EUX-MÊMES

En application de l'article 262, II-4° du CGI, sont exonérées de la TVA les opérations de **livraison,** de **transformation,** de **réparation,** d'**entretien,** d'**affrètement** et de **location** portant sur les aéronefs visés au n° 29400. 29450

> **> Précisions** Il est admis que les constructeurs, réparateurs et transformateurs peuvent **acquérir en franchise** de taxe, sous le couvert d'attestations du type de celle prévue à l'article 275, I du CGI (nos 30350 s.), les biens destinés aux livraisons visées à cet article (exportations, livraisons intracommunautaires...) ainsi que les fournitures nécessaires à la construction, à la réparation ou à la transformation des aéronefs désignés au n° 29400 (BOI-TVA-CHAMP-30-30-30-20 n° 30).

Les entreprises qui participent à des opérations de construction, de transformation ou de réparation en qualité de **sous-traitants** sont exonérées au même titre que le maître d'œuvre (BOI-TVA-CHAMP-30-30-30-20 n° 40). 29455

L'exonération s'applique également : 29460
– à la **cession d'un contrat de crédit-bail** sur un aéronef intervenant entre compagnies aériennes qui remplissent la condition tenant au seuil de 80 % visée au n° 29405 (BOI-TVA-CHAMP-30-30-30-20 n° 1) ;
– à la **livraison** d'un aéronef **à** un **opérateur qui n'est pas lui-même une compagnie remplissant la condition** susvisée mais qui acquiert cet aéronef aux fins de son utilisation exclusive par une telle compagnie (CJUE 19-7-2012 aff. 33/11 : RJF 11/12 n° 1089).

En revanche, sont **exclues** du bénéfice de l'**exonération** les opérations qui portent notamment sur : 29465
– des aéronefs utilisés par des compagnies de navigation aérienne qui ne remplissent pas les conditions de trafic international posées au n° 29405 ;
– les avions de tourisme ou à usage privé.

JUSTIFICATIONS À FOURNIR

Conformément à l'article 45 de l'annexe IV au CGI, les vendeurs ou prestataires doivent indiquer sur leurs **factures** la qualité de leurs acheteurs justifiant la franchise. 29475

2. OPÉRATIONS PORTANT SUR LES OBJETS INCORPORÉS DANS LES AÉRONEFS

En application de l'article 262, II-5° du CGI, les opérations de **livraison,** de **location,** de **réparation** et d'**entretien** portant sur les objets destinés à être incorporés dans les aéronefs visés au n° 29400 ou utilisés pour leur exploitation en vol sont exonérées de TVA. 29500

L'exonération concerne les livraisons faites aux **utilisateurs** ainsi que les prestations de location, de réparation et d'entretien rendues à ces mêmes personnes. Toutefois, cette condition n'est pas exigée lorsqu'en raison de la nature des biens, leur utilisation dans des conditions permettant l'exonération ne fait aucun doute (BOI-TVA-CHAMP-30-30-30-20 n° 70).

> Précisions En ce qui concerne les **acquisitions en franchise** de taxe par les constructeurs et réparateurs, la situation des **entreprises sous-traitantes** et les **justifications** à fournir, il convient de se reporter aux commentaires figurant aux nos 29450 s. et 29475, sous réserve, le cas échéant, des adaptations nécessaires en raison des opérations et des biens concernés (BOI-TVA-CHAMP-30-30-30-20 n° 70).

3. SERVICES RENDUS POUR LES BESOINS DIRECTS DES AÉRONEFS ET DE LEUR CARGAISON

29550 En application de l'article 262, II-7° du CGI, les services effectués pour les besoins directs des aéronefs visés au n° 29400 et de leur cargaison sont exonérés de TVA.

> Précisions Les listes des prestations de services susceptibles de bénéficier de l'exonération, données ci-après aux nos 29560 et 29570, ne présentent **pas**, selon nous, un **caractère limitatif** (voir en ce sens la jurisprudence citée au n° 29300, précision b, rendue pour les services afférents aux besoins directs des bateaux et de leur cargaison).

SERVICES EFFECTUÉS POUR LES BESOINS DIRECTS DES AÉRONEFS

29560 L'exonération s'applique notamment aux **prestations suivantes** (CGI ann. III art. 73 D) : atterrissage et décollage ; usage des dispositifs d'éclairage ; stationnement, amarrage et abri des aéronefs ; usage des installations aménagées pour la réception des passagers et des marchandises ; usage des installations destinées à l'avitaillement des aéronefs ; opérations techniques afférentes à l'arrivée, au stationnement et au départ des aéronefs ; opérations de nettoyage, d'entretien et de réparation de l'aéronef et des matériels et équipements de bord ; gardiennage et service de prévention et de lutte contre l'incendie ; visites de sécurité, expertises techniques ; relevage et sauvetage des aéronefs ; opérations réalisées dans l'exercice de leur profession par les consignataires d'aéronefs et agents aériens ; expertises d'assurance.

SERVICES EFFECTUÉS POUR LES BESOINS DIRECTS DE LA CARGAISON DES AÉRONEFS

29570 L'exonération s'applique notamment aux **opérations suivantes** (CGI ann. III art. 73 E) : embarquement et débarquement des passagers et de leurs bagages ; chargement et déchargement des aéronefs ; manutention des marchandises accessoire au chargement et déchargement des aéronefs ; opérations d'assistance aux passagers ; opérations relatives à l'enregistrement des passagers et à celui de leurs bagages ; émission et réception de messages de trafic ; opérations de trafic et de transit-correspondance ; location de matériels et d'équipements nécessaires au trafic aérien et utilisés sur l'aire des aéroports ; location de contenants et de matériels de protection des marchandises ; gardiennage des marchandises ; magasinage des marchandises nécessaire au transport par voie aérienne, dans la limite des 15 jours qui précèdent l'embarquement ou qui suivent le débarquement des marchandises ; expertises d'assurance.

4. CHANGEMENT D'AFFECTATION

29600 En application de l'article 257, III-1° du CGI, lorsque les **aéronefs** visés au n° 29400 sont **revendus** à d'autres compagnies ne remplissant pas les conditions requises pour bénéficier de la franchise, l'exonération accordée lors de l'achat ou de l'importation n'est pas remise en cause, mais la cession entraîne la perception de la TVA ; cette perception est assurée par le service des impôts (BOI-TVA-CHAMP-10-20-40 n° 180 et BOI-TVA-CHAMP-30-30-30-20 n° 60).

III. AVITAILLEMENT DES NAVIRES ET AÉRONEFS

29650 Sont exonérées de TVA les livraisons de biens destinés à l'avitaillement des bateaux visés au n° 29100 et des aéronefs visés au n° 29400 ainsi que des navires de guerre, tels qu'ils sont définis à la sous-position 89-06 du tarif douanier, à l'exclusion des provisions de bord destinées aux bateaux affectés à la petite pêche côtière (CGI art. 262, II-6°).

> Précisions **a.** Seules les **livraisons de biens faites à l'exploitant** de bateaux ou d'aéronefs qui utilisera ces biens pour l'avitaillement peuvent bénéficier de l'exonération, à l'exclusion des livraisons de biens faites à un stade antérieur de commercialisation (CJUE 26-6-1990 aff. 185/89 : RJF 11/90 n° 1413).
Dans le même sens à propos de livraisons de biens (carburants) destinés à l'avitaillement de bateaux affectés à la navigation en haute mer

faites à des intermédiaires agissant en leur nom propre, la Cour jugeant que l'exonération n'est, en principe, pas applicable même si, à la date de la livraison, la destination finale des biens est connue, dûment établie et que des preuves la confirmant sont présentées. La Cour a toutefois précisé que l'exonération peut s'appliquer si le transfert auxdits intermédiaires de la propriété des biens concernés est intervenu au plus tôt concomitamment au moment où les exploitants des bateaux se sont vu habiliter à disposer de ces biens comme s'ils en étaient les propriétaires, car dans ce cas les livraisons doivent être regardées comme étant faites directement aux exploitants des bateaux et non comme étant faites aux intermédiaires (CJUE 3-9-2015 aff. 526/13, Fast Bunkering Klaipeda UAB : RJF 12/15 n° 1082). S'agissant de la portée à donner à cette dernière solution, le Comité de la TVA a estimé à l'unanimité que, dans la mesure où il s'agit de la qualification d'opérations portant sur des biens livrés par des intermédiaires, la décision est considérée comme reposant sur les faits particuliers de l'affaire et doit être interprétée de manière restrictive (Orientation Comité TVA du 8-7-2016 n° 2016/6525943).

b. Les provisions de bord destinées aux bateaux affectés à la **petite pêche côtière** n'ouvrent pas droit à la franchise (l'avitaillement en produits pétroliers desdits bateaux bénéficie en revanche de l'exonération). La petite pêche côtière s'entend de la pêche pratiquée au moyen de bateaux dont la longueur hors tout est inférieure à 12 mètres, n'utilisant que des engins non remorqués (filets soulevés, maillants ou emmêlants, nasses, lignes et hameçons à l'exception des lignes de traîne) et dont la sortie en mer n'excède pas 24 heures (CGI ann. III art. 73 I).

DÉFINITION DES PRODUITS D'AVITAILLEMENT

On entend par « produits d'avitaillement » : **29700**

- les **fournitures de bord,** c'est-à-dire les produits qui sont la propriété du bord et destinés à l'entretien du bord (par exemple, les cartes de navigation) ;
- les **provisions** de bord qui sont les produits destinés à la consommation à bord par les membres de l'équipage et les passagers (vivres, boissons, tabacs manufacturés) ;
- les **produits** utilisables à bord pour les besoins particuliers du personnel navigant (produits de toilette, produits d'entretien, articles de voyage, de sport ou de camping habituellement employés par les personnels de bord) ;
- les **produits pétroliers** et assimilés. Ces produits sont destinés à être consommés comme combustibles, carburants ou lubrifiants à bord des bateaux ou aéronefs bénéficiaires à l'occasion de leur navigation ou de leur vol ou pour tout autre usage nécessaire à la navigation ou au vol ;
- les imprimés et articles publicitaires que les compagnies de navigation maritime ou aérienne utilisent dans leurs agences à l'étranger.

S'agissant des **bateaux pratiquant la pêche,** sont considérés comme produits d'avitaillement la glace hydrique et le sel (BOI-TVA-CHAMP-30-30-30-10 n°s 420 à 450).

> Précisions Les **magazines et journaux** destinés à être lus à bord par les passagers d'un **aéronef** constituent des biens destinés à l'avitaillement au sens de l'article 262, II-6° du CGI. Le bénéfice de l'exonération ne peut toutefois être accordé que si les magazines et les journaux peuvent être rattachés à un vol particulier, c'est-à-dire lorsqu'ils sont mis à la disposition des passagers à bord de l'aéronef mais également dans les « salons business » réservés à la clientèle du vol, sur les passerelles d'embarquement ou dans les salles d'embarquement des terminaux (BOI-RES-TVA-000038).

En revanche, ne constituent pas des produits d'avitaillement les divers objets qui composent le **29705**
matériel ou le **mobilier de bord** (BOI-TVA-CHAMP-30-30-30-10 n° 440).

FORMALITÉS

Les formalités douanières à accomplir diffèrent selon que les marchandises sont livrées à bord **29800**
des **aéronefs** ou mises en entrepôt d'avitaillement. Ces formalités sont fixées par la DGDDI (BOI-TVA-CHAMP-30-30-30-20 n° 210).

Pour bénéficier de l'exonération, s'agissant des **navires,** le fournisseur doit établir, pour chaque livraison, une **déclaration en douane** conforme au modèle fourni par l'administration ou tout autre document en tenant lieu prévu par la réglementation douanière (**facture**) et conserver en comptabilité ces documents, après visa du service des douanes (CGI ann. III art. 74, 5).

SECTION 2 ACHATS EN FRANCHISE

30000 En application de l'article 275 du CGI, les entreprises qui réalisent des **opérations relevant du commerce extérieur** ont, si elles le désirent, la possibilité d'**acquérir en franchise** de TVA les **biens ou services** destinés à ces opérations (n° 30100).

L'**intérêt** de ce régime suspensif se situe évidemment sur le plan de la **trésorerie,** puisqu'il évite d'avoir à faire l'avance d'une taxe d'amont qui, sinon, ne serait récupérée qu'ultérieurement par voie d'imputation ou de remboursement.

Les possibilités offertes par ce système sont cependant limitées par l'existence d'un **contingent annuel** d'achats en franchise (n° 30200).

En outre, les entreprises qui utilisent ce mécanisme sont soumises à des **formalités** particulières essentiellement destinées à sauvegarder les droits du Trésor (nos 30350 s. et 30450).

Remarque : Des dispositions spéciales sont prévues par les II et III de l'article 275 du CGI, en ce qui concerne respectivement :

– les achats en franchise effectués par des **organismes sans but lucratif** (voir n° 11630) ;

– les achats en franchise effectués par des revendeurs de **biens d'occasion, œuvres d'art, objets de collection ou d'antiquité** (voir nos 79800 s.).

> **Précisions** **a.** Le Conseil d'État considère que l'exigence d'une attestation de l'« exportateur » visée par l'administration fiscale, établissant la vocation des biens à être exportés ou expédiés dans un autre État membre, afin de bénéficier du régime des livraisons en franchise, n'excède pas ce qui est nécessaire pour assurer une application correcte et simple de ce régime et prévenir toute fraude, évasion ou abus éventuels, et ne méconnaît pas le principe de proportionnalité. Cette exigence est donc compatible avec le **droit communautaire** (CE 20-3-2013 n° 351365 : RJF 6/13 n° 599).
> Selon la cour administrative d'appel de Nantes, le régime des achats en franchise prévue par l'article 275, I du CGI, qui est entré en vigueur avant la consultation du comité consultatif de la TVA, constitue une transposition de la **directive TVA** (art. 16, 2 de la 6e directive devenu art. 164, 1 de la directive 2006/112/CE du 28-11-2006) intervenue en violation de celle-ci et est dès lors inapplicable (CAA Nantes 9-12-2010 n° 07-3555 : RJF 4/11 n° 422).
> **b.** L'application du régime des achats en franchise implique l'**accord du fournisseur** et de son client. En effet, d'une part, ce régime ne constitue qu'une simple faculté pour le client qui peut toujours y renoncer, d'autre part, aucune disposition n'oblige le fournisseur à livrer ses produits en suspension de taxe (Rép. Mesmin : AN 29-4-1985 n° 64298 non reprise au Bofip mais dont la solution nous paraît conserver sa valeur).

I. PERSONNES CONCERNÉES

30050 Pour bénéficier du régime des achats en franchise, la personne intéressée doit être **redevable de la TVA** (de plein droit ou sur option).

Toutefois, les **organismes administratifs,** qui ne bénéficient **pas** de l'**autonomie financière** et dont l'activité n'est pas soumise à la TVA (administrations centrales, services extérieurs des ministères) peuvent acquérir en suspension de cette taxe les produits qu'ils destinent à une livraison mentionnée au n° 30100. Il en est de même pour les **syndicats d'initiative** et les **relais départementaux des gîtes ruraux** qui ne réalisent pas d'opérations imposables à la TVA, pour leurs achats d'affiches, de dépliants et de brochures touristiques (BOI-TVA-CHAMP-30-30-50-30 nos 1 à 180).

30055 Les personnes qui souhaitent bénéficier de la procédure d'achats en franchise de TVA doivent effectuer **directement** des livraisons mentionnées au n° 30100.

Ainsi, les **fournisseurs** qui livrent en franchise ne peuvent pas eux-mêmes s'approvisionner en franchise (BOI-TVA-CHAMP-30-30-50-10 n° 1). Mais ils peuvent récupérer la taxe ayant grevé les éléments du prix des produits livrés en franchise, en l'imputant sur la taxe applicable à d'autres opérations ou, à défaut de possibilité d'imputation, en en demandant le remboursement (nos 58430 s.).

> **Précisions** Il est toutefois admis qu'un assujetti qui livre des biens à une personne qui les expédie hors du territoire national puisse bénéficier des dispositions de l'article 275 du CGI pour ses propres approvisionnements, lorsque l'activité qu'il exerce est **soumise à une réglementation sectorielle harmonisée** garantissant la destination finale des biens. Le **contingent d'achat** en

franchise est déterminé en retenant le montant des livraisons hors taxe effectuées par l'assujetti au cours de l'année civile précédente à destination des « exportateurs » (BOI-TVA-CHAMP-30-30-50-10 n° 125).

Lorsque l'exportation ou la livraison intracommunautaire est réalisée avec **entremise d'un commissionnaire ou intermédiaire opaque** (agissant en son nom propre pour le compte d'autrui), l'application du système des achats en franchise appelle des explications particulières que l'on trouvera aux nos 83380 s. 30060

Ces explications sont également valables pour le bureau d'achat de maisons étrangères agissant en son nom propre ou pour le **GIE** agissant en son nom propre dont l'activité consiste exclusivement à expédier en l'état hors de France les biens de la fabrication ou du négoce de ses membres et que ceux-ci lui ont livrés.

II. BIENS ET SERVICES CONCERNÉS

1. BIENS

Peuvent être **acquis en franchise** de TVA (dans la limite du contingent annuel visé au n° 30200) les biens **acquis en France ou dans l'Union européenne ou importés,** que l'entreprise **destine** à faire l'objet : 30100

– d'une livraison à l'**exportation** (nos 22400 s.) ;

– d'une **livraison intracommunautaire** exonérée (nos 20350 s.) ;

– d'une livraison au départ de France dont le lieu est situé dans un autre État membre de l'UE et qui relève du régime des **ventes à distance intracommunautaires** (VAD-IC : nos 23000 s.), à l'exclusion des VAD-IC auxquelles est appliqué le régime des petits opérateurs ou celui des assujettis-revendeurs, ou qui concerne des **biens livrés après montage ou installation** par le vendeur ;

– d'une livraison de **gaz naturel** ou d'**électricité,** de **chaleur** ou de **froid** située hors de France (n° 19360) (BOI-TVA-CHAMP-30-30-50-10 n° 140).

En ce qui concerne les achats en franchise de produits pétroliers, voir n° 82570.

Il n'est **pas exigé** que les marchandises ainsi livrées ou exportées soient **identiquement** celles qui ont été reçues en franchise de taxe ; ainsi, les assujettis peuvent reporter la totalité de leurs droits à la franchise sur les achats effectués auprès de quelques fournisseurs, quelle que soit la destination ultérieure des marchandises commandées. 30105

La franchise ne peut toutefois s'appliquer qu'à des biens susceptibles de faire l'objet d'une livraison mentionnée ci-dessus, **en l'état ou après transformation** (produits finis, semi-produits, matières premières ou agents de fabrication) (BOI-TVA-CHAMP-30-30-50-10 nos 140 et 150).

Selon l'administration, les biens constituant des **immobilisations** ne peuvent être reçus en franchise (BOI-TVA-CHAMP-30-30-50-10 n° 150 ; solution toutefois non partagée par CAA Paris 1-7-1999 n° 97-3477 : RJF 12/99 n° 1582 s'agissant de vente de matériels spécifiques de moulage laissés à la disposition du fabricant). 30110

Cependant, les matériels **« exportés » sans réserve de retour** pour être utilisés par l'entreprise pour les besoins de son exploitation peuvent être reçus en franchise.

En règle générale, les biens dont l'achat s'inscrit au compte « **frais généraux** » de l'entreprise ne sont pas susceptibles de bénéficier de la franchise (BOI-TVA-CHAMP-30-30-50-10 n° 150).

Les biens **mis à la consommation** sur le territoire national **en sortie d'un régime suspensif** douanier communautaire ou d'un régime d'entrepôt fiscal (nos 32250 s.) peuvent bénéficier de la franchise de TVA dès lors qu'ils sont destinés ensuite à faire l'objet d'une exportation ou d'une livraison intracommunautaire. 30115

2. SERVICES

Outre les biens destinés à faire l'objet d'une livraison mentionnée au n° 30100, les assujettis peuvent acquérir en franchise de TVA les prestations de **services portant sur ces biens.** 30150

> Précisions Le bénéfice de la franchise de taxe, susceptible de s'appliquer à la vente de services à des exportateurs, n'est pas subordonné à la condition que cette cession soit liée à la livraison de biens corporels par le même fournisseur. Une vente à un exportateur qui porte exclusivement sur des services est susceptible de bénéficier du régime de la franchise.

C'est au **stade de l'exportation** que doit être réalisée, et d'ailleurs appréciée, la liaison effective des prestations de services destinées à un utilisateur étranger avec un bien exporté. Une société a donc pu valablement céder en franchise à une entreprise exportatrice un **savoir-faire** industriel portant sur des machines bien que cette cession ne fût pas liée à une livraison de biens par la société cédante (CE 1-7-1992 n° 79588 : RJF 8-9/92 n° 1144).

30155 Les services portant sur des biens acquis en franchise ne sont évidemment pas concernés eux-mêmes par le système de la franchise, lorsqu'ils sont **déjà exonérés** par une disposition particulière. C'est notamment le cas des services liés aux exportations (nos 26550 s.) et des transports à l'exportation (nos 27190 s.).

Cependant, lorsque des **emballeurs** ou des **façonniers** travaillant pour le compte d'entreprises exportatrices éprouvent des difficultés pour apporter la preuve que leurs prestations portent sur des biens destinés à l'exportation (preuve nécessaire pour l'octroi de l'exonération : n° 26585), il est admis qu'ils puissent facturer les prestations en franchise de TVA sous le couvert d'attestations visées aux nos 30350 s. délivrées par le donneur d'ordre.

Il en est de même pour les **transporteurs** qui effectuent, pour le compte d'entreprises exportatrices, des transports de biens qui, en l'état ou après transformation, font normalement l'objet du négoce à l'exportation de ces entreprises (BOI-TVA-CHAMP-30-30-50-10 n° 170).

30160 Sont exclus du bénéfice de la franchise les **locations** et les services d'**entretien** et de **réparation** concernant les terrains, les constructions, le fonds de commerce, le mobilier, les véhicules de transport utilisés par l'entreprise réalisant des livraisons mentionnées au n° 30100 (la location de véhicules de transport utilisés pour la réalisation de transport de marchandises à l'exportation étant, bien entendu, exonérées : nos 26560 s.) et, d'une manière générale, les **prestations portant** sur les **immobilisations** (à l'exception des services portant sur des matériels destinés à faire l'objet d'une livraison mentionnée au n° 30100 sans réserve de retour pour être utilisés à l'étranger par l'entreprise pour les besoins de son exploitation). Sont également exclus du bénéfice de la franchise les frais de déplacement du personnel (BOI-TVA-CHAMP-30-30-50-10 n° 180).

III. CONTINGENT ANNUEL D'ACHATS EN FRANCHISE

30200 Le montant des achats de biens ou de services que l'entreprise peut effectuer chaque année en franchise de taxe est égal au **montant des livraisons** visées au n° 30100 que l'entreprise a réalisées au cours **de l'année précédente** et qui ont porté sur des biens normalement passibles de la taxe (CGI art. 275, I).

Lorsque ce contingent est atteint, les achats restant à effectuer jusqu'à la fin de l'année en cours doivent, en principe, être effectués avec paiement de la TVA. Bien entendu, cette taxe d'amont pourra ensuite être récupérée par voie d'imputation ou de remboursement, selon les règles de droit commun.

30205 La valeur des **produits** passibles de la TVA qui, **sans être vendus,** font l'objet d'une **sortie définitive** de France (matériel loué, articles publicitaires, marchandises en dépôt...) peut être ajoutée au montant des ventes, pour le calcul du contingent. Il en va de même des **primes** accordées **à l'exportation** (BOI-TVA-CHAMP-30-30-50-10 n° 200).

> **Précisions** Il est précisé que, pour les **livraisons de biens après montage ou installation,** seule la valeur des biens expédiés ou transportés à destination de l'État membre de montage ou d'installation doit être retenue pour le calcul du contingent (BOI précité).

30210 Comme **année de référence,** les entreprises peuvent retenir soit l'année civile précédente, soit les 12 derniers mois lorsqu'il apparaît, en cours d'année, que les livraisons à prendre en compte faites pendant cette période sont plus élevées que celles de l'année précédente (BOI-TVA-CHAMP-30-30-50-10 n° 210).

30215 Le service local des impôts, lorsqu'il est saisi d'une **demande** à cet effet, peut accorder le cas échéant (avec dispense éventuelle du cautionnement : voir à cet égard les précisions b et c du n° 30450) :

– un **dépassement** du contingent légal, en cas d'augmentation des commandes ;

– pour les **entreprises nouvelles** ou réalisant nouvellement des ventes à l'étranger (et qui n'ont donc pas, au départ, de base de référence), un contingent fondé sur les approvisionnements nécessaires à la réalisation des marchés dont l'entreprise justifie être titulaire avec l'étranger. Cette facilité est réservée aux entreprises qui présentent une moralité fiscale indiscutable (BOI-TVACHAMP-30-30-50-10 nos 230 et 240).

IV. FORMALITÉS

La réception de biens ou de services en franchise de TVA est subordonnée à l'accomplissement par l'« exportateur » de certaines formalités : **30300**

– dans tous les cas : délivrance soit à leur fournisseur, soit au service des douanes, ou conservation, d'une **attestation** du type défini à l'article 275, I du CGI ;

– le cas échéant, présentation d'une **caution** responsable conjointement et solidairement du paiement des droits en jeu.

L'« exportateur » doit, en outre, mentionner ses acquisitions en franchise sur sa **déclaration de TVA.**

1. ATTESTATION

a. Achats en France

ÉTABLISSEMENT DE L'ATTESTATION

Pour bénéficier de la franchise, les intéressés doivent adresser à leurs fournisseurs une **attestation certifiant** que les produits commandés par eux sont destinés à faire l'objet, en l'état ou après transformation, d'une livraison visée au n° 30100 ou que les services commandés portent directement sur de tels produits, et **comportant l'engagement** d'acquitter la TVA au cas où ces produits ne recevraient pas la destination ayant motivé la franchise. Pour un modèle d'attestation d'achats en France, voir ci-dessous n° 30370. **30350**

> **Précisions** Il n'y a pas lieu de délivrer une attestation pour chaque commande. L'exportateur peut soit adresser une attestation à chaque fournisseur, soit même bloquer chez un ou plusieurs fournisseurs toutes ses acquisitions en franchise (BOI-TVA-CHAMP-30-30-50-20 n° 20).

L'**attestation** doit, en principe, être **remise** au fournisseur **avant** la **livraison** des marchandises **ou** la **facturation des services** (BOI-TVA-CHAMP-30-30-50-20 n° 10 ; en même sens nombreuses jurisprudences, notamment CE 25-3-1983 n° 32048 : RJF 6/83 n° 773). Cependant, dans **certains secteurs** (céréales, produits laitiers, cuirs et peaux, bétail, vins notamment), les redevables peuvent être autorisés, s'ils justifient de circonstances particulières, à délivrer des attestations d'achat en franchise de TVA **après la livraison des biens.** **30355**

Sauf décision exceptionnelle, cette délivrance ne peut intervenir plus d'un mois jour pour jour après la comptabilisation de la livraison en franchise. Les autorisations ainsi accordées sont, sauf révocation, valables pour l'année au cours de laquelle elles ont été accordées et pour les années suivantes (BOI-TVA-CHAMP-30-30-50-20 nos 40 à 80).

Les compléments de prix facturés dans le cadre de marchés de fournitures comportant des **clauses de révision de prix** peuvent bénéficier de la franchise de taxe à condition qu'une attestation complémentaire soit délivrée (BOI-TVA-CHAMP-30-30-50-20 n° 90). **30360**

Les attestations doivent, en principe, être établies pour un **montant déterminé.** **30365**

Toutefois, les **entreprises dispensées de visa** (n° 30380) ne sont **pas tenues de chiffrer les attestations** correspondant à des **achats en France** (BOI-TVA-CHAMP-30-30-50-20 n° 180).

> **Précisions** En revanche, les attestations correspondant à des acquisitions intracommunautaires et les avis A I 2 doivent toujours être chiffrés, y compris en cas de dispense de visa (nos 30395 et 30410).

On trouvera ci-après le **modèle d'attestation** pour les achats en France de biens ou de services en franchise de la TVA. Il est insisté sur le fait que l'engagement formel que comporte l'attestation doit être authentifié par la **signature** d'une personne représentant la société « exportatrice », des attestations rédigées sur des papiers à en-tête commercial de l'« exportateur » ne pouvant suppléer l'absence de signature (CAA Bordeaux 2-10-2007 n° 05-41 : RJF 5/08 n° 544). **30370**

Papier à en-tête
de l'entreprise

ATTESTATION D'ACHATS DE BIENS
ou de services EN FRANCHISE
DE TAXE SUR LA VALEUR AJOUTEE
(CGI art. 275)

(établie en double exemplaire)

***

Je soussigné, **(nom, prénom, qualité)** (1), atteste que l'entreprise **(désignation complète de l'entreprise)** (2) achète le **(date de l'opération)** auprès de **(désignation complète de l'entreprise établie en France)** (2) les marchandises (ou prestations de services) suivantes **(nature des marchandises ou des prestations de services)** pour un montant hors taxe sur la valeur ajoutée de ... € (3) (Ndlr : sur le chiffrage des attestations, voir n° 30365).

Je certifie que :

a) ces biens sont destinés en l'état ou après transformation à faire l'objet :
- d'une livraison à l'exportation ;
- d'une livraison intracommunautaire ;
- d'une livraison par un comptoir de vente ;
- d'une vente à distance intracommunautaire visée à l'article 258 A, I-1° du CGI ;
- d'une livraison de gaz, d'électricité, de chaleur ou de froid située hors de France ;
- d'un montage ou d'une installation dans un autre État membre ;

b) les prestations de services sont afférentes à des biens qui recevront cette destination.

Si les marchandises en cause ne recevaient pas la destination ayant motivé l'autorisation d'achat en franchise, l'entreprise susnommée s'engage, en application des articles 275 et 284, I du CGI, à acquitter la TVA, sans préjudice des pénalités prévues à l'article 1788 A, 4 du CGI.
Je vous indique que l'entreprise susnommée :
- bénéficie d'une dispense de visa, n° ..., délivrée le... (4)
- ne bénéficie pas d'une dispense de visa (4)

Fait à le

(Signature manuscrite)

VISA DU SERVICE DES IMPÔTS

Attestation n°
Cachet du service Fait à le

(Nom, qualité et signature)

(1) Le soussigné doit avoir qualité pour engager l'entreprise. Le cas échéant, un mandat régulier doit être joint à l'attestation.
(2) Dénomination, adresse, numéro Siret.
(3) L'obligation de chiffrage des attestations est supprimée pour les acquéreurs dispensés de visa.
(4) Rayer la mention inutile.

VISA DE L'ATTESTATION

30380 Les attestations doivent en principe, préalablement à leur remise aux fournisseurs, **être visées par le service des impôts** dont relèvent les assujettis (CGI art. 275, I-2e al.).

Cette formalité n'est cependant exigée que des entreprises nouvelles ou nouvellement exportatrices (sauf dispense exceptionnelle : voir précisions ci-après) et des entreprises ayant manqué à leurs obligations fiscales ou douanières. Les autres entreprises sont, sur leur demande, **dispensées de cette formalité.** La dispense de visa délivrée par l'administration est annuelle ; elle est renouvelée chaque année par celle-ci sans que l'entreprise ait à effectuer une nouvelle demande. La dispense de visa peut être retirée à tout moment.

Les entreprises dispensées de visa en **informent** chaque année leurs **fournisseurs** au moyen d'une **copie de la dispense** délivrée pour l'année en cours.

Les attestations délivrées doivent comporter les références de la dispense (BOI-TVA-CHAMP-30-30-50-20 nos 150 et 180).

> **Précisions** Le directeur des finances publiques peut, **exceptionnellement,** accorder une dispense de visa aux **entreprises nouvelles ou nouvellement exportatrices** dans la mesure où elles présentent une bonne moralité fiscale, s'avèrent solvables et justifient que la formalité du visa leur occasionne des difficultés sérieuses (nombre important de fournisseurs et de commandes, évolution des besoins, etc.). Dès la constatation d'un manquement ou d'une infraction à la réglementation fiscale et douanière au regard de tous impôts, droits ou taxes, la dispense de visa de l'année en cours est retirée à l'entreprise qui ne peut, par ailleurs, prétendre à une nouvelle dispense de visa pour l'année suivante (BOI précité nos 190 et 200).

b. Acquisitions intracommunautaires

Les entreprises qui effectuent des acquisitions intracommunautaires de biens en franchise de taxe n'adressent pas l'attestation à leurs fournisseurs mais doivent la conserver à l'appui de leur comptabilité (CGI art. 275, I). **30390**

Les attestations d'acquisitions intracommunautaires de biens en franchise de taxe établies en double exemplaire doivent être **chiffrées** (BOI-TVA-CHAMP-30-30-50-20 n° 120), y compris, selon nos renseignements, lorsque l'entreprise a obtenu une dispense de visa. **30395**

Les attestations doivent préalablement au fait générateur de la taxe, ou à l'exigibilité si elle est antérieure, être revêtues du **visa du service des impôts** (BOI-TVA-CHAMP-30-30-50-20 n° 120). **30400**

Comme pour les attestations d'achats en France, cette formalité n'est cependant exigée que des entreprises nouvelles ou nouvellement exportatrices (sauf dispense exceptionnelle) et des entreprises ayant manqué à leurs obligations fiscales ou douanières, les autres entreprises étant, sur leur demande, **dispensées** de cette formalité (voir à cet égard n° 30380).

c. Importations

Le bénéfice de la franchise **à l'importation** est subordonné à la **présentation au service des douanes,** par les intéressés, d'un **avis** d'importation modèle **A I 2,** en principe **préalablement visé** par le service des impôts (CGI art. 275, I). **30410**

Les avis A I 2 doivent être établis pour un **montant déterminé,** y compris, selon nos renseignements, lorsque l'entreprise a obtenu une dispense de visa (les entreprises pouvant obtenir une dispense de visa pour leurs A I 2 sont les mêmes que celles pouvant être dispensées de visa pour leurs attestations d'achats en France ou d'acquisitions intracommunautaires : voir n° 30380).

Lorsque l'entreprise est soumise à visa fiscal, elle doit obligatoirement recourir à un document Cerfa A I 2, dont le modèle est reproduit au n° 30415.

Lorsque l'entreprise a obtenu une dispense de visa et qu'elle a recours à la téléprocédure Delt@, le document papier n'est pas requis (n° 30420).

30415 On trouvera ci-après le modèle d'avis d'importation de biens en franchise A I 2.

cerfa
N° 10987*01

AVIS D'IMPORTATION EN FRANCHISE (A.1.2)
(articles 275 et 276 du Code général des Impôts)

Bureau des Douanes de

DE
LA TAXE SUR LA VALEUR AJOUTEE (TVA)
LA TAXE PARAFISCALE DES INDUSTRIES TEXTILES ET DE LA MAILLE (TPT)
LA TAXE PARAFISCALE DES INDUSTRIES DE L'HABILLEMENT (TPH)
LA REDEVANCE SUR L'EDITION DES OUVRAGES DE LIBRAIRIE
LA REDEVANCE SUR L'EMPLOI DE LA REPROGRAPHIE
LA TAXE SPECIALE SUR LES HUILES DESTINEES A L'ALIMENTATION HUMAINE (TSH)
LA TAXE SUR LES PRODUITS FORESTIERS (FFN)

IDENTIFICATION DE L'IMPORTATEUR	
Nom et Prénom ou dénomination Adresse	NUMÉRO SIRET
Profession ou, s'il s'agit d'une société, objet :	
ENGAGEMENT	

- Les produits déclarés en douane suivant la déclaration à laquelle le présent avis est annexé sont destinés

à être exportés en l'état — à être exportés après transformation

- dans les cas ou les produits visés ci-dessous ne recevraient pas la destination ayant motivé la franchise, les taxes normalement exigibles seront acquittées au Service des Impôts sans préjudice des pénalités prévues à l'article 1725 à 1740 du Code général des impôts.

DESIGNATION DES MARCHANDISES						
NATURE DES MARCHANDISES		QUANTITES (poids, nombre, volume)	ORIGINE	VALEUR droits non compris	TVA ET TAXES APPLICABLES	
Désignation Tarifaire	Désignation Commerciale				TAUX OU QUOTITE	MONTANT

VALEUR (droits compris) en toutes lettres	Montant des taxes dont la perception a été suspendue (en toutes lettres et en chiffres)

DISPENSE DE VISA : Décision n°		
Numéro de déclaration : Date de l'enregistrement	Admis conforme Reconnu conforme	Date et signature manuscrite de l'importateur Qualité du signataire s'il s'agit d'une société
Cachet du bureau des douanes	Signature de l'agent des douanes	

AVIS D'IMPORTATION (A.I.2)

Réservé au Centre des Impôts

Le soussigné, inspecteur des impôts, certifie que la présente importation en franchise de la taxe sur la valeur ajoutée ou des taxes et redevances assimilées est effectuée : ....

....

a) dans la limite de la franchise autorisée par l'article 275 du Code général des impôts, avec dispense de caution (1).

b) dans la limite des engagements cautionnés souscrits. (1)

Le montant de la taxe sur la valeur ajoutée et, éventuellement, des taxes ou cotisations qui lui sont assimilées, couvert par le présent avis d'importation s'élève à (montant en toutes lettres et en chiffres).

....

....

Fait à Le ....

Cachet du Service des Impôts

(1) Rayer la mention inutile.

Lorsque les opérateurs réalisant des importations utilisent une **procédure dématérialisée Delt@** et sont dispensés de visa (une copie de cette dispense doit être présentée en début d'année au service des douanes compétent), la présentation d'un avis A I 2 au service des douanes est remplacée, après enregistrement de la dispense de visa dans l'application douanière, par l'utilisation de codes spécifiques (codes additionnels nationaux ou CANA) et par une **mention spéciale** dans la **déclaration en douane** dématérialisée. L'opérateur est dispensé de conserver l'avis A I 2 à l'appui de sa comptabilité. **30420**

Lorsque l'entreprise qui utilise la procédure Delt@ n'est pas dispensée de visa, elle doit conserver l'avis A I 2 à l'appui de sa comptabilité (Inst. douanes 7-6-2011 texte 11-014 : BOD 6896 ; BOI-TVA-CHAMP-30-30-50-20 n° 130).

2. CAUTIONNEMENT

Les entreprises effectuant des acquisitions en franchise peuvent être tenues de présenter une **caution** (réelle ou personnelle) pour la garantie des droits et des pénalités (CGI art. 276 et ann. IV art. 49 à 50 bis). **30450**

En fait, le cautionnement n'est exigible que des **entreprises nouvelles** ou réalisant nouvellement des ventes à l'étranger, de celles qui demandent une **augmentation** de leur **contingent** ou de celles dont la **solvabilité est douteuse.**

> Précisions a. L'administration admet qu'en règle générale la garantie soit **limitée,** suivant le degré de solvabilité du principal obligé, à une fois et demie ou une fois le montant de la TVA et éventuellement des taxes ou cotisations qui lui sont assimilées, afférentes aux achats ou aux services acquis en franchise (BOI-TVA-CHAMP-30-30-50-20 n° 230).

b. Les directions des finances publiques peuvent accorder aux entreprises nouvelles ou réalisant nouvellement des ventes à l'étranger, dans la limite des approvisionnements nécessaires à la réalisation des marchés de fournitures dont ces entreprises justifient être titulaires avec l'étranger, un contingent d'acquisitions en franchise avec **dispense** de présentation d'une **caution.** Cette facilité est réservée aux entreprises présentant une moralité fiscale indiscutable. Les décisions relatives aux dispenses de cautionnement sont notifiées par écrit, le rejet devant être motivé (BOI précité n° 270).

c. De même, l'administration peut accorder à toute entreprise un dépassement du contingent légal avec dispense de présentation d'une caution dans les conditions suivantes :

– **dépassement au plus égal à 20 % du contingent légal** : la décision de dispense de

caution est prise par le service des impôts des entreprises au vu des justifications d'augmentation de ses commandes présentées par le redevable intéressé. Il est rendu compte mensuellement à la direction des services fiscaux des décisions prises ;
– **dépassement supérieur à 20 % du contingent légal** : la décision est prise par la direction des finances publiques après une enquête plus approfondie du service local des impôts ou du service compétent pour la vérification de l'entreprise (BOI-TVA-CHAMP-30-30-50-10 n° 260).
À défaut de réponse, le silence de l'administration ne peut pas être considéré comme une acceptation du dépassement du contingent légal.

V. REDEVABLE LORSQUE LES CONDITIONS NE SONT PAS REMPLIES

30500 Comme nous l'avons vu ci-dessus (nos 30000 s.), le bénéfice de la livraison en franchise de TVA est soumis à des conditions de fond et de forme. Le non-respect de ces conditions entraîne l'exigibilité de la taxe qui n'a pas été acquittée.

En cas de **non-respect des conditions de fond** (marchandises non exportées ou ne faisant pas l'objet d'une livraison exonérée, non-respect du contingent d'achats en franchise), le paiement de la TVA est à la charge de l'exportateur (CE 1-7-1992 n° 79588 : RJF 8-9/92 n° 1144 ; CE 14-1-2002 n° 219318 : RJF 4/02 n° 381 ; CE 25-2-2011 n° 309574 : RJF 5/11 n° 563). La taxe ainsi acquittée sur le prix d'achat est déductible dans les conditions de droit commun (Rép. Cauchon : Sén. 19-8-1982 n° 1711 non reprise au Bofip mais dont la solution conserve sa valeur).

En revanche, en cas de **non-respect des conditions de forme** (attestation préalable à la livraison, visa de l'attestation par l'administration fiscale, certification que les biens sont effectivement destinés à faire l'objet d'une livraison exonérée et engagement d'acquitter à défaut la TVA), c'est le fournisseur qui est redevable de la taxe (CE 25-3-1983 n° 32048 : RJF 6/83 n° 773 ; CE 14-1-2002 n° 219318 précité).

30505 Le **défaut de déclaration,** par une entreprise ayant bénéficié de la franchise, de la TVA dont le paiement lui incombe finalement lorsque ne sont **pas respectées** les **conditions d'application** de la livraison en franchise (CGI art. 284, I) est passible de l'**amende de 5 %** prévue par l'article 1788 A du CGI (BOI-CF-INF-20-20 n° 90).

30510 En cas de **revente des biens acquis en franchise sur le marché intérieur,** il est admis que la **régularisation** de la TVA ne soit **pas exigée** des entreprises qui justifient, par suite de **circonstances** indépendantes de leur volonté, n'avoir pu réaliser la totalité des livraisons à l'étranger prévues et s'être trouvées dans l'obligation de revendre à l'intérieur une partie des marchandises achetées en franchise (Rép. Cauchon : Sén. 19-8-1982 n° 1711 non reprise au Bofip).

SECTION 3 ENTREPRISES ÉTRANGÈRES

30700 D'une manière générale, les entreprises (ou personnes) étrangères qui effectuent des **opérations** dont le **lieu d'imposition** se situe **en France** supportent la **même imposition que les entreprises françaises** réalisant les mêmes opérations.

30705 Sont ainsi concernées :

– les **livraisons de biens** effectuées en France (selon les critères énoncés aux nos 19200 s.) par des entreprises étrangères ou pour leur compte (à l'exception de celles visées aux nos 31850 s., pour lesquelles le redevable de la taxe est l'acquéreur des biens ou le destinataire de la livraison) ainsi que les livraisons relevant du régime des **ventes à distance** imposables en France (nos 22800 s.) ;

– les **acquisitions intracommunautaires** de biens dont le lieu est situé en France ;

– les **prestations de services** imposables en France réalisées par des entreprises étrangères ou pour leur compte (à l'exception de celles visées au n° 31700, pour lesquelles le redevable de la taxe est le preneur de la prestation) ;

– et enfin les opérations au titre desquelles une personne établie hors de France doit accomplir des **obligations déclaratives** en France **sans y être redevable** de la taxe (livraisons et acquisitions intracommunautaires de biens exonérées, par exemple).

Pour les modalités d'imposition de ces diverses opérations, il faut **distinguer selon que** les entreprises étrangères sont **établies en France** (n° 30750) **ou non établies en France** (n°s 30800 s.). Sur la notion d'établissement en France, on se reportera aux n°s 24300 s. 30710

Comme on le verra, la **situation** des **entreprises étrangères non établies en France diffère selon** qu'elles sont **établies dans un autre État membre de l'UE ou** dans un **pays tiers ayant conclu une convention d'assistance au recouvrement** des créances fiscales avec la France (n°s 30850 s.) **ou dans un pays tiers n'ayant pas conclu une telle convention** (n°s 31000 s.). Une **procédure spéciale de remboursement** de la taxe ayant grevé leurs acquisitions faites en France est, par ailleurs, prévue pour les entreprises non établies en France qui n'y réalisent pas de livraisons de biens ou de prestations de services (n°s 31350 s.).

Nous examinerons enfin les dispositions concernant les **opérations** pour lesquelles l'acquéreur des biens, le destinataire de la livraison ou le preneur de la prestation (c'est-à-dire le **client**) est **redevable** de la TVA (**autoliquidation**) (n°s 31700 s.).

I. ENTREPRISES ÉTRANGÈRES ÉTABLIES EN FRANCE

Pour les opérations visées au n° 30705, ces entreprises sont soumises aux mêmes formalités et doivent acquitter la **TVA dans les mêmes conditions que les entreprises françaises** exerçant une activité identique imposable en France. 30750

Ce régime s'applique notamment :

– aux **succursales** d'entreprises étrangères établies en France, et, d'une manière générale, à tout **établissement de vente** en France appartenant à une firme étrangère ;

– aux **personnes étrangères** qui n'ont pas leur siège d'activité ni d'établissement **en France,** mais y ont établi leur **domicile** ou leur **résidence habituelle** et y réalisent des opérations imposables.

II. ENTREPRISES ÉTRANGÈRES NON ÉTABLIES EN FRANCE

Lorsqu'elles réalisent en France des **opérations** visées au n° 30705, ces entreprises sont, en principe, passibles de la **TVA.** 30800

Toutefois la portée de ce principe se trouve réduite du fait des dispositifs d'**autoliquidation de la taxe** par le **client** visés au n° 31700.

Cela dit, pour les **opérations pour lesquelles les entreprises non établies** en France **demeurent redevables de la TVA** (ou au titre desquelles elles doivent accomplir en France des obligations déclaratives sans y être redevables de la TVA), il faut **distinguer** selon que ces entreprises sont **établies dans un autre État membre de l'UE ou dans un pays tiers ayant conclu une convention d'assistance au recouvrement** des créances fiscales avec la France (n°s 30850 s.) **ou dans un pays tiers n'ayant pas conclu une telle convention** (n°s 31000 s.).

Par ailleurs, les entreprises étrangères non établies en France qui n'y réalisent **pas de livraisons de biens ou de prestations de services** entrant dans le champ d'application territorial de la TVA peuvent, sous certaines conditions, obtenir le remboursement de la **taxe** ayant grevé certains **biens ou services acquis en France** selon une **procédure spéciale de remboursement** examinée aux n°s 31350 s.

1. ENTREPRISES ÉTRANGÈRES ÉTABLIES DANS L'UE OU DANS UN PAYS TIERS AYANT CONCLU UNE CONVENTION D'ASSISTANCE AU RECOUVREMENT DES CRÉANCES FISCALES

Les assujettis établis dans un autre État membre de l'UE ou dans un pays tiers ayant conclu une convention d'assistance au recouvrement des créances fiscales avec la France qui réalisent en France des opérations visées au n° 30705 pour lesquelles ils sont redevables de la TVA (ou au titre 30850 desquelles ils sont tenus d'accomplir en France des obligations déclaratives sans y être redevables de la TVA) n'ont ni l'obligation ni la possibilité de désigner un représentant fiscal. Ils doivent **s'identifier** à la TVA, **déclarer** les opérations imposables réalisées en France et, le cas échéant, **acquitter la taxe directement** auprès de l'administration (BOI-TVA-DECLA-20-30-40-20 n° 1 et BOI-TVA-DECLA-20-30-40-10 n° 35).

30855 La liste des pays tiers ayant conclu avec la France une convention d'assistance au recouvrement des créances fiscales est fixée par l'arrêté du 15 mai 2013 (BUDE1309683A ; JO du 4-7), modifié par un arrêté du 28 février 2017 (JO du 24-3 avec rectificatif au JO du 22-4) et un arrêté du 16 février 2021 (JO du 26-2). Les assujettis établis dans ces pays sont soumis, en matière d'identification, de déclaration et de paiement de la TVA, aux mêmes règles que les assujettis établis dans un autre État membre de l'UE.

La **liste** des **pays tiers** concernés est, depuis le 27 février 2021, la suivante :

- Afrique du Sud ;
- Antigua-et-Barbuda ;
- Arménie ;
- Aruba ;
- Australie ;
- Azerbaïdjan ;
- Bosnie-Herzégovine ;
- Cap-Vert ;
- Curaçao ;
- Dominique ;
- Équateur ;
- Géorgie ;
- Ghana ;
- Grenade ;
- Groenland ;
- Îles Cook ;
- Îles Féroé ;
- Inde ;
- Islande ;
- Jamaïque ;
- Japon ;
- Kenya ;
- Koweït ;
- Macédoine du Nord ;
- Maurice ;
- Mexique ;
- Moldavie ;
- Nauru ;
- Niue ;
- Norvège ;
- Nouvelle-Zélande ;
- Pakistan ;
- Polynésie française ;
- République de Corée ;
- Royaume-Uni de Grande-Bretagne et d'Irlande du Nord ;
- Saint-Barthélemy ;
- Saint-Martin ;
- Sint Maarten ;
- Tunisie ;
- Turquie ;
- Ukraine ;
- Vanuatu.

› Précisions a. Font partie de cette liste depuis 2013 les dix pays suivants : Australie, Azerbaïdjan, Géorgie, Inde, Islande, Mexique, Moldavie, Norvège, République de Corée et Saint-Barthélemy.
b. L'**Argentine** était également inscrite sur la liste de 2013 mais en a été **retirée** par l'arrêté du 28 février 2017 précité. Ainsi, depuis le 25 mars 2017, date d'entrée en vigueur de cet arrêté, les assujettis établis dans ce pays sont à nouveau soumis à l'obligation de désignation d'un représentant fiscal en France.

a. Identification en France des assujettis établis dans l'UE ou dans un pays tiers ayant conclu une convention d'assistance au recouvrement des créances fiscales

Les assujettis établis dans un autre État membre de l'UE ou dans un pays tiers ayant conclu une convention d'assistance au recouvrement des créances fiscales avec la France qui commencent à exercer une activité en France (autre que des livraisons de biens ou des prestations de services pour lesquelles la taxe est due uniquement par le destinataire ou par le preneur) doivent procéder aux **formalités d'identification** à la TVA auprès du service des impôts des entreprises étrangères (SIEE) de la direction des impôts des non-résidents (DINR), 10 rue du Centre, 93465 Noisy-le-Grand Cedex (BOI-TVA-DECLA-20-30-40-20 n° 60). **30870**

› Précisions a. Les entreprises établies dans un pays tiers à l'UE ayant conclu une convention d'assistance au recouvrement des créances fiscales avec la France qui avaient désigné un représentant fiscal avant le 1er janvier 2013, avant le 25 mars 2017 ou avant le 27 février 2021 et qui étaient donc déjà immatriculées auprès du service des impôts dont dépendait l'ancien représentant n'ont aucune nouvelle formalité d'immatriculation à accomplir.
b. En ce qui concerne le lieu d'identification des loueurs d'immeubles : voir n° 30975.
c. Conformément aux articles R 123-30-1 s. du Code de commerce, les **prestataires de services transfrontaliers** (personnes établies dans un autre État membre de l'UE ou dans un État partie à l'accord sur l'Espace économique européen qui exercent sur le territoire national de façon permanente ou occasionnelle une activité entrant dans le champ de la directive 2006/123/CE du 12 décembre 2006) sont tenus de souscrire, jusqu'au 31 décembre 2022, leurs déclarations d'inscription destinées, notamment, aux services des impôts, auprès du centre de formalités des entreprises (CFE) matériellement compétent, dans le ressort duquel sont réalisées leurs prestations et, à compter du 1er janvier 2023, auprès du guichet unique électronique géré par l'Inpi. À la date du présent ouvrage, l'administration n'a toutefois pas modifié sa doctrine selon laquelle les assujettis communautaires doivent procéder à leurs formalités d'identification à la TVA auprès de la Direction des impôts des non-résidents.

Le **formulaire** de demande d'immatriculation (fourni par l'administration) doit contenir notamment les **informations suivantes** : adresse du siège social, le cas échéant, adresse du mandataire, activité principale de l'entreprise en France, caractéristiques de l'activité en France (permanente, saisonnière...), adresse de tenue de la comptabilité en France ou dans l'État membre d'origine, coordonnées du service fiscal dont dépend l'entreprise dans son État membre d'origine. **30875**

Doivent être joints à ce formulaire, au moment de l'accomplissement des formalités d'immatriculation, les documents suivants : pour les exploitations individuelles, tout document justifiant de l'identité du demandeur (copie de la carte nationale d'identité ou du passeport, extrait d'acte de naissance traduit et certifié conforme) ; pour les personnes morales, copie des statuts accompagnés de leur traduction ; pour toutes les entreprises, copie du certificat d'inscription au registre du commerce ou assimilé et (sauf pour les entreprises communautaires dont le numéro de TVA intracommunautaire est valide dans le système VIES) une attestation originale d'assujettissement à la TVA dans le pays dans lequel la société a son siège ou son principal établissement, sur laquelle doivent figurer le numéro de TVA intracommunautaire ainsi que le numéro d'identification fiscal attribué à l'entreprise communautaire dans cet État (BOI-TVA-DECLA-20-30-40-20 nos 70 et 80).

› Précisions Ce n'est qu'après l'immatriculation par l'Insee que le service des impôts attribue à l'entreprise étrangère un numéro d'identification TVA.

En cas de **cessation d'activité,** de modification de dénomination sociale, d'adresse du siège social ou de correspondance tant en France que dans l'État membre ou le pays tiers où se trouve le siège social, les assujettis doivent en informer expressément le service des impôts compétent, de même qu'en cas de **rupture de mandat** ou de modification d'un de ses termes (BOI-TVA-DECLA-20-30-40-20 n° 110). **30880**

DISPENSE D'IDENTIFICATION

30890 Lorsqu'ils réalisent uniquement des **opérations en suspension de TVA** portant sur des biens placés ou destinés à être placés **sous un régime douanier ou un entrepôt fiscal** (CGI art. 277 A, I), les assujettis sont dispensés de s'identifier à la TVA en France (n°s 32420, précision a, et 33100).

En outre, en application de l'article 286 ter A, II-1° du CGI, les assujettis qui réalisent des livraisons ou des prestations de services pour lesquelles la taxe est due uniquement par le client (**autoliquidation** : n° 47915) ne sont pas identifiés à la TVA en France.

Enfin, les assujettis sont dispensés de s'identifier à la TVA en France lorsque les opérations qu'ils y réalisent les autorisent à recourir à un mandataire ponctuel (voir n°s 30920 s.).

b. Possibilité de désigner un mandataire

30900 Conformément à l'article 95, III de l'annexe III au CGI, par dérogation au principe selon lequel les assujettis établis dans un autre État membre de l'UE ou dans un pays tiers ayant conclu une convention d'assistance au recouvrement des créances fiscales avec la France doivent s'identifier, déclarer et acquitter la TVA directement auprès de l'administration fiscale (n° 30850), les intéressés ont la possibilité de désigner un mandataire chargé d'effectuer à leur place tout ou partie des formalités déclaratives leur incombant et d'acquitter, le cas échéant, la taxe en leur nom (voir n° 30930). Mais, à la différence du représentant fiscal (n°s 31000 s.), ce mandataire **agit sous la responsabilité exclusive de l'assujetti** mandant qui reste seul redevable de la taxe. Ainsi, en cas d'absence d'accomplissement ou d'accomplissement partiel des formalités déclaratives et de paiement dont le mandataire a été chargé, l'assujetti mandant est responsable des formalités omises, de même qu'il est responsable en cas d'absence de restitution par le mandataire d'un trop-perçu (BOI-TVA-DECLA-20-30-40-20 n° 10).

30905 L'assujetti qui fait appel à un mandataire doit **adresser la version scannée du mandat signé au service des impôts** compétent, préalablement à la première démarche administrative. La version originale du mandat doit être conservée par l'assujetti. Ce **mandat** doit être **exclusif,** rédigé en langue française, signé par une personne habilitée à engager l'entreprise et accepté du mandataire. Il doit faire apparaître, de manière obligatoire, certaines informations (notamment les formalités que le mandataire est habilité à accomplir) (BOI-TVA-DECLA-20-30-40-20 n°s 20 et 30).

La qualité de **représentant fiscal désigné avant le 1-1-2002** et non révoqué après cette date donne nécessairement mandat à ce représentant pour accomplir l'ensemble des formalités pouvant être confiées à un mandataire fiscal en application de l'article 95, III de l'annexe III au CGI (CE 30-7-2010 n° 308854 : RJF 11/10 n° 1014).

Nous donnons ci-après un **modèle de désignation** d'un mandataire en matière de TVA par les entreprises établies dans un autre État membre de l'UE ou dans un pays tiers ayant conclu une convention d'assistance au recouvrement des créances fiscales avec la France.

Papier à en-tête de l'entreprise

Désignation d'un mandataire en matière de taxe sur la valeur ajoutée

Je soussigné *(nom, prénom, qualité)*(1), agissant au nom et pour le compte de l'entreprise *(nom, dénomination, adresse et numéro Siret de l'entreprise étrangère)*(2), désigne *(nom ou raison sociale, adresse et, le cas échéant, numéro Siret de l'assujetti établi en France)* en qualité de mandataire.

* **Ce mandataire pourra accomplir les formalités suivantes (liste non exhaustive ; cocher les cases qui suivent selon l'étendue du mandat)** :

☐ Accomplir les formalités et signer les déclarations relatives à l'immatriculation (inscription, radiation ou modification) de l'entreprise en France ;

☐ Effectuer les obligations comptables (notamment délivrance des factures, tenue de la comptabilité, etc.) ;

☐ Représenter l'entreprise auprès des services administratifs et fiscaux français, notamment pour signer, adresser et recevoir des documents, correspondances, demandes d'information et déclarations ;

30905 (suite)

☐ Envoyer, déposer et signer les déclarations de taxes sur le chiffre d'affaires ;

☐ Payer la TVA et les taxes assimilées dues ;

☐ Envoyer, déposer et signer l'état récapitulatif des clients visé à l'article 289 B du CGI ;

☐ Établir une réclamation contentieuse auprès de l'administration ;

☐ Déposer, pour le compte de la société, une demande de remboursement de crédit de TVA non imputable(3) ;

☐ En cas de contrôle fiscal :

Soit représenter l'entreprise au cours de l'ensemble des opérations de contrôle et répondre aux courriers et pièces de procédure (y compris les transactions) adressés par les services vérificateurs lors de la procédure de rectification, de la procédure de recouvrement et, le cas échéant, lors de la procédure contentieuse ; en ce cas, le contrôle sera réalisé sur place dans les locaux du mandataire et l'intégralité des pièces de procédure devra être envoyée à l'adresse de ces locaux, soit : ...

Soit seulement recevoir les courriers et pièces de procédure adressés par les services vérificateurs relatifs à l'assiette, au recouvrement et au contentieux ; en ce cas, l'intégralité des pièces de procédure devra être envoyée à l'adresse suivante : ...

* **Encaissement des restitutions de sommes et des remboursements de crédits de TVA** :

Si l'entreprise étrangère assujettie autorise le mandataire à percevoir la restitution de sommes ou le remboursement de TVA, celle-ci doit fournir un mandat spécial établi conformément aux dispositions de la circulaire du 30 mars 1989 – de monsieur le ministre délégué auprès du ministre d'État, ministre de l'économie, des finances et du budget, chargé du budget – relative à la simplification de la réglementation du paiement des dépenses publiques.

Coordonnées bancaires de l'assujetti étranger
(ou, le cas échéant, du mandataire – joindre un relevé d'identité bancaire) :

Adresse de l'établissement bancaire :

Numéro de compte :

Impératif : indiquer le nombre de cases cochées :

La désignation du mandat est effectuée à titre exclusif et prend effet à compter du... :

Ce mandat produira ses effets jusqu'à ce qu'il soit dénoncé par le mandant ou le mandataire auprès du service des impôts qui gère la TVA de l'entreprise étrangère assujettie.

Fait à, le

(Signature manuscrite)

Je soussigné *(nom, prénom, qualité)*(4), agissant au nom et pour le compte de l'entreprise *(nom, dénomination, adresse et numéro de Siret de l'assujetti établi en France)*(5) accepte la désignation ci-dessus en qualité de mandataire et m'engage à accomplir, pour le compte de l'entreprise (*nom ou raison sociale et adresse de l'entreprise étrangère)*, les formalités indiquées en page 1.

Fait à, le

(Signature manuscrite)

---

(1) Le soussigné doit aussi avoir qualité pour engager l'entreprise. Le cas échéant, un mandat régulier doit être joint à la désignation pour le soussigné.
(2) Dès lors que l'entreprise étrangère est déjà immatriculée en France.
(3) Joindre un relevé d'identité bancaire de l'entreprise étrangère assujettie.
(4) Le soussigné doit aussi avoir qualité pour engager l'entreprise. Le cas échéant, un mandat régulier doit être joint à la désignation pour le soussigné.
(5) Dès lors que l'entreprise étrangère est déjà immatriculée en France.

MANDATAIRE PONCTUEL

30920 En application de l'article 95 B de l'annexe III au CGI, les assujettis établis dans un autre État membre de l'UE ou dans un pays tiers ayant conclu une convention d'assistance au recouvrement des créances fiscales avec la France peuvent, sans avoir à s'identifier à la TVA, recourir aux services d'un **mandataire ponctuel** lorsqu'ils réalisent, en France, **exclusivement** les opérations suivantes pour lesquelles ils sont dispensés du paiement de la TVA :

– **sorties** de biens d'un **régime douanier** ou d'un **entrepôt fiscal** lorsque ces biens font l'objet d'une **exportation ou** d'une **livraison intracommunautaire** exonérée (CGI art. 277 A, II-4 ; nos 32700 s. et 33375 s.) ;

– **importations** de biens faisant l'objet par l'importateur, après dédouanement, d'une **livraison intracommunautaire** exonérée (CGI art. 291, III-4° ; nos 22320 s.).

30925 La **déclaration d'une opération** mentionnée au n° 30920 ci-dessus effectuée par toute personne pour le compte d'un assujetti établi dans un autre État membre de l'UE ou dans un pays tiers ayant conclu avec la France une convention d'assistance au recouvrement des créances fiscales, **vaut contrat de mandat** entre cet assujetti et la personne qui effectue en France ladite déclaration. Ce contrat de mandat est valable uniquement pour les opérations déclarées par le mandataire ponctuel.

La personne souhaitant agir comme mandataire ponctuel pour le compte d'un ou plusieurs assujettis doit cependant en **informer par écrit** le **service des impôts des entreprises étrangères** (SIEE) de la direction des impôts des non-résidents (DINR) et lui communiquer la date à partir de laquelle elle souhaite agir en tant que mandataire ponctuel (BOI-TVA-DECLA-20-30-40-20 nos 260 et 290).

30930 Le mandataire ponctuel est chargé d'accomplir, au nom et pour le compte de ses mandants, les **formalités** leur incombant et, le cas échéant, d'**acquitter la taxe** devenue exigible.

Le mandataire ponctuel, auquel est attribué (outre un numéro d'identification à la TVA qui lui est propre) un numéro d'identification spécifique unique pour l'ensemble de ses mandants, doit souscrire, au lieu et place des déclarations habituelles de chiffre d'affaires, un **état trimestriel** qui regroupe l'ensemble des opérations pour lesquelles il a été mandaté. Cet état doit être souscrit sur support papier ou informatique, auprès du service des impôts des entreprises étrangères au plus tard le 25 du mois qui suit chaque trimestre civil (CGI ann. III art. 95 B). En cas d'absence d'opération, un état néant doit être produit.

> Précisions **L'état trimestriel** doit **indiquer** :
– le nom ou la dénomination sociale, l'adresse et le numéro d'identification à la TVA du mandataire ponctuel et de l'assujetti qui l'a désigné ;
– pour les importations suivies d'une livraison intracommunautaire exonérée : la nature du bien, le montant de l'opération, la référence à la déclaration en douane d'importation et la nature et le montant de la livraison exonérée ;

– pour les opérations dispensées du paiement de la TVA : la nature du bien et le montant de l'opération qui aurait dû être soumise à la TVA lors de la sortie du régime suspensif, le montant de la livraison intracommunautaire exonérée ou de l'exportation (dans ce dernier cas, il faut indiquer la référence à la déclaration d'exportation).

Le mandataire ponctuel est réputé agir exclusivement sous la responsabilité de l'assujetti mandant qui reste seul **redevable légal** de la taxe lorsque les conditions de la dispense de paiement ou de l'exonération ne sont pas remplies (BOI-TVA-DECLA-20-30-40-20 n° 270). **30935**

Les assujettis qui ont recours à un mandataire ponctuel peuvent demander, selon la procédure examinée aux nos 31350 s., le **remboursement** de la TVA française qui leur a été facturée. **30940**

c. Obligations déclaratives et de paiement

Les entreprises établies dans un autre État membre de l'UE ou dans un pays tiers ayant conclu une convention d'assistance au recouvrement des créances fiscales avec la France, qui sont redevables de la TVA ou de taxes assimilées en France ou qui sont tenues d'y accomplir des obligations déclaratives, sont soumises aux **obligations comptables** et aux règles de **facturation** mentionnées aux nos 44650 s. et 45400 s. Elles doivent **déclarer et payer** la TVA et les taxes assimilées selon les modalités indiquées à l'article 287 du CGI, sous réserve des précisions ci-après (BOI-TVA-DECLA-20-30-40-20 nos 120 et 130). **30970**

Les entreprises établies dans un autre État membre de l'UE ou dans un pays tiers ayant conclu une convention d'assistance au recouvrement des créances fiscales avec la France ont l'obligation de souscrire leur déclaration par voie électronique (**télédéclaration**). Il en va de même pour les demandes de remboursement des crédits de TVA (n° 58540). **30975**

Cette obligation de télétransmettre les déclarations rend en pratique sans portée les dispositions de l'article 95, I de l'annexe III au CGI fixant le lieu de dépôt de ces déclarations. Les principes résultant de ces dispositions gardent cependant un intérêt pour déterminer le service des impôts dont dépendent les redevables et auquel ils doivent s'adresser en cas de besoin (courrier, réclamations...). Ces principes sont les suivants :

– le service dont dépendent ces redevables est, en **principe,** le service des impôts des entreprises étrangères (SIEE) de la direction des impôts des non-résidents (DINR), 10 rue du Centre, 93465 Noisy-le-Grand Cedex. Toutefois, pour les **assujettis** établis dans un pays tiers ayant conclu une convention d'assistance au recouvrement des créances fiscales avec la France qui avaient désigné un représentant fiscal en France avant le 1er janvier 2013, le 25 mars 2017 ou le 27 février 2021, selon le pays tiers concerné (n° 30855), le service compétent est le **service des impôts** du lieu d'imposition de l'**ancien représentant fiscal** ;

– en outre, les assujettis qui disposent en France d'**immeubles donnés en location** et ne réalisent pas d'autres opérations pour lesquelles ils sont redevables de la taxe en France dépendent du service des impôts du lieu de situation de l'immeuble. Si l'application de cette règle conduit à une pluralité de services, les redevables sont rattachés au service des impôts des entreprises étrangères (les propriétaires d'immeubles loués meublés et dont les loyers sont imposés dans la catégorie des BIC relèvent toutefois, dans cette hypothèse, du service des impôts du lieu de situation du bien générateur du chiffre d'affaires le plus élevé) (BOI-TVA-DECLA-20-20-10-20 nos 70 à 90).

Ces principes valent également pour le lieu d'**identification** des intéressés (en ce sens, BOI-TVA-DECLA-20-30-40-20 n° 60).

La **date limite de souscription** des déclarations de TVA est fixée, pour les assujettis soumis au régime réel normal d'imposition qui dépendent du service des impôts des entreprises étrangères, au 19 du mois suivant celui des opérations au titre desquelles la déclaration est effectuée. Pour ceux qui dépendent du service des impôts au lieu de situation des immeubles ou au lieu de l'ancien représentant fiscal, elle est fixée au 24 du même mois (CGI ann. IV art. 39, 1-1°-b et e). Concernant la date limite de souscription lorsque les déclarations de TVA font apparaître des importations, voir n° 48505. **30980**

Les entreprises établies dans un autre État membre de l'UE ou dans un pays tiers ayant conclu une convention d'assistance au recouvrement des créances fiscales avec la France ont également l'obligation de régler la TVA par voie électronique (**téléréglement**) si elles détiennent un compte bancaire ouvert dans une banque domiciliée en France ou auprès d'un établissement étranger acceptant les prélèvements Sepa interentreprises. À défaut, elles doivent régler la TVA par virement bancaire. **30985**

2. ENTREPRISES ÉTRANGÈRES ÉTABLIES DANS UN PAYS TIERS N'AYANT PAS CONCLU DE CONVENTION D'ASSISTANCE AU RECOUVREMENT DES CRÉANCES FISCALES

31000 Les assujettis établis dans un pays tiers n'ayant pas conclu de convention d'assistance au recouvrement des créances fiscales avec la France qui réalisent en France des opérations visées au n° 30705 pour lesquelles ils sont redevables de la taxe (ou au titre desquelles ils sont tenus d'accomplir en France des obligations déclaratives sans y être redevables de la TVA) doivent faire accréditer, auprès du service des impôts, un **représentant** assujetti établi en France **qui s'engage à remplir les formalités** leur incombant, **et,** en cas d'opérations imposables, à **acquitter la taxe** à leur place (CGI art. 289 A, I).

Dans certaines situations où aucune taxe n'est due en France, ces assujettis ont la possibilité de recourir à une forme simplifiée de représentation fiscale : voir nos 31150 s.

La situation des **intermédiaires** agissant en France pour le compte d'entreprises étrangères appelle également des commentaires particuliers : voir nos 31200 s.

> Précisions **a.** L'obligation de désigner un représentant fiscal s'applique également aux opérateurs établis dans un pays tiers n'ayant pas conclu de convention d'assistance au recouvrement des créances fiscales avec la France qui réalisent des **importations** en France (n° 22125). En ce qui concerne le cas particulier des opérateurs établis dans un tel pays tiers qui réalisent en France **exclusivement** des **importations suivies de livraisons internes soumises à autoliquidation** de la taxe par le client : voir n° 22125, précisions.

b. Il est rappelé que l'obligation de désigner un représentant fiscal est supprimée pour les **assujettis établis dans un pays tiers ayant conclu une convention d'assistance au recouvrement** des créances fiscales avec la France (nos 30850 s.).

c. Lorsqu'une entreprise étrangère est tenue de désigner ou de faire accréditer auprès de l'administration fiscale un représentant établi en France en application de l'article 289 A, I du CGI, ce **représentant** est en principe **unique** et désigné pour l'ensemble des obligations qui pourraient également incomber à la personne représentée en application des articles suivants : 300 (taxe sur certains services fournis par les grandes entreprises du secteur numérique), 300 sexies (taxe sur les exploitants de plateformes de mise en relation par voie électronique en vue de fournir certaines prestations de transport), 302 bis ZN (prélèvements sur les jeux et paris), 1613 ter et 1613 quater (contributions sur les boissons non alcooliques) et 1671 du CGI (retenue à la source sur les salaires, pensions et rentes viagères à titre gratuit dans le cadre du prélèvement à la source de l'impôt sur le revenu) ; 266 undecies du Code des douanes (TGAP) ; L 253-8-2 du Code rural et de la pêche maritime (taxe sur les produits phytopharmaceutiques). Ce représentant est également compétent pour les impositions relevant du CIBS (CIBS art. L 152-3), sauf disposition contraire.

Cette obligation étendue ne concerne pas les représentants fiscaux que les entreprises étrangères peuvent être amenées à désigner en matière de TVA lorsqu'elles réalisent uniquement des opérations dans le cadre des régimes d'entrepôt fiscal visés à l'article 277 A, I-2° du CGI (CGI art. 302 decies).

Les accréditations des représentants obtenues avant le 1er janvier 2019, date de mise en place de ce dispositif, demeurent valides (sous réserve de remplir les conditions d'accréditation exposées n° 31070) et sont étendues à l'ensemble des obligations des entreprises étrangères concernées.

Les obligations concernant l'entreprise représentée en matière de TVA sont en principe remplies auprès du service des impôts dont relève le représentant fiscal. Toutefois, dans le cas où le représentant doit également accomplir les obligations de l'entreprise étrangère en matière de retenue à la source sur les salaires, pensions et rentes viagères, le service compétent est le service des impôts des entreprises étrangères (SIEE) de la direction des impôts des non-résidents (DINR).

a. Représentant fiscal de droit commun

DÉSIGNATION D'UN REPRÉSENTANT FISCAL

31050 Les assujettis établis dans un pays tiers n'ayant pas conclu de convention d'assistance au recouvrement des créances fiscales avec la France ne peuvent désigner qu'un **seul représentant** pour l'ensemble des opérations concernées qu'ils réalisent en France. Toute latitude est laissée à l'assujetti étranger dans le choix de son représentant fiscal (filiale de l'entreprise étrangère, client ou fournisseur français, représentant en douane, commerçant, établissement bancaire réalisant des opérations imposables de plein droit ou sur option, entreprise spécialisée dans la représentation fiscale). Toutefois, celui-ci doit lui-même être un **assujetti** à la TVA **établi en France dûment connu à ce titre de l'administration** fiscale. En pratique, il doit être connu de l'administration fiscale **comme redevable** de la TVA et souscrire régulièrement des déclarations de chiffre d'affaires (BOI-TVA-DECLA-20-30-40-10 n°s 70 et 80).

La désignation du représentant fiscal doit être effectuée, **par écrit,** préalablement à la réalisation des opérations situées en France. Elle doit **mentionner** les nom et adresse de l'assujetti et du représentant, la date d'effet, la désignation par l'assujetti étranger du représentant conformément à l'article 289 A, I du CGI et l'acceptation par le représentant de sa désignation ainsi que son engagement d'accomplir les formalités incombant à l'assujetti étranger et d'acquitter la taxe exigible (BOI-TVA-DECLA-20-30-40-10 n°s 90 et 100). **31055**

Nous reproduisons ci-après un **modèle** de désignation.

> **Précisions** En principe, la désignation ne peut pas avoir d'**effet rétroactif.** Toutefois, la direction régionale ou départementale des finances publiques peut, dans des **cas dûment justifiés,** accepter une telle désignation, dès lors que, d'une part, l'assujetti étranger manifeste son intention de régulariser sa situation, d'autre part que le représentant prend l'engagement exprès de représenter cet assujetti depuis le début de la période à régulariser. La désignation peut être limitée à une **période** donnée (BOI-TVA-DECLA-20-30-40-10 n° 90).

Papier à en-tête
de l'entreprise

Désignation d'un représentant en matière de TVA
(art. 289 A du CGI)

Je soussigné, *(nom, prénom, qualité)* [1] agissant au nom et pour le compte de l'entreprise *(nom ou raison sociale et adresse de l'entreprise étrangère)* désigne, conformément à l'article 289 A du CGI, l'entreprise *(nom ou raison sociale, adresse et numéro de Siret de l'assujetti établi en France)* en qualité de représentante pour accomplir :
– les formalités afférentes aux opérations soumises à la TVA en France et acquitter, en cas de défaillance de l'entreprise représentée, la taxe due ;
– les formalités relatives à l'immatriculation en France [2] ;
– les formalités afférentes à une ou plusieurs opérations visées à l'article 289 A, III du CGI.
Cette désignation prend effet à compter du...

Fait à, le
(Signature manuscrite)

*
* *

Je soussigné *(nom, prénom, qualité)* [1] agissant au nom et pour le compte de l'entreprise *(nom ou raison sociale, adresse et numéro de Siret de l'assujetti établi en France)* accepte la désignation ci-dessus en qualité de représentant et m'engage conventionnellement à accomplir, pour le compte de l'entreprise *(nom ou raison sociale et adresse de l'entreprise étrangère)*, les formalités afférentes aux opérations soumises à la TVA en France et à acquitter solidairement, en cas de défaillance de l'entreprise représentée, la taxe afférente aux opérations imposables pour lesquelles j'ai effectué les obligations déclaratives, ainsi que les pénalités qui s'y rapportent.

Fait à, le
(Signature manuscrite)

(1) Le soussigné doit avoir qualité pour engager l'entreprise. Le cas échéant, un mandat régulier doit être joint à la désignation.
(2) La mention « les formalités relatives à l'immatriculation en France » peut être rayée en cas de désignation d'un représentant ponctuel.

Sauf si elle a été faite pour une période donnée, la désignation demeure valable tant que l'administration fiscale n'est pas informée de sa **dénonciation** par l'assujetti étranger qui ne réalise plus d'opérations imposables en France ou par le représentant fiscal qui ne souhaite plus effectuer les opérations pour le compte de l'entreprise étrangère (le représentant doit alors également informer l'assujetti étranger de cette dénonciation) (BOI-TVA-DECLA-20-30-40-10 n° 110). **31060**

ACCRÉDITATION DU REPRÉSENTANT FISCAL

31070 Aux termes de l'article 289 A, I du CGI, le représentant doit être **accrédité par le service des impôts des entreprises dont il relève.**

Pour être accrédité, il doit satisfaire aux **conditions de fond** suivantes (CGI art. 289 A, IV) :

- être **établi en France et** y être **assujetti** à la TVA ;
- n'avoir commis, ni lui ni, lorsqu'il s'agit d'une personne morale, aucun de ses dirigeants, **aucune infraction** grave ou répétée aux **dispositions fiscales** ;
- n'avoir fait l'objet, ni lui ni, lorsqu'il s'agit d'une personne morale, aucun de ses dirigeants, d'**aucune des sanctions** prévues par le **Code de commerce** aux articles L 651-2 (condamnation au paiement de l'insuffisance d'actif entraînant une liquidation judiciaire en cas de faute de gestion), L 653-2 (interdiction de diriger à la suite d'une faillite personnelle) et L 653-8 (interdiction de diriger prononcée à la place d'une faillite personnelle, en cas de refus de communication, de mauvaise foi, de renseignements dans le cadre d'une procédure collective ou d'omission délibérée d'une telle procédure) au cours des trois années qui précèdent et ne pas faire l'objet d'une mesure d'interdiction en cours d'exécution prévue par l'article L 653-8 précité ;
- disposer d'une **organisation** administrative et de moyens humains et matériels lui permettant d'assurer sa mission de représentation ;
- disposer d'une **solvabilité financière** en relation avec ses obligations de représentant ou d'une **garantie financière** à hauteur d'un quart des sommes nées de ses obligations. Cette condition est susceptible d'être satisfaite selon deux modalités : soit le représentant fiscal établit au vu d'éléments (financiers et/ou comptables) tirés de son activité économique qu'il dispose d'une assise financière proportionnée au montant de ses obligations de représentant (voir les précisions ci-après), soit il fournit une garantie financière d'un certain niveau (BOI-TVA-DECLA-20-30-40-10 n° 170). Lorsque les sommes nées des obligations de représentant ne peuvent être déterminées pour une personne représentée, le montant de la garantie financière est fixé forfaitairement à 10 000 € (Arrêté CCPE2138416A du 20-4-2022).

> **Précisions** La solvabilité financière est présumée être justifiée dès lors que le demandeur présente sur la base de ses **comptes annuels** ou d'**autres informations financières** disponibles, une solvabilité lui permettant de s'acquitter de ses obligations de représentant fiscal. À titre d'exemples, et sans que cela ne soit exhaustif, les éléments suivants sont de nature à justifier de la solvabilité financière par le demandeur de l'accréditation : les disponibilités ; le patrimoine immobilier ; les valeurs mobilières de placement ou autres titres financiers ; la valeur nette comptable des créances qu'il détient sur ses débiteurs ; la valeur nette comptable du stock de marchandises appartenant au représentant. En contrepartie, la valeur nette comptable des dettes financières et d'exploitation grevant le patrimoine du représentant doivent être prises en considération (BOI précité).

31072 La **demande** d'accréditation doit être déposée soit par voie électronique, soit par lettre recommandée avec demande d'avis de réception auprès du service des impôts dont relève la personne qui sollicite l'accréditation, étant précisé que l'accréditation doit être sollicitée pour chaque assujetti représenté. Elle est **accompagnée** des **pièces** suivantes :

- le numéro unique d'identification du représentant demandant l'accréditation ;
- un descriptif de l'organisation administrative ainsi que des moyens humains et matériels dont il dispose pour effectuer son activité de représentation ;
- un bulletin n° 3, datant de moins de trois mois, du casier judiciaire du demandeur ou de ses représentants légaux s'il est une personne morale ;
- la justification de sa solvabilité financière ou d'une garantie financière (n° 31070). Pour l'appréciation de la solvabilité financière, le demandeur doit présenter ses comptes annuels ou d'autres informations financières disponibles. Lorsque, après examen, le service des impôts estime que les justifications de solvabilité financière ne sont pas suffisantes, le demandeur a 30 jours pour transmettre la garantie financière prévue au n° 31070 ;
- le nom ou la dénomination sociale de l'assujetti représenté, l'adresse de son domicile ou de son siège social, le lieu de ses activités, son adresse électronique et une description des activités au titre desquelles il réalise en France des opérations justifiant la désignation d'un représentant fiscal ;
- un document par lequel le demandeur s'engage à remplir les formalités et obligations fiscales incombant à la personne représentée ainsi qu'à acquitter la taxe due par cette dernière ;
- un document par lequel la personne représentée désigne le demandeur en tant que représentant fiscal (CGI ann. II art. 242 septdecies).

Lorsque la demande est **incomplète,** l'administration fiscale invite la personne qui sollicite l'accréditation à compléter sa demande dans le délai d'un mois à compter de la réception de la demande de compléments adressée par l'administration (CGI ann. II art. 242 octodecies).

Le service des impôts notifie au représentant fiscal par écrit l'octroi ou le refus de l'accréditation.

Le service des impôts qui agrée la désignation du représentant fiscal attribue à chaque assujetti étranger représenté un **numéro d'identification** à la TVA (voir précisions ci-après).

> Précisions En pratique, **pour obtenir l'immatriculation** en France, l'entreprise étrangère, ou son représentant fiscal si elle lui a donné mandat à cet effet, souscrit auprès du service des impôts dont relève le représentant fiscal un formulaire EE0 accompagné des documents requis.
Ce n'est qu'après immatriculation par l'Insee que le service des impôts attribue à l'entreprise étrangère un numéro d'identification TVA qui sera utilisé par le représentant pour déclarer les opérations effectuées par l'entreprise (le représentant déclarant les opérations afférentes à son activité propre sous son numéro personnel) (BOI-TVA-DECLA-20-30-40-10 n° 280).

L'**accréditation** est **retirée** lorsque la désignation est dénoncée par l'assujetti représenté ou par le représentant fiscal (le retrait prend alors effet dès réception de la demande par le service des impôts) ou devient caduque (expiration de la période pour laquelle elle a été faite, s'il s'agit d'une désignation à durée limitée). **31075**

Elle est également retirée, à l'initiative de l'administration, lorsque le représentant ne remplit plus l'une ou plusieurs des conditions de fond exposées au n° 31070 (pour la condition de solvabilité financière, voir également la précision a ci-après) ou lorsqu'il ne respecte pas les obligations déclaratives et de paiement des taxes qui lui incombent pour le compte des personnes qu'il représente ou pour son propre compte. Dans ces cas, le service des impôts informe préalablement le représentant fiscal de son intention de procéder au retrait de l'accréditation ainsi que des motifs qui justifient ce retrait et lui indique qu'il dispose d'un délai de 30 jours pour présenter ses observations ou, le cas échéant, régulariser sa situation. Le retrait lui est notifié par lettre recommandée avec demande d'avis de réception et prend effet à la date de réception de la lettre. L'assujetti représenté est également informé par courrier électronique de la perte d'accréditation de son représentant fiscal (CGI art. 289 A, IV-B et CGI ann. II art. 242 novodecies).

> Précisions **a.** Pour les **accréditations demandées avant le 23 avril 2022,** le respect de la condition relative à la solvabilité financière ne peut être vérifiée par l'administration qu'à compter du 1er janvier 2024 (BOI précité).
b. Lorsque l'accréditation est retirée en raison des **manquements du représentant fiscal** à ses obligations, le service des impôts peut, par ailleurs, engager à son encontre la procédure encadrée par l'article L 10 BA du LPF susceptible d'aboutir à la suspension de son numéro de TVA intracommunautaire (BOI-TVA-DECLA-20-30-40-10 n° 205).

OBLIGATIONS DU REPRÉSENTANT FISCAL

Le représentant est responsable du **respect des obligations fiscales,** en matière de TVA, afférentes à l'**ensemble des opérations réalisées en France par l'assujetti étranger** établi dans un pays tiers n'ayant pas conclu de convention d'assistance au recouvrement des créances fiscales avec la France, y compris celles dont il n'a pas eu connaissance. **31090**

Cette responsabilité est engagée pendant la durée de validité de la désignation par l'assujetti étranger. Le représentant doit accomplir les formalités légales et réglementaires et, en cas d'opérations imposables, acquitter la taxe exigible (BOI-TVA-DECLA-20-30-40-10 nos 210 et 220).

> Précisions En application de l'article 302 decies du CGI et de l'article L 152-3 du CIBS, le représentant fiscal désigné en matière de TVA peut aussi être tenu de remplir les obligations qui incombent, le cas échéant, à l'assujetti étranger au titre d'autres dispositifs fiscaux (n° 31000, précision c).

Lorsqu'il établit les **factures** le représentant doit indiquer expressément sur les factures qu'il agit en qualité de représentant de l'assujetti étranger. Les factures peuvent être établies par l'assujetti étranger, mais elles doivent toujours préciser le nom, l'adresse du représentant fiscal pour permettre au client assujetti d'opérer la déduction de la taxe dans les conditions de droit commun (BOI-TVA-DECLA-20-30-40-10 n° 230). **31095**

Le représentant fiscal doit tenir la **comptabilité** de l'ensemble des opérations réalisées en France par l'assujetti étranger qui l'a accrédité. La tenue de cette comptabilité peut cependant être assurée par l'assujetti étranger lui-même, mais le représentant doit, à toute réquisition du service des impôts, être en mesure de présenter les livres comptables et les pièces justificatives relatives aux opérations réalisées (BOI-TVA-DECLA-20-30-40-10 n° 240). **31100**

Le représentant fiscal dépose les **déclarations de chiffres d'affaires** et **acquitte la TVA,** le cas échéant. **31105**

Il doit obligatoirement souscrire la déclaration de chiffre d'affaires par voie électronique (**télédéclaration**) (BOI-TVA-DECLA-20-20-20-10 n° 70). Il en va de même pour la demande de remboursement des crédits de TVA (n° 58540).

Selon le BOI précité, le **téléréglement** demeure facultatif pour les entreprises en cause, mais elles peuvent y recourir si elles détiennent un compte bancaire ouvert dans une banque domiciliée en France. Le site internet www.impots.gouv.fr/international-professionnel/paiement-en-ligne indique toutefois que les entreprises étrangères non établies en France entrent dans le champ de l'obligation de télépaiement et que, depuis le 1er décembre 2015, le télépaiement est obligatoire à partir d'un compte bancaire détenu auprès d'un établissement étranger atteignable au prélèvement SEPA interentreprises. En tout état de cause, la DGFiP n'encaisse plus les chèques tirés sur les banques étrangères (chèque émis en euros ou en devise étrangère et tiré sur une banque étrangère) depuis le 15 mars 2020.

Lorsque l'entreprise étrangère n'a pas réalisé d'opération imposable, le représentant fiscal doit déposer une déclaration « néant ».

Le représentant fiscal souscrit également l'**état récapitulatif des clients** visé aux nos 21500 s. (BOI-TVA-DECLA-20-30-40-10 nos 250 et 260).

31110 Le représentant fiscal doit acquitter pour le compte de l'entreprise étrangère la totalité de la taxe dont celle-ci est redevable, que cette taxe résulte des déclarations qu'il dépose ou des redressements opérés par l'administration. Dans ce dernier cas, alors même que l'entreprise étrangère demeure l'unique redevable de la taxe, l'administration est fondée à conduire avec le représentant les **procédures de contrôle et de redressement** des déclarations et, le cas échéant, la procédure d'établissement des pénalités (CE 24-7-2009 nos 304672 et 309278 : RJF 11/09 nos 930 et 931).

ABSENCE DE REPRÉSENTANT OU INEXÉCUTION DE SES OBLIGATIONS

31120 **À défaut de** désignation d'un **représentant** accrédité, la taxe et, le cas échéant, les pénalités qui s'y rapportent sont dues par le **destinataire** de l'opération imposable – celui-ci n'ayant, toutefois, que la qualité de débiteur solidaire et non de redevable de la taxe, les rehaussements ne peuvent lui être directement notifiés (CE 5-4-2006 n° 276602 : RJF 6/06 n° 699 et BOI-TVA-DECLA-20-30-40-10 n° 130). À noter que la portée pratique de cette disposition paraît limitée du fait des mécanismes d'autoliquidation de la taxe par le client visés au n° 47915.

D'autre part, en cas de non-désignation d'un représentant ou d'inexécution par celui-ci de ses obligations, l'**intermédiaire** peut être recherché en paiement de la taxe au lieu et place de l'entreprise étrangère (nos 31200 s.).

DISPENSE DE DÉSIGNATION D'UN REPRÉSENTANT FISCAL

31130 Par dérogation à l'obligation de désignation d'un représentant, sont dispensés d'une telle obligation les assujettis non établis dans l'UE qui réalisent **uniquement** des **opérations en suspension** de TVA portant sur des **biens** placés ou destinés à être **placés sous un régime douanier ou un entrepôt fiscal** (nos 32420 et 33100 ; pour les opérations de sortie de ces biens, voir n° 31150) ou qui réalisent uniquement des opérations pour lesquelles la taxe est due en France par le client (dispositif d'**autoliquidation**) (n° 47915).

Il en va de même des prestataires non établis dans l'UE qui fournissent des **services** et qui relèvent du **régime particulier** de guichet unique « OSS-non UE » décrit aux nos 33550 s.

b. Représentant fiscal ponctuel

31150 En application de l'article 289 A, III du CGI, une **forme simplifiée de représentation** fiscale est prévue pour les entreprises (ou personnes) établies dans un pays tiers n'ayant pas conclu de convention d'assistance au recouvrement des créances fiscales avec la France qui réalisent **exclusivement** les opérations suivantes, pour lesquelles elles sont dispensées du paiement de la TVA :

– **sorties** de biens **d'un régime douanier ou** d'un **entrepôt fiscal,** lorsque ces biens font l'objet d'une **exportation ou d'une livraison intracommunautaire** exonérée (CGI art. 277 A, II-4 : nos 32700 s. et 33375 s.) ;

– **importations** de biens faisant l'objet par l'importateur, après dédouanement, d'une **livraison intracommunautaire** exonérée (CGI art. 291, III-4° : nos 22320 s.).

Ces entreprises peuvent charger un assujetti établi en France, accrédité par le service des impôts des entreprises étrangères, d'accomplir les **obligations déclaratives** afférentes à l'opération en cause (« **représentant fiscal ponctuel** »).

À la différence du régime de droit commun (n° 31050), plusieurs représentants ponctuels peuvent ainsi être désignés par un même assujetti établi dans un pays tiers n'ayant pas conclu de convention d'assistance au recouvrement des créances fiscales avec la France.

En revanche, un assujetti établi dans un tel pays tiers qui a déjà désigné un représentant fiscal de droit commun parce qu'il réalise des opérations imposables en France ne peut pas avoir recours à un représentant ponctuel (BOI-TVA-DECLA-20-30-40-10 n°s 290, 310 et 370).

Les modalités de **désignation** du représentant fiscal ponctuel s'effectuent dans les mêmes conditions que pour le représentant de droit commun (voir n°s 31050 s.). **31155**

Toutefois, afin de simplifier les démarches des entreprises concernées, il est admis que la **déclaration d'une opération par** un **représentant ponctuel** pour le compte d'une entreprise étrangère vaut acceptation de la désignation et information de l'administration.

La désignation est valable uniquement pour les opérations déclarées par le représentant ponctuel.

Le représentant ponctuel doit bénéficier d'une **accréditation.** À cet effet, l'assujetti qui souhaite remplir cette fonction doit remplir les conditions de fond exposées au n° 31070 et doit adresser au service des impôts dont il relève, par voie électronique ou par lettre recommandée avec demande d'avis de réception, une demande écrite accompagnée de toutes les pièces dont la liste figure au n° 31072 et précisant la date à partir de laquelle il souhaite être accrédité. L'accréditation peut lui être retirée soit sur sa demande, soit à l'initiative de l'administration dans les cas et selon les modalités exposées au n° 31075 (BOI-TVA-DECLA-20-30-40-10 n°s 390 à 475).

Le représentant fiscal ponctuel est redevable de la taxe afférente à l'opération pour laquelle il doit effectuer les obligations déclaratives, ainsi que des pénalités qui s'y rapportent, **lorsque** les **conditions** auxquelles sont subordonnées la dispense de paiement ou l'**exonération** ne sont **pas remplies.** **31160**

Il est tenu aux obligations incombant au représentant de droit commun (n°s 31090 s.), à l'exception de la tenue de la comptabilité et de la souscription des déclarations de chiffre d'affaires (voir n°s 31100 et 31105) (BOI-TVA-DECLA-20-30-40-10 n°s 480 à 500).

Le représentant « ponctuel », auquel est attribué (outre un numéro d'identification à la TVA qui lui est propre) un numéro d'identification spécifique unique pour l'ensemble des entreprises représentées, doit souscrire, au lieu et place des déclarations habituelles de chiffre d'affaires, un **état trimestriel,** qui regroupe l'ensemble des opérations pour lesquelles il a été désigné. Cet état doit être souscrit, sur support papier ou informatique, auprès du service des impôts des entreprises étrangères (SIEE) de la direction des impôts des non-résidents (DINR) (10 rue du Centre, 93465 Noisy-le-Grand Cedex) au plus tard le 25 du mois qui suit chaque trimestre civil (CGI ann. III art. 95 A). **31165**

> **Précisions** L'état trimestriel doit contenir les **informations suivantes** :
> – le nom ou la dénomination et l'adresse du représentant ainsi que son numéro d'identification spécifique ;
> – pour les importations suivies de livraison intracommunautaire exonérée : le nom ou la dénomination et l'adresse de la personne qui a désigné le représentant, la nature du bien, le montant de l'importation et la référence de la déclaration d'importation, la nature du bien et le montant de la livraison intracommunautaire exonérée ;
> – pour les sorties de biens d'un régime douanier ou d'un entrepôt fiscal qui font l'objet d'une exportation ou d'une livraison intracommunautaire exonérée : le nom ou la dénomination, l'adresse de la personne qui a désigné un représentant, la nature du bien et le montant de l'opération qui aurait dû être soumise à la TVA lors de la sortie du bien de l'entrepôt, le montant de la livraison intracommunautaire exonérée ou de l'exportation et, dans ce dernier cas, la référence de la déclaration d'exportation.

Les entreprises établies en dehors de l'UE qui ont désigné un représentant ponctuel peuvent demander, selon la procédure examinée aux n°s 31350 s., le **remboursement** de la TVA française qui leur a été facturée. **31170**

La désignation d'un représentant ponctuel ne prive pas non plus l'assujetti non établi dans l'UE de la possibilité d'utiliser les mesures de **simplification** des **opérations triangulaires** prévue à l'article 258 D, I du CGI (n°s 21130 s.) (BOI-TVA-DECLA-20-30-40-10 n° 300).

c. Intermédiaires

En application de l'article 266, 1-b du CGI, sont passibles de la **TVA sur le montant total de la transaction** les personnes établies en France agissant au nom et pour le compte d'autrui (**intermédiaires transparents**) qui s'entremettent dans la livraison de biens ou l'exécution de services par des entreprises étrangères établies hors de l'UE. **31200**

Cette disposition particulière ne trouve cependant à s'appliquer **qu'en l'absence** de désignation (dans les conditions indiquées aux nos 31050 s.) **d'un représentant fiscal** par l'entreprise étrangère, ou en cas d'inexécution de ses obligations par la personne ainsi désignée, et ce pour autant que la prestation de l'intermédiaire est imposable en France (voir nos 24500 s.).

> **> Précisions** Selon la CAA de Paris, les dispositions de l'article 266, 1-b du CGI ne sont **pas compatibles** avec les dispositions de **l'article 73 de la directive 2006/112/CE** qui limitent la base d'imposition des prestations de services à la seule contrepartie obtenue ou à obtenir par le prestataire (CAA Paris 26-10-2005 nos 04-2889 et 04-3936 : RJF 3/06 n° 249).

INTERMÉDIAIRES CONCERNÉS

31210 Sont concernés par les dispositions de l'article 266, 1-b du CGI les intermédiaires qui prennent une **part active à l'exécution** des opérations imposables : mandataires qui concluent les contrats de vente avec les clients des firmes étrangères pour le compte de celles-ci ou qui participent à l'exécution de services imposables rendus par ces firmes ; représentants des entreprises étrangères qui soumettent les marchandises au choix des acheteurs et réexportent les produits non retenus ; dépositaires qui assurent les livraisons suivant les instructions des entreprises étrangères (BOI-TVA-CHAMP-20-70 n° 80).

31215 Ne sont **pas concernés** en revanche : les courtiers qui se bornent à rapprocher acheteurs et vendeurs sans traiter eux-mêmes les opérations et sans intervenir dans leur exécution ; les représentants de commerce dont l'activité se limite à recueillir les ordres des clients et à les transmettre aux entreprises étrangères qu'ils représentent sans intervenir dans l'exécution des commandes ; les transitaires ou représentants en douane qui se bornent à effectuer leurs opérations professionnelles de dédouanement et de réexpédition en l'état des marchandises (BOI-TVA-CHAMP-20-70 n° 100).

RÈGLES D'IMPOSITION

31230 Lorsqu'ils acquittent la TVA sur le prix total de la transaction, les intermédiaires, qui sont considérés comme acquittant la TVA en lieu et place des entreprises étrangères pour le compte desquelles ils opèrent, n'ont pas à soumettre à l'imposition la **rémunération perçue au titre** de leur **entremise.** Ils peuvent donc **déduire** de la taxe exigible au titre de la transaction non seulement la taxe ayant grevé les opérations faites en leur nom personnel mais également la taxe versée éventuellement à l'importation et celles portées sur les factures adressées à leurs mandants étrangers qui se rapportent aux livraisons de biens ou à l'exécution des services en cause (BOI-TVA-CHAMP-20-70 n° 110).

31235 Lorsqu'ils acquittent la TVA sur le prix total de la transaction, les mandataires d'entreprises étrangères doivent en outre **facturer** eux-mêmes aux clients de ces entreprises la taxe relative au montant total de la transaction. Mais rien ne leur interdit de préciser, le cas échéant, sur leurs factures, que celles-ci sont établies pour le compte de telle ou telle entreprise étrangère.

Les mandataires ne doivent normalement déposer mensuellement qu'**une seule déclaration de chiffre d'affaires** pour l'ensemble des opérations imposables qu'ils ont réalisées, soit comme mandataires d'entreprises étrangères, soit au titre de leurs propres opérations (BOI-TVA-CHAMP-20-70 nos 120 et 130).

3. CAS PARTICULIERS

CAS DES TRANSPORTS

31250 Les **entreprises étrangères établies dans un pays tiers n'ayant pas conclu de convention d'assistance au recouvrement des créances fiscales avec la France** et n'ayant pas désigné de représentant fiscal en France qui réalisent des transports maritimes, par route ou par voies d'eau intérieures, dont le lieu d'imposition est situé en France et qui ne sont pas exonérés ou effectués en suspension de la TVA, doivent, lorsqu'elles sont redevables de la taxe exigible, acquitter celle-ci auprès du **service des douanes** lors du passage en douane (CGI art. 1695, I-al. 4 et 5).

31255 Les **entreprises communautaires non établies en France** ainsi que les entreprises établies dans un pays tiers ayant conclu une convention d'assistance au recouvrement des créances fiscales avec la France qui réalisent des **transports** maritimes, par route ou par voies d'eau intérieures **de voyageurs,** dont le lieu d'imposition est situé en France et qui ne sont pas exonérés, doivent, lorsqu'elles sont redevables de la taxe exigible, s'identifier à la TVA en France et acquitter la taxe directement (ou par l'intermédiaire d'un mandataire) auprès du service des impôts compétent.

CAS DE REVENTE EN FRANCE DE PRODUITS ACHETÉS EN FRANCE

Lorsqu'une entreprise étrangère, non établie en France, y revend, à un **client non identifié à la TVA en France,** des produits qu'elle y a achetés, le **vendeur** français peut être dispensé du paiement de la taxe sur son propre prix de vente s'il acquitte cette taxe pour le compte de l'entreprise étrangère. La taxe est alors facturée par le vendeur français au client de l'entreprise étrangère (BOI-TVA-CHAMP-20-70 n° 140). **31270**

Cette mesure de tolérance ne s'applique pas lorsque le client final est identifié à la TVA en France (BOI-TVA-DECLA-10-10-20 n° 70).

EXEMPLES

1. Une société A, établie en France, vend en France un bien meuble corporel à une société B non établie en France, laquelle revend ensuite ce bien à un client C non assujetti à la TVA. Le bien est directement livré par la société A au client C. Il est admis que la vente réalisée entre les sociétés A et B ne soit pas soumise à la TVA par la société A, sous réserve que cette dernière facture directement à C la TVA afférente à la vente réalisée par B et la reverse au Trésor.

2. Une société A, établie en France, vend en France un bien meuble corporel à une société B non établie en France, laquelle revend ensuite ce bien à une société C identifiée à la TVA en France. Le bien est directement livré par la société A à la société C.

La société A est redevable de la TVA française exigible sur la vente réalisée au profit de la société B et la société C est légalement redevable de la TVA française exigible sur la vente réalisée à son profit par la société B (autoliquidation en application de l'article 283, 1-2e al. : nos 31850 s.). La société B peut récupérer la TVA que lui facture la société A dans les conditions prévues par la procédure spéciale de remboursement de la TVA aux entreprises étrangères non établies en France (nos 31350 s.).

III. PROCÉDURE SPÉCIALE DE REMBOURSEMENT DE LA TVA AUX ENTREPRISES ÉTRANGÈRES NON ÉTABLIES EN FRANCE

Les **entreprises étrangères** qui réalisent des **opérations** dont le lieu est situé **en France** et pour lesquelles elles sont **redevables** de la TVA (ou au titre desquelles elles sont tenues d'accomplir en France des obligations déclaratives sans y être redevables de la TVA), ou qui, à partir d'un **établissement stable** en France, effectuent des opérations ouvrant droit à déduction, sont placées au regard du **droit à déduction** dans la **même situation que les entreprises françaises.** **31350**

Quant aux **entreprises (ou personnes) non établies en France et qui n'y réalisent pas de livraisons de biens ou de prestations de services** entrant dans le champ d'application territorial de la TVA, elles peuvent, dans les limites et selon la **procédure spéciale** prévue par les articles 242-0 M à 242-0 Z decies de l'annexe II au CGI, obtenir le **remboursement de la taxe** ayant grevé leurs **acquisitions faites en France** à des fins professionnelles.

> **Précisions** **a.** Peuvent également obtenir, selon cette procédure, le remboursement de la TVA supportée en France pour les besoins de leurs opérations les **transporteurs** non établis dans l'UE qui réalisent en France des transports (de marchandises, de voyageurs, de déménagement) taxables pour lesquels ils acquittent la **TVA** auprès des **services douaniers** (n° 31250), les **assujettis** non établis en France qui ont désigné un **mandataire ponctuel** (nos 30920 s.) ou un **représentant ponctuel** (nos 31150 s.).
> Par ailleurs, les assujettis non établis en France qui utilisent les **régimes de guichet unique** « OSS-non UE », « OSS-UE » ou « IOSS » doivent recourir à cette procédure pour exercer leurs droits à déduction sauf s'ils sont tenus de se faire identifier en France pour des activités non couvertes par lesdits régimes particuliers (nos 33580, 33655 et 33750).
> **b.** Cas d'une TVA facturée à tort à un assujetti étranger : voir n° 59175.

1. ASSUJETTIS CONCERNÉS

NON-ÉTABLISSEMENT EN FRANCE

Les **personnes concernées** par la procédure spéciale sont les **assujettis** qui, au cours de la période sur laquelle porte la demande de remboursement, sont **établis à l'étranger** (États autres que la France et que Monaco), dans les collectivités d'outre-mer et en Guyane ou à Mayotte (à l'exclusion de la Martinique, de la Guadeloupe et de La Réunion). **31370**

31375 En application des articles 242-0 M et 242-0 Z quater de l'annexe II au CGI, seuls sont éligibles à la procédure spéciale les assujettis étrangers qui n'ont en France ni le siège de leur activité économique, ni un établissement stable (établissement stable prestataire ou établissement stable preneur), ni, à défaut d'un tel siège ou établissement stable, leur domicile ou leur résidence habituelle.

Les entreprises étrangères disposant d'un simple « **établissement stable preneur de services** » en France (succursale, bureau de représentation, chantier... : nos 24340 s.) sont tenues d'autoliquider la taxe relative à la prestation fournie par un assujetti établi hors de France audit établissement stable en France, sur une déclaration de chiffre d'affaires. Dans cette hypothèse, l'entreprise étrangère peut opérer la déduction de la TVA grevant l'ensemble de ses dépenses supportées en France dans les conditions de droit commun (BOI-TVA-DED-50-20-30-10 n° 60).

EXEMPLE

La succursale française d'un assujetti dont le siège de l'activité économique est situé dans un autre État membre présente une consistance rendant possible l'utilisation d'un service de conseil fourni par un assujetti établi dans un autre État membre (qui peut être celui de son siège ou un autre) pour lequel l'assujetti est le redevable et doit être identifié auprès du service des impôts des entreprises dans le ressort duquel sa succursale est située. La TVA française grevant les dépenses engagées pour les besoins de l'immeuble dans lequel est située la succursale (location du local professionnel, consommation d'électricité, services d'entretien, fourniture d'eau, achat de matériels informatiques...) est remboursée selon la procédure de droit commun (nos 58430 s.).
Les dépenses grevées de TVA française qui seraient engagées par le siège sans pour autant être rattachées à l'activité propre de la succursale sont également éligibles au remboursement selon cette procédure. Il en irait ainsi par exemple de la location à court terme d'un moyen de transport mis à la disposition de l'assujetti en France pour prospecter la clientèle d'un État limitrophe.
Ces mêmes dépenses, engagées pour une succursale qui ne serait pas identifiée sur le fondement de l'article 286 ter, 4° du CGI, sont remboursées au moyen de la procédure spéciale prévue aux articles 242-0 M et suivants de l'annexe II au CGI.

NON-RÉALISATION D'OPÉRATIONS EN FRANCE

31390 La procédure spéciale de remboursement ne s'applique qu'aux assujettis étrangers non établis en France qui n'ont **pas réalisé de livraisons de biens ou de prestations de services situées en France.**

La réalisation en France d'acquisitions intracommunautaires de biens visées aux articles 256 bis et 258 C du CGI ne fait donc pas obstacle à l'application de la procédure spéciale.

31395 Par ailleurs, certaines opérations ne sont **pas considérées comme réalisées en France** et ne font donc pas perdre le bénéfice de la procédure spéciale. Il s'agit des opérations suivantes (CGI ann. II art. 242-0 O, 2°) :

– transports et prestations accessoires exonérés en application des articles 262, I (nos 26550 s.), 262, II-7° à 11° bis (nos 27000 s.), 262, II-14° (n° 27175) et 291, III-2° (n° 32385) du CGI ;

– opérations pour lesquelles le client est redevable de la TVA en vertu d'un dispositif d'autoliquidation (nos 47915) ;

– livraisons consécutives aux acquisitions intracommunautaires réalisées dans le cadre des opérations triangulaires, pour lesquelles le destinataire est redevable de la taxe en application de l'article 283, 2 ter du CGI (nos 21130 s.) ;

– opérations effectuées en suspension de TVA sous un régime douanier communautaire ou d'entrepôt fiscal (nos 32250 s.) ;

– conformément aux articles 368, 369 undecies et 369 quatervicies de la directive TVA, opérations (services ou ventes à distance de biens) relevant de l'un des régimes particuliers visés aux nos 33550 s., 33630 s. et 33700 s.

2. TAXE REMBOURSABLE

31420 Quel que soit le lieu où sont établis les intéressés (Union européenne ou pays tiers), la taxe remboursable est celle ayant grevé tous les **services** qui leur ont été rendus et les **biens** meubles qu'ils ont **acquis ou importés** en France au cours de la période de référence (sous réserve des exclusions et limitations de droit commun prévues au CGI ann. II art. 206, IV-2 et 3 : nos 53510 s. et 82330 s.), **pour la réalisation** ou pour les besoins :

– d'opérations dont le lieu d'imposition se situe à l'étranger, mais qui ouvriraient droit à déduction si leur lieu d'imposition était situé en France ;

– d'opérations dont le lieu est réputé ne pas être situé en France (désignées ci-dessus au n° 31395).

> **Précisions** **a.** L'article 242-0 S de l'annexe II au CGI précise que la demande de remboursement peut porter sur :
> – l'**achat de biens ou de services** qui a été facturé au cours de la période du remboursement, à condition que la taxe soit devenue exigible avant ou au moment de la facturation, ou pour lesquels la taxe est devenue exigible au cours de la période du remboursement, à condition que l'achat ait été facturé avant que la taxe ne soit devenue exigible (une demande de remboursement afférente à une période ne pouvant être rejetée au seul motif que cette TVA est devenue exigible au cours d'une période de remboursement antérieure, alors qu'elle n'a été facturée qu'au cours de cette période donnée : CJUE 21-10-2021 aff. 80/20 : RJF 1/22 n° 107) ;
> – l'**importation** de biens effectuée au cours de la période du remboursement ;
> – des **factures ou des documents d'importation qui n'ont pas fait l'objet de demandes de remboursement antérieures** pour autant qu'ils portent sur des opérations effectuées au cours de l'année civile dans laquelle s'inscrit la période de remboursement.
> **b.** En ce qui concerne les **factures rectificatives** mentionnant une TVA déductible qui ne figurait pas dans la facture initiale du fournisseur, voir nos 56810 s.

Pour bénéficier du remboursement, un **assujetti communautaire** doit effectuer des **opérations ouvrant droit à déduction** dans son État membre (CGI ann. II art. 242-0 Q). S'il a la qualité de **redevable partiel,** le remboursement ne peut porter que sur la seule quote-part de la TVA française afférente aux opérations ouvrant droit à déduction, déterminée conformément à l'article 173 de la directive TVA tel qu'appliqué dans son État membre. Si après l'introduction d'une demande de remboursement, ce prorata de déduction est corrigé, l'intéressé doit rectifier le montant dont le remboursement a été demandé (au moyen d'une demande de remboursement corrigée ou, à défaut, au moyen d'une déclaration spéciale via le portail électronique de son État membre) (BOI-TVA-DED-50-20-30-20 nos 50 à 70). **31425**

Pour les **assujettis établis hors de l'UE,** la taxe à rembourser est en principe déterminée selon les règles de droit à déduction applicables en France.

3. PROCÉDURE DE REMBOURSEMENT

S'agissant des **modalités du remboursement,** il faut **distinguer** selon que les entreprises sont établies dans un autre État membre de l'UE ou en dehors de l'UE. **31450**

a. Assujettis établis dans l'UE

Conformément à l'article 242-0 R de l'annexe II au CGI, les demandes de remboursement des assujettis établis dans un autre État membre de l'UE doivent être adressées au service des impôts via le **portail électronique** mis à leur disposition par leur **État membre,** accompagnées d'une copie électronique des factures ou documents d'importation lorsque la base d'imposition est au moins égale à 1 000 € ou 250 € pour les factures portant sur des dépenses de carburant. **31470**

La demande n'est réputée introduite qu'à la condition que le requérant ait fourni toutes les informations requises (voir ci-après n° 31475).

Les dispositions des articles 41 decies et 41 undecies de l'annexe IV au CGI prévoient que chaque **demande de remboursement** doit comporter certaines informations concernant tout à la fois le requérant et, le cas échéant, son mandataire chargé de présenter la demande, les données bancaires, et les dépenses ayant supporté la TVA dont le remboursement est demandé. **31475**

Ces **informations** sont les suivantes :

– s'agissant du **requérant** : son nom et son adresse complète, une adresse électronique, une description de ses activités professionnelles pour lesquelles les dépenses ont été réalisées, y compris le code Nace, la période de remboursement couverte par la demande, une déclaration certifiant qu'il n'a effectué au cours de la période de remboursement aucune opération imposable en France à l'exception de celles visées au n° 31395, son numéro d'identification à la TVA ou d'enregistrement fiscal ;

– s'agissant, le cas échéant, du **mandataire** : son nom et son adresse complète, une adresse électronique, son numéro d'identification à la TVA ou d'enregistrement fiscal ;

– s'agissant des **données du compte bancaire** désigné pour le virement : la qualité et le nom du titulaire du compte bancaire, les coordonnées bancaires au format IBAN et BIC (Swift) et nom de la banque ;

– s'agissant des **factures** relatives aux dépenses qui ont supporté la TVA dont le remboursement est demandé : le nom et l'adresse complète du fournisseur ou du prestataire, la date et le numéro de la facture ou du document d'importation, la base d'imposition et le montant de la TVA, le montant de la TVA supportée sur les dépenses engagées en France et, le cas échéant, le prorata de déduction du requérant visé au n° 31425, la nature des biens et des services acquis par le requérant, ventilés selon les codes et les sous-codes retenus par la France et, sauf en cas d'importation, le numéro d'identification à la TVA ou d'enregistrement fiscal du fournisseur ou du prestataire et le préfixe de la France.

31480 Les **demandes** de remboursement doivent être **introduites au plus tard** le 30 septembre de l'année civile qui suit la période de remboursement (CGI ann. II art. 242-0 R), laquelle ne peut être supérieure à une année civile, ni inférieure à trois mois civils sauf si elle constitue le solde d'une année civile (CGI ann. II art. 242-0 T).

L'État membre d'établissement vérifie que le requérant a la **qualité d'assujetti** avant de transmettre sa demande à l'administration fiscale française.

La **transmission de la demande** par l'État membre d'établissement à la France doit se faire dans un délai de 15 jours civils à compter de la réception de la demande (Règl. UE/904/2010 art. 48).

> **Précisions** Le délai de présentation de la demande de remboursement (fixé au 30 septembre de l'année civile qui suit la période de remboursement par l'article 15 de la directive 2008/9/CE du 12-2-2008) est un **délai de forclusion** (CJUE 21-6-2012 aff. 294/11 : RJF 10/13 n° 974 ; CAA Versailles 14-4-2015 n° 13VE03389 : RJF 8-9/15 n° 688).

31485 La **demande** de remboursement n'est **recevable** que si le **montant à rembourser** est au moins égal à 400 € si elle porte sur une période comprise entre trois mois et une année civile ou à 50 € si la période correspond à une année civile ou au solde de l'année civile (CGI ann. II art. 242-0 U).

EXEMPLES

1. Au cours de l'année N, un assujetti communautaire satisfait aux conditions pour bénéficier du remboursement. Le montant de la taxe afférente aux dépenses supportées en France au titre de la période du 1er janvier au 31 août est de 225 €. Au cours de la période du 1er septembre au 31 décembre, il ne supporte aucune dépense en France. Dans ces conditions, il pourra demander au titre de l'année N le remboursement de la taxe afférente aux dépenses supportées au cours de l'année, soit 225 €, la date limite de dépôt de la demande étant fixée au 30 septembre de l'année N + 1.

2. Au cours de l'année N, un assujetti communautaire satisfait aux conditions pour bénéficier du remboursement. En novembre N, il demande le remboursement d'un montant de TVA de 500 € au titre de la période allant de janvier à octobre N. En novembre et en décembre N, le montant de la taxe afférente aux dépenses supportées en France est de 250 € (100 € pour le mois de novembre et 150 € pour le mois de décembre). Il pourra demander le remboursement de cette TVA dès lors qu'il s'agit d'une demande portant sur une période constituant le solde d'une année civile et que le montant de la TVA remboursable est supérieur à 50 €.

INSTRUCTION DES DEMANDES

31500 Le **point de départ** du **délai** d'instruction des demandes de remboursement est constitué par la date de réception de la demande par le service de remboursement de la TVA (ce service doit accuser réception de la demande dans les meilleurs délais, via l'État membre d'établissement ; sur la notion d'accusé de réception, voir n° 31520, précision b).

La **durée** du délai d'instruction varie en fonction de l'usage ou non de la **faculté** dont dispose la France de **demander** des **informations complémentaires** au requérant.

L'**absence de réponse** dans ce délai vaut décision implicite de rejet (BOI-TVA-DED-50-20-30-20 nos 250 et 260).

> **Précisions** Une demande de remboursement réceptionnée par le portail électronique de l'État d'établissement, puis transmise par celui-ci au portail électronique français mais **rejetée** par ce dernier **pour un motif technique,** le portail électronique de l'État d'établissement ayant accusé réception du message de rejet, doit être considérée comme ayant été reçue par l'administration fiscale française. Par suite, cette demande doit être regardée comme ayant été implicitement rejetée par l'administration (CAA Versailles 28-5-2015 n° 13VE03109 : RJF 10/15 n° 781).

31505 La **décision d'accorder ou de rejeter** la demande de remboursement des assujettis communautaires doit en principe être prise dans le **délai** de quatre mois à compter de la réception de la demande (CGI ann. II art. 242-0 V, II).

EXEMPLE

Le service de remboursement qui reçoit et accuse réception le 6 janvier N d'une demande de remboursement introduite le 5 janvier N sur le portail électronique de l'État membre d'établissement doit notifier au requérant sa décision d'accepter ou de rejeter la demande au plus tard le 6 mai N.

DEMANDES D'INFORMATIONS COMPLÉMENTAIRES

31520 Le service des impôts peut demander par voie électronique dans le délai mentionné au n° 31505 des informations complémentaires, notamment **auprès du requérant ou** des autorités compétentes **de l'État membre** de l'UE **dans lequel il est établi,** lorsqu'il estime ne pas être en possession de toutes les informations nécessaires pour statuer sur la totalité ou une partie de la demande de remboursement introduite par le requérant. Lorsque ces informations complémentaires sont demandées à une **autre personne** que le requérant ou les autorités compétentes d'un État membre, la demande doit être transmise par voie électronique si le destinataire de la demande est équipé en conséquence.

S'il le juge utile, le service des impôts peut demander de nouvelles informations complémentaires.

Dans le cadre de ces demandes, le service des impôts pourra solliciter du requérant la communication de l'original d'une facture ou d'un document d'importation lorsqu'il a des raisons de douter de la validité ou de l'exactitude d'une créance particulière. La demande peut viser toutes les opérations sans considération de leur montant (CGI ann. II art. 242-0 W).

> **Précisions** **a.** Une fois que l'assujetti a souscrit sa demande de remboursement par voie électronique au moyen du portail de l'État membre dans lequel il est établi, les **échanges entre l'administration** fiscale **de l'État membre de remboursement et l'assujetti,** qu'il s'agisse notamment des demandes de documents ou d'informations complémentaires émanant de cette administration ou des réponses qui leur sont apportées par l'assujetti, doivent intervenir **par voie électronique** (CE avis 18-10-2017 n° 412016-412053 : RJF 1/18 n° 23).
> Les demandes d'informations complémentaires doivent ainsi, à l'exception des cas dans lesquels l'administration justifie de l'impossibilité technique d'y recourir, être adressées à l'assujetti par courrier électronique et **non par courrier postal** (une simple erreur d'orthographe dans l'adresse électronique de l'assujetti n'étant pas constitutive d'une telle impossibilité) (TA Montreuil 30-11-2012 n°s 1104852, 1104855 et 1105564 : RJF 5/13 n° 485).
> **b.** En cas de désaccord entre l'administration fiscale et l'assujetti au sujet de la réception d'un échange électronique émanant de l'un ou de l'autre, et dans l'hypothèse où cet échange n'aurait pas emprunté une voie permettant de certifier les envois et réceptions de messages et documents (telle que notamment un portail électronique sécurisé de l'administration fiscale ou, à défaut, une lettre recommandée électronique), mais aurait pris la forme d'un simple **courriel** transitant entre l'adresse de contact par voie électronique mentionnée par l'assujetti dans sa demande et l'adresse de contact de l'administration fiscale, il y a lieu de considérer qu'un **rapport de suivi** de courriel émis par le serveur informatique hébergeant l'adresse de contact de l'envoyeur mentionnant la délivrance au serveur hébergeant l'adresse de contact du destinataire permet d'établir la réalité de l'envoi du courriel et de présumer sa réception par le destinataire (CE avis 18-10-2017 n° 412016-412053 précité).
> **c.** L'article 20, 1 de la directive 2008/9/CE s'oppose à ce que l'administration fiscale de l'État membre du remboursement, dans le cas où celle-ci a acquis la **certitude** que le **montant de TVA** effectivement acquitté en amont, tel que mentionné dans la facture jointe à la demande de remboursement, est **supérieur** au montant porté sur cette demande, procède au remboursement de la TVA à hauteur seulement de ce dernier montant, sans avoir au préalable **invité l'assujetti à rectifier** sa demande de remboursement (CJUE 21-10-2021 aff. 396/20 : RJF 1/22 n° 108).

Conformément à l'article 242-0 W, II de l'annexe II au CGI, les informations complémentaires **31525** exigées conformément au I du même article doivent être fournies dans un **délai** d'un mois à compter de la date de réception de la demande d'informations par le destinataire. Le service de remboursement de la TVA dispose pour sa part de deux mois à compter de la réception de ces informations pour notifier sa décision (CGI ann. II art. 242-0 X).

> **Précisions** Le délai d'un mois prévu par l'article 20, 2 de la directive 2008/9/CE (transposé en droit interne par l'article 242-0 W, II de l'annexe II au CGI) n'est **pas un délai de forclusion.** En cas de dépassement de ce délai ou d'absence de réponse de la part de l'assujetti, celui-ci conserve la possibilité de **régulariser** sa demande de remboursement par la production, directement **devant le juge** national, d'informations complémentaires propres à établir l'existence de son droit au remboursement de la TVA (CJUE 2-5-2019 aff. 133/18 : RJF 7/19 n° 735).

Le délai de quatre mois visé au n° 31505 est porté **à six mois minimum** en cas de **première demande** **31530** d'informations complémentaires (CGI ann. II art. 242-0 X, 2e al.).

EXEMPLE

Une demande de remboursement est reçue par le service de remboursement de la TVA qui en accuse réception le 6 janvier N. Le 20 janvier N, ce service demande au requérant de lui fournir les factures originales. Celui-ci accuse réception de cette demande le 22 janvier N et fournit les factures demandées qui sont reçues par le service le 1er février N. Le service doit notifier au requérant sa décision d'accepter ou de rejeter sa demande de remboursement au plus tard le 7 juillet N. La décision peut donc intervenir au-delà du délai de deux mois suivant la réponse du requérant (n° 31525) dès lors qu'elle est prise dans les six mois de la demande initiale.

31535 Ce délai peut aller jusqu'à **sept mois maximum** (demande d'informations complémentaires à la fin du délai de quatre mois, réponse du redevable au terme du délai de un mois suivant réception de la demande et notification de la décision à l'issue du délai de deux mois).

EXEMPLE

Une demande de remboursement est reçue par le service de remboursement de la TVA qui en accuse réception le 6 janvier N. Il demande le 5 mai N au requérant de lui fournir les factures originales. Celui-ci accuse réception de cette demande le 7 mai N et fournit les factures demandées qui sont reçues par le service le 1er juin N. Le service doit notifier au requérant sa décision d'accepter ou de rejeter sa demande de remboursement avant le 1er août N, soit au-delà du délai de six mois suivant la réception de la demande.

31540 En cas de **demandes supplémentaires** d'informations, le délai de notification de la décision d'acceptation ou de rejet du remboursement est porté à **huit mois maximum** à compter de la date de réception de la demande (CGI ann. II art. 242-0 X, 3e al.).

EXEMPLE

Le service de remboursement de la TVA reçoit et accuse réception d'une demande de remboursement le 6 janvier N.

1. Il demande le 5 mai N au requérant de lui fournir les factures originales. Celui-ci accuse réception de cette demande le 7 mai N et fournit les factures demandées qui sont reçues par le service le 1er juin N. Le service demande d'autres informations complémentaires. Il doit notifier au requérant sa décision d'accepter ou de rejeter sa demande de remboursement au plus tard le 6 septembre N.

2. Il demande des informations complémentaires le 15 janvier N qui lui sont fournies par le requérant le 1er février N. Il demande d'autres informations complémentaires le 15 février N qu'il obtient le 1er mars N. À l'issue du délai de deux mois dont il dispose pour faire part de sa décision, le délai de six mois minimum (n° 31530) depuis la réception de la demande n'étant pas écoulé, c'est ce dernier délai qui constitue la date limite de la notification de la décision, soit au plus tard le 6 juillet N.

3. Il demande des informations complémentaires le 5 mai N. Le requérant lui répond le 6 juin N :

– si le service de remboursement de la TVA ne demande pas d'autres informations complémentaires, il doit notifier sa décision au plus tard le 6 août N (soit à l'issue du délai de deux mois à compter de la réception des informations demandées) ;

– si le service demande d'autres informations complémentaires le 6 juillet N, et le requérant lui répond le 7 août N, le service doit notifier sa décision au plus tard le 6 septembre N (soit à l'expiration du délai maximum de 8 mois et alors même qu'à cette date le délai de deux mois dont il dispose normalement pour se déterminer à compter de la réception de la réponse du requérant n'est pas échu).

INTÉRÊTS MORATOIRES

31550 Lorsque le **remboursement** est accepté, il doit faire l'objet d'un paiement **au plus tard** dans les dix jours ouvrables à compter de l'expiration de ces délais (CGI ann. II art. 242-0 Y).

À défaut, le requérant a droit au versement d'intérêts moratoires. Ils sont **calculés** sur le montant de la TVA dont le remboursement a fait l'objet d'une décision d'admission, au taux de 0,20 % par mois, et sont dus à compter du jour qui suit l'expiration du délai de notification et jusqu'au jour où le paiement est effectivement intervenu.

L'absence de réponse aux demandes d'informations complémentaires prive définitivement le requérant du droit à intérêts (BOI-TVA-DED-50-20-30-20 n° 400).

REVERSEMENT DU REMBOURSEMENT INDU

31560 Dans le cas où un remboursement a été obtenu de façon **frauduleuse** ou d'une manière **incorrecte,** le service des impôts procède directement à la mise en recouvrement des sommes indûment versées, ainsi que des pénalités et intérêts éventuels (CGI ann. II art. 242-0 Z bis, 1er al.).

SUSPENSION DES REMBOURSEMENTS

31570 Lorsque des pénalités ou des intérêts ont été mis en recouvrement mais n'ont pas été payés, le service des impôts peut suspendre tout remboursement supplémentaire à l'assujetti concerné à concurrence du montant non payé (CGI ann. II art. 242-0 Z bis, 2e al.).

VERSEMENT DU REMBOURSEMENT AU PROFIT DE L'ÉTAT MEMBRE D'ÉTABLISSEMENT

31580 Lorsque l'État membre d'établissement apprend qu'un assujetti demandant un remboursement de TVA, conformément à l'article 5 de la directive 2008/9/CE, est redevable d'une dette fiscale dans cet État membre d'établissement, il peut demander le consentement de l'assujetti pour que le remboursement de TVA lui soit versé directement, aux fins de l'acquittement de la dette fiscale due (Règl. UE/904/2010 art. 48).

b. Assujettis établis en dehors de l'UE

Les demandes de remboursement des assujettis établis en dehors de l'UE doivent être transmises **par voie électronique** par le représentant qu'ils ont désigné (n° 31605) à partir de l'espace professionnel de ce dernier sur le site impots.gouv.fr. **31600**

Elles ne sont recevables que si elles portent sur une **somme minimale** fixée à 400 € pour les demandes trimestrielles et 50 € pour les demandes annuelles.

Les demandes peuvent être adressées au cours du mois suivant la période (trimestre civil ou année civile) à laquelle elles se rapportent. En tout état de cause, elles doivent être déposées avant la fin du sixième mois suivant l'année civile au cours de laquelle la taxe à restituer est devenue exigible (soit au plus tard le 30 juin N + 1 pour une demande concernant une année N) (CGI ann. II art. 242-0 Z sexies et 242-0 Z septies).

EXEMPLE

Au cours de l'année N, un assujetti hors Union, remplissant les conditions pour bénéficier de la procédure de remboursement, acquiert en France des biens et services ouvrant droit à remboursement. Le montant de la taxe remboursable s'élève à 425 € pour le premier trimestre, 250 € pour le deuxième trimestre, 200 € pour le troisième trimestre, 60 € pour le quatrième trimestre. L'assujetti hors Union obtiendra au titre du premier trimestre un remboursement de 425 €. Il ne pourra pas déposer de demande au titre du deuxième trimestre, mais pourra demander un remboursement de 450 € au titre du troisième trimestre. Enfin le montant de 60 € pourra être remboursé à l'issue de l'année N.

> Précisions Les **pièces justificatives** (factures, déclaration de non-réalisation d'opérations imposables en France...) doivent être **produites** devant l'administration **au plus tard** à la date à laquelle celle-ci statue sur la demande de remboursement. Le défaut de production de ces documents en dépit de l'invitation à les lui fournir faite par l'administration ne peut pas être régularisée devant le juge (CE 13-7-2006 n° 258564 : RJF 11/06 n° 1341).

Les assujettis établis en dehors de l'UE sont tenus de faire accréditer auprès du service des impôts susvisé un **représentant** assujetti en France qui s'engage à remplir les obligations qui leur incombent (CGI ann. II art. 242-0 Z octies). **31605**

> Précisions **a.** Toute latitude est laissée à l'assujetti étranger dans le choix de son représentant, dans la mesure où celui-ci est un assujetti à la TVA établi en France, dûment connu à ce titre par l'administration fiscale, et d'une moralité fiscale indiscutable. La **désignation** du représentant doit être effectuée par écrit, préalablement au dépôt des demandes de remboursement. Elle peut être sans limitation de durée. Pour être accrédité, le représentant doit adresser une demande écrite au service de remboursement de TVA (accompagnée de sa désignation par l'assujetti étranger et revêtue de son acceptation). L'**accréditation,** lorsqu'elle est accordée, est retirée lorsque le représentant ne remplit pas ses obligations personnelles ou les obligations auxquelles il est tenu au titre de sa désignation (en ce sens, BOI-TVA-DED-50-20-30-40 n°s 180 et 190).

b. Le représentant peut être tenu de présenter une **caution** solvable qui s'engage, solidairement avec lui, à **reverser** les **sommes remboursées** indûment (CGI ann. II art. 242-0 Z octies).

La demande de remboursement doit être assortie d'un **tableau récapitulatif** faisant apparaître l'ensemble des factures ou documents d'importation justifiant le montant du remboursement demandé. Ce tableau comprend, pour chaque facture ou document d'importation, les informations suivantes : **31607**

- le numéro d'ordre, qui doit être reporté sur la facture ou le document d'importation ;
- le nom et l'adresse complète du fournisseur ou du prestataire ;
- le numéro d'identification à la TVA du fournisseur ou du prestataire ;
- la date et le numéro de la facture ou du document d'importation ;
- la base d'imposition et le montant de la TVA, libellés en euros.

La demande doit par ailleurs être accompagnée de la **copie des factures ou documents d'importation** lorsque la base d'imposition figurant sur ces factures ou documents est égale ou supérieure à un **montant** de 1 000 €, ou 250 € si la facture porte sur des dépenses de carburant (les originaux de ces documents doivent être mis à la disposition de l'administration, à sa demande, dans un délai d'un mois à compter de la date de réception de la demande).

La demande n'est **réputée introduite** qu'à la **condition** qu'elle comprenne l'ensemble des informations prévues ci-dessus (CGI ann. II art. 242-0 Z septies).

31610 Les demandes de remboursement sont, sous réserve des dispositions particulières relatives aux délais de présentation, introduites et les **décisions notifiées** dans des conditions analogues à celles concernant les demandes de remboursement de crédits de taxe présentées par les entreprises établies en France (BOI-TVA-DED-50-20-30-40 nos 270 s.).

31615 Les **intérêts moratoires** sont dus lorsque le remboursement n'est pas intervenu avant l'expiration du délai de six mois décompté à partir du jour où la demande est considérée comme complète ou lorsque le remboursement est intervenu après une précédente décision de rejet (BOI-TVA-DED-50-20-30-40 n° 390).

IV. OPÉRATIONS POUR LESQUELLES LE CLIENT EST REDEVABLE DE LA TVA

31700 Nous examinons ci-après le cas des opérations réalisées par des **fournisseurs ou** des **prestataires non établis en France** pour lesquelles l'acquéreur, le destinataire ou le preneur (c'est-à-dire le **client**) est, en vertu de dispositions particulières, **redevable** de la TVA. Il s'agit, autrement dit, des opérations pour lesquelles le client doit procéder à l'**autoliquidation** de la taxe.

Il existe **plusieurs dispositifs** d'autoliquidation de la taxe par le client, qui répondent, chacun, à leurs règles propres. Sont ainsi prévus :

– un **dispositif général** d'autoliquidation, qui s'applique (sauf exceptions et sous réserve des dispositifs spécifiques d'autoliquidation) à l'ensemble des opérations (livraisons de biens et prestations de services) réalisées par des fournisseurs ou prestataires non établis en France à destination de clients agissant en tant qu'assujettis et identifiés à la TVA en France. Ce dispositif est examiné ci-après aux nos 31850 s. ;

– un **dispositif spécifique** d'autoliquidation qui concerne les **prestations de services** relevant de la **règle générale de territorialité « B to B »** réalisées par des prestataires non établis en France à destination de preneurs assujettis établis en France. Ce dispositif a été examiné ci-avant dans le cadre de l'étude de cette règle générale de territorialité (nos 24630 s.) ;

– d'**autres dispositifs spécifiques** d'autoliquidation qui concernent **certaines opérations** particulières **réalisées** par des **fournisseurs** non établis en France ou certains **secteurs particuliers** et qui sont examinés dans d'autres parties de l'ouvrage. Voir à cet égard le tableau récapitulatif figurant au n° 47915.

En ce qui concerne les **sanctions** pour **défaut d'autoliquidation** de la taxe par le client, voir nos 56240 s.

1. NOTION DE FOURNISSEUR OU DE PRESTATAIRE ÉTABLI EN FRANCE POUR LA DÉTERMINATION DU REDEVABLE

31750 Dans les dispositifs visés au n° 31700, l'autoliquidation de la taxe par le preneur implique, en principe, que le fournisseur ou le prestataire ne soit pas établi en France.

À cet égard, l'article 283-0 du CGI (pris pour la transposition de l'article 192 bis de la directive TVA) prévoit expressément qu'un assujetti qui réalise, à partir du siège de son activité économique, d'un établissement stable ou de son domicile situés hors de France, une **livraison de biens ou** une **prestation de services** située **en France** en application des règles de territorialité décrites aux deux précédents chapitres est considéré, pour les seuls besoins de la détermination du redevable, comme non établi en France quand bien même il disposerait d'un **établissement stable en France,** dès lors que ce dernier **ne participe pas** à la réalisation de cette opération (BOI-TVA-DECLA-10-10-10 n° 1).

A contrario, lorsque l'établissement stable français d'un tel assujetti participe à l'opération imposable en France, cet assujetti est considéré comme établi en France et est donc redevable de la taxe due au titre de cette opération. Dans une telle hypothèse, le preneur n'a donc pas à autoliquider la taxe.

Remarques : **a.** Ces dispositions ont une portée très large : elles concernent non seulement les **prestations de services** mais également les **livraisons de biens** et ont vocation à s'appliquer dans **tous** les cas où il est prévu un **mécanisme d'autoliquidation** de la taxe par le client au titre d'opérations réalisées par un **opérateur établi à l'étranger.**

b. Ces dispositions sont **sans incidence** pour la détermination du **lieu** de taxation des opérations.

Les dispositions de l'article 283-0 du CGI demeurent sans incidence dans le cas d'un assujetti ayant établi le **siège** de son activité économique **en France** qui y réalise par ailleurs des opérations imposables. Dans cette hypothèse, l'assujetti doit être considéré comme établi en France pour la détermination du redevable même si ce siège ne participe pas à la réalisation de ces opérations (« **attractivité du siège** ») (BOI-TVA-DECLA-10-10-10 n° 40 ; Règl. UE/282/2011 art. 54). 31755

EXEMPLE

Une société ayant le siège de son activité économique en France dispose d'un établissement stable dans un autre État membre. Cet établissement stable réalise une livraison de biens avec montage taxable en France en application de l'article 258, I-b du CGI au profit d'un assujetti identifié à la TVA en France. Aux fins de la détermination du redevable, le fournisseur est considéré comme établi en France dès lors que son siège y est situé. L'autoliquidation visée à l'article 283, 1-2e al. (n° 31850) n'est pas applicable.

ATTRACTIVITÉ DE L'ÉTABLISSEMENT STABLE

La notion d'établissement stable « participant à la réalisation de l'opération », au sens défini ci-après au n° 31775, s'entend uniquement d'un établissement stable qui exerce lui-même une activité économique (caractérisée par la réalisation de livraisons de biens ou de prestations de services à titre onéreux au profit de personnes tierces à l'entreprise). 31770

En d'autres termes, un établissement d'une entreprise étrangère qui est considéré comme « **établissement stable preneur de services** » au sens du n° 24345, mais qui n'exerce pas lui-même une activité économique, ne constitue pas un établissement stable au sens de l'article 283-0 du CGI, alors même qu'il pourrait être présenté comme participant à la réalisation de l'opération (en ce sens, Règl. UE/282/2011 art. 11, 2 et 53, 1).

Lorsqu'un assujetti dispose d'un établissement stable sur le territoire de l'État membre dans lequel la TVA est due, cet établissement est considéré comme ne participant pas à la livraison de biens ou la prestation de services à moins que les **moyens techniques et humains** de cet établissement stable ne soient **utilisés** par cet assujetti pour des opérations inhérentes à l'accomplissement de la livraison de ces biens ou de la prestation de ces services imposable effectuée dans cet État membre, **avant ou pendant la réalisation** de cette opération (Règl. UE/282/2011 art. 53, 2). 31775

Selon la **doctrine administrative française,** l'établissement doit également être considéré comme participant à la réalisation de l'opération lorsqu'il intervient après la réalisation de l'opération au titre du « **service après-vente** » en application du contrat ou de clauses de garanties (BOI-TVA-DECLA-10-10-10 n° 10).

Dès lors que les prestations peuvent être rattachées à un tel établissement, il n'y a pas lieu de rechercher si ce rattachement est fiscalement plus rationnel qu'un rattachement au siège de l'activité économique du prestataire (CE plén. 11-12-2020 n° 420174 : RJF 2/21 n° 196 ; CE 5-7-2022 n° 458293 : RJF 10/22 n° 824).

L'établissement stable n'est toutefois pas considéré comme participant à l'opération lorsque ses moyens sont utilisés uniquement pour des **tâches de soutien administratif** comme la comptabilité, la facturation et le recouvrement de créances (Règl. UE/282/2011 art. 53, 2 ; BOI-TVA-DECLA-10-10-10 n° 10). 31780

EXEMPLES

– L'établissement stable est chargé d'assurer l'expertise. La société A est considérée comme établie en France au sens de l'article 283-0 du CGI dès lors que son établissement stable participe à la réalisation de l'opération. Les conditions d'application de l'article 283, 2 du CGI (n° 24630) ne sont pas réunies et la taxe est due par l'établissement stable.
– L'établissement stable est chargé d'émettre la facture sous le numéro du siège qui assure les opérations d'expertise. La société A est considérée comme non établie en France au sens de l'article 283-0 du CGI dès lors que l'établissement stable ne participe pas à la réalisation de l'opération. La taxe est due par le preneur (CGI art. 283, 2 : n° 24630).

Le fait qu'un assujetti dispose en France d'un établissement stable identifié à la TVA ne suffit pas en tant que tel pour que cet assujetti soit regardé comme établi en France au sens de l'article 283-0 du CGI, c'est-à-dire que cet établissement participe à l'opération en cause et soit redevable en lieu et place du preneur. 31785

Toutefois, si une **facture** est émise sous le **numéro** d'identification TVA attribué par l'État membre **de l'établissement stable,** cet établissement stable est réputé avoir participé à la livraison de biens ou à la prestation de services effectuée dans cet État membre, sauf preuve du contraire (Règl. UE/282/2011 art. 53, 2-3e al.).

La doctrine administrative française est dans le même sens et prévoit que lorsque la facture mentionne le numéro d'identification à la TVA attribué à un établissement stable situé en France, ce dernier est présumé participer à la réalisation de l'opération (BOI-TVA-DECLA-10-10-10 n° 20).

CONSÉQUENCES DE L'ATTRACTIVITÉ DU SIÈGE OU DE L'ÉTABLISSEMENT STABLE

31800 Lorsque l'assujetti est considéré comme établi en France (pour les besoins de la détermination du redevable) du fait de la présence de son siège ou d'un établissement stable participant à la réalisation de l'opération, la TVA afférente à cette opération doit être déclarée par le siège ou cet établissement stable sur sa **déclaration de chiffre d'affaires** alors même que cette opération ne sera pas à prendre en compte pour la détermination du résultat imposable en matière d'**impôt direct.**

Cette situation résultant expressément des dispositions de la directive TVA peut conduire à constater une discordance entre le montant des opérations déclaré au titre de la TVA et le montant du chiffre d'affaires pris en considération par ailleurs (BOI-TVA-DECLA-10-10-10 n° 50).

31805 L'attractivité du siège économique et de l'établissement stable participant à l'opération n'a de portée qu'au regard de la détermination du redevable de la TVA. Elle est **sans incidence** pour la détermination des **droits à déduction.** Ainsi, il n'y a pas lieu de prendre en compte dans le calcul du coefficient de taxation forfaitaire du siège (ou de l'établissement stable) français les opérations réalisées par un établissement stable (ou le siège) étranger mais pour lesquelles le siège (ou l'établissement stable) français est redevable de la taxe (BOI-TVA-DECLA-10-10-10 nos 60 et 70).

31810 En application de l'article 289 du CGI, la facture est émise par l'assujetti (par lui-même ou par autrui dans le cadre d'un mandat de facturation) pour les livraisons de biens et les prestations de services qu'il effectue pour un autre assujetti. Ainsi, lorsque l'assujetti est considéré comme établi en France au sens donné aux nos 31750 s., la **facture** doit en principe être émise par le siège économique ou l'établissement stable de l'assujetti situés hors de France à partir desquels l'opération est effectuée. C'est donc l'adresse de ce siège ou de cet établissement stable étranger qui doit en principe figurer sur la facture (CGI ann. II art. 242 nonies A, I-1°). Cela étant, rien n'interdit à l'établissement situé en France qui est redevable de la TVA d'émettre la facture. En tout état de cause, le **numéro d'identification** du prestataire ou du fournisseur qui doit être mentionné sur la facture est celui attribué par la Direction générale des finances publiques (DGFiP). Le fait que la facture mentionne une adresse du fournisseur ou prestataire hors de France avec un numéro d'identification à la TVA en France ne constitue pas une infraction aux règles de facturation.

EXEMPLE

Un établissement stable situé dans un autre État membre effectue une livraison avec montage en France au profit d'un assujetti identifié à la TVA en France. Le fournisseur a également un établissement stable situé en France qui participe à la réalisation de l'opération. En application des articles 283-0 et 283, 1 du CGI, le fournisseur est le redevable. La facture qu'il doit émettre mentionne le numéro individuel d'identification à la TVA attribué à l'établissement situé en France (BOI-TVA-DECLA-30-20-10-30 n° 30).

PRIMAUTÉ DU LIEU DU SIÈGE SUR CELUI DU DOMICILE

31820 Est considéré comme un assujetti non établi à l'intérieur du pays un assujetti qui a établi le siège de son activité économique à l'étranger mais qui a conservé son domicile privé dans l'État membre considéré (CJUE 6-10-2011 aff. 421/10 : RJF 1/12 n° 91).

2. DISPOSITIF GÉNÉRAL D'AUTOLIQUIDATION

31850 En vertu de l'article 283, 1-2e alinéa du CGI, lorsqu'une **livraison de biens** ou une **prestation de services** mentionnée à l'article 259 A du CGI est **effectuée par un assujetti non établi en France,** la TVA doit être acquittée par l'acquéreur, le destinataire ou le **preneur** qui **agit en tant qu'assujetti** (c'est-à-dire le client) dès lors que ce dernier **dispose d'un numéro d'identification à la TVA en France.**

a. Champ d'application

31880 Le dispositif d'autoliquidation de la taxe par le client prévu par l'article 283, 1-2e alinéa du CGI est **obligatoire,** en ce sens que les opérateurs ne peuvent y déroger (BOI-TVA-DECLA-10-10-20 n° 20).

31885 Ce dispositif d'autoliquidation est **général,** en ce sens qu'il s'applique, en principe, à l'**ensemble des livraisons de biens et des prestations de services** mentionnées à l'article 259 A du CGI réalisées par des assujettis établis à l'étranger (États membres de l'UE ou pays tiers) et ne disposant pas en France d'un établissement participant à l'opération (au sens défini au n° 31750) au bénéfice de clients agissant en tant qu'assujettis (au sens défini aux n°s 24180 s.) et identifiés à la TVA en France (sur le domaine d'attribution du numéro d'identification TVA : voir n°s 44410 s.), que ces clients soient eux-mêmes établis ou non en France.

Toutefois, ce dispositif d'autoliquidation **ne s'applique pas** : 31890

– aux **opérations soumises à un dispositif spécifique d'autoliquidation** visé au n° 31700 ;

– aux **opérations** suivantes, **pour lesquelles le CGI fixe des règles particulières** : locations de locaux nus ou de terres et bâtiments d'exploitation à usage agricole soumises à la TVA sur option (n°s 4100 s. et 4620 s.) ; opérations réalisées sous régime suspensif (n°s 30000 s., 32250 s. et 81950 s.) ; importations (n°s 21870 s.) (BOI-TVA-DECLA-10-10-20 n° 30), auxquelles s'ajoutent également (bien que non reprises au Bofip) les opérations portant sur les biens d'occasion, œuvres d'art, objets de collection ou d'antiquité soumises à la TVA « sur marge » (n°s 78700 s.).

EXEMPLE

Un prestataire non établi en France mais dans un autre État membre de l'UE fournit une prestation de transport de biens dont les lieux de départ et d'arrivée sont situés en France à un assujetti établi et identifié à la TVA en France. La prestation de transport relève des dispositions de l'article 259, 1° du CGI (règle générale de territorialité « B to B » : n°s 24500 s.) et le redevable est désigné conformément aux dispositions de l'article 283, 2 du CGI (n° 24630).

Enfin, ce dispositif d'autoliquidation ne s'applique pas, bien entendu, lorsque le **client** n'est **pas identifié à la TVA en France.** Dans cette hypothèse, le fournisseur ou le prestataire étranger demeure redevable de la TVA.

En pratique, sont **notamment concernées** les opérations suivantes : livraisons internes, livraisons après montage ou installation, prestations de services se rattachant à un immeuble situé en France, prestations consistant à donner accès à des manifestations culturelles, artistiques, sportives, scientifiques, éducatives, récréatives, prestations de transport de passagers, locations de moyens de transport de courte durée, prestations des agents de voyages. 31895

b. Règles applicables

OBLIGATIONS DÉCLARATIVES

La **taxe** est **liquidée par** le **client** (ou par son mandataire ou son représentant) sur sa déclaration de chiffre d'affaires ; le montant total hors taxe de l'opération doit être identifié sur une ligne spécifique de cette déclaration (ligne « Achats de biens ou de prestations de services réalisés auprès d'un assujetti non établi en France ») (CGI art. 283, 1). La taxe ainsi acquittée peut être **déduite** par l'intéressé dans les conditions de droit commun (n°s 50500 s. et notamment n°s 56220 s.). 31940

> Précisions **a.** Si le client identifié à la TVA en France, agissant comme un assujetti, n'est pas par ailleurs redevable de la TVA (activité exonérée, par exemple), il doit déclarer et liquider la taxe sur une déclaration CA3, mais ne peut déduire la taxe ainsi acquittée.
b. Le défaut d'autoliquidation de la taxe par le preneur est sanctionné par l'amende de 5 % prévue par l'article 1788 A, 4 du CGI (n°s 56240 s.).

Lorsque le **fournisseur** ou le prestataire non établi en France est tenu au dépôt de déclarations de chiffre d'affaires en France (parce qu'il réalise, par exemple, d'autres opérations au titre desquelles il est redevable de la taxe), il doit mentionner dans sa déclaration sur la ligne prévue à cet effet (ligne « Ventes de biens ou prestations de services réalisées par un assujetti non établi en France ») (CGI art. 283, 1) le montant total hors taxe de ses opérations relevant du dispositif général d'autoliquidation. 31945

> Précisions Dans une telle hypothèse, la TVA ayant grevé les dépenses engagées en France par le fournisseur ou le prestataire pour les besoins de l'opération autoliquidée par le client est déduite sur ses déclarations de chiffre d'affaires, dans les conditions de droit commun. Lorsqu'il n'est pas tenu au dépôt de déclarations de chiffre d'affaires en France, le fournisseur ou le prestataire peut récupérer cette TVA selon la procédure spéciale de remboursement examinée ci-avant aux n°s 31350 s.

ÉTABLISSEMENT DES FACTURES

La facture délivrée par le fournisseur ou le prestataire établi hors de France relative aux opérations couvertes par le dispositif général d'autoliquidation prévu par l'article 283, 1-2e alinéa du CGI peut être soumise, selon le cas, aux règles de facturation françaises ou aux règles de facturation d'un autre État membre si le fournisseur ou le prestataire est établi dans cet État membre (n° 45595). 31960

Lorsque ce sont les règles de facturation françaises qui s'appliquent, la facture ne doit pas faire **mention** de la TVA exigible (Rép. Cresta : AN 9-12-2014 n° 19197). En revanche, la mention « autoliquidation » doit être indiquée (CGI ann. II art. 242 nonies A, I-13°).

Le numéro d'identification à la TVA de l'acquéreur des biens ou du preneur de services doit également être mentionné sur la facture établie par le fournisseur ou le prestataire (CGI ann. II art. 242 nonies A, I-4°).

> **Précisions** On notera, s'agissant de la mention du numéro d'identification à la TVA du client, que contrairement à ce qui est prévu par l'article 242 nonies A, I-4° de l'annexe II au CGI, cette mention est exigée non seulement pour les prestations de services autoliquidées, mais également pour les livraisons de biens autoliquidées, conformément à l'article 226, 4 de la directive TVA (que l'article 242 nonies A, I-4° a, sur ce point, mal transposé).

SECTION 4 BIENS SOUS RÉGIME DOUANIER OU ENTREPÔT FISCAL

32250 L'article 277 A du CGI prévoit un dispositif de **suspension du paiement de la TVA** (ou régime « suspensif ») pour les opérations portant sur des biens placés ou destinés à être placés sous un régime douanier communautaire ou un entrepôt fiscal.

Comme les autres régimes « suspensifs », ce dispositif a pour objet de **reporter** à un stade ultérieur l'**exigibilité de l'impôt** normalement dû (nos 80900 s.). La taxation des opérations intervient ainsi **au moment** de la **sortie du bien** du régime et la taxe est **acquittée par le destinataire** du bien, c'est-à-dire la personne qui a acheté le bien à l'occasion de la dernière vente réalisée sous le régime douanier communautaire ou sous le régime d'entrepôt fiscal. Le **montant de la taxe** doit correspondre à celui qui aurait été dû si chacune des opérations effectuées pendant le placement du bien sous le régime avait été effectivement soumise à la taxe, sous réserve des déductions effectuées en d'opérations successives.

Bien qu'effectuées en suspension de taxe, les opérations concernées par ce dispositif ouvrent, en principe, **droit à déduction** de la taxe d'amont ayant grevé les éléments de leur prix (n° 52900).

32255 **Remarque** : En ce qui concerne l'application des dispositions de l'article 277 A du CGI aux **produits pétroliers** qui relèvent des dispositions de l'article 298 du même Code (voir nos 81800 s.).

I. OPÉRATIONS RÉALISÉES SOUS UN RÉGIME DOUANIER COMMUNAUTAIRE

32300 Les régimes douaniers communautaires visés à l'article 277 A du CGI sont les suivants :

- conduite en douane ;
- magasins et aires de dépôt temporaire (remplacés depuis le 1er mai 2019 par les installations de stockage temporaire et les lieux agréés aux fins du dépôt temporaire) ;
- entrepôts d'importation ou d'exportation ;
- perfectionnement actif (système de la suspension) ;
- admission temporaire en exonération totale des droits à l'importation ;
- transit externe ;
- transit communautaire interne.

La **gestion** des régimes douaniers communautaires relève de la **Direction générale des douanes** et droits indirects. En revanche, le **recouvrement de la TVA** due par les assujettis lors de la sortie des biens de ces régimes relève de la **Direction générale des finances publiques.**

A. Opérations concernées

Les livraisons ou acquisitions intracommunautaires de biens et les prestations de services réalisées sous les régimes énumérés ci-dessus (n° 32300) peuvent être effectuées en suspension de TVA. Ces opérations ne doivent cependant **pas** aboutir à une **utilisation** finale **ou** à une **consommation finale** des biens qui sont destinés à être placés ou qui sont placés sous l'un de ces régimes (BOI-TVA-CHAMP-40-10-10 nos 1 et 10). 32350

En application de l'article 277 A, I-1° et 4° du CGI, sont effectuées en suspension du paiement de la TVA les **livraisons et** les **acquisitions intracommunautaires** de **biens destinés à être placés sous un régime douanier** communautaire. Ces opérations doivent avoir pour effet direct et immédiat le placement du bien sous l'un des régimes suivants : conduite en douane, magasins et aires de dépôt temporaire (remplacés depuis le 1er mai 2019 par les installations de stockage temporaire et les lieux agréés aux fins du dépôt temporaire), entrepôts d'importation ou d'exportation, perfectionnement actif. Peuvent également être réalisées en suspension du paiement de la TVA les **prestations de services** (énumérées au n° 32365) afférentes à ces livraisons et acquisitions (CGI art. 277 A, I-5°). 32355

Les **livraisons afférentes à des biens placés** sous l'un des quatre régimes mentionnés ci-dessus peuvent également être effectuées en suspension du paiement de la TVA si ces livraisons sont effectuées avec maintien du régime ou lors du passage des biens sous un régime suspensif différent (CGI art. 277 A, I-6°). Il en est de même des **prestations de services afférentes aux livraisons** de biens placés sous l'un de ces régimes **et** des **prestations portant sur les biens placés** sous l'un de ces régimes et qui ne sont pas afférentes à des opérations de livraison (CGI art. 277 A, I-6°) (sur la nature de ces prestations de services, voir n° 32365).

L'article 277 A, I-7° du CGI permet quant à lui de réaliser en suspension du paiement de la TVA les **livraisons de biens placés** sous le régime de l'**admission temporaire** en exonération totale des droits à l'importation, du **transit** externe ou du transit communautaire interne avec maintien du même régime (ces dispositions ne concernent donc pas les livraisons qui ont pour effet direct et immédiat la sortie du bien du régime considéré) ainsi que les prestations de **services** (énumérées au n° 32365) afférentes à ces livraisons de biens placés sous l'un de ces régimes. 32360

De même, peuvent être réalisées en suspension du paiement de la TVA les importations de **biens en provenance d'un DOM** ou d'un territoire assimilé à un pays tiers qui rempliraient les conditions pour bénéficier du régime d'admission temporaire en exonération totale s'il s'agissait de biens en provenance de pays tiers, ainsi que les livraisons de ces biens, avec maintien du même régime ou situation et les prestations de services y afférentes (voir n° 32365).

Les **prestations de services** pouvant être réalisées en suspension du paiement de la TVA conformément à l'article 277 A, I-5°, 6° ou 7° du CGI sont énumérées à l'article 85 J de l'annexe III au CGI. Il s'agit des prestations suivantes : **transports de marchandises** et commissions afférentes à ces transports ; **chargement et déchargement** des véhicules de transport et **manutentions accessoires** des marchandises ; **locations de véhicules et de matériels** utilisés pour les opérations mentionnées ci-avant et locations de contenants et de matériels pour la protection des marchandises ; **gardiennage, magasinage et emballage** des marchandises ; opérations effectuées par les **représentants en douane** et inhérentes à l'exportation ou aux régimes douaniers communautaires ; **manipulations et ouvraisons** autorisées par les règlements communautaires en vigueur et portant sur des marchandises soumises à l'un des régimes douaniers mentionnés au n° 32300. 32365

Remarque : La **location de biens** placés sous un régime douanier communautaire demeure imposable dans les conditions de droit commun. Il en est de même des **prestations réalisées** éventuellement **avec ces biens** (travaux immobiliers, par exemple) (BOI-TVA-CHAMP-40-10-10 n° 160).

PLACEMENT D'UN BIEN EN PROVENANCE D'UN PAYS TIERS SOUS UN RÉGIME DOUANIER

Le régime suspensif prévu par l'article 277 A du CGI ne concerne pas les introductions en France de biens en provenance d'un pays ou territoire tiers à l'UE et destinés à être placés sous un régime douanier communautaire. 32380

En effet, lorsqu'un bien en provenance d'un pays ou territoire tiers est placé, lors de son entrée sur le territoire français, sous un régime douanier (y compris la zone franche et l'entrepôt franc), cette introduction en France ne constitue **pas** une **importation** et ne donne donc pas lieu au paiement de la TVA, les biens n'étant en effet considérés comme importés que s'ils sont mis à la consommation en France (n° 21890).

32385 S'agissant des prestations de services portant sur de tels biens, il convient de distinguer les **prestations afférentes au placement** de ces biens sous un régime douanier communautaire, qui bénéficient non pas d'un régime suspensif de l'article 277 A du CGI, mais d'une mesure d'exonération prévue par l'article 291, III-2° du CGI, et **les prestations portant sur les biens placés** sous l'un de ces régimes qui peuvent être réalisées en suspension de taxe (n° 32365), sauf si les biens sont placés dans une zone franche ou un entrepôt franc (BOI-TVA-CHAMP-30-30-20-30 n° 20).

Le bénéfice de l'exonération est subordonné à la délivrance par le donneur d'ordre, au prestataire, d'une **attestation** certifiant que les marchandises sur lesquelles porte le service sont placées sous un régime douanier. Le prestataire est par ailleurs tenu d'inscrire, jour par jour, dans sa **comptabilité** ou sur le livre spécial visé au n° 44745 les services rendus (avec la date de l'inscription et les noms et adresses des donneurs d'ordre) et de mettre à l'appui de sa comptabilité les attestations qui lui sont délivrées par les donneurs d'ordre (CGI ann. III art. 73 H).

> **Précisions** Sont **concernées** par l'exonération de l'article 291, III-2° du CGI les **prestations suivantes** (CGI ann. III art. 73 G) : transports de biens et commissions y afférentes ; chargement et déchargement des véhicules utilisés pour ces transports et manutentions accessoires des biens ; locations portant sur les véhicules de transport et les matériels utilisés pour les opérations ci-dessus ainsi que sur les contenants et matériels employés pour la protection des biens ; gardiennage, magasinage et emballage des biens ; opérations effectuées par les représentants en douane et inhérentes aux régimes douaniers communautaires ; prestations consistant à convoyer un moyen de transport entre deux points sans transporter à titre onéreux des passagers ou des marchandises.
> À noter que, selon la CJUE, l'exonération des services directement liés à des importations de biens placés sous un régime douanier (Dir. TVA art. 146, 1-e, que transpose l'article 291, III-2° du CGI) ne vaut que pour les prestations rendues directement à l'importateur ; celles réalisées par un sous-traitant sont exclues de l'exonération (CJUE 29-6-2017 aff. 288/16 : RJF 10/17 n° 1009). Voir toutefois à cet égard la précision figurant sous le n° 27190.

32390 Il est admis que les **comptoirs de vente** situés dans des ports ou aéroports où les flux de voyageurs à destination de pays tiers ou de territoires des États membres exclus du territoire fiscal de l'UE, et des autres États membres de l'UE ne sont pas séparés, ceux situés dans la partie du terminal ferroviaire de Coquelles réservée aux passagers se rendant au Royaume-Uni de Grande-Bretagne et d'Irlande du Nord, ainsi que les **boutiques exploitées à bord des navires ou aéronefs** dont les approvisionnements sont réalisés indifféremment pour les besoins de ventes à emporter à bord de navires ou d'aéronefs se rendant dans un pays tiers ou dans un autre État membre de l'UE exercent leur activité sous le couvert du régime douanier communautaire de l'entrepôt d'importation. Ils peuvent toutefois renoncer au bénéfice du régime suspensif et opter pour la procédure des achats en franchise décrite aux nos 30000 s. (BOI-TVA-CHAMP-20-20-20 nos 120, 130 et 200).

B. Obligations des opérateurs

32420 Les opérateurs qui placent des biens sous un régime douanier communautaire doivent accomplir les **formalités exigées par** les **règlements communautaires** en vigueur.

> **Précisions** **a.** **Les opérateurs établis dans un pays tiers n'ayant pas conclu de convention d'assistance au recouvrement des créances fiscales** avec la France qui réalisent uniquement des opérations en suspension de paiement de la TVA sont dispensés de désigner un représentant fiscal (CGI art. 289 A, I-al. 2-2°).
> Lorsque ces personnes effectuent des **acquisitions intracommunautaires** de biens destinés à être placés sous un régime douanier communautaire, elles doivent fournir un numéro d'identification français à la TVA au vendeur pour permettre à ce dernier d'exonérer la livraison dans son État membre. Au cas particulier, elles ne disposent pas d'un tel numéro. Pour leur permettre de satisfaire à cette obligation, elles devront communiquer au vendeur le numéro d'identification spécifique qui sera attribué au titulaire du régime douanier communautaire (BOI-TVA-CHAMP-40-10-20 n° 20).
> **b.** Jusqu'au 7 août 2022, les **entrées** et les **sorties** des biens placés sous le régime de la conduite en douane, des installations de stockage temporaire et des lieux agréés aux fins du dépôt temporaire, des entrepôts d'importation ou d'exportation ou du perfectionnement actif devaient faire l'objet d'une déclaration auprès du service des douanes. Cette obligation a été supprimée par le décret 2022-1126 du 5 août 2022.

32480 Pour les livraisons de biens destinés à être placés sous un régime douanier communautaire ou placés sous ce régime ainsi que pour les prestations de services portant sur ces biens, le vendeur doit faire figurer sur la **facture** le **numéro d'autorisation du régime douanier** communautaire, ainsi que le nom du titulaire du régime et du gestionnaire ou de l'entreposeur lorsqu'il s'agit d'une personne distincte (CGI ann. III art. 85 L).

> **Précisions** La réglementation n'exige plus que le destinataire de la livraison ou le preneur du service remette au fournisseur ou au prestataire une **attestation** par laquelle il certifie que les biens sont destinés à être placés sous un régime douanier communautaire (conduite en douane, magasins et aires de dépôt temporaire [remplacés depuis le 1er mai 2019 par les installations de stockage temporaire et les lieux agréés aux fins du dépôt temporaire], entrepôts d'importation ou d'exportation, perfectionnement actif suspension) ou que les prestations commandées portent sur des biens qui sont destinés à être placés ou placés sous un régime douanier communautaire. La délivrance de telles attestations reste toutefois possible afin de justifier du bénéfice de la suspension de TVA.

C. Sortie des biens du régime

La sortie des biens du régime douanier communautaire met fin à la suspension du paiement de la TVA. **32500**

1. EXIGIBILITÉ

La sortie du bien de l'un des régimes douaniers communautaires donne lieu à l'exigibilité de la TVA afférente aux opérations pour lesquelles elle a été suspendue. **32520**

Toutefois, aucune taxe ne doit être acquittée lors de la sortie du régime si l'opération en cause (livraison, importation, acquisition intracommunautaire ou prestation de services) bénéficie par ailleurs d'une **exonération** légale ou a été **soumise à la TVA pendant le placement** du bien sous le régime (BOI-TVA-CHAMP-40-10-30 nos 10 et 20).

Lorsque la TVA est due en sortie de régime, elle est perçue par la Direction générale des finances publiques.

> **Précisions** Le **vol** de marchandises placées sous le régime de l'entrepôt douanier fait intervenir le fait générateur et l'exigibilité de la TVA (CJUE 11-7-2013 aff. 273/12 ; Cass. com. 4-2-2014 nos 11-13.316 et 11-12.607 : RJF 5/14 n° 523).

2. REDEVABLE

a. Le bien n'a fait l'objet d'aucune livraison pendant son placement sous le régime

Pour les opérations (**livraisons ou acquisitions intracommunautaires**) ayant eu pour effet direct et immédiat le placement du bien sous le régime, la taxe doit être acquittée (CGI art. 277 A, II-2-a) : **32540**

- par le destinataire, s'il s'agit d'une livraison ;
- par l'acquéreur, s'il s'agit d'une acquisition intracommunautaire.

Pour les **prestations de services,** la taxe doit être acquittée par le preneur du service (CGI art. 277 A, II-2-a).

> **Précisions** Lorsque la **marchandise** a été **volée** au cours du **transfert à l'intérieur de l'entrepôt douanier** et n'a donc pas été livrée à la **société initialement destinataire,** cette dernière ne peut être regardée comme destinataire de la dernière livraison des marchandises et n'est pas redevable de la TVA (Cass. com. 4-2-2014 nos 11-13.316 et 11-12.607 : RJF 5/14 n° 523).

b. Le bien a fait l'objet d'une ou plusieurs livraisons pendant son placement sous le régime

La taxe doit être acquittée par le destinataire de la dernière livraison réalisée pendant le placement du bien sous le régime douanier communautaire (CGI art. 277 A, II-2-b). **32550**

3. MONTANT DE LA TAXE DUE

La taxe due doit correspondre à celle qui aurait été acquittée si chacune des opérations réalisées en suspension avait été imposée. Ainsi, la **base d'imposition** n'est pas constituée par la valeur du bien qui cesse de relever du régime, mais par la somme des opérations qui ont été réalisées en suspension du paiement de la taxe, compte tenu des déductions qui auraient été effectuées en cas d'opérations successives (BOI-TVA-CHAMP-40-10-30 n° 70). **32600**

> **Précisions** Même si le recouvrement de la taxe relève depuis le 1er janvier 2022 de la compétence de la DGFiP, la détermination de la base d'imposition de la TVA due, y compris en cas de régularisation et pour les opérations exonérées ou dispensées du paiement de la taxe, relève toujours après cette date de la **compétence de l'administration des douanes,** chargée de la gestion des régimes douaniers communautaires (CGI art. 277 A, IV).
> Le **redevable** de la taxe doit, à compter de cette même date, **communiquer** à l'administration des douanes, outre les **informations** nécessaires pour constater la base imposable : sa dénomination sociale et l'identifiant prévu à l'article 286 ter en cours de validité ; les autres informations qui sont nécessaires pour liquider la taxe ou en contrôler l'application. Il indique, le cas échéant, s'il s'agit d'une opération exonérée ou dispensée du paiement de la taxe. L'administration des douanes transmet ensuite ces informations à la DGFiP, qui est chargée de la gestion de la déclaration de la taxe (CGI art. 277 A, V).

32605 En conséquence, aucune taxe n'est due lorsque le bien qui sort du régime douanier communautaire a été placé sous le régime par le propriétaire en dehors de toute transaction et n'a fait l'objet, pendant son placement, d'**aucune livraison** et d'**aucune prestation** de services (BOI-TVA-CHAMP-40-10-30 n° 80).

32610 Si le bien qui sort du régime douanier communautaire ne représente qu'une **partie des biens placés** sous ce régime, la sortie du régime entraîne le paiement de la quote-part de la taxe afférente à ce bien (BOI-TVA-CHAMP-40-10-30 nos 120 et 150).

a. Le bien n'a fait l'objet d'aucune livraison pendant son placement sous le régime

BIEN ORIGINAIRE OU EN PROVENANCE D'UN ÉTAT OU D'UN TERRITOIRE TIERS

32620 Lorsqu'un bien originaire ou en provenance d'un État ou d'un territoire n'appartenant pas à l'UE a été, lors de son entrée sur le territoire français, placé sous un régime douanier communautaire, la sortie du bien donne lieu à une exportation ou à une mise à la consommation en France.

La sortie du régime douanier communautaire devrait entraîner le paiement de la TVA exigible au titre des **prestations de services** dont ce bien a éventuellement fait l'objet pendant son placement sous le régime (CGI art. 277 A, II-3-1°).

Si le **bien** est **exporté ou** fait l'objet d'une **livraison intracommunautaire,** il y aura dispense du paiement de la taxe (voir n° 32700).

Si le bien est **mis à la consommation** en France, cette mise à la consommation constitue une importation au sens de l'article 291, I-2-b du CGI (n° 21890). Les prestations en cause doivent être comprises dans la base d'imposition à l'importation en vertu de l'article 292 du CGI (n° 22055). Elles sont donc exonérées de la TVA conformément à l'article 262, II-14° du CGI (nos 26450 s.). En conséquence, les dispositions de l'article 277 A, II-3 du CGI ne s'appliquent pas (BOI-TVA-CHAMP-40-10-30 nos 90 à 110).

BIEN NATIONAL OU COMMUNAUTAIRE

32630 Conformément à l'article 277 A, II-3-1° du CGI, la sortie du régime douanier communautaire entraîne le paiement de la TVA exigible au titre de chacune des opérations qui ont été également réalisées en suspension du paiement de la taxe du fait du placement du bien sous le régime, c'est-à-dire :

- la taxe exigible au titre de la **livraison** ou de l'acquisition intracommunautaire qui a eu pour effet direct et immédiat le placement du bien sous le régime ;
- la taxe exigible au titre des **prestations de services** afférentes à la livraison ou l'acquisition intracommunautaire qui a eu pour effet direct et immédiat le placement du bien sous le régime ;
- la taxe exigible au titre des prestations de services qui portent sur le bien sortant du régime et qui ont été effectuées sous ce régime (BOI-TVA-CHAMP-40-10-30 n° 120).

b. Le bien a fait l'objet d'une ou plusieurs livraisons pendant son placement sous le régime

32640 La sortie du régime douanier communautaire entraîne le paiement de la **TVA exigible au titre de la dernière livraison** qui a été légalement **réalisée en suspension** du paiement de la taxe (CGI art. 277 A, II-3-2°).

Si des **prestations de services** ont été réalisées pendant la durée de placement du bien, il y a lieu, en application du même article, d'ajouter au montant de la taxe due la TVA exigible au titre des seules prestations de services qui ont été effectuées après cette dernière livraison, ou avant cette dernière livraison lorsque le preneur de ces prestations de services est le destinataire de ladite livraison. Il peut s'agir, selon le cas :

– des prestations de services afférentes à la livraison ou à l'acquisition intracommunautaire qui a eu pour effet direct et immédiat le placement du bien sous le régime ;

– des prestations de services afférentes à l'une des livraisons effectuées sous le régime ;

– des prestations de services portant sur le bien qui ne sont pas afférentes à des livraisons.

Ces dispositions sont applicables quel que soit le bien qui sort du régime douanier communautaire (BOI-TVA-CHAMP-40-10-30 nos 130 et 140).

Lorsqu'un **bien originaire ou en provenance** d'un **État** ou d'un territoire **n'appartenant pas à** 32645
l'UE est mis à la consommation en France après avoir été placé, lors de son entrée sur le territoire français, sous un régime douanier communautaire, cette mise à la consommation constitue une importation au sens de l'article 291, I-2-b du CGI (n° 21890).

La sortie du régime entraînant le paiement de la TVA au titre de la dernière livraison, cette importation est exonérée de la taxe en vertu de l'article 291, II-1° du CGI. Ce dispositif a pour but d'éviter une double taxation (BOI-TVA-CHAMP-40-10-30 n° 150).

4. DISPENSE DU PAIEMENT DE LA TAXE

L'article 277 A, II-4 du CGI prévoit une dispense de paiement de la taxe exigible en sortie de 32700
régime lorsque le bien fait l'objet, directement après la sortie, d'une **exportation** (n° 32710) ou d'une **livraison intracommunautaire exonérée** (nos 32720 s.). Fait également l'objet d'une dispense de paiement, lorsque la sortie du régime constitue une **importation** et que le bien n'a fait l'objet d'aucune livraison pendant son placement sous le régime, la taxe afférente aux prestations de services comprises dans la base d'imposition de cette importation (n° 32620).

Lorsque la personne redevable de la taxe n'est pas établie en France, elle doit s'identifier à la TVA en France directement (ou par l'intermédiaire d'un mandataire) auprès de l'administration lorsqu'elle est établie dans l'UE ou dans un pays tiers ayant conclu une convention d'assistance au recouvrement des créances fiscales avec la France (n° 30855) ou désigner un représentant fiscal qui s'engage à accomplir les formalités lui incombant lorsqu'elle est établie dans un pays tiers n'ayant pas conclu une telle convention (CGI art. 289 A, I).

Elle peut, toutefois, selon la même distinction, recourir aux services d'un mandataire ponctuel sans avoir à solliciter un numéro d'identification (nos 30920 s.) ou désigner un représentant ponctuel (nos 31150 s.).

a. Le bien qui sort du régime fait l'objet d'une exportation

Il peut s'agir de biens originaires ou en provenance d'un État ou d'un territoire n'appartenant 32710
pas à l'UE placés, lors de leur entrée sur le territoire français, sous ce régime ou de biens nationaux ou communautaires.

Pour être dispensée du paiement de la TVA, la personne qui doit acquitter la taxe doit **justifier** que les conditions de l'exonération prévue à l'article 262, I du CGI (voir nos 22475 s.) sont réunies lors de la sortie des biens du régime douanier communautaire. En outre, les biens doivent être acheminés hors de l'UE dès l'achèvement des opérations d'apurement du régime, après avoir été éventuellement transbordés d'un moyen de transport à un autre (BOI-TVA-CHAMP-40-10-30 nos 200 et 210).

b. Le bien qui sort du régime fait l'objet d'une livraison intracommunautaire

BIEN NATIONAL OU COMMUNAUTAIRE

Pour être dispensée du paiement de la TVA, la personne qui doit acquitter la taxe doit **justifier** 32720
que les conditions de l'exonération prévue à l'article 262 ter, I du CGI (voir nos 20350 s.) sont réunies lors de la sortie des biens du régime douanier communautaire. Les biens doivent être acheminés à destination de l'autre État membre de l'UE dès l'achèvement des opérations d'apurement du régime, après avoir été éventuellement transbordés d'un moyen de transport à un autre (BOI-TVA-CHAMP-40-10-30 n° 220).

BIEN ORIGINAIRE OU EN PROVENANCE D'UN ÉTAT OU D'UN TERRITOIRE TIERS QUI N'A PAS FAIT L'OBJET D'UNE MISE EN LIBRE PRATIQUE

Un bien originaire ou en provenance d'un État ou d'un territoire n'appartenant pas à l'UE qui 32730
a été placé, lors de son entrée sur le territoire français, sous un régime douanier communautaire

doit, préalablement à la livraison intracommunautaire dont il fait l'objet, être sorti de ce régime et mis en libre pratique en France. En conséquence, le bien considéré fait l'objet d'une importation au sens de l'article 291, I-2-b du CGI (n° 21890). Deux cas doivent être envisagés.

Si **le bien a fait l'objet d'une ou plusieurs livraisons pendant son placement** sous le régime, l'importation est alors exonérée en vertu de l'article 291, II-1° du CGI. Pour être dispensée du paiement de la TVA afférente à la dernière livraison effectuée sous le régime douanier communautaire, la personne qui doit acquitter la taxe doit justifier que les conditions de l'exonération prévue à l'article 262 ter, I du CGI (nos 20350 s.) sont réunies lors de la sortie des biens de ce régime. En outre, les biens doivent être acheminés à destination de l'autre État membre de l'UE dès l'achèvement des opérations d'apurement du régime, après avoir été éventuellement transbordés d'un moyen de transport à un autre.

Si **le bien n'a fait l'objet d'aucune livraison pendant son placement** sous le régime, l'importation peut être exonérée en vertu de l'article 291, III-4° du Code, puisque le bien fait l'objet d'une livraison exonérée en application de l'article 262 ter, I du Code (voir nos 20350 s.) (BOI-TVA-CHAMP-40-10-30 nos 230 à 260).

II. OPÉRATIONS RÉALISÉES SOUS UN RÉGIME D'ENTREPÔT FISCAL

32800 Les entrepôts fiscaux visés à l'article 277 A, I-2° du CGI sont les suivants :

– **régime fiscal suspensif** (qui s'est substitué, depuis le 1er janvier 2011, aux entrepôts nationaux d'exportation, d'importation ou de perfectionnement actif) ;

– **entrepôt de stockage de biens négociés** sur un marché à terme international et dont la liste est fixée par l'article 29 A de l'annexe IV au CGI ;

– **entrepôt destiné à la fabrication de biens réalisée en commun** par des entreprises, dont une au moins n'a pas d'établissement en France, en exécution d'un contrat international fondé sur le partage de cette fabrication et la propriété indivise des biens produits entre les entreprises contractantes.

RÉGIME FISCAL SUSPENSIF

32810 Un régime fiscal suspensif couvre une ou plusieurs des fonctions suivantes (CGI ann. III art. 85 E) :

– **stockage ou entreposage de biens importés,** originaires ou en provenance d'un État ou d'un territoire n'appartenant pas à l'UE, d'un territoire assimilé ou d'un DOM ;

– **stockage ou entreposage de biens pris sur le marché national ou communautaire** destinés à être exportés ou expédiés vers un autre État membre de l'UE. Sont considérés comme placés dans cette situation les biens acquis par une personne établie dans un pays tiers à l'UE, destinés à faire l'objet d'une exportation ou d'une expédition hors de France, lorsque par leur nature même ces biens nécessitent leur maintien temporaire sur le territoire français, pour des raisons techniques telles que la mise au point, l'adaptation ou pour les besoins de la formation des personnels chargés, à l'étranger, de la mise en œuvre ou de l'utilisation des biens. La durée du séjour des biens en France ne pourra excéder la durée, fixée au contrat, pour la réalisation desdites opérations. En tout état de cause, elle ne pourra excéder trois ans ;

– **stockage ou entreposage dans les boutiques hors taxe ou les comptoirs de vente** situés dans les ports et aéroports de biens importés, acquis en provenance d'un autre État membre de l'UE ou pris sur le marché national et destinés à faire l'objet, en exonération de la TVA (ce qui exclut donc les tabacs manufacturés : CE 11-3-2022 n° 456321 : RJF 6/22 n° 588), de ventes à emporter à des voyageurs se rendant dans un pays tiers à l'UE ou un territoire assimilé (voir toutefois ci-après en précisions, la tolérance administrative lorsque les flux de voyageurs à destination des pays tiers et des autres États membres de l'UE ne sont pas séparés) ;

– opérations de **travaux,** d'**entretien** ou de **construction,** afférentes à des infrastructures ou installations situées en France, exploitées par une personne qui y est établie et qui est assujettie à la TVA, à l'exclusion des locaux des ambassades et des consulats, utilisées dans le cadre d'accords internationaux ou de traités pour le compte d'organismes internationaux qui financent les coûts desdites opérations ;

– **utilisation de biens importés** destinés à faire l'objet d'une exportation ou d'une livraison intracommunautaire exonérée ou expédiés hors de France, après avoir subi l'une ou l'autre des opérations suivantes : opérations d'**ouvraisons,** y compris le montage, l'assemblage ou l'adaptation à d'autres biens, opérations de **transformation** et de **réparation,** y compris la remise en état et la mise au point, opérations d'utilisation dans un processus de fabrication en vue de permettre ou de faciliter l'obtention d'autres produits destinés à être exportés ou expédiés hors de France, même si ces biens disparaissent au cours de l'opération. Les assujettis qui ont sollicité cette fonction peuvent également utiliser sous ce régime, avec les biens importés en provenance de pays tiers à l'UE ou considérés comme tels, des biens pris sur le territoire de la France ou sur le territoire communautaire. Le versement des biens sur le territoire de la France, lorsqu'il est dûment justifié, peut être autorisé à titre exceptionnel par le service des impôts ou le service des douanes compétent.

> Précisions Il est admis que les comptoirs de vente exploités dans les **ports ou aéroports** où les flux de voyageurs à destination des pays tiers et des autres États membres de l'UE ne sont pas séparés, ceux situés dans la partie du terminal ferroviaire de Coquelles réservée aux passagers se rendant au Royaume-Uni de Grande-Bretagne et d'Irlande du Nord ainsi que les **boutiques exploitées à bord des navires ou aéronefs** dont les approvisionnements sont réalisés indifféremment pour les besoins de ventes à emporter à bord de navires ou d'aéronefs se rendant dans un pays tiers ou dans un autre État membre de l'UE exercent leur activité sous le couvert du régime fiscal suspensif. Ils peuvent toutefois renoncer au bénéfice du régime suspensif et opter pour la procédure des achats en franchise décrite aux n°s 30000 s. (BOI-TVA-CHAMP-20-20-20 n°s 120 à 130 et 200).

Au sein du régime fiscal suspensif, le **transfert** de biens **entre fonctions** énoncées au n° 32810 est **32820**
autorisé sous réserve de laisser à l'administration les moyens de contrôler le suivi des biens (CGI ann. III art. 85 D).

A. Opérations concernées

Peuvent être effectuées en suspension du paiement de la TVA les opérations suivantes : **32850**

– **livraisons, importations** et **acquisitions intracommunautaires de biens destinés à être placés** sous un régime d'entrepôt fiscal et **prestations de services** afférentes à ces opérations ;

– **livraisons de biens placés** sous un régime d'entrepôt fiscal et **prestations de services** (visées au n° 32855) effectuées sous ce régime (prestations afférentes aux livraisons des biens et prestations portant sur les biens), avec maintien des biens sous le régime (CGI art. 277 A, I).

Les **prestations de services** qui peuvent être réalisées en suspension du paiement de la TVA sont **32855**
les suivantes (CGI ann. III art. 85 J) : transports de marchandises, commissions y afférentes ; chargement et déchargement des véhicules de transport et manutentions accessoires ; locations de véhicules et de matériels utilisés pour les opérations mentionnées ci-avant ; locations de contenants et de matériels pour la protection des marchandises ; gardiennage, magasinage et emballage des marchandises ; manipulations et ouvraisons identiques à celles autorisées par les règlements communautaires en vigueur et portant sur des biens placés sous le régime fiscal suspensif ; manipulations usuelles destinées à assurer la conservation des marchandises placées en entrepôt de stockage de biens négociés sur un marché à terme international, à améliorer leur présentation ou leur qualité marchande ou à préparer leur distribution ou leur revente ; manipulations, montage, assemblage, adaptation à d'autres marchandises, transformation, réparation, remise en état et mise au point de marchandises placées en entrepôt destiné à la fabrication de biens réalisée en commun par des entreprises, en exécution d'un contrat international.

Remarque : La **location** des biens placés sous un régime d'entrepôt fiscal demeure imposable dans les conditions de droit commun. Il en est de même des prestations réalisées éventuellement avec ces biens (travaux immobiliers par exemple) (BOI-TVA-CHAMP-40-20-10 n° 70).

B. Biens concernés

BIENS ADMISSIBLES

Sont admissibles sous l'un des régimes d'entrepôts fiscaux mentionnés au n° 32800 les biens qui **32900**
sont utilisés pour la réalisation des opérations destinées à assurer la **conservation,** à améliorer la **présentation** ou la qualité marchande ou à préparer la **distribution** ou la revente des marchandises placées sous ces régimes (CGI ann. III art. 85 F, 3).

Sont admissibles sous le **régime fiscal suspensif** les biens de toute provenance. Toutefois, **32905**
comme indiqué au n° 32810, la **fonction** de **stockage à l'importation** ne concerne que des biens

importés de pays tiers ou assimilés, la fonction de **stockage à l'exportation** ne concerne que des biens pris sur le marché national ou communautaire et la fonction de **transformation** ne concerne que des biens importés de pays tiers ou assimilés.

32910 Sont admissibles sous le régime de l'**entrepôt de stockage de biens négociés sur un marché à terme international** les marchandises suivantes, quelle que soit leur origine ou provenance : étain, cuivre, zinc, nickel, aluminium, plomb, indium, céréales, graines et fruits oléagineux, noix de coco, noix du Brésil, noix de cajou, autres fruits à coques, olives, graines et semences (y compris graines de soja), café non torréfié, thé, cacao en fèves et brisures de fèves, brut ou torréfié, sucre brut, caoutchouc, sous formes primaires ou en plaques, feuilles ou bandes, laine, produits chimiques en vrac, argent, platine (palladium, rhodium), pommes de terre, graisses et huiles végétales et leurs fractions, brutes, raffinées, mais non chimiquement modifiées (CGI ann. III art. 85 F, 2-d et CGI ann. IV art. 29 A).

32915 Sont admissibles sous le régime de l'**entrepôt destiné à la fabrication de biens réalisée en commun les marchandises,** quelle que soit leur origine ou leur provenance, destinées, en exécution d'un contrat international, à faire l'objet d'une ou plusieurs des opérations suivantes : ouvraison, y compris le montage, l'assemblage et l'adaptation à d'autres biens, transformation, réparation, y compris la remise en état et la mise au point, utilisation dans un processus de fabrication en vue de permettre ou de faciliter l'obtention des produits fabriqués, même si les biens disparaissent au cours de l'opération. Les biens placés sous ce régime doivent être utilisés pour la fabrication de biens dont les entreprises contractantes demeurent propriétaires dans l'indivision jusqu'à la livraison au client final. Chaque fabricant doit être propriétaire soit de la partie du bien qu'il a produite, soit d'une quote-part du bien livré (CGI ann. III art. 85 F, 2-e).

BIENS EXCLUS

32950 Ne peuvent **pas** être **placés** sous un régime d'entrepôt fiscal les **biens destinés à être livrés au commerce de détail,** une exception étant toutefois prévue pour les comptoirs de vente situés dans les ports et aéroports ou dans la partie du terminal ferroviaire de Coquelles réservée aux passagers se rendant au Royaume-Uni de Grande-Bretagne et d'Irlande du Nord (voir n° 32810) (CGI ann. III art. 85 F, 1 ; BOI-TVA-CHAMP-40-20-20 n° 40).

C. Fonctionnement du régime d'entrepôt fiscal

33000 La gestion de l'entrepôt de stockage de biens négociés sur un marché à terme international et de l'entrepôt destiné à la fabrication de biens réalisée en commun par des entreprises relève de la **Direction générale des finances publiques.** La gestion du régime fiscal suspensif relève de la **Direction générale des douanes et droits indirects,** étant toutefois précisé que la Direction générale des finances publiques est compétente s'agissant du recouvrement de la TVA due par les assujettis lors de la sortie des biens de ce dernier régime ou du retrait de l'autorisation d'ouverture.

a. Ouverture de l'entrepôt fiscal

33010 L'ouverture d'un entrepôt fiscal (ou la **modification** de l'un de ses éléments constitutifs) est soumise à une **autorisation** de l'administration qui est délivrée dans les conditions et selon les modalités prévues par les articles 85 à 85 B de l'annexe III et 29 B de l'annexe IV au CGI.

DEMANDE D'AUTORISATION D'OUVERTURE

33020 La demande d'autorisation d'ouverture d'un entrepôt fiscal doit être présentée par la personne assujettie à la TVA, destinataire des opérations de livraison, d'acquisition intracommunautaire, d'importation ou de prestations de services, qui souhaite bénéficier du régime de suspension de paiement de la TVA.

Lorsque le **demandeur** est **établi dans un autre État membre** de l'UE ou dans un pays tiers ayant conclu une convention d'assistance au recouvrement des créances fiscales avec la France, il doit être identifié à la TVA en France et y avoir désigné un mandataire fiscal pour accomplir en son nom et pour son compte les formalités et obligations afférentes au régime d'entrepôt fiscal sollicité. Lorsqu'il est **établi dans un pays tiers n'ayant pas conclu une telle convention,** il doit avoir désigné en France un représentant fiscal dans les conditions mentionnées aux n°s 31050 s. (CGI ann. III art. 85, 1).

33025 La demande est déposée :

– pour le **régime fiscal suspensif** et l'**entrepôt de stockage,** par l'assujetti qui souhaite bénéficier du régime de suspension de la TVA pour les opérations de livraison, d'acquisition intracommunautaire ou d'importation dont il est le destinataire ou de prestation de services dont il est le preneur. Cette demande peut également être déposée, pour le compte de l'assujetti, par la personne qui souhaite gérer le régime sollicité et qui est dénommée **gestionnaire ou entreposeur** selon le régime sollicité ;

– pour l'**entrepôt destiné à la fabrication de biens réalisée en commun,** par l'assujetti qui souhaite effectuer ou faire effectuer les opérations envisagées (CGI ann. III art. 85, 2).

La demande **comporte** les **renseignements** demandés par l'administration concernant le demandeur, le cas échéant le gestionnaire ou l'entreposeur selon le régime sollicité, l'objet du régime et, dans le cas du régime fiscal suspensif, les fonctions pour les besoins desquelles le régime est demandé, les opérations envisagées, la nature des biens, le ou les lieux où ceux-ci seront situés ou utilisés, les locaux ou les autres installations éventuellement utilisés ainsi que tous autres renseignements utiles aux contrôles de l'administration (CGI ann. III art. 85, 3). **33030**

AUTORISATION D'OUVERTURE

L'autorisation d'ouverture détermine les **éléments constitutifs du régime,** ses conditions d'octroi et de fonctionnement. Elle est conditionnée au respect par le demandeur de ses obligations déclaratives et de paiement liées à son activité professionnelle. **33050**

La décision autorisant l'ouverture est réputée avoir été accordée tacitement à l'expiration d'un délai de 30 jours pour les entreprises créées depuis plus de deux ans. Ce délai commence à courir à compter de la date de réception de la demande par le service.

Elle désigne, selon le cas, le service des impôts ou le service des douanes chargé de la gestion des régimes d'entrepôts.

En cas de demande soumise à autorisation, elle prend **effet** à la date fixée par l'administration (CGI ann. III art. 85 A).

Tout **changement** qui affecte les éléments constitutifs des régimes autorisés tels qu'ils figurent dans la demande d'ouverture est soumis à autorisation. **33055**

Cette autorisation prend la forme d'une décision modificative de l'autorisation d'ouverture, valable à compter de la date fixée par l'administration. Cette décision modificative est prise dans les mêmes conditions que l'autorisation d'ouverture (CGI ann. III art. 85 B).

b. Fermeture de l'entrepôt fiscal

La fermeture d'un entrepôt fiscal est prononcée **sur demande du titulaire** de l'autorisation d'ouverture, formulée deux mois au moins avant la date d'effet, **ou** à l'**initiative** de l'**administration** en cas d'inactivité du régime pendant un an (la fermeture prend effet le premier jour du mois qui suit celui au cours duquel la décision de l'administration est intervenue), lorsque les règles de fonctionnement du régime ou l'exécution des formalités et obligations liées audit régime ne sont pas respectées ou lorsque les obligations déclaratives et de paiement ne sont pas respectées (dans ces deux derniers cas, la fermeture prend effet dès la notification des constatations) (CGI ann. III art. 85 C). **33070**

Remarque : Il est par ailleurs rappelé que l'autorisation d'ouverture peut être **retirée** selon la procédure prévue aux articles L 80 K et L 80 L du LPF (n°s 33430 s.), ce retrait mettant fin au bénéfice de la suspension du paiement de la TVA (CGI art. 277 A, II-1).

D. Obligations des opérateurs

Les **entreprises étrangères non établies** en France qui réalisent uniquement des opérations en suspension de TVA mentionnées au n° 32850 sont **dispensées** de **s'identifier** à la TVA en France et de déposer une déclaration lorsqu'elles sont établies dans l'UE ou dans un pays tiers ayant conclu une convention d'assistance au recouvrement des créances fiscales avec la France (CGI ann. III art. 95, II) ou dispensées de désigner un **représentant fiscal** lorsqu'elles sont établies dans un pays tiers n'ayant pas conclu une telle convention (CGI art. 289 A, I-2°). Lorsque ces entreprises effectuent des **acquisitions intracommunautaires** de biens destinés à être placés sous un entrepôt fiscal, et qu'elles ne sont pas elles-mêmes titulaires du régime suspensif, elles doivent communiquer au vendeur le **numéro d'identification spécifique attribué au titulaire** de l'entrepôt fiscal. **33100**

> **Précisions** Jusqu'au 7 août 2022, chaque **entrée** et chaque **sortie** d'un bien d'un entrepôt fiscal devait faire l'objet d'une déclaration. Cette obligation a été supprimée par le décret 2022-1126 du 5 août 2022.

a. Tenues des registres et factures

33150 La personne **titulaire de l'autorisation** d'ouverture d'un **entrepôt fiscal** doit, au lieu de situation des biens :

– tenir un **registre des stocks et des mouvements de biens** et un **registre des opérations réalisées sous l'entrepôt.** Les assujettis peuvent être autorisés, sur demande, à regrouper les informations contenues dans ces registres dans une comptabilité matières identifiant les biens placés sous les régimes d'entrepôt, ainsi que les dates d'entrée et de sortie desdits régimes. En ce qui concerne le contenu de ces registres, voir nos 33175 s. ;

– être en possession du **double des factures** et des différentes pièces justificatives relatifs aux opérations effectuées en suspension (CGI art. 277 A, III).

REGISTRES

33175 Les registres doivent comporter, dans l'ordre chronologique des opérations, les **mentions** suivantes :

– **registre des stocks et des mouvements de biens** : la désignation du bien ; la quantité exprimée en masse nette, volume ou unité ; les éléments nécessaires à l'identification et au suivi du bien pendant la durée du placement ; la date d'entrée et de sortie du bien ; l'adresse complète des lieux de provenance et de destination du bien ; la fonction utilisée, lorsque le titulaire de l'autorisation d'ouverture d'un régime fiscal suspensif a sollicité l'application de plusieurs fonctions (stockage à l'importation ou à l'exportation et transformation) ; à l'issue de ces opérations, pour chaque bien, les stocks détenus sous le régime, le cas échéant par fonction pour le régime fiscal suspensif ; pour le régime fiscal suspensif et l'entrepôt de fabrication de biens réalisée en commun, les indications nécessaires au suivi et à l'identification des biens faisant l'objet des prestations de services (CGI ann. IV art 29 C) ;

– **registre des opérations réalisées sous l'entrepôt,** pour chaque bien et par livraison, importation ou acquisition intracommunautaire : la date de l'opération ; le montant de l'opération avec sa contre-valeur en euros, lorsqu'il est exprimé en devises ; les nom et adresse et, s'il y a lieu, le numéro d'identification à la TVA du fournisseur et du client ; la désignation du bien et la référence dans le registre des stocks et mouvements ; la fonction utilisée, lorsque le titulaire de l'autorisation d'ouverture d'un régime fiscal suspensif a sollicité l'application de plusieurs des fonctions (stockage à l'importation ou à l'exportation et transformation). Pour les prestations de services, le registre doit contenir, en outre, la nature de l'opération et, s'il y a lieu, la désignation du bien auquel est afférente la prestation ainsi que la référence dans le registre des stocks et mouvements (CGI ann. IV art. 29 D).

33180 Les registres sont tenus sur **support papier ou informatique.** Ils doivent être identifiés. Ces registres doivent être **conservés** au lieu de situation ou d'utilisation des biens ou des installations mentionné sur la demande d'autorisation d'ouverture du régime suspensif pendant un délai de six ans à compter de la date de la dernière opération mentionnée (CGI ann. IV art. 29 E).

L'administration fiscale peut demander **communication** de ces registres et s'en faire délivrer copie. Si l'administration le demande, les registres sont envoyés par voie dématérialisée (CGI ann. IV art. 29 F).

FACTURES

33190 Les personnes qui effectuent des livraisons ou des prestations de services en suspension de la TVA sont tenues d'**indiquer** sur leurs factures le numéro de l'autorisation d'ouverture ainsi que les nom et adresse du titulaire du régime et du gestionnaire ou de l'entreposeur lorsqu'il s'agit d'une personne distincte (CGI ann. III art. 85 L).

33195 Les **doubles des factures** doivent être **conservés** au lieu de situation ou d'utilisation des biens ou des installations mentionné sur la demande d'autorisation d'ouverture du régime.

Par ailleurs, sur justifications présentées lors du dépôt de la demande d'autorisation, une **dispense de détention** permanente du double des factures peut être accordée lorsque cette obligation est susceptible de provoquer des difficultés sérieuses pour les opérateurs (respect du secret commercial, par exemple). Dans ces cas, les factures doivent pouvoir être présentées à la première demande de l'administration dans le cadre de son droit de contrôle prévu aux articles L 80 K et L 80 L du LPF (BOI-TVA-CHAMP-40-20-40 nos 300 et 320).

> **Précisions** La réglementation n'exige plus que les destinataires des livraisons de biens destinés à être placés sous un régime suspensif et les preneurs des prestations de services réalisées sous ce régime remettent à leurs fournisseurs ou leurs prestataires une **attestation** certifiant, selon le

cas, que les biens sont destinés à être placés sous un régime fiscal suspensif ou que les prestations se rapportent à des biens placés sous un tel régime. La délivrance de telles attestations reste toutefois possible afin de justifier du bénéfice de la suspension de TVA.

SANCTIONS
Voir n° 33470. 33205

b. Cautionnement

Conformément à l'article 49 de l'annexe IV au CGI, les entreprises qui reçoivent en suspension de la TVA des biens ou des services en application de l'article 277 A du CGI peuvent être tenues de présenter une caution pour la garantie des droits et des pénalités. En fait, le cautionnement n'est, a priori, **exigible** que dans les cas suivants : exercice de l'activité depuis moins d'un an (sous réserve des exceptions qui peuvent être consenties), solvabilité douteuse, absence de dépôt de déclarations, retard persistant dans le paiement de l'impôt, soupçon de fraude fortement motivé, contentieux né de fraudes caractérisées (BOI-TVA-CHAMP-40-20-40 n° 350). 33220

E. Sortie des biens du régime d'entrepôt fiscal

La sortie du bien de l'un des entrepôts fiscaux visés au n° 32800 **met fin à la suspension** du paiement de la TVA, de même que le **retrait de l'autorisation** d'ouverture d'un entrepôt fiscal. 33250

a. Redevable de la taxe

Lorsque le bien n'a fait l'objet d'**aucune livraison pendant** son **placement** sous l'entrepôt fiscal, la taxe doit être acquittée, selon le cas, par l'une des personnes suivantes : 33260
- pour les livraisons de biens, le destinataire ;
- pour les importations, la personne désignée selon les règles exposées aux n°s 22110 s. ;
- pour les acquisitions intracommunautaires, l'acquéreur ;
- pour les prestations de services, le preneur (CGI art. 277 A, II-2-a).

Lorsque le bien a fait l'objet d'**une ou plusieurs livraisons pendant** son **placement** sous l'entrepôt fiscal, la taxe doit être acquittée par le destinataire de la dernière de ces livraisons (CGI art. 277 A, II-2-b). 33265

EXEMPLE

Un ordinateur placé en régime fiscal suspensif (fonction : stockage à l'importation) par une société A est vendu sous ce régime successivement à une société Y puis à une société X. Cette dernière trouve comme client une société Z en France. La société X est redevable de la TVA en tant que dernier destinataire de la livraison réalisée sous le régime fiscal suspensif. La cession de X à Z ne s'effectue pas sous ce régime.

Selon la loi, la personne qui a obtenu l'autorisation du régime est **solidairement tenue** au paiement de la taxe (CGI art. 277 A, II-2-c). Mais il faut noter que, selon la CJUE, le gérant d'un entrepôt autre que douanier ne peut pas être tenu solidairement au paiement de la taxe lorsqu'il est de bonne foi ou qu'aucune faute ni négligence ne peut lui être reprochée (CJUE 21-12-2011 aff. 499/10 : RJF 4/12 n° 436). 33270

b. Montant de la taxe due

La taxe doit correspondre à celle qui aurait été acquittée si chacune des opérations réalisées en suspension avait été imposée. Ainsi, la **base d'imposition** n'est pas constituée par la valeur du bien qui cesse de relever du régime mais par la somme des opérations qui ont été réalisées en suspension du paiement de la taxe, compte tenu des déductions qui auraient été effectuées en cas d'opérations successives (BOI-TVA-CHAMP-40-20-50 n° 100). 33290

> Précisions L'administration des douanes est compétente pour la détermination de la base d'imposition de la taxe due en sortie de régime fiscal suspensif. Le recouvrement de la taxe relève de la compétence de la DGFiP (CGI art. 277 A, IV).
On rappelle que l'entrepôt de stockage de biens négociés sur un marché à terme international et l'entrepôt destiné à la fabrication de biens réalisée en commun relèvent, pour leur part, complètement de la DGFiP (n° 33000).
Le **redevable** de la taxe doit **communiquer** à l'administration des douanes (régime fiscal suspensif) ou à l'administration fiscale (autres régimes d'entrepôt fiscal) les **informations** mentionnées au n° 32600, précisions (CGI art. 277 A, V).

33295 Aucune taxe n'est due lorsque le bien qui sort du régime d'entrepôt fiscal a été **placé sous le régime par le propriétaire** en dehors de toute transaction et n'a fait l'objet, pendant son placement, d'aucune livraison et d'aucune prestation de services (BOI-TVA-CHAMP-40-20-50 n° 110).

33300 Lorsque le bien n'a fait l'objet d'**aucune livraison pendant** son **placement** sous un régime d'entrepôt fiscal, la taxe due est, selon le cas, la taxe afférente à la livraison, l'importation ou l'acquisition intracommunautaire effectuée avant le placement du bien sous le régime et, le cas échéant, la taxe se rapportant aux prestations de services afférentes à cette opération et aux prestations de services effectuées sous le régime (CGI art. 277 A, II-3-1° ; BOI-TVA-CHAMP-40-20-50 n° 120).

EXEMPLE

Un ordinateur d'une valeur de 1 500 € a été acheté par une société X à une société norvégienne. Le coût du transport s'élève à 10 €. L'ordinateur est placé sous régime fiscal suspensif. Pendant la durée de séjour, l'ordinateur est reconditionné par une société prestataire de services pour un coût de 25 €. L'ordinateur est vendu à une société française. Le montant de la TVA à acquitter par la société X lors de la sortie du régime est de :
[1 500 × 20 % = 300 €] + [10 × 20 % = 2 €] + [25 × 20 % = 5 €]
Total 307 €
ou, compte tenu du taux de TVA identique : 1 535 × 20 % = 307 €

33305 Lorsque le bien a fait l'objet d'**une ou plusieurs livraisons pendant** son **placement** sous un régime d'entrepôt fiscal, la taxe due est la taxe afférente à la dernière de ces livraisons, augmentée, le cas échéant, de la taxe afférente aux prestations de services effectuées en suspension soit après cette dernière livraison, soit avant si le preneur est le destinataire de cette dernière livraison (CGI art. 277 A, II-3-2°).

EXEMPLES

1. Un ordinateur d'une valeur de 1 500 € a été placé sous un régime fiscal suspensif par une société X. Un reconditionnement a été effectué à la demande de la société X par une société de prestation de services en suspension de TVA pour un montant de 10 €. Puis il a été vendu à une société Y pour une valeur de 1 300 € qui l'a revendu à une société Z pour le même prix. La société Z sort l'ordinateur du régime pour le vendre à une société A en France pour une valeur de 1 400 €.
Le montant de la TVA due par la société Z est de : 1 300 € × 20 % = 260 €.
2. Un ordinateur d'une valeur de 1 500 € a été placé sous un régime fiscal suspensif par une société X. Un reconditionnement a été effectué à la demande de la société X par une société de prestation de services en suspension de TVA pour un montant de 10 €. Il a été vendu à une société Y pour une valeur de 1 300 €. La société Y sort l'ordinateur du régime pour le vendre à une société Z en France pour une valeur de 1 400 €.
Le montant de la TVA due par la société Y est de : 1 300 € × 20 % = 260 €.
3. Un ordinateur d'une valeur de 1 500 € a été placé sous un régime fiscal suspensif par une société X. Il a été vendu à une société Y pour une valeur de 1 300 €. Un reconditionnement a été effectué à la demande de la société Y par une société de prestation de services en suspension de TVA pour un montant de 10 €. La société Y sort l'ordinateur du régime pour le vendre à une société Z en France pour une valeur de 1 400 €.
Le montant de la TVA due par la société Y est égal à : 262 €, soit 1 300 € × 20 % = 260 € + 10 € × 20 % = 2 €.

33310 Lorsque le bien ne représente qu'une partie des biens placés sous le régime (**sortie partielle des biens**), la taxe due est la taxe afférente, selon le cas, aux opérations visées nos 33300 s. pour leur quote-part se rapportant audit bien (CGI art. 277 A, II-3-3°).

INTÉRÊT DE RETARD

33320 L'article 277 A, II-3-4° du CGI prévoit l'application d'un intérêt de retard sur la taxe due lorsque les biens placés sous un **régime fiscal suspensif** en vue de leur expédition ou de leur exportation hors de France sont reversés sur le marché national. L'intérêt de retard est celui mentionné à l'article 1727, III du CGI, soit 0,2 % par mois, et est calculé à compter du premier jour du mois suivant celui au cours duquel la taxe devenue exigible a été suspendue jusqu'au dernier jour du mois précédant celui au cours duquel les biens sont sortis du régime fiscal suspensif.

c. Modalités de perception de la taxe

33350 La TVA due lors de la sortie (ou du retrait de l'autorisation d'ouverture) du **régime fiscal suspensif,** de l'**entrepôt fiscal** de stockage de **biens négociés sur un marché à terme international** et de l'entrepôt fiscal **destiné à la fabrication de biens réalisée en commun** par des entreprises en exécution d'un contrat international doit être liquidée sur les déclarations de chiffre d'affaires (CGI art. 287, 4-b quater).

d. Dispense de paiement

La personne qui doit acquitter la taxe est dispensée du paiement lorsque le bien fait l'objet d'une **exportation** ou d'une **livraison intracommunautaire** exonérée (CGI art. 277 A, II-4). 33375

Lorsque cette personne n'est pas établie en France, elle doit s'identifier à la TVA en France directement (ou par l'intermédiaire d'un mandataire fiscal) auprès de l'administration lorsqu'elle est établie dans l'UE ou dans un pays tiers ayant conclu une convention d'assistance au recouvrement des créances fiscales avec la France, ou désigner un représentant fiscal afin d'accomplir les formalités lui incombant lorsqu'elle est établie dans un pays tiers n'ayant pas conclu une telle convention ; elle peut toutefois, selon la même distinction, recourir aux services d'un mandataire ponctuel sans avoir à solliciter un numéro d'identification (nos 30920 s.) ou désigner un représentant ponctuel (nos 31150 s.).

Par ailleurs, aucune taxe ne doit être acquittée lors de la sortie du régime si l'opération en cause (livraison, importation, acquisition intracommunautaire ou prestation de services) bénéficie d'une **exonération** légale ou a été **soumise à la TVA pendant le placement** du bien sous le régime (BOI-TVA-CHAMP-40-20-50 n° 50). 33380

F. Dispositif de contrôle des entrepôts fiscaux

Les articles L 80 K et L 80 L du LPF autorisent les agents des impôts et des douanes à exercer leur droit d'enquête afin de rechercher les manquements aux obligations et formalités auxquelles sont soumises les personnes autorisées à ouvrir un entrepôt fiscal. 33430

Au regard du **droit de reprise,** le contrôle peut être exercé jusqu'à la fin de la troisième année qui suit celle au cours de laquelle la TVA est devenue exigible (LPF art. 176). Il s'agit, en pratique, de la sortie du bien du régime d'entrepôt fiscal qui met fin au régime suspensif (BOI-TVA-PROCD n° 220).

CONSÉQUENCES DES MANQUEMENTS

L'article L 80 L, 2e alinéa du LPF prévoit le **retrait de l'autorisation d'ouverture** de l'entrepôt fiscal lorsque survient, au cours du contrôle, l'un des événements énumérés au n° 33450. 33440

D'autre part, l'article 1788 A du CGI instaure des **amendes** spécifiques lorsque les obligations fiscales édictées par le III de l'article 277 A du CGI n'ont pas été respectées ou lorsque des manquants ou excédents de marchandises sont constatés : n° 33470.

Retrait de l'autorisation Plusieurs **événements** sont susceptibles d'entraîner le retrait de l'autorisation d'ouverture d'un entrepôt fiscal : 33450

- l'interdiction d'accès aux locaux professionnels ;
- l'opposition à la présentation ou à l'examen des documents dont la tenue ou la conservation est obligatoire. Il s'agit en pratique des registres, des doubles de factures, des différentes pièces justificatives relatives aux opérations effectuées en suspension du paiement de la taxe ;
- le non-respect des obligations comptables auxquelles sont tenues les personnes autorisées à ouvrir un entrepôt (tenue des registres, conservation des factures) ;
- l'opposition à la mise en œuvre du contrôle des registres tenus sur support informatique (BOI-TVA-PROCD n° 350).

La TVA rappelée étant perçue par la DGFiP, celle-ci doit mener à bien la **procédure de rectification** (BOI-TVA-PROCD n° 440). 33455

Amende Le **défaut de présentation ou de tenue des registres,** du double des **factures** et des différentes **pièces justificatives** est sanctionné d'une amende de 750 € et chaque **omission ou inexactitude** relevée dans les renseignements devant figurer sur les registres d'une amende de 15 €. 33470

En outre, les **manquants ou excédents** constatés dans le cadre du droit de contrôle donnent lieu à des amendes d'un montant égal à 80 % de la TVA calculée sur la valeur d'achat sur le marché intérieur, à la date de constatation de l'infraction, de biens ou services similaires.

Lorsqu'une infraction a fait l'objet d'une amende prononcée par l'une des deux administrations, elle ne peut plus être sanctionnée par l'autre (CGI art. 1788 A, 1-b, 2-b, 3 et 5).

SECTION 5

RÉGIMES PARTICULIERS DE « GUICHET UNIQUE »

33500 Les régimes particuliers de « guichet unique » donnent la possibilité aux opérateurs concernés d'**opter** pour l'application d'un régime spécial pour la liquidation de la taxe due dans les différents États membres de l'UE, leur permettant de satisfaire à toutes leurs obligations (**identification, déclaration et paiement**) par voie électronique auprès d'**un seul portail électronique.**

33510 **Trois régimes** particuliers **de guichet unique** coexistent :

– un régime applicable à toutes les prestations de services fournies à des non-assujettis par des assujettis non établis sur le territoire de l'UE (« One Stop Shop – régime non UE » ou « **OSS-non UE** ») : n°s 33550 s. ;

– un régime applicable aux ventes à distance intracommunautaires de biens (VAD-IC), aux livraisons de biens effectuées dans un État membre par des assujettis non établis dans l'UE via des plateformes et à tous les services fournis à des non-assujettis par des assujettis établis dans un État membre de l'UE autre que dans l'État membre de consommation (« One Stop Shop – régime UE » ou « **OSS-UE** ») : n°s 33630 s. ;

– un régime applicable aux ventes à distance de biens importés de pays ou territoires tiers (VAD-BI) contenus dans un colis d'un montant inférieur ou égal à 150 € (« régime d'importation » ou « Import One Stop Shop » ou « **IOSS** ») : n°s 33700 s.

Les opérateurs peuvent, par ailleurs, recourir à un **régime particulier pour la déclaration et le paiement de la TVA à l'importation** pour l'importation de biens faisant l'objet d'une vente à distance de biens importés (n°s 33770 s.) lorsque le régime de guichet unique applicable aux ventes à distance de biens importés (« IOSS ») n'est pas utilisé.

> **Précisions** **a.** Les champs des régimes particuliers ne présentent aucune intersection : une même opération ne peut relever que d'un seul des trois régimes; un même assujetti peut donc **recourir à plusieurs des régimes** particuliers pour ses différentes catégories d'opérations. Si tel est le cas, il opte alors séparément pour chacun d'entre eux, sans que le choix de recourir ou non à l'un des régimes n'ait d'incidences sur les opérations relevant du champ des autres régimes (BOI-TVA-DECLA-20-20-60-10 n° 10).
> **b.** L'option pour l'un des régimes particuliers suppose de recourir à ce régime **pour l'ensemble des opérations** couvertes par le champ de ce régime (y compris celles réalisées en tant qu'intermédiaire opaque ou en tant qu'assujetti « facilitateur ») (BOI précité). Ainsi, un assujetti qui opte pour le régime « OSS-UE » doit y déclarer l'ensemble des services à destination des non-assujettis établis dans un autre État membre, mais aussi l'ensemble de ses VAD-IC.
> **c.** Lorsqu'il est recouru à l'un des régimes particuliers en France, l'assujetti ne peut plus recourir au régime particulier équivalent mis en place dans un autre État membre de l'UE (BOI précité).
> **d.** Pour l'application des régimes de guichet unique, les **collectivités d'outre-mer,** qu'elles soient ou non couvertes par le traité sur le fonctionnement de l'Union européenne, sont considérées comme des **territoires tiers à l'UE,** tant pour les livraisons de biens que pour les prestations de services.
> Ainsi, les régimes de guichet unique ne sont pas applicables aux opérations territorialisées outre-mer, qu'il s'agisse de livraisons de biens, de prestations de services ou d'importations, y compris lorsque la TVA s'y applique (Guadeloupe, Martinique et La Réunion).
> Mais les personnes établies outre-mer, sans être établies dans l'UE, qui réalisent des opérations en métropole ou dans un autre État membre accèdent à ces régimes dans les conditions prévues pour les personnes établies en dehors de l'UE (BOI précité n° 1).

INSCRIPTION ET EXCLUSIONS DES RÉGIMES

33520 Lorsqu'un assujetti retient la France comme État membre d'identification, il doit **notifier** cette décision d'inscription à l'administration via son espace fiscal professionnel sur le portail www.impots.gouv.fr.

Il est **mis fin** à l'un des trois régimes particuliers dans les cas suivants : l'assujetti notifie (ou l'administration établit) qu'il ne réalise plus d'opérations couvertes par le régime considéré ; il ne remplit plus les conditions requises pour se prévaloir dudit régime ; de manière systématique, il ne se conforme pas aux règles relatives audit régime.

Lorsqu'un assujetti est exclu d'un guichet unique en raison d'une **non-conformité systématique** avec la réglementation relative au régime concerné, l'**exclusion** vaut pour tout régime particulier

dans tout État membre pendant une **période** de deux ans suivant la période de déclaration au cours de laquelle il a été exclu (Règl. UE/282/2011 du 15-3-2011 art. 58 ter, 1). Selon la doctrine administrative, la période de deux ans est décomptée à partir de la fin du trimestre où l'exclusion est prononcée (BOI-TVA-DECLA-20-20-60-20 n° 90).

> **Précisions** La non-conformité **systématique** est caractérisée dans trois cas (Règl. précité art. 58 ter, 2 ; BOI précité n° 80) :
> – lorsque des rappels suite à non-dépôt de déclaration ont été émis pour les trois périodes de déclaration immédiatement précédentes et la déclaration de TVA non déposée sous dix jours suivant l'émission du rappel ;
> – lorsque des rappels suite à non-paiement total ou partiel ont été émis pour les trois périodes de déclaration immédiatement précédentes et la déclaration de TVA non déposée sous dix jours suivant l'émission du rappel, sauf si le solde impayé est inférieur à 100 € pour chaque période de déclaration ;
> – lorsque, après une demande de l'administration et un mois après un rappel de celle-ci, l'assujetti n'a pas mis à disposition par voie électronique les registres visés aux n°s 33585, 33660 et 33755.

1. RÉGIME « OSS-NON UE » (PRESTATAIRES NON ÉTABLIS DANS L'UE)

Le régime **facultatif** de guichet unique prévu par l'article 298 sexdecies F du CGI (« OSS-non UE ») concerne **tous les services fournis** par les prestataires non établis dans l'UE à des **non-assujettis établis dans l'UE.** **33550**

ASSUJETTIS POUVANT OPTER POUR LE RÉGIME

Est éligible au régime particulier « OSS-non UE » tout assujetti qui n'est **pas établi dans l'UE** et qui fournit à des **preneurs non assujettis** des **prestations de services,** qu'elles qu'elles soient, territorialisées dans un État membre de l'UE. **33560**

Il n'est pas nécessaire, pour accéder au guichet français, que certaines de ces prestations soient territorialisées en France métropolitaine.

Par ailleurs, même si l'assujetti est immatriculé ou est tenu de s'immatriculer à la TVA dans un autre État membre pour des opérations autres que les services relevant de ce guichet, il peut se prévaloir de ce régime pour les opérations correspondantes (BOI-TVA-DECLA-20-20-60-10 n° 30).

Lorsqu'ils optent pour le guichet français, les prestataires établis dans un pays tiers n'ayant pas conclu de convention d'assistance au recouvrement des créances fiscales avec la France sont dispensés de désigner un représentant fiscal (CGI art. 298 sexdecies F, 10).

MODALITÉS DE FONCTIONNEMENT

Un assujetti établi hors de l'UE qui souhaite s'inscrire au régime « OSS-non UE » en France doit communiquer à l'administration les **informations** listées à l'article 50 sexies J de l'annexe IV au CGI. **33570**

Le régime **s'applique à partir** du premier jour du trimestre civil suivant celui au cours duquel l'assujetti a informé l'administration de son souhait d'y adhérer. Toutefois, lorsque la première opération devant relever de ce régime a lieu avant cette date, le régime particulier s'applique à partir de la date de cette première opération à condition que toutes les informations relatives au commencement de l'activité soient communiquées à l'administration au plus tard le dixième jour du mois suivant cette première opération (Règl. UE/282/2011 du 15-3-2011 art. 57 quinquies, 1 ; BOI-TVA-DECLA-20-20-60-20 n° 50).

Obligations déclaratives et de paiement Pour chaque **trimestre civil,** l'assujetti doit déposer (par voie électronique), à la fin du mois qui suit l'expiration de la période imposable, une **déclaration de TVA,** même si aucune opération couverte par le régime n'a été fournie au titre de cette période (une déclaration « néant » étant alors souscrite). La déclaration est libellée en euros et comporte un certain nombre d'informations (numéro d'identification communiqué par l'administration ; pour chaque État membre de consommation dans lequel la taxe est due : valeur totale hors TVA des prestations de services pour la période imposable et montant total de la taxe correspondante ventilé par taux d'imposition ; taux d'imposition applicables ; montant total de la taxe due) (CGI art. 298 sexdecies F, 5). **33575**

Les éventuelles **modifications** à apporter à une déclaration s'effectuent au moyen d'ajustements opérés sur une déclaration ultérieure, dans un délai de trois ans à compter de la date à laquelle la déclaration initiale a été déposée (CGI art. 298 sexdecies F, 5 bis).

Le **paiement** de la TVA due doit être réalisé par virement auprès de la direction départementale des finances publiques de l'Oise au moment du dépôt de la déclaration concernée, ou au plus tard, le dernier jour du mois suivant la période de déclaration et indiquer le numéro de référence de la déclaration à laquelle il se rapporte (BOI-TVA-DECLA-20-20-60-20 n° 160).

> Précisions **a.** Les montants des déclarations électroniques ne doivent **pas** être **arrondis** à l'unité monétaire la plus proche. Le montant de TVA exact est déclaré et versé (Règl. UE/282/2011 du 15-3-2011 art. 60).
b. Lorsqu'ils sont tenus de délivrer une **facture** au preneur, les prestataires utilisant le guichet unique doivent suivre les règles de facturation de l'État membre où ils sont identifiés à la TVA aux fins du guichet unique, soit celles de la France lorsqu'ils ont recours au guichet unique en France (Dir. TVA art. 219 bis, 2-b ; CGI art. 289-0, III ; BOI-TVA-DECLA-30-20-10-20 n° 40).

33580 **Déduction de la taxe** La **taxe d'amont** ne peut pas être déduite sur la déclaration visée au n° 33575 : elle est **remboursée** selon la procédure spéciale visée aux n°s 31350 s. (étant précisé que les assujettis établis dans un pays tiers sont dispensés de désigner un représentant fiscal : Dir. 2006/112/CE art. 368 ; CGI ann. II art. 242-0 Z decies).

Toutefois, lorsque l'assujetti qui se prévaut du régime « OSS-non UE » est tenu de se faire identifier en France pour des activités non couvertes par ce régime particulier, il peut opérer la déduction de la TVA afférente aux biens et services utilisés pour les besoins de ses opérations imposables couvertes par le régime particulier dans les conditions de droit commun (CGI art. 298 sexdecies F, 8 et 8 bis).

33585 **Tenue d'un registre** L'assujetti doit tenir un registre des opérations relevant du régime particulier qui doit, sur demande, être mis (par voie électronique) à la disposition des administrations de l'État d'identification et des États de consommation.

Il doit être conservé pendant dix ans à compter du 31 décembre de l'année de l'opération (CGI art. 298 sexdecies F, 9).

> Précisions Ce registre doit comporter, pour chaque prestation, les **informations suivantes** : l'État membre de consommation dans lequel les prestations de services sont fournies ; le type de services prestés ; la date de la prestation des services ; la base d'imposition, avec indication de la devise utilisée ; toute augmentation ou réduction ultérieure de la base d'imposition ; le taux de la TVA appliqué ; le montant de la TVA dû, avec indication de la devise utilisée ; la date et le montant des paiements reçus ; tout acompte reçu avant la prestation des services ; lorsqu'une facture est émise, les informations figurant sur la facture ; les informations utilisées pour déterminer le lieu où le preneur est établi ou a son domicile ou sa résidence habituelle (CGI ann. IV art. 41 quinquies A).

2. RÉGIME « OSS-UE » (PRESTATAIRES ÉTABLIS DANS L'UE, VENTES À DISTANCE INTRACOMMUNAUTAIRES, PLATEFORMES)

33630 La possibilité d'**opter** pour le régime « OSS-UE » concerne tous les prestataires établis dans un État membre autre que l'État membre de consommation fournissant des **services à des personnes non assujetties,** les assujettis réalisant des **ventes à distance intracommunautaires** de biens (VAD-IC) et les **plateformes,** qui facilitent les livraisons de biens dans l'UE par un assujetti non établi sur le territoire de l'Union à une personne non assujettie, lorsque le lieu de départ et d'arrivée du bien se situent dans le même État (**livraisons domestiques**).

> Précisions On rappelle que, en cas d'option, le régime « OSS-UE » est applicable à **tous les biens et services** ainsi fournis dans l'Union (n° 33510, précision b).

ASSUJETTIS POUVANT OPTER POUR LE RÉGIME

33640 Peut se prévaloir du régime « OSS-UE » en France (« État membre d'identification ») :

– tout **prestataire** de services qui a **établi en France** le siège de son activité économique ou qui y dispose d'un établissement stable, et qui fournit des prestations de services à des personnes non assujetties dont le lieu d'imposition est situé dans un autre État membre que la France et dans lequel il n'est pas établi ;

– tout **assujetti** (y compris un opérateur de plateforme) qui effectue des **VAD-IC** ;

– tout opérateur de **plateforme** qui facilite la livraison de biens dans l'UE par un assujetti non établi sur le territoire de l'Union à une personne non assujettie, lorsque le lieu de départ et d'arrivée du transport des biens se situe dans le même État membre (**livraisons domestiques**) (CGI art. 298 sexdecies G).

> Précisions **a.** Le prestataire déclare dans le guichet les **prestations de services** territorialisées dans un État membre autre que celui dans lequel il est établi. Les prestations rendues dans l'État d'établissement doivent être déclarées dans les conditions de droit commun. Par ailleurs, si l'État d'établissement est situé hors UE, les prestations sont exclues du guichet

« OSS-UE » et peuvent être déclarées le cas échéant dans le cadre du « OSS-non UE ».
b. S'agissant des assujettis réalisant des **VAD-IC** ainsi que des **plateformes** facilitant les livraisons de biens à l'intérieur d'un même État membre, ces opérateurs peuvent se prévaloir du régime « OSS-UE » en France :
– lorsqu'ils ont établi le siège de leur activité en France métropolitaine ;
– si leur siège est en dehors de l'UE, lorsqu'ils disposent d'un établissement stable en France métropolitaine ;
– s'ils ne sont pas établis dans l'UE, lorsqu'ils réalisent des VAD-IC au départ de la France métropolitaine (ou s'agissant des plateformes, des ventes domestiques facilitées en France métropolitaine) (BOI-TVA-DECLA-20-20-60-10 n° 90).
c. Il résulte des règles de fonctionnement du régime « OSS-UE » que l'ensemble des VAD-IC réalisées par l'assujetti adhérent doivent être territorialisées dans l'État membre de consommation des biens (c'est-à-dire celui de l'arrivée de l'expédition ou du transport). Dès lors, l'adhésion à l'« OSS-UE » emporte **renonciation** par l'assujetti aux autres régimes qui conduisent à une territorialité différente, à savoir le **régime des petits opérateurs** (n°s 23020 s.). Concernant l'articulation entre l'option pour le régime « OSS-UE » et l'application du **régime de la marge** aux ventes à distances intracommunautaires (VAD-IC) de biens d'occasion, voir n° 23100.
d. Un assujetti établi dans un pays tiers n'ayant pas conclu de convention d'assistance au recouvrement des créances fiscales et qui souhaite utiliser le régime particulier « OSS-UE » en France doit faire accréditer préalablement un **représentant fiscal** (n° 31000). Cette obligation ne s'applique pas aux personnes établies dans les collectivités d'outre-mer, que la TVA s'y applique ou non et qu'elles soient ou non régies par le traité sur le fonctionnement de l'Union européenne (BOI précité n° 100).

L'assujetti qui se prévaut du régime visé à l'article 298 sexdecies G du CGI n'est **identifié,** pour les opérations imposables dans le cadre de ce régime, **qu'en France.** À cette fin, il utilise le numéro individuel d'identification qui lui a déjà été attribué en application de l'article 286 ter du CGI (n° 44410). **33645**

Lorsque les **biens** sont **expédiés** ou transportés **à partir d'un État membre autre que la France ou** lorsque l'assujetti fournissant des services couverts par le régime particulier dispose d'un ou de **plusieurs établissements stables** situés ailleurs qu'en France **à partir desquels les services sont fournis,** la déclaration de TVA faite à partir du guichet français doit contenir les informations relatives à toutes ces opérations ventilées par État membre de consommation (valeur totale hors taxe, taux, montant total de la TVA), ainsi que le numéro individuel d'identification à la TVA ou le numéro d'enregistrement fiscal attribué par chacun de ces États membres.

MODALITÉS DE FONCTIONNEMENT DU RÉGIME

Les modalités de fonctionnement de ce régime, prévues par l'article 298 sexdecies G du CGI, sont similaires à celles décrites aux n°s 33570 à 33580. **33655**

S'agissant de la **facturation,** il est rappelé que l'assujetti qui a recours à l'« OSS-UE » est dispensé de délivrer une facture pour ses VAD-IC (n° 45850). S'il choisit néanmoins d'émettre une facture, les règles de facturation sont celles de l'État membre dans lequel il est inscrit (BOI-TVA-DECLA-30-20-10-10 n° 40).

L'assujetti doit tenir un **registre** des opérations relevant du régime spécial, lequel doit, sur demande, être mis (par voie électronique) à la disposition des administrations de l'État d'identification et des États de consommation. Il doit être conservé pendant dix ans à partir du 31 décembre de l'année de l'opération (CGI art. 298 sexdecies G, X). **33660**

> Précisions Ce registre doit comporter, pour chaque prestation de services, les informations visées au n° 33585, précisions et pour chaque livraison de biens, les **informations suivantes** : l'État membre de consommation dans lequel les livraisons de biens sont effectuées ; la description et la quantité des biens livrés ; la date de la livraison des biens ; la base d'imposition, avec indication de la devise utilisée ; toute augmentation ou réduction ultérieure de la base d'imposition ; le taux de la TVA appliqué ; le montant de la TVA dû, avec indication de la devise utilisée ; la date et le montant des paiements reçus ; tout acompte reçu avant la livraison des biens ; lorsqu'une facture est émise, les informations figurant sur la facture ; les informations utilisées pour déterminer le lieu de départ et le lieu d'arrivée de l'expédition ou du transport des biens à destination de l'acquéreur ; tout élément de preuve concernant un retour possible des biens, y compris la base d'imposition et le taux de la TVA appliqué (CGI ann. IV art. 41 quinquies A).

3. « RÉGIME D'IMPORTATION » (« IMPORT ONE STOP SHOP » OU « IOSS »)

L'article 298 sexdecies H du CGI prévoit un régime particulier de guichet unique pour la liquidation de la TVA afférente aux **ventes à distance de biens importés** de pays ou territoires tiers (ou VAD-BI), dénommé « régime d'importation » ou « IOSS » pour « Import One Stop Shop ». **33700**

> Précisions a. Est également mis en place un régime particulier pour la déclaration et le paiement de la TVA à l'importation pour l'importation de biens faisant l'objet d'une VAD-BI lorsque le régime particulier « IOSS » n'est pas utilisé (CGI art. 298 sexdecies I : nos 33770 s.).
b. On rappelle que, en cas d'option pour l'« IOSS », l'**ensemble** des VAD-BI entrant dans le champ de ce régime doivent y être déclarées (no 33510, précision b).

ASSUJETTIS POUVANT OPTER POUR LE RÉGIME

33710 Peut se prévaloir de ce régime particulier en France (« État membre d'identification »), lorsqu'il réalise des VAD-BI d'au plus 150 €, l'assujetti qui remplit l'une des **conditions** suivantes (BOI-TVA-DECLA-20-20-60-10 no 140) :

– il a le **siège** de son activité économique en France **ou,** à défaut de siège dans l'UE, un **établissement stable en France.** Il est précisé à cet égard, d'une part, que les assujettis qui ont leur siège dans un autre État membre sont éligibles au seul régime « IOSS » mis en place dans cet État membre et, d'autre part, que lorsque l'assujetti n'a pas son siège dans l'UE, mais y dispose d'une multiplicité d'établissements, il peut choisir, parmi les États membres concernés, celui dans lequel il s'inscrit au régime ;

– il est **représenté par un intermédiaire** qui remplit la condition mentionnée au tiret précédent. Cette obligation concerne tant les assujettis qui ne sont pas établis dans l'UE que ceux qui y sont établis, mais qui veulent recourir au régime français sans avoir d'établissement stable en France ;

– il est **établi** sur le territoire d'un pays tiers avec lequel l'Union a conclu un accord en matière d'assistance mutuelle ayant une portée similaire à la directive 2010/24/UE du 16 mars 2010 et au règlement UE/904/2010 du 7 octobre 2010 en matière de recouvrement des créances fiscales. Au 15 octobre 2022, le seul État concerné par un tel accord est la **Norvège** (Décision d'exécution UE/2021/942 du 10-6-2021).

> Précisions a. L'**intermédiaire** est une personne **désignée** par l'assujetti comme étant le redevable de la TVA et devant remplir les obligations prévues par le régime particulier pour le compte de l'assujetti. Un assujetti ne peut pas désigner plus d'un intermédiaire en même temps.
L'intermédiaire doit être **accrédité** selon les mêmes modalités que le représentant fiscal prévu à l'article 289 A du CGI (nos 31070 s.) lorsqu'il représente un assujetti établi dans un pays tiers n'ayant pas conclu de convention d'assistance au recouvrement des créances fiscales avec la France ou l'UE (CGI art. 289 sexdecies H, I-C-2°-2e al. ; BOI-TVA-DECLA-20-20-60-10 no 160).
Les responsabilités et obligations de l'intermédiaire sont similaires à celles du représentant fiscal exposées aux nos 31090 s. (BOI précité).
b. Selon le « Guide sur le guichet unique TVA » publié par la Commission européenne en mars 2021 (p. 12), la **dispense de recourir à un intermédiaire** pour l'assujetti établi dans un pays qui a conclu un accord en matière d'assistance mutuelle au recouvrement des créances fiscales avec l'UE (soit en **Norvège**) ne vaut que si les VAD-BI sont réalisées à partir de ce pays. Si l'assujetti effectue des ventes à distance de biens importés à partir d'autres pays tiers, le recours à un intermédiaire est obligatoire pour utiliser le régime « IOSS ».

OPÉRATIONS CONCERNÉES PAR LE RÉGIME

33720 Les assujettis qui effectuent des VAD-BI (nos 23200 s.) peuvent se prévaloir du régime « IOSS » pour la **liquidation** (déclaration et paiement) de la TVA lorsque ces biens sont contenus dans des envois d'une **valeur intrinsèque ne dépassant pas 150 €.**

Lorsqu'un assujetti a recours à ce régime particulier et qu'il présente, au plus tard au moment du dépôt de la déclaration d'importation, le numéro d'identification à la TVA attribué aux fins de l'application de ce régime par un État membre (CGI art. 298 sexdecies H, III ; Dir. TVA art. 369 octodecies), l'**importation** des biens effectuée dans ce cadre est **exonérée** de la TVA (CGI art. 291, II-11°).

> Précisions a. Ce régime particulier ne s'applique pas aux **produits soumis à accises.** L'exclusion s'applique, y compris lorsque l'envoi, quelle que soit sa valeur, comprend à la fois des produits soumis à accises et d'autres produits (BOI-TVA-DECLA-20-20-60-10 no 170).
b. La **valeur intrinsèque** d'un envoi s'entend du prix des marchandises contenues dans l'envoi, à l'exclusion des frais de transport et d'assurance (sauf s'ils sont compris dans le prix et ne sont pas indiqués séparément sur la facture) et de toutes autres taxes et impositions (BOI-TVA-CHAMP-10-10-40-60 no 180).
c. Pour bénéficier de l'exonération de la TVA due à l'importation, le numéro « IOSS » (no 33730) doit être renseigné dans la **déclaration en douane.** Celle-ci peut prendre la forme d'une déclaration électronique **Delta H7,** réservée aux envois d'une valeur ne dépassant pas 150 € et qui se caractérise par un jeu de données super réduit.

FONCTIONNEMENT DU RÉGIME

33730 **Attribution d'un numéro d'identification spécifique** L'assujetti (ou l'intermédiaire) qui se prévaut du régime particulier prévu à l'article 298 sexdecies H du CGI n'est

identifié, pour les opérations imposables dans le cadre de ce régime, **qu'en France.** L'administration lui attribue un numéro individuel d'identification.

En cas de désignation d'un **intermédiaire,** il lui est attribué un numéro individuel d'identification ainsi que, pour chaque assujetti pour lequel il est désigné, un numéro individuel d'identification à la TVA.

Ces numéros ne sont utilisés que pour l'application de ce régime.

> **Précisions** **a.** Le numéro que l'administration attribue à un intermédiaire lui permet de déclarer uniquement les opérations des assujettis qu'il représente. En aucun cas, un intermédiaire ne peut utiliser ce numéro pour déclarer des montants de TVA grevant ses propres opérations imposables (BOI-TVA-DECLA-20-20-60-20 n° 40).
> **b.** Un **changement d'intermédiaire** implique automatiquement l'attribution d'un nouveau numéro d'identification TVA aux fins du régime « IOSS » pour l'assujetti concerné, étant précisé que les précédents numéros d'identification TVA aux fins de l'« IOSS » doivent être communiqués à l'État membre d'identification lorsque l'assujetti demande une inscription via un nouvel intermédiaire.
> Un nouveau numéro « IOSS » est également attribué si l'intermédiaire reste le même, mais change d'État membre d'identification (BOI précité).
> **c.** C'est par la vérification de la validité du numéro « IOSS » que les administrations douanières des différents États membres autorisent, en exonération de TVA due à l'importation, l'entrée des biens sur le territoire de l'UE. L'administration fiscale insiste sur l'importance pour l'assujetti (ou l'intermédiaire) de veiller ainsi à ce que ce numéro soit **transmis de manière sécurisée** aux autorités douanières tout au long de la chaîne d'approvisionnement et de ne le communiquer qu'aux parties de cette chaîne qui en ont besoin pour la mise en libre pratique dans l'État membre d'importation. Il est également recommandé aux assujettis possédant un numéro « IOSS » de s'assurer du sérieux des opérateurs auxquels ils communiquent ce numéro, par exemple en mettant en place des audits réguliers (BOI précité n° 200).

Commencement et cessation d'utilisation du régime L'assujetti qui souhaite s'inscrire au régime « IOSS » en France doit communiquer à l'administration fiscale les **informations** listées à l'article 50 sexies K de l'annexe IV au CGI. Une fois ces informations reçues et validées par l'administration, l'assujetti utilise le numéro individuel d'identification (numéro « IOSS ») que l'administration lui attribue et qui est spécifiquement dédié à l'utilisation de ce régime (BOI-TVA-DECLA-20-20-60-20 n° 30). **33735**

Le régime **s'applique à partir** du jour où l'assujetti souhaitant adhérer audit régime (ou son intermédiaire) reçoit le **numéro « IOSS »** (Règl. UE/282/2011 du 15-3-2011 art. 57 quinquies, 2 ; BOI-TVA-DECLA-20-20-60-20 n° 60).

Il est **mis fin à ce régime** dans les cas visés au n° 33520.

Par ailleurs, l'administration exclut l'intermédiaire du régime dans les cas suivants : il n'a pas agi en tant que tel pour le compte d'un assujetti pendant une période de deux trimestres civils consécutifs ; il ne remplit plus les conditions nécessaires pour agir en tant qu'intermédiaire ; de manière systématique, il ne se conforme pas aux règles relatives au régime « IOSS » (CGI art. 298 sexdecies H, IV-2).

Sur la définition de la non-conformité systématique, voir n° 33520, précisions.

Fait générateur et exigibilité En cas de recours au régime « IOSS », le fait générateur et l'exigibilité de la taxe se produisent au moment où le **paiement** a été **accepté** (CGI art. 298 sexdecies H, I-D). **33740**

Modalités déclaratives et de paiement L'assujetti ou l'intermédiaire doit souscrire, par voie électronique, une **déclaration de TVA mensuelle** même si aucune vente à distance de biens importés n'a été effectuée (une déclaration « néant » étant alors déposée). La déclaration est libellée en euros et comporte un certain nombre d'informations (numéro d'identification communiqué par l'administration ; pour chaque État membre de consommation dans lequel la taxe est due : valeur totale hors TVA des ventes à distance de biens importés pour la période imposable et montant total de la taxe correspondante ventilé par taux d'imposition ; taux d'imposition applicables ; montant total de la taxe due). **33745**

Cette déclaration doit être déposée **avant la fin du mois** qui suit l'expiration de la période imposable (CGI art. 298 sexdecies H, V).

Les éventuelles **modifications** à apporter à une déclaration s'effectuent au moyen d'ajustements opérés sur une déclaration ultérieure, dans un délai de trois ans à compter de la date à laquelle la déclaration initiale doit être déposée (CGI art. 298 sexdecies H, VI).

Le **paiement** de la TVA due doit être réalisé par virement auprès de la direction départementale des finances publiques de l'Oise au moment du dépôt de la déclaration concernée, ou au plus tard, le dernier jour du mois suivant la période de déclaration et indiquer le numéro de référence de la déclaration à laquelle il se rapporte (BOI-TVA-DECLA-20-20-60-20 n° 160).

> **Précisions** Les montants des déclarations électroniques ne doivent **pas** être **arrondis** à l'unité monétaire la plus proche. Le montant de TVA exact est déclaré et versé (Règl. UE/282/2011 du 15-3-2011 art. 60).

33750 **Déduction de la taxe** L'assujetti qui se prévaut du régime « IOSS » dans un autre État membre ne peut, en ce qui concerne ses activités imposables couvertes par ce régime particulier, **déduire** en France aucun des éventuels montants de TVA qu'il y supporterait en lien avec les opérations couvertes par ce régime. Il doit utiliser la procédure spéciale de **remboursement** visée aux nos 31350 s.

Toutefois, si l'assujetti est tenu de se faire identifier en France pour des activités non couvertes par ce régime, il peut déduire la TVA afférente aux biens et services utilisés pour les besoins de ses opérations imposables couvertes par ce régime, dans les conditions de droit commun.

33755 **Tenue d'un registre** L'assujetti (ou l'intermédiaire pour chacun des assujettis qu'il représente) doit tenir un registre reprenant ses opérations couvertes par le régime « IOSS » qui doit, sur demande, être mis (par voie électronique) à la disposition des administrations de l'État d'identification et des États de consommation. Il doit être conservé pendant dix ans à compter du 31 décembre de l'année de l'opération (CGI art. 298 sexdecies H, X).

> **Précisions** Ce registre doit contenir les **informations suivantes** : État membre de consommation dans lequel les livraisons de biens sont effectuées ; description et quantité des biens livrés ; date de livraison ; base d'imposition avec indication de la devise utilisée ainsi que toute augmentation ou réduction ultérieure ; taux de TVA appliqué ; montant de TVA dû avec indication de la devise utilisée ; date et montant des paiements reçus ; lorsqu'une facture est émise, informations y figurant ; informations utilisées pour déterminer le lieu de départ et d'arrivée de l'expédition ou du transport des biens à destination de l'acquéreur ; preuve concernant un retour possible des biens, y compris la base d'imposition et le taux de TVA appliqué ; numéro de commande ou numéro unique de l'opération ; numéro unique de l'envoi lorsque l'assujetti intervient directement à la livraison (CGI ann. IV art. 41 quinquies B).

RÉGIME PARTICULIER POUR LA DÉCLARATION ET LE PAIEMENT DE LA TVA À L'IMPORTATION

33770 Lorsque, pour l'importation de biens faisant l'objet d'une vente à distance de **biens importés** (sauf produits soumis à accises) contenus dans des envois d'une valeur intrinsèque **ne dépassant pas 150 €,** le régime « IOSS » visé aux nos 33700 s. n'est pas utilisé, l'**État membre d'importation** doit permettre à la **personne qui présente les marchandises en douane** pour le compte de la personne destinataire des biens de **déclarer et** d'**acquitter** la **taxe** due à l'importation en ce qui concerne les biens expédiés à destination de cet État membre (CGI art. 298 sexdecies I).

33775 Le **redevable** légal de la TVA est le destinataire des biens (CGI art. 298 sexdecies I, II-1°).

La personne qui présente les biens en douane prend les mesures appropriées pour percevoir la TVA auprès du destinataire des biens préalablement à son acquittement auprès du service des douanes. Elle doit déclarer, par voie électronique, dans une **déclaration mensuelle,** la TVA perçue au titre de ce régime.

L'importation des biens est soumise au **taux** normal, les différents taux réduits ou particulier prévus aux articles 278-0 bis à 281 nonies du CGI n'étant pas applicables dans cette hypothèse.

Le **paiement** de la taxe due doit intervenir au plus tard à la fin du mois suivant son exigibilité (selon l'article 369 septvicies ter de la directive TVA, non transposé sur ce point par l'article 298 sexdecies I du CGI, la taxe est exigible chaque mois dans le délai de paiement applicable au paiement des droits à l'importation).

> **Précisions** Les envois importés d'un pays hors UE font l'objet d'une **déclaration en douane** électronique, quelle que soit la valeur de la marchandise. Pour les envois d'une valeur ne dépassant pas 150 €, les opérateurs peuvent recourir à la déclaration **Delta H7,** qui se caractérise par un jeu de données super réduit.

33780 La personne qui présente les biens en douane doit également tenir un **registre** reprenant ses opérations couvertes par ce régime particulier qui doit, sur demande, être mis (par voie électronique) à la disposition des administrations fiscales ou douanières. Il doit être conservé pendant dix ans à compter du 31 décembre de l'année de l'opération (CGI art. 298 sexdecies I, VII).

33780 (suite)

> **Précisions** Ce registre doit contenir les **informations suivantes** : nom et adresse de la personne physique destinataire des biens ; description et quantité des biens livrés ; date de la livraison des biens ; base d'imposition telle que définie par l'article 292 du CGI, avec indication de la devise utilisée ; toute augmentation ou réduction ultérieure de la base d'imposition ; preuve concernant un retour possible des biens ; montant de la TVA dû, avec indication de la devise utilisée ; date du reversement de la TVA réalisé ; numéro de la déclaration en douane de mise en libre pratique concernée (CGI ann. IV art. 41 quinquies D).

PARTIE 4

Calcul et paiement de la TVA

Après avoir défini dans les deux précédentes parties les opérations imposables et celles de ces opérations qui sont effectivement soumises à la TVA française compte tenu des règles de territorialité, seront examinées ci-après les règles de calcul et de paiement de la taxe. **35000**

Le calcul de la TVA comporte deux étapes : le calcul de la taxe « d'aval » due sur les opérations réalisées par le redevable, puis le calcul de la taxe « d'amont » qui lui a été facturée et dont il peut opérer la déduction.

Le redevable ne verse au Trésor que la différence entre ces deux sommes.

Le régime des déductions faisant l'objet d'une partie distincte (nos 50500 s.), seront ici traitées les questions suivantes :

– **sur quelle base** l'opération doit-elle être soumise à la TVA ? Il s'agit de déterminer la **base d'imposition** de la TVA ;

– **à quel moment** la taxe est-elle due ? C'est la question de son « **exigibilité** » ;

– quel est le **taux** applicable ?

– quelles sont les **modalités de paiement** de la TVA ? Cela nous conduira à envisager l'ensemble des **obligations** des assujettis.

CHAPITRE 1 BASE D'IMPOSITION

SOMMAIRE

Dans les développements ci-après sont étudiées les règles qui gouvernent la détermination de la base d'imposition ou, selon une expression tout aussi courante, de l'« assiette » de la TVA. **35100**

La base d'imposition à la TVA est définie par des **dispositions générales** qui résultent essentiellement des articles 266, 1-a et 267, I et II-1° du CGI.

Ces dispositions générales sont complétées et précisées, pour un certain nombre d'opérations déterminées, par des règles spécifiques.

Sauf exceptions, nous ne traiterons pas dans le présent chapitre des opérations ou des catégories de redevables pour lesquelles la détermination de la base d'imposition à la TVA obéit à des **règles spécifiques** ou n'est que l'un des éléments d'un régime particulier. **35105**

Le **tableau récapitulatif** ci-dessous présente la liste des opérations en cause avec, pour chacune, la référence aux commentaires correspondants.

Opérations soumises à des règles d'assiette particulières	Commentaires (n°)
Livraisons à soi-même	14100 s., 14350 s. et 14500 s.
Acquisitions intracommunautaires, affectation en France d'un **bien transféré** et **importations**	19720, 19890 et 22005 s.
Opérations des commissionnaires et autres **intermédiaires**	83100 s.
Agents de voyages	84000 s.

Opérations soumises à des règles d'assiette particulières	Commentaires (n°)
Agriculture	69500 s.
Rétrocessions aux agriculteurs par les coopératives ou les entreprises privées	75460 s.
Opérations immobilières	67500 s.
Produits pétroliers	82060
Biens d'occasion, œuvres d'art, objets de collection ou d'antiquité	78700 s.
Consignations d'emballages	80310 s.
Travaux immobiliers	37240
Opérations bancaires et financières	76500 s.
Bail à construction	67955, 68230
Tabacs	37200 s.

SECTION 1 DÉFINITION GÉNÉRALE

35200 La base d'imposition (ou assiette) de la TVA réside dans la contrepartie des livraisons de biens et des prestations de services soumises à la taxe.

Conformément à l'article 266, 1-a du CGI, la base d'imposition est en effet constituée, pour les livraisons de biens et les prestations de services, par **toutes les sommes, valeurs, biens ou services reçus ou à recevoir** par le fournisseur ou le prestataire **en contrepartie de l'opération** réalisée.

La contrepartie peut être **acquittée** soit par l'acheteur du bien ou le preneur du service, soit pour tout ou partie **par un tiers** (par le biais, en particulier, de subventions : voir n°s 5550 s.).

En cas de **paiement en nature,** il faut tenir compte de la valeur de tous les biens ou services qui constituent la contrepartie des prestations de services ou des livraisons de biens (BOI-TVA-BASE-10-10 n° 30).

35205 Les **modalités de paiement** utilisées dans les relations entre acheteur et fournisseur ou prestataire sont, en principe, sans influence sur la base d'imposition.

Ainsi, lorsque le prix est payé par l'acheteur au moyen d'une **carte de crédit** ou de débit et versé au vendeur par l'émetteur de la carte après retenue d'une commission, cette retenue doit être comprise dans la base d'imposition du vendeur (CJUE 25-5-1993 aff. 18/92 : RJF 8-9/93 n° 1251 ; Règl. UE/282/2011 du 15-3-2011 art. 42).

De même, en cas de **vente avec crédit « gratuit » accordé par un tiers** (société de financement, notamment) qui paie directement au vendeur, après déduction d'une commission, le prix des marchandises achetées (l'acheteur remboursant au tiers un montant égal au prix de vente qui lui est facturé par le vendeur), la base d'imposition du vendeur est constituée par le montant total dû par l'acheteur, sans que puisse être déduite la commission retenue par le tiers (CJUE 15-5-2001 aff. 34/99 : RJF 8-9/01 n° 1166). Même solution lorsque le vendeur verse à l'établissement prêteur une somme égale au coût du crédit qu'auraient supporté les emprunteurs (CE 20-11-2013 n° 358331 : RJF 2/14 n° 136).

En ce qui concerne les **bons,** voir n°s 16370 s.

35210 De même, la base d'imposition est déterminée sans tenir compte de l'**échelonnement** dans le temps **du versement** des contreparties : peu importe que ces versements interviennent avant, au moment ou après la conclusion du contrat ou la réalisation de l'opération.

Ainsi, pour les **livraisons** de biens (ventes, notamment), la base d'imposition est constituée par le prix convenu entre les parties sans prise en compte du fait que ce prix peut se décomposer en versements d'acomptes, du prix principal et du solde.

Pour les **prestations de services,** la base d'imposition comprend la totalité des sommes constituant la contrepartie du service rendu (acomptes, rémunération principale, solde, etc.), y compris celles destinées à être rétrocédées (honoraires des notaires ou avocats, en particulier).

> Précisions a. Dans les cas, rares, où certains **éléments accessoires** du prix ne sont **pas déterminés** de façon précise **lors de la livraison** de la marchandise (nos 38350 s.), toutes les sommes perçues postérieurement à celle-ci donneront lieu à imposition dès leur encaissement (Inst. 3 CA-79 p. 65, non reprise au Bofip mais dont la solution conserve sa valeur).
b. Quand un prestataire a opté pour le paiement de la taxe en fonction de ses **débits** (nos 38800 s.), sa base d'imposition est constituée par le montant total de la facture, sous réserve des exclusions expressément prévues par la loi (par exemple, débours : nos 36350 s.). Si des **factures complémentaires ou rectificatives** sont établies après que le prix principal a été réglé, les suppléments de prix qu'elles comportent doivent être soumis à la taxe lors de leur inscription au débit du compte client (BOI-TVA-BASE-10-20-40-10 n° 320). 35215
c. Sur le régime des **arrhes conservées en cas de dédit** du client : voir nos 35730 s.

ÉCHANGES

L'échange est considéré comme une **double vente** dont le prix est payé en nature. 35250

Échanges de biens En cas d'échange de biens, chacun des échangistes est considéré comme effectuant une vente. La taxe doit être assise sur la **valeur des produits reçus** en paiement du bien livré, **augmentée** le cas échéant du montant **de la soulte** encaissée (CGI ann. III art. 76, 1). 35260

Ainsi, dans tous les cas de **vente d'un bien neuf avec reprise d'un bien usagé,** le montant de la vente est égal à la somme de la soulte versée par l'acheteur et de la valeur du bien repris (BOI-TVA-BASE-10-20-30 n° 10).

EXEMPLES 35265

1. Dans le cas d'une **vente de voiture avec reprise** d'une voiture usagée, le montant de la vente est égal à la somme de la soulte versée par l'acheteur et de la valeur réelle de la voiture reprise. Les sommes correspondant à la reprise ne constituent en aucun cas un rabais sur le prix de la vente des véhicules neufs (CE 5-11-1955 n° 82099 ; CE 4-3-1963 n° 3727).
Soit, par exemple, la vente d'un véhicule neuf dont le prix catalogue est de 15 000 €. Le règlement s'effectue par la remise de la part de l'acheteur de son véhicule usagé dont le prix est fixé à 1 500 € et par le versement d'une soulte (13 500 €). L'assiette de la TVA est donc de 1 500 € + 13 500 € = 15 000 €. En ce qui concerne les ventes de véhicules avec reprise d'un véhicule usagé dans le cadre d'opérations promotionnelles, voir nos 80470 s.
2. La valeur des **déchets livrés en échange** d'un **bien neuf** doit être comprise dans la base d'imposition lorsqu'elle est imputée sur le prix du bien neuf.

Lorsqu'un commerçant détaillant **reprend une marchandise vendue** qu'il échange **contre une autre,** la remise du bien constitue une nouvelle vente qui doit être soumise à la TVA sur la valeur du produit remis augmentée éventuellement du montant de la soulte encaissée (Rép. Sergent : AN 18-5-1987 n° 19944, non reprise au Bofip mais dont la solution conserve sa valeur). 35270

La règle est la même en cas d'**échange standard** d'une pièce ou d'un organe (moteur, par exemple), lorsque le montant de la soulte demandée au client est fixé forfaitairement d'après la nature des pièces ou organes échangés, et non d'après le coût réel des réparations à effectuer sur les pièces en mauvais état (échange-vente) : la cession au client de la nouvelle pièce est imposable sur la valeur de la pièce usagée augmentée de la soulte, étant précisé que, si la nouvelle pièce est une pièce simple réparée (et non rénovée), le régime d'imposition est celui des biens d'occasion (nos 78000 s.). Au contraire, si le montant de la soulte est fixé d'après le coût des réparations à effectuer (échange-réparation), la taxe porte sur la somme versée par le client, à l'exclusion de la valeur de la pièce usagée abandonnée par ce dernier (BOI-TVA-BASE-10-20-30 nos 100 et 110). 35275

> Précisions a. Dans le cadre des opérations de **rechapage de pneumatiques,** les échanges standard (c'est-à-dire ceux pour lesquels le client remet une carcasse en échange d'un pneumatique rechapé) suivent les règles décrites ci-dessus (étant précisé que la valeur de reprise est uniformément fixée, par mesure de simplification, à 10 % de la valeur hors TVA du rechapage). En revanche, les rechapages dits au « nominatif » (c'est-à-dire ceux qui sont effectués pour le compte de clients qui demeurent propriétaires des carcasses ou enveloppes à remettre en état) constituent soit une prestation de services ordinaire, soit une façon, selon que l'importance des opérations de remise en état appelle une réparation ou une rénovation : dans les deux cas, ces rechapages sont soumis à la TVA au taux normal sur la somme réclamée au client (BOI-TVA-SECT-90-30 nos 240 à 270).
b. Il est admis que les **reprises en fabrication d'outillages précieux** soient soumises à la TVA sur la valeur de la matière précieuse d'apport, augmentée du coût de la remise en état (BOI-TVA-BASE-10-20-30 n° 120).

35290 **Échanges de services** Les échanges de services doivent être imposés à la TVA sur la base des services rendus mutuellement (en ce sens, BOI-TVA-BASE-10-20-30 n° 20).

En ce qui concerne les services reçus par les **sportifs** en contrepartie de prestations de publicité, voir n° 7810.

35310 **Échanges de biens contre des services** L'échange d'un bien contre un service est normalement imposable sur la valeur du bien (en ce sens, BOI-TVA-BASE-10-20-30 n° 30).

En ce qui concerne les biens reçus par les **sportifs** en contrepartie de prestations de publicité, voir n° 7810.

35315 En cas de rémunération de la **présentation de nouveaux clients** par la livraison d'articles constitutifs d'une **prime en nature,** la base d'imposition de cette livraison, au titre de l'échange de biens contre des services, comprend, outre le prix d'achat de l'article par le fournisseur, les frais d'expédition que celui-ci prend en charge (CJUE 3-7-2001 aff. 380/99 : RJF 10/01 n° 1341).

35320 La **remise d'articles, par des entreprises de vente à domicile, à des hôtesses** organisant à leur domicile des réunions en vue de la commercialisation de tels articles s'analyse en droit strict comme l'échange d'un bien contre un service, l'objet dont la valeur est proportionnelle à celle du service rendu constituant la rémunération de la prestation de l'hôtesse.

Toutefois, par **mesure de simplification,** cet échange n'est pas pris en considération lorsque son montant n'excède pas le montant mentionné au n° 54140 par an et par hôtesse et que cette dernière n'est pas, par ailleurs, redevable de la TVA (BOI-TVA-DED-30-30-50 n°s 200 et 210).

35325 Jugé qu'il existe un **lien direct** entre la livraison de postes de télévision et de matériels électroniques par un fabricant à un revendeur à un prix inférieur à celui du marché et les prestations de services rendues par le revendeur au fabricant dans la situation suivante : dans le cadre d'un **contrat de dépôt,** le revendeur mettait à la disposition du fabricant, qui demeurait propriétaire des appareils, des emplacements spécialement aménagés dans ses propres locaux pour recevoir ces appareils, dont la livraison et la facturation au revendeur n'intervenaient qu'au moment du prélèvement des appareils par ce dernier pour les livrer à ses propres clients ; le revendeur s'était engagé à assurer dans les meilleures conditions la garde, l'entretien et la conservation des matériels en dépôt, à en assurer la protection sous sa responsabilité et à répondre des dommages causés aux marchandises ; enfin, le contrat stipulait que le prix de cession des matériels par le fabricant au revendeur devait tenir compte de la rémunération des prestations de services ainsi fournies par le revendeur (correspondant à 1 % du chiffre d'affaires réalisé par le revendeur avec le fabricant). Par suite, la base taxable des livraisons de matériels était constituée, conformément aux dispositions de l'article 266 du CGI, par le **prix net facturé** par le fabricant **augmenté** de la valeur **de la prestation de services** effectuée à son profit par le revendeur (CE 29-7-2002 n° 233966 : RJF 11/02 n° 1230).

SECTION 2 IMPÔTS, DROITS ET TAXES

35400 L'article 267, I-1° du CGI n'exclut que la seule TVA de la base d'imposition. Sont donc à comprendre dans la base d'imposition, quand bien même ils seraient décomptés à part sur la facture, tous les **impôts, droits, taxes et prélèvements de toute nature autres que la TVA.**

Par **dérogation** aux dispositions ci-dessus, sont exclus de la base d'imposition, outre la TVA elle-même, l'**octroi de mer** et l'octroi de mer régional perçus dans les DOM (Loi 2004-639 du 2-7-2004 art. 45).

La **taxe de séjour** que les hôteliers et logeurs perçoivent de leurs clients pour le compte des receveurs municipaux est également exclue de la base d'imposition à la TVA desdits hôteliers et logeurs ; la taxe de séjour forfaitaire est, en revanche, à comprendre dans leur base d'imposition à la TVA (BOI-TVA-BASE-10-10-20 n° 240 ; BOI-TVA-BASE-10-10-30 n° 420).

> **Précisions a. Les autres taxes ou droits qu'un redevable de la TVA se borne à recouvrer auprès du débiteur légal** peuvent être exclus de la base d'imposition lorsque les conditions de la non-imposition des débours sont réunies (voir n°s 36350 s.).

À cet égard, il est précisé que les **vendeurs d'automobiles** n'ont toutefois pas à justifier, pour bénéficier de l'exclusion de leur base d'imposition des taxes sur les cartes grises, de l'existence d'un mandat exprès de la part des acheteurs. Ils doivent seulement comptabiliser à part les sommes en question et les mentionner distinctement, sans taxe, sur les factures (en ce sens, BOI-TVA-BASE-10-10-30 n° 420).

b. En ce qui concerne la taxe sur les transactions financières, voir n° 77410, précisions.

Quelle que soit leur nature, tous les autres impôts, taxes, droits et prélèvements (autres que ceux dont l'entreprise n'est pas redevable et qu'elle se borne à recouvrer auprès du débiteur légal : n° 35400, précision a) doivent en **principe** être compris dans la **base d'imposition** à la TVA. **35405**

C'est le cas **notamment** :

– des **taxes spéciales** assises en addition à la TVA et selon les mêmes règles telles les contributions sur les boissons non alcooliques ;

– des **droits indirects** et taxes diverses perçus selon des taux spécifiques : notamment accise sur les alcools et boissons alcooliques, mentionnée à l'article L 313-1 du CIBS (sauf dans les DOM) ;

– des **taxes d'urbanisme,** lorsqu'elles sont exigibles ;

– de la **taxe** générale sur les **activités polluantes** ;

– de la **contribution** pour la **collecte et l'élimination des déchets d'équipements électriques et électroniques ménagers** ;

– des taxes départementale et communale sur les **remontées mécaniques** ;

– de la rémunération pour **copie privée** due par les fabricants et importateurs de supports d'enregistrement ;

– des **redevances** perçues par les gestionnaires des services des **eaux et** d'**assainissement** des collectivités locales ;

– des **redevances sanitaires d'abattage** encaissées par les abattoirs auprès de leurs usagers, ainsi que de la redevance d'usage.

> Précisions **a.** Les **officiers** publics et ministériels et les **auxiliaires** de justice doivent calculer la TVA en sus des rémunérations tarifées, lesquelles sont réputées hors TVA par le décret 94-757 du 26 août 1994.

b. En ce qui concerne la taxe sur les transactions financières, voir n° 77410, précisions.

SECTION 3

FRAIS DIVERS ACQUITTÉS PAR LE CLIENT

En application de l'article 267, I-2° du CGI, la base d'imposition inclut tous les frais acquittés par le client et qui peuvent être considérés comme des **compléments de prix,** ainsi que les **frais accessoires** aux livraisons de biens ou services, tels que les frais d'emballage ou de transport demandés aux clients. **35500**

1. FRAIS RÉGLÉS À DES TIERS

Les frais normalement inclus dans le coût d'une opération et qui sont **payés directement par le client, en l'acquit du fournisseur** de biens **ou du prestataire** de services, entre les mains d'un tiers (d'un sous-traitant, par exemple), sont à comprendre dans la base d'imposition du fournisseur ou prestataire. Il peut en être de même pour les **commissions** versées à des intermédiaires ; ces divers frais constituent, en effet, des charges d'exploitation pour le fournisseur (BOI-TVA-BASE-10-10-10 n° 210). **35520**

Ce principe trouve souvent à s'appliquer en matière de frais de déplacement et d'hébergement de personnel (n° 35790).

En revanche, n'ont pas à être compris dans le prix d'une opération les **frais à la charge de l'acheteur** qui sont réglés directement par ses soins.

2. FRAIS D'AFFRANCHISSEMENT

35550 Selon l'administration, les frais d'affranchissement des **correspondances** constituent, en général, des charges d'exploitation pour l'entreprise qui les a exposés. Ils doivent donc être compris dans ses bases d'imposition à la TVA.

Elle admet cependant que, lorsqu'ils sont engagés **au nom et pour le compte des clients** et qu'ils leur sont réclamés à l'euro près, ces frais puissent être exclus de la base d'imposition à la TVA dès lors qu'ils font l'objet d'une facturation exacte et distincte, la facture valant reddition de comptes. Cette exception ne s'applique pas à des redevables dont l'activité consiste à traiter des affaires par correspondance, même en tant que simples mandataires, dès lors que les frais d'affranchissement des correspondances constituent incontestablement des dépenses d'exploitation de leur entreprise (BOI-TVA-BASE-10-10-10 n° 530).

Elle considère, par ailleurs, que le régime à appliquer aux frais d'affranchissement **des colis et** des **paquets** est celui prévu pour les frais de transport (n° 35850), l'exception mentionnée ci-dessus pour les frais d'affranchissement des simples correspondances pouvant toutefois jouer en cas de vente « départ » (BOI-TVA-BASE-10-20-10 n° 280).

Pour le Conseil d'État, lorsque les **prestations d'affranchissement** sont proposées **en complément d'une autre prestation,** celles-ci doivent être considérées comme des opérations distinctes devant suivre leur régime propre (exonération en application des articles 261, 4-11° et 261 C, 3° du CGI : n°s 17120 s. et 17250) si elles sont **facultatives** et font l'objet d'une **facturation séparée.** Dans un tel cas, les prestations d'affranchissement constituent, en effet, pour le client une fin en soi et non le moyen de bénéficier dans les meilleures conditions de la prestation principale. Ainsi jugé à propos de prestations d'affranchissement proposées en complément d'une prestation de gestion documentaire (dite « d'éditique ») (CE 24-4-2019 n° 411007 : RJF 7/19 n° 645).

Sur les critères, issus de la jurisprudence de la CJUE et repris à l'article 257 ter du CGI, permettant de déterminer si l'on est en présence d'une **opération unique** ou d'opérations dissociables soumises à leur régime propre, voir nos 1270 s.

3. COMMISSIONS, SALAIRES, ETC.

35580 Conformément à l'article 267, I-2° du CGI, les commissions, courtages ou salaires versés à des intermédiaires sont à inclure dans la base d'imposition.

4. FRAIS D'EMBALLAGE

35610 Les frais d'emballage sont les suppléments de prix que les vendeurs facturent à leurs clients, que ces frais soient calculés de manière forfaitaire ou en pourcentage de la valeur du bien.

Ces suppléments constituent des éléments du prix des biens vendus et ne peuvent, en principe, être dissociés de celui-ci.

Les **consignations** d'emballage obéissent toutefois à des règles particulières, étudiées aux nos 80310 s.

5. FRAIS D'ASSURANCE

35640 Les frais d'assurance qui sont normalement à la charge du fournisseur doivent être, lorsqu'ils sont réclamés aux clients, considérés comme un élément du prix de vente de l'opération. Ils constituent, par conséquent, un élément de la base d'imposition de cette opération (BOI-TVA-BASE-10-10-10 n° 50).

Tel est notamment le cas des **primes d'assurances-crédits,** sous réserve de l'exception prévue pour les débours (nos 36350 s.).

6. FRAIS DE BREVETS

35670 Les frais de brevets et les **redevances** perçues en contrepartie de l'utilisation de brevets sont à comprendre dans la base d'imposition (BOI-TVA-BASE-10-10-10 n° 60).

7. CAUTIONNEMENTS, DÉPÔTS DE GARANTIE, DROITS D'ENTRÉE, ETC.

a. Sommes versées par les locataires

35700 Les sommes perçues à titre de **droits d'entrée, loyers d'avance, pas-de-porte,** etc., que les loueurs réclament à leurs clients (pour lesquels elles constituent des compléments de loyers), sont passibles de la TVA dès leur perception, dès lors que la location est elle-même taxable à titre obligatoire ou par option (nos 3100 s.) (BOI-TVA-BASE-10-10-10 n° 10).

> Précisions Le Conseil d'État estime également que le **droit d'entrée** versé lors de la conclusion d'un bail commercial (soumis à la TVA) doit être regardé comme un supplément de loyer qui constitue, avec le loyer lui-même, la contrepartie d'une opération unique de location, et qui est soumis à la TVA au même titre que celui-ci, et **non** comme une **indemnité** destinée à dédommager le bailleur d'un préjudice résultant de la dépréciation de son patrimoine. Il ne saurait bénéficier de la dispense de TVA prévue par l'article 257 bis du CGI (CE 15-2-2019 n° 410796 : RJF 5/19 n° 424).

Selon l'administration, les sommes versées par les preneurs à titre de **dépôt de garantie** (ou de **cautionnements**) en sus du loyer deviennent passibles de la TVA lorsqu'elles cessent d'être remboursables à ces derniers (BOI-TVA-BASE-10-10-10 n° 20). **35705**

Mais, si le dépôt n'est pas intégralement destiné à prémunir le loueur d'un bien meuble contre les aléas normaux du contrat, celui-ci doit soumettre à la TVA, dès leur encaissement, les sommes excédant le **risque réel encouru** (risque évalué forfaitairement à 15 % de la valeur TTC des voitures de tourisme et des motos prises en **crédit-bail** de quatre ou cinq ans) (BOI précité n° 30).

> Précisions La solution d'imposition des dépôts de garantie prévue par la doctrine administrative exposée ci-dessus, non expressément remise en cause à ce jour, est fondée sur l'ancienne **théorie des préjudices commerciaux courants et des aléas normaux de la profession,** qui a été abandonnée en tant que critère d'assujettissement à la TVA par le Conseil d'État (à compter d'une décision du 23-10-1998 n° 154039 : RJF 12/98 n° 1406) et n'est plus utilisée par l'administration. Ainsi, il semble désormais qu'il faille rechercher si les dépôts de garantie conservés par les bailleurs peuvent s'analyser comme la **rémunération d'une prestation de services ou non.** Telle a d'ailleurs été la position retenue par le tribunal administratif de Versailles, jugeant que le dépôt de garantie conservé à l'issue du bail afin de remettre en état les locaux constituait pour le bailleur le dédommagement de l'inexécution par ses locataires de leur obligation de restituer le bien loué en bon état en fin de location et n'était donc pas taxable (TA Versailles 23-9-2003 n° 01-1982 : RJF 1/04 n° 27 ; solution contraire à TA Paris 17-10-2006 n° 00-1614 : RJF 3/07 n° 265). La doctrine ci-dessus apparaît donc, à tout le moins, fragilisée dans ses motifs.

b. Sommes consignées à titre de garantie à l'occasion de contrats divers

ARRHES ET ACOMPTES CONSERVÉS EN CAS DE RÉSILIATION

Les sommes versées à titre d'arrhes en application de l'article 1590 du Code civil et qui sont conservées par le fournisseur ou le prestataire de services (hôtelier, par exemple) lorsque le client fait usage de la faculté de dédit qui lui est ouverte doivent être considérées comme des **indemnités forfaitaires de résiliation** versées en **réparation du préjudice subi** à la suite de la défaillance du client, sans lien direct avec un quelconque service rendu à titre onéreux. En tant que telles, elles ne sont pas soumises à la TVA (CJUE 18-7-2007 aff. 277/05 : RJF 11/07 n° 1363 ; BOI-TVA-BASE-10-10-50 n° 310). **35730**

En revanche, dans l'hypothèse où le contrat se déroule normalement et que les arrhes viennent s'imputer sur le prix des biens ou services fournis, elles doivent être soumises à la TVA (CJUE 18-7-2007 aff. 277/05 précité).

Remarque : En ce qui concerne les sommes conservées par un prestataire au titre de **services finalement non utilisés,** voir nos 6780 s.

Doivent être regardés comme des arrhes dépourvues de toute contrepartie et ne sont, par suite, pas soumises à la TVA des **acomptes** sur le prix, les sommes versées par ses clients à un fournisseur lors de l'établissement des bons de commande et **conservées** par ce dernier **en cas de renonciation** à la vente par les clients, dès lors qu'il résulte notamment des **conditions générales de vente** que ces sommes étaient, en cas d'annulation unilatérale de la commande du fait du client, et avant toute livraison, regardées comme définitivement acquises au fournisseur à titre d'indemnisation forfaitaire du préjudice consécutif à l'annulation, et qu'il n'est pas établi qu'elles constitueraient la contrepartie d'une prestation de services individualisable, distincte de la fourniture proprement dite des équipements concernés, objet du contrat de vente lui-même (CAA Bordeaux 25-10-2007 n° 04-1631 : RJF 3/08 n° 294). **35735**

À noter que, pour le commissaire du gouvernement, si les sommes en cause avaient été regardées comme des acomptes, l'administration aurait été en droit de taxer la totalité du prix lors de la renonciation du client (ce qu'elle ne fait pas en pratique), la vente étant parfaite et le vendeur ayant alors la possibilité d'obliger l'acheteur à exécuter le contrat.

DÉPÔT DE GARANTIE DE RÉSERVATION VERSÉ PAR LES CANDIDATS ACQUÉREURS DE LOGEMENTS AUX PROMOTEURS

35750 Le dépôt de garantie versé aux promoteurs immobiliers par les candidats acquéreurs de logements et **conservé par le promoteur** en cas de désistement du candidat acquéreur constitue, conformément à l'article L 261-15 du Code de la construction et de l'habitation, non pas des dommages-intérêts, mais la rémunération du service de réservation du bien rendu par le promoteur au candidat acquéreur et présente avec ce service un lien direct. Il est dès lors passible de la TVA (CE 23-10-1998 n° 154039 : RJF 12/98 n° 1406 ; BOI-TVA-BASE-10-10-50 n° 260).

INDEMNITÉ D'IMMOBILISATION CONSERVÉE PAR LE VENDEUR D'UN IMMEUBLE EN CAS DE DÉFAILLANCE DE L'ACHETEUR

35760 La somme dénommée « indemnité d'immobilisation » stipulée dans une vente d'immeuble comme acquise au vendeur en cas de défaut de réalisation de la vente constitue une **indemnité forfaitaire** versée en **réparation du préjudice subi** à la suite de la défaillance du client, sans lien direct avec un quelconque service rendu à titre onéreux et, en tant que telle, non soumise à la TVA (CAA Lyon 31-10-2007 n° 06-525 : RJF 4/08 n° 420). La cour de Lyon étend aux indemnités d'immobilisation la solution retenue par la CJUE pour les arrhes (n° 35730).

8. FRAIS DE DÉPLACEMENT ET D'HÉBERGEMENT DE PERSONNEL

35790 Les frais de déplacement ou d'hébergement du prestataire ou de son personnel (billet de train ou d'avion, location d'un véhicule, frais d'hôtel, etc.) doivent être compris dans la base imposable de la prestation réalisée, que le prestataire **décompte directement** ces frais **à ses clients ou qu'il leur laisse le soin de les verser directement** aux employés (BOI-TVA-BASE-10-10-10 n° 250).

Dans le même ordre d'idées, sont à comprendre dans le prix imposable d'une **entreprise de louage de main-d'œuvre** les frais de transport, de nourriture et de logement du personnel mis à la disposition de son client et qu'assume ce dernier, même si ces frais sont remboursés à l'identique (CE 24-11-1980 n° 18212 : RJF 2/81 n° 116).

9. PRIMES ET BONIFICATIONS POUR RAPIDITÉ D'EXÉCUTION

35820 Les primes et bonifications que le client s'engage à verser pour obtenir une livraison rapide de sa commande constituent un supplément de prix soumis à la TVA (BOI-TVA-BASE-10-10-10 n° 70).

Sont notamment concernées les **primes « d'avance », « d'exactitude », « d'économie »** ou **« de bonne exécution ».**

10. FRAIS DE TRANSPORT

35850 Les frais de transport que le fournisseur d'un bien facture à son client constituent en principe des frais accessoires à la livraison de ce bien et doivent, à ce titre, être inclus dans la base d'imposition de cette livraison (alors même qu'ils feraient l'objet d'un décompte distinct ou qu'ils seraient réglés directement par l'acquéreur à une tierce personne).

Cependant, le **prix du transport** peut être **dissocié** du montant de la vente et soumis au régime propre aux opérations de transport (notamment en ce qui concerne la territorialité, l'exigibilité et le taux de la taxe), à **condition** qu'il constitue la rémunération effective et normale d'une prestation de services que l'acquéreur et le vendeur ont entendu expressément disjoindre et rémunérer distinctement de l'opération de vente elle-même (BOI-TVA-BASE-10-20-10 n° 140 ; en ce sens, également, nombreuses décisions du Conseil d'État).

Sur les critères, issus de la jurisprudence de la CJUE et repris à l'article 257 ter du CGI, permettant de déterminer si l'on est en présence d'une **opération unique** ou d'opérations dissociables soumises à leur régime propre, voir n°s 1270 s.

11. INTÉRÊTS

35880 Aux termes de l'article 267, I-2° du CGI, les intérêts demandés aux clients sont au nombre des frais accessoires aux livraisons de biens ou prestations de services à inclure dans la base d'imposition.

Il faut toutefois distinguer les intérêts pour délais de paiement, les intérêts moratoires et les autres sommes réclamées au client. En ce qui concerne, par ailleurs, les intérêts dus sur les arrhes versées par les clients, voir n° 36240.

INTÉRÊTS POUR DÉLAIS DE PAIEMENT

Conformément à la jurisprudence de la Cour de justice (CJUE 27-10-1993 aff. 281/91 : RJF 1/94 n° 116), les intérêts facturés par un fournisseur qui accorde à son client un sursis de paiement par rapport à la date normale d'encaissement constituent la contrepartie d'une **opération de crédit** exonérée de TVA lorsque les **conditions** suivantes sont remplies : 35890

– un sursis de paiement est accordé par le fournisseur à son client : cette condition est remplie lorsque les parties au contrat se sont clairement mises d'accord sur l'existence d'une opération de crédit ;

– le sursis de paiement est accordé pour une période postérieure au fait générateur de la taxe, qui intervient en principe lors de la livraison des biens ou de l'exécution des services (voir n°s 38210 s.) ;

– le sursis de paiement est assorti de la facturation d'intérêts. En l'absence de facturation distincte d'intérêts au client, l'ensemble du prix est soumis à la TVA (BOI-TVA-BASE-10-10-10 n°s 130 à 190).

INTÉRÊTS MORATOIRES

Les intérêts moratoires sont les intérêts acquittés, à l'issue ou non d'une procédure juridictionnelle, par un client qui n'a **pas payé** le prix à l'**échéance.** Ces intérêts sont hors du champ d'application de la TVA (CJUE 1-7-1982 aff. 222/81 ; CE 25-6-2004 n° 234687 : RJF 10/04 n° 978). 35900

De tels intérêts peuvent notamment être réclamés en application de l'article 1231-6 du Code civil, de l'article L 441-10 du Code de commerce ou encore, en matière d'exécution de marchés publics, des articles L 2192-11 et suivants du Code de la commande publique (BOI-TVA-BASE-10-10-10 n°s 100 à 120).

AUTRES SOMMES

Les sommes qui ne constituent ni des intérêts pour délais de paiement exonérés, ni des intérêts moratoires entrent dans la **base d'imposition** à la TVA si l'opération à laquelle elles se rattachent est elle-même soumise à la TVA (BOI-TVA-BASE-10-10-10 n° 200). 35910

Il s'agit principalement des intérêts réclamés au titre d'une période antérieure au fait générateur ou des sommes qui ne sont pas facturées en tant qu'intérêts.

Tel est le cas notamment lorsque le fournisseur ne diffère pas la date d'encaissement du prix au-delà des délais de paiement prévus par les conditions générales de vente ou le contrat, les usages de la profession ou, éventuellement, par la réglementation (D. adm. 3 B-1111 n° 26, non reprise au Bofip mais dont la solution conserve sa valeur).

12. POURBOIRES

Les **majorations de prix** réclamées à la clientèle au titre du « service » par certaines entreprises commerciales (hôtels, restaurants, cafés, salons de coiffure, etc.), également qualifiées de « pourboires obligatoires », doivent être comprises dans la base d'imposition à la TVA de l'entreprise prestataire, qu'elles soient centralisées par l'employeur ou perçues directement auprès de la clientèle par les employés (CJUE 29-3-2001 aff. 404/99 : RJF 6/01 n° 893 ; BOI-TVA-BASE-10-20-40-20 n°s 100 et 110). 35940

Ces sommes sont soumises aux mêmes règles de TVA que les prestations de services auxquelles elles se rapportent. Elles sont ainsi soumises, le cas échéant, aux règles exposées au n° 42615, précisions relatives à la ventilation lorsqu'elles se rapportent à une prestation de restauration comprenant des boissons alcooliques (BOI-TVA-LIQ-30-20-10-20 n° 90).

En revanche, les **simples gratifications** versées spontanément par les clients aux employés d'une entreprise où le service est déjà incorporé dans les prix facturés ne sont pas imposables (BOI-TVA-BASE-10-20-40-20 n° 130).

SECTION 4 RÉDUCTIONS DE PRIX

36050 Conformément à l'article 267, II-1° du CGI, les réductions de prix que consentent les fournisseurs et les prestataires de services à leurs clients peuvent être déduites de la base d'imposition à la TVA. Il en est ainsi quelles que soient leur dénomination – **escomptes de caisse, remises, rabais, ristournes, etc.** – et les modalités suivant lesquelles elles sont accordées.

Pour pouvoir être exclues de la base d'imposition, l'administration considère que les réductions de prix doivent répondre aux conditions suivantes, explicitées ci-après :

– la réduction de prix doit bénéficier intégralement au client ;

– elle ne doit pas rémunérer des services rendus par l'acheteur au vendeur ;

– elle doit faire l'objet d'une facture rectificative lorsqu'elle est accordée après la délivrance de la facture.

> **> Précisions** La jurisprudence prévoit une autre condition : la réduction doit être proportionnelle au montant des opérations (notamment CE 23-1-1970 n° 66634 ; CE plén. 7-5-1980 n° 13493 : RJF 7-8/80 n° 585 ; CE 20-10-1982 n° 23588 : RJF 12/82 n° 1111), mais cette condition n'a pas été reprise par la doctrine administrative.

1. CONDITIONS DE FOND

a. La réduction de prix doit bénéficier au client

36070 La réduction de prix ne peut venir en diminution de la base d'imposition que si le vendeur peut apporter la preuve qu'elle a **effectivement et pour son montant exact** bénéficié à l'acheteur.

Lorsque la réduction de prix est **versée par l'entremise de commissionnaires,** groupements d'achats, etc., le vendeur doit pouvoir justifier du montant individuel des avoirs réellement versés à chaque client (ce qui implique une reddition de comptes exacte des ristournes réparties par ces intermédiaires) (BOI-TVA-BASE-10-10-30 n° 10).

36075 S'agissant de la **preuve de la répartition de la ristourne** entre les clients ou les membres d'un groupement, la méthode suivante peut être retenue :

– le fournisseur adresse à l'intermédiaire ou au groupement un chèque (ou un autre moyen de paiement) matérialisant le montant global des ristournes d'une année, à répartir entre les clients ou les adhérents au groupement ;

– l'intermédiaire ou le groupement répartit par chèques individuels (ou un autre moyen de paiement) les ristournes à leurs bénéficiaires respectifs, proportionnellement aux achats de chacun d'eux, avec établissement de notes d'avoir individuelles portant mention de la TVA ;

– l'intermédiaire ou le groupement, en sa qualité de mandataire de ses adhérents, transmet au fournisseur une liste des bénéficiaires, portant indication de leurs noms et adresses, ainsi que du montant ristourné à chacun d'eux, TVA décomptée séparément. La note d'avoir, adressée par l'intermédiaire ou le groupement à chacun des acheteurs, doit indiquer sans équivoque la correction qui doit être apportée au montant de la TVA initialement facturée (Rép. Krœplé : AN 10-7-1965 n° 13260, non reprise au Bofip mais dont la solution paraît conserver sa valeur).

b. La réduction de prix ne doit pas rémunérer des services rendus par l'acheteur au vendeur

36100 Pour qu'elle puisse venir en diminution de la base imposable, la réduction de prix ne doit pas constituer la rémunération d'un service ou la contrepartie d'une prestation quelconque fournie par l'acheteur au vendeur.

Ainsi, des **ristournes proportionnelles** aux achats dont le versement est subordonné à l'**engagement** de réalisation de **dépenses publicitaires** par le client ne peuvent pas être considérées comme des réductions de prix au sens de l'article 267, II-1° du CGI (CAA Paris 23-1-1990 n° 479 : RJF 4/90 n° 406).

De même, des **rabais** consentis par un fournisseur à son distributeur en contrepartie d'**actions de promotion** et d'**opérations de stockage** effectuées pour son compte ne constituent pas des réductions de prix au sens de l'article 267, II-1° du CGI (CE 10-4-2002 n° 212014 : RJF 7/02 n° 777).

Il en va de même pour des « **ristournes réclamations** » consenties par une société mère à sa filiale distributrice en contrepartie de la **prise en charge** par cette dernière de la **garantie des produits fabriqués** par la mère (CE 8-2-2012 n° 340418 : RJF 5/12 n° 459).

2. CONDITIONS DE FORME

Conformément à l'article 242 nonies A, I-9° de l'annexe II au CGI, les **réductions acquises** et chiffrables **lors de l'opération et directement liées à celle-ci** doivent faire l'objet d'une **mention** sur les **factures** (sur chaque ligne de la facture, sauf lorsqu'elles ne peuvent être connues qu'en fin de facture, par exemple dans le cas de remises liées au montant global de la facture) (n° 46330). **36130**

Lorsque la **réduction** de prix est **accordée après la délivrance de la facture,** la diminution de la base d'imposition (qui doit entraîner corrélativement une régularisation des déductions chez le client) est subordonnée à la rectification du prix et de la taxe portés sur la facture primitive. Cette rectification est opérée par l'envoi d'une **nouvelle facture** ou d'une **note d'avoir** (voir les explications données aux nos 59270 s.). **36135**

Relève de cette catégorie une ristourne convenue avant la vente mais utilisable par le client seulement après l'opération ; dans ce cas, la base d'imposition n'est réduite qu'au moment où la ristourne est utilisée par le client (CJUE 29-5-2001 aff. 86/99 : RJF 8-9/01 n° 1167).

3. CAS PARTICULIERS

PRIMES DE FIDÉLITÉ

Les primes de fidélité consenties contractuellement et motivées uniquement par l'**existence de relations commerciales durables** entre deux partenaires peuvent en principe être considérées comme des réductions du prix de vente des marchandises fournies au cours de la période de référence et, partant, du chiffre d'affaires imposable à la TVA. **36170**

En revanche, dans l'hypothèse où les sommes versées peuvent être regardées comme la **rémunération d'un service** rendu par le bénéficiaire, elles doivent être soumises à la TVA (BOI-TVA-BASE-10-10-30 n° 50).

PRIMES DE VOLUME OU D'OBJECTIF

Les primes « de volume » ou « d'objectifs » versées, notamment dans le secteur automobile, par un constructeur **à ses filiales françaises de distribution,** aux **concessionnaires indépendants ou** à des **sociétés de location,** en fonction du volume des achats ou des objectifs de vente réalisés par les acquéreurs, s'analysent comme des rabais (CE 30-12-2002 n° 205131 : RJF 3/03 n° 284). Constituent également des rabais : **36180**

- les **primes « de conjoncture »** versées par un constructeur à ses concessionnaires afin de permettre à ces derniers de vendre à leurs clients à des prix concurrentiels (CE 3-11-2003 n° 246606 : RJF 1/04 n° 31) ;
- les **remises « additionnelles »** accordées aux concessionnaires à l'occasion d'une campagne promotionnelle portant sur un type de véhicule donné (BOI-TVA-BASE-10-10-40 n° 40).

Peuvent également être considérées comme des rabais les primes « de volume » **versées** par un constructeur **à la société mère d'un groupe** en contrepartie d'achats réalisés par ses filiales françaises ou européennes (directement auprès du constructeur ou auprès de son réseau primaire) sous réserve du respect des **conditions** suivantes : **36185**

- les relations contractuelles (contrat-cadre de distribution, etc.) doivent faire apparaître que la société mère agit au nom et pour le compte de ses filiales pour la répartition des primes ;
- le constructeur peut justifier, par le double des notes d'avoir qu'il a émises et la reddition de comptes établie par la société mère, que le montant des primes bénéficie effectivement et pour son montant exact aux filiales.

Lorsque ces conditions ne sont pas remplies, la prime constitue la contrepartie d'un service « d'apport d'affaires » taxable.

La même solution s'applique aux primes « de volume » **versées** par un constructeur **à la société « chef d'une chaîne de location »** en contrepartie des achats réalisés par les sociétés de location.

> **Précisions** Lorsque les primes « de volume » constituent des rabais pour le constructeur, la **société mère** qui les perçoit n'a pas à les soumettre à la TVA sous réserve du respect des conditions mises à la non-imposition des **débours** (nos 36350 s.) (BOI-TVA-BASE-10-10-40 nos 30 à 180).

Enfin, les primes « de volume » **versées** par un constructeur **à des organismes financiers** en contrepartie d'achats de biens destinés à être donnés en location à des sociétés de location peuvent être considérées comme des rabais si les parties respectent strictement le formalisme qui s'y attache (BOI-TVA-BASE-10-10-40 n° 140). **36190**

LIVRAISONS RÉGLÉES AU MOYEN DE BONS DE RÉDUCTION

36200 Conformément à la jurisprudence communautaire, les fabricants peuvent soustraire de leur base d'imposition à la TVA les sommes remboursées aux détaillants ou aux consommateurs au titre des bons de réduction ou de remboursement qu'ils ont émis, même en l'absence de relation directe avec les détaillants ou les consommateurs (CJUE 24-10-1996 aff. 317/94, Sté Elida Gibbs Ltd : RJF 2/97 n° 192 ; CJUE 15-10-2002 aff. 427/98 : RJF 1/03 n° 129).

Le régime particulier des bons décrit aux nos 16370 s. ne s'applique pas aux bons de réduction ou de remboursement.

36205 Commentant la jurisprudence susvisée, l'administration indique que les **fabricants** sont autorisés à diminuer leur base d'imposition à la TVA des sommes remboursées au titre des bons de réduction ou de remboursement émis à destination des consommateurs dès lors que les opérations auxquelles ces bons se rapportent ont été soumises à la TVA en France : ils doivent apporter la preuve qu'ils sont redevables de la TVA en France au titre des opérations dans le prolongement desquelles des remboursements sont effectués et que ces remboursements se rapportent à des opérations ayant donné lieu à imposition au stade de la consommation finale en France.

Le montant à déduire à ce titre s'entend de la valeur nominale des bons, ramenée hors taxe, à l'exclusion des frais remboursés en sus.

Les fabricants doivent être en mesure de présenter les bons remboursés ainsi que la preuve du remboursement correspondant. Toutefois, pour ceux faisant appel à des organismes de gestion qui réalisent pour leur compte les opérations matérielles de contrôle des bons adressés par les détaillants ou les consommateurs et effectuant les remboursements correspondants, il est admis que les comptes rendus établis par ces organismes servent de justificatifs si ces comptes rendus font apparaître distinctement, le cas échéant :

- les sommes correspondant à la valeur nominale des bons émis remboursées aux détaillants et aux consommateurs au titre des opérations imposées à la TVA en France ;
- les sommes remboursées au titre des opérations qui n'ont pas été imposées à la TVA en France ;
- les frais de gestion des organismes concernés, soumis à la TVA dans les conditions de droit commun.

Les fabricants ne sont pas dispensés d'apporter la preuve des règlements effectués au profit des organismes gestionnaires au titre du remboursement des bons (BOI-TVA-BASE-10-20-10 nos 60 à 90).

36210 Les **détaillants** doivent inclure dans leur base d'imposition les sommes perçues des fabricants en remboursement des bons de réduction qu'ils ont acceptés de la part des consommateurs (CJUE 16-1-2003 aff. 398/99 : RJF 4/03 n° 525). Pour les détaillants, ces bons ne constituent pas, en effet, des rabais octroyés à leurs clients mais représentent une **partie du prix** dont ils obtiennent le paiement par les fabricants (ou leurs mandataires).

Le taux de TVA applicable aux sommes versées par les fabricants en remboursement des bons de réduction est le taux applicable au produit ayant donné lieu à l'utilisation de ces bons.

La date d'exigibilité de la taxe afférente aux bons est déterminée dans les conditions prévues à l'article 269, 2 du CGI, soit, en règle générale, au moment de la réalisation de la livraison (voir ci-après nos 38350 s.) (BOI-TVA-BASE-10-20-10 n° 100).

36215 Lorsqu'ils sont soumis à l'obligation fiscale de **facturation** (opération au profit d'un assujetti ou d'une personne morale non assujettie : voir nos 45830 s.), les **détaillants** doivent faire apparaître le rabais accordé à leur client par le fabricant : la TVA mentionnée sur la facture ne doit pas être supérieure à la TVA effectivement mise à la charge du client.

En conséquence, le bon de réduction doit être imputé pour sa valeur nominale ramenée hors taxe sur le montant hors taxe de l'opération. La TVA due par le client est alors calculée sur le total hors taxe de l'opération, compte tenu du rabais octroyé par le fabricant (BOI-TVA-BASE-10-20-10 n° 110).

EXEMPLE

Prix de vente HT du bien	100 €
Rabais fabricant HT (10 € TTC dont 1,67 € de TVA)	8,33 €
Total HT	91,67 €
TVA à 20 %	18,33 €
Total TTC	110 €

RÉDUCTION DE PRIX ACCORDÉE PAR UN INTERMÉDIAIRE AU CONSOMMATEUR FINAL

Une réduction de prix accordée au consommateur final par un intermédiaire (par exemple, une agence de voyages), de sa propre initiative et à ses propres frais, sur la prestation principale fournie à ce consommateur par un prestataire (par exemple, un organisateur de circuits touristiques) ne peut entraîner aucune diminution de la base d'imposition de l'intermédiaire ni de celle de l'opérateur principal (CJUE 16-1-2014 aff. 300/12 : RJF 4/14 n° 421). 36220

> **Précisions** La Cour indique que la jurisprudence « Elida Gibbs » (n° 36200) ne peut trouver à s'appliquer dans une telle situation, dès lors que l'opérateur principal ne se trouve pas à la tête d'une chaîne d'opérations (puisqu'il fournit ses services directement au consommateur final) et n'accorde aucune remise au client et que l'intermédiaire n'accorde pas non plus de remise à l'opérateur principal.

REMISES ACCORDÉES PAR LES LABORATOIRES PHARMACEUTIQUES AUX ORGANISMES D'ASSURANCE MALADIE

Les remises que les laboratoires pharmaceutiques peuvent être amenés à accorder aux organismes d'assurance maladie **au titre des ventes de médicaments remboursables** doivent être regardées comme des réductions de prix entraînant une diminution à due concurrence de la base d'imposition desdits laboratoires, alors même que les bénéficiaires directs des livraisons de médicaments sont non pas l'organisme d'assurance maladie qui effectue un remboursement aux assurés, mais les assurés eux-mêmes, et que ces remises résultent de l'application de conventions prévues par des dispositions légales (CE 12-3-2021 n° 442871 : RJF 6/21 n° 574, faisant application de CJUE 20-12-2017 aff. 462/16 : RJF 3/18 n° 332 ; dans le même sens, CJUE 6-10-2021 aff. 717/19 : RJF 12/21 n° 1149). 36225

OBLIGATIONS DESTINÉES À FAVORISER LES RELATIONS COMMERCIALES

L'administration fiscale admet que, lorsqu'en application de l'article L 441-3, III-3° du Code de commerce, les obligations destinées à favoriser la relation commerciale entre le fournisseur et le distributeur ou le prestataire de services auxquelles s'engage ce dernier constituent des **éléments de formation du prix** de l'opération de vente, ces obligations ne sont pas constitutives de services distincts de l'opération de vente et doivent donner lieu à des réductions de prix de la part du fournisseur. 36230

En revanche, les **services dits « de coopération commerciale »** visés au 2° de l'article L 441-3, III précité doivent faire l'objet d'une facture de la part du distributeur ou du prestataire de services (BOI-TVA-DECLA-30-20-10-10 n° 10).

ARRHES ET ACOMPTES PORTANT INTÉRÊTS

Les intérêts des sommes exigées des clients à titre d'arrhes ou d'acomptes peuvent être exclus de la base d'imposition à la TVA lorsque ces intérêts viennent en déduction du montant nominal de la vente. 36240

Par **exemple,** les vendeurs de choses mobilières (automobiles, par exemple) qui exigent de leurs clients le versement d'avances sur le prix sont astreints, en application de l'article L 214-2 du Code de la consommation, au paiement d'un intérêt, au taux légal en matière civile. Cet intérêt, qui court à l'expiration d'un délai de trois mois à compter du versement de l'avance, est déduit du solde à payer par l'acheteur au moment de la réalisation de la vente. Les intérêts en cause correspondent, en définitive, à une remise consentie par le fournisseur et peuvent être déduits pour l'assiette de la TVA (BOI-TVA-BASE-10-10-30 n° 90).

SECTION 5

REMBOURSEMENT DE DÉBOURS POUR LE COMPTE D'AUTRUI

36350 Conformément à l'article 267, II-2° du CGI, les intermédiaires n'ont pas à soumettre à la TVA les sommes que leur remboursent leurs commettants dans la mesure où ces remboursements, qui correspondent bien à des **dépenses engagées au nom et pour le compte de leurs mandants,** ont donné lieu à une reddition de comptes précise, sont inscrits dans des comptes de passage et sont justifiés dans leur nature ou leur montant exact auprès de l'administration des impôts.

REMARQUES

36360 Les dispositions de l'article 267, II-2° du CGI ne concernent que les sommes versées à des tierces personnes par un mandataire, au nom et pour le compte de son commettant, à l'**exclusion,** par conséquent, des **dépenses engagées** par un redevable **pour les besoins de sa propre entreprise** (salaires versés au personnel, frais de transport de ce personnel, prix d'acquisition de biens ou services, etc.) (CE 9-12-1992 n° 56007 : RJF 2/93 n° 212 ; BOI-TVA-BASE-10-10-30 n° 210). Voir toutefois, au n° 36525, le cas particulier des avocats collaborateurs.

36365 Selon le Conseil d'État, les dispositions de l'article 267, II-2° du CGI ne s'appliquent qu'aux personnes qui interviennent pour l'exécution d'actes juridiques **dans l'intérêt de leurs mandants** (CE 15-2-1982 n° 27954 : RJF 4/82 n° 351).

36370 Les dispositions de l'article 267, II-2° du CGI ne s'appliquent pas, selon la législation française, aux **agents de voyages** relevant du régime spécifique prévu à leur égard (nos 84000 s.).

36375 Les mandataires ne peuvent pas **déduire** la TVA incluse dans le montant des dépenses qu'ils ont engagées pour le compte de leurs commettants dès lors que ces sommes sont soustraites de la base d'imposition de leurs opérations taxables. S'ils sont eux-mêmes redevables de la taxe, les commettants peuvent déduire la taxe régulièrement mentionnée sur le compte rendu que leur a délivré leur mandataire (en ce sens, BOI-TVA-DED-40-10-10 n° 130 ; Inst. 3 A-2-83 et Inst. 3 A-7-91 n° 30, non reprises au Bofip).

1. CONDITIONS MISES À LA NON-IMPOSITION

36400 Des termes de l'article 267, II-2° du CGI, il résulte que les intermédiaires n'ont pas à soumettre à la TVA les sommes que leur remboursent leurs commettants dans la mesure où :

- les remboursements correspondent bien à des dépenses qui ont été engagées **au nom et pour le compte** de leurs mandants ;
- les dépenses ont donné lieu à une **reddition de comptes précise** ;
- les débours sont **justifiés** dans leur nature ou leur montant exact **auprès de l'administration** des finances publiques ;
- les dépenses sont portées en comptabilité dans des **comptes de passage.**

1E CONDITION : MANDAT PRÉALABLE ET EXPLICITE

36410 L'intermédiaire doit agir en vertu d'un mandat préalable et explicite et non pas présumé, ce qui exclut toute opération réalisée de la propre initiative de l'intermédiaire.

Le **mandat tacite** peut toutefois être admis dès lors qu'il est suffisamment vraisemblable pour n'être pas mis en doute (BOI-TVA-BASE-10-10-30 n° 220).

36415 La **preuve** du contrat de mandat peut être apportée par tout moyen, même en l'absence d'écrit (CE 4-3-1987 n° 70321 : RJF 5/87 n° 503).

2E CONDITION : REDDITION DE COMPTES

36430 L'intermédiaire doit rendre compte **exactement** à son commettant de l'engagement et du montant de ces dépenses (BOI-TVA-BASE-10-10-30 n° 220).

Relevons à cet égard que le Conseil d'État a une conception peu formaliste de la reddition de comptes.

3E CONDITION : JUSTIFICATION DES DÉBOURS

L'intermédiaire doit justifier, auprès du service des impôts compétent, de la **nature ou** du **montant exact des débours,** par tous moyens appropriés (factures des fournisseurs de biens ou services, copie des comptes rendus ou factures détaillées adressées aux mandants, etc.). **36440**

Cette condition est destinée à éviter que ne soient dissociées arbitrairement du prix de l'opération réalisée des dépenses constituant de simples charges d'exploitation (BOI-TVA-BASE-10-10-30 nos 220 et 230).

4E CONDITION : DÉPENSES PORTÉES DANS DES COMPTES DE PASSAGE

Les dépenses effectuées par l'intermédiaire doivent être portées en comptabilité dans des comptes de passage. **36450**

En pratique, elles doivent être inscrites dans des comptes de tiers pour les redevables astreints aux règles de la comptabilité commerciale ou dans des comptes spécifiques pour les autres redevables (BOI-TVA-BASE-10-20-40-20 n° 70).

> **> Précisions** Plusieurs juges du fond interprètent de façon libérale la condition d'inscription dans des comptes de passage, admettant l'inscription dans des comptes de charges et de produits permettant d'identifier les débours (CAA Paris 5-2-2013 n° 12PA00765 : RJF 12/13 n° 1128 ; CAA Versailles 15-11-2016 n° 15VE01147 : RJF 5/17 n° 422).

SOLUTIONS JURISPRUDENTIELLES

36460

ILLUSTRATIONS

Ont été **regardées comme des débours** exclus de la base d'imposition en application de l'article 267, II-2° du CGI, notamment :
– les sommes perçues par l'exploitant d'une maison de retraite en remboursement par ses pensionnaires du prix d'achat des produits pharmaceutiques prescrits à ces derniers sur ordonnance médicale (CE 16-3-1977 n° 915 : RJF 5/77 n° 285) ;
– les sommes qu'une entreprise, ayant pour activité la construction et la livraison pour un prix global préalablement convenu de maisons individuelles pour le compte de particuliers, a reversées aux bureaux d'études qui ont conçu les plans de la construction et qui sont chargés de diriger et de surveiller l'exécution des travaux, dès lors que le montant desdites sommes et leur mode de calcul figurent de façon détaillée dans les documents contractuels réglant les rapports de cette entreprise avec ses clients (CE 1-1-1978 n° 4966 : RJF 3/78 n° 96) ;
– les sommes remboursées très exactement par des médecins à une clinique au titre des salaires avancés par la clinique à des personnes qui sont les employés personnels de ces médecins (CE 22-2-1984 n° 27603 : RJF 4/84 n° 432).

ILLUSTRATIONS **36465**

En revanche, n'ont **pas** été considérés comme ayant le **caractère de débours** au sens de l'article 267, II-2° du CGI, notamment :
– les sommes reversées par un établissement thermal aux masseurs-kinésithérapeutes indépendants dont il utilise le concours dès lors qu'aucune preuve (notamment par les conventions conclues avec les organismes sociaux) n'est apportée que l'établissement ait agi en qualité de mandataire, mais qu'au contraire les prix de cure réclamés étaient destinés à couvrir l'ensemble des charges de l'établissement et à lui laisser la possibilité de réaliser un bénéfice (CE 6-12-1972 n° 80093) ;
– les prélèvements effectués par un gérant d'immeubles sur les loyers et charges encaissés au nom de sociétés civiles immobilières et de copropriétés, dès lors que l'intéressé n'apporte ni la preuve que ces frais incombaient réellement auxdites sociétés civiles immobilières et copropriétés, ni celle qu'ils lui aient été purement et simplement remboursés (CE 18-5-1979 n° 8167 : RJF 7-8/79 n° 408) ;
– les participations demandées par une clinique à des médecins en contrepartie de la mise à leur disposition de moyens en locaux, en matériels et en personnel, en l'absence de reddition de comptes précise (CE 17-5-1985 n° 39235 : RJF 7/85 n° 1029) ;
– les sommes reversées par un organisateur de stages de danse aux fournisseurs des prestations d'hébergement et de restauration des stagiaires, en l'absence de mandat et de reddition de comptes (CE 17-6-1996 n° 95577 : RJF 8-9/96 n° 987).

2. CAS PARTICULIERS

INTERMÉDIAIRES

Les **commissionnaires, courtiers** ou autres intermédiaires visés aux nos 83100 s. peuvent, pour leurs remboursements de frais, invoquer les dispositions de l'article 267, II-2° du CGI (si, bien entendu, ils remplissent les conditions requises). Mais il est souligné que ces dispositions ne sont **36500** susceptibles de s'appliquer qu'aux remboursements de **dépenses engagées au nom d'autrui** et qui ne se rattachent pas à l'opération d'entremise.

L'intermédiaire doit faire apparaître au fournisseur du bien ou du service qui fait l'objet du remboursement qu'il est le représentant de la personne au nom de laquelle il agit.

Il ne doit **pas** s'agir de **dépenses d'exploitation** de l'intermédiaire engagées pour les besoins de l'opération d'entremise mais de frais extérieurs à celle-ci.

Par ailleurs, les frais remboursés doivent être **clairement détachables** de la livraison du bien ou de la prestation de services objet de la **transaction** dans laquelle l'intermédiaire s'entremet (BOI-TVA-BASE-10-20-40-20 n° 40).

36505 À titre d'**exemple,** sont exclus de la base d'imposition d'un intermédiaire, dont la seule mission est d'assurer l'achat en son nom propre de biens pour le compte d'un commettant, les frais d'entreposage engagés pour le compte de ce dernier lorsque le contrat passé avec l'entrepositaire fait apparaître le commettant, clairement identifié, en qualité de bénéficiaire réel de la prestation (BOI-TVA-BASE-10-20-40-20 n° 40).

PROFESSIONS JUDICIAIRES OU JURIDIQUES

36520 Les membres des professions judiciaires ou juridiques peuvent, au titre des débours, exclure de leur base d'imposition les frais de procédure engagés au nom et pour le compte des clients (si, bien entendu, les conditions visées aux n°s 36400 s. sont remplies).

Il en est ainsi **notamment** des sommes suivantes :

- dépenses des **notaires** couvertes par un mandat légal : dépenses de délivrance d'états hypothécaires ou d'extraits cadastraux, notes de géomètre, documents d'arpentage et frais d'insertions légales (Lettre SLF 7-3-1983) ;
- pour les **commissaires de justice** : droits d'enregistrement des exploits et autres actes de procédure, honoraires des avocats engagés au nom et pour le compte des clients, indemnités de déplacement versées aux personnes (commissaires, serruriers, etc.) dont l'intervention est requise, rémunérations dues aux témoins, frais de gardiennage des biens saisis, frais réels d'affranchissement des lettres recommandées prévues par la loi comme formalité obligatoire de procédure, droits fiscaux effectivement dus (BOI-TVA-BASE-10-20-40-30 n° 120 ; Inst. 20-12-1983) ;
- pour les **mandataires-liquidateurs** : sommes versées aux officiers publics et ministériels, aux experts et avocats dont le concours est nécessaire à leur mission, taxes et droits fiscaux payés pour le compte de l'entreprise ;
- pour les **greffiers** près les tribunaux de commerce : frais d'affranchissement effectivement supportés pour renvoyer les bordereaux d'inscription ou de radiation du privilège aux comptables du Trésor (Inst. CP 4-7-1983) ;
- pour les **commissaires-priseurs de ventes volontaires** : droits d'enregistrement et taxes diverses, droits de garantie réclamés aux vendeurs, frais de catalogue, de publicité spéciale et d'expertise engagés sur demande expresse du vendeur (BOI précité n° 110) ;
- pour les **avocats** : frais de procédure, droits de plaidoirie, frais de publicité légale, de greffe, honoraires d'experts, frais et émoluments des commissaires de justice (BOI précité n° 130).

36525 Il est admis que les **avocats collaborateurs** rémunérés sous forme de rétrocession d'honoraires puissent exclure de leur base d'imposition les remboursements de frais de transport, d'hôtellerie et de restauration perçus de l'avocat « en premier » s'ils remplissent les conditions visées aux n°s 36410, 36430 et 36450 et si les factures des fournisseurs sont établies au nom de l'avocat « en premier » ; les avances qu'ils peuvent, le cas échéant, percevoir n'échappent à l'imposition que si la nature et le montant exact des frais qui seront exposés pour le compte de l'avocat « en premier » sont mentionnés en tant que débours sur le document qui lui est adressé (BOI-TVA-BASE-10-20-40-30 n° 150).

IMPÔTS OU CHARGES RÉPERCUTÉS SUR LES LOCATAIRES PAR LES BAILLEURS

36540 Le traitement de ces charges diffère selon qu'il s'agit de charges locatives ou de charges incombant aux bailleurs.

36550 **Charges locatives** Bien qu'agissant en leur nom propre, les propriétaires de locaux faisant l'objet d'une location soumise à la TVA (de plein droit ou sur option) peuvent exclure de leur base d'imposition les remboursements perçus des locataires au titre des **charges et réparations locatives** lorsque les conditions suivantes sont réunies :

- les remboursements doivent concerner des charges récupérables ou des réparations locatives visées par les décrets 87-712 et 87-713 du 26 août 1987 et 82-955 du 9 novembre 1982, à l'exclusion toutefois des impositions et redevances y figurant, et ce, même si la location en cause n'est pas régie par ces textes ;

– les conditions visées aux nos 36430 à 36450 doivent être satisfaites.

Il est admis que les **provisions pour charges** soient exclues de la base d'imposition du bailleur à condition qu'il soit procédé à leur régularisation au moins une fois par an (BOI-TVA-BASE-10-10-30 nos 310 et 320).

> **Précisions** Lorsque le bailleur a recours à un régime des débours et que les fournisseurs, contractant personnellement avec lui, lui adressent les factures, celui-ci **transmet à son locataire le droit à déduction** de la TVA sur les charges et réparations locatives par un document valant compte rendu qui doit être suffisamment détaillé (nature des dépenses, montant, TVA y afférente) (BOI-TVA-DED-40-10-10 n° 130).

Charges incombant aux bailleurs À la différence des charges locatives, ces sommes (tels les impôts et taxes dont le bailleur est le redevable légal) sont remboursées au propriétaire, auquel elles incombent normalement, en contrepartie de la location consentie : elles doivent donc être incluses dans l'assiette de la TVA. Cette interprétation, qui était déjà celle de l'administration (BOI-TVA-BASE-10-10-30 n° 290), a été confirmée par la Cour de cassation à propos de la taxe foncière remboursée au propriétaire d'un local commercial par son locataire (Cass. com. 4-12-2007 n° 06-21.149 F-D : RJF 4/08 n° 433). **36560**

SYNDICATS DE COPROPRIÉTAIRES

Voir nos 13300 s. **36570**

SECTION 6

EXPLICATIONS PARTICULIÈRES

1. SERVICES COMPORTANT DES FOURNITURES

La réalisation d'un service entraîne souvent l'utilisation de fournitures ou de pièces détachées. **36700**
Le régime fiscal est, dans ce cas, le suivant :

Les **fournitures** sont les matières ou produits indispensables à la réalisation du service et dont **36705**
l'incorporation dans l'objet réparé nécessite un façonnage, une transformation ou une adaptation préalable (exemple : tissu utilisé pour la réparation d'un fauteuil par le tapissier), ou qui disparaissent avec la réalisation de la prestation (exemple : friction faite par le coiffeur).

En règle générale, la valeur des fournitures constitue un élément du prix du service (BOI-TVA-BASE-10-20-40-20 n° 140).

> **Précisions** **a.** En ce qui concerne les **travaux dans le logement** comportant la fourniture d'équipements, voir n° 41510 et n° 43330.
> **b.** Pour **certains types de fournitures,** l'administration admet toutefois qu'ils font l'objet d'une **vente distincte** de la prestation à laquelle ils s'intègrent. Il en va ainsi des plantes, graines et matériaux de sol fournis par un entrepreneur de jardins, des engrais, insecticides et autres produits pour le traitement des cultures, épandus dans les terres par le fournisseur, et des produits utilisés par les entreprises de dératisation (BOI précité n° 170).

Les **pièces détachées** sont des objets normalisés qui ont un rôle déterminé dans un ensemble, **36710**
qui font l'objet d'une simple opération de pose et qui peuvent être ultérieurement enlevés sans détérioration de l'objet réparé (exemple : remplacement d'un pare-chocs, d'une roue de voiture, d'un bloc-moteur). Les **menues fournitures** (vis, fils électriques, etc.) suivent le régime défini au n° 36705.

En règle générale, les pièces détachées doivent être considérées comme faisant l'objet d'une vente.

Cependant, si leur valeur est inférieure à celle de l'opération de pose (ces deux valeurs étant exprimées hors taxe) ou si elles ont dû subir un travail d'adaptation préalable (ajustage, découpage, soudure, etc.) pour être incorporées, au même titre que les fournitures, dans l'objet réparé, les pièces détachées constituent un élément de l'opération de réparation.

L'administration admet que la **comparaison** entre la valeur des pièces et celle de l'opération de pose s'opère globalement, en retenant la valeur totale des pièces et fournitures, d'une part, et le coût total de la réparation, d'autre part.

Ainsi, les pièces détachées et les fournitures suivent le régime de la prestation si leur valeur globale n'excède pas 50 % du coût total. Il en est ainsi, **notamment,** dans le **secteur automobile** (BOI-TVA-BASE-10-20-40-20 nos 140 à 160).

> **Précisions** La doctrine visée ci-dessus ne semble toutefois pas tout à fait en phase avec les dispositions de l'article 257 ter du CGI concernant les opérations complexes (no 1270 s.).

2. RÉPARATIONS

36740 On entend par « réparation » l'opération qui aboutit à **remettre en état,** c'est-à-dire à restituer les caractéristiques initiales de l'objet à l'état neuf. Il s'agit d'une prestation de services, pour laquelle la TVA est exigible sur le prix réclamé au client (pour le cas où la livraison entraîne l'utilisation de fournitures ou de pièces détachées, voir nos 36700 s.).

La réparation doit être **distinguée** de la **transformation** et de la **rénovation,** qui sont définies aux nos 78140 s., et dont le régime d'imposition est celui des produits neufs.

36745 Des fabricants ou revendeurs, notamment dans le secteur de l'électroménager et de l'automobile, proposent à leurs clients une **garantie complémentaire** moyennant un **prix forfaitaire** à payer en supplément du prix de vente du bien. L'acquéreur qui acquitte cette garantie supplémentaire reçoit un certificat de garantie, par lequel le vendeur s'engage à réparer le bien pendant un délai déterminé après la vente, sans versement complémentaire. La garantie complémentaire acquittée par le client en supplément du prix de vente du bien rémunère forfaitairement un **service après-vente** assuré par le vendeur. Les sommes perçues au titre de cette garantie sont donc imposables à la TVA au taux normal, quel que soit le taux applicable à la vente du bien.

Le vendeur peut déduire la TVA afférente aux dépenses exposées pour la **réparation des biens** sous garantie. Il en est de même s'il fait appel à une entreprise tierce qui lui facture le prix de la réparation (BOI-TVA-DED-40-40 nos 200 à 220).

3. FAÇONS

DÉFINITION

36780 Travailler à façon signifie que l'on transforme un produit appartenant à un tiers.

Pour qu'il y ait contrat de façonnage, les façonniers doivent remplir les quatre **conditions** suivantes :

– ils ne doivent pas devenir propriétaires des produits mis en œuvre ;

– la valeur des matières complémentaires qu'ils apportent doit être inférieure à celle des matières confiées par le donneur d'ouvrage augmentée du coût de l'intervention ;

– il doit y avoir restitution à l'identique des matières fournies par le donneur d'ouvrage ou, sous certaines conditions et entre assujettis seulement, restitution à l'équivalent (voir précisions ci-après) ;

– à partir des matériaux mis en œuvre, un produit nouveau est réalisé (BOI-TVA-CHAMP-10-10-50-40 nos 1 s. ; en ce sens, également, CE 26-12-2018 no 422330 : RJF 3/19 no 253).

Si ces conditions sont remplies, il y a opération de façon, forme particulière de service (no 1250).

Si l'une de ces conditions n'est pas remplie, l'opération réalisée est une fabrication.

> **Précisions** La condition de **restitution à l'identique** n'est **pas exigée,** pour les opérations effectuées **entre assujettis,** si les **conditions** suivantes sont réunies :
> – les matières premières mises en œuvre sont fournies par les donneurs d'ordre préalablement au façonnage ;
> – les quantités de produits livrées par le façonnier aux donneurs d'ordre correspondent aussi exactement que possible aux quantités mises en œuvre par le façonnier ;
> – le façonnier tient à la disposition du service des impôts sa comptabilité matières (BOI précité no 40).

36785 ILLUSTRATIONS

La **remise en état d'un bien,** même très **usagé,** ne constitue pas un travail à façon dès lors qu'elle restitue simplement à ce bien sa fonction antérieure. Il n'y a de travail à façon que si un entrepreneur obtient un bien nouveau à partir des matériaux que le client lui a confiés, dont la fonction est différente de celle qu'avaient les matériaux confiés (CJUE 14-5-1985 aff. 139/84 ; BOI-TVA-CHAMP-10-10-50-40 no 50).

Une société qui effectue des **travaux de reproduction** à partir de documents originaux qui lui sont confiés par ses clients, consistant, après avoir transformé ces documents, à les dupliquer,

n'accomplit pas une activité de travail à façon à partir des documents fournis par ses clients, mais une activité de livraison de biens (CAA Versailles 21-3-2006 n° 03-868 : RJF 11/06 n° 1338).
Des opérations consistant à **trier des fruits,** à les **calibrer, nettoyer,** brosser, émonder et à les recouvrir d'une pellicule de paraffine avant de les **conditionner dans des emballages** appartenant aux producteurs ne constituent pas des opérations de façonnage dès lors que les fruits ne subissent pas de transformation et conservent la même fonction aux yeux du public (CAA Bordeaux 14-4-1992 n° 43 ; BOI précité).
Doit être regardée comme un façonnier la personne qui effectue des opérations de **refonte de cloches** hors d'usage appartenant à des clients différents, cette personne n'utilisant que les cloches anciennes à elle remises et éventuellement une faible proportion de métal neuf et ne se trouvant d'autre part à aucun moment propriétaire de la matière en fusion (CE 14-2-1962 n° 31926).

RÉGIME APPLICABLE

En matière de **base d'imposition,** le façonnier est en principe, comme les autres prestataires de services, imposable à la TVA sur le prix de son intervention ; s'il n'y a pas façon, la taxe est due sur le tout. **36800**

En matière de **fait générateur** et d'**exigibilité,** l'opération de façon est taxée selon les règles propres aux services (nos 38600 s.).

En matière de **taux,** la distinction entre façon et fabrication est en principe sans portée. La distinction entre la façon et les autres prestations de services revêt un intérêt, dans certains cas, lorsqu'il s'agit de produits ne relevant pas du taux normal dans la mesure où une prestation de façon peut être soumise au taux applicable au produit obtenu alors que les autres prestations sont généralement soumises au taux normal. Cette règle ne concerne que les façons portant sur des biens d'origine agricole, de la pêche, de la pisciculture ou de l'aviculture destinés à être utilisés dans la production agricole ou dans la préparation de denrées alimentaires, ou à être consommés en l'état par l'homme (CGI art. 278-0 B, II). Les prestations de façon portant sur les autres produits sont soumises au taux normal.

Pour les règles de **territorialité** applicables aux façons, voir nos 24500 s. (relations « B to B ») et nos 25660 s. (relations « B to C »). Pour les façons à l'**exportation,** voir nos 26550 s. Pour les façons portant sur les **déchets neufs d'industrie et matières de récupération,** voir nos 47920 s.

OBLIGATIONS PARTICULIÈRES

Tout façonnier doit tenir un **registre spécial** (CGI art. 286 quater, II-1). Ce registre mentionne, dans l'ordre chronologique de la réception des biens et matériaux : **36810**

- l'identité du donneur d'ordre, c'est-à-dire son nom ou sa désignation sociale, ainsi que son adresse ou le lieu de son siège social. Lorsque les biens à façonner sont expédiés à partir d'un autre État membre de l'UE par un assujetti (ou pour son compte) identifié à la TVA dans cet État, le registre doit comporter le numéro d'identification à la TVA du donneur d'ordre ;
- pour chaque donneur d'ordre et lors de chacune des opérations d'entrée et de sortie : la nature et la quantité de matériaux devant faire l'objet du travail à façon ainsi que la date d'entrée ; la nature et la quantité de produits transformés, ainsi que la date de sortie.

À l'issue de ces opérations, le registre indique les stocks détenus. La situation du stock peut être tenue mensuellement.

Le registre est tenu et conservé (pendant le délai et selon les modalités énoncés par l'article L 102 B du LPF) dans chaque établissement, lieu de dépôt ou lieu de stockage des biens, matériaux ou produits transformés. Ainsi, pour une même entreprise, plusieurs registres de même nature peuvent être tenus en des lieux différents. Le défaut de présentation ou de tenue est sanctionné par une amende fiscale de 750 € et chaque omission ou inexactitude relevée d'une amende de 15 € (CGI art. 1788 B).

Nota : Les précisions données dans l'alinéa ci-dessus valent aussi pour le registre des biens expédiés décrit au n° 20630 et pour le registre des biens meubles corporels faisant l'objet de travaux ou d'expertises décrit au n° 24710.

Lorsque le façonnier réalise directement ou indirectement (cas de sous-traitance) **plus de 50 % de son chiffre d'affaires** avec un **même donneur d'ordre,** ce dernier est **solidairement** tenu au **paiement** de la taxe à raison des opérations qu'ils ont réalisées ensemble (CGI art. 283, 5). **36815**

Le pourcentage de 50 % s'apprécie pour chaque déclaration mensuelle ou trimestrielle (ou annuelle, s'agissant des redevables au régime simplifié : voir également précisions ci-dessous) : il doit donc être déterminé à partir des factures encaissées (ou établies, en cas d'option pour les débits) au titre de chaque période considérée.

Cette solidarité n'est toutefois pas mise en œuvre lorsque le donneur d'ordre établit qu'il n'a pas eu connaissance du non-respect par le façonnier de ses obligations fiscales afférentes à la période au titre de laquelle ils ont réalisé des opérations ensemble.

Le donneur d'ordre peut **s'exonérer de la solidarité** en produisant une **attestation,** fournie par le façonnier et délivrée à ce dernier par le service des impôts dont il dépend, certifiant le respect de ses obligations déclaratives et le paiement de la TVA due au Trésor. Cette attestation doit être exigée du façonnier lors de la conclusion du contrat puis à chaque échéance annuelle lorsque la durée de celui-ci est supérieure à un an (Inst. 12 C-3-99, non reprise au Bofip mais dont la solution nous paraît conserver sa portée).

> **Précisions** Confirmant la doctrine administrative, le **Conseil d'État** considère que :
> – lorsque le façonnier est soumis au **régime simplifié** de déclaration, le **pourcentage de 50 %** doit être apprécié au vu de la déclaration annuelle. En l'absence de déclaration, l'administration apprécie ce pourcentage en fonction du chiffre d'affaires réalisé au cours de la période couverte par la déclaration que le redevable aurait dû déposer ;
> – la **preuve** exigée par l'article 283, 5 du CGI pour lever la **solidarité** peut être apportée en produisant une attestation des services fiscaux. En revanche, la présentation d'avis d'acomptes de TVA fournis par le façonnier dont il n'est pas établi qu'ils ont été effectivement adressés à l'administration fiscale ni assortis d'un paiement et d'une attestation sur l'honneur datée du premier mois d'activité du façonnier n'est, à cet égard, pas suffisante (CE 18-11-2015 n° 369162 : RJF 2/16 n° 130).

4. OFFRES D'ABONNEMENT NUMÉRIQUE

36820 Les offres d'abonnement numérique sont des **offres composites** comprenant plusieurs services, dont au moins un service de télécommunication, de radiodiffusion ou de télévision ou un service électronique, qui sont fournis en contrepartie d'un **prix forfaitaire,** et constituées de **plusieurs opérations** imposables à la TVA.

36825 L'article 268 bis du CGI prévoit que la **base d'imposition** de l'une des opérations comprises dans une telle offre est **constituée,** lorsqu'il existe une offre identique ne comprenant pas tout ou partie des services de cette opération et commercialisée par le fournisseur dans des conditions comparables, par la différence entre le prix forfaitaire mentionné au n° 36820 et le prix de l'offre identique (c'est-à-dire le supplément de prix payé par le client par rapport à une offre composite identique, commercialisée dans des conditions comparables, mais ne comprenant pas tout ou partie des services proposés dans l'offre de référence).

En revanche, lorsque l'offre est composée de **plusieurs éléments** dont les **liens** sont **suffisamment étroits** pour caractériser une seule opération économique formant un tout indissociable, elle constitue une prestation complexe unique soumise aux règles décrites aux nos 1270 s.

> **Précisions** L'article 268 bis du CGI ne précise pas les règles de détermination de la base d'imposition d'une offre d'abonnement numérique en l'**absence d'offre identique.**

5. OPÉRATIONS IMPOSABLES NON SOUMISES À LA TVA

36850 Lorsque des opérations imposables n'ayant pas, à tort, été soumises à la TVA lors de leur réalisation sont taxées après coup par le redevable lui-même ou l'administration (procédure de rectification), la base d'imposition doit être déterminée à partir du **prix convenu ferme et définitif** entre les parties (c'est-à-dire le prix dont le vendeur ou le prestataire peut exiger le paiement de son client en application des règles de droit privé), dans les conditions suivantes.

36855 Lorsque le **redevable** d'une opération imposable qui n'a pas été soumise à la TVA **est le vendeur ou le prestataire,** le **prix** convenu, sans indication de TVA, doit, sauf convention contraire (n° 36860), être **considéré comme TTC** même si le prix est expressément mentionné hors taxe (ventes en franchise, ventes à l'exportation, etc.). Le vendeur ou le prestataire doit délivrer à son client une facture rectificative qui annule et remplace la précédente, mentionnant la TVA dans les conditions prévues à l'article 289 du CGI (lorsqu'il est soumis à une obligation de facturation en application de cet article). Le client est autorisé à déduire, dans les conditions habituelles, la taxe ainsi mentionnée sur la facture.

EXEMPLE

> Soit une livraison non soumise à la TVA imposable au taux de 20 % (coefficient de conversion : 0,833).
> Prix mentionné sur la facture initiale : 1 000 €
> Base d'imposition : 1 000 × 0,833 = 833 €
> TVA exigible : 833 × 20 % = 166,60 €.
> La facture rectificative est à établir sur cette base.

Les **parties** peuvent cependant avoir **expressément convenu** d'ajouter au prix mentionné, en cas d'assujettissement de l'opération à la TVA, un **supplément de prix** égal au montant de la TVA : dans ce cas, la base d'imposition est égale au montant total du prix mentionné (considéré donc comme hors taxe). 36860

EXEMPLE

Si l'on reprend les données de l'**exemple** ci-dessus, mais avec une clause du contrat selon laquelle, en cas d'imposition à la TVA, le client acquittera un supplément de prix égal à la TVA, le prix convenu ferme et définitif est dans cette hypothèse de : 1 200 € (1 000 € mentionnés sur la facture initiale + supplément de prix convenu 200 €).
Base d'imposition : 1 000 €
TVA exigible : 1 000 × 20 % = 200 €.
La facture rectificative est à établir sur cette base.

Si l'**exigibilité** de la TVA n'est pas intervenue en ce qui concerne le **supplément de prix** lors de la constatation du caractère imposable de l'opération, le prix mentionné doit être considéré comme TTC et le supplément de prix (considéré également comme TTC) doit être soumis à la TVA lorsque la taxe y afférente devient exigible. 36865

EXEMPLE

Mêmes données que l'exemple du n° 36860, mais il s'agit d'une prestation de services initialement facturée 1 000 € « HT ».
Lors de la constatation du caractère imposable de l'opération, l'exigibilité de la TVA n'est intervenue qu'à hauteur de la somme effectivement encaissée, soit 1 000 €, considérée comme TTC.
Base d'imposition : 1 000 × 0,833 = 833 €
TVA exigible : 833 × 20 % = 166,60 €.
Lors de l'encaissement du supplément de prix (200 €) prévu au contrat, celui-ci doit être soumis à la TVA dans les conditions suivantes :
Base d'imposition : 200 × 0,833 = 166,60 €
TVA exigible : 166,60 × 20 % = 33,32 €.

Les règles ci-dessus ne concernent, bien entendu, que le cas où le prix est stipulé sans mentionner la TVA. Lorsque celle-ci est réclamée au client, la base d'imposition est en effet constituée du prix déterminé hors TVA. 36870

Lorsque le **redevable** d'une opération imposable qui n'a pas été soumise à la TVA **est l'acquéreur,** le prix convenu ferme et définitif doit toujours être considéré comme hors taxe même dans le cas exceptionnel où le vendeur ou le prestataire aurait, par une stipulation expresse, accepté, en cas d'imposition à la TVA, d'accorder à son client une réduction de prix égale au montant de la TVA. 36875

Les règles ci-dessus s'appliquent de la même façon lorsqu'il s'avère qu'une **opération** a été **taxée à un taux erroné inférieur** au taux légal : la base d'imposition au taux légalement applicable doit être déterminée compte tenu du prix convenu ferme et définitif, ce prix devant en principe être diminué du montant de la TVA légalement exigible si le redevable est le vendeur ou le prestataire. 36880

REMARQUE

Les règles exposées aux nos 36850 s. résultent de la doctrine administrative (BOI-TVA-BASE-10-20-20 nos 100 s.), laquelle s'appuie sur les principes dégagés par le Conseil d'État (CE 14-12-1979 n° 11798, Comité de propagande de la banane : RJF 2/80 n° 99 ; CE 28-7-1993 n° 62865, SA Mitsukoshi France : RJF 8-9/93 n° 1140). 36890

Mais il faut noter que :

– la Cour de cassation n'applique pas les mêmes principes lorsque le vendeur et le client sont des commerçants. Elle a, en effet, jugé que, selon un usage constant entre commerçants, les prix s'entendent hors taxe, sauf convention contraire (Cass. com. 9-1-2001 n° 97-22.212 FP-P, Sté Méditerranée poids lourds : RJF 4/01 n° 476) ;

– selon la CJUE, le prix convenu sans mention de la TVA doit être considéré comme incluant déjà cette taxe dans le cas où le fournisseur (redevable de la TVA) n'a pas la possibilité de récupérer auprès de l'acquéreur la TVA réclamée par l'administration fiscale (CJUE 7-11-2013 aff. 249/12 et 250/12 : RJF 1/14 n° 109 ; CJUE 1-7-2021 aff. 521/19 : RJF 10/21 n° 991).

6. OPÉRATIONS LIBELLÉES EN DEVISES

L'article 266, 1 bis du CGI prévoit que, lorsque les éléments servant à déterminer la base d'imposition sont exprimés dans une monnaie autre que l'euro, le **taux de change** à appliquer est celui du dernier taux publié par la Banque centrale européenne, au jour de l'exigibilité de la taxe. 36920

36925 Les dispositions de l'article 266, 1 bis du CGI concernent tous les assujettis qui, dans le cadre de **contrats internationaux,** facturent et règlent en devises étrangères certaines opérations soumises à la TVA en France.

Elles s'appliquent également, le cas échéant, pour la détermination de la base d'imposition des **acquisitions intracommunautaires** mais, en pratique, les opérateurs sont autorisés à évaluer ces acquisitions selon le taux de change utilisé pour déterminer la valeur en douane des importations et la valeur statistique, c'est-à-dire le **taux de change mensuel,** à condition de s'en tenir à cette méthode pour toutes les opérations intracommunautaires de l'année considérée (BOI-TVA-DECLA-30-20-20-10 n° 410).

> **Précisions a.** Le taux de change retenu pour le calcul de la valeur en douane peut être utilisé également pour calculer la taxe exigible sur les biens sortant d'un **régime douanier communautaire** ou d'un **régime ou d'un entrepôt fiscal suspensif** (BOI-TVA-CHAMP-40-10-30 n° 170 ; BOI-TVA-CHAMP-40-20-50 n° 160).
> **b.** Pour les **monnaies** extérieures à la zone euro **cotées et publiées au JOUE** (monnaies européennes « out » et certaines monnaies tierces), la règle du taux de change mensuel se traduit par l'application du taux de change de l'avant-dernier mercredi du mois précédent, publié au JOUE le jeudi suivant. Pour les **monnaies cotées mais non publiées** au JOUE, il convient de se référer aux taux publiés sur le site internet de la douane, qui sont des cours moyens calculés mensuellement par la Banque de France, ou de retenir un taux de change conventionnel, c'est-à-dire un taux de change prévu par contrat avant le dédouanement.

36930 Pour éviter des litiges et assurer une bonne information de ses clients, l'entreprise qui établit des **factures** libellées en devises étrangères peut :

– lorsque l'exigibilité intervient lors de la livraison ou du débit, indiquer le taux de change applicable ;

– lorsque l'exigibilité intervient lors de l'encaissement, indiquer à son client que la TVA sera fonction du taux de change fixé lors de l'encaissement des acomptes ou du prix (BOI-TVA-DECLA-30-20-20-10 n° 400). Elle peut, ultérieurement, lui délivrer un document faisant référence à la facture initiale et mentionnant le montant du règlement ainsi que le taux de change.

36935 En cas de **non-paiement** ou de **résiliation,** la TVA à récupérer selon la procédure décrite aux nos 59100 s. est celle acquittée lors de l'exigibilité en fonction du taux de change appliqué à cette date (Inst. 3 B-2-89, non reprise au Bofip mais dont la solution nous paraît conserver sa portée).

SECTION 7 SOLUTIONS DIVERSES

SERVICES APRÈS-VENTE

37050 Certains fabricants assurent aux concessionnaires revendeurs de leurs marques une **rémunération particulière** pour tenir compte des « services après-vente » que les revendeurs s'engagent, de par leur contrat de concession, à rendre aux clients, notamment dans le cadre de l'exécution de la clause de garantie attachée à la vente.

Cette rémunération est attribuée suivant diverses modalités. C'est ainsi qu'elle peut être octroyée au revendeur sous forme de remise, ou versée périodiquement en fonction des ventes ou au fur et à mesure de l'exécution par le revendeur des obligations résultant du contrat de vente ou de la clause de garantie.

Le régime applicable aux remises ou versements ainsi effectués est le suivant.

37055 Pour les **fabricants,** les remises consenties aux concessionnaires ne peuvent être considérées comme des réductions des prix pratiqués puisqu'elles constituent la contrepartie des services après-vente. Leur montant ne peut donc pas être soustrait des bases d'imposition du fabricant.

De même, les versements au profit des concessionnaires ne peuvent être, à l'évidence, exclus des bases d'imposition des fabricants puisqu'ils constituent des charges pour les intéressés et non des diminutions de recettes (BOI-TVA-BASE-10-20-10 n° 300).

37060 Pour les **concessionnaires,** dès lors qu'elles sont la contrepartie de services rendus au fabricant, les remises ainsi obtenues par le concessionnaire constituent des recettes imposables selon le taux propre à ces prestations et doivent obligatoirement donner lieu à l'établissement de factures (CGI art. 289, I).

De même, les versements effectués par les fabricants en contrepartie de ces services constituent des compléments de rémunération pour les concessionnaires. Ces sommes imposables doivent donc donner lieu également à l'établissement d'une facture adressée au fabricant qui peut déduire la taxe correspondante (BOI-TVA-BASE-10-20-10 n° 310).

MAISONS À SUCCURSALES MULTIPLES

Il est admis que la TVA soit acquittée sur les **livraisons faites par la maison mère à ses succursales.** 37090

Les livraisons ainsi effectuées sont imposées avec un décalage d'un mois (exemple : les livraisons faites en janvier à ses succursales par la maison mère sont déclarées en mars).

La **valeur imposable** est constituée par le prix de vente pratiqué par la succursale et doit tenir compte des variations de prix éventuellement intervenues entre la livraison à la succursale et la vente aux consommateurs (BOI-TVA-DECLA-30-10-20-20 n° 110).

TRAVAUX EN RÉGIE

La « régie » s'entend généralement d'une convention par laquelle une personne physique ou morale fait exécuter elle-même un service ou des travaux en ayant recours à un « régisseur ». Elle est **essentiellement** utilisée pour la réalisation de certains **marchés de travaux immobiliers.** 37120

Le régisseur de travaux, dont l'activité est celle d'un **mandataire,** participe à l'exécution des travaux sous la direction du maître d'œuvre. Il n'assume personnellement aucun risque, cependant sa responsabilité peut être engagée s'il n'exécute pas correctement les ordres et directives qui lui ont été donnés. En effet, le régisseur demeure soumis à la surveillance du maître d'œuvre.

Les entrepreneurs de travaux en régie qui **rendent compte au maître d'œuvre** de toutes les dépenses qu'ils ont engagées au nom et pour le compte de celui-ci ne sont redevables de la TVA que sur leur rémunération (qui ne doit couvrir que leurs frais généraux et leur bénéfice). 37125

Bien entendu, ils ne peuvent soustraire de leur base d'imposition le montant des salaires versés à leur propre personnel (BOI-TVA-BASE-10-20-40-10 n° 80).

CONCESSIONNAIRES DE DROITS COMMUNAUX

Les concessionnaires, adjudicataires et fermiers de droits communaux sont imposables à la TVA, soit sur le montant de leurs recettes atténué de la redevance versée aux communes s'ils **perçoivent les droits** de place **pour leur propre compte,** soit sur la rémunération fixe ou proportionnelle qu'ils reçoivent des communes lorsqu'ils **recouvrent les droits pour le compte de ces dernières** (BOI-TVA-BASE-10-20-40-10 n° 150). 37160

Le concessionnaire qui exploite pour le compte d'une collectivité locale un immeuble aménagé en vue d'un **usage professionnel** est redevable de la TVA sur le montant total de ses recettes (BOI-TVA-BASE-10-20-40-10 n° 150). L'intéressé ne peut, en effet, être assimilé à un concessionnaire de droits communaux. 37165

Il en va de même :

- pour les concessionnaires qui assurent l'exploitation pure et simple d'établissements appartenant à des collectivités, aménagés en vue d'un usage industriel et commercial (telles les **constructions à usage de parking** public) ;
- pour les concessionnaires, adjudicataires et fermiers de droits communaux, pour ce qui concerne les **recettes accessoires** à la perception de droits communaux qui revêtent un caractère commercial (par exemple : location de matériels) (Rép. Soisson : AN 26-7-1969 n° 6098, non reprise au Bofip).

TABACS

Conformément à l'article 298 quaterdecies du CGI, les tabacs manufacturés sont soumis à la TVA sur la base du **prix de vente** au détail, y compris l'accise sur les tabacs mentionnée aux articles L 314-1 s. du CIBS, mais à l'exclusion de la TVA elle-même. 37200

Seuls les **fournisseurs** sont en principe redevables de la TVA, qui est liquidée et acquittée dans les mêmes conditions que l'accise sur les tabacs.

Les **débitants de tabac** ne sont redevables de la TVA ni sur les ventes de tabac ni sur les remises qui leur sont allouées (BOI-TVA-BASE-10-20-70 n° 50). Néanmoins, ils peuvent opérer, dans les conditions habituelles, la déduction de la taxe grevant les dépenses (y compris d'investissement) supportées au titre de l'activité de débit de tabac (BOI-TVA-DED-20-10-20 n° 310) (en ce qui concerne les commissions qu'ils perçoivent en tant qu'intermédiaires ou détaillants de loto, voir n° 17200).

Les **hôteliers, restaurateurs, débitants de boissons,** exploitants de stations-service, la Compagnie internationale des wagons-lits, etc., **autorisés à rétrocéder** les tabacs, doivent uniquement soumettre à la TVA, dans les conditions de droit commun, le supplément de prix qu'ils réclament en sus du prix de vente au détail (BOI-TVA-BASE-10-20-70 n° 50).

37205 Lorsqu'ils sont titulaires du statut d'acheteur-revendeur de tabacs manufacturés, les assujettis exploitant des **comptoirs de vente** situés dans les ports et aéroports ou à bord de moyens de transport sont redevables de la TVA, dans les conditions de droit commun, au titre des ventes faites à des voyageurs se rendant dans un autre État membre.

Ils peuvent corrélativement déduire la taxe supportée lors de l'achat, de l'importation ou de l'acquisition intracommunautaire de ces produits, ou lors de la sortie d'un régime suspensif (BOI-TVA-CHAMP-20-20-20 nos 310 et 330).

TRAVAUX IMMOBILIERS

37240 Pour les travaux immobiliers, la base d'imposition est constituée, conformément à l'article 266, 1-f du CGI, par le **montant des marchés, mémoires ou factures.**

Ce montant comprend **notamment** : les primes et bonifications pour avance dans la livraison des ouvrages ; les indemnités de résiliation correspondant au prix des travaux déjà exécutés ; la retenue de garantie ; les frais de transport des matériaux utilisés pour l'exécution des travaux ; et, de manière générale, toute somme versée pour un motif quelconque en sus du prix fixé au marché de travaux (BOI-TVA-BASE-10-20-50 n° 70).

CHAPITRE 2

FAIT GÉNÉRATEUR ET EXIGIBILITÉ

SOMMAIRE

SECTION 1

GÉNÉRALITÉS

Une fois que l'on a déterminé qu'une opération doit être effectivement soumise à la TVA française et défini sa base d'imposition, se pose la question de savoir à quel moment cette taxe doit être versée au Trésor public, ou plus exactement à quel moment, compte tenu de l'existence du régime des déductions, elle doit être déclarée. Répondre à cette question revient à déterminer le fait générateur et l'exigibilité de la taxe. **38200**

L'article 269 du CGI distingue, en effet, le fait générateur de la TVA de son exigibilité. Cette distinction est reprise de l'article 62 de la directive TVA qui définit ces notions.

DÉFINITIONS

En vertu de l'article 62 de la directive TVA, le **fait générateur** de la taxe est le fait par lequel sont réalisées les conditions légales nécessaires pour l'exigibilité de la taxe. **38210**

L'**exigibilité** de la taxe est, quant à elle, définie par cette disposition comme le droit que le Trésor peut faire valoir aux termes de la loi, à partir d'un moment donné, auprès du redevable pour le paiement de la taxe, même si le paiement peut en être reporté.

L'article 63 de la directive TVA pose en principe que le fait générateur de la taxe et son exigibilité interviennent au même moment, soit au moment où la livraison de biens ou la prestation de services est effectuée (ce moment faisant l'objet de définitions particulières pour certaines opérations visées à l'article 64 de la directive), étant précisé par l'article 65 que l'exigibilité intervient au moment de l'encaissement s'agissant des acomptes versés avant la réalisation de la livraison ou de la prestation. Cependant, l'article 66 de la directive TVA admet que ce principe puisse comporter certaines dérogations. **38215**

Dans la législation française, pour certaines opérations, le fait générateur de la taxe et son exigibilité coïncident, c'est-à-dire interviennent **au même moment.** C'est essentiellement le cas des livraisons de biens corporels (nos 38350 s.). **38220**

Pour d'autres opérations au contraire, les deux dates **ne coïncident pas.** Il en est ainsi, en principe, pour les prestations de services (nos 38600 s.).

INTÉRÊT DE LA DISTINCTION ENTRE FAIT GÉNÉRATEUR ET EXIGIBILITÉ

Des deux notions de fait générateur et d'**exigibilité** de la taxe, celle de l'exigibilité revêt la plus grande **importance pratique.** **38230**

En effet, c'est l'exigibilité (et non le fait générateur) qui **détermine la période** (mois, trimestre, etc.) au titre de laquelle le montant des opérations imposables doit faire l'objet d'une **déclaration,** avec **paiement** de l'impôt correspondant (nos 47500 s.).

De même, c'est le moment où la taxe applicable aux biens ou services acquis, importés ou livrés à soi-même devient exigible qui détermine la **date** à laquelle le droit à **déduction** prend naissance **chez l'utilisateur** de ces biens ou services (nos 56500 s.).

Quant au **fait générateur,** il est utilisé, en pratique, pour déterminer, en cas de **changement de législation,** le régime applicable. Cette notion est parfois retenue également en cas de **changement de taux** (bien qu'un tel changement ne s'analyse pas en un changement de législation).

RÈGLES PARTICULIÈRES

38240 Indépendamment des dispositions générales concernant, d'une part, les livraisons de biens corporels (nos 38350 s.) et, d'autre part, les prestations de services (nos 38600 s.), le fait générateur et l'exigibilité de la TVA sont déterminés, pour **certaines opérations,** selon des règles spécifiques.

Le tableau récapitulatif figurant ci-après présente la liste de ces opérations avec, pour chacune, la référence aux commentaires correspondants.

Opérations soumises à des règles particulières en matière de fait générateur et d'exigibilité	Commentaires (nos)
Livraisons à soi-même	14130, 14365 et 14520
Acquisitions intracommunautaires, importations, affectation en France d'un **bien transféré**	19730 s., 22080 et 19890
Prestations de services pour lesquelles la **taxe** doit être **autoliquidée** par le preneur en vertu de l'article 283, 2 du CGI	24600 s.
Opérations réalisées par ou à destination des **plateformes en ligne** facilitant les ventes à distance de biens importés et certaines livraisons de biens à un non-assujetti	23680
Ventes à distance de biens importés en cas de recours au régime particulier de **guichet unique** « **IOSS** »	33740
Agriculture	71200 s.
Opérations immobilières	67500 s.
Opération dans laquelle intervient un **commissionnaire**	83360
Produits pétroliers	82030 s.
Presse	85520 s., 85950
Spectacles	88900
Travaux immobiliers	38890 s.
Appareils automatiques	89820
Bons	16370 s.

38245 **Remarque** : Les **entreprises qui cessent leur activité,** ou qui perdent la qualité de redevable, doivent soumettre à la TVA les sommes perçues après la date de la cessation d'activité dès lors qu'elles se rapportent à des opérations réalisées avant cette date et pour lesquelles l'exigibilité intervient lors de l'encaissement. Ces sommes doivent alors faire l'objet d'une déclaration CA 3.

SECTION 2

LIVRAISONS DE BIENS CORPORELS

1. RÈGLES GÉNÉRALES

38350 En vertu de l'article 269, 1-a du CGI, et conformément à la directive TVA, le fait générateur de la TVA se produit, pour les livraisons de biens corporels, au moment où la livraison est effectuée.

L'exigibilité de la taxe intervient, quant à elle, conformément au 2-a de l'article 269 du CGI lors de la réalisation du fait générateur.

La combinaison des 1-a et 2-a de l'article 269 du CGI fait ainsi apparaître que, pour les livraisons de biens corporels et assimilées, **fait générateur et exigibilité coïncident** et se situent tous deux au moment où l'opération est effectuée. Il convient donc, pour déterminer le fait générateur et l'exigibilité de la taxe afférente aux livraisons de biens corporels, de se reporter à la définition des livraisons de biens donnée par l'article 256, II-1° du CGI. Ainsi, la TVA afférente aux opérations en cause (ventes, échanges, prêts de consommation, etc.) devient exigible, en principe, lors du « **transfert du pouvoir de disposer du bien comme un propriétaire** » (sur cette notion, voir n° 38355).

À compter du 1er janvier 2023, en cas de versement préalable d'un **acompte** portant sur des livraisons de biens, la taxe devient exigible au moment de son encaissement (sur cette notion, voir nos 38650 s.), à concurrence du montant encaissé (CGI art. 269, 2-a, applicable aux acomptes encaissés à compter du 1-1-2023). En ce qui concerne l'exercice des droits à déduction dans cette hypothèse, voir n° 56505.

Concernant le cas particulier des livraisons à exécution échelonnée, voir nos 38430 s.

> **Précisions** Selon la CAA de Nantes, l'article 269, 2-a du CGI, dans sa rédaction applicable jusqu'au 31 décembre 2022, qui prévoyait que, pour les livraisons de biens, la taxe est exigible uniquement au moment où la livraison du bien est effectuée, était **incompatible** avec les objectifs fixés par l'article 65 de la **directive TVA** en ce qu'il ne prévoyait pas, dans le cas d'une livraison, que la taxe devienne exigible, et par conséquent déductible, au moment de l'encaissement d'un acompte. Par suite, la cour a considéré que le versement d'**acomptes** avant qu'une livraison de biens ne soit effectuée donne lieu à **exigibilité** de la TVA dès l'encaissement à la **double condition** que, au moment du versement de l'acompte, les biens soient désignés avec précision et que la réalisation de la livraison ne soit pas incertaine (CAA Nantes 28-5-2021 n° 19NT03579 : RJF 8-9/21 n° 800).

Le transfert du pouvoir de disposer d'un bien comme un propriétaire intervient généralement lors de l'**échange des consentements,** même si le bien n'a pas été délivré ou si le prix n'a pas été payé (C. civ. art. 1583). **38355**

Toutefois ce principe comporte les **exceptions** suivantes :

1. Il ne s'applique qu'aux **choses certaines** : ainsi, à l'exception des ventes où la marchandise est déterminée par sa localisation (ventes en bloc visées à l'article 1586 du Code civil), le transfert de propriété des biens vendus au poids, au compte ou à la mesure n'intervient qu'au moment où ceux-ci sont pesés, comptés ou mesurés (C. civ. art. 1585). Par ailleurs, le transfert de propriété de biens meubles futurs est retardé à l'achèvement du bien.

EXEMPLE

Vente d'une récolte non encore à maturité (la vente n'est parfaite qu'au moment de la récolte) ou vente d'un bien non encore fabriqué (la vente est subordonnée à l'achèvement du bien et, en pratique, à son individualisation par acheminement vers l'acheteur).

2. Il n'est pas d'ordre public : les parties peuvent retarder la formation du contrat et donc du transfert de propriété en prévoyant une **condition suspensive.** Dans ce cas, le transfert de propriété ne s'opère qu'au moment de la réalisation de la condition. Ce type de clause doit être distingué de la **condition résolutoire** où le transfert de propriété intervient dès la conclusion du contrat, celui-ci pouvant être rétroactivement résilié si la condition se réalise.

Les conséquences fiscales sont les suivantes :

– dans le cas d'une vente sous condition suspensive, le fait générateur n'intervient qu'au moment de la réalisation de la condition (et la taxe ne devient exigible qu'à cette date) ;

– dans le cas d'une vente sous condition résolutoire, le fait générateur (et l'exigibilité) intervient dès l'échange des consentements (BOI-TVA-BASE-20-10 nos 40 à 57).

2. EXPLICATIONS PARTICULIÈRES

Pour les opérations visées ci-après, la détermination de la date d'exigibilité de la TVA appelle des explications particulières. **38380**

VENTES PAYABLES À TERME OU À TEMPÉRAMENT

La circonstance que le prix ait été stipulé payable à terme ou à tempérament n'emporte aucune incidence sur la validité de la vente, laquelle doit être soumise à la TVA lors de la **remise matérielle** du bien vendu (BOI-TVA-BASE-20-10 nos 90 et 110). **38390**

> **Précisions** C'est l'article 256, II-3°-c du CGI qui assimile à une livraison la remise matérielle d'un bien meuble corporel en vertu d'un contrat de vente à tempérament. Dans le cadre d'un tel contrat, l'élément regardé comme constitutif de la livraison est donc la remise matérielle du bien, et non le transfert du pouvoir de disposer du bien comme un propriétaire.

LOCATION-VENTE DE BIENS MEUBLES

38400 La location-vente est une convention qui consiste à prévoir qu'à l'expiration d'un **contrat de louage de chose,** la propriété du bien loué sera transférée à la personne qui en était jusque-là simplement locataire. L'exécution de ce contrat se déroule en deux phases :

– une première phase durant laquelle le propriétaire d'un bien donne celui-ci à bail à un locataire moyennant le paiement d'un loyer ;

– une seconde phase où bailleur et locataire deviennent respectivement vendeur et acheteur, les loyers versés précédemment compensant tout ou partie du prix de vente du bien.

Le contrat de location-vente se distingue essentiellement du contrat de vente à tempérament par le fait que la vente à tempérament est juridiquement parfaite dès l'échange des consentements des parties et ne peut donc être résolue que par voie judiciaire, alors que la location-vente peut, en principe, être résolue de manière plus simple, le bailleur se contentant de reprendre le bien dont le preneur ne veut plus.

Bien que la location-vente se décompose fiscalement en un contrat de louage de chose suivi d'une vente, chacune de ces conventions suivant son régime propre, les livraisons de biens meubles corporels effectuées dans le cadre d'un tel contrat doivent être soumises à la taxe lors de la **remise matérielle** des biens (BOI-TVA-BASE-20-10 n° 120).

> **Précisions a.** Comme pour la vente à tempérament, c'est l'article 256, II-3°-c du CGI qui assimile à une livraison la remise matérielle d'un bien meuble corporel en vertu d'un contrat de location-vente.
> **b.** Seuls les **biens meubles corporels** sont concernés par ces dispositions, à l'exclusion par conséquent des biens immeubles.

38405 Dans le cas d'une location-vente, la taxe est **assise** sur le montant cumulé des loyers prévus (ou, le cas échéant, sur le prix prévisionnel du bien tel qu'il peut ressortir du contrat) (BOI-TVA-BASE-20-10 n° 120).

Elle peut être **facturée** par le bailleur dès la remise matérielle du bien. Corrélativement, la taxe peut être **déduite** par le locataire si le bien loué ouvre droit à déduction.

38410 **Remarque** : Selon l'administration, les règles prévues pour le contrat de location-vente ne s'appliquent pas aux contrats de **crédit-bail mobilier ou de « leasing ».**

Le contrat de crédit-bail mobilier ou de leasing est un contrat qui s'analyse en une location assortie pour le preneur d'une simple faculté d'achat moyennant un prix convenu qui tient compte, au moins en partie, des versements effectués au titre des loyers. Cette opération est considérée comme une location suivie d'une vente, l'acquéreur n'étant pas nécessairement l'ancien locataire.

Lorsqu'elle intervient en vertu d'un contrat de crédit-bail ou de leasing, la remise d'un bien meuble corporel n'est pas considérée comme une livraison de biens.

Le régime de TVA d'un tel contrat est le suivant : les sommes reçues à titre de loyers sont soumises à la TVA pendant toute la durée de la location, selon les règles prévues pour les prestations de services (nos 38600 s.) ; lorsqu'en fin de contrat, le bien meuble, objet du crédit-bail, est vendu, le propriétaire du bien doit être considéré comme vendant un bien usagé qu'il avait utilisé pour les besoins de son exploitation et la cession est soumise au régime prévu pour les cessions de biens mobiliers d'investissement (nos 80150 s.) (BOI-TVA-CHAMP-10-10-40-10 n° 90).

La **Cour de justice** a toutefois précisé que les règles prévues pour le contrat de location-vente s'appliquent à un contrat de location avec option d'achat, lorsqu'il peut être déduit des conditions financières du contrat que l'exercice de l'option apparaît comme le seul choix économiquement rationnel que le preneur sera susceptible de faire le moment venu si le contrat est exécuté jusqu'à son terme. Tel peut notamment être le cas s'il résulte du contrat que, lorsque s'ouvrira la possibilité d'exercer l'option, la somme des échéances contractuelles correspondra à la valeur vénale du bien, coût du financement compris, et que l'exercice de l'option n'imposera pas au preneur de s'acquitter d'une somme supplémentaire significative (CJUE 4-10-2017 aff. 164/16 : RJF 12/17 n° 1263 ; voir également CAA Bordeaux 16-6-2020 n° 18BX02182 : RJF 11/20 n° 875 pour une application de cette jurisprudence).

VENTES ASSORTIES D'UNE CLAUSE DE RÉSERVE DE PROPRIÉTÉ

38420 Pour se garantir contre le non-paiement de leur créance, les vendeurs peuvent inclure dans le contrat une clause différant le transfert de propriété à l'acheteur jusqu'au paiement intégral du prix.

En pareil cas, la TVA est exigible dès la **remise matérielle** du bien à l'acheteur, sans qu'il y ait lieu d'attendre le paiement du prix et donc le transfert de propriété (BOI-TVA-BASE-20-10 n° 130).

La taxe afférente à la vente est **déductible chez l'acquéreur** dans les conditions de droit commun ; le droit à déduction prend naissance à la date d'exigibilité de la taxe en cause, c'est-à-dire à la date de la remise matérielle du bien.

Lorsque le vendeur exerce son **droit de revendication,** notamment en cas de **non-paiement** total ou partiel **du prix,** et reprend les biens ou marchandises ayant fait l'objet d'une vente comportant une clause de réserve de propriété, celle-ci est considérée comme résolue. Le vendeur peut alors obtenir l'imputation ou la restitution de la taxe acquittée lors de la remise matérielle de ces biens ou marchandises dans les conditions prévues pour les opérations résiliées, annulées ou impayées (nos 59100 s.).

Corrélativement, dès réception de la facture rectificative établie conformément au même article, l'acquéreur est tenu de procéder au reversement de la taxe afférente à la vente qu'il avait initialement déduite (n° 59275) (Inst. 3 B-4-80, non reprise au Bofip mais dont la solution nous paraît conserver sa valeur).

> **Précisions** Comme pour la vente à tempérament et la location-vente, c'est l'article 256, II-3°-c du CGI qui assimile à une livraison la remise matérielle d'un bien meuble corporel en vertu d'un contrat incluant une clause de réserve de propriété.

LIVRAISONS À EXÉCUTION ÉCHELONNÉE

Pour les livraisons de biens meubles qui donnent lieu à l'établissement de **décomptes ou** à des **encaissements successifs** (autres que celles effectuées dans le cadre de contrats de vente à tempérament ou de location-vente : nos 38390 et 38400 s.), le fait générateur de la TVA intervient lors de l'**expiration des périodes** auxquelles ces décomptes ou encaissements se rapportent (CGI art. 269, 1-a bis). **38430**

L'exigibilité de la taxe intervient, quant à elle, soit lors de la réalisation du fait générateur, c'est-à-dire à l'**expiration des périodes** auxquelles les décomptes ou encaissements se rapportent, soit, sur option du redevable, au moment du **débit** (nos 38800 s.), et, en tout état de cause, dès la perception d'acomptes et à concurrence de leur montant lorsqu'il en est demandé avant l'intervention du fait générateur ou du débit (CGI art. 269, 2-a).

Les règles exposées au n° 38430 concernent les livraisons de biens meubles effectuées en vertu de contrats « à exécution échelonnée » qui ne portent pas sur des quantités de biens finies ou déterminées avec précision, mais en stipulation desquels les quantités de biens livrées dépendent seulement de l'une des parties. **38435**

Sont donc **essentiellement** visées les fournitures de biens tels que le **gaz,** l'**électricité,** l'**eau,** la **chaleur** et le **froid** qui sont effectuées de façon continue **dans le cadre** de contrats **d'abonnement** (qui donnent lieu à des relevés périodiques).

Ces biens sont expressément considérés comme des biens meubles corporels par l'article 256, II-2° du CGI (n° 1190).

Les règles d'exigibilité les concernant s'appliquent à **toutes les sommes réclamées** en contrepartie des livraisons faites aux clients et constituant un élément du prix de ces biens (frais d'abonnement, consommations, frais accessoires, participations des abonnés aux investissements et notamment aux frais de branchement, etc.) (BOI-TVA-BASE-20-40 n° 40).

EXEMPLE **38440**

Soit une facture d'eau datée du 15 mai et concernant une période de consommation allant du 1er janvier au 30 avril. La TVA est exigible, selon les cas :
– le 30 avril, en l'absence d'option pour le paiement de la taxe d'après les débits, ou lors de la perception des acomptes lorsqu'il en est demandé avant cette date ;
– le 15 mai, si l'option pour le paiement de la taxe d'après les débits a été exercée, ou lors de la perception des acomptes lorsqu'il en est demandé avant cette date.

3. SOLUTIONS DIVERSES

Nous donnons ci-après des solutions concernant des opérations ou des contrats particuliers. **38480**

En ce qui concerne :

- les ventes de médicaments par des vétérinaires : voir n° 7700, précisions ;
- les ventes de médicaments par les médecins « propharmaciens » : voir n° 9290.

VENTES AU DÉTAIL RÉALISÉES PAR LES EXPLOITANTS DE MAGASINS À SUCCURSALES MULTIPLES

38485 Les exploitants de maisons à succursales multiples sont autorisés à considérer que, pour les ventes réalisées dans leurs établissements de vente au détail, fait générateur et exigibilité de la taxe interviennent uniformément pendant le mois qui suit celui où les livraisons correspondantes ont été faites par la maison mère à ces établissements (BOI-TVA-BASE-20-10 n° 80).

VENTES RÉGLÉES PAR BONS DE CRÉDIT EN CONTREPARTIE DE LA REMISE PAR LE VENDEUR DE CONTREBONS

38490 N'est pas imposable sur la valeur des « contrebons » non utilisés en fin d'exercice le grand magasin qui délivre à ses clients acquittant leurs achats au moyen de bons de crédit émis par une filiale, établissement financier, des contrebons, égaux à la différence entre le montant du bon de crédit présenté et le prix, inférieur, de la marchandise achetée et qui peuvent soit être utilisés dans les limites de la prescription trentenaire, pour l'achat ultérieur de marchandises, soit être remboursés. Ces contrebons constituent, eu égard notamment à leur caractère remboursable, des dettes du grand magasin à l'égard de ses clients, certaines dans leur principe et déterminées dans leur montant, et non, au cas où ils n'auraient pas été utilisés à la clôture de l'exercice au cours duquel ils ont été émis, un profit définitivement acquis. En l'espèce, la TVA ne peut être établie conformément à l'article 269 du CGI qu'au moment de la **mise à disposition des marchandises** en contrepartie des « contrebons » (CE 6-5-1985 n° 37361 : RJF 7/85 n° 1033).

> Précisions Dans une affaire comparable, le TA d'Orléans s'est placé sur le terrain de l'article 256 du CGI pour juger non imposable le produit comptabilisé par une société de vente par correspondance qui constate la non-utilisation, par ses clients, des avoirs obtenus après retour de marchandises (TA Orléans 14-2-1991 n° 87607-89829 : RJF 8-9/91 n° 1072).

VENTES DE MÉDICAMENTS PAR LES PHARMACIENS

38500 Les ventes faites par des pharmaciens d'officine à des particuliers bénéficiaires du **régime tiers payant** doivent être soumises à la TVA dès leur réalisation, alors même que le prix serait acquitté par l'organisme tiers avec d'importants retards (CE 15-6-1977 n° 382 : RJF 9/77 n° 506).

FOURNISSEURS DE MATÉRIELS ORTHOPÉDIQUES

38510 Les fabricants d'appareils et d'articles orthopédiques n'ont généralement pas connaissance de la date de la remise effective des appareils aux utilisateurs en raison de l'intervention obligatoire, dans le processus de livraison, des centres chargés de procéder aux essayages et vérifications préalables à la mise en service des matériels. Il est donc admis, à titre exceptionnel, que ces fournisseurs établissent leurs déclarations mensuelles de chiffres d'affaires en fonction des **livraisons de matériels** effectuées, **au cours du mois précédent, par les centres d'appareillage, après reconnaissance de conformité.**

Ces livraisons sont analysées, généralement, soit sur les **bordereaux valant facture,** soit sur les **copies des factures** transmises aux caisses régionales de sécurité sociale par les centres d'appareillage.

Les centres d'appareillage doivent adresser aux redevables, dès le début de chaque mois, les **documents ayant fait l'objet d'une reconnaissance de conformité** au cours du mois précédent. Cette formalité essentielle doit être correctement remplie pour éviter un retard excessif dans le paiement de la TVA et sous peine de non-maintien de la mesure de tolérance adoptée (Rép. Grussenmeyer : AN 7-9-1974 n° 11861, non reprise au Bofip mais dont la solution nous paraît conserver sa valeur).

MARCHANDISES FAISANT L'OBJET D'UNE RÉCEPTION PRÉALABLE DANS LE CADRE D'UN MARCHÉ PUBLIC

38520 Les marchés publics de fournitures et de matériaux peuvent comporter une clause prévoyant la réception préalable de la marchandise par le destinataire, la remise n'étant effective qu'après **vérification** et prise en charge des marchandises par les services de l'administration contractante. En pareil cas, la livraison des biens intervient au moment de cette **réception** et c'est à cette date qu'interviennent le fait générateur et l'exigibilité de la TVA (CE 22-3-1961 n° 20420).

MARCHÉS D'ÉTUDES ET PROTOTYPES

38530 La réalisation de certains marchés d'études comporte la réalisation de maquettes, modèles réduits ou prototypes.

Il est admis, à titre de tolérance, que pour la détermination du fait générateur et de l'exigibilité de la taxe une distinction puisse être opérée dans les marchés entre, d'une part, les **études proprement dites** et, d'autre part, les **éléments matériels qui concrétisent ces études.**

L'exigibilité de la TVA afférente aux **études** est constituée par l'encaissement du prix ou éventuellement le débit ; celle de la TVA afférente à la **fourniture des maquettes, modèles réduits ou prototypes** est constituée par le transfert de propriété de ces biens au client.

Cette tolérance ne s'applique **pas** aux **marchés de fournitures** pour lesquels l'exigibilité de la TVA intervient pour la totalité du prix dès le transfert de la propriété du matériel. En effet, les **études et essais préalables** que peut nécessiter, pour les fournisseurs, l'exécution des matériels commandés sont **inséparables de la fabrication.** Il en est ainsi même dans l'hypothèse où le marché prévoit la fourniture d'un seul appareil, lequel est susceptible d'un emploi normal en fonction duquel il est fabriqué et ne saurait être, dès lors, considéré comme constituant un « prototype », au sens qui est défini ci-après.

Au contraire, les véritables **marchés d'études** répondent à une intention différente des parties. Leur objet ne consiste pas dans la livraison d'un matériel déterminé, mais dans l'**étude des moyens de réalisation et des spécifications** que doit comporter un matériel pour répondre aux conditions d'emploi et de rendement imposées par le client.

L'examen des marchés permet en général d'établir l'intention des parties de conclure un marché d'études proprement dites, distinct et séparable de toute réalisation ultérieure des matériels étudiés et essayés ; celle-ci ne peut être que postérieure à la mise au point des études, maquettes et prototypes et, par conséquent, études et réalisations ne sauraient résulter d'un même marché ou de deux marchés conclus à la même date ou à des dates très rapprochées (BOI-TVA-BASE-20-20 n° 120).

VENTES D'ÉLÉMENTS MOBILIERS AVEC TRAVAUX D'ÉTUDES ET/OU TRAVAUX DE POSE

Dans le cas d'opérations de vente d'éléments mobiliers assortis de prestations de services, il y a lieu de déterminer si l'opération doit être considérée comme constituée de plusieurs **opérations dissociables** ou s'il s'agit d'une **prestation unique complexe,** et si, dans ce dernier cas, il y a lieu de qualifier l'opération de livraison de biens ou de prestations de services (nos 1270 s.). **38540**

Pour des illustrations concernant la **qualification** retenue dans le cas de l'installation d'agencements professionnels et la pose de panneaux ou d'enseignes et signalétiques, voir n° 1370.

SECTION 3 PRESTATIONS DE SERVICES

1. RÈGLES GÉNÉRALES

Pour les prestations de services, le fait générateur de la taxe ne coïncide pas, en principe, avec son exigibilité (voir, au n° 38230, la portée de cette observation). **38600**

Le **fait générateur** de la taxe se produit, conformément aux dispositions de l'article 269, 1-a du CGI, au moment où la prestation de services est effectuée. Il est donc constitué par l'**exécution** des services ou des travaux. Toutefois, lorsque les prestations de services donnent lieu à l'établissement de **décomptes ou** à des **encaissements successifs,** le fait générateur se produit, en vertu de l'article 269, 1-a bis du CGI, au moment de l'**expiration des périodes** auxquelles ces décomptes et ces encaissements se rapportent.

L'**exigibilité** de la taxe intervient quant à elle, conformément à l'article 269, 2-c du CGI, lors de l'**encaissement** des acomptes, du prix, de la rémunération (nos 38650 s.), ou **sur option** du redevable, d'après les **débits** (nos 38800 s.). Par ailleurs, les entrepreneurs de travaux immobiliers peuvent, sous certaines conditions, opter pour le **paiement** de la taxe **lors de la livraison** (nos 38890 s.).

a. Opérations concernées par la distinction entre fait générateur et exigibilité

Les règles exposées au n° 38600 sont applicables à toutes les opérations considérées comme des prestations de services (nos 1250 s.) : réparations, façons, transports, locations (sauf les locations-ventes visées au n° 38400), cessions et concessions de biens meubles incorporels (brevets, marques, mines et carrières, etc.), ventes à consommer sur place, spectacles, fait de s'obliger à ne pas faire ou à tolérer un acte ou une situation, etc. **38620**

Elles s'appliquent également aux travaux immobiliers, avec cependant la particularité indiquée aux nos 38890 s.

Il est toutefois rappelé que des règles spécifiques d'exigibilité sont prévues pour les prestations de services pour lesquelles la **taxe** est **autoliquidée par le preneur** en vertu de l'article 283, 2 du CGI (nos 24600 s.).

b. Définition de l'encaissement

38650 La détermination du moment où intervient l'encaissement des acomptes, du prix ou de la rémunération appelle quelques précisions. Par « encaissements imposables », il faut entendre notamment toutes les sommes perçues du chef de la réalisation de l'opération ou de l'exécution des travaux, à quelque titre que ce soit (**avances, acomptes, règlements pour solde**) et quelle que soit la destination de ces sommes (achats de matières ou matériaux, paiement de sous-traitants, versements d'agios, etc.).

Le versement d'avances ou d'acomptes avant la réalisation d'une prestation ne donne toutefois lieu à exigibilité de la taxe qu'à la double condition que les services objets de la future prestation soient désignés avec précision et que la réalisation de la prestation ne soit pas incertaine (CJUE 21-2-2006 aff. 419/02 : RJF 5/06 n° 647 ; CJUE 13-3-2014 aff. 107/13 : RJF 6/14 n° 651 ; CJUE 31-5-2018 aff. 660/16 et 661/16 : RJF 8-9/18 n° 920 ; CE 24-2-2021 n° 429647 : RJF 5/21 n° 470).

Nous examinons ci-après ce qu'il y a lieu d'entendre par « encaissement » pour différents modes de paiement qui peuvent être utilisés par le client.

PAIEMENT PAR CHÈQUE

38660 En cas de paiement par chèque, la taxe n'est exigible, en principe, que lors de l'**encaissement** de ce chèque, soit directement, soit par inscription au compte.

Cependant, **en pratique,** le redevable soumis au paiement de la TVA d'après les encaissements et qui reçoit un chèque en paiement doit acquitter la taxe **dès remise** du chèque par son client.

Lorsque le client remet directement le chèque à son fournisseur, cette transmission matérielle constitue la remise du chèque.

Lorsque le client envoie le chèque à son fournisseur par la poste, la remise du chèque a lieu lors de la réception de celui-ci. Cette doctrine ne peut cependant faire échec aux dispositions légales ou jurisprudentielles de droit commun relatives au paiement par chèque (BOI-TVA-BASE-20-20 n° 40).

> **> Précisions** La doctrine administrative selon laquelle, en cas de paiement par chèque, l'encaissement intervient lors de la remise du chèque par le client a été confirmée par le Conseil d'État (CE 14-6-2017 n° 396901 : RJF 10/17 n° 928). La cour de Marseille a d'ailleurs précisé qu'il importe peu que les chèques aient en fait été encaissés non par la société prestataire, mais par son gérant sur son compte personnel ou par un tiers (CAA Marseille 7-4-2009 n° 06-2951 : RJF 1/10 n° 17).

38665 Le paiement n'est confirmé que lorsque le chèque est encaissé. Dès lors, si le **chèque** n'est **pas provisionné,** l'exigibilité doit être considérée comme n'étant pas effectivement intervenue et le redevable peut opérer l'**imputation** de la taxe acquittée lors de la remise du chèque.

Pour cela, il n'a pas à suivre la procédure spéciale décrite aux nos 59100 s. Il lui suffit de faire figurer le montant de la taxe à imputer sur sa prochaine déclaration CA 3 (ou, s'il est soumis au régime simplifié de déclaration et n'a pas renoncé aux formalités simplifiées prévues pour ce régime, de ne pas comprendre l'opération dans les opérations imposables à porter sur la déclaration annuelle CA 12).

Bien entendu, si, par la suite, il obtient de son client le remboursement en espèces du montant du chèque en cause, il doit soumettre à la taxe la somme correspondante (BOI-TVA-BASE-20-20 n° 40).

PAIEMENT PAR VIREMENT BANCAIRE

38680 Lorsque le paiement est fait par virement bancaire ou par virement postal, c'est la date de l'**inscription au compte** du fournisseur de la somme qui y est virée sur ordre du client qui constitue la date d'exigibilité de la taxe (BOI-TVA-BASE-20-20 n° 50).

PAIEMENT PAR INSCRIPTION AU CRÉDIT D'UN COMPTE

38690 D'une façon générale, l'encaissement intervient au moment où la somme correspondant au paiement d'une prestation de services est inscrite au crédit d'un compte dont le prestataire a la disposition.

Il en va ainsi en cas d'inscription au crédit d'un **compte courant,** mais également en cas d'inscription à un autre compte, tel qu'un **compte « fournisseurs »,** par exemple.

La question centrale est, en fait, de savoir si la somme inscrite peut être considérée comme **réellement disponible** pour le prestataire du service.

Cette règle est illustrée par les **exemples** suivants :

– l'exigibilité de la taxe afférente aux redevances de location-gérance d'un fonds de commerce versées par une société à un de ses administrateurs propriétaire du fonds intervient au moment de la **comptabilisation** de ces redevances par la société **au crédit du compte courant** dudit administrateur, dès lors que c'est à ce moment que la disponibilité desdites sommes est transférée de la société à l'intéressé (Rép. Liot : Sén. 25-5-1973 n° 12582, non reprise au Bofip mais dont la solution conserve sa valeur) ;

– le bailleur qui facture à la société locataire la TVA sur le loyer est réputé avoir encaissé le prix du loyer, ce qui rend la taxe exigible, à la date de l'inscription du loyer au crédit du compte courant d'associé ouvert à son nom dans les écritures de la société, ou encore à la date de la **compensation** opérée, **sur le compte client** dont il dispose dans les écritures de la société, entre le loyer et les sommes dont il est débiteur envers la société (CE CAPC 3-7-1996 n° 170670 : RJF 12/96 n° 1418) ;

– des sommes, représentant des loyers dus, inscrites en **charges à payer** dans les écritures d'une SARL qui prend en location un immeuble appartenant à une société civile immobilière ne peuvent pas être regardées comme un encaissement imposable à la TVA, dès lors qu'il est démontré que, compte tenu de sa situation financière, la SARL n'a pas pu payer les loyers dus à la société civile immobilière (CAA Lyon 27-2-2006 n°s 00-796 et 03-576 : RJF 8-9/06 n° 1010).

PAIEMENT PAR EFFET DE COMMERCE

Lorsque le paiement est effectué par effet de commerce, l'encaissement (et, par conséquent, l'exigibilité de la taxe) est considéré comme intervenant à la **date d'échéance de l'effet** (ou, si celui-ci n'est pas honoré à cette date, au moment du **règlement effectif** par le client) (BOI-TVA-BASE-20-20 n° 60). **38700**

En application de l'article 269, 2-c du CGI, il en va de même si l'effet est remis à l'escompte : l'exigibilité intervient à la date du paiement de l'effet par le client (et non lors de la remise à l'escompte).

TRANSMISSION DE CRÉANCE

En cas de transmission de créance, l'exigibilité de la taxe intervient à la date du **paiement de la dette transmise** entre les mains du bénéficiaire de la transmission (CGI art. 269, 2-c). Cette règle vaut **quel que soit le mode de transmission** de la créance (cession pure et simple, cession par bordereau « Dailly », affacturage, titrisation, etc.). **38710**

Il en est de même en cas de **nantissements** de créances par bordereau « Dailly » ainsi que pour les **avances** consenties par un établissement de crédit **au titulaire d'un marché public** imposable sur ses encaissements (BOI-TVA-BASE-20-20 n°s 60 et 100).

PAIEMENT DIRECT D'UN SOUS-TRAITANT PAR LE MAÎTRE D'OUVRAGE

Le paiement direct d'un sous-traitant par le maître de l'ouvrage vaut, selon l'administration, **encaissement chez le titulaire** du marché qui doit donc acquitter la taxe correspondante au titre du mois au cours duquel il est informé du règlement du sous-traitant (Lettre SLF 2-6-1981). **38720**

ABANDON DE CRÉANCES

Pour les prestations de services, la TVA ne peut être assise que sur des sommes réellement encaissées. La remise volontaire par le créancier d'une dette, qui constitue un mode d'extinction de l'obligation de payer mais n'entraîne la **perception d'aucune somme** par le créancier, n'équivaut pas pour ce dernier à un encaissement au sens de l'article 269, 2-c du CGI (CE 16-6-1986 n° 42523 : RJF 10/86 n° 927 ; CE 2-5-2018 n° 404161 : RJF 7/18 n° 740). **38730**

SAISIE DE SOMMES PAR UN CRÉANCIER DU PRESTATAIRE

Lorsque le créancier d'un prestataire assujetti à la TVA saisit entre les mains d'un tiers la somme que ce tiers doit au prestataire en paiement d'une prestation de services, la taxe due par ce dernier à raison de la prestation est exigible lors de l'encaissement par le saisissant de la somme saisie (CE 14-6-2017 n° 396901 : RJF 10/17 n° 928). **38735**

PARTICULARITÉS CONCERNANT LES PROFESSIONS JURIDIQUES OU JUDICIAIRES

L'administration a apporté les précisions suivantes. **38740**

a. En ce qui concerne les **commissaires de justice** et les **notaires,** le versement sur un compte de tiers d'une **provision pour frais d'acte** n'entraîne pas l'exigibilité de la taxe. La TVA devient exigible lorsqu'une partie de la provision est virée au compte de l'étude pour assurer la rémunération de l'officier ministériel ; lorsqu'elle est utilisée pour faire face à des dépenses pour le compte du client, la provision n'est pas soumise à la taxe. En tout état de cause, la TVA est exigible sur les honoraires du praticien lors de l'apurement définitif de l'affaire à concurrence des sommes acquises à l'officier ministériel (BOI-TVA-BASE-20-20 nº 160).

Par ailleurs, le montant des **honoraires ou droits proportionnels** perçus par les commissaires de justice ou notaires dont le montant définitif est connu lors de la délivrance des actes ou au moment de leur versement à l'officier ministériel est soumis à l'imposition lors de leur encaissement, même lorsqu'ils résultent de l'application d'un barème (BOI précité nº 170).

b. En ce qui concerne les **avocats,** les **provisions** réclamées aux clients sont considérées comme des acomptes et doivent être soumises à la TVA dès leur encaissement, sous réserve de l'application du régime des débours. Les provisions versées au titre de l'aide judiciaire sont soumises au même régime (BOI précité nº 210).

2. OPTION POUR LE PAIEMENT D'APRÈS LES DÉBITS

38800 Les redevables qui effectuent des **opérations pour lesquelles l'exigibilité** est constituée par l'**encaissement** peuvent, sur option, acquitter la taxe d'après leurs débits. Sont ainsi concernés non seulement les prestataires de services (CGI art. 269, 2-c-1er al.), mais également les exploitants agricoles (nº 71200) et les éditeurs de presse (nº 85525).

Peuvent également opter pour le paiement de la taxe d'après les débits les redevables qui effectuent des livraisons de biens meubles corporels donnant lieu à des décomptes ou à des encaissements successifs (**livraisons à exécution échelonnée**), pour lesquelles l'exigibilité intervient normalement lors de l'expiration des périodes auxquelles les décomptes ou encaissements se rapportent (nos 38430 s.)

> **Précisions** Comme tous les redevables pour lesquels la TVA devient normalement exigible lors de l'encaissement, les entrepreneurs de **travaux immobiliers** peuvent opter pour le paiement de la TVA d'après les débits. Ils disposent également d'une autre possibilité qui leur est propre : l'option pour le paiement de la TVA sur les livraisons (nos 38890 s.).

MODALITÉS ET PORTÉE DE L'OPTION

38810 Conformément à l'article 77 de l'annexe III au CGI, l'**option** doit être formulée de manière **expresse.** Les redevables qui entendent acquitter la TVA d'après les débits doivent en faire la **déclaration écrite,** par lettre simple, auprès du service des impôts dont ils relèvent pour le paiement de la taxe. Cette option peut être formulée à tout moment.

L'option **prend effet** pour les opérations réalisées (ou pour les périodes qui expirent) à compter du premier jour du mois suivant celui au cours duquel elle a été exercée.

Elle est **globale** : elle s'applique donc à l'ensemble des opérations réalisées par le redevable.

Elle demeure valable tant que les intéressés n'expriment pas leur désir de revenir au régime de droit commun. La **renonciation** à l'option prend la même forme que l'option elle-même (déclaration écrite, par lettre simple) et s'applique aux opérations réalisées (ou aux périodes qui expirent) à compter du premier jour du mois suivant celui au cours duquel cette renonciation a été déclarée.

> **Précisions** Concernant l'option formulée par un **assujetti unique,** voir nº 1720, précision c.

EFFETS DE L'OPTION

38820 En principe, le débit coïncide avec l'inscription de la somme correspondante au débit du compte « client » (CE 30-11-1938 et 28-12-1939). Ainsi, en pratique, le débit coïncide le plus souvent avec la **facturation.**

L'administration considère cependant que le paiement de l'impôt d'après les débits ne peut **pas** avoir pour effet de permettre aux redevables de **s'acquitter** de la TVA **postérieurement à l'encaissement** du prix ou de la rémunération de leurs services. En d'autres termes, les redevables qui paient la TVA d'après leurs débits doivent, sans attendre l'établissement d'une facture définitive, comprendre dans leurs déclarations mensuelles le montant des acomptes perçus par eux au cours du mois considéré, même s'ils ne correspondent pas à une exécution partielle du service fourni.

L'exercice du droit à déduction chez le client étant lié à l'exigibilité de la taxe chez le fournisseur ou le prestataire, il est **recommandé** aux redevables acquittant la taxe d'après les débits d'en informer leurs clients par une **mention** adéquate **sur leurs factures.** En l'absence de cette mention, les clients ne seraient pas tenus informés du fait que leur fournisseur acquitte la TVA d'après les débits et de la possibilité d'exercer leurs droits à déduction dès réception de la facture lorsque celle-ci précède le paiement du prix (BOI-TVA-BASE-20-50-10 nº 70 ; BOI-TVA-DECLA-30-20-20-30 nos 310 à 330).

Remarques : **1.** En cas de **ventes et prestations de services faisant l'objet d'une facturation unique,** l'exigibilité de la TVA est constituée, en principe, par la livraison des marchandises en ce qui concerne les ventes et par les encaissements en ce qui concerne les prestations de services. 38825

En exerçant l'**option** pour le paiement de la taxe d'après les **débits,** c'est-à-dire pratiquement lors des facturations, les redevables intéressés peuvent supprimer les difficultés résultant de cette différence dans les dates d'exigibilité.

2. Même s'il n'a pas effectivement opté pour les débits, un redevable est lié par la référence à cette option portée sur ses factures, la taxe étant donc exigible au moment du débit (CE 18-1-1989 n° 73084 : RJF 3/89 n° 293). Par ailleurs, s'il a fait apparaître sur la facture la mention du paiement de la TVA d'après les débits alors qu'il n'a pas opté pour ce régime d'imposition, le redevable s'expose à l'amende prévue par l'article 1737, II du CGI (n° 47290).

3. TRAVAUX IMMOBILIERS

Les travaux immobiliers sont considérés comme des **prestations de services.** Conformément à la règle générale prévue pour l'ensemble des prestations de services (nos 38600 s.), l'exigibilité de la TVA applicable aux travaux immobiliers intervient donc, en **principe,** lors de l'**encaissement** des acomptes, des avances constituant un paiement anticipé ou du montant des mémoires ou factures. 38890

Comme tous les redevables pour lesquels la taxe devient normalement exigible lors de l'encaissement, les entrepreneurs de travaux immobiliers peuvent opter pour le paiement de la **TVA d'après les débits** (nos 38800 s.).

Les entrepreneurs de travaux immobiliers disposent également, en application du 3e alinéa de l'article 269, 2-c du CGI, d'une **autre possibilité** qui leur est propre : ils peuvent en effet opter pour le paiement de la **TVA lors de la livraison** des travaux.

Cette livraison s'entend de la remise des ouvrages en la possession du maître de l'ouvrage ; elle ne peut toutefois se situer postérieurement à l'occupation ou à l'utilisation réelle des locaux ou installations (CGI ann. III art. 81). La **date** de la livraison à retenir est donc celle de la réception provisoire des travaux par le maître de l'ouvrage ou celle de l'occupation ou de l'utilisation effective si elle intervient avant la réception provisoire (BOI-TVA-BASE-20-50-10 n° 190).

> **Précisions** Dans l'hypothèse où le marché de travaux prévoit un **programme de construction** portant sur **plusieurs immeubles,** la livraison, au sens défini ci-dessus, de chacun de ces immeubles entraîne l'exigibilité de la TVA.
En revanche, dans le cadre de la construction d'**un seul immeuble,** les livraisons partielles faites au fur et à mesure de l'avancement des travaux par les différents corps de métiers qui participent successivement à la construction de l'ouvrage ne sauraient entraîner l'exigibilité de l'impôt au sens donné au terme de livraison par l'article 81 de l'annexe III au CGI (BOI précité).

CONDITIONS D'APPLICATION DE L'OPTION

Pour bénéficier de l'option pour le paiement de la TVA sur les livraisons, deux **conditions cumulatives** doivent être remplies (CGI ann. III art. 78) : 38900

– les redevables doivent exécuter les travaux immobiliers dans le cadre d'un **marché unique comportant la fourniture de biens meubles et l'installation** ou l'incorporation à un ouvrage immobilier **des matériels ou appareils fournis.** Lorsque le titulaire d'un marché ne fournit pas les matériels ou appareils à installer ou à incorporer à un ouvrage immobilier, les travaux immobiliers réalisés dans le cadre dudit marché ne peuvent ouvrir droit au paiement de la taxe lors de leur livraison ;

– la **valeur** de vente des matériels ou appareils fournis par les entrepreneurs de travaux immobiliers et indispensables au fonctionnement de l'installation ou incorporés à l'ouvrage immobilier excède 50 % du montant total du marché.

> **Précisions a.** Les biens meubles fournis dans le cadre du marché unique défini ci-dessus doivent constituer des **matériels ou des appareils indispensables** au fonctionnement de l'installation **ou** être incorporés à l'ouvrage immobilier dont ils font **partie intégrante.** Les matériaux de construction utilisés pour l'exécution des travaux immobiliers ne sont pas pris en compte pour le calcul de la valeur de vente à comparer au montant total du marché (BOI-TVA-BASE-20-50-10 n° 150).
b. Par « valeur de vente des matériels ou appareils fournis », il convient d'entendre le **prix effectif** de ces matériels ou appareils **tous frais et taxes compris.** Dans l'hypothèse où le marché est établi pour un prix global comprenant l'installation des matériels ou appareils fournis, la valeur de vente à retenir est constituée par le prix normal de vente des produits similaires ou, à défaut de ce terme de comparaison, par le prix de revient majoré de la taxe (BOI précité).

TRAVAUX EXCLUS DE L'OPTION

38910 Conformément à l'article 78, 3 de l'annexe III au CGI, l'option pour le paiement de la TVA sur les livraisons ne s'applique pas :

– d'une part, aux **travaux** immobiliers réalisés **par** les **redevables** inscrits au **répertoire des métiers** placés par **option** sous le **régime simplifié** de déclaration ;

– d'autre part, aux **travaux concourant à** la construction, la livraison et/ou la réparation et la réfection de **quatre catégories d'immeubles,** mentionnées ci-après aux nos 38915 s.

Ces travaux immobiliers donnent donc toujours lieu au paiement de la taxe au moment de l'encaissement des acomptes ou du montant des mémoires ou factures.

38915 Sont exclus de l'option les travaux immobiliers concourant à la **construction,** à la **livraison,** à la **réparation** ou à la **réfection** des **voies et bâtiments de** l'**État** et des **collectivités locales,** ainsi que de leurs **établissements publics** autres que ceux à caractère industriel ou commercial assujettis à la TVA (c'est-à-dire les établissements publics à caractère administratif ou les établissements publics à caractère industriel ou commercial non assujettis à la TVA) (CGI ann. III art. 78, 3-a-1°).

À cet égard, il importe peu que les travaux soient réalisés **directement pour** le compte de la **collectivité ou** par l'intermédiaire d'un **concessionnaire** agissant sous la surveillance et le contrôle de la collectivité, dès lors que les ouvrages réalisés doivent **revenir en fin de concession** à l'État ou à la collectivité locale concédante (BOI-TVA-BASE-20-50-20-10 n° 10).

> **Précisions** Les travaux d'**entretien des accotements et talus des voies publiques** constituent des travaux immobiliers concourant à la réfection de ces voies et sont exclus de l'option pour le paiement de la TVA sur les livraisons (CE 22-10-1976 n° 91874 : RJF 12/76 n° 532).

38920 Sont également exclus de l'option les travaux immobiliers concourant à la **construction et** à la **livraison** des **immeubles affectés à l'habitation pour les trois quarts au moins de leur superficie** (CGI ann. III art. 78, 3-a-2°).

Les travaux immobiliers à considérer comprennent les travaux d'aménagement des terrains destinés à recevoir les immeubles susvisés, les travaux de construction proprement dits et les travaux d'installation ayant pour objet d'incorporer à titre définitif dans les immeubles considérés les ensembles d'équipements fonctionnels tels que plomberie, chauffage central, équipements électriques, etc.

> **Précisions** Il est précisé, en ce qui concerne les groupes d'immeubles, que la situation de chaque immeuble et de ses dépendances doit être envisagée isolément (BOI-TVA-BASE-20-50-20-20 n° 40).

38925 Sont exclus de l'option les travaux immobiliers concourant à la **réparation et** à la **réfection** des **locaux d'habitation** ainsi que des parties communes des immeubles dont les trois quarts au moins de la superficie sont affectés à l'habitation (CGI ann. III art. 78, 3-a-3°).

38930 L'option ne s'applique pas non plus aux travaux immobiliers concourant à la **construction,** à la **livraison,** à la **réparation** et à la **réfection** des **immeubles affectés à l'exercice public du culte** et des locaux annexes nécessaires à cette activité (CGI ann. III art. 78, 3-a-4°).

Il en va ainsi quelle que soit la qualité juridique des personnes propriétaires de ces immeubles.

> **Précisions** L'expression « **locaux annexes nécessaires à cette activité** » s'entend des dépendances dont l'affectation est directement liée à l'exercice public du culte, qu'il s'agisse de constructions contiguës à l'édifice principal ou distinctes de celui-ci. Tel est le cas des salles de catéchisme et de réunion destinées aux fidèles, des secrétariats et bureaux se rapportant à l'activité cultuelle. En revanche, les immeubles utilisés à des activités qui ne sont pas liées directement à l'exercice public du culte (salles de patronage, immeubles affectés à l'enseignement privé confessionnel) ne sont pas considérés comme de tels locaux annexes (BOI-TVA-BASE-20-50-20-30 n° 10).

EXERCICE ET MODALITÉS DE L'OPTION

38940 L'option pour le paiement de la taxe lors de la livraison des travaux immobiliers est subordonnée au dépôt par l'entrepreneur, auprès du service des impôts dont il dépend, d'une **déclaration** par laquelle il prend l'**engagement** d'acquitter la taxe lors de la livraison des travaux immobiliers pour tous les marchés qui seront passés à compter de la date de cette déclaration et rempliront les conditions définies au n° 38900 (CGI ann. III art. 79).

38945 Conformément à l'article 80 de l'annexe III au CGI, l'entrepreneur doit indiquer, par une **mention expresse** dans les **contrats** établis pour les marchés auxquels s'applique l'option et sur tous les **mémoires** y afférents, qu'il a opté pour le paiement de la TVA lors de la livraison.

Pour permettre à ses clients redevables de la TVA d'opérer les déductions dans des conditions régulières (nos 56450 s.), il est, par ailleurs, **recommandé** à l'entrepreneur de reproduire cette indication sur toutes les **factures** qu'il délivre ; à défaut, ces derniers pourraient anticiper l'exercice de leurs droits à déduction de la taxe grevant les travaux et se trouver dans une situation susceptible de donner lieu à des rappels de TVA (BOI-TVA-BASE-20-50-10 n° 180 ; BOI-TVA-DECLA-30-20-20-30 n°s 280 et 290).

D'autre part, aux termes de l'article 81 de l'annexe III au CGI, la **facturation de la TVA** ne peut être faite avant que la livraison des travaux soit intervenue (sur la notion de livraison, voir n° 38890).

Le non-respect de ces conditions (mention de l'option sur les contrats et mémoire et facturation après livraison) entraînerait l'annulation de l'option et rendrait la taxe immédiatement exigible sur les encaissements reçus au titre des marchés en cours (CGI ann. III art. 82).

L'option exercée n'est pas irrévocable et l'entrepreneur peut y renoncer à tout moment. Cette **38950** **renonciation,** qui doit faire l'objet d'une **déclaration** auprès du service des impôts, **prend effet** à la date de cette déclaration et rend exigible le paiement immédiat de la taxe afférente aux encaissements reçus au titre des marchés en cours (CGI ann. III art. 83).

La renonciation n'est pas non plus irrévocable. Cependant, conformément à l'article 84 de l'annexe III au CGI, une **nouvelle option** ne peut être formulée qu'à l'expiration d'un délai d'un an compté à partir de la date de renonciation.

L'administration admet qu'une **nouvelle option** soit exercée, en respectant le délai mentionné ci-dessus, en cas de **caducité** de l'option pour **non-respect des conditions** mentionnées n° 38945 (BOI-TVA-BASE-20-50-10 n° 210).

CHAPITRE 3 TAUX DE LA TVA

SOMMAIRE

Une fois fixée la base d'imposition d'une opération donnée, il faut déterminer quel taux doit être **appliqué** à cette **base d'imposition** pour obtenir le montant de la TVA exigible à raison de l'opération. **40000**

SECTION 1 GÉNÉRALITÉS

A. Structure des taux

Il existe **légalement trois principaux taux** de TVA : **40050**
- le **taux normal** ;
- les **deux taux réduits** de 5,5 % et de 10 %.

Dans les départements d'outre-mer (DOM) où la TVA est applicable, on ne trouve que deux taux légaux principaux, le taux normal et le taux réduit, qui ont des pourcentages moins élevés qu'en France métropolitaine.

À ces taux principaux s'ajoutent un certain nombre de **taux particuliers** (ou taux spécifiques) applicables à certains produits et opérations et pouvant différer selon le territoire concerné (France continentale, Corse, DOM) ainsi qu'à de nombreuses opérations faites en Corse.

Signalons enfin qu'un « **taux zéro** » s'applique à titre **temporaire** jusqu'au 31 décembre 2022 aux tests et vaccins contre la Covid-19 (voir nos 41281 et 41288 s.).

> **Précisions** Le 5 avril 2022, le Conseil de l'Union européenne a adopté une **directive, entrée en vigueur le 6 avril 2022,** qui modifie les règles applicables en matière de **fixation des taux** par les États membres. Il est notamment prévu que les États membres peuvent, dans les conditions et limites fixées par cette directive, appliquer deux taux réduits égaux ou supérieurs à 5 %, ainsi qu'un taux réduit inférieur à 5 % et un taux zéro. La liste des biens et services pouvant bénéficier de taux réduits contenue dans l'annexe III de la directive TVA a également été modifiée (Dir. UE/2022/542 du 5-4-2022).

En **France métropolitaine,** les **taux principaux** sont les suivants : **40055**
- taux normal de 20 % (n° 40250) ;
- taux réduit de 5,5 % (nos 40300 s.) ;
- taux réduit de 10 % (nos 41550 s.) appelé « taux intermédiaire » (voir la remarque au n° 40060).

Les taux réduits de 5,5 % et de 10 % s'appliquent exclusivement à certaines opérations expressément et limitativement énumérées par la loi. Sauf application d'un taux spécifique, toutes les autres opérations relèvent du taux normal de 20 %.

Sur les taux principaux applicables en Corse et dans les DOM, voir n° 40070.

40060 S'agissant des **taux réduits,** il y a lieu de faire la **remarque terminologique** suivante.

Les taux de 5,5 % et de 10 % sont tous les deux légalement considérés comme des taux « réduits ». En effet, les dispositions les concernant respectivement sont rangées dans le CGI sous un titre « taux réduits », ce qui est conforme à la structure des taux définie par le chapitre 2 du titre VIII de la directive TVA.

Cependant, pour des raisons de commodité, nous utiliserons dans le cadre du présent ouvrage les termes de « **taux réduit** » pour désigner le taux de **5,5 %** et ceux de « **taux intermédiaire** » pour désigner le taux de **10 %.**

40065 En France continentale, ne s'applique qu'un seul **taux particulier,** celui de 2,1 %. Les produits ou opérations concernés par ce taux particulier sont les suivants : publications de presse et services de presse en ligne (nos 85460 s.), médicaments remboursables par la sécurité sociale ou soumis à autorisation temporaire et produits sanguins (nos 41600 s.), cent quarante premières représentations théâtrales ou de cirque (nos 88960 s.), ventes d'animaux de boucherie et de charcuterie à des non-assujettis (nos 71570 s.).

Concernant les taux particuliers applicables en Corse et dans les DOM, voir respectivement nos 94620 s. et 93860 s.

40070 Le tableau ci-dessous récapitule, dans l'ordre croissant, l'ensemble des taux de TVA applicables en France continentale, dans les départements de la Corse et dans les DOM, en indiquant le champ d'application territorial de chacun et la référence aux commentaires correspondants.

Taux	Lieu d'application		
	France continentale	Corse	DOM
0,9 %		X (n° 94640)	
1,05 %			X (n° 93865)
1,75 %			X (n° 93865)
2,1 %	X (n° 40065)	X (nos 94670 s.)	X (n° 93865)
5,5 %	X (nos 40300 s.)	X (n° 94620)	
8,5 %			X (n° 93865)
10 %	X (nos 41550 s.)	X (nos 94620 et 94700 s.)	
13 %		X (n° 94840)	
20 %	X (n° 40250)	X (n° 94620)	

> **Précisions** Un même « tarif » peut être en vigueur à la fois en France continentale et en Corse, et ne pas avoir exactement le même champ d'application. Ainsi, le taux de 2,1 %, seul taux particulier en vigueur en France continentale, s'applique également en Corse non seulement aux médicaments remboursables, aux produits sanguins et aux publications de presse et services de presse en ligne, mais aussi à un grand nombre d'opérations passibles sur le continent du taux réduit de 5,5 %.
> De même, le taux de 10 % applicable en Corse peut correspondre soit au taux intermédiaire applicable également sur le continent, soit au taux particulier prévu par l'article 297, I-1-5° du CGI.

B. Base à laquelle s'appliquent les taux

40100 Comme nous l'avons vu au n° 35400, la base d'imposition ne comprend pas la TVA elle-même. Les taux légaux de la taxe s'appliquent donc à des **prix hors TVA.**

En ce qui concerne la base d'imposition à retenir lorsque les opérations ont été taxées à un taux erroné inférieur au taux légal, voir n° 36880.

Pour obtenir la base imposable, c'est-à-dire le **prix hors TVA, à partir d'un prix TVA comprise,** il faut appliquer au prix TTC un coefficient de conversion obtenu suivant la formule 100 /(100 + T), dans laquelle T représente le taux légal. **40105**

Le redevable peut également utiliser le coefficient prévu par l'administration, ce qui peut être légèrement plus avantageux lorsque le coefficient fait, dans un souci de simplification, l'objet d'un arrondissement par défaut à la troisième décimale (Rép. Godfrain : AN 16-2-1987 n° 14199, non reprise au Bofip mais dont la solution conserve sa valeur).

Pour les principaux taux légaux, les **coefficients de conversion** fixés par l'administration sont les suivants :

- **taux normal** de 20 % : 0,833 ;
- **taux réduit** de 5,5 % : 0,947 ;
- **taux intermédiaire** de 10 % : 0,909 ;
- **taux particulier** de 2,1 % : 0,979.

C. Modalités de taxation

Tous les **éléments accessoires** constitutifs de la base d'imposition d'une opération passible de la TVA (nos 35100 s.) doivent, en principe, être soumis au même taux d'imposition que le prix de base de l'opération à laquelle ils se rattachent, même s'ils font l'objet d'une **facturation distincte.** **40150**

Quand ils réalisent des **opérations relevant de taux différents,** les redevables doivent ventiler les recettes correspondantes suivant chacun des régimes d'imposition applicables (voir à ce sujet les précisions données aux nos 45050 s.). **40155**

Comme indiqué au n° 45080, lorsque des opérations sont passibles de taux différents mais sont vendues sous un **prix global,** chacune d'elles doit être, en principe, imposée à raison de son prix et au taux qui lui est propre (sous réserve toutefois que ces opérations ne constituent pas des **opérations complexes uniques** : voir à cet égard nos 1270 s.). En ce qui concerne les offres d'abonnement numérique, voir nos 36820 s.

Par ailleurs, un **produit composé d'éléments relevant de taux différents** est passible en principe du taux propre au produit composé lui-même (BOI-TVA-LIQ-10 n° 80).

D. Répercussion des modifications de taux

Aucune disposition de droit fiscal ne prévoit les conditions dans lesquelles les modifications de taux de la TVA sont répercutées **dans les prix** des biens et des services livrés aux consommateurs. Lors d'un relèvement de taux, il appartient à chaque redevable de répercuter ou non cette augmentation dans la fixation de ses tarifs, l'absence de répercussion se traduisant alors par une diminution de la marge des entreprises (Rép. Bas : AN 3-9-1984 n° 53261, non reprise au Bofip mais dont la solution conserve sa valeur). **40200**

SECTION 2 TAUX NORMAL

Le champ d'application du taux normal, taux de droit commun, ne peut être défini de manière limitative, contrairement à celui des autres taux. **40250**

En effet, le taux normal est applicable à **toutes les opérations imposables pour lesquelles aucun autre taux n'est prévu** (BOI-TVA-LIQ-20 n° 1).

Les opérations qui ne relèvent pas du taux réduit, du taux intermédiaire ou d'un taux particulier sont donc imposables au taux normal.

Le taux normal est fixé à 20 %.

SECTION 3 TAUX RÉDUIT

40300 Le taux réduit, fixé à **5,5 %,** s'applique à **certains produits ou biens et prestations de services, limitativement désignés** par la loi.

Le tableau récapitulatif ci-après en donne la **liste** avec la référence aux commentaires correspondants.

Comme déjà indiqué au n° 40060, dans le cadre du présent ouvrage, le taux réduit désigne le taux de 5,5 %.

Produits et services relevant du taux réduit	Commentaires (nos)
Produits destinés à l'alimentation humaine (y compris l'eau et les boissons à l'exclusion, d'une part, des boissons alcooliques et de quelques produits alimentaires solides et, d'autre part, des ventes à consommer sur place et des ventes à emporter ou à livrer en vue d'une consommation immédiate)	40400 s.
Livres	40820 s.
Certains appareillages et **équipements** pour **handicapés**	40950 s.
Produits de **protection hygiénique** féminine	41270
Produits destinés à la lutte contre la Covid-19 (est également étudié dans ces commentaires le « **taux zéro** » applicable à titre temporaire aux tests et vaccins contre la Covid-19)	41280 s.
Préservatifs, trousses de prévention de la contamination par les virus du sida et des hépatites et **autotests de dépistage du VIH**	41765
Prestations (logement et nourriture notamment) fournies dans les **maisons de retraite et** dans les **établissements accueillant des personnes handicapées**	92160 s. et 92230 s.
Prestations de logement et de nourriture fournies dans les **logements-foyers,** les établissements de réadaptation, de préorientation et de rééducation professionnelle, les centres d'accueil notamment d'urgence, les foyers de jeunes travailleurs et certaines résidences hôtelières à vocation sociale	92280 s. et 92300 s.
Certains **services d'aide aux personnes âgées dépendantes et aux personnes handicapées**	41300 s.
Fourniture de repas dans les cantines scolaires	41390 s.
Abonnements au **gaz,** à l'**électricité** de petite puissance et à l'énergie calorifique, **fourniture de chaleur**	41480 s.
Travaux d'amélioration de la **qualité énergétique des logements**	41500 s.
Collecte séparée et en déchetterie, **tri** et **valorisation** matière des **déchets** ménagers	41535 s.
Certaines **opérations** portant sur certains locaux et **logements sociaux**	68300, 68690 et 69020
Spectacles vivants (théâtre, théâtre de chansonniers, cirque, concerts, spectacles de variétés)	88930 s.
Cinéma (ainsi que certaines cessions de droits portant sur les œuvres cinématographiques)	88220, 88610 et 88630
Réunions sportives	88930
Parcs zoologiques	89640
Importations d'**œuvres d'art** et d'**objets de collection** ou d'**antiquité** et certaines acquisitions intracommunautaires portant sur ces biens, ainsi que les livraisons d'œuvres d'art réalisées par leur auteur	78600, 78610 et 78615

Produits et services relevant du taux réduit	Commentaires (n^os^)
Droits d'accès pour l'utilisation des installations sportives d'un **centre équestre**	75080
Façons sur **certains produits au taux réduit**	40310

Remarques : **1.** Pour les opérations se rattachant à une activité faisant l'objet d'une étude particulière (spectacles, etc.), les commentaires relatifs au taux sont intégrés dans cette étude.
2. Les États membres peuvent faire une **application sélective du taux réduit** en soumettant un même produit ou une même prestation de services à des taux différents de TVA, à condition que cette distinction ne porte pas atteinte au principe de neutralité du système commun de TVA et ne soit pas de nature à entraîner un risque de distorsion de concurrence. Pour des cas d'application, voir n° 41480, précision d, n° 41600, précisions, et n° 41630, précision b.

Opérations concernées par l'application du taux réduit. Sauf indication contraire expressément mentionnée dans l'étude correspondante, les opérations relevant du taux réduit sont les **livraisons,** les **acquisitions intracommunautaires** et les **importations** portant sur les produits énumérés dans le tableau du n° 40300. **40310**

Les **prestations de travail à façon** relèvent du taux prévu pour les livraisons portant sur le bien obtenu au moyen de ce travail à façon lorsque ces prestations portent sur des biens d'origine agricole, de la pêche, de la pisciculture ou de l'aviculture qui sont normalement destinés à être utilisés dans la production agricole, à être utilisés dans la préparation de denrées alimentaires ou à être consommés en l'état par l'homme (voir n°s 71380 s.) (CGI art. 278-0 B, II).

> **> Précisions** L'assujetti agissant en son nom propre mais pour le compte d'autrui (**intermédiaire opaque**) qui s'entremet dans une livraison de biens est réputé avoir personnellement acquis et livré ces biens. Il en est de même si l'intermédiaire opaque s'entremet dans une acquisition intracommunautaire (n° 83320). L'intermédiation opaque étant assimilée à une livraison, elle bénéficie du taux applicable à la livraison elle-même.

A. Produits destinés à l'alimentation humaine

En application de l'article 278-0 bis, A-1° du CGI, les livraisons portant sur les denrées alimentaires **destinées à la consommation humaine,** les produits **normalement destinés à être utilisés dans la préparation** de ces denrées et les produits normalement utilisés pour **compléter ou remplacer** ces denrées relèvent du taux réduit, à l'**exception** des produits de confiserie, des chocolats et produits composés contenant du chocolat ou du cacao, des margarines et graisses végétales, du caviar (n°s 40510 s.) et des boissons alcooliques (n° 40500) (BOI-TVA-LIQ-30-10-10 n° 1). **40400**

Hormis ces exceptions, le taux réduit s'applique à toutes les **opérations** visées au n° 40310 portant sur les produits susvisés.

Nous présentons ci-après les **principes généraux** relatifs au taux réduit applicables à ces produits (n°s 40410 s.). Par ailleurs, les **boissons et les produits exclus** du bénéfice du taux réduit appellent des précisions particulières que nous exposons aux n°s 40480 s. et 40510 s.

S'agissant des **produits d'origine agricole, de la pêche, de la pisciculture et de l'aviculture,** lesquels sont susceptibles de bénéficier du taux réduit lorsqu'ils sont destinés à l'alimentation humaine, il convient de se reporter aux n°s 41820 s.

> **> Précisions** Le taux réduit s'applique **sous réserve** des dispositions de l'article 279, n du CGI qui soumettent au **taux intermédiaire** les **ventes à emporter ou à livrer** de produits alimentaires préparés en vue d'une consommation immédiate (n°s 41950 s.), et des dispositions de l'article 279, m du CGI qui soumettent au même taux la fourniture de produits alimentaires intervenant dans le cadre d'une prestation de services de **vente à consommer sur place,** notamment un service de restauration (n°s 42590 s.) (BOI précité).

1. PRINCIPES

a. Denrées pour l'alimentation humaine et produits assimilés

Les notions de « denrées alimentaires destinées à la consommation humaine » et de « produits normalement utilisés pour compléter ou remplacer des denrées alimentaires » visent tous les **produits contenant des nutriments** constitutifs, énergétiques et régulateurs de l'organisme humain, nécessaires au maintien, au fonctionnement et au développement de cet organisme, consommés afin d'apporter ces nutriments à celui-ci (CJUE 1-10-2020 aff. 331/19 : RJF 12/20 n° 1060). **40410**

Ainsi, l'éligibilité au taux réduit est conditionnée par l'existence d'une **fonction nutritionnelle,** laquelle s'entend au sens large. Elle n'implique pas nécessairement un effet bénéfique sur la santé et n'est pas exclusive d'autres fonctions telles que la création de la sensation de plaisir ou la génération d'effets physiologiques particuliers (BOI-TVA-LIQ-30-10-10 n° 20).

> **Précisions** **a.** Ont le caractère de denrées alimentaires les **produits « diététiques » ou de « régime »** qui ne présentent pas un caractère médicamenteux et sous réserve des exceptions visées aux n°s 40510 s. (BOI précité).
> **b.** Les **compléments alimentaires,** qui s'entendent des denrées alimentaires dont le but est de compléter le régime alimentaire normal et qui constituent une source concentrée de nutriments ou d'autres substances ayant un effet nutritionnel ou physiologique seuls ou combinés, commercialisés sous forme de doses (gélules, pastilles, comprimés, sachets de poudre, ampoules, etc.), sont considérés comme des denrées alimentaires ou assimilées pouvant bénéficier du taux réduit selon les principes exposés ci-avant. Ainsi, ils relèvent du taux normal s'ils n'ont aucune fonction nutritionnelle (BOI précité nos 270 et 280). Les compléments alimentaires qualifiés de médicaments relèvent du taux intermédiaire ou de 2,1 % (nos 41600 s.). En effet, le taux réduit ne s'applique pas aux produits qui ont la qualification de médicaments, lesquels suivent le régime qui leur est propre (BOI précité n° 1).
> Le Conseil d'État exclut, quant à lui, l'application du taux réduit lorsque les compléments alimentaires se présentent comme des médicaments (CE 29-8-2008 n° 295806 : RJF 12/08 n° 1313).
> **c.** Les produits contenant des nutriments qui n'ont **pas** vocation à être **consommés en tant que tels** par l'homme ne sont **pas** qualifiés de **« denrées alimentaires »**. Ces produits sont en revanche susceptibles d'être éligibles au même taux que ces dernières lorsqu'ils constituent des intrants (n° 40430) (BOI précité n° 40).

40420 L'**ensemble des substances destinées à être ingérées** ou raisonnablement susceptibles d'être ingérées par l'être humain ne constituent pas des denrées alimentaires ou produits assimilés. Tel est le cas, outre des médicaments ou des cosmétiques, du tabac ou des substances ayant pour seul objet de générer des effets physiologiques particuliers comme les aphrodisiaques.

Le **périmètre du taux réduit** est donc plus restreint que celui de l'expression « denrées alimentaires » utilisée par la réglementation sanitaire (Règl. CE/178/2002 du 28-1-2002 art. 2) (BOI-TVA-LIQ-30-10-10 n° 30 ; dans le même sens, CJUE 1-10-2020 aff. 331/19 : RJF 12/20 n° 1060).

b. Intrants de la production de l'alimentation humaine

40430 Les produits normalement destinés à être utilisés dans la **préparation des denrées** alimentaires destinées à la consommation humaine désignent des produits ne relevant pas du régime décrit aux nos 40410 et 40420, à savoir **notamment** :

– les **animaux vivants,** les **graines,** les **plantes** ou d'**autres ingrédients** lorsqu'ils ne constituent pas des produits finis susceptibles d'être consommés directement par le consommateur final en tant que denrées alimentaires ;

– les produits n'ayant **pas** de **fonction nutritionnelle** en tant que tels, mais qui sont **incorporés aux denrées,** comme certains additifs alimentaires (voir, à cet égard, les précisions ci-dessous).

Ne sont en revanche pas concernés les **produits alimentaires pour des animaux** qui constituent eux-mêmes des intrants de la production de l'alimentation humaine. Ces produits sont toutefois susceptibles de bénéficier du taux intermédiaire visé aux nos 42085 s. (BOI-TVA-LIQ-30-10-10 n° 50).

> **Précisions** Les **additifs alimentaires** sont des produits divers, d'origine naturelle ou de synthèse, normalement destinés à être incorporés aux produits alimentaires, tels que : arômes, agents de sapidité, colorants, antioxydants, épaississants, produits dits « améliorants de boulangerie » et sont soumis au taux réduit selon les principes exposés aux nos 40400 à 40470.
> La circonstance que la denrée alimentaire que vient compléter l'additif soit exclue du taux réduit est sans incidence. À titre d'exemple, un arôme naturel de pomme sur support alcool et sirop de sucre vendu pour la fabrication de spiritueux relève du taux réduit (BOI précité nos 250 et 260).

c. Détermination de la destination « normale » des produits

40440 Afin que les produits soient éligibles au taux réduit, leur destination « normale » doit être d'entrer dans la chaîne alimentaire humaine, le cas échéant après une ou plusieurs opérations de transformation ou de combinaison avec d'autres produits.

Les produits remplissent cette condition lorsque, **à titre habituel et de manière générale,** ils sont destinés à entrer dans la chaîne alimentaire humaine (CJUE 3-3-2011 aff. 41/09 : RJF 8-9/11 n° 1015) (BOI-TVA-LIQ-30-10-10 n° 60).

> **Précisions** La **notion de destination « normale »** est également prise en compte pour apprécier l'application du taux intermédiaire aux produits destinés à entrer dans la **chaîne alimentaire animale** (nos 42080 s.) ou dans la **production agricole** (nos 42170 s.) (BOI précité).

La destination « normale » d'un produit s'apprécie en **deux étapes** : 40450

– en premier lieu, une destination est déterminée au regard des **caractéristiques intrinsèques du produit,** notamment sa composition, et de l'usage qui en est généralement fait dans la société. À ce stade, il n'est pas tenu compte des circonstances particulières de la vente. Cette destination détermine ainsi le régime de TVA, sauf si elle est remise en cause lors de la seconde étape ;

– en second lieu, il est tenu compte de l'ensemble des **éléments objectifs s'attachant à l'opération de vente** et permettant de caractériser ou non une destination différente de celle identifiée lors de la première étape. Ces éléments, qui peuvent comprendre le prix, le conditionnement, les modalités de la vente, le contenu du contrat, le stade de la chaîne économique, doivent attester d'une situation économique différente et propre au changement de destination.

Lorsque les éléments s'attachant à l'opération de vente ne permettent pas d'établir une destination différente de celle identifiée lors de la première étape, soit qu'ils la confortent, soit qu'ils soient insuffisants, la destination déterminée lors de la première étape est retenue (BOI-TVA-LIQ-30-10-10 n° 70 ; BOI-TVA-SECT-80-70 n° 1).

> Précisions **a.** Cette analyse en deux étapes est réalisée sur la base des éléments caractérisant l'opération de vente à la **date de son fait générateur.** Ainsi, la survenance d'**événements postérieurs à la vente** et qui n'affecte pas cette dernière ne peut conduire à remettre en cause le taux initialement appliqué. Notamment, la **destination effective** peut être différente de la **destination « normale ».** Ainsi, la circonstance qu'un produit s'avère, dans le circuit économique d'aval d'une livraison, être utilisé à des fins autres que l'alimentation humaine (notamment l'alimentation animale) ne remet pas en cause le taux réduit initialement appliqué à cette livraison. De même, il n'appartient pas aux vendeurs de vérifier l'**usage effectif** que les acheteurs font de leurs produits lorsque cet usage effectif ne constitue pas l'une des clauses contractuelles de la vente (BOI-TVA-LIQ-30-10-10 n° 80).

b. **L'activité économique de l'acheteur** est un élément de contexte important pour apprécier le changement de destination, mais uniquement lorsqu'elle produit des effets tangibles sur les conditions matérielles, économiques ou contractuelles de l'opération de vente (BOI précité).

c. Pour des exemples de destinations « normales » de **produits d'origine agricole, de la pêche, de la pisciculture et de l'aviculture,** voir nos 41845 s.

Lorsque l'analyse décrite au n° 40450 conduit à ce que **plusieurs destinations « normales »** relèvent de taux différents, il est retenu le **taux le plus bas** (BOI-TVA-SECT-80-70 n° 1). 40460

Tel est notamment le cas lorsque le redevable livre les biens en cause à l'ensemble des industries concernées dans les mêmes conditions économiques et selon les mêmes modalités, ou lorsqu'il les livre à un grossiste qui fournit lui-même plusieurs industries (BOI-ANNX-000484 n° 30).

> Précisions Les produits utilisés à titre habituel et général dans la chaîne alimentaire humaine mais qui peuvent être utilisés **indifféremment** dans **plusieurs filières de production** (produits à usage mixte) sont éligibles au taux réduit depuis la première vente postérieure à leur production et jusqu'à une vente intervenant dans des conditions qui matérialisent une sortie du circuit de production des denrées pour l'alimentation humaine (le taux réduit ne s'appliquant pas à cette vente). Inversement, les produits qui n'ont **pas** cette **destination à titre habituel et général** ne seront soumis au taux réduit qu'à compter de la première vente intervenant dans des conditions qui matérialisent l'entrée dans le circuit de production des denrées pour l'alimentation humaine (BOI-TVA-LIQ-30-10-10 n° 90).

EXEMPLES 40470

1. Les bovidés sont, de manière générale et habituelle, utilisés dans la production de denrées alimentaires. La vente d'un bœuf relève donc du taux réduit, sauf lorsqu'il est établi qu'il est spécifiquement vendu pour un autre usage (comme la course ou le labour). Inversement, les équidés ne sont pas, de manière générale et habituelle, utilisés dans la production de denrées alimentaires. La vente d'un cheval relève donc du taux normal, sauf lorsqu'il est vendu à un abattoir en tant qu'animal de boucherie ou à un agriculteur en tant qu'animal de trait (BOI-TVA-LIQ-30-10-10 n° 70).

2. Traditionnellement, le blé est transformé en mouture à partir de laquelle est produite de la farine pour la consommation humaine ainsi qu'une quantité appréciable de sous-produits pour l'alimentation animale. Il en résulte que le blé, comme la mouture de blé, relèvent du taux réduit, alors même que certains sous-produits n'entreront pas dans la chaîne alimentaire humaine et seront exclus de ce taux. En revanche, le blé jugé de piètre qualité et conséquemment impropre à la mouture, à cause d'avaries causées par la maladie, les insectes et le gel, est généralement utilisé comme aliment pour les animaux domestiques et ne relèvera donc pas du taux réduit. Il en sera de même du triticale, hybride de blé et de seigle créé et cultivé comme céréale fourragère (BOI précité).

3. Plusieurs producteurs de céréales regroupent leur production en la vendant à une coopérative. Sur la base des caractéristiques intrinsèques des céréales en cause, il est établi qu'elles sont, à titre

habituel et de manière générale, destinées à entrer dans la chaîne alimentaire humaine. La vente à la coopérative relèvera du taux réduit sans qu'il soit nécessaire de tenir compte de la destination que donnera la coopérative à ces produits (BOI précité).
4. Si, pour une raison ou une autre (par exemple, une fausse manipulation entraînant une dégradation du produit ou une modification des conditions de marché), le blé initialement acquis au taux réduit par un meunier n'est pas effectivement intégré dans la chaîne de l'alimentation humaine, il n'y aura aucun rappel de TVA sur l'acquisition initiale (BOI précité n° 80).
5. Les graines de colza sont, de manière générale et habituelle, utilisées dans la production de denrées alimentaires pour les humains, mais peuvent également être utilisées pour la production de biocarburants. Sauf lorsque les caractéristiques intrinsèques des graines, telles que les conditions dans lesquelles elles ont été cultivées, les prédestinent à un usage non alimentaire, ou un usage pour l'alimentation animale, leur vente relève normalement du taux réduit. Un producteur de graines, ou une coopérative regroupant plusieurs producteurs, vend son stock à plusieurs acteurs exerçant diverses activités. Si ces ventes interviennent selon des conditions commerciales, contractuelles et matérielles indifférenciées, elles relèvent toutes du taux réduit sans que le vendeur ait à identifier l'activité propre de chacun des acquéreurs (BOI précité).

2. BOISSONS

a. Eau potable distribuée par réseaux

40480 La fourniture d'eau par un **réseau d'adduction,** quelle que soit la personne qui la réalise (association syndicale autorisée, propriétaire des installations, service public municipal de l'eau, entreprise privée), relève du **taux réduit.** Cette eau peut être destinée aussi bien à l'alimentation en eau potable (eau du robinet) qu'à des usages industriels, agricoles (irrigation), sanitaires ou ménagers (BOI-TVA-LIQ-30-10-10 n° 100).

En revanche, c'est le **taux intermédiaire** qui est applicable aux **prestations** relatives au fonctionnement des réseaux de **distribution** ou d'**évacuation** de l'eau (voir nos 42730 s.).

Notons par ailleurs que le taux réduit ne s'applique pas aux liquides non destinés à l'alimentation humaine, notamment, l'eau de mer, les **eaux de laboratoire** filtrées, stérilisées ou pasteurisées et les **eaux distillées,** de conductibilité ou de même degré de pureté (BOI-TVA-LIQ-30-10-10 n° 110).

b. Boissons

40490 Le **taux réduit** s'applique à l'ensemble des boissons **autres que les boissons alcooliques** (sur la définition des boissons alcooliques, voir n° 40500), c'est-à-dire :

- aux jus de fruits et de légumes non fermentés dont le titre alcoométrique volumique n'excède pas 1,2 % ;
- aux eaux minérales, de source ou toutes les autres eaux, gazéifiées ou non, lorsqu'elles sont additionnées de sucres, d'édulcorants ou d'arômes ;
- aux bières dites « sans alcool », c'est-à-dire les bières de malt, de gingembre et d'herbes, et les mélanges de bières et de boissons non alcooliques, tels que les panachés, d'un titre alcoométrique volumique n'excédant pas 0,5 % ;
- à toute autre boisson d'un titre alcoométrique volumique n'excédant pas 1,2 % (BOI-TVA-LIQ-30-10-10 n° 140) ;
- aux boissons chocolatées et aux poudres pour la confection de ces boissons (BOI précité n° 210).

40500 En application de l'article 278-0 bis, A-1°-e du CGI, le **taux normal** est applicable aux **boissons alcooliques.** Sont considérées comme alcooliques les boissons dont le titre alcoométrique volumique acquis excède 1,2 % vol. ou, pour les bières de malt et mélanges de bières de malt et de boissons non alcooliques, 0,5 % vol. (CGI art. 298 octodecies, 2° ; CIBS art. L 111-4, 2°).

> Précisions a. Les **produits alimentaires liquides** ne pouvant être qualifiés de boissons ne sont pas concernés par l'exclusion du taux réduit relative à un **titre alcoométrique volumique** excédant ces seuils. Tel est le cas, par exemple, des produits suivants : lait, crème de lait, yoghourts à l'état liquide, sirops, fruits ou légumes mixés non mélangés à des jus, soupes, vinaigres (BOI-TVA-LIQ-30-10-10 n° 140).
b. Les **vins, alcools** et lies de vin non parvenues à dessiccation ainsi que les cidres **utilisés pour la fabrication des vinaigres comestibles** sont soumis au taux réduit. Il en est de même pour le « **melfor** » (produit à base de vinaigre, aromatisé au miel et au jus de plantes), ainsi que les produits analogues consommés dans les départements de l'Est (BOI précité).
c. Les **pâtisseries fraîches contenant de l'alcool** dans une proportion déterminante ainsi que les préparations de pâte auxquelles l'adjonction d'un alcool confère une qualité particulière, correspondant à un type de gâteaux, sont

éligibles au taux réduit. Il en est ainsi, par exemple, des « babas au rhum », des « plums », des « savarins au rhum », etc. (BOI précité).
d. La vente à emporter, non destinée à une consommation immédiate, de **glaces alimentaires aromatisées au vin ou à la bière** est soumise au taux réduit, dès lors que l'adjonction de vin ou de bière n'a pas pour effet de rendre l'élément liquide prépondérant. En revanche, les produits dans la composition desquels l'élément liquide est prépondérant et contenant des traces d'alcool supérieures à 1,2 % vol. sont considérés comme étant des boissons alcooliques, telles que définies ci-avant, soumises au taux normal (BOI-RES-TVA-000066).
Sont ici visées les glaces vendues conditionnées en vrac, en lot, paquet ou pot familial (contenance supérieure ou égale à 200 ml) (concernant celles vendues à l'unité, voir n° 41955, précision d).

3. PRODUITS EXCLUS DU TAUX RÉDUIT

a. Produits de confiseries

Relèvent du **taux normal,** conformément à l'article 278-0 bis, A-1°-a du CGI, notamment les produits de confiserie suivants : **40510**

- bonbons (dragées, pralines, pastilles et autres sucreries de l'espèce, etc.) ;
- caramels, nougats ;
- cachou, chewing-gum ;
- fruits et produits végétaux, confits ou glacés au sucre ;
- pâtes d'amandes, pralines, mélanges d'amandes ou de noisettes et de sucre cuits ou crus, le « tant pour tant » (mélange d'égale quantité de poudre d'amandes et de sucre), lorsqu'ils sont présentés sous forme de confiserie ;
- pâtes de fruits dans la mesure où elles constituent des articles de confiserie : bonbons, bouchées, beignets, palets, etc. ;
- calissons.

En revanche, les **sucres sous toutes leurs formes** (saccharose, dextrose, lactose, glucose, fructose, maltose), à l'exception des produits médicamenteux (n°s 41600 s.), sont soumis au **taux réduit.** Il en est de même du sucre liquide, solution aqueuse de saccharose contenant au minimum 62 % en poids de matière sèche (BOI-TVA-LIQ-30-10-10 n°s 150 à 170).

> Précisions Le **taux réduit** s'applique aux **corbeilles assemblées,** lorsqu'elles font l'objet d'une livraison unique, contenant en majorité des produits alimentaires relevant du taux réduit ainsi que quelques produits de confiserie relevant du taux normal. En revanche, le **taux normal** s'applique à ces corbeilles lorsque les **caractéristiques intrinsèques du contenant** sont **mises en avant** par le vendeur de telle sorte qu'il doit être considéré, non comme un simple accessoire du produit global, mais comme un produit commercialisé en tant que tel (en ce sens, voir également n° 80365), ou lorsque les **denrées non éligibles au taux réduit** ne peuvent **pas** être considérées comme **accessoires.** Si la corbeille comprend des **produits alcooliques,** ils sont toujours soumis au taux normal (n° 40500) (Rép. Bergé : AN 16-11-2021 n° 38168).

b. Chocolat

Les chocolats et produits composés contenant du chocolat ou du cacao relèvent en **principe** du **taux normal** (CGI art. 278-0 bis, A-1°-b). Cependant, comme indiqué au n° 40530, le taux réduit est applicable à certaines catégories de chocolats, aux fèves de cacao, au beurre de cacao et à certains produits composés de chocolat ou de cacao. **40520**

Bénéficient du **taux réduit** : **40530**

- l'ensemble des produits de chocolat relevant de la catégorie « chocolat » visée au point 3 du A de l'annexe I au décret 76-692 du 13 juillet 1976 modifié, quelle que soit leur présentation (tablettes, bâtons, vermicelles, flocons, moulages de sujets ou d'objets composés de chocolat) ;
- les produits de chocolat relevant de la catégorie « chocolat de ménage au lait » visée au point 5 du A de ladite annexe, compte tenu de leur mode traditionnel de conditionnement ;
- les bonbons de chocolat visés au point 10 du A de ladite annexe. Selon l'administration, sont concernés, en pratique, les produits dont la dimension n'excède pas cinq centimètres et la masse vingt grammes (BOI-TVA-LIQ-30-10-10 n° 190) ;
- les fèves, les beurres, la pâte et la poudre de cacao ;
- les produits suivants composés de chocolat ou de cacao : biscuits ou gaufrettes additionnés de chocolat ou d'un succédané lorsque ce composant (auquel est ajoutée la confiserie contenue éventuellement dans le produit) représente en poids au maximum 50 % du poids total du

produit ; barres céréalières sous la même condition ; farines composées pour enfants, préparations liquides ou en poudre pour petits déjeuners, crèmes desserts et pâtes à tartiner ; préparations pour nappage ou glaçage (BOI-TVA-LIQ-30-10-10 n° 210).

> **Précisions** Les **farines médicales infantiles,** qui sont des spécialités pharmaceutiques soumises à autorisation de mise sur le marché, sont passibles du taux intermédiaire (n°s 41600 s.) (BOI précité).

40540 Sont soumis au **taux normal** les produits de chocolat relevant des catégories visées aux points 4 (« chocolat au lait »), 6 (« chocolat blanc »), 7 (« chocolat fourré »), 8 (« chocolate a la taza ») et 9 (« chocolate familiar a la taza ») du A de l'annexe I au décret 76-692 du 13-7-1976 modifié, ainsi que tous les produits composés contenant du chocolat ou du cacao autres que ceux énumérés au n° 40530.

c. Margarines et graisses végétales

40550 Les margarines et graisses végétales sont soumises au **taux normal** (CGI art. 278 bis-0, A-1°-c).

Sont concernés les margarines et les autres mélanges de **matières grasses** qui ne sont **pas exclusivement d'origine laitière** mentionnés aux parties B et C de l'appendice II de la partie VII de l'annexe VII du règlement UE/1308/2013 du 17 décembre 2013.

Les **huiles végétales livrées à des fins non alimentaires** (par exemple celles livrées pour la production de biocarburants ou celles livrées aux savonniers) sont soumises au taux normal (BOI-TVA-LIQ-30-10-10 n° 230).

d. Caviar

40560 Le caviar relève du **taux normal** (CGI art. 278-0 bis, A-1°-d). Sont concernés les **préparations salées ou marinées d'œufs** de différentes espèces d'esturgeons ainsi que les produits dérivés du caviar, tel le beurre de caviar.

Les **succédanés de caviar,** c'est-à-dire les préparations d'œufs d'autres poissons que l'esturgeon (œufs de saumon, carpe, brochet, thon, mulet ou « muge », morue, etc.) sont soumis au **taux réduit** (BOI-TVA-LIQ-30-10-10 n° 240).

B. Livres

40820 Les opérations visées au n° 40310 qui portent sur les livres sur tout type de support physique et à ceux qui sont fournis par téléchargement, y compris les livres audio, relèvent du taux réduit (CGI art. 278-0 bis, A-3°).

1. DÉFINITION FISCALE DU LIVRE

40830 Un livre, qu'il s'agisse d'un livre sur support physique (ensemble imprimé, disque compact, cédérom, clé USB, etc.) ou d'un livre téléchargé, a pour objet la reproduction d'une œuvre de l'esprit créée par un ou plusieurs auteurs, constituée d'éléments graphiques (texte, illustrations, dessins, etc.) en vue de l'enseignement, de la diffusion de la pensée et de la culture et publiée sous un titre.

> **Précisions** **a.** S'agissant du **livre papier,** peut constituer un livre un ensemble présenté sous la forme d'éléments imprimés, assemblés ou réunis par tout procédé, sous réserve que ces éléments aient le même objet et que leur réunion soit nécessaire à l'unité de l'œuvre. Ils ne peuvent faire l'objet d'une **vente séparée** que s'ils sont destinés à former un ensemble (ouvrage par livraison de fascicules) ou s'ils en constituent la mise à jour. Dans toute autre hypothèse, les éléments vendus séparément sont imposés selon le taux qui leur est propre (BOI-TVA-LIQ-30-10-40 n°s 50 à 70).
> **b.** Lorsque le livre est reproduit sur un **support physique autre que le papier,** son contenu doit reproduire, pour l'essentiel, la même information textuelle que celle contenue dans les livres imprimés. Il ne diffère du livre imprimé que par quelques éléments nécessaires inhérents à son format. Sont considérées comme éléments accessoires propres au livre sur support physique les variations typographiques et de composition ainsi que les modalités d'accès au texte et aux illustrations (moteur de recherche associé, modalité de défilement ou de feuilletage du contenu). Si les supports physiques autres que le papier contiennent des fonctions qui n'existent pas dans les éditions papier, et qui ne peuvent être considérées comme des éléments accessoires propres au livre sur support physique, leur cession relève du taux normal (BOI précité n° 80).
> **c.** Le **livre numérique** ne diffère du livre imprimé que par quelques éléments nécessaires

inhérents à son format. Sont considérées comme des éléments accessoires propres au livre numérique les variations typographiques et de composition ainsi que les modalités d'accès au texte et aux illustrations (moteur de recherche associé, modalités de défilement ou de feuilletage du contenu). Le livre numérique est disponible sur un réseau de communication au public en ligne, notamment par téléchargement ou diffusion en flux, ou sur un support d'enregistrement amovible (BOI précité n° 85).

d. L'application par la France du taux réduit aux livres fournis par téléchargement depuis le 1er janvier 2013, qui avait été condamnée par la Cour de justice (CJUE 5-3-2015 aff. 479/13 : RJF 5/15 n° 457), a finalement été validée par les instances européennes (Dir. TVA art. 98, 2 et ann. III point 6 dans leur rédaction issue de la dir. UE/2018/1713 du 6-11-2018).

CONDITIONS

Pour être considéré comme un livre, un ouvrage doit remplir les **trois conditions cumulatives** suivantes : **40835**

– comporter une partie rédactionnelle suffisante pour permettre de conférer à l'ensemble le caractère d'une œuvre intellectuelle. Peuvent toutefois bénéficier du taux réduit les ouvrages qui, bien que dépourvus de contenu rédactionnel au sens strict, comportent un apport éditorial avéré, caractérisé par la recherche, la sélection et la mise en forme de données conférant à l'ensemble une homogénéité et une cohérence globale ;

– ne pas présenter un caractère commercial ou publicitaire marqué ;

– ne pas contenir un espace important destiné à être rempli par le lecteur.

En pratique, pour l'appréciation de ces deux derniers critères, la **surface consacrée à la publicité** (annonces commerciales, noms de marques, logos professionnels, etc.) ou à des **blancs** intégrés au texte en vue d'être utilisés par le lecteur ne doit pas dépasser le tiers de la surface totale de l'ouvrage. Ce pourcentage est déterminé par rapport à la surface totale de l'ensemble, marges normales exclues et abstraction faite de reliure ou de tout procédé équivalent (BOI-TVA-LIQ-30-10-40 nos 40, 100 et 110).

> Précisions a. Le Conseil d'État n'exige pas que l'**apport intellectuel,** dont le rôle doit être apprécié au cas par cas en fonction des caractéristiques de l'ouvrage, soit prépondérant (CE 16-7-2014 n° 364477 : RJF 11/14 n° 1000).

b. Le seul **caractère érotique** d'un ouvrage ne suffit pas pour lui refuser la qualification de livre au sens de l'ancien article 278 bis, 6° du CGI (désormais remplacé par l'article 278-0 bis, A-3°) (CE 17-2-1997 n° 165538 : RJF 4/97 n° 323). Un ouvrage érotique ou pornographique peut donc bénéficier du taux réduit s'il répond à la définition fiscale du livre et s'il ne fait pas l'objet d'une double interdiction au sens de l'article 279 bis, 1° du CGI (voir, à cet égard, n° 40895).

OUVRAGES RÉPONDANT OU NON À LA DÉFINITION FISCALE DU LIVRE

Parmi les ouvrages que l'administration **considère comme des livres,** on citera à titre d'**exemples** les dictionnaires, encyclopédies, formulaires scientifiques, annuaires de personnalités, répertoires portant sur un secteur d'activité particulier, guides touristiques, guides d'hôtels-restaurants, méthodes et partitions de musique, répertoires juridiques, catalogues et répertoires bibliographiques donnant des renseignements sur les livres parus ou disponibles, recueils de photographies et de reproductions d'œuvres, catalogues artistiques, ouvrages de cotation, cartes géographiques (reliées ou pliables) et atlas, albums et livres de coloriage (lesquels sont réputés satisfaire à la dernière condition visée au n° 40835), cahiers d'exercices ou de vacances (BOI-TVA-LIQ-30-10-40 nos 120 à 190). **40840**

> Précisions a. Répond à la définition fiscale du livre un ouvrage présenté sous forme de **fiches** reliées en tomes qui ne peuvent pas être utilisées indépendamment les unes des autres et constituant ainsi un ensemble cohérent comportant un apport intellectuel (TA Paris 5-7-2000 n° 95-13409 : RJF 1/01 n° 20 ; dans le même sens BOI précité n° 120). En revanche, ne constitue pas un livre un ensemble de fiches techniques vendues et utilisées séparément (CE 29-10-1984 n° 38555 : RJF 12/84 n° 1423).

b. Répond à la définition fiscale du livre un **album scolaire** contenant une sélection de photographies prises durant une année scolaire, présentée de manière chronologique, et des textes rédigés par les enseignants, commentant les activités pédagogiques proposées aux élèves. Le travail de l'auteur consistant à sélectionner, parmi les activités réalisées au cours de l'année scolaire, celles présentées dans l'ouvrage, à rédiger les commentaires présentant ces activités, à choisir les illustrations des réalisations des élèves auxquelles elles avaient donné lieu et à organiser l'ensemble suivant la progression des apprentissages durant l'année suffit à caractériser un apport intellectuel (CE 16-7-2021 n° 437681 : RJF 11/21 n° 1008).

c. Répondent à la définition fiscale du livre des **tests pour l'examen du permis de conduire** sous forme de recueils de questions avec réponses à choix multiples (CAA Lyon 13-11-2003 n° 99-3010 : RJF 3/05 n° 228).

d. Des ouvrages relatifs aux **paris sur les courses de chevaux** et aux **jeux de hasard** ont le caractère de livres (CE 18-6-1990 n° 54316 : RJF 8-9/90 n° 988).

e. Les **documents de propagande électorale** (bulletin de vote, profession de foi, circulaire, journal de campagne, programme électoral) répondent à la définition fiscale du livre. En revanche, les affiches électorales, qui ne constituent pas des livres dans leur usage, sont soumises au taux normal (BOI précité n° 260).

40845 Parmi les ouvrages auxquels l'administration **refuse le régime des livres,** on retiendra **notamment** les annuaires téléphoniques, barèmes, tarifs, distanciers, indicateurs, livres-maquettes, livres-frises, les livres conçus pour être découpés ou les livres muraux ou les albums destinés à être distribués dans un cercle familial (photos de naissance, etc.) (BOI-TVA-LIQ-30-10-40 n° 200).

> Précisions a. Ne peuvent être regardés comme des livres ni les **albums destinés à recevoir des** images, ni les **vignettes** vendues séparément qui doivent y être collées (CE 20-2-1980 n° 12513 : RJF 4/80 n° 301).
b. Des ouvrages qui se présentent comme la réunion et l'amalgame de **chapitres interchangeables** pouvant être répartis **dans diverses publications** ne constituent pas des livres (CE 17-6-1996 n° 145594 : RJF 7/96 n° 902).
c. Les ouvrages consacrés aux **jeux** (mots croisés, mots fléchés, mots à caser, etc.), périodiques ou non, ne sont pas considérés comme des livres (BOI précité n° 207 ; en ce sens également pour les recueils de mots croisés CE 9-10-1991 n° 82284 : RJF 11/91 n° 1369). En ce qui concerne les ouvrages relatifs aux paris sur les courses de chevaux et les jeux de hasard : voir n° 40840, précision d.
d. Les **guides d'établissements de restauration et de loisirs** qui permettent de **bénéficier de réductions de prix** dans une zone déterminée et dont les règles d'utilisation stipulent que les restaurateurs présents dans ces guides se sont engagés par écrit auprès des éditeurs à garantir des réductions dans l'unique but de faire découvrir leur établissement présentent un caractère commercial marqué et ne répondent donc pas à la définition fiscale du livre (BOI précité n° 205).
e. Un ouvrage qui a principalement pour objet de remplir une fonction d'**agenda** et dont l'apport intellectuel, constitué par des citations, photographies, biographies et extraits de la Bible, demeure accessoire par rapport à cette fonction ne peut pas être regardé comme un livre susceptible de bénéficier du taux réduit (CE 16-7-2014 n° 364477 : RJF 11/14 n° 1000).

2. TAUX APPLICABLE AUX OPÉRATIONS PORTANT SUR LES LIVRES

40870 Le taux réduit s'applique non seulement aux opérations visées au n° 40310 portant sur les livres, mais également aux opérations de location (CGI art. 278-0 bis, A-3°).

Seules sont admises au taux réduit les opérations portant sur les livres répondant à la définition donnée aux nos 40830 s.

En revanche, les **cessions de tous droits** portant sur les livres relèvent du taux intermédiaire (CGI art. 279, g).

> Précisions a. Les opérations de façon concourant à la fabrication des livres (composition, impression, brochage, reliure, dorure, etc.) ne peuvent pas bénéficier du taux réduit applicable aux livres eux-mêmes. En effet, seules les prestations de travail à façon portant sur des biens d'origine agricole, de la pêche, de la pisciculture ou de l'aviculture destinés à être utilisés dans la production agricole ou dans la préparation de denrées alimentaires, ou à être consommés en l'état par l'homme, peuvent relever du taux prévu pour les livraisons portant sur ces biens (nos 40310 et 41580).
Sur les opérations de **routage,** voir n° 86140.
b. En cas de **location** de livres, le taux réduit s'applique quelle que soit la qualification donnée aux sommes perçues en contrepartie (adhésion, abonnement de lecture, etc.) (BOI-TVA-LIQ-30-10-40 n° 240).
c. Sur les opérations réalisées par les **commissionnaires** et autres intermédiaires, lesquelles sont susceptibles de porter sur des livres, voir les précisions données aux nos 83100 s.

40875 Le taux normal s'applique aux **ouvrages ne répondant pas à la définition des livres.**

Relèvent également du taux normal les **matières premières** (cartons, encres, colles, ficelles, toiles, etc.) utilisées pour l'impression et la fabrication des livres (voir toutefois n° 86000 pour les matières fournies dans le cadre de travaux d'impression).

40880 Lorsqu'un **livre** imprimé est **vendu accompagné** d'un **disque** compact, d'un **cédérom** ou d'un **DVD** ne répondant pas lui-même à la définition du livre, chaque élément doit être soumis à son taux propre (taux réduit pour le livre, taux normal pour le disque ou le cédérom) (BOI-TVA-LIQ-30-10-40 n° 60).

> Précisions En ce qui concerne les **opérations complexes uniques** composées de plusieurs éléments relevant de taux différents, voir nos 1270 s.

40885 Les **reliures mobiles, jaquettes,** étuis, emboîtages, pochettes et étiquettes exécutés et livrés avec le livre sont passibles de la TVA au taux réduit. En revanche, ils relèvent du taux normal lorsqu'ils sont non personnalisés, c'est-à-dire banalisés (BOI-TVA-LIQ-30-10-40 nos 300 et 310).

En ce qui concerne la base d'imposition à retenir pour les **services de livres en ligne** qui font partie d'une **offre d'abonnement numérique** comprenant plusieurs services, dont au moins un service de télécommunication, un service de radiodiffusion ou de télévision ou un service électronique, voir nos 36820 s. 40890

Sont exclues du bénéfice du taux réduit et relèvent donc du taux normal, en application de l'article 279 bis, 1° du CGI, les opérations (y compris les cessions de droits) portant sur les publications de toute nature (livres, journaux, albums, etc.) qui, présentant un **caractère pornographique ou d'incitation à la violence,** tombent sous le coup d'au moins deux des interdictions prévues par la loi du 16 juillet 1949 (interdiction de vente aux mineurs ; interdiction d'exposition à la vue du public et de publicité par voie d'affiche ; interdiction de toute publicité). Les publications visées sont désignées par arrêtés du ministre de l'intérieur publiés au Journal officiel. 40895

C. Appareillages et équipements pour handicapés

En application de l'article 278-0 bis, A-2° du CGI, le taux réduit s'applique à certains appareillages et équipements spéciaux pour handicapés, à certains appareillages pour personnes diabétiques, stomisées ou incontinentes et aux ascenseurs et matériels assimilés pour handicapés. 40950

> **Précisions** Selon la CJUE, les dispositions de la directive TVA ne permettent pas l'application d'un taux réduit à des matériels ou accessoires qui ne seraient que principalement utilisés pour soulager les personnes handicapées. Les équipements doivent être « **à l'usage personnel et exclusif des handicapés** » (CJUE 17-1-2013 aff. 360/11 : RJF 4/13 n° 453).
> On notera que, depuis l'entrée en vigueur de la **directive « taux »** (n° 40050, précisions), la catégorie des équipements médicaux mentionnés au point 4 de l'annexe III à la directive TVA, lesquels sont susceptibles de bénéficier de taux réduits, est élargie et vise les équipements, les appareils, les dispositifs, les articles, le matériel auxiliaire et les équipements de protection médicaux, y compris les masques de protection sanitaire, normalement destinés à être utilisés dans le cadre des soins de santé ou à l'usage des handicapés, les biens essentiels pour compenser et surmonter les handicaps, ainsi que l'adaptation, la réparation, la location et le crédit-bail de ces biens. Il n'est plus fait mention d'un usage « personnel et exclusif » par les handicapés.

1. APPAREILLAGES POUR HANDICAPÉS

Le taux réduit s'applique aux appareillages pour handicapés visés aux chapitres 1er, 3 à 7 du titre II et au titre IV de la liste des produits et prestations remboursables (LPP) prévue à l'article L 165-1 du Code de la sécurité sociale, ainsi qu'aux appareillages visés au titre III de la LPP ou pris en charge au titre des prestations d'hospitalisation définies aux articles L 162-22-6 et L 162-22-7 du même Code et dont la liste est fixée par l'article 30-0 A de l'annexe IV au CGI (CGI art. 278-0 bis, A-2°-a et b). 40970

ORTHÈSES ET PROTHÈSES EXTERNES (APPAREILLAGES VISÉS AU TITRE II DE LA LPP)

Une **prothèse** est une pièce ou un appareil qui remplace un organe ou un membre en totalité ou en partie, en reproduisant ses formes et en remplissant, si possible, les mêmes fonctions. 40980

Une **orthèse** est une pièce ou un appareil destiné à prévenir ou à corriger les déformations ou à suppléer les défaillances du membre ou de l'organe en cause.

Orthèses Les appareillages pour handicapés du chapitre 1er du titre II de la LPP sont les orthèses. 40985

Cette catégorie comprend notamment les bandages herniaires, orthèses plantaires, coques talonnières, orthèses élastiques de contention des membres (manchons, bas, collants, genouillères et chevillères élastiques, etc.), ceintures médico-chirurgicales et corsets orthopédiques en tissu armé, appareils divers de correction orthopédique (attelles, etc.), colliers cervicaux, vêtements compressifs sur mesure pour grands brûlés, certaines chaussures spéciales, chaussons intérieurs moulés.

Prothèses auditives Les appareillages pour handicapés du chapitre 3 du titre II de la LPP sont les appareils électroniques correcteurs de surdité. L'ensemble des prothèses auditives (appareils électroniques correcteurs de surdité : intra-auriculaires, contours d'oreille, lunettes 40990 auditives, implants cochléaires, etc.) titulaires du **marquage CE** bénéficie du taux réduit, y compris ceux qui ne sont pas effectivement inscrits sur la LPP.

Le bénéfice du taux réduit s'étend aux **accessoires et pièces détachées** spécifiques de ces appareils (écouteurs, microphones, potentiomètres, etc.) repris dans la liste (BOI-TVA-LIQ-30-10-50 n° 50).

> **Précisions a.** Les **systèmes haute fréquence** destinés à être adaptés sur les **audioprothèses** sont admis au bénéfice du taux réduit (BOI précité).
> **b.** Les **piles et accumulateurs** nécessaires au fonctionnement des audioprothèses sont soumis au taux normal. Le taux applicable à la prothèse peut cependant être utilisé lorsqu'ils sont livrés avec cette dernière. De plus, les piles remboursables au titre de la LPP qui sont exclusivement conçues pour être utilisées avec une prothèse auditive et ne peuvent être destinées à un autre usage du fait de leurs caractéristiques objectives peuvent bénéficier du taux réduit (piles « zinc-air » de tension 1,4 V et de dimensions normalisées) (BOI précité).

40995 **Prothèses externes non orthopédiques** Les appareillages pour handicapés du chapitre 4 du titre II de la LPP sont les **aérateurs transtympaniques** (ou yoyos), les **prothèses de sein** et leurs supports, les **canules trachéales,** les **prothèses vocales,** les **prothèses respiratoires pour trachéostomie** et les **orthèses d'avancée mandibulaire** (BOI-TVA-LIQ-30-10-50 n° 60).

> **Précisions** Les **chargeurs, cassettes de rechange** et **batteries** nécessaires au fonctionnement des **prothèses vocales** sont également soumis au taux réduit lorsqu'ils sont livrés avec celles-ci. En revanche, les **locations** de prothèses demeurent soumises au taux normal (BOI précité).

41000 **Prothèses oculaires et faciales** Les appareillages pour handicapés du chapitre 5 du titre II de la LPP sont les prothèses oculaires et faciales, dont l'implantation fait suite à une mutilation de la face ou de l'œil.

Les **lunettes** (verres et montures) ou les **lentilles** de contact ne figurent pas dans cette rubrique et ne bénéficient donc pas du taux réduit (BOI-TVA-LIQ-30-10-50 n° 70).

41005 **Podo-orthèses** Les appareillages pour handicapés du chapitre 6 du titre II de la LPP sont les **chaussures orthopédiques,** certaines adjonctions et appareils spéciaux ainsi que certains moulages (BOI-TVA-LIQ-30-10-50 n° 80).

41010 **Orthoprothèses** Les appareillages pour handicapés du chapitre 7 du titre II de la LPP sont les orthoprothèses. Il s'agit des prothèses des membres supérieurs et inférieurs, de l'appareillage du tronc, de certaines orthèses (gaines de maintien, grands appareillages de marche, corsets de soutien, minerves), des moulages sur nature, etc.

Les adjonctions, pièces détachées spécifiques, telles que décrites au même chapitre, bénéficient du taux réduit. Tel est également le cas des gaines de protection pour amputés et des bonnets couvre-moignons (BOI-TVA-LIQ-30-10-50 n° 90).

41015 **Accessoires de prothèse et d'orthopédie** Il est admis que les appareillages suivants, qui relèvent du titre I de la LPP et sont donc en principe soumis au taux normal, bénéficient du **taux intermédiaire** : cannes, béquilles et déambulateurs, couteaux et fourchettes pliants avec étui, destinés aux handicapés ayant des prothèses de mains, urinaux (BOI-TVA-LIQ-30-10-50 n° 100).

DISPOSITIFS MÉDICAUX IMPLANTABLES, IMPLANTS, GREFFONS TISSULAIRES (APPAREILLAGES VISÉS AU TITRE III DE LA LPP)

41030 Les appareillages pour handicapés du titre III de la LPP sont les prothèses internes inertes et les prothèses internes actives. Sont concernés :

– les **prothèses utilisées dans les interventions chirurgicales** (articles inertes ou matériaux médico-chirurgicaux destinés à être implantés dans le corps humain) ;

– les **stimulateurs cardiaques** (BOI-TVA-LIQ-30-10-50 n° 110).

> **Précisions a.** La **prothèse** interne doit être **implantée intégralement** dans les tissus du corps humain. Sa pose nécessite un acte pratiqué **par un médecin.** Elle doit être implantée de **façon durable,** voire définitive (BOI précité).
> **b.** Le taux réduit s'applique aux **accessoires** des prothèses internes (Circ. Cnam 25-2-1988, 2193).
> **c.** Le **ciment osseux** entre dans la catégorie des prothèses internes et bénéficie du taux réduit (Lettre Cnam 25-4-1988).
> **d.** L'ensemble des **stimulateurs cardiaques** titulaires du marquage CE bénéficie du taux réduit même s'ils ne font pas l'objet d'une inscription nominative par produit sur la LPP. Les **électrodes implantables** des stimulateurs cardiaques sont soumises, dans tous les cas, au taux réduit (BOI précité).

Les **implants dentaires** ne sont pas au nombre des produits remboursables mentionnés au titre III de la LPP et ne peuvent, par suite, bénéficier du taux réduit (CE 16-12-2005 n° 272618 : RJF 3/06 n° 294). Il en va de même des **prothèses dentaires** (Rép. Ligot AN 2-11-1992 n° 60377, non reprise au Bofip mais dont la solution conserve sa valeur). 41035

VÉHICULES POUR HANDICAPÉS PHYSIQUES (APPAREILLAGES VISÉS AU TITRE IV DE LA LPP)

Les appareillages du titre IV de la LPP sont les véhicules pour handicapés physiques, c'est-à-dire essentiellement les **fauteuils roulants** à propulsion manuelle ou électrique (voir n° 41120 pour les fauteuils roulants non inscrits sur la LPP). 41050

Les adjonctions, pièces détachées spécifiques, bénéficient également du taux réduit (BOI-TVA-LIQ-30-10-50 n° 120).

Les **véhicules automobiles** pour handicapés relèvent du taux normal.

APPAREILLAGES PRIS EN CHARGE AU TITRE DES PRESTATIONS D'HOSPITALISATION

La liste des appareillages pris en charge au titre des prestations d'hospitalisation définies aux articles L 162-22-6 et L 162-22-7 du Code de la sécurité sociale et qui bénéficient du taux réduit en application de l'article 278-0 bis, A-2°-b du CGI est fixée par l'article 30-0 A de l'annexe IV au CGI. 41060

Cette liste regroupe actuellement différents **implants ophtalmologiques,** ainsi que différents **dispositifs médicaux implantables** (accès vasculaires implantables, chambres à cathéter implantables, implants digestifs, neurologiques, d'ostéosynthèse, implants pleuropulmonaires, valves et défibrillateurs cardiaques implantables, etc.).

OPÉRATIONS CONCERNÉES PAR LE TAUX RÉDUIT

Le taux réduit s'applique aux opérations visées au n° 40310 qui portent sur les appareillages désignés ci-avant. 41070

Il est admis que les opérations de **rechange** et de **réparation** (adaptation de la prothèse initiale pour tenir compte de l'évolution de la morphologie du patient, remplacement d'une pièce défectueuse, etc.) bénéficient du taux réduit lorsqu'elles portent sur les appareillages soumis à ce taux et qu'elles sont elles-mêmes prévues aux chapitres concernés de la LPP (BOI-TVA-LIQ-30-10-50 n° 130).

> **Précisions** **a.** L'application du taux est indépendante du montant du **remboursement** éventuel accordé par la **sécurité sociale** (BOI précité n° 140).
> **b.** Les **prothèses internes implantées** sur un patient **au cours d'un acte chirurgical** sont exonérées de TVA (CGI art. 261, 4-1° bis). En revanche, les livraisons de prothèses à la clinique sont soumises à la taxe (BOI précité n° 140).
> **c.** Les **locations d'appareils orthopédiques** relèvent, en l'absence de dispositions particulières, du taux normal.
> **d.** Le taux réduit s'applique aux **frais de livraison des appareils de prothèse et d'orthopédie et des véhicules pour handicapés** physiques (Circ. Cnam 25-2-1988).
> **e.** La **prestation d'adaptation** (ou de réglage) associée à l'acquisition d'une **audioprothèse** bénéficie du taux réduit, qu'elle apparaisse distinctement ou non sur la facture remise au patient (Rép. Vannson : AN 17-4-2007 n° 119943, non reprise au Bofip mais dont la solution nous paraît conserver sa valeur).

2. ÉQUIPEMENTS SPÉCIAUX POUR HANDICAPÉS

Le taux réduit s'applique aux équipements spéciaux, dénommés **aides techniques** et autres appareillages, conçus exclusivement pour les personnes handicapées en vue de la compensation d'incapacités graves et dont la **liste** est fixée par l'article 30-0 B de l'annexe IV au CGI (CGI art. 278-0 bis, A-2°-c). 41100

Le taux réduit s'applique aux **opérations** visées au n° 40310 et aux locations qui portent sur les équipements désignés ci-après (nos 41120 s.). Il est admis que les réparations portant sur ces équipements soient également soumises au taux réduit (BOI-TVA-LIQ-30-10-50 n° 150).

> **Précisions** Des appareillages conçus exclusivement pour les personnes handicapées mais qui ne figurent pas sur la liste de l'article 30-0 B de l'annexe IV au CGI ne peuvent pas bénéficier du taux réduit (en ce sens, CE 21-6-2019 n° 411740 : RJF 10/19 n° 895 et BOI précité).

Le taux réduit s'applique à l'ensemble des **éléments constitutifs** qui participent au fonctionnement direct de l'appareil et qui ne peuvent être dissociés de l'appareil lui-même (par exemple, microphone ou processeur vocal liés aux implants cochléaires) (BOI-TVA-LIQ-30-10-50 n° 210). 41105

> **Précisions** Sur les critères permettant de déterminer si l'on est en présence d'une **opération unique** ou d'**opérations dissociables** soumises à leur régime propre, voir n°s 1270 s.

41110 Le taux réduit s'applique aux biens mentionnés ci-après **quel qu'en soit l'acquéreur.** Il ne s'applique pas à d'autres biens ou objets d'**appellation identique ou similaire,** mais **qui ne répondent pas à la condition** de conception exclusive pour des handicapés en vue de la compensation de leur handicap, même si leur acquéreur ou leur utilisateur est une personne handicapée (BOI-TVA-LIQ-30-10-50 n° 150).

HANDICAPÉS MOTEURS

41120 Les équipements pour handicapés moteurs bénéficiant du taux réduit sont les suivants : commandes adaptées pour le contrôle de l'environnement et la communication (au souffle, linguales, joysticks, défilement, contacteurs, casques et licornes), appareils de communication à synthèse vocale et désigneurs, cartes électroniques et logiciels spécifiques de communication, claviers spéciaux pour ordinateurs et machines à écrire, aides mécaniques ou électriques aux mouvements des bras, tourne-pages automatiques, matériels de transfert (élévateurs et releveurs hydrauliques ou électriques, lève-personnes ; en ce qui concerne les ascenseurs et appareils similaires, voir n°s 41240 s.), systèmes de douche et de bain incorporant les éléments indispensables à leur accessibilité par des handicapés (à l'exclusion des équipements médicaux ou à finalité thérapeutique), fauteuils roulants et scooters médicaux dont la vitesse n'excède pas 10 km/h qu'ils soient ou non inscrits sur la LPP (les véhicules automobiles pour handicapés ne sont pas concernés), appareils modulaires de verticalisation, appareils de soutien partiel de la tête, casques de protection pour enfants handicapés (CGI ann. IV art. 30-0 B, 1).

AVEUGLES ET MALVOYANTS

41130 Les équipements pour les aveugles et malvoyants bénéficiant du taux réduit sont les suivants : appareils ou objets à lecture, écriture ou reproduction de caractères ou signes en relief (braille), téléagrandisseurs et systèmes optiques télescopiques, cartes électroniques et logiciels spécialisés (CGI ann. IV art. 30-0 B, 2).

En ce qui concerne le taux applicable aux **livres audio,** voir n°s 40820 s.

SOURDS ET MALENTENDANTS

41140 Les vibrateurs tactiles, les orthèses vibratoires (amplificateurs de voix), les implants cochléaires et les logiciels spécifiques bénéficient du taux réduit (CGI ann. IV art. 30-0 B, 3).

AUTRES HANDICAPÉS

41150 Bénéficient du taux réduit les filtres respiratoires et protections trachéales pour laryngectomisés, les appareils de photothérapie et les appareils de recueil des saignées (CGI ann. IV art. 30-0 B, 4).

ÉQUIPEMENTS POUR FACILITER LA CONDUITE OU L'ACCÈS DES VÉHICULES

41160 Bénéficient du taux réduit les équipements suivants destinés à faciliter, pour l'**ensemble des handicapés,** la conduite ou l'accès des véhicules : siège orthopédique (siège pivotant, surélevé, etc.), treuils, rampes et autres dispositifs pour l'accès des personnes handicapées en fauteuil roulant (y compris les aménagements non spécifiques pour les personnes handicapées qui sont strictement nécessaires à l'installation ou au fonctionnement de ces dispositifs : modification de la roue de secours, du pare-chocs arrière, du réservoir à essence, rehaussement du pavillon et des portes arrière du véhicule, etc.), commande d'accélérateur à main (cercle, arc de cercle, secteur, manette, poignée tournante, etc.), sélecteur de vitesses sur planche de bord, modification de la position ou de la commande du frein principal et du frein de secours, modification de la position ou de la commande des commutateurs de feux, de clignotants, d'avertisseur sonore, d'essuie-glace, dispositif de commande groupée (frein principal, accélérateur, etc.), permutation ou modification de la position des pédales (pédales d'embrayage et de frein rapprochées ou communes, pédales surélevées, faux planchers), modification de la colonne de direction, dispositif de maintien du tronc par sangle ou par harnais, dispositifs d'ancrage des fauteuils roulants à l'intérieur du véhicule (CGI ann. IV art. 30-0 B, 5).

Ces équipements bénéficient du taux réduit même lorsqu'ils sont **livrés avec** un **véhicule** automobile. Le taux réduit s'applique également aux **frais d'installation** de ces équipements dans le véhicule. Les équipements doivent être mentionnés distinctement sur la **facture** délivrée à l'acheteur pour bénéficier du taux réduit. Les **réparations** portant sur ces équipements sont également soumises au taux réduit (BOI-TVA-LIQ-30-10-50 n° 170).

> **Précisions** **a.** Les **directions assistées,** même si elles sont couramment utilisées par des personnes handicapées, ne constituent pas des équipements spécifiques aux voitures pour

handicapés et ne bénéficient donc pas du taux réduit. Il en est de même des **embrayages électromécaniques ou automatiques** (BOI précité n° 200).
b. Le taux réduit est applicable aux **systèmes de fixation** permettant d'accrocher un fauteuil roulant aux **engins de déplacement personnel motorisés** tels qu'une trottinette électrique (BOI-RES-TVA-000074).

ÉQUIPEMENTS FACILITANT LA PRATIQUE D'UNE ACTIVITÉ SPORTIVE

Depuis le 1er juillet 2022, bénéficient du taux réduit les équipements suivants destinés à faciliter, pour l'**ensemble des handicapés,** la pratique d'une activité sportive : appareils et équipements de mobilité adaptés (luges, skis, bateaux de paravoile, etc.), appareils et équipements fixes de pratique sportive adaptée (banc de musculation, home-trainer, siège de lancer athlétique, selle adaptée pour la pratique de l'équitation, etc.), matériels de fixation (plaque de lancer, matériel de fixation d'escrime, etc.), matériels d'assistance et de pratique sportive adaptés pour les personnes en situation de handicap moteur (flotteurs latéraux d'aviron, rampes de mise à cheval, massues d'athlétisme, filets de volley-ball assis, etc.), matériels d'assistance et de pratique sportive adaptés pour les personnes ayant une déficience visuelle (sonorisation pour guidage, matériel de cecifoot, etc.) (CGI ann. IV art. 30-0 B, 6 dans sa rédaction issue de l'arrêté ECOE2207535A du 18-3-2022). **41165**

APPAREILS DIVERS

Relèvent du taux normal, dès lors qu'ils ne peuvent être considérés comme exclusivement conçus pour des personnes handicapées, les **appareils de décodage** (système de sous-titrage de vidéo « closed caption ») (Rép. Beaudeau : Sén. 3-9-1998 n° 7963, non reprise au Bofip mais dont la solution conserve sa valeur) et l'**appareil de rééducation** dénommé « **Motomed** » (Rép. Jego : AN 16-8-2005 n° 67020, non reprise au Bofip mais dont la solution conserve sa valeur). **41170**

3. APPAREILLAGES POUR PERSONNES DIABÉTIQUES, STOMISÉES OU INCONTINENTES

Le taux réduit est applicable aux **opérations** visées au n° 40310 portant sur les matériels utilisés par les diabétiques, stomisés ou incontinents (CGI art. 278-0 bis, A-2°-d et e). Les réparations portant sur ces matériels sont également soumises au taux réduit (BOI-TVA-LIQ-30-10-50 n° 450). **41200**

Le taux réduit s'applique quelle que soit la qualité de l'acquéreur (particulier, professionnel de santé, hôpital, etc.) (BOI précité).

Les appareillages pour **personnes diabétiques** pouvant bénéficier du taux réduit sont les suivants : autopiqueurs (y compris les embases, lancettes et systèmes d'autopiqûre), appareils pour lecture automatique chiffrée de la glycémie (agréés ou non), seringues pour insuline (voir aussi n° 41765), stylos injecteurs (qu'ils soient destinés à injecter de l'insuline ou d'autres produits, comme les hormones de croissance), pompes à insuline (pour ces dernières, le taux réduit s'applique aussi à l'ensemble des prestations énumérées aux codes 1131170 et 1146183 de la LPP, notamment aux locations et aux formations initiales et continues pour leur utilisation) et produits pour l'autocontrôle du diabète (bandelettes, comprimés, capteurs, électrodes) (BOI-TVA-LIQ-30-10-50 nos 290 à 340). **41205**

> Précisions a. Bénéficient également du taux réduit les **accessoires** nécessaires à l'utilisation des stylos injecteurs et des pompes à insuline (BOI précité nos 320 et 340).
b. Les « **kits** » destinés aux diabétiques qui sont composés principalement d'objets relevant eux-mêmes du taux réduit bénéficient également du taux réduit dans leur ensemble (BOI précité n° 350).
c. Les **solutions de contrôle** du diabète **utilisées par les laboratoires** demeurent soumises au taux normal (BOI précité n° 330).

Bénéficient du taux réduit les appareillages de recueil pour **incontinents** urinaires et fécaux et **stomisés** digestifs ou urinaires, les appareillages d'irrigation pour colostomisés, les sondes d'urétérostomie cutanée pour stomisés urinaires, les solutions d'irrigation vésicale et les sondes vésicales pour incontinents urinaires. **41210**

> Précisions a. Bénéficient également du taux réduit les **accessoires** pour appareillages de recueil (y compris les pâtes ou barrettes de protection péristomiale) ainsi que les accessoires stériles nécessaires à la pose des sondes vésicales (BOI-TVA-LIQ-30-10-50 nos 380, 390 et 420).
b. Les **produits** tels que les poudres de protection cutanée, pastilles déodorantes ou couches utilisés par les stomisés ou incontinents demeurent soumis au taux normal (BOI précité n° 440).

4. ASCENSEURS ET MATÉRIELS ASSIMILÉS POUR HANDICAPÉS

Le taux réduit s'applique aux **opérations** visées au n° 40310 et aux locations portant sur les ascenseurs et matériels assimilés, spécialement conçus pour les personnes handicapées et dont **41240** les caractéristiques sont fixées par l'article 30-0 C de l'annexe IV au CGI (CGI art. 278-0 bis, A-2°-f). Il est admis que le taux réduit soit également applicable aux opérations d'installation de ces matériels, aux frais d'entretien et aux frais de réparation (y compris les pièces détachées utilisées pour ces opérations) (BOI-TVA-LIQ-30-10-50 n° 260 ; BOI-RES-TVA-000047).

> **Précisions** Demeurent soumis au **taux normal** : les matériels qui ne répondent pas à l'ensemble des critères fixés par l'article 30-0 C de l'annexe IV au CGI ; les ascenseurs qui ne sont pas conçus spécialement pour les personnes handicapées, même lorsque leurs caractéristiques les rendent accessibles à ces personnes ; les monte-charge et plates-formes élévatrices destinés au transport des marchandises (BOI-TVA-LIQ-30-10-50 n° 250).

41245 L'application du taux réduit aux ascenseurs et matériels assimilés est subordonnée à la **certification** par le vendeur que le matériel livré satisfait à l'ensemble des critères prévus pour la catégorie à laquelle il appartient. La certification peut résulter des mentions portées sur les factures de vente. Ces mentions constituent une présomption que les matériels peuvent bénéficier du taux réduit (BOI-TVA-LIQ-30-10-50 n° 240).

41250 Le taux réduit s'applique aux appareils **élévateurs verticaux,** installés à demeure, comportant une plate-forme aménagée en vue du transport d'une personne handicapée, debout ou en fauteuil roulant, avec ou sans accompagnateur, qui répondent aux conditions suivantes :

– ils permettent le déplacement entre deux niveaux définis, avec éventuellement un ou plusieurs niveaux intermédiaires ;

– leur vitesse n'excède pas 0,15 mètre par seconde ;

– ils comportent un frein de sécurité ou autre dispositif d'arrêt d'urgence et un dispositif protégeant l'accès de la gaine à chaque palier ;

– leur charge nominale minimale est de 200 kilogrammes, à l'exception des appareils élévateurs manuels, pour lesquels la charge nominale ne doit pas excéder 200 kilogrammes (CGI ann. IV art. 30-0 C, 1).

41255 Bénéficient également du taux réduit les **élévateurs à déplacement incliné** spécialement conçus pour le déplacement d'une personne handicapée accompagnée ou non, installés à demeure, se déplaçant le long de guides inclinés, desservant des niveaux définis, circulant ou non le long d'une ou de plusieurs parois ou éléments de parois, qui répondent aux conditions suivantes :

– ils circulent le long d'un escalier ou d'un plan incliné ;

– ils comportent un plateau accessible au fauteuil roulant ou un siège ;

– leur inclinaison par rapport à l'horizontale n'excède pas 45° ;

– leur vitesse n'excède pas 0,15 mètre par seconde ;

– ils comportent un frein de sécurité ou autre dispositif d'arrêt d'urgence et un dispositif de maintien des personnes lors du fonctionnement de l'appareil ;

– leur charge nominale n'excède pas 200 kilogrammes (CGI ann. IV art. 30-0 C, 2).

> **Précisions** Les élévateurs à déplacement incliné dont la plate-forme n'est accessible qu'aux **personnes en station debout** bénéficient du taux réduit s'ils répondent aux autres conditions énoncées ci-dessus (D. adm. 3 C-2162 n° 47, non reprise au Bofip).

5. DISPOSITIFS MÉDICAUX INNOVANTS

41260 Depuis le 1er janvier 2022, le taux réduit s'applique aux **appareillages, matériels et équipements** pour personnes en **situation de handicap** bénéficiant du forfait de prise en charge prévu à l'article L 165-1-1 du Code de la sécurité sociale pour les produits innovants (« **forfait innovation** ») ou bénéficiant de la prise en charge transitoire prévue à l'article L 165-1-5 du même Code (« **prise en charge précoce** ») (CGI art. 278-0 bis, A-2°-g dans sa rédaction issue de la loi 2021-1900 du 30-12-2021 art. 30).

> **Précisions** **a.** Le **forfait innovation** permet de faciliter l'accès des patients à des **technologies innovantes en phase précoce de développement** clinique. Le caractère innovant d'un produit est notamment apprécié par son degré de nouveauté, son niveau de diffusion et de caractérisation des risques pour le patient et sa capacité potentielle à répondre significativement à un besoin médical pertinent ou à réduire significativement les dépenses de santé. La prise en charge est conditionnée par la mise en place d'une étude clinique ou médico-économique par le demandeur afin de confirmer le bénéfice important de cette nouvelle technologie pour la santé ou le système de santé. Le forfait innovation est accordé par les ministres chargés de la santé et de la sécurité sociale, après avis de la Haute Autorité de santé.
> **b.** La **prise en charge précoce** est déclenchée sur demande d'un exploitant et est décidée par arrêté des ministres chargés de la santé

et de la sécurité sociale. Certains **prérequis** doivent être remplis pour qu'un dispositif soit éligible à la prise en charge transitoire, en particulier :
– le dispositif médical doit disposer du marquage CE ;
– il ne doit pas être déjà pris en charge dans le cadre des prestations d'hospitalisation ;
– l'exploitant doit s'engager à faire une demande d'inscription à la LPP pour ce dispositif médical dans un délai de 12 mois à compter de sa demande de prise en charge transitoire.

D. Produits de protection hygiénique féminine

Le taux réduit s'applique aux opérations visées au n° 40310 qui portent sur les produits de protection hygiénique féminine (CGI art. 278-0 bis, A-1° bis). **41270**

Sont concernés, qu'ils soient à usage unique ou lavables, les serviettes périodiques, les tampons, les protège-slips, les coupes menstruelles, les éponges naturelles destinées au recueil des fluides menstruels et d'une manière générale **tous les dispositifs de protection hygiénique** destinés à répondre aux **pertes menstruelles** (BOI-TVA-LIQ-30-10-60 n° 80).

E. Produits destinés à la lutte contre la Covid-19

En application du K bis et du K ter de l'article 278-0 bis du CGI, les livraisons, importations et acquisitions intracommunautaires portant, d'une part, sur les **masques et tenues de protection,** d'autre part, sur les **produits destinés à l'hygiène corporelle,** adaptés à la lutte contre la propagation du virus Covid-19 sont soumis à **titre temporaire,** jusqu'au 31 décembre 2022, au **taux réduit** (nos 41282 s.). **41280**

> **Précisions a.** Le taux réduit s'applique en France métropolitaine, y compris la Corse, et le taux de 2,10 % dans les DOM (Guadeloupe, Martinique et La Réunion) (BOI-TVA-LIQ-30-10-55 n° 240).
> Ces taux s'appliquent :
> – s'agissant des **masques de protection,** aux livraisons et acquisitions intracommunautaires dont le **fait générateur** intervient à compter du 24 mars 2020 et aux importations réalisées à compter du 27 avril 2020 (BOI précité nos 260 et 270) ;
> – s'agissant des **produits destinés à l'hygiène corporelle,** aux livraisons et acquisitions intracommunautaires dont le fait générateur intervient à compter du 1er mars 2020 et aux importations réalisées à compter du 27 avril 2020 (BOI précité) ;
> – s'agissant des **tenues de protection,** aux livraisons et acquisitions intracommunautaires dont le fait générateur intervient à compter du 24 mars 2020 et aux importations réalisées à compter du 27 juillet 2020 (BOI précité nos 260 et 280).
> **b.** S'agissant des **livraisons et des acquisitions intracommunautaires** de ces produits soumises à une **obligation de facturation,** il a été admis, pour les opérations facturées au taux normal entre l'entrée en vigueur de la loi et celle des arrêtés fixant les caractéristiques des produits bénéficiant du taux réduit (à savoir, entre le 24-3 et le 8-5-2020 pour les masques, entre le 1-3 et le 8-5-2020 pour les produits d'hygiène, entre 24-3 et le 26-7-2020 pour les tenues de protection et entre le 15-10 et le 31-12-2020 pour les tests et les vaccins contre la Covid-19), que les parties ont pu, d'un commun accord, **renoncer** à l'émission de **factures rectificatives.** Dans une telle situation, le redevable de la TVA n'est pas fondé à opérer une quelconque imputation de la TVA initialement facturée. Corrélativement, l'administration fiscale ne procède à aucune remise en cause de la déduction totale ou partielle de la TVA effectuée par le destinataire au motif que la TVA a été facturée à un taux supérieur au taux réduit. Ces éléments s'appliquent également, dans les mêmes conditions, lorsque l'émission de la facture rectificative est différée (au plus tard au 31-12-2022) (BOI précité nos 300 et 310).
> S'agissant des **importations,** l'administration renvoie aux modalités de **régularisation** précisées sur le site internet de la DGDDI et précise qu'il convient tout d'abord de procéder à la rectification de la déclaration en douane, puis de déclarer la régularisation sur la déclaration de chiffre d'affaires de la personne redevable de la TVA, auprès de la DGFiP (BOI précité n° 330).

L'article 278 ter du CGI prévoit l'application, à titre temporaire, **jusqu'au 31 décembre 2022,** d'un **taux de 0 %** aux opérations de livraisons, d'importations et d'acquisitions intracommunautaires ainsi qu'aux prestations de services qui leur sont étroitement liées portant sur les **vaccins** contre la Covid-19 et les **dispositifs médicaux de diagnostic in vitro** de la Covid-19 (nos 41288 s.). **41281**

> **Précisions** **a.** Le taux de 0 % s'applique en France métropolitaine, y compris la Corse, et dans les DOM (Guadeloupe, Martinique et La Réunion) aux livraisons de biens, prestations de services, importations et acquisitions intracommunautaires dont le **fait générateur** intervient à compter du 15 octobre 2020 (BOI-TVA-LIQ-30-10-55 nos 240 et 290).
> **b.** S'agissant des règles de **régularisation** dans les cas de facturation à un taux supérieur au taux prévu par la loi, voir n° 41280, précision b.

1. MASQUES, PRODUITS D'HYGIÈNE CORPORELLE ET TENUES DE PROTECTION

MASQUES DE PROTECTION

41282 Bénéficient du taux réduit les **masques à usage sanitaire** énumérés à l'article 30-0 E, 1° de l'annexe IV au CGI :

– masques destinés à la protection du porteur contre l'inhalation de gouttelettes (« masques de protection respiratoire » (FFP)) : leurs caractéristiques sont celles définies par la norme EN 149 + A1 : 2009 pour les classes d'efficacité FFP1, FFP2 ou FFP3 ou par une norme étrangère équivalente, sous réserve qu'ils ne comportent pas de valve expiratoire ;

– masques destinés à la protection de l'environnement du porteur en évitant la projection de gouttelettes émises par ce dernier (« masques médicaux » ou « masques chirurgicaux ») : leurs caractéristiques sont définies par la norme EN 14683 + AC : 2019 ou par une norme étrangère équivalente (BOI-TVA-LIQ-30-10-55 n° 20).

41283 Peuvent également bénéficier du taux réduit, les **masques à usage non sanitaire** (comprenant, d'une part, les masques dits « grand public » et, d'autre part, les masques répondant aux spécifications de l'Afnor). Ces masques doivent répondre aux **caractéristiques matérielles communes** suivantes, prévues par l'article 30-0 E, 2° de l'annexe IV au CGI (BOI-TVA-LIQ-30-10-55 nos 30 à 50) :

– l'efficacité de filtration des particules de 3 micromètres est supérieure à 70 % ;

– la respirabilité permet un port pendant un temps de quatre heures ;

– la perméabilité à l'air est supérieure à 96 litres par mètre carré et par seconde, pour une dépression de 100 pascals. En outre, lorsque le masque est réutilisable, ces niveaux de performances sont maintenus après au moins 5 lavages ;

– le masque est ajusté sur le visage avec une couverture du nez et du menton ;

– il n'y a pas de couture sagittale, c'est-à-dire de couture orientée verticalement lorsque le masque est positionné sur le visage.

Pour les **masques « grand public »,** ces caractéristiques doivent être **vérifiées** selon les règles fixées par les B et C du II de l'annexe à l'article 30-0 E de l'annexe IV au CGI, qui consistent essentiellement en la conduite de tests en laboratoire. Tous les opérateurs qui appliquent le taux réduit sur leurs livraisons de masques doivent être en mesure de justifier auprès des services de contrôle que ces vérifications ont été opérées et d'indiquer la référence précise aux résultats des essais publiés sur le site www.entreprises.gouv.fr. Par ailleurs, l'éligibilité au taux réduit est également conditionnée à l'inscription sur le produit ou l'emballage des **logos** figurant au IV de l'annexe à l'article 30-0 E précité et à la mention sur l'emballage des **performances de filtration,** ces inscription et mention devant intervenir au plus tard au moment du fait générateur de la livraison soumise au taux réduit, ainsi qu'à la délivrance d'une **notice** d'utilisation (BOI précité nos 70 à 90).

Pour les **masques « Afnor »,** l'éligibilité au taux réduit est conditionnée au respect des éléments figurant dans le document Afnor Spec S76-001 du 28 avril 2020 relatif aux masques barrières (version 1.10). Les éléments pertinents sont ceux relatifs à la fabrication et à l'utilisation des matériaux, aux méthodes d'essais ainsi qu'au marquage (notamment apposition de la mention « Masque barrière Afnor Spec S76-001 (version 1.10) » sur le masque, l'emballage ou la notice d'information) et à la notice d'information (BOI précité n° 100).

> **Précisions** Le document Afnor comprend des exigences relatives à des caractéristiques matérielles du masque qui ne sont pas citées par l'article 30-0 E de l'annexe IV au CGI et aux méthodes de vérification de ces caractéristiques. Toutefois, dès lors que le III de l'annexe audit article prévoit explicitement le respect des éléments du document Afnor et qu'en outre, ils constituent une condition du recours à la mention « Masque barrière Afnor Spec S76-001 (version 1.1) », ces exigences sont une condition d'éligibilité au taux réduit (BOI précité n° 110).

PRODUITS D'HYGIÈNE CORPORELLE

Les caractéristiques des produits d'hygiène corporelle adaptés à la lutte contre la propagation du virus Covid-19 mentionnés à l'article 278-0 bis, K ter du CGI sont fixées à l'article 30-0 F de l'annexe IV au CGI. Trois **conditions cumulatives** sont prévues (BOI-TVA-LIQ-30-10-55 n°s 120 à 150) : **41284**

– le régime juridique des produits éligibles au taux réduit est celui des **produits biocides qualifiés de désinfectants** pour l'hygiène humaine relevant du type de produits 1 (TP1) au sens de l'annexe V au règlement UE/528/2012 du 22 mai 2012. Il importe peu que le fabricant du produit relève ou non, pour son activité habituelle ou principale, de ce règlement tant que le produit lui-même en relève. Ainsi, sont notamment concernés, lorsque les autres conditions examinées ci-après sont remplies, les produits mis sur le marché par les pharmacies d'officine, les établissements pharmaceutiques, les établissements de fabrication de produits cosmétiques ou les installations classées pour la protection de l'environnement. Ne sont pas visés : les produits qui ne sont pas des désinfectants, les désinfectants à usage vétérinaire ou destinés au traitement de biens (équipements, matériaux, surfaces, etc.) et les produits qui relèvent d'un régime exclusif de celui des produits biocides (notamment produits cosmétiques) ;

– les produits doivent être **destinés à l'inactivation rapide et efficace de virus présents sur la peau.** Ainsi, sont notamment exclus les produits destinés à détruire d'autres micro-organismes que les virus (champignons, bactéries, etc.) et les produits destinés à d'autres endroits du corps humain que la peau, notamment le cuir chevelu ;

– les produits doivent **soit** répondre à la **norme** EN 14476 dite « virucide », **soit contenir,** en concentration exprimée en volume supérieure ou égale à 60 % dans le produit final de l'éthanol (ou alcool éthylique), du propan-1-ol (ou alcool propylique) ou du propan-2-ol (ou isopropanol).

TENUES DE PROTECTION

Bénéficient également du taux réduit, les tenues de protection adaptées à la lutte contre la propagation du virus Covid-19 mentionnées au K bis de l'article 278-0 bis du CGI dont la liste et les caractéristiques techniques sont fixées à l'article 30-0 G de l'annexe IV au CGI. Sont concernées, d'une part, les lunettes et visières de protection (n° 41286) et, d'autre part, certaines tenues généralement utilisées par les personnels soignants (n° 41287) (BOI-TVA-LIQ-30-10-55 n° 155). **41285**

Sont concernés par le taux réduit, les **lunettes et visières de protection,** ainsi que les composants interchangeables de ces produits, qui respectent l'une des **conditions alternatives** suivantes : **41286**

– la norme EN 166 : 2001, avec un marquage 3 pour l'essai de projections liquides ;

– pour les seules visières de protection, la norme EN 166 : 2001 avec les adaptations suivantes : les spécifications relatives à la résistance au vieillissement, à la corrosion et à l'inflammation ne sont pas requises ; la classe optique est 2 au minimum ; le marquage et les informations fournies par le fabricant font état d'une application limitée à la protection contre la Covid-19, c'est-à-dire à l'exclusion des autres dangers dont ce type de produit a généralement pour objet de se prémunir ;

– une norme étrangère reconnue comme équivalente à la norme EN 166 : 2001. La liste de ces normes équivalentes peut être trouvée sur le site de la DGDDI.

Tant que l'une de ces conditions est respectée, le taux réduit s'applique à ces produits, quels que soient leurs composants, leur procédé de fabrication, les matières utilisées ou leur usage effectif (BOI-TVA-LIQ-30-10-55 n° 157).

Les tenues de protection éligibles au taux réduit comprennent également les dispositifs médicaux, au sens de l'article 2, 1 du règlement UE/2017/745 du 5 avril 2017, suivants : **41287**

– les **gants médicaux** d'examen relevant de la classe I ;

– les **gants chirurgicaux** relevant de la classe IIa ;

– les **casaques, blouses, surblouses et tabliers** relevant de la classe I ;

– les **charlottes et surchaussures** relevant de la classe I.

Les tenues précitées doivent répondre aux **conditions** suivantes : respect des exigences de conformité associée à la classe dont relève le dispositif médical et apposition du marquage CE. Tant que ces deux conditions sont respectées, l'ensemble des produits ci-dessus sont concernés, quels que soient leurs composants, leur procédé de fabrication, les matières utilisées ou leur usage effectif (BOI-TVA-LIQ-30-10-55 n°s 158 et 159).

2. TESTS ET VACCINS CONTRE LA COVID-19

DISPOSITIFS MÉDICAUX DE DIAGNOSTIC IN VITRO DE LA COVID-19

41288 Conformément à l'article 278 ter du CGI, seuls peuvent bénéficier du taux de 0 % les dispositifs médicaux **spécifiquement utilisés** pour la détection de la Covid-19 et **conformes aux exigences** énoncées, selon leur date de mise sur le marché ou de mise en service, par la directive 98/79/CE du 27 octobre 1998 ou par le règlement UE/2017/746 du 5 avril 2017 abrogeant la directive 98/79/CE et la décision 2010/227/UE. Il s'agit des dispositifs permettant la détection du SARS-CoV-2 et ceux permettant la détection des anticorps dirigés contre le SARS-CoV-2. Ils sont recensés sur le site internet du ministère des solidarités et de la santé (BOI-TVA-LIQ-30-10-55 nos 160 à 180).

41289 Bénéficient notamment du taux de 0 % :

– les dispositifs relevant des articles 26 à 26-2 de l'arrêté du 10 juillet 2020, à savoir les **tests par examen sérologique,** les tests sur prélèvement nasopharyngé (dit « **tests PCR** ») et les tests rapides d'orientation diagnostique antigéniques sur prélèvement nasal (**tests antigéniques**) ;

– les **réactifs** ainsi que les **calibrants, contrôles et étalons** qui permettent d'assurer la validité du test et qui répondent aux conditions visées au n° 41288. Il en est de même des tests dits « multiplex » qui détectent non seulement le virus SARS-CoV-2, mais également d'autres virus pathogènes respiratoires (grippe, virus respiratoire syncytial...) (BOI-TVA-LIQ-30-10-55 nos 170 et 180).

En revanche, **vendus isolément,** les produits, réactifs, matériaux, instruments et systèmes, leurs composants et accessoires, ainsi que les récipients pour échantillon, sont soumis au taux qui leur est propre lorsque leurs caractéristiques ne les destinent pas spécifiquement à être utilisés dans la détection de la Covid-19 (par exemple, les systèmes de prélèvement [types écouvillons] et de conservation des échantillons, les automates, etc.) (BOI précité n° 190).

> **> Précisions** L'administration précise toutefois que, conformément à l'article 257 ter du CGI (nos 1270 s.), une **opération** économique ne doit **pas** être **artificiellement décomposée.** Dès lors, la vente d'un dispositif médical répondant aux conditions d'application du taux de 0 % relève, dans son intégralité, de ce taux, même si ce dispositif comprend des éléments qui, pris isolément, relèveraient d'un autre taux (BOI précité).

VACCINS CONTRE LA COVID-19

41290 Relèvent du taux de 0 % les vaccins contre la Covid-19 bénéficiant d'une **autorisation nationale ou européenne** de mise sur le marché prévue à l'article L 5121-8 du Code de la santé publique (CGI art. 278 ter).

PRESTATIONS DE SERVICES ÉTROITEMENT LIÉES AUX LIVRAISONS DE TESTS ET DE VACCINS CONTRE LA COVID-19

41291 La condition selon laquelle les prestations de services éligibles au taux de 0 % doivent être étroitement liées aux livraisons portant sur les vaccins (n° 41290) et les tests (nos 41288 s.) implique que ces prestations soient **indispensables** à l'accomplissement des livraisons auxquelles elles se rapportent, c'est-à-dire nécessaires à leur bonne exécution (en ce sens, CJUE 8-10-2020 aff. 657/19 : RJF 12/20 n° 1059).

Il en est ainsi des prestations effectuées par les **grossistes répartiteurs** (CSP art. R 5124-2) permettant le stockage et la distribution des vaccins contre la Covid-19 et par les entreprises réalisant ces mêmes prestations pour les dispositifs médicaux de diagnostic in vitro de la Covid-19.

En revanche, les prestations de services (**maintenance, service après-vente, hotline, actions de formation,** etc.) liées aux livraisons portant sur des équipements, comme les automates, qui ne sont pas destinés spécifiquement à être utilisés dans la détection de la Covid-19, sont soumises au taux qui leur est propre (BOI-TVA-LIQ-30-10-55 nos 210 à 230).

> **> Précisions** En ce qui concerne les **opérations complexes uniques** composées de plusieurs éléments relevant de taux différents, voir nos 1270 s.

F. Services d'aide aux personnes âgées dépendantes et aux personnes handicapées

41300 Les prestations de services exclusivement liées aux gestes essentiels de la vie quotidienne des personnes handicapées et des personnes âgées dépendantes qui sont dans l'incapacité de les accomplir, fournies par certaines structures sont soumises au taux réduit en application de l'article 278-0 bis, D du CGI.

Les autres prestations de services d'aide à la personne fournies par les structures concernées sont, en principe, soumises au taux intermédiaire (voir nos 43090 s.).

> **Précisions a.** Les personnes dépendantes sont définies comme celles qui sont momentanément ou durablement atteintes de pathologies chroniques invalidantes ou présentant une affection les empêchant d'accomplir les actes ordinaires de la vie quotidienne. Ainsi, les **personnes âgées dépendantes** sont celles qui correspondent aux termes de l'article L 232-2 du Code de l'action sociale et des familles et de l'article L 241-10, I du Code de la sécurité sociale (BOI-TVA-LIQ-30-20-80 n° 200).
> **b.** Constitue un **handicap,** au sens de l'article L 114 du Code de l'action sociale et des familles, toute limitation d'activité ou restriction de participation à la vie en société subie dans son environnement par une personne en raison d'une altération substantielle, durable ou définitive d'une ou plusieurs fonctions physiques, sensorielles, mentales, cognitives ou psychiques, d'un polyhandicap ou d'un trouble de santé invalidant (BOI précité n° 210).

STRUCTURES CONCERNÉES

Le taux réduit s'applique aux services visés ci-après au n° 41330 fournis par des associations, des entreprises ou des **organismes déclarés** en application de l'article L 7232-1-1 du Code du travail et qui exercent leur **activité à titre exclusif ou** qui bénéficient d'une **dérogation à la condition d'activité exclusive** selon l'article L 7232-1-2 du même Code. **41310**

Bénéficient d'une telle dérogation, notamment, les communes et centres d'action sociale, les établissements et services médico-sociaux (tels les établissements et services d'aide par le travail), les régies de quartier, les résidences-services et les prestataires appelés à fournir des services spécifiques individualisables dans les copropriétés avec services.

> **Précisions a.** Les **structures dispensées** de la condition d'activité exclusive doivent s'engager à mettre en place une **comptabilité séparée** permettant de rendre compte des charges et des produits liés à leurs seules activités de services à la personne (BOI-TVA-LIQ-30-20-80 n° 60).
> **b.** Les **associations** exerçant une activité d'aide à la personne, qu'elles soient ou non déclarées en application de l'article L 7232-1-1 du Code du travail, sont susceptibles d'être exonérées (voir nos 11180 s. et n° 12010).
> **c.** Pour garantir la qualité et la sécurité des prestations exigées par les articles L 7232-1 et L 7232-7 du Code du travail, un donneur d'ordre agréé ne peut faire appel qu'à un **sous-traitant** agréé pour les mêmes activités et la même zone géographique. Pour ouvrir droit aux avantages fiscaux, le donneur d'ordre et le sous-traitant doivent être déclarés pour les mêmes activités. La **facture** remise par le sous-traitant à son donneur d'ordre doit être établie au taux normal. Lorsque les deux prestataires de services à la personne sont déclarés pour les mêmes activités, la facture remise par le donneur d'ordre à son client pour les prestations de services à la personne matériellement réalisées par son sous-traitant est établie au taux réduit (ou intermédiaire s'il s'agit de services d'aide à la personne visés aux nos 43090 s.) (BOI précité nos 225 et 227).
> Dans le même sens, demeurent soumis au taux normal les services à la personne fournis et facturés par un prestataire, non pas directement à des particuliers, mais dans le cadre d'une **sous-traitance à des plates-formes de services ou des organismes d'assurance,** qui en sont les preneurs et qui les rémunèrent, même si les particuliers clients de ces plates-formes ou organismes en sont concrètement les bénéficiaires (CAA Bordeaux 7-4-2016 n° 14BX03392 : RJF 7/16 n° 613). Cette analyse, retenue pour l'application du taux intermédiaire prévu par l'article 279, i du CGI (nos 43090 s.), est transposable aux services d'aide aux personnes âgées dépendantes et aux personnes handicapées visés à l'article 278-0 bis, D du CGI.

La **déclaration** de l'activité, dont les conditions sont fixées par les articles R 7232-16 et R 7232-17 du Code du travail, conditionne l'application du taux réduit. **41315**

Une personne morale ou une entreprise individuelle qui, sans bénéficier d'une dérogation à la condition d'activité exclusive, ne se livre **pas à titre exclusif** à une activité de services à la personne perd le bénéfice de l'application du taux réduit. Après une période de douze mois, elle peut en bénéficier à nouveau à l'occasion d'une **nouvelle déclaration** (C. trav. art. L 7232-8). **41320**

ACTIVITÉS CONCERNÉES

Les activités bénéficiant du taux réduit sont limitativement énumérées à l'article 86, I de l'annexe III au CGI. Il s'agit des activités suivantes : **41330**

– **assistance** aux personnes âgées ou aux personnes qui ont besoin d'une aide personnelle à leur domicile (dépendance, handicap), à l'exclusion d'actes de soins relevant d'actes médicaux ;

– **garde-malade,** à l'exclusion des soins ;

– assistance aux personnes handicapées, y compris les activités d'interprète en langue des signes, de technicien de l'écrit et de codeur en langage parlé complété ;

– prestation de **conduite du véhicule personnel** des personnes dépendantes, du domicile au travail, sur le lieu de vacances, pour les démarches administratives, à la condition que la prestation soit **comprise dans une offre de services** incluant un ensemble d'activités réalisées à domicile ;

– **aide à la mobilité et transport** de personnes ayant des difficultés de déplacement, à la condition que la prestation soit **comprise dans une offre de services** incluant un ensemble d'activités réalisées à domicile ;

– **accompagnement** des personnes âgées ou handicapées dans leurs **déplacements en dehors de leur domicile** (promenades, transport, actes de la vie courante), à la condition que la prestation soit **comprise dans une offre de services** incluant un ensemble d'activités réalisées à domicile.

> **Précisions** Certaines activités ne sont éligibles au taux réduit qu'à la condition d'être comprises dans une **offre globale de services** dont la plus grande part doit être effectuée au domicile. En ce qui concerne les **opérations complexes uniques** composées de plusieurs éléments relevant de taux différents, voir nos 1270 s.
> L'agrément, l'autorisation ou la déclaration étant délivrés à l'entreprise, cette condition s'apprécie au regard de l'entreprise et non au niveau de chaque bénéficiaire des services (BOI-TVA-LIQ-30-20-80 n° 190).

41335 Les activités de services à la personne doivent être effectuées au **domicile** des personnes physiques situé en France. Elles peuvent être également exercées dans l'environnement immédiat de celui-ci si elles contribuent au maintien au domicile des personnes en constituant une alternative à l'hospitalisation ou au long séjour dans un établissement spécialisé (BOI-TVA-LIQ-30-20-80 n° 70).

G. Fourniture de repas dans les cantines scolaires

41390 Aux termes de l'article 278-0 bis, E du CGI, la TVA est perçue au taux réduit en ce qui concerne la fourniture de repas par des prestataires dans les établissements publics ou privés d'enseignement du premier et du second degré.

ÉTABLISSEMENTS CONCERNÉS

41400 Le taux réduit concerne la fourniture de repas dans les établissements publics ou privés d'enseignement du premier et du second degré.

Les **établissements d'enseignement du premier degré** sont les écoles maternelles (ou préélémentaires) et les écoles élémentaires (ou primaires).

Les **établissements d'enseignement du second degré** sont les collèges et les lycées, que ceux-ci dispensent un enseignement général, technologique, professionnel ou agricole (BOI-TVA-LIQ-30-20-10-20 n° 290).

DESTINATAIRE DES REPAS

41410 La fourniture de repas aux **élèves scolarisés** dans l'un des établissements visés au n° 41400, y compris s'ils relèvent de l'enseignement supérieur (exemple : élèves de classes préparatoires situées dans un lycée) bénéficie du taux réduit.

Les repas fournis aux **personnels** de ces établissements sont également soumis au taux réduit (BOI-TVA-LIQ-30-20-10-20 n° 300).

MODALITÉS DE GESTION DE LA CANTINE

41420 Le taux réduit s'applique aux repas fournis par des **prestataires extérieurs agissant comme gestionnaires** de la cantine dans les établissements visés au n° 41400.

41425 Lorsque l'**établissement** d'enseignement est le **gestionnaire de la cantine,** la fourniture de repas par un fournisseur extérieur qui constitue une livraison de denrées alimentaires demeure soumise au taux réduit sur le fondement de l'article 278-0 bis, A-1° du CGI (nos 40400 s.). Dans cette configuration, les repas servis aux élèves sont exonérés de TVA sur le fondement de l'article 261, 4-4° du CGI dès lors qu'ils sont étroitement liés à l'enseignement (nos 8180 s.) (BOI-TVA-LIQ-30-20-10-20 n° 310).

H. Abonnements au gaz, à l'électricité de petite puissance à l'énergie calorifique et fourniture de chaleur

En vertu de l'article 278-0 bis, B du CGI, le taux réduit s'applique aux **abonnements** relatifs aux livraisons d'électricité d'une puissance maximale inférieure ou égale à 36 kilovoltampères (kVA), d'énergie calorifique et de gaz naturel combustible, **distribués par réseaux,** ainsi qu'à la **fourniture de chaleur** lorsqu'elle est **produite** au moins à 50 % **à partir de certaines énergies renouvelables** : biomasse, géothermie, déchets et énergie de récupération et énergie solaire thermique. Pour les abonnements à l'électricité, la puissance maximale prise en compte correspond à la totalité des puissances maximales souscrites par un même abonné sur un même site. **41480**

Le taux réduit s'applique également aux abonnements relatifs aux livraisons de gaz de pétrole liquéfiés distribués par réseaux (BOI-TVA-LIQ-30-20-20 n° 10).

L'abonnement s'entend de la **part fixe du tarif** de livraison de l'électricité, de l'énergie calorifique ou du gaz naturel combustible (BOI précité n° 20).

> Précisions a. Hormis dans le cas de la fourniture de chaleur également éligible au taux réduit (n° 41485), les dispositions portant application du taux réduit aux abonnements constituent une **règle ad hoc** qui déroge aux principes généraux de détermination du taux (CGI art. 257 ter et 278-0 : nos 1270 s.) et de laquelle il résulte qu'une fraction du prix de l'offre est susceptible de relever d'un **taux différent du reste du prix de l'offre** lorsque les **conditions cumulatives** suivantes sont remplies :
– cette fraction du prix versée par le consommateur prend la forme d'un abonnement qui s'entend comme un **montant indépendant** de la quantité d'énergie fournie et constitue la **part fixe** du tarif de livraison de l'électricité, du gaz naturel combustible ou de l'énergie calorifique ;
– cette fraction du prix est l'**un des éléments** constituant la **contrepartie d'une livraison d'électricité, de gaz naturel ou d'énergie calorifique,** à l'exclusion de tout autre élément (location ou mise à disposition de matériels, prestations de services incluses dans l'offre) (BOI précité n° 5).
b. Les abonnements relatifs à des **livraisons d'électricité d'une puissance maximale supérieure à 36 kVA** sont soumis au taux normal.
Le taux normal est également applicable aux **consommations de gaz et d'électricité** (quelle que soit la puissance souscrite), ainsi qu'aux sommes ou redevances diverses facturées au client en sus de l'abonnement (frais de raccordement, petites interventions, etc.) et aux locations de matériels de stockage. Toutefois, lorsque la **couverture de frais fixes,** à l'instar des coûts de stockage, est incluse dans la part abonnement facturée par le prestataire, elle n'est pas soumise au taux normal (BOI précité n° 70). Voir sur ce point la précision a ci-avant.
c. Les **abonnements** à l'**énergie calorifique distribuée par réseaux** (réseaux de « chaleur » ou de « chauffage urbain ») sont soumis au taux réduit, quels que soient l'origine de cette énergie et le mode d'exploitation du réseau (BOI précité nos 90 à 110).
d. L'application du taux réduit aux seuls abonnements à l'électricité et au gaz distribués par réseaux publics et du taux normal à toute autre fourniture de gaz et d'électricité a été jugée conforme au **droit communautaire** (CJUE 8-5-2003 aff. 384/01 : RJF 8-9/03 n° 1073).

Lorsque l'**énergie calorifique** est produite au **moins à 50 %** à partir de la **biomasse,** de la **géothermie,** de l'**énergie solaire thermique,** des **déchets** ou d'**énergie de récupération,** le taux réduit s'applique également aux **livraisons** (consommations) (BOI-TVA-LIQ-30-20-20 nos 120 à 140). En revanche, les livraisons d'énergie calorifique produite à partir de ces énergies renouvelables mais ne répondant pas au seuil de 50 % relèvent du taux normal. Sont également soumises au taux normal les livraisons d'énergie calorifique produite à partir d'autres **énergies renouvelables** (éolienne, houlomotrice, marémotrice, hydraulique, etc.) ou d'énergies non renouvelables (gaz, etc.). **41485**

> Précisions a. L'appréciation du seuil de 50 % se fait de manière globale pour chaque réseau, même s'il comporte plusieurs sites de production. Il est toutefois admis, pour le cas où l'exploitant du réseau concédé est contraint, compte tenu notamment des spécificités géographiques du territoire communal, de distribuer la chaleur via deux réseaux techniquement distincts, que le seuil soit apprécié à l'échelle de l'ensemble du réseau concédé à l'opérateur (BOI précité n° 150).
b. La **période de référence** à retenir pour l'appréciation du seuil de 50 % est l'année civile précédant celle de la facturation (N – 1) ou une période de douze mois consécutifs différente de l'année civile sur la base de laquelle l'exploitant établit habituellement son rapport technique d'exploitation (saison de chauffe). En cas de circonstances particulières affectant de manière temporaire la composition habituelle du bouquet énergétique du réseau, la période de référence peut être la moyenne des années N – 2 et N – 3 ou, si ces circonstances affectent les deux années N – 1 et N – 2, la moyenne des années N – 3 et N – 4 (BOI précité n° 160).

I. Travaux d'amélioration de la qualité énergétique des locaux d'habitation

41500 Les travaux d'amélioration de la qualité énergétique des locaux à usage d'habitation achevés depuis plus de deux ans, ainsi que les travaux induits qui leur sont indissociablement liés, bénéficient, sous certaines conditions, du taux réduit (CGI art. 278-0 bis A).

> **Précisions** L'article 7 du projet de loi de finances pour 2023 prévoit de redéfinir le champ d'application du taux réduit sur les travaux d'amélioration de la qualité énergétique des locaux d'habitation en réaménageant l'article 278-0 bis A précité. Les prestations de rénovation énergétique seraient notamment définies de manière autonome et les prestations de pose, d'installation et d'entretien d'infrastructures de recharge pour véhicules électriques seraient expressément visées à l'article précité.

LOCAUX CONCERNÉS

41505 Le taux réduit concerne les travaux réalisés dans les **locaux à usage d'habitation achevés depuis plus de deux ans.** Sur cette notion, on se reportera aux précisions données aux nos 43180 s. pour l'application de l'article 279-0 bis du CGI. En effet, la notion de « locaux à usage d'habitation achevés depuis plus de deux ans » au sens de l'article 279-0 bis du CGI vaut aussi pour l'application de l'article 278-0 bis A du même Code (en ce sens, BOI-TVA-LIQ-30-20-95 n° 10).

TRAVAUX CONCERNÉS

41510 Bénéficient du taux réduit les travaux d'**amélioration de la qualité énergétique** des logements.

Aux termes de l'article 278-0 bis A du CGI, il s'agit des travaux portant sur la pose, l'installation et l'entretien des **matériaux et équipements** mentionnés à l'article 200 quater, 1 du CGI relatif au crédit d'impôt pour la transition énergétique, dans sa rédaction antérieure à celle résultant de la loi 2017-1837 du 30 décembre 2017 (voir précision c ci-dessous), dès lors qu'ils respectent des caractéristiques techniques et des critères de performances minimales fixés par arrêté. En application de l'article 30-0 D de l'annexe IV au CGI, les caractéristiques techniques et les critères de performances minimales sont ceux fixés par l'article 18 bis de l'annexe IV au CGI (pour les matériels ou équipements qui ne sont plus mentionnés à cet article, sont retenus les caractéristiques techniques et critères de performances minimales fixés par cet article dans sa dernière rédaction qui mentionne ces matériels ou équipements).

Sont **notamment** concernés les équipements suivants respectant les critères de performances minimales susvisés :

- les chaudières à haute performance énergétique ;
- les chaudières à micro-cogénération gaz d'une puissance de production électrique inférieure ou égale à 3 kVA par logement ;
- les matériaux d'isolation thermique des parois opaques ou vitrées, de volets isolants ou de portes d'entrée donnant sur l'extérieur ;
- les matériaux de calorifugeage de tout ou partie d'une installation de production ou de distribution de chaleur ou d'eau chaude sanitaire ;
- les appareils de régulation de chauffage ;
- les équipements de production d'énergie utilisant une source d'énergie renouvelable, à l'exception des équipements de production d'électricité utilisant l'énergie radiative du soleil et des éoliennes produisant de l'électricité, ou des pompes à chaleur, autres que air/air, dont la finalité essentielle est la production de chaleur ou d'eau chaude sanitaire ;
- l'échangeur de chaleur souterrain des pompes à chaleur géothermiques ;
- les équipements de raccordement à un réseau de chaleur, alimenté majoritairement par des énergies renouvelables ou par une installation de cogénération ;
- les appareils permettant d'individualiser les frais de chauffage ou d'eau chaude sanitaire dans un bâtiment équipé d'une installation centrale ou alimenté par un réseau de chaleur ;
- les systèmes de charge pour véhicule électrique ;
- les équipements ou matériaux visant à l'optimisation de la ventilation naturelle.

> **Précisions** **a.** Le taux réduit bénéficie également à la **fourniture des matériaux, équipements et appareils** susvisés lorsqu'ils sont fournis et facturés par le prestataire qui réalise les travaux (BOI-TVA-LIQ-30-20-95 n° 40).
>
> **b.** Le bénéfice du taux réduit n'est **pas conditionné aux autres modalités** d'application **du crédit d'impôt** prévu par l'article 200 quater, 1 du CGI. Ainsi, par exemple, il est indifférent : que les travaux soient réalisés ou non dans le

cadre d'un bouquet de travaux; que pour certains équipements la dépense soit réalisée en maison individuelle ou en immeuble collectif; que les travaux soient réalisés dans une résidence principale ou secondaire; que le preneur respecte ou non des conditions de ressources (BOI précité n° 30).

c. L'article 79 de la loi 2017-1837 du 30 décembre 2017 a réduit le champ des dépenses éligibles au crédit d'impôt pour la transition énergétique mais a maintenu l'application du taux réduit de TVA pour les catégories d'équipements désormais exclues du crédit d'impôt. Il s'agit des catégories suivantes : chaudières à haute (et très haute) performance énergétique, chaudières à micro-cogénération gaz d'une puissance de production électrique inférieure ou égale à 3 kVA par logement, volets isolants ou portes d'entrée donnant sur l'extérieur, matériaux de calorifugeage d'une installation de production ou de distribution de chaleur ou d'eau chaude sanitaire, appareils de régulation de chauffage, systèmes de fourniture d'électricité à partir de l'énergie hydraulique ou de la biomasse, appareils permettant d'individualiser les frais de chauffage ou d'eau chaude sanitaire dans un bâtiment équipé d'une installation centrale ou alimenté par un réseau de chaleur.

Bénéficient également du taux réduit les **travaux induits qui sont indissociablement liés** aux travaux de pose, d'installation ou d'entretien des matériaux et équipements visés au n° 41510 (par exemple : travaux de remise en état suite à la dégradation due aux travaux ; dépose des équipements antérieurs ; travaux d'adaptation des locaux recevant des équipements). **41515**

Pour être éligibles au taux réduit, les travaux induits indissociablement liés aux travaux d'amélioration de la qualité énergétique doivent porter sur la même pièce que celle sur laquelle ont porté les travaux d'amélioration de la qualité énergétique ou sur les éléments du bâti directement affectés par les travaux d'amélioration de la qualité énergétique (par exemple, les travaux de plâtrerie et de peinture dans une salle de bains après la pose d'une fenêtre double vitrage dans cette pièce bénéficient du taux réduit, mais non les travaux réalisés en même temps dans la cuisine ; les travaux d'adaptation des systèmes d'évacuation des produits de la combustion nécessaires pour assurer le bon fonctionnement d'une chaudière à micro-cogénération gaz installée dans le sous-sol d'une maison bénéficient du taux réduit même s'ils affectent d'autres pièces que le seul sous-sol).

En outre, les travaux induits doivent être **facturés** dans un **délai maximum** de trois mois à compter de la date de facturation des travaux d'amélioration de la qualité énergétique bénéficiant du taux réduit auxquels ils sont liés. Lorsque les travaux induits précèdent ces travaux d'amélioration (par exemple : travaux de forage et de terrassement nécessaires à l'installation de l'échangeur de chaleur souterrain des pompes à chaleur géothermique), ces derniers doivent être facturés dans un délai maximum de trois mois à compter de la facturation des travaux induits. À défaut, les travaux induits s'apprécient comme des travaux indépendants qui doivent être soumis au taux qui leur est propre (BOI-TVA-LIQ-30-20-95 n° 50).

> **Précisions** Sur les critères permettant de déterminer si l'on est en présence d'une **opération unique** ou d'**opérations dissociables** soumises à leur régime propre, voir nos 1270 s.

Les travaux, réalisés sur une période de deux ans au plus, qui concourent à la production d'un **immeuble neuf** ou qui **augmentent la surface de plancher** des locaux existants de plus de 10 % sont **exclus** du taux réduit et doivent être soumis au taux normal (CGI art. 278-0 bis A, 2). Voir à cet égard les précisions données aux nos 43380 et 43390. **41520**

MODALITÉS D'APPLICATION

Le taux réduit s'applique, toutes autres conditions étant remplies, quelle que soit la **qualité du preneur des travaux,** qu'il soit une personne physique ou une personne morale. Les précisions apportées au n° 43450 s'agissant des autres travaux dans le logement sont transposables. **41525**

Pour bénéficier du taux réduit, le client doit remettre au prestataire une **attestation** (en utilisant les modèles d'attestation fixés par l'administration : voir sur ce point n° 43460), laquelle doit **mentionner** que l'immeuble est achevé depuis plus de deux ans, qu'il est affecté à un usage d'habitation et que les travaux ne concourent pas à la production d'un immeuble neuf ou n'aboutissent pas à une augmentation de surface de plus de 10 % ; cette attestation doit également préciser la nature des travaux de rénovation énergétique et/ou des travaux induits réalisés. **41530**

En ce qui concerne le moment de la remise de l'attestation, l'obligation concernant sa conservation et les conséquences en cas de défaut d'attestation ou d'informations manquantes, incomplètes ou inexactes, voir respectivement aux nos 43465, 43470 et 43475 les précisions données pour l'application de l'article 279-0 bis du CGI, qui sont transposables pour l'application de l'article 278-0 bis A du même Code.

J. Collecte, tri et valorisation de déchets

41535 La **collecte** est l'opération de **ramassage** des déchets en vue de leur transport vers une installation de traitement des déchets (C. envir. art. L 541-1-1). Il existe deux types de collecte : la collecte séparée et la collecte en mélange.

Le **traitement** des déchets concerne toute opération de valorisation ou d'élimination, y compris la préparation qui précède la valorisation ou l'élimination (C. envir. art. L 541-1-1). Il couvre toutes les opérations physiques sur les déchets qui visent à permettre la réutilisation du déchet, son recyclage, toute autre valorisation, notamment la valorisation énergétique et l'élimination.

Le **tri** fait également partie des opérations de traitement.

La **valorisation des déchets** comprend toute opération dont le résultat principal est que des déchets servent à des fins utiles en substitution à d'autres substances, matières ou produits qui auraient été utilisés à une fin particulière, ou que des déchets soient préparés pour être utilisés à cette fin, y compris par le producteur de déchets.

L'**élimination** désigne toute opération qui n'est pas de la valorisation même lorsque ladite opération a comme conséquence secondaire la récupération de substances, matières ou produits ou d'énergie. Tel est notamment le cas du stockage ou de l'incinération des déchets (BOI-TVA-LIQ-30-20-70 nos 100 à 130).

> **Précisions** Le taux applicable à une prestation de traitement des déchets dépend uniquement des **caractéristiques intrinsèques** dudit traitement, indépendamment du taux dont relève la collecte de ces mêmes déchets, et inversement (BOI précité n° 50).

41536 L'article 278-0 bis, M du CGI soumet au taux réduit les prestations de **collecte séparée,** de **collecte en déchetterie,** de **tri** et de **valorisation matière** des déchets des ménages et des autres déchets que les collectivités mentionnées à l'article L 2224-13 du CGCT peuvent, eu égard à leurs caractéristiques et aux quantités produites, collecter et traiter sans sujétions techniques particulières, ainsi que les prestations de **services qui concourent au bon déroulement** de ces opérations.

Le taux réduit s'applique sous réserve de **deux conditions cumulatives** tenant, d'une part, à la catégorie de déchets (n° 41537) et, d'autre part, au contenu et à la nature de l'opération (nos 41538 s.) (BOI-TVA-LIQ-30-20-70 n° 10).

> **Précisions** **a.** Lorsqu'elles ne relèvent pas du taux réduit, les prestations de collecte et de traitement des déchets des ménages et des déchets assimilés, ainsi que les prestations de services qui concourent au bon déroulement de ces opérations, relèvent du **taux intermédiaire** selon les dispositions de l'article 279, h du CGI (nos 42950 s.) (BOI précité n° 1).
>
> **b.** Les **autres opérations,** qu'il s'agisse de prestations de services autres que celles sus-mentionnées (gestion d'autres types de déchets, comme les déchets médicaux ou les déchets industriels) ou de livraisons de biens (ventes de matériels ou d'équipement liés à la collecte), relèvent du **taux normal** même lorsqu'elles participent du service public de gestion des déchets (BOI précité). Ainsi relèvent **notamment** du taux normal :
>
> – les **prestations préalables** à la mise en place d'un système de collecte et de traitement des déchets des ménages (prestations d'ingénierie et de conseil, réalisation d'études, notamment) (BOI précité n° 190) ;
>
> – les livraisons de biens réalisées pour les besoins du **service public de gestion des déchets des ménages** et assimilés. Il s'agit, par exemple, de la construction d'installations, notamment d'une usine d'incinération ou d'une déchetterie, ou encore de la vente de véhicules de collecte, de bacs roulants, de conteneurs et d'autres matériels ou encore la vente de déchets (sur cette dernière opération, voir n° 41543, précision b). Cependant, lorsqu'elle est intégrée à une prestation de services fournie par le même opérateur et qu'elle peut être considérée comme accessoire à cette dernière, la livraison de biens relèvera du taux applicable à cette prestation (n° 41549) (BOI précité n° 200) ;
>
> – les prestations de **collecte en dépôts sauvages** (BOI-ANNX-000481) ;
>
> – la **vente de compost** issu des opérations de valorisation biologique ou organique (sauf si les produits sont assimilables à des engrais : voir nos 42190 s.) (BOI-ANNX précité).
>
> **c.** Sur les règles applicables aux **opérations comprenant des éléments relevant de taux différents** de TVA, voir nos 41545 s.

DÉCHETS CONCERNÉS

41537 Le taux réduit ne s'applique qu'aux **déchets des ménages et** aux déchets qui leur sont **assimilés** (BOI-TVA-LIQ-30-20-70 n° 15).

Les déchets des ménages représentent l'**ensemble des déchets,** qu'ils soient dangereux ou non dangereux, inertes ou non inertes, **produits par un ménage** (C. envir. art. R 541-8). Ils comprennent **notamment,** selon leur mode de collecte :

– les déchets collectés séparément (emballages, papiers, biodéchets, etc.) ;

– les déchets collectés en déchetterie (déchets d'équipements électriques et électroniques, dits « D3E », ferrailles, bois, gravats, plâtre, déchets verts, déchets dangereux type huiles usagées, médicaments, piles, peinture, etc.) ;

– les déchets dits « encombrants », pouvant faire l'objet d'une collecte dédiée ;

– les ordures ménagères résiduelles (OMR) qui regroupent les déchets des ménages faisant l'objet d'une collecte en mélange (voir nos 41540 et 42954) (BOI précité no 20).

Les **déchets assimilés** aux déchets des ménages sont les déchets des activités économiques que les collectivités peuvent, eu égard à leurs caractéristiques et aux quantités produites, collecter et traiter sans sujétions techniques particulières dans le cadre du service public de gestion des déchets. Ces déchets assimilés sont alors collectés dans les mêmes conditions que les déchets ménagers et relèvent du même régime de TVA. Il en résulte que la **qualification** de « déchets assimilés » est **susceptible de varier** d'une collectivité territoriale à l'autre, selon les quantités de déchets produites localement et les modalités d'organisation du service public propres à chacune d'entre elles conformément à l'article L 2224-14 du CGCT (BOI précité no 40).

> **Précisions** Les déchets qui ne sont pas des déchets des ménages, dénommés « **déchets des activités économiques** », comprennent les déchets des entreprises (commerce, artisans, bureaux, industries, etc.), ceux du secteur public (santé, éducation, administrations publiques, etc.) et ceux générés en dehors des locaux d'habitation, y compris par des ménages, notamment ceux collectés à l'occasion des prestations de nettoiement des espaces publics ou de vidage et nettoyage des corbeilles publiques (BOI précité no 30).

PRESTATIONS CONCERNÉES

Conformément à l'article 257 ter, I-al. 1 du CGI, chaque opération est appréciée de manière **indépendante.** Ainsi, sous les réserves exposées aux nos 41545 s., le taux applicable à l'une des prestations visées aux nos 41540 s. ne dépend pas du régime des prestations effectuées en amont ou en aval de cette dernière (BOI-TVA-LIQ-30-20-70 no 50). **41538**

Les prestations pouvant bénéficier du taux réduit conformément à l'article 278-0 bis M du CGI sont réparties en trois catégories :

– les prestations de collecte séparée ou de collecte en déchetterie (C. envir. art. L 541-1-1) (no 41540) ;

– les prestations de tri des déchets et de valorisation matière (ces prestations font partie des opérations de traitement des déchets) (nos 41541 et 41542) ;

– les prestations de services concourant au bon déroulement des prestations visées aux deux tirets ci-dessus (no 41543).

Collecte séparée Sont soumises au taux réduit les prestations de **collecte « séparée »** qui consistent à collecter un flux de déchets conservé séparément en fonction de son type et de sa nature afin de faciliter un traitement spécifique. Cette collecte peut également porter sur des déchets de type et nature différents tant que cela n'affecte pas leur capacité à faire l'objet d'une préparation en vue de la réutilisation, d'un recyclage ou d'autres opérations de valorisation. **41540**

Les **déchets concernés** par ce type de collecte sont essentiellement les matériaux recyclables « propres et secs » (verre, papiers, cartons, journaux et magazines, plastiques, métaux), les déchets végétaux, les textiles, les encombrants et les déchets diffus spécifiques (BOI-TVA-LIQ-30-20-70 no 70).

En ce qui concerne la **collecte en mélange,** voir no 42954.

> **Précisions** La collecte séparée peut être réalisée de différentes manières : soit en **porte-à-porte,** soit en **apport volontaire** (mise à disposition sur la voie publique de conteneurs), soit en **déchetterie** (BOI précité no 80).

Tri et valorisation matière Le **tri,** soumis au taux réduit, couvre l'ensemble des opérations réalisées sur des déchets qui permettent de séparer ces déchets et de les conserver séparément, par catégories, en fonction de leur type et de leur nature. Il s'agit de séparer des déchets faisant l'objet de la même collecte séparée afin de les regrouper suivant leurs caractéristiques de recyclage (BOI-TVA-LIQ-30-20-70 no 110). **41541**

> **Précisions** Le traitement des **refus de tri** consécutifs à une prestation de tri sont en revanche soumis au taux intermédiaire (BOI-ANNX-000481).

La valorisation est qualifiée de **valorisation « matière »,** et relève alors du taux réduit, lorsque les **déchets** ne sont **pas utilisés** dans les conditions suivantes : utilisation de déchets combustibles comme moyen de génération d'énergie par incinération directe avec ou sans autres déchets, retraitement des déchets en matières destinées à servir de combustible, tout autre moyen par lequel les déchets sont utilisés pour produire de l'énergie. **41542**

La valorisation « matière » comprend **notamment** la préparation en vue de la réutilisation, le recyclage, le remblayage ou le retraitement des déchets en matières premières secondaires à des fins d'ingénierie dans les travaux de construction de routes et d'autres infrastructures (BOI-TVA-LIQ-30-20-70 n° 120).

> **Précisions** Concernant la **valorisation énergétique**, voir n° 42956.

41543 **Prestations concourant au bon déroulement de la collecte et du traitement des déchets** Il s'agit de prestations **autres que de traitement ou de collecte** qui se rapportent à la gestion des déchets.

Les prestations énumérées ci-après **concourant au bon déroulement** de prestations soumises au taux réduit visées aux n°s 41540 à 41542 bénéficient également de ce taux (BOI-TVA-LIQ-30-20-70 n° 190). Sont **notamment** concernés :

- les prestations de location et de maintenance de bacs roulants ou de conteneurs ;
- les prestations de transport et de transit des déchets (lors de la collecte, entre le centre de tri et les lieux de traitement, etc.). Selon les dispositions de l'article L 2224-13 du CGCT, les opérations de transport, de transit ou de regroupement qui se situent à la jonction de la collecte et du traitement peuvent être intégrées à l'une ou l'autre de ces deux missions ;
- les prestations de conditionnement des déchets ;
- les prestations de transport et de stockage des résidus du traitement ;
- les prestations d'entretien des installations ou du matériel dédié à la gestion des déchets qui nécessitent des fournitures représentant une part minime du coût total des prestations ;
- les prestations d'accueil et de gardiennage des installations de collecte, de tri et de traitement ;
- les prestations de communication et de sensibilisation auprès des usagers destinées à réduire la quantité de déchets produits, à faciliter la mise en œuvre et le développement du tri à la source et de la collecte séparée des déchets ;
- les services des courtiers (C. envir. art. R 541-54-1, 2°), lorsqu'ils agissent au nom de leur commettant ;
- les prestations de contrôle et d'analyse des flux de collecte séparée (BOI-TVA-LIQ-30-20-70 n° 160 ; BOI-ANNX-000481).

> **Précisions** **a.** Sont également soumises au taux réduit les prestations de **compactage** des déchets collectés en déchetterie avant traitement, la **location de véhicules** de collecte dont les caractéristiques ou les conditions contractuelles les destinent spécifiquement à la collecte séparée et les prestations de **maintenance** et d'**entretien** (lavage, pneumatiques, réparation, contrôles réglementaires) afférentes à ces véhicules (BOI-ANNX-000481).
> **b.** La **vente de déchets** relève du taux normal (BOI-TVA-LIQ-30-20-70 n° 160).

PERSONNES CONCERNÉES

41544 Conformément aux articles L 2224-13 et L 2224-14 du CGCT, l'organisation de la collecte et du traitement des déchets ménagers et assimilés relève d'une **compétence locale.** Dans les faits, celle-ci est majoritairement exercée à l'échelle intercommunale.

Selon les modes d'organisation du service (régie, marchés, délégations, sous-traitance), les différents acteurs impliqués sont susceptibles de réaliser des opérations éligibles au taux réduit. En effet, l'article 278-0 bis, M du CGI ne prévoit **aucune condition quant à la qualité de la personne** qui réalise les opérations ou les acquiert dans le cadre de la gestion du service public des déchets des ménages (BOI-TVA-LIQ-30-20-70 n° 170).

> **Précisions** Sont ainsi **notamment** susceptibles de bénéficier du taux réduit, lorsque les déchets et opérations concernés répondent aux conditions d'éligibilité de celui-ci (n°s 41537 s.), les prestations de collecte ou de traitement acquises par une collectivité dans le cadre de l'externalisation de tout ou partie du service public de gestion des déchets, les prestations concourant au bon déroulement de la collecte ou du traitement des déchets acquises par une collectivité qui exécute en régie des prestations de collecte ou de traitement, l'exécution par une collectivité de tout ou partie du service public de gestion des déchets pour le compte d'une autre collectivité (une telle prestation est, par ailleurs, susceptible d'être exonérée), les opérations réalisées par des sous-traitants au bénéfice d'entreprises fournissant les collectivités, les prestations fournies par des installations de stockage ou d'incinération des déchets, notamment celles de réception des déchets qu'elles facturent aux apporteurs des déchets ménagers, l'application par l'exploitant d'une déchetterie aux usagers de frais d'accès pour qu'ils y déposent des déchets, la prestation d'enlèvement des déchets financée par la redevance pour enlèvement des ordures ménagères lorsque la collectivité a opté pour l'assujettissement à la TVA (n°s 10570 s.) et les prestations que les éco-organismes agréés rendent à leurs membres dans le cadre de la mise en œuvre du principe de responsabilité élargie du producteur qui se rapportent spécifiquement aux déchets ménagers et assimilés (BOI précité n° 180).

OPÉRATIONS COMPRENANT DES ÉLÉMENTS RELEVANT DE DIFFÉRENTS TAUX DE TVA

Dans le cadre du service public de gestion des déchets ménagers et assimilés dont elles ont la charge, il est courant pour les collectivités d'acquérir des prestations de services au sein desquelles plusieurs éléments relèvent de taux différents de la TVA. L'administration applique les critères définis aux nos 1270 s., et indique que, pour déterminer le taux de TVA applicable aux achats des prestations relevant du service public de gestion des déchets, il est nécessaire, d'une part, d'**évaluer l'étroitesse des liens économiques** entre les différents éléments acquis ensemble auprès d'un même fournisseur (nos 41546 s.) et, d'autre part, d'**identifier les éléments qui présentent un caractère accessoire** (n° 41549) (BOI-TVA-LIQ-30-20-70 nos 210 et 220). **41545**

Étroitesse des liens économiques Afin d'évaluer l'étroitesse des liens économiques, l'administration, s'appuyant sur la jurisprudence de la CJUE exposée au n° 1295, identifie, en premier lieu, des éléments décisifs et, en second lieu, des éléments qui ne sont pas décisifs mais pouvant venir, le cas échéant, au soutien des éléments décisifs (BOI-TVA-LIQ-30-20-70 n° 230). **41546**

Le **premier des éléments décisifs** tient au caractère **objectivement indissociable** sur le plan matériel des éléments en cause. Tel est **notamment** le cas, par exemple :

– d'une même opération qui se rapporte indifféremment à la **gestion des déchets des ménages et des déchets des activités économiques,** laquelle relève du taux normal ;

– de la prestation d'une **installation de traitement mécano-biologique** qui combine des éléments se rapportant au tri (taux réduit), à la valorisation matière (taux réduit), à la valorisation énergétique (taux intermédiaire) et à l'élimination des déchets (taux intermédiaire). Le taux applicable est donc le taux intermédiaire (nos 42950 s.) ;

– de la **redevance d'enlèvement des ordures ménagères** qui a pour objet de couvrir globalement un service unique d'enlèvement des déchets au bénéfice des usagers comportant les différents modes de collecte, en mélange et séparée. Le taux applicable à la redevance appliquée auprès des ménages et des entreprises dont les déchets sont enlevés dans les mêmes conditions est le taux intermédiaire (nos 42950 s.).

Inversement, du point de vue d'une collectivité, les prestations de **collecte séparée** et de **collecte en mélange** sont, par nature, **matériellement dissociables.** En effet, bien qu'elles soient coordonnées, la finalité des prestations de collecte séparée ou en mélange n'est pas la même, notamment en raison d'exutoires distincts : les déchets ménagers et assimilés issus de la collecte séparée sont pris en charge dans des filières de tri et de valorisation, alors que ceux issus de la collecte en mélange relèvent de filières de traitement. En outre, les prestations de collecte séparée et en mélange ne sont ni conçues ni organisées sur les mêmes bases et il ne peut pas y être indifféremment recouru du point de vue de la collectivité. Les circuits de collecte sont différents selon les flux collectés, chacun obéissant à une logique d'optimisation propre (BOI précité n° 240).

> **Précisions** Le **traitement mécano-biologique** (TMB) désigne un ensemble d'opérations de traitement des ordures ménagères résiduelles. Il consiste en l'imbrication d'opérations mécaniques (dilacérations et tris) et d'étapes biologiques (compostage, méthanisation). Une installation de TMB permet de procéder à tout ou partie des traitements suivants :
> – sur la fraction à haut pouvoir calorifique inférieur du déchet (plastiques, papier, bois non recyclables, ou non captés par des collectes sélectives), produire de l'énergie sous forme de combustible solide de récupération ;
> – sur la fraction fermentescible du déchet (déchets organiques, papier, textiles sanitaires), produire de l'énergie sous forme de biogaz, fabriquer du compost ou réduire et stabiliser les déchets avant de les mettre en décharge. Le traitement de la fraction fermentescible peut commencer durant la phase de tri. Une installation effectuant comme unique traitement de cette fraction fermentescible une stabilisation avant élimination n'est pas une installation de tri mécano-biologique ;
> – sur l'ensemble du déchet, extraire des matériaux (métaux, plastiques, papiers-cartons) conformes au cahier des charges des activités de recyclage.
> La répartition des volumes entre ces différentes formes de traitement résulte des caractéristiques propres à chaque installation, notamment des choix économiques et technologiques réalisés.
> Le TMB est parfois dénommé « **tri mécano-biologique** », mais va au-delà du simple tri et couvre plusieurs modes de traitement. Il ne fait pas l'objet d'une définition juridique ad hoc et suit le régime des modes de traitements concernés (BOI précité n° 150).

Le **second élément décisif** tient à la **finalité économique** de l'opération pour l'acquéreur, c'est-à-dire aux éléments objectifs qui traduisent l'intention de l'acquéreur, à savoir s'il recherche ou non spécifiquement la combinaison des éléments en cause, compte tenu des caractéristiques propres à cette opération. **41547**

Dans le cas des **contrats de la commande publique,** cette intention résulte des conditions de préparation du marché public ou de la concession :

– les **documents** par lesquels l'acheteur a **défini son besoin,** notamment les études et échanges préalables avec les opérateurs économiques ;

– le recours à l'**allotissement.** En effet, sauf lorsqu'il présente un caractère purement artificiel, l'allotissement traduit par lui-même l'intention d'acquérir séparément plusieurs prestations. Inversement, les différents éléments d'un même lot constituent a priori une seule et même prestation. Tel est en particulier le cas lorsque l'absence d'allotissement traduit le souhait d'externaliser les fonctions d'organisation, de pilotage ou de coordination. En revanche, le choix de ne pas allotir pour d'autres motifs, notamment pour ne pas restreindre la concurrence ou éviter de rendre techniquement difficile ou financièrement plus coûteuse l'exécution des prestations, n'a pas pour effet d'exclure en toute circonstance que le marché ou le lot en question puisse être décomposé en prestations suivant chacune leur régime propre en matière de TVA ; dans une telle situation, il sera tenu compte des conditions de formation des prix ;

– la **forme du prix** en tant qu'elle est susceptible de refléter l'intention des parties concernées. Ainsi, la prédominance de prix forfaitaires, c'est-à-dire indépendants des quantités livrées ou exécutées, présume de l'absence d'opérations distinctes. Inversement, lorsque le contrat prévoit, pour des éléments différents, des prix distincts déterminés chacun en fonction des quantités propres à chacun de ces éléments, ces éléments sont susceptibles de constituer des prestations dissociables au plan économique. L'appréciation est menée au regard de l'équilibre global du contrat, compte tenu en particulier de l'existence plus ou moins importante de la possibilité de subventionnements croisés entre les éléments qui ressortent de la structure de tarification (BOI-TVA-LIQ-30-20-70 n° 250).

41548 Les **éléments non décisifs** comprennent **notamment** le fait que l'acquéreur ait la faculté ou non d'acquérir séparément les prestations en cause, ou encore l'existence d'une facturation unique ou distincte et l'identification d'un prix dédié au sein du contrat (n° 1295, précision b) (BOI-TVA-LIQ-30-20-70 n° 260).

41549 **Caractère accessoire** Les éléments accessoires sont des éléments dont il n'est pas tenu compte pour déterminer le régime de TVA applicable. Notamment, le taux qui leur est applicable individuellement est sans incidence, ces éléments suivant le **régime de TVA de l'élément principal** auquel ils se rapportent.

Sur les critères à prendre en compte pour qualifier un élément d'accessoire ou non, voir n° 1300.

EXEMPLES

1. La livraison de sacs et de bio-seaux destinés à une prestation de collecte des déchets organiques est accessoire à la collecte.

2. La collecte en mélange et la collecte séparée ne sont pas accessoires l'une de l'autre compte tenu de leur finalité propre (BOI-TVA-LIQ-30-20-70 n° 280).

SECTION 4 TAUX INTERMÉDIAIRE

41550 Le taux intermédiaire, fixé à **10 %,** s'applique à **certains produits ou biens et prestations de services, limitativement désignés** par la loi.

Le tableau récapitulatif ci-dessous en donne la **liste** avec la référence aux commentaires correspondants.

Comme déjà indiqué au n° 40060, le taux de 10 %, bien qu'étant légalement considéré comme un taux réduit, est qualifié, pour des raisons de commodité, de « taux intermédiaire ».

Produits et services relevant du taux intermédiaire	Commentaires (n^{os})
I. Produits	
Médicaments non remboursables	41600 s.
Produits **d'origine agricole, de la pêche, de la pisciculture et de l'aviculture**	41820 s.

41550 (suite)

Produits et services relevant du taux intermédiaire	Commentaires (n^os)
Produits de l'**horticulture et de la floriculture**	41885
Ventes à emporter ou à livrer de produits alimentaires préparés en vue d'une consommation immédiate	41950 s.
Bois de chauffage	42030 s.
Produits destinés à l'**alimentation animale**	42080 s.
Produits destinés à la **production agricole** et **non destinés à l'alimentation animale**	42170 s.
II. Prestations de services	
Soins dispensés par les **établissements thermaux autorisés**	10060 s.
Transports de voyageurs	42300 s.
Fourniture de logement en hôtel ou en meublé et dans les **terrains de camping** classés	91970 s. et 92030 s.
Locations d'emplacements sur les **terrains de camping** classés	42470 s.
Locations d'aires d'accueil ou de terrains de passage des **gens du voyage**	42540
Ventes à consommer sur place de produits alimentaires ou de boissons	42590 s.
Prestations relatives à la **fourniture et à l'évacuation de l'eau**	42730 s.
Prestations de **balayage des caniveaux et voies publiques** et prestations de **déneigement des voies publiques**	42900
Collecte et traitement des **déchets ménagers**	42950 s.
Travaux forestiers réalisés **au profit d'exploitants agricoles**	71480 s.
Services d'**aide à la personne**	43090 s.
Travaux portant sur des **locaux d'habitation**	43160 s.
Façons sur **certains produits au taux intermédiaire**	41580
Presse : - cessions d'informations entre des entreprises de presse - fourniture d'éléments d'information par les agences de presse	 85740 85920
Certains **jeux et divertissements** (attractions foraines, musées, monuments, expositions, parcs, jardins, etc.)	89660 s.
Abonnements télévisions privées (ainsi que rémunérations versées par les collectivités territoriales aux télévisions locales ayant conclu un contrat d'objectifs et de moyens)	90110 s.
Cessions de droits par les **auteurs des œuvres de l'esprit** et **artistes-interprètes**	87270 s.
Livraisons d'**œuvres d'art** par des **assujettis-utilisateurs**	78620
Cessions de droits portant sur les **livres** et sur les **œuvres cinématographiques**	40870 et 88630

Remarques : **1.** Pour les opérations se rattachant à une activité faisant l'objet d'une étude particulière (spectacles, jeux et divertissements, etc.), les commentaires relatifs au taux sont intégrés dans cette étude.

2. Le taux intermédiaire s'applique également :

- aux **livraisons à soi-même** de certains **travaux** portant sur certains locaux et **logements sociaux** (n° 68690 et n° 69020) ;
- à certaines **livraisons d'immeubles** réalisées dans le secteur du **logement locatif social** (n° 68305) ;
- aux **livraisons de logements locatifs neufs** dans le **secteur intermédiaire** (n° 68315).

3. La remarque 2 figurant au n° 40300 concernant l'application sélective du taux réduit vaut également pour le taux intermédiaire.

I. PRODUITS RELEVANT DU TAUX INTERMÉDIAIRE

41580 **Opérations concernées par l'application du taux intermédiaire.** Sauf indication contraire expressément mentionnée dans l'étude correspondante, les opérations portant sur les produits énumérés dans le tableau du n° 41550 qui relèvent du taux intermédiaire sont les **livraisons,** les **acquisitions intracommunautaires** et les **importations** portant sur ces produits.

Les **prestations de travail à façon** relèvent du taux prévu pour les livraisons portant sur le bien obtenu au moyen de ce travail à façon lorsque ces prestations portent sur des biens d'origine agricole, de la pêche, de la pisciculture ou de l'aviculture qui sont normalement destinés à être utilisés dans la production agricole, à être utilisés dans la préparation de denrées alimentaires ou à être consommés en l'état par l'homme (voir nos 71380 s.) (CGI art. 278-0 B, II).

> **> Précisions** L'assujetti agissant en son nom propre mais pour le compte d'autrui (**intermédiaire opaque**) qui s'entremet dans une livraison de biens est réputé avoir personnellement acquis et livré ces biens. Il en est de même si l'intermédiaire opaque s'entremet dans une acquisition intracommunautaire (n° 83320). L'intermédiation opaque étant assimilée à une livraison, elle bénéficie du taux applicable à la livraison elle-même.

A. Médicaments et produits sanguins

41600 Les opérations visées au n° 41580 relèvent du taux spécifique de 2,1 % ou du taux intermédiaire selon qu'elles portent sur des médicaments pris en charge ou non par la sécurité sociale (nos 41620 s.).

Les médicaments soumis à autorisation temporaire et les produits sanguins bénéficient, quant à eux, du taux de 2,1 % (nos 41670 et 41710 s.).

Signalons également qu'un « taux zéro » s'applique à titre temporaire jusqu'au 31 décembre 2022 aux **tests et vaccins contre la Covid-19** (voir nos 41281 et 41288).

> **> Précisions** L'application du **taux de 2,1 %** aux seuls **médicaments remboursables** par la sécurité sociale, à l'exclusion des médicaments non remboursables, n'est pas contraire au **droit communautaire,** dès lors que ce taux de 2,1 %, institué avant le 1er janvier 1991, ne porte pas atteinte au principe de neutralité et qu'il a été institué pour des raisons d'intérêt social bien définies en faveur des consommateurs finals (CJUE 3-5-2001 aff. 481/98 : RJF 8-9/01 n° 1169).

1. PRÉPARATIONS MAGISTRALES, PRODUITS OFFICINAUX, MÉDICAMENTS OU PRODUITS PHARMACEUTIQUES

41620 Les opérations visées au n° 41580 portant sur les préparations magistrales, produits officinaux et médicaments ou produits pharmaceutiques destinés à l'usage de la médecine humaine et faisant l'objet de l'autorisation de mise sur le marché prévue à l'article L 5121-8 du Code de la santé publique bénéficient du taux spécifique de 2,1 % prévu par l'article 281 octies du CGI lorsqu'ils sont **remboursables** aux assurés sociaux conformément à l'article L 162-17 du Code de la sécurité sociale ou **agréés à l'usage des collectivités publiques** et divers services publics en application des articles L 5123-2 et L 5123-3 du Code de la santé publique.

En revanche, lorsqu'ils ne sont ni remboursables par la sécurité sociale ni agréés, les produits visés ci-dessus relèvent du taux intermédiaire (CGI art. 278 quater).

41625 Les **préparations magistrales** sont les médicaments préparés selon une prescription médicale destinée à un malade déterminé en raison de l'absence de spécialité pharmaceutique disponible (CSP art. L 5121-1, 1°). Ces préparations ne sont pas soumises à l'obtention préalable d'une **autorisation de mise sur le marché** et le taux particulier ou intermédiaire leur est applicable dans les mêmes conditions que les médicaments bénéficiant de cette autorisation (CE 27-1-2011 n° 319870 : RJF 4/11 n° 432). En revanche, pour être susceptibles de bénéficier du taux particulier ou du taux intermédiaire, ces préparations doivent obligatoirement résulter d'une **prescription médicale** (CE 4-2-2015 n° 357350 : RJF 4/15 n° 311).

41630 Les **médicaments ou produits pharmaceutiques** destinés à l'usage de la médecine humaine doivent faire l'objet de l'autorisation de mise sur le marché prévue à l'article L 5121-8 du Code de la santé publique. Cette autorisation est délivrée pour une durée de cinq ans ; elle est ensuite renouvelable par périodes quinquennales.

> Précisions a. Les poches à sang à usage **transfusionnel** ne sont pas des médicaments ou produits pharmaceutiques proprement dits mais il a paru possible d'y assimiler les poches qui contiennent une solution anticoagulante et qui ont fait l'objet de l'autorisation de mise sur le marché prévue à l'article L 5121-8 du Code de la santé publique (Rép. Luart : Sén. 22-9-1983 n° 10539, non reprise au Bofip mais dont la solution nous semble conserver sa valeur).
b. L'application de taux de TVA différents selon que les médicaments ont obtenu ou non une autorisation de mise sur le marché est compatible avec le droit communautaire (CE 9-11-2011 n° 342965 : RJF 2/12 n° 115).

Les **produits officinaux** sont des médicaments préparés en pharmacie, inscrits à la Pharmacopée (qu'elle soit française ou européenne) ou au formulaire national et destinés à être dispensés directement aux patients approvisionnés par cette pharmacie. 41635

> Précisions Les **gaz médicaux** sont des produits officinaux inscrits à la Pharmacopée française et bénéficient à ce titre du taux intermédiaire (BOI-TVA-LIQ-30-10-60 n° 40). Ils sont susceptibles, le cas échéant, de bénéficier du taux spécifique de 2,1 % prévu à l'article 281 octies du CGI s'ils répondent aux conditions fixées par les articles L 5123-2 et L 5123-3 du Code de la santé publique et par l'article L 162-17 du Code de la sécurité sociale. Tel est le cas des **oxygènes** médicaux agréés à l'usage des collectivités et divers services publics notamment par l'arrêté du 27-10-1998 (JO 4-11 p. 16640), l'arrêté du 17-5-2006 (JO 1-6 p. 8186), l'arrêté du 6-12-2012 (JO du 13 p. 19481), l'arrêté du 14-8-2013 (JO du 23 p. 14392), l'arrêté du 29-9-2014 (JO 1-10 p. 15902), l'arrêté du 22-4-2016 (JO du 27), l'arrêté du 12-7-2016 (JO du 14) et l'arrêté du 6-11-2017 (JO du 10).

Les **matières premières** utilisées pour la fabrication des préparations magistrales, des produits officinaux, des médicaments ou produits pharmaceutiques sont imposables au taux qui leur est propre. 41640

Cependant, ces matières premières peuvent suivre le même régime que les produits officinaux lorsqu'elles **constituent elles-mêmes des produits officinaux** et qu'elles sont **destinées** soit à la fabrication de **médicaments** à l'usage de la **médecine humaine,** soit à être utilisées **en l'état** pour des **soins médicaux** (cette condition de destination étant réputée satisfaite lorsque les matières premières sont livrées aux secteurs médical, paramédical, pharmaceutique ou hospitalier et que les factures des fournisseurs mentionnent que ces produits sont livrés en vue de l'une de ces utilisations) (BOI-TVA-LIQ-40-10 n° 300).

> Précisions Selon la **CJUE,** la directive TVA permet l'application d'un taux réduit aux substances médicamenteuses utilisées dans la fabrication des médicaments dans la seule mesure où elles sont susceptibles d'une utilisation directe par le consommateur final pour les soins de santé, la prévention de maladies ou le traitement à des fins médicales et vétérinaires (CJUE 17-1-2013 aff. 360/11 : RJF 4/13 n° 453).

2. MÉDICAMENTS SOUMIS À UNE AUTORISATION OU UN CADRE DE PRESCRIPTION COMPASSIONNELLE

Les opérations visées au n° 41580 portant sur les médicaments soumis à une autorisation ou un cadre de prescription compassionnelle prévus aux articles L 5121-12 et L 5121-12-1 du Code de la santé publique bénéficient du **taux spécifique** de 2,1 % (CGI art. 281 octies, al. 2). 41670

Sont concernés les médicaments **pris en charge** selon l'un des deux **accès dérogatoires** suivants :

– le **mécanisme d'accès précoce,** détaillé à l'article L 5121-12 du Code de la santé publique, centré sur des médicaments présumés innovants et conditionné à l'engagement de l'entreprise pharmaceutique de demander une autorisation de mise sur le marché et une inscription au remboursement pour le médicament concerné ;

– le **mécanisme d'accès compassionnel,** détaillé à l'article L 5121-12-1 du Code de la santé publique, qui couvre à la fois les cas où le médicament n'est pas en cours de développement en France et les cas où ce développement est trop peu avancé pour pouvoir d'ores et déjà satisfaire aux critères de l'accès précoce, et qui permet l'utilisation exceptionnelle de certains médicaments, sous certaines conditions, dans des indications thérapeutiques précises.

3. PRODUITS SANGUINS

Le **taux spécifique** de 2,1 % s'applique aux opérations visées au n° 41580 portant sur les **produits sanguins labiles** destinés à des fins de recherche sur la personne humaine et les dispositifs médicaux de **diagnostic in vitro,** lorsqu'ils sont **préparés à partir du sang ou de ses composants** (CGI art. 281 octies, al. 1 dans sa rédaction issue de la loi 2021-1900 du 30-12-2021 art. 30). 41710

Cette règle vaut sous réserve de l'exonération prévue pour le sang humain à l'article 261, 4-2° du CGI (nos 9600 s.).

41715 Les **honoraires de transmission** qui sont éventuellement perçus par les intermédiaires (dépositaires ou pharmaciens) intervenant dans la livraison des produits sanguins relèvent du taux de 2,1 % (BOI-TVA-LIQ-40-10 n° 370).

> **Précisions** Voir toutefois les précisions données au n° 83250 concernant le taux de TVA applicable aux opérations d'entremise réalisées par un **intermédiaire transparent.**

4. SOLUTIONS DIVERSES

41750 Les **formes pharmaceutiques** qui ont la qualité d'articles de conditionnement (ampoules, capsules, récipients, etc.) ou d'administration des médicaments (seringues autres que celles visées au n° 41765, aiguilles nécessaires à perfusion, etc.) relèvent du taux normal.

Lorsque ces formes pharmaceutiques **contiennent** un **médicament à usage humain,** le taux applicable à la vente de l'ensemble est le taux spécifique de 2,1 % si le produit est remboursable ou le taux intermédiaire dans le cas contraire (BOI-TVA-LIQ-40-10 n° 320).

Il est admis que la **gélatine utilisée pour la fabrication de gélules** soit soumise au taux réduit, dès lors qu'elle est propre à être ingérée, soit comme produit alimentaire, soit comme contenant d'un produit médicamenteux (BOI-TVA-LIQ-30-10-60 n° 40).

En ce qui concerne les **compléments alimentaires,** voir n° 40410, précision b.

41755 Sont passibles du taux normal les **médicaments** de toute nature qui font l'objet d'**usage vétérinaire** établi de façon incontestable. Sont visées non seulement les spécialités exclusivement à usage vétérinaire, mais aussi les spécialités destinées normalement à l'usage humain mais qui sont soit délivrées par un pharmacien d'officine sur prescription vétérinaire, soit fournies par les laboratoires aux vétérinaires, groupements de vétérinaires ou cliniques vétérinaires pour usage animal après réétiquetage opéré conformément à la réglementation prévue par le ministère de la santé (BOI-TVA-LIQ-40-10 n° 290).

41760 Les **pharmaciens d'officine** peuvent percevoir des indemnités ou honoraires liés à la préparation ou à la commercialisation de médicaments.

Tel est le cas, par exemple :

- des **indemnités de manipulation** perçues à propos des préparations magistrales ;
- des « **suppléments d'honoraires** des pharmaciens » accordés pour la vente de certaines spécialités ;
- des **honoraires d'urgence** (tarifés forfaitairement et décomptés par ordonnance médicale) qui sont éventuellement perçus pour la vente des médicaments par les pharmacies de garde.

Ces indemnités ou honoraires sont soumis soit au taux intermédiaire, soit au taux spécifique prévu par l'article 281 octies du CGI, dès lors qu'ils **se rattachent à la livraison de médicaments** non remboursables ou désignés à l'article précité et qu'ils constituent un élément incontestable **du prix de vente** au consommateur (BOI-TVA-LIQ-40-10 n° 340).

41765 Les **seringues pour insuline ou hormone de croissance** (à usage unique ou réutilisables) quels que soient leur usage effectif (utilisation pour une personne diabétique ou pour toute autre personne) et la nature du produit effectivement injecté (insuline, hormone de croissance, interféron, etc.) bénéficient du taux réduit (BOI-TVA-LIQ-30-10-50 n° 310).

Concernant les autres appareillages utilisés pour les diabétiques, voir nos 41200 s.

Les **trousses de prévention** de la contamination par les virus du sida et des hépatites sont composées de préservatifs, de seringue pour insuline, de solution stérile pour injections. Ces produits étant soumis au taux réduit, ce même taux s'applique à la trousse de prévention. La même solution s'applique également aux trousses de prévention « modèle de rue » (BOI précité n° 270).

Les **préservatifs** masculins ou féminins sont également soumis au taux réduit (BOI-TVA-LIQ-30-10-60 n° 60).

Il en est de même des **autotests** de détection de l'infection par les virus de l'immunodéficience humaine (**VIH**) (CGI art. 278-0 bis, K). Ces dispositifs médicaux de diagnostic in vitro doivent être revêtus du marquage CE pour leur mise sur le marché (BOI précité n° 90).

41770 Les **réactifs** et **matériels** utilisés par les **laboratoires d'analyses médicales** ne sont pas des médicaments au sens de l'article L 5111-1 du Code de la santé publique. Ils ne peuvent donc bénéficier ni du taux intermédiaire ni du taux spécifique de 2,1 %. Ils sont soumis au taux normal (en ce sens, BOI-TVA-LIQ-40-10 n° 370).

> **Précisions** Voir toutefois les précisions données au n° 41289 concernant les **dispositifs médicaux de diagnostic in vitro de la Covid-19** pouvant bénéficier du taux de 0 %.

B. Produits d'origine agricole, de la pêche, de la pisciculture et de l'aviculture

Les opérations visées aux nos 40310 et 41580 portant sur des produits d'origine agricole, de la pêche, de la pisciculture et de l'aviculture, tels que définis au n° 41825, font l'objet de **plusieurs régimes de taux dérogatoires** qui s'articulent avec ceux applicables aux produits pour l'alimentation humaine et animale : 41820

– lorsqu'ils sont destinés à l'**alimentation humaine,** comme tout autre produit qui a cette destination, **qu'il soit ou non transformé,** ils sont susceptibles de bénéficier du taux réduit (nos 40400 s.), ou du taux intermédiaire en cas de livraison en vue d'une consommation immédiate (nos 41950 s.) ;

– lorsqu'ils sont destinés à l'**alimentation animale,** ils peuvent être éligibles au taux intermédiaire (nos 42080 s.) ;

– lorsqu'ils sont destinés à la **production agricole,** ils peuvent également être éligibles au taux intermédiaire (n° 42170) ;

– lorsqu'ils ont une autre destination, ils relèvent du taux normal.

Leur régime de TVA dépend ainsi de leur **destination** dite « normale », qui est appréciée en deux étapes selon les principes exposés aux nos 40440 s. (BOI-TVA-SECT-80-70 n° 1). Pour des exemples de destinations « normales » de ces produits, voir nos 41845 s.

On relèvera par ailleurs que, pour pouvoir bénéficier du taux intermédiaire, certains de ces produits doivent, outre leur destination, répondre à une **condition d'absence de transformation** (nos 41830 s.).

> Précisions S'agissant des opérations de **façon** portant sur ces produits, il convient de se reporter aux nos 71380 s.

1. DÉFINITION

Les produits d'origine agricole, de la pêche, de la pisciculture et de l'aviculture s'entendent au sens large de **tous les produits du règne animal et du règne végétal, vivants ou morts,** issus de ces productions, y compris la chasse et la pêche, la conchyliculture (coquillages), l'astaciculture et la pénéiculture (crustacés), la coraliculture et l'algoculture. 41825

Sont également compris les **sous-produits** du règne animal et végétal obtenus au stade de la production agricole, tels que la laine, le lait, les morceaux d'animaux morts, etc. (BOI-TVA-SECT-80-70 n° 30).

> Précisions a. Ne sont en revanche pas concernés les produits de la **sylviculture** ou de l'**horticulture et de la floriculture d'ornement,** qui suivent leur régime propre (nos 41885 et 42030) (BOI précité n° 40).

b. Les produits du **règne animal** sont les animaux de boucherie et de charcuterie (bovidés, ovidés, suidés, caprins), les équidés, les volailles, les pigeons, les lapins, le gibier, les poissons de mer, de rivière ou de lac, les coquillages et les crustacés (BOI-ANNX-000484 n° 10).

S'agissant des **animaux de boucherie vendus à des non-redevables,** voir nos 71570 s.

Concernant les opérations relatives aux **chevaux,** voir également n° 75080.

c. Les **sous-produits du règne animal** (sang classé « alimentaire », os à moelle, carcasses, demi-carcasses, viande en quartier, produits du cinquième quartier) livrés aux boucheries, aux charcuteries ou à l'industrie agroalimentaire sont éligibles au taux réduit dès lors qu'ils sont destinés à l'alimentation humaine (nos 40400 s.). En revanche, les autres sous-produits (dépouilles, cuir salé ou non, sang et graisses non alimentaires, suifs, os, plumes, duvets, laine) relèvent du taux normal dès lors qu'ils ne sont pas destinés à l'alimentation humaine ou animale ou à la production agricole (BOI précité).

d. Les ventes d'**animaux de compagnie** (chiens, chats, poissons d'ornement, etc.), d'animaux d'**expérimentation** (rongeurs, carnivores) ou d'animaux de **cirque** dont la destination n'est ni alimentaire, ni agricole, sont soumises au taux normal (BOI précité).

e. La vente de **cartes de pêche** qui ne confère qu'un droit forfaitaire de pêcher dans des étangs sans garantie de capture ne peut pas être considérée comme une vente de produits de la pisciculture et relève donc du taux normal (CAA Douai 4-6-2013 n° 12DA00739 : RJF 12/13 n° 1129).

f. Les **macro-organismes** (invertébrés tels que les insectes, les acariens ou les nématodes) commercialisés en vue d'être utilisés dans le cadre de la protection des cultures relèvent du taux intermédiaire lorsqu'ils n'ont subi aucune transformation (nos 41830 s.) et sont destinés à être utilisés dans la production agricole (n° 42170) (Rép. Pinel : AN 22-6-2021 n° 32213).

2. CONDITION D'ABSENCE DE TRANSFORMATION

41830 L'absence de transformation, telle que définie aux nos 41835 s., des produits d'origine agricole, de la pêche, de la pisciculture et de l'aviculture est une **condition** pour bénéficier du taux intermédiaire dans deux cas :

– pour les **produits destinés à l'alimentation des animaux** exploités dans le cadre de la production agricole **autres que les animaux producteurs de denrées** alimentaires pour la consommation humaine (n° 42083) ;

– pour les **produits non destinés à l'alimentation,** mais d'un type utilisé dans la production agricole (n° 42170).

Par voie de conséquence, l'absence de transformation est également une condition d'application du taux intermédiaire visant les opérations de **façon** portant sur ces produits (nos 71380 s.).

En revanche, l'existence d'une **opération de transformation** ne remet pas en cause l'application des taux réduit et intermédiaire sur les livraisons portant sur les produits destinés à l'alimentation humaine (nos 40400 s.) ou sur les produits destinés à l'alimentation des animaux producteurs de denrées alimentaires pour la consommation humaine (nos 42085 s.). Il n'en est autrement que lorsque l'opération conduit à ce que les produits n'aient plus cette destination (BOI-TVA-SECT-80-70 n° 50).

OPÉRATIONS RÉPONDANT À LA DÉFINITION DE TRANSFORMATION

41835 Les opérations de transformation faisant perdre le bénéfice du taux intermédiaire aux produits mentionnés au n° 41830 s'entendent de toutes celles qui conduisent à **modifier l'état, la structure ou la composition du produit** tel qu'il se présente en sortie du processus de production agricole. Tel est notamment le cas des opérations mentionnées au B du tableau du n° 71410.

OPÉRATIONS NE RÉPONDANT PAS À LA DÉFINITION DE TRANSFORMATION

41840 En revanche ne constituent pas des opérations de transformation remettant en cause l'application du taux intermédiaire aux produits mentionnés au n° 41830 les façons mentionnées au A du tableau du n° 71410.

3. EXEMPLES DE DESTINATIONS « NORMALES » DE PRODUITS D'ORIGINE AGRICOLE, DE LA PÊCHE, DE LA PISCICULTURE ET DE L'AVICULTURE

41845 Le tableau ci-après indique le taux de TVA applicable à des livraisons de **produits du règne animal** dont la **destination « normale »,** déterminée selon les principes exposés aux nos 40440 s., est **univoque** (BOI-ANNX-000484 n° 10).

En ce qui concerne les produits pour lesquels **plusieurs destinations « normales »** sont constatées, voir n° 40460.

Nature	Destination « normale » constatée pour l'opération en cause	Taux de TVA	Observations
Animaux vivants ou morts	Abattoir, boucherie, industrie agroalimentaire	5,5 %	Alimentation humaine
Animaux vivants	Exploitants agricoles, éleveurs d'animaux destinés à l'engraissement ou à la reproduction	10 %	Production agricole
Poussins, poules pondeuses	Éleveurs	10 %	Production agricole
Taureaux de combat morts	Boucherie	5,5 %	Alimentation humaine
Taureaux de combat vivants	Fourniture de spectacles taurins	20 %	La corrida est soumise au taux normal.

Nature	Destination « normale » constatée pour l'opération en cause	Taux de TVA	Observations
Équidés (tels les chevaux de labour, de trait ou utilisés pour le débardage)	Débourrage, pré-débourrage, prise en pension dans le cadre de la production agricole, sylvicole ou piscicole	10 %	Le taux intermédiaire s'applique également aux opérations de location.
Équidés : étalons, parts d'étalon en indivision, femelles, paillettes, embryons	Reproduction	10 %	Le taux intermédiaire s'applique également aux opérations de prise en pension, de monte et de saillie[1] et aux opérations de poulinage sans intervention d'un vétérinaire.
Poulains vivants de moins de trois ans	Élevage	10 %	Pour bénéficier du taux intermédiaire, les poulains doivent relever d'une race dont les caractéristiques morphologiques les prédestinent à usage de trait ou de production de viande lorsqu'ils ne sont pas commercialisés dans des lieux où se fournissent habituellement les personnes qui recherchent des chevaux de course.
Activité des mareyeurs : produits de demi-élevage et coquillages adultes	Bassin de purification	5,5 %	Alimentation humaine[2]
Activité des mareyeurs : œufs embryonnés, alevins, naissains, juvéniles	Éleveurs	10 %	Production agricole

[1] À l'exception des opérations de courtiers en saillie qui sont soumises au taux normal (n° 75120).
[2] S'agissant de la vente de plateaux de fruits de mer, voir n° 41955, précision e.

Le tableau ci-après indique le taux de TVA applicable à des livraisons de **produits du règne végétal** dont la **destination « normale »,** déterminée selon les principes exposés aux n°s 40440 s., est **univoque** (BOI-ANNX-000484 n° 20). **41850**

En ce qui concerne les produits pour lesquels **plusieurs destinations « normales »** sont constatées, voir n° 40460.

Nature	Destination « normale » constatée pour l'opération en cause	Taux de TVA
Céréales	Alimentation humaine	5,5 %
Céréales	Alimentation animale ou production agricole	10 %
Céréales	Autres (biocarburants, cosmétiques, etc.)	20 %
Semences et plants	Production agricole	10 %

Nature	Destination « normale » constatée pour l'opération en cause	Taux de TVA
Raisins de table (exemple : chasselas)	Alimentation humaine	5,5 %
Raisins de cuve (exemple : cabernet sauvignon)	Viticulture	10 %
Plants de pomme de terre	Production agricole	10 %
Pommes de terre	Alimentation humaine	5,5 %
Betteraves sucrières	Alimentation humaine	5,5 %
Betteraves fourragères	Alimentation animale	10 %
Triticale	Alimentation animale	10 %
Colza érucique	Industrie de biocarburants	20 %
Lin et chanvre	Industrie textile	20 %
Graines de lin ou de chanvre	Alimentation humaine	5,5 %
Remarque : Les sous-produits des betteraves sucrières (pulpe ou mélasse) destinés à l'alimentation animale sont éligibles au taux intermédiaire (nos 42085 s.).		

C. Produits de l'horticulture et de la floriculture

41885 Le taux intermédiaire s'applique aux opérations visées au n° 41580 portant sur les produits de l'horticulture et de la floriculture d'ornement à la seule condition qu'ils n'aient subi aucune transformation (CGI art. 278 bis, 3° bis-d). Sont concernés les produits dans l'état où ils sont généralement obtenus au stade agricole :

- **fleurs fraîches ou séchées,** vendues avec ou sans feuillage ;
- **plantes vivantes** ;
- **plants horticoles** (arbres et arbustes) d'ornement (BOI-TVA-LIQ-30-10-35 n° 80).

> Précisions a. Ces produits bénéficient du taux intermédiaire lorsqu'ils sont vendus **à l'unité ou assemblés** sous forme de bottes ou de bouquets, sur un support ou dans un contenant, dès lors qu'au cours de l'assemblage des fleurs, feuillages, plantes ou éléments végétaux naturels n'intervient aucune manipulation des autres éléments de décoration et que le support ou contenant est exclusivement destiné à en assurer le transport, la protection ou la conservation.

Est **sans incidence** sur l'application du taux intermédiaire le fait que ces produits soient renforcés d'un nœud ou d'un ruban, enveloppés de papier, de cellophane ou de feuilles plastiques. Conformément aux principes exposés aux nos 1270 s., dès lors que les **éléments d'assemblage** ou que les **biens ajoutés au produit** présentent un caractère **accessoire,** le taux intermédiaire s'applique à l'ensemble du prix. En revanche, dès lors qu'ils ne présentent plus un caractère accessoire, le taux normal s'applique à l'ensemble (BOI précité n° 90).

b. Le **taux normal** s'applique aux produits qui ont fait l'objet d'une transformation tels que :
– les **compositions florales,** c'est-à-dire les assemblages ne remplissant pas les conditions énoncées dans la précision a ci-avant, tels que les parures et colliers, guirlandes, décorations d'objets ou de lieux de cérémonie, jardins paysagers, ainsi que les produits réalisés sur un support dont la forme spécifique ne se justifie pas par les nécessités du conditionnement (cœur, croix, couronne, dessus de cercueil) ;
– les fleurs ou plantes naturelles ayant fait l'objet d'un **traitement spécifique** (colorées, teintées, stabilisées, lyophilisées ou givrées) (BOI précité n° 100).

De même, les **fleurs ou plantes artificielles** et, globalement, tout produit qui imite des produits de l'horticulture et de la floriculture relèvent du taux normal (BOI précité n° 80).

c. Le **Conseil d'État** considère que le **taux normal** s'applique aux fleurs ayant subi une modification substantielle au moyen d'une **part importante de main-d'œuvre** ou de l'usage d'un **procédé technologique** (CE 28-1-2015 n° 370455 : RJF 4/15 n° 310).

d. Le **gazon en plaque** bénéficie du taux intermédiaire (BOI précité).

e. S'agissant du **bois de chauffage** et des **produits de la sylviculture,** voir n° 42030.

D. Ventes à emporter ou à livrer de produits alimentaires préparés en vue d'une consommation immédiate

Sont soumises au taux intermédiaire, en application de l'article 279, n du CGI, les ventes à emporter ou à livrer de produits alimentaires préparés en vue d'une consommation immédiate, à l'exclusion de celles relatives aux boissons alcooliques qui relèvent du taux normal. **41950**

Les ventes à emporter ou à livrer de produits alimentaires préparés en vue d'une consommation immédiate consistent en la fourniture de nourriture préparée et/ou de boissons, destinées à une **consommation immédiate,** c'est-à-dire dans les instants suivant l'achat, que ces produits soient vendus chauds ou froids. **41955**

Ces produits ne sont pas destinés à être conservés par le consommateur. Cette situation découle des **caractéristiques du produit** lorsqu'il est nécessaire de le consommer très rapidement pour que son goût ne s'altère pas ou pour que le produit ne se gâte pas.

La circonstance que le client ne souhaite pas ou ne puisse pas consommer immédiatement le produit en question ne fait pas obstacle à sa taxation au taux intermédiaire (BOI-TVA-LIQ-30-10-10 n° 310).

Tout produit vendu dans des **conditions** qui permettent de **caractériser une consommation immédiate** (préparation spécifique, ustensiles, etc.) est soumis au taux intermédiaire au stade de la vente au consommateur final (BOI précité n° 320).

En tout état de cause, ne peuvent pas bénéficier du taux intermédiaire les ventes à emporter ou à livrer, en vue d'une consommation immédiate, de boissons alcooliques (n° 40500) et autres aliments exclus du taux réduit visés aux n°s 40510 s., lesquelles relèvent du taux normal (BOI-ANNX-000495).

> **Précisions** **a.** Relèvent **notamment** du **taux intermédiaire,** lorsqu'ils sont préparés en vue d'une consommation immédiate, les **produits vendus chauds,** tels que les quiches, les pizzas, les hamburgers, les pop-corn, les hot dogs, les crêpes chaudes, les frites, les kebabs, les falafels, ainsi que les boissons autres qu'alcooliques présentées dans des récipients non hermétiques (BOI-TVA-LIQ-30-10-10 n° 320).
> **b.** La vente aux clients finals par une **grande surface,** agissant en son nom propre pour le compte d'un commettant (intermédiaire opaque), de **sushis et makis frais** présentés à la vente dans des rayons réfrigérés, conformément à la réglementation sanitaire, et emballés dans des barquettes équipées d'un couvercle amovible ou tout autre **contenant permettant** leur **transport** et une **consommation différée,** sans possibilité matérielle de consommation sur place, relève du **taux réduit.** Le fait que les produits soient accompagnés de couverts ou baguettes ou d'assaisonnements séparés ne modifie pas cette analyse (BOI-RES-TVA-000112 ; BOI-TVA-LIQ-30-10-10 n° 330).
> **c.** Sont également soumis au **taux réduit** les **produits suivants** : le pain, les viennoiseries, les pâtisseries sucrées, les sachets de chips, les yaourts vendus avec ou sans cuillère, les fruits même vendus à l'unité ou avec des couverts (BOI-TVA-LIQ-30-10-10 n° 330 ; BOI-ANNX-000495).
> **d.** Les **glaces** sont soumises au taux intermédiaire lorsqu'elles sont vendues à l'unité (notamment en cornet, pot individuel ou sous forme d'esquimau) et au taux réduit lorsqu'elles sont vendues conditionnées en vrac, en lot, paquet ou pot familial d'une contenance supérieure ou égale à 200 ml (BOI-TVA-LIQ-30-10-10 n° 320 ; BOI-ANNX-000495).
> **e.** Les **plateaux de fruits de mer** à emporter ou à livrer sont soumis au taux intermédiaire lorsqu'ils contiennent des coquillages déjà ouverts (comme les huîtres). Dans le cas contraire, ils bénéficient du taux réduit (BOI-ANNX-000495 ; BOI-ANNX-000484, n° 10).
> **f.** En ce qui concerne les ventes au moyen de **distributeurs automatiques,** voir n° 42660.

Les **ventes** de nourriture préparée et/ou de boissons destinées à une consommation immédiate **directement livrées au client** (à son domicile, sur son lieu de travail, etc.) et les **plateaux repas** sont soumis au taux intermédiaire (BOI-TVA-LIQ-30-10-10 n° 320). **41960**

Les produits vendus sous un **emballage permettant leur conservation** (notamment, les conserves ou emballages sous vide) ne sont **pas** considérés comme des ventes à emporter ou à livrer en vue d'une **consommation immédiate** et bénéficient du taux réduit (BOI-TVA-LIQ-30-10-10 n° 330). **41965**

En revanche, les **sandwichs,** les **salades** salées vendues **avec assaisonnement séparé ou couverts** et les salades sucrées (même composées d'un seul fruit) vendues avec couverts, **quels que soient l'emballage** et le lieu de vente, sont considérés comme des ventes à emporter ou à livrer en vue d'une **consommation immédiate** relevant du taux intermédiaire, **sauf** lorsqu'ils sont vendus surgelés, auquel cas ils sont soumis au taux réduit (BOI précité n° 320 ; BOI-ANNX-000495).

EXEMPLES

Ne sont pas considérés comme des ventes à emporter ou à livrer en vue d'une consommation immédiate et bénéficient donc du taux réduit les boissons non alcooliques servies dans des contenants permettant leur conservation, tels que les bouteilles, fûts, briques ou canettes (en plastique ou en verre, etc.) (BOI-TVA-LIQ-30-10-10 n° 330).
En revanche, de telles boissons sont considérées comme destinées à une consommation immédiate et relèvent du taux intermédiaire lorsqu'elles sont servies dans des contenants ne permettant pas leur conservation (gobelets, verres en plastique, tasses en carton, etc.) (BOI-ANNX-000495).

41970 Les produits alimentaires vendus **surgelés** ainsi que les **plats cuisinés** ne sont **pas** considérés comme des ventes à emporter ou à livrer en vue d'une **consommation immédiate**, mais comme des produits alimentaires taxés au taux réduit, **sauf** s'ils sont consommés sur place grâce à la mise à disposition de couverts, de fours micro-ondes, de chaises et de tables ou d'un comptoir (BOI-TVA-LIQ-30-10-10 nos 320 et 330 ; BOI-ANNX-000495).

Les ventes à emporter de plats cuisinés, notamment par les **traiteurs,** relèvent également du taux réduit, sous réserve qu'il puissent être conservés (BOI-TVA-LIQ-30-10-10 n° 330). Pour plus de détails sur les services de traiteur, voir nos 42640 s.

41975 Lorsque des **produits** soumis à des **taux différents** font l'objet d'une **facturation globale et forfaitaire,** le redevable doit **ventiler** les recettes correspondant à chaque taux, de manière simple et économiquement réaliste. À défaut, le prix doit être soumis dans sa totalité au taux le plus élevé.

Dans l'hypothèse de ventes à emporter présentées sous forme de menu comprenant des produits relevant de taux différents, le redevable peut, par **exemple,** ventiler le prix du menu en proportion du prix de revient (calculé à partir du prix d'achat) ou du prix pratiqué hors formule des intrants respectifs, ou encore utiliser une répartition forfaitaire, tirée des caractéristiques de l'établissement et appliquée de manière cohérente, lorsque la gamme des produits est homogène (BOI-TVA-LIQ-30-30 nos 220 à 250).

> Précisions En ce qui concerne les **opérations complexes uniques** composées de plusieurs éléments relevant de taux différents, voir nos 1270 s.

E. Bois de chauffage

42030 Le taux intermédiaire s'applique aux opérations visées au n° 41580 portant sur les **bois de chauffage** (rondins, bûches, ramilles, fagots ou bois sous des formes similaires), ainsi que sur les **produits de la sylviculture agglomérés** (briquettes et bûchettes, granulats) et les **déchets de bois** (déchets de bois non transformés, plaquettes forestières et industrielles, chutes de bois coupées et réunies en margotins, chutes de scieries mises à dimension, etc.) destinés au chauffage (CGI art. 278 bis, 3° bis-a à c ; BOI-TVA-LIQ-30-10-35 nos 10 à 30).

Selon la **CJUE,** le bois de chauffage désigne tout bois dont les propriétés objectives, tel un degré prédéterminé de séchage, **le destinent exclusivement à être brûlé** (CJUE 3-2-2022 aff. 515/20 : RJF 4/22 n° 417).

> Précisions a. Les **anas de lin** broyés puis reconstitués sous forme de granulés peuvent être utilisés comme combustible pour le chauffage et bénéficient à ce titre du taux intermédiaire (Rép. Decool : AN 30-4-2008 n° 223, non reprise au Bofip mais dont la solution nous semble conserver sa valeur). Tel n'est en revanche pas le cas des anas de lin en vrac (Rép. Decool : Sén. 4-6-2020 n° 13825).
b. Sont exclus du taux intermédiaire le **charbon de bois,** les produits destinés à l'**ignition** (allumettes, allume-feu et produits analogues) ou au **ramonage,** les **sciures** de bois non agglomérées et les autres **produits du bois, transformés et destinés à d'autres usages** que le chauffage (BOI précité nos 50 à 70).
c. Les produits utilisés pour fabriquer les bois de chauffage (c'est-à-dire les **intrants** : arbres sur pied, grumes, fonds de coupes, taillis) ne peuvent être considérés comme du bois de chauffage, quelle que soit leur utilisation in fine (Rép. Herth : AN 20-9-2016 n° 95387 ; Rép. Kern : Sén. 17-5-2018 n° 04722), et demeurent soumis au taux normal (voir précision d ci-après).
d. Les **produits de la sylviculture** sont en principe soumis au taux normal. Il en est ainsi pour les arbres sur pied (en ce sens, concernant la vente de bois provenant de forêts communales, Rép. Joyandet : Sén. 29-9-2016 n° 20583), les arbres abattus simplement ébranchés et éventuellement tronçonnés et les bois abattus (grumes, rondins d'une longueur au moins égale à un mètre et bois de trituration), ainsi que pour les travaux à façon portant sur ces produits (sauf s'ils sont réalisés au profit d'exploitants agricoles : nos 71490 s.). Le taux normal est également applicable aux bois de scierie, aux produits des exploitations forestières (bois bruts, bois équarris, merrains, feuillards, pieux, piquets, etc.) et

aux essencesde térébenthine, brais et colophanes (BOI-TVA-LIQ-20-10 nos 70 à 150). S'agissant des **produits de l'horticulture et de la floriculture,** voir n° 41885.

Pour bénéficier du taux intermédiaire, il importe peu que le bois de chauffage et les produits assimilés (n° 42030) soient destinés à un **usage domestique** (chauffage de locaux d'habitation) **ou** à un **autre usage** (chauffage de locaux professionnels, commerciaux ou industriels, production et revente de la chaleur, revente en l'état du bois de chauffage, etc.). **42035**

De même, la **qualité de l'acquéreur** est sans incidence sur l'application du taux intermédiaire (BOI-TVA-LIQ-30-10-35 n° 30).

F. Produits destinés à l'alimentation animale

En application de l'article 278 bis, 3° du CGI, le taux intermédiaire s'applique aux opérations visées au n° 41580, sauf dans les cas visés dans la précision b ci-après, portant sur les denrées alimentaires **destinées à la consommation animale,** les produits **normalement destinés à être utilisés dans la préparation** de ces denrées et les produits normalement utilisés pour **compléter ou remplacer** ces denrées qui relèvent d'une des **deux catégories** suivantes : **42080**

– produits d'origine agricole, de la pêche, de la pisciculture ou de l'aviculture qui n'ont subi aucune transformation (n° 42083) ;

– matières premières, aliments composés ou additifs destinés aux animaux producteurs de denrées alimentaires elles-mêmes destinées à la consommation humaine (nos 42085 s.) (BOI-TVA-LIQ-30-10-20 n° 1).

> Précisions a. La définition des produits destinés à l'alimentation animale obéit aux **mêmes principes** que celle des **produits destinés à l'alimentation humaine.** Les commentaires aux nos 40400 s. sont donc directement transposables. Sont concernés à la fois les produits qui ont une fonction nutritionnelle pour l'animal et les intrants de la production alimentaire animale, définis sur la base de leur destination « normale » (nos 40440 s.) qui est d'entrer dans la chaîne alimentaire animale (BOI-TVA-LIQ-30-10-20 n° 20).

b. Le taux intermédiaire ne s'applique que lorsque les produits ne relèvent pas du taux réduit prévu en matière d'alimentation humaine (nos 40400 s.). Il en résulte notamment que les produits normalement destinés à l'alimentation, **sans qu'il soit possible de déterminer** s'il s'agit de l'**alimentation humaine ou animale,** relèvent du taux réduit lorsqu'ils ne font pas partie de la liste des exclusions propres à ce taux (nos 40510 s.) (BOI précité n° 30).

1. PRODUITS NON TRANSFORMÉS D'ORIGINE AGRICOLE, DE LA PÊCHE, DE LA PISCICULTURE ET DE L'AVICULTURE

En application de l'article 278 bis, 3°-a du CGI, le taux intermédiaire s'applique lorsque les **produits destinés à l'alimentation animale** répondent à la définition de produits d'origine agricole, de la pêche, de la pisciculture ou de l'aviculture qui n'ont subi **aucune transformation.** Cette définition est donnée aux nos 41825 s. **42083**

L'administration précise que le champ des produits ainsi concernés est plus restreint que celui des produits destinés à l'alimentation des animaux producteurs de denrées alimentaires pour la consommation humaine visés aux nos 42085 s. Il en résulte que la **portée** utile de ce taux intermédiaire est **limitée** aux denrées destinées à l'alimentation des **animaux non producteurs** de denrées alimentaires pour la consommation humaine (BOI-TVA-LIQ-30-10-20 n° 40).

2. PRODUITS POUR L'ALIMENTATION DES ANIMAUX PRODUCTEURS DE DENRÉES ALIMENTAIRES HUMAINES

En application de l'article 278 bis, 3°-b du CGI, sont soumises au taux intermédiaire les opérations visées au n° 41580 portant sur les **matières premières, aliments composés et additifs** utilisés pour l'alimentation des animaux producteurs de denrées alimentaires destinées à la consommation humaine. **42085**

> Précisions a. Contrairement aux produits d'origine agricole, de la pêche, de la pisciculture ou de l'aviculture visés au n° 42083, les produits destinés à l'alimentation des **animaux producteurs** de denrées alimentaires pour la consommation humaine visés ci-avant sont soumis au taux intermédiaire **qu'ils aient ou non subi une transformation.** Une opération de transformation, telle que définie au n° 41835, ne leur fait donc pas perdre le bénéfice du taux intermédiaire.

b. S'agissant des aliments destinés **à la fois aux animaux producteurs** de denrées alimentaires **et** aux animaux **non producteurs,** notamment parce que l'espèce en cause peut avoir les deux usages (les lapins par exemple), il est fait application du principe de **destination « normale »** (nos 40440 s.). Ainsi, notamment :

– il est tenu compte de l'ensemble des éléments objectifs s'attachant à l'opération et permettant de caractériser, de manière générale et habituelle, une destination plutôt qu'une autre ;

– un taux unique s'applique à l'ensemble des opérations réalisées dans ces mêmes circonstances, sans qu'il soit nécessaire de vérifier, pour chaque livraison, la destination effective du produit ;

– lorsque le produit est, à titre général et habituel, à la fois utilisé pour l'**alimentation humaine et animale,** le **taux réduit** s'applique (sous réserve des exclusions propres à ce taux), sauf si les circonstances de l'opération permettent de caractériser une destination dans l'alimentation animale. Lorsque le produit est, à titre général et habituel, utilisé pour l'**alimentation de l'ensemble des animaux,** le **taux intermédiaire** s'applique, sauf si les circonstances de l'opération permettent de caractériser une destination pour l'alimentation des animaux non producteurs de denrées alimentaires (BOI-TVA-LIQ-30-10-20 n° 170).

c. Les **opérations d'enlèvement de cadavres d'animaux** utilisés dans la production d'aliments composés pour le bétail ne bénéficient pas du taux intermédiaire (CAA Nantes 31-12-2001 n° 98-2184 : RJF 5/02 n° 491).

ANIMAUX CONCERNÉS

42090 Par « animal producteur » de denrées alimentaires, il convient d'entendre tout animal **nourri, élevé ou détenu** pour la production de denrées alimentaires destinées à la consommation humaine et ce **quelle que soit leur utilisation effective.** Il s'agit notamment du bétail (tous les animaux de boucherie et de charcuterie à savoir les équidés, bovidés, ovidés, suidés, caprins), des animaux de basse-cour (volailles, lapins producteurs de viande, pigeons domestiques), des poissons d'élevage destinés à la consommation humaine, des escargots, des abeilles, du gibier d'élevage et de la caille (BOI-TVA-LIQ-30-10-20 n° 50).

En revanche, ne sont pas considérés comme tels les **autres animaux,** tels que les animaux de compagnie (chiens, chats, lapins familiers, etc.), d'agrément (poissons d'aquarium, poules naines, etc.), les animaux d'expérimentation, les animaux à fourrure et les animaux de cirque, même lorsque la consommation de leur viande est possible (BOI précité n° 60).

PRODUITS CONCERNÉS

42100 Peuvent bénéficier du taux intermédiaire, les **matières premières** pour aliments pour animaux définies comme « les produits d'origine végétale ou animale dont l'objectif principal est de satisfaire les besoins nutritionnels des animaux, à l'état naturel, frais ou conservés, et les dérivés de leur transformation industrielle, ainsi que les substances organiques ou inorganiques, comprenant ou non des additifs pour l'alimentation animale, qui sont destinés à être utilisés pour l'alimentation des animaux par voie orale, soit directement en l'état, soit après transformation, ou pour la préparation d'aliments composés pour animaux ou en tant que supports des prémélanges ».

Il convient de se référer à la liste non exhaustive de ces matières premières fournie à la partie C du règlement UE 68/2013du 16 janvier 2013.

Relèvent **notamment** de cette catégorie : les grains de céréales, les graines ou fruits oléagineux, les graines de légumineuses, les tubercules et racines, les fourrages, autres plantes et algues, les produits laitiers, les produits d'animaux terrestres, les poissons et autres animaux aquatiques, les minéraux, ainsi que les produits dérivés de toutes ces matières ; les (sous-) produits de fermentation de micro-organismes ; les anciennes denrées alimentaires (BOI-TVA-LIQ-30-10-20 nos 80 et 90).

42105 Bénéficient du taux intermédiaire les **aliments composés,** tels que définis au règlement UE 68/2013 du 16 janvier 2013.

Un aliment composé est un mélange d'au moins deux matières premières telles que visées au n° 42100, comprenant ou non des additifs pour l'alimentation animale, et qui est destiné à l'alimentation animale par voie orale, sous la forme d'un aliment complet pour animaux (aliment qui, en raison de sa composition, suffit à assurer une ration journalière) ou d'un aliment complémentaire pour animaux (aliments qui n'assurent la ration journalière que s'ils sont associés à d'autres aliments pour animaux) (BOI-TVA-LIQ-30-10-20 n° 100).

42110 Les **additifs** sont également soumis au taux intermédiaire. Ils se définissent comme des substances, micro-organismes ou préparations, autres que les matières premières pour aliments des animaux et les prémélanges, délibérément ajoutés aux aliments pour animaux ou à l'eau pour remplir une ou plusieurs fonctions mentionnées à l'article 5, 3 du règlement CE/1831/2003 du 22 septembre 2003 et répondant aux critères d'autorisation fixés par celui-ci.

Les catégories d'additifs autorisés sont les suivants (**liste limitative**) : additifs technologiques, sensoriels, nutritionnels, zootechniques, coccidiostatiques et histomonostatiques (BOI-TVA-LIQ-30-10-20 nos 110 et 120).

En revanche, les additifs qui ne répondent pas à cette définition, notamment lorsque leur présentation commerciale leur confère un **caractère médicamenteux,** sont soumis au taux normal (s'ils sont considérés comme des médicaments destinés à la médecine humaine, ils sont toutefois passibles du taux intermédiaire ou du taux de 2,1 % : nos 41620 s.) (BOI précité n° 190).

Bénéficient du taux intermédiaire les **prémélanges,** qui sont, en application de l'article 2, 2-e du règlement CE/1831/2003 du 22 septembre 2003, des mélanges d'additifs pour l'alimentation animale ou mélanges d'un ou de plusieurs additifs pour l'alimentation animale avec des matières premières pour aliments des animaux ou de l'eau utilisées comme supports, qui ne sont pas destinés à l'alimentation directe des animaux (BOI-TVA-LIQ-30-10-20 n° 130). **42115**

Sont **exclus** du bénéfice du taux intermédiaire et relèvent par conséquent du taux normal : **42120**

- les aliments, autres que les produits d'origine agricole non transformés, exclusivement destinés aux animaux non producteurs de denrées alimentaires (s'agissant des aliments destinés à la fois aux animaux producteurs et non producteurs de denrées alimentaires, voir n° 42085, précision b) ;
- les médicaments vétérinaires ;
- les aliments médicamenteux, constitués de produits relevant du taux intermédiaire (matières premières, aliments composés, etc.) et de médicaments relevant du taux normal (BOI-TVA-LIQ-30-10-20 nos 160 à 180).

G. Produits destinés à la production agricole et non destinés à l'alimentation animale

L'article 278 bis, 5° du CGI soumet au taux intermédiaire les opérations visées au n° 41580 portant sur les produits normalement destinés à être utilisés dans la **production agricole** et **non destinés à l'alimentation animale,** à savoir : **42170**

- les produits d'origine agricole, de la pêche, de la pisciculture et de l'aviculture n'ayant subi aucune transformation tels que définis aux nos 41825 s. ;
- les poulains vivants ;
- les engrais et amendements calcaires (nos 42190 s.) ;
- les matières fertilisantes et supports de culture (nos 42190 s.) ;
- les produits phytopharmaceutiques (n° 42230).

Le taux intermédiaire s'applique de **manière restrictive** aux produits relevant de l'une des catégories précitées, sous réserve que la condition d'utilisation dans la production agricole soit remplie. La **production agricole** s'entend notamment de la culture, la viticulture, l'élevage, la reproduction, l'engraissement (BOI-TVA-LIQ-30-10-30 n° 1).

> **> Précisions** La loi désigne spécifiquement les **poulains vivants,** lesquels constituent toutefois une **sous-catégorie des produits d'origine agricole** non transformés tels que définis aux nos 41825 s. (BOI précité).

1. ENGRAIS, AMENDEMENTS CALCAIRES, MATIÈRES FERTILISANTES ET SUPPORTS DE CULTURE

Les opérations visées au n° 41580 qui portent sur les engrais, amendements calcaires, matières fertilisantes et supports de culture bénéficient, en application de l'article 278 bis, 5°-b et c du CGI, du taux intermédiaire sous réserve de remplir les conditions exposées au n° 42195. **42190**

> **> Précisions** Les **matières fertilisantes** comprennent les engrais, les amendements et, d'une manière générale, tous les produits dont l'emploi est destiné à assurer ou à améliorer la nutrition des végétaux ainsi que les propriétés physiques, chimiques et biologiques des sols.
> Les **engrais** s'entendent des produits qui apportent, de manière directe ou indirecte, des éléments utiles à la nutrition des végétaux au sens de l'article L 255-1 du Code rural et de la pêche maritime.
> Les **amendements organiques** sont composés principalement de combinaisons carbonées d'origine végétale ou animale ou végétale en mélange destinées à l'entretien ou à la reconstitution du stock de matière organique du sol et à l'amé-

lioration de ses propriétés physiques et/ou chimiques et/ou biologiques.
Les **supports de culture** sont des produits destinés à servir de milieu de culture à certains végétaux et dont la mise en œuvre aboutit à la formation de milieux possédant une porosité en air et en eau telle qu'ils sont capables à la fois d'ancrer les organes absorbants des plantes et de leur permettre d'être en contact avec les solutions nécessaires à leur croissance (BOI-TVA-LIQ-30-10-30 n° 40).

42195 Les engrais, amendements calcaires, matières fertilisantes et supports de culture peuvent bénéficier du taux intermédiaire lorsqu'ils remplissent les conditions suivantes :

– être destinés à un **usage agricole.** L'usage agricole peut concerner des zones agricoles et non agricoles ainsi que n'importe quel utilisateur (amateurs ou professionnels). Cette condition est réputée satisfaite pour les produits faisant l'objet d'une autorisation de mise sur le marché délivrée selon les conditions posées à l'article L 255-7 du Code rural et de la pêche maritime ;

– être **utilisables en agriculture biologique** et mentionnés à l'annexe I au règlement CE/889/2008 du 5 septembre 2008 **ou** être d'**origine organique agricole** (BOI-TVA-LIQ-30-10-30 n°s 80 à 100).

> Précisions **a.** L'origine organique agricole est appréciée par le **caractère agricole de l'activité** qui produit les matières fertilisantes et les supports de culture, au sens du Code rural et de la pêche maritime (BOI précité n° 100).
b. Les **supports de culture** avec **matières organiques végétales prépondérantes** (tourbes, écorces, fibres de bois, terre de bruyère ou assimilé, différents substrats de matières en mélange, terreaux, etc.) constituant des mélanges composés en majorité de matières organiques végétales mais pouvant intégrer des amendements organiques, des matières minérales ou des matières synthétiques sont éligibles au taux intermédiaire (BOI précité).
c. Les produits ayant obtenu une autorisation de mise sur le marché doivent porter l'indication du numéro de celle-ci. Par ailleurs, ces produits, les produits normalisés ainsi que les engrais portant la mention « Engrais CE », doivent porter sur leurs **emballages, étiquettes** ou documents d'accompagnement les **mentions obligatoires** listées à l'article 3 du décret 80-478 modifié du 16 juin 1980. Hormis ces mentions obligatoires, peuvent seules figurer les mentions facultatives listées à l'article 4 dudit décret (BOI précité n° 70).

2. PRODUITS PHYTOPHARMACEUTIQUES

42230 Les opérations visées au n° 41580 sont soumises au taux intermédiaire lorsqu'elles portent sur des produits phytopharmaceutiques dont les substances actives sont mentionnées à l'annexe II au règlement CE/889/2008 du 5 septembre 2008 portant modalités d'application du règlement CE/834/2007 relatif à la production biologique et à l'étiquetage des produits biologiques en ce qui concerne la production biologique, l'étiquetage et les contrôles (CGI art. 278 bis, 5°-e).

Il convient de se reporter à la liste des produits phytopharmaceutiques **utilisables en agriculture biologique** établie par le ministère chargé de l'agriculture et l'Institut national de l'origine et de la qualité dans le « guide des intrants (produits phytopharmaceutiques) utilisables en agriculture biologique en France ». La condition tenant à l'usage agricole est réputée satisfaite pour ces produits (BOI-TVA-LIQ-30-10-30 n°s 110 à 130).

> Précisions **a.** Les produits phytopharmaceutiques, à l'exception de ceux utilisables en agriculture biologique, et les produits biocides relèvent du taux normal (BOI précité n° 160).
b. Les **engrais foliaires,** ainsi que les correcteurs de carences ou **oligoéléments,** apparentés aux engrais, relèvent du taux intermédiaire en application de l'article 278 bis, 5°-b du CGI (BOI précité n° 140).

3. CAS PARTICULIER DES PRODUITS MIXTES

42250 Les produits mixtes s'entendent des **mélanges de matières fertilisantes ou supports de culture** (dont les amendements calcaires et/ou les engrais) et d'un ou plusieurs **produits phytopharmaceutiques ou produits biocides** commercialisés sous un **même emballage** pour un **prix forfaitaire et global.**

Dans le cas de produits mixtes composés d'engrais ou d'amendements calcaires utilisables en agriculture biologique soumis au taux intermédiaire et de produits phytopharmaceutiques destinés à l'agriculture biologique tels que définis au n° 42230, le taux intermédiaire s'applique (BOI-TVA-LIQ-30-10-30 n°s 150 et 170).

Dans le cas de produits mixtes dont certains relèvent du taux intermédiaire et d'autres du taux normal, il convient de faire application des règles applicables en cas d'**opérations complexes uniques** telles que définies aux n°s 1270 s.

II. PRESTATIONS DE SERVICES RELEVANT DU TAUX INTERMÉDIAIRE

A. Transports de voyageurs

Les transports de voyageurs relèvent du taux intermédiaire conformément à l'article 279, b quater du CGI. 42300

1. PRINCIPES

Le taux intermédiaire s'applique quel que soit le **mode de transport** utilisé. Sont ainsi concernés les transports effectués par la route, le rail, les fleuves, la mer ou dans les airs. Sont également soumis au taux intermédiaire les transports de personnes réalisés par les exploitants de taxis et de remontées mécaniques (BOI-TVA-LIQ-30-20-60 nos 1 et 10). 42320

Le taux intermédiaire s'applique également : 42325

– aux **suppléments** de prix réclamés pour les **bagages** accompagnés ou pour des prestations se rattachant étroitement au transport lui-même (supplément pour **couchettes** ou **wagons-lits, locations** de places, droits de **consigne,** etc.) ;

– aux **transports de petits véhicules** (bicyclettes, etc.) qui ne sont que l'accessoire d'un transport de voyageurs ;

– aux **commissions** versées aux entreprises de transport de personnes (BOI-TVA-LIQ-30-20-60 n° 30) ;

– à la **rémunération des prestataires de services** qui gèrent les **réseaux de transport public** de voyageurs de l'autorité exploitante. Cette rémunération est constituée des sommes qu'ils reçoivent ou conservent pour couvrir leurs dépenses propres (en particulier, charges du personnel qu'ils fournissent et financement du matériel demeurant leur propriété) (BOI précité n° 45).

Les opérations de **ramassage scolaire** sont soumises au même taux que les autres transports de voyageurs (Rép. Deniau : AN 10-2-1968 n° 4624, non reprise au Bofip mais dont la solution conserve sa valeur).

> **Précisions** En ce qui concerne les **opérations complexes uniques** composées de plusieurs éléments relevant de taux différents, voir nos 1270 s.

Le taux normal reste applicable : 42330

– aux recettes de **messageries** ;

– aux **transports de marchandises** ;

– aux **portages de bagages** réalisés en dehors du cadre d'un contrat de transport de voyageurs, par une entreprise de manutention distincte de l'entreprise de transport (BOI-TVA-LIQ-30-20-60 n° 40).

> **Précisions** La **livraison** au domicile des voyageurs **par un artisan taxi,** sous-traitant d'une compagnie aérienne, **des bagages** qui n'ont pu être délivrés au voyageur lors de son débarquement relève du taux normal (CAA Lyon 5-2-2004 n° 03-193 : RJF 8-9/04 n° 877).

2. SOLUTIONS DIVERSES ET CAS PARTICULIERS

LOCATIONS DE VÉHICULES AVEC CHAUFFEUR

Les locations, avec chauffeur, de véhicules conçus pour le transport des personnes bénéficient du taux intermédiaire lorsqu'elles s'analysent en de véritables contrats de transport. Cette qualification résulte des **termes du contrat,** notamment en ce qui concerne l'assurance et la responsabilité du propriétaire du véhicule (BOI-TVA-LIQ-30-20-60 n° 20). Dans le cas contraire, elles relèvent du taux normal. 42350

Il convient selon le Conseil d'État de tenir compte, outre des critères d'assurance et de responsabilité, des **conditions concrètes d'exploitation** de l'activité, en particulier des stipulations relatives à la tarification et à la maîtrise du déplacement par le propriétaire du véhicule. La mise à disposition des véhicules avec chauffeur dans le cadre de contrats qui ne peuvent pas être regardés comme des contrats de transport, faute que les trajets à effectuer aient été définis conjointement par le client et le prestataire, est soumise au taux normal. Tel est notamment le cas lorsque cette prestation est facturée à l'heure, lorsqu'elle est assortie d'un kilométrage illimité ou lorsque ses tarifs sont calculés exclusivement en fonction de la tranche horaire et de la durée de la prestation (CE 20-3-2013 n° 337259 : RJF 6/13 n° 608 ; CE QPC 7-10-2015 n° 389306 : RJF 1/16 n° 21 ; CE 14-10-2019 n° 419254).

> **Précisions a.** Conformément aux principes exposés ci-dessus, les **prestations** de transport dites **de grande remise** qui consistent à fournir au client un véhicule haut de gamme de cinq à neuf places au plus avec chauffeur relèvent du taux intermédiaire lorsque la tarification est directement liée à la distance parcourue ou lorsque la destination finale est déterminée à l'avance (formules « transferts hôtels / gares / aéroports » ou « déplacements facturés au kilomètre »). En revanche, relèvent du taux normal les formules facturées à l'heure, pour lesquelles le tarif est totalement indépendant de la distance parcourue, voire de l'existence ou non d'un déplacement (formules « à disposition » assorties d'un kilométrage illimité) (BOI précité n° 220 ; CE 20-3-2013 n° 337259 précité).
> **b.** Il est admis que le taux intermédiaire s'applique aux rémunérations perçues par les **entreprises exploitant des parcs d'autocars** qui **mettent leurs véhicules avec conducteur** à la **disposition** d'un tiers (société privée de transport de voyageurs ou établissement public) dès lors que ces mises à disposition ont pour finalité la réalisation d'un transport de voyageurs (BOI précité n° 200).
> **c.** La mise à disposition de **véhicules individuels publics électriques** (VIP) ou de **vélos en libre-service** (VLS) relève du taux normal (Rép. Daunis : Sén. 10-2-2011 n° 7414, non reprise au Bofip mais dont la solution conserve sa valeur).
> **d.** Pour l'application de ces principes aux opérations de mise à disposition de **bateaux fluviaux avec équipage,** voir n° 42380.

ENTREPRISES DE POMPES FUNÈBRES

42360 Les entreprises de pompes funèbres relèvent du taux normal pour l'ensemble de leurs prestations, à l'exception des **transports de corps** avant et après mise en bière réalisés au moyen de véhicules spécialement aménagés, lesquels sont soumis au taux intermédiaire. Le taux intermédiaire est également applicable aux **transports de voyageurs** éventuellement réalisés par elles (BOI-TVA-LIQ-30-20-60 n° 170). Les **transports de corps par porteurs** relèvent, en revanche, du taux normal.

Cette application de taux différenciés aux opérations des entreprises de pompes funèbres a été jugée compatible avec la réglementation de l'Union européenne (CJUE 6-5-2010 aff. 94/09 : RJF 8-9/10 n° 868).

Pour l'application du taux intermédiaire, il appartient aux redevables de comptabiliser distinctement la fraction du prix correspondant aux prestations de transport ainsi définies. À défaut, l'ensemble des opérations relève du taux normal.

> **Précisions** En ce qui concerne les **opérations complexes uniques** composées de plusieurs éléments relevant de taux différents, voir n°s 1270 s.

TRANSPORTS AÉRIENS DE VOYAGEURS

42370 Le taux intermédiaire bénéficie aux transports effectués par la voie aérienne **à la demande** ou à l'occasion de **liaisons régulières** lorsqu'ils sont réalisés dans le cadre de véritables contrats de transports (Rép. de La Verpillière : AN 22-10-1975 n° 89, non reprise au Bofip mais dont la solution nous paraît conserver sa valeur).

> **Précisions a.** L'administration considère que les **baptêmes de l'air,** notamment en engins ULM, bénéficient du taux intermédiaire dès lors qu'ils répondent à la définition du transport aérien (BOI-TVA-LIQ-30-20-60 n° 140 ; position non partagée par CAA Nantes 30-12-1998 n° 96-2047 : RJF 4/99 n° 400 et CAA Lyon 10-3-1999 n° 96-717 : RJF 11/99 n° 1358).
> **b.** Les **promenades en montgolfière** relèvent du taux normal (CAA Lyon 20-2-2003 n° 02-1525 : RJF 4/04 n° 369).
> **c.** Les **vols d'acheminement** préalables aux **sauts en parachute** relèvent du taux normal (CAA Paris 16-4-1998 n° 96-1042 : RJF 6/98 n° 666 ; CE (na) 28-7-1999 n° 197378 : RJF 12/99 n° 1531). Il en est de même des prestations de saut en parachute **en tandem** (CE 28-5-2021 n°s 445020 et 445016 : RJF 8-9/21 n° 801).

CROISIÈRES ET EXCURSIONS MARITIMES OU FLUVIALES

42380 Les croisières maritimes et fluviales, dans lesquelles les divers services proposés aux passagers (hébergement, restauration, visites de sites, etc.) ne sont que l'accessoire du transport doivent être considérées comme constituant des prestations uniques de transport soumises dans leur totalité au taux intermédiaire. En revanche, les prestations ou livraisons de biens non comprises dans la rémunération du contrat et facturées séparément (ventes à bord, etc.) sont soumises au régime et au taux qui leur sont propres. Dès lors que les bateaux sont affrétés de manière exclusive à ces activités de transport, la taxe grevant les dépenses y afférentes est déductible (BOI-TVA-LIQ-30-20-60 n°s 90 à 130).

La **mise à disposition de bateaux fluviaux** avec équipage obéit au même régime dès lors qu'elle a pour objet la réalisation d'un déplacement dont l'itinéraire est défini et organisé par le prestataire, qui est effectué par un équipage assurant en permanence la navigation et l'exploitation du bateau et qui comprend, le cas échéant pour un prix unique, certaines prestations annexes (Décision de rescrit 6-9-2005 n° 2005/65 TCA ; BOI précité n° 210). Mais la location simple de bateaux par les professionnels du tourisme fluvial relève du taux normal (en ce sens, Rép. Hénard : AN 28-2-2006 n° 82983, non reprise au Bofip mais dont la solution conserve sa valeur).

> **Précisions** **a.** En ce qui concerne les **opérations complexes uniques** composées de plusieurs éléments relevant de taux différents, voir nos 1270 s.
> **b.** L'**acheminement de plongeurs** jusqu'aux sites de plongée a pour objet de permettre d'exercer une activité sportive et non pas de procéder à un transport de voyageurs et ne peut bénéficier du taux intermédiaire (en ce sens, BOI précité n° 120).
> **c.** Les descentes de rivières en **raft** ne relèvent pas du taux intermédiaire car elles constituent une activité de loisirs et non une prestation de transport de voyageurs (CAA Bordeaux 6-2-2001 n° 98-72 : RJF 6/01 n° 775).

LIVRAISONS DE COLIS OU DE DOCUMENTS

Les livraisons de colis ou de documents effectuées par un chauffeur de taxi sont soumises au taux normal (CAA Nancy 26-3-1991 n° 1312 ; CAA Nancy 6-3-1996 n° 94-706 : RJF 10/96 n° 1149 ; CAA Nantes 15-6-1994 n° 92-841 : RJF 10/94 n° 1055). **42390**

RADIO-TAXI

L'activité des services de **radio-taxi** (répartition par radio des appels des clients) relève du taux normal (CE 6-7-1983 n° 31863 : RJF 10/83 n° 1137). **42400**

PROMENADES TOURISTIQUES EN BUS OU EN TRAIN

Bénéficient du taux intermédiaire les opérations réalisées par les entreprises qui proposent, sur une ligne régulière, des promenades touristiques en **bus urbains** dans lesquelles les services d'**audioguidage,** au demeurant facultatifs, ne sont que l'accessoire de la prestation de transport (BOI-TVA-LIQ-30-20-60 n° 80). **42410**

Bénéficient également du taux intermédiaire les prestations effectuées dans le cadre des trains touristiques (Rép. Marc : AN 16-3-2010 n° 65628, non reprise au Bofip mais dont la solution conserve selon nous sa valeur).

> **Précisions** En ce qui concerne les **opérations complexes uniques** composées de plusieurs éléments relevant de taux différents, voir nos 1270 s.

PROMENADES EN DRAISINE ET EN VÉLORAIL

Quand bien même elle est exercée sur le réseau ferroviaire, l'activité de promenade en draisine et en vélorail s'analyse comme une prestation de **location de bien meuble corporel,** passible du taux normal (Rép. Marc : AN 16-3-2010 n° 65628, non reprise au Bofip ; CAA Lyon 5-6-2018 n° 17LY01367 : RJF 11/18 n° 1091). **42420**

B. Locations d'emplacements sur terrains de camping classés

En application de l'article 279, a du CGI, les locations d'emplacements sur les terrains de camping classés bénéficient du taux intermédiaire. **42470**

L'obligation de classement des campings a été supprimée par la loi 2009-888 du 22 juillet 2009 de développement et de modernisation des services touristiques qui a introduit une procédure de classement facultative abrogeant le précédent classement à compter du 23 juillet 2012. **42475**

Le taux intermédiaire s'applique aux **terrains de camping,** aux **aires naturelles de camping** et aux **terrains de stationnement de caravanes aménagés** qui ont demandé leur classement auprès d'Atout France au terme d'une procédure fixée par l'arrêté ministériel du 6 juillet 2010.

Relèvent, en revanche, du taux normal les terrains de camping-caravaning aménagés dont l'ouverture et l'exploitation sont simplement soumises à déclaration préalable à la mairie, ainsi que les terrains qui seraient classés selon des procédures autres que celles fixées par le texte susvisé. Toutefois, il est admis que les terrains de « **camping à la ferme** » subventionnés par le ministère de l'agriculture bénéficient du taux intermédiaire (BOI-TVA-LIQ-30-20-10-30 nos 70 et 90).

Voir en outre n° 42540 en ce qui concerne les locations d'**aires d'accueil** ou de terrains de passage des **gens du voyage.**

> **Précisions** **a.** Il résulte d'un arrêt du Conseil d'État, rendu sous l'empire de la procédure de classement des campings antérieure à la loi 2009-888 précitée, que le bénéfice du taux intermédiaire ne peut être refusé à des locations d'emplacements sur des **terrains de camping** qui n'ont **pas** été **autorisés** par arrêté de classement (CE 10-5-2012 n° 328216 : RJF 8-9/12 n° 809).
> **b.** En ce qui concerne la **fourniture de logement** dans les terrains de camping classés, voir nos 92030 s.

Le bénéfice du taux intermédiaire n'est pas remis en cause lorsque l'exploitant d'un terrain de camping classé, tout en conservant la gestion intégrale et l'entière responsabilité de son établissement, loue la totalité ou une partie de ses emplacements à un **intermédiaire** (mutuelle, **42480** comité d'entreprise, association, agence de voyages, organisateur de séjours touristiques, etc.) (BOI-TVA-LIQ-30-20-10-30 n° 100).

En revanche, les **locations par les propriétaires des terrains aux exploitants** des campings ne bénéficient pas du taux intermédiaire (CE 30-12-2009 n° 301077 : RJF 4/10 n° 342).

Relèvent également du taux normal les **locations d'emplacements données de manière pérenne** (par le biais de baux emphytéotiques ou de contrats de location d'une durée d'un an renouvelables tacitement) par des propriétaires de campings à des tiers (CAA Nantes 11-3-2022 n° 20NT00539 : RJF 6/22 n° 539).

C. Locations d'aires d'accueil ou de terrains de passage des gens du voyage

42540 Les locations d'aires d'accueil ou de terrains de passage des gens du voyage relèvent du taux intermédiaire (CGI art. 279, a-dernier al.).

Les **aires d'accueil** sont destinées aux gens du voyage itinérants dont les durées de séjour dans un même lieu sont variables et peuvent aller jusqu'à plusieurs mois. Le règlement intérieur de chaque aire fixe la durée de séjour maximum autorisée. Ces aires sont des lieux de séjour. Leur aménagement et leur gestion doivent donc assurer des conditions de vie décentes en termes de localisation, d'aménagement et d'entretien. Les besoins en matière d'actions sociopédagogiques et de scolarisation doivent être pris en compte pour leur conception et leur réalisation.

Les **aires de** grand **passage** sont destinées à l'accueil des gens du voyage se déplaçant collectivement à l'occasion des rassemblements traditionnels ou occasionnels.

D. Ventes à consommer sur place de produits alimentaires

42590 En application de l'article 279, m du CGI, les ventes à consommer sur place de produits alimentaires ou de boissons bénéficient du taux intermédiaire de TVA, à l'exclusion de celles relatives aux boissons alcooliques.

1. PRINCIPES

42610 Les ventes à consommer sur place consistent en la fourniture de nourriture préparée ou non et/ou de boissons, destinées à la consommation humaine, accompagnée de services connexes suffisants pour permettre leur consommation immédiate sur place.

Sont ainsi visés par le taux intermédiaire les **établissements spécialisés dans la restauration** et/ou la consommation de boissons (restaurants traditionnels, restauration rapide, cafétérias, bars, cafés, etc.), ainsi que les exploitants de tous **autres espaces dédiés à la consommation** situés par exemple dans des établissements de spectacles (théâtres, cabarets, complexes ou salles de cinéma), des musées, des discothèques, des enceintes sportives, des stations-service, des centres commerciaux (BOI-TVA-CHAMP-10-10-50-70 n° 70).

> **Précisions a.** Ne constituent **pas** en revanche des **ventes à consommer sur place** les opérations suivantes :
> – la livraison de nourriture préparée ou non et/ou de boissons qualifiée de vente à emporter ;
> – de manière générale, les prestations de préparation, ainsi que celles de transport et de livraison de nourriture préparée ou non et/ou de boissons sans aucun autre service connexe (par exemple la livraison de repas par un traiteur accompagnée d'une mise à disposition de matériel) (BOI précité n° 80).
> En ce qui concerne le taux applicable aux ventes à emporter ou à livrer de produits alimentaires préparés en vue d'une consommation immédiate, voir nos 41950 s.
>
> **b.** À noter que la **jurisprudence** ne retient la qualification de « vente à consommer sur place » que lorsque les prestations de **mise à disposition** du client **d'installations** permettant une consommation sur place des produits alimentaires présentent un **caractère prépondérant** par rapport à la livraison des produits (en ce sens, CJUE 2-5-1996 aff. 231/94 : RJF 10/96 n° 1256 ; CJUE 10-3-2011 aff. 497/09, 499/09, 501/09 et 502/09 : RJF 6/11 n° 766 ; CJUE 22-4-2021 aff. 703/19 : RJF 7/21 n° 778 ; CE 27-2-2006 n° 280590 : RJF 5/06 n° 518). La Cour de justice a ainsi jugé que la **fourniture de plats ou d'aliments fraîchement préparés** prêts à la consommation immédiate **dans** des **stands ou véhicules de restauration ou** dans des **foyers de cinéma** constitue une livraison de

biens (et non une vente à consommer sur place) lorsqu'un examen qualitatif de l'ensemble de l'opération fait apparaître que les éléments de prestation de services précédant et accompagnant la livraison ne sont pas prépondérants (CJUE 10-3-2011 précité). Par ailleurs, lorsque le client final choisit de ne **pas bénéficier** des moyens matériels et humains mis à sa disposition par l'assujetti pour accompagner la consommation des aliments fournis, il y a lieu de considérer qu'**aucun service connexe** n'accompagne la fourniture de ces aliments et que l'opération est une livraison de denrées alimentaires (CJUE 22-4-2021 précité).

Les **boissons alcooliques** (telles que définies au n° 40500) sont toutefois exclues du bénéfice du taux intermédiaire. **42615**

En revanche, les **autres produits alimentaires** qui relèvent du taux normal lorsqu'ils sont vendus à emporter ou à livrer en vue d'une consommation immédiate (nos 41955 et 40510 s.) bénéficient du taux intermédiaire lorsqu'ils font l'objet d'une vente à consommer sur place.

> Précisions Dans le cas de **menus à prix forfaitaire comportant des boissons alcooliques,** le redevable doit procéder à une ventilation du prix du menu afin d'en isoler la fraction représentative des boissons alcooliques. Cette fraction relèvera du taux normal et l'autre fraction relèvera du taux intermédiaire.
Si le prix des boissons alcooliques ne peut être identifié en tant que tel, le redevable utilise une méthode de ventilation économiquement rationnelle et doit être en mesure de justifier de cette méthode auprès de l'administration.
La méthode de ventilation doit être appliquée séparément pour chaque menu, selon ses caractéristiques propres. Toutefois, il est admis que le redevable recoure à une méthode forfaitaire unique pour l'ensemble des menus comportant des boissons alcooliques, à condition que la proportion relative aux boissons alcooliques soit semblable d'un menu à l'autre (BOI-TVA-LIQ-30-20-10-20 n° 80).
En ce qui concerne les **opérations complexes uniques** composées de plusieurs éléments relevant de taux différents, voir nos 1270 s.

2. PRÉCISIONS DIVERSES

SERVICES DE TRAITEUR

Lorsque le traiteur ne se borne pas à livrer des produits, mais dépêche du personnel dans les locaux de son client ou dans ses propres locaux pour apprêter les repas, les servir ou effectuer des prestations d'entretien ou de nettoyage, il réalise une **vente à consommer sur place.** En revanche, comme déjà indiqué (n° 42610, précision a), il ne réalise **pas** une **vente à consommer sur place** lorsque la livraison de repas est accompagnée d'une simple mise à disposition de matériel. **42640**

Lorsqu'il réalise des ventes à consommer sur place, le traiteur peut facturer sa prestation pour un prix global comprenant, outre la fourniture de nourriture préparée ou non et de boissons (à l'exclusion des boissons alcooliques), un ensemble de services tels que le service à table (comprenant le service de préparation des mets), la fourniture de matériels nécessaires à la consommation du repas (vaisselles, tables, chaises, équipements mobiles de réchauffage des mets, etc.), la mise en place et la décoration des espaces dédiés à la consommation (tables, buffets, etc.) ainsi que la fourniture d'espaces fixes ou mobiles (salles, tentes, etc.) permettant la consommation sur place. Le taux intermédiaire s'applique sur l'ensemble de la prestation, que celle-ci soit **facturée globalement** (prix global par personne) **ou** que les différentes composantes de la prestation soient facturées **distinctement.** **42645**

En revanche, les prestations de **mise à disposition d'hôtesse,** de **vestiaire,** de **voiturier** et de **chauffeur** sont soumises au taux normal. Les prestations d'**animation** relèvent du taux qui leur est propre (BOI-TVA-LIQ-30-20-10-20 nos 100 à 120).

> Précisions En ce qui concerne les **opérations complexes uniques** composées de plusieurs éléments relevant de taux différents, voir nos 1270 s.

VENTES PAR DISTRIBUTEURS AUTOMATIQUES

Sont considérées comme des ventes à emporter en vue d'une **consommation immédiate** (nos 41950 s.) soumises au taux intermédiaire les ventes de produits par les distributeurs automatiques en **portion individuelle,** autres que les boissons en bouteille ou cannettes et les chips en paquet. **42660**

Est sans incidence la circonstance que le prix soit payé directement par le consommateur lors de la délivrance du produit par l'appareil doté d'un système de paiement intégré (à pièces, à jetons, magnétique ou électronique) ou globalement par la société dépositaire lorsque celle-ci prend en charge les dépenses d'approvisionnement de l'appareil automatique mis gratuitement à la disposition de son personnel (BOI-TVA-LIQ-30-10-10 n° 320).

FOURNITURE DE REPAS DANS LES CANTINES D'ENTREPRISES ET DANS LES ÉTABLISSEMENTS D'ENSEIGNEMENT, DE SANTÉ OU À VOCATION SOCIALE

42670 Les cantines d'entreprises (gestionnaire et prestataire extérieur) et les prestataires extérieurs fournissant des repas dans les établissements d'enseignement (autres que les établissements d'enseignement du premier et du second degré, dans lesquels la fourniture de repas peut bénéficier du taux réduit : nos 41390 s.), ainsi que dans les établissements de santé ou à vocation sociale (autres que ceux visés aux nos 92150 s. dans lesquels la fourniture de nourriture bénéficie du taux réduit) peuvent bénéficier du taux intermédiaire en application du dispositif de l'article 279, m du CGI dans les conditions exposées ci-dessus (nos 42590 s.).

> **Précisions** En cas de fourniture de repas par un prestataire extérieur, le taux intermédiaire s'applique au prix des repas à consommer sur place perçu par ce fournisseur, qu'il facture l'établissement où sont servis les repas ou directement les consommateurs (BOI-TVA-LIQ-30-20-10-20 n° 133).

COURS DE CUISINE SUIVIS D'UNE DÉGUSTATION SUR PLACE

42680 Dans le cas de cours de cuisine suivis d'une dégustation sur place, il appartient au redevable de ventiler le prix acquitté par le client selon une méthode économiquement réaliste et d'être en mesure de justifier de cette méthode auprès de l'administration. En l'espèce, une méthode de ventilation de la prestation globale en fonction du temps passé à chaque étape de la prestation peut être retenue. Dans ce cas, le taux intermédiaire s'applique aux recettes à hauteur du rapport entre le temps consacré à la dégustation sur la durée totale de la prestation, le reste des recettes se voyant appliquer le taux normal (les prestations d'enseignement de la cuisine relevant du taux normal).

En revanche, si le repas dégusté sur place est accompagné d'une boisson alcoolique, le prix de cette dernière ne doit pas faire l'objet de la ventilation mais doit être soumis dans sa totalité au taux normal dès lors que les ventes à consommer sur place de boissons alcooliques sont toujours soumises au taux normal.

Par ailleurs, lorsque le cours de cuisine n'est pas suivi d'une dégustation sur place mais de l'emport des plats préparés par le client, le taux normal s'applique à l'intégralité du prix de la prestation (BOI-TVA-LIQ-30-20-10-20 n° 130).

> **Précisions** En ce qui concerne les **opérations complexes uniques** composées de plusieurs éléments relevant de taux différents, voir nos 1270 s.

E. Prestations relatives à l'eau

42730 L'article 279, b du CGI soumet au taux intermédiaire :

– les remboursements et les rémunérations versés par les communes ou leurs groupements aux exploitants des services de distribution d'eau et d'assainissement ;

– les taxes, surtaxes et redevances perçues sur les usagers des réseaux d'assainissement.

L'article 279, b du CGI conduit à réserver le bénéfice du taux intermédiaire aux prestations relatives à la fourniture et à l'évacuation de l'eau effectuées dans le cadre de la gestion municipale du service public municipal de l'eau ou de l'assainissement (collectif ou non collectif).

On rappelle que les **ventes** d'eau effectuées par le service public municipal de l'eau bénéficient du taux réduit (n° 40480).

1. PRESTATIONS CONCERNÉES

42750 En pratique, les prestations doivent répondre à **trois critères** : un critère d'**objet,** un critère relatif aux **biens** sur lesquels elles portent et un critère relatif à la **nature des prestations fournies.**

OBJET DES PRESTATIONS RÉALISÉES

42760 Les prestations doivent être effectuées pour permettre aux communes d'assurer la gestion **du service public municipal de l'eau.**

Ce service englobe, d'une part, le captage, le traitement, l'adduction et la distribution de l'eau aux usagers et, d'autre part, l'évacuation et l'assainissement (épuration) des eaux usées. Ne se rattachent pas à la gestion de ce service et, de fait, ne relèvent pas du taux intermédiaire les opérations réalisées dans le cadre de l'**exploitation des cours d'eau** (domaniaux ou non domaniaux), des canaux de navigation, des rivières canalisées, des étangs, **des lacs domaniaux, des eaux embouteillées,** etc. (BOI-TVA-LIQ-30-20-30 n° 50).

BIENS CONCERNÉS

Seules les prestations portant sur l'eau ou sur le réseau de fourniture et d'évacuation de l'eau sont concernées : 42770

– l'**eau** : il s'agit exclusivement de l'eau captée, distribuée, évacuée et traitée dans le cadre du service municipal de l'eau ;

– le **réseau de fourniture et d'évacuation de l'eau** : il s'agit des installations publiques nécessaires au service public municipal de l'eau qui sont la propriété de la commune, du groupement de communes ou provisoirement du concessionnaire ou du fermier (réseau de distribution, collecteur, cuvettes de décantation, réseau d'évacuation, stations d'épuration, etc.). Sont également visées les installations privées (canalisations, sanitaires) rattachées aux installations publiques à condition que les opérations (réparations, remplacements, etc.) ne soient pas effectuées pour les besoins des particuliers, mais par ou pour le compte du service public (BOI-TVA-LIQ-30-20-30 nos 60 et 70).

NATURE DES PRESTATIONS FOURNIES

Sont concernées par le taux intermédiaire les prestations portant sur les installations, à l'exclusion des travaux immobiliers, et celles effectuées sur l'eau. 42780

Les **prestations relatives aux installations** sont essentiellement celles concernant l'entretien du réseau public : balayage et nettoyage des caniveaux, curage et nettoyage des égouts, dératisation, désinfection, suppression des fuites d'eau, évacuation, transport et élimination des boues d'épuration, etc. (BOI-TVA-LIQ-30-20-30 no 100). 42785

Sont, en revanche, soumises au taux normal les opérations réalisées sur les installations privées (voir toutefois no 43360), les prestations de services ayant le caractère de travaux immobiliers, les opérations de curage des biefs, lacs ou rivières, la mise en décharge de résidus, ou encore les prestations de services rendues aux agences de l'eau. Il en est de même des opérations portant sur des installations particulières pour le compte de personnes qui n'ont pas en charge le service municipal de l'eau (offices publics d'HLM, hôpitaux, etc.), ou des opérations réalisées par les sociétés d'économie de consommation d'eau lorsqu'elles ne sont pas effectuées sur des installations publiques nécessaires au service municipal de l'eau, ni pour le compte de l'exploitant de ce service (BOI précité nos 100 et 160 à 190).

> **Précisions** Les prestations afférentes aux **compteurs d'eau** (location, entretien, pose et dépose) relèvent du taux intermédiaire lorsqu'elles ne constituent pas des travaux immobiliers et sont réalisées sur des installations publiques nécessaires au service municipal de l'eau par l'exploitant de ce service ou par une personne fournissant cette prestation en exécution d'un contrat conclu avec l'exploitant. Il en est de même pour les prestations réalisées sur des installations privées lorsqu'elles sont effectuées à l'initiative et pour le compte du service public (BOI précité no 110). S'agissant des travaux sur des installations privées, voir également no 43360.

Les **prestations relatives à l'eau** admises au bénéfice du taux intermédiaire recouvrent la gestion du service d'abonnés ainsi que les études, travaux d'analyse ou de contrôle sanitaire exécutés par ou pour le compte de l'exploitant ou des agences régionales de santé. Sont par exemple visés la surveillance de la potabilité de l'eau, le jaugeage, le contrôle sanitaire de l'eau (prélèvements, analyses physiques, bactériologiques, etc.), les mesures de débit, les mesures de paramètres physico-chimiques, l'assainissement ou traitement de l'eau ou bien le transport des eaux usées (BOI-TVA-LIQ-30-20-30 no 90). 42790

2. PERSONNES CONCERNÉES

Les personnes susceptibles de bénéficier du taux intermédiaire sont : 42820

– l'**exploitant du service** municipal de l'eau lui-même (commune ou groupement de communes ; concessionnaire ou fermier du service public ; mandataire agissant pour leur compte) ;

– les **personnes qui fournissent les prestations** concernées pour le compte de l'exploitant du service municipal de l'eau ou d'une agence régionale de santé.

Ne bénéficient **pas** du **taux intermédiaire,** à titre indicatif, les personnes qui :

– n'interviennent pas dans le cadre de la gestion du service public municipal de l'eau (agences de l'eau notamment) ;

– interviennent sur les installations privées, à moins que ces interventions ne soient pratiquées à l'initiative de l'exploitant du service public et pour les besoins de ce service (voir toutefois no 43360) ;

– exploitent ou interviennent dans la gestion des cours d'eaux, rivières, étangs, lacs, et des eaux non acheminées par un réseau municipal (eaux embouteillées, piscines privées, etc.) ;

– tout en intervenant dans le cadre du service municipal de l'eau, ne sont pas les fournisseurs directs de l'exploitant du service public (à l'exclusion des laboratoires agréés qui effectuent des travaux d'analyses pour les agences régionales de santé) (BOI-TVA-LIQ-30-20-30 nos 200 et 210).

> **Précisions a.** Les sommes versées par **un établissement public interdépartemental** à une société pour la gestion et l'entretien d'une centrale de production d'eau potable et du réseau de distribution correspondant ne bénéficient pas du taux intermédiaire, alors même que l'eau est vendue par cet établissement à des communes et groupements de communes (CE 28-12-2007 n° 296837 : RJF 3/08 n° 296).
> **b.** N'a pas la qualité d'exploitant du service d'eau et d'assainissement, et ne peut donc pas prétendre au bénéfice du taux intermédiaire, l'**entreprise** qui est **chargée seulement** des **opérations de nettoyage des égouts** et de l'enlèvement des sables et des déchets qu'ils contiennent (CE 10-2-1993 n° 71485 : RJF 4/93 n° 518).

3. ASSOCIATIONS SYNDICALES AUTORISÉES D'IRRIGATION

42850 Outre la fourniture d'eau (soumise au taux réduit : n° 40480), ces associations rendent à leurs adhérents certains **services annexes** (location de matériels d'arrosage, réalisation de travaux d'assainissement ou de drainage, etc.) qui relèvent du taux normal. Il en est de même des opérations de **mise à disposition** et d'**entretien des équipements** appartenant aux associations (BOI-TVA-LIQ-30-20-30 n° 250). Toutefois, selon la cour administrative d'appel de Bordeaux, les opérations de mise à disposition d'installations et matériels d'irrigation situés jusqu'en limite des propriétés irriguées peuvent être facturées au taux réduit en application de l'article 278 bis-0, A-1° du CGI qui prévoit l'application du taux réduit à la fourniture de l'eau (CAA Bordeaux 15-2-2007 n° 04-1865 : RJF 7/07 n° 799).

F. Balayage des caniveaux et voies publiques

42900 Les remboursements et les rémunérations versés par les communes ou leurs groupements aux exploitants assurant les prestations de **balayage des caniveaux et voies publiques** bénéficient du taux intermédiaire lorsqu'elles se rattachent au **service public de voirie communale** (CGI art. 279, k).

Le taux intermédiaire s'applique également aux remboursements et rémunérations versés par les départements, les communes ou leurs groupements aux exploitants assurant les prestations de **déneigement** des voies publiques lorsqu'elles se rattachent au **service public de voirie communale ou départementale** (CGI art. 279, l).

> **Précisions a.** Le balayage, qui peut être manuel ou mécanisé, recouvre l'ensemble des **opérations de nettoiement** des déchets et détritus divers situés au sol (exemples : déjections animales, papiers, emballages alimentaires, sacs en plastique vides ou pleins, sables, graviers, graisses, huiles, mégots, feuilles mortes, etc.). Sont, en revanche, **exclus du taux intermédiaire** l'évacuation des balayures vers les lieux de déchargement ou de dépôt, la collecte des ordures ménagères (sauf si les conditions de l'article 279, h du CGI sont réunies : voir nos 42950 s.), l'enlèvement des dépôts sauvages et des objets encombrants, le vidage des poubelles à papiers, le désherbage des aires végétalisées ou non, le désaffichage, le dégraffitage, le nettoyage et le dégorgement des canalisations (BOI-TVA-LIQ-30-20-100 nos 430 à 450).
> **b.** Les **sous-traitants** qui, tout en intervenant dans le cadre du service public de voirie communale, ne sont pas fournisseurs directs des communes ou de leurs groupements, doivent soumettre leurs opérations au taux propre à la prestation qu'ils effectuent (BOI précité n° 480).
> **c.** Les prestations de nettoyage des **espaces verts** et des **halles de marché** sont exclues du dispositif (BOI précité n° 490). Il en va de même des prestations de nettoyage des **plages** (Rép. Brochand : AN 24-3-2009 n° 36420, non reprise au Bofip).
> **d.** En ce qui concerne les prestations de balayage des caniveaux et voies publiques qui se rattachent au **service public municipal de l'eau,** voir nos 42780 s.
> **e.** Les **opérations préventives de salage,** qu'elles soient effectuées dans le cadre d'une opération de déneigement ou réalisées indépendamment des opérations de déneigement, bénéficient du taux intermédiaire (BOI précité n° 530).

G. Collecte et traitement des déchets ménagers

42950 En application de l'article 279, h du CGI, lorsqu'elles ne relèvent pas du taux réduit prévu à l'article 278-0 bis, M du CGI (nos 41535 s.), les prestations de **collecte** et de **traitement des déchets des ménages** et des autres déchets que les collectivités mentionnées à l'article L 2224-13 du CGCT (n° 41544) peuvent, eu égard à leurs caractéristiques et aux quantités produites, collecter et traiter **sans sujétions techniques particulières,** ainsi que les **prestations** de services **qui concourent au bon déroulement de ces opérations,** peuvent relever du taux intermédiaire.

Les prestations qui ne remplissent ni les conditions de l'article 278-0 bis, M du CGI, ni celles de l'article 279, h du même Code, sont soumises au taux normal (voir sur ce point n° 41536, précision b).

DÉCHETS CONCERNÉS

Le taux intermédiaire ne s'applique qu'aux **déchets des ménages et** aux déchets qui leur sont **assimilés** tels que définis au n° 41537 (BOI-TVA-LIQ-30-20-70 n° 15). **42952**

PRESTATIONS CONCERNÉES

Collecte en mélange Le taux intermédiaire s'applique aux prestations de collecte en mélange, définies comme tout autre mode de collecte n'entrant **pas** dans la notion de **collecte « séparée »** donnée au n° 41540 (BOI-TVA-LIQ-30-20-70 n°s 90 et 190). **42954**

> **> Précisions** On rappelle que les prestations de collecte en **dépôts sauvages** sont soumises au taux normal (n° 41536, précision b).

Prestations de traitement Certaines prestations de traitement des déchets, telles que définies au n° 41535, non soumises au taux réduit, peuvent bénéficier du taux intermédiaire. Il en va ainsi : **42956**

- de la **valorisation énergétique** (méthanisation, par exemple) (BOI-TVA-LIQ-30-20-70 n° 190 ; BOI-ANNX-000481) ;
- de l'**élimination,** définie au n° 41535, sous toutes ses formes (BOI-TVA-LIQ-30-20-70 nos 130 et 190) ;
- de la **stabilisation.** Il s'agit d'un procédé qui permet de biodégrader le « plus possible » la matière organique des déchets afin de réduire les émissions de gaz à effet de serre après enfouissement en décharge (BOI précité nos 140 et 190) ;
- de la **valorisation de produits issus de procédés de traitement** des déchets ménagers (digestats pouvant faire l'objet d'une valorisation matière après méthanisation, mâchefers/scories et imbrûlés issus de l'incinération, résidus d'épuration des fumées d'incinération, cendres volantes) (BOI-ANNX-000481).

Prestations concourant au bon déroulement de la collecte et du traitement Les prestations énumérées au n° 41543, à l'exception des prestations de contrôle et d'analyse des flux de collecte séparée qui sont toujours soumises au taux réduit, concourant au bon déroulement des prestations soumises au taux intermédiaire bénéficient également de ce taux (BOI-TVA-LIQ-30-20-70 n° 190). **42958**

Il en est de même des prestations de contrôle et d'analyse des réfioms, mâchefers et digestats dans le cadre de leur valorisation, ainsi que de la **location de véhicules** de collecte dont les caractéristiques ou les conditions contractuelles les destinent à la collecte en mélange et des prestations de **maintenance et** d'**entretien** afférentes à ces véhicules (BOI-ANNX-000481).

PERSONNES CONCERNÉES

Les personnes concernées par le bénéfice du taux intermédiaire sont identiques à celles pouvant bénéficier du taux réduit prévu à l'article 278-0 bis, M du CGI (voir n° 41544). **42960**

H. Services d'aide à la personne

Le taux intermédiaire s'applique aux prestations de services d'aide à la personne, autres que celles visées aux nos 41300 s. (qui bénéficient du taux réduit), fournies par les associations, entreprises ou **organismes déclarés** en application de l'article L 7232-1-1 du Code du travail et qui exercent leur **activité** de services à la personne **à titre exclusif ou** qui bénéficient d'une **dérogation** à la condition d'activité exclusive selon l'article L 7232-1-2 du même Code (concernant ces structures, voir les précisions figurant aux nos 41310 s.) (CGI art. 279, i). **43090**

Les activités de services à la personne doivent être effectuées au **domicile** des personnes physiques situé en France. Elles peuvent être également exercées dans l'environnement immédiat de celui-ci si elles contribuent au maintien à domicile des personnes en constituant une alternative à l'hospitalisation (BOI-TVA-LIQ-30-20-80 n° 70). **43095**

Les **activités bénéficiant du taux intermédiaire** sont limitativement énumérées à l'article 86, II de l'annexe III au CGI. **43100**

Sont visés : l'entretien de la maison et les travaux ménagers, les prestations « hommes toutes mains », la garde d'enfant à domicile, le soutien scolaire à domicile, la préparation de repas à domicile, l'assistance administrative à domicile, les soins d'esthétique à domicile pour les personnes dépendantes, les soins et promenades d'animaux de compagnie pour les personnes dépendantes.

Sont également concernées les **activités** suivantes à condition qu'elles soient **comprises dans une offre globale de services** dont la plus grande part doit être effectuée à domicile : livraison de repas à domicile, collecte et livraison à domicile de linge repassé, accompagnement des enfants dans leurs déplacements en dehors de leur domicile, livraison de courses à domicile.

> Précisions En ce qui concerne les **opérations complexes uniques** composées de plusieurs éléments relevant de taux différents, voir nos 1270 s.

43105 Les **associations** exerçant une activité d'aide à la personne, qu'elles soient ou non déclarées en application de l'article L 7232-1-1 du Code du travail, sont susceptibles d'être exonérées (voir nos 11180 s. et 12010).

I. Travaux portant sur des locaux d'habitation

43160 En vertu de l'article 279-0 bis du CGI, la TVA est perçue au taux intermédiaire sur les travaux d'amélioration, de transformation, d'aménagement et d'entretien, autres que les travaux d'amélioration de la qualité énergétique (lesquels bénéficient du taux réduit : voir nos 41500 s.) portant sur des locaux à usage d'habitation achevés depuis plus de deux ans.

1. LOCAUX CONCERNÉS

43180 Pour bénéficier du taux intermédiaire, les travaux doivent porter sur des locaux **à usage d'habitation** (maisons individuelles, logements situés dans des immeubles collectifs, établissements affectés à titre principal ou accessoire à l'hébergement de personnes physiques, logements de fonction) qui sont **achevés depuis plus de deux ans** à la date du début d'exécution des travaux (BOI-TVA-LIQ-30-20-90-10 n° 10).

La condition d'ancienneté est écartée dans le cas de travaux d'urgence, voir n° 43420.

43185 Dès lors que l'ensemble des pièces de la maison individuelle ou du logement situé dans l'immeuble collectif est à usage d'habitation, le taux intermédiaire s'applique à la totalité des travaux portant sur ces **locaux,** qu'ils soient effectivement **occupés ou** bien **vacants** et qu'il s'agisse d'**habitations principales ou secondaires** (BOI-TVA-LIQ-30-20-90-10 n° 30).

HABITATIONS ATYPIQUES

43200 Le taux intermédiaire s'applique également aux travaux portant sur certains locaux d'habitation atypiques, notamment les habitations légères et structures préfabriquées (**mobile-homes,** etc.) incorporées au sol et non aisément démontables et déplaçables. Il en est de même des locaux aménagés en vue de l'habitation dans les **péniches** amarrées en un point fixe, mais celles utilisées par les mariniers ne sont pas éligibles (BOI-TVA-LIQ-30-20-90-10 n° 60).

DÉPENDANCES USUELLES

43210 Les travaux portant sur les dépendances usuelles des locaux à usage d'habitation tels que, par exemple, les caves, greniers, loggias, terrasses, cours d'immeubles, ou garages même non attenants, peuvent bénéficier du taux intermédiaire. Toutefois ces travaux ne doivent pas être à la charge d'une personne exploitant les dépendances à titre professionnel.

Demeurent, en revanche, au taux normal les travaux portant sur les **bâtiments à usage agricole** (écuries, granges, serres et autres communs) ou sur les dépendances particulières des **bâtiments hors normes** tels que les châteaux (chapelle, pigeonnier). Cela étant, il convient le cas échéant de qualifier la dépendance selon son usage effectif. Ainsi, les travaux afférents à une ancienne grange, utilisée effectivement comme garage, peuvent bénéficier du taux intermédiaire (BOI-TVA-LIQ-30-20-90-10 nos 80 à 100).

ÉTABLISSEMENTS À CARACTÈRE SOCIAL OU MÉDICO-SOCIAL

43220 Il est admis que le taux intermédiaire s'applique aux travaux portant sur les établissements à caractère social ou médico-social, indépendamment du caractère taxable ou non de leur activité, lorsque la **durée moyenne de séjour** des personnes permet de considérer que l'activité d'hébergement constitue l'objet prépondérant de ces établissements. À titre de règle pratique, sont considérés comme entrant dans cette catégorie les établissements dont la durée moyenne de séjour est supérieure à un mois.

Sont notamment concernés : les résidences universitaires ou étudiantes, les logements-foyers de jeunes travailleurs, les maisons de retraite et assimilées, les établissements psychiatriques, les foyers d'hébergement d'enfants, adolescents ou adultes, handicapés ou confrontés à des problèmes sociaux, y compris les orphelinats.

Ces établissements sont éligibles au taux intermédiaire même lorsqu'ils comportent une **unité de soins** ou lorsqu'ils sont **rattachés à un hôpital** (dans cette hypothèse, le taux intermédiaire ne s'applique pas aux travaux afférents aux parties communes à ces structures et à d'autres structures) (BOI-TVA-LIQ-30-20-90-10 nos 110 à 130 ; BOI-ANNX-000200).

> Précisions Les établissements concernés doivent assurer un **accueil de jour et de nuit.** Les établissements qui se limitent à proposer un accueil diurne, tels que les **crèches,** ne sont pas considérés comme ayant pour objet principal l'hébergement (BOI-TVA-LIQ-30-20-90-10 n° 110).

LOGEMENTS DE FONCTION

Lorsque le logement de fonction est **situé dans un immeuble indépendant** du bâtiment administratif ou professionnel, le taux intermédiaire est applicable sur l'ensemble des travaux (y compris ceux portant sur la part des locaux affectée, le cas échéant, à des missions liées à l'activité administrative ou professionnelle) dès lors que la part des locaux affectés à l'habitation représente au moins 50 % de sa superficie totale. **43230**

Dans l'hypothèse où le logement de fonction **fait partie du bâtiment administratif ou professionnel,** le taux intermédiaire s'applique à l'ensemble des travaux portant sur l'immeuble (même si une partie des travaux porte sur les locaux affectés à l'activité administrative ou professionnelle) dès lors que la part des locaux affectés exclusivement à l'habitation est au moins égale à 50 % de sa superficie totale. Dans le cas inverse, le taux intermédiaire ne concerne que les pièces du local destinées à l'habitation (BOI-ANNX-000201).

LOCAUX AFFECTÉS PARTIELLEMENT À L'HABITATION

Sont visés les locaux affectés pour partie à un usage d'habitation et pour partie à un usage professionnel, commercial, industriel ou administratif. Le taux intermédiaire s'applique à l'ensemble des travaux portant sur des locaux **principalement affectés** (au moins à 50 % de la superficie totale hors dépendances) **à l'habitation.** **43240**

Pour les locaux affectés pour plus de 50 % **à un usage autre que l'habitation,** le taux intermédiaire s'applique aux travaux réalisés dans les pièces affectées exclusivement à l'habitation (BOI-TVA-LIQ-30-20-90-10 nos 200 et 210).

> Précisions a. Peuvent également bénéficier du taux intermédiaire les travaux afférents aux locaux affectés à l'hébergement (chambres, dortoirs, cellules et sanitaires) des **établissements dont l'activité d'hébergement n'est que l'accessoire** d'une autre activité : établissements scolaires avec internats ; établissements d'éducation spéciale pour l'enfance et la jeunesse handicapée ; couvents et monastères ; casernes militaires, de gendarmerie ou de pompiers, établissements pénitentiaires ou relevant de la protection judiciaire de la jeunesse (à l'exclusion des centres d'action éducative réservés à l'accueil de jour). Les travaux réalisés dans les pièces affectées à titre principal à l'usage des personnes hébergées (cuisines, cantines, réfectoires, etc., à l'exclusion des équipements sportifs) bénéficient également du taux intermédiaire. Les travaux afférents aux locaux qui ne sont pas affectés à l'hébergement (locaux administratifs, salles de classe, etc.) restent soumis au taux normal (BOI précité nos 220 à 240 ; BOI-ANNX-000200).

b. Les travaux réalisés dans un **château classé monument historique** ouvert à la visite ou affecté partiellement à un usage autre que l'habitation (activité professionnelle ou commerciale, activité d'hébergement taxable, etc.) bénéficient du taux intermédiaire :

– dans leur totalité (y compris donc ceux portant sur les pièces affectées à la visite, à une autre activité ou sur des éléments communs) lorsque le monument est considéré dans sa totalité comme étant à usage d'habitation ou lorsque le bâtiment est considéré comme étant à usage mixte et que la part des locaux affectés à l'habitation représente plus de 50 % de la superficie totale (les pièces affectées dans la journée à la visite mais utilisées à usage privatif en dehors des heures de visite peuvent être rattachées à la part logement) ;

– à concurrence de ceux réalisés dans les pièces affectées exclusivement à l'habitation lorsque le monument est considéré comme étant à usage mixte et que la part des locaux affectés à l'habitation représente moins de 50 % de la superficie totale.

Un monument est considéré dans sa totalité comme étant à usage d'habitation lorsque les intéressés n'ont pas renoncé à l'exonération des recettes tirées des visites (n° 89635) et que le surplus du bâtiment n'est affecté à aucun autre usage que l'habitation. Dans le cas contraire, le monument est considéré comme étant à usage mixte (BOI-TVA-LIQ-30-20-90-10 n° 210).

LOCAUX EXCLUSIVEMENT AFFECTÉS À UN USAGE AUTRE QUE L'HABITATION

43250 Les travaux portant sur des locaux exclusivement affectés à une activité professionnelle, commerciale, industrielle, agricole ou administrative sont soumis au taux normal.

En ce qui concerne les **établissements d'hébergement,** sont considérés comme étant exploités à titre commercial les établissements (hôtels par exemple) dont l'exploitation ou la location n'est pas exonérée de TVA en application notamment des articles 261 D, 4° (locations meublées : nos 91650 s.) ou 261, 7-1° (organismes sans but lucratif : nos 11050 s.) du CGI. Le taux normal s'applique aux travaux portant sur ces établissements même si l'exploitant bénéficie de la franchise en base de TVA. Les établissements d'hébergement qui bénéficient d'une exonération de TVA sont, en revanche, éligibles au taux intermédiaire (BOI-TVA-LIQ-30-20-90-10 nos 110 et 280).

> **Précisions** Les travaux portant sur les **hôpitaux, cliniques et établissements de soins** autres que ceux visés au no 43220 sont exclus du taux intermédiaire, à l'exception de ceux portant sur les bâtiments séparés hébergeant les familles d'enfants hospitalisés (BOI précité no 280).

PARTIES COMMUNES DES IMMEUBLES COLLECTIFS

43260 Les travaux réalisés dans les parties communes des immeubles collectifs qui comprennent **au moins 50 % de locaux à usage d'habitation** relèvent en totalité du taux intermédiaire.

Pour les immeubles collectifs comprenant **moins de 50 % de locaux à usage d'habitation,** le taux intermédiaire s'applique à proportion des locaux affectés à l'habitation.

La proportion de 50 % est appréciée par rapport aux tantièmes généraux ou spéciaux de copropriété ou, si l'immeuble appartient à une seule personne, par rapport à l'état de répartition des charges récupérables.

La répartition entre les logements et les autres locaux est effectuée une fois par an au moment de l'assemblée générale des copropriétaires, à partir des éléments communiqués par ces derniers.

Les **dépendances** d'un local suivent le régime du local auquel elles se rattachent.

Les règles ci-dessus s'appliquent aux travaux portant sur les **équipements communs des lotissements** (voiries, réseaux) (BOI-TVA-LIQ-30-20-90-10 nos 300 à 450).

Elles sont également applicables aux travaux réalisés par une association syndicale libre regroupant différentes copropriétés (Rép. Dubernard : AN 3-4-2000 no 38115, non reprise au Bofip mais dont la solution nous semble conserver sa valeur).

43265 **Répartition des charges** La répartition des charges entre copropriétaires se fait sur une base hors taxe, la TVA étant un élément exogène. Il en résulte que le **taux intermédiaire** de TVA doit être intégralement **réparti entre les seuls locaux à usage** total ou principal **d'habitation.**

Le calcul de la TVA applicable à la facture et la répartition de la charge fiscale constituent deux étapes distinctes.

EXEMPLE

Des travaux sont effectués pour un montant de 10 000 € HT sur les parties communes d'un immeuble collectif réparties en fonction de tantièmes généraux. Sont concernés les lots suivants :
– 6 lots commerciaux pour une quote-part de 600 millièmes ;
– 2 lots affectés entièrement à l'habitation pour une quote-part de 200 millièmes ;
– 2 lots affectés pour plus de 50 % à l'habitation (moins de 50 % de la surface étant affectée à l'activité libérale de son occupant), soit une quote-part de 200 millièmes considérés comme affectés totalement à l'habitation.
La quote-part des lots affectés à un usage total ou principal d'habitation étant inférieure à 50 %, l'attestation remise par le syndic ou l'administrateur de biens au prestataire indique que 40 % de l'immeuble est à usage d'habitation (200 + 200 = 400 millièmes).
La facture doit être établie comme suit :
– Montant HT des travaux : 10 000 €
– TVA à 10 % = 10 000 × 40 % × 10 % : 400 €
– TVA à 20 % = 10 000 × 60 % × 20 % : 1 200 €
– Montant TTC : 11 600 €
Lors de la répartition des charges, chaque copropriétaire de lots à usage autre que l'habitation se voit réclamer un montant de 1 200 € (1 000 € + 200 €). Pour les copropriétaires des lots à usage d'habitation le montant est de 1 100 € (1 000 € + 100 €). Le syndic ou l'administrateur de biens n'a pas le droit de répercuter sur les copropriétaires un montant de TVA qui ne prendrait pas en compte l'usage effectif du lot en cause (habitation : 10 % ; autre qu'habitation : 20 %). En l'espèce, la TVA répercutée est nécessairement, selon la situation du copropriétaire, de 100 € ou de 200 €.

Si les charges sont réparties en fonction de tantièmes spéciaux, la proportion de ces charges soumises au taux intermédiaire doit être déterminée en fonction de cette répartition spéciale (BOI-TVA-LIQ-30-20-90-10 n° 440).

LOGEMENTS SOCIAUX

Lorsqu'ils ne remplissent pas les conditions d'application du taux intermédiaire prévu par l'article 279-0 bis du CGI, les travaux portant sur les logements sociaux à usage locatif sont néanmoins susceptibles de bénéficier du taux intermédiaire dans le cadre d'un dispositif de **livraison à soi-même** (nos 69000 s.). **43280**

TRANSFORMATION D'UN LOCAL EN LOGEMENT

Peuvent également bénéficier du taux intermédiaire les travaux de transformation en logement d'un local affecté préalablement à un autre usage, dès lors que l'immeuble est achevé depuis plus de deux ans et que la transformation ne concourt pas à la production d'un immeuble neuf (exemples : transformation d'un cabinet d'architecte en appartement ou d'un garage en pièce d'habitation) (BOI-TVA-LIQ-30-20-90-10 nos 460 et 470). **43290**

2. TRAVAUX CONCERNÉS

Le taux intermédiaire s'applique aux travaux d'**amélioration,** de **transformation,** d'**aménagement** et d'**entretien,** autres que les travaux d'amélioration de la performance énergétique (lesquels bénéficient du taux réduit : voir nos 41500 s.). **43320**

Sont concernées non seulement les prestations de **main-d'œuvre** directement liées à l'exécution de ces travaux, ainsi que les **matières premières et fournitures** (pièces de faible valeur) nécessaires à la réalisation des travaux lorsqu'elles sont fournies et facturées par le prestataire, mais également la **fourniture de certains équipements** sous certaines conditions (voir n° 43330) (BOI-TVA-LIQ-30-20-90-20 nos 1 et 10).

> **Précisions a.** Relèvent du taux normal les **prestations de main-d'œuvre** qui ne sont **pas directement liées à l'exécution de travaux** de nature immobilière (notamment les opérations de réparation, d'installation ou de mise en service d'appareils ménagers ou électroménagers ou de meubles meublants divers) (BOI précité n° 20).
> **b.** Les **frais de déplacement** compris dans une prestation de travaux éligible au taux intermédiaire bénéficient de ce taux, même s'ils font l'objet d'une ligne distincte sur la facture. En revanche, ces frais sont soumis au taux normal lorsqu'ils sont facturés isolément en l'absence de réalisation de travaux (BOI précité n° 30).
> **c.** Lorsque les **grandes surfaces de bricolage** assurent, directement ou par l'intermédiaire d'un sous-traitant, la **pose ou** la **mise en œuvre des matériaux** qu'elles fournissent, le taux intermédiaire s'applique à la totalité des travaux éligibles facturés aux clients (Rép. Idrac : AN 11-12-2000 n° 47845, non reprise au Bofip mais dont la solution nous semble conserver sa valeur).

ÉQUIPEMENTS

Bénéficient du taux intermédiaire les équipements suivants lorsqu'ils sont **fournis et facturés par le prestataire** dans le cadre de sa prestation de travaux (BOI-TVA-LIQ-30-20-90-20 nos 50 à 420 ; BOI-ANNX-000203 à BOI-ANNX-000207) : **43330**

- équipements fixes de **chauffage,** ou de **production d'énergie** utilisant une source d'énergie **renouvelable** (microcentrales photovoltaïques, éoliennes, capteurs solaires, etc.). Sont notamment concernés les chaudières et les pompes à chaleur autres que les pompes de type air/air installées dans les maisons individuelles ou appartements, les chauffe-eau, radiateurs, cheminées, poêles (à caractère fixe), etc. ;
- équipements de **cuisine,** de **salle de bains** et de **rangement** qui s'encastrent ou s'incorporent au bâti et qui ne restent pas à l'état d'éléments dont le désassemblage serait possible sans détériorer le bâti ou le meuble. Le bénéfice du taux intermédiaire, pour ces équipements et leur pose, est, en outre, subordonné à la condition que le prestataire réalise l'intégralité des travaux de pose ;
- équipements **sanitaires** (baignoires, y compris à remous, bacs à douche, lavabos, etc.) ;
- systèmes d'**ouverture** et de **fermeture des logements** (portes, fenêtres, volets, stores incorporés au bâti et adaptés à la configuration des locaux, etc.) ;
- équipements de **sécurité** (alarmes, digicodes, caméras de surveillance, portes coupe-feu, paratonnerres, batardeaux, etc.) ;
- équipements **électriques** et d'**éclairage** (tableaux électriques, prises, spots intégrés, etc.) ;
- équipements **divers** (escaliers, antennes de télévision fixées à l'immeuble et système de câblage, etc.).

En revanche, tous ces biens restent soumis au taux normal lorsqu'ils sont **achetés directement par le client.**

Relèvent également du taux normal, même s'ils sont fournis et facturés par le prestataire, les **équipements ménagers** (réfrigérateur, congélateur, lave-vaisselle, lave-linge, hotte aspirante, cuisinière, four, etc.), y compris lorsqu'ils sont intégrés ou encastrés dans les meubles, ainsi que les **gros équipements** fournis dans le cadre de travaux d'installation ou de remplacement du système de chauffage, des ascenseurs, de l'installation sanitaire ou du système de climatisation.

Il est rappelé que certains équipements sont susceptibles de bénéficier du taux réduit dans le cadre des travaux d'amélioration de la qualité énergétique des locaux d'habitation (n° 41510).

> Précisions a. Sont considérés comme des gros équipements les **équipements collectifs de chauffage** situés dans un immeuble comportant plusieurs locaux (chaudière utilisée comme mode de chauffage ou de production d'eau chaude, cuve à fioul, citerne à gaz et pompe à chaleur), les ascenseurs (les ascenseurs conçus pour les handicapés bénéficient toutefois du taux réduit : nos 41240 s.), les **cabines hammam ou sauna prêtes à poser,** tous les **systèmes de climatisation** et les **pompes à chaleur de type air/air** (CGI ann. IV art. 30-00 A).

b. Le taux intermédiaire peut s'appliquer à la fourniture et à l'installation de **cuisinières à bois** utilisées comme mode de chauffage central et de production d'eau chaude et raccordées à l'installation principale dès lors qu'elles sont facturées dans le cadre d'une prestation de travaux (BOI-TVA-LIQ-30-20-90-20 n° 320).

c. Les opérations portant sur des **éléments mobiliers,** telles que la fourniture et la pose de tringles à rideaux et de voilages, rideaux ou doubles rideaux, ou bien la réfection de tissu des sièges et canapés, relèvent du taux normal (BOI précité n° 370).

TRAVAUX EXTÉRIEURS

43340 D'une manière générale, les travaux d'aménagement et d'entretien des **espaces verts** ne bénéficient pas du taux intermédiaire. Il en est de même pour les travaux afférents aux **constructions de jardins** (serre, abri de jardin, etc.) et de pose d'éléments de décoration (treillage, pergola, fontaine, bassin, jardinières, travaux d'éclairage des masses végétales, etc.), même si ces éléments de décoration sont maçonnés.

Relèvent toutefois du taux intermédiaire les travaux afférents au tracé, au revêtement et à l'aménagement des **voies d'accès principales à la maison** d'habitation, de même que les **travaux de clôture** (construction et réparation) d'un terrain entourant une maison d'habitation, ainsi que la pose d'un portail. Les travaux portant sur les **équipements sportifs et de détente** (piscine, spa, court de tennis, etc.) restent soumis au taux normal (BOI-TVA-LIQ-30-20-90-30 nos 20 à 50 ; BOI-ANNX-000485).

> Précisions Certains **juges du fond** ont considéré que l'installation d'une **pergola** non close, adossée à la façade et scellée au sol par deux poteaux, qui n'implique aucun travail de gros œuvre et qui a pour objet de protéger une terrasse préexistante constitue des travaux d'amélioration bénéficiant du **taux intermédiaire** (notamment, TA Nantes 16-7-2021 n° 1812342 : RJF 1/22 n° 18).

43345 Les **travaux d'abattage, de tronçonnage, d'élagage et d'enlèvement des arbres** qui constituent le préalable nécessaire à des travaux d'entretien (même lorsque ces derniers sont réalisés par un prestataire distinct ou par le client lui-même) portant sur des locaux d'habitation achevés depuis plus de deux ans (locaux d'habitation proprement dits, dépendances usuelles, voies d'accès principales à l'habitation, murs de clôture et portails) ou qui constituent des travaux d'urgence bénéficient du taux intermédiaire (BOI-TVA-LIQ-30-20-90-30 n° 40).

43350 Les travaux de rénovation ou d'entretien portant sur les **balcons, loggias, terrasses, vérandas, cours d'immeubles** et emplacements de **parking non couverts,** achevés depuis plus de deux ans, bénéficient du taux intermédiaire. Il en va de même des travaux de fermeture d'un balcon, d'une loggia ou d'une terrasse s'ils ne conduisent pas à une augmentation de plus de 10 % de la surface de plancher de la construction (n° 43390).

En revanche, les travaux de construction et/ou d'extension de balcon, loggia, terrasse ou véranda ne bénéficient pas du taux intermédiaire, sauf lorsque la surface créée n'excède pas 9 m² (BOI-TVA-LIQ-30-20-90-30 nos 10 et 380 ; BOI-ANNX-000485).

TRAVAUX SUR RÉSEAUX

43360 La part privative des travaux de raccordement aux **réseaux publics** (électricité, gaz, assainissement, adduction d'eau, etc.) bénéficie du taux intermédiaire. Il en va de même des travaux d'**assainissement non collectif** (installation, mise aux normes et entretien des systèmes d'assainissement individuel), des travaux d'installation de **captage d'eau** (forage d'un puits, raccordement à l'habitation, etc.) même si l'immeuble d'habitation desservi est par ailleurs raccordé au réseau d'eau public, des travaux d'**évacuation et récupération des eaux pluviales** (pose de gouttières, cuve de stockage enterrée, etc.) et des travaux de terrassement, de **drainage** et de **creusement des tranchées** (terrassement pour citerne à gaz, creusement et terrassement pour la pose d'une fosse septique, etc.).

En revanche les travaux afférents aux **installations d'arrosage,** même intégrées, relèvent du taux normal (BOI-TVA-LIQ-30-20-90-30 nos 70 à 180 ; BOI-ANNX-000486).

PRESTATIONS D'ÉTUDES

Bénéficient du taux intermédiaire les prestations d'études réalisées par un **prestataire** (architecte notamment) qui **assure également la maîtrise d'œuvre** ou la réalisation des travaux éligibles (BOI-TVA-LIQ-30-20-90-30 n° 210). 43370

> Précisions a. Les règles prévues pour les prestations d'études s'appliquent aux **prestations de recherche de fuites de liquides et de gaz** (Rép. Reynès : AN 3-5-2016 n° 92943).
b. S'agissant des prestations rendues par les **décorateurs d'intérieur,** le taux intermédiaire s'applique aux travaux de revêtement des surfaces tels que la pose de papiers peints ou de tissus muraux. Il en est de même de la fourniture et de la pose d'équipements incorporés au bâti et adaptés à la configuration des locaux de manière à ne pouvoir être récupérés pour être réinstallés ailleurs en l'état (Lettre DLF du 6-10-2008).

PRODUCTION D'UN IMMEUBLE NEUF

Relèvent du taux normal, en application de l'article 279-0 bis, 2-a du CGI, les travaux, réalisés sur une **période de deux ans** au plus, qui concourent à la production d'un immeuble neuf au sens de l'article 257, I-2-2° du même Code. Il s'agit des travaux portant sur des immeubles existants qui consistent en une surélévation, ou qui rendent à l'état neuf : 43380

– soit la majorité des fondations ;

– soit la majorité des éléments hors fondations déterminant la résistance et la rigidité de l'ouvrage ;

– soit la majorité de la consistance des façades hors ravalement ;

– soit l'ensemble des éléments de second œuvre mentionnés à l'article 245 A de l'annexe II au CGI dans une proportion au moins égale aux deux tiers pour chacun d'entre eux.

La période maximale de deux ans est déterminée en fonction des dates de facturation des travaux.

Pour plus de détails, voir n° 67920.

EXEMPLE

Un immeuble sera considéré comme rendu à l'état neuf, dès lors qu'au final la majorité des éléments hors fondations déterminant la résistance et la rigidité de l'ouvrage est rendue à l'état neuf par les travaux :
– en avril N – 2, des travaux sont facturés sur les éléments hors fondations déterminant la résistance ou la rigidité de l'ouvrage : ces éléments sont rendus à l'état neuf à hauteur de 30 % ;
– en septembre N – 1, de nouveaux travaux portant sur les éléments hors fondations déterminant la résistance ou la rigidité de l'ouvrage sont facturés et rendent à l'état neuf 25 % de ces éléments (BOI-TVA-LIQ-30-20-90-30 n° 400).

AUGMENTATION DE LA SURFACE DE PLANCHER

Relèvent du taux normal les travaux, réalisés sur une période de deux ans au plus (sur cette notion, voir n° 43380), à l'issue desquels la surface de plancher des locaux existants est augmentée **de plus de 10 %** (CGI art. 279-0 bis, 2-b). Ainsi, par exemple, les travaux d'installation d'une **mezzanine** de 12 m² dans une maison de 150 m² bénéficient du taux intermédiaire dès lors que l'augmentation de surface est de 8 %, mais ils sont soumis au taux normal pour une mezzanine de 16 m². 43390

Il est toutefois admis que soient soumis au taux intermédiaire les travaux conduisant à une augmentation de la surface de plancher n'excédant pas 9 m² (cas notamment des travaux d'installation d'une chaudière ou d'un ascenseur rendant nécessaire la création d'une addition de construction) (BOI-TVA-LIQ-30-20-90-30 nos 360 à 390).

> Précisions Bénéficient du taux intermédiaire les travaux d'**aménagement** portant sur des **combles et greniers** aménageables qui n'augmentent pas la surface de plancher de la construction dès lors que les surfaces initialement non aménagées sont déjà incluses dans la surface de plancher de la construction avant les travaux. Sont réputés aménageables les volumes existants déjà isolés par le plafond du niveau inférieur ou par un cloisonnement, quand bien même les surfaces en cause ne relevaient pas jusqu'alors de la surface de plancher de la construction. Les travaux d'aménagement réalisés à ce titre ne sont donc pas à prendre en considération pour déterminer si la surface de plancher de la construction a été augmentée de plus de 10 % (BOI précité n° 390).

TRAVAUX DE DÉMOLITION

43400 Ils relèvent du taux normal lorsqu'ils ne s'inscrivent pas dans le cadre de travaux éligibles au taux intermédiaire (travaux de **démolition totale** suivie ou non d'une reconstruction) (BOI-TVA-LIQ-30-20-90-30 n° 350).

TRAVAUX DE NETTOYAGE

43410 Sont soumis au taux normal les travaux de nettoyage dont l'objet est le simple **maintien ou** la **remise en état de propreté** d'un immeuble ou d'un équipement. Lorsqu'ils sont **préalables ou consécutifs à des travaux** éligibles au taux intermédiaire, ils bénéficient du taux intermédiaire à condition que l'ensemble de l'opération soit facturé par un même prestataire.

Relèvent également du taux intermédiaire les travaux de nettoyage nécessitant le **recours à des équipements et à des techniques** qui dépassent le stade de la simple opération de nettoyage courant et ont pour objet de contribuer au maintien et au bon fonctionnement d'un équipement (nettoyage des cuves à fioul, etc.).

Les travaux d'**entretien,** de **désinfection** et de **dépannage,** réalisés sur demande ponctuelle ou dans le cadre de contrats de maintenance ou d'entretien, sont soumis au taux intermédiaire dans la mesure où ils portent sur des locaux ou des équipements, même pris en location, éligibles à ce taux (BOI-TVA-LIQ-30-20-90-30 n°s 220 à 250).

> **> Précisions** Pour les contrats d'entretien d'installations de **chauffage collectif** comportant une clause de « garantie totale », à titre de règle pratique, il est admis que la part de la redevance correspondant à l'éventuel remplacement d'appareils de chauffage relevant du taux normal soit fixée forfaitairement à 20 % du montant total hors taxe du contrat (BOI précité n° 260). En ce qui concerne les **opérations complexes uniques** composées de plusieurs éléments relevant de taux différents, voir n°s 1270 s.

TRAVAUX D'URGENCE

43420 Peuvent bénéficier du taux intermédiaire les travaux d'urgence réalisés dans des **locaux** à usage d'habitation **achevés depuis moins de deux ans,** c'est-à-dire les travaux nécessaires pour maintenir ou rendre au logement une habitabilité normale. Sont notamment concernés les travaux de plomberie en cas de fuite, les travaux de serrurerie en cas d'effraction ou de perte de clés, la réfection d'une toiture ou d'une façade suite à un sinistre naturel, l'assèchement de locaux suite à des dégâts des eaux, etc.

Les **travaux d'entretien** qui doivent être **effectués à des intervalles** plus ou moins **réguliers** (ramonage, etc.) ne sont pas considérés comme des travaux d'urgence, sauf s'ils doivent intervenir suite à un événement imprévisible.

Les travaux d'installation d'un **équipement de surveillance** de logements ne peuvent jamais être considérés comme présentant un caractère d'urgence (BOI-TVA-LIQ-30-20-90-30 n°s 300 à 340 ; BOI-ANNX-000488).

3. MODALITÉS D'APPLICATION DU TAUX INTERMÉDIAIRE

QUALITÉ DU CLIENT

43450 Seuls les travaux **facturés directement au client** peuvent être soumis au taux intermédiaire. Ce taux s'applique quelle que soit la qualité du preneur (propriétaire, locataire, syndicat de copropriétaires, marchand de biens, compagnie d'assurance, agence immobilière, etc.).

En cas de **sous-traitance,** les travaux facturés par le sous-traitant à l'entrepreneur principal relèvent du taux normal. En cas de paiement effectué directement par le maître d'ouvrage (client) au sous-traitant, les sommes ainsi versées incluent une TVA au taux normal, mais elles ne peuvent excéder le montant du marché principal passé entre le client et l'entrepreneur principal ; ce dernier doit adresser au client une facture définitive soumise au taux intermédiaire (BOI-TVA-LIQ-30-20-90-40 n°s 10 à 50).

Le taux intermédiaire s'applique également aux travaux réalisés par l'intermédiaire d'une société d'économie mixte intervenant comme tiers-financeur (CGI art. 279-0 bis, 3). Selon l'administration, le taux intermédiaire ne concerne que les seuls travaux facturés au tiers-financeur, et non les loyers perçus par ce dernier.

DÉLIVRANCE D'UNE ATTESTATION

Pour bénéficier du taux intermédiaire, le **client** doit **remettre au prestataire** une attestation remplie, datée et signée par lui. Cette attestation doit **mentionner** que l'immeuble est achevé depuis plus de deux ans, qu'il est affecté à un usage d'habitation et que les travaux ne concourent pas à la production d'un immeuble neuf ou n'aboutissent pas à la création de surfaces significatives au sens des nos 43380 et 43390 (CGI art. 279-0 bis, 3). Les preneurs des travaux doivent utiliser les modèles d'attestation fixés par l'administration (les modèles d'attestation n° 1300-SD pour les travaux affectant les composantes du gros œuvre et/ou les éléments de second œuvre et les modèles simplifiés n° 1301-SD pour les autres travaux notamment de réparation et entretien, assortis de notices, sont disponibles sur le site internet www.impots.gouv.fr). **43460**

À titre de simplification, pour les **travaux de réparation et d'entretien** dont le **montant** est **inférieur à 300 € TTC,** l'attestation simplifiée n° 1301-SD peut être remplacée par les mentions suivantes sur la facture : nom et adresse du client et de l'immeuble objet des travaux, nature des travaux et mention selon laquelle l'immeuble est achevé depuis plus de deux ans (BOI-TVA-LIQ-30-20-90-40 n° 90).

> **Précisions a.** Lorsqu'une entreprise effectue des **interventions multiples** de maintenance, d'entretien ou de réparation, **pour** le compte d'**un même opérateur gérant un parc important** de logements (qu'il soit bailleur ou gestionnaire), ce dernier peut remettre à l'entreprise une attestation qui vaut pour l'année. À cette attestation doit alors être annexé un document comportant notamment la liste des immeubles concernés (BOI précité n° 100).
>
> **b.** Lorsque les **travaux d'urgence** (n° 43420) sont réalisés en l'absence de l'occupant du local et que la facturation ne peut être différée, il est admis que le taux intermédiaire s'applique à condition que le prestataire mentionne sur sa facture que sa prestation a été effectuée dans une urgence telle que la délivrance de l'attestation avant les travaux ou leur facturation était impossible et que, au vu des éléments dont il dispose, son intervention a eu lieu dans un local d'habitation (BOI précité nos 140 à 180).

L'attestation doit être remise avant le commencement des travaux ou **au plus tard** à la date de **facturation ou de l'achèvement des travaux.** **43465**

Selon le Conseil d'État, lorsque l'entreprise a reçu un **acompte,** elle ne peut appliquer le taux intermédiaire que si, au moment de son encaissement, elle est en possession de l'attestation (CE 3-2-2011 n° 331512 : RJF 4/11 n° 431). L'administration admet cependant que le taux intermédiaire s'applique dès le premier acompte, sous réserve que les travaux et les locaux soient éligibles à ce taux et que l'attestation soit fournie lors de la facturation finale ou de l'achèvement des travaux (BOI-TVA-LIQ-30-20-90-40 n° 70).

Sur la possibilité de rectifier ultérieurement la facture, voir n° 43475, précision b.

Le **client** doit **conserver copie** de cette attestation, ainsi que les factures ou notes émises par le prestataire, jusqu'au 31 décembre de la cinquième année suivant la réalisation des travaux (CGI art. 279-0 bis, 3). **43470**

EXEMPLE

Pour des travaux facturés en 2023, le preneur doit donc conserver ces pièces jusqu'au 31 décembre 2028.

Le **prestataire** doit **conserver** cette **attestation** à l'appui de sa comptabilité (CGI art. 279-0 bis, 3). Il doit également **faire apparaître** distinctement dans sa **comptabilité** et sur les **factures** la part des travaux relevant du taux intermédiaire et, le cas échéant, celle relevant du taux normal (BOI-TVA-LIQ-30-20-90-40 n° 120).

À **défaut d'attestation ou** lorsque les **informations** que l'attestation ou la facture (mesure de simplification : n° 43460) doit comporter sont **manquantes ou incomplètes,** le taux normal s'applique à l'ensemble des travaux réalisés. Il en est de même lorsque l'attestation n'a pas été conservée par le prestataire. **43475**

En application de l'article 279-0 bis, 3 du CGI, si les mentions portées sur l'attestation s'avèrent inexactes du fait du client et ont pour conséquence l'application erronée du taux intermédiaire, celui-ci est **solidairement tenu au paiement** du complément de taxe résultant de la différence entre le montant de la taxe due (TVA au taux normal) et le montant effectivement payé (TVA au taux intermédiaire) notifié au prestataire redevable légal de l'impôt. Le prestataire reste seul débiteur des compléments de taxes notamment lorsque celui-ci a soumis au taux intermédiaire des équipements exclus du bénéfice de ce taux (n° 43330) ou n'est pas en mesure de communiquer au service des impôts, à la demande de celui-ci, l'attestation établie par le client (BOI-TVA-LIQ-30-20-90-40 nos 190 à 230).

43475 (suite)

> Précisions **a.** Pour les **travaux sur parties communes,** lorsque des informations erronées sur l'affectation des différents lots de l'immeuble ont été communiquées au prestataire, le syndic (ou l'administrateur de biens) peut être recherché en paiement du complément de taxe si c'est lui-même qui a déterminé sous sa propre responsabilité la proportion de l'immeuble affectée à usage d'habitation ou s'il n'a pas fidèlement reporté les informations communiquées par les copropriétaires (BOI précité n°s 240 à 260).
b. En cas de facturation de travaux à tort au taux normal, le prestataire peut envoyer au client une **facture rectificative** laissant apparaître le taux intermédiaire, à condition que l'attestation lui soit délivrée au plus tard à la date de la nouvelle facture (en ce sens Cass. com. 3-4-2012 n° 11-14.631 : RJF 7/12 n° 699). La doctrine administrative est dans le même sens (BOI précité n° 230).

CHAPITRE 4

OBLIGATIONS DES ASSUJETTIS ET PAIEMENT DE LA TVA

SOMMAIRE

44000 Les personnes assujetties à la TVA sont tenues de respecter un certain nombre d'obligations et formalités que nous examinons ci-après.

Ces obligations et formalités présentent :

- les unes, un **caractère général** car elles intéressent l'ensemble des assujettis ;
- les autres, un **caractère particulier** dans la mesure où elles concernent seulement certaines catégories d'assujettis ou d'opérations.

Le **tableau récapitulatif** figurant ci-après présente la liste de ces obligations ou formalités avec, pour chacune, la référence aux commentaires correspondants.

Obligations des assujettis à la TVA	Commentaires (nos)
I. Obligations de caractère général	
Déclarations administratives de création d'entreprise ou d'activité et de cessation ; identifiant communautaire	44200 s.
Obligations d'ordre comptable (tenue de la comptabilité ; ventilation des recettes par taux d'imposition)	44650 s.
Obligations relatives à l'établissement des factures	45400 s.
Déclarations des opérations réalisées et paiement de l'impôt	47500 s.
II. Obligations ou formalités particulières (personnes ou opérations concernées)	
Redevables relevant du régime simplifié	47750 s.
Redevables relevant du régime simplifié agricole	72100 s.
Bénéficiaires de la franchise en base	49065
Redevables de la TVA sur les opérations immobilières	67500 s.
Redevables utilisant des logiciels ou systèmes de caisse	44840 s.
Exploitants de salles de spectacles	89240 s.
Entreprises étrangères établies dans un pays tiers n'ayant pas conclu de convention d'assistance au recouvrement des créances fiscales	31000 s.
Organismes sans but lucratif	12175
Façonniers	36810 s.
Personnes versant des droits d'auteur	87350 s.
Exploitants d'entrepôts ou de plateformes logistiques	22350
Plateformes en ligne facilitant les opérations avec des non assujettis (registre)	23730 s.
Opérations sur biens placés ou destinés à être placés sous entrepôt fiscal ou régime douanier	32420 s. et 33100 s.
Échanges de biens dans l'Union européenne (registre et état récapitulatif)	20630, 21420, 21425, 21427 et 21500 s.
Prestations de services à destination d'assujettis communautaires (déclaration)	24680 s.
Régimes de « guichet unique »	33500 s.
Exportations	22475 s.
Livraisons en franchise aux exportateurs et au titre des livraisons UE	30300 s.
Acquisitions intracommunautaires	19760
Personnes ne remplissant plus les conditions pour bénéficier du régime des PBRD	20230

Obligations des assujettis à la TVA	Commentaires (nos)
Importations	22130 s.
Travaux et expertises sur biens meubles corporels en provenance d'un autre État membre de l'Union européenne (registre)	24710
Acquisitions de moyens de transport en provenance d'un autre État membre de l'UE (certificat fiscal et relevé des acquisitions)	20965 s. et 20990
Déclaration d'option pour la TVA	2055
Déclaration d'option pour le paiement de la TVA d'après les débits	38800 s.
Déclaration d'option pour le paiement de la TVA sur les livraisons (travaux immobiliers)	38890 s.
Déclaration d'option pour la centralisation du paiement de la TVA	48675 s.
Déclaration d'option pour la constitution d'un assujetti unique (ou groupe TVA)	1700
Régime suspensif de TVA des produits pétroliers	82010 s.
Récupération de la taxe sur opérations résiliées, annulées ou impayées	59100 s.
Remboursements de crédits de taxe	58430 s.
Remboursement aux entreprises françaises de la TVA supportée dans un autre État membre de l'UE	64100 s.
Remboursement de la TVA française aux entreprises étrangères non établies en France	31350 s.
Création de secteurs distincts d'activités	54770
Travaux portant sur des locaux d'habitation bénéficiant du taux réduit ou du taux intermédiaire	41530 et 43460 s.
Opérations portant sur l'or d'investissement	91080 s.

Remarque : Les **forains** sont soumis à des obligations particulières qui ne sont pas spécifiques à la TVA. Pour un exposé de ces obligations, non traitées dans le présent ouvrage, on se reportera à la Documentation pratique fiscale : CF-IX-92000 s.

SECTION 1

DÉCLARATIONS ADMINISTRATIVES ET NUMÉRO D'IDENTIFICATION

Les assujettis à la TVA sont tenus de souscrire diverses déclarations lors de la création ou de la cessation de leur entreprise (nos 44300 s.). **44200**

Ils doivent en outre, en principe, être titulaires d'un numéro individuel d'identification à la TVA délivré par le service des impôts (nos 44400 s.).

I. DÉCLARATIONS ADMINISTRATIVES

L'article 286, I-1° et 2° du CGI impose aux assujettis à la TVA la souscription de déclarations administratives lors du commencement de leur activité et lors de la cessation. Ces formalités sont effectuées, à compter du 1er janvier 2023, auprès du guichet unique électronique visé à l'article R 123-2 du Code de commerce, géré par l'Institut national de la propriété industrielle (Inpi) et accessible sur le site formalites.entreprises.gouv.fr. **44300**

> **> Précisions** Jusqu'au 31 décembre 2022, les formalités liées à la création, à la cessation d'activité ou à la modification d'activité des entreprises peuvent être effectuées sur le site formalites.entreprises.gouv.fr, sur le site guichet-entreprises.fr ou auprès d'un centre de formalités des entreprises (CFE – le CFE compétent dépendant de la nature de l'activité, du statut juridique et du lieu retenu pour l'exercice de l'activité).

PERSONNES TENUES DE SOUSCRIRE LES DÉCLARATIONS ADMINISTRATIVES

44310 L'obligation de souscrire une déclaration de création d'entreprise ou d'activité ou de cessation d'activité concerne tous les **assujettis** à la TVA.

Les assujettis bénéficiant du régime dérogatoire (**PBRD**) au régime général de taxation des acquisitions intracommunautaires (n° 20090) sont ainsi concernés par ces déclarations (sur les formalités particulières lorsqu'elles cessent de bénéficier du régime dérogatoire, voir n° 20230). La même obligation s'applique, le cas échéant, aux **entreprises étrangères non établies** en France qui y réalisent des opérations (nos 30800 s.).

Le **défaut de production,** ou la production **tardive** des déclarations, est sanctionné par une amende fiscale de 150 € (CGI art. 1729 B).

> Précisions **a.** Les assujettis qui bénéficient de la **franchise en base** sont, sous réserve des auteurs, des artistes et des interprètes, tenus de souscrire une déclaration de création d'entreprise ou d'activité (n° 49065).
b. Les **auteurs** qui ne perçoivent que des **droits soumis à la retenue à la source** de TVA sont dispensés des déclarations de création et de cessation (n° 87660).

DÉCLARATIONS DE CRÉATION D'ENTREPRISE OU D'ACTIVITÉ

44320 En vertu de l'article 286, I-1° et 2° du CGI, toute personne (physique ou morale) assujettie à la TVA doit :

– dans les 15 jours du **commencement** de ses opérations souscrire une **déclaration de création** d'entreprise ou d'activité ;

– fournir tous **renseignements** relatifs à son **activité professionnelle.**

> Précisions S'agissant de l'option pour la création d'un assujetti unique (**groupe TVA**), qui vaut déclaration de création d'entreprise ou d'activité au sens des 1° et 2° de l'article 286, I du CGI pour l'assujetti unique ainsi constitué, voir n° 1700.

44325 **En pratique,** l'accomplissement des **formalités administratives auprès du guichet unique électronique** vaut tant à l'égard des **obligations TVA** que des obligations prévues en matière de **bénéfices** pour les redevables des BIC, des BNC, ou pour les personnes morales passibles de l'IS. Notons toutefois que le délai prévu en matière de TVA est inférieur à celui prévu pour l'IS (qui est de un mois).

> Précisions **a.** Les **formulaires** comportent un **cadre « options fiscales »** qui permet aux entreprises d'indiquer notamment le régime d'imposition dont elles relèvent, soit à titre obligatoire, soit sur option, étant précisé que ce choix peut être modifié jusqu'à la souscription de la première déclaration fiscale. À cet égard, il est observé que la souscription du formulaire comportant le choix pour un régime d'imposition ou un régime de TVA peut suffire, dans certains cas, à regarder un tel choix comme valide. Tel est notamment le cas de l'option pour l'assujettissement à la TVA des locations de locaux nus à usage professionnel, lorsque la déclaration de création d'entreprise ou d'activité comporte des indications suffisamment précises pour identifier le ou les immeubles auxquels l'option se rapporte (n° 4285).
b. **Renonciation** à la **franchise** en base en début d'activité : voir n° 47610.

44330 Les déclarations de création d'entreprise ou d'activité doivent être **renouvelées** lors de toute **modification** substantielle des **conditions d'exercice de l'activité** des redevables (ouverture d'un établissement secondaire, d'une agence ou d'une succursale) ou de modification de la **forme juridique** de l'entreprise (CGI ann. IV art. 35).

> Précisions **a.** Constitue une modification substantielle des conditions d'exercice de l'activité la mise en **location-gérance** soit du fonds de commerce de l'établissement principal, soit de l'établissement secondaire, ou la reprise du fonds ou de l'établissement par le loueur (BOI-TVA-DECLA-20-10-10-10 n° 70).
b. La modification de la forme juridique de l'entreprise vise notamment la **transformation** d'une entreprise individuelle en société (BOI précité).

DÉCLARATION DE CESSATION

44340 Il résulte des dispositions de l'article 286, I-1° du CGI et de l'article 36 de l'annexe IV au même Code que les redevables de la TVA qui cessent d'exercer leur activité (cessation pure et simple, cession, etc.) doivent dans les 30 jours de cet événement en faire la déclaration.

Cette déclaration doit également être souscrite lorsque la **cessation** d'activité est **partielle** et se traduit par exemple par la fermeture d'un établissement secondaire, d'une agence ou d'une succursale (BOI-TVA-DECLA-20-10-10-10 n° 80).

> Précisions Comme pour la déclaration de création, le **délai** prévu en matière de TVA pour la déclaration de cessation est inférieur à celui prévu en matière de BIC et de BNC (qui est de 60 jours).

LIEU DE SOUSCRIPTION DES DÉCLARATIONS

L'article 32 de l'annexe IV au CGI prévoit que les déclarations administratives de création et de cessation visées aux nos 44320 et 44340 doivent, en principe, être souscrites par les redevables de la TVA auprès du service des impôts auquel doit parvenir leur déclaration de bénéfice ou de revenu. **44350**

En pratique, cependant, à compter du 1er janvier 2023, comme indiqué ci-dessus (no 44325), ces formalités doivent obligatoirement être accomplies en utilisant le **guichet unique électronique** (C. com. art. R 123-1 s. ; jusqu'à cette date, les formalités peuvent être effectuées soit sur ce guichet, soit auprès d'un centre de formalités des entreprises).

Les déclarations souscrites par les entreprises sont transmises successivement à l'Insee puis aux autres administrations et **organismes destinataires** (Urssaf, greffes des tribunaux de commerce, services fiscaux, Inpi, etc.). Lorsque l'**Insee** reçoit une déclaration de création, il attribue à l'entreprise un **numéro Siren** (9 chiffres) d'identification au répertoire Sirene qui sert de base au numéro d'identification à la TVA (no 44425). En matière fiscale, l'organisme destinataire est le **service des impôts** dont relève l'entreprise pour l'imposition de ses bénéfices ou revenus (pour le service des impôts compétent pour les entreprises étrangères, voir nos 30870 et 31072, précisions).

II. NUMÉRO INDIVIDUEL D'IDENTIFICATION À LA TVA

L'article 286 ter du CGI (transposant l'article 214 de la directive TVA) prévoit l'attribution d'un numéro individuel d'identification à la TVA aux assujettis effectuant des opérations leur ouvrant droit à déduction, ainsi qu'à un certain nombre d'autres assujettis. **44400**

Cette obligation vise à garantir la sûreté des **échanges** entre assujettis au sein de l'**Union européenne.** Les numéros d'identification attribués aux entreprises sont, en principe, rassemblés dans une base de données électronique mise en place au niveau communautaire, qui permet aux opérateurs de vérifier la validité du numéro de leurs partenaires commerciaux.

PERSONNES TENUES DE S'IDENTIFIER À LA TVA

Un numéro individuel d'identification est attribué, conformément à l'article 286 ter du CGI : **44410**

1° à tout assujetti effectuant des **livraisons de biens ou** des **prestations de services** lui **ouvrant droit à déduction** (autres que les opérations visées au no 44412). En pratique, ce cas d'identification vise (DOM mis à part : no 93420, précision b) les **assujettis** qui réalisent en France des livraisons de biens ou des prestations de services pour lesquelles ils sont eux-mêmes **redevables** de la TVA (en ce sens, BOI-TVA-DECLA-20-10-20 no 15) **ou** au titre desquelles ils bénéficient d'un **droit à déduction** sans être redevables de la TVA (cas des exportations et des livraisons intracommunautaires de biens, par exemple) ;

2° aux **assujettis** et personnes morales non assujetties qui effectuent des **acquisitions intracommunautaires** soumises à la TVA conformément à l'article 256 bis, I du CGI ou à l'article 298 sexies, I du même Code (sont notamment visés ici les assujettis non établis en France qui réalisent des opérations d'introduction en France de biens en provenance d'un autre État membre de l'UE suivies de ventes internes à destination d'acquéreurs identifiés à la TVA en France ; voir toutefois précision a ci-dessous) ; aux personnes (**PBRD**) visées au no 20090, lorsqu'elles sont **imposables** (de plein droit ou sur option : nos 20130 et 20190) au titre de leurs acquisitions intracommunautaires (sont ici visées les PBRD ayant opté pour le paiement de la TVA sur les acquisitions intracommunautaires de biens ou ayant dépassé le seuil de 10 000 € d'acquisitions intracommunautaires) ; aux **assujettis** redevables de la TVA pour des **importations ou** des sorties de biens de **régimes douaniers ou entrepôts fiscaux** (à l'exception de ceux visés au 2° du no 44412 ci-après ; par ailleurs, les personnes morales non assujetties qui ne réalisent que des importations ne sont pas tenues de s'identifier) ;

3° aux assujettis qui effectuent en France des **acquisitions intracommunautaires** de biens et aux assujettis redevables de la taxe pour des **importations ou** des sorties des **régimes douaniers ou entrepôts fiscaux** pour les besoins de leurs opérations qui relèvent des **activités économiques effectuées à l'étranger** ;

4° aux **assujettis établis en France** (non déjà identifiés à un autre titre) qui sont **preneurs** d'une **prestation de services** au titre de laquelle ils doivent **autoliquider** la TVA en application de l'article 283, 2 du CGI (no 24630).

Tel peut être le cas des bénéficiaires de la franchise en base, des assujettis exerçant une activité exonérée, des exploitants agricoles placés sous le régime du remboursement forfaitaire agricole ou encore des entreprises étrangères disposant d'un établissement stable preneur de services (succursale, bureau de représentation : voir nos 24340 s.) ;

5° aux **prestataires établis en France** (non déjà identifiés à un autre titre) qui fournissent une prestation de services au titre de laquelle seul le **preneur** est **redevable** de la taxe dans un autre État membre de l'UE en application de l'article 196 de la directive TVA (taxe autoliquidée par le preneur). Sont notamment concernés les prestataires ayant une activité exonérée ou bénéficiant de la franchise en base ;

6° aux **assujettis uniques** au sens de l'article 256 C du CGI (nos 1660 s.), sans préjudice du numéro d'identification attribué à leurs membres.

> Précisions a. L'article 286 ter, 2° du CGI vise, nous l'avons vu, les assujettis et personnes morales non assujetties effectuant des **acquisitions intracommunautaires** taxables en vertu non seulement de l'article 256 bis, I du CGI, mais également de l'article 298 sexies, I du même Code. Ce dernier texte est relatif aux acquisitions intracommunautaires de **moyens de transport neufs** effectuées par des particuliers ou par des PBRD. Ainsi, en droit strict, la rédaction de l'article 286 ter, 2° permet d'exiger également l'identification des PBRD réalisant de telles acquisitions. À noter cependant que l'administration ne semble pas l'exiger (en ce sens BOI-TVA-SECT-70-30-10 n° 1).

b. En ce qui concerne la situation des **PBRD** auxquelles a été attribué un numéro d'identification à la TVA en tant que **preneur ou prestataire de services « autoliquidés »** entrant dans le champ d'application de la TVA, voir n° 20095.

c. Le numéro individuel d'identification n'est **plus valide** notamment dans les cas suivants :
– cessation d'activité de l'entreprise ;
– activité devenant non imposable (sortie du champ d'application de la TVA ; activité devenant « exonérée ») ;
– transfert en dehors du territoire visé au n° 18530 ;
– PBRD qui renonce à l'option pour le paiement de la TVA sur ses acquisitions intracommunautaires ou passe en-deçà du seuil. À cet égard, il est précisé que, lorsque l'option a été exercée, la validité du numéro d'identification court, en principe, à compter du premier jour du mois au cours duquel elle a été formulée jusqu'au 31 décembre de la deuxième année civile qui suit celle de l'option (sauf dépassement du seuil au cours de la dernière année civile couverte par l'option : dans cette hypothèse en effet, l'intéressé demeure soumis de plein droit au régime général pour l'année suivante et son numéro d'identification reste valide pour cette année) ou au-delà si elle n'a pas fait l'objet d'une dénonciation. Par ailleurs, la validité du numéro d'identification attribué en cas de dépassement du seuil court jusqu'au 31 décembre de l'année suivant celle du dépassement (BOI-TVA-CHAMP-20-50-10 n° 60).

Lorsqu'un assujetti ne réalise plus d'opérations pour lesquelles l'identification à la TVA est obligatoire, il doit avertir le service des impôts des entreprises afin que son numéro de TVA intracommunautaire soit invalidé dans la base des assujettis communautaires (BOI-TVA-DECLA-20-10-20 n° 70).

d. En ce qui concerne :
– le numéro d'identification spécifique aux **« mandataires et représentants fiscaux ponctuels »** : voir nos 30930 et 31165 ;
– le numéro spécifique du titulaire du **régime douanier** ou de l'**entrepôt fiscal** pour les acquisitions intracommunautaires réalisées sous un tel régime par les entreprises étrangères : voir nos 32420 et 33100 ;
– le numéro spécifique utilisé pour déclarer des ventes à distance de biens importés via le régime de guichet **« IOSS »** : voir n° 33730.

44412 Ne sont **pas** tenus de s'identifier par un **numéro individuel** les assujettis qui effectuent **exclusivement** les opérations suivantes (CGI art. 286 ter A, II) :

1° des **opérations** (livraisons de biens ou prestations de services) pour lesquelles la **taxe** est **due par le destinataire** (toutefois, si le fournisseur réalise préalablement à la livraison une importation des biens ou une sortie de régime suspensif, il est tenu de s'identifier au titre du 2° du n° 44410) ;

2° des sorties de biens d'un régime douanier ou entrepôt fiscal donnant lieu à dispense de paiement en application de l'article 277 A, II-4-2° du CGI ou des importations exonérées en application de l'article 291, II-1° du même Code ;

3° des **ventes à distance de biens importés** soumises au **régime particulier** prévu à l'**article 298 sexdecies H du CGI** (sur ce régime, voir nos 33700 s.) ainsi que des **importations** effectuées dans le cadre de ce **même régime.** Ces assujettis se voient attribuer un numéro individuel de TVA aux seules fins de l'application de ce régime (n° 33730) ;

4° lorsque les **assujettis** ne sont **pas établis en France,** des livraisons de biens ou des prestations de services pour lesquelles ils ont recours, **dans un autre État membre,** à l'un des **régimes particuliers de guichet unique** prévus par la directive TVA, à savoir : guichet unique pour les services fournis par des non-établis dans l'UE prévu par les articles 358 bis et suivants de la directive TVA ; guichet unique pour les services fournis par des assujettis établis dans l'UE et pour les ventes à distance de biens intracommunautaires prévu par les articles 369 bis et suivants de la même directive ; guichet unique pour les ventes à distance de biens importés prévu par les articles 369 terdecies et suivants de ladite directive.

N'ont pas non plus à être identifiés les **assujettis** effectuant, **à titre occasionnel,** des livraisons de biens ou des prestations de services entrant dans le champ d'application de la TVA (CGI art. 286 ter A, I).

Le **numéro** individuel d'identification est **communiqué** aux **assujettis** par le service des impôts des entreprises, dès que l'Insee a attribué à l'entreprise son numéro Siren. **44415**

Les **assujettis** établis en France **qui n'ont pas de numéro** individuel d'identification **en application du 1° de l'article 286 ter** du CGI **et** les **personnes morales non assujetties** doivent faire une demande d'attribution de numéro d'identification à la TVA lorsqu'ils effectuent des opérations rendant l'attribution du numéro obligatoire. Ils peuvent utiliser, à cette fin, le **modèle de lettre proposé** par l'administration au BOI-LETTRE-000081 (BOI-TVA-DECLA-20-10-20 n° 45).

CARACTÉRISTIQUES ET STRUCTURE DU NUMÉRO D'IDENTIFICATION

Le numéro individuel d'identification, construit selon une même logique dans tous les États membres, est : **44425**

– **national** : il comporte un préfixe alphabétique permettant d'identifier l'État membre par lequel il a été attribué (FR pour la France) ;

– **unique et invariant** : chaque entreprise, quel que soit le nombre de ses établissements, dispose du numéro qui lui est propre et qu'elle conserve même en cas de changement de lieu d'activité (clé informatique, plus numéro Siren à 9 chiffres pour la France). Mais une entreprise a autant de numéros d'identification que d'États membres dans lesquels elle est redevable de la TVA ou doit y accomplir des obligations déclaratives ;

– vérifiable (voir, sur ce point, n° 44460).

En **France,** les opérateurs disposent d'un numéro individuel d'identification construit sur le modèle suivant : FR (code pays) + clé informatique (2 chiffres) + numéro Siren de l'entreprise, soit au total 13 caractères.

Pour information, la structure des numéros d'opérateurs intracommunautaires des **autres États membres** de l'UE est présentée dans le tableau ci-après (BOI-TVA-DECLA-20-10-20 nos 120 et 130 et site internet www.ec.europa.eu).

Numéro d'identification de TVA dans chaque État membre	
Allemagne	DE + 9 caractères numériques
Autriche	AT + U + 8 caractères numériques
Belgique	BE 0 ou 1 + 9 caractères numériques
Bulgarie	BG + 9 ou 10 caractères numériques
Chypre	CY + 8 caractères numériques + 1 caractère alphabétique
Croatie	HR + 11 caractères numériques
Danemark	DK + 8 caractères numériques
Espagne	ES + 9 caractères numériques et alphabétiques
Estonie	EE + 9 caractères numériques
Finlande	FI + 8 caractères numériques
Grèce	EL + 9 caractères numériques
Hongrie	HU + 8 caractères numériques
Irlande	IE + 8 ou 9 caractères numériques et alphabétiques
Italie	IT + 11 caractères numériques
Lettonie	LV + 11 caractères numériques
Lituanie	LT + 9 ou 12 caractères numériques
Luxembourg	LU + 8 caractères numériques
Malte	MT + 8 caractères numériques

Numéro d'identification de TVA dans chaque État membre	
Pays-Bas	NL + 12 caractères numériques et alphabétiques ou symboles
Pologne	PL + 10 caractères numériques
Portugal	PT + 9 caractères numériques
République slovaque	SK + 10 caractères numériques
République tchèque	CZ + 8 ou 9 ou 10 caractères numériques
Roumanie	RO + 2 à 10 caractères numériques
Slovénie	SI + 8 caractères numériques
Suède	SE + 12 caractères numériques
Le **Royaume-Uni** ne fait plus partie de l'Union européenne depuis le 1er février 2020 (**Brexit**), le droit de l'Union ayant toutefois continué de s'appliquer jusqu'au 31 décembre 2020. Depuis le 1er janvier 2021 et au moins jusqu'au 31 décembre 2024, la législation sur la TVA européenne continue de s'appliquer en **Irlande du Nord** pour les seuls **biens.** Le **numéro** attribué aux opérateurs à cet effet est introduit par le préfixe XI (Dir. TVA art. 215). Il est composé de la manière suivante : XI + 5 caractères numériques et alphabétiques ou XI + 9 ou 12 caractères numériques. Pour plus de précisions concernant la situation du Royaume-Uni et de l'Irlande du Nord, voir n° 18545, précisions.	

MODALITÉS D'UTILISATION DU NUMÉRO

44435 Le **numéro** d'identification de l'entreprise, fournisseur de biens ou prestataire de services, doit obligatoirement figurer notamment sur les **factures** délivrées à des assujettis (n° 46230) ainsi que sur l'**état récapitulatif des clients** (n° 21570) et sur la **déclaration européenne des services** (n° 24690).

Le numéro d'identification de l'entreprise est également mentionné sur les **déclarations** de TVA.

Ce numéro doit également figurer sur le registre des façonniers visé au n° 36810.

44445 Dans le cadre des **échanges intracommunautaires de biens,** le **numéro d'identification** à la TVA **de l'acquéreur** constitue un critère pour l'application du régime des livraisons/acquisitions intracommunautaires (n° 20400) qui, on le rappelle, prévoit l'exonération de la livraison dans le pays de départ des biens et la taxation dans le pays d'arrivée dès lors que l'acquéreur est un assujetti (ou une personne morale non assujettie taxable au titre de ses acquisitions intracommunautaires).

Le **numéro d'identification** à la TVA **du preneur de services** revêt également une grande importance dans le cadre des **règles de territorialité des services,** lesquelles, d'une manière générale, diffèrent selon la qualité d'assujetti ou de non-assujetti du preneur (ou de sa qualité de personne morale non assujettie identifiée ou non identifiée à la TVA).

Sur ces questions, on voudra bien se reporter aux nos 20400 s. (s'agissant des échanges intracommunautaires de biens) et 24180 s. (s'agissant des prestations de services).

En tout état de cause, pour les livraisons intracommunautaires de biens, le numéro d'identification à la TVA de l'acquéreur doit figurer sur la facture du fournisseur (n° 20410) et dans l'état récapitulatif des clients de ce dernier (n° 21570).

De même, pour les prestations de services « autoliquidées » par le preneur en application de l'article 283, 1 ou 2 du CGI, le numéro d'identification à la TVA de celui-ci doit figurer sur la facture du prestataire (nos 24670 et 31960). Pour les prestations de services « autoliquidées » par le preneur dans un autre État membre de l'UE, en application de l'article 196 de la directive TVA, le numéro d'identification à la TVA de celui-ci doit figurer dans la déclaration européenne des services du prestataire (n° 24690).

BASE DE DONNÉES VIES

44460 La Commission européenne met à disposition des entreprises une **base administrative** électronique de données répertoriant, en principe, l'ensemble des numéros d'identification à la TVA des opérateurs attribués par les 27 États membres de l'UE ainsi que par l'Irlande du Nord. Depuis la France, ce site est **consultable** en interrogeant le service des impôts dont les entreprises dépendent ou sur Internet à l'adresse suivante : http://ec.europa.eu/taxation customs/vies.

L'ensemble des données françaises est ainsi vérifiable par les entreprises et les autorités administratives des autres États membres et de l'Irlande du Nord. De leur côté, les entreprises françaises ont la possibilité de consulter et de vérifier les identifiants de leurs partenaires commerciaux.

Pour chaque **dossier,** la base des assujettis comprend, en principe :
- la mention selon laquelle le numéro de TVA est ou non valide ;
- l'État membre concerné ;
- le numéro de TVA ;
- la date de réception de la demande ;
- si l'État de l'assujetti le permet, le nom ou la dénomination ;
- si l'État de l'assujetti le permet, l'adresse de l'entreprise : il s'agit de l'adresse à laquelle elle est prise en compte par les services fiscaux.

> **Précisions** Il semble, malheureusement, que le système Vies ne soit pas encore aujourd'hui d'une totale **fiabilité.** Le système est, en effet, alimenté par les États membres en fonction des déclarations souscrites par les entreprises établies ou identifiées sur leur territoire. Or, si certains États membres sont relativement vigilants et exercent un contrôle particulier lors de la demande d'attribution du numéro, d'autres en revanche sont à cet égard moins rigoureux. En outre, il apparaît que les États membres ont une gestion insuffisante s'agissant de la radiation des numéros. Enfin, certains États membres ne communiquent pas encore dans la base le nom et l'adresse associés au numéro de TVA. L'ensemble de ces raisons fait que le système peut être source d'erreurs ou d'inexactitudes préjudiciables aux entreprises.

L'assujetti qui consulte la base de données peut obtenir un **document attestant** qu'il a **vérifié la validité** du numéro d'identification à la TVA d'un client à un moment donné. **44465**

Ce document fait partie des éléments qui peuvent servir à justifier, le cas échéant, la non-application de la TVA sur les livraisons et prestations de services intracommunautaires.

Lorsqu'un opérateur indique son propre numéro d'identification à la TVA dans la case du numéro d'identification à la TVA du demandeur, la réponse de la base contient en principe un **numéro de consultation unique.** Ce numéro doit être conservé dans les archives de l'opérateur et permet de prouver à l'administration fiscale d'un État membre que le numéro de TVA donné par le client a été vérifié à une date donnée et qu'une réponse de validation a été obtenue.

DROIT DE CONTRÔLE DE L'ADMINISTRATION

Afin de lutter contre la fraude fiscale, un dispositif de contrôle par l'administration fiscale a été mis en place (LPF art. L 10 BA). Ce dispositif prévoit qu'**avant ou après** la **délivrance du numéro** individuel d'identification à la TVA l'**administration peut demander** des **informations complémentaires** pour statuer sur l'attribution ou le maintien de cet identifiant ainsi que tout élément permettant de justifier de la réalisation ou de l'intention de réaliser des activités économiques. **44480**

Ces informations complémentaires doivent être fournies dans un délai de 30 jours à compter de la réception de la demande. L'administration notifie ensuite à l'opérateur sa décision d'accepter, de rejeter ou d'invalider l'attribution du numéro individuel d'identification, dans un délai d'un mois à compter de la réception des informations demandées.

Le **numéro** individuel d'identification n'est **pas attribué ou** est **invalidé** dans l'un des **quatre cas** suivants :
- aucune réponse n'a été reçue dans le délai de 30 jours ;
- les conditions prévues à l'article 286 ter du CGI (n° 44410) ne sont pas remplies ;
- de fausses données ont été communiquées afin d'obtenir une identification à la TVA ;
- des modifications de données n'ont pas été communiquées.

> **Précisions** À noter que, pour la CJUE, l'administration ne peut refuser d'attribuer un numéro TVA que s'il existe des indices sérieux permettant de suspecter que ce numéro sera utilisé de manière frauduleuse (CJUE 14-3-2013 aff. 527/11 : RJF 7/13 n° 795).
> En tout état de cause, le refus d'attribuer un numéro TVA ne peut empêcher, en principe, l'assujetti d'exercer son droit à déduction (n° 58780).

SECTION 2 OBLIGATIONS D'ORDRE COMPTABLE

44650 Les assujettis à la TVA (y compris les personnes, dites PBRD, visées au n° 20090 lorsqu'elles sont imposables au titre de leurs acquisitions intracommunautaires) doivent **tenir une comptabilité** leur permettant de justifier des opérations, imposables ou non, qu'ils effectuent. En outre, lorsque leurs recettes sont passibles de taux différents, celles-ci doivent être **ventilées par taux d'imposition.**

S'ils ne tiennent pas habituellement une comptabilité permettant de déterminer leur chiffre d'affaires, l'article 286, I-3° du CGI prescrit aux assujettis la tenue d'un **livre spécial** comportant le détail de leurs opérations.

Les **mentions** à porter en comptabilité ou sur le registre spécial sont fixées aux articles 286, I-3° du CGI et 37 de l'annexe IV au même Code.

Les bénéficiaires de la **franchise en base** de TVA sont, quant à eux, soumis aux obligations prévues par l'article 286, II du CGI.

Par ailleurs, les assujettis qui enregistrent leurs opérations au moyen d'un **logiciel ou** d'un **système de caisse** ont en principe l'obligation d'utiliser un logiciel ou un système **sécurisé** (nos 44840 s.).

44655 **Remarque** : Les obligations comptables exposées dans la présente partie sont celles définies par le CGI en matière de TVA. Elles complètent les obligations prévues par d'autres dispositions législatives, en particulier celles prévues par le Code de commerce ou par d'autres dispositions du CGI relatives à l'imposition des bénéfices.

On notera que les assujettis à la TVA doivent respecter les obligations comptables tenant à leur régime de TVA (régime réel ou franchise en base), qu'ils relèvent en matière d'imposition des bénéfices d'un régime réel d'imposition ou du régime des micro-entreprises.

44660 Avant de présenter les règles de comptabilisation des opérations (nos 44905 s.), nous examinons l'étendue des obligations des assujettis en matière de tenue, de conservation et de contrôle de la comptabilité ou des documents justifiant les opérations.

I. ÉTENDUE DES OBLIGATIONS COMPTABLES DES ASSUJETTIS

A. Tenue d'une comptabilité ou d'un registre

ASSUJETTIS RELEVANT D'UN RÉGIME RÉEL DE TVA

44700 Il résulte des dispositions de l'article 286, I-3° du CGI que les personnes assujetties à la TVA selon un régime réel doivent :

– soit tenir habituellement une **comptabilité** permettant de déterminer leur chiffre d'affaires tel qu'il est défini par le CGI ;

– soit, **à défaut** d'une telle comptabilité, avoir le **livre spécial** visé au n° 44745, sur lequel doivent être portées toutes les opérations réalisées, taxables ou non.

44705 Les obligations comptables des assujettis sont indépendantes du **support utilisé** : il peut donc être satisfait aux obligations comptables au moyen d'une comptabilité établie par **informatique** (sur le contrôle des comptabilités informatisées, voir nos 44800 s. ; sur le recours obligatoire à des logiciels ou des systèmes de caisse sécurisés, voir nos 44840 s.).

44715 **Tenue d'une comptabilité** La comptabilité doit permettre de **justifier les opérations,** imposables ou non, effectuées par l'assujetti. Ces justifications concernent notamment la nature des opérations réalisées et le montant des recettes encaissées.

D'une manière générale, la comptabilité doit permettre à l'assujetti de fournir l'ensemble des renseignements demandés dont la mention figure sur les formulaires de déclaration des opérations réalisées (BOI-TVA-DECLA-30-10-10 n° 1).

Pour l'application de la TVA, la comptabilité doit comporter les **opérations** et **mentions** visées à l'article 37 de l'annexe IV au CGI (nos 44905 s.).

> **Précisions** On rappelle que l'obligation de tenir une comptabilité commerciale s'impose aux **commerçants** et à toutes les **sociétés commerciales** en application du Code de commerce. L'article R 123-173 du Code de commerce fait obligation de tenir un livre-journal (sur lequel sont portés tous les mouvements affectant le patrimoine de l'entreprise ou la centralisation des écritures portées sur des journaux auxiliaires) et un grand-livre (sur lequel sont reportées les écritures).
> Pour les assujettis exerçant une **activité non commerciale,** l'obligation de tenue d'une comptabilité résulte en principe du seul article 99 du CGI, qui impose à ceux soumis au régime de la déclaration contrôlée la tenue d'un livre-journal servi au jour le jour et présentant le détail de leurs recettes et de leurs dépenses professionnelles, ainsi qu'un registre comportant des renseignements relatifs aux éléments d'actif affectés à l'activité. La tenue d'une comptabilité commerciale s'impose toutefois aux notaires, aux commissaires de justice (anciennement huissiers de justice) ainsi qu'aux sociétés qui dépassent deux des trois seuils de l'article R 612-1 du Code de commerce.

Livre spécial À défaut d'une comptabilité permettant de déterminer leur chiffre d'affaires, les assujettis doivent, en application de l'article 286, I-3° du CGI, tenir un livre aux **pages numérotées** sur lequel est inscrit **jour par jour,** sans blanc ni rature, le montant de chacune de leurs opérations, en distinguant, au besoin, les opérations taxables et celles qui ne le sont pas, distinction effectuée dans les conditions précisées à l'article 37 de l'annexe IV au CGI (voir nos 44905 s.). **44745**

Le livre spécial n'a **pas** à être **coté ou paraphé** par une autorité quelconque (BOI-TVA-DECLA-30-10-10 n° 30).

> **Précisions a.** L'article 286, I-3° précité précise que :
> – chaque **inscription** doit indiquer la **date**, la **désignation** sommaire des objets vendus, du service rendu ou de l'opération imposable, ainsi que le **prix** de la vente ou de l'achat, ou le montant des courtages, commissions, remises, salaires, prix de location, intérêts, escomptes, agios ou autres profits ;
> – les **opérations au comptant** peuvent être inscrites globalement en comptabilité à la fin de chaque journée lorsqu'elles sont inférieures à un certain seuil pour les ventes au détail et les services rendus à des particuliers (n° 45180) ;
> – le **montant** des opérations inscrites sur le livre est **totalisé** à la fin du mois.
> **b.** Ne satisfait pas à l'obligation définie par l'article 286, I-3° du CGI le contribuable qui enregistre ses recettes **semaine par semaine,** sur un cahier à feuillets non numérotés (CE 3-3-1986 n° 46875 : RJF 5/86 n° 535).
> **c.** La **comptabilité commerciale,** quand elle est tenue, ne doit pas comporter moins d'indications que celles dont la mention sur le livre spécial est obligatoire (n° 44745), ce livre n'étant, d'ailleurs, que le substitut de la comptabilité normale(Rép. Valbrun : AN 6-10-1976 n° 24329, non reprise au Bofip).

ASSUJETTIS BÉNÉFICIANT DE LA FRANCHISE EN BASE

Les assujettis bénéficiant de la franchise de TVA en base prévue à l'article 293 B du CGI (nos 47600 s.) sont dispensés des obligations mentionnées à l'article 286, I-3° du CGI mais ils doivent, en application du II du même article, tenir et présenter, sur demande du service des impôts, un **registre,** récapitulé par année, de leurs **achats** de biens et de services et un **livre-journal,** servi au jour le jour, présentant le détail de leurs **recettes professionnelles,** appuyé des factures et de toutes autres pièces justificatives. **44750**

Le livre-journal est servi chronologiquement. Les recettes correspondant à des ventes au détail et à des services rendus à des particuliers peuvent être inscrites globalement à la fin de chaque journée lorsque leur montant unitaire n'excède pas 76 € (BOI-TVA-DECLA-40-10-20 n° 290).

En cas d'**activité mixte,** les recettes doivent être ventilées entre celles afférentes aux ventes et celles afférentes aux prestations de services sur le livre-journal et sur les factures (BOI précité n° 300).

> **Précisions** Les personnes qui perçoivent des **droits d'auteur** intégralement **déclarés par des tiers** et soumis à l'impôt sur le revenu selon les règles prévues en matière de traitements et salaires sont dispensées de tenir une comptabilité pour ces recettes lorsqu'ils bénéficient de la franchise en base prévue au III de l'article 293 B du CGI (BOI-TVA-DECLA-30-10-10 n° 150 et BOI-TVA-DECLA-40-30 n° 480).

PIÈCES JUSTIFICATIVES DE RECETTES

Aux termes de l'article 286, I-4° du CGI, les assujettis à la TVA (qu'ils relèvent d'un régime réel de TVA ou de la franchise en base) sont tenus de fournir aux agents des impôts, tant au principal établissement que dans les succursales ou agences, toutes **justifications** nécessaires à la fixation des opérations imposables. **44755**

Lorsque l'établissement d'une **facture** est **obligatoire** (nos 45830 s.), les assujettis doivent conserver à l'appui de leur comptabilité les factures émises, y compris celles d'acomptes. Lorsque l'établissement d'une facture n'est **pas obligatoire,** les assujettis doivent conserver à l'appui de leur comptabilité toutes pièces justificatives de leurs recettes (bandes de caisse enregistreuse, fiches de caisse, livres brouillards, etc.), en particulier lorsqu'ils effectuent des ventes au comptant d'un montant inférieur à 76 € (n° 45180) (BOI-TVA-DECLA-30-10-10 n° 250), étant précisé que ces pièces ne peuvent suppléer la comptabilité ou le livre spécial.

L'**absence** de pièces justificatives ou de documents en tenant lieu est susceptible d'entacher la comptabilité de « graves irrégularités » justifiant son rejet par l'administration en cas de contrôle fiscal, en particulier en cas de comptabilisation globale en fin de journée des recettes (CAA Nancy 18-5-1995 n° 93-769 : RJF 11/95 n° 1287) ou en l'absence de détail des recettes journalières (CE 31-12-2008 n° 296472 : RJF 4/09 n° 346).

B. Conservation et contrôle de la comptabilité

CONSERVATION DE LA COMPTABILITÉ

44800 En vertu du 1er alinéa de l'article L 102 B, I du LPF, la comptabilité ou le livre spécial (nos 44700 s.) ainsi que les pièces justificatives des opérations effectuées par les assujettis (factures d'achats et factures de ventes notamment) doivent être conservés pendant un **délai de six ans** à compter de la date de la dernière opération mentionnée sur les livres ou de la date à laquelle les pièces ont été établies.

Les pièces justificatives relatives à des opérations ouvrant droit à une déduction en matière de taxes sur le chiffre d'affaires doivent également être conservées pendant six ans (LPF art. L 102 B, I-4e al.).

Les documents comptables et pièces justificatives établis ou reçus sur support papier peuvent, au choix du contribuable, être conservés pendant ce délai sur support informatique (en respectant, pour les factures, les règles de numérisation fixées par l'article A 102 B-2 du LPF : n° 46750) ou sur support papier (LPF art. L 102 B, I-3e al.). Lorsqu'ils sont établis ou reçus sur support informatique, ils doivent être conservés sous cette forme pendant une durée au moins égale au délai de trois ans prévu au premier alinéa de l'article L 169 du LPF (LPF art. L 102 B, I-2e al.).

Le même délai de conservation de six ans s'applique aux informations, documents, données, traitements informatiques ou systèmes d'information constitutifs des contrôles internes des entreprises prévus par l'article 289, VII-1° du CGI ainsi qu'à la documentation décrivant leurs modalités de réalisation. Ils peuvent, au choix du contribuable, être conservés, pendant ce délai, sur support informatique ou sur support papier, quelle que soit leur forme originale (LPF art. L 102 B, I bis).

Lorsqu'ils ne sont pas déjà visés ci-dessus, les **informations, données ou traitements** soumis au contrôle des comptabilités informatisées prévu au IV de l'article L 13 du LPF doivent être conservés sur support informatique jusqu'à l'expiration du délai de trois ans prévu au premier alinéa de l'article L 169 du LPF.

La **documentation** relative aux analyses, à la programmation et à l'exécution des traitements doit être conservée jusqu'à l'expiration de la troisième année suivant celle à laquelle elle se rapporte (LPF art. L 102 B, II).

> **Précisions a.** La réglementation fiscale ne saurait faire échec aux prescriptions de l'article L 123-22 du Code de commerce, qui dispose que les documents comptables et les pièces justificatives doivent être conservés pendant **dix ans.**
> **b.** Sur les règles de **stockage** et de **conservation** des **factures,** voir en outre nos 46700 s.
> **c.** Délai de conservation du **registre** des opérations que doivent tenir les assujettis relevant de l'un des trois régimes spéciaux de **« guichet unique »** : voir n° 33585 (« OSS-non UE »), n° 33660 (« OSS-UE ») et n° 33755 (« IOSS »).

DROIT DE COMMUNICATION DE L'ADMINISTRATION

44810 Conformément aux articles L 85 et L 85-0 B du LPF, l'administration peut exercer son droit de communication auprès des **commerçants** (personnes morales ou physiques) et des **artisans.**

À l'égard des **commerçants,** le droit de communication porte sur les livres, registres et rapports dont la tenue est rendue obligatoire par les articles L 123-12 et suivants du Code de commerce ainsi que sur tous les documents relatifs à leur activité.

À l'égard des **artisans,** le droit de communication porte sur les documents comptables, pièces justificatives de recettes et de dépenses et sur tous documents relatifs à leur activité.

Le droit de communication peut également être exercé auprès de certains professionnels exerçant une **activité non commerciale.** Il porte sur l'identité du client, le montant, la date et la forme du versement (mentions devant figurer sur le livre-journal ou document journalier des recettes professionnelles), ainsi que sur les pièces annexes de ce versement (LPF art. L 86). Lorsque la personne auprès de laquelle le droit de communication est exercé est astreinte au secret professionnel, les agents des impôts ne peuvent pas lui demander des renseignements sur la nature des prestations effectuées (LPF art. L 86 A).

Les **renseignements** recueillis à cette occasion peuvent être utilisés pour l'assiette et le contrôle de tous impôts et taxes à la charge, soit de la personne physique ou morale auprès de laquelle il est exercé, soit de tiers à cette personne.

Le droit de communication est **distinct** du pouvoir de **vérification** conféré aux agents des impôts.

CONTRÔLE DE LA COMPTABILITÉ

Lorsque les bases d'imposition sont établies à partir de documents comptables, l'administration, en plus du simple examen du dossier, peut procéder à une **vérification sur place** de ces documents. La vérification de comptabilité permet à l'administration de s'assurer de la régularité et du caractère probant des écritures comptables et de les confronter aux déclarations du redevable afin d'établir, le cas échéant, les rehaussements nécessaires. Elle peut notamment être pratiquée en matière de taxes sur le chiffre d'affaires. L'administration dispose d'un large pouvoir d'investigation dans la comptabilité pour apprécier l'exactitude des résultats des opérations réalisées par l'entreprise et la valeur des justifications fournies. **44820**

Les entreprises doivent présenter, à la demande des vérificateurs, tous les **documents comptables** que la loi fiscale leur prescrit de tenir pour justifier leurs déclarations. Sur le contrôle des déclarations, voir nº 48320.

Lorsque la comptabilité est tenue au moyen de **systèmes informatisés,** le contribuable doit présenter ses documents comptables en remettant à l'administration une copie des fichiers des écritures comptables sous forme dématérialisée (cédérom, clé USB, etc.).

Lorsque l'administration considère que les enjeux et la typologie d'une entreprise, dont la comptabilité est tenue de manière informatisée, ne nécessitent pas de procéder à des investigations sur place, elle peut recourir à la procédure d'**examen de comptabilité** plutôt que d'engager une vérification de comptabilité. Cet examen est effectué **à distance** d'après les fichiers des écritures comptables communiqués par l'entreprise.

Sur les procédures de contrôle fiscal, voir la Documentation pratique CF-IV-1 s.

> Précisions a. Le **défaut de présentation** de la comptabilité ou des documents en tenant lieu est constaté par procès-verbal (LPF art. L 13 A).

b. La présentation sur support dématérialisé des **comptabilités informatisées** est obligatoire, sous peine d'une pénalité spécifique (CGI art. 1729 D), et concerne toutes les entreprises qui tiennent leur comptabilité au moyen de logiciels comptables. Sur le recours obligatoire à des logiciels ou des systèmes de caisse sécurisés, voir nºs 44840 s.

c. Lorsque la comptabilité comporte de **graves irrégularités ou n'a pas été présentée** par le redevable, le vérificateur peut être amené à rejeter la comptabilité pour substituer de nouvelles bases à celles qui avaient été déclarées. Le rejet de la comptabilité est possible dans deux cas :

– lorsque la comptabilité est **irrégulière** (erreurs, omissions ou inexactitudes graves et répétées, absence de pièces justificatives, non-présentation de comptabilité ou des documents comptables) ;

– lorsque, la comptabilité étant **apparemment régulière,** le vérificateur a néanmoins des raisons sérieuses d'en contester la sincérité.

En cas de rejet de la comptabilité, le vérificateur détermine les bases d'imposition à l'aide de tous les éléments dont il dispose. Il peut, notamment, **reconstituer** le montant des **recettes dissimulées** en appliquant un coefficient de bénéfice brut sur achats au prix de revient des marchandises vendues. Il peut également, lorsqu'il a constaté un enrichissement inexpliqué de l'exploitant ou des associés, se fonder sur cet enrichissement pour reconstituer le chiffre d'affaires ou le bénéfice de l'entreprise ou de la société.

Les rectifications sont opérées selon la procédure de **rectification contradictoire** prévue aux articles L 55 et suivants du LPF.

d. Des **contrôles matériels** des marchandises et stocks, notamment, peuvent être effectués lors des vérifications de comptabilité (LPF art. L 47, al. 5 et R 13-1).

En outre, l'article R 13-2 du LPF donne aux agents des impôts la possibilité d'effectuer toutes vérifications et contrôles nécessaires à l'assiette et au contrôle de la TVA lorsqu'ils interviennent chez les personnes assujetties à cet impôt à raison d'une **activité de production ou de fabrication** : ce contrôle ne peut être effectué que dans les locaux de production ou de fabrication ou dans les locaux de stockage ou de transformation de ces produits.

Par ailleurs, les agents de l'administration fiscale peuvent procéder ou faire procéder à des **prélèvements d'échantillons,** aux fins d'analyse ou d'expertise, en la présence soit du propriétaire, soit du détenteur du produit ou de la marchandise, soit d'un représentant de l'un d'eux, soit, à défaut, d'un témoin requis par les agents et n'appartenant pas à l'administration fiscale. Chaque prélèvement fait l'objet d'un procès-verbal (LPF art. L 16 E et R 16 E-1 s.).

PROCÉDURES D'ENQUÊTE ET DE PERQUISITION

44830 L'administration dispose de procédures spécifiques lui permettant de rechercher des **agissements frauduleux** en matière de TVA. On signalera ici :

– le **droit de visite et de saisie** (perquisition) prévu à l'article L 16 B du LPF : il permet à l'administration de rechercher la preuve d'agissements frauduleux lorsqu'il existe des présomptions qu'un contribuable se soustrait à l'établissement ou au paiement de l'impôt sur le revenu ou sur les bénéfices, ou des taxes sur le chiffre d'affaires, en se livrant à des achats ou à des ventes sans facture, en utilisant ou en délivrant des factures ou des documents ne se rapportant pas à des opérations réelles, ou en omettant sciemment de passer ou de faire passer des écritures, ou en passant ou faisant passer sciemment des écritures inexactes ou fictives, dans des documents comptables dont la tenue est prescrite par le CGI. De telles présomptions peuvent résulter, notamment, des constatations opérées par l'administration dans le cadre du droit d'enquête visé ci-après ;

– la procédure de **flagrance fiscale,** prévue aux articles L 16-0 BA et L 252 B du LPF : elle permet aux agents des impôts de dresser un procès-verbal qui emporte divers effets (par exemple, mesures conservatoires et allongement du délai de reprise) en cas, notamment, d'exercice d'une activité occulte ou illicite, de délivrance ou de comptabilisation de factures fictives ou de factures afférentes à des livraisons de biens ou à des prestations de services au titre desquelles la TVA ne peut donner lieu à aucune déduction (notamment, « fraude carrousel » : n°s 51300 s.), de réitération d'achats, de ventes ou de prestations non comptabilisées ou d'utilisation frauduleuse de logiciels de comptabilité ou de caisse permissifs, lorsque ces faits sont de nature à priver la comptabilité de valeur probante, d'absence de souscription au titre de la dernière période échue de la déclaration annuelle des bénéfices au régime du réel ou de la déclaration annuelle des résultats soumis à l'impôt sur les sociétés et des déclarations de recettes en matière de TVA, ou d'absence réitérée de souscription de l'une de ces déclarations durant les deux dernières périodes échues, ou encore en cas d'absence réitérée de souscription de la déclaration mensuelle de TVA ;

– la procédure d'**enquête administrative,** prévue aux articles L 80 F à L 80 J du LPF, pour rechercher les manquements aux règles de facturation auxquelles sont soumis les assujettis à la TVA : voir n°s 47230 s.

C. Obligation d'utiliser des logiciels ou systèmes de caisse sécurisés

44840 Les assujettis qui enregistrent leurs opérations ne donnant pas lieu à facturation au moyen d'un logiciel ou d'un système de caisse ont l'obligation d'utiliser un logiciel ou un système satisfaisant à des conditions d'inaltérabilité, de sécurisation, de conservation et d'archivage des données, attestées par un certificat délivré par un organisme accrédité ou par une attestation individuelle délivrée par l'éditeur (CGI art. 286, I-3° bis). Cette obligation est assortie d'un droit de contrôle de l'administration et de sanctions spécifiques (n°s 44860 s.).

CHAMP D'APPLICATION DU DISPOSITIF

44843 Sont soumis à l'obligation prévue au 3° bis du I de l'article 286 du CGI les **assujettis** à la TVA, personnes physiques ou morales, de droit privé ou de droit public, qui effectuent des **livraisons** de biens et des prestations de **services ne donnant pas lieu à facturation** conformément à l'article 289 du CGI (n°s 45830 s.), quel que soit le secteur d'activité, dès lors qu'ils utilisent un logiciel ou système de caisse.

En conséquence, les assujettis qui réalisent l'intégralité de leur chiffre d'affaires avec un ou des professionnels sont exclus du dispositif, puisque les **opérations réalisées entre professionnels uniquement** font obligatoirement l'objet d'une facturation. En revanche, les assujettis qui réalisent **à la fois des opérations avec** des clients **assujettis** à la TVA (clients professionnels) **et** des clients **non assujettis** (clients particuliers) relèvent du champ d'application du dispositif (BOI-TVA-DECLA-30-10-30 n° 10).

Par ailleurs, conformément à l'article 286, II-2 du CGI, sont dispensés de l'obligation d'utiliser un logiciel ou système de caisse sécurisé les **assujettis bénéficiant de la franchise** en base (n°s 47600 s.), ceux soumis au régime du **remboursement forfaitaire agricole** (n°s 73000 s.) et ceux effectuant **exclusivement** des **livraisons ou** des **prestations exonérées de TVA.**

Sont également dispensées de cette obligation les **entreprises étrangères** immatriculées à la TVA **non établies** en France. En revanche, les succursales et filiales de sociétés étrangères sont dans le champ d'application de cette obligation (BOI précité n° 20).

> **Précisions** **a.** Un assujetti qui décide de délivrer des **factures à un particulier** sans que la réglementation fiscale ne l'y oblige ne s'exonère pas, par cette délivrance de facture, du respect de l'obligation de sécurisation de son logiciel ou système de caisse (BOI précité n° 10).
> **b.** Les **sociétés mandatées pour la gestion des règlements** des clients à l'aide de logiciels ou systèmes de caisse pour le compte d'un autre assujetti doivent utiliser un logiciel ou un système de caisse sécurisé (BOI précité n° 10).

Un **logiciel ou système de caisse** est un système informatique doté d'une fonctionnalité de caisse, laquelle consiste à **mémoriser** et à **enregistrer extra-comptablement des paiements** reçus en contrepartie d'une vente de marchandises ou de prestations de services, c'est-à-dire que le paiement enregistré ne génère pas concomitamment, automatiquement et obligatoirement la passation d'une écriture comptable. **44845**

Ne sont pas considérés comme enregistrés extra-comptablement, quel que soit le mode de paiement, les paiements pour lesquels le logiciel ou système déclenche obligatoirement, instantanément et automatiquement, sans intervention humaine, une écriture dans le système d'information comptable.

Sont visés tous les logiciels ou systèmes de caisse permettant l'enregistrement des règlements des clients, **quel que soit le mode de règlement** (espèces, chèques, cartes bancaires, virements, prélèvements...). Cette obligation s'applique, y compris en cas d'enregistrement sur un logiciel ou système accessible en ligne.

Sans que cette liste soit limitative, sont **notamment** concernés par l'obligation les instruments de mesure réglementés, comme les balances, mais également les rampes de boissons automatisées, les automates de paiement, les bornes de commande autorisant des modes de règlement autre que le paiement par carte bancaire, ou encore les distributeurs automatiques de marchandises (boissons, gâteaux...) qui disposent d'une fonctionnalité de caisse. En revanche, les bornes de commande sans fonctionnalité de règlement ne sont pas concernées par cette obligation.

Seule cette fonctionnalité de caisse, et non les autres fonctions telles que celles relatives à la pesée, doit être sécurisée.

Les instruments de mesure réglementés, munis d'un dispositif de mémorisation des règlements, qui sont utilisés à la fois pour déterminer le prix à payer des articles en fonction de la grandeur mesurée et pour enregistrer le règlement doivent être sécurisés. Il en est de même si plusieurs instruments de mesure réglementés sont interconnectés ou fonctionnent en réseau, chacun d'entre eux devant être sécurisé (BOI-TVA-DECLA-30-10-30 n° 30).

EXEMPLES

1. Un commerçant dispose d'une balance pour peser la marchandise qu'il vend au poids. Cette balance n'a pas de fonction de mémorisation des opérations relatives aux règlements de ses clients : elle n'a pas à être sécurisée.
2. Une balance munie d'un dispositif de mémorisation des règlements dispose donc d'une fonctionnalité de caisse et doit être sécurisée. Il en est de même des balances connectées à un terminal point de vente ou des balances tactiles intégrées aux terminaux point de vente, qui intègrent à la fois une solution de pesage et d'encaissement.
3. Un commerçant disposant d'une balance dotée de mémorisation enregistre les encaissements de ses clients dans une caisse enregistreuse non connectée à la balance : seule la caisse doit être sécurisée.
4. Un commerçant qui dispose d'une balance, mais qui note sur un cahier les encaissements de ses clients sans dispositif de caisse, n'entre pas dans le dispositif. Ce commerçant n'a pas, par ailleurs, d'obligation de s'équiper d'un logiciel ou système de caisse.

Par **tolérance** administrative, l'assujetti est dispensé de l'obligation d'utiliser un logiciel ou système de caisse sécurisé lorsqu'il recourt, pour tous les paiements reçus en contrepartie de toutes ses ventes ou prestations de services, à l'**intermédiation directe d'un établissement de crédit** auprès duquel l'administration peut exercer son droit de communication (ou d'un établissement bancaire établi au sein d'un pays de l'UE soumis à l'obligation d'échange automatique d'informations) (BOI précité n° 35).

EXEMPLES

1. Un gérant d'un site d'e-commerce qui effectue des ventes à distance de biens à des particuliers et n'accepte que les paiements par carte bancaire ou virement proposés par des établissements bancaires répondant aux exigences ci-dessus est dispensé, par tolérance administrative, de l'obligation de faire sécuriser son système informatique, y compris lorsqu'il recourt à un prestataire de paiement pour gérer ses paiements en ligne.

2. Un commerçant qui propose, pour des achats effectués et retirés en magasin, le paiement en ligne dans la boutique (via l'application du commerçant installée sur un mobile multi-fonctions, c'est-à-dire un terminal mobile qui assure la téléphonie et l'accès à l'Internet par voie radioélectrique, ainsi que d'autres fonctions informatiques ou multimédias), géré par un établissement bancaire répondant aux exigences ci-dessus, mais également d'autres modes de paiement, comme les chèques-cadeaux ou les espèces, ne peut se dispenser de l'obligation de sécurisation pour les paiements concernant ces achats.
3. Les automates tels que, par exemple, les distributeurs d'essence, les automates de péages autoroutiers ou les bornes de commandes en magasin, dès lors qu'ils ne permettent que le paiement par carte bancaire ou virement via un établissement bancaire répondant aux exigences ci-dessus, sont dispensés, par tolérance administrative, de l'obligation de sécurisation.

Les **terminaux de paiement seuls** sont exclus du dispositif (BOI précité n° 30).

44847 Un **logiciel, quelle que soit** sa **qualification** (de caisse, comptable, de gestion ou de facturation), qui dispose d'une fonctionnalité de caisse est soumis à l'obligation de sécurisation.

Dans le cas de **logiciels multifonctions** (comptabilité/gestion/caisse/facturation), seule la fonctionnalité de caisse enregistreuse/encaissement, et non l'ensemble du logiciel, doit être sécurisée.

Les **logiciels** ou systèmes de caisse dits **« libres » ou développés en interne** sont également concernés par l'obligation (BOI-TVA-DECLA-30-10-30 nos 40 et 45).

> Précisions Lorsqu'un **logiciel de facturation disposant d'une fonctionnalité de caisse** est utilisé par un assujetti pour le suivi extra-comptable de ses règlements provenant des non-assujettis, les **obligations** prévues par le dispositif de sécurisation s'appliquent dans les conditions de droit commun, sous réserve des **spécificités** suivantes :
– la donnée relative au numéro de caisse n'est pas exigée (BOI précité n° 50) ;
– les clôtures journalière, mensuelle et annuelle (ou par exercice) ne sont pas exigées, sous réserve qu'en cas de contrôle les logiciels puissent fournir, à la demande de l'administration, le total du chiffre d'affaires enregistré pour une période déterminée (BOI précité n° 170) ;
– les données qui doivent faire l'objet d'une conservation peuvent être conservées dans le module du logiciel dans lequel elles sont créées, dès lors que leur mode de conservation assure leur intégrité (BOI précité n° 200).

RESPECT DES CONDITIONS D'INALTÉRABILITÉ, DE SÉCURISATION, DE CONSERVATION ET D'ARCHIVAGE DES DONNÉES

44850 Les logiciels et les systèmes de caisse concernés doivent respecter des conditions d'inaltérabilité, de sécurisation, de conservation et d'archivage des données, en vue du contrôle de l'administration fiscale (sur les données concernées, voir précision a ci-après). Ces conditions appellent notamment les précisions suivantes :

– le logiciel ou le système de caisse doit prévoir l'**accès de l'administration** à l'ensemble des données enregistrées, selon des référentiels et des solutions techniques (établis par les acteurs privés) qui doivent permettre le respect des conditions susvisées ;

– pour respecter la condition d'inaltérabilité, l'intégrité des données enregistrées doit être garantie dans le temps par tout procédé technique fiable permettant : d'empêcher l'accès de l'utilisateur à des fonctionnalités de modification des données validées ; de détecter tout accès/modification des données et de tracer toute éventuelle modification ; de démontrer que les données n'ont pas été modifiées depuis leur enregistrement initial ; de fournir un système de preuve en ce sens ;

– la sécurisation des données d'origine, des données des modifications enregistrées et des données permettant la production des pièces justificatives émises doit être assurée par tout **procédé technique fiable,** de nature à garantir la restitution des données dans l'état de leur enregistrement d'origine. Il peut notamment s'agir d'une technique de chaînage des enregistrements ou de signature électronique des données. L'emploi d'une fonction « école » ou « test » doit également être sécurisé, par l'identification très claire des données de règlement, des pièces justificatives, de toutes les opérations enregistrées lors de l'utilisation de cette fonction et de l'opérateur responsable ;

– la **conservation** des données doit être assurée par le logiciel ou le système de caisse. S'il est nécessaire de libérer de l'espace sur le disque dur ou d'améliorer la performance, ces données peuvent faire l'objet de purge, ce qui consiste à les exporter du logiciel ou système de caisse via la fonctionnalité d'archivage afin de les stocker sur un support externe d'archivage (clé USB, disque optique, disque dur externe ou solution de stockage distant, par exemple) dans le respect des conditions d'archivage définies par l'administration. Le logiciel ou le système de caisse doit obligatoirement prévoir une clôture journalière et une clôture mensuelle et annuelle (ou par exercice lorsque l'exercice ne coïncide pas avec l'année civile), ces trois échéances étant cumulatives et impératives. Pour chaque clôture, des données cumulatives et récapitulatives, intègres et inaltérables, doivent être calculées et enregistrées par le logiciel ou système de caisse, comme le cumul du grand total de la période et le total perpétuel pour la période (pour les logiciels de facturation disposant d'une fonctionnalité de caisse, voir toutefois n° 44847, précisions) ;

– les données doivent être **archivées** selon une **périodicité** choisie, au maximum annuelle ou par exercice. La procédure d'archivage doit prévoir un dispositif technique garantissant l'intégrité dans le temps des archives produites, lesquelles peuvent être conservées dans le système lui-même ou en dehors de celui-ci lorsqu'il existe une procédure de purge. Le logiciel ou le système de caisse doit également prévoir une traçabilité de la génération des données d'archivage selon un procédé fiable et les données de traçabilité de la procédure de purge et d'archivage doivent être conservées. Au-delà de la périodicité choisie, les archives peuvent être conservées sur un support physique externe sécurisé ou par un tiers archiveur (BOI-TVA-DECLA-30-10-30 nos 60 à 240).

> **Précisions** **a.** Les **données concernées** sont toutes les données liées à la réalisation d'une transaction, qu'il s'agisse d'une opération de vente d'un bien ou d'une prestation de services, et qui peut conduire à l'émission, qu'elle soit antérieure, simultanée ou consécutive au règlement, d'un justificatif (note, ticket, facture, etc.) ainsi que de toutes les données liées à la réception (immédiate ou attendue) du paiement en contrepartie.
> Sont ainsi visées les données de détail d'une transaction, qui doivent être enregistrées ligne par ligne et qui comprennent : le numéro du justificatif, la date (année-mois-jour-heure-minute), le numéro de la caisse (sauf pour les logiciels de facturation disposant d'une fonctionnalité de caisse : n° 44847, précisions), le montant total TTC, le détail des articles ou prestations (libellé, quantité, prix unitaire, total HT de la ligne, taux de TVA associé), toutes les données liées à la réception (immédiate ou attendue) du paiement en contrepartie (mode de règlement notamment), les traces de modifications et corrections apportées aux transactions enregistrées.
> Sont également concernés l'ensemble des données permettant d'assurer la traçabilité et de garantir l'intégrité des données concourant à la réalisation de la transaction, ainsi que les données permettant de générer des données d'archive, selon un procédé fiable, et, le cas échéant, les données correspondant aux transactions simulées au moyen d'un module de type « école » ou « test » (BOI-TVA-DECLA-30-10-30 n° 50).
> **b.** Lorsque l'assujetti utilise un **logiciel ou système de caisse centralisé** avec remontée des données de règlement depuis des points de vente vers un système centralisateur, la conservation des données enregistrées ligne par ligne et la conservation des données cumulées peuvent être réalisées au niveau du système centralisateur, sous réserve d'une traçabilité de la remontée des données de règlement (BOI précité n° 190).
> **c.** Les données de règlement étant des données servant à l'établissement de la comptabilité de l'entreprise, elles doivent être conservées pendant le délai de six ans prévu à l'article L 102 B du LPF (n° 44800).

La **justification** du **respect des conditions** d'inaltérabilité, de sécurisation, de conservation et d'archivage des données (n° 44850) par le logiciel ou le système de caisse peut être apportée par la production : **44855**

– soit d'un **certificat délivré par un organisme accrédité** en France ou dans un autre État membre de l'UE. Il doit expressément mentionner que les conditions précitées sont respectées et devra porter sur la version détenue par l'assujetti ou, à défaut et à condition que l'organisme accrédité assure un audit régulier du produit, sur la version majeure du logiciel ou système (BOI-TVA-DECLA-30-10-30 nos 320 et 330). Deux organismes sont accrédités en France : Afnor certification et le Laboratoire national de métrologie et d'essais (LNE) ;

– soit d'une **attestation individuelle délivrée** nominativement à l'assujetti **par l'éditeur** du logiciel ou du système de caisse, une simple mention dans les conditions de vente (même acceptées par l'assujetti) n'étant à cet égard pas suffisante. L'attestation doit être conforme au modèle fourni par l'administration au BOI-LETTRE-000242. Elle doit mentionner explicitement le respect des conditions précitées et indiquer précisément le nom et les références de ce logiciel (y compris la version concernée et le numéro de licence quand il en existe une) ou de ce système, ainsi que la date à laquelle celui-ci a été acquis par l'assujetti. L'attestation peut être délivrée sur un support physique (par exemple, par la remise d'un document lors de l'achat du logiciel ou système à compléter par l'assujetti de son identité complète et de la date de son achat) ou de manière dématérialisée (par exemple, par téléchargement en ligne d'une attestation à compléter). Toute nouvelle version majeure du logiciel ou système devra donner lieu à l'établissement d'une nouvelle attestation visant expressément cette version (BOI précité nos 370 et 390).

> **Précisions** **a.** Lorsqu'une entreprise détient **plusieurs logiciels ou systèmes de caisse** différents, elle doit présenter un certificat ou une attestation pour chacun de ces produits.
> Par tolérance, dans les cas où les systèmes de caisse déployés pour l'ensemble de points de vente d'une même entité juridique sont absolument identiques en tout point, une seule attestation produite au nom de la personnalité juridique de cette entité est admise (BOI précité n° 280).
> **b.** La loi n'impose pas aux éditeurs la **délivrance spontanée** d'une attestation. Si l'éditeur n'adresse pas d'**attestation** à l'utilisateur, il appartient à ce dernier de la lui **réclamer** (FAQ 1-8-2017 n° 44). L'assujetti doit en effet s'assurer qu'il dispose du certificat, de sa copie ou de l'attestation individuelle correspondant à la version du logiciel ou système de caisse qu'il utilise (BOI précité n° 290).
> **c.** L'**attestation** individuelle visée ci-dessus peut être **délivrée par** un **éditeur** établi à l'**étranger** à condition d'être, soit rédigée en français, soit rédigée en langue étrangère et accompagnée d'une traduction en français certifiée (BOI précité n° 365).
> **d.** Lorsque l'**assujetti** a **développé lui-même** le logiciel ou système qu'il utilise pour ses propres besoins, la justification doit obligatoirement être apportée par la production d'un certificat délivré par un organisme accrédité (sauf si son activité déclarée est une activité d'édition de logiciels ou de systèmes de caisse et que cette activité est réelle et prouvée) (BOI précité n° 375).
> **e.** La **liste** des **logiciels et systèmes** de caisse **sécurisés** est consultable sur le site internet de chaque organisme accrédité par le Cofrac : Afnor certification/Infocert et le Laboratoire national de métrologie et d'essais (LNE).
> **f.** Sur la sanction applicable en cas de production d'un faux certificat ou d'une fausse attestation individuelle, voir n°s 44860 s.

DROIT DE CONTRÔLE DE L'ADMINISTRATION ET SANCTIONS APPLICABLES

44860 L'administration dispose d'une procédure de **contrôle inopiné,** prévue par l'article L 80 O du LPF, lui permettant de s'assurer de la détention par un assujetti à la TVA de l'attestation individuelle ou du certificat visé au n° 44855 pour chacun des logiciels ou des systèmes de caisse qu'il utilise (BOI-CF-COM-20-60 n°s 20 à 190). Cette procédure est limitée aux **seules constatations matérielles** liées à la détention du certificat ou de l'attestation individuelle précités. En effet, l'administration ne peut pas, dans le cadre de celle-ci, examiner la comptabilité de l'assujetti. En revanche, ces constatations matérielles peuvent également être réalisées dans le cadre d'une vérification de comptabilité régulièrement engagée, sans recours à la procédure prévue par l'article L 80 O précité.

La procédure se conclut par un procès-verbal constatant la régularité en la forme des documents présentés (n° 44865) ou, au contraire, le manquement de l'assujetti à ses obligations (n° 44870).

44865 Lorsque les agents constatent la **régularité en la forme du certificat ou** de l'**attestation individuelle** présentés à l'issue de la procédure prévue par l'article L 80 O du LPF, aucune sanction ne sera appliquée à l'assujetti concerné.

Toutefois, si l'**usage frauduleux** du logiciel ou système de caisse concerné est **révélé par un contrôle ultérieur,** il s'ensuivra les conséquences suivantes :

- les droits correspondant aux recettes éludées seront dus par l'**assujetti,** assortis de pénalités de 80 % pour manœuvres frauduleuses (CGI art. 1729, c). Par ailleurs, l'amende prévue à l'article 1770 duodecies du CGI (n° 44870) pourra lui être appliquée (BOI-CF-COM-20-60 n°s 140 et 170) ;
- l'**éditeur du logiciel** ou système (ou toute personne intervenue sur ce produit pour en permettre l'usage frauduleux) encourt l'amende égale à 15 % du chiffre d'affaires provenant de la commercialisation de ces logiciels, ainsi que la solidarité de paiement des droits mis à la charge de l'utilisateur à raison de ces produits frauduleux, prévues à l'article 1770 undecies du CGI (BOI précité n° 140).

> **Précisions** L'utilisateur, l'éditeur du logiciel ou système (même s'il s'agit d'un éditeur étranger) et l'organisme certificateur peuvent également être passibles des **sanctions pénales** au titre de la conception et de l'usage d'un logiciel ou système frauduleux prévues par l'article 1741 du CGI (délit de fraude fiscale) et par l'article 323-3-1 du Code pénal ainsi que de sanctions pénales pour faux et usage de faux prévues par l'article 441-1 du Code pénal (BOI précité n° 150).

44870 Lorsqu'à l'issue de la procédure prévue par l'article L 80 O du LPF (ou d'une procédure de vérification de comptabilité) les agents de l'administration constatent un **manquement** à l'**obligation** de justifier de l'utilisation d'un logiciel ou système de caisse sécurisé par la **production d'un certificat ou** d'une **attestation individuelle** (n° 44855), l'**amende** prévue à l'article 1770 duodecies du CGI est appliquée, sauf si l'assujetti apporte les justificatifs demandés dans un délai de 30 jours (BOI-CF-COM-20-60 n°s 170 et 180).

Le **montant** de l'amende appliquée en cas de défaut de justification est fixé à 7 500 €. Elle s'applique **par logiciel** ou système de caisse concerné (BOI-CF-INF-20-10-20 n° 570).

En cas d'application de l'amende, l'assujetti dispose d'un **délai** de 60 jours **pour se mettre en conformité** avec l'obligation prévue à l'article 286, I-3° bis du CGI. Passé ce délai, l'administration fiscale peut redemander à l'assujetti de produire les justificatifs prévus et, à défaut, appliquer de nouveau l'amende prévue par l'article 1770 duodecies du CGI (BOI précité n° 580).

> Précisions a. L'amende susvisée s'applique également en cas de **refus de l'intervention** des agents de l'administration dans le cadre de la procédure de contrôle inopiné **ou** en cas d'**opposition à contrôle** fiscal (BOI précité n° 560).
b. L'administration fiscale n'a pas à démontrer l'usage frauduleux du logiciel ou système de caisse pour appliquer l'amende (BOI précité n° 560).

II. COMPTABILISATION DES OPÉRATIONS

PRINCIPES

L'article 37 de l'annexe IV au CGI donne une liste des opérations et mentions qui doivent 44905
obligatoirement figurer dans la comptabilité ou le livre spécial requis par l'article 286, I-3° du CGI (voir nos 44700 s.).

Dans la mesure où la comptabilité doit permettre à l'entreprise de fournir l'ensemble des renseignements demandés dont la mention figure dans les formulaires de déclaration des opérations réalisées, les assujettis doivent comptabiliser les opérations réalisées en distinguant :

- les livraisons de produits achetés ou fabriqués par l'entreprise ;
- les ventes à consommer sur place, les fournitures de logement et les autres prestations de services ;
- les travaux immobiliers ;
- les livraisons à soi-même ;
- les achats à des non-assujettis ;
- les exportations et autres opérations relevant du commerce extérieur, ainsi que les ventes en suspension de taxes ;
- les autres opérations non imposables (BOI-TVA-DECLA-30-10-10 n° 1).

> Précisions a. La comptabilité doit faire apparaître le **chiffre d'affaires hors taxe** : voir n° 45160.
b. Lorsque l'assujetti à la TVA est soumis, en matière d'imposition des bénéfices, au RSI ou au régime micro-BIC, il est autorisé à retenir, comme **date d'enregistrement comptable** des opérations, la date figurant sur le relevé bancaire (C. com. art. R 123-203). Il en est de même lorsque l'assujetti est soumis au régime de la déclaration contrôlée sous réserve que ses recettes ne dépassent pas les limites du RSI (CGI art. 99, al. 5).

Nous présenterons successivement les règles de comptabilisation des achats (nos 44950 s.), puis 44910
celles des recettes (nos 45000 s.).

A. Comptabilisation des achats

La comptabilité ou le registre spécial doit faire apparaître, pour chaque acquisition de **biens,** 44950
services et travaux, l'indication de son montant, de la TVA correspondante, ainsi que le nom et l'adresse du fournisseur (CGI ann. IV art. 37).

> Précisions a. Les **acquisitions** à mentionner en comptabilité sont toutes celles effectuées par l'entreprise pour ses besoins, qu'elles constituent des charges d'exploitation (achats de marchandises, frais généraux divers, etc.) ou des immobilisations.
b. S'il s'agit d'un **fournisseur habituel** de l'entreprise, l'administration admet que son adresse ne figure pas à la suite de son nom pour chaque inscription de facture dans la comptabilité ou le livre spécial, à condition que le redevable soit à même, par un classement adéquat, de représenter toutes ses factures à l'occasion d'un contrôle (BOI-TVA-DECLA-30-10-10 n° 180 ; pour les vétérinaires et médecins propharmaciens : BOI précité nos 90 et 110).

Les **biens d'investissement** ouvrant droit à déduction de la TVA doivent, en application de 44955
l'article 209, II de l'annexe II au CGI, être inscrits en comptabilité pour leur prix d'achat ou de revient diminué de la déduction à laquelle ils donnent droit, rectifié, le cas échéant, du montant des régularisations effectuées en application de l'article 207 de la même annexe (sur ces régularisations, voir nos 61050 s.).

Par ailleurs, selon les dispositions de l'article 38 A de l'annexe III au CGI, le compte de résultat dont la production est prévue à l'article 38 de la même annexe devant être présenté « hors taxe », les **achats de produits et marchandises** (ainsi que les stocks) doivent être comptabilisés « hors TVA ».
En ce qui concerne le **suivi des coefficients** (d'assujettissement, de taxation et d'admission) utilisés pour déterminer le montant de taxe déductible, voir n° 52610.

B. Comptabilisation des recettes

45000 L'article 37 de l'annexe IV au CGI prévoit que la comptabilité ou le livre spécial doit notamment faire apparaître, d'une manière distincte :
– les opérations non soumises à la TVA ;
– les opérations faites en suspension de ladite taxe ;
– pour chaque opération ayant donné lieu à l'émission d'une facture comportant mention de la TVA, le montant net de l'opération, le montant de la TVA au taux exigible facturé ainsi que le nom et l'adresse du client.
Cette obligation implique, pour les assujettis, une ventilation, en comptabilité ou sur le livre spécial, des opérations par nature et par taux.

1. VENTILATION DES OPÉRATIONS SELON LEUR NATURE ET LEUR TAUX

45050 Quand ils effectuent des opérations diversement imposées, les assujettis doivent ventiler les recettes correspondantes suivant chacun des modes d'imposition applicables. La ventilation des opérations selon leur nature et leur taux doit permettre à l'entreprise de déterminer le montant des **recettes,** taxables ou non, **à mentionner dans les déclarations** qu'elle souscrit pour le paiement de la TVA.
En ce qui concerne la détermination de la **base d'imposition** des opérations, voir n°s 35100 s.

45055 Lorsqu'une opération est constituée par **plusieurs éléments ou actes,** il y a lieu de déterminer, d'une part, si l'on est en présence de deux ou plusieurs prestations distinctes ou d'une prestation unique et, d'autre part, si, en cas de prestation unique, cette prestation doit être qualifiée de livraison de biens ou de prestation de services.
Dans le cas d'**opérations distinctes,** chacune est soumise à son régime ; en présence d'une **opération unique,** le sort fiscal de celle-ci est déterminé par l'élément prédominant ou par l'opération principale.
Sur les **critères de distinction** entre opérations distinctes et opération unique, voir n°s 1270 s.

OPÉRATIONS IMPOSABLES ET EXONÉRÉES OU HORS CHAMP

45065 Les assujettis qui réalisent des opérations taxables et des opérations exonérées ou hors du champ d'application de la TVA doivent **comptabiliser séparément** ces recettes.
À défaut, l'administration est en droit d'exiger le paiement de la TVA sur la totalité des recettes (BOI-TVA-DECLA-30-10-10 n° 160 ; CE 20-10-1982 n° 24433 : RJF 12/82 n° 1110 ; CE 11-12-1992 n° 119138 : RJF 2/93 n° 204 ; CE 16-10-2002 n° 234655 : RJF 2/03 n° 168).

> **Précisions** Pour l'application du **droit à déduction,** l'article 209, I du CGI prévoit l'obligation de comptabiliser dans des comptes distincts les opérations situées **hors du champ** d'application de la TVA et les opérations imposables : voir n° 52755.

RÉALISATION D'OPÉRATIONS IMPOSABLES DONT LES RÉGIMES DIFFÈRENT

45075 **Principes** Les entreprises qui rendent des services ou commercialisent des produits soumis à la TVA à des **taux différents** sont tenues de répartir les recettes par catégories d'opérations et par taux d'imposition. La même obligation de ventilation s'applique aux opérations soumises à des **règles d'exigibilité différentes** (vente liée à une prestation de services, par exemple).
Lorsque la comptabilité ne permet pas de distinguer entre les différentes catégories d'affaires soumises à des taux différents, l'assujetti est passible de la taxe au **taux le plus élevé** sur la totalité de ses opérations et selon les règles d'exigibilité propres à celles relevant de ce taux (CE 20-11-2002 n° 221440 : RJF 2/03 n° 222 ; CE 30-12-2009 n° 301077 : RJF 4/10 n° 342 ; CE 20-10-2014 n° 367433 : RJF 1/15 n° 17).

> **Précisions** **a.** Un **produit composé d'éléments relevant de taux différents** est passible en principe du taux propre au produit composé lui-même (BOI-TVA-LIQ-10 n° 80).
> **b.** Pour le cas des **ventes au comptant à des particuliers,** voir n°s 45090 s.
> **c.** En ce qui concerne : les opérations sur **biens d'occasion, œuvres d'art, objets de collection ou d'antiquité,** voir n° 79300 ; les opérations des **agents de voyages,** voir n°s 84040 s.

Lorsque des opérations sont passibles de **taux différents** mais sont vendues sous un **prix global,** chacune d'elles doit être, en principe, imposée à raison de son prix et au taux qui lui est propre (BOI-TVA-LIQ-10 n° 90) (sous réserve toutefois que ces opérations ne constituent pas des opérations complexes uniques : voir à cet égard n°s 1270 s.). La même règle s'applique aux opérations imposables selon un **fait générateur** et des règles d'**exigibilité** différentes. Toutefois, dans certains cas, l'administration prévoit des mesures de simplification lorsque de telles opérations font l'objet d'une seule facturation (globale ou détaillée). Il en est ainsi notamment : **45080**

- pour les services comportant des fournitures : voir nos 36700 s. ;
- des réparations : voir nos 36740 s. ;
- des façons : voir nos 36780 s. ;
- des ventes assorties d'une installation ;
- des ventes d'immeubles équipés d'éléments mobiliers.

Exception : ventes au comptant sans factures La **ventilation** des recettes en fonction des différents **taux** d'imposition est susceptible de présenter des difficultés pour les entreprises dont les ventes, ordinairement faites au comptant à des consommateurs, ne donnent pas lieu à une facturation. **45090**

Tel est le cas des négociants qui exploitent des magasins à rayons multiples (grands magasins, supermarchés, centres distributeurs, etc.) et, plus généralement, de tous les commerçants qui vendent des produits soumis à plusieurs taux.

L'administration permet à ces entreprises de **répartir leurs recettes** au moyen de l'une des trois méthodes de reconstitution de caractère empirique qu'elle a définies (BOI-TVA-DECLA-30-10-20-10 n° 1).

> **Précisions a.** Les entreprises désirant utiliser l'une des méthodes de répartition des recettes doivent faire une **déclaration** au service des impôts dont elles dépendent et joindre tous éléments permettant à l'administration d'apprécier le bien-fondé du choix opéré (par exemple, état justifiant des marges moyennes de commercialisation, méthode de calcul de la marge moyenne pondérée, etc.). Tout changement de nature à modifier la répartition doit être signalé (BOI-TVA-DECLA-30-10-20-20 nos 50 à 80).
> **b.** Sur autorisation spéciale de l'administration, une entreprise peut éventuellement choisir une **autre méthode** mieux adaptée à sa situation propre (BOI précité n° 40).

Qu'elles relèvent du régime simplifié ou du régime normal, les **entreprises** peuvent recourir à l'une des méthodes de ventilation empiriques lorsqu'elles répondent aux deux conditions suivantes : **45095**

- **revendre en l'état** des produits soumis à la TVA selon **deux taux différents au moins,** étant rappelé que les recettes afférentes à la livraison de produits exonérés de TVA n'entrent pas dans ce cadre et doivent obligatoirement être suivies à part ;
- **ne pas établir de facture,** sauf à titre exceptionnel (BOI-TVA-DECLA-30-10-20-10 nos 1 à 30).

L'utilisation de l'une de ces méthodes n'est pas possible lorsque l'organisation comptable de l'entreprise lui permet de connaître les recettes afférentes à chaque catégorie de produits.

> **Précisions a.** Quelle que soit la méthode retenue, les entreprises doivent respecter les règles de **droit commun** qui conditionnent l'exercice du **droit à déduction** de la TVA grevant leurs acquisitions (nos 50500 s.).
> **b.** Quelle que soit la méthode retenue, les **achats** doivent être portés en comptabilité pour leur **prix de revient** pour la détermination des résultats d'exploitation (tant comptables que fiscaux). L'utilisation de l'une des méthodes de ventilation par taux implique une comptabilisation précise et exacte, par taux, du montant des achats de produits commercialisés, la mention de leur destination (revente en l'état, revente après transformation, usage personnel). Les achats doivent être classés en fonction du taux en vigueur à la date de la revente, qu'il s'agisse d'une revente en l'état ou d'une revente après transformation impliquant un changement de taux. Lorsque l'entreprise utilise l'une des méthodes (B ou C : n° 45105) qui requiert une « **comptabilisation des achats en valeur de vente** », elle doit, en outre, enregistrer les éléments nécessaires au calcul de la valeur théorique des achats soit sur les livres comptables eux-mêmes (par exemple en ajoutant des colonnes supplémentaires sur le livre d'achat) soit encore sur des documents ou états annexes, notamment pour pouvoir en justifier en cas de contrôle fiscal.
> **c.** L'utilisation de l'une de ces méthodes suppose que l'entreprise connaisse ses **taux de marge** sur chaque produit. En outre, une **régularisation** annuelle doit être pratiquée en cas de **variation** excédant dix points de la **structure du stock,** la variation du stock s'appréciant en fonction de la répartition par taux des produits composant le stock et non en fonction de leur valeur.

45105

Méthodes de ventilation par taux d'imposition

Méthode A : comptabilisation des achats en prix d'achat

La répartition des recettes d'un mois (ou d'une année) est effectuée dans la proportion des achats (TVA comprise) réalisés au cours du même mois (ou de l'année précédente). Elle consiste en fait à appliquer à tous les achats la marge globale moyenne de l'entreprise et ne peut donc être admise que si la marge de chaque catégorie de produits soumis au même taux d'imposition se situe dans une fourchette maximale de dix points.

Les entreprises doivent, au cours du premier trimestre de chaque année, régulariser leurs écritures en ventilant leurs recettes de l'année écoulée en tenant compte des marges de commercialisation effectivement pratiquées. Cette régularisation revient, en fait, à appliquer rétroactivement la méthode B. Elle se traduit, soit par un complément d'impôt à verser, soit éventuellement par un crédit à imputer.

Méthode B : comptabilisation des achats en valeur de vente (marge moyenne pondérée)

Les achats sont comptabilisés en valeur de vente par application d'une marge moyenne pondérée aux achats de produits classés en deux ou plusieurs catégories.

a. Première année d'application

Les achats sont répertoriés par taux d'imposition et comptabilisés en valeur de vente théorique, taxe comprise. À cet effet, le prix d'achat de chaque catégorie de produits soumis à un même taux est majoré de la marge commerciale moyenne pondérée afférente aux produits correspondants par application de la formule suivante : 100 marge sur vente / 100 – marge sur vente.

Les marges commerciales moyennes pondérées retenues doivent correspondre aux marges effectivement appliquées par l'entreprise, calculées sous sa responsabilité. Valables pour une année civile entière (ou pour un exercice comptable), elles doivent correspondre aux prévisions de ventes de ladite année. Les résultats comptables de l'année précédente ne sauraient donc avoir qu'une simple valeur indicative. L'addition des prix de vente ainsi calculés permet d'obtenir, d'une part et pour chaque taux (ou chaque catégorie), le chiffre d'affaires théorique correspondant auxdits achats du mois considéré, d'autre part, le chiffre d'affaires global théorique correspondant auxdits achats.

Ces deux éléments permettent de déterminer le pourcentage, par rapport à la recette globale théorique, des recettes théoriques afférentes à chaque catégorie de produits, chacun des pourcentages ainsi obtenus étant appliqué à la recette réelle (TVA comprise) du mois considéré.

Une régularisation de la ventilation des recettes doit être effectuée au terme de l'année. Cette régularisation doit se faire en tenant compte des seuls produits effectivement vendus au cours de l'année. À cet effet, pour chaque taux (ou pour chaque catégorie), les achats de l'année sont majorés du stock d'entrée et diminués du stock de sortie, achats et stocks étant chiffrés en valeur de vente comme indiqué ci-dessus. On obtient ainsi, pour l'année, le montant global des ventes théoriques ventilé par taux, dont on dégage les pourcentages de vente par catégorie de taux. Ces pourcentages appliqués à la recette réelle globale permettent de déterminer la recette réelle imposable à chaque taux. La comparaison avec les déclarations déjà souscrites donne les bases de la régularisation à effectuer, régularisation qui se traduit soit par un versement complémentaire, soit par un crédit à reporter.

b. Années suivantes

Deux situations doivent être envisagées :

– si l'entreprise ne modifie pas ses marges de commercialisation, elle a le choix entre deux solutions : soit continuer à déterminer les recettes taxables comme il est dit ci-dessus pour la première année, soit ventiler directement ces recettes par application à la recette réelle des pourcentages de répartition déterminés d'après la totalisation des achats de l'année précédente ;

– si l'entreprise modifie ses marges de commercialisation, seule la première solution peut être retenue.

Méthode C : comptabilisation des achats en valeur de vente (marge commerciale du produit)

Susceptible d'être utilisée par toute entreprise, sur simple déclaration préalable, cette méthode constitue une simple variante de la méthode B dont elle ne se différencie que sur deux points :

– la valeur de vente théorique des achats est obtenue en majorant la valeur d'achat de chaque produit de la marge commerciale propre à sa revente ;

– si la marge commerciale sur achat à retenir est la marge effectivement appliquée par l'entreprise et tient compte, par conséquent, des méthodes de vente (articles en réclame, octroi de ristourne à telle ou telle catégorie particulière de consommateurs, etc.), il est admis que les chiffres ainsi déterminés soient rectifiés en fin de mois pour tenir compte, soit des baisses résultant de ventes publicitaires ou de soldes non primitivement prévus, soit des hausses de prix intervenues entre-temps.

L'entreprise doit procéder à une régularisation en fin d'année si la variation relative des stocks évalués en valeur de vente excède 10 % (n° 45095, précision c) et la ventilation des recettes au cours des années suivantes retenue dans la méthode B s'applique également.

2. MENTIONS À PORTER EN COMPTABILITÉ

Pour les assujettis tenant une **comptabilité,** celle-ci doit leur permettre de déterminer leur chiffre d'affaires imposable. Les mentions à porter résultent de la réglementation comptable, laquelle impose notamment l'enregistrement de l'ensemble des opérations affectant le patrimoine de l'entreprise, étant rappelé que les inscriptions en comptabilité ne doivent pas comporter moins d'indications que celles requises pour la tenue du livre spécial. **45150**

Pour les assujettis ne tenant **pas de comptabilité,** l'article 286, I-3° du CGI prévoit que chaque inscription sur le livre spécial doit indiquer la date, la désignation sommaire des objets vendus, du service rendu ou de l'opération imposable, ainsi que le prix de la vente ou de l'achat, ou le montant des courtages, commissions, remises, salaires, prix de location, intérêts, escomptes, agios ou autres profits.

En outre, l'article 37 de l'annexe IV au CGI prévoit que la comptabilité ou le livre spécial doit faire apparaître, pour chaque opération ayant donné lieu à l'émission d'une facture comportant mention de la TVA, le montant net de l'opération, le montant de la TVA au taux exigible facturé, ainsi que le nom et l'adresse du client.

> **> Précisions** Pour les contribuables soumis au **secret professionnel** en vertu des articles 226-13 et 226-14 du Code pénal (membres du corps médical, experts-comptables, avocats...), l'administration admet que l'**identité du client** peut être remplacée par la mention de la nature des prestations fournies. Lorsque ces contribuables sont membres d'un organisme de gestion agréé, l'identité du client peut être remplacée par une référence à un document annexe permettant de retrouver cette indication (BOI-TVA-DECLA-30-10-10 n° 70).

REDEVABLES RÉALISANT ORDINAIREMENT DES RECETTES TAXES COMPRISES

La comptabilité des entreprises doit, en principe, comporter l'indication du **chiffre d'affaires hors taxe** (le montant des opérations à déclarer devant être déterminé hors TVA, conformément à l'article 267, I-1° du CGI : n°s 35400 s.). **45160**

Toutefois, les assujettis qui réalisent ordinairement des recettes taxes comprises (détaillants notamment) et qui éprouveraient des difficultés pour comptabiliser leurs recettes hors taxe peuvent les inscrire en comptabilité toutes taxes comprises, et **reconstituer** mensuellement ou trimestriellement, selon les cas, leur **chiffre d'affaires hors taxe** en utilisant les **coefficients** de conversion appropriés, calculés à partir de la formule : 100 / (100 + taux TVA), et arrêtés à la troisième décimale. En ce qui concerne les coefficients de conversion correspondant aux taux légaux principaux, voir n° 40105.

Lorsque les recettes inscrites en comptabilité comportent une **autre taxe** perçue en addition et selon les mêmes règles que la TVA, le coefficient de conversion est obtenu par la formule : 100 / (100 + taux TVA + taux de la taxe additionnelle) (BOI-TVA-DECLA-30-10-10 n° 170).

Cette reconstitution permet de présenter le **compte de résultat** hors taxe (n° 44955).

> **> Précisions** On observera que ni les textes ni la doctrine administrative ne précisent le **niveau** auquel doit être fait l'**arrondissement des montants de TVA** obtenus à partir d'un chiffre d'affaires TTC.
> En tout état de cause, un arrondi à un échelon très bas (article ou ligne de produits) systématiquement pratiqué au centime inférieur ou à la fraction de centime inférieure, qui entraînerait une distorsion entre TVA perçue et TVA reversée au Trésor, serait contraire aux principes de neutralité fiscale et de proportionnalité (CJUE 5-3-2009 aff. 302/07 : RJF 8-9/09 n° 807 ; CAA Versailles 21-5-2013 n° 11VE03306 : RJF 10/13 n° 925).

OPÉRATIONS AVEC DES PARTICULIERS

Lorsque l'opération (autre que celles visées au n° 45850) est conclue avec de simples particuliers, l'assujetti peut se dispenser d'indiquer distinctement sur sa **facture** le montant hors TVA de l'opération, ainsi que celui de la taxe grevant la marchandise ou le service facturé (n° 46100). L'assujetti qui use de cette faculté n'est dans ce cas pas tenu de faire mention de ces indications dans sa comptabilité. **45170**

Voir toutefois aux n°s 45885 s. le cas des facturations de **travaux immobiliers.**

OPÉRATIONS AU COMPTANT INFÉRIEURES À 76 €

45180 L'article 286, I-3° du CGI prévoit que les opérations au comptant correspondant à des ventes au détail ou à des services rendus aux particuliers peuvent être inscrites globalement en comptabilité **à la fin de chaque journée** lorsque leur montant unitaire est inférieur à 76 €. Ce montant est apprécié **taxes comprises.** Cette faculté ne dispense pas les assujettis de conserver des justifications (par exemple, bandes de caisse enregistreuse, fiches de caisse, brouillards de caisse, notes d'honoraires pour les BNC).

Pour les opérations **payées par chèques,** seuls les totaux des bordereaux de remise en banque peuvent être comptabilisés, à condition que ces bordereaux soient conservés (BOI-TVA-DECLA-30-10-10 n° 220).

Pour les assujettis tenant le livre spécial, le montant des opérations inscrites sur le livre est totalisé à la fin du mois.

Cette mesure s'applique à l'**ensemble des contribuables,** quels que soient la catégorie d'imposition dont leurs revenus relèvent (BIC, BA ou BNC) et leur régime d'imposition (BOI précité n° 230).

> **> Précisions** **a.** Pour les ventes au détail, la **limite** de 76 € s'apprécie par opération de vente et non article par article (BOI précité n° 240).
> **b.** Pour les **commerçants détaillants,** l'administration admet que le seul fait d'enregistrer globalement, en fin de journée, leurs recettes journalières, quel qu'en soit le montant unitaire, ne suffit pas à faire écarter la comptabilité présentée dès lors que celle-ci est, par ailleurs, tenue correctement et que ses résultats sont en rapport avec l'importance et l'activité de l'entreprise (BOI précité n° 250).

SECTION 3

OBLIGATIONS TENANT À LA FACTURATION

45400 L'économie de la TVA repose sur le principe fondamental selon lequel l'impôt inclus dans le prix d'une opération taxée est déductible de la taxe applicable à cette opération. La déduction est toutefois subordonnée, en principe, d'un point de vue formel, à la possession par les assujettis d'un document comportant distinctement la mention de la TVA. Dans la généralité des cas, ce document, qui justifie l'exercice du droit à déduction, est constitué par la facture remise par le fournisseur des biens ou des services.

Telle est la raison essentielle pour laquelle l'établissement des factures par les assujettis à la TVA est soumis à des règles particulières. Ces règles procèdent également de l'intérêt pour leurs clients de connaître le taux de la taxe qui grève les produits ou services qui leur sont livrés ou rendus (BOI-TVA-DECLA-30-20 n°s 1 et 10).

45405 Après avoir examiné l'étendue de l'obligation de délivrance de factures (n°s 45500 s.), nous exposerons les règles relatives aux mentions à porter sur les factures (n°s 46100 s.), puis les spécificités de la transmission des factures par voie électronique (n°s 46600 s.). Nous étudierons, ensuite, l'obligation de conservation et de stockage des factures (n°s 46700 s.). Les deux dernières rubriques de l'étude seront consacrées aux règles applicables en cas de mention abusive de la TVA (n°s 47050 s.), puis à une présentation des sanctions des infractions aux règles de la facturation (n°s 47230 s.).

I. OBLIGATION DE DÉLIVRANCE DE FACTURES

45500 L'article 289, I-1 du CGI précise que tout assujetti est tenu de s'assurer qu'une facture est émise, par lui-même ou en son nom et pour son compte, par son client ou par un tiers :

– pour les **livraisons** de biens **ou** les **prestations** de services qu'il effectue **pour un autre assujetti,** ou pour une personne morale non assujettie et qui ne sont pas exonérées en application des articles 261 à 261 E du CGI (n°s 45865 s.) ;

– pour les **ventes à distance intracommunautaires** de biens (nos 23000 s.), pour les **livraisons de biens à destination de plateformes** qui facilitent la livraison d'un bien dans l'UE (livraison domestique ou vente à distance intracommunautaire) par un assujetti non établi sur le territoire de l'UE à une personne non assujettie (livraisons exonérées de TVA par l'article 262 ter, III du CGI : n° 23640), sauf lorsque l'assujetti se prévaut du régime de guichet unique prévu à l'article 298 sexdecies G du CGI (« OSS-UE ») (n° 45850), pour les **livraisons** et transferts **intracommunautaires** de biens exonérés en application des règles énoncées nos 20280 s. et pour les livraisons intracommunautaires exonérées de moyens de transport neufs (n° 21030) ;

– pour les **acomptes** qui lui sont versés avant que l'une des opérations visées aux deux premiers tirets ne soit effectuée (à l'exception des livraisons intracommunautaires de biens exonérées, y compris de moyens de transport neufs : n° 45850), même lorsque ces acomptes ne donnent pas lieu à exigibilité de la taxe (BOI-TVA-DECLA-30-20-10-10 nos 120 et 130) ;

– pour les **livraisons aux enchères publiques** de biens d'occasion, d'œuvres d'art, d'objets de collection ou d'antiquité (nos 80040 s.).

L'assujetti doit conserver un **double** de toutes les factures émises (CGI art. 289, I-4).

> **Précisions** **a.** Pour l'application des règles ci-dessus, il y a lieu d'entendre par « **assujetti** » toute personne qui réalise une activité économique à titre indépendant (même si non effectivement soumise à la TVA), étant rappelé que sont également considérées comme des assujettis les personnes effectuant à titre occasionnel la livraison intracommunautaire d'un moyen de transport neuf (n° 21020).
> **b.** Les assujettis qui réalisent des **ventes à distance de biens importés** (nos 23200 s.) ne sont soumis à aucune obligation de facturation (BOI-TVA-DECLA-30-20-10-10 n° 40).

Cette **obligation fiscale,** prévue en matière de **TVA,** se juxtapose, sans y faire échec, à l'obligation de même nature imposée, dans certains cas, par la **réglementation économique** ou la réglementation des contrats passés avec les **personnes publiques.** **45505**

NOTION DE FACTURE

Tout **document délivré dans les conditions prévues par le CGI** et ses annexes, au regard notamment de ses mentions obligatoires (nos 46150 s.), constitue une facture quelle que soit la qualification donnée à ce document par les parties (quittance, note, relevé, compte rendu, etc.) (BOI-TVA-DECLA-30-20-10 n° 1). **45515**

> **Précisions** **a.** Tout **document ou message qui modifie la facture initiale** (y compris lorsque celle-ci est dématérialisée : n° 45525) et qui fait référence à la facture initiale de façon spécifique et non équivoque est assimilé à une facture. Il doit comporter l'ensemble des mentions requises (nos 46150 s. ; pour le cas particulier des opérations résiliées, annulées ou impayées, voir nos 59270 s. et 59510 s.).
> **b.** Sont considérés comme des factures les **reçus** délivrés aux **péages** d'autoroutes et par les **automates** (tickets de parking, etc.) lorsqu'ils comportent les mentions citées au n° 46530.
> **c.** Selon la CJUE, afin de pouvoir être reconnu en tant que facture un document doit, d'une part, mentionner la TVA et, d'autre part, contenir celles des informations visées dans la directive TVA concernant le contenu des factures qui sont nécessaires pour que l'administration fiscale puisse établir si les conditions matérielles du droit à déduction de la TVA sont satisfaites. Ainsi, un **contrat de cession-bail** qui remplit ces conditions peut être considéré comme une facture (CJUE 29-9-2022 aff. 235/21 : RJF 12/22 n° 1094).
> Sur la notion de facture, voir également les précisions figurant au n° 55805.

FORME DE LA FACTURE

Les factures sont transmises sur support **papier ou** sous une **forme électronique** quelle qu'elle soit (sur les modalités d'établissement et de transmission des factures par voie électronique, voir nos 46600 s.). **45525**

Quelle que soit la forme de la facture (papier ou forme électronique), l'**authenticité** de son origine, l'**intégrité** de son contenu et sa **lisibilité** doivent être assurées à compter de son émission et jusqu'à la fin de sa période de conservation (CGI art. 289, V). Tel est le cas lorsque la facture est transmise par voie électronique selon les systèmes prévus aux 2° et 3° du VII de l'article 289 du CGI (voir nos 46610 et 46620). Dans les autres cas (c'est-à-dire en cas de recours soit à d'autres modes de facturation électronique, soit à la facture papier), afin de satisfaire à cette exigence, les opérateurs doivent mettre en place des contrôles documentés et permanents qui permettent d'établir une **piste d'audit fiable** entre la facture émise ou reçue et la livraison de biens ou la prestation de services qui en est le fondement (voir à cet égard n° 46630).

> **Précisions** Le législateur a prévu la mise en place progressive, **à compter du 1er juillet 2024,** d'une part, d'une **obligation** de recours à la **facturation électronique** dans les **relations entre assujettis** à la TVA établis en France (« e-invoicing ») et, d'autre part, d'une obligation de **transmission** à l'administration fiscale de **données** relatives à certaines transactions

internationales ou réalisées par un assujetti établi en France avec des non-assujettis et de données de paiement (« e-reporting »). Le calendrier de mise en place est le suivant :
– **réception de factures électroniques** : obligatoire pour tous les assujettis, quelle que soit la taille de leur entreprise, à compter du 1er juillet 2024 ;
– **émission de factures électroniques** et **e-reporting** :
• obligatoire à compter du 1er juillet 2024 pour les grandes entreprises et les groupes TVA ;
• obligatoire à compter du 1er janvier 2025 pour les entreprises de taille intermédiaire (ETI) ;
• obligatoire à compter du 1er janvier 2026 pour les petites et moyennes entreprises (PME) et les microentreprises.
Pour s'acquitter de ces obligations, les entreprises devront recourir soit au portail public de facturation, soit à une autre plateforme de dématérialisation (Loi 2022-1157 du 16-8-2022).
Les conditions et modalités d'application techniques concernant ces obligations ont été définis par le décret 2022-1299 du 7 octobre 2022 et l'arrêté ECOE2218934A du même jour. Les entreprises peuvent également trouver des éléments d'information dans la foire aux questions accessible par le site internet impots.gouv.fr (rubrique « Professionnel » puis « Passer à la facturation électronique »).
Le dispositif de facturation électronique obligatoire est autorisé par les autorités européennes jusqu'au 31 décembre 2026. Pour proroger le dispositif au-delà de cette date, la France devra présenter à la Commission une demande de prorogation accompagnée d'un rapport évaluant l'efficacité des mesures nationales en matière de lutte contre la fraude à la TVA et en matière de simplification de la perception de la taxe et leurs effets sur les assujettis (Décision d'exécution UE/2022/133 du 25-1-2022).

A. Champ d'application territorial des règles de facturation

45575 Aux termes de l'article 289-0 du CGI, les règles de facturation prévues par le CGI s'appliquent, sous réserve des **exclusions** mentionnées aux nos 45595 et 45605 :

– **aux opérations réputées situées en France** en application des **règles de territorialité** fixées par les articles 258 à 259 D du CGI (nos 19200 s.), à l'**exclusion** de celles qui sont réalisées par un assujetti établi dans un autre État membre de l'UE et pour lesquelles l'acquéreur ou le preneur établi en France doit autoliquider la taxe en France (sauf si l'assujetti leur a donné mandat pour facturer en son nom et pour son compte) ;

– aux **opérations** réalisées **par un assujetti établi en France** mais **situées dans un autre État membre** et pour lesquelles la **taxe** doit être **autoliquidée** par l'acquéreur ou le preneur établi dans cet autre État (sauf si l'assujetti leur a donné mandat pour facturer en son nom et pour son compte) ;

– aux **opérations** réalisées par un assujetti établi en France et dont le lieu est situé dans un **pays tiers** ;

– aux **opérations** pour lesquelles le **prestataire se prévaut** du régime de guichet unique prévu à l'article 298 sexdecies F du CGI (« OSS-non UE ») ou de celui prévu à l'article 298 sexdecies G du même Code (« OSS-UE »).

Remarques : **1.** La transposition des règles de territorialité des factures opérée par l'article 289-0 du CGI n'est pas conforme aux dispositions de l'article 219 bis de la directive TVA. En effet, s'agissant des opérations autoliquidées, le texte communautaire, contrairement au texte français, n'exige pas que le preneur redevable de la taxe soit établi dans l'État membre dans lequel l'opération est située. Toutefois, les commentaires administratifs (reproduits ci-dessous) sont conformes aux principes fixés par la directive TVA (BOI-TVA-DECLA-30-20-10-20 nos 1 à 130).

2. L'article 289-0 du CGI définit le champ d'application territorial des règles de facturation prévues à l'article 289 du même Code, qui concernent l'émission, le contenu ou les mesures de simplification des factures, à l'exclusion de celles relatives à la **conservation des factures** qui font l'objet de dispositions spécifiques exposées aux nos 46700 s. (BOI précité no 1).

OPÉRATIONS SITUÉES EN FRANCE

45585 Les règles de facturation prévues par le CGI s'appliquent, en premier lieu, et en principe, aux opérations situées en France.

Sont concernées, au premier chef, les **opérations situées en France** effectuées par des **opérateurs établis en France** au **profit d'assujettis** (ou personnes morales non assujetties) **établis en France.**

45590 Les règles de facturation françaises s'appliquent également à certaines opérations effectuées au **profit d'assujettis** établis dans d'**autres États membres** de l'UE **ou** d'**opérateurs** établis **hors**

de l'UE lorsque le **lieu** de ces opérations est réputé se situer, en application des règles de territorialité, sur le **territoire français,** et ce, indépendamment du fait que ces opérations ne seraient pas effectivement imposées en raison d'une mesure d'exonération spécifique.

EXEMPLE

Livraisons intracommunautaires et exportations réalisées par un assujetti établi ou identifié en France.

Sont également concernées, en principe, les opérations effectuées par des **opérateurs établis** **45595**
hors de France lorsque le **lieu** de ces opérations est réputé se situer sur le territoire français en application des règles de territorialité (notamment, livraisons de biens domestiques en France, prestations « B to B » imposables en France).

Toutefois, les règles de facturation françaises ne s'appliquent pas aux opérations réputées situées en France :

– qui sont réalisées par un **assujetti** qui a **établi** le siège de son activité économique **dans un autre État membre** de l'UE, ou qui y dispose d'un établissement stable à partir duquel la livraison de biens ou la prestation de services est effectuée ou, à défaut, son domicile ou sa résidence habituelle ;

– et pour lesquelles la **taxe** doit être **autoliquidée** en France par l'acquéreur ou le preneur (voir sur ce point notre remarque sous le n° 45575).

EXEMPLE

Prestations de services visées à l'article 259, 1° du CGI (nos 24550 s.) fournies à un assujetti à la TVA établi en France par un prestataire établi dans un autre État membre.

Dans une telle hypothèse, la facture doit être émise conformément aux règles en vigueur dans l'État membre du fournisseur ou du prestataire (voir à cet égard la remarque du n° 45605).

Cependant, cette règle dérogatoire ne s'applique **pas** dans l'hypothèse où le client a reçu mandat pour facturer au nom et pour le compte du fournisseur ou du prestataire (**autofacturation**). Dans un tel cas, il convient d'appliquer les règles de facturation françaises.

OPÉRATIONS RÉALISÉES SUR LE TERRITOIRE D'UN AUTRE ÉTAT MEMBRE DE L'UE

Les règles de facturation applicables à une livraison de biens ou une prestation de services dont **45605**
le lieu d'imposition est situé dans un **autre État membre de l'UE** sont normalement celles de l'État membre où est située l'opération : les factures émises doivent donc comporter toutes les mentions requises par la réglementation de cet autre État membre.

Toutefois, ce sont les règles de facturation françaises qui sont applicables aux opérations réalisées par un **assujetti** qui a **établi** le siège de son activité économique **en France** ou qui y dispose d'un établissement stable à partir duquel la livraison de biens ou la prestation de services est effectuée ou, à défaut, son domicile ou sa résidence habituelle, lorsque ces opérations sont situées dans un autre État membre et que la **taxe** est **autoliquidée** dans cet autre État par l'acquéreur ou le preneur (voir sur ce point notre remarque sous le n° 45575).

EXEMPLE

Prestations de services visées à l'article 44 de la directive TVA fournies à un assujetti établi dans un autre État membre.

Par **exception,** les règles françaises ne s'appliquent pas si l'assujetti établi en France a donné mandat à son client d'établir lui-même la facture (**autofacturation**).

Remarque : On rappelle que la réglementation de chaque État membre en matière de facturation est la transposition, en droit national, des règles prévues par le droit communautaire : les factures émises selon la réglementation d'un autre État de l'UE comportent donc, en principe, et sous réserve des marges de manœuvre laissées aux États membres, les mêmes **mentions obligatoires** que celles requises par le CGI, et notamment les mentions requises pour les **opérations intracommunautaires.**

OPÉRATIONS RÉALISÉES HORS DE L'UE

Les règles de facturation françaises prévues par le CGI sont également applicables aux livraisons **45625**
de biens et prestations de services qui sont réputées ne pas être situées dans l'UE, lorsque celles-ci sont réalisées par un **assujetti** qui a **établi** le siège de son activité économique en **France** ou qui y dispose d'un établissement stable à partir duquel la livraison de biens ou la prestation de services est effectuée ou, à défaut, son domicile ou sa résidence habituelle.

EXEMPLES

1. Livraisons de biens réalisées dans ou à partir d'un pays tiers.
2. Prestations de services visées à l'article 44 de la directive TVA fournies à un assujetti établi hors de l'UE.
3. Prestations immatérielles « B to C » visées à l'article 259 B du CGI.

En revanche, les factures délivrées aux **importateurs établis** ou identifiés **en France** par des **fournisseurs établis hors de l'Union** européenne ne relèvent pas, en principe, du champ d'application territorial des articles 289-0 et 289 du CGI et des dispositions de la directive TVA.

OPÉRATIONS POUR LESQUELLES LE PRESTATAIRE SE PRÉVAUT D'UN RÉGIME DE GUICHET UNIQUE

45630 Sont soumises aux règles de facturation françaises les opérations pour lesquelles le prestataire se prévaut des régimes de guichet unique français prévus aux articles 298 sexdecies F (« OSS-non UE » : nos 33550 s.) et 298 sexdecies G du CGI (« OSS-UE » : nos 33630 s.).

> **Précisions** On remarquera que l'article 289-0 du CGI (comme la version française de l'article 219 bis de la directive TVA dont il assure la transposition) utilise le terme « prestataire », ce qui pourrait laisser penser que les assujettis réalisant des opérations portant sur des biens (ventes à distance intracommunautaires notamment) pour lesquelles ils ont recours au guichet unique prévu par l'article 298 sexdecies G du CGI ne seraient pas visés par la règle énoncée ci-dessus. Toutefois, selon nous et selon d'autres versions linguistiques de la directive, le terme « prestataire » doit s'entendre comme englobant également ces assujettis.

REMARQUE

45635 L'établissement matériel des factures par un tiers (**sous-traitance de la facturation**) n'a pas pour effet de modifier le champ d'application territorial des obligations de facturation.

B. Personnes tenues de délivrer des factures

PRINCIPE : ÉMISSION DE LA FACTURE PAR L'ASSUJETTI

45700 L'obligation de facturation repose normalement sur l'**assujetti** (vendeur ou prestataire de services). Le fait que les opérations réalisées ne soient **pas effectivement soumises à la TVA** en application des dispositions spécifiques d'exonération ou des dispositions de l'article 293 B du CGI (franchise en base) n'a pas pour effet de dispenser l'assujetti de l'obligation de facturation à laquelle il est soumis (BOI-TVA-DECLA-30-20-10-30 nos 1 à 30).

Une **dispense de facturation** s'applique toutefois à certaines opérations exonérées de TVA (voir nos 45865 s.).

> **Précisions** **a.** L'obligation fiscale de facturation s'impose aux **exploitants agricoles** soumis au régime du **remboursement forfaitaire** agricole (n° 73760).
> **b.** Les **personnes morales de droit public** sont soumises à l'obligation de facturation lorsqu'elles sont assujetties à la TVA en application des dispositions de l'article 256 B du CGI (nos 10300 s.).
> **c.** Pour le cas où une **personne établie hors de l'UE** a désigné un **représentant** assujetti établi en France, voir n° 31095.
> **d.** Sur l'incidence de l'**attractivité du siège économique ou de l'établissement stable participant** à la réalisation de l'opération en matière de facturation, voir n° 31810.

ÉMISSION DES FACTURES PAR LE CLIENT OU PAR UN TIERS

45710 L'article 289, I-2 du CGI prévoit que les factures peuvent être **matériellement émises** par le **client** (autofacturation) ou par un **tiers** (sous-traitance de la facturation) lorsque l'assujetti leur donne **mandat** à cet effet. Sous réserve de son acceptation par l'assujetti, chaque facture est alors émise en son nom et pour son compte.

45720 **Conclusion d'un mandat de facturation** Lorsque le **mandataire** est établi dans un **pays** avec lequel il n'existe **aucun instrument juridique relatif à l'assistance** mutuelle ayant une portée similaire aux dispositions prévues entre les États membres en matière de recouvrement des créances fiscales, de coopération administrative et de lutte contre la fraude, le **mandat** de facturation doit être **écrit et préalable** (voir n° 45745).

Lorsque le **mandataire** est **établi en France ou** dans un **pays où il existe un tel instrument** (autre État membre ou pays tiers faisant partie de la liste donnée au n° 45745, précision a) **aucun formalisme** n'est requis et le mandat peut être matérialisé par un écrit ou prendre la forme d'un mandat tacite. En tout état de cause, les parties doivent être en mesure de démontrer l'existence du mandat de facturation si l'administration fiscale le demande (à cet égard, les mentions évoquées au n° 45735 sont de nature à établir l'existence d'un mandat tacite) (BOI-TVA-DECLA-30-20-10-30 n°s 120 et 130).

Les **modalités du mandat de facturation,** et notamment son champ d'application, sont librement définies par le fournisseur et son mandataire. Le mandat peut, par exemple, être délivré pour une opération ponctuelle, pour une série d'opérations données ou pour tout ou partie des opérations réalisées par le mandant sur une période donnée déterminée par le contrat. Il peut porter sur les seules factures initiales ou également sur les factures rectificatives. Il peut comporter une clause accordant au mandant un délai pour contester le contenu des factures et lui reconnaissant la possibilité d'émettre des factures rectificatives (BOI précité n° 140).

Pour être considérée comme émise en son nom et pour son compte, **chaque facture** émise par un mandataire **doit être acceptée** par le mandant (CGI art. 289, I-2). L'acceptation du mandant, qui est exigée même lorsque les parties ont conclu un mandat écrit, peut, par exemple, être matérialisée par l'apposition de sa signature ou de son cachet sur la facture ou par l'accusé de réception d'une facture électronique précisant que le mandant accepte et authentifie les factures émises en son nom et pour son compte. Le recours à une procédure d'acceptation tacite est également admis (en prévoyant, par exemple, un délai de contestation pour le mandant) (BOI-TVA-DECLA-30-20-10-30 n° 160). **45725**

Conséquences du mandat de facturation Le **fournisseur conserve l'entière responsabilité** de ses obligations en matière de facturation et de ses conséquences au regard de la TVA (notamment, paiement de la TVA, y compris lorsque celle-ci a été facturée à tort par le client ou le tiers). **45730**

Les factures établies par le mandataire au nom et pour le compte du fournisseur ou du prestataire doivent comporter toutes les **mentions** prescrites par le CGI et être établies en **double exemplaire,** dont l'un est remis au mandant. Afin d'éviter toute ambiguïté, il est recommandé de porter sur les factures émises par un tiers spécialement mandaté à cet effet une **mention** du type « Facture établie par A au nom et pour le compte de B ». **45735**
Lorsque l'établissement matériel des factures est confié au client du fournisseur ou prestataire, la mention « Autofacturation » doit être apposée sur la facture (BOI-TVA-DECLA-30-20-10-30 n°s 200 à 210).

Lorsqu'un mandat de facturation est conclu, le mandant reste tenu : **45740**
- de verser au Trésor la taxe mentionnée sur les factures établies en son nom et pour son compte ;
- de réclamer immédiatement le double de la facture si cette dernière ne lui est pas parvenue ;
- et de signaler toute modification dans les mentions concernant l'identification de son entreprise.

Cas particulier du mandat de facturation confié à un client ou un tiers établi dans un pays tiers n'ayant pas conclu avec la France de convention d'assistance au recouvrement des créances fiscales Lorsque le client ou le tiers mandaté est établi dans un pays tiers n'ayant pas conclu avec la France de convention d'assistance au recouvrement des créances fiscales, les règles suivantes s'appliquent : **45745**
- un **mandat écrit** et **préalable** doit être établi ;
- l'assujetti doit **informer par écrit l'administration** de l'existence de ce mandat de facturation lorsque le mandataire établit de manière régulière des factures en son nom et pour son compte (à cette fin, il doit déposer, auprès de son service des impôts, un état mentionnant l'identité et l'adresse du client ou tiers ainsi mandaté, dans les mêmes délais que sa déclaration de résultats ou de bénéfices) ;
- les factures concernées doivent être émises dès la réalisation de la livraison de biens ou de la prestation de services sans que puisse être utilisée la possibilité de délivrer des factures périodiques dans les conditions prévues au troisième alinéa du 3 de l'article 289, I du CGI (CGI ann. II art. 242 nonies).

> **Précisions a.** La liste des **pays non membres de l'UE** avec lesquels la France a conclu un **accord d'assistance mutuelle** pour le **recouvrement des créances fiscales** figure au n° 30855. Lorsque le mandataire est établi dans l'un de ces pays, le mandat de facturation n'est donc pas soumis aux modalités particulières décrites ci-dessus.
> **b.** Il est admis que l'état mentionné ci-dessus ne soit pas déposé spontanément par le mandant lorsque le nombre d'opérations facturées n'excède pas le seuil de dix opérations par année civile (BOI-TVA-DECLA-30-20-10-30 n° 270).

Sous-traitance de la facturation par le mandataire Il est admis qu'un mandat de facturation entre un assujetti et son mandataire (client ou tiers) puisse prévoir que **45750**

l'établissement matériel des factures peut être effectué par un sous-traitant du mandataire, sous réserve du respect des **conditions** suivantes :

– le mandat de facturation conclu entre le client ou tiers mandaté et son sous-traitant doit respecter l'ensemble des dispositions prévues en la matière (nos 45710 à 45740) ;

– le fournisseur ou le prestataire doit être informé des conditions effectives d'émission de ses factures. Il doit donner son accord sur le fait que l'émission matérielle de ses factures sera confiée, par son mandataire, à un sous-traitant, dont le nom et l'adresse lui seront par ailleurs communiqués. Si le sous-traitant peut lui-même recourir à un prestataire, l'accord du fournisseur sur une telle possibilité doit également être recueilli (BOI-TVA-DECLA-30-20-10-30 no 100).

> **Précisions** Si le sous-traitant est établi dans un pays tiers à l'UE n'ayant pas conclu avec la France de convention d'assistance au recouvrement des créances fiscales, il doit être fait, en outre, application des règles décrites au no 45745. En effet, dans cette hypothèse, pour l'application de ces règles, le pays d'établissement du tiers mandaté ne s'entend pas du pays d'établissement du mandataire, qui n'intervient pas matériellement dans l'émission des factures, mais du pays dans lequel est établie la personne, prestataire de ce mandataire ou sous-traitant du prestataire, qui émet matériellement les factures. Le client ou le tiers mandaté par le fournisseur doit informer ce dernier du pays d'établissement de la personne qui émet matériellement les factures et l'avertir de toute modification de ce lieu d'établissement (BOI précité no 280).

ENTREPRISES ÉTABLIES DANS UN AUTRE ÉTAT MEMBRE DE L'UE

45760 L'article 95, III de l'annexe III au CGI prévoit la possibilité, pour les assujettis établis dans un autre État membre **ou** dans un **pays tiers** ayant conclu une **convention d'assistance** au recouvrement des créances fiscales avec la France, d'avoir recours à un **mandataire** chargé d'effectuer à leur place tout ou partie des formalités déclaratives et de paiement (nos 30900 s.). Ce mandat est différent du mandat de facturation prévu à l'article 289, I-2 du CGI mais, lorsqu'il porte également sur l'obligation de facturation, ce mandat doit satisfaire aux conditions du mandat de facturation prévues par l'article 289, I-2 précité et examinées ci-dessus aux nos 45710 s. (BOI-TVA-DECLA-30-20-10-30 no 160).

ENTREPRISES ÉTABLIES HORS DE L'UE

45770 Lorsque la TVA est acquittée par le **représentant fiscal,** désigné en application de l'article 289 A du CGI, d'une entreprise établie dans un **pays tiers** à l'UE **n'ayant pas conclu avec la France de convention d'assistance** au recouvrement des créances fiscales (nos 31050 s.), c'est à lui qu'il appartient normalement d'établir les factures. Dans ce cas, la facturation ne relève pas des règles du mandat de facturation décrites ci-dessus aux nos 45710 s. (BOI-TVA-DECLA-30-20-10-30 no 160).

> **Précisions** Cas des intermédiaires transparents mandataires d'entreprises étrangères établies hors de l'UE qui acquittent la TVA sur le prix total de la transaction réalisée pour le compte de l'entreprise étrangère, en application de l'article 266, 1-b du CGI : voir no 31235.

C. Opérations donnant lieu à facturation

45830 L'article 289, I-1 du CGI fixe expressément et limitativement la **liste des opérations** devant donner lieu à facturation et celles bénéficiant d'une dispense de facturation. Dans certains cas, l'obligation de facturation est générale et ne concerne pas seulement les opérations réalisées avec un assujetti ou une personne morale non assujettie.

Signalons que les travaux immobiliers effectués pour le compte des particuliers sont soumis à des obligations particulières en matière de facturation : voir nos 45885 s.

RÈGLE GÉNÉRALE

45840 Tout assujetti est tenu de s'assurer qu'une facture est émise, par lui-même, ou en son nom et pour son compte, par son client ou par un tiers pour les **livraisons de biens** ou les **prestations de services** qu'il effectue pour un autre assujetti, ou pour une personne morale non assujettie, sauf si ces opérations sont exonérées en application des articles 261 à 261 E du CGI : dans ce dernier cas, l'assujetti peut se dispenser d'établir des factures (nos 45865 s.).

La même obligation s'applique aux **acomptes** qui lui sont versés avant que l'une des opérations visées ci-dessus ne soit effectuée, même lorsque ces acomptes ne donnent pas lieu à exigibilité de la taxe (CGI art. 289, I-1).

Remarque : En cas de doute sur la situation de leur client au regard de la TVA, les assujettis ont tout intérêt à leur délivrer une facture.

RÈGLES PARTICULIÈRES À CERTAINES CATÉGORIES D'OPÉRATIONS

Le b de l'article 289, I-1 du CGI prévoit que tout assujetti est également tenu de s'assurer qu'une facture est émise par lui-même, ou en son nom et pour son compte, par son client ou par un tiers, pour les opérations suivantes : **45850**

– **ventes à distance intracommunautaires** (nos 23000 s.). Toutefois, les assujettis qui ont recours au guichet unique prévu par l'article 298 sexdecies G du CGI pour la déclaration et le paiement de la TVA due au titre de ces ventes (nos 33630 s.) sont dispensés de délivrer des factures ;

– **livraisons et transferts intracommunautaires de biens exonérés** en application des règles énoncées à l'article 262 ter, I du CGI (nos 20280 s.) ;

– livraisons intracommunautaires exonérées de **moyens de transport neufs** visées à l'article 298 sexies, II du CGI ; ces livraisons donnent également lieu à facturation quelle que soit la qualité du client (no 21030) ;

– **livraisons à destination de plateformes** qui facilitent la livraison d'un bien dans l'UE par un assujetti non établi sur le territoire de l'UE à une personne non assujettie, exonérées en application de l'article 262 ter, III du CGI. Pour plus de précisions, voir nos 23690 s.

L'obligation de facturation s'applique également aux **acomptes** reçus en paiement de ventes à distance intracommunautaires et à ceux reçus en paiement des livraisons à destination de plateformes facilitant la livraison par un assujetti établi hors UE à un non assujetti. En revanche, il n'y a pas d'obligation de facturation pour les acomptes versés en règlement de livraisons intracommunautaires de biens exonérées, y compris les livraisons intracommunautaires de moyens de transport neufs.

Doivent également faire l'objet d'une facturation, quelle que soit la qualité du client, les livraisons aux **enchères publiques** de biens d'occasion, d'œuvres d'art, d'objets de collection ou d'antiquité (CGI art. 289, I-1-d). Sur les règles à suivre, voir nos 80040 s. **45855**

DISPENSE DE FACTURATION

Opérations exonérées en régime interne Les assujettis sont dispensés de l'obligation de délivrer une facture pour les opérations (livraisons de biens et prestations de services) qui sont **exonérées** en application des articles 261 à 261 E du CGI. Il s'agit des opérations exonérées de TVA en régime interne et plus particulièrement, en pratique, des opérations bancaires. **45865**

Cette disposition s'applique également aux factures d'**acompte** afférentes à de telles opérations (BOI-TVA-DECLA-30-20-10-10 no 10).

> **> Précisions a.** Cette mesure résultant de l'article 289, I-1-a du CGI ne dispense pas les opérateurs de respecter les **obligations imposées par d'autres dispositions** fiscales ou d'autres réglementations, notamment celles prévues par l'article L 441-9 du Code de commerce. En pratique, cette dispense a pour effet de ne plus rendre passibles de sanctions l'absence des mentions obligatoires ou le défaut de facture (sur ces sanctions, voir nos 47230 s.).
>
> **b.** Les assujettis restent tenus de fournir à l'administration fiscale les **justificatifs** nécessaires à l'appui de leur comptabilité. En particulier, ils doivent pouvoir prouver l'exhaustivité des opérations qu'ils comptabilisent.

Ne sont, en revanche, **pas concernées** par la dispense de facturation les opérations qui sont **exonérées** de TVA en vertu d'**autres dispositions** : exportations et opérations assimilées (nos 22400 s.) ; livraisons intracommunautaires (nos 20280 s.) dont on rappelle qu'elles font l'objet d'une obligation de facturation spécifique (voir no 45850) ; transports internationaux (nos 27000 s.) ; opérations portant sur l'or d'investissement (nos 90800 s.) ; opérations exonérées dans les DOM (nos 93690 s.) et livraisons de biens à destination des plateformes qui facilitent certaines livraisons à destination de personnes non assujetties (nos 23690 s.). **45870**

Ne sont pas non plus concernés par la dispense de facturation les opérations bénéficiant d'un **régime suspensif** (nos 80900 s.), les opérations bénéficiant de la **franchise en base** (nos 47600 s.) et les agriculteurs soumis au régime du **remboursement forfaitaire agricole** (no 73760).

La dispense de facturation ne concerne pas non plus les opérations qui auraient pu être exonérées de taxe en application de l'une des dispositions des articles 261 à 261 E du CGI mais pour la taxation desquelles l'assujetti a **opté** (BOI-TVA-DECLA-30-20-10-10 no 10). **45875**

Opérations pour lesquelles le fournisseur a recours au régime de guichet unique « OSS-UE » Conformément à l'article 289, I-1-b du CGI, ne donnent pas lieu à une obligation de facturation les ventes à distance intracommunautaires de biens pour lesquelles l'opérateur (y compris s'il s'agit d'une plateforme) se prévaut du régime de guichet unique prévu à l'article 298 sexdecies G du CGI (nos 33630 s.). **45877**

FACTURATION DES TRAVAUX IMMOBILIERS EFFECTUÉS POUR LES PARTICULIERS

45885 En vertu de l'article 290 quinquies du CGI, toute prestation de services, comportant l'exécution de travaux immobiliers, assortie ou non de vente, fournie à des particuliers par un commerçant ou un artisan, assujetti à la TVA, doit faire l'objet d'une **note** remise au client au plus tard lors du paiement du solde du prix ; le double est conservé par le prestataire dans la limite du droit de reprise de l'administration.

> **Précisions** L'expression « travaux immobiliers » recouvre :
> – les travaux de **construction** et de **démolition** de bâtiment et autres ouvrages immobiliers ;
> – les travaux d'**équipement** des immeubles ayant pour effet d'incorporer, à titre définitif, aux constructions les appareils, machines ou matériels installés ;
> – les travaux de **réfection,** d'**entretien,** de **rénovation** et de **réparation** des immeubles et installations de caractère immobilier.

45890 La note remise au client doit comporter les **mentions** suivantes : le nom et l'adresse des parties, la nature des opérations effectuées, c'est-à-dire aussi bien les fournitures de main-d'œuvre que, le cas échéant, les ventes de biens, marchandises ou produits que la réalisation des travaux immobiliers aura impliquées ou qui auront été effectuées simultanément, la date de l'opération (en pratique celle de la dernière intervention en cas de prestation réalisée sur plus d'une journée), le montant du prix et le montant de la TVA (BOI-TVA-DECLA-30-20-20-30 nos 180 à 240).

> **Précisions** **a.** Aucun formalisme n'est exigé pour l'établissement de la note. Il en résulte que les professionnels concernés peuvent utiliser les **documents commerciaux** dont ils se servent habituellement pour établir leurs factures, en application de la législation en vigueur, sous réserve toutefois d'y porter l'ensemble des mentions exigées (BOI précité n° 185).
> **b.** Selon l'administration, la note doit faire apparaître **séparément** les **prestations** fournies et les **biens,** marchandises ou produits vendus, à l'exception des petites fournitures (BOI précité n° 210). Selon la cour administrative d'appel de Lyon, l'absence de distinction sur la note entre le prix de la fourniture du bien et le prix de sa pose n'empêche toutefois pas l'application du taux réduit ou intermédiaire à l'ensemble de l'opération si fourniture et pose sont soumises au même taux, dès lors qu'elles s'analysent alors comme une unique opération au regard de la TVA (CAA Lyon 12-11-2020 n° 19LY00376 : RJF 4/21 n° 366).

45895 Les sanctions pour **retard** ou **défaut** de délivrance ou de conservation de la note ainsi que celles prévues pour **omissions** ou **inexactitudes** affectant l'une des mentions obligatoires de la note sont identiques à celles prévues en matière de facturation (voir respectivement nos 47255 et 47290 s.).

D. Date d'émission de la facture

1. PRINCIPE

45950 La facture doit, en principe, être émise **dès la réalisation** de la livraison ou de la prestation de services (CGI art. 289, I-3-1er al.). Cette règle générale fait cependant l'objet d'aménagements pour tenir compte des contraintes particulières des entreprises.

2. AMÉNAGEMENTS

ENTREPRISES RÉALISANT DES OPÉRATIONS FRÉQUENTES AU PROFIT D'UN MÊME CLIENT

46000 L'article 289, I-3-3e al. du CGI prévoit la possibilité, pour les entreprises qui réalisent des opérations fréquentes avec les mêmes clients, d'établir des **factures de manière périodique.** Cette possibilité est réservée aux assujettis qui réalisent **plusieurs livraisons de biens ou prestations de services distinctes** au profit d'un même acquéreur ou preneur, pour lesquelles la taxe devient exigible au cours d'un **même mois civil.**

> **Précisions** **a.** Ces règles ne s'appliquent **pas** aux factures relatives aux opérations donnant lieu à l'émission de **décomptes** ou à des **encaissements successifs** et qui sont délivrées à l'expiration des périodes auxquelles ces décomptes ou encaissements se rapportent (BOI-TVA-DECLA-30-20-10-40 n° 70).
> Elles ne peuvent pas non plus s'appliquer en cas de **sous-traitance de la facturation** lorsque le mandataire est établi dans un pays tiers n'ayant pas conclu avec la France de convention d'assistance au recouvrement des créances fiscales (n° 45745).
> **b.** Le recours à la facturation récapitulative ou périodique n'est pas subordonné à l'existence de plusieurs clients concernés par la réalisation d'opérations fréquentes. La facturation périodique est donc possible en cas de relations commerciales régulières avec un seul client (BOI précité n° 90).

Le **délai de facturation** ne peut pas excéder un mois. La facture périodique ou récapitulative doit donc être émise, au plus tard, à la fin du mois civil au cours duquel le fait générateur de l'opération est intervenu (CGI art. 289, I-3). Toutefois, le **différé général** de facturation mentionné ci-après (n° 46020) trouve également à s'appliquer aux factures périodiques ou récapitulatives (BOI-TVA-DECLA-30-20-10-40 n° 100). 46010

> Précisions a. Les factures émises de manière périodique doivent comporter les **mentions obligatoires** prévues à l'article 242 nonies A de l'annexe II au CGI. Les opérations mentionnées sur la facture doivent, y compris lorsqu'elles sont identiques, être reprises ligne par ligne en mentionnant la date de leur réalisation (BOI précité n° 110).
b. Le **différé de facturation ne peut** en aucun cas avoir pour effet de **retarder la déclaration** de la taxe exigible au titre des opérations facturées.

DIFFÉRÉS DE FACTURATION

Un différé de facturation est admis **à titre général** s'il ne dépasse pas les quelques jours que peuvent justifier les nécessités de la **gestion administrative** des entreprises (BOI-TVA-DECLA-30-20-10-40 n° 10). 46020

Par ailleurs, en vertu de l'article 289, I-3-2e alinéa du CGI, la facture peut être émise au plus tard le **15 du mois suivant** celui au cours duquel s'est produit le fait générateur, pour les opérations suivantes : 46023

- **livraisons et transferts intracommunautaires** de biens exonérés, y compris les livraisons intracommunautaires de moyens de transport neufs ;
- **prestations de services** relevant de la règle générale de territorialité « B to B » pour lesquelles la **taxe** est **autoliquidée** par le preneur dans un autre État membre.

Un différé de facturation est également admis dans certaines **situations particulières** : 46025

- pour les livraisons de biens meubles corporels, lorsque **la remise du bien au client** intervient dans le mois suivant le **transfert de propriété** (lequel constitue le fait générateur de la TVA) : la facture peut être établie au moment de la remise du bien au client, c'est-à-dire au jour de l'enlèvement par le client ou au jour de l'expédition lorsque le transport est effectué par un transporteur agissant pour le compte de l'acheteur, ou au jour de la réception par le client lorsque le transport est effectué par le vendeur ou par un transporteur agissant pour son compte ;
- pour les ventes dont le **prix n'est pas fixé** au moment de la vente mais est néanmoins déterminé par des éléments ne dépendant plus de la volonté des parties (exemple : contrats de vente se référant à une cotation ultérieure pour la détermination du prix) : la facture doit être émise dès que le prix est connu (BOI-TVA-DECLA-30-20-10-40 nos 20 et 30).

II. MENTIONS À PORTER SUR LES FACTURES

L'article 242 nonies A de l'annexe II au CGI énumère la liste des **mentions** obligatoires à porter sur les factures (nos 46150 s.). Des mesures de **simplification** sont, dans certains cas, admises (nos 46500 s.). 46100

Ces règles s'appliquent à la **généralité des assujettis.** Toutefois, lorsque les factures sont délivrées à des **particuliers sans être obligatoires,** l'administration admet que toutes les mentions visées nos 46150 s. ne soient pas portées sur la facture (BOI-TVA-DECLA-30-20-20 n° 10).

En ce qui concerne les **sanctions** applicables aux **irrégularités** commises dans les factures, voir nos 47230 s.

> Précisions a. On rappelle que, en vertu de l'article 37 de l'annexe IV au CGI, la **comptabilité** doit faire apparaître pour chaque opération ayant donné lieu à l'émission d'une facture comportant mention de la TVA, le montant net de l'opération, le montant de la TVA au taux exigible facturé ainsi que le nom et l'adresse du client (n° 45000).
b. Les opérateurs (vendeurs ou prestataires de services) n'ont aucune obligation de mentionner sur leurs factures le montant des **taxes particulières** ou des **taxes spéciales** sur le chiffre d'affaires dont ils sont redevables, sauf disposition expresse contraire.
c. Signalons que les factures établies pour les **contrats passés avec des personnes publiques** doivent comporter, indépendamment des mentions requises aux fins de la TVA, des mentions supplémentaires (Code de la commande publique art. D 2192-2). Ces obligations spécifiques n'ont pas d'incidence pour la TVA.

A. Mentions obligatoires

46150 La liste des mentions des factures énumérées à l'article 242 nonies A de l'annexe II au CGI comporte des mentions obligatoires, quels que soient les opérateurs et l'opération concernés (nos 46200 s.), et des mentions spécifiques à une opération ou à des opérateurs (nos 46400 s.).

1. MENTIONS OBLIGATOIRES GÉNÉRALES

46200 Des dispositions de l'article 242 nonies A de l'annexe II au CGI il résulte que les factures doivent obligatoirement comporter certaines mentions communes à toutes les opérations. Il s'agit :
- des mentions relatives aux parties (nos 46220 s.) ;
- de la date et du numéro de la facture (nos 46250 s.) ;
- des mentions relatives aux opérations réalisées (nos 46300 s.).

a. Mentions relatives aux parties

NOM ET ADRESSE

46220 Le 1° du I de l'article 242 nonies A de l'annexe II au CGI précise que les factures doivent indiquer le **nom** du **vendeur ou** du **prestataire et** celui du **client** (ou leur raison sociale) ainsi que leurs adresses respectives (ou le lieu de leur siège social) (BOI-TVA-DECLA-30-20-20-10 n° 10).

Pour le cas où l'une de ces mentions est fausse, l'émetteur de la facture encourt les **sanctions** pour facture de complaisance (n° 47280). En revanche, selon le Conseil d'État, l'omission du nom complet et de l'adresse du client sur la facture du fournisseur, ou leur caractère erroné, n'empêche pas, en principe, le client de **déduire la TVA** à condition qu'il apporte la preuve par tout moyen du règlement effectif de cette facture pour les besoins de ses propres opérations imposables (CE 26-3-2012 n° 326333 ; voir n° 55935).

> **Précisions** **a.** Le terme « **adresse** » recouvre tout type d'adresse, y compris une simple boîte aux lettres, pour autant que la personne peut y être contactée (CJUE 15-11-2017 aff. 374/16 et aff. 375/16 : RJF 2/18 n° 239).
> **b.** Sur les mentions à porter lorsque la livraison de biens ou la prestation de services est effectuée par un membre d'un **assujetti unique** (régime optionnel de **groupe TVA**) ou lorsqu'une facture est adressée à un membre de cet assujetti unique, voir n° 1730, précision c.

46225 Les factures peuvent mentionner l'adresse de l'**établissement principal** ou d'un établissement **secondaire** de l'entreprise cliente, au lieu de celle de son siège social, à condition que le nom ou la raison sociale figurant sur les factures adressées à ces établissements correspondent exactement au nom ou à la raison sociale de l'entreprise cliente (BOI-TVA-DECLA-30-20-20-10 n° 20).

NUMÉRO D'IDENTIFICATION À LA TVA DU FOURNISSEUR OU DU PRESTATAIRE

46230 Les factures doivent indiquer le numéro d'identification à la TVA attribué au fournisseur ou au prestataire en application de l'article 286 ter du CGI et sous lequel il a effectué la livraison de biens ou la prestation de services. Les assujettis qui ne réalisent pas d'opérations ouvrant droit à déduction (assujettis réalisant des opérations exonérées) n'ont pas, en principe, de numéro d'identification et sont donc dispensés de cette mention sur les factures (lorsqu'ils ne bénéficient pas de la dispense mentionnée aux nos 45865 s.) (BOI-TVA-DECLA-30-20-20-10 nos 30 et 40).

Sur les mentions à porter lorsque les factures sont émises par le **représentant fiscal,** voir n° 31095.

Sur les mentions à porter lorsque la livraison de biens ou la prestation de services est effectuée par un membre d'un **assujetti unique** (régime optionnel de **groupe TVA**), voir n° 1730, précision c.

> **Précisions** En dehors des cas spécifiques expressément prévus notamment par l'article 242 nonies A, I de l'annexe II au CGI (livraisons intracommunautaires, livraisons de biens et prestations de services autoliquidées, etc.), le **numéro d'identification** à la TVA **de l'acquéreur ou du preneur** n'a pas à être mentionné sur les factures. En ce qui concerne les factures adressées aux membres d'un assujetti unique, voir n° 1730, précision c.

b. Date et numéro de la facture

46250 En application du 7° du I de l'article 242 nonies A de l'annexe II au CGI, la facture doit comporter un numéro unique basé sur une **séquence chronologique et continue** ; la numérotation peut être établie par **séries distinctes** lorsque l'activité le justifie (par exemple, existence de plusieurs sites de facturations pour une même entreprise, clients assujettis et particuliers, utilisation par un même assujetti de plusieurs modalités d'émission des factures rendant difficile l'utilisation d'une série unique : autofacturation, facturation pour compte de tiers, facturation électronique, facturation papier).

En revanche, l'existence de **clients établis dans plusieurs États** ne justifie pas, en principe, à elle seule la création d'une série de facturations par client ou, le cas échéant, par État de destination (BOI-TVA-DECLA-30-20-20-10 nos 70 à 110).

Lorsque les factures sont matériellement établies par un **mandataire** (client ou tiers : nos 45710 s.), celui-ci utilisera, en pratique, une séquence de facturation chronologique et continue distincte pour chacun de ses mandants. Il peut, à cet effet, faire précéder chaque numéro de facture d'un préfixe propre à chacun des assujettis qui lui a donné mandat pour établir ses factures (BOI-TVA-DECLA-30-20-20-10 nos 120 et 130). **46255**

La **date** de la facture est celle de sa **délivrance ou,** pour les factures transmises par voie électronique, de son **émission** (BOI-TVA-DECLA-30-20-20-10 n° 140). **46260**

c. Mentions relatives aux opérations réalisées

Il convient de distinguer les mentions qui doivent figurer sur chaque « ligne de facture » concernant un bien ou un service donné et les mentions concernant l'ensemble des opérations (généralement portées sur le « pied de la facture »). **46300**

MENTIONS DEVANT FIGURER SUR CHAQUE LIGNE DE LA FACTURE

L'indication sur la facture de la **date de réalisation** de la **livraison** de biens, de la **prestation** de services ou du **versement** de l'**acompte** n'est obligatoire que lorsque celle-ci diffère de la date de délivrance ou d'émission de cette facture et qu'elle est déterminée à cette même date (CGI ann. II art. 242 nonies A, I-10°). **46310**

Ainsi, dans le cas des différés de facturation visés aux nos 46020 s., la date de l'opération devra obligatoirement être mentionnée sur les lignes correspondant aux différentes opérations facturées (BOI-TVA-DECLA-30-20-20-10 nos 160 et 170).

> **> Précisions** Selon la CJUE, des factures comportant seulement la mention « services juridiques fournis jusqu'à aujourd'hui », qui ne permettent pas de déterminer les périodes auxquelles les décomptes ou paiements successifs se rapportent, ne sont pas conformes, a priori, aux exigences visées à l'article 226, 7 de la directive TVA (CJUE 15-9-2016 aff. 516/14, Barlis 06-Investimentos Imobiliarios e Turisticos SA : RJF 12/16 n° 1145).

La **quantité** des biens livrés ou des services rendus doit être mentionnée conformément au 8° de l'article 242 nonies A, I de l'annexe II au CGI. Elle est exprimée soit en unités du bien ou du service, soit en poids, volume, ou taux horaire selon les usages de la profession (BOI-TVA-DECLA-30-20-20-10 n° 180). **46320**

La **dénomination** prévue au 8° de l'article précité doit permettre d'**identifier** le **bien ou** la **prestation,** ce qui exclut l'emploi de termes génériques non suivis de références.

Lorsque l'opération facturée constitue un **service fourni par voie électronique** au sens de l'article 259 D du CGI, la dénomination du service en cause est complétée de la mention « Service fourni par voie électronique » (BOI précité nos 190 et 200).

> **> Précisions** Selon la CJUE, des factures comportant seulement la mention « services juridiques », notion très générale susceptible de couvrir un vaste ensemble de prestations (économiques ou non) et qui n'indique pas de manière suffisamment détaillée la nature des services en cause ni l'étendue des services rendus, ne sont pas conformes, a priori, aux exigences visées à l'article 226, 6 de la directive TVA. En tout état de cause, si les factures ne sont pas conformes aux exigences résultant de l'article 226, points 6 et 7, il convient de prendre en compte, le cas échéant, les **documents annexes** comportant une description plus détaillée des services en cause qui pourraient être joints par l'assujetti et qui peuvent, en vertu de l'article 219 de la directive, être assimilés à une facture en tant que documents modifiant la facture initiale et y faisant référence de façon spécifique et non équivoque (CJUE 15-9-2016 aff. 516/14, Barlis 06-Investimentos Imobiliarios e Turisticos SA : RJF 12/16 n° 1145).

Le **prix hors taxe** des biens livrés ou services rendus à mentionner sur les factures est celui qui est retenu pour déterminer la base d'imposition à la TVA (nos 35200 s.). **46325**

Le prix unitaire hors TVA des biens livrés ou des services rendus doit être déterminé hors rabais, remises ou ristournes consentis, lesquels doivent faire l'objet d'une mention particulière (BOI-TVA-DECLA-30-20-20-10 n° 220).

Conformément aux dispositions du 9° de l'article 242 nonies A, I de l'annexe II au CGI, les **rabais, remises, ristournes** ou **escomptes** acquis et chiffrables lors de l'opération et directement liés à cette opération doivent figurer sur la facture. Ces rabais, remises ou ristournes doivent figurer sur chaque ligne de facture sauf lorsqu'ils ne peuvent être connus qu'en fin de facture, c'est-à-dire par exemple dans le cas de remises liées au montant global de la facture ou au mode de paiement (exemple : escompte pour paiement anticipé) (BOI-TVA-DECLA-30-20-20-10 n° 240). **46330**

46335 La mention du **taux légalement applicable ou** du **bénéfice** d'une **exonération** (à l'exclusion des opérations exonérées entrant dans le champ de la dispense de facturation : nos 45865 s.) doit figurer sur chaque ligne de facture pour chacun des biens livrés ou des services rendus. Elle peut être exprimée sous une forme codifiée à condition que la traduction en soit reportée sur la facture même, dans un emplacement nettement apparent. La **mention du taux de TVA (ou du bénéfice d'une exonération),** au lieu d'être répétée pour chaque ligne, peut être indiquée une seule fois sur la facture, pour chaque rubrique de fournitures soumises au même taux d'imposition ou à la même mesure d'exonération, à condition qu'il n'en résulte aucune ambiguïté (BOI-TVA-DECLA-30-20-20-10 n° 260).

MENTIONS RELATIVES À L'ENSEMBLE DES OPÉRATIONS FACTURÉES

46345 Conformément au 11° de l'article 242 nonies A, I de l'annexe II au CGI, doivent figurer sur la facture le **montant de la taxe à payer** et, par taux d'imposition, le **total hors taxe et** la taxe correspondante mentionnés distinctement.

Le total hors taxe ainsi que la **taxe correspondante** doivent apparaître pour chaque taux d'imposition différent (BOI-TVA-DECLA-30-20-20-10 n° 320).

46350 Les montants figurant sur la facture peuvent être exprimés dans **toute monnaie,** pour autant que le montant de **taxe** à payer soit déterminé **en euros** en utilisant le mécanisme de conversion prévu aux nos 36920 s. (sur la possibilité de déduire sous certaines conditions un montant de TVA libellé, sur la facture, dans une monnaie autre que l'euro, voir n° 55935, précision a).

Lorsque la facture est rédigée dans une **langue étrangère,** le service des impôts peut, à des fins de contrôle, exiger une traduction en français certifiée par un traducteur juré (CGI art. 289, IV).

46355 Les entreprises installées en France qui sont amenées à facturer à leurs **clients étrangers** la **taxe sur la valeur ajoutée d'un pays tiers à l'UE** doivent préciser clairement sur leurs factures la nature de cette taxe pour éviter tout risque de confusion avec la taxe française.

46360 Pour les **opérations exonérées** qui n'entrent pas dans le champ de la dispense de facturation (nos 45865 s.), les factures ne comportent pas d'indication de taux ni de montant de TVA. Mais les assujettis qui réalisent de telles opérations doivent mentionner sur la facture la **disposition pertinente** du CGI ou de la directive TVA, ou toute autre mention indiquant que l'opération bénéficie d'une mesure d'exonération.

46365 Pour les opérations relevant d'un **régime d'autoliquidation** de la taxe par le client, la facture doit comporter la mention « **Autoliquidation** » (CGI ann. II art. 242 nonies A, I-13°).

L'indication des dispositions du CGI ou de la directive TVA en application desquelles l'opération est autoliquidée n'est, en revanche, pas exigée.

46370 En application de l'article 242 nonies A, I-14° de l'annexe II au CGI, lorsque l'acquéreur des biens ou le preneur du service émet la facture à la place du fournisseur ou du prestataire (**autofacturation**), la facture doit porter la mention « Autofacturation ».

En revanche, si la facture est établie par un tiers (**sous-traitance** de la facturation), il n'est pas prévu de mention obligatoire spécifique. Mais il est recommandé de porter sur la facture une mention du type « Facture établie par A au nom et pour le compte de B » (n° 45735).

46375 En cas d'application d'un **régime de la marge,** ce régime doit être précisé par une mention expresse (CGI ann. II art. 242 nonies A, I-15° et 16°). Ainsi doit être mentionnée sur la facture :

– en cas d'application du régime particulier des **agences de voyages,** la mention « Régime particulier – Agences de voyages » ;

– en cas d'application du régime particulier prévu par l'article 297 A du CGI pour les **biens d'occasion,** les **objets d'art, de collection ou d'antiquité,** la mention « Régime particulier – Biens d'occasion » ou « Régime particulier – Objets d'art » ou « Régime particulier – Objets de collection et d'antiquité » selon l'opération considérée.

> Précisions a. L'indication des dispositions du CGI ou de la directive TVA en application desquelles le régime de la marge est appliqué n'est, en revanche, pas exigée.
b. Les factures des négociants en biens d'occasion, œuvres d'art, objets de collection ou d'antiquité ne comportent pas d'indication de taux ni de montant de TVA (n° 79280). En ce qui concerne les agents de voyages, voir n° 84240.

2. MENTIONS OBLIGATOIRES SPÉCIFIQUES

46400 Le CGI impose pour **certaines opérations** ou **certains assujettis** des mentions particulières qui ont notamment pour objet de justifier de l'application d'un régime d'exonération ou de taxation spécifique.

Il est précisé que les assujettis réalisant de telles opérations ne peuvent pas, pour l'établissement de leurs factures, se prévaloir de la mesure d'aménagement applicable aux factures dont le montant est inférieur ou égal à 150 € (n° 46500) (BOI-TVA-DECLA-30-20-20-30 n° 20).

> **Précisions** Les factures peuvent par ailleurs comporter, **de manière facultative,** la mention de certaines **options.** Tel est le cas de l'option pour le paiement de la TVA d'après les **débits** (n° 38820) et de l'option pour le paiement de la TVA sur les **livraisons** pour les travaux immobiliers (n° 38945). Mention facultative en cas de **mandat de facturation** donné à un tiers : voir n° 45735.

Des mentions spécifiques sont exigées dans les situations suivantes : **46405**
- bénéficiaires de la **franchise** de l'article 293 B du CGI (n° 49065) ;
- **opérations triangulaires** bénéficiant des mesures de simplification (n° 21160) ;
- **livraisons et transferts intracommunautaires** de biens (n°s 20410 et 20505) ;
- **livraisons intracommunautaires** de **moyens de transport neufs** (n° 21030) ;
- **livraisons de biens et prestations de services** pour lesquelles la **taxe** est **autoliquidée par le preneur** (n°s 24670 et 31960) ;
- opérations effectuées par un membre d'un **assujetti unique** (n° 1730, précision c) ;
- opérations portant sur l'**or d'investissement** imposées sur option (n°s 91110 s.) ;
- livraisons de biens déjà placés sous **entrepôt fiscal** ou sous régime douanier (n°s 32480 et 33190 s.) ;
- opérations portant sur les **animaux de boucherie et de charcuterie** (n° 72340) ;
- ventes aux **enchères publiques** (n°s 80040 s.).

Les **avocats** qui procèdent au recouvrement direct de leurs prestations auprès de la partie condamnée aux dépens doivent porter sur le compte détaillé remis aux parties la mention suivante : « TVA récupérable dans les conditions prévues par l'article 271 du CGI, uniquement par le ou les clients de l'avocat soussigné » (BOI-TVA-DED-40-10-10 n° 160). **46410**

3. TABLEAU RÉCAPITULATIF

Les mentions obligatoires à porter sur les factures sont résumées dans le tableau suivant. **46450**

Opérations concernées	Destinataire de la facture	Mentions obligatoires
Cas général : livraisons de biens ou prestations de services ainsi qu'acomptes perçus au titre de ces opérations	Un autre assujetti ou une personne morale non assujettie	**Obligations générales** consistant en : **a.** Mentions relatives aux parties : - noms du fournisseur et du client (ou désignation sociale) ; - leur adresse (ou lieu du siège social) ; - numéro individuel d'identification à la TVA du fournisseur ou prestataire de services **b.** Date et numéro de la facture **c.** Mentions concernant les opérations réalisées : - devant figurer sur chaque ligne de la facture : • date de l'opération lorsqu'elle diffère de la date de la facture ; • quantité et dénomination précise des biens livrés ou des services fournis ; • prix unitaire hors TVA ; • rabais ou ristournes acquis et chiffrables lors de l'opération et directement liés à celle-ci ; • taux de TVA applicable ou bénéfice d'une exonération - relatives à l'ensemble des opérations facturées : • montant de la taxe à payer et, par taux d'imposition, total hors taxe et taxe correspondante ; • rabais ou ristournes non rattachables à des opérations particulières ; • référence à la disposition pertinente du CGI, de la directive 2006/112/CE ou à toute autre mention indiquant que l'opération bénéficie d'une exonération ; • mention indiquant que l'opération est soumise à l'autofacturation

46450 (suite)

Opérations concernées	Destinataire de la facture	Mentions obligatoires
Livraisons de biens et prestations de services pour lesquelles l'acquéreur ou le preneur est redevable de la TVA (**opérations soumises à autoliquidation**)	Un autre assujetti ou une personne morale non assujettie	Obligations générales mentionnées ci-dessus (voir toutefois n° 46505) + le numéro d'identification à la TVA fourni par l'acquéreur ou le preneur + la mention « Autoliquidation »
Opérations soumises à un **régime particulier de marge bénéficiaire**	Un autre assujetti ou une personne morale non assujettie	Obligations générales mentionnées ci-dessus + la mention du régime particulier applicable (par exemple : « Régime particulier – Agences de voyages », « Régime particulier – Biens d'occasion », « Régime particulier – Objets d'art »)
Ventes à distance intra-communautaires de biens (et acomptes y afférents) (n°s 23000 s.)	Un non-assujetti ou une PBRD	Obligations générales mentionnées ci-dessus Dispense de facturation en cas de recours au guichet unique de l'article 298 sexdecies G du CGI : n° 45850
Livraisons exonérées désignées à l'article 262 ter, I du CGI ainsi qu'acomptes y afférents (**livraisons intra-communautaires** et transferts assimilés : n°s 20280 s.)	Un autre assujetti ou une personne morale non assujettie	Obligations générales mentionnées ci-dessus + le numéro d'identification à la TVA de l'acquéreur (étant précisé que, pour les transferts, il s'agit du numéro d'identification à la TVA attribué à l'assujetti par l'État membre d'arrivée des biens)
Livraisons intra-communautaires de **moyens de transport neufs** exonérées en application de l'article 298 sexies, II du CGI (n°s 21020 s.)	Un assujetti ou un non-assujetti	Obligations générales mentionnées ci-dessus + l'indication du nom de l'État membre à destination duquel le moyen de transport neuf est expédié ou transporté + les caractéristiques du moyen de transport neuf (nature, genre, marque, type et numéro de série, cylindrée, date de première mise en circulation/date du permis de navigation/date de délivrance du premier certificat de navigabilité, immatriculation, poids total au décollage pour un aéronef, longueur et vitesse maximale pour un bateau et, le cas échéant, puissance du ou des moteurs), la date de la livraison, la distance parcourue/le nombre d'heures de navigation/le nombre d'heures de vol + la mention « Exonération de la TVA, art. 298 sexies du CGI »
Opérations effectuées par un membre d'un **assujetti unique**	Un autre assujetti ou une personne morale non assujettie	Obligations générales mentionnées ci-dessus + le nom, l'adresse et le numéro d'identification à la TVA du membre de l'assujetti unique + la mention « Membre d'un assujetti unique »

B. Mesures de simplification

MONTANT INFÉRIEUR OU ÉGAL À 150 € HT

En application de l'article 242 nonies A, II de l'annexe II au CGI, les factures dont le montant total HT est inférieur ou égal à 150 € peuvent ne pas mentionner : 46500

– le **numéro individuel d'identification** à la TVA du fournisseur ou du prestataire ;

– la **référence à la disposition pertinente** du CGI ou de la directive TVA ou à toute autre mention indiquant que l'opération bénéficie d'une mesure d'exonération.

La même dispense s'applique aux **factures rectificatives** qui font référence à la facture initiale.

Toutefois, conformément au II de l'article 242 nonies A précité, cette mesure de simplification **ne s'applique pas** aux factures relatives aux ventes à distance intracommunautaires de biens (pour autant que la dispense de facturation ne s'applique pas : n° 45850), aux livraisons intracommunautaires de biens (y compris de moyens de transport) et aux livraisons de biens et prestations de services visées au 1° du II de l'article 289-0 du CGI (sur ces dernières opérations, voir toutefois ci-après n° 46505).

Selon l'administration, cette mesure de simplification n'est pas non plus applicable aux opérations pour lesquelles :

– la mention du numéro d'identification à la TVA est imposée par une disposition autre que le 2° du I de l'article 242 nonies A précité ;

– la mention du bénéfice d'une mesure d'exonération de TVA est prévue par une disposition du CGI autre que le 12° du I dudit article (BOI-TVA-DECLA-30-20-20-20 n° 30) ;

– une mention particulière est requise (n° 46400).

OPÉRATIONS AUTOLIQUIDÉES

Nous l'avons vu au n° 46500, les factures se rapportant à des **opérations** visées à l'article 289-0, 46505
II-1° du CGI, c'est-à-dire les livraisons de biens et les prestations de services réalisées par un **assujetti établi en France** mais qui sont **situées sur le territoire d'un autre État membre** de l'UE et **pour lesquelles le client doit autoliquider la taxe dans cet autre État membre,** sont exclues de la mesure de simplification relative aux factures d'un montant n'excédant pas 150 € (on rappelle que les règles françaises de facturation s'appliquent à ces opérations, sauf dans l'hypothèse où le client a reçu mandat pour établir lui-même la facture). Elles bénéficient toutefois d'une mesure de simplification propre : en effet, l'article 242 nonies A, II-c de l'annexe II au CGI prévoit que ces factures peuvent ne pas mentionner le prix unitaire hors taxe, le taux de la taxe, son montant ainsi que les remises, rabais, ristournes ou escomptes.

Par ailleurs, les factures délivrées par des **fournisseurs ou prestataires établis en France** et relatives à des **opérations** soumises à **autoliquidation** de la taxe par le client **en France** ne doivent pas faire mention de la TVA exigible (BOI-TVA-DECLA-10-10-20 n°s 290, 370, 440, 510 et 536).

Il en va de même des factures relatives à des opérations soumises au **dispositif général d'autoliquidation** de la taxe par le client prévu par l'article 283, 1-2e alinéa du CGI (n° 31960).

FACTURES D'ACOMPTES

Les factures d'acomptes peuvent ne pas mentionner l'ensemble des **mentions obligatoires** 46510
lorsque les informations nécessaires à leur établissement ne sont **pas connues** au moment de leur émission (par exemple : la quantité ou le prix exact du bien lorsqu'ils sont variables ou aléatoires) (BOI-TVA-DECLA-30-20-20-20 n°s 160 et 170).

FACTURES RECTIFICATIVES

Sur les mesures applicables aux factures rectificatives en cas d'opérations annulées, résiliées ou 46520
faisant l'objet de rabais, ristournes, remises ou d'escomptes, voir n°s 59270 s. ; en cas d'opérations impayées, voir n°s 59510 s.

MESURES DE SIMPLIFICATION SPÉCIFIQUES À CERTAINES ACTIVITÉS

Reçus de péage ou de parking Les reçus délivrés aux **péages d'autoroutes** sont 46530
considérés comme des factures dès lors qu'ils comportent un espace réservé aux informations suivantes à fournir par l'usager : nom ou raison sociale, adresse ou lieu du siège social, numéro d'immatriculation du véhicule et nom de l'utilisateur, objet du déplacement.

Les mêmes dispositions s'appliquent aux notes délivrées par les **automates** (tickets de parking, etc.) (BOI-TVA-DECLA-30-20-20-20 n°s 80 à 120).

46540 **Secteur de la restauration** Afin de tenir compte des spécificités de fonctionnement du secteur de la restauration, il est admis que les éléments d'**identification du client** (nom, raison sociale, adresse ou lieu du siège social) ne soient pas mentionnés sur la facture par l'entreprise qui émet celle-ci, mais inscrits par le client lui-même dans un espace réservé à cet effet sur le document remis. Cet assouplissement ne concerne pas les factures d'un montant total hors taxe supérieur à 150 €. La déduction de la TVA figurant sur le document remis est notamment subordonnée à la mention, par le client, de son identification complète sur la partie du document prévue à cet effet (BOI-TVA-DECLA-30-20-20-20 n°s 130 à 150).

III. FACTURES TRANSMISES PAR VOIE ÉLECTRONIQUE

46600 Les assujettis ont la **possibilité,** sous réserve de l'acceptation du destinataire, de **transmettre** leurs factures **par voie électronique** (CGI art. 289, VII). À cette fin, ils peuvent recourir :

- soit à la procédure de **signature électronique qualifiée** ;
- soit au **système d'échange de données structuré** ;
- soit à **tout autre dispositif technique.**

Il est rappelé que le recours aux deux premiers dispositifs (signature électronique qualifiée et système d'échange de données structuré) permet de satisfaire aux conditions prévues au V de l'article 289 du CGI, tenant à l'authenticité de l'origine, l'intégrité du contenu et la lisibilité de la facture (qui doivent être assurées, à compter de son émission et jusqu'à la fin de la période de conservation). En revanche, en cas de recours à un autre dispositif technique, il convient, pour satisfaire à ces conditions, de mettre en place des contrôles documentés et permanents pour établir une piste d'audit fiable entre la facture émise ou reçue et l'opération qui en est le fondement (n° 45525).

Les factures ainsi transmises tiennent lieu de **facture d'origine** (CGI art. 289, VI).

> Précisions a. L'acceptation **par le destinataire** des factures électroniques est matérialisée soit dans le contrat liant les parties, soit par le traitement ou le paiement de la facture reçue ou, à défaut, par l'octroi d'un délai raisonnable au destinataire pour réclamer une facture papier, soit encore par la conclusion d'un contrat d'interchange entre entreprises qui ont recours à la dématérialisation des factures ou d'un contrat de services avec un prestataire de facturation par voie électronique (BOI-TVA-DECLA-30-20-30-10 n° 190).

b. L'échange de factures par voie électronique est permis tant pour les **opérations internes** que pour les opérations **intracommunautaires ou extracommunautaires** (BOI-TVA-DECLA-30-20-30 n° 10).

c. Les assujettis qui transmettent par voie électronique au même destinataire un **lot** comprenant **plusieurs factures** peuvent, sous certaines conditions, ne mentionner qu'une seule fois les mentions communes à ces factures, dès lors que, pour chaque facture, la totalité des informations est accessible (BOI-TVA-DECLA-30-20-30-10 n°s 200 à 230).

d. Une **facture créée sous forme électronique** qui est **envoyée** et reçue **sur support papier** ne constitue pas une facture électronique (BOI-TVA-DECLA-30-20-30-10 n° 80).

e. L'**administration fiscale** considère qu'une **facture électronique** est une facture **créée, transmise, reçue et archivée** sous forme électronique, quelle qu'elle soit. Ainsi, pour qu'une facture soit une facture électronique, l'intégralité du processus de fabrication doit être électronique. Par conséquent, une **facture initialement conçue sur support papier puis numérisée, envoyée et reçue par courrier électronique** (par exemple, un fichier PDF transmis en pièce jointe d'un courriel) ne constitue pas une facture électronique mais une facture papier (BOI-TVA-DECLA-30-20-30-10 n°s 70 et 80).

Nota : La définition de la facture électronique donnée par la doctrine administrative ne nous paraît pas en phase avec les dispositions de l'article 217 de la **directive TVA** (transposé en droit interne par l'article 289, VI du CGI) qui définissent la « facture électronique » comme étant celle qui a été **émise et reçue** sous une forme électronique, quelle qu'elle soit (sans exiger qu'elle soit également créée sous forme électronique).

On notera que dans la foire aux questions relative à la facturation électronique disponible sur impots.gouv.fr, l'administration rappelle néanmoins qu'une facture de type image PDF (facture numérisée ou PDF générée à partir d'un outil bureautique) envoyée par mail ne sera pas considérée comme une facture électronique dans le cadre du dispositif mis en place à compter du 1er juillet 2024 (sur ce dispositif, voir n° 45525, précisions), mais il sera admis, à titre transitoire, que les factures soient déposées sous ce format sur une plateforme partenaire ou sur le portail public pour être converties et traitées dans l'un des formats électroniques requis.

f. Sur la mise en place progressive du caractère obligatoire de la facturation électronique entre assujettis, voir n° 45525, précisions.

FACTURES SÉCURISÉES AU MOYEN D'UNE SIGNATURE ÉLECTRONIQUE QUALIFIÉE

Aux termes de l'article 289, VII-2° du CGI, l'assujetti peut émettre ou recevoir des factures électroniques en recourant à la procédure de la signature électronique qualifiée au sens du règlement UE/910/2014 du 23 juillet 2014 dit **règlement « eIDAS ».** 46610

La signature électronique est une donnée sous forme électronique, qui est jointe ou liée logiquement à d'autres données électroniques et qui sert de méthode d'authentification du signataire et de l'origine des informations.

La signature électronique qualifiée est créée à l'aide d'un dispositif de création de signature électronique qualifié et repose sur un certificat qualifié. Le signataire est une personne physique qui détient et met en œuvre le moyen de création de la signature électronique et qui agit soit pour son propre compte, soit pour celui d'une personne physique ou morale qu'il représente (CGI ann. III art. 96 F, I-1).

La signature électronique qualifiée, le dispositif sécurisé de création de signature électronique et le certificat électronique qualifié doivent répondre aux exigences fixées par l'article 96 F, I à III de l'annexe III au CGI. Le prestataire de services de certification électronique est soumis à un certain nombre d'obligations (fixées par le IV de l'article 96 F précité).

> **Précisions** L'**entreprise destinataire** de factures électroniques dont l'authenticité de l'origine et l'intégrité du contenu sont garanties au moyen d'une signature électronique doit vérifier la signature électronique apposée sur les factures au moyen des données de vérification contenues dans le certificat électronique et s'assurer de l'authenticité et de la validité du certificat attaché à la signature électronique (CGI ann. III art. 96 F bis).

FACTURES SÉCURISÉES AU MOYEN D'UN SYSTÈME D'ÉCHANGE DE DONNÉES STRUCTURÉ

Aux termes de l'article 289, VII-3° du CGI, l'assujetti peut émettre ou recevoir des factures électroniques sous la forme d'un **message structuré** selon une norme convenue entre les parties, permettant une lecture par ordinateur et pouvant être traité automatiquement et de manière univoque. 46620

Les entreprises qui souhaitent adopter ce dispositif doivent recourir à un système de télétransmission répondant à des **normes** équivalentes à celle définie à l'article 2 de la recommandation 1994/820/CE de la Commission du 19 octobre 1994 concernant les aspects juridiques de l'échange de données informatisées (**EDI**), lorsque l'accord relatif à cet échange prévoit l'utilisation de procédures garantissant l'authenticité de l'origine et l'intégrité des données (CGI ann. III art. 96 G, II).

Les systèmes de télétransmission des factures EDI doivent respecter les **spécifications** fixées par l'article 41 septies de l'annexe IV au CGI.

> **Précisions** L'entreprise doit s'assurer que les **informations émises** (par elle-même ou par un tiers ou par un client mandaté à cet effet) sont **accessibles et conservées** dans leur forme et contenu originels et dans l'ordre chronologique de leur émission, dans les conditions et délais fixés par l'article L 102 B du LPF (n° 46780). La même obligation pèse sur le client s'agissant des **informations reçues.**
> Les opérateurs (fournisseurs et clients) doivent en outre s'assurer qu'est tenue et conservée sur support informatique, pendant six ans, une **liste récapitulative séquentielle** de tous les messages émis et reçus et de leurs anomalies éventuelles (CGI ann. III art. 96 G, III). Cette liste est restituable sur écran ou sur support informatique, cette restitution devant pouvoir être effectuée d'une façon sélective en fonction des informations obligatoires que la liste doit comporter (CGI ann. III art. 96 H).

AUTRES MODES DE FACTURATION ÉLECTRONIQUE

Aux termes de l'article 289, VII-1° du CGI, l'assujetti peut émettre ou recevoir des factures électroniques en recourant à toute solution technique autre que celles prévues aux 2° et 3° dudit article (nos 46610 et 46620), à condition (comme déjà dit n° 45525) que des contrôles documentés et permanents soient mis en place par l'entreprise afin de permettre d'établir une **piste d'audit fiable** entre la facture émise ou reçue et la livraison de biens ou la prestation de services qui en est le fondement. 46630

Sous réserve de la mise en place de tels contrôles, les assujettis peuvent ainsi, par **exemple,** avoir recours à des factures en pièce jointe de courriel, à des factures transmises via un réseau sécurisé, ou mettre en place des procédures de signatures électroniques ou des systèmes d'échanges de données informatisées qui ne répondent pas aux spécifications examinées aux nos 46610 et 46620.

> Précisions a. Il appartient à chaque assujetti de déterminer le niveau adéquat des **contrôles établissant la piste d'audit** fiable en fonction de la taille de l'entreprise, de la nature de son activité, de ses systèmes d'informations, de la volumétrie des factures qu'elle émet et qu'elle reçoit. Dans une très petite entreprise, par exemple, une comparaison manuelle des factures avec les documents commerciaux (devis, bons de commande, bons de livraison, justificatifs de paiement) peut constituer un contrôle suffisant (BOI-TVA-DECLA-30-20-30-20 nos 50 et 70).

Les contrôles établissant la piste d'audit peuvent être intégrés au système d'information et prendre la forme de traitements informatiques. Ils peuvent également être réalisés sur papier ou manuellement, ces formes de contrôle pouvant d'ailleurs coexister au sein d'une même entreprise (BOI précité n° 60).

Les contrôles doivent être **documentés,** c'est-à-dire être décrits, présentés et expliqués par l'entreprise, le ou les documents devant expliciter les acteurs des contrôles et leurs tâches respectives. L'exigence de l'administration quant à la description desdits contrôles dépend également de la taille de l'entreprise (chiffre d'affaires, nombre de salariés, etc.), de la volumétrie des factures et des moyens employés dans la réalisation de ces contrôles (BOI précité nos 180 et 200).

b. La **piste d'audit doit permettre** : de reconstituer, dans un ordre chronologique, la totalité du processus de facturation (devis, bons de commande, bons de livraison, extraits de compte, etc.) et de relier les différents documents de ce processus ; de garantir que la facture émise ou reçue reflète l'opération qui a eu lieu, en permettant d'établir un lien entre la facture et la livraison de biens ou la prestation de services qui la fonde ; de justifier toute opération par une pièce d'origine à partir de laquelle il doit être possible de remonter par un cheminement ininterrompu à la facture et réciproquement. Dans tous les cas, le point de départ de la piste d'audit fiable doit correspondre au point de départ du processus de facturation. La piste d'audit peut être constituée de documents établis par l'entreprise elle-même (devis, bon de commande) ou par des tiers (extraits de compte) (BOI précité nos 130 et 140).

Le périmètre de la piste d'audit est plus large que celui du chemin de révision comptable, mais les documents constitutifs de l'un et de l'autre peuvent être identiques (BOI précité nos 160 et 170).

c. Sur le contrôle de ces procédures internes, voir n° 47250.

CONTRÔLE DES SYSTÈMES DE TÉLÉTRANSMISSION

46635 Conformément à l'article L 80 FA du LPF, le fonctionnement du système de télétransmission des factures et de la procédure de signature électronique qualifiée (nos 46610 et 46620) peut être contrôlé de **manière inopinée** par l'administration dans les locaux professionnels des entreprises émettrices et réceptrices et, s'il y a lieu, dans les locaux des prestataires de services de télétransmission, après remise d'un avis d'intervention.

> Précisions Lors de son intervention, l'administration remet au contribuable, ou à son représentant, un **avis d'intervention** précisant les opérations techniques envisagées sur le système de télétransmission des factures ou de procédure de signature électronique. Elle peut accéder à la **documentation** relative au logiciel de télétransmission, vérifier l'**existence** et le **contenu des listes récapitulatives** des messages émis et reçus et procéder à des **tests techniques** sur le système de télétransmission avec l'aide, le cas échéant, du personnel des entreprises utilisatrices.

À l'issue du contrôle, un **procès-verbal** constatant soit la conformité du système, soit les manquements relevés est notifié à l'entreprise. Dans ce dernier cas, l'entreprise dispose de **30 jours** pour présenter des observations ou régulariser le fonctionnement du système. **À défaut de régularisation ou de justification** dans les 30 jours, les factures transmises ne constituent plus des factures d'origine et la TVA n'est plus déductible par le client. Le fournisseur doit alors émettre des factures papier ou des factures sécurisées par signature électronique pour permettre l'exercice du droit à déduction par ses clients.

Ce contrôle est distinct des procédures de contrôle fiscal régies par les articles L 10 à L 54 A du LPF et, en particulier, du contrôle inopiné prévu par l'article L 47, alinéa 5 du même Livre, destiné notamment à constater l'existence et l'état des documents comptables. Ainsi les **procès-verbaux** établis en application de l'article L 80 FA précité du LPF ne sont opposables au contribuable qu'au regard de la conformité du système de facturation électronique aux conditions fixées par décret (BOI-TVA-DECLA-30-20-30-50 nos 160 à 250).

IV. CONSERVATION ET STOCKAGE DES FACTURES

46700 L'article L 102 B du LPF impose une **obligation de conservation** des factures, livres, registres ou pièces soumises au droit de communication, d'enquête ou de contrôle de l'administration pendant six années à compter de la date à laquelle ces documents ont été établis.

Cette obligation concerne également les informations, documents, données, traitements informatiques ou systèmes d'information constitutifs des contrôles internes des entreprises prévus par le 1° de l'article 289, VII du CGI (nos 45525 et 46630), ainsi que la documentation décrivant leurs modalités de réalisation.

On notera qu'il s'agit d'une obligation d'ordre exclusivement fiscal, indépendante des dispositions de l'article L 123-22 du Code de commerce qui fixe à dix ans le délai de conservation des documents comptables des entreprises commerciales.

Les règles de **stockage** des factures sont précisées aux articles L 102 C et R* 102 C-1 du LPF.

> **Précisions** Comme déjà indiqué au n° 45575, remarque 2, le champ d'application territorial des règles de facturation prévues à l'article 289-0 du CGI ne concerne pas les règles de conservation des factures qui font l'objet des dispositions spécifiques exposées ci-dessous.

Nous analyserons successivement les obligations de conservation et de stockage : **46705**
- des factures créées et transmises sur le même support (support papier ou factures créées et transmises par voie électronique) : nos 46750 s. ;
- des factures créées sous forme informatique et transmises sur support papier (nos 46930 s.).

A. Factures créées et transmises sur le même support (papier ou voie électronique)

Les obligations en matière de conservation et de stockage ci-après décrites concernent aussi bien les **factures reçues** par les assujettis que les **factures émises** par eux ou, en leur nom et pour leur compte, par leur client ou par un tiers (CGI art. 286, I-3°, CGI ann. III art. 96 F bis et 96 I et LPF art. L 102 B et L 102 C). **46740**

1. OBLIGATIONS EN MATIÈRE DE CONSERVATION

FACTURES PAPIER

Conformément aux dispositions de l'article L 102 B, I-1er al. du LPF, les **factures** établies ou reçues sur support papier doivent être conservées pendant un délai de **six ans** à compter de la date à laquelle elles ont été établies. Elles peuvent être conservées pendant ce délai **soit sur support papier, soit sur support informatique** (LPF art. L 102 B, I-3e alinéa). Les modalités de numérisation des factures papier sont fixées par l'article A 102 B-2 du LPF (voir précision a ci-après). **46750**

> **Précisions** **a.** En vertu de l'article A 102 B-2 du LPF, la **numérisation des factures papier** doit être effectuée selon les **modalités** suivantes.
> La numérisation doit permettre la **reproduction à l'identique** de la facture et le résultat de cette numérisation est la copie conforme à l'original en image et en contenu, y compris s'agissant des couleurs (sauf lorsqu'elles ne sont pas porteuses de sens, telle la mention du logo de l'entreprise : BOI-CF-COM-10-10-30-10 n° 100). Les dispositifs de traitements sur l'image sont interdits et, en cas de recours à la compression de fichier, cette dernière doit s'opérer sans perte.
> L'archivage numérique des factures papier peut être effectué **par l'assujetti ou par un tiers mandaté** à cet effet.
> Les opérations d'archivage numérique sont définies selon une **organisation documentée** faisant l'objet de contrôles internes, permettant d'assurer la disponibilité, la lisibilité et l'intégrité des factures ainsi numérisées durant toute la durée de conservation.
> Par ailleurs, afin de garantir l'intégrité des fichiers issus de la numérisation, chaque document ainsi numérisé est **conservé** sous format PDF ou sous format PDF A/3 (ISO 19005-3) et est assorti : soit d'un cachet serveur fondé sur un certificat conforme au moins au référentiel général de sécurité (RGS) de niveau une étoile, soit d'une empreinte numérique, soit d'une signature électronique fondée sur un certificat conforme au moins au RGS de niveau une étoile, soit de tout dispositif sécurisé équivalent fondé sur un certificat délivré par une autorité de certification figurant sur la liste de confiance française (Trust-service Status List-TSL).
> Chaque fichier doit être **horodaté,** au moins au moyen d'une source d'horodatage interne, afin de dater les différentes opérations réalisées.
> **b.** Il est recommandé aux entreprises souhaitant recourir à la **numérisation des factures** papier reçues de leurs **fournisseurs** de respecter scrupuleusement les conditions de numérisation énoncées par l'article A 102 B-2 du LPF. Une facture numérisée qui ne remplit pas ces conditions expose, en effet, l'entreprise qui ne serait plus en possession de l'original papier à une remise en cause du **droit à déduction** par l'administration (n° 55810, précision b).

Les **éléments constitutifs des contrôles internes** des entreprises prévus par l'article 289, VII-1° du CGI permettant d'établir une **piste d'audit fiable** (laquelle est exigée, on le rappelle, tant pour **46752** les factures papier que pour les factures électroniques établies selon des procédures autres que celles de la signature électronique qualifiée ou de systèmes d'échange de données structuré : n° 45525) doivent être conservés pendant le même délai de six ans. Ils peuvent l'être **sur support papier ou numérique,** au choix de l'entreprise, quelle que soit leur forme originale. Les entreprises peuvent ainsi, aux fins de l'archivage, numériser immédiatement les documents qui ont été établis ou reçus sous forme papier. Les **modalités de numérisation** des documents papier sont fixées par l'article A 102 B-1 du LPF (voir précisions ci-après).

> **Précisions** **a.** Aux termes du I de l'article A 102 B-1 du LPF, le transfert de documents établis originairement sur support papier vers un support informatique est réalisé dans des conditions garantissant leur reproduction à l'identique (en image, en contenu et en couleurs ; s'agissant des couleurs, l'administration n'exige cependant leur reproduction à l'identique que si elles sont porteuses de sens : BOI-CF-COM-10-10-30-10 n° 175). Le document numérisé doit être conservé sous format PDF assorti d'une signature électronique conforme, au moins, au référentiel général de sécurité (RGS) de niveau une étoile. Il doit faire apparaître tous les ajouts, remarques ou informations qui auraient été annotés sur le document papier.
En cas de modification ou de correction des données portées sur un document numérisé, seul le document corrigé et numérisé à nouveau est retenu comme pièce constitutive des contrôles internes.
Ces modalités de numérisation s'appliquent également à la **documentation** qui décrit les modalités de réalisation des contrôles internes (LPF art. A 102 B-1, II).
b. S'agissant des conséquences du non-respect des conditions de numérisation, voir n° 47250, précisions.

FACTURES TRANSMISES PAR VOIE ÉLECTRONIQUE

46760 Les factures transmises par voie électronique dans les conditions prévues à l'article 289, VI et VII du CGI (nos 46600 s.) tiennent lieu de pièces justificatives des opérations effectuées par les redevables pour l'application des articles 286 et 289 du CGI. Elles doivent donc être conservées, à compter de leur établissement, dans les **délais** et conditions prévus par l'article L 102 B du LPF, c'est-à-dire :

– sur support informatique pendant une durée au moins égale au délai du droit de reprise prévu au premier alinéa de l'article L 169 du LPF, soit trois ans en règle générale ;

– sur tout support au choix de l'entreprise pendant les trois années suivantes (BOI-CF-COM-10-10-30-10 n° 110).

> **Précisions** **a.** Durant le délai de reprise triennal prévu au premier alinéa de l'article L 169 du LPF, les factures électroniques doivent également être conservées dans leur **format informatique** (à savoir la structure caractérisant la présentation des informations au sein d'un ordinateur, lors d'une transmission ou sur un support d'entrée ou d'édition de résultats : traitement de texte, format image, document structuré, etc.) **original,** c'est-à-dire celui dans lequel les factures électroniques ont été émises et transmises par son émetteur. Toutefois, les entreprises sont libres, à des fins de gestion, de modifier le format informatique de leurs factures si elles les conservent, de façon parallèle, sous leur format original (BOI précité nos 130 et 140).
b. Le **défaut de conservation** constaté par les agents de l'administration, qu'il soit total ou partiel, peut être sanctionné, notamment par la remise en cause des déductions opérées en matière de TVA.

46770 **Factures sécurisées au moyen d'une signature électronique qualifiée** Selon l'article 96 F, V de l'annexe III au CGI, l'obligation de conservation dans leur forme et contenu originels dans les conditions et délais fixés par l'article L 102 B du LPF concerne les **factures,** la **signature électronique** à laquelle elles sont liées ainsi que le **certificat électronique** attaché aux données de vérification de la signature électronique.

Les factures transmises par voie électronique et assorties d'une signature électronique doivent être **conservées** dans leur **format original** au sens défini au n° 46760, précision a (BOI-CF-COM-10-10-30-10 n° 210).

46780 **Factures sécurisées au moyen d'un système d'échange de données structuré** Les **informations émises et reçues** ainsi que la liste récapitulative séquentielle et le fichier des partenaires doivent être conservés dans leur **forme et contenu originels,** et dans l'ordre chronologique de leur émission, dans les conditions et délais fixés à l'article L 102 B du LPF (CGI ann. III art. 96 G et ann. IV art. 41 septies).

46785 **Autres modes de facturation électronique** Selon l'article 96 I de l'annexe III au CGI, l'obligation de conservation dans leur forme et leur contenu originels dans les conditions et délais fixés à l'article L 102 B du LPF s'applique aux **factures** émises et reçues selon un mode de facture électronique autre que ceux visés aux nos 46770 et 46780.

Les **éléments constitutifs des contrôles internes** des entreprises prévus par l'article 289, VII-1° du CGI permettant d'établir une piste d'audit fiable (n° 45525) peuvent, en vertu de l'article L 102 B, I bis du LPF, être conservés pendant le délai de six ans sur support papier ou numérique, au choix de l'entreprise, quelle que soit leur forme originale (n° 44800). Les entreprises peuvent ainsi, aux fins de l'archivage, numériser immédiatement les documents qui ont été établis ou reçus sous forme papier (sur les modalités de numérisation, voir n° 46752, précision a).

Restitution des informations du message facture Sur demande de l'administration, le contenu des messages factures doit être restitué en **langage clair** par l'**entreprise** (CGI ann. III art. 96 I bis). **46790**

La restitution porte sur l'ensemble des **informations** contenues dans le message facture, qu'elles soient **obligatoires ou facultatives.** La restitution doit pouvoir être opérée de manière sélective.

Ces informations sont restituables sur **écran,** sur **support informatique** ou sur **papier,** selon la demande de l'administration.

En ce qui concerne la restitution de la liste récapitulative prévue dans le cadre du système d'échange de données structuré : voir n° 46620, précisions.

2. OBLIGATIONS EN MATIÈRE DE STOCKAGE

Les obligations des entreprises en matière de stockage des factures sont définies aux articles L 102 C et R* 102 C-1 du LPF. **46820**

Il est rappelé que les obligations en matière de stockage concernent aussi bien les factures reçues par les assujettis que celles émises par eux ou, en leur nom et pour leur compte, par leur client ou par un tiers (n° 46740).

> **> Précisions** Selon l'administration, les factures électroniques doivent être stockées sous leur **format original** (au sens défini au n° 46760, précision a) sous lequel elles ont été transmises ou mises à disposition (BOI-CF-COM-10-10-30-10 n° 300).

FACTURES CONSERVÉES SOUS FORME PAPIER

Les factures papier doivent être **stockées sur le territoire français** (LPF art. L 102 C, al. 1). **46830**

Le **lieu de stockage** doit être situé dans un lieu immédiatement accessible à toute requête de l'administration (BOI-CF-COM-10-10-30-10 n° 310).

Les règles de stockage des factures papier numérisées conformément aux dispositions de l'article A 102 B-2 du LPF (n° 46750) sont celles présentées au n° 46840.

FACTURES CONSERVÉES PAR VOIE ÉLECTRONIQUE

Selon le 2e alinéa de l'article L 102 C du LPF, les assujettis ne peuvent stocker les factures transmises par voie électronique dans un pays non lié à la France par une convention prévoyant une assistance mutuelle ou n'offrant pas un droit d'accès en ligne immédiat, de téléchargement et d'utilisation de l'ensemble des données concernées. Par suite : **46840**

- soit les assujettis effectuent un stockage de leurs factures sur le **territoire français** ;
- soit les assujettis effectuent un stockage de leurs factures dans un **autre État membre** de l'UE, chacun des États membres étant lié par la directive 2010/24/UE du 16 mars 2010 concernant l'assistance mutuelle en matière de recouvrement des créances relatives aux taxes, impôts, droits et autres mesures et par le règlement UE 904/2010 du 7 octobre 2010 concernant la coopération administrative et la lutte contre la fraude dans le domaine de la TVA. Dans cette hypothèse, l'accessibilité des factures par l'administration fiscale doit être garantie depuis le siège ou le principal établissement de l'entité vérifiée en cas de contrôle ;
- soit les assujettis effectuent le stockage dans un **pays hors de l'UE.** Ils doivent alors s'assurer que le pays est lié à la France par une **convention prévoyant soit une assistance mutuelle** ayant une portée similaire à celle prévue par la directive et le règlement susvisés, **soit un droit d'accès en ligne,** de téléchargement et d'utilisation de l'ensemble des données concernées (LPF art. R*102 C-1 ; BOI-CF-COM-10-10-30-10 nos 320 à 340). Pour la liste des pays hors UE ayant conclu une telle convention avec la France, voir n° 30855.

Les règles ci-dessus s'appliquent non seulement aux **factures transmises par voie électronique,** mais également, par mesure de tolérance, aux **factures papier numérisées** conformément aux dispositions de l'article A 102 B-2 du LPF (n° 46750) (BOI précité n° 320).

Accès aux factures par l'administration Tout assujetti stockant ses factures par voie électronique sur le territoire français ou sur le territoire d'un autre État membre de l'UE ou d'un pays lié à la France par une convention prévoyant une assistance mutuelle doit s'assurer que **46850**

l'**administration** a, à des fins de **contrôle,** un accès en ligne permettant le téléchargement et l'utilisation des données stockées (LPF art. L102 C, 4e al.). Il en est ainsi, selon l'administration, quels que soient :

– le lieu de stockage en France ou hors du territoire national ;

– la personne chargée de stocker les factures en son nom et pour son compte.

Les factures doivent être **accessibles** dans le meilleur délai depuis son principal établissement ou son siège social.

Afin de faciliter l'accès aux factures, l'assujetti peut par exemple mettre à disposition des agents de l'administration :

– une personne (responsable informatique, etc.) chargée de les aider dans la consultation des pièces ;

– un poste informatique dédié à la seule consultation, coupé de tout réseau local et comportant les factures sur la période vérifiée ;

– une copie papier des factures transmises par voie électronique (BOI-CF-COM-10-10-30-10 nos 350 à 370).

46855 À des fins de contrôle, les **autorités compétentes des États membres de l'UE** ont un droit d'accès par voie électronique, de téléchargement et d'utilisation des factures, émises ou reçues, stockées sur le territoire français par ou pour le compte d'un assujetti qui est redevable de la taxe sur le chiffre d'affaires dans ces États membres ou qui y est établi (LPF art. L 102 C, 5e al.).

DÉCLARATION DU LIEU DE STOCKAGE

46865 Le 3e alinéa de l'article L 102 C du LPF impose aux assujettis de déclarer le lieu de stockage des factures et toute modification de ce lieu s'il est situé hors de France.

Cette déclaration, à effectuer sur **papier libre** en même temps que la déclaration de résultats ou de bénéfices, doit comporter les noms et adresses des clients ou des tiers chargés du stockage ainsi que les périodes visées par celui-ci (BOI-CF-COM-10-10-30-10 n° 400).

La **modification du lieu** de stockage hors de France doit être déclarée dans le mois qui suit cet événement (LPF art. R*102 C-1, II).

B. Factures créées sous forme informatique et transmises sur support papier

46930 Dans la pratique, de nombreuses entreprises créent, à l'aide d'un logiciel de facturation, des factures qu'elles transmettent à leurs clients sur support papier. Les conditions du recours à cette pratique, dans le respect des principes posés en matière de conservation et de stockage des factures, ont été précisées par la doctrine administrative (BOI-CF-COM-10-10-30-20 nos 1 s.).

FACTURES CONCERNÉES

46940 En application de l'article L 102 B du LPF, les factures papier peuvent être conservées (pendant le délai prévu par cet article) sur support informatique ou sur support papier. Les entreprises qui reçoivent ou qui émettent des factures papier peuvent donc les numériser, dans les conditions fixées par l'article A 102 B-2 du LPF, à tout moment et les conserver de manière dématérialisée durant ce délai.

Ainsi, pour la conservation des **factures de vente** créées sous forme informatique et transmises sur support papier, l'administration offre aux entreprises **deux possibilités** :

– conserver un double papier de la facture transmise, ce qui suppose l'impression de deux documents : l'original de la facture destiné au client et son double papier qui doit être archivé par le fournisseur ;

– conserver les factures de vente dans les conditions ci-après :

• soit les entreprises impriment les exemplaires papier des factures de vente émises sous forme papier, numérisent ces exemplaires et les sécurisent conformément à l'article A 102 B-2 du LPF (n° 46750),

• soit elles sécurisent les fichiers de factures conservés sous format PDF ou PDF A3 conformément aux conditions fixées à l'article A 102 B-2 précité en garantissant la reproduction à l'identique et impriment ces fichiers pour adresser l'original papier de la facture de vente (BOI-CF-COM-10-10-30-20 nos 10 et 30).

> **Précisions** Jusqu'au 30 juin 2018, les factures de vente créées sous forme informatique et transmises sur support papier pouvaient être conservées selon le dispositif du « double électronique », qui consistait à conserver électroniquement dans des conditions spécifiques, précisées par le BOI-CF-COM-10-10-30-20 en vigueur avant le 20 juillet 2018, un double de la facture de vente créée sous forme informatique.

CONSERVATION ET STOCKAGE

Les obligations en matière de stockage des factures conservées sous forme papier ou par voie électronique sont celles décrites aux nos 46820 s. **46950**

V. MENTION ABUSIVE DE LA TVA SUR LES FACTURES

La mention de la TVA sur une **facture délivrée à un redevable** ouvre droit en principe, chez ce dernier, à une **déduction** d'égal montant (nos 50500 s.). **47050**

Toutefois, en vue de prévenir les **fraudes** susceptibles de se produire en ce domaine, il est fait échec à cette règle en cas de mention abusive de la TVA sur des factures. Les dispositions des paragraphes 3 et 4 de l'article 283 du CGI rendent redevable de la taxe la personne qui l'a indûment facturée, soit en cas de facturation erronée, soit en cas d'opérations fictives.

> **Précisions** **a.** Lorsque les conditions d'application des dispositions du 3 de l'article 283 du CGI ou de celles du 4 du même article sont remplies, l'administration peut indifféremment fonder sa **rectification** sur l'une ou l'autre de ces dispositions (CE 25-6-2003 n° 237914 : RJF 10/03 n° 1095).
> **b.** Les opérations à destination de **particuliers** n'étant pas soumises à une obligation de facturation, il n'y a pas lieu, en principe, d'envisager l'hypothèse d'une TVA « facturée à tort »; l'émetteur de la facture peut, dans ce cas, demander la restitution du surplus de taxe collectée et reversée au Trésor par voie de réclamation contentieuse, présentée avant le 31 décembre de la deuxième année qui suit celle du versement de l'impôt contesté, conformément à l'article R 196-1 du LPF (Rép. Collin : Sén. 4-11-2010 n° 14632, non reprise au Bofip mais qui nous paraît conserver sa valeur). Dans cette hypothèse, l'émetteur de la facture n'est pas tenu d'adresser à son client particulier une facture rectificative (TA Montreuil 1-12-2016 n° 1502570 : RJF 3/17 n° 233).
> **c.** Il existe d'**autres dispositions** ayant également pour objet de prévenir les fraudes en matière de TVA et notamment les **fraudes** de type « **carrousel** » : remise en cause de l'exonération appliquée à des livraisons intracommunautaires de biens (CGI art. 262 ter, I-1°-al. 3 : voir nos 20420 s.); solidarité en paiement de la taxe pesant sur l'acquéreur (CGI art. 283, 4 bis et 4 ter : voir nos 48020 s. et 80460); remise en cause du droit à déduction de l'acquéreur (CGI art. 272, 3 : voir nos 51300 s.).

1. FACTURATION ERRONÉE

RÈGLE GÉNÉRALE

L'article 283, 3 du CGI prévoit que toute personne qui mentionne la TVA sur une facture est **redevable de la taxe du seul fait de sa facturation.** **47100**

Cette disposition vise principalement le cas de facturation de taxe à un **taux erroné** ou à l'occasion d'une **opération non passible** de la TVA.

Dans cette situation, la taxe acquittée à tort est due par le **fournisseur,** dès lors qu'il l'a facturée.

Malgré cela, le **client** ne peut pas en principe déduire la taxe facturée à tort, car l'article 271, II-1-a du CGI prévoit que la taxe n'est déductible que si elle pouvait légalement figurer sur la facture (voir la position du Conseil d'État à cet égard : n° 56035).

Ce principe admet toutefois un important **assouplissement** qui consiste à laisser une possibilité de régularisation à l'émetteur de la facture (voir nos 47110 s.).

> **Précisions** **a.** Un non-redevable n'ayant facturé la TVA que pour certaines opérations ne peut pas être constitué redevable sur ce fondement pour ses autres opérations (CE 11-12-1987 n° 49894 : RJF 2/88 n° 157).
> **b.** En matière de **TVA immobilière,** le seul fait de mentionner dans un acte authentique un prix de vente comprenant la TVA équivaut à la facturation de cette taxe (CE 24-11-1986 n° 50200 : RJF 1/87 n° 30).
> **c.** Un assujetti qui n'a pas contesté le montant erroné de TVA mentionné sur la **facture émise par le destinataire** des biens ou des services est redevable du montant indiqué (CJUE 17-9-1997 aff. 141/96 : RJF 11/97 n° 1095).

ASSOUPLISSEMENT

47110 Il résulte de la jurisprudence tant communautaire qu'interne que le **principe de neutralité** de la TVA implique qu'une possibilité de **régularisation** de la taxe facturée à tort ne dépendant pas du pouvoir discrétionnaire de l'administration fiscale soit laissée à l'**émetteur de la facture, sans condition de bonne foi,** si ce dernier a **éliminé tout risque de perte de recettes fiscales** (par exemple en récupérant et détruisant la facture avant son utilisation par le destinataire). En revanche, lorsqu'un tel risque n'a pas été complètement éliminé, la récupération de la TVA par l'émetteur de la facture peut être subordonnée à une condition de bonne foi(CJUE 13-12-1989 aff. 342/87 : RJF 2/90 n° 237 ; CJUE 19-9-2000 aff. 454/98 : RJF 1/01 n° 125 ; CE 14-4-2008 n° 297059 : RJF 7/08 n° 801).

Il en va de même, selon la CJUE, lorsqu'il s'agit d'une somme facturée par erreur comme TVA par une personne non assujettie à un preneur également non assujetti, hypothèse dans laquelle il n'existe aucun risque de perte de recettes fiscales (CJUE 6-11-2003 aff. 78/02 à 80/02 : RJF 1/04 n° 107).

47115 Si l'émetteur de la facture n'a pas, en temps utile, éliminé complètement le **risque de perte de recettes** fiscales, le principe de neutralité fiscale ne s'oppose pas à ce qu'un État membre subordonne la **correction de la TVA** due dans cet État membre du seul fait qu'elle est **mentionnée par erreur sur la facture** à la condition que l'assujetti ait envoyé au bénéficiaire des services effectués une **facture rectifiée** ne mentionnant pas ladite taxe (CJUE 18-6-2009 aff. 566/07 : RJF 10/09 n° 901 ; CE 16-5-2011 n° 330153 : RJF 8-9/11 n° 934 ; CE 15-2-2016 n° 375667 : RJF 5/16 n° 450).

En revanche, lorsque le **risque** de perte de recettes fiscales a été **complètement écarté** (cas, par exemple, où l'administration, par un avis devenu définitif, a refusé au destinataire de la facture le droit de déduire le montant de TVA mentionné à tort sur celle-ci), la récupération de cette taxe par le fournisseur ne peut pas être subordonnée à la rectification de la facture erronée (CJUE 11-4-2013 aff. 138/12 : RJF 8-9/13 n° 894).

> **Précisions** Un État membre peut toutefois refuser la restitution de taxes indûment perçues dans des conditions qui entraîneraient un **enrichissement sans cause** des ayants droit (CJUE 18-6-2009 aff. 566/07 précité).

47120 La **doctrine** administrative, non rapportée à ce jour, est **plus restrictive que** la jurisprudence. Elle admet que la personne qui a **facturé la TVA** au titre d'**opérations non passibles** de cette taxe ou pour lesquelles la taxe a été facturée à un **taux supérieur au taux légalement applicable** puisse **récupérer** la taxe acquittée à tort dans la mesure où la **bonne foi** des parties n'est pas contestée. Cette récupération est effectuée par voie d'**imputation ou** de **restitution,** dans les conditions prévues pour les opérations résiliées ou annulées (voir nos 59100 s.). Le fournisseur intéressé doit envoyer à son client une **facture nouvelle** annulant et remplaçant la précédente, faisant référence à la facture initiale et portant mention explicite de l'annulation de cette dernière (BOI-TVA-DECLA-30-20-20-30 n° 390). À la réception de ce document, le client est tenu de reverser la taxe déduite à tort (CGI art. 271, II-3 : n° 55760).

En ce qui concerne la TVA acquittée pour une opération non passible de cette taxe ou faisant l'objet d'une réduction de prix réalisée avec un client assujetti étranger non établi en France, voir n° 59175.

2. OPÉRATIONS FICTIVES

47150 Lorsque la **facture ne correspond pas** à la livraison d'une **marchandise ou** à l'exécution d'une **prestation de services,** ou fait état d'un **prix** qui ne doit **pas** être **acquitté** effectivement par l'acheteur, la taxe est due par la personne qui l'a facturée.

Dans cette situation (qui est notamment celle des factures correspondant à des opérations fictives), la taxe est due par la personne qui l'a facturée (application de l'article 283, 4 du CGI) mais ne peut faire l'objet d'aucune déduction par la personne qui a reçu la facture (CGI art. 272, 2 : n° 56010).

Toutefois, même dans une telle situation, la **récupération** de la **taxe par l'émetteur** de la facture est possible, selon la Cour de justice, dans les mêmes conditions que celles prévues pour la récupération de la TVA en cas de facturation erronée (voir nos 47110 s.) (en ce sens notamment, CJUE 8-5-2019 aff. 712/17 : RJF 7/19 n° 732).

À noter cependant que, contrairement à la position de la CJUE, selon laquelle la récupération de la taxe par le fournisseur ne peut pas être subordonnée à la rectification de la facture erronée lorsque le risque de perte de recettes fiscales a été complètement écarté (CJUE 11-4-2013 aff. 138/12 : n° 47115), solution qui s'applique à notre avis également à l'hypothèse de la facturation d'opérations fictives, le Conseil d'État exige que le fournisseur émette une facture rectificative lorsqu'il s'agit d'opérations fictives même si le risque de perte de recettes fiscales a été complètement écarté (CE 15-2-2016 n° 374458 : RJF 5/16 n° 424).

> Précisions Depuis l'adoption de l'article 272, 3 du CGI qui permet la remise en cause du droit à déduction en cas de fraude à la TVA au sens large (nos 51300 s.), les dispositions des articles 272, 2 et 283, 4 du même Code ont plutôt vocation à s'appliquer aux opérations fictives (livraisons de biens ou prestations de services) ou aux facturations de complaisance, mais certains juges du fond les mettent également en œuvre en cas de livraison effective par le fournisseur dans le cadre d'une fraude « carrousel » (par exemple CE 23-3-2009 n° 301053 : RJF 7/09 n° 631 ; CAA Paris 2-4-2007 n° 04-3144 : RJF 8-9/07 n° 913 ; CAA Paris 2-2-2016 n° 14PA03828 : RJF 12/16 n° 1075).

VI. SANCTIONS DES INFRACTIONS AUX RÈGLES DE FACTURATION

47230 Les **manquements** aux règles de facturation peuvent être **constatés** à l'occasion d'un contrôle fiscal **ou recherchés** dans le cadre du droit d'enquête des articles L 80 F à L 80 J du LPF (n° 47245).

47235 Les **infractions** commises en matière de facturation peuvent donner lieu à une **rectification fiscale,** dans la mesure où elles ont affecté le calcul de l'impôt. Tel peut être le cas, par exemple, pour les ventes sans facture non déclarées, pour les achats fictifs faisant l'objet de « factures de complaisance », ou encore en cas de déduction d'une TVA non mentionnée sur la facture. Il est fait application, s'il y a lieu, des sanctions fiscales et éventuellement des **sanctions pénales** prévues par la réglementation. Ces rectifications sont effectuées – et les sanctions correspondantes sont appliquées – selon les règles de droit commun qui régissent le contrôle fiscal.

En outre, des **sanctions spécifiques** s'appliquent aux infractions aux règles de facturation. Elles concernent :

- le défaut de facturation : nos 47255 s. ;
- les factures de complaisance : n° 47280 ;
- les omissions ou inexactitudes dans les factures : nos 47290 s.

RECHERCHE DES INFRACTIONS AUX RÈGLES DE FACTURATION

47245 **Droit d'enquête** Les agents des impôts ayant au moins le grade de contrôleur disposent d'une procédure d'**enquête administrative,** prévue aux articles L 80 F à L 80 J du LPF, pour rechercher les manquements aux règles de facturation auxquelles sont soumis les assujettis à la TVA et, le cas échéant, contrôler les obligations liées à la facturation électronique.

Cette **procédure** permet d'intervenir de manière inopinée dans les locaux professionnels d'un assujetti ou, sur convocation dans les bureaux de l'administration, d'auditionner celui-ci. Les interventions ou auditions sont conduites dans les conditions fixées par les articles L 80 F et suivants du LPF.

À l'issue de l'enquête, c'est-à-dire dans les 30 jours qui suivent la dernière intervention sur place ou la dernière convocation, l'administration établit un procès-verbal. L'assujetti dispose d'un délai de 30 jours pour faire valoir ses observations.

Quant aux **conséquences** de l'enquête, les constatations opérées au cours de celle-ci ne peuvent être opposées à l'assujetti ainsi qu'aux tiers concernés par la facturation que dans le cadre d'une procédure de vérification fiscale au regard des impositions de toute nature et de la procédure d'enquête. Elles peuvent cependant être utilisées pour la mise en œuvre des procédures de visite et de saisie prévues à l'article L 16 B du LPF ou de flagrance fiscale prévue aux articles L 16-0 BA et L 252 B du même Livre.

En ce qui concerne les règles spécifiques régissant le **contrôle des systèmes de télétransmission** (LPF art. L 80 FA), voir n° 46635.

> Précisions a. Sur les **sanctions possibles** : la mise en œuvre du droit d'enquête ne peut donner lieu à l'application d'**amendes,** à l'exception des amendes sanctionnant les infractions relatives aux registres des biens ou des façonniers (CGI art. 1788 B : n° 36810) et des amendes spécifiques sanctionnant les infractions commises en matière de facturation (CGI art. 1737, I-1, 2 et 3 et II : nos 47255 s.). Par contre, le **refus** de laisser les enquêteurs accéder aux locaux ou de présenter les documents demandés constitue une opposition à fonction et, à ce titre, peut donner lieu à une amende de 25 000 € et, en cas de récidive, à une peine d'emprisonnement de six mois (CGI art. 1746).

b. Les **agents des douanes** disposent du droit d'enquête pour la recherche des manquements aux règles de facturation portant sur les seules **opérations intracommunautaires.** Pour prévenir les manquements, ils peuvent également

procéder au contrôle des moyens de transport à usage professionnel et de leur chargement, avec l'assistance éventuelle d'agents des impôts (LPF art. L 80 I et L 80 J).
c. Les agents des impôts ou des douanes peuvent exercer le droit d'enquête pour rechercher les manquements aux obligations et formalités auxquelles sont soumises les personnes autorisées à ouvrir un **entrepôt fiscal** (nos 33430 s.) ; l'opposition à contrôle, de même que le non-respect des obligations comptables, peut entraîner le retrait de l'autorisation d'entrepôt (LPF art. L 80 K et L 80 L).

47250 **Contrôle des procédures internes** En application de l'article L 13 D du LPF, les agents de l'administration des impôts peuvent s'assurer que les **contrôles internes** visés aux nos 45525 et 46630 garantissent l'authenticité de l'origine, l'intégrité du contenu et la lisibilité des factures émises ou reçues par le contribuable, sous forme papier ou électronique.

À cette fin, ils vérifient l'ensemble des informations, documents, données, traitements informatiques ou système d'information constitutifs de ces contrôles internes à l'entreprise, ainsi que la documentation décrivant leurs modalités de réalisation. Si ces contrôles sont **effectués sous forme électronique,** les contribuables sont tenus de présenter sous cette forme les éléments demandés. Les agents de l'administration peuvent prendre copie des informations ou documents de ces contrôles et de leur documentation par tout moyen et sur tout support.

Si les **agents** des impôts **ne peuvent pas effectuer la vérification** prévue par l'article L 13 D du LPF, ou si les contrôles mis en place ne permettent pas d'assurer l'authenticité de l'origine, l'intégrité du contenu et la lisibilité des factures, les factures concernées ne seront pas considérées comme des pièces justificatives des opérations effectuées par les redevables, sauf pour les besoins du 3 de l'article 283 du CGI (LPF art. L 13 E). Il en est de même si ces contrôles ne permettent **pas** d'établir une **piste d'audit fiable** entre les factures et les livraisons de biens ou les prestations de services réalisées.

Par suite, l'absence ou l'insuffisance des contrôles mis en place par l'émetteur de la facture entraîne les **conséquences** suivantes :

– la TVA facturée par l'**émetteur** reste due, en application de l'article 283, 3 du CGI, en vertu duquel toute personne qui mentionne la TVA sur une facture est redevable de la taxe du seul fait de sa facturation (n° 47100) ;

– la déduction de la taxe est susceptible d'être remise en cause chez le **récepteur des factures.** La taxe pourra toutefois être déduite (toutes les autres conditions de déduction étant par ailleurs remplies) si ce dernier démontre que l'opération facturée est justifiée dans sa réalité et que l'authenticité de l'origine, l'intégrité du contenu et la lisibilité des factures qu'il reçoit sont assurées (établissement d'une piste d'audit fiable entre les factures reçues et les opérations qui en sont le fondement, recours à une signature électronique qualifiée ou utilisation de l'EDI).

Par ailleurs, lorsque les contrôles réalisés par l'entreprise réceptrice des factures ne permettent pas d'établir une piste d'audit fiable entre les factures reçues et les opérations y afférentes, la déduction de la taxe sera remise en cause dans cette entreprise (BOI-TVA-DECLA-30-20-30-50 nos 80 à 110).

> Précisions L'article L 102 B, I bis du LPF autorise les assujettis à recourir, pour leur conservation, à la **numérisation des éléments constitutifs des contrôles internes** permettant d'établir une piste d'audit fiable lorsqu'ils ont été établis sous forme papier, cette numérisation devant alors être réalisée dans les conditions fixées par l'article A 102 B-1 du même Livre (n° 46752).
L'administration considère que, dans le cas où le contribuable présente un **document numérisé qui ne remplit pas** ces **conditions,** le contribuable est alors tenu de le présenter sous forme papier. S'il n'est plus en possession du document papier, elle estime ne pas être en mesure de s'assurer que les contrôles documentés et permanents mis en place par l'entreprise permettent d'établir une piste d'audit fiable. Elle assimile une telle hypothèse à l'**absence de piste d'audit** (BOI-CF-COM-10-10-30-10 n° 175), ce qui peut entraîner, s'agissant du **récepteur de la facture** chez lequel cette absence serait constatée, la remise en cause de son droit à déduction par l'administration.

DÉFAUT DE FACTURATION

47255 L'article 1737, I-3 du CGI (dans sa rédaction issue de l'article 142 de la loi 2021-1900 du 30-12-2021) prévoit que les professionnels qui ne respectent pas l'obligation de délivrance d'une facture et qui ne comptabilisent pas la transaction sont redevables d'une **amende fiscale égale à 50 %** du montant de la transaction, **plafonnée** à 375 000 € par exercice (lorsqu'il s'agit d'un professionnel, le client est solidairement tenu au paiement de cette amende). Cette amende est réduite à **5 %** de ce montant et ne peut excéder 37 500 € par exercice lorsque la **transaction** a été **comptabilisée.**

Cette amende s'applique également en cas de défaut de délivrance d'une note dans le cadre de travaux immobiliers pour des particuliers (nos 45885 s.).

Les **achats et ventes sans factures** de marchandises constituent par ailleurs, pour l'application des sanctions pour insuffisance de déclaration, une **présomption de manœuvres frauduleuses.** En outre, en pareil cas, l'acheteur est, soit personnellement, soit solidairement avec le vendeur si celui-ci est connu, tenu de payer les taxes sur le montant de son achat, ainsi que la pénalité exigible (CGI art. 1786). Pour l'application de ces dispositions, l'administration doit apporter la **preuve** de la réalité des achats sans facture. **47260**

Indépendamment des sanctions fiscales, l'absence de facture est susceptible de faire l'objet des **sanctions pénales** prévues par l'article 1741 du CGI relatif au **délit de fraude fiscale.** **47265**

Notons enfin que les achats ou ventes effectués sans facture régulière peuvent également faire l'objet de **sanctions économiques,** la **mise sous séquestre** de l'entreprise de l'auteur du délit pouvant dans ce cas être prononcée par le juge (CGI art. 1751). **47270**

FACTURES DE COMPLAISANCE OU FICTIVES

Les personnes qui, à l'occasion de l'exercice d'une activité professionnelle, **travestissent ou dissimulent l'identité ou l'adresse** de leurs fournisseurs ou de leurs clients ou acceptent sciemment l'utilisation d'une identité fictive ou d'un prête-nom sont passibles d'une amende fiscale égale à 50 % des sommes versées ou reçues au titre des opérations concernées (CGI art. 1737, I-1). Cette amende s'applique également aux personnes (assujetties à la TVA) qui commettent des infractions portant sur les éléments d'identification mentionnés tant sur les factures (nos 46100 s.) que sur l'état récapitulatif des clients (nos 21500 s.). **47280**

En outre, les personnes qui délivrent une facture **ne correspondant pas à une livraison ou à une prestation de services réelle** (factures fictives) sont redevables d'une amende fiscale égale à 50 % du montant de la facture (CGI art. 1737, I-2).

Ces amendes ne s'appliquent pas dans le cas des ventes au détail et des prestations de services faites ou fournies à des particuliers.

> **Précisions** **a.** Une **amende distincte,** prévue par le 1er alinéa de l'article 1740 A du CGI, est applicable à ceux qui ont **sciemment** délivré des factures fausses ou de complaisance permettant à des **tiers** de bénéficier d'un **avantage fiscal.**
> Les **sanctions pénales** prévues par l'article 1741 du CGI relatif au délit de **fraude fiscale** sont, par ailleurs, susceptibles de s'appliquer.
> **b.** S'agissant de l'amende prévue par l'article 1737, I-2 du CGI, le Conseil d'État a jugé que s'il est établi qu'une **facture** fictive a été délivrée par une **autre personne que celle dont le nom figure** sur cette facture, l'amende ne peut être mise à la charge que de cette autre personne (CE 14-10-2015 n° 386698 : RJF 1/16 n° 48).
> **c.** Les amendes fiscales prévues par l'article 1737, I du CGI doivent faire l'objet d'une **décision administrative motivée.** Le document portant motivation doit mentionner la faculté dont dispose le contrevenant de faire valoir ses observations dans un délai de 30 jours.
> **d.** Le Conseil constitutionnel a jugé que l'amende prévue à l'article 1737, I-1 du CGI est **conforme à la Constitution** (Cons. const. 21-10-2021 n° 2021-942 QPC).
> Il en est de même de celle prévue à l'article 1737, I-2 du CGI (Cons. const. 30-12-1997 n° 97-395 DC : RJF 2/98 n° 182).

OMISSIONS OU INEXACTITUDES DANS LES FACTURES

Toute omission ou inexactitude constatée dans les factures exigées en matière de TVA (ou dans les notes exigées pour les travaux immobiliers effectués pour les particuliers) donne lieu à l'application d'une **amende de 15 € par omission ou inexactitude** (CGI art. 1737, II). **47290**

Toutefois, le **montant total des amendes** dues au titre de chaque facture ou document ne peut excéder le quart du montant qui y est ou aurait dû y être mentionné.

Sur le **non-cumul** des amendes relatives à la facturation, voir n° 47305.

> **Précisions** Selon le Conseil d'État, les inexactitudes affectant les factures peuvent être sanctionnées même si elles portent sur des **mentions facultatives** (CE 21-5-2014 n° 364610 : RJF 8-9/14 n° 821). Cependant, cette décision n'implique pas, selon nous, que toute inexactitude, même la plus vénielle et n'ayant aucune incidence, justifierait l'application de l'amende par l'administration. Il faut, à notre avis, que cette inexactitude revête un caractère substantiel.

L'amende prévue à l'article 1737, II du CGI est portée à la connaissance de l'auteur de l'infraction, soit par **procès-verbal,** soit par **proposition de rectification.** **47295**

L'**assiette de l'amende** fiscale doit être détaillée et justifiée afin que le contrevenant soit précisément informé sur les modalités de calcul de la sanction.

> Précisions a. Lorsque les infractions sont constatées lors d'un **contrôle** sur pièces ou d'une procédure de vérification, l'administration recommande à ses agents de recourir à l'utilisation d'un **procès-verbal** pour notifier la sanction.
b. L'administration doit répondre systématiquement aux observations émises dans le délai de 30 jours par un contribuable manifestant un désaccord motivé (BOI-CF-INF-10-40-40 n° 130).
c. Pour pouvoir **motiver la sanction,** l'administration recommande à ses agents de prendre en **copie** les documents qui comportent des irrégularités et d'indiquer sur la notification ou le procès-verbal les références du document incriminé (numéro et date de la facture ou du document en tenant lieu) pour lequel le service aura constaté des infractions aux dispositions du II de l'article 1737 du CGI (BOI précité n° 140).

COMBINAISON DES SANCTIONS

47305 Certaines infractions peuvent relever de plusieurs sanctions.

Ainsi, les faits sanctionnés par l'article 1737, I du CGI peuvent également motiver les sanctions pour **insuffisance de déclaration** prévues en cas de manœuvres frauduleuses en matière de TVA et d'impôts directs (CGI art. 1729). Ces pénalités étant de nature différente, aucune disposition légale n'en interdit le cumul. Dans ce cas, cependant, seule la pénalité la plus élevée est retenue par l'administration afin de respecter la règle constitutionnelle de proportionnalité entre le quantum de la fraude et celui de la sanction financière.

Les amendes de l'article 1737, I du CGI applicables en cas de **fausses factures** ou de **défaut de facturation** ne se cumulent pas avec celles de l'article 1737, II applicables en cas d'omission ou d'inexactitudes constatées dans les factures (BOI-CF-INF-10-40-40 n° 160).

47310 Il n'existe pas d'interférence entre la sanction prévue à l'article 1737, I et la sanction édictée par l'article 1788 B du CGI pour infraction aux règles relatives à la **tenue** de certains **registres** (nos 20630, 21420, 21425, 21427, 24710 et 36810). En effet, l'article 1737, I du CGI ne sanctionne que les actes commis avec une intention frauduleuse et non de simples erreurs ou omissions, alors que l'article 1788 B est généralement appliqué dans ce dernier cas.

Les pénalités de l'article 1737, I du CGI ne se cumulent pas non plus avec la sanction pour **délivrance abusive d'attestations** prévue à l'article 1740 A du CGI (BOI-CF-INF-10-40-60 n° 110).

SECTION 4

DÉCLARATION DES OPÉRATIONS ET PAIEMENT DE L'IMPÔT

47500 L'article 287, 1 du CGI prévoit l'**obligation,** pour tout redevable de la TVA identifié conformément aux règles énoncées aux nos 44410 et 44412, de remettre au service des impôts dont il dépend, dans le délai fixé par arrêté, une déclaration conforme au modèle prescrit par l'administration.

La TVA doit être acquittée au moment du dépôt de la déclaration (CGI art. 1692).

47505 Les **modalités déclaratives** des opérations réalisées **diffèrent selon le régime d'imposition** sous lequel se trouvent placés les redevables : régime **réel normal** ou régime **simplifié,** dont le champ d'application est déterminé, en matière de taxes sur le chiffre d'affaires, en fonction à la fois du chiffre d'affaires réalisé par l'entreprise et du montant de sa taxe exigible (des exclusions du régime simplifié étant toutefois prévues).

Par ailleurs, les plus petites entreprises assujetties à la TVA sont susceptibles de bénéficier d'un régime de **franchise en base** qui n'est pas à proprement parler un régime d'imposition mais un régime d'« exonération » dispensant les entreprises concernées de la déclaration et du paiement de la TVA. Le champ d'application de ce dispositif est déterminé (sauf exclusions expressément prévues) en fonction du seul chiffre d'affaires réalisé par l'entreprise.

47510 Après avoir examiné le champ d'application des régimes d'imposition et du régime de la franchise en base (nos 47550 s.), nous exposerons les règles communes aux régimes réel normal et simplifié (nos 47900 s.), puis les spécificités de chacun de ces deux régimes (nos 48400 s. et 48780 s., en consacrant notamment une étude au régime optionnel de consolidation du paiement de la TVA au sein des groupes de sociétés soumis au réel normal : n°s 48640 s.) avant de présenter les conséquences pratiques de la franchise en base et les obligations incombant aux bénéficiaires de ce dispositif (n°s 49050 s.).

Des **règles spéciales** sont prévues en matière de déclarations et de paiement de l'impôt : 47515
- pour les redevables de la **TVA** sur les **opérations immobilières** (n°s 67500 s.) ;
- pour les redevables placés sous le **régime simplifié agricole** (n°s 72400 s.).

En ce qui concerne les **entreprises étrangères** non établies en France qui y réalisent des opérations, voir n°s 30800 s. S'agissant des **organismes sans but lucratif** redevables de la TVA, voir n°s 12160 s.

I. CHAMP D'APPLICATION DES RÉGIMES D'IMPOSITION ET DE LA FRANCHISE EN BASE

Les domaines respectifs du régime réel normal, du régime simplifié et de la franchise, applicables 47550
en matière de TVA (et de taxes assimilées), sont d'abord fonction du **chiffre d'affaires** annuel des entreprises ; un second critère – celui du montant de la TVA exigible – est également pris en compte pour déterminer les champs d'application respectifs des régimes réel normal et simplifié. Des **exclusions** sont toutefois prévues, soit pour la franchise de TVA, soit pour le régime simplifié.

Par ailleurs, des systèmes **d'options** permettent aux assujettis relevant du régime simplifié de se placer sous le régime réel normal et à ceux bénéficiant de la franchise de renoncer à celle-ci et d'opter pour l'imposition à la TVA selon le régime simplifié ou le régime réel normal.

Le **tableau** ci-après, que nous allons commenter en détail, fait ressortir, sous forme synoptique, la situation des assujettis en 2023 au regard des différents régimes d'imposition et de la franchise en base.

Seuils de chiffre d'affaires à retenir selon l'activité		**Régime applicable**	**Possibilités d'option pour un autre régime**
Ventes de marchandises à emporter ou à consommer sur place ; fourniture de logement	Autres activités (prestations de services)		
Recettes supérieures à 876 000 €[1]	Recettes supérieures à 264 000 €[1]	Régime réel normal	Aucune
Recettes supérieures à 91 900 € et n'excédant pas 876 000 €[1]	Recettes supérieures à 36 800 € et n'excédant pas 264 000 €[1]	Régime simplifié[2 et 3]	Régime réel normal
Recettes n'excédant pas 91 900 €[1]	Recettes n'excédant pas 36 800 €[1]	Franchise en base[3 et 4]	Paiement de la TVA selon le régime simplifié ou le régime réel normal

1. En ce qui concerne les modalités d'appréciation de seuils en cas d'exercice d'une activité mixte, voir n° 47670, précision a et n° 47770.
2. Le régime simplifié n'est toutefois pas applicable si le montant de taxe exigible au titre de l'année précédente dépasse 15 000 € ou en cas de réalisation d'acquisitions intracommunautaires, d'importations ou de sorties de régimes d'entrepôt fiscal.
3. Le chiffre d'affaires à retenir est celui de l'année précédente.
4. En ce qui concerne les seuils spécifiques aux avocats, auteurs et artistes-interprètes, voir n°s 47690 s.

Remarque : L'article 22 de la loi 2017-1837 du 30 décembre 2017 a sensiblement relevé, à compter de l'imposition des revenus de 2017, les seuils d'application des régimes micro-BIC et micro-BNC, sans toucher aux seuils d'application de la franchise en base de TVA. Ces régimes sont, ainsi, depuis lors déconnectés de la franchise en base.

Le champ d'application des régimes d'imposition des bénéfices n'est pas exposé dans le présent ouvrage. Les lecteurs intéressés par une étude détaillée des régimes d'imposition des bénéfices des entreprises pourront utilement se reporter à la Documentation pratique fiscale (RIE-I-1 s.).

A. Franchise en base

ENTREPRISES CONCERNÉES

47600 L'article 293 B du CGI prévoit un régime de franchise en base de TVA applicable, au titre d'une année N, aux **assujettis établis en France** dont le **chiffre d'affaires hors taxe de l'année précédente** n'excède pas :

– 91 900 € ou 101 000 € (mais à condition dans ce dernier cas que le chiffre d'affaires de la pénultième année ou N – 2 n'excède pas 91 900 €) s'il s'agit d'assujettis dont le commerce principal est de **vendre des marchandises,** objets, fournitures et denrées à emporter ou à consommer sur place, ou de **fournir le logement** ;

– 36 800 € ou 39 100 € (mais à condition dans ce dernier cas que le chiffre d'affaires de la pénultième année ou N – 2 n'excède pas 36 800 €) pour les autres activités de **prestations de services.**

La franchise cesse de s'appliquer aux assujettis dont le **chiffre d'affaires de l'année en cours** excède la limite majorée de 101 000 € (vente de marchandises, objets, fourniture de denrées à emporter ou à consommer sur place et fourniture de logement) ou 39 100 € (autres activités de prestations de services). Les entreprises concernées deviennent redevables de la TVA pour les opérations effectuées à compter du premier jour du mois au cours duquel cette limite majorée est dépassée (voir n° 47670).

La franchise en base de TVA est susceptible de s'appliquer aussi bien aux **entreprises individuelles** qu'aux **sociétés** et aux **associations sans but lucratif** qui réalisent des opérations imposables à la TVA (n° 11545).

Les entreprises susceptibles de bénéficier de la franchise en base peuvent **opter** pour le paiement de la TVA (nos 47650 s.).

> **Précisions** **a.** Les **limites** de la franchise s'entendent **hors TVA** (CGI art. 293 D). Il en résulte que le chiffre d'affaires réalisé par un assujetti au titre d'une année durant laquelle il a bénéficié de la franchise, qui est nécessairement hors TVA, ne peut pas être diminué d'une TVA fictive pour le confronter au seuil de la franchise (CE 13-2-2013 n° 342197 : RJF 5/13 n° 481).
> **b.** Lorsqu'un assujetti effectue à la fois des **livraisons de biens et** des **services,** la franchise ne lui est applicable que s'il n'a pas réalisé au cours de l'année précédente un chiffre d'affaires global supérieur à 91 900 € (ou à 101 000 € mais à condition dans ce dernier cas que le chiffre d'affaires global de la pénultième année n'excède pas 91 900 €) et un chiffre d'affaires afférent à des prestations de services autres que des ventes à consommer sur place et des prestations d'hébergement supérieur à 36 800 € (ou à 39 100 € mais à condition dans ce dernier cas que le chiffre d'affaires de la pénultième année afférent à ces services n'excède pas 36 800 €).
> **c.** Les **limites** de la franchise indiquées ci-dessus sont celles **revalorisées** à compter du 1er janvier 2023 et sont valables pour 2023, 2024 et 2025. Elles feront l'objet d'une révision au 1er janvier 2026. Les limites de la franchise sont, en effet, actualisées tous les trois ans dans la même proportion (en principe) que l'évolution triennale de la première tranche de l'impôt sur le revenu et arrondies à la centaine d'euros la plus proche (CGI art. 293 B, VI).
> Lors d'une actualisation, pour déterminer si une entreprise peut bénéficier du régime de la **franchise en base l'année N,** l'administration estime qu'il convient de comparer le chiffre d'affaires hors taxe de l'année N – 1 (et le cas échéant celui de l'année N – 2) aux limites actualisées (en ce sens Inst. 3 F-1-10 n° 3, non reprise au Bofip).
> **d.** En ce qui concerne les seuils spécifiques aux **avocats, auteurs** et **artistes-interprètes,** voir n° 47690.

47610 **Entreprises nouvelles** La franchise en base est de droit pour les entreprises nouvelles la **première année d'activité** tant que le chiffre limite de 101 000 € ou 39 100 € (sans ajustement prorata temporis) n'est pas atteint. Il appartient donc aux entreprises nouvelles qui ne souhaitent pas bénéficier de la franchise en base de l'indiquer au service des impôts dès le début de l'activité (voir à cet égard n° 47660, précision a).

Pour déterminer si la franchise est applicable aux entreprises nouvelles les **années suivant celle de leur création,** les limites de 91 900 € ou 36 800 € et de 101 000 € ou 39 100 € doivent être ajustées au prorata du temps d'exploitation de l'entreprise ou d'exercice de l'activité pendant l'année de création (CGI art. 293 D, III). L'ajustement prorata temporis du chiffre d'affaires limite est effectué en fonction du nombre de jours d'activité par rapport à 365 (BOI-TVA-DECLA-40-10-10 nos 290 et 295).

> **Précisions** L'ajustement au prorata du temps d'exploitation ne s'applique pas aux **entreprises saisonnières** ni à celles dont l'activité est exercée de manière **intermittente** (BOI précité n° 295).

OPÉRATIONS CONCERNÉES

Les assujettis bénéficient de la franchise pour l'ensemble de leurs **livraisons de biens** et de leurs **prestations de services,** à l'exception des opérations mentionnées au n° 47630. 47620

La franchise s'applique à l'ensemble des **livraisons de biens,** qu'elles soient **internes** ou **intracommunautaires** : les livraisons faites à destination d'un autre État membre de l'UE par les entreprises bénéficiaires de la franchise en base n'ont donc pas à être soumises à la TVA. En outre, ces opérations sont exclues du mécanisme des **livraisons intracommunautaires** de biens exonérées (nos 20350 s.) et, corrélativement, ne constituent pas une acquisition intracommunautaire taxable pour l'acquéreur établi dans un autre État membre de l'UE (n° 19650).

Les effets de la franchise en base ne s'étendent pas aux **importations.**

OPÉRATIONS EXCLUES

Aux termes de l'article 293 C du CGI, la franchise en base de TVA ne s'applique ni aux opérations relevant du régime simplifié de l'**agriculture** (nos 69550 s.), ni aux opérations soumises à la **TVA sur option** (nos 2050 s.), ni aux **opérations immobilières** soumises à la TVA en application de l'article 257, I du CGI (nos 67500 s.), ni aux **livraisons intracommunautaires de moyens de transport neufs** (n° 21020). 47630

Sont également exclus du bénéfice de la franchise les redevables qui exercent une **activité occulte** au sens du deuxième alinéa de l'article L 169 du LPF (CGI art. 293 B, I). Il en est de même de ceux à l'encontre desquels l'administration a dressé un procès-verbal de **flagrance fiscale,** au titre de l'année ou de l'exercice au cours duquel ce procès-verbal a été établi (CGI art. 293 BA).

APPRÉCIATION DES LIMITES

Les opérations à retenir pour l'appréciation des chiffres d'affaires limites doivent s'entendre **hors TVA** lorsqu'elles ont été soumises à cette taxe. 47640

Il convient, en principe, de retenir les **livraisons effectuées** et les **prestations réalisées** au cours de l'année civile de référence (année précédente ou pénultième année, le cas échéant) et non les encaissements. Toutefois, les titulaires de **revenus non commerciaux** doivent retenir les recettes effectivement encaissées, même s'ils ont opté pour la détermination de leur résultat à partir des créances acquises et des dépenses engagées.

Pour l'appréciation de la **limite de 91 900 €,** le montant des opérations à retenir comprend, selon l'administration : l'ensemble des livraisons de biens, des ventes à consommer sur place et des prestations d'hébergement taxables ; les exportations, les livraisons intracommunautaires, les ventes à distance taxables dans un autre État membre (voir toutefois la précision e ci-après) et les livraisons réalisées en franchise ou en suspension de taxe ; les opérations immobilières non taxées (BOI-TVA-DECLA-40-10-10 n° 220).

Pour l'appréciation de la **limite de 36 800 €,** le montant des opérations à retenir comprend : l'ensemble des prestations de services taxables (autres que celles visées ci-dessus) ; les prestations de services non soumises à la taxe en France en application des règles de territorialité (voir toutefois la précision e ci-après) ; les prestations de services exonérées ou effectuées en suspension de taxe en vertu des articles 262, I et II-1° à 7°, 263 et 277 A du CGI ; les opérations immobilières, bancaires et financières exonérées n'ayant pas un caractère accessoire (sur cette notion, voir la précision f ci-après) (BOI précité n° 230).

Doivent être **exclues** du chiffre d'affaires limite, quelle que soit la catégorie à laquelle elles se rattachent : les opérations situées hors du champ d'application de la TVA ; les subventions non taxables (les subventions taxables sont à retenir) ; les opérations à caractère exceptionnel telles que la cession de biens d'investissement corporels ou incorporels ; les livraisons à soi-même ; les opérations immobilières, bancaires et financières accessoires ; les opérations exonérées autres que celles mentionnées ci-dessus ; les acquisitions intracommunautaires, les achats de biens ou de services pour lesquels le preneur doit autoliquider la taxe.

Bien qu'étant exclues du champ d'application de la franchise, les **opérations** ayant fait l'objet d'une **option pour le paiement de la TVA** doivent être prises en compte pour l'appréciation du chiffre d'affaires limite (BOI précité n° 190).

> **Précisions** **a.** Les **honoraires** et recettes rétrocédés par les membres des professions libérales doivent être pris en compte. En revanche, les **débours** ne sont pas retenus.
> **b.** Pour les **opérations taxables sur la marge** (ventes d'objets d'occasion, d'œuvres d'art, d'objets de collection ou d'antiquité, agents de voyages), il convient de retenir le montant total du chiffre d'affaires et non la seule marge (BOI-TVA-DECLA-40-10-10 n° 250 ; en ce sens, également, CJUE 29-7-2019 aff. 388/18 : RJF 11/19 n° 1111).
> **c.** En ce qui concerne les **intermédiaires** opaques, voir n° 83370.
> **d.** Pour les assujettis exploitant personnel-

lement **plusieurs établissements,** il convient de retenir le montant du chiffre d'affaires global réalisé dans l'ensemble de ces établissements, même si les activités exercées relèvent les unes des BIC et les autres des BNC (BOI précité n° 300).
Lorsque deux ou plusieurs membres d'une même famille imposés à l'impôt sur le revenu sous une cote unique exploitent des entreprises distinctes, il convient de considérer isolément la situation de chacun des membres de la famille (l'existence d'entreprises distinctes résulte des circonstances de fait, le régime matrimonial étant à cet égard sans incidence).
La même solution s'applique dans le cas où un industriel ou un commerçant est, en outre, membre d'une société de personnes ou assimilée (BOI précité n°s 310 et 320).
e. Selon la CJUE, le chiffre d'affaires limite en deçà duquel s'applique la franchise doit être déterminé en tenant compte du seul **chiffre d'affaires annuel** réalisé par l'entreprise **dans l'État membre** dans lequel elle est **établie,** à l'exclusion de celui réalisé dans d'autres États membres (CJUE 26-10-2010 aff. 97/09 : RJF 1/11 n° 120). Cette solution infirme la doctrine administrative française (exposée ci-dessus) selon laquelle il convient de prendre en compte dans le chiffre d'affaires annuel réalisé par un assujetti établi en France les ventes à distance taxables dans un autre État membre et les prestations de services non situées en France en application des règles de territorialité.
f. La location d'un bien immeuble par un assujetti qui exerce par ailleurs plusieurs professions libérales ne constitue **pas** une « **opération accessoire** », lorsque cette location est effectuée dans le cadre d'une **activité professionnelle habituelle** de l'assujetti (CJUE 9-7-2020 aff. 716/18 : RJF 10/20 n° 849).

OPTION POUR LE PAIEMENT DE LA TVA

47650 **Intérêt de l'option** Ayant les effets d'une exonération, la franchise dispense les redevables qui en bénéficient de la déclaration et du paiement de la TVA, mais elle les prive corrélativement de toute possibilité de déduire la TVA grevant leurs acquisitions de biens et services. L'option pour le paiement de la TVA peut précisément leur permettre de **récupérer la TVA** d'amont et en particulier la taxe grevant leurs investissements.

L'option pour le paiement de la TVA peut donc se révéler avantageuse pour les assujettis ayant une clientèle de redevables pouvant récupérer la TVA ainsi que pour ceux ayant une activité d'exportation.

L'option peut également permettre, en cas d'**abaissement du chiffre d'affaires** au-dessous des limites, d'éviter d'avoir à procéder aux régularisations qu'entraîne la perte de la qualité de redevable (voir n°s 62630 s.).

On soulignera, enfin, que les bénéficiaires de la franchise, bien que dispensés du paiement de la TVA, sont en principe exonérés de la **taxe sur les salaires.** L'option pour le paiement de la TVA reste donc sans incidence sur la taxe sur les salaires.

47660 **Modalités d'exercice de l'option** Les assujettis en droit de bénéficier de la franchise en base peuvent **opter à tout moment** pour le paiement de la TVA (CGI art. 293 F).

Cette option prend **effet** le premier jour du mois au cours duquel elle est déclarée. Elle doit être **formulée par écrit** auprès du service des impôts du lieu du principal établissement.

L'option est globale et couvre obligatoirement une période de **deux années,** y compris celle au cours de laquelle elle est déclarée (par exemple, une option déclarée le 10 août 2023 produira ses effets à compter du 1er août 2023 et jusqu'au 31 décembre 2024).

Elle est **renouvelable** par tacite reconduction pour une même durée, sauf dénonciation formulée au plus tard à l'expiration de chaque période. Toutefois, lorsque les assujettis ont obtenu un **remboursement de crédit de taxe** au cours ou à l'issue d'une période d'option, ils ne peuvent pas, à la fin de cette période, dénoncer l'option ; cette option est donc reconduite de plein droit pour une nouvelle période de deux ans (voir n° 58615).

Les personnes qui exercent l'option sont soumises à l'ensemble des obligations qui incombent aux redevables de la TVA. Elles relèvent du régime simplifié de déclaration ou, sur option, du régime réel normal (BOI-TVA-DECLA-40-10-20 n° 250).

> **Précisions a.** Dans le cas des **entreprises nouvelles,** l'option pour le paiement de la TVA doit être exercée lors du dépôt de la déclaration de création d'entreprise ou d'activité qui doit intervenir dans les 15 jours du début d'activité, y compris lorsque le dépôt de la déclaration de création d'entreprise ou d'activité intervient au cours du mois suivant le début d'activité (BOI précité n° 240).
b. Le fait d'**indiquer la TVA sur les factures sans** avoir formulé d'**option expresse** pour le paiement de la TVA rend l'assujetti redevable de la taxe sur le fondement de l'article 283, 3 du CGI, mais ne constitue en aucun cas une option expresse. Dès lors, l'assujetti ne peut exercer aucun droit à déduction (BOI-TVA-DECLA-40-10-20 n° 240).

CHANGEMENT DE RÉGIME EN CAS DE VARIATION DU CHIFFRE D'AFFAIRES

Dépassement des seuils de la franchise On a vu au n° 47600 que la franchise en base reste applicable l'année suivant celle du **franchissement de la limite de 91 900 € ou 36 800 €** à condition que le chiffre d'affaires de ladite année n'excède pas une limite majorée de 101 000 € ou 39 100 €. Par suite, le franchissement des limites de 91 900 € ou 36 800 € au titre d'une année N entraîne l'**obligation d'acquitter la TVA** pour l'année N + 2 (sauf si le chiffre d'affaires de l'année N + 1 s'abaisse en dessous de ces limites : voir n° 47680). Lorsqu'une **option** a été exercée, celle-ci conserve sa portée au titre de N + 1 et devient caduque à compter de N + 2. **47670**

Si la **limite de 101 000 € ou 39 100 €** est **franchie,** l'exploitant perd le bénéfice de la franchise en base à compter du premier jour du mois au cours duquel intervient ce dépassement.

> Précisions **a.** En cas d'**activités mixtes** (ventes et prestations de services), la franchise en base demeure applicable au titre des deux premières années de franchissement des limites, à condition que le chiffre d'affaires global n'excède pas 101 000 € et qu'à l'intérieur de ce plafond le chiffre d'affaires des prestations de services n'excède pas 39 100 €.

b. En ce qui concerne les **titulaires de BNC** qui bénéficient de seuils de **franchise spécifiques,** voir les précisions apportées aux n°s 47690 s.

Abaissement du chiffre d'affaires en deçà des seuils de la franchise **47680**

L'abaissement du chiffre d'affaires, au cours d'une année N, en dessous du **seuil de 91 900 € ou 36 800 €** rend la **franchise** applicable **de droit** à compter du 1er janvier de l'année suivante (N + 1).

S'il souhaite **rester redevable** de la taxe, l'assujetti doit exercer l'option pour le paiement de la TVA avant le 1er février de l'année N + 1 (n° 47660).

FRANCHISES PARTICULIÈRES DES AVOCATS, AUTEURS ET ARTISTES-INTERPRÈTES

Les avocats, les auteurs et les artistes-interprètes bénéficient d'une **franchise particulière** à raison de leur **activité spécifique.** **47690**

Cette franchise s'applique aux personnes qui ont réalisé au cours de l'année civile précédente un chiffre d'affaires hors taxe n'excédant pas **47 700 €** au titre :

- des opérations réalisées par les avocats, avocats au Conseil d'État et à la Cour de cassation dans le cadre de leur activité spécifique réglementée (conseil, assistance, représentation, plaidoirie, notamment) ;
- de la livraison de leurs œuvres et de la cession des droits patrimoniaux qui leur sont reconnus par la loi par les auteurs d'œuvres de l'esprit ;
- de l'exploitation des droits patrimoniaux qui leur sont reconnus par la loi par les artistes-interprètes.

La franchise particulière cesse de s'appliquer aux avocats, auteurs et artistes-interprètes dont le chiffre d'affaires hors taxe de l'année en cours **dépasse 58 600 €.** Les professionnels concernés deviennent redevables de la TVA pour les opérations effectuées à compter du premier jour du mois au cours duquel le chiffre d'affaires limite est dépassé.

Les avocats, auteurs, artistes-interprètes susceptibles de relever de la franchise spécifique de 47 700 € peuvent bénéficier pour l'ensemble de leurs opérations de la **franchise de droit commun** (seuils de 91 900 € et 101 000 € pour les livraisons de biens et de 36 800 € et 39 100 € pour les prestations de services). Mais ces franchises ne peuvent pas se cumuler (CGI art. 293 G).

> Précisions **a.** Les **auteurs** des œuvres de l'esprit sont définis aux n°s 86840 s. Les **ayants droit** et les **conjoints survivants** d'auteur bénéficient également de la franchise spécifique pour l'exploitation des droits qu'ils détiennent et la livraison des œuvres de leur ascendant ou conjoint décédé sous réserve qu'ils ne les aient pas acquises en vue de la vente (BOI-TVA-DECLA-40-30 n° 100).

Les **œuvres de l'esprit** concernées par la franchise particulière sont, à l'exception des œuvres d'architecture, les œuvres désignées aux 1° à 12° de l'article L 112-2 du Code de la propriété intellectuelle : voir n°s 86900 s. En revanche, les logiciels (visés au 13° de l'article L 112-2 précité) ne sont pas concernés.

b. Les **artistes-interprètes** concernés par la franchise spécifique sont définis au n° 87000. Leurs **ayants droit** bénéficient également de la franchise spécifique (BOI précité n° 120).

c. Les **droits patrimoniaux** reconnus par la loi aux auteurs des œuvres de l'esprit et aux artistes-interprètes sont les droits de représentation, de reproduction, d'autoriser, le droit à rémunération pour copie privée et le droit à rémunération équitable.

d. Les **livraisons** d'œuvres par les auteurs des œuvres de l'esprit exonérées dans le cadre de la franchise sont exclues du régime des livraisons intracommunautaires (n°s 20350 s.).

e. Les auteurs ou artistes-interprètes qui perdent le bénéfice de la franchise spécifique sont autorisés à délivrer à leurs clients des **factures rectificatives**

pour les opérations du mois de dépassement qui n'avaient pas été taxées. Ils peuvent toutefois éviter cette régularisation en appliquant, sous leur responsabilité, la taxe dès le 1er jour du mois au cours duquel ils estiment probable le franchissement de la limite (BOI précité n° 320).

47695 Pour les **opérations qui ne sont pas couvertes par la franchise particulière,** les avocats, auteurs des œuvres de l'esprit et artistes-interprètes bénéficient d'une **franchise spéciale** lorsque le chiffre d'affaires de l'année précédente réalisé à ce titre n'a pas excédé **19 600 €,** cette franchise cessant de s'appliquer dès lors que le chiffre d'affaires de l'année en cours a dépassé **23 700 €.**

Le **dépassement des limites de la franchise particulière** fait perdre automatiquement le bénéfice de la franchise de 19 600 €, de même que l'**option** pour la TVA exercée au titre des opérations réglementées (sauf si le montant cumulé des opérations réglementées devenues imposables et des opérations non réglementées est inférieur à 19 600 €).

Le **dépassement** de la **limite de 19 600 €** (ou de 23 700 €) est, en revanche, sans incidence sur l'application de la franchise particulière (même solution en cas d'option pour la TVA au titre des opérations non réglementées).

Le **cumul de franchises** ne peut pas avoir pour effet d'augmenter les limites de 47 700 € et de 58 600 € de la franchise particulière.

47700 Les limites des franchises indiquées ci-dessus s'apprécient **hors taxe.** Elles sont valables pour 2023, 2024 et 2025 et feront l'objet d'une révision au 1er janvier 2026 (n° 47600, précision c).

Le mécanisme de maintien de la franchise l'**année suivant le dépassement** du chiffre d'affaires limite (décrit au n° 47670) ne s'applique pas aux assujettis bénéficiant des franchises particulières.

> Précisions En cas de **pluralité d'activités,** le bénéfice des franchises « avocat », « auteur » ou de la **franchise de 19 600 €** s'apprécie distinctement en fonction des chiffres d'affaires respectifs de chaque activité, étant précisé que, selon l'administration, si un assujetti cumule l'activité d'auteur et celle d'artiste-interprète, la **limite de 47 700 €** s'apprécie toutes opérations confondues, la franchise particulière concernant l'ensemble des opérations (BOI-TVA-DECLA-40-30 n° 200).
Le dépassement de la franchise spécifique pour l'une des deux activités « avocat » ou « auteur » fait perdre automatiquement le bénéfice de la franchise de 19 600 € pour les opérations qui ne relèvent pas de ces activités (BOI-TVA-DECLA-40-40 n° 20).
L'assujetti qui remplit simultanément les conditions pour bénéficier des franchises « avocat » et « auteur » et qui n'a pas opté pour le paiement de la TVA ne bénéficie d'**aucune franchise** lorsque le chiffre d'affaires cumulé de ces activités majoré le cas échéant du chiffre d'affaires bénéficiant effectivement de la franchise de 19 600 € **excède 67 300 €** l'année précédente ou **82 300 €** l'année en cours (BOI précité n° 30).
Le tableau ci-dessous, établi par l'administration, récapitule les règles applicables dans les différentes situations possibles (BOI-ANNX-000189).
Remarque : Les redevables concernés peuvent, le cas échéant, bénéficier de la franchise de droit commun pour l'ensemble de leurs opérations (nos 47600 s.).

Articulation des franchises « avocat » – « auteur » – « autres opérations »

<table>
<tr><th>Activités</th><th colspan="7">Chiffre d'affaires</th></tr>
<tr><td>Avocat (a)</td><td colspan="4">< 47 700 € (58 600 €)
pas d'option</td><td colspan="3">> 47 700 € (58 600 €)
ou option</td></tr>
<tr><td>Auteur (b)</td><td colspan="4">< 47 700 € (58 600 €)
pas d'option</td><td>>
47 700 €
(58 600 €)
ou option</td><td><
47 700 €
(58 600 €)
pas
d'option</td><td>>
47 700 €
(58 600 €)
ou option</td></tr>
<tr><td>Autres opérations (c)</td><td colspan="2">< 19 600 € (23 700 €)
pas d'option</td><td colspan="2">> 19 600 € (23 700 €)
ou option</td><td>-</td><td>-</td><td>-</td></tr>
<tr><td>Total</td><td>a + b + c
<
67 300 €
(82 300 €)</td><td>a + b + c
>
67 300 €
(82 300 €)</td><td>a + b <
67 300 €
(82 300 €)</td><td>a + b >
67 300 €
(82 300 €)</td><td>-</td><td>-</td><td>-</td></tr>
<tr><td>Franchise avocat</td><td>oui</td><td>non (1)</td><td>oui</td><td>non (1)</td><td>oui</td><td>non</td><td>non</td></tr>
</table>

Activités	Chiffre d'affaires						
Franchise auteur	oui	non (2)	oui	non (2)	non	oui	non
Franchise de 19 600 €	oui	non	non	non	non (3)	non (4)	non (5)

(1) Sauf option à la TVA pour l'activité d'auteur.
(2) Sauf option à la TVA pour l'activité d'avocat.
(3) Sauf option à la TVA pour l'activité « auteur » et (b + c) ⩽ à 19 600 € (23 700 €).
(4) Sauf option à la TVA pour l'activité « avocat » et (a + c) ⩽ à 19 600 € (23 700 €).
(5) Sauf option à la TVA pour l'activité « avocat » et « auteur » et (a + b + c) ⩽ à 19 600 € (23 700 €).

B. Régime simplifié

ENTREPRISES CONCERNÉES

Le régime réel simplifié de TVA s'applique **de plein droit** aux entreprises qui remplissent les **conditions** suivantes : 47750

– elles ne bénéficient **pas** de la **franchise** en base (parce qu'elles ont un chiffre d'affaires supérieur aux limites de la franchise ou parce qu'elles sont exclues de son champ d'application) ;

– elles ne sont pas placées sous le régime du **remboursement forfaitaire agricole** et leurs opérations ne sont pas intégralement déclarées selon le **régime simplifié agricole** ;

– elles ne réalisent aucune des **opérations** suivantes : acquisitions intracommunautaires de biens, importations, sorties de régimes d'entrepôt fiscal : voir n° 47760 (CGI art. 287, 3 ter ; CIBS art. L 162-8) ;

– leur **chiffre d'affaires** hors taxe de l'**année civile précédant** l'exercice comptable n'excède pas 876 000 € pour les activités de vente de biens corporels, de restauration ou de mise à disposition de logement ou 264 000 € pour les autres activités de prestations de services (CIBS art. L 162-4) ;

– le montant de **taxe exigible** au titre de l'**année civile ou** de l'**exercice** comptable **précédent** n'excède pas 15 000 € (CGI art. 287, 3 bis ; CIBS art. L 162-7).

Le régime simplifié s'applique également **sur option** aux exploitants relevant normalement de la franchise en base (nos 47650 s.).

Le régime réel simplifié de TVA s'applique non seulement aux **exploitants individuels** mais également aux **sociétés ou organismes** dont les résultats sont imposés selon le régime des sociétés de personnes et aux personnes morales passibles de l'impôt sur les sociétés. Une **exception** existe cependant pour les **associations sans but lucratif** qui réalisent des opérations imposables à la TVA (n° 12170).

Les entreprises relevant du régime simplifié de TVA peuvent opter pour le régime réel normal (nos 47780 s.).

> **> Précisions** Les **seuils de chiffre d'affaires** de 876 000 € et 264 000 €, revalorisés à compter du 1er janvier 2023, s'appliquent **pour 2023, 2024 et 2025** et feront l'objet d'une révision au 1er janvier 2026. Ils ont été calculés par nos soins, en revalorisant les seuils applicables en 2022 – lesquels étaient fixés respectivement à 818 000 € et 247 000 € – dans la même proportion que l'évolution triennale de la première tranche de l'impôt sur le revenu et avec arrondissement au millier d'euros le plus proche.

EXCLUSIONS

Les **redevables qui réalisent** des **importations,** des **sorties de régimes d'entrepôt fiscal** (régime fiscal suspensif, entrepôt de stockage de biens négociés sur un marché à terme international, entrepôt destiné à la fabrication de biens réalisée en commun) ou des **acquisitions intracommunautaires** sont exclus du régime simplifié et doivent souscrire des déclarations de TVA en principe mensuelles pour l'ensemble de leurs opérations. Toutefois, lorsque la taxe exigible annuellement est inférieure à 4 000 €, ils sont admis à déposer des déclarations trimestrielles (CGI art. 287, 3 ter). 47760

Par ailleurs, les **entreprises nouvelles dans le secteur du bâtiment** (réalisant des travaux de construction au sens du n° 47970) sont temporairement exclues du régime simplifié en matière de taxes sur le chiffre d'affaires. Ces entreprises ne peuvent, en effet, bénéficier du régime simplifié TVA, sous réserve d'en remplir les conditions, que sur option exercée au plus tôt pour le premier exercice suivant une année complète au cours de laquelle le déclarant a souscrit ses déclarations selon le régime normal d'imposition (CIBS art. L 162-2). Les entreprises concernées peuvent, en revanche, bénéficier dès le début de leur activité du régime simplifié en matière de bénéfices.

Sont également exclues du régime simplifié les **opérations occasionnelles** ainsi que les **opérations immobilières** soumises à la TVA en application de l'article 257, I du CGI (CGI ann. II art. 204 quater). Concernant les opérations immobilières, voir toutefois n° 68330, précisions.

Enfin, d'autres dispositions du CGI prévoient également des **exclusions** de ce régime **liées à des agissements frauduleux** des redevables. Tel est le cas :

– des personnes physiques ou morales et des groupements de droit ou de fait à l'encontre desquels l'administration a dressé un **procès-verbal de flagrance fiscale** : l'exclusion du régime simplifié concerne l'année ou l'exercice au cours duquel ce procès-verbal est dressé (CIBS art. L 162-9, 1°) ;

– de ceux qui exercent une **activité occulte** au sens du deuxième alinéa de l'article L 169 du LPF (CIBS art. L 162-9, 2°) ;

– des redevables de la TVA placés sous le régime simplifié qui font l'objet d'un contrôle et qui ont **reçu ou émis** pendant la période contrôlée au moins une **facture fictive ou de complaisance** : ils relèvent du régime réel normal de TVA pour l'exercice au cours duquel la facturation a été établie (LPF art. L 16 D).

En ce qui concerne les modalités d'imposition des **organismes non lucratifs,** lorsqu'ils sont redevables de la TVA, voir n°s 12140 s.

APPRÉCIATION DES LIMITES

47770 **Seuils de chiffre d'affaires** Le chiffre d'affaires à comparer aux limites est celui réalisé au titre de l'année civile précédant l'exercice comptable (CIBS art. L 162-4).

Les principes qui régissent la définition du chiffre d'affaires à prendre en considération pour l'appréciation des limites de la franchise en base de TVA (n° 47640) s'appliquent pour l'essentiel pour la détermination des chiffres limites du régime simplifié.

Ainsi, par exemple, lorsqu'un contribuable réalise à la fois des **ventes et** des **prestations de services,** le régime simplifié n'est applicable que si le chiffre d'affaires annuel global ne dépasse pas 876 000 € hors taxe, et si le seuil de 264 000 € prévu à l'égard des prestations de services est également respecté (sur ces seuils, voir n° 47750, précisions). Certaines différences doivent cependant être relevées.

En particulier, le **chiffre d'affaires** à comparer aux plafonds prévus pour l'application du régime simplifié s'entend du montant des **opérations** que l'entreprise a **réalisées** pendant l'année. Il convient de se fonder sur les recettes correspondant aux créances acquises par l'entreprise, quelles que soient les dates des encaissements correspondants (BOI-TVA-DECLA-20-20-30-10 n° 110).

Par ailleurs, en cas de **création ou** de **cessation** d'une activité **en cours d'année,** les limites à retenir doivent être ajustées au prorata du temps d'exploitation effective au cours de l'année civile (cet ajustement étant effectué en fonction du nombre de jours d'activité par rapport à 365 jours). Cette règle ne concerne pas les entreprises saisonnières (BOI précité n° 210).

Remarque : Le Bofip renvoie aux règles retenues pour l'application du régime de la franchise en base de TVA en ce qui concerne la détermination du plafond applicable en cas de **pluralité d'entreprises** exploitées par un même redevable (BOI précité n° 40). On peut toutefois s'interroger sur la validité de cette solution qui conduirait à totaliser les recettes des entreprises concernées (voir n° 47640, précision d) alors que l'administration et la jurisprudence s'accordaient jusqu'au 12 septembre 2012 pour considérer que le respect des limites du régime simplifié doit s'apprécier séparément pour chacune des **entreprises distinctes** exploitées par le contribuable (en ce sens, D. adm 4 G-341 n° 5 et CE 23-11-1988 n° 54384 : RJF 1/89 n° 22). Nous persistons donc à penser que la globalisation des recettes n'a lieu d'être opérée que si, au vu des circonstances de fait, il est établi que les établissements exploités par le contribuable constituent en réalité une entreprise unique.

47775 **Seuil de taxe exigible** Le régime simplifié de déclaration s'applique de plein droit aux entreprises dont le chiffre d'affaires de l'année civile précédant l'exercice comptable ne dépasse pas les seuils visés au n° 47750 et dont le montant de taxe exigible au titre de l'année précédente (ou de l'exercice précédent, si l'entreprise clôt son exercice en cours d'année) n'excède pas 15 000 €.

Ainsi, une entreprise dont le chiffre d'affaires est inférieur aux limites du régime simplifié de déclaration mais dont le montant de la taxe exigible au titre de l'année précédente (ou de l'exercice précédent) est supérieur à 15 000 € relève du régime réel normal de TVA.

Afin de déterminer si le seuil de 15 000 € est franchi, il convient de se référer au montant renseigné à la **ligne « TVA due »** de la déclaration annuelle **CA 12.**

Une entreprise n'ayant une connaissance précise du dépassement du seuil qu'au moment de la souscription de la déclaration annuelle CA 12 relative au dernier exercice, il est admis, par tolérance, que la première déclaration mensuelle CA3 soit souscrite au titre de la période d'imposition qui court du 1er jour de l'exercice jusqu'au mois de souscription de la déclaration annuelle de TVA (BOI-TVA-DECLA-20-20-30-10 nos 260 et 270).

EXEMPLE

Une entreprise **clôturant** son exercice **le 31 décembre 2022** et qui souscrit le 3 mai 2023 sa déclaration CA 12 afférente à cet exercice constate que le montant de « TVA due » figurant en ligne 28 est supérieur à 15 000 € : elle doit alors télétransmettre au plus tard entre le 15 et le 24 juin 2023 (CGI ann. IV art. 39) une déclaration CA3 portant sur la période du 1er janvier au 31 mai 2023. Elle déclare ensuite la TVA tous les mois.

Lorsque le montant de TVA exigible au titre de l'année ou de l'exercice précédent **redevient inférieur** au seuil de 15 000 € et si le chiffre d'affaires ne dépasse pas les seuils prévus, l'assujetti relève alors de plein droit du régime simplifié de déclaration dès le 1er jour de l'exercice suivant. Dans ces conditions, s'il ne souhaite pas continuer à relever du régime réel normal, il doit **notifier** son souhait de relever du régime simplifié de déclaration, par courrier ou courriel, au service des impôts des entreprises dont il dépend. L'assujetti concerné relève ainsi de ce nouveau régime à compter du 1er jour de l'exercice au cours duquel il a informé son SIE (BOI précité n° 315).

OPTION POUR LE RÉEL NORMAL

Intérêt de l'option Les principales différences entre ces deux régimes se situent au regard des obligations déclaratives et comptables. Dans le cadre du régime simplifié, les obligations prévues par le Code de commerce et le CGI sont sensiblement allégées. **47780**

En outre, la mise en œuvre du régime simplifié se traduit par une simplification des modalités de liquidation des taxes sur le chiffre d'affaires, en cours d'année ou d'exercice (nos 48780 s.).

Modalités de l'option Les entreprises placées sous le régime simplifié de déclaration peuvent opter pour le régime réel normal. Alors qu'elle revêtait jusqu'au 29 juin 2022 un caractère global et avait pour effet de placer l'entreprise sous le régime réel normal à la fois en matière d'imposition des bénéfices et de TVA, l'option ne concerne plus que les taxes sur le chiffre d'affaires depuis cette date. Elle doit être exercée **avant le 1er février** de l'année au titre de laquelle les entreprises désirent appliquer le réel normal de TVA. Elle est valable pour une période irrévocable de **deux ans** et reconduite tacitement par période de deux ans (CGI ann. II art. 267 quinquies, III). Les redevables qui désirent **renoncer à** leur **option** doivent notifier leur choix à l'administration avant le 1er février de l'année suivant la période pour laquelle ladite option a été exercée ou reconduite tacitement (et non 30 jours avant le terme de l'option, comme indiqué par erreur au BOI-TVA-DECLA-20-20-30-30 n° 200). **47790**

Par **exemple,** une option exercée début 2022 est valable pour 2022 et 2023. Pour le retour au régime simplifié de déclaration à compter de 2024, la renonciation à l'option doit être formulée avant le 1er février 2024.

Pour les **entreprises nouvelles,** l'option doit être exercée dans les trois mois suivant le début de leur activité, soit par le biais de la déclaration d'existence effectuée dans le guichet unique électronique, soit auprès du service des impôts des entreprises. Cette option est valable jusqu'au 31 décembre de l'année suivante (CGI ann. II art. 267 quinquies, III-1).

En ce qui concerne la faculté de **renoncer aux formalités simplifiées** en matière de TVA : voir nos 49000 s.

CHANGEMENT DE RÉGIME EN CAS DE VARIATION DU CHIFFRE D'AFFAIRES

Augmentation du chiffre d'affaires Lorsque le chiffre d'affaires d'une entreprise s'élève au-dessus des limites du régime simplifié (voir n° 47750), ce régime n'est **maintenu** au titre de l'exercice au cours duquel le dépassement est constaté que si le chiffre d'affaires, éventuellement ajusté au prorata du temps d'exploitation au cours de l'année civile, **n'excède pas** une **limite majorée** fixée à 965 000 € hors taxe (activités de vente de biens corporels, de restauration ou de mise à disposition de logements) ou 299 000 € hors taxe (autres activités) (CIBS art. L 162-5). **47800**

Si ces seuils majorés sont **dépassés en cours d'exercice,** l'entreprise relève du régime normal d'imposition à la TVA à compter du 1er jour de l'exercice en cours. Elle est alors tenue de souscrire le mois suivant celui du dépassement une déclaration CA3 qui récapitule les opérations réalisées depuis le début de l'exercice jusqu'au mois de dépassement et des déclarations mensuelles CA3 à compter du mois suivant. Les acomptes de TVA exigibles au cours de l'exercice (nos 48850 s.), qu'ils aient été antérieurement acquittés ou non, sont déduits sur la déclaration récapitulative (BOI-TVA-DECLA-20-20-30-10 n° 120).

> Précisions a. Comme indiqué au n° 47775, lorsque le montant de la **taxe exigible** au titre de l'année précédente (ou de l'exercice précédent) **excède 15 000 €,** l'entreprise est soumise au **régime réel normal d'imposition** en matière de **TVA,** même si son chiffre d'affaires reste inférieur aux limites du régime simplifié.
b. Les **limites majorées** de 965 000 € et 299 000 €, revalorisées à compter du 1er janvier 2023, s'appliquent **pour 2023, 2024 et 2025** et feront l'objet d'une révision au 1er janvier 2026. Elles ont été calculées par nos soins, en revalorisant les limites majorées applicables en 2022 – lesquelles étaient fixées respectivement à 901 000 € et 279 000 € – dans la même proportion que l'évolution triennale de la première tranche de l'impôt sur le revenu et avec arrondissement au millier d'euros le plus proche.

47805 **Abaissement des recettes en deçà du seuil** Les entreprises relevant du régime réel normal dont le chiffre d'affaires s'abaisse en deçà des limites du régime simplifié sont normalement placées sous ce régime dès le 1er janvier de l'**année de franchissement.**

Elles peuvent toutefois demeurer sous le régime réel normal en **optant** dans les conditions indiquées au n° 47790.

Par ailleurs, lorsque le montant de **TVA exigible** au titre de l'année ou de l'exercice précédent **redevient inférieur** au seuil de 15 000 € et si le chiffre d'affaires ne dépasse pas les seuils de chiffre d'affaires prévus au n° 47750, l'assujetti relève alors de plein droit du régime simplifié de déclaration dès le 1er jour de l'exercice suivant. Selon l'administration, il appartient toutefois à l'assujetti, s'il ne souhaite pas continuer à relever du régime réel normal, de notifier son souhait de relever du régime simplifié de déclaration, par courrier ou courriel, au service des impôts des entreprises dont il dépend et le régime s'appliquera à compter du 1er jour de l'exercice au cours duquel il a informé ce service (BOI-TVA-DECLA-20-20-30-10 n° 315).

C. Régime réel normal

47850 Le régime réel normal de TVA s'applique **de plein droit** aux entreprises dont le chiffre d'affaires annuel ou le montant de taxe exigible excède les limites du régime simplifié (n° 47750) ou qui sont exclues de ce dernier régime (n° 47760) et, **sur option,** aux exploitants relevant de la franchise en base ou du régime simplifié.

Par une disposition expresse de l'article 261, 7-1°-d du CGI, les **organismes sans but lucratif** réalisant des opérations relevant d'une activité économique non exonérée sont obligatoirement placés sous le régime du réel normal quelle que soit l'importance de leur chiffre d'affaires lorsqu'il dépasse le seuil de la franchise en base.

II. RÈGLES COMMUNES AUX RÉGIMES RÉELS NORMAL ET SIMPLIFIÉ

A. Notion de redevable de la TVA

CAS GÉNÉRAL

47900 Le paiement de la TVA incombe, en règle générale, aux **personnes qui réalisent les opérations imposables** (CGI art. 283, 1), c'est-à-dire aux fournisseurs ou aux prestataires de services, et elles seules peuvent normalement être recherchées en paiement.

Ainsi, il n'est pas possible de réclamer à un acheteur une taxe qui aurait dû être acquittée par son fournisseur ; de même, l'administration ne possède aucune action directe contre les clients d'un commerçant en redressement judiciaire pour en récupérer le montant. Cette règle comporte toutefois des **exceptions** examinées aux nos 47915 s.

47905 Nous présentons ci-après diverses solutions précisant la notion de redevable.

Contrat fixant la charge définitive de la taxe

La clause d'un marché qui met l'impôt à la charge de l'une des parties contractantes est **sans influence** sur la détermination du redevable au regard de la loi fiscale (CE 22-3-1937, Debachy).

Époux

Lorsque deux époux exercent **chacun** de leur côté une **activité** commerciale, industrielle ou artisanale distincte, chacun d'entre eux est assujetti personnellement à la taxe (en ce sens, BOI-TVA-DECLA-40-10-10 nº 310).

La **femme** qui **exploite personnellement** un commerce est seule redevable de la TVA en application de l'article 283 du CGI. Son époux n'a pas cette qualité (CE 16-4-1982 nº 29044 : RJF 6/82 nº 538 ; CE 6-1-1984 nº 36743 : RJF 3/84 nº 360).

Indivision

Lorsque l'exploitation d'un fonds de commerce s'exerce dans l'indivision, c'est cette dernière qui est redevable de la TVA. L'imposition doit donc être établie au nom de l'indivision. L'établissement de l'imposition au nom de l'un des exploitants est de nature à en entraîner la nullité (CE 14-12-1984 nº 36908 : RJF 2/85 nº 219 ; CE 22-5-1985 nº 28446 : RJF 7/85 nº 1075).

Exploitants de fait

Le contribuable qui a utilisé la façade d'une SARL pour effectuer, sous le couvert de cette société, des travaux personnels, est constitué redevable de la TVA due au titre de ces travaux (CE 24-6-1985 nº 21521 : RJF 8-9/85 nº 1168).

Une personne qui s'est comportée comme le gérant d'un fonds de commerce est redevable de la TVA à raison de ses opérations, alors même que sa situation envers le propriétaire du fonds n'avait pas été régularisée par un contrat de cession ou de location (CE 2-2-1977 nº 99256 : RJF 4/77 nº 239 ; dans le même sens CE 30-10-1974 nº 91145).

Sociétés de fait et sociétés en participation

L'imposition à la TVA d'une **société de fait** doit être établie au nom de celle-ci et non pas au nom de ses membres (CE 2-4-1990 nº 39157 : RJF 5/90 nº 532). Elle est seule recevable à la contester (CE 2-2-1996 nº 123532 : RJF 3/96 nº 356).

De même, une **société en participation** qui exploite directement un fonds de commerce est le redevable légal de la TVA afférente à cette exploitation (CE 27-7-2005 nº 271822 : RJF 11/05 nº 1172).

Exploitants apparents

Une jurisprudence constante reconnaît à l'**administration** le **choix** de taxer l'**exploitant apparent** ou l'**exploitant réel** (notamment CE 20-2-1974 nº 83270 ; CE 1-3-1989 nº 57868 : RJF 5/89 nº 598 ; CE 21-12-1994 nº 77711 : RJF 2/95 nº 211 ; CE 31-5-2000 nº 187164 : RJF 9-10/00 nº 1112).

Représentants de sociétés

Une société est redevable de la TVA à raison des opérations effectuées par ses associés en leur qualité de représentants de la société, même si ces derniers ont directement appréhendé les sommes correspondantes (CE 23-2-1979 nºs 4970 et 5026 : RJF 4/79 nº 207).

Lorsque le représentant salarié d'une entreprise méconnaît ses obligations de salarié en traitant certaines affaires pour son compte, seuls les contrats dont il rend compte à son employeur sont regardés comme signés au nom de celui-ci, les recettes et dépenses correspondantes étant alors des recettes et charges commerciales de l'entreprise (CE 17-10-1979 nº 9289 : RJF 12/79 nº 727).

Fiducie

Le redevable de la TVA due au titre des opérations réalisées dans le patrimoine fiduciaire est le fiduciaire, lequel est considéré comme redevable distinct pour chaque contrat de fiducie. Autrement dit, la TVA exigible doit être calculée et liquidée au sein de chaque patrimoine fiduciaire dont le fiduciaire assure la gestion ; une déclaration doit donc être déposée pour chaque patrimoine fiduciaire.

Sociétés d'exercice libéral

La société d'exercice libéral (SEL) est seule redevable de la taxe due au titre des honoraires encaissés par ses associés auprès de la clientèle (BOI-TVA-CHAMP-10-10-60-10 nº 185).

AUTOLIQUIDATION DE LA TAXE PAR LE CLIENT

Par dérogation à la règle exposée nº 47900, pour certaines opérations, la **loi désigne** expressément **47915**
l'**acquéreur** du bien ou le **preneur de services** comme redevable de la TVA. Ce mécanisme d'inversion du redevable est communément appelé « autoliquidation de la taxe par le client » (ou « reverse charge »). Généralement, l'autoliquidation de la taxe par le client ne s'applique que lorsque le fournisseur ou le prestataire est établi à l'étranger. Dans certaines hypothèses, cependant (essentiellement déchets neufs d'industrie et matières de récupération, livraisons d'or d'investissement, transfert de quotas d'émission de gaz à effet de serre, transferts de certificats de garantie d'origine de l'électricité et de garanties de capacités d'électricité et transferts de garanties d'origine du biogaz, livraisons de gaz naturel et d'électricité, services de communications électroniques, travaux immobiliers réalisés par une entreprise sous-traitante), elle s'applique aussi lorsque le fournisseur ou le prestataire est établi en France.

Le tableau ci-après récapitule les différents cas d'inversion de redevable, avec, pour chacun, les références aux commentaires correspondants.

47915 (suite)

Opérations concernées	Redevable de la TVA	Commentaires (nos)
Acquisitions intracommunautaires	L'**acquéreur**	19710
Opérations triangulaires intracommunautaires bénéficiant de la **mesure de simplification**	Le **destinataire** des marchandises	21130 s.
Livraisons de biens et prestations de services autres que celles visées ci-dessous ou expressément exclues, réalisées par un **fournisseur** ou un **prestataire établi à l'étranger**	Le **client** dès lors qu'il **agit en tant qu'assujetti** et qu'il dispose d'un numéro d'**identification** à la TVA en **France**	31850 s.
Prestations de services relevant de la règle générale de territorialité de l'article **259, 1° du CGI** fournies par un **prestataire établi à l'étranger**	Le **preneur** lorsqu'il est un **assujetti établi en France**	24630 s.
Livraisons de gaz naturel, d'électricité, de chaleur et de froid effectuées par un fournisseur établi à l'étranger	L'**acquéreur** lorsqu'il est **identifié** à la TVA **en France**	19360
Livraisons de gaz naturel et d'électricité par un fournisseur établi en France, à des fins autres que leur consommation ou leur utilisation effective en France	L'**acquéreur** lorsqu'il est **établi et identifié** à la TVA **en France**	19360
Transferts de quotas d'émission de gaz à effet de serre et d'unités de réduction des émissions	Le **bénéficiaire** lorsqu'il est un **assujetti établi en France**	47945
Transferts de certificats de garantie d'origine de l'électricité et de **garanties de capacités** d'électricité et transferts de **garanties d'origine du biogaz**	Le **bénéficiaire** lorsqu'il est un **assujetti établi en France**	47945
Services de communications électroniques non soumis à la taxe fiscale de l'article 302 bis KH du CGI	Le **preneur établi et identifié** à la TVA **en France** si le prestataire est également établi en France	47955
Travaux dans le bâtiment effectués par une **entreprise sous-traitante**	Le **preneur assujetti**	47965
Livraisons et prestations de façon portant sur les **déchets neufs d'industrie et matières de récupération**	Le **destinataire** ou le **preneur** lorsque celui-ci est **identifié** à la TVA **en France**	47920 s.
Livraisons d'or d'investissement imposées sur option et livraisons d'or industriel sous forme de matière première ou de produits semi-ouvrés d'une pureté égale ou supérieure à 325 millièmes	Le **destinataire**	90985 et 91160
Droits d'auteur (lorsqu'ils donnent lieu à **retenue à la source** de la TVA)	La **personne qui verse les droits** (sauf renonciation de l'auteur au système de retenue à la source)	87350 s.
Sortie des biens d'un **régime douanier ou** d'un **entrepôt fiscal**	Selon les cas, le **destinataire**, l'**acquéreur** ou le **preneur** des prestations de services	32540 s. et 33260 s.

Remarques : **1.** L'article 283, 2 decies du CGI prévoit un **mécanisme de réaction rapide** qui permet, lorsqu'il est constaté une urgence impérieuse tenant à un **risque de fraude** à la TVA présentant un caractère soudain, massif et susceptible d'entraîner pour le Trésor des pertes financières considérables et irréparables, au ministre chargé du budget de prévoir, par voie d'arrêté, que la taxe est acquittée par l'assujetti destinataire des biens ou preneur des services.

2. Le **défaut d'autoliquidation** peut être sanctionné par une **amende** : voir nos 56240 s.

3. Outre les dispositifs mentionnés ci-dessus, il existe deux autres dispositifs communément désignés sous le terme d'autoliquidation concernant respectivement les importations (voir nos 22110 s.) et les livraisons à soi-même (voir nos 13800 s.).

Déchets neufs d'industrie et matières de récupération En vertu de l'article 283, 2 sexies du CGI, pour les livraisons et les prestations de façon portant sur des déchets neufs d'industrie et des matières de récupération, la taxe doit être acquittée par le **destinataire ou** le **preneur** qui **dispose d'un numéro d'identification à la TVA en France.** Le motif pour lequel le client dispose d'un tel numéro est sans incidence. 47920

Le dispositif spécifique d'autoliquidation de la taxe par le client est **obligatoire** en ce sens qu'il trouve à s'appliquer aux opérations réalisées par des assujettis établis en France ou à l'étranger (voir toutefois les précisions ci-après), même si le client identifié à la TVA en France (établi ou non dans ce pays) n'a pas fourni son numéro d'identification à la TVA au fournisseur ou au façonnier.

En revanche, le dispositif d'autoliquidation ne s'applique pas lorsque le client ne dispose pas d'un numéro d'identification à la TVA en France. Dans cette hypothèse, la taxe est acquittée par le fournisseur ou le façonnier.

> Précisions **a.** Il **ne** faut **pas confondre** les déchets neufs d'industrie et les matières de récupération **avec les biens d'occasion** (objets usagés susceptibles de remploi en l'état ou après réparation) qui sont soumis à un régime différent, exposé aux nos 78000 s.

b. Lorsque les prestations de **façon** portant sur des déchets neufs d'industrie et des matières de récupération sont réalisées pour des **preneurs assujettis établis en France** par des **prestataires établis à l'étranger,** la taxe est due par le preneur assujetti sur le fondement de l'article 283, 2 du CGI (voir n° 24630) et non sur celui de l'article 283, 2 sexies dudit Code, même si le preneur est identifié à la TVA en France.

Les **déchets neufs d'industrie** sont, en règle générale, les **chutes de fabrication inutilisables en l'état,** c'est-à-dire qui ne peuvent être normalement reprises en fabrication sans une préparation ou un traitement préalable tel que, par exemple, le tri, le cisaillage, le cassage, le broyage. Les opérations usuelles de la profession tendant à faciliter le stockage ou le transport de biens inutilisables en l'état ne font pas perdre aux biens leur qualification de déchets neufs d'industrie (il en est ainsi, par exemple, du lingotage de métaux précieux lorsque les déchets ont fait l'objet d'un lingotage grossier) (BOI-TVA-CHAMP-10-10-50-60 n° 10). 47925

Les **matières de récupération** comprennent les **produits et objets hors d'usage ou mis au rebut** qui sont récupérés en vue d'être **valorisés ou recyclés** dans un **nouveau processus de production.** Ces matières peuvent provenir des particuliers (ménages), des entreprises ou des collectivités (BOI précité n° 50).

> Précisions Nous donnons ci-après quelques **exemples** de matériaux considérés ou non comme des déchets neufs d'industrie ou des matières de récupération.

Plasturgie. Un produit en matière plastique retiré d'un processus de production suite à un échec de fabrication, ou retiré du cycle de vente pour non-conformité, constitue un déchet d'industrie. Les déchets collectés constitués de produits de postconsommation ou de déchets neufs de production peuvent être triés en catégories définies par la norme DIN 6120 avant d'être conditionnés en balles. Les balles de matières plastiques ainsi triées constituent des matières premières dès lors qu'elles sont directement incorporables dans un nouveau processus de production. En revanche les simples opérations de pressage ou de mise en balles tendant à faciliter le stockage ou le transport des matières plastiques ne leur font pas perdre leur qualité de déchets ou de matières de récupération (BOI précité n° 30).

Métallurgie. D'une manière générale, les déchets provenant de l'usinage des métaux sont des déchets neufs d'industrie ; les débris d'ouvrages sont des matières de récupération ; les déchets provenant de la fabrication ou du traitement des métaux tels que les crasses, mattes, cendres, boues et autres résidus sont des déchets neufs d'industrie lorsqu'ils sont constitués de métaux identiques aux métaux dont ils proviennent, ou des sous-produits dans le cas contraire (le Conseil d'État fait référence à une condition de similarité plutôt que d'identité : CE 17-3-2010 n° 315713 : RJF 6/10 n° 574) ; ils peuvent aussi être considérés comme des matières de récupération (par exemple, boues argentifères des bains de fixation) ou des demi-produits (mattes de cuivre, par exemple) (BOI précité n° 40). Les opérations matérielles de tri par catégorie de métal, de broyage, de cisaillage ou de concassage ne constituent pas des traitements destinés à transformer les déchets et matières de récupération constitués de métaux ferreux et non ferreux en matières directement incorporables dans un nouveau processus de production (BOI précité n° 20).

Métaux non ferreux. Les métaux non ferreux extraits par une société dans le cadre de son activité de transformation des mâchefers bruts en vue de produire des mâchefers purifiés, s'ils ne sont pas directement utilisables en l'état où ils se trouvent, ne sont pas d'une composition similaire à celle des mâchefers purifiés qui constituent, en l'espèce, le produit final du cycle de transformation. Ces métaux non ferreux ne peuvent être regardés comme des déchets neufs d'industrie, mais doivent être qualifiés de sous-produits du cycle de transformation en cause. Ils ne peuvent pas non plus être regardés comme des matières de récupération dès lors qu'ils sont extraits de mâchefers bruts dont la société assure

la transformation par un procédé de nature industrielle (CE 17-3-2010 précité).
Papiers-cartons. Les déchets de papiers-cartons qui subissent des opérations de tri permettant d'exclure les composants non papiers ainsi que ceux des papiers et cartons impropres comme matière première pour la production de papiers afin de répondre aux fractions différenciées définies par la norme NF EN 643 perdent leur qualité de matières de récupération. La vente de balles constituées de ces matières directement incorporables dans un nouveau processus de production doit donner lieu à collecte de la taxe par le vendeur dans les conditions de droit commun. En revanche, les simples opérations de compactage et de mise en balles tendant à faciliter le stockage ou le transport ne font pas perdre aux biens leur qualité de matières de récupération (BOI précité n° 60).

47930 Les **opérations** concernées par le dispositif d'autoliquidation sont les **livraisons** (au sens défini aux nos 1180 s.) de déchets neufs d'industrie et de matières de récupération et les prestations de **façon** dont le lieu d'imposition est situé en France. Sont également concernées les livraisons faites par des **commissionnaires opaques** qui, conformément aux règles générales exposées aux nos 83320 s., doivent être traités comme des acheteurs-revendeurs.

> Précisions a. Les **prestations de services autres que les façons** (par exemple, opérations de courtage réalisées par des intermédiaires transparents) ne relèvent pas du dispositif spécifique d'autoliquidation et doivent être imposées dans les conditions de droit commun. De même, les **acquisitions intracommunautaires** et les **importations** de déchets neufs d'industrie et de matières de récupération sont imposées dans les conditions de droit commun (nos 19700 s. et 22005 s.).
b. Le dispositif spécifique d'autoliquidation s'applique aux prestations de **façon** (au sens du n° 36780) à la seule **condition** qu'elles portent sur des produits qui, avant l'opération, satisfont à la définition des déchets neufs d'industrie ou des matières de récupération, sans distinguer selon que la façon aboutit à un produit ayant conservé sa qualité de déchet ou conduit à la transformation des déchets (BOI-TVA-CHAMP-10-10-50-60 n° 80).

47935 Dans le cadre du dispositif d'autoliquidation, la taxe est **liquidée par** le **client** sur sa **déclaration de chiffre d'affaires** (à cet effet, le montant total hors taxe de l'opération doit être mentionné sur la ligne « Autres opérations imposables »). En matière de **taux** d'imposition, il est rappelé que le taux applicable aux déchets est celui qui s'applique à la matière dont il est issu.

La taxe ainsi acquittée peut être **déduite** par l'intéressé dans les conditions de droit commun (BOI-TVA-DECLA-10-10-20 n° 380).

Les **entreprises réalisant des livraisons ou des prestations de façon** portant sur des déchets neufs d'industrie ou des matières de récupération au profit de clients identifiés à la TVA en France n'ont ni à déclarer ni à payer la taxe due au titre de ces opérations. Le montant hors taxe de ces opérations doit cependant être identifié sur leurs déclarations de chiffres d'affaires (ligne « Autres opérations non imposables »), lorsqu'ils sont tenus de souscrire de telles déclarations. Même s'ils ne collectent pas eux-mêmes la taxe, ils peuvent **déduire** la TVA qu'ils supportent sur leurs propres dépenses dans les conditions de droit commun (BOI précité nos 390 et 400).

En ce qui concerne : les mentions sur les **factures,** voir nos 46365 et 46505 ; l'amende applicable en cas de **défaut d'autoliquidation,** voir nos 56240 s.

47945 **Transferts de quotas d'émission de gaz à effet de serre et transferts de certificats relatifs à l'électricité ou au biogaz** Pour les transferts de quotas autorisant à émettre des gaz à effet de serre, au sens de l'article 3 de la directive 2003/87/CE du 13 octobre 2003 établissant un système d'échange de **quotas d'émission de gaz à effet de serre** dans l'Union et modifiant la directive 96/61/CE, et **d'autres unités** pouvant être utilisées par les opérateurs en vue de se conformer à cette directive, la taxe est acquittée par l'**assujetti bénéficiaire du transfert** (CGI art. 283, 2 septies-al. 1). Il en est ainsi pour les unités de réduction d'émissions certifiées (CER) et les unités de réduction d'émissions vérifiées (VER) portant sur des quotas d'émission de gaz à effet de serre (BOI-RES-TVA-000075).

Il en va de même pour les transferts de **certificats de garantie d'origine** et de **garanties de capacité relatives à l'électricité** mentionnées aux articles L 311-20 et L 335-3 du Code de l'énergie et les transferts de **garanties d'origine de biogaz** mentionnées aux articles L 446-18 et L 446-20 dudit Code (CGI art. 283, 2 septies-al. 2).

> Précisions a. En pratique, le mécanisme d'autoliquidation prévu à l'article 283, 2 septies du CGI n'a vocation à s'appliquer que lorsque le **cédant** est **établi en France.** En effet, s'agissant de prestations de services, lorsque le cédant est établi à l'étranger et que l'opération est située en France, il convient de faire application du mécanisme d'autoliquidation spécifique prévu par l'article 283, 2 du CGI (voir nos 24630 s.).
En outre, pour que ce mécanisme d'autoliquidation trouve à s'appliquer, il est nécessaire que le **bénéficiaire** du transfert soit un assujetti à la TVA établi en France. En effet, au

regard des règles de territorialité, l'opération en cause doit nécessairement être fournie à un client assujetti établi en France pour être elle-même imposable en France (nos 24550 s.).

b. Mentions à porter sur les **factures** : voir nos 46365 et 46505. Amende applicable en cas de **défaut d'autoliquidation** : voir nos 56240 s.

Services de communications électroniques L'article 283, 2 octies du CGI prévoit que, pour les services de communications électroniques, à l'exclusion de ceux soumis à la taxe prévue à l'article 302 bis KH du CGI, la **TVA** doit être **acquittée par l'acquéreur** qui dispose d'un **numéro d'identification à la TVA en France.** 47955

Les services de communications électroniques s'entendent au sens de l'article L 32 du Code des postes et des communications électroniques, c'est-à-dire de toutes prestations qui, au moins à titre principal, permettent l'émission, la transmission ou la réception de signes, de signaux, d'écrits, d'images ou de sons, par voie électromagnétique. Ne sont pas visés, notamment, les services de télévision, de radio et de médias audiovisuels à la demande mis à la disposition du public par voie électronique, les prestations de diffusion ou de transport des services de communication audiovisuelle, les services universels de renseignements téléphoniques.

Sont **exclus du dispositif** d'autoliquidation les services de communications électroniques soumis à la taxe prévue à l'article 302 bis KH du CGI, c'est-à-dire les services fournis en France par des opérateurs dans l'obligation de se déclarer préalablement auprès de l'Autorité de régulation des communications électroniques et des postes (Arcep) à des consommateurs finals, qu'ils soient ou non assujettis à la TVA. Est sans incidence sur cette exclusion le fait que les sommes acquittées par les consommateurs finals échappent à ladite taxe en raison du seuil d'assujettissement visé au IV de l'article 302 bis KH précité (BOI-TVA-DECLA-10-10-20 nos 460 à 480).

Sont donc **concernés** par le dispositif d'autoliquidation les services que se rendent entre eux les fournisseurs de communications électroniques : ventes en gros de services fixes (abonnement de téléphonie fixe et Internet, services à valeur ajoutée) ou mobiles (voix et messagerie, Internet, SMS, MMS, e-mail, services à valeur ajoutée), dont la fourniture de services de télécommunication sous forme de cartes prépayées ou de recharge ; ventes en gros de services de capacité ; prestations d'interconnexion et d'accès, accès dégroupé au réseau local de télécommunication, fourniture en gros de bandes passantes ; prestations d'itinérance (BOI précité no 490).

> Précisions a. Le mécanisme d'autoliquidation prévu par l'article 283, 2 octies du CGI ne s'applique en pratique que :
– si le **preneur** identifié à la TVA en France est également **établi en France** ; en effet, si le preneur est identifié en France mais est établi à l'étranger, la prestation n'est pas taxable en France ;
– et si le **prestataire** est **établi en France.** En effet, si le prestataire est établi à l'étranger (autre État membre de l'UE ou pays tiers) et l'opération taxable en France (ce qui est le cas chaque fois que le bénéficiaire est un assujetti établi en France, relations « B to B »), il convient de faire application du mécanisme d'autoliquidation spécifique prévu par l'article 283, 2 du CGI pour les prestations de services réalisées dans le cadre des relations « B to B » (lequel prime sur le dispositif d'autoliquidation ici examiné) (nos 24630 s.).

b. Mentions à porter sur les **factures** : voir nos 46365 et 46505. Amende applicable en cas de **défaut d'autoliquidation** : voir nos 56240 s.

Travaux dans le bâtiment effectués par une entreprise sous-traitante Pour les travaux de construction, y compris ceux de réparation, de nettoyage, d'entretien, de transformation et de démolition effectués en relation avec un bien immobilier par une entreprise sous-traitante, au sens de l'article 1er de la loi 75-1334 du 31 décembre 1975 relative à la sous-traitance, pour le compte d'un preneur assujetti, la taxe est acquittée par le preneur (CGI art. 283, 2 nonies). 47965

> Précisions Selon le BOI-TVA-DECLA-10-10-20 no 180, lorsque le **prestataire** est **établi à l'étranger,** c'est le dispositif général d'autoliquidation prévu à l'article 283, 1-2e alinéa du CGI (voir nos 31850 s.) qu'il convient d'appliquer et non le dispositif d'autoliquidation spécifique prévu par l'article 283, 2 nonies du même Code. Ces dispositions sont en contradiction avec le no 30 du même BOI qui prévoit notamment que les opérations soumises à autoliquidation en application de l'article 283, 2 nonies du CGI restent soumises aux règles qui leur sont propres. Par conséquent, en application du paragraphe 30, les opérations de sous-traitance de travaux immobiliers ne devraient pas, en principe, être soumises au dispositif général d'autoliquidation prévu à l'article 283, 1-2e al. précité.

Le dispositif d'autoliquidation ne vise que les travaux immobiliers réalisés par un « sous-traitant » quel que soit son rang en cas de sous-traitance en chaîne (BOI-TVA-DECLA-10-10-20 no 533). 47970

La **sous-traitance** est, au sens de l'article 1er de la loi 75-1334 du 31 décembre 1975 relative à la sous-traitance, l'opération par laquelle un entrepreneur confie par un sous-traité, et sous sa responsabilité, à une autre personne appelée sous-traitant l'exécution de tout ou partie du contrat d'entreprise ou d'une partie du marché public conclu avec le maître de l'ouvrage.

Les **travaux** visés sont les travaux de construction de bâtiment et autres ouvrages immobiliers, y compris les travaux de réfection, de nettoyage, d'entretien et de réparation des immeubles et installations à caractère immobilier, **notamment** :

– les travaux de bâtiment exécutés par les différents corps de métiers participant à la construction ou la rénovation des immeubles ;

– les travaux publics et ouvrages de génie civil ;

– les travaux d'équipement des immeubles, c'est-à-dire les travaux d'installation comportant la mise en œuvre d'éléments qui perdent leur caractère mobilier en raison de leur incorporation à un ensemble immobilier ;

– les travaux de réparation ou de réfection ayant pour objet la remise en état d'un immeuble ou d'une installation à caractère immobilier (BOI-TVA-DECLA-10-10-20 n° 534) ;

– les travaux de pose, d'entretien et de transformation des plafonds tendus (BOI-RES-000037).

> Précisions Les opérations de **nettoyage** qui sont le prolongement ou l'accessoire des travaux visés ci-dessus sont soumises au même régime que ces travaux, sauf si elles font l'objet d'un contrat de sous-traitance séparé.
Par ailleurs, le recours à une autre entreprise pour la **fabrication de matériaux ou d'ouvrages spécifiques** destinés à l'équipement de l'immeuble faisant l'objet des travaux ne s'analyse pas comme de la sous-traitance mais comme une opération consistant en la livraison d'un bien meuble corporel et est donc exclue du dispositif d'autoliquidation. De même sont exclus du dispositif d'autoliquidation les **prestations intellectuelles** confiées par les entreprises de construction à des bureaux d'études, économistes de la construction ou sociétés d'ingénierie, et les **contrats de location d'engins** et de matériels de chantier, y compris lorsque cette location s'accompagne du montage et du démontage sur le site (BOI précité n° 534).

47975 Dans le cadre du dispositif d'autoliquidation, la taxe est **liquidée par** le **preneur assujetti** sur sa **déclaration de chiffre d'affaires** (à cet effet, le montant total hors taxe de l'opération doit être mentionné sur la ligne « Autres opérations imposables »).

La taxe ainsi acquittée peut être **déduite** par l'intéressé dans les conditions de droit commun.

Les **sous-traitants** n'ont ni à déclarer ni à payer la taxe due au titre de ces opérations. Le montant hors taxe de ces opérations doit cependant être identifié sur leurs déclarations de chiffres d'affaires (ligne « Autres opérations non imposables »), lorsqu'ils sont tenus de souscrire de telles déclarations. Même s'il ne collecte pas lui-même la taxe, le sous-traitant peut déduire la TVA qu'il supporte sur ses propres dépenses dans les conditions de droit commun (BOI-TVA-DECLA-10-10-20 n° 537).

En ce qui concerne : les mentions sur les **factures,** voir nos 46365 et 46505 ; l'amende applicable en cas de **défaut d'autoliquidation,** voir nos 56240 s.

47980 Dans le cas de **paiements directs des sous-traitants par le maître de l'ouvrage** (Code de la commande publique art. R 2193-11 à R 2193-16), délégation de paiement ou action directe (Loi 75-1334 du 31-12-1975 art. 12 et 14), ce dernier paye, au nom et pour le compte de l'entrepreneur principal (le donneur d'ordre), directement le sous-traitant pour la part du marché dont il assure l'exécution. Par conséquent, le maître de l'ouvrage paye le sous-traitant sur une base hors taxe et l'entrepreneur principal autoliquide la TVA.

EXEMPLE

Soit une entreprise principale A titulaire d'un marché public de 100 000 € HT et une TVA correspondante au taux de 10 % d'un montant de 10 000 €. Elle sous-traite une partie de ce marché à une entreprise B, acceptée par le maître de l'ouvrage, pour un montant de 40 000 € HT (la TVA correspondante sera autoliquidée par l'entreprise principale au taux de 20 % pour un montant de 8 000 €).
Dès lors que le maître de l'ouvrage a agréé les conditions de paiement prévues par le contrat de sous-traitance, il paye le sous-traitant pour la part du marché dont il assure l'exécution.
Le sous-traitant B réalise l'ensemble de ses prestations au cours du mois et adresse sa demande de paiement, dans les conditions fixées à l'article R 2193-11 du Code de la commande publique, accompagnée de la facture, laquelle mentionne le montant HT du contrat de sous-traitance soit 40 000 € sans faire apparaître la TVA exigible ; il porte à la place la mention « Autoliquidation ».
L'entreprise principale A a, de son côté, également réalisé des prestations au cours de ce même mois. Au total, le montant des prestations réalisées au cours de ce mois est de 60 000 € HT, soit 66 000 € TTC, incluant donc les travaux sous-traités.
L'entreprise principale A reprend dans son premier décompte mensuel le montant des travaux effectués par le sous-traitant (40 000 €), le montant des travaux qu'elle a elle-même effectués (20 000 €) et le montant de la TVA due sur l'ensemble des prestations (6 000 €).

Le maître d'ouvrage paye 40 000 € HT au sous-traitant dans un délai de 30 jours à compter de l'accord de paiement, exprès ou tacite, de l'entreprise principale A. Cette dernière doit autoliquider la TVA de son sous-traitant B en portant le montant de 40 000 € sur la ligne « Autres opérations imposables » de sa déclaration de chiffre d'affaires. Parallèlement, le sous-traitant B porte ce même montant sur la ligne « Autres opérations non imposables » de sa déclaration.
Le maître d'ouvrage règle à l'entreprise principale A, titulaire du marché, le montant du décompte mensuel, déduction faite des sommes versées directement au sous-traitant, soit 26 000 € TTC (20 000 € HT au titre des autres prestations non sous-traitées et la TVA sur l'ensemble des prestations réalisées au cours du mois). C'est donc 6 000 € de TVA, sur la base d'un montant de 66 000 € TTC (taux de TVA de 10 %), que l'entreprise principale A déclare et paye sur sa déclaration de chiffre d'affaires du mois en cause.
Au cours de l'exécution du marché, l'entreprise principale A, titulaire du marché, émet un second décompte pour le maître d'ouvrage pour les autres prestations qu'elle a réalisées, comprenant le montant HT de ses prestations et la TVA au taux de 10 %, soit 44 000 € TTC (40 000 € HT et 4 000 € de TVA).
À l'achèvement des travaux, l'entreprise principale A établit un projet de décompte final pour le montant total des sommes auxquelles elle prétend, déduction faite des acomptes versés. Elle aura donc facturé au maître d'ouvrage 100 000 € HT (60 000 + 40 000) + 10 000 € de TVA au taux de 10 % (6 000 + 4 000), soit un montant TTC de 110 000 €, dont 40 000 € HT auront été payés directement au sous-traitant par le maître d'ouvrage (BOI-TVA-DECLA-10-10-20 n° 538).

RÉCEPTION DE BIENS OU SERVICES EN FRANCHISE, EN SUSPENSION, OU SOUS LE BÉNÉFICE D'UN TAUX RÉDUIT

Toute personne (qu'elle soit ou non redevable de la TVA) qui a été autorisée à recevoir des biens ou services en franchise, en suspension de taxe ou sous le bénéfice d'un taux réduit, est tenue au paiement de l'impôt ou du complément de l'impôt lorsque les conditions auxquelles est subordonné l'octroi de cette franchise, de cette suspension ou de ce taux réduit ne sont pas remplies (CGI art. 284, I). **47995**

Cette règle vise les diverses hypothèses dans lesquelles l'octroi de la franchise ou de la suspension de la TVA, ou le bénéfice d'un taux réduit, est subordonné à une **destination** ou à une **utilisation particulière** donnée par l'acheteur au bien ou au service. Sont notamment concernés les régimes de suspension de taxe prévus aux articles 275, 277 A et 298 du CGI.

> **Précisions** **a.** En ce qui concerne les personnes ayant bénéficié du taux intermédiaire pour la réalisation d'opérations afférentes à certains **logements locatifs relevant du secteur intermédiaire**, voir n° 68315.
> **b.** Concernant les clients ayant indûment bénéficié du taux réduit pour des **travaux de rénovation de la qualité énergétique des locaux d'habitation** ou du taux intermédiaire pour d'autres **travaux portant sur des locaux d'habitation**, voir n° 43475.

SOLIDARITÉ EN PAIEMENT DU CLIENT IMPLIQUÉ DANS UN CIRCUIT DE FRAUDE

Afin de lutter notamment contre la fraude à la TVA intracommunautaire et en **particulier** la **fraude « carrousel »**, l'article 283, 4 bis du CGI prévoit une solidarité en paiement du client. **48020**

Cet article dispose en effet que l'assujetti en faveur duquel a été effectuée une livraison de biens ou une prestation de services et qui savait, ou ne pouvait ignorer, que tout ou partie de la TVA due sur cette livraison, ou sur toute livraison antérieure des mêmes biens, ou sur cette prestation ou toute prestation antérieure des mêmes services, ne serait pas reversé de manière frauduleuse est solidairement tenu, avec la personne redevable, d'acquitter cette taxe. Pour plus de précisions sur les schémas de fraude carrousel, voir n°s 20420 s. et 51300 s.

En ce qui concerne le dispositif de solidarité en paiement de la TVA du client assujetti en vue de combattre la **fraude dans le négoce intracommunautaire des véhicules d'occasion,** voir n° 80460.

> **Précisions** Différents autres dispositifs de solidarité en paiement de la TVA sont prévus :
> – pour les opérateurs de plateformes en ligne (voir n° 48100) ;
> – dans le cadre des **opérations de façon** (voir n° 36815) ;
> – dans le cadre des **travaux dans le logement** bénéficiant du taux réduit ou du taux intermédiaire (voir n°s 41530 et 43475) ;
> – en ce qui concerne certaines livraisons d'or (n° 90985 et n° 91160).

Champ d'application La solidarité en paiement peut s'exercer à l'égard de **tout acquéreur du bien ou du service dans la chaîne** à raison de la taxe non reversée au Trésor par le fournisseur défaillant situé plus en amont dans la chaîne. Toutefois, cette solidarité en paiement et les dispositions prévues par l'article 272, 3 du CGI permettant de remettre en cause le droit à déduction de l'acquéreur du bien ou du preneur de services (n°s 51300 s.) ne peuvent pas être cumulativement mises en œuvre pour un même bien ou un même service (CGI art. 283, 4 bis). **48040**

L'administration privilégie, chaque fois que possible, la remise en cause du droit à déduction (BOI-TVA-DECLA-10-10-30-10 n° 120).

> Précisions Selon le Conseil d'État, la règle de **non-cumul** des dispositifs de **refus** du droit à **déduction** et de **solidarité** en paiement ne vaut qu'à l'égard d'un même assujetti dans une chaîne commerciale. L'administration peut donc, dans le cadre d'une même chaîne commerciale, mettre en jeu la responsabilité solidaire d'un assujetti et remettre en cause le droit à déduction de la TVA d'un autre assujetti (CE 29-5-2017 n° 396896 : RJF 8-9/17 n° 798).

48050 **Conditions d'application** L'**administration** doit apporter la **preuve,** dans un premier temps, de l'**existence d'une fraude** en amont et, dans un second temps, que l'acquéreur du bien ou le preneur de services « **savait ou ne pouvait ignorer** » celle-ci.

> Précisions Pour établir que l'acquéreur des biens ou le preneur des services avait connaissance de la fraude, l'administration doit se fonder sur la base d'**éléments objectifs** incontestables. **À défaut** de tels éléments, elle doit prouver, à partir d'éléments **de fait,** que l'acquéreur des biens ou le preneur des services ne pouvait ignorer l'existence de la fraude.
Il n'est pas nécessaire que soit établie la connivence ou la complicité (BOI-TVA-DECLA-10-10-30-10 n° 30).

48060 **Mise en œuvre** À l'issue de la procédure de contrôle, la solidarité en paiement est actionnée par le comptable public chargé du recouvrement à partir des éléments constatés par les services de contrôle.

La loi ne prévoyant **pas de subsidiarité,** la TVA peut être réclamée directement au client par avis de mise en recouvrement (**AMR**), sans mise en cause préalable du redevable légal.

Seule la **taxe non reversée** de manière frauduleuse par le redevable principal peut faire l'objet de l'AMR, et non les **pénalités** ou **intérêts de retard** grevant les rappels de TVA. En outre, la mise en œuvre de la solidarité ne peut pas aboutir à recouvrer un montant de TVA supérieur à celui notifié (BOI-TVA-DECLA-10-10-30-10 n°s 90 et 100).

> Précisions **a.** L'**avis de mise en recouvrement,** notifié par lettre simple ou par lettre recommandée ou par voie de commissaire de justice (anciennement huissier de justice), doit mentionner le fondement légal de la solidarité (CGI art. 283, 4 bis) et le montant des impositions au titre desquelles la solidarité est mise en œuvre (LPF art. R* 256-2). Dans le même courrier, une **lettre d'information** indique les éléments justifiant le recours à la procédure de solidarité en paiement (BOI précité n° 80).
b. L'administration n'est pas tenue de notifier au débiteur solidaire les actes de la procédure de rectification adressés au redevable légal (BOI précité n° 70).

48070 **Poursuites contre le débiteur solidaire** En cas de **non-paiement de la TVA,** les poursuites peuvent être engagées contre le débiteur solidaire dans les conditions de droit commun : sauf exceptions, envoi d'une lettre de relance, suivie, à défaut de paiement dans les 30 jours, d'une mise en demeure de payer ; les poursuites donnant lieu à des frais peuvent en principe être engagées, à défaut de paiement, sans délai après la notification de la mise en demeure de payer (LPF art. L 257-0 A et L 257-0 B).

48080 **Contentieux** Le débiteur solidaire de la taxe bénéficie des **mêmes droits et obligations** que le débiteur principal. Il peut à cet égard contester l'assiette et/ou le recouvrement de la taxe mise à sa charge, y compris si le débiteur principal ne conteste pas les rappels notifiés (BOI-TVA-DECLA-10-10-30-10 n° 140).

Il convient par ailleurs de noter qu'il peut demander le **sursis de paiement** dans le cadre d'un contentieux d'assiette.

SOLIDARITÉ EN PAIEMENT DES PLATEFORMES EN LIGNE

48100 Sauf pour les opérations pour lesquelles elles sont considérées comme des acheteurs-revendeurs (voir n°s 23590 s.), les entreprises qui, en qualité d'opérateurs de plateforme en ligne, mettent en relation à distance, par voie électronique, des personnes en vue de la **vente d'un bien,** de la **fourniture d'un service** ou de l'**échange** ou du **partage** d'un bien ou d'un service peuvent, quel que soit leur lieu d'établissement, être solidairement tenues de payer la **TVA due par les personnes suivantes** :

– les **assujettis,** quel que soit leur lieu d'établissement (France, autre État membre de l'UE, pays tiers), qui effectuent ou fournissent à destination ou **au profit de personnes non assujetties,** par l'intermédiaire d'une plateforme en ligne au sens susvisé, des **livraisons de biens ou** des **prestations de services dont le lieu d'imposition est situé en France** (CGI art. 283 bis) ;

– les **personnes,** quel que soit leur lieu d'établissement (France, autre État membre de l'UE, pays tiers), qui réalisent, par le biais d'une plateforme en ligne au sens susvisé, des **importations taxables en France** (CGI art. 293 A ter).

Le mécanisme de solidarité en paiement, dont les modalités d'application sont fixées par les articles 190 à 192 bis de l'annexe IV au CGI, peut être mis en œuvre à la suite d'un **signalement effectué par l'administration** fiscale auprès de la plateforme en ligne, selon lequel il existe des présomptions que l'assujetti concerné se soustrait à ses obligations en matière de déclaration ou de paiement de la TVA.

Lorsqu'un assujetti lui a été signalé, l'opérateur de la **plateforme en ligne** doit **prendre les mesures** de nature à permettre à cette personne de régulariser sa situation et notifier à l'administration les mesures prises. Si les présomptions persistent après un délai d'un mois à compter de la notification des mesures prises faite par la plateforme ou si elle n'a pas procédé à une telle notification à compter du signalement qui lui a été fait, l'administration peut mettre la plateforme en demeure de prendre des mesures supplémentaires ou, à défaut, d'exclure la personne concernée de la plateforme en ligne. Il appartient à l'opérateur de la plateforme de notifier à l'administration les mesures prises. En l'absence de mise en œuvre des mesures ou de l'exclusion susvisées après un délai d'un mois à compter de la notification des mesures supplémentaires ou à défaut d'une telle notification, à compter de la mise en demeure de la plateforme par l'administration, la taxe dont est redevable la personne est solidairement due par l'opérateur de la plateforme en ligne.

La solidarité en paiement de l'opérateur de plateforme en ligne est limitée au montant de TVA due sur les transactions réalisées par l'assujetti par l'intermédiaire de cet opérateur (BOI-TVA-DECLA-10-10-30-20 n° 280).

L'**identité** des opérateurs de plateforme en ligne qui ont fait l'objet d'une mise en recouvrement de la taxe en tant que **redevables solidaires** est **susceptible d'être publiée** sur le site internet de l'administration, en application de l'article 1740 D du CGI.

B. Modalités de déclaration et de paiement de la TVA

Toutes les entreprises ont l'**obligation,** en vertu des articles 1649 quater B quater, III et 1695 quater du CGI, de déclarer et payer la TVA par voie électronique (**télédéclaration et télérèglement**). 48140

Cette obligation concerne donc, en principe, non seulement les entreprises établies en France (y compris dans les DOM), mais également celles établies à l'étranger qui réalisent sur le territoire national des opérations imposables à la TVA (s'agissant du télérèglement par les entreprises établies à l'étranger, voir toutefois nos 30985 et 31105).

> Précisions a. L'obligation, pour tous les redevables, de télétransmettre leurs déclarations de chiffre d'affaires, qui sont par définition dématérialisées, rend en pratique sans portée les dispositions des articles 32 et 33 de l'annexe IV au CGI fixant le lieu de dépôt de ces déclarations. Les principes résultant de ces dispositions gardent cependant un intérêt pour déterminer le **service des impôts dont dépendent les redevables** et auquel ils doivent s'adresser en cas de besoin (courriers, réclamations, etc.). Ces principes sont rappelés ci-après.

1. Le service des impôts dont dépendent les redevables est, **en principe,** le suivant :

– entreprises ou sociétés non soumises à l'IS : service du lieu de leur direction ou de celui d'exercice de la profession ;

– sociétés passibles de l'IS : celui du lieu du principal établissement.

Dans certains cas, les adresses de domiciliation peuvent être retenues pour déterminer le service compétent (BOI-BIC-DECLA-30-40-20-20 nos 40 s.).

2. Les redevables **sans domicile ni résidence fixes** dépendent du service des impôts dont relève la commune où est situé l'organisme auprès duquel ils ont fait élection de domicile dans les conditions prévues à l'article L 264-1 du Code de l'action sociale et des familles. Lorsque, dans une même commune, il existe plusieurs services des impôts à compétence territoriale déterminée, ils relèvent du service désigné par l'administration des impôts.

3. Les règles suivantes s'appliquent aux personnes qui sont redevables de la TVA à raison de **locations de nature civile** (locations d'immeubles nus à usage professionnel imposées par option, locations d'emplacements de parking). Les personnes physiques propriétaires d'immeubles loués ou de monuments historiques ouverts au public dont les loyers ou les recettes taxables sont imposables à l'IR dans la catégorie des revenus fonciers dépendent du service des impôts du lieu de situation de l'immeuble et, en cas de pluralité d'immeubles, du service du lieu de situation du bien dont le chiffre d'affaires est le plus élevé (pour les immeubles en indivision, cette règle s'applique à l'indivisaire ou au mandataire qui encaisse les loyers).

Dans les **autres situations** (**personnes physiques** dont les loyers sont imposables à l'IR dans la catégorie des BIC, **personnes morales**), les redevables dépendent du service des impôts des entreprises du lieu de souscription de la déclaration de revenus correspondante. Pour les immeubles indivis, le service compétent est celui dont dépend la personne qui encaisse les loyers. Les mêmes règles s'appliquent aux redevables résidant dans les DOM qui louent en métropole des locaux visés ci-dessus. Ceux résidant en Guyane ou à Mayotte dépendent, en métropole, du service du lieu de situation de l'immeuble loué, ou, en cas de pluralité d'immeubles, du service du lieu de situation du plus important (BOI-TVA-DECLA-20-20-10-20 nos 200 à 250).

4. Les **loueurs en meublé** dépendent du service du lieu du meublé. En cas de pluralité de meublés, le service compétent est soit celui du lieu de résidence du redevable, soit celui du lieu de situation du plus important meublé. Les loueurs en meublé qui exercent une autre activité taxable dépendent du service compétent pour cette autre activité (BOI précité n° 170).

b. Les **collectivités locales** relèvent de l'obligation de télédéclarer et télépayer la TVA et les taxes assimilées (BOI-BIC-DECLA-30-60-40 n° 60).

a. Déclarations concernées

48155 La télédéclaration concerne les déclarations et annexes suivantes : 3310-CA3-SD (régime réel normal et mini-réel), 3515-SD (acomptes provisionnels), 3310-A-SD (annexe à la déclaration CA3 pour les taxes spéciales), 3310 ter-SD (secteurs d'activités distincts), 3514-SD (acomptes semestriels régime simplifié), 3517-S-SD (CA 12/CA 12E : régime simplifié), 3517-AGR-SD (CA 12A/CA 12AE : régime simplifié agricole), 3525-BIS-SD (bulletin d'échéance du régime simplifié agricole), demandes de remboursement de crédit de TVA (formulaires n° 3519-SD).

Les taxes spéciales qui ne relèvent pas de l'annexe 3310-A-SD à la déclaration CA3 mais d'un autre document doivent en principe être déclarées sur support papier.

b. Modalités de fonctionnement des téléprocédures

48165 Schématiquement, deux modes de transmission sont possibles pour la télédéclaration et le télérèglement de la TVA :

– soit directement, sur **Internet** en mode **EFI** : l'entreprise effectue elle-même les déclarations et les paiements en ligne à partir de son **espace abonné** sur le portail fiscal www.impots.gouv.fr, à la rubrique « Votre espace professionnel » ;

– soit par l'intermédiaire d'un comptable (ou d'un autre prestataire) : le « **partenaire EDI** » (comptable ou prestataire) transmet à l'administration fiscale les données déclaratives et de paiement de la TVA pour le compte de l'entreprise (procédure EDI-TVA).

Pour plus de détails, on pourra utilement se reporter au BOI-BIC-DECLA-30-60-20 et aux BOI-BIC-DECLA-30-60-30 à BOI-BIC-DECLA-30-60-30-30 consacrés aux modalités de fonctionnement des téléprocédures.

> Précisions **a. Preuve de la date de souscription.** La transmission des données est autorisée jusqu'à la date limite de souscription des déclarations. Au-delà de cette date, la télédéclaration et le télépaiement sont pris en compte avec la mention « hors délai » (BOI-TVA-DECLA-20-20-20-10 n° 160).

La **date** est attestée par horodatage dans l'accusé de réception de la déclaration (transmission par Internet) ou, en cas d'utilisation d'une procédure EDI, par la date de session (transfert direct en mode synchrone) ou la date de remise des fichiers dans le répertoire de la DGFiP (transfert en mode asynchrone).

b. En procédure **EDI**, les **versements** de TVA et de taxes assimilées consécutifs à un **avis de mise en recouvrement** (rappels à la suite d'un contrôle fiscal ou à une insuffisance de versement) ne peuvent pas être effectués par télérèglement (BOI-TVA-DECLA-20-20-20-10 n° 200).

c. Sanctions pour non-respect de l'obligation de télédéclaration ou de télérèglement

48180 En application de l'article 1738 du CGI, le **non-respect de l'obligation** de télédéclaration ou de télérèglement est sanctionné par une majoration de 0,2 % du montant des droits correspondant à la déclaration souscrite suivant un autre procédé ou du montant des sommes dont le versement a été effectué selon un autre mode de paiement. Le montant de la majoration ne peut être inférieur à 60 €.

En l'**absence de droits,** la souscription d'une déclaration ou de ses annexes selon un autre procédé que celui requis entraîne l'application d'une amende de 15 € par document sans que le total des amendes applicables aux documents devant être produits simultanément puisse être inférieur à 60 € ni supérieur à 150 €.

Si le redevable a à la fois enfreint son obligation de télédéclaration et son obligation de télépaiement, il a commis deux infractions distinctes et encourt donc, en principe, une majoration au titre de chaque infraction, soit deux majorations de 0,2 %.

Toutefois, en cas de **souscription tardive** de la **déclaration** en contravention avec l'obligation de télédéclaration ou en cas de **paiement tardif par un moyen** autre que le télérèglement, seules les sanctions de droit commun prévues par les articles 1727 et 1728 ou 1731 du CGI sont appliquées (BOI-CF-INF-10-40-50 nos 30 à 37).

Le non-respect de l'obligation de télétransmission des **demandes de remboursement de crédit de TVA** est sanctionné par un rejet en la forme de la demande (BOI-TVA-DECLA-20-20-20-10 n° 220). **48185**

C. Contrôle et sanctions

CONTRÔLE DES DÉCLARATIONS

Toute personne redevable de la TVA est tenue de fournir aux agents des impôts, ainsi qu'à ceux des autres services financiers désignés par décret pour chaque catégorie de redevables, tant au principal établissement que dans les succursales ou agences, toutes **justifications** nécessaires à la **fixation des opérations imposables** (CGI art. 286, I-4°). **48320**

D'une manière plus générale, la loi confère à l'administration fiscale le pouvoir de **vérifier** et, s'il y a lieu, de **rectifier** les déclarations de chiffre d'affaires.

L'ensemble des règles applicables en matière de contrôle fiscal est exposé dans la Documentation pratique fiscale CF-II-1 s., à laquelle les lecteurs peuvent se reporter. On signalera ici toutefois quelques **spécificités** du contrôle en **matière de TVA.**

Ainsi, l'article L 176 du LPF prévoit que le **droit de reprise** s'exerce jusqu'à la fin de la troisième année suivant celle au cours de laquelle la taxe est devenue exigible (dixième année pour les redevables exerçant une activité occulte ou pour lesquels un procès-verbal de flagrance fiscale a été dressé). À la différence de la règle applicable en matière de bénéfices selon laquelle une vérification ne peut être engagée au titre d'une **année** pour laquelle le **délai de déclaration** n'est pas encore expiré (CE 8-4-1998 n° 157508 : RJF 6/98 n° 696), les dispositions précitées permettent au service des impôts :

- d'une part, de contrôler la **période écoulée** depuis la clôture du dernier exercice **jusqu'au jour de la vérification** (en pratique, jusqu'au dernier mois écoulé à la date du contrôle : BOI-CF-PGR-10-30 n° 20) ;
- d'autre part, de **reprendre,** au cours de la vérification suivante, le **contrôle de cette période** avec celui de l'exercice auquel elle se rattache (BOI-CF-PGR-20-40 n° 140).

Par ailleurs, l'article L 188 C du LPF prévoit que même si les délais de reprise sont expirés, les **omissions ou insuffisances d'imposition** révélées par une **instance** devant les tribunaux (procédure judiciaire ou procédure devant les juridictions administratives) ou par une **réclamation contentieuse** peuvent être réparées jusqu'à la fin de l'année suivant celle de la décision qui a clos l'instance et, au plus tard, jusqu'à la fin de la dixième année qui suit celle au titre de laquelle l'imposition est due. Mais ce délai spécial ne joue pas lorsque l'administration était, antérieurement à l'instance ou à la réclamation, en possession d'**éléments suffisants** lui permettant, par la mise en œuvre de ses propres moyens d'investigation, d'établir, dans le délai normal de reprise, les insuffisances ou omissions (CE 29-4-2009 n° 299949 : RJF 7/09 n° 669).

En outre, l'article L 16 D du LPF permet à l'administration de contrôler les opérations réalisées ou facturées par les redevables de la TVA relevant du **régime simplifié** dès le début du deuxième mois suivant leur réalisation ou leur facturation indépendamment de toute échéance déclarative. Ce contrôle peut permettre la mise en œuvre d'une procédure de flagrance fiscale prévue par l'article L 16-0 BA du LPF.

> **> Précisions** Aucune remise de rappels de taxes sur le chiffre d'affaires ne peut, en principe, être accordée. Par dérogation, l'administration peut accorder une remise totale ou partielle des **rappels de TVA** résultant de la **caractérisation d'un établissement stable en France d'une entreprise étrangère,** sous réserve que le montant de la taxe rappelé ait été acquitté au titre des mêmes opérations par le preneur des biens et services fournis et n'ait pas été contesté par celui-ci dans le délai imparti pour l'introduction d'un recours contentieux (LPF art. L 247, 8e al.).

Des règles spécifiques sont prévues pour le **contrôle des groupes** ayant opté pour le régime de **consolidation** du paiement de la TVA (n° 48750) ainsi que pour le contrôle des **groupes TVA** (n° 1750). **48325**

Signalons également qu'en application de l'article L 177 du LPF, les redevables doivent justifier du montant de la **taxe déductible** dans les conditions fixées par l'article 271 du CGI et du **crédit de taxe** dont ils demandent à bénéficier, par la présentation de documents **même établis antérieurement** à l'ouverture de la période soumise au droit de reprise de l'administration : en application des dispositions combinées des articles L 176 et L 177 du LPF et de l'article 208, II de l'annexe II au CGI, l'administration, pour la détermination du montant de la taxe due au cours de la période soumise à vérification, est en droit de contrôler toutes les opérations qui ont concouru à la formation du crédit de taxe déductible quelles qu'en puissent être les dates, sans que le contrôle ainsi exercé constitue, eu égard à son objet et aux limites qui lui sont assignées, une extension irrégulière de la procédure de vérification de la comptabilité à des années atteintes par la prescription prévue à l'article L 176 du LPF (CE 30-12-2009 n° 313907 : RJF 4/10 n° 345).

SANCTIONS

48330 Le **défaut ou retard** de production de la **déclaration** de TVA est susceptible d'entraîner la taxation d'office au titre de la période correspondant à cette déclaration et l'application d'un intérêt de retard et d'une majoration de droits de 10 % portée à 40 % lorsque la déclaration n'est pas produite dans les 30 jours suivant la réception d'une mise en demeure (CGI art. 1727, IV-1 et 3 et art. 1728, 1). Lorsque la déclaration ne donne **pas lieu à paiement de taxe** (déclaration négative, par exemple), l'infraction est sanctionnée par une amende fiscale de 150 € ; cette amende n'est toutefois pas appliquée en cas de première infraction commise (au cours de l'année civile en cours et des trois années précédentes) lorsque la déclaration est déposée spontanément ou dans les 30 jours d'une demande de l'administration (CGI art. 1729 B).

Quant au **simple retard de paiement** de l'impôt exigible, il entraîne l'application d'un intérêt de retard et d'une majoration de 5 % du montant des sommes dont le paiement a été différé (CGI art. 1727, IV-1 et 5 et art. 1731). Cette majoration de 5 % ne s'applique pas si la souscription de la déclaration est accompagnée de la totalité du paiement (mais la majoration pour souscription tardive de la déclaration est due).

Non-respect de l'obligation de télédéclaration ou de télérèglement : voir n° 48180.

> **Précisions** Lorsque l'administration adresse au contribuable, alors même qu'elle n'y est pas tenue, une mise en demeure de souscrire sa déclaration de TVA avant de procéder à son imposition par voie de taxation d'office, la majoration des droits de 10 % est portée à 40 % si ce dernier n'obtempère pas dans les 30 jours suivant la réception de cette mise en demeure (CE 27-1-2010 n° 305291 : RJF 4/10 n° 400).

III. RÉGIME RÉEL NORMAL

48400 Conformément à l'article 287, 2 du CGI, les redevables de la TVA soumis au régime réel d'imposition doivent souscrire chaque mois, ou le cas échéant chaque trimestre (n° 48435), une déclaration conforme au modèle prescrit par l'administration (**déclaration CA3**) et indiquant, pour le mois ou le trimestre précédent, d'une part, le **montant total des opérations** réalisées et, d'autre part, le **détail des opérations taxables** (par exemple, les opérations réalisées en janvier doivent normalement être déclarées en février). Cette déclaration doit être accompagnée, le cas échéant, du paiement de la taxe finalement due (après imputation notamment de la taxe d'amont récupérable).

Les redevables de **taxes assimilées** à la TVA (taxe sur certaines dépenses de publicité, taxe sur les services fournis par les opérateurs de communications électroniques, etc.) doivent joindre une annexe 3310-A-SD.

A. Règles de droit commun

ENTREPRISES CONCERNÉES PAR LA DÉCLARATION CA3

48410 La déclaration CA3 concerne au premier chef les entreprises relevant de plein droit du **régime réel normal d'imposition,** c'est-à-dire celles qui, en raison du montant de leur chiffre d'affaires ou de leurs recettes ou du montant de leur TVA exigible, sont exclues du régime simplifié de déclaration (nos 47750 s.). Elle concerne également les entreprises qui, relevant normalement de la franchise ou du régime simplifié, ont exercé l'option pour le régime réel normal (nos 47650 s. et 47780 s.).

Ce régime déclaratif s'applique également aux entreprises soumises au régime simplifié qui, tout en restant placées sous ce régime, renoncent aux formalités simplifiées de liquidation de la TVA en optant pour le régime du « **mini-réel** » TVA (nos 49000 s.) ainsi qu'à celles qui ne peuvent plus prétendre aux modalités simplifiées en raison de la **réalisation de certaines opérations** (acquisitions intracommunautaires, sorties de régimes d'entrepôt fiscal, importations : n° 47760).

Ce régime déclaratif s'applique enfin aux **agriculteurs** qui ont choisi d'acquitter l'impôt au vu de déclarations mensuelles ou trimestrielles, conformément à l'article 1693 bis, I du CGI (nos 72740 s.).

La déclaration doit être souscrite même en l'**absence d'opération** au cours de la période d'imposition (dans ce cas, l'entreprise souscrit une **déclaration négative** « néant ») ou en l'**absence d'impôt à payer** en raison notamment de déductions supérieures ou égales à l'impôt afférent aux opérations réalisées. **48415**

PÉRIODICITÉ DES DÉCLARATIONS ET DU PAIEMENT DE L'IMPÔT

Principe : périodicité mensuelle La déclaration CA3 doit être souscrite en principe **chaque mois,** au titre du mois précédent. **48425**

Les entreprises qui éprouvent des **difficultés** à souscrire leurs déclarations dans les délais peuvent être autorisées par l'administration à différer d'un mois le dépôt de leur déclaration, les intéressés étant alors tenus de verser dans les délais des acomptes provisionnels. Sur ce régime, voir n°s 48570 s.

Périodicité trimestrielle Lorsque la taxe exigible annuellement est **inférieure à 4 000 €,** l'entreprise est admise à souscrire sa déclaration CA3 – et à payer la taxe correspondante – par trimestre civil (CGI art. 287, 2-al. 3). **48435**

La trimestrialisation de la déclaration CA3 et du paiement de la TVA n'est **pas obligatoire.**

Remarque : La trimestrialisation réduit le nombre des formalités et constitue un avantage de trésorerie, mais elle ne permet pas à l'entreprise de bénéficier du remboursement mensuel de ses crédits de taxe non imputables (n°s 58510 s.).

> **Précisions** Le seuil de 4 000 € s'apprécie par rapport au montant total de la taxe exigible au cours de l'année civile antérieure à celle au titre de laquelle les déclarations doivent être effectuées. Le dépassement du seuil en cours d'année ne met donc pas fin à la possibilité de souscrire des déclarations trimestrielles au cours de ladite année (CAA Nantes 7-10-2021 n° 20NT01154 : RJF 1/22 n° 24).

L'entreprise dont la taxe exigible annuellement est inférieure à 4 000 € peut **revenir à une périodicité mensuelle**. **48440**

Le retour à la périodicité mensuelle prend effet à compter du 1er jour du trimestre civil au cours duquel le choix a été exprimé et vaut pour l'année entière (Inst. 3 D-2-09 n°s 14 et 15, non reprise au Bofip).

Le retour à une périodicité mensuelle permet notamment de bénéficier de la procédure de remboursement mensuel (n° 58510).

EXEMPLES

1. L'entreprise informe, le 27 janvier N, le service des impôts des entreprises qu'elle souhaite souscrire des déclarations mensuelles. Son choix prend effet à compter du 1er janvier N.
L'entreprise doit souscrire sa déclaration de TVA relative au mois de janvier N entre le 15 et le 24 février N (sur l'échéancier, voir n° 48505). Cette déclaration pourra être accompagnée le cas échéant d'une demande de remboursement de crédit de TVA (formulaire n° 3519-SD).
L'entreprise devra continuer à souscrire des déclarations mensuelles sur l'ensemble de l'année N, et au-delà, sauf à revenir sur son choix en N+1.
2. Le choix est exprimé le 22 février N.
Il prend effet à compter du 1er janvier N.
L'entreprise devra souscrire une déclaration récapitulative des opérations de janvier et de février N entre le 15 et le 24 mars N (n° 48505).
Cette information devra être portée par l'entreprise dans le cadre réservé à la correspondance (Inst. 3 D-2-09 précitée).

Le régime trimestriel de déclaration et de paiement concerne en principe aussi les **taxes spéciales** déclarées suivant les mêmes règles, sous les mêmes garanties et les mêmes sanctions que la TVA, c'est-à-dire les taxes figurant sur le formulaire 3310-A-SD souscrit en même temps que les déclarations CA3. **48445**

Dispense de déclaration Les redevables qui exercent une **activité saisonnière** peuvent, sur demande expresse, être dispensés de souscrire les déclarations CA3 négatives pendant la période de fermeture de leurs établissements (BOI-TVA-DECLA-20-20-10-10 n°s 110 et 150). **48455**

EXEMPLE

Une activité artisanale hivernale ne donnera lieu à la souscription de déclarations CA3 qu'au titre des opérations de novembre, décembre, janvier, février et mars si, le reste du temps, le magasin est fermé.

> **Précisions** Une entreprise qui réalise principalement son chiffre d'affaires sur une partie de l'année (période de pointe) au détriment de l'autre partie (période creuse) ou qui ferme son établissement moins de trois mois ou encore qui exerce conjointement ou en remplacement de l'activité saisonnière une autre activité imposable ne peut pas bénéficier de cette mesure (BOI précité n° 140).

48460 Les personnes qui réalisent d'une manière constante et exclusive des **opérations exonérées** de la TVA peuvent être dispensées de souscrire des déclarations par le service des impôts (BOI-TVA-DECLA-20-20-10-10 n° 160).

48465 Les titulaires de **revenus non commerciaux** placés sous un régime réel d'imposition qui n'effectuent pas plus de quatre opérations taxables par an (conseils de sociétés, par exemple) peuvent, sur demande adressée au service des impôts dont ils dépendent, être autorisés à ne souscrire des déclarations CA3 que lors de la perception des honoraires taxables (souscription à effectuer le mois suivant cette perception) (BOI-TVA-DECLA-20-20-10-10 n° 170).

Sur la situation des **auteurs** n'ayant pas renoncé à la retenue à la source et qui perçoivent d'autres recettes, voir nos 87680 s.

48475 **Entreprises nouvelles** Les entreprises nouvelles doivent en principe souscrire leurs déclarations CA3 tous les mois, mais l'administration peut, à leur demande, les autoriser à souscrire leurs déclarations trimestriellement s'il apparaît que le montant annuel de l'impôt n'est manifestement pas susceptible d'atteindre les 4 000 €.

ÉCHELONNEMENT DE LA SOUSCRIPTION DES DÉCLARATIONS ET DU PAIEMENT DE L'IMPÔT

48485 **Dates limites de déclaration et de paiement** Les dates limites de déclaration du chiffre d'affaires et de paiement des taxes correspondantes sont fixées sur le plan national selon l'**échéancier** fixé par l'article 39 de l'annexe IV au CGI (voir n° 48505).

Lorsque la date limite prévue pour la souscription tombe un **samedi,** un **dimanche** ou un **jour férié,** la date d'expiration du délai est reportée au premier jour ouvrable suivant (CGI ann. IV art. 39, 1-3°).

Les entreprises bénéficiant du régime des « acomptes provisionnels » disposent d'un délai supplémentaire d'un mois pour souscrire leur déclaration. Sur ce régime, voir nos 48570 s.

En ce qui concerne la **preuve** de la date de souscription de la déclaration, voir n° 48165, précision a.

48505 **Échéancier des dates limites de souscription des déclarations et de paiement** Le tableau figurant ci-après présente la date limite à laquelle les redevables au **réel normal** (ou au **mini-réel**) de chaque catégorie doivent, chaque mois au titre du mois précédent (ou, le cas échéant, dans le premier mois de chaque trimestre civil, au titre du trimestre précédent), souscrire les déclarations CA3 et acquitter l'impôt correspondant.

C'est également cet échéancier que doivent respecter les redevables relevant du **régime simplifié** pour le versement des **acomptes semestriels** de TVA (CGI ann. IV art. 39, 1-1°-d : nos 48850 s.).

Lorsque les redevables (y compris ceux relevant en principe du régime simplifié et les assujettis bénéficiant de la franchise en base) réalisent des **importations,** la date limite de dépôt des déclarations de TVA faisant apparaître des importations est fixée au plus tard le 24 du mois suivant le mois (déclarations mensuelles) ou le trimestre (déclarations trimestrielles) au cours duquel la taxe est devenue exigible (CGI ann. IV art. 39, 1-2°).

Catégories d'entreprises	Date limite
I. Paris, Hauts-de-Seine, Seine-Saint-Denis et Val-de-Marne	
a. Entreprises individuelles	
Nom patronymique de l'exploitant commençant par :	
– A, B, C, D, E, F, G, H,	15
– I, J, K, L, M, N, O, P, Q, R, S, T, U, V, W, X, Y, Z	17
b. Toutes sociétés autres que les sociétés anonymes	
Numéro d'identification attribué par l'Insee commençant par l'un ou l'autre des groupes de deux chiffres ci-après :	
– 00 jusqu'à 68 inclus	19
– 69 jusqu'à 78 inclus	20
– 79 jusqu'à 99 inclus	21
c. Sociétés anonymes	
Numéro d'identification attribué par l'Insee commençant par l'un ou l'autre des groupes de deux chiffres ci-après :	
– 00 jusqu'à 74 inclus	23
– 75 jusqu'à 99 inclus	24
d. Autres redevables (collectivités locales, associations, etc.)	24

Catégories d'entreprises	Date limite
II. Autres départements	
a. Entreprises individuelles	
Nom patronymique de l'exploitant commençant par :	
– A, B, C, D, E, F, G, H,	16
– I, J, K, L, M, N, O, P, Q, R, S, T, U, V, W, X, Y, Z	19
b. Toutes sociétés autres que les sociétés anonymes	21
c. Sociétés anonymes	24
d. Autres redevables (collectivités locales, associations, etc.)	24

Remarques

1. Les dates sont différentes selon que le redevable réalise ou non des importations et, s'il n'en réalise pas, selon que le lieu d'imposition est situé soit à Paris (ou dans la « petite couronne »), soit dans les autres départements, et aussi, pour les sociétés de la région parisienne, selon le **numéro d'identification** attribué par l'Insee, lequel ne doit pas être confondu avec le numéro de code « Activité principale exercée », ou code APE, également attribué par l'Insee.

2. Pour les **exploitantes individuelles mariées,** la date d'échéance est déterminée en fonction de leur nom de jeune fille (et non pas de leur nom d'épouse).

3. Pour des redevables au **régime simplifié,** cet échéancier concerne seulement le paiement de la TVA et non la déclaration annuelle qui doit être souscrite à la date mentionnée aux nos 48810 s.

4. En ce qui concerne les dates limites applicables :
– aux **assujettis** établis dans un **autre État** membre **de l'UE ou** dans un **pays tiers** ayant conclu une **convention d'assistance** au recouvrement des créances fiscales avec la France, voir n° 30980 ;
– aux sociétés **membres d'un groupe** ayant opté pour la **consolidation du paiement de la TVA,** voir n° 48705 ;
– aux assujettis redevables de la TVA sur les **produits pétroliers** soumis au régime réel normal, voir n° 82090.

Période des congés payés Les entreprises qui éprouvent des difficultés pour déterminer dans les délais impartis les éléments nécessaires à l'établissement de la déclaration de chiffres d'affaires doivent souscrire la déclaration relative au mois pour lequel la comptabilité ne peut être arrêtée à temps en raison des congés payés, mais elles sont autorisées à ne pas remplir les rubriques habituelles à condition de **verser** un **acompte** au moins égal à 80 % soit de la somme acquittée le mois précédent (au titre de la TVA et des taxes assimilées), soit de la somme réellement exigible (au même titre). **48515**

La situation de l'entreprise doit être **régularisée** lors de la déclaration souscrite au titre du mois suivant (BOI-TVA-DECLA-20-20-10-10 nos 260 et 280).

Cession ou cessation d'activité En cas de cession ou de cessation d'activité, les redevables relevant du réel normal doivent souscrire leur dernière déclaration CA3 dans les 30 jours (CGI art. 287, 4). **48525**

CORRECTION DES INSUFFISANCES DE DÉCLARATION

Les insuffisances de déclaration peuvent, en principe, être corrigées spontanément en ajoutant les recettes non déclarées au chiffre d'affaires taxable porté sur la **déclaration relative au mois de la découverte de l'omission.** Le montant des recettes omises, ventilées par taux, doit alors être inscrit dans le cadre réservé à la correspondance, avec l'indication de la TVA correspondante et de la période de réalisation des opérations. Toutefois, dans les cas suivants, la correction des omissions ne peut être faite que par la souscription de **déclarations rectificatives** : **48530**

– déclaration initiale (à laquelle est rattachée l'erreur) créditrice suivie d'un remboursement de crédits de taxe ;

– déclaration initiale débitrice pour laquelle le montant de TVA rectifié excède 4 000 € en droits (BOI-TVA-DECLA-20-20-20-10 nos 240 et 245).

B. Régime des acomptes provisionnels

Les redevables qui éprouvent des difficultés pour souscrire leurs déclarations de chiffre d'affaires dans les délais réglementaires peuvent demander à l'administration un **délai supplémentaire** d'un mois pour remettre leur déclaration (CGI art. 287, 2-al. 2). **48570**

Corrélativement, les intéressés sont tenus de **verser,** dans le délai normal, un **acompte** dont le montant est déterminé dans les conditions fixées à l'article 1693 du CGI, la **régularisation** devant être effectuée le mois suivant lors de la souscription de la déclaration.

48580 **Redevables concernés** Seuls les redevables souscrivant des **déclarations CA3 mensuelles** peuvent demander à bénéficier du régime des acomptes provisionnels. Les redevables qui souscrivent **trimestriellement** leurs déclarations ne peuvent pas bénéficier de ce régime particulier (BOI-TVA-DECLA-20-20-10-10 n° 40).

Bien que la loi ne mentionne que les redevables de la TVA, le régime des acomptes provisionnels est applicable aux redevables des **taxes assimilées** à cette taxe (BOI précité n° 20).

48590 **Conditions** Le régime ne peut être adopté que par les redevables qui ont été autorisés à cet effet par l'administration. Cette **autorisation** est subordonnée aux conditions suivantes (CGI ann. IV art. 39 bis) :

– le redevable doit présenter une **demande motivée** au service des impôts dont il dépend pour le paiement de la TVA ;

– il doit **justifier** qu'en raison de la nature de ses activités ou de la structure particulière de son entreprise il n'est **pas en mesure d'établir** ses **déclarations dans le délai** réglementaire.

Tel peut être le cas des personnes physiques ou morales qui, possédant plusieurs établissements, éprouvent des difficultés pour rassembler dans le délai normal de déclaration les éléments nécessaires à l'établissement de celle-ci.

48595 L'**autorisation** d'adopter le régime des acomptes provisionnels peut être **rapportée** à tout moment lorsque les conditions visées au n° 48590 ne se trouvent plus remplies (CGI ann. IV art. 39 bis, 2).

48605 **Fonctionnement du régime** Dans la pratique, le fonctionnement du régime des acomptes provisionnels est le suivant.

a. Pour les opérations réalisées au cours du **premier mois** (m) d'application du régime, les redevables versent au cours du **deuxième mois** (m + 1), et dans le délai habituel de paiement (n° 48505), un acompte qu'ils évaluent eux-mêmes et qui doit être au moins égal à 80 % de la somme réellement due.

Ce versement est accompagné de la souscription d'un formulaire CA3 portant :

– dans le cadre réservé à la correspondance, la mention « Acompte pour le mois de ... (m) » ;

– dans le cadre « Décompte de la TVA à payer », ligne 5B, le montant de l'acompte versé.

b. Ils souscrivent au cours du **troisième mois** (m + 2), la déclaration de chiffre d'affaires proprement dite établie dans les conditions habituelles sur un formulaire CA3 servi dans toutes ses parties. Ils souscrivent également un bulletin de régularisation n° 3515-SD faisant apparaître la somme à verser effectivement, compte tenu de l'impôt dû, de l'acompte déjà versé et du nouvel acompte évalué pour le deuxième mois (m + 1). Les lignes 2C et 5B du formulaire CA3 sont servies d'après le bulletin n° 3515-SD. Enfin, la somme à payer est acquittée.

c. Pour chacun des **mois suivants,** il est opéré comme indiqué au b ci-dessus, chaque déclaration CA3 – souscrite dans le délai normalement imparti majoré d'un mois – étant accompagnée du bulletin de régularisation correspondant (BOI-TVA-DECLA-20-20-10-10 n° 70).

> **Précisions** **a.** Lorsque l'**acompte** versé se révèle **inférieur à 80 %** de la somme réellement due, le redevable encourt l'intérêt de retard (0,40 % par mois) et la majoration de 5 % (CGI art. 1784) ; cet intérêt est appliqué sur la différence entre l'acompte théorique de 80 % et l'acompte réellement versé (BOI précité n° 80).
> **b.** Pendant la période de **congés payés,** les entreprises placées sous le régime des acomptes provisionnels peuvent bénéficier de la tolérance signalée au n° 48515, sous réserve cependant de modalités particulières de régularisation.

C. Régime optionnel de centralisation du paiement de la TVA

48640 Les groupes de sociétés remplissant certaines conditions peuvent opter pour la **centralisation,** au niveau de la société tête de groupe, **du paiement de la TVA et des taxes assimilées** dues par l'ensemble (ou seulement certaines) des sociétés membres du groupe ou, le cas échéant, du remboursement par l'administration des crédits de taxe déductible dont celles-ci bénéficient (CGI art. 1693 ter).

En pratique, le régime de consolidation s'applique à compter du premier jour du **premier exercice comptable suivant la formulation de l'option.**

> Précisions L'option pour la centralisation du paiement de la TVA, dont la finalité est limitée aux modalités de recouvrement de la TVA, doit être **distinguée** du **régime optionnel de groupe TVA,** qui permet l'effacement des transactions économiques intragroupes au regard de la TVA. En ce qui concerne l'option pour le groupe TVA, voir nos 1660 s.

GROUPES CONCERNÉS

Le régime de consolidation du paiement de la TVA ne peut être appliqué que par les groupes remplissant les conditions suivantes (CGI art. 1693 ter, 1 et 2) : **48645**

– la société tête de groupe (dénommée **redevable du groupe** par l'administration), c'est-à-dire l'entreprise qui exerce l'option pour la consolidation du paiement, doit détenir, directement ou indirectement, **plus de 50 % du capital ou** des **droits de vote** des filiales. Le périmètre de consolidation du paiement de la TVA n'est donc, en principe, pas exactement celui de l'intégration fiscale en matière d'impôt sur les sociétés, les sociétés devant pour l'application de ce dernier régime être détenues à 95 % par la société mère. La détention doit être continue sur toute la période couverte par l'option ;

– les **membres du groupe** (y compris la société tête de groupe) doivent, d'une part, être soumis à l'obligation de transmission de leurs déclarations de résultat par voie électronique auprès de la direction des grandes entreprises (**DGE**), d'autre part, **ouvrir et clôturer leurs exercices** comptables aux mêmes dates et, enfin, relever du **régime réel normal** d'imposition en matière de TVA (sans être soumis au régime des acomptes provisionnels exposé aux nos 48570 s., ni déposer de déclarations trimestrielles) ;

– le **redevable du groupe doit opter** avant la date d'ouverture de l'exercice au titre duquel le régime optionnel s'applique ;

– les **membres du groupe de consolidation** doivent être immatriculés à la TVA en France et ils **doivent donner leur accord** pour que le redevable du groupe acquitte la TVA, les taxes et les contributions assimilées dont ils seraient redevables en l'absence de groupe (BOI-TVA-DECLA-20-20-50 nos 20 s.).

Pour les **groupes bancaires mutualistes,** la condition tenant aux liens en capital n'est pas exigée : l'option pour la consolidation du paiement de la TVA peut être exercée par l'organe central ou une caisse départementale ou interdépartementale, à condition que le groupe soit placé sous le régime de l'intégration fiscale (BOI précité n° 180).

> Précisions a. Un **assujetti partiel** à la TVA peut être membre du groupe et être redevable du groupe. Il en est de même pour un assujetti qui ne réalise que des opérations exonérées de TVA mais dont certaines ouvrent droit à déduction. Cet assujetti doit alors souscrire tous les mois une déclaration de recettes (BOI précité n° 40).

b. Les **membres du groupe dont les dates d'exercice ne coïncident pas** avec celles du redevable du groupe ne peuvent être retenus dans le périmètre d'application du régime qu'à compter de l'exercice à l'ouverture duquel ils satisfont à cette condition. Il en est notamment ainsi pour les sociétés créées au cours d'un exercice d'application du régime de groupe (BOI précité n° 70).

Par exception, en cas d'**absorption du redevable d'un groupe** de consolidation, l'absorbant peut se constituer redevable de la TVA et des taxes assimilées dues par les membres du groupe dont le redevable a été absorbé, avec l'accord de ces derniers. Est alors sans incidence le fait que la date d'ouverture de l'exercice de ces membres et celle du nouveau redevable ne coïncident pas au titre de l'exercice de l'absorption, pourvu que les dates de clôture soient les mêmes (BOI précité n° 80).

Exemple La société A est le redevable du groupe de consolidation du paiement de la TVA qu'elle constitue avec les sociétés B et C et dont les exercices sociaux coïncident avec l'année civile. La société D, dont l'exercice social de 12 mois débute le 1er avril, absorbe la société A le 1er juillet. La société D deviendra alors le redevable du groupe qu'elle constitue avec les sociétés B et C et devra à cette fin clore son exercice le 31 décembre de l'année de l'absorption, à moins que les sociétés B et C ne closent désormais les leurs le 31 mars de l'année suivante.

CONSTITUTION ET MODIFICATION DU PÉRIMÈTRE DU GROUPE

Les modalités de détention du capital ou des droits de vote des membres par le redevable du groupe sont précisées par l'article 1693 ter, 1-1er al. du CGI. **48655**

Pour apprécier si la détention de plus de 50 % du capital des filiales est atteinte, il convient d'additionner les **droits détenus directement** ou **indirectement** par le redevable, en distinguant les droits de vote et les droits financiers lorsqu'il y a dissociation de ces droits.

Lorsqu'il existe dans une même entité **plusieurs catégories de titres,** le pourcentage des droits détenus doit être apprécié, d'une part, par rapport à la masse des droits de vote et, d'autre part, par rapport à la masse des droits à dividende et autres droits aux bénéfices attachés aux titres émis par le membre. Il convient donc de se référer :

– au **pourcentage de droits de vote** détenus par le redevable du groupe par rapport à l'ensemble des droits de même nature susceptibles d'être représentés ;

– au pourcentage de **droits financiers** détenus par le redevable du groupe dans l'ensemble des droits financiers attachés aux titres émis par le membre sans tenir compte des sommes effectivement distribuées au cours de l'exercice.

La détention de plus de 50 % du capital implique que le redevable du groupe détienne cumulativement plus de 50 % des droits à dividendes et plus de 50 % des droits de vote (BOI-TVA-DECLA-20-20-50 n° 110).

Cela étant, la condition tenant à la détention des membres par le redevable du groupe est satisfaite dès lors que ce dernier détient plus de **50 % des seuls droits de vote** à l'assemblée générale du membre (BOI précité n° 120).

EXEMPLE

La société A détient 200 actions ordinaires et 160 actions à vote double dans le capital de la société B.
Le capital de la société B se compose de :
– 450 actions ordinaires (AO) ;
– 250 actions à vote double (AVD) ;
– 50 actions à dividende prioritaire sans droit de vote (ADPSDV) ;
– 50 titres assimilables à des certificats de droits de vote (CDV).
Pour déterminer si la société A peut constituer un groupe de consolidation de la TVA et des taxes assimilées avec la société B, il convient d'apprécier séparément les pourcentages de droits de vote et de droits à dividendes détenus dans le capital de sa filiale B.
Le pourcentage des **droits à dividendes détenus par la société A** est déterminé en tenant compte du nombre total des droits de cette nature composant le capital de la société B.
[AO (200) + AVD (160)] / [AO (450) + AVD (250) + ADPSDV (50)] = 360 / 750, soit un pourcentage de 48 %.
Le pourcentage des **droits de vote détenus par la société A** est déterminé en tenant compte du nombre total des droits de vote que représentent les titres composant le capital de la société B.
[AO (200) + AVD (160 × 2)] / [AO (450) + AVD (250 × 2) + CDV (50)] = 520 / 1 000, soit un pourcentage de 52 %.
La société A détient moins de 50 % du capital de la société B. Toutefois, elle détient plus de 50 % des droits de vote de la société B et peut, de ce fait, constituer un groupe avec celle-ci.

48660 Un assujetti peut se constituer redevable d'un groupe de consolidation quand bien même plus de la moitié de son capital ou de ses droits de vote sont détenus par une autre personne morale assujettie à la TVA (BOI-TVA-DECLA-20-20-50 n° 130).

EXEMPLE

Au sein d'un groupe de sociétés au sens de l'article 223 A du CGI dont les filiales intégrées sont réparties en trois sous-groupes économiques, chaque société à la tête d'un sous-groupe économique peut constituer un groupe de consolidation avec ses filiales et sous-filiales détenues à plus de 50 %. Coexistent alors trois groupes de consolidation au sein d'un même groupe de sociétés. Est sans incidence le fait que l'assujetti à la tête de l'intégration fiscale ne soit membre d'aucun groupe de consolidation.

48665 En cas de **détention indirecte du capital** d'un membre par le redevable du groupe, le pourcentage de détention est apprécié en multipliant entre eux les taux de détention successifs dans la chaîne des participations (BOI-TVA-DECLA-20-20-50 n° 140).

EXEMPLE

La société A détient 75 % du capital de la société B et 100 % du capital de la société C. Les sociétés B et C détiennent respectivement 35 % et 25 % du capital de la société D. Les sociétés A, B, C et D peuvent former un groupe de paiement de la trésorerie dès lors, notamment, que le capital de la société D est détenu à plus de 50 % par la société A (75 % × 35 % + 100 % × 25 % = 51,25 %).

> Précisions a. Il n'est pas exigé que la détention indirecte s'effectue par l'intermédiaire d'une ou plusieurs sociétés elles-mêmes membres du groupe TVA. Ainsi, est sans incidence le fait qu'un membre soit détenu par l'intermédiaire d'une société qui n'a pas opté pour le régime de consolidation ou qui n'a pas pu opter parce qu'elle n'est pas assujettie à la TVA ou parce qu'elle est établie dans un autre État (BOI précité n° 150).

b. Les membres du groupe de consolidation sont tenus de renseigner les **tableaux de détention du capital et des droits** de vote prévus à l'article 41-00 A de l'annexe III au CGI et joints, par voie dématérialisée, à la déclaration de résultat (BOI précité n° 160).

MODALITÉS ET DURÉE DE L'OPTION

L'option doit être formulée par le redevable du groupe auprès de la DGE **avant le début du premier exercice** au titre duquel il demande l'application du régime de groupe (BOI-TVA-DECLA-20-20-50 n°s 190 et 200). 48675

EXEMPLES

1. Si un groupe dont les membres ont des exercices coïncidant avec l'année civile opte pour le paiement consolidé de la TVA et des taxes assimilées en octobre 2023, alors le régime s'applique à compter du 1er janvier 2024.
2. Si un groupe dont les membres clôturent leur exercice comptable au 30 novembre opte pour le paiement consolidé de la TVA et des taxes assimilées en octobre 2023, alors le régime s'applique à compter du 1er décembre 2023.

L'option est notifiée sur **papier libre** selon un **modèle** établi par l'administration (voir BOI-LETTRE-000206). Elle est accompagnée, en application de l'article 384 D, 1° de l'annexe III au CGI : 48680

– de la **liste des membres** du groupe (formulaire n° 3310-CA3-P-SD). Cette liste indique pour chaque membre sa désignation, l'adresse de son siège et la répartition du capital ou la nature du lien qui l'unit au redevable du groupe, lorsque l'option a été exercée par un organe central ou une caisse départementale ou interdépartementale ;

– des **attestations** par lesquelles les membres font connaître leur **accord** pour que le redevable du groupe s'acquitte à leur place de la TVA et des taxes, contributions et redevances déclarées sur l'annexe 3310-A-SD à la déclaration CA3.

Ces attestations doivent être souscrites par chaque membre conformément au modèle établi par l'administration (voir BOI-LETTRE-000207).

L'**option prend effet** à compter du premier jour du premier exercice comptable suivant celui au cours duquel elle a été exercée par le redevable du groupe et elle se poursuit jusqu'à sa dénonciation. Elle ne **peut être dénoncée** par le redevable du groupe qu'à compter du troisième exercice comptable suivant celui de prise d'effet de l'option. La dénonciation intervient dans le délai d'un mois qui suit la clôture de l'exercice précédent (BOI-TVA-DECLA-20-20-50 n°s 220 et 230). 48685

EXEMPLE

Une société tête de groupe, dont les membres ont des exercices comptables coïncidant avec l'année civile, formule l'option le 15 mars 2023. Cette option s'appliquera à compter du 1er janvier 2024 et pourra être dénoncée entre le 1er janvier et le 31 janvier 2027, avec effet au 1er janvier 2027.

L'**introduction d'un nouveau membre** dans le groupe en cours de validité de l'option est sans incidence sur la durée initiale de l'option (CGI art. 1693 ter, 2-al. 3).

> Précisions **a.** En cas d'**introduction d'un nouveau membre** dans le groupe, l'attestation par laquelle le nouveau membre fait connaître son accord pour intégrer le groupe est adressée à la DGE par le redevable du groupe avant la date d'ouverture de l'exercice au titre duquel le régime de consolidation s'applique pour la première fois à ce nouveau membre (BOI précité n° 270).
b. L'accord donné par les membres, qui doit être formulé sur une attestation conforme au modèle établi par l'administration (voir BOI-LETTRE-000207), est valable en principe pour la durée de l'option du redevable du groupe. Néanmoins, les **assujettis qui intègrent un groupe dès sa constitution** ont la faculté de sortir du groupe, avec l'accord du redevable, passé la durée minimale obligatoire d'un exercice comptable. En effet, un membre, autre que le redevable, ne peut quitter le groupe qu'à compter du premier jour du premier exercice comptable suivant celui de la prise d'effet de l'option pour le régime de groupe (BOI précité n°s 260, 280 et 290).

Le **périmètre de consolidation** du paiement de la TVA peut être **modifié** au cours de la période couverte par l'option : le redevable du groupe peut, en effet, avec leur accord, **exclure** certains membres du groupe ou en introduire de nouveaux. 48690

Ces modifications, qui s'opèrent selon des **modalités** analogues à l'option (n°s 48675 s.), ne peuvent en tout état de cause prendre **effet** qu'à compter du second exercice compris dans la période initiale de l'option et n'ont pas d'incidence sur la durée de cette période.

Par ailleurs, l'**appartenance** d'un membre **au groupe cesse** à compter du 1er jour du mois suivant celui au cours duquel les conditions mentionnées au n° 48645 cessent d'être remplies (n° 48735).

Le redevable du groupe doit adresser à la DGE, au plus tard à la date de la clôture de chacun des exercices arrêtés au cours de la période de validité de l'option, la **liste des personnes morales membres du groupe** mise à jour pour l'exercice suivant (formulaire n° 3310-CA3-P-SD). Dans le même délai, il adresse, le cas échéant, les **attestations** produites par les entités devenant membres du groupe (BOI-TVA-DECLA-20-20-50 n° 300). 48695

Si la **liste** n'est **pas produite** ou est produite en dehors du délai légal, le montant de TVA et de taxes assimilées dues par le groupe de consolidation est déterminé à partir des seules opérations des membres figurant sur la dernière liste produite par le redevable du groupe, sous réserve toutefois que ces membres remplissent toujours les conditions pour demeurer dans le groupe (BOI précité n° 310).

FONCTIONNEMENT DU RÉGIME DE CONSOLIDATION

48705 Une fois l'option entrée en vigueur, le fonctionnement de la consolidation du paiement de la TVA est le suivant.

a. Les **sociétés membres du groupe** (y compris la société mère) ne sont pas déliées de leurs obligations déclaratives : elles doivent donc, dans les délais habituels, souscrire leur **déclaration** CA3 de TVA, **sans** toutefois l'accompagner d'un **paiement** ni d'une demande de remboursement (la case 0005 de la déclaration CA3 doit être cochée) (BOI-TVA-DECLA-20-20-50 n° 320).

b. La **société tête de groupe** souscrit, chaque mois, une **déclaration récapitulative** (formulaire n° 3310-CA3G-SD) sur laquelle elle agrège les montants des opérations et des taxes portés sur les déclarations de recettes et annexes souscrites au titre du même mois par chacun des membres du groupe.

En cas de **solde positif** entre la somme des taxes nettes dues et la somme des crédits de taxe résultant des déclarations souscrites par les membres concernés, la déclaration est accompagnée d'un paiement de TVA égal à ce solde.

En cas de **solde négatif,** la société tête de groupe peut soit en demander le remboursement, soit le reporter sur la déclaration récapitulative suivante.

La déclaration récapitulative est également accompagnée du paiement des taxes assimilées à la TVA dues par les membres concernés, qui sont mentionnées sur l'annexe (n° 3310-A-SD) à la déclaration CA3.

La **date limite** particulière **pour la souscription de la déclaration récapitulative** est fixée au 24 du mois suivant celui concerné par la déclaration (CGI ann. IV art. 39, 1-1°-f).

> **Précisions** La société tête de groupe est aussi redevable du montant des **droits,** des **intérêts de retard,** ainsi que des **pénalités** correspondantes dues en conséquence des infractions commises par les membres (CGI art. 1693 ter, 4). Elle doit également acquitter les pénalités et intérêts de retard dus en conséquence de ses propres infractions (par exemple, la souscription tardive de la déclaration récapitulative) (BOI précité n°s 390 et 400).

48710 Le **crédit de TVA** constaté par une société membre du groupe au titre d'une **période antérieure à l'entrée en vigueur de l'option** pour la consolidation du paiement de la TVA ne peut pas être pris en compte pour le calcul de la TVA due par le redevable du groupe. Il est remboursé à la société membre du groupe qui l'a constaté sans application des seuils minima de remboursement prévus pour les demandes de remboursement annuelles et mensuelles.

Par exception, lorsqu'un membre mentionne sur une déclaration souscrite pendant l'application du régime de groupe un montant de **TVA collectée à tort** ou dont la **déduction** a été **omise** sur une déclaration souscrite avant la prise d'effet du régime, ce montant est pris en compte pour la détermination de la TVA due par le groupe (BOI-TVA-DECLA-20-20-50 n°s 330 et 340).

Le crédit de TVA constaté sur la déclaration d'un membre du groupe **pendant** l'application du **régime de consolidation** ne peut pas faire l'objet d'un report sur une déclaration ultérieure de cette société ; il ne peut être utilisé que par la société tête du groupe dans les conditions visées au n° 48705 (CGI art. 1693 ter A, al. 2).

En cas de **dénonciation ou** de **caducité de l'option,** le crédit de TVA existant à l'issue de la période couverte par l'option fait l'objet d'une restitution à la société tête de groupe.

48715 Même si le **redevable** commun du groupe est la société tête de groupe, chaque membre est **solidairement** tenu avec la tête de groupe au paiement de la TVA et des taxes assimilées (et, le cas échéant, des pénalités correspondantes) à hauteur des droits et pénalités dont il serait redevable en l'absence d'option.

Cette **solidarité** est toutefois **plafonnée** pour chacun des membres du groupe autres que le redevable au montant des droits et pénalités dont il serait redevable en l'absence d'option pour le régime de consolidation.

Le **membre qui sort du groupe** de TVA demeure solidaire du paiement de la taxe au titre de ses exercices d'appartenance au groupe. La solidarité s'applique également, en cas de **fusion-absorption** d'un membre du groupe, à la société absorbante venant aux droits et obligations du membre absorbé (BOI-TVA-DECLA-20-20-50 n° 410).

Les membres du groupe ne sont pas solidaires entre eux (BOI précité n° 420).

Si le **groupe a cessé d'exister,** ces règles demeurent applicables pour le paiement des droits et pénalités faisant suite au contrôle du crédit de taxe définitivement transmis au redevable du groupe par les membres pendant l'application du régime de consolidation (BOI précité n° 430).

Une **convention** conclue entre le redevable du groupe et chacun des membres organise, d'une part, les transferts financiers rendus nécessaires par la compensation des TVA dues et des crédits de TVA au niveau du redevable du groupe et, d'autre part, les redistributions aux membres des crédits de TVA remboursés à ce dernier. **48720**

La convention peut également prévoir la répercussion sur les filiales des pénalités et intérêts de retard applicables aux infractions qu'elles commettent.

Les redistributions et répercussions doivent conduire à replacer chaque société membre dans la situation qui aurait été la sienne, créditrice ou débitrice de TVA, en l'absence d'application du régime de groupe. À défaut, l'administration précise que des **subventions** pourraient être constatées entre les sociétés du groupe, qui seraient imposables à l'impôt sur les sociétés au niveau des sociétés bénéficiaires (BOI-TVA-DECLA-20-20-50 n° 360).

CONSÉQUENCES DE LA SORTIE D'UNE SOCIÉTÉ DU GROUPE

Une fois l'option entrée en vigueur, certaines situations entraînent la sortie d'une société du groupe ou la cessation du régime de centralisation du paiement de la TVA. Nous examinons ci-après ces situations et leurs conséquences. **48730**

Sortie des assujettis membres du groupe Dès qu'un assujetti membre du groupe ne satisfait plus à l'une des conditions visées au n° 48645, il cesse de faire partie du groupe de consolidation à compter du premier jour du mois suivant celui au cours duquel cette condition cesse d'être remplie. **48735**

Il en est ainsi notamment :

- lorsqu'un **membre cesse d'être** un **assujetti identifié** à la TVA **en France** (notamment en cas de cessation d'entreprise, de dissolution, d'absorption, de transformation entraînant création d'une personne morale nouvelle ou encore de transfert du siège à l'étranger) ;
- en cas de **changement du régime d'imposition** à la TVA d'un membre (lorsqu'un assujetti cesse de relever du régime normal d'imposition à la TVA parce que son chiffre d'affaires annuel hors taxe devient inférieur aux seuils fixés à l'article L 162-4 du CIBS ou que son option pour le régime réel n'est pas reconduite) ;
- en cas de **modification de la date de clôture** de l'exercice du membre ;
- en cas de **réduction** à 50 % au plus **du taux de détention** directe ou indirecte par la tête de groupe.

Dans ces situations, l'assujetti qui quitte le groupe doit en **informer la DGE** avant la date limite de souscription de la déclaration de TVA (voir modèle de lettre établi par l'administration au BOI-LETTRE-000209) (BOI-TVA-DECLA-20-20-50 n° 540).

Le redevable du groupe peut également **exclure,** avec son accord, **un membre du groupe.** Cette décision ne peut prendre effet qu'à compter du second exercice compris dans la période d'option et doit être prise dans le délai d'un mois qui suit la clôture de l'exercice précédent (voir modèle de lettre établi par l'administration au BOI-LETTRE-000208) (BOI précité n° 550).

Cessation du régime de groupe et sortie de toutes les sociétés membres du groupe Quatre situations sont concernées : **48740**

- le **redevable** du groupe **dénonce l'option** à l'issue de la période minimale de trois exercices comptables dans le délai d'un mois qui suit la clôture de l'exercice précédent et en informe la DGE (voir modèle de lettre de dénonciation établi par l'administration au BOI-LETTRE-000210) :
- le redevable du groupe **reste seul membre** ;
- le redevable du groupe ne **relève plus du régime normal** d'imposition à la TVA ;
- le redevable du groupe **cesse d'être assujetti** à la TVA **en France.**

Dans les trois dernières situations susvisées, le redevable du groupe **informe la DGE** avant la date limite de souscription de la déclaration de TVA (voir modèle de lettre au BOI-LETTRE-000211) (BOI-TVA-DECLA-20-20-50 n° 560).

> Précisions a. En cas d'**absorption du redevable du groupe** par un assujetti à la TVA pendant l'application du régime de groupe de consolidation, le groupe cesse à moins que l'absorbante ne se constitue redevable de la TVA et des taxes assimilées dues par le groupe (l'absorbante doit alors remplir les conditions pour être membre et redevable du groupe). Elle doit informer l'administration au cours du mois de la fusion de la modification du périmètre du

groupe et joindre les attestations d'accord des membres (modèle de lettre au BOI-LETTRE-000213) (BOI précité n° 570).
Lorsque la **société absorbante avait elle-même constitué,** précédemment à l'opération de fusion, **un groupe de consolidation,** elle peut élargir le périmètre de ce groupe et se constituer seule redevable de la TVA et des taxes assimilées dues par ses membres et les membres du groupe dont le redevable commun est absorbé. Elle doit informer l'administration au cours du mois de la fusion de l'élargissement du périmètre de son groupe et joindre les attestations d'accord des nouveaux membres (modèle de lettre au BOI-LETTRE-000212) (BOI précité n° 580).
b. Pour les **groupes bancaires mutualistes,** le régime de paiement consolidé de la TVA cesse également du fait de la seule sortie d'une des banques, caisses et sociétés membres du groupe bancaire (BOI précité n° 590).

48745 **Conséquences de la sortie du groupe ou de la cessation du régime** **a. Déclarations de TVA** Tout assujetti qui sort d'un groupe ou qui faisait partie d'un groupe qui a cessé devient à **nouveau redevable** de la TVA et des taxes assimilées liquidées **sur ses propres opérations** à compter du premier jour du mois suivant celui au cours duquel l'une des conditions mentionnées au n° 48645 n'est plus satisfaite. Il doit acquitter les taxes exigibles dans les conditions de droit commun (BOI-TVA-DECLA-20-20-50 n° 600).

b. Sort du crédit de TVA du groupe En cas de cessation du régime de groupe, le crédit de TVA constaté sur la déclaration récapitulative déposée au titre du dernier mois d'application du régime est **transmis définitivement au redevable du groupe.** Il donne lieu à remboursement à ce dernier, sans que lui soient opposés les seuils minimums de remboursement prévus au 1 du I et au premier alinéa du II de l'article 242-0 C de l'annexe II au CGI (BOI précité n° 610).

CONTRÔLE DES DÉCLARATIONS

48750 Des dispositions spécifiques sont prévues par la loi.

Les **déclarations de recettes** souscrites par chacune des sociétés membres, y compris celle déposée par le redevable du groupe en tant que membre, restent soumises au contrôle de l'administration dans les conditions de droit commun. La procédure de contrôle continue donc d'être suivie avec chacun des membres du groupe.

Conformément au troisième alinéa de l'article L 48 du LPF, la **proposition de rectifications** mentionne le montant des droits et pénalités qui seraient dus par la société contrôlée si elle n'était pas membre du groupe (BOI-TVA-DECLA-20-20-50 n° 450). L'administration informe le redevable du groupe, préalablement à la notification de l'avis de mise en recouvrement correspondant, du montant global par impôt des droits, pénalités et intérêts de retard qu'il doit acquitter à la suite du contrôle des sociétés membres, eu égard à sa propre situation (LPF art. R* 256-1, 5e al.).

En second lieu, la taxe mentionnée sur les déclarations des membres du groupe et qui a concouru à la détermination du **crédit de taxe** dont bénéficie la société tête de groupe (n° 48705) peut être remise en cause à hauteur du montant de ce crédit, même si le **délai de reprise** prévu à l'article L 176, alinéas 1 et 2 du LPF (délai de trois années, porté à dix années en cas d'activité occulte ou d'établissement d'un procès-verbal de flagrance fiscale prévu à l'article L 16-0 BA du LPF) est expiré. Si le **groupe a cessé d'exister,** cette règle demeure applicable pour le contrôle des crédits de taxe constatés sur les déclarations des membres du groupe pendant l'application du régime de consolidation et transmis à la société tête de groupe (LPF art. L 176, 5e et 6e al.).

Enfin, l'obligation pour les redevables de **justifier** du montant de **la taxe déductible** et du crédit de taxe dont ils demandent à bénéficier, par la présentation de documents même établis antérieurement à l'ouverture de la période non prescrite (LPF art. L 177), est étendue aux sociétés membres d'un groupe consolidé pour la taxe déductible et le crédit de taxe dont la société tête de groupe a demandé à bénéficier.

> **Précisions** **a.** Le **défaut de production** dans les délais **de sa déclaration par un membre** ainsi que toute inexactitude ou omission y figurant entraînent l'application des intérêts de retard et des pénalités prévues aux articles 1727 à 1729 et à l'article 1788 A du CGI (BOI-TVA-DECLA-20-20-50 n° 480).
> Par ailleurs, en cas de dépôt tardif d'une **déclaration de recettes débitrice** par un membre, la majoration de 5 % pour retard de paiement prévue par l'article 1731, 1 du CGI n'est pas applicable lorsque la totalité des droits correspondant à la déclaration souscrite tardivement est simultanément acquittée par le redevable du groupe (BOI précité n° 520).
> **b.** Le **défaut de production** dans les délais de la **déclaration récapitulative** ainsi que toute inexactitude ou omission y figurant entraînent l'application des intérêts de retard et des pénalités prévues aux articles 1727 à 1729 du CGI (par exemple, lorsque le redevable ne reporte pas correctement les montants de TVA collectée déclarés par un membre) (BOI précité n° 490).
> Le redevable du groupe encourt seul les pénalités pour **infractions liées au recouvrement** de la TVA et des taxes assimilées prévues aux articles 1731 et 1738 du CGI pendant l'application du régime de consolidation (BOI précité n° 510).

IV. RÉGIME SIMPLIFIÉ

Les entreprises relevant du régime simplifié (dont le champ d'application a été examiné aux nos 47750 s.) n'ont aucune déclaration à remplir en cours d'année. Elles sont seulement tenues au versement d'**acomptes semestriels** (nos 48850 s.) qui font ensuite l'objet d'une régularisation lors de la souscription de la **déclaration annuelle** CA 12/CA 12 E (nos 48800 s.). Les entreprises commerciales relevant du régime simplifié ont toutefois la possibilité de **renoncer** à ces **formalités simplifiées,** tout en restant placées sous ce régime (nos 49000 s.). 48780

> **Précisions** **a.** Les entreprises qui relèvent du régime simplifié bénéficient de la procédure générale de **remboursement des crédits de taxe non imputables,** selon des modalités particulières (nos 58730 s.).
> **b.** En ce qui concerne les **modalités de déclaration et de paiement** de l'impôt et du service des impôts compétent, voir nos 48140 s.

A. Déclaration annuelle

La seule obligation déclarative des redevables placés sous le régime simplifié est la souscription d'une **déclaration annuelle** qui détermine le montant de la taxe due au titre de la période et le montant des acomptes semestriels pour la période ultérieure (CGI art. 287, 3). 48800

Cette déclaration est en principe souscrite au titre de l'**année** écoulée. Les entreprises dont l'exercice comptable ne coïncide pas avec l'année civile doivent cependant souscrire une déclaration en fonction de l'**exercice** (nos 48815 s.).

Quelle que soit la période à laquelle elle se rapporte (année ou exercice), la déclaration est souscrite sur un **formulaire** commun n° 3517-S-SD (**CA 12/CA 12E**).

> **Précisions** **a.** La déclaration fait apparaître le **solde à verser,** qui doit être acquitté immédiatement, ou le **solde excédentaire** (crédit de taxe et/ou excédent de versement d'acomptes) qui peut être imputé sur les acomptes suivants (n° 48870) ou, le cas échéant, être remboursé (n° 58735).
> **b.** L'administration admet que les entreprises effectuent au titre de leurs achats autres que ceux portant sur des biens constituant des immobilisations, des matières premières et des produits destinés à la revente, c'est-à-dire au titre de leurs « **frais généraux** », une **déduction forfaitaire** fixée uniformément à 0,20 % du chiffre d'affaires hors taxe mentionné sur la déclaration annuelle (BOI-TVA-DECLA-20-20-30-20 n° 110).
> **c.** Les **taxes spéciales recouvrées comme la TVA** sont en principe déclarées et acquittées par les redevables au régime simplifié au moment de la souscription de la déclaration annuelle CA 12/CA 12E.

DÉLAI DE DÉCLARATION

Les entreprises dont l'exercice comptable **coïncide avec l'année civile** doivent souscrire une déclaration annuelle CA 12 au plus tard le **deuxième jour ouvré suivant le 1er mai** (CGI ann. II art. 242 sexies, al. 1). Cette déclaration détermine les acomptes exigibles en juillet et décembre de la même année (CGI ann. II art. 242 sexies, al. 2). 48810

Les entreprises dont l'**exercice** comptable **ne coïncide pas avec l'année civile,** c'est-à-dire qui clôturent leur exercice au terme d'un mois autre que décembre, doivent souscrire une **déclaration annuelle** CA 12E en fonction de l'exercice dans les trois mois de la clôture de l'exercice. Cette déclaration détermine les acomptes ultérieurement exigibles selon la date de clôture de l'exercice (CGI ann. II art. 242 septies A à L). 48815

> **Précisions** **a.** Lorsque **aucun exercice n'est clôturé au cours d'une année civile,** l'entreprise doit souscrire une déclaration pour la période courue depuis la fin du précédent exercice jusqu'au 31 décembre de l'année considérée. Cette déclaration est souscrite au plus tard le deuxième jour ouvré qui suit le 1er mai de l'année suivante. La nouvelle période d'imposition, totalement distincte de la précédente, donne lieu à la souscription d'une déclaration dans les trois mois de la clôture de l'exercice (CGI ann. II art. 242 septies D).
> **b.** Lorsque l'entreprise **devient imposable,** de plein droit ou sur option, **d'après le chiffre d'affaires réel** au 1er janvier de l'année suivant le dernier exercice clos, elle doit souscrire une déclaration pour la période comprise entre la date de clôture du dernier exercice clos et le 31 décembre de la dernière année d'imposition au régime simplifié. Cette déclaration doit être souscrite au plus tard le deuxième jour ouvré qui suit le 1er mai de l'année suivante (CGI ann. II art. 242 septies F).
> Ces dispositions sont également applicables aux assujettis qui bénéficient de la **franchise de TVA** prévue à l'article 293 B du CGI au titre de l'année civile suivant le dernier exercice clos.
> **c.** Alors même que les déclarations sont

souscrites en fonction de l'exercice, c'est cependant l'année civile qui sert de référence pour l'appréciation des **chiffres limites** des régimes d'imposition.
De même, le coefficient de taxation forfaitaire est calculé d'après les éléments de l'année civile au cours de laquelle l'exercice s'est ouvert. Lorsque l'exercice s'est ouvert et achevé la même année, ce coefficient est calculé à partir des éléments de l'année précédente (CGI ann. II art. 242 septies I).

48820 Les entreprises peuvent **souscrire leur déclaration** dès l'expiration de l'année ou de l'exercice concerné, lorsque, par exemple, elles désirent procéder sans attendre à l'imputation d'un excédent de versement.

En ce qui concerne la **preuve de la date de souscription** de la déclaration, voir n° 48165, précision a.

48825 En cas de **cession ou cessation d'activité,** redressement ou **liquidation** judiciaires, les entreprises relevant du régime simplifié doivent souscrire dans les **60 jours** de cet événement une déclaration relative à l'année (ou à l'exercice) en cours ainsi que, le cas échéant, celle qui n'avait pas encore été souscrite au titre de l'année civile (ou d'une période d'imposition) précédente (CGI ann. II art. 242 septies et 242 septies L).

> Précisions a. En cas de **cession de fonds de commerce,** le délai de 60 jours commence à courir à compter du jour où la cession est devenue effective, c'est-à-dire à partir du moment où le cessionnaire a pris possession du fonds.
b. Les **sommes restant à percevoir après la date de la cessation** d'activité ne sont pas comprises dans le montant du chiffre d'affaires mentionné sur la déclaration à souscrire dans les 60 jours de la cessation : elles devront, lors de leur encaissement effectif, faire l'objet d'une déclaration CA3.

B. Versement d'acomptes en cours d'année (ou d'exercice)

48850 Conformément à l'article 287, 3-alinéa 2 du CGI, les entreprises relevant du régime simplifié de déclaration doivent verser en cours d'année (ou d'exercice) des acomptes semestriels.

Ces acomptes sont versés en **juillet et décembre** selon l'**échéancier des dates limites** figurant au n° 48505. Le **complément** d'impôt **éventuellement exigible** est versé lors de la souscription de la déclaration annuelle.

Les redevables sont **dispensés du versement d'acomptes** lorsque la **taxe** due au titre **de l'année ou de l'exercice précédent,** avant déduction de la TVA relative aux biens constituant des immobilisations, est **inférieure à 1 000 €.** Dans ce cas, le montant total de l'impôt exigible est acquitté lors de la souscription de la déclaration annuelle.

> Précisions a. Lorsqu'un **acompte** est acquitté **hors délai** ou **indûment minoré,** le montant mis à la charge du redevable est soumis à la majoration de 5 % et aux intérêts de retard dans les conditions de droit commun (CGI art. 1731, 1 et 1727).
b. Les avis d'acompte n° 3514-SD doivent être transmis par voie électronique et les acomptes, télépayés (n° 48155).

MONTANT DES ACOMPTES

48860 Ils sont égaux à **55 %** (juillet) **et 40 %** (décembre) de la **taxe due** au titre **de l'année ou de l'exercice précédent avant déduction de la TVA relative aux** biens constituant des **immobilisations.** Ces acomptes peuvent toutefois faire l'objet de **modulations** dans les conditions examinées ci-après au n° 48870.

Lorsque la **période de référence** servant de base au calcul des acomptes est **inférieure à 12 mois,** les acomptes sont calculés à partir d'une taxe ajustée pour correspondre à une période de 12 mois.

En cas de **souscription tardive** ou d'**absence** de souscription de la **déclaration annuelle,** les acomptes antérieurs sont reconduits provisoirement, puis régularisés (droits et pénalités) lors de la souscription spontanée de la déclaration ou en cas de taxation d'office.

Les **nouveaux redevables** sont autorisés, lors de leur première année d'imposition, à acquitter la TVA par acomptes semestriels dont ils déterminent eux-mêmes le montant mais dont chacun doit représenter au moins 80 % de l'impôt réellement dû pour le semestre correspondant. En cas de crédit de taxe au titre d'un semestre de la première période d'imposition, aucune somme n'est due au titre de l'acompte correspondant (ce crédit de taxe peut être imputé sur l'acompte suivant ou faire l'objet d'un remboursement dans les conditions exposées au n° 58740 lorsqu'il correspond à de la taxe déductible grevant l'acquisition d'immobilisations).

Les **redevables nouvellement placés sous le régime simplifié** déterminent également eux-mêmes leurs acomptes. À titre de règle pratique, les anciens redevables au réel normal peuvent déterminer ces acomptes sur la base de la TVA due au titre de l'année ou de l'exercice précédent, avant déduction de la taxe grevant les immobilisations, telle qu'elle résulte des déclarations CA3, sans se voir opposer la « règle des 80 % », à condition d'utiliser la même méthode pour les deux acomptes (BOI-TVA-DECLA-20-20-30-20 n° 220).

> **Précisions** **a.** Si une **déclaration complémentaire** CA 12/CA 12E est souscrite au cours de la période d'imposition, l'administration calcule un nouvel échéancier, consultable dans le compte fiscal en ligne du redevable, sur la base du cumul de la TVA exigible figurant sur chacune des deux déclarations.
> **b.** Si une **déclaration rectificative** CA 12/ CA 12E est souscrite au cours de la période d'imposition, l'administration calcule un nouvel échéancier, consultable dans le compte fiscal en ligne du redevable, sur la base de la dernière déclaration souscrite.
> **c.** Lorsque **deux exercices sont clôturés** au cours d'une **même année ou** d'un **même exercice,** un échéancier est calculé à raison de la souscription de chacune des deux déclarations CA 12/CA 12E et consultable dans le compte fiscal en ligne du redevable. Si un acompte se trouve être prévu par les deux échéanciers, seul celui indiqué sur le deuxième échéancier est dû.

MODULATION DES ACOMPTES

48870 Les acomptes semestriels peuvent faire l'objet de **modulations à la baisse** dans les conditions suivantes.

1. Les redevables sont autorisés à **imputer** le **crédit de taxe et/ou l'excédent de versement** d'acomptes éventuels **constatés sur** la déclaration annuelle **CA 12/CA 12E,** dont le remboursement n'a pas été sollicité, sur le ou les acomptes suivant la souscription de ladite déclaration (cette possibilité d'imputation peut être combinée avec la modulation visée ci-après à la précision d).

2. Les redevables peuvent, par ailleurs, **suspendre** le paiement du **deuxième acompte** s'ils estiment que le montant de l'acompte déjà versé au titre de l'année ou de l'exercice est égal ou supérieur au montant de la taxe qui sera finalement due.

3. Les redevables peuvent également **diminuer** le montant du **deuxième acompte ou** du **premier acompte avant suspension** (cas visé au b ci-dessus), si le **paiement partiel** effectué à ce titre **représente le solde** de la taxe dont ils estiment être débiteurs au titre de l'année ou de l'exercice.

4. Enfin, lorsqu'ils estiment que la **taxe due à raison** des opérations réalisées au cours **d'un semestre, après imputation** de la **taxe** déductible au titre des **immobilisations,** est **inférieure d'au moins 10 %** au montant de l'acompte correspondant, les redevables peuvent diminuer à due concurrence le montant de cet acompte ; si ces opérations ont été réalisées au cours d'une période inférieure à six mois, la modulation n'est admise que si la taxe réellement due est inférieure d'au moins 10 % à l'acompte réduit au prorata du temps.

> **Précisions** **a.** Dans toutes les situations visées ci-dessus, la suspension ou la modulation d'un acompte est effectuée sur le **relevé d'acompte n° 3514-SD,** lequel doit, on le rappelle, être transmis par voie électronique (n° 48155).
> **b.** Lorsque la **taxe** déductible au titre des **immobilisations** n'est pas imputée sur l'acompte du semestre correspondant (ou ne peut l'être qu'en partie), son montant (ou le reliquat non imputable) peut faire l'objet d'une demande de remboursement dans les conditions exposées au n° 58740. En revanche, le reliquat non imputable ne peut pas être reporté pour imputation sur les acomptes suivants (hormis dans le cas visé au a ci-dessus).
> **c.** S'ils estiment que la taxe sera supérieure d'au moins 10 % à celle qui a servi de base aux acomptes, les redevables peuvent **modifier à la hausse** le montant de ces derniers (BOI-TVA-DECLA-20-20-30-20 n° 270).
> **d.** Dans le cas où l'**exercice ne coïncide pas avec l'année civile,** la modulation à la baisse d'un acompte sur la base de la TVA réelle du semestre écoulé est possible même si la clôture de l'exercice intervient au cours de la période comprise entre deux acomptes.
> **Exemple** : clôture au 31 août 2023 ; l'acompte de décembre 2023, qui constitue le premier acompte de l'exercice 2023-2024, peut être modulé en fonction de la TVA réelle des mois de septembre à novembre 2023.
> **e.** En ce qui concerne les **sanctions** applicables lorsqu'un acompte a été indûment minoré, voir n° 48850, précision a.

C. Option pour le régime du « mini-réel »

49000 Les entreprises qui relèvent, de plein droit ou sur option, du régime simplifié de déclaration peuvent renoncer aux formalités simplifiées de déclaration et de paiement de la TVA, tout en restant placées sous le régime simplifié pour l'imposition de leurs bénéfices, en optant pour la souscription de déclarations mensuelles ou trimestrielles (CGI ann. II art. 204 ter A). Cette renonciation (qui, selon l'administration, n'est pas ouverte aux titulaires de revenus non commerciaux ou de revenus fonciers imposables à la TVA) doit être expresse.

Ce régime dit « du **mini-réel** » implique la souscription de **déclarations CA3** (mensuelles ou trimestrielles) dans les mêmes conditions que les redevables relevant du régime réel normal. Notons toutefois que si l'entreprise veut bénéficier du remboursement mensuel des crédits de TVA (n° 58510), elle doit souscrire des déclarations mensuelles.

MODALITÉS D'EXERCICE DE L'OPTION

49010 L'option pour le régime du « mini-réel » doit être notifiée par lettre recommandée avec accusé de réception.

Elle **prend effet** au 1er janvier de l'année au cours de laquelle elle est exercée si elle est notifiée avant la date limite de souscription de la déclaration annuelle CA 12 (nos 48810 s.), ou le 1er janvier de l'année suivante si elle est notifiée après cette date (CGI ann. II art. 204 ter A).

EXEMPLE

Pour 2023, l'option prend effet au 1er janvier 2023 si elle est formulée avant le 3 mai 2023 et au 1er janvier 2024 si elle est formulée après le 3 mai 2023.

49015 Les entreprises qui exercent l'option pour le régime du « mini-réel » restent tenues de souscrire la **déclaration récapitulative** CA 12 des opérations réalisées durant la dernière année ou le dernier exercice non couverts par l'option. Celles dont l'option prend effet au 1er janvier de l'année au cours de laquelle elle est exercée doivent également souscrire dans le mois qui suit la notification de l'option une déclaration CA3 récapitulative des opérations réalisées entre le 1er janvier et le mois au cours duquel l'option a été notifiée.

EXEMPLE

En cas d'option pour la renonciation aux formalités simplifiées notifiée le 15 mars 2023, l'entreprise devra souscrire en avril 2023 une déclaration CA3 récapitulative des opérations réalisées du 1er janvier 2023 au 31 mars 2023. Elle devra également souscrire la déclaration CA 12 récapitulant les opérations de l'année 2022.

DURÉE DE L'OPTION ET RENONCIATION

49025 L'option est exercée pour une **période de deux ans.**

À défaut de **renonciation 30 jours** au moins **avant** le terme de l'option, elle est tacitement reconduite pour une période de deux ans (BOI-TVA-DECLA-20-20-30-30 n° 100).

CONSÉQUENCES DE L'OPTION

49035 Les redevables ayant opté pour le régime du « mini-réel » doivent **souscrire chaque mois** une déclaration CA3 faisant ressortir la taxe due au titre du mois écoulé.

Lorsque la **taxe** exigible annuellement est **inférieure à 4 000 €,** les entreprises sont toutefois autorisées sur demande expresse à déposer leur déclaration par trimestre civil (n° 48435).

> Précisions a. Au regard de la TVA, la renonciation aux formalités simplifiées revêt les mêmes effets pratiques que l'option pour le réel normal prévue à l'article 267 quinquies de l'annexe II au CGI.
b. Comme les redevables au régime réel normal, les redevables ayant opté pour le régime dit « du mini-réel » peuvent bénéficier du **régime des acomptes provisionnels,** pour autant qu'ils souscrivent des déclarations mensuelles (nos 48570 s.).
c. En ce qui concerne les **entreprises saisonnières** au mini-réel, voir n° 48455.

V. FRANCHISE EN BASE : CONSÉQUENCES ET OBLIGATIONS

49050 Nous avons vu aux nos 47600 s. quels étaient les assujettis à la TVA et les opérations pouvant être concernés par le dispositif de franchise en base.

Nous examinons ci-après quelles sont les conséquences de ce dispositif pour les bénéficiaires ainsi que les obligations incombant à ces derniers.

CONSÉQUENCES DE LA FRANCHISE

49055 La franchise de TVA, qu'il s'agisse de la franchise de droit commun (dont le champ d'application est examiné aux nos 47600 s.) ou d'une des franchises particulières visées au n° 47690, **dispense** les assujettis de la déclaration et du paiement de la TVA ainsi que des **taxes spéciales** qui sont recouvrées suivant les mêmes règles que la TVA. Les personnes qui en bénéficient ne peuvent pratiquer aucune **déduction** de TVA, ni faire apparaître la taxe sur leurs **factures.**

Les effets de la franchise en base ne s'étendent pas aux **importations.** En ce qui concerne les **acquisitions** de biens **dans un État membre de l'UE** par les bénéficiaires de la franchise en base, voir nos 20050 s.

Comme indiqué au n° 47650, les personnes concernées peuvent toutefois avoir intérêt à renoncer à la franchise en **optant** pour le **paiement de la taxe** dans les conditions et selon les modalités énoncées au n° 47660.

> **Précisions** L'indication de la **TVA sur une facture** par un assujetti bénéficiaire de la franchise rend celui-ci redevable de la taxe du seul fait de sa facturation (n° 47100). Cette facturation n'ouvre pas droit à déduction chez son client (nos 56030 s.).

OBLIGATIONS DES BÉNÉFICIAIRES

Les bénéficiaires de la franchise sont soumis aux **obligations générales** suivantes : déclarations de création d'entreprise ou d'activité et de cessation (nos 44200 s.) ; remise à l'administration de toutes justifications nécessaires au contrôle (n° 48320). Leurs **obligations comptables** sont allégées (voir n° 44705). S'ils délivrent des **factures,** celles-ci doivent porter la mention « TVA non applicable, art. 293 B du CGI » (CGI art. 293 E). **49065**

Les bénéficiaires de la franchise ne sont pas tenus de souscrire l'**état récapitulatif des clients** (n° 21550). En revanche, des obligations spécifiques sont prévues dans l'hypothèse où des **services** sont fournis par un bénéficiaire de la franchise en base à un assujetti établi dans un autre État membre de l'UE qui doit autoliquider la taxe dans cet État (voir nos 24650 s.).

> **Précisions** Les **auteurs et artistes-interprètes** qui bénéficient de la franchise spécifique (n° 47690) et de la franchise visée n° 47695 sont cependant dispensés de souscrire une **déclaration de création d'entreprise ou d'activité** (BOI-TVA-DECLA-40-30 n° 460).

PARTIE 5

Déductions de la TVA

Comme son nom l'indique, la TVA tend à frapper, à **chaque stade** de la production ou de la commercialisation, la « **valeur ajoutée** », c'est-à-dire la plus-value conférée au produit considéré, de sorte qu'à la fin du cycle industriel et commercial suivi par le produit – et quelle que soit la longueur de ce cycle – la charge fiscale globale ayant grevé finalement ce produit corresponde à la taxe calculée sur le prix de vente au consommateur. 50500

Pour atteindre cet objectif, le législateur a choisi le **mécanisme des déductions** qui, schématiquement, se présente comme suit.

À chaque stade de la production ou de la distribution, le redevable calcule et facture à son client une taxe (**taxe « d'aval »**) correspondant au **prix de vente** qu'il pratique. Mais, **lors du règlement au Trésor,** l'intéressé **impute** sur cet impôt le montant de la taxe (**taxe « d'amont »**) **qui a grevé** les éléments de son **prix de revient** (matières premières achetées, marchandises en stock, immobilisations, prestations de services, etc.) et il **ne verse que la différence** entre la taxe facturée au client et la taxe déductible.

C'est à ce mécanisme essentiel du droit à déduction qu'est consacrée la présente partie. On y examinera, successivement, les principes généraux de déduction (nos 50600 s.), puis la détermination du montant de taxe déductible (nos 52500 s.), les conditions d'exercice du droit à déduction (nos 55600 s.), les modalités de récupération de la taxe déductible (nos 58200 s.), les régularisations à opérer sur les déductions initiales (nos 60500 s.) et, enfin, nous consacrerons un chapitre au remboursement aux entreprises françaises de la TVA supportée dans un autre État de l'UE (nos 64100 s.).

Remarque : Indépendamment de ce régime général de déduction de la taxe « d'amont », une procédure particulière permet la récupération de la taxe « d'aval » acquittée par une entreprise pour des opérations qui, par la suite, sont résiliées, annulées, font l'objet de rabais ou demeurent impayées. Cette procédure est examinée aux nos 59100 s.

En ce qui concerne la régularisation d'une TVA facturée à tort, voir nos 47110 s.

Concrètement, la taxe déductible relative à chaque bien ou service est déterminée en proportion de son « **coefficient de déduction** », qui constitue une formule synthétique tenant compte à la fois de son degré d'utilisation pour des opérations ouvrant droit à déduc- 50505

50505 (suite) tion et des restrictions éventuelles prévues par la loi ou le règlement. Résultant du **produit de trois coefficients** – coefficient **d'assujettissement,** coefficient **de taxation** (le cas échéant déterminé de manière forfaitaire) **et** coefficient **d'admission** – qui expriment toute la diversité des situations rencontrées, ce coefficient de déduction permet à la fois de déterminer les montants de taxe déductible et, au travers de ses variations, les régularisations de taxe auxquelles l'assujetti est tenu.

CHAPITRE 1

PRINCIPES GÉNÉRAUX DE DÉDUCTION

SOMMAIRE

L'article 271, I-1 du CGI prévoit que la **taxe** qui a grevé les **éléments du prix** d'une opération imposable (taxe dite « **d'amont** ») est déductible de la **taxe** applicable à cette opération (taxe dite « **d'aval** »). Ainsi se trouve posé le principe fondamental sur lequel est bâti tout le système de la TVA. **50600**

En réalité, ce principe ne peut pas s'appliquer à la lettre, car les redevables n'acquittent **pas** l'impôt **opération par opération.** Dès lors qu'ils procèdent à la liquidation de la taxe pour l'ensemble des opérations réalisées au cours d'une période déterminée (mois, trimestre ou année), ils sont nécessairement conduits à opérer globalement l'imputation de la taxe qui a grevé l'ensemble des acquisitions de biens ou de services réalisées au cours d'une **période** de même durée. C'est ce qu'exprime l'article 271, III du CGI lorsqu'il précise que les assujettis sont autorisés à opérer **globalement** l'imputation de la TVA.

> **> Précisions** Au **niveau communautaire,** le mécanisme des droits à déduction est régi par les dispositions des articles 167 et suivants de la directive 2006/112/CE. C'est l'article 168 de cette directive qui détermine l'étendue du droit à déduction.

L'application du mécanisme des déductions, qui vise à assurer la **neutralité** du système de la TVA (nos 50650 s.), est conditionnée par l'acquisition d'un bien ou d'un service **auprès d'un assujetti** (no 50750) par un **assujetti agissant en tant que tel** (nos 50820 s.). Encore faut-il, cependant, qu'un **lien direct et immédiat** entre ces biens et services et une ou plusieurs opérations en aval ouvrant droit à déduction, ou, à défaut, l'ensemble de l'activité économique de l'assujetti (frais généraux) puisse être constaté (nos 50900 s.). **50605**

Lorsque ces conditions sont remplies, la déduction est de droit, sauf en cas de **fraude** ou d'**abus de droit** (nos 51280 s.).

Nous verrons ensuite que le droit à déduction n'est **plus** soumis à aucune condition de **nécessité à l'exploitation** (no 51460) ni de **propriété du bien** (no 51530), conditions qui ont été exigées dans le passé.

I. PRINCIPE DE NEUTRALITÉ DU SYSTÈME DE TVA

Il résulte d'une jurisprudence constante de la CJUE que le régime des déductions vise à soulager entièrement l'entrepreneur du **poids de la TVA** due ou acquittée dans le cadre de toutes ses activités économiques. Le système commun de la TVA garantit, par conséquent, la parfaite **50650** neutralité quant à la charge fiscale de toutes les activités économiques, quels que soient les buts ou les résultats de ces activités, à condition que lesdites activités soient elles-mêmes soumises à la TVA (en ce sens notamment, CJUE 14-2-1985 aff. 268/83, Rompelman : Rec. 1985-2 p. 655 ; CJUE 21-9-1988 aff. 50/87, Commission c/ France : RJF 11/88 n° 1255 ; CJUE plén. 22-6-1993 aff. 333/91, SA Satam : RJF 7/93 n° 986 ; CJUE 9-7-2015 aff. 183/14 : RJF 11/15 n° 979 ; CJUE 7-3-2018 aff. 159/17 : RJF 5/18 n° 570).

Le principe de neutralité de la TVA ne joue donc que pour autant que l'on se situe dans le cadre d'**activités soumises** à la TVA.

50655 Si la notion de droit à déduction de la TVA présente de nombreuses similitudes avec celle de charge déductible au regard des **impôts sur les bénéfices,** elle s'en différencie sur plusieurs points en raison de la nature d'impôt indirect sur la consommation finale de biens et services qui caractérise la TVA. Selon l'administration, l'impératif de neutralité du système de TVA conduit à prendre des dispositions destinées à éviter qu'un détournement du droit à déduction se traduise par des distorsions au regard de l'équité fiscale (BOI-TVA-DED-10-10 n° 10).

EXEMPLE

En matière d'impôts directs, un **avantage en nature** consenti à un salarié d'une entreprise constitue une charge déductible au même titre que les salaires réglés sous forme monétaire lorsque la dépense est effectuée dans l'intérêt de l'entreprise. En revanche, la TVA afférente à cette dépense ne peut faire l'objet d'une déduction, sous peine de distorsion fiscale, puisqu'un tel bien ou service pourrait être consommé en franchise de taxe tandis que les biens et services acquis et consommés par l'ensemble des salariés grâce à leur rémunération payée en espèces seraient au contraire grevés de taxe.

50660 La qualité d'assujetti (définie n°s 1550 s.) et donc le droit à déduction ne sont aucunement subordonnés à la **réalisation effective et préalable de recettes taxables.**

Le principe de neutralité de la TVA quant à la charge fiscale de l'entreprise exige en effet que les **premières dépenses d'investissement** effectuées pour les besoins et en vue d'une entreprise soient considérées comme des **activités économiques.** Il serait contraire à ce principe que lesdites activités ne débutent qu'au moment où un bien immeuble est effectivement exploité, c'est-à-dire où le revenu taxable prend naissance. Quiconque accomplit de tels actes d'investissement étroitement liés et nécessaires pour l'**exploitation future** d'un bien immeuble doit, par conséquent, être considéré comme un assujetti et peut exercer le droit à déduction de la taxe y afférente (CJUE 14-2-1985 aff. 268/83, Rompelman : Rec. 1985-2 p. 655). En pratique, s'agissant des sociétés, les États membres doivent accorder ce droit à déduction soit aux fondateurs de la société en création, soit à cette dernière une fois créée (CJUE 1-3-2012 aff. 280/10 : RJF 5/12 n° 545).

50665 En application du principe de neutralité de la TVA, lorsque l'administration fiscale a admis la qualité d'assujetti à la TVA d'une **société qui a déclaré son intention** de commencer une activité économique donnant lieu à des opérations imposables, elle ne peut pas, **sauf** en cas de **situations frauduleuses ou abusives,** lui retirer cette qualité de manière rétroactive et remettre en cause le droit à déduction lorsque la société concernée renonce finalement à réaliser de telles opérations (CJUE 29-2-1996 aff. 110/94, Inzo : RJF 5/96 n° 690 ; CJUE 28-2-2018 aff. 672/16, Imofloresmira – Investimentos Imobiliários SA : RJF 5/18 n° 567 ; CJUE 17-10-2018 aff. 249/17 : RJF 2/19 n° 236 ; en ce sens, également, CE 16-4-2010 n° 316186 : RJF 7/10 n° 676).

De même, le droit à déduction de la taxe afférente à des **biens et services destinés à être utilisés** dans le cadre d'opérations ouvrant droit à déduction n'est pas, dans son principe, remis en cause lorsque, en raison de **circonstances étrangères** à sa volonté, l'assujetti ne fait, **en définitive, pas usage** de ces biens et services pour la réalisation d'opérations ouvrant droit à déduction (CJUE 15-1-1998 aff. 37/95, Ghent Coal Terminal NV : RJF 3/98 n° 359 ; CJUE 28-2-2018 et 17-10-2018 précités ; en ce sens, également, CE 16-4-2010 n° 316186 précité).

Ce droit à déduction subsiste même lorsque l'**administration** fiscale **sait, dès** la première **liquidation** de la taxe, **que l'activité économique envisagée,** qui devait donner lieu à des opérations taxées, **ne sera pas exercée** (CJUE 8-6-2000 aff. 400/98, Brigitte Breitsohl : RJF 11/00 n° 1394) ou lorsqu'une **modification législative postérieure à la fourniture** de biens ou services acquis en vue de réaliser certaines opérations de location mais **antérieure au début desdites opérations prive** cet assujetti **du droit de renoncer à l'exonération** de celles-ci, même si la TVA a été liquidée sous réserve d'un contrôle a posteriori (CJUE 8-6-2000 aff. 396/98 : RJF 11/00 n° 1393).

Dans les situations visées ci-dessus, la déduction initialement opérée est toutefois susceptible de faire l'objet des **régularisations** prévues par la directive TVA (voir à cet égard n° 58805).

ILLUSTRATIONS

Une personne avait loué un local commercial, passé des petites annonces et acheté des espaces publicitaires dans la presse locale dans le but d'exploiter l'agence matrimoniale qu'elle avait ouverte sous contrat de franchise. Le fichier clients acquis en même temps que la franchise s'étant révélé inexploitable, elle avait dû cesser son activité sans avoir pu réaliser la moindre recette. L'intéressé, qui avait ainsi débuté son activité et manifesté sans ambiguïté son intention de réaliser des opérations imposables, avait la qualité d'assujetti à la TVA et était, par suite, en droit de demander le remboursement de son crédit de taxe.

TA Lyon 15-6-1999 n° 90-1233 : RJF 11/99 n° 1359

La TVA afférente à des travaux d'étude, d'aménagement et d'entretien d'un domaine acquis par une société en qualité de marchand de biens dans l'intention d'y créer un centre de loisirs comprenant notamment un club de golf, un hôtel et des résidences est déductible alors même que cette société n'a réalisé aucune opération imposable en raison de retards dus à des recours devant la juridiction administrative.

CAA Nantes 28-6-2002 n° 98-2286 : RJF 11/02 n° 1237

Il incombe à celui qui demande la déduction de la TVA d'établir que les conditions pour en bénéficier sont remplies. L'administration fiscale peut à cet effet exiger que l'**intention déclarée** de commencer des activités économiques donnant lieu à des opérations imposables soit confirmée par des éléments objectifs (CJUE 29-2-1996 aff. 110/94, Inzo : RJF 5/96 n° 690). **50670**

> **Précisions** L'administration fiscale exige notamment, comme éléments de confirmation, le **dépôt** d'une **déclaration de création** d'entreprise ou d'activité mais cette exigence formaliste est contredite par la jurisprudence de la CJUE. Sur cette question, voir n° 58780.

II. NÉCESSITÉ D'UN BIEN LIVRÉ OU D'UN SERVICE RENDU PAR UN AUTRE ASSUJETTI

Selon la CJUE, le droit à déduction que l'article 168 de la directive TVA confère à l'assujetti concerne la TVA acquittée pour les biens livrés et les services rendus à cet assujetti par un autre assujetti. En d'autres termes, le droit à déduction de la TVA d'amont suppose l'existence d'une livraison de biens ou d'une prestation de services effectuée par un autre assujetti. **50750**

Si, ainsi que le reconnaît la Cour, ce principe peut dans certaines situations ne pas paraître pleinement conforme à l'objet de l'article 168 précité et à certaines finalités poursuivies par la directive TVA (assurer la neutralité de la taxe, éviter les doubles impositions), il résulte de l'application littérale de la directive.

ILLUSTRATIONS

La nécessité d'un bien livré ou d'un service rendu par un autre assujetti exclut toute déduction de la taxe grevant les dépenses d'acquisition et d'utilisation d'un **véhicule personnel utilisé par un salarié à des fins professionnelles** lorsque ces dépenses sont **remboursées par l'employeur.** Un travailleur salarié agissant pour son employeur ne peut en effet avoir la qualité d'assujetti (n° 1615) même s'il utilise son propre véhicule dans le cadre des activités de son employeur et si les frais lui sont remboursés par l'employeur. En outre, une telle utilisation n'est pas constitutive d'une livraison d'un bien : ni le véhicule appartenant à l'employé, ni le carburant consommé par ce véhicule ne peuvent donc être considérés comme « livrés » à l'employeur même si l'amortissement du véhicule et les frais de carburant sont remboursés partiellement par l'employeur.

CJUE 8-11-2001 aff. 338/98 : RJF 2/02 n° 253

En revanche, la TVA afférente au carburant **facturé à l'employeur assujetti** mais directement livré à ses employés qui l'utilisent pour les besoins de l'entreprise est déductible.

CJUE 8-3-1988 aff. 165/86 : RJF 3/89 n° 390

La **qualité d'assujetti** du fournisseur ou prestataire constitue l'une des **conditions matérielles** du droit à déduction de la TVA (CJUE 11-11-2021 aff. 281/20 : RJF 2/22 n° 231 ; CJUE 9-12-2021 aff. 154/20 : RJF 4/22 n° 418). Aussi, lorsque l'identité du véritable fournisseur n'est pas mentionnée sur la facture, il appartient à l'assujetti d'établir, sur la base de preuves objectives, que le fournisseur a la qualité d'assujetti (sauf si l'administration fiscale dispose déjà des données nécessaires pour vérifier que cette condition matérielle du droit à déduction de la TVA est satisfaite), sous peine de se voir refuser le droit à déduction, même en l'absence de fraude (CJUE 9-12-2021 aff. 154/20 précité). En ce qui concerne la condition formelle de mention du fournisseur ou du prestataire sur la facture, voir n° 55935.

III. ACQUISITION D'UN BIEN OU D'UN SERVICE PAR UN ASSUJETTI AGISSANT EN TANT QUE TEL

50820 Le droit à déduction est subordonné à la qualité d'assujetti (CJUE 20-6-1991 aff. 60/90, Polysar Investments Netherlands BV : RJF 10/91 n° 1324). Mais pour qu'un droit à déduction de la taxe grevant un bien ou un service puisse être reconnu, encore faut-il que ce bien ou ce service ait été acquis par l'assujetti agissant en tant que tel.

50825 C'est l'acquisition des biens ou des services par un assujetti agissant en tant que tel qui détermine l'application du système de TVA et, partant, du mécanisme de déduction (et corrélativement des règles de régularisation). L'**utilisation** qui est faite des biens ou des services ou qui est envisagée pour eux (utilisation immédiate pour des opérations taxées, exonérées ou hors champ) **ne détermine que l'étendue de la déduction initiale** à laquelle l'assujetti a droit **et l'étendue des** éventuelles **régularisations** au cours des périodes suivantes mais n'affecte pas la naissance du droit à déduction. Il s'ensuit qu'une acquisition faite à des fins privées puis affectée ultérieurement à des fins professionnelles n'ouvre pas droit à déduction. Il en va de même d'une acquisition faite par un organisme de droit public en tant qu'autorité publique (c'est-à-dire en qualité de non-assujetti).

Pour déterminer si une personne (notamment un particulier ou un organisme de droit public) acquiert des biens en tant qu'assujetti – lorsqu'il n'y a pas utilisation immédiate à des activités économiques –, il faut se référer à son **intention,** laquelle est mise en évidence par des éléments de fait, comme la **nature des biens** concernés ou la **période écoulée** entre acquisition et utilisation professionnelle (CJUE 11-7-1991 aff. 97/90, Lennartz : RJF 10/91 n° 1325 ; CJUE 22-3-2012 aff. 153/11 : RJF 6/12 n° 671 ; CJUE 22-10-2015 aff. 126/14, « Sveda » UAB : RJF 1/16 n° 108 ; CJUE 25-7-2018 aff. 140/17, Gmina Ryjewo : RJF 12/18 n° 1304 ; CJUE 14-10-2021 aff. 45/20 et 46/20) ou encore l'**enregistrement en tant qu'assujetti à la TVA avant** la livraison et **l'acquisition** du bien en cause (CJUE 25-7-2018 aff. 140/17 précité).

Si une **déclaration univoque et expresse** de l'intention d'affecter le bien à un usage économique lors de son acquisition peut être suffisante pour conclure que le bien a été acquis par l'assujetti agissant en tant que tel, l'absence d'une telle déclaration n'exclut pas qu'une telle **intention** puisse **apparaître de manière implicite** (CJUE 25-7-2018 aff. 140/17 précité ; CJUE 14-10-2021 aff. 45/20 et 46/20 précité). À cet égard, l'intention affichée d'affecter le bien à une activité hors champ et la concrétisation d'une telle affectation n'excluent pas en soi que ledit bien, eu égard à sa nature, soit utilisé à des fins économiques (CJUE 25-7-2018 aff. 140/17 précité).

ILLUSTRATIONS

Lorsqu'un assujetti vend un immeuble (hôtel-restaurant) dont, au moment de l'acquisition, il a décidé de n'affecter qu'une partie à son entreprise, seule doit être prise en compte pour l'appréciation de ses droits à déduction (et corrélativement l'application des règles de régularisation) la partie du bien affectée à son entreprise.

CJUE plén. 4-10-1995 aff. 291/92 : RJF 12/95 n° 1447

Un organisme de droit public qui achète un bien d'investissement en tant qu'autorité publique, au sens de l'article 13 de la directive TVA, et par conséquent en qualité de non-assujetti, et qui, par la suite, vend ce bien en qualité d'assujetti ne bénéficie pas, dans le cadre de cette vente, d'un droit à régularisation fondé sur les articles 184 et suivants de la directive TVA, en vue d'opérer une déduction de TVA acquittée lors de l'achat dudit bien.

CJUE 2-6-2005 aff. 378/02 : RJF 8-9/05 n° 991

Dans une situation où, lors de l'acquisition d'un bien d'investissement immobilier pouvant par nature être utilisé tant pour des activités taxées que pour des activités non taxées, un organisme public ayant déjà la qualité d'assujetti n'a pas expressément déclaré avoir l'intention d'affecter ce bien à une activité taxée mais n'a pas non plus exclu que ce bien soit utilisé à une telle fin, une utilisation initiale de ce bien pour des activités non taxées n'empêche pas qu'il soit conclu, au terme d'un examen de l'ensemble des faits, que cet organisme a agi en sa qualité d'assujetti au moment où il a acquis le bien concerné, lui ouvrant droit à la régularisation de la TVA grevant ce bien.

CJUE 25-7-2018 précité

Remarque : L'arrêt CJUE du 25 juillet 2018 susvisé illustre parfaitement la règle selon laquelle c'est l'acquisition d'un bien ou d'un service par un assujetti agissant en tant que tel qui détermine le mécanisme des déductions et des régularisations, et non pas l'utilisation qui peut être faite initialement du bien ou du service (qui ne détermine que l'étendue de la déduction initiale).

Il convient d'observer qu'**en France,** le mécanisme du coefficient d'assujettissement, destiné à mesurer la proportion d'utilisation d'un bien ou d'un service pour la réalisation d'opérations placées dans le champ d'application de la TVA, et son articulation avec les règles de régularisation font obstacle à la mise en œuvre de la règle susvisée, s'agissant des **biens immobilisés utilisés initialement pour** la réalisation d'**opérations placées hors du champ d'application** de la TVA et qui sont **ensuite utilisés pour** la réalisation d'**opérations imposables** ouvrant droit à déduction.

En effet, de tels biens se voient attribuer un **coefficient d'assujettissement égal à zéro** (n° 52770), ce qui les **exclut du dispositif des régularisations** en application de l'article 207, II-5-1° et III-4-2°-b de l'annexe II au CGI (nos 61750 et 62880). En pratique, en vertu du texte précité et contrairement à la solution retenue par la CJUE, de tels biens ne peuvent donc pas ouvrir droit à une déduction complémentaire, alors même qu'ils auraient été acquis par un assujetti agissant en tant que tel.

Une modification de la réglementation française sur ce point serait souhaitable.

IV. LIEN DIRECT ET IMMÉDIAT ENTRE BIENS ET SERVICES UTILISÉS ET OPÉRATIONS TAXÉES

Selon l'article 168 de la directive TVA, dont le texte est repris par l'article 271, II-1 du CGI, le droit à déduction de la TVA d'amont est accordé à l'assujetti « dans la mesure où les biens et les services sont **utilisés pour les besoins de ses opérations taxées** » (ou, on le verra au n° 50905, pour les besoins de ses opérations exonérées mais ouvrant droit à déduction). **50900**

Il ressort de la jurisprudence communautaire que l'existence d'un **lien direct et immédiat entre une opération particulière en amont et une ou plusieurs opérations en aval ouvrant droit à déduction** est, en principe, nécessaire pour qu'un droit à déduction de la TVA d'amont soit reconnu à l'assujetti. À défaut d'un tel lien, un droit à déduction peut cependant être reconnu si les dépenses font partie des frais généraux de l'entreprise et entretiennent un **lien direct et immédiat avec l'ensemble de l'activité économique** de l'assujetti.

Remarque : Le principe selon lequel le droit à déduction implique que les dépenses soient utilisées pour les besoins des opérations taxées de l'assujetti comporte un correctif : bien que non soumises à la TVA, certaines opérations (exportations, livraisons intracommunautaires, par exemple) sont, en vertu de dispositions spéciales, assimilées à des opérations taxées pour l'exercice du droit à déduction. Les opérations effectivement soumises à la TVA et les opérations qui leur sont assimilées forment la catégorie des « **opérations ouvrant droit à déduction** », dont la liste est donnée au n° 52900. **50905**

A. Principes

La notion de lien direct et immédiat entre dépenses et opérations taxées est apparue pour la première fois à propos d'honoraires relatifs à une cession de parts sociales (opération en l'espèce considérée comme exonérée) à laquelle une société avait procédé en vue d'apurer ses dettes bancaires. Le droit à déduction a été refusé en l'absence d'un lien direct et immédiat avec une opération taxée, alors même que l'objectif ultime de l'opération exonérée était l'accomplissement d'une opération taxée (CJUE 6-4-1995 aff. 4/94, BLP Group : RJF 6/95 n° 804). **50940**

Le droit à déduction de la TVA ayant grevé des biens ou des services implique, en principe, que ceux-ci soient utilisés pour la **réalisation d'une opération soumise à la TVA.** **50945**

Pour la CJUE, l'existence d'un **lien direct et immédiat** entre une **opération** particulière **en amont** et une ou plusieurs **opérations en aval** ouvrant droit à déduction est, en principe, nécessaire pour qu'un droit à déduction de la TVA d'amont soit reconnu à l'assujetti et pour déterminer l'étendue d'un tel droit. Ce lien direct et immédiat présuppose que les dépenses effectuées pour acquérir les biens et les services fassent partie des éléments constitutifs du prix des opérations en aval ouvrant droit à déduction (ce principe s'applique également pour les importations : CJUE ord. 8-10-2020 aff. 621/19 : RJF 1/21 n° 101).

À défaut d'un lien direct et immédiat avec des opérations taxées, un droit à déduction peut néanmoins être reconnu si les dépenses font partie des **frais généraux** de l'entreprise. Cette notion, qui apparaît déjà dans l'arrêt BLP Group (n° 50940), a été développée par plusieurs arrêts de la Cour de justice (notamment, CJUE 8-6-2000 aff. 98/98, Midland Bank : RJF 9-10/00 n° 1187 ; CJUE 22-2-2001 aff. 408/98, Abbey National : RJF 6/01 n° 894 ; CJUE 27-9-2001 aff. 16/00, Cibo participations SA : RJF 12/01 n° 1611) et réaffirmée depuis lors par plusieurs autres arrêts de la Cour (notamment, CJUE 26-5-2005 aff. 465/03, Kretztechnik : RJF 8-9/05 n° 982 ; CJUE 8-2-2007 aff. 435/05, Investrand : RJF 4/07 n° 524 ; CJUE 29-10-2009 aff. 29/08, AB SKF : RJF 1/10 n° 90 ; CJUE 16-7-2015 aff. 108/14 et 109/14, Larentia + Minerva et Marenave Schiffahrts : RJF 11/15 n° 982). Les frais généraux de l'entreprise sont, en tant que tels, des **éléments constitutifs du prix des produits** d'une entreprise et entretiennent ainsi, en principe, un **lien direct et immédiat avec l'ensemble de l'activité économique** de l'assujetti.

Ces principes ont été repris par le Conseil d'État (notamment, CE 23-12-2010 n° 307698, Sté Pfizer Holding France : RJF 3/11 n° 301 ; CE 24-6-2013 n° 350588 : RJF 10/13 n° 927).

Le lien direct et immédiat entre une opération effectuée en amont et une ou plusieurs opérations assurées en aval ou l'ensemble de l'activité économique de l'assujetti est fonction du **contenu objectif du bien ou du service** acquis par cet assujetti (apprécié à partir de toutes les circonstances d'espèce dans lesquelles s'est déroulée l'acquisition), la cause exclusive de l'opération en amont constituant un critère de détermination du contenu objectif (CJUE 21-2-2013 aff. 104/12 : RJF 5/13 n° 570 ; CJUE 17-10-2018 aff. 249/17, Ryanair : RJF 2/19 n° 236). À cet égard, la taxe grevant des prestations de services d'avocat, dont l'objectif est d'éviter des sanctions pénales pour corruption à l'encontre des personnes physiques, gérants d'une entreprise assujettie, n'est pas déductible (CJUE 21-2-2013 précité).

EXEMPLES

Ont été rangées, soit par l'administration, soit par la jurisprudence, dans la catégorie des **frais généraux** d'une entreprise notamment les dépenses suivantes : honoraires des commissaires aux comptes (CJUE 6-4-1995 aff. 4/94 : RJF 6/95 n° 804) ; dépenses supportées pour la réalisation d'opérations en capital (nos 51110 s.) ; dépenses occasionnées par l'entremise d'une personne dans la vente d'un fonds de commerce (n° 51200) ; dépenses engagées pour percevoir les pénalités de retard (BOI-TVA-DED-40-10-20 n° 210).

50950 Pour les dépenses constituant des **frais généraux,** les **redevables partiels,** c'est-à-dire les redevables qui réalisent des opérations imposables dont certaines n'ouvrent pas droit à déduction, peuvent uniquement déduire la partie de la TVA qui est proportionnelle au montant afférent aux opérations ouvrant droit à déduction (CJUE 22-2-2001 aff. 408/98, Abbey National : RJF 6/01 n° 894). **En pratique,** les dépenses constituant des frais généraux devant être affectées en totalité à l'ensemble de l'activité imposable de l'assujetti, leur coefficient d'assujettissement sera toujours égal à un (n° 52780), le montant de la taxe déductible étant en définitive fonction du seul coefficient de taxation (nos 52870 s.) dans la mesure, bien entendu, où ces dépenses ne font pas l'objet d'une exclusion ou d'une limitation du droit à déduction (nos 53510 s.).

Selon la **CJUE,** la **répercussion financière** du coût des dépenses considérées comme des **frais généraux** (entretenant, par hypothèse, un lien direct et immédiat avec l'ensemble des activités taxables et des activités exonérées de l'entreprise : n° 50945) dans le prix des opérations taxées ou exonérées des redevables partiels n'a pas pour effet de les requalifier en « dépenses en lien direct et immédiat avec des opérations en aval taxées ou exonérées » et n'a donc pas d'incidence sur l'étendue du droit à déduction les concernant. Par conséquent, même lorsque les frais généraux sont répercutés **dans le prix des seules opérations exonérées,** ils doivent néanmoins être considérés comme un élément constitutif du prix de l'opération imposable et peuvent être détaxés (CJUE 18-10-2018 aff. 153/17, Volkswagen Financial Services : RJF 1/19 n° 119). En l'espèce, était en cause la TVA ayant grevé les dépenses de fonctionnement (frais de formation et de recrutement du personnel, repas et boissons de celui-ci, entretien et amélioration du parc informatique, des locaux, etc.) engagées par une société exerçant une activité de location-vente de véhicules automobiles et exposées à la fois pour ses opérations taxées de mise à disposition des véhicules et pour son activité d'octroi de crédits exonérée, lesdits frais généraux étant exclusivement pris en compte dans le cadre de la fixation des taux d'intérêt relatifs à cette dernière activité.

Le raisonnement suivi par la Cour de justice, à laquelle s'est rallié le Conseil d'État (voir précision a ci-dessous), est transposable dans l'hypothèse inverse où des dépenses considérées comme des frais généraux seraient répercutées par le redevable partiel **dans le prix des seules opérations soumises à la taxe** (la TVA les ayant grevées ne peut donc être déduite qu'en partie, par application d'un prorata de déduction).

Cette jurisprudence, qui se fonde sur l'idée selon laquelle le résultat de l'activité économique est dénué de pertinence au regard du droit à déduction, pourrait remettre en cause le critère de la répercussion financière des dépenses dans le prix d'une opération particulière en aval en tant que critère décisif pour l'appréciation du premier lien direct et immédiat (n° 50945) (qui est notamment retenu s'agissant de dépenses engagées à l'occasion d'une cession de titres exonérée : voir n° 51135).

> Précisions **a.** Le **Conseil d'État** a finalement considéré, contrairement à sa position initiale antérieure à l'arrêt Volkswagen susvisé (CE 5-10-2016 n° 390874 : RJF 12/16 n° 1077), qu'il résulte de l'arrêt de la CJUE que, lorsque les biens et services faisant partie des frais généraux d'un assujetti sont utilisés concurremment pour la réalisation d'opérations taxées et pour la réalisation d'opérations exonérées, la déductibilité n'est que partielle, y compris dans l'hypothèse particulière où l'assujetti est tenu de répercuter l'intégralité du coût de ces dépenses dans le prix de ses seules opérations taxées. Ainsi jugé à propos des **Ehpad** dont l'intégralité du coût des dépenses d'administration générale, de fonctionnement et d'entretien général de leurs bâtiments est obligatoirement incorporée dans le prix de leurs prestations taxables relatives à l'hébergement et à la dépendance, l'incorporation de ces dépenses au secteur soins exonéré n'étant pas légalement possible (CE 7-10-2020 n° 426661 : RJF 1/21 n° 27).

b. La CJUE admet par ailleurs que la **déduction** puisse être **totale** si les dépenses font partie des frais généraux afférents à une partie des activités économiques de l'assujetti qui est clairement délimitée et dont toutes les opérations sont soumises à la TVA, de telles dépenses présentant ainsi un lien direct et immédiat avec cette partie de ses activités économiques (CJUE 22-2-2001 précité). Pour des services utilisés en conséquence et à la suite d'une opération ouvrant droit à déduction (tels que des frais d'avocat exposés pour se défendre contre une action en responsabilité), la déduction peut également être totale si l'assujetti établit, par des éléments objectifs, que les dépenses en cause font partie du coût de l'opération en aval (CJUE 8-6-2000 aff. 98/98, Midland Bank : RJF 9-10/00 n° 1187).

La circonstance que des **dépenses** engagées par un assujetti **profitent également à un tiers** ne fait pas obstacle à leur détaxation au titre des **frais généraux** sous réserve que, dans l'hypothèse où ces dépenses dépassent les besoins générés par les seules opérations taxées de l'assujetti, la déduction soit limitée à la TVA ayant grevé la partie de ces dépenses qui est objectivement nécessaire pour lui permettre d'effectuer ses opérations taxées (CJUE 14-9-2017 aff. 132/16, Iberdrola : RJF 12/17 n° 1268 ; CJUE 16-9-2020 aff. 528/19 : RJF 2/21 n° 232), et à condition que l'avantage que le tiers en retire soit accessoire par rapport aux besoins de l'assujetti (CJUE 1-10-2020 aff. 405/19 : RJF 12/20 n° 1061). Par ailleurs, une telle circonstance ne fait pas non plus obstacle à la détaxation de la TVA les ayant grevées dans le cas où les dépenses constituent des frais imputables à des **opérations en aval déterminées,** dont certaines sont effectuées par l'assujetti et d'autres par le tiers, pour autant que ces dépenses entretiennent un lien direct et immédiat avec les opérations taxées de l'assujetti, au regard de l'ensemble des circonstances dans lesquelles se sont déroulées ces opérations (CJUE 1-10-2020 aff. 405/19 précité). **50955**

La Cour de justice a par ailleurs jugé, dans le cas d'un opérateur ayant acquis des **biens d'investissement** en vue d'ouvrir un parcours récréatif, lequel devait être **mis gratuitement à la disposition du public,** que ces dépenses pouvaient être détaxées au titre des frais généraux dès lors qu'elles pouvaient être considérées comme un moyen de réaliser l'activité économique envisagée par l'opérateur, en l'occurrence la fourniture à titre onéreux de biens et services (ventes de souvenirs, d'aliments et de boissons) aux visiteurs du parcours récréatif (CJUE 22-10-2015 aff. 126/14, « Sveda » UAB : RJF 1/16 n° 108).

B. Dépenses partiellement utilisées pour la réalisation d'opérations imposables

Le droit à déduction n'est pas subordonné dans son principe à une utilisation exclusive des dépenses pour la réalisation d'opérations imposables (c'est-à-dire situées dans le champ d'application de la TVA). Mais, bien entendu, le droit à déduction ne se justifie qu'à **proportion de l'utilisation** des dépenses pour la réalisation des opérations imposables. En d'autres termes, leur utilisation pour partie pour la réalisation d'opérations non imposables (situées hors du champ d'application de la TVA) implique un correctif qui met en œuvre le **principe de l'affectation** (ce correctif est susceptible de jouer également pour les dépenses partiellement utilisées à des fins étrangères à l'entreprise : voir n°s 51030 s.). **51010**

La CJUE s'est également prononcée en ce sens. Elle a en effet jugé que, dans le cas des dépenses exposées par un assujetti réalisant à la fois des opérations économiques et non économiques et qui présentent un caractère mixte en ce sens qu'elles sont imputables concurremment aux deux catégories d'activités, le droit à déduction doit être déterminé en faisant application du principe de l'affectation (ces dépenses ne pouvant être regardées comme des frais généraux détaxables qu'à concurrence de la part qui se rapporte aux activités économiques, la part des dépenses se rapportant aux activités non économiques n'étant pas détaxable). Ce principe doit être mis en œuvre selon des **méthodes ou des critères de ventilation de la taxe** d'amont fixés par les États membres eux-mêmes, qui doivent refléter objectivement la part d'imputation réelle des dépenses en amont à chacune de ces deux catégories d'activités (CJUE 13-3-2008 aff. 437/06, Securenta : RJF 6/08 n° 764 ; en ce sens, également, CJUE 16-7-2015 aff. 108/14 et 109/14, Larentia + Minerva et Marenave Schiffahrts : RJF 11/15 n° 982 ; CE 20-5-2016 n° 371940, Sté Ginger Groupe Ingénierie Europe : RJF 8-9/16 n° 703 ; CJUE 5-7-2018 aff. 320/17, Marle Participations SARL : RJF 10/18 n° 1053, repris par CE 19-12-2018 n° 396945 : RJF 3/19 n° 259 ; CJUE 16-9-2021 aff. 21/20 : RJF 2/22 n° 227).

51015 Le correctif mentionné au n° 51010 résulte de l'application du **coefficient d'assujettissement** destiné à mesurer la proportion d'utilisation d'un bien ou d'un service pour la réalisation d'opérations imposables (nos 52750 s.). Ce coefficient a vocation à prendre en compte la situation des dépenses partiellement ou totalement utilisées pour la réalisation d'opérations non imposables proprement dites (c'est-à-dire les opérations non économiques situées hors du champ d'application de la TVA). Il est également susceptible de jouer pour les dépenses partiellement ou totalement utilisées à des fins étrangères à l'entreprise (cas, notamment, des dépenses utilisées pour les besoins privés).

Il est signalé d'ores et déjà que, par mesure de simplification, les dépenses utilisées à plus de 90 % à des fins étrangères à l'entreprise sont totalement exclues du droit à déduction (nos 53580 s.).

DÉPENSES UTILISÉES À LA FOIS À DES FINS PROFESSIONNELLES ET À DES FINS ÉTRANGÈRES À L'ENTREPRISE

51030 Le droit à déduction de la TVA est reconnu (en tout ou partie : nos 53000 s.) dès lors que les biens et services achetés, ayant fait l'objet d'une acquisition intracommunautaire, importés ou livrés à soi-même :

– ne font pas l'objet d'une utilisation à des fins étrangères à l'entreprise supérieure à 90 % de leur utilisation totale (voir nos 82330 s.) ;

– ne sont pas visés par les exclusions particulières prévues aux articles 298, 4 du CGI (nos 82330 s.) et 206, IV-2 de l'annexe II à ce Code (nos 53510 s.).

La déduction de la taxe est donc autorisée, même si le bien ou le service est **affecté simultanément ou successivement** aux besoins de l'exploitation et à d'autres besoins.

Deux situations doivent être envisagées en ce qui concerne l'étendue du droit à déduction ainsi accordé.

51040 **Affectations distinctes** Lorsqu'il est possible, selon des critères physiques, de déterminer la part d'utilisation d'un **bien à usage mixte,** seule la fraction de la taxe afférente à la partie du bien qui est utilisée pour les besoins de l'entreprise est déductible.

Le droit à déduction est ainsi limité dans la mesure de l'utilisation professionnelle des biens et services.

Le principe de la limitation du droit à déduction (sans taxation ultérieure de la prestation de services à soi-même) s'applique dans les situations où, **dès la date de la naissance du droit à déduction** de la taxe afférente au bien ou au service, des **critères objectifs** permettent d'apprécier à l'avance avec un degré de précision suffisant, la mesure de l'utilisation du bien pour les opérations professionnelles.

EXEMPLES

Des **critères de ventilation** physiques peuvent notamment être utilisés :

– pour les **biens immobiliers,** le droit à déduction de la TVA peut être déterminé au prorata de la surface affectée à l'exploitation par rapport à la surface totale de l'immeuble (à défaut de ventilation dans l'acte du prix des locaux respectifs) (CE 11-5-1988 n° 56264 : RJF 7/88 n° 840). Il en va de même pour la déduction de la taxe ayant grevé l'installation électrique ;

– pour les dépenses d'énergie, la taxe afférente à l'acquisition et à l'installation d'une **chaudière à usage mixte** peut être déduite dans la proportion du nombre des éléments de radiateurs installés dans les locaux affectés à l'exploitation ;

– pour les **dépenses téléphoniques,** seule la taxe qui se rapporte aux communications nécessitées par l'exercice de la profession peut être déduite (D. adm. 3 D-1512 n° 5, non reprise au Bofip mais qui nous paraît conserver sa valeur).

51050 **Affectations indistinctes** Un même bien (plus rarement un service) affecté initialement à l'entreprise peut faire l'objet d'**affectations alternatives ou successives,** d'une part, aux besoins de l'entreprise, d'autre part, à des fins étrangères à l'entreprise. Dans ce cas, il n'existe pas de critères fiables permettant de déterminer au préalable la quotité du droit à déduction correspondant à l'utilisation professionnelle du bien ou du service. En effet, les modalités d'utilisation de ce bien ou de ce service présentent un caractère aléatoire, imprévisible du fait même de l'intermittence des diverses utilisations (exemple : véhicule léger utilitaire mis à disposition du personnel, pour des besoins privés).

En conséquence, **au moment de l'acquisition,** les biens et services concernés ouvrent droit à déduction dans les conditions de droit commun comme s'ils étaient exclusivement affectés aux besoins de l'exploitation (coefficient d'assujettissement égal à l'unité). Mais, en contrepartie de l'exercice du droit à déduction ainsi accordé, les **prestations de services à soi-même** doivent être soumises à la TVA dans le cas où les biens ou les services sont utilisés pour des besoins étrangers à l'exploitation (n°s 14430 s.) (BOI-TVA-DED-30-10 n° 10).

Biens à usage mixte des assujettis personnes physiques Selon le principe de la libre affectation dégagé par la Cour de justice (notamment, CJUE 8-3-2001 aff. 415/98 : RJF 6/01 n° 891 ; CJUE plén. 14-7-2005 aff. 434/03 : RJF 11/05 n° 1337 ; CJUE 14-9-2006 aff. 72/05 : RJF 12/06 n° 1650 ; CJUE 9-7-2015 aff. 331/14 : RJF 11/15 n° 977), les personnes physiques assujetties qui acquièrent un bien d'investissement pour l'utiliser à la fois à des fins professionnelles et à des fins privées ont le choix : **51060**

– soit d'**affecter entièrement** ce bien à leur **patrimoine privé,** ce qui conduit non seulement à interdire tout droit à déduction de la TVA acquittée sur ce bien (coefficient d'assujettissement nul), mais aussi à exclure définitivement le bien du régime de la TVA (cas notamment de l'utilisation de ce bien pour les besoins de l'entreprise ; pour les reventes, voir toutefois précisions ci-après) ;

– soit d'**affecter entièrement** ce bien à leur **patrimoine professionnel,** ce qui permet d'accéder au droit à déduction de la TVA acquittée sur ce bien. Dans cette hypothèse, il convient toutefois de distinguer selon qu'il s'agit d'un bien immeuble ou d'un bien meuble :

• lorsqu'il s'agit d'un **bien immeuble,** conformément à l'article 168 bis de la directive TVA, la TVA grevant ce bien ne peut être déduite immédiatement qu'à proportion de son utilisation aux fins des activités professionnelles de l'assujetti (coefficient d'assujettissement compris entre zéro et un), les changements dans la proportion de cette utilisation étant pris en compte dans le cadre des régularisations visées aux articles 184 à 192 de la directive TVA,

• lorsqu'il s'agit d'un **bien meuble,** la TVA grevant ce bien peut être immédiatement déduite dans son intégralité (coefficient d'assujettissement égal à un) et il convient de soumettre à la TVA les prestations de services à soi-même correspondant à son utilisation à des fins privées. À cet égard, la CJUE a précisé que cette possibilité pour les assujettis personnes physiques de déduire intégralement et immédiatement la taxe grevant un bien à usage mixte et d'échelonner l'imposition ultérieure sur l'utilisation privée (avec livraison à soi-même de l'utilisation privée) ne contrevient pas au principe d'égalité de traitement (CJUE 23-4-2009 aff. 460/07 : RJF 7/09 n° 713). Il convient toutefois d'observer que, dans les cas d'affectations distinctes, il peut être préférable, selon les situations, d'exercer seulement une déduction partielle, ce qui dispense d'imposer ultérieurement une prestation de services à soi-même (n° 51040) ;

– soit, enfin, de **conserver une partie** du bien dans leur **patrimoine privé,** ce qui conduit à limiter l'accès au droit à déduction à la partie du bien qui est affectée au patrimoine professionnel tout en évitant la taxation de prestations de services à soi-même, le coefficient d'assujettissement du bien étant alors compris entre zéro et un.

> **Précisions** S'agissant de la **revente** d'un bien affecté en partie, par un assujetti, à son usage privé, la Cour de justice a également jugé qu'il n'agit pas, pour la vente de cette partie, en qualité d'assujetti agissant en tant que tel. Il doit cependant manifester, pendant toute la période pendant laquelle il détient le bien en question, l'intention d'en garder une partie dans son patrimoine privé (CJUE 4-10-1995 aff. 291/92 : n° 1640). Dans un arrêt postérieur, la CJUE a toutefois indiqué qu'il ne saurait être déduit de l'ensemble des jurisprudences visées ci-dessus que la vente d'un **bien affecté par un assujetti à son patrimoine privé** n'est pas soumise à la TVA de ce seul fait. Les opérations effectuées à titre onéreux par un assujetti étant en principe soumises à la TVA dès lors que celui-ci a agi en tant que tel, encore faut-il que, outre une affectation au patrimoine privé, cette vente soit effectuée par l'assujetti concerné non pas dans le cadre de l'accomplissement de son activité économique, mais dans celui de la gestion et de l'administration de son patrimoine privé (CJUE 9-7-2015 aff. 331/14 précité). En l'espèce, un entrepreneur avait acquis, à titre privé, des terrains qu'il avait ensuite affectés en partie à son activité professionnelle. Il avait construit sur l'ensemble de ces parcelles un centre commercial et avait par la suite vendu la construction ainsi que les terrains sur lesquels celle-ci avait été érigée. Seule la vente correspondant aux terrains affectés à son activité professionnelle avait été soumise à la taxe. La Cour a considéré au contraire que l'intéressé devait être regardé comme ayant agi en tant qu'assujetti à la TVA lors de la vente des terrains conservés dans son patrimoine privé de sorte que cette partie de l'opération aurait également dû être soumise à la taxe.

PERCEPTION DE DIVIDENDES

La perception de dividendes qui résulte de la simple propriété de titres de participation ne constitue pas une activité économique et n'entre donc pas dans le champ d'application de la **51080**

TVA, qu'il y ait **ou non immixtion dans la gestion de la filiale** (CJUE plén. 22-6-1993 aff. 333/91, SA Satam : RJF 7/93 n° 986 ; CJUE 14-11-2000 aff. 142/99, Floridienne SA, Berginvest SA : RJF 1/01 n° 127 ; CJUE 27-9-2001 aff. 16/00, Cibo Participations SA : RJF 12/01 n° 1611 ; CJUE 29-10-2009 aff. 29/08, AB SKF : RJF 1/10 n° 90). Les dividendes se situent donc toujours **hors du champ** d'application de la TVA.

En outre, les dividendes résultant de la détention de participations sont étrangers au système des droits à déduction (CJUE 22-6-1993 aff. 333/91, SA Satam précité). La perception de dividendes par un holding mixte ne constitue donc pas, à ce titre, une activité non économique et n'est ainsi pas susceptible d'entraîner une dégradation de ses **droits à déduction** (CJUE 27-9-2001 aff. 16/00, Cibo Participations SA précité ; CJUE 6-9-2012 aff. 496/11, Portugal Telecom : RJF 12/12 n° 1180 ; CJUE 16-7-2015 aff. 108/14 et 109/14, Larentia + Minerva et Marenave Schiffahrts : RJF 11/15 n° 982 et CE 20-5-2016 n° 371940, Sté Ginger Groupe Ingénierie Europe : RJF 8-9/16 n° 703, repris au BOI-TVA-SECT-50-40 n° 280). En d'autres termes, la perception de dividendes ne confère pas la qualité d'assujettie partielle à la société qui en bénéficie.

C. Dépenses supportées pour la réalisation d'opérations en capital

PRINCIPES

51110 Selon l'administration, les dépenses exposées par les entreprises assujetties à la TVA pour la réalisation de leurs opérations en capital (introduction en bourse, augmentation de capital, prise de participations s'accompagnant ou non d'une immixtion dans la gestion de l'entreprise, fusion, scission, apport d'une universalité totale ou partielle) font partie des **frais généraux** de l'entreprise (au sens défini au n° 50945) et ouvrent donc droit à **déduction** dans les **conditions** suivantes :

– si toutes les opérations imposables de l'entreprise ouvrent droit à déduction, le montant de la taxe est déductible en totalité dans les conditions de droit commun (coefficient de taxation égal à l'unité) ;

– si aucune de ses opérations imposables n'ouvre droit à déduction, l'entreprise ne peut pas, en revanche, déduire la TVA grevant ces dépenses (coefficient de taxation égal à zéro) ;

– si ses opérations imposables n'ouvrent pas toutes droit à déduction, la TVA grevant les dépenses en cause est, en principe, déductible partiellement à raison du coefficient de taxation déterminé de manière forfaitaire comme indiqué aux n°s 53000 s. (BOI-TVA-DED-20-10-20 n°s 480 et 490).

> Précisions a. Cette doctrine administrative se fonde sur la jurisprudence de la **CJUE** citée au n° 50945, et en particulier sur l'arrêt Cibo Participations (confirmé par l'arrêt Larentia + Minerva), dans lequel la Cour a jugé que constituent des frais généraux les dépenses exposées par un holding mixte (c'est-à-dire s'immisçant à titre onéreux dans la gestion de ses filiales : sur la notion d'immixtion, voir n° 51115, précision b) pour les différents services qu'il a acquis dans le cadre d'une prise de participation dans une filiale. On notera également que la CJUE considère comme frais généraux les dépenses exposées par un assujetti pour les différentes prestations qu'il a acquises dans le cadre d'une émission d'actions ; elle admet la déduction de l'intégralité de la taxe les grevant dans la mesure où l'intégralité des opérations effectuées par cet assujetti dans le cadre de son activité économique constitue des opérations taxées (CJUE 26-5-2005 aff. 465/03, Kretztechnik : RJF 8-9/05 n° 982).

b. Le Conseil d'État a jugé que des **dépenses exposées par un holding** dans le cadre d'une **opération,** même assujettie à la TVA, **réalisée non par le holding** dans le cadre de son exploitation propre **mais par une filiale,** ne pouvaient être incluses dans les frais généraux du holding et que, par suite, la taxe grevant les honoraires exposés par un holding à l'occasion de l'acquisition, par l'une de ses filiales, de participations dans une société n'était pas déductible (CE 6-10-2008 n° 299265, SA Axa : RJF 12/08 n° 1318). Il a toutefois admis qu'un holding s'immisçant dans la gestion de ses filiales (au sens précisé n° 51115, précision b) puisse déduire la TVA grevant les dépenses qu'il a exposées en vue d'une **prise de participations réalisée par** une de ses **filiales ayant un objet purement patrimonial,** à **condition** de justifier que, compte tenu de l'organisation du groupe, lui seul effectuera des prestations de services au profit des sous-filiales acquises. Il a considéré, en outre, que de telles dépenses constituent en tout état de cause des frais généraux lorsque la prise de participations dans des sociétés qui étaient appelées à devenir des filiales ou des sous-filiales ne se réalise pas (CE 24-6-2013 n° 350588, Sté L'Air Liquide : RJF 10/13 n° 927). Lorsque de telles dépenses font l'objet d'une **refacturation aux filiales concernées** (même sans marge), soumise à la TVA, et que cette refacturation présente les caractéristiques d'un **service au sens de la TVA** (voir n° 1570, précision c), elles peuvent en tout état de cause être détaxées dès lors qu'il existe un lien direct et immédiat entre ces dernières et la réalisation de l'opération de refacturation imposable (CAA Versailles 17-12-2019 n° 17VE02839 : RJF 5/20 n° 433).

Le Conseil d'État a, en revanche, refusé la déduction, par une société holding, de la TVA grevant des frais liés à l'**augmentation de capital réalisée par** une **filiale** à laquelle la société holding ne souscrit pas (CE 29-10-2012 n° 326813 : RJF 1/13 n° 8). Mais cette dernière décision paraît fragilisée par la jurisprudence Sté L'Air Liquide susvisée.

c. Le Conseil d'État a également jugé que les **dépenses exposées** par un holding **en vue de conserver une participation** (telles des dépenses relatives à des actions judiciaires) peuvent être regardées comme faisant partie de ses frais généraux si elles ne se rattachent pas à une activité purement patrimoniale de gestion de titres mais peuvent être imputées à l'activité économique du holding (CE 26-12-2013 n° 350797 : RJF 4/14 n° 328).

d. S'agissant de l'hypothèse visée au 3e tiret ci-dessus (TVA partiellement déductible lorsque les opérations imposables n'ouvrent pas toutes droit à déduction), la CJUE a cependant jugé qu'un droit à déduction intégral peut être exercé si l'entreprise établit que les dépenses entretiennent un lien direct et immédiat avec une partie de l'activité économique taxable (CJUE 22-2-2001 aff. 408/98, Abbey National : RJF 6/01 n° 894).

Les positions de la jurisprudence et de la doctrine administrative divergent cependant à propos des **assujettis partiels,** assujettis réalisant à la fois des opérations dans le champ et hors champ de la TVA, au nombre desquels la CJUE range les sociétés holdings ne s'immisçant pas à titre onéreux dans la gestion de leurs filiales (sur la notion d'immixtion, voir précision b ci-dessous) mais exerçant néanmoins une autre activité économique ou ne s'immisçant à titre onéreux dans la gestion que de certaines filiales. **51115**

En effet, l'**administration** retient une position plus favorable puisqu'elle considère que les dépenses exposées pour la réalisation d'opérations en capital présentent le caractère de frais généraux, que cette prise de participations s'accompagne ou non d'une immixtion dans la gestion de l'entreprise. De même, selon elle, la circonstance que l'entreprise perçoive des recettes non imposables (dividendes, produits financiers non imposables, etc.) est sans incidence (BOI-TVA-DED-20-10-20 n°s 480 et 490). En d'autres termes, pour l'administration, les dépenses supportées pour la réalisation d'opérations en capital constituent en totalité des frais généraux même lorsque l'entreprise a la qualité d'assujetti partiel.

En revanche, la jurisprudence de la **CJUE,** à laquelle s'est rallié le **Conseil d'État,** est moins favorable. Faisant application du principe de l'affectation, la Cour estime, en effet, que les dépenses en cause supportées par un assujetti partiel ne sont détaxables que dans la mesure où elles peuvent être imputées aux activités économiques de l'assujetti (en ce sens, CJUE 13-3-2008 aff. 437/06, Securenta : RJF 6/08 n° 764, CJUE 16-7-2015 aff. 108/14 et 109/14, Larentia + Minerva et Marenave Schiffahrts : RJF 11/15 n° 982 ; CE 20-5-2016 n° 371940, Sté Ginger Groupe Ingénierie Europe : RJF 8-9/16 n° 703 ; CJUE 5-7-2018 aff. 320/17, Marle Participations SARL : RJF 10/18 n° 1053, repris par CE 19-12-2018 n° 396945 : RJF 3/19 n° 259).

> Précisions a. On notera que si l'administration a mentionné les arrêts de la CJUE du 16 juillet 2015 et du Conseil d'État du 20 mai 2016 précités dans un BOI-TVA-SECT-50-40 n° 280 (en date du 7-12-2016) concernant les droits à déduction applicables aux opérations bancaires et financières, elle n'en a tiré aucune conséquence s'agissant du BOI-TVA-DED-20-10-20 susvisé, maintenant en l'état la doctrine exprimée par ce dernier.

b. Notion d'immixtion dans la gestion. Il résulte d'une jurisprudence constante de la Cour de justice qu'un holding dont l'objet unique est la prise de participations dans d'autres entreprises n'exerce pas, en principe, une activité économique et ne dispose d'aucun droit à déduction de la TVA d'amont. Il en va toutefois différemment lorsque la participation est accompagnée d'une immixtion directe ou indirecte du holding dans la gestion des filiales, laquelle doit être considérée comme une activité économique (permettant ainsi au holding de bénéficier notamment d'un droit à déduction concernant la taxe grevant ses frais généraux, comme les frais liés à l'acquisition de participations dans ses filiales). La notion d'immixtion d'un holding dans la gestion de ses filiales doit être entendue comme recouvrant **toutes les opérations constitutives d'une activité économique,** au sens de la directive TVA, **effectuées par un holding au profit de ses filiales** (CJUE 5-7-2018 aff. 320/17, Marle Participations SARL précité). Tel est notamment le cas :

– de la fourniture de **services administratifs, financiers, commerciaux et techniques** par le holding à ses filiales (notamment, CJUE 20-6-1991 aff. 60/90, Polysar Investments : RJF 10/91 n° 1324 ; CJUE 27-9-2001 aff. 16/00, Cibo Participations SA : RJF 12/01 n° 1611 ; CJUE 16-7-2015 aff. 108/14 et 109/14, Larentia + Minerva précité) ;

– de la **location taxable d'un immeuble** par un holding à sa filiale (CJUE 5-7-2018 aff. 320/17 et CE 19-12-2018 n° 396945 précités) ;

– des **refacturations de frais** aux filiales taxables (en ce sens, a contrario, CJUE ord. 12-1-2017 aff. 28/16, MVM : RJF 4/17 n° 401 ; sur la notion de refacturation de frais taxable, voir n° 1570, précision c).

En revanche, l'**immixtion à titre gratuit** d'un holding dans la gestion de ses filiales ne constitue pas une activité économique. Tel est le cas, par exemple, d'un holding chargé de la gestion stratégique du groupe qui avait acquis des services juridiques, de gestion et de relations publiques au profit de l'ensemble du groupe ou de certaines de ses filiales, sans toutefois les refacturer à ces dernières, et qui n'imposait pas non plus, au sein du groupe, une rémunération générale pour sa gestion stratégique, laquelle était dès lors opérée à titre gratuit (CJUE ord. 12-1-2017 aff. 28/16 précité).

Nota : 1. Aux fins de l'évaluation de la déduction accordée à un holding qui s'immisce dans la gestion de ses filiales, il ne saurait être tenu compte du **chiffre d'affaires** réalisé par le holding à raison des **services fournis** à ses **filiales** et des revenus qu'il tire de sa participation dans le capital de celles-ci (CJUE 5-7-2018 aff. 320/17, Marle Participations SARL précité).

2. En application du principe exposé au n° 50665, une société peut déduire intégralement la taxe grevant les dépenses exposées en vue de l'acquisition d'actions d'une autre société dans la gestion de laquelle elle avait l'intention de s'immiscer, même si cette **activité économique** n'a **finalement pas** été **réalisée** (CJUE 17-10-2018 aff. 249/17, Ryanair : RJF 2/19 n° 236 ; en même sens, CE 22-5-2017 n° 396945 : RJF 8-9/17 n° 795), étant toutefois précisé que si les dépenses ont en définitive été utilisées dans le cadre d'une autre activité que celle envisagée, et que cette dernière activité est exonérée de la TVA, il ne saurait y avoir de droit à déduction au titre de l'intention initiale (CJUE 12-11-2020 aff. 42/19 : RJF 2/21 n° 233).

Concernant les dépenses exposées par un holding, voir également n° 51110, précision b.

CAS PARTICULIER DES CESSIONS DE TITRES

51135 La **Cour de justice** de l'Union européenne estime que la TVA ayant grevé les dépenses engagées pour les besoins d'une cession de titres, quel que soit le régime de cette opération (hors champ ou dans le champ de la TVA mais exonérée de cette taxe), peut être déduite si ces dépenses ont un lien direct et immédiat avec l'ensemble de l'activité économique de l'assujetti (frais généraux). Tel est le cas, dans l'hypothèse d'une cession de titres exonérée, lorsque ces dépenses ne sont pas incorporées dans le prix de cession des titres et qu'elles sont imputables aux activités économiques de l'assujetti (CJUE 29-10-2009 aff. 29/08, AB SKF : RJF 1/10 n° 90 ; en même sens, CJUE 30-5-2013 aff. 651/11 : RJF 10/13 n° 994).

Sur la condition tenant à la non-**répercussion financière** du coût des dépenses dans le prix des opérations en aval exonérées, voir toutefois l'arrêt CJUE 18-10-2018 aff. 153/17 (n° 50950) qui semble marquer une évolution.

> Précisions S'agissant de la détaxation des dépenses exposées à l'occasion d'une cession d'actions située **hors champ d'application** de la TVA, on notera cependant qu'un arrêt ultérieur de la Cour de justice (CJUE 8-11-2018 aff. 502/17, C&D Foods Acquisition ApS, analysé au n° 53155, précision c) est susceptible de semer le doute. Dans cet arrêt, en effet, alors même que la question qui lui était posée concernait la détaxation de frais de conseils engagés en vue d'une cession de titres, la CJUE s'est focalisée sur le point de savoir si cette opération entrait ou non dans le champ d'application de la TVA. La réponse étant négative, la Cour en a déduit, de manière lapidaire, que la TVA afférente aux prestations préparatoires à cette cession n'était pas déductible. La portée à donner à cette décision au regard de la jurisprudence de la Cour relative à la détaxation des dépenses engagées pour les besoins d'une cession de titres hors champ évoquée ci-dessus n'est pas évidente et méritera d'être confirmée.

51140 Le **Conseil d'État,** auquel la doctrine administrative s'est ralliée, fait quant à lui la **distinction** suivante s'agissant des frais de cession de **titres de participation** :

– les **dépenses exposées en vue de la préparation de la cession** (honoraires d'études et de conseils portant sur l'opportunité de la cession, frais d'audit, frais de valorisation des titres, etc.) sont réputées faire partie des frais généraux et peuvent être détaxées à ce titre, sous réserve de produire des pièces justificatives. Il en va ainsi lorsque la cession des titres ne se réalise pas. Lorsque la cession est intervenue (que celle-ci soit hors champ ou dans le champ mais exonérée), l'administration peut toutefois remettre en cause la déduction quand, compte tenu des éléments portés à sa connaissance et au vu des pièces qu'il appartient, le cas échéant, à l'assujetti qui les détient de produire, elle établit que cette opération a revêtu un caractère patrimonial du fait de la distribution du produit de cette cession (quelles que soient les modalités de cette distribution) ou que, en l'absence d'éléments contraires produits par l'assujetti, ces dépenses ont été incorporées dans le prix de cession des titres ;

– les **dépenses inhérentes à la transaction** elle-même (frais de courtage, commissions bancaires, honoraires d'intermédiation, frais de rédaction d'acte, etc.) présentent, en principe, un lien direct et immédiat avec la cession et ne peuvent donc être détaxées. L'assujetti peut néanmoins déduire la taxe si, compte tenu de la nature des titres cédés (titres cotés dont le prix de cession correspond à leur cotation) ou par tous éléments probants tels que sa comptabilité analytique, il établit que ces dépenses n'ont pas été incorporées dans leur prix de cession et que, par suite, elles doivent être regardées comme faisant partie de ses frais généraux. Ces derniers principes trouvent à s'appliquer même si les dépenses ont été payées à un même intermédiaire chargé à la fois de préparer la cession et de réaliser la transaction, dès lors que ces deux catégories de prestations n'ont pas donné lieu à une rémunération distincte (CE 23-12-2010 n° 307698, Sté Pfizer Holding France : RJF 3/11 n° 301 ; CE 13-7-2012 n° 345204 : RJF 11/12 n° 1004 et CE 22-11-2019 n° 423805 : RJF 2/20 n° 112 ; BOI-TVA-DED-20-10-20 n° 70).

> Précisions a. S'agissant de la **présomption de déductibilité** de la TVA grevant les dépenses exposées en vue de préparer une cession de titres de participation par une société holding, on notera qu'en pratique il suffit à l'administration d'alléguer que les dépenses en cause ont été incorporées dans le prix de cession des titres pour renverser cette présomption et qu'en l'absence d'éléments contraires produits par la société la déduction sera refusée (en ce sens, CE 4-2-2015 n° 370525 : RJF 4/15 n° 312).
b. Le motif de refus de la déduction de la TVA tenant au caractère patrimonial de la cession (**distribution du produit de la cession**), qui n'a été expressément évoqué par le Conseil d'État qu'à l'égard des dépenses exposées en vue de préparer la cession, a été étendu par certaines juridictions du fond aux dépenses inhérentes à la cession des titres mais non incorporées dans le prix de cession. Dans les espèces en cause, il a cependant été jugé que l'administration n'apportait pas la preuve que le produit de la cession avait été distribué en effectuant un simple rapprochement entre ce produit et le montant des bénéfices distribués (notamment, TA Montreuil 9-2-2012 n° 1013007 : RJF 7/12 n° 698 ; CAA Paris 30-4-2013 n° 11PA02843 : RJF 8-9/13 n° 818 ; CAA Versailles 14-10-2014 n° 13VE00872 : RJF 1/15 n° 18).
c. La preuve, par l'assujetti, que les dépenses en cause n'ont pas été incorporées dans le prix de cession des titres peut notamment être apportée par le **contenu des actes de cession,** excluant expressément ces dépenses des frais incombant au cédant (CAA Douai 30-4-2013 n° 12DA01108 : RJF 8-9/13 n° 817) ou en se fondant sur la nature particulière de la procédure de fixation du prix des titres cédés lorsqu'une telle **procédure** (telle celle dite « **d'open-bid** ») n'est pas susceptible d'intégrer dans le prix de cession les dépenses en cause (CAA Paris 30-4-2013 n° 11PA02843 précité). En revanche, une société holding n'établit pas que des dépenses inhérentes à la cession de titres, selon la procédure de « **construction d'un livre d'ordres** », n'ont pas été incorporées dans le prix de cession dès lors que la fixation du prix de cession dans le cadre de cette procédure, qui permet au vendeur d'optimiser le prix de cession en demandant notamment aux banques de garantir un prix minimum, est nécessairement déconnectée du cours de bourse, et ce, alors même que le prix de cession s'est révélé être légèrement inférieur au cours du jour (CAA Versailles 31-3-2015 n° 13VE02435 : RJF 8-9/15 n° 686 ; pour une affaire concernant des titres cédés selon la procédure de « placement accéléré » dans laquelle, au contraire, la fixation du prix de cession était laissée à l'entière discrétion des banques chargées de l'opération, voir CE 22-11-2019 n° 423805 précité).
d. Selon l'administration, les critères ainsi dégagés par le Conseil d'État ont vocation à s'appliquer à **d'autres opérations que** celles portant sur les **cessions de titres** (CAA Lyon 15-3-2012 n° 11LY01195, s'agissant d'honoraires engagés dans le cadre d'une opération immobilière). Dans cet arrêt, il est considéré que, pour faire échec à la démonstration du rattachement aux frais généraux des dépenses inhérentes ou mixtes à la cession, l'administration a la possibilité, comme pour les dépenses préparatoires, d'apporter la preuve que le produit de la cession a été utilisé à des fins purement patrimoniales (BOI précité n° 70).
e. Des frais de courtage acquittés par une société à l'occasion d'une cession de **titres de placement** (opération située hors du champ d'application) font partie des frais généraux de l'entreprise et peuvent être détaxés, dès lors qu'en raison de graves et durables difficultés financières cette cession était nécessaire au maintien de l'activité économique taxable de la société (CE 10-6-2010 n° 292389 : RJF 10/10 n° 893).
f. Selon la cour administrative de Versailles, les dépenses exposées par un holding à raison de la **cession de titres de participation détenus** non par ce holding, mais **par une filiale** font partie de ses frais généraux dès lors que cette cession, décidée par le holding afin de pérenniser son activité et son développement et dont le produit lui a été finalement versé, s'inscrit dans le cadre d'une stratégie consistant à **recentrer son activité sur son cœur de métier** en se désengageant de certaines activités et participations minoritaires. Par suite, la TVA ayant grevé de tels frais est déductible dès lors qu'il est établi qu'ils n'ont pas été incorporés dans le prix de cession des titres et que l'opération n'a pas revêtu un caractère patrimonial (CAA Versailles 31-3-2015 n° 13VE02435 précité).
g. Sur la position de la **CJUE,** s'agissant de la condition tenant à la non-**répercussion financière** du coût des dépenses dans le prix des opérations en aval, voir n° 50950.

Selon le Conseil d'État, les **honoraires d'avocat** versés par un holding à l'occasion de la conclusion d'un **accord transactionnel,** réglant un différend commercial entre ses anciennes filiales et un constructeur automobile et le conduisant à verser une **indemnité** à ce dernier doivent être regardés comme procédant de la **garantie de passif** qu'il a consentie au profit du cessionnaire des titres de ses filiales, cette garantie de passif se rattachant elle-même à l'opération de cession des titres. Par suite, la taxe ayant grevé ces dépenses n'est pas déductible (CE 13-7-2012 n° 345204 : RJF 11/12 n° 1004). **51145**

Toutefois, la cour administrative d'appel de Douai, à nouveau saisie pour régler l'affaire au fond, a réédité sa solution initiale de décharge, en se fondant sur la convention de garantie de passif elle-même (laquelle n'avait pas été produite devant le Conseil d'État) dont il résultait que les conséquences financières du litige étaient exclues du champ d'application de la garantie de passif. Elle a ainsi considéré que les dépenses en cause, engagées après la cession des titres des filiales, dans le cadre de la négociation d'un protocole transactionnel, mettant fin au litige commercial ne pouvaient pas être regardées comme procédant de la garantie de passif, mais faisaient partie des frais généraux de la holding et étaient, à ce titre, détaxables (CAA Douai 30-4-2013 n° 12DA01108 : RJF 8-9/13 n° 817).

51150 S'agissant de **dépenses contentieuses liées à l'exécution d'une cession,** le Conseil d'État a jugé que la TVA grevant les frais d'avocat et d'instance engagés par un holding mixte en vue d'obtenir en justice le paiement du solde du prix de la cession des titres d'une filiale n'est pas déductible dans le cas où ces dépenses se rattachent à une opération à caractère purement patrimonial (faute pour le holding de s'être immiscé dans la gestion de la filiale dont les titres ont été cédés), qui n'entre pas dans le champ de la TVA. Ces dépenses ne présentent pas de lien direct et immédiat avec l'ensemble de l'activité du holding mixte, indépendamment de la circonstance qu'elles n'ont pas été incorporées dans le prix de cession des titres (CE 28-9-2021 n° 440987 : RJF 12/21 n° 1101).

D. Dépenses diverses

ENTREMISE POUR LA VENTE DE FONDS DE COMMERCE

51200 La TVA facturée par celui qui s'est entremis dans la **vente globale** d'un fonds de commerce (éléments corporels et incorporels) est déductible au titre des frais généraux chez le vendeur. Cette solution s'applique même si l'opération de cession relève du régime des transmissions d'une universalité de biens prévu à l'article 257 bis du CGI (voir n° 15435).

Est également déductible la TVA grevant des frais liés à la **cession isolée** d'éléments incorporels du fonds même lorsque cette cession est soumise non pas à la TVA, mais aux droits d'enregistrement, ce qui est le cas lorsque la cession s'accompagne d'une cession de clientèle (n°s 15610 s.).

FRAIS DE CESSION D'IMMEUBLES

51210 Sur cette question, voir les développements relatifs au régime spécifique de la TVA sur les opérations immobilières (n° 68375).

V. FRAUDE ET ABUS DE DROIT

51280 Alors même que les principes de déduction que nous venons d'étudier (neutralité, lien direct et immédiat, etc.) sont respectés, le droit à déduction ne peut être exercé en cas de fraude ou d'abus de droit. Cette interdiction résulte des 2 et 3 de l'article 272 du CGI, s'agissant de la fraude.

L'abus du droit à déduction a pour sa part été défini par la Cour de justice de l'Union européenne.

A. Fraude

51300 Aux termes de l'article 272, 3 du CGI, la TVA afférente à une **livraison de biens** ou à une **prestation de services** ne peut faire l'objet d'aucune déduction lorsqu'il est démontré que l'acquéreur savait ou ne pouvait ignorer que, par son acquisition, il participait à une fraude consistant à ne pas reverser la taxe due à raison de cette livraison ou de cette prestation.

Bien que visant la fraude à la TVA de manière large, l'article précité a **notamment** pour objet principal de **remettre en cause** le **droit à déduction dans le cas d'une fraude carrousel** dans laquelle il y a eu livraison effective des biens, mais aucun reversement par le fournisseur de la TVA due. Les circuits frauduleux dits de type carrousel se caractérisent par une chaîne de livraisons intracommunautaires au sein de laquelle intervient un opérateur défaillant, c'est-à-dire un opérateur redevable de la TVA mais qui disparaît sans verser celle-ci aux autorités fiscales, ou un opérateur utilisant un numéro d'assujetti à la TVA usurpé, c'est-à-dire un numéro ne lui appartenant pas (voir le schéma n° 20420).

En ce qui concerne la remise en cause du droit à déduction de la taxe facturée au titre d'**opérations fictives ou de complaisance** : voir n° 56010.

> **Précisions a.** La remise en cause du droit à déduction de la TVA par l'acquéreur prévue par l'article 272, 3 du CGI fait partie d'un **dispositif d'ensemble** de **lutte contre la fraude** comportant deux autres mesures :
> – la remise en cause de l'exonération de la livraison intracommunautaire effectuée par un assujetti qui savait, ou ne pouvait ignorer, que le destinataire présumé de cette livraison n'avait pas d'activité réelle (CGI art. 262 ter, I-1° : n°s 20420 s.) ;
> – la mise en œuvre d'une procédure de solidarité en paiement à l'égard des clients ayant sciemment participé à un circuit de fraude (CGI art. 283, 4 bis : n°s 48020 s.). À cet égard, on rappelle que ces dispositions et celles prévues à l'article 272, 3 du CGI ne peuvent pas, à l'égard d'un même opérateur, être mises en œuvre pour un même bien ou un même service.
> **b.** À noter, par ailleurs, que, selon la Cour de justice, la violation des exigences formelles prévues pour l'exercice du droit à déduction peut faire obstacle à la déduction si elle a pour effet d'empêcher d'apporter la preuve certaine que les exigences de fond du droit à déduction sont satisfaites (CJUE 28-7-2016 aff. 332/15 : RJF 11/16 n° 1041 ; CJUE 19-10-2017 aff. 101/16 : RJF 1/18 n° 127) ou s'il est établi, au vu d'éléments objectifs, que le droit à déduction est invoqué frauduleusement ou abusivement. Tel est notamment le cas lorsqu'une fraude fiscale est commise par l'assujetti lui-même (CJUE 28-7-2016 aff. 332/15 précité).
> À cet égard, des manquements aux obligations formelles peuvent établir l'existence d'une **fraude fiscale,** dans laquelle l'assujetti omet délibérément de satisfaire aux obligations formelles qui lui incombent en vue d'échapper au paiement de la taxe. Les manquements relatifs à l'**absence** de souscription **de déclarations de TVA** et à l'absence **de tenue d'une comptabilité** et **d'enregistrement des factures** émises et acquittées sont notamment susceptibles d'empêcher l'exacte perception de la taxe et, par conséquent, de compromettre le bon fonctionnement du système commun de la TVA. Les États membres peuvent considérer de tels manquements comme relevant d'une fraude fiscale et refuser, dans un tel cas, le bénéfice du droit à déduction à l'assujetti concerné (CJUE 28-7-2016 aff. 332/15 précité ; CJUE 7-3-2018 aff. 159/17 : RJF 5/18 n° 570).

Principes jurisprudentiels Les dispositions de l'article 272, 3 du CGI reprennent en substance la jurisprudence de la **CJUE** relative à la fraude de type carrousel en matière de livraisons de **biens** (notamment, CJUE 12-1-2006 aff. 354/03, 355/03 et 484/03, Optigen Ltd : RJF 4/06 n° 488 ; CJUE 6-7-2006 aff. 439/04 et 440/04, Kittel : RJF 10/06 n° 1301 ; CJUE 18-12-2014 aff. 131/13, 163/13 et 164/13, « Italmoda » : RJF 3/15 n° 286) et du Conseil d'État (CE 27-7-2005 n° 273619, Sté Fauba France : RJF 11/05 n° 1173), étant observé que la Cour a jugé qu'il n'est pas nécessaire que l'assujetti ait participé activement à cette fraude (CJUE ord. 14-4-2021 aff. 108/20 : RJF 7/21 n° 779) mais que, inversement, un assujetti ayant participé à son insu à un circuit de fraude ne perd pas le droit de déduire la TVA acquittée en amont (CJUE 12-1-2006 aff. 354/03, 355/03 et 484/03 précité). **51310**

Conformément à la jurisprudence communautaire, l'exclusion du droit à déduction pour l'acquéreur s'applique également en matière de **prestations de services** lorsque le preneur du service savait ou aurait dû savoir qu'il participait à une fraude (CJUE 21-6-2012 aff. 80/11 et 142/11, Mahagében kft et David : RJF 10/12 n° 973 ; CJUE 6-9-2012 aff. 324/11, Gabor Toth : RJF 12/12 n° 1179 ; CJUE 13-2-2014 aff. 18/13, Maks Pen : RJF 5/14 n° 525).

> **Précisions a.** Selon la **Cour de justice,** les opérateurs qui prennent toute mesure pouvant raisonnablement être exigée d'eux pour s'assurer que leurs opérations ne sont pas impliquées dans une fraude doivent pouvoir se fier à la légalité de ces opérations sans risquer de perdre leur droit à déduction (CJUE 6-7-2006 précité).
> La détermination des **mesures pouvant être raisonnablement exigées d'un assujetti** dépend essentiellement des **circonstances du cas d'espèce.** S'il existe des indices permettant de soupçonner l'existence d'irrégularités ou d'une fraude, un opérateur avisé pourrait, selon les circonstances de l'espèce, se voir obligé de prendre des renseignements sur un autre opérateur auprès duquel il envisage d'acheter des biens ou des services afin de s'assurer de sa fiabilité. Mais l'administration ne peut pas exiger, de manière générale, de l'assujetti, d'une part, de vérifier que le fournisseur dispose de la qualité d'assujetti, qu'il disposait des biens en cause et était en mesure de les livrer et qu'il a rempli ses obligations de déclaration et de paiement de la TVA ou, d'autre part, de disposer de documents à cet égard (CJUE 21-6-2012 précité).
> En France, l'administration a publié une liste d'indices permettant aux opérateurs de repérer les fournisseurs à risque (n° 51320, précision b).
> **b.** Faisant application de la jurisprudence communautaire susvisée, le **Conseil d'État** a jugé :
> – que lorsque les indices permettent de **soupçonner une méconnaissance par un fournisseur** de biens ou un prestataire de services **de ses obligations** de déclaration ou de paiement de la TVA, l'assujetti qui a acquis certains de ces biens ou services, pour les céder à son tour, doit s'assurer qu'en ce qui concerne ces biens et services, son fournisseur ou son prestataire **s'est acquitté de ses obligations** ;
> – mais qu'il incombe à l'**administration** fiscale d'**établir les éléments objectifs** permettant de conclure que l'assujetti **savait ou aurait dû savoir** que l'opération invoquée pour frauder le droit à déduction était impliquée dans une **fraude.** Lorsque sont en cause des opérations

similaires réalisées par des **sociétés différentes** pendant une courte période, ces éléments doivent porter sur chacune de ces sociétés, qu'il s'agisse de l'existence de la fraude reprochée, des indices permettant à l'assujetti mis en cause de la soupçonner ou encore des mesures qui peuvent raisonnablement être exigées (CE 14-10-2019 n° 421925 : RJF 1/20 n° 20 ; CE 22-3-2021 n° 434902 : RJF 6/21 n° 579).
Le juge du fond ne peut dès lors, sans méconnaître les règles relatives à la **charge de la preuve,** considérer que de tels éléments ont été établis en se bornant à se référer aux mentions de la proposition de rectification et en estimant que ces dernières (établies par un agent assermenté) font foi jusqu'à preuve du contraire et que seul l'assujetti est susceptible d'établir que le fournisseur ou le prestataire a déclaré et payé la taxe (CE 14-10-2019 n° 421925 précité). Sur ce point, la **CJUE** considère que l'assujetti doit en principe avoir accès à l'ensemble des éléments de preuve rassemblés par l'administration afin de faire utilement valoir ses observations et que les juridictions, qui ne sont pas liées par les constatations des autorités fiscales, doivent pouvoir contrôler la légalité de l'obtention et de l'utilisation de ces éléments (CJUE 16-10-2019 aff. 189/18 : RJF 1/20 n° 82).

51315 **Dispositif de l'article 272, 3 du CGI** L'application du dispositif prévu par l'article 272, 3 du CGI est limitée aux **relations directes entre assujettis.** La remise en cause du droit à déduction ne peut donc s'exercer qu'à raison de la seule taxe facturée directement à l'acquéreur par son fournisseur défaillant (BOI-TVA-DED-10-30 n° 20).

L'**administration doit démontrer** (la charge de la preuve lui incombant) :

– d'une part, l'**existence d'une fraude** réalisée par le fournisseur direct et consistant pour celui-ci à ne pas reverser au Trésor la TVA facturée à son client et déduite par ce dernier dans le cadre d'un circuit frauduleux. À cet égard, il n'est pas nécessaire de démontrer que l'acquéreur ait tiré un bénéfice de la fraude (CJUE 6-7-2006 aff. 439/04 et 440/04 : RJF 10/06 n° 1301 ; BOI précité n° 40) ;

– d'autre part, que l'**acquéreur savait** (l'administration doit fournir des éléments objectifs incontestables) **ou ne pouvait ignorer** participer à une fraude consistant à ne pas reverser la TVA (BOI précité n° 50).

> Précisions **a.** Ces précisions ont été données par l'administration pour les livraisons de biens. Mais on peut penser qu'elles sont transposables aux **prestations de services** qui ont été expressément ajoutées dans l'article 272, 3 du CGI par l'article 91 de la loi 2015-1786 du 29 décembre 2015. Tous les services sont concernés par ce dispositif mais sont plus particulièrement visées les activités de gardiennage et de mise à disposition de personnels par les sociétés de travail temporaire.
b. Le droit à déduction de la TVA d'amont ne peut pas être refusé du seul fait que l'acheteur savait ou aurait dû savoir que le vendeur était en **difficulté financière**, voire en situation d'insolvabilité, et que cette circonstance pouvait avoir pour conséquence que ce dernier ne verserait pas la TVA au Trésor public, dans la mesure où aucune fraude ni aucun abus de droit n'a été commis (CJUE 15-9-2022 aff. 227/21 : RJF 12/22 n° 1095).

51320 Pour démontrer que l'acquéreur ne pouvait ignorer participer à une fraude, l'administration doit réunir un **faisceau d'indices précis et convergents** parmi lesquels peuvent être notamment cités, classés par ordre d'importance :

– l'existence de liens juridiques, économiques et personnels entre les opérateurs participant au carrousel ;

– un prix payé soit inférieur au prix le plus faible auquel l'acquéreur pouvait raisonnablement s'attendre à payer pour ces biens sur le marché, soit inférieur au prix exigé pour toute livraison antérieure des mêmes biens ;

– des acquisitions sur de courtes périodes et pour des montants importants auprès de fournisseurs successifs qui s'avèrent défaillants ;

– une adresse de domiciliation du fournisseur, l'absence de personnel et de moyens d'exploitation en adéquation avec le volume des transactions alléguées ;

– l'absence de documents relatifs à la livraison des marchandises ;

– une activité économique du fournisseur sans lien avec les livraisons de biens effectuées ;

– un mode de règlement des achats qui ne correspond pas à un usage commercial normalement établi dans la profession (paiements rapides, par chèque de banque, etc.) (BOI-TVA-DED-10-30 n° 50).

> Précisions **a.** En ce qui concerne les services, voir n° 51315, précisions.
b. Pour éviter aux **opérateurs** de courir le risque de voir leurs droits à déduction remis en cause, l'administration a publié à titre indicatif, dans un communiqué du mois de juin 2015, une liste d'**indices leur permettant de repérer les fournisseurs « à risque ».** Cette liste est la suivante : numéro de TVA intracommunautaire du fournisseur invalide ; société de création récente, inconnue au registre du commerce et des sociétés ou en cours d'immatriculation ; changements statutaires successifs, récents, non expliqués par la situation économique apparente de l'entreprise ; société réalisant des opérations sans rapport ou avec un rapport éloigné

de son activité habituelle ou de celle mentionnée dans ses statuts; absence de publication des comptes; société intervenant dans des secteurs sensibles aux fraudes à la TVA de type carrousel (composants électroniques, téléphonie mobile, matériel électroménager, hi-fi et vidéo, textile, métaux précieux, etc.); société située à une adresse de domiciliation, en France ou à l'étranger; nombre de salariés et moyens matériels (stockage, logistique, bureaux) sans rapport avec les pratiques usuelles du secteur concerné; prix de la transaction anormalement inférieur au prix du marché; numéro de téléphone sur liste rouge ou simple numéro de fax mentionné sur la facture; absence d'indication de contact commercial ou contact difficilement identifiable; démarchage par un apporteur d'affaires ou un intermédiaire pour une mise en relation avec des fournisseurs inconnus; absence de relations directes avec le gérant statutaire; libellé très succinct de la facture; importance du montant de l'acompte par rapport au montant total facturé ou absence d'acompte alors que le montant facturé est élevé; absence de délai laissé pour le règlement; absence de documents relatifs à la livraison des marchandises; vente « départ »; circuit de facturation différent du schéma de livraison; absence de compte bancaire ou compte bancaire à l'étranger; utilisation d'une plate-forme de paiement alternatif; insistance pour un règlement en espèces ou pour un paiement très rapide; adresse du fournisseur portée sur la facture différente de celle du destinataire du paiement (cas d'indication des coordonnées bancaires pour virements).

En présence de livraisons suspectes, l'administration estime que de tels indices lui permettent de démontrer que l'acquéreur ne pouvait ignorer participer à une fraude.

B. Abus de droit

Le principe communautaire d'interdiction des pratiques abusives peut justifier le refus du droit **51380**
à déduction. Selon la Cour de justice, une telle pratique est caractérisée par deux éléments :

– les opérations en cause, malgré l'**application formelle des conditions** prévues par les dispositions pertinentes de la directive TVA et de la législation nationale transposant cette directive, ont pour résultat l'obtention d'un avantage fiscal dont l'octroi serait **contraire à l'objectif** de ces dispositions ;

– les opérations en cause ont pour but essentiel l'**obtention d'un avantage fiscal** (cela doit résulter d'un ensemble d'éléments objectifs).

Lorsque l'existence d'une pratique abusive a été constatée, les opérations impliquées doivent être redéfinies de manière à rétablir la situation telle qu'elle aurait existé en l'absence des opérations constitutives de cette pratique (en ce sens notamment, CJUE gde ch. 21-2-2006 aff. 255/02, Halifax : RJF 5/06 n° 648 ; CJUE 21-2-2008 aff. 425/06 : RJF 6/08 n° 765 ; CJUE 22-12-2010 aff. 103/09 : RJF 3/11 n° 397 ; CJUE 22-11-2017 aff. 251/16 : RJF 2/18 n° 237 ; CJUE 10-7-2019 aff. 273/18 : RJF 10/19 n° 999).

> **Précisions** S'agissant du second critère, la Cour de justice a également précisé, dans l'arrêt Halifax susvisé, que « l'interdiction de pratiques abusives n'est pas pertinente lorsque les opérations en cause sont susceptibles d'avoir une justification autre que la simple obtention d'avantages fiscaux ». Cette précision a été interprétée, dans certains arrêts ultérieurs de la Cour rendus en chambre simple, comme signifiant que l'obtention de l'avantage fiscal devait en fait être le but exclusif des opérations (CJUE 22-5-2008 aff. 167/02 : RJF 8-9/08 n° 1031 ; CJUE 12-7-2012 aff. 326/11 : RJF 11/12 n° 1091 ; CJUE 20-6-2013 aff. 653/11 : RJF 11/13 n° 1102). En revanche, dans les quatre arrêts susvisés des 21 février 2008, 22 décembre 2010, 22 novembre 2017 et 10 juillet 2019, la Cour s'en est tenue, comme dans l'arrêt Halifax, au but essentiellement fiscal. On notera que le Conseil d'État, quant à lui, retenait le critère du but exclusivement fiscal de l'opération dans sa jurisprudence relative à l'abus de droit par « fraude à la loi » (CE sect. 27-9-2006 n° 260050 : RJF 12/06 n° 1583), laquelle est désormais expressément reprise par l'article L 64 du LPF (n° 51385).

La définition communautaire des pratiques abusives est très proche de celle de l'**abus de droit** **51385**
donnée par l'article L 64 du LPF. Ce dernier donne à l'administration le droit d'écarter non seulement les actes ayant un caractère fictif, mais aussi ceux qui :

– recherchent le bénéfice d'une **application littérale** des textes ou de décisions **à l'encontre des objectifs** poursuivis par leurs auteurs ;

– et n'ont pu être inspirés par **aucun autre motif que celui d'éluder ou d'atténuer les charges fiscales** que l'intéressé, si ces actes n'avaient pas été passés ou réalisés, aurait normalement supportées, eu égard à sa situation ou à ses activités réelles.

VI. ABSENCE DE CONDITION DE NÉCESSITÉ AUX BESOINS DE L'EXPLOITATION

51460 Les textes réglementaires issus du décret 2007-566 du 16 avril 2007 ayant modifié les modalités de déduction de la TVA, et applicables depuis le 1er janvier 2008, n'ont pas repris les dispositions de l'ancien article 230, 1 de l'annexe II au CGI aux termes desquelles la TVA ayant grevé les biens et services que les assujettis à cette taxe acquéraient ou qu'ils se livraient à eux-mêmes n'était déductible que si ces biens et services étaient nécessaires à l'exploitation.

Ainsi, depuis cette date, les assujettis sont donc fondés à déduire la TVA qui grève leurs dépenses pour autant que, sur le fond, celles-ci ne sont pas visées par une mesure d'exclusion particulière (nos 53510 s.) et qu'elles sont utilisées pour les **besoins de leurs opérations ouvrant droit à déduction** (CGI art. 271, II-1). Il importe donc uniquement que la dépense en cause soit affectée par l'assujetti à son activité économique, c'est-à-dire qu'elle réponde aux besoins de son exploitation (BOI-TVA-DED-30-10 n° 10).

Il est souligné que, dès lors que la dépense est engagée pour les besoins de l'exploitation, le fait qu'elle profite également à un tiers est sans incidence (voir n° 50955).

VII. ABSENCE DE CONDITION TENANT À LA PROPRIÉTÉ DU BIEN

51530 Le fait qu'un redevable ne soit pas propriétaire des biens qu'il utilise ne s'oppose pas à la déduction de la taxe les ayant grevés.

D'une compatibilité douteuse avec la directive TVA, la doctrine administrative qui, longtemps, posa une « condition de propriété » a été en effet abandonnée.

Cela étant, la non-application de la condition de propriété ne signifie pas qu'une personne dont l'activité est imposable à la TVA peut déduire la taxe afférente à des dépenses qui ne sont pas constatées et supportées par elle-même dans le cadre de son exploitation (Rép. Delahais : AN 13-4-1992 n° 51933 ; dans le même sens, BOI-TVA-DED-40-30 n° 20 ; s'agissant des **importations,** voir n° 56110, précision a).

En ce qui concerne les biens pour lesquels la remise matérielle est assimilée à un transfert de propriété, voir nos 38400 et 38420.

VIII. ASSUJETTIS ÉTRANGERS

51600 D'une manière générale, et sous réserve des cas d'autoliquidation de la taxe par le client (nos 31700 s.), les entreprises (ou personnes) étrangères qui effectuent des opérations dont le lieu d'imposition se situe en France supportent la **même imposition que les entreprises françaises** réalisant les mêmes opérations.

Les règles de déduction édictées par la législation française, et examinées dans cette partie, leur sont donc, en **principe,** applicables pour les opérations qu'elles réalisent en France.

S'agissant du remboursement de la TVA aux assujettis étrangers non établis en France et qui n'y réalisent pas d'opérations imposables, voir nos 31350 s.

CHAPITRE 2

DÉTERMINATION DU MONTANT DE TAXE DÉDUCTIBLE

SOMMAIRE

La TVA grevant un bien ou un service qu'un assujetti à cette taxe acquiert, importe ou se livre à lui-même est déductible à proportion de son coefficient de déduction (CGI ann. II art. 205). **52500**
Le montant de la taxe déductible s'obtient de la manière suivante :

TVA déductible = TVA acquittée en amont × coefficient de déduction

Le coefficient de déduction est une formule synthétique qui tient compte à la fois du degré d'utilisation d'un bien ou d'un service pour des opérations ouvrant droit à déduction et des restrictions éventuelles prévues par la loi ou le règlement. **52505**
Il permet à la fois de déterminer les montants de **taxe déductible initialement** et, au travers de ses variations, les **régularisations** de taxe auxquelles l'assujetti pourra être tenu (nos 60500 s.) (BOI-TVA-DED-20-10 n° 30). Il doit donc être déterminé **même** si l'opérateur est un **redevable intégral.**

Après avoir examiné la détermination du coefficient de déduction (nos 52600 s.), nous examinerons les règles applicables en cas de secteurs d'activité distincts (nos 54500 s.). **52510**

REMARQUE
Les règles de déduction étudiées aux nos 52600 s. sont **identiques pour tous les biens (immobilisés ou non) et services.** **52520**

Elles s'appliquent à **tous les opérateurs,** français comme étrangers, et notamment aux **établissements stables français d'une entreprise étrangère** ou aux **assujettis** étrangers **non établis en France** qui y réalisent des opérations imposables (Lettre DLF du 29-8-2007).

SECTION 1

COEFFICIENT DE DÉDUCTION

52600 Le coefficient de déduction est lié à un bien ou à un service et peut donc varier d'un bien ou d'un service à l'autre (BOI-TVA-DED-20-10 n° 30). Les assujettis doivent ainsi calculer un coefficient de déduction **pour chaque bien et service grevé de TVA.**

Le coefficient de déduction est égal au **produit de trois coefficients** : coefficients d'assujettissement, de taxation et d'admission. Il se calcule donc de la manière suivante :

Coefficient de déduction = coefficient d'assujettissement × coefficient de taxation × coefficient d'admission

52605 Si l'**un des trois coefficients** est **égal à zéro,** l'opérateur n'a aucun droit à déduction.

L'opérateur doit néanmoins calculer le coefficient de déduction du bien ou du service considéré (qui sera par définition égal à zéro). Il doit en outre conserver dans son système de gestion les éléments de ce calcul et son résultat pour les besoins des régularisations (à cet égard, voir également n° 52610).

SUIVI DES COEFFICIENTS EN COMPTABILITÉ

52610 L'administration considère que les assujettis n'ont pas l'obligation de suivre de manière explicite les coefficients en comptabilité ; ils doivent seulement être en mesure de justifier auprès d'elle que le montant de taxe déduite ou régularisée correspond bien à l'application des règles prévues par les articles 205 à 209 de l'annexe II au CGI (BOI-TVA-DED-20-10 n° 30).

L'absence de suivi des coefficients en comptabilité n'entraîne donc pas l'irrégularité de la comptabilité.

Toutefois, outre le fait que l'absence de suivi des coefficients sera, en cas de vérification, de nature à éveiller l'attention de l'administration sur les déductions opérées par l'assujetti, l'inscription desdits coefficients en comptabilité pourrait être d'une aide précieuse pour les assujettis, à tout le moins pour certains d'entre eux, afin de **justifier** que le montant des **déductions** qu'ils ont opérées a été calculé conformément aux règles prévues par les articles 205 et suivants de l'annexe II au CGI.

À cet égard, il convient de distinguer les « redevables intégraux » des « assujettis ou redevables partiels ».

1. Pour les **redevables intégraux,** c'est-à-dire ceux qui ne réalisent que des opérations ouvrant droit à déduction, la preuve que le montant de taxe déduite a été correctement calculé sera, normalement, assez simple à apporter puisque, en principe, l'intégralité de leur taxe d'amont est déductible (ce qui équivaut dans le dispositif des coefficients à un coefficient de déduction égal à un pour tous les biens et les services), à l'exception toutefois des biens et services affectés à des fins étrangères à l'entreprise et des biens ou des services exclus du droit à déduction ou faisant l'objet d'une mesure de restriction pour lesquels le droit à déduction est nul ou limité.

S'agissant des régularisations annuelles, de fait, ces redevables n'auront aucune régularisation à opérer puisque les coefficients d'assujettissement et de taxation resteront, sauf exception, égaux à un pendant toute la durée d'utilisation du bien.

En revanche, ils devront être en mesure de justifier qu'ils ont bien opéré les régularisations globales auxquelles ils sont tenus de procéder si l'un des six événements entraînant une telle régularisation (n° 61900) intervient pendant la période de régularisation (nos 61100 s.).

2. La situation est différente pour les **assujettis ou redevables partiels.** En effet, par définition, ces assujettis ne bénéficient pas d'un droit à déduction intégrale pour l'ensemble de leurs dépenses, et leurs immobilisations sont sujettes à régularisations si la proportion de leur utilisation à des opérations ouvrant droit à déduction est modifiée en cours d'année (régularisation annuelle) ou si l'un des six événements mentionnés au nº 61900 survient pendant la période de régularisation (régularisations globales).

La question se pose alors de savoir comment ces assujettis pourront être en mesure de justifier que le quantum de taxe déduite ou régularisée est correct au regard des articles 205 et suivants de l'annexe II au CGI, s'ils n'ont pas expressément suivi les coefficients en comptabilité. L'administration n'apporte pas d'élément de réponse.

Selon nous, même s'ils n'en ont pas l'obligation formelle, ces assujettis ont donc tout intérêt à intégrer dans leur comptabilité les coefficients afférents à chaque bien et service et à les conserver, s'agissant de leurs immobilisations, pendant la période de régularisation afin de pouvoir apporter la preuve, en cas de besoin, que les déductions ont été effectuées de manière conforme aux articles précités.

ARRONDISSEMENT DES COEFFICIENTS

Préalablement au calcul du produit, **chacun des trois coefficients** (assujettissement, taxation et admission) doit être arrondi à la deuxième décimale par excès. Le **produit des trois** coefficients (qui donne le coefficient de déduction) est lui-même arrondi à la deuxième décimale par excès (CGI ann. II art. 206, V-2). **52620**

COEFFICIENTS PROVISOIRES ET COEFFICIENTS DÉFINITIFS

Chacun des coefficients est **d'abord déterminé de façon provisoire** lors de l'acquisition du bien ou du service. Ils doivent ensuite être **définitivement arrêtés avant le 25 avril de l'année suivante** ou, pour ceux qui deviennent redevables de la TVA, avant le 31 décembre de l'année suivante (CGI ann. II art. 206, V-2). **52630**

La différence constatée entre le montant définitif de la taxe déductible et le montant de la **déduction** opérée au titre de l'année fait l'objet d'une **déduction complémentaire** ou d'un **reversement** selon que cette différence est positive ou négative. Cette régularisation doit être effectuée **quel que soit l'écart** entre le coefficient de déduction provisoire et le coefficient de déduction définitif.

EXEMPLE

Une société acquiert le 1er mars de l'année N un ordinateur pour un prix hors taxe de 4 000 €, soit une TVA correspondante de 800 €. Lors de l'acquisition du bien, le coefficient d'assujettissement est égal à 1, le coefficient de taxation à 0,45 et le coefficient d'admission à 1. Le coefficient de déduction provisoire attaché à cette dépense au moment de son acquisition en N est ainsi égal à : 1 × 0,45 × 1, soit 0,45. L'entreprise a pu ainsi déduire provisoirement 800 × 0,45, soit 360 €. Avant le 25 avril de l'année N + 1, l'entreprise arrête définitivement ses coefficients. Les coefficients d'assujettissement et d'admission restent égaux à 1, tandis que le coefficient de taxation est finalement égal à 0,5. La société peut donc déduire, en complément de la déduction opérée lors de l'acquisition du bien, un montant égal à : 800 × 0,5 − 360, soit 40 €.

Sur le délai supplémentaire accordé à un **assujetti unique** constitué en application de l'article 256 C du CGI (**groupe TVA**) lorsque l'option pour un coefficient de taxation unique est exercée pour l'un de ses membres, voir nº 1735, précision b.

Les **établissements publics administratifs de l'État** sont dispensés de procéder à la régularisation normalement exigée lors du calcul du coefficient de taxation définitif lorsque l'écart constaté entre les coefficients provisoire et définitif n'excède pas un dixième en valeur absolue (BOI-TVA-DED-20-10-20 nº 460). **52635**

Détermination des coefficients provisoires Les **coefficients d'assujettissement et de taxation** provisoires sont déterminés en fonction de l'utilisation du bien ou du service au moment de son achat ou de sa première utilisation. **52650**

Lorsque le **coefficient de taxation** provisoire doit être calculé de manière **forfaitaire** (nºs 53000 s.), il convient, selon l'administration, d'appliquer, pour sa détermination, le dernier rapport définitif connu (Inst. 3 D-1-07 nº 23, non reprise au Bofip). Le coefficient de taxation forfaitaire provisoire est donc en principe calculé sur la base des opérations de l'année précédente. Toutefois, selon nos renseignements, lorsqu'une telle référence fait défaut ou lorsqu'elle n'est pas significative, il est possible de calculer le coefficient provisoire sur la base du chiffre d'affaires prévisionnel de l'année en cours. Ainsi, pour les **nouveaux redevables** devant calculer un coefficient de taxation forfaitaire, le coefficient provisoire est nécessairement déterminé d'après le chiffre d'affaires prévisionnel de l'entreprise, faute de pouvoir se référer à l'année précédente.

52660 **Détermination des coefficients définitifs** Les **coefficients d'assujettissement et de taxation** définitifs doivent être déterminés par rapport à l'utilisation réelle du bien ou du service sur la **durée d'utilisation réelle.**

52665 Lorsqu'un bien est utilisé pendant une durée inférieure à l'année civile (acquisition ou cession en cours d'année, transfert entre secteurs d'activité, etc.), il n'y a **pas** lieu d'appliquer un **prorata temporis** (en ce sens, BOI-TVA-DED-60-20-40 n° 30).

52670 Lorsque le **bien** est **utilisé** au cours de l'année ou de la période d'utilisation dans une **proportion différente** pour des opérations imposables, il y a lieu de calculer une **moyenne pondérée** pour déterminer la valeur du **coefficient d'assujettissement définitif.** Celle-ci permet de traduire de manière exacte l'affectation du bien à des opérations imposables au titre de l'année.

EXEMPLE

Si un bien est acquis le 1er janvier de l'année N et que l'assujetti l'affecte au moment de son acquisition à des opérations imposables dans une proportion de 60 %, le coefficient d'assujettissement provisoire du bien est de 0,6.
Toutefois, si après les huit premiers mois, il modifie cette affectation en ramenant cette proportion à 40 %, l'assujetti devra tenir compte de cette nouvelle valeur avant le 25 avril de l'année N + 1 lorsqu'il arrêtera définitivement le coefficient d'assujettissement du bien (qui sera ici également le coefficient de référence : nos 61250 s.). Le coefficient d'assujettissement définitif sera ainsi égal à $(0{,}6 \times 8 + 0{,}4 \times 4) / 12 = 0{,}5333...$ arrondi à 0,54 (BOI-TVA-DED-20-10-40 n° 10).

S'agissant du **coefficient de taxation,** quelle que soit la valeur retenue à titre provisoire ou l'utilisation du bien en fin d'année, la valeur retenue à titre définitif doit également traduire l'utilisation du bien à des opérations ouvrant droit à déduction sur la base de l'année entière (BOI précité). Dès lors, si un bien est utilisé au cours de l'année ou de la période d'**utilisation alternativement ou successivement** à des opérations ouvrant droit à déduction et à des opérations n'ouvrant pas droit à déduction, le coefficient de taxation définitif sera obligatoirement un coefficient de taxation forfaitaire (nos 53000 s.).

> **Précisions** **a.** Les **régularisations** qui peuvent affecter la déduction initiale de taxe à la suite des variations du coefficient de déduction restent sans incidence sur la **valeur comptable** des biens si l'écart de variation entre le coefficient provisoire et le coefficient définitif n'excède pas 5 points. Elles peuvent être opérées par le crédit ou le débit du compte de résultats (BOI précité).
> **b.** En ce qui concerne l'hypothèse d'une **régularisation globale antérieure à la détermination des coefficients définitifs** (cas des biens cessant d'être utilisés à des opérations ouvrant droit à déduction ou devenant utilisés à des opérations ouvrant droit à déduction au cours de la première année), voir nos 62940 s.

I. COEFFICIENT D'ASSUJETTISSEMENT

52750 Le coefficient d'assujettissement est égal, pour chaque bien ou service, à la **proportion d'utilisation** de ce bien ou de ce service pour la **réalisation d'opérations imposables** (CGI ann. II art. 206, II).

Il est rappelé que les opérations imposables s'entendent des opérations situées dans le champ d'application de la TVA, qu'elles soient imposées ou légalement exonérées (n° 1000).

Dès l'acquisition, l'importation ou la première utilisation d'un bien ou d'un service, l'assujetti doit donc procéder à son **affectation** afin de déterminer la valeur du coefficient d'assujettissement (BOI-TVA-DED-20-10-10 n° 1).

52755 Les **opérations** situées **hors du champ** d'application de la TVA et les **opérations imposables** doivent être comptabilisées dans des **comptes distincts** pour l'application du droit à déduction (CGI ann. II art. 209, I). Cette obligation est remplie dès lors que la comptabilité tenue l'est de manière suffisamment précise pour que le suivi de la proportion d'utilisation des biens et services soit possible. En revanche, il n'est pas exigé qu'il y ait deux comptabilités distinctes (D. adm. 3 D-1625 n° 2, non reprise au Bofip mais dont la solution nous paraît conserver sa valeur).

52760 Le coefficient d'assujettissement est d'abord déterminé de façon **provisoire.** Il doit ensuite être **définitivement arrêté** dans les conditions indiquées au n° 52630.

COEFFICIENT D'ASSUJETTISSEMENT ÉGAL À ZÉRO

52770 Le coefficient d'assujettissement d'un **bien ou** d'un **service utilisé exclusivement pour** la réalisation d'**opérations** non imposables (opérations placées **hors du champ** d'application de la TVA) est égal à zéro (BOI-TVA-DED-20-10-10 n° 10).

> **Précisions** **a.** Dans le cas d'un assujetti exerçant à la fois des activités imposables et des activités non imposables (assujetti partiel), le coefficient d'assujettissement applicable à l'ensemble des biens et services acquis pour les besoins exclusifs des opérations non imposables est donc nul. C'est le cas, par exemple, des activités non imposables des organismes de droit public visées aux nos 10380 s. et 10430, de certains organismes à but non lucratif pour certaines de leurs opérations (nos 11810 s.). Il en est de même des biens affectés au patrimoine privé d'un assujetti personne physique. Dans ces situations, il s'agit d'une affectation à des **activités non économiques** au sens de la directive TVA.
> **b.** Cas des biens initialement exclusivement affectés à des opérations hors champ et faisant l'objet d'une **affectation ultérieure à des opérations dans le champ** d'application de la TVA, voir n° 50825.

COEFFICIENT D'ASSUJETTISSEMENT ÉGAL À L'UNITÉ

Le coefficient d'assujettissement d'un bien ou d'un service utilisé **exclusivement pour** la réalisation d'**opérations imposables** est égal à l'unité, que ces opérations soient effectivement taxées ou légalement exonérées (BOI-TVA-DED-20-10-10 n° 10). **52780**

> **Précisions** Le coefficient d'assujettissement applicable à l'ensemble des biens et services acquis par un redevable de la TVA qui réalise exclusivement des opérations imposables est donc égal à l'unité (dans la mesure, bien entendu, où les biens et services ne sont pas utilisés à des fins étrangères à l'entreprise), même s'il s'agit d'un assujetti exerçant à la fois des activités ouvrant droit à déduction et des activités n'y ouvrant pas droit (redevable partiel) : entreprises industrielles et commerciales ou de services, banques, activités libérales et d'enseignement, nombreux organismes à but non lucratif, etc. Cette valeur sera également retenue pour l'ensemble des biens et services utilisés par les assujettis partiels exclusivement pour les besoins de leurs opérations imposables, même s'ils ont, en outre, la qualité de redevables partiels.
> Pour les biens à usage mixte des personnes physiques qui les affectent entièrement à leur patrimoine professionnel, voir n° 51060.

COEFFICIENT D'ASSUJETTISSEMENT COMPRIS ENTRE ZÉRO ET UN

Le coefficient d'assujettissement d'un bien ou d'un service utilisé **à la fois** pour la réalisation d'**opérations non imposables** et pour la réalisation d'opérations **imposables** est égal à la proportion d'utilisation de ce bien ou de ce service pour la réalisation d'opérations imposables. **52790**
La **proportion** d'utilisation pour la réalisation d'opérations imposables est **déterminée par l'assujetti** sous sa propre responsabilité. Elle doit traduire correctement l'utilisation réelle de chaque bien ou service.

Une fois calculé, le coefficient d'assujettissement est, on le rappelle, **arrondi** par excès à la deuxième décimale (n° 52620).

Les assujettis qui exercent à la fois une activité dans le champ d'application de la TVA et une activité hors champ doivent donc nécessairement déterminer pour chaque bien et service acquis en vue d'une utilisation mixte un coefficient d'assujettissement compris entre zéro et un.

EXEMPLE

Un entrepreneur individuel acquiert un immeuble neuf de 245 m², qu'il entend affecter en partie à son entreprise. Il décide de conserver dans son patrimoine privé la partie de l'immeuble qu'il réserve à son usage privatif (logement à usage d'habitation), d'une surface de 85 m². Le coefficient d'assujettissement de l'immeuble, déterminé l'année de son acquisition, est égal à (245 – 85) / 245, soit 0,65306... arrondi à 0,66.

Possibilité d'utiliser un coefficient d'assujettissement unique L'assujetti doit, en principe, calculer un coefficient d'assujettissement pour chacun des biens et services qu'il acquiert (n° 52750). Toutefois, conformément à l'article 206, V-1-1° de l'annexe II au CGI, il peut, **par année civile,** sans formalité préalable et sous réserve d'être en mesure d'en justifier, retenir pour l'**ensemble des biens et des services utilisés à la fois pour** des **opérations imposables et** pour des **opérations non imposables** un coefficient d'assujettissement unique (BOI-TVA-DED-20-10-10 n° 20). **52800**

> **Précisions** Pour calculer ce coefficient unique, les assujettis peuvent notamment utiliser les critères suivants : répartition en fonction des temps d'utilisation des principaux matériels communs, en fonction des salaires, en fonction des surfaces, en fonction des recettes.

Possibilité d'appliquer une clé de répartition financière à l'ensemble des dépenses Par **dérogation** au principe de l'affectation, les entreprises peuvent être autorisées par l'administration à déterminer leur droit à déduction pour l'ensemble de leurs **dépenses (mixtes ou non mixtes)** en appliquant une clé de répartition calculée en fonction de **52810**

la **quote-part des recettes taxables par rapport aux recettes totales.** Autrement dit, l'ensemble des dépenses des entreprises qui appliqueraient cette dérogation serait réputé mixte.

EXEMPLE

Un organisme dont l'objet est de promouvoir des produits agricoles qui est financé par une taxe et par les rémunérations perçues en contrepartie de prestations individualisées pourrait déduire, s'il retient cette modalité, la TVA afférente à toutes ses dépenses en fonction d'une clé de répartition unique quelles que soient la nature et l'affectation de ses dépenses.

Cette **autorisation** peut être sollicitée par simple demande sur papier libre auprès de la direction départementale des finances publiques dont relève l'entreprise et s'applique pendant une **année civile entière.** Elle est renouvelée par tacite reconduction sauf dénonciation par le contribuable ou l'administration avant le 31 décembre de l'année considérée.

La clé de répartition doit être adaptée à la situation de l'entreprise, ce qui signifie que l'autorisation sera refusée dans les situations où la demande du redevable compromet les intérêts du Trésor.

Cette autorisation ne peut pas faire échec à la constitution de **secteurs distincts** car celle-ci est de droit lorsque l'entreprise exerce plusieurs activités soumises à des dispositions différentes en matière de TVA (BOI-TVA-DED-20-10-10 n°s 30 et 40).

Remarque : Dans cette hypothèse, selon nos renseignements, la valeur du **coefficient de taxation** est réputée égale à l'unité.

II. COEFFICIENT DE TAXATION

52870 Le coefficient de taxation traduit le principe posé par l'article 271, II-1 du CGI selon lequel, au sein des **opérations imposables,** seule peut être déduite la taxe grevant des **biens ou des services utilisés pour la réalisation d'opérations ouvrant droit à déduction** (n° 52900) (BOI-TVA-DED-20-10-20 n° 1).

La **détermination** du coefficient de taxation doit être effectuée lors de l'acquisition, de l'importation ou de la première utilisation du bien ou du service.

Cette détermination se fait de manière **identique quelle que soit la nature du bien ou du service** (immobilisation, autre bien ou service).

52875 Le coefficient de taxation est d'abord déterminé de façon **provisoire** lors de l'acquisition du bien ou du service. Il doit ensuite être **définitivement arrêté** dans les conditions indiquées au n° 52630.

A. Opérations ouvrant droit à déduction

52900 Les opérations ouvrant droit à déduction comprennent, au premier chef, les **opérations** effectivement **soumises à la TVA** (CGI art. 271, I-1).

Les **opérations n'entrant pas dans le champ d'application** de la TVA n'ouvrent pas droit à déduction (cela est pris en compte par le coefficient d'assujettissement dont la valeur est alors nulle : n° 52770). Il en est de même, en principe, des **opérations entrant dans le champ d'application** de la taxe **mais** qui en sont **exonérées** par une disposition expresse.

Toutefois, **certaines opérations exonérées** (exportations et livraisons intracommunautaires, notamment) sont, en vertu de dispositions spéciales, expressément **assimilées à des opérations soumises à la TVA,** pour l'exercice du droit à déduction. Il s'agit **essentiellement** d'opérations que l'on peut considérer comme relevant du **commerce extérieur.** Dans le **tableau** ci-après, on trouvera la **liste** des opérations ouvrant droit à déduction avec, pour chacune, la référence aux commentaires correspondants.

Opérations ouvrant droit à déduction	Références (n^os)
Opérations soumises à la TVA	1100 s.
Livraisons intracommunautaires	20280 s.
Exportations (vers des pays tiers)	22400 s.
Opérations réalisées avec les **missions diplomatiques,** à destination des **organismes européens et internationaux** et des **forces armées**	18570 s.

Opérations ouvrant droit à déduction	Références (n^{os})
Livraisons de biens à destination d'une **plateforme,** facilitant la livraison dans l'UE par un assujetti non établi dans l'UE à une personne non assujettie	23640
Services liés aux échanges extracommunautaires de biens	26400 s.
Transports internationaux	27000 s.
Opérations portant sur les navires et les aéronefs	29000 s.
Opérations extraterritoriales qui seraient soumises à la **TVA** **si leur lieu d'imposition** se situait **en France**	18620 s.
Opérations légalement effectuées en suspension de taxe	80900 s.
On rappelle que ces opérations comprennent **notamment** les **achats en franchise** visés à l'article 275 du CGI (n°s 30000 s.) et les opérations sous régimes douaniers ou entrepôts fiscaux (n°s 32250 s.)	
Opérations d'assurance concernant soit des **assurés** domiciliés ou établis **hors de l'UE,** soit des **exportations** de biens	14750, précisions
Services bancaires ou financiers rendus à des **personnes** domiciliées ou établies **hors de l'UE** ou se rapportant à des **exportations** de biens	77520 s.
Livraisons d'or d'investissement	91020 s.
Opérations d'entremise des mandataires de presse	86080
Opérations des intermédiaires du Loto	17200
Travaux de construction, d'aménagement ou d'entretien des monuments aux morts effectués pour certaines collectivités	17060 s.
Prestations des **agents de voyages** se rapportant aux services exécutés **hors de l'UE**	84155
Livraisons de biens à des **touristes en croisière** en **Martinique** et en **Guadeloupe**	93820

> **Précisions** **a.** Selon le Conseil d'État, les **opérations** légalement imposables et non expressément exonérées par la loi ouvrent droit à déduction même si elles ne sont **pas** effectivement **taxées** en raison d'une **tolérance** administrative (CE sect. 3-11-1978 n° 2409 : RJF 12/78 n° 530 ; CE plén. 28-6-1991 n° 63066 : RJF 8-9/91 n° 1073).
> Dans une situation un peu différente, la **CJUE** a toutefois jugé que lorsqu'un assujetti n'a pas acquitté la TVA sur ses opérations en raison d'une **exonération** prévue par le droit national **en violation** des dispositions de la **directive TVA,** il ne peut pas se prévaloir d'un droit à déduction de la taxe d'amont (CJUE 28-11-2013 aff. 319/12 : RJF 2/14 n° 204 ; CJUE 26-2-2015 aff. 144/13, 154/13 et 160/13 : RJF 5/15 n° 456).
> **b.** Les **exportations ou** les **livraisons intracommunautaires de biens dont les ventes en France sont exonérées** n'ouvrent pas droit à déduction, même si, s'agissant des opérations intracommunautaires, l'État membre de destination des biens soumet lesdites ventes à la TVA (CJUE 7-12-2006 aff. 240/05 : RJF 2/07 n° 245).
> **c.** Celui qui a **facturé à tort la TVA** pour une **opération non taxable** est de ce seul fait redevable de cette taxe (CGI art. 283, 3 : n°s 47100 s.). Pour autant, il n'a aucun droit à déduction de la taxe d'amont ayant grevé cette opération (CE 22-11-1978 n° 4012 : RJF 1/79 n° 10 ; CE 16-11-1983 n° 36970 : RJF 1/84 n° 29).
> **d.** Le droit à déduction ouvert aux opérations mentionnées dans le tableau ci-dessus peut, le cas échéant, se trouver supprimé ou réduit par l'effet des **exclusions ou restrictions particulières** visées au n° 53530.
> **e.** La taxe qui a grevé une **acquisition intracommunautaire** (ou une opération assimilée) est déductible dans les conditions de droit commun (n°s 19770 s.).
> La taxe autoliquidée au titre d'une **importation** (n°s 22130 s.) est également déductible dans les conditions exposées au n° 56110.

B. Coefficient de taxation égal à l'unité

Le coefficient de taxation d'un bien ou d'un service est égal à l'unité lorsque les **opérations imposables** auxquelles il est utilisé **ouvrent toutes droit à déduction** (CGI ann. II art. 206, III-1). **52930**

Le fait qu'un bien ou un service utilisé pour des opérations imposables ouvrant droit à déduction soit **également utilisé pour** la réalisation d'**opérations non imposables** est sans incidence sur le calcul de son coefficient de taxation ; dans une telle hypothèse, l'utilisation du bien ou du service pour la réalisation d'opérations non imposables est en effet prise en compte au niveau du seul coefficient d'assujettissement (n°s 52750 s.). **52935**

EXEMPLE

Le coefficient de taxation d'un bien utilisé à la fois pour la réalisation d'opérations imposables et pour la réalisation d'opérations non imposables sera égal à l'unité si les opérations imposables auxquelles il est affecté ouvrent toutes droit à déduction (le coefficient d'assujettissement d'un tel bien sera, en revanche, inférieur à l'unité).

S'agissant de la valeur du coefficient de taxation en cas d'application d'une clé de répartition financière à l'ensemble des dépenses, voir n° 52810.

C. Coefficient de taxation égal à zéro

52970 Le coefficient de taxation d'un bien ou d'un service est nul lorsque les **opérations** auxquelles il est utilisé **n'ouvrent pas droit à déduction** (CGI ann. II art. 206, III-2).

Il peut s'agir des hypothèses suivantes :

– soit le bien ou le service est utilisé **uniquement** pour la réalisation d'**opérations non imposables.** Dans ce cas, le coefficient de taxation et le coefficient d'assujettissement défini aux nos 52750 s. sont tous les deux égaux à zéro (pour les besoins des éventuelles régularisations : nos 60500 s., il est nécessaire de déterminer les coefficients d'assujettissement et de taxation, y compris lorsqu'ils sont tous les deux égaux à zéro) ;

– soit le bien ou le service est utilisé **uniquement** pour la réalisation d'**opérations imposables mais n'ouvrant pas droit à déduction.** Dans ce cas, le coefficient d'assujettissement est égal à un et le coefficient de taxation est égal à zéro ;

– soit le bien ou le service est utilisé **concurremment** pour la réalisation d'**opérations non imposables** et pour la réalisation d'opérations **imposables n'ouvrant pas droit à déduction.** Dans ce cas, le coefficient d'assujettissement, calculé comme indiqué aux nos 52790 s., est compris entre zéro et un et le coefficient de taxation est égal à zéro.

D. Coefficient de taxation forfaitaire

53000 Le coefficient de taxation est déterminé de manière forfaitaire lorsque le **bien** ou le **service** est **utilisé concurremment pour** la réalisation d'**opérations imposables ouvrant droit à déduction et** pour la réalisation d'opérations imposables **n'ouvrant pas droit à déduction** (CGI ann. II art. 206, III-3).

Comme dans le cas examiné aux nos 52930 s., il importe peu que le bien ou le service soit ou non **utilisé également pour** la réalisation d'**opérations non imposables.** L'utilisation du bien ou du service pour la réalisation d'opérations non imposables est en effet prise en compte au niveau du seul coefficient d'assujettissement (nos 52750 s.).

53005 Pour les biens et les services d'utilisation mixte, le coefficient de taxation est égal au **rapport** entre :

a. Au **numérateur,** le montant total annuel du chiffre d'affaires afférent aux opérations ouvrant droit à déduction (n° 52900), y compris les subventions directement liées au prix de ces opérations.

b. Au **dénominateur,** le montant total annuel du chiffre d'affaires afférent aux opérations imposables, y compris les subventions directement liées au prix de ces opérations. On doit donc retenir ici :

– le chiffre d'affaires correspondant aux opérations ouvrant droit à déduction (qui figure déjà au numérateur) ;

– et le chiffre d'affaires correspondant aux opérations n'ouvrant pas droit à déduction (tel est le cas, notamment, de la plupart des opérations exonérées de TVA en régime intérieur).

Les sommes mentionnées aux deux termes de ce rapport s'entendent **tous frais et taxes compris, à l'exclusion de la TVA** (CGI ann. II art. 206, III-3-1°).

> **Précisions** Il résulte de l'article 206 de l'annexe II au CGI que le coefficient de taxation forfaitaire est déterminé **sur la base du seul chiffre d'affaires.** Son calcul ne peut **pas** être fondé sur le **critère de l'affectation,** même si cette méthode est plus précise, dès lors que la France n'a pas fait usage de la méthode dérogatoire de calcul des droits à déduction prévue par l'article 173, 2-c de la directive TVA, permettant aux États membres d'autoriser ou d'obliger les assujettis à opérer la déduction suivant l'affectation des biens (CE 8-2-2019 n° 410807 : RJF 5/19 n° 432).

Le coefficient de taxation est d'abord déterminé de façon **provisoire** en fonction du **chiffre d'affaires de l'année précédente** (ou du chiffre d'affaires prévisionnel : n° 52650). Il doit ensuite être **définitivement arrêté** dans les conditions indiquées au n° 52630. 53010

Il est **arrondi** par excès à la deuxième décimale (n° 52620).

MODIFICATION DU COEFFICIENT DE TAXATION FORFAITAIRE SUITE À UN CONTRÔLE FISCAL

Lorsque, à la suite d'une instance contentieuse, certaines **opérations** soumises à la TVA sont **finalement** considérées comme étant **exonérées** de cette taxe, le pourcentage de déduction de l'entreprise doit être révisé en conséquence, les opérations en cause devant être portées seulement au dénominateur du rapport, ce qui entraîne une réduction des droits à déduction. Une compensation peut être opérée entre le dégrèvement résultant de la décision d'exonération et la réintégration résultant de l'excédent de déduction (CE 22-5-1974 n° 85602 : Dupont 1974 p. 304). 53020

MENTION DU COEFFICIENT DE TAXATION FORFAITAIRE SUR LES DÉCLARATIONS

En vertu de l'article 40, 1 de l'annexe IV au CGI, les redevables doivent mentionner sur leurs déclarations de chiffre d'affaires le coefficient de taxation calculé de manière forfaitaire lorsque les biens et les services sont utilisés concurremment pour la réalisation d'opérations imposables ouvrant droit à déduction et pour la réalisation d'opérations imposables n'ouvrant pas droit à déduction. 53030

S'agissant des **entreprises qui deviennent redevables,** elles doivent mentionner, sur leur première déclaration de chiffre d'affaires, le coefficient de taxation forfaitaire retenu à titre provisoire.

1. MONTANT ET NATURE DES SOMMES À PRENDRE EN COMPTE

Le coefficient de taxation d'un bien ou d'un service utilisé à la fois pour réaliser des opérations imposables ouvrant droit à déduction et des opérations imposables n'ouvrant pas droit à déduction est toujours déterminé de manière forfaitaire, le cas échéant dans le cadre des secteurs d'activité distincts (n°s 53390 s.). 53050

En revanche, selon l'**administration,** quand bien même une affectation plus fine serait possible, les montants de chiffres d'affaires à prendre en compte au numérateur et au dénominateur ne peuvent **en aucun cas** être limités au **chiffre d'affaires auquel la dépense concourt effectivement** (BOI-TVA-DED-20-10-20 n° 80).

Par **exemple,** si le chiffre d'affaires d'une entreprise réalisant exclusivement des opérations imposables s'élève au titre des opérations ouvrant droit à déduction à 150 k € et au titre des opérations n'ouvrant pas droit à déduction à 50 k € et que cette entreprise supporte une dépense qui concourt à des opérations ouvrant droit à déduction à hauteur de 12 k € et à des opérations n'ouvrant pas droit à déduction à hauteur de 30 k €, le coefficient de taxation forfaitaire de cette dépense mixte est égal à 150 / 200 = 0,75 (et non à 12 / 42) (BOI précité n° 80).

> Précisions Au regard de la jurisprudence la plus récente de la **Cour de justice,** cette position de l'administration n'est peut-être plus aussi évidente que par le passé. Si, jusqu'alors, il ne faisait pas de doute qu'un assujetti ne pouvait utiliser qu'un seul et même prorata de déduction pour l'ensemble de ses dépenses mixtes (sauf sectorisation), la question de l'utilisation de prorata multiples (en dehors de toute sectorisation) se pose aujourd'hui, suite à l'arrêt « Morgan Stanley » de la CJUE du 24-1-2019 aff. 165/17. Dans cette affaire, qui lui avait été soumise par le Conseil d'État et qui concernait la détaxation des dépenses à usage mixte engagées par une succursale pour les opérations de son siège situé dans un autre État membre, la Cour a en effet jugé que la précision figurant dans l'article 173, 1-al. 2 de la directive TVA, selon laquelle le prorata de déduction doit être déterminé « pour l'ensemble des opérations effectuées par l'assujetti », se réfère aux seules opérations taxées ou exonérées auxquelles les dépenses à usage mixte ont été affectées, à l'exclusion des autres opérations économiques réalisées par l'assujetti. Elle a ainsi considéré, s'agissant des dépenses à usage mixte de la succursale affectées exclusivement à la fois aux opérations taxées et aux opérations exonérées de son siège étranger, que la succursale devait calculer un prorata de déduction tenant compte de ces seules opérations (voir n° 16080). Cette solution a-t-elle vocation à s'appliquer, de manière plus générale, à tous les redevables partiels ? L'interprétation que fait la Cour des dispositions de l'article 173, 1-al. 2 de la directive, sans en limiter la portée au strict cadre des relations siège/succursale, milite pour une réponse affirmative mais cette solution devra être confirmée. Se poserait alors la question de l'utilité des méthodes dérogatoires prévues par l'article 173, 2-a et b de la directive TVA (dont la France a fait usage : nos 53390 s.) qui ouvrent la faculté aux États membres d'autoriser ou d'obliger les assujettis à déterminer un prorata de déduction pour chaque secteur d'activité.

53055 Le calcul du **« prorata » de déduction** de la TVA (coefficient de taxation forfaitaire en France) ne peut pas être **mondialisé,** en ce sens qu'un siège ne peut pas tenir compte, pour la détermination de son prorata de déduction, du chiffre d'affaires de l'ensemble de ses succursales étrangères (voir nos 16070 s.).

NOTION DE CHIFFRE D'AFFAIRES

53060 Le chiffre d'affaires à retenir pour le calcul du rapport (numérateur et dénominateur) est celui correspondant aux opérations pour lesquelles l'**exigibilité** de la taxe (au sens défini au no 38210) est intervenue au cours de l'année considérée (les opérations exonérées doivent être prises en compte à la date à laquelle l'exigibilité serait intervenue en cas de soumission à la TVA) (BOI-TVA-DED-20-10-20 no 50 ; en ce sens également, CE 11-12-2020 no 427136 : RJF 3/21 no 267).

53065 Les **travaux en cours** qui n'ont pas encore été livrés ou qui n'ont pas donné lieu à l'établissement de décomptes et/ou à des encaissements d'acomptes ne doivent pas être inclus dans le dénominateur du rapport (CJUE 26-5-2005 aff. 536/03 : RJF 8-9/05 no 988).

53070 Les **redevables** qui sont **imposables** à la TVA **sur une assiette particulière** retiennent, pour le calcul du rapport, le chiffre d'affaires réalisé et non pas la seule base d'imposition à la taxe (différence représentant la marge). Il s'agit notamment des agents de voyages (nos 84000 s.) et des assujettis revendeurs de biens d'occasion, œuvres d'art, objets de collection ou d'antiquité (nos 78950 s.) (BOI-TVA-DED-20-10-20 no 80).

SOMMES EXCLUES DU RAPPORT

53080 Un certain nombre de sommes ou de recettes sont exclues tant du numérateur que du dénominateur du rapport dont découle le coefficient de taxation forfaitaire. Ces sommes se répartissent en **deux catégories** :

– celles qui se rapportent à des opérations situées hors du champ d'application de la TVA (no 53085) ;

– celles qui sont exclues du calcul de ce rapport par une disposition expresse légale ou réglementaire (no 53090).

Cette distinction est importante. Les recettes se rapportant à des opérations situées hors du champ d'application de la TVA sont sans influence pour le calcul du coefficient de taxation mais les dépenses utilisées pour les besoins de ces activités n'ouvrent pas droit à déduction (BOI-TVA-DED-20-10-20 nos 120 et 130). En revanche, les sommes explicitement exclues du rapport n'influencent pas le droit à déduction.

53085 À la différence des recettes provenant d'opérations « dans le champ » n'ouvrant pas droit à déduction (qui doivent figurer au dénominateur du coefficient de taxation forfaitaire : no 53005), les sommes qui se rapportent à des **opérations situées hors du champ d'application** de la TVA sont exclues des deux termes du rapport qui détermine ce coefficient (CJUE plén. 22-6-1993 aff. 333/91, SA Satam : RJF 7/93 no 986 ; CE 29-12-1997 no 140829 : RJF 2/98 no 151 ; CE 11-2-1998 no 142871 : RJF 3/98 no 255 ; CE 2-6-1999 no 191937 : RJF 7/99 no 851).

> Précisions Ainsi, sont exclus du calcul du coefficient de taxation forfaitaire, notamment, les indemnités non imposables (nos 6350 s.) et les intérêts moratoires réclamés par un fournisseur à un client (no 35900).
En ce qui concerne les sommes correspondant aux prestations de services fournies par un siège français à sa succursale étrangère ou inversement : voir nos 16000 s.

53090 Les **sommes** suivantes sont expressément **exclues du calcul du coefficient de taxation forfaitaire** (c'est-à-dire n'ont à figurer ni au numérateur ni au dénominateur) **alors même** qu'elles sont afférentes à des **opérations** situées **dans le champ** d'application de la TVA (BOI-TVA-DED-20-10-20 no 150) :

– **livraisons à soi-même de biens immobilisés imposées** à la TVA (les livraisons à soi-même de biens autres que des immobilisations et les prestations à soi-même imposables figurent aux deux termes du rapport : nos 14375, précision b, et 14530) ;

– **cessions de biens d'investissement** corporels ou incorporels, que ces cessions soient imposées ou exonérées de la TVA (CGI ann. II art. 206, III-3-3°-a). Toutefois, les cessions de biens d'investissement qui font partie intégrante des activités économiques habituelles de l'entreprise (telles les cessions de véhicules par une entreprise de crédit-bail à l'issue des contrats de location-vente) doivent être prises en compte pour le calcul du coefficient de taxation forfaitaire (en ce sens, CJUE 6-3-2008 aff. 98/07 : RJF 5/08 n° 625 ; CE 20-3-2015 n° 371914 : RJF 6/15 n° 522 ; BOI précité n°s 160 et 170) ; sur l'application de ces principes aux cessions de titres de participation, voir n° 53240, précisions ;

– recettes correspondant à la **taxe sur les conventions d'assurance** recouvrée par les assureurs sur leurs clients ;

– encaissements d'un **mandataire** qui, ne correspondant **pas** à de **véritables recettes,** n'entrent pas dans sa base d'imposition à la taxe, à savoir : remboursement de débours, du type frais de procédure (n°s 36350 s.) ; recettes encaissées pour le compte d'un tiers pour lui être reversées (à l'exclusion, bien sûr, des honoraires rétrocédés imposables, à prendre en compte aux deux termes du rapport) et sommes perçues avec mandat de les répartir au bénéfice d'autres personnes et d'en rendre un compte exact ;

– pour le calcul du coefficient de taxation forfaitaire des éditeurs, producteurs ou organismes de gestion collective de droits : **droits d'auteur** sur lesquels ils acquittent la TVA par retenue (n° 87620).

La question de savoir dans quels cas les **produits financiers** perçus par les entreprises ou sociétés doivent ou non être pris en compte pour le calcul du coefficient de taxation forfaitaire appelle des commentaires particuliers, donnés sous les n°s 53130 s. **53095**

Il en est de même pour les **recettes immobilières** (n° 53310) et pour les subventions (n°s 53350 s.).

2. PRODUITS FINANCIERS

Indépendamment des établissements bancaires ou financiers (qui font l'objet d'une rubrique spéciale : n°s 76500 s. et, notamment, n°s 77510 s.), de nombreuses entreprises ou sociétés perçoivent des produits financiers de diverses natures (dividendes d'actions, produits d'obligations, de Sicav ou FCP, intérêts de dépôts, prêts ou placements, etc.). **53130**

Le sort de ces produits au regard du droit à déduction nécessite d'examiner leur situation au regard du champ d'application de la TVA.

a. Situation au regard du champ d'application de la TVA

Les opérations réalisées par une entreprise qui se traduisent par la perception de produits financiers sont situées dans le champ d'application de la TVA dès lors qu'elles s'inscrivent dans le cadre d'une activité économique au sens des dispositions de l'article 9, 1-al. 2 de la directive TVA (n°s 1570 s.). **53140**

Il ressort de la jurisprudence de la CJUE que les produits financiers résultant de la **simple détention d'un bien** ou du **simple exercice du droit de propriété** ne constituent pas la contrepartie d'une activité économique au regard des règles applicables en matière de TVA (BOI-TVA-CHAMP-10-10-30 n°s 260 et 280).

Au regard de ces principes, les produits financiers perçus par les entreprises entrent dans le champ d'application de la TVA dès lors que le versement de ces produits ne résulte pas de la simple propriété du bien mais qu'ils constituent la contrepartie d'une prestation de services consistant en la **mise à disposition d'un capital au profit d'un tiers.**

Toutefois, ces prestations de services ne sont imposables à la TVA que si elles sont réalisées par des personnes agissant en qualité d'assujetti (BOI précité n°s 350 et 360).

Il en va ainsi lorsque ces prestations de services sont effectuées dans le cadre d'un **objectif d'entreprise ou** dans un **but commercial,** caractérisé notamment par la volonté de rentabilisation des capitaux investis (CJUE 14-11-2000 aff. 142/99, Floridienne et Berginvest SA : RJF 1/01 n° 127 et CJUE 29-4-2004 aff. 77/01, EDM : RJF 7/04 n° 827 ; BOI précité n° 370).

Il en va également ainsi lorsqu'une personne effectue des opérations financières constituant le **prolongement direct, permanent et nécessaire de son activité taxable,** telles que la perception par un syndic des intérêts produits par le placement de sommes qu'il reçoit de ses clients dans le cadre de la gestion d'immeubles appartenant à ces derniers (CJUE 11-7-1996 aff. 306/94, Régie Dauphinoise : RJF 8-9/96 n° 1112 ; BOI précité n° 370).

Tel est également le cas d'une société ayant pour activité la location, la gérance et l'exploitation de biens et droits immobiliers pour son propre compte et pour le compte de tiers, qui est intervenue dans le cadre d'un montage financier élaboré entre deux groupes de sociétés pour la réalisation d'une opération immobilière, dès lors que les produits concernés (intérêts de placements en bons du Trésor des États-Unis, intérêts de versements en compte courant, produits tirés de swaps de taux d'intérêt) sont étroitement imbriqués dans l'activité économique taxable de la société et en constituent le **complément indispensable, direct et permanent** (CE 21-10-2011 n° 315469, SNC Ariane : RJF 1/12 n° 24 ; BOI précité n° 370).

ACQUISITION, DÉTENTION ET VENTE DE TITRES ; PERCEPTION DE DIVIDENDES

53150 Comme déjà indiqué au n° 51080, la perception de **dividendes** n'étant pas la contrepartie d'une activité économique, elle n'entre pas dans le champ d'application de la TVA, même dans l'hypothèse où le holding qui perçoit des dividendes s'immisce dans la gestion de ses filiales en leur fournissant des prestations de services soumises à la taxe.

53155 De même, l'**achat** et **la vente de titres** négociables, tels que des actions, des participations dans des fonds d'investissement (Sicav, FCP, etc.), des obligations, des bons du Trésor et autres titres de créances négociables, sont placés hors du champ d'application de la TVA dès lors que les entreprises qui se livrent à de telles opérations doivent être considérées comme se limitant à gérer un portefeuille d'investissements à l'instar d'un investisseur privé (CJUE 29-4-2004 aff. 77/01, EDM : RJF 7/04 n° 827 ; CJUE 29-10-2009 aff. 29/08, AB SKF : RJF 1/10 n° 90 ; BOI-TVA-CHAMP-10-10-30 n° 310).

Tel est également le cas de l'achat et de la vente d'actions et d'autres titres dans le cadre de la gestion d'un trust caritatif (CJUE 20-6-1996 aff. 155/94, Wellcome Trust : RJF 8-9/96 n° 1111).

Toutefois, les opérations portant sur des titres relèvent du champ d'application de la TVA lorsqu'elles sont effectuées dans le cadre d'une **activité commerciale de négociation de titres,** pour réaliser une **immixtion directe ou indirecte** dans la gestion (sur cette notion, voir n° 51115, précision b) des sociétés dans lesquelles s'est opérée la prise de participation **ou** qu'elles constituent le **prolongement direct, permanent et nécessaire** de l'activité taxable au sens défini au n° 53250 (CJUE 20-6-1996 précité ; CJUE 6-2-1997 aff. 80/95, Harnas & Helm CV : RJF 4/97 n° 407 ; CJUE 29-10-2009 précité).

En revanche, ni l'**ampleur d'une vente** d'actions, ni le **recours** dans le cadre de cette vente **à des sociétés de conseil** ne sauraient constituer des critères de distinction entre les activités d'un investisseur privé et celles d'un investisseur dont les opérations constituent une activité économique (BOI précité n° 320).

> **Précisions a.** Selon la CJUE, l'exercice d'une **activité commerciale de négociation de titres** suppose la mise en œuvre d'opérations qui consistent à retirer des recettes ayant un caractère permanent d'activités qui excèdent le cadre de la simple acquisition et de la vente de titres (en ce sens, notamment, CJUE 29-4-2004 aff. 77/01, EDM précité ; CJUE 26-5-2005 aff. 465/03, Kretztechnik : RJF 8-9/05 n° 982).
> **b.** S'agissant de la situation des **intérêts** versés en rémunération de placements dans des obligations, des bons du Trésor ou d'autres titres de créances négociables au regard du champ d'application de la TVA, voir n° 53175.
> **c.** Selon la CJUE, une opération de **cession d'actions envisagée mais non réalisée** qui ne trouve **pas** sa **cause exclusive directe dans l'activité économique** taxable de la société concernée **ou** qui ne constitue **pas** le **prolongement direct, permanent et nécessaire** de cette activité économique ne relève pas du champ d'application de la TVA (ce qui fait obstacle à la déduction de la taxe grevant les dépenses exposées à l'occasion de cette cession : sur ce point, voir toutefois n° 51135). Tel est le cas lorsque l'opération n'est **pas** effectuée en vue d'**affecter le produit de la cession à l'activité économique** taxable exercée par la société (ou par le groupe dont elle fait partie). Ainsi jugé à propos d'une cession, par une société mère, des actions de sa sous-filiale (dans la gestion de laquelle elle s'immisçait), finalement non réalisée, qui visait uniquement à acquitter les dettes dues à l'établissement bancaire, qui avait racheté le groupe en raison de la défaillance de l'ancien propriétaire du groupe dans le remboursement d'un prêt qui lui avait été consenti (CJUE 8-11-2018 aff. 502/17, C&D Foods Acquisition ApS : RJF 1/19 n° 118).

PRODUITS DE PLACEMENTS DANS DES FONDS D'INVESTISSEMENT

53165 Des placements dans des fonds d'investissement ne constituent **pas** des prestations de services effectuées à titre onéreux au sens de l'article 2, 1-c de la directive TVA consistant en la **mise à disposition d'un capital** au profit d'un tiers ; les produits de tels placements ne relèvent donc pas du champ d'application de la TVA (CJUE 29-4-2004 aff. 77/01, EDM : RJF 7/04 n° 827 ; BOI-TVA-CHAMP-10-10-30 n° 340).

PRODUITS DE PLACEMENTS DANS DES DÉPÔTS BANCAIRES OU DANS DES TITRES

53175 Des placements par une entreprise dans des dépôts bancaires (gestion de trésorerie) ou dans des titres tels que des **bons du Trésor** ou des **obligations** constituent des prestations de services effectuées à titre onéreux par un assujetti agissant en tant que tel consistant en la **mise à disposition d'un capital** au profit d'un tiers. Les **intérêts** perçus en rémunération de ces placements sont situés dans le champ d'application de la TVA (CJUE 29-4-2004 aff. 77/01, EDM : RJF 7/04 n° 827 ; BOI-TVA-CHAMP-10-10-30 n°s 380 et 390).

> Précisions À relever cependant, s'agissant des **intérêts d'obligations,** la solution inverse (mise hors champ desdits intérêts) résultant :
– expressément d'un arrêt antérieur de la Cour de justice (CJUE 6-2-1997 aff. 80/95, Harnas & Helm CV : RJF 4/97 n° 407) dont la valeur, au regard de l'arrêt EDM susvisé, est toutefois incertaine ;
– implicitement d'un arrêt postérieur du Conseil d'État (CE 5-3-2018 n° 393647 : RJF 5/18 n° 480).

INTÉRÊTS DES PRÊTS

Les intérêts perçus par un **holding** en rémunération de prêts accordés aux sociétés dans lesquelles il détient une participation, **quelles que soient les raisons** pour lesquelles ces prêts sont octroyés (soutien économique, placement d'excédents de trésorerie, etc.), sont situés dans le champ d'application de la TVA (CJUE 29-4-2004 aff. 77/01, EDM : RJF 7/04 n° 827 ; CE 5-3-2018 n° 393647 : RJF 5/18 n° 480 ; BOI-TVA-CHAMP-10-10-30 n°s 380 et 390). Cette solution qui a une portée générale a vocation à s'appliquer à toute entreprise. **53185**

ATTRIBUTION GRATUITE DE TITRES

L'article L 225-197-2 du Code de commerce prévoit qu'une société peut, sous certaines conditions, attribuer des **actions gratuites aux membres du personnel salarié de sociétés ou groupements** qui lui sont **liés.** La société mère qui attribue des actions gratuites peut opérer la déduction des charges exposées et des moins-values subies à l'occasion de l'attribution définitive des actions gratuites existantes aux salariés de la société ou du groupement lié, dès lors, notamment, que ces charges ou ces moins-values font l'objet d'une **refacturation** par la société attributrice à cette société ou ce groupement qui lui est lié. Cette remise gratuite des titres par la société attributrice dans les conditions susvisées n'est pas effectuée à titre onéreux et ne s'inscrit pas dans le cadre d'une activité économique consistant en l'exploitation d'un bien incorporel en vue d'en retirer des recettes ayant un caractère de permanence. Elle est donc située en dehors du champ d'application de la TVA. Partant, la refacturation des frais et moins-values opérée par la société attributrice à une société ou à un groupement qui lui est lié n'est pas imposable à la TVA (Lettre DLF du 19-9-2008). **53195**

CONTRATS DE SWAPS

La **soulte versée** à une société, **à la suite de la résiliation des contrats d'échange de taux d'intérêts** ou swaps, qui est représentative de la valeur de ces derniers à la date de la résiliation, a pour effet, nonobstant la circonstance que seul le différentiel des flux futurs d'intérêt attendu des swaps ait été acquitté à l'occasion de cette résiliation, de **rémunérer** un élément de la **prestation consistant à prêter,** sous réserve de réciprocité, une **somme portant intérêts.** Malgré le caractère aléatoire des contrats de swaps, la somme litigieuse doit être regardée comme reçue en contrepartie de prestations de services effectuées à titre onéreux au sens de l'article 256 du CGI (CAA Paris 6-10-2010 n° 08-5484 : RJF 4/11 n° 436). **53205**

b. Situation au regard du droit à déduction

Elle repose sur la distinction entre opérations financières ne relevant pas du champ d'application de la TVA et opérations en relevant. **53220**

OPÉRATIONS FINANCIÈRES NE RELEVANT PAS DU CHAMP D'APPLICATION DE LA TVA

Lorsque les opérations se situent hors du champ d'application de la TVA, leurs **recettes** sont sans influence sur le calcul du coefficient de taxation forfaitaire (n° 53085). **53230**

Quant aux **dépenses** engagées à l'occasion de ces opérations, elles peuvent bénéficier d'un coefficient d'assujettissement supérieur à zéro dans la mesure où elles présentent le caractère de frais généraux (n°s 50940 s.) (pour les dépenses supportées pour la réalisation d'opérations en capital, voir n°s 51110 s.).

On rappelle que la **perception de dividendes** n'entre pas dans le champ d'application de la TVA mais ne constitue pas, au regard des droits à déduction, une activité non économique (voir n° 51080).

OPÉRATIONS FINANCIÈRES RELEVANT DU CHAMP D'APPLICATION DE LA TVA

Lorsque les opérations se situent dans le champ d'application de la TVA, elles sont prises en compte pour le calcul du coefficient de taxation forfaitaire. **53240**

En fait, la plupart des produits financiers sont **exonérés** de la TVA en vertu de l'article 261 C du CGI (n°s 76520 s.) et n'ouvrent donc pas droit à déduction.

Conformément à la règle déjà indiquée (n° 53005), ces produits doivent donc, en **principe,** être portés au seul **dénominateur du coefficient de taxation forfaitaire** (ce qui a évidemment pour effet de réduire les déductions calculées sur la base de ce coefficient de taxation forfaitaire).

> **Précisions** Selon la CAA de Versailles, la **cession de titres de participation** détenus dans une filiale contrôlée par une société financière, laquelle lui a préalablement fourni diverses prestations à titre onéreux assujetties à la TVA, doit être considérée comme une opération relevant de son **activité économique habituelle** et taxable de sorte que le produit de cette cession, exonéré de TVA, doit être pris en compte, au dénominateur, pour le calcul du coefficient de taxation forfaitaire. Une telle cession ne peut en effet, selon la cour, conformément à la jurisprudence de la CJUE, bénéficier de l'exclusion du calcul du coefficient de taxation forfaitaire prévue pour les **cessions de biens d'investissement** mentionnée au n° 53090 (CAA Versailles 23-6-2015 n° 14VE02731 : RJF 11/15 n° 904, solution, selon nous, peu en phase avec l'arrêt « AB SKF » de la CJUE 29-10-2009 aff. 29/08, points 44 à 47). La CAA de Paris a, quant à elle, retenu une solution inverse en se fondant sur le caractère isolé des cessions de titres et sur leur montant limité (CAA Paris 17-10-2019 n° 17PA03532-18PA02177 : RJF 2/20 n° 117 ; CE (na) 29-7-2020 n° 436778 : RJF 11/20 n° 883).

53245 Cependant, une **dérogation** est apportée à ce principe par l'article 206, III-3-3°-b de l'annexe II au CGI. Ce texte exclut pour le calcul du coefficient de taxation forfaitaire les produits des **opérations financières accessoires.**

Sont accessoires, selon ce texte, les opérations financières qui ont un **lien avec l'activité principale** de l'entreprise et dont la réalisation nécessite une **utilisation limitée au maximum à un dixième des biens et des services grevés de TVA** qu'elle a acquis.

> **Précisions** **a.** Les dispositions réglementaires prévoyant la limitation des droits à déduction par la méthode forfaitaire du coefficient de taxation ne sont pas applicables aux assujettis qui réalisent **uniquement** des **opérations ouvrant droit à déduction et** des **opérations financières** ou **immobilières exonérées** présentant un caractère accessoire, à l'exclusion de toute autre opération n'ouvrant pas droit à déduction.
> Il s'ensuit que ces assujettis peuvent déduire la TVA ayant grevé l'acquisition des biens et services utilisés pour les besoins de leurs opérations imposables dans les conditions posées par l'article 271 du CGI (coefficient de taxation afférent à chaque bien et service utilisé par ces assujettis réputé égal à l'unité) (BOI-TVA-DED-20-10-20 n° 200).
> **b.** Les **opérations d'assurance** ne peuvent **pas** être assimilées à des **opérations financières accessoires** pour l'application de la dérogation prévue par l'article 174, 2 de la directive concernant le calcul du prorata de déduction (CJUE 8-7-2021 aff. 695/19 : RJF 10/21 n° 992).

53250 **Lien avec l'activité principale** Les opérations financières réalisées par une entreprise ne peuvent être qualifiées d'opérations accessoires à l'activité principale de l'entreprise que si, d'une part, elles se distinguent de cette activité principale, et si, d'autre part, elles présentent un **lien avec cette activité principale.** Il en va ainsi, par exemple, des **holdings mixtes** qui, outre une activité industrielle, commerciale ou de services taxable, réalisent des opérations liées à la gestion financière du groupe (BOI-TVA-DED-20-10-20 n° 210).

Ceci dit, l'administration exige également, à l'instar du juge, pour leur reconnaître un caractère accessoire, que les produits financiers ne soient pas dans le **prolongement direct, permanent et nécessaire** de l'activité taxable de l'assujetti.

Ainsi, la doctrine administrative précise que le Conseil d'État (CE 21-10-2011 n° 315469 : RJF 1/12 n° 24) considère qu'il résulte de la jurisprudence communautaire (CJUE 11-7-1996 aff. 306/94 : RJF 8-9/96 n° 1112 ; CJUE 29-4-2004 aff. 77/01 : RJF 7/04 n° 827 ; CJUE 6-3-2008 aff. 98/07 : RJF 5/08 n° 625 ; CJUE 29-10-2009 aff. 174/08 : RJF 1/10 n° 92) qu'une activité économique ne saurait être qualifiée d'accessoire si elle constitue le prolongement direct, permanent et nécessaire de l'activité taxable de l'entreprise ou si elle implique une utilisation significative de biens et de services pour lesquels la TVA est due. En l'espèce, il a été jugé que ne peuvent être qualifiés d'accessoires les différents produits financiers perçus par une société ayant pour activité la location, la gérance et l'exploitation de biens et droits immobiliers pour son propre compte et pour le compte de tiers, qui est intervenue dans le cadre d'un montage financier élaboré entre deux groupes de sociétés pour la réalisation d'une opération immobilière, dès lors que ces produits (intérêts de placements en bons du Trésor des États-Unis, intérêts de versements en compte courant, produits tirés de swaps de taux d'intérêt) sont étroitement imbriqués dans l'activité économique taxable de la société et en constituent le complément indispensable, direct et permanent, même s'ils n'ont nécessité qu'une utilisation limitée de moyens (BOI précité).

Pour apprécier le caractère dissociable ou non des activités en cause, il convient de rechercher si l'activité taxable d'une société nécessite l'exercice de l'activité financière exonérée et non l'inverse (CE 8-2-2019 n° 409202 : RJF 5/19 n° 433). Jugé, dans la même affaire, que l'activité taxable de conseil en investissement immobilier ne nécessite pas l'exercice d'une activité d'intermédiaire bancaire (exonérée) entre ses clients et des établissements de crédit pour l'obtention de prêts, de sorte que cette seconde activité ne constitue pas le prolongement direct et nécessaire de l'activité taxable (CE (na) 16-3-2020 n° 433999 : RJF 7/20 n° 593).

> **Précisions** **a.** On relèvera que la jurisprudence du **Conseil d'État** postérieure à l'arrêt du 21 octobre 2011 susvisé retient une **interprétation extensive** du critère **du prolongement** direct, permanent et **nécessaire** de l'activité taxable de l'assujetti, en ne faisant **pas** dépendre le caractère nécessaire des opérations financières de leur **caractère indispensable** à la viabilité de l'entreprise. La Haute Assemblée a, en effet, jugé, à propos d'une société exerçant une activité d'émission et de vente de titres-restaurant qui place auprès d'un établissement financier les sommes correspondant à la valeur faciale des titres cédés aux employeurs dans l'attente de leur reversement aux restaurateurs et commerçants, que, eu égard à leurs caractéristiques, ces opérations financières, indissociablement liées à l'activité d'émission et de cession de titres-restaurant et normalement pratiquées par les organismes qui exercent celle-ci conformément à la réglementation en vigueur, en constituent non seulement le prolongement direct et permanent, mais aussi le prolongement nécessaire, la double circonstance que ces opérations financières ne sont pas rendues obligatoires par la réglementation et qu'elles ne conditionnent pas la rentabilité de la société émettrice étant à cet égard indifférente. Ces opérations ne peuvent donc pas être regardées comme accessoires au sens de l'article 174 de la directive TVA, sans qu'il soit besoin de tenir compte du critère quantitatif (CE 1-10-2015 n° 369846 : RJF 12/15 n° 1008 ; dans le même sens, s'agissant d'une activité d'émission et de vente de chèques-cadeaux, voir CE (na) 18-11-2019 n° 429982 : RJF 2/20 n° 116). Cette décision est fondée sur l'idée (exprimée par le rapporteur public dans ses conclusions) selon laquelle présente un caractère nécessaire « l'ensemble des activités financières que tout opérateur avisé intervenant sur le marché principal en cause exercerait aussi, sauf à laisser, toutes choses égales par ailleurs, un avantage comparatif substantiel à ses concurrents ».
> **b.** S'agissant des produits tirés par un **holding mixte** de la gestion financière du groupe, il nous semble que l'application du critère du prolongement direct, permanent et nécessaire de l'activité taxable puisse être écartée en application de la doctrine administrative elle-même (citée ci-dessus). En effet, l'administration considère que les **opérations liées à la gestion financière** du groupe se distinguent de l'activité principale du holding mixte. En d'autres termes, elles ne peuvent pas être dans son prolongement.
> On observera d'ailleurs, s'agissant plus particulièrement des **opérations de prêts** rémunérés réalisées avec ses fonds propres par un holding mixte au profit de ses filiales, que le critère du **prolongement direct, permanent et nécessaire** de l'activité taxable de services aux filiales est **inopérant** pour déterminer si les intérêts correspondants constituent ou non des opérations financières accessoires ; seul peut donc trouver à s'appliquer, dans ce cas, le critère quantitatif tenant à la faible utilisation de biens et services grevés de TVA (n° 53260) (CJUE 14-11-2000 aff. 142/99 : RJF 1/01 n° 127 ; CJUE 29-4-2004 aff. 77/01 : RJF 7/04 n° 827 ; CE 5-3-2018 n° 393647 : RJF 5/18 n° 480).

Utilisation limitée au maximum à un dixième des biens et des services grevés de TVA 53260 Pour l'application du critère relatif à la faible utilisation des biens et services grevés de TVA, il est nécessaire de déterminer, pour chaque bien et service grevés de TVA, la **proportion d'utilisation** pour la réalisation d'opérations financières présentant un lien avec l'activité principale de l'entreprise (en fonction de tout **critère** de nature à traduire au mieux cette utilisation : durée d'utilisation, surfaces employées, etc.). Pour la prise en compte des dépenses relatives aux biens d'investissements, il doit être tenu compte de leur durée normale d'utilisation. La proportion d'utilisation ainsi calculée doit ensuite être appliquée à la valeur d'acquisition de chacun de ces biens et services pour déterminer la **valeur d'utilisation.**

Le **seuil de 10 %** est apprécié au regard du rapport existant entre la somme des valeurs d'utilisation des biens et services grevés de TVA et le montant total de leur valeur d'acquisition (CGI ann. III art. 206, III-3-3°-b ; BOI-TVA-DED-20-10-20 n° 220).

L'administration considère que les **dépenses grevées de TVA ayant la nature de frais généraux** 53265
(au sens défini aux nos 50945 s.) se répartissent de manière homogène sur les autres dépenses grevées de TVA de l'entreprise.

Le montant des frais généraux grevés de TVA utilisés pour la réalisation d'opérations financières exonérées est alors égal à :

> Montant total des frais généraux grevés de TVA × montant des dépenses grevées de TVA hors frais généraux utilisées pour les opérations financières exonérées / montant total des dépenses hors frais généraux

En pratique, cette démarche conduit à faire abstraction des dépenses de frais généraux pour le calcul du rapport servant à apprécier le seuil des 10 %. Ce rapport doit donc être calculé en retenant au numérateur la somme des dépenses grevées de TVA supportées pour la réalisation des opérations financières exonérées (hors frais généraux) et au dénominateur les dépenses totales de l'entreprise grevées de TVA (hors frais généraux) (BOI-TVA-DED-20-10-20 n° 220).

EXEMPLE

Montant des dépenses grevées de TVA (hors frais généraux) utilisées pour la réalisation d'opérations financières exonérées : 370 000 €.
Montant total des dépenses grevées de TVA (hors frais généraux) : 2 840 000 €.
Montant des frais généraux grevés de TVA : 174 000 €.
En utilisant la méthode de répartition des frais généraux prévue par l'administration, le montant des frais généraux grevés de TVA utilisés pour la réalisation d'opérations financières exonérées est de : 174 000 × 370 000 / 2 840 000 = 22 669 €.
Calcul du rapport servant à apprécier le seuil de 10 % en prenant en compte les frais généraux : (370 000 + 22 669) / (2 840 000 + 174 000) = 0,13.
Calcul du rapport servant à apprécier le seuil de 10 % sans prendre en compte les frais généraux : 370 000 / 2 840 000 = 0,13.
Le résultat du rapport est bien identique que l'on tienne compte ou non des frais généraux.

53270 À titre de **règle pratique,** la **condition liée à la faible utilisation des biens et services** grevés de TVA est également réputée satisfaite lorsque le produit des opérations financières exonérées présentant un lien avec l'activité principale n'excède pas **5 % du chiffre d'affaires** total TTC de l'entreprise (BOI-TVA-DED-20-10-20 n° 230).

53275 Lorsque la perception de produits financiers présente un lien avec l'activité principale mais **ne répond pas à la condition liée à la très faible utilisation des biens et services** grevés de TVA, les opérations financières peuvent être sectorisées sous réserve que le redevable se soumette à l'ensemble des dispositions de l'article 209, I de l'annexe II au CGI (n°s 54500 s.), et étant observé que les opérations financières qui sont indissociables de l'activité taxable ne peuvent être sectorisées (n° 54590) (BOI-TVA-DED-20-10-20 n° 240).

EXEMPLES

1. Un holding mixte a perçu au cours de l'année N les produits suivants :
– dividendes : 100 000 € ;
– intérêts de prêts aux filiales françaises : 12 000 € ;
– recettes de management imposables : 120 000 € ;
– recettes de management non imposables (filiales étrangères) : 100 000 €.
Le chiffre d'affaires annuel total TTC servant de base au calcul du seuil de 5 % est de 256 000 €, soit : 12 000 € (intérêts de prêts) + 120 000 € (recettes de management imposables) + 24 000 € (TVA sur les recettes de management imposables) + 100 000 € (recettes de management non imposables).
Le seuil de 5 % s'élève à 12 800 (soit 256 000 × 5 %).
Le produit des opérations financières exonérées (12 000 €) est inférieur au seuil de 5 %, les intérêts sont donc exclus du rapport servant au coefficient de taxation forfaitaire.
2. Un holding mixte a perçu au cours de l'année N, outre des dividendes (qui ne sont pas à prendre en compte pour le calcul du coefficient de taxation forfaitaire), des intérêts sur des prêts accordés à ses filiales pour un montant de 15 M€ et des recettes sur des prestations de services rendues à ses filiales pour un montant de 5 M€. Le produit des opérations financières exonérées est supérieur à 5 % du montant du chiffre d'affaires TTC de l'entreprise.
Hypothèse n° 1. La part des dépenses grevées de TVA engagées pour la réalisation des opérations financières exonérées est inférieure à 10 % du total des dépenses grevées de TVA supportées par le redevable. Les produits financiers perçus présentent un caractère accessoire. Le holding peut donc déduire la totalité de la TVA ayant grevé les dépenses engagées pour la réalisation exclusive des opérations dans le champ d'application de la taxe dès lors qu'il ne réalise pas d'autres opérations exonérées (n° 53245, précisions).
Hypothèse n° 2. La part des dépenses grevées de TVA engagées pour la réalisation des opérations financières exonérées est supérieure à 10 % du total des dépenses grevées de TVA supportées par le redevable. Dans cette hypothèse, les produits financiers perçus ne présentent pas un caractère accessoire par rapport à l'activité principale de l'entreprise et ils doivent être pris en compte pour le calcul du coefficient de taxation forfaitaire. Celui-ci est fixé à 25 % au titre de l'année N. Le holding peut donc déduire 25 % de la TVA ayant grevé les dépenses engagées pour la réalisation exclusive des opérations dans le champ d'application de la taxe. Toutefois, le holding peut constituer un secteur distinct d'activité au titre de ses opérations financières exonérées sous réserve qu'il respecte l'ensemble des conditions prévues par l'article 209 de l'annexe II au CGI (n°s 54500 s.).

3. RECETTES IMMOBILIÈRES

Les explications ci-après concernent les recettes d'opérations immobilières lorsqu'elles sont **exonérées** de la TVA (c'est essentiellement le cas, rappelons-le, des locations de terres et bâtiments agricoles : nos 4560 s., des locations de terrains non aménagés et de locaux nus : nos 3650 s., et des locations meublées à usage d'habitation : nos 91500 s.). **53310**

Dès lors qu'elles n'ouvrent pas droit à déduction, les recettes immobilières ainsi exonérées de la TVA doivent, en **principe,** être portées au **dénominateur du rapport** servant au calcul du coefficient de taxation forfaitaire.

Cependant, pour les recettes immobilières **accessoires,** l'article 206, III-3-3°-b de l'annexe II au CGI prévoit une **dérogation** semblable à celle prévue pour les produits financiers accessoires. Sont considérées comme accessoires les opérations immobilières qui présentent un lien avec l'activité principale de l'entreprise et dont la réalisation nécessite une utilisation limitée au maximum à un dixième des biens et des services grevés de TVA qu'elle a acquis (pour plus de précisions, voir nos 53245 s.).

Lorsque cette dérogation est applicable, les recettes immobilières en cause sont **exclues du rapport** servant à déterminer le coefficient de taxation forfaitaire. Les opérations immobilières concernées doivent être exonérées de TVA et ne doivent pas consister en des cessions d'immobilisations puisque celles-ci ne sont pas prises en compte, en tout état de cause, pour le calcul du rapport (n° 53090).

> Précisions Selon la CJUE, l'article 174, 2-b de la directive TVA (repris au CGI ann. II art. 206, III-3-3°-b) doit être interprété en ce sens que, dans le cas d'une **entreprise de construction,** la vente par celle-ci d'immeubles réalisés pour son propre compte (opération en l'occurrence exonérée) ne saurait être qualifiée d'« **opération accessoire immobilière** » au sens de cette disposition, dès lors que cette activité constitue le prolongement direct, permanent et nécessaire de son activité taxable, sans qu'il y ait lieu d'apprécier in concreto la mesure dans laquelle cette activité de vente, considérée isolément, implique une utilisation de biens ou de services grevés de TVA (CJUE 29-10-2009 aff. 174/08 : RJF 1/10 n° 92).

4. SUBVENTIONS

Nous l'avons vu au n° 53005, il convient de prendre en compte pour le calcul du coefficient de taxation forfaitaire : **53350**

– au numérateur du rapport servant à déterminer ce coefficient, le montant total annuel du chiffre d'affaires afférent aux opérations ouvrant droit à déduction, y compris les subventions directement liées au prix de ces opérations ;

– au dénominateur, le montant total annuel du chiffre d'affaires afférent aux opérations imposables (ouvrant ou non droit à déduction), y compris les subventions directement liées au prix de ces opérations.

Il en résulte que, pour la détermination du coefficient de taxation forfaitaire, **seules** les **subventions directement liées au prix des opérations imposables** (ouvrant ou non droit à déduction) **ou constituant la contrepartie de telles opérations** sont à prendre en compte pour le calcul du rapport (et non l'ensemble des subventions).

Les **subventions qui doivent être prises en compte** pour le calcul du coefficient de taxation forfaitaire sont ainsi les suivantes : **53355**

– subventions constituant la **contrepartie d'une opération imposable** réalisée au profit de la partie versante. Il s'agit en fait du prix payé pour un service rendu ou pour une vente (nos 5650 s.). Ces subventions sont à inscrire **aux deux termes du rapport** si elles constituent la contrepartie d'une opération imposable ouvrant droit à déduction ou **au seul dénominateur** du rapport si elles constituent la contrepartie d'une opération imposable n'ouvrant pas droit à déduction ;

– subventions **complétant le prix d'une opération imposable** (nos 5800 s.). Ces subventions sont à inscrire **aux deux termes du rapport** si elles complètent le prix d'une opération imposable ouvrant droit à déduction ou **au seul dénominateur** du rapport si elles complètent le prix d'une opération imposable n'ouvrant pas droit à déduction.

Les subventions qui n'entrent dans aucune de ces deux catégories ne sont pas prises en compte pour le calcul du coefficient de taxation forfaitaire.

> Précisions **a.** Les subventions constituant la contrepartie ou complétant le prix d'une opération imposable n'ouvrant pas droit à déduction (subventions non imposables à inscrire au seul dénominateur du rapport) devraient être rares en pratique.
b. En ce qui concerne les subventions perçues dans le **domaine agricole,** voir nos 71080 s.

5. SECTEURS D'ACTIVITÉ DISTINCTS

53390 Lorsqu'un assujetti a constitué des secteurs d'activité distincts (nos 54500 s.), le **chiffre d'affaires à retenir** pour le calcul du rapport servant à déterminer le coefficient de taxation forfaitaire est celui du ou des secteurs pour lesquels le bien ou le service est utilisé (CGI ann. II art. 206, III-3-2°).

> Précisions a. Pour les règles applicables aux **assujettis uniques** constitués en application de l'article 256 C du CGI (**groupe TVA**) dont les membres constituent des secteurs distincts, voir n° 1735.
b. Comme indiqué au n° 53050, précisions, la jurisprudence « Morgan Stanley » de la CJUE du 24 janvier 2019 jette un doute sur l'utilité des méthodes dérogatoires prévues par l'article 173, 2-a et b de la directive TVA qui ouvrent la faculté aux États membres d'autoriser ou d'obliger les assujettis à déterminer un prorata pour chaque secteur d'activité, dont la France a fait usage en adoptant l'article 206, III-3-2° susvisé.

53395 Lorsque le **bien ou** le **service** est **commun à l'ensemble des secteurs,** le coefficient de taxation forfaitaire est calculé en fonction du chiffre d'affaires total, tous secteurs confondus. Cette disposition ne concerne, bien entendu, que l'hypothèse où les biens et services sont communs à plusieurs secteurs dont un au moins comprend des opérations n'ouvrant pas droit à déduction et pour lesquels un coefficient de taxation forfaitaire doit dès lors être calculé : pour les biens et services communs à plusieurs secteurs comprenant exclusivement des opérations ouvrant droit à déduction, le coefficient de taxation est, en effet, nécessairement égal à un.

Lorsque le bien ou le service est **utilisé pour plusieurs secteurs** d'activité **sans être utilisé pour tous les secteurs** d'activité, le coefficient de taxation est déterminé au vu du chiffre d'affaires de ces quelques secteurs (BOI-TVA-DED-20-10-20 n° 110).

EXEMPLE

Un entrepreneur exerce trois activités distinctes au regard des règles applicables en matière de TVA : une activité de conseil soumise à la taxe de plein droit ; une activité de formation professionnelle exonérée ; enfin il décide de louer une partie de ses locaux nus à usage professionnel, en optant pour la taxation de ses loyers. Il a constitué trois secteurs distincts, au sens de l'article 209 de l'annexe II au CGI, pour chacune de ses activités qui ont dégagé respectivement un chiffre d'affaires annuel hors taxe de 100, 50 et 150. Le coefficient de taxation de l'immeuble, utilisé pour les trois secteurs d'activité distincts, est égal à (100 + 150) / (100 + 50 + 150), soit 0,8333 arrondi à 0,84. L'assujetti fait également appel à un prestataire afin de l'aider dans son activité de formation professionnelle et de location. Le coefficient de taxation retenu pour cette dépense d'un montant de 4 000 € HT est égal à 150 / (50 + 150), soit 0,75. Par ailleurs, l'assujetti a acquis une voiture d'une valeur de 15 000 € HT qu'il utilise pour ses activités de formation et de conseil. Le coefficient de taxation retenu pour cette dépense est égal à 100 / (100 + 50), soit 0,6666 arrondi à 0,67. Pour l'usage de ce véhicule, il achète sur l'année 1 000 € HT de gazole dont le coefficient de taxation est également de 0,67.

E. Coefficient de taxation unique

53430 En principe, l'assujetti doit calculer un coefficient de taxation pour chacun des biens et services qu'il acquiert (n° 52870). Toutefois, conformément à l'article 206, V-1-2° de l'annexe II au CGI, **sans** avoir besoin de l'**autorisation préalable** de l'administration, il peut, par année civile, retenir pour l'ensemble des biens et services acquis un coefficient de taxation unique, calculé de manière forfaitaire (BOI-TVA-DED-20-10-20 n° 20).

Cette option pour un coefficient de taxation unique est exercée **séparément pour chacun des secteurs** distincts constitués en application du deuxième alinéa et des 1° à 5° de l'article 209, I de l'annexe II au CGI (voir nos 54550 s.) et s'applique aux biens et services utilisés pour les besoins des opérations imposables de ce secteur (CGI ann. II art. 206, V-1-2°-al. 2 dans sa rédaction issue du décret 2022-1033 du 20-7-2022).

> Précisions a. Le coefficient de taxation unique ne peut, au même titre que le coefficient de taxation forfaitaire, être retenu que par les **redevables dits partiels** qui, au titre de l'année civile, ont réalisé, parmi leurs opérations imposables, des opérations ouvrant droit à déduction et des opérations n'y ouvrant pas droit (CE 11-12-2020 n° 427136 : RJF 3/21 n° 267).
b. Sur les modalités spécifiques de calcul du coefficient de taxation unique lorsque cette option est exercée pour l'un des membres d'un **assujetti unique** (**groupe TVA**), voir n° 1735.

53435 L'administration a précisé que le recours par un établissement public à la faculté de retenir un coefficient de taxation unique pour l'ensemble de ses biens et services ne saurait faire échec à la **constitution, le cas échéant, de secteurs distincts** (BOI-TVA-DED-20-10-20 n° 440). Compte tenu des précisions apportées au n° 53430, cette précision donnée par l'administration à propos des établissements et organismes publics se livrant à des activités d'enseignement, de formation et de recherche vaut à notre avis pour tous les redevables partiels.

III. COEFFICIENT D'ADMISSION

GÉNÉRALITÉS

Contrairement au coefficient d'assujettissement et au coefficient de taxation, qui dépendent de l'activité de l'assujetti et de l'utilisation qu'il fait des biens et services qu'il achète, le coefficient d'admission d'un bien ou d'un service dépend uniquement de la réglementation en vigueur. Il a en effet pour objet de prendre en compte l'existence de dispositifs particuliers d'**exclusion ou de restriction du droit à déduction.** **53510**

Il exprime la proportion maximale de taxe que la réglementation autorise à déduire sur une dépense, avant prise en compte des spécificités propres à l'activité de l'assujetti.

Conformément à l'article 206, IV de l'annexe II au CGI, le coefficient d'admission d'un bien ou d'un service est :

- **égal à un** lorsque ce bien ou ce service ne fait l'objet d'aucune mesure d'exclusion ou de restriction du droit à déduction ;
- **nul** lorsque le bien ou le service fait l'objet d'une mesure d'exclusion du droit à déduction ;
- **compris entre zéro et un** lorsque le bien ou le service fait l'objet d'une restriction du droit à déduction.

Si le **coefficient d'admission** est **égal à zéro,** l'opérateur n'a aucun droit à déduction. **53515**

L'opérateur doit néanmoins calculer le coefficient de déduction du bien ou du service (qui sera par définition égal à zéro). Il devra en outre conserver dans son système de gestion les éléments de ce calcul et son résultat afin de justifier auprès de l'administration le montant déduit ou régularisé (n° 52610).

Le coefficient d'admission est d'abord déterminé de façon **provisoire** lors de l'acquisition du bien ou du service. Il doit ensuite être **définitivement arrêté** dans les conditions indiquées au n° 52630. **53520**

Dans la plupart des cas, il ne devrait subir aucune variation (sauf, bien entendu, en cas de changement de réglementation : voir n° 53525).

Lorsqu'il intervient un **changement de réglementation** se traduisant soit par la création d'une nouvelle exclusion du droit à déduction, soit au contraire par la suppression d'une exclusion existante, cette modification réglementaire peut entraîner une régularisation pour les immobilisations en cours d'utilisation (voir nos 62400 s.). **53525**

En cas de **changement de réglementation en cours d'année,** la **valeur** du coefficient d'admission **à retenir au titre d'une année** est celle constatée en début de période, quelles que soient les évolutions de la réglementation intervenues au cours de ladite année (BOI-TVA-DED-20-10-30 n° 10). Cette règle ne concerne que les **immobilisations en cours d'utilisation au moment de la modification** législative ou réglementaire créant ou supprimant une exclusion du droit à déduction. Elle reflète la combinaison des règles prévues aux nos 62400 s. (obligation de procéder à une régularisation globale en cas de modification des règles d'exclusion) et aux nos 62900 s. (prise en compte des modifications des coefficients de référence seulement pour le calcul des régularisations annuelles à compter de l'année suivant celle de la modification législative ou réglementaire).

Pour les **autres biens et services** ou pour les **immobilisations acquises postérieurement au changement de réglementation,** il convient de prendre la valeur du coefficient d'admission en vigueur au moment de la dépense ou de l'acquisition (celui-ci sera en principe plus élevé, la modification réglementaire se traduisant, sauf exclusion conjoncturelle, par une extension du droit à déduction : voir nos 53540 et 53550).

Le **tableau récapitulatif** figurant ci-après présente la liste des exclusions et restrictions du droit à déduction avec, pour chacune, la référence aux commentaires correspondants. On notera que, pour les dispositions concernant certains biens ou entreprises qui font l'objet d'une étude spéciale (par exemple : produits pétroliers), les explications correspondantes sont intégrées dans cette étude. **53530**

Biens, services ou redevables pour lesquels le droit à déduction comporte des exclusions ou restrictions particulières	Commentaires (nos)
Produits pétroliers (utilisateur final)	82330 s.
Biens ou services utilisés à plus de 90 % à des fins étrangères à l'entreprise	53580 s.
Dépenses de logement au profit des dirigeants ou du personnel	53620 s.
Véhicules de transport des personnes	53690 s.
Transports de personnes et opérations accessoires	54010 s.
Biens fournis sans rémunération	54070 s.
Services afférents à des biens exclus du droit à déduction	54190 s.
Publicités prohibées (boissons)	54230
Agents de voyages	84150 s.
Négociants en biens d'occasion, œuvres d'art, objets de collection ou d'antiquité	79220 s.

EXCLUSIONS DU DROIT À DÉDUCTION ET DIRECTIVE TVA

53540 **Clause de « standstill ».** La directive TVA n'a pas encore harmonisé les limitations (exclusions ou restrictions) du droit à déduction. Dans l'attente d'une telle harmonisation, l'article 176 de la directive prévoit que les exclusions ou restrictions du droit à déduction qui étaient prévues par la législation nationale des États membres de l'Union européenne au 1er janvier 1979 ou, pour les États membres ayant adhéré à l'Union après cette date, à la date de leur adhésion peuvent être maintenues jusqu'à l'entrée en vigueur de la législation communautaire réglementant les limitations du droit à déduction (clause de « standstill »).

À propos de cette clause de « standstill », la **CJUE** a jugé que :

– cette clause présuppose que les exclusions étaient légales au regard de la 2e directive, antérieure à la 6e directive (CJUE 5-10-1999 aff. 305/97 : RJF 12/99 n° 1632), et que celles-ci précisent suffisamment la nature ou l'objet des biens ou services exclus du droit à déduction, afin de garantir que cette clause ne serve pas à prévoir des exclusions générales (notamment CJUE plén. 14-7-2005 aff. 434/03 : RJF 11/05 n° 1337 et CJUE 23-4-2009 aff. 74/08 : RJF 7/09 n° 712) ;

– un État membre peut modifier une exclusion dans le sens du droit commun de la directive TVA mais ne peut, en revanche, étendre ses exclusions existantes (notamment CJUE 14-6-2001 aff. 345/99 : RJF 10/01 n° 1342 et CJUE 11-12-2008 aff. 371/07 : RJF 4/09 n° 419), étant précisé que le champ de l'exclusion s'apprécie en tenant compte non seulement de la législation applicable mais aussi de la pratique administrative (CJUE 8-1-2002 aff. 409/99 : RJF 3/02 n° 354 et CJUE 11-12-2008 précité) ;

– la circonstance, exceptionnelle et hypothétique, dans laquelle une modification destinée à restreindre la portée d'une exclusion viendrait, dans un cas individuel et pour un exercice fiscal déterminé, à élargir la portée de l'exclusion n'est pas de nature à remettre en cause une telle modification (CJUE 15-4-2010 aff. 538/08 et 33/09 : RJF 7/10 n° 759) ;

– si un État membre peut renoncer partiellement seulement à une exclusion, aucun retour en arrière n'est ensuite possible (effet « cliquet ») (notamment CJUE 14-6-2001 aff. 345/99 précité).

De son côté, le **Conseil d'État** a jugé :

– que les règles de la 6e directive qui ont trait à la définition des conditions générales du droit à déduction, notamment les paragraphes 2-a et 5 de l'article 17 (qui, dans le cas d'une affectation non exclusive d'un bien ou d'un service à la réalisation d'opérations taxées, n'autorisent pas la suppression mais seulement la réduction du droit à déduction, à proportion du montant des opérations non taxées), ne sont pas applicables aux dépenses entrant dans le champ des exclusions particulières du droit à déduction prévues au paragraphe 6 de l'article 17 (repris à l'article 176 de la directive TVA) ;

– que parmi ces dépenses figurent non seulement les dépenses que des dispositions nationales antérieures à la date d'entrée en vigueur de la 6e directive excluaient du droit à déduction, mais également les dépenses dont ces dispositions nationales admettaient, à titre dérogatoire, la déductibilité à des conditions différentes de celles ensuite définies de façon générale par la 6e directive ;

– que les États membres peuvent maintenir ces exclusions et les mesures qui y dérogent, sans étendre les premières, ni restreindre la portée des secondes, jusqu'à ce que le Conseil des communautés en décide, le cas échéant, autrement (CE 24-3-1999 n° 188968 : RJF 5/99 n° 553).

Exclusions conjoncturelles. Le 1er alinéa de l'article 177 de la directive TVA prévoit qu'après consultation du comité de la TVA chaque État membre peut, pour des raisons conjoncturelles, exclure partiellement ou totalement du régime des déductions les ou certains biens d'investissement ou d'autres biens. **53550**

La CJUE a jugé que ces dispositions :

– n'autorisent pas un État membre à exclure des biens du régime des déductions de la TVA sans consultation préalable du comité prévu à l'article 398 de la directive TVA ;

– n'autorisent pas non plus un État membre à adopter des mesures portant exclusions de biens du régime des déductions de la TVA qui ne contiennent pas d'indications quant à leur limitation dans le temps et/ou qui font partie d'un paquet de mesures d'adaptations structurelles ayant pour but de réduire le déficit budgétaire et de permettre le remboursement de la dette de l'État (CJUE 8-1-2002 aff. 409/99 : RJF 3/02 n° 354 ; CJUE 14-9-2006 aff. 228/05 : RJF 12/06 n° 1651).

A. Biens ou services utilisés à plus de 90 % à des fins étrangères à l'entreprise

Conformément à l'article 206, IV-2-1° de l'annexe II au CGI, le coefficient d'admission est nul lorsque le bien ou le service est utilisé par l'assujetti à plus de 90 % à des fins étrangères à l'entreprise. **53580**

Les hypothèses visées sont les suivantes :

1. Biens et services acquis par une entreprise **pour** être mis à la disposition ou utilisés principalement par le **chef d'entreprise,** le **dirigeant,** le **personnel** ou un tiers ou plus généralement à des **fins étrangères à l'entreprise** : le coefficient d'admission provisoire et le coefficient d'admission définitif sont nuls.

EXEMPLES

Acquisition ou prise en crédit-bail d'un lecteur DVD mis à la disposition du dirigeant et devant servir exceptionnellement pour des besoins de formation professionnelle interne ; bateau de plaisance utilisé principalement à des fins privées et donné en location une semaine par an.

2. Biens et services **normalement affectés aux besoins de l'entreprise** lors de leur acquisition mais qui, **dans les faits,** à l'issue de l'année d'acquisition, ont fait l'**objet d'une utilisation privée pour plus de 90 %** : le coefficient d'admission provisoire est égal à l'unité et le coefficient d'admission définitif est nul. Dans cette situation, l'entreprise devra reverser intégralement la TVA qu'elle aura déduite initialement. Si le bien, après avoir ouvert droit à déduction, devient, au cours de la période de régularisation, exclu du droit à déduction par suite d'une utilisation à des fins étrangères à l'entreprise supérieure à 90 %, la taxe à reverser est calculée dans le cadre du dispositif des régularisations annuelles (nos 61400 s. et, notamment, 61640).

> Précisions L'exclusion du droit à déduction prévue par les dispositions de l'article 206, IV-2-1° de l'annexe II au CGI n'est **pas** applicable à une situation dans laquelle une entreprise acquiert des biens ou services qu'elle exploite à plus de 90 % pour les besoins de ses **activités non économiques,** qui ne relèvent pas du champ d'application de la TVA (en ce sens, CJUE 15-9-2016 aff. 400/15 : RJF 12/16 n° 1147). En d'autres termes, la TVA ayant grevé l'achat d'un bien ou d'un service utilisé, par exemple, à 93 % pour les besoins des activités non économiques (hors champ et n'ouvrant pas droit à déduction : nos 52750 s.) d'une entreprise peut être déduite à concurrence de son affectation à des activités économiques imposables (soit 7 %), sous réserve bien entendu que toutes les autres conditions du droit à déduction soient par ailleurs remplies.

La valeur du **coefficient d'assujettissement** d'un bien ou d'un service utilisé à plus de 90 % à des fins étrangères à l'entreprise est **obligatoirement** comprise **entre 0,01 et 0,09.** Des régularisations annuelles pourront donc être constatées si le bien cesse d'être utilisé à plus de 90 % à des fins étrangères à l'entreprise, et pour autant que le produit des coefficients d'assujettissement et de taxation de l'année vienne à différer du produit des coefficients d'assujettissement et de taxation de référence de plus d'un dixième (BOI-TVA-DED-30-10 n° 10). **53585**

B. Dépenses de logement au profit des dirigeants ou du personnel

53620 Conformément à l'article 206, IV-2-2° de l'annexe II au CGI, le coefficient d'admission est nul lorsque le bien ou le service est relatif à la **fourniture à titre gratuit** du logement des dirigeants ou du personnel de l'entreprise, à l'**exception** de celui du **personnel de gardiennage, de sécurité ou de surveillance** sur les chantiers ou dans les locaux de l'entreprise.

53625 **Remarques : 1.** La **fourniture à titre onéreux** de logements aux dirigeants, au personnel ou aux tiers n'est pas expressément exclue du droit à déduction par l'article 206, IV-2-2° de l'annexe II au CGI et bénéficie donc d'un coefficient d'admission égal à un. Toutefois, l'entreprise (dont l'activité est imposable) qui met à la disposition de son **personnel** un logement **meublé à usage d'habitation** moyennant une rémunération ne peut exercer aucune déduction au titre d'un tel logement dès lors que cette activité locative est obligatoirement exonérée (n° 91740). Il est précisé que cette activité doit être sectorisée (nos 54550 s.).

2. Selon certains juges du fond, les **bénévoles** d'une association doivent être regardés, au sens de l'article 206, IV-2-2° susvisé, comme appartenant au personnel de l'association quand bien même ils n'en sont pas salariés (TA Amiens 28-3-2019 n° 1603779 : RJF 4/20 n° 320). Cette solution méritera toutefois d'être confirmée.

PRINCIPE DE L'EXCLUSION DU DROIT À DÉDUCTION

53630 La notion de dépenses de logement exclues du droit à déduction inclut les dépenses d'**hébergement** occasionnel, telles que les frais d'hôtel (CE 5-4-2004 n° 250356 : RJF 6/04 n° 602).

53635 Sont également exclues du droit à déduction les **dépenses d'acquisition ou de location** d'immeubles ou fractions d'immeubles affectés au logement à titre gratuit des dirigeants ou du personnel d'une entreprise, des **matériels** et biens d'**équipements** de ces immeubles ainsi que toutes les dépenses y afférentes (**entretien, chauffage, électricité**).

53640 La fourniture à titre gratuit du logement à des **tiers** à l'entreprise ouvre droit à déduction dans les conditions de droit commun. La fourniture à titre gratuit du logement à des tiers est donc affectée, en principe, d'un coefficient d'admission de un.

Lorsque les **dépenses de logement** sont supportées **concurremment** au bénéfice de **tiers** et de **dirigeants ou salariés,** la taxe déductible peut être déterminée en proportion du nombre de tiers par rapport à l'ensemble des personnes ayant bénéficié des dépenses portées sur la facture. L'identité et la qualité des bénéficiaires doivent être portées sur les factures délivrées par les fournisseurs (BOI-TVA-DED-30-30-10 n° 1).

EXCEPTION À L'EXCLUSION DU DROIT À DÉDUCTION

53650 Par exception à la règle selon laquelle sont exclues du droit à déduction les dépenses de logement fourni à titre gratuit supportées au bénéfice des dirigeants ou du personnel de l'entreprise, ouvrent droit à déduction les dépenses relatives à la fourniture à titre gratuit du **logement** sur les chantiers ou dans les locaux d'une entreprise **du personnel de surveillance, de sécurité ou de gardiennage.** Pour ces dépenses, le coefficient d'admission est donc égal à un.

Sont concernés, en particulier, les loges ou appartements de **concierge** ou de **gardien** compris dans les immeubles ou ensembles immobiliers à usage d'ateliers ou de bureaux.

La déduction peut s'appliquer dès lors que les fonctions de surveillance et de sécurité rendent nécessaire l'utilisation d'un logement sur le lieu de travail, même si, ces fonctions n'étant pas exclusives, les intéressés sont affectés en outre à d'autres tâches. Mais la déduction ne s'étend pas à l'ensemble des dépenses des **logements de fonction** des personnels (cadres, de maîtrise ou autres) et de leur famille, même si le logement sur place répond aux nécessités de l'entreprise (BOI-TVA-DED-30-30-10 nos 10 à 40).

C. Véhicules de transport de personnes

53690 Conformément à l'article 206, IV-2-6° de l'annexe II au CGI, le coefficient d'admission est nul pour les **véhicules ou engins,** quelle que soit leur nature, **conçus pour transporter des personnes ou à usages mixtes.**

Le coefficient d'admission est également nul pour les **éléments constitutifs, pièces détachées et accessoires** de ces véhicules ou engins (CGI ann. II art. 206, IV-2-7°).

L'exclusion comporte cependant les exceptions indiquées aux nos 53860 s. ; la plus importante concerne les véhicules acquis par les entreprises de transports publics de voyageurs.

Sous réserve de ces exceptions, sont exclus du droit à déduction tous les véhicules ou engins, **terrestres, maritimes** ou **aériens,** conçus pour transporter des personnes ou à usages mixtes.

L'exclusion est toutefois limitée pour les avions et les hélicoptères compte tenu de la doctrine administrative qui admet la déduction de la taxe grevant ces biens lorsqu'ils sont utilisés pour la fourniture de prestations de services aériens soumises à la TVA (voir nos 53770 s.).

Par ailleurs, comme on le verra plus loin (nos 54190 s.), les **services** (réparations, etc.) afférents à des véhicules n'ouvrant pas droit à déduction sont eux-mêmes exclus, en principe, du droit à déduction.

1. PRINCIPE D'EXCLUSION

Sont exclus du droit à déduction les véhicules de toute nature conçus pour le transport des personnes ou à usages mixtes : **bicyclettes, motocyclettes, véhicules automobiles routiers, bateaux, avions, hélicoptères** (BOI-TVA-DED-30-30-20 n° 10). **53710**

L'exclusion du droit à déduction ne s'apprécie pas en fonction de l'utilisation qui est faite du véhicule mais des **caractéristiques intrinsèques** de celui-ci qui le destinent soit au transport de personnes, soit au transport de marchandises ou bien encore à ces deux usages combinés. Le **critère déterminant** pour apprécier la déductibilité ou non de la TVA est donc l'usage pour lequel le véhicule ou l'engin a été conçu et non son usage effectif (BOI-TVA-DED-30-30-20 n° 20). **53715**

Ainsi, l'exclusion ne vise pas les véhicules ou engins terrestres, maritimes ou aériens qui, même s'ils ne peuvent se déplacer sans la présence à leur bord d'un conducteur, d'un pilote ou d'un équipage, ont, en raison des caractéristiques de leur conception, une **autre fonction que** celle d'assurer le **transport** des personnes (CE 21-12-1994 nos 134131-134137 et 134133-134135 : RJF 2/95 n° 176).

> **Précisions** Le critère de l'usage pour lequel le véhicule a été conçu s'apprécie à la **date de son acquisition** ou de sa location (BOI précité n° 40). Les transformations ultérieurement apportées au véhicule sont sans influence sur le droit à déduction (CE 13-2-1985 n° 43120 : RJF 4/85 n° 557 ; CE 14-5-1986 n° 49707 : RJF 7/86 n° 690), même si ces transformations sont réalisées avant toute utilisation du véhicule (CAA Paris 28-3-2002 n° 97-3169 : RJF 2/03 n° 172).

Un véhicule affecté entièrement à un **usage professionnel** n'échappe pas à l'exclusion (Rép. Rufenacht : AN 9-6-1979 n° 13062). **53720**

EXEMPLES

Ont notamment été exclus du droit à déduction : les véhicules des VRP (Rép. Lagorce : AN 16-1-1984 n° 27603) ; les véhicules des artisans (Rép. Forissier : AN 1-1-2001 n° 47957) ; les véhicules des courtiers en vin (Rép. Vals : AN 9-2-1974 n° 6236) ; les véhicules utilisés par les agriculteurs (Rép. Proriol : AN 11-12-2000 n° 46417).

> **Précisions** L'article 206, IV-6° de l'annexe II au CGI, en ce qu'il exclut la déductibilité de la TVA afférente aux moyens de transport utilisés à des fins professionnelles, ne contrevient pas aux dispositions de la directive TVA. La CJUE a en effet jugé que la **clause de gel** de l'article 176 de la directive TVA autorise le maintien de l'exclusion du droit à déduction de la TVA afférente aux moyens de transport qui constituent l'outil même de l'activité de l'assujetti (ou un outil indispensable à son exercice) ou qui ne peuvent pas faire l'objet d'une utilisation privée (CJUE 18-6-1998 aff. 43/96 : RJF 8-9/98 n° 1062 ; CJUE 5-10-1999 aff. 305/97 : RJF 12/99 n° 1632).

VÉHICULES AUTOMOBILES

Dans le domaine des véhicules automobiles, l'exclusion du droit à déduction vise notamment tous les véhicules qui sont réceptionnés par le service des mines comme **autocars ou autobus** (sauf les exceptions visées aux nos 53860 s.) ou comme **voitures particulières** (conduite intérieure, break, etc.). Ne sont pas frappés d'exclusion, en revanche, les triporteurs, camionnettes, camions, tracteurs, ainsi que les véhicules classés par le Code de la route sous les rubriques **« véhicules très spéciaux »** qui ne sont pas conçus pour le transport de personnes ou à usages mixtes (BOI-TVA-DED-30-30-20 nos 10 et 20). **53730**

> **Précisions** Les véhicules utilitaires ordinaires de type **camionnettes et fourgons** conçus pour le transport de marchandises ne sont pas exclus du droit à déduction, y compris lorsqu'ils sont **équipés d'une cabine approfondie** comprenant, le cas échéant, une banquette (BOI précité n° 20).

La catégorie dans laquelle un véhicule a été réceptionné par le service des mines ne saurait à elle seule faire échec aux critères d'exclusion. Ainsi, par exemple, sont exclus du droit à déduction les **camping-cars,** lesquels – bien que classés dans les catégories « véhicules automoteurs spécialisés » – sont des véhicules à usages mixtes (BOI-TVA-DED-30-30-20 n° 20). **53735**

En ce qui concerne les véhicules de type « **4 × 4 pick-up** », l'exclusion du droit à déduction ne s'applique pas lorsqu'ils sont pourvus d'une simple cabine, c'est-à-dire lorsqu'ils ne comportent **53740** que deux sièges ou une banquette, ou comprennent une simple cabine approfondie dans laquelle sont placés, outre les sièges ou la banquette avant, des strapontins destinés à faire l'objet d'un usage occasionnel. En revanche, les autres véhicules, qui comportent quatre à cinq places assises hors strapontins (notamment ceux rangés dans la catégorie des véhicules dits à double cabine), sont exclus du droit à déduction (Rép. Martin : AN 8-3-2005 n° 54973 ; BOI-TVA-DED-30-30-20 n° 20), étant précisé qu'il existe cependant une exception en ce qui concerne les véhicules affectés exclusivement à l'exploitation des remontées mécaniques et des domaines skiables (voir n° 53970).

53745 Les véhicules utilitaires spécialement aménagés disposant d'une couchette permettant à un commercial d'y passer la nuit ne sont pas visés par l'exclusion du droit à déduction, dès lors qu'ils constituent des véhicules conçus pour le transport et la présentation de marchandises (**« showrooms » mobiles**) que leurs aménagements rendent inaptes au transport des personnes (Rép. Grosskost : AN 26-12-2006 n° 108843).

53750 Le dispositif d'exclusion du droit à déduction ne s'applique pas aux **véhicules dits « dérivés VP »** qui ne comportent que deux places (Rép. Meslot : AN 6-4-2010 n° 58198 ; BOI-TVA-DED-30-30-20 n° 20 ; position non partagée par CAA Douai 27-3-2012 n° 10DA01216 : RJF 12/12 n° 1115 et CAA Lyon 27-7-2017 n° 16LY02248 : RJF 2/18 n° 160, cette dernière considérant toutefois que la doctrine précitée est opposable à l'administration). Ces véhicules sont également commercialisés sous les appellations « société », « affaire » ou « entreprise ».

53755 Les véhicules dénommés **« quads »** ouvrent droit à déduction lorsqu'ils présentent les **caractéristiques propres aux véhicules agricoles ou forestiers,** à savoir :

– leur vitesse de marche par construction ne peut excéder 40 km par heure ;

– ils disposent de plusieurs équipements spécifiques permettant l'utilisation de matériels destinés à l'exploitation agricole ou forestière tels que des porte-charges sur lesquels peuvent être installés certains outils professionnels (exemple : distributeurs de granulés antilimaces), un système de fixation d'un accessoire frontal (lame pousse-tout, rabot à lisier, etc.), un dispositif d'attelage permettant de tracter divers matériels (remorque multifonction, épandeur d'engrais, pulvérisateur, etc.), un système de débit proportionnel à l'avancement assurant une régulation électronique de la vitesse de travail.

Le fait qu'un quad ne réunisse pas l'ensemble de ces caractéristiques ne signifie pas nécessairement qu'il soit conçu pour le transport de personnes ou à usages mixtes. Il convient, en effet, de procéder à un examen, au **cas par cas,** de l'ensemble de ses caractéristiques intrinsèques. Ainsi, la seule circonstance que la vitesse d'un quad ne soit pas, par construction, limitée à 40 km par heure, ne suffit pas, à elle seule, pour justifier l'exclusion du droit à déduction (BOI-TVA-DED-30-30-20 n°s 340 et 350).

En revanche, les **quads de loisir** sont exclus du droit à déduction (BOI précité n° 370). Il en est de même des quads à usages mixtes (TA Caen 15-3-2011 n° 1000798 : RJF 2/12 n° 118).

53760 Les **motocyclettes** et les **scooters** sont exclus du droit à déduction, même si des transformations ont été apportées avant toute utilisation (par exemple, pour les besoins d'une activité de livraison de colis ou de pizzas) qui en modifient les caractéristiques et les transforment en véhicules utilitaires inaptes au transport d'un passager (CAA Paris 28-3-2002 n° 97-3169 : RJF 2/03 n° 172 ; dans le même sens, Rép. Vignal : AN 22-12-2015 n° 50403).

AÉRONAUTIQUE

53770 Dans le domaine aéronautique, ouvrent droit à déduction (outre les aéronefs qui ne sont pas conçus pour le transport des personnes) les **avions** et les **hélicoptères** conçus pour le transport des personnes ou à usages mixtes qui sont utilisés, même de façon alternative, pour la réalisation à titre onéreux de prestations de services aériens soumises à la TVA, notamment : transport public de voyageurs, transport de fret, enseignement du pilotage, manutention de matériel, hélitreuillage et levage, publicité, prise de vues, vols panoramiques, vols de démonstration, largage de parachutistes, opérations aériennes agricoles, etc. (BOI-TVA-DED-30-30-20 n°s 380 à 400).

> **> Précisions a.** La déduction de la taxe est également possible lorsque l'aéronef est utilisé pour réaliser des prestations de sous-location (n° 53915).
> **b.** Les ULM ne sont pas des véhicules ou engins conçus pour transporter des personnes ou à usages mixtes et la TVA qui a grevé leur achat est déductible (CE 2-10-1991 n°s 79178-92472 : RJF 11/91 n° 1371). Il en va de même pour les **montgolfières** (CE 21-12-1994 n° 135211 : RJF 2/95 n° 177).

53775 Les entreprises concernées doivent être en mesure de **justifier** strictement de l'**utilisation effective** qui est faite des aéronefs, ce qui suppose que les obligations résultant de la réglementation qui régit l'aéronautique civile soient respectées.

À cet égard, il est rappelé que les entreprises qui effectuent, même partiellement, des opérations de transport aérien de voyageurs doivent :

– obtenir un **certificat de transport aérien** délivré par le Conseil supérieur de l'aviation marchande ou l'autorité d'aviation civile et faire approuver un manuel d'exploitation qui reprend l'ensemble de l'organigramme et des structures de l'entreprise ainsi que les procédures en vigueur et les performances des appareils exploités ;

– obtenir l'**approbation** par les services de la Direction générale de l'aviation civile d'une **liste de flotte** inscrite dans le cadre de ce certificat de transport aérien et comprenant tous les appareils qui sont autorisés à effectuer du transport public de voyageurs ;

– se livrer à des **contrôles périodiques** de la navigabilité des **aéronefs** et des compétences des pilotes ;

– et tenir un **suivi précis des heures de vol** de l'appareil sur les documents définis par la réglementation en vigueur (soit un compte rendu matériel ou CRM, soit un carnet de route).

C'est plus particulièrement la tenue de ces derniers documents qui conditionne l'application de la mesure de bienveillance.

Pour celles des entreprises qui ne réaliseraient aucune prestation de transport aérien de voyageurs, cette justification est satisfaite par la tenue du carnet de route (BOI-TVA-DED-30-30-20 n°s 450 et 460).

Lorsqu'une entreprise **utilise de façon alternative** un appareil pour les besoins d'opérations ouvrant droit à déduction et d'opérations n'ouvrant pas droit à déduction (transport sanitaire, par exemple), il convient de lui affecter un coefficient de taxation forfaitaire (n°s 53000 s.). **53780**

Lorsque les aéronefs (et les biens et services y afférents) sont également utilisés pour **les besoins privés** de l'assujetti ou de son personnel, ou plus généralement à des **fins étrangères à** son **entreprise,** cette utilisation donne lieu à la taxation d'une prestation de services à soi-même (n°s 14430 s.) (BOI-TVA-DED-30-30-20 n° 470). **53785**

En cas d'utilisation de l'appareil pour **transporter du personnel** dans le cadre de la réalisation des activités de l'entreprise, la taxation d'une prestation à soi-même est exigée sur le fondement de l'article 27 de la directive TVA qui autorise les États membres, afin de prévenir des distorsions de concurrence, à assimiler à une prestation de services effectuée à titre onéreux l'exécution, par un assujetti, d'un service pour les besoins de son entreprise, dans le cas où l'exécution d'un tel service par un autre assujetti ne lui ouvrirait pas droit à déduction complète de la TVA (ce qui est le cas des transports de personnes : n°s 54010 s.). La taxation d'une prestation à soi-même n'est toutefois pas exigée lorsque le transport du personnel est nécessaire à la réalisation matérielle des prestations de services aériens, ainsi que dans le cas de vols techniques consécutifs à des mises au point, réparations, ajustements ou révisions d'appareils, et de vols de mise en place à destination d'un site en vue de la réalisation d'une prestation (BOI-TVA-DED-30-30-20 n°s 470 à 490). **53790**

ENGINS DE COMPÉTITION

Les **véhicules** – voitures de **course,** motocyclettes de compétition – non réceptionnables par le service des mines et dès lors non susceptibles d'être autorisés, à titre permanent, à circuler sur la voie publique ouvrent droit à déduction (application a contrario du principe exposé au n° 53730). **53800**

L'exclusion du droit à déduction ne s'applique donc pas aux véhicules de course de Formule 1 (Lettre SLF 27-8-1981), aux véhicules de rallye (TA Versailles 18-4-1995 n° 89-3235 : RJF 2/96 n° 187), aux prototypes spécifiquement conçus et développés pour des compétitions sportives (CAA Paris 7-10-2005 n° 01-3954 : RJF 1/06 n° 29).

La solution est analogue dans le domaine maritime pour les **voiliers** exclusivement conçus pour les compétitions de vitesse. Compte tenu des spécificités de leur construction, des autorisations de navigation particulières qu'ils requièrent et de l'impossibilité de leur délivrer l'homologation dans la catégorie des navires de plaisance, ces voiliers ne peuvent pas être regardés comme des véhicules ou engins conçus pour le transport des personnes (CE 21-12-1994 n°s 134131-134137 et 134133-134135 : RJF 2/95 n° 176 ; BOI-TVA-DED-30-30-20 n° 100). **53805**

VÉHICULES ACQUIS PAR DES UNIONS COMMERCIALES

N'ouvrent pas droit à déduction les véhicules acquis par des unions commerciales en vue de constituer des **lots** qui seront **distribués lors des manifestations commerciales** (n° 13630). **53820**

REMONTÉES MÉCANIQUES, TÉLÉPHÉRIQUES, TÉLÉBENNES

Les remonte-pentes ou les téléphériques acquis par les entreprises de **transports publics de voyageurs** et utilisés exclusivement pour ces transports ouvrent droit à déduction (n° 53870). Il en **53830** est de même des téléphériques ou télébennes utilisés pour le **transport des minerais ou des matériaux** (BOI-TVA-DED-30-30-20 n° 20).

En ce qui concerne les véhicules tout-terrain affectés à l'exploitation des remontées mécaniques et des domaines skiables, voir n° 53970.

2. EXCEPTIONS

53860 La règle selon laquelle les véhicules conçus pour le transport des personnes sont exclus du droit à déduction comporte un certain nombre d'exceptions. Nous avons déjà examiné aux n°s 53770 s. celle concernant les avions et les hélicoptères. Les autres exceptions sont examinées aux n°s 53870 s. Pour les véhicules ou engins concernés par ces exceptions, le coefficient d'admission est donc égal à un.

Remarque : En ce qui concerne les **véhicules terrestres fonctionnant** exclusivement au moyen de l'**énergie électrique,** une disposition particulière ouvre droit à déduction, non pour les véhicules eux-mêmes, mais pour l'électricité consommée par eux (n° 53980).

ENTREPRISES DE TRANSPORTS PUBLICS DE VOYAGEURS

53870 Conformément à l'article 206, IV-2-6°-f de l'annexe II au CGI, les **véhicules ou engins** acquis par les **entreprises de transports publics de voyageurs** et affectés de façon exclusive à la réalisation desdits transports ouvrent droit à déduction (coefficient d'admission égal à un), quelle que soit la nature des véhicules : voitures particulières, autocars, autobus, bateaux de plaisance, aéronefs, remonte-pentes, téléphériques (sur ces derniers, voir aussi n° 53830).

53875 La déduction est subordonnée à une **affectation exclusive** à une activité de transports publics de personnes. La déduction n'est toutefois pas remise en cause du seul fait que les entreprises en question soient amenées à réaliser, **à titre accessoire ou occasionnel,** des transports de **marchandises ou** de **messageries** (BOI-TVA-DED-30-30-20 n° 130). Pour les avions et les hélicoptères, voir n°s 53770 s.

Remarque : La condition d'affectation exclusive des véhicules à la réalisation des transports publics de voyageurs est compatible avec l'objectif de la directive TVA (CE 24-3-1999 n° 188968 : RJF 5/99 n° 553).

53880 Pour les **exploitants de taxis,** la déduction est possible même si leur véhicule est utilisé durant leurs jours de repos pour leurs déplacements personnels et il est admis de ne pas taxer la valeur de cette utilisation privée (BOI-TVA-CHAMP-10-20-20 n° 190).

Comme indiqué au n° 53875, la déduction n'est pas remise en cause du seul fait des transports de marchandises ou de messageries réalisés à titre accessoire ou occasionnel. Pour les artisans taxis, on considère en pratique que les transports de l'espèce ont un caractère accessoire ou occasionnel lorsque les conditions suivantes sont remplies :

– les recettes correspondantes sont inférieures à 7 630 € TTC par an. Lorsqu'un artisan taxi possède plusieurs véhicules de tourisme, le chiffre d'affaires afférent au transport de marchandises qui détermine le seuil d'exclusion du droit à déduction s'obtient en multipliant 7 630 € par le nombre de véhicules ;

– lesdites recettes n'excèdent pas 30 % des recettes totales annuelles TTC. Lorsqu'une entreprise possède, d'une part, des véhicules destinés au transport de marchandises et, d'autre part, des véhicules de tourisme utilisés accessoirement pour le transport de marchandises, il ne doit pas être tenu compte aux deux termes du rapport servant à apprécier le seuil de 30 % des recettes réalisées par les véhicules exclusivement destinés au transport de marchandises (BOI-TVA-DED-30-30-20 n°s 140 et 150).

En cas de dépassement de ces limites, les véhicules acquis au cours de l'année civile correspondante sont exclus du droit à déduction et une régularisation globale prévue par l'article 207, III-1-3° de l'annexe II au CGI doit être effectuée concernant les véhicules en cours d'utilisation (voir n°s 62400 s.). La diminution du chiffre d'affaires en deçà des limites autorise un droit à déduction dans les conditions prévues par le même article 207, III-1-3° concernant les régularisations globales prévues en cas de modification du coefficient d'admission (BOI précité n° 160).

53885 Ne peuvent pas bénéficier de la déduction les entreprises (supermarchés, hôteliers, etc.) qui affectent des **véhicules à l'usage** de leur **clientèle** (BOI-TVA-DED-30-30-20 n° 170).

53890 En revanche, ouvrent droit à déduction (coefficient d'admission égal à un) :

– les **véhicules de transports sanitaires légers** affectés exclusivement à l'activité taxable de transports de malades ou de blessés (BOI-TVA-DED-30-30-20 n° 180) ;

– les corbillards servant tant au transport des corps qu'à celui des familles, dès lors qu'ils sont utilisés exclusivement pour les **transports funéraires** (BOI précité) ;

– les véhicules utilisés par les **entreprises d'aide à la personne** qui les affectent au **transport de personnes handicapées,** de personnes **âgées** ou d'**enfants** (Rép. Lesage : AN 29-1-2013 n° 7457).

S'agissant des bateaux utilisés pour des **croisières et excursions maritimes ou fluviales,** voir n° 42380.

VÉHICULES DESTINÉS À ÊTRE REVENDUS À L'ÉTAT NEUF

Il résulte de l'article 206, IV-2-6°-a de l'annexe II au CGI que les **véhicules ou engins** conçus pour transporter des personnes ou à usages mixtes **destinés à être revendus à l'état neuf** ouvrent droit à déduction (coefficient d'admission égal à un). **53900**

Sont ici visés, notamment, les véhicules et engins acquis par les **concessionnaires** ou **négociants en automobiles** qu'ils destinent à la revente à l'état neuf.

Le régime applicable aux **voitures de démonstration** est exposé aux n°s 80520 s.

VÉHICULES DONNÉS EN LOCATION

Conformément à l'article 206, IV-2-6°-b de l'annexe II au CGI, les **véhicules ou engins** conçus pour transporter des personnes ou à usages mixtes **donnés en location** ouvrent droit à déduction (coefficient d'admission égal à un). **53910**

Cette situation concerne, **en particulier,** les véhicules ou engins acquis par les **entreprises de location.**

Le fait que le bien loué fasse l'objet d'une utilisation ou soit d'une nature l'excluant du droit à déduction ne fait pas obstacle à la déduction **chez le loueur** du bien de la taxe qu'il a supportée à l'occasion de la réalisation des opérations de location. En revanche, le **locataire** du bien est soumis aux mêmes limitations en matière de droit à déduction que s'il était propriétaire du bien loué.

Le loueur de véhicules conçus pour le transport des personnes (voitures, bateaux, avions, etc.) peut ainsi opérer la déduction de la taxe afférente aux biens et services acquis par lui, et notamment les véhicules.

> **Précisions a.** Le Conseil d'État a jugé qu'ouvrent droit à déduction les véhicules affectés à une **activité locative à titre principal** et a annulé, en conséquence, la précision figurant au BOI-TVA-DED-30-30-30 n° 60 qui exigeait une affectation exclusive des véhicules à l'activité de location (CE 21-10-2020 n° 440526 : RJF 1/21 n° 28).
> **b.** Selon la cour administrative d'appel de Nantes, les véhicules donnés en location n'ouvrent droit à déduction que si la location est permanente. En l'absence de contrat de location, une **location ponctuelle,** établie par une facture isolée, est insuffisante pour qu'un véhicule entre dans le champ de l'exception prévue par l'article 206, IV-2-6°-b de l'annexe II au CGI (CAA Nantes 7-12-2017 n° 16NT01619 : RJF 4/18 n° 367).

L'article 206, IV-2-6°-b de l'annexe II au CGI s'applique non seulement aux locations consenties par le propriétaire de biens mais également aux **sous-locations consenties par la suite par le locataire ou sous-locataire.** Par suite, une entreprise qui loue pour des transports de personnes et de marchandises des avions qu'elle prend elle-même en leasing peut déduire la TVA sur les loyers se rapportant aux aéronefs pris en leasing. En revanche, la TVA facturée au titre des loyers de cette sous-location ne peut être déduite par le preneur, sauf application de la mesure de tolérance administrative qui admet la détaxation des avions et hélicoptères utilisés pour la réalisation de services soumis à la TVA visée aux n°s 53770 s. (en ce sens, BOI-TVA-CHAMP-20-50-20 n° 160 à propos de l'affrètement d'aéronefs par des courtiers aériens). **53915**

VÉHICULES AMENANT LE PERSONNEL SUR LE LIEU DE TRAVAIL

Il résulte de l'article 206, IV-2-6°-c de l'annexe II au CGI qu'ouvrent droit à déduction (coefficient d'admission égal à un) les **véhicules** ou engins comportant, outre le siège du conducteur, plus de huit places assises et qui sont utilisés par des entreprises **pour amener** leur **personnel sur les lieux du travail.** **53930**

Le versement d'une **participation** de quelque importance qu'elle soit de la part **des travailleurs** pour l'utilisation de ces transports ne fait pas obstacle à la déduction, mais le montant de cette participation est à comprendre par l'entreprise dans les opérations imposables (BOI-TVA-DED-30-30-20 n° 110).

> **Précisions** L'article 206, IV-2-6°-c de l'annexe II au CGI ne limite pas l'exception à l'exclusion du droit à déduction aux seuls véhicules routiers, mais vise, de façon générale, tous les types de

véhicules (terrestres, maritimes ou aériens) (en ce sens, en ce qui concerne l'affrètement d'aéronefs : BOI-TVA-CHAMP-20-50-20 n° 160).

53935 Une **entreprise de spectacles** qui, dans le cadre d'une tournée, loue un véhicule comportant, outre le siège du conducteur, plus de huit places assises pour **amener** son **personnel** (artistes, techniciens, etc.) **sur** les **lieux de représentation,** peut bénéficier de l'exception à l'exclusion du droit à déduction (Rép. Bur : AN 19-8-2008 n° 19899, non reprise au Bofip).

VÉHICULES AFFECTÉS À L'ENSEIGNEMENT DE LA CONDUITE

53950 Ouvrent droit à déduction (coefficient d'admission égal à un) les **véhicules ou engins** de transport des personnes ou à usages mixtes (véhicules routiers automobiles, motocyclettes, avions, hélicoptères, bateaux, etc.) affectés de façon exclusive à l'**enseignement de la conduite** (CGI art. 273 septies A et CGI ann. II art. 206, IV-2-6°-d).

> **Précisions a.** La condition d'**affectation exclusive** à l'enseignement de la conduite est compatible avec la directive TVA (CJUE 14-6-2001 aff. 345/99 : RJF 10/01 n° 1342).
b. Selon l'**administration,** la TVA grevant l'acquisition de véhicules affectés à une **activité d'initiation au pilotage sur circuit** n'est pas déductible dès lors que cette activité, qui s'apparente davantage à une activité sportive ou de loisirs qu'à une activité d'auto-école, ne peut être qualifiée d'activité d'enseignement de la conduite (en ce sens, Rép. Julia : AN 17-5-2011 n° 84180). Toutefois, selon le **Conseil d'État,** le fait que la prestation d'enseignement soit exercée dans un contexte de loisirs et n'ait pas un caractère diplômant est sans incidence sur le bénéfice du droit à déduction de la TVA. Il convient en effet de rechercher si, compte tenu de l'activité effective de l'entreprise concernée, lesdits véhicules doivent être regardés comme affectés de façon exclusive à l'enseignement professionnel de la conduite (CE 11-7-2018 n° 410924 : RJF 11/18 n° 1093).

53955 Il est admis que la condition d'affectation exclusive soit réputée remplie lorsque le véhicule est affecté, en dehors de l'activité d'enseignement, à l'une ou plusieurs des **activités autorisant la déduction** sur les véhicules ou engins de transport des personnes ou à usages mixtes (transport public de voyageurs, location imposable de véhicules, etc. ; en revanche, un véhicule utilisé simultanément pour le transport de marchandises et l'enseignement de la conduite reste exclu du droit à déduction) (BOI-TVA-DED-30-30-20 n° 320).

Par ailleurs, le fait que le véhicule affecté à l'enseignement soit également utilisé à des fins étrangères à l'entreprise (**besoins privés** du dirigeant, du personnel ou de tiers) ne fait pas obstacle au droit à déduction, mais cette utilisation privative constitue une prestation de services à soi-même taxable (n°s 14430 s.) (BOI précité).

En ce qui concerne les avions et les hélicoptères, voir n°s 53770 s.

53960 La circonstance que des motocyclettes utilisées pour l'enseignement de la conduite ne sont **pas munies d'équipements spéciaux** destinés à cet usage ne fait pas obstacle à la déduction (CAA Nantes 17-12-2003 n° 00-923 : RJF 5/04 n° 475).

VÉHICULES TOUT-TERRAIN AFFECTÉS AUX REMONTÉES MÉCANIQUES ET AUX DOMAINES SKIABLES

53970 Conformément aux articles 273 septies C du CGI et 206, IV-2-6°-e de l'annexe II à ce Code, ouvrent droit à déduction (coefficient d'admission égal à un) les véhicules ou engins de type tout-terrain (il s'agit en pratique de véhicules **« 4 × 4 pick-up »** double ou simple cabine) **affectés exclusivement** à l'exploitation des remontées mécaniques et des domaines skiables, selon les conditions fixées par l'article 84 A de l'annexe III au CGI.

> **Précisions a.** Il résulte de l'article 84 A de l'annexe III au CGI que le **demandeur** doit **certifier sur l'honneur** :
– que le certificat d'immatriculation du véhicule, ou, le cas échéant, le contrat de location du véhicule, est établi au nom d'un exploitant de remontées mécaniques ou de domaines skiables ;
– que le véhicule concerné est affecté exclusivement à l'exploitation de ces infrastructures ;
– que le véhicule comprend, d'origine ou à la suite de travaux, trois au moins des équipements techniques suivants : plateau de chargement ; arceau de sécurité pour habitacle ; portique de levage ; crochet d'attelage ; treuil frontal ; bac de benne ; blocage de différentiel ; boîte de transfert ; arceau porte-échelle arrière de cabine ; plusieurs points d'arrimage sur les côtés des ridelles ; pneus mixtes.
b. Ouvrent droit à déduction, compte tenu de leurs caractéristiques techniques, des **scooters des neiges** acquis par une société exploitant le parc de remontées mécaniques d'une station de sports d'hiver (CE 25-11-2009 n° 319649 : RJF 2/10 n° 114).

VÉHICULES ÉLECTRIQUES

53980 À défaut de dérogation spécifique prévue à leur égard (et sauf, évidemment, lorsqu'ils entrent dans l'une des exceptions visées aux n°s 53860 à 53970), les **véhicules fonctionnant** exclusivement au moyen de l'**énergie électrique** sont, conformément à la règle générale, **exclus** du droit à déduction, dès lors qu'ils sont conçus pour transporter des personnes ou à usages mixtes.

Cependant, en vertu de l'article 273 septies B du CGI, ouvre **droit à déduction** (coefficient d'admission égal à un) **l'électricité consommée** par les **véhicules terrestres** exclus de ce droit, lorsque ces véhicules sont utilisés pour les besoins d'opérations ouvrant droit à déduction et qu'ils fonctionnent exclusivement au moyen de l'énergie électrique. Il en va de même lorsque les véhicules de cette nature sont pris en location et que la taxe relative à cette location n'est pas déductible (nos 54190 s.).

D. Transports de personnes

PRINCIPE

Aux termes de l'article 206, IV-2-5° de l'annexe II au CGI, le coefficient d'admission est nul pour les prestations de transport de personnes et les prestations accessoires à ce transport, à l'exclusion de celles visées aux nos 54030 s. **54010**

Il en est ainsi quels que soient la voie et les moyens utilisés (**route, fer, air, eau**) (BOI-TVA-DED-30-30-30 n° 10).

> **> Précisions** L'exclusion du droit à déduction se situe au **niveau de l'entreprise** qui a exposé les frais de transport pour les besoins de son propre personnel.
> Lorsque ces frais sont ensuite **répercutés au client,** en complément du prix principal d'une prestation, ce dernier peut déduire, dans les conditions de droit commun, la TVA ayant grevé le prix de la prestation. Dans cette hypothèse, en effet, les frais de déplacement répercutés ne constituent pas la contrepartie d'une prestation de transport distincte qui serait rendue aux clients, mais un élément du prix de la prestation fournie (BOI précité n° 20). La déduction par le client de la part de la taxe afférente aux frais de transport n'est, bien entendu, possible que si ces frais ne font pas l'objet d'une facturation distincte.

L'exclusion du droit à déduction qui frappe les transports de personnes s'étend aux **opérations accessoires** à ces transports, c'est-à-dire à l'ensemble des opérations en relation étroite avec le transport lui-même : location de places, etc. (BOI-TVA-DED-30-30-30 n° 10). **54015**

EXCEPTIONS

En application de l'article 206, IV-2-5° de l'annexe II au CGI, la déduction est autorisée (coefficient d'admission égal à un) dans le cas des transports réalisés **pour le compte d'une entreprise de transports publics de voyageurs.** Ces entreprises bénéficient ainsi de la déduction de la taxe qui leur est facturée par d'autres transporteurs. **54030**

> **> Précisions** Jugé ainsi que les **services de navette** par autocar assurés par des entreprises de transport au profit d'« Aéroports de Paris » afin de permettre aux usagers de l'aéroport de se déplacer entre les parcs de stationnement et les aérogares entrent dans la mission d'acheminement à terre des voyageurs et l'aéroport doit être regardé comme exploitant pour son propre compte une entreprise de transports publics de voyageurs au sens de l'article 206, IV-2-5° de l'annexe II au CGI. La taxe ayant grevé le prix de ces services de navette est par conséquent déductible puisqu'elle a grevé le prix d'une opération imposable, les services de navette faisant partie de l'ensemble des services rémunérés soit par la redevance d'aéroport, soit par le prix de stationnement (CE 26-3-1990 n° 39997 : RJF 5/90 n° 536).

La déduction de la taxe est également autorisée, en vertu de l'article 206, IV-2-5° de l'annexe II au CGI, pour les transports réalisés en vertu d'un **contrat permanent de transport** conclu par les entreprises redevables (y compris agricoles) pour amener leur **personnel** sur les lieux de travail. **54035**

Cette dérogation ne saurait bénéficier aux entreprises qui auraient conclu un contrat, même permanent, avec un transporteur pour transporter leur **clientèle** (BOI-TVA-DED-30-30-30 nos 30 et 50).

E. Biens fournis sans rémunération ou pour un prix trop bas

Sous réserve des exceptions mentionnées aux nos 54140 s. et 54155, le coefficient d'admission est nul, conformément à l'article 206, IV-2-3° de l'annexe II au CGI, lorsque le bien est cédé sans **54070** rémunération ou moyennant une rémunération très inférieure à son prix normal, **notamment** à titre de **commission, salaire, gratification, rabais, bonification, cadeau.** Il en est ainsi quelle que soit la qualité du bénéficiaire (client, fournisseur, personnel, etc.) ou la **forme** de la distribution, et quand bien même l'opération serait effectuée dans l'**intérêt de l'entreprise** (BOI-TVA-DED-30-30-50 nos 1 et 40).

54075 L'article 206, IV-2-3° de l'annexe II au CGI ne vise que des biens meubles corporels, à l'exclusion donc notamment des services, telle la fourniture de bons d'achat (CE 6-10-2004 n° 250715 : RJF 12/04 n° 1240). Il en résulte que les **services gratuits rendus dans l'intérêt de l'entreprise** ouvrent droit à déduction (sauf, bien entendu, s'ils sont exclus du droit à déduction par une disposition particulière du type de celles décrites aux nos 53580 s., 53620 s., 54010 s. et 54190 s.).

En revanche, les **services rendus sans aucune contrepartie** pour l'entreprise (pures « libéralités ») sont exclus du droit à déduction, en application des principes généraux (nos 50600 s.). Cette exclusion se traduira, s'il y a lieu, par une taxation à titre de livraison de services à soi-même (voir nos 14430 s.).

PRINCIPE D'EXCLUSION

54090 Les **livraisons** de biens effectuées **à titre gratuit** ne constituent pas des opérations imposables. Conformément aux règles générales définies à l'article 271 du CGI, la taxe qui a grevé le coût de ces opérations ne peut donc donner lieu à déduction.

Une opération doit être réputée faite à titre gratuit lorsque aucune contrepartie financière ou en nature n'est prévue. Tel n'est pas, bien entendu, le cas en matière d'échange, dès lors que la compensation financière qui intervient entre les deux échangistes confère à l'opération un caractère onéreux.

L'article 206, IV-2-3° de l'annexe II au CGI confirme ce principe et l'étend aux biens cédés moyennant une **rémunération très inférieure à leur prix normal.**

> **> Précisions** La contrepartie d'une livraison de biens peut également être constituée par le bénéfice d'une prestation de services reçue du cessionnaire (CE 6-10-2004 n° 250715 : RJF 12/04 n° 1240). Ainsi, la fourniture par une entreprise de cadeaux à un **client** qui lui **présente une nouvelle clientèle** potentielle constitue la contrepartie en nature d'une prestation de services de parrainage (en ce qui concerne la base d'imposition, voir n° 35315). Cette prestation étant totalement réalisée dès la présentation des nouveaux clients, l'existence de la contrepartie et, partant, la déduction de la TVA d'amont ne dépendent pas du point de savoir si lesdits cadeaux sont laissés au parrain alors même que les nouveaux clients n'ont finalement pas effectué d'achats. Par ailleurs, l'absence d'une contrepartie et, par suite, l'exclusion du droit à déduction de la TVA d'amont, s'agissant de **cadeaux** remis à des **clients ayant passé commande,** ne peuvent être fondées sur la seule circonstance que lesdits clients pouvaient conserver le cadeau alors qu'ils avaient retourné l'article principal (CE 8-6-2016 n° 380624 : RJF 10/16 n° 824).
>
> De même, la remise d'**équipements sportifs** par une société à des sportifs ou à un club en contrepartie de leur **engagement**, prévu **par contrat,** de les utiliser **à des fins publicitaires** s'analyse comme un échange entre une vente et une prestation de publicité. La TVA incluse dans le prix de revient des équipements est déductible dans les conditions de droit commun (Rép. Sprauer : AN 26-8-1985 nos 64423 et 70832 ; en ce sens également, BOI-TVA-BASE-10-20-40-30 n° 280). En revanche, les équipements sportifs remis **sans obligation contractuelle publicitaire** constituent des cadeaux et ne sont pas détaxables, sauf s'il s'agit de biens de très faible valeur visés aux nos 54140 s. (Rép. Sprauer précitée).

54095 S'agissant des biens cédés moyennant une « **rémunération très inférieure à leur prix normal** », l'exclusion joue en principe (alors même que la livraison serait imposable à la TVA) lorsque la différence entre le prix normal (c'est-à-dire le prix pratiqué par l'entreprise pour des biens similaires, ou, à défaut, le prix de marché, ou encore leur prix de revient incluant une quote-part des charges d'amortissement) et le prix effectif dépasse très largement les rabais et remises couramment pratiqués, ou justifiés par des circonstances exceptionnelles (par exemple, liquidation de marchandises dépréciées, soldes, etc.) (BOI-TVA-DED-30-30-50 n° 30).

> **> Précisions** Selon la cour administrative d'appel de Nancy, la TVA grevant des biens cédés à un **prix très inférieur à leur prix d'achat mais au cours du marché** (qui constitue, par définition, un prix normal) est déductible (CAA Nancy 29-9-2011 n° 10NC00966 : RJF 2/12 n° 117).

54100 Selon le Conseil d'État, la taxe ayant grevé des **produits d'essai** cédés sans rémunération à la clientèle n'est pas déductible, même si le cédant tire avantage de la mise de ces produits à la disposition de la clientèle (CE 2-4-1990 n° 89414 : RJF 5/90 n° 535). Mais il convient de noter qu'il existe des décisions en sens contraire de certains juges du fond (CAA Nancy 23-10-1990 n° 793 : RJF 2/91 n° 160 ; TA Paris 16-4-1996 n° 92-15823 : RJF 10/96 n° 1150).

Ne tombe pas sous le coup de l'exclusion du droit à déduction la **fourniture d'articles supplémentaires** (13 à la douzaine ou remise d'articles par les concessionnaires automobiles, par exemple) faite à des clients, dès lors que cette fourniture s'analyse en une réduction du prix, ce qui suppose, selon l'administration (BOI-TVA-DED-30-30-50 n° 130), qu'il en soit fait état sur une facture (exigence partagée par CAA Bordeaux 30-12-1994 n° 93-856 : RJF 4/95 n° 472, mais non par CAA Nancy 20-10-1994 n° 92-548 : RJF 3/95 n° 318). **54105**

Le Conseil d'État estime que les cessions gratuites qui présentent un **caractère obligatoire** et dont le coût est un **élément inévitable du prix de revient** des opérations imposables réalisées échappent à l'exclusion du droit à déduction. Ainsi jugé pour des travaux de superstructure remis gratuitement par un aménageur de zone à la commune avec laquelle il avait contracté (CE 7-5-1986 n° 49991 : RJF 7/86 n° 685). **54110**

L'exclusion du droit à déduction ne s'applique pas à la taxe grevant le prix d'achat des décorations offertes aux membres du personnel qui deviennent titulaires de la **médaille d'honneur du travail,** dès lors que cette dépense d'intérêt social présente un caractère exceptionnel et que la décision de son attribution est prise par une autorité publique (BOI-TVA-DED-30-30-50 n° 140). **54115**

En ce qui concerne les **produits « presse-plus »,** voir n° 85470. **54120**

Lorsque le bien cédé gratuitement ou pour un prix trop bas a, lors de son **acquisition,** donné lieu à une **déduction** totale ou partielle (parce qu'il était destiné à une opération ouvrant droit à déduction) **ou** a été **fabriqué** par le cédant, celui-ci doit, selon l'administration, acquitter la TVA au titre de la **livraison à soi-même** de ce bien et la taxe résultant de cette imposition n'est pas déductible (n°s 14220 s.) (en ce sens, BOI-TVA-DED-30-30-50 n°s 50 et 70). **54125**

Mais le droit à déduction exercé au titre d'**échantillons** ou de produits **« spécimens »** reste acquis sans qu'il y ait lieu à imposition au titre des livraisons à soi-même (voir n°s 14300 s.).

> **> Précisions** Sur la **validité,** au regard de la jurisprudence de la CJUE, de la **doctrine** administrative qui exige, pour les biens cédés moyennant une **rémunération très inférieure au prix normal** et qui ont été détaxés, l'imposition d'une **livraison à soi-même,** voir n° 14230.

Les paiements effectués par le gestionnaire d'un **programme de fidélisation de clientèle** aux fournisseurs qui livrent des cadeaux aux clients des enseignes commerciales adhérentes du programme doivent être considérés comme la contrepartie, versée par un tiers, d'une livraison de biens ou d'une prestation de services. Les paiements effectués par une enseigne commerciale adhérente d'un programme de fidélisation de clientèle au gestionnaire du programme qui livre des cadeaux aux clients de cette enseigne doivent être considérés comme étant, en partie, la contrepartie, versée par un tiers, d'une livraison de biens et en partie la contrepartie d'une prestation de services (CJUE 7-10-2010 aff. 53/09 et 55/09 : RJF 1/11 n° 125). **54130**

En conséquence, selon l'**administration,** que le gestionnaire d'un programme de fidélisation de clientèle livre directement les cadeaux aux clients des enseignes adhérentes ou qu'il recoure à un fournisseur pour réaliser cette livraison, il peut déduire dans les conditions de droit commun la TVA d'amont qu'il supporte. En revanche, les enseignes adhérentes du programme ne peuvent pas déduire la fraction de la taxe qui leur est facturée au titre de la livraison des cadeaux à leurs clients (sauf biens de très faible valeur). La fraction de la TVA grevant les autres prestations, telle celle de gestion, est déductible dans les conditions de droit commun (BOI-TVA-DED-30-30-50 n° 290).

S'agissant des droits à déduction du gestionnaire de programme, le **Conseil d'État** retient toutefois une position moins favorable. Interprétant strictement l'arrêt de la CJUE du 7 octobre 2010 précité, il juge que les récompenses accordées par les enseignes commerciales adhérentes d'un programme de fidélisation aux clients titulaires de points de fidélité sont des prestations fournies à ces clients dont le prix est payé par un tiers (le gestionnaire du programme), et non des prestations fournies par les enseignes au gestionnaire du programme. Ce dernier ne peut donc pas déduire la TVA d'amont que lui ont facturée les enseignes à ce titre (les sommes en cause n'ayant pas pour contrepartie des biens ou des services que le gestionnaire aurait utilisés pour les besoins de ses opérations taxables). Selon le Conseil d'État, seule la partie des sommes facturées par les enseignes qui correspondrait à une prestation de services distincte rendue au gestionnaire pourrait être détaxée par ce dernier (CE 7-12-2016 n°s 396460 à 396463 : RJF 3/17 n° 230), mais tel n'était pas le cas en l'espèce (CAA Versailles 6-6-2017 n°s 16VE03660-16VE03661 et 17VE00271-17VE00272 : RJF 11/17 n° 1040).

EXCEPTIONS

Biens de très faible valeur L'exclusion du droit à déduction ne joue pas quand il s'agit de biens de très faible valeur (conçus spécialement ou non pour la publicité). **54140**

La condition de valeur est considérée comme remplie lorsque la **valeur unitaire** des objets n'excède pas 73 €, taxes comprises (CGI ann. IV art. 28-00 A).

Pour les biens qui remplissent cette condition de valeur, le coefficient d'admission est donc égal à un.

La **valeur à retenir** est soit le prix d'achat par l'entreprise distributrice, soit le prix de revient si elle procède elle-même, ou fait procéder pour son compte, à la fabrication des objets. Dans tous les cas, doivent être retenus les **frais de distribution** à la charge de l'entreprise, tels que les frais d'emballage et les frais de port notamment (BOI-TVA-DED-30-30-50 n° 100).

> **Précisions** Le montant mentionné ci-dessus fait l'objet d'une **réévaluation tous les cinq ans,** proportionnellement à la variation de l'indice mensuel des prix à la consommation, hors tabac, de l'ensemble des ménages, arrondie à l'euro supérieur (Arrêté BUDF0500039A du 12-10-2005 art. 3). Il est fixé à 73 € depuis le 1er janvier 2021 (arrêté ECOE2108012A du 9-6-2021) et sera réévalué au 1er janvier 2026.

54145 Lorsque la **distribution** gratuite **se renouvelle,** la valeur des objets donnés ne doit pas excéder la limite de 73 € au cours de l'année pour un même bénéficiaire (CGI ann. IV art. 28-00 A et BOI-TVA-DED-30-30-50 n° 100).

À noter que, lorsque cette condition de valeur est remplie, il n'y a ni exclusion du droit à déduction ni livraison à soi-même taxable (n° 14290).

> **Précisions** Lorsque les objets distribués sont constitués par la **réunion de plusieurs articles** susceptibles d'être distribués isolément, c'est la valeur totale de l'ensemble qui doit être retenue, et non celle de chacun des articles qui le composent (BOI précité).

54155 **Objets de nature publicitaire** Ouvrent droit à déduction dans les conditions de droit commun (coefficient d'admission égal à un) les matériels et objets de nature publicitaire remis gratuitement à un bénéficiaire, directement ou par l'intermédiaire d'un grossiste, par un fabricant ou une entreprise commercialisant des produits, lorsque les **conditions** suivantes sont réunies :

– le bénéficiaire contribue à la commercialisation des produits de ce fabricant ou de cette entreprise ;

– le coût des biens est supporté par ledit fabricant ou ladite entreprise ;

– le bien remis est, par nature, destiné à assurer la **promotion,** la **vente,** le **rangement** ou la **présentation des produits** du fabricant ou de l'entreprise. Mais la déduction n'est pas subordonnée à la mention de la marque des produits sur les biens ainsi remis ;

– la remise des biens est justifiée par les besoins de l'activité commerciale du fabricant ou de l'entreprise qui en supporte le coût (BOI-TVA-DED-30-30-50 n° 280).

Sont notamment visés les présentoirs publicitaires (affiches, panonceaux, pancartes, enseignes, meubles, etc.) utilisés chez le client comme support matériel pour la présentation commerciale d'un produit ou d'une marque sur le lieu de vente, les matériels de tirage de pression et accessoires de terrasse remis par les fournisseurs de boissons, les enseignes lumineuses.

> **Précisions** S'agissant des **présentoirs publicitaires,** on remarquera qu'une doctrine plus ancienne que celle mentionnée ci-dessus (mais également reprise au BOI précité n° 110) prévoit que la taxe afférente aux présentoirs publicitaires d'une valeur unitaire inférieure à 107 € taxe comprise qu'une entreprise remet, gratuitement ou à un prix réduit, à sa clientèle, quel que soit le nombre des biens de cette nature remis au cours d'une année à un même bénéficiaire, n'est pas exclue du droit à déduction. Cependant, cette dernière doctrine (moins favorable) nous semble obsolète, les présentoirs remis dans les conditions exposées ci-dessus ouvrant désormais droit à déduction sans condition de valeur.

F. Services afférents à des biens exclus

54190 Conformément à l'article 206, IV-2-10° de l'annexe II au CGI, sont exclues du droit à déduction (coefficient d'admission égal à zéro) les prestations de services de toute nature, notamment la location, afférentes aux biens dont le coefficient d'admission est nul en application des dispositions des 1° à 8° de l'article 206, IV-2 (nos 53580 à 54155, 54230 et 82340 s.).

Sont **notamment concernées,** outre la location, les opérations de réparation, de transport, de commission, de courtage portant sur des biens exclus du droit à déduction (BOI-TVA-DED-30-30-70 n° 10).

Ne sont pas concernés par l'exclusion, en revanche, les services afférents aux biens acquis ou construits par les opérateurs imposés sur la marge.

EXEMPLES

1. La prise en location ou en leasing d'une voiture particulière par une société industrielle n'ouvre pas droit à déduction pour cette entreprise : le coefficient d'admission applicable à la location est égal à zéro.
2. Les réparations afférentes à une voiture particulière utilisée par une entreprise de transports publics de voyageurs n'ouvrent pas droit à déduction si ce véhicule est affecté aux déplacements professionnels du personnel de l'entreprise : dans ce cas, le coefficient d'admission applicable aux réparations est égal à zéro. En revanche, si le véhicule est affecté de façon exclusive à la réalisation des transports publics de voyageurs (nos 53870 s.), les réparations y afférentes sont détaxables (coefficient d'admission égal à un).

Remarque : Ouvre droit à déduction la taxe afférente aux **emplacements de stationnement** achetés ou loués pour être mis à la disposition des clients et des membres du personnel, dirigeants ou non, sur le lieu de travail (BOI-TVA-DED-40-40 n° 30) ou à proximité (Rép. Authié : Sén. 16-9-1993 n° 1562 non reprise au Bofip). **54200**

G. Publicités prohibées

En application de l'article 206, IV-2-4° de l'annexe II au CGI, le coefficient d'admission est égal à zéro lorsque le bien ou le service est utilisé pour des publicités prohibées par les articles L 3323-2, L 3323-4 et L 3323-5 du Code de la santé publique. Il s'agit des publicités pour **boissons alcooliques.** **54230**

En pratique, la déduction est refusée lorsque le redevable a été frappé de l'amende prévue en pareil cas (BOI-TVA-DED-30-30-60 n° 10).

Le service des impôts n'a pas à prendre l'initiative de rechercher si les publicités se trouvent prohibées par lesdits articles ; il lui suffit, pour entériner la déduction, de s'assurer qu'aucune condamnation n'a été prononcée.

IV. EXEMPLES DE CALCUL

Une entreprise, qui réalise uniquement des opérations imposables, a deux activités : une activité de formation professionnelle continue exonérée de TVA et une activité de vente de publications assujettie à la TVA. Le coefficient d'assujettissement est donc égal à 1. En outre, le coefficient de taxation des biens et services qui sont affectés à l'une et l'autre de ces activités s'avère être égal à 0,45. L'entreprise supporte une dépense de gazole de 100 € destinée à un véhicule de tourisme utilisé indistinctement pour l'ensemble de ses activités. Le coefficient de déduction de cette dépense est égal à 1 × 0,45 × 0,8 (sur la détermination du coefficient d'admission de cette dépense, voir n° 82420), soit 0,36 et l'entreprise pourra déduire un montant de TVA égal à 0,36 × 100 × 0,2 (taux de 20 %), soit 7,2 €. **54300**

Cette entreprise acquiert également une photocopieuse qu'elle utilise pour les seuls besoins de son activité de publication et du mobilier de bureau qu'elle utilise pour les seuls besoins de son activé de formation. Ces dépenses d'immobilisation ont respectivement été grevées d'une TVA de 200 et 150 €. Le coefficient de déduction de la photocopieuse est égal à 1 × 1 × 1 = 1, l'entreprise pourra donc déduire l'intégralité de la TVA d'amont. En revanche, le coefficient de déduction du mobilier de bureau est égal à 1 × 0 × 1 = 0, l'entreprise ne pourra pas déduire la TVA qu'elle a supportée sur cette dépense.

Une société acquiert le 1er mars de l'année N un ordinateur pour un prix hors taxe de 4 000 €, soit une TVA correspondante de 800 € (taux de 20 %). L'ordinateur est utilisé à la fois à des opérations ouvrant droit à déduction et à des opérations exonérées n'ouvrant pas droit à déduction. Le coefficient d'assujettissement attaché à cette dépense est égal à l'unité. Le coefficient de taxation attaché aux dépenses mixtes supportées par l'entreprise est, à titre temporaire au vu du chiffre d'affaires de l'année précédente, de 0,45. Enfin, cette dépense n'étant pas visée par une exclusion du droit à déduction, son coefficient d'admission est égal à l'unité. Le coefficient de déduction provisoire attaché à cette dépense au moment de son acquisition en N est égal à 1 × 0,45 × 1, soit 0,45. L'entreprise a ainsi pu déduire provisoirement 800 × 0,45, soit 360 €. Avant le 25 avril de l'année N + 1, l'entreprise arrête définitivement ses divers coefficients. Le coefficient d'assujettissement de cette dépense reste égal à 1, tandis que son coefficient de taxation s'avère finalement égal à 0,5. La société peut donc déduire, en **54305** complément à la déduction opérée lors de l'acquisition du bien, un montant égal à 800 × 0,5 – 360, soit 40 €.

54310 Un entrepreneur exerce trois activités distinctes à l'égard des règles applicables en matière de TVA : une activité de conseil soumise à la TVA de plein droit, une activité de formation professionnelle continue exonérée de taxe et une activité de location d'une partie de ses locaux nus à usage professionnel imposée à la TVA sur option. Il a constitué trois secteurs distincts au sens de l'article 209 de l'annexe II au CGI pour chacune de ses activités.

Celles-ci ont dégagé respectivement un chiffre d'affaires annuel hors taxe de 100 (activité de conseil taxable), 50 (formation professionnelle continue exonérée) et 150 (activité de location imposée sur option).

L'entrepreneur a acquis pour 1 000 000 € HT un immeuble neuf de 245 m^2, qu'il a affecté en partie à son entreprise (160 m^2) et en partie à son patrimoine privé (logement à usage d'habitation d'une surface de 85 m^2).

Le coefficient d'assujettissement de l'immeuble, déterminé l'année de son acquisition, est égal à : (245 – 85) / 245 = 0,65306... arrondi à 0,66. Le coefficient de taxation de l'immeuble, utilisé pour les trois secteurs est égal à : (100 + 150) / (100 + 50 + 150) = 0,8333... arrondi à 0,84. Le coefficient d'admission de l'immeuble est égal à un. L'entrepreneur calculera ainsi pour l'acquisition de l'immeuble un coefficient de déduction égal à 0,66 × 0,84 × 1, soit 0,5544 arrondi à 0,56. Il déduira 0,56 × 1 000 000 × 0,2 (taux de 20 %), soit 112 000 €.

L'entrepreneur fait également appel à un prestataire afin de l'aider dans son activité de formation professionnelle continue et son activité de location. Cette dépense se monte à 4 000 € HT. Le coefficient d'assujettissement de cette dépense est égal à un puisqu'elle concerne exclusivement des opérations dans le champ d'application de la TVA. Pour la prestation d'assistance, l'entrepreneur calculera un coefficient de déduction égal à 1 × 0,75 × 1, soit 0,75. Il déduira 0,75 × 4 000 × 0,2, soit 600 €. Il a acquis une voiture d'une valeur de 15 000 € HT qu'il utilise pour ses activités de formation et de conseil. Le coefficient d'assujettissement de cette dépense est égal à 1, le coefficient de taxation est égal à 100 / (100 + 50) = 0,6666... arrondi à 0,67. Le coefficient d'admission est, quant à lui, égal à 0. Le coefficient de déduction sera égal à 1 × 0,67 × 0. L'entrepreneur pourra déduire 0 × 15 000 € × 0,2, soit 0 €.

SECTION 2 SECTEURS D'ACTIVITÉ DISTINCTS

54500 Le 2e alinéa de l'article 209, I de l'annexe II au CGI prévoit que les secteurs d'activité qui ne sont pas soumis à des dispositions identiques au regard de la TVA doivent être comptabilisés dans des comptes distincts pour l'application du droit à déduction.

REMARQUES

54510 Sous l'empire des dispositions en vigueur avant le 1er janvier 2008, l'administration avait indiqué que « le régime des secteurs d'activité distincts s'analyse en fait en l'application d'une règle de l'**affectation** qui, en s'étendant aux immobilisations, déroge, pour ces dernières, au principe d'application du prorata et évite ainsi les inconvénients liés au caractère forfaitaire de ce prorata ». Mais, à la différence de la règle de l'affectation qui tient compte de l'affectation à des dépenses, le régime des secteurs distincts est plus « **global** » car il **se réfère à la notion d'activité,** laquelle peut comprendre plusieurs catégories d'opérations (BOI-TVA-DED-20-20 n° 1).

La réforme opérée par le décret 2007-566 du 16 avril 2007 applicable depuis le 1er janvier 2008 a étendu aux immobilisations corporelles le principe de l'affectation jusque-là réservé aux biens autres que des immobilisations et aux services.

La constitution de secteurs d'activité distincts, bien que toujours obligatoire lorsque les conditions sont remplies ou lorsqu'une disposition réglementaire le prévoit, a ainsi perdu une grande partie de son **intérêt** et ne se justifie plus toujours en matière de TVA dans la mesure où, depuis cette date, la taxe déductible afférente aux immobilisations n'est plus calculée d'après le prorata général de l'entreprise mais d'après un coefficient de déduction propre à chaque bien et à chaque service en fonction de son utilisation pour la réalisation d'opérations ouvrant droit ou n'ouvrant pas droit à déduction. Le montant des droits à déduction pour un bien ou un service donné est donc en principe identique, que l'assujetti ait constitué des secteurs distincts ou non.

La constitution de secteurs d'activité distincts conserve toutefois un intérêt s'agissant du calcul des droits à déduction lorsque les biens et services sont utilisés pour plusieurs secteurs d'activité mais non pour l'ensemble des secteurs. Dans ce cas, en effet, le coefficient de taxation du bien ou du service est déterminé au vu du chiffre d'affaires de ces quelques secteurs et non au vu de celui de l'ensemble des secteurs (voir nos 53390 s.).

La constitution de secteurs distincts d'activité conserve également un intérêt en matière de **taxe sur les salaires.**

S'agissant de dispositions concernant l'application des règles de la TVA, on ne parle, en principe, de « secteur distinct » qu'à propos d'**opérations** situées **dans le champ d'application de la TVA.** **54515**

I. CAS DE CONSTITUTION DE SECTEURS DISTINCTS

Le texte légal prévoit l'application du régime spécial lorsqu'un assujetti a des **secteurs d'activité** « **qui ne sont pas soumis à des dispositions identiques** au regard de la TVA ». **54550**

Les cas de constitution de secteurs distincts résultent :

– soit de l'application du principe énoncé au 2e alinéa de l'article 209, I de l'annexe II au CGI (nos 54570 s.) ;

– soit de l'application des dispositions particulières prévues aux 1° à 6° du I du même article et à l'article 260 B de l'annexe II au CGI (n° 54650).

La constitution de secteurs distincts est **de droit.** Elle **s'impose** aussi bien à l'administration qu'aux assujettis (BOI-TVA-DED-20-20 n° 10).

A. Application du principe général

En application du principe général énoncé par l'article 209, I-al. 2 de l'annexe II au CGI, il y a lieu de constituer des secteurs distincts lorsque les **deux conditions** suivantes sont réunies : exercice par un même assujetti de plusieurs activités ; activités différentes non soumises à des dispositions identiques au regard de la TVA. **54570**

Lorsque les conditions énoncées ci-dessous sont réunies, la **constitution** de secteurs distincts est **de droit** et elle s'impose, tant aux entreprises qu'à l'administration, dès le début de l'activité considérée. Si une **contestation** survient sur le point de savoir s'il existe ou non des secteurs répondant effectivement à la définition donnée par le texte, c'est à la juridiction administrative qu'il appartient de se prononcer (BOI-TVA-DED-20-20 n° 120). **54575**

EXERCICE PAR UN MÊME ASSUJETTI DE PLUSIEURS ACTIVITÉS

Cette condition s'apprécie en retenant un certain nombre de **critères** tenant à la fois à la **nature économique** de chaque activité et, surtout, à l'utilisation de **moyens** différents d'exploitation (investissements, personnels distincts), et à la tenue d'une **comptabilité** séparée. **54590**

EXEMPLES

Il n'y a pas pluralité d'activités lorsqu'une même entreprise exerce à titre exclusif une activité bancaire en utilisant des moyens en personnel et matériels non affectés, quand bien même cette activité comprendrait à la fois des opérations financières imposables (de plein droit ou par option) et non imposables (sous réserve toutefois de l'activité de crédit-bail : voir n° 77540, a).

En revanche, il y a pluralité d'activités lorsqu'une entreprise réalise concurremment, d'une part, des opérations relevant d'une activité industrielle, d'autre part, des opérations relevant d'une activité financière, et affecte à chacune d'elles du **personnel,** des **locaux,** du **matériel distincts.**

Cela étant, le Conseil d'État a jugé que, lorsque les **opérations** financières réalisées par une société sont **indissociables de** son **activité taxable,** elles ne peuvent donner lieu à la constitution d'un secteur distinct d'activité. Tel est le cas de produits financiers (intérêts de placements en bons du Trésor des États-Unis, intérêts de versements en compte courant, produits tirés de swaps de taux d'intérêt) perçus par une société ayant pour activité la location, la gérance et l'exploitation de biens et droits immobiliers pour son propre compte et pour le compte de tiers, dans le cadre d'un montage financier élaboré entre deux groupes de sociétés pour la réalisation d'une opération immobilière qui sont étroitement imbriqués dans l'activité économique taxable de la société et en constituent le complément indispensable, direct et permanent (CE 21-10-2011 n° 315469 : RJF1/12 n° 24). Tel est également le cas des activités financières liées au placement de la trésorerie provisoirement disponible et à l'annulation de **titres-restaurant ou** de **chèques-cadeaux** périmés ou perdus qui s'inscrivent nécessairement dans le prolongement de l'activité commerciale de vente (sur ce point, voir n° 53250, précision a) des titres-restaurant ou des chèques-cadeaux de la société (CAA Versailles 19-2-2019 n°s 17VE00194 et 17VE00302 : RJF 7/19 n° 653 ; CE (na) 18-11-2019 n°s 429981 et 429982 : RJF 2/20 n° 116).

Le Conseil d'État a également jugé (CE plén. 7-3-1979 n° 7544 : RJF 4/79 n° 212) que les prestations d'hébergement, de surveillance et de soins effectuées dans une clinique exploitée par un médecin relèvent d'une activité unique, même en ce qui concerne les malades reçus en consultation sans être hospitalisés.

La **coexistence** au sein d'une même activité d'**opérations imposables et non imposables** ne justifie pas à elle seule la constitution de secteurs d'activité. Ainsi, un immeuble donné en location doit être considéré comme relevant d'une activité unique de bailleur d'immeuble, alors même que certains loyers seraient soumis à la TVA et d'autres exonérés (BOI-TVA-DED-20-20 n° 20).

ACTIVITÉS DIFFÉRENTES NON SOUMISES À DES DISPOSITIONS IDENTIQUES AU REGARD DE LA TVA

54600 Une fois établie l'existence d'une pluralité d'activités, au sein d'une même entreprise, la « sectorisation » ne s'impose, en application de l'article 209, I-al. 2 de l'annexe II au CGI, que lorsque ces activités « ne sont pas soumises à des dispositions identiques au regard de la TVA ».

Selon l'administration, cette seconde condition se réfère aux seules disparités au regard de la question de savoir si les **opérations ouvrent ou non droit à déduction.**

Elle indique en effet que :

– si **toutes les activités** de l'assujetti comprennent **exclusivement** des opérations **ouvrant droit à déduction,** le régime des secteurs distincts n'a pas à être appliqué ;

– si, au contraire, une ou plusieurs activités comprennent, pour tout ou partie, des **opérations n'ouvrant pas droit à déduction** (opérations exonérées), l'application du régime des secteurs distincts est de droit (BOI-TVA-DED-20-20 n° 30).

EXEMPLES

54610 À titre d'exemples, on trouvera ci-après une **liste (non limitative)** de situations imposant la constitution de secteurs distincts en application du principe général :

– activités civiles, libérales ou commerciales exonérées, exercées concurremment avec une activité économique (libérale ou commerciale) imposable (exemple : ambulancier effectuant des transports mortuaires ou des transports en véhicule sanitaire léger : n° 9725) (BOI-TVA-DED-20-20 n° 60) ;

– sociétés en participation et sociétés de fait (quelle que soit la durée du contrat) (n° 13080) ;

– Cridon dépourvu de la personnalité juridique, afin de traiter dans des secteurs distincts les activités propres des chambres et les activités de prestations de services aux notaires (BOI-TVA-CHAMP-10-10-50-50 n° 120) ;

– activités de l'État et des collectivités locales (BOI-TVA-DED-20-20 n° 220).

Pour les activités financières exercées à titre accessoire, voir n° 53275.

54615 On trouvera également ci-après un certain nombre de décisions de **jurisprudence** rendues pour l'application du principe général résultant de l'article 209, I-al. 2 de l'annexe II au CGI.

a. Un exploitant agricole (n'ayant pas opté pour la TVA) également entrepreneur de travaux agricoles (TVA de droit commun de plein droit) doit constituer deux secteurs distincts dès lors que ces activités ne sont pas de même nature, qu'elles ont des clientèles distinctes, ne sont pas complémentaires (ou très peu), donnent lieu à la tenue de comptabilités distinctes, et, enfin, font appel à un matériel et à un personnel propres (CE 8-10-1980 n° 7218 : RJF 12/80 n° 958).

b. Solution inverse dans le cas d'un entrepreneur qui exerce ces mêmes activités, dès lors qu'il utilise le même matériel (alors que, dans l'espèce précédente, il utilise un personnel et des matériels propres) pour l'exercice des deux activités (CE 2-12-1988 n° 55664 : RJF 2/89 n° 162).

c. Ne peuvent être érigées en secteurs distincts l'activité d'exploitation d'un établissement de soins, d'une part, et celle de mise à la disposition de médecins exerçant leur activité libérale dans l'établissement des locaux de consultation situés dans l'enceinte de la clinique et de fourniture de diverses prestations de services associées, d'autre part, dès lors qu'elles sont exercées à l'aide des mêmes moyens en personnel et matériel et mettent en œuvre les mêmes techniques (CAA Nantes 25-6-2004 n° 02-592 : RJF 3/05 n° 229).

d. Une clinique ne peut ériger en secteurs distincts son activité de soins et celle de mise à disposition de praticiens extérieurs de matériels de radiologie, alors même qu'elle a constitué des comptes séparés et que chaque activité est soumise à des dispositions différentes au regard de la TVA, dès lors que ces activités, qui concourent toutes deux au traitement des patients et sont exercées avec la même organisation d'ensemble, sont complémentaires (CAA Paris 10-12-2004 n° 01-3329 : RJF 4/05 n° 322).

e. Les prestations d'hébergement et de restauration, les prestations liées à la dépendance et les prestations de soins rendues par un établissement d'hébergement pour personnes âgées dépendantes (Ehpad) consistent en des opérations effectuées de manière complémentaire par l'établissement. Elles ne peuvent dès lors pas être érigées en secteurs distincts (CE 20-10-2014 n° 364715 : RJF 1/15 n° 19).

f. Ne peuvent être érigées en secteurs distincts, alors même qu'elles feraient appel à des personnels spécifiques et des techniques propres, les activités de « recouvrement » et de « successions » d'un établissement bancaire dès lors que ces activités, eu égard à leurs liens étroits avec les activités bancaires générales de l'établissement, n'aboutissent pas à la fourniture à la clientèle de produits ou de services distincts des activités bancaires (CE (na) 7-5-2013 n° 359532 : RJF 8-9/13 n° 824).

g. Le « service particulier » d'une chambre de commerce et d'industrie, qui est constitué des différents services qui assurent, conformément à la mission assignée par la loi à cet organisme consulaire, le soutien et le développement de l'initiative économique, qui est doté d'un personnel permanent et de moyens propres en termes d'immobilisations, auquel est affecté le produit de la taxe additionnelle à la taxe professionnelle et qui est soumis à des règles particulières en matière de TVA, doit être regardé comme constituant un secteur d'activité distinct de la gestion de l'aéroport et des actions d'enseignement conduites par cet organisme (CE 27-3-2009 n° 294302 : RJF 6/09 n° 550).

h. Si un agent de change n'est pas en droit, sur le terrain de la loi, de constituer un secteur d'activité distinct correspondant au placement, par l'intermédiaire de la chambre syndicale des agents de change, des fonds qu'il détient en dépôt, il est en droit de procéder à cette constitution sur le terrain de la doctrine administrative exprimée par lettre circulaire du 13 avril 1979 adressée au syndic de la compagnie des agents de change par le SLF (CE 28-7-1999 n° 164101 : RJF 10/99 n° 1168).

B. Application de dispositions particulières

En application des **dispositions** réglementaires **particulières,** doivent être constituées en secteurs distincts pour l'exercice des déductions les activités ou personnes suivantes : **54650**

- **location** d'immeubles nus à usage professionnel **imposée par option** (voir n° 4480) ;
- **activité agricole** imposable selon le régime **simplifié** agricole (voir n°s 70205 et 74120) ;
- **collectivités locales** ayant plusieurs services soumis à la TVA par option (voir n° 10640) ;
- **organismes sans but lucratif** (voir n°s 12220 s. et 86250) ;
- chaque opération de **lotissement ou** d'**aménagement de zone** réalisée par les collectivités territoriales ou leurs groupements (CGI ann. II art. 209, I-5°) ;
- livraisons à soi-même de **logements sociaux à usage locatif** ou de certains travaux de réhabilitation réalisés dans les mêmes logements (voir n° 69035, précisions) ;
- chaque **membre d'un assujetti unique** (n° 1720), sans préjudice des secteurs constitués par ce membre conformément au deuxième alinéa et aux 1° à 5° de l'article 209, I de l'annexe II au CGI (n°s 54550 s.).

II. CONSÉQUENCES DE LA SECTORISATION

En cas de fractionnement, les **secteurs** font l'objet de **comptes distincts pour** l'application du **droit à déduction.** **54720**

Il en résulte les conséquences suivantes, exposées ci-après.

OBLIGATIONS COMPTABLES

54730 La comptabilité de l'entreprise doit **suivre distinctement** pour chaque secteur les acquisitions de biens ou de services, le montant des opérations taxables et exonérées, les cessions d'immobilisations ou leur transfert à d'autres secteurs.

Pour l'application de ces principes, la tenue de deux ou plusieurs comptabilités séparées n'est pas indispensable, dès lors que la comptabilité de l'entreprise, complétée le cas échéant par des **registres** annexes, fait apparaître distinctement les données comptables propres à chaque secteur, de manière à justifier les mentions portées sur les déclarations de l'entreprise (BOI-TVA-DED-20-20 n° 130).

CALCUL DES DÉDUCTIONS

54740 La détermination du montant déductible de la taxe ayant grevé les biens et services afférents à un secteur distinct s'effectue dans les conditions de **droit commun** (nos 52500 s.). En ce qui concerne le coefficient de taxation à appliquer pour les biens et services communs à plusieurs secteurs, voir nos 53390 s.

> **Précisions** **a.** En ce qui concerne les **immeubles nus à usage professionnel,** au titre desquels une option pour la TVA a été exercée, qui regroupent à la fois des locaux pour lesquels cette option s'applique et des locaux pour lesquels elle ne s'applique pas, voir n° 4475.
> **b.** En cas de **transfert d'immobilisations entre secteurs d'activité,** il faut procéder à une régularisation, dans les conditions indiquées aux nos 62100 s. (et sous la réserve énoncée au n° 14080, à propos de certaines affectations à un secteur exonéré).
> **c.** Les **transferts** de biens en **stock** d'un secteur à un autre secteur ne donnent pas lieu à imposition, sauf s'ils s'analysent en une livraison à soi-même imposable à la TVA dans les conditions exposées au n° 14065.

DÉCLARATIONS

54750 Les personnes qui exercent plusieurs activités n'ont pas **en principe** à établir une déclaration de chiffre d'affaires pour chacun de leurs secteurs d'activité. Elles doivent souscrire **une seule déclaration** sur laquelle sont **regroupés** les éléments propres à chaque secteur d'activité.

Cette déclaration récapitule la TVA brute afférente aux **recettes** provenant de l'ensemble des activités de l'entreprise, ainsi que la totalité des **droits à déduction, tous secteurs confondus.**

Avant leur globalisation sur la déclaration unique, les **droits à déduction** doivent être préalablement **calculés par secteur,** en fonction des limitations particulières éventuellement applicables à chacun de ces secteurs.

Les entreprises peuvent joindre à leur déclaration CA 3 la déclaration annexe **n° 3310 ter-SD** destinée à justifier de la quotité des droits à déduction mentionnés sur leur déclaration. Son utilisation spontanée est susceptible d'accélérer l'instruction des demandes de remboursement (BOI-TVA-DED-20-20 n° 170).

54755 Les **collectivités locales** doivent également souscrire une seule déclaration de chiffre d'affaires pour l'ensemble de leurs activités même si certaines d'entre elles constituent un secteur distinct d'activité. Ainsi, à titre d'exemple, bien que chaque opération d'aménagement de lotissement ou d'aménagement de zone réalisée par une collectivité locale constitue un secteur distinct d'activité, la collectivité ne souscrit qu'une seule déclaration (BOI-TVA-DED-20-20 n° 230).

En revanche, chaque **service de l'État** assujetti à la TVA doit faire l'objet d'une déclaration séparée (BOI précité n° 220).

54760 Les personnes qui exercent des activités soumises au régime simplifié d'imposition à la TVA des **exploitants agricoles** et des activités relevant du régime général de la TVA doivent, en principe, déclarer leurs activités agricoles sur une déclaration distincte (BOI-TVA-DED-20-20 n° 190) (voir toutefois n° 74290).

FORMALITÉS

54770 En application de l'article 40, 2 de l'annexe IV au CGI, les assujettis qui adoptent un **coefficient de taxation forfaitaire distinct pour** une **activité nouvellement créée** doivent, dans les 15 jours, en faire la déclaration au service des impôts dont ils dépendent (en sont dispensées les personnes pour lesquelles la constitution d'un secteur distinct est prévue par une disposition particulière : n° 54650).

Ces obligations, qui doivent être accomplies dès la création de l'activité en cause, revêtent une importance particulière car elles permettent, le cas échéant, à l'administration d'examiner la nécessité ou le bien-fondé de la constitution d'un secteur en cas de création d'une nouvelle activité.

Par ailleurs, doivent être déclarées, en vertu du même article, les modifications aboutissant à la **création d'un secteur exonéré.**

CHAPITRE 3

CONDITIONS D'EXERCICE DU DROIT À DÉDUCTION

SOMMAIRE

L'exercice du droit à déduction est subordonné à deux sortes de conditions : **55600**
- des conditions de forme tenant à la justification de la TVA déductible (nos 55700 s.) ;
- des conditions de fond relatives notamment à la date et au délai de déduction de la taxe (nos 56450 s.).

SECTION 1

CONDITIONS DE FORME : JUSTIFICATION DE LA TVA DÉDUCTIBLE

Le redevable qui procède à la déduction de la taxe ayant grevé des biens ou des services doit être en mesure d'en justifier. **55700**

En général, cette justification est constituée par la mention de la taxe sur les factures d'achat.

Des règles particulières sont prévues lorsque la taxe est perçue à l'importation ou lorsqu'elle a été acquittée par le redevable lui-même.

I. MENTION DE LA TVA SUR LES FACTURES D'ACHAT

55750 Qu'il s'agisse de biens ou de services, la taxe dont le redevable peut opérer la déduction est, en principe, selon les textes, celle qui figure sur les factures (délivrées par ses fournisseurs ou prestataires) établies conformément aux règles prévues par le CGI et si la taxe pouvait légalement figurer sur lesdites factures (CGI art. 271, II-1-a).

En outre, la déduction ne peut en principe être opérée que si le redevable est en possession de la facture correspondante au moment où il opère la déduction (CGI art. 271, II-2).

55755 Lorsque les conditions visées n° 55750 sont remplies et que l'opération n'est ni fictive ni frauduleuse, l'administration ne peut s'opposer à la déduction de la **TVA** facturée au seul motif :

– qu'elle n'aurait **pas** été **acquittée** par celui qui a établi la facture (CE 4-3-1987 n° 50503 : RJF 5/87 n° 494) ;

– ou que le **prix** facturé serait **anormalement élevé** (CE 2-4-2003 n° 233375 : RJF 6/03 n° 704 ; CE 21-10-2011 n° 323656 : RJF 1/12 n° 21). Ces dernières solutions sont des illustrations de la règle selon laquelle la notion d'acte anormal de gestion est normalement sans conséquence au regard de la TVA qui est due sur les sommes réellement facturées (n°s 16950 s.). De même que, pour des opérations facturées à un prix anormalement bas, la TVA ne peut être exigée que sur les sommes effectivement encaissées par le fournisseur, la TVA régulièrement facturée au titre de biens ou de services acquis à un prix anormalement élevé est déductible chez le client.

55760 Si, une fois la déduction opérée, la facture fait l'objet d'une **rectification,** le client redevable doit apporter la correction correspondante dans ses déductions et la mentionner sur la déclaration qu'il souscrit au titre du mois au cours duquel il a connaissance de cette rectification (CGI art. 271, II-3). L'établissement de factures rectificatives peut avoir différentes causes :

– opérations résiliées, annulées, faisant l'objet de rabais ou impayées (n°s 59270 s. et 59510 s.) ;

– facturation irrégulière de la TVA (n°s 47110 s.) ;

– ou rehaussements opérés par l'administration chez le fournisseur (n° 56820).

A. Nécessité d'une facture

55780 En application de l'**article 271, II-2** du CGI (lequel transpose l'article 178, a de la directive TVA), pour les livraisons de biens et les prestations de services, le redevable doit, pour pouvoir exercer son droit à déduction, être en possession de la facture.

La facture (au sens défini au n° 55805) constitue, selon l'**administration,** un document fondamental pour l'exercice du droit à déduction (BOI-TVA-DED-40-10-10 n° 55). Le fait de ne pas être en possession de la facture d'achat mentionnant la TVA fait obstacle, selon elle, à l'imputation de cette taxe (Rép. Alduy : AN 31-1-1970 n° 8548).

Le **Conseil d'État** refuse également tout droit à déduction de la taxe en l'absence de facture (notamment CE 12-5-1980 n° 13883 : RJF 7-8/80 n° 586 ; CE 20-4-1983 n° 29468 : RJF 6/83 n° 777), la production d'autres documents qui ne constituent pas des factures (tels que ceux visés n° 55810, précisions) ne pouvant suppléer à cette absence.

Selon la **CJUE,** l'exercice du droit à déduction est subordonné à la détention d'une facture établie conformément à l'article 226 de la directive TVA (CJUE 5-12-1996 aff. 85/95, John Reisdorf : RJF 6/97 n° 638 ; CJUE 29-4-2004 aff. 152/02, Terra Baubedarf-Handel GmbH : RJF 7/04 n° 834 ; CJUE 21-11-2018 aff. 664/16 : RJF 2/19 n° 237 ; CJUE 21-10-2021 aff. 80/20 : RJF 1/22 n° 107).

B. Conditions d'établissement de la facture

55800 Aux termes de l'**article 271, II-1-a** du CGI, pour ouvrir droit à déduction, la facture détenue par le redevable doit avoir été établie **conformément aux dispositions de l'article 289 du CGI.**

Autrement dit, les factures susceptibles de justifier le droit à déduction sont uniquement celles qui ont été régulièrement émises par les fournisseurs de biens ou de services, soit directement, soit par l'intermédiaire d'un mandataire (client ou tiers) agissant en leur nom et pour leur compte, dans les conditions prévues par l'article 289 du CGI et les articles 242 nonies et 242 nonies A de l'annexe II au même Code. On trouvera n°s 45400 s. un exposé d'ensemble des obligations tenant à la facturation, notamment les mentions qui doivent être portées sur les factures.

Tout **document délivré dans les conditions prévues par le CGI** et ses annexes, au regard notamment des mentions obligatoires, peut constituer une facture quelle que soit la qualification donnée à ce document par les parties (n° 45515). **55805**

> **Précisions** Ne peuvent pas en revanche être considérés comme des factures, au sens de l'article 271 du CGI :
> – des **tickets de cartes bancaires** ou des **relevés mensuels de banque** qui récapitulent les achats opérés avec ce moyen de paiement, dès lors qu'ils ne comportent presque aucune des mentions exigées par la réglementation (Rép. Préel : AN 17-2-2004 n° 23202, non reprise au Bofip mais dont la solution nous paraît conserver sa valeur) ;
> – des **états récapitulatifs de frais** engagés par les salariés de l'entreprise et des reçus de paiement par carte bancaire correspondant à des dépenses d'essence, dès lors que ces documents ne mentionnent ni le numéro d'identification à la TVA de l'assujetti qui réalise l'opération, ni l'identification du client (TA Nantes 28-5-2009 n° 06-871 : RJF 4/10 n° 344) ;
> – une simple **attestation notariée** (CE 2-3-1983 n°s 18016 et 23970) ;
> – un **« décompte définitif » de travaux** ne faisant pas apparaître de façon distincte le montant de la taxe grevant le coût des travaux (CE 26-10-1983 n° 24898 : RJF 12/83 n° 1521) ;
> – les **déclarations de chiffre d'affaires du prestataire** (CE 15-4-1988 n° 57399 : RJF 6/88 n° 729).

Lorsque les factures sont établies sur support **papier,** seul le **document original** permet de justifier la déduction de la taxe. Cette règle est appliquée strictement par le juge national qui n'admet aucune exception, y compris lorsque les factures ont été détruites par un sinistre (CE 22-4-1992 n° 75784 : RJF 6/92 n° 871, refusant la possibilité de suppléer aux factures manquantes par un échéancier des paiements dus aux fournisseurs). **55810**

> **Précisions a.** N'ont pas été considérés comme des justificatifs valables par le juge national :
> – des **documents reconstitués après coup** (« ex post ») par les fournisseurs (CE 3-2-1989 n° 56965 : RJF 3/89 n° 297) ;
> – des **duplicatas** non datés des factures et des attestations du fournisseur (CE CAPC 3-5-1995 n° 157758 : RJF 7/95 n° 837) ;
> – de simples **photocopies** (CAA Nantes 17-12-2003 n° 00-923 : RJF 5/04 n° 475) ou des **factures pro forma** (CE 8-8-1990 n° 58133 : RJF 11/90 n° 1336).
> **b.** L'article L 102 B, I du LPF autorise les assujettis à recourir, pour la conservation des factures, à la **numérisation des factures papier** reçues de leurs fournisseurs, dans les conditions fixées par l'article A 102 B-2 du même Livre (n° 46750). À cet égard, l'administration indique que la facture d'origine, c'est-à-dire celle émise et transmise dans son format initial, reste la **pièce justificative pour la déduction** de la TVA. L'archivage numérique de cette facture est toutefois considéré comme la copie identique de cette facture et peut dès lors être considéré comme une pièce justificative valable pour la déduction de la TVA à la condition que les modalités de numérisation des factures papier fixées par l'article A 102 B-2 du LPF soient respectées. Elle ajoute, cependant, que, dans l'hypothèse où le contribuable présente à l'administration une **facture numérisée qui ne remplit pas** ces **conditions,** ce dernier est alors tenu de la présenter sous forme papier. S'il n'est plus en possession de la facture papier, elle n'est pas en mesure de s'assurer de l'authenticité de la facture. Dans un tel cas, qu'elle assimile à un défaut de facture, elle considère qu'elle peut remettre en cause la déduction de la taxe opérée (BOI-CF-COM-10-10-30-10 n° 107).
> **c.** Sur les conséquences tirées par l'administration, en matière de droit à déduction, de l'inexistence ou de l'insuffisance des contrôles internes pour établir une **piste d'audit fiable** entre les factures et les livraisons de biens ou les prestations de services réalisées et du non-respect des conditions de numérisation des éléments constitutifs de ces contrôles établis sous forme papier, voir n° 47250.

Les **factures** peuvent également être **transmises par voie électronique** dans les conditions exposées n°s 46600 s., les factures ainsi transmises tenant alors lieu de facture d'origine. **55815**

Dans tous les cas, l'importance des factures en tant que véhicules du droit à déduction de la TVA doit conduire les redevables à respecter scrupuleusement les obligations que la loi leur impose en matière de **conservation** et de **stockage** de ces documents, qui sont exposées en détail n°s 46700 s. **55820**

C. Conséquences des omissions ou inexactitudes affectant la facture

À défaut de respecter les conditions de forme requises, les factures ne peuvent en principe conférer un droit à déduction et la déduction de la TVA pratiquée sur leur base est susceptible d'être remise en cause. Tel est notamment le cas lorsque l'**importance** ou la nature **des manquements,** inexactitudes ou omissions constatés ne permettent pas de considérer le document présenté comme une facture (BOI-TVA-DED-40-10-10 n° 55). **55930**

Une **facture ne mentionnant pas la taxe,** ou portant seulement la mention « TTC » sans préciser le montant de la taxe facturée, ne permet pas davantage de justifier la naissance et l'exercice du droit à déduction (CE 28-7-1989 n° 65518 : RJF 11/89 n° 1215 ; CE 17-2-1982 n° 19434 : RJF 4/82 n° 364).

55935 Cela étant, la seule **omission ou inexactitude de l'une des mentions obligatoires** devant figurer sur la facture (nos 46150 s.) n'affecte pas nécessairement sa validité pour l'exercice du droit à déduction, dès lors que l'opération est justifiée dans sa réalité et qu'elle satisfait par ailleurs aux autres conditions posées pour l'exercice du droit à déduction. La facture doit, en tout état de cause, permettre de justifier la naissance et l'exercice du droit à déduction. Les mêmes principes s'appliquent aux notes d'avoir (n° 59270).

L'**administration fiscale** a expressément pris position en ce sens (BOI-TVA-DED-40-10-10 n° 55).

De même, la **Cour de justice** a jugé que les autorités fiscales d'un État membre ne sauraient refuser le droit à déduction de la TVA pour la seule raison que l'assujetti détient une facture qui ne remplit pas les conditions requises par l'article 226 de la directive TVA, alors que ces autorités disposent de toutes les informations nécessaires pour vérifier que les conditions de fond relatives à l'exercice de ce droit sont satisfaites (CJUE 15-9-2016 aff. 516/14, Barlis 06-Investimentos Imobiliarios e Turisticos SA : RJF 12/16 n° 1145 ; en ce sens, également, CJUE 15-9-2016 aff. 518/14, Senatex : RJF 12/16 n° 1146 ; CJUE ord. 13-12-2018 aff. 491/18 : RJF 3/19 n° 316). Ce n'est que si la violation des exigences formelles est telle qu'elle a pour effet d'empêcher d'apporter la preuve certaine que les exigences de fond ont été satisfaites que le droit à déduction peut être refusé. Ainsi, un document ne constitue pas une facture au sens de la directive TVA lorsqu'il est entaché de vices tels qu'ils privent l'administration fiscale des données nécessaires pour fonder le droit à déduction (CJUE 21-10-2021 aff. 80/20 : RJF 1/22 n° 107). À cet égard, l'absence de mention du fournisseur sur la facture peut conduire au refus du droit à déduction si sa qualité d'assujetti ne peut pas être établie, et ce même en l'absence de fraude (CJUE 11-11-2021 aff. 281/20 : RJF 2/22 n° 231 ; CJUE 9-12-2021 aff. 154/20 : RJF 4/22 n° 418).

Le **Conseil d'État** a jugé pour sa part que le simple intitulé inexact des fournitures ou prestations rendues n'entraîne pas à lui seul la perte du droit à déduction de la TVA facturée, dès lors évidemment que le client peut démontrer la réalité des fournitures ou des prestations effectuées à son profit (CE 27-10-1986 n° 37206 : RJF 12/86 n° 1073). De même, selon la Haute Assemblée, l'absence du nom et de l'adresse du client sur la facture ou leur caractère erroné n'empêchent pas celui-ci de déduire la taxe y mentionnée à condition qu'il apporte la preuve par tout moyen du règlement effectif par lui-même de cette facture pour les besoins de ses propres opérations imposables (CE 26-3-2012 n° 326333 : RJF 6/12 n° 589).

> **Précisions** **a.** La seule circonstance que le **montant** de **TVA** porté sur une facture est **libellé dans** une **monnaie autre que** la **monnaie nationale** (en l'occurrence, en dollars américains) n'entraîne pas la remise en cause de sa validité dès lors que le tableau de conversion dollars américains/euros de l'ensemble des montants de taxe facturés fourni par l'assujetti, dont l'exactitude n'est pas contestée par l'administration, permet à cette dernière de se prononcer sur l'étendue du droit à déduction (TA Montreuil 16-2-2016 nos 1503203, 1503906, 1503909 et 1503911 : RJF 7/16 n° 614 ; CAA Versailles 15-10-2019 n° 18VE00031 : RJF 1/20 n° 19). Cette solution s'inscrit dans la ligne de la jurisprudence et de la doctrine administrative exposées ci-dessus.
>
> **b.** S'agissant des **dépenses de restaurant,** le Conseil d'État a jugé qu'une société ne peut être regardée comme ayant procédé au règlement effectif des frais de restauration engagés par certains de ses salariés dès lors que, d'une part, la taxe en cause figure sur des reçus, tickets ou notes de restaurant établis au nom de ses salariés et non à son nom et que, d'autre part, les frais de restauration donnent lieu au versement à ces salariés, sous forme d'avances suivies de régularisations périodiques, de sommes soumises à un plafond fixé par repas, au-delà duquel les sommes effectivement payées demeurent à la charge des salariés. La TVA mentionnée sur ces factures ne peut donc pas être déduite (CE 17-4-2013 n° 334423 : RJF 7/13 n° 718). Il est toutefois rappelé que l'administration a prévu en matière de restauration une mesure de tolérance concernant les éléments d'identification du client (voir n° 46540).
>
> **c.** La taxe grevant une **acquisition effectuée par un fondateur** dans l'intérêt d'une société non encore créée peut ouvrir droit à déduction pour la société si celle-ci a ratifié cet achat et si le fondateur n'a pas utilisé le bien acquis pour exercer lui-même une activité taxable (CE plén. 30-4-1980 n° 15506 : RJF 6/80 n° 485 ; en ce sens également, CJUE 1-3-2012 aff. 280/10 : RJF 5/12 n° 545). La cour administrative d'appel de Nantes a toutefois refusé d'appliquer cette solution pour des factures émises au cours du mois de création de la société, considérant que rien ne fait obstacle dans ce cas à ce que les factures soient libellées au nom de la société (CAA Nantes 19-12-2000 n° 97-2199 : RJF 6/01 n° 777).
>
> La TVA grevant les dépenses réglées **par un incubateur d'entreprises** pour le compte d'une société en formation peut être déduite par la société après sa création, alors même que les factures correspondantes ont été libellées au nom de l'incubateur, dès lors qu'elles ont été ratifiées par la société et reprises dans sa comptabilité (CAA Douai 8-2-2011 n° 09-664 : RJF 6/11 n° 699).

d. Lorsque l'exercice du droit à déduction a été refusé à l'assujetti du fait des irrégularités constatées dans la facture émise, le principe de neutralité ne s'oppose pas à ce que l'administration fiscale refuse également la **restitution de la taxe au fournisseur** ou prestataire de services (CJUE 8-5-2013 aff. 271/12 : RJF 8-9/13 n° 892).

En tout état de cause, les entreprises qui reçoivent une facture incomplète ou comportant des inexactitudes ont intérêt à demander à leur fournisseur une **facture rectificative** corrigeant cette erreur matérielle pour éviter tout risque de remise en cause de la taxe déduite. **55945**

En effet, la directive n'interdit pas de procéder à la rectification de factures erronées afin de permettre la déduction (en ce sens, notamment, CJUE 15-7-2010 aff. 368/09 : RJF 11/10 n° 1125).

À cet égard, la question se pose de savoir si la possibilité de procéder à la rectification d'une facture visant l'une des mentions obligatoires est limitée dans le temps. La Cour de justice répond par l'affirmative et juge que la rectification de la facture doit être effectuée avant l'adoption par l'administration de sa décision refusant le droit à déduction (CJUE 8-5-2013 aff. 271/12 : RJF 8-9/13 n° 892). On relèvera cependant que, dans ses conclusions sous l'affaire « Senatex » du 15-9-2016 (citée au n° 55935), l'avocat général a estimé qu'interdire toute rectification après une décision de l'administration fiscale refusant l'exercice du droit à déduction pouvait paraître excessif, rendant ainsi, en pratique, impossible ou excessivement difficile l'exercice du droit à déduction.

Par ailleurs, la Cour de justice a jugé, dans l'arrêt « Senatex » susvisé, que la rectification d'une facture visant une mention obligatoire (en l'occurrence le numéro d'identification de la TVA) produit un **effet rétroactif** de sorte que le droit à déduction de la taxe mentionnée sur la facture rectifiée porte sur l'année au cours de laquelle cette facture a été initialement établie, et non sur l'année au cours de laquelle elle a été rectifiée. En conséquence, les autorités fiscales d'un État membre ne peuvent reporter le droit à déduction jusqu'à la date de la rectification de la facture et imposer le paiement d'intérêts de retard à l'assujetti qui a exercé le droit à déduction l'année au cours de laquelle la facture a été initialement établie.

> **Précisions** **a.** Selon la cour administrative d'appel de Bordeaux, une facture corrigée de l'erreur matérielle suffit à justifier la déduction alors même que le fournisseur n'a pas attesté, par un document séparé, avoir commis cette erreur matérielle, ni délivré des factures « rectificatives » (CAA Bordeaux 22-11-2007 nos 06-212 et 06-665 : RJF 4/08 n° 427).
> **b.** L'établissement d'une facture rectificative permet, en outre, au **fournisseur** de se prémunir contre l'application de l'**amende** prévue par l'article 1737, II du CGI (nos 47290 s.).

D. Facturation irrégulière de la TVA

L'existence d'une facture mentionnant la TVA ne crée pas en soi un droit à déduction. La taxe n'est déductible, conformément à l'article 271, II-1-a du CGI, que si elle pouvait légalement figurer sur la facture. Cette règle a une portée générale et conduit en principe à interdire dans tous les cas la déduction de la TVA irrégulièrement facturée, qu'il s'agisse : **56000**

- de factures afférentes à des opérations fictives ou frauduleuses ;
- ou de simples erreurs de facturation (erreur de taux, TVA non exigible en réalité, etc.).

FACTURATION D'OPÉRATIONS FICTIVES OU DE COMPLAISANCE

Lorsque des opérations donnent lieu à des **factures de complaisance,** c'est-à-dire des opérations qui ont bien été réalisées mais pour lesquelles les factures émanent de tiers et non des personnes qui ont réellement effectué les opérations, la taxe figurant sur ces factures ne peut être déduite, conformément au principe posé par l'article 271, II-1-a du CGI (voir n° 55800). Toutefois, selon la CJUE, lorsque la prestation a été effectivement fournie, la déduction de la TVA facturée par une personne autre que le fournisseur ne peut être refusée qu'à la **double condition** que les faits soient constitutifs d'un comportement frauduleux et qu'il soit établi, au vu d'éléments objectifs, que le client savait ou aurait dû savoir que l'opération était impliquée dans cette fraude (CJUE 13-2-2014 aff. 18/13 : RJF 5/14 n° 525 ; CJUE 22-10-2015 aff. 277/14 : RJF 1/16 n° 109 ; CJUE ord. 10-11-2016 aff. 446/15 : RJF 2/17 n° 207 ; en ce sens, également, CE 30-12-2015 n° 374816 : RJF 3/16 n° 264 ; CE 11-10-2017 n° 392121 : RJF 1/18 n° 21). On notera que, en toute hypothèse, lorsque la **qualité d'assujetti du fournisseur** réel ne peut pas être établie, la TVA facturée n'est pas déductible, même en l'absence de fraude (CJUE 11-11-2021 aff. 281/20 et CJUE 9-12-2021 aff. 154/20 : n° 55935). **56010**

Par ailleurs, la déduction de la TVA figurant sur une facture qui ne correspond à aucune opération réelle ou qui fait état d'un prix qui ne doit pas effectivement être acquitté est expressément interdite (CGI art. 272, 2), alors même que la taxe est due par la personne qui l'a facturée (CGI art. 283, 4). En présence d'une **opération fictive,** la remise en cause du droit à déduction n'est **pas** subordonnée à la **preuve de la mauvaise foi** du contribuable, la preuve de l'absence d'une livraison ou d'une prestation effective par l'administration fiscale étant en soi suffisante (CJUE 27-6-2018 aff. 459/17 et 460/17, SGI et Valériane SNC : RJF 10/18 n° 1054, repris par CE 24-10-2018 nos 394101 et 394102 : RJF 1/19 n° 27). En revanche, en présence de **simples soupçons non étayés** de l'administration quant à la réalisation effective des opérations économiques ayant donné lieu à l'émission d'une facture, le droit à déduction ne peut être refusé à l'assujetti au motif qu'il n'est pas en mesure de fournir, outre ladite facture, d'autres éléments de preuve de la réalité économique des opérations réalisées (CJUE 4-6-2020 aff. 430/19 : RJF 10/20 n° 847).

Selon la jurisprudence, si l'interdiction de déduire est compatible avec le principe de neutralité inhérent à la TVA, ce principe impose toutefois d'accorder à l'**émetteur de la facture** la **possibilité de régulariser** et de récupérer la taxe lorsqu'il a éliminé tout risque de perte de recettes fiscales, par exemple en récupérant et détruisant la facture avant son utilisation pour la déduction (CJUE plén. 19-9-2000 aff. 454/98 : RJF 1/01 n° 125 ; CE 14-4-2008 n° 297059 : RJF 7/08 n° 801). On se reportera, pour plus de détails sur cette question de la récupération de la taxe par l'émetteur de la facture, aux nos 47050 s.

> **Précisions** On observera toutefois que l'**absence de régularisation, par l'émetteur de la facture,** de la taxe indûment facturée est **sans incidence sur** le droit pour l'administration fiscale d'obtenir la **restitution de la TVA déduite** par l'acquéreur des biens ou des services.
> La Cour de justice a, en effet, jugé que le droit à déduction de la TVA indûment facturée peut être refusé même si la TVA déclarée par le fournisseur n'a pas été régularisée par celui-ci (en ce sens, CJUE 13-3-2014 aff. 107/13, Firin OOD : RJF 6/14 n° 651 ; CJUE 28-5-2020 aff. 684/18 : RJF 8-9/20 n° 752) ou si l'administration fiscale n'a pas corrigé, dans un avis d'imposition rectificatif adressé à l'émetteur de la facture, la TVA ainsi déclarée (CJUE 31-1-2013 aff. 642/11 et 643/11 : RJF 4/13 nos 451 et 452).
> La Cour considère que, dans une telle situation, le respect du principe de neutralité fiscale est assuré par la **possibilité,** que les États membres doivent prévoir dans leur législation, **pour l'acquéreur d'obtenir de son fournisseur** la **restitution** de la somme versée pour l'opération en cause (notamment CJUE 13-3-2014 précité).
> Elle estime toutefois que, si une telle **action de l'acquéreur** devient **impossible** ou excessivement difficile, notamment en cas d'insolvabilité du fournisseur, l'acquéreur doit pouvoir diriger sa demande de remboursement directement contre les autorités fiscales (CJUE 15-3-2007 aff. 35/05, Reemtsma Cigarettenfabriken : RJF 6/07 n° 779). Or, la Cour considère qu'il serait alors manifestement déraisonnable d'imposer à l'acquéreur de régulariser sa déduction, puis d'intenter une action à l'encontre des autorités fiscales pour obtenir le remboursement de la TVA indûment facturée (CJUE 31-5-2018 aff. 660/16 et 661/16, Kollroß et Wirtl : RJF 8-9/18 n° 920). Dans une telle situation, le droit à déduction exercé par l'acquéreur ne saurait donc être remis en cause.
> Les principes exposés ci-dessus s'appliquent tant aux factures afférentes à des opérations fictives ou frauduleuses qu'aux simples erreurs de facturation.

FRAUDE « CARROUSEL »

56020 La TVA afférente à une **livraison de biens ou** à une **prestation de services** ne peut faire l'objet d'aucune déduction lorsqu'il est démontré que l'acquéreur a participé, en toute connaissance de cause, à une fraude consistant à ne pas reverser la taxe due à ce titre (fraude de type « carrousel » notamment). Ce dispositif prévu par l'article 272, 3 du CGI est étudié nos 51300 s.

ERREURS DE FACTURATION

56030 La taxe facturée par erreur, par exemple au titre d'une opération exonérée ou à un taux supérieur au taux légal, est due par celui qui l'a facturée (CGI art. 283, 3) sans pour autant être déductible par le destinataire (CGI art. 271, II-1-a : n° 55800). Ces dispositions doivent-elles être interprétées comme interdisant dans tous les cas au destinataire de la facture de déduire la TVA mentionnée par erreur ? Les réponses du Conseil d'État et de l'administration ne concordent pas sur ce point.

> **Précisions** Sur l'impossibilité pour l'acquéreur d'un bien ou d'un service de déduire la **TVA facturée à tort par le vendeur et indûment versée à ce dernier** alors que l'opération en cause relevait en fait d'un mécanisme d'**autoliquidation,** voir n° 56240, précisions.

56035 Selon le **Conseil d'État,** l'article 271, II-1-a du CGI ne fait pas radicalement obstacle à la déduction de toute taxe mentionnée en méconnaissance de la loi. La déduction n'est exclue que si l'irrégularité était connue, ou devait l'être, du client à qui la taxe a été facturée.

Un **client de bonne foi** peut par conséquent déduire la TVA facturée par un fournisseur qui se présente plausiblement comme redevable de la taxe (autrement dit, par un fournisseur dont il n'est pas manifeste que l'activité n'est pas taxable) (CE 22-11-1978 n° 2419 : RJF 1/79 n° 12 ; CE 14-12-1984 n° 41178 : RJF 2/85 n° 290). Cette jurisprudence concerne notamment les cas où la taxe est facturée au titre d'opérations exonérées mais ouvrant droit à option sans qu'une mention relative à l'option ait à figurer sur les factures.

En revanche, lorsque la **taxe** a été **mentionnée en méconnaissance d'une règle objective** que l'acquéreur doit connaître (champ d'application légal de la taxe, mode de calcul, taux applicable), la taxe facturée à tort n'est pas déductible, que le contribuable soit ou non de bonne foi. C'est ainsi que la taxe facturée à tort au titre d'**opérations** qui sont **exonérées,** sans ouvrir droit au paiement de la TVA par option et sans dérogation, n'est pas déductible du fait qu'elle n'est manifestement pas due (CE 25-5-1977 n° 52307 ; CE 16-11-1983 n° 38029 : RJF 1/84 n° 31 ; CE 3-10-1990 n° 74225 : RJF 11/90 n° 1334). Il en est de même de la taxe facturée à tort grevant une **indemnité** n'entrant pas dans le champ d'application de la TVA (CE 21-11-2011 n° 316485 : RJF 2/12 n° 108). La déduction de la taxe calculée à un **taux erroné** (par exemple au taux normal, alors que le produit ou le service relevait en réalité du taux réduit) doit quant à elle être limitée à la fraction de la taxe correspondant au montant qui serait résulté d'une liquidation correcte (CE 29-12-1978 n° 9405 : RJF 2/79 n° 70 ; CE 25-2-1981 n° 17140 : RJF 5/81 n° 436).

Remarque : Les considérations exposées en précisions au n° 56010 s'appliquent, mutatis mutandis, aux erreurs de facturation.

L'**administration** refuse pour sa part la déduction de la TVA facturée par erreur mais accorde, ainsi qu'on l'a vu n° 47120, une possibilité de régularisation à l'émetteur de la facture (via le système des factures rectificatives) lorsque la **bonne foi** des parties n'est pas contestée (étant toutefois rappelé que cette doctrine est plus restrictive que la jurisprudence qui accorde également une telle possibilité, sans condition de bonne foi, lorsque l'émetteur de la facture a éliminé tout risque de perte de recettes fiscales : nos 47110 s.). **56040**

II. TAXE ACQUITTÉE À L'IMPORTATION

La TVA qui peut être déduite à l'importation est celle qui est acquittée par les redevables eux-mêmes (nos 22110 s.) sur leur déclaration de TVA souscrite auprès de la DGFiP dans le cadre du régime de l'**autoliquidation de la taxe** à l'importation (n° 22130). **56110**

Les entreprises peuvent déduire cette taxe, dans les conditions de droit commun, sous réserve que figurent sur la déclaration de TVA toutes les données nécessaires pour constater le montant de la taxe due et que les redevables détiennent soit la déclaration d'importation, soit les documents mentionnant le numéro, la date de cette déclaration et la base imposable, au moyen desquels leur rend compte la personne remplissant, pour leur compte, les obligations d'information prévues à l'article 293 A, 3 du CGI (voir n° 22040) (CGI art. 271, II-1-b et II-2-b-2°).

> Précisions a. Selon la **CJUE,** les assujettis qui importent des biens sans en être **propriétaires** ne peuvent pas bénéficier du droit à déduction de la TVA, sauf à établir que les biens importés sont utilisés pour les besoins de leurs opérations taxées (CJUE 25-6-2015 aff. 187/14 ; CJUE ord. 8-10-2020 aff. 621/19 : RJF 1/21 n° 101). Ainsi, est exclue la déduction de la TVA à l'importation dont est redevable un transporteur qui n'est ni l'importateur ni le propriétaire des marchandises concernées, mais qui en a seulement assuré le transport et le traitement douanier dans le cadre de son activité de transporteur de fret assujetti à la TVA (CJUE 25-6-2015 aff. 187/14 précité), ou de celle dont est redevable un importateur qui ne dispose pas des biens à l'instar d'un propriétaire et dont les coûts d'importation en amont sont inexistants ou ne sont pas incorporés dans le prix des opérations particulières en aval, ou dans le prix des biens et des services fournis par l'assujetti dans le cadre de ses activités économiques (CJUE ord. 8-10-2020 aff. 621/19 précité).

b. L'**amende** prévue à l'article 1788 A, 4 du CGI en cas de défaut de mention sur la déclaration de chiffre d'affaires d'une taxe que le redevable est en droit de déduire s'applique aux importations (voir nos 56240 s.)

c. S'agissant de l'**importation** des **produits pétroliers,** pour leur mise à la consommation sur le marché intérieur, voir n° 82100.

d. En ce qui concerne les **VAD-BI,** voir nos 23340 s.

DOCUMENTS JUSTIFICATIFS

La déduction de la TVA acquittée sur des biens lors de leur importation est opérée au vu : **56120**

- d'un exemplaire du **document d'importation** (ou document assimilé) ;
- ou d'un **extrait de déclaration** ;
- ou de la « **note de frais** », voire d'une facture, par laquelle le **représentant en douane** rend compte de la taxe ayant grevé chacune des marchandises faisant l'objet d'une déclaration globale. Cette « note de frais », datée et signée par le représentant en douane, fait notamment référence au numéro et à la date de la déclaration en douane correspondante (BOI-TVA-DED-40-10-30 n° 40).

L'exercice du droit à déduction suppose, en outre, que figurent sur la déclaration de TVA toutes les données nécessaires pour constater le montant de la taxe due (n° 56110).

56125 Le Conseil de l'Union européenne a mis en place dans l'ensemble des États membres un **document administratif unique** (DAU) qui a remplacé la quasi-totalité des déclarations en douane utilisées dans les différents États membres.

En application de l'article 158, 2 du Code des douanes de l'Union (transposé à l'article 95 du Code des douanes) la déclaration en douane est faite soit en utilisant un procédé informatique, soit par écrit, soit par une déclaration verbale.

Procédures informatisées de dédouanement. Dans le cadre de la **procédure** informatisée de dédouanement **de droit commun,** le dédouanement est réalisé via le **téléservice Delta-G** accessible sur le portail douane.gouv.fr (mode EFI ou EDI) qui permet la **dématérialisation complète du DAU en une étape.** Cette transmission électronique des données de la déclaration en douane dispense les opérateurs d'éditer et de déposer la déclaration au bureau de douane. La déclaration dématérialisée sert de justificatif fiscal. Elle doit comporter notamment les données suivantes : date d'édition, date de validation de la déclaration et son état dans le système d'information de la douane, nom de la téléprocédure (Delta-G).

Le téléservice Delta-G permet également le dédouanement des marchandises dans les locaux de l'opérateur. Elle s'opère en **deux étapes** : une **déclaration simplifiée suivie** d'une **déclaration complémentaire globale** ou DCG, appelée également déclaration récapitulative. Cette dernière, qui sert de justificatif fiscal, doit notamment comporter les données suivantes : date d'édition, date de validation de la déclaration, état de celle-ci dans le système d'information, nom de la téléprocédure (Delta-G).

Dans le cadre de la procédure informatisée de **déclaration simplifiée (Delta-X),** utilisée pour le dédouanement rapide des marchandises importées par colis postaux ou fret express, la déclaration simplifiée peut être servie, liquidée et validée en une seule fois par l'opérateur (dans ce cas, il n'y a pas de déclaration récapitulative) ou renseignée au moment de l'arrivée des marchandises puis liquidée ultérieurement avant que la déclaration récapitulative soit validée par l'opérateur dans un délai de 5 jours. Ces déclarations servent de justificatif fiscal.

Déclaration en douane par écrit. Dans le cadre de cette procédure souscrite sous forme papier, c'est l'exemplaire n° 8 du DAU comportant à la marge gauche « Exemplaire pour le destinataire », remis à ce dernier, qui sert de justificatif fiscal.

Déclaration en douane verbale. Lorsque le montant des droits et taxes est inférieur à 1 524 €, la liquidation est réalisée sur la quittance 155 émise par le service des douanes et doit comporter a minima les indications suivantes : description des marchandises, valeur facturée et/ou quantité de marchandises, détail des taxes perçues, date de son établissement, identification de l'autorité de délivrance de la quittance. À l'issue de l'acquittement du montant de droits et taxes ainsi liquidés, un duplicata de la quittance 155 est remis au redevable. Ce duplicata sert de justificatif fiscal (en ce sens, BOI-TVA-DED-40-10-30 n°s 50 à 104).

> **Précisions** Une refonte des systèmes informatiques douaniers est actuellement en cours, avec pour objectif un déploiement progressif **à compter de 2023,** d'un nouveau système appelé « **Delta IE** » (Import/Export) qui a vocation à généraliser la dématérialisation des déclarations en douane. Le **DAU** en tant que tel serait, à cette occasion, supprimé.

56130 Lorsque les documents justificatifs font l'objet d'une **rectification,** le redevable doit régulariser sa situation dans les conditions déjà indiquées à propos des factures rectificatives (n° 55760).

III. TAXE ACQUITTÉE PAR LE REDEVABLE LUI-MÊME

OPÉRATIONS CONCERNÉES

Les entreprises peuvent déduire la TVA qu'elles ont acquittée elles-mêmes au titre d'un certain nombre d'opérations qui sont récapitulées dans le tableau ci-après avec, pour chacune, un renvoi aux commentaires correspondants. **56220**

Opérations d'« autoliquidation »	Commentaires (n^{os})
Acquisitions intracommunautaires	19650 s.
Livraisons à soi-même : – d'immeubles – et d'autres biens ou services	 68500 s. 13800 s.
Livraisons de biens et prestations de services visées à l'article 283, 1-al. 2 du CGI lorsque le fournisseur ou le prestataire n'est pas établi en France	31850 s.
Prestations de services visées à l'article 283, 2 du CGI lorsque le prestataire n'est pas établi en France	24630
Livraison consécutive désignée à l'article 258 D, I-2° du CGI	21100 s.
Livraisons de gaz naturel, d'électricité, de chaleur ou de froid mentionnées à l'article 258, III du CGI	19360
Livraisons d'or industriel et livraisons d'or d'investissement taxées sur option	90985 et 91160
Livraisons et façons portant sur les déchets neufs d'industrie et matières de récupération	47920 s.
Transferts de quotas de gaz à effet de serre	47945
Transferts de certificats de garantie d'origine et de garanties de capacité relatives à l'électricité et transferts de garantie d'origine du biogaz	47945
Services de communications électroniques non soumis à la taxe fiscale de l'article 302 bis KH du CGI	47955
Travaux effectués dans le secteur du bâtiment par les entreprises sous-traitantes	47965 s.

> **Précisions** En ce qui concerne :
> – la taxe donnant lieu à la retenue à la source sur droits d'auteur par les éditeurs, voir nos 87600 s. ;
> – l'autoliquidation de la TVA due à l'importation ou en sortie de régimes suspensifs sur les déclarations de chiffre d'affaires, voir n° 22130.

MODALITÉS DE JUSTIFICATION DE LA DÉDUCTION

Dans les différents cas énumérés n° 56220, la justification de la déduction est apportée par la mention de l'opération sur les **déclarations** que le redevable souscrit lui-même pour le paiement de la taxe dont il opère la déduction, étant rappelé que, pour les acquisitions intracommunautaires de biens, des mentions spécifiques sur la facture sont également nécessaires (n° 19770). **56230**

En revanche, pour les autres opérations mentionnées ci-dessus, la détention d'une **facture** n'est pas exigée, l'article 271, II-1-c du CGI permettant la déduction de la TVA acquittée par les redevables eux-mêmes lors de l'achat (ou de la livraison à soi-même) des biens ou des services, sans faire référence à la nécessité de présenter une facture.

La législation française est compatible sur ce point avec la directive TVA. Selon la CJUE en effet, un assujetti qui est redevable, en tant que destinataire de services, de la TVA y afférente, conformément aux articles 193 à 197 de la directive TVA, n'est pas obligé d'être en possession d'une facture établie en conformité avec les articles 220 et suivants de ladite directive pour pouvoir exercer son droit à déduction (CJUE 1-4-2004 aff. 90/02, Bockemühl : RJF 6/04 n° 673).

Sur les modalités de justification de la déduction de la TVA acquittée par les redevables eux-mêmes lors de leurs importations, voir n° 56110.

SANCTION DU DÉFAUT DE DÉCLARATION

Lorsque la taxe exigible n'a pas été déclarée et fait l'objet d'un rappel, le redevable se voit appliquer une **amende** égale à **5 %** de la taxe qu'il est en droit de déduire (CGI art. 1788 A, 4). S'il **56240** s'agit d'un **redevable partiel,** l'amende de 5 % ne porte que sur la partie du montant de la taxe effectivement déductible.

Pour la base de calcul de l'amende applicable en cas de défaut de déclaration d'une **livraison à soi-même de biens,** voir n° 14165, précisions.

> **Précisions** Lorsqu'une opération relève d'un mécanisme d'autoliquidation, un assujetti ne peut bénéficier du droit à déduction de la **TVA facturée à tort par le vendeur et versée à ce dernier** (même si le vendeur a lui-même reversé la taxe au Trésor public). En effet, dans cette hypothèse (où la TVA n'a **pas** été **autoliquidée** alors qu'elle aurait dû l'être), la TVA acquittée par l'assujetti n'est pas due et ce versement (au vendeur au lieu d'un versement aux autorités fiscales) ne respecte pas une exigence de fond requise pour l'exercice du **droit à déduction** dans le cadre d'un régime d'autoliquidation. Toutefois, si le remboursement de la taxe demandée au vendeur, dans le cadre d'une action de droit civil en répétition de l'indu, devient impossible ou excessivement difficile en cas, par exemple, d'insolvabilité du vendeur, l'assujetti doit pouvoir diriger sa demande de remboursement directement contre les autorités fiscales lesquelles, après avoir vérifié que le Trésor public n'a subi aucun préjudice financier dès lors que le fournisseur a reversé la TVA indûment collectée, doivent y accéder (CJUE 26-4-2017 aff. 564/15 : RJF 7/17 n° 765 et CJUE 11-4-2019 aff. 691/17 : RJF 11/19 n° 1114 ; CE 15-11-2019 n° 420251 : RJF 2/20 n° 119). Dans l'hypothèse, différente, où le droit à déduction a été exercé, la Cour de justice admet même de ne pas le remettre en cause, car il serait manifestement déraisonnable d'imposer à l'acquéreur de régulariser sa déduction avant d'intenter une action à l'encontre des autorités fiscales (voir n° 56010, précisions).

56245 Les **sanctions de droit commun** (intérêt de retard prévu à l'article 1727 du CGI, augmenté le cas échéant des majorations prévues à l'article 1729 du même Code) s'appliquent au montant de la taxe acquittée non déductible. Dans l'hypothèse où le bien ou le service fait l'objet d'une exclusion du droit à déduction ou ne peut faire l'objet d'aucune déduction, les sanctions de droit commun s'appliquent sur le montant total de la taxe rappelée.

56250 Lorsque les conditions de fond du droit à déduction sont remplies, seule l'amende de 5 % calculée sur la TVA déductible est notifiée et motivée dans la **proposition de rectification** ; il n'est pas procédé au rappel de la TVA non déclarée suivi de son imputation (BOI-CF-INF-20-20 n° 90).

L'amende de 5 % ne peut par ailleurs pas être mise en **recouvrement** avant l'expiration d'un délai de trente jours à compter de la notification de la sanction, des motifs de celle-ci et de la possibilité dont dispose le redevable de présenter dans ce délai ses observations.

L'amende est recouvrée suivant les mêmes procédures et sous les mêmes garanties, sûretés et privilèges que ceux prévus pour la TVA. Le contentieux est également suivi dans les délais et selon les règles applicables à la TVA.

Précisons pour terminer que cette amende n'est pas admise en **déduction** des résultats imposables, conformément aux dispositions de l'article 39, 2 du CGI.

POSSIBILITÉ DE RÉGULARISATION

56260 En droit, l'amende de 5 % est applicable du seul fait du défaut de mention de la taxe sur la déclaration afférente à la période au titre de laquelle cette taxe est devenue exigible (CE 7-11-2008 n° 302032 : RJF 3/09 n° 202, rendu en matière de livraison à soi-même mais de portée générale).

L'administration atténue toutefois la sévérité de cette règle en accordant aux redevables, sous certaines **conditions,** la possibilité de réparer leur omission : elle accepte de ne pas appliquer l'amende aux contribuables qui régularisent leur situation en souscrivant de façon spontanée avant toute action de sa part, tel l'envoi d'un avis de vérification, une déclaration rectificative. Cette mesure s'applique aux **redevables partiels** mais, dans ce cas, la fraction de TVA non déductible, outre l'intérêt de retard, fait l'objet de sanctions dans les conditions de droit commun (BOI-CF-INF-20-20 n° 100).

56265 Réservée aux **régularisations spontanées,** la mesure de tolérance ne peut bénéficier aux redevables qui régularisent une situation de défaillance qui leur a été révélée par l'administration. Tel est le cas lorsque le contribuable souscrit, en cours de contrôle, une déclaration de régularisation. Le même principe est applicable aux autres actions de l'administration pouvant être considérées comme étant à l'origine de la régularisation du contribuable.

56270 La régularisation implique en principe la souscription d'une **déclaration rectificative** au titre de la période concernée, c'est-à-dire d'une déclaration reprenant les éléments initialement déclarés et mentionnant les éléments déclaratifs omis. En pratique, la régularisation peut toutefois être opérée sur une **déclaration ultérieure** à condition que celle-ci fasse apparaître distinctement les éléments relatifs à l'opération autoliquidée.

Aucun **délai** n'est imposé pour procéder à la régularisation. Un redevable peut donc régulariser spontanément un défaut de déclaration d'opérations autoliquidées après l'expiration du délai de forclusion du droit à déduction prévu par l'article 208, I de l'annexe II au CGI, c'est-à-dire après le 31 décembre de la deuxième année qui suit celle de l'omission (voir n° 56720) (BOI-CF-INF-20-20 n° 100). **56275**

SECTION 2 CONDITIONS DE FOND

Ces conditions ont trait à la date et au délai de déduction de la taxe. En suivant l'ordre chronologique, il faut déterminer : **56450**

- le moment où le droit à déduction prend naissance (nos 56500 s.) ;
- la date et les modalités d'exercice de la déduction (nos 56650 s.) ;
- et, si la taxe n'a pas été déduite à la date et selon les modalités prévues, le délai dont dispose l'assujetti pour réparer cette omission, ce qui pose le problème de la péremption du droit à déduction (nos 56720 s.).

Enfin, il convient de préciser si la déduction, une fois pratiquée, présente un caractère définitif ou si, au contraire, elle peut dans certains cas être remise en cause et faire l'objet de régularisations (nos 56900 s.).

I. NAISSANCE DU DROIT À DÉDUCTION

A. Principe

Le droit à déduction prend naissance lorsque la **taxe** déductible devient **exigible** chez le redevable (CGI art. 271, I-2-al. 1). **56500**

Autrement dit, la naissance du droit à déduction coïncide avec la date à laquelle la taxe « d'amont » afférente à l'opération motivant la déduction (vente, prestation de services, etc.) devient exigible chez le redevable de cette taxe, c'est-à-dire chez le fournisseur des biens ou des services ou chez l'assujetti lui-même lorsqu'il est redevable de la taxe d'« amont ».

La date d'exigibilité, qui peut varier selon la nature des opérations, est déterminée dans les conditions indiquées aux nos 38200 s. Nous nous contenterons d'évoquer ci-après les situations les plus courantes.

Pour les **achats de biens meubles corporels,** c'est en principe la livraison (au sens défini nos 1180 s.) qui déclenche en même temps l'exigibilité de la taxe chez le fournisseur et la naissance du droit à déduction chez l'acheteur. **56505**

Toutefois, à compter du 1er janvier 2023, en cas de versement préalable d'**acomptes,** la taxe devient exigible au moment de leur encaissement, à concurrence du montant versé. L'acheteur peut donc corrélativement, à compter de cette date, déduire la TVA afférente aux acomptes dès leur règlement (sous réserve de la précision figurant au n° 56510).

Par ailleurs, si le fournisseur consent à l'acheteur un **délai de paiement** après la livraison, ce dernier peut procéder à la déduction de la taxe dès la livraison, avant même d'avoir réglé la facture.

Pour les **prestations de services,** y compris les **travaux immobiliers,** l'exigibilité de la taxe chez le fournisseur et le droit à déduction chez le client interviennent simultanément lors du paiement du prix ou d'un acompte (voir toutefois les précisions ci-après), sauf si le fournisseur a opté pour le paiement de la TVA sur les débits (nos 38800 s.). Cette option est intéressante pour les clients car elle leur permet de déduire la TVA dès réception de la facture, à condition toutefois que celle-ci fasse mention de l'option pour les débits. **56510**

> Précisions Pour que la TVA soit exigible (et, partant, que le droit à déduction prenne naissance), il est nécessaire qu'au moment du **versement d'un acompte** les éléments pertinents de la future livraison ou de la future prestation soient désignés avec précision et que la réalisation de cette opération apparaisse alors certaine (CJUE 13-3-2014 aff. 107/13 : RJF 6/14 n° 651 ; CE 24-2-2021 n° 429647 : RJF 5/21 n° 470) (voir n° 38650). Le bénéfice du droit à déduction de la TVA ayant grevé un acompte peut donc, selon la Cour de justice, être refusé s'il est établi, au regard d'éléments objectifs, que l'assujetti savait ou ne pouvait raisonnablement ignorer à cette date que l'opération était susceptible de ne pas se réaliser, notamment en présence d'un comportement frauduleux (CJUE 31-5-2018 aff. 660/16 et 661/16 : RJF 8-9/18 n° 920).

56515 Pour les règles applicables aux **livraisons d'immeubles,** voir nos 68260 s.

56520 Lorsque, dans les cas énumérés nos 56110 s. et 56220, l'assujetti est lui-même redevable de la taxe déductible (TVA aquittée à l'importation et **autoliquidation**), il ne peut exercer le droit à déduction de cette taxe que lorsque celle-ci est devenue exigible.

Pour les **acquisitions intracommunautaires** par exemple, le droit à déduction prend naissance lorsque la taxe due à ce titre est elle-même devenue exigible (nos 19730 s.), c'est-à-dire soit :

- le 15 du mois suivant celui au cours duquel est intervenue la livraison ;
- lors de la délivrance de la facture (à l'exclusion des factures d'acomptes) lorsque celle-ci est délivrée avant le 15 du mois en question.

B. Exception

56570 Les personnes qui effectuent des **opérations occasionnelles** soumises à la TVA n'exercent leur droit à déduction qu'au moment de la **livraison des biens** qu'elles cèdent (CGI art. 271, I-2-al. 2). En pratique, les redevables occasionnels ne peuvent donc mentionner leurs droits à déduction que sur la déclaration sur laquelle est porté le montant de leurs opérations imposables.

Cette règle qui ne vise que les livraisons de biens peut notamment concerner les **livraisons d'immeubles neufs** réalisées par des assujettis occasionnels.

II. DATE ET MODALITÉS DE DÉDUCTION

56650 Qu'il s'agisse d'immobilisations, d'autres biens ou de services, la déduction de la taxe les ayant grevés est opérée par imputation sur la taxe due par le redevable au titre du mois pendant lequel le droit à déduction a pris naissance (CGI art. 271, I-3). Par ailleurs, aux termes de l'article 208, I de l'annexe II au CGI, les redevables doivent mentionner le montant de la taxe déductible sur les déclarations qu'ils souscrivent pour le paiement de la TVA. Il résulte de ces dispositions que, en pratique, les entreprises souscrivant des déclarations périodiques doivent mentionner le montant de la taxe déductible sur la déclaration souscrite pour le paiement de la TVA due au titre du mois en cause.

EXEMPLE

Une entreprise achète des marchandises (destinées à la revente) et en prend livraison le 15 mai. C'est à cette date que la taxe correspondante devient exigible chez le fournisseur (n° 38350) et que, par conséquent, prend naissance le droit à déduction. La déduction de cette taxe doit donc être opérée au titre du mois de mai. La mention de la taxe déductible sera portée sur la déclaration des opérations de mai souscrite en juin.

56655 Pour pouvoir exercer son droit à déduction, c'est-à-dire pour mentionner le montant de taxe déductible sur sa déclaration de chiffre d'affaires, l'assujetti doit (comme indiqué au n° 55780) être en **possession de la facture** et, en matière d'importation, d'une déclaration à l'importation ou des documents visés au n° 56110.

Selon l'**administration,** lorsque l'exigibilité est intervenue, c'est-à-dire lorsque le droit à déduction a pris naissance chez l'assujetti, et que ce dernier est entré en possession de la facture ou de la déclaration d'importation, la question qui se pose est de savoir sur quelle déclaration de chiffre d'affaires il peut exercer son droit à déduction.

Il convient de considérer que, dès lors que l'assujetti est en possession du document **à la date de souscription de sa déclaration** de chiffre d'affaires **couvrant la période d'imposition** au cours de laquelle la **taxe** est **devenue exigible,** il est en mesure d'exercer son droit à déduction sur cette déclaration, la condition formelle justifiant la déduction de la taxe pour laquelle le droit à déduction est né étant respectée. La circonstance qu'il soit effectivement entré en possession de la facture à une date postérieure à l'échéance de la période d'imposition en cause est indifférente (BOI-TVA-DED-10-30 n° 10 ; BOI-TVA-DED-40-20 n° 20).

Exemple : Dans le cadre d'une livraison de biens meubles corporels dont a pu bénéficier un acquéreur souscrivant des déclarations de chiffre d'affaires selon une périodicité mensuelle, si l'exigibilité de la taxe chez le fournisseur est intervenue le 30 avril et que la facture n'a été délivrée au client que le 5 mai, celui-ci est fondé à exercer son droit à déduction en mentionnant la TVA correspondante sur la déclaration mensuelle de chiffre d'affaires qu'il souscrit fin mai au titre de ses opérations du mois d'avril.

> **Précisions** En **comptabilité**, les factures constituent le document essentiel à partir duquel s'opère la déduction de la TVA (voir notre Mémento comptable n°s 46745 s.). Les assujettis souhaitant faire application de la doctrine administrative pour déduire plus rapidement la TVA doivent donc procéder à un retraitement extracomptable des factures.

III. PÉREMPTION DU DROIT À DÉDUCTION

A. Règles générales

Lorsque la mention d'une **taxe** déductible a été **omise** dans la déclaration sur laquelle elle aurait dû normalement figurer, le redevable conserve cependant la possibilité de réparer cette omission. L'article 208, I de l'annexe II au CGI l'autorise dans ce cas à faire figurer la taxe dont la déduction a été omise sur les **déclarations ultérieures** souscrites jusqu'au 31 décembre de la deuxième année qui suit celle de l'omission. **56720**

Ce **délai** de péremption **court à compter** de la date limite à laquelle la déclaration comportant la TVA déductible omise aurait dû être souscrite (CE 23-11-2020 n° 428497 : RJF 2/21 n° 141).

EXEMPLES

1. Pour une déduction qui aurait dû être mentionnée sur la **déclaration mensuelle** des opérations de septembre 2022, le délai de réparation de l'omission expirera le 31 décembre 2024. Passé cette date, le droit à déduction sera définitivement perdu.
Pour une déduction qui aurait dû être mentionnée sur la déclaration des opérations de décembre 2022 (à souscrire en janvier 2023), le délai de réparation de l'omission expirera définitivement le 31 décembre 2025.
2. Un redevable placé sous le régime simplifié (de droit commun ou agricole) a omis de déclarer un montant de TVA déductible constaté en 2022 sur la **déclaration annuelle** CA 12 (ou CA 12A) de 2022, à souscrire au plus tard le 3 mai 2023. Le délai de régularisation de cette taxe expirera définitivement le 31 décembre 2025.

Le **montant déductible** reporté sur une déclaration ultérieure doit, bien entendu, être identique à celui de la TVA précédemment omise : il est calculé selon les règles en vigueur à la date à laquelle le droit à déduction a pris naissance (BOI-TVA-DED-40-20 n° 90). **56730**

Il doit être porté sur une **ligne spéciale.** Selon la cour administrative d'appel de Paris, cette condition formelle est incompatible avec la directive TVA, en ce qu'elle méconnaît les principes d'effectivité et de proportionnalité tels qu'ils sont interprétés par la jurisprudence communautaire (CAA Paris 19-2-2009 n° 07-1498 : RJF 7/09 n° 630). Mais cette analyse n'est pas partagée par l'administration qui a réaffirmé la nécessité de mentionner la déduction omise sur une ligne spécifique (BOI précité n° 60).

> **Précisions** La cour administrative d'appel de Paris se fonde sur la jurisprudence de la CJUE, selon laquelle :
> – d'une part, les mesures prises par les États membres en vertu de l'article 273 de la directive TVA ne doivent pas conduire à la remise en cause systématique du droit à déduction de la TVA (notamment CJUE plén. 21-3-2000 aff. 110/98 à 147/98 : RJF 6/00 n° 872 ; CJUE 19-10-2017 aff. 101/16 : RJF 1/18 n° 127) ;
> – d'autre part, sous réserve des cas frauduleux ou abusifs (n° 51300, précision b), le seul non-respect d'obligations formelles ne suffit pas à faire obstacle à la déduction de la taxe, qui est un principe fondamental sur lequel repose le système de la TVA, dès lors que les exigences de fond sont satisfaites et à condition que la violation de telles exigences formelles n'ait pas pour effet d'empêcher d'apporter la preuve certaine que les exigences de fond sont satisfaites (notamment CJUE 28-7-2016 aff. 332/15 : RJF 11/16 n° 1041 ; CJUE 19-10-2017 précité).

56735 Lorsque l'omission a été réparée dans le délai imparti, la **récupération effective** de la TVA n'est pas limitée dans le temps (n° 58360).

Mais, une fois le délai expiré, le droit de déduire la TVA omise est définitivement perdu. Par exception, l'administration admet toutefois qu'un redevable puisse régulariser spontanément un défaut de déclaration d'**opérations « autoliquidées »** sans que lui soit opposé le délai de forclusion du droit à déduction (voir n° 56275).

COMPATIBILITÉ DU DÉLAI DE PÉREMPTION AVEC LA DIRECTIVE TVA

56750 Le Conseil d'État a jugé que le délai de forclusion de deux ans prévu par la loi française, qui n'est pas moins favorable que celui prévu pour présenter une réclamation, n'est pas contraire aux dispositions de la directive TVA, dont l'article 180 n'interdit pas que soient prévues en droit national des forclusions du droit à déduction (CE 31-12-2008 n°s 305517 et 307142 : RJF 4/09 n° 326).

Cette solution est dans la ligne de la jurisprudence de la CJUE selon laquelle un délai de forclusion, dont l'échéance a pour conséquence de sanctionner un contribuable insuffisamment diligent qui a omis de réclamer la déduction de la TVA d'amont en lui faisant perdre le droit à déduction, ne saurait être considéré comme incompatible avec la directive TVA, sous réserve du respect des principes d'équivalence et d'effectivité (CJUE 8-5-2008 aff. 95/07 et 96/07, Ecotrade SpA : RJF 7/08 n° 920 ; CJUE 12-7-2012 aff. 284/11 : RJF 11/12 n° 1093 ; CJUE 28-7-2016 aff. 332/15, Giuseppe Astone : RJF 11/16 n° 1041). Le **principe d'équivalence** implique, on le rappelle, que le délai de forclusion « s'applique de la même manière aux droits analogues en matière fiscale fondés sur le droit interne et à ceux fondés sur le droit communautaire ». Le **principe d'effectivité** impose quant à lui que ce délai ne rende pas en pratique impossible ou excessivement difficile l'exercice du droit à déduction. Dans les affaires Ecotrade SpA et Giuseppe Astone précitées, qui mettaient en cause la législation italienne, la Cour a jugé qu'un délai de forclusion de deux ans répond à cette condition, alors même que l'administration dispose d'un délai supérieur pour recouvrer la TVA impayée, dès lors que les articles 167 et 179, al. 1, de la directive TVA permettent aux États membres d'exiger de l'assujetti qu'il exerce son droit à déduction pendant la même période que celle au cours de laquelle ce droit a pris naissance.

CONFORMITÉ À LA CONSTITUTION

56760 Saisi par le Conseil d'État d'une question prioritaire de constitutionnalité, le Conseil constitutionnel a jugé conformes à la Constitution les dispositions de l'article 273, 1-al. 3 du CGI qui habilitent le pouvoir réglementaire à fixer la date à laquelle peuvent être opérées les déductions de TVA et en vertu desquelles ce dernier a limité à deux ans le délai de péremption (Cons. const. 18-6-2010 n° 2010-5 QPC : RJF 10/10 n° 940).

B. Situations particulières

RÉCEPTION DE FACTURES RECTIFICATIVES

56810 Lorsqu'un redevable reçoit une facture rectificative mentionnant une **TVA déductible qui ne figurait pas dans la facture initiale** du fournisseur, la question se pose de savoir si le délai de péremption du droit à déduction court seulement à compter de la réception de cette facture ou dès que la TVA était devenue exigible chez le fournisseur. La réponse varie selon que l'opération a été soumise à la taxe (mais le montant de la TVA n'apparaît pas sur la facture initiale) ou a été considérée initialement comme non taxable ou taxée à un taux inférieur au taux légalement applicable.

> **Précisions** **a.** Les règles exposées ci-après (n°s 56815 et 56820) valent tant pour la récupération de taxe selon la procédure de droit commun que pour le remboursement de la TVA dans le cadre de la procédure spéciale prévue pour les **assujettis étrangers** (n°s 31350 s.).
> **b.** En ce qui concerne le cas des factures rectificatives reçues postérieurement à la cessation d'activité, voir n° 58820.

56815 Pour déduire la TVA dont la déclaration a été omise, il incombe à l'opérateur qui a acquitté une **facture ne faisant pas apparaître** le montant de la **taxe déductible,** alors qu'il a **acquitté cette taxe** auprès du fournisseur et qu'il **n'ignore pas que le fournisseur en est redevable,** de se faire délivrer une facture rectificative dans le délai de péremption prévu par l'article 208 de l'annexe II au CGI, qui court à compter de la date d'exigibilité de la taxe (en ce sens, CE 31-12-2008 n°s 305517 et 307142 : RJF 4/09 n° 326 ; BOI-TVA-DED-40-20 n°s 40 et 50).

Pour aboutir à cette solution, le Conseil d'État procède à la distinction entre naissance du droit à déduction et conditions d'exercice de ce droit : le droit à déduction prend naissance lorsque la taxe devient exigible chez le fournisseur, mais ce droit ne peut être exercé que lorsque le client détient une facture mentionnant la TVA. Le Conseil d'État en déduit que, pour pouvoir déduire la taxe dont la déclaration a été omise, il incombe à celui qui acquitte une facture ne faisant pas apparaître le montant de cette taxe, alors qu'il a acquitté cette taxe et qu'il n'ignore pas que le prestataire en est redevable, de se faire délivrer dans le délai de forclusion une facture répondant aux exigences de l'article 289 du CGI. Au cas d'espèce, il juge qu'une société ne peut déduire en N la TVA correspondant à des prestations de services qui ont été réalisées, facturées et payées en N – 4 et N – 3, mais dont les factures ne mentionnaient ni le taux ni le montant de la TVA, en se prévalant des factures rectifiées émises en N par les prestataires, dès lors qu'elle n'a pas fait les diligences nécessaires pour obtenir dans le délai de forclusion des factures comportant les mentions nécessaires à la déduction de la taxe exigible en N – 4 et N – 3 au moment de l'encaissement et qu'ainsi le délai prévu pour exercer le droit à déduction courait à compter de chacune de ces années et était expiré les 31 décembre des années N – 2 et N – 1.

> **Précisions** Le Conseil d'État a apporté une **dérogation** à sa jurisprudence susvisée dans les circonstances très particulières de l'assujettissement à la TVA des **péages routiers.** Pour tenir compte du fait que, dans un premier temps, les sociétés concessionnaires d'autoroutes, incitées à une telle attitude par l'administration fiscale, n'avaient pas donné suite aux demandes de factures rectificatives formulées par les transporteurs routiers pour les péages acquittés avant le 1er janvier 2001, il a admis que le délai dont disposaient ces derniers pour produire de telles factures devait être décompté à partir du moment où ils ont été en mesure, grâce à un dispositif de téléchargement de factures rectificatives par Internet mis en place au cours de l'année 2006, d'obtenir de telles factures (CE 5-5-2010 nos 309328 et 309337 : RJF 7/10 n° 670).

Lorsque la **facture initiale** a été **émise HT** (parce que l'opération a été considérée comme non taxable) **ou mentionne un taux inférieur** au taux légalement applicable, le délai de péremption du droit à déduction ouvert à l'assujetti court **en principe** à compter de la réception de la facture rectificative. Toutefois, si l'assujetti ne pouvait **pas objectivement ignorer que la taxe était due** au titre de l'opération en cause ou qu'un taux de taxe supérieur était légalement applicable, le délai de péremption court à compter de la date d'exigibilité de la taxe. Tel est le cas lorsque l'assujetti fait preuve d'un **manque de diligence** ou dans l'hypothèse d'une **situation abusive ou** d'une **collusion frauduleuse** entre le fournisseur et son client (CJUE 21-3-2018 aff. 533/16, Volkswagen AG : RJF 6/18 n° 711 ; CJUE 12-4-2018 aff. 8/17, Biosafe : RJF 8-9/18 n° 919). 56820

Ces principes valent notamment en cas de factures rectificatives faisant suite à un **rehaussement du fournisseur.** On notera toutefois que, dans cette hypothèse, la **doctrine administrative** admet que l'assujetti opère la déduction du complément de taxe jusqu'au 31 décembre de la deuxième année qui suit celle de la facturation rectificative sans exiger, contrairement à la CJUE, que l'assujetti soit de bonne foi (BOI-TVA-DED-40-20 n° 80).

> **Précisions** Le **Conseil d'État** admet également, dans l'hypothèse où l'entreprise ignorait que son fournisseur serait finalement redevable de la TVA (par exemple à la suite d'un rehaussement), la récupération de la taxe par l'assujetti via la procédure de réclamation (CE 23-6-1976 nos 97388 et 97389 : RJF 9/76 n° 421).

COMPENSATION ENTRE REHAUSSEMENT ET OMISSION DE DÉDUCTION

L'administration admet qu'un redevable qui fait l'objet d'un redressement puisse obtenir, dans le cadre de l'article L 80 du LPF relatif à la compensation, le bénéfice de la déduction au titre de la taxe déductible dont il aurait omis la mention sur les déclarations souscrites au cours de la période vérifiée (BOI-CF-PGR-30-50 n° 60). Mais le Conseil d'État exclut la compensation lorsque le droit à déduction est atteint de forclusion (CE 10-1-1990 n° 74020 : RJF 3/90 n° 336). 56830

> **Précisions** Dans la même logique, le Conseil d'État refuse au redevable dont le droit à déduction est atteint de forclusion la possibilité d'introduire, après l'expiration du délai de forclusion, une réclamation tendant à la restitution de la taxe dont la déduction a été omise au cours de l'année faisant l'objet d'une reprise ou d'une rectification (CE (na) 17-7-2013 n° 359297 : RJF 11/13 n° 1016).

IV. REMISE EN CAUSE DE LA DÉDUCTION

La **déduction** présente, en principe, un caractère définitif lorsqu'elle a été **opérée à bon escient** (CGI ann. II art. 207, I). 56900

Elle peut cependant être remise en cause dans certains cas limitativement fixés. Appelées « **régularisations** », ces révisions des déductions initiales diffèrent selon qu'elles concernent soit des immobilisations, soit d'autres biens ou des services. Ces régularisations font l'objet d'une étude d'ensemble sous les nos 60500 s.

56905 Lorsque la **déduction** a été **opérée à tort,** l'administration peut procéder aux **rectifications** nécessaires dans le cadre de son pouvoir de contrôle. Il peut en être ainsi, par exemple, lorsque la déduction concerne des biens ou services exclus du droit à déduction (nos 53510 s.), ou lorsque l'entreprise ne peut présenter les documents justificatifs prévus par la réglementation (nos 55700 s.), ou encore en cas d'erreurs commises par le redevable dans le calcul des déductions.

CHAPITRE 4

MODALITÉS DE RÉCUPÉRATION DE LA TVA

SOMMAIRE

Le présent chapitre décrit les modalités de récupération, par voie d'imputation ou de remboursement, de la **taxe déductible** ayant grevé les biens ou services ouvrant droit à déduction (nos 58300 s.). **58200**

Il présente également les modalités de récupération par les redevables de la TVA acquittée à l'occasion d'**opérations** qui sont par la suite **résiliées, annulées** ou dont les créances **impayées** correspondantes sont devenues définitivement irrécouvrables (nos 59100 s.).

SECTION 1

MODALITÉS DE RÉCUPÉRATION DE LA TAXE DÉDUCTIBLE

Nous exposons ici le mécanisme général de récupération de la taxe « d'amont » supportée en France par les **assujettis, français ou étrangers, qui réalisent en France des opérations ouvrant droit à déduction.** **58300**

Pour ces redevables, la récupération de la TVA ayant grevé les biens ou services ouvrant droit à déduction s'opère normalement par voie d'imputation sur la taxe due au titre des opérations imposables (nos 58350 s.). Cependant, les excédents de taxe déductible, dits crédits de TVA, peuvent, sous certaines conditions, faire l'objet d'un remboursement direct (nos 58430 s.).

58305 Les **procédures spéciales de remboursement** dont peuvent bénéficier les assujettis au titre de la TVA supportée dans un État de l'Union européenne dans lequel ils ne sont pas établis et dans lequel ils n'effectuent aucune opération imposable font l'objet d'études distinctes :

– nos 64100 s. pour le remboursement aux **assujettis établis en France** de la **TVA supportée dans un autre État** de l'Union ;

– nos 31350 s. pour le remboursement de la TVA supportée en France par les **assujettis étrangers non établis en France.**

I. IMPUTATION

58350 Conformément aux dispositions de l'article 271, I-3 et III-al. 1 du CGI, c'est en priorité par voie d'imputation que doit normalement s'opérer la récupération de la taxe déductible mentionnée sur les déclarations. Cette imputation s'effectue sur la TVA dont l'entreprise est elle-même redevable, du chef de ses opérations imposables ou, le cas échéant, à raison de la régularisation de déductions opérées antérieurement.

Si le montant de la taxe déductible mentionné sur une déclaration excède le montant de la taxe due d'après les éléments qui figurent sur cette déclaration, l'**excédent** est reporté, jusqu'à épuisement, sur la ou les déclarations suivantes, à moins qu'il ne fasse l'objet d'une demande de remboursement dans les conditions exposées aux nos 58430 s. (CGI ann. II art. 208, II).

58355 EXEMPLES

1. Si la déclaration fait apparaître une taxe due de 2 000 € et une taxe déductible de 1 500 €, le montant du versement à faire effectivement au Trésor, compte tenu de l'imputation, sera de : 2 000 – 1 500 = 500 €.

2. Si, la taxe due étant toujours de 2 000 €, la taxe déductible s'élève à 3 000 €, aucun versement n'aura à être fait au titre de la période considérée. L'excédent de 1 000 € (3 000 – 2 000) sera reporté sur la ou les déclarations suivantes, sauf s'il fait l'objet d'une demande de remboursement.

58360 Une fois le **crédit de TVA** constaté sur la déclaration, sa récupération (par imputation ou remboursement) n'est pas limitée dans le temps. Elle n'est pas soumise au délai de **péremption** prévu par l'article 208, I de l'annexe II au CGI qui ne vise en principe que la mention elle-même de la TVA déductible sur la déclaration (nos 56720 s.).

En cas d'**omission de report** d'un crédit de taxe sur les déclarations de chiffre d'affaires suivantes, le redevable ne conserve toutefois son droit à imputation ou à remboursement que si cette omission est réparée dans le délai précité, soit au plus tard le 31 décembre de la deuxième année qui suit celle de l'omission (CE 28-12-2005 n° 263982 : RJF 3/06 n° 253). Cette solution jurisprudentielle repose sur une lecture constructive de l'article 208 de l'annexe II au CGI. Le Conseil d'État n'exige pas du redevable qu'il mentionne le crédit de taxe apparu sur une déclaration sur chaque déclaration ultérieure, ce qui conduirait à sanctionner un seul oubli par la perte définitive de tout droit à imputation ou remboursement, sanction non prévue par l'article 208, II de l'annexe II au CGI. Mais, s'il permet au redevable de réparer son omission, il lui impose de le faire dans le délai prévu au paragraphe I du même article. On notera que le commissaire du gouvernement proposait d'admettre une possibilité de réparation non limitée dans le temps.

Ce **délai** court **à compter de** la date limite à laquelle le redevable devait déclarer le premier report du crédit de TVA ainsi constaté (CE 23-11-2020 n° 428497 : RJF 2/21 n° 141).

EXEMPLES

1. La **déclaration mensuelle** des opérations de septembre 2022 a fait apparaître un crédit de TVA dont le remboursement n'a pas été demandé et qui, faute de report sur les déclarations mensuelles suivantes, n'a pas été imputé. Le redevable subit de ce fait une perte de trésorerie, mais il n'est pas déchu de son droit à imputation ou à remboursement et dispose, pour réparer son omission, d'un délai qui court à compter de la date limite de souscription de la déclaration au titre des opérations d'octobre 2022 (soit novembre 2022) qui expirera le 31 décembre 2024.

Dans l'hypothèse où le crédit de TVA est constaté sur la déclaration au titre des opérations de novembre 2022 (souscrite en décembre) et s'il n'a pas été reporté sur la déclaration au titre des opérations de décembre 2022 (souscrite en janvier 2023), ni sur les déclarations suivantes, le délai de régularisation de cette omission court à compter de la date limite de souscription de la déclaration au titre des opérations de décembre 2022 (soit janvier 2023) et expire le 31 décembre 2025.

2. Un redevable placé sous le régime simplifié (de droit commun ou agricole) a constaté un crédit de TVA au titre de l'année 2022, qui n'est pas reporté sur la **déclaration annuelle** CA 12 (ou CA 12 A) souscrite au titre de l'année 2023. Le délai de réparation de cette omission court à compter de la date limite de souscription de cette dernière déclaration (en mai 2024) et expire le 31 décembre 2026.

II. REMBOURSEMENT DES CRÉDITS DE TAXE NON IMPUTABLES

A. Règles générales

Aux termes de l'article 271, IV du CGI, la taxe déductible dont l'imputation n'a pu être opérée peut faire l'objet d'un remboursement dans les conditions, selon les modalités et dans les limites fixées par les articles 242-0 A à 242-0 J de l'annexe II au CGI. Ce **remboursement** est en principe **annuel** mais peut aussi, dans certains cas, être **mensuel ou trimestriel.** **58430**

Tous les redevables de la TVA peuvent en principe prétendre au remboursement, quel que soit leur régime d'imposition. Mais la procédure de remboursement comporte des particularités pour certains d'entre eux (nos 58700 s.). **58435**

En ce qui concerne le remboursement du crédit dans les **groupes** de sociétés ayant opté pour la **consolidation du paiement de la TVA,** voir nos 48705 s. (on rappelle que ce régime se distingue du régime optionnel de groupe TVA étudié aux nos 1660 s.).

Le remboursement n'est pas automatique et nécessite dans tous les cas la présentation d'une **demande** (n° 58540). Une **caution** peut être exigée, dans certains cas, pour sauvegarder les intérêts du Trésor (voir nos 58590 s.). **58440**

Exceptionnellement, l'administration peut accorder des **dégrèvements d'office** :

– au redevable qui n'aurait pas, pour une raison indépendante de sa volonté, souscrit en temps voulu sa demande ;

– à celui qui n'aurait plus la possibilité d'utiliser son crédit par voie d'imputation ou d'en obtenir ultérieurement le remboursement (redevable ayant cessé son activité, par exemple : voir également nos 58820 s.) (BOI-CTX-DRO-10 n° 180).

Le remboursement ne peut porter, bien entendu, que sur une **taxe déductible,** ce qui écarte la taxe grevant des biens ou services exclus du droit à déduction (nos 53510 s.). Pour les biens et services dont le coefficient de déduction est inférieur à un mais supérieur à zéro (nos 52500 s.), le remboursement possible est limité à la fraction de la taxe qui est déductible en application dudit coefficient. **58445**

Un redevable ne peut en outre demander le remboursement d'un **crédit de taxe** déductible qu'à condition de l'avoir **mentionné dans les déclarations** qu'il est tenu de souscrire pour le paiement de la TVA. Par suite, un **nouvel assujetti** ne peut présenter directement une demande de remboursement de la TVA d'amont qu'il a supportée, sans avoir au préalable souscrit une déclaration mentionnant le montant de TVA déductible (CE 27-7-1988 n° 58629 : RJF 11/88 nos 1214-1215). En l'absence de réalisation d'opérations taxables, cette exigence sera satisfaite par la souscription de déclarations négatives.

> **Précisions** Le principe de neutralité de la TVA fait obstacle à ce qu'une demande de remboursement de crédit de taxe soit acceptée lorsque la **taxe d'aval** correspondante n'est **plus exigible.** À cet égard, le droit au remboursement d'un crédit de taxe doit s'apprécier non à la date à laquelle l'assujetti a présenté sa demande de remboursement, mais à la **date à laquelle l'administration prend sa décision** sur cette demande (CE 10-6-2013 n° 293478 : RJF 8-9/13 n° 820). Cette solution a été rendue à propos du remboursement d'un crédit de taxe correspondant à une TVA à l'importation, mais pourrait avoir valeur générale.

On notera enfin que la **remise en cause d'un remboursement** de crédit de taxe **obtenu indûment** entraîne l'application de la majoration de 40 % (portée à 80 % en cas de manœuvres frauduleuses) qui sanctionne l'insuffisance de déclaration en cas de manquement délibéré (CGI art. 1729). **58450**

REMBOURSEMENT ANNUEL

58500 Au terme de chaque année civile, les entreprises peuvent obtenir le remboursement intégral du crédit de taxe dont elles disposent, à la seule condition que ce crédit soit au moins égal à **150 €** (CGI ann. II art. 242-0 A et 242-0 C, I-1).

REMBOURSEMENT MENSUEL OU TRIMESTRIEL

58510 En application de l'article 242-0 C, II de l'annexe II au CGI :

– les redevables qui souscrivent des **déclarations mensuelles** de chiffre d'affaires peuvent obtenir le remboursement mensuel de leurs crédits de TVA, à condition que la demande de remboursement porte sur un montant minimum de **760 €** ;

– ceux qui souscrivent des **déclarations trimestrielles** peuvent bénéficier d'un remboursement trimestriel à condition, là encore, que le remboursement demandé atteigne au moins 760 €.

58515 Les procédures de remboursement mensuel ou trimestriel n'intéressent respectivement que les **onze premiers mois** ou les **trois premiers trimestres** de l'année civile car, au terme du mois de décembre, il peut être fait application des règles – plus souples – prévues pour le remboursement annuel.

CONSÉQUENCES DES DEMANDES DE REMBOURSEMENT

58530 La TVA dont le remboursement a été demandé ne peut **plus** donner lieu à **imputation** sur les sommes dues ultérieurement (CGI ann. II art. 242-0 E). Dès la souscription de sa demande, le redevable doit **réduire son crédit** du montant du remboursement demandé. Les demandes de remboursement ne devraient donc concerner que les crédits qui ne sont pas susceptibles d'être imputés rapidement. Le délai moyen de remboursement étant actuellement de un à deux mois (n° 58575), le redevable conservera en crédit imputable un montant susceptible d'être directement imputé par compensation avec la TVA due au titre des deux mois suivants.

On notera par ailleurs que l'existence d'un crédit de TVA à l'ouverture d'une période vérifiée permet à l'administration de remonter jusqu'à l'origine du crédit de TVA pour en vérifier la justification, dans le cadre de son droit de reprise. Pour limiter le **droit de reprise** de l'administration, il peut donc paraître opportun de demander en décembre de chaque année le remboursement des crédits de TVA existants.

> **Précisions a.** En cas de **renonciation expresse** à la demande de remboursement qu'il a formulée, le redevable retrouve le droit d'imputer le crédit de TVA, sa renonciation devant être regardée comme un désistement (TA Dijon 28-4-1998 n° 95-2834 : RJF 8-9/98 n° 930).
b. Les comptables publics qui ont à rembourser des crédits de TVA à des redevables sur lesquels ils détiennent eux-mêmes une créance fiscale peuvent procéder à une **compensation** et affecter le crédit de TVA au paiement des **sommes dues par le redevable.** Cette compensation peut être opérée par l'administration fiscale sur le fondement des articles 1347 et suivants du Code civil ou de l'article L 257 B du LPF.

MODALITÉS DE PRÉSENTATION DES DEMANDES

58540 Pour obtenir le remboursement des crédits non imputables, les entreprises doivent présenter à l'administration une **demande spéciale** (CGI ann. II art. 242-0 A et 242-0 C).

Cette demande est faite sur le formulaire n° 3519-SD qui est obligatoirement transmis **par voie électronique** en même temps que la déclaration de TVA (BOI-TVA-DECLA-20-30-10-20 n°s 60 et 160). Toutefois, sa souscription peut intervenir postérieurement, mais en tout état de cause au plus tard le 31 décembre de la seconde année qui suit la constatation du crédit (BOI-TVA-DED-50-20-10 n° 70).

58545 > **Précisions** La **première demande** de remboursement des entreprises nouvelles doit être accompagnée du relevé des **factures d'achat** (n° 58800). Pour les autres demandes, ce relevé n'est à fournir que s'il est réclamé par le service des impôts (en ce sens, BOI-TVA-DECLA-20-30-10-20 n° 150). Une société qui, priée de produire le relevé de ses factures, se contente d'informer le service des impôts qu'elle tient les factures à sa disposition ne justifie pas le crédit de taxe dont elle demande le remboursement (CE 19-2-1986 n° 44818 : RJF 4/86 n° 360).
Lorsqu'une entreprise présente une première demande de remboursement de crédit de TVA, elle peut **utilement prendre contact avec** le **service des impôts** en charge de l'instruction de sa demande, afin de lui présenter l'ensemble des informations et documents qui permettront au service de procéder à l'examen de cette demande.

DATE DE SOUSCRIPTION DE LA DEMANDE

Dans la procédure de **remboursement annuel,** la demande doit être souscrite au cours du mois de janvier de l'année suivante, en même temps que la déclaration CA 3 afférente aux opérations de décembre (ou du dernier trimestre). **58560**

Lorsqu'il s'agit d'un **remboursement mensuel** (**ou trimestriel** pour les redevables déclarant par trimestre), la demande doit être souscrite au cours du mois suivant le mois (ou le trimestre) considéré, en même temps que la déclaration CA 3 afférente aux opérations du mois (ou du trimestre) considéré.

Les entreprises qui présentent une demande de remboursement de crédit de taxe en dehors de ces **délais** ne perdent pas pour autant le droit de demander ultérieurement le remboursement. Le Conseil d'État a en effet jugé qu'aucune disposition du CGI ne fait obstacle à ce que, tant qu'un crédit de taxe subsiste, le redevable puisse en obtenir le remboursement ou l'imputation sur la TVA due ultérieurement (CE 28-12-2005 n° 263982 : RJF 3/06 n° 253 ; CE 27-7-2009 n° 297474 : RJF 11/09 n° 928). Malgré son caractère de réclamation contentieuse, la demande de remboursement n'est donc pas enfermée dans le délai général de réclamation prévu par l'article R 196-1 du LPF. Autrement dit, un crédit de taxe déductible déclaré ne disparaît jamais et il se reporte indéfiniment, à condition toutefois d'être reporté sur les déclarations ultérieures (pour le risque de perte due à une omission de report, voir n° 58360). Le seul butoir est celui de la perte de la qualité de redevable : voir nos 58820 s. les règles applicables dans ce cas.

INSTRUCTION DES DEMANDES

Les demandes de remboursement sont instruites comme des **réclamations** contentieuses ordinaires. Au vu des documents souscrits ainsi que de ceux qu'elle détient par ailleurs, l'administration s'assure que les conditions de remboursement sont satisfaites et que les chiffres mentionnés par l'entreprise correspondent bien à ceux figurant sur les déclarations de chiffre d'affaires. **58570**

Une surveillance des reports de crédits et de l'annulation des crédits remboursés est également effectuée.

> **Précisions** L'administration **peut se rendre sur place** pour instruire les demandes contentieuses de remboursement de crédits de TVA (LPF art. L 198 A).
>
> Après l'envoi d'un **avis d'instruction** sur place, l'administration peut procéder dans les locaux à usage professionnel de l'assujetti à des **constats matériels et** à la **consultation** des livres ou documents comptables et des pièces justificatives. Elle peut également prendre copie de ces documents, sans que l'assujetti puisse s'y opposer, sous peine d'une amende de 1 500 € par document dont il empêche la copie, applicable dans la limite maximale de 50 000 € (LPF art. L 13 F et CGI art. 1734, al. 2 ; BOI-CF-CPF-40).
>
> En tout état de cause, l'administration doit prendre sa décision (motivée en cas de rejet partiel ou total) dans le **double délai** de quatre mois à compter de la notification au contribuable de l'avis d'instruction sur place et de 60 jours à compter de la première intervention sur place. À défaut, il est fait droit à la demande de remboursement.
>
> En cas d'**opposition du contribuable** à l'instruction sur place, la demande de remboursement peut être rejetée pour défaut de justification.
>
> Les opérations réalisées sur place en application de l'article L 198 A du LPF ne constituent pas une vérification de comptabilité au sens de l'article L 13 du même Code : une vérification de comptabilité peut être menée ultérieurement pour la même période ; une vérification intervenue en amont ne constitue pas un obstacle à la mise en œuvre de cette procédure spécifique d'instruction sur place.
>
> Signalons que les règles de l'instruction sur place sont aménagées pour les demandes présentées par le représentant d'un groupe TVA (nos 1660 s.).

Lorsqu'elle ne recourt pas à la procédure d'instruction sur place (n° 58570, précisions), l'administration dispose théoriquement du délai général de six mois prévu en cas de réclamation pour effectuer ou refuser le remboursement. Mais elle a indiqué à plusieurs reprises que les remboursements de crédits de TVA devaient intervenir dans les meilleurs délais, s'engageant à ce que ces délais n'excèdent pas deux mois ou, dans le cas des PME, 30 jours. **58575**

La pratique administrative est à cet égard en phase avec la **jurisprudence communautaire** qui, condamnant les délais de remboursement trop longs, a jugé excessif un délai de six mois. Appelée à se prononcer sur la marge de manœuvre accordée aux États membres par l'article 183 de la directive 2006/112/CE pour fixer les modalités du remboursement des crédits de TVA, la CJUE a en effet posé en principe que le remboursement doit être effectué dans un délai raisonnable (CJUE 25-10-2001 aff. 78/00 : RJF 1/02 n° 125) et condamné une réglementation nationale qui portait de 60 jours à 180 jours le délai accordé à l'administration pour rembourser les crédits de TVA aux nouveaux assujettis, sauf si ceux-ci constituaient une caution (CJUE 10-7-2008 aff. 25/07 : RJF 11/08 n° 1278). La Cour a jugé cette réglementation trop générale, en ce qu'elle n'établissait aucune distinction selon les nouveaux assujettis, fixant une sorte de présomption générale de risque de fraude. Elle a relevé que le délai n'était pas raisonnable et que la caution était, elle aussi, sans rapport avec le risque.

58580 Une fois sa demande de remboursement formulée, le redevable peut saisir le juge des **référés** afin d'obtenir le versement rapide d'une **provision** sur les crédits de TVA à rembourser, dès lors que ceux-ci n'apparaissent pas sérieusement contestables (CE sect. 10-7-2002 n° 244411 : RJF 10/02 n° 1183). Le juge peut subordonner le versement d'une telle provision à la constitution d'une garantie qui n'est pas nécessairement une caution (C. just. adm. art. R 541-1).

EXIGENCE PAR L'ADMINISTRATION D'UN CAUTIONNEMENT

58590 Tout redevable qui sollicite un remboursement de crédit peut, à la demande de l'administration, être tenu de présenter une caution solvable qui s'engage, solidairement avec lui, à reverser les sommes dont il aurait obtenu indûment le remboursement (CGI ann. II art. 242-0 J).

En pratique, le cautionnement n'est toutefois exigé qu'**exceptionnellement,** lorsqu'il apparaît que la restitution demandée est de nature à mettre en péril les intérêts du Trésor, en raison, d'une part, de son importance relative et, d'autre part, de la situation financière et fiscale de l'entreprise en cause. Il peut être exigé des entreprises nouvelles (n° 58805) (BOI-TVA-DECLA-20-30-10-30 nos 20 à 50).

58595 La **demande de présentation d'une caution** ne constitue qu'une proposition faite au contribuable pour lui permettre de percevoir immédiatement une avance provisoire de trésorerie (sous réserve qu'une caution soit présentée) dans l'attente de la décision de l'administration sur le bien-fondé du droit à remboursement. Il ne s'agit donc pas d'une décision susceptible de faire grief et elle ne peut, par suite, faire l'objet d'aucun **recours** (CE sect. 27-5-2002 n° 241670 : RJF 8-9/02 n° 926 ; CE 30-12-2011 n° 316741 : RJF 4/12 n° 354).

L'**absence de présentation** d'une caution est sans incidence sur le droit à remboursement et ne saurait constituer un motif de rejet d'une demande de remboursement (CE 30-12-2002 n° 244645 : RJF 4/03 n° 428). L'assujetti ne perd pas la faculté de demander par la suite au juge de l'impôt de statuer sur son droit à remboursement soit dès le rejet explicite de sa demande de remboursement, soit dès le rejet implicite de celle-ci du fait de l'expiration du délai de six mois prévu à l'article R 199-1 du LPF. En effet, la demande de présentation d'une caution ne fait pas obstacle à l'intervention d'un rejet implicite de la demande de remboursement (CE 27-5-2002 n° 241670 et CE 30-12-2011 n° 316741 précités).

> **Précisions** **a.** Lorsqu'une **caution** est fournie, le règlement du cautionnement n° 3751 auquel celle-ci adhère prévoit expressément que l'engagement de caution s'éteint à l'**expiration** d'un délai de deux ans à compter de la date de la décision définitive de remboursement. Ce délai peut être prolongé jusqu'au 31 décembre de la quatrième année suivant celle de la naissance du droit à déduction lorsque le bénéficiaire est un locataire qui a obtenu le remboursement de la TVA ayant grevé la location de locaux professionnels offerts en sous-location, mais qui demeurent vacants du fait de l'absence de preneurs.
>
> **b.** La **mise en jeu** de la responsabilité de la caution peut intervenir à la suite de la souscription d'une déclaration comportant régularisation de déductions non assortie de paiement, ou d'une proposition de rectifications comportant régularisation de déductions (celle-ci interrompant par ailleurs le délai d'engagement de la caution). Dans les deux cas, l'administration est libre de poursuivre le recouvrement des sommes dues auprès du redevable ou de la caution, celle-ci ayant la qualité de débiteur solidaire dès lors que le règlement de cautionnement n° 3751 a été annexé à l'engagement de caution (Cass. 1e civ. 4-3-2003 n° 01-02.236 F-D : RJF 6/03 n° 771).

CONSÉQUENCES DU REMBOURSEMENT

58610 Lorsque le remboursement a été effectué, le **crédit** remboursé est **définitivement annulé.** Si le montant remboursé est égal à celui qui figurait sur la demande, l'entreprise ne modifie pas la réduction du crédit imputable opérée lors de la souscription de celle-ci ; dans le cas contraire, elle la rectifie.

58615 Les **bénéficiaires de la franchise en base** (qu'il s'agisse de la franchise en base de droit commun, de celle propre aux avocats ou encore de celle propre aux auteurs ou artistes-interprètes) **qui ont opté pour la TVA** et qui ont bénéficié d'un remboursement de crédit de TVA au cours ou à l'issue de la période couverte par l'option ne peuvent pas renoncer à l'option à la fin de cette période (n° 47660). L'option est reconduite de plein droit pour une nouvelle période. La règle est la même pour les **auteurs qui ont renoncé à la retenue à la source** de la TVA (n° 87805).

Pour tous les **autres redevables ayant opté pour l'imposition à la TVA,** le fait de bénéficier d'un remboursement de crédit de TVA au cours ou à l'issue de la période couverte par l'option ne fait en revanche pas obstacle à la dénonciation des options. Sont concernées les options prévues à l'égard des locations de locaux nus à usage professionnel (n° 4370), des bailleurs de biens ruraux (n° 4810), des collectivités locales (n° 10620), des exploitants agricoles (n° 70530) et des opérations bancaires et financières (n° 77145).

REJET DE LA DEMANDE

Les décisions de rejet, partiel ou total, doivent normalement être notifiées au redevable au moyen de lettres d'avis n° 4135-SD ou 4140-SD et doivent mentionner les **motifs** de rejet (LPF art. R* 198-10). **58630**

Si l'administration ne statue pas sur une demande dans le délai de six mois, le rejet est **implicite** (CE 20-10-2000 n° 194730 : RJF 1/01 n° 109 ; CE 20-5-2016 n° 390927 : RJF 8-9/16 n° 705).

> **Précisions** **a.** Il est toutefois rappelé que, dans le cadre de la procédure d'**instruction sur place** des demandes de remboursement de crédit de TVA, à défaut de décision de l'administration dans les délais requis, il est fait droit à la demande (n° 58570, précisions).
> **b.** L'administration fiscale et le juge du fond ne peuvent pas se fonder sur les seules **écritures comptables** pour remettre en cause le bien-fondé d'un crédit de TVA, le traitement comptable d'une créance de TVA (même erroné ou injustifié), de même que les mentions de cette créance dans les déclarations souscrites en matière d'impôt sur les sociétés, étant sans influence sur le droit au remboursement de celle-ci en matière de TVA (CE 21-12-2018 n° 412984 : RJF 4/19 n° 327).

La demande de remboursement constituant une réclamation contentieuse, les décisions de rejet peuvent faire l'objet d'un **recours** devant le tribunal administratif dans le délai de deux mois suivant leur notification (LPF art. R* 199-1 ; CE plén. 8-1-1982 n° 9766 : RJF 3/82 n° 300). **58635**

Le Conseil d'État a jugé que, passé ce délai, le **caractère définitif** de la décision explicite de **rejet** de la demande de remboursement, fondée sur l'**annulation pour un motif de fond** du crédit de TVA, fait obstacle à ce que le contribuable demande à nouveau le remboursement ou l'imputation de ce crédit ou se prévale d'un droit au report du crédit dans le cadre d'une nouvelle demande de remboursement (CE 15-11-2006 n° 269940 : RJF 2/07 n° 151 ; CE 19-5-2009 n° 315858 : RJF 11/09 n° 1018 ; CE 4-12-2017 n° 395947 : RJF 3/18 n° 266 ; CAA Versailles 30-3-2021 n° 19VE03206 et CE (na) 1-7-2022 n° 454400 : RJF 11/22 n° 949).

En revanche, lorsque le rejet explicite, devenu définitif, d'une demande de remboursement intervient pour **défaut** de présentation des **pièces justificatives,** il ne prive pas le redevable de déclarer à nouveau le montant de la taxe dont il estime que la déduction lui est ouverte (en ce sens, CE 28-12-2005 n° 263982 : n° 58560).

Le **contribuable qui conteste la décision de rejet** est recevable, à tout moment de la procédure, à justifier du bien-fondé de sa demande dans la limite du montant global du crédit mentionné sur celle-ci, sans qu'il y ait lieu de distinguer entre les années d'origine du crédit dont il se prévaut (CE 15-11-2006 n° 269940 : RJF 2/07 n° 151). Autrement dit, le juge n'est tenu que par le montant global du crédit de TVA dont le remboursement a été demandé en temps utile et non par le chiffrage détaillé année par année des sommes constituant ce crédit global. Celui-ci constitue une créance unique dont tous les éléments sont fongibles. **58640**

Le redevable ne peut en revanche se prévaloir d'un crédit de TVA annulé par un redressement qui, faute d'avoir été contesté en temps utile, est devenu définitif (CE 15-11-2006 n° 269940 précité).

Une **situation d'urgence** peut justifier la saisine du juge des **référés** pour obtenir la **suspension** de l'exécution de décisions refusant le remboursement de crédits de TVA. Le Conseil d'État l'a admis dans une affaire où : **58645**

– d'une part, l'urgence était caractérisée compte tenu des **conséquences du refus** sur la trésorerie de l'entreprise (au cas d'espèce, le refus de remboursement remettait en cause, avec une perte d'environ trois millions d'euros pour le trimestre concerné, l'équilibre de trésorerie d'une société, qui acquittait la TVA auprès de ses fournisseurs français sans la refacturer à ses clients étrangers) ;

– d'autre part, il existait un **doute sérieux sur la légalité des décisions de refus** (le directeur des finances publiques ne pouvait en effet légalement justifier son refus de remboursement par le motif que la société n'avait pas présenté la caution qui lui était demandée, sans faire état d'éléments dont il résulterait que le droit à déduction et à remboursement ne serait pas fondé).

La suspension des décisions de refus de remboursement a pour **effet** de saisir à nouveau l'administration des demandes de remboursement afin qu'elle se prononce dans les plus brefs délais sur ces demandes. Mais elle n'implique pas nécessairement que cette autorité procède au remboursement des crédits litigieux (CE 30-12-2002 n° 244645 : RJF 4/03 n° 428).

Si le redevable obtient finalement, sur décision du juge, le remboursement qui lui avait été refusé par l'administration, il a droit à des **intérêts moratoires** qui courent à compter de la date de la demande de remboursement (CE 20-10-2000 n° 194730 : RJF 1/01 n° 109 ; CE 20-5-2016 n° 390927 : RJF 8-9/16 n° 705). **58650**

B. Règles particulières à certains redevables

58700 La procédure générale de remboursement des crédits de taxe comporte des particularités pour plusieurs catégories de redevables dont la situation est envisagée ci-après. Des règles particulières sont également applicables aux entreprises étrangères non établies en France (nos 31350 s.) et aux exploitants agricoles (nos 71670 s.).

1. REDEVABLES PLACÉS SOUS LE RÉGIME SIMPLIFIÉ

58730 Le cas envisagé ici est celui des redevables qui n'ont pas renoncé aux formalités simplifiées de liquidation des taxes sur le chiffre d'affaires et qui ne souscrivent donc pas de déclarations CA3 mais une déclaration de régularisation CA 12 ou CA 12E (nos 48780 s.).

58735 Chaque année ou chaque exercice, lors de la souscription de la **déclaration CA 12** ou CA 12E (par voie électronique : n° 48155), ces redevables déterminent, pour la période écoulée, la TVA nette due ou le crédit de taxe non imputé. Ce crédit peut leur être remboursé en totalité à condition que la somme à rembourser soit au moins égale à 150 € (les éventuels excédents de versement d'acomptes, pour leur part, sont remboursables quel que soit leur montant). La demande de remboursement est formulée directement sur la déclaration de régularisation, au cadre prévu à cet effet (CGI ann. II art. 242-0 C, I-2).

58740 Par dérogation, les assujettis placés sous le régime simplifié peuvent demander un **remboursement semestriel** du crédit constitué par la taxe déductible ayant grevé l'**acquisition de biens constituant des immobilisations** lorsque son montant est au moins égal à 760 € (CGI ann. II art. 242-0 C, III).

Ce remboursement semestriel a un caractère **provisionnel** : il donne lieu à régularisation lors de la souscription de la déclaration CA 12 ou CA 12E (CGI ann. II art. 242 septies J).

Les **modalités** de ce remboursement provisionnel de crédits de taxe, mentionnés sur les relevés d'acomptes semestriels 3514-SD (nos 48850 s.), **diffèrent** selon que l'entreprise souscrit une déclaration annuelle en fonction de l'année civile ou de l'exercice :

– pour les entreprises qui souscrivent une **déclaration annuelle en fonction de l'année civile,** le montant de ce remboursement provisionnel peut être sollicité exclusivement sur le relevé de l'acompte de juillet. Le montant du remboursement, indiqué sur ce relevé, est calculé en fonction des opérations réalisées entre le 1er janvier et le 30 juin. En revanche, les entreprises n'ont pas la possibilité de demander un remboursement de crédit de TVA sur investissements à l'appui du relevé d'acompte du mois de décembre, cette demande s'effectuant directement sur la déclaration de régularisation annuelle CA 12 (n° 58735) souscrite au plus tard le deuxième jour ouvré suivant le 1er mai (BOI-TVA-DECLA-20-30-10-20 n° 283) ;

– pour les entreprises qui souscrivent une **déclaration annuelle en fonction de l'exercice,** le montant du remboursement provisionnel peut être indiqué sur le relevé d'acompte du mois de juillet (il est alors calculé en fonction des opérations réalisées sur la période d'imposition en cours au 30 juin comprise entre le 1er décembre de l'année précédente ou la date d'ouverture de la période d'imposition si elle est postérieure au 1er décembre de l'année précédente et le 30 juin de l'année en cours) ou du mois de décembre (il est alors calculé en fonction des opérations réalisées sur la période d'imposition en cours au 30 novembre comprise entre le 1er juillet, ou la date d'ouverture de la période d'imposition si elle est postérieure au 1er juillet, et le 30 novembre).

La **demande de remboursement** est effectuée **par voie électronique** sur le formulaire n° 3519-SD, simultanément à la souscription des relevés d'acompte semestriel susvisés. Elle doit être accompagnée de la ou des factures (originales) qui mentionnent notamment la taxe déductible sur les immobilisations à l'origine du crédit (BOI précité nos 280 et 300).

> **Précisions a.** La taxe afférente aux **acquisitions intracommunautaires** ou **livraisons à soi-même** d'immobilisations ne peut pas faire l'objet de remboursements semestriels (BOI précité n° 290). Cette taxe est liquidée sur la déclaration de régularisation.
> **b.** La **TVA déductible** afférente aux **immobilisations** peut également être imputée sur le montant des **acomptes** semestriels dans les conditions exposées au n° 48870.

2. NOUVEAUX REDEVABLES

58770 Les nouveaux redevables peuvent récupérer la taxe déductible dans les mêmes conditions que les autres redevables, c'est-à-dire par voie d'imputation ou, éventuellement, par voie de remboursement. Ce remboursement peut être obtenu selon les règles générales exposées aux nos 58430 s., sous réserve de quelques particularités signalées ci-après.

ENTREPRISES NOUVELLES REDEVABLES DE PLEIN DROIT

Lorsqu'il s'agit d'une entreprise nouvelle redevable de plein droit de la TVA, le droit à déduction peut être exercé par voie de remboursement, toutes autres conditions étant supposées remplies, dès que l'entreprise **a manifesté** l'**intention d'effectuer des opérations imposables,** même si de telles opérations n'ont pas encore été effectuées à la date de la souscription de la demande de remboursement. Cette règle découle du principe de neutralité de la TVA qui, on l'a vu aux nos 50660 s., implique que les premières dépenses d'investissement engagées pour les besoins d'une exploitation future soient considérées comme des activités économiques et ouvrent droit à déduction. **58780**

L'administration semble toutefois subordonner dans ce cas le droit à déduction à la condition que le nouveau redevable ait au préalable souscrit une **déclaration de création d'entreprise ou d'activité** (nos 44320 s.) (BOI-TVA-DED-50-20-10 n° 90). Une cour administrative d'appel a pris clairement position en ce sens, liant la reconnaissance de la qualité d'assujetti (et l'exercice du droit à déduction y attaché) d'une société non résidente de l'Union européenne à une déclaration de création d'entreprise ou d'activité (CAA Versailles 8-12-2009 n° 07-2617 : RJF 11/10 n° 1009). Une telle exigence, qui fait prévaloir une approche formaliste au détriment de la prise en compte de la réalité économique, n'est toutefois pas en phase avec la jurisprudence de la **CJUE.** Selon la Cour, en effet, l'identification à la TVA prévue à l'article 214 de la directive TVA n'est pas une condition du droit à déduction, qui prend naissance au moment où la taxe déductible devient exigible, mais constitue une exigence formelle à des fins de contrôle. Un assujetti non encore identifié au moment où il a supporté des dépenses grevées de TVA ne peut donc être privé de la possibilité de déduire la taxe s'il respecte les conditions de fond du droit à déduction et s'il s'identifie dans un délai raisonnable à partir de la réalisation des opérations donnant lieu à déduction (CJUE 21-10-2010 aff. 385/09 : RJF 1/11 n° 126 ; en ce sens, également, CJUE 9-7-2015 aff. 183/14 : RJF 11/15 n° 979). De même, le refus, par l'administration, d'attribuer un numéro d'identification à la TVA ne peut, en principe, exercer aucune influence sur le droit à déduction de l'assujetti s'il respecte lesdites conditions (CJUE 14-3-2013 aff. 527/11 : RJF 7/13 n° 795).

ENTREPRISES AYANT OPTÉ POUR LE PAIEMENT DE LA TVA

Lorsque l'entreprise a exercé l'option pour le paiement de la taxe, le droit à déduction peut être exercé à compter de la date d'effet de l'option. Dans cette hypothèse, comme dans celle envisagée au n° 58780, la déduction peut être opérée avant même qu'aucune taxe ne soit due (pour le cas des bailleurs d'immeubles, voir n° 4490). **58790**

CONDITIONS DE REMBOURSEMENT

Conformément à la règle générale, le remboursement implique la souscription préalable d'une **déclaration** de chiffre d'affaires, négative le cas échéant. La première demande de remboursement doit être accompagnée du **relevé des factures** d'achat. **58800**

Lorsque l'entreprise demande le remboursement alors même qu'elle n'a **pas encore** réalisé effectivement **d'opérations imposables,** le service des impôts examine s'il y a lieu de demander un **cautionnement** à l'entreprise (voir nos 58590 s.). **58805**

Il est par ailleurs en droit d'exiger de l'entreprise des **éléments d'information** confirmant son intention de réaliser des opérations imposables : acquisition de moyens d'exploitation propres à la réalisation des opérations projetées, embauche de salariés, réalisation d'une étude de marché, dépenses de publicité, ouverture d'un compte bancaire professionnel, accomplissement de stages professionnels par le déclarant, souscription d'une assurance spécifique à l'activité envisagée, etc. Les entreprises nouvelles chargées de mener des travaux de recherche et de développement doivent régulièrement communiquer de tels éléments à l'administration afin de confirmer le sérieux du projet et la pérennité de l'intention de réaliser des opérations ouvrant droit à déduction.

À défaut d'éléments confirmant l'intention de réaliser des opérations imposables, le remboursement est refusé ; il en va de même en cas de fraude ou d'abus. En présence d'éléments confirmant l'intention initiale du contribuable mais faisant également apparaître qu'il a cessé ultérieurement d'effectuer des actes de nature à permettre la réalisation d'opérations imposables (sans pour autant avoir déclaré sa cessation d'activité), seule la taxe dont le droit à déduction a pris naissance avant la cessation (diminuée des régularisations éventuellement exigibles) est remboursée (BOI-TVA-DED-50-20-10 n° 100).

À partir du moment où l'entreprise sait que, pour un motif quelconque, elle ne concrétisera pas son intention de réaliser des opérations imposables, elle doit souscrire, dans un délai de 30 jours, une **déclaration de cessation d'activité** (n° 44340). Elle doit alors procéder, dans les conditions de droit commun, à la régularisation de la taxe remboursée au titre de la période antérieure à la date de la perte de la qualité d'assujetti et reverser intégralement la taxe remboursée au titre de la période postérieure à cette date (BOI précité n° 110).

3. REDEVABLES QUI PERDENT CETTE QUALITÉ

58820 Cette situation se présente en cas de **cessation d'activité** ou encore lorsque l'intéressé, bien que continuant son activité, **cesse d'être imposable** (par exemple, au terme d'une période d'option). Lorsqu'un redevable perd ainsi cette qualité, le crédit de taxe dont il dispose peut lui être remboursé pour son montant total (CGI ann. II art. 242-0 G).

Le **crédit à rembourser** est déterminé, le cas échéant, après qu'ont été opérées les régularisations incombant au redevable (voir nos 60500 s.) (BOI-TVA-DED-50-20-20 n° 130).

En l'absence de toute précision sur ce point dans les textes relatifs à la TVA, la **demande de remboursement** doit, selon le Conseil d'État, être faite dans les **délais** prévus par l'article R 196-1 du LPF, c'est-à-dire en principe avant le 31 décembre de la deuxième année qui suit l'année de cessation ou de fin d'assujettissement. Le fait que les crédits de TVA en cause aient antérieurement donné lieu à un refus de remboursement sur le fondement de l'article 242-0 C de l'annexe II au CGI n'interdit pas de formuler une nouvelle demande de remboursement pour perte de la qualité de redevable (CE 28-12-2005 n° 263982 : RJF 3/06 n° 253).

Selon le Conseil d'État, la perte de la qualité de redevable ouvrant droit à remboursement d'un crédit de TVA résulte de l'impossibilité pour l'assujetti de récupérer, par voie d'imputation sur les taxes dont il est redevable, le crédit dont il disposait. Un assujetti, **quelle que soit l'activité** qu'il a exercée, doit être regardé comme ayant perdu la qualité de redevable lorsqu'il n'est **plus en mesure de réaliser une opération donnant lieu à la collecte de la TVA.** Tel est le cas non seulement lorsqu'il ne peut plus effectuer aucune des opérations qui constituaient son activité normale (soit qu'il ait cédé l'ensemble des marchandises qu'il avait pour objet de vendre, soit qu'il ait cessé totalement d'effectuer les prestations de services qu'il avait pour objet de rendre), mais également lorsqu'il ne dispose plus de biens, stocks ou éléments d'actif immobilisé dont la cession est soumise à la TVA (CE 30-12-2011 n° 323188 : RJF 3/12 n° 242). À noter, toutefois, que l'administration ne semble pas vouloir, selon nos renseignements, modifier sa doctrine qui est fondée sur la jurisprudence du Conseil d'État antérieure à l'arrêt du 30 décembre 2011 précité et selon laquelle la date de cessation d'activité, pour les entreprises dont l'activité consiste en la vente de marchandises, correspond à la date à laquelle elles ont vendu la totalité de leur stock de marchandises, même si elles ont procédé à la cession d'éléments d'actif immobilisé à une date ultérieure. Elle retient cependant cette dernière date en cas de procédure d'apurement collectif du passif (BOI précité n° 130).

C'est à la date de cessation que doit en principe être déterminé le crédit de TVA. Mais les redevables peuvent également demander le remboursement de la taxe figurant sur des **factures rectificatives reçues postérieurement à la cessation** (par exemple lorsque le fournisseur a fait l'objet d'un redressement : voir n° 56820) (D. adm. 3 D-1322 n° 26, non reprise au Bofip mais dont la solution conserve sa valeur).

58825 **> Précisions a.** L'article 242-0 G de l'annexe II au CGI ne subordonne pas le remboursement du crédit de taxe dont dispose un redevable qui perd la qualité d'assujetti à la mention de la taxe déductible sur les **déclarations** souscrites pour le paiement de la taxe : cette condition n'est exigée que pour les seuls assujettis (CAA Lyon 22-2-1993 n° 91-746 : RJF 5/93 n° 644).

b. En cas de **fusion-absorption** de sociétés ou de **dissolution sans liquidation** au sens de l'article 1844-5 du Code civil, la société absorbée (ou confondue) peut **transférer** à la société absorbante (ou confondante) le crédit de TVA dont elle dispose à la date où elle cesse juridiquement d'exister, dans la mesure où cette dernière peut être considérée comme pleinement subrogée aux droits et obligations de la société absorbée (ou confondue). À cet égard, il est précisé que la charge résultant, le cas échéant, de la remise en cause par l'administration de tout ou partie du montant d'un crédit de TVA injustifié et transféré à tort à la société absorbante (ou confondante) sera supportée par cette dernière (BOI précité n° 130). À noter que la dissolution effective de la société absorbée ne peut intervenir, compte tenu des dispositions de l'article 1844-5 du Code civil, et en l'absence d'opposition des créanciers, que 30 jours après sa publication au Bodacc, l'existence d'une clause conventionnelle de rétroactivité étant sans influence à cet égard (CAA Paris 10-2-2011 n° 09-660 : RJF 6/11 n° 700 ; CE (na) 18-12-2013 n° 348437 : RJF 3/14 n° 237).

c. En ce qui concerne la possibilité pour l'administration de procéder à des **remboursements d'office** de crédits de taxe, voir n° 58440.

FRAIS SUPPORTÉS APRÈS LA CESSATION D'ACTIVITÉ

La taxe grevant les charges liées à l'activité taxée mais supportées postérieurement à la cessation de cette activité peut, sauf fraude ou abus, être récupérée s'il existe un **lien direct et immédiat entre** ces **charges et l'activité qui était exercée** (CJUE 3-3-2005 aff. 32/03 : RJF 5/05 n° 519 ; BOI-TVA-DED-50-20-20 n° 130). 58840

En application de ce principe est, par exemple, admise la déduction de la TVA grevant :

– les honoraires des mandataires liquidateurs (BOI précité) ;

– le loyer et les charges afférentes à l'ancien local professionnel, que l'entreprise continue à payer du fait d'une clause de non-résiliation du bail (CJUE 3-3-2005 précité ; dans le même sens, TA Cergy-Pontoise 13-3-2012 n°s 0913621-1002731 : RJF 8-9/12 n° 811) ;

– les travaux réalisés pour le compte d'une entreprise de construction ayant cessé son activité mais tenue de réaliser ces travaux au titre de la garantie décennale (CE 30-4-2004 n° 253488 : RJF 7/04 n° 702) ;

– les dépenses de remise en état des locaux commerciaux occupés pendant la période d'activité et les frais liés au contentieux né à ce sujet avec le bailleur (TA Amiens 15-12-2005 n° 02-666 : RJF 10/06 n° 1176) ;

– les honoraires d'entremise versés par une SCI à une agence immobilière intervenant dans la vente de l'unique immeuble dont elle était propriétaire, affecté à une activité de location soumise à la TVA en cours de liquidation, alors même que la cession de l'immeuble n'est pas elle-même assujettie à la taxe (TA Paris 23-6-2008 n° 02-7209 : RJF 2/09 n° 118).

Par ailleurs, en application du même principe, la TVA grevant les opérations de service après-vente effectuées à titre gratuit par une société postérieurement à la liquidation de son stock devrait à notre avis également pouvoir être récupérée, contrairement à la solution retenue par la cour de Nancy dans un arrêt antérieur à la jurisprudence de la CJUE précitée (CAA Nancy 10-2-2000 n° 95-967 : RJF 1/01 n° 23).

En revanche n'a pas été admise la déduction de la TVA grevant la refacturation au cédant, par la société cessionnaire, de travaux de dépollution des sols, exécutés en application d'arrêtés préfectoraux antérieurs à la cession, dans la mesure où le cessionnaire n'a fourni aucune prestation de services au cédant, peu importants le fait que ces travaux auraient constitué le prolongement de l'activité antérieure du cédant dès lors que l'activité polluante sur les sites était exercée par une de ses filiales (CE 30-12-2011 n° 319835 : RJF 4/12 n° 353).

SECTION 2

RÉCUPÉRATION DE LA TAXE EN CAS D'OPÉRATIONS RÉSILIÉES, ANNULÉES OU IMPAYÉES

La défaillance de l'une ou l'autre des parties à un contrat dans l'exécution de ses obligations avant que la TVA soit devenue exigible est normalement neutre au regard de la taxe puisque celle-ci n'a pas encore été acquittée. La situation est différente lorsqu'une opération est résiliée ou annulée, ou demeure totalement ou partiellement impayée, après que la taxe est devenue exigible et a été acquittée. Dans ces hypothèses, le redevable peut récupérer la taxe correspondante dans les conditions prévues à l'article 272, 1 du CGI. Cette récupération se fait soit par voie d'imputation sur la TVA due ultérieurement, soit par voie de remboursement. Elle est subordonnée à la justification de la rectification préalable de la facture initiale. 59100

I. CAS DE RÉCUPÉRATION

OPÉRATIONS RÉSILIÉES, ANNULÉES OU IMPAYÉES

59150 L'article 272, 1 du CGI autorise la récupération de la TVA acquittée à l'occasion d'opérations (ventes ou services) qui sont par la suite résiliées ou annulées, ou d'opérations impayées lorsque les créances correspondantes sont devenues définitivement irrécouvrables.

Il en va de même lorsqu'une partie seulement du prix d'une opération demeure impayée, notamment en cas de **rabais,** remises ou ristournes consentis après l'établissement de la facture initiale (nos 36050 s.).

Que l'impayé soit total ou partiel, la récupération de la TVA, par imputation ou restitution, n'entraîne en aucun cas le reversement de la **taxe « d'amont »** déduite au titre des opérations en cause (CE sect. 23-6-1978 n° 4779 : RJF 9/78 n° 352 ; BOI-TVA-DECLA-20-30-10-10 n° 150).

> **Précisions a.** La notion d'opérations résiliées ou annulées au sens de l'article 272, 1 du CGI inclut les **erreurs comptables** telles que la double facturation d'une même opération et l'omission d'annuler la facture en cas de retour de la marchandise vendue (CE 18-3-1992 n° 62403 : RJF 5/92 n° 646).
> **b.** La notion d'opérations résiliées ou annulées au sens de l'article 90, 1 de la directive TVA (transposé à l'article 272, 1 du CGI) inclut le cas où, dans le cadre d'un contrat de **crédit-bail à transfert de propriété ferme** (voir n° 38400), le crédit-bailleur ne peut plus réclamer le paiement du loyer au crédit-preneur au motif qu'il a résilié le contrat de crédit-bail pour inexécution de celui-ci par le crédit-preneur. Une telle situation, caractérisée par la réduction définitive de la contrepartie initialement due, ne saurait être qualifiée de « non-paiement » au sens de l'article 90, 2 de la directive (CJUE 12-10-2017 aff. 404/16 : RJF 1/18 n° 125).
> **c.** La procédure de récupération de l'article 272 du CGI concerne normalement la TVA d'aval acquittée par le vendeur mais elle peut également s'appliquer à la TVA d'amont acquittée par l'acquéreur lors d'une **opération d'importation** qui est par la suite **annulée.** Selon le Conseil d'État, en effet, lorsqu'un importateur de matériels destinés à la revente a imputé la TVA due à l'importation sur la TVA due au titre de ses opérations, l'annulation de l'importation et la restitution du matériel au fournisseur étranger contraignent l'intéressé à régulariser cette déduction, en application de l'article 271, III-b du CGI, mais lui ouvrent également un droit à remboursement de la TVA due à l'importation sur le fondement de l'article 272 du CGI (CE 6-4-1987 n° 30771 : RJF 6/87 n° 620). Par le jeu de la compensation, aucune taxe n'est due par conséquent au titre de l'importation annulée.

59155 Les opérations résiliées, annulées ou impayées ne peuvent bien entendu donner lieu à imputation ou restitution de la **TVA** que si elles ont **effectivement supporté** cette taxe.

En ce qui concerne les **opérations annulées ou résiliées,** seules peuvent ouvrir droit à une restitution de taxe les ventes ou prestations de services pour lesquelles l'exigibilité de l'impôt – livraison, débit ou encaissement – est intervenue avant l'abrogation du contrat et qui ont donné lieu au paiement effectif de la taxe. Le Conseil d'État a logiquement jugé que des ventes qui, faute d'avoir été facturées, n'ont pas donné lieu au versement de la TVA n'ouvrent pas droit à récupération lorsqu'elles sont par la suite annulées ou résiliées (CE 19-11-1984 n° 40221 : RJF 1/85 n° 50).

En ce qui concerne les **opérations impayées,** la question du remboursement de la taxe ne peut se poser que pour celles dont l'exigibilité se situe avant l'encaissement du prix, c'est-à-dire essentiellement pour les livraisons de biens. Les services, travaux immobiliers, ventes à consommer sur place, pour lesquels l'exigibilité de la taxe se situe à la date de l'encaissement, ne sont pas concernés, sauf option pour les débits (nos 38800 s.).

59160 Le Conseil d'État a jugé qu'un **contribuable auquel l'administration réclame le paiement de la TVA qu'il a omis d'acquitter** au titre d'une **vente** ne peut invoquer la circonstance, établie, qu'une partie du prix est restée **impayée** pour obtenir la réduction du montant de la taxe due (CE 8-12-1986 n° 44100 : RJF 2/87 n° 151).

On notera que le redevable n'avait pas en l'espèce formulé de demande de **compensation** entre la taxe due et la taxe récupérable au titre de l'impayé, de sorte que le Conseil d'État n'a pas eu à se prononcer sur la recevabilité éventuelle d'une telle demande. Le commissaire du gouvernement B. Martin Laprade n'en a pas moins exposé dans ses conclusions les conditions dans lesquelles la compensation pourrait, selon lui, être admise. Il en ressort que :

– le contribuable peut faire valoir ses droits à imputation ou à restitution dans le cadre d'une demande de compensation, à condition que les droits en question soient nés au cours de la période visée par l'avis de mise en recouvrement de la TVA (autrement dit, il faut que l'opération ait été annulée ou résiliée ou que la créance correspondante soit devenue définitivement irrécouvrable au cours de la période en question) ;

– la compensation ne peut jouer au-delà des conclusions en dégrèvement présentées dans la réclamation, quand bien même les droits à restitution seraient supérieurs ;

– la compensation doit être opérée entre le montant de la TVA récupérable et le total formé par les droits et pénalités en litige et non avec les seuls droits dus, afin d'éviter une réduction injustifiée du montant des pénalités.

S'il ne peut bénéficier de la compensation, le contribuable qui entend se prévaloir de l'article 272, 1 du CGI alors qu'il a omis de payer la TVA récupérable doit donc d'abord acquitter la taxe due, majorée des éventuelles pénalités de retard, avant de pouvoir procéder à sa récupération dans les conditions habituelles.

FACTURATION ERRONÉE

L'administration autorise les redevables de bonne foi à récupérer la **taxe acquittée par erreur** (au titre d'opérations non passibles de la TVA ou pour lesquelles la taxe a été facturée à un taux supérieur au taux légal) selon la procédure prévue par l'article 272, 1 du CGI, ainsi qu'on l'a vu au n° 47120. Lorsque la taxe n'a pas été facturée, le recours à cette procédure n'est toutefois pas indispensable : les excédents de déclaration signalés par l'administration ou constatés par les entreprises peuvent ainsi être imputés directement ligne 2C du formulaire CA 3 auquel est jointe une note justificative. **59170**

Lorsque la TVA a été facturée à tort, ou qu'un rabais a été consenti, à des **clients assujettis étrangers non établis en France,** et que cette taxe leur a déjà été remboursée selon la procédure décrite aux nos 31350 s., le fournisseur ou le prestataire n'est pas en droit de récupérer la taxe en cause. L'envoi d'une facture rectificative n'est donc pas admis et les notes d'avoir éventuellement adressées au client étranger doivent préciser que les rabais ou ristournes sont nets de taxe. **59175**

En revanche, lorsque le client n'a pas demandé le remboursement de la TVA facturée à tort, son fournisseur ou son prestataire est autorisé à lui adresser une facture rectificative, et donc à récupérer la taxe correspondante, sous réserve de satisfaire aux conditions suivantes :

– le client étranger doit informer le service des impôts, par voie postale, de sa volonté de renoncer à obtenir le remboursement de la taxe en lui joignant la facture litigieuse ;

– le service des impôts lui adresse en retour un justificatif prenant acte de sa renonciation ;

– au vu de ce document, le fournisseur ou le prestataire peut adresser à son client une facture rectificative (BOI-TVA-DED-50-20-30-20 nos 20 à 40 ; BOI-TVA-DED-50-20-30-40 nos 400 à 420).

TITULAIRE DU DROIT À RÉCUPÉRATION

Seul le **redevable légal** de la taxe peut en demander l'imputation ou la restitution lorsqu'il apporte toutes les justifications utiles quant à la réalité des opérations annulées ou résiliées ou à l'irrécouvrabilité des créances en cause. **59190**

Le Conseil d'État a ainsi jugé que le droit à récupération de la TVA versée à l'occasion d'opérations impayées est propre aux redevables qui ont régulièrement émis les factures impayées (CE 11-10-1991 n° 65985 : RJF 12/91 n° 1517) ou qui l'ont régulièrement acquittée alors même que les factures mentionnant la taxe ont été établies au nom d'un intermédiaire (CE 15-2-1999 n° 186983 : RJF 4/99 n° 398).

> **> Précisions** Les **fournisseurs de tabac,** redevables de la TVA calculée sur le prix de vente au détail des tabacs manufacturés, peuvent récupérer selon la procédure des opérations impayées la TVA afférente aux marchandises restées impayées par les débitants (BOI-TVA-DED-40-10-20 n° 160).

Dès lors que l'article 272, 1 du CGI autorise uniquement la récupération de la taxe dont l'entreprise est personnellement redevable à raison de ses opérations, sa portée ne s'étend pas à la taxe payée par un **mandataire** pour le compte de son mandant en application d'une convention privée qui n'est pas opposable à l'administration. **59195**

Les **représentants en douane** qui effectuent le paiement des droits de douane et des taxes, dont la TVA, pour le compte de leurs clients importateurs ne peuvent donc pas se prévaloir de ce texte, en cas de défaillance d'un de leurs clients, pour récupérer la taxe versée en douane qui ne leur a pas été remboursée par l'importateur (BOI-TVA-DED-40-10-20 n° 170 ; CAA Nantes 7-10-1993 n° 91-772).

Ce droit est également refusé au **commissionnaire ducroire** qui, en exécution du contrat qui le lie à ses commettants, est amené à régler à ces derniers le montant TTC des factures impayées de leurs clients (voir nos 59450 s.).

Lorsqu'une **fusion** intervient alors que la société absorbée n'avait pas encore fait valoir ses droits à récupération, le Conseil d'État considère que la société absorbante qui, du fait de la fusion, succède à la société absorbée dans ses droits et obligations est en droit de récupérer la TVA versée par cette dernière. L'absorbante peut donc rectifier, conformément aux dispositions de l'article 272, 1 du CGI, les factures émises par l'absorbée qui ont donné lieu au paiement de la TVA et imputer la taxe versée en excès par celle-ci sur la taxe dont elle est elle-même redevable (CE 18-3-1992 n° 62403 : RJF 5/92 n° 646). **59200**

II. CONDITIONS DE RÉCUPÉRATION

A. Opérations annulées, résiliées ou faisant l'objet d'un rabais

PRINCIPE

59270 Pour ces opérations, la récupération de la taxe est subordonnée à la **rectification de la facture initiale.** À cet effet, le redevable doit envoyer à son client :

– soit une **facture nouvelle** annulant et remplaçant la précédente : conformément à l'article 289, I-5 du CGI, cette facture de remplacement doit, d'une part, porter référence exacte à la facture initiale (numéro et date de la facture) et la mention expresse de l'annulation de celle-ci et, d'autre part, comporter l'ensemble des mentions prévues par la réglementation en vigueur (n°s 46100 s.) ;

– soit une **note d'avoir** portant référence à la facture initiale et indiquant le montant « hors taxe » du rabais consenti ainsi que le montant de la TVA correspondante ; s'il n'est pas possible de mentionner la référence à la facture initiale (remises de fin d'année, par exemple), la note d'avoir peut faire référence à un ensemble de factures ou au contrat auquel se rapportent les factures en cause (dans ce cas, la note doit préciser la période au cours de laquelle ces factures ont été émises). La note doit, en outre, mentionner les noms et adresses des parties ainsi que le montant du total hors taxe et de la TVA due après application de la réduction de prix (BOI-TVA-DED-40-10-20 n°s 70 et 80).

> **Précisions** **a.** Dans l'hypothèse d'émission de factures injustifiées à la suite d'**erreurs comptables** (n° 59150, précision a), le mode de rectification exigé par l'article 272, 1 du CGI consiste dans l'établissement et l'envoi de notes d'avoirs aux clients (CE 18-3-1992 n° 62403 : RJF 5/92 n° 646).
> **b.** Les factures rectificatives ou les notes doivent en principe comporter les **mentions** énumérées à l'article 242 nonies A de l'annexe II au CGI. Toutefois, lorsque les pièces produites par le redevable permettent d'établir le bien-fondé de sa demande, des omissions ou erreurs entachant une facture rectificative ou une note d'avoir ne font pas obstacle au droit à la récupération de la TVA (CE 12-7-2021 n° 433977 : RJF 11/21 n° 1012).

59275 Ce formalisme répond au double souci d'ajuster les mentions portées sur la facture au prix finalement mis à la charge du client et, le cas échéant, de lier la récupération de la taxe chez le fournisseur au **reversement** de cette même taxe par le **client** qui l'a déjà déduite. À la réception de la facture rectifiée ou de la note d'avoir, le client assujetti à la TVA est, en effet, tenu de rectifier ses déductions en conséquence.

RENONCIATION À LA RÉCUPÉRATION

59290 S'il renonce à la récupération de la taxe, le redevable peut faire connaître à son client que l'**avoir** est « **net de taxe** ». Sous la double réserve qu'une mention en ce sens soit apposée sur la note d'avoir et que le montant de la TVA portée sur la facture initiale ne soit pas modifié, le client est alors dispensé de procéder à la rectification de la déduction opérée au vu de cette facture (BOI-TVA-DED-40-10-20 n° 80).

59295 La pratique des avoirs « nets de taxe » peut notamment être mise en œuvre en cas de **reprise de produits périmés.** Elle présente l'avantage d'alléger les obligations administratives et comptables du fournisseur et de son client, dont la situation reste inchangée au regard de la TVA :

– le fournisseur qui renonce à récupérer la taxe ne délivre pas de facture rectificative, mais une note d'avoir indiquant de manière apparente que le montant de l'avoir est net de taxe ;

– le client est dispensé de procéder à la rectification de la déduction opérée au titre de la facture initiale.

Cette procédure d'« avoir net de taxe » ne peut être mise en œuvre que d'un commun accord entre les parties. En cas de désaccord, le fournisseur ne peut l'imposer à son client et doit obligatoirement utiliser la procédure de l'annulation de facture.

EXEMPLE

Hypothèse Facture initiale adressée au client, n° 10107 du 23 février 2022 :

100 médicaments x	2 000 €
50 médicaments y	2 000 €
Total HT	4 000 €
TVA 2,1 %	84 €
Total TTC	4 084 €

Solutions Document à adresser lors de la reprise des produits périmés

1. Procédure légale (annulation partielle de la facture initiale)

Facture rectificative du 23 avril 2023 :

Ma facture n° 10107 du 23 février 2022 :

Médicaments repris :

10 x	200 €
5 y	200 €
Total	400 €
TVA 2,1 %	8,4 €
Avoir TTC	408,4 €

2. Procédure admise (rabais net de taxe)

Note d'avoir du 23 avril 2023 :

Médicaments repris :

10 x	200 €
5 y	200 €
Avoir net de taxe	400 €

ESCOMPTE PRÉVU SUR LA FACTURE

Lorsqu'une facture porte mention d'un escompte qui sera consenti en cas de **paiement comptant ou sous un certain délai,** l'administration dispense le vendeur d'adresser une facture rectificative ou une note d'avoir à ses clients, sous réserve qu'une mention apposée sur la facture précise que, dans le cas où ceux-ci usent de la faculté de bénéficier d'un escompte qui leur est offerte, seule la taxe correspondant au prix effectivement payé par eux ouvre droit à déduction (BOI-TVA-DED-40-10-20 n° 100). Le libellé de cette **mention** est laissé à l'initiative du fournisseur, mais il doit en tout état de cause explicitement signifier que le droit à déduction du client est limité au montant de la taxe afférente au prix payé. Peut par exemple être portée sur la facture la formule suivante, dépourvue de toute ambiguïté : « En cas d'escompte pour paiement comptant, celui-ci sera déduit de notre chiffre d'affaires taxable. Le montant de la TVA déductible doit être diminué de la taxe sur l'escompte. » **59310**

Lorsqu'une telle mention figure non pas sur la facture elle-même, mais dans les conditions générales de vente, le redevable ne peut, selon la CAA de Lyon, se prévaloir de la tolérance administrative et, faute de facture rectificative ou de note d'avoir, récupérer la TVA correspondant à l'escompte (CAA Lyon 9-1-1999 n° 96-684 : RJF 12/99 n° 1528). De même, la circonstance selon laquelle le fournisseur informerait ses clients de ce qu'un escompte leur a été accordé et de la limitation à due concurrence de leur droit à déduction ne saurait, selon la CAA de Douai, pallier l'absence de mention explicite en ce sens (CAA Douai 5-12-2017 n° 15DA00481 : RJF 4/18 n° 365).

Par analogie avec la solution admise pour les notes d'avoir, le vendeur peut renoncer à l'imputation de la taxe correspondant à l'escompte. Dans ce cas, l'administration impose d'apposer sur la facture une mention précisant que l'**escompte** offert est « **net de taxe** » pour permettre à l'acheteur de procéder à la déduction intégrale de la taxe (BOI précité). La CAA de Paris a toutefois jugé que, même en l'absence d'une telle mention, le client est en droit de déduire intégralement la TVA facturée et versée par le fournisseur, y compris donc la taxe correspondant à l'escompte (CAA Paris 12-6-1990 n° 1927, Sté Lama).

B. Opérations impayées

Ainsi qu'on l'a déjà dit (n° 59155), la récupération de la TVA acquittée au titre d'opérations impayées ne peut, par hypothèse, concerner que les ventes de biens, pour lesquelles la TVA est en principe payée lors de la livraison, et les prestations de services (travaux immobiliers compris) imposées sur option d'après les débits. Les impayés afférents à des prestations de services pour lesquelles l'exigibilité intervient lors de l'encaissement du prix sont neutres au regard de la TVA. **59380**

1. CONDITIONS DE FOND

L'article 272, 1 du CGI prévoit que la taxe ne peut être récupérée que lorsque les **créances** sont devenues **définitivement irrécouvrables.** En cas de liquidation judiciaire du débiteur, il autorise cependant la récupération dès la date de la décision de justice qui prononce la liquidation. **59400**

> **Précisions** Le Conseil d'État a jugé l'article 272, 1 du CGI compatible avec le **droit communautaire,** estimant que le législateur n'avait pas excédé les limites des pouvoirs qui lui sont conférés par la directive TVA en subordonnant la récupération de la TVA à la condition que les créances soient définitivement irrécouvrables. En effet, si le droit communautaire (Dir. TVA art. 90) dispose qu'« en cas d'annulation, de résiliation, de résolution, de non-paiement total ou partiel ou de réduction de prix après le moment où s'effectue l'opération, la base d'imposition est réduite à due concurrence dans les conditions déterminées par les États membres », il accorde aussi à ceux-ci la possibilité de déroger à cette règle, et donc de refuser la récupération de la TVA, en cas de non-paiement total ou partiel, cette possibilité de dérogation étant toutefois strictement limitée, selon la CJUE, aux cas où le non-paiement total ou partiel est provisoire ou difficilement vérifiable (notamment, CJUE 3-7-1997 aff. 330/95 : RJF 10/97 n° 1001 ; CJUE 23-11-2017 aff. 246/16 : RJF 2/18 n° 238 ; CJUE 11-6-2020 aff. 146/19 : RJF 10/20 n° 846). Selon le Conseil d'État, l'article 272, 1 du CGI fait un usage de la faculté de dérogation ainsi offerte aux États membres qui n'excède pas les limites fixées par la CJUE (CE 1-6-2005 n° 260401 : RJF 8-9/05 n° 848).

NOTION DE CRÉANCE DÉFINITIVEMENT IRRÉCOUVRABLE

59410 La récupération de la taxe ne peut être obtenue que si le redevable est en mesure d'établir, par tous moyens de droit ou de fait, que sa créance est réellement irrécouvrable. En pratique, une créance peut être considérée comme telle à la date où le créancier, dans l'impossibilité de recouvrer ce qui lui est dû et ayant épuisé toutes les voies de recours à l'égard du débiteur, constate en **comptabilité** la **perte définitive** de sa créance (en ce sens, BOI-TVA-DED-40-10-20 n° 40).

L'irrécouvrabilité peut également être constatée lorsque le **débiteur** a **disparu** sans laisser d'adresse ou que le règlement a été effectué avec un **chèque volé,** à condition bien sûr d'en apporter la preuve (lettre recommandée retournée avec la mention « N'habite pas à l'adresse indiquée », avis d'opposition au paiement du chèque volé), ou que le prix a été réglé au moyen d'un **chèque sans provision,** lorsque le redevable a exercé toutes les voies de recours prévues par la loi (Rép. Hamelin : AN 13-12-2005 n° 74851 ; BOI précité).

59415 Le simple **défaut de recouvrement** d'une créance à l'échéance ne suffit pas en revanche à lui conférer le caractère de créance irrécouvrable, quel que soit le motif du défaut de règlement (chèque sans provision, insolvabilité, contestation commerciale). Le fait que la créance fasse l'objet d'une **provision** pour créance douteuse ou litigieuse ne justifie pas davantage la récupération de la taxe correspondante (BOI-TVA-DED-40-10-20 n° 40). En jugeant, à propos du montant de la créance pouvant être provisionné, que celui-ci doit être limité au montant hors taxe de cette créance « dès lors que la taxe incluse dans cette créance ne manquerait pas, au cas où ladite créance resterait en définitive impayée, de donner lieu à imputation ou restitution », le Conseil d'État a implicitement considéré que le droit à récupération de la TVA sur créance impayée ne saurait naître lors de la constitution d'une provision pour créance douteuse (CE 14-4-1982 n° 26386 : RJF 6/82 n° 533).

59420 En revanche, le **versement** d'une **indemnité par l'assureur-crédit,** qui constate l'échec des actions de recouvrement appropriées engagées, qu'elles soient amiables ou contentieuses, permet d'attester du caractère irrécouvrable de la créance, l'assuré constatant par ailleurs, dans ses écritures comptables, l'extinction de la créance et l'enregistrement d'une perte (BOI-TVA-DED-40-10-20 n° 40).

Une fois l'irrécouvrabilité constatée, le vendeur peut obtenir l'imputation ou la restitution de l'intégralité de la TVA, quel que soit le mode de calcul – HT ou TTC – des indemnités versées par la compagnie d'assurances (Rép. Goulet : AN 25-3-1980 n° 21222, non reprise au Bofip).

ENGAGEMENT D'UNE PROCÉDURE COLLECTIVE À L'ENCONTRE DU DÉBITEUR

59430 Selon le Conseil d'État, le caractère définitivement irrécouvrable d'une créance ne saurait résulter de la seule ouverture d'une procédure collective à l'encontre du débiteur (CE 1-6-2005 n° 260401 : RJF 8-9/05 n° 848). Mais la loi et la doctrine administrative prévoient l'application de règles particulières dans un tel cas.

> **Précisions** Les procédures collectives – **sauvegarde, redressement et liquidation judiciaires** – sont régies par les articles L 620-1 et suivants du Code de commerce. Chacune de ces procédures correspond à un degré différent de gravité des problèmes rencontrés par la société. Ainsi une société peut faire l'objet :
> – si elle n'est pas en cessation des paiements mais éprouve des difficultés qu'elle n'est pas en mesure de surmonter, d'une procédure de sauvegarde ;
> – si elle est en cessation des paiements, d'une procédure soit de redressement judiciaire si sa situation peut justifier un plan de redressement, soit de liquidation judiciaire si le redressement est manifestement impossible.
> En amont de ces procédures, la **procédure de conciliation** tend à favoriser le redressement des

entreprises en difficulté grâce à l'intervention d'un conciliateur désigné par le président du tribunal de commerce et ayant pour mission d'obtenir la conclusion d'un accord entre les dirigeants de l'entreprise et les créanciers de celle-ci sur des délais de paiement ou des remises de dettes. Elle est régie par les articles L 611-4 et suivants du Code de commerce.

En cas de **liquidation judiciaire,** l'article 272, 1-al. 2 du CGI autorise la récupération de la TVA dès la date de la décision de justice qui prononce la liquidation, sans attendre le certificat du liquidateur ou le jugement de clôture des opérations de liquidation établissant le caractère irrécouvrable des créances. Cette règle ne fait toutefois pas obstacle à ce que, avant même le prononcé de la liquidation judiciaire, le créancier établisse à tout moment et par tout moyen le caractère définitivement irrécouvrable de sa créance, notamment dans les cas où il ne l'aurait pas déclarée en temps utile, ou en aurait fait totalement ou partiellement abandon (CE 1-6-2005 n° 260401 : RJF 8-9/05 n° 848). **59435**

En cas de **redressement judiciaire,** la doctrine administrative admet également que la taxe peut être récupérée dès le jugement décidant la poursuite de l'activité de l'entreprise défaillante et arrêtant le plan de redressement qui fixe la quotité des créances demeurant impayées (BOI-TVA-DED-40-10-20 n° 50).

Dans les deux cas, la récupération de la taxe peut être justifiée par un extrait du registre du commerce et des sociétés ou du Bulletin officiel des annonces civiles et commerciales mentionnant la décision de justice.

Lorsque le débiteur fait l'objet d'une procédure de **conciliation** ou de **sauvegarde,** ni la conclusion de l'accord de conciliation, ni le prononcé du jugement arrêtant le plan de sauvegarde ne justifient en revanche à eux seuls la récupération de la TVA facturée au client défaillant et versée au Trésor. Mais la taxe peut être récupérée lorsqu'une remise de dettes est consentie dans le cadre de l'une ou l'autre de ces procédures (BOI-TVA-DED-40-10-20 n° 120). **59440**

CRÉANCE GARANTIE PAR UN TIERS

Une créance peut-elle être considérée comme impayée au sens de l'article 272 du CGI et ouvrir droit à récupération de la TVA lorsque son paiement est garanti par un tiers qui, en cas d'impayé, se substitue au débiteur défaillant pour verser les sommes dues (TTC ou HT) ? **59450**

Les juges du fond et l'administration ont répondu par la négative à cette question et refusé au créancier la possibilité de récupérer la TVA dans les deux cas suivants :

- lorsque le paiement de créances restées impayées est effectué, en exécution d'un engagement de **caution,** par l'établissement bancaire garant (TA Lyon 21-11-2000 n° 95-798 : RJF 3/01 n° 298) ;
- et lorsque, dans le cadre d'un contrat de commission comportant une clause de **ducroire,** le commissionnaire ducroire se substitue à l'acheteur défaillant pour régler à son commettant (le vendeur) le prix de vente de marchandises impayées, en vertu de la garantie de bonne exécution du marché (TA Paris 22-1-1981 n° 692/1972 : RJF 10/81 n° 869 ; en ce sens, BOI-TVA-DED-40-10-20 n° 40). Dans ce dernier cas, l'administration a précisé que ni le vendeur ni le commissionnaire ducroire ne peuvent récupérer la TVA.

Le **refus** d'accorder au fournisseur le **droit de récupérer la TVA** dans les situations évoquées au n° 59450 nous semble toutefois **discutable** au regard de la jurisprudence du Conseil d'État selon laquelle seul le redevable légal de la taxe peut en demander l'imputation ou la restitution et peut émettre pour ce faire une facture rectificative. **59455**

Appelée à se prononcer, dans le cas de ducroire, sur la situation du commissionnaire, la Haute Assemblée a jugé que, nonobstant le paiement à ses commettants du montant TTC de factures impayées et sa subrogation dans leurs droits de créances à l'égard des clients, le commissionnaire n'est pas le redevable légal de la TVA facturée par ses commettants et n'est donc pas en droit d'imputer ou de demander la restitution de la TVA portée sur les factures restées impayées (CE 11-10-1991 n° 65985 : RJF 12/91 n° 1517). Bien que cet arrêt ait réservé la question de savoir si les commettants du commissionnaire ducroire qui les a indemnisés peuvent de leur côté récupérer la taxe, le raisonnement suivi devrait à notre avis conduire à leur accorder ce droit. Il en ressort, en effet, que la faculté de récupération prévue par l'article 272 du CGI ne peut jouer que dans le cadre des relations qui se sont établies entre le vendeur et l'acheteur : or, dans ce cadre, l'acheteur n'a pas payé le vendeur et seul le vendeur est en droit d'établir une facture rectificative. Dès lors, les conditions d'application de l'article 272 précité se trouvent réunies si le vendeur impayé par l'acheteur établit à l'intention de celui-ci une facture rectificative. Bien entendu, dans la mesure où le vendeur aura pu imputer sur la TVA dont il est redevable la taxe précédemment versée au titre de la créance irrécouvrable, il sera tenu, conformément aux règles de la subrogation, de reverser au commissionnaire subrogé une somme équivalant au montant de la taxe imputée.

59460 On notera, par ailleurs, que la solution retenue par l'administration en cas de ducroire est en **contradiction avec** sa doctrine en matière d'**assurance-crédit** et d'**affacturage.** L'administration admet en effet qu'un redevable peut récupérer l'intégralité de la TVA acquittée même s'il est indemnisé par une société d'assurance-crédit le garantissant contre les risques d'impayés (TTC ou HT) (n° 59420) ou s'il cède des créances dans le cadre d'une convention d'affacturage avant que celles-ci ne deviennent irrécouvrables (n° 59470).

CRÉANCE CÉDÉE AVANT D'ÊTRE DEVENUE IRRÉCOUVRABLE

59470 Lorsqu'une créance devient irrécouvrable après avoir été cédée, la question se pose de savoir si le **cédant** peut néanmoins être autorisé à récupérer la TVA afférente à celle-ci.

L'administration a répondu par l'affirmative dans le cas des conventions d'**affacturage** ou de « factoring », par lesquelles un organisme spécialisé, le factor, gère « les comptes clients » d'entreprises en acquérant leurs créances par subrogation, en assurant le recouvrement de ces dernières pour son propre compte et en supportant les pertes éventuelles relatives aux débiteurs insolvables, contre rémunération. Lorsque le factor qui a réglé son adhérent (le fournisseur) constate que la créance est, en totalité ou en partie, définitivement irrécouvrable, il doit informer son adhérent de l'échec des poursuites intentées contre le débiteur et lui fournir les indications nécessaires pour établir le caractère irrécouvrable de la créance. L'adhérent, redevable légal de la taxe qui se rapporte à l'opération impayée, est alors autorisé à émettre une facture rectificative conformément aux dispositions de l'article 272, 1 du CGI et à récupérer la taxe qu'il a précédemment acquittée au Trésor. La déductibilité de la taxe est corrélativement remise en cause chez son client (BOI-TVA-DED-40-10-20 n° 190).

Les mêmes règles s'appliquent lorsque la créance est cédée à un **fonds commun de créances** ou de **titrisation** et que son recouvrement est confié à un tiers, lequel doit lui aussi informer l'entreprise du caractère irrécouvrable de la créance (Lettre DLF du 8-11-1999).

Les contrats souscrits dans ces différentes situations peuvent prévoir le **reversement à l'acquéreur** des créances **de la taxe récupérée** par l'entreprise. Si tel est le cas, cette rétrocession s'analyse comme une diminution du montant de la part de la créance faisant l'objet du transfert. Dans le cas contraire, le profit réalisé par l'entreprise du fait de l'encaissement déjà intervenu de la créance, TVA comprise, doit être dûment constaté.

59475 N'étant pas le redevable légal de la taxe, le **cessionnaire** ne dispose pour sa part d'aucun droit à récupération.

L'administration a par exemple refusé au **repreneur d'une entreprise** qui a acquis les créances de l'ancien exploitant (pour lesquelles la TVA avait déjà été acquittée) le droit de se prévaloir de l'article 272 du CGI relatif aux créances impayées en cas de défaillance des débiteurs (Rép. Millon : AN 17-2-1986 n° 62185, non reprise au Bofip). Bien que la réponse ne le précise pas, l'ancien exploitant devrait être autorisé dans ce cas à récupérer la TVA acquittée, par analogie avec la solution retenue en matière d'affacturage, à condition bien sûr d'être en mesure de justifier du caractère irrécouvrable des créances.

59480 On notera enfin que le seul fait d'avoir procédé à la **cession d'une créance** détenue sur une entreprise en difficulté pour un **prix très inférieur à son montant nominal** ne peut justifier la récupération de la TVA correspondante, dès l'instant où l'entreprise débitrice s'est engagée à régler sa dette dans son intégralité et où l'irrécouvrabilité de la créance n'est pas établie (Rép. Richomme : AN 11-8-1979 n° 5879, non reprise au Bofip).

2. CONDITIONS DE FORME

59510 Dans le cas de non-paiement, total ou partiel, d'une facture, le redevable doit envoyer à son client défaillant un **duplicata de la facture** initiale avec ses indications réglementaires (prix « net » et montant de la TVA correspondante) surchargées de la mention ci-après en caractères très apparents :

« Facture demeurée impayée :

– pour la somme de... € (prix net)

– et pour la somme de... € (TVA correspondante) qui ne peut faire l'objet d'une déduction (CGI art. 272). »

59515 Cette formalité, qui tient lieu de rectification de la facture initiale exigée par l'article 272, 1 du CGI, doit impérativement être respectée. Deux **dispenses** ont toutefois été admises par l'administration :

– lorsque le redevable peut justifier que son **débiteur** a **disparu** sans laisser d'adresse (Rép. Hamelin : AN 13-12-2005 n° 74851 ; BOI-TVA-DED-40-10-20 n° 40) ;

– et lorsque la facture initiale a été adressée à une **personne non assujettie à la TVA.** Cette solution, qui n'est pas reprise au Bofip mais qui était mentionnée au n° 4622-5 du Précis fiscal de l'administration (dans sa dernière mise à jour au 15 décembre 2017), nous paraît conserver sa valeur.

La rectification de la facture initiale doit être justifiée auprès de l'administration fiscale. Selon le Conseil d'État, cette justification est requise même en cas de **liquidation judiciaire** du client (CE 28-3-2012 n° 320470 : RJF 6/12 n° 587). **59520**

Sur le **délai** de communication de la **facture rectificative** à l'administration fiscale, voir n° 59645, précisions.

Les entreprises titulaires de **plusieurs créances impayées** à l'encontre d'un **même débiteur** peuvent remplacer le duplicata par un état récapitulatif de ces différentes créances qui peut être présenté comme suit (une copie doit être conservée à l'appui de la comptabilité afin de pouvoir être présentée à l'administration si elle en fait la demande). **59525**

Identification et adresse du créancier — Identification et adresse du débiteur

Date

Désignation des factures		Libellé des factures	Montant		Montant impayé	
N°	Date		HT	TVA	HT	TVA
					TOTAL	(1)

(1) Ce montant de TVA ne peut pas faire l'objet d'une déduction.

Au reçu du duplicata ou de l'état récapitulatif, le **client** doit rectifier ses déductions en conséquence et reverser la TVA initialement déduite. **59530**

Bien entendu si, par la suite, tout ou partie des sommes impayées est récupéré, leur montant doit être soumis à la taxe et le client retrouve son droit à déduction.

III. MODALITÉS DE LA RÉCUPÉRATION

Aux termes de l'article 272, 1 du CGI, la récupération de la TVA perçue au titre d'opérations qui sont par la suite résiliées ou annulées, ou qui restent impayées, s'effectue par voie d'imputation ou de remboursement dans les conditions prévues à l'article 271 du même Code (nos 58300 s.). **59600**

MONTANT RÉCUPÉRABLE

Lorsqu'une **opération** est **entièrement résiliée, annulée ou impayée,** la totalité de la taxe correspondante peut en principe être récupérée. **59610**

En cas d'**impayé partiel,** la récupération ne peut, bien entendu, porter que sur la fraction de la taxe afférente à la partie du prix qui reste finalement impayée. Il en va de même en cas de **rabais, ristournes ou remises** consentis après l'établissement de la facture initiale, sous réserve qu'ils n'aient pas été consentis « nets de taxe » (n° 59290).

> **> Précisions** Sur le **plan contractuel,** lorsque la résolution d'une vente est prononcée, le vendeur ne peut pas suspendre le remboursement à son client de la somme correspondant à la TVA jusqu'au moment où il aura lui-même obtenu la restitution de la taxe par le Trésor public (Cass. com. 26-6-1990, Cogesat c/ Sté Man Roland).

IMPUTATION DE LA TAXE

La récupération de la taxe s'opère en principe par imputation sur la TVA due par le redevable. **59620**

La taxe à récupérer est portée :

– ligne 21 de la déclaration CA 3 (mensuelle ou trimestrielle) lorsque le redevable est placé sous le régime réel normal ou le « mini-réel » ;

– ligne 25 de la déclaration annuelle CA 12 lorsque le redevable est placé sous le régime simplifié et n'a pas renoncé aux modalités simplifiées de liquidation des taxes sur le chiffre d'affaires.

Le redevable est libre de choisir le mois au titre duquel il entend opérer la déduction, dans le délai indiqué aux nos 59640 s. (CE 23-2-1966 n° 60766).

REMBOURSEMENT DE LA TAXE

59630 Lorsque l'imputation n'est pas possible, la récupération peut s'opérer par voie de remboursement, selon les modalités prévues pour les remboursements de crédits de taxe non imputables (nos 58430 s.).

Si le redevable a cessé d'être assujetti à la TVA à raison de l'activité génératrice des taxes en cause (cas de **cession, cessation ou décès**), une demande en restitution peut être adressée au directeur des finances publiques du lieu d'imposition, dans la forme prévue pour les réclamations ordinaires.

DÉLAI DE RÉCUPÉRATION

59640 Les demandes d'imputation ou de restitution doivent être faites dans le délai prévu à l'article R 196-1 du LPF, c'est-à-dire au plus tard le 31 décembre de la deuxième année suivant celle au cours de laquelle s'est produit l'événement ouvrant droit à récupération : résiliation ou annulation de l'opération, irrécouvrabilité de la créance, etc. En matière d'impayés, le point de départ du délai de prescription de l'action en restitution se situe ainsi au moment où il apparaît clairement que l'opération restera impayée (CE 9-12-1964 n° 60026).

59645 En dépit de la possibilité offerte au créancier, en cas de **redressement** ou de **liquidation judiciaire** du débiteur, de récupérer la TVA dès l'intervention du jugement arrêtant le plan de redressement ou prononçant la liquidation (n° 59435), le point de départ du délai de récupération de la TVA reste fixé à la date à laquelle l'irrécouvrabilité définitive des créances est établie. Ainsi, lorsqu'un jugement constate la clôture des opérations de liquidation pour insuffisance d'actif, l'imputation de la TVA peut en tout état de cause être opérée par le fournisseur jusqu'au 31 décembre de la deuxième année suivant celle au cours de laquelle est intervenue cette décision de justice (BOI-TVA-DED-40-10-20 n° 130).

> **> Précisions** Lorsque le client est en **liquidation judiciaire,** la facture rectificative n'a pas à être communiquée à l'administration fiscale avant la clôture de la liquidation, l'article 272 du CGI ne fixant aucun délai pour la production de cette facture. En vertu de l'article R 196-1 du LPF, le contribuable dispose, pour former, dans une telle hypothèse, une demande d'imputation ou de restitution de la taxe, d'un délai expirant le 31 décembre de la deuxième année suivant celle au cours de laquelle est prononcée la clôture de la liquidation judiciaire (CE 28-7-2011 n° 318872 : RJF 11/11 n° 1145).

59650 Pour les **redevables qui cessent d'être assujettis à la TVA,** le point de départ du délai de présentation de la demande en restitution se situe :

– à la date à laquelle le réclamant cesse d'être assujetti lorsque l'événement justifiant la récupération est antérieur à cette date ;

– à la date de cet événement lorsqu'il est postérieur à la cessation. Le Conseil d'État a ainsi jugé qu'un jugement condamnant un contribuable à reverser une somme TTC à un client alors qu'il avait cessé d'être redevable de la TVA constitue un événement ouvrant, à compter de sa notification, le délai dont dispose le contribuable pour demander la restitution de la taxe versée (CE 11-5-1994 n° 98309 : RJF 7/94 n° 789).

CHAPITRE 5 RÉGULARISATIONS DES DÉDUCTIONS

SOMMAIRE

Sous réserve du droit de contrôle de l'administration, la **taxe initialement déduite** par un assujetti lui est en principe **définitivement acquise.** La réglementation prévoit toutefois un certain nombre de cas où la déduction initiale doit être régularisée, la régularisation se traduisant soit par un reversement d'une fraction de la TVA déjà déduite, soit par une déduction complémentaire. **60500**

Ces régularisations obéissent à des règles différentes selon qu'elles concernent des immobilisations (nos 61050 s.) ou d'autres biens et services (nos 63000 s.).

Sur la distinction entre les immobilisations et autres biens et services, voir nos 60510 s.

Remarque : Dans certains cas, la situation des biens ou services au regard des déductions est corrigée par le recours à la technique des **livraisons à soi-même** de biens ou de services conformément aux dispositions de l'article 257, II du CGI (voir nos 13800 s.).

DISTINCTION ENTRE LES IMMOBILISATIONS ET LES AUTRES BIENS OU SERVICES

60510 Les régularisations prévues par la réglementation obéissent à des règles différentes selon qu'elles concernent des immobilisations ou d'autres biens et services. Il convient donc de définir ces notions.

60520 **Définition des biens constituant des immobilisations** Comme pour les impôts directs, la notion d'immobilisation recouvre les biens et valeurs (meubles ou immeubles, corporels ou incorporels) qui sont acquis ou créés par l'entreprise non pour être vendus ou transformés, mais pour être **utilisés durablement dans l'entreprise** (durée d'utilisation supérieure à douze mois).

EXEMPLES

Terrains ; constructions ; matériel et outillage ; matériel de transport ; mobilier, agencements (rayonnages, etc.), installations ; immobilisations incorporelles (éléments du fonds de commerce, brevets, licences, etc.) (D. adm. 3 D-1121 n° 1, non reprise au Bofip mais dont la solution nous paraît conserver sa valeur).

En ce qui concerne les **emballages,** biens pour lesquels il y a lieu de distinguer selon qu'ils sont ou non récupérables, on se reportera aux nos 80300 s.

60525 En matière de bénéfices, il est admis que certains **petits matériels,** outillages ou mobiliers soient passés immédiatement en charges déductibles lorsque leur valeur unitaire n'excède pas 500 € hors taxe.

L'entreprise qui utilise cette possibilité doit considérer les biens concernés comme ne constituant pas des immobilisations pour l'exercice du droit à déduction en matière de TVA (D. adm. 3 D-1121 n° 7, non reprise au Bofip mais dont la solution nous paraît conserver sa valeur).

60530 Des **immeubles** conservés **en stock** doivent, dans certaines conditions, être considérés comme immobilisés : voir nos 68820 s.

60540 **Définition des biens autres que les immobilisations et des services** Les **biens** ne constituant pas des immobilisations sont tous les biens qui, dans la comptabilité des entreprises, doivent figurer parmi les **stocks et productions en cours** (valeurs d'exploitation) et qui sont destinés à la vente en l'état ou au terme d'un processus de production à venir ou en cours. Ce sont notamment : les marchandises, c'est-à-dire les objets, matières ou fournitures destinés à être revendus en l'état (il en est de même des biens immobiliers ou incorporels qu'un professionnel a achetés en vue de la revente) ; les matières premières ; les matières consommables ; les combustibles de toute nature et l'énergie électrique ; les fournitures d'atelier, d'usine, de magasin, de bureau ; les produits ou objets publicitaires ; les primes, cadeaux à la clientèle, échantillons (D. adm. 3 D-1122 n° 1, non reprise au Bofip mais dont la solution nous paraît conserver sa valeur).

60545 S'agissant de la notion de **services,** sont concernés les services les plus divers qu'une entreprise est susceptible d'acquérir pour les besoins de son exploitation.

EXEMPLES

Locations et charges locatives des locaux professionnels ; services d'entretien et de réparation ; frais d'études, de recherche, de documentation ; redevances pour brevets, marques ou licences ; prestations de services d'entremise ; frais de transport ; frais de publicité (D. adm. 3 D-1122 n° 2, non reprise au Bofip mais dont la solution nous paraît conserver sa valeur).

Bien qu'il s'agisse de prestations de services, l'administration considère que les **services immobilisés** (installation d'une immobilisation, par exemple) suivent le sort de l'immobilisation au point de vue du droit à déduction (en ce sens, D. adm. 3 D-1221 n° 4, non reprise au Bofip mais dont la solution nous paraît conserver sa valeur).

SECTION 1 RÉGULARISATIONS APPLICABLES AUX IMMOBILISATIONS

Le dispositif prévu par l'article 207 de l'annexe II au CGI distingue deux catégories de régularisations : les **régularisations dites « annuelles »,** qui tiennent compte de l'évolution de l'utilisation d'un bien immobilisé dans le temps, et les **régularisations dites « globales »,** qui sont déclenchées par la survenance de certains événements. **61050**

La régularisation annuelle traduit le fait que, l'année en cause, le bien a été utilisé différemment de ce que la situation initiale laissait présager (nos 61400 s.).

La régularisation globale traduit le fait que, pour l'avenir, le bien sera utilisé différemment de ce que la situation initiale laissait présager (nos 61800 s.).

Ces deux types de régularisation sont appréhendés à partir de la **variation** dans le temps **de la valeur des éléments du coefficient de déduction** (coefficient d'assujettissement, coefficient de taxation et coefficient d'admission). Avant d'étudier ces deux types de régularisation, il convient de définir certaines notions utiles pour effectuer lesdites régularisations. Il s'agit : **61055**

- de la période de régularisation (nos 61100 s.) ;
- de la taxe initiale servant au calcul des régularisations (nos 61200 s.) ;
- des coefficients de référence (nos 61250 s.).

I. PÉRIODE DE RÉGULARISATION

La **régularisation** (annuelle ou globale) de la **taxe initialement déduite** ne doit être opérée **que pendant une certaine période** dont le point de départ et la durée sont fixés par l'article 207, II de l'annexe II au CGI. **61100**

La période de régularisation est de **cinq ans** pour les **biens meubles** immobilisés et de **vingt ans** pour les **immeubles** immobilisés.

EXEMPLE

Pour un immeuble acquis en 2023, la période de régularisation court jusqu'au 31 décembre 2042. Un matériel acquis au cours de l'année 2023 sera sujet à régularisation jusqu'au 31 décembre 2027 ; il en sera dispensé au-delà.

> Précisions a. Pour les **immeubles donnés en location par** contrat de **crédit-bail,** le délai de régularisation est égal au nombre d'années qui courent jusqu'à l'échéance du contrat de bail, arrondi à l'entier supérieur, sans pouvoir excéder vingt ans, et la régularisation s'opère par fractions égales à l'inverse de cette durée (CGI ann. II art. 207, II-3-al. 2).

b. S'agissant des **régularisations globales,** on remarquera que si l'un des événements mentionnés n° 61900, intervient au cours de l'année N + 4 pour les biens meubles ou de l'année N + 19 pour les immeubles, le mode de calcul des régularisations globales (qui prend en compte les années restantes jusqu'au terme de la période de régularisation à partir de l'année suivant celle de l'événement) aboutit en fait à un reversement ou à une déduction complémentaire nuls. En pratique donc, aucun reversement ne sera exigible ou aucune déduction complémentaire ne bénéficiera à l'assujetti si l'événement intervient après le 31 décembre de l'année N + 3 (meubles) ou N + 18 (immeubles) (en ce sens, BOI-TVA-DED-60-20-10 nos 190 et 200 ; BOI-TVA-DED-60-20-20 n° 30).

DISTINCTION ENTRE IMMEUBLE ET BIEN MEUBLE

Par « immeubles », il faut entendre non seulement les **immeubles bâtis** au sens de la fiscalité immobilière (ceux entrant dans le champ d'application de l'article 257, I-2 du CGI), mais aussi les droits assimilés aux immeubles visés à l'article 257, I-1 du CGI (nos 67940 s.), ainsi que les travaux de rénovation, d'**amélioration,** ou d'**agrandissement** entrant dans le champ d'application de l'article 257, II du CGI concernant les livraisons à soi-même (BOI-TVA-DED-60-20-10 nos 130 et 150). Sur la définition des biens immeubles, voir également nos 3210 s. **61110**

En revanche, tout en entrant dans le champ d'application du même article 257, II du CGI, les **agencements commerciaux** sont à considérer comme des immobilisations autres que les immeubles (BOI précité n° 210).

POINT DE DÉPART DE LA PÉRIODE DE RÉGULARISATION

61120 Le point de départ de la période de régularisation se situe l'année au cours de laquelle le bien a été acquis, importé, achevé, utilisé pour la première fois ou transféré entre secteurs d'activité distincts.

L'**année au cours de laquelle** le **bien** immobilisé **a été acquis,** importé, achevé, utilisé pour la première fois ou transféré entre secteurs d'activité compte pour une année entière (BOI-TVA-DED-60-10 n° 20).

> **Précisions a.** Le délai de régularisation est indépendant de la **durée d'amortissement.**
> **b.** Lorsqu'un assujetti a procédé ou fait procéder à la construction d'un bien et qu'il doit constater une **livraison à soi-même** en application de l'article 257, II-1-2° du CGI, le point de départ du délai de régularisation se situe : pour les immeubles, à la date à laquelle la taxe est devenue exigible chez l'assujetti au titre de la livraison à soi-même de l'immeuble ; pour les biens meubles, au moment de la première utilisation (BOI-TVA-DED-60-20-10 n°s 150 et 170).
> Pour les **biens fabriqués par un assujetti déducteur intégral** et affectés aux besoins de son entreprise (hypothèse dans laquelle l'imposition de la livraison à soi-même n'est pas exigée : n° 14020), le point de départ du délai de régularisation se situe : pour les immeubles, à la date d'achèvement du bien immobilier réputé être intervenu lors du dépôt en mairie de la déclaration prévue par la réglementation relative au permis de construire en application de l'article 244, I de l'annexe II au CGI ; pour les autres biens, à la date de la première utilisation du bien (BOI précité).

61125 Il n'est prévu d'ouvrir un nouveau délai de régularisation que pour les **biens qui changent de patrimoine** ou, par assimilation, qui sont transférés d'un secteur d'activité à un autre secteur d'activité.

61130 Dès lors que le bénéficiaire d'une **transmission d'une universalité de biens** (n°s 15360 s.) est réputé continuer la personne de l'apporteur ou du cédant, le point de départ et la durée de la période de régularisation des biens transmis demeurent inchangés pour le bénéficiaire. Il n'y a donc pas remise à zéro du délai de régularisation.

II. TAXE INITIALE SERVANT AU CALCUL DES RÉGULARISATIONS

61200 Conformément à l'article 207, V-1 de l'annexe II au CGI, la taxe initiale s'entend, selon le cas :
- de la taxe mentionnée sur les **factures d'achat** (n°s 55750 s.) ;
- de la taxe acquittée à l'**importation** (n°s 56110 s.) ;
- de la **taxe acquittée par les redevables eux-mêmes** en vertu du mécanisme d'autoliquidation (acquisition intracommunautaire, achat auprès d'un assujetti non établi en France, livraison à soi-même, etc.) (n°s 56220 s.) ;
- de la taxe mentionnée sur les attestations lors du **transfert du droit à déduction** en cas de vente non soumise à la taxe ou de transfert entre secteurs (n°s 62015 et 62200).

61205 La notion de **taxe initiale** est différente de celle de taxe initialement déduite. La taxe initiale correspond à la **taxe acquittée en amont.**

La taxe initiale est égale à la taxe initialement déduite lorsque le coefficient du bien ou du service est égal à un.

En revanche, elle est supérieure à la taxe initialement déduite lorsque le coefficient de déduction d'un bien ou d'un service est inférieur à un.

> **Précisions** Pour les **biens fabriqués par un assujetti déducteur intégral** et affectés aux besoins de son entreprise (hypothèse dans laquelle l'imposition de la livraison à soi-même n'est pas exigée : n° 14020), la base de régularisation serait constituée, selon nos renseignements, par les seules dépenses ayant réellement supporté de la TVA et non par le prix de revient global du bien.

III. COEFFICIENTS DE RÉFÉRENCE

61250 Les régularisations afférentes aux immobilisations sont appréhendées à partir de la **variation** dans le temps **de la valeur des éléments du coefficient de déduction** (qui se compose, on le rappelle, de trois éléments : coefficient d'assujettissement, coefficient de taxation et coefficient d'admission).

Les variations de ces valeurs sont mesurées à partir d'un coefficient de référence.

Conformément à l'article 207, V-2 de l'annexe II au CGI, chaque bien immobilisé possède trois coefficients de référence **initialement égaux** aux trois **coefficients** retenus pour le calcul de la déduction opérée lors de l'**acquisition** (ou l'achèvement ou la première utilisation du bien dans le cas visé n° 61120, précision b), l'**importation ou** la **livraison à soi-même** : 61255

- un coefficient d'assujettissement de référence ;
- un coefficient de taxation de référence ;
- un coefficient d'admission de référence.

Le **coefficient de déduction de référence** est égal au produit de ces trois coefficients de référence.

Les coefficients de référence sont **susceptibles de varier** au cours du temps, en fonction de la **survenance de certains événements limitativement énumérés** qui déclenchent une régularisation globale. Il s'agit des **quatre** événements suivants : 61260

- transfert d'un bien entre secteurs d'activité ;
- modification législative ou réglementaire des règles d'exclusion ;
- bien utilisé, en tout ou partie, pour des opérations imposables dont aucune n'ouvre droit à déduction venant à être utilisé pour la réalisation d'opérations ouvrant droit à déduction ;
- bien utilisé pour la réalisation d'opérations ouvrant droit à déduction venant à être utilisé pour des opérations imposables n'ouvrant pas droit à déduction ou pour des opérations non imposables.

Lorsque l'une de ces régularisations globales a été effectuée, les coefficients de référence prennent une **nouvelle valeur** qui sera utilisée pour d'éventuelles régularisations futures.

Les coefficients de référence initiaux sont égaux aux **coefficients provisoires** attribués aux biens immobilisés lors de leur acquisition, importation, achèvement ou première utilisation. Si aucun événement motivant une régularisation globale de nature à modifier leur valeur n'est intervenu au cours de l'année d'acquisition, importation ou première utilisation, les coefficients de référence prennent la valeur des coefficients définitifs. 61265

Bien entendu, ce n'est que lorsque l'événement intervient **pendant la période de régularisation** qu'il y a lieu d'attribuer une nouvelle valeur aux coefficients de référence. 61270

En effet, une fois la période de régularisation expirée, les coefficients de référence n'ont plus à être modifiés lors de la survenance de l'un des événements mentionnés au n° 61260.

IV. IMMOBILISATIONS EN COURS D'UTILISATION AU 1ER JANVIER 2008

L'article 3, II du décret 2007-566 du 16 avril 2007 précise que les assujettis ont dû, aux fins du calcul des régularisations annuelles et globales futures, déterminer la valeur des coefficients d'assujettissement, de taxation, d'admission et de déduction de référence des biens immobilisés en cours d'utilisation au 1er janvier 2008, date à compter de laquelle les règles concernant les modalités de déduction de la TVA ici étudiées se sont appliquées. Une instruction 3 D-1-07 du 9 mai 2007 a fixé les règles particulières de détermination des coefficients de référence pour ces immobilisations. Ces dispositions que nous rappelons ci-après n'ont pas été reprises au Bofip. 61320

Bien entendu, il n'était pas nécessaire de calculer des coefficients de référence pour les immobilisations en cours d'utilisation au 1er janvier 2008 pour lesquelles le délai de régularisation était expiré à cette date.

C'est ainsi qu'aucun coefficient n'a dû être attribué aux immeubles livrés, acquis, apportés ou utilisés avant le 1er janvier 1996 en raison de l'expiration du délai de régularisation de dix ans qui leur était applicable.

Tel n'est, en revanche, pas le cas des travaux immobiliers réalisés dans ces immeubles qui ont donné lieu à l'imposition à la TVA d'une livraison à soi-même. Ces travaux ont dû recevoir des coefficients de référence dans la mesure où leur délai de régularisation n'était pas expiré.

Nous reprenons ci-après les développements concernant ces règles particulières de détermination des coefficients de référence qui ont dû être appliquées par les redevables pour leurs immobilisations en cours d'utilisation au 1er janvier 2008, étant précisé qu'elles ne présentent désormais un intérêt que pour les **immeubles** qui étaient en cours d'utilisation à cette date et pour lesquels le délai de régularisation n'a pas encore expiré.

COEFFICIENTS DE RÉFÉRENCE

61330 La valeur du **coefficient d'assujettissement** de référence et la valeur du **coefficient d'admission** de référence sont égales à celles qui auraient résulté de l'application des dispositions issues du décret 2007-566 du 16 avril 2007 à la date de l'acquisition, de l'importation, de la livraison à soi-même, de la première utilisation ou du transfert entre secteurs d'activité des biens en cause (Inst. 3 D-1-07 n° 58).

61350 Le **coefficient de taxation** de référence ne peut être déterminé si le **coefficient d'assujettissement de référence** calculé comme indiqué au n° 61330 est **nul.** Cela est néanmoins sans incidence sur le calcul des régularisations futures puisque la nullité du coefficient d'assujettissement fait sortir le bien du mécanisme de régularisation, tant annuelle que globale (Inst. 3 D-1-07 n° 59).

Dans les **autres cas** (coefficient d'assujettissement de référence non nul), le coefficient de taxation de référence est égal au rapport entre, au numérateur, la taxe effectivement déduite par l'assujetti lors de l'acquisition, de l'importation, de la livraison à soi-même, de la première utilisation ou du transfert entre secteurs d'activité et, au dénominateur, le produit de la taxe initiale ayant grevé le bien et du coefficient d'assujettissement de référence déterminé dans les conditions mentionnées au n° 61330 (Inst. 3 D-1-07 n° 60).

Coefficient de taxation de référence = taxe effectivement déduite / (taxe initiale × coefficient d'assujettissement de référence)

EXEMPLE

61365 Une entreprise a acquis un immeuble en 2005, sur lequel elle a supporté 200 000 € de TVA. Elle rend à la fois des prestations de conseil, taxables de plein droit, et des prestations de formation professionnelle continue, exonérées de TVA. Ses recettes au titre de ces deux activités étaient respectivement de 150 000 € et de 50 000 €. Elle a également perçu une subvention d'équilibre, non soumise à la TVA, d'un montant de 100 000 €.

Son rapport de déduction, calculé dans les conditions fixées à l'article 212 de l'annexe II au CGI dans sa rédaction en vigueur à l'époque, s'élevait à 0,5. Elle a donc déduit 100 000 €.

Au 1er janvier 2008, les coefficients d'assujettissement et d'admission de référence du bien sont égaux à 1, l'entreprise ayant eu en 2005 une activité entièrement située dans le champ d'application de la TVA et aucune mesure d'exclusion n'étant applicable à l'immeuble. Par suite, le coefficient de taxation de référence de l'immeuble est égal à 100 000 / 200 000 × 1 = 0,5. On notera que cette valeur est différente de celle qui aurait résulté de l'application rétroactive du III de l'article 206 de l'annexe II au CGI (Inst. 3 D-1-07 n° 60).

V. RÉGULARISATIONS ANNUELLES

A. Cas de régularisation annuelle

61400 Le **principe** posé par l'article 207, II de l'annexe II au CGI est que, pour les biens immobilisés, une régularisation de la taxe initialement déduite est opérée **chaque année** pendant cinq ans, dont celle au cours de laquelle ils ont été acquis, importés, achevés, utilisés pour la première fois ou transférés entre secteurs d'activité.

Par dérogation, cette régularisation s'opère chaque année pendant vingt ans pour les immeubles immobilisés.

Il existe toutefois des cas où les assujettis n'ont pas à procéder à la régularisation de la taxe afférente aux biens immobilisés (voir n° 61750).

61405 L'article 207, II-4 de l'annexe II au CGI prévoit qu'aucune régularisation n'est effectuée si la **différence** entre le produit des coefficients d'assujettissement et de taxation de l'année, d'une part, et le produit des coefficients d'assujettissement et de taxation de référence, d'autre part, n'est **pas supérieure,** en valeur absolue, à **un dixième.**

En d'autres termes, il y a lieu à régularisation de la taxe initialement déduite si la proportion d'utilisation du bien immobilisé à des opérations ouvrant droit à déduction, le cas échéant déterminée en partie de façon forfaitaire, a **varié** de plus d'un dixième, **à la hausse ou à la baisse,** par rapport à la situation exprimée par le biais des coefficients de référence (BOI-TVA-DED-60-10 n° 1).

1. VARIATION DU PRODUIT DES COEFFICIENTS D'ASSUJETTISSEMENT ET DE TAXATION

Le produit du coefficient d'assujettissement par le coefficient de taxation traduit la **proportion d'utilisation du bien à des opérations ouvrant droit à déduction,** le cas échéant déterminée en partie de façon forfaitaire. La régularisation annuelle s'opère uniquement au vu de cette variation de l'utilisation du bien. C'est pour cette raison qu'il n'est tenu compte que des coefficients d'assujettissement et de taxation (à l'exclusion du coefficient d'admission) pour le calcul du produit servant à déterminer s'il y a lieu ou non à régularisation annuelle. **61450**

La **variation** de plus ou moins un dixième concerne le **produit** du coefficient d'assujettissement et du coefficient de taxation **et non** pas les **coefficients** eux-mêmes. **61455**

Ainsi, même si les valeurs des deux coefficients de l'année ont varié de moins de un dixième par rapport aux valeurs des coefficients de référence, l'écart entre le produit des coefficients de l'année et le produit des coefficients de référence peut être supérieur à un dixième (voir l'exemple n° 61530).

À l'inverse, les coefficients attribués au titre d'une année peuvent varier de plus de un dixième par rapport aux valeurs des coefficients de référence sans que l'écart entre le produit des coefficients de l'année et le produit des coefficients de référence soit supérieur à un dixième. Il s'agit de l'hypothèse où les coefficients varient en sens contraire (voir l'exemple n° 61535).

2. RÈGLES D'ARRONDI

Le **produit des coefficients** d'assujettissement et de taxation de l'année et celui des coefficients d'assujettissement et de taxation de référence ne doivent **pas** être **arrondis à la deuxième décimale par excès** pour déterminer si la différence entre ces deux produits est ou non supérieure à un dixième. Seuls les coefficients eux-mêmes doivent être arrondis (n° 52620) et non leur produit. **61480**

3. DÉTERMINATION DES COEFFICIENTS ANNUELS

Les coefficients d'assujettissement et de taxation de l'année sont déterminés au titre d'une **année civile** y compris pour les redevables dont l'exercice comptable ne coïncide pas avec l'année civile. Ils doivent refléter la réalité de l'utilisation du bien à des opérations imposables ouvrant droit à déduction pendant l'année. **61500**

Les opérateurs doivent donc attribuer à leurs immobilisations non seulement des coefficients de référence, mais également, chaque année pendant la période de régularisation, un coefficient d'assujettissement et un coefficient de taxation, et ce, afin de pouvoir comparer le produit de ces coefficients avec celui des coefficients de référence et être ainsi en mesure de déterminer s'ils doivent ou non effectuer une régularisation annuelle.

DÉTERMINATION DES COEFFICIENTS D'ASSUJETTISSEMENT ET DE TAXATION

Les coefficients attribués au titre d'une année doivent refléter la réalité d'utilisation du bien pendant l'année. Ils doivent ainsi mesurer l'utilisation réelle du bien pendant son temps d'utilisation. **61510**

Si le **bien** n'est **utilisé qu'une partie de l'année** (cas des biens qui quittent le patrimoine de l'assujetti ou qui, par assimilation, sont transférés à un autre secteur), il n'y a **pas** lieu d'effectuer un calcul **prorata temporis.**

En revanche, lorsque l'utilisation d'un bien varie en cours d'année, les coefficients de l'année doivent tenir compte de cette variation de l'utilisation (voir n° 52670).

DÉTERMINATION DU COEFFICIENT D'ADMISSION

Il n'est pas tenu compte de la valeur du coefficient d'admission au titre d'une année pour déterminer s'il y a lieu ou non de procéder à une régularisation annuelle (n° 61450). **61520**

En revanche, la valeur du coefficient d'admission de l'année est prise en compte pour le calcul de cette régularisation.

La **valeur** à retenir au titre d'une année pour le coefficient d'admission est celle **constatée en début de période,** quelles que soient les évolutions de la réglementation intervenues au cours de l'année.

EXEMPLES

61530 Soit un bien immobilisé dont le coefficient d'assujettissement et le coefficient de taxation de référence sont tous les deux égaux à 1.

En N + 1, la valeur du coefficient d'assujettissement est fixée à 0,95 et celle du coefficient de taxation est de 0,91. Chacun des deux coefficients a varié de moins de un dixième par rapport à son propre coefficient de référence mais l'écart entre le produit de ces coefficients (0,95 × 0,91 = 0,8645) et le produit des coefficients de référence (1 × 1 = 1) est quant à lui supérieur à un dixième. Il y a donc lieu d'opérer une régularisation annuelle.

61535 Soit un bien immobilisé dont le coefficient d'assujettissement de référence est égal à 0,76 et le coefficient de taxation de référence est égal à 0,85.

En N + 1, la valeur du coefficient d'assujettissement est fixée à 0,92 et celle du coefficient de taxation est de 0,70. Les deux coefficients ont varié de plus de un dixième par rapport à son propre coefficient de référence mais l'écart entre le produit des coefficients de l'année (0,92 × 0,70 = 0,644) et le produit des coefficients de référence (0,76 × 0,85 = 0,646) est inférieur à un dixième. Il n'y a pas lieu d'opérer une régularisation annuelle.

B. Forme et montant de la régularisation annuelle

61600 Il ne faut pas confondre les conditions du déclenchement de la régularisation annuelle et les modalités de son calcul.

La régularisation est déclenchée lorsque la différence entre le produit des coefficients d'assujettissement et de taxation de l'année, d'une part, et le produit des coefficients d'assujettissement et de taxation de référence, d'autre part, est supérieure, en valeur absolue, à un dixième. La valeur du coefficient d'admission n'intervient donc pas à ce stade (n° 61450).

En revanche, le calcul de la régularisation annuelle s'effectue à partir du coefficient de déduction (qui, on le rappelle, est égal au produit des trois coefficients : assujettissement, taxation et admission).

Les coefficients d'assujettissement, de taxation et d'admission de l'année sont arrondis par excès à la deuxième décimale, de même que le coefficient de déduction qui en constitue le produit.

61605 Pour les **immeubles immobilisés,** la régularisation opérée au titre d'une année est égale au **vingtième** du produit de la taxe initiale (nos 61200 s.) par la différence entre le coefficient de déduction de ladite année et le coefficient de déduction de référence. Le calcul de la régularisation s'effectue de la manière suivante :

Montant de la régularisation = taxe initiale × (coefficient de déduction de l'année – coefficient de déduction de référence) / 20

Pour les **biens immobilisés autres que les immeubles,** la régularisation opérée au titre d'une année est égale au **cinquième** de ce produit. Ce calcul est le suivant :

Montant de la régularisation = taxe initiale × (coefficient de déduction de l'année – coefficient de déduction de référence) / 5

61610 L'article 207, II-6 de l'annexe II au CGI précise que si la **valeur de l'un des trois coefficients de référence** (assujettissement, taxation, admission) constituant le coefficient de déduction de référence est **modifiée en cours d'année** en raison de la survenance de l'un des événements affectant cette valeur (n° 61260), la **valeur des coefficients de référence à retenir pour le calcul de la régularisation annuelle** à opérer au titre de ladite année est la valeur des coefficients de référence avant l'intervention de cet événement (n° 62900).

61615 La régularisation annuelle prend la forme :

– **soit** d'une **déduction complémentaire** si le coefficient de déduction de l'année est supérieur au coefficient de référence (le résultat de l'opération est alors positif) ;

– **soit** d'un **reversement** de taxe lorsque le coefficient de déduction de l'année est inférieur au coefficient de référence (le résultat de l'opération est alors négatif) (BOI-TVA-DED-60-10 n° 10).

CONSÉQUENCES D'UNE RÉGULARISATION ANNUELLE EN MATIÈRE D'IMPÔT SUR LES BÉNÉFICES

En matière d'impôt sur les bénéfices, il est admis que la régularisation annuelle ne remette pas en cause les **valeurs d'inscription des biens à l'actif** immobilisé de l'entreprise. Corrélativement, l'assujetti doit procéder, selon qu'il effectue un reversement de TVA ou une déduction complémentaire, à la comptabilisation d'une **perte ou** d'un **produit exceptionnel** (BOI-TVA-DED-60-10 n° 1). **61625**

EXEMPLES

Une société acquiert le 1er mars de l'année N un ordinateur pour un prix hors taxe de 4 000 €, soit une TVA correspondante de 800 €. Le coefficient d'assujettissement définitif de cette dépense est égal à 1, son coefficient de taxation définitif est égal à 0,5 et le coefficient d'admission définitif est de 1. Ces coefficients deviennent les coefficients de référence de l'ordinateur. Le coefficient de déduction de référence est donc égal à : 1 × 0,5 × 1 = 0,5. **61635**

À l'issue de l'année N + 1, la société constate que le coefficient de taxation à retenir pour les dépenses mixtes est égal à 0,62. L'écart entre le produit des coefficients d'assujettissement et de taxation de l'année (1 × 0,62) et le produit des coefficients d'assujettissement et de taxation de référence (1 × 0,5) étant supérieur à un dixième, l'entreprise doit opérer une déduction complémentaire égale à (1 × 0,62 × 1 – 1 × 0,5 × 1) × 800 € / 5, soit 19,2 €. En N + 2, le coefficient de taxation applicable aux dépenses mixtes s'avère égal à 0,44. L'écart entre (1 × 0,44) et (1 × 0,5) n'étant pas supérieur à un dixième, aucune régularisation n'est effectuée. À l'issue de l'année N + 3, le coefficient de taxation applicable aux dépenses mixtes est égal à 0,2. L'écart entre (1 × 0,2) et (1 × 0,5) étant supérieur à un dixième, il doit être procédé à une régularisation qui, en l'occurrence, prend la forme d'un reversement pour un montant égal à (1 × 0,2 × 1 – 1 × 0,5 × 1) × 800 € / 5, soit – 48 €.

Une entreprise individuelle achète un bateau de plaisance l'année N pour un montant de 100 000 € HT, auxquels s'ajoutent 20 000 € de TVA. Ce bateau est destiné à être donné en location à la semaine, à l'exception de quatre semaines par an pendant lesquelles il est utilisé par l'entrepreneur à des fins privées. L'entrepreneur individuel ayant décidé d'affecter entièrement le bateau à son patrimoine professionnel, la taxe relative au bateau (20 000 €) est intégralement déductible. Les coefficients d'assujettissement, de taxation et d'admission attribués provisoirement au bateau lors de son acquisition sont donc égaux à l'unité. Les coefficients définitifs arrêtés avant le 25 avril de l'année N + 1 sont également égaux à l'unité, les prévisions d'utilisation du bateau pendant l'année N ayant été respectées. **61640**

Lors de l'utilisation du bateau à des fins privées, l'entrepreneur individuel a procédé à l'imposition à la TVA des prestations de services à soi-même correspondantes.

Les trois coefficients de référence sont alors tous initialement égaux à 1.

En N + 1, le bateau n'est utilisé qu'à 70 % à des fins professionnelles. Son coefficient d'assujettissement de l'année demeure égal à 1 dès lors que le bateau reste utilisé principalement pour les besoins de l'entreprise. Le coefficient de taxation reste égal à 1 de même que le coefficient d'admission. Lors de l'utilisation du bateau à des fins privées, l'entrepreneur individuel a procédé à l'imposition à la TVA des prestations de services à soi-même correspondantes. Il n'y a donc pas lieu de procéder à une régularisation annuelle.

Pendant l'année N + 2, le bien est utilisé à 93 % à des fins étrangères à l'entreprise. La valeur de son coefficient d'assujettissement de l'année est alors égale à 0,07, celle du coefficient de taxation reste fixée à 1 et celle du coefficient d'admission passe à 0 (n° 53580). L'écart entre le produit des coefficients d'assujettissement et de taxation de l'année (0,07 × 1) et le produit des coefficients de référence (1 × 1) étant supérieur à un dixième, il y a lieu de procéder à une régularisation annuelle. Cette régularisation qui prend la forme d'un reversement est calculée comme suit : (0,07 × 1 × 0 – 1 × 1 × 1) × 20 000 € / 5 = – 4 000 €.

On constate que le passage du coefficient d'admission de 1 à 0 entre N et N + 2 ne déclenche pas à lui seul une régularisation annuelle et ne déclenche pas non plus une régularisation globale. C'est en effet la modification de la valeur du coefficient d'assujettissement qui traduit l'utilisation réelle du bien en cas d'utilisation à plus de 90 % à des fins étrangères à l'entreprise qui motive cette régularisation annuelle. Aucune imposition d'une prestation de services à soi-même n'est par ailleurs exigée dans cette situation.

Enfin, pendant l'année N + 3, le bateau est de nouveau utilisé dans les mêmes conditions que l'année N. Les trois coefficients d'assujettissement, de taxation et d'admission sont égaux à 1 et l'entrepreneur soumet à la TVA les prestations de services à soi-même correspondant à l'utilisation privative du bateau. Aucune régularisation annuelle n'a lieu d'être effectuée.

C. Modalités de régularisation

61700 La régularisation annuelle (déduction complémentaire ou reversement) doit intervenir, en principe, **avant le 25 avril de l'année suivante.**

En pratique, pour les redevables souscrivant des déclarations CA 3, la régularisation est opérée au plus tard lors de la souscription de la **déclaration** afférente aux opérations de mars ou du premier trimestre (en utilisant les lignes prévues à cet effet : ligne 21 « Autre TVA à déduire » ou ligne 15 « TVA antérieurement déduite à reverser »). Pour les redevables qui souscrivent des déclarations annuelles (redevables au réel simplifié n'ayant pas renoncé aux formalités simplifiées, exploitants agricoles ne souscrivant pas de CA 3), la régularisation est opérée sur ces déclarations.

Sur le délai accordé à un assujetti unique (**régime optionnel de groupe TVA**) lorsque l'option pour un coefficient de taxation unique est exercée pour l'un de ses membres, voir n° 1735, précision b.

61705 Dans l'hypothèse où la **déduction complémentaire** à laquelle, le cas échéant, le redevable est en droit de prétendre n'a **pas** été **opérée dans ce délai,** il peut la faire figurer sur les déclarations ultérieures jusqu'au 31 décembre de la deuxième année qui suit celle de l'omission (Lettre DLF du 26-12-2005).

D. Exceptions à la régularisation

61750 En vertu de l'article 207, II-5-1° de l'annexe II au CGI, aucune régularisation ne doit être opérée (il ne peut donc y avoir, en vertu de ce texte, ni reversement ni déduction complémentaire) pour les biens immobilisés dont le **coefficient d'assujettissement de référence** est **nul.** Il s'agit des biens qui, dès l'origine, n'ont pas été affectés par un assujetti agissant en tant que tel à la réalisation d'opérations placées dans le champ d'application de la taxe (BOI-TVA-DED-60-10 n° 30).

On rappelle toutefois que ce texte, qui privilégie le critère de l'utilisation du bien et non celui de la qualité (assujetti agissant en tant que tel ou non) en laquelle la personne a acquis le bien, n'est pas en phase avec la jurisprudence de la CJUE (voir n° 50825).

VI. RÉGULARISATIONS GLOBALES

A. Définition

61800 La taxe initialement déduite sur les biens immobilisés doit faire l'objet d'une régularisation lorsque certains événements (énumérés aux n°s 61900 s.) interviennent **avant l'expiration de la période de régularisation** (n°s 61100 s.).

Ces régularisations globales, qui correspondent à la **somme des régularisations annuelles** qui devraient intervenir jusqu'au terme de la période de régularisation, conduisent l'assujetti à procéder **globalement et en une fois** à toutes ces régularisations annuelles auxquelles il serait tenu jusqu'à l'expiration de la période de régularisation si sa situation, telle qu'elle résulte de l'événement en cause, demeurait en l'état jusqu'à ce terme.

Les régularisations globales sont **exigibles** dès la survenance des événements qui en sont à l'origine et doivent être **effectuées en une seule fois** pour tout le temps de la période de régularisation restant à courir (BOI-TVA-DED-60-20 n° 10).

61805 La **régularisation** globale doit être calculée et **prise en compte même si** la **différence** entre le produit des coefficients d'assujettissement et de taxation considérés pour les années restant à courir, d'une part, et le produit des coefficients d'assujettissement et de taxation de référence, d'autre part, est **inférieure ou égale, en valeur absolue, à un dixième** (BOI-TVA-DED-60-20-30 n° 10).

B. Modalités de calcul

61850 Contrairement aux régularisations annuelles (n°s 61400 s.), pour lesquelles les coefficients de l'année sont déterminés par l'assujetti lui-même en fonction de l'utilisation du bien au cours de l'année, en cas de régularisation globale, les valeurs des coefficients de l'année à utiliser pour calculer cette régularisation globale sont fixées par le texte réglementaire.

Concrètement, l'**événement** qui motive la régularisation **va entraîner la modification de la valeur de l'un des coefficients de l'année** parmi les trois coefficients d'assujettissement, de taxation et d'admission. La valeur des coefficients de l'année qu'il convient de retenir au titre des années restantes afin de déterminer chacune des régularisations annuelles qui devront être sommées pour établir le montant de la régularisation globale est fixée par l'article 207, III-2 de l'annexe II au CGI. **61855**

Hormis dans le cas prévu à l'article 207, III-1-2° (vente d'un bien en TVA pendant la période de régularisation : nos 62250 s.), l'article 207, III-2 précité **ne fixe pas** la **valeur** qu'il convient de retenir **pour les trois coefficients de l'année** (coefficients d'assujettissement, de taxation et d'admission de l'année) – dont on déduit aisément la valeur du coefficient de déduction de l'année – **mais uniquement** la **valeur** qu'il convient de retenir **pour l'un d'entre eux,** selon le cas, le coefficient d'assujettissement de l'année, le coefficient de taxation de l'année ou le coefficient d'admission de l'année.

En effet, la valeur des deux autres coefficients de l'année qu'il convient de retenir pour pouvoir effectuer le calcul découle de la logique même du mécanisme des régularisations globales, à savoir anticiper les régularisations annuelles qui auraient été opérées à raison d'événements qui affectent, par nature, un seul coefficient sur les trois. Les **deux autres coefficients de l'année** doivent donc être **réputés égaux à leur valeur de référence,** puisque aucun événement n'a entraîné leur modification (Inst. 3 D-1-07 n° 31, non reprise au Bofip mais dont les précisions nous paraissent conserver leur valeur).

Le calcul de la régularisation globale s'effectue sur la base de la TVA initiale qui a été définie aux nos 61200 s. **61860**

Aucune régularisation globale n'est donc calculée sur la base de la TVA antérieurement déduite, c'est-à-dire compte tenu des déductions complémentaires ou reversements pratiqués avant la régularisation en cause en cas d'évolution de l'utilisation du bien dans le temps.

La prise en compte des régularisations annuelles antérieures pour le calcul de la régularisation globale ne se justifie pas dès lors que la régularisation globale constitue une correction liée à l'utilisation du bien pour l'avenir qui est indépendante de l'utilisation du bien pour le passé.

C. Cas de régularisation globale

L'article 207, III-1 de l'annexe II au CGI prévoit **six cas** de régularisations globales : **61900**

- cession ou apport non soumis à la TVA sur le prix total, la valeur totale ou la marge (nos 61930 s.) ;
- transferts entre secteurs distincts d'activité (nos 62100 s.) ;
- cession ou apport soumis à la TVA sur le prix total, la valeur totale ou la marge (nos 62250 s.) ;
- modification législative ou réglementaire des règles d'exclusion du droit à déduction (nos 62400 s.) ;
- biens devenant utilisés à des opérations ouvrant droit à déduction (nos 62475 s.) ;
- biens cessant d'être utilisés à des opérations ouvrant droit à déduction (nos 62600 s.).

Des **exceptions à la régularisation** sont toutefois prévues (nos 62880 s.).

1. CESSION OU APPORT NON SOUMIS À LA TVA SUR LE PRIX TOTAL, LA VALEUR TOTALE OU LA MARGE

Aux termes de l'article 207, III-1-1° du CGI, une régularisation de la taxe initialement déduite et grevant un bien immobilisé est opérée lorsque ce bien est cédé ou apporté, sans que cette opération soit soumise à la taxe sur le prix total, sur la valeur totale ou sur la marge dans les conditions fixées par l'article 268 du CGI (voir nos 68170 s.). **61930**

Toutes les formes de cession (à titre onéreux ou à titre gratuit) et d'apport (apports purs et simples ou à titre onéreux, apports globaux ou partiels) sont visées. Mais elles ne constituent une cause de régularisation que lorsque la cession ou l'apport ne sont **pas soumis à la TVA sur** le **prix total** ou la **valeur totale** du bien (**ou** sur la **marge**), de sorte que la régularisation ne concerne guère en pratique que les **immeubles.** **61935**

En effet, la cession ou l'apport en société, par leurs utilisateurs, de **biens mobiliers** d'investissement (outillage, matériels, etc.) usagés est imposable à la TVA lorsque (ce qui est fréquent) ces biens ont ouvert droit à déduction complète ou partielle de la TVA lors de leur acquisition (voir nos 80150 s.). Corrélativement, de telles cessions n'entraînent pas de régularisation de la déduction antérieure, même lorsque les biens font l'objet d'une exportation ou d'une livraison intracommunautaire exonérée (n° 80220) ou lorsqu'ils bénéficient de la dispense d'imposition prévue en cas de transmission ou d'apport en société d'une universalité totale ou partielle de biens (nos 15360 s.). En revanche, la régularisation est exigible lorsque la cession bénéficie d'une autre exonération (sauf celle visée au no 80250 pour les biens qui n'ont pas ouvert droit à déduction, bien entendu) (en ce sens, BOI-TVA-DED-60-20 no 1).

61940 Échappent également à la régularisation globale les **immeubles** dont la **cession ou** l'**apport** est **imposable** à la TVA (nos 67810 s.), même si cette cession ou cet apport est dispensé de TVA dans le cadre de la transmission d'une universalité totale ou partielle de biens (nos 15360 s.).

61945 Sont **notamment** visées par ce cas de régularisation globale les cessions d'immeubles immobilisés non soumises à la TVA : cession d'un **terrain** qui ne répond **pas** à la définition des terrains **à bâtir** (no 67865) ou d'un **immeuble** achevé depuis **plus de cinq ans,** lorsque l'**option** pour l'imposition à la TVA n'a **pas** été **exercée** (no 68030).

> **Précisions** Selon la **CJUE,** échappe à la régularisation la TVA ayant grevé les dépenses de construction, de transformation et de rénovation d'un immeuble faisant l'objet d'une **opération de cession-bail** (ou « sale and lease back ») **non soumise à la TVA,** consistant pour l'assujetti à donner un droit d'emphytéose sur l'immeuble, dans lequel il exerçait son activité taxable, moyennant une redevance immédiate, à des institutions financières, lesquelles lui ont concédé l'usage du bien en vertu d'un crédit-bail immobilier avec option d'achat, prévoyant le paiement d'un loyer sur une période de 15 ans dont le montant total correspondait à celui de la redevance, augmenté des intérêts. Dans une telle situation, aucune régularisation n'est imposée, d'une part, au titre des articles 184 et 185 de la directive dès lors que l'**assujetti a continué d'utiliser les dépenses réalisées** aux fins de la construction, la transformation ou la rénovation de l'immeuble ou, d'autre part, au titre des articles 187 et 188 de la même directive (applicables spécifiquement aux biens d'investissements) dès lors que les opérations en cause, qui forment des opérations purement financières afin d'augmenter les liquidités de l'assujetti, lequel a continué d'utiliser l'immeuble de manière durable et ininterrompue pour ses activités taxables, constituent une **opération unique ne pouvant être qualifiée de « livraison de biens »** au sens de l'article 188 précité (CJUE 27-3-2019 aff. 201/18, Mydibel SA : RJF 7/19 no 734).

a. Forme et calcul de la régularisation

61970 Dans cette hypothèse, il y a lieu de procéder à une régularisation globale (en une seule fois) en **réputant que le bien** sera **utilisé, pour chacune des années restantes** de la période de régularisation, **à une activité exonérée** n'ouvrant pas droit à déduction.

La régularisation est ainsi égale à la **somme des régularisations annuelles** qui auraient été effectuées jusqu'au terme de la période de régularisation en considérant que, pour chacune des années restantes, le **coefficient de taxation** sera égal à **zéro** (CGI ann. II art. 207, III-2-1°).

Cette régularisation prend nécessairement la forme d'un **reversement** de la TVA initialement déduite.

b. Droit à déduction du nouveau détenteur

62000 Lorsque le bien cédé constitue également une immobilisation pour le **nouveau détenteur** (bénéficiaire de la cession ou de l'apport), le cédant peut lui « **transférer** » une partie de la TVA initiale (nos 61200 s.), à proportion de la durée de régularisation non encore courue.

Le nouveau détenteur peut ainsi déduire une **fraction du montant de la TVA ayant grevé initialement le bien,** à proportion du rapport entre le nombre d'années restant à courir, pour le cédant ou l'apporteur, jusqu'au terme de la période de régularisation et le nombre d'années total de celle-ci (CGI ann. II art. 207, III-3).

Montant de la taxe transférée = montant de la TVA initiale × nombre d'années restant à courir / nombre total d'années de la période de régularisation

Remarque : Le droit à déduction du nouveau détenteur est calculé sur la base de la taxe ayant initialement grevé le bien et non pas sur le montant de la déduction initiale dans le cas où ces deux montants ne sont pas identiques.

62005 La **déduction** que le **nouveau détenteur** est en droit d'opérer est calculée dans les mêmes conditions que celles décrites aux nos 52500 s. Le nouveau détenteur doit ainsi calculer un nouveau coefficient de déduction pour le bien immobilisé et appliquer ce coefficient au montant de la « taxe transférée ».

Montant du droit à déduction du nouveau détenteur = TVA transférée × coefficient de déduction du nouveau détenteur

DÉLIVRANCE D'UNE ATTESTATION

Pour que ce mécanisme puisse fonctionner, l'**ancien détenteur** (cédant ou apporteur) est tenu de **délivrer** au nouveau un **document** mentionnant le montant de la taxe que ce dernier est en droit de déduire. 62015

L'article 207, III-3 de l'annexe II au CGI parle à cet égard d'une « attestation » mentionnant le montant de la taxe qu'il est en droit de déduire. Mais, à notre avis, l'ancien détenteur peut, en pratique, délivrer à l'acquéreur une **facture « complétée »** comportant, outre les mentions habituelles (date, identification des parties, description sommaire des biens et prix), la date d'acquisition par l'ancien détenteur, la date de cession et le montant de la taxe susceptible d'être déduite.

> **Précisions** La délivrance par le cédant d'un immeuble à l'acquéreur de ce document mentionnant le montant de la TVA que ce dernier est en droit de déduire, lorsque le bien constitue pour lui une immobilisation, est une **obligation et non** une **faculté.** Elle n'a pas à être prévue par la convention (Cass. com. 26-4-1994 n° 92-11.440 P : RJF 8-9/94 n° 902).

OUVERTURE D'UNE NOUVELLE PÉRIODE DE RÉGULARISATION

L'acquisition du bien ouvre une nouvelle période de régularisation pour le nouveau détenteur (n°s 61100 s.). 62025

Ce dernier doit ensuite procéder aux régularisations éventuelles pendant les vingt années (immeubles) ou cinq années (autres immobilisations) suivant cette acquisition.

La **taxe initiale** servant de **base** au calcul des régularisations éventuelles auxquelles le nouveau détenteur peut être tenu est égale au montant de la « taxe transférée ».

CESSIONS SUCCESSIVES

Lorsqu'un bien fait l'objet de cessions successives dans les conditions qui viennent d'être décrites (n° 62000), c'est à chaque fois la **date de la nouvelle cession** (et non la date d'acquisition par le précédent détenteur) qui marque, pour le nouveau détenteur, le point de départ de la période de régularisation. Corrélativement, ce dernier dispose d'un droit à déduction déterminé selon les règles exposées aux n°s 62000 s. 62035

CESSION PAR UNE ENTREPRISE EXONÉRÉE OU CESSION D'UN BIEN PRÉCÉDEMMENT EXCLU DU DROIT À DÉDUCTION

Le mécanisme décrit au n° 62000 peut jouer également si l'**ancien détenteur** n'a pu opérer **aucune déduction au moment où il a acquis** le bien, en raison soit de sa situation personnelle au regard de la TVA (entreprise exonérée, agriculteur non soumis à la TVA), soit d'une exclusion du droit à déduction frappant le bien. 62045

Mais bien entendu, le nouveau détenteur ne peut utiliser ce droit à déduction que s'il est lui-même redevable et si le bien ne tombe pas pour lui sous le coup d'une exclusion. Il peut en être ainsi, par **exemple,** en cas de cession par une entreprise commerciale d'une voiture de tourisme que l'acquéreur utilisera pour une activité de taxi. Dans de telles situations, l'ancien détenteur peut délivrer au nouveau le document visé au n° 62015, alors même qu'il n'est tenu à aucun versement ni à taxation de la cession.

En revanche, un **non-assujetti** n'est pas en droit de délivrer des attestations ou des factures « complétées » (en ce sens, BOI-TVA-DED-60-20-10 n° 260).

c. Exemples

Une entreprise acquiert en l'année N un immeuble neuf pour un montant HT d'un million d'euros, auxquels s'ajoutent 200 000 € de TVA. Il s'avère que le coefficient d'assujettissement de ce bien est de 0,8 et son coefficient de taxation de 0,5. Son coefficient d'admission étant égal à l'unité, le coefficient de déduction de ce bien est égal à 0,4 et l'entreprise a pu déduire initialement pour 80 000 € de TVA. Ces coefficients ne varient pas tout au long de la vie de l'entreprise. Au cours de l'année N + 7, l'entreprise cède son immeuble à une autre entreprise. Cette cession n'étant pas (sauf option : n°s 68030 s.) soumise à la TVA, l'entreprise cédante est tenue à une régularisation globale, qui est égale à la somme des régularisations qui auraient eu lieu au cours des années N + 8 à N + 19 (soit 12 années), si, pour chacune de ces années, elle avait constaté que le coefficient de taxation de l'immeuble était nul. Cette régularisation, qui prend la forme d'un reversement, est donc égale à : 62060

$$\sum_{8}^{19} (0 - 0{,}4) \times 200\,000 / 20, \text{ soit } - 48\,000 \text{ €}.$$

L'immeuble acquis par l'entreprise cessionnaire constituant pour elle une immobilisation, l'entreprise cédante peut lui transférer un montant de TVA égal à 12 / 20 × 200 000, soit 120 000 €.

Il s'avère que, pour le nouveau détenteur, le coefficient d'assujettissement de l'immeuble est égal à 1 et son coefficient de taxation est égal à 0,35. Le nouveau détenteur pourra donc déduire : 120 000 € × 0,35 = 42 000 €. Il sera lui-même tenu aux régularisations éventuelles pendant les dix-neuf années suivant son acquisition, sur la base d'une TVA initiale égale à la TVA transférée, soit 120 000 €.

62065 Dans le courant de l'année 2001, une entreprise G a reçu en apport un immeuble dont la construction a été achevée en 1990. Cet immeuble a été immobilisé.

Le 1er janvier 2008, l'entreprise G n'a attribué aucun coefficient de référence à l'immeuble, celui-ci ayant été achevé avant 1996 et étant sorti du cycle des régularisations.

En 2022, l'entreprise G a fait réaliser des travaux de réhabilitation dans l'immeuble qui n'ont pas concouru à la production d'un immeuble neuf. Le montant de la TVA déclarée au titre de la livraison à soi-même de ces travaux s'est élevé à 200 000 €. La taxe correspondante a été déduite après application du coefficient de déduction de l'entreprise (égal à 0,8) pour un montant de 160 000 €.

L'entreprise G cède l'immeuble en 2023 à une société H.

Cette cession n'étant pas soumise à la TVA dès lors qu'elle intervient plus de cinq ans après l'achèvement de l'immeuble et que l'entreprise G n'a pas opté pour l'imposition à la TVA, elle est tenue de procéder à une régularisation globale portant sur la TVA déduite au titre de la livraison à soi-même des travaux de réhabilitation, qui est égale à la somme des régularisations qui auraient eu lieu au cours des années 2024 à 2041 (soit 18 années), si, pour chacune de ces années, elle avait constaté que le coefficient de taxation des travaux était nul.

La régularisation, qui prend la forme d'un reversement, est égale à la somme des 18 régularisations annuelles, chacune étant égale à (1 × 0 × 1 – 1 × 0,8 × 1) × 200 000 / 20 ou, selon la formule mathématique suivante :

$$\sum_{24}^{41} (0 - 0{,}8) \times 200\,000 / 20, \text{ soit } - 144\,000\text{ €.}$$

L'immeuble acquis par l'entreprise H constituant pour celle-ci une immobilisation, l'entreprise G peut lui transférer un montant de TVA égal à 200 000 € × 18 / 20, soit 180 000 €.

Le montant de TVA ainsi transféré est calculé sur la base de la TVA ayant grevé initialement le bien, c'est-à-dire la TVA initiale de 200 000 €, et est supérieur, au cas particulier, à la TVA initialement déduite par l'entreprise G.

Il s'avère que, pour l'entreprise H, le coefficient d'assujettissement de l'immeuble est égal à 1 de même que le coefficient de taxation et le coefficient d'admission. L'entreprise H pourra donc déduire : 180 000 × 1 = 180 000 €.

Elle sera elle-même tenue aux régularisations éventuelles pendant les dix-neuf années suivant son acquisition (soit jusqu'en 2042), sur la base d'une TVA initiale égale à la TVA transférée, soit 180 000 €.

2. TRANSFERT ENTRE SECTEURS D'ACTIVITÉ

62100 Le transfert d'une immobilisation d'un secteur à un autre constitue un événement déclenchant une régularisation globale prévu par l'article 207, III-1-1° de l'annexe II au CGI.

Il s'agit du cas où un opérateur disposant de secteurs d'activité distincts transfère une immobilisation d'un secteur à un autre secteur (sur la notion de secteurs d'activité distincts, voir nos 54500 s.).

Un tel transfert est **traité comme une cession non soumise à la TVA,** assortie d'un **éventuel transfert du droit à déduction** au profit du **secteur** d'activité **« d'arrivée »** si le bien transféré y est immobilisé (BOI-TVA-DED-60-20-10 n° 90).

62105 Le transfert de l'immobilisation peut avoir lieu non seulement **entre** deux **secteurs taxables** mais également **entre** un **secteur taxable et** un **secteur exonéré** ou inversement entre un secteur exonéré et un secteur taxable (voir toutefois ci-après la précision a).

Le secteur taxable peut lui-même comprendre uniquement des opérations ouvrant droit à déduction ou bien à la fois des opérations ouvrant droit à déduction et des opérations n'ouvrant pas droit à déduction.

> **Précisions** **a.** **Le transfert d'un bien mobilier d'investissement vers un secteur exonéré** donne lieu à imposition d'une livraison à soi-même sur le fondement de l'article 257, II-1-3° du CGI (n° 14080). Le montant de la taxe transférée (non déductible, bien entendu, dans le secteur d'arrivée) doit correspondre, dans cette hypothèse, au montant de la TVA déclarée au titre de la livraison à soi-même.
>
> **b.** Le transfert d'immobilisation d'un secteur d'activité à un autre est à **distinguer** du cas où une immobilisation initialement **utilisée exclusivement** pour les besoins d'un secteur est **ensuite utilisée de manière conjointe pour** deux ou **plusieurs secteurs.** Dans cette dernière hypothèse, il n'y a pas lieu de procéder à une régularisation globale mais éventuellement à une régularisation annuelle.

a. Forme et calcul

Dans cette hypothèse (et sauf cas visé au n° 62105, précision a), il y a lieu de procéder à une 62150
régularisation globale (en une fois) en **réputant que le bien** sera **utilisé,** pour **chacune des années restantes** de la période de régularisation, à une **activité exonérée n'ouvrant pas droit à déduction.**

La régularisation est ainsi égale à la **somme des régularisations annuelles** qui auraient été effectuées jusqu'au terme de la période de régularisation en considérant que, pour chacune des années restantes, le **coefficient de taxation** sera égal à **zéro** (CGI ann. II art. 207, III-2-1°).

Cette régularisation prend, en **principe,** la forme d'un **reversement** de la TVA initialement déduite.

Toutefois, le calcul de cette régularisation conduit à un résultat nul lorsque **le bien transféré n'a pas ouvert droit à déduction** dans le secteur « de départ » (bien utilisé dans un secteur exonéré ou bien utilisé pour la réalisation d'opérations n'ouvrant pas droit à déduction dans un secteur taxable), le coefficient de taxation du bien étant déjà égal à zéro.

b. Conséquences du transfert

Lorsque le **bien transféré** est immobilisé dans le secteur « d'arrivée », l'opérateur **« transfère »** 62200
dans ce secteur **une partie de la TVA initiale** dans les mêmes conditions que celles décrites aux n°s 62000 s.

Le transfert d'une partie de la taxe initiale doit être effectué même si aucun reversement de TVA n'a eu lieu dans le secteur de départ (n° 62150) afin de permettre le cas échéant, comme en matière de cession exonérée (n° 62045), une déduction dans le secteur taxable d'arrivée.

Le transfert d'un bien immobilisé entre secteurs d'activité ouvre une **nouvelle période de** 62205
régularisation (n°s 61100 s.). La taxe initiale servant de base au calcul des régularisations dans le secteur « d'arrivée » est égale au montant de la « taxe transférée ».

Le transfert entre secteurs d'activité fait partie des événements qui entraînent la **modification** 62210
des coefficients de référence du bien (n° 61260). Lorsque, dans le nouveau secteur, le bien est également immobilisé, l'opérateur a pu déduire une partie de la taxe transférée en fonction des coefficients d'assujettissement, de taxation et d'admission découlant de la nouvelle utilisation du bien.

Les coefficients de référence prennent alors la valeur de ces nouveaux coefficients.

c. Exemples

Une entreprise acquiert en l'année N un immeuble neuf pour un montant hors taxe d'un million 62230
d'euros, auxquels s'ajoutent 200 000 € de TVA. Elle l'affecte aux besoins d'un premier secteur d'activité. Il s'avère que le coefficient de taxation de ce bien est de 0,4. Ses coefficients d'assujettissement et d'admission étant égaux à l'unité, le coefficient de déduction de ce bien est égal à 0,4 et l'entreprise a pu déduire initialement pour 80 000 € de TVA. Ces coefficients ne varient pas tout au long de la vie de l'entreprise. Au cours de l'année N + 7, l'entreprise transfère son immeuble vers un second secteur d'activité, dans lequel le coefficient de taxation de l'immeuble est de 0,35. L'entreprise est tenue au titre de ce premier secteur à une régularisation globale, qui est égale à la somme des régularisations qui auraient eu lieu au cours des années N + 8 à N + 19, si, pour chacune de ces années, elle avait constaté que le coefficient de taxation de l'immeuble était nul. Cette régularisation, qui prend la forme d'un reversement, est donc égale à :

$$\sum_{8}^{19} (0 - 0,4) \times 200\,000 / 20$$, soit – 48 000 €.

Symétriquement, si le bien constitue également une immobilisation dans son nouveau secteur d'activité, une partie de la taxe initiale est « transférée ». Son montant est égal à : 200 000 € × 12 / 20 = 120 000 €. Le montant du droit à déduction dans le secteur « d'arrivée » est égal à : 120 000 € × 0,35 = 42 000 €. Avant le transfert, l'entreprise avait constaté que les coefficients de référence du bien étaient égaux, pour le coefficient d'assujettissement à 1, pour le coefficient de taxation à 0,4 et pour le coefficient d'admission à 1. Après le transfert, les coefficients de référence du bien seront égaux, pour le coefficient d'assujettissement à 1, pour le coefficient de taxation à 0,35 et pour le coefficient d'admission à 1.

62235 Une société acquiert un bien mobilier d'investissement en 2021 pour un montant de 2 000 €. La TVA exigible à ce titre s'élève à 400 €.

Elle affecte ce bien aux besoins d'un premier secteur taxable pour la réalisation d'opérations ouvrant droit à déduction. Les trois coefficients de référence du bien sont donc tous initialement égaux à un.

La période de régularisation du bien court de 2021 au 31 décembre 2025.

En 2023 le bien est transféré dans un deuxième secteur exonéré n'ouvrant pas droit à déduction. Comme indiqué au n° 62105, précision a, ce transfert à un secteur exonéré donne lieu à l'imposition d'une livraison à soi-même et non à une régularisation.

La base d'imposition de la livraison à soi-même est constituée par la valeur vénale du bien (n° 14115) au jour de l'événement justifiant la livraison à soi-même. La valeur du bien au jour de la livraison à soi-même est de 1 700 €. La taxe afférente à cette livraison est donc de 340 €.

La déduction de la taxe initiale (400 €) est définitivement acquise en raison de l'imposition à la TVA de la livraison à soi-même.

Le montant de la taxe transférée correspond au montant de la taxe afférente à la livraison, soit 340 €.

Le bien étant désormais affecté à un secteur exonéré, ses coefficients ont pour valeur : 1 pour le coefficient d'assujettissement, 0 pour le coefficient de taxation, 1 pour le coefficient d'admission. Le coefficient de déduction du bien dans le deuxième secteur étant de zéro, la taxe due au titre de la livraison à soi-même n'est pas déductible.

Les coefficients de référence (assujettissement, taxation, admission) du bien prennent ces nouvelles valeurs.

Par ailleurs, une nouvelle période de régularisation s'ouvre. Cette période s'étend de 2023 à 2027.

3. CESSION OU APPORT SOUMIS À LA TAXE SUR LE PRIX TOTAL, LA VALEUR TOTALE OU LA MARGE

62250 Aux termes de l'article 207, III-1-2° de l'annexe II au CGI, une régularisation globale de la taxe initialement déduite doit être effectuée lorsqu'un bien immobilisé est cédé ou apporté et que la cession ou l'apport est soumis à la taxe sur le prix total, sur la valeur totale ou sur la marge dans les conditions fixées à l'article 268 du CGI (voir nos 68170 s.).

a. Opérations concernées

62280 Ce cas de régularisation concerne l'hypothèse où une **cession ou un apport soumis** à la TVA porte sur des **biens** qui précédemment, **lors de leur acquisition,** n'ont **pas** fait l'objet d'une **détaxation totale,** qu'il y ait eu soit seulement une déduction partielle, soit même aucune déduction (exclusion).

62285 Sont **notamment** visés les **biens mobiliers d'investissement** (outillage, matériel, etc.) **usagés,** dont la cession par leur utilisateur est imposable à la TVA dès lors qu'ils ont antérieurement donné lieu, lors de leur acquisition, à une déduction partielle (nos 80180 s.) (si la déduction initiale a été totale, il n'y a évidemment pas matière à la présente régularisation) (en ce sens, BOI-TVA-DED-60-20-20 n° 40).

Sont également concernés les **immeubles** cédés ou apportés soumis de plein droit ou sur option à la TVA (nos 67810 s.).

62290 Parmi les cessions répondant aux conditions examinées ici, on peut également citer le cas des biens mobiliers exclus du droit à déduction lors de leur acquisition lorsque, la **cession** étant faite **à un négociant en biens d'occasion,** le cédant choisit, comme il en a le droit (n° 80255, b), de la soumettre à la TVA.

62295 Une personne qui **achète un bien en qualité de non-assujetti,** et qui, par la suite, **vend ce bien en qualité d'assujetti** ne bénéficie pas d'un droit à régularisation en vue d'opérer une déduction de TVA acquittée lors de l'achat dudit bien (n° 50825).

OPÉRATIONS RELEVANT DU COMMERCE EXTÉRIEUR

La régularisation globale prévue par l'article 207, III-1-2° de l'annexe II au CGI trouve aussi à s'appliquer lorsque la cession n'est pas effectivement soumise à la TVA parce que le **bien** est **exporté** ou fait l'objet d'une **livraison intracommunautaire** : exportation ou livraison intracommunautaire directes ou cession à un exportateur ou à une personne effectuant des livraisons intracommunautaires, y compris s'il s'agit d'un bien exclu du droit à déduction (véhicule de tourisme, par exemple) (BOI-TVA-DED-60-20-20 nos 80 et 90). **62310**

b. Forme et calcul

Le bien est réputé avoir été utilisé, **pour chacune des années restantes** de la période de régularisation, à une activité telle que son **coefficient de déduction** (produit des trois coefficients) est **égal à un** (CGI ann. II art. 207, III-2-2°). **62340**

La régularisation est égale à la **somme des régularisations annuelles** qui auraient été effectuées jusqu'au terme de la période de régularisation en considérant que, **pour chacune des années restantes** de cette période, le **coefficient de déduction** est **égal à l'unité.**

Elle se traduit nécessairement par une **déduction complémentaire** de TVA.

c. Exemples

L'année N, une banque acquiert un immeuble qu'elle affecte à l'ensemble de son activité économique. Le coefficient de taxation du bien, acquis pour un million d'euros hors taxe, s'avère égal à 0,5. Les autres coefficients étant égaux à 1, le coefficient de déduction du bien est égal à 0,5. La banque peut donc déduire 1 000 000 × 0,5 × 20 %, soit 100 000 €. **62360**

En N + 3, la banque cède son immeuble (cession soumise à la TVA sur le prix total). La déduction complémentaire dont bénéficie la banque est égale à :

$\sum_{4}^{19} (1 - 0,5) \times 200\,000 / 20$, soit 80 000 €.

Une banque achète au début de l'année N des ordinateurs auprès d'un fournisseur belge pour un montant total de 100 000 € HT. La TVA déclarée par la banque au titre de l'acquisition intracommunautaire de ces biens est donc de 20 000 €. Les ordinateurs portables sont immobilisés et affectés à l'ensemble de l'activité de la banque. Le coefficient de taxation de ces biens étant de 0,05 et les deux autres coefficients égaux à l'unité, le coefficient de déduction est égal à 0,05. La TVA déclarée sur l'acquisition intracommunautaire de biens est donc déduite à hauteur de 1 000 € (20 000 € × 0,05). À la fin de l'année N + 2, la banque revend les ordinateurs à un négociant établi hors de l'Union européenne. La vente de ces biens exportés est exonérée de TVA. La banque doit donc procéder à une régularisation globale qui est égale à la somme des régularisations annuelles qui auraient eu lieu au cours des années N + 3 à N + 4 (soit deux années), si, pour chacune de ces années, elle avait constaté que le coefficient de déduction des ordinateurs était égal à l'unité. La régularisation, qui prend la forme d'une déduction complémentaire, est égale à la somme des deux régularisations annuelles, chacune étant égale à (1 – 0,05) × 20 000 / 5 = 3 800 €, soit une déduction complémentaire de 2 × 3 800 € = 7 600 €. **62365**

Une régularisation de même nature aurait été également possible si, au lieu d'une exportation, les ordinateurs d'occasion avaient fait l'objet d'une livraison interne imposable à la TVA ou bien d'une livraison intracommunautaire exonérée de TVA ou encore d'une cession en franchise de TVA à un négociant effectuant lui-même des exportations ou des livraisons intracommunautaires.

4. MODIFICATION LÉGISLATIVE OU RÉGLEMENTAIRE DES RÈGLES D'EXCLUSION

Aux termes de l'article 207, III-1-3° de l'annexe II au CGI, une régularisation de la taxe initialement déduite est opérée lorsque la réglementation modifie la valeur de son coefficient d'admission en cours d'utilisation. Il s'agit du cas (peu fréquent en pratique) où un changement de réglementation affecte la situation, au regard du droit à déduction, d'une **immobilisation en cours d'utilisation.** **62400**

Cette modification se traduit par un **changement** de la valeur du **coefficient d'admission de référence du bien.**

> **Précisions** Ce cas de régularisation ne concerne **pas** la situation dans laquelle le **bien** devient **exclu du droit à déduction** du fait d'une **utilisation à des fins étrangères** à l'entreprise **supérieure à 90 %.** Dans cette situation, en effet, il y a lieu de procéder à une régularisation annuelle dans la mesure où une telle utilisation affecte également le coefficient d'assujettissement du bien (pour un exemple, voir n° 61640).

FORME ET CALCUL DE LA RÉGULARISATION

62410 La régularisation est égale à la **somme des régularisations annuelles** qui auraient été effectuées jusqu'au terme de la période de régularisation en considérant que, **pour chacune des années restantes** de cette période, le **coefficient d'admission** est **égal à sa nouvelle valeur** (CGI ann. II art. 207, III-2-3°).

Si le bien **cesse d'ouvrir droit à déduction** (coefficient d'admission passant à zéro), le redevable doit procéder à un **reversement** d'une fraction de la taxe initialement déduite.

Si le **bien cesse d'être exclu** du droit à déduction (coefficient d'admission devenant supérieur à zéro), le redevable peut bénéficier d'une **déduction complémentaire.**

CONSÉQUENCES

62420 Dès lors que le bien est maintenu dans le même patrimoine, ce cas de régularisation ne conduit **pas** à **reprendre à zéro** le décompte du **délai de régularisation** (n° 61125). Le délai d'origine se poursuit (Inst. 3 D-1-07 n° 38, non reprise au Bofip mais dont la solution nous paraît conserver sa valeur).

62425 Une fois la régularisation globale effectuée, le **coefficient d'admission de référence** est **modifié** et prend la valeur qui résulte de la modification législative ou réglementaire des règles d'exclusion (CGI ann. II art. 207, V-2-2°). Les coefficients d'assujettissement et de taxation de référence restent quant à eux inchangés (Inst. 3 D-1-07 n° 38, non reprise au Bofip mais dont la solution nous paraît conserver sa valeur).

EXEMPLE

62435 Une entreprise dont l'activité est intégralement soumise à la TVA a acquis l'année N un bien meuble immobilisé exclu du droit à déduction pour un montant de 10 000 € HT. La TVA y afférente, soit 2 000 €, n'a pas été déduite car le coefficient d'admission attaché à ce bien était nul, les coefficients d'assujettissement et de taxation du bien étant, quant à eux, égaux à l'unité. En N + 2, une disposition réglementaire ouvre partiellement le droit à déduction à hauteur de 65 % pour les biens de cette nature. Une régularisation globale est effectuée en considérant que, pour l'ensemble des années restant à courir dans la période de régularisation, le coefficient d'admission du bien est égal à 0,65. L'entreprise peut opérer une déduction complémentaire égale à :

$$\sum_{3}^{4} (1 \times 1 \times 0{,}65 - 1 \times 1 \times 0) \times 2\,000 / 5, \text{ soit } 520\ €.$$

Pour le calcul des régularisations ultérieures, globales ou annuelles, le coefficient d'admission de référence du bien devient égal à 0,65. En N + 3, une nouvelle disposition réglementaire vient cette fois lever totalement l'exclusion. L'entreprise pourra opérer une nouvelle déduction complémentaire égale à :

$$\sum_{4}^{4} (1 \times 1 \times 1 - 1 \times 1 \times 0{,}65) \times 2\,000 / 5, \text{ soit } 140\ €.$$

Une fois cette régularisation opérée, le coefficient d'admission de référence sera égal à 1.

5. BIENS DEVENANT UTILISÉS À DES OPÉRATIONS OUVRANT DROIT À DÉDUCTION

62475 Aux termes de l'article 207, III-1-4° de l'annexe II au CGI, une régularisation de la taxe initialement déduite doit être opérée lorsque le bien immobilisé vient en cours d'utilisation à être utilisé à des opérations ouvrant droit à déduction.

a. Situations visées

62490 Il s'agit des situations où des **biens** immobilisés, **utilisés jusqu'alors,** en tout ou partie, pour la réalisation d'**opérations imposables dont aucune n'ouvre droit à déduction, viennent à être utilisés** pour la réalisation d'**opérations imposables ouvrant droit à déduction.**

En revanche, lorsqu'un **bien** est **utilisé initialement pour** la **réalisation d'opérations non imposables** (coefficient d'assujettissement de référence nul) et que ce bien est **ensuite utilisé pour** la réalisation d'**opérations imposables ouvrant droit à déduction,** aucune régularisation ne peut être opérée, selon l'article 207, III-4-2°-b de l'annexe II au CGI, et aucun coefficient de référence n'est modifié. Voir toutefois sur ce point la jurisprudence de la CJUE analysée au n° 50825.

62495 Selon la réglementation française, les **biens concernés** par ce cas de régularisation sont donc ceux dont le coefficient d'assujettissement de référence est compris entre zéro et un ou encore est égal à l'unité et dont le coefficient de taxation de référence est nul.

EXEMPLE

Dans son BOI-TVA-DED-60-20-30 n° 80, l'administration donne l'exemple suivant, étant observé que, selon nous, l'impossibilité de constater une déduction complémentaire ne vaut que si l'immeuble a été acquis par la collectivité locale en tant qu'autorité publique (voir, sur ce point, la jurisprudence de la CJUE analysée au n° 50825).
Une collectivité locale acquiert l'année N un immeuble, pour un montant d'un million d'euros hors taxe, auxquels s'ajoutent 200 000 € de TVA. Cet immeuble a été affecté à 100 % à une activité placée hors du champ de la taxe en application de l'article 256 B du CGI ; son coefficient d'assujettissement de référence est donc égal à 0. En N + 3, la collectivité décide d'utiliser ce bien à une activité soumise de plein droit à la taxe en application de ce même article. Elle ne peut prétendre à aucune déduction complémentaire.

Ce cas de régularisation concerne en particulier les **nouveaux redevables** pour l'ensemble de leurs immobilisations neuves ou en cours d'utilisation à la date à laquelle ils deviennent redevables. Mais il peut également concerner un **bien immobilisé pris isolément.** **62500**

Ce cas de régularisation peut également concerner des immobilisations neuves (CGI ann. II art. 207, IV-2). La **taxe initiale** ayant grevé l'acquisition d'un **bien immobilisé non encore utilisé** et venant à être utilisé pour la réalisation d'opérations ouvrant droit à déduction peut être **déduite à proportion du coefficient de déduction résultant de ce changement d'utilisation** (en ce sens, BOI-TVA-DED-60-40 n° 60). **62505**

Sur les règles applicables lorsque cette **régularisation** globale intervient **au cours de l'année d'acquisition** (ou de l'achèvement ou de la première utilisation du bien dans le cas visé au n° 61120, précision b), de l'importation ou de la livraison à soi-même, voir n°s 62940 s. **62510**

b. Forme et calcul de la régularisation

La régularisation est égale à la **somme des régularisations annuelles** qui auraient été effectuées jusqu'au terme de la période de régularisation en considérant que, **pour chacune des années restantes** de cette période, le **coefficient de taxation** est **égal à sa nouvelle valeur,** laquelle découle de la nouvelle utilisation du bien (CGI ann. II art. 207, III-2-4°). **62540**
Cette régularisation se traduit par une **déduction complémentaire.**

c. Conséquences

Dès lors que le bien est maintenu dans le même patrimoine, il n'y a **pas** à **reprendre à zéro** le décompte du **délai de régularisation** (n° 61125). Le délai d'origine se poursuit (Inst. 3 D-1-07 n° 39, non reprise au Bofip mais dont la solution nous paraît conserver sa valeur). **62550**

Une fois la régularisation opérée, le **coefficient de taxation de référence** est **modifié** et prend la valeur qui découle du nouvel usage du bien (CGI ann. II art. 207, V-2-2°). Les coefficients d'assujettissement et d'admission de référence du bien restent inchangés (Inst. 3 D-1-07 n° 39, non reprise au Bofip mais dont la solution nous paraît conserver sa valeur). **62555**

d. Exemples

Un entrepreneur individuel a acquis l'année N un immeuble pour un montant d'un million d'euros hors taxe, auxquels s'ajoutent 200 000 € de TVA. Cet immeuble a été affecté à 20 % à un usage privé (son coefficient d'assujettissement est donc égal à 0,8). L'entrepreneur individuel exerce une activité de formation professionnelle, exonérée de TVA. Le coefficient de taxation de l'immeuble est donc nul, tandis que son coefficient d'admission est égal à l'unité. En N + 9, cet entrepreneur débute une activité de conseil, soumise à la taxe, de telle sorte que le coefficient de taxation de l'immeuble, affecté de manière mixte aux activités, se révèle égal à 0,3. L'entrepreneur est en droit de déduire une fraction de la taxe initialement supportée, égale à : **62570**

$$\sum_{10}^{19} (0{,}8 \times 0{,}3 \times 1 - 0) \times 200\,000 / 20$$, soit 24 000 €.

Pour le calcul des régularisations ultérieures, globales ou annuelles, le coefficient de taxation de référence est égal à 0,3 (BOI-TVA-DED-60-20-30 n° 80).

Un organisme réalise à l'aide de moyens communs, d'une part, des opérations non imposables à la TVA financées par des taxes obligatoires, incluant notamment la fourniture de renseignements à des usagers, et, d'autre part, des opérations imposables à la TVA comprenant des activités de conseil soumises à la taxe et des activités de formation professionnelle exonérées. **62575**
Au début de l'année N, cet organisme a procédé au renouvellement du matériel de bureau de l'un de ses salariés dont les fonctions couvrent les activités de renseignements aux usagers et

de formation professionnelle mentionnées ci-dessus. Le coût d'acquisition de ce matériel s'est élevé à 17 000 € HT auxquels se sont ajoutés 3 400 € de TVA.

La proportion d'utilisation de ce matériel par le salarié aux activités imposables (formation) s'étant élevée au cours de l'année N à 63 % (proportion déterminée à l'aide de feuilles de temps passé aux différentes activités), le coefficient d'assujettissement définitif attribué au matériel pour l'année N a été de 0,63. Un coefficient de taxation définitif égal à 0 a par ailleurs été attribué au matériel de bureau compte tenu de son utilisation pour des opérations n'ouvrant pas droit à déduction (renseignements aux usagers et formation). Le coefficient d'admission étant égal à l'unité, le matériel a été doté d'un coefficient de déduction définitif égal à 0 (0,63 × 0 × 1) et le montant de TVA déduit a été nul. Le coefficient de déduction de référence est également nul.

En avril de l'année N + 2, le salarié susvisé débute des activités de conseil pour se consacrer désormais à l'ensemble des activités de l'organisme. Le matériel de bureau de ce salarié cesse d'être utilisé uniquement pour la réalisation d'opérations non imposables et d'opérations n'ouvrant pas droit à déduction (renseignements aux usagers et formation) pour être désormais utilisé également pour la réalisation d'opérations ouvrant droit à déduction (conseil).

Cet événement déclenche donc une régularisation globale qui est effectuée en considérant que, pour l'ensemble des années restant à courir dans la période de régularisation, le coefficient de taxation est égal à la valeur qui découle de la nouvelle utilisation du bien.

Au cas particulier, cette valeur doit être déterminée de manière forfaitaire en utilisant le coefficient de taxation forfaitaire provisoire de l'année N + 2 qui est, par hypothèse, de 0,75. Le matériel de bureau est en effet utilisé de manière mixte (formation et conseil). La régularisation, qui prend la forme d'une déduction complémentaire, est égale à la somme des régularisations annuelles qui auraient eu lieu au cours des années N + 3 et N + 4 (soit 2 années), si, pour chacune de ces années, l'organisme avait constaté que le coefficient de taxation du matériel de bureau était égal à 0,75.

Cette régularisation est donc égale à la somme des 2 régularisations annuelles, chacune étant égale à : [(0,63 × 0,75 × 1 = 0,4725, arrondi à 0,48) – (0,63 × 0 × 1)] × 3 400 / 5 = 326,4 €, la déduction complémentaire étant donc de 2 × 326,4 = 652,8 €.

Une fois cette régularisation opérée, le coefficient de taxation de référence sera provisoirement de 0,75. Il sera définitivement arrêté lorsque le coefficient de taxation forfaitaire définitif de l'année N + 2 aura été lui-même arrêté.

Avant le 25 avril N + 3, un complément de déduction ou un reversement de taxe pourront venir corriger la régularisation globale effectuée en N + 2 selon qu'un écart positif ou négatif sera constaté entre le coefficient définitif et le coefficient provisoire.

6. BIENS CESSANT D'ÊTRE UTILISÉS À DES OPÉRATIONS OUVRANT DROIT À DÉDUCTION

62600 Aux termes de l'article 207, III-1-4° et 5° de l'annexe II au CGI, une régularisation de la taxe initialement déduite doit être opérée lorsque le bien immobilisé cesse d'être utilisé à des opérations ouvrant droit à déduction ou lorsqu'il cesse d'être utilisé à des opérations imposables.

Deux situations sont donc à distinguer :

– soit les **biens,** qui cessent d'être utilisés pour la réalisation d'opérations ouvrant droit à déduction, **restent utilisés pour** la réalisation d'**opérations imposables** (n°s 62630 s.) ;

– soit les **biens cessent d'être utilisés pour** la réalisation d'**opérations imposables** (n°s 62700 s.).

> **Précisions** Une réglementation nationale peut prévoir qu'un assujetti, qui a déduit la TVA ayant grevé un bien d'investissement qu'il **destinait** à la réalisation d'**opérations ouvrant droit à déduction mais** qui, modifiant son intention, a finalement décidé de l'affecter, lors de sa **première utilisation,** à la réalisation d'**opérations exonérées** (ou hors champ), doit procéder à une régularisation de la taxe en cause (au sens des articles 184 et 185 de la directive) et reverser, en une seule fois, l'**intégralité** de la taxe initialement déduite (en ce sens, CJUE 17-9-2020 aff. 791/18 : RJF 2/21 n° 234).

a. Biens restant utilisés à des opérations imposables

SITUATIONS VISÉES

62630 Il s'agit du cas où les biens cessent d'être utilisés pour la réalisation d'opérations ouvrant droit à déduction mais continuent à être utilisés pour la réalisation d'opérations situées dans le champ qui sont exonérées sans ouvrir droit à déduction. Il peut s'agir **notamment** des cas suivants : dénonciation ou non-renouvellement d'une option pour l'imposition à la TVA ; disposition légale exonérant à compter d'une certaine date les opérations pour la réalisation desquelles les biens sont utilisés ; chiffre d'affaires s'abaissant au-dessous de la limite de la franchise en base ; bien immobilisé pris isolément, jusqu'alors utilisé uniquement à des opérations imposables ouvrant droit à déduction ou concurremment à des opérations imposables ouvrant droit à déduction et à des opérations imposables n'ouvrant pas droit à déduction, devenant utilisé à des opérations imposables n'ouvrant pas droit à déduction.

ILLUSTRATIONS

Un assujetti qui a déduit partiellement la TVA ayant grevé la construction d'une cafétéria annexée à la maison de repos qu'il exploite, destinée à être utilisée tant pour des opérations taxées (repas servis aux visiteurs extérieurs de la maison de repos) que pour des opérations exonérées (repas servis aux résidents), est tenu de régulariser la taxe initialement déduite lorsqu'il cesse, dans les locaux de cette cafétéria, toute opération taxée, mais continue à y réaliser des opérations exonérées, réaffectant ainsi les locaux à ces seules opérations. Le fait que cette situation résulte de circonstances indépendantes de la volonté de l'assujetti (en l'occurrence, l'exploitation imposable de la cafétéria s'était avérée économiquement non rentable) est à cet égard sans incidence.

CJUE 9-7-2020 aff. 374/19 : RJF 10/20 n° 848

Sur les règles applicables lorsque cette **régularisation** globale intervient **au cours de l'année d'acquisition** (ou de l'achèvement ou de la première utilisation du bien dans le cas visé au n° 61120, précision b), de l'importation ou de la livraison à soi-même, voir nos 62940 s. 62635

FORME ET CALCUL DE LA RÉGULARISATION

La régularisation est égale à la **somme des régularisations annuelles** qui auraient été effectuées jusqu'au terme de la période de régularisation en considérant que, **pour chacune des années restantes** de cette période, le **coefficient de taxation** est **égal à zéro** (CGI ann. II art. 207, III-2-4°). 62650

Cette régularisation prend nécessairement la forme d'un **reversement** de la TVA initialement déduite.

CONSÉQUENCES

Dès lors que le bien est maintenu dans le même patrimoine, ce cas de régularisation ne conduit **pas** à **reprendre à zéro** le décompte du **délai de régularisation** (n° 61125). Le délai d'origine se poursuit (Inst. 3 D-1-07 n° 42, non reprise au Bofip mais dont la solution nous paraît conserver sa valeur). 62660

Une fois la régularisation effectuée, le **coefficient de taxation** de référence est **modifié** et devient nul. Les coefficients d'assujettissement et d'admission de référence restent inchangés (Inst. 3 D-1-07 n° 42, non reprise au Bofip mais dont la solution nous paraît conserver sa valeur). 62665

Dès lors que le coefficient d'assujettissement du bien demeure non nul, le **bien** reste dans le cycle des régularisations. Il est **disponible,** le cas échéant, **pour une nouvelle régularisation** (qui s'effectuerait selon les règles prévues pour les régularisations concernant les biens devenant utilisés pour la réalisation d'opérations imposables : nos 62475 s.) durant la période de régularisation restant à courir, dans le cas où il serait de nouveau utilisé, en tout ou partie, à des opérations ouvrant droit à déduction (BOI-TVA-DED-60-20-30 n° 90). 62670

EXEMPLE

Une banque acquiert l'année N un ordinateur pour un prix de 2 000 € HT, auxquels s'ajoute une TVA de 400 €. L'ordinateur étant utilisé exclusivement pour la réalisation d'opérations imposables ouvrant droit à déduction, ses trois coefficients sont initialement égaux à 1. La banque a donc pu déduire l'intégralité de la taxe acquittée. 62680

En N + 2, l'ordinateur est affecté aux activités exonérées de la banque. Celle-ci doit alors procéder à une régularisation globale de la taxe qui est égale à la somme des régularisations annuelles qui auraient eu lieu au cours des années N + 3 et N + 4 (soit 2 années) en considérant que pour chacune de ces années le coefficient de taxation de l'ordinateur est égal à zéro, chacune de ces régularisations étant égale à : $[(1 \times 0 \times 1) - (1 \times 1 \times 1)] \times 400$ € / 5 = – 80 €. La régularisation globale qui prend la forme d'un reversement est alors égale à $80 \times 2 = 160$ €.

Une fois cette régularisation opérée, le coefficient de taxation de référence sera nul.

b. Biens cessant d'être utilisés à des opérations imposables

Dans ce cas, le **coefficient d'assujettissement** du bien devient **nul,** ainsi que son coefficient de taxation. Il y a donc lieu de procéder à une régularisation globale. 62700

SITUATIONS VISÉES

62710 Ce cas de régularisation globale recouvre des situations très variées. On peut citer **notamment** les situations suivantes : affectation des biens aux services administratifs, sociaux, éducatifs, culturels et sportifs non imposables des personnes morales de droit public ; affectation des biens aux services non imposables des organismes collecteurs de taxes obligatoires ou des organismes à but non lucratif percevant des dons et des legs ; locations gratuites de locaux précédemment affectés à la location à titre onéreux imposable à la TVA de plein droit ou sur option ; prélèvement de biens par l'assujetti pour ses besoins privés ou ceux de son personnel ou à des fins étrangères à l'entreprise et prélèvement de biens lors de la cessation d'activité par l'assujetti ou par ses ayants droit (selon l'administration, ce cas de régularisation ne vaut que pour les immeubles ; s'agissant des biens mobiliers d'investissement, voir précisions ci-après) ; biens distraits de l'actif de l'entreprise sans faire l'objet d'une destruction, d'un vol ou d'un détournement justifiés (disparition pure et simple).

> **Précisions** L'administration précise que, s'agissant des **biens mobiliers d'investissement**, le **prélèvement** par l'assujetti **pour** ses **besoins privés** ou lors de la **cessation d'activité** donne lieu, non pas à une régularisation, mais à la taxation d'une livraison à soi-même, lorsque ce bien ou les éléments le composant ont ouvert droit à déduction complète ou partielle de la TVA (BOI-TVA-DED-60-20-10 n°s 50 et 60 ; voir également n°s 14280 et 14320). Le Conseil d'État, quant à lui, semble considérer que, dans une telle situation, il y a lieu de procéder à une régularisation et non pas à la taxation d'une livraison à soi-même (CE 9-10-2019 n° 418100 : RJF 1/20 n° 22).

62715 Selon le **Conseil d'État,** une entreprise n'est tenue de procéder à la régularisation globale prévue par les dispositions de l'article 207, III-1-5° de l'annexe II au CGI qu'à compter de l'évènement qui caractérise de façon certaine la **désaffectation définitive d'une immobilisation à la réalisation d'opérations taxables.** Ainsi, dans le cas d'une société ayant cessé son activité de production de matières plastiques sur un site classé Seveso, la conservation des biens immobilisés dans le patrimoine de la société dans l'attente de l'engagement des opérations de démantèlement et de dépollution du site ne constitue pas un évènement de nature à entraîner une régularisation globale, dès lors que, si ces biens ont effectivement cessé d'être utilisés pour les besoins de son activité industrielle, ils étaient destinés à être soit détruits, soit cédés, soit transformés dans le cadre de la réaffectation des terrains à un nouvel usage (CE 9-10-2019 n° 418100 : RJF 1/20 n° 22). De même, il n'y a pas lieu à régularisation lorsque des locaux ont été fermés en raison de désordres liés à la conception et à la construction et qu'une procédure judiciaire est toujours en cours (CAA Nantes 18-3-2021 n° 19NT02190 : RJF 7/21 n° 712).

En d'autres termes, lorsqu'un assujetti cesse, au cours de la période de régularisation, d'exercer l'activité taxable à laquelle était affecté un bien immobilisé, cette seule désaffectation et la conservation du bien dans le patrimoine de l'entreprise ne peuvent être regardées comme caractérisant la cessation de son utilisation à des opérations imposables, entraînant la régularisation globale prévue par les dispositions précitées. Ce n'est qu'une fois le destin du bien définitivement scellé qu'une telle régularisation doit, le cas échéant, être opérée.

La **CJUE** retient un raisonnement similaire en considérant qu'un assujetti soumis à une procédure de faillite n'a pas à procéder automatiquement à la régularisation des déductions effectuées, lorsque l'ouverture d'une telle procédure ne fait pas obstacle à la **poursuite de l'activité économique**, notamment aux fins de liquidation de l'entreprise (CJUE 3-6-2021 aff. 182/20 : RJF 8-9/21 n° 891). En revanche, dans une telle hypothèse, une régularisation doit être effectuée lorsqu'il est établi que les biens d'investissements ne seront plus utilisés dans le cadre de son activité économique (CJUE 6-10-2022 aff. 293/21 : RJF 12/22 n° 1096).

> **Précisions** Cette jurisprudence infirme en partie la **doctrine administrative** selon laquelle, en cas de cessation d'activité (ou dans l'hypothèse d'entreprises en sommeil), la régularisation doit être opérée nonobstant la conservation des biens dans le patrimoine de l'entreprise (n° 62730). Jurisprudence et doctrine administrative (n° 62730) s'accordent, en revanche, en ce qui concerne l'hypothèse d'une procédure collective d'apurement du passif.

62720 **Disparition du bien** La disparition du bien (événement qui a pour conséquence de soustraire le bien à l'activité de l'entreprise sans qu'il cesse pour autant d'exister) ne peut concerner que les biens meubles. La régularisation résulte de ce que le bien est réputé faire l'objet d'une consommation finale (D. adm. 3 D-1411 n° 21, non reprise au Bofip mais dont la solution nous paraît conserver sa valeur).

Le principe de la régularisation en cas de disparition du bien comporte néanmoins deux exceptions. La première est celle de la **destruction justifiée,** la seconde, celle du **vol prouvé** (voir n° 62885).

Cessation d'activité Selon l'**administration,** en principe, il y a cessation d'utilisation à des opérations imposables en cas de cessation d'activité, les biens d'investissement existant dans l'entreprise à la date de la cessation d'activité devant dès lors faire l'objet d'une régularisation. Comme pour le remboursement des crédits de taxe non imputables (n° 58820), l'administration considère qu'en matière de régularisation, pour les entreprises dont l'objet est de vendre des marchandises, la date de cessation d'activité correspond à la **date à laquelle elles ont vendu** la totalité de **leur stock** de marchandises, même si elles conservent, sans les vendre, les immobilisations qui ont été nécessaires à leur activité. 62730

En cas de **procédure collective d'apurement du passif,** il y a toutefois lieu de retenir la **date de cession** ou de mise au rebut de tous les **biens mobiliers d'investissement,** si elle est postérieure (en ce sens, BOI-TVA-DED-60-20-10 n°s 40 et 50).

À défaut d'avoir constaté la cessation d'activité, l'administration estime qu'elle peut exiger la régularisation des droits à déduction en cas de cessation d'opérations imposables (« **entreprise en sommeil** »). La cession ultérieure des biens d'investissement qui ont fait l'objet de cette régularisation n'est pas soumise à la TVA (BOI précité n° 60).

Remarques : 1. On rappelle que la doctrine exposée ci-dessus n'est pas, sauf en ce qui concerne la procédure collective d'apurement du passif, en phase avec la jurisprudence (voir n° 62715).

2. Sur les conséquences, en matière de régularisation, d'une **vacance temporaire des locaux** dans le cadre d'une activité de location, voir n° 4510 (locaux nus à usage professionnel) et n° 92380, précisions (locations meublées).

3. Sur le traitement des **prélèvements** de biens mobiliers d'investissement au moment de la cessation d'activité, voir n° 62710, précisions.

Dissolution de la communauté conjugale Il n'y a pas lieu d'opérer les régularisations sur les immobilisations qui ne sont affectées par aucun changement de propriétaire, lorsqu'il est établi qu'un **fonds de commerce** dépendant de la **communauté** conjugale est **exploité successivement par l'un et l'autre des époux.** Cette solution est admise puisqu'il n'y a pas dissolution de la communauté conjugale et qu'il n'est pas mis fin à l'indivision (D. adm. 3 D-1411 n° 23, non reprise au Bofip mais dont la solution nous paraît conserver sa valeur). 62740

En cas de dissolution de la communauté qui entraîne le **transfert d'un immeuble dans le patrimoine du conjoint survivant,** la TVA déduite doit faire l'objet d'une régularisation (Rép. Warhouver : AN 26-12-1988 n° 2737 ; D. adm. 3 D-1411 n° 27, non reprises au Bofip mais dont la solution nous paraît conserver sa valeur).

Destruction d'un bien en vue de réaliser une activité économique La démolition de bâtiments, acquis avec le terrain sur lequel ils ont été construits, effectuée en vue de la réalisation d'un lotissement en lieu et place de ces bâtiments, n'entraîne pas une obligation de régulariser la déduction initialement opérée de la TVA relative à l'acquisition desdits bâtiments (CJUE 29-11-2012 aff. 257/11 : RJF 3/13 n° 374). 62745

FORME ET CALCUL DE LA RÉGULARISATION

La régularisation globale est égale à la **somme des régularisations annuelles** qui auraient été effectuées jusqu'au terme de la période de régularisation en considérant que, **pour chacune des années restantes** de cette période, le **coefficient d'assujettissement** du bien est **égal à zéro** (CGI ann. II art. 207, III-2-5°). 62760

Cette régularisation prend nécessairement la forme d'un **reversement** de la TVA initialement déduite.

CONSÉQUENCES

Cet événement (bien cessant d'être utilisé à des opérations imposables) entraîne la modification du **coefficient d'assujettissement de référence** du bien qui devient **nul.** Le coefficient de taxation de référence devient également nul (BOI-TVA-DED-60-20-30 n° 100). 62770

Selon l'**administration,** une fois la régularisation effectuée, le bien sort définitivement du cycle des régularisations de sorte qu'aucune déduction complémentaire ne pourra plus à l'avenir être effectuée même si le bien est à nouveau utilisé à des opérations imposables ouvrant droit à déduction (BOI-TVA-DED-60-20-30 n° 100). 62775

Voir toutefois la **jurisprudence de la CJUE** analysée au n° 50825, qui nous paraît pouvoir jouer également dans ce cas de figure.

EXEMPLE

62785 L'exemple ci-après résulte du BOI-TVA-DED-60-20-30 n° 100. Il est donné sous la réserve évoquée au n° 62775.

L'année N, un entrepreneur individuel, exerçant une activité intégralement soumise à la TVA, fait l'acquisition d'un **immeuble** neuf destiné à son exploitation. Le coût d'acquisition s'élève à 100 000 € hors taxe. Il déduit 20 000 €.

En N + 6, l'immeuble est affecté au patrimoine privé de l'exploitant. Celui-ci est tenu à un reversement égal à :

19

Σ (0 × 0 × 1 – 1 × 1 × 1) × 20 000 / 20, soit – 13 000 €.

7

Le coefficient d'assujettissement de référence du bien devient nul, ainsi que le coefficient de taxation de référence. En N + 8, il réaffecte l'immeuble à son activité professionnelle. Il ne peut prétendre à aucune déduction complémentaire.

Remarque : Selon l'administration, le prélèvement dans les mêmes conditions d'un **bien mobilier d'investissement** ne donnerait pas lieu à une régularisation mais à la taxation d'une livraison à soi-même (voir n° 62710, précisions).

D. Modalités de régularisation

62800 En vertu de la dernière phrase de l'article 208, I de l'annexe II au CGI, les **régularisations** doivent être **mentionnées distinctement sur** les **déclarations de chiffre d'affaires.**

Nous présentons les modalités de régularisation, selon que celle-ci se traduit par une déduction complémentaire (nos 62810 s.) ou par un reversement de taxe (nos 62830 s.).

DÉDUCTION COMPLÉMENTAIRE

62810 La déduction complémentaire est mentionnée sur la déclaration souscrite au titre de la période (mois, trimestre, année) au cours de laquelle la cession ou l'apport est intervenu (ou au cours de laquelle le bien a cessé d'être exclu du droit à déduction). En règle générale, d'ailleurs, cette mention s'effectue sur la déclaration faisant apparaître la base d'imposition de la cession ou de l'apport et la taxe due correspondante (D. adm. 3 D-1412 n° 11, non reprise au Bofip mais dont la solution nous paraît conserver sa valeur).

62815 Pour les redevables relevant du **régime réel normal,** la déduction complémentaire doit être mentionnée distinctement sur la ligne 21 (« Autre TVA à déduire ») de la déclaration CA3 souscrite au titre du mois ou du trimestre durant lequel s'est produit l'événement qui motive la régularisation.

Pour les redevables relevant du **régime simplifié** et n'ayant pas renoncé aux formalités simplifiées, la déduction complémentaire est opérée lors de la souscription de la déclaration CA 12/CA 12E et doit être mentionnée sur la ligne 25 (« Omissions ou compléments de déductions »).

Pour les **exploitants agricoles** ne souscrivant pas de CA 3, la déduction complémentaire est opérée lors de la souscription de la déclaration CA 12A/CA 12AE et doit être mentionnée sur la ligne 20 (« Omissions ou compléments de déductions »).

62820 Lorsque l'assujetti **omet** de **mentionner la déduction complémentaire** à laquelle il est en droit de prétendre dans le délai visé au n° 62810, il reste fondé à faire figurer celle-ci sur les déclarations ultérieures jusqu'au 31 décembre de la deuxième année qui suit celle de l'omission (Lettre DLF du 26-12-2005).

REVERSEMENT

62830 Le reversement auquel donne lieu la régularisation de la taxe doit être mentionné, sur une ligne distincte (CGI ann. II art. 208, I), sur la déclaration souscrite au titre de la période (mois, trimestre, année) au cours de laquelle l'événement qui motive la régularisation est intervenu.

> **Précisions** Ce **délai** vaut donc en principe même lorsque le reversement est consécutif à la disparition du bien. L'administration considère que le délai ainsi imparti aux entreprises pour s'acquitter de cette obligation est, en règle générale, suffisant pour leur permettre de déterminer les bases et le montant du reversement exigible. Mais, dans le cas où une entreprise apporte la preuve qu'elle n'est pas en mesure, dans ce délai, d'arrêter définitivement

le montant de la régularisation, il est admis qu'elle procède à une **liquidation provisoire** du reversement sur la base de la valeur hors taxe estimée des biens disparus et détermine ensuite le montant définitif de la régularisation dès qu'elle est en mesure de le faire (Rép. Mancel : AN 25-8-1980 n° 31758, non reprise au Bofip mais dont la solution nous paraît conserver sa valeur).

Pour les redevables au **régime réel normal,** le reversement doit être mentionné distinctement sur la déclaration CA3 souscrite au titre du mois ou du trimestre durant lequel s'est produit l'événement qui motive la régularisation, sur la ligne 15 (« TVA antérieurement déduite à reverser »). **62835**

Pour les redevables relevant du **régime simplifié** et n'ayant pas renoncé aux formalités simplifiées, les reversements sont opérés lors de la souscription de la déclaration CA 12/CA 12E et doivent être mentionnés sur la ligne 18 (« TVA antérieurement déduite à reverser »).

Pour les **exploitants agricoles** ne souscrivant pas de CA 3, les reversements sont opérés lors de la souscription de la déclaration CA 12A/CA 12AE et doivent être mentionnés sur la ligne 14 (« TVA antérieurement déduite à reverser »).

Le **reversement** de TVA consécutif à une cession d'immobilisations ne peut pas être retardé jusqu'à la date du **paiement du prix** par l'acheteur ; l'obligation de reversement existe alors même que la **créance** du vendeur sur l'acquéreur des immobilisations serait **douteuse** (CE 27-7-1988 n° 65933 : RJF 11/88 n° 1209). **62840**

E. Exceptions à la régularisation

L'article 207, III-4 de l'annexe II au CGI prévoit que les assujettis n'ont pas à procéder à la régularisation de la taxe afférente aux biens immobilisés dans les cas suivants : **62880**

– biens dont la cession ou l'apport sont dispensés du paiement de la TVA en application de l'article 257 bis du CGI relatif aux **transmissions d'universalité totale ou partielle de biens** (nos 15360 s.) ;

– biens qui ont été **volés** ou **détruits** dès lors que ce vol ou cette destruction fait l'objet d'une justification (n° 62885) ;

– biens dont le **coefficient d'assujettissement de référence** est **nul** (cette exception a pour effet d'interdire aux opérateurs concernés de bénéficier d'une déduction complémentaire : voir toutefois sur ce point la jurisprudence de la CJUE analysée au n° 50825).

La régularisation n'est pas exigée : **62885**

– en cas de **destruction** du bien, à condition qu'il en soit **justifié,** cette destruction pouvant être fortuite (sinistre) ou volontaire (outillage mis au rebut et détruit) (en ce sens, BOI-TVA-DED-60-20-30 n° 20) ;

– en cas de cession de **biens devenus inutilisables** et destinés à la **mise au rebut,** à la **casse** ou à la ferraille (D. adm. 3 D-1411 n° 21, non reprise au Bofip mais dont la solution nous paraît conserver sa valeur) ;

– en cas de **vol ou détournement** des biens, à condition qu'il en soit **justifié,** par le dépôt d'une plainte pour vol ou pour abus de confiance (en ce sens, BOI précité n° 20). Les régularisations s'appliquent donc principalement aux vols non prouvés. En effet, en ce qui concerne l'utilisation personnelle par l'assujetti d'un bien de son entreprise, il y a lieu en principe de procéder à la taxation de l'utilisation privative (prestation de services à soi-même : nos 14430 s.) ou du prélèvement du bien (nos 14220 s.).

F. Articulation entre régularisations annuelles et régularisations globales

Les quatre événements mentionnés au n° 61260 entraînent une modification des valeurs des coefficients de référence. **62900**

Les **modifications des valeurs des coefficients de référence** induites par une régularisation globale doivent être **prises en compte** :

– pour le **calcul** des **régularisations annuelles à compter de l'année suivante** ;

– pour le **calcul** des **régularisations globales ultérieures,** y compris celles qui interviendraient lors de l'année en cours.

En revanche, les modifications des valeurs des coefficients de référence induites par une régularisation globale ne doivent **pas** être **prises en compte pour** le **calcul** de la **régularisation**

annuelle due au titre de l'année au cours de laquelle est intervenue la régularisation globale, et ce, même si cette régularisation annuelle peut être liquidée jusqu'au 25 avril de l'année suivante, donc postérieurement à la régularisation globale (BOI-TVA-DED-60-20-40 n° 1).

EXEMPLES

62910 **Bien devenant utilisé à la réalisation d'opérations ouvrant droit à déduction** Un entrepreneur individuel acquiert en l'année N un immeuble grevé de 200 000 € de TVA. Il l'affecte à 20 % à son usage privatif. Il débute son activité sous le régime de la franchise.

Les coefficients d'assujettissement, de taxation et d'admission de référence de cet immeuble sont égaux, respectivement, à 0,8, 0 et 1. Il n'opère initialement aucune déduction.

À partir de N + 1, il affecte entièrement l'immeuble à son activité professionnelle, de sorte que pour chacune des années restantes dans la période de régularisation, de N + 1 à N + 19, le coefficient d'assujettissement du bien sera égal à 1.

Du fait du développement de son activité, l'entrepreneur quitte le régime de la franchise le 1er mars N + 4. Il bénéficie à cette date d'une régularisation globale, anticipant les régularisations annuelles auxquelles il aurait eu droit entre les années N + 5 et N + 19, égale à :

$$\sum_{5}^{19} (0{,}8 \times 1 \times 1 - 0{,}8 \times 0 \times 1) \times 200\,000 / 20$$, soit 120 000 €.

On constatera que, alors même que depuis l'année N + 1 le coefficient d'assujettissement du bien est égal à 1, c'est la valeur du coefficient d'assujettissement de référence, en l'occurrence 0,8, qui doit être retenue pour le calcul.

Le fait que le coefficient d'assujettissement soit désormais égal à 1 sera pris en compte chaque année lors de la détermination des régularisations annuelles.

Toutes choses égales par ailleurs, l'entrepreneur constatera ainsi, chaque année de N + 5 à N + 19, une régularisation annuelle égale à (1 × 1 × 1 – 0,8 × 1 × 1) × 200 000 / 20, soit 2 000 € chaque année, étant fait observer, d'une part, que le produit (1 × 1) constaté chaque année diffère du produit de référence (0,8 × 1) de plus d'un dixième, ce qui justifie l'octroi d'une déduction complémentaire, et, d'autre part, que, pour le calcul de chacune de ces régularisations dues au titre des années N + 5 à N + 19, le coefficient de taxation de référence a évolué après la régularisation globale opérée le 1er mars N + 4, passant de 0 à 1.

Reste à déterminer la régularisation annuelle due au titre de l'année N + 4, que l'entrepreneur devra effectuer avant le 25 avril N + 5.

Au cours de l'année N + 4, l'immeuble a été utilisé de manière mixte. Le coefficient de taxation de l'année doit donc être déterminé de manière forfaitaire. Il s'avère, au cas présent, que le chiffre d'affaires de cet assujetti est constant chaque mois. Le coefficient de taxation de l'année N + 4 est donc égal à 10 / 12 = 0,83333... arrondi à 0,84.

Pour déterminer la régularisation annuelle due au titre de l'année N + 4, les coefficients de référence à retenir ne doivent pas tenir compte des régularisations globales intervenues en N + 4 et des substitutions subséquentes. La régularisation annuelle due au titre de l'année N + 4 est ainsi égale à (1 × 0,84 × 1 – 0,8 × 0 × 1) × 200 000 / 20, soit 8 400 €.

Sur toute la période de régularisation, des 200 000 € de TVA initialement supportés, l'entrepreneur aura ainsi déduit 158 400 €, soit 79,2 % de la TVA initiale. C'est effectivement le pourcentage moyen d'utilisation du bien à des opérations ouvrant droit à déduction (BOI-TVA-DED-60-20-40 n° 1).

62920 **Cession soumise à la taxe sur le prix total** Une banque ayant opté pour le paiement de la TVA acquiert l'année N un immeuble grevé de 200 000 € de TVA. Ses coefficients d'assujettissement, de taxation et d'admission de référence sont égaux, respectivement, à 1, 0,25 et 1. Le 1er juillet N + 4, la banque vend l'immeuble en TVA. Elle peut prétendre à une déduction complémentaire, égale à :

$$\sum_{5}^{19} (1 \times 1 \times 1 - 1 \times 0{,}25 \times 1) \times 200\,000 / 20$$, soit 112 500 €.

Sur le premier semestre, le bien avait été utilisé de manière mixte et la banque constate, avant le 25 avril N + 5, que le coefficient de taxation des biens utilisés de manière mixte est égal à 0,1. Elle est alors tenue à une régularisation annuelle au titre de l'année N + 4 sur l'immeuble qu'elle a cédé au 1er juillet, qui prend la forme d'un reversement d'un montant égal à (1 × 0,1 × 1 – 1 × 0,25 × 1) × 200 000 / 20, soit 1 500 € (BOI-TVA-DED-60-20-40 n° 10).

Transfert entre secteurs d'activité Une entreprise ayant constitué deux secteurs 62930
d'activité acquiert l'année N un immeuble grevé de 200 000 € de TVA. Ce bien est utilisé exclusivement pour les besoins de son premier secteur d'activité. Son coefficient de déduction provisoire, auquel s'avérera égal son coefficient de déduction définitif et, par conséquent, son coefficient de déduction de référence, est égal à 0,6. Elle a donc déduit 120 000 €. Le 15 mai de l'année N + 1, elle transfère cet immeuble à son autre secteur d'activité, dans lequel le coefficient de déduction provisoire du bien est égal à 0,9. Elle procède tout d'abord à une régularisation globale, égale à un reversement de :

$$\sum_{2}^{19} (0 - 0,6) \times 200\,000 / 20$$, soit – 108 000 €.

Elle transfère d'un secteur à l'autre un montant de taxe déductible égal à 200 000 × 18 / 20 = 180 000 €, que l'entreprise déduit à proportion du coefficient de déduction du bien dans le second secteur d'activité (soit une déduction de : 180 000 € × 0,9 = 162 000 €). Avant le 25 avril de l'année N + 2, l'entreprise constate que, au titre de l'année N + 1, le coefficient de déduction des biens utilisés sur le premier secteur est égal à 0,4 et que le coefficient de déduction des biens utilisés sur le second secteur est égal à 0,95. Dès lors que le transfert entre secteurs est assimilé à une vente, l'entreprise ne doit pas considérer que le bien a été utilisé concurremment aux deux secteurs au cours de l'année N + 1. Elle doit au contraire constater, au titre du premier secteur, qu'elle est tenue d'opérer une régularisation annuelle, qui, au cas présent, prend la forme d'un reversement de (0,4 – 0,6) × 200 000 / 20 = – 2 000 € (étant précisé que l'écart entre le produit des coefficients d'assujettissement et de taxation de l'année, d'une part, et le produit des coefficients d'assujettissement et de taxation de référence, d'autre part, est supérieur à un dixième). Elle constate également, au titre du second secteur, que le coefficient de déduction définitif diffère du coefficient de déduction provisoire retenu au moment du transfert et à ce titre procède à une déduction complémentaire égale à 0,95 × 180 000 € – 162 000 € = 9 000 €. Le fait que l'écart entre le coefficient de déduction définitif et le coefficient de déduction provisoire soit inférieur à un dixième est, bien entendu, sans incidence. Le coefficient de déduction de référence du bien est désormais égal à 0,95 (BOI-TVA-DED-60-20-40 n° 20).

RÉGULARISATION GLOBALE LA PREMIÈRE ANNÉE

Deux cas de régularisation globale sont ici visés. Il s'agit des cas suivants : 62940

– un bien utilisé exclusivement à des opérations n'ouvrant pas droit à déduction au début de l'année N (année de l'acquisition, de l'importation, de l'achèvement ou de la première utilisation du bien pour le cas visé au n° 61120, précision b, ou de la livraison à soi-même) vient, au cours de ladite année, à être utilisé exclusivement à des opérations ouvrant droit à déduction (nos 62475 s.) ;

– un bien utilisé exclusivement à des opérations ouvrant droit à déduction au début de l'année N (année de l'acquisition, de l'importation, de l'achèvement, de la première utilisation du bien ou de la livraison à soi-même) vient, au cours de ladite année, à être utilisé exclusivement à des opérations imposables n'ouvrant pas droit à déduction (nos 62630 s.).

Dans les deux hypothèses visées au n° 62940, l'opérateur doit procéder à une **régularisation** 62945
globale dès la survenance de ces événements qui se traduira par un reversement d'une partie de la TVA initialement déduite ou par une déduction complémentaire. Cette régularisation globale étant antérieure à la détermination des coefficients définitifs, les coefficients de référence utilisés pour l'effectuer seront les coefficients provisoires. La régularisation globale portera sur les quatre années (biens mobiliers) ou les dix-neuf années (biens immobiliers) suivant celle de l'acquisition.

Au titre de l'année N, les biens ayant été utilisés successivement pour des opérations ouvrant droit et n'ouvrant pas droit à déduction, leur **coefficient de taxation définitif arrêté le 25 avril N + 1** est obligatoirement forfaitaire (n° 52670). L'opérateur doit opérer un reversement ou une déduction complémentaire de TVA avant le 25 avril N + 1 en raison de la différence existant entre le coefficient de taxation définitif et le coefficient de taxation provisoire. Le calcul de ce reversement ou de cette déduction complémentaire ne doit porter que sur le montant de TVA correspondant à l'année N, soit un cinquième (biens mobiliers) ou un vingtième (biens immobiliers) de la TVA initiale.

SECTION 2

RÉGULARISATIONS APPLICABLES AUX BIENS AUTRES QUE LES IMMOBILISATIONS ET AUX SERVICES

63000 Alors que les régularisations précédentes intéressent seulement les immobilisations, les régularisations ici examinées se rapportent exclusivement aux biens (marchandises, etc.) autres que les immobilisations et aux services (tels que ces biens et services sont définis aux nos 60540 s.).

63005 Les cas de régularisation se rapportant aux biens (marchandises, etc.) autres que les immobilisations et aux services sont prévus par le IV et le VI de l'article 207 de l'annexe II au CGI.

Ces régularisations s'appliquent dans les **cas** suivants :

- **biens devenant utilisés à des opérations ouvrant droit à déduction** (nos 63050 s.) ;
- **disparition** des marchandises (nos 63080 s.) ;
- **utilisation** des biens ou services pour une **opération n'ouvrant pas droit à déduction** (nos 63200 s.).

Lorsque l'un de ces événements intervient, la régularisation doit être opérée **quelle que soit la date** où il se produit (contrairement à ce qui se passe pour les immobilisations, il n'existe pas ici de date limite au-delà de laquelle la régularisation ne serait plus obligatoire).

I. BIENS DEVENANT UTILISÉS À DES OPÉRATIONS OUVRANT DROIT À DÉDUCTION

63050 L'article 207, IV-2 de l'annexe II au CGI prévoit que, lorsqu'un bien en stock vient à être utilisé pour la réalisation d'opérations ouvrant droit à déduction, la taxe initiale peut être déduite à proportion du coefficient de déduction résultant de ce changement.

Ainsi, lorsqu'un bien en stock cesse d'être utilisé exclusivement pour la réalisation d'opérations exonérées et vient à être utilisé pour la réalisation d'opérations ouvrant droit à déduction (coefficient de taxation cessant d'être nul), la **taxe initiale** ayant grevé l'acquisition de ce bien peut être **déduite à proportion du coefficient de déduction résultant de ce changement d'utilisation** (nos 52500 s.) (Inst. 3 D-1-07 n° 40 ; dans le même sens, BOI-TVA-DED-60-40 n° 30).

63055 Ce cas de régularisation, qui se traduit par une déduction complémentaire, concerne en particulier les **nouveaux redevables** pour leurs biens en stock à la date à laquelle ils deviennent redevables. Mais il peut également concerner un **bien en stock pris isolément.**

Cette déduction complémentaire doit être mentionnée sur la **déclaration** souscrite au titre de la période (mois, trimestre, année) au cours de laquelle le changement d'utilisation est intervenu (voir nos 62810 s.).

II. DISPARITION DES MARCHANDISES

63080 L'article 271, III-a du CGI (repris par l'article 207, VI-1° de l'annexe II à ce Code) pose comme principe que les assujettis sont tenus de procéder à une régularisation si les marchandises ont disparu.

Dans une telle hypothèse, le montant de la taxe dont la déduction a déjà été opérée doit donc être reversé.

Ce principe de régularisation souffre plusieurs exceptions qui en limitent la portée (nos 63105 s.).

PRINCIPE

Les redevables sont tenus de procéder à une régularisation des déductions antérieures lorsque les marchandises ont disparu **avant** d'avoir reçu l'**utilisation** en vue de laquelle elles avaient été acquises. **63090**

La disparition d'un bien exclut qu'il puisse être utilisé pour les besoins d'une opération ouvrant droit à déduction. Elle rend donc exigible le reversement de la taxe initialement déduite.

Il en est ainsi quel que soit le lieu où ces biens ont disparu (usines, entrepôts, chez un tiers, en cours de transport, etc.) et que ces marchandises aient été destinées à la revente (en l'état ou après transformation) ou aient correspondu à des frais généraux de l'entreprise.

C'est à la personne qui est **propriétaire** des biens au moment de leur disparition qu'il appartient d'opérer la régularisation (BOI-TVA-DED-60-30 n° 20).

Selon le Conseil d'État, la « disparition » d'une marchandise au sens de l'article 271, III du CGI, rendant exigible le reversement de la TVA initialement déduite, s'entend d'une **disparition non justifiée,** laissant présumer que cette marchandise a été utilisée pour les besoins d'une opération non effectivement soumise à l'impôt, telle qu'une consommation finale (CE 23-2-2000 n° 174240 : RJF 4/00 n° 480). **63095**

EXCEPTIONS

Dans certains cas, et bien qu'il y ait eu disparition, la régularisation n'est pas exigée. Ces hypothèses, limitatives, sont examinées aux nos 63115 s. **63105**

Destruction justifiée Comme en matière d'immobilisations, la régularisation n'est pas exigée lorsque les biens en stock sont détruits et qu'il est justifié de cette destruction. La dispense est expressément prévue à l'article 207, VI de l'annexe II au CGI. **63115**

La destruction peut être :

– soit **accidentelle** (incendie, inondation, destruction en cours de transport, etc.) ; il appartient aux assujettis d'en apporter la **preuve** ;

– soit **volontaire** ; tel est le cas de la destruction de biens et marchandises devenus inutilisables ou invendables ; il peut en être également ainsi de marchandises **volées puis retrouvées** et détruites par leur propriétaire ; la destruction volontaire doit trouver sa traduction en **comptabilité,** ce qui, en règle générale, en constitue la **justification** (BOI-TVA-DED-60-30 n° 30).

Vol prouvé La régularisation n'est pas exigée en cas de **vol** ou de **détournement justifiés** (par le dépôt d'une plainte pour vol ou pour abus de confiance). **63125**

Il est admis que dans le secteur de la distribution (détaillants ou grandes surfaces) la **« démarque inconnue »** n'entraîne pas de régularisation dès lors que son taux n'est pas exagéré (et sans que le dépôt d'une plainte soit exigé) (BOI-TVA-DED-60-30 n° 50). Mais il ne suffit pas qu'une activité, par les volumes brassés et les modalités de son accomplissement, entraîne nécessairement des pertes pour que l'absence de régularisation soit de ce fait nécessairement admise. Ainsi, un redevable ne peut être dispensé de l'obligation de régulariser la TVA à raison de la démarque inconnue constatée dans ses locaux de stockage qu'à la condition de justifier de l'**origine précise** des **disparitions** de marchandises (en ce sens, CE (na) 23-7-2010 n° 321817 : RJF 12/10 n° 1163).

Déperdition justifiée L'obligation de régulariser ne s'impose pas non plus en cas de déperdition justifiée des marchandises subie à l'occasion de l'accomplissement d'opérations imposables et du fait des **modalités de l'activité.** **63135**

Caractérisent une telle déperdition : le non-retour par les destinataires, malgré leur engagement, des livres à l'essai qu'une société de vente par correspondance leur a adressés, à leur demande, en vue d'une éventuelle commande (CE 23-2-2000 n° 174240 : RJF 4/00 n° 480) ; le vol de marchandises expédiées et le mauvais adressage de commandes de fournitures de bureau qui ne sont pas retournées par leur destinataire, nonobstant l'absence de dépôt de plainte (CAA Versailles 2-12-2014 n° 14VE01166 : RJF 3/15 n° 202).

FORME ET MODALITÉS DE LA RÉGULARISATION

63150 La régularisation consiste dans le **reversement de l'intégralité de la taxe** dont la déduction avait été opérée.

Pour le calcul du reversement, il est admis que l'assujetti utilise, le cas échéant, des **méthodes forfaitaires,** sous réserve du droit de contrôle de l'administration (BOI-TVA-DED-60-30 n° 120). Il peut en être ainsi notamment en cas de fourniture gratuite de repas au personnel (voir n° 63225).

Le reversement doit être opéré **avant le 25 du mois qui suit** l'événement qui le motive.

En pratique, pour les redevables souscrivant des CA 3, la régularisation doit être mentionnée distinctement (ligne « TVA antérieurement déduite à reverser ») sur la **déclaration** souscrite au titre **du mois** durant lequel s'est produit l'événement. Pour les redevables qui souscrivent des déclarations annuelles (entreprises placées sous le régime simplifié qui n'ont pas renoncé aux formalités simplifiées, exploitants agricoles ne souscrivant pas de CA 3), le reversement est opéré lors de la souscription de ces déclarations.

Il est également admis que les régularisations relatives aux **prélèvements** effectués pour les **besoins privés normaux** du chef d'une entreprise individuelle (n° 63215) s'effectuent en fin d'année (BOI précité n° 130).

III. UTILISATION DES BIENS OU SERVICES POUR UNE OPÉRATION N'OUVRANT PAS DROIT À DÉDUCTION

63200 Les articles 271, III-b du CGI et 207, VI-2° de l'annexe II au CGI prévoient qu'une régularisation doit être effectuée lorsque les biens ou services ayant fait l'objet d'une déduction de la taxe qui les avait grevés ont été utilisés pour une opération qui n'est pas effectivement soumise à l'impôt.

La taxe ayant grevé des **services** doit ainsi faire l'objet d'une régularisation lorsque ceux-ci sont utilisés pour une opération qui n'est pas effectivement soumise à la TVA parce que exonérée de taxe (ou non réalisée).

La taxe ayant grevé des **biens** qui ne constituent pas des immobilisations doit être régularisée lorsqu'ils ne sont pas effectivement utilisés pour une opération ouvrant droit à déduction et que cette utilisation n'est pas soumise à l'imposition au titre d'une livraison à soi-même de biens (n°s 13800 s.). Les opérations en cause s'entendent des opérations non imposables ou exonérées (n'ouvrant pas droit à déduction).

Tel est également le cas des biens détenus en stock par les personnes qui deviennent bénéficiaires de la **franchise en base** (n° 49055).

La régularisation, qui prend ici la forme d'un **reversement,** doit être opérée selon les mêmes **modalités** que celles exposées au n° 63150.

> **Précisions** **a.** Il n'y a pas lieu à régularisation si l'assujetti réalise une **opération exonérée qui ouvre droit à déduction** (n° 52900).
> **b.** Les **cessions et apports de marchandises** peuvent, dans certains cas, échapper à la TVA sans pour autant donner lieu à reversement (voir n°s 15360 s.).
> **c.** Il n'y a pas lieu de reverser la taxe d'amont dans le cas des **opérations** imposables qui, étant demeurées **impayées,** ouvrent droit à restitution de la taxe correspondante (n° 59150).
> **d.** Pour la TVA ayant grevé les **dons** faits **aux œuvres humanitaires,** voir n° 11630.

PRÉLÈVEMENTS POUR LES BESOINS DU CHEF D'ENTREPRISE

63215 Les prélèvements sur stocks, effectués pour les **besoins privés normaux** du **chef d'une entreprise individuelle et** pour les besoins des membres de sa **famille à sa charge** (**« auto-consommation »**), ne sont pas considérés comme des livraisons à soi-même taxables (n° 14270). Corrélativement, cette dispense d'imposition rend obligatoire la **régularisation** de la taxe d'amont grevant les biens prélevés pour cette consommation (TVA déduite lors de l'achat des produits correspondants ou des matières et des services ayant servi à les fabriquer).

En revanche, les **prélèvements manifestement exagérés** ne bénéficient pas de la dispense d'imposition. Étant ainsi taxables à titre de livraison à soi-même, ils ne s'accompagnent donc pas d'une régularisation de la taxe d'amont. Il en est de même pour les prélèvements opérés par les **dirigeants d'entreprises en société,** ces prélèvements étant considérés comme des livraisons à soi-même taxables (n° 14270 précité) (BOI-TVA-CHAMP-10-20-20 n° 110).

PRÉLÈVEMENTS POUR LES BESOINS DU PERSONNEL

Pour les **entreprises qui nourrissent gratuitement** leur personnel, la taxe comprise dans le coût de revient des repas fournis au personnel doit donner lieu à reversement dans les conditions suivantes : 63225

– soit pour son montant exact (justifié comptablement) ;

– soit selon des bases forfaitaires : le prix du repas, évalué forfaitairement à 5 € pour 2022, étant réputé correspondre pour 85 % à des produits relevant du taux réduit de 5,5 % et pour 15 % à des produits taxés au taux normal (BOI-TVA-CHAMP-10-20-20 n° 100).

Les **autres prélèvements** opérés pour les besoins du personnel donnent lieu obligatoirement à imposition des livraisons à soi-même (attributions de charbon par les houillères, par exemple).

Certaines particularités sont à signaler dans le domaine de l'**agriculture** (voir nos 70890 s.).

CHAPITRE 6

REMBOURSEMENT AUX ENTREPRISES FRANÇAISES DE LA TVA SUPPORTÉE DANS UN AUTRE ÉTAT DE L'UE

SOMMAIRE

64100 L'article 170 de la directive 2006/112/CE (directive TVA) reconnaît aux assujettis établis dans un État membre de l'UE le droit d'obtenir d'un autre État membre, où ils ne sont pas établis et où ils n'accomplissent aucune opération imposable, le remboursement de la TVA ayant grevé le coût des biens et services acquis ou obtenus dans cet autre État. Les modalités de remboursement ont été modernisées par la directive 2008/9/CE du 12 février 2008 qui a mis en place une procédure électronique destinée à sécuriser et accélérer le traitement des demandes. Cette dernière directive a remplacé la huitième directive 79/1072/CEE du 6 décembre 1979.

Conformément à ces textes, l'article 289 D du CGI permet aux assujettis établis en France de demander le remboursement de la TVA supportée dans d'autres États de l'UE, dans lesquels ils ne sont pas établis, en souscrivant leur demande par voie électronique sur le portail mis à leur disposition à cet effet (sur le site www.impots.gouv.fr).

ATTENTION

Le **Royaume-Uni** ne fait plus partie de l'Union européenne (Brexit) depuis le 1er janvier 2021. Par exception, les acquisitions de biens effectuées en **Irlande du Nord** peuvent encore, à titre temporaire, faire l'objet d'un remboursement selon la procédure communautaire : voir n° 66230.

Nous examinerons successivement : **64105**
- les conditions de fond du remboursement, communes à tous les États membres (nos 64200 s.) ;
- la procédure de remboursement de la TVA étrangère aux assujettis français (nos 64570 s.) ;
- et, enfin, les règles particulières applicables dans chaque pays (nos 65100 s.).

La procédure de **remboursement aux entreprises étrangères** (établies ou non dans l'Union européenne) de la **TVA française,** qui est également fondée sur l'article 170 de la directive TVA, est étudiée aux nos 31350 s.

SECTION 1

CONDITIONS DE REMBOURSEMENT

Pour pouvoir prétendre au remboursement de la TVA supportée dans un autre État membre, l'entreprise française doit satisfaire à toutes les conditions suivantes (Dir. 2008/9/CE du 12-2-2008) : **64200**
- ne pas être établie dans le pays où le remboursement est demandé ;
- ne pas effectuer de livraisons de biens ou de prestations de services dans ce pays, sauf s'il s'agit de certaines opérations exonérées ou d'opérations pour lesquelles le redevable de la taxe est le client étranger ;
- et, bien entendu, être assujettie à la TVA en France et y effectuer des opérations ouvrant droit à déduction.

Lorsque ces conditions sont remplies, la nature des dépenses ouvrant droit à remboursement s'apprécie en fonction des règles propres à l'État membre du remboursement.

A. Non-établissement dans l'État de remboursement

Lorsque l'entreprise française dispose, dans un autre État de l'Union, d'un établissement stable à partir duquel elle réalise des opérations ouvrant droit à déduction, c'est-à-dire un **établissement stable actif,** la TVA déductible au titre des dépenses supportées dans cet État n'entre pas dans le champ d'application de la procédure spéciale de remboursement mais peut faire l'objet d'une déduction dans les conditions de droit commun sur les déclarations de chiffre d'affaires souscrites dans cet État par l'établissement stable, même si ces dépenses ont été effectuées non par l'établissement stable mais par le siège français (CJUE 16-7-2009 aff. 244/08, Commission c/ République italienne). **64250**

La même solution s'applique pour la TVA supportée dans un autre État de l'Union par l'établissement stable, situé en France, d'un assujetti dont le siège est situé dans cet autre État.

Lorsque l'établissement situé dans l'autre État est un « **établissement stable preneur de services** », c'est-à-dire un établissement qui, sans réaliser d'opérations imposables, présente néanmoins des caractéristiques (moyens humains, techniques) le rendant apte à recevoir et utiliser des services, cet établissement doit autoliquider la TVA relative aux prestations qui lui sont fournies par un assujetti établi dans un autre État de l'Union, sur le fondement de l'article 196 de la directive TVA. Dans cette hypothèse, l'entreprise française pourra opérer la déduction dans les conditions de droit commun de la TVA ainsi autoliquidée dans l'État d'implantation de l'établissement si cet État a fait usage de la faculté offerte par l'article 171 bis de la directive TVA. À défaut d'une telle option, l'entreprise devra introduire une demande de remboursement selon la procédure spéciale pour obtenir la récupération de cette taxe. **64255**

Compte tenu de la liberté de choix accordée aux États membres en ce domaine, il convient de vérifier la procédure applicable – procédure de droit commun ou procédure spéciale – dans chaque État.

Remarque : Il convient de noter que les États membres peuvent également, sur le fondement de l'article 171 bis précité, autoriser les entreprises étrangères à récupérer dans les conditions de droit commun la TVA autoliquidée en vertu non seulement de l'article 196 mais aussi des articles 194, 195, 197 et 199.

B. Absence de réalisation d'opérations dans l'État de remboursement

64310 Le remboursement via la procédure spéciale de la TVA supportée dans un autre État membre par une **entreprise française** qui n'y est pas établie ne s'applique pas lorsque celle-ci réalise dans cet État, au cours de la période considérée, des livraisons de biens ou des prestations de services au titre desquelles elle est **redevable de la taxe.** Dans ce cas, en effet, elle peut imputer la TVA qui grève ses dépenses sur celle dont elle est elle-même redevable et le crédit qui en résulte éventuellement est remboursé par la voie de la procédure de droit commun.

64315 La procédure spéciale de remboursement trouve, en revanche, à s'appliquer lorsque l'entreprise française réalise dans l'État étranger des opérations pour lesquelles elle n'est **pas redevable de la TVA,** à savoir :

– des prestations de **transport** et leurs **opérations accessoires** qui, bien qu'**exonérées** sur le fondement des articles 144, 146, 148, 149, 151,153, 159 ou 160 de la directive TVA, ouvrent droit à déduction ;

– des livraisons de biens et prestations de services pour lesquelles le **client étranger** est **redevable** de la TVA conformément aux articles 194 à 197 et à l'article 199 de la directive TVA.

C. Réalisation d'opérations imposables en France

64370 Pour bénéficier d'un remboursement, l'assujetti doit effectuer en France des opérations ouvrant droit à déduction. Lorsque l'entreprise réalise en France à la fois des opérations ouvrant droit à déduction et des opérations n'ouvrant pas droit à déduction, le montant de la taxe dont la restitution est demandée à un autre État de l'UE doit être calculé selon les modalités prévues par les articles 205 et suivants de l'annexe II au CGI (voir nos 52500 s.).

D. Nature des dépenses ouvrant droit au remboursement

64420 Seules ouvrent droit au remboursement de la TVA les dépenses effectuées pour les besoins (Dir. 2008/9/CE du 12-2-2008 art. 5) :

– d'opérations qui ouvriraient droit à déduction dans l'État de remboursement si elles y étaient réalisées. Le droit au remboursement est en effet déterminé en fonction des modalités d'application de la directive TVA dans l'État de remboursement et l'entreprise française ne peut récupérer que le montant de la TVA déductible par les assujettis locaux ;

– de certaines opérations qui, biens qu'exonérées, ouvrent néanmoins droit à déduction : opérations liées aux transports internationaux, livraisons intracommunautaires de biens, exportations, etc. ;

– d'opérations dont le destinataire est redevable de la TVA conformément aux articles 194 à 197 et à l'article 199 de la directive TVA, tels qu'ils sont appliqués dans l'État membre de remboursement.

SECTION 2

MODALITÉS DU REMBOURSEMENT

A. Dématérialisation de la procédure

Les assujettis établis en France effectuent leurs demandes de remboursement de la TVA supportée dans les autres États membres sur le **portail électronique** mis à leur disposition par l'administration fiscale française. Ce service dit de « démarche en ligne » est accessible à partir du site : www.impots.gouv.fr, rubrique « Professionnel », « Votre espace professionnel », rubrique « Démarches ». 64570

Pour accéder à ce service, l'entreprise doit au préalable disposer d'un espace professionnel, ce qui est le cas lorsqu'elle est adhérente à un service de téléprocédure. La création de l'espace professionnel se fait en deux étapes : la création proprement dite (avec validation de l'adresse électronique de l'entreprise) et l'activation (après réception d'un courrier adressé par voie postale et contenant un code d'activation).

B. TVA remboursable

La **TVA** dont le remboursement peut être demandé est celle **dont l'exigibilité est intervenue** chez le fournisseur ou le prestataire redevable de la taxe au cours de la période de remboursement définie aux nos 64680 s. (ou celle acquittée au titre de l'importation de biens au cours de la même période). Si le redevable omet de demander le remboursement au titre de cette période, il peut réparer son omission lors d'une demande ultérieure à condition que celle-ci porte sur des opérations effectuées au cours de la même année civile (Dir. 2008/9/CE du 12-2-2008 art. 14). 64620

EXEMPLE

Le requérant omet de porter sur la demande de remboursement qu'il souscrit en janvier N + 1 au titre des trois premiers mois de l'année N une facture pour laquelle la taxe est devenue exigible au cours de cette période. Il pourra demander le remboursement de la TVA afférente à cette dépense à l'occasion des autres demandes de remboursement qu'il pourra souscrire au titre de l'année N, au plus tard avant le 30 septembre de l'année N + 1 (n° 64740).

Un assujetti qui ne réalise **pas exclusivement** des **opérations ouvrant droit à déduction** ne peut obtenir le remboursement que de la seule quote-part de la TVA afférente aux opérations ouvrant droit à déduction, déterminée suivant les règles applicables en France. Si le **coefficient de taxation forfaitaire** varie après l'introduction d'une demande de remboursement, le requérant doit rectifier le montant du remboursement demandé ou déjà obtenu. La correction doit s'effectuer à l'occasion d'une nouvelle demande de remboursement souscrite au cours de l'année suivante (elle se traduit alors par une majoration ou une diminution du montant à rembourser) ou, si le requérant ne souscrit pas de nouvelle demande, au moyen d'une demande spécifique via le portail électronique (dans l'espace professionnel, « Effectuer une démarche » puis « Déclaration d'ajustement du prorata de déduction »), l'État de remboursement pouvant alors prononcer un paiement complémentaire ou demander le reversement du trop-perçu (Dir. 2008/9/CE du 12-2-2008 art. 13). 64625

Les **exclusions et restrictions du droit à déduction** prévues dans l'État de remboursement sont applicables pour la détermination du montant à rembourser (Dir. 2008/9/CE du 12-2-2008 art. 5). Il ne s'agit pas nécessairement des mêmes exclusions du droit à déduction qui existent en France car il n'y a pas encore à cet égard d'harmonisation au niveau communautaire. 64630

La **TVA** qui n'est **pas due** ou qui a été **facturée par erreur** au regard de la législation de l'État de remboursement ne peut pas non plus faire l'objet d'un remboursement (Dir. 2008/9/CE du 12-2-2008 art. 4). Certains États membres précisent comment une facture rectificative peut être obtenue dans ce cas.

C. Période de remboursement

64680 La demande de remboursement porte sur une période qui ne doit être **ni supérieure à une année civile ni inférieure à trois mois civils.** Elle peut toutefois porter sur une période de moins de trois mois lorsque cette période constitue le solde d'une année civile (Dir. 2008/9/CE du 12-2-2008 art. 16). La demande ne peut pas porter sur une période à cheval sur deux années.

Le **montant à rembourser** doit être au **minimum** :

– de 50 € lorsque la demande porte sur une période correspondant à une année civile ou au solde d'une année civile ;

– de 400 € lorsqu'elle porte sur une période inférieure à une année civile mais au moins égale à trois mois (Dir. 2008/9/CE du 12-2-2008 art. 17).

64685 L'administration fiscale française, comme d'autres États membres, limite à cinq le **nombre de demandes de remboursement** pouvant être souscrites au titre d'une **année civile** :

– quatre demandes au plus, portant sur une période qui ne peut être inférieure à trois mois civils sauf en fin d'année ;

– et une demande complémentaire portant sur l'année civile entière (BOI-TVA-DED-50-20-30-20 n° 120).

Or, selon le site internet de la Commission européenne, il n'existe pas dans la directive 2008/9/CE du 12 février 2008 de limitation concernant le nombre de demandes de remboursement. Une telle restriction ne devrait pas, en principe, être opposée aux assujettis communautaires, lesquels devraient pouvoir déposer plus de cinq demandes au titre d'une année civile (en pratique, ils devraient pouvoir déposer plusieurs demandes annuelles).

D. Délai de présentation de la demande

64740 La demande de remboursement doit en principe être présentée sur le portail français **au plus tard le 30 septembre** de l'année civile qui suit celle de la période de remboursement. Une demande est réputée introduite lorsque toutes les informations exigées par l'État membre de remboursement sont fournies (Dir. 2008/9/CE du 12-2-2008 art. 15).

E. Informations à fournir

64790 Les informations à fournir lors de la demande de remboursement sont uniformisées au niveau européen, sous réserve de quelques options offertes aux États membres (Dir. 2008/9/CE du 12-2-2008 art. 8 à 12).

Chaque demande doit comporter des informations concernant le requérant et, le cas échéant, son mandataire chargé de présenter la demande, les données bancaires et les dépenses ayant supporté la TVA dont le remboursement est demandé. Chaque État membre peut demander que la nature des biens et services acquis soit précisée par un sous-code.

Selon les exigences de chaque État, le requérant peut en outre être tenu de joindre à sa demande les **factures** ou documents d'importation, lorsque la base d'imposition est au moins égale à 1 000 €, ou à 250 € s'il s'agit de dépenses de carburant. Ces documents doivent être envoyés par voie électronique.

Les « préférences » exprimées par chaque État membre sont prises en compte par la DGFiP.

La première donnée à saisir dans le formulaire est l'État de remboursement, ce qui permet au système de paramétrer automatiquement la saisie des données à fournir en fonction de cet État (monnaie, langue, sous-codes de nature des biens et services, période de remboursement, description des activités, mise en œuvre de la faculté d'exiger une copie des factures, etc.).

F. Contrôle de la demande

64840 Un contrôle automatique est effectué par le système afin de vérifier que le requérant a la **qualité d'assujetti.** Cette vérification dispense l'intéressé d'avoir à demander une attestation établissant sa qualité d'assujetti. La DGFiP doit en principe également s'assurer que la demande est complète.

Si, lors de cet examen, il est constaté que le requérant n'a pas la qualité d'assujetti ou ne réalise que des opérations n'ouvrant pas droit à déduction (activité exonérée, bénéfice de la franchise en base, etc.), la demande n'est pas transmise (Dir. 2008/9/CE du 12-2-2008 art. 18).

La **décision de transmettre ou non** la demande est notifiée au requérant par voie électronique. La directive 2008/9/CE ne fixe aucun **délai** pour la réalisation de cette étape. Mais l'article 48 du règlement UE/904/2010 du 7 octobre 2010 précise que la transmission de la demande à l'État membre de remboursement doit se faire dans un délai de 15 jours à compter de sa réception.

G. Instruction des demandes

L'État membre de remboursement doit informer le requérant, par voie électronique, et dans les meilleurs délais, de la date à laquelle il a reçu sa demande de remboursement. Cette date constitue le point de départ du **délai** d'instruction de la demande, fixé en principe à **quatre mois** (Dir. 2008/9/CE du 12-2-2008 art. 19). **64890**

EXEMPLE

Le requérant introduit le 5 janvier N sur le portail électronique une demande de remboursement au titre de l'année N – 1. Le service de remboursement de la TVA accuse réception de cette demande le 16 janvier N. Il doit en principe notifier au requérant sa décision d'acceptation ou de refus au plus tard le 16 mai N.

La liste des **services chargés de l'instruction** des demandes dans les autres États membres figure sur le portail fiscal www.impots.gouv.fr, rubriques « Professionnel », « Comment faire pour... », « Exercer une activité à l'international », « Je demande un remboursement de TVA dans un État membre de l'UE », « Documentation utile », « Démarche remboursement de TVA dans l'UE : informations sur les États membres utiles à la saisie des demandes ».

Lorsque l'État membre de remboursement estime ne pas disposer de toutes les informations nécessaires, il peut, dans le délai de quatre mois, demander des **informations complémentaires** auprès du requérant, de la DGFiP ou d'un tiers. Il peut notamment solliciter du requérant la fourniture de l'original ou de la copie des factures mentionnant la TVA dont le remboursement est demandé, quel que soit leur montant. Les demandes d'informations complémentaires ne sont pas gérées dans le cadre du portail électronique mais sont en principe directement transmises par messagerie électronique. Lorsque les demandes d'informations complémentaires sont adressées à une personne autre que le requérant, le service de remboursement de la TVA est tenu d'informer celui-ci par voie dématérialisée, dès lors que les délais d'instruction s'en trouvent allongés. **64895**

Les informations demandées doivent être **fournies à l'État de remboursement** dans le délai d'un mois à compter de la date de réception de la demande (délai qui ne constitue pas, selon la CJUE, un délai de forclusion : voir n° 31525, précisions). Celui-ci doit ensuite se prononcer dans un délai de deux mois à compter de la réception des informations ou de l'expiration du délai d'un mois accordé pour les fournir. Il dispose en tout état de cause d'un délai minimum de six mois et de sept mois maximum à compter de la réception de la demande (Dir. 2008/9/CE du 12-2-2008 art. 20 et 21).

EXEMPLES

Le requérant introduit une demande dont l'État de remboursement accuse réception le 5 juin N. L'État de remboursement peut demander des informations complémentaires jusqu'au 5 octobre N.

1. S'il fait une demande le 5 octobre N, dont le requérant accuse réception le 6 octobre N et à laquelle il répond le 5 novembre, l'État a jusqu'au 5 janvier N + 1 pour faire connaître sa décision, soit un délai de sept mois à compter de l'introduction de la demande.

2. S'il fait une demande dès le 15 juin N, à laquelle le requérant répond dès le 15 juillet N, l'État de remboursement peut faire connaître sa décision jusqu'au 5 décembre N (soit six mois minimum à compter de la réception de la demande de remboursement). Il n'est donc tenu au délai de deux mois suivant la réponse du requérant à une première demande d'informations que dans la mesure où, à l'issue de ces deux mois, la demande a plus de six mois.

Si l'État de remboursement formule une **deuxième demande** d'informations complémentaires, il dispose alors d'un délai de six mois minimum et de **huit mois maximum** à compter de la date de réception de la demande pour notifier sa décision (Dir. 2008/9/CE du 12-2-2008 art. 21). **64900**

EXEMPLE

Dans l'exemple 1 du n° 64895, si l'État fait le 30 novembre N une deuxième demande d'informations complémentaires au requérant qui lui fait parvenir les informations demandées le 20 décembre N, il devra faire connaître sa décision au plus tard le 5 février N + 1, soit à l'expiration du délai maximum de huit mois et alors même qu'à cette date il n'aura pas épuisé le délai de deux mois dont il dispose normalement pour se déterminer à compter de la réception de la réponse.

64905 À l'issue de l'instruction, l'État membre de remboursement doit notifier au requérant sa **décision** d'accepter ou de rejeter la demande de remboursement. Il peut le faire soit directement par mail (avec copie éventuelle au mandataire), soit par voie postale, soit encore sur le portail fiscal à partir de l'onglet « Documents liés à la démarche » du service « Suivre une démarche » accessible via l'espace professionnel.

En cas de **rejet** total ou partiel de la demande, les **motifs** de rejet doivent être communiqués. Un **recours** peut être formé par le requérant auprès des autorités compétentes de l'État membre de remboursement dans les formes et délais prévus pour les réclamations relatives aux remboursements demandés par des personnes établies dans cet État membre.

Si l'**absence de décision** concernant la demande de remboursement dans les délais prévus par la directive ne vaut ni acceptation ni rejet dans la législation de l'État du remboursement, le requérant doit avoir accès à toute procédure administrative ou judiciaire à laquelle ont accès les assujettis établis dans cet État membre lorsqu'ils se trouvent dans la même situation. En l'absence de telles procédures, l'absence de décision concernant la demande de remboursement dans les délais impartis vaut rejet de la demande (Dir. 2008/9/CE du 12-2-2008 art. 23).

H. Modalités de remboursement

64960 Si la demande est acceptée, le remboursement doit être effectué au plus tard dans un **délai** de dix jours ouvrables à partir de l'expiration des délais de quatre, six ou huit mois indiqués nos 64890 s. Le remboursement est effectué dans l'État membre du remboursement ou, à la demande du requérant, dans tout autre État membre, mais dans ce dernier cas, les frais bancaires exigés pour le virement sont déduits du montant remboursé (Dir. 2008/9/CE du 12-2-2008 art. 22).

Lorsque le paiement n'intervient pas dans les délais prescrits, l'État membre de remboursement est tenu au paiement d'**intérêts moratoires,** au **taux** applicable aux remboursements de la TVA en faveur des assujettis établis dans l'État membre du remboursement. Si aucun intérêt n'est payable en vertu de la législation nationale en ce qui concerne les remboursements en faveur d'assujettis établis, l'intérêt à verser correspond à l'intérêt ou aux frais équivalents appliqués par l'État membre du remboursement aux retards de paiement de la TVA (Dir. 2008/9/CE du 12-2-2008 art. 26 et 27).

EXEMPLE

Si, dans l'exemple du no 64900, l'État de remboursement prend une décision d'admission partielle ou totale de la demande, il devra acquitter le montant correspondant avant le 16 février N + 1, soit dans les dix jours suivant la date limite à laquelle il doit notifier sa décision, quelle que soit la date effective de notification de celle-ci.

Remarque : Le remboursement peut être effectué, avec le consentement de l'entreprise française, au profit de l'État français aux fins de l'acquittement d'une dette fiscale due par cette entreprise (voir no 31580).

64965 Les intérêts moratoires ne sont pas dus lorsque le requérant n'a pas fourni l'ensemble des documents ou des informations exigés par l'État membre de remboursement (Dir. 2008/9/CE du 12-2-2008 art. 26). Mais encore faut-il, pour que cette règle joue, que la demande ait été acceptée malgré l'absence des renseignements exigés. L'**absence de transmission des éléments dont la fourniture est obligatoire** ou de réponse à une demande d'informations est en effet un motif légitime de rejet de la demande privant ainsi le requérant d'une créance sur la base de laquelle pourraient être liquidés des intérêts moratoires.

64970 Notons aussi que l'État de remboursement n'est pas tenu au versement d'intérêts moratoires, faute de créance détenue par le requérant, s'il ne prend **pas de décision d'admission** à l'issue des délais impartis. Dans cette hypothèse, aucun droit n'est accordé aux opérateurs pour contraindre l'État de remboursement à prendre une décision dans le délai que la directive lui accorde pour traiter la demande.

Autrement dit, la mise en place d'intérêts moratoires ne constitue pas une contrainte pour les États membres qui ne respectent pas les délais impartis. Un dispositif faisant naître un droit à des intérêts moratoires à l'issue du délai de traitement, indépendamment de la décision d'admission, aurait certainement un effet plus persuasif sur les États membres.

I. Remboursement non justifié

Lorsque le remboursement a été obtenu de façon frauduleuse ou d'une autre manière incorrecte, les autorités compétentes de l'État membre du remboursement procèdent directement à la mise en recouvrement des sommes indûment versées, ainsi que des amendes et intérêts éventuels selon la procédure applicable dans cet État, sans préjudice des dispositions relatives à l'assistance mutuelle pour le recouvrement de la TVA. 65020

Lorsqu'une amende administrative ou des intérêts ont été imposés mais n'ont pas été payés, l'État membre du remboursement peut suspendre tout remboursement supplémentaire à l'assujetti concerné à concurrence du montant non payé (Dir. 2008/9/CE du 12-2-2008 art. 24).

SECTION 3 RÈGLES PARTICULIÈRES À CHAQUE PAYS

Nous indiquons aux nos 65200 s. les règles particulières de remboursement applicables dans les différents pays de l'Union européenne selon les informations en notre possession à la date du présent ouvrage. 65100

> **Précisions** Bien que le Royaume-Uni ne fasse plus partie de l'Union européenne depuis le 1er janvier 2021 (**Brexit**), la TVA supportée au titre des biens acquis en Irlande du Nord peut (au moins jusqu'en 2024) être remboursée selon la procédure de remboursement communautaire : voir n° 66230.

1. ALLEMAGNE

La **demande de remboursement** porte sur une période supérieure à trois mois et inférieure ou égale à l'année civile. Elle peut être souscrite par une tierce personne titulaire d'un mandat. Elle doit être accompagnée d'une copie numérisée des factures d'un montant supérieur à 250 € pour les dépenses de carburant et à 1 000 € pour les autres dépenses. Le remboursement peut être effectué par virement sur le compte bancaire d'un tiers sur demande du requérant. 65200

N'ouvrent pas droit à déduction, notamment, les dépenses de voyages et d'hébergement non déductibles de l'impôt sur le revenu allemand, les cadeaux d'affaires de plus de 35 € par bénéficiaire et par an et les biens et les services que l'assujetti utilise à plus de 90 % pour ses besoins privés ou à des fins non professionnelles. Est également exclue de toute déduction la TVA afférente aux moyens de transport à moins qu'ils soient utilisés exclusivement à des fins commerciales. 65205

2. AUTRICHE

La **demande de remboursement** doit porter sur un ou plusieurs trimestres civils consécutifs ou l'année entière. Elle peut être souscrite par une tierce personne titulaire d'un mandat. Les copies de factures ne sont pas exigées, sauf demande expresse. 65240

Le remboursement peut être effectué par virement sur le compte bancaire d'un tiers titulaire d'un mandat.

N'ouvrent pas droit à déduction notamment les dépenses de divertissement, les dépenses relatives à l'acquisition, à la réparation et à l'entretien de véhicules automobiles de transport de personnes (à l'exception des véhicules qui ne produisent pas d'émission de CO_2), les dépenses liées aux repas d'affaires s'ils ne sont pas servis exclusivement ou principalement à des fins commerciales et les dépenses relatives aux biens et services utilisés à plus de 90 % pour des besoins privés ou à des fins non professionnelles. 65245

3. BELGIQUE

La **demande de remboursement** peut être souscrite par une tierce personne titulaire d'un mandat. Elle doit être accompagnée d'une copie électronique des factures d'un montant supérieur à 250 € pour les dépenses de carburant et à 1 000 € pour les autres dépenses. Le remboursement peut être effectué par virement sur le compte bancaire d'un tiers titulaire d'un mandat. 65280

65285 **N'ouvrent** notamment **pas droit à déduction** :
- les tabacs manufacturés ;
- les boissons spiritueuses sauf celles destinées à être revendues, à être fournies en exécution d'une prestation de services ou à être offertes en tant qu'échantillons ou lors de dégustations ;
- les frais de logement et de restaurant sauf ceux fournis aux salariés en déplacement ou ceux destinés à la revente ;
- les dépenses de divertissement.

Pour la livraison, l'importation et l'acquisition intracommunautaires de véhicules à moteur dont le poids ne dépasse pas 3,5 tonnes, destinés au transport de personnes ou de marchandises, et pour les biens et les services se rapportant à ces véhicules, la déduction ne peut **pas dépasser 50 %** de la taxe acquittée, sauf exceptions (véhicules destinés à la revente, à la location ou taxis).

4. BULGARIE

65320 La **demande de remboursement** portant sur une période minimum de trois mois doit être au moins égale à 800 BGN et celle portant sur une année civile doit être au moins égale à 100 BGN. Elle peut être souscrite par une tierce personne sur autorisation écrite. Elle n'a pas à être accompagnée des copies des factures (sauf demande expresse d'informations complémentaires).

Le remboursement ne peut pas être effectué sur le compte bancaire d'un tiers.

65325 **N'ouvrent** notamment **pas droit à déduction** :
- les dépenses de divertissement ;
- l'acquisition, l'importation ou la location de voitures et de motos ainsi que les biens et services se rapportant à ces véhicules, à moins que ces véhicules soient destinés à la revente ou à la location, ou soient exclusivement utilisés pour les services de transport ou de sécurité, les services de courrier, les auto-écoles ou les taxis ;
- les transports de passagers par taxis ;
- les biens confisqués et la démolition de bâtiments construits illégalement.

5. CHYPRE

65360 La **demande de remboursement** peut être souscrite par une tierce personne sur autorisation écrite. Elle doit être accompagnée des factures numérisées d'un montant supérieur à 250 € pour les dépenses de carburant et à 1 000 € pour les autres dépenses.

Le remboursement peut être effectué par virement sur le compte bancaire d'un tiers sur demande du requérant.

65365 Sont notamment **exclues du droit à déduction** :
- les voitures sauf celles destinées à la revente, à la location, à l'apprentissage de la conduite ou au transport de passagers ;
- les dépenses de divertissement, de logement et de subsistance au profit de personnes autres que les salariés et représentants commerciaux.

6. CROATIE

65380 La **demande de remboursement** porte sur une période minimum de trois mois (son montant doit alors être au minimum de 3 100 HRK) et inférieure ou égale à l'année civile (son montant doit alors être au minimum de 400 HRK).

Elle peut être souscrite par une tierce personne titulaire d'un mandat. Elle n'a pas, en principe, à être accompagnée des copies des factures.

Le remboursement peut être effectué par virement sur le compte bancaire d'un tiers mandaté à cet effet.

65385 **N'ouvrent pas droit à déduction** les dépenses relatives aux frais de représentation (notamment hébergement des partenaires d'affaires, cadeaux d'affaires, dépenses de divertissement).

La TVA est en principe **déductible à hauteur de 50 %** pour l'achat et la location de voitures automobiles de huit places au plus (excepté le siège du conducteur), y compris les biens et services se rapportant à ces véhicules (sauf s'il s'agit de véhicules exclusivement utilisés à des fins professionnelles, telles que la location, l'apprentissage de la conduite, le transport de passagers ou de biens ou le transport de corps, ou si les véhicules ont été acquis pour la revente, pour lesquels la taxe est intégralement déductible).

7. DANEMARK

La **demande de remboursement,** portant sur une période minimale de trois mois (son montant doit alors être au minimum de 3 000 DKK) et inférieure ou égale à l'année civile (montant minimum de 400 DKK), peut être souscrite par une tierce personne titulaire d'un mandat. Elle n'a pas à être accompagnée des copies de factures. **65400**

Le remboursement peut être effectué par virement sur le compte bancaire d'un tiers titulaire d'un mandat.

Sont notamment **exclus du droit à déduction** : **65405**

– l'acquisition, la réparation et l'entretien des véhicules de transport de personnes (sauf ceux destinés à la revente, à la location ou à l'apprentissage de la conduite) ;

– les avantages en nature octroyés au personnel tels que les repas, l'hébergement, les loisirs, etc.

Bénéficient d'un **droit à déduction partiel** les dépenses de divertissement et de restauration (TVA déductible à hauteur de 25 %), pour autant qu'elles soient engagées strictement pour les besoins de l'entreprise.

8. ESPAGNE

La **demande de remboursement** doit porter sur un trimestre civil ou une année civile. Elle peut être souscrite par une tierce personne sur autorisation écrite. Elle doit être accompagnée des factures numérisées d'un montant supérieur à 250 € pour les dépenses de carburant et à 1 000 € pour les autres dépenses. **65440**

Le remboursement peut être effectué par virement sur le compte bancaire d'un tiers titulaire d'un mandat.

Sont notamment **exclus du droit à déduction** : **65445**

– les bijoux, pierres précieuses, perles naturelles ou de culture et objets fabriqués entièrement ou partiellement en or ou en platine ;

– les aliments, les boissons et le tabac ;

– les dépenses de divertissement ;

– les cadeaux d'affaires sauf échantillons et objets publicitaires de faible valeur ;

– les dépenses de voyage, d'hébergement et de restauration, sauf si elles sont considérées comme fiscalement déductibles au regard des impôts directs.

9. ESTONIE

La **demande de remboursement** porte sur une période supérieure à trois mois et inférieure ou égale à l'année civile. Elle peut être souscrite par une tierce personne titulaire d'un mandat. Elle doit être accompagnée d'une copie numérisée des factures d'un montant supérieur à 250 € pour les dépenses de carburant et à 1 000 € pour les autres dépenses. **65480**

Le remboursement peut être effectué par virement sur le compte bancaire d'un tiers titulaire d'un mandat.

Sont **exclues du droit à déduction** les dépenses de divertissement et de restaurant. **65485**

Bénéficient d'un **droit à déduction partiel** (TVA déductible à hauteur de **50 %**) les dépenses relatives aux véhicules automobiles de huit places au plus (excepté le siège du conducteur) sauf si ces véhicules sont destinés à la revente, à la location, au transport de passagers contre rémunération (notamment taxis) ou à l'apprentissage de la conduite.

10. FINLANDE

La **demande de remboursement** porte sur une période supérieure à trois mois et inférieure ou égale à l'année civile. Elle peut être souscrite par une tierce personne titulaire d'un mandat. Elle n'a pas à être accompagnée des copies électroniques des factures, mais celles-ci peuvent être exigées par l'administration par une demande expresse. **65520**

Le remboursement peut être effectué par virement sur le compte bancaire d'un tiers sur demande du requérant.

65525 La **déduction** n'est **pas autorisée** lorsque l'achat concerne notamment les marchandises et services suivants :

– les biens immobiliers tenant lieu d'habitation, de jardins d'enfants, de lieux de loisirs de l'assujetti ou de son personnel ainsi que les biens et services affectés à l'utilisation de ces biens immobiliers ;

– les biens et services affectés au transport entre le lieu de résidence et le lieu de travail de l'assujetti ou de son personnel ;

– les dépenses de divertissement ;

– les voitures de transport de personnes ou à usages mixtes, motocyclettes, caravanes, bateaux essentiellement destinés à un usage sportif ou de loisir en raison de leur structure et aéronefs dont la masse maximale autorisée au décollage ne dépasse pas 1 550 kg, ainsi que les biens et services affectés à leur utilisation (à l'exception des véhicules destinés à la revente, la location, l'apprentissage de la conduite et des véhicules utilisés pour le transport commercial de passagers ou pour des activités ouvrant droit à déduction).

11. GRÈCE

65560 La **demande de remboursement** peut être souscrite par une tierce personne titulaire d'un mandat. Elle doit être accompagnée d'une copie numérisée des factures d'un montant supérieur à 250 € pour les dépenses de carburant et à 1 000 € pour les autres dépenses.

Le remboursement peut être effectué par virement sur le compte bancaire d'un tiers sur demande du requérant et sous réserve de certaines conditions formelles.

65565 **N'ouvrent** notamment **pas droit à déduction** :

– les frais de réception, de divertissement et les frais de représentation en général ;

– les frais d'hébergement, nourriture, boissons, transport et loisirs exposés pour le personnel ou les représentants de l'entreprise ;

– l'achat, l'importation et les opérations intracommunautaires de produits de tabac manufacturé et de boissons alcoolisées destinées à des activités non imposables ;

– l'achat, l'importation et les opérations intracommunautaires portant sur des voitures particulières de neuf places au plus, des motos et des vélomoteurs, des bateaux et des aéronefs privés destinés aux loisirs ou au sport, ainsi que les dépenses de carburant, de réparation, d'entretien, de location et d'utilisation de ces véhicules (sauf si ces moyens de transport sont destinés à la vente, à la location, au transport de personnes à titre onéreux ou à l'apprentissage de la conduite).

12. HONGRIE

65600 La **demande de remboursement** porte sur une période supérieure à trois mois (sauf pour le solde de l'année civile ; son montant doit alors être au minimum de 13 000 HUF) et inférieure ou égale à l'année civile (son montant doit alors être au minimum de 100 000 HUF). Elle peut être souscrite par une tierce personne titulaire d'un mandat et enregistrée en Hongrie. Elle doit être accompagnée d'une copie électronique des factures d'un montant supérieur à 63 000 HUF pour les dépenses de carburant et à 300 000 HUF pour les autres dépenses.

Le remboursement peut être effectué sur le compte bancaire d'un tiers titulaire d'un mandat et si le compte est détenu dans l'UE.

65605 **N'ouvrent** notamment **pas droit à déduction** les dépenses suivantes :

– la fourniture de motocyclettes, de yachts et autres véhicules de transport nautique, de sports et de loisirs, y compris les dépenses relatives au carburant, réparation, entretien jusqu'à 50 %, et les dépenses de parking et de péage (à l'exclusion des véhicules destinés à la revente, la location ou les taxis) ;

– les dépenses de transport par taxi ;

– les dépenses de restaurant, de divertissement, de nourriture et de boisson ;

– les dépenses de rénovation de logement ;

– la construction de nouveaux logements entre 2016 et 2019 et, à compter du 1er janvier 2021, dans certains cas, limitation du droit à déduction de la TVA d'amont ayant grevé les constructions à un certain montant.

Bénéficient d'un **droit à déduction partiel** (TVA déductible à hauteur de **50 %**) les dépenses relatives aux véhicules automobiles de huit places au plus (excepté le siège du conducteur) qui ne sont pas utilisées exclusivement à des fins professionnelles.

Précisons également que **30 % de la taxe** perçue au titre des services de télécommunication ne peuvent pas donner lieu à déduction.

13. IRLANDE

La **demande de remboursement** peut être souscrite par une tierce personne sur autorisation écrite. Elle doit être accompagnée des copies des factures. **65640**

Le remboursement peut être effectué par virement sur le compte bancaire d'un tiers titulaire d'un mandat.

ATTENTION

S'agissant du cas de l'**Irlande du Nord**, voir n° 66230.

N'ouvrent pas droit à déduction, notamment : **65645**

- les frais de restaurant et d'hébergement (autres que l'hébergement relatif à la participation à certaines conférences) ;
- les dépenses de divertissement ;
- l'acquisition de véhicules de transport routier de personnes et l'achat de carburant (autre que diesel) ; une **déductibilité partielle** (à hauteur de 20 %) est toutefois prévue pour l'achat et la location de certains « véhicules à faibles émissions » de gaz polluants utilisés principalement dans un but professionnel.

14. ITALIE

La **demande de remboursement** doit porter sur un trimestre civil ou une année civile. Elle peut être souscrite par une tierce personne titulaire d'un mandat et immatriculée en Italie. Elle doit être accompagnée d'une copie électronique des factures d'un montant supérieur à 250 € pour les dépenses de carburant et à 1 000 € pour les autres dépenses. **65680**

Le remboursement ne peut pas être effectué sur le compte bancaire d'un tiers.

N'ouvrent pas droit à déduction notamment les dépenses liées à l'acquisition des biens et services suivants : **65685**

- prestations de transport de personnes ;
- dépenses de divertissement ;
- téléphones portables et services s'y rapportant (le taux de déduction dépend toutefois de la part d'utilisation professionnelle).

La déduction de la TVA sur les véhicules automobiles de transport de personnes non utilisés totalement à des fins professionnelles, le carburant et les dépenses d'entretien de ces véhicules est **limitée à 40 %.**

15. LETTONIE

La **demande de remboursement** porte sur une période minimum de trois mois et inférieure ou égale à l'année civile. Elle peut être souscrite par une tierce personne titulaire d'un mandat. Elle doit être accompagnée d'une copie électronique des factures d'un montant supérieur à 250 € pour les dépenses de carburant et à 1 000 € pour les autres dépenses. **65720**

Le remboursement peut être effectué par virement sur le compte bancaire d'un tiers sur demande du requérant.

Est notamment **exclue du droit à déduction** la TVA supportée pour l'acquisition de services de transport, carburant, services de télécommunication, repas et dépenses de sport et de divertissement pour le personnel. **65725**

Bénéficient d'un **droit à déduction partiel** :

- les dépenses de conférence et de réception, de repas et concernant les biens promotionnels (la TVA est déductible à hauteur de 40 %) ;
- les opérations portant sur les véhicules automobiles de huit places au plus (excepté le siège du conducteur), y compris l'entretien, les réparations et le carburant, à l'exception des véhicules dont l'utilisation est réservée exclusivement à des fins professionnelles telles que le transport public de passagers ou de marchandises, la location, l'apprentissage de la conduite, etc. (La TVA est déductible à hauteur de 50 %).

N'est pas non plus intégralement déductible la TVA grevant l'achat, l'importation, la location et la maintenance de certains véhicules de luxe dont la valeur excède 50 000 € hors taxe (sauf s'ils sont utilisés pour effectuer les transactions soumises à la TVA mentionnées ci-dessus).

16. LITUANIE

65760 La **demande de remboursement** porte sur une période minimale de trois mois et inférieure ou égale à l'année civile. Elle peut être souscrite par une tierce personne titulaire d'un mandat et enregistrée en Lituanie. La demande doit être accompagnée d'une copie électronique des factures d'un montant supérieur à 250 € pour les dépenses de carburant et à 1 000 € pour les autres dépenses.

Le remboursement peut être effectué par virement sur le compte bancaire d'un tiers, sur demande du requérant.

65765 Est notamment **exclue du droit à déduction** la TVA supportée :

- pour l'acquisition de biens et de services destinés à des activités de divertissement, si ces dépenses ne sont pas déductibles des bénéfices imposables ; dans le cas contraire, la TVA est déductible à hauteur de 50 % ;
- pour l'acquisition ou la location de voitures de tourisme (jusqu'à neuf sièges, incluant le siège du conducteur), sauf exceptions liées notamment à la location ou au transport de passagers ;
- pour des services de transport de passagers par taxi.

17. LUXEMBOURG

65800 La **demande de remboursement** peut être souscrite par une tierce personne sur autorisation écrite. Elle n'a pas à être accompagnée d'une copie des factures.

Le remboursement peut être effectué par virement sur le compte bancaire d'un tiers, sur demande du requérant.

65805 N'est **pas déductible** notamment la TVA ayant grevé des dépenses qui n'ont pas un caractère strictement professionnel, telles que les dépenses de divertissement ainsi que les dépenses de restaurant, à l'exception des repas d'affaires.

18. MALTE

65840 La **demande de remboursement** porte sur une période supérieure à trois mois et inférieure ou égale à l'année civile. Elle peut être souscrite par une tierce personne sur autorisation écrite. Elle doit être accompagnée d'une copie électronique des factures d'un montant supérieur à 250 € pour les dépenses de carburant et à 1 000 € pour les autres dépenses.

Le remboursement peut être effectué par virement sur le compte bancaire d'un tiers titulaire d'un mandat.

65845 Il n'existe **pas de droit à déduction** notamment pour les biens et services suivants :

- boissons alcoolisées, tabac ou produits du tabac (sauf produits destinés à la revente) ;
- véhicules à moteur, navires ou aéronefs, ainsi que les biens et services y afférents, sauf s'ils sont destinés à la revente, la location, l'apprentissage de la conduite ou le transport de passagers ;
- dépenses de réception, de divertissement, d'hébergement ou dépenses de transport du personnel (sauf si le véhicule a une capacité de sept sièges ou plus).

19. PAYS-BAS

65880 La **demande de remboursement** peut être souscrite par une tierce personne titulaire d'un mandat. Elle n'a pas à être accompagnée d'une copie des factures.

Le remboursement peut être effectué par virement sur le compte bancaire d'un tiers titulaire d'un mandat.

65885 **N'ouvrent pas droit à déduction,** notamment, les dépenses de restaurant, les dépenses de luxe, ainsi que, au-dessus d'un certain seuil, les cadeaux d'affaires, les rémunérations en nature et les avantages en faveur du personnel (nourriture, boisson, hébergement, transport, etc.), les dépenses relatives à des biens et services utilisés à plus de 90 % pour les besoins privés ou à des fins étrangères à l'entreprise ou pour des activités non économiques.

20. POLOGNE

La **demande de remboursement** porte sur une période supérieure à trois mois (sauf pour le solde de l'année civile) et inférieure ou égale à l'année civile, et son montant doit être au minimum respectivement égal à un montant équivalent, en devise polonaise, à 400 € ou 50 €. Elle peut être souscrite par une tierce personne sur autorisation écrite. Elle doit être accompagnée d'une copie électronique des factures d'un montant supérieur à l'équivalent de 250 € pour les dépenses de carburant et à l'équivalent de 1 000 € pour les autres dépenses. **65920**

Le remboursement ne peut pas être effectué sur le compte bancaire d'un tiers.

Sont notamment **exclus du droit à déduction** les frais d'hébergement et de restaurant, l'achat et la location de véhicules automobiles de tourisme (certains véhicules spécifiques bénéficiant toutefois d'un droit à déduction de 50 %), sauf s'ils sont exclusivement utilisés dans un but professionnel (la TVA ayant grevé les dépenses de carburant afférentes à ces véhicules est déductible à hauteur de 50 %). **65925**

21. PORTUGAL

La **demande de remboursement** peut être souscrite par une tierce personne titulaire d'un mandat. Elle n'a pas à être accompagnée d'une copie des factures. **65960**

Le remboursement peut être effectué par virement sur le compte bancaire d'un tiers titulaire d'un mandat.

Sont notamment **exclus du droit à déduction** : **65965**

- les frais de transport et de voyages d'affaires par l'assujetti et son personnel (y compris frais de péage) et d'hébergement ;
- les frais de logement, de divertissement et de restauration (sauf ceux fournis au personnel dans les cantines d'entreprises) ;
- toutes les dépenses (achat, location, réparation, etc.) afférentes aux véhicules (voitures de tourisme, motos, bateaux de plaisance, hélicoptères, avions, etc.), sauf lorsqu'ils sont destinés à la revente ;
- les achats de carburants (autres que le diesel) pour les véhicules à moteur bénéficient d'une **déduction limitée** à hauteur de 50 % ;
- les dépenses somptuaires, les frais de luxe et les dépenses de divertissement.

22. RÉPUBLIQUE TCHÈQUE

La **demande de remboursement** peut être souscrite par une tierce personne titulaire d'un mandat. Elle doit être accompagnée d'une copie électronique des factures d'un montant supérieur à l'équivalent, en devise tchèque, de 250 € pour les dépenses de carburant et à l'équivalent de 1 000 € pour les autres dépenses. **66000**

Le remboursement peut être effectué par virement sur le compte bancaire d'un tiers titulaire, sur demande du requérant.

Sont notamment **exclus du droit à déduction** les frais de représentation et de divertissement considérés comme non déductibles au regard de l'impôt sur le revenu (à l'exception des cadeaux de faible valeur). **66005**

23. ROUMANIE

La **demande de remboursement** porte sur une période minimale de trois mois (son montant doit alors être au minimum de 1 691,28 RON) et inférieure ou égale à l'année civile (son montant doit alors être au minimum de 211,41 RON). Elle peut être souscrite par une tierce personne titulaire d'un mandat. Elle doit être accompagnée d'une copie électronique des factures d'un montant supérieur à 1 057,05 RON pour les dépenses de carburant et à 4 228,20 RON pour les autres dépenses. **66040**

Le remboursement peut être effectué par virement sur le compte bancaire d'un tiers titulaire d'un mandat.

Sont notamment **exclues du droit à déduction** les acquisitions de boissons alcoolisées ou de tabacs, sauf si ces biens sont destinés à la revente ou utilisés pour la réalisation d'une prestation de services. **66045**

La déduction de la TVA est **limitée à 50 %** pour l'achat, l'acquisition, l'importation ou la location de certains véhicules terrestres à moteur destinés au transport de personnes (véhicules routiers de moins de 3,5 tonnes et comprenant neuf sièges maximum, incluant le siège du conducteur), ainsi que pour les biens et les services afférents à ces véhicules, sauf si ceux-ci font l'objet d'une utilisation exclusivement commerciale, prouvée par un carnet de route. La limitation du droit à déduction ne s'applique pas aux véhicules utilisés pour la fourniture de services (location, leasing, taxi, services du courrier, transport du personnel sur le lieu de travail, ambulances, apprentissage de la conduite, etc.).

Est également **non déductible** la TVA facturée par les assujettis qualifiés d'« inactifs » par les autorités fiscales roumaines (assujettis ne souscrivant pas leurs déclarations, n'exerçant pas leur activité à l'adresse enregistrée par les services fiscaux, etc., sauf pour les assujettis relevant des procédures d'insolvabilité et de faillite). Toutefois, la taxe en cause peut être déduite dans l'hypothèse où le contribuable initialement déclaré inactif ferait l'objet d'une « réactivation » et serait de nouveau enregistré aux fins de la TVA.

24. SLOVAQUIE

66120 La **demande de remboursement** porte sur une période supérieure à trois mois et inférieure ou égale à l'année civile. Elle peut être souscrite par une tierce personne titulaire d'un mandat. Elle doit être accompagnée d'une copie électronique des factures d'un montant supérieur à 250 € pour les dépenses de carburant et à 1 000 € pour les autres dépenses.

Le remboursement peut être effectué par virement sur le compte bancaire d'un tiers, sur demande du requérant.

66125 Sont notamment **exclues du droit à déduction** les dépenses de divertissement.

25. SLOVÉNIE

66160 La **demande de remboursement** doit porter sur un trimestre civil ou une année civile ou le solde de l'année (novembre-décembre). Elle peut être souscrite par une tierce personne titulaire d'un mandat. Elle n'a pas à être accompagnée d'une copie des factures.

Le remboursement peut être effectué par virement sur le compte bancaire d'un tiers titulaire d'un mandat.

66165 Sont notamment **exclues du droit au remboursement** de la TVA les dépenses suivantes : achats de yachts ou de bateaux destinés à un usage sportif ou de loisirs, d'aéronefs, de voitures de tourisme et motos, de carburants, de pièces détachées, etc., ainsi que tous services étroitement liés à ces biens (sauf si ces biens sont utilisés dans le cadre de certaines activités : revente, transport, location, taxi, apprentissage de la conduite, transport de malades, etc.) ; frais de restauration et de logement ou autres services personnels fournis à l'assujetti ou à son personnel (à l'exception de ceux engagés dans le cadre d'une prestation de services soumise à la TVA).

26. SUÈDE

66200 La **demande de remboursement** portant sur une période minimale de trois mois doit être au moins égale à 4 000 SEK et celle portant sur une année civile doit être au moins égale à 500 SEK. Elle peut être souscrite par une tierce personne sur autorisation écrite. Elle n'a pas à être accompagnée d'une copie des factures (mais les copies peuvent être requises ultérieurement).

Le remboursement peut être effectué par virement sur le compte bancaire d'un tiers, sur demande du requérant.

66205 Sont notamment **exclus du droit à déduction** : les dépenses de divertissement et les cadeaux d'affaires excédant un certain seuil ; les dépenses de logement ; l'achat et la location de voitures de tourisme et motocyclettes à des fins autres que la revente, le transport à titre professionnel ou la formation à la conduite. La déduction est admise à **hauteur de 50 %** en cas de location du véhicule.

27. ROYAUME-UNI/IRLANDE DU NORD

66230 En raison de la sortie du Royaume-Uni de l'Union européenne, la procédure de remboursement de la TVA prévue par la directive 2008/9/CE du 12 février 2008 n'est **plus applicable** pour les demandes de remboursement de la TVA supportée au Royaume-Uni **depuis 1er janvier 2021, sauf** pour la TVA supportée au titre de **biens** acquis en **Irlande du Nord.**

La procédure décrite ci-après reste applicable dans cette seule hypothèse au moins jusqu'en 2024 (Protocole sur l'Irlande et l'Irlande du Nord de l'accord sur le retrait du Royaume-Uni art. 8). **66230** (suite)

La **demande de remboursement** de la TVA supportée pour l'acquisition de biens en Irlande du Nord porte sur une période minimale de trois mois (son montant doit alors être au minimum de 295 £) et inférieure ou égale à l'année civile (son montant doit alors être au minimum de 35 £). Elle peut être souscrite par une tierce personne sur autorisation écrite. Elle doit être accompagnée d'une copie électronique des factures d'un montant supérieur à 200 £ pour les dépenses de carburant et à 750 £ pour les autres dépenses concernant les biens.

Le remboursement peut être effectué par virement sur le compte bancaire d'un tiers, sur demande du requérant.

Il n'existe notamment **pas de droit à déduction** pour l'acquisition de voitures de tourisme (à l'exception des véhicules utilisés à des fins commerciales tels que les véhicules destinés à la revente, à la location, à l'apprentissage de la conduite, au transport de passagers à titre onéreux ou s'ils sont utilisés par les constructeurs automobiles dans un but de recherche et développement). N'ouvrent également pas droit à déduction les biens, autres que les matériaux de construction, incorporés dans les bâtiments résidentiels ou dans les bâtiments neufs destinés à des organismes de bienfaisance, vendus par les promoteurs dans le cadre de l'attribution de prêts à taux zéro dans le secteur du bâtiment.

PARTIE 6

Régimes particuliers

La réglementation de la TVA comporte des particularités plus ou moins importantes pour **certains produits, opérations, activités ou territoires.** 67400

La présente partie est consacrée à l'étude d'un certain nombre de ces régimes. Sont concernés :
- les activités immobilières (nos 67500 s.) ;
- l'agriculture (nos 69500 s.) ;
- les opérations bancaires et financières (nos 76500 s.) ;
- les biens d'occasion, œuvres d'art, objets de collection ou d'antiquité (nos 78000 s.) ;
- le régime suspensif (nos 80900 s.) ;
- les produits pétroliers (nos 81800 s.) ;
- les commissionnaires et autres intermédiaires (nos 83100 s.) ;
- les agents de voyages (nos 83700 s.) ;
- la presse (nos 84600 s.) ;
- les auteurs et artistes-interprètes (nos 86800 s.) ;
- les spectacles, jeux et divertissements (nos 88100 s.) ;
- le régime de l'or (nos 90600 s.) ;
- les locations meublées à usage d'habitation (nos 91500 s.) ;
- l'outre-mer (nos 93400 s.) ;
- la Corse (nos 94600 s.).

Outre ces régimes particuliers, la réglementation de la TVA comporte d'autres particularités, plus ou moins importantes, étudiées par ailleurs, qui concernent : 67405
- les **exonérations** en régime intérieur : nos 1900 s. ;
- les **livraisons à soi-même** : nos 13800 s. ;
- les règles concernant le **trafic international des biens** (échanges intracommunautaires, exportations, importations, etc.) : nos 18500 s.

CHAPITRE 1

OPÉRATIONS IMMOBILIÈRES

SOMMAIRE

SECTION 1

PRINCIPES

Les opérations immobilières réalisées par des **assujettis** (entreprises, professionnels de l'immobilier, etc.) **agissant en tant que tels dans le cadre de leur activité économique** obéissent aux règles générales de la TVA, sous réserve de certaines particularités. **67500**

Entrent dans le champ d'application de la TVA :

– les **livraisons** d'immeubles réalisées à titre onéreux (nos 67810 s.) ;

– certaines **livraisons à soi-même** d'immeubles neufs (nos 68500 s.) et les livraisons à soi-même de certains travaux portant sur des locaux sociaux (nos 69000 s.).

Les dispositions relatives aux **droits d'enregistrement** concernant la matière immobilière ne sont pas étudiées dans le cadre du présent ouvrage. Rappelons seulement que les livraisons d'immeubles, passibles ou non de la TVA, entrent par nature dans le champ d'application des droits d'enregistrement (CGI art. 683). Les ventes d'immeubles et mutations assimilées sont, sauf exception, soumises au droit de vente. Le taux global du droit de vente, fixé en principe à 5,09 %, s'élève en pratique à 5,80 % dans la plupart des départements. Des mesures spéciales (se traduisant soit par l'application du droit de vente au taux réduit de 0,715 %, soit par une exonération) sont prévues lorsque la mutation est obligatoirement soumise à la TVA sur le prix total ou lorsque l'immeuble est acquis par un assujetti qui prend l'engagement de revendre ou de construire. **67510**

67515 **Remarque** Ne sont pas traitées ici les opérations techniques telles que les **travaux d'aménagement du terrain ou de construction et d'équipement de l'immeuble** exécutés par les différents corps de métiers. Ces travaux immobiliers sont soumis à la TVA selon les règles de droit commun, sous réserve des spécificités signalées aux nos 37240 et 38890 s.

A. Notion d'assujetti agissant en tant que tel

PRINCIPES

67530 L'article 256 du CGI soumet à la TVA les livraisons de biens et les prestations de services effectuées à titre onéreux par un assujetti agissant en tant que tel, sans faire de distinction entre les livraisons de biens meubles corporels et les livraisons d'immeubles. Une livraison d'immeuble est donc imposable, conformément au droit commun de la TVA, lorsqu'elle est réalisée par « un assujetti agissant en tant que tel ». Cette notion, définie aux nos 1550 s., implique :

- d'une part, que la personne qui effectue la livraison d'immeuble exerce à titre habituel et de manière indépendante une activité économique ;
- et, d'autre part, que la livraison intervienne dans le cadre de cette activité.

Autrement dit, pour qu'une opération puisse être regardée comme imposable à la TVA, il ne suffit pas qu'elle soit réalisée par un assujetti. Encore faut-il que celui-ci « agisse en tant que tel ».

Une opération immobilière effectuée par un assujetti peut ainsi être réalisée soit à titre privé, soit à titre professionnel.

MODALITÉS D'APPLICATION AUX OPÉRATIONS IMMOBILIÈRES

67540 L'administration a fourni des précisions quant à la signification qu'il convient de donner, en matière d'opérations immobilières, à la notion d'assujetti agissant en tant que tel. Elle distingue selon la qualité de l'opérateur : professionnel ou entreprise, particulier, personne morale de droit public.

67545 **Professionnels et entreprises** Il va de soi que les « **professionnels de l'immobilier** » (marchands de biens, constructeurs, promoteurs, etc.) qui réalisent à titre habituel des opérations immobilières sont assujettis à ce titre à la TVA.

Les **autres entreprises** (industrielles, commerciales, artisanales, libérales ou agricoles) déjà assujetties à la TVA au titre de leur activité courante entrent en principe également dans le champ d'application de la taxe pour leurs opérations immobilières occasionnelles (voir, en ce sens, CJUE 13-6-2013 aff. 62/12 : n° 1575, précision a).

Cela étant, il résulte de la jurisprudence (CE 29-12-1995 n° 118754 : n° 1640) qu'un assujetti n'agit pas en tant que tel lorsqu'il réalise la cession d'un élément de son patrimoine en dehors d'un objectif d'entreprise ou d'un but commercial (BOI-TVA-IMM-10-10-10-10 n° 80).

67550 L'administration établit donc une distinction entre les **opérations** réalisées dans le cadre de l'activité économique et celles réalisées dans un **cadre purement patrimonial.** Si la cession d'un actif inscrit au bilan se rattache normalement à l'activité économique, il peut toutefois en aller différemment lorsque la cession d'un immeuble par une entreprise ne vise qu'à mieux tirer parti d'un bien devenu étranger à son activité économique, une telle cession pouvant être considérée comme hors champ d'application de la TVA (BOI-TVA-IMM-10-10-10-10 n° 80).

> **Précisions** **a.** Un agriculteur qui vend des terrains non inscrits au bilan de son exploitation est considéré comme réalisant une opération purement patrimoniale. Mais s'il réalise sur ces mêmes terrains des **travaux significatifs,** par exemple de viabilisation, et met en œuvre des **moyens de commercialisation avérés** (publicité, démarchage), leur cession constitue une **opération économique** réalisée parun assujetti agissant en tant que tel (BOI précité n° 90 ; dans le même sens, CJUE 15-9-2011 aff. 180/10 et 181/10 : RJF 12/11 n° 1406 ; CJUE 9-7-2015 aff. 331/14 : RJF 11/15 n° 977 rendue à propos d'un entrepreneur individuel qui a fait construire en sa qualité d'assujetti un centre commercial sur des parcelles dont certaines étaient affectées à son patrimoine privé).
> **b.** L'assujetti qui **opte pour l'imposition à la TVA** d'une livraison d'immeuble exonérée est présumé réaliser une activité économique (voir n° 68030).

67560 **Particuliers** S'agissant de personnes qui ne sont pas assujetties par ailleurs à la TVA, l'administration distingue la réalisation d'opérations immobilières dans un objectif commercial et la gestion d'un patrimoine foncier privé tenant au simple exercice du droit de propriété.

Transposant aux opérations immobilières la jurisprudence communautaire relative aux opérations financières des sociétés holdings, selon laquelle les paiements « qui résultent de la simple propriété du bien » ne constituent pas la contrepartie d'une opération ou d'une activité économique et n'entrent dès lors pas dans le champ de la TVA (nos 53140 s.), l'administration a posé une présomption de non-assujettissement à la TVA des **investisseurs privés,** personnes physiques ou sociétés civiles, **qui louent des immeubles** et ne font en cela qu'exercer leur seul droit de propriété, même s'ils en tirent des revenus à caractère permanent. Elle admet toutefois qu'un investisseur immobilier qui entend placer ses opérations dans une logique économique puisse en tirer les conséquences au regard de la TVA, et notamment se voir enregistrer comme assujetti (et donc bénéficier d'un droit à déduction de la TVA d'amont) (BOI-TVA-IMM-10-10-10-10 n° 50). Sur les remarques qu'appelle cette doctrine administrative, voir n° 1570, précision b.

Une approche identique vaut pour les **cessions d'immeubles,** notamment de terrains à bâtir, effectuées par un propriétaire non assujetti par ailleurs, qu'elles proviennent de son patrimoine ancien ou d'acquisitions récentes. **67565**

Ainsi, un particulier qui cède des **terrains recueillis par succession ou donation,** ou **acquis pour son usage privé,** est présumé ne pas réaliser une activité économique. Le fait que, préalablement à la cession, l'intéressé procède au **lotissement** du terrain pour en tirer un meilleur prix global n'est pas, à soi seul, de nature à remettre en cause cette présomption, non plus que le nombre de parcelles vendues, la durée sur laquelle s'étalent les opérations ou l'importance des recettes qu'il en tire au regard de ses autres ressources. Il en va ainsi quand le cédant vend par lui-même des **lots viabilisés** tirés de son patrimoine dont l'aménagement a été réalisé **par un professionnel** sous forme d'« obligation de faire » en rémunération du reste du terrain qu'il lui a cédé non aménagé.

En revanche, cette présomption pourra être renversée si le cédant entre dans une **démarche active de commercialisation,** acquérant les biens en dehors d'une pure démarche patrimoniale ou mobilisant des moyens qui le placent en concurrence avec les professionnels (tels que l'ouverture d'un bureau de vente ou le versement de commissions garanties à un agent mandaté).

Il convient de suivre en la matière la **méthode du faisceau d'indices** traditionnellement utilisée par la jurisprudence et la doctrine administrative pour la requalification des cessions réalisées par une personne physique en opérations de marchands de biens : nombre et mode d'acquisition des immeubles vendus, durée sur laquelle s'étalent les opérations, importance des recettes tirées au regard des autres ressources, engagement de dépenses d'aménagement significatives, voire prépondérantes, dans la valeur des cessions réalisées, démarches actives de commercialisation, etc. (BOI-TVA-IMM-10-10-10-10 nos 60 et 70).

> Précisions La doctrine administrative est en phase avec la **jurisprudence de la CJUE et du Conseil d'État,** selon laquelle une personne qui entreprend, en vue de la réalisation de ventes immobilières, des démarches actives de commercialisation foncière en mobilisant des moyens similaires à ceux déployés par un producteur, un commerçant ou un prestataire de services au sens de l'article 9, 1-al. 2 de la directive TVA (repris à l'article 256 A, dernier al. du CGI) doit être considérée comme exerçant une « activité économique » au sens dudit article et doit, par conséquent, être considérée comme assujettie à la TVA (CJUE 15-9-2011 aff. 180/10 et 181/10 et CJUE 9-7-2015 aff. 331/14 : n° 67550, précision a ; CE 9-6-2020 n° 432596 : RJF 8-9/20 n° 686). À cet égard, le Conseil d'État a jugé que le **critère** tenant à l'importance des travaux préalables de viabilisation peut, à lui seul, suffire à caractériser des démarches actives de commercialisation (CE 9-6-2020 précité).

Personnes morales de droit public Les livraisons d'immeubles réalisées à titre onéreux par les opérateurs publics, notamment les collectivités territoriales, sont soumises à la TVA lorsqu'elles s'inscrivent dans une **démarche économique d'aménagement de l'espace ou de maîtrise d'ouvrage** et entrent ainsi en concurrence avec celles des opérateurs privés. Sont donc imposables, quand bien même le cédant les aurait réalisées en tant qu'autorité publique à raison des procédures mises en œuvre, les cessions de terrains à bâtir ou de constructions résultant de l'aménagement d'emprises acquises à cette fin, voire d'origine domaniale non établie, dès lors que le cadre administratif (notamment la motivation des actes en cause) fait apparaître une telle volonté de valoriser son activité et de répondre aux besoins des acquéreurs comme pourrait le faire un intervenant privé (BOI-TVA-IMM-10-10-10-10 n° 120). **67575**

En revanche, pas plus que pour tout autre assujetti, les cessions d'immeubles réalisées par l'État, une collectivité ou un organisme public n'ont à être soumises à la TVA lorsqu'elles s'inscrivent purement dans le cadre de la **gestion de leur patrimoine.** Il en va notamment ainsi des cessions réalisées entre autorités publiques sans déclassement préalable de l'immeuble cédé, en application des procédures prévues par le Code général de la propriété des personnes publiques (BOI précité n° 130).

De même peuvent constituer des opérations réalisées hors du cadre économique les cessions de terrains à bâtir ou de bâtiments qu'une collectivité n'a pas acquis ou aménagés en vue de les revendre. Ainsi, la collectivité sera fondée à ne pas soumettre à la TVA les livraisons d'immeubles de cette nature lorsque la décision d'aliénation fait apparaître que l'opération résulte du seul exercice de la propriété, sans autre motivation que celle de réemployer autrement au service de ses missions la valeur de son actif (BOI précité n° 140).

67585 **Sociétés « transparentes »** La question de savoir si une société de construction dont les parts ou actions donnent vocation à l'attribution en propriété ou en jouissance d'un immeuble ou d'une fraction d'immeuble agit en tant qu'**assujettie** est une **question de fait** qui dépend de l'objet, de la composition et de l'activité de la société.

67590 Les **sociétés civiles d'attribution** (SCA) mentionnées à l'article L 212-1 du Code de la construction et de l'habitation sont considérées comme des assujettis lorsqu'elles effectuent une activité de promotion immobilière financée par les apports de leurs associés. Ces apports, comme les appels de fonds ultérieurs de leurs associés, qui constituent la contrepartie des droits acquis sur l'immeuble, doivent être soumis à la TVA en application de l'article 257, I-1-3° du CGI. Corrélativement, les SCA bénéficient d'un droit à déduction de la taxe ayant grevé leurs dépenses.

De leur côté, les **associés** sont fondés à déduire la TVA ayant grevé les apports et appels de fonds versés à la SCA dans les conditions de droit commun (Rép. Kamowski : AN 25-12-2018 n° 13638).

B. Territorialité de la TVA

67650 Aux termes de l'article 258, II du CGI, les livraisons d'immeubles et opérations assimilées sont imposables en France si elles portent sur un immeuble situé en France. Cette expression désigne les territoires où s'applique la TVA française, à savoir : France continentale, Corse, principauté de Monaco, DOM (à l'exception de la Guyane et de Mayotte). Peu importe le lieu de signature des contrats ou du paiement du prix, ainsi que la nationalité ou le lieu d'établissement des parties au contrat.

SECTION 2 LIVRAISONS D'IMMEUBLES À TITRE ONÉREUX

67810 Le régime d'imposition des livraisons d'immeubles à titre onéreux diffère selon la **nature de l'immeuble** (ou des droits immobiliers qui lui sont assimilés). Certaines livraisons sont imposables de plein droit (livraisons de terrains à bâtir ou d'immeubles neufs). Les autres sont exonérées mais peuvent être imposées sur option (livraisons d'autres immeubles).

> **Précisions** Le dispositif d'assujettissement à la TVA des personnes procédant, hors d'une activité économique, à la cession d'immeubles neufs précédemment acquis comme immeubles à construire (**Vefa** ou vente à terme), qui était prévu par l'ancien article 257, I-3-2°-a du CGI, a été supprimé à compter du 31 décembre 2012. Les cessions d'immeubles neufs acquis en Vefa ou à terme effectuées depuis cette date par les particuliers ne sont donc plus soumises à la TVA. Il en va de même de la cession par un particulier de son contrat avant l'achèvement de l'immeuble, assimilée par l'administration à la cession d'immeuble neuf acquis à construire (BOI-TVA-IMM-10-10-20 n°s 260 et 270).
> Sur la définition des biens immeubles, voir n°s 3210 s.

A. Notion de livraison à titre onéreux

67820 La livraison s'entend, selon l'article 256, II-1° du CGI, du **transfert du pouvoir de disposer** de l'immeuble comme un propriétaire (voir n° 1180 s.). Sont visés les ventes ou cessions, les apports en société (qu'il s'agisse d'apports purs et simples ou à titre onéreux), ainsi que les fusions, scissions de sociétés, apports partiels d'actif ou les échanges (ces dernières opérations s'analysant en une double vente). La **transmission d'une universalité** totale ou partielle **de biens** entre redevables de la TVA fait toutefois l'objet d'une dispense de TVA (voir nos 15360 s.).

Selon l'administration, le transfert de propriété d'un immeuble à l'occasion d'une procédure d'**expropriation** est présumé ne pas constituer une opération économique pour l'exproprié dès lors que la contrepartie reçue a le caractère d'une indemnité. Il en va toutefois autrement si l'exproprié établit que cette livraison répond par ailleurs aux besoins de son entreprise (BOI-TVA-IMM-10-10-10-10 n° 100).

Pour entrer dans le champ d'application de la TVA, les livraisons d'immeubles doivent être réalisées à titre onéreux. Elles doivent donc comporter la fourniture, par l'acquéreur, d'une **contrepartie,** quelle qu'en soit la nature (somme d'argent, bien livré ou service rendu, etc.) ou la valeur, et il doit exister un lien direct entre le bien livré et la contre-valeur reçue (nos 1410 s.). **67825**

S'agissant du cas particulier des **ventes de terrains** à bâtir **contre remise d'immeubles** à construire, voir n° 68220 ; des **baux à construction** (ou emphytéotiques), voir nos 67955 et 68230.

B. Livraisons imposables de plein droit

Sont imposables de plein droit à la TVA les livraisons à titre onéreux portant sur des terrains à bâtir (nos 67865 s.), sur des immeubles bâtis dans les cinq ans qui suivent leur achèvement (nos 67910 s.) ou sur des droits assimilés à ces immeubles (nos 67940 s.). **67860**

LIVRAISON DE TERRAINS À BÂTIR

Définition des terrains à bâtir Sont considérés comme des terrains à bâtir pour l'application de la TVA les terrains sur lesquels des **constructions** peuvent être **autorisées** en application d'un **plan local d'urbanisme,** d'un document d'urbanisme en tenant lieu, d'une **carte communale** ou de l'article L 111-3 du Code de l'urbanisme (CGI art. 257, I-2-1°). **67865**

Le texte légal donne donc une **définition objective** des terrains à bâtir, par référence au droit de l'urbanisme. Cette définition très large inclut les terrains pour lesquels les documents d'urbanisme prévoient au moment de la cession qu'une construction est possible, y compris ceux pour lesquels la constructibilité est limitée mais à l'exclusion de ceux pour lesquels la constructibilité est subordonnée à une modification préalable de ces documents.

La qualification à donner à un terrain n'est aucunement liée aux **intentions de l'acquéreur** ni à la construction effective, qui peut se trouver subordonnée à la réalisation d'autres conditions tenant, par exemple, à des exigences de surface, de densité ou de consistance, ou encore au respect de servitudes du fait de tiers (BOI-TVA-IMM-10-10-10-20 nos 10 et 20). Une parcelle située dans une zone constructible mais d'une superficie inférieure à celle requise par les règles d'urbanisme pour construire effectivement constitue donc un terrain à bâtir pour l'application de la TVA.

> **Précisions** **a.** Conformément à l'article 12 de la directive TVA qui se réfère à la notion de « bâtiment », le terme « **construction** » visé à l'article 257, I-2-1° du CGI s'entend de toute « construction incorporée au sol », ce qui inclut notamment les routes, voies ferrées, ponts, tunnels, digues, barrages, pylônes, lignes électriques, conduites d'eau ou de gaz, parcs de stationnement, murs de clôture, constructions industrielles diverses, etc. (BOI précité n° 30).
> **b.** Un terrain sur lequel a été autorisée, en application d'un document d'urbanisme, la construction d'**habitations légères de loisirs** constitue un terrain à bâtir dès lors que ces dernières doivent être regardées comme des constructions au sens de l'article 257, I-2-1° du CGI dans la mesure où elles sont posées sur des murets faits de parpaings scellés au béton et fixés au sol par des fondations et n'ont pas vocation, dans une utilisation normale et courante, à être déplacées (CE (na) 21-10-2019 n° 429940 : RJF 1/20 n° 15 ; dans le même sens, CAA Nantes 28-1-2021 n° 19NT01800 : RJF 6/21 n° 568).

Terrains visés Ce sont essentiellement les terrains classés, au moment de la livraison, dans : **67875**
- les zones urbaines (**zones « U »**) définies à l'article R 151-18 du Code de l'urbanisme ;
- les zones à urbaniser (**zones « AU »**) définies à l'article R 151-20 du Code de l'urbanisme ;
- les **zones constructibles** des cartes communales et les parties constructibles des **communes** en application de l'article L 111-3 du Code de l'urbanisme ;
- les périmètres constructibles des zones naturelles et forestières (**zones « N »**) d'un plan local d'urbanisme définies à l'article R 151-24 du Code de l'urbanisme (BOI-TVA-IMM-10-10-10-20 nos 40 à 90).

> Précisions Les terrains classés en zones agricoles (**zones « A »**) en application de l'article R 151-22 du Code de l'urbanisme sont présumés comme n'étant **pas à bâtir,** alors même que des constructions et installations nécessaires aux services publics ou d'intérêt collectif et à l'exploitation agricole peuvent y être autorisées en application de l'article R 151-23 du même Code. Mais un tel terrain peut être considéré comme un terrain à bâtir si l'acte de cession indique qu'il bénéficie d'une autorisation de construire (BOI précité n° 100).

67885 **Distinction entre terrain à bâtir et immeuble bâti** Peut seul constituer un terrain à bâtir un terrain qui ne comporte pas d'ores et déjà des « bâtiments » au sens de « constructions incorporées au sol » indiqué au n° 67865, précision a (BOI-TVA-IMM-10-10-10-20 n° 110). Ne constitue donc pas un terrain à bâtir au sens de la TVA une parcelle sur laquelle se trouve déjà une **construction en état d'être utilisée** en tant que telle pour un usage quelconque sans qu'il soit nécessaire à cette fin d'y réaliser un immeuble neuf au sens de l'article 257, I-2-2° du CGI (n°s 67910 s.) et même si cette construction est destinée à être démolie par l'acquéreur (BOI précité n° 120 ; dans le même sens, CJUE 4-9-2019 aff. 71/18 : RJF 11/19 n° 1106).

À l'inverse, un immeuble dont l'état le rend **impropre à un quelconque usage** est assimilé à un terrain à bâtir : ruine, bâtiment durablement abandonné, immeuble frappé d'un arrêté de péril, etc. (BOI précité n° 120). La position administrative est conforme sur ce point à la jurisprudence communautaire rendue à propos de la livraison d'un terrain supportant un bâtiment vétuste destiné à être démoli par le vendeur : les opérations de livraison et de démolition forment une opération unique au regard de la TVA, ayant, dans son ensemble, pour objet non la livraison du bâtiment existant et du sol y attenant, mais celle d'un terrain non bâti, indépendamment de l'état d'avancement des travaux de démolition de l'ancien bâtiment au moment de la livraison effective du terrain (CJUE 19-11-2009 aff. 461/08 : RJF 2/10 n° 191).

Sont également assimilés à des terrains à bâtir une **construction nouvelle inachevée** qui n'est utilisable d'aucune façon (BOI précité n° 300) et un immeuble achevé depuis plus de cinq ans rendu inutilisable à la suite de **travaux de rénovation inachevés** (BOI-TVA-IMM-10-10-10-30 n° 10).

67890 Selon l'administration, l'existence de **droits à construire résiduels** (notamment par surélévation) **attachés à un immeuble bâti** ne lui confère pas le caractère de terrain à bâtir. La cession de cet immeuble relève du régime applicable à la cession d'un immeuble neuf ou d'un immeuble achevé depuis plus de cinq ans en fonction de la date d'achèvement du bâti existant. Tel est le cas de la cession d'un lot de volume d'immeuble bâti (BOI-TVA-IMM-10-10-10-40 n° 30).

Il en est de même de la **cession séparée** des seuls droits à construire qui suit le régime de l'immeuble auquel ils se rattachent conformément à l'article 257, I-1-1° du CGI (n°s 67940 s.).

67895 Tout acte constatant la **mutation conjointe d'un terrain à bâtir et d'un immeuble bâti** doit refléter clairement la qualification respective de chaque élément. En règle générale, une **division parcellaire** doit intervenir préalablement à la mutation afin de distinguer la part de l'emprise libre de constructions utilisables comme telles dont la cession est taxée comme terrain à bâtir, et la part déjà bâtie utilisable comme telle dont la qualification fiscale dépend des caractéristiques propres. Toutefois, lorsque l'emprise susceptible d'être qualifiée de terrain à bâtir ne constitue que le **prolongement direct et accessoire d'un bâtiment** lui-même en état d'être utilisé (cours, passages, jardins de moins de cinq ares, etc.), l'administration permet de considérer l'ensemble comme un immeuble bâti à condition qu'il soit identifié comme une seule parcelle pour l'établissement du plan cadastral, ou comme un seul lot dans un règlement de copropriété ou un état descriptif de division (BOI-TVA-IMM-10-10-10-40 n°s 1 à 20).

Remarque : Sur le régime d'imposition applicable en cas de division parcellaire intervenue entre l'acquisition initiale et la cession d'un bien, voir n° 68175.

LIVRAISON D'IMMEUBLES NEUFS

67910 **Définition générale des immeubles neufs** Constitue un immeuble neuf pour l'application de la TVA un immeuble bâti qui n'est **pas achevé depuis plus de cinq ans,** qu'il résulte d'une **construction nouvelle** ou de travaux ayant consisté dans une **surélévation** ou dans la **remise à neuf** d'immeubles existants (CGI art. 257, I-2-2°).

> Précisions a. L'achèvement coïncide, en règle générale, avec le dépôt à la mairie de la déclaration d'achèvement et de conformité des travaux au permis de construire (Daact) (BOI-TVA-IMM-10-20-20 n° 60). Une **autre date** peut cependant être retenue pour déterminer le **point de départ** du délai de cinq ans (CE (na) 14-4-2022 n° 457246 : RJF 7/22 n° 633 rendu dans le cadre du régime de TVA immobilière applicable avant le 11-3-2010). Notamment, les conclusions de la rapporteure publique rendues sous l'affaire précitée indiquent que la **date d'achèvement des travaux** mentionnée sur la Daact, antérieure à la date de dépôt de cette déclaration en mairie,

prévaut, en principe et sauf preuve contraire, sur celle-ci.
Voir également, s'agissant des livraisons à soi-même d'immeubles neufs, n° 68600.
b. Le régime applicable à la cession d'un immeuble bâti auquel sont attachés des **droits à construire résiduels** (notamment par surélévation) est déterminé en fonction de la date d'achèvement du bâti existant (voir n° 67890).
c. Selon l'administration, un **immeuble inachevé** peut dans certains cas être considéré comme un terrain à bâtir (voir n° 67885).

Immeubles rénovés Ils sont assimilés à des immeubles neufs lorsque les travaux rendent à l'état neuf : 67920
- soit la majorité des fondations ;
- soit la majorité des éléments hors fondations déterminant la résistance et la rigidité de l'ouvrage ;
- soit la majorité de la consistance des façades hors ravalement ;
- soit l'ensemble des éléments de second œuvre mentionnés à l'article 245 A de l'annexe II au CGI, dans une proportion au moins égale aux deux tiers pour chacun des éléments.

L'immeuble est rendu à l'état neuf dès lors qu'une seule de ces quatre composantes est elle-même rendue à l'état neuf.

Les **éléments** pris en compte pour l'appréciation de la composante « **second œuvre** » sont : les planchers non porteurs, les huisseries extérieures, les cloisons intérieures, les installations sanitaires et de plomberie, les installations électriques et, en métropole, le système de chauffage (CGI ann. II art. 245 A). Chacun de ces six lots doit être rendu à l'état neuf pour que cette composante soit considérée comme rendue à l'état neuf dans son ensemble. Un immeuble ne comportant pas l'un des lots (planchers non porteurs par exemple) ne peut pas, selon l'administration, être considéré comme neuf au regard de ce critère (BOI-TVA-IMM-10-10-10-20 n° 250).

> **Précisions** C'est au maître de l'ouvrage de déterminer le rapport entre les éléments neufs et le total des éléments du lot à l'issue des travaux (y compris les éléments qui ont été conservés). Il peut utiliser un **critère physique objectif,** tel que la surface, le linéaire, le volume, ou un **critère de valeur.**
Pour l'appréciation globale de l'**ampleur des travaux,** il convient de se placer en principe au niveau d'un bâtiment considéré isolément (y compris lorsque différents bâtiments rénovés sont situés sur une même parcelle). Il en va différemment toutefois si des circonstances particulières tenant à la configuration des lieux impliquent une appréciation globale de plusieurs bâtiments. Par exemple, bien que des bâtiments soient immatriculés au cadastre sous des numéros différents, la nature des travaux s'apprécie au regard de l'ensemble de ces bâtiments réputés former un seul immeuble dès lors qu'ils communiquent entre eux horizontalement et verticalement et disposent des mêmes issues sur la voie publique (Cass. com. 10-1-1995 n° 92-15.975 D, SCI Diffamode : RJF 4/95 n° 551 ; BOI précité n° 200).

Addition de construction ou surélévation Une addition de construction ou une surélévation peut s'ajouter à un immeuble existant qui, lui-même, ne donne pas lieu à des travaux caractéristiques de la production d'un immeuble neuf. Lorsque l'ensemble fait l'objet d'une cession dans les cinq ans de l'achèvement de la construction nouvelle, il convient d'appliquer à chacune des deux fractions le régime TVA (champ d'application, exigibilité, base d'imposition) qui lui est propre (BOI-TVA-IMM-10-10-10-20 n° 310). 67930

EXEMPLE

Un immeuble achevé en 2007 a fait l'objet d'une surélévation dont les travaux ont été achevés en 2020. L'ensemble est cédé en 2023. La cession de la partie surélevée est soumise de plein droit à la TVA alors que la cession de l'immeuble préexistant est exonérée mais peut faire l'objet d'une option (n° 68030). Le prix de cession global devra donc être ventilé sous la responsabilité du cédant.

Vente avec faculté de rachat La vente avec faculté de rachat prévue par les articles 1659 et suivants du Code civil (ou « **vente à réméré** ») est un contrat par lequel le vendeur se réserve le droit de reprendre la chose vendue, moyennant la restitution du prix principal et le remboursement des frais et loyaux coûts de la vente, des réparations nécessaires, et de celles qui ont augmenté la valeur du fonds. 67935

La vente avec faculté de rachat constitue une **livraison de biens** entrant **dans le champ** d'application de la TVA dans la mesure où elle entraîne le transfert de propriété du bien, tous les droits attachés à la propriété du vendeur étant transférés à l'acheteur qui peut ainsi disposer de l'immeuble vendu, notamment pour le revendre.

Tel n'est pas le cas, en revanche, de l'**exercice,** par le vendeur initial, de la **faculté de rachat,** laquelle s'analyse comme une **condition résolutoire** replaçant les parties en l'état où elles se trouvaient avant la vente. Dans cette situation, l'acquéreur initial doit soumettre à la TVA la somme correspondant à la différence entre le prix de rachat et le prix de vente initial (profit brut égal aux sommes remboursées en sus du prix principal), qui constitue la rémunération d'une **prestation de services** visant à réserver au vendeur la possibilité d'obtenir la résolution de la cession immobilière et ainsi de récupérer effectivement son bien dans le délai fixé par le contrat (CE 7-10-2021 n° 430136 : RJF 1/22 n° 12).

OPÉRATIONS PORTANT SUR DES DROITS ASSIMILÉS AUX IMMEUBLES

67940 Certains droits sont assimilés à des biens corporels et suivent le régime de l'immeuble auquel ils se rapportent (CGI art. 257, I-1). Il s'agit :
- des droits réels immobiliers ;
- des droits relatifs aux promesses de vente ;
- de certains droits sociaux ;
- des droits au titre d'un contrat de fiducie représentatifs d'un bien immeuble.

Lorsqu'elles sont réalisées par un assujetti agissant en tant que tel, les opérations portant sur ces droits suivent le **régime** qui serait applicable à la cession de l'**immeuble sous-jacent,** c'est-à-dire une taxation de plein droit si les droits cédés portent sur un terrain à bâtir ou un immeuble achevé depuis cinq ans au plus (n°s 67860 s.), et une exonération avec possibilité d'option si les droits portent sur des immeubles achevés depuis plus de cinq ans ou des terrains qui ne sont pas à bâtir (n°s 68030 s.).

67945 À l'exception des droits relatifs aux promesses de vente spécialement visées à l'article 257, I-1-2° du CGI (n° 67965), les opérations portant sur des **droits personnels,** telles les locations immobilières, suivent le régime applicable aux biens meubles incorporels (n° 1250).

67950 **Droits réels immobiliers** Ces droits sont en principe assimilés à des biens corporels. Sont visés les droits réels démembrés (nue-propriété et usufruit notamment), les droits indivis, les servitudes, le droit de construire attaché à un terrain ou un immeuble (surélévation par exemple).

Il s'ensuit que la **constitution** ou la **cession** de ces droits peut être soumise à la TVA suivant le régime du bien immeuble auquel ils se rapportent. Leur **extinction** ne constitue pas en revanche une opération imposable à la TVA en tant que telle dès lors qu'elle s'effectue sans contrepartie (BOI-TVA-IMM-10-10-20 n° 80).

> **Précisions** Sur les règles de **déduction** de la TVA applicables **en cas de démembrement** de la propriété d'un immeuble, voir n°s 68400 s.

67955 Translatif d'un droit réel immobilier, le **bail à construction,** par lequel le preneur s'engage à titre principal à édifier des constructions sur le terrain du bailleur et à les conserver en bon état d'entretien pendant toute la durée du bail, devrait normalement être assujetti à la TVA. L'article 257, I-1-1° du CGI prévoit toutefois que l'assimilation de la cession d'un droit réel immobilier à celle de l'immeuble lui-même n'est pas applicable à la location résultant de baux qui confèrent un droit de jouissance, ce qui est le cas du bail à construction. La **constitution** du bail est donc exonérée de TVA (CGI art. 261 D, 1° bis) mais le bailleur peut opter pour l'assujettissement à la taxe (CGI art. 260, 5°).

En revanche, la **cession** éventuelle des **droits du bailleur ou** des droits **du preneur,** non visés par l'exception ci-dessus, suit, en raison de leur caractère de droits réels immobiliers, le régime du bien immeuble auquel ils se rapportent (BOI-TVA-IMM-10-10-20 n° 90). S'il s'agit d'un terrain à bâtir ou d'un immeuble neuf, la TVA est applicable de plein droit. S'il s'agit d'autres immeubles, la cession est exonérée mais peut être soumise à la TVA sur option.

> **Précisions** **a.** Lorsque le bail comporte une **clause de transfert de la propriété au profit du preneur au terme du contrat,** la vente est parfaite et doit dès lors être considérée comme une livraison d'immeuble soumise à la TVA dans les conditions qui lui sont propres (assiette constituée de l'ensemble des contreparties constituant le prix de la vente, à savoir la totalité des loyers et, le cas échéant, le prix complémentaire prévu à la fin du bail). Inversement, si cette clause de transfert de propriété au preneur du bail s'analyse comme une simple promesse de vente ou une vente sous condition suspensive, la constitution du bail conserve le caractère d'une location ayant le caractère d'un droit réel et assortie d'une mutation éventuelle au terme du bail dont le régime dépendra des conditions propres à sa réalisation (BOI précité n° 100).
> **b.** La Cour de cassation considère que le preneur bénéficie, sur les constructions, d'un droit de propriété temporaire jusqu'à la fin du bail et que la **résiliation, avant l'expiration du bail** à construction, entraîne transfert de propriété (Cass. com. 24-6-1997 n° 95-13.038 P : RJF 11/97 n° 1064). La résiliation a donc pour conséquence l'imposition à la TVA de plein droit ou sur option selon que l'immeuble est achevé depuis moins de cinq ans ou depuis plus de cinq ans.
> **c.** Les **baux emphytéotiques, baux réels immobiliers et baux réels solidaires** relèvent du même régime que le bail à construction conformément aux articles 1378 bis et 1378 ter du CGI (BOI précité n° 90).

Droits relatifs aux promesses de vente La cession des droits conférés par une promesse de vente d'un immeuble suit le régime applicable à l'immeuble. Est notamment visée la cession des droits du preneur d'un **crédit-bail immobilier,** qui emporte cession du bénéfice de la promesse de vente (voir n° 15910, b). 67965

La **cession du droit au bail** de l'immeuble pour la durée du contrat restant à courir, qui devrait en principe être soumise à la TVA selon le régime des biens meubles incorporels, est pour sa part dispensée du paiement de la taxe par l'administration, dès lors qu'elle est soumise aux droits d'enregistrement applicables aux ventes de fonds de commerce (n° 15910, a) (BOI-TVA-IMM-10-10-20 n° 120).

On rappelle, par ailleurs, qu'est nulle toute cession, par un **professionnel de l'immobilier,** des droits conférés par une promesse de vente portant sur un immeuble (Loi 93-122 du 29-1-1993 art. 52).

Droits sociaux des « sociétés transparentes » Les parts d'intérêt ou les actions dont la possession assure en droit ou en fait l'attribution en propriété ou en jouissance d'un immeuble ou d'une fraction d'immeuble suivent le régime du bien immeuble auquel elles se rapportent. Les opérations portant sur ces droits, y compris le droit de souscription attaché aux actions, suivent donc le régime de TVA applicable à l'immeuble sous-jacent, quelle que soit la destination de ce dernier. Il en est ainsi même si, au moment de la cession, les statuts se bornent à poser le principe d'une affectation ultérieure des locaux aux droits sociaux, sans contenir une affectation précise desdits locaux à des groupes déterminés de parts ou d'actions (BOI-TVA-IMM-10-10-20 n° 130). 67975

> **Précisions** Relèvent de ce régime les parts ou actions d'une société **concessionnaire du domaine public** donnant vocation à la jouissance d'un emplacement de stationnement ou d'un local commercial. Il en est de même des droits sociaux donnant vocation à la jouissance d'un **mouillage dans les ports de plaisance** (« anneaux ») (BOI précité nos 150 et 160).
> Ne sont **pas concernées,** en revanche, les parts ou actions des sociétés qui construisent pour vendre ou pour louer si les associés n'ont aucun droit à l'attribution, en propriété ou en jouissance, des locaux construits (BOI précité n° 130).

Fiducie Les droits au titre d'un contrat de fiducie représentatifs d'un immeuble sont assimilés à des biens corporels. En vertu du principe de transparence de la fiducie, la cession de ses droits par le constituant suit donc le régime TVA applicable aux actifs sous-jacents. 67985

C. Livraisons exonérées imposables sur option

DÉFINITION DES LIVRAISONS CONCERNÉES

Les livraisons à titre onéreux de **terrains qui ne répondent pas à la définition des terrains à bâtir** ainsi que les livraisons d'**immeubles achevés depuis plus de cinq ans** sont exonérées de TVA (CGI art. 261, 5). Il en va de même des cessions portant sur des droits assimilés à de tels immeubles (nos 67940 s.). Lorsqu'elles sont réalisées par un assujetti agissant en tant que tel, ces opérations sont toutefois imposables sur option (CGI art. 260, 5° bis). En cas d'option, il y a toujours lieu de considérer que l'assujetti agit dans le cadre de son activité économique (BOI-TVA-IMM-10-10-10-30 n° 1). 68030

> **Précisions a. Un immeuble bâti achevé depuis plus de cinq ans sur lequel ont été engagés des travaux de rénovation lourde** tendant à le rendre à l'état neuf au sens défini au n° 67920 demeure un immeuble achevé depuis plus de cinq ans, sous réserve que l'avancement des travaux n'ait pas eu pour effet de le rendre inutilisable. Sauf option du cédant, la cession sera donc exonérée de TVA. En revanche, elle sera taxable de plein droit comme portant sur un terrain à bâtir si l'avancement du chantier n'autorise plus aucune utilisation des lieux (n° 67885), et comme immeuble neuf si la rénovation est achevée (BOI précité n° 10).
> **b.** L'option ne peut pas être exercée lorsqu'un immeuble est cédé dans le cadre de la **transmission d'une universalité de biens** bénéficiant de la dispense de TVA visée aux nos 15360 s. (BOI-TVA-IMM-10-10-10-40 n° 50). Voir toutefois, sur ce point, la position du Conseil d'État : n° 15360, précisions et n° 15380.

MODALITÉS D'OPTION

L'option pour l'imposition à la TVA des livraisons exonérées doit être **expresse.** Elle doit figurer dans **l'acte de mutation** et s'exerce distinctement par immeuble, fraction d'immeuble ou droit immobilier relevant de règles différentes pour la détermination de la base d'imposition (CGI ann. II art. 201 quater). Nous verrons en effet (nos 68120 s.) que la base d'imposition est, selon les cas, constituée par le prix de cession ou la marge réalisée par le cédant. 68040

L'option pour l'assujettissement à la TVA d'un **bail à construction** est exercée par le bailleur dans l'acte de bail (CGI ann. II art. 201 quater A).

68045 Lorsqu'un assujetti cède un **terrain comportant une partie qui ne répond pas à la qualification de terrain à bâtir et une autre partie qui y répond** et qu'il a acquise dans des conditions conduisant à placer la cession sous le régime de la marge, l'acte devra comporter une claire distinction entre l'une et l'autre partie quand bien même l'ensemble sera soumis à la TVA s'il exerce l'option pour la partie non à bâtir, dès lors que celle-ci sera taxée sur le prix total alors que la partie à bâtir sera taxée sur la seule marge (BOI-TVA-IMM-10-10-10-30 n° 30).

68050 En cas de **cession par lots d'un immeuble achevé depuis plus de cinq ans,** l'option peut n'être formulée que pour une partie des lots cédés. Mais l'option ne peut pas être exercée pour un lot présenté sous un prix global alors que son origine de propriété fait apparaître qu'il résulte de la réunion d'une fraction d'immeuble imposable sur la marge du cédant et d'une autre fraction taxable sur le prix total. À défaut de division appropriée, la cession peut toutefois être soumise à la TVA sous réserve que la taxe soit appliquée sur le prix total et que son montant soit mentionné dans l'acte (BOI-TVA-IMM-10-10-10-30 n° 40).

EXEMPLE

Un assujetti a acquis en deux temps un ensemble immobilier à usage mixte d'habitation et de bureaux, une première partie auprès du promoteur d'origine soumise à la TVA, et le reste ultérieurement auprès d'un non-assujetti qui avait réalisé un investissement privé. En vue de le revendre plus de cinq années après l'achèvement de la construction, il procède à des travaux d'aménagement qui n'ont pas le caractère de production d'un immeuble neuf et divise l'immeuble en six lots. Il cède le lot A à usage de bureaux à un architecte qui entend utiliser les locaux pour son activité professionnelle ouvrant droit à déduction, le lot B à un médecin dont l'activité est exonérée et les lots C à F à usage d'habitation.
Les parties trouveront avantage à ce que le cédant formule une option de taxation pour la cession du lot A dont l'acquéreur est en mesure de déduire la TVA grevant la mutation et d'effacer ainsi tout ou partie des rémanences sur la taxe d'amont. Toutefois, si ces locaux résultent du regroupement de fractions d'immeuble qui avaient été acquises par le cédant pour une part TTC avec droit à déduction, et pour l'autre part sans TVA auprès de l'investisseur privé, l'exercice de l'option devra être assorti d'une décomposition du prix de vente entre les deux origines, la première part étant soumise à la taxe sur le prix total, tandis que la seconde ne sera taxée que sur la marge. La taxation sur le prix total permettra d'éviter une régularisation de la taxe déduite lors de l'acquisition initiale et de neutraliser la rémanence de taxe sur les travaux d'aménagement. La taxation sur la marge n'aura que le second effet.
S'agissant des lots B à F, en revanche, les parties n'ont aucun intérêt à ce que le cédant exerce l'option dès lors que, les acquéreurs n'étant pas déducteurs, la taxation aurait pour effet d'enchérir le prix final. Par ailleurs, s'agissant de la cession d'un immeuble achevé depuis plus de cinq ans, la soumission à la TVA est sans incidence sur le taux de droits de mutation applicable (BOI précité n° 50).

D. Modalités d'imposition

68080 Les modalités d'imposition des livraisons à titre onéreux d'immeubles obéissent en principe aux règles générales de la TVA. Des particularités existent toutefois en ce qui concerne la base d'imposition, le fait générateur ou l'exigibilité de la taxe.

1. REDEVABLE DE LA TVA

68090 Aux termes de l'article 283, 1 du CGI, la taxe est due en principe par la personne qui réalise l'opération imposable, c'est-à-dire le **vendeur.** Cette règle s'applique à toutes les opérations, qu'elles portent sur des immeubles, des fractions d'immeubles ou des droits sociaux.

Toutefois, lorsque le vendeur est un assujetti **non établi en France,** la TVA doit être acquittée par l'acquéreur s'il agit en tant qu'assujetti et dispose d'un numéro d'identification à la TVA en France, en application du dispositif général d'autoliquidation exposé aux nos 31850 s.

2. ASSIETTE DE LA TVA

68120 Qu'il s'agisse de terrains ou d'immeubles bâtis, la TVA applicable aux livraisons d'immeubles (ou droits assimilés) est calculée en **règle générale** sur le **prix de cession** (nos 68130 s.).

Sont en effet taxées sur le prix total, lorsqu'elles sont réalisées par un assujetti agissant en tant que tel :

– toutes les livraisons d'immeubles **achevés depuis cinq ans au plus** ;

– les livraisons de **terrains à bâtir** dont l'acquisition a ouvert droit à déduction, que la taxe déductible mentionnée dans l'acte d'acquisition ait elle-même porté sur la marge ou sur le prix total ;
– les livraisons d'immeubles **achevés depuis plus de cinq ans** pour lesquels le cédant a exercé l'option de l'article 260, 5° bis du CGI et dont l'acquisition a ouvert droit à déduction ;
– les livraisons de **terrains qui n'ont pas la qualification de terrain à bâtir** et pour lesquels le cédant a exercé l'option de l'article 260, 5° bis du CGI.

Il existe cependant certaines **exceptions** où la taxe frappe seulement la plus-value (**marge**) réalisée par le cédant (n° 68170 s.). 68125

Sont ainsi taxées sur la marge les livraisons de terrains à bâtir et les livraisons d'immeubles bâtis achevés depuis plus de cinq ans en cas d'exercice de l'option, lorsque leur acquisition n'a pas ouvert droit à déduction.

a. Taxation sur le prix de cession

Conformément à l'article 266, 2-b du CGI, la base d'imposition est constituée : 68130
– par le prix de cession hors taxe, le montant de l'indemnité ou la valeur des droits sociaux rémunérant l'apport, augmenté des charges qui s'y ajoutent (à l'exclusion, en principe, des intérêts du prix lorsque celui-ci est payable à terme : voir n° 35890) ;
– ou, si elle est supérieure, par la valeur vénale réelle des biens, établie dans les conditions prévues à l'article L 17 du LPF.

PRIX DE CESSION

Le prix s'entend de la somme totale que l'acheteur doit verser au vendeur. 68135

Lorsque le prix (ou la valeur) des biens est mentionné sans précision particulière dans un acte ou une déclaration, il est considéré que les parties ont entendu énoncer un prix ou une valeur « taxe comprise ». Lorsque les parties sont expressément convenues d'ajouter au prix mentionné, en cas d'assujettissement à la TVA de l'opération, un supplément de prix égal au montant de la TVA, la base d'imposition est égale au montant total du prix mentionné, qui doit donc être considéré comme hors taxe (n° 36860).

Lorsque les parties sont convenues d'un **prix taxe comprise,** la base d'imposition est obtenue en multipliant ce prix par le rapport 100 / (100 + taux), où « taux » représente le taux de TVA légalement applicable (voir n° 40105 le coefficient à utiliser).

> **Précisions** En cas de construction d'**ensembles immobiliers,** les promoteurs transfèrent souvent la propriété des **équipements collectifs** (canalisations, chaufferies communes, loges de gardien, voirie, etc.) à des associations syndicales de propriétaires ou à des unions de syndicats de copropriétaires sans exiger de contrepartie ou moyennant un prix symbolique, dès lors que le coût des équipements est déjà inclus dans le prix de vente des locaux privatifs. Dans ce cas, afin d'éviter une double imposition, l'administration admet de faire abstraction de la valeur vénale réelle des biens communs transférés pour la liquidation de la TVA (BOI-TVA-IMM-10-20-10 n° 210).

CHARGES AUGMENTATIVES DU PRIX

Le prix de cession, le montant de l'indemnité ou la valeur des droits sociaux rémunérant l'apport doivent être augmentés des charges qui s'y ajoutent. Ces charges incluent toutes les **prestations supplémentaires** que le contrat de vente impose à l'acquéreur ainsi que tous les **avantages indirects** que l'acquéreur procure au vendeur en prenant à son compte des obligations qui incombent personnellement à ce dernier. La prise en charge par l'acquéreur des dettes du vendeur constitue ainsi une charge augmentative du prix (BOI-TVA-IMM-10-20-10 n° 150). En revanche, les frais de contrat, notamment les **frais de notaire,** qui incombent à l'acquéreur, ne sont pas un élément de la base d'imposition à la TVA (BOI précité n° 160). 68145

> **Précisions** Constituent par **exemple** des charges augmentatives du prix :
> – la commission de l'intermédiaire payée par l'acquéreur pour le compte du vendeur (BOI précité n° 140) ;
> – les frais engagés par un lotisseur mais non payés et dont la charge est laissée aux acquéreurs de lots (CE 25-4-1984 n° 35414 : RJF 6/84 n° 725) ;
> – des frais de viabilité qu'une SCI facture distinctement du prix de vente à l'acquéreur d'un immeuble en construction (CE 2-7-1986 n° 47312 : RJF 10/86 n° 877) ;
> – la taxe foncière refacturée par le bailleur vendeur à l'acquéreur pour la période postérieure à l'acquisition (BOI précité n° 150) ;
> – le montant de la taxe pour la création de bureaux, de locaux commerciaux et de locaux de stockage en Île-de-France que l'acquéreur s'est engagé à rembourser au vendeur (en ce sens, BOI précité n° 180).

SUBSTITUTION DE LA VALEUR VÉNALE AU PRIX DE CESSION

68155 L'administration ne peut rehausser la base d'imposition par référence à la valeur vénale que si elle est en mesure d'établir que la différence entre la valeur vénale de l'immeuble et le prix stipulé dans l'acte résulte de la **fraude** ou de l'**évasion fiscale** (par hypothèse non avérée quand la TVA est intégralement déductible par l'acquéreur) (BOI-TVA-IMM-10-20-10 n° 190).

Elle doit, en principe, suivre la procédure de **redressement contradictoire** (LPF art. L 17 et L 55). Il en va toutefois différemment si le redevable se trouve en situation de **taxation d'office** pour n'avoir pas souscrit dans les délais légaux les déclarations auxquelles il est tenu. Néanmoins, si le redevable conteste la valeur fixée d'office en établissant que la mutation a eu pour contrepartie effective le paiement d'une somme inférieure à celle retenue par l'administration, celle-ci ne peut l'écarter qu'en établissant la valeur vénale réelle des biens en cause (Avis CE 30-7-2003 n° 254824 : RJF 11/03 n° 1235).

b. Taxation sur la marge

CAS D'APPLICATION

68170 En cas de livraison d'un **terrain à bâtir** (imposable de plein droit) ou d'un **immeuble bâti achevé depuis plus de cinq ans** (imposable sur option), la base d'imposition est obligatoirement constituée de la marge du cédant s'il est établi que l'**acquisition** du terrain à bâtir ou de l'immeuble bâti par le cédant **n'a pas ouvert droit à déduction** (CGI art. 268). Le régime de la marge ne s'applique pas en revanche à la livraison d'un immeuble achevé depuis cinq ans au plus quand bien même le cédant l'aurait lui-même acquis sans que cette acquisition ne lui ait ouvert droit à déduction (notamment auprès d'un non-assujetti).

Lorsque le régime de TVA appliqué lors de l'acquisition des immeubles n'est pas connu au moment de leur cession, celle-ci est taxée sur le prix total (BOI-TVA-IMM-10-20-10 n° 80).

68175 **Identité de qualification juridique entre bien acquis et bien cédé** L'application du régime de la marge suppose que le bien revendu soit identique au bien acquis quant à sa qualification juridique.

Il résulte de l'article 268 du CGI (lu à la lumière de l'article 392 de la directive TVA) que le **régime de la marge** s'applique aux opérations de cession de terrains à bâtir qui ont été acquis (sans ouvrir droit à déduction de la TVA) en vue de leur revente et **ne s'applique pas** aux cessions de **terrains à bâtir** qui, **lors de leur acquisition,** avaient le **caractère d'un terrain bâti,** y compris quand le bâtiment qui y était édifié a fait l'objet d'une démolition de la part du cédant (CJUE ord. 10-2-2022 aff. 191/21 : RJF 5/22 n° 516 ; CE 27-3-2020 n° 428234, SARL Promialp : RJF 6/20 n° 524 ; BOI-TVA-IMM-10-20-10 n° 20 ; dans le même sens, Rép. Bazin : AN 29-9-2020 n° 30676 qui précise que l'intention du cédant, dès l'acquisition du terrain bâti, de le transformer en terrain à bâtir est à cet égard sans incidence).

De la même manière, l'article 392 de la directive TVA doit être interprété en ce sens qu'il exclut l'application du régime de taxation sur la marge à des livraisons de terrains à bâtir lorsque ces **terrains acquis non bâtis** sont **devenus,** entre le moment de leur acquisition et celui de leur revente par l'assujetti, des **terrains à bâtir** (CJUE 30-9-2021 aff. 299/20, Icade Promotion SAS : RJF 12/21 n° 1148 ; CE 12-5-2022 n° 416727, Sté Icade Promotion : RJF 8-9/22 n° 717, rendus dans le cadre du régime de TVA immobilière applicable avant le 11-3-2010 mais transposables au régime actuel).

La TVA sur la marge ne s'applique pas non plus :

– dans le cas d'une cession d'un immeuble, plus de cinq ans après son achèvement, par un investisseur qui en a assuré la maîtrise d'ouvrage, dès lors que le **bien** n'a **pas** été **acquis en son état d'immeuble bâti,** même si le terrain d'emprise a été acquis par le cédant lui-même antérieurement à la construction, voire que celle-ci ait fait suite à une acquisition en l'état d'immeuble ancien elle-même suivie d'une démolition (BOI précité) ;

– dans le cas d'un **lot** revendu comme terrain à bâtir qui a été **acquis comme terrain d'assiette** d'un immeuble bâti et comme tel assimilé à ce dernier (Rép. Vogel : Sén. 17-5-2018 n° 4171 ; Rép. Falorni : AN 24-9-2019 n° 1835).

> **Précisions** **a.** Sur la distinction entre terrain à bâtir et immeuble bâti, voir nos 67885 s.
> **b.** En cas de division parcellaire en vue de céder séparément des parties ne constituant pas le terrain d'assiette du bâtiment, il convient de rechercher si les terrains ont été **acquis** initialement comme terrains à bâtir, **distinctement des terrains supportant des constructions** (CE 11-10-2022 n° 464561).
> **c.** Est sans incidence sur l'application du régime de la marge la circonstance qu'un bien immobilier figure comptablement à l'**actif circulant (en stock) ou** à l'actif **immobilisé** de l'assujetti (Rép. Grau : AN 26-4-2021 n° 35554).

Identité des caractéristiques physiques entre bien acquis et bien cédé L'article 392 de la directive TVA n'exclut pas l'application du **régime de la marge** à des livraisons de terrains à bâtir lorsque ces terrains ont fait l'objet, entre le moment de leur acquisition et celui de leur revente par l'assujetti, de modifications de leurs caractéristiques telles qu'une **division en lots** ou la réalisation de **travaux d'aménagement** permettant l'installation de réseaux desservant lesdits terrains, à l'instar, notamment, des réseaux de gaz ou d'électricité (CJUE 30-9-2021 aff. 299/20, Icade Promotion SAS : RJF 12/21 n° 1148 ; CJUE ord. 10-2-2022 aff. 191/21 : RJF 5/22 n° 516 ; CE 12-5-2022 n° 416727, Sté Icade Promotion : RJF 8-9/22 n° 717). 68177

La position de l'**administration** est dans le même sens. Dès lors que la condition d'identité juridique (n° 68175) est respectée, elle n'exige plus, pour la mise en œuvre de la taxation sur la marge, que le bien revendu soit identique au bien acquis quant à ses caractéristiques physiques. Ainsi, il est admis, dans le cas de l'acquisition d'un terrain ou d'un immeuble répondant aux conditions de l'article 268 du CGI qui n'a pas ouvert droit à déduction par un assujetti qui procède ensuite à sa division en vue de la revente en plusieurs lots, que ces ventes puissent bénéficier du régime de la marge (Rép. Vogel : Sén. 17-5-2018 n° 4171 ; Rép. Falorni : AN 24-9-2019 n° 1835). Tel est également le cas en présence de travaux qui ne conduisent pas à un changement de qualification du bien au regard de la TVA et, s'agissant des terrains, d'aménagements permettant leur desserte par divers réseaux (Rép. Grau : AN 26-4-2021 n° 35554).

Biens dont l'acquisition n'a pas ouvert droit à déduction L'article 392 de la directive TVA doit être interprété en ce sens qu'il permet d'appliquer le **régime de la marge** à des livraisons de terrains à bâtir : 68180

– lorsque leur **acquisition** a été **soumise à la TVA,** sans que l'assujetti qui les revend ait eu le droit de déduire cette taxe ;

– ou lorsque leur acquisition n'a **pas** été **soumise à la TVA** alors que le prix auquel l'assujetti-revendeur a acquis ces biens **incorpore** un montant de **TVA** qui a été **acquitté en amont** par le vendeur initial.

En dehors de cette dernière hypothèse, le régime de la TVA sur la marge **ne s'applique pas** à des livraisons de terrains à bâtir dont l'acquisition initiale n'a pas été soumise à la TVA, soit qu'elle se trouve en dehors de son champ d'application, soit qu'elle s'en trouve exonérée (CJUE 30-9-2021 aff. 299/20, Icade Promotion SAS : RJF 12/21 n° 1148 ; CE 12-5-2022 n° 416727, Sté Icade Promotion : RJF 8-9/22 n° 717, rendus dans le cadre du régime de TVA immobilière applicable avant le 11-3-2010 mais transposables au régime actuel).

> **Précisions** Bien que rendu dans un litige portant sur des terrains, le raisonnement de la CJUE est, selon nous, transposable à l'hypothèse d'achat-revente d'un **immeuble bâti** achevé depuis plus de cinq ans.

L'**administration** considère, quant à elle, que constituent des acquisitions n'ayant pas ouvert droit à déduction celles : 68182

– qui n'étaient **pas** elles-mêmes **soumises à la TVA,** du fait de la qualité du cédant (non-assujetti ou assujetti n'agissant pas en tant que tel) et/ou de la qualité de l'immeuble (immeuble dont la livraison est exonérée de TVA et n'a pas fait l'objet d'une option). Mais si l'acquisition a donné lieu à un **transfert de droits à déduction** à l'acquéreur en application de l'article 207, III-3 (n°s 62000 s.), elle est considérée comme ayant ouvert droit à déduction (BOI-TVA-IMM-10-20-10 n° 70) ;

– ou pour lesquelles le **coefficient d'assujettissement** était **nul** (n° 52770) lors de l'affectation initiale du bien, le fait que celui-ci ait par la suite été affecté à la réalisation d'opérations taxables demeurant, selon l'administration, sans incidence (voir toutefois sur ce point la jurisprudence de la CJUE analysée au n° 50825). En revanche, si la non-déduction de la TVA d'amont résulte de l'utilisation de l'immeuble à la réalisation d'opérations imposables n'ouvrant pas droit à déduction (**coefficient de taxation nul,** voir n° 52970), l'acquisition est réputée avoir ouvert droit à déduction, et la revente ne peut pas être soumise au régime de la marge (BOI précité n°s 40 et 60) ;

– ou pour lesquelles **aucune taxe déductible ne figurait dans l'acte** d'acquisition ou dans tout autre document valant facture. Le fait que le montant de la taxe aurait dû être mentionné en application de l'article 289 du CGI et de l'article 242 nonies A de l'annexe II à ce Code est sans incidence (BOI précité n° 50).

Sur ce point, la position de la **Cour de justice** est donc plus restrictive (voir n° 68180).

> **Précisions a.** L'administration a précisé que la doctrine ci-dessus demeurera applicable aux reventes qui interviendront postérieurement à la date de publication des futures précisions doctrinales, lesquelles tireront les conséquences de la jurisprudence Icade Promotion (n°s 68175 à 68180), si l'acquisition est intervenue ou a fait l'objet d'un compromis de vente antérieurement à la publication de ces précisions (Rép. Grau : AN 1-2-2022 n° 42486).

b. L'acquisition d'un **terrain à bâtir réalisée avant le 11 mars 2010** à l'occasion de laquelle l'acquéreur avait pris un engagement de construire et avait autoliquidé la TVA (CGI ancien art. 285, 3°) est réputée ne pas avoir ouvert droit à déduction. Le régime de la marge est applicable lors de la revente des mêmes surfaces comme terrain à bâtir, que l'acquéreur soit un particulier ou un assujetti (BOI précité n° 30 ; CAA Lyon 4-6-2020 n° 18LY03464 : RJF 11/20 n° 876).

c. Lorsque l'immeuble a été acquis dans le cadre de la **transmission d'une universalité de biens** ayant bénéficié de la dispense de TVA (n°s 15360 s.), la condition d'acquisition n'ayant pas ouvert droit à déduction s'apprécie chez le cédant de l'universalité, et c'est le prix d'achat par ce dernier qui constitue le second terme de calcul de la marge (BOI précité n°s 90 et 280).

d. L'imposition sur la marge peut s'appliquer en cas de cession de **parts ou actions d'une société** donnant vocation à l'**attribution** d'un terrain à bâtir ou d'un immeuble achevé depuis plus de cinq ans :
– lorsque les droits ont été reçus en contrepartie d'un apport en nature, sans que l'acquisition du bien immeuble apporté ait ouvert droit à déduction pour l'apporteur ;
– ou lorsque les droits portant respectivement sur un terrain à bâtir ou un immeuble bâti ont été acquis sans que leur acquisition ait ouvert droit à déduction (BOI précité n°s 310 et 320).

BASE D'IMPOSITION

68190 La marge est égale à la différence entre, d'une part, le prix exprimé et les charges qui s'y ajoutent et, d'autre part, le prix d'achat du bien cédé, c'est-à-dire :

– soit les sommes que le cédant a versées, à quelque titre que ce soit, pour l'acquisition du terrain ou de l'immeuble ;

– soit la valeur nominale des actions ou parts reçues en contrepartie des apports en nature qu'il a effectués.

Le « **prix exprimé** » s'entend de la différence entre le montant payé au cédant par le cessionnaire ou, pour tout ou partie, par un tiers (tel est le cas, par exemple, d'une subvention complément de prix) et le montant de la TVA afférente à la marge résultant de ce prix. Les **charges augmentatives** du prix qui sont prises en compte pour la détermination du premier terme du calcul de la marge sont toutes les charges qui reviendraient de droit au cédant et qui sont contractuellement reportées sur le cessionnaire (n° 68145).

Pour déterminer la base d'imposition, il y a donc lieu de procéder à un calcul « en dedans » selon la formule suivante :

Marge taxable = (montant payé par le cessionnaire ou par un tiers + charges augmentatives – prix d'achat) / [(100 + taux applicable à l'opération) / 100]

Le **prix d'achat** comporte toutes les dépenses qui ont été supportées par l'acquéreur à ce titre, notamment les droits de mutation. Par hypothèse, il s'agit de dépenses sur lesquelles n'a été exercé aucun droit à déduction, quand bien même elles seraient grevées de taxe rémanente. Les autres frais et honoraires exposés à l'occasion de l'acquisition ne sont pas à inclure dans le prix d'achat dès lors qu'ils sont ordinairement grevés de TVA et que cette taxe est déductible dans les conditions de droit commun (BOI-TVA-IMM-10-20-10 n°s 250 à 270).

> Précisions a. En cas de livraison d'un immeuble précédemment acquis au terme d'un contrat de **crédit-bail,** le régime de la marge s'applique dès lors que le prix de levée de l'option d'achat n'a pas ouvert droit à déduction. Lorsque les loyers n'ont eux-mêmes pas ouvert droit à déduction, il est admis de retenir comme prix d'achat, au lieu du prix de levée de l'option, le prix d'achat du terrain et le prix de revient des constructions pour le bailleur sous réserve qu'ils aient été mentionnés dans le contrat. De même, lorsque le locataire qui exerce l'option d'achat a acquis les droits attachés auprès d'un précédent locataire, il est admis que soient pris en compte le prix d'achat du terrain et le prix de revient des constructions pour le bailleur tels que mentionnés dans le contrat, au lieu des sommes versées pour l'acquisition des droits (BOI précité n° 290).

b. Lorsque l'opération est réalisée par un **fiduciaire,** les sommes prises en compte pour la détermination du prix d'achat du bien cédé s'apprécient, le cas échéant, chez le constituant (CGI art. 268, dernier al.).

68195 Lorsque la **marge** est **nulle ou négative,** la base d'imposition est égale à zéro. Cette situation peut notamment se présenter à l'occasion de la commercialisation des **opérations de lotissement.** Dans ce cas :

– le lotisseur dispose d'une grande liberté pour fixer le prix de cession propre à chaque lot. En outre, la remise à la collectivité locale ou à l'association syndicale de propriétaires de certaines fractions du lotissement, en particulier du terrain d'emprise des équipements généraux ou collectifs, intervient souvent pour un prix symbolique, ce qui en fait une opération située hors du champ d'application de la TVA ;

– en règle générale, le prix d'achat retenu pour le calcul de la base d'imposition propre à chaque lot doit être exactement déterminé à partir du prix d'acquisition des parcelles d'origine en proportion des surfaces incluses dans le lot cédé (y compris la fraction des parties communes éventuellement attachée à chaque lot par tantième ainsi qu'une part proportionnelle des emprises des équipements généraux ou collectifs). Il ne peut en aller autrement que lorsque les particularités tenant à la consistance et aux caractéristiques du terrain d'origine sont de nature à justifier que soit retenu un prix différencié entre diverses fractions de celui-ci, sans que cette différenciation puisse finalement conduire à ce que la somme des montants pris en considération à cet effet excède le montant effectif de l'acquisition de l'ensemble du terrain loti (BOI-TVA-IMM-10-20-10 n° 300).

La même situation de marge négative peut se rencontrer dans le cadre d'une opération de **crédit-bail portant sur un immeuble achevé depuis plus de cinq ans** et acquis sans TVA (cession-bail notamment) lorsque les parties trouvent avantage à opter pour la taxation lors de la levée d'option d'achat par le crédit-preneur pour préserver un droit à déduction sur les travaux de rénovation (BOI précité).

> Précisions Selon le Conseil d'État, dans le cas de **revente par lot** d'un **immeuble ou** d'un **terrain à bâtir** acheté en une seule fois pour un **prix global,** chaque vente de lot constitue une opération distincte, à raison de laquelle le vendeur doit acquitter la TVA calculée sur la base de la différence entre, d'une part, le prix de vente de ce lot et, d'autre part, son **prix de revient** estimé en imputant à ce lot une fraction du prix d'achat global de l'immeuble ou du terrain. Cela ne permet pas au contribuable, dans le cas où la vente d'un lot s'effectue à un prix inférieur au prix de revient, de déduire la moins-value résultant de cette vente de la base d'imposition dégagée par d'autres ventes. Toutefois, ces règles ne s'opposent pas à ce que le contribuable impute sur le prix de revient de chacun des lots vendus une fraction du prix d'acquisition des terrains **cédés gratuitement ou pour l'euro symbolique** à une commune en vue de la réalisation d'aménagements de voirie, lorsque cette cession **conditionne** la réalisation de l'opération immobilière (CE 13-10-2021 n° 433745 : RJF 1/22 n° 13 ; CE 18-2-2022 n° 449811 : RJF 5/22 n° 438).

c. Cas particuliers

Échanges L'échange s'analyse en une double vente. En cas d'échange d'immeubles, chaque livraison doit être examinée au regard de la situation des coéchangistes et de la nature de l'immeuble cédé. Ainsi, en cas d'échange d'immeubles ou de droits assimilés entrant dans le champ d'application de la TVA, celle-ci est applicable (de plein droit ou sur option) à raison de la cession de chaque lot. En revanche, lorsque seulement l'un des lots échangés comprend des biens situés dans le champ d'application de la taxe, celle-ci n'est applicable que sur la cession de ce lot. **68210**

L'assiette de la TVA, quand elle trouve à s'appliquer, est constituée par la valeur de l'immeuble acquis en contrepartie de l'immeuble cédé, majorée éventuellement du montant de la soulte reçue (CGI ann. III art. 76, 1), ou par la valeur vénale réelle de l'immeuble cédé, si elle est supérieure à celle de l'immeuble reçu augmentée de la soulte (CGI art. 266, 2-b).

EXEMPLES

1. Échange d'un immeuble soumis à TVA contre un immeuble dont la cession est non imposable ou exonérée. Un assujetti A échange avec un autre assujetti, B, un immeuble achevé depuis plus de cinq ans (sur la cession duquel il n'opte pas pour la taxation), pour une valeur de 80 000 € complétée d'une soulte de 20 000 €, contre un terrain à bâtir d'une valeur de 100 000 € TTC.

Dans l'hypothèse où la cession du terrain est imposable sur le prix total, la base d'imposition de la livraison effectuée par le vendeur B est égale au montant de toutes les sommes et valeurs reçues de la part de A à l'exception de la TVA elle-même, soit 83 333 €. Le fait que la TVA facturée dans l'acte soit déductible par A (pour un montant de 16 667 €) est sans incidence (BOI-TVA-IMM-10-20-10 n° 430).

2. Échange de deux immeubles dont les cessions respectives sont soumises à TVA. Un assujetti A échange avec un autre assujetti, B, un immeuble neuf pour une valeur de 100 000 € contre un terrain à bâtir d'une valeur de 80 000 € TTC, complétée d'une soulte de 20 000 €. B ayant acquis le terrain sans droit à déduction pour un prix de 50 000 € la cession se trouve être taxable sur la marge : en l'espèce, (80 000 – 50 000) / 1,2 = 25 000 € et 5 000 € de TVA. La base d'imposition de la livraison effectuée par A est égale au total de la soulte et du prix TTC du terrain reçus de la part de B à l'exception de la TVA elle-même, soit 83 333 €. Le fait que la TVA facturée réciproquement dans l'acte d'échange soit déductible respectivement par A (pour son montant de 5 000 €) et par B (pour son montant de 16 667 €) est sans incidence (BOI précité n° 440).

68220 **Dation en paiement** En cas de **vente d'un terrain à bâtir moyennant l'obligation pour l'acquéreur de remettre des locaux neufs au vendeur** (dation en paiement), l'assiette de la taxe est représentée par la valeur vénale, au jour de la livraison du terrain, des constructions remises au vendeur. La valeur des constructions peut être déterminée (sous réserve de l'application de coefficients de correction destinés à tenir compte des conditions particulières de l'opération) par référence soit au prix de vente actuel de locaux similaires situés dans un immeuble achevé ou en cours d'achèvement, soit au prix de vente futur de locaux compris dans l'immeuble dont la construction est projetée. Les coûts dont le constructeur établit qu'ils n'ont pas été exposés pour la livraison des locaux remis en dation (frais financiers et frais de commercialisation notamment) peuvent être soustraits de ces prix (BOI-TVA-IMM-10-20-10 n° 450).

> **Précisions** L'administration n'a pas indiqué si elle maintenait son analyse antérieure selon laquelle la **vente de droits indivis sur un terrain** moyennant un prix converti en l'obligation pour l'acquéreur de remettre au cédant des lots d'un immeuble dans la proportion des millièmes de droits indivis que ce dernier a conservés sur le terrain est constitutive d'une dation en paiement. On rappelle toutefois que, selon le Conseil d'État, cette opération ne constitue pas une dation en paiement, le cédant devenant propriétaire des lots, par voie d'accession, au fur et à mesure de l'exécution des travaux (CE 5-7-1996 n° 115275 : RJF 8-9/96 n° 985).

68230 **Bail à construction** Lorsque le bailleur opte pour l'assujettissement du bail à la TVA, la taxe est assise, d'une part, sur la valeur du droit de reprise des immeubles qui reviennent au bailleur en fin de bail (abstraction faite, le cas échéant, du montant de l'indemnité de reprise stipulée au profit du preneur) et, d'autre part, sur les loyers acquittés pendant la durée du bail (CGI art. 266, 5).

Elle est exigible dès la conclusion du bail s'agissant de la valeur du droit de reprise et lors de leur encaissement pour les loyers (CGI art. 269, 2-c bis).

3. FAIT GÉNÉRATEUR ET EXIGIBILITÉ DE LA TVA

68260 Le **fait générateur** est fixé, pour les immeubles comme pour les autres biens, à la **livraison,** qui correspond, on l'a vu au n° 38350, au moment du transfert du pouvoir de disposer du bien comme un propriétaire (CGI art. 269, 1-a et 2-a).

Le fait générateur est indépendant du fait qu'un acte ait été ou non établi et présenté à la formalité. Toutefois, en pratique, la livraison de terrains ou d'immeubles bâtis coïncide généralement avec la date de l'acte qui constate l'opération.

Le paiement du prix est sans incidence sur le fait générateur. Il importe donc peu que le redevable ait été autorisé à acquitter la TVA au fur et à mesure des encaissements (BOI-TVA-IMM-10-20-20 n°s 1 et 10).

68262 En règle générale, la taxe est **exigible** lors de la réalisation du fait générateur (BOI-TVA-IMM-10-20-20 n° 20).

S'agissant de l'exigibilité de la TVA portant sur des **acomptes** afférents à des livraisons de biens, voir n° 38350.

68265 Pour les **livraisons d'immeubles à construire** (vente en l'état futur d'achèvement essentiellement), le fait générateur intervient lors de la réception des travaux à l'issue desquels l'immeuble est considéré comme achevé au sens de l'article R 261-1 du CCH (Rép. Louwagie : AN 13-9-2022 n° 96) et la taxe est exigible lors de chaque versement des sommes correspondant aux différentes échéances prévues par le contrat en fonction de l'avancement des travaux (CGI art. 269, 2-a bis).

En cas de **vente d'un terrain moyennant la remise d'un immeuble** à construire (dation en paiement : n° 68220), l'exigibilité de la taxe intervient à la livraison du terrain (BOI-TVA-IMM-10-20-20 n° 30).

4. TAUX DE LA TVA

68295 Les livraisons d'immeubles relèvent en principe du **taux normal.** Bénéficient toutefois du taux réduit ou du taux intermédiaire, sous conditions, certaines livraisons réalisées dans le cadre du **logement social** (n°s 68300 s.) et les livraisons de certains **logements locatifs du secteur intermédiaire** (n° 68315).

En ce qui concerne les taux applicables en **Corse** et dans les **DOM,** voir respectivement n°s 94620 s. et 93860 s.

LIVRAISONS D'IMMEUBLES INTERVENANT DANS LE SECTEUR DU LOGEMENT SOCIAL

68300 **Opérations soumises au taux réduit de 5,5 %** En application de l'article 278 sexies-0 A du CGI, le taux réduit s'applique à certaines opérations et livraisons d'immeubles dans les conditions suivantes :

– livraisons de **logements locatifs sociaux neufs** financés par un prêt locatif aidé d'intégration (**PLAI**) ou financés par un prêt locatif à usage social (**PLUS**) et relevant de la politique

68300 (suite)

de renouvellement urbain, lorsque le destinataire de l'opération est bénéficiaire des aides ou prêts ouvrant droit à l'aide personnalisée au logement (APL) pour le logement livré (CGI art. 278 sexies, II-A-1° et 2°) ;

– **cessions de droits immobiliers** démembrés des logements visés au tiret ci-dessus, lorsque l'usufruitier bénéficie du prêt réglementé (PLAI ou PLUS) et a conclu la convention conditionnant l'application de l'APL (CGI art. 278 sexies, II-B-1°) ;

– livraisons de locaux dans le cadre de l'**acquisition-amélioration** financées par un PLAI, un PLUS ou, pour celles dont le fait générateur de la taxe et la décision d'accorder le financement sont intervenus à compter du 1er janvier 2022, un prêt locatif social (PLS), sous réserve, pour ce dernier prêt, que les travaux consistent en une transformation en logements locatifs sociaux de locaux à usage autre que d'habitation (CGI art. 278 sexies, II-B-2°) ;

– pour celles dont le fait générateur de la taxe et la décision de financement sont intervenus à compter du 1er janvier 2022, les livraisons de logements dans le cadre de l'**acquisition-amélioration** financées par un PLAI, PLUS ou PLS (sous réserve, pour ce dernier prêt, de la condition de transformation visée au tiret ci-dessus) et réalisées dans le cadre d'une **vente d'immeuble à rénover** (CCH art. L 262-1) (CGI art. 278 sexies, II-B-2°) ;

– livraisons de logements destinés à être occupés par des titulaires de contrats de location-accession conclus dans les conditions prévues par la loi 84-595 du 12 juillet 1984 définissant la location-**accession à la propriété** immobilière, qui font l'objet, dans des conditions fixées par décret, d'une convention et d'une décision d'agrément prise par le représentant de l'État dans le département (CGI art. 278 sexies, III-1°) ;

– livraisons d'immeubles et travaux faisant l'objet d'un contrat d'accession à la propriété lorsque, à la date du dépôt de la demande de permis de construire, ces logements et travaux sont situés dans un quartier faisant l'objet d'une convention de rénovation urbaine ou dans un quartier prioritaire de la politique de la ville faisant l'objet d'un contrat de ville (ou sont situés à moins de 300 m de ces quartiers) ou sont intégrés à un ensemble immobilier partiellement situé à moins de 300 m et entièrement situé à moins de 500 m de la limite d'un quartier prioritaire de la politique de la ville faisant l'objet d'une convention de renouvellement urbain. Le prix de vente ou de construction desdits logements ne doit pas excéder le plafond prévu pour les livraisons de logements mentionnés au tiret ci-dessus (CGI art. 278 sexies, III-2° ; sur les montants du plafond précité en 2022, voir BOI-BAREME-000016) ;

– apports d'immeubles sociaux neufs faits par les organismes d'HLM aux SCI d'accession progressive à la propriété (CGI art. 278 sexies, III-3°) ;

– opérations réalisées dans le cadre d'un **bail réel solidaire** dans les conditions prévues aux articles L 255-1 et suivants du CCH : livraisons à un organisme de foncier solidaire et livraisons à soi-même effectuées par ce dernier d'immeubles destinés, le cas échéant après travaux, à faire l'objet d'un bail réel et solidaire ; cessions de droits réels immobiliers objets du bail (CGI art. 278 sexies, III-4°) ;

– livraisons de locaux directement destinés ou mis à la disposition des **structures d'hébergement temporaire ou d'urgence** (centres d'hébergement et de réinsertion sociale ; structures dénommées « lits halte soins santé », « lits d'accueil médicalisés » et appartements de coordination thérapeutique ; centres d'hébergement d'urgence destinés aux personnes sans domicile), lorsque les opérations font l'objet d'une convention entre le propriétaire ou le gestionnaire des locaux et l'État formalisant l'engagement d'héberger les publics concernés (CGI art. 278 sexies, IV-1°) ;

– livraisons de locaux directement destinés ou mis à la disposition de certains **établissements sociaux et médico-sociaux,** lorsqu'ils agissent sans but lucratif, que leur gestion est désintéressée et qu'ils assurent un accueil temporaire ou permanent (établissements mentionnés à l'article L 312-1, I-1° du CASF qui hébergent des mineurs et des majeurs de moins de 21 ans relevant des articles L 221-1, L 222-3 et L 222-5 du CASF ; établissements mentionnés à l'article L 312-1, I-2° du CASF qui hébergent des mineurs ou de jeunes adultes handicapés, pour la seule partie des locaux dédiée à l'hébergement ; établissements mentionnés à l'article L 312-1, I-6° et 7° du CASF qui hébergent des personnes âgées et qui remplissent les critères d'éligibilité d'un prêt réglementé ou qui hébergent des personnes handicapées ; logements-foyers mentionnés à l'article L 633-1 du CCH qui hébergent des jeunes travailleurs et auxquels s'applique l'APL). Seules les opérations faisant l'objet d'une convention entre le propriétaire ou le gestionnaire des locaux et l'État formalisant l'engagement d'héberger les publics concernés sont visées (CGI art. 278 sexies, IV-2°).

> **Précisions** Le taux de 5,5 % appliqué à la **première livraison ou livraison à soi-même** (n° 68690) des logements, terrains et locaux mentionnés ci-dessus est applicable à toutes les **livraisons postérieures de ces mêmes logements,** terrains et locaux, quelles que soient les modifications de taux intervenues entre ces deux opérations (CGI art. 278 sexies-0 A, dernier al.).

68305 **Opérations soumises au taux intermédiaire de 10 %** En application de l'article 278 sexies-0 A du CGI, le taux intermédiaire s'applique à certaines opérations et livraisons d'immeubles réalisées dans le secteur du logement locatif social énumérées à l'article 278 sexies du même Code, dans les conditions suivantes :

- livraisons de **logements locatifs sociaux neufs** autres que ceux mentionnés au 1er tiret du n° 68300, lorsque le destinataire de l'opération est bénéficiaire des aides ou prêts ouvrant droit à l'APL pour le logement livré, y compris lorsque le destinataire est l'Association foncière logement (AFL) lorsque celle-ci a conclu, pour le logement livré, la convention prévue à l'article L 831-1, 4° du CCH (CGI art. 278 sexies, II-A-3°) ;
- **cessions de droits immobiliers** démembrés des logements visés au tiret ci-dessus, lorsque l'usufruitier bénéficie du prêt réglementé et a conclu la convention conditionnant l'application de l'APL (CGI art. 278 sexies, II-B-1°) ;
- livraisons de **logements à usage locatif autres que sociaux** destinés à être occupés par des ménages dont le total des ressources n'excède pas celui prévu à l'article 279-0 bis A, I-1° du CGI (voir n° 68315) lorsque le destinataire est soit l'AFL ou des sociétés civiles immobilières détenus majoritairement par l'AFL pour les logements situés dans un quartier (ou à moins de 300 m) faisant l'objet d'une convention de rénovation ou de renouvellement urbain, soit un organisme réalisant, en substitution de l'AFL, des opérations immobilières qui relèvent d'une convention de rénovation urbaine pour les logements situés sur des terrains octroyés au titre des contreparties mentionnées à l'article L 313-3, al. 11 du CCH (CGI art. 278 sexies, II-C).

Le taux de 10 % appliqué à la **première livraison ou livraison à soi-même** (n° 68690) des logements et locaux mentionnés ci-dessus est applicable à toutes les **livraisons postérieures de ces mêmes logements** et locaux, quelles que soient les modifications de taux intervenues entre ces deux opérations (CGI art. 278 sexies-0 A, dernier al.).

Bénéficient également du taux intermédiaire les **livraisons de terrains à bâtir** destinés à la construction de locaux faisant l'objet d'une opération taxable au taux réduit (n° 68300) ou au taux intermédiaire (visées ci-dessus), autres que les livraisons de terrains à bâtir à un organisme de foncier solidaire (qui bénéficient du taux de 5,5 % : 8e tiret du n° 68300), lorsque l'acquéreur atteste de cette destination dans l'acte de vente (CGI art. 278 sexies, V).

68310 **Remise en cause du taux réduit ou du taux intermédiaire** Lorsque les **conditions d'application** du taux réduit (n° 68300) ou du taux intermédiaire (n° 68305) aux livraisons (et livraisons à soi-même) mentionnées à l'article 278 sexies du CGI **cessent d'être remplies** dans un **délai** de 15 ans (ramené à dix ans dans certains cas), un complément de TVA (égal à la différence entre le taux normal et le taux réduit ou le taux intermédiaire) doit en principe être versé, assorti de l'intérêt de retard.

Le complément d'impôt peut toutefois être diminué, dans certains cas, d'un **abattement** pour durée de détention ou ne pas être dû lorsque les conditions cessent d'être remplies à la suite de la vente des logements à leurs occupants (CGI art. 284, II).

L'administration admet également, pour certains dispositifs d'accession sociale à la propriété (visés aux 5e et 6e tirets du n° 68300), que le reversement du complément de TVA ne soit pas exigé dans les cas de survenance de certains événements (décès, mobilité professionnelle, mariage ou conclusion d'un Pacs, etc.) pour l'acquéreur (ou son conjoint) ou pour l'emprunteur (ou le coemprunteur) (en ce sens, BOI-TVA-IMM-20-20-10 n° 360 ; BOI-TVA-IMM-20-20-20 n° 430). Le **droit de reprise** de l'administration s'exerce jusqu'à la fin de la troisième année suivant celle au cours de laquelle les conditions cessent d'être remplies (LPF art. L 176, al. 4).

> **Précisions a.** Les **organismes de foncier solidaire** réalisant des opérations visées au 8e tiret du n° 68300 (ou des travaux dans le cadre d'un bail réel solidaire visés à l'article 278 sexies A, I-5° du CGI : n° 69000) sont tenus au paiement du complément d'impôt lorsque les conditions auxquelles est subordonné l'octroi du taux réduit ne sont pas remplies dans les cinq ans qui suivent le fait générateur de l'opération ou cessent d'être remplies dans les 15 ans qui suivent l'acquisition des droits réels par la personne qui occupe le logement. Dans ce dernier cas, le complément d'impôt est diminué d'un dixième par année de détention au-delà de la cinquième année. Lorsque le non-respect des conditions auxquelles est subordonné le taux réduit ne concerne que certains logements au sein d'un ensemble de logements, le complément d'impôt est calculé au prorata de la surface des logements concernés

rapportéà la surface de l'ensemble des logements (CGI art. 284, IV).

b. Dès lors que la convention passée avec l'État conditionnant l'APL est transférée de plein droit aux propriétaires successifs en application de l'article L 353-4 du CCH, la **vente de logements locatifs sociaux neufs** (mentionnés au 1er tiret des nos 68300 et 68305) ne constitue pas un événement rendant exigible le versement du différentiel de taux de TVA dès lors qu'elle est accompagnée du **transfert de la convention** au nouveau propriétaire. Il incombera à ce dernier de verser le complément de TVA si la condition d'affectation à une location à caractère social venait, par la suite, à ne plus être satisfaite (en ce sens, BOI-RES-TVA-000004).

LIVRAISONS DE CERTAINS LOGEMENTS LOCATIFS DU SECTEUR INTERMÉDIAIRE

Les livraisons de certains logements locatifs du secteur intermédiaire bénéficient, sous conditions, du **taux intermédiaire.** **68315**

Peuvent bénéficier de ce taux les livraisons de logements neufs et de logements issus de la transformation de locaux affectés à un usage autre que l'habitation, considérés comme neufs au sens du n° 67910, lorsque le destinataire de la livraison ou, en cas de démembrement de la propriété, l'usufruitier, est un **investisseur institutionnel** (organismes HLM mentionnés à l'article L 411-2 du CCH ; sociétés d'économie mixte mentionnées à l'article L 481-1 du CCH ; sociétés anonymes de coordination entre les organismes de HLM mentionnées à l'article L 423-1-1 du CCH ; personnes morales dont le capital est détenu, directement ou indirectement, en totalité par des personnes passibles de l'impôt sur les sociétés ; établissements publics administratifs ; caisses de retraite et de prévoyance ; filiales de la société Action Logement Immobilier mentionnée à l'article L 313-20 du CCH) qui destine ces logements à la **location** à **usage** de **résidence principale** (CGI art. 279-0 bis A).

Le taux intermédiaire s'applique aux logements remplissant les conditions suivantes :

– ils sont situés dans des communes classées dans certaines zones géographiques mentionnées par l'article D 304-1 du CCH (**zones classées A ou B1**) à la date du dépôt de la demande de permis de construire (en ce sens, BOI-TVA-IMM-30 n° 40) ;

– ils sont destinés à être **loués** à des **personnes physiques.** Les **ressources** des locataires et le montant des **loyers** ne doivent pas dépasser les plafonds visés à l'article 199 novovicies, III du CGI ;

– ils sont intégrés dans un **ensemble immobilier** dans lequel la proportion du nombre des logements locatifs sociaux excède 25 % des logements de l'ensemble immobilier. Cette dernière condition ne s'applique pas si les logements sont situés dans un **quartier prioritaire** de la politique de la ville. Elle ne s'applique pas non plus dans les **communes comportant déjà plus de 25 % de logements sociaux,** pour les livraisons de logements pour lesquels le permis de construire est déposé ou, s'agissant de Vefa, l'acte de vente ou le contrat préliminaire est signé, à compter du 1er janvier 2022. Ce dernier pourcentage était fixé à 35 % pour les livraisons de logements pour lesquels le permis de construire avait été déposé ou, s'agissant de Vefa, l'acte de vente ou le contrat préliminaire signé, antérieurement au 1er janvier 2022.

> Précisions a. La production et la mise en location de logements intermédiaires dont la livraison relève des dispositions ci-dessus doivent faire l'objet d'une **information** auprès de l'**administration,** sous peine d'application d'une amende de 500 € ou 1 500 €, en vertu des articles L 302-16-1 et L 302-16-2 du CCH. Les conditions d'application de cette obligation (nature des informations à communiquer, délais de communication, modalités de transmission des informations, etc.) sont précisées aux articles D 302-31 à D 302-35 du même Code.

b. Lorsque les **conditions d'application** du taux intermédiaire **cessent d'être remplies** dans un délai de 20 ans, un complément de TVA (égal à la différence entre le taux normal et le taux intermédiaire) doit en principe être versé, assorti de l'intérêt de retard. Ce délai est réduit à dix ans si les logements sont vendus, les cessions ne pouvant toutefois porter, pendant 15 ans, sur plus de 50 % des logements concernés (CGI art. 284, II bis ; pour les livraisons à soi-même desdits logements : BOI précité n° 180). Le **droit de reprise** de l'administration s'exerce jusqu'à la fin de la troisième année suivant celle au cours de laquelle les conditions cessent d'être remplies (LPF art. L 176, al. 4).

c. Le taux de 10 % n'est pas remis en cause lors du **transfert,** par voie de cession ou d'apport, **d'un contrat de vente en l'état futur d'achèvement** portant sur la livraison des logements susvisés (et le promoteur peut continuer à appliquer ce taux aux appels de fonds postérieurs au transfert), si le cessionnaire continue à satisfaire aux conditions prévues à l'article 279-0 bis A du CGI. À défaut, le bénéfice du taux de 10 % sera remis en cause dans les conditions exposées à la précision b ci-dessus (BOI-RES-TVA-000064).

5. DÉCLARATION ET PAIEMENT DE LA TVA

68330 Les assujettis doivent en principe déclarer leurs opérations immobilières imposables sur les **déclarations CA3** habituellement utilisées pour toutes les opérations relevant de la TVA selon le **régime réel normal** (nos 48400 s.).

L'opération doit être portée sur la déclaration CA3 établie au titre du mois au cours duquel elle est intervenue (ou au titre du trimestre dans certains cas : voir nos 48435 s.). Cette déclaration mentionne l'ensemble des opérations effectuées au cours de la période considérée et fait état, globalement, des droits à déduction ouverts pendant la même période.

La déclaration est obligatoirement souscrite par voie électronique (**télédéclaration**). Le paiement de l'impôt, qui doit également être opéré par voie électronique (**télérèglement**), intervient en principe au moment de la souscription de la déclaration (voir n° 48140).

> **Précisions** Les opérations immobilières sont en principe exclues du **régime simplifié** (n° 47760). L'administration semble toutefois admettre que les redevables relevant du régime simplifié au titre d'autres opérations mentionnent les livraisons d'immeubles sur leurs déclarations CA 12/CA 12E (nos 48800 s.) (en ce sens, BOI-TVA-IMM-10-20-30 n° 40).

6. RÉGIME DES DÉDUCTIONS

68360 Les opérations immobilières relevant du droit commun de la TVA, la déduction de la taxe obéit en principe aux règles générales de déduction exposées aux nos 50500 s. Certaines règles spécifiques sont cependant prévues.

TAXE AFFÉRENTE À L'ACQUISITION D'UN IMMEUBLE

68365 Que l'opération ait été imposée sur le prix total ou sur la marge, la déduction de la TVA obéit aux principes suivants :

- la taxe ayant grevé l'acquisition d'un **immeuble immobilisé** pour être affecté à une activité économique est déductible dans les conditions de droit commun (nos 50600 s.). Le coefficient de déduction est déterminé par immeuble (ou fraction d'immeuble identifiée lors de son affectation initiale) ;
- la TVA ayant grevé l'acquisition d'un immeuble acquis en vue de sa revente (**stock immobilier**) est immédiatement déductible mais l'utilisation de l'immeuble dans l'attente de sa cession peut entraîner des régularisations particulières (voir nos 68805 s.).

TAXE AYANT GREVÉ LES ÉLÉMENTS DU PRIX DE CESSION D'UN IMMEUBLE

68375 Lorsqu'elle est réalisée par un assujetti agissant en tant que tel, la **cession** d'un immeuble **soumise à la TVA** ouvre un droit à déduction de la taxe qui a grevé les dépenses qui entretiennent un lien direct et immédiat avec cette cession, y compris si la cession est taxée sur la marge (BOI-TVA-IMM-10-30 n° 70).

La TVA ayant grevé les frais directement attachés à la livraison de l'immeuble est immédiatement déductible lorsque celle-ci est imposable de plein droit. En revanche, lorsque la livraison porte sur un terrain qui n'est pas à bâtir ou sur un immeuble achevé depuis plus de cinq ans, la TVA ayant grevé ces frais ne peut être déduite qu'une fois l'option effectivement exercée (BOI précité n° 80 ; dans le même sens, voir CE 27-11-2020 n° 426091 : n° 68805).

Lorsque la **cession** n'est **pas soumise à la TVA** (caractère purement patrimonial ou opération en exonération de TVA) et que les frais de la cession constituent un élément de son prix, la taxe supportée à ce titre par le cédant n'est pas déductible. La taxe peut cependant être déduite au titre des frais généraux (nos 50945 s.) lorsque le redevable est en mesure d'établir, à l'aide notamment de données de comptabilité analytique, que dans les circonstances propres à cette cession et à son activité (par exemple, rigidité du marché, diversité et fréquence des mutations), les frais de cession sont normalement intégrés dans les charges courantes (BOI précité n° 90). À noter que, dans cette hypothèse, certains juges du fond (CAA Versailles 9-5-2017 n° 16VE00662 : RJF 10/17 n° 932 ; CAA Versailles 1-10-2019 n° 17VE02177 : RJF 1/20 n° 21) ont transposé la jurisprudence « Pfizer » du Conseil d'État relative à la déduction de la TVA ayant grevé des dépenses exposées à l'occasion d'une cession de titres (voir n° 51140).

> **Précisions** Lorsque des **travaux** régulièrement comptabilisés en charges ont été réalisés sur un **immeuble affecté à une activité économique n'ouvrant pas droit à déduction** (location exonérée ou activité de formation professionnelle, par exemple), il convient d'examiner si, au moment de leur réalisation, ces dépenses ont été engagées pour l'utilisation de l'immeuble ou en vue de sa cession. Si le redevable est en mesure d'établir que les

dépenses entretiennent un lien direct et immédiat avec la cession, la taxe est déductible sans délai lorsque la cession doit intervenir dans les cinq ans de l'achèvement de l'immeuble, ou seulement lors de l'exercice de l'option s'agissant d'un immeuble de plus de cinq ans. L'administration a précisé que, dans cette situation, les règles de péremption du droit à déduction (nos 56720 s.) ne trouvent pas à s'appliquer (BOI précité no 100).

OPÉRATIONS DE LOTISSEMENT ET D'AMÉNAGEMENT

Le droit à déduction porte sur la TVA ayant grevé l'acquisition des terrains, les frais liés à leur acquisition ainsi que les travaux de viabilisation et d'aménagement des lots commercialisés. **68385**

> **Précisions a.** La **remise gratuite** par un aménageur de zone **d'équipements collectifs, d'infrastructure ou de superstructure** (et des terrains d'assise correspondants) à la collectivité locale ne fait pas obstacle à l'exercice des droits à déduction à condition, selon l'administration, que cette remise procède de la convention d'aménagement passée avec la collectivité (BOI-TVA-IMM-10-30 nos 460 et 470).
> **b.** La TVA qui grève les **dépenses engagées par une collectivité locale** consistant en équipements d'infrastructure qui deviennent la propriété privée des acquéreurs ou sont conservés par la collectivité pour être classés dans son domaine (viabilisation des surfaces correspondantes, réseaux publics divers : eau, assainissement, etc.) est déductible sous réserve que ces dépenses entretiennent un lien direct avec les recettes imposées à la TVA que perçoit la collectivité locale au titre de l'opération qu'elle réalise (BOI précité no 490).

CAS PARTICULIER DU DÉMEMBREMENT DE LA PROPRIÉTÉ D'UN IMMEUBLE

Lorsque la propriété d'un immeuble donne lieu à un démembrement en raison de la **cession à un tiers de l'usufruit ou de la nue-propriété,** la nue-propriété doit être regardée comme n'étant pas affectée à une activité économique imposable. Cette situation est exclusive de l'exercice du droit à déduction de la TVA afférente à la valeur de ce droit. Toutefois, lorsque ce droit réel constitue une **immobilisation** chez son propriétaire de même que l'usufruit pour son bénéficiaire, il est admis que le nu-propriétaire peut transmettre le droit à déduction dont il est privé à l'usufruitier, dans les conditions exposées aux nos 62000 s., dès lors que ce dernier utilise le bien pour des opérations ouvrant droit à déduction (BOI-TVA-IMM-10-30 nos 190 et 200). Ce mécanisme s'applique sous réserve que le **nu-propriétaire** ait la **qualité d'assujetti** (redevable ou non) (Rép. Canévet : Sén. 11-11-2021 no 24228 ; Rép. Grau : AN 16-11-2021 no 39881). **68400**

Ce mécanisme peut également s'appliquer dans l'hypothèse d'un démembrement de propriété réalisé par un **promoteur** qui vend l'immeuble et **cède simultanément la nue-propriété et l'usufruit** (**démembrement** de propriété intervenant **ab initio**), sous réserve que le nouveau nu-propriétaire ait lui-même la qualité d'assujetti à la TVA (redevable ou non), que le droit réel que constitue la nue-propriété soit immobilisé chez son propriétaire et que l'usufruitier, qui doit également immobiliser ses droits portant sur l'usufruit de l'immeuble, utilise ce dernier pour les besoins d'opérations ouvrant droit à déduction (Rép. Pauget : AN 2-4-2019 no 17425).

En outre, dès lors qu'elle intervient dans le délai de 20 années comprenant celle au cours de laquelle la taxe a été supportée par le nu-propriétaire, la réunion dans les mains de celui-ci de la pleine propriété par suite de l'**extinction de l'usufruit** peut donner lieu à une régularisation positive de la taxe d'amont dans les conditions exposées aux nos 62475 s. si l'immeuble est alors utilisé à des opérations ouvrant droit à déduction (BOI précité no 200).

> **Précisions** A la **qualité d'assujetti** à la TVA une **SCI** acquérant la nue-propriété d'un immeuble et qui aurait par ailleurs, au titre d'une activité qu'elle réalisait antérieurement à l'acquisition de cette nue-propriété, la qualité d'assujetti. En revanche, ne revêt pas cette qualité une SCI n'ayant à aucun titre la qualité d'assujetti telle que, par exemple, une SCI créée ad hoc uniquement pour l'acquisition de la nue-propriété en question (Rép. Canévet précitée).

Cession de l'usufruit La **taxe supportée par le nu-propriétaire** est celle afférente à la différence entre le prix d'acquisition de l'immeuble ou le montant de la livraison à soi-même (ou, en l'absence de livraison à soi-même dans le cas visé au no 61205, précisions, le montant des dépenses ayant réellement supporté de la TVA) lors de son achèvement et le prix auquel est cédé l'usufruit : **68405**

– si la cession de l'usufruit intervient dès l'exercice initial du droit à déduction, le coefficient d'assujettissement retenu à cet effet est égal à la proportion du prix de cession de l'usufruit rapporté à la valeur de l'immeuble ;

– et si le démembrement intervient ultérieurement, dès lors que l'acquisition ou la construction de l'immeuble ont initialement ouvert droit à déduction, la part de la taxe initialement déduite afférente à la nue-propriété donne lieu à une régularisation dans les conditions de droit commun (nos 61050 s.) (BOI-TVA-IMM-10-30 no 210).

68410 L'**usufruitier** peut, en fonction de son activité propre, exercer son **droit à déduction** dans les conditions habituelles, tant sur la taxe ayant éventuellement grevé le prix de l'usufruit que, s'il y a lieu, sur le montant de taxe déductible mentionné sur l'attestation délivrée par le cédant au titre de la taxe afférente à la nue-propriété non déduite ou régularisée par celui-ci. Il devra toutefois à son tour régulariser la taxe ainsi déduite si l'usufruit s'éteint avant le terme de 20 années comprenant celle au cours de laquelle il aura exercé son droit à déduction.

Dans l'hypothèse où l'usufruitier a réalisé des **travaux de valorisation** de l'immeuble, si l'extinction de l'usufruit s'accompagne de la transmission au nu-propriétaire de l'universalité de biens attachée à l'usufruit, les dispositions de l'article 257 bis du CGI (nos 15360 s.) trouveront à s'appliquer à la taxe qui aura grevé ces travaux. À défaut, l'usufruitier serait fondé à transmettre au nu-propriétaire le droit à déduction correspondant au quantum de TVA régularisé à ce titre, dans les conditions mentionnées aux nos 62000 s. (BOI-TVA-IMM-10-30 n° 220).

EXEMPLE

Un immeuble a été construit ou acquis neuf par un investisseur pour une valeur HT de 1 000, et l'usufruit en est immédiatement cédé pour une durée de 15 ans et un prix de 800, soumis de plein droit à la TVA (soit 160 en sus). Le coefficient de déduction s'établit donc à 0,8, mais le propriétaire remet au cessionnaire une attestation de taxe non déduite pour un montant de 40 (200 × 0,2). Si l'usufruitier immobilise le bien aux fins d'une activité ouvrant droit à déduction, il pourra déduire l'ensemble de la TVA d'amont (soit 160 + 40 = 200), à charge pour lui de supporter une régularisation pour les quatre années restant à courir à l'extinction de son droit (pour un montant de 200 × 4 / 20 = 40).
L'investisseur initial ayant recouvré la pleine propriété de l'immeuble pourra à son tour, s'il l'utilise dans les mêmes conditions, bénéficier d'une régularisation positive à raison de la même durée résiduelle et pour le même montant.

> Précisions La doctrine administrative susvisée relative à l'extinction de l'usufruit est également applicable en cas de **démembrement** de propriété intervenant **ab initio** (n° 68400) (Rép. Grau : AN 16-11-2021 n° 39881).

68420 **Cession de la nue-propriété** Dans cette situation où le propriétaire conserve l'usufruit de l'immeuble pour en continuer l'exploitation, les mêmes règles en matière de déduction et de régularisation trouveront à s'appliquer au montant de la cession de la nue-propriété, en tenant compte de l'usage auquel est affecté l'immeuble et du régime de taxation appliqué à la cession.

Si la cession de la nue-propriété donne lieu à taxation (de plein droit ou sur option), le nouveau nu-propriétaire ne pourra exercer aucun droit à déduction de la taxe qui aura grevé son acquisition, s'agissant d'un bien incorporel qu'il n'utilise pas pour la réalisation d'opérations imposables. Mais il pourra, si les conditions en sont réunies, délivrer à l'exploitant de l'usufruit une attestation permettant à ce dernier de déduire la TVA correspondante.

Lors de l'**extinction de l'usufruit,** la taxe déduite par son bénéficiaire fera s'il y a lieu l'objet d'une régularisation en tenant compte du délai propre à chacune de ses fractions. De même, symétriquement, pour le plein propriétaire (BOI-TVA-IMM-10-30 n° 230).

EXEMPLE

Un immeuble construit pour une valeur HT de 1 000 est immédiatement affecté à une location exonérée, si bien que le coefficient de déduction initial est nul. La quatrième année suivant l'achèvement, le constructeur cède la nue-propriété pour un prix de 600 en conservant l'usufruit pour dix ans afin d'en poursuivre l'exploitation dans les mêmes conditions : aucun droit à déduction ne peut donc lui être utilement transféré par le nouveau nu-propriétaire.
Mais, la cession étant soumise de plein droit à la TVA (pour 600 × 0,2 = 120), l'opération ouvre néanmoins droit chez le cédant à une régularisation de la taxe qui n'a pu être déduite à l'origine, liquidée à raison de la fraction ainsi imposée et des 15 années restant à courir jusqu'au terme de la période de régularisation (soit 200 × 0,6 × 15 / 20 = 90).
De son côté, le cessionnaire qui n'a pu déduire la taxe qui a grevé l'acquisition de la nue-propriété pourra, s'il affecte l'immeuble à une activité ouvrant droit à déduction lorsqu'il en récupère la pleine propriété, bénéficier d'une régularisation positive de cette même taxe en proportion des dix années restant à courir au regard du délai qui lui est propre (soit 120 × 10 / 20 = 60) (sans préjudice de l'application des précisions données au n° 68410 dans le cas où des travaux auraient été réalisés sur l'immeuble pendant son exploitation en usufruit).

SECTION 3 LIVRAISONS À SOI-MÊME

L'**achèvement d'un immeuble** peut, dans certains cas, constituer un chef d'imposition à la TVA. **68500**
Il s'agit ici de l'application aux opérations immobilières de la pratique de la livraison à soi-même qui, dans certaines situations, consiste à considérer, en l'absence de toute cession ou opération équivalente, que le redevable est néanmoins censé, par une sorte de fiction purement fiscale, « se livrer à lui-même » certains biens ou services (nos 13800 s.).

Signalons dès à présent que la taxation de cette opération permet de déduire la TVA d'amont supportée sur les dépenses de construction (no 68770).

Certains **travaux** réalisés sur des immeubles du secteur du **logement social** donnent par ailleurs lieu à une livraison à soi-même destinée à permettre l'application du taux réduit ou du taux intermédiaire (nos 69000 s.).

Il est également rappelé que les **travaux immobiliers** qui ne conduisent pas à la production d'un immeuble neuf, mais contribuent à la valorisation ou à la prolongation de la durée de vie d'un immeuble affecté aux besoins de l'entreprise doivent être soumis à une livraison à soi-même par le preneur (CGI art. 257, II-1-2°). Les règles applicables dans ce cas sont exposées aux nos 14000 s.

> Précisions À noter que l'article 257, I-3-2° du CGI prévoit également un mécanisme de livraison à soi-même du logement par l'accédant **non assujetti** dans le cadre des **opérations d'accession sociale à la propriété.** Sont concernées en pratique les opérations qui ne sont pas soumises directement au taux prévu pour le logement social en application de l'article 278 sexies, III-2° du CGI, c'est-à-dire la construction, en dehors d'un contrat unique de construction, d'un logement dans le cadre d'une opération d'accession à la propriété à usage de résidence principale dans un quartier faisant l'objet d'une convention pluriannuelle avec l'Anru ou dans un quartier prioritaire de la politique de la ville faisant l'objet d'un contrat de ville (ou à proximité de ces quartiers). Dans ce cas, le destinataire de la construction se réserve en effet l'exécution de la maîtrise d'œuvre, et les travaux de construction demeurent soumis au taux normal. La livraison à soi-même permet au destinataire non assujetti de bénéficier indirectement du taux prévu pour le logement social (en ce sens, BOI-TVA-IMM-20-20-20 nos 280 et 290).

A. Construction d'un immeuble neuf

1. CHAMP D'APPLICATION

L'imposition à la TVA de la livraison à soi-même des immeubles neufs est exigée, en application **68510**
des dispositions de l'article 257, II-1-2° du CGI, lorsque les immeubles sont construits en vue de leur **affectation à l'exploitation** et que l'**assujetti** réalisant l'opération n'est **pas** un **déducteur intégral,** c'est-à-dire lorsque les immeubles en cause sont susceptibles de faire l'objet d'une exclusion ou d'une limitation du droit à déduction.

En pratique, lorsqu'un assujetti à la TVA construit ou fait construire, sur un terrain à bâtir ou sur un immeuble existant dont il dispose, un immeuble neuf au sens du no 67910, l'imposition de la livraison à soi-même peut ou non être exigée selon l'usage qu'il lui réserve :

– **immeuble construit en vue de son affectation à l'exploitation** (immobilisation) : si l'activité de l'entreprise ouvre droit à la récupération intégrale de la TVA d'amont, cette récupération s'opère indépendamment de toute livraison à soi-même, qui n'est dès lors pas exigible. En revanche, si l'activité de l'entreprise ou le bien immeuble n'ouvre pas droit à la récupération intégrale (par exemple, cas d'un immeuble utilisé pour une activité de location exonérée), une livraison à soi-même doit être constatée lors de l'achèvement de l'immeuble en application de l'article 257, II-1-2° du CGI ;

– **immeuble construit en vue de la vente** (stock) : un tel immeuble neuf doit être considéré comme ouvrant droit à déduction intégrale pour le constructeur dès lors que sa vente est en principe soumise à la TVA (nos 67860 s.). Aucune livraison à soi-même n'est donc exigible à ce titre lors de son achèvement.

Les règles applicables aux livraisons à soi-même de biens affectés à l'entreprise prévues par l'article 257, II-1-2° du CGI sont exposées aux nos 14000 s. Compte tenu de certaines spécificités relatives notamment au fait générateur et à la liquidation de la taxe en matière immobilière, nous reprenons toutefois aux nos 68570 s. l'ensemble des modalités d'imposition liées à ce cas de livraison à soi-même.

> **Précisions** La livraison à soi-même est exigible en vertu de l'article 257, II-1-2° du CGI au titre de l'achèvement des **logements locatifs sociaux ou du secteur intermédiaire** (affectés par hypothèse à des opérations de location destinée à l'habitation n'ouvrant pas droit à déduction). Elle obéit alors aux règles de droit commun rappelées aux nos 68570 s., sous réserve du bénéfice du taux réduit ou du taux intermédiaire de TVA (n° 68690).

2. MODALITÉS D'IMPOSITION

a. Redevable de la TVA

68570 Le redevable de la TVA sur les livraisons à soi-même d'immeubles neufs est, quelle que soit la date d'achèvement, la personne assujettie qui construit elle-même l'immeuble ou qui a confié la construction, pour son compte, à des tiers (ou le bailleur de logements sociaux réhabilités) (CGI art. 283, 1).

b. Fait générateur et exigibilité de la TVA

68600 Le fait générateur et l'exigibilité de la TVA sur les livraisons à soi-même d'immeubles neufs sont fixés au moment du **dépôt à la mairie** de la déclaration attestant l'achèvement et la conformité des travaux (**Daact**), prévue par la réglementation relative au permis de construire (CGI art. 269, 1-b et 2-a jusqu'au 31-12-2022 ; CGI art. 269, 1-b et 2-b à compter du 1-1-2023).

Dans le mois qui suit la date du dépôt en mairie de cette déclaration, le redevable de la livraison à soi-même doit informer l'administration de la date à laquelle est intervenu l'achèvement de l'immeuble (CGI ann. II art. 244). Cette déclaration est effectuée au moyen d'un **formulaire spécial n° 940-SD,** disponible sur le site www.impots.gouv.fr. Elle ne sert que pour le contrôle de l'impôt, la liquidation de la TVA pouvant être reportée à une date ultérieure (voir n° 68720).

> **Précisions a.** En l'**absence de dépôt** de la déclaration d'achèvement et de conformité des travaux par le constructeur, le fait générateur de la livraison à soi-même est réputé intervenu lorsque sont réunies les circonstances de fait qui rendent exigible cette déclaration. De fait, les travaux doivent être réputés achevés si la construction est complètement exécutée sur tous les points relevant du permis de construire, si elle est conforme à ses prescriptions et respecte la destination qui y est énoncée.
> Toutefois, si le permis de construire et la déclaration d'achèvement subséquente ne portent que sur une **construction utilisable pour aucun usage** sauf à faire l'objet d'une déclaration d'achèvement ou de conformité complémentaire, l'administration considère qu'aucune livraison d'immeuble neuf n'est intervenue et que les conditions d'une livraison à soi-même ne sont pas remplies (BOI-TVA-IMM-10-20-20 nos 50 à 70).
> Voir également, s'agissant des livraisons d'immeubles neufs, n° 67910, précision a.
> **b.** Dans le cas de la construction d'un **groupe d'immeubles,** la livraison à soi-même doit être réalisée au fur et à mesure de l'achèvement de chacun des immeubles (BOI précité n° 80).

c. Assiette de la TVA

68640 La base d'imposition des livraisons à soi-même d'immeubles neufs est constituée par le prix de revient total de l'immeuble, y compris le coût des terrains ou leur valeur d'apport.

> **Précisions** Les précisions ci-dessus résultent de l'article 266, 2-a du CGI qui vise les livraisons à soi-même taxées au titre de l'article 257, I du CGI, au nombre desquelles ne figurent désormais que les livraisons à soi-même de logements par des accédants non assujettis dans le cadre des opérations d'accession sociale à la propriété (n° 68500, précisions) et des travaux réalisés sur certains immeubles du secteur du logement social (nos 69000 s.). Avant l'intervention de la loi 2014-1545 du 22 décembre 2014, les dispositions de l'article 266, 2-a du CGI concernaient également les livraisons à soi-même d'immeubles neufs. Les précisions ci-dessus paraissent toutefois demeurer valables pour les livraisons à soi-même d'immeubles neufs qui sont désormais imposées en vertu de l'article 257, II-1-2° du CGI (en ce sens, BOI-TVA-IMM-10-20-10 n° 330).

COÛT DU TERRAIN

68650 Il comprend l'ensemble des sommes versées à un titre quelconque par le redevable pour entrer en possession du terrain (prix, honoraires des notaires, droits d'enregistrement, taxe de publicité foncière, etc.). Selon l'administration, lorsque le **prix d'acquisition du terrain n'est pas connu,** c'est sa valeur vénale qui doit être retenue (BOI-TVA-IMM-10-20-10 n° 340).

Les **frais** de toute nature qui ont pu être engagés pour l'**aménagement** du terrain entrent également dans le coût de celui-ci (par exemple, travaux de démolition, d'assainissement, fouilles archéologiques, etc.).

> **Précisions** **a.** Lorsque la livraison à soi-même intervient à l'occasion d'une **réhabilitation lourde** (travaux de remise à neuf visés au n° 67920) et que le redevable avait déjà pris en compte le **coût du terrain** lors d'une **précédente livraison à soi-même** de l'immeuble objet de la réhabilitation, l'administration admet que le coût pour entrer en possession du terrain est nul. En revanche, toutes les dépenses exposées au titre de cette opération sont à inclure dans la base d'imposition de la nouvelle livraison (BOI précité).
> **b.** Lorsque la construction est édifiée par une personne à laquelle le **terrain** est **loué** (par exemple dans le cadre d'un bail à construction), le prix de revient comprend le montant des loyers afférents à la durée du bail (BOI précité).
> La CJUE a précisé que lorsqu'un terrain et un bâtiment en cours de construction sur ce terrain ont été acquis par la constitution d'un droit réel donnant à son titulaire un pouvoir d'utilisation sur ces biens immeubles (en l'espèce, un bail emphytéotique), il y a lieu d'inclure dans la base d'imposition de la livraison à soi-même la valeur résiduelle du droit d'emphytéose restant à courir au jour de la livraison à soi-même, corrigée ou capitalisée selon la méthode utilisée pour déterminer la valeur de ce droit (CJUE 28-4-2016 aff. 128/14 : RJF 7/16 n° 679).
> **c.** Le coût du terrain acquis par un **bailleur social** (office public HLM) auprès d'une collectivité territoriale sans avoir donné lieu à l'exercice du droit à déduction et correspondant à l'emprise de locaux utilisés pour le logement social peut être exclu du prix de revient taxable de la livraison à soi-même (BOI-TVA-IMM-20-10-10-10 n° 230).

FRAIS CONSTITUTIFS DU PRIX DE REVIENT DE L'IMMEUBLE

Le prix de revient de l'immeuble comprend notamment : **68660**

- le coût des études, plans et dépenses de même nature (honoraires des architectes, géomètres, métreurs, etc.) ;
- le prix d'achat des matériaux ;
- les mémoires des divers entrepreneurs ayant exécuté les travaux de construction ;
- les frais financiers exposés pour la construction, sauf pour les immeubles ou fractions d'immeubles destinés à l'habitation ;
- les frais facturés par les divers intermédiaires et tous les frais généraux engagés pour la construction, y compris les frais de personnel ;
- les taxes et redevances d'urbanisme dues par les constructeurs ;
- la retenue de garantie, quand elle est effectivement versée à l'entreprise qui est chargée des travaux.

Le prix de revient doit être déterminé « **hors TVA** » (BOI-TVA-IMM-10-20-10 n° 340).

> **Précisions** Sont **exclus** les travaux supplémentaires effectués pour le compte d'une partie des destinataires de l'immeuble qui présentent un caractère facultatif au regard de sa capacité d'occupation et dont le prix est réglé directement par les intéressés, et les installations d'équipements fonctionnels dont la valeur est mentionnée distinctement sur les divers mémoires et factures (BOI précité n° 350).

d. Taux de la TVA

Les livraisons à soi-même imposables donnent lieu, en principe, à l'application du **taux normal** (CGI art. 278). **68690**

Par dérogation, sont susceptibles de relever :

a. Du **taux de 5,5 %** :

- les livraisons à soi-même d'immeubles neufs relevant du logement social dont l'acquisition aurait bénéficié de ce taux (voir n° 68300) (CGI art. 278 sexies et 278 sexies-0 A) ;
- les livraisons à soi-même de travaux d'extension des locaux ou rendant l'immeuble à l'état neuf (au sens de l'article 257, I-2-2° du CGI : n°s 67920 et 67930) portant sur les logements locatifs sociaux mentionnés au n° 68300 qui font l'objet d'une convention conditionnant l'application de l'APL et sur les locaux du secteur social et médico-social mentionnés à l'article 278 sexies, IV du CGI (9e et 10e tiret du n° 68300) sous réserve de la prise en compte de ces opérations d'extension ou de remise à neuf dans la convention mentionnée au même article (CGI art. 278 sexies A, I-1° et II-dernier al.).

b. Du **taux de 10 %** :

- les livraisons à soi-même d'immeubles neufs relevant du logement social dont l'acquisition aurait bénéficié de ce taux (voir n° 68305) (CGI art. 278 sexies et 278 sexies-0 A) ;
- selon l'administration, les livraisons à soi-même d'immeubles neufs dans le secteur locatif intermédiaire dont l'acquisition aurait bénéficié de ce taux (voir n° 68315) (BOI-TVA-IMM-30 n°s 100 et 140) ;
- les livraisons à soi-même de travaux d'extension des locaux ou rendant l'immeuble à l'étatneuf (au sens de l'article 257, I-2-2° du CGI) portant sur les logements locatifs sociaux

mentionnés au n° 68305 qui font l'objet d'une convention conditionnant l'application de l'APL (CGI art. 278 sexies A, I-1° et II-dernier al.).

Remarques : 1. On rappelle que, si les conditions d'application du taux réduit et du taux intermédiaire cessent d'être remplies dans un délai de 15 ans (opérations relatives au logement social : n° 68310) ou de 20 ans (opérations concernant le secteur locatif intermédiaire : n° 68315, précision b), un **complément de TVA** (égal à la différence entre le taux normal et le taux réduit ou intermédiaire) doit en principe être versé, assorti de l'intérêt de retard.

S'agissant des travaux d'extension de locaux ou rendant l'immeuble à l'état neuf, le délai est toutefois limité à trois ans en application de l'article 284, III du CGI (voir n° 69020).

2. Sur les taux applicables en **Corse** et dans les **DOM,** voir respectivement nos 94620 s. et 93860 s.

3. Concernant les livraisons à soi-même de travaux de réhabilitation des logements sociaux, voir nos 69000 s.

> **Précisions** Les dispositifs dérogatoires évoqués ci-dessus au titre des logements locatifs sociaux permettent de laisser à la charge des bailleurs sociaux une charge définitive de TVA perçue au taux préférentiel au lieu et place de la TVA qu'ils ont supportée dans les conditions de droit commun au titre des différentes opérations qui participent à la construction de l'immeuble (BOI-TVA-IMM-20-10-10-10 n° 180 ; BOI-TVA-IMM-30 n° 140).

e. Déclaration et paiement de la TVA

68720 La liquidation de la TVA afférente à une livraison à soi-même peut être effectuée **jusqu'au 31 décembre de la deuxième année qui suit** celle au cours de laquelle est intervenu **l'achèvement** de l'immeuble (CGI art. 270, II). Ce délai peut être prorogé une ou plusieurs fois, sur demande motivée (n° 68735), lorsque la base taxable ne peut pas être établie définitivement à cette date (CGI ann. II art. 245).

Remarques : 1. Ce délai est réduit pour les livraisons à soi-même de **logements sociaux neufs à usage locatif** et logements assimilés visés aux A et C de l'article 278 sexies, II du CGI (1er tiret du n° 68300 ; 1er et 3e tiret du n° 68305). La TVA doit être liquidée au plus tard le **dernier jour du sixième mois** qui suit celui au cours duquel est intervenu l'achèvement de l'immeuble. Ce délai ne peut faire l'objet d'aucune prorogation.

2. Le fait générateur de la TVA sur la livraison à soi-même reste fixé à l'achèvement. La **déduction** de la TVA sur la livraison à soi-même est donc déterminée en fonction des coefficients de déduction à cette date. Si l'immeuble est immobilisé, il faut procéder, lors de la liquidation de la TVA, aux régularisations annuelles éventuellement exigibles (voir n° 68790).

68725 La liquidation de la TVA due s'effectue sur la **déclaration CA3** afférente au mois concerné. Les assujettis doivent mentionner distinctement la base d'imposition de la livraison à soi-même et la liquidation de la TVA en se référant à la déclaration spéciale d'achèvement visée au n° 68600. Cette mention qui précise la date du fait générateur et le montant de la livraison est opérée dans le cadre « Commentaires » de la déclaration CA3 transmise par voie électronique (n° 48140).

Les redevables relevant d'un **régime simplifié** déclarent au plus tard leurs livraisons à soi-même imposables sur la déclaration annuelle CA 12/CA 12E (nos 48800 s.) ou CA 12A/CA 12AE s'agissant des exploitants agricoles (nos 72510 s.) souscrite la troisième année qui suit la date d'achèvement de l'immeuble (BOI-TVA-IMM-10-20-30 n° 270).

68730 Les **assujettis qui revendent l'immeuble avant la fin de la deuxième année** qui suit celle de l'achèvement sont dispensés de liquider la livraison à soi-même alors même que le fait générateur en est intervenu, et quand bien même ils connaîtraient complètement le prix de revient de l'immeuble cédé.

Pour autant cette règle ne prive pas le redevable de la possibilité de liquider la livraison à soi-même avant l'échéance du délai de deux ans s'il y trouve intérêt (BOI-TVA-IMM-10-20-30 n° 270).

68735 Les **prorogations du délai de liquidation** (n° 68720) de la livraison à soi-même sont subordonnées à une demande auprès du directeur départemental ou régional des finances publiques. La demande doit contenir :

- l'indication de la date à laquelle les intéressés proposent de reporter la souscription de leur déclaration de livraison à soi-même et la liquidation de la TVA ;
- des renseignements précis sur les causes qui rendent impossible l'établissement de cette déclaration, avant l'expiration du délai normal (BOI-TVA-IMM-20-10-10-10 n° 310).

EXEMPLE

Si le motif invoqué est le retard apporté par les fournisseurs ou entrepreneurs à produire leurs factures ou mémoires nécessaires pour déterminer la base d'imposition, l'identité de ces derniers doit être mentionnée, ainsi que la nature, l'importance et la date des fournitures ou travaux non facturés.

S'agissant d'une mesure facultative, l'administration peut subordonner l'octroi d'une prolongation de délai à la présentation de garanties ou au versement d'une provision (BOI précité n° 320).

Si l'**immeuble** devant faire l'objet d'une livraison à soi-même est **cédé avant l'expiration du délai prorogé,** la TVA sur la livraison à soi-même doit être intégralement acquittée préalablement à cette mutation. La base d'imposition est alors limitée aux éléments connus à cette date (CGI ann. II art. 245).

Le **défaut de déclaration** de la TVA due sur la livraison à soi-même dans le délai imparti entraîne, en principe, les conséquences suivantes : **68740**

– lorsque le redevable est un **redevable partiel** de la TVA, l'amende de 5 % prévue par les dispositions de l'article 1788 A, 4 du CGI ne porte que sur la partie du montant de la taxe effectivement déductible (nos 56240 s.). Pour la base de calcul de l'amende, voir n° 14165, précisions. La **taxe non déductible** fait l'objet d'un **rappel** qui est assorti des **pénalités de droit commun** (intérêt de retard prévu à l'article 1727 du CGI et, le cas échéant, majorations prévues à l'article 1729 du CGI) ;

– lorsque le bien fait l'objet d'une **exclusion du droit à déduction** ou ne peut faire l'objet d'aucune déduction, la totalité de la taxe est rappelée et assortie des pénalités de droit commun (BOI-CF-INF-20-20 n° 90).

f. Régime des déductions

TAXE AFFÉRENTE À LA CONSTRUCTION D'UN IMMEUBLE

La TVA qui a grevé les dépenses de construction d'un immeuble neuf (y compris l'acquisition ou l'aménagement du terrain) est **intégralement déductible** dans les conditions de droit commun, qu'il s'agisse de biens ou de prestations de services. **68770**

Le **coefficient de déduction** de l'immeuble (nos 52600 s.) est donc égal à l'unité.

> Précisions **a.** S'agissant du cas des immeubles **conservés en stock** mais utilisés dans l'attente de leur revente, voir nos 68805 s.

b. En cas de construction par une personne qui n'effectue que des **opérations occasionnelles** soumises à la TVA et ne dispose pas d'un numéro individuel d'identification (nos 44400 s.), le droit à déduction de la TVA afférente aux dépenses de construction ne peut être exercé qu'au moment de la livraison à soi-même (BOI-TVA-IMM-10-30 n° 10).

c. Dans le cas d'un **bail à construction** (ou emphytéotique), rien ne s'oppose à ce que le preneur exerce le droit à déduction de la taxe afférente à la construction des immeubles dont il est propriétaire jusqu'à l'expiration du bail, sous réserve des limitations, exclusions et obligations (imposition de la livraison à soi-même) de droit commun. Il en est de même, le cas échéant, de la taxe afférente au bail lui-même, dans l'hypothèse où l'option pour le paiement de la TVA sur le bail a été exercée (BOI-TVA-DED-40-30 n° 40).

TAXE LIQUIDÉE LORS DE LA LIVRAISON À SOI-MÊME D'UN IMMEUBLE IMMOBILISÉ

La TVA acquittée au titre de la livraison à soi-même d'un immeuble immobilisé est, selon le cas, soit non déductible (cas notamment des immeubles affectés à une activité n'ouvrant pas droit à déduction), soit déductible seulement partiellement (cas des immeubles ayant un coefficient de déduction inférieur à un : nos 52600 s.). **68785**

Le **coefficient de déduction** (produit des trois coefficients d'assujettissement, de taxation et d'admission) doit être déterminé à la date d'achèvement de l'immeuble. Il peut être calculé soit pour l'immeuble pris dans son ensemble, soit par fractions de l'immeuble dès lors que celles-ci sont identifiées au moment de l'affectation initiale des locaux. Dans cette seconde hypothèse, la taxe afférente à l'ensemble de l'immeuble est ventilée entre ses différentes fractions selon tous critères de consistance ou d'affectation directe dont le redevable est en mesure de justifier (BOI-TVA-IMM-10-30 n° 30).

> Précisions Dès lors que l'immeuble (ou la fraction d'immeuble) est immobilisé, et sauf indication contraire quant à son affectation, il est réputé être utilisé pour la réalisation d'opérations imposables et le **coefficient d'assujettissement** est alors égal à l'unité.

Le **coefficient de taxation** est déterminé de manière forfaitaire lorsque l'immeuble est utilisé concurremment pour la réalisation d'opérations imposables ouvrant droit à déduction et d'opérations imposables n'ouvrant pas droit à déduction. Ce coefficient est nul par exemple si l'immeuble (ou la fraction d'immeuble) est donné en location en exonération de TVA (BOI précité nos 30 et 40).

Le **coefficient d'admission** a vocation à prendre en compte l'existence de dispositifs particuliers d'exclusion ou de restriction du droit à déduction. En matière immobilière, des exclusions ou restrictions du droit à déduction sont prévues pour les immeubles ou fractions d'immeubles affectés au logement à titre gratuit des dirigeants ou du personnel d'une entreprise (nos 53620 s.).

68790 Le **droit à déduction** prend **naissance** lorsque la taxe devient exigible chez le redevable, c'est-à-dire, en principe, à l'achèvement de la construction pour la livraison à soi-même d'un immeuble neuf. Toutefois, compte tenu des règles particulières de liquidation de la livraison à soi-même (nos 68720 s.), la déduction de la fraction de la taxe à laquelle a droit le cas échéant l'entreprise (no 68785) est opérée sur la déclaration périodique par laquelle l'entreprise procède à la taxation de la livraison à soi-même, qui peut être reportée au terme de la deuxième année qui suit l'achèvement de l'immeuble (voire plus tardivement quand des prorogations sont accordées).

Le point de départ du délai des **régularisations annuelles** n'en reste pas moins fixé dans ce cas à la date d'achèvement de l'immeuble, si bien que des régularisations rétroactives peuvent être nécessaires au moment de la liquidation de la taxe, dans les conditions indiquées aux nos 61400 s., pour prendre en compte les variations des coefficients d'assujettissement et de taxation intervenues au cours de la période courant de l'achèvement en année N à la liquidation en N + 2 (voire au-delà).

La **cession ultérieure de l'immeuble,** selon qu'elle est ou non soumise à TVA, peut entraîner une régularisation globale de la TVA initialement déduite (nos 61800 s.).

> **Précisions** **a.** S'agissant des régularisations éventuellement applicables en cas de **changement d'affectation** (affectation à un secteur hors champ ou exonéré) **ou** d'**utilisation** à des **fins étrangères à l'entreprise** d'un immeuble initialement affecté aux besoins de l'exploitation, voir nos 14060 s. et 14280.
> **b.** Sur le **point de départ** et la **base** de ces **régularisations** annuelles et globales, voir no 61120, précision b, et nos 61200 s.
> **c.** On rappelle que le délai de liquidation de la TVA afférente aux livraisons à soi-même de **logements sociaux neufs à usage locatif** est réduit et ne peut faire l'objet d'aucune prorogation (no 68720).

TAXE AYANT GREVÉ LA CONSTRUCTION (OU L'ACQUISITION) D'UN IMMEUBLE INSCRIT EN STOCK

68805 Un immeuble conservé en stock parce qu'il a vocation à être cédé à plus ou moins court terme doit être considéré comme utilisé en vue de cette livraison. Cette qualification ouvre un droit à déduction immédiat de la taxe ayant grevé les dépenses engagées initialement, qu'il s'agisse de la construction ou de l'acquisition. Cette situation n'est pas remise en cause tant que l'immeuble, ou la fraction d'immeuble considérée, n'est affecté à aucune utilisation (BOI-TVA-IMM-10-30 no 310).

En revanche, lorsque l'immeuble est utilisé dans l'attente de sa revente, des régularisations, différentes selon la nature de l'utilisation, sont exigées (nos 68810 s.).

> **Précisions** Le **Conseil d'État** considère que, lorsqu'un **immeuble achevé depuis plus de cinq ans** est **acquis en vue de sa revente,** la TVA ayant éventuellement grevé le prix d'acquisition n'est pas déductible sauf exercice, au moment de la revente, de l'**option** prévue à l'article 260, 5° bis du CGI (nos 68040 s.). Par suite, la taxe acquittée lors de l'acquisition du bien n'est pas déductible avant cette date, quand bien même l'immeuble donnerait lieu, dans l'attente de sa revente, à des **opérations de location** soumises à la TVA (CE 27-11-2020 no 426091 : RJF 2/21 no 133).

68810 **Immeuble utilisé pour une opération hors champ de la TVA** Si l'immeuble est utilisé dans l'attente de sa cession à une activité ou une opération située hors du champ d'application de la TVA, la taxe déjà déduite doit être reversée (CGI ann. II art. 207, VI-2° : no 63200). Lorsque cette affectation ne concerne qu'une fraction de l'immeuble, l'administration considère qu'il convient de procéder à une livraison à soi-même à due concurrence, sur le fondement de l'article 257, II-1-1° du CGI (nos 14220 s.) (BOI-TVA-IMM-10-30 no 320).

68820 **Immeuble utilisé pour une opération relevant d'une activité économique** Si l'immeuble (ou une fraction d'immeuble) en stock est utilisé dans l'attente de sa cession pour une opération relevant d'une activité économique entrant dans le champ d'application de la TVA, des règles particulières de régularisation sont prévues.

En effet, s'il est utilisé pour une telle activité pendant plus d'un an au-delà du 31 décembre de la deuxième année suivant celle de son achèvement, l'immeuble sera **assimilé à une immobi-**

lisation pour l'application des règles de régularisation sur immobilisations, annuelles (nos 61400 s.) ou globales (nos 61930 s. et 62250 s.) (CGI ann. II art. 207, IV-3).

Il n'y a donc pas lieu de prendre en compte un tel usage pour la durée qui se serait écoulée, le cas échéant, antérieurement au 31 décembre de l'année N + 2 consécutive à l'achèvement de l'immeuble. En pratique, l'assimilation à un bien immobilisé prend effet au plus tôt au début de l'année N + 4 suivant l'achèvement.

EXEMPLE

Un immeuble achevé en septembre 2022 et donné en location à partir de juin 2023 sera assimilé à une immobilisation s'il est toujours loué au 1er janvier 2026.

Cette assimilation est définitive et reste acquise même s'il est mis fin à la situation qui l'a justifiée. La **période de régularisation** prévue à l'article 207, II-3 de l'annexe II au CGI est ainsi décomptée à partir de l'année où l'assimilation a été constatée (BOI-TVA-IMM-10-30 n° 330 ; BOI-TVA-DED-60-20-10 n° 155).

> Précisions Ce régime d'assimilation s'applique notamment lorsque l'immeuble inscrit en stock est utilisé pour une **activité économique de location,** même en cas de **locaux partiellement vacants** si l'assujetti est en mesure de démontrer qu'il procède à la recherche active de locataires (Rép. Grau : AN 31-12-2019 n° 24298). Les régularisations éventuellement exigibles (au plus tôt au début de l'année N + 4 suivant l'achèvement de l'immeuble) diffèrent selon que l'immeuble est affecté à une activité de location soumise à la TVA (n° 68825) ou, au contraire, exonérée (n° 68830).

Tant que l'**immeuble** (ou la fraction d'immeuble) est **utilisé exclusivement à une activité ou une opération imposable et ouvrant droit à déduction** (par exemple, la location de locaux nus à usage professionnel pour laquelle le constructeur aura exercé l'option pour la TVA), la déduction de la TVA d'amont reste acquise. **68825**

Le traitement sera donc identique à ce qu'il serait si l'immeuble (ou la fraction d'immeuble) était immobilisé, sans qu'il y ait lieu à régularisation lorsque cette situation se poursuit au-delà des cinq ans de l'achèvement bien que la cession potentielle passe alors sous un régime d'exonération de droit commun, la taxation n'étant qu'une simple option (BOI-TVA-IMM-10-30 n° 320).

Si, lors de la cession ultérieure de l'immeuble, l'option pour l'imposition à la TVA n'est pas exercée, il conviendra, en application de l'article 207, III-1-1° de l'annexe II au CGI (nos 61930 s.), de régulariser la TVA ayant grevé la construction ou l'acquisition de l'immeuble.

Lorsque l'**immeuble** (ou la fraction d'immeuble) est **utilisé pour une opération placée dans le champ de la TVA mais qui n'ouvre pas droit à déduction** (par exemple, la location à usage d'habitation ou la location de locaux nus pour laquelle le constructeur n'a pas exercé l'option pour la TVA), deux types de régularisation de la TVA déduite à l'origine sont susceptibles d'intervenir pendant la période de régularisation : **68830**

– régularisation annuelle par vingtième pour chaque année au titre de laquelle l'immeuble est exploité au-delà de la troisième année suivant celle de l'achèvement, dès lors que le produit des coefficients d'assujettissement et de taxation de l'année se trouve être inférieur à 0,9 (par hypothèse, les coefficients d'assujettissement et de taxation de référence étant égaux à l'unité) ;

– régularisation complémentaire en proportion du nombre d'années restant à courir jusqu'au terme de la période de régularisation, lorsque le bien vient à être cédé sans que l'opération soit soumise à la TVA (nos 61930 s.) (BOI-TVA-IMM-10-30 n° 340).

EXEMPLE

Un immeuble de quatre niveaux dont les coûts sont comparables est achevé par un promoteur au cours de l'année 2022. Un des niveaux est donné en location exonérée de TVA à partir de 2023.

La fraction de l'immeuble utilisée pour une activité économique n'ouvrant pas droit à déduction est considérée comme immobilisée à compter du 1er janvier 2026. Tant que cette situation perdure, une régularisation égale au quart du vingtième de la TVA initialement déduite doit donc être opérée chaque année avant le 25 avril de l'année suivante.

L'immeuble est cédé en 2028 sans que l'opération soit soumise à la TVA. Une régularisation complémentaire de la TVA initialement déduite est due en proportion des 17 années restant à courir jusqu'au terme de la période de régularisation commencée en 2026.

Lorsqu'un **immeuble** est **acquis en TVA,** l'assimilation à un bien immobilisé est applicable si l'acquéreur le conserve en stock en vue de la revente après avoir déduit la taxe supportée sur l'acquisition et que, dans l'attente, il l'utilise en tout ou partie pour une activité économique. Cette assimilation prend (ou reprend éventuellement) son effet au-delà d'une année d'une telle utilisation, sous réserve, comme indiqué au n° 68820, du délai de quatre ans suivant l'achèvement de l'immeuble. **68835**

Il en va de même lorsque des immeubles en stock sont cédés au titre de l'actif circulant dans le cadre de la **transmission d'une universalité de biens,** s'agissant notamment d'une activité d'achat-revente immobilière, dès lors que le cessionnaire continue la personne du cédant (voir nos 15360 s.) (BOI-TVA-IMM-10-30 n° 360).

68840 L'administration admet qu'un **immeuble** (ou fraction d'immeuble) immobilisé ou assimilé **qui cesse d'être affecté à une utilisation concrète** soit considéré comme affecté à une cession potentielle : son coefficient de déduction est à ce titre égal à l'unité. Aucune régularisation annuelle par vingtième n'est donc requise pour la période correspondante, quand bien même n'interviendrait finalement aucune cession soumise à la taxe (BOI-TVA-IMM-10-30 n° 350).

B. Réhabilitation de logements sociaux

69000 L'article 257, I-3-1° du CGI soumet à la TVA les livraisons à soi-même de certains travaux immobiliers mentionnés à l'article 278 sexies A du même Code, effectués sur les logements locatifs sociaux, lorsqu'elles sont réalisées par une personne assujettie.

Ces livraisons à soi-même sont imposables au taux réduit ou au taux intermédiaire en application de l'article 278 sexies A du CGI afin de soumettre les travaux concernés à un taux inférieur à celui auquel ils sont facturés par le prestataire.

a. Donnent lieu (dans les conditions précisées au n° 69020) à une livraison à soi-même imposable au **taux de 5,5 %** :

– les travaux d'amélioration, de transformation ou d'aménagement réalisés dans le cadre d'une **opération d'acquisition-amélioration** et financés par un prêt locatif aidé d'intégration (PLAI), un prêt locatif à usage social (PLUS) ou, pour les travaux dont le fait générateur de la taxe et la décision d'accorder le financement sont intervenus à compter du 1er janvier 2022, un prêt locatif social (PLS) (sous réserve, pour ce dernier prêt, que les travaux consistent en une transformation en logements locatifs sociaux de locaux à usage autre que d'habitation) (CGI art. 278 sexies A, I-2° et II) ;

– les **travaux d'amélioration, de transformation, d'aménagement ou d'entretien** (autres que l'entretien des espaces verts, les travaux de nettoyage et les travaux mentionnés au tiret ci-dessus) portant sur les **logements locatifs sociaux** faisant l'objet d'une convention conditionnant l'application de l'APL, situés dans un quartier prioritaire de la politique de la ville faisant l'objet d'une convention de renouvellement urbain et dont la construction n'a pas été financée par un prêt locatif social (il s'agit, en pratique, des logements financés par un PLAI ou un PLUS) (CGI art. 278 sexies A, I-3°-a et II) ;

– les **travaux de démolition** des logements locatifs sociaux visés au tiret ci-dessus, dans le cadre d'une reconstitution de l'offre des logements locatifs sociaux prévue par la convention de renouvellement urbain (CGI art. 278 sexies A, I-4° et II) ;

– certains travaux réalisés en vue de la conclusion d'un **bail réel et solidaire** (CGI art. 278 sexies A, I-5° et II).

b. Donnent lieu à une livraison à soi-même imposable au **taux intermédiaire** les **travaux d'amélioration, de transformation, d'aménagement ou d'entretien** (autres que l'entretien des espaces verts, les travaux de nettoyage et les travaux mentionnés au 1er tiret du a) portant sur les **autres logements locatifs sociaux** (que ceux visés au 2e tiret du a) faisant l'objet d'une convention conditionnant l'application de l'APL et sur les locaux faisant l'objet d'un contrat de **location-accession** (visés au 5e tiret du n° 68300) ou sur les locaux relevant du **secteur social et médico-social** (9e et 10e tiret du n° 68300) (CGI art. 278 sexies A, I-3°-b et c et II).

S'agissant des **travaux d'extension ou de remise à l'état neuf** de certains logements sociaux, voir n° 68690.

CHAMP D'APPLICATION DE LA LIVRAISON À SOI-MÊME

69010 La **qualité du bailleur** n'est pas un critère déterminant : seules sont prises en compte les caractéristiques intrinsèques du logement conformément aux conditions posées par la réglementation applicable en matière de logement social.

Sous réserve de remplir les conditions posées par l'article 278 sexies A du CGI, les bailleurs éligibles au dispositif peuvent être des organismes d'habitation à loyer modéré, des sociétés d'économie mixte ayant pour objet la construction de logements, des collectivités publiques ou des opérateurs privés, personnes physiques ou morales (BOI-TVA-IMM-20-10-20-10 nos 20 et 30).

L'imposition de la livraison à soi-même des travaux de réhabilitation des logements sociaux concerne les **locaux** visés aux 2° à 5° du I de l'article 278 sexies A du même Code (voir au n° 69000 les locaux concernés). 69015

Outre les locaux affectés au logement proprement dit entrent également dans le champ d'application de la mesure les **locaux annexes** tels que les parties communes, les loges de gardien ou de concierge, les locaux communs et les dépendances (garages, etc.) (BOI-TVA-IMM-20-10-20-10 n° 50).

MODALITÉS DE TAXATION

Taux Comme indiqué aux n° 43160 s., l'article 279-0 bis du CGI soumet au taux intermédiaire les travaux d'amélioration, de transformation, d'aménagement et d'entretien de l'ensemble des **logements achevés depuis plus de deux ans,** autres que les travaux d'amélioration de la qualité énergétique soumis au taux réduit en application de l'article 278-0 bis A du même Code (n° 41500 s.). 69020

Les travaux réalisés dans des locaux sociaux à usage locatif peuvent ainsi bénéficier du taux réduit ou du taux intermédiaire de TVA en **facturation directe** lorsque les conditions prévues par les articles précités sont satisfaites. Pour ces travaux, le recours au dispositif de la livraison à soi-même n'est dès lors pas obligatoire (BOI-TVA-IMM-20-10-20-10 n° 10).

À défaut de facturation directe à un taux préférentiel, les travaux d'amélioration, de transformation, d'aménagement ou d'entretien, les travaux de démolition et les travaux réalisés en vue de la conclusion d'un bail réel et solidaire visés au n° 69000 peuvent néanmoins bénéficier du **taux réduit** ou du **taux intermédiaire** dans le cadre du dispositif de la livraison à soi-même prévue par l'article 278 sexies A du CGI, dans la mesure où ces travaux portent sur l'un des locaux mentionnés au n° 69015. Ainsi en est-il notamment des travaux d'entretien courant ou d'aménagement des espaces verts et des travaux portant sur des logements sociaux achevés depuis moins de deux ans (en ce sens, BOI précité n° 90 et 100).

En tout état de cause, le taux réduit ou le taux intermédiaire prévu dans le cadre du dispositif de livraison à soi-même **ne s'applique pas** aux travaux pour lesquels l'article 278-0 bis A du CGI (n° 41500 s.) prévoit un taux réduit inférieur à celui mentionné au n° 69000.

Toute personne qui s'est livré à elle-même des travaux mentionnés à l'article 278 sexies A du CGI au taux réduit ou au taux intermédiaire est tenue au paiement du complément de TVA (égal à la différence entre le taux normal et le taux de faveur) lorsque les **conditions** auxquelles est subordonné l'octroi de ce taux préférentiel **cessent d'être remplies** dans les trois ans qui suivent le fait générateur de l'opération (CGI art. 284, III), à l'exception des livraisons à soi-même de travaux réalisés en vue de la conclusion d'un bail réel et solidaire pour lesquelles le taux réduit est remis en cause dans les conditions exposées au n° 68310, précision a.

Redevable, base d'imposition, fait générateur et exigibilité Le **redevable** de la TVA sur les livraisons à soi-même de travaux imposées au taux réduit ou au taux intermédiaire est le bailleur des logements sociaux visés au n° 69015. 69030

La **base d'imposition** est constituée par le prix de revient total des travaux (CGI art. 266, 6).

Le **fait générateur** de la taxe intervient, et la taxe devient **exigible,** en principe dès l'achèvement des travaux. Toutefois, le fait générateur de la taxe due sur les travaux d'entretien intervient, et la taxe est exigible, le dernier jour du trimestre civil au cours duquel ils ont été réalisés (CGI art. 269, 1-d et 2-a jusqu'au 31-12-2022 ; CGI art. 269, 1-d et 2-b à compter du 1-1-2023).

La **déclaration** et le **paiement** de la TVA interviennent dans les conditions de droit commun (l'administration admet toutefois que les redevables qui se trouveraient empêchés de réunir tous les éléments nécessaires à la détermination de la base d'imposition définitive peuvent, sous certaines conditions, adresser une demande de prorogation du délai de souscription de la déclaration au directeur régional ou départemental des finances publiques du lieu d'imposition : BOI-TVA-IMM-20-10-20-10 n° 400 à 420).

RÉGIME DES DÉDUCTIONS

L'imposition de la livraison à soi-même des travaux de réhabilitation de logements sociaux permet la déduction de la **TVA ayant grevé les travaux.** 69035

En revanche, la **TVA due sur la livraison à soi-même** n'est elle-même pas déductible, l'activité de location de logements destinés à l'habitation étant exonérée de TVA sans possibilité d'option pour l'imposition (BOI-TVA-IMM-20-10-20-20 n° 230).

69035 (suite)

> **Précisions** Chaque immeuble, ensemble d'immeubles ou fraction d'immeuble dans lequel sont réalisés des travaux concernés par la livraison à soi-même doit faire l'objet d'un suivi distinct dès lors que seules les dépenses affectées à ces travaux sont susceptibles d'ouvrir droit à la déduction de la TVA qui les a grevées. Le périmètre du **secteur** coïncide donc, en principe, avec l'immeuble, l'ensemble d'immeubles ou la fraction d'immeuble dans lequel sont réalisés des travaux (BOI précité n° 250).
Afin de simplifier la constitution et le suivi de la sectorisation par les bailleurs sociaux disposant d'un patrimoine important, il est admis qu'il soit constitué un seul secteur pour l'ensemble des travaux d'amélioration, de transformation, d'aménagement et d'entretien effectués, par année civile, par un bailleur pour l'ensemble des logements locatifs sociaux lui appartenant (BOI précité n° 280).

CHAPITRE 2 AGRICULTURE

SOMMAIRE

69500 Les activités de nature agricole entrent, comme les autres activités économiques, dans le champ d'application de la TVA. Ainsi, les exploitants agricoles sont tous **assujettis** à la TVA au sens défini aux nos 1550 s., même s'ils ne sont pas tous redevables de cette taxe.

La plupart d'entre eux sont, à titre obligatoire ou par option, effectivement soumis à l'imposition à la TVA d'après le **régime simplifié de l'agriculture** (RSA).

Les exploitants non soumis à l'imposition d'après le RSA sont de plein droit placés sous le régime du **remboursement forfaitaire,** qui est destiné à compenser la charge de la TVA ayant grevé leurs achats.

69505 Nous examinerons successivement :

– le **champ d'application** du RSA (nos 69550 s.) ;

– les **modalités d'application** de ce régime (nos 70750 s.) ;

– le régime du **remboursement forfaitaire** (nos 73000 s.) ;

– les **règles particulières** régissant certaines situations (exploitants exerçant des activités non agricoles, exploitation en métayage, négociants en bestiaux, activités hippiques, groupements agricoles, exploitants forestiers) (nos 74000 s.).

SECTION 1

CHAMP D'APPLICATION DU RSA

Les exploitants agricoles soumis à la TVA relèvent du régime simplifié de l'agriculture (ou RSA) qui diffère sur divers points du régime général de droit commun. Il convient donc de préciser la **notion d'exploitant agricole** (nos 69580 s.) avant de définir les exploitants qui sont soumis à ce régime **à titre obligatoire** (nos 69710 s.) ou **par option** (nos 70350 s.). 69550
La situation particulière des exploitants qui réalisent des **activités non agricoles** est examinée aux nos 74030 s.

I. NOTION D'EXPLOITANT AGRICOLE

Selon l'administration fiscale, il convient de considérer que toute personne qui obtient des produits au cours ou à la fin d'un **cycle de production végétal ou animal** possède la qualité d'exploitant agricole (BOI-TVA-SECT-80 n° 20). 69580
On notera que cette **définition** est plus **restrictive** que celle résultant de l'article L 311-1 du Code rural et de la pêche maritime. Ce dernier donne une définition économique et juridique de l'activité agricole qui n'a pas d'effet normatif direct en droit fiscal.

1. ACTIVITÉS AGRICOLES

Sont notamment considérées comme agricoles les activités suivantes (BOI-TVA-SECT-80 nos 33 à 39) : 69600
a. La **culture** proprement dite : agriculture générale, y compris la viticulture ; arboriculture fruitière (y compris l'oléiculture) et horticulture maraîchère, florale et ornementale, même en serres ; sylviculture ; production de champignons et d'épices ; production de semences et de plants ; exploitation de pépinières, etc.
b. L'**élevage** (y compris les produits de cet élevage : lait, saillies, fumiers) : élevage du bétail ; aviculture ; cuniculiculture ; apiculture ; sériciculture ; héliciculture, etc.
c. La **pêche** : pêche en eau douce ; pisciculture ; mytiliculture, ostréiculture et élevage des autres mollusques et crustacés ; élevage des grenouilles.
Les **pêcheurs en mer** ne sont en revanche pas considérés comme exerçant une activité relevant du régime agricole.

2. PERSONNES CONCERNÉES

PRINCIPES

Toute personne qui **exerce des activités de nature agricole** a, pour ces opérations, la qualité d'exploitant agricole : 69630
– quel que soit son **statut** : personne physique ou morale, y compris les sociétés de capitaux (CE 29-12-1995 n° 118754 : RJF 2/96 n° 186), association, groupement, collectivité locale, établissement public, EARL, etc. ;
– quelle que soit sa **situation au regard de la mutualité sociale agricole.** Le fait qu'une personne exerce son activité agricole dans des conditions qui ne lui permettent pas de relever du régime de l'Assurance maladie des exploitants agricoles (Amexa) ne lui fait donc pas perdre la qualité d'agriculteur au regard de la TVA ;
– quel que soit le **mode juridique** d'exploitation : propriétaire, fermier, métayer (BOI-TVA-SECT-80 nos 50 à 70).

> **Précisions** Le bailleur d'un **bail à ferme** n'exerce pas une activité agricole même s'il reçoit des fermages en nature qu'il commercialise par la suite. Il en va différemment du bailleur d'un bail à **métayage** qui est réputé exercer conjointement l'activité agricole avec son métayer (BOI précité n° 70).

APPLICATIONS

On trouvera ci-après, sous forme de **tableau,** des précisions concernant la **nature (agricole ou non agricole)** d'un certain nombre d'activités. 69640

69640 (suite)

Activités ou opérations présentant un caractère agricole	Références
Éleveurs	BOI-TVA-SECT-80 n° 80
L'élevage de tous animaux (chiens, ovins, bovins, etc.) constitue une activité de caractère agricole, quelle que soit la provenance des aliments utilisés. Sont notamment visées les opérations telles que mise à l'embouche, saillie, prise en pension d'animaux en cours d'élevage. *De même, exerce une activité de nature agricole, au regard de la TVA, le propriétaire d'animaux qui en confie l'élevage (**éleveur sans « sol »**) à l'exploitant d'un domaine agricole* (BOI précité ; BOI-TVA-SECT-80-30-10 n° 230 ; voir également n° 74900 s'agissant des chevaux). *On notera toutefois que, pour les besoins de la taxe sur le chiffre d'affaires des exploitants agricoles* (CGI art. 302 bis MB), *la cour administrative d'appel de Nantes a jugé qu'une société qui confie des animaux dont elle est propriétaire à des éleveurs afin que ceux-ci en assurent l'engraissement dans le cadre de contrats d'intégration et qui supervise les conditions d'élevage (alimentation, soins) n'a pas la qualité d'exploitant agricole dès lors qu'elle ne réalise pas une activité s'insérant dans le cycle biologique de l'animal* (CAA Nantes 3-6-2022 n° 20NT02566 : RJF 10/22 n° 912).	
Éleveurs à façon	BOI-TVA-SECT-80 n° 80 ; BOI-TVA-SECT-80-30-10 n° 200
L'éleveur à façon qui élève ou engraisse des animaux appartenant à des tiers a la qualité d'exploitant agricole. En revanche, les opérations d'élevage réalisées par des personnes ayant la qualité de travailleur à domicile sont exclues du champ d'application de la TVA dès lors que les gains encaissés à cette occasion sont considérés comme des salaires (BOI-BA-REG-10-20-20 n° 200).	
Osiériculteurs-vanniers	BOI-TVA-SECT-80 n° 100
Les osiériculteurs-vanniers qui utilisent exclusivement l'osier provenant de leur propre récolte ou dont les recettes retirées de la transformation de l'osier acheté n'excèdent pas 10 % des recettes totales sont imposés à l'impôt sur le revenu dans la catégorie des bénéfices agricoles. Leurs recettes sont alors soumises à la TVA suivant les règles applicables aux agriculteurs.	
Ostréiculteurs	CE 19-1-1983 n° 26872 : RJF 3/83 n° 388 ; BOI précité n° 80
Décision rendue à propos d'une personne, affiliée aux organismes professionnels de la conchyliculture, qui achète des huîtres, les « affine » et les « verdit », en milieu naturel dans ses parcs, dès lors que les opérations auxquelles elle se livre, même en un laps de temps relativement court, font partie du cycle biologique de production des huîtres.	
Pêcheurs professionnels en eau douce	CGI art. 261, 2-4°
Sont considérés comme exerçant à titre professionnel les pêcheurs qui exercent leur activité à temps plein ou partiel dans les cours d'eau, canaux, ruisseaux et plans d'eau mentionnés à l'article L 431-3 du Code de l'environnement dans les conditions fixées aux articles R 434-39 à R 434-41 du même Code. Les personnes qui pratiquent la pêche dans un but de loisir ne sont pas autorisées à vendre le produit de leur pêche.	
Pisciculteurs	BOI précité n° 39
Est notamment réputé exercer une activité de nature agricole le pisciculteur qui vend des poissons provenant de son propre élevage, suivant une formule permettant aux clients de pêcher la quantité de poissons qu'ils désirent, les poissons pêchés puis emportés étant vendus au poids (Rép. Hæsebrœck : AN 5-7-1974 n° 9301, non reprise au Bofip mais dont la solution conserve selon nous sa valeur).	
Producteurs de compost ensemencé	CE 2-2-1996 n° 122348 : RJF 3/96 n° 308
Production d'herbe ou de foin	Rép. Lemoine : AN 8-2-1999 n° 21449, non reprise au Bofip mais qui nous paraît conserver son intérêt

Activités ou opérations considérées comme non agricoles	Références
Chasseurs	D. adm. 3 I-1 n° 5
Précision contenue dans la documentation administrative à jour au 1er novembre 1989 et restant valable bien que non reprise dans les documentations administratives ultérieures.	
Pêcheurs en mer	BOI-TVA-SECT-80 n° 39
Achat-revente de poissons	CAA Nancy 21-5-1991 nos 1564 et 1566 : RJF 11/91 n° 1360
Présente un caractère commercial et non pas agricole, en l'absence de toute intervention dans le cycle de production, l'activité consistant à acheter des truites propres à la consommation et à les conserver dans des bassins en vue de les revendre soit au poids, soit, après les avoir relâchées dans un étang, contre une redevance à la journée payée par des pêcheurs.	

Activités ou opérations considérées comme non agricoles	Références
Transport d'animaux pour le compte de tiers et prise en pension d'animaux ayant achevé leur croissance	BOI précité n° 80
Par exception, la prise en pension d'équidés (chevaux de course ou autres) constitue une activité agricole (voir n°s 74860 s.).	
Opérations réalisées par les courtiers en saillie	BOI précité n° 80
À propos des saillies et opérations assimilées, voir les précisions données au n° 75180 (opérations de saillie réalisées par un syndicat d'étalons) et au n° 75575 (opérations réalisées par des coopératives d'insémination artificielle ou des vétérinaires).	

II. EXPLOITANTS SOUMIS DE PLEIN DROIT AU RSA

La TVA s'applique à titre obligatoire à tous les exploitants agricoles dont les recettes annuelles **69710**
dépassent un seuil de 46 000 € (n°s 69750 s.).

Il existe par ailleurs deux autres cas d'imposition obligatoire liés à la nature des opérations réalisées (n°s 70050 s.).

A. Exploitants dont les recettes dépassent 46 000 €

L'article 298 bis, II-5° du CGI soumet à titre obligatoire à la TVA les exploitants agricoles dont **69750**
le **montant moyen** des recettes de l'ensemble de leurs exploitations, calculé sur les **deux années** civiles consécutives précédentes, **dépasse 46 000 €.** L'assujettissement **prend effet** à compter du 1er janvier de l'année suivante.

EXEMPLE

Un exploitant (non soumis jusqu'alors à la TVA), qui a réalisé au cours des années 2021 et 2022 des recettes s'élevant respectivement à 39 000 € et 62 000 €, est soumis au RSA à compter du 1er janvier 2023, puisque la moyenne des recettes des années 2021 et 2022 s'établit à 50 500 €.

Il convient de considérer, d'une manière générale, que lorsque les conditions d'application du **69755**
RSA prévues à l'article 298 bis, II-5° du CGI sont réunies, elles priment les autres dispositions, qui ne peuvent par conséquent trouver à s'appliquer que si ce régime d'assujettissement cesse de produire ses effets (BOI-TVA-SECT-80-10-20-10 n° 30).

EXEMPLE

On suppose que l'exploitant visé au n° 69750 a opté pour le régime du RSA le 1er janvier 2016. Cette option a été reconduite tacitement à compter du 1er janvier 2019.
Compte tenu du dépassement de la limite de 46 000 € au titre des années 2021 et 2022, l'assujettissement obligatoire intervient à compter du 1er janvier 2023 pour une période de trois ans reconductible tacitement ou obligatoirement dans les conditions prévues à l'article 298 bis, II-5° du CGI et rend caduque l'option en cours (n°s 69940 s.).

1. APPRÉCIATION DE LA LIMITE DE 46 000 €

a. Période de référence

La **moyenne** des recettes de l'exploitation à comparer au seuil de 46 000 € se calcule sur les **deux** **69780**
années civiles précédentes. L'assujettissement obligatoire à la TVA peut donc intervenir alors même que les recettes de l'une de ces deux années n'atteindraient pas ce seuil.

EXEMPLE

Un exploitant agricole qui a réalisé au cours des années 2021 et 2022 des recettes s'élevant respectivement à 59 000 € et 39 000 € (soit une moyenne de 49 000 €) se trouve soumis au RSA à compter du 1er janvier 2023 alors même que ses recettes de 2022 étaient inférieures au seuil de 46 000 €.

En cas de **commencement d'activité en cours d'année,** il convient, selon l'administration, de **69785**
tenir compte de la durée effective de l'activité pour apprécier si le seuil d'assujettissement

obligatoire au RSA est franchi, sauf si le nouvel exploitant a levé la totalité des récoltes de l'année (BOI-TVA-SECT-80-10-20-10 n° 20).

EXEMPLE

Un agriculteur a commencé son activité le 1er juillet 2021 et a réalisé 16 000 € de recettes au cours de cette année et 64 000 € au cours de l'année 2022.
La moyenne de ses recettes s'établit comme suit :
16 000 + 64 000 = 80 000 / 2 = 40 000 €
Cette moyenne doit être comparée au seuil d'assujettissement au RSA corrigé comme suit :
(46 000 × 6 / 12) + 46 000 = 69 000 / 2 = 34 500 €
L'exploitant concerné se trouve en conséquence soumis au RSA à compter du 1er janvier 2023.
On notera que tel ne serait pas le cas si l'exploitant avait levé la totalité des récoltes de 2021. Dans ce cas, en effet, la moyenne de ses recettes de 2021 et 2022 (soit 40 000 €) n'atteindrait pas le seuil légal d'assujettissement au RSA de 46 000 € (retenu sans prorata).

Remarque : Il est à relever que le prorata n'est pas expressément prévu par le texte légal (qui se réfère au montant moyen des recettes « calculé sur deux années civiles consécutives »).

b. Recettes à retenir

69820 Sont à retenir pour l'appréciation du seuil de 46 000 € **toutes les recettes reçues** par l'exploitant **en contrepartie des opérations agricoles** réalisées dans l'ensemble de ses exploitations relevant d'une même entité juridique, même si ces recettes, au cas où la limite est atteinte, échappent à l'imposition. Il n'est **pas tenu compte,** en revanche, de la **situation géographique** des exploitations ni de la **nature des cultures** ou de l'**élevage** pratiqués.

Les recettes à prendre en compte diffèrent selon la forme de l'exploitation (exploitation familiale, exploitation individuelle et/ou en société, Gaec, etc.).

69835 **Exploitation familiale** Compte tenu de l'étroite communauté d'intérêts qui unit l'exploitant et les membres de sa famille, l'administration considère, en règle générale, qu'une exploitation familiale constitue une **exploitation unique.**

En principe, il doit donc être fait masse des recettes de toutes les exploitations gérées par des conjoints pour l'appréciation du seuil de 46 000 €, et ce, quel que soit leur **régime matrimonial.**

Toutefois, dans le cas exceptionnel où le conjoint de l'exploitant gère de manière autonome un domaine dont tous les éléments d'actif lui appartiennent en propre, l'administration admet que cette propriété constitue une exploitation distincte (BOI-TVA-SECT-80-10-20-10 n° 170).

69845 **Exploitation individuelle et exploitation en société** Lorsqu'un exploitant exerce des activités agricoles à la fois sous le couvert d'une société ou d'un groupement agricole régulièrement constitué (société civile, société en nom collectif, groupement d'intérêt économique, etc.) et en tant qu'exploitant individuel, il existe, au regard de la TVA, deux **exploitations juridiquement distinctes** et les critères d'assujettissement obligatoire doivent être appréciés pour chacune de ces exploitations (BOI-TVA-SECT-80-10-20-10 n° 170).

EXEMPLE

Un exploitant individuel réalise une moyenne de recettes appréciée sur deux années consécutives inférieure à 46 000 €. Il n'est pas soumis à titre obligatoire à la TVA pour son exploitation personnelle même s'il est par ailleurs associé d'une société civile agricole soumise à cette taxe en raison du montant de ses recettes.

Remarque : Les **sociétés de fait** sont assimilées à des groupements agricoles régulièrement constitués à condition que les activités agricoles exercées respectivement à titre individuel et en société de fait relèvent d'exploitations distinctes et indépendantes, au plan économique et financier.

69855 **Exploitation relevant de plusieurs statuts juridiques** Lorsqu'une personne exerce des activités agricoles relevant de plusieurs statuts juridiques (faire-valoir direct, fermage, métayage), elle doit **totaliser les recettes** réalisées sous chacun de ces statuts pour déterminer si le seuil d'assujettissement de 46 000 € est franchi (BOI-TVA-SECT-80-10-20-10 n° 190).

En ce qui concerne les **exploitants** exerçant tout ou partie de leur activité **en métayage,** voir nos 74460 s.

NOTION DE RECETTES

69870 Les **recettes à prendre en compte** pour l'appréciation du seuil d'assujettissement à la TVA sont déterminées en tenant compte de l'**ensemble des opérations agricoles** effectuées par l'exploitant. Elles sont retenues **hors TVA** et **hors remboursement forfaitaire.**

Sans que cette liste présente un caractère exhaustif, sont notamment à prendre en compte (BOI-TVA-SECT-80-10-20-10 n° 80) :

a. Les recettes provenant des **ventes,** y compris les livraisons intracommunautaires et les exportations, de produits de l'exploitation agricole, tous frais et taxes autres que la TVA compris. Il est donc tenu compte, le cas échéant, des taxes fiscales incluses dans le prix de vente.

b. Les **« apports » aux coopératives agricoles** de production ou de commercialisation sont assimilés à des ventes, sauf si les produits apportés sont remis dans le cadre d'un marché de travail à façon (voir n° 36780 ; en ce qui concerne la vente de stocks postérieurement à la cessation d'exploitation, voir n° 72000).

c. Les recettes provenant des **cessions de stocks** rémunérées par l'attribution de parts sociales de la société bénéficiaire de l'apport. Toutefois, en raison de la nature particulière des **Gaec,** il est admis qu'il soit fait abstraction des **apports de stocks** à ces groupements (voir n°s 75340 s. l'étude particulière consacrée aux Gaec). Mais, comme pour les autres sociétés ou groupements, les « apports » à des Gaec qui donnent lieu à un paiement effectif (espèces, chèques, virements, etc.) ou à une inscription au compte courant ouvert au nom de l'apporteur dans les écritures du groupement doivent s'analyser comme des ventes.

d. Les recettes provenant des **travaux à façon** de nature agricole (élevage à façon, saillies, etc.).

e. Les sommes versées à un exploitant par une caisse de compensation ou de péréquation.

f. Les **indemnités d'assurance** versées à la suite d'une calamité frappant les récoltes ou le bétail (voir toutefois n° 69910 en ce qui concerne les **épizooties,** ou la perte d'animaux consécutive à un **incendie**).

g. Les recettes provenant des **subventions et primes** destinées à compenser un manque à gagner ou présentant le caractère d'un supplément de prix (exemples : versements effectués par les organismes d'intervention agricole ; primes de blé dur).

h. La valeur des **produits prélevés dans l'exploitation** et alloués à des tiers ou au personnel salarié en rémunération d'une livraison de biens, d'une prestation de services (opération d'échange) ou à titre d'avantages en nature.

En raison de leur **nature** ou de leur **caractère exceptionnel,** certaines recettes accessoires et certains produits ne sont **pas à retenir** pour l'appréciation du seuil d'assujettissement au RSA. Sont concernés (BOI-TVA-SECT-80-10-20-10 n°s 90 à 160) : **69875**

a. Les **recettes accessoires ne relevant pas du RSA.** Il s'agit :

– d'une part, des **recettes non agricoles** soumises à titre obligatoire au régime de droit commun de la TVA (n°s 74030 s.), sauf application de la tolérance mentionnée aux n°s 74130 s. Tel est le cas notamment des recettes provenant d'opérations de pension ou de gardiennage (chiens, etc.), des opérations de plantation, reboisement ou d'aménagement et d'entretien de jardins ou espaces verts, de la concession de brevets ou de certificats d'obtention de variétés végétales, etc. ;

– d'autre part, des **recettes ayant leur origine dans le droit de propriété** (location du droit de chasse, de pêche, de cueillette, du droit d'affichage, concession du droit d'exploitation de carrières, location d'immeubles bâtis ou non bâtis, indemnités d'occupation temporaire). On rappelle que ces recettes sont en principe exonérées de TVA (voir n°s 5090 s.).

b. L'**autoconsommation,** c'est-à-dire la valeur des produits prélevés directement dans l'exploitation et qui sont :

– soit **consommés** par l'exploitant ou sa famille et son personnel, mais seulement dans ce dernier cas, lorsqu'il est d'usage que les repas soient pris en commun par le personnel, l'exploitant et sa famille ;

– soit utilisés pour la **nourriture des animaux** de l'exploitation ou pour les besoins de celle-ci.

EXEMPLE

Céréales prélevées pour fabriquer à la ferme des aliments du bétail.

En revanche, il doit être tenu compte de la valeur d'apport ou de vente des produits agricoles livrés à des entreprises du secteur coopératif ou du secteur privé en vue de l'élaboration d'aliments destinés à la nourriture animale, lorsque ces opérations ne sont pas effectuées dans le cadre juridique d'un marché de façon.

c. La valeur de certains **produits apportés à des coopératives** ou des entreprises privées en vue de leurs **rétrocessions** ou cessions pour les besoins de la consommation familiale (voir n°s 75470 s.).

d. Les **opérations** portant **sur** des **éléments de l'actif immobilisé** : recettes provenant de la cession d'immobilisations (immeubles, matériels, véhicules, etc.), indemnités reçues du propriétaire par le preneur en contrepartie des améliorations apportées au fonds loué.

Remarque : Les recettes provenant des **ventes d'animaux** sont normalement à retenir pour apprécier la limite d'assujettissement au RSA. Toutefois, il est admis de ne pas tenir compte des recettes provenant de la vente d'équidés et bovidés utilisés comme animaux de trait ou affectés exclusivement à la reproduction (à l'exclusion par conséquent des vaches laitières) ou de chevaux de course mis à l'entraînement et âgés d'au moins deux ans, au sens de la réglementation des courses (BOI précité n° 120).

e. La valeur des travaux agricoles effectués pour le compte d'autres agriculteurs dans le cadre de l'**entraide** agricole.

f. Les **subventions et primes d'équipement** qui sont, au moment de leur versement, allouées pour le financement d'un bien d'investissement déterminé.

EXEMPLES

Subventions perçues pour la construction d'une étable, prime de restructuration des vignobles versée par FranceAgriMer, etc.

g. Les **ristournes** et **réductions sur achats** consenties aux exploitants et les intérêts statutaires versés aux porteurs de parts de coopératives.

h. Les **prix** obtenus à l'occasion de **concours** ou de foires-expositions.

NOTION D'ENCAISSEMENT

69890 Pour l'appréciation du seuil de 46 000 €, les recettes à retenir s'entendent de toutes les **sommes encaissées au cours de l'année civile** augmentées de la valeur des produits prélevés dans l'exploitation visés au n° 69870, h (sous réserve de la mesure de tempérament liée à la valeur de l'autoconsommation prévue au n° 69875, b) (BOI-TVA-SECT-80-10-20-10 n° 280 ; CAA Bordeaux 5-12-2000 n° 98-1230 : RJF 3/01 n° 294).

69900 **Date de l'encaissement** Une recette doit être considérée comme encaissée à la **date** où le bénéficiaire en a la **libre disposition** (nos 38650 s.).

> **Précisions** Quand un fermier paye ses **loyers en nature,** ou qu'un exploitant règle en nature des dépenses professionnelles ou personnelles ou des salaires à son personnel, l'encaissement intervient au moment de la remise de denrées au bailleur, aux fournisseurs ou au personnel considéré.
> Pour les opérations d'**échange** qui ne donnent lieu qu'au règlement du solde de l'opération (exemple : échanges céréales-aliments du bétail), il intervient à la date de la réception par l'exploitant du décompte décrivant le règlement financier de l'opération (BOI-TVA-SECT-80-10-20-10 n° 290).

69910 **Montant à retenir** Pour l'appréciation du seuil d'assujettissement au RSA, les recettes doivent normalement être retenues pour leur **montant réel.**

Toutefois, certaines recettes exceptionnelles peuvent n'être retenues que **pour un tiers de leur montant.** Il en est ainsi **notamment** (BOI-TVA-SECT-80-10-20-10 n° 300) :

– des **indemnités et subventions** ainsi que du **produit de la vente** des animaux perçus par les éleveurs victimes d'**épizootie** (par exemple : éleveur de bovins atteints de leucose bovine enzootique) s'il s'agit d'**animaux à cycle long** (huîtres, vaches laitières, taureaux, ovins, caprins et porcins adultes exclusivement) dont l'abattage ou l'éradication a été imposé en vertu de la réglementation sanitaire. Cette mesure s'applique également aux indemnités d'assurance destinées à compenser une perte d'animaux à cycle long à la suite d'un **incendie** ;

– des recettes exceptionnelles perçues par les **sylviculteurs** (exploitants **privés** ou **communes forestières**) et provenant de la vente de certains **bois sinistrés** (voir n° 75915).

> **Précisions** **a.** Les aides versées aux **victimes de la sécheresse** et destinées à couvrir l'achat ou le transport de fourrage n'ont pas à être prises en compte (Rép. Chassaigne : AN 27-7-2004 n° 28423, non reprise au Bofip ; dans le même sens, BOI-BA-REG-10-20-10 n° 380).
> **b.** En ce qui concerne le calcul du seuil d'assujettissement pour les **communes forestières,** voir nos 75960 s.
> **c.** S'agissant des règles particulières concernant les **exploitations en métayage,** voir nos 74460 s.

2. MODALITÉS ET DURÉE DE L'ASSUJETTISSEMENT

69940 Les exploitants agricoles dont le montant moyen des recettes de l'ensemble de leurs exploitations, calculé sur deux années civiles consécutives, dépasse le seuil d'assujettissement au RSA sont soumis à ce régime à compter du 1er janvier de l'année suivante.

DÉBUT D'ASSUJETTISSEMENT

Exigibilité de la taxe Les **exploitants nouvellement soumis au RSA** doivent normalement soumettre à la TVA tous leurs encaissements perçus à compter de la date d'assujettissement à ce régime. **69950**

Toutefois, les exploitants qui n'étaient **pas déjà redevables de la TVA** au titre de leurs opérations agricoles peuvent bénéficier des solutions particulières prévues pour les optants, en ce qui concerne les **encaissements** perçus **après** la date du **début de l'imposition** à la TVA et se rapportant à des livraisons effectuées antérieurement (voir n° 71230).

Les mêmes solutions s'appliquent aux ventes effectuées par des **agriculteurs assujettis partiellement** selon le RSA lorsqu'elles se rapportent aux seules opérations agricoles qui n'étaient pas soumises obligatoirement à la TVA en vertu de l'article 298 bis, II-1° du CGI (activités qui, par leur nature ou leur importance, sont assimilables à celles exercées par les industriels ou les commerçants : n°s 70070 s.).

Bien entendu, les encaissements perçus **avant la date de l'assujettissement** selon le RSA ne sont pas soumis à la TVA, quelle que soit la date de la livraison des produits à laquelle ils se rapportent (BOI-TVA-SECT-80-10-20-20 n° 40).

Calcul des droits à déduction La situation en matière de droits à déduction des exploitants agricoles qui deviennent obligatoirement imposables selon le RSA à raison de leurs recettes diffère selon qu'avant la date de leur assujettissement ils réalisaient déjà ou non des opérations imposables selon ce régime. **69960**

a. L'imposition à raison des recettes ne change rien dans la situation des **exploitants** déjà **intégralement soumis** de plein droit ou par option **au RSA** (BOI-TVA-SECT-80-10-20-20 n° 80).

b. Les **exploitants** agricoles déjà **partiellement assujettis** selon le RSA qui deviennent soumis à la taxe pour l'ensemble de leurs activités agricoles doivent éventuellement procéder, pour leurs immobilisations, aux régularisations annuelles ou globales prévues par l'article 207 de l'annexe II au CGI (voir nos 61050 s.). Une **déduction complémentaire** peut éventuellement être exercée pour les biens en **stock** (nos 63050 s.).

c. Les **exploitants** qui n'étaient **pas assujettis selon le RSA** doivent, lorsqu'ils deviennent imposables à la TVA à raison de leurs recettes, opérer la régularisation globale prévue à l'article 207, III-1-4° de l'annexe II au CGI pour l'ensemble de leurs immobilisations en cours d'utilisation (nos 62475 s.). En ce qui concerne les **immobilisations neuves** et les biens en **stock** à la date d'assujettissement, voir respectivement nos 62505 et 63050 s.

DURÉE DE L'ASSUJETTISSEMENT

L'assujettissement selon le RSA porte **obligatoirement** sur une **première période de trois ans** (ou de trois **exercices** s'agissant des redevables ayant opté pour la souscription d'une déclaration annuelle par exercice : nos 72610 s.), quel que soit le montant des recettes agricoles réalisées au cours de cette période (BOI-TVA-SECT-80-10-20-20 n° 150). **69970**

EXEMPLE

Un exploitant (non soumis jusqu'alors à la TVA et dont l'exercice comptable coïncide avec l'année civile) qui a réalisé au titre des années 2021 et 2022 un montant moyen de recettes supérieur à 46 000 € est assujetti obligatoirement au titre de la période 2023-2024-2025 quel que soit le montant annuel de ses recettes de cette période.

À l'issue de la première période de trois ans (ou de trois exercices), l'**assujettissement** selon le RSA est **obligatoirement reconduit** par périodes d'un an (ou d'un exercice), lorsque le montant moyen des **recettes** des **trois dernières années** d'assujettissement (ou trois derniers **exercices**) n'est **pas inférieur à 46 000 €** (BOI-TVA-SECT-80-10-20-20 n° 160). **69975**

EXEMPLE

Un agriculteur (dont l'exercice comptable correspond à l'année civile) a réalisé au titre des années 2017 et 2018 une moyenne de recettes supérieure à 46 000 €.
Il a ensuite réalisé au titre des années 2019-2020-2021 un montant de recettes de 40 000 €, 42 000 €, 59 000 €.
L'assujettissement selon le RSA porte d'abord sur la période du 1er janvier 2019 au 31 décembre 2021. Il est reconduit obligatoirement pour l'année 2022, dans la mesure où la moyenne des recettes des trois années d'assujettissement selon le RSA (soit 47 000 €) n'est pas inférieure au seuil d'assujettissement obligatoire.
En 2023, il convient de déterminer la moyenne des recettes afférentes à la période 2020-2021-2022, pour apprécier si l'assujettissement est obligatoirement reconduit pour l'année 2023.

69980 Dans le cas où la **moyenne des recettes** de trois périodes annuelles d'imposition (années ou exercices) consécutives **devient inférieure à 46 000 €,** l'assujettissement est cependant reconduit :

a. Obligatoirement, si l'exploitant a obtenu, au cours des trois dernières périodes annuelles d'imposition, un **remboursement** de crédit de taxe non imputable.

EXEMPLE

Un exploitant (dont l'exercice comptable coïncide avec l'année civile) assujetti obligatoirement au titre de la période 2019-2020-2021 ne pourra pas, en tout état de cause, sortir du régime d'assujettissement selon le RSA :
– avant le 1er janvier 2023, s'il a obtenu un remboursement de crédit de taxe non imputable en 2019 ;
– avant le 1er janvier 2024, si ce remboursement a été obtenu en 2020 ;
– avant le 1er janvier 2025, en cas de remboursement en 2021 et ainsi de suite.
En d'autres termes, si un remboursement de crédit de taxe est intervenu, la sortie du régime ne pourra se faire avant le 1er janvier de la quatrième année ou le 1er jour du quatrième exercice suivant l'année ou l'exercice de ce remboursement.

b. Tacitement, pour une durée d'un an ou d'un exercice, si l'exploitant **s'abstient de signaler au service des impôts** qu'il ne remplit plus les conditions d'assujettissement selon le RSA (conditions de moyenne de recettes et absence de remboursement de crédit de TVA).

Aussi, pour éviter la reconduction tacite du RSA, l'exploitant doit, par une **lettre recommandée** adressée **avant le 1er février** (ou avant le 1er jour du deuxième mois de l'exercice) à son service gestionnaire, indiquer qu'il ne **remplit plus les conditions** d'assujettissement obligatoire selon le RSA et qu'il souhaite ne pas demeurer placé sous ce régime (BOI-TVA-SECT-80-10-20-20 n° 170).

CESSATION DE L'ASSUJETTISSEMENT

69990 La cessation de l'assujettissement selon le RSA entraîne la **régularisation des déductions** dans les conditions exposées aux nos 71790 s.

En ce qui concerne le régime applicable aux **encaissements postérieurs à la date de la cessation** de l'assujettissement selon le RSA, il y a lieu d'appliquer les règles définies aux n° 72040.

69995 Lorsqu'il cesse d'être assujetti à raison du montant de ses recettes, l'exploitant doit **s'assurer** qu'il ne remplit pas, par ailleurs, les **conditions prévues par une autre disposition d'assujettissement** obligatoire selon le RSA (CGI art. 298 bis, II-1° et 3° : nos 70050 s.).

B. Imposition obligatoire de certaines activités agricoles

70050 Les activités agricoles non imposables en raison du montant des recettes réalisées peuvent devenir imposables à la TVA en application d'autres critères. Sont ainsi obligatoirement soumis à l'imposition à la TVA d'après le RSA pour certaines de leurs activités agricoles :

– les exploitants dont l'activité agricole s'exerce dans des **conditions** très **voisines de celles de commerçants et industriels** (CGI art. 298 bis, II-1° : nos 70070 s.) ;

– les agriculteurs qui effectuent certaines **opérations commerciales portant sur des animaux vivants de boucherie et de charcuterie** (CGI art. 298 bis, II-3° : nos 70250 s.).

Remarque : La **portée pratique** de ces deux cas d'imposition obligatoire est limitée dans la mesure où les exploitants concernés réalisent, le plus souvent, sur l'ensemble de leurs opérations agricoles, des recettes annuelles dépassant le seuil de 46 000 €. Ils entrent alors, pour l'ensemble de ces opérations, dans le cas général d'assujettissement en fonction des recettes, qui prime les autres cas d'imposition.

1. EMPLOI DE MÉTHODES COMMERCIALES OU INDUSTRIELLES

70070 L'article 298 bis, II-1° du CGI soumet de plein droit au RSA « les exploitants agricoles dont les activités sont, par leur nature ou leur importance, assimilables à celles exercées par des industriels ou des commerçants, même si ces opérations constituent le prolongement de l'activité agricole, à l'exception de celles de ces opérations considérées comme entrant dans les usages habituels et normaux de l'agriculture ».

Remarque : Cette disposition ne concerne pas les opérations faites par des exploitants agricoles relevant d'une **activité de nature industrielle ou commerciale** soumise à la TVA selon le régime de droit commun (CGI art. 256). La ligne de partage entre l'imposition résultant de l'article 256 du CGI et celle résultant de l'article 298 bis, II-1° du CGI est, en pratique, constituée par le régime d'imposition des bénéfices tirés des activités considérées. Ainsi, lorsqu'un **agriculteur relève du régime des bénéfices industriels et commerciaux** (BIC) pour des activités soumises à la TVA, l'assujettissement à cette taxe est considéré comme opéré en vertu de l'article 256 du CGI (régime de droit commun). Par contre, lorsqu'un agriculteur relève du **régime des bénéfices agricoles** (BA) pour des activités comparables à celles qui sont exercées par des industriels ou des commerçants, l'assujettissement à la TVA est considéré comme opéré en vertu de l'article 298 bis, II-1° du CGI (RSA).

a. Opérations concernées

70090 Pour circonscrire le champ d'application de l'article 298 bis, II-1° du CGI, nous définirons les opérations assimilables à celles exercées par des industriels ou des commerçants qui relèvent en principe de l'imposition obligatoire selon le RSA (n°s 70100 s.) avant d'examiner celles de ces opérations qui, par exception, échappent à cette imposition (n°s 70150 s.) et de présenter un certain nombre de solutions particulières (n° 70170).

OPÉRATIONS ASSIMILABLES À CELLES EXERCÉES PAR DES INDUSTRIELS OU COMMERÇANTS (ASSUJETTIES À TITRE OBLIGATOIRE AU RSA)

70100 L'article 260 A de l'annexe II au CGI énumère les **caractéristiques** qui rendent certaines **opérations passibles de la TVA** lorsqu'elles sont réalisées par des agriculteurs, même si ces opérations sont considérées, notamment selon la jurisprudence du Conseil d'État, comme constituant le **prolongement de l'activité agricole.**

Il s'agit des **ventes de produits agricoles,** en l'état ou après transformation, lorsqu'elles sont réalisées dans certaines conditions ou lorsque les produits sur lesquels elles portent ont été transformés ou mis en conserve dans des installations ou avec des matériels importants de la nature de ceux qui sont utilisés par des industriels ou des commerçants (BOI-TVA-SECT-80-10-20-30 n° 10).

70110 **Ventes selon des méthodes commerciales** Sont obligatoirement passibles de la TVA selon le RSA, même si elles sont le prolongement de l'activité agricole, les ventes de produits agricoles réalisées :

– soit sur les **marchés,** à place fixe, avec l'aide d'un personnel exclusivement affecté à ces ventes ;

– soit dans un **magasin ou** une **installation spécialement agencés** pour la vente ;

– soit à l'aide de **moyens publicitaires** relevant des usages commerciaux ou avec le concours de représentants ou placiers lorsque ces produits sont vendus sous un conditionnement et présentés sous une marque.

70115 **Ventes sur les marchés.** Pour donner lieu à imposition à la TVA selon le RSA les ventes doivent à la fois :

– être réalisées sur un marché, à **place fixe.** L'organisation juridique du marché, lieu public de vente, importe peu : il suffit que le marché rassemble des vendeurs à des dates déterminées (les foires, dites foires-expositions ou de nature analogue, organisées annuellement ou à intervalle de plusieurs années ne sont toutefois pas visées) ;

– être réalisées avec l'aide d'un **personnel exclusivement affecté** à ces ventes et ne participant donc pas, en fait, aux travaux agricoles (BOI-TVA-SECT-80-10-20-30 n°s 40 et 50).

ILLUSTRATIONS

Un horticulteur qui ne dispose pas, pour la vente de sa production sur un marché aux fleurs où il est attributaire d'un emplacement fixe, d'un personnel exclusivement affecté à ces ventes est exonéré de la TVA sur celles-ci alors même qu'il aurait disposé d'une installation spécialement aménagée pour la vente.

CE 29-12-1995 n° 128613 : RJF 2/96 n° 184

Remarque : Le Conseil d'État écarte, par cette décision, l'application du critère de l'installation spécialement agencée (n° 70120) en cas de vente sur les marchés.

70120 **Ventes dans un magasin ou une installation spécialement agencés pour la vente.** Il n'est pas nécessaire que l'installation ait un caractère permanent, mais elle doit comprendre certains **moyens normaux d'organisation** de la vente : lieu clos et couvert, enseigne, exposition des produits à vendre, emballage après vente, etc.

Selon l'administration doit ainsi être considérée comme « une installation spécialement aménagée en vue de la vente » la **camionnette** qu'un agriculteur utilise pour vendre au détail, notamment dans le cadre de tournées, les produits provenant de sa propre exploitation. Dans cette hypothèse, les ventes sont donc imposables à la TVA d'après le RSA.

En revanche, cette condition n'est pas considérée comme remplie lorsqu'il s'agit d'**installations démontables et précaires,** situées au bord des routes. Il en est de même pour les ventes épisodiques réalisées à la ferme dans des locaux aménagés sommairement et affectés à des usages multiples. Les ventes sont alors imposables à la TVA d'après le régime général (BOI-TVA-SECT-80-10-20-30 n° 60).

> Précisions a. Dans l'hypothèse où l'installation revêt un **caractère permanent,** l'imposition à la TVA résulte des articles 256 et 256 A du CGI et doit donc s'effectuer selon le **régime de droit commun** de la TVA (voir n° 74060).
b. On rappelle en outre que la jurisprudence du Conseil d'État écarte le critère de l'installation spécialement agencée en cas de ventes sur les marchés (n° 70115).

70125 **Ventes de produits conditionnés réalisées avec des moyens publicitaires.** Sont obligatoirement passibles de la TVA selon le RSA les ventes de produits agricoles réalisées à l'aide de moyens publicitaires relevant des usages commerciaux ou avec le concours de représentants ou placiers lorsque ces produits sont vendus sous un conditionnement et présentés sous une marque. Ces trois conditions sont cumulatives (BOI-TVA-SECT-80-10-20-30 n°s 70 à 90).

a. Le **conditionnement des produits** doit être analogue à celui sous lequel le produit est vendu par le commerce. Le conditionnement sous lequel l'agriculteur vend habituellement ses produits à un négociant ou les livre à une coopérative n'est pas visé.

b. La **présentation sous une marque** doit permettre une identification précise du produit et n'être utilisée, en fait sinon en droit, que par l'agriculteur qui l'a créée ou acquise. Les appellations d'origine contrôlées, les appellations régionales, les appellations génériques, etc. ne sont pas considérées comme des marques.

c. Les **moyens publicitaires** utilisés doivent être importants et correspondre aux usages habituels des commerçants. En fait, les moyens de vente à l'aide de publicité ou par l'intermédiaire de courtiers ne concernent pratiquement que les agriculteurs importants. Il en est ainsi des agriculteurs qui réalisent la **vente directe** aux consommateurs dans le cadre de ventes **par correspondance,** en faisant de la publicité ou par l'entremise de représentants ou courtiers.

ILLUSTRATIONS

Les ventes de la **production viticole** d'un exploitant qui est commercialisée par l'intermédiaire de cinq représentants avec le recours à des moyens publicitaires et pour une partie sous une marque spécifique sont imposables à la TVA en application des articles 298 bis, II-1° du CGI et 260 A de son annexe II.

CE 7-7-1982 n°s 10903 et 10907 : RJF 10/82 n° 920

En revanche, il n'y a pas imposition obligatoire à la TVA selon le RSA des **agriculteurs qui vendent** leurs produits, notamment en gros, **par l'intermédiaire de commissionnaires** ou de mandataires, eux-mêmes commerçants redevables de la TVA (BOI précité n° 90).

> Précisions L'utilisation par les viticulteurs de capsules représentatives de droit (CRD) n'est pas une condition suffisante pour faire considérer ces derniers comme obligatoirement imposables à la TVA sous le RSA (BOI précité n° 100).

70135 **Ventes de produits obtenus avec des procédés industriels** Sont obligatoirement passibles de la TVA selon le RSA les ventes de produits agricoles transformés, préparés ou conservés, lorsque l'intéressé utilise pour les opérations de transformation, de préparation ou de mise en conserve, des installations, agencements ou matériels importants de la nature de ceux dont se servent pour des opérations semblables les industriels ou les commerçants (BOI-TVA-SECT-80-10-20-30 n° 110). Ne sont pas concernées les opérations qui, même effectuées à l'aide de matériel moderne, entrent dans les usages normaux et habituels de l'agriculture (n°s 70150 s.).

> Précisions L'appréciation de l'importance du matériel employé doit être effectuée en considération de la **nature du matériel** et non en fonction des quantités traitées. Ainsi, un agriculteur qui utiliserait un matériel important de mise en conserve d'un produit agricole, du type de ceux utilisés par les industriels, serait soumis au RSA, même s'il limitait son activité de conserveur à la mise en conserve des produits récoltés sur son exploitation (BOI précité n° 130).

OPÉRATIONS ENTRANT DANS LES USAGES HABITUELS ET NORMAUX DE L'AGRICULTURE (NON SOUMISES OBLIGATOIREMENT AU RSA)

L'article 298 bis, II-1° du CGI exclut du dispositif d'assujettissement obligatoire à la TVA selon le RSA, prévu pour les exploitants agricoles dont l'activité s'exerce dans des conditions très voisines de celles des commerçants et industriels, les **opérations** considérées comme entrant dans les usages habituels et normaux de l'agriculture. **70150**

Par suite, les exploitants agricoles réalisant de telles opérations ne sont pas redevables de la TVA et peuvent bénéficier du remboursement forfaitaire, sauf, bien entendu, s'ils entrent dans le cas général d'assujettissement obligatoire en fonction des recettes (nos 69750 s.) ou s'ils exercent l'option pour l'imposition d'après le RSA (nos 70350 s.).

À titre indicatif, les **opérations de première transformation** réalisées directement par les agriculteurs énumérées ci-après sont considérées comme entrant dans les usages habituels et normaux de l'agriculture : **70155**

- transformation de lait en beurre et en fromage ;
- conditionnement et triage des œufs ;
- conditionnement des fruits et légumes ;
- germination de pommes de terre ;
- vinification et mise en bouteille de vins, de cidres ou d'hydromel ;
- fabrication d'huile d'olive et de noix ;
- fabrication de choucroute ;
- mise en pots de miel nature ;
- déshydratation de luzerne ;
- préparation de bois de chauffage ;
- fabrication de piquets et échalas ;
- confection, mise en conserve et vente de terrines et de foies (dont les foies gras) ;
- abattage d'arbres et tronçonnage de bois en grumes ;
- transformation de l'osier produit en vue de la vente d'articles de vannerie (BOI-TVA-SECT-80-10-20-30 n° 140).

SOLUTIONS PARTICULIÈRES

On trouvera dans le **tableau** ci-après un certain nombre de solutions se prononçant sur l'assujettissement obligatoire (ou non) au RSA de diverses activités. **70170**

Activités concernées	Assujettissement obligatoire au RSA	Références
Éleveurs de visons vendant les peaux provenant de leur élevage aux enchères publiques par l'intermédiaire de courtiers assermentés.	Non	BOI-TVA-SECT-80-10-20-30 n° 150
Ventes de jus de fruits fabriqués à partir des produits de l'exploitation, sous une marque commerciale et selon un conditionnement analogue à celui employé dans le commerce.	Oui	CE 5-3-1997 n° 141057 : RJF 4/97 n° 321
La production commercialisée (80 000 litres par an) impliquait nécessairement l'usage d'installations et de matériels de la nature de ceux dont se servent les industriels et les commerçants pour des opérations semblables.		
Ventes de gelée royale **a.** Ventes réalisées par un redevable ayant une activité de **magnétiseur** qui cédait à ses clients dans le cadre de cette activité de la gelée royale provenant de son élevage d'abeilles.	Non	CE 7-11-1986 nos 39850 et 39851 : RJF 1/87 n° 26

Activités concernées	Assujettissement obligatoire au RSA	Références
b. Ventes portant sur un produit présenté comme une « **préparation à base de gelée royale lyophilisée,** de miel, d'eau et d'embryons de reine », commercialisé en boîtes d'ampoules en verre soudé, accompagnées d'un mode d'emploi comportant une indication d'origine « Laboratoires » et exporté en proportions importantes.	Oui	CE 27-6-1990 n° 65349 : RJF 8-9/90 n° 984
Vente de lait en vrac en porte-à-porte.	Non	BOI précité n° 160
Ventes de viandes par un éleveur Ventes réalisées dans un magasin de détail **(boucherie)** :		
– n'ayant **pas** le caractère **d'installation** commerciale **permanente** ;	Oui	BOI précité n° 170
– présentant le caractère d'**installation permanente.**	Non	Rép. Durieux : AN 17-10-1974 n° 11753, non reprise au Bofip mais dont la solution nous paraît conserver sa valeur
Expéditions de viandes en carcasses dans un **marché de gros,** l'abattage étant réalisé dans un **établissement spécialisé** disposant d'un **matériel important** et réservé à l'usage des professionnels de la boucherie.	Oui	BOI précité n° 170

b. Règles d'imposition

70200 Les exploitants agricoles soumis de plein droit à la TVA en vertu de l'article 298 bis, II-1° du CGI (nos 70070 s.) relèvent du **RSA.** Cette imposition est limitée aux **activités expressément visées.** Elle ne s'étend pas aux autres activités agricoles et cesse quand les conditions qui la rendent obligatoire ne sont plus remplies.

70205 L'imposition en vertu de l'article 298 bis, II-1° du CGI s'effectue, dans le cadre de l'exploitation agricole, comme celle d'un **secteur d'activité distinct** des autres activités agricoles qui, le cas échéant, demeurent exonérées.

Conformément à l'article 260 B de l'annexe II au CGI, ce secteur englobe éventuellement toutes les opérations soumises de plein droit à la TVA en vertu de ce texte, même si elles relèvent d'**activités différentes** (ventes en l'état sur un marché et ventes de produits fabriqués ou mis en conserve, par exemple). Toutefois, ce secteur est strictement limité aux opérations imposables et les biens et services acquis pour les besoins de l'activité agricole exonérée proprement dite ne peuvent pas y être rattachés. Ainsi, dans le cas de **mise en conserve de légumes,** toutes les opérations agricoles (culture, récolte, transport de légumes) qui se situent avant la mise en conserve sont exclues du secteur distinct constitué pour l'application de la TVA (BOI-TVA-SECT-80-10-20-30 n° 180).

> **Précisions** L'option pour l'imposition à la TVA selon le RSA des **activités agricoles non visées par l'article 298 bis, II-1° du CGI** entraîne obligatoirement la **confusion** de ces activités avec le secteur distinct constitué par les activités imposables de plein droit. L'ensemble des activités relève alors du RSA (BOI précité n° 340).

70210 Au regard du droit à **déduction,** le montant de la taxe déductible afférente aux biens communs au secteur constitué par les opérations imposables selon l'article 260 A de l'annexe II au CGI et au secteur constitué par les opérations agricoles non imposables est calculé à l'aide d'un **coefficient de taxation** forfaitaire égal au rapport entre le montant total annuel du chiffre d'affaires afférent aux opérations imposables et le montant total annuel du chiffre d'affaires afférent aux opérations imposables et non imposables (nos 53000 s.).

2. EXPLOITANTS AYANT UNE ACTIVITÉ COMMERCIALE DE BOUCHERIE

Aux termes de l'article 298 bis, II-3° du CGI, sont soumises de plein droit au RSA, pour leurs activités agricoles, les personnes qui effectuent des achats, des livraisons, des importations, des acquisitions intracommunautaires ou des services d'intermédiation portant sur des **animaux vivants** de boucherie et de charcuterie. **70250**

> Précisions En vertu de l'article 65 A de l'annexe III au CGI, il faut entendre par « animaux de boucherie et de charcuterie », pour l'application tant de la TVA que du remboursement forfaitaire, les animaux ci-après :
Équidés : chevaux et juments, mulets, mules et bardots, ânes et ânesses, baudets, étalons ;
Bovidés : bœufs et taureaux, vaches, veaux, bouvillons, taurillons et génisses ;
Ovidés : béliers et moutons, brebis et agneaux gris, agneaux de lait ;
Suidés : porcs mâles et femelles, cochons de lait ;
Caprins : boucs et chèvres ainsi que les chevreaux dont le poids après l'abattage est supérieur à 7 kg de viande nette.

PERSONNES CONCERNÉES

L'article 298 bis, II-3° du CGI vise au premier chef les **négociants en bestiaux** (voir nos 74750 s. l'étude spéciale consacrée à ces professionnels). **70260**

Selon l'administration, ce texte concerne également les **bouchers** et les autres professionnels de la viande (**charcutiers, chevillards, grossistes en viandes, fabricants de salaisons**) qui ont des activités d'élevage (BOI-TVA-SECT-80-10-20-40 n° 1). Elle considère donc que l'imposition n'est pas subordonnée à la réalisation d'opérations commerciales dans le cadre des activités d'élevage.

> Précisions On rappelle que, pour l'application de l'article 298 bis, II-3° du CGI en vigueur **avant le 1er janvier 2021** (avant l'intervention de la loi 2020-1721 du 29-12-2020 art. 44), le **Conseil d'État** avait retenu une position plus restrictive. Tirant les conséquences du qualificatif « commercial » alors contenu dans cet article, il avait jugé que seuls étaient soumis à la TVA pour l'ensemble de leurs opérations agricoles les éleveurs qui se livraient à des « **opérations commerciales** » de vente ou d'achat d'animaux vivants de boucherie et de charcuterie. Tel n'était pas le cas pour les ventes réalisées par un éleveur auprès de la boucherie exploitée par son épouse et d'autres bouchers détaillants et qui portaient sur des animaux nés sur son élevage ou achetés par lui, mais conservés plus de six mois à l'embouche avant leur revente, de telles opérations ne pouvant être regardées comme de nature commerciale et conservant dès lors leur caractère agricole (CE 17-3-1982 n° 28189 : RJF 5/82 n° 466).

ACTIVITÉS CONCERNÉES

L'article 298 bis, II-3° du CGI soumet de plein droit au régime du RSA l'ensemble des **activités agricoles** exercées par les personnes qui se livrent à des opérations portant sur des animaux vivants de boucherie et de charcuterie, que ces **activités** et ces opérations **soient ou non complémentaires** les unes des autres. **70270**

ILLUSTRATIONS

Un **exploitant céréalier** qui réalise des opérations d'**achat** et de **revente d'animaux** relève de plein droit du RSA pour son exploitation céréalière, sans qu'y fasse obstacle le défaut de complémentarité entre les activités.

CE 12-4-1996 n° 138363 : RJF 6/96 n° 727

RÉGIME D'IMPOSITION

L'imposition obligatoire prévue par l'article 298 bis, II-3° du CGI couvre toutes les **activités agricoles** des intéressés et s'effectue selon les **règles du RSA.** **70280**

Pour les personnes concernées autres que les négociants en bestiaux, les activités agricoles forment un **secteur distinct** (voir toutefois n° 74380 s'agissant des exploitants ayant une activité commerciale de boucherie). Les **négociants en bestiaux éleveurs** relèvent, quant à eux, du RSA pour l'ensemble de leurs activités d'élevage et de négoce (voir n° 74765).

L'imposition obligatoire selon le RSA **cesse** lorsque l'activité de négoce prend fin.

III. EXPLOITANTS RELEVANT DU RSA PAR OPTION

70350 Les exploitants agricoles qui, pour leurs opérations agricoles, ne sont pas imposés de plein droit à la TVA d'après le RSA sont normalement placés sous le régime du remboursement forfaitaire. Ils peuvent cependant, au titre de ces opérations, se soumettre à la taxe d'après le RSA (CGI art. 298 bis, I).

70355 **Intérêt de l'option pour le RSA**

Avant d'exercer l'option pour leur imposition d'après le RSA, les exploitants agricoles ont intérêt à comparer aussi précisément que possible les effets qu'entraînerait leur imposition à la TVA avec ceux qui découleraient de l'application du régime du remboursement forfaitaire (nos 73000 s.).
Concrètement, il s'agit de comparer les deux montants suivants :
1. Total des **montants de TVA** figurant sur les factures de l'année au titre des achats de biens et services acquis pour les besoins de l'exploitation agricole (sans tenir compte des taxes exclues du droit à déduction mais en prenant en considération les achats de matériels correspondant à une moyenne annuelle d'achats).
2. Résultat de la multiplication du chiffre d'affaires annuel moyen par les taux du **remboursement forfaitaire** mentionnés au n° 73450.
Si le montant de la TVA déductible excède celui du remboursement forfaitaire, l'exploitant a un intérêt financier à l'option sauf si des raisons commerciales (clientèle comprenant une proportion importante de non-assujettis) s'opposent à ce qu'il puisse majorer ses prix de la TVA.

A. Portée de l'option

70380 L'option est obligatoirement **globale.** Elle couvre l'**ensemble des opérations** de nature agricole réalisées par un même agriculteur dans le cadre de toutes les exploitations relevant d'une même entité juridique (BOI-TVA-SECT-80-20-10 nos 1 et 10).

ILLUSTRATIONS

L'option exercée par un agriculteur, qui exploite deux **domaines viticoles** lui appartenant et une **pépinière** de plants de vigne sur des terres affermées, couvre l'ensemble de ses activités agricoles. La différence de nature des activités agricoles et leur relative dispersion topographique ne permettent pas de limiter l'option aux deux domaines viticoles pour lesquels elle a été exprimée.
CE 28-9-1983 n° 33354 : RJF 11/83 n° 1298 ; BOI précité n° 20

Les **ventes d'herbes** provenant de leur exploitation agricole effectuées par des **éleveurs de bovins** (herbagers) ayant exercé l'option sont passibles de la TVA.
Rép. Sergheraert : AN 14-11-1979 n° 20177, non reprise au Bofip mais dont la solution nous paraît conserver sa valeur

70385 L'option ne s'étend pas aux **activités non agricoles** exercées, le cas échéant, par l'agriculteur. Ainsi, lorsque des éleveurs ont, en outre, une activité industrielle ou commerciale, par exemple des laiteries, l'élevage constitue un secteur distinct d'activité au regard des règles de la TVA (BOI-TVA-SECT-80-20-10 n° 10).

S'agissant des règles particulières applicables lorsque les activités non agricoles présentent un **caractère accessoire** par rapport à l'activité agricole, voir nos 74130 s.

B. Conditions d'exercice de l'option

a. Dispositions générales

PERSONNES POUVANT EXERCER L'OPTION

70460 L'option pour l'imposition à la TVA d'après le RSA est ouverte aux **exploitants agricoles,** qu'ils soient propriétaires ou fermiers (CGI ann. II art. 260 D ; pour les métayers voir n° 74520).

Elle ne concerne pas les **coopératives** de production ou d'approvisionnement ni les coopératives d'insémination artificielle et d'utilisation du matériel agricole qui sont obligatoirement imposables (n° 75420).

70485 En cas d'**exploitation indivise** (père et fils, par exemple), l'option doit être **exercée conjointement** par tous les participants à la gestion de cette exploitation, à moins que chacun ne soit en mesure de présenter une comptabilité précise reflétant sa participation.

Il est admis, en cas d'exploitation indivise, que le **gérant de la société de fait** constituée par cette exploitation puisse s'engager au nom des coparticipants (BOI-TVA-SECT-80-20-10 n° 110).

En vertu de l'article 260, 6° du CGI, les **bailleurs de biens ruraux** peuvent opter – sous certaines conditions – pour l'imposition des loyers à la TVA (voir nos 4620 s.). Les bailleurs ayant exercé cette option relèvent à ce titre du régime simplifié agricole (CGI art. 298 bis, II-6°). 70490

MODALITÉS DE L'OPTION

L'option ne nécessite **aucune formalité particulière** auprès de l'administration : aux termes de l'article 260 I de l'annexe II au CGI, elle « est exercée par l'**accomplissement** pour la première fois **des obligations déclaratives** et liquidatives qu'elle entraîne », c'est-à-dire par le paiement et la déclaration pour la première fois de la TVA par l'exploitant. 70500

Elle est donc nécessairement exercée **au plus tard le deuxième jour ouvré suivant le 1er mai** de l'année suivant celle couverte par l'option (n° 72540).

Elle peut toutefois être formulée par **lettre simple** adressée au centre des finances publiques ou par le biais du formulaire délivré par la chambre d'agriculture lors de la constitution d'une nouvelle exploitation (BOI-TVA-SECT-80-20-10 n° 160).

Sur la forme de l'option lorsque l'assujetti qui opte pour le RSA souhaite aussi opter pour la souscription des déclarations selon l'exercice comptable, voir n° 72620.

DURÉE DE L'OPTION

L'option porte sur une **première période de trois ans.** À la fin de cette première période, elle est **renouvelable** par tacite reconduction pour des **périodes successives de cinq ans** (CGI ann. II art. 260 G, al. 1). 70510

L'option prend obligatoirement **effet au 1er janvier** de la première année de la période qu'elle recouvre (les périodes de trois et de cinq ans qu'elle peut recouvrir se comptent donc en années civiles). Par suite, lorsque le **début de l'exploitation** agricole est **postérieur au 1er janvier,** l'option prend effet à la date du début d'exploitation et est réputée avoir été exercée au 1er janvier pour le décompte des périodes de trois et cinq ans qu'elle recouvre (CGI ann. II art. 260 I).

EXEMPLE

Un exploitant commence son activité le 1er mars 2023 et opte pour le RSA. Cette première option prend effet le 1er mars 2023 mais la période qu'elle couvre expire le 31 décembre 2025 comme si elle avait été exercée au 1er janvier 2023.

Pour les exploitants qui ont exercé, à la fois, l'option pour le RSA et l'option pour la souscription d'une **déclaration annuelle en fonction de l'exercice** (nos 72610 s.), l'option pour le RSA est prorogée jusqu'au dernier jour de l'exercice couvert par cette option (CGI ann. II art. 260 G, al. 2). 70515

EXEMPLE

Un exploitant dont l'exercice comptable débute le 1er juin et se termine le 31 mai exerce une option pour le RSA en 2023. Cette option pour le RSA prend effet le 1er janvier 2023. L'exploitant opte également pour la souscription d'une déclaration annuelle en fonction de l'exercice. Le terme de l'option pour le RSA devrait être normalement le 31 décembre 2025. Mais cette option est prorogée jusqu'au 31 mai 2026, qui est le terme de la période annuelle d'imposition couverte par l'option.

RENONCIATION À L'OPTION

La renonciation à l'option doit être formulée, par **lettre recommandée** adressée au service des impôts, au moins **deux mois avant l'expiration de la période** couverte par l'option (CGI ann. II art. 260 I). 70530

EXEMPLE

Un exploitant ayant opté pour le RSA avec effet au 1er janvier 2021 et dont l'exercice correspond à l'année civile, désire renoncer à l'option à compter de 2024. Il devra manifester sa renonciation avant le 31 octobre 2023.

La renonciation à l'option fait perdre la qualité de redevable et peut donc entraîner certaines **régularisations des déductions** déjà opérées (nos 71790 s.).

Remarque : L'obtention d'un **remboursement de crédit** de TVA n'est pas un obstacle à la renonciation à l'option.

b. Cas particuliers

REPRISE DE L'EXPLOITATION AU DÉCÈS DE L'EXPLOITANT

En cas de décès d'un exploitant soumis au **RSA,** ce régime **continue de s'appliquer** dans les **mêmes conditions** au conjoint, à l'héritier ou à l'indivision reprenant l'exploitation (CGI art. 298 bis, II bis). 70560

Les repreneurs visés par ce texte peuvent ainsi bénéficier des effets de l'option éventuellement exercée par l'exploitant décédé sans avoir de formalités à effectuer.

Remarque : Bien que l'article 298 bis du CGI ne le prévoie pas expressément, nous pensons que l'option éventuellement exercée par l'exploitant décédé devrait pouvoir être dénoncée par le repreneur lors de la reprise de l'exploitation. L'objet du texte est en effet d'alléger les obligations pesant sur le repreneur et non de le contraindre à supporter une option qu'il n'a pas exercée.

POURSUITE DE L'ACTIVITÉ PAR LE CONJOINT SUITE AU DÉPART EN RETRAITE OU AU DÉCÈS DE L'EXPLOITANT

70570 Lorsqu'un agriculteur prend sa retraite ou décède et que son exploitation est reprise par son conjoint, celui-ci est réputé poursuivre l'exploitation agricole. En matière de TVA, l'agriculteur reprenant l'exploitation peut ainsi demeurer dans la **même situation que son conjoint** décédé ou qui prend sa retraite, que celui-ci ait été soumis à la taxe de plein droit ou sur option, sous réserve des conditions suivantes. Selon l'administration, il doit prendre l'engagement de soumettre à la TVA les cessions ultérieures de biens mobiliers d'investissement et de procéder aux régularisations prévues à l'article 207 de l'annexe II au CGI qui auraient été exigibles si son conjoint avait continué son exploitation. Cet engagement, qui vaut, le cas échéant, maintien de l'option en cours, doit être adressé au service des impôts dont relève l'exploitation dans le délai d'un mois de la reprise. À défaut de cet engagement, le conjoint qui reprend l'exploitation devrait effectuer immédiatement les régularisations mentionnées ci-avant (BOI-TVA-SECT-80-20-10 n° 210).

Remarque : On peut se demander si un engagement formel du conjoint repreneur reste aujourd'hui nécessaire compte tenu du dispositif concernant les transmissions d'une universalité de biens. En effet, dans le cadre de ce dispositif, le bénéficiaire de la transmission doit effectuer les régularisations du droit à déduction et les taxations de cessions ou de livraisons à soi-même qui auraient en principe incombé au cédant si ce dernier avait continué à exploiter, mais n'a pas à en prendre l'engagement formel (n° 15425).

CHANGEMENT D'EXPLOITATION

70580 L'agriculteur qui change d'exploitation est considéré comme un **nouvel exploitant.** En conséquence, s'il n'était pas redevable de la TVA, il peut **exercer l'option** pour le RSA selon les modalités visées au n° 70500.

Si cet agriculteur était déjà imposé à la TVA d'après le RSA, il doit **renouveler** son option.

Ce renouvellement est assimilé, en matière de déductions, à une reconduction tacite. Par suite, l'exploitant n'a pas de **régularisations** à opérer pour les biens (matériel, notamment) dont il demeure propriétaire et utilisateur, sauf variation de la valeur des éléments du coefficient de déduction afférent aux biens (BOI-TVA-SECT-80-20-10 n° 230).

C. Conséquences de l'option

RÉGIME D'IMPOSITION APPLICABLE

70630 L'option entraîne l'imposition à la TVA d'après le RSA conformément à l'article 298 bis, I du CGI.

Pour l'imposition des **encaissements perçus durant les premiers mois** de l'option, voir n° 71230.

Pour les **exploitants imposables à raison d'autres critères,** voir n°s 70205, précisions et 74120 s.

RÉGIME DES DÉDUCTIONS

70640 Les règles applicables aux redevables par option en ce qui concerne les droits à déduction de la taxe grevant les **immobilisations en cours d'utilisation** et les **stocks** détenus à la date d'assujettissement sont présentées aux n°s 62475 s. et 63050 s.

SECTION 2 MODALITÉS DU RSA

70750 Le régime d'imposition simplifié propre à l'agriculture (RSA) est défini par les articles 298 bis, I et 1693 bis du CGI. Ce régime, destiné à tenir compte de la diversité et de la spécificité des activités agricoles, comporte plusieurs **particularités** par rapport au régime de droit commun :

– l'**exigibilité** de la taxe est toujours constituée par l'encaissement du prix ;

– les **formalités** relatives aux déclarations sont réduites ;
– la **liquidation** de l'impôt s'effectue selon des règles particulières.

Par ailleurs, les exploitants agricoles soumis au RSA ne bénéficient pas de la **franchise en base** applicable dans le cadre du régime de droit commun (nos 47600 s.).

Sur tous les points (en fait les plus nombreux) ne faisant pas l'objet de règles particulières, ce sont les règles de droit commun qui sont applicables. Cependant, même en ces matières, la situation des exploitants agricoles peut appeler diverses précisions détaillées aux nos 70770 s.

I. OPÉRATIONS ET RECETTES IMPOSABLES

Les règles générales relatives aux opérations imposables et aux exonérations en vigueur ainsi qu'à la détermination de la base d'imposition (nos 1000 s. et 35100 s.) sont applicables aux opérations relevant du régime simplifié de l'agriculture. Nous n'examinerons donc dans la présente rubrique que les **particularités** de ce régime. **70770**

Conformément aux règles de droit commun (nos 1100 s.), les exploitants agricoles assujettis à la TVA sont imposables, dans le cadre du RSA, sur l'ensemble des opérations à caractère agricole qu'ils effectuent, c'est-à-dire en particulier sur : **70775**

– les **ventes,** y compris les ventes publiques de cheptel et autres produits agricoles et les apports aux coopératives agricoles de production ou de commercialisation, sauf si les produits apportés sont remis dans le cadre d'un marché d'opérations à façon (BOI-TVA-SECT-80-30-10 n° 40) ;
– les **livraisons aux coopératives** ;
– les **livraisons à soi-même** (voir nos 70890 s.) ;
– les **façons** (exemples : élevage ou engraissement d'animaux appartenant à des tiers, saillies, insémination de testage) ;
– les **échanges** (voir n° 71040).

En ce qui concerne les règles applicables aux **aides et subventions** versées aux exploitants agricoles, voir nos 71080 s.

REMARQUES

La TVA n'est évidemment pas applicable aux opérations qui bénéficient d'une **exonération** prévue par une disposition spéciale (n° 1910). C'est notamment le cas : **70790**

– des prestations réalisées dans le cadre de l'**entraide** entre agriculteurs (n° 71070) ;
– de la simple **concession du droit de chasse ou de pêche** sans prestations annexes (voir n° 5110) ;
– des **exportations** à destination de pays tiers (nos 22400 s.).

Pour leurs **livraisons intracommunautaires,** les exploitants agricoles relevant du RSA sont, comme l'ensemble des autres redevables, placés sous le régime exposé aux nos 20280 s. qui prévoit, généralement, l'exonération de la TVA française. Le régime particulier des **ventes à distance intracommunautaires** (nos 23000 s.) leur est également applicable, s'il y a lieu. Dans l'hypothèse où une livraison intracommunautaire réalisée par un exploitant agricole est effectivement soumise à la TVA française, cette taxe est exigible lors de l'encaissement des acomptes ou du prix. **70795**

Quant aux **acquisitions intracommunautaires** réalisées par des exploitants agricoles relevant du RSA, elles sont soumises aux règles énoncées aux nos 19650 s. L'**exigibilité** de la taxe correspondante intervient dans les conditions prévues pour toutes les entreprises (voir nos 19730 s.).

1. LIVRAISONS À DES COOPÉRATIVES

Les **exploitants** agricoles imposables à la TVA **qui font des livraisons** à des coopératives doivent acquitter la TVA sur tous les versements effectués par ces coopératives, quelle que soit la dénomination sous laquelle sont faits ces versements : **acomptes, primes, ristournes ou compléments de prix** en fin de campagne, etc. Seuls les **intérêts statutaires** versés aux sociétaires, porteurs de parts, échappent à l'imposition. **70820**

À défaut d'encaissements en espèces, le prix imposable est constitué par la **valeur** du produit reçu en paiement (BOI-TVA-SECT-80-30-20-20 n° 70).

RÈGLES GÉNÉRALES

Lorsqu'une **coopérative** agricole **achète aux exploitants** des produits agricoles qu'elle revend pour son compte après transformation, les adhérents de cette coopérative ne comprennent dans **70830** leur base d'imposition à la TVA que les sommes (acomptes, primes, ristournes, compléments de prix en fin de campagne, etc.) qu'ils perçoivent en contrepartie de leurs apports de produits non transformés.

Mais lorsqu'une coopérative se borne à **transformer des produits agricoles pour le compte de ses adhérents,** les livraisons effectuées par ces derniers n'emportent aucun transfert de propriété à la coopérative. L'opération réalisée par celle-ci s'analyse en une opération de façon ou en une prestation de services qui suit le régime de TVA qui lui est propre. Les exploitants agricoles adhérents sont alors imposables sur le **prix de vente des produits transformés** au taux qui leur est propre (BOI-TVA-SECT-80-30-20-20 n° 90).

LIVRAISONS AUX COOPÉRATIVES VINICOLES

70840 Les apports effectués par les adhérents à une coopérative vinicole entraînent le **transfert immédiat de propriété** des vendanges au profit de la coopérative. La **coopérative,** qui devient propriétaire dès l'apport des produits qu'elle revend après transformation, est redevable de la **TVA** au taux normal **sur la totalité des recettes** que lui procure la revente du vin pour son propre compte.

Les **viticulteurs redevables de la TVA** doivent acquitter la taxe au taux intermédiaire sur toutes les sommes qu'ils reçoivent de la coopérative (**acomptes, primes, ristournes, compléments de prix** en fin de campagne, etc.) en contrepartie de leurs apports de vendanges.

La **vente du vin** produit par les coopératives pouvant s'étaler sur plusieurs exercices, celles-ci versent généralement aux producteurs des **acomptes calculés sur un prix de vente prévisionnel** déterminé en début de campagne par le conseil d'administration. Ces acomptes doivent être soumis à la TVA dès leur perception (BOI-TVA-SECT-80-30-20-20 n° 80).

LIVRAISONS D'ANIMAUX DE BOUCHERIE ET DE CHARCUTERIE

70850 Les exploitants agricoles imposables à la TVA qui livrent des animaux de boucherie et de charcuterie à des coopératives ou à des sociétés d'intérêt collectif agricole (Sica) pratiquant la commercialisation de ces animaux doivent soumettre à la TVA le **prix reçu** pour ces livraisons. Ce prix ne comprend pas les **sommes retenues pour les frais de fonctionnement** qui constituent la marge de commercialisation des coopératives ou des Sica (BOI-TVA-SECT-80-30-20-20 n° 80).

CAISSES DE PÉRÉQUATION

70860 Les **groupements de producteurs,** les **coopératives** ou les comités économiques régionaux sont autorisés à effectuer, dans certaines conditions et limites, des **prélèvements sur le prix de vente** des produits qu'ils commercialisent pour le compte de leurs adhérents. Ces prélèvements sont destinés à financer des fonds de péréquation ou de régularisation qui interviennent, sous forme de versements effectués au profit des producteurs, lorsque les prix s'abaissent au-dessous d'un certain seuil.

Les agriculteurs ne doivent pas déduire de leur base d'imposition à la TVA les **prélèvements effectués au profit des caisses de péréquation** ou de régularisation, puisqu'en application de l'article 267, I-1° du CGI, cette base d'imposition est constituée par la totalité des sommes perçues en contrepartie des livraisons effectuées, à l'exception de la TVA elle-même.

En contrepartie et pour éviter les risques d'une double taxation, il est admis que les **sommes distribuées par les caisses de péréquation** ne soient pas soumises à la TVA (BOI-TVA-SECT-80-30-20-20 n° 100).

> **Précisions** Les dispositions ci-dessus ne sont pas susceptibles de s'appliquer aux **coopératives de collecte-vente** qui achètent les produits de leurs adhérents en vue de les revendre pour leur propre compte. Dans cette situation, c'est le prix net versé à l'adhérent redevable de la TVA qui doit être soumis à la taxe. C'est ce même prix net qui doit être retenu pour l'appréciation du chiffre limite déterminant l'assujettissement obligatoire à la TVA (BOI précité).

2. LIVRAISONS À SOI-MÊME

70890 Le régime des livraisons à soi-même (n°s 13800 s.) est applicable aux exploitants agricoles relevant du RSA, mais avec certaines adaptations.

a. Livraisons à soi-même pour les besoins de l'exploitation agricole

70910 La livraison à soi-même de biens affectés aux besoins de l'exploitation n'est imposable que s'il s'agit de biens constituant des **immobilisations** (autres que celles acquises et utilisées en l'état) (BOI-TVA-SECT-80-30-10 n° 260).

> **Précisions** Il est rappelé que l'imposition des livraisons à soi-même de biens affectés aux besoins de l'entreprise ne concerne que les **déducteurs non intégraux** (n° 14020).

Dans le cas où l'**exploitant** n'est **redevable** de la TVA que **pour une partie de ses activités agricoles,** il est admis qu'en raison de la complexité et de la multiplicité des échanges de produits qui peuvent intervenir entre les divers secteurs de production d'une exploitation agricole, les livraisons qu'un exploitant opère d'un secteur soumis à la TVA à un secteur non imposable ne soient pas imposées (BOI-TVA-SECT-80-30-10 n° 260). **70915**

b. Livraisons à soi-même pour des besoins autres que ceux de l'exploitation

En principe, le **prélèvement** par un exploitant d'un bien de son exploitation **pour ses besoins privés ou ceux de son personnel** ou qu'il transmet à titre gratuit ou, plus généralement, qu'il affecte à des **fins étrangères à son entreprise** est soumis à la TVA lorsque ce bien ou les éléments qui le composent ont ouvert droit à une déduction complète ou partielle de la TVA (CGI art. 257, II-1-1°). Les solutions suivantes ont toutefois été prises à propos des livraisons à soi-même effectuées par l'exploitant pour sa consommation personnelle, celle de sa famille et de ses employés. **70950**

RÈGLES GÉNÉRALES

Les **prélèvements de biens effectués pour les besoins privés** du chef d'une entreprise individuelle constituent en principe des livraisons à soi-même imposables. **70960**

Toutefois, il est admis que les livraisons de **biens compris dans les stocks** qu'un exploitant agricole se fait à lui-même pour sa **consommation personnelle et celle de sa famille** ne soient pas imposables dès lors qu'elles correspondent à ses besoins privés normaux et à ceux de sa famille.

Cette absence d'imposition des prélèvements bénéficiant de la dispense rend obligatoire la **régularisation des déductions** initialement opérées lors de l'acquisition des biens prélevés ou de celle des biens et services qui ont été nécessaires à leur fabrication (BOI-TVA-SECT-80-30-10 n° 300).

À l'inverse de celles opérées pour ses besoins privés, les livraisons qu'un exploitant agricole se fait à lui-même de **produits destinés à la nourriture des ouvriers** et personnes diverses qui sont **employés** dans l'exploitation agricole sont normalement imposables. La valeur de ces livraisons est déterminée par référence à l'**estimation forfaitaire** qui en est faite dans les barèmes de salaires des ouvriers agricoles. **70965**

Toutefois, la totalité des livraisons de produits destinés à la **nourriture** est exemptée de l'imposition de la livraison à soi-même lorsqu'il est d'usage que les **repas** soient **pris en commun** par le personnel, l'exploitant et sa famille (BOI-TVA-SECT-80-30-10 n° 310).

Par ailleurs, la **remise au personnel de produits et boissons** passibles d'un droit de consommation ou de circulation (autres que le vin, dont le régime est exposé aux nos 70990 s.) est exemptée de la TVA lorsque celle-ci est **conforme aux usages locaux** (BOI précité n° 320).

LIVRAISONS À SOI-MÊME DE VIANDES

Les livraisons de **viandes d'animaux de boucherie et de charcuterie** que se fait à lui-même un exploitant agricole sont soumises normalement à la TVA en vertu de l'article 257, II-1-1° du CGI, s'il est redevable de la taxe au titre de son activité d'éleveur. Ainsi, les livraisons de viandes destinées à la nourriture des ouvriers et personnes employés dans l'exploitation agricole sont imposables. **70980**

Toutefois, il est admis que les livraisons à soi-même des viandes de l'espèce ne soient **pas soumises à la TVA** lorsqu'elles sont effectuées pour la **consommation personnelle** de l'exploitant agricole et celle de sa famille telle que définie aux nos 70960 s. (BOI-TVA-SECT-80-30-10 n° 400).

LIVRAISONS À SOI-MÊME DE VINS

Les livraisons de vins à titre de **cadeaux** réalisées par des viticulteurs redevables de la TVA sont imposables comme des livraisons à soi-même et doivent suivre le régime général de la TVA prévu en matière de cadeaux (nos 14220 s.). **70990**

Sont également imposables les livraisons à soi-même des vins provenant de la vinification de leur récolte et distribués à leur personnel à titre de **complément de salaire.** **70995**

La **base d'imposition** de la livraison est déterminée par référence à l'estimation forfaitaire qui en est faite dans les **barèmes de salaires** des ouvriers agricoles. Toutefois, sont considérées comme **non imposables** les livraisons à soi-même :

– de **vins distribués** pendant la période des **vendanges** au personnel permanent ou saisonnier, mais dans la limite du maximum prévu par les conventions collectives départementales ;

– de **vins consommés** à la **table familiale** par le personnel vivant et travaillant dans l'exploitation agricole et, de ce fait, assimilés aux vins faisant l'objet de la consommation personnelle de l'exploitant (BOI-TVA-SECT-80-30-10 nos 350 et 360).

La taxe acquittée au titre des livraisons à soi-même imposables n'ouvre pas droit à **déduction** chez le viticulteur (CGI ann. II art. 206, IV-2-3°).

c. Livraisons à soi-même dans le cas d'activités agricoles et non agricoles érigées en secteurs distincts

71030 Lorsque les redevables exercent corrélativement des activités agricoles et des activités autres soumises à la TVA de droit commun érigées en **deux secteurs distincts d'activité** (cas, par exemple, des entreprises laitières fabriquant du beurre ou du fromage et exploitant une porcherie), le régime applicable aux livraisons d'un secteur à l'autre est le suivant :

– les **livraisons** d'un secteur, soumis ou non à la TVA (élevage d'animaux par exemple), **à un secteur entièrement soumis à la TVA** (magasin de vente au détail par exemple) ne sont pas imposables ;

– les **livraisons d'un secteur soumis à la TVA** (fabrication d'aliments du bétail ou laiterie par exemple) **à un secteur exonéré** n'ouvrant pas droit à déduction ou partiellement exonéré sont imposables dès lors que le bien a ouvert droit à déduction complète ou partielle de la TVA lors de son acquisition ou de sa précédente affectation (BOI-TVA-SECT-80-30-10 n° 280).

S'il s'agit d'un **immeuble,** il n'y a pas lieu de procéder à une livraison à soi-même mais à une régularisation de la déduction initiale dans les conditions exposées aux nos 62100 s.

3. ÉCHANGES

71040 En cas d'échanges, même dans le cadre de la coopération agricole, il convient de considérer qu'il y a, comme dans le régime général de la TVA, **double vente.** À défaut d'encaissement, le prix imposable est constitué par la valeur du produit reçu en paiement (CGI ann. III art. 76, 1).

EXEMPLE

Opérations d'échanges céréales-aliments du bétail, par lesquelles un agriculteur livre des céréales à des entreprises du secteur coopératif ou du secteur privé qui, en contrepartie, lui fournissent des aliments composés de céréales et destinés à la nourriture animale.

Si, à l'occasion d'un échange, une **soulte** est versée à l'agriculteur, celui-ci doit acquitter la TVA lors de son encaissement (BOI-TVA-SECT-80-30-20-20 n° 1).

4. RECETTES ET AIDES DIVERSES

CONCOURS OU FOIRES-EXPOSITIONS

71060 Les prix obtenus à l'occasion de concours agricoles ou de foires-expositions ne sont ni imposables à la TVA ni à retenir pour le calcul du coefficient de taxation forfaitaire (nos 53000 s.) permettant de déterminer le coefficient de déduction (BOI-TVA-SECT-80-30-20-10 n° 60).

En ce qui concerne la non-imposition des **gains de course,** voir nos 74950 s.

ENTRAIDE AGRICOLE

71070 Les **prestations** réalisées dans le cadre de l'entraide entre agriculteurs définie par les articles L 325-1 à L 325-3 du Code rural et de la pêche maritime sont exonérées de la TVA par l'article 261, 2-3° du CGI. Les encaissements perçus dans ce cadre par les exploitants soumis à la TVA ne sont donc **pas passibles de la taxe.**

Les encaissements perçus dans le cadre de l'entraide agricole doivent figurer au dénominateur du **coefficient de taxation forfaitaire** utilisé pour les biens et services d'utilisation mixte (nos 53000 s.).

> **Précisions** L'entraide, qui peut être occasionnelle, temporaire ou intervenir d'une manière régulière, est réalisée entre agriculteurs par des **échanges de services** en travail et en moyens d'exploitation. Elle s'analyse en un « **contrat gratuit** », même lorsque le bénéficiaire rembourse au prestataire tout ou partie des frais engagés par ce dernier. Elle suppose néanmoins une **réciprocité** de services sans qu'il soit nécessaire que l'échange soit concomitant ou rapproché dans le temps. Le **simple remboursement des dépenses** exposées pour l'exécution du travail proprement dit (frais d'essence, d'huile, par exemple) n'est pas de nature à entraîner l'exigibilité de la TVA. En revanche, sont imposables à la TVA les opérations réalisées à titre onéreux par les agriculteurs qui se comportent, en fait, comme des entrepreneurs de **travaux agricoles.**

AIDES ET SUBVENTIONS

Les aides versées dans le secteur agricole qui ont pour objet de **compléter le prix d'une opération imposable** sont en principe soumises à la TVA (nos 5800 s.). 71080

Ces aides peuvent être versées aux agriculteurs ou aux entreprises du secteur de l'agro-alimentaire sur les fonds de l'Union européenne ou de l'État pour des montants n'incluant pas la TVA. L'administration admet alors d'en différer l'imposition, dans l'attente d'un abondement budgétaire de ces aides. Cette solution s'applique quelle que soit la nature de l'organisme (FranceAgriMer, Odeadom, Feaga, Feader, etc.) chargé de redistribuer ces aides ou subventions (BOI-TVA-SECT-80-30-20-10 n° 120).

On rappelle, par ailleurs, qu'échappent à la TVA les subventions qui n'ont pas pour objet d'abaisser le prix d'une livraison de biens ou d'une prestation de services en dessous du prix de marché habituel de ces marchandises ou services, ou, à défaut, de leur prix de revient (voir n° 5850). Tel est le cas, en ce qui concerne les aides versées dans le secteur agricole, des aides versées par les offices agricoles pour soutenir le fonctionnement des marchés (BOI-TVA-BASE-10-10-50 n° 200).

Les aides qui ne sont **pas directement liées au prix de vente** des produits agricoles ne sont pas imposables à la TVA. Sont notamment concernées les aides versées aux agriculteurs pour compenser une perte de revenus consécutive par exemple à un changement ou à l'abandon d'une production ou à une nouvelle politique agricole. 71085

EXEMPLES

Aides compensatoires versées aux producteurs de certaines cultures arables ; aides à l'élevage telles que la prime à l'herbe, la prime compensatrice ovine ou la prime à la vache allaitante ; primes de reconversion des vignobles ; primes au retrait de production des terres arables, etc.

De même, les **indemnités compensatrices de handicaps naturels** permanents, telles l'indemnité spéciale de montagne, les **subventions d'équipement et** les subventions dites « **à l'achat** » ne sont pas imposables à la TVA (BOI-TVA-SECT-80-30-20-10 nos 100, 130 et 140).

Remarque : Il est admis que ces aides, indemnités ou subventions ne soient pas prises en compte pour la détermination du coefficient de taxation forfaitaire (nos 53350 s.).

PAIEMENT DE FERMAGES EN NATURE

Certains baux ruraux prévoient expressément que le paiement des fermages pourra ou devra être effectué en nature (blé, lait, beurre, etc.). Ce paiement en nature, comme le paiement en espèces, constitue le règlement du **prix d'une location.** Le bailleur reçoit des marchandises en paiement de ce service et il est admis que le fermier locataire qui règle le prix de location en nature ne réalise pas une vente. La livraison qu'il fait n'est donc pas imposable à la TVA. 71100

Lorsque le **bailleur a opté pour** le paiement de **la TVA** à raison des locations de biens ruraux (nos 4620 s.), les loyers encaissés sont imposables à la TVA au taux normal. En cas de **paiement du fermage en nature,** la taxe est due sur la valeur réelle des produits au jour où ils sont mis à la disposition du bailleur. Cette valeur réelle s'entend de la valeur marchande des produits, c'est-à-dire du prix de vente à la production (BOI-TVA-SECT-80-30-20-20 n° 270).

La **commercialisation** par le bailleur **des produits** reçus en paiement des fermages est soumise à la TVA dans les conditions de droit commun (Rép. Bussereau : AN 4-7-1994 n° 12655, non reprise au Bofip mais dont la solution conserve selon nous sa valeur).

ÉTABLISSEMENTS D'ENSEIGNEMENT

Les travaux d'exploitation du domaine agricole des établissements d'enseignement constituent généralement des **travaux pratiques** pour leurs élèves. S'ils sont redevables de la TVA d'après le RSA au titre de leurs activités agricoles, ces établissements doivent isoler celles-ci pour constituer un secteur d'activité et les prélèvements de produits pour les besoins de l'enseignement doivent faire l'objet d'une imposition au titre de leur livraison à soi-même (BOI-TVA-SECT-80-30-10 n° 430). 71110

CENTRES HOSPITALIERS

Les centres hospitaliers qui disposent d'un **domaine agricole** dont la **production,** excédant le seuil du RSA, est **entièrement consommée dans le centre,** sont en principe imposables à la TVA pour leur activité agricole. Les livraisons de produits entre le secteur agricole et le secteur hospitalier n'ont cependant pas à être soumises à la TVA lorsque les activités de soins du centre hospitalier sont soit placées hors du champ d'application de la TVA (ce qui est, en principe, le cas des hôpitaux publics : n° 10430), soit totalement exonérées (nos 9830 s.) et que l'autoconsommation de la production du domaine agricole est intégrale. 71120

Lorsqu'une partie de cette production est **vendue à des tiers,** les centres hospitaliers doivent taxer les ventes à des tiers et procéder à la livraison à soi-même des produits autoconsommés.

La TVA facturée par les fournisseurs est déductible, mais la taxe due à raison de la livraison à soi-même n'ouvre en revanche pas droit à déduction (BOI-TVA-SECT-80-30-10 nos 410 et 420).

REMISE DE CHEPTEL EN PAIEMENT DE SALAIRE DIFFÉRÉ

71130 L'**aide familial** agricole, qui n'est **pas associé** aux bénéfices et aux pertes et ne perçoit pas de rémunération en argent, dispose d'une **créance de salaire différé** sur la succession de l'exploitant. Ce dernier peut le désintéresser, de son vivant, en lui remettant tout ou partie de son cheptel à l'occasion d'une donation-partage. L'exploitant redevable réalise alors une **vente taxable** à concurrence du montant de la créance détenue par l'aide familial.

Lorsque le cheptel constituait un **bien en stock** chez le vendeur et que l'ancien aide familial exerce à titre personnel une activité agricole, les conséquences de la remise du cheptel dépendent du régime d'imposition des intéressés (BOI-TVA-SECT-80-30-20-10 nos 190 à 230). Nous présentons ces conséquences dans le tableau ci-après.

<table>
<tr><th rowspan="2">Situations envisagées</th><th colspan="2">Conséquences de la remise du cheptel</th></tr>
<tr><th>Pour l'exploitant</th><th>Pour l'aide familial</th></tr>
<tr><td rowspan="2">1. L'exploitant et l'aide familial sont tous deux redevables de la TVA.</td><td>L'exploitant comprend dans sa base d'imposition à la TVA la valeur du cheptel dont la propriété a été transférée, à concurrence du montant de la créance de salaire différé.</td><td>L'ancien aide familial déduit la taxe qui lui a été facturée.</td></tr>
<tr><td colspan="2">Si la vente du cheptel est effectuée dans le cadre de la transmission de la totalité de l'exploitation, la vente peut, sous certaines conditions, ne pas être soumise à la TVA (nos 15360 s.).</td></tr>
<tr><td rowspan="2">2. L'exploitant et l'aide familial sont placés tous deux sous le régime du remboursement forfaitaire agricole.</td><td>L'exploitant n'est pas autorisé à demander à bénéficier du remboursement forfaitaire sur le montant de la transaction.</td><td>L'aide familial ne peut pas, en principe, délivrer de bulletin d'achat, de bon de livraison ou d'attestation annuelle.</td></tr>
<tr><td colspan="2">Toutefois, le vendeur pourra bénéficier du remboursement forfaitaire si l'aide familial vend des animaux en France à des redevables de la TVA ou dans un autre État membre de l'UE ou à l'exportation (n° 73180, e).</td></tr>
<tr><td>3. L'exploitant agricole est soumis à la TVA sur la totalité de ses opérations agricoles et l'aide familial relève du régime du remboursement forfaitaire agricole.</td><td>L'exploitant comprend dans sa base d'imposition à la TVA la valeur des biens dont le transfert a servi à éteindre la créance de salaire différé.</td><td>L'aide familial ne peut pas déduire la taxe qui lui a été facturée.</td></tr>
<tr><td>4. L'exploitant agricole relève du régime du remboursement forfaitaire et l'aide familial est soumis à la TVA sur la totalité de ses opérations agricoles.</td><td>L'exploitant n'étant pas redevable de la TVA ne peut pas la facturer. Il peut, en revanche, bénéficier du remboursement forfaitaire à concurrence du montant de sa dette de salaire différé si la réalisation de cette opération n'entraîne pas le dépassement des limites d'application de ce régime.</td><td>L'aide familial ne peut pratiquer aucune déduction.</td></tr>
</table>

II. EXIGIBILITÉ DE LA TVA

a. Règles générales

71200 Aux termes de l'article 298 bis, I-2° du CGI, l'exigibilité de la TVA due à raison des ventes effectuées par les exploitants agricoles intervient lors de l'encaissement des acomptes ou du prix (sur la définition de l'encaissement, voir nos 69890 s.).

Sauf option pour le **paiement** de la TVA **d'après les débits** (nos 38800 s.), c'est donc la **date des encaissements** se rapportant aux opérations agricoles qui détermine :

– d'une part, la période au titre de laquelle les recettes correspondantes doivent être déclarées ;

– d'autre part, la date à laquelle prend naissance le droit à déduction ouvert aux acheteurs s'ils sont eux-mêmes redevables de la TVA.

Le **fait générateur** de la taxe intervient, pour sa part, au moment où est effectuée la livraison conformément aux dispositions générales de l'article 269, 1-a du CGI (sur la notion de fait générateur et la définition de la livraison des biens, voir nos 38350 s.).

À côté de ces règles générales, des **dispositions spécifiques** s'appliquent aux échanges intracommunautaires (no 70795), ainsi qu'en cas de début et de fin d'assujettissement (nos 71230 s. et 71270).

b. Début d'imposition

ENCAISSEMENTS RELATIFS À DES LIVRAISONS ANTÉRIEURES À L'ASSUJETTISSEMENT

Selon les règles de droit commun, les **encaissements perçus après** la date du **début de l'assujettissement** et se rapportant à des **livraisons effectuées antérieurement** doivent être soumis à la TVA par l'exploitant agricole. Cette taxe est déductible par les acheteurs quelle que soit la date des livraisons correspondantes et même si les produits ont été revendus avant la date à laquelle l'exploitant est devenu imposable à la TVA. **71230**

Toutefois, il peut arriver que l'**acheteur,** lorsqu'il est lui-même exploitant agricole, ne soit **pas redevable** au moment où il se libère de sa dette.

Pour éviter que cette situation ne provoque des difficultés entre acheteur et **vendeur** dans le cas où celui-ci **n'était pas redevable au moment de la vente,** l'administration admet que le vendeur soit dispensé de facturer la taxe – et n'en soit pas constitué redevable – pour les **encaissements** qu'il reçoit au cours **des trois premiers mois suivant la date de son assujettissement,** lorsque ces encaissements :

- se rapportent à des **ventes** faites **à des personnes non assujetties** au moment du règlement ;
- et que ces ventes ont été conclues, et les **livraisons** correspondantes **effectuées,** avant la date d'effet de l'imposition à la taxe du vendeur.

Ces encaissements n'entrent pas en ligne de compte pour le calcul du coefficient de taxation forfaitaire (BOI-TVA-SECT-80-30-30 nos 30 et 40).

EXEMPLE

En décembre N, un exploitant A, non soumis à la TVA, vend et livre pour 3 000 € de végétaux à un exploitant B également non redevable.
On suppose que A opte pour la TVA (ou devient assujetti à titre obligatoire en raison du montant de ses recettes) à compter du 1er janvier N + 1.
Si B règle la facture de A au cours du premier trimestre N + 1, ce dernier est dispensé de facturer la TVA normalement due dès lors que B n'est pas lui-même soumis à la TVA à la date du règlement.
En revanche, la TVA serait exigée si le règlement de la facture intervenait plus de trois mois après la date d'assujettissement de A (ou après que B soit lui-même soumis à la TVA de plein droit ou sur option).

ENCAISSEMENTS PERÇUS AVANT L'ASSUJETTISSEMENT AU TITRE DE LIVRAISONS POSTÉRIEURES

Les encaissements perçus avant la date du début de l'assujettissement et se rapportant à des livraisons effectuées postérieurement ne sont **pas imposables** à la TVA, quelle que soit la date de livraison à laquelle ils se rapportent (BOI-TVA-SECT-80-30-30 no 50). **71240**

EXEMPLE

En décembre N, un agriculteur A, non soumis à la TVA, perçoit un acompte de 1 000 € sur une vente de produits livrables en N + 1 à un exploitant B également non assujetti.
Cet acompte échappe définitivement à la TVA même si A (et éventuellement B) est (sont) soumis à la TVA au moment de la livraison des produits.

c. Perte de la qualité de redevable

L'administration utilise le critère du fait générateur-livraison pour déterminer le sort des encaissements perçus après la perte de la qualité de redevable. On se reportera sur ce point aux commentaires figurant : **71270**

- no 72040, en ce qui concerne les **encaissements postérieurs à la cessation de l'activité** ou à la renonciation à l'option ;
- no 71795, en ce qui concerne les **ventes** en cours d'activité **postérieures à la renonciation à l'option** ;
- no 72000, en ce qui concerne la **cession des stocks** par l'ancien exploitant.

III. TAUX

71340 Les **taux du régime général** de la TVA (taux réduit, taux intermédiaire et taux normal) s'appliquent aux opérations imposables selon le régime simplifié de l'agriculture. Il convient donc, d'une manière générale, de se reporter à l'étude des taux de la TVA figurant aux nos 40000 s. et, notamment, en ce qui concerne les livraisons de **produits d'origine agricole,** de la pêche, de la pisciculture ou de l'aviculture :

– aux nos 40400 s. et 41950 s. lorsque ces produits, qu'ils soient ou non transformés, sont destinés à l'**alimentation humaine** et sont susceptibles de bénéficier du taux de 5,5 % ou, en cas de livraison en vue d'une **consommation immédiate,** du taux de 10 % ;

– aux nos 42080 s. et 42170 s. lorsque ces produits, non transformés, sont destinés à l'**alimentation animale** ou à la **production agricole** et sont éligibles au taux de 10 %.

Les produits précités sont soumis au taux normal lorsqu'ils ont une **autre destination.**

En ce qui concerne le taux applicable au **secteur hippique,** voir nos 74840 s.

71345 Nous examinerons aux nos 71360 s. les questions suivantes qui appellent des développements particuliers :

– d'une part, les taux applicables aux **façons et prestations de services** en agriculture (nos 71360 s.) ainsi qu'aux **travaux forestiers** (nos 71480 s.) ;

– d'autre part, le taux spécifique s'appliquant aux **ventes d'animaux de boucherie et de charcuterie à des non-redevables** (nos 71570 s.).

A. Façons et autres prestations agricoles

71360 Il convient de distinguer les façons des autres prestations de services dès lors que les façons portant sur les produits d'origine agricole, de la pêche, de la pisciculture ou de l'aviculture sont susceptibles de relever du taux applicable au produit obtenu, tandis que les autres prestations de services relèvent en principe toujours du taux normal quel que soit le taux du produit sur lequel elles portent.

> **Précisions a.** Les précisions relatives au taux de TVA applicable aux principales façons et prestations effectuées dans le cadre des activités agricoles valent quelle que soit la **qualité du redevable** qui réalise les travaux en cause : agriculteur, coopératives (y compris Cuma) ou entreprises privées (en ce sens, pour les travaux de préparation des sols, Rép. Goasduff : AN 26-4-1982 n° 10519, non reprise au Bofip mais dont la solution conserve selon nous sa valeur).
> **b.** Les **travaux forestiers** ne bénéficient pas du régime spécifique des travaux à façon mais bénéficient du taux intermédiaire de 10 % lorsqu'ils sont réalisés au profit d'exploitants agricoles (voir nos 71480 s.).

a. Façons sur produits agricoles

71380 Les prestations de travail à façon, qui consistent à transformer des produits appartenant à un tiers (sur les conditions juridiques afférentes à ces prestations, voir n° 36780), suivent en **principe** leur régime propre en matière de taux, indépendamment du taux applicable au bien sur lequel elles portent, à savoir le taux normal de la TVA.

Toutefois, conformément aux dispositions de l'article 278-0 B, II du CGI, les opérations de façon portant sur les **biens d'origine agricole, de la pêche, de la pisciculture ou de l'aviculture** définis au n° 41825 qui sont **normalement destinés** à être utilisés dans la **production agricole,** dans la **préparation de denrées alimentaires ou** à être **consommés en l'état par l'homme,** dérogent à ce principe et relèvent du **taux** applicable au produit obtenu au moyen de l'opération de façon (sur la notion de destination « normale », voir nos 40440 s.) (BOI-TVA-SECT-80-70 n° 80).

71385 Afin d'être éligible au taux de 5,5 % ou au taux de 10 %, une opération de façon portant sur un bien d'origine agricole, de la pêche, de la pisciculture ou de l'aviculture doit répondre aux **conditions cumulatives** suivantes :

– le **bien issu de l'opération de façon** doit être éligible au taux réduit ou intermédiaire, ce qui implique que l'opération de façon n'a pas conduit à lui conférer une **destination** autre que l'alimentation (humaine ou animale) ou la production agricole ;

– si le bien issu de l'opération de façon est destiné à l'alimentation d'animaux non producteurs de denrées alimentaires pour la consommation humaine (voir n° 42090 les animaux concernés) ou à un usage agricole autre que l'alimentation, l'opération de façon ne doit pas consister en une

opération de transformation (sur cette notion, voir nos 41830 s.) faisant perdre le bénéfice du taux intermédiaire (BOI-TVA-SECT-80-70 n° 90).

En revanche, l'existence d'une opération de transformation ne remet pas en cause l'application du taux réduit sur les opérations de façon portant sur les produits destinés à l'alimentation humaine ou du taux intermédiaire sur les produits destinés à l'alimentation des animaux producteurs de denrées alimentaires pour la consommation humaine. Ces taux ne sont remis en cause que lorsque l'opération de façon conduit à ce que ces produits n'aient plus une telle destination (BOI précité n° 50).

Sont donc **notamment** susceptibles de bénéficier du **taux réduit** prévu à l'article 278-0 bis, A-1° du CGI l'ensemble des opérations de façon, qu'elles constituent ou non des opérations de transformation du produit, mentionnées aux A et B du tableau du n° 71410, lorsque le produit obtenu est destiné à l'alimentation humaine et n'est pas exclu du taux de 5,5 %. **71390**

Sont soumis au **taux intermédiaire** :

– l'ensemble des opérations de façon, qu'elles constituent ou non des opérations de transformation du produit, mentionnées aux A et B du tableau du n° 71410, lorsque le produit obtenu est destiné à l'alimentation des animaux producteurs de denrées alimentaires pour l'alimentation humaine (CGI art. 278 bis, 3°-b) ;

– les seules prestations de façon n'entraînant pas de transformation du produit mentionnées au A du tableau du n° 71410 lorsque le produit obtenu est destiné à l'alimentation d'animaux non producteurs de denrées alimentaires pour la consommation humaine (CGI art. 278 bis, 3°-a) ou à un usage agricole autre que l'alimentation (CGI art. 278 bis, 5°). En revanche, lorsque les produits obtenus relèvent d'une telle destination, les opérations de façon entraînant une transformation du produit citées au B du tableau du n° 71410, sont soumises au **taux normal.** Tel est également le cas lorsque ces opérations sont destinées à la production d'alcool ou de boissons alcooliques, de produits non alimentaires ou non destinés à un usage agricole (BOI-TVA-SECT-80-70 nos 110 et 120).

> Précisions **a.** Toutes les **opérations liées à la récolte** ou aux opérations subséquentes (broyage, défanage, pressage, pressurage) suivent donc le taux du produit récolté (BOI précité n° 120).

b. Les opérations d'**élevage, d'engrossement ou de saillies** des animaux sont réputées être toujours réalisées dans le cadre d'une production agricole et constituent donc des opérations de façon relevant du taux de 10 % (BOI précité n° 120 ; pour les chevaux, voir nos 41845 et 75200).

c. Les opérations de pension ou de gardiennage d'**animaux de compagnie** (chiens, chats, etc.) sont imposables au taux normal (BOI-TVA-SECT-80-30-10 n° 240). Tel est également le cas des activités de **dressage d'animaux.**

Lorsque le taux réduit ou le taux intermédiaire s'applique à l'opération de façon, il s'applique à l'ensemble des **services accessoires** à cette opération réalisés par le même opérateur dans le cadre de la même opération (BOI-TVA-SECT-80-70 n° 90). **71395**

EXEMPLES

1. Le conditionnement et l'emballage ne sont pas constitutifs d'une opération de façon. En revanche, lorsqu'ils sont réalisés par l'opérateur de façon sur le produit façonné, ils relèvent du même taux que l'opération de façon.
2. Lorsque les redevances sanitaires d'abattage et de découpage prévues aux articles 302 bis N et 302 bis S du CGI sont supportées par l'opérateur de façon, qui les intègrent dans son prix de vente, le cas échéant en les mentionnant explicitement sur la facture, la fraction du prix correspondant relève du même taux que le reste du prix.

Tableau indicatif **71410**

Nature des opérations	Références
A. Façons ne constituant pas des opérations de transformation des produits agricoles	
1. Coupe de fourrage, moissonnage (exemple : la moisson de blé est soumise au taux réduit ou au taux intermédiaire selon qu'il s'agit d'un type de produit destiné à l'alimentation humaine ou animale ; la moisson du chanvre est toujours soumise au taux normal), battage, défanage (notamment des pommes de terre), arrachage, ensilage, fenaison, andainage	BOI-TVA-SECT-80-70 nos 70 et 120

Nature des opérations	Références
2. Pressage et broyage de la paille et des fourrages (exemple : application du taux de 10 % lorsque le broyage porte sur de la paille livrée pour l'alimentation du bétail et des animaux de basse-cour ou lorsqu'il est effectué à la suite du moissonnage-battage et a pour effet de restituer, à l'identique, la paille à la terre sous forme d'humus assimilé à un engrais), pressurage des graines et fruits oléagineux, enrobage des graines de semence	-
3. Désinfection, simple fragmentation(1)	-
4. Simple séchage, y compris en recourant à des moyens mécaniques	-
5. Simple mélange de produits sans agglomération	-
6. Élevage ou engraissement des animaux	-
7. Abattage des animaux vivants, pelage, plumage, éviscération, désossage, dévertébration, coupe et découpe des animaux morts, échaudage des abats(1)	-
8. Réfrigération, congélation, surgélation	-
9. Travaux de vendange (même effectués par des machines à vendanger). En revanche, les opérations de pressurage des raisins entraînent une transformation des produits (voir B-6)	Rép. Saumade : AN 30-3-1998 n° 8580, non reprise au Bofip mais dont la solution nous semble conserver sa valeur
10. Travaux de préparation des sols (labours, binage, herbage, disquage)	BOI-TVA-SECT-80-70 n° 100 ; dans le même sens, voir n° 75130
B. Façons constituant des opérations de transformation des produits agricoles	
1. Étuvage, précuisson, cuisson, torréfaction, stérilisation, ébouillantage	BOI-TVA-SECT-80-70 n°s 60 et 120
2. Mise en conserve par un procédé d'appertisation, conservation au sel ou au vinaigre, fumage	-
3. Addition de produits étrangers notamment la coloration, la salaison	-
4. Broyage, concassage, mouture, pulvérisation (transformation en poudre) ou agglomération	-
5. Déshydratation des produits agricoles(2)	-
6. Fabrication de vin, de cidre, poirés, hydromels, alcools, y compris le pressurage des fruits et les opérations de distillation	-
7. Dénaturation des produits	-

1. Le triage des produits, y compris le sexage des animaux, et les opérations pour lesquelles les modifications sont minimes (calibrage, nettoyage, brossage, tonte des animaux vivants, etc.) ne constituent jamais des opérations de façon et relèvent donc du taux normal, quel que soit le produit. Tel est également le cas des prestations de conditionnement et d'emballage, sauf si elles sont accessoires à une opération de façon (voir n° 71445).
2. Tel est le cas des opérations de déshydratation ou d'amélioration des pulpes de betteraves (BOI-TVA-SECT-80-30-20-20 n° 50). Les transports de betteraves sont en revanche soumis au taux normal. Cependant, en vertu d'une solution administrative ancienne, l'ensemble des opérations de manutention qui permettent d'amener les betteraves en bordure des champs sont considérées comme des façons dans la mesure où elles sont faites sans discontinuité avec l'arrachage et par l'entreprise qui a procédé à ce dernier (Inst. 21-4-1969 n° 87, non reprise au Bofip mais dont la solution nous paraît conserver sa valeur).

b. Services autres que les façons

71440 Même si elles permettent indirectement d'obtenir des produits agricoles, de la pêche, de la pisciculture ou de l'aviculture, les opérations pour lesquelles aucune modification n'est apportée à ces produits ou pour lesquelles les modifications sont minimes ainsi que les opérations qui ne portent pas spécifiquement sur ces produits ne constituent jamais des opérations de façon. Par conséquent, elles s'analysent en des prestations de services et sont, en principe, soumises au **taux normal,** quel que soit le produit (BOI-TVA-SECT-80-70 n° 100).

Remarques : **1.** C'est par dérogation à cette règle que certains travaux de préparation des sols ont été assimilés à des façons et admis au bénéfice du taux applicable au produit agricole obtenu (n° 71410, A-10).

2. S'agissant des travaux forestiers réalisés au profit d'exploitants agricoles, voir n°s 71480 s.

Le **tableau** ci-après présente, à titre d'illustration, un certain nombre de prestations passibles du taux normal. **71445**

Prestations agricoles passibles du taux normal	Références
1. Opérations touchant au traitement des cultures autres que la récolte elle-même : – semailles, plantation, etc. ; – traitement des cultures (pulvérisations, etc.) ; – désinfection et dératisation[1] des champs ; – désherbage ; – taille (vigne, etc.) ; – chargement et épandage de lisier, engrais, amendements calcaires ; – terrassement ; – arasement de talus ; – drainage et irrigation ; – curage des fossés ; – prestations de services comprenant l'exécution de travaux immobiliers, telles que la construction d'aires de stockage	BOI-TVA-SECT-80-70 n° 100
2. Calibrage, nettoyage, brossage (fruits, etc.)	
3. Tonte des animaux vivants	
4. Opérations de transport, de manutention, d'entreposage, de gardiennage (y compris la pension des animaux), de réalisation d'analyse[2], de tri (y compris le sexage des animaux)	
5. Opérations de conditionnement et d'emballage (sauf si elles constituent des prestations accessoires à une opération de façon : n° 71395)	

1. Lorsque les produits utilisés pour la désinfection ou la dératisation des champs sont des **produits phytopharmaceutiques utilisables en agriculture biologique** visés à l'article 278 bis, 5°-e du CGI, les factures délivrées à la clientèle doivent faire ressortir distinctement la quantité et la valeur normale des produits utilisés qui sont soumis au taux intermédiaire (en ce sens, Rép. Jacq : AN 6-3-1989 n° 6696 concernant les produits visés par l'ancien d de l'article précité, produits anciennement appelés produits antiparasitaires, non reprise au Bofip mais dont la solution nous paraît conserver sa valeur).
2. Tel est le cas des opérations d'analyse œnologique (D. adm. 3 I-1312 n° 6, non reprise au Bofip mais dont la solution nous paraît conserver sa valeur).

c. Travaux forestiers

L'article 279, b septies du CGI soumet au taux intermédiaire : **71480**

– d'une part, l'ensemble des travaux sylvicoles et d'exploitation forestière réalisés au profit d'exploitants agricoles, y compris les travaux d'entretien des sentiers forestiers ;

– d'autre part, les travaux de prévention des incendies de forêt menés par des associations syndicales autorisées (ASA) ayant pour objet la réalisation de ces travaux.

ATTENTION

La loi limite l'application du taux de 10 % aux travaux forestiers ainsi définis et réalisés jusqu'au **31 décembre 2023** (Loi 2019-1479 du 28-12-2019 art. 136). Une évaluation de ce dispositif de faveur permettra, le moment venu, d'apprécier l'opportunité de maintenir ou non l'application de ce taux.

TRAVAUX RÉALISÉS AU PROFIT D'EXPLOITANTS AGRICOLES

Opérations concernées Le taux intermédiaire s'applique en vertu de l'article 279, b septies du CGI à l'**ensemble des travaux forestiers** (réalisés jusqu'au 31-12-2023) et notamment aux opérations suivantes : **71490**

– déboisement et reboisement ;

– plantations ;

– taille des arbres et des haies ;

– élagage des arbres ;

– abattage et tronçonnage des arbres ;

– débardage des bois ;

– stockage du bois dans le cadre de l'exploitation forestière ;

- défrichage, dessouchage, débroussaillage, brûlage, andainage forestier ;
- entretien des sentiers forestiers (BOI-TVA-SECT-80-70 n° 140).

Il en va de même, en vertu de réponses ministérielles non reprises au Bofip, et donc non opposables à l'administration mais dont les solutions nous paraissent néanmoins conserver leur valeur :

- des travaux de dégagement des pistes forestières, tels que l'évacuation des chablis, au profit de personnes qui relèvent du RSA (en revanche, les prestations de services comprenant l'exécution de travaux immobiliers, telles que la construction ou la reconstruction de pistes forestières, demeurent soumises au taux normal) (Rép. Brana : AN 14-5-2001 n° 59167) ;
- des opérations de déblaiement (Rép. Myard : AN 24-7-2000 n° 41335) ;
- des travaux d'entretien des forêts et notamment aux opérations d'épandage de produits phytosanitaires (insecticides, fongicides, etc.) (Rép. Dutreil : AN 15-1-2001 n° 51351) ;
- des travaux d'enfouissement des souches et de pose de protections des plantations contre le gibier (Rép. Forgues : AN 15-1-2001 n° 49422).

71495 En revanche, ne sont **pas considérés** comme des **travaux forestiers** :

- les travaux réalisés sur les arbres après les opérations de débardage ou de stockage, et en particulier les **prestations fournies aux industriels ou transformateurs** qui utilisent les produits des exploitations forestières pour la réalisation d'opérations de nature industrielle ou commerciale (exemple : **travaux de sciage**) (BOI-TVA-SECT-80-70 n° 150) ;
- les travaux tels que l'arasage de talus, le rétablissement des clôtures, l'hydraulique, le réaménagement des sols et de la voirie, réalisés dans le cadre d'une opération de **réaménagement foncier** suite à la création d'une autoroute (Rép. Peiro : AN 25-11-2008 n° 29926, non reprise au Bofip mais dont la solution nous paraît conserver sa valeur).

71505 **Personnes bénéficiaires** Pour ouvrir droit au bénéfice du taux intermédiaire, les travaux forestiers définis au n° 71490 doivent être réalisés au profit d'**exploitants agricoles,** c'est-à-dire de personnes relevant du régime de la TVA agricole, pour les besoins de leur activité agricole.

Sont ainsi concernés l'ensemble des exploitants agricoles quels que soient :

- leur **activité** : sylviculture, arboriculture, agriculture générale, élevage, etc. ;
- leur **statut juridique** : personne physique ou personne morale (société, établissement public, commune forestière, etc.) ;
- le **mode juridique** sous lequel s'exerce l'activité agricole : propriétaire, fermier ou métayer ;
- le **régime de TVA agricole** : remboursement forfaitaire agricole, régime simplifié agricole (RSA) (BOI-TVA-SECT-80-70 n° 160).

Les **entreprises agricoles ayant également des activités non agricoles,** dont les recettes excèdent les limites fixées par l'article 298 bis, III bis du CGI (n° 74180) et qui n'ont pas été autorisées à confondre toutes leurs activités (agricoles et non agricoles) en un seul secteur relevant du régime général de la TVA (n°s 74350 s.), peuvent également bénéficier du taux intermédiaire pour les travaux forestiers réalisés au profit de leur activité agricole (BOI précité n° 170).

71510 Sont en revanche exclus du dispositif et **demeurent soumis au taux normal** de la TVA :

a. Les travaux forestiers qui ne sont **pas effectués pour** les besoins d'une **activité agricole** (BOI-TVA-SECT-80-70 n° 180).

EXEMPLES

Travaux réalisés pour l'État, les collectivités locales ou leurs établissements publics sur des arbres plantés en bordure des voies, sur les places et dans les parcs et jardins ; travaux effectués pour des exploitants agricoles ou des particuliers, à raison des arbres situés dans les parcs et jardins d'agrément.

b. Les **prestations** de services **autres que les travaux forestiers.** Ces prestations restent soumises au taux de la TVA applicable selon leur nature.

EXEMPLES

Les prestations de services de nature agricole bénéficient du taux réduit ou du taux intermédiaire lorsqu'elles remplissent les conditions du travail à façon et que le produit obtenu est soumis à ce taux (nos 71380 s.). En revanche, les prestations de services comprenant l'exécution de travaux immobiliers telles que la construction d'aires de stockage du bois demeurent soumises au taux normal de la TVA (n° 71445).

TRAVAUX DE PRÉVENTION DES INCENDIES DE FORÊT

Le taux intermédiaire s'applique aux **travaux** de prévention des incendies de forêt **menés par des associations syndicales autorisées (ASA)** ayant pour objet la réalisation de ces travaux et réalisés jusqu'au 31 décembre 2023 (CGI art. 279, b septies). **71520**

Sont ainsi soumis au taux intermédiaire, outre les travaux de prévention des incendies de forêt qui constituent des travaux sylvicoles et qui sont effectués au profit d'exploitants agricoles (n° 71490), ceux qui sont menés par les ASA ayant pour objet la réalisation de ces travaux. Dans cette dernière hypothèse, le taux intermédiaire s'applique y compris lorsque le **client** n'a **pas la qualité d'exploitant agricole.**

B. Ventes d'animaux de boucherie à des non-redevables

La TVA est perçue au taux de 2,1 % en ce qui concerne les ventes d'animaux vivants de boucherie et de charcuterie faites à des personnes non assujetties à cette taxe (CGI art. 281 sexies). **71570**

OPÉRATIONS OUVRANT DROIT AU TAUX DE 2,1 %

Le taux de 2,1 % s'applique aux **ventes en France d'animaux** vivants de boucherie et de charcuterie effectuées par des redevables de la TVA : **71580**

- **à des personnes non assujetties** (particuliers, collectivités locales) ;
- ou à des **exploitants** agricoles **soumis au** régime du **remboursement forfaitaire** agricole.

Il ne s'applique, en revanche, ni aux **acquisitions intracommunautaires** soumises à la TVA en application de l'article 256 bis, I du CGI, ni aux **importations** d'animaux de boucherie et de charcuterie (BOI-TVA-SECT-80-30-20-20 n°s 290 et 300).

> **> Précisions** Le taux de 2,1 % ne peut être appliqué qu'aux ventes à des non-assujettis d'animaux vivants (équidés, etc.) **immédiatement destinés** à la boucherie ou à la charcuterie (CJUE 8-3-2012 aff. 596/10 : RJF 6/12 n° 669 ; BOI-TVA-SECT-80-10-30-30 n° 50 ; BOI-TVA-SECT-80-10-30-50 n° 10). Les ventes d'équidés non destinés à la préparation de denrées alimentaires ou non destinés à être utilisés dans la production agricole sont soumises au taux normal (n° 74900, précision b).

FACTURATION

Les factures concernant les ventes d'animaux vivants de boucherie et de charcuterie pouvant bénéficier du taux de 2,1 % doivent faire expressément **mention** de la **qualité des acheteurs** (CGI ann. II art. 267 quater, II). **71590**

Toutefois, le **défaut de cette mention** sur certaines factures n'est pas de nature à priver le vendeur du bénéfice du taux de 2,1 % (CE 30-12-2009 n° 312277 : RJF 4/10 n° 343).

IV. RÉGIME DES DÉDUCTIONS

Pour la récupération de la taxe « d'amont » ayant grevé les différents éléments de leur prix de revient, les exploitants agricoles imposés selon le RSA sont soumis aux règles générales gouvernant le régime des déductions, telles qu'elles sont exposées aux n°s 50500 s. **71650**

Pour les intéressés, l'application de ces règles appelle cependant certaines explications concernant, d'une part, le **remboursement** des crédits de taxe (n°s 71670 s.) et, d'autre part, les cas de régularisation des déductions initiales (n°s 71740 s.).

A. Remboursement des crédits de taxe non imputables

Lorsque la taxe « d'aval » dont ils sont redevables est insuffisante pour absorber par imputation la taxe « d'amont », les exploitants agricoles imposés selon le RSA peuvent utiliser la procédure de remboursement des excédents de taxe déductible décrite aux n°s 58430 s. Les modalités de présentation des demandes de remboursement diffèrent selon le régime déclaratif des exploitants (BOI-TVA-SECT-80-30-40 n° 190). **71670**

EXPLOITANTS PLACÉS SOUS LE RÉGIME DES ACOMPTES TRIMESTRIELS

71680 Les exploitants placés sous ce régime (nos 72420 s.) peuvent effectuer des **demandes de remboursement lors de la souscription de leur déclaration** annuelle de régularisation **CA 12A** (un cadre est prévu à cet effet sur cette déclaration). Ils peuvent demander le remboursement total du crédit relatif à une année ou à un exercice qui figure sur la déclaration CA 12A, dès lors que ce crédit est au moins égal à 150 € (no 58500).

Ces exploitants ne peuvent pas bénéficier de remboursements mensuels.

Remarque : Les exploitants qui ont exercé l'option pour la souscription d'une **déclaration annuelle en fonction de l'exercice (CA 12AE)** (nos 72610 s.) peuvent faire des demandes de remboursement lors de la souscription de déclarations relatives à des périodes inférieures à un an.

EXPLOITANTS AYANT OPTÉ POUR LE RÉGIME DES DÉCLARATIONS MENSUELLES OU TRIMESTRIELLES CA3

71690 Les exploitants qui souscrivent des déclarations mensuelles ou trimestrielles (nos 72740 s.) peuvent obtenir, dans les conditions prévues pour les personnes redevables de la TVA selon le régime général, des **remboursements** soit **annuels,** soit éventuellement **mensuels** ou **trimestriels** (selon la périodicité des déclarations) si leur déclaration CA3 mensuelle ou trimestrielle fait apparaître un crédit minimum de 760 € (no 58510).

B. Régularisations des déductions initiales

71740 Pour les exploitants agricoles relevant du RSA comme pour l'ensemble des autres redevables, les cas nécessitant une régularisation des déductions antérieures et les modalités de cette régularisation obéissent aux règles générales exposées aux nos 60500 s.

Ces régularisations obéissent à des règles différentes selon qu'elles concernent des immobilisations ou d'autres biens et services. Nous analyserons donc les spécificités de cette distinction dans le secteur agricole (no 71750) avant d'examiner un certain nombre de situations susceptibles de donner lieu à des régularisations des déductions pratiquées (nos 71770 s.).

1. BIENS CONSTITUANT DES IMMOBILISATIONS

71750 Sont concernés en pratique les biens suivants (D. adm. 3 I-1341 nos 3 à 5, non reprise au Bofip mais dont la solution conserve selon nous sa valeur ; dans le même sens, BOI-TVA-SECT-80-10-20-10 no 120) :

- les **immeubles,** c'est-à-dire tous les bâtiments à usage agricole : étables, hangars, silos, serres, etc., et les installations fixes telles que clôtures, barrières, etc. ;
- les **matériels** et **machines agricoles** tels que : tracteurs, motoculteurs ; matériels de culture du sol (charrues, herses, pulvérisateurs, etc.) ; distributeurs d'engrais, épandeurs de fumiers, semoirs, appareils pour la lutte contre les parasites et les mauvaises herbes, appareils d'aspersion ou d'irrigation ; matériels de récolte des céréales, du fourrage, des pommes de terre, des betteraves, etc. ; appareils de traite ; séchoirs, pressoirs, appareils de manutention (élévateurs, vis, etc.) ; machines à calibrer et à trier les fruits et légumes, etc. ;
- les **véhicules agricoles,** notamment des remorques, chariots, tombereaux, etc.

Peuvent également être considérés comme des immobilisations, si l'exploitant veut les considérer comme tels et s'il pratique les amortissements correspondants dans sa comptabilité, certains **animaux** (équidés et bovidés utilisés comme animaux de trait ou affectés exclusivement à la reproduction, chevaux de course mis à l'entraînement et chevaux de concours soumis à un entraînement en vue de la compétition, âgés de deux ans au moins au sens de la réglementation des courses) (CGI ann. III art. 38 sexdecies D, II).

Il en va de même pour les **plantations** d'arbres et d'arbustes (ou plantes assimilées : vignes, etc.).

2. SITUATIONS ENTRAÎNANT (OU NON) DES RÉGULARISATIONS DE DÉDUCTIONS

71770 Comme la généralité des redevables, les exploitants agricoles relevant du régime simplifié de l'agriculture sont tenus de procéder, selon les règles de droit commun, à certaines régularisations (nos 60500 s.).

Nous examinons aux nos 71790 s. certaines situations particulières, fortement marquées par la spécificité de l'activité agricole, qui sont susceptibles d'entraîner (ou non) des régularisations de déductions.

a. Perte de la qualité de redevable (hors cessation d'activité)

La perte de la qualité de redevable peut intervenir alors que l'exploitant agricole poursuit l'exploitation. C'est le cas lorsque l'exploitant **renonce à l'option pour** le paiement de **la TVA,** ou lorsqu'il **cesse d'être redevable** en raison du montant des recettes annuelles. Conformément aux règles du régime général de la TVA, la cessation de l'assujettissement entraîne la régularisation des déductions dans les conditions suivantes : 71790

– régularisation des déductions opérées au titre des **biens constituant des immobilisations** (n° 71750), dans les conditions fixées par l'article 207, III-2-4° de l'annexe II au CGI (n° 62630 s.) ;

– régularisation des déductions opérées au titre des **biens ne constituant pas des immobilisations** : engrais, semences, animaux. Pour ces derniers, s'ils sont nés sur l'exploitation, le reversement doit porter sur la taxe déduite au titre des biens utilisés pendant leur croissance (aliments du bétail, produits vétérinaires, etc.) ;

– régularisation des déductions opérées au titre de la préparation des **récoltes en terre** (engrais, semences, etc.) (BOI-TVA-SECT-80-10-20-20 n° 180).

En cas de **renonciation à l'option,** les ventes des produits de l'exploitation agricole ne sont pas passibles de la TVA lorsque la délivrance intervient après la date d'effet de la renonciation. Mais ces ventes sont susceptibles d'ouvrir droit au remboursement forfaitaire dans les conditions de droit commun (BOI-TVA-SECT-80-60-10-30 n° 10). 71795

b. Mutation de l'ensemble ou d'une partie de l'exploitation

La mutation de l'exploitation ou de certains de ses éléments est susceptible d'entraîner des régularisations au titre des déductions déjà opérées. Sont en effet des cas de régularisation, pour les biens constituant des **immeubles,** leur cession non taxable et, pour les **biens et** les **services qui ne constituent pas des immobilisations,** leur utilisation pour des opérations qui n'ouvrent pas droit à déduction. Quant aux **biens mobiliers d'investissement** (matériels divers), leur cession est en principe soumise à la TVA lorsqu'ils ont ouvert droit à déduction en totalité ou en partie (nos 80150 s.). 71820

Cependant, lorsque la **mutation** porte sur l'ensemble d'une **exploitation agricole,** les opérations de régularisation et de taxation auxquelles est normalement soumis le cédant peuvent ne pas être effectuées (nos 71840 s.).

MUTATIONS À TITRE ONÉREUX OU GRATUIT DE L'ENSEMBLE DE L'EXPLOITATION

Les règles applicables dépendent à la fois du régime de TVA du cédant et de celui du nouvel exploitant. 71830

Cédant et cessionnaire redevables Si le cédant (ou l'ancien exploitant) et le cessionnaire (ou le successeur) sont redevables de la TVA, le **cédant** (ou la succession) est **dispensé** à la fois **de la TVA** sur les livraisons de biens et prestations de services réalisées dans le cadre de la mutation **et des régularisations** en matière de déduction, conformément à la règle fixée par l'article 257 bis du CGI en cas de transmission d'une universalité de biens (nos 15360 s. ; s'agissant des transmissions à titre gratuit, voir toutefois n° 15360, précisions). 71840

Le **cessionnaire** (ou le successeur), réputé continuer la personne du cédant, doit soumettre à la TVA les cessions ultérieures des biens et les livraisons à soi-même et procéder, le cas échéant, aux régularisations auxquelles le cédant aurait dû procéder lui-même s'il avait continué son exploitation.

La **dispense de taxation et de régularisation** s'applique également dans les situations suivantes : 71845

– dans le cas où l'exploitant agricole qui cède son exploitation ou l'apporte en société conserve la **parcelle de subsistance** prévue à l'article L 732-39 du Code rural et de la pêche maritime ;

– lorsque l'exploitant qui cède ou apporte son exploitation **conserve les stocks** qu'il a précédemment constitués ;

– lorsque l'ancien exploitant **donne à bail les bâtiments d'exploitation** au repreneur (BOI-TVA-CHAMP-10-10-50-10 n° 30). Cependant, s'il n'opte pas pour le paiement de la TVA au titre des loyers, l'ancien exploitant est tenu de procéder aux régularisations des droits à déduction antérieurement exercés au titre des biens immobiliers concernés qui sont désormais utilisés pour la réalisation d'une activité de location exonérée.

Cédant seul redevable Si le cédant (ou l'ancien exploitant) est redevable de la TVA alors que le cessionnaire (ou le successeur) ne l'est pas, la **dispense** prévue par l'article 257 bis du CGI 71855 (n° 71840) **ne s'applique pas.** Le cédant (ou la succession) doit obligatoirement procéder aux **régularisations exigibles** (BOI-TVA-CHAMP-10-10-50-10 n° 40 ; voir toutefois n° 71920 les assouplissements admis dans le cas où l'exploitation est transmise à un non-assujetti interposé).

71865 **Cessionnaire seul redevable** Si le cédant (ou l'ancien exploitant) n'est pas redevable de la TVA alors que le cessionnaire (ou le successeur) est imposable, le **cédant** (ou la succession) n'a aucune opération à réaliser, mais **peut** cependant **délivrer** au cessionnaire les **documents** (notamment factures) **nécessaires à l'exercice,** par ce dernier, de ses **droits à déduction.**

Le **cessionnaire** (ou le successeur) peut en effet procéder aux régularisations prévues pour les biens qui viennent à être utilisés pour la réalisation d'opérations ouvrant droit à déduction (CGI ann. II art. 207, III-1-4° et 207, IV-2). Il peut, en conséquence, opérer la déduction :

- de la TVA ayant grevé les biens constituant des **immobilisations** et qui n'ont **pas encore** été **utilisés** lors de la cession (bâtiments, matériels) ;
- d'une fraction de la TVA ayant grevé les biens constituant des immobilisations, **en cours d'utilisation** ;
- de la TVA ayant grevé les biens ne constituant pas des immobilisations en **stock** lors de la cession : semences, aliments du bétail, engrais non semés, animaux.

Remarque : Les récoltes en terre, les arbres plantés, de même que les engrais semés, ne sont pas considérés comme des biens neufs (D. adm. 3 I-1342 n° 45, non reprise au Bofip mais dont la solution nous paraît conserver sa valeur).

71875 **Pas de redevable** Lorsque ni le cédant ni le cessionnaire ne sont redevables de la TVA, la mutation n'est pas soumise à la TVA.

MUTATION PARTIELLE

71890 Lorsque la mutation à titre onéreux (ou à titre gratuit) ne porte que sur une fraction de l'exploitation agricole, **le cédant doit procéder aux régularisations** visées au n° 71820 pour ce qui concerne, bien entendu, les seuls biens transférés.

Voir toutefois n° 71930 les règles applicables aux mutations partielles effectuées dans le cadre d'un plan de transmission.

c. Modalités particulières de transmission de l'exploitation

CESSION À UN NON-ASSUJETTI INTERPOSÉ

71920 La **dispense de taxation et de régularisation** de la taxe antérieurement déduite bénéficie à la cession des biens mobiliers et immobiliers et des stocks représentatifs d'une universalité totale ou partielle de biens réalisée par un exploitant assujetti à la TVA au bénéfice d'un non-assujetti lorsque ce dernier apporte simultanément ces biens à une entreprise redevable de la taxe (BOI-TVA-CHAMP-10-10-50-10 n° 30).

MUTATIONS PARTIELLES DANS LE CADRE D'UN PLAN DE TRANSMISSION

71930 Le plan de transmission a pour objet la transmission des exploitations individuelles entre agriculteurs. Il s'agit d'un contrat mettant en place une coexploitation pendant une durée qui ne peut excéder six années. La transmission s'opère par des **ventes successives** portant sur des biens identifiables et individualisables, le nombre de ces mutations partielles, qui ne peut être supérieur à trois, devant être prévu dans le plan avec description des biens transmis dans chacune d'elles.

Si chaque mutation partielle entraîne la **transmission d'une branche complète d'activité** au profit d'un cessionnaire redevable de la TVA, la dispense de taxation et de régularisation de la taxe antérieurement déduite prévue dans le cadre de la transmission d'une universalité totale ou partielle de biens (n°s 15360 s.) est applicable (BOI-TVA-CHAMP-10-10-50-10 n° 30).

> **> Précisions** Lorsque le **cessionnaire n'est pas redevable de la taxe** ou que la **cession** porte sur des **biens isolés,** la dispense de taxation et de régularisation ne s'applique pas et il y a lieu de procéder, selon la nature des biens en cause, aux régularisations éventuelles de la taxe antérieurement déduite ou à la taxation de leur cession.

DISSOLUTION DE COMMUNAUTÉ CONJUGALE

71940 La dissolution de la communauté conjugale mettant en valeur une exploitation agricole, par divorce ou par le décès d'un conjoint commun en biens, entraîne une **cessation d'activité.** Cette situation rend en principe exigible la **taxation des livraisons à soi-même** des biens mobiliers d'investissement et des biens en stock et, le cas échéant, la **régularisation de la taxe antérieurement déduite** au titre des biens immobiliers.

Cela étant, si l'un des membres de ladite communauté vient **immédiatement continuer l'activité** de celle-ci, cette opération peut s'analyser comme la transmission d'une universalité totale ou partielle de biens et, à ce titre, bénéficier de la **dispense de taxation** et de **régularisation** de la taxe antérieurement déduite (nos 15360 s. ; s'agissant des transmissions à titre gratuit, voir toutefois no 15360, précisions) (BOI-TVA-CHAMP-10-10-50-10 no 30).

Dans le cas où l'exploitation est reprise par le conjoint de l'exploitant retraité ou décédé, voir no 70570.

d. Cessation d'activité

Seule est examinée aux nos 71980 s. la situation des exploitants cessant leur activité. La situation, différente, des redevables perdant la qualité de redevable tout en poursuivant leur activité, a déjà été envisagée aux nos 71790 s. **71970**

En ce qui concerne les règles de TVA applicables lorsque la cessation d'activité intervient dans le cadre d'une mutation ou d'une transmission de l'exploitation agricole, voir nos 71820 s.

DÉFINITION DE LA CESSATION D'ACTIVITÉ

La cessation d'activité s'entend d'une manière générale de l'**abandon de l'ensemble de l'activité.** Elle se distingue en ce sens de la cession de l'entreprise qui emporte transfert de l'exploitation agricole, à titre onéreux ou gratuit, avec poursuite de l'activité. **71980**

Selon l'administration, la cessation d'activité intervient à la date de la **liquidation finale des stocks** (sur la position du Conseil d'État, voir no 58820). Elle ne se confond donc pas avec la date de la cessation d'exploitation, sauf si l'arrêt de l'exploitation agricole s'accompagne de la cession préalable ou concomitante des stocks ou de la décision de l'agriculteur de conserver le stock pour ses besoins personnels.

En revanche, dans le cas où l'exploitant agricole déclare avoir l'intention de vendre les produits en stock après la cessation de l'exploitation, la cessation de l'activité agricole intervient à la date de la dernière opération ouvrant droit à déduction, c'est-à-dire à la date de la **dernière vente d'un bien en stock.**

Dans cette dernière hypothèse, la cessation de l'exploitation n'entraîne **pas** la **caducité de l'option pour le paiement de la TVA.** Néanmoins, l'option reste susceptible d'une renonciation dans le délai de droit commun (BOI-TVA-SECT-80-20-10 no 250).

RÉGIME D'IMPOSITION DES STOCKS

Stocks conservés par l'ancien exploitant Le fait, pour un agriculteur redevable de la TVA, de conserver son stock pour ses besoins personnels à l'occasion de sa cessation d'activité constitue une opération de **livraison à soi-même** imposable en application des dispositions combinées de l'article 257, II du CGI et de l'article 173 de l'annexe II au même Code (nos 70890 s.). **71990**

Tel est le cas, par exemple, lorsqu'un **viticulteur** décide de conserver sa récolte dans son patrimoine privé. Toutefois, il est admis que les livraisons correspondantes ne soient pas imposées lorsque l'opération peut bénéficier de la dispense prévue à l'égard des prélèvements effectués pour les besoins privés normaux de l'exploitant ou de sa famille, mais cette dispense rend exigible la régularisation de la taxe déduite lors de l'acquisition des biens prélevés ou des biens et services qui ont été nécessaires à leur fabrication (BOI-TVA-SECT-80-30-10 no 440).

Stocks cédés par l'ancien exploitant L'exploitant agricole assujetti demeure redevable de la taxe au titre de la vente de ses stocks, même si ces ventes interviennent après la cessation de l'exploitation. **72000**

ILLUSTRATIONS

> La vente des stocks par un exploitant agricole ayant cessé son exploitation est imposable à la TVA selon le régime simplifié de l'agriculture dès lors que le montant de ses recettes dépasse le seuil d'assujettissement prévu à l'article 298 bis, II-5° du CGI, alors même que cet exploitant était placé sous le régime du remboursement forfaitaire jusqu'à son départ à la retraite.
>
> *CAA Bordeaux 14-12-1995 n° 94-455 : RJF 1/97 n° 19*

En revanche, dans l'hypothèse où l'exploitant dénoncerait son option, les ventes postérieures à la date d'effet de cette dénonciation ne seraient pas imposables (no 71795), sauf dépassement du seuil d'assujettissement. S'agissant de la possibilité de renoncer à l'option, voir également no 71980.

RÉGIME APPLICABLE AUX BIENS CONSTITUANT DES IMMOBILISATIONS

72010 Selon l'**administration,** les conséquences à tirer de la cessation d'activité sur les biens d'investissement s'apprécient en fonction de l'article 207, III-1-5° de l'annexe II au CGI pour les **immeubles** (voir nos 62700 s.) ou de l'article 257, II de ce Code pour les biens meubles (n° 72015). On rappelle toutefois que, dans ce dernier cas, le **Conseil d'État** semble privilégier la régularisation (voir n° 62710, précisions).

La situation de l'exploitant renonçant à l'option antérieurement à la cessation d'activité est examinée au n° 71790.

72015 Selon l'administration, si, à l'issue de la liquidation totale de ses stocks, l'exploitant agricole a conservé des **investissements mobiliers** usagés dont la cession aurait été susceptible d'être soumise à la TVA, il doit procéder à l'**imposition de la livraison à soi-même** de ces biens en application de l'article 257, II du CGI (n° 14320).

Il n'y a donc pas lieu, dans cette situation, de procéder aux **régularisations** des déductions initiales prévues par l'article 207, III-1-5° de l'annexe II au CGI, ces régularisations restant toutefois exigibles en cas de cessation d'opérations ouvrant droit à déduction. Ainsi, les exploitants agricoles ayant opté pour le régime simplifié de la TVA agricole et qui dénoncent cette option dans les délais réglementaires doivent procéder, en matière de déductions de TVA, aux régularisations conformément aux règles du régime général de la TVA. La cession ultérieure de ces biens n'est pas soumise à la TVA (Inst. 3 I-1-02, non reprise au Bofip).

ÉTABLISSEMENT DE LA DERNIÈRE DÉCLARATION ANNUELLE

72030 Les déclarations relatives à la TVA des exploitants agricoles doivent être souscrites, en principe, dans les 30 jours de la cessation d'activité (CGI art. 298 bis, IV). Néanmoins, les exploitants agricoles soumis au régime simplifié peuvent souscrire leur **déclaration annuelle** de régularisation afférente à la dernière année ou fraction d'année d'activité jusqu'au **deuxième jour ouvré suivant le 1er mai** de l'année suivante (BOI-TVA-SECT-80-30-40 n° 170).

En cas d'option pour la souscription d'une **déclaration annuelle correspondant à l'exercice,** la déclaration afférente au dernier exercice (ou fraction d'exercice) d'activité peut être produite jusqu'au **cinquième jour du cinquième mois** qui aurait suivi sa clôture s'il avait été mené jusqu'à son terme (BOI précité).

ENCAISSEMENTS POSTÉRIEURS À LA CESSATION D'ACTIVITÉ

72040 Les agriculteurs soumis au régime simplifié sont passibles de la TVA au titre des opérations dont le **fait générateur,** c'est-à-dire la **délivrance** des biens pour les livraisons de produits de l'exploitation agricole, se situe au cours d'une période couverte par l'option, même si l'**exigibilité** (**encaissement**) intervient après cette date.

À titre de **règle pratique,** les sommes restant à percevoir après la date de la cessation d'activité ou celle de la renonciation à l'option peuvent être comprises dans les bases d'imposition mentionnées sur la déclaration annuelle CA 12A afférente à la dernière période d'activité.

Les exploitants agricoles qui entendent se prévaloir de cette possibilité doivent joindre à la déclaration en cause un **état récapitulatif des encaissements** soumis à la TVA par anticipation.

Les ventes concernées sont à retenir pour la détermination du coefficient de taxation forfaitaire de l'année au titre de laquelle le fait générateur de l'imposition est intervenu (D. adm. 3 I-1342 n° 60, non repris au Bofip mais dont la solution nous paraît conserver sa valeur).

V. OBLIGATIONS DES REDEVABLES

72100 Tous les exploitants agricoles sont soumis à diverses obligations d'ordre administratif et comptable ainsi qu'en matière de facturation (nos 72120 s.). S'y ajoutent, le cas échéant, des obligations particulières relatives aux opérations portant sur des animaux de boucherie et de charcuterie (nos 72250 s.).

A. Obligations communes à tous les exploitants

1. FORMALITÉS ADMINISTRATIVES

DÉCLARATION DE CRÉATION D'ENTREPRISE OU D'ACTIVITÉ

72120 Comme les autres personnes assujetties à la TVA, les exploitants agricoles doivent souscrire, dans les **15 jours du commencement** de leurs **opérations,** une déclaration de création d'entreprise ou d'activité et fournir tous renseignements relatifs à leur activité professionnelle (nos 44320 s.).

> **Précisions** En cas de **décès** d'un exploitant soumis au RSA (de plein droit ou sur option), ce régime continue de s'appliquer dans les mêmes conditions au **conjoint,** à **l'héritier** ou à l'indivision **reprenant l'exploitation** (CGI art. 298 bis, II bis). Par conséquent, le nouvel exploitant est dispensé de ces formalités administratives.

DÉCLARATION DE CESSER

En principe, l'exploitant agricole redevable de la TVA qui cesse d'exercer toute activité doit en faire la déclaration, **dans les 30 jours,** au service des impôts dont il dépend (CGI art. 286, I-1° et CGI ann. IV art. 36). Il dispose toutefois du délai indiqué au n° 72030 pour souscrire sa dernière déclaration de TVA annuelle. **72130**

2. OBLIGATIONS COMPTABLES

Les redevables placés sous le RSA doivent tenir une comptabilité leur permettant de satisfaire à leurs obligations déclaratives. Cette comptabilité comporte au minimum : **72160**

- un **livre des ventes** avec ventilation des encaissements entre opérations exonérées, exportations, opérations imposables et la répartition par taux des taxes afférentes aux ventes taxables ;
- un **livre des achats** avec ventilation des droits à déduction entre les immobilisations et les autres achats (BOI-TVA-SECT-80-30-50-10 n° 80).

> **Précisions a.** Lorsqu'un **exploitant** est **soumis à la TVA** à titre obligatoire **pour une partie de ses activités** agricoles et n'a pas exercé l'option pour le reste de ses opérations, la comptabilité retrace uniquement les ventes et les achats qui relèvent exclusivement du secteur d'activité assujetti à titre obligatoire. En revanche, s'il exerce l'option, la comptabilité englobe l'ensemble des activités soumises à la taxe (BOI précité n° 70).
> **b.** En cas d'application du régime des **secteurs distincts,** chaque secteur doit faire l'objet d'une comptabilité séparée (BOI précité n° 70).
> **c.** Les exploitants agricoles sont autorisés à utiliser des **documents comptables** conçus en vue d'une **utilisation commune** à l'impôt sur le revenu et à la TVA. À cet effet, les recettes sont comptabilisées à la date de leur encaissement et les dépenses à celle de leur paiement.
> Ce mode de comptabilisation ayant pour effet de retarder la prise en charge de la taxe déductible au titre des achats de biens livrés, mais dont le prix n'est pas encore totalement ou partiellement réglé, il est admis que l'inscription en comptabilité de la taxe déductible au titre de ces achats soit effectuée en fin d'année et que le paiement donne lieu à une nouvelle écriture lors de son intervention (BOI précité n° 90).

3. FACTURATION

Les exploitants agricoles imposables selon le RSA doivent, en principe, se conformer aux **règles générales** exposées aux n°s 45400 s. concernant la facturation (voir notamment n°s 46100 s. les **mentions** à porter sur les factures et n°s 47050 s. les dispositions réprimant la **facturation abusive** de la TVA). **72190**

Comme les autres redevables, les exploitants agricoles peuvent confier l'établissement matériel de leurs factures à un tiers (**sous-traitance** de la facturation) ou à leur client (**autofacturation**) dans les conditions et selon les modalités exposées aux n°s 45710 s.

Cependant, l'administration a prévu deux **mesures de tempérament** spécifiques en faveur des exploitants agricoles :

- l'**authentification** par leur signature des décomptes de livraison ou de règlement établis par leurs clients ;
- la **rédaction matérielle** des factures par leurs clients.

Ces mesures s'appliquent, à la condition expresse qu'il n'en résulte ni ambiguïté au regard des obligations des agriculteurs, ni confusion en matière de droits à déduction (BOI-TVA-SECT-80-30-50-10 n° 130).

DÉCOMPTES DE LIVRAISON OU DE RÈGLEMENT ÉTABLIS PAR LES CLIENTS

Les clients des exploitants agricoles peuvent établir des **décomptes** de livraison ou de règlement (ou toutes autres pièces analogues, émises notamment par des coopératives agricoles) **valant facture,** dès lors que ces décomptes sont certifiés par la signature des exploitants agricoles. Dans ce cas, l'**original** du document fait l'objet, après **signature par l'agriculteur,** d'une inscription dans la comptabilité du client, qui doit le conserver. La copie du document est remise simultanément à l'agriculteur, qui doit, lui aussi, procéder à son inscription en comptabilité et le conserver à l'appui de celle-ci (BOI-TVA-SECT-80-30-50-10 n° 140). **72200**

72205 À condition d'observer strictement ces règles, les entreprises clientes des agriculteurs peuvent enregistrer en comptabilité les sommes figurant sur les documents valant facture, dès leur envoi aux agriculteurs, mais la taxe portée sur ces documents ne devient déductible qu'après signature de ces documents par les agriculteurs et **encaissement** par eux des sommes facturées (BOI-TVA-SECT-80-30-50-10 n° 140).

> Précisions a. La tolérance ci-dessus ne dispense pas les intéressés, agriculteurs et clients, de leurs **autres obligations.** Ainsi, l'exploitant agricole est redevable de la TVA sur ses encaissements, quelle que soit la date du document remplaçant la facture, et le client ne peut déduire la taxe due par l'agriculteur qu'après l'intervention de l'exigibilité de celle-ci, c'est-à-dire le paiement du prix, et seulement s'il est en possession du décompte dûment certifié par l'exploitant agricole (BOI précité).
b. Les entreprises clientes des agriculteurs peuvent établir les documents valant facture sous forme de **bordereaux récapitulatifs de règlement** couvrant une période maximale de trois mois, étant entendu que toute déduction des taxes figurant sur ces bordereaux ne peut intervenir qu'après signature et renvoi des bordereaux par les agriculteurs (BOI précité).
c. Le client peut, le cas échéant, faire apparaître sur le **même document** le montant de ses ventes ou prestations au même agriculteur, mais de manière nettement séparée. Le document comporte en fait deux **factures successives,** dont chacune doit faire ressortir distinctement les mentions exigées (BOI précité).

RÉDACTION DES FACTURES PAR LES CLIENTS

72220 Les clients (coopératives agricoles et autres entreprises) des exploitants agricoles peuvent rédiger matériellement les factures que ces derniers doivent établir. Dans cette hypothèse, les factures sont considérées comme établies par les exploitants agricoles eux-mêmes et elles revêtent la **même valeur juridique,** notamment au regard de la responsabilité des exploitants agricoles.

L'**original** en est **conservé par le client** à l'appui de sa comptabilité et le double par l'agriculteur également à l'appui de sa comptabilité (BOI-TVA-SECT-80-30-50-10 n° 150).

Remarque : Selon le Conseil d'État, la tolérance administrative autorisant l'établissement des factures par les clients des exploitants agricoles ne concerne que la **cession de produits agricoles.** Cette doctrine ne peut donc être invoquée par un exploitant forestier qui, pour l'abattage et le débardage des bois, fait appel à des agriculteurs qu'il rémunère comme prestataires de services (CE 13-6-1988 n° 45816 : RJF 8-9/88 n° 975). On rappelle toutefois que les exploitants agricoles au RSA peuvent, comme l'ensemble des redevables de la TVA, confier l'établissement matériel de leurs factures à un tiers ou à leur client dans les conditions et selon les modalités exposées aux n°s 45710 s.

72225 Les clients des agriculteurs qui établissent les factures au lieu et place de ces derniers doivent détenir une attestation de leurs fournisseurs certifiant que ceux-ci sont légalement imposables à la TVA. Cette **attestation d'assujettissement** doit être **accompagnée,** le cas échéant, d'une copie de la **déclaration d'option** pour le paiement de la TVA.

Il est toutefois admis que cette formalité soit remplacée par la mention sur l'attestation du **numéro d'identification** à cette taxe, qui leur a été attribué par le service des impôts.

Dans cette hypothèse, l'attestation exigée de l'agriculteur peut être ainsi rédigée :

« Je, soussigné... atteste sur l'honneur être légalement imposable à la TVA au titre des opérations de... et donne mandat à... d'établir en mon nom des factures correspondantes. Mon numéro d'identification à la TVA est... »

En aucun cas, les services des impôts n'ont donc à délivrer aux agriculteurs ou à leurs clients des attestations certifiant leur qualité de redevable de la TVA (BOI-TVA-SECT-80-30-50-10 n° 160).

B. Obligations particulières concernant les opérations sur animaux de boucherie et de charcuterie

72250 En plus des obligations générales examinées aux n°s 72120 s., les personnes suivantes sont soumises à des obligations particulières en application de l'article 267 quater de l'annexe II au CGI concernant les opérations d'achat, d'importation, d'acquisition intracommunautaire, de vente, de commission ou de courtage portant sur des animaux vivants de boucherie et de charcuterie (définis au n° 70250) :

- **exploitants agricoles** redevables de la TVA à titre obligatoire ou sur option ;

– **négociants et commissionnaires en bestiaux** qui effectuent des opérations d'importation, d'acquisition intracommunautaire, de vente, de commission ou de courtage ;

– **professionnels de la viande** soumis à la TVA qui effectuent des achats commerciaux d'animaux vivants de boucherie et de charcuterie en vue d'en vendre la viande après l'abattage (chevillards, bouchers, charcutiers, etc.), mais seulement en ce qui concerne l'obligation de tenue d'une comptabilité-matières des animaux (nos 72290 s.) (BOI-TVA-SECT-80-30-50-20 n° 1).

Les obligations particulières concernent l'identification des animaux, la tenue d'une comptabilité-matières et la facturation.

> **Précisions a.** Les manquements aux obligations particulières visées aux nos 72260 s. sont **sanctionnés** comme en matière de contributions indirectes (CGI art. 1754, III-1). Ils sont dès lors passibles des pénalités fiscales édictées par l'article 1791 du CGI (amende, pénalité proportionnelle dont le montant est compris entre une et trois fois les droits fraudés ou compromis, confiscation des animaux).
> **b.** Outre les obligations fiscales susvisées, les personnes concernées sont tenues d'utiliser, pour le transport des animaux de boucherie et de charcuterie, les **documents d'accompagnement** prévus par la **réglementation sanitaire.**

a. Identification des animaux

L'obligation d'identification concerne en principe tous les animaux vivants : équidés, bovidés, ovidés, suidés et caprins, dont le redevable de la TVA est propriétaire ou dont il a la garde (CGI ann. II art. 267 quater, I-a). **72260**

Cependant, un redevable de la TVA qui acquiert des **animaux déjà identifiés** n'a pas à refaire l'opération d'identification pour son compte, les animaux conservant la même identification même lorsqu'ils changent de propriétaire ou de gardien (BOI-TVA-SECT-80-30-50-20 n° 40).

Remarque : Le **système d'identification permanente et généralisée** des animaux vivants de boucherie et de charcuterie (**IPG**) s'est substitué au marquage et à l'identification fiscale précédemment en vigueur. Les modalités de cette identification sont codifiées dans le Code rural et de la pêche maritime sous les articles R 212-15 s. (dispositions communes), D 212-17 s. (bovins), D 212-24 s. (ovins et caprins), D 212-34 s. (porcins) et D 212-46 s. (équidés).

b. Tenue d'une comptabilité-matières

RÈGLES GÉNÉRALES

Les personnes désignées au n° 72250 doivent tenir une comptabilité-matières comportant les **mentions** indispensables suivantes : **72290**

– aux **entrées** : description des animaux, avec l'indication du numéro d'identification ; nature de l'événement ou de l'opération motivant la prise en charge (naissance, acquisition, réception) ; nom et adresse du fournisseur (ou du propriétaire en cas de garde) ; date correspondante ;

– aux **sorties** : même description des animaux (lorsque l'opération de sortie est portée sur la même ligne que l'opération d'entrée, cette description n'a pas à être renouvelée) ; nature de l'événement ou de l'opération (perte, vente, livraison) ; nom et adresse du client (ou du propriétaire en cas de garde) ; date correspondante (BOI-TVA-SECT-80-30-50-20 nos 70 et 80).

La **comptabilité-matières** doit être **tenue au jour le jour.** Toutefois, les naissances, notamment de porcelets et d'agneaux, peuvent être inscrites dans un délai de quelques jours. Elle doit comporter les résultats d'**inventaires réels** qui doivent être effectués en nombre d'animaux tous les mois pour les négociants et les exploitants agricoles ayant également une activité de négoce et tous les ans pour les exploitants agricoles (BOI-TVA-SECT-80-30-50-20 n° 90). **72295**

Les exploitants agricoles ayant également une **activité de négoce** doivent tenir deux comptabilités-matières : une relative à leurs activités agricoles d'élevage, l'autre relative aux activités de négoce. **72300**

De même, il doit être tenu deux comptabilités-matières, lorsque l'exploitant agricole a des **animaux en garde** (pris en pension, par exemple) : l'une concernant les animaux dont il est propriétaire, l'autre concernant les animaux dont il a la garde.

Enfin, des registres distincts de comptabilité peuvent être affectés aux différentes espèces d'animaux (BOI-TVA-SECT-80-30-50-20 n° 100).

REGISTRE DES BOVINS

Le dispositif d'identification permanente généralisée des bovins, mis en place par le ministère de l'agriculture (C. rur. art. D 212-17 s.) comporte l'obligation, pour tout propriétaire ou détenteur d'animaux de l'espèce bovine, de tenir un registre des bovins (C. rur. art. D 212-19, III). La mention sur le registre, pour chaque bovin entrant ou sortant, du nom et de l'adresse du fournisseur ou de **72310** l'acheteur (ou du propriétaire ou de l'éleveur en cas de prêt ou de pension) confère valeur fiscale à ce document (en ce sens, BOI-TVA-SECT-80-30-50-20 nos 10 et 120).

c. Factures : mentions particulières

72340 Les redevables désignés au n° 72250 doivent délivrer des factures ou des comptes rendus de commissions comportant, outre les mentions habituelles :

– la **dénomination** précise **des animaux vendus,** notamment l'espèce et leur numéro d'identification ;

– la **qualité de non-assujetti de l'acheteur,** lorsque la vente, en raison même de cette qualité, est imposable au taux particulier de 2,10 % (BOI-TVA-SECT-80-30-50-20 n° 110).

> **Précisions** **a.** Le défaut de mention de la qualité de non-assujetti de l'acheteur ne prive pas le vendeur du bénéfice du taux de 2,10 % (n° 71590).
> **b.** L'exigence de ces mentions particulières ne paraît pas en phase avec la jurisprudence de la Cour de justice (CJUE 18-7-2013 aff. 78/12 : RJF 12/13 n° 1191).

VI. DÉCLARATION DES OPÉRATIONS ET PAIEMENT DE L'IMPÔT

72400 Le régime simplifié de l'agriculture (RSA) se caractérise par l'utilisation de **déclarations distinctes** de celles du régime de droit commun de la TVA ainsi que par des modalités particulières de paiement de la taxe, sauf pour les exploitants qui optent pour le régime des déclarations trimestrielles ou mensuelles (**régime dit de « l'effectif »**).

En pratique, le **paiement** de l'impôt peut donc être effectué soit sous forme d'**acomptes trimestriels** dans le cas des exploitants relevant du régime général du RSA (nos 72420 s.), soit au vu de **déclarations trimestrielles ou mensuelles** dans le cas des exploitants qui optent pour le régime de l'effectif (nos 72740 s.).

A. Paiement par acomptes trimestriels

72420 Le système de paiement par acomptes trimestriels constitue le **mode de droit commun** de paiement de la TVA due par les exploitants agricoles et les négociants en bestiaux soumis au régime simplifié. Il concerne aussi bien les exploitants dont l'exercice comptable correspond à l'année civile que ceux dont l'exercice est clos en cours d'année, qu'ils optent ou non pour la souscription d'une déclaration annuelle en fonction de l'exercice.

1. ACOMPTES TRIMESTRIELS

MONTANT DES ACOMPTES

72430 Pour leur **première période d'imposition,** les nouveaux assujettis sont autorisés à fixer eux-mêmes le montant de leurs acomptes trimestriels, mais chaque acompte doit représenter **plus de 70 % de l'impôt** réellement dû pour le trimestre correspondant (CGI art. 1693 bis, II ; BOI-TVA-SECT-80-30-60-20 n° 10). Cette estimation prévisionnelle doit être faite avec précaution.

À partir de la **deuxième période d'imposition** et pour les périodes suivantes, les redevables doivent en principe verser des acomptes trimestriels **au moins égaux au cinquième de l'impôt** dû au titre de l'année précédente ou du dernier exercice clos (CGI art. 1693 bis, I ; BOI précité n° 20).

72440 **Suspension du versement des acomptes** Lorsqu'un exploitant agricole estime que les acomptes déjà payés au titre de l'année ou de l'exercice atteignent le montant de l'impôt dont il sera finalement redevable, il peut surseoir au paiement des acomptes suivants (CGI art. 1693 bis, I).

Attention toutefois : si le **montant de l'impôt** finalement dû est **supérieur de plus de 30 %** au montant des acomptes versés, l'**intérêt de retard** prévu à l'article 1727 du CGI et la majoration prévue à l'article 1731 du même Code sont applicables.

EXEMPLE

Soit un exploitant agricole au RSA dont l'exercice comptable coïncide avec l'année civile et dont la déclaration annuelle de régularisation relative à l'année 2022 fait apparaître un montant net de TVA de 8 000 €. Le montant de chacun des acomptes à verser le 5 mai, le 5 août et le 5 novembre 2023 ainsi que le 5 février 2024 doit au moins être égal à 1 600 €.

Si l'agriculteur estime que les deux premiers acomptes versés (3 200 €) couvrent le montant de la taxe dont il sera redevable pour 2023, il peut se dispenser de verser les acomptes suivants. Le complément d'impôt éventuellement exigible sera joint à la déclaration annuelle de régularisation souscrite au plus tard le 3 mai 2024 ; il s'accompagnera, le cas échéant, du paiement des pénalités encourues en cas de paiement tardif (BOI-TVA-SECT-80-30-60-20 n° 70).

La possibilité de suspendre le versement des acomptes concerne exclusivement les redevables placés sous le régime général du RSA qui versent des acomptes trimestriels. Elle ne concerne ni les nouveaux débiteurs de la taxe qui, au cours de leur première période d'imposition, calculent leurs acomptes selon des modalités particulières (n° 72430), ni les exploitants ayant opté pour la souscription de déclarations mensuelles ou trimestrielles (n° 72740) (BOI précité n° 60).

> Précisions La faculté d'interrompre le versement des acomptes ne permet pas à un exploitant de choisir la **date** à laquelle il effectuera ses **versements.** Si un agriculteur juge que l'impôt dû atteindra les trois cinquièmes de celui versé au titre de l'année précédente ou du dernier exercice clos, il doit verser les trois premiers acomptes. Il ne peut s'abstenir de verser les deux premiers acomptes puis reprendre ensuite ses versements. À défaut, il s'exposerait au paiement des pénalités encourues en cas de paiement tardif, même si l'insuffisance n'atteint pas 30 % (BOI précité n° 80).

PÉRIODICITÉ ET MODALITÉS DES VERSEMENTS

Dates des versements La date limite impartie aux redevables placés sous le RSA pour remplir les obligations se rapportant aux taxes dues au titre du trimestre civil précédent est fixée au **cinq** des mois de **mai, août, novembre** et **février** (CGI ann. IV art. 39, 1-1°-a). Lorsque la date limite fixée coïncide avec un samedi, un dimanche ou un jour férié, elle est reportée au premier jour ouvrable suivant (CGI annexe IV art. 199-0). 72450

En ce qui concerne les règles particulières applicables aux exploitants ayant opté pour la souscription d'une **déclaration annuelle** de TVA **en fonction de l'exercice,** voir n° 72630.

Souscription du bulletin d'échéance Le versement de chaque acompte trimestriel doit être accompagné d'un bulletin d'échéance (**n° 3525-BIS-SD**). 72460

Les exploitants agricoles doivent préciser sur ce bulletin le **montant global de l'acompte** versé (en principe égal au cinquième de l'impôt dû au titre de l'année précédente ; pour les nouveaux redevables, voir n° 72430). Ils peuvent, le cas échéant, imputer sur le montant de cet acompte des excédents de versements antérieurs.

L'administration exige la souscription de **bulletins « néant »** lorsqu'aucune opération imposable n'a été effectuée au cours d'un trimestre (la case 010 dudit bulletin doit alors être cochée), l'omission de ce document étant sanctionnée par l'amende fiscale de 150 € prévue à l'article 1729 B du CGI (BOI-TVA-SECT-80-30-60-20 n° 20).

> Précisions a. Les exploitants agricoles qui estiment pouvoir **interrompre le versement** de leurs derniers acomptes doivent continuer à souscrire les bulletins d'échéance trimestriels n° 3525-BIS-SD. Ils portent, sur ces derniers, le chiffre 0 aux lignes « montant de l'acompte » et « total à payer » (BOI précité n° 90).

b. En ce qui concerne les redevables d'un **impôt inférieur à 1 000 €,** voir n° 72480.

Le paiement des taxes et la souscription des bulletins d'échéance sont obligatoirement effectués par voie électronique (**télédéclaration** et **télérèglement** : nos 48140 s.). Le non-respect de l'obligation de télédéclaration ou de télérèglement est sanctionné par une majoration de 0,2 % (n° 48180). 72465

DISPENSE DE VERSEMENT DES ACOMPTES

Les exploitants agricoles sont dispensés de verser des acomptes de TVA en cours d'année ou d'exercice (et de souscrire des bulletins d'échéance) lorsque le **montant de taxe** dû pour l'année précédente ou pour le dernier exercice clos, avant déduction de la TVA relative aux biens constituant des immobilisations, est **inférieur à 1 000 €** (CGI art. 1693 bis, I-al. 3). Ces redevables ont donc la possibilité, s'ils le souhaitent (le dispositif n'étant pas obligatoire), de s'acquitter de la TVA dont ils sont redevables en **un seul versement** lors de la souscription de la déclaration annuelle CA 12A/CA 12AE. 72480

EXEMPLE

Un exploitant dont la TVA due au titre de l'année civile 2022 (avant déduction de la TVA sur immobilisations) est inférieure à 1 000 € n'est pas tenu de verser les acomptes de mai, août et novembre de l'année 2023 ni celui de février de l'année 2024. S'il use de cette faculté, le montant total de la TVA due au titre de l'année 2023 devra être acquitté en un seul versement, le 3 mai 2024 au plus tard, lors de la souscription de la déclaration annuelle CA 12A.

2. DÉCLARATION ANNUELLE DE RÉGULARISATION

72510 Les exploitants soumis au régime général du RSA sont dispensés de l'obligation de souscrire des déclarations mensuelles ou trimestrielles (ils peuvent toutefois opter pour la souscription de telles déclarations dans les conditions indiquées aux nos 72740 s.). Seule une déclaration annuelle indiquant le montant des opérations taxables et les éléments de liquidation de la TVA est exigée.

La **déclaration** annuelle **de régularisation** peut correspondre soit à l'**année civile** (nos 72540 s.), soit à l'**exercice comptable** pour les exploitants ayant exercé l'option prévue à l'article 298 bis, I-1° du CGI (nos 72610 s.).

72515 Les déclarations annuelles de régularisation (3517-AGR-SD modèle CA 12A ou CA 12AE) doivent obligatoirement être souscrites par voie électronique (**télédéclaration**), et la taxe doit être acquittée par la même voie (**téléréglement**) (nos 48140 s.). Le non-respect de l'obligation de télédéclaration ou de téléréglement est sanctionné par une majoration de 0,2 % (n° 48180).

a. Déclaration correspondant à l'année civile

RÈGLES GÉNÉRALES

72540 Les exploitants dont la déclaration de régularisation correspond à l'année civile doivent souscrire cette déclaration (**modèle CA 12A**) au plus tard le **deuxième jour ouvré suivant le 1er mai** (CGI art. 298 bis, I-1° et CGI ann. III art. 344 I-0 bis).

EXEMPLE

En 2023, les déclarations annuelles alignées sur l'année civile doivent être souscrites au plus tard le 3 mai.

Le complément d'impôt éventuellement exigible au vu de la déclaration de régularisation doit être acquitté, par téléréglement, lors de la télédéclaration de celle-ci.

Le défaut de production en temps utile de la déclaration annuelle de régularisation est susceptible d'entraîner la **taxation d'office** (CE 6-2-1981 n° 18662 : RJF 4/81 n° 318).

RÉGULARISATION DES ACOMPTES TRIMESTRIELS

72550 Comme dans le régime de droit commun, la déclaration annuelle (TVA nette à payer) peut faire apparaître soit une insuffisance, soit un excédent d'acomptes versés.

72560 **Insuffisance d'acomptes** Lorsque le montant de la TVA nette à payer est supérieur au montant global des acomptes trimestriels déjà versés, l'exploitant doit acquitter immédiatement le solde.

72570 **Excédent d'acomptes** Deux cas sont à envisager :

– si la déclaration annuelle dégage un **crédit de TVA,** l'exploitant obtient la restitution intégrale de l'excédent d'acomptes ;

– si la déclaration annuelle fait apparaître un **montant de TVA exigible** (par hypothèse inférieur au montant des acomptes versés), l'exploitant peut au choix obtenir immédiatement la restitution intégrale de l'excédent d'acomptes ou l'imputer sur les prochains acomptes trimestriels.

Remarque : Dans la notice de la déclaration, l'administration conseille aux redevables de choisir le remboursement intégral immédiat si le montant du **trop-versé** est **supérieur aux 4/5e de la TVA nette** exigible. Dans ce cas, en effet, le reliquat d'excédent serait restitué seulement après la souscription du bulletin d'échéance du 4e trimestre.

EXEMPLE

Si la déclaration annuelle (au titre de 2022) d'un exploitant dont l'exercice coïncide avec l'année civile dégage un excédent supérieur aux 4/5e de la TVA nette exigible, le reliquat d'excédent serait seulement restitué après la souscription du bulletin d'échéance du 4e trimestre, c'est-à-dire en février 2024.

Du fait de la possibilité de suspendre le versement des acomptes (n° 72440) ou même d'en être dispensé (n° 72480), l'exploitant peut avoir intérêt à demander le **remboursement intégral** du trop-versé même si celui-ci est inférieur aux 4/5e de la TVA nette exigible. Par ailleurs, il ne semble pas que le redevable puisse limiter sa demande de remboursement du trop-versé à la fraction de ce trop-versé qui excède le total des acomptes à verser l'année suivante.

CRÉDIT DE TVA DÉDUCTIBLE

72580 Ce crédit est :

– soit **reportable** sur la prochaine déclaration annuelle ;

– soit **remboursable** dans certains cas et sous certaines conditions (nos 58430 s.). Le crédit de taxe déductible doit notamment être supérieur ou égal à 150 €.

La demande de remboursement se fait directement en remplissant le cadre VI de la déclaration annuelle de régularisation.

b. Déclaration annuelle en fonction de l'exercice

Les exploitants soumis au RSA et dont l'exercice comptable ne coïncide pas avec l'année civile peuvent opter pour la souscription d'une déclaration annuelle de TVA en fonction de l'exercice (CGI art. 298 bis, I-1° et CGI ann. II art. 260 J et 260 K). **72610**

Cette **option** est **ouverte à tout assujetti** (exploitant agricole, coopérative d'utilisation du matériel agricole, coopérative d'insémination artificielle, etc.) **soumis,** de plein droit ou sur option, **au RSA** et n'ayant pas opté pour la souscription de déclarations mensuelles ou trimestrielles (ou ayant renoncé à ce mode de déclaration dans les conditions indiquées au n° 72865).

> **Précisions** Lorsqu'ils ont opté pour la souscription d'une déclaration annuelle en fonction de l'exercice, les exploitants exerçant simultanément une **activité de bailleur** doivent déclarer l'ensemble de leurs recettes selon leur exercice comptable (BOI-TVA-SECT-80-20-20 n° 10).

FORME DE L'OPTION

L'option doit être formulée par **lettre recommandée** auprès du service des impôts dont dépend l'exploitation intéressée **avant le début du premier exercice** pour lequel elle est souscrite. L'option peut également être formulée, à compter du 1er janvier 2023, auprès du **guichet unique électronique** des formalités d'entreprises prévu par l'article R 123-2 du Code de commerce lors de la constitution d'une nouvelle exploitation. Elle vaut naturellement option pour le régime simplifié agricole (BOI-TVA-SECT-80-20-20 n° 20). **72620**

EXEMPLES

1. Un agriculteur, dont l'exercice comptable court du 1er avril au 31 mars, opte pour une déclaration selon l'exercice comptable le 15 mars 2023. Il pourra déclarer sa TVA selon l'exercice comptable dès l'exercice 2023-2024.
2. Un agriculteur, dont l'exercice comptable court du 1er avril au 31 mars, opte pour une déclaration selon l'exercice comptable le 15 avril 2023. Il ne pourra déclarer sa TVA selon l'exercice comptable qu'à compter de l'exercice 2024-2025.

PAIEMENT DES ACOMPTES

Sous réserve des dispenses prévues à l'article 1693 bis du CGI (nos 72440 et 72480), les acomptes doivent être versés, par télérèglement, au plus tard le **cinq** des mois de **février, mai, août** et **novembre,** lors de la télédéclaration du bulletin d'échéance. Chacun des acomptes est calculé sur la base de la dernière imposition annuelle connue, y compris ceux dus durant les périodes intercalaires visées au n° 72650 (BOI-TVA-SECT-80-30-60-20 n° 40). **72630**

SOUSCRIPTION DES DÉCLARATIONS

Cas général Les exploitants ayant opté pour la souscription d'une déclaration annuelle en fonction de l'exercice doivent souscrire cette déclaration **avant** le **cinquième jour du cinquième mois** qui suit la clôture de celui-ci (CGI art. 298 bis, I-1°). **72640**

EXEMPLE

Dans le cas d'un exercice dont la date de clôture est fixée au 31 mai, la déclaration annuelle afférente à cet exercice doit être souscrite avant le 5 octobre.

Période intercalaire Les exploitants doivent souscrire une déclaration (dite **déclaration intercalaire**) au titre de la **période** comprise entre le 1er janvier et le dernier jour **précédant** la date d'ouverture du **premier exercice concerné par leur option.** Cette déclaration modèle CA 12AE doit être souscrite entre le deuxième jour ouvré suivant le 1er mai et le cinquième jour du cinquième mois de cet exercice (CGI art. 298 bis, I-1°). **72650**

EXEMPLE

Si la date d'ouverture du premier exercice d'un exploitant au RSA ayant exercé l'option pour la souscription d'une déclaration en fonction de l'exercice est le 1er avril 2023, la déclaration afférente à la période comprise entre le 1er janvier 2023 et le 31 mars 2023 doit être souscrite entre le 3 mai et le 5 août 2023.

La TVA exigible au vu de cette déclaration est versée lors de la souscription de celle-ci sous déduction éventuelle des acomptes acquittés au titre de la période couverte par cette déclaration (CGI art. 1693 bis, I-al. 2).

Les acomptes doivent être rattachés à la période intercalaire ou à l'exercice suivant selon les modalités précisées dans le tableau ci-après (BOI-TVA-SECT-80-30-60-20 n° 40).

Mois d'ouverture de l'exercice	Acomptes de la période intercalaire	Acomptes de l'exercice
Janvier, février, mars		Mai, août, novembre, février
Avril, mai, juin	Mai	Août, novembre, février, mai
Juillet, août, septembre	Mai, août	Novembre, février, mai, août
Octobre, novembre, décembre	Mai, août, novembre	Février, mai, août, novembre

EXEMPLE

Un agriculteur, dont l'exercice comptable court du 1er mai au 30 avril, opte pour une déclaration selon l'exercice comptable le 15 mars 2023.
Le 3 mai 2023 au plus tard, il solde sa situation au titre de l'année 2022 par la souscription d'une déclaration CA 12A et verse un acompte le 5 mai 2023.
Avant le 5 septembre 2023, il solde sa situation au titre de la période 1er janvier 2023-30 avril 2023 par la souscription d'une déclaration CA 12AE, sous déduction de l'acompte versé avant le 5 mai 2023.
Il doit en outre verser des acomptes le 5 août 2023, le 5 novembre 2023, le 5 février 2024 et le 5 mai 2024 qui seront pris en compte lorsqu'il soldera sa situation avant le 5 septembre 2024 par la souscription d'une déclaration CA 12AE au titre de l'exercice allant du 1er mai 2023 au 30 avril 2024.

DÉDUCTIONS

72660 Les règles de déduction applicables aux exploitants agricoles qui ont exercé l'option pour la souscription de leur déclaration annuelle en fonction de l'exercice fixées par l'article 260 K de l'annexe II au CGI ont été précisées comme suit par l'administration fiscale (Inst. 3 I-1-06 n° 10, non repris au Bofip mais dont la solution nous paraît conserver sa valeur) :

a. Les droits à déduction, et notamment le **coefficient de taxation forfaitaire,** sont appréciés sur une base annuelle. Lorsque l'option pour une déclaration selon l'exercice comptable a été exercée, les **éléments** pris en compte sont ceux **de l'exercice.** Pour la **période intercalaire,** les éléments pris en compte sont ceux de la dernière année d'imposition complète.

b. La faculté d'appliquer, pour l'ensemble des **biens et services utilisés concurremment à des opérations imposables et à des opérations non imposables,** un coefficient d'assujettissement unique (n° 52800) et la possibilité d'appliquer, pour l'ensemble des biens et services, un coefficient de taxation unique (nos 53430 s.) s'exercent par période d'imposition.

c. Les **régularisations** visées aux nos 52630 s. (calcul des coefficients définitifs) et aux nos 61400 s. (régularisations annuelles) doivent être effectuées **avant le cinquième jour du cinquième mois** suivant la clôture de l'exercice.

d. Les **remboursements de crédits** de taxe peuvent être obtenus à la fin de la période intercalaire (CGI ann. II art. 242-0 D, 3).

MODIFICATION DE LA DATE DE CLÔTURE

72670 L'exploitant agricole peut modifier la date de clôture de son exercice. Si l'**exercice** de transition a une **durée supérieure à 12 mois,** il sera considéré, pour les besoins de la TVA, comme un exercice de 12 mois suivi d'un exercice d'une durée inférieure à 12 mois. Dans tous les cas, l'exercice ou la période résiduelle d'une **durée inférieure à 12 mois** est traité comme une période intercalaire (voir n° 72650) (BOI-TVA-SECT-80-20-20 n° 40).

EXEMPLES

1. Un agriculteur, dont l'exercice court du 1er mai au 30 avril et qui a opté pour une déclaration selon l'exercice comptable, modifie en 2023 sa date de clôture pour la porter au 31 mai. L'exercice 2022-2023 sera considéré, pour les besoins de la TVA, comme un exercice d'une durée de 12 mois (1er mai 2022-30 avril 2023), suivi d'une période intercalaire entre le 1er et le 31 mai 2023.
2. Un agriculteur, dont l'exercice court du 1er mai au 30 avril et qui a opté pour une déclaration selon l'exercice comptable, modifie en 2023 sa date de clôture désormais fixée au 31 mars. L'exercice 2022-2023 sera considéré, pour les besoins de la TVA, comme une période intercalaire et traité comme telle.

DURÉE DE L'OPTION

L'option pour une déclaration selon l'exercice comptable est valable **cinq ans** et **renouvelable** tacitement. Toutefois, **si l'exploitant a opté pour le RSA,** la **durée** des deux options est **ajustée** : 72680
– celle de l'option pour le RSA est prolongée jusqu'à la fin de l'exercice en cours (n° 70515) ;
– inversement, l'échéance de l'option pour une déclaration selon l'exercice comptable est écourtée au terme de l'option pour le RSA lorsque l'échéance de celle-ci est plus précoce.

Le fait pour un exploitant de ne pouvoir renoncer, dans certaines circonstances, à son option pour le régime simplifié est sans incidence sur sa faculté à renoncer à l'option pour une déclaration selon l'exercice (BOI-TVA-SECT-80-20-20 n° 50).

EXEMPLE

Un exploitant agricole dont l'exercice commence le 1er juin et se clôture le 31 mai opte en 2022 pour le RSA. Cette option prend effet au 1er janvier 2022. Par ailleurs, en avril 2022, il opte pour la souscription d'une déclaration annuelle en fonction de son exercice. Dans ce cas, le terme de l'option pour le RSA est le 31 mai 2025. La durée de l'option pour la déclaration en fonction de l'exercice s'aligne alors sur celle de l'option pour le RSA. Les deux options arrivent à échéance le 31 mai 2025 et sont renouvelables par tacite reconduction par périodes de cinq ans.

La **renonciation à l'option** est exercée par **lettre recommandée deux mois** au moins **avant son expiration.** La période d'imposition d'une durée inférieure à un an résultant de la renonciation est traitée comme une période intercalaire (n° 72650) (BOI-TVA-SECT-80-20-20 n° 60). 72685

EXEMPLES

1. Un agriculteur, dont l'exercice court du 1er mai au 30 avril, est soumis de plein droit au RSA. Le 15 avril 2022, il opte pour une déclaration selon l'exercice comptable. L'option est irrévocable jusqu'au 30 avril 2027. Sauf dénonciation avant le 28 février 2027, l'option est reconduite jusqu'au 30 avril 2032.
2. Un agriculteur, dont l'exercice court du 1er mai au 30 avril, est soumis de plein droit au RSA. Le 15 avril 2022, il opte pour une déclaration selon l'exercice comptable. En 2024, il change sa date de clôture et la fixe au 31 mars. Comme le 30 avril 2027 ne correspond plus à la fin d'un exercice comptable, l'option est prolongée et est irrévocable jusqu'au 31 mars 2028. Sauf dénonciation avant le 31 janvier 2028, elle est reconduite jusqu'au 31 mars 2033.
3. Un agriculteur, dont l'exercice court du 1er mai au 30 avril, est soumis de plein droit au RSA. Le 15 avril 2022, il opte pour une déclaration selon l'exercice comptable. En 2024, il change sa date de clôture et la fixe au 31 mai. Comme le 30 avril 2027 ne correspond plus à la fin d'un exercice comptable, l'option est prolongée : elle est irrévocable jusqu'au 31 mai 2027. Sauf dénonciation avant le 31 mars 2027, elle est reconduite jusqu'au 31 mai 2032.
4. Un agriculteur, dont l'exercice court du 1er mai au 30 avril, est soumis sur option au RSA à compter du 1er janvier 2021. Il opte pour une déclaration selon l'exercice comptable le 15 avril 2022. Son option pour le régime simplifié agricole et son option pour une déclaration selon l'exercice comptable sont irrévocables jusqu'au 30 avril 2024 et prorogeables jusqu'au 30 avril 2029. Au 1er mai 2030, il peut, s'il en remplit les conditions, revenir au régime du remboursement forfaitaire agricole.

La durée minimale de l'option pour la déclaration selon l'exercice comptable (en principe cinq ans) est fixée par la réglementation. En revanche, en cas de **renonciation** à l'option, aucun texte ne fixe de durée minimale avant que l'agriculteur ne puisse **opter de nouveau** pour une déclaration selon l'exercice comptable (BOI-TVA-SECT-80-20-20 n° 70). 72690

S'agissant des exploitants qui avaient opté pour l'imposition annuelle selon l'exercice comptable et qui décident d'**opter** pour le paiement de la TVA suivant des **déclarations mensuelles ou trimestrielles,** voir n° 72790.

B. Paiement au vu de déclarations mensuelles ou trimestrielles (régime dit « de l'effectif »)

Les exploitants agricoles soumis au RSA peuvent opter pour le paiement de la TVA au vu de déclarations mensuelles ou trimestrielles identiques à celles prévues dans le régime de droit commun de la TVA (régime dit de l'effectif) et payer la taxe au vu de ces déclarations (CGI art 1693 bis, I-al. 4). 72740

Cette option, faite pour une période de cinq ans reconductible tacitement, permet aux exploitants en situation créditrice au regard de la TVA de bénéficier de remboursements de crédits non imputables sans attendre la souscription de la déclaration annuelle spéciale au RSA, selon la procédure habituelle (nos 58430 s.).

1. MODALITÉS DE L'OPTION POUR LA SOUSCRIPTION DE DÉCLARATIONS MENSUELLES OU TRIMESTRIELLES

72750 Ces exploitants agricoles peuvent opter soit pour la souscription mensuelle, soit pour la souscription trimestrielle de leur déclaration de TVA, dans les conditions suivantes.

FORME DE L'OPTION

72760 L'option pour la souscription de déclarations mensuelles ou pour la souscription de déclarations trimestrielles doit être formulée par **lettre recommandée.** Elle **prend effet** à compter du 1er janvier de l'année au cours de laquelle elle est exercée si elle est notifiée avant la date limite de souscription de la déclaration annuelle CA 12A (soit au plus tard le deuxième jour ouvré suivant le 1er mai : n° 72540).

EXEMPLE

Pour l'année N, l'option prend effet le 1er janvier N si elle est formulée avant le deuxième jour ouvré suivant le 1er mai.

Dans cette hypothèse, l'exploitant agricole doit souscrire le mois qui suit la notification de l'option une **déclaration récapitulative** comportant l'ensemble des opérations réalisées entre le 1er janvier et la fin du mois au cours duquel l'option a été notifiée.

Cette déclaration doit être souscrite au plus tard à l'une des dates prévues à l'article 39, 1-1°-b et c de l'annexe IV au CGI (soit entre le 15 et le 24 du mois suivant en fonction du nom de l'exploitant, de sa localisation et de la forme sous laquelle est exercée l'activité : voir n° 48505) (BOI-TVA-SECT-80-30-60-20 n° 130).

72765 EXEMPLES

1. L'exploitant agricole formule son option pour le régime mensuel le 15 mars N. L'option prend effet à compter du 1er janvier N.
L'exploitant agricole devra souscrire entre le 15 et le 24 avril N une déclaration modèle 3310-CA3-SD portant sur la période du 1er janvier N au 31 mars N. Si cette déclaration fait apparaître un crédit de TVA, l'exploitant pourra en demander le remboursement.
Par la suite, l'exploitant agricole devra souscrire chaque mois une déclaration de TVA relative aux opérations réalisées au cours du mois précédent.
2. L'option prend effet au 1er janvier N + 1 si elle est formulée après le deuxième jour ouvré suivant le 1er mai N.
Ainsi, l'option formulée le 20 juin N ne prend effet qu'à compter du 1er janvier N + 1. L'entreprise devra souscrire sa déclaration annuelle de TVA CA 12A relative à l'année N en mai N + 1, et ne pourra souscrire des déclarations mensuelles de TVA qu'à compter de la déclaration relative au mois de janvier N + 1.

DURÉE DE L'OPTION

72780 L'option pour le paiement de la TVA au vu de déclarations mensuelles, comme celle pour le paiement au vu de déclarations trimestrielles, est exercée pour une période minimale de **cinq ans.**

L'exploitant qui veut **renoncer** à l'option doit le faire dans les conditions visées aux nos 72860 s.

À défaut de renonciation dans ces délais, l'option est **tacitement reconduite** pour une période de cinq ans.

EXPLOITANTS AGRICOLES AYANT OPTÉ POUR L'IMPOSITION ANNUELLE SELON L'EXERCICE COMPTABLE

72790 Ces exploitants ont également la possibilité d'**opter** pour le paiement de la TVA suivant des **déclarations mensuelles ou trimestrielles.**

S'ils souhaitent souscrire leurs **déclarations à échéance mensuelle,** ils doivent, au préalable, renoncer à leur option pour une imposition annuelle selon l'exercice comptable deux mois au moins avant l'expiration de cet exercice (n° 72685) (BOI-TVA-SECT-80-20-20 n° 80 ; BOI-TVA-SECT-80-30-60-20 n° 150).

L'option pour la souscription des **déclarations trimestrielles** entraîne la renonciation à la déclaration selon l'exercice comptable et le retour à des déclarations selon les trimestres civils. Celle-ci peut être formulée à tout moment (BOI-TVA-SECT-80-20-20 n° 80 ; BOI-TVA-SECT-80-30-60-20 n° 190).

La période d'imposition de moins d'un an résultant de la renonciation est traitée comme une **période intercalaire** (n° 72650). Ces exploitants doivent ainsi souscrire une déclaration pour la période comprise entre la date de clôture du dernier exercice entièrement couvert par l'option et le 31 décembre de la dernière année d'imposition selon l'exercice comptable, au plus tard le cinquième jour du cinquième mois de l'année suivante (BOI-TVA-SECT-80-30-60-20 n° 150).

EXEMPLE

Un exploitant imposé selon l'exercice 1er mai-30 avril souhaite acquitter la TVA mensuellement à compter du 1er janvier 2023. Il doit renoncer à son option pour l'imposition par exercice avant le 1er mars 2022 et souscrire au plus tard le 5 mai 2023 une déclaration pour la période intercalaire du 1er mai 2022-31 décembre 2022. Les déclarations CA3 mensuelles seront souscrites à partir de la déclaration relative au mois de janvier 2023.

2. CONSÉQUENCES DE L'OPTION POUR LA SOUSCRIPTION DE DÉCLARATIONS MENSUELLES OU TRIMESTRIELLES

Les exploitants ayant opté pour la souscription de déclarations mensuelles ou trimestrielles doivent souscrire par voie électronique les **déclarations de droit commun** (n° 3310-CA3-SD) exigées dans le régime général de la TVA. Bien entendu, l'utilisation de ces déclarations ne dispense pas les personnes considérées de respecter toutes les règles particulières du RSA. **72820**

La souscription de ces déclarations dispense de la souscription de la déclaration annuelle de régularisation (BOI-TVA-SECT-80-30-60-20 n° 200).

En cas d'option pour la souscription de **déclarations CA3 mensuelles,** celles-ci doivent être souscrites et l'impôt correspondant acquitté aux dates prévues par l'échéancier applicable dans le régime de droit commun (voir n° 48505). **72825**

Remarque : Aucune disposition ne les excluant expressément ou implicitement du **régime des acomptes provisionnels** prévu à l'article 287, 2-al. 2 du CGI (nos 48570 s.), les exploitants agricoles ayant opté pour la souscription des déclarations selon une périodicité mensuelle peuvent, selon nous, bénéficier de cette procédure.

En cas d'option pour des **déclarations CA3 trimestrielles,** la souscription des déclarations et le paiement des taxes correspondantes doivent être effectués au plus tard le 5 des mois de mai, août, novembre et février (calendrier identique à celui des acomptes trimestriels : n° 72450). **72830**

La souscription de la déclaration trimestrielle **dispense** de la souscription **du bulletin d'échéance.**

En cas de **cessation d'activité,** la dernière déclaration CA3 doit être souscrite dans les 30 jours en vertu de l'article 298 bis, IV du CGI. **72835**

3. RENONCIATION À L'OPTION POUR LA SOUSCRIPTION DE DÉCLARATIONS MENSUELLES OU TRIMESTRIELLES

L'exploitant qui veut renoncer à l'option doit le faire **par lettre recommandée** : **72860**

– s'il a opté pour les **déclarations mensuelles,** avant le 31 janvier de l'année du retour au régime de la déclaration annuelle ;

– s'il a opté pour les **déclarations trimestrielles,** au plus tard le 5 février de l'année du retour au régime de la déclaration annuelle.

La renonciation à l'option pour le paiement de la TVA au vu de déclarations mensuelles ou trimestrielles (régime de l'effectif) entraîne en **principe** le **retour au système de droit commun** de paiement de la TVA, à savoir le paiement d'acomptes trimestriels et une régularisation sur la **déclaration** annuelle correspondant à l'**année civile.**

Les exploitants qui étaient au régime de l'effectif et qui souhaitent bénéficier du régime de la **déclaration** annuelle correspondant à l'**exercice comptable** doivent procéder en **deux étapes** : d'abord renoncer au régime de l'effectif dans les conditions exposées au n° 72860, puis opter expressément pour la déclaration annuelle en fonction de l'exercice. **72865**

L'option pour la déclaration selon l'exercice comptable entraîne l'existence d'une période d'imposition intercalaire, du 1er janvier à la date de début de son exercice comptable. Les impositions dues au titre de cette période doivent être acquittées au plus tard le cinquième jour du cinquième mois suivant cette dernière au moyen d'une déclaration annuelle (CA 12AE), sous déduction des acomptes versés. L'exploitant agricole souscrit ensuite des déclarations CA 12AE calées sur l'exercice comptable.

En cas de renonciation à l'option pour la souscription de déclarations de TVA trimestrielles ou mensuelles au terme de la période quinquennale, l'exploitant agricole qui se replace sous le régime des acomptes trimestriels doit déclarer le montant de la **taxe sur le chiffre d'affaires des exploitants agricoles** due au titre de l'exercice échu au moyen de l'annexe à la déclaration CA3 (modèle 3310-A-SD) sur la ligne 50 intitulée « Taxe sur le chiffre d'affaires des exploitants agricoles ». Cette déclaration, accompagnée du paiement, doit être souscrite avant le 5 mai (date limite de paiement de l'acompte trimestriel du mois d'avril) (BOI-TVA-SECT-80-30-60-20 n° 140).

SECTION 3

REMBOURSEMENT FORFAITAIRE AGRICOLE

73000 Les exploitants agricoles qui ne sont pas redevables de la TVA bénéficient du remboursement forfaitaire, dont l'objet est de compenser d'une manière forfaitaire la charge de la TVA ayant grevé les achats de produits et de biens effectués par ces exploitants ainsi que les services qui leur ont été rendus. Il consiste en un versement effectué directement par l'État aux intéressés et dont le montant est liquidé annuellement en appliquant un pourcentage fixé par la loi au montant des ventes ou livraisons faites par eux à certaines catégories de personnes ou à l'exportation (au sens large) (CGI art. 298 quater et 298 quinquies).

I. CHAMP D'APPLICATION DU REMBOURSEMENT FORFAITAIRE

A. Bénéficiaires

73030 Le bénéfice du remboursement forfaitaire est accordé à tous les **exploitants agricoles** qui ne sont pas imposés à la TVA d'après le RSA à titre obligatoire (n°s 69710 s.) ou sur option (n°s 70350 s.).

En ce qui concerne les exploitations en **métayage,** voir n°s 74450 s.

> Précisions a. Les adhérents de **groupements de producteurs** reconnus (associations, syndicats, coopératives ou Sica) peuvent bénéficier du remboursement forfaitaire lorsque ces groupements interviennent réellement dans la commercialisation des produits y ouvrant droit, notamment en se portant eux-mêmes acheteurs des produits ou en agissant en qualité de mandataires de leurs membres dans la conclusion et l'exécution des marchés passés avec les acheteurs (BOI-TVA-SECT-80-60-10-40 n° 30).

Certaines **unions de coopératives** possèdent la qualité de groupement de producteurs reconnu et commercialisent les produits qui leur ont été livrés par les coopératives adhérentes. Il est admis que les membres de ces coopératives puissent bénéficier du remboursement forfaitaire dès lors que l'intervention du groupement remplit les conditions requises. À cet effet, les **attestations** délivrées à leurs membres par les coopératives doivent être revêtues d'une mention de l'union certifiant, outre sa qualité de groupement de producteurs reconnu, que les ventes réalisées par son intermédiaire ont été faites à des assujettis (BOI précité n° 40).

b. Le propriétaire qui **loue** un **fonds agricole** et qui perçoit des **fermages** en nature n'a pas droit au remboursement forfaitaire dès lors qu'il n'a pas la qualité d'agriculteur au regard de la TVA (BOI-TVA-SECT-80-60-10-10 n° 10).

B. Opérations ouvrant droit au remboursement forfaitaire

73080 Seules ouvrent droit au remboursement forfaitaire les **ventes** ou les **livraisons** de **produits** provenant de la **propre exploitation** de l'agriculteur et réalisées à **destination de tiers.**

Il y a lieu de distinguer :

– les livraisons de produits agricoles (autres que les animaux vivants de boucherie et de charcuterie) (n°s 73090 s.) ;

– les ventes d'animaux vivants de boucherie et de charcuterie (n°s 73170 s.) ;

– les ventes de produits de l'ostréiculture (n° 73220).

> Précisions Le remboursement forfaitaire n'est pas accordé pour les **autres opérations** que peuvent effectuer les exploitants agricoles (**services, façons, locations, etc.**). Sont notamment exclus du dispositif :

– les **travaux agricoles** (labours, semailles, etc.) ;

– la prise en pension d'animaux appartenant à des tiers (**élevage à façon**) ;

– les **livraisons à soi-même** de produits que l'exploitant agricole utilise pour sa propre

consommation ou pour les besoins soit de son exploitation agricole, soit même, le cas échéant, d'une activité autre qu'agricole ;
– les paiements de **fermage en nature,** ainsi que la vente, par le bailleur, des produits reçus (BOI-TVA-SECT-80-60-10-10 n° 30) ;
– la location de **lots de chasse** (CJUE 26-5-2005 aff. 43/04 : RJF 8-9/05 n° 987).

a. Livraisons de produits agricoles autres que les animaux vivants de boucherie et de charcuterie

Aux termes de l'article 298 quater, I du CGI ouvrent droit au remboursement forfaitaire : **73090**

a. Les livraisons de produits agricoles faites à des assujettis autres que les agriculteurs qui bénéficient en France du remboursement forfaitaire ;

b. Les livraisons de produits agricoles faites à des personnes morales non assujetties qui réalisent des acquisitions intracommunautaires imposables dans l'État membre de l'UE d'arrivée de l'expédition ou du transport des produits agricoles ;

c. Les exportations de produits agricoles.

LIVRAISONS DE PRODUITS AGRICOLES EN FRANCE

Le remboursement forfaitaire est accordé en premier lieu pour les **livraisons** de produits **73100** agricoles effectuées en France **à des assujettis redevables de la TVA** au titre de ces mêmes produits.

Les **acheteurs** peuvent être des entreprises industrielles, des coopératives, des négociants ou d'autres agriculteurs, eux-mêmes imposables à la TVA dans le secteur agricole auquel est affecté le produit considéré.

EXEMPLES

Un agriculteur peut bénéficier du remboursement forfaitaire pour des ventes de poussins à un éleveur de poulets, lui-même redevable de la TVA au titre des ventes desdits poulets.
Les ventes de pulpes à l'industriel acheteur de betteraves ouvrent également droit au remboursement forfaitaire.

La condition de **vente** en France **à des redevables** de la TVA **exclut** notamment du remboursement forfaitaire toute vente à des **particuliers** (que ce soit sur les marchés ou à partir de l'exploitation agricole) ou à d'autres **agriculteurs** eux-mêmes **soumis au remboursement forfaitaire** agricole (BOI-TVA-SECT-80-60-10-10 n° 50).

> Précisions Viticulteurs corses. En vertu d'une solution administrative ancienne, seules les ventes de vins effectuées à destination de la France continentale sont normalement imposables à la TVA. À titre de règle pratique, le remboursement forfaitaire est accordé sur la fraction des **ventes correspondant aux vins consommés hors de Corse,** égale au rapport existant entre la valeur des ventes de vin faites hors de l'île et la valeur totale des vins produits. Le taux du remboursement forfaitaire applicable à la base ainsi déterminée est le taux applicable en France continentale (Rép. de Rocca Serra : AN 13-8-1977 n° 35505, non reprise au Bofip mais dont la solution nous paraît conserver sa valeur). **73105**

LIVRAISONS INTRACOMMUNAUTAIRES

Pour les livraisons intracommunautaires, c'est-à-dire effectuées à destination d'États membres **73120** de l'UE, le remboursement forfaitaire est accordé pour les livraisons de produits agricoles faites :

– d'une part, **à des assujettis redevables** de la TVA dans l'État membre d'arrivée des produits ;

– d'autre part, **à des personnes morales** non assujetties ou à des assujettis qui ne réalisent que des opérations n'ouvrant pas droit à déduction, **qui effectuent des acquisitions intracommunautaires taxables,** de plein droit ou sur option, dans l'État membre d'arrivée des produits.

En pratique, le remboursement forfaitaire agricole est accordé pour les livraisons intracommunautaires effectuées au profit d'un acquéreur qui a fourni son **numéro d'identification** à la TVA dans un autre État membre de l'UE. Ce numéro doit figurer sur les factures délivrées par l'exploitant agricole qui a procédé à la vente (BOI-TVA-SECT-80-60-10-10 n° 60). L'exploitant agricole doit pouvoir justifier par tout moyen de preuve **de l'expédition ou du transport** des produits dans un autre État membre de l'Union (n° 20385).

En dehors des cas visés au n° 73120, le remboursement forfaitaire est également accordé pour les **73125** livraisons de produits agricoles faites **à destination d'un autre exploitant agricole qui bénéficie dans l'État membre d'arrivée du régime forfaitaire** des producteurs agricoles.

Le remboursement forfaitaire est accordé pour l'ensemble de ces livraisons à l'exception de celles relevant du régime des **ventes à distance intracommunautaires** exposé aux n°s 23000 s. (BOI-TVA-SECT-80-60-10-10 n° 60).

Pour obtenir le remboursement forfaitaire, le vendeur doit être en mesure de **justifier de l'expédition ou du transport** des produits dans un autre État membre. En outre, lorsque l'acquéreur ne lui a pas fourni son numéro d'identification à la TVA, le vendeur doit établir que son client a la **qualité de producteur agricole** bénéficiant du régime forfaitaire dans cet État membre.

EXPORTATIONS

73140 Le remboursement forfaitaire est accordé pour les exportations de produits agricoles à destination des pays et territoires tiers à l'UE.

b. Ventes d'animaux vivants de boucherie et de charcuterie

73170 Le bénéfice du remboursement forfaitaire est accordé à certaines ventes ou livraisons d'animaux de boucherie et de charcuterie provenant de leur propre exploitation, par les exploitants non redevables de la TVA au titre des mêmes opérations (CGI art. 298 quinquies).

Les **animaux concernés** s'entendent de ceux définis au n° 70250.

LIVRAISONS BÉNÉFICIANT DU REMBOURSEMENT FORFAITAIRE

73180 En application de l'article 298 quinquies, I du CGI, les ventes ou livraisons d'animaux vivants de boucherie et de charcuterie ouvrent droit au remboursement forfaitaire lorsqu'elles sont faites :

a. À un **redevable** de la TVA au titre de la revente des mêmes animaux. Il pourra donc s'agir d'un **éleveur assujetti** de plein droit ou sur option à la TVA ou d'un négociant en bestiaux.

b. En vue de l'**abattage,** à un chevillard ou un boucher redevable de la TVA au titre de la vente des viandes provenant des animaux abattus.

c. À des **personnes morales non assujetties qui réalisent des acquisitions intracommunautaires** imposables dans l'État membre de l'UE où arrive le bien expédié ou transporté. Il en va de même des livraisons à une personne assujettie dans un autre État membre de l'UE mais qui ne réalise que des opérations n'ouvrant pas droit à déduction lorsque celle-ci effectue des acquisitions intracommunautaires taxables. Les précisions figurant aux n°s 73120 s. intéressent également les livraisons intracommunautaires d'animaux vivants de boucherie et de charcuterie.

d. À l'**exportation**.

e. À un exploitant agricole, lui-même **bénéficiaire du remboursement forfaitaire** au titre des ventes d'animaux opérées dans les destinations ci-dessus. Dans ce cas, le bénéfice du remboursement forfaitaire n'est accordé au premier exploitant, appelé couramment « **naisseur** », que s'il vend ses animaux à un autre exploitant, appelé « **éleveur** », qui lui-même effectue soit des ventes et livraisons d'animaux, en France, à un redevable de la TVA, soit des ventes et livraisons d'animaux, en vue de l'abattage, à un redevable de ladite taxe, soit des livraisons intracommunautaires d'animaux, soit des ventes et livraisons d'animaux à l'exportation.

Il suffit que l'éleveur justifie vendre des animaux de son élevage à l'une ou l'autre des quatre destinations susvisées sans qu'il y ait lieu de rechercher s'il s'agit des mêmes animaux (BOI-TVA-SECT-80-60-20 n°s 20 à 90).

OPÉRATIONS N'OUVRANT PAS DROIT AU REMBOURSEMENT FORFAITAIRE

73190 L'énumération de l'article 298 quinquies, I du CGI étant limitative, le remboursement forfaitaire n'est pas accordé :

a. Au titre des **ventes** et des livraisons d'animaux vivants faites **par des personnes qui n'ont pas la qualité d'exploitant agricole**.

b. Au titre des ventes et livraisons d'animaux vivants faites par des exploitants agricoles à d'autres destinations que celles énumérées au n° 73180 : vente et **livraison à des particuliers,** à des éleveurs non redevables de la TVA qui destinent les animaux à une revente à un troisième **éleveur non soumis à la taxe, à des prestataires de services, etc.**

c. En vertu de l'article 267 bis, 5 de l'annexe II au CGI, au titre des ventes et des **livraisons portant sur des animaux importés.** Il en est ainsi quel que soit l'âge auquel les animaux ont été importés, et ce, même s'ils ont été élevés en France pendant une certaine période (BOI-TVA-SECT-80-60-20 n° 100).

c. Ventes des produits de l'ostréiculture

73220 Une décision ministérielle du 16 janvier 1970 accorde le remboursement forfaitaire aux ostréiculteurs **« naisseurs »** qui vendent les produits de leur élevage (jeunes huîtres) à des ostréiculteurs **« éleveurs »,** eux-mêmes bénéficiaires du remboursement au titre de la vente de leurs produits à des assujettis à la TVA (BOI-TVA-SECT-80-60-30 n° 1).

II. FAIT GÉNÉRATEUR DU REMBOURSEMENT FORFAITAIRE

Le fait générateur du remboursement forfaitaire (c'est-à-dire le moment où ce droit prend naissance) est constitué, en principe, par l'**encaissement** du prix de la vente ou de la livraison par l'exploitant agricole concerné. **73270**

En conséquence, seuls les encaissements perçus pendant la **période** pour laquelle les agriculteurs sont placés sous le régime du remboursement forfaitaire ouvrent, en principe, droit au remboursement.

EXEMPLE

Un exploitant agricole qui a opté pour l'imposition à la TVA d'après le régime simplifié propre à l'agriculture avec effet au 1er janvier 2023 ne peut bénéficier du remboursement forfaitaire pour tous les encaissements effectués depuis le 1er janvier 2023, même si ceux-ci se rapportent à des ventes ou à des livraisons opérées avant cette date.

En revanche, et par exception, si un exploitant agricole **renonce à l'option pour le RSA,** il ne peut bénéficier du remboursement forfaitaire qu'à raison des **encaissements** qui se rapportent à des **ventes** ou à des livraisons opérées **après la période couverte par l'option.** En effet, les encaissements se rapportant à des opérations réalisées pendant la période couverte par l'option doivent être soumis à la TVA si les biens et services qui ont concouru à leur réalisation ont ouvert droit à déduction (BOI-TVA-SECT-80-60-10-30 nos 1 et 10).

Sur la **notion d'encaissement,** voir nos 69890 s.

> **Précisions** Lorsqu'une **livraison** demeure **impayée,** elle ne peut normalement ouvrir droit au remboursement forfaitaire, dès lors que l'encaissement n'est pas intervenu. Le bénéfice du remboursement forfaitaire est toutefois accordé à raison des ventes de produits agricoles dont l'**irrécouvrabilité,** totale ou partielle, est établie dans le cadre d'une procédure de redressement ou de liquidation judiciaire. Conformément aux dispositions de l'article 272, 1 du CGI, la taxe peut être récupérée :
> – lors du jugement arrêtant le plan de redressement et décidant la poursuite de l'activité de l'entreprise défaillante (C. com. art. L 631-1 s.). La quotité des créances demeurant impayées est, en effet, connue à la date du jugement ;
> – ou dès la date du jugement qui prononce la liquidation judiciaire de l'entreprise défaillante (C. com. art. L 641-1) sans qu'il soit nécessaire d'attendre le certificat du syndic ou le jugement de clôture (BOI précité nos 20 et 30).

III. BASE DE CALCUL DU REMBOURSEMENT FORFAITAIRE

En vertu de l'article 263 de l'annexe II au CGI, « le remboursement forfaitaire est liquidé sur le **montant net des encaissements** correspondant aux ventes ou aux livraisons qui ouvrent droit à ce remboursement ». **73320**

Par montant net des encaissements, il faut entendre la somme perçue par l'agriculteur, **déduction faite des commissions et taxes** à la charge du producteur se rapportant à la transaction ou aux produits vendus. La perception de ces taxes est généralement assurée par l'intermédiaire de l'acheteur. Dans ce cas, le prix sur lequel est calculé le remboursement forfaitaire est évidemment le prix net payé par l'acheteur à l'agriculteur (BOI-TVA-SECT-80-60-10-20 nos 1 et 10).

> **Précisions** En cas de **ventes à l'exportation,** la base du remboursement forfaitaire est constituée, en principe, par le prix départ du produit, c'est-à-dire par le prix du produit à la sortie de l'exploitation agricole. Les **frais de transport** ne sont pas à retrancher des encaissements se rapportant à des ventes faites à l'exportation. Si la base du remboursement ainsi calculée se révèle inférieure à la **valeur courante de référence,** le remboursement forfaitaire est liquidé à partir de celle-ci (BOI précité nos 70 et 80).

LIVRAISONS PAR L'INTERMÉDIAIRE D'UN COMMISSIONNAIRE

En cas de livraisons par l'intermédiaire d'un commissionnaire, la **commission** versée à celui-ci par l'exploitant agricole doit être **déduite** du prix du produit vendu. Il en est de même de tous frais assimilables à une commission et facturés par les coopératives ou les Sica en cas de vente par leur intermédiaire (BOI-TVA-SECT-80-60-10-20 n° 20). **73330**

LIVRAISONS À DES COOPÉRATIVES OU ENTREPRISES PRIVÉES

73340 Lorsque les coopératives agricoles agissent, non comme commissionnaires, mais en tant qu'entreprises de collecte, de production, de transformation, de conservation et de vente de produits agricoles, le **remboursement** forfaitaire est **liquidé sur les versements des coopératives** aux sociétaires (BOI-TVA-SECT-80-60-10-20 n° 30).

73345 Les **livraisons** de produits agricoles à des coopératives **en vue de l'élaboration de produits transformés** rétrocédés aux sociétaires ouvrent droit au remboursement forfaitaire lorsque les **conditions** juridiques exigées pour l'octroi du **régime des façons** ne sont **pas remplies** (condition notamment de restitution à l'identique des matières apportées). En effet, dans cette hypothèse, la livraison des produits agricoles à une entreprise ou une coopérative de fabrication en contrepartie de la fourniture d'un produit fabriqué s'analyse comme un **échange** emportant les conséquences d'une double vente. Tel est le cas, par exemple, des **opérations d'échange céréales-aliments du bétail.**

En revanche, si la coopérative se limite à effectuer un **travail à façon** pour le compte de l'agriculteur, le remboursement forfaitaire ne peut être obtenu puisqu'il n'y a pas eu cession des produits agricoles au fabricant (BOI-TVA-SECT-80-60-10-20 n°s 50 et 60).

INDEMNITÉS D'ASSURANCE

73360 Les indemnités versées par les compagnies d'assurances ou par l'État, en raison d'un sinistre, ne peuvent être assimilées aux règlements de ventes ouvrant droit au remboursement forfaitaire (BOI-TVA-SECT-80-60-10-20 n° 90).

VENTES EN FRANCE D'ANIMAUX VIVANTS DE BOUCHERIE ET DE CHARCUTERIE ENTRE UN NAISSEUR ET UN ÉLEVEUR BÉNÉFICIAIRES DU REMBOURSEMENT FORFAITAIRE

73370 Dans cette situation, les redevables concernés ont droit à un remboursement forfaitaire déterminé dans les conditions suivantes :

1. Le **naisseur** perçoit le remboursement forfaitaire sur le montant de ses ventes et livraisons à l'éleveur sous réserve que ce dernier lui adresse l'attestation annuelle relative à ses ventes.

2. L'**éleveur** perçoit le remboursement forfaitaire sur la **différence** entre :

– le montant total de ses **encaissements** correspondant aux ventes et livraisons qu'il a faites en France à un redevable de la TVA ou en vue de l'abattage à un redevable de ladite taxe, ou dans un autre État membre de l'UE ou à l'exportation, justifiées par la production d'attestations ;

– et le montant total des **paiements** correspondant à ses achats auprès des « naisseurs ».

Pour la détermination de cette différence :

– le montant des **encaissements** reçus par l'éleveur comprend ceux de l'**année civile** pour laquelle il demande le bénéfice du remboursement forfaitaire au titre des ventes énumérées ci-dessus ;

– le montant des **paiements** comprend ceux qu'il a effectués au cours **de l'année** et pour lesquels il délivre les attestations correspondantes, montant majoré éventuellement des paiements qu'il a effectués **l'année précédente** pour lesquels il délivre également les attestations correspondantes, mais avec une année de retard (CGI art. 298 quinquies).

Remarques : **a.** La **différence** qui sert de base au remboursement forfaitaire attribué à l'éleveur **ne peut être négative,** car celui-ci ne peut délivrer des attestations d'achat à des naisseurs que dans la limite du montant total des attestations qui lui ont été délivrées à lui-même pour les ventes qu'il a faites en France à des redevables de la TVA ou hors de France (BOI-TVA-SECT-80-60-20 n° 130).

b. En ce qui concerne les **justifications** des **encaissements** provenant des livraisons intracommunautaires et des exportations, voir respectivement n°s 73550 et 73560.

73380 **Éleveur-naisseur** L'exploitant agricole éleveur peut, en sus de son activité d'éleveur, exercer celle de naisseur et à ce dernier titre bénéficier du remboursement forfaitaire pour des ventes à un autre éleveur. Cet exploitant perçoit alors le remboursement forfaitaire :

– au titre des ventes et livraisons d'animaux de boucherie et de charcuterie faites en tant qu'éleveur, en France à un redevable de la TVA au titre des ventes de ces animaux, ou, en vue de l'abattage, à un redevable de la TVA au titre de la vente des viandes provenant de ces animaux, ou dans un autre État membre de l'UE ou à l'exportation ;

– au titre des ventes et livraisons, faites en tant que naisseur, à un éleveur, lui-même bénéficiaire du remboursement forfaitaire (BOI-TVA-SECT-80-60-20 n° 140).

Éleveur optant pour le RSA L'éleveur dont les achats ont excédé les ventes et qui, de ce fait, n'a pas reçu au titre de ses ventes et livraisons un montant global d'attestations suffisant pour délivrer toutes les attestations afférentes à ses achats peut reporter sur l'année suivante le reliquat d'attestations restant à délivrer. 73390

Cette **procédure de report** se révèle impossible lorsque l'agriculteur-éleveur opte pour l'imposition à la TVA au titre de ses ventes portant sur les animaux vivants de boucherie et de charcuterie au titre de l'année sur laquelle est reporté le reliquat d'attestations.

Afin que les agriculteurs-naisseurs ne soient pas pénalisés par le changement de situation opéré par leur acheteur, l'administration **autorise** celui-ci à leur **délivrer des attestations** à concurrence de la différence entre le montant de ses achats et de ses ventes et livraisons de l'année précédente. Il est précisé que lesdites ventes et livraisons peuvent être supérieures au montant représenté par les attestations reçues, car celles-ci n'ont été obtenues qu'au titre de ventes ouvrant droit au remboursement forfaitaire (BOI-TVA-SECT-80-60-20 n° 150).

EXEMPLE

Un éleveur, bénéficiaire du remboursement forfaitaire depuis le 1er janvier 2022, a réalisé au cours de l'année 2022 des ventes d'animaux pour un montant global de 3 200 €. Il n'a reçu d'attestations au titre desdites ventes que pour un montant de 2 600 €, car certaines ventes, à concurrence de 600 €, n'ouvraient pas droit au remboursement forfaitaire.
Cet éleveur a acheté, au cours de la même année 2022, à des agriculteurs-naisseurs, bénéficiaires du remboursement forfaitaire, des animaux pour une somme globale de 4 500 €. Il n'a pu délivrer à ses fournisseurs des attestations qu'à concurrence de 2 600 €.
Au 1er janvier 2023, il exerce l'option pour le paiement de la TVA. Il peut délivrer, au titre de 2023, des attestations pour ses achats d'animaux de 2022 à concurrence de 1 300 € (4 500 € : montant global de ses achats de 2022 – 3 200 € : montant global de ses ventes de 2022).

VENTES D'ANIMAUX VIVANTS DE BOUCHERIE OU DE CHARCUTERIE DE GRANDE VALEUR

Pour les animaux qui, pour des causes tenant à leur **race,** à leur **pedigree** ou à tout autre **facteur intrinsèque,** ont une valeur supérieure à celle de la viande de boucherie ou de charcuterie correspondant à leur poids (exemple : animaux de race vendus comme **reproducteurs,** etc.), la base du remboursement forfaitaire est en principe calculée sur une **base maximale,** déterminée par référence au prix du kilogramme de viande (poids vif) fixé pour chaque espèce par arrêté du ministre du budget (CGI ann. II art. 267 bis, 7 ; BOI-TVA-SECT-80-60-20 n° 160). 73400

Remarque : La **publication des arrêtés** fixant ces bases maximales étant **interrompue** depuis 1997, le remboursement forfaitaire doit, selon nos renseignements, être liquidé dans les conditions de droit commun (c'est-à-dire sur le montant net des encaissements : n° 73320).

IV. TAUX DU REMBOURSEMENT FORFAITAIRE

Les taux du remboursement forfaitaire sont fixés comme suit par l'article 298 quater, I bis du CGI. 73450

Produits concernés	Taux applicables
Lait, animaux de basse-cour, œufs, animaux de boucherie et de charcuterie définis au n° 70250, ainsi que céréales, graines oléagineuses et protéagineux mentionnés à l'annexe I du règlement CE/73/2009 du 19 janvier 2009	5,59 %
Autres produits	4,43 %

Ces taux sont identiques en **France continentale** et dans les **DOM.**

Ils s'appliquent quel que soit le **mode de commercialisation** des produits (ventes par l'intermédiaire de groupements de producteurs ou non) (BOI-TVA-SECT-80-60-10-40 n° 20).

> **Précisions** **a.** Les **œufs** dont la livraison ouvre droit au remboursement forfaitaire sont les œufs des animaux de basse-cour, c'est-à-dire des volailles, pigeons domestiques et, par assimilation, pigeons voyageurs.
b. Les **lapins** producteurs de viande sont à comprendre parmi les animaux de basse-cour (mais pas les lapins familiers). D'une manière générale, la définition à retenir des animaux de basse-cour est la même que celle prévue pour l'application du taux intermédiaire aux aliments destinés à ces animaux (n° 42090).
c. Les céréales, oléagineux et protéagineux désignés à l'annexe I du règlement CE/73/2009 du 19 janvier 2009 sont les suivants :
– **céréales** : blé dur, autres blés et méteil autres que le blé dur, seigle, orge, avoine, maïs, sorgho à grain, sarrasin, millet et alpiste ; autres céréales ;

– **oléagineux** : fèves de soja, graines de navette ou de colza, graines de tournesol ;
– **protéagineux** : pois, fèves et féveroles, lupins doux.

d. À noter que le règlement CE/73/2009, auquel fait toujours référence l'article 298 quater du CGI, a été abrogé par le règlement UE/1307/2013 du 17 décembre 2013.

V. FORMALITÉS

73500 Le remboursement forfaitaire est liquidé annuellement à raison des opérations de l'année précédente et son montant est versé directement par l'État aux exploitants concernés. Pour que le remboursement soit accordé, il est cependant nécessaire que certaines formalités soient accomplies, d'une part, par les clients (nos 73520 s.) et, d'autre part, par les exploitants eux-mêmes (nos 73640 s.).

Il existe, par ailleurs, une procédure spéciale d'établissement d'attestation dans le secteur de la commercialisation des fruits et légumes (nos 73820 s.).

A. Obligations des acheteurs

a. Règles générales

73520 Les **clients** français d'un exploitant agricole **redevables de la TVA** doivent délivrer à ce dernier :

– un **bulletin d'achat** ou un **bon de livraison** lors de tout paiement d'un achat. Ce bulletin, dont la contexture est fixée par l'administration, doit mentionner le nom, la profession et l'adresse de l'acheteur, le nom et l'adresse de l'exploitant agricole vendeur, la date, la nature et la valeur de l'achat. En cas de **paiement par acomptes,** un bulletin d'achat ou un bon de livraison est délivré lors du versement de chaque acompte et du versement du solde (CGI ann. II art. 265) ;

– au début de chaque année, une **attestation annuelle,** dont le modèle est fixé par l'administration, récapitulant tous les paiements effectués à cet exploitant au cours de l'année civile précédente pour les achats ouvrant droit au remboursement forfaitaire (CGI ann. II art. 266, I).

Ces formalités s'imposent également lorsque le client de l'exploitant agricole est lui-même **exploitant agricole, bénéficiaire du remboursement forfaitaire.**

> Précisions a. Des **modèles de bulletins d'achat et d'attestations** annuelles sont accessibles respectivement au BOI-LETTRE-000085 et au BOI-LETTRE-000086.

b. Pour tenir compte de l'évolution des techniques d'édition, l'administration a autorisé des acheteurs qui ont informatisé la production de leurs attestations à remplacer sur ces dernières leur signature manuscrite par un **cachet informatique** comportant les nom et qualité du signataire. Cette possibilité concerne aussi les bulletins d'achat ou bons de livraison (BOI-TVA-SECT-80-60-10-50 n° 60).

b. Cas particuliers

LIVRAISONS INTRACOMMUNAUTAIRES

73550 Les exploitants agricoles qui réalisent des **livraisons intracommunautaires** n'ont pas à exiger d'attestations annuelles de leurs clients. Conformément au 6e alinéa de l'article 266, I de l'annexe II au CGI, le montant des encaissements provenant de ces livraisons ouvrant droit au remboursement forfaitaire est justifié par les **doubles des factures** relatives à ces livraisons qui ont fait l'objet d'un paiement (voir n° 73710).

VENTES À L'EXPORTATION

73560 En cas de ventes à l'exportation, l'**acheteur établi à l'étranger** n'est soumis à aucune obligation particulière. Mais il appartient à l'**exportateur** de justifier de la réalité de l'exportation.

Ainsi, s'il exporte directement les produits, les attestations annuelles qui doivent être jointes aux demandes de remboursement sont remplacées par les **doubles des déclarations** d'exportation visés par le service des douanes (CGI ann. II art. 266, I-al. 5 ; BOI-TVA-SECT-80-60-10-50 n° 70).

EXPORTATIONS PAR L'ENTREMISE D'UN INTERMÉDIAIRE TRANSPARENT

73570 Lorsque les exploitants agricoles exportent leurs produits agricoles par l'entremise d'intermédiaires agissant au nom et pour le compte d'autrui (intermédiaires transparents), ceux-ci sont autorisés à leur délivrer des documents certifiant l'exportation des marchandises les concernant.

Ces documents peuvent être soit un **double de la facture,** soit une **pièce en tenant lieu** comportant les **mentions** suivantes apposées par l'intermédiaire :

- numéro et date de la déclaration en douane de sortie ;
- bureau de douane où cette déclaration a été enregistrée ;
- date du visa par l'intermédiaire appuyé de sa signature et de son adresse.

L'intermédiaire doit être en mesure de représenter les **titres justificatifs** (exemplaire de la déclaration « exportateur » ou facture visée par le transitaire-commissionnaire agréé), au vu desquels il a lui-même délivré les documents de sortie.

Les **personnes habilitées ou autorisées à déclarer en douane** peuvent procéder au **visa des factures,** quelle que soit l'importance des droits en jeu.

Les pièces ainsi délivrées aux exploitants agricoles exportateurs doivent être jointes à leur déclaration n° 3520-SD, comme pièces justificatives des exportations réalisées (BOI-TVA-SECT-80-60-10-50 n° 80).

Remarque : Il est rappelé que le montant de la vente à l'exportation ouvrant droit au remboursement forfaitaire ne comprend pas le montant de la **commission due à l'intermédiaire** par l'exploitant agricole (n° 73330).

ACHATS D'ANIMAUX VIVANTS DE BOUCHERIE ET DE CHARCUTERIE PAR UN ÉLEVEUR À UN NAISSEUR BÉNÉFICIANT TOUS DEUX DU REMBOURSEMENT FORFAITAIRE

L'**éleveur** doit délivrer aux naisseurs des **attestations annuelles** récapitulant tous les achats qu'il a faits auprès de ces derniers, mais ces attestations ne peuvent comporter un montant total supérieur à celui qui figure sur les attestations qu'il a lui-même reçues. Cette **limitation** est à l'origine du report d'un an analysé au n° 73370. **73580**

EXEMPLE

Un éleveur qui n'a reçu au titre de 2022 des attestations que pour un montant total de 1 500 € au titre de ses ventes et livraisons à des redevables de la TVA alors que le montant de ses achats auprès de naisseurs au cours de la même année 2022 s'est élevé à 2 300 € ne peut délivrer, au titre de 2022, des attestations qu'à concurrence de 1 500 €, mais il peut reporter la délivrance des attestations correspondant au complément de 800 € sur l'année 2023.

L'éleveur produit à l'appui de sa demande de remboursement forfaitaire les attestations annuelles qui lui ont été délivrées par ses acheteurs redevables de la TVA. Il lui appartient, par ailleurs, de délivrer au naisseur un **bulletin d'achat** pour tout achat d'animal.

Le **naisseur** établit sa demande de remboursement forfaitaire accompagnée des attestations annuelles délivrées par l'éleveur (BOI-TVA-SECT-80-60-20 n° 180).

TRANSACTIONS ENTRE NAISSEURS ET ÉLEVEURS DANS LE CADRE D'UN GROUPEMENT DE PRODUCTEURS

Lorsque les naisseurs sont soumis au régime du remboursement forfaitaire, les **attestations annuelles** à joindre à leur déclaration annuelle peuvent être **délivrées par le groupement de producteurs,** au lieu et place des éleveurs, selon la procédure suivante : **73590**

1. Les **éleveurs** adressent au groupement une **attestation annuelle** récapitulant tous leurs achats de l'année effectués par l'intermédiaire du groupement.

2. Le **groupement,** en possession des attestations des éleveurs, adresse aux naisseurs les **attestations** correspondant à leurs **ventes** de l'année **par l'intermédiaire du groupement.**

Cette procédure est strictement limitée au règlement des rapports entre exploitants agricoles naisseurs et éleveurs. Elle ne peut pas être utilisée par les groupements de producteurs qui interviennent entre les exploitants agricoles bénéficiaires du remboursement forfaitaire et des commerçants ou industriels redevables de la TVA (BOI-TVA-SECT-80-60-20 n°s 190 et 200).

B. Obligations des exploitants agricoles

Les exploitants agricoles bénéficiant du remboursement forfaitaire doivent adresser au service des impôts une **déclaration annuelle** récapitulant les encaissements de l'année précédente ouvrant droit au remboursement. **73640**

S'agissant des divers **documents justificatifs** à conserver, voir n° 73710.

Ces exploitants sont en outre soumis à des obligations particulières en matière de **facturation** (n° 73760) et en cas de réalisation d'**opérations intracommunautaires** (n° 73770).

1. DÉCLARATION ANNUELLE ET JUSTIFICATIFS

a. Déclaration annuelle

73650 Pour obtenir le remboursement forfaitaire, les exploitants agricoles doivent établir une déclaration annuelle récapitulant les **encaissements** se rapportant aux ventes ou livraisons de produits agricoles de l'année précédente ouvrant droit au remboursement forfaitaire (CGI ann. II art. 266, I-al. 1).

ÉTABLISSEMENT DE LA DÉCLARATION

73660 Les déclarations sont établies en double exemplaire sur le **formulaire n° 3520-SD.** Elles mentionnent les livraisons en France, les livraisons donnant lieu à expédition ou transport dans un autre État membre de l'UE à destination d'assujettis ou de personnes morales non assujetties qui réalisent des acquisitions intracommunautaires imposables dans cet État, et les exportations. Ces **encaissements** sont **ventilés selon les taux** qui leur sont applicables compte tenu de la nature des produits vendus.

DÉLAI DE DÉPÔT DE LA DÉCLARATION

73670 Les déclarations demeurent **recevables jusqu'au 31 décembre** de l'année suivant celle au cours de laquelle le droit au remboursement forfaitaire est né (CGI art. 298 quater, III). L'administration recommande cependant de déposer la déclaration **avant le 1er mars** de l'année suivant celle des encaissements concernés (pour accélérer la procédure de liquidation du remboursement, les exploitants ont intérêt à déposer leur déclaration le plus tôt possible) (BOI-TVA-SECT-80-60-10-50 n° 120).

Remarque : L'administration admet, dans certains cas, que les exploitants qui éprouvent des **difficultés** à réunir en temps utile la totalité des pièces justificatives puissent présenter une première demande pour le montant des attestations en leur possession puis ultérieurement une **demande complémentaire** correspondant aux attestations reçues tardivement. En aucun cas il n'est accepté plus d'une demande complémentaire dans le cadre de cette procédure exceptionnelle.

73675 Dans le **système dit de la globalisation,** en matière d'élevage, les exploitants agricoles dits « **naisseurs** » ne peuvent parfois obtenir d'attestations qu'au titre de l'année suivant celle de leurs ventes (nos 73370 et 73580). Dans cette hypothèse, le délai de déclaration mentionné au n° 73670 est prorogé d'une année. En outre, le taux du remboursement forfaitaire applicable est celui en vigueur à l'époque des ventes effectuées par les naisseurs (Inst. 3 I-1-70, non reprise au Bofip mais dont la solution nous paraît conserver sa valeur).

73680 En cas de **production de la déclaration hors délai,** il est admis que l'exploitant puisse bénéficier du remboursement forfaitaire en application de la procédure de dégrèvement d'office visée aux articles R 211-1 et R 211-2 du LPF (BOI-TVA-SECT-80-60-10-50 n° 130) permettant à l'administration de corriger, dans un tel cas, la situation des contribuables jusqu'au 31 décembre de la quatrième année suivant celle de l'expiration du délai de réclamation.

b. Documents justificatifs

73710 Les exploitants agricoles bénéficiant du remboursement forfaitaire doivent conserver les documents justificatifs ci-après qui pourront leur être réclamés par le service instructeur de la demande (ils n'ont plus à être fournis à l'appui de la déclaration annuelle) :

- les **attestations annuelles d'achats** établies par leurs clients français (n° 73520) ;
- les doubles des **documents justifiant** leurs **exportations** (nos 73560 s.) ;
- les doubles des **factures** correspondant aux **livraisons intracommunautaires** qui ont fait l'objet d'un paiement (n° 73550). Ils doivent également être en mesure de justifier de l'expédition réelle des produits dans un autre État membre à toute demande de l'administration.

Enfin, les exploitants agricoles qui effectuent des **échanges intracommunautaires** sont soumis aux règles communes concernant l'état récapitulatif des clients en matière de livraison de biens (voir nos 21500 s.) (BOI-TVA-SECT-80-60-10-50 n° 100).

> **> Précisions** Les **exploitants** agricoles sollicitant le remboursement forfaitaire **ne peuvent pas établir eux-mêmes les attestations annuelles** à partir des bulletins d'achat ou bons de livraison en leur possession (sauf cas particulier propre au secteur des fruits et légumes : nos 73820 s.), lorsque leurs acheteurs ne les ont pas spontanément établies. Il appartient aux intéressés de les réclamer à leurs acheteurs et, en cas de refus ou de non-réponse, d'en informer le service local des impôts (BOI précité n° 110).

c. Sanctions

La production de déclarations ou de justifications inexactes est sanctionnée par l'application, le cas échéant, des **majorations pour insuffisance** prévues par l'article 1729 du CGI, décomptées sur la base des remboursements indus. 73730

2. AUTRES OBLIGATIONS

FACTURATION

En application de l'article 289, I-1 du CGI, tout assujetti à la TVA qui livre des biens ou rend des services à un autre assujetti ou à une personne morale non assujettie est tenu à l'obligation fiscale de délivrance de factures. Cette obligation s'impose aux **exploitants agricoles soumis au régime du remboursement forfaitaire** agricole (BOI-TVA-SECT-80-60-10-50 n° 170), **y compris pour leurs opérations qui n'ouvrent pas droit à ce remboursement.** 73760

Pour ce qui concerne les mentions qui doivent figurer sur les factures, il convient de se reporter aux précisions données aux nos 46100 s.

S'agissant des exploitants agricoles bénéficiant du remboursement forfaitaire, donc non redevables de la TVA, le taux et le montant de la taxe ne doivent pas figurer sur la facture. Par ailleurs, les **clients des exploitants agricoles** (coopératives agricoles ou autres entreprises) peuvent rédiger matériellement les factures que ces derniers doivent établir dans les conditions exposées aux nos 72220 s.

OPÉRATIONS INTRACOMMUNAUTAIRES

Les exploitants agricoles qui réalisent des opérations intracommunautaires sont soumis à des obligations spécifiques. 73770

a. Livraisons intracommunautaires. Les agriculteurs qui réalisent des livraisons intracommunautaires doivent demander au service des impôts dont ils dépendent un **numéro d'identification** à la TVA (nos 44400 s.).

L'attention est appelée sur le fait que si un exploitant agricole acquiert des biens en exonération de taxe dans un autre État de l'UE en se prévalant de son numéro d'identification, il doit alors acquitter la TVA en France même lorsque le montant de son acquisition n'excède pas le seuil annuel de 10 000 € visé au b ci-dessous (BOI-TVA-SECT-80-60-10-50 n° 140).

b. Acquisitions intracommunautaires. Les **exploitants** agricoles **placés sous le régime du remboursement forfaitaire** n'ont pas à soumettre à la TVA leurs acquisitions intracommunautaires de biens lorsque le **montant** de ces dernières **n'a pas excédé** au cours de l'année précédente, ou n'excède pas pendant l'année civile en cours au moment de l'acquisition, le **seuil de 10 000 €** (nos 20050 s.). Ils peuvent toutefois **opter** pour le **paiement de la TVA** sur ces acquisitions (n° 20190).

Les exploitants agricoles dont les **acquisitions intracommunautaires** sont **soumises à la TVA** (achats supérieurs à 10 000 €, option, présentation du numéro d'identification) liquident et déclarent la taxe due sur leurs acquisitions intracommunautaires sur des déclarations CA3 (BOI précité nos 150 et 160).

Pour plus de précisions sur le régime des acquisitions intracommunautaires, voir nos 19650 s.

C. Procédure spéciale au secteur des fruits et légumes

L'article 98 bis de l'annexe III au CGI, pris en application de l'article 298 quater, IV du même Code, a institué une procédure spéciale d'**établissement de l'attestation annuelle** dans le secteur de commercialisation des fruits et légumes. 73820

Cette procédure peut être utilisée uniquement par les exploitants agricoles vendeurs de ces produits lors de **transactions avec des acheteurs redevables** de la TVA au titre de la revente des fruits et légumes reçus. Elle prévoit que les attestations annuelles peuvent être rédigées par l'exploitant agricole fournisseur, au lieu et place de ses acheteurs redevables de la TVA.

La possibilité offerte aux producteurs de fruits et légumes de rédiger eux-mêmes les attestations annuelles résulte d'un **mandat exprès** donné par les acheteurs. 73825

Ce mandat, qui doit être donné par **écrit,** peut figurer :

– soit sur un **document** rédigé spécialement par l'acheteur et remis à l'exploitant agricole. Il s'applique alors pour une **année civile** et concerne tous les achats de produits opérés au cours de ladite année par le mandant ;

– soit sur **chaque bulletin d'achat** ou bon de livraison que cet acheteur doit délivrer à l'exploitant agricole. Dans ce cas, le mandat ne concerne que l'achat décrit sur ce bulletin (BOI-TVA-SECT-80-60-10-50 nos 190 et 200).

Remarque : L'acheteur qui donne mandat à son fournisseur dans les conditions susvisées perd ipso facto le droit de délivrer, pour l'année considérée, une attestation annuelle, même partielle, à son mandataire. Cette règle ne concerne évidemment que les achats de fruits et légumes (BOI précité no 210).

73830 Les attestations rédigées par les exploitants agricoles, vendeurs de fruits et légumes, autorisés à rédiger eux-mêmes ces attestations dans les conditions indiquées au no 73825 doivent reprendre les bulletins d'achat ou bons de livraison délivrés par les clients mandants, et ne reprendre que ceux-là.

Une **seule attestation** doit être établie **chaque année** pour chaque acheteur ayant donné le mandat écrit (BOI-TVA-SECT-80-60-10-50 nos 220 et 230).

73835 Les bulletins d'achat ou les bons de livraison ayant servi à la rédaction des attestations annuelles doivent être conservés par les exploitants agricoles pendant le **délai de six ans** prévu à l'article L 102 B du LPF. Ils doivent être présentés à toute demande des agents de l'administration des finances publiques (BOI-TVA-SECT-80-60-10-50 no 240).

VI. LIQUIDATION DU REMBOURSEMENT FORFAITAIRE

73900 Le **remboursement** forfaitaire est **liquidé par le service des impôts** à partir de la déclaration récapitulative annuelle de ses ventes et livraisons faite par l'exploitant agricole.

Le **délai** normal **de traitement** des demandes de remboursement forfaitaire agricole se situe entre deux et trois mois. Le paiement intervient normalement sous forme de **virement bancaire.**

SECTION 4 ÉTUDES PARTICULIÈRES

74000 Cette section est consacrée à l'exposé des règles particulières applicables :

– aux exploitants exerçant des activités non agricoles (nos 74030 s.) ;

– aux exploitants exerçant leur activité sous le statut de **métayage** (nos 74450 s.) ;

– aux **négociants en bestiaux** (nos 74750 s.) ;

– aux personnes qui exercent des activités dans le **secteur hippique** (exploitants de chevaux de course, centres équestres, copropriétés et syndicats d'étalons) (nos 74840 s.) ;

– aux **groupements agricoles** (nos 75330 s.) ;

– aux **exploitants forestiers** (nos 75900 s.).

I. SITUATION DES EXPLOITANTS EXERÇANT DES ACTIVITÉS NON AGRICOLES

74030 Les exploitants agricoles qui exercent par ailleurs des activités économiques (non salariées) relevant, en matière d'impôt sur le revenu, d'une catégorie autre que les bénéfices agricoles (activités relevant de la catégorie des **BIC** ou des **BNC,** activités extractives, civiles, etc.) sont, à ce titre, obligatoirement soumis à la TVA en application des articles 256 et 256 A du CGI (sauf exonération légale expressément prévue). Elles relèvent normalement du **régime général de droit commun** de la TVA et forment, au sein de l'exploitation, un **secteur distinct d'activité** (no 74120).

Il peut toutefois en être autrement lorsqu'elles présentent un **caractère accessoire** par rapport aux opérations de nature agricole (nos 74130 s.).

Remarque : On observera que les activités non agricoles des exploitants bénéficient dans de très nombreux cas de la **franchise en base** du régime général de la TVA (nos 47600 s.).

Avant d'examiner les **règles d'imposition** applicables aux exploitants agricoles réalisant des activités non agricoles, nous allons apporter diverses **précisions** concernant ces activités. **74035**

A. Activités non agricoles

En s'appuyant sur la doctrine administrative et la jurisprudence, il est possible d'établir une liste indicative des principales opérations reconnues imposables sur le fondement des articles 256 et 256 A du CGI (n° 74060). **74050**

Nous nous arrêterons ensuite sur le régime applicable aux prestations de services et façons sur les produits agricoles qui appellent des développements particuliers (n° 74080).

Remarque : On rappelle que les activités non agricoles peuvent, lorsque certaines conditions sont remplies, être considérées comme accessoires de l'activité agricole et relever alors du RSA (nos 74130 s.).

1. LISTE INDICATIVE

Le tableau ci-après présente un certain nombre de **solutions administratives ou jurisprudentielles** concernant des activités non agricoles exercées par des agriculteurs et normalement imposables, de ce fait, selon le **régime général** de la TVA. **74060**

Opérations relevant du régime général de TVA	Références
1. Vente au détail des produits de l'exploitation agricole dans une **installation commerciale permanente**	BOI-TVA-SECT-80-10-10 nos 1 et 10
*Comme on l'a vu au n° 70120, la vente au détail de produits de l'exploitation dans un magasin ou une installation spécialement agencés pour la vente figure parmi les procédés qui, sans faire perdre leur caractère agricole aux opérations réalisées par l'exploitant, ont pour effet de le rendre obligatoirement imposable à la TVA selon le RSA. L'administration considère cependant que, lorsque l'installation a un **caractère permanent,** la taxation correspondante doit être établie selon les règles prévues pour les activités non agricoles.*	
2. Vente de produits achetés, en l'état ou après transformation	BOI précité nos 1 et 10
Exemples :	
– Achat et traitement de céréales en vue de la vente	CE 13-12-1982 n° 27955 : RJF 2/83 n° 200
– Achat de chiots en vue de leur revente (la vente de chiens nés au chenil conservant un caractère agricole)	CE 5-10-1977 n° 99847 : RJF 11/77 n° 593 ; BOI précité n° 10
3. Commercialisation de **vins perçus en fermage**	CE 9-11-1984 n° 37535 : RJF 1/85 n° 48
L'opération qui consiste à commercialiser de grandes quantités de vins représentatives de fermages en nature, après que ces vins ont subi un vieillissement tel que la commercialisation intervient ensuite au cours du marché choisi par le bailleur, constitue une activité de négociant passible de la TVA en vertu de l'article 256 du CGI.	
4. Transformation et mise en conserve de produits ne provenant pas de l'exploitation agricole	BOI-TVA-SECT-80-10-10 nos 1 et 10
Seules les ventes de conserves de produits ne provenant pas de l'exploitation sont soumises à la TVA en vertu des articles 256 et 256 A du CGI et non les ventes de conserves de produits provenant de l'exploitation.	
5. Prestations diverses Relèvent notamment du régime de droit commun de la TVA (sauf application de la mesure mentionnée nos 74130 s.) les opérations suivantes : – **gardiennage ou prise en pension d'animaux** lorsque ces opérations ne se situent pas dans le cycle d'élevage (exception faite des chevaux : voir nos 74860 s.) ; – vente de plats cuisinés ; – opérations de **plantation,** de reboisement ou d'aménagement et d'**entretien de jardins** ;	BOI précité nos 40 et 50 ; BOI-TVA-SECT-80-10-20-30 n° 230

Opérations relevant du régime général de TVA	Références
– travaux forestiers dans les forêts appartenant à autrui ; – activités liées au **tourisme** telles que restauration à la ferme, droits d'entrée perçus pour la visite de bâtiments, fermes-musées ; – activités d'**expertise** ; – courtages en saillies ; – organisation de parties de **chasse** ou de **pêche** pour le compte de tiers (CE 10-7-1972 n° 82490) ; – cession ou concession de brevets ou de certificats d'**obtention de variétés végétales** que le titre soit ou non exploité par l'inventeur (en revanche, l'obtenteur qui met lui-même en œuvre ses découvertes en cédant les produits correspondant aux variétés végétales créées exerce une activité de nature agricole) ;	
– **location de matériels** et outillages agricoles ;	BOI-TVA-CHAMP-10-10-50-30 n° 10
– **location d'animaux,** même nés et élevés sur l'exploitation (à l'exception, toutefois, de la location d'équidés : n°s 74860 s.) ;	BOI-TVA-SECT-80-10-20-30 n° 230
– **travaux** exécutés par les exploitants agricoles **dans le cadre de contrats relevant du Fonds de gestion de l'espace rural,** que les travaux soient réalisés sur leur fonds ou sur celui d'autrui.	Rép. César : Sén. 1-8-1996 n° 15566, non reprise au Bofip mais conservant son intérêt

2. PRESTATIONS ET FAÇONS SUR PRODUITS AGRICOLES

74080 Les **prestations de services** sont, en principe, obligatoirement passibles de la TVA selon le **régime général** dès lors qu'elles ne répondent pas à la définition des opérations agricoles. Il en va de même, en règle générale, des **travaux à façon** (voir définition au n° 36780) qu'un agriculteur effectue pour le compte de tiers.

Toutefois, certaines **façons** sont **considérées comme des opérations agricoles.** Il s'agit notamment :

- de l'élevage « à façon » (n° 69640) ;
- des saillies (n° 75180) à l'exclusion des courtages ;
- et des opérations d'insémination artificielle (n° 75575).

Ces opérations, situées dans le cycle de l'élevage, ne relèvent pas du régime général de la TVA. Elles ne sont imposables (selon les règles du RSA) que si l'agriculteur qui les réalise est redevable de la TVA en fonction des critères exposés aux nos 69710 s.

On rappelle par ailleurs que les prestations de services et les opérations de façon qui ne sont pas considérées comme des opérations agricoles peuvent néanmoins relever du RSA lorsqu'elles remplissent les conditions pour être regardées comme accessoires de l'activité agricole (nos 74130 s.).

Remarque : L'intérêt essentiel de la **distinction** entre **façons** et autres **prestations de services** réside dans le fait que, s'agissant des produits d'origine agricole, de la pêche, de la pisciculture ou de l'aviculture, les façons sont normalement imposables au taux applicable au produit obtenu lorsque ce dernier est destiné à l'alimentation (humaine ou animale) ou à la production agricole tandis que les autres prestations de services relèvent en principe du taux normal quel que soit le taux applicable au produit sur lequel elles portent (voir nos 71360 s.).

B. Modalités d'imposition des exploitants réalisant des activités non agricoles

74120 Les agriculteurs qui exercent, en sus de leurs activités agricoles, des **activités non agricoles imposables** en vertu des articles 256 et 256 A du CGI sont soumis au **régime de droit commun** de la TVA (et non pas au RSA) au titre de ces activités.

Les **opérations agricoles** de ces exploitants sont, quant à elles, taxables selon les règles spéciales du **RSA** si l'exploitant se trouve dans l'un des cas d'assujettissement obligatoire à ce régime (nos 69710 s.), ou s'il a exercé l'option visée nos 70350 s.

Ainsi, l'exploitant concerné doit, en principe, constituer deux **secteurs d'activités distincts,** l'un pour les activités non agricoles (relevant des règles de droit commun), l'autre pour les opérations agricoles (relevant du RSA).

Toutefois, en vue de simplifier leur gestion, les exploitants agricoles exerçant des activités non agricoles peuvent, lorsque certaines conditions sont réunies, confondre leurs activités en **un seul secteur** relevant, selon le cas, soit du RSA (nos 74130 s.), soit du régime de droit commun (nos 74350 s.).

1. CONFUSION DES ACTIVITÉS EN UN SEUL SECTEUR RELEVANT DU RSA

En application de l'article 298 bis, III bis du CGI, les activités non agricoles qui ne présentent qu'un caractère accessoire aux activités agricoles peuvent être imposées selon les règles du RSA. **74130**

a. Champ d'application du dispositif

EXPLOITANTS CONCERNÉS

La possibilité de rattacher les recettes provenant d'activités accessoires commerciales et non commerciales au bénéfice agricole concerne les **exploitants agricoles placés,** à titre obligatoire ou sur option, **sous le régime simplifié** de l'agriculture (RSA). **74140**

En revanche, **ne sont pas concernés** par cette mesure, bien qu'ils soient soumis au régime simplifié agricole :

– les **bailleurs de biens ruraux** qui ont exercé l'option prévue à l'article 260, 6° du CGI (nos 4620 s.) ;

– les personnes autres que des exploitants agricoles exerçant une activité de **négociants en bestiaux** (coopératives agricoles, Sica, GIE de commercialisation, etc.).

Il en est de même des exploitants agricoles placés sous le régime du **remboursement forfaitaire.**

Les activités accessoires exercées par ces redevables sont imposées à la TVA selon les dispositions du régime général (BOI-TVA-SECT-80-10-20-30 n° 210).

Remarques : **1.** La question du rattachement des activités non agricoles aux activités agricoles ne se pose pas pour les **redevables qui bénéficient de la franchise** en base (nos 47600 s.). Le bénéfice de ce dispositif est donc réservé, en pratique, aux redevables dont les recettes annuelles non agricoles excèdent les limites de la franchise ou qui ont renoncé au bénéfice de ladite franchise (BOI précité n° 230).

2. Sur le choix ouvert aux exploitants remplissant les conditions de l'article 298 bis, III bis du CGI et dont les activités agricoles et non agricoles sont économiquement liées, voir n° 74350.

ACTIVITÉS CONCERNÉES

Sont concernées toutes les **activités commerciales et non commerciales** passibles de la TVA et normalement imposables selon le **régime général.** **74150**

Tel est le cas notamment de la location de locaux meublés (**gîtes ruraux, chambres d'hôtes**) qui ne sont pas exonérés, c'est-à-dire si l'exploitant agricole remplit les conditions prévues à l'article 261 D, 4°-b du CGI (nos 91800 s.). Sont également concernées les activités de **production d'électricité** d'origine photovoltaïque ou éolienne réalisées sur l'exploitation.

Pour d'autres exemples, voir n° 74060.

b. Conditions et modalités du rattachement

Les exploitants qui réalisent des activités non agricoles (visées n° 74150) peuvent soumettre les recettes correspondantes au RSA lorsqu'au titre de la période couvrant les **trois années** d'imposition précédentes, la **moyenne annuelle des recettes accessoires,** taxes comprises, de ces trois années n'excède pas **100 000 € et 50 %** de la moyenne annuelle des recettes, taxes comprises, provenant des activités agricoles, au titre desdites années. **74180**

EXEMPLE

Soit un exploitant agricole – dont l'exercice comptable coïncide avec l'année civile – qui a réalisé les recettes suivantes :
année 2020 : BA = 190 000 € BIC = 60 000 €,
année 2021 : BA = 190 000 € BIC = 45 000 €,
année 2022 : BA = 100 000 € BIC = 105 000 €,
soit une moyenne des recettes non agricoles de 70 000 €.

La moyenne des recettes agricoles réalisées au titre de ces mêmes années est de 160 000 €.

La moyenne des revenus non agricoles n'excède ni le seuil de 100 000 € ni 50 % des recettes agricoles.

L'exploitant peut donc rattacher l'ensemble de ses recettes au titre de l'exercice 2023 à la déclaration de RSA souscrite au titre de la même année.
Il est sans incidence que les seuils de 100 000 € et de 50 % aient été dépassés au cours de l'année 2022 dès lors que la moyenne triennale des recettes accessoires est seule prise en compte.

74185 S'agissant des **trois premières années d'activité,** la période de référence pour déterminer le caractère accessoire des activités s'apprécie en retenant les recettes réalisées l'année civile précédente. En ce qui concerne la première année, les exploitants qui estiment que les recettes perçues au titre de ces activités n'excéderont pas les limites peuvent soumettre leurs recettes accessoires au RSA. S'il s'avère en définitive que les recettes accessoires excèdent les limites susvisées, leur rattachement aux recettes agricoles de la première année d'imposition ne sera pas remis en cause. Toutefois, les recettes accessoires réalisées au cours de la deuxième année devront être imposées selon le régime qui leur est propre.

Par ailleurs, en cas de **début d'activité** agricole en **cours d'année,** alors que l'exercice comptable coïncide avec l'année civile, la limite de 100 000 € est réduite au prorata temporis, en fonction du nombre de jours d'activité par rapport à 365.

EXEMPLE

Soit un exploitant qui débute son activité agricole le 15 mars.
Les recettes agricoles réalisées du 15 mars au 31 décembre s'élèvent à 91 000 €.
Par ailleurs, cet exploitant a retiré 15 000 € de recettes de la prise en pension de chiens (hors cycle de l'élevage) du 1er juin au 31 décembre.
Application du prorata temporis :
$100\,000 \times (292 / 365) = 80\,000$ €.
Les recettes accessoires étant inférieures à la limite de 100 000 €, ramenée au temps d'exploitation, et à 50 % du montant des recettes provenant de l'activité agricole, elles pourront être soumises au RSA l'année suivante.

En revanche, lorsque les **recettes accessoires** sont **liées à des activités saisonnières** (restauration à la ferme, parties de chasse, etc.), il n'y a pas lieu d'appliquer la règle du prorata temporis (BOI TVA-SECT-80-10-20-30 n° 280).

c. Appréciation des seuils

RECETTES AGRICOLES

74240 Il y a lieu de retenir les recettes perçues au titre de l'ensemble des opérations agricoles effectuées par l'exploitant, qu'elles soient **imposables ou non,** telles qu'elles sont mentionnées sur la **déclaration annuelle CA 12A** (ou les déclarations mensuelles ou trimestrielles pour les exploitants qui ont opté pour ces régimes).

Elles comprennent notamment les **subventions** et les recettes des **opérations exonérées** relatives au commerce extérieur.

En revanche, ne sont pas prises en compte les **cessions d'immobilisations** et les opérations qui ne constituent pas des recettes telles que les **livraisons à soi-même** et les **acquisitions intracommunautaires** (BOI-TVA-SECT-80-10-20-30 n° 290).

RECETTES NON AGRICOLES

74250 Il convient de retenir la totalité des recettes se rapportant aux **livraisons de biens** et **prestations de services** réalisées par le redevable au titre de l'ensemble de ses activités non agricoles.

Le fait que certaines de ces **activités** soient **saisonnières** (restauration à la ferme, etc.) est sans incidence sur le calcul des seuils (BOI-TVA-SECT-80-10-20-30 n° 300).

REMARQUE COMMUNE

74260 Les recettes tirées par un exploitant agricole de la **location de biens ruraux** ou d'une activité de **négociant en bestiaux** ne sont pas prises en compte pour l'appréciation des seuils fixés par l'article 298 bis, III bis du CGI. Ces recettes qui doivent être suivies distinctement en comptabilité ne doivent figurer ni parmi les recettes agricoles ni parmi les recettes accessoires (BOI-TVA-SECT-80-10-20-30 n° 300).

d. Conséquences du rattachement

RÈGLES D'IMPOSITION

74280 Le rattachement des recettes non agricoles accessoires au RSA entraîne le **renoncement aux avantages** liés aux régimes d'imposition de la **TVA générale** (franchise en base notamment). Toutes les opérations réalisées dans le cadre des activités accessoires doivent être soumises au **RSA,** y compris les acquisitions intracommunautaires.

S'agissant des livraisons de biens réalisées dans le cadre des activités accessoires, l'**exigibilité** intervient, comme pour les ventes de produits agricoles, lors de l'encaissement des acomptes ou du prix. Cette information doit figurer sur les **factures** délivrées aux clients (mention « **TVA exigible sur les encaissements** ») (BOI-TVA-SECT-80-10-20-30 n° 310).

OBLIGATIONS DÉCLARATIVES

Les redevables qui peuvent confondre leurs activités non agricoles avec leurs activités agricoles souscrivent une **déclaration unique CA 12A/CA 12AE** mentionnant l'ensemble de leurs recettes (nos 72510 s.). **74290**

Les redevables qui souhaitent bénéficier du dispositif de déclaration des activités accessoires selon le RSA doivent en **informer le service des impôts** dont ils dépendent par une **simple lettre** sur papier libre. Cette formalité n'a pas à être renouvelée les années suivantes (BOI-TVA-SECT-80-10-20-30 n° 320).

Remarque : Les redevables ayant opté pour la souscription de déclarations CA3 mensuelles ou trimestrielles (nos 72740 s.) doivent porter les recettes des activités accessoires sur ces déclarations.

e. Dépassement des limites

Si, au cours d'une période couvrant trois années d'imposition (N, N + 1, N + 2), les **recettes non agricoles** réalisées sur l'exploitation deviennent supérieures aux limites visées au n° 74180, les recettes non agricoles réalisées en N + 3 devront être déclarées selon les règles de la **TVA de droit commun.** Les redevables doivent en informer le service des impôts au plus tard le deuxième jour ouvré suivant le 1er mai N + 3 (BOI-TVA-SECT-80-10-20-30 n° 330). **74320**

Remarque : Lorsque les seuils sont dépassés, les exploitants agricoles peuvent être autorisés à **confondre toutes leurs activités** pour les soumettre au régime général de la TVA, sous réserve que les activités agricoles et non agricoles soient économiquement liées (nos 74350 s.).

2. CONFUSION DES ACTIVITÉS EN UN SEUL SECTEUR RELEVANT DU RÉGIME GÉNÉRAL

Les agriculteurs peuvent choisir de **confondre** toutes leurs activités, agricoles et autres, **sous réserve qu'elles soient économiquement liées.** L'ensemble de ces activités constitue alors une seule exploitation soumise au régime général de la TVA (BOI-TVA-SECT-80-10-20-30 n° 330). **74350**

Remarque : Les agriculteurs dont les activités non agricoles ne dépassent pas les seuils prévus à l'article 298 bis, III bis du CGI et sont économiquement liées à l'activité agricole ont, en pratique, le **choix** entre la constitution de deux secteurs distincts (n° 74120), la soumission de toutes leurs activités au RSA (nos 74130 s.) ou la soumission de toutes leurs activités au régime de droit commun dans les conditions exposées aux nos 74360 s.

NOTION D'ACTIVITÉS ÉCONOMIQUEMENT LIÉES

Les activités agricoles et les activités non agricoles peuvent être considérées comme économiquement liées dans le cas où elles sont **complémentaires** ou **situées dans le processus de production,** de **transformation** ou de **commercialisation** d'un même produit (BOI-TVA-SECT-80-10-20-30 n° 330). **74360**

EXEMPLES

Viticulteurs exerçant le négoce des vins ; éleveurs d'animaux exploitant un abattoir industriel ou ayant une fabrique d'aliments pour le bétail ; négociants en bestiaux exerçant une activité de chevillard, de boucher ou de fabricant de produits de charcuterie.

À l'inverse, une société qui a une **double activité,** agricole d'une part (fabrication de fromages à partir des seuls produits de l'exploitation), industrielle d'autre part (centrale hydroélectrique), ne peut confondre ces deux secteurs dans un secteur relevant du régime général car les deux activités en cause ne sont pas économiquement liées (Rép. Bolo : AN 16-3-1974 n° 7111, non reprise au Bofip mais dont la solution nous paraît conserver sa valeur).

CONDITIONS À REMPLIR

Pour pouvoir opérer la confusion de l'ensemble de leurs activités en vue de les soumettre au régime général, les entreprises doivent en faire la **demande** aux directeurs des finances publiques dont elles relèvent territorialement. **74370**

Les entreprises ainsi autorisées à confondre leurs activités en un seul secteur sont tenues de respecter l'ensemble des **obligations du régime général** de la TVA (nos 44000 s.).

En outre, la tolérance est subordonnée au paiement de la **TVA sur les livraisons** pour les opérations de nature agricole qui seraient, si elles étaient considérées isolément, imposées d'après les encaissements selon les modalités propres au régime de l'agriculture (BOI-TVA-SECT-80-10-20-30 n° 330).

Enfin, le choix de confondre toutes les activités économiquement liées en un seul secteur relevant du régime général de la TVA entraîne, comme en cas de rattachement des recettes non agricoles accessoires au RSA (n° 74280), la **renonciation à la franchise** en base (BOI-TVA-DECLA-40-10-10 n° 90).

CAS PARTICULIER : EXPLOITANT AYANT UNE ACTIVITÉ COMMERCIALE DE BOUCHERIE

74380 Les exploitants ayant une activité commerciale de boucherie sont redevables obligatoirement de la TVA, en tant que professionnels de la viande (CGI art. 256), et pour leurs activités agricoles (CGI art. 298 bis, II-3° : n°s 70250 s.).

Les exploitants qui ne sont **pas négociants en bestiaux,** et qui devraient légalement constituer **deux secteurs** (l'un couvrant les opérations commerciales, l'autre les activités agricoles) peuvent **demander** au directeur des finances publiques dont ils relèvent territorialement l'autorisation de confondre toutes leurs activités en **un seul secteur** soumis **au régime général** de la TVA (BOI-TVA-SECT-80-10-20-40 n° 20).

Remarque : Cette faculté présente un **intérêt** lorsque des livraisons importantes de produits sont opérées du secteur agricole au secteur commercial. En effet, dans la mesure où les livraisons internes ne sont pas imposées, la taxe afférente aux biens et aux services acquis pour les besoins du secteur agricole ne pourrait généralement pas être imputée et la déduction devrait être systématiquement demandée par voie de remboursement. Tel serait le cas d'un éleveur de porcs redevable de la TVA qui se livrerait à lui-même les porcs de son élevage, comme matières premières d'une entreprise de salaisons. Si les deux secteurs (élevage et entreprise de salaisons) n'étaient pas confondus, les livraisons de porcs n'étant pas soumises à la TVA, la taxe ayant grevé les biens utilisés pour la nourriture des porcs ne pourrait jamais être imputée.

> **Précisions** Quel que soit le régime d'imposition retenu, les **livraisons** opérées **entre les deux secteurs** (secteur commercial et secteur agricole) constituent des opérations internes à l'entreprise et leur valeur ne doit pas figurer au dénominateur du rapport servant à calculer le **coefficient de taxation forfaitaire** du secteur livreur (en ce sens, Rép. Bergelin : AN 22-2-1982 n° 4346, non reprise au Bofip mais dont la solution nous paraît conserver sa valeur).

II. MÉTAYAGE

74450 Le contrat de métayage prévu à l'article L 417-1 du Code rural et de la pêche maritime organise une forme d'exploitation en commun dans laquelle le possesseur d'un fonds rural (le bailleur) le remet à un preneur (le métayer) qui s'engage à le cultiver sous la condition d'en partager les produits avec le bailleur.

À la différence du bail à ferme, le bailleur à métayage est un exploitant agricole comme le métayer (n° 69630, précisions). Le statut fiscal de l'exploitation en métayage appelle cependant diverses précisions concernant respectivement :

- l'**imposition obligatoire** à la TVA selon le RSA en fonction des recettes (n°s 74460 s.) ;
- l'**imposition optionnelle** à ce même régime (n°s 74520 s.) ;
- les **dispositions communes** applicables aux métayages imposés selon le RSA en matière de droits à déduction (n°s 74540 s.) et d'obligations (n°s 74650 s.).

Remarque : À défaut d'imposition obligatoire ou par option, les activités agricoles des bailleurs et de leurs métayers relèvent, bien entendu, du régime du remboursement forfaitaire.

1. IMPOSITION OBLIGATOIRE À RAISON DES RECETTES

74460 Les activités exercées sous le statut du métayage sont, comme les autres activités agricoles, susceptibles d'être imposées obligatoirement selon les règles du RSA à raison du critère des recettes réalisées (n°s 69750 s.).

Toutefois, des règles particulières sont prévues en ce qui concerne les recettes à retenir pour l'appréciation du seuil d'assujettissement au RSA.

a. Exploitants exerçant uniquement en métayage

EXPLOITATION DANS LE CADRE D'UNE SEULE MÉTAIRIE

74470 Sous réserve d'être en présence d'un groupement de fait, lorsqu'un propriétaire et un métayer exploitent conjointement un fonds sous le statut du métayage, chacun d'eux est soumis à la

TVA, selon l'administration, dès lors que les **recettes totales** tirées de leur **exploitation commune** dépassent le seuil de 46 000 € (moyenne de deux années consécutives) prévu par l'article 298 bis, II-5° du CGI (BOI-TVA-SECT-80-10-20-10 n° 210).

EXEMPLE

M. Leblanc, bailleur, et M. Lenoir, métayer, exploitent une métairie dont les recettes totales (moyenne de deux années consécutives) s'élèvent à 60 000 €. Ils sont tous deux soumis obligatoirement à la TVA sans qu'y fasse obstacle le fait que les recettes revenant respectivement au bailleur (20 000 €) et au métayer (40 000 €) sont inférieures au seuil d'assujettissement de 46 000 €.

PLURALITÉ DE MÉTAIRIES

Lorsque deux **exploitants** exploitent conjointement **plusieurs fonds sous le statut du métayage,** l'administration fiscale considère que ces fonds non dotés d'une personnalité juridique distincte constituent une seule entreprise agricole. Il y a donc lieu de **totaliser** les **recettes** retirées **de l'ensemble des exploitations communes** pour apprécier si le seuil de 46 000 € est dépassé. **74480**

À cet effet, il appartient aux coexploitants concernés d'échanger, en temps utile, les informations qui leur sont nécessaires pour savoir si les recettes de l'exploitation commune dépassent effectivement ce seuil. Si tel est le cas, toutes les recettes retirées des métairies communes doivent être obligatoirement soumises à la TVA selon le RSA, même si la part totale des recettes de chacun des deux coexploitants est inférieure audit seuil (BOI-TVA-SECT-80-10-20-10 n°s 210 et 220).

b. Exploitants exerçant d'autres activités agricoles

PRINCIPE

Lorsqu'un bailleur ou un métayer exerce par ailleurs d'autres activités agricoles (faire-valoir direct, fermage, métairie avec un autre coexploitant), il devient obligatoirement soumis à la TVA si la **moyenne de l'ensemble des recettes agricoles** lui revenant en propre, appréciée sur deux ans, dépasse le seuil de 46 000 € (BOI-TVA-SECT-80-10-20-10 n° 230). **74500**

En pratique, chaque coexploitant doit **totaliser** la part lui revenant dans les **recettes** des **exploitations en métayage** avec celles des exploitations en **faire-valoir direct** ou en **fermage.**

Si la **moyenne des recettes** ainsi déterminée **dépasse le seuil de 46 000 €,** l'exploitant est obligatoirement soumis au RSA, tant en ce qui concerne les recettes de ses exploitations personnelles que pour sa quote-part des recettes de métayage réalisées en qualité de bailleur ou de métayer.

Dans l'hypothèse où la moyenne des **recettes de la métairie** exploitée dans le cadre d'un **groupement de fait** dépasse le seuil d'assujettissement obligatoire, les deux coexploitants sont obligatoirement soumis à la TVA non seulement pour leur exploitation en métayage, mais également pour l'ensemble de leurs activités agricoles (BOI précité n° 240).

2. IMPOSITION PAR OPTION

En cas de métayage, et à défaut d'option conjointe, l'option **peut être exercée séparément** par le propriétaire ou par le métayer pour la part de la récolte lui revenant (CGI ann. II art. 260 D). L'option exercée par un exploitant s'applique à toutes les **recettes** retirées de l'exercice d'activités agricoles **réalisées sous la même personnalité juridique** (CGI ann. II art. 260 E). **74520**

En cas d'**option séparée** du propriétaire ou du métayer, l'assujettissement porte sur la part des recettes de la métairie (ainsi, le cas échéant, que sur les autres recettes agricoles de l'optant) revenant à l'agriculteur qui a opté, l'autre exploitant demeurant sous le régime du remboursement forfaitaire (BOI-TVA-SECT-80-20-10 n° 50).

Les dispositions générales en matière d'option pour le RSA s'appliquent (n°s 70350 s.).

3. CALCUL DES DROITS À DÉDUCTION

Le calcul des droits à déduction des coexploitants en métayage obéit à des règles différentes selon que l'assujettissement à la TVA concerne à la fois le bailleur et le métayer ou un seul des coexploitants. **74540**

a. Premier cas : les deux coexploitants sont soumis à la TVA

Lorsque le bailleur et le métayer ont exercé l'un et l'autre l'option pour l'assujettissement à la TVA, ou sont tous deux assujettis obligatoirement au titre de l'ensemble de leurs exploitations agricoles, les deux coexploitants disposent du **droit de déduire** dans les **conditions de droit** **74550**

commun, et sous réserve des limitations et restrictions générales du droit à déduction, la **taxe qui grève les dépenses d'exploitation** dont ils ont respectivement la charge quelles que soient les modalités de répartition de ces dernières (BOI-TVA-SECT-80-30-40 n° 20).

b. Second cas : un seul des coexploitants est soumis à la TVA

CALCUL DU COEFFICIENT DE TAXATION FORFAITAIRE DE L'EXPLOITANT REDEVABLE

74570 **Principes** Si, par effet d'une option ou d'un assujettissement obligatoire, l'activité d'un seul des coexploitants en métayage est soumise à la TVA, cet exploitant est placé dans la **situation des redevables partiels** pour le calcul des droits à déduction.

Conformément aux dispositions de l'article 260 D de l'annexe II au CGI, le coefficient de taxation forfaitaire de l'exploitant redevable est calculé comme suit :

– au **numérateur** est inscrit le montant hors TVA du chiffre d'affaires qui résulte des opérations ouvrant droit à déduction réalisées par l'exploitant assujetti pour toutes ses exploitations.

– au **dénominateur** figure le même montant de chiffre d'affaires, augmenté de celui du chiffre d'affaires réalisé par les coexploitants dans des exploitations en métayage qui ne sont pas redevables de la TVA (BOI-TVA-SECT-80-30-40 n°s 30 et 40).

Le fait que le **partage des dépenses** s'effectue dans la même proportion que le partage des produits ne dispense pas, en principe, de l'application de ces règles (voir cependant les précisions figurant au n° 74595). En effet, cette circonstance n'entraîne pas nécessairement que la même répartition soit observée en ce qui concerne les seules dépenses grevées de TVA (BOI précité n° 30).

74580 **Cas où l'exploitant redevable ignore le chiffre d'affaires du coexploitant non redevable** Dans ce cas, qui peut intervenir par exemple lorsque la **production** est **commercialisée séparément par le bailleur et le métayer,** il est admis que le coexploitant redevable considère que le chiffre d'affaires de son partenaire est, dans la proportion du contrat, le même que le sien (même si, éventuellement, il y a stockage par l'une et/ou l'autre des parties) (BOI-TVA-SECT-80-30-40 n° 50).

EXEMPLE

Un métayer redevable de la TVA qui a encaissé un montant de chiffre d'affaires imposable de 14 000 € dans le cadre d'un contrat prévoyant le partage 1/3 (bailleur) 2/3 (preneur) de la production (indépendamment de la répartition des dépenses, éventuellement différente de la répartition des recettes) peut considérer que le chiffre d'affaires du bailleur non redevable s'établit à 14 000 € / 2 = 7 000 € pour la période concernée. Le chiffre d'affaires de la métairie à inscrire au dénominateur pour le calcul du coefficient de taxation forfaitaire s'établirait alors à 21 000 €.

AGRICULTEUR EXPLOITANT DES TERRES EN FAIRE-VALOIR DIRECT OU EN FERMAGE ET UNE MÉTAIRIE PARTIELLEMENT IMPOSÉE

74590 L'administration admet que l'agriculteur qui exploite des terres, les unes en faire-valoir direct ou en fermage, les autres en métayage, érige en **secteur distinct** son activité en métayage lorsque les conditions suivantes sont satisfaites :

– l'activité agricole exercée sous le statut juridique du métayage est partiellement soumise à la TVA ;

– les activités agricoles exercées sous le statut du métayage et sous un autre statut juridique sont de **nature entièrement différente** (exemple : élevage/viticulture) ;

– les **investissements** nécessaires aux activités agricoles sont **spécifiques** à chacune des exploitations (exemple : machine à traire pour l'élevage ; pressoir pour la viticulture) (BOI-TVA-SECT-80-30-40 n° 70).

En ce qui concerne les secteurs d'activité distincts, voir n°s 54500 s.

74595 La détermination du **montant déductible de la taxe** ayant grevé les biens et services afférents à un secteur distinct s'effectue dans les conditions de droit commun (n°s 52600 s.).

Lorsque l'assujetti a constitué des secteurs distincts d'activité en application de l'article 209 de l'annexe II au CGI, le chiffre d'affaires à retenir pour le calcul du rapport de déduction est celui du ou des secteurs pour lesquels le bien ou le service est utilisé (BOI-TVA-SECT-80-30-40 n° 100).

AGRICULTEURS DEVENANT ASSUJETTIS SELON LE RSA POUR LEURS ACTIVITÉS EN MÉTAYAGE

74610 **Exploitants non encore imposés à la TVA** Les exploitants non encore assujettis selon le RSA et qui le deviennent pour leurs activités en métayage doivent éventuellement opérer une régularisation globale pour les **immobilisations en cours d'utilisation** (nos 62475 s.). Concernant les **immobilisations neuves,** voir n° 62505.

Les **biens en stock** à la date d'assujettissement pourront donner lieu à une déduction complémentaire (nos 63050 s.).

Exploitants déjà redevables de la TVA Lorsque les droits à déduction des biens et services affectés à l'exercice de l'activité en faire-valoir direct ou en fermage ont été déterminés dans le cadre d'un **secteur distinct** des activités en métayage, les exploitants déjà redevables de la TVA selon le RSA pour une activité en faire-valoir direct ou en fermage doivent appliquer, s'il y a lieu, les règles définies au n° 74610 pour la partie des **biens en stock** et les **biens d'investissement** affectés à l'exploitation en métayage. **74620**

À défaut de comptes distincts pour, d'une part, la partie en métayage et, d'autre part, la partie en faire-valoir direct ou en fermage, l'exploitant devra éventuellement procéder, pour ses immobilisations, aux **régularisations** annuelles ou globales (nos 61050 s.).

AGRICULTEURS CESSANT D'ÊTRE IMPOSABLES POUR LEURS ACTIVITÉS EN MÉTAYAGE

Cette situation entraîne les **régularisations** normalement **prévues en cas de cessation de l'assujettissement** optionnel ou en cas de cessation de l'assujettissement obligatoire. Comme l'exercice de l'option, la **renonciation** à cette option peut s'effectuer séparément en ce qui concerne le métayage. Mais, pour les métayers ou pour les bailleurs qui ont, par ailleurs, d'autres activités agricoles assujetties, cela entraîne, en principe, la cessation générale de cet assujettissement optionnel (D. adm. 3 I-1342 n° 35, non repris au Bofip mais dont la solution nous semble conserver sa valeur). **74630**

4. OBLIGATIONS

Les obligations auxquelles sont soumis les métayers imposables de plein droit ou par option sont, sous réserve de certaines particularités, identiques à celles des autres exploitants (nos 72100 s.). **74650**

a. Facturation

Le **métayer** est parfois **chargé de commercialiser** non seulement sa part de production, mais également tout ou partie de la **part du propriétaire.** Il agit alors comme **mandataire** de ce dernier. **74660**

Cette situation ne suscite pas de difficultés particulières au regard de l'obligation de facturation lorsque les parts de production sont individualisées avant la commercialisation qui est donc effectuée distinctement.

Si c'est la recette obtenue qui est **partagée,** le métayer doit établir des **factures de vente** mentionnant distinctement la **part taxable** et la part **non taxable** du prix (BOI-TVA-SECT-80-30-50-10 n° 210).

Remarque : S'agissant des **animaux de boucherie et de charcuterie,** le métayer ayant opté doit, en ce qui concerne la **totalité du cheptel** de la métairie, remplir, dans les conditions de droit commun, les obligations particulières exposées aux nos 72250 s.

b. Déclarations

L'exploitant qui exerce une **partie de ses activités dans le cadre d'un** contrat de **métayage** ne souscrit qu'**une seule déclaration de chiffre d'affaires** sur laquelle il mentionne le montant des opérations réalisées dans l'ensemble de ses exploitations et les droits à déduction correspondants (BOI-TVA-SECT-80-30-50-10 n° 40). **74680**

Il est admis que lorsque le **bailleur et** le **métayer** sont l'un et l'autre **assujettis selon le RSA** les opérations de leurs métairies communes soient retracées sur une **déclaration commune unique,** distincte des déclarations de chiffre d'affaires qu'ils souscrivent, par ailleurs, pour leurs activités agricoles personnelles. Le choix d'une déclaration commune n'est cependant possible que si les coexploitants bénéficient d'un **droit à déduction intégral.** **74700**

La déclaration commune doit être signée par le propriétaire et le métayer.

Cette modalité particulière de déclaration, qui présente un intérêt en cas de commercialisation intégralement assurée par le métayer, doit faire l'objet d'une **demande conjointe** des deux coexploitants, formulée sans condition particulière de délai (BOI-TVA-SECT-80-30-50-10 n° 50).

Remarque : Nonobstant la déclaration commune des opérations, la **cessation de l'assujettissement** s'apprécie en fonction de la situation de chaque exploitant.

III. NÉGOCIANTS EN BESTIAUX

74750 L'article 298 bis, II-4° du CGI soumet de plein droit au régime simplifié agricole (RSA) « les personnes qui effectuent des livraisons, des importations, des acquisitions intracommunautaires ou des services d'intermédiation portant sur des animaux vivants de boucherie et de charcuterie ».

Cette disposition vise en fait les négociants en bestiaux. L'imposition obligatoire à la TVA est de droit sous le RSA, quelle que soit la forme juridique sous laquelle l'exploitation est effectuée (BOI-TVA-SECT-80-10-20-50 n° 1).

PORTÉE DE L'IMPOSITION

74760 Sont assimilés à des négociants en bestiaux :

– les **coopératives agricoles** et les sociétés d'intérêt collectif agricole (Sica) qui exercent une activité de négociants en bestiaux ;

– les associations ou les syndicats qui, reconnus **groupements de producteurs,** commercialisent soit en tant qu'acheteurs et vendeurs fermes, soit en tant que commissionnaires, des animaux vivants de boucherie et de charcuterie ;

– les **groupements d'intérêt économique** (GIE) qui commercialisent ces mêmes animaux (BOI-TVA-SECT-80-10-20-50 n° 10).

74765 Les **négociants** en bestiaux qui sont **également exploitants agricoles** sont obligatoirement soumis à l'imposition à la TVA d'après le **RSA pour l'ensemble de leur activité** (CGI art. 298 bis, II-3° et 4°).

> **Précisions** **a.** Les négociants-exploitants agricoles doivent **suivre distinctement en comptabilité** (comptabilité commerciale et comptabilité-matières) les deux activités : négoce et agriculture. Toutefois, ces deux activités étant soumises au RSA, elles peuvent être confondues dans une déclaration globale, totalisant l'ensemble des opérations imposables et l'ensemble des droits à déduction (BOI-TVA-SECT-80-10-20-50 n° 30).
> **b.** En cas de **cessation** de leur **activité de négoce,** ces exploitants ne sont plus soumis à titre obligatoire au RSA pour leurs activités agricoles (à moins, bien entendu, que ces activités ne demeurent imposables à un autre titre : utilisation de méthodes commerciales ou de procédés industriels, moyenne des recettes supérieures à 46 000 €). Il leur appartient alors, s'ils désirent éviter une modification de leur régime, d'**opter pour la TVA** en tant qu'exploitants agricoles, dans le délai d'un mois à compter de la cessation du négoce (BOI précité).
> **c.** Lorsque l'activité de négoce est exercée sous le couvert d'une société et les activités agricoles en tant qu'exploitant individuel ou vice versa, chaque activité est soumise à son régime propre. Toutefois, l'assujettissement des activités agricoles est obligatoire lorsque l'activité de négoce est exercée sous le couvert d'une **société de fait ou** d'une association **en participation** (BOI précité n° 90).

74770 Lorsque le conjoint du négociant gère une exploitation agricole, le négoce des bestiaux pratiqué par le négociant ne constitue **pas** une **entreprise distincte** de l'exploitation agricole gérée par son conjoint, même si celui-ci exploite des terres constituant des biens propres ou louées à son seul nom. Par conséquent, l'ensemble des activités commerciales et agricoles exercé par le couple doit être soumis à la TVA, quel que soit le régime matrimonial sous lequel ils sont unis (BOI-TVA-SECT-80-10-20-50 n° 50).

RÉGIME D'IMPOSITION

74780 Les négociants en bestiaux, qu'ils exercent concurremment ou non une activité agricole, sont soumis au **RSA.** Ils sont notamment tenus de respecter les **obligations** découlant de l'application de ce régime (n°s 72100 s.).

En ce qui concerne le taux applicable aux ventes d'animaux de boucherie et de charcuterie à des personnes non redevables de la TVA, voir n°s 71570 s.

> **Précisions** **a.** En application des principes énoncés aux n°s 83320 s., les **commissionnaires** en bestiaux sont imposables à la TVA sur le montant total des ventes, effectuées en leur nom propre, dans lesquelles ils s'entremettent (que leurs commettants soient imposables à la TVA ou non).
> **b.** Les négociants en bestiaux **également bouchers ou chevillards** peuvent, sur demande, regrouper l'ensemble de leurs activités en un seul secteur relevant de la TVA de droit commun (voir n°s 74350 s.).

IV. SECTEUR HIPPIQUE

Nous consacrerons la première partie de cette étude aux **activités équestres** (exploitation de chevaux de course, centres équestres, activités diverses liées au cheval : nos 74860 s.) puis nous examinerons les règles applicables aux copropriétés ou **syndicats d'étalons** (nos 75160 s.). 74840

A. Activités équestres

Les activités de préparation et d'entraînement des équidés domestiques en vue de leur exploitation (à l'exclusion des activités de spectacles) constituent des **activités de nature agricole.** Tel est notamment le cas (BOI-TVA-SECT-80-10-30-30 nos 10 à 40) : 74860

– des activités d'**entraînement,** de **préparation** (prédébourrage, dressage, etc.) et de **prise en pension de chevaux de course** exercées, ensemble ou séparément, par les éleveurs, les propriétaires ou les entraîneurs ;

– des activités d'**enseignement de l'équitation** (voir également no 75110), de **prise en pension** de chevaux, de **location d'équidés** quelle que soit leur finalité (promenades, randonnées, travail, etc.), de **dressage** (débourrage notamment) et d'**entraînement de chevaux** exercées par les **centres équestres,** les éleveurs, les agriculteurs ou les cavaliers professionnels.

Ces activités sont en règle générale soumises à la TVA selon les modalités du régime agricole (**RSA** de plein droit ou sur option).

À défaut d'être soumis au RSA, les exploitants concernés relèvent du **remboursement forfaitaire** agricole. Toutefois, les activités équestres constituent des prestations de services, non éligibles audit remboursement (no 73080).

Les opérations se rapportant aux équidés (l'entraînement, le prédébourrage, le débourrage, le dressage, les prises en pension, les locations d'équidés à des fins de promenades ou de randonnée, etc.) relèvent en principe du **taux** normal de la TVA. 74865

Le taux réduit ou le taux intermédiaire sont toutefois applicables à certaines opérations portant sur les chevaux (voir no 75080 et no 74900, précisions b et d, concernant notamment les ventes de chevaux).

Nous examinerons successivement les règles de TVA applicables au domaine très particulier des chevaux de course (nos 74890 s.), aux centres équestres (nos 75080 s.) et à diverses autres activités liées au cheval (nos 75100 s.). 74870

1. EXPLOITATION DES CHEVAUX DE COURSE

a. Situation au regard de la TVA des différents intervenants

Plusieurs types d'acteurs interviennent dans ce secteur d'activité : l'**éleveur,** le **propriétaire** et l'**entraîneur,** étant entendu que la même personne peut cumuler deux, voire trois, de ces qualités. 74890

ÉLEVEURS ET PROPRIÉTAIRES ÉLEVEURS

L'élevage de tous animaux et notamment d'équidés constitue, par nature, une activité de **caractère agricole.** Le caractère agricole de l'activité n'est pas remis en cause par le fait que l'éleveur engage ses chevaux dans des épreuves hippiques. 74900

Par ailleurs, en matière de TVA, il est admis, de façon générale, que les opérations d'**élevage d'animaux appartenant à des tiers** relèvent du régime de la TVA agricole (no 69640). Cette situation se rencontre lorsque des propriétaires (exploitants agricoles ou non) confient des chevaux à des exploitants agricoles en vue de la réalisation exclusive d'opérations agricoles : élevage, saillie, etc.

Dans ce cas, l'exploitant agricole qui effectue les opérations matérielles d'élevage, mais aussi le propriétaire de l'animal, relèvent du régime de la TVA agricole (BOI-TVA-SECT-80-10-30-10 no 10).

> Précisions a. L'éleveur de chevaux de course est, comme les autres exploitants agricoles, soit assujetti à la TVA selon le RSA (de plein droit ou sur option), soit soumis au régime du remboursement forfaitaire agricole.

S'agissant de l'imposition au RSA à raison des recettes, on rappelle qu'il doit être fait abstraction dans certains cas, pour l'appréciation du seuil de 46 000 €, des recettes dégagées par la cession de chevaux de course (no 69875, d).

b. Les **ventes de chevaux** et les commissions y afférentes sont, en principe, soumises au taux normal de la TVA. Toutefois, les ventes de chevaux (y compris de poulains vivants) sont soumises au taux réduit lorsqu'elles sont effectuées au profit d'assujettis et immédiatement destinés à la boucherie ou à la charcuterie (nos 40400 s.) et au taux intermédiaire lorsque les chevaux sont utilisés dans la production agricole (voir le tableau figurant au no 41845). Par ailleurs, lorsqu'elles sont réalisées au profit de personnes non assujetties à la TVA ou d'exploitants soumis au régime du remboursement forfaitaire agricole, les ventes de chevaux immédiatement destinés à la boucherie ou à la charcuterie peuvent bénéficier du taux de 2,10 % (no 71580).

c. Les chevaux de course détenus par des éleveurs ne constituent pas, en principe, des immobilisations, mais des **biens en stock** dont la vente est passible de la TVA.

Toutefois, les éleveurs peuvent considérer comme des **immobilisations** amortissables les chevaux mis à l'entraînement et âgés de deux ans au moins au sens de la réglementation des courses ainsi que les chevaux affectés exclusivement à la reproduction (no 71750). Si cette faculté est exercée, la cession des chevaux est également soumise à la TVA dans la mesure où ces derniers ont ouvert droit à déduction complète ou partielle de la taxe lors de leur achat, acquisition intracommunautaire, importation, ou livraison à soi-même (BOI précité nos 130 et 140).

d. Le prix de vente d'un **cheval ayant une carrière mixte de reproduction et de course** doit être ventilé entre la part du prix représentative de la carrière de reproducteur soumise au taux intermédiaire (voir le tableau figurant au no 41845) et la part du prix représentative de la carrière de coureur soumise au taux normal. Cette ventilation doit être déterminée de manière simple et économiquement réaliste, sous la responsabilité du vendeur et sous réserve du droit de contrôle de l'administration. À défaut d'une telle ventilation, le prix doit être soumis dans sa totalité au taux normal (BOI précité no 140).

PROPRIÉTAIRES NON ÉLEVEURS

74910 Il convient d'opérer la distinction suivante :

– les **propriétaires non éleveurs, non entraîneurs,** qu'ils exercent ou non leur activité à titre professionnel au sens de l'impôt sur le revenu, n'ont pas à soumettre à la TVA le montant des gains de course soumis à un aléa perçus à l'occasion des compétitions hippiques (no 74950). Les propriétaires ayant la **qualité d'assujetti** à la TVA ont toutefois la possibilité de déduire les montants de taxe grevant les dépenses engagées dans le cadre de leur activité économique, dans les conditions exposées au no 74960 ;

– les **particuliers, propriétaires de chevaux de course,** qui confient leurs chevaux à un entraîneur en vue de la compétition, réalisent des opérations situées hors du champ d'application de la TVA. Ils ne sont pas autorisés à récupérer la TVA qui grève les dépenses d'achat ou d'entretien du cheval et, n'ayant pas la qualité d'agriculteur, ils ne peuvent pas bénéficier du régime du remboursement forfaitaire (BOI-TVA-SECT-80-10-30-10 no 30).

ENTRAÎNEURS

74920 Les **activités d'entraînement,** de préparation (débourrage, dressage, etc.) et de **prise en pension** d'équidés destinés à être engagés dans des courses (trot, galop, etc.), exercées ensemble ou séparément par les **entraîneurs publics** (qui sont des professionnels indépendants titulaires d'une licence attribuée par les sociétés mères de course), sont soumises au régime de la TVA agricole au taux normal (BOI-TVA-SECT-80-10-30-20 no 20).

> **Précisions** Les **frais accessoires à la pension** (soins vétérinaires, tonte des chevaux, maréchalerie, transport, etc.) suivent les règles applicables à celle-ci lorsqu'ils sont compris dans le prix global réclamé au titre de la pension. Lorsqu'ils ne sont pas compris dans le prix global, les remboursements perçus à ce titre ne sont pas à soumettre à la TVA si les conditions d'application du régime des débours sont remplies (nos 36350 s.). Si tel n'est pas le cas, la refacturation de ces frais au propriétaire peut suivre le régime de la TVA agricole et relever du taux normal s'ils s'inscrivent bien dans le cadre de l'activité d'entraînement, de préparation ou de la pension des équidés. En tout état de cause, ces frais lorsqu'ils sont facturés à l'entraîneur restent soumis au taux qui leur est propre (BOI-TVA-SECT-80-10-30-50 no 60).
> Concernant la **location de boxes,** voir no 75100.

JOCKEYS ET DRIVERS

74930 Les jockeys et drivers de chevaux de course au trot perçoivent de la part du propriétaire du cheval une somme forfaitaire appelée **monte-jockey** ainsi que, le cas échéant, une quote-part des sommes versées au propriétaire par la société de course.

Seules les sommes correspondant à la monte jockey sont soumises à la TVA au taux normal, à l'exclusion de la **quote-part relative aux gains** perçus par le propriétaire (voir nos 74950 s.) (BOI-TVA-SECT-80-10-30-50 no 80).

b. Gains de course

Les sommes versées par les sociétés de course au titre des gains de course soumis à un **aléa lié au classement du cheval lors de la course** n'ont pas à être soumises à la TVA entre les mains des personnes qui les perçoivent, nonobstant leur statut au regard de la taxe. 74950

Ainsi, n'ont pas à être soumis à la TVA les gains de course perçus par :

– les propriétaires de chevaux de course, qu'ils soient ou non assujettis à la TVA ;

– les entraîneurs et/ou éleveurs de chevaux de course pour la quote-part de gains de course qui leur reviendrait, notamment dans le cadre de contrats de location de carrière ou de contrats de pension et d'entraînement ;

– les jockeys et drivers de chevaux de course pour la quote-part de gains de course qui leur reviendrait (BOI-TVA-SECT-80-10-30-20 nos 30 à 50).

Tel est également le cas des **indemnités versées** par les sociétés de course **aux propriétaires** de chevaux **pour le transport de leurs chevaux à l'hippodrome** pour participer aux courses dès lors que leur versement est soumis au même aléa (BOI précité n° 50).

Les **gains de concours hippiques** ne sont pas non plus imposables à la TVA.

> **> Précisions** La mise à disposition d'un cheval par son propriétaire demeure en revanche soumise à la TVA lorsqu'elle donne lieu au versement, par l'organisateur, d'une **rémunération** (cachet de participation, par exemple) **indépendante du classement du cheval** à l'arrivée de la course (en ce sens, CJUE 10-11-2016 aff. 432/15 : RJF 2/17 n° 203).

La circonstance que les gains de course ne sont pas taxés à la TVA (n° 74950) est sans incidence sur les **droits à déduction** des personnes qui les perçoivent, lorsqu'elles sont, par ailleurs, assujetties à la TVA. La déduction de la taxe grevant leurs dépenses s'opère dans les conditions de droit commun. 74960

Notamment, la TVA grevant les **dépenses supportées par un assujetti** au titre de la **préparation et de la participation de chevaux à des courses** hippiques est déductible dès lors que ces dépenses, à défaut d'entretenir un lien direct et immédiat avec une ou plusieurs opérations d'aval soumises à la TVA, font partie de ses **frais généraux** (voir nos 50940 s.) et sont, en tant que tels, des éléments constitutifs du prix des biens ou des services qu'il fournit. De tels coûts entretiennent, en effet, un lien direct et immédiat avec l'ensemble de son activité économique (BOI-TVA-SECT-80-10-30-20 n° 60).

c. Sociétés de course

Les sociétés de course **organisatrices des épreuves** doivent soumettre à la TVA leurs recettes (prélèvements sur les paris, entrées des spectateurs, locations diverses, etc.). 75040

Toutefois, une **décision ministérielle** du 20 octobre 1986 **exonère les droits d'entrée et forfaits** versés aux sociétés organisatrices par les propriétaires au moment de l'engagement de leur cheval dans une épreuve (BOI-TVA-SECT-80-10-30-20 n° 180).

Pour améliorer la dotation de certaines épreuves, les propriétaires peuvent effectuer des versements en sus des « entrées et forfaits ». L'ensemble de ces versements constitue la « **poule de propriétaires** » qui est répartie en totalité par la société de course entre les trois premiers chevaux classés à l'arrivée selon des proportions fixées à l'avance. 75045

La **société de course,** qui n'a pas la disposition des sommes collectées et ne perçoit aucune rémunération pour son intervention, **n'a pas à comprendre les versements** effectués par les propriétaires **dans sa propre base** d'imposition à la TVA.

Les **sommes reçues par les propriétaires** des trois premiers chevaux classés et provenant de la poule des propriétaires suivent le **régime fiscal des gains de course** (voir nos 74950 s.) (BOI-TVA-SECT-80-10-30-20 nos 190 à 210).

2. CENTRES ÉQUESTRES

Les centres équestres, qui ont pour vocation principale la pratique de l'équitation auprès de tout public, sont exploités sous des **formes juridiques diverses** (exploitation individuelle, société, association, etc.). 75080

Ils exercent essentiellement des **activités d'animation et d'enseignement** de l'équitation, de participation et d'**organisation de compétitions,** de randonnées, de **location** et de **prise en pension d'équidés.** Ils peuvent se livrer également à des opérations de dressage ou d'entraînement de chevaux en vue de leur exploitation dans des courses ou des compétitions équestres, de vente ou de commission sur ventes de chevaux.

75080 (suite) En outre, ils réalisent des **ventes** de denrées alimentaires, de fumier, d'objets nécessaires à la pratique de l'équitation, des **prestations** de **transport** de chevaux, des prestations de **restauration** ou d'**hébergement.**

Le **régime de TVA** applicable à ces **différentes opérations** est le suivant (BOI-TVA-SECT-80-10-30-30 n°s 5 s. et, pour les taux applicables, BOI-TVA-SECT-80-10-30-50 n°s 10 s.) :

Nature des opérations	Taux applicable	Régime de TVA
Activités dites « de préparation » :		
Activités d'enseignement, d'animation et d'encadrement de l'équitation telles que définies par l'article L 212-1 du Code du sport	Taux normal	Régime agricole
Entraînement, préparation (prédébourrage, débourrage et dressage) d'équidés destinés à être utilisés dans le cadre des activités susmentionnées	Taux normal	Régime agricole
Prise en pension d'équidés destinés à être utilisés dans le cadre des activités susmentionnées	Taux normal	Régime agricole
Location d'équidés à des fins de promenades ou de randonnées réalisées dans les conditions ci-dessus	Taux normal	Régime agricole
Entraînement, préparation et dressage de chevaux dans la perspective de leur engagement dans des courses (trot, galop, etc.)	Taux normal	Régime agricole
Accès au centre à des fins d'utilisation des installations sportives des établissements équestres (manège, carrière, écurie et équipements sportifs recensés) [1 et 2]	Taux réduit	Régime agricole
Animations, activités de démonstration et visites des installations sportives aux fins de découverte et de familiarisation avec l'environnement équestre (à l'exclusion des activités de spectacle) [1]	Taux réduit	Régime agricole
Ventes de chevaux [3] et commissions y afférentes :		
Ventes de chevaux utilisés dans la production agricole [4]	Taux intermédiaire	Régime agricole
Ventes de chevaux immédiatement destinés à la boucherie ou à la charcuterie à des assujettis	Taux réduit	Régime agricole
Ventes de chevaux immédiatement destinés à la boucherie ou à la charcuterie au profit de non-assujettis ou d'exploitants soumis au régime du remboursement forfaitaire agricole	Taux spécifique de 2,1 %	Régime agricole
Autres ventes de chevaux	Taux normal	Régime agricole
Ventes de **fumier** et de **paille**	Taux intermédiaire	Régime agricole
Autres ventes (denrées alimentaires, objets divers, etc.)	Taux propre au produit	Régime général [5]
Location d'**objets divers** aux cavaliers	Taux propre à la prestation	Régime général [5]
Prestations de **restauration** et d'**hébergement, spectacles**	Taux propre à la prestation	Régime général [5]

1. Ces activités sont totalement distinctes des opérations exclues du champ d'application du taux réduit (notamment l'enseignement de l'équitation, les prises en pension, le dressage, les ventes d'équidés, les locations d'équidés à des fins de promenade ou de randonnées, etc.) et font donc l'objet d'une facturation spécifique (BOI-TVA-SECT-80-10-30-50 n° 20).
2. Le droit d'accès est facturé en prenant en compte les charges subies par l'entreprise. À titre pratique, la part des prestations soumises au taux réduit peut être estimée forfaitairement à 50 % du chiffre d'affaires des prestations en cause, les assujettis pouvant également retenir un taux supérieur s'ils sont en mesure d'établir que la part de leurs coûts afférente aux prestations soumises au taux de 5,5 % excède cette proportion. Le droit d'accès est donc toujours considéré comme étant une opération distincte et indépendante, au sens de l'article 257 ter du CGI (n°s 1280 s.), des autres prestations avec lesquelles il est commercialisé (BOI précité n° 20).
3. Ces précisions concernent également les cessions de poulains (voir le tableau figurant au n° 41845 ; en ce sens également, BOI précité n° 90).
4. Sur les autres opérations et activités portant sur les équidés destinés à être utilisés dans la production agricole et relevant du taux intermédiaire, voir le tableau figurant au n° 41845.
5. Ces activités accessoires assurées par des centres équestres qui ont une activité agricole peuvent être soumises à la TVA selon les modalités du régime agricole si le montant des recettes qu'elles génèrent ne dépasse pas les limites fixées par l'article 298 bis, III bis du CGI (n°s 74130 s.) (BOI-TVA-SECT-80-10-30-30 n° 70).

Remarque : Les **centres** équestres **exploités sous forme associative** dont le caractère non lucratif est établi en application des dispositions de l'article 261, 7 du CGI ne sont pas soumis à la TVA (n°s 11180 s.) (BOI-TVA-SECT-80-10-30-30 n° 80).

3. ACTIVITÉS DIVERSES

LOCATION DE BOXES

75100 Les locations de boxes, sans entretien du cheval, ne constituent pas des opérations de prise en pension mais des opérations de **mise à disposition de locaux** spécialement **aménagés** soumises de plein droit à la TVA au **taux normal,** quelle que soit la qualité de celui qui loue les boxes. Elles ne revêtent donc pas un caractère agricole (BOI-TVA-SECT-80-10-30-50 n° 60).

LEÇONS D'ÉQUITATION

75110 Les leçons ou cours d'équitation demeurent exonérés de la TVA conformément aux dispositions de l'article 261, 4-4°-b du CGI (nos 8420 s.) s'ils sont **dispensés par une personne physique** rémunérée directement par ses élèves **sans le concours de salariés** participant à l'enseignement (BOI-TVA-SECT-80-10-30-50 n° 60).

OPÉRATIONS DES COURTIERS EN SAILLIES

75120 Les opérations de courtiers en saillies sont soumises au **taux** normal de la TVA (BOI-TVA-SECT-80-10-30-50 n° 90 ; BOI-TVA-SECT-80-10-10 n° 50).

En ce qui concerne les saillies attribuées dans le cadre d'une copropriété ou d'un syndicat d'étalons, voir nos 75160 s.

TRAVAUX RÉALISÉS AU MOYEN D'UN ÉQUIDÉ

75130 Les recettes provenant de travaux réalisés **par un exploitant agricole** au moyen d'un équidé suivent le régime qui leur est propre. À cet égard, il est rappelé que les recettes provenant des travaux de débardage relèvent du taux intermédiaire de la TVA s'ils sont réalisés au profit d'exploitants agricoles (nos 71480 s.). De la même manière, les travaux réalisés dans les vignes, s'ils consistent en des travaux de préparation des sols, constituent des travaux à façon soumis au taux réduit ou au taux intermédiaire selon le produit obtenu (nos 71380 s.) (BOI-TVA-SECT-80-10-30-50 n° 40 ; BOI-TVA-SECT-80-70 n° 100).

B. Copropriétés ou syndicats d'étalons

75160 Les copropriétés ou syndicats d'étalons sont constitués par des personnes (éleveurs ou non de chevaux) qui acquièrent la **propriété en commun** d'un étalon.

L'étalon est représenté par des parts. Chaque porteur de parts se réserve la propriété d'un ou plusieurs droits de saillie. Il participe en outre au partage des charges et des recettes résultant des opérations communes.

Les saillies attribuées par le syndicat se répartissent de la manière suivante :

– les **saillies individuelles,** qui reviennent de droit à chacun des copropriétaires à raison des parts détenues dans la copropriété et dont il peut disposer librement ;

– les **saillies dites gratuites,** accordées en contrepartie de certaines prestations rendues à la copropriété (ex. : saillie gratuite au profit du haras de stationnement dans lequel l'étalon est mis en pension) ou sans aucune contrepartie à des organismes professionnels représentatifs des intérêts généraux des éleveurs ;

– les **saillies supplémentaires,** commercialisées par le syndicat d'étalons auprès de tiers (BOI-TVA-SECT-80-10-30-40 nos 1 et 10).

1. RÈGLES APPLICABLES AUX SYNDICATS D'ÉTALONS

75170 Pour ce qui concerne la TVA, il convient de considérer que le syndicat d'étalons est doté d'une **personnalité propre distincte** de celle de ses membres et de son gérant pour les saillies mises en commun (saillies supplémentaires et gratuites), qu'il soit organisé sous la forme d'une indivision ou d'une société en participation (BOI-TVA-SECT-80-10-30-40 n° 20).

RÉGIME D'IMPOSITION

75180 Les **saillies** revêtent un **caractère agricole** pour l'application des règles de TVA. Les syndicats d'étalons relèvent donc du régime de TVA applicable aux exploitants agricoles.

Ils sont obligatoirement imposables selon le RSA lorsque le montant moyen de leurs recettes agricoles calculé sur deux années civiles excède le seuil de 46 000 € (nos 69750 s.). Pour l'appréciation de ce seuil, les recettes à retenir s'entendent de toutes les sommes encaissées par le syndicat d'étalons en contrepartie de ses opérations agricoles (ex : produit des saillies supplémentaires), augmentées de la valeur des saillies dites gratuites déterminée dans les conditions fixées au no 75200, précisions (BOI-TVA-SECT-80-10-30-40 no 40).

Les syndicats d'étalons qui ne sont pas soumis de plein droit au RSA peuvent **opter** pour ce régime dans les conditions exposées aux nos 70460 s.

En revanche, ils ne peuvent **pas** bénéficier du **remboursement forfaitaire** agricole à raison des opérations de saillie qui sont considérées comme des opérations à façon (BOI précité no 50).

75185 Les **activités non agricoles** réalisées le cas échéant par le syndicat d'étalons sont normalement imposées à la TVA selon le **régime général.** Elles forment un **secteur d'activité distinct** au sein de l'activité agricole (no 75220).

Toutefois, lorsque ces **activités** ne présentent qu'un **caractère accessoire** aux activités agricoles (nos 74130 s.), elles peuvent être rattachées aux activités agricoles imposées selon le RSA (BOI-TVA-SECT-80-10-30-40 no 60).

OPÉRATIONS SOUMISES À LA TVA

75200 Sont soumises à la TVA au taux intermédiaire, dès lors qu'elles sont toujours considérées comme des travaux à façons réalisés dans le cadre d'une production agricole (no 71390, précision b) :

– les **saillies supplémentaires** ;

– les **saillies dites gratuites.** Lorsqu'elles sont la contrepartie d'une prestation de services rendue à la copropriété, elles s'analysent comme un **échange de services** dont chaque terme doit être soumis à la TVA. Lorsqu'il s'agit de saillies attribuées à des tiers au syndicat d'étalons sans aucune contrepartie, elles sont taxables au titre des **prestations à soi-même** dans les conditions exposées aux nos 14430 s. (BOI-TVA-SECT-80-10-30-40 nos 65 à 90).

> **Précisions** Les règles relatives à la **base d'imposition** des **saillies gratuites** sont les suivantes.
> **a.** S'agissant des saillies gratuites qui sont la **contrepartie** d'un **service rendu à la copropriété,** la base d'imposition est normalement constituée par le prix du marché. Toutefois, il est admis que le prix retenu au titre de ces saillies soit égal à :
> – 65 % du prix du marché si le prix de la saillie est stipulé « jument pleine au 1er octobre » ;
> – 60 % du prix du marché si le prix de la saillie est stipulé « foal vivant », étant rappelé que les poulains sont appelés « foals » jusqu'au 31 décembre de leur année de naissance (BOI précité no 130).
> **b.** S'agissant des **saillies gratuites attribuées à des tiers,** la base d'imposition correspond à la valeur hors TVA des biens autres que les immobilisations et des services, nécessités pour la réalisation de la prestation, et qui ont ouvert droit à déduction totale ou partielle au titre de la TVA acquittée en amont.
> Cette base est augmentée de l'amortissement linéaire de l'étalon correspondant à la durée d'utilisation de celui-ci à des fins étrangères à la copropriété ou au syndicat d'étalons. Cette durée d'utilisation est en pratique donnée par le rapport entre le nombre de saillies gratuites et le nombre total de saillies (BOI précité no 140).
> Concernant le droit à déduction, voir no 75225.

OPÉRATIONS NON IMPOSABLES À LA TVA

75205 Ne sont pas imposables à la TVA chez le syndicat :

– les **saillies individuelles,** qui reviennent de droit à chacun des copropriétaires (en revanche, chaque copropriétaire impose à la TVA les sommes perçues des tiers en contrepartie de ces saillies : voir no 75270) ;

– les **mouvements financiers internes** au syndicat d'étalons effectués dans le cadre du contrat de société et conformément aux conventions conclues entre les parties. Tel est le cas des mouvements financiers relatifs à la **répartition des dépenses** (prix de pension, frais d'entretien de l'étalon, etc.) ou à l'**attribution des bénéfices** ou des pertes ;

– les **gains de courses** dont le versement est soumis à un aléa (no 74950) (BOI-TVA-SECT-80-10-30-40 no 100).

75210 **Remarque** : Les sommes perçues en contrepartie des **saillies individuelles mises en pool** entrent dans la base d'imposition à la TVA des porteurs de parts participant à la mise en commun (BOI-TVA-SECT-80-10-30-40 no 100).

EXEMPLE

Dix copropriétaires se réunissent au sein d'un syndicat d'étalons. Chacun a droit à une saillie individuelle. Cinq d'entre eux décident de « mettre en pool » leurs saillies individuelles, à charge pour le syndicat de les vendre.
Le produit de ces saillies sera alors réparti entre les cinq copropriétaires, et taxable à la TVA pour 1/5e au nom de chacun d'eux.

DROITS À DÉDUCTION

75220 Le syndicat exploite l'étalon, copropriété de ses membres, soit au sein d'une **indivision,** soit au sein d'une **société en participation.**

Dans les deux hypothèses, les opérations liées à cette exploitation qui sont réalisées au sein du syndicat doivent être érigées en un **secteur d'activité distinct** des activités propres des membres du syndicat ou de son gérant.

Le syndicat d'étalons exerce au sein du secteur distinct d'activité ainsi constitué et dans les conditions de droit commun le droit à déduction de la TVA afférente à l'ensemble des biens et services nécessaires à l'exploitation conjointe de l'étalon sous réserve des précisions apportées au n° 75270 (BOI-TVA-SECT-80-10-30-40 n° 180).

75225 L'imposition à la TVA des **prestations de services à soi-même** correspondant aux **saillies dites gratuites** permet notamment au syndicat d'étalons de récupérer la totalité de la TVA grevant ses dépenses de pension et d'entretien de l'étalon.

En revanche, la taxe exigible au titre de l'imposition des prestations de services à soi-même n'est **jamais déductible** par le syndicat (BOI-TVA-SECT-80-10-30-40 n° 180).

OBLIGATIONS

75240 L'obligation de **facturation** s'applique notamment aux **ventes de saillies supplémentaires** et aux **saillies dites gratuites** attribuées en contrepartie de prestations de services rendues au syndicat. Les mentions qui doivent figurer sur les factures sont celles exigibles en application du droit commun (n°s 46100 s.).

En raison des usages particuliers de l'agriculture, il est admis que les clients du syndicat d'étalons puissent **rédiger matériellement** les factures que ces derniers doivent établir (voir les conditions requises aux n°s 72220 s.) (BOI-TVA-SECT-80-10-30-40 n° 190).

75245 Les opérations réalisées par le syndicat sont en principe **déclarées par l'un des copropriétaires** désigné de la société en participation ou de l'indivision, en même temps que ses propres affaires.

Toutefois, dès lors que les **activités** du syndicat **ont un certain caractère de permanence,** la souscription d'une **déclaration séparée** regroupant les seules opérations du syndicat est possible. Il appartient au copropriétaire désigné de souscrire au nom du syndicat une déclaration de création d'entreprise ou d'activité et de souscrire les déclarations de TVA sur lesquelles il détermine la taxe afférente aux opérations réalisées par le syndicat au titre de l'exploitation de l'étalon. Il peut également solliciter, suivant les procédures de droit commun, la **restitution des crédits** de TVA non imputables qui, le cas échéant, seront dégagés (BOI-TVA-SECT-80-10-30-40 n° 200).

2. RÉGIME DE TVA DES COPROPRIÉTAIRES

75270 Les copropriétaires, membres du syndicat d'étalons, peuvent être des **particuliers** ou des **professionnels** tels que des exploitants agricoles redevables ou non de la TVA.

Les sommes perçues en contrepartie des saillies individuelles ou des cessions d'un droit à l'exécution de la saillie entrent dans la **base d'imposition** à la TVA des porteurs de parts propriétaires des droits de saillies individuelles (en ce qui concerne les saillies individuelles mises en pool, voir n° 75210).

Les copropriétaires peuvent, à ce titre, opérer la **déduction de la TVA** afférente, le cas échéant, à la quote-part des dépenses dont le remboursement leur a été réclamé par le syndicat d'étalons.

La justification de ce droit à déduction suppose la **reddition de compte** aux copropriétaires et la justification de la nature et du montant exact des débours.

Bien évidemment, le syndicat n'exerce lui-même aucun droit à déduction de la taxe afférente, le cas échéant, aux dépenses ainsi remboursées par les copropriétaires (BOI-TVA-SECT-80-10-30-40 n°s 220 à 240).

V. GROUPEMENTS AGRICOLES

75330 Nous examinons la situation au regard de la TVA des groupements et organismes coopératifs ou professionnels suivants :

- groupements agricoles d'exploitation en commun (Gaec) ;
- coopératives agricoles (y compris les coopératives d'utilisation de matériel agricole et les coopératives d'insémination artificielle) ;

- sociétés d'intérêt collectif agricole (Sica) ;
- groupements de producteurs ;
- groupements d'intérêt économique.

A. Groupements agricoles d'exploitation en commun (Gaec)

75340 En matière de TVA, il n'existe **pas de régime spécial** pour les Gaec. Comme la généralité des exploitants agricoles, ils peuvent donc, s'ils ne sont pas obligatoirement redevables de la TVA (en fonction de leurs recettes notamment), opter pour leur imposition à la TVA.

À défaut d'imposition obligatoire ou d'option, les Gaec bénéficient du régime du remboursement forfaitaire.

On trouvera aux nos 75350 s. les **diverses précisions et solutions** données pour l'application aux Gaec du régime simplifié de l'agriculture.

ASSUJETTISSEMENT EN FONCTION DES RECETTES

75350 Pour les **Gaec dont tous les associés participent effectivement et régulièrement à l'activité du groupement** par leur travail personnel, la moyenne des recettes, calculée sur deux années civiles consécutives, constituant le seuil d'assujettissement obligatoire à la TVA est fixée à 60 % de la limite prévue pour les exploitants individuels (soit 46 000 € × 60 % = 27 600 €), multipliée par le nombre d'associés. Toutefois, elle est égale à la limite prévue pour les exploitants individuels (soit 46 000 €) multipliée par le nombre d'associés lorsque la moyenne des recettes du groupement est inférieure ou égale à 138 000 € (CGI art. 298 bis, II-5°).

Les **limites à retenir** en application de ces dispositions sont les suivantes.

Niveau des recettes	Nombre d'associés	Seuil d'assujettissement obligatoire à la TVA
Gaec dont la moyenne des recettes est inférieure ou égale à 138 000 €	Un associé	46 000 €
	Deux associés	92 000 € (46 000 × 2)
	Trois associés	138 000 € (46 000 × 3)
	Plus de trois associés	Non assujetti
Gaec dont la moyenne des recettes est supérieure à 138 000 €	Un à cinq associés	138 000 € (27 600 × 5)
	Six associés	165 600 € (27 600 × 6)
	N associés	27 600 € × N

OPTION POUR L'IMPOSITION À LA TVA

75360 Dès lors que les Gaec ont une **personnalité juridique distincte** de leurs membres, ils peuvent, en tant que tels, **formuler une option** pour leur imposition à la TVA d'après le régime simplifié de l'agriculture (BOI-TVA-SECT-80-20-10 n° 120).

Cette option peut être formulée lors de l'accomplissement des obligations déclaratives et liquidatives qu'elle entraîne (paiement et déclaration pour la première fois de la TVA : voir n° 70500).

DÉDUCTIONS

75370 **Biens mis à la disposition d'un Gaec** Les biens qu'un agriculteur met à la disposition gratuite d'un Gaec, en dehors de toute opération d'apport, **n'ouvrent pas un droit à déduction** au profit du Gaec même dans le cas où ce groupement est redevable de la TVA.

Cependant, les **Gaec qui utilisent exclusivement des biens mis à leur disposition par certains de leurs membres** peuvent opérer la déduction de la TVA qui a grevé les frais de réparation de ces biens lorsqu'ils en supportent la charge (D. adm. 3 I-1341 nos 17 et 13, non reprise au Bofip mais dont la solution nous semble conserver sa valeur).

75380 **Régularisations en cas d'apport à un Gaec** Les exploitants qui apportent tout ou partie de leurs immobilisations à un Gaec assujetti peuvent bénéficier de la **dispense de taxation et de régularisation** prévue en cas de transmission d'une universalité de biens dans les conditions prévues aux nos 71840 s. (en ce sens, BOI-TVA-SECT-80-30-40 n° 160).

B. Coopératives agricoles

Les coopératives agricoles de production, de transformation, de conservation et de vente de produits agricoles sont soumises à la TVA de droit commun. 75420

Les coopératives d'insémination artificielle (CIA) et d'utilisation de matériel (Cuma) sont soumises, pour leur part, de plein droit au RSA pour les prestations de services rendues à leurs sociétaires (CGI art. 298 bis, II-7°) et au régime général de la TVA pour leurs autres opérations.

Enfin, les coopératives qui commercialisent des animaux sont imposables selon le régime simplifié de la TVA agricole de même que les coopératives ayant pour objet l'activité agricole.

1. COOPÉRATIVES AGRICOLES SOUMISES AU RÉGIME DE DROIT COMMUN

Les opérations réalisées par les coopératives et leurs unions, ainsi que par les coopératives de production, de transformation, de conservation et de vente de produits agricoles relèvent du régime de droit commun de la TVA. 75430

Des règles particulières sont cependant prévues en ce qui concerne les livraisons par les coopératives à leurs unions (n° 75440) et les rétrocessions de produits et opérations assimilées (nos 75460 s.).

a. Livraisons par les coopératives agricoles à leurs unions

Les coopératives agricoles qui livrent des produits à leurs unions reçoivent généralement un acompte sur le prix, mais le règlement définitif, établi en fonction du prix de vente par l'union, n'intervient qu'après cette vente. Ainsi, les coopératives, qui doivent acquitter la TVA dès la livraison, ne sont pas toujours en mesure de déclarer la valeur exacte de leurs apports. 75440

Pour pallier cette difficulté, l'administration admet que la **taxe** soit **calculée provisoirement sur la base d'un prix minimum.** Celui-ci ne saurait être inférieur à celui qui est retenu pour la fixation des acomptes ou pour le warrantage des marchandises. Le complément d'impôt doit être acquitté dès que la valeur de l'apport est connue (BOI-TVA-BASE-10-20-10 n° 440).

b. Rétrocessions et opérations assimilées

Les agriculteurs qui livrent les produits agricoles à des **entreprises de transformation, coopératives agricoles ou entreprises privées,** peuvent recevoir en contrepartie des produits élaborés. 75460

On distingue, pour l'application de la TVA, les rétrocessions pour les besoins de la consommation familiale (nos 75470 s.), les rétrocessions pour les besoins de l'exploitation (n° 75510) et les rétrocessions de vins destinées à être fournies à titre de complément de salaires (n° 75520).

RÉTROCESSIONS POUR LES BESOINS DE LA CONSOMMATION FAMILIALE

Un régime particulier s'applique en faveur des rétrocessions faites en vue des besoins de la consommation familiale, cette expression désignant les besoins de consommation de toutes les **personnes vivant et travaillant dans l'exploitation agricole,** c'est-à-dire l'exploitant, les membres de sa famille et les salariés avec lesquels ils prennent leurs repas en commun. Par contre, en sont exclus les membres de la famille de l'exploitant qui travaillent à l'extérieur de l'exploitation (BOI-TVA-SECT-80-30-20-20 n° 130). 75470

Rétrocessions aux sociétaires Les rétrocessions faites par les coopératives à leurs sociétaires sont soumises au régime défini pour les cessions faites par les entreprises privées à leurs fournisseurs agriculteurs (nos 75490 s.). 75480

Cessions des entreprises privées à leurs fournisseurs Les **ventes** faites à des exploitants agricoles (redevables ou non de la TVA), pour leur consommation familiale, de produits fabriqués par des entreprises de transformation à partir de produits agricoles fournis par ces agriculteurs sont imposées sur une **base réduite.** 75490

En application de l'article 267 bis du CGI, cette base est constituée par la **différence** entre la **valeur des produits fabriqués** et celle des **produits** correspondants **fournis** par les agriculteurs concernés. Ces valeurs s'entendent tous frais et taxes compris à l'exclusion de la **TVA et** des **prélèvements** de toute nature assis **en addition à cette taxe** et suivant les mêmes règles que celle-ci.

Le taux applicable est celui du produit obtenu (BOI-TVA-SECT-80-30-20-20 n° 140).

75495 Les **livraisons de produits** effectuées par les exploitants agricoles dans le cadre de ces rétrocessions ne sont **pas imposables,** même si ces exploitants sont redevables de la TVA. En conséquence, aucun agriculteur n'est en droit de faire figurer la TVA sur les factures correspondant à ces fournitures et, corrélativement, l'entreprise de transformation à laquelle une telle taxe aurait été irrégulièrement facturée ne peut la déduire (CE plén. 26-4-1985 n° 40746 : RJF 6/85 n° 852).

Remarque : Pour ces transactions, les exploitants agricoles ne versent en général aux entreprises de transformation que le « prix de façon » et ne perçoivent aucun prix pour leurs propres livraisons. Lorsque tel n'est pas le cas, il appartient aux entreprises de transformation d'indiquer aux agriculteurs la valeur, non taxable, des produits qu'ils ont livrés en vue de leur rachat après transformation ; les agriculteurs déduisent ensuite les valeurs ainsi indiquées de leurs encaissements à soumettre à la TVA ou qui donnent lieu au remboursement forfaitaire (BOI-TVA-SECT-80-30-20-20 n° 150).

75500 Pour l'administration, la réduction de la base taxable n'est pas admise si les **produits transformés** (rétrocédés ou vendus) n'ont **pas** été **fabriqués par la coopérative** qui les a collectés **ou** par l'**entreprise** qui les a achetés. Il en est ainsi même lorsque la fabrication a été opérée par une entreprise du même groupe, par une coopérative ou même par une union de coopératives qui a cédé les produits à l'entreprise qui les rétrocède ou les revend (BOI-TVA-SECT-80-30-20-20 n° 150).

Remarque : Le Conseil d'État, dans une décision antérieure à cette doctrine, avait retenu une position plus souple et considéré que la réduction de la base d'imposition pouvait s'appliquer même en cas de transformation seulement partielle par l'entreprise des produits livrés par les agriculteurs (CE 28-6-1991 n° 64783 : RJF 8-9/91 n° 1076).

RÉTROCESSIONS POUR LES BESOINS DE L'EXPLOITATION

75510 Les rétrocessions de **produits non destinés à la consommation familiale** consenties par les coopératives à leurs sociétaires, de même que les ventes, par des entreprises de transformation, de produits fabriqués à partir de produits fournis par les agriculteurs auxquels la vente est consentie, ne bénéficient d'**aucun régime fiscal de faveur** et sont donc normalement imposables sur leur prix total. En conséquence, les livraisons par les agriculteurs imposables à la TVA de produits qui leur sont ensuite rétrocédés par des coopératives ou revendus par des entreprises privées après transformation sont imposables dans les conditions de droit commun (BOI-TVA-SECT-80-30-20-20 n° 160).

> **Précisions** Ce régime d'imposition ne fait pas éventuellement obstacle à l'application du régime fiscal spécifique au **travail à façon** qui peut être appliqué tant par les coopératives que par les entreprises commerciales, dès lors que les conditions exigées pour l'octroi de ce régime sont remplies (nos 36780 s.) (BOI précité).

RÉTROCESSIONS DE VINS DESTINÉS À ÊTRE FOURNIS À TITRE DE COMPLÉMENT DE SALAIRES

75520 Les **viticulteurs imposables** à la TVA qui apportent leurs vendanges à des coopératives de vinification et à qui ces dernières cèdent une certaine quantité de vin obtenue à partir des apports effectués par leurs adhérents sont soumis au régime suivant.

Les coopératives de vinification doivent en **principe** soumettre à la **TVA** le montant total des rétrocessions de vins consenties à leurs membres redevables et que ceux-ci distribuent ensuite à leur personnel à titre de complément de salaires.

Ce principe comporte toutefois deux **exceptions** :

– **vins distribués pendant la période des vendanges** : les coopératives de vinification sont dispensées de soumettre à l'imposition la cession des vins destinés au personnel permanent ou saisonnier, mais dans la limite du maximum prévu par les conventions collectives départementales ;

– **vins consommés à la table familiale par le personnel vivant et travaillant dans l'exploitation agricole** : ces vins sont considérés comme acquis pour les besoins de la consommation familiale. La cession par la coopérative doit être soumise à la TVA mais sur une base égale à la différence entre la valeur hors taxe du vin cédé et celle hors taxe des vendanges apportées. L'apport de ces vendanges de la part du viticulteur bénéficiaire de la rétrocession est lui-même exempté de la TVA (BOI-TVA-SECT-80-30-20-20 nos 180 à 210).

> Précisions a. La **taxe facturée par les coopératives** de vinification au titre des rétrocessions imposables sur leur montant total n'ouvre **pas** droit à **déduction** chez le viticulteur. En revanche, en vue d'éviter toute distorsion par rapport aux viticulteurs qui vinifient eux-mêmes leur récolte, il est admis que puisse être déduite la taxe facturée au titre des rétrocessions imposées sur la différence entre la valeur du vin cédé et celle des vendanges apportées (BOI précité n° 220).
b. Les **rétrocessions** des vins destinés à être fournis aux employés d'un **viticulteur non imposable** à titre de compléments de salaires sont exonérées (BOI précité n° 230).

2. COOPÉRATIVES D'INSÉMINATION ARTIFICIELLE ET COOPÉRATIVES D'UTILISATION DE MATÉRIEL AGRICOLE

Les coopératives d'insémination artificielle (CIA) et les coopératives d'utilisation de matériel agricole (Cuma) sont soumises de plein droit au RSA pour les prestations de services rendues à leurs sociétaires (CGI art. 298 bis, II-7°). Elles relèvent du régime général de la TVA pour leurs autres opérations passibles de la TVA (BOI-TVA-SECT-80-40-10 n°s 40 et 50). **75550**

a. Opérations relevant du RSA

Les Cuma et les CIA bénéficient du RSA pour les opérations qu'elles réalisent conformément à leur objet au bénéfice des sociétaires et dans les limites de leur circonscription territoriale (BOI-TVA-SECT-80-40-10 n° 40). **75560**

COOPÉRATIVES D'INSÉMINATION ARTIFICIELLE

Les CIA relèvent de plein droit du RSA pour toutes les **opérations qui se rapportent à l'insémination artificielle** (contrôle de fécondité, insémination proprement dite, contrôle de fécondation, etc.) et qui sont facturées par la coopérative, pour son propre compte, à l'éleveur. **75570**
Sont également imposées selon les règles du RSA les **ventes de semences** effectuées à l'étranger par les unions de coopératives (BOI-TVA-SECT-80-40-10 n° 50) ainsi que les **prestations de services** rendues par les CIA à des **tiers** lorsqu'elles sont réalisées dans le cadre du **service universel de l'insémination** artificielle des animaux d'élevage régi par l'article L 653-15 du Code rural et de la pêche maritime (en ce sens, D. adm. 3 I-141 n° 11, non reprise au Bofip mais dont la solution nous semble conserver sa valeur).

S'agissant du **taux** applicable, les **opérations d'insémination artificielle** et les **transplantations embryonnaires** sont, comme les saillies, assimilées à des travaux à façon réalisés dans le cadre de la production agricole (n° 71390, précision b). Elles sont donc imposées au taux intermédiaire lorsque les **animaux appartiennent à des éleveurs** (BOI-TVA-SECT-80-40-10 n° 70), la circonstance que ces prestations soient réalisées par des CIA ou des vétérinaires n'ayant à cet égard aucune incidence (Rép. Leguille-Balloy : AN 27-7-2021 n° 38388). Ces opérations sont en revanche soumises au taux normal de la taxe en ce qui concerne les **animaux de compagnie.** **75575**
Les prestations et les ventes de biens qui ne sont pas directement liées aux opérations d'insémination doivent être soumises au taux normal (BOI précité n° 70).

Les CIA sont soumises aux **obligations particulières** des redevables qui effectuent des opérations portant sur des **animaux vivants de boucherie et de charcuterie** (n°s 72250 s.). **75580**

CUMA

Les Cuma relèvent de plein droit du RSA pour les **opérations** (travaux agricoles et locations de matériel agricole) **effectuées au bénéfice de leurs adhérents** ayant légalement la qualité d'associés coopérateurs et dans les limites de leur **circonscription territoriale** (BOI-TVA-SECT-80-40-10 n° 40 ; CE 27-10-1986 n° 49543 : RJF 12/86 n° 1067). **75590**

L'imposition de plein droit selon le RSA concerne les prestations de services constituant des **travaux agricoles** pour lesquels est utilisé du matériel agricole (Rép. Maille : Sén. 13-3-1973 n° 12139, non reprise au Bofip mais dont la solution nous paraît conserver sa valeur). **75595**
Sont seules concernées les opérations relevant d'une activité entrant dans l'objet normal des Cuma (cas des travaux de curage, faucardage, dragage, taille des haies, terrassement, mise en culture) (CE 27-10-1986 n° 49543 : RJF 12/86 n° 1067).

> Précisions a. L'imposition de plein droit au RSA s'applique aux travaux de réparation de matériel agricole appartenant aux adhérents.
b. La Cuma qui, contre rémunération, met du matériel agricole, avec ou sans personnel de conduite, à la disposition de ses adhérents doit être regardée comme réalisant :
– des **locations de matériel** passibles du taux normal dès lors qu'elle n'assure pas, directement ou par l'intermédiaire de ses préposés, la conduite et la responsabilité des travaux exécutés ;
– des **opérations de façon** lorsqu'elle assure la direction et la responsabilité des travaux pour autant, bien entendu, que les travaux en cause constituent des façons, le taux applicable étant alors celui du produit obtenu (BOI-TVA-SECT-80-40-10 n° 70 ; voir n°s 71360 s.).

b. Opérations relevant du régime général de la TVA

75620 Les Cuma et CIA relèvent du régime général de la TVA pour leurs opérations réalisées au profit de tiers ou **en dehors** de leur **objet statutaire ou** des limites de leur **circonscription territoriale** (BOI-TVA-SECT-80-40-10 n° 50).

COOPÉRATIVES D'INSÉMINATION ARTIFICIELLE

75630 Les opérations des CIA qui ne se rattachent pas directement à l'acte d'insémination artificielle ou de transplantation embryonnaire relèvent du régime général de la TVA et sont soumises au taux normal. Il en est ainsi par exemple pour :

– les **prestations de gardiennage des animaux** autres que celles effectuées aux fins de sélection ou de production de semence ;

– les **ventes de réactifs,** de **médicaments,** facturées séparément ou effectuées indépendamment d'opérations d'insémination artificielle réalisées sous la direction du centre (BOI-TVA-SECT-80-40-10 n° 50).

Remarque : On rappelle toutefois que certaines opérations faites par les CIA au profit de **tiers** sont imposées selon les règles du RSA (n° 75570).

CUMA

75640 Les Cuma relèvent du **régime général** de la TVA au titre notamment des opérations suivantes :

– les prestations de services qui ne constituent **pas** des **travaux agricoles** ou des locations de matériels agricoles, même effectuées au profit des adhérents (opérations de construction de bâtiments agricoles, opérations d'extraction et de broyage de craie, fabrication et vente de produits même s'ils sont à usage agricole, etc.) (BOI-TVA-SECT-80-40-10 n° 50) ;

– les **travaux** présentant un caractère agricole mais qui ne sont **pas utilisés pour des usages agricoles** (travaux de création, restauration et entretien de parcs et jardins) (Inst. 3 L-2-87, non reprise au Bofip mais dont la solution nous paraît conserver sa valeur) ;

– les travaux effectués pour le **compte de tiers** (en ce sens, BOI précité n° 50).

c. Règles d'imposition

75660 Les Cuma et les CIA sont tenues de constituer deux **secteurs d'activité distincts** regroupant respectivement leurs activités relevant du régime simplifié de l'agriculture et celles relevant du régime général de la TVA (CGI ann. II art. 209). Cependant, elles peuvent soumettre l'ensemble de leurs activités au régime simplifié de l'agriculture si les opérations qui ne bénéficient pas de ce régime n'excèdent pas les **limites** prévues à l'article 298 bis, III bis du CGI (nos 74130 s.).

Dans le cas contraire, ou si elles ne désirent pas user de cette possibilité, elles peuvent soumettre toutes leurs activités, sous réserve qu'elles soient économiquement liées, au régime de droit commun de la TVA (nos 74350 s.) (BOI-TVA-SECT-80-40-10 n° 60).

> **Précisions** Si elles entendent bénéficier de l'une ou l'autre de ces mesures de simplification, les coopératives doivent en informer le service des impôts des entreprises dont relève le lieu de leur exploitation principale (BOI précité n° 60).

3. COOPÉRATIVES AGRICOLES COMMERCIALISANT DES ANIMAUX DE BOUCHERIE ET DE CHARCUTERIE

75690 Les coopératives agricoles commercialisant des animaux de boucherie et de charcuterie sont assimilées aux négociants en bestiaux dont le régime est étudié aux nos 74750 s. Elles sont donc redevables obligatoirement de la TVA et bénéficient du RSA décrit aux nos 70750 s.

C. Sociétés d'intérêt collectif agricole

75740 Les sociétés d'intérêt collectif agricole (**Sica**) ont pour **objet** de créer ou de gérer des installations et équipements ou d'assurer des services, soit dans l'intérêt des agriculteurs d'une région rurale déterminée, soit de façon plus générale dans celui des habitants de cette région sans distinction professionnelle. Les Sica bénéficient du **statut de sociétés coopératives** en application de l'article L 531-1 du Code rural et de la pêche maritime. Il en résulte qu'elles sont soumises, sauf quelques exceptions, au statut général de la coopération en même temps qu'à leur statut propre.

Les Sica sont, en matière de TVA, imposées dans les **conditions de droit commun.** Toutes les opérations qu'elles réalisent doivent être soumises à la taxe dans la mesure où elles le seraient si elles étaient réalisées par d'autres personnes, physiques ou morales. Sont notamment **sans incidence** sur les modalités d'imposition :

– le fait que les membres ou certains membres d'une Sica soient des exploitants agricoles (BOI-TVA-SECT-80-40-10 n° 80) ;

– le fait que certains adhérents d'une Sica ne sont pas eux-mêmes assujettis à la TVA et ne peuvent récupérer celle-ci (CE 23-10-1989 n° 47896 : RJF 12/89 n° 1338).

Les Sica sont assimilées à des **négociants en bestiaux** lorsqu'elles commercialisent des animaux vivants de boucherie et de charcuterie. Elles sont donc obligatoirement soumises au **RSA** (nos 70750 s.) (BOI-TVA-SECT-80-40-10 n° 80). **75745**

Dans les cas où elles interviennent en tant que **commissionnaires,** elles sont, au même titre que les autres commissionnaires, considérées comme des acheteurs-revendeurs imposables sur le montant total des ventes.

D. Groupements divers

GROUPEMENTS DE PRODUCTEURS

Certains groupements de producteurs, notamment dans le secteur de l'élevage, sont constitués sous la forme **syndicale ou en associations** régies par la loi de 1901. **75800**

Ces groupements de producteurs peuvent avoir la qualité d'exploitants agricoles (n° 69630). Cependant, certains d'entre eux agissent en fait comme des **commerçants,** soit en tant qu'acheteurs et vendeurs « fermes » des produits de leurs adhérents, soit en tant que commissionnaires. Ils sont dans ce cas considérés comme tels en matière de TVA, nonobstant leur situation juridique statutaire.

En particulier, dans le secteur de l'élevage des animaux de boucherie et de charcuterie, ils doivent être assimilés à des **négociants en bestiaux.** Ils sont donc obligatoirement redevables et sont placés sous le RSA (nos 70750 s.) (BOI-TVA-SECT-80-40-20 n° 20).

GROUPEMENTS D'INTÉRÊT ÉCONOMIQUE

Les exploitants agricoles peuvent constituer des groupements d'intérêt économique à objets divers. **75810**

Lorsque ces groupements ont pour objet la **commercialisation des produits de leurs membres,** ils effectuent des opérations de nature industrielle ou commerciale et sont dès lors passibles de la TVA en vertu des articles 256, 256 bis et 256 A du CGI et relèvent du **régime de droit commun** de la taxe (BOI-TVA-SECT-80-40-20 n° 1).

Les groupements d'intérêt économique qui commercialisent des animaux de boucherie et de charcuterie sont assimilés aux **négociants en bestiaux** et sont imposés d'après le RSA (nos 70750 s.) (BOI-TVA-SECT-80-40-20 n° 10). **75815**

VI. EXPLOITANTS FORESTIERS

Le propriétaire foncier qui vend des coupes de bois (ventes d'arbres sur pied ou simplement abattus, etc.) exerce une activité de nature agricole susceptible d'être soumise à la TVA selon le RSA, à titre obligatoire ou par option (nos 69550 s.). **75900**

Après avoir donné quelques précisions sur la situation des exploitants privés, nous examinerons celle des communes forestières puis celle de l'Office national des forêts (ONF).

1. EXPLOITANTS PRIVÉS

RÉGIME D'IMPOSITION

Les sylviculteurs sont susceptibles d'être soumis au RSA à titre obligatoire ou par option. En ce qui concerne les **cas d'imposition à titre obligatoire,** ils sont notamment susceptibles d'être concernés : **75910**

– par l'imposition à raison des recettes (nos 69750 s.) ;

– par l'imposition à raison du recours à des **méthodes commerciales ou industrielles** (nos 70070 s.).

Remarque : L'abattage d'arbres et le tronçonnage de bois en grumes sont au nombre des opérations qui sont considérées comme entrant dans les usages habituels et normaux de l'agriculture et n'entraînent pas l'imposition obligatoire à la TVA selon le RSA (BOI-TVA-SECT-80-10-20-30 n° 140). Lorsqu'un exploitant transforme ou fait transformer les grumes en avivés et utilise à cet effet des moyens identiques à ceux utilisés par les industriels, il devient en revanche obligatoirement assujetti à la TVA au titre de l'utilisation de méthodes commerciales ou industrielles (D. adm. 3 I-1122 n° 15, non reprise au Bofip mais dont la solution nous semble conserver sa valeur).

75915 Les **recettes exceptionnelles** perçues par les sylviculteurs (exploitants privés ou communes forestières) et provenant de la vente de **bois sinistrés** à la suite d'un incendie, d'une maladie ou d'une catastrophe naturelle constatée par arrêté interministériel (ventes de « chablis » effectuées à la suite de tempêtes, par exemple) peuvent n'être **retenues** que **pour un tiers de leur montant** pour le calcul du seuil d'assujettissement obligatoire à la TVA (BOI-TVA-SECT-80-10-20-20 n° 270).

75920 Les exploitants qui réalisent des **travaux dans les forêts** appartenant à autrui sont obligatoirement passibles de la TVA selon les règles du **régime général.** Toutefois, lorsque cette **activité** ne présente qu'un **caractère accessoire,** les recettes correspondantes peuvent être rattachées aux activités agricoles imposées selon le RSA (n°s 74130 s.).

DÉDUCTIONS

75930 Les propriétaires de **terrains à reboiser** peuvent effectuer des plantations d'arbres dont les premières ventes de coupes de bois interviendront plusieurs années plus tard.

Ces exploitants peuvent **opter** en tant que sylviculteurs pour leur assujettissement à la TVA selon le **RSA.** Ils sont alors fondés à présenter des demandes de **remboursement de la TVA** ayant grevé l'achat de plants, les travaux de plantation, sans pour autant déclarer d'opérations imposables. L'administration invite ses agents à faire droit à ces demandes à condition que les plantations concernées soient utilisées pour les besoins d'une activité agricole professionnelle. En cas de doute sur ce point, les intéressés doivent **justifier** du **caractère professionnel** de leur **activité** en produisant un certificat du directeur départemental des territoires (et de la mer) attestant que les plantations en cause sont destinées à l'exploitation.

Bien entendu, si l'exploitant agricole met fin à l'option, les droits à déduction exercés doivent faire l'objet des régularisations prévues par les articles 271 et 273 du CGI et 207 de l'annexe II au même Code (n°s 60500 s.) (Inst. 3 I-1-02, non reprise au Bofip mais dont la solution conserve sa valeur).

2. COMMUNES FORESTIÈRES

75950 La situation des communes forestières a fait l'objet de précisions en ce qui concerne le calcul du seuil fixé d'assujettissement obligatoire au RSA et les conditions d'application de la TVA.

Remarque : La situation des communes forestières peut également être éclairée par certaines des solutions données aux n°s 76080 s. à propos de l'Office national des forêts (ONF).

CALCUL DU SEUIL D'ASSUJETTISSEMENT

75960 Pour la détermination du seuil de recettes de 46 000 € (n° 69750), il doit être tenu compte :

– de toutes les recettes retirées de la **vente** des bois communaux, que celle-ci soit effectuée par l'entremise de l'ONF ou non ;

– de la valeur vénale des bois, lorsque ceux-ci font l'objet d'une **distribution en nature** aux habitants, dans le cadre de l'**affouage,** ou sont remis à une personne en échange de la réalisation d'une prestation de services (cas des charges en nature).

À titre de règle pratique, la **valeur vénale** à prendre en considération lorsque le bois est remis sans contrepartie financière est celle retenue par l'ONF pour le calcul des frais de garderie (BOI-TVA-SECT-80-10-20-20 n°s 230 et 240).

En ce qui concerne le régime applicable aux **recettes exceptionnelles** perçues par les sylviculteurs (exploitants privés ou communes forestières), voir n° 75915.

75965 En revanche, ne sont à retenir pour l'appréciation du seuil d'assujettissement au RSA :

– ni le montant de la **taxe** éventuellement réclamée aux habitants bénéficiaires d'**affouages** ;

– ni les recettes provenant de la simple **concession du droit de chasse** ou de la **location de terres agricoles** (BOI-TVA-SECT-80-10-20-20 n° 250).

BASE D'IMPOSITION

75980 La TVA est appliquée sur toutes les **ventes d'arbres ou de bois** appartenant à la commune, qu'elles soient effectuées par l'entremise de l'ONF ou non, et quelle que soit l'affectation finale donnée au produit de ventes de coupes (BOI-TVA-SECT-80-10-20-20 n° 280).

Les **charges en nature,** qui consistent à demander à certaines personnes d'effectuer une prestation en contrepartie de la remise de bois, s'analysent comme des **échanges** : 75985

– la **commune** doit acquitter la TVA sur la valeur des bois, évaluée sur la base de l'assiette retenue pour les **frais de garderie.** Mais cette taxe est déductible si les bois sont remis à une personne qui va les commercialiser (exploitants forestiers ou scieries) ;

– de son côté, le **prestataire** facture la TVA sur le montant de sa prestation, taxe que la commune peut elle-même déduire si elle est imposée à la taxe (BOI-TVA-SECT-80-10-20-20 n° 290).

La TVA n'est due ni sur le montant de la **taxe d'affouage** éventuellement réclamée par la commune, ni sur la **valeur estimée des bois** remis. Mais la taxe qui a grevé les dépenses exposées pour l'exploitation de coupes affouagères ne peut être récupérée (BOI-TVA-SECT-80-10-20-20 n° 300). 75990

TAUX

En ce qui concerne les taux de TVA applicables aux **ventes de bois,** voir n° 42030, précision d. 76000

EXIGIBILITÉ

Principes La TVA doit être acquittée au moment de l'**encaissement** des acomptes ou du prix des ventes de bois (CGI art. 298 bis, I-2° : n° 71200). 76010

Comme la généralité des redevables acquittant la taxe au moment de l'encaissement, les communes peuvent toutefois **opter** pour le paiement de la taxe selon le **régime des débits** (nos 38800 s.). Dans ce cas, la taxe est acquittée au moment de la facturation, c'est-à-dire lors de l'émission du titre de recettes par le maire, ordonnateur. Les documents délivrés par les collectivités locales doivent mentionner que la taxe est acquittée d'après les débits (BOI-TVA-SECT-80-10-20-20 n° 340).

Communes nouvellement assujetties au RSA Les indications données aux nos 69950 s. s'appliquent aux communes forestières, sous réserve des précisions suivantes : 76020

a. Taxe acquittée au moment de l'encaissement. En principe, tous les encaissements perçus pendant la période d'imposition sont taxables, quelle que soit la date de la conclusion de la vente.

Toutefois, les encaissements qui se rapportent à des **ventes faites** à des exploitants forestiers, **avant la première année de l'assujettissement,** peuvent ne pas être soumis à la taxe, à condition d'être inscrits au dénominateur du rapport servant à déterminer les droits à déduction de la commune.

b. Taxe acquittée selon le régime des débits. Dans cette hypothèse, doivent être soumis à la TVA tous les titres de recettes émis à partir de la première année d'assujettissement. Les encaissements se rapportant à des ventes antérieures à cette date ne sont pas soumis à la taxe et ne sont pas pris en compte pour la détermination du coefficient de taxation forfaitaire (BOI-TVA-SECT-80-10-20-20 n° 350).

Remarque : Dans les deux cas, la commune pourra, bien entendu, recevoir le **remboursement forfaitaire** sur les encaissements reçus pendant l'année précédant la première année d'assujettissement au titre de ventes de bois effectuées à des redevables de la taxe.

DÉDUCTIONS

L'assujettissement ouvre la possibilité de déduire la TVA incluse dans les acquisitions de biens et services effectuées pour les besoins de l'exploitation forestière dont les produits sont soumis à la taxe. Les droits à déduction sont déterminés en fonction de l'utilisation réelle du bien ou du service acquis par l'application d'un coefficient de déduction (nos 52600 s.). 76030

Ainsi les **communes forestières vendant toute leur production sylvicole** peuvent en principe déduire la totalité de la taxe ayant grevé les biens et services utilisés pour la réalisation de cette production. Toutefois, la **première année d'assujettissement,** les communes considérées peuvent être placées temporairement dans la situation des redevables partiels au titre de leur production sylvicole si, acquittant la taxe d'après les encaissements, elles choisissent de ne pas imposer les sommes reçues au titre des ventes de bois effectuées avant la date de l'imposition à la taxe.

Dans cette hypothèse, les **droits à déduction** sont déterminés par application d'un coefficient de déduction qui tient compte d'un coefficient de taxation ainsi calculé :

– au numérateur : chiffre d'affaires soumis à la taxe, étant rappelé que le montant des ventes doit inclure, le cas échéant, la valeur des charges en nature ;

– au dénominateur : montant total annuel du chiffre d'affaires (BOI-TVA-SECT-80-10-20-20 n° 370).

OBLIGATIONS

76040 **Comptabilité distincte** Sauf disposition légale ou option, seule l'activité agricole est soumise à la TVA à l'exclusion des autres activités exercées par la commune. Il est donc nécessaire de dresser des états permettant de déterminer les recettes et les dépenses afférentes à l'activité agricole. Ces états peuvent se composer simplement :

– d'un **livre de ventes** où sont inscrits les encaissements ou les titres de recettes (selon qu'il y a eu ou non option pour le paiement selon les débits), ventilés par taux d'imposition ;

– d'un **livre d'achats,** avec l'indication de la taxe ayant grevé ces achats et la ventilation entre les biens constituant des immobilisations et les autres biens et les services (BOI-TVA-SECT-80-10-20-20 n° 410).

76050 **Facturation** Les copies de titres de recettes peuvent valoir factures dans la mesure où ils comportent le taux légal de la TVA, le prix net hors taxe des produits vendus et le montant de la taxe (BOI-TVA-SECT-80-10-20-20 n° 420).

76060 **Déclarations** Les communes forestières dont la moyenne des recettes dépasse 46 000 € doivent souscrire une **déclaration de création d'entreprise ou d'activité** (n° 72120). Cette déclaration est adressée avant le 31 janvier de la première année d'assujettissement (BOI-TVA-SECT-80-10-20-20 n° 430). Depuis le 1er janvier 2023, elle est souscrite auprès du guichet unique électronique des formalités d'entreprises prévu par l'article R 123-2 du Code de commerce.

Les **déclarations de TVA** sont souscrites dans les conditions exposées aux nos 72400 s.

3. OFFICE NATIONAL DES FORÊTS (ONF)

76080 L'ONF a la qualité d'exploitant agricole au même titre que les autres établissements publics qui réalisent des opérations considérées comme agricoles.

Les modalités d'assujettissement à la TVA de l'ONF ont été précisées par les instructions administratives 12 B-4-83 du 22 juin 1983 et 12 B-2-84 du 24 mai 1984, non reprises au Bofip mais dont les solutions nous paraissent conserver leur valeur. Nous rappelons celles de ces solutions qui nous paraissent susceptibles d'intéresser les propriétaires forestiers (y compris les communes forestières).

RECETTES DES FORÊTS DOMANIALES

76090 **Recettes accessoires à la vente de bois** L'autorisation d'occupation ou la location des places de dépôt ne sont pas imposables. Il s'agit d'une occupation temporaire du domaine privé de l'État, c'est-à-dire d'une activité civile.

Sont en revanche **imposables** au **taux de la vente** :

- les prorogations de délai ;
- les astreintes, indemnités accessoires et pénalités ;
- les bris de réserve.

76100 **Recettes provenant de la chasse** La location de chasses par adjudication ou à l'amiable et par licence simple est une activité civile, donc exonérée de TVA.

L'activité de **licences dirigées** est taxable dès lors qu'il y a effectivement prestation de services par un agent de l'ONF. Dans le cas des chasses dirigées ou guidées, sont taxables au taux normal toutes les prestations de services facturées séparément, telles qu'accompagnement et portage, ainsi que la taxe de tir qui donne droit au trophée et la pénalité pour animal blessé. Par contre, la **vente de venaison ou de gibier** est taxée au taux réduit ou au taux intermédiaire lorsqu'elle n'est pas comprise dans le prix de la licence.

76110 **Recettes provenant de la pêche** La pêche, d'ordinaire non accompagnée de prestations accessoires, est une activité civile exonérée. Toutefois, la **vente de cartes de pêche** qui s'accompagne du déversement concomitant dans le lot de pêche d'une certaine quantité de poisson est taxable au taux normal, car il s'agit d'une prestation de services. En revanche, un simple empoissonnement en début de saison ne rend pas l'activité taxable.

76120 **Ventes de produits du sol** Les ventes de **produits du sol** (minéraux, terre et autres produits prélevés par les acheteurs) sont soumises à la TVA. Certains de ces produits (amendements calcaires utilisables en agriculture biologique, par exemple) peuvent bénéficier, le cas échéant, du taux intermédiaire en application de l'article 278 bis, 5°-b et c du CGI (nos 42190 s.).

Les **autres matériaux,** qui sont en général des matériaux de construction ou de remblayage, tels que pierres, graviers, sables sont taxables au taux normal.

Autorisations d'occuper le sol Les autorisations occasionnelles d'occuper le sol ont un caractère civil et ne sont pas imposables à la TVA. Il s'agit des **autorisations de circulation** sur les routes ou chemins forestiers ; des **occupations temporaires** telles que baraques foraines, passages temporaires de fils ou câbles, d'autorisation d'effectuer des prises de vue ou de son, de déposer des ruches, etc. ; des autorisations de camper sur des terrains non aménagés ; des **autorisations de ramassage ou de cueillette** lorsqu'elles ne donnent pas lieu à paiement à l'unité de produit. 76130

Concessions Les autorisations d'occuper le domaine privé de l'État pour de longues périodes sont habituellement des activités civiles et donc exonérées. L'administration étend cette exonération, par mesure de simplification, aux concessions de terrain supportant des locaux aménagés pour un usage commercial bien que les recettes correspondantes soient normalement taxables au taux normal. 76140

Garderie des forêts Le montant des frais de garderie des forêts soumises au régime forestier est taxable au **taux normal.** La TVA apparaît sur les titres de recettes et peut être déduite par les débiteurs assujettis. Le versement compensateur de l'État supporte la TVA au taux normal. 76150

Conventions Toutes les activités conventionnelles sont assujetties au **taux normal,** à l'exception des conventions passées pour l'emploi des forestiers-sapeurs qui sont exonérées. En revanche, la TVA que l'ONF acquitte sur les factures de biens et de services qu'il préfinance pour le compte des cocontractants leur est répercutée, intégralement, aux taux figurant sur ces factures. 76160

REMISE GRATUITE DE BOIS DE CHAUFFAGE AUX AGENTS DE L'ONF

Les cessions et autorisations données à titre gratuit (c'est-à-dire sans aucun paiement en numéraire ou en nature) ne sont pas soumises à la TVA puisqu'il n'existe pas de prix sur lequel la taxe pourrait être appliquée. Mais la taxe qui grève de telles opérations ne peut pas être déduite. 76170

Toutefois, la TVA peut être appliquée si la distribution gratuite porte sur un bien et n'est pas faite pour les besoins de l'exploitation de l'Office, mais pour celui d'un tiers (sous réserve du cas particulier de délivrance en nature aux affouagistes) ou de son personnel. La TVA est alors due sur le prix de revient de la **livraison à soi-même.**

EXEMPLE

Remise gratuite de bois de chauffage aux agents de l'ONF.

CHAPITRE 3

OPÉRATIONS BANCAIRES ET FINANCIÈRES

SOMMAIRE

SECTION 1

CHAMP D'APPLICATION DE LA TVA

76500 Les opérations se rattachant aux activités bancaires et financières entrent en principe dans le champ d'application de la TVA. Mais seules certaines d'entre elles sont effectivement **taxables de plein droit** en raison des nombreux cas d'**exonération** prévus par la loi. Une possibilité d'imposition par **option,** réservée à certains opérateurs, est toutefois prévue pour plusieurs catégories d'opérations normalement exonérées.

Autrement dit, les opérations bancaires et financières se classent en trois catégories selon qu'elles sont exonérées de TVA, imposables par option ou imposables de plein droit. Un régime particulier est prévu pour les opérations portant sur l'**or d'investissement** (voir nos 90620 s.).

I. OPÉRATIONS EXONÉRÉES

76520 L'article 261 C, 1° du CGI fournit une liste limitative des opérations de nature bancaire ou financière qui sont exonérées de TVA.

L'exonération, liée à la **nature des opérations,** est applicable quelle que soit la qualité des personnes qui les réalisent et même si ces personnes ne les réalisent qu'à titre **accessoire.** Pour les entreprises ayant une activité financière accessoire indépendante de leur activité principale, l'exonération des produits de l'activité financière peut donc avoir des conséquences quant à la détermination de leurs droits à déduction (voir, à cet égard, les indications données aux nos 53130 s.).

1. OPÉRATIONS RELATIVES AU CRÉDIT

La loi exonère les opérations d'**octroi** et de **négociation** de crédits, ainsi que la **gestion** de crédits effectuée par celui qui les a octroyés (CGI art. 261 C, 1°-a). Sont exonérés à ce titre : 76525

– les intérêts et les rémunérations assimilées à des intérêts mentionnées à l'article 23 O de l'annexe IV au CGI : commissions d'attente, d'engagement, d'ouverture ou de confirmation de crédit ; commission du plus fort découvert, etc. ;

– les rémunérations non assimilées à des intérêts telles que les frais de dossier de prêt et la commission d'ouverture d'accréditif perçue en cas de mise à la disposition du client d'un crédit dans une autre banque (BOI-TVA-SECT-50-10-10 n° 10).

> Précisions a. L'exonération de l'article 261 C, 1°-a du CGI s'applique notamment :
– aux **intérêts facturés par les fournisseurs** à leurs clients au titre des délais de paiement accordés au-delà du fait générateur (à distinguer des intérêts moratoires pour paiement tardif situés hors du champ d'application de la taxe : voir nos 35880 s.) ;
– aux opérations dites de « **cessions de crédit** » ou de « **désencadrement** » réalisées **entre établissements financiers** assujettis à l'obligation de réserves, qui doivent être considérées comme des opérations de refinancement particulières. Sont visées les opérations traitées entre établissements dont l'un dispose d'excédents par rapport au volume de crédits qu'il est autorisé à accorder alors que l'autre, en sens inverse, est soumis à des demandes supérieures à ses disponibilités (Inst. 3 L-2-84, non reprise au Bofip mais dont la solution conserve sa valeur) ;
b. La **mise à disposition de cartes de carburant** par une société mère au profit de ses filiales permettant à ces dernières le ravitaillement en carburant des véhicules dont elles assurent le transport constitue une prestation de services de financement, laquelle peut être qualifiée de service d'octroi de crédit exonéré de TVA au sens de l'article 135, 1-b de la directive TVA (transposé en droit interne à l'article 261 C, 1°-a du CGI), dès lors que, en finançant à l'avance l'achat du carburant, la société mère fournit à ses filiales un service financier, dont la majoration de 2 % appliquée lors de la refacturation du carburant constitue la rémunération, et agit à ce titre comme une institution financière ou de crédit ordinaire (CJUE 15-5-2019 aff. 235/18 : RJF 8-9/19 n° 868). Il en va de même de la **vente d'essence au crédit-preneur** d'une automobile **financée par le crédit-bailleur,** ce dernier exerçant, en réalité, des fonctions de fournisseur de crédit à l'égard du preneur en leasing (CJUE 6-2-2003 aff. 185/01 : RJF 4/03 n° 524).
c. L'exonération de TVA prévue par l'article 135, 1-b de la directive s'applique également à une opération consistant, pour un assujetti, à mettre à la disposition d'un autre assujetti, **contre rémunération**, des **fonds obtenus auprès d'une société d'affacturage** suite à la transmission à celle-ci d'un billet à ordre émis par le second assujetti, même si les fonds sont remboursés non pas à l'assujetti qui les a mis à disposition mais à la société d'affacturage (CJUE 17-12-2020 aff. 801/19 : RJF 3/21 n° 338) et aux services fournis par un sous-participant au titre d'un **contrat de sous-participation** (consistant en la mise à disposition de l'initiateur d'un apport financier en échange du versement des produits issus des créances spécifiées dans ce contrat, lesquelles restent dans les actifs de l'initiateur) qui relèvent de la notion d'octroi de crédit (CJUE 6-10-2022 aff. 250/21 : RJF 12/22 n° 1091).

Opérations de gestion de crédits exonérées L'exonération prévue pour les opérations de gestion de crédits effectuées par celui qui les a octroyés s'applique, selon le Conseil d'État, aussi bien lorsque le prêteur assume seul le risque de l'opération que lorsqu'il joue le rôle de **« chef de file » d'un pool prêteur.** Par suite, la rémunération, intérêts et commission, versée par l'emprunteur à l'établissement « chef de file » et restant acquise à ce dernier est totalement exonérée de TVA, sauf dans le cas où elle correspond au remboursement de frais de gestion spécifiquement exposés par cet établissement pour le compte des coprêteurs ou constitue la contrepartie de tâches de gestion particulières que ceux-ci l'ont contractuellement chargé d'assumer en leur nom (CE 18-6-1997 n° 133230 : RJF 8-9/97 n° 778 ; BOI-TVA-SECT-50-10-10 n° 30). 76530

Cette décision s'inscrit dans un courant jurisprudentiel favorable à une application extensive de l'exonération prévue pour les opérations de gestion de crédits. En effet, bien que la loi ne vise que « la gestion de crédits effectuée par celui qui les a octroyés », la jurisprudence considère que les actes de gestion effectués par des **intermédiaires** entrent également dans le champ d'application de l'exonération lorsqu'ils sont indissociables d'**opérations de négociation** de crédits ou de garantie de crédits (voir, sur ce point, les développements consacrés aux opérations d'entremise : nos 76550 s.).

2. OPÉRATIONS RELATIVES À LA CONSTITUTION DE GARANTIES

76540 Sont exonérées la **négociation** et la **prise en charge** d'engagements, de cautionnements et d'autres sûretés et garanties, ainsi que la gestion de garanties de crédits effectuée par celui qui a octroyé les crédits (CGI art. 261 C, 1°-b). Cette exonération, qui constitue le prolongement de l'exonération des opérations relatives au crédit, comporte un champ d'application très large et vise toutes les opérations relatives à la constitution de garanties.

Sont notamment exonérées à ce titre les commissions de caution, d'aval, de ducroire et de confirmation de crédit documentaire, ainsi que toutes les rémunérations perçues à l'occasion de ces opérations, par exemple les commissions de gestion de contrat de cautionnement réclamées en sus de la commission de caution proprement dite (BOI-TVA-SECT-50-10-10 n° 60).

L'exonération est toutefois réservée aux opérations financières. Elle ne s'applique pas aux **engagements autres que financiers,** tels que l'engagement de rénovation d'un bien immeuble (CJUE 19-4-2007 aff. 455/05 : RJF 7/07 n° 875).

S'agissant des actes de gestion effectués par des **intermédiaires** intervenant dans des opérations de constitution de garanties, voir n°s 76550 s.

3. ENTREMISE DANS DES OPÉRATIONS DE CRÉDIT OU DE GARANTIE

76550 Les personnes qui interviennent en qualité d'intermédiaires dans des opérations d'octroi et de négociation de crédits ou de constitution de garanties bénéficient de l'exonération de TVA prévue par l'article 261 C, 1°-a ou b du CGI dans les conditions suivantes.

NATURE DES OPÉRATIONS EXONÉRÉES

76555 Le Conseil d'État a défini les opérations de **négociation** susceptibles d'être exonérées au titre de l'article 261 C, 1°-b du CGI (**constitution de garanties**) comme les opérations d'entremise par lesquelles une personne autre que l'une des parties au contrat fait le nécessaire pour que ces parties concluent effectivement un tel contrat, sans que le négociateur ait un intérêt propre quant à son contenu. Ne peuvent être considérées comme telles les opérations qui se résument à la simple délivrance, par une société à un courtier mandaté par une société d'assurance, d'informations sur les personnes susceptibles d'être intéressées par la conclusion d'un contrat de garantie, sans qu'elles soient assorties de prestations d'entremise visant à la conclusion individuelle d'un tel contrat (CE 17-9-2010 n° 307508 : RJF 12/10 n° 1154).

Au cas d'espèce, la société, qui gérait un réseau d'entreprises du bâtiment franchisées, s'était engagée à fournir au courtier en assurance l'identité de ses franchisés susceptibles d'être intéressés par les garanties offertes par la compagnie d'assurance pour couvrir leurs opérations de construction, en vue de la conclusion éventuelle d'un contrat. Elle assurait également une mission d'assistance, de surveillance, de prévention et de prise en charge des risques couverts par la compagnie d'assurance. Le Conseil d'État a estimé que la transmission d'une liste de contractants éventuels ne suffisait pas à caractériser l'existence d'une activité d'entremise et que, en l'absence d'une telle activité, les commissions versées par le courtier à la société ne pouvaient pas être exonérées.

76560 La définition fournie par le Conseil d'État pour les opérations de négociation de garanties s'inspire directement, selon les conclusions du rapporteur public, de celle retenue par la CJUE en matière de **négociation de titres** (voir n° 76675).

Elle a été reprise par la cour administrative d'appel de Lyon en matière de **négociation de crédits.** Conformément à la jurisprudence communautaire, la cour a jugé que les opérations de négociation de crédits visées à l'article 261 C, 1°-a du CGI peuvent consister, entre autres, à indiquer à une partie au contrat les occasions de conclure un tel contrat, à entrer en contact avec l'autre partie et à négocier au nom et pour le compte du client les détails des prestations réciproques. Revêtent, selon elle, ce caractère les opérations réalisées par une **société de conseil en gestion et financements,** consistant à conseiller ses clients sur les crédits immobiliers, à les orienter en fonction de leurs besoins vers les établissements financiers pour l'obtention de prêts bancaires, à recueillir auprès d'eux les informations et documents nécessaires à la détermination de leurs besoins ainsi qu'à la constitution d'un dossier de prêt et à transmettre aux établissements financiers les dossiers complets de demande de crédit, la société n'étant rémunérée par l'organisme prêteur qu'à la condition que ses clients concluent un contrat de crédit (CAA Lyon 14-12-2010 n° 08-1758 : RJF 5/11 n° 567).

L'exonération des opérations d'entremise n'est pas subordonnée à la condition que les personnes qui effectuent ces opérations aient la qualité de **mandataire du prêteur** (CE 11-12-1992 n° 119138 : RJF 2/93 n° 204 ; CE 17-9-2010 n° 307508 : RJF 12/10 n° 1154). Cette solution est conforme à la jurisprudence communautaire selon laquelle la circonstance qu'un **assujetti** ne soit **lié contractuellement à aucune des parties** à un contrat de crédit à la conclusion duquel il a contribué et qu'il n'entre pas directement en contact avec l'une de ces parties ne fait pas obstacle à ce que ledit assujetti fournisse une prestation de négociation de crédits exonérée (CJUE 21-6-2007 aff. 453/05 : RJF 10/07 n° 1180). **76565**

PORTÉE DE L'EXONÉRATION

Lorsque la **prestation** fournie par un intermédiaire comporte **plusieurs éléments,** elle est intégralement exonérée si la prestation de négociation en constitue l'**élément principal.** La **CJUE** s'est prononcée en ce sens en jugeant que la circonstance qu'un assujetti analyse la situation patrimoniale de clients prospectés par ses soins en vue de leur procurer des crédits ne fait pas obstacle à la reconnaissance d'une prestation de négociation de crédits exonérée au sens de l'article 135, 1-b de la directive TVA (transposé en France à l'article 261 C, 1°-a du CGI) si, à la lumière des éléments d'interprétation retenus par la Cour, la prestation de négociation de crédits offerte doit être considérée comme étant la prestation principale à laquelle la prestation de conseil patrimonial est accessoire, de sorte que cette dernière partage le sort fiscal de la première (CJUE 21-6-2007 aff. 453/05 : RJF 10/07 n° 1180). **76575**

Au cas d'espèce, la Cour a considéré que la prestation de négociation de crédits était bien la prestation principale, dès lors que l'assujetti n'était rémunéré par l'établissement financier qu'en cas de conclusion d'un contrat de crédit. Elle a souligné également que la négociation de crédits apparaissait comme une prestation décisive à la fois pour le client et pour l'établissement financier, l'activité de conseil patrimonial n'intervenant que dans une phase préliminaire et se limitant à assister le client dans le choix des produits financiers les mieux adaptés à sa situation et à ses besoins.

Le **Conseil d'État** confère lui aussi une large portée à l'exonération des opérations de négociation, jugeant que doit être intégralement exonérée en application de l'article 261 C, 1° du CGI l'activité d'un organisme servant d'intermédiaire entre ses adhérents et une banque, qui consiste notamment à préparer les dossiers de prêt, à apprécier les risques financiers et les garanties offertes, à cautionner certains prêts et à exécuter les instructions de la banque, car une telle activité se rattache exclusivement à l'octroi et à la négociation de crédits ou à la négociation et à la prise en charge de cautionnements (CE 21-1-1991 nos 86017 et 87701 : RJF 3/91 n° 273, confirmé par CE 11-12-1992 n° 119138 : RJF 2/93 n° 204). **76580**

Il résulte de cette jurisprudence que les **actes de gestion** de crédits effectués par les intermédiaires, **indissociables** des opérations de négociation de crédits ou de garanties de crédits, bénéficient de l'exonération prévue par l'article 261 C, 1° du CGI.

Les opérations de **traitement des contentieux** et de **recouvrement des créances** effectuées par les intermédiaires sont, en revanche, taxables dès lors qu'il s'agit d'actes de pure gestion, détachables des opérations de négociation et d'octroi des crédits (CE 11-12-1992 précité).

Se ralliant à la jurisprudence, l'**administration** a indiqué que l'activité d'une personne qui consiste à démarcher des emprunteurs potentiels, à apprécier leur solvabilité, à préparer des dossiers de crédit pour les transmettre à des établissements bancaires s'analyse en une opération de négociation de crédits exonérée, dès lors qu'il y a bien mise en relation de l'organisme prêteur et de l'emprunteur (BOI-TVA-SECT-50-10-10 n° 20). **76585**

On notera toutefois que, parallèlement à cette solution, l'administration continue de prévoir, comme par le passé, que les rémunérations perçues par toutes les personnes qui effectuent, à titre d'intermédiaire, des **opérations de gestion** de crédits ou de garanties de crédits ne sont pas visées par l'exonération prévue à l'article 261 C, 1° du CGI et doivent, dès lors, toujours être soumises à la TVA à ce titre (BOI précité ; BOI-TVA-SECT-50-10-20 n° 20). Cette doctrine administrative de large imposition des intermédiaires peut être opposée à l'administration par les assujettis qui y ont intérêt.

> **Précisions** Sont exonérées les **commissions** perçues par les **concessionnaires automobiles** en rémunération de la transmission de demandes de crédit dans la mesure où ces professionnels n'effectuent aucun acte de gestion pour le compte des établissements prêteurs. En particulier, le fait de remplir un formulaire de demande de crédit pour le compte des clients n'est pas considéré comme un acte de gestion dès lors que cette intervention n'implique aucune appréciation par le vendeur de la solvabilité des acquéreurs (BOI-TVA-SECT-50-10-20 n° 20).

4. PRÊTS ET PENSIONS DE TITRES

76600 Les prêts et les pensions de titres effectués dans les conditions respectivement fixées par les articles L 211-22 à L 211-26 et L 211-27 à L 211-34 du Code monétaire et financier sont exonérés (CGI art. 261 C, 1°-a). Échappent par conséquent à la TVA la rémunération du prêteur en cas de prêt et celle du cessionnaire en cas de pension (celle-ci s'analysant comme une opération de cession temporaire de titres assortie d'un engagement ferme de rachat par le cédant).

5. OPÉRATIONS RELATIVES AUX DÉPÔTS DE FONDS, PAIEMENTS, CRÉANCES, EFFETS DE COMMERCE

NATURE DES OPÉRATIONS EXONÉRÉES

76615 L'article 261 C, 1°-c du CGI exonère les opérations, y compris la négociation, concernant les dépôts de fonds à vue ou à échéance, comptes courants, paiements, virements, créances, bons de caisse, chèques bancaires ou postaux et autres effets de commerce, à l'exception du recouvrement de créances. Sous cette seule réserve, toutes les opérations (négociation, garantie, gestion, etc.) portant sur les créances sont exonérées, quelle que soit la nature des créances : commerciale ou civile, hypothécaire ou chirographaire, à court terme ou à long terme, etc. (BOI-TVA-SECT-50-10-10 n° 110).

> **Précisions** **a.** Font notamment partie des recettes exonérées :
– les commissions afférentes aux **opérations sur comptes et chèques bancaires** et les rémunérations relatives aux opérations sur **effets de commerce** (agios d'escompte et commissions) (BOI précité n°s 90 et 100) ;
– la rémunération des opérations portant sur des **bons** ou des **contrats de capitalisation** (TA Nantes 6-11-2001 n° 97-612 : RJF 4/02 n° 384 ; voir également à cet égard n° 77060) ;
– les intérêts perçus par les **entreprises** au titre des **placements** effectués dans des dépôts bancaires (gestion de trésorerie) (en ce sens, BOI précité n° 80) ;
– les commissions et les intérêts perçus par les émetteurs de **titres-restaurant** et de **chèques-vacances** (BOI précité n°s 180 et 190) ;
– les droits d'adhésion ou cotisations annuelles versés par les titulaires de **cartes de paiement ou de crédit** aux établissements émetteurs ; les commissions prélevées sur le montant des factures présentées en paiement par les commerçants bénéficient pour leur part de l'exonération prévue par l'article 261 C, 1°-b du CGI pour les opérations de constitution de garanties (n° 76540), tandis que les opérations (location, vente) portant sur les machines destinées au fonctionnement des cartes de paiement sont imposables (BOI précité n° 360 ; BOI-TVA-SECT-50-10-20 n° 100) ;
– les **frais de gestion des dossiers de succession** prévus par une convention de compte conclue entre une banque et la personne décédée et qui ne sont pas facturés aux héritiers (TA Montreuil 20-12-2018 n° 1706435 : RJF 6/19 n° 524).
b. Les **frais supplémentaires** facturés par un prestataire de services de télécommunication à ses clients en raison de l'**utilisation** par ceux-ci **de certains modes de paiement** ne constituent pas la contrepartie d'une prestation de services distincte et indépendante de la prestation principale susceptible de bénéficier de l'exonération (CJUE 2-12-2010 aff. 276/09 : RJF 4/11 n° 532).
c. Un contribuable qui se livre à titre habituel, parallèlement à son activité d'agent d'assurances, à des **opérations de blanchiment d'argent** consistant à collecter auprès de ses clients commerçants des fonds, sous forme de chèques sans ordre constitutifs de recettes non déclarées, qu'il crédite sur ses comptes bancaires avant de leur restituer en espèces les sommes correspondantes ne peut prétendre exercer une activité occulte de banquier dès lors qu'il ne restitue pas l'intégralité de ces fonds à ses clients, mais procède à un prélèvement de 3 % sur chacune des transactions à titre de rémunération de sa prestation de services de blanchiment d'argent. De telles opérations, qui correspondent aux prestations réalisées dans l'exercice de leur profession par les agents d'affaires, ne sont pas éligibles à l'exonération de TVA prévue pour les dépôts de fonds (CAA Versailles 20-1-2011 n° 08-363 : RJF 5/11 n° 568).
d. S'agissant des opérations d'inscription, par les **caisses de retraite,** des contributions dans les comptes des affiliés, voir n° 76720, précision a.
e. La cession à titre onéreux, au profit d'un tiers, d'une **position dans une procédure de recouvrement forcé d'une créance** reconnue par une décision de justice ne saurait être considérée comme concernant des « créances » et ne relève pas, dès lors, de l'exonération prévue à l'article 135, 1-d de la directive TVA (que transpose l'article 261 C, 1°-c du CGI) (CJUE 17-10-2019 aff. 692/17 : RJF 2/20 n° 190).

76620 La CJUE a fait une interprétation extensive de l'exonération prévue par l'article 135, 1-d et f de la directive TVA (transposé en France à l'article 261 C, 1°-c et e du CGI) en jugeant cette exonération applicable aux **prestations de services rendues par un centre informatique** géré par une personne morale constituée par des établissements de crédit pour effectuer les opérations de virements, de paiements ou sur titres de leurs clients, lorsque ces prestations ne se limitent pas aux seuls aspects techniques mais forment un ensemble distinct et sont spécifiques et essentielles pour les opérations exonérées, autrement dit lorsque les services fournis ont pour effet de transférer des fonds et d'entraîner des modifications juridiques et financières (CJUE 5-6-1997 aff. 2/95 : RJF 8-9/97 n° 871). Elle a posé en principe à cette occasion que l'exonération n'est pas subordonnée à la condition : **76620** (suite)

– que les opérations soient effectuées par un certain type d'établissement ou de personne morale, ou en tout ou partie, d'une certaine manière, électronique ou manuelle ;

– que la prestation soit effectuée par un établissement qui se trouve en relation juridique avec le client final de la banque. Une opération effectuée par un tiers mais se présentant pour le client final de la banque comme une prestation de la banque bénéficie de l'exonération ;

– que l'opération ne fasse pas l'objet d'une facturation effectuée par un tiers.

> Précisions a. L'exonération prévue par l'article 135, 1-d et f de la directive TVA ne couvre pas des **services de messagerie électronique** fournis par une entreprise à des établissements financiers, afin de leur permettre de réaliser des paiements interbancaires et des opérations portant sur des titres, dès lors que ces services n'assurent par eux-mêmes aucune des fonctions d'une des opérations financières visées par ces dispositions, c'est-à-dire celles qui ont pour objet de transférer des fonds ou des titres, et que la responsabilité du prestataire est limitée aux aspects techniques et ne s'étend pas aux éléments spécifiques et essentiels des opérations financières en cause (CJUE 28-7-2011 aff. 350/10 : RJF 11/11 n° 1253).

b. La vente de **cartes** donnant droit à des **réductions** de prix sur des produits ou services vendus par des entreprises affiliées ne peut pas non plus bénéficier de cette exonération dès lors que ces cartes ne constituent ni des titres ni des effets de commerce au sens de la directive TVA. Elles n'ont, en effet, aucune valeur nominale, ne peuvent pas être échangées contre de l'argent ou des biens auprès des commerçants et ne confèrent aucun droit de propriété ou de créance sur l'entreprise qui les vend, ni un quelconque droit en lien avec de tels droits (CJUE 12-6-2014 aff. 461/12 : RJF 10/14 n° 968).

c. L'exonération ne s'applique pas non plus à un service de traitement du paiement par carte effectué par un assujetti lorsqu'une personne achète, par l'intermédiaire de ce prestataire, un billet de cinéma ou de spectacle, qu'il vend au nom et pour le compte d'une autre entité, que cette personne paye par carte de débit ou par carte de crédit, dès lors que la **prestation** litigieuse, qui **consiste, en substance, à échanger des informations entre** un **commerçant** et la **banque** du client acquéreur, n'a pas pour effet de remplir les fonctions spécifiques et essentielles (à savoir transférer des fonds et entraîner des modifications juridiques et financières : voir précision a ci-dessus) d'une opération concernant les paiements et les virements au sens de l'article 135, 1-d de la directive (CJUE 26-5-2016 aff. 607/14 : RJF 8-9/16 n° 779 ; CJUE 26-5-2016 aff. 130/15 : RJF 8-9/16 n° 778). À noter que, renvoyant à une précédente jurisprudence (CJUE 2-12-2010 aff. 276/09 : n° 76615, précision b), la Cour invitait d'abord la juridiction de renvoi à s'assurer que le service en cause ne devait pas être considéré comme un service accessoire à un autre service principal (de réservation ou d'achat par avance et à distance de billets) et, partant, comme formant avec cette prestation principale une prestation unique.

d. La prestation de **services fournie** par une société **à une banque exploitant des distributeurs automatiques de billets,** consistant à rendre et à maintenir opérationnels ces distributeurs, à les approvisionner, à y installer du matériel informatique et des logiciels afin de lire les données des cartes bancaires, à transmettre une demande d'autorisation de retrait d'espèces à la banque émettrice de la carte bancaire utilisée, à distribuer les espèces demandées et à enregistrer les opérations de retrait ne constitue pas une opération concernant les paiements, exonérée de TVA en vertu de l'article 135, 1-d de la directive TVA (CJUE 3-10-2019 aff. 42/18 : RJF 12/19 n° 1207).

e. De même, ne réalise pas, par elle-même, les modifications juridiques et financières caractérisant un virement ou un paiement au sens de l'article 135, 1-d de la directive, et ne peut par suite bénéficier de l'exonération, une **prestation** de services **consistant** pour le gestionnaire d'un plan de soins dentaires **à demander à** des **établissements financiers,** d'une part, **qu'une somme d'argent soit transférée** du compte bancaire d'un patient vers le sien sur le fondement d'un mandat de débit direct et, d'autre part, que cette somme, après déduction de sa rémunération, soit transférée de son compte bancaire vers les comptes bancaires respectifs des dentistes et de l'assureur de ce patient (CJUE 25-7-2018 aff. 5/17 : RJF 11/18 n° 1191).

Il s'agissait en l'espèce d'un plan de soins dentaires identique à celui en cause dans l'affaire jugée par la CJUE dans son arrêt du 28 octobre 2010 (aff. 175/09 : n° 76635, précision a). Mais contrairement à ce précédent, afin de limiter les effets de cet arrêt (qui a jugé que l'on était en présence d'une prestation de recouvrement de créances), le gestionnaire en cause avait restructuré les aspects contractuels de ses plans en scindant le contrat en deux contrats distincts, à savoir un premier contrat conclu avec le dentiste pour la fourniture de services de plans de paiement de soins dentaires (assujettis à la TVA) et un second avec le patient pour la fourniture de « facilités » relatives aux plans de paiement, qu'il avait considérée comme exonérée en tant qu'opération concernant les paiements (ce que réfute la Cour de justice).

CAS PARTICULIER DU RECOUVREMENT DE CRÉANCES

76630 Les opérations de recouvrement de créances, notamment celles réalisées par les commissaires de justice (ex-huissiers), sont expressément exclues de l'exonération et imposables à la TVA.

76635 La **notion de « recouvrement de créances »** n'est définie ni dans le CGI ni dans la directive TVA. La CJUE définit les opérations de « recouvrement de créances » comme étant des opérations financières tendant à obtenir le paiement d'une dette d'argent (CJUE 26-6-2003 aff. 305/01 : RJF 10/03 n° 1193). À cet égard, sont sans incidence le fait que le service soit fourni au moment de l'échéance des dettes concernées et non pas après leur échéance (la notion de « recouvrement de créances » n'étant pas limitée à des créances pour lesquelles le débiteur est déjà en situation de défaut de paiement) et l'absence d'application de mesures coercitives en vue du paiement des dettes concernées (CJUE 28-10-2010 aff. 175/09 : RJF 2/11 n° 258).

Entre dans la notion de « recouvrement de créances », selon la Cour, l'**affacturage,** qui constitue donc selon elle une opération taxable de plein droit (CJUE 26-6-2003 précité). À noter, toutefois, que l'administration définit les opérations d'affacturage comme des achats fermes de créances exonérés de TVA (BOI-TVA-SECT-50-10-10 n° 110), mais permet de les soumettre à la taxe par voie d'option (voir n° 77040).

> **Précisions** **a.** En application des principes susvisés, la CJUE a exclu de l'exonération, en tant qu'activité de recouvrement de créances, une **prestation de services consistant, contre rémunération, à récupérer des créances** et à assurer un **service de gestion** de celles-ci pour le compte de leur titulaire (CJUE 28-10-2010 précité). Il s'agissait au cas d'espèce d'un prestataire qui servait d'intermédiaire financier entre des dentistes et leurs patients : ces derniers souscrivaient un plan de paiement leur garantissant un certain niveau de soins en échange d'une cotisation mensuelle fixe recouvrée par le prestataire, qui reversait ensuite ces sommes aux dentistes adhérents, diminuées d'une commission.
> **b.** La CJUE considère qu'un opérateur qui **achète,** à son propre risque, des **créances douteuses à un prix inférieur à leur valeur nominale** n'effectue pas une prestation de services à titre onéreux, au sens de l'article 2, 1 de la directive TVA et n'accomplit pas une activité économique relevant du champ d'application de cette directive lorsque la **différence** entre la valeur nominale desdites créances et le prix d'achat de celles-ci **reflète la valeur économique effective des créances** en cause au moment de leur cession (CJUE 27-10-2011 aff. 93/10 : RJF 1/12 n° 88).
> **c.** Les frais facturés par une banque à ses clients lors du traitement d'un **avis à tiers détenteur** ne rémunèrent aucune prestation de services, ni au bénéfice du client ni au bénéfice du Trésor public. Par suite, ces opérations ne sont pas soumises à la TVA (CE 24-4-2019 n° 412570 : RJF 7/19 n° 641).

6. OPÉRATIONS SUR DEVISES, BILLETS ET MONNAIES AYANT COURS LÉGAL

76650 L'article 261 C, 1°-d du CGI exonère de TVA les opérations de toute nature, y compris la négociation, portant sur les devises, les billets de banque et les monnaies qui sont des moyens de paiement légaux.

L'exonération concerne toutes les opérations de **change** : rémunérations perçues lors de l'achat ou de la vente des monnaies étrangères (change manuel), commissions perçues lors de l'émission ou de l'encaissement de chèques de voyage, profits résultant des opérations de change scriptural, etc. (BOI-TVA-SECT-50-10-10 n° 210). Les gains de change constatés lors de transactions facturées en devises étrangères sont également exonérés (Inst. 3 B-2-89, non reprise au Bofip mais dont la solution nous paraît conserver sa valeur). Sont de même exonérées les opérations de change de la devise virtuelle « bitcoin » contre des devises traditionnelles (CJUE 22-10-2015 aff. 264/14 : RJF 1/16 n° 105).

> **Précisions** **a.** Les pièces ou billets qui constituent des **objets anciens ou de collection** ne sont pas visés par l'exonération. Leur négoce est passible de la TVA selon le régime applicable aux biens de collection (n°s 78000 s.).
> **b.** Voir, en ce qui concerne les **importations et acquisitions intracommunautaires** de devises, n°s 22250 et 19825 ; l'émission et le transfert de **bons,** n°s 16370 s.
> **c.** Selon la CAA de Paris, ne bénéficient pas de l'exonération prévue par l'article 261 C, 1°-d du CGI les prestations d'un **intermédiaire** qui **collecte** des **fonds** pour le compte de tiers dans le cadre d'un **circuit de transfert de fonds par compensation** organisé entre la France et le Maroc, la compensation étant réalisée par des tiers (CAA Paris 10-3-2011 n° 09PA02835 : RJF 12/11 n° 1283).

7. OPÉRATIONS SUR TITRES ET VALEURS MOBILIÈRES

76660 Sont exonérées les opérations, **autres que** celles de **garde et** de **gestion,** portant sur les actions, les parts de sociétés ou d'associations, les obligations et les autres titres (parts de fondateur ou parts bénéficiaires, certificats représentatifs d'actions ou de parts, rentes et valeurs d'État, options, bons d'options, etc.), à l'exclusion des titres représentatifs de marchandises et des parts d'intérêt dont la possession assure en droit ou en fait l'attribution en propriété ou en jouissance d'un bien immeuble ou d'une fraction d'un bien immeuble (CGI art. 261 C, 1°-e). Les recettes exonérées incluent notamment :

- les commissions sur ordre de bourse ;
- les commissions de souscription ou de placement ;
- les profits réalisés sur la vente de titres, à supposer bien sûr que la vente entre dans le champ d'application de la TVA (voir n° 53155) ;
- les commissions d'encaissement de coupons lorsque cet encaissement n'est pas effectué dans le cadre d'une opération de garde ou de gestion d'un portefeuille (BOI-TVA-SECT-50-10-10 n° 240).

On notera que la doctrine officielle de l'administration (non conforme à la jurisprudence communautaire) exonère le **placement de titres d'OPCVM** sur le fondement du f (et non du e) de l'article 261 C, 1° du CGI (voir n° 76725).

> **Précisions** **a. Marché à terme des instruments financiers (Matif).** La commission d'enregistrement perçue par la chambre de compensation et la commission de négociation versée aux adhérents (intermédiaires financiers) sont exonérées quelle que soit la nature de la valeur de l'instrument financier (obligations, actions, bons du Trésor ou autres produits), auquel se réfère le contrat. Il en est de même des profits réalisés par les donneurs d'ordre (BOI précité n°s 270 à 310). L'exonération ne concerne pas en revanche les opérations portant sur des contrats à terme de marchandises (BOI précité n° 250 ; voir également n°s 17020 s.).
> **b. Récépissés-warrants.** Les récépissés-warrants sont des titres mixtes accordant, d'une part, un droit de propriété sur la marchandise déposée dans les magasins généraux (ce droit étant matérialisé par le récépissé) et, d'autre part, la reconnaissance d'un gage sur cette marchandise au profit du dépositaire qui prête de l'argent au déposant (ce gage étant matérialisé par le warrant). Le warrant étant considéré comme un effet de commerce, sa **cession** bénéficie de l'exonération prévue par l'article 261 C, 1°-c du CGI (n° 76615) (BOI précité n° 230). Quant à la cession de récépissés-warrants (qui comportent les deux aspects), elle est, selon la CAA de Bordeaux, intégralement imposable en tant que livraison de biens (CAA Bordeaux 8-12-2005 n° 02-243 : RJF 4/06 n° 364).
> **c. Sofica.** Les concours financiers apportés par les Sofica au moyen de souscriptions au capital de sociétés agréées (et l'encaissement des dividendes correspondants) sont situés hors du champ d'application de la TVA. Les versements en numéraire réalisés par contrat d'association à la production et les droits sur les recettes sont exonérés (sans pouvoir faire l'objet d'une option). Ces versements ne sont pas imposables chez le producteur et ne viennent pas restreindre son coefficient de taxation forfaitaire (voir également n° 88380).
> **d.** En ce qui concerne des **cartes** donnant droit à des **réductions** de prix sur des produits ou services vendus par des entreprises affiliées, voir n° 76620, précision b.

NOTION D'OPÉRATIONS PORTANT SUR DES TITRES

Selon la jurisprudence communautaire, les termes « opérations portant sur les titres » figurant à l'article 135, 1-f de la directive TVA (transposé à l'article 261 C, 1°-e du CGI) visent des **opérations susceptibles de créer, de modifier ou d'éteindre les droits et obligations des parties** sur des titres (CJUE 13-12-2001 aff. 235/00 : RJF 3/02 n° 353). Cette formule inclut les opérations dans lesquelles la modification de la situation juridique et financière des parties est seulement potentielle. La CJUE a en effet jugé que constitue une opération portant sur des titres exonérée, au sens des dispositions précitées, une **garantie d'émission** fournie contre rémunération par un établissement de crédit à une société souhaitant émettre des actions, en application de laquelle cet établissement s'engage à acquérir les actions qui ne seraient pas souscrites à l'expiration de la période de souscription (CJUE 10-3-2011 aff. 540/09 : RJF 6/11 n° 765). **76670**

En revanche, la fourniture d'une **simple prestation matérielle, technique ou administrative,** qui n'entraîne pas de modifications juridiques et financières, n'est pas couverte par l'exonération (CJUE 13-12-2001 précité ; voir également CJUE 28-7-2011 aff. 350/10 : n° 76620, précision a). Cette dernière solution est confortée, selon la Cour, par l'exclusion expresse du bénéfice de l'exonération de la garde et de la gestion des titres, lesquelles sont précisément des opérations qui n'impliquent aucun changement de la situation juridique et financière des parties.

> **Précisions** Selon la CJUE, les prestations de **gestion de portefeuille** qui consistent à prendre des décisions autonomes d'achat et de vente de valeurs mobilières et à exécuter ces décisions par l'achat et la vente de valeurs mobilières ne bénéficient pas de l'exonération en cause, ni de celle concernant la gestion des OPCVM visée aux n°s 76700 s. (CJUE 19-7-2012 aff. 44/11 : RJF 11/12 n° 1090). La Cour considère, en effet, que la prestation de gestion de portefeuille est constituée de deux éléments – une prestation d'analyse et de surveillance de patrimoine du client investisseur et une prestation d'achat et de vente de titres proprement dite – qui sont indissociables et qui doivent être placés sur le même plan, la prestation en cause ne pouvant

être prise en compte que dans son ensemble et ne pouvant donc être regardée comme une opération portant sur des titres. Par ailleurs, dans le cadre de la prestation de gestion de portefeuille, la banque gère les titres au nom et pour le compte de son client qui en conserve la propriété. Cette prestation ne peut donc être assimilée à la gestion d'OPCVM, lesquels gèrent leurs placements en leur propre nom et pour leur propre compte.

76675 La notion « d'opérations portant sur les titres » inclut les **opérations de négociation** bien que celles-ci ne soient pas expressément visées par l'article 261 C, 1°-e du CGI.

Selon la cour administrative d'appel de Paris, la portée de cet article qui exonère de TVA les « opérations autres que celles de garde et de gestion », portant sur des titres doit en effet être appréciée à la lumière de l'article 135, 1-f de la directive TVA, qu'il a eu pour objet de transposer et qui vise « les opérations, y compris la négociation mais à l'exception de la garde et de la gestion » portant sur les titres. Il en résulte que les opérations exonérées incluent les opérations de négociation, et en particulier les opérations d'**entremise.** La cour a jugé à cet égard que :

– un assujetti qui a pour activité de mettre en relation des entreprises désireuses d'acquérir des valeurs mobilières avec un agent de change se chargeant des opérations boursières correspondantes doit être regardé comme effectuant des opérations d'entremise sur des titres exonérées de la TVA (CAA Paris 30-3-2005 n° 01-769 : RJF 8-9/05 n° 841) ;

– une société qui a perçu une rémunération en raison de l'apport du dossier et du montage d'une opération de cession de titres à sa filiale n'établit pas avoir exercé une activité de négociation et d'entremise exonérée (CAA Paris 20-10-2006 n° 04-3002 : RJF 2/07 n° 139).

La cour de Paris s'inspire en ce domaine de la **jurisprudence communautaire** qui définit la négociation comme une activité fournie par une personne intermédiaire qui n'occupe pas la place d'une partie à un contrat portant sur un produit financier et dont l'activité est différente des prestations contractuelles typiques fournies par les parties à de tels contrats. L'activité de négociation est un service rendu à une partie contractuelle et rémunéré par celle-ci en tant qu'activité distincte d'entremise. Elle peut consister, entre autres, à lui indiquer les occasions de conclure un contrat, à entrer en contact avec l'autre partie et à négocier au nom et pour le compte du client les détails des prestations réciproques. La finalité de cette activité est donc de faire le nécessaire pour que deux parties concluent un contrat, sans que le négociateur ait un intérêt propre quant au contenu du contrat. En revanche, il n'y a pas activité de négociation lorsque l'une des parties au contrat confie à un sous-traitant une partie des opérations matérielles liées au contrat, telles que l'information de l'autre partie, la réception et le traitement des demandes de souscription des titres qui font l'objet du contrat (CJUE 13-12-2001 aff. 235/00 : RJF 3/02 n° 353 ; CJUE ord. 21-11-2017 aff. 615/16 : RJF 3/18 n° 331). C'est ainsi que les services d'un « **call center** » se limitant à fournir des informations sur un produit financier, à réceptionner et traiter les demandes de souscription des titres correspondants sans les émettre ne constituent pas des opérations de négociation sur titres bénéficiant de l'exonération (CJUE 13-12-2001 aff. 235/00 précité).

76685 L'administration a précisé de son côté que les **prestations de conseil ou d'expertise** perçues, le cas échéant, à l'occasion de l'émission et du placement d'actions ou d'obligations, telles que les **commissions de notation ou d'analyse financière,** ne constituent pas des prestations financières exonérées par l'article 261 C, 1° du CGI et sont donc soumises à la TVA de plein droit (BOI-TVA-SECT-50-10-30-10 n°s 290 et 300).

8. GESTION DES OPCVM ET ORGANISMES DE PLACEMENT COLLECTIF ASSIMILÉS

76700 L'article 261 C, 1°-f du CGI, transposant en droit interne les dispositions de l'article 135, 1-g de la directive TVA, exonère de TVA la gestion des organismes de placement collectif en valeurs mobilières (OPCVM) et de certains autres organismes de placement collectif présentant des caractéristiques similaires.

ORGANISMES CONCERNÉS

76705 Sont concernés par l'exonération prévue par l'article 261 C, 1°-f du CGI les **OPCVM** (n° 76710) ainsi que les **autres organismes de placement collectif** présentant des caractéristiques similaires et se plaçant en situation de concurrence avec ces derniers, dès lors qu'ils répondent aux quatre **conditions cumulatives** suivantes (BOI-TVA-SECT-50-10-10 n° 335) :

– être un placement collectif ;

– fonctionner selon le principe de répartition des risques ;

– être soumis à une surveillance étatique spécifique, cette condition s'appréciant au niveau du placement collectif, et non de la société de gestion, et étant réputée remplie dès lors que le placement collectif est enregistré, déclaré ou notifié auprès des autorités compétentes ;

– avoir un retour sur investissement subordonné à la performance des investissements, ce qui implique que les détenteurs d'actifs doivent assumer les risques inhérents à la gestion des actifs.

La **liste** des placements collectifs satisfaisant à ces conditions, et dont la gestion est exonérée, figure au n° 76715.

> **Précisions** La doctrine administrative est en phase avec la jurisprudence de la CJUE qui a considéré que devaient être inclus dans le périmètre de l'exonération prévue à l'article 135, 1-g de la directive TVA tous types de fonds, quelle que soit leur forme juridique, qui présentent des caractéristiques similaires aux OPCVM au regard des quatre conditions ci-dessus et effectuent les mêmes opérations (voir, notamment, CJUE 13-3-2014 aff. 464/12 : RJF 6/14 n° 650 s'agissant de certaines caisses de retraite ; CJUE 9-12-2015 aff. 595/13 : RJF 3/16 n° 308 en ce qui concerne des fonds de placement dédiés à l'investissement dans des biens immobiliers).

76710 Est exonérée la gestion des **OPCVM** mentionnés au paragraphe 2 de l'article 1er de la **directive 2009/65/CE du 13 juillet 2009.** Ces organismes prennent la forme de sociétés d'investissement à capital variable (Sicav) ou de fonds communs de placement (FCP) (BOI-TVA-SECT-50-10-10 n° 330), y compris, selon la jurisprudence communautaire, les fonds à capital fixe. La CJUE s'est prononcée en ce sens à propos de sociétés fiduciaires d'investissement britanniques (Investment Trust Companies) que le Royaume-Uni prétendait exclure du bénéfice de l'exonération. Selon la Cour, si l'article 135, 1-g de la directive TVA accorde aux États membres le pouvoir de définir, dans leur droit interne, les fonds qui correspondent à la **notion de fonds communs de placement,** ce pouvoir d'appréciation est limité par l'obligation de respecter :

– d'une part, l'objectif poursuivi par cet article qui est de faciliter aux investisseurs le placement dans des titres au moyen d'organismes de placement, en excluant les coûts de la TVA (il s'agit en effet d'assurer que le système commun de la TVA soit fiscalement neutre quant au choix entre le placement direct en titres et celui qui intervient par l'intermédiaire d'organismes de placement collectif) ;

– et, d'autre part, le principe de neutralité du point de vue de la perception de la TVA relative à la gestion de fonds communs de placement qui se trouvent en concurrence avec d'autres fonds communs de placement (CJUE 28-6-2007 aff. 363/05 : RJF 11/07 n° 1366).

> **Précisions** **a.** Lors d'un colloque organisé le 27 septembre 2005 par l'Association française des entreprises d'investissement et l'Association française de gestion financière, la Direction de la législation fiscale a précisé que :
> – la qualification d'OPCVM ne s'applique pas aux **organismes extracommunautaires** auxquels sont rendues des prestations de gestion (dans le même sens, Dir. 2009/65/CE du 13-7-2009 art. 1, 1) qui sont soumises à la TVA dans les conditions de droit commun ;
> – les **OPCVM situés dans les autres États membres** relèvent du régime de TVA en vigueur dans leur État d'établissement en application des règles de territorialité (imposition au lieu d'établissement du preneur assujetti) ;
> – les **OPCVM français** concernés par l'exonération peuvent être constitués d'actifs français ou étrangers.
> **b.** Des **fonds d'investissement regroupant les actifs d'un régime de pensions de retraite** ne relèvent pas de la notion de « fonds communs de placement » au sens de l'article 135, 1-g de la directive TVA dès lors que les affiliés ne supportent pas le risque de la gestion dudit fonds et que les cotisations que l'employeur verse au régime de pensions de retraite constituent un moyen pour lui de s'acquitter de ses obligations légales vis-à-vis de ses employés (CJUE 7-3-2013 aff. 424/11 : RJF 6/13 n° 682).

76715 L'exonération visée au f du 1° de l'article 261 C du CGI concerne également la gestion des **organismes de placement collectif** présentant des **caractéristiques similaires aux OPCVM** dont la liste est fixée par l'article 71 de l'annexe III au CGI (il s'agit principalement des fonds d'investissement alternatifs mentionnés à l'article L 214-24, II du Code monétaire et financier). Sont concernés :

1. Les **fonds ouverts à des investisseurs non professionnels,** qui comprennent :

– les fonds d'investissement à vocation générale ;

– les fonds communs de placement à risques (FCPR), les fonds communs de placement dans l'innovation (FCPI) ou les fonds d'investissement de proximité ;

– les sociétés professionnelles de placement à prépondérance immobilière à capital variable (Spppicav), les fonds de placement immobilier (FPI), les organismes de placement collectif immobilier à compartiments ;

– les sociétés civiles de placement immobilier (SCPI), sociétés d'épargne forestière et groupements forestiers d'investissement ;

– les sociétés d'investissement à capital fixe ;
– les fonds de fonds alternatifs.

2. Les fonds ouverts **à des investisseurs professionnels,** qui comprennent :
– les fonds professionnels à vocation générale ;
– les organismes professionnels de placement collectif immobilier ;
– les fonds professionnels spécialisés ;
– les fonds professionnels de capital investissement ;
– les sociétés de libre partenariat.

3. Les **fonds d'épargne salariale,** qui prennent la forme de fonds communs de placement d'entreprise (FCPE) ou de sociétés d'investissement à capital variable d'actionnariat salarié (Sicavas).

4. Les **organismes de financement,** qui comprennent :
– les organismes de titrisation prenant la forme de fonds communs de titrisation (remplaçant les fonds communs de créances) ou de sociétés de titrisation ;
– les organismes de financement spécialisé (OFS) comprenant les fonds de financement spécialisé (FFS) et les sociétés de financement spécialisé (SFS).

5. Les sociétés ayant opté pour le régime fiscal des **sociétés de capital-risque** prévu à l'article 208, 3° septies du CGI.

> **> Précisions** La gestion d'**autres placements collectifs, notamment** ceux qui relèvent de la catégorie des « **autres fonds d'investissement alternatifs** » mentionnée à l'article L 214-24, III du Code monétaire et financier, bénéficie de l'exonération, sous réserve que ces fonds satisfassent aux quatre **conditions** exposées au n° 76705 (BOI-TVA-SECT-50-10-10 n° 335).

OPÉRATIONS DE GESTION EXONÉRÉES

76720 Lors du colloque du 27 septembre 2005 évoqué au n° 76710, précision a, la Direction de la législation fiscale a précisé que bénéficient de l'exonération les opérations qui se rattachent de manière indissociable à l'activité de gestion de l'organisme. Sont ainsi exonérés les frais et commissions perçus pour les services de **gestion du portefeuille** (émission et rachat des parts par exemple) et pour les services de **gestion administrative et comptable** qui sont indissociables de l'activité des organismes (comptabilité achats/ventes, établissement des valeurs liquidatives, inventaire des actifs, surveillance des ratios réglementaires, etc.) (en ce sens également, BOI-TVA-SECT-50-10-10 n°s 330 et 340).

Cette définition administrative des opérations de gestion exonérées reprend celle retenue par le Conseil d'État dans le cas d'une société de gestion de FCP (CE 6-4-2001 n° 224406 : RJF 7/01 n° 924). Elle est en phase avec la jurisprudence de la CJUE selon laquelle les services de gestion exonérés sont, outre les fonctions de gestion de portefeuille, les services de gestion administrative et comptable des fonds qui « forment un ensemble distinct, apprécié de façon globale, et sont spécifiques et essentiels pour la gestion des fonds ». En revanche, les prestations correspondant aux **fonctions de dépositaire** relèvent, non pas de la gestion, mais du contrôle et de la surveillance de l'activité des organismes, et ne bénéficient donc pas de l'exonération ici en cause (CJUE 4-5-2006 aff. 169/04 : RJF 7/06 n° 972).

Pour le Conseil d'État comme pour la Cour de justice, les **services de gestion** ainsi définis sont exonérés quelle que soit la qualité du gestionnaire, y compris donc lorsqu'ils sont **délégués à un tiers** (CE 6-4-2001 et CJUE 4-5-2006 précités). Mais la fourniture de simples **prestations matérielles ou techniques,** par exemple la mise à disposition d'un **support informatique,** n'entre pas dans le champ de l'exonération, sauf si le prestataire réalise également les autres prestations, l'ensemble étant inhérent à la gestion d'un fonds (Compte rendu du colloque du 27-9-2005 et, dans le même sens, CJUE 5-6-1997 aff. 2/95 : RJF 8-9/97 n° 871).

> **> Précisions a.** Pour les **caisses de retraite** pouvant être qualifiées de « fonds communs de placement » (au sens des critères définis au n° 76705), la notion de « gestion » du fonds recouvre des prestations de services par lesquelles un organisme matérialise les droits des affiliés à des caisses de retraite par la création de comptes et l'inscription des contributions versées à leur compte dans le système des régimes de pension ainsi que des prestations de comptabilité et d'information relatives aux comptes. Les opérations d'inscription des contributions dans les comptes des affiliés (et leurs opérations accessoires) peuvent également relever de l'exonération prévue pour les paiements et les virements visée au n° 76615 (CJUE 13-3-2014 aff. 464/12 : RJF 6/14 n° 650).
>
> **b.** La notion de « gestion » au sens de l'article 135, 1-g ne couvre **pas l'exploitation effective** (mise en location, gestion locative, etc.) **des biens immobiliers** d'un fonds commun de placement, laquelle n'est pas spécifique à un tel

fonds mais inhérente à tout type d'investissement (CJUE 9-12-2015 aff. 595/13 : RJF 3/16 n° 308).
c. Une **prestation unique de services de gestion** fournie **par** une **plateforme informatique** appartenant à un fournisseur tiers au profit d'une société de gestion de fonds qui comprend à la fois des **fonds communs de placement et d'autres fonds** ne relève pas de l'exonération prévue à l'article 135, 1-g de la directive dès lors que, ces services pouvant être indifféremment utilisés pour la gestion de FCP et pour celle d'autres fonds, ils ne peuvent pas être regardés comme spécifiques à la gestion de FCP (CJUE 2-7-2020 aff. 231/19 : RJF 11/20 n° 972).
d. En ce qui concerne la **gestion de portefeuille sous mandat**, voir n° 76670, précisions.

L'administration exonère par ailleurs sur le fondement de l'article 261 C, 1°-f du CGI les rémunérations perçues lors du **placement** de parts ou d'actions de placements collectifs dont la gestion est éligible à l'exonération de la TVA (BOI-TVA-SECT-50-10-10 n° 340). On observera que cette doctrine n'est pas en accord avec la position de la CJUE qui juge implicitement que les opérations de commercialisation des titres d'OPCVM ne relèvent pas de l'activité de gestion de ces organismes et n'entrent pas dans le champ de l'exonération de l'article 135, 1-g de la directive TVA (CJUE 4-5-2006 aff. 169/04 : RJF 7/06 n° 972). Cela ne signifie toutefois pas que les opérations concernées ne peuvent pas être exonérées sur un autre fondement. **76725**

Le **placement** peut à notre avis être considéré comme une **opération sur titres,** telle que définie par la CJUE (nos 76670 s.), ayant pour objet de créer, de modifier ou d'éteindre les droits et obligations des parties sur des titres et relevant par suite de l'exonération prévue par l'article 261 C, 1°-e du CGI. L'administration, s'écartant de sa doctrine officielle, a d'ailleurs pris position en ce sens (Colloque du 27-9-2005 cité au n° 76710, précision a) faisant abstraction d'une décision de la cour administrative d'appel de Bordeaux selon laquelle des prestations de démarchage de la clientèle ne relèvent ni du e (opérations sur titres) ni du f (gestion d'OPCVM) de l'article 261 C, 1° du CGI (CAA Bordeaux 24-2-2004 n° 00-1148). En tout état de cause, en l'absence de prise de position du Conseil d'État sur ce point, les assujettis qui y ont intérêt peuvent toujours se prévaloir de la doctrine administrative officielle pour être exonérés. La cour administrative d'appel de Paris a ainsi admis qu'une société exploitant un hypermarché chargée d'effectuer pour le compte du dépositaire d'un FCP des prestations de prospection, d'information et de conseil auprès d'investisseurs potentiels et d'entremise auprès des souscripteurs pouvait être exonérée sur le fondement de la doctrine (CAA Paris 20-9-2004 nos 03-2546 et 01-25 : RJF 6/05 n° 543).

La Cour de justice considère également que relèvent de la notion de « gestion de fonds communs de placement » exonérée de TVA les prestations de **conseil en placement** de valeurs mobilières **fournies par un tiers à un gestionnaire de fonds communs de placement,** quand bien même le tiers n'aurait pas agi en exécution d'un mandat (CJUE 7-3-2013 aff. 275/11 : RJF 6/13 n° 683). De telles prestations présentent en effet un **lien intrinsèque avec l'activité spécifique** du gestionnaire de fonds communs de placement, en sorte qu'elles ont pour effet de remplir les fonctions spécifiques et essentielles de la gestion d'un fonds commun de placement. **76730**

Tel est également le cas des services rendus par des tiers à de tels gestionnaires qui consistent :

– à veiller à l'imposition conforme à la loi nationale des revenus du fonds perçus par les participants et à octroyer un **droit d'utilisation d'un logiciel** servant exclusivement à effectuer des **calculs essentiels à la gestion des risques** et à la mesure des performances (sous réserve que les conditions visées ci-dessus soient remplies), quand bien même ces services ne sont pas externalisés dans leur intégralité (CJUE 17-6-2021 aff. 58/20 et 59/20 : RJF 10/21 n° 990) ;

– à **fournir une plateforme de réconciliation** visant à permettre au gestionnaire d'évaluer, au regard des ordres de mouvements passés, le portefeuille du fonds et la valeur de ses parts ou à fournir **des services juridiques aux fins d'enregistrer les fonds** auprès d'autorités de régulation étrangères, même si ces prestations revêtent un caractère ponctuel (CAA Paris 13-7-2022 n° 21PA00481 : RJF 11/22 n° 942).

> Précisions On rappelle que ne relève pas en revanche de l'exonération prévue par l'article 135, 1-g de la directive TVA, selon la CJUE, une **prestation unique** de services de gestion fournie par un tiers au profit d'une société de gestion de fonds comprenant **à la fois** des **FCP** et d'**autres fonds** (voir n° 76720, précision c).
Dans le même sens, la cour administrative d'appel de Paris a considéré que ne peuvent être exonérés certains services fournis par un tiers au gestionnaire (mise à disposition de terminaux permettant l'accès à des bases de données financières et à un système de communication entre professionnels de la finance afin de pouvoir échanger des titres ; de services intégrés à une interface permettant l'accès à des flux d'informations financières destinées à tout type de fonds d'investissement ; mise à disposition d'informations financières relatives à l'analyse des conjonctures économiques et des marchés mais non en des recommandations d'achat ou de vente de titres) dès lors qu'ils sont susceptibles d'être **offerts à (ou utilisés par) tout type d'investisseur** sur le marché et ne sont **pas spécifiques** à l'activité de gestion d'un OPCVM (CAA Paris 13-7-2022 n° 21PA00481 précité).

II. OPÉRATIONS IMPOSABLES DE PLEIN DROIT

OPÉRATIONS RATTACHABLES AU COMMERCE DES VALEURS ET DE L'ARGENT

76800 Toutes les opérations bancaires et financières qui ne sont pas exonérées par l'article 261 C du CGI sont imposables.

76805 Il s'agit en premier lieu des opérations expressément exclues de l'exonération par l'article 261 C lui-même, qui sont, on le rappelle :

– les opérations de **recouvrement de créances** (nos 76630 s.) ;

– les opérations de **garde** ou de **gestion** portant sur des **valeurs mobilières.** Sont notamment imposables à ce titre les droits de garde, commissions de gestion, commissions d'encaissement de coupons, commissions de remboursement de titres (BOI-TVA-SECT-50-10-20 n° 30) ;

– les opérations de **gestion de crédits ou** de gestion **de garanties** de crédits effectuées par des personnes autres que celle qui a octroyé les crédits, à l'exception toutefois des actes de gestion effectués par le « chef de file » d'un pool prêteur et de ceux qui sont indissociables des opérations de négociation de crédits ou de garanties de crédits réalisées par des intermédiaires (voir nos 76530 et 76550 s.) ;

– les opérations portant sur les **monnaies** (pièces ou billets) **de collection,** qui sont soumises au régime des biens de collection (nos 78000 s.).

76810 Sont en second lieu imposables les opérations non visées par l'article 261 C du CGI, par exemple, les commissions perçues en rémunération de **conseils** ou d'**études financières** (à l'occasion notamment de l'émission et du placement d'actions ou d'obligations : n° 76685), les commissions de **renseignements** commerciaux, etc. (BOI-TVA-SECT-50-10-20 n° 60).

OPÉRATIONS NON SPÉCIFIQUEMENT RATTACHABLES AU COMMERCE DES VALEURS ET DE L'ARGENT

76825 Les diverses opérations réalisées par les banques ou les établissements financiers qui ne se rattachent pas au commerce des valeurs et de l'argent sont imposables à la TVA selon les règles du droit commun. Tel est, par exemple, le cas des locations de matériels, des opérations de fabrication et de vente d'imprimés, de certaines prestations informatiques ou télématiques (voir toutefois n° 76620), des consultations juridiques ou fiscales (BOI-TVA-SECT-50-10-20 n° 100).

> **Précisions** **a.** Les **locations de coffres-forts** sont considérées comme des locations de biens immobiliers aménagés et sont imposables de plein droit à la TVA, dès lors qu'elles se rattachent à un immeuble situé en France, quelle que soit la nationalité du locataire (BOI précité n° 80 ; BOI-TVA-SECT-50-20 n° 30).
> **b.** Pour les opérations (locations, ventes) portant sur les **machines** destinées au fonctionnement du système des **cartes de paiement,** voir n° 76615, précision a.
> **c.** Les opérations de **crédit-bail** suivent le même régime que les locations de biens (mobiliers ou immobiliers selon le cas) sur lesquels elles portent (voir nos 3100 s. ; pour les déductions, voir n° 77540, a).

III. OPÉRATIONS IMPOSABLES PAR OPTION

76900 Certaines opérations bancaires et financières, normalement exonérées, peuvent être soumises à la TVA sur option. Cette option prévue par l'article 260 B du CGI, réservée à certains opérateurs (nos 76910 s.), s'applique aux seules opérations éligibles (nos 76940 s.) déterminées par ces opérateurs (nos 77100 s.).

1. PERSONNES POUVANT EXERCER L'OPTION

76910 Aux termes de l'article 70 sexies de l'annexe III au CGI, deux catégories de personnes physiques ou morales peuvent exercer l'option :

– les **professionnels du commerce des valeurs et de l'argent,** c'est-à-dire les établissements de crédit, les prestataires de services d'investissement, les changeurs, les escompteurs et les remisiers ;

– les personnes, autres que ces professionnels, qui réalisent à titre principal des **opérations** se rattachant aux activités **bancaires ou financières.** L'administration autorise toutefois plus largement toutes les personnes qui effectuent **à titre habituel** de telles opérations à opter pour la TVA (BOI-TVA-SECT-50-10-30-20 n° 60).

EXEMPLES

Peuvent exercer l'option pour leurs opérations bancaires et financières exercées à titre habituel, même si ces opérations ne constituent pas leur activité principale, dès lors qu'elles ne sont pas exclues de l'option (n° 76940), les sociétés d'assurance, de capitalisation, de prévoyance ou de retraite, les sociétés émettrices de titres-restaurant, les sociétés holding, etc.

Si ces opérations **perdent** leur **caractère habituel,** l'option exercée devient caduque.

> Précisions Concernant l'option pour la taxation des opérations bancaires et financières exercée par un assujetti unique constitué en application de l'article 256 C du CGI (**groupe TVA**), voir n° 1720, précision b.

2. OPÉRATIONS POUVANT FAIRE L'OBJET DE L'OPTION

Les opérations bancaires ou financières normalement exonérées de TVA peuvent être imposées par voie d'option, sauf lorsqu'elles entrent dans l'une des catégories expressément exclues de l'option par l'article 260 C du CGI. **76940**

Le tableau ci-après fournit la liste des opérations exclues de l'option et de celles qui entrent dans son champ d'application avec, le cas échéant, un renvoi aux commentaires correspondants.

Opérations exonérées ne pouvant pas faire l'objet de l'option (liste limitative)	Commentaires (n^os^)
Intérêts, agios et rémunérations assimilables (CGI art. 260 C, 4° et 5°)	76950 s.
Rémunération de prêts de titres et profits tirés des pensions de titres (CGI art. 260 C, 4°)	76600
Frais et commissions perçus lors de l'émission et du placement des actions (y compris de Sicav) (CGI art. 260 C, 8° et 12°)	77000 s.
Commissions perçues lors de l'émission et du placement des parts de fonds communs de placement ou de fonds communs de créances ou de titrisation (CE 24-5-2000 n° 183483 : RJF 7-8/00 n° 915 ; BOI-TVA-SECT-50-10-30-10 n° 230)	77010
Commissions sur l'émission et le placement d'emprunts obligataires (CGI art. 260 C, 12°)	77000 s.
Sommes perçues lors des cessions de créances et en rémunération de la gestion des créances cédées (CGI art. 260 C, 8°)	77035 s.
Profits sur le Matif (CGI art. 260 C, 6°)	
Cessions de valeurs mobilières et de titres de créances négociables (CGI art. 260 C, 6°)	76995
Financement d'exportations, de livraisons intracommunautaires exonérées et d'opérations situées hors de France (CGI art. 260 C, 9°)	77070
Opérations sur les devises et monnaies (CGI art. 260 C, 11°)	
Certaines opérations effectuées par les Sofica (BOI-TVA-SECT-20-30 n° 190)	88380
Opérations portant sur les produits de capitalisation relevant du Code des assurances (CGI art. 260 C, 14°)	77060
Opérations soumises à la taxe sur les conventions d'assurance (CGI art. 260 C, 10°)	
Sommes versées par le Trésor à la Banque de France (CGI art. 260 C, 7°)	
Opérations effectuées entre eux par certains organismes : caisses d'épargne et banques populaires, caisses de crédit mutuel, caisses de crédit agricole mutuel (CGI art. 260 C, 1°, 2° et 3°)	77050

Opérations exonérées entrant dans le champ de l'option	Commentaires (n^os^)
Opérations de crédit et de garantie, sauf les intérêts et rémunérations assimilées	76950 s.
Opérations sur effets de commerce, sauf les agios d'escompte et rémunérations assimilées	76965
Opérations sur comptes et chèques bancaires	76975
Commissions sur ordres de bourse	77000
Opérations de gestion des OPCVM et des organismes de placement collectif présentant des caractéristiques similaires	77025
Opérations d'affacturage	77040

Opérations exonérées entrant dans le champ de l'option	Commentaires (n^os)
Émission de titres-restaurant (sauf les recettes ayant la nature d'intérêts de placement des fonds)	76985
Commissions d'enregistrement et de négociation perçues par les intermédiaires intervenant sur le Matif	
Toutes autres opérations exonérées non expressément exclues de l'option	

OPÉRATIONS DE CRÉDIT ET DE GARANTIE

76950 Les sommes qui les rémunèrent sont imposables par option, sauf les intérêts et les rémunérations assimilées à des intérêts (CGI art. 260 C, 4° et 5°).

Peuvent être, par exemple, soumis à la TVA en cas d'option :

– la **commission d'ouverture d'accréditif** (qui rémunère la mise à la disposition du client d'un crédit dans un autre établissement) ou les **frais de dossier** de prêt (BOI-TVA-SECT-50-10-30-10 n° 20) ;

– la totalité de la **commission** perçue par un établissement de crédit à la consommation **sur** les **bons d'achat** émis par lui et présentés au remboursement par les magasins auxquels les souscripteurs les remettent à titre de paiement de leurs achats, considérant que, à supposer qu'une partie de la commission ait eu le caractère d'une commission de ducroire exclue de l'option, la société n'avait pas comptabilisé séparément les recettes afférentes à cette partie (CE CAPC 16-5-1997 n° 180245 : RJF 7/97 n° 664) ;

– les cotisations versées par les porteurs de **cartes bancaires** et les commissions versées par les commerçants aux établissements émetteurs de cartes (TA Cergy-Pontoise 25-3-2010 n°s 07-5020 et 07-5024 : RJF 12/10 n° 1152).

76955 La liste des **rémunérations assimilables à des intérêts ou agios** – et donc exclues, comme ceux-ci, de l'option – est la suivante (CGI ann. IV art. 23 O) :

– commissions : du plus fort découvert ; d'endos ; d'attente, d'engagement, d'ouverture ou de confirmation de crédit ; de caution, d'aval ou de ducroire ; d'acceptation ; de garantie de placement d'obligations ou de bonne fin d'augmentation de capital ; de garantie de bonne fin d'opérations immobilières ;

– frais de gestion réglementés perçus par les sociétés de crédit différé ;

– rémunération perçue par l'intermédiaire placeur d'emprunts émis par voie d'adjudication.

> Précisions **a.** Ne constituent pas des commissions d'engagement, d'ouverture, de confirmation de crédit ou des commissions d'acceptation les **rémunérations** proportionnelles au montant des prêts, perçues pour l'exercice d'une activité de **placement de demandes de prêts immobiliers** auprès d'organismes financiers spécialisés ou de personnes privées (CE 6-7-1990 n° 62940).
b. Ni les **indemnités de résiliation** de contrats de prêt ni les rémunérations perçues en raison des opérations dites de « **cession de crédit** » ou de « désencadrement » **entre établissements de crédit** (sur ce point, voir n° 76525, précision a) ne peuvent donner lieu à option (BOI-TVA-SECT-50-10-30-10 n° 20).

OPÉRATIONS SUR EFFETS DE COMMERCE

76965 Peuvent être imposables sur option les **rémunérations autres que** les **agios d'escompte** ou les **rémunérations assimilées** définies au n° 76955.

Il s'agit notamment, selon l'administration, des commissions de présentation à l'acceptation, d'encaissement et de service, de prorogation, de manipulation, d'avis de sort, d'impayé, de bordereau, de domiciliation et changement de domiciliation, de non-domiciliation (BOI-TVA-SECT-50-10-30-10 n° 30).

OPÉRATIONS SUR COMPTES ET CHÈQUES BANCAIRES

76975 Peuvent être imposables sur option les rémunérations telles que les commissions de tenue de compte et de mouvement de compte, les commissions sur chèque certifié, sur chèque circulaire, sur chèque de banque, sur opposition à chèque, sur demande de chéquier spécial, sur avis de prélèvement, sur virement (BOI-TVA-SECT-50-10-30-10 n° 40).

ÉMISSION DE TITRES-RESTAURANT

76985 Si l'option pour l'assujettissement à la TVA est exercée, peuvent être imposables :

– les **commissions** perçues lors de la **vente des titres** aux employeurs ;

– les **participations réclamées aux restaurateurs** désireux de recevoir rapidement la valeur des titres reçus en règlement de leur prestation.

Mais, compte tenu des dispositions de l'article 260 C, 4° du CGI, les **intérêts de placement** des fonds reçus en contrepartie de la cession des titres ne peuvent donner lieu à option (BOI-TVA-SECT-50-10-30-10 n° 80).

OPÉRATIONS SUR VALEURS MOBILIÈRES ET TITRES DE CRÉANCES NÉGOCIABLES

Lorsqu'ils entrent dans le champ d'application de la TVA (n° 53155) mais sont exonérés de cette taxe, les **profits** réalisés sur les **cessions** de valeurs mobilières ou de titres de créances négociables sont exclus de l'option pour le paiement de la TVA (CGI art. 260 C, 6°). Tel est le cas, notamment, des profits de cessions de valeurs mobilières ou de titres de créances négociables effectuées **pour leur propre compte par les banques et établissements de crédit** (BOI-TVA-SECT-50-10-30-10 n° 210). **76995**

En ce qui concerne les **opérations effectuées par les banques** et les établissements de crédit **pour le compte de leurs clients,** les commissions sur ordre de bourse et les commissions de souscription ou de placement entrent dans le champ de l'option (BOI-TVA-SECT-50-10-30-10 n° 50). En sont en revanche exclus : **77000**

– les frais et commissions perçus lors de l'émission des actions des sociétés d'investissement à capital variable (Sicav) (CGI art. 260 C, 8°) ;

– les commissions perçues lors de l'émission et du placement d'emprunts obligataires et d'actions (CGI art. 260 C, 12°) ;

– les commissions perçues lors de l'émission et du placement de parts de fonds communs de placement (FCP) ou de fonds communs de créances ou de titrisation (n° 77010).

L'exclusion de l'option des opérations d'**émission et** de **placement d'obligations ou d'actions** est générale et concerne : **77005**

– tous les types d'obligations : obligations à taux fixe, variable ou révisable ; obligations convertibles ou remboursables en actions ; obligations indexées, échangeables, à bons de souscription, à coupon zéro, à durée variable ; obligations subordonnées ; euro-obligations ou obligations étrangères ;

– toutes les actions, qu'il s'agisse d'actions de sociétés cotées ou non cotées, y compris les actions de Sicav ;

– l'ensemble des modes de rémunération des prestations d'émission ou de placement des titres en question auprès des investisseurs : commission de direction perçue par le chef de file et commission de placement perçue par les réseaux en cas de placement d'obligations auprès des investisseurs ; commission sur encours perçue par l'établissement placeur d'actions, etc. (BOI-TVA-SECT-50-10-30-10 n°s 280 à 300).

> **Précisions** Lorsque le contrat de prestation de placement prévoit explicitement que la **rémunération** dépend du **maintien de l'encours** par les investisseurs, la partie de rémunération calculée sur les encours doit suivre le même régime d'exonération que les commissions de placement perçues en une seule fois (Prise de position de la DLF lors du colloque du 27-9-2005 cité au n° 76710, précision a).

Bien qu'ils ne soient pas expressément mentionnés dans la liste des opérations exclues de l'option par l'article 260 C du CGI, les frais et commissions perçus lors de l'**émission ou** du **placement de parts de FCP** sont exonérés de TVA sans possibilité d'option. **77010**

Selon le Conseil d'État, l'absence des frais d'émission de FCP de la liste en question résulte d'une erreur de codification du texte de loi initial (Loi 78-1239 du 29-12-1978 art. 13, II) définissant le champ d'application de l'option (CE 24-5-2000 n° 183483 : RJF 7-8/00 n° 915). Estimant qu'on ne peut séparer émission et placement en cas de souscription de parts de FCP, l'administration a précisé de son côté que les prestations de placement doivent également être exclues de l'option (BOI-TVA-SECT-50-10-30-10 n° 230 et compte rendu du colloque du 27-9-2005 mentionné au n° 76710, précision a).

Les commissions perçues lors de l'émission et du placement des **parts de** fonds communs de créances (**FCC**) ou de **titrisation** sont également exonérées sans possibilité d'option (BOI précité n° 230).

À la différence des commissions d'émission ou de placement, les **commissions de sortie** (de plus en plus rares) perçues lors du rachat de parts ou d'actions d'**OPCVM** constituent, selon l'administration, des frais de gestion qui, comme tels, relèvent de l'option (Prise de position de la DLF lors du colloque du 27-9-2005 cité au n° 76710, précision a). **77015**

OPÉRATIONS DE GESTION DES OPCVM ET ORGANISMES DE PLACEMENT COLLECTIF ASSIMILÉS

77025 Les commissions de gestion des OPCVM (FCP et Sicav), de certains fonds d'investissement alternatifs (voir n° 76715), des fonds communs de créances et des fonds communs de titrisation ou des sociétés de titrisation (destinés à remplacer progressivement les fonds communs de créances) peuvent faire l'objet de l'option (BOI-TVA-SECT-50-10-30-10 n° 60).

S'agissant des commissions perçues lors de l'émission et du placement de parts d'OPCVM ou de fonds communs de créances ou de titrisation, voir n°s 77000 s.

OPÉRATIONS DE CESSION DE CRÉANCES ET DE GESTION DES CRÉANCES CÉDÉES

77035 Conformément à l'article 260 C, 8° du CGI, les sommes perçues lors de la cession de créances ou en rémunération de la gestion des créances cédées sont exonérées de TVA sans possibilité d'option. L'administration a précisé que l'exclusion de l'option concerne en pratique :

– l'ensemble des opérations emportant **transfert de propriété** de créances, quel que soit le mode juridique du transfert, à l'exception toutefois des opérations d'affacturage ;

– les **profits** réalisés lors de la cession de créances ;

– les seules **prestations de gestion** consécutives à la cession de créances réalisées par le cédant ou pour son compte, par exemple l'établissement et le suivi des positions des débiteurs ainsi que le suivi des garanties. Les services portant sur les créances cédées qui sont rendus par le cessionnaire ou pour son compte ne sont en revanche pas exclus de l'option sauf, bien entendu, lorsque ces opérations se rapportent expressément à des créances que le cessionnaire a lui-même cédées (BOI-TVA-SECT-50-10-10 n°s 120 à 150).

77040 L'administration considère que l'**affacturage** est une opération exonérée de TVA qui peut être imposée par voie d'option (n° 76635). Elle estime que, une fois exercée, l'option peut couvrir l'ensemble des rémunérations perçues par le factor (BOI-TVA-SECT-50-10-30-10 n° 90), y compris donc les **commissions** dites « **de financement** » qui rémunèrent les opérations de mobilisation des créances avant l'échéance. Le Conseil d'État considère au contraire que ces commissions, qui rémunèrent des opérations de crédit, ont le caractère d'intérêts ou d'agios, ou y sont assimilables, et sont donc exonérées de TVA sans possibilité d'option (CE 5-6-1989 n° 96641 : RJF 8-9/89 n° 945).

Selon leur intérêt, les sociétés d'affacturage peuvent donc soit inclure dans l'option l'ensemble des rémunérations perçues, sur le fondement de la doctrine administrative, soit (situation plus rare) en exclure les rémunérations correspondant à la mobilisation des créances avant leur échéance en se prévalant de la jurisprudence.

Les sociétés d'affacturage peuvent également être conduites à céder (par exemple à un organisme de financement) des créances qu'elles ont acquises. Dans cette situation, la **cession des créances** et, le cas échéant, la gestion des créances cédées sont exonérées de TVA sans possibilité d'option (BOI-TVA-SECT-50-10-10 n° 150).

OPÉRATIONS EFFECTUÉES ENTRE EUX PAR CERTAINS ORGANISMES

77050 Aux termes de l'article 260 C, 1°, 2° et 3° du CGI, l'option ne s'applique pas aux opérations effectuées :

– par les affiliés de l'organe central des **caisses d'épargne** et des **banques populaires,** ainsi que leurs groupements, entre eux ou avec l'organe central des caisses d'épargne et des banques populaires ;

– entre elles par les **caisses de crédit mutuel** adhérentes à la Confédération nationale du crédit mutuel ;

– entre elles par les caisses de **crédit agricole** mentionnées à l'article L 512-21 du Code monétaire et financier.

Seules sont visées les **opérations de caractère bancaire,** à l'exclusion des opérations de gestion (telle la tenue de comptabilité) imposables de plein droit (en ce sens, CE 9-1-1991 n°s 65916 et 71041 : RJF 3/91 n° 278, à propos des opérations effectuées entre eux par des organismes dépendant de la chambre syndicale des banques populaires).

OPÉRATIONS PORTANT SUR LES PRODUITS DE CAPITALISATION RELEVANT DU CODE DES ASSURANCES

77060 Aux termes de l'article 260 C, 14° du CGI, l'option ne s'applique pas aux opérations portant sur les bons ou contrats de capitalisation relevant du Code des assurances. Ces opérations sont donc toujours exonérées de TVA quelle que soit la qualité de l'opérateur :

– banque ou établissement financier exonéré sur le fondement de l'article 261 C, 1°-c du CGI qu'il ait ou non exercé l'option ;

– assureur ou intermédiaire d'assurances exonéré en vertu de l'article 261 C, 2° du CGI sans aucune possibilité d'option.

FINANCEMENT D'EXPORTATIONS, DE LIVRAISONS INTRACOMMUNAUTAIRES ET D'OPÉRATIONS SITUÉES HORS DE FRANCE

Il résulte des dispositions de l'article 260 C, 9° du CGI que l'option ne s'applique pas, en principe, aux opérations bancaires afférentes au financement d'exportations, de livraisons intracommunautaires exonérées (nos 20350 s.) ou d'opérations situées hors de France, dont la liste est fixée par l'article 23 P de l'annexe IV au CGI. Toutefois, l'option englobe ces commissions lorsque, par l'effet de l'option, les commissions de même nature sont elles-mêmes soumises à la TVA en régime intérieur. **77070**

L'administration a indiqué à cet égard que :

– lorsqu'elles sont englobées par l'option, les commissions afférentes au financement d'exportations sont exonérées par l'article 262, I du CGI (nos 26550 s.) ; elles ouvrent cependant droit à déduction, comme indiqué au no 77525 (BOI-TVA-SECT-50-10-30-10 nos 110 et 120) ;

– les commissions liées au financement de livraisons intracommunautaires exonérées doivent être soumises à la TVA lorsque l'option a été exercée et qu'elles sont situées en France en application des règles de territorialité (nos 77300 s.) (D. adm. 3 L-5133 no 19, non reprise au Bofip).

Remarque : L'article 260 C, 9° du CGI et la doctrine citée ci-dessus ne semblent toutefois pas tout à fait en phase avec les modalités d'application de l'option en vigueur depuis le 1er janvier 2022. On rappelle en effet que, depuis cette date, l'option n'est plus globale mais peut être appliquée opération par opération (nos 77100 s.).

> **Précisions** La **liste des opérations exclues** de l'option, fixée par l'article 23 P de l'annexe IV au CGI, est la suivante :
> **a.** Escompte d'effets de commerce ou de moyens de paiement représentant des créances sur l'étranger ;
> **b.** Mobilisation des créances sur l'étranger ;
> **c.** Préfinancement d'exportations ou de livraisons exonérées en vertu du I de l'article 262 ter du CGI, réalisé sous forme de crédits mobilisables auprès de la Banque de France ;
> **d.** Cautions, avals et confirmations de crédits documentaires fournis en France et se rapportant à des exportations ou à des livraisons exonérées en vertu du I de l'article 262 ter précité ;
> **e.** Prêts consentis aux acheteurs étrangers de biens d'équipement et autres produits français ;
> **f.** Achats fermes aux entreprises françaises réalisant des exportations ou des livraisons exonérées en vertu du I de l'article 262 ter du même Code, de créances sur clients étrangers.

3. MODALITÉS D'EXERCICE ET DE FONCTIONNEMENT DE L'OPTION

L'assujetti qui a exercé l'option pour la taxation à la TVA des opérations bancaires et financières l'applique aux seules opérations qu'il détermine (CGI art. 260 B, al. 2). En pratique, il doit d'abord formuler une option unique et préalable auprès de l'administration fiscale (no 77110) qu'il pourra ensuite décider d'appliquer aux seules opérations éligibles de son choix (no 77120 s.), tant que cette option n'est pas dénoncée (nos 77145 s.). **77100**

> **Précisions** La possibilité d'appliquer l'option, opération par opération, s'applique aux opérations bancaires ou financières placées dans le champ de l'option dont le fait générateur est intervenu **depuis le 1er janvier 2022** (Loi 2021-1900 du 30-12-2021 art. 30, I-5° ; antérieurement, l'option était globale et couvrait obligatoirement toutes les opérations qui entraient dans son champ d'application). Les assujettis pour lesquels l'**option**, exercée avant cette date, était **toujours en cours** au 1er janvier 2022 n'ont toutefois pas à modifier leur option initiale ou à formuler une nouvelle option pour bénéficier de la possibilité d'appliquer l'option opération par opération (en ce sens, BOI-TVA-SECT-50-10-30-20 no 70).

EXERCICE ET DATE D'EFFET DE L'OPTION

L'option pour la taxation des opérations bancaires et financières doit être formulée **par écrit** auprès du service des impôts des entreprises (SIE) dont l'assujetti relève et prend effet le premier jour du **mois suivant son dépôt.** **77110**

Sauf indication contraire de l'assujetti, elle vaut pour l'**ensemble** de ses **secteurs distincts** (BOI-TVA-SECT-50-10-30-20 no 70).

> **Précisions** L'option est donc susceptible de couvrir toutes les opérations bancaires ou financières (sauf exceptions prévues par l'article 260 C du CGI : nos 76940 s.) réalisées par l'assujetti dans le cadre de l'ensemble de ses activités (sous réserve qu'il décide de l'appliquer : no 77120). Ce dernier peut toutefois opter **secteur par secteur,** seules les opérations

bancaires ou financières éligibles du ou des secteur(s) pour lesquels l'option a été exercée pouvant alors, le cas échéant, être soumises à la taxe.

Sur les modalités d'exercice de l'option par les assujettis uniques constitués en application de l'article 256 C du CGI (**groupes TVA**), voir n° 1720, précision b.

MODALITÉS DE FONCTIONNEMENT ET PORTÉE DE L'OPTION

77120 Une fois l'option exercée (n° 77110), l'assujetti qui effectue une opération bancaire ou financière entrant dans son champ d'application (n° 76940) peut choisir de la soumettre à la taxe ou de l'exonérer.

Il peut donc décider d'**appliquer** l'option **opération par opération** (sur la notion d'opération, voir précision a ci-dessous) mais également par **catégorie ou type d'opérations ou** encore, dans une approche globale, à l'**ensemble des opérations** bancaires ou financières situées dans le champ de l'option, selon les motivations qui lui sont propres (BOI-TVA-SECT-50-10-30-20 n° 70) (intérêt de ses clients, incidences en matière de taxe sur les salaires, etc.).

La taxation sur option d'une opération ne requiert **aucun formalisme spécifique.** En revanche, dès lors que l'assujetti soumet à la TVA une opération bancaire ou financière en application de l'option, la **facture** qu'il délivre en vertu des dispositions de l'article 289 du CGI doit comporter toutes les **mentions obligatoires** (n°s 46150 s.), notamment la mention de son montant hors taxe et de la taxe y afférente (BOI-TVA-SECT-50-10-30-20 n° 70).

> Précisions a. La **notion d'« opération »** est définie conformément à l'article 257 ter du CGI (n°s 1280 s.). Il en résulte que :
– lorsqu'une opération bancaire ou financière est soumise à la TVA par application de l'option, la taxation s'applique également aux **éléments** qui en sont l'**accessoire** ;
– lorsqu'une opération bancaire ou financière est exclue de l'option pour la taxation (opérations visées à l'article 260 C du CGI : n° 76940 ou n'ayant pas donné lieu à l'application de l'option, par choix de l'assujetti), l'exonération dont bénéficie cette opération s'applique également de plein droit aux éléments qui en sont l'accessoire (BOI précité) ;
– l'option est exercée pour l'ensemble des éléments qui compose une opération sans que ces éléments ne puissent être soumis à des régimes de TVA différents. Ainsi, l'option ne peut être exercée pour une **prestation économique indissociable** comprenant des **opérations** bancaires ou financières **exonérées** dont certaines sont **éligibles à l'option et d'autres non**, sauf à ce que les opérations non éligibles présentent un caractère accessoire.
b. Sur les **droits à déduction** applicables pour les opérations soumises à la taxe sur option, voir n° 77520.

77130 L'administration a, par ailleurs, précisé (BOI-TVA-SECT-50-10-30-10 n° 140) que :

– lorsqu'un assujetti dont le **siège** est établi **en France** a exercé l'option pour la taxation, les prestations bancaires et financières fournies par son **établissement stable établi hors de France** et dont le lieu d'imposition se situe en France ne sont pas concernées par l'option du siège mais peuvent faire l'objet d'une option distincte. Cette option distincte peut, selon nos renseignements, être formulée soit par le siège pour le compte de son établissement stable, soit directement par l'établissement stable, auprès du service des impôts dont relève le siège. Lorsque l'option est exercée et appliquée à l'opération en cause, la taxe est due par le prestataire (en pratique, le siège français de l'entreprise) et non par le client assujetti, même si le siège ne participe pas à la réalisation des opérations effectuées par son établissement stable (voir à cet égard n°s 31750 s.) ;

– de la même manière, l'option exercée par l'**établissement stable français d'une entreprise étrangère** ne produit aucun effet sur le régime applicable aux prestations bancaires ou financières fournies par le siège dont le lieu d'imposition est situé en France. Le siège étranger peut néanmoins formuler l'option pour la taxation à la TVA de ses prestations bancaires ou financières situées en France et l'appliquer aux opérations qu'il détermine, dans les conditions prévues par l'article 260 B du CGI : la taxe doit alors être autoliquidée par le preneur assujetti, sauf si l'établissement stable participe à la réalisation des opérations, auquel cas ce dernier est redevable de la taxe.

DÉNONCIATION DE L'OPTION

77145 L'option peut être dénoncée à tout moment à compter du 1er janvier de la cinquième année qui suit celle au cours de laquelle elle a été exercée (CGI art. 260 B, al. 2). La dénonciation prend effet à compter du 1er jour du mois suivant celui au cours duquel elle est formulée (sous la même forme que l'option : n° 77110) (BOI-TVA-SECT-50-10-30-20 n°s 110 et 120). L'option couvre donc obligatoirement une période minimale de quatre années et un mois.

EXEMPLES

1. Un prestataire de services financiers exonérés exerce l'option le 10 octobre 2022. L'option prend effet à compter du 1er novembre 2022. Elle est révocable à compter du 1er janvier 2027. Le prestataire formule la dénonciation le 4 janvier 2027. L'option cesse de produire ses effets à compter du 1er février 2027.
2. Un prestataire de services financiers exonérés a exercé l'option le 5 janvier 2018. Il peut révoquer son option à compter du 1er janvier 2023. Cette révocation prendra effet dès le 1er jour du mois suivant celui au cours duquel elle aura été formulée.

Le fait d'avoir obtenu un **remboursement de crédit** de TVA n'interdit pas de renoncer à l'option (BOI précités).

> Précisions La circonstance que l'assujetti ayant formulé l'option ne l'applique pas aux opérations qu'il réalise et qui sont dans le champ de l'option n'a aucune conséquence sur sa validité et ne peut dès lors s'analyser comme sa révocation (BOI précité n° 70).

La **prise d'effet** de la révocation de l'option s'apprécie par rapport au **fait générateur des prestations** concernées, et non pas à la date de facturation de ces prestations ou d'encaissement du prix. Ainsi, les prestations dont le fait générateur intervient avant la fin du mois au cours duquel la dénonciation est demandée, c'est-à-dire les prestations qui ont été effectuées jusqu'à cette date, doivent être taxées quelle que soit leur date de facturation et d'exigibilité de la TVA (en ce sens, compte rendu du colloque du 27-9-2005 mentionné au n° 76710, précision a). À l'inverse, les opérations dont le fait générateur intervient à partir du mois suivant bénéficient de l'exonération de la TVA (en ce sens, BOI-TVA-SECT-50-10-30-20 n° 130). **77150**

Sur le fait générateur des **prestations continues à échéances successives,** telles que la gestion de fonds communs de placement, voir n° 38600.

Conformément aux règles régissant le droit à déduction, la révocation de l'option rend exigibles, le cas échéant, les **régularisations** de la TVA initialement déduite par l'assujetti, selon les modalités et dans les conditions prévues à l'article 207 de l'annexe II au CGI (voir nos 61050 s.). **77155**

Les assujettis ayant révoqué l'option peuvent par la suite **opter** à tout moment, dans les conditions de droit commun, pour soumettre **à nouveau** leurs opérations à la TVA (BOI-TVA-SECT-50-10-30-20 n° 140). **77160**

SECTION 2 MODALITÉS DE TAXATION

I. TERRITORIALITÉ DE LA TAXE

PRESTATIONS DE SERVICES BANCAIRES OU FINANCIÈRES PROPREMENT DITES

Les règles de territorialité permettent de déterminer, en présence d'une opération bancaire ou financière normalement imposable à la TVA (de plein droit ou par option), si cette opération doit, compte tenu de sa localisation, être effectivement soumise à la TVA française ou, au contraire, y échapper. Les règles applicables aux opérations bancaires et financières, qui appartiennent à la catégorie des prestations de services dites « immatérielles », diffèrent selon que le preneur a ou non la qualité d'assujetti. **77300**

Dans le cadre des **relations entre assujettis** (relations « B to B »), l'imposition des prestations de services bancaires ou financières s'effectue, conformément à la règle générale, au lieu d'établissement du preneur. **77305**

Dans le cadre des **relations assujettis/non-assujettis** (relations « B to C »), les prestations de services bancaires et financières sont imposables en France : **77310**

– lorsqu'elles sont réalisées par un prestataire établi en France au profit d'un preneur non assujetti établi dans l'UE (France ou autre État membre) ;

– lorsqu'elles sont fournies à un preneur non assujetti établi dans l'UE (France ou autre État membre) par un prestataire établi hors de l'UE si les services sont utilisés en France.

Par contre ne sont pas imposables en France les prestations de services bancaires ou financières réalisées :

– par un prestataire établi en France au profit d'un preneur non assujetti établi en dehors de l'UE ;

– par un prestataire établi en dehors de l'UE au profit d'un preneur non assujetti établi dans l'UE (France ou autre État membre) mais utilisant le service hors de France ;

– par un prestataire établi dans un autre État membre quel que soit le lieu d'établissement du preneur non assujetti (France, autre État membre ou État tiers).

77315 **Tableau récapitulatif**

Lieu d'établissement du prestataire	Lieu d'établissement et qualité du preneur	Opérations imposables ou non en France	Article du CGI applicable
France	Preneur établi en France :		
	– où il n'est pas assujetti à la TVA	Oui	259, 2°
	– où il est assujetti à la TVA	Oui	259, 1°
	Preneur établi dans un État membre de l'UE :		
	– où il n'est pas assujetti à la TVA	Oui	259, 2°
	– où il est assujetti à la TVA	Non	259, 1°
	Preneur établi hors UE :		
	– où il n'est pas assujetti à la TVA	Non	259 B
	– où il est assujetti à la TVA	Non	259, 1°
Autre État membre de l'UE	Preneur établi en France :		
	– où il n'est pas assujetti à la TVA	Non	259, 2°
	– où il est assujetti à la TVA	Oui	259, 1°
Hors UE	Preneur établi en France :		
	– où il n'est pas assujetti à la TVA :		
	lorsque le service est utilisé en France	Oui	259 C, 1°
	lorsque le service n'est pas utilisé en France	Non	259, 2°
	– où il est assujetti à la TVA	Oui	259, 1°
	Preneur établi dans un État membre de l'UE où il n'est pas assujetti à la TVA :		
	– lorsque le service est utilisé en France	Oui	259 C, 1°

AUTRES OPÉRATIONS

77325 Les opérations autres que bancaires ou financières réalisées par les banques ou les établissements de crédit relèvent des règles générales de territorialité propres aux opérations en cause. Voir par exemple, pour les **locations** de coffres-forts et les opérations de **crédit-bail,** aux n°s 25080 et 25780.

II. LIQUIDATION DE LA TAXE

1. BASE D'IMPOSITION

77400 Pour les opérations bancaires ou financières imposables, de plein droit ou par option, la base d'imposition à la TVA est constituée par le montant brut des courtages, commissions, remises et autres profits, même dans le cas où l'opération s'analyse en un achat-revente (BOI-TVA-SECT-50-30 n°s 1 et 10).

77405 L'article 266, 1-b ter du CGI prévoit expressément que, pour les **opérations sur titres** visées à l'article 261 C, 1°-e du même Code (n°s 76660 s.) qui ont fait l'objet de l'option prévue à l'article 260 B, la base d'imposition est constituée par le montant des profits et autres rémunérations.

La notion de profit s'entend, pour les **opérations portant sur des valeurs mobilières effectuées, pour le compte de leurs clients, par des établissements financiers,** du profit brut réalisé, c'est-à-dire de la différence constatée entre la valeur comptable d'entrée des titres (valeur d'achat, de souscription, d'attribution, d'échange, etc.) et la valeur comptable de sortie (valeur de cession, d'apport, d'échange, etc.) (Inst. 3 L-6-91, non reprise au Bofip mais dont la solution conserve sa valeur).

Les **frais** dont la charge n'incombe pas normalement au banquier et que celui-ci se borne à avancer pour le compte du client peuvent être déduits de la base d'imposition, à condition que leur **remboursement** ne soit pas effectué sur une base forfaitaire et corresponde exactement au montant effectif des frais engagés. 77410

Par contre, ne sont pas déductibles, notamment : les frais d'affranchissement d'avis d'exécution d'ordres de bourse, les frais de port et d'assurance des titres achetés en bourse, les frais de garde des titres confiés par l'établissement dépositaire à un autre établissement qui en assure la conservation matérielle (BOI-TVA-SECT-50-30 n° 20).

> **Précisions** La refacturation éventuelle de la **taxe sur les transactions financières** (prévue par l'article 235 ter ZD du CGI) par le prestataire de services d'investissement ou le teneur du compte conservateur au client final qui a acquis les titres n'est pas soumise à la TVA (BOI-TVA-BASE-10-10-30 n° 445).

2. FAIT GÉNÉRATEUR ET EXIGIBILITÉ

Le fait générateur et l'exigibilité de la taxe sont déterminés dans les conditions de droit commun (voir nos 38200 s.). 77450

Les opérations bancaires ou financières constituant généralement des prestations de services, la taxe est donc en principe exigible lors de l'encaissement, avec une possibilité d'option pour le paiement d'après les débits (nos 38800 s.).

> **Précisions** **a.** Lorsque la **taxe** est **due par le preneur** (prestation effectuée par un prestataire non établi en France au profit d'un preneur assujetti établi en France), elle est exigible au moment où la prestation est effectuée ou, si des acomptes sont versés avant cette date, lors du paiement de ceux-ci (nos 24600 s.).
> **b.** Lorsque des prestations donnent lieu à l'établissement de **décomptes ou** à des **encaissements successifs,** le fait générateur intervient à l'expiration des périodes auxquelles ces décomptes et encaissements se rapportent (n° 38600). Cette règle s'applique par exemple aux prestations continues à échéances successives pour lesquelles l'échéance annuelle intervient en N + 1 à l'achèvement de l'exécution annuelle des prestations : dans ce cas, le fait générateur de la taxe intervient donc en N + 1 (Compte rendu du colloque du 27-9-2005 mentionné au n° 76710, précision a).

3. TAUX

L'ensemble des opérations bancaires ou financières imposables, de plein droit ou par option, relève du **taux normal** de la TVA. 77480

4. DÉDUCTIONS

Pour les opérations bancaires et financières, le système des déductions fonctionne, en principe, selon les règles générales exposées aux nos 50500 s. Certaines particularités doivent cependant être signalées ou rappelées en ce qui concerne la nature des opérations ouvrant droit à déduction (nos 77520 s.) et la détermination du montant de taxe déductible par les établissements bancaires ou financiers (nos 77540 s.). 77510

Remarque : Nous n'examinons pas ici la situation, en matière de déductions, des produits financiers de toute nature (dividendes d'actions, produits d'obligations, etc.) perçus par des **redevables** (entreprises, sociétés, etc.) **autres que les établissements bancaires ou financiers.** Cette situation, très courante en pratique, fait l'objet d'un exposé distinct aux nos 53130 s.

OPÉRATIONS OUVRANT DROIT À DÉDUCTION

Conformément aux règles générales, ouvrent droit à déduction : 77520

– les **opérations réalisées en France** imposables de plein droit (nos 76800 s.) (BOI-TVA-SECT-50-40 n° 10) ou pour lesquelles l'option pour la taxation à la TVA exercée par l'assujetti en application de l'article 260 B du CGI a été appliquée (BOI-TVA-SECT-50-40 nos 10 et 20 ; BOI-TVA-SECT-50-10-30-20 n° 80) ;

– les opérations qui, étant placées **hors du champ d'application territorial** de la TVA, ne sont pas imposables en France, dans la mesure où elles donneraient lieu effectivement au paiement de la TVA si leur lieu d'imposition se situait en France (CGI art. 271, V-d : n° 18630). Il s'agit des opérations qui seraient imposables de plein droit (BOI-TVA-SECT-50-40 n° 140) et des opérations taxables sur **option** en application de l'article 260 B du CGI, lorsque le redevable a exercé celle-ci : dans ce cas, il est en effet réputé l'avoir appliquée spécifiquement aux opérations bancaires ou financières en cause. En revanche, s'il n'a pas exercé l'option, lesdites opérations n'ouvrent pas droit à déduction (BOI-TVA-SECT-50-10-30-20 n° 90 ; dans le même sens, BOI-TVA-SECT-50-10-30-10 n° 160).

77525 Ouvrent également droit à déduction, en vertu de **dispositions propres au secteur bancaire et financier** :

– les **services** bancaires et financiers exonérés en application des dispositions des a à e du 1° de l'article 261 C lorsqu'ils sont **rendus** à des personnes domiciliées ou établies **en dehors de l'UE** ou se rapportent à des exportations de biens (CGI art. 271, V-b) ;

– les **livraisons d'or** aux instituts d'émission (CGI art. 271, V-c), quels que soient la qualité et le régime fiscal du vendeur (exonéré ou redevable de la TVA) (BOI-TVA-SECT-50-40 n° 150).

> **Précisions a.** Les **services exonérés susceptibles d'ouvrir droit à déduction** comprennent l'ensemble des opérations bancaires ou financières, et non pas seulement les services proprement dits, définies aux nos 76525 à 76685. Ne sont pas concernées les opérations de gestion des OPCVM et des organismes de placement collectif assimilés (BOI précité n° 30).
b. Selon l'administration, les **clients domiciliés ou établis en dehors de l'UE** s'entendent :
– des personnes physiques qui n'ont dans l'UE ni leur foyer ou le lieu de leur séjour principal, ni une activité professionnelle, salariée ou non (sauf à établir que cette activité n'est exercée qu'à titre accessoire), ni enfin le centre de leurs intérêts économiques ;
– des personnes morales qui n'ont ni leur siège social ni le lieu de réalisation de leur activité dans un État membre (BOI précité n° 40).
Cette position n'est pas partagée par la cour administrative d'appel de Versailles qui considère que les services financiers rendus à des établissements situés en dehors de l'UE ouvrent droit à déduction même si le siège de ces établissements est situé dans l'UE (CAA Versailles 29-12-2016 n° 14VE03239 : RJF 5/17 n° 427).
Les **services se rapportant aux exportations** de biens s'entendent, notamment, des opérations afférentes au financement des exportations qui sont définies à l'article 23 P de l'annexe IV au CGI (voir n° 77070, précisions).

DÉTERMINATION DU MONTANT DE TAXE DÉDUCTIBLE

77540 Les règles de déduction sont les mêmes pour tous les opérateurs, quelle que soit leur qualité (assujettis partiels, redevables partiels, redevables totaux), et pour tous les biens et services, qu'il s'agisse de biens immobilisés ou d'autres biens ou services.

Concrètement, pour les établissements du secteur bancaire et financier, la taxe déductible relative à chaque bien ou service est déterminée dans les **conditions de droit commun** en proportion de son coefficient de déduction qui constitue une formule synthétique tenant compte à la fois de son degré d'utilisation pour des opérations ouvrant droit à déduction et des restrictions éventuelles prévues par la loi ou le règlement (voir nos 52600 s.).

Nous signalons toutefois les **particularités** suivantes.

a. La taxe afférente à des biens exclusivement affectés à des activités taxables, telles les activités de **crédit-bail** ou de **location de matériels informatiques** et de terminaux points de vente des banques, est intégralement déductible. S'agissant des activités de crédit-bail, l'administration exige cependant la constitution d'un secteur distinct (BOI-TVA-SECT-50-40 n° 390).

b. Les **opérations financières** réalisées par les établissements de crédit et assimilés, qui constituent leur activité principale même, ne peuvent en aucun cas être qualifiées d'**accessoires** et exclues à ce titre du calcul du coefficient de taxation forfaitaire (nos 53250 s.).

c. Le chiffre d'affaires correspondant aux **services** bancaires et financiers exonérés **rendus à des personnes domiciliées ou établies en dehors de l'UE** ou se rapportant à des exportations de biens ouvrant droit à déduction (n° 77525) doit figurer aux deux termes du rapport servant à la détermination du coefficient de taxation forfaitaire de l'assujetti établi en France (en ce sens, BOI-TVA-SECT-50-10-30-10 n° 160).

S'agissant des modalités de calcul du **coefficient de taxation forfaitaire,** voir également nos 77560 s. ; sur les règles particulières de déduction applicables aux assujettis uniques constitués en vertu de l'article 256 C du CGI (**groupes TVA**), voir n° 1735.

MODALITÉS DE CALCUL DU COEFFICIENT DE TAXATION FORFAITAIRE PROPRES AU SECTEUR BANCAIRE ET FINANCIER

77550 On trouvera aux nos 77560 s. un certain nombre de solutions qui apportent des précisions sur le mode de calcul du coefficient de taxation forfaitaire.

77560 **Revenus du portefeuille-titres et plus-values** Qu'ils proviennent de titres de placement ou de participation, immobilisés ou non, les **dividendes** perçus par les établissements financiers et assimilés n'ont pas à être inscrits au dénominateur du rapport servant au calcul du coefficient de taxation forfaitaire. La perception de dividendes étant une opération située hors du champ d'application de la TVA, les dépenses exclusivement utilisées pour la réalisation de cette opération sont affectées d'un coefficient d'assujettissement égal à zéro (n° 52770) et n'ouvrent donc pas droit à déduction selon l'administration (BOI-TVA-SECT-50-40 nos 170 et 210 ; sur ce dernier point, voir toutefois les précisions données au n° 51080).

Les **revenus autres que les dividendes** (par exemple les intérêts) perçus à raison des **titres immobilisés** (titres de placement ou de participations : BOI précité n° 200) doivent figurer au dénominateur du coefficient de taxation (s'agissant des intérêts d'obligations, voir toutefois n° 53175).

Les produits perçus à raison des titres **non immobilisables,** exonérés de TVA, doivent toujours être pris en compte pour le calcul du coefficient de taxation forfaitaire (BOI précité n° 220).

Les **cessions de titres réalisées pour leur propre compte par les établissements de crédit** et assimilés ne sont pas à prendre en compte pour le calcul du coefficient de taxation forfaitaire lorsque les titres cédés font partie de l'actif immobilisé (application aux cessions d'immobilisations financières par les établissements de crédit de la règle générale prévue pour les cessions de biens d'investissement : voir n° 53090). En revanche, le résultat de la cession des titres ne faisant pas partie de l'actif immobilisé doit figurer pour son montant brut au dénominateur du coefficient. Il convient d'effectuer à cet effet la somme algébrique des différences dégagées lors de la cession des titres au cours de l'année civile. S'il est négatif, ce solde ne peut pas venir en déduction des autres recettes de l'établissement ; il est reporté sur les résultats dégagés l'année suivante à raison des opérations de cessions de titres (BOI-TVA-SECT-50-40 nos 210 et 220). **77565**

Opérations de placement Il a été précisé que doivent être inscrits au dénominateur du rapport servant au calcul du coefficient de taxation forfaitaire : **77580**

– les **intérêts** perçus par les **sociétés émettrices de titres-restaurant** ayant exercé l'option en rémunération des opérations de **placement des fonds** collectés auprès des entreprises, dans l'attente de leur reversement aux restaurateurs, ces intérêts ne pouvant pas être érigés en secteur d'activité distinct (Inst. 3 L-5-82, non reprise au Bofip mais dont la solution conserve sa valeur ; dans le même sens, CE 1-10-2015 n° 369846 : voir n° 53250, précision a) ;

– les intérêts tirés par une **société de factoring** d'une activité de placement de fonds auprès d'établissements bancaires (CE 13-2-1985 n° 44476 : RJF 4/85 n° 560).

> **> Précisions** L'administration autorise les **entreprises d'investissement** à constituer un secteur distinct pour leur activité de placement de trésorerie leur procurant des intérêts exonérés lorsqu'elles ont opté pour l'assujettissement à la TVA de leurs services portant sur des instruments financiers (Rép. Dominati : AN 15-3-1999 n° 7142, non reprise au Bofip ; Lettre DLF du 16-4-2003).

Opérations de crédit Le montant des recettes à inscrire au dénominateur du rapport servant au calcul du coefficient de taxation forfaitaire au titre des opérations de crédit est constitué par toutes les sommes, et notamment par les intérêts, versées par les emprunteurs, sans qu'il y ait lieu d'en déduire les **frais** que le prêteur a pu devoir exposer pour se procurer les fonds prêtés. Par suite, un établissement de crédit qui consent des prêts à ses clients tout en se refinançant auprès d'un autre établissement doit inscrire au dénominateur du coefficient de taxation le montant total des intérêts versés effectivement par ses clients sans en déduire les intérêts que lui-même reverse au titre des avances qui lui sont consenties (CE 16-9-1998 n° 177005 : RJF 11/98 n° 1286). **77595**

En ce qui concerne les opérations de crédit entre succursales et sièges, voir nos 16000 s.

TVA grevant la fabrication et le traitement des chèques Des contentieux sont nés à propos de la question de savoir si un établissement bancaire qui a exercé l'option pour la TVA est en droit de déduire intégralement la TVA grevant les dépenses de fabrication et de traitement des chèques (postmarquage) ou seulement une fraction de cette taxe déterminée selon le coefficient de taxation forfaitaire. Il s'agit en fait de déterminer si les dépenses en cause sont utilisées exclusivement pour des opérations taxables (ouvrant donc droit à déduction) ou à la fois pour des opérations taxables et pour des opérations exonérées (n'ouvrant, en principe, pas droit à déduction). **77610**

Les cours administratives d'appel de Bordeaux et de Nantes ont exprimé sur ce point des opinions divergentes auxquelles seule une décision du Conseil d'État permettra de mettre fin.

Remarque : Ces solutions ont été rendues sous l'empire des règles applicables en matière d'option avant le 1er janvier 2022 qui prévoyaient que l'option était globale et couvrait l'ensemble des opérations entrant dans son champ d'application. Sur les modalités d'option applicables depuis cette date, voir nos 77100 s.

Pour la cour de Bordeaux, la TVA grevant les dépenses en cause est intégralement déductible (CAA Bordeaux 2-5-2007 nos 04-741 et 06-1716 : RJF 12/07 n° 1416). Le raisonnement tenu par la cour est le suivant : **77615**

– la fourniture par une banque à ses clients de formules de chèques associées aux comptes de dépôt ne constitue pas un service autonome dissociable de l'utilisation desdits comptes ;

– il existe par suite un lien direct et immédiat entre la mise à disposition des chèques et la gestion des comptes, soumise à la TVA sur option, qui doit être distinguée de la gestion des autorisations de découvert (obligatoirement exonérée), laquelle relève d'opérations de crédit distinctes ;

– dès lors, et nonobstant le caractère gratuit de la fourniture des chèques et l'absence de rémunération spécifique des opérations de postmarquage, la banque peut légalement déduire l'intégralité de la taxe ayant grevé la fabrication et le postmarquage des chèques.

La cour ajoute, faisant application de la jurisprudence du Conseil d'État (CE 6-10-2004 n° 250715 : n° 54075), que l'article 206, IV-2-3° de l'annexe II au CGI, qui exclut du droit à déduction les biens cédés sans rémunération ou moyennant une rémunération très inférieure à leur prix normal, doit être regardé, compte tenu des objectifs de la directive TVA, comme ne visant que les biens meubles corporels, et ne saurait être appliqué à la fourniture de formules de chèques et au postmarquage de ces chèques.

77620 La cour de Nantes retient une analyse différente, jugeant que les dépenses litigieuses font partie des frais généraux qui ne peuvent être détaxés qu'en partie (CAA Nantes 25-6-2007 n° 05-1878 : RJF 1/08 n° 32). Selon elle, en effet, ces dépenses ne se rattachent pas exclusivement à une catégorie particulière d'opérations bancaires imposables mais à l'ensemble des prestations inhérentes au fonctionnement des comptes (gestion de moyens de paiement, réception des fonds ou opérations de crédit).

77635 **Transmissions de créances réalisées pour le refinancement d'une activité financière** Le résultat des transmissions de créances réalisées par un opérateur dans le **prolongement direct, permanent et nécessaire de son activité,** par exemple le transfert de créances acquises par une société d'affacturage à un fonds commun de titrisation ou la cession de créances nées de son activité d'octroi de crédit par un établissement bancaire à une société de crédit foncier, doit figurer au dénominateur du rapport servant au calcul du coefficient de taxation forfaitaire. Le chiffre d'affaires annuel à retenir à ce titre est déterminé par l'application de l'une des deux méthodes alternatives suivantes. Le montant à retenir est :

– soit le **profit net** des opérations de cessions de créances. Il convient d'effectuer, à cet effet, la somme algébrique des gains et pertes constatés lors de ces opérations. Le solde, s'il est négatif, ne peut pas venir en déduction des autres recettes de l'entreprise. Il est reporté sur les résultats dégagés, au titre de ces mêmes opérations, l'année suivante ;

– soit la **somme des résultats bruts positifs** dégagés au titre de chaque opération, le résultat brut positif étant égal à la différence entre le montant fixé pour la transmission de la créance et celui fixé pour son acquisition antérieure ou, à défaut de transmission antérieure, la valeur nominale de la créance. Lorsque la transmission d'une créance dégage un résultat brut négatif, celui-ci n'est pas pris en compte.

S'agissant des opérations réalisées **en dehors de l'UE** (n° 77525), le chiffre d'affaires ainsi défini figure à la fois au numérateur et au dénominateur du rapport (BOI-TVA-SECT-50-40 n°s 230 à 260).

77650 **Opérations sur les instruments financiers à terme** Sont précisées ci-dessous les modalités de prise en compte, dans le calcul du coefficient de taxation forfaitaire des établissements de crédit et des entreprises d'investissement, des opérations sur les instruments financiers à terme (IFT) négociés de gré à gré ou sur un marché organisé portant sur les taux d'intérêt, les actions et les indices boursiers (contrats d'échange, contrats à terme ferme et contrats optionnels). Ces règles ne concernent ni les dérivés sur matières premières ni les swaps de change (ces derniers étant soumis au régime des opérations de change : n° 77665).

Pour le calcul du coefficient de taxation forfaitaire, les établissements concernés doivent constituer trois catégories homogènes d'IFT regroupant respectivement les contrats d'échange, les contrats à terme ferme et les contrats optionnels. Pour chacune de ces catégories, le chiffre d'affaires à inscrire au dénominateur du rapport servant au calcul du coefficient de taxation forfaitaire doit être déterminé, au choix, selon l'une des deux méthodes alternatives suivantes (la méthode retenue pour une catégorie étant indépendante de celle retenue pour les autres).

1. Somme des flux nets positifs dégagés au titre de chaque contrat d'IFT au cours de l'année civile. Le chiffre d'affaires annuel relatif à un contrat peut être défini comme la somme des flux financiers nets reçus (différence positive entre les flux financiers reçus et les flux financiers versés ; le flux financier net comprend le cas échéant les sommes qualifiées de soultes afférentes à ces contrats). Le cumul sur l'année des seuls flux nets positifs déterminés par contrat constitue le chiffre d'affaires annuel à inscrire au dénominateur du coefficient de taxation forfaitaire. Lorsqu'un contrat dégage un flux net négatif, celui-ci n'est pas retenu.

2. Résultat net positif dégagé sur l'ensemble des contrats d'IFT. Dans cette seconde méthode, le chiffre d'affaires annuel afférent à l'ensemble des contrats à inscrire au dénominateur du coefficient de taxation forfaitaire est constitué par la somme, pour chacune des catégories, du résultat net positif dégagé au titre des contrats conclus avec des contreparties établies hors de l'UE (lesquels ouvrent droit à déduction) et du résultat net positif dégagé au titre des contrats conclus avec des contreparties établies dans l'UE. Chacun de ces résultats nets positifs est égal à la somme algébrique des flux financiers versés et des flux financiers reçus sur l'année. Lorsque cette somme dégage un résultat négatif à un titre ou à un autre dans une catégorie, celui-ci n'est pas pris en compte et ne peut ni compenser un résultat positif dégagé par ailleurs, ni être reporté sur le résultat net dégagé le cas échéant l'année suivante (BOI-TVA-SECT-50-40 nos 310 à 370).

Opérations de change Les opérations de change, notamment manuel, ont le caractère de prestations de services dont le chiffre d'affaires est constitué par le montant des profits et autres rémunérations. C'est la rémunération de cette prestation, constituée par les commissions, courtages, remises perçus et le profit de change réalisé, qui doit être portée au dénominateur du rapport pour le calcul du coefficient de taxation forfaitaire, et non pas le prix total des devises échangées (en ce sens, Avis CE 26-2-1993 n° 143039 : RJF 4/93 n° 522 et CE 17-6-1994 n° 124793 : RJF 8-9/94 n° 903). Par profit, il faut entendre le profit brut réalisé, c'est-à-dire la différence constatée entre la valeur d'entrée (valeur d'achat) et la valeur de sortie des devises (valeur de cession). **77665**

Par exception, les opérations de change réalisées avec des **personnes domiciliées ou établies hors de l'UE** ou se rapportant à des **exportations de biens** peuvent figurer au numérateur du rapport (n° 77525). L'administration autorise les établissements qui le souhaitent à retenir ces opérations pour des montants forfaitaires ainsi fixés :

- opérations de change manuel : 30 % des opérations réalisées ;
- opérations de change scriptural relatives à des exportations : 40 % du total des opérations liées aux exportations et aux livraisons intracommunautaires exonérées ;
- autres opérations de change scriptural faites avec des personnes domiciliées ou établies hors de l'UE : 32 % du solde des opérations de change scriptural après défalcation de l'ensemble des opérations de change relatives aux exportations et aux livraisons intracommunautaires (BOI-TVA-SECT-50-40 nos 60 à 110).

> **Précisions** Pour les opérations de change au titre desquelles **aucuns frais ni commission** ne sont calculés, le montant à retenir pour le calcul du coefficient de taxation est le résultat brut des opérations du prestataire (CJUE 14-7-1998 aff. 172/96 : RJF 10/98 n° 1234). En l'espèce, les recettes de la banque qui se rémunérait par l'écart entre les opérations d'achat et de vente des devises, à l'exclusion de toute commission, provenaient de toute une série d'opérations conclues à des conditions de marché et à des cours différents qui ne faisaient l'objet d'aucune facturation individuelle au client.

5. OBLIGATIONS

Les personnes physiques ou morales qui réalisent des opérations bancaires ou financières imposables, de plein droit ou par option, sont soumises à toutes les obligations des assujettis telles qu'elles sont analysées aux nos 44000 s. **77700**

Elles peuvent, le cas échéant, si elles remplissent les conditions requises à cet effet, être imposées selon le **régime simplifié** (nos 47750 s. et 48780 s.).

> **Précisions** **À compter du 1er janvier 2024,** les prestataires de services de paiement (banques, établissements de crédit, etc.) auront l'obligation de tenir des **registres** relatifs aux **services de paiement transfrontaliers** réalisés entre un payeur situé dans un État membre à un bénéficiaire situé dans un autre État membre ou hors UE, lorsque le nombre de paiements reçus par un même bénéficiaire dépassera 25 au cours d'un trimestre civil. Les prestataires en cause devront tenir ces registres à disposition des États membres concernés et transmettre les données y figurant à un système électronique central des informations sur le paiement (Central electronic system of payment information ou « Cesop ») qui sera mis en place et géré au niveau communautaire (Dir. UE/2020/284 du 18-2-2020 ; Règl. UE/2020/283 du 18-2-2020).

En matière de **facturation,** les règles de droit commun, exposées aux nos 45400 s., sont normalement applicables, étant toutefois rappelé que les opérations exonérées en régime interne bénéficient d'une dispense de facturation (voir n° 45865). **77705**

Lorsque les banques sont soumises à l'obligation de facturation, les **bordereaux ou relevés** qu'elles délivrent à leurs clients peuvent valoir facturation, à condition de comporter les mentions requises (n° 46450). Il est toutefois admis que ces mentions ne soient pas portées sur les factures ou documents délivrés à des particuliers, c'est-à-dire à toutes les personnes autres que les commerçants, industriels, artisans et prestataires de services (D. adm. 3 L-562 n° 1, non reprise au Bofip mais dont la solution nous paraît conserver sa valeur).

CHAPITRE 4

BIENS D'OCCASION, ŒUVRES D'ART, OBJETS DE COLLECTION OU D'ANTIQUITÉ

SOMMAIRE

Les opérations portant sur les biens d'occasion, œuvres d'art, objets de collection et d'antiquité sont soumises à un **régime spécial** en matière de TVA. Ce régime s'applique en principe de manière uniforme aux différentes catégories de biens concernées (nos 78050 s.), mais il existe quelques **particularités** pour les œuvres d'art, les objets de collection ou d'antiquité, notamment en ce qui concerne les taux de TVA (nos 78590 s.). **78000**

Le régime spécial est essentiellement axé sur la situation des négociants (plus précisément des « **assujettis-revendeurs** »), qui acquièrent, pour les revendre, des biens d'occasion, des œuvres d'art, des objets de collection ou d'antiquité. Ces négociants sont soumis, sauf option contraire, à un système de **taxation sur la marge,** c'est-à-dire sur la différence entre le prix de vente et le prix d'achat des biens vendus (nos 78700 s.). **78005**

Les **opérations** portant également sur des biens d'occasion, des œuvres d'art ou des objets de collection ou d'antiquité, mais qui se situent **en amont du régime spécial** (c'est-à-dire qui sont réalisées au stade antérieur à l'application de ce régime), obéissent en principe aux règles de droit commun ; leur situation au regard de la TVA peut d'ailleurs dépendre à la fois de la nature de ces opérations et de la personne qui les réalise. **78010**

C'est ainsi qu'en matière d'œuvres d'art un artiste (tel que peintre, sculpteur...) qui vend ses œuvres relève en principe de la TVA (au taux réduit : no 78610) ; mais il est susceptible de bénéficier de la franchise en base particulière prévue pour les auteurs d'œuvres de l'esprit (nos 47690 s.).

La vente de biens d'occasion (voitures, par exemple), d'œuvres d'art, d'objets de collection ou d'antiquité par de **simples particuliers** n'est pas imposable dès lors qu'elle ne constitue pas une activité économique.

La situation est différente pour les **ventes de biens mobiliers d'investissement usagés** faites **par** les personnes (« **assujettis-utilisateurs** ») qui les ont utilisés pour les besoins de leur exploitation. Ces ventes sont soumises à la TVA lorsque les biens cédés ont auparavant ouvert droit à déduction totale ou partielle de la TVA chez le cédant (CGI art. 261, 3-1°-a). Cette disposition ne fait pas partie intégrante du régime proprement dit des biens d'occasion (CGI art. 297 A et s.), mais elle en est cependant très proche. Elle fait l'objet d'un commentaire particulier, sous les nos 80150 s.

Certaines **opérations** portant sur les biens d'occasion, des œuvres d'art ou des objets de collection ou d'antiquité appellent des développements ou des **commentaires particuliers.** Il s'agit : des échanges internationaux intervenant soit à l'intérieur de l'Union européenne, soit avec des pays tiers (nos 79420 s.) ; des opérations des intermédiaires (nos 79910 s.) ; des ventes aux enchères publiques (nos 79960 s.). **78015**

Des rubriques spéciales seront consacrées enfin :

- aux **emballages,** pour lesquels il faut distinguer selon qu'ils sont consignés ou vendus avec la marchandise (nos 80300 s.) ;
- aux **véhicules d'occasion,** qui relèvent de l'ensemble des règles applicables aux biens d'occasion, mais pour lesquels il paraît utile de récapituler les solutions à retenir dans les différentes situations susceptibles de se présenter dans la pratique (nos 80420 s.).

Nota : Les **déchets neufs d'industrie et matières de récupération** ne constituent pas des biens d'occasion et sont soumis à un dispositif spécifique d'autoliquidation exposé aux nos 47920 s.

SECTION 1 GÉNÉRALITÉS

Les biens concernés par le régime spécial, à savoir les biens d'occasion, les œuvres d'art, les objets de collection et les objets d'antiquité, sont définis par l'article 98 A de l'annexe III au CGI. **78050**

Après avoir défini ces biens, œuvres et objets, nous donnerons quelques précisions sur le taux applicable.

I. DÉFINITIONS

A. Biens d'occasion

78070 Aux termes de l'article 98 A, I de l'annexe III au CGI, sont considérés comme biens d'occasion les biens meubles corporels susceptibles de remploi, en l'état ou après réparation, autres que des œuvres d'art et des objets de collection ou d'antiquité et autres que des métaux précieux ou des pierres précieuses.

Cette définition englobe, selon le Conseil d'État, tous les articles qui, sortis de leur cycle de production par suite d'une vente ou d'une livraison à soi-même réalisée par un producteur, ont fait l'objet d'une utilisation mais sont encore susceptibles de remploi, soit en l'état, soit après réparation (CE 24-2-1964 n° 53383 ; CE 7-10-1985 n° 52012 : RJF 12/85 n° 1509).

Deux **critères** doivent donc être remplis simultanément pour que des biens soient qualifiés de biens d'occasion et non de biens neufs :

- ces biens doivent avoir fait l'objet d'une **utilisation** (n° 78090) ;
- ces biens doivent être susceptibles de **remploi,** en l'état ou après une simple réparation (mais non après transformation ou rénovation) (n° 78120 s.).

Certains biens (métaux et pierres précieuses, animaux) appellent des **précisions particulières** au regard de l'application de ces critères (n° 78170 s.).

> **Précisions** Selon la **CJUE,** la qualification de « biens d'occasion » au sens de l'article 311, 1-1 de la directive TVA requiert uniquement que le bien usagé ait conservé les fonctionnalités qu'il possédait à l'état neuf, et qu'il puisse, de ce fait, être réutilisé tel quel ou après réparation. La circonstance qu'un bien usagé, constitutif d'un autre bien, soit séparé de ce dernier ne remet pas en cause cette qualification. Par suite, les **pièces usagées,** qui proviennent de **véhicules automobiles hors d'usage** acquis par une entreprise de recyclage automobile auprès d'un particulier et qui sont destinées à être **vendues comme pièces de rechange** constituent des biens d'occasion (CJUE 18-1-2017 aff. 471/15 : RJF 4/17 n° 400). Sur la base d'imposition des éléments susceptibles de remploi vendus après la casse d'un matériel ancien ou accidenté, voir n° 79010.

1. CRITÈRE DE L'UTILISATION

78090 Les biens d'occasion sont ceux qui ont fait l'objet d'une utilisation.

Cette condition **exclut** du régime particulier les biens qu'une entreprise a **acquis à l'état neuf** et qu'elle revend sans les avoir effectivement utilisés (BOI-TVA-SECT-90-10 n° 10). Il en est ainsi même si l'entreprise a initialement acquis le bien **sans intention de le revendre** (CE 28-1-1976 n° 89369 : RJF 3/76 n° 120).

ILLUSTRATIONS

Les fournitures (fers, tubes, etc.) qu'un industriel revend comme **rebuts sans** les avoir **utilisées** doivent être taxées comme des biens neufs.

BOI précité

Un stock de vins vendu aux enchères publiques par un restaurateur après cessation d'activité ne constitue pas un bien d'occasion.

CE 8-7-1992 n° 84972 : RJF 11/92 n° 1482

Des **véhicules** de transport de personnes **achetés par** un **concessionnaire** au constructeur, qui les avait d'abord exportés puis réimportés avant de les lui vendre, doivent être regardés comme des véhicules neufs et non des véhicules d'occasion, bien qu'ils soient sortis de leur cycle de production, **faute d'avoir été utilisés** par le constructeur ou le concessionnaire notamment comme véhicules de démonstration.

TA Versailles 12-5-1998 n° 89-2309 : RJF 10/98 n° 1113

Le tribunal a considéré qu'étaient **sans incidence** en l'espèce la mention « véhicule d'occasion » figurant sur les factures et le fait que les véhicules auraient fait l'objet d'une première immatriculation en Italie et auraient perdu une partie de leur valeur vénale et parcouru quelques dizaines de kilomètres.

78095 En ce qui concerne les **véhicules de démonstration** qu'un négociant utilise pour les besoins de son commerce, voir n° 80520 s.

2. CRITÈRE DU REMPLOI EN L'ÉTAT OU APRÈS RÉPARATION

78120 Pour pouvoir être qualifiés de biens d'occasion, les biens qui ont fait l'objet d'une utilisation doivent en outre être susceptibles de remploi, soit en l'état, soit après réparation (n° 78130).

En revanche, les opérations qui se traduisent, soit par une transformation par rapport au bien initial avant usage, soit par une véritable rénovation du bien usagé, font perdre à ce dernier la qualification de bien d'occasion ; il devient un produit nouveau dont le régime d'imposition est celui des produits neufs (nos 78140 s.).

RÉPARATIONS

Les biens usagés peuvent subir une réparation sans perdre pour autant leur qualité d'article d'occasion. Il faut entendre par là une opération qui aboutit à une **remise en état,** c'est-à-dire à une **restitution des caractéristiques initiales** de l'objet à l'état neuf (BOI-TVA-SECT-90-10 n° 20). **78130**

TRANSFORMATIONS OU RÉNOVATIONS

Il y a « **rénovation** », opération qui fait perdre au bien concerné sa nature de bien usagé, lorsque la valeur hors taxe des éléments neufs ou d'occasion utilisés pour la remise en état est supérieure à la valeur du bien usagé, augmentée du coût hors taxe de l'opération. **78140**

Le **coût de l'opération** s'entend des frais de main-d'œuvre (charges sociales comprises) augmentés des frais de fabrication et de la part des frais généraux susceptible d'être rattachée à l'opération de remise en état, à l'exclusion de la marge bénéficiaire.

La **valeur des éléments d'apport** et celle du bien usagé doivent être appréciées aux cours en vigueur à l'époque où est opérée la remise en état (BOI-TVA-SECT-90-10 n° 40).

La « **transformation** » aboutit à une modification des caractéristiques initiales d'un bien ou d'un produit et se traduit par la création d'un bien nouveau (BOI-TVA-SECT-90-10 n° 40). **78145**

EXEMPLES

Doivent notamment être considérés comme des opérations de **transformation** et font perdre à l'objet sur lequel elles portent la qualité de bien d'occasion :
– la **transformation d'un chaland nu** constitué d'une simple coque en un bateau doté d'autonomie de marche par la pose d'un moteur, d'une hélice et d'un appareil à gouverner (CE 26-6-1956 n° 32621) ;
– la **reconstitution d'un appareil,** dès lors qu'elle a nécessité des opérations de mise au point et de réglage dont le coût était particulièrement important (CE 19-12-1966 n° 68223) ;
– le **montage d'une pelle mécanique** sur un châssis-cabine de camion d'occasion (CE 2-3-1966 n° 64849) ;
– le montage d'une **benne basculante** sur un véhicule d'occasion à plateau fixe (CE 7-7-1972 n° 78066 : Dupont 1972 p. 336) ;
– le **découpage** puis l'**aplanissement de fûts métalliques** en vue de la fabrication de tôles, les tôles ainsi obtenues constituant des produits nouveaux (CE 6-3-1970 n° 71945) ;
– la **substitution** dans un véhicule automobile **d'un moteur diesel à un moteur à essence** (CE 29-4-1970 n° 75678).

3. CAS PARTICULIERS

MÉTAUX PRÉCIEUX ET PIERRES PRÉCIEUSES

Métaux et pierres précieuses proprement dits Ces biens sont exclus de la définition des biens d'occasion et suivent, par conséquent, **dans tous les cas,** le régime de droit commun prévu pour les **biens neufs** (BOI-TVA-SECT-90-10 n° 60). **78170**

Sont concernés :
- d'une part, l'**or,** l'**argent** et le **platine,** ainsi que les **alliages** de ces métaux entre eux ou avec d'autres métaux quelle qu'en soit la proportion, présentés à l'état natif, à l'état brut (barres, masses, lingots), ou sous la forme de feuilles, poudre, plaques, fils, tubes et matériaux similaires ;
- d'autre part, les **pierres gemmes** (pierres précieuses ou pierres fines) des espèces propres à être **utilisées en joaillerie** ou à des usages similaires et qui appartiennent aux variétés dont la liste figure aux codes NC 71-02 et 71-03 du tarif douanier commun. L'exclusion du régime des biens d'occasion ne s'applique qu'à ces pierres, qu'elles soient ou non brutes, taillées ou polies, mais **non montées.** Ainsi, les **perles fines** et les **perles de culture** peuvent, lorsque les conditions sont remplies, être soumises au régime des biens d'occasion (BOI précité nos 70 et 80).

Pour les **pierres montées en bijoux** ou autres objets, voir n° 78180.

Sont également exclus du régime des biens d'occasion : **78175**
- l'**or monnayé,** c'est-à-dire des barres et lingots d'or monétaire et des pièces d'or françaises et étrangères autres que celles qui constituent des objets d'antiquité ou de collection ;
- les **pièces d'argent** ou de **platine** qui ne sont pas des pièces de collection (BOI-TVA-SECT-90-10 n° 70).

Ces biens suivent le régime prévu pour les **opérations bancaires et financières** (nos 76500 s.).

Sur le régime particulier applicable à **l'or d'investissement,** voir nos 90620 s.

78180 **Objets composés de métaux précieux ou de pierres précieuses** Ces biens suivent le **régime de droit commun.** Ils peuvent donc être des biens d'occasion ou des objets d'antiquité ou de collection lorsqu'ils répondent à la définition de ces biens.

Sont concernés :

– les **articles de bijouterie,** de **joaillerie** et d'**orfèvrerie** et tous les autres objets usagés, composés d'or, d'argent ou de platine quelle qu'en soit la proportion, et, d'une manière générale, tous les objets façonnés ou ouvrés, composés même partiellement de métal précieux.

Les **débris** d'ouvrages usagés composés de métaux précieux, récupérés pour être fondus et servir à nouveau de matières premières, sont des **matières de récupération.** Les livraisons portant sur ces biens sont soumises au régime prévu pour les déchets neufs d'industrie et les matières de récupération (voir nos 47920 s.) ;

– les **ouvrages** (c'est-à-dire toute matière façonnée, y compris donc les outils) usagés, dans la fabrication desquels sont entrées des pierres précieuses (BOI-TVA-SECT-90-10 n° 90).

> Précisions Selon la **CJUE,** les biens usagés contenant des métaux précieux ou des pierres précieuses relèvent de la catégorie des « biens d'occasion » s'ils ont eu une **fonctionnalité** autre que celle inhérente aux matières qui le composent (c'est-à-dire autre que la valeur financière intrinsèque de tels métaux ou pierres), s'ils l'ont conservée et s'ils sont susceptibles de remploi, en l'état ou après réparation. Pour déterminer si tel est le cas, il convient de prendre en compte notamment toutes les **circonstances objectives** dans lesquelles l'**opération de revente** intervient, telles que la présentation desdits objets, la méthode d'évaluation de leur valeur et la méthode de facturation (en vrac – brut/poids – ou par pièce) (CJUE 11-7-2018 aff. 154/17 : RJF 11/18 n° 1192).

ANIMAUX

78190 Les **animaux vivants** peuvent être considérés comme des **biens d'occasion** au sens de la directive TVA. Peut ainsi être regardé comme un bien d'occasion un animal acheté à un particulier (autre que l'éleveur), et revendu après avoir été dressé pour une utilisation spécifique (CJUE 1-4-2004 aff. 320/02 : RJF 6/04 n° 672).

Remarque : La Cour de justice s'est notamment fondée dans cette affaire sur la finalité du régime particulier des biens d'occasion consistant à éviter la double imposition d'un bien en ne taxant que l'augmentation de sa valeur économique. Il importe peu, à cet égard, que l'augmentation de la valeur d'un animal ne trouve pas son origine dans une « réparation » au sens strict, mais, par exemple, dans un processus biologique ou dans le dressage de l'animal.

CHIFFONS ET FRIPERIE

78200 Les **articles de friperie** susceptibles de remploi, c'est-à-dire qui peuvent être encore utilisés pour l'**habillement,** constituent des objets d'occasion imposables dans les conditions propres à ces objets (BOI-TVA-SECT-90-30 n° 230).

En revanche, n'ont plus la qualité d'articles d'occasion les **chiffons** qui ont subi divers **traitements et façons** tels ceux aboutissant à la préparation de **chiffons pour l'industrie.**

Par ailleurs, les chiffons ou lambeaux, **complètement usés ou déchirés,** qui sont généralement destinés à l'effilochage ou la papeterie sont considérés comme des **matières de récupération** et soumis au régime exposé aux nos 47920 s. (BOI précité nos 210 et 220).

B. Œuvres d'art

78230 Les réalisations considérées comme des œuvres d'art sont définies par l'article 98 A, II de l'annexe III au CGI. Elles se répartissent en sept catégories (tableaux, gravures, sculptures, tapisseries, céramiques, émaux, photographies) examinées ci-après.

1. TABLEAUX, PEINTURES, DESSINS

78240 Sont considérés comme œuvres d'art **les tableaux, collages et tableautins similaires, peintures et dessins,** entièrement exécutés à la main par l'artiste, à l'exclusion des dessins d'architectes, d'ingénieurs et autres dessins industriels, commerciaux, topographiques ou similaires, des articles manufacturés décorés à la main, des toiles peintes pour décors de théâtre, fonds d'ateliers ou usages analogues (CGI ann. III art. 98 A, II-1°).

Cette énumération recouvre les peintures à l'huile, à l'aquarelle, à la gouache, au pastel, les dessins, les collages et tableautins similaires ainsi que les **monotypes,** quelle que soit la matière utilisée comme support. Mais il faut que ces productions aient été **créées de la main de l'artiste,** ce qui exclut l'emploi de tout procédé, quel qu'il soit, permettant de suppléer, en tout ou en partie, à cette intervention humaine.

Les **copies** des œuvres susvisées bénéficient également du régime des œuvres d'art, sous réserve qu'elles soient **faites entièrement à la main** (BOI-TVA-SECT-90-10 n° 130).

PRODUCTIONS CONSTITUANT DES ŒUVRES D'ART

La jurisprudence et la doctrine administrative ont notamment reconnu le caractère d'œuvres d'art au sens de l'article 98 A, II-1° de l'annexe III au CGI aux réalisations suivantes : **78250**

- un **objet émanant de la main de l'artiste** ou qui a été réalisé selon ses instructions et sous son contrôle, de telle sorte que, dans son exécution même, ce support matériel de l'œuvre porte la **marque de la personnalité de son créateur** et qu'il se distingue par là d'une simple reproduction (Cass. 1e civ. 13-10-1993 n° 91-14.037 : Bull. civ. I p. 197 n° 285) ;
- des **toiles entièrement exécutées à la main** sans recours à aucun procédé de reproduction destiné à suppléer en tout ou partie à cette intervention humaine quels qu'aient pu être le caractère répétitif des sujets traités, l'importance des quantités produites, les méthodes de tarification et de commercialisation de la société qui les importe en France, et nonobstant la circonstance que plusieurs peintres aient travaillé à la confection de chacune d'entre elles en signant de pseudonymes collectifs (CAA Paris 28-12-1995 n° 95-2704 : RJF 4/96 n° 434) ;
- un objet d'art consistant en une **plaque d'acier,** recouverte de **glaçures colorées** d'émail cuites, cette œuvre constituant un tableau fait entièrement à la main au sens de la position 97.01 du tarif douanier commun (CJUE 8-11-1990 aff. 231/89 : RJF 4/91 n° 537) ;
- des **tableaux** originaux en **marqueterie** ayant exclusivement une fonction artistique, réalisés personnellement et intégralement par la main de l'artiste, signés par lui et numérotés, compte tenu de la similitude de ces productions avec certaines des œuvres (tapisseries et émaux sur cuivre) qui sont mentionnées à l'article 98 A, II de l'annexe III au CGI (Rép. Reymann : AN 8-12-1986 n° 10638, non reprise au Bofip mais dont la solution nous semble conserver sa valeur) ;
- des **graffitis** réalisés sur un mur, à la demande du propriétaire, à la condition qu'ils soient effectués entièrement de la main de l'artiste et qu'ils constituent une création originale (Rép. Lemorton : AN 3-5-2016 n° 34568).

PRODUCTIONS NE POUVANT ÊTRE CONSIDÉRÉES COMME DES ŒUVRES D'ART

Ne sont pas considérés comme œuvres d'art : **78260**

- les **productions** obtenues par des **procédés mécaniques** ou à l'aide de caches ou de pochoirs ;
- les **dessins** et croquis originaux de **mode, bijouterie, carrosseries automobiles, meubles,** etc., et, d'une manière générale, tous les dessins et croquis exécutés à des **fins industrielles** ;
- les **articles manufacturés ornés à la main** (souvenirs de voyages, boîtes et coffrets, articles en céramique, etc. (BOI-TVA-SECT-90-10 n° 140) ;
- les **tatouages** (CE 21-10-2013 n° 358183 : RJF 1/14 n° 18 ; Rép. Viry : AN 22-12-2020 n° 29035).

2. GRAVURES, ESTAMPES, LITHOGRAPHIES

L'article 98 A, II-2° de l'annexe III au CGI répute œuvres d'art les **gravures, estampes** et **lithographies** originales tirées en nombre limité directement en noir ou en couleurs, d'une ou plusieurs planches entièrement exécutées à la main par l'artiste, quelle que soit la technique ou la matière employée, à l'exception de tout procédé mécanique ou photomécanique. **78290**

> **Précisions** **a.** Les **gravures** sont généralement exécutées en taille douce, au burin, à la pointe sèche, à l'eau-forte, au pointillé. La qualité d'œuvre d'art n'est pas reconnue aux gravures, estampes et lithographies réalisées par un **procédé mécanique ou photomécanique,** même si ces reproductions sont numérotées et signées par l'artiste ; il en va de même pour les tirages **par planches, plaques ou cylindres d'imprimerie** (BOI-TVA-SECT-90-10 n°s 150 et 170).
> **b.** À propos du nombre **limite de tirages,** l'administration n'a pas jugé opportun de fixer une règle précise. Ainsi, c'est seulement dans le cas de tirages excessifs par rapport aux **usages normaux de la profession** que le régime des œuvres d'art serait refusé à ces productions (BOI précité n° 160). Le Conseil d'État juge dans le même sens (CE 13-5-1988 n° 55209 : RJF 7/88 n° 852).

NOTION DE LITHOGRAPHIE ORIGINALE

Pour savoir si des **lithographies** ont été tirées de planches « entièrement exécutées de la main de l'artiste », il n'y a pas lieu de distinguer selon que l'œuvre est **directement tracée sur la planche** servant au tirage ou préalablement **exécutée sur « papier report »**. **78300**

L'utilisation de planches constituées par des **plaques d'aluminium** et sur lesquelles le « **report** » est effectué, non **par** pression mécanique mais par **insolation,** ne fait pas, par elle-même, obstacle à ce que les lithographies soient réputées satisfaire à cette condition.

En revanche, lorsque le sujet est reporté à l'aide de **calques** sur les planches servant au tirage, seules peuvent être regardées comme remplissant cette condition les lithographies issues de calques entièrement exécutés par l'artiste lui-même et qui, aux stades ultérieurs de la confection artistique des planches, sont également le fruit d'interventions de ce seul artiste (CE 13-5-1988 n° 55209 : RJF 7/88 n° 852).

78305 Les lithographies réalisées par **agrandissement ou réduction photographique** de l'œuvre originale ne sont pas entièrement exécutées de la main de l'artiste (CE 4-2-1991 n° 55209 : RJF 3/91 n° 281).

À l'inverse, doivent être considérées comme des lithographies originales les épreuves tirées suite à un **procédé de réimpression,** par lequel le dessin original, effectué sur un papier spécial, dit papier report ou papier de Berlin, est reporté à plusieurs reprises, d'abord du papier report sur la pierre, à partir de laquelle est ensuite reproduit un nouveau papier report qui est, à son tour, transposé sur une nouvelle pierre, permettant le tirage d'une deuxième série d'épreuves, et ainsi de suite, jusqu'à ce que le nombre souhaité du tirage multiple soit atteint (CJUE 14-12-1988 aff. 291/87 : Recueil 1988-10 p. 6449).

78310 Il est admis de traiter comme un tout pour l'application de la TVA les **lithographies originales vendues encadrées,** moyennant un prix global, lorsque le caractère et la valeur du cadre sont en rapport avec l'œuvre proprement dite.

Mais cette mesure de tempérament ne s'applique pas lorsque la vente du **cadre** est **dissociable** de l'œuvre : il en est ainsi, notamment lorsque le client choisit son cadre ou lorsque la galerie d'art fait apparaître de manière distincte les prix respectifs du cadre et de l'œuvre (BOI-TVA-SECT-90-40 n° 240).

SÉRIGRAPHIE

78320 La sérigraphie est une **technique d'impression** essentiellement utilisée dans l'industrie pour la réalisation d'**affiches,** de **posters,** etc. En règle générale, les illustrations ou autres objets imprimés par ce procédé, qui fait appel à des techniques photographiques, ne peuvent pas être considérés comme des œuvres d'art. Cependant, l'administration n'exclut pas a priori que des œuvres d'art puissent être obtenues par sérigraphie. Tel serait le cas d'œuvres tirées en **nombre limité** d'exemplaires, dûment **signés** et **numérotés,** à partir de planches et d'écrans conçus et exécutés en totalité **à la main** par l'artiste lui-même, à l'exclusion de tous procédés mécaniques ou photomécaniques (Rép. Blanc : AN 24-1-1994 n° 6086, non reprise au Bofip mais dont la solution conserve selon nous sa valeur).

3. PRODUCTIONS DE L'ART STATUAIRE ET DE LA SCULPTURE

78350 L'article 98 A, II-3° de l'annexe III au CGI répute œuvres d'art, à l'exclusion des articles de bijouterie, d'orfèvrerie et de joaillerie, les productions originales de **l'art statuaire** ou de la **sculpture** en toutes matières dès lors que les productions sont exécutées entièrement par l'artiste, ainsi que les **fontes de sculpture** à tirage limité à huit exemplaires et contrôlé par l'artiste ou ses ayants droit.

78355 La qualité d'œuvre d'art est notamment reconnue :

– aux **productions** de l'art statuaire et de la sculpture **obtenues par taille directe** dans des matières dures ;

– lorsque l'artiste réalise des **modèles** en matière molle : aux **maquettes, projets, modèles plâtres** destinés soit à être durcis au feu, soit à être reproduits en matières dures, soit à confectionner des moules pour la fonte de métal ou d'autres matières (BOI-TVA-SECT-90-10 n° 180) ;

– aux **assemblages artistiques,** c'est-à-dire aux éléments montés en vue de constituer un **exemplaire unique** d'œuvre d'art entièrement exécuté à la main par un sculpteur ou un statuaire (BOI précité n° 190) ;

– aux **vitraux** lorsqu'ils répondent aux conditions fixées par l'article 98 A, II-3° de l'annexe III au CGI (Rép. Dinet : AN 14-9-1992 n° 59040, non reprise au Bofip mais dont la solution conserve selon nous sa valeur) ;

– aux **objets** entièrement réalisés par un **souffleur de verre** qui sont exposés dans des musées et des galeries d'art à titre permanent ou temporaire en France et à l'étranger, dont le caractère original est reconnu dans la mesure où l'une, au moins, desdites productions est cotée sur le marché de l'art et qui comportent la signature de l'auteur et la date de leur réalisation (TA Toulouse 27-6-2013 n°s 1004510, 1100772 et 1104647 : RJF 2/14 n° 139) ;

– aux **fontes** de sculptures exécutées à partir d'un moulage de la première œuvre, sous réserve que leur tirage soit contrôlé par l'artiste ou ses ayants droit et limité **à huit exemplaires**

numérotés. Les **tirages** dits « **d'artiste** » portant des mentions spéciales sont admis au même régime dans la limite de quatre exemplaires (BOI précité n° 200) ;

– aux **productions originales de l'art statuaire** et de la sculpture et aux assemblages artistiques vendus par les galeries et marchands d'art africain, d'art inca ou d'art d'autres civilisations anciennes, **à l'exception des objets conçus dès l'origine** comme des **articles de bijouterie,** d'orfèvrerie ou d'utilisation courante (Rép. Authié : Sén. 22-9-1983 n° 11216, non reprise au Bofip mais dont la solution conserve selon nous sa valeur) ;

– aux **sculptures** décoratives réalisées sur certains modèles **de cheminées** (CE 11-5-1984 n° 34600 : RJF 7/84 n° 819 ; CE 4-12-1989 n° 90993 : RJF 2/90 n° 124).

La qualité d'œuvre d'art originale est en revanche refusée : **78360**

– aux **moules pour fontes de sculpture** ;

– aux **productions artisanales** ou de **série** ainsi qu'aux œuvres exécutées par des **moyens mécaniques, photomécaniques** ou **chimiques** ; il en est ainsi notamment des articles de bijouterie, d'orfèvrerie et de joaillerie (BOI-TVA-SECT-90-10 n° 210) ;

– aux **cadres anciens** vendus par un négociant qui ne justifie pas qu'ils ont été exécutés entièrement de la main de l'artiste, alors même que ces cadres auraient le caractère d'œuvres d'art du point de vue des musées nationaux, des professionnels du commerce des antiquités et du tarif douanier (CE 14-5-1986 n° 52062 : RJF 7/86 n° 688).

4. TAPISSERIES

Aux termes de l'article 98 A, II-4° de l'annexe III au CGI, sont considérés comme œuvres d'art les **tapisseries** et **textiles muraux** faits à la main, sur la base de **cartons originaux** fournis par les artistes, à condition qu'il n'existe pas plus de huit exemplaires de chacun d'eux. **78380**

Constituent des œuvres d'art au sens des dispositions précitées les **tapisseries en tous textiles,** présentées, en général, sous forme de panneaux, et **tissées à la main** sur métier de haute ou basse lisse ou exécutées à l'aiguille sur canevas d'après des **maquettes ou cartons conçus par l'artiste ainsi que les textiles muraux.**

Le **tirage** doit être contrôlé par l'artiste ou par ses ayants droit et limité à **huit exemplaires** y compris les exemplaires d'artiste ; chacun d'eux doit porter un numéro intégré dans le tissage (BOI-TVA-SECT-90-10 n° 220).

La qualité d'œuvre d'art originale n'est pas reconnue : **78385**

– aux tapisseries obtenues par des **procédés mécaniques** ;

– aux **articles confectionnés** au moyen de tapisseries : sacs, coussins, etc. (BOI-TVA-SECT-90-10 n° 230) ;

– aux **tapisseries anciennes** vendues par un antiquaire en l'**absence d'indication** concernant l'**identité de l'artiste** qui en a **conçu** les **maquettes ou cartons,** quand bien même ces tapisseries auraient bien été exécutées conformément aux procédés définis au n° 78380 (CE 4-3-1985 n° 36560 : RJF 5/85 n° 698).

5. CÉRAMIQUES

L'article 98 A, II-5° de l'annexe III au CGI définit comme œuvres d'art les **exemplaires uniques** de céramique, entièrement **exécutés par l'artiste** et **signés** par lui. **78410**

Pour que la céramique constitue une œuvre d'art, l'artiste doit donc exécuter personnellement les **opérations successives** nécessaires à la confection de l'objet : préparation, mise en forme de la pâte, cuisson, finition et décoration de l'objet façonné.

Les **articles manufacturés,** même s'ils sont décorés et signés par l'artiste, ne constituent pas des œuvres d'art (BOI-TVA-SECT-90-10 n° 250).

6. ÉMAUX SUR CUIVRE

Aux termes de l'article 98 A, II-6° de l'annexe III au CGI sont considérés comme œuvres d'art les émaux sur cuivre, **entièrement exécutés à la main,** dans la limite de **huit exemplaires numérotés** et comportant la **signature de l'artiste** ou de l'atelier d'art, à l'exclusion des articles de bijouterie, d'orfèvrerie et de joaillerie. **78430**

L'exclusion des **articles de bijouterie, d'orfèvrerie** et de **joaillerie** vise notamment les bagues, médaillons, colliers, boutons de manchettes, cendriers, etc. (BOI-TVA-SECT-90-10 n° 270).

7. PHOTOGRAPHIES D'ART

78450 Conformément à l'article 98 A, II-7° de l'annexe III au CGI, sont considérées comme œuvres d'art les photographies **prises par l'artiste,** tirées par lui ou sous son contrôle, **signées** et **numérotées** dans la limite de **30 exemplaires,** tous formats et supports confondus.

78455 Les **épreuves** photographiques définies au nº 78450 doivent être **signées** (ou authentifiées) par l'**artiste** lui-même. La signature ou l'authentification par les ayants droit de l'artiste ne peut pas conférer à une photographie le caractère d'une œuvre d'art.

Les **épreuves posthumes** de photographies ne peuvent être considérées comme des œuvres d'art. Ces photographies peuvent néanmoins, le cas échéant, être considérées comme objets de collection ou d'antiquité (BOI-TVA-SECT-90-10 nº 290).

78460 Selon la **Cour de justice,** tout **autre critère** que ceux mentionnés aux nºs 78450 s., en particulier l'appréciation par l'administration fiscale du **caractère artistique** des photographies, est **exclu** (CJUE 5-9-2019 aff. 145/18 : RJF 11/19 nº 1113).

Le **Conseil d'État** (à l'origine de la question préjudicielle dans cette affaire) s'est rallié à la position de la Cour et a jugé que les portraits et photographies de mariage ne sauraient être exclus de la catégorie des photographies d'art au motif qu'ils ne présentent pas un caractère d'originalité et ne manifestent pas une intention créatrice de la part de leur auteur (CE 4-12-2019 nº 400837 : RJF 2/20 nº 110). Ce faisant, il infirme la **doctrine administrative** (issue de l'instruction 3 C-3-03 du 25-6-2003 reprise avec certains aménagements au BOI-TVA-SECT-90-10 nº 280) selon laquelle ne peuvent être considérées comme des œuvres d'art, susceptibles de bénéficier du taux réduit de TVA (nºs 78590 s.), que les seules photographies qui portent témoignage d'une intention créatrice manifeste de leur auteur et qui présentent un intérêt pour tout public et qui exclut de cette catégorie, « de manière générale », les photographies dont l'intérêt dépend avant tout de la qualité de la personne ou de la nature du bien représenté telles que les **photographies** illustrant des **événements familiaux** ou religieux (mariages, communions, etc.), les photographies **d'identité,** les photographies **scolaires** ainsi que les photographies **de groupe.**

> **Précisions** On notera que la Cour de justice a cependant ajouté, dans l'arrêt susvisé, qu'un État membre peut circonscrire l'application du taux réduit à une catégorie restreinte de photographies sous réserve de respecter le principe de neutralité et de n'isoler que des aspects concrets et spécifiques de ces photographies. Cela implique que ces photographies soient identifiables, en tant que telles, des autres photos relevant de cette catégorie, cette identification présupposant l'existence de critères objectifs, clairs et précis. Tel n'était pas le cas, selon la Cour, des critères utilisés par la doctrine administrative.

C. Objets de collection et timbres

78490 Aux termes de l'article 98 A, III de l'annexe III au CGI, sont considérés comme objets de collection les biens suivants, à l'exception des biens neufs :

1° **Timbres-poste,** timbres fiscaux, marques postales, enveloppes premier jour, entiers postaux et analogues, oblitérés ou bien non oblitérés mais n'ayant pas cours et n'étant pas destinés à avoir cours ;

2° **Collections et spécimens** pour collections de zoologie, de botanique, de minéralogie, d'anatomie, ou présentant un intérêt historique, archéologique, paléontologique, ethnographique ou numismatique.

TIMBRES

78500 Les timbres de collection, c'est-à-dire autres que nouvellement fabriqués, sont les timbres de collection suivants repris au code NC 97-04 du tarif des douanes :

– les **timbres-poste** ou analogues (entiers postaux, marques postales, etc.), les enveloppes premier jour, les timbres fiscaux ou analogues, oblitérés ou non, **n'ayant pas cours** ni destinés à avoir cours en France ;

– les timbres ayant cours ou valeur d'affranchissement en France et **vendus à une valeur supérieure à leur valeur faciale** (BOI-TVA-SECT-90-10 nº 350).

OBJETS DE COLLECTION

78510 **Définition** Les objets de collection sont les biens d'occasion, c'est-à-dire autres que nouvellement fabriqués, repris au code NC 97-05 du tarif des douanes, à savoir :

– les collections et spécimens pour collections de **zoologie,** de **botanique,** de **minéralogie** et d'anatomie ;

– les objets pour collections présentant un intérêt **historique,** archéologique, paléontologique ou ethnographique ;

– les collections et spécimens pour collections présentant un intérêt **numismatique** (BOI-TVA-SECT-90-10 n° 350).

> Précisions a. Selon la CJUE, les objets pour collections sont les **objets** qui sont relativement **rares,** ne sont pas normalement utilisés conformément à leur **destination** initiale (sans pourtant exclure que leurs qualités fonctionnelles puissent rester intactes), font l'objet de **transactions spéciales** en dehors du commerce habituel des objets similaires utilisables et ont une valeur élevée. Elle ajoute qu'à ce titre sont considérés comme présentant un **intérêt** historique ou ethnographique les objets pour collections qui marquent un pas caractéristique de l'évolution des réalisations humaines, ou illustrent une période de cette évolution (CJUE 10-10-1985 aff. 200/84 et aff. 252/84 : Recueil 1985-8 p. 3363 et 3387).

b. Dès lors que les critères ci-dessus (rareté, utilisation différente de la destination initiale, transactions spéciales, valeur élevée, réalisation d'un pas caractéristique de l'évolution des réalisations humaines, ou illustration d'une période de cette évolution : mobilier « Art nouveau » ou « Art déco », par exemple) sont respectés, les **meubles meublants de moins de cent ans,** les articles de **joaillerie,** d'**orfèvrerie** et de **bijouterie** ainsi que les articles des **arts de la table** et de **mode vestimentaire** répondent à la définition d'objet de collection (BOI précité n° 360).

c. Les **autographes** constituent des biens de collection (Rép. Lequiller : AN 2-8-1993 n° 915, non reprise au Bofip mais dont la solution conserve selon nous sa valeur).

d. Sont considérés comme des **monnaies et billets de collection** les pièces en or (autres que les pièces d'or d'investissement visées au n° 90670), en argent ou autre métal, ainsi que les billets qui ne sont pas normalement utilisés dans leur fonction comme moyen de paiement légal ou qui présentent un intérêt numismatique (CGI art. 256, IV-2°-a).

Véhicules de collection Peut être admis comme véhicule de collection tout véhicule qui présente les qualités requises pour être admis au sein d'une **collection** et qui a un **intérêt historique** ou ethnographique. **78520**

Sont considérés comme tels les véhicules qui répondent aux **trois critères cumulatifs** suivants :

– ils sont dans leur état d'origine, sans modification substantielle du châssis, de la carrosserie, du système de direction, de freinage, de transmission ou de suspension ni du moteur. Les réparations et les restaurations sont autorisées ; les pièces, accessoires et unités endommagés ou usés peuvent être remplacés pour autant que le véhicule soit conservé et maintenu dans un bon état sur le plan historique. Les véhicules modernisés ou modifiés sont exclus ;

– ils sont âgés d'au moins 30 ans ;

– ils correspondent à un modèle ou type dont la production a cessé.

Sont **également** considérés comme véhicules automobiles de collection :

– les véhicules automobiles dont, quelle que soit la date de leur fabrication, il peut être prouvé qu'ils ont **participé à un événement historique** ;

– les véhicules automobiles de **compétition,** dont il peut être prouvé qu'ils ont été conçus, construits et utilisés exclusivement pour la compétition et qu'ils possèdent un palmarès sportif significatif acquis lors d'événements nationaux ou internationaux prestigieux.

Les **répliques et** les **reproductions** sont exclues à moins de satisfaire aux trois critères ci-dessus (Inst. douanes 14-028 du 8-9-2014).

D. Objets d'antiquité

Les objets d'antiquité sont des biens meubles, autres que les œuvres d'art et les objets de collection, ayant plus de **100 ans d'âge** (CGI ann. III art. 98 A, IV), repris au code NC 97-06 du tarif des douanes. **78540**

II. TAUX

Le taux de TVA applicable aux biens d'occasion, œuvres d'art, objets de collection ou d'antiquité est, en principe, le **taux normal** (n° 40250) (le taux réduit de 5,5 % pour les livres : n°s 40820 s.). **78590**

Toutefois, le **taux réduit** de 5,5 % ou le **taux intermédiaire** de 10 % sont applicables à **certaines opérations** portant soit sur les œuvres d'art et les objets de collection ou d'antiquité (n° 78600), soit uniquement sur les œuvres d'art (n°s 78610 s.).

En ce qui concerne les cessions des droits reconnus aux auteurs des œuvres, voir n°s 87270 s.

DISPOSITIONS COMMUNES AUX ŒUVRES D'ART ET AUX OBJETS DE COLLECTION OU D'ANTIQUITÉ

78600 En application de l'article 278-0 bis, I-1° du CGI, la TVA est perçue au **taux réduit** de 5,5 % :

- d'une part, sur les **importations d'œuvres d'art, d'objets de collection ou d'antiquité,** quelle que soit la qualité de l'importateur (négociant, intermédiaire opaque, particulier...) ;
- d'autre part, sur les **acquisitions intracommunautaires** effectuées par un assujetti ou une personne morale non assujettie d'œuvres d'art, d'objets de collection ou d'antiquité qu'ils ont **importés** sur le territoire d'un **autre État membre** de l'Union européenne.

Les **autres opérations** portant sur les mêmes biens, notamment les **livraisons ultérieures,** doivent être soumises au taux résultant des textes en vigueur, c'est-à-dire, le plus souvent, le taux normal (le taux réduit pour les livres).

DISPOSITIONS PROPRES AUX ŒUVRES D'ART

78610 En application de l'article 278-0 bis, I-3° du CGI, le **taux réduit** de 5,5 % s'applique aux **livraisons** d'œuvres d'art effectuées **par leur auteur ou ses ayants droit** (sous réserve, bien entendu, que ces personnes ne bénéficient pas de la franchise en base : n°s 47690 s.).

Les livraisons de ces mêmes biens par d'autres personnes (**galerie d'art,** intermédiaire agissant en son nom propre) relèvent du taux normal (BOI-TVA-SECT-90-40 n° 300).

> **Précisions** La CAA de Lyon a interprété la **qualité d'ayant droit** de manière restrictive et considéré que la qualité d'ayant droit d'un auteur ne peut résulter de la seule détention d'un droit patrimonial sur tout ou partie de ses œuvres. La remise à une société par un artiste de l'ensemble de ses œuvres et des droits patrimoniaux qui y sont attachés n'a dès lors pas pour effet de conférer à cette société la qualité d'ayant droit de l'artiste de sorte qu'elle ne peut bénéficier du taux réduit de la TVA (CAA Lyon 28-12-2006 n° 04-85 : RJF 4/07 n° 417).
> À noter toutefois que le TA de Paris a adopté une position très libérale (et contraire à la doctrine administrative). Transposant en matière de taux la jurisprudence de la CJUE relative aux intermédiaires opaques (agissant en leur nom mais pour le compte d'autrui) qui interviennent dans des services exonérés (n° 83370), il a, en effet, jugé que les ventes d'œuvres d'art par un intermédiaire agissant en son nom mais pour le compte de l'auteur des œuvres peuvent bénéficier du taux réduit (TA Paris 18-2-2013 n° 1114235 : RJF 6/13 n° 607).

78615 Bénéficient également du taux réduit de 5,5 %, en application de l'article 278-0 bis, I-2° du CGI, les **acquisitions intracommunautaires** d'œuvres d'art qui ont fait l'objet d'une **livraison dans un autre État** membre par des **assujettis autres que des assujettis-revendeurs.**

Cette mesure concerne les livraisons effectuées dans un autre État membre :

- par un artiste ou un de ses ayants droit à condition que celui-ci ne soit pas exonéré de TVA ;
- par un assujetti à la TVA pour lequel l'œuvre d'art avait le caractère d'immobilisation.

Dans ces hypothèses, la livraison des biens est une opération qui relève du régime de droit commun des livraisons intracommunautaires réalisées entre deux assujettis identifiés à la TVA dans des États membres différents. Elle est exonérée de la TVA dans l'État membre de départ du transport ou de l'expédition des biens.

L'acquéreur de l'œuvre est redevable de la taxe, en France, au titre d'une acquisition intracommunautaire, sur le montant total de la transaction. Cette acquisition est soumise au taux réduit de TVA. La livraison subséquente peut faire l'objet d'une option pour le régime de la marge (n°s 78860 s.) (BOI-TVA-SECT-90-40 n° 280).

78620 Conformément à l'article 278 septies, 3° du CGI, le **taux intermédiaire** de 10 % s'applique aux **livraisons** d'œuvres d'art effectuées **à titre occasionnel** par les personnes qui les ont utilisées pour les besoins de leurs exploitations et chez qui elles ont ouvert droit à déduction de la TVA (**assujettis-utilisateurs**). Il s'agit des cessions effectuées par des entreprises qui ont acquis ou importé, dans le cadre du **mécénat,** des œuvres d'art qu'elles ont comptabilisées comme immobilisation et pour lesquelles elles ont bénéficié d'un droit à déduction total ou partiel (BOI-TVA-SECT-90-40 n° 270).

SECTION 2

RÉGIME DES ASSUJETTIS-REVENDEURS (TAXATION SUR LA MARGE)

La 7e directive TVA a consacré le régime de la **marge** comme régime de droit commun applicable au marché des **biens d'occasion, œuvres d'art, objets d'antiquité et de collection.** 78700

En vertu de l'article 297 A du CGI, les livraisons de ces biens ou œuvres effectuées par des **assujettis-revendeurs** sont soumises de plein droit au régime particulier de la marge bénéficiaire lorsque les biens en question leur ont été livrés par un non-redevable de la TVA ou par une personne qui n'est pas autorisée à facturer la TVA au titre de cette livraison, comme, par exemple, un autre assujetti-revendeur.

C'est le **régime normal** de la TVA qui s'applique dans les autres cas ou lorsque l'assujetti-revendeur choisit d'appliquer ce régime (voir nos 78800 s.).

I. CHAMP D'APPLICATION DU RÉGIME DE TAXATION SUR LA MARGE

Seront successivement étudiés : 78720

– les redevables (assujettis-revendeurs) relevant du régime d'imposition sur la marge (nos 78730 s.) ;

– les opérations susceptibles ou non de relever de ce régime (nos 78760 s.) ;

– l'option permettant d'appliquer le régime général à des opérations normalement taxables sur la marge (nos 78800 s.) ;

– l'option permettant d'appliquer le régime de la marge à certaines opérations normalement taxables selon le régime général (nos 78860 s.).

A. Qualité d'assujetti-revendeur

Les assujettis-revendeurs sont les assujettis qui, dans le cadre de leur activité économique, **acquièrent** ou affectent aux stocks de leur entreprise ou importent, **en vue de leur revente,** des biens d'occasion, des œuvres d'art, des objets de collection ou d'antiquité, que ces assujettis agissent pour leur compte ou bien agissent pour le compte d'autrui, mais en leur nom propre en qualité d'intermédiaire à l'achat ou à la vente. 78730

Ces entreprises se distinguent des **assujettis-utilisateurs** qui vendent des biens qu'ils ont comptabilisés comme immobilisations (BOI-TVA-SECT-90-20-20 n° 1).

EXEMPLES 78735

Sont notamment considérés comme des assujettis-revendeurs :

– les **négociants** en biens d'occasion (brocanteurs, garagistes...), les **antiquaires**, les **galeries d'art**, les négociants en timbres-poste ou monnaies anciennes... ;

– les **assujettis** agissant en leur nom propre mais pour le compte d'autrui, qui **s'entremettent** dans une opération portant sur des biens d'occasion, œuvres d'art, objets de collection ou d'antiquité. Ces professionnels sont en effet réputés avoir personnellement acquis et livré les biens (nos 83320 s.). Entrent en particulier dans cette catégorie les officiers ministériels (**commissaires de justice** principalement) qui, agissant en leur nom propre et pour le compte d'autrui, procèdent à des **ventes aux enchères publiques** de biens d'occasion, d'œuvres d'art, objets de collection ou d'antiquité (nos 79970 s.) (BOI-TVA-SECT-90-20-20 n° 10) ;

– une entreprise qui revend des **véhicules** qu'elle avait **acquis d'occasion** en vue de les affecter à son **activité de location-vente** et pour laquelle la **revente** n'est pas, au moment de l'opération d'acquisition du bien d'occasion, l'objectif principal mais seulement son **objectif secondaire,** accessoire à celui de la location (CJUE 8-12-2005 aff. 280/04 : RJF 4/07 n° 523). Il résulte de cette dernière décision que la CJUE ne fait pas de différence, pour l'application du régime particulier des biens d'occasion, entre les entreprises qui ont pour activité le négoce de véhicules et celles qui pratiquent le leasing.

Les **intermédiaires** qui agissent **au nom et pour le compte d'autrui** ne sont pas concernés par le régime de la marge. Le régime défini au n° 83250 leur est applicable (BOI-TVA-SECT-90-20-20 n° 20). 78740

B. Opérations concernées

RÈGLES GÉNÉRALES

78760 Sont soumises **de plein droit** au régime de la **marge** :

1. Les livraisons de biens (biens d'occasion, œuvres d'art, objets d'antiquité ou de collection) **achetés auprès d'un non-redevable,** c'est-à-dire :

– d'une **personne** (particulier ou personne morale) **non assujettie** à la TVA ;

– d'un autre assujetti établi en France ou dans un autre État membre dans la mesure où la **livraison** par cet assujetti était **exonérée.**

Il s'agit notamment des cessions de biens mobiliers d'investissement qui ne pouvaient pas ouvrir droit à déduction en raison de leur **affectation** à une **activité exonérée** ou hors du champ d'application de la TVA (un ordinateur vendu par un chirurgien-dentiste, par exemple), en raison d'une **mesure d'exclusion** particulière (cession d'un véhicule de tourisme, par exemple), ou en raison d'une **absence de facturation** de la TVA lors de leur achat (achat à un assujetti-revendeur ou à une personne bénéficiant d'une franchise en base).

Si le **bien** a été **acheté** à un **assujetti établi dans un autre État membre** de l'Union européenne, les livraisons exonérées s'entendent des livraisons de biens qui étaient affectés exclusivement à une **activité exonérée,** si ces biens n'ont pas fait l'objet d'un droit à déduction, et des livraisons de biens dont l'acquisition ou l'affectation avaient fait l'objet d'une **exclusion du droit à déduction** ;

2. Les livraisons de biens achetés auprès d'une **personne** qui n'est **pas autorisée à facturer la TVA** au titre de cette livraison, c'est-à-dire les biens acquis auprès :

– d'un assujetti qui bénéficie de la **franchise** de TVA : franchise en base de droit commun ou franchise en base spécifique pour les artistes (nos 47600 s.) ;

– d'un autre **assujetti-revendeur** si la livraison par ce dernier a été soumise au régime particulier de taxation sur la **marge** de plein droit ou sur option. Les cas de taxation sur la marge sont les mêmes que l'assujetti-revendeur ait acheté le bien à un vendeur établi en France ou à un vendeur établi dans un autre État de l'Union européenne (voir nos 79440 s. les précisions concernant les échanges intracommunautaires) (BOI-TVA-SECT-90-20-20 nos 60 à 80).

Concernant l'articulation entre l'option pour le régime « OSS-UE » et l'application du régime de la marge aux ventes à distances intracommunautaires (VAD-IC) de biens d'occasion, voir n° 23100.

78765 Le régime de la marge **n'est pas applicable** si le bien vendu a ouvert droit à **déduction** lors de son acquisition par l'**assujetti-revendeur.** Il en est ainsi lorsque les **reventes** portent sur des biens qui :

– ont été **importés.** Sont par conséquent exclus du régime de la marge les biens faisant l'objet de ventes à distance de biens importés de territoires tiers ou de pays tiers (VAD-BI : nos 23200 s.), y compris lorsque ces ventes sont facilitées au moyen d'une interface électronique ;

– ont été achetés auprès d'un assujetti qui a **facturé** de la taxe au titre de sa livraison ;

– ont fait l'objet d'une **acquisition intracommunautaire** taxable (BOI-TVA-SECT-90-20-20 n° 90).

Sont également exclues du régime de la marge les **livraisons de biens non importés soumises au schéma de l'achat-revente** (nos 23590 s.). En effet, il résulte des dispositions combinées de l'article 262 ter, III du CGI et de l'article 271, V-c du même Code que la livraison de biens réalisée par le fournisseur à l'interface électronique est exonérée de TVA avec droit à déduction, ce qui est exclusif du régime de la marge (BOI-TVA-SECT-90-20-20 n° 110).

L'exclusion du régime de la marge concerne, par ailleurs, les biens **acquis en franchise** (nos 79800 s.).

78770 **Remarque** : Un assujetti-revendeur peut, en principe, appliquer le régime particulier de taxation sur la marge lors de la revente d'un **bien d'occasion** acquis en France auprès d'un autre assujetti-revendeur (ou, s'agissant d'un bien d'occasion acquis dans un autre État membre de l'UE auprès d'un assujetti-revendeur, bénéficier du régime de non-taxation de l'acquisition intracommunautaire et appliquer le régime de la marge lors de la revente : n° 79510) sans autre condition que celle tenant à la **détention d'une facture** délivrée par le fournisseur **mentionnant** explicitement que celui-ci a appliqué lors de la vente le **régime de la marge.**

Mais l'**administration** peut **remettre en cause** l'application du régime de faveur en démontrant que l'assujetti-revendeur ne pouvait ignorer que son fournisseur n'était pas autorisé à appliquer lui-même le régime de la marge (CE 4-8-2006 n° 278274 : RJF 11/06 n° 1335 ; CE 29-10-2008 n° 292894 et n° 292895 : RJF 1/09 n° 20 ; dans le même sens, CJUE 18-5-2017 aff. 624/15 : RJF 8-9/17 n° 896).

Pour les **véhicules automobiles,** voir en outre les précisions figurant au n° 80455.

VENTES DE BIENS COLLECTÉS GRATUITEMENT

Le régime de la marge bénéficiaire dans lequel la base d'imposition à la TVA est constituée par la différence entre le prix de vente et le prix d'achat n'est, par hypothèse, pas applicable aux ventes de biens collectés gratuitement (exemple : ventes de **vêtements d'occasion** collectés gratuitement par les **entreprises « relais »**). **78775**

Il en est de même du régime de la **marge forfaitaire de 50 %** admis par la doctrine administrative dans le cas où l'assujetti-revendeur se trouve dans l'impossibilité de déterminer avec précision le prix d'achat de chacun des biens qu'il a acquis au sein d'un **lot hétérogène** (n° 79010) (Rép. Idrac : AN 2-4-2001 n° 51128, non reprise au Bofip mais dont la solution conserve selon nous sa valeur).

C. Option pour l'imposition sur le prix de vente total

L'article 297 C du CGI prévoit que, pour **chaque livraison** de biens d'occasion, d'œuvres d'art, d'objets d'antiquité ou de collection relevant normalement du régime de la marge, l'assujetti-revendeur peut appliquer les règles de TVA applicables aux autres assujettis, c'est-à-dire les règles du régime général de la taxe. **78800**

Cette option conduit à appliquer la TVA sur le prix de vente total.

OPÉRATIONS CONCERNÉES

Sont concernées par l'option pour le régime général les livraisons qui relèvent du régime de la marge (nos 78760 s.), qu'elles soient faites en France, à destination d'un autre État membre de l'Union européenne ou à destination d'un pays tiers. **78810**

Ces opérations sont alors soumises au régime général de la TVA, c'est-à-dire qu'elles sont taxables sur leur **prix de vente total** sous réserve des exonérations accordées pour les livraisons intracommunautaires et les exportations (BOI-TVA-SECT-90-20-20 n° 370).

On notera également qu'une telle option entraîne, le cas échéant, l'application des règles de territorialité des **VAD-IC** (voir nos 23000 s.).

EXERCICE DE L'OPTION

Le **choix** pour le régime général n'est soumis à aucun formalisme et s'exerce **opération par opération** (BOI-TVA-SECT-90-20-20 n° 370). **78820**

En raison de cette absence de formalisme, l'administration a pu considérer à bon droit qu'en procédant à la **déduction de la taxe grevant le prix d'achat** d'une œuvre, opération incompatible avec le régime de la marge, une galerie d'art avait entendu renoncer à ce régime pour l'opération en cause (CAA Marseille 27-3-2008 n° 04-523 : RJF 12/08 n° 1311).

DÉDUCTIONS

Les assujettis-revendeurs qui ont choisi d'appliquer le régime général pour des livraisons relevant normalement du régime de la marge peuvent déduire la **TVA** qu'ils ont **supportée lors de l'achat** (lorsque la taxe a été facturée), de l'acquisition intracommunautaire ou de l'importation des biens, dans les conditions de droit commun. **78830**

Le négociant peut opérer la déduction de la TVA afférente à l'achat du bien lui-même et de celle qui a grevé le coût de son intervention (étant toutefois précisé que la taxe qui a grevé le coût de son intervention est déductible même en cas d'application du régime de la marge : n° 79225).

Pour les assujettis-revendeurs qui appliquent le **système de la globalisation** (nos 79040 s.), il y a lieu de soustraire du montant global des achats la valeur d'achat des objets taxés selon les règles du régime général (BOI-TVA-SECT-90-20-20 n° 380).

Remarque : Pour le Conseil d'État, la doctrine autorisant la déduction de la TVA grevant le coût de l'intervention du négociant ne vise pas les dépenses d'entretien et de réparation des **véhicules de démonstration** (n° 80530, précision b).

BIENS POUR LESQUELS LE NÉGOCIANT A OPTÉ POUR LA MARGE

Même lorsque l'assujetti-revendeur a exercé l'option pour le régime de la marge pour les livraisons d'**œuvres d'art,** d'**objets de collection ou d'antiquité** (nos 78860 s.), il conserve la possibilité, s'il le souhaite, d'appliquer le régime de droit commun de taxation lors de la revente des biens couverts par cette option. **78840**

Cette option permet au négociant de déduire la taxe acquittée lors de l'acquisition ou de l'importation des œuvres ou biens concernés. Toutefois, cette déduction ne peut être opérée que lors de leur **revente** (CGI art. 297 D, II).

L'exercice du droit à déduction est subordonné à la détention de factures, déclarations en douane ou documents en tenant lieu, dans les conditions prévues par la réglementation en vigueur. Il convient donc que l'assujetti-revendeur conserve toutes les **pièces justificatives** appropriées (BOI-TVA-SECT-90-20-20 n° 390).

D. Option pour la marge

78860 En application de l'article 297 B du CGI, les assujettis-revendeurs peuvent demander à appliquer le régime de la marge pour les livraisons d'**œuvres d'art, d'objets de collection** ou d'**antiquité** qu'ils ont eux-mêmes importés ou qui ont fait l'objet d'une acquisition intracommunautaire ou d'une livraison soumises au taux réduit ou au taux intermédiaire (en l'absence d'option, ces opérations seraient taxées selon le régime général, conformément au principe énoncé au n° 78765).

Contrairement à l'option pour le régime général, cette option ne s'applique **pas** aux **biens d'occasion.**

Remarque : On rappelle que les **négociants** ayant opté pour le régime de la marge peuvent, sous certaines conditions, **appliquer le régime général** (n° 78840).

OPÉRATIONS ET BIENS CONCERNÉS

78870 L'option concerne les livraisons, par les assujettis-revendeurs, des biens qui leur ont été livrés, qu'ils ont acquis ou qu'ils ont importés dans les conditions suivantes :

1. Les **œuvres d'art,** les **objets de collection et d'antiquité,** que les assujettis-revendeurs ont eux-mêmes **importés** en provenance d'un pays tiers à l'Union européenne ou d'un territoire ne faisant pas partie du territoire fiscal communautaire (DOM, par exemple). L'importation doit avoir été réalisée par le négociant lui-même. L'option est également possible pour les biens qui ont fait l'objet d'une **importation** par ce négociant dans un autre État membre **suivie par une acquisition intracommunautaire** en France (n° 78600) ;

2. Les **œuvres d'art livrées** à l'assujetti-revendeur **par l'auteur** de l'œuvre ou ses ayants droit (sous réserve que ces personnes ne bénéficient pas de la franchise en base) ;

3. Les **œuvres d'art** qui ont été **livrées** à l'assujetti-revendeur **par** un **assujetti-utilisateur,** lorsque la livraison par cet autre assujetti a été **soumise au taux intermédiaire** en application de l'article 278 septies, 3° du CGI (voir n° 78620) ;

4. Les œuvres d'art qui ont fait l'objet d'une **acquisition intracommunautaire soumise au taux réduit** en application de l'article 278-0 bis, I-2° du CGI. Il s'agit des œuvres qui ont été livrées par un assujetti-utilisateur, ou par l'artiste créateur ou ses ayants droit, établis dans un autre État membre (n° 78615) (BOI-TVA-SECT-90-40 n° 40).

MODALITÉS DE L'OPTION

78880 L'option pour le régime de la marge peut être exercée **à tout moment** de l'année ou de l'exercice par les négociants (assujettis-revendeurs) remplissant les conditions prévues par l'article 297 B du CGI (n° 78870). Elle doit être formulée expressément par **lettre** adressée au service des impôts des entreprises dont relève l'assujetti-revendeur.

L'option **prend effet** au premier jour du mois suivant celui au cours duquel la demande est formulée et vaut jusqu'à la fin de la deuxième année civile suivante. Elle est **renouvelable** par tacite reconduction par périodes de deux années civiles, sauf **dénonciation** formulée par écrit avant l'expiration de chaque période.

EXEMPLE

Une option formulée le 11 avril 2022 produit ses effets du 1er mai 2022 au 31 décembre 2024. Elle sera reconduite pour les années civiles 2025 et 2026 à défaut de dénonciation formulée avant le 1er janvier 2025.

EFFETS DE L'OPTION

78890 Les assujettis-revendeurs qui ont exercé l'option sont imposables sur la seule **marge bénéficiaire** des opérations concernées. Cette marge, qui correspond à la différence entre le prix de vente et le prix d'achat majoré de la TVA des biens concernés (CGI art. 297 A, I-4°), est calculée dans les conditions précisées au n° 79000.

En ce qui concerne les **biens importés,** le prix d'achat à retenir pour le calcul de la marge imposable à la TVA est constitué par la base d'imposition à l'importation ou en sortie de régime suspensif, augmenté du montant de la TVA due ou acquittée lors de l'importation ou de la sortie du régime suspensif. La marge peut toutefois être calculée de manière **globale** dans les conditions précisées aux nos 79040 s. (BOI-TVA-SECT-90-40 nos 60 et 70).

On notera que l'option pour le régime de la marge **exclut** l'application des règles de territorialité des **VAD-IC** (voir n° 23090).

Le **taux de TVA** applicable à la marge (ramenée HT) est le taux normal indépendamment du taux appliqué lors de l'acquisition ou de l'importation. Toutefois, le taux de TVA applicable à la marge est le taux intermédiaire ou le taux réduit dès lors que les mêmes biens à l'état neuf bénéficieraient en régime intérieur d'un tel taux (exemple : les livres) (BOI-TVA-SECT-90-40 n° 80). **78895**

CONSÉQUENCES DE LA DÉNONCIATION DE L'OPTION

L'assujetti-revendeur qui dénonce l'option revient, à compter du 1er janvier de l'année qui suit celle de l'échéance de l'option, au **régime général** de la TVA. Il peut en conséquence **déduire,** dans les conditions de droit commun, la TVA supportée lors de l'importation ou de l'acquisition intracommunautaire, lors de l'achat de l'œuvre à l'artiste ou à ses ayants droit ou lors de l'achat de l'œuvre d'art à l'entreprise mécène. En contrepartie, la **TVA** doit être appliquée sur le **montant total** de la livraison au taux applicable au bien vendu, sous réserve bien entendu des exonérations liées au commerce international (BOI-TVA-SECT-90-40 n° 100). **78910**

Remarque : La dénonciation de l'option est sans incidence sur la possibilité pour l'assujetti-revendeur de soumettre à la TVA sur la seule marge bénéficiaire les opérations portant sur les biens d'occasion, œuvres d'art, objets de collection et d'antiquité autres que ceux auxquels s'applique l'option (BOI précité).

II. FONCTIONNEMENT DU RÉGIME DE TAXATION SUR LA MARGE

La base d'imposition des livraisons par un assujetti-revendeur de biens d'occasion, d'œuvres d'art, d'objets de collection ou d'antiquité qui lui ont été livrés par un non-redevable de la TVA ou par une personne qui n'est pas autorisée à facturer la TVA au titre de cette livraison est constituée de la différence entre le prix de vente et le prix d'achat (CGI art. 297 A, I-1°). **78950**

Cette base d'imposition peut être calculée soit au **coup par coup** (nos 78960 s.), soit selon le système de la **globalisation** (nos 79040 s.), soit de **manière forfaitaire** dans le cas des œuvres d'art (nos 79150 s.).

Après ces différentes méthodes, nous examinerons les **règles de déduction** (nos 79220 s.) applicables et les **obligations** (nos 79270 s.) incombant aux assujettis-revendeurs qui appliquent le régime de la marge.

A. Calcul au coup par coup

Dans le système d'imposition dit au coup par coup, la marge bénéficiaire doit être calculée par opération. Toutefois, seules les **opérations bénéficiaires,** c'est-à-dire celles dont le prix de vente est supérieur au prix d'achat du bien, font l'objet de taxation. Les assujettis-revendeurs ne peuvent **pas compenser** une opération bénéficiaire par la **moins-value** réalisée au cours d'une autre opération (BOI-TVA-SECT-90-20-20 n° 120 ; CAA Nantes 22-6-1999 n° 96-1915 : RJF 10/99 n° 1163). **78960**

Remarque : On verra qu'à l'inverse la méthode dite de « globalisation » permet, sous certaines conditions, la prise en compte des pertes (nos 79040 s.).

Conformément aux dispositions de l'article 297 A, I-1° du CGI, la marge imposable s'obtient par différence entre le prix de vente TTC et le prix d'achat. **78965**

PRIX D'ACHAT

Le prix d'achat est le **prix facturé** par le fournisseur à l'assujetti-revendeur (et non le prix de revient). **78980**

La **TVA incluse** dans le prix d'achat (TVA rémanente) ne peut **pas** faire l'objet d'une **déduction** par l'assujetti-revendeur. De même, lorsque le prix d'achat du bien est grevé de TVA (bien importé par les négociants qui ont exercé l'option prévue à l'article 297 B : voir n° 78860), le prix d'achat à prendre en considération pour le calcul de la marge est le prix (ou la valeur en douane) TVA comprise (BOI-TVA-SECT-90-20-20 n° 130).

Selon la **doctrine administrative,** en l'absence de **document justifiant le prix d'achat** (facture, etc.) permettant de déterminer la marge, la livraison doit en principe être soumise à la TVA sur le prix total (BOI précité n° 150). Le **Conseil d'État,** dans une espèce où l'application du régime de la marge n'était pas contestée, a cependant refusé l'admission du pourvoi contre un arrêt de la cour administrative d'appel de Nancy qui avait considéré que l'absence de factures d'achat ne faisait pas obstacle à la détermination de la marge réalisée dans le cadre d'une activité de vente de véhicules, le cas échéant en recourant à une **méthode forfaitaire** (CAA Nancy 11-4-2019 n° 17NC02168 ; CE (na) 1-7-2020 n° 431398 : RJF 10/20 n° 815).

Voir également les cas de détermination forfaitaire de la marge prévus pour les acquéreurs de lots hétérogènes (n° 79010) et d'œuvres d'art (nos 79150 s.).

FRAIS DIVERS

78990 La différence entre le prix de vente et le prix d'achat correspond à la **valeur ajoutée** par les professionnels du fait de leur intervention. Cette valeur ajoutée englobe, en particulier, les frais suivants qui ne peuvent donc pas être inclus dans le prix d'achat :

– les **frais engagés pour la remise en état** des biens vendus soit par les professionnels eux-mêmes, soit par leurs sous-traitants (Rép. Dassié : AN 14-6-1969 n° 4779, non reprise au Bofip mais dont la solution conserve selon nous sa valeur) ;

– les **frais financiers** et les commissions exposés par un négociant en objets d'occasion lors de l'achat de matériels usagés (CE 28-11-1980 n° 08035 : RJF 2/81 n° 118) ;

– les **frais de transport** à la charge du négociant acquéreur lorsque les parties ont conclu un contrat de vente stipulant un **prix « départ ».** En revanche, si le prix des objets d'occasion est stipulé « **franco** », les frais de transport sont à la charge du fournisseur et constituent alors un élément du prix d'achat (BOI-TVA-SECT-90-20-20 n° 130).

MARGE HORS TAXE

79000 La marge obtenue par différence entre le prix de vente TTC et le prix d'achat est une **marge TTC** qui doit être **ramenée hors taxe** par application du coefficient de conversion correspondant au taux applicable au bien vendu (voir n° 40105).

EXEMPLE

Le négociant en véhicules de tourisme d'occasion qui a acheté une automobile à un particulier à un prix de 4 230 € et souhaite la revendre 5 000 € toutes taxes comprises calculera la différence entre :

5 000 € – 4 230 € = 770 € (TVA comprise).

Il retrouvera la **marge hors taxe** en multipliant par 0,833 (taux normal de 20 %) la marge TVA comprise, soit : 770 € × 0,833 = 641,41 €.

La taxe due en définitive sera de : 641,41 € × 20 % = 128,28 €.

CAS PARTICULIER : LOTS HÉTÉROGÈNES

79010 Les acquéreurs de lots hétérogènes (usine désaffectée, par exemple) doivent procéder à un tri pour déterminer la nature exacte des produits qu'ils revendent. Ceux-ci peuvent être soit des **matières de récupération** destinées à entrer dans un nouveau circuit de fabrication, soit des **articles d'occasion** susceptibles de remploi. Pour ces derniers, à défaut d'une connaissance exacte du prix d'achat correspondant, il est admis que la **base d'imposition** soit fixée à la moitié du prix de cession.

La même solution est admise lorsque certains éléments susceptibles de remploi sont vendus après la **casse** d'un matériel ancien ou accidenté (BOI-TVA-SECT-90-20-20 nos 180 et 190).

79015 Lorsque le négociant indique à son client un **prix TTC,** la base d'imposition est égale à la moitié du prix préalablement ramené hors taxe, par application d'un **coefficient de conversion** correspondant à un taux effectif (Te) égal à la moitié du taux légal.

Ce coefficient s'obtient par application de la formule :

$$\text{Coefficient de conversion} = 100 / (100 + \text{Te})$$

Pour les opérations qui relèvent du taux normal de 20 %, ce coefficient est donc de 100 / [100 + (20/2)] = 0,909.

EXEMPLE

Un négociant cède un bien d'occasion provenant d'un lot de biens dont la nature exacte n'était pas connue au moment de l'achat, à un prix TTC de 200 € (taux applicable 20 %).

Calcul du prix HT : 200 € × 0,909 = 181,80 €

Base d'imposition : 181,80 € : 2 = 90,90 €

TVA correspondante : 90,90 € × 20 % = 18,18 €.

79020 Sur la non-application de la marge forfaitaire prévue pour les lots hétérogènes lorsque les biens sont collectés gratuitement, voir n° 78775.

B. Globalisation

L'imposition à la TVA sur la différence entre le prix de vente et le prix d'achat de chaque produit suppose la connaissance, au moment de la vente, du prix d'achat correspondant. Or, il est fréquent que les négociants éprouvent des difficultés pour connaître avec précision le prix d'achat de chacun des articles qu'ils vendent. 79040

Pour pallier cette difficulté, l'article 297 A, II du CGI prévoit que les assujettis-revendeurs peuvent pour **tout ou partie de leurs transactions,** et pour **chaque période** d'imposition, déterminer leur base imposable en retenant la différence existant entre le montant des **achats globaux** et celui des **ventes globales** d'objets d'occasion, d'œuvres d'art, d'objets de collection ou d'antiquité, réalisés au cours de la période considérée.

Remarque : Ce système de globalisation permet également de compenser les gains et les pertes réalisés par un même assujetti au cours d'une période d'imposition donnée et de ne soumettre à la TVA que la marge bénéficiaire nette.

PERSONNES ET BIENS CONCERNÉS

Le système de la globalisation est utilisable par tous les **assujettis-revendeurs.** Il s'applique aux biens d'occasion, aux œuvres d'art et aux objets de collection ou d'antiquité tels qu'ils sont définis aux nos 78070 s. 79050

La globalisation peut s'appliquer non seulement aux biens qui relèvent de **plein droit** du régime de la **marge** (n° 78760) mais également aux œuvres d'art, objets de collection ou d'antiquité pour lesquels l'assujetti-revendeur a opté pour ce régime en application de l'article 297 B du CGI (nos 78860 s.) (BOI-TVA-SECT-90-20-20 n° 270).

En ce qui concerne les livraisons d'œuvres d'art taxées sur la marge forfaitaire, voir nos 79150 s.

Le système de la globalisation est purement **facultatif** et ne nécessite pas d'option préalable. Il peut être retenu même lorsque le prix d'achat des objets vendus est connu. Les assujettis-revendeurs doivent tenir une **comptabilité** précise des biens qui font l'objet de cette méthode globale, **par taux** d'imposition et **par système** utilisé lorsque plusieurs systèmes (globalisation, méthode du coup par coup, etc.) sont utilisés dans l'entreprise. 79055

Bien entendu, les biens qui ne peuvent être soumis au régime de la marge doivent faire l'objet d'un suivi comptable distinct (BOI-TVA-SECT-90-20-20 n° 270).

CALCUL DE LA MARGE GLOBALE

La marge globale est égale à la **différence,** pour une période d'imposition déterminée (voir n° 79110), entre le **montant total TTC des livraisons** de biens auxquels la globalisation peut s'appliquer et le **montant total TTC des achats** correspondants effectués au cours de cette période. 79070

Comme pour le système de la marge au coup par coup, seule une **marge bénéficiaire** donne lieu à imposition. Lorsque, au cours d'une période, le montant des achats dépasse celui des ventes, l'excédent est ajouté aux achats de la période suivante.

Lorsque la **marge** globale est **négative,** l'assujetti-revendeur ne dispose, en application de l'article 297 A, II du CGI, d'aucun droit à restitution de la TVA au titre de la période en cause (BOI-TVA-SECT-90-20-20 n° 280). Aucune taxe ne peut donc être restituée au titre d'excédents d'achats qui persisteraient, par exemple, à la clôture d'un exercice ou lors d'une cessation d'activité.

Sur les conséquences de l'**option pour le régime général** pour certaines livraisons, voir n° 78830.

La marge globale obtenue est une marge TTC qui doit être ramenée à un montant hors taxe par application du **coefficient de conversion** approprié. Les négociants qui commercialisent des biens soumis à la TVA à des **taux différents** sont tenus de distinguer dans leur comptabilité ces biens en fonction du taux qui leur est applicable ; ceci permet à l'assujetti-revendeur de déterminer de manière globale la marge réalisée lors de la vente d'objets relevant d'un même taux de TVA (BOI-TVA-SECT-90-20-20 n° 280). 79075

Exportations Dans la mesure où les ventes réalisées à l'exportation échappent à la TVA, les achats correspondants ne peuvent être pris en compte pour le calcul de la marge bénéficiaire des redevables qui ont choisi le système de la globalisation. La **valeur d'achat** des produits exportés, quand elle n'est pas connue exactement, **peut être reconstituée** par les intéressés sous leur propre responsabilité et sous réserve du droit de contrôle de l'administration, au moyen de **coefficients tirés de la comptabilité.** 79085

Cette règle vaut non seulement pour les exportations **hors** du **territoire communautaire** mais également pour les livraisons à destination d'un autre État de l'Union européenne lorsque l'assujetti-revendeur a opté pour l'application du régime général (voir nos 78800 s.) et que la **livraison** est **exonérée** conformément à l'article 262 ter, I du CGI.

En revanche, elle ne concerne pas les ventes effectuées à destination d'un autre État membre de l'Union européenne, lorsque la marge réalisée par le négociant est imposable en France dans les conditions définies aux nos 79460 s. (BOI-TVA-SECT-90-70 no 20 ; dans le même sens, BOI-TVA-SECT-90-20-20 no 350).

79095 **Lots hétérogènes** En principe, le mode particulier d'imposition des articles ou matières dont la nature est indéterminée au moment de l'acquisition (nos 79010 s.) est exclusif de la méthode de la globalisation.

Toutefois, un problème se pose chez les négociants utilisant cette méthode pour les **matériels d'occasion** dont l'achat a été pris en compte dans le montant des achats globaux au titre d'un mois déterminé et dont **certains éléments** sont, après démontage, **revendus comme biens d'occasion** (sous forme de pièces détachées, par exemple), le surplus étant mis au rebut ; ces matériels devraient en principe être exclus en totalité des achats globaux pour être imposés selon la méthode des lots hétérogènes.

À titre pratique, les entreprises qui, lors de l'acquisition, ont **enregistré ces achats** de matériels dans les achats globaux sont autorisées à procéder de la façon suivante :

– les ventes de **pièces détachées** ou de matériels incomplets destinés à être réutilisés en l'état ou après réparation sont inscrites pour leur prix total dans les ventes globales du mois au cours duquel elles sont réalisées ;

– les ventes de **matières de récupération** (ferrailles, etc.) exonérées de la taxe donnent lieu à une diminution d'égal montant des achats du mois au cours duquel elles sont réalisées (BOI-TVA-SECT-90-20-20 no 200).

PÉRIODE D'IMPOSITION

79110 L'article 297 A, II du CGI prévoit que la base d'imposition des négociants en biens d'occasion, œuvres d'art, objets d'antiquité et de collection peut être déterminée globalement pour chacune des périodes d'imposition mentionnées à l'article 287 du CGI.

a. S'agissant des redevables soumis au **régime réel normal,** la période à retenir est **mensuelle.** Toutefois, lorsque la taxe exigible annuellement est inférieure au seuil de 4 000 €, les redevables sont admis à souscrire leurs déclarations par **trimestre** civil (no 48435). La globalisation porte donc dans cette situation sur une période de trois mois.

b. Dans le **régime simplifié** de déclaration, les redevables sont tenus au versement d'acomptes semestriels fixes calculés sur la base d'une déclaration annuelle (no 48800). Le système de la globalisation s'applique, pour ces redevables, à l'occasion de la souscription de cette déclaration.

Par exception, les redevables placés sous le régime simplifié qui ont opté pour la déclaration de leurs opérations en termes réels, trimestriellement ou mensuellement (**régime** dit **du « mini-réel »**), sont placés dans la même situation que les redevables soumis de plein droit au régime réel normal.

RÉGULARISATION ANNUELLE DES STOCKS

79120 L'article 297 A, II du CGI prévoit une régularisation annuelle des stocks destinée à prendre en compte les **variations** enregistrées dans la **valeur du stock** des assujettis-revendeurs ayant opté pour le système de la globalisation, au début et à la fin de chaque année civile.

Si, à la fin d'une année donnée, cette valeur a **diminué,** la différence représente la valeur d'achat de marchandises vendues au cours de l'année écoulée ; elle s'ajoute aux achats de l'année suivante et vient, comme ceux-ci, en atténuation du montant des ventes imposables.

Si cette valeur a **augmenté,** la différence représente la valeur d'achat de marchandises mises en stock au cours de l'année écoulée et vient réduire à due concurrence le montant des achats de l'année suivante à retenir pour l'assiette de la TVA.

La régularisation annuelle des stocks est indépendante du report des éventuels achats excédentaires d'une période donnée sur les achats de la période suivante (BOI-TVA-SECT-90-20-20 no 330).

79125 EXEMPLE

Un négociant en biens d'occasion ayant opté pour la globalisation détient les stocks suivants :
Stock au 31 décembre 2021 : 20 000 €
Stock au 31 décembre 2022 : 18 400 €
La différence 20 000 – 18 400 = 1 600 € s'ajoute aux achats de 2023
Stock au 31 décembre 2023 : 19 200 €
La différence 19 200 – 18 400 = 800 € vient en diminution des achats de 2024.

Cessation d'activité La méthode de la globalisation avec régularisation annuelle présente l'inconvénient de décaler les conséquences de la variation des stocks sur l'année suivant celle au cours de laquelle la taxe est devenue exigible. Acceptable en « régime de croisière », ce décalage peut amputer les droits à déduction des redevables qui cessent leur activité et ne peuvent, de ce fait, prendre en compte la variation de leurs stocks l'année suivant celle de la cessation d'activité. La jurisprudence n'apporte pas de réponse (pour la régularisation annuelle des stocks au titre de l'année de cessation, TA Rennes 24-1-2008 n° 05-2025 : RJF 6/08 n° 658 ; pour une interprétation stricte, CAA Marseille 17-2-2009 n° 06-1750 : RJF 7/09 n° 628). 79130

C. Œuvres d'art : marge forfaitaire

En ce qui concerne les livraisons d'œuvres d'art, l'article 297 A, III du CGI prévoit que dans l'hypothèse où il n'est pas possible de déterminer avec précision le prix d'achat payé par un assujetti-revendeur au vendeur ou lorsque ce prix n'est pas significatif, la **base d'imposition** peut être constituée par une **fraction du prix de vente égale à 30 %** de celui-ci. Les livraisons de biens soumises à la taxe par application de la marge forfaitaire ne peuvent pas entrer dans le calcul de la marge globale (BOI-TVA-SECT-90-40 n° 230). 79150

BIENS CONCERNÉS

La marge forfaitaire ne concerne que les **œuvres d'art** définies aux n°s 78230 s. Toutefois, il est admis qu'elle s'applique également aux **pièces d'ébénisterie** de plus de 100 ans d'âge dont la rareté et l'estampille ou l'attribution attestent de l'originalité du travail de l'artiste, à l'exclusion des articles d'orfèvrerie ou de joaillerie. 79160

Les autres objets d'antiquité ou de collection et les biens d'occasion en sont exclus (BOI-TVA-SECT-90-40 n° 200).

> **Précisions** Les **pièces d'ébénisterie** s'entendent des **meubles** au sens commun du terme. En revanche, les éléments mobiliers tels que glaces, pendules et autres objets de cette nature ne sont pas concernés.
> La **mention** de l'estampille ou de l'attribution doit être portée **sur les documents** (factures notamment) relatifs à la pièce d'ébénisterie qui doivent être conservés par le vendeur à l'appui de sa comptabilité, pour justifier de l'application du régime de la marge forfaitaire. En cas de doute sur l'authenticité d'une pièce, le service des impôts peut demander au redevable de produire un **certificat** établi par un expert reconnu par l'administration.
> Enfin, certains **meubles** très anciens, dits **de « haute époque »** (antérieurs à 1650), ne sont pas signés et ne peuvent être attribués, en raison précisément de leur ancienneté. Il est admis que ces pièces d'ébénisterie soient également concernées (Inst. 3 C-5-92, non reprise au Bofip mais qui conserve selon nous sa valeur).

CONDITIONS

La marge forfaitaire s'applique aux acheteurs-revendeurs qui réalisent des **actions de promotion** et qui peuvent en justifier. 79170

Ces actions se traduisent notamment par la participation à des **foires, manifestations, expositions** temporaires ou permanentes effectuées en France ou à l'étranger. Elles peuvent concerner des œuvres d'un même artiste (mort ou vivant), des œuvres appartenant à un courant (impressionnisme, par exemple) ou des œuvres regroupées autour d'un même thème.

La **preuve** de l'organisation d'opérations de promotion peut être faite **par tout moyen** : cartons d'invitation, affiches, publicité dans la presse ; vernissages ; éditions de catalogues, etc. ; elle peut également résulter de l'existence d'un contrat liant le négociant en œuvres d'art à l'artiste ou de la production de correspondances échangées entre l'artiste ou ses ayants droit et le négociant en œuvres d'art ou lettres du négociant contresignées par l'artiste ou ses ayants droit.

Il est admis que la marge forfaitaire de 30 % soit applicable à toutes les livraisons d'œuvres d'art par les négociants qui effectuent de manière habituelle de telles actions de promotion, sans qu'il y ait lieu de s'attacher au nombre d'artistes concernés, à l'importance relative de ces actions en fonction des artistes ou à la date d'entrée des œuvres dans le stock (BOI-TVA-SECT-90-40 n° 210).

La mesure s'applique également aux acheteurs-revendeurs qui disposent de **stocks anciens.** 79180

À titre de simplification, la valeur d'acquisition des **œuvres** d'art **détenues** dans les stocks du négociant **depuis plus de six ans** est présumée non significative. Lors de la vente de ces biens, la taxe peut donc être appliquée sur la marge forfaitaire de 30 %.

Le délai de six ans court à partir du jour de l'**inscription en comptabilité** de l'acquisition de l'œuvre d'art (BOI-TVA-SECT-90-40 n° 220).

79185 L'application du régime de la marge forfaitaire n'est **pas** laissée au **libre choix** des redevables, dès lors qu'elle est notamment subordonnée au fait que le prix d'achat de l'œuvre d'art ne puisse pas être déterminé avec précision ou qu'il ne soit pas significatif. L'appréciation des conditions d'application du régime de la marge forfaitaire s'effectue **au cas par cas,** en fonction des éléments propres à chaque situation.

ILLUSTRATIONS

Ne peuvent bénéficier du régime de la marge forfaitaire :
– une galerie qui procède à la revente d'œuvres d'art acquises auprès de leur auteur, dès lors que le **prix** d'achat de ces œuvres a été **déterminé avec précision** et qu'il n'est pas soutenu que ce prix n'aurait pas été **significatif.**

CAA Marseille 27-3-2008 n° 04-523 : RJF 12/08 n° 1311

– un négociant dont certaines opérations n'ont pas été enregistrées en comptabilité pour leur montant exact, cette circonstance ne signifiant pas que leur prix d'achat ne peut pas être déterminé avec précision, mais seulement que des **erreurs d'enregistrement** ont été commises. Autrement dit, il ne suffit pas qu'un revendeur d'œuvres d'art tienne sa comptabilité des achats de façon approximative pour qu'il puisse revendiquer le bénéfice de la marge forfaitaire.

CAA Nantes 30-6-2006 n° 05-639 : RJF 3/07 n° 272 ; CE (na) 7-2-2008 n° 298808 : RJF 4/08 n° 426

CALCUL DE LA MARGE FORFAITAIRE

79200 La marge sur laquelle est appliquée la TVA est égale à **30 % du prix** de vente **hors taxe** de l'œuvre d'art.

Lorsque le vendeur indique à son client un **prix TTC,** il y a lieu, pour déterminer la base d'imposition :

– de **ramener** au préalable **ce prix hors taxe** par application d'un **coefficient de conversion** correspondant à 30 % du taux légal et obtenu selon la formule :

Coefficient de conversion = 100 / [100 + (Taux légal × 30 %)]

Pour le taux normal, ce coefficient est donc de 100 / [100 + (20 × 0,3)] = 0,943 ;

– puis, ayant ainsi obtenu le prix de vente hors taxe réel, de retenir 30 % de ce prix comme base d'imposition (BOI-TVA-SECT-90-40 n° 230 ; CAA Lyon 3-6-1992 n° 91-95).

EXEMPLE

Un négociant en œuvres d'art cède un tableau pour un prix TTC de 1 500 € (TVA à 20 %).

Calcul du prix HT : 1 500 × 0,943	= 1 414,50 €
Base d'imposition : 1 414,50 × 30 %	= 424,35 €
TVA correspondante : 424,35 × 20 %	= 84,87 €.

D. Déductions

PRINCIPES

79220 L'application du régime de la **marge interdit** toute **déduction** de la TVA ayant grevé l'**achat,** l'importation ou l'acquisition intracommunautaire de biens d'occasion, d'œuvres d'art, d'objets de collection ou d'antiquité (CGI art. 297 D, I-2°).

Cette **interdiction** s'applique dans **tous les cas** : régime d'imposition sur la marge de plein droit ou sur option, système d'imposition dit au coup par coup ou de la globalisation, marge réelle ou forfaitaire (BOI-TVA-SECT-90-20-20 nos 220 et 340). Seules y échappent les **ventes à l'exportation** et assimilées.

79225 Dans le cadre du régime de la marge, seule peut être déduite la TVA portant sur les éléments qui ont grevé le **coût de l'intervention** du négociant (matières utilisées pour la remise en état du bien, par exemple) (BOI-TVA-SECT-90-20-20 n° 230).

Ne sont **pas visés** par cette doctrine :

– les dépenses d'entretien et de réparation des **véhicules de démonstration** engagées pendant l'affectation du véhicule à cet usage (voir n° 80530, précision b) ;

– les cadres acquis par une galerie d'art qui revend pour un prix global l'ensemble constitué par chaque **tableau et** son **cadre.** La double circonstance que la galerie aurait, à tort, omis de tenir compte du prix d'achat du cadre dans le calcul de la marge imposable et que les achats de cadres revêtent un caractère marginal dans l'ensemble de ses achats est sans incidence à cet égard (CAA Paris 28-4-2006 n° 03-2719 : RJF 10/06 n° 1213).

RÉPARTITION DES ACHATS

Les assujettis-revendeurs qui pratiquent les **deux systèmes d'assiette** (marge et prix de vente total) doivent répartir leurs acquisitions selon qu'elles sont susceptibles ou non d'ouvrir droit à déduction. 79240

Lorsqu'ils éprouvent des difficultés pour **ventiler leurs achats** en fonction du système adopté pour la revente, ils peuvent, sous leur responsabilité et sous réserve du droit de contrôle de l'administration, utiliser des **coefficients** tirés de leur comptabilité (BOI-TVA-SECT-90-20-20 n° 240).

CALCUL DU COEFFICIENT DE TAXATION FORFAITAIRE

Pour le calcul du coefficient de taxation forfaitaire, c'est le **montant total** de la transaction et non la somme retenue pour base de l'imposition (différence entre prix de vente et prix d'achat) qui est porté au numérateur et au dénominateur du rapport (BOI-TVA-SECT-90-20-20 n° 230). 79250

E. Obligations des redevables

Les négociants qui appliquent le régime particulier de la marge bénéficiaire, de plein droit ou sur option, sont tenus à toutes les obligations des redevables de la TVA. Ils doivent en outre respecter certaines obligations qui sont spécifiques aux utilisateurs de ce régime particulier. 79270

FACTURATION

En application de l'article 297 E du CGI, les assujettis-revendeurs qui appliquent le régime particulier de la **marge** (de plein droit ou sur option) ne peuvent **pas faire apparaître la TVA** sur leurs factures. 79280

Ils doivent, en revanche, en vertu de l'article 242 nonies A, I-16° de l'annexe II au CGI, **obligatoirement** y faire figurer l'une des **mentions** suivantes, selon l'opération considérée : « Régime particulier-Biens d'occasion », « Régime particulier-Objets d'art » ou « Régime particulier-Objets de collection et d'antiquité ».

DÉCLARATION

Pour les redevables qui acquittent la TVA sur la différence entre le prix de vente et le prix d'achat des objets revendus, le chiffre d'affaires imposable est constitué par cette différence ; c'est donc cette base d'imposition que les intéressés doivent faire figurer sur la déclaration de leurs opérations imposables. 79290

OBLIGATIONS COMPTABLES

Les assujettis qui effectuent des opérations portant sur des biens d'occasion, des œuvres d'art, des objets de collection ou d'antiquité doivent **comptabiliser distinctement** par mode d'imposition (marge ou régime général) leurs opérations portant sur ces biens (CGI art. 297 F). 79300

En ce qui concerne les assujettis-revendeurs qui pratiquent la **globalisation,** voir n° 79055.

REGISTRE DES TRANSFERTS

Les acheteurs-revendeurs ou négociants qui expédient des biens dans un autre État membre de l'Union européenne, sans transfert immédiat de la propriété, dans les conditions décrites aux n°s 79590 s. doivent tenir le registre prévu par l'article 286 quater, I-1 du CGI (n° 20630). 79310

ÉTAT RÉCAPITULATIF DES CLIENTS

Les **livraisons** de biens effectuées dans le cadre du **régime particulier de la marge** bénéficiaire ne présentent aucune particularité par rapport aux opérations internes à l'État membre à partir duquel les biens sont transportés ou expédiés à destination de l'acquéreur. 79320

Les livraisons de ces biens effectuées **par** un **assujetti-revendeur** identifié **en France à destination d'un assujetti ou** d'une **personne morale non assujettie** identifié dans un **autre État membre** de l'UE ne sont pas considérées comme des livraisons intracommunautaires de biens et l'exonération prévue à l'article 262 ter, I du CGI leur est inapplicable. Par conséquent, l'assujetti-revendeur identifié en France n'est pas tenu de les faire figurer sur l'état récapitulatif des clients étudié aux n°s 21500 s.

Bien entendu, les livraisons de biens effectuées par un assujetti-revendeur identifié en France à destination **de particuliers ou** de **personnes bénéficiant du régime dérogatoire** (n° 20090) dans un **autre État membre** ne doivent pas non plus figurer sur l'état récapitulatif (BOI-TVA-SECT-90-80 n° 70).

SECTION 3

ÉCHANGES INTERNATIONAUX

79420 Nous examinerons en premier lieu le régime des opérations effectuées entre deux **États membres** de l'Union européenne (nos 79440 s.), puis le régime des opérations effectuées avec des **pays tiers** (nos 79700 s.). Nous donnerons enfin des précisions concernant le régime des **achats en franchise** (nos 79800 s.).

I. ÉCHANGES INTRACOMMUNAUTAIRES

79440 Quelle que soit la qualité de l'acheteur, les échanges intracommunautaires de biens d'occasion, œuvres d'art, objets de collection et d'antiquité relevant du régime de la marge sont en principe **taxés** dans l'**État** membre du **vendeur** (TVA du pays d'origine).

Mais, comme sur le marché interne, les assujettis revendeurs ont la faculté, pour chaque livraison, d'**opter** pour les règles du **régime général** : exonération des livraisons intracommunautaires et taxation corrélative des acquisitions intracommunautaires.

Par ailleurs, on rappelle qu'une telle option entraîne, sous réserve que les autres conditions soient remplies, l'application des règles de territorialité prévues pour les **VAD-IC** (nos 23000 s.). Concernant l'articulation entre l'option pour le régime de **guichet unique « OSS-UE »** et l'application du régime de la marge aux VAD-IC de biens d'occasion, voir no 23100.

En ce qui concerne le cas particulier des **transferts,** voir nos 79560 s.

A. Livraisons intracommunautaires

79450 Pour les livraisons de biens d'occasion, d'œuvres d'art, d'objets de collection ou d'antiquité effectuées en France par un assujetti-revendeur à destination d'un autre État membre, deux cas peuvent se présenter.

OPÉRATIONS RELEVANT DU RÉGIME DE LA MARGE

79460 Dans le cas où l'opération relève soit de plein droit, soit sur option, du **régime de la marge,** l'exonération prévue pour les livraisons intracommunautaires n'est pas applicable (CGI art. 262 ter, I-1°).

Quelle que soit la qualité de l'acquéreur (assujetti, assujetti exonéré, non assujetti), l'assujetti-revendeur doit **acquitter la TVA** sur la marge, au taux applicable en France, comme pour les opérations internes.

Le vendeur ne peut pas faire figurer la taxe sur sa facture, mais il doit néanmoins y indiquer clairement que l'opération bénéficie du régime de la marge (no 79280).

79465 Les négociants qui appliquent le régime de la marge ne sont pas tenus de faire figurer sur les factures qu'ils délivrent à des assujettis situés dans un autre État membre le **numéro d'identification** à la TVA de ces clients. Les livraisons de biens soumises au régime particulier de la marge bénéficiaire sont fiscalement traitées comme des livraisons internes à l'État membre du vendeur (BOI-TVA-SECT-90-80 no 50).

79470 Les livraisons soumises au régime de la marge ne relèvent pas des règles de territorialité des **VAD-IC** (voir no 23090).

OPÉRATIONS RELEVANT DU RÉGIME GÉNÉRAL

79480 Dans le cas où l'opération relève, soit de plein droit (no 78765), soit sur option (nos 78800 s.), du régime général, elle bénéficie de l'**exonération des livraisons intracommunautaires,** avec ouverture du droit à déduction, dès lors que sont remplies les conditions prévues à l'article 262 ter, I-1° du CGI (voir nos 20350 s.).

Contrairement au cas visé au no 79470, les livraisons qui relèvent du régime général peuvent être soumises, le cas échéant, aux règles de territorialité des **VAD-IC** (nos 23000 s.).

B. Acquisitions intracommunautaires

On retrouve ici une distinction analogue à celle retenue au n° 79450 pour les livraisons intracommunautaires. 79500

ACQUISITIONS AUPRÈS D'UN ASSUJETTI-REVENDEUR RELEVANT DU RÉGIME DE LA MARGE

Les acquisitions de biens d'occasion, d'œuvres d'art, d'objets de collection ou d'antiquité par un assujetti ou une personne morale non assujettie ne sont **pas taxables en France** lorsque le vendeur est un assujetti-revendeur qui a appliqué le régime de la marge dans son État membre (CGI art. 256 bis, I-2° bis). La taxe étrangère incluse dans le prix des biens taxés dans ces conditions ne peut faire l'objet d'aucune déduction. 79510

La **revente ultérieure,** par l'assujetti-revendeur français, est taxable sur la marge (différence entre le prix de vente et le prix d'achat TVA étrangère incluse).

Comme en régime interne (n° 79280), la **taxe étrangère** incluse dans le prix des acquisitions communautaires taxables sur la marge entre les mains du vendeur ne peut **pas** apparaître distinctement **sur la facture.** 79515

Toutefois, les négociants doivent veiller à ce que la facture **mentionne** clairement l'application du **régime de la marge** dans l'État membre du vendeur.

Cette seule mention suffit, en principe, pour justifier du caractère non taxable de l'acquisition intracommunautaire et permettre à l'acheteur d'appliquer le régime de la marge lors de la revente (voir cependant n° 78770).

Les livraisons de biens d'occasion, d'œuvres d'art, d'objets de collection ou d'antiquité à destination de particuliers ou de PBRD établis en France, soumises au régime de la marge, ne relèvent pas des règles de territorialité des **VAD-IC** (en ce sens, BOI-TVA-SECT-90-60 n° 20). 79520

ACQUISITIONS AUPRÈS D'UN ASSUJETTI-REVENDEUR RELEVANT DU RÉGIME GÉNÉRAL

Lorsque, dans l'autre État membre, l'opération a été placée non sous le régime particulier de la marge mais sous le régime général (livraison intracommunautaire exonérée chez le vendeur), elle se traduit, du côté français, par une **acquisition intracommunautaire taxable** selon les règles indiquées aux n°s 19650 s. (pour les taux applicables : voir n°s 78590 s.). 79530

La **revente ultérieure,** par l'assujetti-revendeur français, est **taxable sur le prix de vente total,** avec déduction de la taxe ayant grevé l'acquisition intracommunautaire.

Bien entendu, cette revente peut être exonérée (avec maintien du droit à déduction) si elle constitue à son tour soit une livraison intracommunautaire vers un autre État membre, soit une exportation vers un pays tiers.

Contrairement au cas visé au n° 79520, les livraisons qui relèvent du régime général peuvent être soumises, le cas échéant, aux règles de territorialité des **VAD-IC** (n°s 23000 s.).

> **Précisions a.** S'agissant des acquisitions intracommunautaires des **établissements agréés** ou à destination de tels établissements, voir n°s 79730 s. 79535
>
> **b. Timbres de collection.** On envisage ici le cas des timbres non oblitérés vendus à leur **valeur faciale** et ayant **valeur d'affranchissement** dans le pays d'émission. Lorsque ces timbres livrés dans un autre État membre à un assujetti-revendeur français sont exonérés de TVA sur la base de l'article 135, 1-h de la directive TVA (qui exonère de TVA les livraisons, à leur valeur faciale, de timbres-poste ayant valeur d'affranchissement à l'intérieur du pays, de timbres fiscaux et d'autres valeurs similaires), il est admis qu'il n'y ait pas d'acquisition taxable en France.
>
> À l'**importation,** ces timbres, bien que neufs, peuvent être soumis au taux réduit. La livraison subséquente peut être soumise au régime de la marge comme les autres biens de collection.
>
> Ces dispositions ne s'appliquent qu'aux timbres proprement dits à l'exclusion des autres productions philatéliques telles que, par exemple, les enveloppes « premier jour d'émission » ou les notices qui suivent le régime de droit commun des biens neufs ou des biens de collection selon le cas (BOI-TVA-SECT-90-60 n° 80).

C. Cas particulier des « transferts »

Le **déplacement** de biens d'occasion, d'œuvres d'art, d'objets de collection ou d'antiquité dans l'UE **sans qu'il y ait vente** (notamment à l'occasion de foires ou de salons au cours desquels les 79560 biens sont présentés en vue d'une vente éventuelle) constitue un transfert assimilé à une livraison suivie d'une acquisition par le même assujetti-revendeur dans l'autre État membre. Ces mouvements sont soumis à des règles différentes selon que les biens transférés relèvent du régime de la marge ou du régime général.

1. BIENS RELEVANT DU RÉGIME DE LA MARGE

79570 Lorsque les biens d'occasion, œuvres d'art, objets de collection ou d'antiquité sont placés par l'assujetti-revendeur sous le régime de la marge, les dispositions issues de la 7e directive TVA aboutissent en pratique à ne **pas taxer les acquisitions intracommunautaires** résultant des transferts :

– d'une part, l'**expédition de la France vers un autre État membre** est en principe taxable (n° 79460) ; toutefois, la valeur du transfert est égale au prix d'achat (la **marge** taxable en France est donc **nulle**) ;

– d'autre part, l'**introduction en France,** par un assujetti-revendeur appliquant le régime de la marge, de biens d'occasion, œuvres d'art, objets de collection ou d'antiquité **en provenance d'un autre État membre** échappe à la TVA en application de l'article 256 bis, I-2° bis du CGI.

La **livraison ultérieure en France** des biens qui ont été ainsi introduits peut être soumise à la taxe selon le régime particulier de la marge bénéficiaire, au taux applicable en France (BOI-TVA-SECT-90-60 n° 150).

2. BIENS RELEVANT DU RÉGIME GÉNÉRAL

79590 Les transferts de biens relevant du régime général, effectués par un assujetti pour les besoins de son entreprise, sont assimilés à des **livraisons intracommunautaires.** Ces opérations sont en conséquence **exonérées de la TVA** dans l'État membre de départ des biens et donnent lieu à une affectation assimilée à une **acquisition intracommunautaire taxable** dans l'État membre d'arrivée des biens.

Cependant, le régime général prévoit un certain nombre d'**exceptions** à ces règles notamment pour les biens expédiés temporairement dans un autre État membre pour exposition ou pour vente éventuelle, ainsi que pour les biens destinés à faire l'objet dans un autre État membre de travaux, d'ouvraisons ou d'expertises.

BIENS TRANSFÉRÉS EN VUE D'UNE EXPOSITION OU D'UNE VENTE ÉVENTUELLE

79600 Les biens expédiés ou introduits à titre temporaire dans un autre État membre pour une exposition ou une vente éventuelle (y compris aux enchères publiques) échappent en principe à la taxation. Il s'agit essentiellement des biens qui auraient pu, dans l'État membre d'arrivée du transport ou de l'expédition, être importés sous le bénéfice du régime douanier de l'**admission temporaire** en exonération totale des droits s'ils provenaient de pays tiers à l'Union.

L'acheteur-revendeur qui a expédié des biens dans un autre État membre sous le bénéfice de cette disposition ne devient redevable de la taxe, dans l'État où est situé le lieu de la livraison, qu'au moment où les conditions, et notamment les conditions de délais caractérisant cette situation, cessent d'être remplies.

Tel est le cas pour les biens en provenance d'un autre État membre et introduits en France lorsque le **bien** est **vendu** pendant la durée de séjour autorisée des biens en France ou lorsqu'il **demeure en France** à l'issue du **délai autorisé** qui, en tout état de cause, ne saurait excéder **24 mois** (BOI-TVA-SECT-90-60 n° 110).

BIENS DESTINÉS À FAIRE L'OBJET DE TRAVAUX OU D'EXPERTISES

79610 Dans cette situation, les biens destinés à faire l'objet de travaux, d'ouvraisons ou d'expertises doivent être réexpédiés ou transportés à l'issue des travaux, d'ouvraisons ou d'expertises à destination de l'assujetti donneur d'ordre.

Pour les **biens expédiés à partir de la France** vers un autre État membre, le propriétaire doit servir le **registre** visé à l'article 286 quater, I-1 du CGI permettant d'identifier les biens et d'en effectuer le suivi (n° 20630). Il doit être notamment indiqué la date du retour des biens dans ses stocks.

Pour les **biens expédiés à partir d'un autre État membre** à destination de la France, leur détenteur doit être en mesure de justifier leur origine et leur situation au regard de la TVA (BOI-TVA-SECT-90-60 n° 120).

II. OPÉRATIONS EFFECTUÉES AVEC DES PAYS TIERS

1. EXPORTATIONS

Les **livraisons** de biens d'occasion, d'œuvres d'art, d'objets de collection ou d'antiquité exportés **à destination de pays ou territoires situés hors du territoire fiscal de l'Union européenne** sont **exonérées** de la TVA, en application de l'article 262, I du CGI (nos 22400 s.). Cette exonération porte sur la marge ou sur le prix total selon le régime appliqué au bien. La taxe ayant éventuellement **grevé** les biens exportés est néanmoins **déductible** par les assujettis-revendeurs, à condition que cette taxe figure distinctement sur la facture (ou l'avis d'importation) relative à l'acquisition (ou ait été régulièrement déclarée et liquidée, en cas d'acquisition intracommunautaire). **79700**

Concernant le traitement des ventes réalisées à l'exportation en cas de recours au système de la globalisation, voir n° 79085.

2. IMPORTATIONS

PRINCIPE

Sous réserve des exonérations mentionnées aux nos 79730 s., les importations de biens d'occasion, d'œuvres d'art, d'objets de collection ou d'antiquité sont **soumises à la TVA** dans les conditions de droit commun au moment où l'importation est considérée comme effectuée (nos 21870 s.), quelle que soit la qualité de l'importateur. **79720**

On rappelle que les reventes des biens importés (y compris dans le cadre d'une VAD-BI) ne peuvent pas être soumises au régime de la marge (n° 78765).

> **Précisions** **a.** Les **biens placés sous le régime douanier de l'admission temporaire** en exonération totale des droits ne sont pas considérés comme importés tant qu'ils demeurent sous ce régime. Pour les biens d'occasion, le bénéfice de ce régime est limité aux importations en vue d'une vente publique (BOI-TVA-SECT-90-70 n° 60).
> **b.** En ce qui concerne les modalités de taxation des importations de **timbres de collection**, voir n° 79535, précision b.

EXONÉRATIONS

Biens importés par des établissements agréés L'article 291, II-8° du CGI exonère de TVA les **importations** d'œuvres d'art originales, de timbres, d'objets de collection ou d'antiquité réalisées directement à destination d'établissements agréés par le ministre de la culture. **79730**

En vertu de l'article 262 ter, II-2° du même Code, l'exonération s'applique également aux **acquisitions intracommunautaires** de ces biens effectuées par les mêmes établissements.

Les **établissements** admis au bénéfice de cette exonération sont les **musées** nationaux, les musées de l'État, des départements et des communes qui relèvent soit du ministre de la culture, soit des différents départements ministériels. Il en est de même des **fondations,** associations et autres établissements qui justifient, lors de l'importation, de leur **agrément** par le ministre de la culture, soit par le visa préalable de l'attestation, soit par un certificat d'agrément donné à titre général (BOI-TVA-SECT-90-70 nos 120 et 130). **79735**

L'exonération est subordonnée à la production, à l'appui de la déclaration d'importation, de l'**attestation** prévue par l'article 50 decies, 2 de l'annexe IV au CGI, signée par le directeur de l'établissement bénéficiaire (conservateur ou représentant qualifié) et portant engagement : **79740**

– de ne pas céder, à titre gratuit ou onéreux, si ce n'est à un autre établissement bénéficiaire, les objets importés sans avoir au préalable acquitté la TVA correspondante ;

– de fournir au bureau des douanes d'importation, dans un délai de 30 jours, un certificat de prise en charge des objets importés dans l'inventaire de l'établissement bénéficiaire.

Biens importés qui font l'objet d'une livraison intracommunautaire exonérée L'article 291, III-4° du CGI exonère de la TVA due à l'importation les biens expédiés ou transportés à destination d'un autre État membre de l'Union européenne, lorsqu'ils font l'objet, par l'importateur, d'une livraison intracommunautaire elle-même exonérée (nos 22320 s.). Cette exonération s'applique aux importations de biens d'occasion, d'œuvres d'art, d'objets de collection ou d'antiquité qui font l'objet d'une livraison intracommunautaire consécutive à leur importation dans le cadre du régime général (BOI-TVA-SECT-90-70 n° 150). **79750**

79755 L'exonération prévue à l'article 291, III-4° du CGI (importation suivie d'une livraison exonérée) ne s'applique qu'aux biens importés en France qui font l'objet d'échanges intracommunautaires entrant dans le cadre du **régime général des livraisons intracommunautaires.** Elle concerne :

– d'une part, les **importations de biens d'occasion** puisque l'assujetti-revendeur qui importe ces biens n'est jamais autorisé à soumettre ses livraisons subséquentes au régime particulier de la marge bénéficiaire ;

– d'autre part, les **importations d'œuvres d'art, de biens d'antiquité et de collection** pour lesquelles **l'importateur n'a pas opté pour le régime de la marge** bénéficiaire.

Pour ces dernières importations, l'exonération ne s'applique pas en revanche aux ventes de **biens taxés sur la marge** bénéficiaire sur option du vendeur puisque ces ventes sont TTC (Inst. douanes 99-132 du 19-7-1999).

EXEMPLE

L'exonération ne peut être sollicitée par un importateur d'œuvres d'art, de biens d'antiquité et de collection ayant la qualité d'assujetti-revendeur qui a opté pour l'application du régime de la marge et qui a effectivement soumis la livraison de biens qu'il effectue à destination d'un autre État membre à la TVA sur sa seule marge bénéficiaire.

Remarque : On rappelle que les assujettis-revendeurs qui ont opté pour le régime de la marge bénéficiaire conservent la possibilité de soumettre chaque livraison d'œuvres d'art, d'objets de collection ou d'antiquité au régime général de la TVA (voir n° 78840).

79760 Les **conditions d'application de l'exonération** prévue à l'article 291, III-4° du CGI sont décrites aux n°s 22320 s.

Pour les **œuvres d'art, biens de collection ou d'antiquité,** les importateurs qui sollicitent cette exonération doivent, en plus des conditions habituelles, faire figurer sur la déclaration d'importation leur **engagement** à ne pas soumettre les livraisons subséquentes effectuées à destination d'un autre État membre au régime particulier de la marge bénéficiaire (Inst. douanes 99-132 du 19-7-1999).

III. ACHATS EN FRANCHISE

79800 L'article 275, III du CGI prévoit que les assujettis-revendeurs qui reçoivent ou importent en franchise des biens d'occasion, des œuvres d'art, des objets de collection ou d'antiquité ne peuvent pas soumettre les livraisons de ces mêmes biens au régime de la marge.

La **possibilité** d'utiliser le régime des achats en franchise est donc **limitée** :

– aux **importations** des biens d'occasion, dès lors que les dispositions applicables ne permettent pas à ces biens d'être ensuite soumis au régime de la marge ;

– aux **achats,** aux **acquisitions intracommunautaires** ou aux importations d'œuvres d'art, d'objets de collection ou d'antiquité, lorsque l'assujetti-revendeur n'a pas exercé l'option prévue à l'article 297 B pour soumettre les livraisons de ces biens à la taxation sur la marge ;

– aux **achats** ou **acquisitions intracommunautaires** de biens d'occasion, d'œuvres d'art, d'objets de collection ou d'antiquité pour lesquels le vendeur a appliqué les règles du régime général de la TVA (taxation sur le prix total ou livraison intracommunautaire exonérée ou exportation) (BOI-TVA-SECT-90-70 n° 160).

79805 Les biens qui ont été **acquis** ou importés **en franchise** doivent, lors de leur revente, être obligatoirement soumis au régime général de TVA (**taxation sur le prix total** en cas de revente en France). Il appartient donc aux assujettis-revendeurs qui utilisent cette possibilité de distinguer dans leur comptabilité les biens acquis ou importés en franchise des autres biens pouvant relever du régime de la marge (BOI-TVA-SECT-90-70 n° 170).

79810 L'importateur doit s'engager sur la **déclaration d'importation** à ne pas soumettre les livraisons subséquentes à la TVA selon le régime de la marge bénéficiaire. Il est tenu à cet effet de porter sur la déclaration d'importation la mention suivante : « La livraison des biens importés en franchise au bénéfice de l'article 275 du CGI n'est pas destinée à être soumise à la TVA selon le régime prévu à l'article 297 A du CGI. » Si cette condition n'est pas respectée, l'importateur s'engage à payer la TVA (Inst. douanes 99-132 du 19-7-1999).

79815 Pour le calcul du **contingent d'achats en franchise,** peuvent être retenus l'ensemble des exportations et l'ensemble des livraisons effectuées par l'assujetti-revendeur selon les règles du régime général (livraisons exonérées sur la base de l'article 262 ter, I du CGI) (BOI-TVA-SECT-90-70 n° 180).

SECTION 4 AUTRES OPÉRATIONS

La présente section est consacrée à l'étude des opérations des intermédiaires (nos 79910 s.) et aux ventes aux enchères publiques (nos 79960 s.). **79900**

I. OPÉRATIONS DES INTERMÉDIAIRES

Ainsi que nous le verrons dans l'exposé qui leur est spécialement consacré (nos 83100 s.), la situation des intermédiaires au regard de la TVA repose sur une distinction faite entre l'intermédiaire transparent agissant au nom d'autrui (courtier, etc.) et l'intermédiaire opaque agissant en son nom propre (commissionnaire, etc.). **79910**

L'intervention d'un intermédiaire opaque est assez fréquente dans les transactions portant sur des biens d'occasion (véhicules notamment), œuvres d'art, objets de collection ou d'antiquité (galeries agissant comme intermédiaires d'artistes, ventes sur offres de biens de collection, etc.).

Dans ces hypothèses, l'**intermédiaire opaque** est regardé comme ayant personnellement acquis et livré les biens (CGI art. 256, V-1° et art. 256 bis, III). Il est donc soumis à la TVA selon les règles applicables aux assujettis-revendeurs (nos 78700 s.). Lorsqu'il est taxable sur la marge, celle-ci est constituée par la différence entre le montant total facturé à l'acheteur par l'intermédiaire et le montant net payé par cet intermédiaire à son commettant. Cette marge TTC est ramenée HT par application du coefficient de conversion (n° 79000).

L'**intermédiaire transparent** est, quant à lui, imposable à la TVA sur sa rémunération (n° 83250). Il en est ainsi même lorsqu'il s'agit d'une cession elle-même exonérée (sous réserve du cas des exportations : n° 26700).

ARTISTES PLASTICIENS QUI VENDENT LEURS ŒUVRES PAR L'INTERMÉDIAIRE D'UNE GALERIE

L'intervention de la galerie peut s'effectuer selon plusieurs modalités. **79930**

a. La galerie loue ses cimaises. Dans cette situation, l'artiste **vend personnellement** ses œuvres et assume toutes les charges (publicité, catalogue, vernissage, etc.). Il est imposable sur la totalité des sommes acquittées par les acquéreurs de ses œuvres.

La galerie est imposable sur les sommes facturées à l'artiste au titre de la location de cimaises ; l'artiste peut déduire la TVA sur la prestation qui lui est ainsi facturée (BOI-TVA-SECT-90-40 n° 150).

b. La galerie agit comme commissionnaire. Dès lors qu'elle agit en son nom propre mais pour le compte d'autrui, la galerie est imposable sur le montant total de la transaction. Elle est réputée livrer elle-même l'œuvre à l'acquéreur. Sa base d'imposition est égale au montant total de l'opération (prix acquitté par l'acquéreur, commission comprise) (BOI précité n° 160).

c. La galerie achète les œuvres. Lorsque la galerie achète les œuvres de l'artiste, la base d'imposition de ce dernier est constituée des sommes perçues de la galerie au titre de la vente de l'œuvre (BOI précité n° 170).

II. VENTES AUX ENCHÈRES PUBLIQUES

Les ventes aux enchères publiques de biens d'occasion, d'œuvres d'art, d'objets de collection ou d'antiquité sont, en principe, soumises à la TVA lorsque le vendeur est un assujetti redevable de la taxe. **79960**

Ces ventes sont effectuées par un **officier ministériel** (commissaire de justice le plus souvent, pour les ventes judiciaires, mais aussi notaire) ou par un **commissaire-priseur de ventes volontaires,** qui intervient en qualité d'intermédiaire à la vente.

Remarque : Nous continuerons à faire référence, par commodité, aux seuls **commissaires-priseurs** mais les commentaires qui suivent valent également, bien évidemment, pour l'ensemble des opérateurs mentionnés ci-dessus qui procèdent à des ventes publiques.

A. Commissaire-priseur agissant en son nom propre

79970 Le plus souvent, le commissaire-priseur agit **en son nom propre.** Il est donc réputé, pour l'application de la TVA, avoir personnellement acquis les biens qu'il propose à la vente aux enchères à son commettant, et revendu ces biens à un tiers acquéreur (voir n° 79910).

Chacune de ces opérations suit son **régime fiscal propre.** La livraison qui intervient entre le commettant et le commissaire-priseur est considérée comme effectuée au moment où la vente aux enchères publiques est elle-même effectuée.

1. RÉGIME DE LA MARGE BÉNÉFICIAIRE

79980 Les commissaires-priseurs peuvent soumettre, de plein droit ou sur option, au régime particulier de la marge bénéficiaire prévu à l'article 297 A du CGI les ventes qu'ils réalisent soit à destination de personnes situées en **France,** soit à destination de personnes établies dans un autre État membre de l'**Union européenne.**

L'option pour le régime de la marge peut être formulée quelle que soit la **qualité de l'acquéreur** (assujetti ou non). Elle obéit à des **conditions** identiques à celles indiquées aux n°s 78950 s. pour les acheteurs-revendeurs.

Les livraisons de biens effectuées par des commissaires-priseurs et destinées à des acquéreurs situés **hors** de l'**Union européenne** sont exonérées de la TVA dans les conditions de droit commun (n°s 22400 s.).

79985 En application de l'article 297 A, I-2° du CGI, la **marge** imposable du commissaire-priseur est constituée de la différence entre le prix total payé ou à payer par l'adjudicataire des biens et le montant net payé par le commissaire-priseur à son commettant.

Le **prix total payé** ou à payer **par l'acquéreur** est constitué du prix d'adjudication des biens, augmenté des impôts, droits, prélèvements et taxes dus au titre de cette opération et des frais accessoires (principalement les frais de commission), demandés par le commissaire-priseur à l'acquéreur des biens.

Le **montant net payé au commettant** par le commissaire-priseur s'entend du prix d'adjudication des biens diminué du montant de la commission et des autres frais dus par le commettant au commissaire-priseur.

La marge ainsi déterminée est une **marge TTC** qui doit être ramenée HT par application du coefficient correspondant au taux du bien, comme il est indiqué au n° 79000. Cette marge correspond en fait à la **commission totale** du commissaire-priseur (sur son commettant et l'acheteur) telle qu'elle est fixée par la réglementation en vigueur (BOI-TVA-SECT-90-50 n° 270).

2. BIENS IMPORTÉS

80000 Comme pour les ventes de gré à gré, le régime de TVA applicable aux importations en vue d'une vente aux enchères publiques diffère pour les biens d'occasion d'une part, et les œuvres d'art, objets d'antiquité et de collection, d'autre part.

De même, la situation sera différente selon que le commissaire-priseur figure ou non comme destinataire des biens sur la déclaration douanière de mise en libre pratique et de mise à la consommation.

BIENS D'OCCASION

80010 Deux cas sont à distinguer.

Premier cas : Le **commissaire-priseur** qui effectue la vente est mentionné comme **destinataire des biens** sur la déclaration douanière de mise à la consommation.

Le commissaire-priseur est redevable de la taxe à l'importation dans les conditions exposées aux n°s 79720 s.

Les ventes aux enchères publiques de biens d'occasion importés sont soumises à la TVA sur le montant total des ventes sous déduction de la taxe due à l'importation et sous réserve des exonérations liées à l'exportation ou aux échanges intracommunautaires (BOI-TVA-SECT-90-50 n° 200).

Deuxième cas : Le **propriétaire** figure comme **importateur** des biens sur la déclaration douanière de mise à la consommation.

Ces importations de biens sont soumises à la TVA, lors de leur importation, dans les conditions de droit commun.

La **remise des biens au commissaire-priseur** en vue de la vente publique est une livraison interne soumise ou non à la TVA, eu égard au statut du vendeur (particulier ou négociant). Lorsqu'elle est soumise à la TVA, cette livraison est taxée sur le montant total.

La **livraison par le commissaire-priseur** en vente publique peut être soumise à la TVA sur la marge si le propriétaire est un non-assujetti. Elle est soumise à la TVA sur le prix total lorsque le propriétaire est un assujetti (BOI précité n° 210).

ŒUVRES D'ART, OBJETS DE COLLECTION ET D'ANTIQUITÉ

Il convient d'opérer la même distinction que pour les biens d'occasion. 80020

Premier cas : Le **commissaire-priseur** qui effectue la vente est mentionné comme **destinataire** des biens sur la déclaration douanière de mise à la consommation.

Le commissaire-priseur est redevable de la taxe à l'importation (au taux réduit : voir n° 78600) dans les conditions de droit commun.

Les ventes aux enchères publiques d'œuvres d'art, d'objets de collection et d'antiquité importés par le commissaire-priseur lui-même ne peuvent être imposées selon le mécanisme particulier de la marge bénéficiaire que si le commissaire-priseur a exercé l'option prévue à l'article 297 B du CGI (nos 78860 s.). Dès lors, conformément aux dispositions de l'article 297 A, I du CGI, la base d'imposition des ventes aux enchères de ces biens est constituée par la différence entre le prix de vente et la valeur de ces biens à l'importation augmentée du montant de la taxe due ou acquittée au titre de cette importation (BOI-TVA-SECT-90-50 n° 220).

Deuxième cas : Le **propriétaire** figure comme **importateur** des biens sur la déclaration douanière de mise à la consommation.

Le propriétaire est redevable de la taxe due à l'importation dans les conditions de droit commun.

Lorsque le **propriétaire** étranger est un **négociant,** il doit avoir désigné, le cas échéant, un **représentant fiscal** ou s'être identifié en France (nos 30800 s.). La livraison des biens qu'il effectue au commissaire-priseur est une livraison interne. Elle est soumise à la TVA dans les mêmes conditions que les œuvres d'art, objets de collection, d'antiquité importés par des négociants établis en France. Ainsi, le négociant étranger peut (par l'intermédiaire de son représentant fiscal, s'il est tenu à sa désignation) exercer l'option pour le régime de la marge.

La **base d'imposition** de la livraison effectuée par le commissaire-priseur sera ou non la marge selon que le propriétaire aura ou non exercé l'option désignée ci-dessus (BOI précité n° 230).

Lorsque le propriétaire est un particulier, la livraison effectuée par le commissaire-priseur est soumise de plein droit au régime de la marge.

3. FACTURATION

Le commissaire-priseur agissant en son nom propre est tenu de délivrer une facture à l'acquéreur (CGI art. 289, I-1-d). Le commettant du commissaire-priseur, s'il est un assujetti à la TVA, est également tenu, en principe, de délivrer une facture au commissaire-priseur (BOI-TVA-SECT-90-50 n° 350). 80040

FACTURE ÉTABLIE POUR L'ACQUÉREUR DES BIENS

Il s'agit normalement du **bordereau d'adjudication** des biens. Lorsque la livraison effectuée par le commissaire-priseur a été soumise à la TVA sur la **marge** bénéficiaire, ce document doit reprendre de manière distincte (CGI ann. II art. 242 nonies A, I-18°) : 80050

– le prix d'adjudication du bien ;

– les impôts, droits, prélèvements éventuellement dus à raison de cette livraison, à l'exclusion de la TVA elle-même qui ne peut jamais être mentionnée distinctement ;

– les frais accessoires que le commissaire-priseur peut, en fonction de la réglementation, demander à l'acquéreur (frais de commission, d'emballage, de transport et d'assurance). La facture doit bien entendu comprendre toutes les mentions obligatoires mentionnées aux nos 46100 s.

Lorsque la livraison effectuée par le commissaire-priseur a été soumise à la TVA sur le **prix total,** le bordereau d'adjudication doit faire apparaître distinctement le montant de la TVA (BOI-TVA-SECT-90-50 n° 360).

FACTURE ÉTABLIE PAR LE COMMETTANT DU COMMISSAIRE-PRISEUR

Le commettant, s'il est assujetti à la TVA, est tenu de délivrer une facture au commissaire-priseur. 80060

Pour les ventes aux enchères publiques, il est admis que le **compte-rendu** qui est obligatoirement remis par le commissaire-priseur à son commettant tienne lieu de facture pour ce dernier. Ce document doit faire apparaître distinctement le détail de l'opération, c'est-à-dire le prix d'adjudication du bien diminué du montant de la rémunération que le commettant verse au commissaire-priseur.

Selon que la vente du commettant au commissaire-priseur est ou non imposable sur le prix total, le compte-rendu doit ou non faire apparaître distinctement le montant de la TVA (BOI-TVA-SECT-90-50 n° 370).

Les assujettis qui appliquent le régime de la marge ne peuvent pas faire apparaître la TVA sur leurs factures (CGI art. 297 E).

B. Commissaire-priseur agissant au nom d'autrui

80080 Les commissaires-priseurs agissant au nom d'autrui ne sont pas concernés par le régime de la marge.

La **livraison** aux enchères publiques est dans ce cas effectuée par le **commettant** (le commissaire-priseur n'agissant qu'en qualité de prestataire de services) et le régime applicable à cette opération est déterminé par la situation de ce commettant.

La prestation du commissaire-priseur est soumise au régime prévu pour les prestations réalisées par les intermédiaires transparents (n° 83250).

SECTION 5 EXPLICATIONS PARTICULIÈRES

I. CESSIONS DE BIENS MOBILIERS D'INVESTISSEMENT

80150 L'étude ci-après concerne non les assujettis-revendeurs mais les **assujettis-utilisateurs,** c'est-à-dire des assujettis qui vendent des biens usagés qu'ils ont utilisés pour les besoins de leur exploitation.

En application de l'article 261, 3-1°-a du CGI, lorsque ces **biens** n'ont précédemment ouvert **aucun droit à déduction** chez l'intéressé, leur **cession** est **exonérée** de TVA (n° 80250).

À l'inverse, s'il s'agit (ce qui est fréquent) de biens qui ont ouvert droit **à déduction totale ou partielle** de la taxe les ayant grevés, leur **cession** est **imposable** à la TVA (n°s 80180 s.).

Une **dispense de taxation** est cependant prévue lorsque la cession intervient dans le cadre d'une transmission d'une universalité de biens (n°s 15360 s.).

REMARQUES LIMINAIRES

80160 Les biens « usagés » visés par l'article 261, 3-1°-a du CGI s'entendent, en règle générale, des **biens mobiliers d'investissement** de toute nature utilisés par le redevable.

EXEMPLES

Matériel et outillage industriel ou commercial, matériel de transport, matériel et mobilier de bureau et informatique, etc.

Le critère commun est l'utilisation préalable du bien par l'entreprise, **sans condition de durée minimale d'affectation** à ses besoins.

Les ventes de **navires et aéronefs** sont expressément exclues du dispositif par le texte légal. Par ailleurs, les **immeubles** ne sont pas concernés par les règles ci-après (sur le régime applicable aux ventes d'immeubles, voir n°s 67500 s.). Mais les cessions ou apports d'immeubles qui interviennent durant la période visée au n° 61100 sont susceptibles de donner lieu à une régularisation des déductions initiales, dans les conditions indiquées aux n°s 61050 s.

> **Précisions** Le régime examiné ci-après est applicable aux objets cédés en fin de **contrat de crédit-bail mobilier.** Une exonération est cependant prévue pour les contrats de crédit-bail ou de location avec option d'achat conclus avant le 8 septembre 1989 (CGI art. 261, 3-1°-a-al. 3).

Sont concernés en principe toutes les **cessions à titre onéreux** de biens mobiliers d'investissement ainsi que les **apports en société** effectués à titre onéreux ou à titre pur et simple (sous réserve de la dispense de taxation prévue en cas de transmission d'une universalité de biens). 80165

> **Précisions a.** Qu'elles soient imposables ou non à la TVA, les cessions de biens usagés faites par leurs utilisateurs ne sont pas prises en compte pour le calcul du **coefficient de taxation forfaitaire** (voir n° 53090).
> **b.** S'agissant des biens faisant l'objet d'une **livraison intracommunautaire ou** d'une **exportation,** voir la précision au n° 80180.

A. Régime de l'imposition

Sont imposables (sauf application de la dispense de taxation examinée aux nos 15360 s.) les ventes de **biens usagés ayant ouvert droit à déduction complète ou partielle** de la TVA lors de leur acquisition, acquisition intracommunautaire, importation ou livraison à soi-même, faites par des personnes qui les ont utilisés pour les besoins de leur exploitation industrielle, commerciale ou agricole ou pour l'exercice d'une activité libérale. 80180

> **Précisions** Lorsque les biens cédés font l'objet d'une **livraison intracommunautaire** ou d'une **exportation,** la cession est exonérée de TVA, en application des dispositions propres à ces opérations (nos 20350 s. et 22400 s.).
> Les cessions ainsi exonérées n'en restent pas moins assimilables, par ailleurs, aux cessions de même nature taxables en régime interne (avec, notamment, les conséquences indiquées aux nos 80220 s.).

La taxation doit être appliquée dès lors que le bien a ouvert droit à déduction, totalement ou partiellement, préalablement à sa cession, que ce **droit** à déduction ait été effectivement **exercé ou non** (BOI-TVA-CHAMP-10-20-30 n° 130 ; BOI-TVA-SECT-90-20-10 n° 40). 80185

À cet égard, est **sans incidence** le fait que l'ouverture du droit à déduction se soit située à une **date** postérieure à l'acquisition du bien (par exemple à la suite du changement d'affectation du bien) au lieu de coïncider avec cette acquisition, ce qui est le cas général (BOI-TVA-CHAMP-10-20-30 n° 150).

De même, la **durée de détention** des biens et la **qualité de l'acheteur** (autre utilisateur, négociant en biens d'occasion, simple particulier) sont sans incidence sur le régime applicable lors de leur cession.

> **Précisions** Un assujetti personne physique qui acquiert un bien d'investissement pour l'utiliser à la fois à des fins professionnelles et à des fins privées (**bien à usage mixte**) peut choisir : soit de le conserver entièrement dans son patrimoine privé, sa cession n'est alors pas taxable (voir toutefois n° 51060, précisions) ; soit de l'intégrer entièrement dans son patrimoine professionnel, sa cession est alors intégralement soumise à la TVA ; soit de ne l'intégrer dans son patrimoine professionnel que pour la partie utilisée à des fins professionnelles, seule la cession de cette partie est alors soumise à la TVA. L'**affectation** du bien au **patrimoine privé ou professionnel** ne dépend ni de son utilisation effective ni de l'exercice du droit à déduction sur des dépenses d'entretien du bien (CJUE 8-3-2001 aff. 415/98 : RJF 6/01 n° 891).

MODALITÉS DE TAXATION

Pour les cessions de biens mobiliers d'investissement imposables, la TVA est **exigible** lors de la livraison des biens cédés. 80200

Elle doit être mentionnée sur les **déclarations** du chiffre d'affaires du redevable (ligne A2 de la déclaration CA3, ou ligne 11 de la déclaration annuelle CA 12/CA 12E, selon que l'intéressé relève du régime du réel normal ou du régime simplifié).

La **base d'imposition** est constituée par le prix de vente total du bien cédé (ou, en cas d'apport, par la valeur de l'apport). Les cessions de l'espèce sont, en effet, exclues du régime de la « marge » (BOI-TVA-SECT-90-20-10 n° 60). 80205

On notera, à cet égard, que si le bien est cédé à un « assujetti-revendeur », la revente par celui-ci ne pourra pas non plus être placée sous le régime de la marge, dès lors que l'acquisition aura été facturée avec TVA (n° 78765).

Le cédant des biens doit établir, dans les conditions de droit commun (nos 45400 s.), une **facture** faisant apparaître la TVA. L'acquéreur pourra ainsi bénéficier du droit à déduction de la taxe correspondante, selon les conditions de droit commun. 80210

CONSÉQUENCES DE LA TAXATION

80220 L'imposition à la TVA de la cession des biens mobiliers d'investissement a pour effet de **dispenser** le cédant de toute **régularisation des déductions initiales** (n° 61935). Ces déductions n'ont donc pas à être remises en cause, même si la cession intervient au cours du délai de régularisation de cinq ans.

Cette dispense de régularisation vaut également dans le cas où le bien cédé fait l'objet d'une livraison intracommunautaire ou d'une exportation exonérée de TVA (n° 80180, précisions).

80225 En cas de cession imposable d'un bien n'ayant donné lieu **antérieurement** qu'à une **déduction partielle** de la taxe l'ayant grevé, le cédant peut éventuellement pratiquer une **déduction complémentaire,** dans les conditions exposées aux n°s 62250 s. (BOI-TVA-SECT-90-20-10 n° 80).

Cette déduction complémentaire peut être pratiquée même dans le cas (mentionné au n° 80180, précisions) où le bien considéré fait l'objet d'une livraison intracommunautaire ou d'une exportation exonérée de TVA (voir n° 62310).

B. Régime de l'exonération

80250 Les ventes, par leurs utilisateurs, de **biens usagés qui n'ont pas ouvert droit à déduction** de la TVA lors de leur acquisition, acquisition intracommunautaire, importation ou livraison à soi-même sont exonérées de la TVA.

En conséquence, l'exonération s'applique aux cessions de biens mobiliers d'investissement suivants :

– biens exclus du droit à déduction, comme les voitures de tourisme par exemple (sur la possibilité de soumettre ces biens volontairement à la TVA dans certains cas, voir n° 80255, b) ;

– biens n'ayant pas ouvert droit à déduction en raison de leur affectation à une activité exonérée ou hors du champ d'application de la TVA ;

– biens dont la cession est expressément exonérée ou qui ne pouvaient pas être soumis à la TVA lors de leur acquisition.

L'exonération est applicable quelle qu'ait été la durée de détention du bien par le cédant. Elle est acquise que le bien soit cédé sur le marché intérieur, dans un autre État de l'Union européenne (livraison intracommunautaire) ou dans un pays tiers (exportation) (pour ces deux derniers cas, voir n° 80255, c).

80255 **> Précisions** **a.** Lorsque le bien qui n'a pas ouvert droit à déduction chez l'utilisateur est **cédé avant** l'expiration du **délai** de cinq ans visé au n° 61100, le **nouveau détenteur** du bien peut se voir attribuer un **droit à déduction** dans les conditions exposées aux n°s 62000 s.

b. Lorsque la **cession** dans les cinq ans est faite **à un négociant en biens d'occasion,** la mesure indiquée en a ne peut pas s'appliquer, puisque l'acquéreur n'utilisera pas le bien comme une immobilisation.

Mais dans cette situation, la cession d'un bien exclu du droit à déduction peut être volontairement soumise à la TVA par le cédant. Celui-ci bénéficiera alors d'une déduction complémentaire dans les conditions exposées aux n°s 62250 s. (BOI-TVA-SECT-90-20-10 n° 130).

c. Le cédant peut également bénéficier d'une déduction complémentaire lorsque le bien est exporté ou fait l'objet d'une livraison intracommunautaire (voir, à cet égard, n°s 62250 s.).

II. EMBALLAGES

80300 Pour l'application de la TVA aux emballages il faut distinguer selon qu'il s'agit d'emballages consignés destinés à être récupérés (n°s 80310 s.) ou d'emballages vendus avec la marchandise (n° 80360).

A. Emballages consignés

80310 Conformément aux dispositions de l'article 267, III du CGI, les sommes perçues lors de la livraison des marchandises au titre de la consignation des emballages peuvent être **exclues** de la **base d'imposition** à la **condition** que la TVA afférente à ces sommes ne soit pas facturée. Elles deviennent imposables ultérieurement, lorsque les emballages n'ont pas été rendus au terme des délais en usage dans la profession. Les **emballages non restitués** sont alors considérés comme **vendus** pour un prix représenté par le montant de la consignation.

DISTINCTION IMMOBILISATIONS-STOCKS

Les emballages récupérables constituent normalement des immobilisations, mais peuvent, lorsqu'ils ne sont pas commodément identifiables, être assimilés à des stocks (CGI ann. III art. 38 ter). **80320**

Remarque : Le classement des emballages non commodément identifiables en immobilisations ou en stocks doit être effectué en fonction des circonstances de fait (nature et durée d'utilisation des éléments, spécificité et nécessité de l'exploitation) et non en fonction des préférences du redevable.

Les emballages constituant des immobilisations non restitués dans le délai en usage dans la profession sont considérés comme vendus et suivent le **régime des ventes de biens usagés** (nos 80150 s.). **80325**

La consignation est imposable à la TVA sur son montant total et au taux propre à ces emballages ; il n'y a pas lieu à régularisation de la déduction initiale.

Les emballages assimilés à des marchandises non restitués dans le délai en usage dans la profession sont soumis à la **TVA** sur le **montant total de la consignation,** à leur taux propre. Lorsque, pour se prémunir contre l'exigibilité de la TVA en cas de non-restitution des emballages dans ce délai, les fournisseurs facturent la taxe lors de leur remise aux clients, ils doivent se conformer aux règles concernant les emballages vendus avec la marchandise (nos 80360 s.) **80330**

UTILISATION DE MÉTHODES STATISTIQUES

Les entreprises mettant en œuvre des emballages **non identifiables** (bouteilles de verre par exemple) qui ne peuvent pas être individualisés en comptabilité, peuvent recourir à l'utilisation de **méthodes statistiques** (si les calculs peuvent s'appliquer à un grand nombre d'opérations) pour déterminer le **nombre** d'emballages consignés qui peuvent être considérés comme n'allant pas donner lieu à restitution ainsi que la **durée d'affectation** des emballages à l'exploitation (CE plén. 25-11-1981 n° 11930 : RJF 1/82 n° 30 ; CE plén. 3-2-1984 n° 27227 : RJF 4/84 n° 407). **80340**

B. Emballages vendus avec la marchandise

Selon plusieurs réponses ministérielles, qui se fondent sur la jurisprudence de la CJUE désormais reprise à l'article 257 ter du CGI (n° 1280), il y a lieu d'appliquer les règles relatives aux **opérations complexes uniques** pour déterminer le **taux** applicable aux emballages vendus avec la marchandise, étant précisé que, dans l'hypothèse où les éléments de l'opération en cause doivent être considérés comme étant équivalents, il convient d'appliquer le taux de TVA le plus élevé (Rép. Pradié : AN 21-5-2019 n° 18012 ; Rép. Bergé : AN 16-11-2021 n° 38168 : n° 40510, précisions). **80360**

Ces réponses ministérielles sont en phase avec les règles de taux applicables aux opérations complexes uniques, fixées depuis le 1er janvier 2021 par l'article 278-0 du CGI (n° 1350).

Remarque : On notera toutefois que la doctrine administrative exprimée dans le BOI-TVA-SECT-90-30 aux nos 60 à 130 en date du 24 février 2021 ne se réfère pas aux règles des opérations complexes uniques, mais conserve la **distinction** suivante qui était déjà celle retenue avant la publication de la réponse Pradié susvisée :

– l'**emballage est facturé globalement** : sa valeur constitue un des éléments à prendre en compte dans la base d'imposition, et le taux est en principe celui du produit. Cependant, si l'emballage a une valeur supérieure à celle du produit contenu et s'il apparaît que l'objet principal de la transaction est le contenant, le taux applicable est celui de l'emballage ;

– l'**emballage est facturé à part** et fait l'objet d'une vente distincte de celle du contenu : le taux applicable est celui propre à l'emballage, la TVA étant due selon le régime des biens d'occasion s'il s'agit d'un emballage d'occasion, ou sur le prix de vente si l'emballage est neuf.

Jugé que des **corbeilles** en osier contenant des **assortiments gastronomiques** composés de bouteilles de vin (passibles du taux normal) et de produits du terroir (passibles du taux réduit), qui ont pour objet d'en valoriser la présentation, ne peuvent, quelle que soit la valeur respective du contenant et du contenu, être regardées comme le simple emballage de produits qui sont déjà conditionnés dans un emballage spécifique selon leur nature, mais comme un produit distinct donnant un surcroît de valeur et d'attractivité à l'ensemble et doivent être taxées au taux normal (CAA Bordeaux 28-4-2009 n° 07-2659 : RJF 6/10 n° 576 ; en ce sens, voir également n° 40510, précisions). **80365**

III. VÉHICULES AUTOMOBILES D'OCCASION

80420 Les opérations portant sur les véhicules d'occasion sont en principe soumises au régime général des objets d'occasion.

Nous examinerons les conditions d'application de ce régime aux différents types d'opérations portant sur les véhicules d'occasion (nos 80430 s.) avant d'examiner les règles particulières concernant certaines opérations promotionnelles (nos 80470 s.) et les véhicules de démonstration (nos 80520 s.).

A. Règles générales

80430 En raison de la diversité des opérations portant sur les véhicules d'occasion, nous avons choisi de présenter le régime de TVA applicable à ces opérations sous la forme d'un **tableau synoptique** figurant n° 80450. Ce tableau présente, de façon schématique (avec des renvois aux commentaires correspondants du Mémento), le régime de TVA applicable dans les différents cas de ventes de véhicules automobiles d'occasion faites par des redevables, non seulement sur le marché intérieur, mais aussi à destination d'autres États de l'Union européenne (livraisons intracommunautaires) ou de pays tiers (exportations). On y rappelle également les règles applicables en France aux acquisitions intracommunautaires et aux importations.

80435 Selon la **définition générale** des biens d'occasion (n° 78070), un véhicule automobile doit, en principe, être considéré comme d'occasion dès lors qu'il a fait l'objet d'une utilisation et qu'il est susceptible de remploi, quels que soient son kilométrage ou sa date de première mise en circulation.

Cette définition vaut pour les opérations internes, les importations et les exportations. Mais une définition spéciale est prévue pour les échanges intracommunautaires (n° 80440, a).

80440 **Remarque : échanges intracommunautaires.** Le tableau ci-après ne reprend évidemment pas les dispositions particulières prévues pour les échanges intracommunautaires de moyens de transport neufs, telles qu'elles sont décrites aux nos 20850 s.

Cependant, ces dispositions affectent sur trois points le régime des véhicules automobiles d'occasion faisant l'objet de livraisons ou d'acquisitions intracommunautaires.

a. L'article 298 sexies du CGI donne une **définition spéciale** des moyens de transport neufs en matière d'échanges intracommunautaires (n° 20910). Corrélativement, dans le cas de livraisons ou d'acquisitions intracommunautaires, sont considérés comme des véhicules automobiles d'occasion les véhicules qui sont livrés plus de six mois après leur première mise en service et qui ont parcouru plus de 6 000 km. Un véhicule automobile usagé mais livré dans les six mois suivant sa première mise en service ou ayant parcouru moins de 6 000 km suit donc le régime intracommunautaire des moyens de transport neufs.

b. Le **certificat fiscal** visé aux nos 20965 s. doit être demandé auprès de l'administration fiscale et doit être obligatoirement présenté pour obtenir l'immatriculation du véhicule, même s'il s'agit d'un véhicule d'occasion.

En ce qui concerne les **justificatifs** à fournir pour obtenir le certificat fiscal, voir n° 80455.

c. Par ailleurs, le **relevé détaillé** visé au n° 20990, qui est en principe exigé des assujettis et personnes morales non assujetties identifiées à la TVA, doit reprendre toutes les acquisitions de véhicules en provenance d'un autre État membre, y compris celles portant sur des véhicules d'occasion.

TABLEAU RÉCAPITULATIF

80450 Le tableau ci-après précise le régime de TVA applicable dans les différents cas de ventes de véhicules automobiles d'occasion (voitures de tourisme ou autres). On y rappelle également les règles applicables en France aux acquisitions intracommunautaires et aux importations.

Pour les opérations d'intermédiation et les ventes aux enchères publiques qui ne figurent pas dans le tableau, on se reportera aux précisions données aux nos 79910 s. et nos 79960 s.

Nature des opérations	Régime applicable
I. Vente par un utilisateur non assujetti à la TVA (particulier). Pas de distinction à faire selon la nature du véhicule (voiture de tourisme ou autre), la qualité de l'acquéreur (particulier, utilisateur professionnel, négociant en biens d'occasion...) ou la destination du véhicule (marché intérieur, autre État membre de l'Union européenne, pays tiers).	Pas de TVA.
II. Vente par un utilisateur professionnel assujetti à la TVA (1).	
A. Véhicule n'ayant donné lieu, lors de son acquisition, à aucune déduction de TVA : cas général des voitures de tourisme.	Pas de TVA (n° 80250). Toutefois, la cession à un négociant en biens d'occasion dans la période de régularisation peut être volontairement soumise à la TVA. Le cédant bénéficie alors d'un droit à déduction complémentaire.
B. Véhicule ayant donné lieu, lors de son acquisition, à une déduction totale ou partielle de la TVA (cas des véhicules utilitaires en général, ou encore d'une voiture de tourisme appartenant à un exploitant de taxi, à une société de location ou à une auto-école).	TVA exigible sur le prix de vente (n° 80180) sauf si le véhicule vendu fait l'objet d'une livraison intracommunautaire ou d'une exportation. Possibilité de déduction complémentaire si la déduction initiale de TVA n'a été que partielle (n° 80225).
III. Vente par un assujetti-revendeur (négociant en biens d'occasion).	
A. Vente sur le marché intérieur	TVA exigible : – sur la « marge », dans les cas visés au n° 78760 (sauf si l'option pour le régime général visée aux nos 78800 s. a été exercée) ; – sur le prix de vente total dans le cas contraire (ou si l'option visée aux nos 78800 s. a été exercée).
B. Vente dans un autre État de l'Union européenne (livraison intracommunautaire)	Dans les cas visés au n° 78760 (et sauf si l'option visée aux nos 78800 s. a été exercée) : TVA exigible sur la marge (nos 79460 s.). Dans les cas visés au n° 78765 (ou si l'option visée aux nos 78800 s. a été exercée) : pas de TVA française.
C. Vente dans un pays tiers (exportation)	Exonération de TVA (n° 79700).
IV. Acquisition intracommunautaire	– Acquisition non taxable en France si, dans l'autre État membre, le vendeur a appliqué le régime de la marge (nos 79510 s.) (2). – Dans le cas contraire, taxation en France en tant qu'acquisition intracommunautaire (2).
V. Importation (véhicule acquis dans un pays tiers)	TVA exigible à l'importation (nos 79720 s.)

(1) Pour les véhicules **automobiles de démonstration,** voir nos 80520 s.
(2) Lorsqu'elle porte sur un véhicule acquis auprès d'un assujetti-utilisateur n'ayant donné lieu chez ce dernier à aucune déduction de la TVA, l'acquisition est exonérée dès lors que la même livraison en France serait exonérée (n° 19825).

LUTTE CONTRE LA FRAUDE

Afin de lutter contre la fraude à la TVA dans le négoce intracommunautaire des véhicules d'occasion basée sur l'application abusive du régime de TVA sur la marge, un dispositif prévoit que l'**assujetti-revendeur** qui effectue une opération portant sur un véhicule terrestre à moteur d'occasion doit justifier du régime de TVA appliqué par le **titulaire du certificat d'immatriculation** du véhicule, lorsque ce titulaire est un **assujetti,** pour obtenir la délivrance du certificat **80455** fiscal (n° 80440, b) et bénéficier du régime de la marge. La même justification doit être apportée par les **mandataires** pour obtenir la délivrance du certificat fiscal qu'ils sont tenus de demander pour le compte de leur mandant (CGI art. 297 G et art. 298 sexies A ; CGI ann. II art. 242 terdecies).

Les **justificatifs** à fournir dans cette hypothèse sont les suivants (CGI ann. II art. 242 quaterdecies, 4°) :

– copie du certificat définitif d'immatriculation délivré à l'étranger, lorsque le véhicule y a fait l'objet de cette formalité ;

– copie de la facture d'achat du véhicule remise à l'assujetti-revendeur ;

– lorsque l'assujetti-revendeur n'a pas acquis le véhicule directement auprès du titulaire du certificat d'immatriculation, copie de la facture de vente du véhicule par ce titulaire indiquant que cette vente n'a pas été soumise à la TVA ou, à défaut, attestation signée par ce titulaire comportant un certain nombre de mentions (sur les mentions que doit comporter cette attestation, voir précisions a et b).

> **Précisions** **a.** L'attestation doit comporter les **mentions** suivantes : les nom et prénom ou raison sociale, adresse, numéro individuel d'identification à la TVA du titulaire du certificat d'immatriculation ; le numéro et la date d'émission de la facture de vente ; les nom et prénom ou raison sociale, adresse de l'acquéreur ; les caractéristiques du véhicule. Elle mentionne que le titulaire du certificat d'immatriculation n'a pas soumis cette vente à la TVA. Lorsqu'elle est rédigée dans une autre langue que le français, une **traduction** certifiée est jointe à cette attestation.
> **b.** L'administration fiscale exige également la **justification** du régime appliqué par le **titulaire du certificat d'immatriculation** lorsque ce dernier n'est **pas un assujetti** à la TVA. Si l'assujetti-revendeur a acquis directement le véhicule auprès du titulaire du certificat d'immatriculation et que ce dernier ne peut pas établir de facture (il s'agit d'un particulier), l'assujetti-revendeur devra présenter tout document remis par le vendeur du véhicule attestant de la cession (par exemple, un certificat de cession) (BOI-TVA-SECT-70-30-10 n° 48). Lorsque l'assujetti-revendeur a acquis le véhicule auprès d'un autre assujetti-revendeur, lequel n'est pas titulaire du certificat d'immatriculation, l'attestation visée ci-dessus doit comporter, outre les mentions prévues au a, une mention indiquant que le titulaire du certificat n'est pas un assujetti à la TVA (CGI ann. II art. 242 quaterdecies, 4° et BOI précité n° 49).
> **c.** L'administration peut demander la communication des **originaux** du certificat d'immatriculation étranger et de la facture d'achat du véhicule, les documents originaux étant ensuite restitués au demandeur ; le défaut de production de ces documents originaux constitue un motif de refus de délivrance du certificat fiscal (CGI ann. II art. 242 quaterdecies, 4°-dernier al.).
> **d.** Une copie des justificatifs visés ci-dessus doit également être fournie par l'assujetti-revendeur en cas de **contrôle,** lorsque l'administration lui en fait la demande (CGI ann. II art. 242 sexdecies).
> **e.** Lorsque la **demande de certificat fiscal** est **faite directement par** le **particulier** acquéreur du véhicule d'occasion, les justificatifs visés au 4° de l'article 242 quaterdecies de l'annexe II au CGI (cités ci-dessus) ne peuvent pas être exigés de ce dernier. Cette demande doit uniquement comporter les mentions exigées par le 3° du même article (à savoir que la TVA exigible a été acquittée ou qu'au vu des renseignements communiqués aucune taxe n'est due au titre de cette opération : n° 20975) (CE 6-4-2018 n° 403401 : RJF 7/18 n° 745). Cet arrêt infirme la doctrine administrative exigeant, y compris des particuliers acquéreurs, la production de l'original ou d'une copie du certificat d'immatriculation délivré à l'étranger (n° 20970).

80460 Par ailleurs, l'article 283, 4 ter du CGI prévoit un dispositif de **solidarité en paiement de la TVA du client assujetti.** En application de cet article, l'assujetti en faveur duquel a été effectuée une **livraison** de véhicules terrestres à moteur qui savait ou ne pouvait ignorer que tout ou partie de cette livraison ou de toute livraison antérieure des mêmes véhicules **ne pouvait bénéficier du régime particulier de la marge** est, en effet, solidairement tenu d'acquitter, avec tout assujetti partie à cette livraison ou à toute livraison antérieure des mêmes véhicules, la taxe frauduleusement éludée.

La preuve de la fraude est, comme dans le dispositif de lutte contre la fraude carrousel prévu par l'article 283, 4 bis du CGI, à la charge de l'administration (voir, à cet égard, n°s 48020 s.).

B. Opérations promotionnelles

80470 Les concessionnaires automobiles pratiquent parfois un système de promotion des ventes dans lequel le concessionnaire s'engage à reprendre pour une **somme forfaitaire minimale** l'ancienne voiture de l'acquéreur d'un nouveau véhicule (neuf ou éventuellement d'occasion). Selon leur état, les véhicules repris sont soit détruits, soit revendus comme véhicules d'occasion.

Le régime de TVA applicable à ces opérations promotionnelles diffère selon que le véhicule repris est destiné à la casse ou à la revente.

CAS OÙ LE VÉHICULE REPRIS EST DÉTRUIT

Le montant de la **reprise** diminué, le cas échéant, de la **valeur de l'épave,** est considéré comme un **rabais,** sur le plan fiscal. Il vient en déduction du prix de vente du véhicule « neuf » soumis à la TVA. 80480

EXEMPLE

Voici un exemple de facturation

Prix HT	9 000 €
Réduction pour participation à l'assainissement du parc (reprise du véhicule destiné à la destruction)	700 €
Prix net	8 300 €
TVA 20 %	1 660 €
Prix TTC	9 960 €

Le concessionnaire doit pouvoir **justifier** en tant que de besoin que le véhicule repris a été effectivement détruit (copie dans la comptabilité de l'entreprise du procès-verbal de **destruction** du véhicule, par exemple). 80485

En outre, en application des dispositions de l'article 266, 1-a du CGI, le concessionnaire doit inclure dans sa base d'imposition à la TVA au **taux** applicable à la vente du nouveau véhicule le montant de toutes les sommes ou des **participations financières** qui lui sont consenties à l'occasion de chacune des opérations promotionnelles :

- soit par le constructeur ;
- soit par les représentants des constructeurs et des concessionnaires éventuellement constitués en GIE et dont le rôle consiste à superviser l'ensemble des opérations relatives à la destruction des épaves.

Le concessionnaire qui reçoit ces sommes délivre donc une **facture** à celui qui les lui verse. La TVA qui figure sur cette facture ouvre droit à déduction pour son destinataire (BOI-TVA-SECT-90-30 n° 180).

Dès lors qu'il est destiné à la casse, le véhicule repris ne peut être considéré comme un véhicule d'occasion et le système de la globalisation ne lui est pas applicable (il ne doit pas figurer dans les achats du mois). 80490

Le produit de la **vente** de ce véhicule au casseur est soumis au dispositif général d'autoliquidation de la taxe par le client applicable aux livraisons et prestations de façon portant sur les déchets neufs d'industrie et matières de récupération dès lors que le client est identifié à la TVA en France (voir n°s 47920 s.).

CAS OÙ LE VÉHICULE REPRIS EST REVENDU COMME VÉHICULE D'OCCASION

La **vente du nouveau véhicule** doit être soumise à la TVA sur l'intégralité du prix de vente (sans que ce prix soit diminué de la valeur de reprise du véhicule cédé par l'acheteur du véhicule neuf). 80500

Lors de la **revente du véhicule d'occasion,** le concessionnaire est redevable de la TVA dans les conditions habituelles applicables aux **négociants en objets d'occasion.** Il lui est donc possible d'utiliser le système administratif de la **globalisation** mensuelle des achats et des ventes. Dans ce cas, le montant de la reprise forfaitaire est considéré comme le **prix d'achat** du véhicule revendu (BOI-TVA-SECT-90-30 n°s 190 et 200).

C. Véhicules de démonstration

Les véhicules automobiles acquis neufs qu'une entreprise, garagiste ou simple concessionnaire, a utilisés comme véhicules de démonstration constituent lors de leur revente des **véhicules automobiles d'occasion** et non des véhicules neufs (CE 22-4-1985 n° 35962 : RJF 6/85 n° 854 ; CE 7-10-1985 n° 52012 : RJF 12/85 n° 1509). 80520

Cette qualification détermine le régime de TVA applicable à ces véhicules.

AFFECTATION DES VÉHICULES À LA DÉMONSTRATION

Les véhicules conçus pour transporter des personnes ou à usages mixtes n'ouvrent droit à déduction que s'ils sont destinés à être revendus à l'état neuf (CGI ann. II art. 206, IV-2-6°-a). 80530

Par suite, lorsqu'un véhicule est prélevé sur le stock pour être affecté à la démonstration, la **taxe** initialement déduite doit normalement être **reversée** sur la déclaration de TVA souscrite au titre du mois de ce changement d'affectation (ligne TVA antérieurement déduite à reverser).

Toutefois, dans un souci de simplification, l'administration admet que le négociant (concessionnaire ou agent) ne procède à **aucun reversement** lors de l'affectation du véhicule à la démonstration. Il doit alors soumettre obligatoirement la totalité du prix de revente du véhicule à la TVA (régime des ventes de biens neufs).

Bien entendu, si la taxe n'a pas été déduite lors de l'achat du véhicule, aucune régularisation de taxe n'est exigée (BOI-TVA-DED-30-30-20 nos 210 à 230).

> Précisions **a.** La **date d'affectation** du véhicule à la démonstration est celle de la délivrance de la carte grise gratuite au nom du négociant (concessionnaire ou agent).
b. La TVA grevant les **frais d'entretien et de réparation** des véhicules de démonstration est exclue du droit à déduction pendant leur **période d'utilisation** par l'entreprise. Elle ne devient déductible, comme la TVA grevant le prix d'acquisition des véhicules, que lors de leur **cession** en tant que biens d'occasion, à la condition que la TVA ait été facturée sur le prix de vente total du véhicule (CE 17-12-2003 n° 224409 : RJF 3/04 n° 245).

VENTE DES VÉHICULES DE DÉMONSTRATION

80540 Selon qu'ils ont procédé ou non au reversement de la taxe ayant grevé l'acquisition des véhicules de démonstration, les négociants ont le choix entre **deux possibilités** au moment de la revente de ces véhicules :

– acquitter la taxe sur la **différence entre le prix de vente et le prix d'achat.** Ce choix suppose, bien entendu, que la taxe facturée par le fournisseur lors de l'achat du véhicule n'ait pas été déduite au moment de l'achat ou qu'elle ait été reversée spontanément. Elle est alors définitivement exclue du droit à déduction ;

– acquitter la taxe sur le **prix de vente total.** La vente est imposée **obligatoirement** de cette manière si le vendeur n'a pas procédé au reversement de la déduction initiale conformément à la possibilité mentionnée au n° 80530. Dans le cas contraire, le vendeur peut déduire, au moment de la vente, la totalité de la taxe qu'il a supportée à raison de l'achat du véhicule (BOI-TVA-DED-30-30-20 nos 240 et 250).

> Précisions **a.** Si le choix entre les deux solutions peut, en principe, être exercé au coup par coup et au moment de la vente, le régime peut être déterminé par les déductions effectuées lors de l'achat du véhicule.
b. Le régime décrit vaut aussi, notamment, pour les **motocyclettes** de démonstration (BOI précité n° 190).

CHAPITRE 5

RÉGIME SUSPENSIF

SOMMAIRE

SECTION 1

GÉNÉRALITÉS

Le régime de la suspension de taxe (ou régime « suspensif ») a pour objet de **reporter à un stade ultérieur l'exigibilité de l'impôt** normalement dû. 80900

L'application de ce régime est généralement assortie de **conditions** soit formelles (attestation), soit de fait (qualité du client ou utilisation du produit) ; lorsque ces conditions ne sont pas satisfaites ou cessent de l'être, la taxe devient exigible (CGI art. 284, I : n° 47995).

L'administration peut éventuellement exiger la garantie d'une **caution** (CGI art. 276).

Les opérations légalement effectuées en franchise, conformément à l'article 275 du CGI, ou en suspension de la taxe, conformément à l'article 277 A, I du même Code, ouvrent notamment **droit à déduction** (CGI art. 271, VI : n° 52900). Les assujettis qui réalisent de telles opérations peuvent donc récupérer la **taxe « d'amont »** y afférente soit par voie d'imputation s'ils ont un secteur taxable (n°s 58350 s.), soit, à défaut, par voie de remboursement (n°s 58430 s.). 80905

Comme l'ensemble des opérations ouvrant droit à déduction, les opérations faites en suspension de taxe figurent aux deux termes du rapport établissant le **coefficient de taxation forfaitaire** (n° 53005).

On trouvera dans le tableau ci-après la **liste** (limitative) des **régimes suspensifs** existants. 80910

Cas d'application de la suspension de taxe	Commentaires (n^os)
Livraisons aux personnes réalisant des opérations relevant du commerce extérieur	30000 s.
Régimes douaniers et entrepôts fiscaux	32250 s.
Matières premières textiles	80950
Produits pétroliers	81950 s.

SECTION 2

MATIÈRES PREMIÈRES TEXTILES

En application d'une décision ministérielle du 28 décembre 1967, complétée par une décision ministérielle du 12 juillet 1974, le régime de la suspension de TVA s'applique aux **importations** (et, par analogie, aux **acquisitions intracommunautaires**) ainsi qu'aux **reventes en l'état** portant sur les matières désignées ci-après : 80950

– peaux d'agneaux (et regords) lainées, fraîches ou salées vertes ; peaux d'agneaux (et regords) lainées, salées, sèches et séchées, pour délainage ; peaux lainées de moutons, fraîches ou salées

80950 (suite) vertes, pour délainage ; peaux lainées de moutons, salées sèches et séchées, pour délainage ; peaux lainées d'autres ovins, fraîches, salées ou séchées ;

– laines en suint ; lin brut ou roui ; étoupes de lin (à l'exclusion des effilochés) ; ramie en lanières, broyée, teillée ou en étoupe ; coton en masse ; chanvre brut ou roui, étoupes (à l'exclusion des effilochés) ; abaca ou chanvre de Manille, en filasse et étoupe ; jute en filasse et étoupes ; autres fibres textiles végétales brutes (à l'exclusion des effilochés) (BOI-TVA-CHAMP-40-30 n° 1).

> **Précisions** Le régime suspensif est également applicable (BOI précité n° 10) :
> – aux opérations de vente, triage, battage, séchage portant sur les « **pickings** » (fibres brûlées ou mouillées extraites des balles de coton brut avariées) ;
> – aux reventes de **laines d'origine nationale,** mais il n'est pas étendu aux ventes faites par les exploitants agricoles qui ont opté pour le paiement de la TVA (nos 70350 s.).

CHAPITRE 6 PRODUITS PÉTROLIERS

SOMMAIRE

Le régime d'imposition à la TVA des opérations réalisées en France métropolitaine sur les produits pétroliers et assimilés, prévu à l'article 298 du CGI, présente un certain nombre de particularités. **81800**

Le premier stade du processus intéressant ces produits, qui concerne essentiellement les **entreprises pétrolières,** se traduit par l'application du régime fiscal suspensif de TVA, avec quelques adaptations (n°s 81950 s.). En revanche, les règles de droit commun de la TVA s'appliquent en principe aux opérations réalisées en dehors de ce régime suspensif (c'est-à-dire après la sortie des produits pétroliers de ce régime ou lorsque les conditions d'application de celui-ci ne sont pas remplies), étant observé que le régime des déductions comporte toutefois des particularités pour les **redevables utilisant des produits pétroliers** en prévoyant, pour certains d'entre eux, des restrictions du droit à déduction (n°s 82200 s.).

Remarque : Dans les **départements d'outre-mer,** les opérations portant sur les produits pétroliers sont exonérées de TVA (n° 93810).

SECTION 1 DÉFINITION DES PRODUITS PÉTROLIERS

Le régime fiscal suspensif de la TVA prévu à l'article 298 du CGI (n°s 81950 s.) concerne les **produits pétroliers et assimilés, à l'exclusion** du gaz naturel. Il s'agit : **81850**

– des **produits pétroliers proprement dits** qui comprennent essentiellement le pétrole brut, des hydrocarbures naturels et des produits issus de la distillation du pétrole brut (butane, propane, essences, fractions légères, fiouls, gazoles, spindle, vaseline) ;

– des **« préparations » pétrolières,** qui sont des mélanges à base de produits pétroliers ;

– des **produits énergétiques** qui ne contiennent **aucun produit pétrolier** comme le carburant B100 ou l'éthanol-diesel ED95 (BOI-TVA-CHAMP-40-40 n°s 100 et 110).

Remarque : Jusqu'au 31 décembre 2021, les produits pétroliers et assimilés visés à l'article 298 du CGI s'entendaient de ceux énumérés au tableau B de l'article 265, 1 du Code des douanes applicable en matière de taxe intérieure de consommation sur les produits énergétiques (TICPE). Depuis la **création du CIBS au 1er janvier 2022** (Ord. 2021-1843 du 22-12-2021), la TICPE est devenue l'accise sur les énergies mentionnée à l'article L 312-1 du CIBS perçue, en métropole, sur les produits énergétiques autres que les gaz naturels et les charbons et l'article 265 précité a été corrélativement abrogé. Toutefois, la rédaction du CIBS étant réputée faite à droit constant, nous reprenons ici la définition des produits pétroliers donnée, pour l'application de la TVA, par l'administration fiscale au BOI susvisé avant le 1er janvier 2022 (et, de manière plus générale, toutes les précisions de ce BOI, adaptées par nos soins lorsque nécessaire, qui nous paraissent conserver leur valeur).

> Précisions **a.** Est **sans incidence** sur les règles de TVA applicables aux produits pétroliers le fait que certains d'entre eux (essences super sans plomb, gazoles ou fioul domestique, par exemple) puissent contenir des **biocarburants** dans une proportion plus ou moins importante. Il en est de même du régime de l'accise sur les énergies applicable au produit, notamment l'application d'une exonération ou d'un tarif réduit (BOI précité nos 100 et 110).

b. Les critères qui fixent la **frontière entre les préparations pétrolières** éligibles au régime particulier et les autres tiennent à la nature, la composition ou l'utilisation des produits. Lorsqu'une difficulté est soulevée pour classer un produit, il convient de saisir le service des douanes (BOI précité n° 110).

c. Les **huiles régénérées** suivent le même régime fiscal que les huiles neuves : si, par leurs caractéristiques, elles correspondent à celles éligibles au régime particulier, elles peuvent bénéficier du régime fiscal suspensif ; dans le cas contraire, le régime de TVA de droit commun s'applique (BOI précité n° 110 ; BOI-TVA-SECT-90-30 n° 300).

En revanche, les **huiles minérales de graissage usagées** sont considérées, pour l'application de la TVA, comme des produits d'occasion susceptibles de remploi : les ventes effectuées directement par les utilisateurs sont soumises au régime des biens mobiliers d'investissement défini aux nos 80150 s.) ; celles réalisées par les personnes qui ne les ont pas utilisées pour les besoins de leur exploitation (garagiste récupérant les huiles contenues dans les moteurs des véhicules appartenant à la clientèle lors des vidanges, ramasseur agréé lors de la revente des huiles usagées à l'éliminateur...) sont soumises à la TVA suivant les règles applicables aux négociants en biens d'occasion (nos 78700 s.) (BOI-TVA-SECT-90-30 nos 280 et 290).

d. Certains **résidus et déchets d'hydrocarbures** peuvent bénéficier du régime fiscal suspensif de TVA applicable aux produits pétroliers. Tel est le cas, par exemple, des **acides naphténiques impurs** utilisés comme additifs des bitumes, lesquels constituent des résidus pétroliers (BOI-ANNX-000479 n° 50).

81865 Certains produits constitués d'hydrocarbures ou qui en contiennent doivent être regardés comme **hors du champ** des règles relatives au **régime suspensif de TVA.**

Peuvent être cités à titre indicatif (BOI-TVA-CHAMP-40-40 n° 120 ; BOI-ANNX-000479) :

– certains **hydrocarbures de composition chimiquement pure** tels que l'éthane, le propane d'une pureté supérieure à 99 % ou le butane d'une pureté supérieure à 98 % et les **hydrocarbures et mélanges,** autres que les essences, chaque fois que les constituants aromatiques prédominent en poids par rapport aux constituants non aromatiques ;

– le **gaz naturel,** à usage de carburant ou combustible, le **biogaz** et les autres produits de substitution ainsi que les **houilles, lignites et cokes** ;

– les **cires préparées** émulsionnées ou avec un solvant et les **bougies, cierges, veilleuses,** même constitués uniquement de paraffine ;

– certains **combustibles liquides conditionnés en petits emballages** d'une capacité de 300 cm^3 et moins tels que des ampoules et petits bidons d'essence pour briquets (mais cette règle ne s'applique pas aux gaz liquéfiés comme le butane) ;

– les **brais bitumineux,** les émulsions de bitume de pétrole et similaires autres que les bitumes fluxés ;

– certains produits ayant des usages autres que de carburant ou combustible : produits pharmaceutiques (**huiles de paraffine et vaseline** conditionnées pour la vente en pharmacie, sous la mention codex), **produits naturels analogues aux produits pétroliers** (tels que l'ozokérite et les bitumes naturels : gilsonite, etc.), produits d'ornement ou de protection des immeubles (**vernis** contenant des huiles siccatives pétrolières telles que les extraits lourds aromatiques provenant du traitement des huiles de graissage au moyen de solvants sélectifs, vernis constitués par des solutions ou des dispersions de résines ou de gommes dans du white-spirit, vernis bitumeux à base de bitume de pétrole, **peintures et mastics bitumineux** et **encres d'imprimerie** à base de fioul, d'extraits lourds provenant du traitement des huiles de graissage par des solvants sélectifs, de spindle ou d'huiles légères), **produits de parfumerie** (solutions concentrées d'huiles essentielles dans les graisses de pétrole, les cires de pétrole ou les vaselines ; produits de beauté à base de produits du pétrole tels que les huiles de graissage, huiles blanches, vaselines, cires de pétrole, paraffine, etc. ; produits capillaires à base de produits du pétrole tels que les huiles blanches ou semi-blanches, simplement parfumées et colorées présentées comme brillantines, et les pétroles capillaires), produits divers des industries chimiques (voir précisions ci-dessous).

> **Précisions** Les **produits des industries chimiques** susvisés comprennent notamment les produits suivants : préparations désinfectantes (huiles antipoussière composées en très forte proportion d'huiles de graissage additionnées d'huile de pin) ; insecticides, fongicides et herbicides à base de produits du pétrole consistant en suspension ou dispersion d'un produit actif dans une huile minérale à condition que la quantité de produits d'addition incorporée soit suffisante pour empêcher pratiquement l'utilisation du produit comme combustible ou carburant ; produits antigel ; produits d'entretien (liquides, pâteux ou solides contenant des produits pétroliers, préparations pour l'entretien du bois, des peintures, des ouvrages en métaux, du verre, etc.) ; acides naphténiques et sulfonaphténiques qui ne peuvent être considérés comme des résidus du pétrole ; cirages, crèmes, encaustiques ; brillants pour métaux et compositions similaires pour glaces et vitres, constitués par des matières à polir très tendres en suspension dans une émulsion de white-spirit et de savon liquide ; préparations antirouille contenant un produit protecteur ou un mélange de produits protecteurs laissant après évaporation d'un solvant un film protecteur pouvant être enlevé par les solvants ordinaires ; cires pour usage dentaire ; pâtes à modeler ; pâtes à poncer ; acides sulfo-ichtyoliques ; huiles de pétrole ou de minéraux bitumineux brutes ou non à base de produits hétérocycliques (produits d'imprégnation pour les bois, produits pharmaceutiques, etc.) ; chloroparaffines ; détergents obtenus à partir de produits du pétrole ; liants pour noyaux de fonderie ; produits de polymérisation de l'éthylène, etc. (BOI-ANNX-000479).

SECTION 2 RÉGIME SUSPENSIF DE TVA DES PRODUITS PÉTROLIERS

Conformément à l'article 298, 1° bis du CGI, les produits pétroliers et assimilés définis aux **81950**
n°s 81850 s. placés sous les régimes mentionnés à l'article L 142-1 du CIBS qui suspendent l'accise sur les énergies mentionnée à l'article L 312-1 du même Code perçue, en métropole, sur les produits énergétiques autres que les gaz naturels et les charbons sont placés de plein droit sous le **régime fiscal suspensif de TVA** prévu à l'article 277 A, I-2°-a du CGI (voir n°s 32800 s.). Il en résulte que la TVA afférente à certaines opérations relatives aux produits pétroliers et dont le fait générateur intervient lorsqu'ils sont placés sous ces régimes ou destinés à être placés sous ces régimes devient exigible lors de leur sortie du régime suspensif (BOI-TVA-CHAMP-40-40 n°s 1 et 10).

Les règles relatives au régime fiscal suspensif des produits pétroliers comportent toutefois des **spécificités** par rapport aux règles applicables au régime suspensif de TVA relevant de l'article 277 A, I-2°-a précité concernant son champ d'application (n°s 81980 s.), les obligations y afférentes (n°s 82010 s.) et la liquidation, le recouvrement et le contrôle de la TVA applicable (n°s 82030 s.).

> **Précisions** **a.** La sortie du **régime fiscal suspensif** est en principe constituée par la sortie des produits pétroliers des régimes de suspension de l'accise sur les énergies susvisés. Toutefois, la liquidation de la TVA sur les **importations de produits pétroliers,** lorsque les biens ne sont **pas directement placés sous un régime de suspension de l'accise sur les énergies,** est régie par certaines règles communes avec les sorties des régimes suspensifs s'agissant de la détermination de la base imposable (n° 82060), de la déclaration de la taxe (n° 82090) et des règles régissant le contrôle, le recouvrement et le contentieux (n° 82120) (BOI précité n° 20).

> **b.** Le **régime suspensif** de la TVA **ne s'applique pas** aux produits pétroliers et assimilés détenus, produits, transformés, vendus ou importés en dehors des régimes de suspension de l'accise sur les énergies (notamment lorsque leur mise à la consommation en France ou dans un autre État membre est déjà intervenue ou parce qu'ils sont introduits en France sans recourir à un régime de suspension), y compris si ces produits restent soumis à des obligations au titre de cette accise. Les opérations portant sur ces produits, lorsqu'elles relèvent de la TVA, suivent les règles de droit commun sous réserve, le cas échéant, des dérogations qui leur sont propres, notamment en matière de déduction (voir n°s 82200 s.) (BOI précité n°s 30 et 80).

1. Champ d'application

81980 Le régime fiscal suspensif de la TVA spécifique aux produits pétroliers et assimilés définis aux nos 81850 s. est limité à certaines opérations.

Conformément à l'article 298, 1 bis-2° du CGI, sont **éligibles à la suspension de la TVA** :

– les opérations réalisées avant la sortie du régime qui portent sur les produits pétroliers et assimilés, à l'exception des opérations de transport qui ne sont pas réalisées par pipe-line (n° 81985) ;

– les opérations dites d'« amont » qui, sans porter directement sur ces produits, sont utilisées pour l'extraction, la fabrication, le transport par pipe-line ou le stockage de ces derniers (n° 81990).

Ces opérations relèvent du régime suspensif de TVA dès que les produits auxquels elles se rapportent sont placés sous les régimes de suspension de l'accise sur les énergies mentionnée à l'article L 312-1 du CIBS perçue, en métropole, sur les produits énergétiques autres que les gaz naturels et les charbons.

En revanche, si les règles afférentes aux **régimes de suspension de l'accise sur les énergies** ne sont **pas respectées,** ces opérations induisent la sortie du régime de suspension de l'accise et, par suite, le régime suspensif de la TVA ne s'applique pas (BOI-TVA-CHAMP-40-40 n° 140).

Les transports de produits pétroliers qui ne sont pas réalisés par pipe-line et les **opérations autres** que celles visées ci-dessus sont imposés à la TVA dans les conditions de droit commun.

81985 **Opérations portant sur les produits pétroliers et assimilés** Les opérations portant directement sur des produits pétroliers et assimilés comprennent :

– des **importations** de produits pétroliers placés immédiatement après l'importation dans un entrepôt fiscal de production ou un entrepôt fiscal de stockage en France ;

– des importations de produits pétroliers expédiés vers un entrepôt suspensif situé dans un autre État membre de l'UE ou livrés à un destinataire enregistré dans un autre État membre ;

– des **acquisitions intracommunautaires** quand les produits pétroliers expédiés en France, circulent sous un régime de suspension de l'accise sur les énergies ;

– des **livraisons en France** de produits pétroliers quand ces produits restent entreposés en suspension d'accise ou sont expédiés sous un régime de circulation en suspension d'accise ;

– des **livraisons intracommunautaires** quand les produits pétroliers, expédiés vers un destinataire situé dans un autre État membre de l'UE, circulent sous un régime de suspension de l'accise ;

– des **prestations d'intermédiation** (commission ou courtage), **d'entreposage, de façon, de transformation** portant sur ces biens, qu'ils soient déjà placés sous un régime suspensif d'accise ou qu'ils soient destinés à y être placés ;

– des prestations de **transport par pipe-line,** à l'exclusion des autres prestations de transport (BOI-TVA-CHAMP-40-40 n° 150).

81990 **Opérations réalisées en amont** Les opérations qui sont **utilisées pour l'extraction, la fabrication, le transport par pipe-line ou le stockage** des produits pétroliers et assimilés placés sous le régime suspensif de la TVA comprennent notamment :

– les **livraisons de matières premières non pétrolières** (catalyseurs, produits chimiques, savons), **d'agents de fabrication** (électricité, etc.) et **d'emballages** utilisés pour les produits pétroliers placés sous le régime ;

– les livraisons **d'huiles usagées** utilisées pour la fabrication de produits pétroliers placés sous le régime de suspension de l'accise sur les énergies ;

– les prestations de **travaux de mise en exploitation d'un gisement** de produits pétroliers placés, à leur extraction, sous le régime ;

– les **acquisitions** de matériels (notamment, le matériel de lutte contre l'incendie), acquisitions ou constructions d'installations ou d'immeubles utilisés dans le processus d'extraction, de fabrication, ou pour les besoins du transport par pipe-line ou du stockage des produits pétroliers placés sous le régime et les prestations de **location,** d'**entretien,** de **réparation** ou de **contrôle** portant sur ces **immeubles ou matériel** (BOI-TVA-CHAMP-40-40 n° 160).

> **Précisions** En revanche, ne sont pas considérés comme utilisés à ces fins (et, partant, **ne peuvent être réalisés en suspension** de TVA), **notamment,** les travaux de recherche de gisements (par exemple : recherches géologiques et géophysiques, photographies aériennes, forages de recherches improductifs), les cessions de licence d'exploitation ou de brevets, les travaux de prospection, les services de gardiennage, les services publicitaires ou de promotion des produits (BOI précité n° 170).

2. Fonctionnement du régime suspensif

Le régime fiscal suspensif de la TVA des produits pétroliers et assimilés s'applique **de plein droit** dès lors que les conditions tenant à son champ d'application (nos 81980 s.) sont remplies, sans qu'il soit possible d'y renoncer ou d'opter pour ce régime si les conditions ne sont pas remplies. 82010

Il en résulte que, conformément aux dispositions de l'article 298, 1 bis-1° et 6°, ne sont **pas applicables** s'agissant des produits pétroliers l'ensemble des dispositions relatives à l'**ouverture ou** à la **fermeture des régimes suspensifs de TVA** (par exemple, l'autorisation d'ouverture du régime suspensif n'est pas requise), de même que le respect des **obligations** conditionnant leur existence ou régissant leur champ, codifiées aux articles 85 à 85 K de l'annexe III au CGI (nos 33000 s. et 33100 s.) (BOI-TVA-CHAMP-40-40 nos 180 et 190).

> **Précisions** Il est toutefois **admis** que le preneur de **prestations ou** le destinataire de **livraisons d'amont** mentionnées au n° 81990 **renonce** au bénéfice de la suspension. Dans cette situation, la TVA supportée par le preneur ou le destinataire sera déductible dans les conditions de droit commun (BOI précité n° 180).

Sont **applicables** les **obligations tenant aux opérations réalisées en suspension,** qu'il s'agisse de celles portant sur les produits pétroliers et assimilés (n° 81985) ou des opérations d'amont (n° 81990). 82015

Notamment, le vendeur est soumis aux obligations suivantes :

– le montant de ces opérations est porté sur la **déclaration de TVA** au titre des **opérations non taxables** (CGI art. 287, 2) ;

– pour les livraisons de biens et les prestations de services, la **facture** comporte le numéro d'accise de la personne au nom duquel les produits seront stockés en suspension de droits (ou sont stockés, pour les opérations d'amont) ainsi que le nom du titulaire de l'entrepôt fiscal, conformément à l'article 85 L de l'annexe III au CGI.

Par ailleurs, les **importateurs de produits pétroliers** et assimilés placés sous un régime de suspension de l'accise sur les énergies doivent faire apparaître ces importations sur la déclaration de TVA (ligne F5 de la déclaration CA3), distinctement des autres opérations non taxables (CGI art. 287, 5-b quinquies) (BOI-TVA-CHAMP-40-40 n° 200).

Remarque : Sur les conséquences du **non-respect** des **conditions** subordonnant la suspension de TVA, voir n° 47995.

3. Liquidation, paiement et contrôle de la TVA en sortie du régime suspensif

FAIT GÉNÉRATEUR ET EXIGIBILITÉ

Le régime suspensif ne modifie pas les conditions d'intervention du **fait générateur** de la TVA afférente aux opérations réalisées sous ce régime. 82030

Par suite, en l'absence de fait générateur intervenant lorsque le produit est placé sous le régime fiscal suspensif, aucune TVA n'est due (BOI-TVA-CHAMP-40-40 n° 220).

EXEMPLE

> Aucune TVA n'est due en l'absence de fait générateur de la TVA lorsqu'un produit pétrolier est extrait sous régime suspensif et transformé en produit commercialisable sous régime suspensif sans que le propriétaire ne change et sans qu'il ne recoure à des prestataires ou fournisseurs extérieurs.

L'**exigibilité** de la TVA intervient au moment où les produits pétroliers et assimilés définis aux nos 81850 s. sortent du régime de suspension de l'accise sur les énergies, que cette sortie de régime suspensif résulte d'une décision régulière ou d'une irrégularité résultant du non-respect de l'une des obligations imposées par ce régime de suspension. 82040

Cette règle vaut pour l'**ensemble des opérations** relatives aux produits pétroliers et assimilés en cause, qu'il s'agisse de celles portant sur les produits pétroliers (n° 81985) ou des opérations d'amont (n° 81990).

Lorsqu'une même opération porte sur **plusieurs produits** qui **sortent à des dates différentes,** la TVA devient exigible à chacune de ces différentes dates (BOI-TVA-CHAMP-40-40 n° 230).

EXONÉRATIONS

Le redevable de la TVA due à la sortie du régime fiscal suspensif (voir n° 82080) est dispensé du paiement de la taxe lorsque les produits pétroliers ou assimilés font l'objet d'une **exportation** d'une **livraison intracommunautaire** exonérée (CGI art. 277 A, II-4 : voir nos 33375 s.) ou d'une livraison pour l'**avitaillement** de navires et d'aéronefs (nos 29650 s.). 82050

Par ailleurs, sont également exonérées les opérations portant sur les produits pétroliers qui interviennent dans les départements de la **Guadeloupe,** de la **Martinique et** de **La Réunion** (nº 93810 ; la TVA n'étant provisoirement pas applicable en Guyane et à Mayotte : nº 93420, précision a) (BOI-TVA-CHAMP-40-40 nºs 240 et 250).

> **Précisions a.** On rappelle que l'expédition de **produits pétroliers sous un régime de suspension de l'accise** sur les énergies dont le destinataire est enregistré dans un autre État membre de l'UE reste une livraison effectuée en suspension de TVA (voir nº 81985).
> **b.** Les opérations exonérées mentionnées ci-dessus doivent être **déclarées distinctement** sur la ligne F4 de la déclaration CA3 ou la ligne 3B de la déclaration CA 12/CA 12E.

BASE D'IMPOSITION

82060 Conformément aux dispositions de l'article 298, 2-1° du CGI, l'assiette de la TVA afférente aux produits pétroliers et assimilés, exigible au moment de la **sortie du régime fiscal suspensif** (nº 82040), est fixée forfaitairement.

Cette assiette est égale au produit entre, d'une part, le nombre d'unités (en volume ou en poids) et, d'autre part, le **tarif forfaitaire** du produit en vigueur à la date de la sortie du régime suspensif, fixé par l'administration des douanes. Ce tarif est établi à partir du prix C.A.F. (coût + assurance + fret) moyen des produits importés ou faisant l'objet d'une acquisition intracommunautaire, majoré du montant des droits de douane applicables aux produits en régime de droit commun en tarif minimum et des taxes et redevances perçues lors de la sortie du régime suspensif ou à l'importation, à l'exception de la TVA.

Ces modalités particulières d'assiette s'appliquent également pour l'**importation** de produits pétroliers et assimilés qui ne sont pas directement placés sous un régime suspensif (BOI-TVA-CHAMP-40-40 nº 260 ; BOI-TVA-BASE-10-20-60-10 nº 1) et pour la base d'imposition des produits pétroliers importés à la **sortie** des produits d'un **régime douanier communautaire** (BOI-TVA-BASE-10-20-60-20 nº 190).

> **Précisions a.** Le **tarif forfaitaire** susvisé peut être **révisé** au cours de l'année dans le cas où les prix des produits pétroliers accusent une variation, en plus ou en moins, égale ou supérieure à 10 % par rapport au prix ayant servi de base au calcul de cette valeur.
> **b.** Pour les **gaz de pétrole et autres hydrocarbures gazeux** visés aux positions 2711-14 et ex 2711-19 du tarif des douanes, **non destinés à être utilisés comme carburants,** la taxe est calculée non pas sur une valeur forfaitaire mais dans les conditions exposées aux nºs 33290 s. (BOI-TVA-CHAMP-40-40 nº 270).

TAUX

82070 Les opérations portant sur les produits pétroliers et assimilés mentionnés aux nºs 81850 s. relèvent du taux normal.

S'agissant du taux applicable aux produits pétroliers livrés en **Corse,** voir nº 94840.

REDEVABLE

82080 Conformément à l'article 298, 1 bis-4° du CGI, la TVA est due en sortie du régime suspensif par le **redevable de l'accise sur les énergies.** Il s'agit :

- de la personne qui procède à la sortie du régime suspensif de l'accise (CIBS art. L 311-26, 2°) ;
- ou, le cas échéant, **en cas d'irrégularités,** de toute personne ayant participé à l'irrégularité sous réserve, lorsque l'irrégularité intervient lors du mouvement d'un produit en suspension de l'accise, que la personne ait eu connaissance ou aurait raisonnablement dû avoir connaissance du caractère irrégulier de la sortie du régime (CIBS art. L 311-32) ou de toute personne ayant garanti l'accise exigible en cas d'irrégularité lors du mouvement d'un produit déjà mis à la consommation entre le territoire de taxation et le territoire d'un autre État membre de l'UE (CIBS art. L 311-33).

L'exploitant de l'entrepôt suspensif d'accises, lorsqu'il s'agit d'une personne distincte de celles mentionnées ci-dessus, est **solidairement tenu au paiement** de la TVA due à la sortie du régime suspensif (CGI art. 298, 1 bis-4°).

DÉCLARATION DE LA TAXE

82090 La TVA exigible lors de la **sortie des produits pétroliers** et assimilés d'un régime de suspension de l'accise sur les énergies (nº 82040) et lors des **importations par des assujettis** de produits pétroliers qui ne sont pas immédiatement placés sous un régime de suspension de l'accise sur les énergies est soumise aux mêmes obligations déclaratives qu'une opération taxable à la TVA.

Elle doit ainsi être portée sur la **déclaration de TVA** (CGI art. 287, 5-b quinquies) souscrite par voie électronique (nºs 48140 s.) auprès du service des impôts des entreprises compétent. Cette déclaration est réalisée à partir de la base d'imposition déterminée dans les conditions exposées au nº 82060 (BOI-TVA-CHAMP-40-40 nº 300). Le montant des opérations soumises à la taxe est porté sur la ligne B1 de la déclaration CA3 ou les lignes 5B ou 9A de la déclaration CA 12/CA 12E.

La **date de souscription** des déclarations CA 3 des redevables de la taxe applicable aux produits pétroliers placés sous le **régime réel normal** (mensuel ou trimestriel) et du paiement correspondant est fixée au plus tard le 24 du mois suivant le mois ou le trimestre au cours duquel la TVA est devenue exigible (CGI ann. IV art. 39, 1-1°-g). Pour les redevables placés sous le **régime réel simplifié,** la déclaration doit être souscrite dans les délais mentionnés aux nos 48810 s.

> **Précisions** Cette obligation ne se substitue pas aux obligations déclaratives auxquelles sont par ailleurs soumises les **opérations réalisées en suspension** de la TVA (n° 82015) qui doivent être portées sur la déclaration de TVA au titre des opérations non taxables (BOI précité).

DÉDUCTIONS

La TVA devenue exigible en **sortie de régime suspensif ou** lors de l'**importation par des** **82100**
assujettis de produits pétroliers lorsque ces produits ne sont pas immédiatement placés sous un régime de suspension de l'accise sur les énergies est déductible dans les conditions de droit commun par la personne qui l'a acquittée (CGI art. 271, II-1-b).

La TVA ayant grevé les **biens et services utilisés pour les opérations réalisées en suspension** de taxe (nos 81980 s.) est également déductible dans les conditions de droit commun (n° 80905).

La déduction ne peut donc être opérée que si les redevables :

– sont en possession des **factures** pour les livraisons de biens et les prestations de services (nos 55750 s.) ;

– respectent les conditions exposées aux nos 56110 s. s'agissant des **importations** de produits pétroliers ;

– et, s'agissant de la **sortie** des produits pétroliers du **régime fiscal suspensif,** s'ils ont fait figurer sur la **déclaration de TVA** toutes les données nécessaires pour constater le montant de la taxe due au titre de cette opération (n° 82090) et détiennent les documents attestant de la sortie de ce régime ainsi que les factures, déclarations d'importation ou autres documents à partir desquels la base d'imposition a été calculée.

Toutefois, les redevables qui n'ont pas porté sur cette déclaration le montant de la taxe due au titre des importations ou de la sortie du régime fiscal suspensif sont autorisés à opérer la déduction lorsque les conditions de fond sont remplies, et sous réserve de l'application de l'amende prévue à l'article 1788 A, 4 du CGI (nos 56240 s.) (CGI art. 271, II-2).

RECOUVREMENT, CONTRÔLE ET CONTENTIEUX

Les sorties de régimes de suspension de l'accise sur les énergies de produits pétroliers et assimilés **82120**
et les importations de ces produits par des assujettis lorsqu'ils ne sont pas immédiatement placés sous un régime de suspension de l'accise sont régies par les **règles de droit commun de la TVA** concernant le recouvrement, le contrôle et le contentieux (BOI-TVA-CHAMP-40-40 n° 320).

Le contrôle de ces opérations relève donc de la compétence de l'administration fiscale en application des règles fixées par le LPF et le contentieux afférent à l'assiette, à la liquidation et au recouvrement de la TVA perçue sur les produits pétroliers relève des juridictions administratives.

SECTION 3 OPÉRATIONS RELATIVES AUX PRODUITS PÉTROLIERS RÉALISÉES EN DEHORS DU RÉGIME SUSPENSIF

Les opérations commerciales portant sur les produits pétroliers et assimilés (définis aux nos 81850 s.) **82200**
effectuées en dehors du régime suspensif de TVA exposé aux nos 81950 s. (c'est-à-dire **après la sortie** des produits pétroliers **du régime suspensif ou** lorsque les **conditions d'application du régime de suspension de l'accise sur les énergies** ne sont **pas remplies** : voir n° 81950, précision b) sont soumises à la TVA selon les règles de droit commun (nos 82220 s.). Le régime des déductions comporte cependant certaines particularités en prévoyant, pour certains produits pétroliers, des restrictions du droit à déduction (nos 82290 s.).

A. Régime d'imposition

82220 La **base d'imposition** à la TVA des opérations de livraison, de commission, de courtage et de façon, ainsi que les acquisitions intracommunautaires, qui portent sur les produits pétroliers et sont réalisées en dehors du régime suspensif spécifique à ces produits est déterminée dans les conditions de droit commun fixées par les articles 266 et 267 du CGI (n°s 35200 s.).

Les livraisons en cause sont imposables à la **TVA** sur leur **prix total** hors TVA, qu'elles soient faites par des grossistes ou des détaillants (pompistes) et qu'elles portent sur des carburants (essences, gazoles), des combustibles (fiouls, gaz liquéfiés), des lubrifiants (huiles, graisses) ou d'autres produits assimilés (paraffine, bitume, spindle, etc.).

> **> Précisions** La base d'imposition est ainsi constituée par toutes les sommes, valeurs, biens ou services reçus ou à recevoir par le fournisseur en contrepartie de la livraison des produits. Doit être retenu comme assiette de l'impôt le prix hors TVA de vente au détail des carburants, y compris les frais de mise en place, les redevances diverses et la marge de distribution, et non pas le « prix de reprise » en raffinerie (D. adm. 3 L-122 n° 2, non reprise au Bofip mais dont la solution nous paraît conserver sa valeur).

82225 Pour les opérations qui portent sur les produits pétroliers réalisées en dehors du régime suspensif, la détermination du **fait générateur** et de l'**exigibilité** de la taxe obéit aux règles de droit commun définies à l'article 269 du CGI (n°s 38200 s.).

S'agissant du **taux** applicable à ces opérations, voir n° 82070.

B. Régime des déductions

82290 La TVA grevant les acquisitions de produits pétroliers et assimilés est en principe déductible dans les conditions de **droit commun** (n°s 82300 s.), sous réserve des **restrictions** du droit à déduction prévues par l'article 298, 4-1° du CGI (n°s 82330 s.).

1. PRODUITS PÉTROLIERS OUVRANT DROIT À DÉDUCTION DANS LES CONDITIONS DE DROIT COMMUN

82300 L'ensemble des produits pétroliers et assimilés ouvre droit à déduction de la TVA dans les conditions de droit commun, **à l'exception** de ceux qui sont expressément cités à l'article 298, 4-1° du CGI et pour lesquels une limitation du droit à déduction s'applique, pour l'utilisateur final du produit, dans les conditions exposées aux n°s 82330 s.

82310 Ainsi, ouvre en principe **droit à déduction intégrale** (sous réserve du respect des conditions et limites de droit commun du droit à déduction rappelées aux n°s 82500 s.) la TVA ayant grevé l'ensemble des produits pétroliers et assimilés :

– que l'acquéreur **revend en l'état ou sous forme d'autres produits** pétroliers, pour lesquels les restrictions du droit à déduction prévues à l'article 298, 4-1° du CGI ne s'appliquent pas (CGI art. 298, 4-1° bis) ;

> EXEMPLE
>
> Les pompistes assujettis à la TVA sur les ventes de carburants et de lubrifiants peuvent déduire la taxe qui a grevé l'acquisition de ces produits.

– **utilisés comme combustibles,** c'est-à-dire pour produire de l'énergie thermique ;

– utilisés **comme carburant** pour activer un **moteur** qui n'a **pas pour objet** d'assurer la **propulsion d'un véhicule** ou d'un engin ;

– utilisés pour les besoins de **véhicules et engins ouvrant droit à déduction** ou pris en location lorsque le preneur peut déduire la taxe afférente à la location (BOI-TVA-DED-30-30-40 n°s 40 à 60 et 90).

Le **coefficient d'admission** de ces produits est donc égal à un (sur cette question, voir n°s 53510 s.).

2. PRODUITS PÉTROLIERS EXCLUS PARTIELLEMENT DU DROIT À DÉDUCTION

82330 L'article 298, 4-1° du CGI prévoit des restrictions du droit à déduction de la TVA ayant grevé les achats, importations, acquisitions intracommunautaires, livraisons et services portant sur ces produits, lesquelles ne concernent que l'**utilisateur final,** qui consomme le produit, lorsqu'il est redevable de la TVA (BOI-TVA-DED-30-30-40 n° 40).

Ces dispositions prévoient en effet, pour **certains produits,** des **limitations** du droit à déduction, **totale** (lubrifiants et carburéacteurs : n°s 82340 s.) **ou partielle** (essences, gazoles, gaz naturels et gaz de pétrole liquéfiés : nos 82410 s.), qui s'appliquent **uniquement** lorsque le produit est utilisé par l'acquéreur comme **carburant** pour propulser des véhicules et engins (à l'exception, des essences et gazoles utilisés pour des essais automobiles) dans des **véhicules ou engins exclus du droit à déduction** ou dans des véhicules ou engins pris en location quand le preneur ne peut pas déduire la taxe relative à cette location.

En revanche, pour toutes les **autres utilisations** des produits précités et pour tous les **autres produits** non visés par ces dispositions, le droit à déduction subsiste pour l'utilisateur final et peut être exercé selon les règles de droit commun (voir n° 82310).

a. Limitation totale du droit à déduction

Les produits pétroliers et assimilés qui font l'objet d'une limitation totale des droits à déduction ont un **coefficient d'admission égal à zéro** et de ce fait un **coefficient de déduction** nul (voir sur cette question, nos 53510 s.). **82340**

LUBRIFIANTS

Les produits pétroliers sont exclus du droit à déduction lorsqu'ils sont utilisés pour la lubrification des **véhicules et engins exclus du droit à déduction** ainsi que des véhicules et engins pris en **location** quand le preneur ne peut pas déduire la taxe relative à cette location (nos 53690 s. et 54190 s.) (CGI art. 298, 4-1°-e et CGI ann. II art. 206, IV-2-8°-b). **82370**

Les lubrifiants peuvent en revanche ouvrir droit à déduction lorsqu'ils sont utilisés pour des **véhicules** ou engins **ouvrant droit à déduction** (tels que camions, camionnettes, voitures d'auto-écoles, engins de travaux publics, ainsi que pompes, moteurs fixes, compresseurs, etc.), y compris lorsqu'ils sont pris en location (BOI-TVA-DED-30-30-40 n° 280). Le coefficient d'admission est alors égal à un. **82375**

De même, les **huiles neuves** mises dans les moteurs, vidangés et nettoyés, de **véhicules vendus d'occasion** sont réputées vendues en l'état et ouvrent donc droit à déduction (CE 12-11-1990 n° 71042 : RJF 1/91 n° 47).

CARBURÉACTEURS

Les carburants relevant de la catégorie fiscale des carburéacteurs au sens de l'article L 312-22 du CIBS (Jet A1 ; pétroles lampants classés en huiles moyennes et ne contenant pas de biodiesel) sont exclus du droit à déduction lorsqu'ils sont utilisés pour les **aéronefs et engins exclus du droit à déduction** ainsi que pour les aéronefs et engins pris en **location** quand le preneur ne peut pas déduire la taxe relative à cette location (nos 53690 s. et 54190 s.) (CGI art. 298, 4-1°-d et CGI ann. II art. 206, IV-2-8°-a). **82390**

La déduction est possible pour les carburéacteurs consommés dans des **aéronefs et engins ouvrant droit à déduction,** y compris lorsqu'ils sont pris en location (nos 53770 s.). Le coefficient d'admission est alors égal à un.

> **> Précisions** Aucune déduction ne peut être exercée pour les carburéacteurs consommés dans des avions de tourisme ou d'affaires, des hélicoptères, même s'ils sont utilisés pour des **opérations de photographie,** prises de vues, **publicité, relevés** topographiques ou géodésiques (BOI-TVA-DED-30-30-40 n° 230).

b. Limitation partielle du droit à déduction

Les produits pétroliers qui font l'objet d'une limitation partielle du droit à déduction ont un **coefficient d'admission** compris entre zéro et un (voir nos 53510 s.). **82410**

ESSENCES ET GAZOLES

N'ouvrent droit à déduction qu'à hauteur de **80 %** du montant de la taxe les ayant grevées les carburants relevant des catégories fiscales des **gazoles** (gazole B7 ; gazoles classés en huiles lourdes contenant ou non du biodiesel) et des **essences** (essence SP95-E5 ; essences pour moteur classées en huiles légères et préparations et ne contenant pas de biodiesel) au sens de l'article L 312-22 du CIBS utilisés pour des **véhicules** et engins **exclus du droit à déduction** ainsi que pour des véhicules et engins pris en **location** quand le preneur ne peut pas déduire la taxe relative à cette location (nos 53690 s. et 54190 s.) (CGI art. 298, 4-1°-a et CGI ann. II art. 206, IV-3). Le coefficient d'admission de ces produits est égal à 0,8. **82420**

Pour les **véhicules et engins ouvrant droit à déduction** (tels que camions, camionnettes, voitures d'auto-écoles, etc.), y compris lorsqu'ils sont pris en location, les essences et gazoles utilisés comme carburants ouvrent droit à déduction totale de la taxe. Leur coefficient d'admission est égal à un.

S'agissant des essences utilisées pour les **essais** automobiles, voir n° 82440.

82440 **Exception : utilisation comme carburants pour les essais** Est toutefois déductible en totalité la TVA grevant les dépenses de carburants relevant des catégories fiscales des essences et des gazoles visées au n° 82420 utilisés lors des essais effectués pour les besoins de la **fabrication de moteurs,** de véhicules ou **d'engins à moteur ou d'équipements de moteurs** ou d'engins à moteur (pneumatiques, systèmes d'allumage, d'injection ou de freinage, etc.), ainsi que celle grevant les essences utilisées pour la mise au point de carburants (BOI-TVA-DED-30-30-40 n° 170).

Le coefficient d'admission de ces produits est donc égal à un.

> **Précisions** **a.** Le terme « **engins à moteur** » n'est pas limité aux seuls moyens de transport mais doit être pris dans un sens large. Sont ainsi concernés les tondeuses à gazon, les tronçonneuses, les groupes électrogènes, etc. (BOI précité n° 170).
> **b.** Les essais ou mises au point peuvent être effectués sur banc, sur piste ou sur route. Toutefois, pour les **véhicules et engins de compétition,** les courses et les essais officiels de qualification ne sont pas considérés comme des essais ouvrant droit à déduction de la TVA (BOI précité n° 180).
> **c.** Le droit à déduction s'étend aux essences et gazoles que les constructeurs incorporent dans les réservoirs des **véhicules ou engins** à moteur **qui sortent des chaînes de fabrication,** pour leurs essais, leur déplacement ou manutention ainsi que pour la protection de leurs organes mécaniques, avant leur livraison dans le réseau de vente. Le droit à déduction, qui est strictement limité aux **quantités usuelles** déterminées par les constructeurs en fonction du véhicule et de sa destination, peut être exercé même si ces derniers ne délivrent pas à leurs concessionnaires des factures de vente mentionnant distinctement le prix du carburant et la taxe correspondante (BOI précité n° 190).

GAZ NATURELS ET GAZ DE PÉTROLE LIQUÉFIÉS

82450 N'ouvrent droit à déduction qu'à hauteur de **50 %** du montant de la taxe les ayant grevés les carburants relevant des catégories fiscales des **gaz naturels** (gaz naturel de type H ; gaz naturel liquéfiés ou à l'état gazeux) et des **gaz de pétrole liquéfiés** (propane ; gaz de pétrole et autres hydrocarbures gazeux liquéfiés, à l'exception du gaz naturel) au sens de l'article L 312-22 du CIBS utilisés pour des **véhicules** et engins **exclus du droit à déduction** ainsi que pour des véhicules et engins pris en **location** quand le preneur ne peut pas déduire la taxe relative à cette location (nos 53690 s. et 54190 s.) (CGI art. 298, 4-1°-c et CGI ann. II art. 206, IV-3). Le coefficient d'admission de ces produits est égal à 0,5.

Remarques : 1. La **déduction totale** est en revanche possible lorsque ces produits sont utilisés pour des **véhicules ou engins non exclus** du droit à déduction (coefficient d'admission égal à un).

2. L'**administration** considère dans sa doctrine qu'est intégralement déductible la TVA afférente aux gaz de pétrole et autres hydrocarbures gazeux lorsqu'ils sont liquéfiés (butane, propane, éthylène, propylène, butylène, butadiène, gaz naturel, etc.) ou au gaz naturel présenté à l'état gazeux utilisés comme carburants, quelle que soit la situation au regard du droit à déduction des véhicules pour les besoins desquels ils sont utilisés (BOI-TVA-SECT-10-30 n° 230, 5-4-2017 ; dans le même sens, BOI-TVA-DED-30-30-40 nos 50 et 200).

3. CONDITIONS ET LIMITES DU DROIT À DÉDUCTION

82500 Le droit à déduction, partiel ou total, de la TVA afférente aux produits pétroliers et assimilés utilisés comme carburants s'exerce dans les conditions prévues aux articles 271 et suivants du CGI (nos 50500 s.).

82505 Le principe de l'**affectation aux besoins de l'exploitation** (voir n° 51460) doit être respecté pour permettre l'exercice du droit à déduction. Par conséquent, la taxe ayant grevé les livraisons de produits pétroliers **utilisés à des fins privées** par des tiers, des dirigeants ou le personnel de l'entreprise n'est pas déductible.

EXEMPLE

Gazole acquis par une entreprise pour les besoins des déplacements personnels de ses dirigeants ou employés.

En revanche, la taxe ayant grevé les produits utilisés pour les **déplacements professionnels** des dirigeants ou du personnel au moyen de véhicules de tourisme est déductible (BOI-TVA-DED-30-30-40 n° 70).

> **Précisions** **a.** Dans le cas où, lors de l'approvisionnement en produits pétroliers, l'**affectation du produit** n'est **pas connue,** la taxe peut être déduite en totalité mais l'entreprise sera tenue de procéder à une **livraison à soi-même** du gazole ou du GPL acquis en cas d'utilisation de celui-ci à des fins privées (voir nos 14220 s.) (BOI précité n° 80).

b. On rappelle également que, lorsque les restrictions du droit à déduction visées aux nos 82330 s. ne sont pas applicables, la taxe grevant les produits et assimilés ne peut bien entendu être déduite en totalité que si leurs **coefficients d'assujettissement et de taxation** sont égaux à l'unité (voir nos 52500 s.).

Pour pouvoir déduire la TVA relative à leur consommation de carburant, les redevables doivent **82510**
également s'assurer que la TVA est bien mentionnée sur les **factures** (nos 55750 s.) ou, pour les acquisitions intracommunautaires, que les données requises figurent sur leurs déclarations de chiffre d'affaires et qu'ils détiennent les factures correspondantes (nos 19770 s.). À défaut, la déduction de la TVA ne peut pas être opérée.

SECTION 4 ACHATS EN FRANCHISE

Les entreprises qui réalisent des opérations relevant du commerce extérieur ont, si elles le **82570**
désirent, la possibilité d'acquérir en franchise de TVA les biens ou services destinés à ces opérations (CGI art. 275). Il n'est toutefois pas exigé que les marchandises livrées ou exportées soient identiquement celles qui ont été reçues en franchise de la taxe (n° 30105).

Par conséquent, en ce qui concerne les achats en franchise de produits pétroliers et assimilés visés aux nos 81850 s., l'expédition en dehors du territoire français de **lots différents** de produits pétroliers permet de respecter l'obligation d'exportation ou de livraison intracommunautaire, dès lors que ces lots concernent des produits de même qualité.

Toutefois, si, par la suite, les lots de produits pétroliers achetés en franchise de TVA ont été **utilisés dans** des **opérations ouvrant droit à une déduction partielle** de la TVA, l'entreprise est alors tenue de procéder à une livraison à soi-même de ces produits (CGI art. 257, II-1-2° : nos 14000 s.), puis de leur appliquer, le cas échéant, les dispositions de l'article 298, 4-1° du CGI (restrictions du droit à déduction : nos 82330 s.) (BOI-TVA-CHAMP-30-30-50-10 n° 160).

On rappelle également que l'**avitaillement** en produits pétroliers de certains **navires et aéronefs** peut se faire en franchise de TVA (nos 29650 s.).

CHAPITRE 7 COMMISSIONNAIRES ET AUTRES INTERMÉDIAIRES

SOMMAIRE

83100 De façon générale, l'intermédiaire **s'entremet entre** deux personnes, la personne pour le compte de qui il agit (appelée ci-après le « **commettant** ») **et** un **tiers.**

Les activités des intermédiaires se caractérisent :

– juridiquement, par l'existence d'un **mandat,** qui permet à l'intermédiaire d'agir pour le compte d'autrui (l'intermédiaire n'agit pas de sa propre initiative) ;

– économiquement, par le fait que les intermédiaires ne fournissent pas avec leurs propres **moyens d'exploitation** les biens et les services objet de la transaction dans laquelle ils s'entremettent.

Les intermédiaires ne sont donc notamment jamais propriétaires des biens qu'ils sont chargés d'acheter ou de vendre, ni les exécutant des services pour lesquels ils s'entremettent (BOI-TVA-CHAMP-10-10-40-40 n° 10).

83105 S'il intervient toujours pour le compte d'un commettant, l'intermédiaire peut opérer de deux façons différentes :

– ou bien il se présente comme **agissant au nom d'autrui** : il est alors qualifié d'**intermédiaire transparent** ;

– ou bien il se présente vis-à-vis des tiers comme **agissant en son nom propre** : il est alors qualifié d'**intermédiaire opaque.**

Cette distinction est importante au regard de la TVA. L'intéressé sera considéré, dans le premier cas, comme un simple prestataire de services taxable sur sa rémunération et, au contraire, dans le second cas, comme un « acheteur-revendeur » taxable sur le montant total de la transaction. Après avoir précisé la définition de ces deux catégories d'intermédiaires, nous exposerons le régime applicable à chacune d'elles.

Remarques : 1. Les règles applicables aux intermédiaires pour les besoins de la TVA sont déterminées au regard des **conditions objectives, contractuelles et matérielles** de réalisation des opérations concernées. L'application des différents statuts dont ils relèvent en application du Code de commerce est, en tant que telle (sous réserve des précisions respectivement données aux n°s 83165 et 83180 pour les agents commerciaux et les commissionnaires), sans incidence (BOI-TVA-CHAMP-10-10-40-40 n° 10 ; dans le même sens, voir la position de la CJUE exposée au n° 83165, précision a).

2. Les présents commentaires ne concernent évidemment pas les **représentants de commerce** salariés ou statutaires, dès lors qu'ils ne sont pas assujettis à la TVA (n° 1615).

SECTION 1

DISTINCTION DES INTERMÉDIAIRES

L'intermédiaire peut agir soit au nom d'autrui (intermédiaire transparent), soit en son nom propre (intermédiaire opaque). **83150**

DÉFINITION DE L'INTERMÉDIAIRE TRANSPARENT

Dans ses relations avec les tiers cocontractants (acheteurs ou vendeurs), l'intermédiaire **agissant au nom d'autrui apparaît clairement** comme le représentant du commettant (BOI-TVA-CHAMP-10-10-40-40 n° 20). C'est pourquoi il est dit « transparent ». **83160**

Tel est notamment le cas lorsque l'intermédiaire **contracte personnellement avec le tiers** et que : **83165**

– le **contrat mentionne expressément** qu'il **agit au nom d'autrui.** Cette condition n'est remplie que si le contrat indique le nom ou la raison sociale, l'adresse ainsi que le numéro d'assujetti du commettant ;

– en l'absence de contrat écrit, la **facture** est établie directement par le commettant (entremise « à la vente ») ou adressée directement par le tiers au commettant (entremise « à l'achat »). Si la facture est établie par l'intermédiaire ou adressée à l'intermédiaire, elle doit faire apparaître que celui-ci agit au nom d'autrui dans les mêmes conditions qu'à l'alinéa ci-dessus ;

– en l'absence de facture et de contrat écrit, les **circonstances de droit** (notamment, l'examen des clauses du contrat unissant l'intermédiaire au commettant) **ou de fait** permettent d'établir que le tiers avait connaissance du fait que l'intermédiaire agissait au nom d'autrui et de tous les éléments d'information mentionnés ci-dessus.

Lorsqu'ils sont assujettis, les **agents commerciaux** au sens de l'article L 134-1 du Code de commerce relèvent de cette catégorie (BOI-TVA-CHAMP-10-10-40-40 n° 20).

> **Précisions** **a.** Selon la **CJUE,** pour déterminer si un assujetti se comporte en tant qu'intermédiaire opaque ou transparent, il faut tenir compte de l'ensemble des données de l'espèce, et notamment de la **nature des obligations contractuelles** de l'intéressé **à l'égard de ses clients.** Le juge national doit opérer une vérification concrète de nature à établir si, au vu de l'ensemble des données de l'espèce, l'intéressé agit en son nom propre ou au nom d'autrui (CJUE 14-7-2011 aff. 464/10 : RJF 11/11 n° 1254).
> **b.** Selon le **Conseil d'État,** une société qui, en l'absence de contrat de mandat, met en relation deux entreprises, de sa propre initiative, n'agit pas au nom et pour le compte de l'une des deux entreprises et ne peut pas être regardée comme un intermédiaire transparent (CE 26-3-2012 n° 323375 : RJF 6/12 n° 580).
> Par ailleurs, selon la Haute Assemblée, n'a pas la qualité d'intermédiaire opaque (mais celle d'intermédiaire transparent) celui qui ne devient jamais propriétaire des biens objet de la transaction dans laquelle il s'entremet (CE 21-11-2011 n° 320089 : RJF 2/12 n° 113).

DÉFINITION DE L'INTERMÉDIAIRE OPAQUE

L'intermédiaire **agit en son nom propre** (et est donc dit « opaque ») lorsqu'il ne remplit pas les conditions (énoncées aux n°s 83160 s.) permettant de considérer qu'il agit au nom d'autrui. **83180**

Lorsqu'il est assujetti, le **commissionnaire** appartient à cette catégorie dès lors que l'article L 132-1 du Code de commerce le définit comme celui qui agit en son propre nom ou sous un nom social pour le compte d'un commettant (BOI-TVA-CHAMP-10-10-40-40 n° 30).

> **Précisions** **a.** Selon la **CJUE,** la qualification d'intermédiaire opaque nécessite, outre l'existence d'un mandat, une **identité entre les opérations** en cause (prestations de services et/ou livraisons de biens acquises par l'intermédiaire et celles vendues au commettant), laquelle suppose qu'il y ait également, le cas échéant, un **transfert du droit de propriété** qui y est rattaché (CJUE 12-11-2020 aff. 734/19 : RJF 2/21 n° 235).
> **b.** Sur la définition de l'intermédiaire opaque par le Conseil d'État, voir n° 83165, précision b.
> **c.** En ce qui concerne la **présomption d'opacité** des intermédiaires intervenant dans la fourniture de **services électroniques** ou de services **téléphoniques via internet** à des non-assujettis, voir n° 25970.

SECTION 2 RÉGIME APPLICABLE AUX INTERMÉDIAIRES TRANSPARENTS

83250 Dès lors que ces intermédiaires agissent au nom d'autrui (au sens défini aux nos 83160 s.), leurs opérations d'entremise sont regardées, pour les besoins de la TVA, comme des **prestations de services** indépendantes. Ces prestations suivent donc leur **régime propre,** notamment en termes de taux, indépendamment du régime de TVA des livraisons ou services objet de l'entremise (BOI-TVA-CHAMP-10-10-40-40 n° 40).

La **base d'imposition** est constituée par toutes les sommes reçues en contrepartie du service rendu (n° 35210) et les remboursements de débours sont traités comme indiqué aux nos 36350 s.

Le **taux** applicable à ces prestations est en principe le taux normal (en ce sens, CE 11-12-2020 n° 440587 : RJF 3/21 n° 264 ; Rép. Trompille : AN 16-11-2021 n° 40711).

En ce qui concerne la **territorialité** de la TVA, les règles applicables sont celles prévues pour les prestations de services : lorsque la prestation d'intermédiation transparente est rendue à un preneur assujetti, elle est située au lieu d'établissement du preneur (nos 24500 s.) ou au lieu de situation de l'immeuble si la prestation d'entremise se rattache à un immeuble (nos 25070 s.). Lorsque la prestation est rendue à un preneur non assujetti, elle est située au lieu où l'opération principale est elle-même située (nos 25700 s.).

S'agissant des intermédiaires transparents intervenant dans des **opérations portant sur l'or d'investissement,** voir nos 90840 et 90940 ; dans des **exportations** et opérations assimilées ou des **opérations réalisées hors de l'UE,** voir n° 26700.

> **Précisions** **a.** On notera que, **depuis le 1er janvier 2021,** certaines dispositions du CGI font expressément référence aux termes « services d'intermédiation » : exonérations portant sur les organes, le sang et le lait humain (nos 9600 s.) et sur les produits pétroliers dans les DOM (n° 93810) ; opérations des négociants en bestiaux (nos 70250 s. et 74750 s.) et opérations relevant du régime de la presse (nos 85460 et 86320). Cette notion de « services d'intermédiation » pourrait, selon nous, viser les prestations des intermédiaires transparents (les prestations d'entremise dans les opérations précitées suivraient donc, dans ces situations, le régime applicable à l'opération intermédiée).
> **b.** Lorsqu'ils contractent personnellement avec le tiers, les intermédiaires transparents transmettent au commettant le **droit à déduction** de la TVA par un document unique qui vaut compte-rendu et **facture,** et qui détaille les divers éléments du prix (BOI-TVA-DED-40-10-10 n° 240).

SECTION 3 RÉGIME APPLICABLE AUX INTERMÉDIAIRES OPAQUES

83320 Lorsqu'il s'entremet dans une livraison de biens ou une prestation de services, l'intermédiaire opaque agissant en son nom propre (au sens défini au n° 83180) est considéré, au regard de la TVA, comme ayant personnellement acquis et livré le bien, ou reçu et fourni les services considérés (CGI art. 256, V-1°). De même, si l'intermédiaire opaque s'entremet dans une acquisition intracommunautaire, il est réputé avoir personnellement acquis et livré le bien (CGI art. 256 bis, III).

Un commissionnaire « à la vente » de biens est ainsi réputé acheter les biens à son commettant et les vendre au tiers acheteur. Un commissionnaire « à l'achat » de biens est réputé acheter les biens au tiers fournisseur et les vendre à son commettant. Les principes sont les mêmes en ce qui concerne les intermédiaires qui s'entremettent dans des prestations de services (BOI-TVA-CHAMP-10-10-40-40 n° 50).

> Précisions Sont également réputés avoir acquis et livré les biens en application de l'article 256, V-2° du CGI les assujettis qui facilitent, par l'utilisation d'une **plateforme,** les ventes à distance de biens importés contenus dans des envois d'une valeur ne dépassant pas 150 € ou la livraison d'un bien dans l'UE par un assujetti non établi sur le territoire de l'UE à une personne non assujettie (voir nos 23590 s.).

RÈGLES D'ASSIETTE

La principale **conséquence** du fait que les intermédiaires opaques sont **considérés comme des acheteurs-revendeurs** de biens ou de services a trait aux règles de détermination de l'assiette de la TVA. **83330**

Opération de l'intermédiaire L'intermédiaire opaque est, pour les besoins de la TVA, réputé livrer lui-même le bien ou rendre lui-même le service au commettant s'il agit « à l'achat », au tiers cocontractant s'il agit « à la vente ». **83340**

Sa base d'imposition est égale au **montant total de la transaction** (CGI art. 266, 1-b). Elle correspond au prix acquitté par le tiers ou le commettant, commission comprise.

Ce régime exclut donc une taxation de la commission en tant que telle : celle-ci est un élément du prix de l'opération réalisée par l'intermédiaire (BOI-TVA-CHAMP-10-10-40-40 n° 60).

EXEMPLES

1. Hypothèse d'un intermédiaire « à la vente » qui commercialise un bien auprès d'un client établi en France pour le prix de 100 € HT et qui retient 20 € à titre de commission, la somme de 80 € HT étant restituée au commettant (établi en France). La base d'imposition de l'intermédiaire, pour cette opération, est de 100 €.
2. Hypothèse d'un intermédiaire « à l'achat » qui achète à un fournisseur établi en France un bien de 200 € HT et le livre à son commettant (établi en France) pour le prix HT de 240 € (commission = 40 €).
La base d'imposition de l'intermédiaire, pour la livraison au commettant, est de 240 €.
3. Hypothèse d'un intermédiaire « à l'achat » qui achète un bien de 300 € HT à un fournisseur assujetti établi en Italie et qui le livre à son commettant (établi en France) pour le prix HT de 360 € (commission = 60 €).
La base d'imposition de l'intermédiaire est :
– de 300 € pour l'acquisition intracommunautaire au fournisseur italien ;
– de 360 € pour la livraison de biens au commettant.

L'intermédiaire peut soustraire de sa base d'imposition les **frais remboursés** par son commettant dès lors qu'ils ne se rattachent pas à l'opération d'entremise (voir, à cet égard, nos 36500 s.) (BOI-TVA-BASE-10-20-40-20 nos 30 et 40).

> Précisions a. Il est fait application aux intermédiaires des règles de base d'imposition prévues pour les opérations dans lesquelles ils s'entremettent. Autrement dit, lorsque des **règles particulières** s'appliquent en matière de base d'imposition, ces règles s'appliquent également à l'intermédiaire. Tel serait notamment le cas pour un intermédiaire en vente de biens d'occasion (BOI précité n° 50).
b. Selon la **CJUE,** le libellé de l'article 28 de la directive TVA (qui concerne les intermédiaires opaques intervenant dans des prestations de services) ne prévoit **aucune condition tenant au caractère onéreux de l'entremise** dans la prestation de services (CJUE 19-12-2019 aff. 707/18 : RJF 3/20 n° 290). Il en va de même du libellé de l'article 14, 2-c de la directive (qui concerne les intermédiaires opaques intervenant dans des livraisons de biens). Il en résulte que, pour la CJUE, le régime des intermédiaires opaques s'applique même si l'intermédiaire ne perçoit aucune rémunération de la part de son mandant, dès lors que les conditions d'application dudit régime sont réunies.

Opération réalisée par le fournisseur du bien ou du service Le fournisseur du bien ou du service (c'est-à-dire le **tiers** cocontractant en cas d'entremise « à l'achat » **ou** le **commettant** en cas d'entremise « à la vente ») est réputé livrer le bien ou rendre le service à l'intermédiaire. **83350**

La base d'imposition de cette opération est égale au **prix hors commission** (BOI-TVA-CHAMP-10-10-40-40 n° 60).

FAIT GÉNÉRATEUR

Pour les livraisons de biens, les prestations de services et les acquisitions intracommunautaires réputées être effectuées à un intermédiaire opaque ou par lui, le fait générateur se produit « au moment où l'opération dans laquelle cet assujetti s'entremet est effectuée » (CGI art. 269, 1-a ter). **83360**

La livraison de biens ou la prestation de services dont le fait générateur sert de référence est celle qui intervient entre l'intermédiaire et le tiers cocontractant (**opération qui est l'objet de l'entremise**).

EXEMPLES

1. Entremise **à la vente** de biens ou de services : si le fait générateur de la livraison de biens (ou de la prestation de services) effectuée par l'intermédiaire opaque au profit du tiers cocontractant intervient le 30 mars, le fait générateur de la livraison de biens (ou de la prestation de services) réputée effectuée par le commettant au profit de l'intermédiaire intervient également le 30 mars.
2. Entremise **à l'achat** de biens ou de services : si le fait générateur de la livraison de biens (ou de la prestation de services) effectuée par le tiers cocontractant au profit de l'intermédiaire opaque intervient le 25 mai, le fait générateur de la livraison de biens (ou de la prestation de services) réputée effectuée par l'intermédiaire au profit du commettant intervient le 25 mai.

Lorsqu'un intermédiaire opaque intervient dans une **livraison de biens en provenance d'un autre État membre** de l'UE, le fait générateur de l'acquisition intracommunautaire que réalise cet intermédiaire intervient au moment où la livraison au tiers cocontractant ou au commettant est effectuée (BOI-TVA-BASE-20-40 n° 100).

AUTRES RÈGLES DE TVA

83370 Hormis les particularités concernant le fait générateur (n° 83360) et celles concernant l'intermédiation dans des opérations du commerce extérieur (nos 83380 s.), les opérations des intermédiaires opaques, des commettants et des tiers cocontractants sont soumises aux **règles de droit commun** de la TVA.

C'est ainsi que les opérations des intermédiaires opaques suivent chacune le régime de TVA des livraisons de biens ou prestations de services qui sont intermédiées, notamment en matière de **taux** ou de **territorialité** (BOI-TVA-CHAMP-10-10-40-40 n° 60). De la même manière, les intermédiaires opaques qui interviennent dans des opérations relevant d'une **exonération** bénéficient de la même exonération au titre de leur activité d'entremise (en ce sens, CJUE 14-7-2011 aff. 464/10 : RJF 11/11 n° 1254 ; BOI précité n° 60).

Les intermédiaires opaques doivent facturer la TVA sur la vente du bien ou la fourniture du service qu'ils sont réputés réaliser. L'**obligation de facturation** incombe également aux commettants qui font appel à des intermédiaires opaques. Les intermédiaires opaques ainsi que leurs commettants sont, en ce qui concerne l'obligation de facturation, soumis en principe aux règles de droit commun. Il est toutefois admis que le compte-rendu délivré par un intermédiaire à la vente à son commettant dispense ce dernier de lui adresser une facture à condition que ce document fasse clairement apparaître le montant de l'opération du commettant et que l'intermédiaire détienne un mandat de facturation écrit de son commettant ou, à défaut, que ce dernier ait signé le compte-rendu (BOI-TVA-DED-40-10-10 n° 230).

Par ailleurs, les intermédiaires opaques exercent leurs **droits à déduction** dans les conditions de droit commun (nos 50500 s.).

Enfin, pour l'application notamment des règles de la **franchise en base** et des **régimes d'imposition** (nos 47550 s.), le chiffre d'affaires des intermédiaires opaques est déterminé compte tenu du montant total des transactions dans lesquelles ils s'entremettent. La limite applicable dépend de la nature des opérations concernées (BOI-BIC-DECLA-10-10-20 n° 20 ; BOI-TVA-DECLA-40-10-10 n° 240).

INTERMÉDIAIRES OPAQUES INTERVENANT DANS DES OPÉRATIONS DU COMMERCE EXTÉRIEUR

83380 Les intermédiaires opaques intervenant dans des **opérations intracommunautaires** sont soumis aux règles applicables aux livraisons et aux acquisitions intracommunautaires de biens et aux obligations qui en découlent (voir nos 19600 s.).

Le régime des **exportateurs** (nos 22440 s.) s'applique aux intermédiaires opaques lorsque leur entremise aboutit à l'expédition des biens vers un pays ou un territoire tiers.

L'application du système des **achats en franchise** décrit aux nos 30000 s. appelle des explications particulières lorsque les exportations ou les livraisons intracommunautaires sont réalisées avec **entremise d'un intermédiaire opaque** (généralement, un commissionnaire en marchandises) (voir nos 83385 s.).

83385 Le **commissionnaire** en marchandises (intermédiaire opaque) qui **s'entremet dans des exportations ou des livraisons intracommunautaires** exonérées peut, dès lors qu'il est réputé réaliser personnellement ces opérations, **acquérir en franchise** (dans les conditions visées aux nos 30000 s.) les biens faisant l'objet de l'exportation ou de la livraison intracommunautaire qui sont livrés par son fournisseur (l'assujetti dont les biens font l'objet de l'exportation ou de la livraison intracommunautaire) ainsi que les services portant sur ces biens.

Il doit toutefois remettre à son fournisseur une **attestation particulière** faisant apparaître qu'il agit en son nom propre mais pour le compte d'autrui et devant, en principe, être établie pour un montant déterminé. Cependant, s'il est dispensé du visa de ses attestations par le service des impôts, le commissionnaire n'est pas tenu de chiffrer les attestations correspondant à des achats en France.

Le **fournisseur du commissionnaire** peut également acquérir en franchise les biens qu'il livre à cet intermédiaire et qui font l'objet par celui-ci d'une exportation ou d'une livraison intracommunautaire. Pour la détermination du contingent d'achats en franchise du fournisseur, il y a lieu de retenir le montant des livraisons en franchise effectuées l'année précédente par ce fournisseur à des commissionnaires agissant en leur nom propre.

Ces dispositions sont notamment applicables au bureau d'achat de maisons étrangères qui agit en son nom propre et au GIE agissant en son nom propre dont l'activité consiste exclusivement à expédier en l'état hors de France les biens de la fabrication ou du négoce de ses membres et que ceux-ci lui ont livrés (BOI-TVA-CHAMP-30-30-50-10 nos 30 et 40).

Le commissionnaire à la vente ou à l'achat (intermédiaire opaque) qui **s'entremet entre une** **83390**
personne réalisant une exportation ou une livraison intracommunautaire de biens exonérée **et le fournisseur des biens** peut acquérir en franchise, auprès de ce fournisseur, les biens qu'il livre à la personne réalisant l'exportation ou la livraison intracommunautaire.

Pour la **détermination du contingent** d'achats en franchise, il y a lieu de retenir le montant des livraisons hors taxe faites l'année précédente par le commissionnaire aux personnes réalisant des exportations ou des livraisons intracommunautaires, sous couvert d'attestations en franchise délivrées par ces personnes.

En revanche, le fournisseur du commissionnaire ne peut pas bénéficier des achats en franchise de TVA pour les biens qu'il livre au commissionnaire (BOI-TVA-CHAMP-30-30-50-10 nos 90 et 100).

CHAPITRE 8 AGENTS DE VOYAGES

SOMMAIRE

83700 Un régime particulier, dit de **taxation « sur la marge »,** est prévu pour les opérations d'entremise effectuées par les agents de voyages, lorsqu'elles sont constitutives d'une prestation de services unique.

Après avoir étudié le champ d'application de ce régime particulier, nous en aborderons les spécificités, qui concernent la territorialité, la base d'imposition et les droits à déduction. Nous verrons ensuite les obligations auxquelles sont soumis les agents de voyages.

SECTION 1 CHAMP D'APPLICATION DU RÉGIME PARTICULIER

83750 En application de l'article 257 ter, III du CGI, les différents éléments fournis pour la réalisation d'un voyage par une **agence de voyages ou** un **organisateur de circuits touristiques** qui agit en son nom propre à l'égard des voyageurs et **recourt** à des livraisons de biens ou des prestations de services d'**autres assujettis** constituent une **prestation de services unique** en matière de TVA, suivant son **régime propre.**

> **Précisions** **a.** Les dispositions du régime particulier applicables aux agents de voyages ne sont pas limitées au cas de vente de voyages aux voyageurs mais s'étendent aux **ventes à tout client** (notamment, CJUE 26-9-2013 aff. 296/11 : RJF 12/13 n° 1190 ; CJUE 27-1-2021 aff. 787/19 : RJF 6/21 n° 677). Le régime particulier peut ainsi s'appliquer, notamment, aux recettes perçues de personnes relevant elles-mêmes de ce régime dès lors qu'elles résultent de la vente de voyages (BOI-TVA-SECT-60 n° 40).
> **b.** Les principes posés aux I et II de l'article 257 ter du CGI, reprenant la jurisprudence de la CJUE en matière d'**opérations complexes** (nos 1280 s.), ne sont donc **pas applicables** s'agissant des prestations réalisées par les agents de voyages dans les conditions exposées ci-dessus.

PERSONNES CONCERNÉES

83760 L'application du régime spécifique des agents de voyages **ne dépend que de la nature de la prestation** fournie. Il ne s'applique **pas** en fonction **de la qualité de l'opérateur.** Il importe donc peu que celui-ci bénéficie ou non formellement de la qualité d'agent de voyages ou d'organisateur de circuits touristiques et qu'il soit donc titulaire ou non d'une licence d'agent de voyages (CJUE 22-10-1998 aff. 308/96 et 94/97 : RJF 12/98 n° 1521 ; BOI-TVA-SECT-60 n° 20).

Par ailleurs, le régime particulier n'est pas subordonné à un mode de commercialisation particulier (agence, catalogue, internet).

OPÉRATIONS CONCERNÉES

83770 Il ressort de l'article 306 de la directive TVA et de l'article 257 ter, III du CGI que seules les **opérations d'entremise** sont susceptibles d'être concernées par le régime particulier des agents de voyages, ces derniers devant utiliser, pour la réalisation du voyage, des **livraisons de biens ou** des prestations de **services d'autres assujettis.** La doctrine administrative admet qu'il puisse également s'agir de services d'**organismes non assujettis** (par exemple des droits d'entrée dans des musées publics) (BOI-TVA-SECT-60 n° 50).

Ainsi, le régime particulier ne s'applique pas lorsque les services sont rendus aux clients à l'aide de **moyens d'exploitation dont l'agent de voyages** est **propriétaire ou locataire.** Tel est le cas notamment de la fourniture de transport, de logement, de ventes à consommer sur place, de la location d'emplacements de campement, lorsque l'agent de voyages exploite directement les véhicules, les établissements hôteliers, les restaurants ou les terrains, et de la location ou de la sous-location de tentes, de caravanes, de maisons mobiles ou de moyens de transport (véhicules automobiles, bateaux) appartenant à l'agent de voyages ou pris à bail par lui (BOI-TVA-SECT-60 n° 60 ; sur le taux applicable à de telles prestations d'hébergement proposées par un agent de voyages dans des terrains de camping classés, voir n° 92050). **83775**

De même, le régime particulier ne s'applique pas lorsque les services sont rendus aux clients dans le cadre d'un **contrat d'affrètement ou de coaffrètement.** Ainsi, la part du prix forfaitaire d'une prestation de services de voyages correspondant au transport aérien réalisé par l'intermédiaire d'aéronefs mis à la disposition d'une agence de voyages ou d'un tour-opérateur dans le cadre d'un tel contrat n'est pas soumise au régime de la marge spécifique aux agences de voyages (BOI précité).

> Précisions a. La réservation conditionnelle – c'est-à-dire sous réserve de confirmation ultérieure – d'un certain nombre de places dans un hôtel ou un moyen de transport (dénommée **allotement ou contingent** par les professionnels) ne constitue pas une location effectuée par l'agent de voyages pour son propre compte (BOI précité).
b. Lorsque l'agent de voyages ou l'organisateur de circuits touristiques effectue, contre le paiement d'un prix forfaitaire, des opérations composées de prestations de services **fournies en partie par lui-même et en partie par d'autres assujettis** (entremise), le régime particulier s'applique uniquement aux prestations fournies par des tiers (CJUE 22-10-1998 aff. 308/96 et 94/97 : RJF 12/98 n° 1521 ; CE 5-3-2012 n°s 324263 et 339116 : RJF 5/12 n° 461 ; voir également n° 84080). Les prestations fournies par l'opérateur lui-même sont soumises au droit commun de la TVA (CJUE 25-10-2012 aff. 557/11 : RJF 2/13 n° 243).

Pour que le régime particulier trouve à s'appliquer, la prestation d'entremise doit comprendre **au moins** le **transport et/ou** l'**hébergement.** **83780**

EXEMPLE

Un prestataire qui organise un événement commercial et qui fournit à son client une prestation globale comprenant, outre différents services spécifiques tels que la location d'une salle ou le service d'un traiteur, une prestation d'hébergement réalise une prestation de services de voyages soumise au régime particulier.

Mais, même dans le cas où l'agent de voyages ne fournit qu'une prestation de transport ou d'hébergement (**prestation** dite « **sèche** »), il peut bénéficier du régime particulier : la Cour de justice considère en effet que, même dans une telle hypothèse, la prestation offerte par l'agent de voyages ne se réduit pas à la fourniture de ladite prestation mais comprend des prestations annexes, telles que la délivrance d'informations ou de conseils propres à orienter le client dans son choix et les réservations (CJUE 12-11-1992 aff. 163/91 : RJF 3/93 n° 472 ; en ce sens également, BOI-TVA-SECT-60 n° 50). À noter toutefois que, dans un arrêt ultérieur, la Cour de justice a jugé que la seule mise à disposition par une agence de voyages d'une résidence de vacances louée auprès d'autres assujettis constitue un service unique relevant du régime particulier des agences de voyages, sans que la Cour ne se réfère au critère susvisé tenant à la « délivrance d'informations ou de conseils au client » (CJUE 19-12-2018 aff. 552/17 : RJF 3/19 n° 315). La question se pose de savoir si cette dernière décision doit être considérée comme marquant un infléchissement de la jurisprudence de l'arrêt du 12 novembre 1992 susvisé.

> Précisions a. Une société qui exploite un **site internet** proposant à ses clients, afin d'assurer leurs déplacements lors de leurs voyages, de comparer les tarifs de différents loueurs de voitures de tourisme, avec lesquels elle est liée par contrat, de réserver leur véhicule et qui, outre la **location de véhicules** (sous-traitée à des tiers), fournit des **prestations d'information et de conseil pour la réservation** des véhicules, exerce une activité d'agence de voyages (CE 7-12-2015 n° 371403 : RJF 3/16 n° 235). Cette solution est susceptible de s'appliquer aux sites internet « comparateurs » de voyages, de vols ou d'hôtels, dès lors qu'ils remplissent les conditions exposées aux n°s 83770 s.
b. En revanche, une **société de transport** qui se contente d'assurer le transport de personnes en **fournissant un transport** en autocars **aux agences de voyages** et qui ne fournit aucun autre service, tel que l'hébergement, une activité de guide ou de conseils, n'effectue pas des opérations qui relèvent du régime particulier (CJUE Ord. 1-3-2012 aff. 220/11).

83785 Les **ventes ou prestations** de services effectuées par les agents de voyages qui ne sont **pas comprises dans un voyage ou un séjour** offert à la clientèle pour un **prix global et forfaitaire** ne relèvent pas du régime spécifique. Il s'agit, par exemple, des locations de places de spectacle, des opérations de change, des ventes de guides ou de photos, du placement d'assurances ou de contrats d'assistance (BOI-TVA-SECT-60 n° 70).

De même, la CJUE a jugé que la vente isolée de billets d'opéra par un agent de voyages, sans fourniture d'une prestation de voyage telle que le transport ou le logement, n'entre pas dans le champ du régime particulier (CJUE 9-12-2010 aff. 31/10 : RJF 10/11 n° 1110).

83790 Seules les **opérations d'entremise** effectuées par l'agent de voyages ou l'organisateur de circuits touristiques **en son nom propre** à l'égard du client (intermédiation opaque au sens de l'article 256, V-1° du CGI) entrent dans le champ du régime particulier.

Lorsqu'il intervient en tant qu'**intermédiaire agissant au nom et pour le compte d'autrui,** ce sont les règles propres aux prestations des intermédiaires transparents qui s'appliquent (voir n° 83250) (BOI-TVA-SECT-60 n°s 30 et 40).

Notamment, lorsqu'un agent de voyages vend des billets de transport d'une compagnie aérienne, il est considéré comme intervenant en tant qu'intermédiaire transparent dans la **vente de billets d'avion** et non en tant que prestataire d'un service de transport de voyageurs. La commission qu'il perçoit de ses clients doit, dès lors, être soumise à la TVA (au taux normal) pour la distance parcourue sur le territoire français (elle est toutefois exonérée lorsqu'elle concerne un transport à destination ou en provenance de l'étranger ou des départements et collectivités d'outre-mer : n° 26700). Les clients assujettis peuvent déduire dans les conditions de droit commun la taxe ainsi facturée par l'agent de voyages (Rép. Franco : AN 7-6-2005 n° 60261, non reprise au Bofip mais dont la solution nous paraît conserver sa valeur).

SECTION 2 TERRITORIALITÉ

PRESTATION DE SERVICES UNIQUE

83860 La **prestation de services unique** d'un agent de voyages (au sens défini aux n°s 83750 s.) est, en vertu de l'article 259 A, 8° du CGI, située **en France** (et, par suite, taxable en France), quel que soit le lieu d'établissement du preneur (France, autre État membre de l'UE ou pays tiers) et la qualité de ce dernier (assujetti ou non-assujetti) :

– lorsque l'agent a en France le **siège de son activité économique,** sauf si la prestation est fournie à partir d'un établissement stable situé à l'étranger ;

– **ou** lorsque, ayant le siège de son activité économique à l'étranger, il dispose en France d'un **établissement stable** à partir duquel la prestation de services unique est fournie.

> Précisions Sur les notions de « siège de l'activité économique » et d'« établissement stable prestataire », voir n°s 24310 et 24360 s. On précisera toutefois ici que, lorsqu'un organisateur de **circuits touristiques** établi dans un État membre fournit à des voyageurs des prestations de services **par l'intermédiaire d'une filiale** (dont il détient la totalité du capital) opérant en qualité d'agent dans un autre État membre, ces prestations sont imposables à la TVA dans ce dernier État dès lors que cette filiale, qui agit comme un simple auxiliaire de l'organisateur, dispose des moyens humains et techniques qui caractérisent un établissement stable (CJUE 20-2-1997 aff. 260/95 : RJF 4/97 n° 406).

83865 En vertu de l'article 262 bis du CGI, les opérations d'entremise des agents de voyages constitutives de prestations de services uniques (au sens défini aux n°s 83750 s.) sont en principe **exonérées** pour la partie qui se rapporte à des **services exécutés hors de l'UE.** La partie de ces opérations qui se rapporte à des services exécutés en France ou dans un autre État membre de l'UE est en revanche normalement taxable.

> Précisions a. Selon l'administration, la **notion de services exécutés** au sens de l'article 262 bis du CGI doit être appréciée en rapport avec le lieu de taxation des prestations de services fournies par les assujettis auxquels l'agent de voyages a recours.

Ainsi, par **exemple,** les prestations liées à des activités culturelles et autres (ne consistant pas à donner accès à des manifestations), qui sont délivrées par un prestataire établi hors de l'UE pour la réalisation d'un séjour dans le pays où est établi ce prestataire, composé par un agent de voyages établi en France, sont imposables en France et doivent faire l'objet d'une autoliquidation par l'agent de voyages (voir n°s 24500 s.). Dès lors, ces opérations ne peuvent pas être considérées comme exécutées hors de l'UE pour la détermination de la part de la rémunération de l'agent de voyages éligible à l'exonération sur le fondement de l'article 262 bis du CGI.

b. La prestation unique des agences de voyages relative à la vente de **voyages organisés dans les DOM** est exonérée lorsque les services sont facturés par une agence métropolitaine ou une agence située dans un DOM autre que celui de réalisation du voyage à leurs clients (sous réserve du cas particulier des relations entre la Guadeloupe et la Martinique : n° 93420) (BOI-TVA-SECT-60 n° 130).

AUTRES PRESTATIONS DE SERVICES

Les prestations de services fournies par les agents de voyages qui ne répondent pas à la définition de la prestation de services unique (au sens défini aux nos 83750 s.) ne bénéficient pas du régime particulier des agents de voyages. La règle de territorialité prévue par l'article 259 A, 8° du CGI n'est donc pas applicable à ces prestations. **83880**

Tel est le cas des prestations de services fournies par les agents de voyages qui agissent au nom et pour le compte d'autrui (**intermédiaires transparents**) ou encore des **prestations fournies** par des agents de voyages agissant en leur propre nom **à partir de moyens leur appartenant.**

Pour ces opérations, il convient d'appliquer les règles de territorialité qui leur sont propres.

Les **agents de voyages** (et organisateurs de circuits touristiques) **étrangers,** non établis en France en cette qualité et qui, à partir de leur établissement situé à l'étranger, **organisent des voyages ou des séjours en France** ne sont pas imposables à la TVA en France au titre de cette prestation d'entremise (CGI art. 259 A, 8°). **83885**

Dans certains cas, les **services** que les clients utilisent lors de séjours ou de voyages en France sont **exécutés matériellement par ces agents** et non par les prestataires qui fournissent habituellement de tels services. Il en est ainsi notamment lorsque les voyageurs séjournent dans des établissements hôteliers, terrains de camping, tentes, caravanes ou maisons mobiles **exploités par l'agent de voyages,** ou que ces biens meubles corporels sont simplement mis à la disposition des voyageurs en France.

Dans ces différentes hypothèses, les prestations ainsi réalisées, qui ne sont pas constitutives d'une prestation unique d'agent de voyages, sont imposables en France en application, notamment, des dispositions des 2° et 5°-a de l'article 259 A du CGI. La base d'imposition est constituée non par la marge, mais par la partie du prix réclamé par l'agent de voyages à ses clients correspondant à ces prestations, déterminée par l'agent lui-même, sous réserve du droit de contrôle de l'administration fiscale (BOI-TVA-SECT-60 nos 140 et 150).

EXEMPLE

Un agent de voyages établi en France, agissant en son propre nom à l'égard de ses clients, fournit à partir de son siège français un voyage à forfait de quatre jours comprenant : **83900**

- un transport en autocar au départ de Lyon qui comprend trois étapes :
  - Lyon-Venise en passant par la Suisse,
  - Venise-Florence,
  - Florence-Lyon (sans passer par la Suisse) ;
- deux nuits d'hôtel à Venise et une à Florence ;
- plusieurs visites de musées et monuments à Venise et à Florence ;
- les repas au restaurant pendant toute la durée du voyage (dont un déjeuner en France et un en Suisse, les autres repas étant pris en Italie) ;
- la fourniture de vélos de location pour une demi-journée afin de visiter Florence.

1e hypothèse : Toutes les prestations susvisées sont fournies par d'autres assujettis. L'agent de voyages fournit une prestation unique imposable à la TVA en France.

La base d'imposition est constituée par la marge qu'il réalise sur la commercialisation du voyage, déterminée en déduisant du coût total facturé au client le coût des prestations de ses fournisseurs (nos 84000 s.).

La « part » de la prestation unique de l'agent de voyages se rapportant aux prestations des fournisseurs exécutées dans les pays tiers (repas pris en Suisse et partie du trajet en autocar effectuée dans ce pays) est exonérée de TVA.

En contrepartie de l'imposition sur la marge, l'agent de voyages n'est pas autorisé à déduire la TVA facturée par ses fournisseurs (n° 84150).

2e hypothèse : L'agent de voyages fournit lui-même une ou plusieurs des prestations qui composent le voyage commercialisé pour un prix forfaitaire.

Les prestations concernées ne font pas partie de la « prestation unique » et suivent les règles de territorialité qui leur sont propres. Il revient dans ce cas à l'agent de voyages de déterminer, au sein du prix forfaitaire payé par le client, la part relative aux prestations qu'il fournit lui-même, la part restante (prestations fournies par des tiers) constituant une prestation unique imposable en France.

Ainsi, si l'agent de voyages réalise lui-même le transport avec ses propres autocars, la prestation de transport sera imposable en France à hauteur du kilométrage effectué en France, et imposable en Italie à hauteur du kilométrage effectué en Italie (nos 25130 s.). L'agent de voyages pourra déduire la TVA grevant les dépenses effectuées pour cette prestation de transport (ou en obtenir le remboursement).

Si les vélos mis à la disposition des voyageurs appartiennent à l'agent de voyages, la prestation de location suivra les règles de territorialité propres aux locations de moyens de transport de courte durée et sera donc située au lieu de leur mise à disposition, en l'occurrence en Italie (nos 24975 s.).

3e hypothèse : Pour rendre service à un bon client (personne physique non assujettie) désirant participer au voyage, mais également visiter la région de Florence sans rentrer directement en France, l'agent de voyages accepte de réserver pour son compte à Florence une voiture de location, ainsi que deux nuits d'hôtel supplémentaires dans les environs de la ville, et son billet de retour Florence-Lyon en train.

Pour toutes ces opérations, l'agent de voyages agit en tant qu'intermédiaire transparent. Cette prestation d'intermédiation suit, en vertu de l'article 46 de la directive TVA (transposé à l'article 259 A, 7° du CGI), les mêmes règles de territorialité que l'opération principale (nos 25700 s.).

Dès lors, la commission perçue à ce titre par l'agent de voyages devra être ventilée entre les différentes prestations principales (hôtellerie, location de courte durée de moyens de transport et transport de passagers), la part de la commission se rapportant à chacune des opérations principales devant suivre la règle de territorialité propre à chacune d'entre elles.

En l'espèce, la part de commission se rapportant à la réservation de la chambre d'hôtel sera, comme indiqué au n° 25070, imposable au lieu de situation de l'immeuble (soit en Italie), celle se rapportant à la location de véhicule de courte durée sera imposable au lieu de la mise à disposition de celui-ci (soit en Italie), et enfin celle se rapportant à l'achat du billet de train sera imposable pour partie en Italie et pour partie en France, à proportion du kilométrage effectué dans chacun de ces deux pays.

La part de la commission se rapportant à l'achat du billet de train sera toutefois exonérée en vertu de l'article 263 du CGI (la ligne relevant en effet du trafic international au sens de l'article 24 A, 1° de l'annexe IV au CGI) (BOI-TVA-CHAMP-30-30-40 n° 20).

SECTION 3 BASE D'IMPOSITION

84000 La base d'imposition des **prestations de services uniques** (au sens défini aux nos 83750 s.) effectuées par des agents de voyages est constituée, en vertu de l'article 266, 1-e du CGI, par la différence entre le prix total payé par le client et les sommes facturées à l'agent de voyages par les différents prestataires qui exécutent matériellement les services utilisés par le client. Autrement dit, la base d'imposition de ces prestations est constituée par la **marge.**

> **> Précisions** Pour les **autres prestations** de services effectuées par les agents de voyages (en particulier celles qu'ils effectuent en tant qu'intermédiaires transparents ou celles pour lesquelles ils utilisent des biens ou services fournis par eux-mêmes), la base d'imposition est constituée par le montant de la commission ou de la rémunération. Le régime des **débours** engagés pour le compte d'autrui est susceptible de s'appliquer pour ces prestations lorsque le régime spécifique de la prestation unique ne s'applique pas (n° 36370).

84005 En pratique, la marge est constituée par la **différence,** calculée **par période d'imposition** (mois ou trimestre), **entre** les **encaissements** perçus **et** les **dépenses** (factures reçues) (BOI-TVA-SECT-60 n° 200).

> **Précisions a.** La TVA sur la marge est **exigible** lors de l'encaissement des acomptes, du prix, de la rémunération ou, sur option, d'après les débits. Les agents de voyages ne peuvent donc différer la déclaration et le paiement de la taxe en se référant à une date d'exigibilité postérieure à l'encaissement telle que, par exemple, la date d'exécution des services rendus aux clients par les différents prestataires qui exécutent matériellement les services utilisés par le client (BOI précité n°s 170 et 180 ; en ce sens également, CAA Nantes 30-12-1998 n° 96-94 : RJF 4/99 n° 397).
> **b.** Aucune restitution de la TVA versée au titre d'une période n'est possible lorsqu'un agent de voyages n'a pas pu imputer sur les périodes suivantes un excédent de dépenses du fait de sa cessation d'activité (CAA Nantes 30-12-1998 n° 96-94 précité).
> **c.** À noter que, selon la **CJUE,** la marge bénéficiaire des agents de voyages doit être déterminée en se référant à chaque prestation de services unique fournie par l'agence de voyages prise isolément, et non **pas de manière globale** (CJUE 26-9-2013 aff. 189/11 : RJF 12/13 n° 1190 ; CJUE 27-1-2021 aff. 787/19 : RJF 6/21 n° 677).
> En cas de versement d'**acomptes** (pour lesquels la taxe est exigible au moment de l'encaissement), lorsque le montant de l'acompte correspond au prix total du service touristique ou à une partie significative de ce prix et que l'agence n'a encore supporté aucun coût effectif, ou seulement une part limitée du coût total individuel de ce service, ou encore lorsque le coût effectif individuel du voyage supporté par l'agence ne peut pas être déterminé au moment du paiement de l'acompte, la marge bénéficiaire peut être déterminée sur le fondement d'une **estimation du coût effectif total** (en tenant compte des coûts déjà effectivement supportés lors de l'encaissement de l'acompte) (CJUE 19-12-2018 aff. 422/17 : RJF 4/19 n° 405).

DÉFINITION DES ENCAISSEMENTS ET DES DÉPENSES

Les **encaissements** s'entendent du prix de vente des voyages ou séjours, c'est-à-dire du prix payé par le client (BOI-TVA-SECT-60 n° 210). **84020**

> **Précisions** La notion de « montant total à payer par le voyageur » au sens de l'article 308 de la directive TVA comprend le **montant additionnel** qu'un **agent de voyages opérant en qualité d'intermédiaire** pour le compte d'un organisateur de circuits touristiques doit verser à celui-ci en sus du prix acquitté par le voyageur et qui correspond à la **remise** qu'il a consentie à ce dernier sur le prix du voyage tel que fixé au catalogue de l'organisateur de circuits touristiques (CJUE 19-6-2003 aff. 149/01 : RJF 10/03 n° 1197).

Les **dépenses** comprennent le montant net, après déduction des ristournes et rabais consentis, des sommes facturées à l'organisateur de voyages par les différents prestataires qui exécutent les services rendus à la clientèle. Il n'y a lieu de retenir le montant net des charges que si les **rabais et ristournes** figurent sur la facture délivrée à l'agent de voyages par le fournisseur de services. Si les réductions de prix sont consenties ultérieurement, ces charges sont retenues pour leur montant brut et les ristournes et rabais sont ajoutés aux encaissements du mois au cours duquel ils ont été consentis (BOI-TVA-SECT-60 n° 220). **84025**

Ces dépenses sont augmentées, le cas échéant :

– des **rémunérations versées aux intermédiaires** (agents de voyages) qui ont vendu des voyages ou séjours pour le compte de l'organisateur ;

– du montant net des **sommes remboursées à la clientèle,** quel que soit celui qui a pris l'initiative de l'annulation du contrat et le motif de celle-ci (s'agissant des frais d'annulation, de dédit ou de résiliation retenus par l'agent de voyages, voir n° 84030) ;

– du **coût de revient** des prestations d'**informations et** de **conseils** visées au n° 83780 (BOI précité n° 230).

Les **frais d'annulation, de dédits ou de résiliation retenus par un agent de voyages** sont inclus dans le calcul de la marge s'ils s'analysent comme la contrepartie d'une prestation de services individualisée, y compris en l'absence d'exécution (n°s 6780 s.), mais pas s'ils ont pour seul objet d'indemniser un préjudice (n° 6410 ; s'agissant plus particulièrement des arrhes versées en application de l'article 1590 du Code civil, voir n°s 35730 s.). **84030**

EXEMPLE

> Dans le cas où le client ne met pas en œuvre son droit au voyage ou séjour après avoir versé l'intégralité du prix, ce prix est soumis à la TVA lorsque le client n'est pas autorisé par les conditions contractuelles à réclamer un remboursement, même partiel.

Remarque : Ces frais retenus par l'agent font également l'objet de la **répartition** prévue en application des **règles de territorialité** visée aux n°s 84040 s. Ils ne sont donc pas soumis à la TVA lorsqu'ils se rapportent à des opérations afférentes à des prestations dont le lieu d'imposition se situe hors de l'UE (BOI-TVA-SECT-60 n° 230).

VENTILATION DES ENCAISSEMENTS ET DES DÉPENSES EN PART TAXABLE ET NON TAXABLE

84040 À chacun des deux termes de la différence (encaissements perçus et factures reçues) ne doit être retenu que ce qui se rapporte aux **opérations situées dans le champ d'application territorial** de la TVA. Pour chaque encaissement ou dépense, il y a donc lieu de ventiler dans les écritures comptables la part taxable et celle correspondant à des opérations non taxables en application des règles de territorialité (sur les règles de territorialité, voir nos 83860 s.).

En pratique, lorsque le circuit ou **séjour** se déroule **entièrement en France métropolitaine et/ou dans un autre État membre de l'UE,** les encaissements et les dépenses sont intégralement pris en compte pour le calcul de la base imposable.

Lorsque le circuit ou **séjour** se déroule **entièrement hors de l'UE,** c'est-à-dire lorsqu'il comporte un transport aller-retour vers un pays tiers sans prestations liées à une escale dans l'UE, les encaissements et les dépenses correspondants n'ont pas à être pris en compte pour le calcul de la base imposable. L'administration admet qu'une halte dans un restaurant situé dans un État membre de l'UE ne fait pas obstacle à la non-imposition (BOI-TVA-SECT-60 nos 200 et 240 à 260).

84045 Lorsque le circuit ou **séjour** se déroule **à la fois dans les États membres de l'UE et en dehors de celle-ci,** l'agent de voyages doit ventiler, sous sa propre responsabilité, les parts taxable et non taxable des recettes et des dépenses.

Pour effectuer cette ventilation, les **organisateurs de voyages** sont en mesure de connaître le coût et la localisation des différentes prestations qui seront réunies pour constituer un voyage ou un séjour organisé. Ils peuvent donc procéder à une ventilation précise de leurs dépenses.

À titre de **règle pratique,** les organisateurs de voyages sont autorisés à ventiler leurs encaissements concernant un voyage ou un séjour déterminé, proportionnellement au pourcentage global de dépenses se rapportant à des opérations taxables et non taxables constaté pour ce même voyage (BOI-TVA-SECT-60 nos 270 et 280).

> **Précisions** L'administration avait également admis, à titre de règle pratique, que les **agents de voyages non organisateurs** puissent ventiler leurs encaissements et leurs dépenses se rapportant à un voyage ou à un séjour donné au prorata du temps passé à l'intérieur de l'UE et en dehors de celle-ci.
> Par exemple, pour un circuit alpin de huit jours comprenant six jours à l'intérieur de l'UE et deux jours en dehors de celle-ci (Suisse), la part des encaissements (sommes reçues de la clientèle) et des dépenses (sommes reversées à l'organisateur) à retenir pour calculer la base d'imposition est égale à 6/8e (D. adm. 3 L-6143 no 17). Bien que non reprise au Bofip, cette mesure nous paraît conserver son intérêt.

CONVERSION HORS TAXE

84060 Le montant de la marge déterminé comme indiqué aux nos 84000 s. est un **montant taxe comprise.** Il convient donc d'appliquer au résultat obtenu le coefficient de conversion relatif au **taux normal** (nos 40105 et 93865).

EXEMPLE DE CALCUL

84070 Au cours du mois de novembre 2023, un agent de voyages perçoit les **encaissements** suivants :

5 novembre – 7 500 € TTC : ventes sous son propre nom (intermédiation opaque) de circuits touristiques en France organisés par un autre agent ;

6 novembre – 10 000 € : circuits de huit jours en France, Italie et Suisse (deux jours dans ce dernier pays) ;

9 novembre – 500 € TTC : commission sur ventes de billets SNCF (transports en métropole) ;

10 novembre – 1 000 € : commission sur ventes de billets d'avion à destination de l'étranger et des DOM ;

14 novembre – 13 000 € TTC : vente d'un voyage organisé par l'agent en Bretagne ;

20 novembre – 300 € TTC : commission sur réservation de véhicules de location en France continentale ;

27 novembre – 1 300 € : commission sur réservation de chambres d'hôtel (450 € dans des pays membres de l'UE, 850 € hors de l'UE).

Les **factures** suivantes sont **reçues** au cours de la même période d'imposition :

2 novembre – 2 300 € TTC : frais de transports relatifs à un voyage organisé par l'agent dans les châteaux de la Loire ;

7 novembre – 4 500 € TTC : diverses factures d'hôtels émanant d'établissements installés dans l'UE ;

16 novembre – 7 500 € TTC : factures d'organisateurs de voyages pour des séjours en France et dans l'UE, commercialisés par l'agent pour son propre nom (intermédiation opaque) ;

17 novembre – 11 000 € : facture d'un organisateur de voyages pour des séjours au Sénégal vendus par l'agent sous son propre nom (intermédiation opaque) au cours des deux mois précédents.

Date	Encaissements			Paiements		
	Somme totale	Part taxable	Part non taxable	Somme totale	Part taxable	Part non taxable
2 novembre	-	-	-	2 300	2 300	-
5 novembre	7 500	7 500	-			
6 novembre	10 000	7 500 (UE)	2 500 (hors UE)			
7 novembre	-	-	-	4 500	4 500	-
14 novembre	13 000	13 000	-	-	-	-
16 novembre	-	-	-	7 500	7 500	
17 novembre	-	-	-	11 000	-	11 000
Totaux	30 500	28 000	2 500	25 300	14 300	11 000

Marge TTC (total colonne 2 – total colonne 5) : 28 000 € – 14 300 € = 13 700 €.

Marge HT : 13 700 € × 0,833 = 11 412 € (0,833 correspond au coefficient de conversion du taux normal fixé à 20 %).

Encaissements perçus en tant qu'intermédiaire transparent :

Encaissements HT : (500 € + 300 € + 450 €) × 0,833 = 1 041 €.

Les 1 000 € de commissions perçus le 10 novembre sur des ventes de billets d'avion à destination des DOM ou de l'étranger sont exonérés de TVA. Il en est de même pour la commission sur la réservation de chambres d'hôtels situés hors UE perçue le 27 novembre à hauteur de 850 €.

TVA brute due pour la période : (11 412 + 1 041) × 20 % = 2 491 €.

CAS PARTICULIER DES OPÉRATEURS PROPOSANT POUR UN PRIX FORFAITAIRE DES PRESTATIONS EFFECTUÉES PAR EUX-MÊMES ET DES PRESTATIONS ACQUISES AUPRÈS DE TIERS

Lorsqu'un opérateur effectue, contre le paiement d'un prix forfaitaire, des opérations compo- **84080**
sées de prestations de services fournies en partie par lui-même et en partie par d'autres assujettis, la taxation sur la marge s'applique uniquement aux prestations de services fournies par les tiers (n° 83775, précision b).

La **partie du forfait qui correspond à ses prestations propres** doit être **isolée** par l'opérateur sur la base de leur **valeur de marché,** dès lors que cette valeur peut être déterminée. L'opérateur peut toutefois utiliser le critère des coûts réels s'il est en mesure de démontrer que ce critère rend fidèlement compte de la structure réelle du forfait. Les deux critères peuvent être combinés dans le cas où la valeur de marché ne peut pas être déterminée pour l'intégralité des prestations propres (CJUE 6-10-2005 aff. 291/03 : RJF 12/05 n° 1496). L'opérateur peut également recourir, le cas échéant, à d'autres critères que ceux de la valeur de marché ou des coûts effectifs, à condition d'en justifier (CE 15-11-2006 n° 276006 : RJF 2/07 n° 143).

Ces règles s'appliquent en particulier aux **transporteurs routiers organisant des voyages** (BOI-TVA-SECT-60 nos 400 à 420).

SECTION 4 DÉDUCTIONS

Dès lors qu'ils sont imposables seulement sur leur marge, les agents de voyages qui effectuent **84150**
des prestations d'entremise constitutives de prestations de services uniques (au sens défini aux nos 83750 s.) ne peuvent pas déduire la **TVA** qui leur est facturée par les **prestataires qui exécutent matériellement les services utilisés par les clients** (hôteliers, restaurateurs, transporteurs...). Le coefficient d'admission applicable à ces services est donc égal à zéro, en vertu de l'article 206, IV-2-9° de l'annexe II au CGI.

Mais les agents de voyages ont la possibilité de déduire dans les conditions de droit commun la TVA afférente aux biens et services utilisés pour les besoins de leur activité et dont le coût n'est pas venu en déduction pour calculer la marge taxable (**immobilisations, frais généraux** dont, notamment, les frais de **publicité**) (BOI-TVA-SECT-60 nos 310 et 320).

> **> Précisions** Est également déductible la TVA afférente à la **commission** perçue par un intermédiaire à la vente auquel l'agent peut recourir pour la vente de ses séjours. En revanche, la **TVA sur marge facturée** par un agent de voyages **à un autre agent de voyages** n'ouvre pas droit à déduction (BOI précité nos 321 et 322).

84155 L'exonération, visée au n° 83865, de la prestation d'entremise relative aux **services exécutés hors de l'UE** ne réduit pas les droits à déduction des agents de voyages.

84160 Pour le calcul de leur **coefficient de taxation forfaitaire,** les agents de voyages imposés sur la marge doivent retenir la totalité de leur chiffre d'affaires, et non pas la seule base d'imposition à la taxe (n° 53070).

84165 Les **agents** de voyages **qui réalisent à la fois des opérations** d'entremise **relevant du régime particulier et** des opérations **ne relevant pas de ce régime** doivent constituer des secteurs distincts dans les conditions définies à l'article 209 de l'annexe II au CGI (nos 54500 s.) (BOI-TVA-SECT-60 n° 330).

SECTION 5 OBLIGATIONS

OBLIGATIONS DÉCLARATIVES

84230 Les agents de voyages doivent mentionner dans leur **déclaration de chiffre d'affaires** le montant hors taxe de la fraction imposable des prestations de services uniques (rubrique « Opérations imposables »), le montant de la TVA correspondante (rubrique « TVA brute »), ainsi que le montant de la fraction non imposable desdites prestations et celui correspondant aux opérations exonérées (n° 83865) (rubrique « Opérations non imposables »).

Les prestations de services uniques des agents de voyages n'ont **pas** à être déclarées sur l'état récapitulatif des services visé à l'article 262, c de la directive TVA (dénommé « **Déclaration européenne des services** » en France).

FACTURATION

84240 Les agents de voyages peuvent se **dispenser de mentionner** distinctement la **TVA** afférente à leurs prestations de services uniques (au sens défini aux nos 83750 s.), même sur les factures remises à des redevables (BOI-TVA-SECT-60 n° 360).

Mais la facture doit comporter la mention « Régime particulier – Agences de voyages » (n° 46375).

Lorsque la TVA est mentionnée, le client assujetti peut exercer les droits à déduction y afférents (BOI précité).

COMPTABILISATION ET JUSTIFICATIONS

84250 L'article 266, 1-e du CGI déroge au principe fondamental de la TVA selon lequel les déductions doivent être opérées « taxe sur taxe » et non « base sur base ».

Il est donc indispensable que la comptabilité des agents de voyages en recettes et dépenses fasse apparaître tous les éléments nécessaires au calcul de ces « déductions » et, partant, à la détermination de la base d'imposition.

Par ailleurs, comme il est de règle lorsque les droits à déduction sont exercés « taxe sur taxe », les **pièces justificatives** des **dépenses** dont le montant est soustrait des bases d'imposition à la TVA doivent pouvoir être présentées à toute demande des services des finances publiques.

Les « **billets de groupe** » **et** les **autres documents collectifs** délivrés aux agents de voyages par les prestataires directs assujettis à la TVA constituent des pièces justificatives des dépenses qu'ils ont engagées à condition que ces documents mentionnent non seulement le montant total du prix payé, mais encore la désignation sociale et l'adresse des agents auxquels ils ont été délivrés (BOI-TVA-SECT-60 nos 380 et 390).

CHAPITRE 9

PRESSE

SOMMAIRE

Le régime applicable à la presse, en matière de TVA, est défini par les articles 298 septies à 298 terdecies du CGI. C'est un **régime d'imposition obligatoire assorti de dispositions spécifiques favorables,** particulièrement au regard des taux. **84600**

Nous examinerons successivement le régime de TVA : **84605**

- des publications de presse et de la presse en ligne (nos 84650 s.) ;
- des fournitures faites à la presse (nos 85900 s.) ;
- des écrits périodiques des organismes à but désintéressé (nos 86220 s.).

SECTION 1

RÉGIME DES PUBLICATIONS DE PRESSE ET DE LA PRESSE EN LIGNE

84650 Après avoir traité du champ d'application du régime particulier de la presse (nos 84660 s.), nous analyserons les caractéristiques de ce régime en examinant les modalités d'imposition des ventes de publications de presse et de la presse en ligne (nos 85420 s.) puis les règles applicables aux autres opérations des entreprises de presse (nos 85680 s.).

I. CHAMP D'APPLICATION DU RÉGIME DE LA PRESSE

84660 Le régime de TVA défini par les articles 298 septies à 298 terdecies du CGI s'applique aux **publications papier** qui remplissent les **conditions** énumérées aux nos 84670 s. et pour lesquelles les éditeurs ont obtenu le certificat d'inscription sur les registres de la commission paritaire des publications et agences de presse (CPPAP) et l'**agrément** de l'administrateur des finances publiques territorialement compétent (nos 85230 s.).

Il s'applique également aux **services de presse en ligne** reconnus comme tels en application de l'article 1er modifié de la loi 86-897 du 1er août 1986 portant réforme du régime juridique de la presse (nos 85380 s.).

A. Publications papier

84670 Aux termes de l'article 298 septies du CGI, les publications susceptibles de bénéficier du régime de la presse sont celles qui remplissent les conditions prévues par les articles 72 ou 73 de l'annexe III au même Code.

1. PUBLICATIONS CONCERNÉES

a. Publications dites « de l'article 72 »

84680 Les publications dites « de l'article 72 » sont celles qui réunissent l'**ensemble des conditions** mises par cet article de l'annexe III au CGI à l'octroi du régime de la presse. Il s'agit des publications qui répondent à l'ensemble des critères suivants :

– présenter un **lien direct avec l'actualité,** apprécié au regard de l'objet de la publication ;

– présenter un **contenu original** composé d'informations ayant fait l'objet d'un **traitement à caractère journalistique** réalisé par une **équipe rédactionnelle** composée de journalistes professionnels ;

– respecter les **conditions** suivantes :

• avoir un **caractère d'intérêt général quant à la diffusion de la pensée**,

• satisfaire aux **obligations de la loi** du 29 juillet 1881 **sur la liberté de la presse**,

• **paraître régulièrement au moins une fois par trimestre** sans qu'il puisse y avoir un intervalle supérieur à quatre mois entre deux parutions,

• faire l'objet d'une **vente effective au public,** au numéro ou par abonnement, à un prix marqué ayant un lien réel avec les coûts, sans que la livraison de la publication soit accompagnée de la fourniture gratuite ou payante de marchandises ou de prestations de services n'ayant aucun lien avec son objet principal,

• ne pas avoir plus des deux tiers de leur **surface** consacrés aux **annonces classées** (sans que celles-ci excèdent la moitié de la surface totale), à la **publicité** et aux annonces **judiciaires** et légales,

• respecter l'obligation d'**information du lecteur** quant à l'**identification des publicités publiées**,

• ne **pas être assimilables** à certains écrits tels que notamment : **feuilles d'annonces,** tracts, guides, prospectus, catalogues, almanachs, répertoires, index, lexiques, cotations, horaires, programmes ; les publications ayant pour objet essentiel l'insertion à titre d'information des programmes de radiodiffusion et de télévision ou des cotes de valeurs mobilières sont toutefois susceptibles de bénéficier du régime de la presse au titre de l'article 72,

• ne pas être susceptibles de choquer le lecteur par une **représentation dégradante de la personne humaine** portant atteinte à sa dignité et à la décence ou présentant sous un jour favorable la violence.

Des dispositions spéciales sont applicables aux **suppléments, numéros spéciaux** et hors-séries.

Remarque : Le Conseil d'État a reconnu la **compatibilité** de l'article 72 de l'annexe III au CGI avec l'article 10 de la **convention européenne des droits de l'Homme** relatif à la liberté d'expression (CE 10-3-2004 n° 254110 : RJF 6/04 n° 593).

> Précisions Le III de l'article 72 de l'annexe III au CGI (dans sa rédaction issue du décret 2021-1746 du 21-12-2021) précise, depuis le 24 juin 2022, que les **publications d'associations ou de groupements** peuvent bénéficier des avantages fiscaux visés aux n°s 85460 s. sous réserve de répondre aux conditions visées au troisième tiret ci-dessus et à condition de présenter un lien direct avec l'actualité ainsi qu'un contenu original (la condition tenant au traitement journalistique réalisé par une équipe rédactionnelle composée de journalistes professionnels n'étant en revanche pas exigée).

On verra que ne peuvent pas, notamment, bénéficier desdits avantages fiscaux au titre de l'article 72 précité les publications qui ont pour objet principal d'informer sur la vie interne d'un groupement ou qui constituent un instrument de publicité ou de propagande pour celui-ci (n° 85040) ainsi que les publications dont le prix est compris dans une cotisation à une association ou à un groupement (n°s 85060 s.), ces dernières pouvant toutefois bénéficier, le cas échéant, du régime de la presse au titre de l'article 73 de l'annexe III au CGI (n°s 85170 s.).

Si les conditions pour bénéficier du régime de la presse fixées par les articles 72 et 73 précités ne sont pas remplies, les publications des organismes sans but lucratif peuvent être exonérées en application de l'article 298 duodecies du CGI (n°s 86270 s.)

LIEN AVEC L'ACTUALITÉ

Pour ouvrir droit au régime de la presse, les journaux et écrits périodiques doivent présenter un lien direct avec l'actualité, **apprécié au regard de l'objet de la publication** (CGI ann. III art. 72, al. 1). **84690**

ILLUSTRATIONS

Une **publication littéraire** contenant des articles, des poèmes et des entretiens avec des auteurs et des écrivains présente, eu égard à son objet, un lien suffisant avec l'actualité pour pouvoir bénéficier du régime économique de la presse.

CE sect. 17-3-1995 n° 152982 : RJF 5/95 n° 594 ; BOI-TVA-SECT-40-10-10 n° 80

Ne peuvent **pas** être regardés comme ayant un **lien suffisant avec l'actualité** :

– une **revue mensuelle** qui publie des articles traitant de manière approfondie de **sujets variés,** d'ordre historique, géographique, culturel, scientifique, médical et juridique **ne présentant que ponctuellement un lien avec l'actualité** et alors même qu'elle comporte une **rubrique** consacrée à des **informations d'actualité,** ainsi qu'un **supplément annuel** relatant les principaux événements de l'année dès lors que ceux-ci ne revêtent qu'un caractère accessoire.

CE 15-11-2006 n° 294749 : RJF 4/07 n° 419

– une **publication** présentant un **intérêt éducatif** dès lors que chaque numéro de cette publication **trimestrielle** destinée à des élèves de l'école primaire (cours moyen deuxième année) comporte des articles se rapportant à un **même thème** littéraire, historique ou scientifique (par exemple : grands écrivains, Moyen Âge).

CE 20-7-2007 n° 290115 : RJF 11/07 n° 1236

– des ouvrages qui ont essentiellement pour objet la publication d'un **roman policier complet par fascicules,** même s'ils contiennent le début d'un nouveau roman annonçant le numéro suivant ainsi que quelques pages consacrées à des **jeux** ou à de **brèves nouvelles.**

CE 19-3-1969 n° 66042 : Dupont 11/69 p. 354

CONTENU ORIGINAL COMPOSÉ D'INFORMATIONS AYANT FAIT L'OBJET D'UN TRAITEMENT JOURNALISTIQUE

En application de l'article 72, I de l'annexe III au CGI, la publication doit présenter un contenu original composé d'informations ayant fait l'objet d'un traitement à caractère journalistique, **notamment** dans la **recherche,** la **collecte,** la **vérification** et la **mise en forme** des informations. **84700**

Ce traitement, qui peut être apporté par des agences de presse agréées, est réalisé par une **équipe rédactionnelle** composée de **journalistes professionnels.** La composition de cette équipe est appréciée en fonction de la taille de l'entreprise éditrice, de l'objet de la publication et de sa périodicité.

> **Précisions** **a.** Cette condition s'applique **depuis le 24 juin 2022** (Décret 2021-1746 du 21-12-2021 art. 2). Jusqu'à cette date, l'article 72 de l'annexe III au CGI exigeait simplement que les publications présentent un « apport éditorial significatif ».
> On notera que la CPPAP peut être saisie par les ministres concernés d'une **demande de réexamen** d'un titre inscrit sur les registres de la commission avant l'échéance normale de la durée de validité du certificat délivré par celle-ci, pour que le respect de cette nouvelle condition soit vérifié.
> **b.** On rappelle que la condition tenant au traitement journalistique réalisé par une équipe rédactionnelle composée de journalistes professionnels n'est pas requise pour les **publications d'associations** ou de groupement (voir n° 84680, précisions).

CARACTÈRE D'INTÉRÊT GÉNÉRAL

84710 Selon l'article 72, II-1° de l'annexe III au CGI, la publication doit présenter un caractère d'**intérêt général** quant à la **diffusion de la pensée** : **instruction, éducation, information, récréation** du public.

La notion d'intérêt général ne s'apprécie pas en fonction de l'**importance du public** atteint mais selon la **nature du contenu.** Ainsi, les **revues spécialisées** présentent un caractère d'intérêt général si les informations qu'elles communiquent répondent à l'attente de la catégorie de lecteurs qu'elles concernent (BOI-TVA-SECT-40-10-10 n° 80).

Les lecteurs trouveront aux n°s 84720 s. des précisions concernant certaines publications.

84715 **Remarque** : La reconnaissance du caractère d'intérêt général d'une publication nécessite normalement qu'elle ne se résume pas à un simple catalogue ou à une compilation d'informations brutes. Cependant, le Conseil d'État a reconnu le caractère d'intérêt général d'une publication qui ne se livre à aucune **réflexion critique** mais qui a procédé à un **travail de sélection et de tri d'articles** parmi huit cents revues de sciences politiques, françaises et étrangères, en fonction notamment du niveau scientifique de ces revues, en a **publié les résumés,** recueillis auprès de leurs auteurs ou de leurs éditeurs, et les a **accompagnés d'un index des matières** (CE 10-11-2006 n° 282125 : RJF 2/07 n° 145).

84720 **Journaux de pronostics de courses hippiques** Pour déterminer si ces journaux peuvent bénéficier des avantages fiscaux prévus en faveur de la presse, l'administration se fonde essentiellement sur des **critères tenant à leur forme rédactionnelle** (BOI-TVA-SECT-40-10-10 nos 90 et 100).

a. Les **informations présentant un caractère d'intérêt général** au sens de l'article 72 de l'annexe III au CGI doivent occuper **au moins 50 %** de leur **surface.** Les articles sous la forme rédactionnelle, à l'exclusion de la publicité rédactionnelle, sont considérés comme présentant un intérêt général. Ce caractère est reconnu notamment :

– aux rubriques se rapportant à des sujets autres que les courses de chevaux, c'est-à-dire à l'**information générale sur l'équitation et le sport hippique** ;

– aux **entretiens avec des personnalités** du milieu hippique ;

– aux **comptes rendus de courses** avec des commentaires sur les chevaux contenant éventuellement des indications sur leurs chances de succès dans les courses futures ;

– aux **pronostics** et développements sur les chances de succès des chevaux et des jockeys.

b. Les **informations présentées sous la forme de tableaux, de listes ou de graphiques** sont présumées dépourvues d'intérêt général. Sont visés notamment les **programmes** des diverses réunions accompagnés de la liste des chevaux devant participer à l'épreuve, les données relatives aux performances et aux chances de succès (CAA Nantes 2-3-1995 n° 94-391 : RJF 5/95 n° 595) ainsi que les **pronostics** présentés sous forme de classement théorique (CE 29-11-2002 n° 224644 : RJF 2/03 n° 170).

Toutefois, cette présomption se trouve renversée lorsque ces tableaux, listes ou graphiques sont **assortis d'un ajout rédactionnel significatif,** inclus ou non auxdits tableaux, listes ou graphiques, sous forme de commentaires, à concurrence d'au moins un **tiers** de leur surface et sous réserve que le rattachement soit indiscutable.

c. La **nature des photographies au regard de l'intérêt général** est déterminée par le caractère des articles qu'elles illustrent. En l'absence de rattachement à un article, les photographies présentant un lien avec l'actualité sont décomptées au titre de l'intérêt général.

84730 **Publications techniques** Conformément à une jurisprudence ancienne du Conseil d'État, sont notamment admis au bénéfice du régime de la presse (BOI-TVA-SECT-40-10-10 n° 110) :

– les publications techniques qui mettent à la disposition de leurs lecteurs la **jurisprudence** des tribunaux judiciaires et des juridictions administratives, publient des articles et des **notes de juristes** réputés, ainsi que les **textes législatifs et réglementaires** (CE 22-11-1948 n° 77664) ;

– les **bulletins** qui, par la publication de **textes** législatifs ou réglementaires suivis de **notes et commentaires,** informent le public, éclairent les administrés sur leurs droits et obligations et ainsi contribuent au développement de la science juridique et facilitent les rapports sociaux (CE 28-5-1951 n° 776).

Dans la ligne de cette jurisprudence, le Conseil d'État a estimé, dans un avis du 29 janvier 1963, que les publications qui ont pour objet principal de mettre à la disposition de leurs lecteurs des renseignements destinés à faire le **point des connaissances techniques dans un secteur de l'activité** économique ou professionnelle pour l'information ou l'éducation de leur clientèle présentent, même si cette clientèle n'appartient qu'à une seule profession, un caractère d'intérêt général quant à la diffusion de la pensée, à moins qu'elles ne doivent être rangées parmi les exceptions prévues à l'article 72 de l'annexe III au CGI (n°s 85010 s.).

Revues érotiques Une publication qui est consacrée, dans son ensemble, à l'érotisme et à la sexualité ne peut bénéficier du régime fiscal de la presse (CE 26-7-1982 n° 14907 : RJF 10/82 n° 922). **84740**

Cette exclusion ne s'étend pas aux publications qui, abordant avec retenue, tant par le texte que par les photographies, les thèmes liés à la sexualité, peuvent être qualifiées de **publications de charme.** Ces publications doivent comporter au moins un **tiers** d'informations d'intérêt général constitué d'articles et de reportages rédactionnels, de textes à caractère littéraire ou artistique (BOI-TVA-SECT-40-10-10 n° 120).

Revues de jeux et mots croisés Une revue ne comportant que des grilles de mots croisés ne présente pas un caractère d'intérêt général pour la diffusion de la pensée au sens de l'article 72 de l'annexe III au CGI (CE 18-1-1991 n° 112651). **84750**

Pour pouvoir bénéficier du régime économique de la presse, les revues de jeux et mots croisés doivent, selon la CPPAP, comporter **au moins un tiers d'informations d'intérêt général,** lesquelles peuvent être en relation avec l'objet de la publication. En tout état de cause, ce tiers doit être constitué d'articles variés et présenter, dans son ensemble, un **lien avec l'actualité.** En outre, les publications doivent comporter **moins de 50 % de mots croisés ou de jeux accompagnés de leur solution,** le reste de la superficie pouvant être consacré soit à de la publicité, soit à des informations d'intérêt général ou à des mots croisés ou jeux ne contenant ni solutions ni index des mots utilisés (BOI-TVA-SECT-40-10-10 n° 130).

Remarque : Le Conseil d'État a validé les critères retenus par la CPPAP, reconnaissant à cet organisme la possibilité de se fixer une **directive** pour l'appréciation du caractère d'intérêt général d'une publication consacrée au jeu. Il a toutefois estimé, contrairement à la CPPAP, qu'une **revue consacrée au bridge** peut être considérée comme présentant un caractère d'intérêt général pour la diffusion de la pensée dès lors que les articles de cette publication sont dans une proportion suffisante des articles de réflexion **d'ordre général traitant du raisonnement** que le joueur doit tenir **et de la stratégie** qu'il doit suivre au cours de la partie (CE 7-8-2008 n° 307075 : RJF 11/08 n° 1181).

Publications immobilières Ne présentent pas un caractère d'intérêt général au sens de l'article 72, II-1° de l'annexe III au CGI : **84760**

- une publication qui a pour objet de fournir aux personnes en quête de logement une **liste de locaux** susceptibles d'être mis en location moyennant le versement d'une cotisation (CAA Bordeaux 22-3-1994 n° 92-222) ;
- des **journaux de diffusion d'annonces immobilières** destinés à mettre en relation des bailleurs et des locataires potentiels moyennant un prix forfaitaire pour une période déterminée (CAA Lyon 17-1-2006 n° 00-1916 : RJF 5/06 n° 516).

Publications susceptibles d'inciter à la réalisation d'actes réprimés pénalement Selon une jurisprudence bien établie, les publications pouvant inciter les lecteurs à commettre des actes passibles de sanctions pénales ne peuvent être regardées comme présentant un caractère d'intérêt général au sens des dispositions de l'article 72, II-1° de l'annexe III au CGI. **84770**

ILLUSTRATIONS

Ne peuvent **pas** bénéficier du **régime** économique **de la presse** :

– une publication ayant pour objet de fournir à ses lecteurs des informations, des analyses et des conseils de nature à diffuser des connaissances techniques sur les **dysfonctionnements des systèmes de traitement automatisé de données,** et notamment sur les failles de leurs dispositifs de protection, et ainsi de nature à **faciliter l'accès frauduleux** à ces systèmes et la commission d'actes réprimés par le Code pénal.

CE 10-3-2004 n° 254110 : RJF 6/04 n° 593

– une publication, principalement consacrée à la **pratique du graffiti,** qui comporte des articles et des photographies présentant sous un jour favorable des graffitis réalisés sur des supports non autorisés, et qui est dès lors susceptible d'inciter ses lecteurs à **commettre les délits** réprimés par le Code pénal.

CE 10-3-2004 n° 255284 : RJF 6/04 n° 595 ; CE 23-7-2010 n° 318073 : RJF 11/10 n° 1006

– une **publication** présentant des informations et des conseils **incitant à la consommation du cannabis et à sa culture,** qui sont des actes réprimés par le Code de la santé publique et le Code pénal.

CE 9-6-2004 n° 260031 : RJF 10/04 n° 988

84780 **Publications susceptibles de présenter un danger pour la santé** Les publications susceptibles de présenter un danger pour la santé des lecteurs ne peuvent être regardées comme présentant un caractère d'intérêt général quant à la diffusion de la pensée au sens des dispositions de l'article 72, II-1° de l'annexe III au CGI.

ILLUSTRATIONS

Le **régime de la presse** a été **refusé** notamment à :

– une **publication exposant** sous un jour favorable des **conduites préventives ou thérapeutiques,** relatives notamment à des affections graves, qui sont susceptibles de **détourner des malades de thérapies conformes** à l'état actuel des connaissances scientifiques.

CE 25-10-2004 n° 262425-265460 : RJF 1/05 n° 21

– une publication comprenant des pages de publicité qui exposent sous un jour favorable la **consommation de produits tendant à développer la masse musculaire,** laquelle consommation est susceptible dans certaines conditions de méconnaître les prescriptions du décret 91-827 du 29 avril 1991 relatif aux aliments destinés à une alimentation particulière.

CE 25-5-2005 nos 270109 et 274968 : RJF 8-9/05 n° 917 ; CE 18-6-2007 n° 296166 : RJF 10/07 n° 1032

84790 **Divers** Présentent un caractère d'intérêt général, notamment (BOI-TVA-SECT-40-10-10 n° 80) :

– les **publications d'annonces judiciaires** et légales qui consacrent le **tiers** au moins de leur **surface** à l'information générale ;

– les **bulletins paroissiaux** qui consacrent la **moitié** au moins de leur surface à des articles traitant de problèmes d'intérêt général ;

– les publications éditées par des **associations,** des fédérations ou des clubs qui consacrent plus de la moitié de leur surface rédactionnelle hors publicité à l'information générale (n° 85040), celle-ci pouvant être en rapport avec l'objet de l'organisme ;

– les publications des **fédérations sportives** dont la surface totale est consacrée pour plus du tiers à des articles de fond, des résultats commentés au niveau national ou international des diverses compétitions sportives, et pour moins de la moitié à des articles relatifs à la vie intérieure de l'organisme et à la publicité.

En revanche, le régime des publications de presse a été refusé à :

– une publication comportant quelques articles présentant des analyses quant aux conditions de recrutement et de déroulement de carrière au sein de la fonction publique, mais dont la majeure partie de la surface est consacrée à la **diffusion d'annonces de concours de recrutement dans la fonction publique** (CE 6-2-2004 n° 254962 : RJF 6/04 n° 596) ;

– un **bulletin municipal officiel** qui se borne à recueillir les actes administratifs de la commune et d'autres personnes publiques ou d'organismes qui lui sont liés ainsi que des communications diverses, tels des avis de concours ou de vacance de postes, sans assortir ni accompagner la publication de ces textes de commentaires ou d'articles (CE 15-5-2006 n° 280236 : RJF 8-9/06 n° 1014) ;

– une **publication** mensuelle qui expose une **analyse de la conjoncture** et des **conseils sur les valeurs boursières** fondés sur les **configurations des planètes** qui, en dépit de certaines précautions de présentation, incitent les lecteurs à déterminer leurs opérations boursières à partir d'éléments étrangers aux données économiques et sociales des marchés et sont ainsi susceptibles de porter atteinte à l'épargne (CE 30-3-2007 n° 287667 : RJF 6/07 n° 678).

RESPECT DE LA LOI SUR LA PRESSE

84810 Selon l'article 72, II-2° de l'annexe III au CGI, la publication doit satisfaire aux **obligations de la loi** du 29 juillet 1881 **sur la liberté de la presse,** notamment :

a. Porter l'indication du nom et du domicile de l'imprimeur (ces indications doivent se rapporter à l'imprimeur qui imprime réellement la publication) ;

b. Avoir un directeur de la publication dont le nom est imprimé sur tous les exemplaires.

EXIGENCE D'UNE PÉRIODICITÉ MINIMALE

Pour bénéficier des avantages fiscaux du régime de la presse, les publications doivent paraître régulièrement au moins **une fois par trimestre sans** qu'il puisse y avoir un **intervalle supérieur à quatre mois entre deux parutions** (CGI ann. III art. 72, II-3°). **84830**

Il s'ensuit que les intervalles entre deux parutions peuvent être plus ou moins éloignés, même irréguliers, à condition que leur **succession** soit prévue comme **indéfinie.**

En revanche, l'exigence d'une périodicité minimale conduit à exclure du régime de la presse les **ouvrages « ayant une fin en soi ».**

ILLUSTRATIONS

Ne présentent **pas** le caractère d'une **publication périodique** :

– une publication dont **chaque numéro** constitue une **monographie,** consacrée à un **thème unique,** sans continuité d'un numéro à l'autre et qui ne comporte pas de rubriques régulières rendant compte de l'actualité d'un thème.

CE 14-1-2004 n° 253142 : RJF 5/04 n° 472

– une revue qui publie chaque année plusieurs numéros dont la moitié, qui ne constitue pas des suppléments (n° 85100), est presque intégralement consacrée à l'étude d'un **sujet unique** traité sur plusieurs centaines de pages par un seul auteur, sans continuité avec les autres numéros et sans comporter de rubriques régulières rendant compte de l'actualité d'un thème. Il importe peu que cette publication fasse l'objet d'une parution à intervalles réguliers et que les autres numéros répondent aux conditions fixées par l'article.

CE 7-7-2010 n° 320330 : RJF 11/10 n° 1007

En sens inverse, est **admise** au **régime de la presse** une **publication consacrée à la musique et à son histoire** dont chacun des numéros ne correspondait **pas** à un **thème unique,** mais comportait des fiches biographiques, historiques, pratiques et pédagogiques traitant de sujets variés, complétés par de brèves informations relatives à l'actualité musicale.

CE 2-7-1997 n° 181557 : RJF 5/98 n° 549

Afin de préciser la **notion de publication périodique,** la CPPAP a fixé un certain nombre de **critères.** C'est ainsi qu'elle considère que : **84835**

– les **recueils de poésies consacrés à un seul sujet ou un seul auteur** chaque fois différent ne constituent pas des publications de presse périodiques ;

– les publications de **bandes dessinées** destinées aux **adultes** ne doivent comporter aucun sujet occupant plus de **50 %** de la surface totale, le reste de cette surface étant constitué de sujets variés d'actualité ;

– les publications de **bandes dessinées** pour **enfants** peuvent comporter une bande dessinée occupant au maximum **70 %** de la surface totale mais **10 %** au moins de celle-ci doivent être consacrés à des textes divers ;

– les publications ayant pour objet principal des **romans-photos** ne sont pas des publications périodiques de presse. Toutefois, lorsque les romans-photos ne dépassent pas **50 %** de la surface totale des publications, celles-ci sont considérées comme des publications périodiques de presse si la rédaction qui occupe tout ou partie de la surface restante est constituée par des textes variés d'actualité (BOI-TVA-SECT-40-10-10 n° 160).

Remarque : Le Conseil d'État a reconnu à la CPPAP la possibilité de se fixer une **directive** pour l'appréciation des différentes conditions requises pour l'application du régime des publications de presse. Il a ainsi jugé que la commission pouvait, à bon droit, regarder comme un journal ou écrit « périodique » les publications dont chaque numéro est intégralement consacré à un **thème unique,** différent à chaque parution, dès lors qu'elles comportent **au moins 20 % d'articles variés** sans rapport avec le thème principal (CE 10-7-2009 n° 299696 : RJF 11/09 n° 923).

CONDITIONS RELATIVES À LA VENTE

Selon l'article 72, II-4° de l'annexe III au CGI, une publication ne peut bénéficier du régime de la presse que si elle fait l'objet d'une vente effective au public, au numéro ou par abonnement, à un prix marqué ayant un lien réel avec les coûts et sans que la livraison du journal ou périodique considéré soit accompagnée de la fourniture gratuite ou payante de marchandises ou de prestations de services n'ayant aucun lien avec l'objet principal de la publication. **84860**

Vente effective au public au numéro ou par abonnement Les publications proposées à la **vente au numéro** à un prix marqué, par des **sociétés agréées de distribution de la presse** ou l'une des personnes mentionnées à l'article 13, I de la loi 2019-1063 du 18 octobre 2019 (anciennes sociétés de messageries de presse), sont considérées comme remplissant la condition prévue par l'article 72, II-4° de l'annexe III au CGI. **84870**

Les publications qui sont **proposées à la vente au numéro autrement que par ces sociétés** et par **abonnement** ne bénéficient pas de cette solution et ne peuvent bénéficier des allégements fiscaux propres au régime de la presse que s'il est établi qu'elles sont **effectivement vendues.**

La **distribution gratuite** d'un journal, **considérée isolément,** ne constitue cependant pas un motif de refus si toutes les autres conditions édictées par l'article 72 de l'annexe III au CGI sont par ailleurs respectées. Bénéficient ainsi des allégements fiscaux la plupart des **organes d'opinion** diffusés à l'occasion des campagnes électorales. Sont également admises au régime de la presse les publications dont la distribution gratuite atteint des proportions parfois importantes, notamment dans la **période de lancement** (sur cette question, voir les précisions données au nº 84890) (BOI-TVA-SECT-40-10-10 nº 180).

84880 La CPPAP considère qu'une publication satisfait en principe à la condition de **vente effective au public** lorsque le **nombre d'exemplaires vendus** atteint **50 % du nombre d'exemplaires diffusés.**

Comme il l'a fait pour l'appréciation du caractère d'intérêt général (nº 84750) et pour la condition de périodicité (nº 84835), le Conseil d'État a reconnu à la CPPAP le droit de se fixer une **directive** pour l'appréciation de la condition de vente effective au public. Mais la référence à cette orientation ne la dispense pas de procéder à un **examen particulier** de la demande dont elle est saisie et de rechercher si les particularités de la situation justifient ou non une dérogation à cette orientation (CE 3-12-2003 nº 248949 : RJF 2/04 nº 139).

84890 Comme déjà indiqué (nº 84870), les publications dont la **distribution gratuite** atteint des proportions importantes dans la période de lancement sont admises au régime spécial de la presse. Est considérée comme **période de lancement** la période englobant :

– les **deux premières années** de diffusion pour les publications **bimensuelles, mensuelles, bimestrielles** et **trimestrielles** ;

– les **neuf premiers mois** de diffusion pour les publications **hebdomadaires** ;

– les **six premiers mois** de diffusion pour les **quotidiens.**

À la **fin de cette période,** l'éditeur doit justifier que le nombre d'exemplaires vendus, en dehors du circuit des sociétés de distribution agréées (anciennes messageries), atteint la **moitié** du nombre d'exemplaires tirés non remis à ce circuit (BOI-TVA-SECT-40-10-10 nº 180).

Remarque : Pour le **décompte des exemplaires vendus,** il n'est pas tenu compte des **abonnements collectifs** (souscrits en nombre, payés et reçus par une personne différente du lecteur), des **abonnements liés** au versement d'une **cotisation** à une association ou un groupement quelconque ou des **exemplaires** vendus moyennant le versement d'un **prix inférieur** de plus de 50 % au tarif normal (BOI précité).

84900 **Vente à un prix marqué ayant un lien réel avec les coûts** Conformément à l'article 72, II-4° de l'annexe III au CGI, la vente de la publication doit être faite à un prix marqué ayant un lien réel avec les coûts.

Ainsi, le régime des publications de presse a été refusé à une revue de presse de mode dont le prix de vente ne représentait que 10 % des coûts complets d'édition du magazine (CE 15-11-2006 nº 284714 : RJF 4/07 nº 421).

Pour apprécier l'existence d'un lien réel entre le prix marqué et les coûts, la CPPAP doit prendre en considération l'**ensemble des coûts** nécessairement exposés pour l'édition de la publication. Jugé, à cet égard, que la CPPAP est fondée à refuser le régime de la presse à une lettre d'information juridique rédigée par des agents du ministère de l'éducation nationale en estimant que, faute de disposer d'informations sur le montant des coûts de rédaction et leur mode de financement, elle n'était pas en mesure d'apprécier la réalité du lien entre les coûts de la publication et son prix de vente (CE 30-6-2010 nº 319041 : RJF 11/10 nº 1008).

Remarque : Il résulte clairement de cette dernière décision qu'il appartient à l'éditeur de démontrer la réalité du lien entre les coûts de la publication et son prix de vente. Dans le cas des entreprises privées, cette preuve peut être apportée par des éléments tirés de la comptabilité analytique.

84910 **Publications financées exclusivement par la publicité** Les publications distribuées gratuitement ne satisfont pas aux exigences de l'article 72, II-4° de l'annexe III au CGI, puisqu'elles ne sont pas offertes au public à un prix marqué ou par abonnement (Avis CE 19-12-1968).

Cette exclusion concerne notamment les entreprises qui diffusent à titre gratuit des publications présentant, comme les organes de presse traditionnels, outre des pages d'information générale, des pages publicitaires n'occupant pas plus des deux tiers de la surface totale (nºs 84950 s.), ces imprimés étant financés exclusivement par les recettes de publicité provenant des annonceurs (BOI-TVA-SECT-40-10-10 n° 190).

> **Précisions** Dans l'avis précité, le Conseil d'État a, par ailleurs, estimé que les éditeurs de publications financées exclusivement par la publicité ne sont pas tenus d'acquitter la TVA au titre de la **livraison à soi-même** de la **partie rédactionnelle** considérée comme faisant l'objet d'une distribution sans rémunération. Le caractère gratuit de la distribution ne constitue pas davantage un motif d'imposition puisque l'entreprise éditrice est rémunérée par les annonceurs et qu'au surplus chaque exemplaire distribué peut être considéré comme un **objet de faible valeur** conçu spécialement pour la publicité (BOI précité).

Journaux dont l'achat ouvre droit à des biens ou services Comme nous l'avons mentionné (n° 84860), l'article 72, II-4° de l'annexe III au CGI exclut du régime spécial de la presse les journaux dont la livraison s'accompagne de la fourniture gratuite ou payante de **marchandises ou** de prestations de **services n'ayant aucun lien avec l'objet principal de la publication,** même si ces journaux répondent à toutes les autres conditions posées par l'article 72. Tel serait le cas, par exemple, d'un **journal d'information générale** qui offrirait à ses abonnés des voyages ou des places pour un spectacle. 84920

En revanche, dès lors que les **marchandises ou services** fournis sont **connexes à l'objet principal** de ces publications, le régime spécial de la presse demeure applicable :

– aux **revues de mode** qui livrent accessoirement des **patrons** à leurs abonnés ;

– aux **revues juridiques** qui mettent un service de « **consultations** » à la disposition de leurs lecteurs (BOI-TVA-SECT-40-10-10 n° 200).

Remarque : Lorsque l'entreprise de presse n'a, en fait, pour **objet** que de **développer les transactions d'organismes en offrant des marchandises** ou des **services** à ses abonnés, elle ne peut prétendre au régime fiscal de la presse (CGI art. 72, II-6°-c : n° 85010). Dans ce dernier cas, il n'y a pas lieu de rechercher si les fournitures livrées ont ou non un lien de connexité avec l'objet principal de la publication éditée.

Si la circonstance qu'une publication est vendue accompagnée d'un objet ou d'un document dont le support est autre que le papier ne fait pas obstacle, par elle-même, à ce que cette publication bénéficie du régime de la presse, il en va différemment lorsque la **publication** est **consacrée** pour l'essentiel **à promouvoir l'utilisation de cet objet** ou la lecture de ce document. 84925

Ainsi, une publication qui se compose d'articles et d'illustrations renvoyant aux images, aux documents vidéo et aux programmes informatiques enregistrés dans le cédérom qui l'accompagne, a pour principal objet de **promouvoir l'utilisation de ce cédérom.** Elle ne peut donc pas bénéficier des avantages prévus par l'article 72 de l'annexe III au CGI (CE 9-6-2004 n° 253893 : RJF 10/04 n° 987).

En ce qui concerne les **produits** de presse **composites** comportant des publications imprimées assorties d'un « plus-produit » (cédérom, disque laser, etc.), voir n° 85470.

SURFACE PUBLICITAIRE

Pour être admises au régime spécial de la presse, les publications ne doivent pas consacrer plus des **deux tiers** de leur surface à la publicité, aux annonces judiciaires et légales et aux annonces classées, lesquelles ne doivent pas en outre excéder la **moitié** de la surface totale (CGI ann. III art. 72, II-5°). 84950

Cette règle s'applique, qu'il s'agisse d'une publicité en image ou en texte (BOI-TVA-SECT-40-10-10 n° 250).

Dans un avis formulé le 29 janvier 1963 et dans un arrêt n° 59321 du 28 juin 1965 (Dupont 11/65 p. 468), le Conseil d'État a précisé qu'il convient de tenir compte, pour l'application de l'article 72, II-5° de l'annexe III au CGI, non seulement des **réclames ou annonces payées,** mais également des articles, notices et illustrations ayant le caractère de **publicité rédactionnelle** lorsqu'ils ont pour objet direct de favoriser la vente de produits (s'agissant des articles de publicité rédactionnelle, voir également n° 84970). 84955

Cependant, les **articles,** notices et illustrations qui se bornent à indiquer la marque du produit ou le nom du créateur ne sont pas assimilés à une forme de publicité dès lors qu'ils **concernent plusieurs produits** de marques **concurrentes,** ne font apparaître ni le prix de ceux-ci ni l'adresse du fabricant et ne font l'objet d'aucune rémunération directe ou indirecte en faveur de l'éditeur, conformément à la législation sur la propriété littéraire ou artistique (BOI-TVA-SECT-40-10-10 n° 250).

ILLUSTRATIONS

Une revue présente pour plus des deux tiers de sa surface un caractère publicitaire dès lors que tous les exemplaires contiennent, outre plusieurs dizaines de pages d'**annonces publicitaires** et une vingtaine de pages consacrées à un **guide des entrepreneurs** classés par département, des articles présentant une réalisation architecturale (en l'occurrence des vérandas), par le biais d'une colonne de **texte et** d'une **photo,** puis donnant la parole à un représentant de l'**entreprise à l'origine de la réalisation présentée,** et que le mémento technique, joint à chaque numéro et qui seul ne présente pas un caractère publicitaire, ne représente, par numéro de la revue, que 32 pages sur un total de 160 pages environ.

CAA Nancy 9-5-2016 n° 15NC02461 et CE (na) 24-11-2018 n° 410571 : RJF 1/19 n° 25

INFORMATION DU LECTEUR QUANT À L'IDENTIFICATION DES PUBLICITÉS PUBLIÉES

84970 Pour être admises au régime spécial de la presse, les publications doivent respecter l'obligation d'information du lecteur quant à l'identification des publicités publiées, en application du dernier alinéa de l'article 10 de la loi 86-897 du 1er août 1986 (CGI ann. III art. 72, II-5° bis).

Tout article de **publicité à présentation rédactionnelle** doit ainsi être précédé de la **mention** « publicité » ou « communiqué ».

> Précisions Cette condition s'applique **depuis le 24 juin 2022** (Décret 2021-1746 du 21-12-2021 art. 2). On notera que la CPPAP peut être saisie par les ministres concernés d'une **demande de réexamen** d'un titre inscrit sur les registres de la commission avant l'échéance normale de la durée de validité du certificat délivré par celle-ci, pour que le respect de cette nouvelle condition soit vérifié.

PUBLICATIONS EXCLUES DU RÉGIME DE LA PRESSE

84980 Pour bénéficier du régime de la presse, les publications doivent n'être assimilables, même si elles revêtent l'apparence de journaux ou de revues, à aucune des publications visées sous l'une des catégories suivantes énumérées par l'article 72, II-6°-a à f de l'annexe III au CGI (nos 84990 à 85065).

84990 **Feuilles d'annonces, tracts, guides, prospectus, catalogues, almanachs, répertoires, index, lexiques** L'exclusion des feuilles d'annonces est prévue par l'article 72, II-6°-a de l'annexe III au CGI. Cette mesure vise en particulier les **journaux d'annonces légales** mais elle concerne également les revues spécialisées dont l'**activité publicitaire** est prépondérante.

Toutefois, l'administration admet au **régime** fiscal **de la presse** les publications de cette nature qui consacrent **moins des deux tiers** de leur surface aux annonces judiciaires et légales et à la publicité.

Ne sont pas assimilables, par ailleurs, à des feuilles d'annonces, et peuvent donc bénéficier du régime de la presse, les publications dont l'objet est de diffuser des **décisions de jurisprudence,** accompagnées de **commentaires** d'intérêt général, même si elles publient à titre **accessoire** des annonces judiciaires et légales (BOI-TVA-SECT-40-10-10 n° 270).

En ce qui concerne un **numéro hors-série** annuel d'une revue intitulé « **Guide fiscal** », voir n° 85125.

85000 **Publications comportant des mises à jour périodiques** L'article 72, II-6°-b de l'annexe III au CGI exclut du régime de la presse les revues assimilables à des **ouvrages publiés par livraison** et dont la publication embrasse une période de temps limitée ou qui constituent le complément ou la mise à jour d'ouvrages déjà parus. Toutefois, la **partie** de ce complément ou de cette mise à jour qui, au cours d'une année, **n'accroît pas le nombre de pages** que comportait l'ouvrage au 31 décembre de l'année précédente, bénéficie des allégements fiscaux.

Ce texte établit donc une **distinction** entre :

– les **feuillets de remplacement,** qui bénéficient du régime de la presse sous réserve qu'ils remplissent par eux-mêmes toutes les conditions prévues par l'article 72 de l'annexe III au CGI (caractère d'intérêt général, périodicité au moins trimestrielle, etc.) ;

– les **feuillets d'enrichissement,** qui traduisent un accroissement du nombre de pages de l'ouvrage de base : ils sont soumis au même régime que les ouvrages de base et bénéficient donc généralement du taux réduit applicable aux livres.

Le **chiffre d'affaires relatif aux feuillets d'enrichissement** est calculé en multipliant leur nombre par le prix unitaire obtenu en divisant le montant de l'abonnement par le nombre total de feuillets envoyés au titre de cet abonnement.

La liquidation de la taxe peut n'être effectuée qu'au moment du dernier envoi se rapportant à l'abonnement d'une année et l'administration admet que le paiement soit opéré globalement au cours du mois qui suit cette liquidation (BOI-TVA-SECT-40-10-10 n° 280).

85010 **Éditions à caractère publicitaire** L'article 72, II-6°-c de l'annexe III au CGI exclut du régime de la presse les publications ayant pour **objet principal** la recherche ou le développement des **transactions d'entreprises** commerciales, industrielles, bancaires, d'assurances ou d'autre nature, dont elles sont, en réalité, les **instruments de publicité ou de communication** ou qui apparaissent comme étant l'accessoire d'une activité commerciale ou industrielle.

Ainsi, dans l'avis du 29 janvier 1963 mentionné aux nos 84730 et 84955, le Conseil d'État a estimé que ne présentent pas un caractère d'intérêt général quant à la diffusion de la pensée, les publications éditées par des organismes privés en vue de sauvegarder directement les **intérêts** de leurs adhérents, même si elles contribuent, en outre, à la **documentation** de ceux-ci, ainsi que celles qui ne constituent en fait qu'un simple **répertoire de noms** de produits à vendre (BOI-TVA-SECT-40-10-10 n° 290).

Le point de savoir si une publication éditée par une entreprise présente un caractère d'intérêt général ou si elle constitue un instrument de publicité ne pouvant être admis au régime de la presse a donné lieu à une jurisprudence importante dont nous présentons les exemples les plus significatifs. **85020**

ILLUSTRATIONS

Le Conseil d'État a jugé que ne pouvaient **pas** ouvrir **droit au régime de la presse** :
– une publication exclusivement consacrée à la **présentation** sous un jour favorable des **modèles automobiles** d'une marque.
CE 25-10-2004 n° 259744 : RJF 1/05 n° 22
– une publication dont la majeure partie du contenu éditorial est consacrée à la présentation sous un jour favorable de l'**actualité d'un club de football** à l'exclusion des clubs de football concurrents.
CE 20-4-2005 n° 263445 : RJF 7/05 n° 681 ; CE 7-8-2007 n° 298828 : RJF 12/07 n° 1514
– une publication dont tant le titre que les éditoriaux ainsi que le texte de la rubrique principale comportent de **nombreuses références à une émission de télévision** et dont la majeure partie est consacrée, d'une part, à relater sous un jour favorable les expéditions présentées dans l'émission et, d'autre part, à traiter d'autres manières le thème de cette même émission.
CE 24-7-2006 n° 278591 : RJF 11/06 n° 1339
– un magazine servant de **« guichet de renvoi » à un site internet** ayant une activité exclusivement marchande et commerciale. Ainsi jugé pour un magazine qui présente principalement des prestations de voyages ou de séjours commercialisées par des entreprises via un site internet auquel elles rétrocèdent une partie de leur chiffre d'affaires, ainsi que des codes qui permettent d'accéder directement à ces offres sur Internet, les quelques articles informatifs étant liés également à ce site.
CE 4-5-2011 n° 328313 : RJF 7/11 n° 801

En revanche, le juge administratif a refusé de considérer comme des instruments de publicité ou de communication au sens de l'article 72, II-6°-c de l'annexe III au CGI (et ouvrent donc **droit au régime de la presse**) :
– une publication qui accorde, en plus d'informations générales sur le **tourisme** et les **voyages,** une place importante à des articles consacrés à la **description de diverses prestations offertes par des entreprises commerciales** nommément désignées opérant dans ce secteur.
CAA Paris 3-3-2004 n° 99-1059 : RJF 8-9/04 n° 880
– une publication proposant aux acteurs économiques du secteur culturel des services tels que l'**aide à la gestion** des rémunérations ou la délivrance de **conseils à caractère juridique** sous forme d'informations et d'**analyses techniques** sans faire la promotion des prestations individualisées assurées par ailleurs par la société éditrice, laquelle tire une part importante de son chiffre d'affaires de la vente de cette publication.
CE 16-3-2005 n° 267676 : RJF 7/05 n° 682
– une publication offrant des **coupons de réduction** pour l'achat de produits de différentes marques dès lors que ces coupons ne représentent qu'une petite partie de la publication, qui comprend majoritairement un contenu informatif, dénué de lien avec les entreprises concernées, avec lesquelles la publication n'entretient aucun lien exclusif.
CE 29-6-2011 n° 332389 : RJF 10/11 n° 1041

Horaires, programmes, publications de modèles, plans, dessins, cotations **85030**

L'article 72, II-6°-d de l'annexe III au CGI exclut du régime de la presse « les publications ayant pour objet principal la publication d'horaires, de programmes, de modèles, plans ou dessins ou de cotations, à l'exception des publications ayant pour objet essentiel l'insertion à titre d'information des programmes de radiodiffusion et de télévision, et des cotes de valeurs mobilières ».

Sont notamment **exclus** du régime de la presse en application de cet article :

– les journaux de programmes et de **pronostics de courses hippiques** (BOI-TVA-SECT-40-10-10 n° 300 ; voir également n° 84720) ;

– les publications qui ont pour objet essentiel la présentation de **modèles de tricot** (CE 13-9-1995 nos 132803 à 132806 : RJF 11/96 n° 1287).

En pratique, cependant, la CPPAP délivre un certificat d'inscription aux **revues** de **cuisine ou d'ouvrages** (**tricot, broderie,** patrons, etc.) qui comportent :

– 1/3 au moins de leur surface consacrée à des informations d'intérêt général en dehors des recettes, modèles, patrons même commentés ;

– moins de 2/3 de publicité ;

– moins de 50 % de recettes de cuisine brutes, de modèles bruts, non commentés, avec ou sans indication des marques ou de patrons, notices d'explication et modèles s'y rapportant, avec ou sans indication des marques commerciales (BOI précité).

En ce qui concerne les **journaux de mode** qui livrent accessoirement des patrons à leurs abonnés, voir n° 84920.

85040 **Publications informant sur la vie interne d'un groupement ou constituant un instrument de publicité ou de propagande pour celui-ci** En vertu de l'article 72, II-6°-e de l'annexe III au CGI, sont exclues du bénéfice du régime fiscal de la presse les publications qui, même si elles ont l'apparence de journaux ou de revues, ont pour objet principal d'informer sur la vie interne d'un groupement, quelle que soit sa forme juridique, ou qui constituent un instrument de publicité ou de propagande pour celui-ci.

Bien entendu, si le groupement n'est pas l'objet principal de la publication et que les conditions pour être qualifiée de publication de presse (lien avec l'actualité, caractère d'intérêt général, etc.) sont remplies, le régime de la presse peut s'appliquer (n° 84790).

> **Précisions** La commission reconnaît un caractère d'intérêt général aux informations dont la portée dépasse le cadre strictement interne d'une association et ne décompte en informations internes que celles qui touchent à son fonctionnement ou aux activités susceptibles de n'intéresser que ses seuls adhérents (BOI-TVA-SECT-40-10-10 n° 80).

85060 **Publications dont le prix est inclus dans une cotisation** Selon l'article 72, II-6°-f de l'annexe III au CGI, les « publications dont le prix est compris dans une cotisation à une association ou à un groupement quelconque » ne peuvent pas bénéficier du régime fiscal prévu à l'article 298 septies du même Code.

En pratique, l'administration exige de l'éditeur la justification qu'au moins 50 % du **tirage** de chaque livraison sont effectivement **vendus,** sans que le **prix de l'abonnement** soit inclus dans la cotisation au groupement (en ce sens, BOI-TVA-SECT-40-10-10 n° 180).

85065 Pour échapper à l'exclusion prévue par l'article 72, II-6°-f de l'annexe III au CGI, les associations qui éditent directement ou indirectement une revue doivent informer leurs adhérents du **caractère facultatif de l'abonnement.** La CPPAP exige, en outre, qu'un **acte positif du lecteur** affirme périodiquement son désir **de s'abonner** ou de renouveler son abonnement.

Les **abonnements collectifs** ne sont pas pris en compte. La CPPAP considère en effet que seuls correspondent à une vente effective les abonnements souscrits par le lecteur lui-même, les abonnements payés par des tiers constituant, selon elle, une diffusion gratuite (en ce sens, BOI-TVA-SECT-40-10-10 n° 180).

SUPPLÉMENTS ET NUMÉROS SPÉCIAUX OU HORS-SÉRIE

85090 Les suppléments et numéros spéciaux sont admis au régime spécial de la presse dès lors qu'ils remplissent les mêmes conditions que les numéros normaux (CGI ann. III art. 72, II-7°) et répondent, en outre, aux conditions exposées aux nos 85100 s. et aux nos 85120 s.

85100 **Suppléments** Aux termes du a de l'article 72, II-7° de l'annexe III au CGI « est considérée comme supplément à un journal ou à un écrit périodique toute publication détachée paraissant périodiquement ou constituant une addition occasionnée par l'abondance des sujets traités ou destinée à compléter ou à illustrer le texte d'une publication. Le supplément ne peut pas être vendu isolément ni faire l'objet d'un abonnement séparé ».

Pour pouvoir bénéficier du régime spécial de la presse, le supplément doit satisfaire aux mêmes **conditions** de fond et de forme que la publication principale et porter la **mention** « supplément » suivie de l'indication du titre et de la date ou du numéro de la publication à laquelle il se rattache.

85105 Si les conditions visées au n° 85100 ne sont pas réunies, le supplément est imposé soit au taux normal de la TVA, soit au taux réduit s'il répond à la définition fiscale du livre, à moins qu'il puisse être considéré, en droit et en fait, comme une **publication distincte** remplissant par elle-même les conditions requises par les articles 72 ou 73 de l'annexe III au CGI (BOI-TVA-SECT-40-10-20 n° 60).

ILLUSTRATIONS

Un supplément dont au moins la moitié de la surface est consacrée à la diffusion des **annonces de programmes des manifestations culturelles** organisées dans un département présente le caractère d'annonces alors même que cette présentation prend la forme d'une liste classée par communes ou d'articles commentant sommairement ces manifestations. Ce supplément, dont l'objet principal est la publication de programmes et d'horaires, ne présente pas un caractère d'intérêt général et ne peut donc pas bénéficier du régime favorable de la presse.

CE 30-3-2007 n° 285176 : RJF 6/07 n° 680

Numéro spécial ou hors-série Aux termes du b de l'article 72, II-7° de l'annexe III au CGI, « est considérée comme numéro spécial ou hors-série d'un journal ou d'un écrit périodique toute publication proposée au public en dehors de la parution normale, à l'occasion d'un événement ou d'une manifestation importante ». **85120**

Pour pouvoir bénéficier du régime spécial de la presse, le numéro spécial ou hors-série doit satisfaire aux mêmes **conditions** de fond et de forme que la publication principale et porter la **mention** « numéro spécial » ou « hors-série ». Toutefois, dans la limite d'**un numéro par an** pour les publications trimestrielles et de **deux numéros** par an pour les publications paraissant à des intervalles moindres, le numéro spécial ou hors-série peut être consacré à un **thème unique,** à condition que le sujet traité présente un lien manifeste avec le contenu habituel de la publication principale.

Ainsi, peut bénéficier du régime de la presse un **numéro hors-série** annuel d'une revue, intitulé « Guide fiscal », qui comporte de nombreux commentaires et références de la législation fiscale et qui a pour objet d'aider les contribuables à remplir leur déclaration d'impôt. Il en va de même pour un **supplément annuel** intitulé le « mémento de l'entreprise » qui comporte une synthèse de l'actualité législative et de nombreux commentaires et explications des textes fiscaux présentant ainsi un caractère d'intérêt général pour la diffusion de la pensée. En revanche, ne constitue pas un numéro « hors-série » mais un ouvrage de librairie la publication présentant le caractère d'un ouvrage de référence détaillé et faisant l'objet d'une mise à jour annuelle, quand bien même le sujet qu'elle traite présente un lien manifeste avec le contenu habituel de la publication principale (CE 26-7-2007 n°s 293138 à 293141 : RJF 11/07 n° 1237). **85125**

PUBLICATIONS SUSCEPTIBLES DE CHOQUER LE LECTEUR

Pour pouvoir bénéficier du régime de la presse, une publication ne doit pas être susceptible de choquer le lecteur par une **représentation dégradante de la personne humaine** portant atteinte à sa dignité et à la décence ou présentant sous un jour favorable la **violence** (CGI ann. III art. 72, II-8°). **85150**

Cette condition vise à exclure du régime de faveur notamment les **publications pornographiques** et d'incitation à la **violence.**

b. Publications dites « de l'article 73 »

L'article 73 de l'annexe III au CGI permet à certaines **publications qui ne remplissent pas toutes les conditions de l'article 72** de la même annexe de bénéficier des avantages fiscaux des publications de presse. **85170**

PUBLICATIONS CONCERNÉES

Le régime dérogatoire prévu par l'article 73 de l'annexe III au CGI bénéficie aux publications suivantes : **85180**

1° Les publications d'**anciens combattants,** mutilés ou victimes de guerre ;

2° Les publications d'information professionnelle éditées par les organisations **syndicales** représentatives de salariés ;

3° Les publications ayant pour objet essentiel de promouvoir une action ou une philosophie **politique,** qui ne sont pas éditées par ou pour le compte d'une personne morale de droit public ;

4° Les publications éditées par les sociétés **mutuelles** régies par le Code de la mutualité ainsi que celles éditées par les groupements constitués et fonctionnant conformément audit Code ;

5° Les publications, de diffusion nationale ou internationale, éditées par des **organismes à but non lucratif** et ayant pour objet de contribuer, à titre manifestement désintéressé, à lutter par des actions ou programmes, contre les atteintes ou menaces graves à la dignité, à la santé et à la vie humaines, sous réserve d'être destinées à un public large et diversifié et de faire appel au soutien du lecteur ;

6° Les journaux **scolaires** publiés ou imprimés, sous la direction et la responsabilité des instituteurs ou des professeurs, dans le but d'éduquer les enfants et de renseigner sur la vie et le travail de l'école les parents d'élèves et les écoles correspondantes.

> Précisions a. Publications syndicales. Les publications éditées au sein des **caisses d'allocations familiales** ne bénéficient pas du régime dérogatoire prévu pour les publications syndicales (CE 12-5-1997 n° 179837 : RJF 8-9/97 n° 780). Ces publications doivent donc remplir l'ensemble des conditions prévues par l'article 72 de l'annexe III au CGI pour bénéficier du régime de la presse (voir nos 86370 s.).

b. Les **bulletins** publiés par les organes nationaux des **ordres professionnels** pour l'exécution de leur mission (ordres des architectes, médecins, chirurgiens-dentistes, experts-comptables et comptables agréés...) sont assimilés aux publications ayant pour objet essentiel de promouvoir une action ou une philosophie politique, qui ne sont pas éditées par ou pour le compte d'une personne morale de droit public. La condition selon laquelle ces publications ne doivent pas servir directement ou indirectement à la défense d'intérêts commerciaux ou professionnels est présumée remplie lorsque la surface affectée à la publicité n'excède pas 20 % de la surface totale de la publication (BOI-TVA-SECT-40-10-10 n° 330).

c. Publications des organismes sans but lucratif contribuant à lutter contre les atteintes ou menaces à la dignité, à la santé et à la vie humaines. Le bénéfice du régime spécifique de la presse est subordonné, pour ces publications, à la condition :

– qu'elles soient destinées à un **public large et diversifié** : pour apprécier cette condition, le juge prend en compte la nature de la cause défendue par l'organisme et l'accessibilité au public de la publication ;

– et qu'elles fassent appel au **soutien du lecteur** : cet appel peut prendre des formes très diverses. Il peut être financier ou se traduire par une invitation du lecteur à participer à une action déterminée ou à adopter un comportement déterminé (CE 11-4-2008 n° 301636 : RJF 7/08 n° 799).

CONDITIONS À RESPECTER

85200 Pour pouvoir bénéficier des avantages fiscaux prévus en faveur de la presse, les publications visées au n° 85180 doivent répondre aux conditions suivantes :

– respecter les dispositions des 1°, 2° et 3° de l'article 72, II de la même annexe, c'est-à-dire : présenter un **intérêt général** quant à la diffusion de la pensée (nos 84710 s.) ; satisfaire aux **obligations de la loi** du 29 juillet 1881 **sur la** liberté de la **presse** (n° 84810) ; **paraître** régulièrement **au moins une fois par trimestre** sans qu'il puisse y avoir un intervalle supérieur à quatre mois entre deux parutions (nos 84830 s.). On notera que les publications de l'article 73 n'ont pas à respecter la condition de **vente effective** prévue au 4° de l'article 72, II précité (nos 84860 s.) ;

– n'entrer dans aucune des **catégories mentionnées aux a, b, c, d et e du 6° du II de l'article 72** susvisé (nos 84980 s.). Les publications dont le prix est compris dans une cotisation à une association ou un groupement, visées au f dudit 6° (nos 85060 s.), ne sont donc pas exclues du régime de l'article 73 ;

– présenter un **lien avec l'actualité** ;

– consacrer 20 % au plus de leur surface totale à la **publicité** et aux annonces.

2. MODALITÉS D'ADMISSION DES PUBLICATIONS AU RÉGIME DE LA PRESSE

85230 Le respect des conditions réglementaires que doivent remplir les publications pour bénéficier du régime spécial de la presse est apprécié par l'administration fiscale après avis de la CPPAP.

Pour pouvoir bénéficier du régime spécial de la presse, les diverses publications visées aux nos 84670 s. doivent donc obtenir :

– d'abord un certificat d'inscription (également appelé « numéro d'inscription ») à la CPPAP délivré pour une durée de cinq ans maximum (nos 85240 s.) ;

– ensuite une décision favorable du directeur des finances publiques, obtenue sur demande accompagnée d'une copie du certificat ci-dessus et d'au moins deux numéros différents de la publication (nos 85320 s.).

a. Certificat d'inscription au régime de la presse

85240 L'article 11 modifié du décret 97-1065 du 20 novembre 1997 prévoit que les éditeurs de périodiques qui désirent obtenir le bénéfice des allégements fiscaux et postaux (tarif préférentiel) doivent adresser une demande en ce sens au secrétariat de la CPPAP (par courrier au 182, rue Saint-Honoré 75001 Paris ; par coursier au 3, rue Montesquieu 75001 Paris). Les sous-commissions de la CPPAP et, le cas échéant, la commission en formation plénière examinent si la publication remplit les conditions prévues par les articles 72 et 73 de l'annexe III au CGI et formulent leur avis.

Nous étudions aux nos 85250 s. les différentes décisions que peut prendre la CPPAP.

Nous verrons ensuite que ces décisions doivent être motivées et sont susceptibles de recours contentieux (nos 85290 s.).

Remarque : Les lecteurs intéressés pourront obtenir toutes les précisions utiles concernant la composition, le rôle et les modalités de fonctionnement de la CPPAP sur le site internet www.cppap.fr. Ce site permet également de télécharger les formulaires de demande d'inscription ou de renouvellement.

DÉCISIONS DE LA CPPAP

Avis favorable Si la **demande d'inscription ou de renouvellement d'inscription** fait l'objet d'un **avis favorable,** un certificat est délivré pour une **durée déterminée,** qui ne peut excéder cinq années. Ce **certificat d'inscription** doit être produit à l'appui de toute demande tendant à obtenir le bénéfice des allégements fiscaux et postaux (Décret 97-1065 du 20-11-1997 art. 7 modifié). **85250**

Le certificat d'inscription cesse de produire effet lorsque la publication ne remplit plus les conditions prévues pour son obtention (n° 85270).

Remarque : L'avis favorable de la CPPAP ne lie pas obligatoirement l'autorité fiscale (voir n° 85350).

Avis défavorable En cas d'avis défavorable de la CPPAP, aucun des allégements fiscaux et postaux ne peut être octroyé. Toutefois, lorsque l'avis défavorable notifié au demandeur a été émis par une sous-commission, ce dernier peut, dans le délai d'un mois franc à compter de la notification, solliciter un **nouvel examen** de sa demande par la commission en formation plénière (Décret 97-1065 du 20-11-1997 art. 8). **85260**

Par ailleurs, les éditeurs ont toujours la possibilité de présenter une **nouvelle demande** après avoir mis leurs publications en conformité avec la réglementation en vigueur.

Retrait d'un certificat d'inscription Le retrait par la CPPAP d'un certificat d'inscription peut intervenir soit à l'expiration de la période de validité du certificat (n° 85250) lors du réexamen de la publication, soit à tout moment en cas de manquement constaté à l'une des conditions des articles 72 et 73 de l'annexe III au CGI (Décret 97-1065 du 20-11-1997 art. 12 à 13 modifiés). **85270**

En revanche, la CPPAP ne peut pas rétroactivement remettre en cause le bénéfice du certificat d'inscription pour les **numéros couverts par le certificat délivré antérieurement** et dont les effets n'ont pas expiré (CE 26-7-2007 nos 293139 à 293141 : RJF 11/07 n° 1237).

MOTIVATION DES AVIS ET RECOURS CONTENTIEUX

Motivation Les **avis négatifs de la CPPAP** doivent être **motivés** (BOI-TVA-SECT-40-10-10 n° 20). Tel est le cas si la décision mentionne les éléments de droit et de fait sur lesquels la commission s'est fondée pour décider son refus (CE 18-6-2007 n° 296166 : RJF 10/07 n° 1032). **85290**

Toutefois, en vertu des dispositions de l'article L 232-4 du Code des relations entre le public et l'administration (reprenant l'article 5 de la loi 79-587 du 11-7-1979), une **décision implicite** refusant le certificat d'inscription n'est pas illégale du seul fait qu'elle n'est pas motivée (CE 20-4-2005 nos 267097 et 272019 : RJF 7/05 n° 680). L'éditeur doit demander les motifs de cette décision implicite dans les délais du recours contentieux et la CPPAP doit lui répondre dans le mois suivant cette demande. Dans ce cas, le délai du recours contentieux contre ladite décision est prorogé jusqu'à l'expiration de deux mois suivant le jour où les motifs lui auront été communiqués.

Remarque : Si les avis de la CPPAP doivent être motivés, aucune disposition législative ou réglementaire n'impose à cet organisme de prendre des dispositions particulières pour permettre au demandeur de **formuler des observations** avant l'intervention de la décision (CE 10-3-2004 n° 254110 : RJF 6/04 n° 593). Il en est de même en cas d'examen par la CPPAP d'un recours gracieux (CE 10-7-2009 n° 299696 : RJF 11/09 n° 923).

Recours contentieux Le **refus** par la CPPAP de délivrer le certificat d'inscription, interdisant à l'administration fiscale d'accorder les allégements prévus en faveur de la presse, constitue une **décision faisant grief** qui peut faire l'objet d'un **recours pour excès de pouvoir** (CE sect. 18-5-1979 n° 13803 : RJF 11/79 n° 642). Il en va de même en cas de **retrait** du certificat (CE sect. 27-5-1994 n° 142878 : RJF 1/95 n° 17). **85300**

La CPPAP précise sur son site internet que les recours contentieux dirigés contre ses décisions relèvent de la compétence du tribunal administratif de Paris.

b. Agrément fiscal des publications

85320 Les publications qui ont obtenu un certificat d'inscription de la CPPAP ne bénéficient des allégements fiscaux qu'après **décision favorable** de l'administrateur des finances publiques territorialement compétent statuant sur la demande de l'éditeur.

FORME DE LA DEMANDE

85330 La demande d'agrément fiscal présentée par l'éditeur doit être rédigée en double exemplaire sur **papier libre** et adressée à la direction des finances publiques dont il dépend accompagnée :

- d'une photocopie du **certificat d'inscription** de la CPPAP ;
- d'au moins **deux numéros** différents de la publication (BOI-TVA-SECT-40-10-10 n° 40).

AGRÉMENT FISCAL

85340 La décision administrative accordant l'agrément fiscal peut avoir un **effet rétroactif** et s'appliquer à des numéros déjà publiés (BOI-TVA-SECT-40-10-10 n° 50). Le bénéfice de cette mesure peut être accordé notamment aux **éditeurs de bonne foi** qui auraient déposé tardivement leur demande.

La décision administrative notifiée à l'éditeur intéressé précise de façon explicite que le maintien des allégements fiscaux est subordonné à la condition expresse que la publication bénéficiaire demeure conforme aux exigences de l'article 72 (ou éventuellement 73) de l'annexe III au CGI (BOI précité).

REFUS DE L'AGRÉMENT

85350 L'administrateur des finances publiques peut refuser le bénéfice du régime de la presse à une entreprise qui ne répond pas aux conditions mentionnées aux articles 72 et 73 de l'annexe III au CGI. L'**avis favorable de la CPPAP** à l'octroi de ce régime n'est pas de nature à entacher d'illégalité la décision de l'administrateur des finances publiques, celui-ci conservant la faculté d'apprécier la pertinence de la demande (CE CAPC 19-6-1996 n° 169698 : RJF 8-9/96 n° 988 ; CE 29-11-2002 n° 224644 : RJF 2/03 n° 170).

En revanche, l'administrateur des finances publiques ne peut passer outre à un **avis négatif** de la CPPAP.

Remarque : La lettre par laquelle l'administrateur des finances publiques informe un contribuable que la publication qu'il édite ne peut bénéficier du régime de la presse constitue une décision faisant grief dont l'annulation peut être demandée par la voie du recours pour excès de pouvoir.

RETRAIT DE L'AGRÉMENT

85360 Le retrait du certificat d'inscription par la CPPAP fait obligation à l'administration de mettre fin aux allégements fiscaux accordés à une publication. La décision de l'administrateur des finances publiques ne rétroagit pas à la date du retrait du certificat mais prend **effet** à compter de sa notification (CE sect. 3-11-1978 n° 3129 : RJF 12/78 n° 526).

S'il estime que la publication ne remplit plus les conditions prévues aux articles 72 et 73 de l'annexe III au CGI, l'administrateur des finances publiques peut également supprimer les allégements fiscaux accordés, bien que la publication soit toujours inscrite à la CPPAP (BOI-TVA-SECT-40-10-10 n° 60).

Comme le refus d'agrément (n° 85350), la lettre par laquelle l'administrateur des finances publiques informe le redevable que la publication qu'il édite s'est vu retirer le certificat d'inscription décerné par la CPPAP contient une décision faisant grief dont l'annulation peut être demandée par la voie du recours pour excès de pouvoir (CE 3-11-1978 n° 3129 précité).

B. Services de presse en ligne

85380 Constitue un service de **presse en ligne,** en application de l'article 1er modifié de la loi 86-897 du 1er août 1986 portant réforme du régime juridique de la presse, tout service de communication au public en ligne édité à titre professionnel par une personne physique ou morale qui a la maîtrise éditoriale de son contenu, consistant en la production et la mise à disposition du public d'un contenu original, d'intérêt général, renouvelé régulièrement, composé d'informations présentant un lien avec l'actualité et ayant fait l'objet d'un traitement à caractère journalistique, qui ne constitue pas un outil de promotion ou un accessoire d'une activité industrielle ou commerciale.

Pour bénéficier du régime particulier de la presse, les services de presse en ligne doivent être **reconnus par** la **CPPAP** qui procède à leur inscription sur la liste des services de presse en ligne en application du décret 97-1065 modifié du 20 novembre 1997. Pour être reconnus comme tels, ils doivent remplir les conditions prévues par l'article 1er modifié du décret 2009-1340 du 29 octobre 2009 (BOI-TVA-SECT-40-40 n° 30). Une demande en ce sens doit être faite auprès du secrétariat de la CPPAP par courrier (voir n° 85240) ou par voie dématérialisée via le site de la commission. **85385**

Le service de presse en ligne bénéficie du régime spécifique examiné aux nos 85420 s. du seul fait de sa reconnaissance par la CPPAP, **sans** qu'il soit nécessaire d'obtenir un **agrément fiscal.**

> Précisions a. Pour répondre aux **conditions** de l'article 1er modifié du décret 2009-1340 du 29 octobre 2009, le service de presse en ligne doit :
– satisfaire aux obligations de l'article 6, III-1 de la loi 2004-575 du 21 juin 2004 ;
– répondre aux obligations fixées par l'article 93-2 de la loi 82-652 du 29 juillet 1982, à savoir notamment disposer d'un directeur de la publication ;
– être édité à titre professionnel ;
– offrir, à titre principal, un contenu utilisant essentiellement le mode écrit, faisant l'objet d'un renouvellement régulier et non pas seulement de mises à jour ponctuelles et partielles (tout renouvellement doit être daté) ;
– mettre à disposition du public un contenu original, composé d'informations présentant un lien avec l'actualité et ayant fait l'objet, au sein du service de presse en ligne, d'un traitement à caractère journalistique, notamment dans la recherche, la vérification et la mise en forme de ces informations. Ce traitement, qui peut être apporté par des agences de presse agréées, doit être réalisé, depuis le 24 juin 2022 (Décret 2021-1746 du 21-12-2021 art. 3), par une équipe rédactionnelle composée de journalistes professionnels. La composition de cette équipe est appréciée en fonction de la taille de l'entreprise éditrice, de l'objet du service de presse en ligne et de sa fréquence de renouvellement des contenus ;
– avoir un contenu présentant un caractère d'intérêt général quant à la diffusion de la pensée (instruction, éducation, information, récréation du public) et non susceptible de choquer l'internaute par une représentation de la personne humaine portant atteinte à sa dignité et à la décence ou présentant la violence sous un jour favorable ;
– ne pas avoir pour objet principal la recherche ou le développement des transactions d'entreprises commerciales, industrielles, bancaires, d'assurances ou d'autre nature, dont il serait en réalité l'instrument de publicité ou de communication, et ne pas apparaître comme étant l'accessoire d'une activité industrielle, artisanale, commerciale ou de prestation de services autre que la mise à disposition du public d'informations ayant fait l'objet d'un traitement journalistique ;
– respecter, depuis le 24 juin 2022 (Décret 2021-1746 précité), l'obligation d'information du lecteur quant à l'identification des publicités publiées, en application de l'article 20 de la loi 2004-575 du 21 juin 2004. Toute publicité doit ainsi pouvoir être clairement identifiée comme telle et rendre clairement identifiable la personne physique ou morale pour le compte de laquelle elle est réalisée, sans préjudice des dispositions réprimant les pratiques commerciales trompeuses ;
– avoir un éditeur qui a la maîtrise éditoriale du contenu publié à son initiative ;
– mettre en œuvre des dispositifs appropriés de lutte contre les contenus illicites sur les espaces de contribution personnelle des internautes.
b. Le bénéfice du régime particulier est subordonné à la condition que le service de presse en ligne demeure conforme aux exigences de l'article 1er modifié du décret du 29 octobre 2009 précité (BOI précité).

II. RÉGIME DES VENTES DE PUBLICATIONS DE PRESSE ET DE LA PRESSE EN LIGNE

Le régime de TVA des ventes de publications de presse et des services de presse en ligne comporte plusieurs **règles spécifiques,** notamment en matière de taux d'imposition et d'exigibilité de la taxe. Pour le surplus, ce sont les **règles de droit commun** qui sont applicables. **85420**

Nous examinerons successivement la base d'imposition de ces opérations (nos 85430 s.), le taux applicable aux publications (nos 85460 s.), l'exigibilité de la taxe (nos 85520 s.) et le régime des déductions (nos 85540 s.).

Par ailleurs, les ventes au numéro des publications françaises en provenance ou à destination des départements d'outre-mer où la TVA est applicable appellent des explications particulières (nos 85580 s.).

A. Base d'imposition

85430 Conformément à l'article 298 undecies du CGI, les éditeurs doivent acquitter la TVA sur l'intégralité du **prix de vente au public.**

Il en est ainsi même lorsque les publications sont diffusées et vendues au numéro par l'intermédiaire des **mandataires** faisant partie du système particulier de groupage et de distribution de la presse, et dont la rémunération, constituée par une partie du prix de vente au prix public fixé par l'éditeur, est expressément dispensée du paiement de la TVA (n° 86080) (BOI-TVA-SECT-40-10-30 n° 10).

85435 Les **subventions** ne sont taxables que lorsqu'elles constituent la contrepartie d'une opération réalisée au profit de la partie versante ou lorsqu'elles complètent le prix d'une opération imposable (n°s 5550 s.).

Toutefois, les **aides aux quotidiens** nationaux d'information politique et générale **à faibles ressources publicitaires** instituées par le décret 86-616 du 12 mars 1986 ne sont pas à comprendre dans la base d'imposition à la TVA et ne doivent pas être prises en compte pour le calcul du coefficient de taxation forfaitaire. Cette solution s'applique également aux **aides aux quotidiens régionaux, départementaux et locaux** d'information politique et générale à faibles ressources de petites annonces instituées par le décret 89-528 du 28 juillet 1989 (BOI-TVA-SECT-40-10-30 n° 20).

Pour les **publications françaises vendues au numéro, en provenance ou à destination des DOM,** voir n° 85600.

B. Taux

1. CAS GÉNÉRAL

85460 En vertu de l'article 298 septies du CGI, les livraisons et services d'intermédiation portant sur les **publications** de presse ou sur les services de **presse en ligne** reconnus comme tels sont soumis à la TVA au **taux de 2,1 %** dans les départements de la **France métropolitaine** (y compris la Corse) et au taux de 1,05 % dans les départements d'outre-mer (coefficients de conversion respectifs : 0,979 et 0,989).

Bénéficient également du taux spécifique, en application du même article, les livraisons et services d'intermédiation portant sur les **versions numérisées d'une publication** de presse bénéficiant du taux de 2,1 %.

2. PRODUITS COMPOSITES

PUBLICATIONS IMPRIMÉES ASSORTIES D'UN « PLUS-PRODUIT » (CÉDÉROM, COMPACT-DISC...)

85470 Pour les produits de presse composites comportant une publication imprimée (bénéficiant du régime de la presse) assortie pour un prix global de biens dit « plus-produit » (cédérom, compact-disc, etc.), il est admis que ces derniers soient considérés comme des **échantillons** ou **cadeaux** lorsqu'ils sont fournis gratuitement. Ces biens ne donnent pas lieu à imposition et, corrélativement, la taxe qui les a grevés n'est pas déductible sauf quand il s'agit de biens de très faible valeur (n°s 54070 s.). À titre de **règle pratique,** sont considérés comme des échantillons ou cadeaux, les produits :

– proposés moins d'une fois par mois avec une publication hebdomadaire, ou moins d'une fois par trimestre avec une publication mensuelle, lorsque leur prix de revient n'excède pas 15 % du prix de vente HT de la publication,

– ou dont le prix de revient n'excède pas 7 % du prix de vente HT de la publication (BOI-TVA-SECT-40-10-10 n° 230).

OFFRES COMPOSITES DE PRESSE EN LIGNE COMPRENANT UN AUTRE SERVICE NUMÉRIQUE

85480 Lorsque les services de presse en ligne font partie d'une offre d'abonnement numérique comprenant plusieurs services, dont **au moins un service de télécommunication,** un service **de radiodiffusion** ou **de télévision ou** un **service électronique,** la base d'imposition à laquelle s'applique le taux particulier de 2,1 % est déterminée dans les conditions exposées aux n°s 36820 s.

C. Exigibilité

L'exigibilité de la TVA intervient, pour les ventes de **publications papier,** lors de l'**encaissement des acomptes ou du prix** (CGI art. 298 nonies). 85520

Cette disposition déroge à la règle selon laquelle la TVA afférente aux ventes est normalement exigible lors de la livraison (n° 38350). Elle est justifiée par les conditions d'encaissement du produit des ventes et par les modalités particulières de facturation des opérations de diffusion au numéro des publications de presse : en effet, les bordereaux qui analysent à la fois les ventes effectuées par les agents de la vente et les invendus restitués ne parviennent aux éditeurs qu'avec plusieurs semaines de décalage au cours desquelles sont seulement versés des acomptes sous réserve de régularisation ultérieure (BOI-TVA-SECT-40-10-30 n° 40).

L'exigibilité de la TVA relative aux **services de presse en ligne,** qui constituent des prestations de services, intervient également lors de l'encaissement des acomptes, du prix ou de la rémunération, conformément à la règle générale applicable aux prestations de services en vertu de l'article 269, 2-c du CGI (n°s 38600 s.).

Comme tous les redevables pour lesquels l'exigibilité de la taxe est constituée par l'encaissement des acomptes ou du prix, les éditeurs de publications de presse ou de services de presse en ligne peuvent, sur **option,** acquitter la TVA selon les **débits** (nos 38800 s.). 85525

L'option est **globale** et concerne l'ensemble des publications ou des services en ligne qu'ils éditent (CGI ann. III art. 77). De même, elle s'applique à l'ensemble des autres opérations réalisées pour lesquelles la taxe est normalement exigible lors de l'encaissement du prix ou de la rémunération (par exemple, recettes de publicité). Aucune possibilité d'option partielle n'est prévue (BOI-TVA-SECT-40-10-30 n° 60).

Les **opérations annexes autres que les ventes de publications admises au régime de la presse** ne bénéficient pas de la dérogation aux règles générales déterminant l'exigibilité de la TVA prévue pour les publications imprimées (BOI-TVA-SECT-40-10-30 n° 70). Elles sont soumises à la TVA selon les règles de droit commun exposées aux nos 38200 s. 85530

D. Déductions

Principes Les éditeurs de publications de presse et les éditeurs de services de presse en ligne, obligatoirement redevables de la TVA sur leurs ventes, peuvent déduire la taxe portant sur leurs achats de biens et services selon les **règles de droit commun** (nos 50500 s.). 85540

Remarque : La dispense de paiement de la TVA, instituée par l'article 298 undecies du CGI au profit des **sociétés agréées de distribution de la presse** (anciennes entreprises de messagerie : n° 86080), n'autorise pas les éditeurs qui leur confient la distribution d'écrits périodiques à déduire une TVA équivalente à celle que leur auraient facturée les entreprises de messagerie si elles n'avaient pas été dispensées de l'acquitter (CE 5-3-1993 n° 113882 : RJF 5/93 n° 642).

Éditeurs distribuant gratuitement des exemplaires de leurs publications Les éditeurs de publications de presse qui distribuent gratuitement des exemplaires de leur revue doivent, en application de l'article 257, II du CGI, soumettre à la TVA au taux applicable à la revue la livraison à eux-mêmes de ces exemplaires (nos 14220 s.). 85550

Toutefois, l'administration a admis de ne **pas soumettre à la taxe la livraison à soi-même** des exemplaires gratuits lorsque l'**importance du tirage,** par rapport au nombre des exemplaires vendus, peut être considérée comme **répondant aux besoins de la promotion** de la revue. Il en est ainsi lorsque le tirage de la publication ne dépasse pas les limites permises au regard de l'article 72, II-4° de l'annexe III au CGI (n° 84890). Ainsi, dans le cas d'une **publication vendue par abonnement,** il n'y a pas lieu à taxation des exemplaires gratuits diffusés au cours de la période de lancement ; passé cette période, la livraison à soi-même des exemplaires distribués gratuitement n'est pas imposable si le nombre de ces exemplaires ne dépasse pas celui des exemplaires vendus (BOI-TVA-SECT-40-10-30 n° 100).

> **Précisions** Conformément à l'article 266, 1-c du CGI, lorsqu'elle est exigée, la TVA due au titre de la **livraison à soi-même des exemplaires gratuits** d'une publication de presse distribuée en partie sans rémunération est calculée sur le **prix de revient** de ces exemplaires qui comprend notamment les frais de composition, d'impression et de diffusion, les amortissements des immobilisations affectées à l'édition ainsi que les salaires pour les publications autres qu'associatives (BOI 3 L-5-83, non repris au Bofip). Sur la prise en compte du prix de revient, voir toutefois la jurisprudence de la CJUE analysée au n° 14110.

E. Publications françaises vendues au numéro, en provenance ou à destination des DOM

85580 Les publications périodiques – inscrites ou non sur les registres de la CPPAP – vendues au numéro en provenance ou à destination de la Martinique, de la Guadeloupe et de La Réunion sont soumises à un régime de TVA spécifique exposé aux nos 85590 s. (on rappelle que la TVA n'est provisoirement pas applicable en Guyane et à Mayotte).

Les publications périodiques importées et commercialisées selon d'autres modalités (notamment par **abonnement**) sont passibles de la TVA à leur taux propre lors de l'importation (BOI-TVA-SECT-40-10-20 n° 320).

Sur les règles des ventes à distance de biens applicables dans les relations entre DOM et métropole, voir n° 93442.

REDEVABLE DE LA TAXE

85590 Conformément à l'article 298 undecies du CGI, la **TVA** relative aux **ventes au numéro** de publications périodiques réalisées en métropole et dans les DOM est **due par** l'**éditeur** au taux visé au n° 85630.

Dans le cas des **publications** périodiques **éditées et imprimées en métropole,** la taxe n'est donc pas exigée à l'importation dans les DOM. La solution est symétrique en cas d'édition et d'impression dans un des DOM et importation en métropole (BOI-TVA-SECT-40-10-20 n° 310 ; BOI-TVA-SECT-40-10-30 n° 120).

> **> Précisions** Conformément à la règle générale exposée au n° 48140, les éditeurs, qu'ils soient établis en métropole ou dans les DOM, doivent déclarer et acquitter la TVA correspondante par voie électronique (**télédéclaration et télérèglement**).
> Sur le régime applicable aux **dépositaires centraux et aux sous-dépositaires** qui interviennent dans la distribution de ces publications, voir n° 86080.

BASE D'IMPOSITION

85600 La base d'imposition des publications périodiques est constituée par le **prix de vente total au public** (n° 85430).

Lorsque les **publications** sont **acheminées** par **bateau,** ce prix est connu à l'avance par l'éditeur.

Pour les publications acheminées par **avion,** le prix de vente au public est déterminé par les dépositaires centraux au moment de la mise en vente sur la base du prix pratiqué au lieu d'édition, majoré du coût du transport qui varie selon les tarifs du fret aérien et le poids des publications. Dans cette dernière hypothèse, les éditeurs ne sont pas toujours en mesure de connaître, dans un délai compatible avec leurs obligations déclaratives, le montant exact des ventes à déclarer. À titre de **règle pratique,** il est admis que les éditeurs **liquident provisoirement** la taxe due au titre d'un mois ou d'un trimestre sur la base du prix de vente pratiqué au 31 décembre de l'année précédente et en fonction du nombre d'exemplaires vendus au cours du mois ou du trimestre considéré.

Dès que le montant exact des ventes est connu et au plus tard au moment de la déclaration souscrite en avril de l'année suivante, les éditeurs procèdent à la **liquidation définitive** de la taxe. Si cette liquidation fait apparaître une insuffisance du montant des ventes déclarées à titre provisoire, la différence est ajoutée au chiffre d'affaires imposable (BOI-TVA-SECT-40-10-30 n° 30).

TAUX

85630 Les éditeurs de publications de presse acquittent la taxe au taux en vigueur dans le **lieu de distribution** de ces publications (nos 85460 s.) (BOI-TVA-SECT-40-10-30 n° 80).

III. RÉGIME DES AUTRES OPÉRATIONS

85680 Nous apportons aux nos 85690 s. des précisions concernant diverses opérations, autres que les ventes au numéro ou par abonnement en régime intérieur, réalisées par les entreprises de presse.

IMPORTATIONS ET ACQUISITIONS INTRACOMMUNAUTAIRES

85690 Les **importations** de publications de presse sont **imposables** à la TVA au taux applicable à ces publications en régime intérieur (voir toutefois les précisions ci-après). En pratique, les publications de presse étrangères sont :

– soit importées, groupées et diffusées par les **sociétés agréées de distribution de la presse** (dont le régime au regard de la TVA est précisé au n° 86080), seules habilitées à procéder à l'ensemble de ces opérations en vertu de l'article 3 de la loi 47-585 du 2 avril 1947 modifiée ;

– soit expédiées directement par les **éditeurs étrangers** aux lecteurs français, qui se sont généralement abonnés par l'intermédiaire d'agences d'abonnement ou de libraires importateurs. Ces derniers intermédiaires sont éventuellement imposables, selon les règles de territorialité de droit commun exposées aux nos 31200 s., au taux applicable aux publications en cause (BOI-TVA-SECT-40-10-20 n° 160).

Pour les importations de publications périodiques en provenance ou à destination des **DOM,** voir nos 85580 s.

> **> Précisions** Lorsque, pour l'importation de publications faisant l'objet d'une **VAD-BI** (nos 23200 s.) contenues dans des envois d'une valeur intrinsèque ne dépassant pas 150 €, le régime particulier de guichet unique « IOSS » n'est pas utilisé, la personne qui présente les marchandises en douane pour le compte de la personne destinataire des biens peut se prévaloir du **régime particulier d'importation** prévu à l'article 298 sexdecies I du CGI (nos 33770 s.) pour la déclaration et le paiement de la TVA à l'importation en ce qui concerne des biens expédiés ou transportés à destination de la France (ce régime ne peut toutefois s'appliquer en cas d'intervention d'un assujetti dit « facilitateur », lequel est toujours le redevable de la TVA à l'importation).
> En cas de recours à ce régime, l'article 298 sexdecies I, II-3° du CGI prévoit que l'importation des biens est soumise au **taux** normal, par dérogation aux dispositions des articles 278-0 bis à 281 nonies du CGI (n° 33775). L'administration semble considérer que le taux normal vaut pour l'importation des publications de presse (en ce sens, BOI-TVA-SECT-40-10-20 nos 295 et 297) alors même que l'article 298 septies du CGI (fixant le taux applicable à ces publications) n'est pas visé à l'article 298 sexdecies I, II-3° précité.

Les **publications de presse en provenance d'un autre État membre** de l'Union européenne peuvent, comme les publications éditées en France, obtenir un **numéro d'inscription** à la CPPAP et, après autorisation de la division fiscalité des professionnels et du recouvrement forcé de la Direction des impôts des non-résidents, bénéficier du régime fiscal des publications de presse, en particulier l'application du **taux** de 2,1 % de TVA. **85695**

Lorsque ces conditions sont remplies, le taux applicable aux acquisitions intracommunautaires est le taux de 2,1 % ; à défaut, le taux normal doit être appliqué (le taux réduit peut être applicable si la publication répond à la définition fiscale du livre) (BOI-TVA-SECT-40-10-20 n° 170).

> **> Précisions** Pour les **publications étrangères non publicitaires spécialisées dans le domaine scientifique et médical** ayant une périodicité au moins trimestrielle, la CPPAP utilise une procédure simplifiée au terme de laquelle l'agrément de la commission ne se traduit pas par l'attribution d'un certificat d'inscription nominatif mais revêt la forme de listes de titres sur lesquelles est apposé le cachet de la commission. Le **taux** de TVA de **2,1 %** est applicable sans autre démarche aux acquisitions intracommunautaires de publications reprises sur ces listes (BOI précité n° 180).

EXPORTATIONS ET LIVRAISONS INTRACOMMUNAUTAIRES

Les **exportations** de publications de presse sont exonérées de la TVA en vertu de l'article 262, I-1° du CGI (nos 22400 s.), sous réserve du cas particulier des expéditions vers les DOM (nos 85580 s.). **85710**

Les **livraisons** de publications de presse effectuées par l'intermédiaire de la **valise diplomatique** à destination d'organismes officiels établis à l'étranger bénéficient de cette exonération, à condition que les entreprises de publication justifient le bien-fondé de l'expédition à l'étranger par l'intermédiaire de la valise diplomatique (notamment présentation de bons de commande et échange de correspondance avec le ministère des affaires étrangères) (BOI-TVA-SECT-40-10-20 n° 190).

Les livraisons de publications de presse expédiées ou transportées dans un **autre État membre** de l'UE **à destination** : **85715**

– d'un **autre assujetti** ou d'une personne morale non assujettie ne bénéficiant pas du régime dérogatoire (PBRD) visée au n° 20090 sont susceptibles d'être **exonérées** de la TVA en vertu de l'article 262 ter, I du CGI (nos 20280 s.) ;

– d'une personne morale non assujettie bénéficiant dans son État membre du régime des PBRD ou de toute autre personne non assujettie (**particuliers,** notamment) suivent le régime des ventes à distance intracommunautaire de biens (**VAD-IC**) dont le régime est défini aux nos 23000 s. (BOI-TVA-SECT-40-10-20 n° 200).

INSERTION DE PUBLICITÉ OU D'ANNONCES

Les recettes provenant d'insertions de publicité ou d'annonces sont, quel que soit le régime de la publication servant de support, passibles de la TVA au taux normal (BOI-TVA-SECT-40-10-20 n° 20). **85720**

CESSIONS ET RÉTROCESSIONS D'ÉLÉMENTS D'INFORMATION

85740 Les opérations de cession ou de rétrocession d'éléments d'information bénéficient, en vertu de l'article 298 octies du CGI, du taux intermédiaire lorsqu'elles sont effectuées par une entreprise de presse à une autre entreprise de presse, et en vue de l'édition de publications qui bénéficient du régime de la presse.

Le taux intermédiaire est limité aux opérations de cession ou de rétrocession d'**éléments d'information,** lesquels se présentent matériellement sous forme d'articles, reportages, dessins ou photographies.

Les **autres** catégories de cessions ou rétrocessions (**notamment** les rétrocessions portant sur des articles à caractère publicitaire et les concessions du **droit d'emploi des titres** des journaux) sont soumises au taux normal, sauf lorsque la cession porte sur des droits patrimoniaux reconnus par la loi aux auteurs des œuvres de l'esprit (nos 87270 s.) (BOI-TVA-SECT-40-10-20 n° 30).

TIRAGES À PART

85750 Les « tirages à part », qui ne diffèrent des publications de presse dont ils portent le titre que par la qualité du papier utilisé pour leur impression, sont admis au même régime fiscal que ces publications.

Les tirages d'extraits de publication de presse ne peuvent, en revanche, bénéficier du régime fiscal des publications de presse que dans la mesure où ils en remplissent par eux-mêmes toutes les conditions (BOI-TVA-SECT-40-10-20 n° 50).

RECUEILS D'INVENDUS

85760 Les recueils confectionnés à l'aide d'exemplaires **invendus de publications de presse** suivent le même régime d'imposition que les publications qui les composent sous réserve que leur vente n'ait qu'un caractère accessoire par rapport à celle de la publication de presse et qu'ils soient composés non pas d'un tirage spécial, mais exclusivement d'invendus.

En revanche, les recueils constitués à partir de **publications** de presse qui ont été **expurgées** de certains articles, ou massicotées **ou autrement adaptées,** sont passibles de la TVA au taux normal (ou au taux réduit si ces recueils répondent à la définition fiscale du livre : nos 40830 s.) (BOI-TVA-SECT-40-10-20 n° 80).

> **Précisions** Une société qui achète auprès de particuliers des journaux anciens qu'elle trie et remet en état en vue de leur revente à l'unité exerce une activité d'achat et de revente de journaux anciens qui ne constituent pas des invendus et ne peut pas bénéficier du régime de la presse (CAA Paris 25-1-2006 n° 04-2347 : RJF 7/06 n° 845).

BOUILLONS DE PRESSE

85770 Le terme « bouillon » désigne généralement, en matière de presse, les publications invendues qui entrent de nouveau dans le circuit commercial sous une autre forme que les recueils d'invendus.

Il faut distinguer :

– les **bouillons** de presse qui **continuent à être destinés à la lecture** et qui, après avoir fait l'objet d'un tri afin d'éliminer les exemplaires abîmés, sont cédés à des libraires, marchands en kiosque, colporteurs, qui les proposent, à prix réduit, à une nouvelle clientèle de lecteurs, sont soumis au même régime fiscal que les publications « neuves », qu'ils soient vendus par l'éditeur, un mandataire ou un professionnel spécialisé dans la vente d'objets soldés ;

– les **bouillons** de presse qui ne sont **plus destinés à la lecture** et qui sont collectés soit pour approvisionner en matières premières les fabriques de pâtes à papier, soit en vue d'une utilisation (emballage, bourrage, etc.) qui ne correspond pas à la destination première de lecture, sont considérés comme des matières de récupération et suivent le régime exposé aux nos 47920 s. (BOI-TVA-SECT-40-10-20 n° 90).

VENTES À L'UNITÉ OU PAR ABONNEMENT DES VERSIONS NUMÉRISÉES D'UNE PUBLICATION IMPRIMÉE

85780 Voir n° 85460.

SECTION 2 RÉGIME DES FOURNITURES FAITES À LA PRESSE

Nous examinerons, sous la présente rubrique, le régime applicable : **85900**
- aux services fournis par les agences de presse (n° 85920) ;
- aux fournitures de matières premières nécessaires à l'impression des publications de presse (nos 85940 s.) ;
- aux travaux de composition et d'impression (nos 85970 s.) ;
- aux opérations d'entremise pour la distribution des publications périodiques (nos 86070 s.) ;
- aux opérations de routage et de transport (n° 86140).

Remarques : **1.** Les **journalistes** professionnels ne sont pas soumis à la TVA (n° 1615).
2. Les **correspondants locaux** de presse suivent le régime de TVA des auteurs des œuvres de l'esprit (voir nos 86800 s.).

I. SERVICES FOURNIS PAR LES AGENCES DE PRESSE

Les agences de presse figurant sur une **liste** établie par la commission paritaire des publications et agences de presse (CPPAP) bénéficient du **taux intermédiaire** prévu à l'article 298 octies du CGI pour l'**ensemble de leurs fournitures d'éléments d'information,** c'est-à-dire : **85920**
- pour les bulletins, articles, reportages, photographies, dessins et tous autres éléments de rédaction, quel qu'en soit le destinataire ;
- pour les transmissions de messages de presse et d'informations relatifs à tous les domaines de l'actualité et assurées, au bénéfice de toute personne, par téléphone, téléscripteurs, bulletins, lettres ou documents quelconques (BOI-TVA-SECT-40-20-20 n° 20).

> **Précisions** Les **entreprises nouvelles,** y compris celles **en cours d'agrément** auprès de la CPPAP, doivent, sauf pour la cession de droits patrimoniaux reconnus par la loi aux auteurs des œuvres de l'esprit (qui bénéficient du taux intermédiaire), acquitter la TVA au taux normal. Cependant, si elles obtiennent leur inscription sur la liste des agences de presse, ces entreprises peuvent demander la **restitution** des sommes qu'elles ont indûment versées depuis la date d'effet de l'arrêté d'agrément, à condition d'adresser à leurs clients une **facture rectificative** (BOI précité n° 30).

II. MATIÈRES PREMIÈRES NÉCESSAIRES À L'IMPRESSION

TAUX D'IMPOSITION

Les matières premières utilisées par les imprimeurs relèvent normalement du **taux normal.** Ce taux s'applique, en particulier, aux ventes, importations et acquisitions intracommunautaires : **85940**
- de **papiers de presse** ;
- de **produits destinés** à la **fabrication** des papiers de presse (bois, farine de bois, pâtes de cellulose, kaolin, etc.) ;
- d'**encres** d'imprimerie, **solvants,** produits **antimaculeurs** et de **matières premières** entrant dans la composition des encres et solvants ;
- de plaques-adresses, bandes-adresses, papiers d'emballage, ficelles, utilisés pour la livraison des publications de presse ;
- de matières premières, surfaces sensibles et matériels (notamment flans de clicherie) utilisés pour la fabrication des clichés d'imprimerie (BOI-TVA-SECT-40-20-10 nos 10, 20 et 60).

Toutefois, selon l'administration des douanes, sont passibles du **taux intermédiaire** les **clichés d'imprimerie** repris à la position tarifaire n° 84-42 ainsi que les **typons, films et plaques impressionnés** repris aux positions tarifaires nos 37-04 et 37-05 utilisés dans les procédés d'impression photomécanique et destinés à la composition et à l'impression des journaux et des périodiques (Inst. douanes 83-140 du 4-8-1983).

En ce qui concerne le taux applicable aux **matériaux** (papier, encre) **fournis dans le cadre des travaux d'impression,** voir n° 86000.

FOURNISSEURS DE PAPIER DE PRESSE CONSTITUANT UN STOCK DE PRÉCAUTION

85950 Aux termes de l'article 298 nonies du CGI, l'**exigibilité** de la TVA intervient lors de l'**encaissement des acomptes ou du prix** en ce qui concerne les ventes de papier réalisées par les sociétés (notamment la société professionnelle des papiers de presse) participant à la constitution, au maintien et au financement d'un **stock de précaution** de papier de presse équivalant à trois mois de consommation de papier des éditeurs de presse qu'elles fournissent.

Cet article déroge à la règle selon laquelle la TVA afférente aux ventes, y compris dans tous les autres cas de ventes de papiers de presse, est en principe exigible lors de la livraison.

III. TRAVAUX DE COMPOSITION ET D'IMPRESSION

85970 Les travaux de composition et d'impression des écrits périodiques bénéficient du **taux intermédiaire** (CGI art. 298 octies).

TRAVAUX CONCERNÉS

85980 Par travaux de composition et d'impression, on entend l'**ensemble des travaux exécutés dans le cadre des activités graphiques de clicherie et de photogravure** (BOI-TVA-SECT-40-20-20 n° 50).

85990 **Travaux de composition** Il s'agit des **travaux préliminaires à l'impression** qui sont réalisés dans le cadre normal des activités graphiques de photogravure et de clicherie : travaux de composition manuelle, de composition mécanique, de composition photographique ou de composition planographique qui se matérialisent par la fourniture des clichés d'imprimerie et épreuves photographiques constituant l'accessoire de ces clichés, ou aboutissent à la réalisation des « formes imprimantes » utilisées dans le procédé d'impression en offset (CE 10-12-1975 n° 93912 : RJF 2/76 n° 68 ; BOI-TVA-SECT-40-20-20 n° 50).

Lorsque les travaux de composition et d'impression sont réalisés dans le cadre de **travaux d'édition informatisés,** la **mise au point de la maquette** d'une publication est assimilée à des travaux de composition. Tel est le cas de la saisie et de la mise en page d'un texte et des photographies, dessins ou graphiques illustrant ce texte sur un support informatique et se matérialisant par la remise d'une disquette, ou d'un support équivalent, au photograveur pour impression (BOI précité n° 80).

ILLUSTRATIONS

Ne constituent pas des travaux de composition soumis au taux intermédiaire les opérations de développement et de **tirage de clichés** devant faire ensuite l'objet de travaux de photogravure avant d'être utilisés pour l'impression de journaux. En effet, ces opérations se situent à un **stade antérieur à la composition** dont elles constituent un préliminaire.

CE plén. 4-7-1986 n° 47410 : RJF 8-9/86 n° 799

86000 **Travaux d'impression** Les travaux d'impression proprement dits constituent le **stade final** de la mise en œuvre des différents procédés d'imprimerie (typographie, héliographie, taille-douce, offset et procédés intermédiaires ou dérivés).

Les opérations (brochage et massicotage) qui constituent le **prolongement normal des travaux d'impression** suivent le même régime que les travaux d'impression proprement dits et sont donc également soumises au taux intermédiaire.

Les travaux d'impression couvrent également la **livraison** des **matériaux nécessaires** à ces travaux (**papier, encre**), pour autant que la fourniture de ces derniers ne soit pas mentionnée distinctement sur la facture de travaux d'impression (BOI-TVA-SECT-40-20-20 n°s 60, 70 et 90).

> **Précisions** Toutefois, le taux intermédiaire s'applique au papier et aux autres matériaux facturés séparément de ses travaux d'impression par l'imprimeur lorsque la facturation dudit matériau est indissociable des travaux d'impression qu'il a réalisés. Il en va ainsi lorsque le papier ou les autres matériaux sont fournis et utilisés par le prestataire qui réalise l'impression et que, pour tenir compte des exigences de la **réglementation des marchés publics,** ces matériaux apparaissent distinctement sur la facture d'ensemble délivrée au client au titre des travaux d'impression dont ils sont alors indissociables (BOI précité n° 170).

CONDITIONS D'APPLICATION DU TAUX INTERMÉDIAIRE

Le taux intermédiaire s'applique aux travaux de composition et d'impression à condition que ces travaux portent sur des écrits périodiques et que l'éditeur assure la responsabilité éditoriale de ces écrits. **86010**

Travaux portant sur des écrits périodiques Sont des « écrits périodiques » l'ensemble des publications, titulaires ou non d'un certificat d'inscription sur les registres de la CPPAP, qui sont éditées à des **intervalles** plus ou moins **réguliers** et dont la **succession des numéros** doit être présentée par l'éditeur comme **indéfinie** dans le temps, quels que soient la durée probable, la régularité et le délai de parution entre les numéros (quotidien, hebdomadaire, mensuel, trimestriel, etc.) (BOI-TVA-SECT-40-20-20 n° 110). **86020**

ILLUSTRATIONS

Une **revue** consacrée aux manifestations culturelles organisées dans un département et **publiée dix fois par an** constitue un écrit périodique bénéficiant du taux intermédiaire.

CE 19-12-2008 n° 309338 : RJF 3/09 n° 206

Une **revue publiée une seule fois par an,** même de façon régulière, ne peut être considérée comme un écrit périodique que si l'éditeur est en mesure de démontrer que chaque numéro annuel est la continuation du numéro précédent dont il forme le prolongement, et n'est pas la simple mise à jour des exemplaires antérieurs.

Rép. Zimmermann : AN 26-10-1998 n° 16390, non reprise au Bofip mais dont la solution conserve selon nous sa valeur

Remarque : Les publications consacrées « exclusivement ou principalement à la diffusion de messages publicitaires » sont en tout état de cause exclues du bénéfice du taux intermédiaire (CE 19-12-2008 n° 309338 précité).

Responsabilité éditoriale de l'éditeur Les travaux de composition et d'impression doivent être effectués dans le cadre d'une publication dont l'éditeur assure pleinement la responsabilité éditoriale. Toutefois, il n'est pas exigé que l'éditeur assure lui-même la rédaction de la publication si d'autres éléments attestent de son **engagement** dans la conception de l'écrit périodique. **86030**

Tel est le cas, par exemple, lorsque l'éditeur délivre un « **bon à tirer** » qui traduit son accord sur le travail réalisé par le prestataire (BOI-TVA-SECT-40-20-20 n° 120).

OPÉRATIONS SOUMISES AU TAUX NORMAL

Le taux normal est applicable : **86040**

– aux travaux de composition et d'impression de publications qui ne répondent pas à la définition des écrits périodiques (n° 86020) : il en va ainsi pour les travaux relatifs aux **tracts, affiches** (y compris les affichettes que certains éditeurs font apposer dans les lieux de vente ou les lieux publics), documents et **ouvrages publicitaires, formulaires** et imprimés similaires à caractère administratif ou professionnel, **annuaires, guides,** indicateurs, etc. ;

– aux travaux de composition ou d'impression qui portent sur des publications visées à l'article 279 bis, 1° du CGI (**publications** qui, en raison de leur caractère **pornographique ou d'incitation à la violence,** ont fait l'objet d'au moins deux des interdictions prévues par l'article 14 de la loi 49-956 du 16-7-1949 sur les publications destinées à la jeunesse) ;

– aux **opérations autres que les travaux de composition ou d'impression** définis aux n°s 85980 s. Tel est le cas notamment des prestations de services qui se situent au **stade antérieur** aux travaux de composition (prestations fournies par les agences de mannequins qui posent pour des photographies insérées dans les publications, photographes, dessinateurs...) ;

– aux **matières premières, surfaces sensibles** et **matériels** (en particulier les « flans de clicherie ») **utilisés pour** la **fabrication des clichés** d'imprimerie (BOI-TVA-SECT-40-20-20 n°s 130 à 150).

IV. INTERMÉDIAIRES INTERVENANT DANS LA DISTRIBUTION DES ÉCRITS PÉRIODIQUES

Le régime de TVA des intermédiaires diffère selon que leurs commissions se rapportent à des ventes au numéro ou à des ventes par abonnement. **86070**

A. Diffusion des publications vendues au numéro

86080 Les **sociétés agréées de distribution de la presse** ou l'une des personnes mentionnées à l'article 13, I de la loi 2019-1063 du 18 octobre 2019 (anciennes sociétés de messageries de presse) et les personnes désignées sous le terme technique d'« agents de la vente », c'est-à-dire les **dépositaires centraux,** les **sous-dépositaires** (marchands en boutique, en kiosque, en terrasse) et les **personnes vendant « en ambulance »,** sont **dispensées,** en application de l'article 298 undecies du CGI, d'acquitter la **TVA** sur le montant de leur commission à **condition** qu'en pratique :

– ils **justifient de leur qualité** de mandataires régulièrement inscrits à la Commission du réseau de la diffusion de la presse mentionnée à l'article 26 de la loi 47-585 du 2 avril 1947 modifiée (remplaçant le Conseil supérieur des messageries de presse ou CSMP) ;

– leur rémunération leur est allouée pour des **écrits périodiques** au sens de la loi du 29 juillet 1881 ;

– ils **ne facturent pas la TVA,** les éditeurs acquittant, de leur côté, cette taxe sur le prix de vente au public (n° 85430) (BOI-TVA-SECT-40-20-20 n°s 220 et 230).

> **Précisions a.** Bien qu'ils ne soient pas redevables de la taxe incluse dans le prix de vente qui sera reversée au Trésor par l'éditeur lui-même, les agents de la vente peuvent délivrer une **facture** aux acheteurs de journaux et publications qui en font la demande. Cette facture doit faire apparaître le prix public, le taux et le montant de la taxe (Texte CSMP 1984).
b. Les **opérations d'entremise exonérées** en vertu de l'article 298 undecies sont, pour le calcul des droits à déduction, **considérées** comme ayant **été taxées.** Ces opérations échappent à l'ensemble des dispositions relatives aux opérations non imposables en matière de droits à déduction, notamment, les recettes correspondant à ces opérations doivent être inscrites aux deux termes du rapport correspondant au coefficient de taxation des entreprises concernées, lorsqu'il est déterminé de manière forfaitaire (BOI précité n° 250).
c. Les dépositaires centraux et leurs mandataires qui assurent la **livraison des publications aux points de vente** sont dispensés du paiement de la TVA pour ces opérations de transport effectuées dans le cadre de leur mission et relevant de ces opérations d'entremise nécessaires à la mise en vente de la presse (Lettre SLF au CSMP du 8-6-1982).

B. Intermédiaires pour la souscription d'abonnements

PRINCIPES

86100 Les personnes (agences d'abonnement, libraires...) qui interviennent comme **commissionnaires** dans la souscription d'abonnements à des publications périodiques inscrites sur les registres de la CPPAP et qui ne sont **pas inscrites** à la **Commission du réseau de la diffusion de la presse** (remplaçant le CSMP) acquittent la taxe selon le régime propre aux intermédiaires (voir n°s 83100 s.) et au taux prévu pour la publication correspondante (BOI-TVA-SECT-40-20-20 n° 260).

Si elles sont **inscrites** à la Commission du réseau de la diffusion de la presse, elles peuvent bénéficier du régime décrit au n° 86080.

ABONNEMENT À DES PUBLICATIONS PÉRIODIQUES ÉTRANGÈRES

86110 Les entreprises spécialisées agissant en qualité d'intermédiaire pour le compte de personnes résidant en France qui désirent s'abonner à des publications périodiques étrangères bénéficient du régime prévu par l'article 298 septies du CGI **dans la mesure où** les publications périodiques, introduites en France à la suite de leur entremise, ont recueilli l'**agrément** du secrétariat de la CPPAP.

Les entreprises concernées doivent déposer auprès du secrétariat de la CPPAP une **liste,** établie en double exemplaire, des **publications importées** susceptibles de bénéficier du régime fiscal de la presse. Après contrôle des titres des publications et des éléments d'identification, le secrétariat de la commission matérialise son agrément éventuel en renvoyant aux entreprises un exemplaire de la liste revêtu d'un cachet officiel ou en leur adressant une notification. Cette liste ou notification doit être conservée à l'appui de la comptabilité des entreprises aux fins de justification lors d'un contrôle (BOI-TVA-SECT-40-20-20 n° 270).

V. OPÉRATIONS DE ROUTAGE ET DE TRANSPORT

Sont imposables au **taux** normal : 86140

– les prestations de routage rendues par des entreprises spécialisées dans la préparation et la réalisation des expéditions de périodiques vendus par abonnement. Sont concernées **notamment** les prestations suivantes : opérations de constitution de fichiers utilisés pour l'envoi des publications ; opérations de magasinage ; opérations de mise sous bande ou tout autre conditionnement ; indication des destinataires ; groupage par destination ; ensemble des transports d'approche, c'est-à-dire les transports effectués, d'une part, entre l'imprimerie ou la maison d'édition et les locaux où sont préparées les expéditions, d'autre part, entre ces locaux et les lieux de prise en charge des publications pour acheminement vers les destinataires (BOI-TVA-SECT-40-20-20 n° 280) ;

– l'acheminement des publications périodiques par les entreprises de transport (BOI précité n° 290 ; dans le même sens concernant les livres, BOI-TVA-LIQ-30-10-40 n° 310).

> **Précisions** L'administration a cependant admis que le **taux** de 10 % applicable aux travaux de composition et d'impression des écrits périodiques (n°s 85970 s.) s'applique lorsque la **prestation de routage** est **réalisée par l'imprimeur,** même si elle apparaît distinctement sur la facture (Rép. Pérol-Dumont : Sén. 27-2-2020 n° 01737 ; réponse également donnée pour le taux de 5,5 % applicable à de tels travaux portant sur des livres jusqu'au 31-12-2020). En considérant, de manière implicite, que le caractère facultatif ou non de l'opération de routage est sans incidence pour déterminer le taux de TVA, l'administration s'écarte toutefois ici de la doctrine administrative et de la jurisprudence du **Conseil d'État** qui font de ce caractère l'élément prédominant à prendre en considération, en matière d'opérations complexes, pour écarter la qualification d'opération accessoire (n° 1300, précision a). Ce dernier a d'ailleurs refusé d'admettre le pourvoi formé contre un arrêt dans lequel il a été considéré que des opérations de routage **proposées facultativement** par un imprimeur à ses clients en complément de travaux de composition et d'impression de documents périodiques ne peuvent pas bénéficier du taux prévu pour ces travaux par l'article 298 octies du CGI dès lors que celles-ci ne peuvent être regardées comme étant l'accessoire indispensable de la prestation de composition et d'impression, alors même que les deux prestations font l'objet d'un seul contrat pour un prix global (CAA Bordeaux 18-1-2018 n° 16BX00835 ; CE (na) 15-3-2019 n° 419034 : RJF 7/19 n° 649).
> En tout état de cause, la réponse ministérielle précitée, qui est favorable aux contribuables, est opposable à l'administration.

SECTION 3 ÉCRITS PÉRIODIQUES DES ORGANISMES À BUT DÉSINTÉRESSÉ

Lorsque les écrits périodiques ne peuvent pas bénéficier du régime de la presse examiné aux n°s 85420 s., ils sont susceptibles d'être exonérés de TVA en application des dispositions de l'article 298 duodecies du CGI. Ces dispositions concernent les publications des organismes sans but lucratif (n°s 86230 s.) et celles des collectivités publiques et de leurs établissements publics (n°s 86370 s.). 86220

I. PUBLICATIONS PÉRIODIQUES DES ORGANISMES SANS BUT LUCRATIF

Selon qu'elles **répondent ou non** aux conditions du **régime de la presse** fixées par les articles 72 et 73 de l'annexe III au CGI, les revues périodiques des organismes à but non lucratif sont soumises à des régimes différents. 86230

1. PUBLICATIONS ADMISES AU RÉGIME DE LA PRESSE

86240 Il s'agit des publications d'organismes désintéressés qui ont obtenu un certificat d'inscription en CPPAP :

– soit au titre de l'article 72 de l'annexe III au CGI (nos 84680 s.) ;

– soit au titre des dispositions de l'article 73 de l'annexe III au CGI (nos 85170 s.).

Les opérations portant sur ces publications sont soumises à la TVA selon les règles exposées aux nos 85420 s.

86245 Lorsque le **prix de vente** est **inclus dans une cotisation** (ce qui ne peut viser que des publications désignées à l'article 73 de l'annexe III au CGI : no 85200), il y a lieu de considérer, pour la détermination de la **base d'imposition,** que la TVA est assise « sur la part des cotisations qui doit être regardée comme la contrepartie » effective du service de la publication assuré aux cotisants (CE 19-2-1971 nos 65918 à 65920).

À titre de **règle pratique,** il est admis que cette part soit égale au prix de revient, hors salaires, de la publication (BOI-TVA-SECT-40-30-10 no 50).

86250 Dans tous les cas, l'éditeur doit constituer un **secteur d'activité distinct** regroupant l'**ensemble des titres soumis à la taxe.** Il en résulte les conséquences suivantes :

a. L'organisme doit **comptabiliser distinctement** pour son activité d'éditeur de publications de presse :

– les **acquisitions** de biens et services effectuées exclusivement pour les besoins de l'édition du ou des titres constituant ce secteur ;

– les **cessions** de biens constituant des immobilisations et les **transferts** de ces biens à un autre secteur ;

– le montant des **recettes** afférentes à l'activité d'édition de publication de presse (recettes provenant de la vente au numéro et par abonnement, autre recette provenant du destinataire des publications, recettes de publicité, subventions, etc.) ;

b. La détermination de la **TVA déductible** au titre des immobilisations affectées à ce secteur s'effectue dans les conditions de droit commun par application du coefficient de déduction de ces biens (nos 52500 s.). Lorsque le **bien** est **utilisé** concurremment **pour plusieurs secteurs d'activité,** le chiffre d'affaires à retenir pour la détermination forfaitaire du coefficient de taxation est celui du ou des secteurs pour lesquels le bien est utilisé (voir nos 53390 s.).

2. PUBLICATIONS NE BÉNÉFICIANT PAS DU RÉGIME DE LA PRESSE

86270 Les livraisons et services d'intermédiation portant sur les **écrits périodiques** au sens de la loi du 29 juillet 1881 (nos 84830 s.) **non inscrits** sur les registres de la **CPPAP** et les **annuaires,** édités par les organismes à but non lucratif, peuvent bénéficier de l'exonération de TVA prévue par l'article 298 duodecies du CGI.

ORGANISMES CONCERNÉS

86280 L'exonération prévue à l'article 298 duodecies du CGI s'applique :

– aux **associations** régies par la **loi de 1901** (associations simplement déclarées ou associations reconnues d'utilité publique) ou par la **loi locale** maintenue en vigueur dans les départements du Bas-Rhin, du Haut-Rhin et de la Moselle. Elle bénéficie notamment : aux organisations politiques, syndicales, professionnelles, philosophiques ou confessionnelles qui revêtent cette forme ; aux associations folkloriques ou musicales, philatéliques, sportives, culturelles ou socioculturelles ; aux caisses des écoles, etc. ;

– aux **autres organismes légalement constitués** agissant sans but lucratif, tels que les congrégations, les fondations, les groupements mutualistes ou les comités sociaux et économiques d'entreprise ou d'établissement (BOI-TVA-SECT-40-30-10 no 70).

86285 Sont exclus de l'exonération les **personnes physiques** et les **groupements de fait,** même s'ils agissent sans but lucratif, ainsi que les **sociétés** commerciales ou civiles qui ont pour but la recherche du profit (BOI-TVA-SECT-40-30-10 no 70).

CONDITIONS DE L'EXONÉRATION

86300 L'exonération des écrits périodiques et annuaires, édités par des organismes à but désintéressé, qui ne constituent pas à proprement parler des publications de presse, est subordonnée à la double condition :

– que les **annonces** et la publicité ne couvrent **jamais plus des deux tiers** de la **surface** de la publication ;

– et que l'**ensemble des annonces ou de la publicité d'un** même **annonceur** ne soit jamais, dans une même année, supérieur au **dixième** de la surface totale des numéros parus durant cette année.

Lorsque les **conditions** énoncées au n° 86300 ne sont **pas respectées,** les livraisons et services d'intermédiation portant sur les écrits périodiques non inscrits sur les registres de la CPPAP et les annuaires sont imposables soit au taux réduit, soit au taux normal selon que la publication répond ou non à la définition fiscale du **livre** (nos 40830 s.). **86305**

Pour les opérations de vente, l'**assiette** de la TVA est constituée, selon les cas, par le prix marqué au numéro, par le montant des abonnements, ou par la part des cotisations ou autre contrepartie effective du service de lecture ou d'information assuré au destinataire de la publication.

ÉTENDUE DE L'EXONÉRATION

L'exonération prévue par l'article 298 duodecies du CGI est limitée aux **recettes provenant de la livraison** de publications encaissées par les éditeurs et aux **services d'intermédiation** portant sur ces publications. Elle ne s'étend pas aux acquisitions de travaux d'impression et de composition, aux achats de papiers de presse et produits servant à leur fabrication, d'encres et leurs solvants, de services d'agences de presse, de prestations afférentes aux livraisons des publications. **86320**

Les **recettes** provenant des **publicités et annonces** sont passibles de la TVA dans les conditions de droit commun. Toutefois, s'il s'agit d'une publication vendue exclusivement dans le cadre de l'**une des six manifestations associatives de bienfaisance ou de soutien** exonérées conformément à l'article 261, 7-1°-c du CGI, les recettes publicitaires sont également exonérées (n° 11940). **86325**

OBLIGATIONS

Les opérations imposables réalisées à l'occasion de l'édition des écrits périodiques (publicité, annonces, etc.) doivent être déclarées comme les autres opérations taxables éventuellement effectuées par l'organisme et selon les modalités particulières exposées aux nos 12160 s. **86340**

II. ÉCRITS PÉRIODIQUES DES COLLECTIVITÉS PUBLIQUES ET DE LEURS ÉTABLISSEMENTS PUBLICS

Les publications périodiques des collectivités publiques et des établissements publics qui remplissent les conditions de l'article 72 de l'annexe III au CGI bénéficient du régime de la presse. En revanche, les publications éditées par ces collectivités et établissements ne bénéficient pas du régime dérogatoire prévu par l'article 73 de l'annexe III au CGI (nos 85170 s.). **86370**

1. PUBLICATIONS REMPLISSANT LES CONDITIONS DE L'ARTICLE 72

Les publications qui ont obtenu un **certificat d'inscription** en CPPAP au titre de l'article 72 de l'annexe III au CGI (nos 84680 s.) sont soumises à la taxe selon le régime de la presse examiné aux nos 85420 s. **86380**

OPÉRATIONS CONCERNÉES

Seules sont soumises à la TVA, dans les conditions exposées aux nos 85420 s., les **ventes de publications situées** dans le champ d'application de la taxe en vertu de l'article 256 B du CGI dès lors qu'elles constituent des livraisons de biens neufs fabriqués en vue de la vente (n° 10500). **86390**

En revanche, les **livraisons de publications inscrites ou non** à la CPPAP que les administrations de l'État et les établissements publics effectuent dans le **cadre de leurs services administratifs, sociaux, éducatifs, culturels et sportifs** sont hors champ d'application de la TVA, en application du premier alinéa de l'article 256 B déjà cité, lorsque l'organisme public intervient en tant qu'autorité publique et que le non-assujettissement de ces opérations n'entraîne pas de distorsion dans les conditions de la concurrence (voir nos 10350 s.) (en ce sens, BOI-TVA-SECT-40-30-20 n° 20).

DROIT À DÉDUCTION

86400 Les dispositions relatives aux organismes sans but lucratif, et notamment l'obligation de constituer un **secteur d'activité distinct** regroupant les publications de presse soumises à la taxe (voir n° 86250), s'appliquent aux administrations de l'État et aux établissements publics qui éditent des publications soumises à la taxe (BOI-TVA-SECT-40-30-20 n° 30).

2. PUBLICATIONS NE REMPLISSANT PAS LES CONDITIONS DE L'ARTICLE 72

86420 L'article 298 duodecies du CGI exonère, sous certaines conditions relatives à la publicité (n° 86300), les livraisons et services d'intermédiation portant sur les annuaires et sur les publications périodiques non inscrites sur les registres de la CPPAP édités par les collectivités publiques et leurs établissements publics à caractère administratif.

Dans la mesure où elles ne sont pas **exclues du champ d'application** de la taxe en vertu des dispositions de l'article 256 B du CGI (n° 86390), les opérations en cause sont **exonérées** lorsqu'elles sont réalisées :

– par les **collectivités publiques nationales et locales** (État, régions, départements, communes). Les **bulletins municipaux** qui, généralement, ne répondent pas aux conditions de l'article 72 de l'annexe III au Code, sont admis au bénéfice de cette exonération ;

– par les **établissements publics à caractère administratif locaux et nationaux** (BOI-TVA-SECT-40-30-20 n° 40).

86425 L'**exonération** prévue à l'article 298 duodecies du CGI s'applique **de plein droit.** Les organismes concernés par cette disposition ne peuvent donc **pas** y renoncer en exerçant une **option** pour le paiement de la taxe (BOI-TVA-SECT-40-30-20 n° 40).

86430 Les **recettes** provenant des **publicités et annonces** sont, dans tous les cas, passibles de la TVA dans les conditions de droit commun (BOI-TVA-SECT-40-30-20 n° 50).

CHAPITRE 10

AUTEURS ET INTERPRÈTES DES ŒUVRES DE L'ESPRIT, ARTISTES DU SPECTACLE

SOMMAIRE

Les livraisons de biens et les prestations de services effectuées par les auteurs des œuvres de l'esprit, les artistes-interprètes et les artistes du spectacle agissant à titre indépendant sont assujetties à la **TVA de plein droit** (nos 86820 s.). **86800**

Ces opérations obéissent toutefois à des dispositions spécifiques :

– les cessions des droits patrimoniaux reconnus par la loi aux auteurs et artistes-interprètes relèvent en principe du **taux intermédiaire** (CGI art. 279, g : nos 87270 s.) ;

– un système de **retenue de TVA** à la source est prévu en faveur des auteurs qui perçoivent des droits de la part d'éditeurs, d'organismes de gestion collective de droits ou de producteurs (CGI art. 285 bis : nos 87350 s.).

Les auteurs des œuvres de l'esprit et les artistes-interprètes bénéficient également d'une **franchise** en base **particulière** prévue par l'article 293 B du CGI dont le régime est étudié par ailleurs aux n°s 47690 s.

Remarque : On souligne dès à présent que le régime de TVA des auteurs, des artistes-interprètes et des artistes du spectacle ne s'applique ni aux **architectes** ni aux auteurs de **logiciels.**

SECTION 1

RÈGLES D'ASSUJETTISSEMENT

86820 Trois catégories de professionnels vont retenir notre attention :

- les auteurs des œuvres de l'esprit ;
- les interprètes des œuvres de l'esprit et les artistes du spectacle ;
- les organismes de gestion collective de droits.

I. AUTEURS DES ŒUVRES DE L'ESPRIT

86830 Le Code de la propriété intellectuelle organise la protection de la **propriété littéraire et artistique.** Il reconnaît aux auteurs des œuvres de l'esprit des **droits patrimoniaux** sur leurs œuvres : droit de représentation, droit de reproduction, droit de suite, droit à rémunération pour copie privée.

Les **œuvres protégées** sont les œuvres littéraires ou artistiques originales, c'est-à-dire celles qui portent l'empreinte de la personnalité de l'artiste. Les **titulaires des droits** sont les auteurs des œuvres. Toutefois, au décès de l'auteur, les droits persistent au profit des **ayants droit** des auteurs pendant 70 ans (Code de la propriété intellectuelle art. L 123-1, al. 2).

Les auteurs des œuvres de l'esprit peuvent **exploiter** leurs droits de **manière individuelle** (c'est le cas, par exemple, de l'écrivain qui conclut un contrat d'édition) ou, plus fréquemment, **collective** (la gestion des droits est alors assurée par des organismes de gestion collective de droits, obligatoirement constitués sous forme de sociétés civiles).

A. Personnes assujetties

1. AUTEURS DES ŒUVRES DE L'ESPRIT

86840 Les auteurs des œuvres de l'esprit qui **agissent à titre indépendant** doivent soumettre leurs opérations à la TVA. Le fait que les auteurs des œuvres de l'esprit dont les revenus sont intégralement déclarés par des tiers soient soumis à l'impôt sur le revenu selon les règles des traitements et salaires (CGI art. 93, 1 quater) ne modifie pas leur situation au regard de la TVA. Leurs revenus demeurent des bénéfices non commerciaux même s'ils sont déterminés selon les règles applicables aux salaires (CE 19-2-2003 n° 197768 : RJF 5/03 n° 568 ; en ce sens également, BOI-TVA-CHAMP-10-10-60-20 n° 30).

86845 Contrairement à celles rémunérant une activité indépendante, les **sommes perçues** par les auteurs **en vertu d'un contrat de travail** n'entrent pas dans le champ d'application de la TVA. Toutefois, les œuvres réalisées dans le cadre d'un tel contrat peuvent donner lieu à la perception (concomitante ou ultérieure) de rémunérations dans le cadre de l'**exploitation des droits** conservés par l'auteur sur ses œuvres : ces rémunérations, perçues à titre indépendant, sont soumises à la TVA (BOI-TVA-CHAMP-10-10-60-20 n° 30).

> **Précisions** En vertu de l'article L 7112-1 du Code du travail, les **journalistes professionnels** sont présumés bénéficier d'un **contrat de travail** et sont donc salariés de l'entreprise qui les emploie. Leur rémunération échappe donc normalement à la TVA.

Toutefois, cette solution ne fait pas obstacle à l'assujettissement des rémunérations qui ont le caractère de **droits d'auteur** telles que, par exemple, les sommes perçues au titre de la publication d'un recueil d'articles et les rémunérations perçues en droits d'auteur dans l'hypothèse où un journaliste exercerait sa profession en toute **indépendance** (BOI précité n° 40).

QUALITÉ D'AUTEUR

En principe, la qualité d'auteur appartient sauf preuve contraire à celui ou ceux sous le nom de qui l'œuvre est divulguée. Les articles L 113-2 à L 113-5 du Code de la propriété intellectuelle définissent toutefois le propriétaire de l'œuvre et le titulaire des droits dans les situations suivantes : **86860**

a. Œuvre composite : l'œuvre composite est l'œuvre nouvelle à laquelle est incorporée une œuvre préexistante sans la collaboration de l'auteur de cette dernière. Elle est la propriété de l'auteur qui l'a réalisée, sous réserve des droits de l'auteur de l'œuvre préexistante ;

b. Œuvre de collaboration : c'est l'œuvre à la création de laquelle ont concouru **plusieurs personnes physiques.** Elle est la propriété commune des auteurs. Toutefois, lorsque la participation de chacun des coauteurs relève de genres différents chacun peut, sauf convention contraire, exploiter séparément sa contribution personnelle ;

EXEMPLE

Les œuvres radiophoniques et audiovisuelles (dont les œuvres cinématographiques) sont des œuvres de collaboration. Dans le cas d'une œuvre audiovisuelle, les auteurs du scénario, de l'adaptation, du texte parlé, des compositions musicales spécialement réalisées pour l'œuvre ainsi que le réalisateur sont réputés coauteurs.

c. Œuvre collective : l'œuvre collective est créée à l'**initiative d'une personne** physique ou morale qui l'édite, la publie et la divulgue sous sa direction et son nom et dans laquelle la contribution personnelle des **divers auteurs** participant à son élaboration se fond dans l'ensemble sans qu'il soit possible d'attribuer à chacun d'eux un droit distinct sur l'ensemble réalisé. Elle est la propriété de la personne physique ou morale sous le nom de laquelle elle est divulguée.

EXEMPLE

Les encyclopédies et les dictionnaires sont des œuvres collectives.

Remarque : L'auteur d'une œuvre de l'esprit ne peut être une **personne morale** que dans le cas d'une œuvre collective (BOI-TVA-CHAMP-10-10-60-20 n° 50).

N'ont **pas la qualité** d'auteur (BOI-TVA-CHAMP-10-10-60-20 n° 60) : **86865**

- l'**éditeur** qui est la personne ayant acquis de l'auteur le droit de fabriquer ou de faire fabriquer en nombre des exemplaires de l'œuvre à charge pour elle d'en assurer la publication et la diffusion ;
- les **producteurs** de **phonogrammes** et de **vidéogrammes** ;
- les entrepreneurs ou **organisateurs de spectacles** ;
- les marchands d'œuvres d'art et les **galeries d'art** ;
- les **intermédiaires** (agents littéraires et artistiques, courtiers, etc.).

Les **directeurs de collection** ont ou non la qualité d'auteur selon le degré de participation aux ouvrages publiés qui dépend des circonstances de droit (stipulations des contrats) ou de fait. **86870**
La collection elle-même n'est pas une œuvre de l'esprit (BOI-TVA-CHAMP-10-10-60-20 n° 60).

QUALITÉ D'ASSUJETTI REDEVABLE

La qualité d'assujetti, qui détermine celle de redevable de la TVA, est reconnue, selon les cas : **86880**

- à l'auteur **personne physique** ;
- à la **société** ou à l'**association** constituée par les auteurs ;
- à la **société de fait ou en participation** lorsque les membres se comportent entre eux et vis-à-vis des tiers comme de véritables associés qui participent aux apports, à la gestion et aux résultats (bénéfices ou pertes) (BOI-TVA-SECT-90-40 n° 130).

> Précisions a. Les **ayants droit des auteurs** (notamment héritiers, légataires et exécuteurs testamentaires) sont, comme les auteurs eux-mêmes, redevables de la TVA. Tel est également le cas des **conjoints survivants** d'auteurs bénéficiaires de l'usufruit du droit d'exploitation prévu à l'article L 123-6 du Code de la propriété intellectuelle. Il en est de même pour les différents **organismes professionnels** auxquels les auteurs ou leurs ayants droit légaux peuvent confier le

soin de conclure des contrats de représentation de leurs œuvres ou la perception des droits qui leur reviennent (BOI-TVA-CHAMP-10-10-60-20 n° 70).
b. Les droits de tous les **cohéritiers** d'un même auteur sont fréquemment versés à l'un d'entre eux chargé de les percevoir collectivement puis de les répartir à chaque ayant droit. Dans ce cas, l'administration admet que les cohéritiers se placent dans la situation d'une **société de fait** redevable de la TVA à raison de l'ensemble des droits perçus, le versement de la taxe étant alors assuré par le cohéritier gérant (BOI précité n° 90).
c. Lorsqu'existe une **société en participation** constituée **dans le cadre d'un contrat de « compte à demi »,** par lequel un auteur charge un éditeur de fabriquer des exemplaires de l'œuvre et d'en assurer la publication et la diffusion moyennant l'engagement réciproque de partager les bénéfices et les pertes, la société en participation est redevable de la TVA au titre de la vente des exemplaires. L'auteur n'est en revanche pas personnellement redevable de la taxe au titre du bénéfice retiré de sa participation (BOI précité n° 80).

2. ŒUVRES CONCERNÉES

86900 Les **œuvres de l'esprit** doivent présenter les caractéristiques d'une **création artistique** et porter l'empreinte de la personnalité de l'artiste. Sous cette condition, l'article L 112-2, 1° à 12° du Code de la propriété intellectuelle cite notamment :

– les œuvres **littéraires, dramatiques ou musicales** (livres, brochures et autres écrits littéraires, artistiques et scientifiques ; conférences, allocutions, sermons, plaidoiries et autres œuvres de même nature ; œuvres dramatiques ou dramatico-musicales ; compositions musicales avec ou sans paroles) ;

– les œuvres **audiovisuelles** (cinématographiques, télévisuelles et vidéographiques) ;

– les œuvres **chorégraphiques,** les numéros et tours de cirque et les pantomimes ;

– les œuvres **graphiques ou plastiques** : il s'agit pour l'essentiel des œuvres dont la description figure à l'article 98 A, II de l'annexe III au CGI (nos 78230 s.). Peuvent également être considérées comme des **œuvres des arts appliqués** les productions qui, sans être mentionnées dans cette énumération, remplissent les conditions suivantes :

• être réalisées en **exemplaire unique** ou en **nombre limité.** Il est indispensable que les créations puissent être individualisées par la signature de l'auteur et qu'elles soient numérotées lorsqu'elles sont produites en plusieurs exemplaires ;

• témoigner de la part de leur auteur l'intention de réaliser une œuvre qui a exclusivement une **fonction artistique.** Les productions d'objets utilitaires par nature (assiettes peintes, tissus, vêtements, mobilier, instruments de musique, bijoux, etc.) ne peuvent être considérées comme des œuvres des arts appliqués que s'il apparaît qu'ils constituent le support d'une création artistique et n'ont aucune vocation à être utilisés en fonction de leurs caractéristiques apparentes ;

– les **illustrations, cartes géographiques** ainsi que les plans, croquis et ouvrages plastiques relatifs à la géographie, à la topographie ou aux sciences. Toutefois, les **relevés** topographiques effectués par les géomètres experts ne remplissent pas la condition d'originalité nécessaire à la reconnaissance d'une œuvre de l'esprit (BOI-TVA-CHAMP-10-10-60-20 n° 100).

L'article L 112-3 du Code de la propriété intellectuelle protège également les auteurs de **traductions,** d'**adaptations,** de transformations ou d'arrangements des œuvres de l'esprit, les anthologies ou recueils d'œuvres diverses qui, par le choix et la disposition des matières, constituent des créations intellectuelles (BOI précité).

> **Précisions** La qualité d'œuvre de l'esprit reconnue par le Code de la propriété intellectuelle ne suffit cependant pas, selon le Conseil d'État, pour que la cession des droits patrimoniaux reconnus par la loi à leurs auteurs et aux artistes-interprètes bénéficie du **taux** intermédiaire (voir n° 87270).

86905 La question de savoir si une production constitue une « œuvre de l'esprit » a donné lieu à une abondante **jurisprudence.**

ILLUSTRATIONS

a. Constituent des œuvres de l'esprit, notamment :
– des **graphiques originaux,** même s'ils sont conçus dans le cadre de **campagnes publicitaires** et si leur auteur utilise, pour leur réalisation, le concours d'autres graphistes à qui est rétrocédée une partie des honoraires (CAA Paris 28-3-1995 n° 93-776) ;
– des travaux consistant en la conception puis en la réalisation de **maquettes graphiques** pour le compte d'agences de communication, dès lors qu'ils comportent une activité de création (CAA Bordeaux 24-5-2007 n° 05-67 : RJF 12/07 n° 1423) ;

– des **films fabriqués** par une personne **à partir d'images ou d'extraits** de films achetés à l'étranger, qu'elle monte, complète éventuellement **avec ses propres prises de vues** et commente **en réalisant la bande-son** (CAA Paris 28-6-2007 n° 06-175 : RJF 1/08 n° 28).

b. Ne peuvent être considérés comme des œuvres de l'esprit au sens du Code de la propriété intellectuelle :

– les prestations de services consistant en des **conseils** aux collectivités publiques et aux associations pour la mise en place d'**expositions,** la présentation de collections et la mise en valeur de **sites** historiques (CAA Nancy 6-7-1993 n° 92-418 : RJF 11/93 n° 1442) ;

– les **tatouages** dès lors qu'ils ne sont pas visés par l'article L 112-2 du Code de la propriété intellectuelle (CAA Paris 8-10-1998 n° 97-85 : RJF 2/99 n° 150).

B. Opérations imposables

LIVRAISONS DE BIENS

L'assujettissement à la TVA des auteurs des œuvres de l'esprit porte en premier lieu sur les opérations de vente d'**œuvres graphiques** ou **plastiques** (peintures, sculptures, dessins, etc.). **86940**

EXEMPLES

Constituent notamment des opérations imposables :

– la **vente** d'un objet d'art **réalisée par son auteur,** directement ou par l'intermédiaire d'un agent (CJUE 7-3-2002 aff. 169/00 : RJF 6/02 n° 734) ;

– la vente des exemplaires des œuvres dont l'auteur assure lui-même la reproduction et la diffusion (situation des **auteurs-éditeurs**) ;

– la vente des exemplaires des œuvres lorsque l'auteur est lié à l'éditeur par un **contrat « à compte d'auteur ».** Dans cette situation, l'éditeur commercialise les exemplaires pour le compte de l'auteur auquel il est lié par un contrat de louage d'ouvrage (BOI-TVA-CHAMP-10-10-60-20 n° 110).

PRESTATIONS DE SERVICES

Sont également soumises à la TVA au titre de l'exploitation des droits d'auteur : **86950**

a. Les opérations relevant de l'exercice du droit de représentation.

La représentation consiste dans la communication de l'œuvre au public par un procédé quelconque et, notamment :

– par récitation publique, exécution lyrique, représentation dramatique, présentation publique, projection publique et transmission, dans un lieu public de l'œuvre télédiffusée ;

– par télédiffusion.

Les rémunérations perçues en vertu d'un contrat de représentation ou d'un contrat de cession du droit de représentation sont soumises à la TVA (BOI-TVA-CHAMP-10-10-60-20 n° 120).

b. Les opérations relevant de l'exercice du droit de reproduction.

La reproduction d'une œuvre de l'esprit consiste dans sa fixation matérielle par tous procédés qui permettent de la communiquer au public de manière indirecte. Elle peut s'effectuer notamment par imprimerie, dessin, gravure, photographie, moulage et tout procédé des arts graphiques et plastiques, enregistrement mécanique, cinématographique ou magnétique.

Doivent être soumises à la TVA les sommes perçues en contrepartie de la cession du droit de reproduction. Tel est notamment le cas des redevances perçues dans le cadre d'un contrat d'édition (Code de la propriété intellectuelle art. L 132-1 s.) (BOI précité n° 130).

Remarque : Les opérations ne portant pas sur des œuvres de l'esprit sont bien entendu également soumises à la TVA. Mais elles ne bénéficient pas des mesures spécifiques prévues en faveur des auteurs de ces œuvres.

C. Opérations non imposables

Les auteurs des œuvres de l'esprit ne sont pas imposables sur les sommes suivantes : **86970**

– les sommes perçues à l'occasion de l'**attribution de prix** (par exemple, le prix Nobel de littérature) dès lors qu'elles constituent des récompenses ne rémunérant pas une livraison de biens ou l'exécution d'une prestation de services (BOI-TVA-CHAMP-10-10-60-20 n° 150) ;

– les **aides à la création** ou les bourses perçues d'organismes publics ou privés, sauf si elles ont en fait pour contrepartie une livraison de biens ou une prestation de services ou si elles constituent le complément du prix d'une opération imposable (BOI précité n° 160) ;

– les sommes perçues en **rémunération de cours ou leçons** relevant de l'enseignement scolaire, universitaire, professionnel ou artistique dispensés par des personnes physiques rémunérées directement par leurs élèves (nos 8420 s.) (BOI précité n° 170) ;

– les sommes perçues au titre du **droit de suite** prévu à l'article L 122-8 du Code de la propriété intellectuelle (BOI précité n° 130). Le droit de suite est une participation forfaitaire, instituée au profit des auteurs d'œuvres originales graphiques ou plastiques, dont le montant est un pourcentage du prix de toute vente de leurs œuvres, ultérieures à la cession initiale, lorsqu'un professionnel du marché de l'art intervient en tant que vendeur, acheteur ou intermédiaire ;

– les sommes perçues au titre de la **rémunération pour copie privée** des phonogrammes ou des vidéogrammes, ainsi que des œuvres fixées sur tout autre support, au titre de leur reproduction sur un support d'enregistrement numérique, instituée par les articles L 311-1 et suivants du Code de la propriété intellectuelle. Suite à l'arrêt de la CJUE, qui a jugé que les sommes perçues au titre d'une redevance similaire, instituée en Pologne au bénéfice des titulaires de droits de reproduction, n'étaient pas taxables (CJUE 18-1-2017 aff. 37/16 : RJF 4/17 n° 397), les sommes perçues en France au titre de la rémunération pour copie privée par les auteurs, interprètes et producteurs n'ont, en effet, plus à être soumises à la TVA par ces derniers (Décision de rescrit du 8-6-2018, publiée sur le site de l'Afnum le 25-6-2018). La doctrine administrative contraire exprimée au BOI-TVA-CHAMP-10-10-60-20 n° 130 doit ainsi être considérée comme rapportée.

II. INTERPRÈTES DES ŒUVRES DE L'ESPRIT ET ARTISTES DU SPECTACLE

A. Définition

87000 L'article L 212-1 du Code de la propriété intellectuelle définit l'artiste-interprète ou exécutant, à l'exclusion des figurants, comme la personne qui chante, récite, déclame, joue ou exécute de toute autre manière une œuvre littéraire ou artistique, un numéro de variétés, de cirque ou de marionnettes. La loi confère des « **droits voisins du droit d'auteur** » aux artistes-interprètes :

– le **droit d'autoriser** la fixation de sa prestation, sa reproduction et sa communication au public ainsi que toute utilisation séparée du son et de l'image de sa prestation lorsque celle-ci a été fixée à la fois pour le son et l'image ;

– le droit à **rémunération pour copie privée** ;

– le droit à une **rémunération dite « équitable »**.

La durée de ces droits est de 50 ans (ou de 70 ans lorsque l'interprétation est fixée dans un phonogramme) à compter du 1er janvier de l'année civile suivant celle de la première communication au public de l'interprétation de l'œuvre (Code de la propriété intellectuelle art. L 211-4, I). Si l'artiste-interprète décède pendant la durée de la protection, les droits reviennent à ses héritiers.

Remarque : La gestion des droits des artistes-interprètes est, comme celle des droits d'auteur, souvent collective et assurée par des organismes de gestion collective de droits (BOI-TVA-CHAMP-10-10-60-20 n° 180).

B. Régime de TVA des artistes et interprètes

87030 Le régime de TVA des artistes du spectacle dépend de la nature de leurs prestations.

Remarque : Les précisions apportées au n° 86880, précision b, pour les **cohéritiers** des auteurs s'appliquent de la même façon aux cohéritiers d'un artiste-interprète.

REPRÉSENTATIONS ET INTERPRÉTATIONS PUBLIQUES

87040 L'article L 7121-3 du Code du travail prévoit que « tout **contrat** par lequel une personne physique ou morale s'assure, moyennant rémunération, le concours d'un artiste du spectacle en vue de sa production, est **présumé** être un **contrat de travail** dès lors que cet artiste n'exerce pas l'activité, objet de ce contrat, dans des conditions impliquant son inscription au registre du commerce ».

EXEMPLES

Sont considérés comme **artistes du spectacle** notamment l'artiste lyrique, dramatique, chorégraphique, l'artiste de variétés, le musicien, le chansonnier, l'artiste de complément, le chef d'orchestre, l'arrangeur-orchestrateur et, pour l'exécution matérielle de sa conception artistique, le metteur en scène.

Les **salaires** (généralement dénommés « **cachets** »), perçus par les artistes en rémunération des **prestations nécessitant leur présence physique** sont hors du champ d'application de la TVA. **87045**

> Précisions La présomption de salariat subsiste quels que soient le mode et le montant de la rémunération, ainsi que la qualification donnée au contrat par les parties. Elle n'est pas non plus détruite par la preuve que l'artiste conserve la liberté d'expression de son art, qu'il est propriétaire de tout ou partie du matériel utilisé ou qu'il emploie lui-même une ou plusieurs personnes pour le seconder, dès lors qu'il participe personnellement au spectacle (BOI-TVA-CHAMP-10-10-60-20 n° 200).

PARTICIPATION À LA RÉALISATION D'UNE ŒUVRE AUDIOVISUELLE

L'article L 7121-8 du Code du travail précise que la rémunération due à l'artiste à l'occasion de la vente ou de l'exploitation de l'enregistrement de son interprétation, exécution ou présentation par l'employeur ou tout autre utilisateur n'est pas considérée comme salaire lorsque les conditions suivantes sont remplies : **87060**

- la **présence physique** de l'artiste n'est plus requise pour exploiter ledit enregistrement ;
- et la **rémunération** n'est en rien fonction du salaire reçu pour la production de l'interprétation, exécution ou présentation, mais est au contraire fonction du produit de la vente ou de l'exploitation dudit enregistrement.

Toutefois, pour les contrats conclus depuis le 1er janvier 1986, ces dispositions ne s'appliquent qu'à la fraction de la rémunération perçue en vertu d'un **contrat** de production audiovisuelle **qui excède les bases de la convention collective** ou, à défaut, de l'accord spécifique conclu, dans chaque secteur d'activité, entre les organisations de salariés et d'employeurs (Code de la propriété intellectuelle art. L 212-6).

Il résulte des dispositions analysées au n° 87060 qu'ont le **caractère de salaires** non imposables à la TVA, outre le « **cachet initial** », les sommes versées dans le cadre d'un contrat de production audiovisuelle, quel que soit leur mode de calcul, pour la **fraction qui n'excède pas** : **87065**

- les bases fixées par la convention collective ou, à défaut, l'accord spécifique propre au secteur d'activité concerné ;
- en l'absence d'accord, les bases fixées, dans les conditions prévues à l'article L 212-9 du Code de la propriété intellectuelle, par une commission présidée par un magistrat de l'ordre judiciaire.

Pour la **fraction** qui **excède les limites** définies au n° 87065, les sommes perçues par les artistes au titre des droits qu'ils détiennent sur leur interprétation : **87070**

- conservent leur **caractère de salaire** et sont donc hors du champ d'application de la TVA lorsqu'elles sont fonction du salaire initial ;
- sont **imposables à la TVA** lorsqu'elles sont proportionnelles au produit de la vente ou de l'exploitation de l'enregistrement (dans ce cas, elles sont généralement dénommées « **royalties** »), à condition que la présence de l'artiste ne soit pas requise (BOI-TVA-CHAMP-10-10-60-20 n° 250).

RÉMUNÉRATION POUR COPIE PRIVÉE ET RÉMUNÉRATION « ÉQUITABLE »

Les **rémunérations perçues au titre de la copie privée** par les artistes-interprètes du fait de la duplication privée des phonogrammes et des vidéogrammes n'ont plus à être soumises à la TVA (voir, à cet égard, n° 86970). **87080**

Est, en revanche, soumise à la TVA la **rémunération** dite « **équitable** » accordée aux artistes-interprètes, en application de l'article L 214-1 du Code de la propriété intellectuelle, à raison des utilisations suivantes des phonogrammes publiés à des fins de commerce :

- communication directe dans un lieu public, dès lors que le phonogramme n'est pas utilisé dans un spectacle ;
- radiodiffusion ou distribution par câble simultanée et intégrale de cette radiodiffusion (BOI-TVA-CHAMP-10-10-60-20 n° 260).

AUTRES OPÉRATIONS

De façon générale, toutes les opérations réalisées **à titre onéreux** par les artistes-interprètes et les artistes du spectacle, lorsque ceux-ci n'ont pas la qualité de salarié, sont imposables à la TVA. **87090**

EXEMPLE

Artiste agissant en tant qu'organisateur de spectacles.

Cela étant, les sommes perçues à titre de **prix,** de récompense ou d'**aides,** ainsi que les rémunérations perçues dans le cadre d'une activité d'**enseignement** ne sont pas soumises à la TVA, dans les mêmes conditions que pour les auteurs (n° 86970) (BOI-TVA-CHAMP-10-10-60-20 n° 270).

III. ORGANISMES DE GESTION COLLECTIVE DE DROITS

87120 Les organismes de gestion collective de droits revenant aux auteurs et aux artistes-interprètes, visés aux articles L 321-1 et suivants du Code de la propriété intellectuelle, sont obligatoirement soumis à la TVA.

On peut citer notamment parmi ces organismes, généralement désignés par leur sigle :

- **Sociétés d'auteurs** : la Sacem (Société des auteurs, compositeurs et éditeurs de musique), la SACD, la SCAM, la SDRM, l'ADAGP ;
- **Sociétés d'artistes-interprètes** : l'Adami (Société pour l'administration des droits des artistes et musiciens interprètes), la Spedidam ;
- **Sociétés intersociales ou communes** : l'ARP (Société civile des auteurs, réalisateurs et producteurs), la SPRE, Copie France.

87125 En ce qui concerne la perception des droits d'auteur ou d'artiste-interprète, ces organismes de gestion collective peuvent agir sous leur **nom propre** ou sous le nom de leurs **sociétaires** à l'égard des utilisateurs des œuvres ou interprétations ou des acquéreurs des droits.

a. Les **organismes agissant sous leur nom propre** sont soumis au régime des intermédiaires opaques (nos 83320 s.). Leur base d'imposition à la TVA est constituée de toutes les sommes qu'ils perçoivent à raison des services rendus aux utilisateurs ou acquéreurs des droits ;

b. Les **organismes agissant sous le nom des sociétaires** relèvent du régime des intermédiaires transparents (n° 83250). Leur base d'imposition est constituée par toutes les sommes perçues en contrepartie de l'opération d'entremise (BOI-TVA-CHAMP-10-10-60-20 n° 320).

IV. MODALITÉS D'IMPOSITION

87160 Les auteurs et artistes-interprètes sont soumis aux modalités d'imposition de droit commun de la TVA. Certaines précisions doivent néanmoins être apportées en ce qui concerne la détermination des bases d'imposition, l'exigibilité de la taxe et les taux d'imposition. Les auteurs et artistes-interprètes bénéficient, par ailleurs, d'un régime particulier de franchise les dispensant du paiement de la TVA (voir nos 47690 s.).

A. Base d'imposition

87170 L'assiette de la TVA grevant les sommes perçues par les auteurs et interprètes des œuvres de l'esprit ainsi que par les artistes du spectacle est en **principe** calculée dans les conditions de **droit commun.** Il existe toutefois quelques spécificités lorsque les droits sont versés par un organisme de gestion collective de droits, par un éditeur ou un producteur, ainsi que pour les sommes rétrocédées par un auteur à un artiste.

En ce qui concerne les **artistes**-plasticiens **vendant leurs œuvres par l'intermédiaire d'une galerie,** voir n° 79930.

DROITS VERSÉS PAR UN ORGANISME DE GESTION COLLECTIVE, UN ÉDITEUR OU UN PRODUCTEUR

87180 La situation de l'auteur ou de l'artiste-interprète dépend de la nature et des conditions de l'intervention de l'**organisme de gestion collective** (n° 87125) :

a. Lorsque l'**organisme agit en son nom propre** pour le compte de l'auteur, la base d'imposition de l'auteur ou de l'artiste-interprète est constituée des droits taxables qui lui reviennent après déduction des frais de gestion de l'organisme ;

b. Lorsque l'**organisme agit au nom** et pour le compte **de l'auteur,** la base d'imposition de l'auteur ou de l'artiste-interprète est constituée des droits taxables perçus pour son compte auprès des utilisateurs des œuvres ou interprétations avant toute déduction des frais d'intervention de l'organisme. La taxe facturée par ce dernier sur le coût de son intervention est alors déductible par l'auteur ou l'artiste-interprète dans les conditions de droit commun (BOI-TVA-BASE-10-20-40-30 n° 200).

La base d'imposition des auteurs et artistes-interprètes qui ont cédé leurs droits taxables à un **éditeur ou** à un **producteur** est constituée de toutes les rémunérations perçues en contrepartie de cette cession (BOI-TVA-BASE-10-20-40-30 n° 210). **87185**

Les **frais divers** (cotisations sociales, commissions, etc.) **versés pour le compte des auteurs et artistes-interprètes** par les organismes de gestion collective de droits, les éditeurs et les producteurs ne doivent pas être soustraits de la base d'imposition des auteurs ou artistes-interprètes. Ceux-ci doivent donc soumettre à la TVA l'ensemble des sommes qui leur reviennent avant tout prélèvement effectué pour leur compte (et non les sommes nettes effectivement perçues après compensation entre le montant de l'opération imposable et les dépenses en cause) (BOI-TVA-BASE-10-20-40-30 n° 220). **87190**

SOMMES RÉTROCÉDÉES PAR UN AUTEUR À UN ARTISTE

L'auteur d'une œuvre de l'esprit s'assure souvent le concours d'un autre artiste pour la réalisation d'une de ses œuvres et lui assure une rémunération sous forme de rétrocession du produit de la vente de l'œuvre ou de l'exploitation des droits d'auteur. **87200**

Dans ce cas, l'**auteur** doit comprendre dans sa base d'imposition la totalité des sommes perçues au titre de la vente ou de l'exploitation des droits d'auteur.

L'**artiste** qui prête son concours est imposable sur le montant des sommes rétrocédées. Il doit donc remettre à l'auteur une **facture** mentionnant distinctement la TVA qui est déductible par ce dernier dans les conditions de droit commun (BOI-TVA-BASE-10-20-40-30 n° 230).

Remarque : Cette situation se distingue de celle de deux coauteurs d'une **œuvre de collaboration** (n° 86860, b) dont l'un perçoit la totalité du produit de la vente de l'œuvre ou de l'exploitation des droits d'auteur et reverse à l'autre la part qui lui revient. En effet, le coauteur qui reverse une partie des recettes perçues n'a pas à inclure dans sa base d'imposition à la TVA les sommes reversées à l'autre coauteur sous réserve qu'il lui en rende compte et qu'il justifie que les sommes concernées n'ont fait que transiter dans sa comptabilité. Le coauteur qui perçoit les sommes de son confrère est imposable dans les conditions de droit commun (BOI précité).

B. Exigibilité

PRINCIPE

En application de l'article 269, 2 du CGI, la taxe est exigible dans les conditions de droit commun, c'est-à-dire, pour les **prestations de services** (dont les cessions de droits), lors de l'encaissement des acomptes, du prix ou de la rémunération. **87220**

Les **ventes d'œuvres** doivent en principe être soumises à la TVA lors de leur livraison (ou lors du transfert juridique de propriété s'il précède la livraison) sur la totalité du prix, sauf si, à compter du 1er janvier 2023, des avances ou acomptes sont encaissés sur ces ventes avant la délivrance des biens (voir n° 38350).

Les auteurs, interprètes des œuvres de l'esprit et artistes du spectacle peuvent naturellement, sur **option,** acquitter la taxe d'après les **débits** (voir nos 38800 s.).

> **> Précisions** Lorsqu'un organisme de gestion collective de droits agit comme intermédiaire taxable sur sa seule rémunération (intermédiaire transparent : voir n° 87180, b), l'exigibilité intervient chez l'auteur ou l'artiste-interprète lors de l'encaissement des droits par l'organisme et non lors du reversement qu'il effectue à son profit (en ce sens, BOI-TVA-BASE-20-40 n° 180). Il appartient dans ce cas à l'organisme de prévenir l'auteur ou l'artiste-interprète en temps utile afin que celui-ci soit en mesure de remplir ses obligations (Inst. 3 A-15-91 n° 73, non reprise au Bofip mais dont la solution nous paraît conserver sa valeur).

ŒUVRES RÉALISÉES SUR COMMANDE

L'application des règles d'exigibilité peut se révéler délicate pour les **auteurs qui réalisent des œuvres de commande.** En effet, la rémunération de l'auteur peut couvrir : **87230**

1) Pour les **œuvres plastiques** :

– les travaux d'études et de conception concrétisés par la remise d'un projet ;

– la cession des droits de représentation ou de reproduction sur les éléments du projet ;

– la réalisation et la livraison de l'œuvre ou la cession du droit de réaliser l'œuvre (droit de reproduction) si le commanditaire se charge de sa réalisation et, le cas échéant, le suivi de la réalisation par l'auteur ;

– les droits de représentation et de reproduction sur l'œuvre définitive.

2) Pour les **œuvres immatérielles** :

– les travaux d'études, de conception, de mise en œuvre nécessaires à la satisfaction de la commande ;

– les droits de représentation et de reproduction sur l'œuvre (BOI-TVA-BASE-20-40 n°s 140 à 160).

87235 Selon le contenu des contrats (n° 87230), l'administration retient les solutions suivantes (BOI-TVA-BASE-20-40 n° 170).

a. Lorsque les travaux d'étude, de conception ou de mise en œuvre sont suivis d'une **cession du droit de représentation** ou de reproduction, l'ensemble de l'opération s'analyse au regard de la TVA comme une cession de droits et donc une prestation de services.

EXEMPLES

Conception d'un projet et cession du droit d'en publier les éléments ; conception d'un projet et cession du droit de réaliser l'œuvre ; réalisation d'une prise de vue photographique et cession du droit de publier la photographie.

b. Lorsque les travaux d'études, de conception ou de mise en œuvre et de réalisation sont suivis d'une **livraison d'œuvre,** l'ensemble de l'opération s'analyse comme une livraison de biens.

EXEMPLES

Conception d'un projet ; réalisation et livraison de l'œuvre par l'artiste.

c. Lorsque les travaux d'études, de conception et de mise en œuvre ne sont suivis ni d'une cession de droits, ni d'une livraison d'œuvre (**commande restée sans suite** mais ayant donné lieu au versement de rémunérations), l'opération s'analyse comme une prestation de services ordinaire. Il est toutefois admis, pour l'application des règles de taux et de franchise, que cette prestation soit traitée comme une cession de droits. Selon le Conseil d'État, pour bénéficier de l'application de cette doctrine (application du taux intermédiaire aux prestations préalables à une cession de droits), il faut néanmoins que la cession ait été réellement prévue au départ (CE 27-1-2017 n° 390660 : RJF 4/17 n° 323).

d. Lorsque la **livraison** d'une œuvre s'accompagne de la **cession** du droit de représentation ou de reproduction, l'ensemble de l'opération s'analyse comme une livraison de biens. Si la facturation distingue le prix de la livraison de l'œuvre et celui de la cession de droits, les règles propres à chacune de ces catégories d'opération s'appliquent distinctement (sur les critères permettant de déterminer si l'on est en présence d'une opération unique ou d'opérations dissociables soumises à leur régime propre, voir n°s 1270 s.).

e. Les opérations de **suivi de réalisation** accessoires à la cession du droit de réaliser l'œuvre suivent le régime des cessions de droits.

C. Taux

OPÉRATIONS AUTRES QUE LES CESSIONS DE DROITS

87260 Les livraisons de biens et les prestations de services effectuées par les auteurs et interprètes des œuvres de l'esprit et les artistes du spectacle sont soumises au taux qui leur est propre.

Le **taux réduit** de 5,5 % s'applique aux **livres** (n°s 40820 s.). Sont notamment concernés les auteurs-éditeurs ou les auteurs qui ont passé des contrats de « compte à demi » (BOI-TVA-LIQ-30-20-100 n° 330).

Le **taux réduit ou** le taux **intermédiaire** de 10 % s'appliquent à certaines opérations portant sur les **œuvres d'art** définies par l'article 98 A, II de l'annexe III au CGI (n°s 78590 s.).

Le **taux normal** s'applique aux opérations portant sur des publications ayant fait l'objet d'interdictions ou sur des œuvres à caractère pornographique ou d'incitation à la violence (n° 40895).

CESSIONS DE DROITS

87270 L'article 279, g du CGI soumet au **taux intermédiaire** les cessions des **droits patrimoniaux** reconnus par la loi aux **auteurs** des œuvres de l'esprit et aux **artistes-interprètes** (à l'exclusion des droits reconnus à d'autres personnes), ainsi que de tous droits portant sur les œuvres cinématographiques (à l'exception toutefois de certaines cessions de droits portant sur les films bénéficiant du taux réduit : nos 88220 et 88630) et sur les livres (n° 40870).

Demeurent soumises au **taux normal** les cessions de droits portant sur les **œuvres d'architecture,** sur des **logiciels** ainsi que sur les œuvres mentionnées à l'article 279 bis, 1° à 3° du CGI (droits portant sur des **publications** ayant fait l'objet de deux interdictions, droits portant sur des **films** ou des œuvres diffusées sur support vidéographique pornographiques ou d'incitation à la violence et droits portant sur des représentations théâtrales à caractère **pornographique**) (BOI-TVA-LIQ-30-20-100 n° 290).

Sont également soumises au taux normal les cessions de droits portant sur des **œuvres de l'esprit** dont les droits d'auteur sont **protégés** en vertu des dispositions du Code de la propriété intellectuelle qui ne relèvent **ni** des « **objets d'art** » au sens de la directive TVA **ni** d'aucune des prestations de services ou des livraisons de biens **mentionnées à l'annexe III** de cette directive (CE 7-7-2022 n° 448012 : RJF 11/22 n° 945).

> Précisions **a.** Le taux intermédiaire s'applique aux cessions de droits d'auteur alors même que les conditions posées pour la transmission de tels droits par l'article L 131-3 du Code de la propriété intellectuelle (mention distincte de chacun des droits cédés dans l'acte de cession, délimitation du domaine d'exploitation des droits cédés, etc.) ne seraient pas remplies (CE 27-1-2017 n° 390660 : RJF 4/17 n° 323).

b. Le taux applicable aux cessions est le même quelle que soit la personne qui les réalise (auteur, éditeur, organisme de gestion collective de droits...) (BOI précité n° 220).

c. La cession des droits d'auteur portant sur une « bibliothèque de livres et d'images » (constituée à partir d'images triées et regroupées en différentes catégories et s'apparentant à un fonds documentaire), protégés en vertu de l'article L 112-3 du Code de la propriété industrielle, est soumise au taux normal de la TVA dès lors que cette œuvre originale ne relève ni des « objets d'art » ni d'aucune des prestations de services ou des livraisons de biens mentionnées à l'annexe III de la directive TVA (CE 7-7-2022 n° 448012 précité).

Le terme « cession de droits » recouvre en pratique toutes les opérations relatives à l'**exploitation des droits** protégés. Il s'agit, rappelons-le : **87275**

– des **droits d'auteur** (n° 86830) : droit de représentation ; droit de reproduction ; droit de suite ; droit à rémunération pour copie privée ;

– des droits des **artistes-interprètes** (n° 87000) : droit d'autoriser prévu à l'article L 212-3 du Code de la propriété intellectuelle, droit à rémunération pour copie privée, droit à rémunération équitable.

Il est rappelé que les sommes perçues au titre du droit à rémunération pour copie privée et au titre du droit de suite ne doivent pas être soumises à la TVA (n° 86970).

Les **droits autres** que ceux reconnus aux auteurs et aux artistes-interprètes relèvent du taux normal. Tel est le cas, notamment, de la fraction de la rémunération équitable qui revient aux **producteurs** de phonogrammes. Pour les auteurs qui réalisent des **œuvres de commande,** le taux intermédiaire s'applique aux opérations qui ont la nature de cession de droits (n° 87235) (BOI-TVA-LIQ-30-20-100 nos 220 à 270).

SECTION 2 RETENUE DE LA TVA SUR LES DROITS D'AUTEUR

L'article 285 bis du CGI prévoit un dispositif permettant de dispenser de toute obligation à l'égard de la TVA les personnes qui perçoivent des droits d'auteur d'éditeurs, d'organismes de gestion collective de droits ou de producteurs. **87350**

Selon ce dispositif, les **éditeurs,** les **organismes de gestion collective** de droits et les **producteurs** retiennent sur les droits versés aux auteurs le montant de la TVA due par ces derniers. Pour le calcul de cette retenue, la taxe brute due par l'auteur est diminuée de ses **droits à déduction** évalués de manière forfaitaire.

Les éditeurs, les organismes de gestion collective de droits et les producteurs **déclarent** et **acquittent** la TVA nette **pour le compte de l'auteur,** dans les mêmes conditions et sous les mêmes sanctions que celle due au titre de leurs propres opérations.

Ce dispositif, qui concerne aussi bien les auteurs bénéficiaires de la franchise en base que ceux redevables de la TVA, est de droit. L'auteur peut toutefois y renoncer : dans ce cas, les modalités d'assujettissement et de franchise décrites respectivement aux n°s 86820 s. et 47690 s. lui sont intégralement applicables.

I. CHAMP D'APPLICATION DE LA RETENUE

A. Personnes soumises à la retenue

87360 La retenue doit être pratiquée par les éditeurs, les organismes de gestion collective de droits et les producteurs qui **versent des droits** et qui sont eux-mêmes **redevables de la TVA.**

ÉDITEURS

87370 Il s'agit :

– des personnes qui concluent avec les auteurs des **contrats d'édition** au sens des articles L 132-1 et suivants du Code de la propriété intellectuelle. Les personnes qui acquièrent le droit de reproduction dans un cadre juridique autre que celui du contrat d'édition n'ont pas la qualité d'éditeur au sens de l'article 285 bis du CGI. En application de ces principes, sont **concernés par** l'obligation de **retenue** les éditeurs d'ouvrages et revues d'art, littéraires, scientifiques, techniques, pratiques, etc., et les éditeurs musicaux. En revanche, sont notamment **exclues de l'obligation** de retenue les photothèques qui commercialisent pour leur compte ou pour le compte des auteurs les droits de reproduction de photographies qu'elles détiennent en archives ainsi que les agences de publicité ou les agences conseillères en communication ;

– des **éditeurs de presse** visés sous le nom d'« entreprises éditrices » par la loi 86-897 du 1er août 1986 modifiée portant réforme du régime juridique de la presse (BOI-TVA-CHAMP-10-10-60-30 n° 30).

> **› Précisions** **a.** Sont exclues de l'obligation de retenue, car non redevables de la TVA, les **associations** et les **collectivités locales** qui éditent des publications diffusées gratuitement ou dont la vente est exonérée de TVA (BOI précité n° 20).
> **b.** Les **agences de presse** ne sont pas soumises à l'obligation de retenue de la TVA, les relations contractuelles entre les agences de presse et leurs collaborateurs ne présentant pas les caractéristiques d'un contrat d'édition (Rép. Jonemann : AN 15-3-1993 n° 59546, non reprise au Bofip mais dont la solution conserve sa valeur).

ORGANISMES DE GESTION COLLECTIVE DE DROITS

87380 L'obligation de retenue concerne les organismes de gestion collective des droits d'auteur (n°s 87120 s.), y compris lorsqu'ils agissent comme intermédiaires transparents et qu'ils ne sont taxables que sur leur seule rémunération (n° 87125, b) (BOI-TVA-CHAMP-10-10-60-30 n° 40).

PRODUCTEURS

87390 L'obligation de retenue concerne en dernier lieu les producteurs de **phonogrammes** (personnes physiques ou morales qui ont l'initiative et la responsabilité de la première fixation d'une séquence de son) et les producteurs d'**œuvres cinématographiques et audiovisuelles** (personnes physiques ou morales qui prennent l'initiative et la responsabilité de la réalisation de l'œuvre) visés respectivement aux articles L 213-1 et L 132-23 du Code de la propriété intellectuelle (BOI-TVA-CHAMP-10-10-60-30 n° 50).

B. Droits soumis à la retenue

87420 Aux termes de l'article 285 bis, 1 du CGI, les droits concernés par la retenue sont ceux mentionnés à l'article 293 B, III-2 du même Code relatif à la franchise en base spécifique des auteurs. Il s'agit des droits patrimoniaux reconnus par la loi aux auteurs d'œuvres de l'esprit, à l'exception des architectes et des auteurs de logiciels.

NATURE DES DROITS

87430 Le dispositif de retenue est applicable aux rémunérations résultant de l'exploitation des droits taxables reconnus par la loi aux auteurs des œuvres de l'esprit : droit de **représentation,** droit de **reproduction** (il est rappelé que les sommes perçues au titre du droit à rémunération pour **copie privée** ne doivent plus être soumises à la TVA : n° 86970).

Il ne s'applique pas, en revanche, aux droits voisins du droit d'auteur, notamment aux droits reconnus par la loi aux **artistes-interprètes** (droit d'autoriser prévu à l'article L 212-3 du Code de la propriété intellectuelle, droit à rémunération équitable : voir nos 87000 s.) (BOI-TVA-CHAMP-10-10-60-30 n° 60).

BÉNÉFICIAIRES DES DROITS

Les droits passibles de la retenue sont ceux versés aux **auteurs** des œuvres de l'esprit, à l'exception des architectes et des auteurs de logiciels, ou versés à leurs **ayants droit.** Les droits sont passibles de la retenue, que l'auteur ou l'ayant droit **bénéficie ou non de la franchise** spécifique des auteurs (CGI art. 285 bis, 2). **87440**

Il importe peu que les droits soient versés directement à l'auteur ou à un **mandataire** de l'auteur (agent littéraire par exemple) sauf si ce mandataire est un organisme de gestion collective de droits. Dans cette hypothèse, c'est ce dernier organisme qui effectue la retenue sur les droits qu'elle verse à l'auteur (BOI-TVA-CHAMP-10-10-60-30 n° 70).

> **> Précisions** Les droits versés à un **auteur établi à l'étranger** ne sont jamais passibles de la retenue. Dans ce cas, en effet, ce sont les éditeurs, les organismes de gestion collective de droits et les producteurs preneurs de la prestation de l'auteur qui sont personnellement redevables de la TVA et doivent acquitter la taxe exigible au titre de ce service (CGI art. 283, 2).

II. DISPOSITIF DE LA RETENUE DE TVA

A. Principe

Les éditeurs, les organismes de gestion collective de droits et les producteurs doivent retenir la **TVA brute** due par l'auteur sur le montant des droits d'auteur. **87500**

La taxe brute ainsi déterminée est diminuée des **droits à déduction** de l'auteur fixés forfaitairement par l'article 285 bis, 5 du CGI :

- à **0,8 % du montant hors taxe des droits** pour les auteurs établis en France métropolitaine ;
- et à **0,4 %** de ce montant pour les auteurs établis dans les départements de la Guadeloupe, de La Réunion et de la Martinique.

En pratique, la **taxe nette** que les éditeurs, les organismes de gestion collective de droits et les producteurs doivent verser au Trésor est donc égale au montant hors taxe des droits multiplié par le taux net résultant de la différence entre :

- le taux de la TVA légalement applicable à l'opération ;
- et le taux de la déduction forfaitaire (BOI-TVA-CHAMP-10-10-60-30 n° 90).

> **EXEMPLE**
>
> Un éditeur doit à un auteur établi en France métropolitaine 1 000 € HT de droits d'auteur soumis au taux intermédiaire de 10 %. Il doit verser au Trésor :
> 1 000 € × 9,2 % (soit 10 % – 0,8 %) = 92 €.

B. Modalités

DÉCLARATION DE LA TVA NETTE DUE PAR LES AUTEURS

Les éditeurs, les organismes de gestion collective de droits et les producteurs doivent déclarer et acquitter la TVA nette due par les auteurs dans les mêmes conditions et sous les mêmes sanctions que leurs propres opérations (BOI-TVA-CHAMP-10-10-60-30 n° 100). **87520**

La **base d'imposition** est déterminée comme indiqué aux nos 87170 s. Elle est donc différente, pour les **organismes de gestion collective** de droits, selon que l'organisme : **87525**

- **agit en son nom propre.** Dans ce cas, la base d'imposition est constituée de l'ensemble des droits taxables revenant à l'auteur après déduction des frais de gestion de l'organisme ;
- ou **au nom de ses sociétaires.** Dans ce second cas, la base imposable est constituée de l'ensemble des droits taxables perçus pour le compte de l'auteur avant toute déduction des frais d'intervention de l'organisme.

Il est, par ailleurs, rappelé que les **frais divers** acquittés pour le compte de l'auteur (**cotisations sociales,** par exemple) ne peuvent pas être soustraits de la base d'imposition (n° 87190).

87530 La **taxe** doit être **déclarée et acquittée** au titre de la période d'imposition au cours de laquelle les droits sont payés à l'auteur. Toutefois, lorsqu'un organisme de gestion collective de droits agit comme **intermédiaire** transparent, taxable sur sa seule rémunération, l'exigibilité intervient lors de la perception des droits pour le compte de l'auteur (BOI-TVA-BASE-20-40 n° 180).

87535 Le **taux** applicable est, comme mentionné au n° 87500, le taux net résultant de la différence entre le taux légalement applicable et le taux de la déduction forfaitaire.

87540 Selon qu'ils relèvent du régime **réel normal** ou du régime **réel simplifié,** les éditeurs, organismes de gestion collective de droits et producteurs doivent déclarer le montant global hors taxe des droits taxables et le montant de la TVA correspondante :

– sur la ligne A2 de la **déclaration CA 3** ;

– ou sur la ligne 13 (« Autres opérations imposables ») de la déclaration annuelle de régularisation **CA 12/CA 12E.**

RELEVÉ DE DROITS À ADRESSER AUX AUTEURS

87550 Afin d'assurer l'information des auteurs, les éditeurs, les organismes de gestion collective de droits et les producteurs doivent adresser aux auteurs lors de **chaque paiement** de droits un relevé **mentionnant** :

– le montant des droits hors taxe ;

– le montant de la TVA brute calculée compte tenu du taux légalement applicable ;

– le montant de la TVA nette acquittée au Trésor pour le compte de l'auteur compte tenu de l'imputation de la TVA déductible déterminée forfaitairement ;

– le montant de la somme à acquitter à l'auteur.

EXEMPLE

Nous reproduisons ci-après un **modèle de relevé** (étant précisé que, dans cet exemple, tous les droits d'auteur sont, par hypothèse, soumis à la retenue de TVA).

• Droits d'auteur hors taxe		10 000 €
• TVA brute (10 %)		+ 1 000 €
• Droits d'auteur TTC		11 000 €
• TVA acquittée au Trésor pour votre compte :		– 920 €
soit		
Taxe brute (10 %)	1 000 €	
Taxe déductible (0,8 %)	– 80 €	
Taxe nette due	920 €	
• Reste net		10 080 €

III. CONSÉQUENCES DE LA RETENUE DE TVA

A. Pour les éditeurs, organismes de gestion collective de droits et producteurs

CAS GÉNÉRAL

87600 Les éditeurs, organismes de gestion collective de droits et producteurs peuvent **déduire** la TVA afférente aux droits d'auteur dans les conditions de droit commun.

Dès lors qu'ils acquittent eux-mêmes la TVA due par l'auteur, ils sont **dispensés** de l'obligation de détenir une **facture** émise par l'auteur et mentionnant la TVA. Bien entendu, cette dispense ne vaut que si l'auteur n'a pas renoncé au dispositif de retenue (BOI-TVA-CHAMP-10-10-60-30 n° 130).

ORGANISMES DE GESTION COLLECTIVE DE DROITS INTERVENANT EN TANT QU'INTERMÉDIAIRES TRANSPARENTS

87610 Les organismes de gestion collective de droits agissant comme intermédiaires transparents et qui ne sont taxables que sur leur seule rémunération (n° 87125, b) sont néanmoins soumis à l'obligation de retenue puisqu'ils perçoivent les droits pour le compte des auteurs et qu'ils les leur reversent. Mais ils ne sont **pas autorisés à déduire** la TVA afférente aux droits perçus pour le compte des auteurs, ces droits ne constituant pas pour ces organismes des dépenses grevant des éléments du prix de leurs opérations imposables.

Ils doivent établir **deux factures** :

– l'**une,** mentionnant le montant brut des droits d'auteur et la taxe correspondante, qu'ils adressent **au client de l'auteur** pour lui permettre d'exercer son droit à déduction ;

– l'**autre,** mentionnant la rémunération demandée à l'auteur et la taxe correspondante, qu'ils adressent **à l'auteur.**

EXEMPLE

Un organisme, agissant en qualité d'intermédiaire transparent, taxable sur sa seule rémunération, gère les contrats d'un auteur. Il perçoit pour le compte de ce dernier 11 000 € TTC de droits (par hypothèse tous soumis à la retenue de TVA). Sa rémunération hors taxe est de 500 €.

Il déclare :

– 500 € au titre de ses propres opérations au taux de 20 % et est personnellement redevable d'un montant de TVA de 100 € ;

– 920 € au titre de la TVA due par l'auteur au taux de 9,2 % (10 % – 0,8 %) sur 10 000 € de droits.

Il ne comprend pas dans ses droits à déduction la taxe brute (1 000 €) due par l'auteur. En revanche, il exerce normalement la déduction de la taxe afférente à ses dépenses propres, c'est-à-dire les dépenses engagées pour les besoins de son activité d'intermédiaire imposable.

Il facture au client de l'auteur, au nom et pour le compte de ce dernier, la TVA brute sur les droits, soit :

– Droits hors taxe	10 000 €
– TVA (10 %)	1 000 €
– Droits TTC	11 000 €

Il règle à l'auteur, sous déduction de sa rémunération, la somme de 9 480 €, soit :

– Droits hors taxe	10 000 €
– TVA brute 10 %	+ 1 000 €
– TVA acquittée au Trésor	– 920 €
– Commission HT	– 500 €
– TVA sur commission	– 100 €
– Reste net	9 480 €

Ce relevé vaut facture en ce qui concerne la rémunération demandée à l'auteur par l'organisme (BOI-TVA-CHAMP-10-10-60-30 nos 140 et 150).

CALCUL DU COEFFICIENT DE DÉDUCTION

Les droits qui reviennent aux auteurs et sur lesquels les éditeurs, producteurs ou organismes de gestion collective de droits acquittent la TVA par retenue ne constituent pas des recettes d'opérations propres à ces éditeurs, producteurs ou organismes. Bien qu'elles donnent lieu à paiement de la TVA, ces sommes ne doivent pas être prises en compte pour la détermination du coefficient de déduction des éditeurs, producteurs ou organismes de gestion collective (CGI art. 285 bis, 6). Elles sont expressément exclues du calcul du coefficient de taxation forfaitaire (elles n'ont à figurer ni au numérateur ni au dénominateur) (n° 53090). **87620**

RÉGIMES D'IMPOSITION

Le montant des droits déclarés pour le compte de l'auteur n'est pas pris en compte pour l'**appréciation des seuils** d'application des différents régimes d'imposition (BOI-TVA-CHAMP-10-10-60-30 n° 170). **87630**

B. Pour les auteurs

Les conséquences de la retenue à la source de la TVA diffèrent selon que l'intégralité ou seulement une partie des droits taxables perçus par un auteur est soumise à la retenue. Bien entendu, les auteurs dont aucune des opérations ne fait l'objet de la retenue sont intégralement soumis aux règles d'assujettissement et de franchise en base décrites respectivement aux nos 86820 s. et 47690 s. **87650**

1. AUTEURS NE PERCEVANT QUE DES DROITS SOUMIS À RETENUE

87660 Les auteurs dont tous les droits taxables sont soumis à retenue de la TVA par l'éditeur, le producteur ou l'organisme de gestion collective de droits sont **dispensés** de souscrire la **déclaration** de création d'entreprise ou d'activité et la déclaration de cessation prévues à l'article 286, I-1° du CGI (BOI-TVA-CHAMP-10-10-60-30 n° 200).

Ces auteurs ne doivent pas :

– faire apparaître la taxe sur les **factures** qu'ils établissent eux-mêmes. Dans le cas contraire, ils deviendraient redevables de cette taxe du seul fait de sa mention sur des factures (CGI art. 283, 3) et cette taxe ne serait pas déductible par le destinataire de la facture (CGI art. 271, II-1-a) ;

– déclarer les opérations réalisées et payer l'impôt correspondant.

Ils ne sont, par ailleurs, tenus **à aucune obligation** d'ordre **comptable** au titre de la TVA.

Ils doivent toutefois **conserver les relevés** de droits que leur adressent les éditeurs, les organismes de gestion collective de droits et les producteurs (BOI précité n° 180).

2. AUTEURS PERCEVANT DES DROITS SOUMIS À RETENUE ET D'AUTRES RECETTES IMPOSABLES

a. Règles générales

87680 Les auteurs qui n'ont pas renoncé à la retenue et qui perçoivent simultanément des droits d'auteur soumis à ce dispositif et des droits d'auteur ou d'autres recettes non soumis à retenue sont, à raison des **droits d'auteur soumis à retenue,** dans la situation exposée au n° 87660 (BOI-TVA-CHAMP-10-10-60-30 n° 210).

87690 À raison des **droits d'auteur non soumis à retenue** (c'est-à-dire versés par des personnes autres que les éditeurs, les organismes de gestion collective de droits et les producteurs), les auteurs bénéficient, le cas échéant, de la **franchise en base spécifique** des auteurs (voir n°s 47690 s.). Le montant des droits soumis à retenue doit être pris en compte pour l'appréciation des limites en dessous desquelles cette franchise est applicable (ainsi, le cas échéant, que le montant des droits d'artiste-interprète et des livraisons d'œuvres).

Les auteurs qui **ne bénéficient pas de la franchise** en base spécifique (chiffre d'affaires supérieur aux limites ou option pour le paiement de la TVA) sont redevables de la TVA dans les conditions de **droit commun** (ils doivent notamment facturer la TVA en application des dispositions de l'article 289 du CGI), sous les **deux réserves** suivantes prévues par l'article 285 bis, 4 du CGI :

– ils doivent, pour la détermination de leurs **droits à déduction** de la taxe afférente à leurs **dépenses d'auteur,** utiliser un pourcentage de déduction forfaitaire (voir n°s 87720 s.) ;

– ils souscrivent au titre des droits d'auteur non soumis à la retenue une **déclaration annuelle** de chiffre d'affaires. Lorsque les recettes non soumises à la retenue sont constituées **exclusivement de droits d'auteur,** ils doivent porter la taxe correspondante sur une déclaration modèle 3310-CA3-SD avant le 1er mars de l'année suivant celle de la perception des droits (BOI-TVA-CHAMP-10-10-60-30 n° 220).

> **Précisions** En revanche, les redevables qui réalisent **également** des **opérations imposables autres** que celles résultant de l'exploitation de droits d'auteur (n° 87700) n'ont pas l'obligation de souscrire une déclaration annuelle spécifique. Les droits non soumis à retenue sont déclarés, pour les redevables soumis au réel normal d'imposition, sur la déclaration CA3 afférente aux opérations de décembre ou du quatrième trimestre et, pour les redevables soumis au réel simplifié, sur la déclaration annuelle CA 12/CA 12E (BOI précité).

87700 Pour les **opérations autres que celles résultant de l'exploitation de droit d'auteur,** les auteurs sont soumis aux dispositions de droit commun (notamment pour la vente d'œuvres de l'esprit et l'exploitation de droits d'artiste-interprète) s'agissant de l'exercice des droits à déduction, de la déclaration et du paiement de la TVA, ainsi que de l'application de la franchise (BOI-TVA-CHAMP-10-10-60-30 n° 230).

> **Précisions** En ce qui concerne la **franchise,** il est précisé :
> – que les droits soumis à retenue sont pris en compte pour l'appréciation des limites en dessous desquelles la franchise spécifique aux auteurs et artistes-interprètes (n°s 47690 s.) est applicable ;
> – que le bénéfice de la franchise spéciale visée au n° 47695 (dont un auteur relève le cas échéant au titre d'opérations étrangères à son activité d'auteur ou d'artiste-interprète) n'est pas remis en cause du seul fait qu'un auteur perçoit des droits soumis à retenue (BOI précité).

b. Droits à déduction

Conformément aux dispositions de l'article 285 bis, 4 du CGI, les auteurs qui n'ont pas renoncé au dispositif de la retenue doivent, pour la détermination de leurs droits à déduction de la taxe afférente à leurs **dépenses d'auteur non soumises à retenue,** utiliser le **pourcentage forfaitaire** de déduction fixé par le 5 de l'article 285 bis précité, soit 0,8 % du montant hors taxe des droits si l'auteur est établi en France métropolitaine, ou 0,4 % s'il est établi dans les départements de la Guadeloupe, de la Martinique et de La Réunion. En pratique, ils déterminent la taxe due au Trésor sur les droits d'auteur en procédant comme il est indiqué au n° 87500. **87720**

La **déduction** forfaitaire ainsi calculée est **exclusive de toute autre déduction** à raison des droits soumis à la retenue. Les auteurs ne peuvent donc en aucun cas déduire la taxe afférente à des dépenses qui se rapportent à des droits soumis à retenue (TVA facturée sur sa prestation par un agent littéraire, TVA facturée sur l'acquisition d'un micro-ordinateur, etc.). **87725**

Lorsque les auteurs réalisent aussi des **opérations autres** que celles résultant de l'exploitation de **droits d'auteur soumis** au régime de la **retenue,** la déduction de la taxe grevant leurs immobilisations dépend de l'activité pour laquelle elles sont utilisées :

- la TVA afférente aux **immobilisations** qui sont exclusivement **affectées** à l'activité donnant lieu à des **droits d'auteur soumis à retenue** de TVA n'est pas déductible ;
- la TVA afférente aux immobilisations qui sont exclusivement affectées aux autres **activités imposables à la TVA** est déductible dans les conditions de droit commun ;
- pour les **immobilisations communes,** afin d'éviter tout cumul de droits à déduction, les immobilisations **utilisées de manière prépondérante pour une activité** sont réputées être affectées entièrement à cette activité. La TVA est alors déduite en fonction des dispositions propres de l'activité concernée : déduction dans les conditions de droit commun de la TVA ou déduction forfaitaire.

Il est également fait application de ces règles aux biens autres qu'immobilisations et aux services communs qui n'ont pu être matériellement affectés (BOI-TVA-CHAMP-10-10-60-30 n° 250).

EXEMPLE

La TVA afférente à l'achat d'un micro-ordinateur utilisé de manière prépondérante (en pratique plus de 50 % de la durée d'utilisation totale) à l'activité de droits d'auteur soumise à retenue ne peut pas être déduite même s'il est utilisé accessoirement à une autre activité imposable. En effet, dans cette situation, l'auteur a bénéficié de la déduction forfaitaire de 0,8 % (ou de 0,4 %).
À l'inverse, une utilisation prépondérante du micro-ordinateur pour une autre activité imposable à la TVA (travaux d'études et de recherche par exemple) autorise une déduction de la taxe facturée par le fournisseur du bien dans les conditions de droit commun.

La **déduction** forfaitaire est **définitivement acquise** pour l'auteur. Elle n'entraîne pour les biens constituant des **immobilisations** aucun reversement ou déduction complémentaire en cas de cession, d'apport, de prélèvement ou de cessation d'activité ou d'opérations imposables lorsque ces événements interviennent chez l'auteur durant la période d'application du régime de la retenue. Il en va de même pour les **biens autres que les immobilisations et les services** (BOI-TVA-CHAMP-10-10-60-30 n° 260). **87730**

> Précisions La **cession ou** le **prélèvement** de **biens meubles d'investissement** affectés à l'activité soumise au régime de la retenue et pour lesquels la TVA a été déduite forfaitairement par l'auteur doivent être soumis à la taxe même si cette cession ou ce prélèvement interviennent pendant la période d'application du régime de la retenue (BOI précité).

IV. RENONCIATION À LA RETENUE DE TVA

Les auteurs des œuvres de l'esprit peuvent renoncer au dispositif de la retenue. Cette renonciation s'applique pour une période de cinq ans. **87760**

Remarque : La renonciation à la retenue à la source se révèle avantageuse pour les auteurs dont les droits à déduction excèdent durablement la déduction forfaitaire prévue par l'article 285 bis, 5 du CGI.

A. Formes et délais

La renonciation doit être formulée par **écrit.** Elle est adressée par lettre recommandée avec accusé de réception au service des impôts des entreprises (SIE) du lieu d'exercice de la profession. **87770**

L'auteur doit ensuite adresser sans délai, également par lettre recommandée avec accusé de réception, une **copie** de la lettre de renonciation envoyée au SIE ainsi que du justificatif de l'envoi avec accusé de réception à ce service, **à tous les éditeurs,** organismes de gestion collective de droits et producteurs dont il perçoit des droits ou a vocation à en percevoir. Faute d'une renonciation opérée par l'auteur dans ces formes, ces personnes restent soumises à l'obligation de la retenue de TVA.

Un auteur qui a renoncé au dispositif de la retenue doit également notifier cette renonciation aux éditeurs, organismes de gestion collective de droits et producteurs dont il ne percevait pas de droits par le passé dès la signature du contrat ou l'adhésion à l'organisme (BOI-TVA-CHAMP-10-10-60-30 n° 280).

87775 Les demandes tendant à un **retour au régime de retenue** à la source doivent être adressées au SIE et aux éditeurs, organismes de gestion collective de droits et producteurs dans les mêmes formes que la renonciation à ce régime (BOI-TVA-CHAMP-10-10-60-30 n° 290).

87780 La **renonciation** au régime de retenue peut être formulée à tout moment.

La demande de **retour** à ce régime doit intervenir dans les 30 jours qui précèdent la fin de la période couverte par la renonciation (BOI-TVA-CHAMP-10-10-60-30 n° 300).

B. Durée de la renonciation

87800 En vertu de l'article 285 bis, 3 du CGI, la renonciation prend effet le premier jour du mois qui suit celui au cours duquel elle est **notifiée** au service des impôts des entreprises (l'administration conseille aux auteurs de l'adresser au cours de la première quinzaine du mois afin que les personnes qui leur versent des droits puissent s'organiser pour ne pas procéder à la retenue dès le mois suivant).

Elle couvre obligatoirement une **période** qui expire à la fin de la quatrième année qui suit celle au cours de laquelle elle a été notifiée au service des impôts (date de l'envoi avec accusé de réception).

EXEMPLE

Une renonciation notifiée le 5 juin 2023 au service des impôts produit ses effets à compter du 1er juillet 2023 et jusqu'au 31 décembre 2027 à l'égard de l'auteur et de tous les éditeurs, organismes de gestion collective de droits et producteurs qui lui versent des droits.

87805 La renonciation est **renouvelable** par tacite reconduction pour une nouvelle période de cinq ans **sauf demande de retour** au régime de la retenue formulée dans les 30 jours précédant l'expiration de chaque période. Toutefois, elle est **reconduite** de plein droit pour une nouvelle période de cinq ans suivant celle au cours ou à l'issue de laquelle l'auteur ayant formulé la renonciation a bénéficié d'un **remboursement de crédit** de TVA prévu à l'article 271 du CGI (BOI-TVA-CHAMP-10-10-60-30 n° 330).

C. Conséquences de la renonciation

87830 La renonciation à la retenue vaut pour **tous les droits perçus** par l'auteur. En conséquence, l'auteur qui a notifié sa renonciation au dispositif de retenue auprès du service des impôts est, dès le premier jour du mois qui suit cette notification, assujetti à la TVA dans les conditions prévues aux nos 86820 s. pour l'ensemble de ses opérations qui entrent dans le champ d'application de la taxe.

Il bénéficie de la **franchise** si son chiffre d'affaires n'en excède pas les limites et s'il n'a pas opté pour le paiement de la TVA. Dans le cas contraire, il est soumis à toutes les obligations incombant aux redevables de cette taxe sous réserve des dispositions propres aux auteurs.

87835 En raison du caractère exclusif de la déduction forfaitaire (n° 87725), l'auteur qui renonce au dispositif de la retenue ne peut pas opérer la déduction de la taxe afférente à ses **fournitures en stock** ou à ses **immobilisations en cours d'utilisation** à cette date et qui ont été soumises lors de leurs acquisitions au régime de la retenue.

En outre, aucune régularisation en vue d'une déduction complémentaire ne peut être effectuée dès lors que la déduction forfaitaire est définitive (BOI-TVA-CHAMP-10-10-60-30 n° 360).

> **Précisions** Les **cessions** après renonciation à la retenue de **biens meubles d'investissement** acquis sous le régime de la retenue seront soumises à la TVA dès lors que ces biens ont ouvert droit à déduction au sens de l'article 261, 3-1°-a du CGI (BOI précité n° 370).

CHAPITRE 11

SPECTACLES, JEUX ET DIVERTISSEMENTS

SOMMAIRE

Les spectacles proprement dits (cinéma, théâtre, spectacles de variétés ou de music-hall, concerts, cirques, etc.), ainsi que les jeux et divertissements sont, pour la plupart, soumis à la TVA. Cette imposition est établie selon les **règles de droit commun,** avec cependant certaines **particularités** que nous allons examiner en distinguant les activités suivantes : **88100**

– **cinéma** (industries techniques, production, distribution, exploitants de salles, solutions diverses) (nos 88120 s.) ;

– **spectacles autres que le cinéma** (théâtre, cirques, concerts, réunions sportives, etc.) (nos 88850 s.) ;

– **jeux et divertissements divers** (activités foraines, jardins et parcs, musées, appareils automatiques, etc.) (nos 89630 s.) ;

– **télévision et productions audiovisuelles** (nos 90100 s.).

En ce qui concerne la situation personnelle des auteurs et interprètes des œuvres de l'esprit (écrivains, auteurs dramatiques, **auteurs** de films...) ainsi que des **artistes** du spectacle, voir nos 86800 s.

SECTION 1 CINÉMA

88120 L'industrie du cinéma recouvre **quatre branches** principales d'activités :

– les **professions techniques** spécialisées dans la confection matérielle des films (fabrication des pellicules, des instruments de prise de vues et de son, exploitation des studios et des laboratoires de tirage des films) (nos 88130 s.) ;

– la **production,** c'est-à-dire les diverses activités qui ont pour objet la conception, puis la réalisation matérielle des films (nos 88200 s.) ;

– la **distribution,** opérée par les professionnels intervenant entre les producteurs de films et les exploitants de salles pour assurer la concession du droit de représentation de l'œuvre cinématographique (nos 88450 s.) ;

– l'**exploitation** qui assure la projection dans la salle des copies dont le droit d'exploitation lui a été concédé (nos 88560 s.) (BOI-TVA-SECT-20-10 n° 1).

A. Industries techniques

FABRICATION ET VENTE DE MATÉRIELS POUR LE CINÉMA

88130 Les opérations de fabrication et de **vente** d'appareils et de fournitures pour le cinéma sont soumises à la TVA au taux normal dans les conditions de droit commun.

Les **livraisons intracommunautaires** et les **exportations** de ces matériels sont exonérées dès lors qu'elles répondent aux conditions énoncées respectivement aux articles 262 ter, I (nos 20350 s.) et 262, I et II du CGI (nos 22400 s.).

Les **films importés** sont soumis à la TVA, lors de leur passage en douane, sur une base évaluée à partir de valeurs barèmes (BOI-TVA-SECT-20-20 nos 10 à 40).

OPÉRATIONS DES STUDIOS

88140 Les opérations réalisées par les exploitants de studios, qui consistent essentiellement en des **locations** de **locaux, matériels, décors,** etc., et en prestations de services, sont passibles de la TVA au taux normal.

En ce qui concerne les **règles de territorialité** applicables aux prestations de services, voir nos 24000 s.

LABORATOIRES DE TIRAGE

88150 Les travaux à façon portant sur les films cinématographiques ou magnétiques (développements, tirages, montages, coupes, etc.) sont passibles du **taux** normal de la TVA dans les conditions de droit commun.

DOUBLEURS DE FILMS

88160 Les doubleurs de films qui présentent la qualité de **façonniers** doivent acquitter la TVA au taux normal au titre de leurs opérations.

S'ils ne peuvent justifier de la qualité de façonniers, ils sont réputés **vendeurs** et leurs opérations sont soumises aux dispositions applicables aux livraisons de biens.

88165 Au regard des règles de **territorialité,** les prestations de doublage ou de sonorisation sont considérées comme des travaux et expertises sur biens meubles corporels (nos 24500 s., s'agissant des relations entre assujettis ou « B to B » ; nos 25660 s., s'agissant des relations entre un assujetti et une personne non assujettie ou « B to C »).

B. Production

1. RÈGLES GÉNÉRALES

Les **œuvres cinématographiques** sont des productions qui ont obtenu un visa d'exploitation autorisant leur projection en public dans une salle de cinéma. **88200**

L'œuvre cinématographique matérialisée par un support physique (cellulosique ou magnétique) et utilisée pour les besoins d'une exploitation commerciale constitue sur le plan fiscal une **immobilisation.** Dès lors, elle devrait, le cas échéant, être soumise à la TVA par le producteur sur son prix de revient total au titre de la **livraison à soi-même** dans les conditions prévues à l'article 257, II-1 du CGI (nos 14000 s.). Toutefois, l'administration admet que la TVA ne soit pas appliquée au titre de cette livraison et que, seules, les **recettes** provenant des **cessions** et des **concessions** de droits portant sur le film soient taxées chez le producteur (BOI-TVA-SECT-20-30 n° 10).

BASE D'IMPOSITION

Elle est constituée par l'**ensemble des paiements** en espèces ou en nature qui constituent la contrepartie des cessions et concessions de droits portant sur des films : **88210**

– lorsque les films sont distribués par un **distributeur** qui agit en qualité d'**intermédiaire au nom** et pour le compte **du producteur,** le producteur est redevable de la TVA, au taux indiqué au n° 88220, sur le montant total des recettes encaissées auprès des exploitants de salles : le distributeur est alors redevable de l'impôt sur sa seule rémunération ;

– lorsque le **distributeur** agit en qualité d'**intermédiaire** mais **en son nom propre,** il est réputé livrer lui-même le bien ou rendre lui-même le service et sa base d'imposition est égale au montant total de l'opération, y compris le montant de sa rémunération ;

– si le producteur **cède** au distributeur la propriété du **droit d'exploiter** le film, le producteur est assujetti à la TVA, au taux indiqué au n° 88220, à raison des seules sommes qui lui reviennent, tandis que le distributeur est redevable de cette même taxe sur les recettes totales qu'il encaisse auprès des exploitants de salles (BOI-TVA-SECT-20-30 n° 20).

TAUX

Les recettes revenant aux producteurs au titre de la commercialisation d'œuvres cinématographiques sont soumises au **taux réduit** de 5,5 % s'agissant des recettes issues des cessions de droits patrimoniaux portant sur des œuvres cinématographiques représentées au cours de certaines séances non commerciales ou lors de festivals de cinéma (CGI art. 278-0 bis, H : voir n° 88630) et au **taux intermédiaire** de 10 % s'agissant des recettes issues des autres cessions de droits patrimoniaux portant sur les œuvres cinématographiques (CGI art. 279, g). **88220**

Par exception, les recettes provenant de l'exploitation des œuvres pornographiques ou d'incitation à la violence relèvent du **taux normal** (CGI art. 279 bis).

> **Précisions** Les recettes revenant aux producteurs qui correspondent, le cas échéant, à des recettes issues du droit d'entrée dans les salles de spectacles cinématographiques bénéficient également du taux de 5,5 % (n° 88610) (en ce sens, BOI-TVA-SECT-20-30 n° 30).

2. RÉGIME DES COPRODUCTIONS

En matière de production de films cinématographiques, on entend par « coproduction » le contrat conclu en vue de la réalisation d'un film entre deux ou plusieurs producteurs, et remplissant les **conditions** suivantes : **88240**

– les producteurs contractants doivent être titulaires d'une autorisation d'exercice de la profession délivrée par le Centre national du cinéma et de l'image animée (CNC) ;

– le contrat doit prévoir que les droits portant sur le film seront la copropriété des coproducteurs ;

– les apports effectués par chacun des coproducteurs doivent obéir aux règles imposées par le CNC dans le cadre de sa mission de contrôle du financement de films.

Le contrat de coproduction prévoit la désignation d'un **producteur délégué,** chargé d'effectuer toutes les dépenses, de percevoir les recettes d'exploitation du film et de répartir ces dépenses et ces recettes entre les coproducteurs conformément aux dispositions contractuelles (BOI-TVA-SECT-20-30 n° 80).

a. Régime des participations financières

88250 Les participations financières versées par les producteurs, en exécution des conventions de coproduction, en vue de financer le coût de réalisation d'un film ne constituent pas des opérations passibles de la TVA (BOI-TVA-SECT-20-30 n° 80).

b. Droits à déduction des coproducteurs

88270 En **principe,** seuls le ou les **coproducteurs titulaires des factures** d'achat délivrées par les fournisseurs et portant mention de la TVA y afférente peuvent opérer la déduction sur la TVA applicable aux recettes d'exploitation : lorsque le producteur délégué est titulaire de toutes les factures utilisées pour la réalisation du film, il est seul fondé à déduire la TVA mentionnée sur ces factures. Pour que les autres coproducteurs puissent effectuer des déductions, il faut que le producteur délégué refacture à chacun d'eux, au prorata de leurs apports respectifs, le montant correspondant de biens et de services passibles de la TVA.

En **pratique,** les coproducteurs peuvent **choisir, pour chaque film coproduit,** d'appliquer l'un des trois dispositifs exposés aux nos 88280 s. Le système retenu s'applique à l'ensemble des coproducteurs et ne peut pas être modifié tant que le contrat de coproduction n'est pas parvenu à son terme (BOI-TVA-SECT-20-30 nos 90 et 100).

PREMIER DISPOSITIF : LE PRODUCTEUR DÉLÉGUÉ DÉDUIT LA TVA AFFÉRENTE AUX DÉPENSES DE LA COPRODUCTION ET DÉCLARE L'ENSEMBLE DES RECETTES D'EXPLOITATION DU FILM

88280 **Situation du producteur délégué** Il **déduit,** dans les conditions de droit commun, la TVA afférente à l'ensemble des dépenses de production du film à l'exception des dépenses exclues du droit à déduction. Il **facture** les recettes d'exploitation du film et comprend la totalité de ces recettes dans sa **base d'imposition** (BOI-TVA-SECT-20-30 n° 110).

88290 **Situation des autres coproducteurs** Ils n'exercent aucune **déduction** sur le montant des dépenses de production du film. Corrélativement, ils n'ont pas à comprendre dans leur **base d'imposition** la quote-part des recettes d'exploitation qui leur revient (BOI-TVA-SECT-20-30 n° 120).

88295 EXEMPLE

Un film, coproduit par **trois producteurs** à parts égales, a nécessité les dépenses exposées dans le tableau ci-après.
Le **producteur délégué déduit** toute la TVA afférente aux dépenses de production du film à l'exception des dépenses exclues du droit à déduction, soit un montant de TVA de 120 000 €.
Il porte sur sa **déclaration** de TVA la totalité des recettes d'exploitation du film.
Le montant hors TVA récupérable des dépenses de production du film est égal à 805 600 € (925 600 € – 120 000 €). La part incombant à chaque producteur s'élève à 268 533,33 €.

	Montant TTC	TVA facturée
	€	€
Dépenses (ouvrant droit à déduction de la TVA)	720 000	120 000
Dépenses n'ouvrant pas droit à déduction de la TVA :		
– location de véhicules de tourisme	2 100	350
– dépenses de logement au profit du personnel, frais de déplacement, etc.	3 500	
– salaires	200 000	
Total	925 600	120 350

DEUXIÈME DISPOSITIF : LE PRODUCTEUR DÉLÉGUÉ REFACTURE AUX COPRODUCTEURS LEUR QUOTE-PART DES DÉPENSES

88310 **Situation du producteur délégué** Il **déduit** en totalité la TVA afférente aux dépenses de production du film à l'exception des dépenses exclues du droit à déduction. Il **refacture** ensuite à chaque coproducteur la quote-part des dépenses qu'il doit supporter. La facture doit détailler la nature des dépenses refacturées et la TVA afférente à chacune de ces dépenses.

Le producteur délégué **facture** l'ensemble des recettes d'exploitation du film. Il comprend dans sa **base d'imposition** la totalité de ces recettes ainsi que les sommes facturées aux coproducteurs pour financer leur quote-part des dépenses (BOI-TVA-SECT-20-30 n° 130).

Situation des autres coproducteurs Ils comprennent dans leur **base d'imposition** la part des recettes qui leur revient, qu'ils **facturent** au producteur délégué (la TVA correspondante est déduite par le producteur délégué, dans les conditions de droit commun). Ils déduisent, dans les conditions de droit commun, la TVA facturée par le producteur délégué, à l'exception de celle qui n'ouvre pas droit à déduction (BOI-TVA-SECT-20-30 n° 140). **88320**

EXEMPLE **88325**

En reprenant les données de l'exemple figurant au n° 88295, le **producteur délégué déduit** toute la TVA afférente aux dépenses de production du film à l'exception des dépenses exclues du droit à déduction. La TVA déductible s'élève donc à 120 000 €.
Il délivre à chacun des deux autres coproducteurs la **facture** suivante (voir tableau ci-après).

	Montant	Taux	TVA	TTC
Liste détaillée de la quote-part des dépenses soumises à la TVA et ouvrant droit à déduction				
Total (A)	200 000	20 %	40 000	240 000
Liste détaillée des dépenses non soumises à la TVA ou dont la TVA n'est pas récupérable				700
				1 167
				66 667
Total (B)				68 534
Total général (A + B)				308 534

Le **producteur** délégué porte sur sa déclaration de TVA les sommes ainsi facturées et la TVA correspondante, c'est-à-dire :
Base HT : 200 000 € × 2 = 400 000 €.
TVA : 40 000 € × 2 = 80 000 €.
Chaque coproducteur déduit la TVA afférente à sa quote-part des dépenses non exclues du droit à déduction, soit 40 000 €.

TROISIÈME DISPOSITIF : LE PRODUCTEUR DÉLÉGUÉ DÉLIVRE AUX COPRODUCTEURS DES DÉCOMPTES MENTIONNANT LA TVA OUVRANT DROIT À DÉDUCTION

Situation du producteur délégué Le producteur délégué ne **déduit** la TVA que sur la seule **quote-part des dépenses** engagées pour la réalisation du film qui lui incombe et il délivre des **décomptes** à chacun des coproducteurs. Ceux-ci ne doivent mentionner que les dépenses pour lesquelles le droit à déduction a pris naissance (prestations de services payées ou facturées si le prestataire a opté pour les débits, achats de biens livrés, etc.). **88340**

Contrairement à la solution examinée aux n°s 88310 s., le producteur délégué n'a pas à inclure dans sa **base d'imposition** les remboursements de dépenses de coproduction versées par les coproducteurs. Il ne comprend dans sa base d'imposition que sa **quote-part des recettes de coproduction** (BOI-TVA-SECT-20-30 n° 150).

Situation des coproducteurs Les coproducteurs **déduisent** dans les conditions de droit commun la TVA figurant sur les décomptes (BOI-TVA-SECT-20-30 n° 160). **88350**

EXEMPLE **88355**

En reprenant les données de l'exemple figurant au n° 88295, le **producteur délégué** ne **déduit** que la TVA afférente à sa quote-part des dépenses qui n'est pas exclue du droit à déduction, soit : 120 000 € × 1/3 = 40 000 €. Il délivre un **décompte** à chacun des producteurs.
Au cas particulier chaque attestation mentionne une TVA déductible de 120 000 € × 1/3 = 40 000 €. **Chaque coproducteur** déduit la TVA qui figure sur le décompte qui lui a été délivré par le producteur délégué (soit 40 000 €).

c. Sofica

88380 Les sociétés pour le financement d'œuvres cinématographiques ou audiovisuelles (Sofica) sont appelées à concourir au financement des œuvres cinématographiques ou audiovisuelles agréées par le ministre de la culture. Ces concours peuvent prendre la forme :

– de **souscriptions au capital** de sociétés qui ont pour activité exclusive la réalisation d'œuvres cinématographiques ou audiovisuelles entrant dans le champ d'application de l'agrément. Ces souscriptions et l'encaissement des **dividendes** correspondants sont situés en dehors du champ d'application de la TVA ;

– de **versements** en numéraire réalisés par **contrat d'association à la production.** Ces versements et la rémunération qui y est attachée sous la forme d'un **droit sur les recettes** d'exploitation entrent dans le champ de l'article 261 C, 1° du CGI dès lors que ces contrats ne confèrent pas de droits sur l'œuvre cinématographique ou audiovisuelle. Les opérations effectuées à ce titre sont donc **exonérées** de la TVA sans possibilité d'option.

Les **producteurs** n'ont pas à comprendre dans leur chiffre d'affaires imposable les sommes versées par les Sofica pour le financement de la production dans le cadre des contrats d'association.

Les **recettes provenant de l'exploitation des œuvres** financées en partie par des contrats d'association sont imposables à la TVA en totalité entre les mains des producteurs lorsqu'ils en sont les attributaires directs ou, le cas échéant, entre celles des distributeurs dans les conditions indiquées au n° 88210 (BOI-TVA-SECT-20-30 n°s 190 et 200).

3. AIDES VERSÉES AUX PRODUCTEURS

88400 L'État, par l'intermédiaire du Centre national du cinéma et de l'image animée (CNC), intervient dans le soutien financier à la création et à la production d'œuvres cinématographiques. Cette intervention peut prendre la forme de subventions dites « automatiques » ou d'avances sur recettes.

SUBVENTIONS

88410 Les subventions dites « automatiques » sont destinées à être investies dans la production d'œuvres cinématographiques et sont affectées à la couverture de certaines créances privilégiées correspondant à des dépenses engagées pour la production de films. Ces subventions, qui peuvent être assimilées à des **subventions d'équipement,** sont exonérées de TVA (BOI-TVA-SECT-20-30 n° 220).

AVANCES SUR RECETTES

88420 Contrairement aux subventions automatiques, les avances sur recettes ne sont pas nécessairement affectées au financement des frais de production. Elles peuvent être accordées soit avant, soit après la réalisation du film et sont **remboursables** par prélèvement sur les produits du film considéré.

Les avances sur recettes s'analysent au moment de leur versement comme un prêt. Le bénéficiaire n'a donc pas à en soumettre le montant à la TVA (BOI-TVA-SECT-20-30 n° 230).

> **› Précisions** Les **avances** consenties, puis **abandonnées,** par le CNC au profit des sociétés de production de films ou de programmes audiovisuels ne constituent **pas** des **subventions complément de prix** et, à ce titre, ne doivent pas être soumises à la TVA (BOI précité n° 240).
> Elles ne constituent pas non plus la rémunération d'un service qui serait fourni par le bénéficiaire au CNC (TA Lyon 8-2-2005 n° 02-3580 et 02-3621 : RJF 7/05 n° 674).

C. Distribution

88450 La distribution des films est opérée par des professionnels qui s'interposent entre les producteurs et les salles pour assurer la concession du droit de représentation de l'œuvre cinématographique. Ils agissent tantôt en qualité de mandataires du producteur, tantôt comme propriétaires du droit d'exploiter le film.

DISTRIBUTEURS MANDATAIRES DU PRODUCTEUR

Conformément aux règles générales régissant les intermédiaires (nos 83100 s.), il convient de distinguer les distributeurs mandataires du producteur qui agissent au nom d'autrui et ceux agissant en leur nom propre : **88460**

– dès lors que le mandataire agit **au nom d'autrui,** la base d'imposition du service est constituée par toutes les sommes perçues en contrepartie de l'opération d'entremise ;

– par contre, lorsque celui-ci agit **en son nom propre,** il est réputé livrer lui-même le bien ou rendre lui-même le service. Sa base d'imposition est alors égale au montant total de l'opération, y compris le montant de sa rémunération (BOI-TVA-SECT-20-40 n° 10).

DISTRIBUTEURS PROPRIÉTAIRES DU DROIT D'EXPLOITER

La TVA est due sur le montant total des recettes encaissées auprès des salles par le distributeur non mandataire, devenu propriétaire du droit d'exploiter le film. En ce cas, le distributeur facture à l'exploitant la taxe ainsi acquittée sur le montant de la location du film. De son côté, le producteur facture au distributeur la taxe due sur le prix de cession des droits d'exploitation du film. **88470**

Lorsque le distributeur est lié au producteur par un **contrat** de distribution **assorti d'une clause de minimum garanti,** ce contrat est assimilé, sur le plan fiscal, à un contrat de cession du droit d'exploitation. De ce fait, le distributeur doit acquitter la taxe sur le montant total des sommes reçues des exploitants, au titre de la location, dans les mêmes conditions que ci-dessus (BOI-TVA-SECT-20-40 n° 20).

ILLUSTRATIONS

Ne peuvent être regardés comme agissant en qualité d'intermédiaires et sont donc imposables sur la totalité de leurs encaissements :

– la société **concessionnaire** de films cinématographiques qui, d'une part, assure aux producteurs un minimum de rétribution qu'elle s'engage à leur verser à des **échéances déterminées quel que soit le résultat de l'exploitation** des films par les entrepreneurs de spectacles et, d'autre part, se réserve toute liberté d'action pour l'utilisation et la location des films concédés et assume toutes les charges de la publicité (CE 10-7-1948 n° 74291) ;

– le distributeur de films qui est lié avec des producteurs par des contrats qui lui font courir le **risque de ne pas** pouvoir **recouvrer la totalité de la commission** prévue au contrat dans l'hypothèse où l'exploitation des films ne procurerait pas de recettes suffisantes (CE 26-2-1969 n° 74090) ;

– la société de distribution qui a conclu avec les producteurs de films des contrats accompagnés d'**accords complémentaires** prévoyant le **versement** à ces derniers **d'avances** dont elle ne peut être certaine, en raison des aléas de l'exploitation, de recouvrer le montant (CE 2-11-1966 n° 60940).

VENTES ET LOCATIONS ACCESSOIRES AUX FILMS

Les distributeurs doivent soumettre à la TVA, selon le régime qui leur est propre, les **ventes ou locations** qu'ils réalisent, notamment celles qui portent sur le matériel publicitaire relatif aux films distribués (BOI-TVA-SECT-20-40 n° 30 ; sur les critères permettant de déterminer si l'on est en présence d'une opération unique ou d'opérations dissociables soumises à leur régime propre, voir nos 1270 s.). **88480**

SOUS-DISTRIBUTEURS

Les sous-distributeurs de films sont redevables de la TVA au même taux que les distributeurs (n° 88630), sur le montant des sommes qu'ils encaissent. Mais cette taxe peut être déduite de celle due par le distributeur principal, à raison des recettes qui lui reviennent dans l'exploitation des films (BOI-TVA-SECT-20-40 n° 50). **88490**

AVANCES DU DISTRIBUTEUR AU PRODUCTEUR

Pour s'assurer la distribution des œuvres cinématographiques, les distributeurs sont amenés à consentir des avances aux producteurs, avant même que les films soient terminés et mis en exploitation. Le régime de ces avances diffère suivant qu'elles sont remboursables ou non au distributeur. Un régime particulier est en outre prévu pour les **avances** qui portent sur les **frais d'édition et de publicité du film.** **88500**

Avance remboursable L'avance consentie au producteur qui, en toute hypothèse, et quels que soient les résultats d'exploitation du film, doit être remboursée au distributeur a le caractère d'un **prêt d'argent.** Elle ne constitue donc pas une opération imposable. **88510**

Toutefois, si le distributeur perçoit des **intérêts,** l'administration considère qu'ils doivent être soumis par le bénéficiaire à la TVA au taux normal (BOI-TVA-SECT-20-40 n° 70).

Remarque : La taxation des intérêts est incompatible, selon nous, avec l'exonération prévue par l'article 261 C, 1° du CGI (voir nos 76525 s.).

88520 **Avance définitivement acquise** L'avance consentie par le distributeur reste **en toute hypothèse** acquise **au producteur.** Dans ce cas, les contrats stipulent généralement, au profit du producteur, des avances dites « à valoir », non remboursables, ou la garantie d'un minimum de recettes, égal au montant de l'avance.

En raison de l'étendue des risques qu'elle met à la charge du distributeur, cette situation entraîne la **caducité de sa qualité de mandataire.** Le **distributeur** est alors réputé avoir acquis, en toute propriété, les droits d'exploiter le film et, selon les règles exposées au n° 88470, il doit acquitter la TVA sur le montant total des recettes encaissées auprès des exploitants de salles.

Le **producteur** est tenu, dès le **visa d'exploitation,** d'acquitter la même taxe, sur le montant des avances qu'il a reçues du distributeur et qui représentent alors le prix de vente des droits cédés à ce dernier. Les paiements ultérieurs éventuellement effectués au profit du producteur sont réputés représenter des compléments du prix de vente des droits et ils doivent supporter la TVA (BOI-TVA-SECT-20-40 n° 80).

88530 **Avance sur frais d'édition et de publicité** L'avance de ces frais ne donne généralement pas lieu à un versement au producteur par le **distributeur,** mais **consiste,** pour ce dernier, **à régler, au lieu et place** du producteur, les frais qui sont à la charge de celui-ci. Le producteur est redevable de la TVA sur le montant correspondant lorsque ce règlement constitue un complément de minimum garanti. Il facture cette taxe au distributeur, qui peut alors la déduire (BOI-TVA-SECT-20-40 n° 90).

88535 En pratique, les **factures** des laboratoires de tirage et des supports de publicité sont généralement établies **au nom du distributeur.** Or, la taxe ayant grevé ces frais, qui sont à la charge du producteur, est déductible par ce dernier. Pour permettre à celui-ci d'opérer cette déduction et dans la mesure où le distributeur agit effectivement « au nom et pour compte » du producteur, le distributeur délivre au producteur un **compte rendu** des frais avancés pour son compte indiquant distinctement la TVA. Ce compte rendu peut être constitué par la facture elle-même qui portera la mention « TVA non déduite par... (le distributeur) » (BOI-TVA-SECT-20-40 n° 100).

Toutefois, lorsqu'il s'écoule un certain **délai** entre le moment où le distributeur règle les factures afférentes aux frais d'édition d'un film et celui où il a la possibilité d'en récupérer le montant sur les recettes d'exploitation, il est autorisé à adopter la procédure suivante :

– dès le **règlement des factures,** le distributeur opère sur la taxe due sur ses propres affaires, la déduction de la taxe ayant grevé les frais d'édition ;

– au moment où les **recettes d'exploitation du film** sont devenues **suffisantes** pour couvrir ces mêmes frais, il établit au nom du producteur, une facture d'un même montant et faisant apparaître la TVA aux mêmes taux. Bien entendu, il doit alors régulariser la déduction initialement opérée en reversant au Trésor la taxe correspondante qui est alors facturée au producteur. Celui-ci est, à ce moment, en mesure d'opérer la déduction dans les mêmes conditions que ci-dessus (BOI précité n° 110).

D. Exploitation des salles de spectacles cinématographiques

88560 Les recettes provenant des droits d'entrée dans les salles de spectacles cinématographiques sont soumises à la TVA.

Il s'ensuit, par exemple, que la taxe est due sur le prix des **cartes de cinéma** donnant droit à la délivrance d'un certain nombre de places de cinéma utilisables pendant une période définie, y compris lorsqu'à l'expiration de la période de validité de ces cartes **certaines places** n'ont **pas** été **retirées** par le titulaire de la carte. En effet, les recettes correspondantes constituent la rémunération d'une prestation de services, et non l'indemnisation d'un préjudice, même si le client n'a pas effectivement assisté à l'ensemble des projections auxquelles il avait droit (CE 15-4-2016 n° 373591 : RJF 7/16 n° 609).

> **Précisions** Les **ciné-clubs** peuvent bénéficier des dispositions de l'article 261, 7-1° du CGI qui exonèrent de la TVA les services à caractère social, éducatif, culturel ou sportif rendus à leurs membres par les organismes sans but lucratif (voir toutefois n° 88690 le cas où les ciné-clubs projettent des **films pornographiques** ou d'incitation à la violence).

1. BASE D'IMPOSITION

La base imposable à la TVA est constituée par le **prix** exigé du spectateur. Elle inclut notamment la **taxe sur les prix d'entrée** aux séances organisées dans les établissements de spectacles cinématographiques prévue par les articles L 115-1 s. du Code du cinéma et de l'image animée. **88570**

En revanche ne sont pas imposables les **entrées gratuites** dans les salles de cinéma. Cependant, si ces places sont délivrées en contrepartie de la fourniture d'un bien ou d'un service (rémunération partielle ou totale du personnel, ou service de publicité, d'affichage, etc.), l'opération s'analyse en un échange imposable (BOI-TVA-SECT-20-50 n° 20).

2. EXIGIBILITÉ

S'agissant de prestations de services, l'exigibilité de la taxe est constituée par l'**encaissement du prix** du billet d'entrée dans la salle de cinéma. Les sommes encaissées au titre d'une période d'imposition (mois ou trimestre), qu'elles correspondent à des ventes de billets d'entrée immédiate ou de location, doivent être comprises dans la déclaration de chiffre d'affaires correspondante (BOI-TVA-SECT-20-50 n° 30). **88590**

3. TAUX

a. Droits d'entrée dans les salles de cinéma

Les droits d'entrée dans les salles de spectacles cinématographiques sont soumis au taux réduit de 5,5 %, quels que soient le procédé de fixation ou de transmission et la nature du support des œuvres ou documents audiovisuels qui sont présentés (CGI art. 278-0 bis, G). **88610**

Remarques : 1. L'application du taux réduit est indépendante de la **forme juridique** (entreprise individuelle, société, association, etc.) ou du **classement de l'exploitation** (salles classées dans la catégorie art et essai et autres salles) (BOI-TVA-LIQ-30-20-40 n° 150).

2. En ce qui concerne la base d'imposition à retenir pour l'application du taux de 5,5 % s'agissant des **abonnements au cinéma** qui font partie d'une **offre d'abonnement numérique** comprenant plusieurs services, dont au moins un service de télécommunication, un service de radiodiffusion ou de télévision ou un service électronique, voir nos 36820 s.

> Précisions a. Les œuvres ou documents qui font l'objet d'une **vidéotransmission** ouvrent également droit au taux réduit s'ils sont projetés dans une salle de cinéma (BOI précité n° 150).

b. Le taux réduit n'est pas applicable :

– aux droits d'entrée dans des **lieux** qui ne sont **pas** des **salles de spectacles cinématographiques,** même si des œuvres cinématographiques ou des documents audiovisuels y sont projetés (par exemple : retransmission d'une épreuve sportive ou d'un spectacle musical dans un stade, une salle de sports, un théâtre, etc.) ;

– aux droits d'entrée pour les séances de **télévision** ;

– aux **recettes accessoires** réalisées dans les salles de spectacles (vente de programmes, de confiseries, publicité, recettes de vestiaire, etc.), qui demeurent en principe taxées aux taux qui leur sont propres ;

– aux recettes procurées par les droits d'entrée dans des salles où sont projetés des œuvres ou des **films pornographiques ou d'incitation à la violence** (nos 88650 s.) ;

– aux recettes procurées par les droits d'entrée dans les **établissements dont l'accès est interdit aux mineurs** en raison de leur caractère licencieux ou pornographique quel que soit le genre des œuvres présentées (nos 89180 s.) (BOI précité n° 160).

Le taux réduit ne s'applique pas non plus à des paiements effectués pour utiliser des **cabines privées de visionnage** de films (CJUE 18-3-2010 aff. 3/09 : RJF 6/10 n° 652).

b. Locations ou cessions de droits sur œuvres cinématographiques

Conformément à l'article 279, g du CGI, les recettes procurées par la **location de droits** ou la cession de tous droits (**droits d'exploitation,** droits **de reproduction,** etc.) portant sur les œuvres cinématographiques sont soumises au taux intermédiaire, à l'exception : **88630**

– des cessions de droits patrimoniaux portant sur des œuvres cinématographiques représentées au cours de séances de spectacles cinématographiques à **caractère non commercial** mentionnées à l'article L 214-1 du Code du cinéma et de l'image animée ou de **festivals de cinéma,** lesquelles sont soumises au taux réduit en application de l'article 278-0 bis, H du CGI ;

– et des cessions portant sur les œuvres à caractère pornographique ou d'incitation à la violence, lesquelles sont soumises au taux normal (nos 88650 s.).

> Précisions a. Pour les cessions d'**œuvres audiovisuelles autres** que cinématographiques, voir n° 90220.
b. L'article **L 214-1 du Code du cinéma** et de l'image animée vise les séances suivantes :
– séances publiques et payantes organisées exceptionnellement par les associations et les autres groupements légalement constitués agissant sans but lucratif ;
– séances privées organisées par des associations et organismes assimilés habilités à diffuser la culture par le cinéma ;
– séances organisées par les associations et organismes qui ont pour objet la collecte, la conservation, la restauration et la diffusion du patrimoine cinématographique ;
– séances organisées dans le cadre des services publics à caractère non commercial ;
– séances gratuites ;
– séances en plein air autres que celles organisées par les exploitants d'établissements de spectacles cinématographiques dans les conditions prévues à l'article L 212-18.

c. Films ou œuvres pornographiques ou d'incitation à la violence

88650 Le **taux normal** s'applique aux stades de la production, de la distribution et de l'exploitation des films ou œuvres pornographiques ou d'incitation à la violence (CGI art. 279 bis, 3°-a et b).

FILMS PORNOGRAPHIQUES OU D'INCITATION À LA VIOLENCE

88660 Aux termes de l'article 279 bis, 3°-a du CGI, le taux intermédiaire « ne s'applique pas aux **cessions de droits** portant sur les films pornographiques ou d'incitation à la violence et sur leur **interprétation,** ainsi qu'aux **droits d'entrée** pour les séances au cours desquelles ces films sont projetés ». En conséquence, ces opérations sont soumises au taux normal.

L'article 279 bis, 4° du même Code soumet au taux normal les droits d'entrée perçus par les établissements dont l'accès est interdit aux mineurs en raison de leur caractère licencieux ou pornographique, quel que soit le genre des œuvres présentées (nos 89180 s.).

Remarque : L'application du taux intermédiaire est également exclue pour les œuvres de même nature diffusées sur **support vidéographique** (voir nos 88710 s.).

88670 **Films visés** Les films pornographiques ou d'incitation à la violence sont classés comme tels par arrêté du ministre chargé de la culture, pris après avis de la commission de classification des œuvres cinématographiques. Les **arrêtés de classement** ou de déclassement sont publiés au Journal officiel (BOI-TVA-SECT-20-10 n° 40).

88680 **Opérations concernées** Le taux normal s'applique :

– aux **cessions de droits** portant sur les films pornographiques ou d'incitation à la violence et sur leur **interprétation** ;

– aux **droits d'entrée** dans les salles cinématographiques où sont projetés ces films pornographiques ou d'incitation à la violence ;

– ainsi qu'aux **locations** portant sur les films qui présentent des œuvres à caractère pornographique ou d'incitation à la violence (BOI-TVA-SECT-20-10 n° 30).

Remarque : Les **recettes accessoires** réalisées par les exploitants de salles (ventes de programmes, de confiserie, buvette, publicité, recettes de vestiaires, etc.) demeurent en principe soumises à la TVA au taux qui leur est propre (BOI-TVA-SECT-20-50 n° 70).

88690 **Exploitations concernées** L'application du taux normal est indépendante de la **forme juridique** de l'exploitation et des **exonérations** ou des **réductions de taux** prévues par les dispositions législatives en vigueur.

En conséquence, les **ciné-clubs** qui projettent des films pornographiques ou d'incitation à la violence sont tenus d'acquitter la TVA au taux normal, même s'ils bénéficient par ailleurs de l'exonération de taxe prévue en faveur des associations sans but lucratif (BOI-TVA-LIQ-30-20-40 n° 160).

88700 **Date d'application du taux normal** En principe, les **arrêtés de classement** des films prennent effet à compter du premier jour de la semaine cinématographique, au sens de la réglementation professionnelle, suivant la date de publication.

Toutefois, les sommes encaissées par les producteurs et les distributeurs au titre des cessions et concessions (locations) de droits portant sur les films en cause mais **facturées postérieurement** à la date d'effet de l'arrêté de classement demeurent soumises au taux intermédiaire dans la mesure où les recettes d'exploitation, qui servent de base à cette facturation, réalisées au titre de **séances organisées avant** la date d'effet de l'arrêté de classement, ont à bon droit supporté ce taux.

Lorsque l'**arrêté** de classement est **abrogé,** l'application du taux intermédiaire prend effet à partir de la date de publication de l'arrêté d'abrogation au Journal officiel (BOI-TVA-SECT-20-10 nos 50 à 70).

ŒUVRES PORNOGRAPHIQUES OU D'INCITATION À LA VIOLENCE

Aux termes de l'article 279 bis, 3°-b du CGI, les taux réduit et intermédiaire de la TVA ne s'appliquent pas aux **cessions de droits** portant sur les œuvres pornographiques ou d'incitation à la violence diffusées sur **support vidéographique** et sur leur **interprétation** ainsi qu'aux **droits d'entrée** pour les séances au cours desquelles ces œuvres sont présentées. Ces opérations sont, par conséquent, soumises au taux normal. **88710**

Remarque : À noter que le classement comme pornographique ou violent d'un film cinématographique emporte automatiquement classement dans la même catégorie de son **support vidéo.**

Opérations concernées Le taux normal s'applique : **88720**

– aux **cessions de droits** portant sur les œuvres pornographiques ou d'incitation à la violence diffusées sur supports vidéographiques et sur leur interprétation ;

– aux **droits d'entrée** pour les séances au cours desquelles ces œuvres pornographiques ou d'incitation à la violence sont présentées ;

– ainsi qu'aux **locations** portant sur les supports vidéographiques qui présentent des œuvres à caractère pornographique ou d'incitation à la violence (BOI-TVA-SECT-20-10 n° 90).

Date d'application L'application du taux normal est subordonnée à la publication des décisions de classement ou, pour les œuvres distribuées dans un double circuit, à la procédure de désignation prévue pour les films cinématographiques (n° 88700). **88730**

4. DÉDUCTIONS

Les exploitants de salles de cinéma sont soumis au régime général des redevables de la TVA et opèrent la déduction de cette taxe selon les mécanismes de **droit commun.** **88750**

COEFFICIENT DE TAXATION FORFAITAIRE

En application de l'article 206, III-3 de l'annexe II au CGI, le coefficient de taxation forfaitaire des salles de spectacles cinématographiques des assujettis qui réalisent des opérations imposables dont certaines seulement ouvrent droit à déduction résulte du rapport existant entre : **88760**

– le chiffre d'affaires qui résulte des opérations ouvrant droit à déduction (chiffre d'affaires afférent aux **entrées,** y compris la taxe sur les prix d'entrée aux séances organisées dans les établissements de spectacles cinématographiques ; recettes tirées d'**activités accessoires** telles que locations, vestiaires, publicité, confiserie ; **subventions directement liées au prix** de ces opérations, etc.) ;

– et l'ensemble du chiffre d'affaires annuel de l'entreprise afférent aux opérations figurant au numérateur ainsi qu'aux opérations placées dans le champ d'application de la TVA qui n'ouvrent pas droit à déduction.

ENTENTES DE PROGRAMMATION

Dans le cadre des ententes de programmation constituées entre plusieurs salles, l'une d'elles, la « **salle pilote** », est chargée, au nom de l'entente, de souscrire les contrats de location de films et a la responsabilité de leur exécution. La facture globale est établie par le loueur au nom de la salle pilote et réglée par celle-ci. **88770**

La salle pilote répartit les frais de location entre les **salles qui dépendent de l'entente,** en fonction des recettes réalisées dans chacune des salles.

Pour permettre aux salles d'exercer leurs droits à déduction, la salle pilote délivre à chacune d'elles un **compte rendu** portant mention de la TVA afférente aux débours effectués à sa place. Bien entendu, la salle pilote ne peut déduire que le montant de la TVA afférente à son propre contrat de location (BOI-TVA-SECT-20-50 n° 90).

LOCATIONS DE FILMS

La taxe afférente aux locations de films est déduite selon les règles propres aux **prestations de services.** Ainsi, le droit à déduction de l'exploitant prend naissance lorsqu'intervient, à défaut d'option pour le paiement sur les débits, l'encaissement du prix de location par le distributeur ou le producteur du film. Cette même règle s'applique aux salles qui dépendent d'une entente de programmation (n° 88770). **88780**

5. OBLIGATIONS DES REDEVABLES

Les exploitants de salles cinématographiques sont soumis à toutes les obligations imposées aux redevables de la TVA : déclaration de création d'entreprise ou d'activité, tenue d'une comptabilité, souscription des relevés mensuels ou trimestriels et paiement de l'impôt correspondant. **88800**

En dehors de ces obligations générales propres aux redevables de la TVA, les exploitants de salles de cinéma sont tenus aux obligations particulières des entreprises de spectacles comportant un prix d'entrée (nos 89250 s.).

Ils doivent en outre se conformer, en ce qui concerne les **billets** d'entrée et le **contrôle des recettes** cinématographiques, aux prescriptions des articles L 212-32 et D 212-67 s. du Code du cinéma et de l'image animée.

Enfin, les exploitants de salles cinématographiques doivent, en vertu de l'article L 115-4 du Code du cinéma et de l'image animée, souscrire auprès du Centre national du cinéma et de l'image animée une **déclaration spéciale** concernant la taxe sur le prix des entrées aux séances de cinéma.

En ce qui concerne les obligations résultant de l'utilisation de caisses automatisées ou de systèmes informatisés de billetterie, voir n° 89320, e.

SECTION 2 SPECTACLES AUTRES QUE LE CINÉMA

88850 Comme le cinéma, les autres **spectacles** (théâtre, spectacles de variétés ou de music-hall, concerts, cirques, réunions sportives, etc.) sont, en principe, soumis à la TVA. Cette imposition est établie selon les règles de droit commun, avec cependant certaines particularités qui sont examinées aux nos 88870 s.

Les jeux et autres divertissements divers font l'objet d'une rubrique particulière (nos 89630 s.).

> **Précisions** **a.** Quelle que soit la nature du spectacle auquel elles se rapportent, les **recettes accessoires** (ventes de programmes, de confiseries, ventes à consommer sur place, recettes de vestiaires, etc.) supportent en principe la TVA selon le régime et au taux qui leur est propre.
> **b.** En ce qui concerne l'exonération prévue en faveur de certains **spectacles** organisés par des **organismes sans but lucratif,** voir nos 11900 s.
> **c.** En ce qui concerne les **pourboires** perçus par les ouvreuses ou placiers dans les salles de spectacles, voir n° 35940.

A. Base d'imposition

88870 La base imposable à la TVA est constituée par le **prix exigé du spectateur,** à l'exclusion de la **TVA** elle-même (mais y compris les taxes fiscales sur les spectacles).

Les **subventions** versées aux entreprises de spectacles, qui constituent, soit la contrepartie d'une opération imposable réalisée au profit de la partie versante, soit le complément de prix d'une opération imposable, doivent également être retenues pour la détermination de la base taxable.

88875 Les **entrées gratuites** dans les salles de spectacles ne sont pas imposables à la TVA, sauf lorsqu'elles sont délivrées en contrepartie de la fourniture d'un bien ou d'un service (rémunération partielle ou totale du personnel, ou service de publicité, d'affichage, etc.) (BOI-TVA-BASE-10-20-70 n° 30).

B. Exigibilité

88900 Conformément aux règles générales régissant les prestations de services (nos 38600 s.), la TVA applicable aux spectacles est normalement exigible lors de l'**encaissement** du prix du billet d'entrée.

Les entreprises de spectacles peuvent cependant **opter** pour le paiement de la TVA d'après les **relevés de recettes** établis à l'issue de chaque journée ou représentation (n° 89350). Cette option est exercée dans les mêmes conditions que l'option pour le paiement de la TVA d'après les débits (nos 38800 s.) (BOI-TVA-BASE-20-50-10 n° 90).

C. Taux

La TVA est perçue au **taux réduit** de 5,5 % sur les spectacles mentionnés à l'article 278-0 bis, F et J du CGI (nos 88930 s. et 89090 s.). Certains de ces spectacles bénéficient, pour les premières représentations, d'un **taux spécifique** de 2,1 % (nos 88960 s.). **88920**

Les autres spectacles sont soumis au **taux normal** (nos 89150 s.).

> **> Précisions** **Prix d'entrée unique pour plusieurs spectacles.** Selon l'administration, lorsqu'une manifestation comprend des spectacles imposables à la TVA selon des taux différents et qu'elle donne lieu à la perception d'un prix d'entrée unique, la **part de recettes qui correspond** à chaque spectacle doit être déterminée par les organisateurs sous réserve des droits de contrôle de l'administration, et être imposée d'après le taux propre à chacun d'eux (BOI-TVA-LIQ-30-20-40 n° 125 ; sur les critères permettant de déterminer si l'on est en présence d'une opération unique ou d'opérations dissociables soumises à leur régime propre, voir nos 1270 s.).

a. Spectacles soumis au taux réduit

En application de l'article 278-0 bis, F-1° du CGI, la TVA est perçue au taux réduit pour les **spectacles** suivants : **88930**

– les **théâtres** : sont concernées les représentations dramatiques, lyriques ou chorégraphiques dont l'action s'organise autour d'un thème central (comédies, tragédies, opéras, opérettes, ballets et récitals de danse, théâtres de mime, théâtres de marionnettes, etc.). Les représentations théâtrales à caractère **pornographique** sont toutefois soumises au taux normal de la TVA (nos 89170 s.) ;

– les **théâtres de chansonniers** : établissements dans lesquels les auteurs eux-mêmes déclament ou chantent leurs œuvres ;

– les **spectacles poétiques** : récitals de poèmes accompagnés ou non de musique ;

– les **cirques** : établissements qui présentent des spectacles équestres ou d'animaux dressés et des exercices acrobatiques ;

– les **concerts** : concerts symphoniques, concerts de musique légère, concerts de musique de chambre, concerts de musique moderne, concerts de jazz, concerts « pop » et, d'une manière générale, les harmonies de voix (chœurs, chorales) ou d'instruments. Pour les concerts donnés dans des **établissements servant des consommations sur place,** voir nos 89120 s. ;

– les **spectacles de variétés** (à l'exception de ceux qui sont donnés dans des établissements où il est d'usage de consommer pendant les séances et non affiliés au Centre national de la musique : n° 89100) : spectacles comprenant des tours de chant, des monologues ou sketches (« one man show », « stand up »), des danses, des tours de prestidigitation, d'illusion ou d'hypnotisme, des exercices acrobatiques, de farce ou d'imitation, des présentations d'animaux dressés et, d'une façon générale, des spectacles coupés composés d'auditions, exhibitions (notamment les spectacles de strip-tease : CAA Bordeaux 20-11-2008 n° 07-946 : RJF 4/09 n° 323), attractions variées, et de revues ne comportant pas de thème central mais une suite de tableaux au cours desquels l'attention est soutenue par une impression visuelle due aux décors, aux costumes, à la figuration et à la mise en scène, les paroles, les chants et la musique n'étant destinés qu'à accentuer cette impression visuelle (BOI-TVA-LIQ-30-20-40 n° 40).

Les **droits d'entrée** perçus par les organisateurs de **réunions sportives** bénéficient également du taux réduit en application de l'article 278-0 bis, J du CGI. Sont visées les sommes acquittées par les spectateurs pour assister aux manifestations ou compétitions sportives organisées, agréées ou autorisées par une fédération sportive ayant reçu un agrément du ministre chargé des sports ou dans le cas d'une compétition internationale. Ne sont pas visés les droits d'engagement perçus par les organisateurs et versés par les participants à la compétition ou à la manifestation (BOI précité).

EXEMPLE

Les droits d'accès pour assister aux **courses landaises,** sport reconnu par l'État, sont éligibles au taux réduit.

Pour les spectacles énumérés au n° 88930, le taux réduit ne s'applique qu'au **droit d'entrée** acquitté pour assister au spectacle et **non** à la **rémunération du prestataire de services** qui se borne à assurer la **vente de billets,** dans ses bureaux ou dans des agences, pour le compte d'organisateurs de spectacles de variétés (CAA Bordeaux 28-12-1995 n° 94-617 : RJF 4/96 n° 435). **88935**

b. Premières représentations bénéficiant du taux spécifique de 2,1 %

88960 En application de l'article 281 quater du CGI, la TVA est perçue au taux de 2,1 % pour les recettes réalisées aux **entrées** des premières représentations de certains spectacles. L'article 89 ter, 1 de l'annexe III au CGI précise que le taux spécifique de 2,1 % s'applique « aux **cent quarante premières séances** où le public est admis moyennant paiement à l'exclusion des séances entièrement gratuites ».

Les **recettes accessoires** perçues à l'occasion des représentations (ventes de programmes, de boissons ou de confiserie, notamment) sont en principe soumises au taux propre à chacune des opérations concernées (BOI-TVA-LIQ-40-20 n° 280).

Les recettes encaissées au-delà de la 141ᵉ séance relèvent du taux réduit (BOI précité).

REPRÉSENTATIONS THÉÂTRALES

88970 **Spectacles concernés** La TVA est perçue au taux de 2,1 % sur les recettes réalisées aux entrées des 140 premières **représentations théâtrales** d'œuvres dramatiques, lyriques, musicales ou chorégraphiques **nouvellement créées** ou d'œuvres classiques faisant l'objet d'une **nouvelle mise en scène,** où le public est admis moyennant paiement à l'exclusion des séances entièrement gratuites (répétitions générales, « couturières », etc.) (BOI-TVA-LIQ-40-20 n° 30).

Sont également concernés les **spectacles nouveaux composés de monologues et de sketches.**

> Précisions a. L'administration a précisé, s'agissant de **spectacles musicaux,** que :
– l'artiste principal peut être précédé, **en première partie,** par d'autres artistes appartenant à la même discipline (instrumentiste, musicien, chanteur, groupe), à la condition que la durée totale de cette première partie n'excède pas le tiers de la durée totale du spectacle ;
– le **lieu** où est donné le spectacle (salle aménagée, chapiteau, plein air) n'est pas pris en considération (les concerts donnés dans des établissements où il est servi facultativement des consommations pendant le spectacle sont cependant exclus du taux spécifique : n°s 89120 s.) ;
– l'artiste peut présenter des **œuvres** appartenant déjà à son répertoire, dès lors qu'elles font l'objet d'un nouvel arrangement musical ou, le cas échéant, scénique ;
– tous les **genres musicaux** sont **concernés** par cette mesure, y compris la musique de variétés, le rock et la pop music. La **nationalité** de l'**artiste** est sans incidence sur le régime fiscal applicable (BOI précité n° 300).

b. Le taux spécifique s'applique aux spectacles donnés dans des **théâtres de chansonniers,** dès lors que le spectacle présenté ne comporte que des œuvres nouvelles et est conçu autour d'un thème central (BOI précité n° 310).

88975 Sont **exclus** du taux spécifique :

– les **spectacles de variétés autres que musicaux** (d'une façon générale, les spectacles composés d'auditions, exhibitions, attractions variées, et les revues ne comportant pas de thème central mais une suite de tableaux au cours desquels l'attention du public est soutenue par une impression visuelle due aux décors, aux costumes, à la figuration et à la mise en scène, les paroles, les chants et la musique n'étant destinés qu'à accentuer cette impression visuelle) ;

– les **spectacles passibles du taux normal** ;

– les **spectacles** au cours desquels il est d'**usage de consommer pendant les séances** (la plupart des cafés-théâtres : voir n° 89100) ;

– les **concerts** donnés dans des **établissements** où il est **servi facultativement des consommations** pendant le spectacle (cafés-concerts, cafés-jazz, clubs, salles de concerts, etc. : n°s 89120 s.) (BOI-TVA-LIQ-40-20 n° 70).

Sont également exclues les représentations théâtrales pornographiques (n° 89170).

88985 **Œuvres visées** L'article 281 quater du CGI vise les premières représentations théâtrales d'œuvres nouvellement créées ou d'œuvres classiques faisant l'objet d'une nouvelle mise en scène.

a. Sont considérées comme des **œuvres nouvelles** (ou créations), les œuvres dramatiques, lyriques, chorégraphiques, poétiques ou musicales qui n'ont fait l'objet d'aucune représentation ou exécution **en France.** Les œuvres qui ont été **représentées** ou exécutées **à l'étranger** ne sont donc pas exclues du bénéfice du taux de 2,1 % (BOI-TVA-LIQ-40-20 n° 90).

b. Sont considérées comme **classiques** toutes les œuvres qui ne bénéficient plus de la protection légale du droit d'auteur défini aux articles L 123-1 et suivants du Code de la propriété intellectuelle.

1) En ce qui concerne les **représentations théâtrales,** l'application de l'allégement d'imposition est limitée aux reprises, pour une nouvelle série de représentations, d'œuvres classiques dans une

nouvelle mise en scène (c'est-à-dire une représentation nouvelle dans sa réalisation, sur le plan de l'interprétation, de la scénographie ou des arrangements musicaux).

2) S'agissant des **spectacles poétiques,** il y a « reprise » lorsque le poème est interprété par un diseur, récitant ou chanteur nouveau.

3) Pour les **concerts,** les conditions requises sont remplies lorsque l'œuvre musicale est reprise pour une nouvelle série de concerts, après une certaine interruption dans le temps, qui doit au moins correspondre à une saison musicale (BOI précité nos 100 à 140).

Nombre de représentations Le taux spécifique s'applique aux recettes correspondant aux **140 premières représentations,** aussi bien pour les œuvres nouvelles que pour les œuvres classiques faisant l'objet d'une nouvelle mise en scène ou d'une reprise. Le nombre des représentations est décompté par organisateur (et non par rapport à l'ensemble des représentations d'une même œuvre données au cours de l'année ou des années antérieures). Le décompte s'effectue à partir de la première représentation où le public est admis moyennant paiement, à l'exclusion des **séances totalement gratuites** (CGI ann. III art. 89 ter, 1). À partir de la 141e représentation, la taxe est exigible au taux réduit. **88995**

La **dispersion** des 140 premières représentations sur divers points du territoire ou leur étalement sur des périodes différentes ne fait pas obstacle au bénéfice du taux spécifique (BOI-TVA-LIQ-40-20 n° 160).

> **Précisions** Les **spectacles partant en tournée** peuvent bénéficier des dispositions de l'article 281 quater du CGI. En effet, le **décompte des 140 représentations** peut se poursuivre au niveau du cessionnaire lorsque le spectacle est cédé à un nouveau diffuseur qui l'exploite avec la même mise en scène. Si le diffuseur cessionnaire modifie les éléments de la représentation de telle manière qu'il puisse être considéré qu'il y a une nouvelle mise en scène, le décompte des 140 représentations repart, bien entendu, de zéro.
> Les diffuseurs de spectacles doivent **justifier par tout moyen** du nombre de représentations déjà effectuées (présentation d'attestations des sociétés d'auteurs, mention dans le contrat de cession, etc.) (BOI précité nos 170 et 190).

Subventions versées aux scènes nationales et théâtres Lorsqu'elles sont imposables (voir nos 5550 s.), les subventions versées aux scènes nationales et aux théâtres se consacrant **uniquement** aux **activités théâtrales** définies par l'article 281 quater du CGI sont **globalement** soumises au **taux spécifique** de 2,1 % lorsqu'elles complètent le prix des activités théâtrales. **89005**

Les **droits d'entrée** afférents aux représentations excédant la 140e sont soumis au taux réduit dans les conditions de droit commun (BOI-TVA-LIQ-40-20 n° 210).

En revanche, les scènes nationales ou théâtres qui ont d'**autres activités** (séances de cinéma, spectacles de variétés, expositions, etc.) doivent soumettre ces dernières au taux qui leur est propre.

Les subventions perçues **sans affectation précise** doivent être **ventilées** en fonction de la répartition par taux des autres recettes afférentes aux activités concernées. Celles spécialement affectées aux autres activités sont imposables au taux de ces dernières (BOI précité n° 220 ; sur les critères permettant de déterminer si l'on est en présence d'une opération unique ou d'opérations dissociables soumises à leur régime propre, voir nos 1270 s.).

En pratique, les scènes nationales soumises à des taux différents de TVA effectuent cette **répartition** de la manière suivante :

- 80 % pour les spectacles vivants soumis au taux spécifique de 2,1 % (création et représentation théâtrale d'œuvres dramatiques, lyriques, musicales et chorégraphiques, cirques, spectacles de variétés) ;
- 8 % pour les séances cinématographiques soumises au taux réduit (ciné-clubs et festivals) ;
- 12 % pour les autres activités imposables au taux normal (animations, activités audiovisuelles, etc.) (BOI-TVA-LIQ-30-20-40 nos 180 et 190).

Remarque : Les expositions, culturelles ou à caractère professionnel, bénéficient en principe du taux intermédiaire (nos 89760 s.).

Justification de la nature de l'œuvre et du nombre de représentations **89015**
Il appartient aux entrepreneurs de spectacles de solliciter, pour la conserver à l'appui de leur comptabilité, de la Société des auteurs et compositeurs dramatiques (SACD) ou de la Société des auteurs, compositeurs et éditeurs de musique (Sacem), une **attestation certifiant** :

- soit que l'œuvre à laquelle elle se rapporte n'a jamais été représentée ou exécutée en France ;
- soit que l'œuvre à laquelle elle se rapporte est une œuvre classique (ne bénéficiant plus de la protection légale du droit d'auteur) faisant l'objet d'une nouvelle mise en scène.

Pour les **représentations théâtrales,** cette même attestation indique également le nombre des représentations dont l'œuvre a fait l'objet depuis la date de sa création, pour une œuvre nouvelle, ou celle de sa reprise dans une nouvelle mise en scène, pour une œuvre classique (BOI-TVA-LIQ-40-20 n° 180).

Remarque : Selon le Conseil d'État, le **redevable** qui entend bénéficier du dispositif prévu pour les recettes des premières représentations théâtrales peut **établir** qu'il remplit les conditions d'application de ce dispositif par tout moyen (manuscrits, etc.) (CE 16-2-1983 n° 30327 : RJF 4/83 n° 504).

SPECTACLES DE CIRQUE

89030 Le taux spécifique de 2,1 % prévu par l'article 281 quater du CGI s'applique également aux recettes réalisées aux entrées des 140 premières représentations des spectacles de cirque comportant exclusivement des créations originales et faisant appel aux services réguliers d'un groupe de musiciens.

89040 **Nature des spectacles** Constituent des spectacles de **cirque** les numéros équestres, numéros de clowns, présentations d'animaux dressés, numéros de jonglerie ou d'acrobaties, donnés dans des établissements fixes ou sous chapiteaux fermés abritant une ou plusieurs pistes, par des entrepreneurs immatriculés au registre du commerce en qualité de directeurs de cirque et titulaires du récépissé valant licence prévu par l'article L 7122-3 du Code du travail.

Les numéros de cirque intégrés à un spectacle de variétés ne bénéficient pas du taux prévu par l'article 281 quater du CGI (BOI-TVA-LIQ-40-20 n° 250).

89045 Pour bénéficier du taux spécifique, le spectacle de cirque doit être constitué exclusivement de **créations originales conçues et produites par l'entreprise** qui les présente au public.

En outre, le spectacle de cirque doit faire appel aux services réguliers d'un **groupe de musiciens.** Cette condition est satisfaite lorsque chaque représentation est accompagnée d'une prestation musicale confiée à deux musiciens au moins (BOI-TVA-LIQ-40-20 n°s 260 et 270).

89055 **Nombre de représentations** En application de l'article 89 ter de l'annexe III au CGI, le taux spécifique s'applique aux droits d'entrée perçus à l'occasion des **140 premières séances** où le public est admis moyennant paiement. Le fait qu'il s'agisse d'un spectacle itinérant ne s'oppose pas à l'application de cette règle (BOI-TVA-LIQ-40-20 n° 280).

89065 **Attestation** Les entreprises de cirque doivent certifier, sur papier libre, que leur spectacle est exclusivement composé de numéros et tours originaux qu'ils ont conçus et produits.

L'exploitant doit également préciser le nombre de représentations données (BOI-TVA-LIQ-40-20 n° 280).

c. Établissements offrant un service de consommation sur place

89090 Nous analyserons successivement les règles de taux applicables :

– aux établissements de spectacles qui offrent aux spectateurs un service de consommation sur place (n° 89100) ;

– aux concerts donnés dans certains établissements où il est servi des consommations pendant le spectacle (nos 89120 s.).

ÉTABLISSEMENTS DE SPECTACLES DANS LESQUELS SONT SERVIES DES CONSOMMATIONS

89100 Les recettes réalisées par les établissements où il est d'usage de servir des consommations pendant le déroulement des séances (**cafés-théâtres,** cabarets, notamment) sont taxées dans les conditions suivantes en application de l'article 278-0 bis F, 1° du CGI.

a. S'agissant des établissements **affiliés au Centre national de la musique** :

– le taux réduit s'applique au prix du billet donnant accès au spectacle ;

– le taux intermédiaire s'applique à la part relative aux ventes à consommer sur place, à l'exclusion de celles relatives aux boissons alcooliques (soumises au taux normal).

b. S'agissant des établissements qui ne sont **pas affiliés au Centre national de la musique** :

– le taux normal s'applique au prix du billet donnant accès au spectacle. Toutefois, les recettes provenant de la perception des billets d'entrée peuvent, le cas échéant, être imposées au taux réduit si le **service des consommations est totalement interrompu pendant** toute la durée du **spectacle** et si le **caractère non obligatoire des consommations** servies avant ou après le spectacle est établi, en droit comme en fait, de manière certaine ;

– le taux intermédiaire s'applique à la part relative aux ventes à consommer sur place, à l'exclusion de celles relatives aux boissons alcooliques (soumises au taux normal) (BOI-TVA-LIQ-30-20-40 nos 60 à 75).

> Précisions Les spectacles au cours desquels il est d'usage de consommer pendant les séances sont exclus du dispositif permettant l'application du taux de 2,1 % aux recettes réalisées aux entrées des 140 premières représentations de certains spectacles (n° 88975).
Sur les conditions d'application du taux de 10 % pour les pistes de danse et les **discothèques,** voir nos 89700 s.

CONCERTS DANS DES ÉTABLISSEMENTS SERVANT DES CONSOMMATIONS

Aux termes de l'article 278-0 bis, F-2° du CGI, le **taux réduit** s'applique au prix du billet d'entrée donnant accès à des **interprétations originales d'œuvres musicales** nécessitant la présence physique d'au moins un artiste du spectacle percevant une rémunération dans des établissements où il est servi facultativement des consommations pendant le spectacle et dont l'exploitant est titulaire de la licence d'entrepreneur de spectacles de la catégorie mentionnée au 1° de l'article D 7122-1 du Code du travail (cafés-concerts, clubs, etc.). **89120**

On notera que le taux de 2,1 % prévu pour les premières représentations de spectacles (nos 88960 s.) ne peut pas trouver à s'appliquer en ce qui concerne les recettes réalisées aux entrées des premières représentations dans les établissements où les ventes à consommer sur place sont servies facultativement (CGI art. 281 quater, c).

Le taux réduit s'applique au prix du billet nécessitant la **présence d'au moins un artiste** du spectacle au sens de l'article L 7121-2 du Code du travail percevant une rémunération dans les conditions prévues aux articles L 7121-3 et suivants du même Code quel qu'en soit le mode et le montant. Sont **notamment** concernés les tours de chant, les récitals ou les harmonies de voix ou d'instruments ou des deux ensemble, caractérisés par la présence effective d'un ou plusieurs musiciens ou chanteurs, les concerts quel que soit le genre musical, en particulier les prestations de disc-jockeys lorsqu'elles revêtent le caractère de véritable acte de création et de diffusion artistique conduisant à la réalisation et à la représentation devant un public d'une œuvre de l'esprit originale (BOI-TVA-LIQ-30-20-40 n° 100). **89125**

L'article 278-0 bis, F-2° du CGI suppose l'existence d'une **billetterie** (même dématérialisée) puisqu'il limite l'application du taux réduit au prix du billet d'entrée exigé des spectateurs en contrepartie du droit d'assister au spectacle. **89130**

Ce taux ne s'applique donc que si l'exploitant réclame à ses clients un prix d'entrée et s'il leur délivre un billet (ou enregistre et conserve dans un système informatisé les données relatives à l'entrée) avant l'accès au lieu du spectacle (nos 89250 s.) (BOI-TVA-LIQ-30-20-40 n° 120).

d. Spectacles soumis au taux normal

Sont soumis au taux normal : **89150**

- les spectacles pornographiques ou violents (nos 89160 s.) ;
- les spectacles de toute nature qui ne bénéficient pas du taux réduit (nos 89190 s.) ;
- les prestations de services consistant en la fourniture de spectacles (nos 89210 s.).

SPECTACLES PORNOGRAPHIQUES OU VIOLENTS

L'article 279 bis du CGI exclut les spectacles à caractère pornographique ou violent du bénéfice des taux réduit ou intermédiaire. Sont concernées les **représentations théâtrales** pornographiques (n° 89170) et les opérations réalisées dans les **sex-shops** (nos 89180 s.). **89160**

En ce qui concerne les **diffusions cinématographiques** ou **vidéographiques** d'œuvres pornographiques ou violentes, voir nos 88650 s.

Représentations théâtrales pornographiques Ces représentations, ainsi que les cessions de droits portant sur ces représentations et leur interprétation, désignées par le ministre chargé de la culture, sont soumises au taux normal (CGI art. 279 bis, 2°). **89170**

Le taux normal s'applique au **prix d'entrée ou** à **toute** autre **somme équivalant à un prix de place** (« première consommation » ou « consommation obligatoire » par exemple). Il est également perçu sur les **autres dépenses** demandées lorsque celles-ci constituent la contrepartie effective du droit d'entrée (D. adm. 3 C-5212 nos 2 et 3, non reprise au Bofip mais dont la solution conserve sa valeur).

Le taux normal de la TVA n'est effectivement exigible qu'à compter du jour où l'exploitant reçoit notification de la décision du ministre de la culture désignant la représentation comme étant à caractère pornographique (D. adm. 3 C-2423 n° 6, non reprise au Bofip mais dont la solution conserve sa valeur).

Opérations réalisées dans les sex-shops En application de l'article 279 bis, 4° du CGI, relèvent du taux normal les prestations de services ainsi que les livraisons de biens réalisées dans les établissements dont l'accès est **interdit aux mineurs en raison de leur caractère** **89180**

licencieux ou pornographique, soit en application de l'ordonnance 59-28 du 5 janvier 1959 réglementant l'accès des mineurs à certains établissements, soit en vertu des pouvoirs de police que le maire et le représentant de l'État dans le département tiennent des articles L 2212-2, L 2212-3 et L 2215-1 du Code général des collectivités territoriales.

Ces dispositions concernent essentiellement les boutiques du sexe (« **sex-shops** »), les **mirodromes** (« peep-shows ») et certaines **salles de spectacles.**

89185 Le taux normal s'applique à l'**ensemble des opérations** réalisées dans les établissements visés au n° 89180, sans qu'il y ait lieu de retenir la nature du produit (à l'exception des préservatifs, qui sont soumis au taux réduit quel que soit leur lieu de vente : n° 41765) ou du service en cause.

Ainsi, les ventes de livres, de revues photographiques, de publications diverses (ayant ou non fait l'objet des interdictions prévues à l'article 14 modifié de la loi 49-956 du 16-7-1949 sur les publications destinées à la jeunesse) sont soumises au taux normal et ne peuvent pas bénéficier du taux applicable aux livres ou de celui applicable aux publications de presse (BOI-TVA-LIQ-20-20 n° 370).

Remarque : L'exclusion du bénéfice des taux réduit et intermédiaire des prestations de services et des ventes réalisées dans les établissements à caractère licencieux ou pornographique n'est pas subordonnée à l'édiction de mesures de classement individuelles mais peut résulter de **décisions** à caractère réglementaire **interdisant par principe** l'accès des mineurs à ce type d'établissement (CE 13-12-2006 n° 267782 : RJF 3/07 n° 326).

AUTRES SPECTACLES SOUMIS AU TAUX NORMAL

89190 Le taux normal est applicable aux spectacles de toute nature qui ne bénéficient pas du taux réduit (nos 88930 s.). Il s'agit **notamment** :

- de certains spectacles donnés dans les établissements où il est d'usage de consommer pendant les séances (voir nos 89090 s.) ;
- des corridas (voir nos 89195 s.) ;
- des courses d'animaux n'étant pas qualifiées de manifestations sportives au sens exposé au n° 88930 (lévriers, notamment) ;
- des combats de coqs ;
- des spectacles de catch ;
- des compétitions de sport électronique ;
- des spectacles pyrotechniques ;
- des défilés de chars organisés lors de certaines fêtes locales ;
- des championnats de « stock-cars » (BOI-TVA-LIQ-30-20-40 n° 50).

Il en va de même des spectacles « sons et lumières » comportant la mise en œuvre de moyens automatisés pyrotechniques et audiovisuels mais qui ne donnent lieu à aucune interprétation artistique et pour la réalisation desquels la société organisatrice n'emploie que des artificiers (CE 14-11-2001 n° 228587 : RJF 2/02 n° 153).

89195 **Spectacles tauromachiques** **Situation des organisateurs de spectacles.** Les organisateurs de spectacles tauromachiques (**corridas,** novilladas, rejoneadas, ferias, courses landaises ou camarguaises autres que celles visées dans la remarque ci-dessous) sont imposables à la TVA au **taux normal,** quelle que soit leur qualité juridique (personnes morales de droit public, associations, sociétés commerciales...) (en ce sens, Inst. 3 A-2-01 et, s'agissant des corridas, CE 15-2-2019 n° 408228 : RJF 5/19 n° 428 ; BOI-TVA-LIQ-30-20-40 n° 50).

Cependant, les organismes sans but lucratif dont l'activité principale est exonérée de TVA et les organismes permanents à caractère social des collectivités locales ou des entreprises bénéficient d'une exonération de TVA dans la limite de **six manifestations de bienfaisance ou de soutien** organisées dans l'année à leur profit exclusif (nos 11900 s.). Les corridas (et autres spectacles tauromachiques) peuvent compter parmi ces manifestations exonérées, chaque journée au cours de laquelle est organisé un ou plusieurs **spectacles tauromachiques** étant comptée pour une manifestation de bienfaisance ou de soutien (BOI-TVA-CHAMP-30-10-30-20 nos 240 et 250).

Remarque : Les **courses landaises et camarguaises** organisées, agréées ou autorisées par une fédération sportive, bénéficient du **taux réduit** de 5,5 % (voir n° 88930).

89197 **Situation des fournisseurs de spectacles.** La fourniture de l'ensemble des éléments nécessaires à la réalisation de spectacles taurins (toreros et membres de la troupe, taureaux, chevaux, transport, etc.) constitue une prestation unique relevant du **taux** normal de la TVA. Ce taux s'applique à la totalité de la prestation, y compris à la fourniture des taureaux qui en est une composante et ne peut bénéficier, dans ce cas, du taux intermédiaire prévu pour les opérations portant sur les produits d'origine agricole (BOI-ANNX-000484 n° 10).

Prestations rendues par les matadors et les autres personnels. Lorsqu'ils se trouvent dans la situation de **salariés** à l'égard de l'organisateur ou du fournisseur du spectacle (ou, éventuellement, du matador, pour les membres de la troupe), les matadors et autres personnels se produisant dans l'arène sont considérés comme non assujettis à la TVA au sens des dispositions de l'article 256 A du CGI. **89200**

Lorsque les intéressés exercent leur profession dans des conditions qui n'impliquent **pas** de **lien de subordination** vis-à-vis de l'organisateur ou du fournisseur du spectacle (ou, le cas échéant, du matador pour les membres de la troupe), ils entrent dans le champ d'application de la TVA (Inst. 3 A-9-84, non repris au Bofip mais dont la solution conserve sa valeur).

FOURNITURE DE SPECTACLES

Le taux normal de la TVA s'applique aux services consistant dans la fourniture de spectacles, c'est-à-dire lorsqu'une entreprise ou un producteur vend un spectacle moyennant un forfait à un organisateur ou un exploitant de salles. Sont **notamment** soumis à ce taux sur le montant de leur rémunération les **agents artistiques** qui organisent le placement des artistes du spectacle (BOI-TVA-LIQ-30-20-40 n° 200). **89210**

En revanche, le taux réduit doit être appliqué lorsque le producteur d'un des spectacles énumérés par l'article 278-0 bis, F ou 281 quater du CGI **cède** ou **concède** le **droit d'exploitation** de ce spectacle à un tiers, même si sa rémunération est indépendante des gains ou des pertes réalisés par l'organisateur (CE 6-5-1985 n° 29362 : RJF 7/85 n° 1037 ; BOI précité).

Selon la doctrine administrative, les **directeurs de tournées** sont, quels que soient les termes des contrats qui les lient aux exploitants de salles, considérés comme entrepreneurs de spectacles et imposés selon le taux et le régime propres à ce spectacle, dès lors qu'ils assument la **responsabilité du choix** du spectacle (pièce de théâtre, par exemple), du metteur en scène, des acteurs, etc., et qu'ils supportent la **totalité des frais** de rémunération, de décors, de déplacements, etc. (BOI-TVA-LIQ-30-20-40 n° 230). **89215**

Par conséquent, les contrats de **cession de spectacles** présentés **par un festival** peuvent bénéficier du taux réduit dès lors que le cédant est producteur ou directeur de tournées et qu'il s'agit de spectacles éligibles à ce taux au regard notamment des éléments contractuels (Rép. Lagarde : AN 17-11-2009 n° 55255, non reprise au Bofip mais dont la solution conserve selon nous sa valeur).

Le taux réduit est applicable aux redevances ou droits que les producteurs de spectacles reçoivent des sociétés de **radiodiffusion** et de **télévision** pour la **retransmission** de spectacles de théâtre, de cabarets, de spectacles de variétés passibles de ce taux. **89220**

En revanche, les **organismes sportifs** doivent soumettre ces redevances au taux normal (BOI-TVA-LIQ-30-20-40 n° 200).

D. Obligations des exploitants de lieux de spectacles

Les exploitants de lieux de spectacles sont soumis à toutes les obligations imposées aux redevables de la TVA : **déclaration de création,** tenue d'une **comptabilité,** souscription des **déclarations de chiffre d'affaires** et **paiement** des taxes correspondantes (nos 44000 s.). Ils sont astreints en outre à des **obligations particulières** qui diffèrent selon que le spectacle comporte ou non un prix d'entrée. **89240**

Enfin, les **fabricants, importateurs** et **marchands de billets** doivent souscrire des déclarations spécifiques.

a. Spectacles comportant un prix d'entrée

Les exploitants de lieux de spectacles dont les recettes sont soumises à la TVA doivent tenir une billetterie conforme aux dispositions de l'article 290 quater, I du CGI dès lors que l'entrée dans ces établissements est soumise au paiement d'un prix d'entrée. **89250**

Les obligations liées à la billetterie pèsent sur l'**exploitant de spectacles,** quel que soit son statut (exploitant individuel, société commerciale, association, etc.). Il s'agit généralement des **producteurs** de spectacles ou des **entrepreneurs de tournées** mais il peut également s'agir des **diffuseurs de spectacles** lorsqu'ils ont acheté le spectacle par l'intermédiaire d'un contrat de cession ou de coréalisation. **89255**

ÉTABLISSEMENTS CONCERNÉS

89270 L'obligation de tenir une billetterie conforme aux exigences de l'article 290 quater du CGI concerne tous « les **lieux où sont organisés des spectacles** comportant un prix d'entrée ». Il s'agit de tous les espaces de représentation spécifiquement aménagés pour des représentations y compris **en plein air** (BOI-TVA-DECLA-20-30-20-30 n° 100).

En ce qui concerne les règles particulières relatives aux billets d'entrée dans les **salles de cinéma,** voir n° 89320, e ; les **discothèques** et **cafés dansants,** voir nos 89420 s.

89275 Les manifestations qui ne constituent pas un spectacle au sens de la réglementation fiscale ne sont pas soumises à l'obligation de la billetterie. Cette dispense concerne notamment les **visites de châteaux,** de **musées,** de monuments, de **grottes ou de sites** aménagés et de **parcs zoologiques** comportant pour seule attraction la présence d'animaux (Inst. 3 E-3-91, non reprise au Bofip mais dont la solution conserve sa valeur).

Les **manifestations** organisées **sur le site** des monuments historiques et assimilés, telles que les concerts ou les programmes comportant une figuration animée, doivent en revanche donner lieu à la délivrance de billets dans les conditions énoncées à l'article 290 quater, I du CGI (BOI-TVA-DECLA-20-30-20-30 n° 90).

Par ailleurs, en raison du caractère spécifique de leur profession, l'administration admet que les entrepreneurs de **bals forains** dits « **bals sous tente** » ne soient pas tenus de délivrer des billets d'entrée. En revanche, les intéressés doivent établir par séance le **relevé** comportant le nombre de spectateurs, le prix d'entrée et la recette correspondante (n° 89350). Les **autres organisateurs de bals** à entrée payante restent soumis à l'intégralité de la réglementation (BOI-TVA-DECLA-20-30-20-40 n° 190).

DESCRIPTION ET FONCTIONNEMENT DES SYSTÈMES DE BILLETTERIE

89290 Les exploitants doivent **délivrer un billet** à chaque spectateur ou **enregistrer et conserver** dans un système informatisé **les données** relatives à l'entrée, **avant l'accès au lieu du spectacle** (CGI art. 290 quater, I).

Remarques : **1.** La délivrance d'un billet ou d'un ticket d'entrée, qu'il soit papier, matériel ou dématérialisé, est **obligatoire** même s'il s'agit d'une invitation (BOI-TVA-DECLA-20-30-20-30 n° 110).

2. La tenue d'une billetterie permettant l'enregistrement extra-comptable des règlements acquittés par les spectateurs est susceptible de relever, selon nous, de l'obligation d'utiliser un logiciel ou système de caisse sécurisé (voir nos 44840 s.).

89300 **Description des billets** La réglementation en vigueur offre aux exploitants de spectacles la possibilité de délivrer, soit des billets « papier » (ou matériels), soit des billets « immatériels » (ou dématérialisés).

a. Le **billet « papier »** (ou « matériel ») est un support physique associé à un droit d'entrée, nécessairement extrait, soit d'une billetterie manuelle (carnets à souches), soit d'un système de billetterie automatisé ou informatisé :

– le **billet issu d'une billetterie manuelle** (carnets à souches) est composé d'une souche conservée par l'exploitant (qui demeure attachée au carnet à souches), de la partie qui reste entre les mains du spectateur et, éventuellement, d'un coupon de contrôle qui peut être retenu lors du contrôle effectué avant l'accès au lieu de spectacle ;

– le **billet issu d'un système de billetterie informatisé** est composé de la partie qui reste entre les mains du spectateur et, éventuellement, d'un coupon de contrôle qui peut être retenu lors du contrôle effectué avant l'accès au lieu de spectacle. La souche est remplacée par l'enregistrement des informations relatives à l'entrée (BOI-TVA-DECLA-20-30-20-30 nos 160 et 170).

b. Le **billet « immatériel »** (ou « dématérialisé ») est une preuve d'achat qui peut être représentée, selon le choix de l'exploitant, sous la forme d'un code-barres sur tout support (affiché sur l'écran d'un téléphone mobile, enregistré sur une puce, imprimé sur un document) ou d'un billet que le spectateur peut imprimer lui-même sur support papier lors de son achat sur internet. Chaque droit d'entrée dématérialisé émis doit s'accompagner de l'**enregistrement et** de la **conservation dans le système informatisé** des informations relatives à ce droit d'entrée (BOI précité nos 140 et 150).

Remarque : Lors du contrôle de l'entrée par l'exploitant, le **billet** en une partie, le droit d'entrée ou la preuve d'achat relative au billet « immatériel » ou « dématérialisé » peut être lu, déchiré ou marqué par tout moyen, mais il **doit rester entre les mains du spectateur** (BOI précité n° 180).

89310 **Mentions obligatoires** Selon le système adopté par l'exploitant, les billets doivent satisfaire aux prescriptions suivantes (BOI-TVA-DECLA-20-30-20-30 nos 190 à 210).

a. Billets issus d'une billetterie manuelle ou automatisée. Chaque partie du billet ainsi que la souche doivent comporter les mentions suivantes (CGI ann. IV art. 50 sexies B, III) :
- le nom de l'exploitant ;
- le numéro d'ordre du billet, tiré d'une série ininterrompue ;
- la catégorie de la place à laquelle celui-ci donne droit ;
- le prix global payé par le spectateur ou s'il y a lieu la mention de la gratuité ;
- le nom du fabricant ou de l'importateur si l'exploitant a eu recours à des carnets ou à des fonds de billets préimprimés.

b. Billets issus d'un système informatisé comportant l'impression d'un billet. Ces billets doivent répondre aux obligations prévues par le cahier des charges annexé à l'arrêté du 8 mars 1993 modifié par l'arrêté ECEL0750370A du 5 octobre 2007 (CGI ann. IV art. 50 sexies B, II). Chaque billet imprimé doit comporter les mentions suivantes :
- l'identification de l'exploitant ;
- le nom du spectacle et, le cas échéant, le numéro (ou l'horaire) de la séance à laquelle il donne droit ;
- la catégorie de places à laquelle il donne droit ;
- le prix global payé par le spectateur ou la mention de gratuité ;
- le numéro d'opération attribué par le système de billetterie ;
- en cas de prévente, l'identification de la séance pour laquelle il est valable ainsi que celle de la date et du lieu de vente (nom du réseau distributeur).

Le système doit enregistrer et conserver ces différentes informations en précisant que l'opération a donné lieu à l'impression de billets.

c. Billets dématérialisés issus d'un système informatisé. Le billet « immatériel » ou « dématérialisé » ne constitue plus un véritable billet, mais un droit d'entrée dématérialisé constitué de données obligatoires prévues au paragraphe III du cahier des charges visé au b ci-dessus.

Règles particulières

a. Billets pris en abonnement ou en location. Ces billets doivent comporter, outre les mentions prévues au n° 89310, l'indication de la séance pour laquelle ils sont valables (CGI ann. IV art. 50 sexies B, III). **89320**

b. Billets supplémentaires. Les billets qui constatent le complément de prix réclamé aux **spectateurs désirant changer de place** doivent comporter les mêmes énonciations que les billets d'entrée ainsi que le montant du supplément encaissé (CGI ann. IV art. 50 sexies E).

c. Représentations occasionnelles. Pour ces représentations, il peut être fait usage de **cartes d'entrée.** Celles-ci doivent être munies d'un coupon détachable. La carte et le coupon comportent les mentions prévues pour les billets et sont utilisés dans les mêmes conditions que ceux-ci (CGI ann. IV art. 50 sexies D).

d. Système américain. Les exploitants de spectacles qui le désirent peuvent utiliser le système dit « américain » qui consiste à mettre en service, pour chaque représentation, les **carnets affectés spécialement** à cette séance et comprenant, par catégorie de places, un nombre de billets égal à celui des places susceptibles d'être occupées. Chaque billet, ainsi que sa souche, doit comporter, en plus des énonciations visées au n° 89310, le numéro de la place à laquelle il donne droit et la séance pour laquelle il est valable. Les billets qui correspondent aux places gratuites ou à prix réduit sont annulés et restent attachés à la souche. Les carnets afférents à chaque représentation doivent contenir les billets non délivrés ; ils sont enliassés et conservés par l'exploitant (CGI ann. IV art. 50 sexies C).

e. Billets d'entrée dans les cinémas. Les règles générales exposées aux n° 89250 s. sont normalement applicables aux établissements de spectacles cinématographiques. Toutefois, les **contrôles des recettes d'exploitation** cinématographique et les **billetteries informatisées** utilisées dans les salles de cinéma sont soumis à des dispositions spécifiques fixées par les articles L 212-32 et suivants et D 212-67 et suivants du Code du cinéma et de l'image animée relatifs au contrôle des recettes cinématographiques et par un arrêté MCCK0918755A du 16 octobre 2009 modifié, lequel fixe un **cahier des charges** a minima pour l'homologation des systèmes informatisés de billetterie des établissements de spectacles cinématographiques.

Billets non encore utilisés et billets manquants

Les exploitants de spectacles sont comptables des billets qu'ils ont reçus ou imprimés. Ils doivent présenter les coupons de contrôle et les billets non utilisés à toute réquisition des agents des finances publiques (CGI ann. IV art. 50 sexies G). **89330**

Si des billets apparaissaient en **manquants** lors d'un inventaire, ils seraient considérés comme ayant été vendus et la recette correspondante serait soumise à la TVA. Cependant, l'administration admet que les billets dont la disparition n'est pas imputable à l'exploitant mais résulte d'un cas de **force majeure** ou d'une **détérioration accidentelle** ne font pas l'objet d'une imposition, sous réserve que des justifications suffisantes soient présentées au service des impôts (D. adm. 3 E-1427 n° 31, non reprise au Bofip mais dont la solution nous paraît conserver sa valeur).

En cas de **cessation définitive d'activité,** l'exploitant qui ne pourrait pas justifier de la destination réservée au stock de billets invendus devrait en demander la destruction. En effet, l'article 130 de l'annexe IV au CGI rend les intéressés responsables des fraudes susceptibles d'être commises à la suite de cessions de billets non déclarés à la direction des finances publiques (D. adm. 2 I-6124 n° 3, non reprise au Bofip mais dont la solution nous paraît conserver sa valeur).

89340 **Déclaration d'utilisation d'un système de billetterie informatisé** Conformément aux dispositions de l'article 50 sexies I de l'annexe IV au CGI, tout utilisateur d'un système de billetterie informatisé, qu'il imprime ou non des billets, doit déclarer à la direction départementale ou régionale des finances publiques dont il dépend la mise en service du système **au plus tard lors de la première utilisation.**

Toute **modification du système** doit également faire l'objet d'une déclaration dans les mêmes conditions.

RELEVÉS DE RECETTES

89350 Aux termes de l'article 50 sexies H de l'annexe IV au CGI, les exploitants de spectacles sont tenus d'établir, dès la **fin** de chaque **journée ou représentation,** un relevé comportant, pour chaque catégorie de places : le nombre de billets émis, le **prix** de la place et la **recette** correspondante. Dans le cas des billets qui ne sont pas émis par le biais de systèmes informatisés, le relevé doit comporter, en outre, pour chaque catégorie de places, les **numéros des premiers et derniers billets délivrés.**

La contexture du relevé n'est soumise à aucune **forme** particulière : tous les registres ou documents présentant les indications prévues ci-dessus peuvent tenir lieu de relevé.

> **> Précisions** **a.** Dans le cas d'établissements de spectacles donnant plusieurs représentations dans la même journée (**matinée et soirée**), un relevé est établi par représentation, cette disposition ne s'appliquant pas, toutefois, aux spectacles permanents (D. adm. 3 E-1427 n° 26, non reprise au Bofip mais dont la solution nous paraît conserver sa valeur).
> **b.** Les exploitants de spectacles qui utilisent des **carnets spéciaux** par représentation mentionnent sur le relevé les mêmes indications à l'exception des numéros de billets. Il en est de même pour les organisateurs faisant usage de cartes d'entrée (D. adm. 3 E-1427 n° 27, non reprise au Bofip mais dont la solution nous paraît conserver sa valeur).
> **c.** En ce qui concerne les obligations particulières des **exploitants de cinéma,** voir n° 89320, e.

CONSERVATION DES DOCUMENTS

89360 **Enregistrement et conservation des données** Les exploitants de spectacles qui délivrent des billets ou des droits d'entrée issus de **systèmes informatisés** sont tenus d'enregistrer et de conserver dans leur système informatisé les données relatives au billet ou à l'entrée.

Le système doit comporter des fonctions d'**interrogation en temps réel** et les **informations** doivent être **consultables et restituables en clair** lors des opérations de contrôle (BOI-TVA-DECLA-20-30-20-30 n° 260).

89370 **Délai général de conservation** Aux termes de l'article L 102 B du LPF, les documents sur lesquels l'administration peut notamment exercer son droit de contrôle doivent être conservés pendant **six ans.** Toutefois, l'administration admet que les **coupons de contrôle** et les **souches** des billets issus d'une billetterie manuelle ou de caisses ou systèmes de billetterie automatisés ne soient conservés que jusqu'au **31 décembre de l'année suivant** celle de leur utilisation (BOI-TVA-DECLA-20-30-20-30 n° 290).

En revanche, les **relevés,** comme les registres ou documents en tenant lieu, doivent être conservés pendant le délai susvisé de six ans (CGI ann. IV art. 50 sexies H).

89380 **Documents établis sur support informatique** Lorsqu'il est fait usage d'un système de billetterie informatisé, les données établies sur support informatique doivent être conservées sous cette forme pendant une durée d'au moins trois ans (LPF art. L 102 B, I-al. 2 et L 169). À l'issue de ce délai, et jusqu'à l'expiration du délai général de six ans, les documents et informations sont conservés sur tout support au choix du contribuable (BOI-TVA-DECLA-20-30-20-30 n° 310).

Procédures garantissant la conservation Afin de permettre aux exploitants de satisfaire à leur obligation de conservation, l'administration préconise de mettre en place une **procédure d'archivage** pour figer l'ensemble des informations dont la conservation est obligatoire (BOI-TVA-DECLA-20-30-20-30 n° 330). 89390

SANCTIONS

Les **infractions** en matière de billetterie sont recherchées, constatées, poursuivies et sanctionnées selon les règles propres aux contributions indirectes (CGI art. 290 quater, III), sous deux réserves : l'amende prévue à l'article 1791, I du CGI est remplacée par une amende de 15 à 30 € (CGI art. 1791, II) et seuls les agents des finances publiques sont compétents (CGI art. 1825 G). 89400

b. Spectacles ne comportant pas de prix

Aux termes de l'article 290 quater, II du CGI, « lorsqu'ils ne délivrent pas de billets d'entrée et qu'ils ne disposent pas d'un système informatisé prévu au I dudit article, les exploitants de **discothèques** et de **cafés dansants** sont tenus de remettre à leurs clients un **ticket** émis par une **caisse enregistreuse** ». 89420

ÉTABLISSEMENTS CONCERNÉS

Les **discothèques et cafés dansants** sont des établissements où sont servies des boissons et qui disposent d'installations permettant aux personnes présentes de se livrer à la danse, que ces installations soient utilisées de manière permanente, saisonnière ou occasionnelle. La musique diffusée dans ces établissements provient généralement d'enregistrements mais des orchestres ou ensembles musicaux peuvent également s'y produire. 89430

En revanche, n'entrent pas dans cette catégorie les **établissements hôteliers** :
- qui diffusent une musique d'ambiance pour l'agrément du séjour de leur clientèle ;
- ou qui organisent des soirées dansantes réservées aux personnes logées dans l'hôtel ;
- ou enfin qui organisent des manifestations dansantes exceptionnelles, ouvertes au public (thés dansants, par exemple), dans les locaux affectés à l'exercice de leur activité de restauration ou d'hébergement (hall d'entrée, salles à manger, salons) (BOI-TVA-DECLA-20-30-20-40 n° 50).

L'obligation de délivrer des tickets émis par une caisse enregistreuse s'applique, **en principe,** aux établissements qui ne font **pas** payer **de prix d'entrée.** 89435

Par mesure de tempérament, il est toutefois admis de laisser dans certains cas une faculté d'**option** à l'exploitant. **En pratique,** l'administration distingue les situations suivantes.

1° L'**exploitant perçoit un prix à l'entrée.** Il a alors le choix :
- soit de délivrer des billets ou de tenir une billetterie dématérialisée (voir n°s 89250 s.) ;
- soit d'avoir une machine enregistreuse et émettre des tickets (n°s 89450 s.), étant entendu que doivent être enregistrées par les machines non seulement les recettes correspondant aux entrées mais aussi celles correspondant aux consommations servies.

2° L'**exploitant ne perçoit pas de prix à l'entrée** : il doit utiliser une machine et émettre des tickets conformes à la réglementation.

3° L'**exploitant** a recours **tantôt** à la perception d'un **prix à l'entrée** (les samedis et dimanches, par exemple), **tantôt** à la perception d'un **prix en salle.** Il peut alors :
- soit délivrer des billets réglementaires les jours où un prix d'entrée est perçu et le reste de la semaine utiliser une machine et émettre des tickets conformes à la réglementation ;
- soit utiliser de manière permanente une machine et émettre des tickets conformes à la réglementation, pour les recettes correspondant aux entrées et celles correspondant aux consommations (BOI-TVA-DECLA-20-30-20-40 n°s 60 à 90).

DESCRIPTION DES TICKETS

Les tickets que les exploitants de discothèques et de cafés dansants sont tenus de remettre à leurs clients doivent porter, en caractères imprimés par les caisses enregistreuses, les **indications** suivantes : 89450
- le nom de l'exploitant ou la raison sociale de l'établissement ;
- l'adresse de l'établissement ;
- la date (jour, mois et année) de la prestation ;
- le nombre de consommations servies par catégorie ou tarif ;
- le prix total exigé ;
- le numéro d'ordre du ticket (CGI ann. III art. 96 B).

CARACTÉRISTIQUES DES MACHINES

89460 Conformément à l'article 96 C de l'annexe III au CGI, les caisses enregistreuses doivent présenter les caractéristiques suivantes.

Elles doivent être munies au minimum :

- d'un **compteur** d'opérations aux numéros consécutifs comportant au moins trois chiffres et augmentant d'une unité à chaque opération ;
- d'un compteur des opérations de remise à zéro des compteurs totalisateurs comportant au moins trois chiffres et augmentant d'une unité après chaque opération ;
- d'un compteur totalisateur général.

Elles doivent posséder **deux stations d'impression** permettant d'émettre simultanément :

- le ticket destiné aux consommateurs ;
- une bande de contrôle reprenant les indications, relatives aux prestations de services, portées sur les tickets et mentionnant le montant cumulé des sommes encaissées et le total cumulé des recettes obtenu lors des opérations de lecture ou de remise à zéro.

Elles doivent, en outre, être dotées :

- d'un dispositif permettant leur **fonctionnement** manuel ou sur batterie en **cas d'interruption** accidentelle de l'alimentation en courant électrique ;
- en ce qui concerne les caisses électroniques, de dispositifs permettant de **garder en mémoire** les **données** des compteurs totalisateurs et interdisant la remise à zéro des compteurs d'opérations en cas d'interruption de fonctionnement. Si cette interruption excède la durée de conservation des données en mémoire, celles-ci doivent être portées sur la bande de contrôle.

Enfin, elles doivent être munies d'un dispositif permettant d'**avertir l'utilisateur** de la **fin** imminente du **rouleau** d'approvisionnement de la bande de contrôle sans que leur fonctionnement en soit affecté.

En revanche, elles ne doivent pas comporter de dispositif permettant d'exclure de la totalisation les sommes figurant sur le ticket ou la bande de contrôle, en dehors des relevés obtenus lors d'une opération de lecture, ni de remettre à zéro le compteur des opérations de remise à zéro, le numéro consécutif des opérations et le grand total.

MODALITÉS DE DÉLIVRANCE DES TICKETS

89470 Aux termes du dernier alinéa de l'article 96 B de l'annexe III au CGI, les **tickets** sont remis aux clients en même temps que les **prestations** dont ils constatent le service.

Ces dispositions s'appliquent également aux **achats** effectués par les personnes qui, fréquentant un établissement de manière habituelle, désirent y disposer des bouteilles réservées à leur usage ainsi qu'aux **consommations servies gratuitement** à certains clients (dans ce cas, un ticket est émis, indiquant la gratuité de la prestation).

En cas de paiement d'un droit d'entrée ou de paiement anticipé d'une consommation présentant un caractère obligatoire, le ticket doit être remis aux clients au moment de leur entrée dans l'établissement. La remise éventuelle d'une **contremarque** (jeton plastique, par exemple) ne dispense pas l'exploitant de cette obligation (BOI-TVA-DECLA-20-30-20-40 n° 120).

UTILISATION D'UNE CAISSE ENREGISTREUSE

89480 **Installation et interventions techniques** Conformément à l'article 96 D de l'annexe III au CGI, les exploitants de discothèques et cafés dansants doivent pouvoir **justifier** de la nature et de la date de toutes réparations et autres **interventions techniques** effectuées sur les **caisses enregistreuses.** En particulier, lors de l'**installation** de ces **caisses,** les exploitants doivent se faire délivrer par les fournisseurs ou installateurs une **attestation** mentionnant le numéro de la caisse et le relevé du compteur des opérations de remise à zéro et des compteurs totalisateurs avant la première opération commerciale.

> **Précisions** L'utilisation de caisses enregistreuses permettant de remettre un ticket aux clients est susceptible de relever, selon nous, de l'obligation d'utiliser un logiciel ou système de caisse sécurisé, lorsque la caisse permet l'enregistrement extra-comptable des règlements perçus (voir nos 44840 s.).

89490 **Mesures de tempérament** Les exploitants qui perçoivent un prix à l'entrée de leur établissement peuvent demander à **comptabiliser** leurs **recettes à l'aide d'une caisse enregistreuse,** en application des mesures de tempérament prévues par l'administration et décrites au n° 89435.

Le bénéfice de ces mesures est subordonné à une **option expresse** des intéressés. Cette option, tacitement reconductible, est valable pour l'année civile ou l'exercice comptable et doit être formulée auprès de la direction des finances publiques (BOI-TVA-DECLA-20-30-20-40 n° 150).

CONSERVATION DES DOCUMENTS

Conformément à l'article 96 D, dernier alinéa de l'annexe III au CGI, les bandes de contrôle sont conservées pendant **six ans** et présentées à toute réquisition des agents des finances publiques. **89500**

CONTENTIEUX

Les infractions aux obligations précitées sont recherchées, constatées, poursuivies et sanctionnées comme en matière de **contributions indirectes,** sous les réserves mentionnées au n° 89400. **89510**

c. Obligations des fabricants, importateurs et marchands de billets

Les obligations applicables en matière de **TVA** aux fabricants, importateurs et marchands de billets sont fixées par l'article 50 sexies F de l'annexe IV au CGI. **89530**

DÉCLARATION SPÉCIALE

Les **fabricants, importateurs ou marchands de billets** doivent déclarer leurs livraisons de billets ou cartes d'entrée aux exploitants de spectacles en précisant : **89540**

- les noms et adresses des exploitants de spectacles destinataires ;
- le nombre et les numéros de fonds de billets livrés.

La même obligation s'applique aux **détenteurs et propriétaires de logiciels de billetterie** qui doivent déclarer leurs livraisons de billets ou de cartes d'entrée aux exploitants de spectacles utilisant leur logiciel en précisant :

- les noms et adresses des exploitants de spectacles destinataires ;
- le nombre des billets ou cartes d'entrée livrés, par catégories de places, ainsi que les numéros des billets.

Pour ces propriétaires de logiciels, la mention des catégories de places n'est exigée qu'en cas de livraison de billets entièrement imprimés.

Remarque : Ces dispositions ne concernent que les billets « papier » extraits soit d'une billetterie manuelle (carnets à souches), soit d'un système de billetterie automatisé ou informatisé au sens de l'article 50 sexies B, I de l'annexe IV au CGI (BOI-TVA-DECLA-20-30-20-30 n° 340).

Les déclarations visées au n° 89540 doivent être déposées dans les **huit jours** suivant chaque livraison. **89545**

Les **importations** réalisées **par** les **exploitants de spectacles** qui achètent directement leurs billets à l'étranger doivent faire l'objet des mêmes déclarations.

E. Coproduction ou coréalisation de spectacles vivants

Des contrats de coproduction et des contrats de coréalisation peuvent être conclus en vue de la réalisation de spectacles vivants. **89580**

Par **spectacles vivants,** il faut entendre les spectacles produits ou diffusés par des personnes qui, en vue de la représentation en public d'une œuvre de l'esprit, s'assurent la présence physique d'au moins un artiste de spectacle percevant une rémunération (C. trav. art. L 7122-1 s.). À l'inverse, ne constituent pas des spectacles vivants : les spectacles sportifs, les corridas, les spectacles enregistrés, l'organisation de défilés de mannequins (BOI-TVA-LIQ-30-20-40 n° 240).

PARTICIPATIONS FINANCIÈRES DES COPRODUCTEURS

Un contrat de coproduction est un contrat aux termes duquel deux ou plusieurs parties règlent les conditions dans lesquelles elles participeront en commun à la fabrication, à la réalisation, à l'exploitation ou au financement d'un spectacle vivant. **89590**

La conclusion d'un tel contrat donne à chacun des contractants la qualité de coproducteur, c'est-à-dire de **copropriétaire indivis** du spectacle, de ses produits ou de ses pertes.

Les **participations financières** versées par les producteurs, en exécution de contrats de coproduction de spectacles vivants, ne sont pas soumises à la TVA lorsque le contrat prévoit que les **droits** portant sur le spectacle seront la **copropriété des coproducteurs.**

De même, lorsque ces sommes s'analysent en un **apport en capital,** en un **apport en compte courant** ou en un **prêt** effectué au profit d'un entrepreneur de spectacles qui les utilise pour la production, elles ne sont pas soumises à la TVA.

En revanche, **si** ces sommes **rémunèrent un service rendu** par un entrepreneur de spectacles, elles doivent être soumises à la TVA selon le taux applicable aux opérations dont elles constituent la contrepartie.

De même les sommes qui constituent la **contrepartie de l'acquisition** de tout ou partie des **places** à un spectacle sont considérées comme des recettes de billetterie perçues par anticipation soumises à ce titre à la TVA selon le taux applicable au spectacle auquel elles se rapportent (Inst. 3 A-2-05, non reprise au Bofip mais dont les solutions conservent selon nous leur valeur).

Remarque : La non-imposition des apports en coproduction dans les conditions définies ci-dessus n'affecte pas les **droits à déduction des coproducteurs** (Inst. 3 A-2-05 précitée).

CONTRATS DE CORÉALISATION

89600 Un contrat de coréalisation est une convention par laquelle un ou plusieurs producteurs s'associent avec un ou plusieurs diffuseurs pour réaliser tout ou partie des travaux ou prestations concourant à une représentation unique ou à des prestations successives d'un spectacle vivant en contrepartie d'une quote-part de la recette réalisée par ce spectacle.

Les parties s'entendent sur un **partage de recettes** qui peut être assorti, le cas échéant, d'une clause garantissant un minimum de recettes au producteur ou au diffuseur. Il convient à cet égard de distinguer les **trois situations** suivantes (BOI-TVA-LIQ-30-20-40 nos 240 à 270).

a. Contrat de coréalisation conclu sans clause de minimum garanti : dans ce cas, le taux de TVA applicable à la quote-part de recettes revenant à chacune des parties est celui applicable aux spectacles.

b. Contrat de coréalisation conclu avec clause de minimum garanti au profit du producteur : ce type de contrat prévoit que si la somme revenant au producteur sur la base du partage de recettes prévu contractuellement n'atteint pas le montant minimum fixé, le diffuseur s'engage à lui verser un complément de recettes pour atteindre ce minimum.

Ce complément de recettes doit s'analyser comme des **recettes** perçues en **contrepartie de la réalisation du spectacle.** Ainsi, le taux normal ou le taux réduit de la TVA, s'il s'agit de spectacles énumérés à l'article 278-0 bis, F du CGI (n° 88930), sont applicables à la somme correspondante. En revanche, le taux particulier de 2,1 % prévu par l'article 281 quater du CGI ne peut être appliqué dès lors qu'il est réservé aux entrées des représentations (n° 88960).

La part des sommes qui revient au producteur et qui trouve son origine dans le partage des recettes de billetterie demeure quant à elle soumise au taux du spectacle.

c. Contrat de coréalisation conclu avec clause de minimum garanti au profit du diffuseur : dans cette hypothèse, le producteur s'engage à verser au diffuseur la différence entre le minimum garanti convenu et le pourcentage de recettes revenant à ce dernier, lorsque la quote-part des recettes du diffuseur n'atteint pas le minimum garanti. La somme ainsi versée constitue la **contrepartie** de la **mise à disposition de la salle.** Elle est donc soumise au taux normal et, sous réserve que la prestation soit facturée par le diffuseur au producteur, la TVA correspondante peut être récupérée par ce dernier dans les conditions de droit commun.

SECTION 3 JEUX ET DIVERTISSEMENTS DIVERS

89630 Les droits d'admission aux jeux et divertissements divers qui sont pour la plupart soumis à la TVA peuvent relever, selon le cas, du **taux réduit** de 5,5 % (n° 89640), du **taux intermédiaire** de 10 % (nos 89660 s.) ou du **taux normal** (nos 89800 s.).

Des règles particulières d'identification du taux de TVA applicable sont toutefois prévues lorsque les droits d'admission à un parc ou un site de jeux et divertissements permettent l'**accès des visiteurs** à une **diversité d'activités,** d'installations et d'appareils qui ne relèvent **pas du même taux** (nos 90050 s.).

> **Précisions** En ce qui concerne :
> – les droits d'entrée perçus pour l'organisation de **réunions sportives,** voir n° 88930 ;
> – les obligations en matière de **billetterie,** voir nos 89240 s.

À titre liminaire, on rappelle que sont en revanche **exonérés** de TVA l'organisation de **jeux de hasard ou d'argent** dans les casinos, clubs et maisons de jeux ainsi que le produit de l'exploitation des **paris mutuels** hippiques, du loto national et des jeux assimilés, des paris sur des compétitions sportives et des jeux de cercle en ligne (CGI art. 261 E : nos 17160 s.). **89635**

Sont également exonérés les **droits d'entrée** perçus pour la visite :

– des **musées et monuments historiques** exploités par des **personnes morales de droit public,** l'exploitation de ces monuments étant, en fait, considérée comme étant hors du champ d'application de la TVA (BOI-TVA-CHAMP-10-20-10-30 nos 280 et 290) ;

– des musées et monuments historiques exploités par des **organismes sans but lucratif** gérés de manière désintéressée lorsque leurs ressources sont complétées par des subventions de l'État ou des collectivités locales (BOI-TVA-CHAMP-30-10-30-10 n° 240) ;

– des châteaux classés comme monuments historiques ou inscrits à l'Inventaire supplémentaire ainsi que des châteaux présentant un caractère historique ou artistique, sous réserve que l'**aménagement** de ces châteaux n'ait **pas** été **effectué dans un but commercial** et demeure dans les limites d'une simple mise en valeur artistique du domaine. L'exonération s'applique également aux ventes de cartes postales, photographies, brochures évoquant le château, etc., réalisées par les intéressés (mais non aux autres recettes d'ordre commercial : Rép. Duboscq : AN 19-4-1969 n° 4645, non reprise au Bofip mais dont la solution conserve sa valeur). Les personnes concernées peuvent renoncer à l'exonération et soumettre leurs opérations à la TVA dans les conditions de droit commun, cette renonciation étant irrévocable (BOI-TVA-CHAMP-30-10-60-20 nos 1 à 130). En ce qui concerne les obligations en matière de billetterie, voir n° 89275 ;

– des **grottes naturelles** non dotées d'aménagements autres que ceux strictement nécessaires à l'accès du site, dès lors que l'exploitation relève de la gestion d'un patrimoine foncier, que les propriétaires ne font pas une large publicité et n'emploient pas un personnel nombreux et que les droits d'entrée (ou de visite) ne permettent pas au visiteur de bénéficier en même temps de prestations commerciales diverses (buvette, cartes postales, etc.) (BOI-TVA-CHAMP-30-10-50 n° 80).

A. Jeux et divertissements soumis au taux réduit

Les **droits d'entrée** pour la visite des **parcs zoologiques** (zoos, aquariums, vivariums, terrariums, etc.) bénéficient du taux de 5,5 % en application de l'article 278-0 bis, L du CGI, dès lors qu'ils répondent aux **conditions** posées par l'arrêté DEVN0430016A du 25 mars 2004 modifié fixant les règles générales de fonctionnement et les caractéristiques générales des installations des établissements zoologiques à caractère fixe et permanent, présentant au public des spécimens vivants de la faune locale ou étrangère pendant au minimum sept jours par an (BOI-TVA-LIQ-30-20-50 n° 90). **89640**

> **> Précisions** En ce qui concerne :
> – les spectacles autres que le cinéma soumis au taux réduit, voir nos 88930 s. ;
> – les droits d'entrée dans les salles de cinéma, voir n° 88610.
> S'agissant du taux applicable lorsque un parc (ou un site) propose des activités soumises à des taux de TVA différents, voir nos 90050 s.

B. Jeux et divertissements soumis au taux intermédiaire

Sont soumis au taux de 10 % : **89660**

– les **loteries foraines** (n° 89670) ;

– les droits d'admission aux **expositions, sites et installations à caractère culturel, ludique, éducatif ou professionnel** (nos 89700 s.).

1. Loteries foraines

Les **loteries foraines** mentionnées à l'article L 322-5 du Code de la sécurité intérieure sont soumises au taux intermédiaire de la TVA (CGI art. 279, b bis). **89670**

Les sommes versées pour utiliser les loteries foraines relèvent donc du taux de 10 %, indépendamment de leur qualification en tant que droits d'admission (BOI-TVA-LIQ-30-20-50 n° 130). Sont également soumises au même taux les recettes procurées par l'exploitation des **appareils automatiques** qui peuvent être **assimilés** à des loteries foraines.

L'application du taux intermédiaire est réservée aux jeux d'argent et de hasard proposés au public à l'occasion, pendant la durée et dans l'enceinte des fêtes foraines, remplissant les **conditions** suivantes, prévues par l'article D 322-4 du Code de la sécurité intérieure :

– l'exploitant doit exercer une activité ambulante, au sens de l'article L 123-29 du Code de commerce, exclusivement consacrée à la tenue d'établissement destiné au divertissement du public ;

– les lots sont en nature et ne peuvent excéder 30 fois le montant de la mise, laquelle ne peut excéder 1,5 € (BOI précité).

Exemples : Le taux intermédiaire s'applique notamment aux jeux assurés par des appareils automatiques dénommés **« grues », « derby », « rally », « bazooka », « skee-ball »,** etc.

> **Précisions** Les **appareils automatiques non assimilés à des loteries foraines** (juke-box, babyfoot, jeux vidéo, etc.) relèvent du taux normal (BOI précité n° 120 ; sur ce point, voir également n°s 89800 s. l'étude spéciale consacrée à l'exploitation des appareils automatiques).

2. Droits d'admission aux expositions, sites et installations à caractère culturel, ludique, éducatif ou professionnel

89700 Sont soumis au taux intermédiaire les droits d'admission aux expositions, sites et installations à caractère culturel, ludique, éducatif ou professionnel (CGI art. 279, b nonies-al. 1).

Le taux de 10 % s'applique ainsi aux opérations répondant aux deux **conditions cumulatives** suivantes :

– elles ont le caractère de droits d'admission à des expositions, sites et installations (nos 89710 s.) ;

– l'exposition, le site ou l'installation a un caractère culturel, ludique, éducatif ou professionnel (nos 89760 s.).

> **Précisions** **a.** Certaines activités sont expressément **exclues** du **taux intermédiaire,** même lorsque ces deux conditions sont remplies. Il s'agit des :
> – droits d'entrée dans les salles de cinéma, voir n° 88610 ;
> – spectacles, y compris les manifestations sportives, voir nos 88920 s. ;
> – parcs zoologiques, voir n° 89640 ;
> – opérations relatives aux équipements et installations sportives, voir nos 89900 s. ;
> – prestations uniques fournies par une agence de voyage ou un organisateur de circuit touristique, même lorsqu'elles comprennent l'admission à des expositions, sites ou installations, voir n° 84060 ;
> – opérations relatives aux appareils automatiques, voir n° 89830 ;
> – sommes payées pour participer à des jeux d'argent et de hasard (CGI art. 279, b nonies-al. 2).
> **b.** S'agissant du taux applicable lorsque un parc (ou un site) propose des **activités soumises à des taux de TVA différents,** voir nos 90050 s.

QUALIFICATION DES DROITS D'ADMISSION

89710 Le taux intermédiaire s'applique aux opérations dont l'objet principal est de **permettre l'accès** à des expositions, des sites ou des installations. Sont concernées les situations où le client, en contrepartie des sommes versées, obtient le droit de pénétrer dans un lieu ou une installation déterminés en vue d'observer ou de participer aux activités qui s'y déroulent.

Sont **sans incidence sur la qualification** de droits d'admission la forme juridique de l'exploitation (entreprise individuelle, société, etc.), le mode d'exercice de l'activité (itinérant ou sédentaire, saisonnier ou permanent), le caractère fixe, mobile ou démontable de l'exposition, du site ou de l'installation, les conditions de l'accès (droit d'entrée unique, droit d'entrée pendant une durée ou une période prédéfinie, accès limité à certains publics, etc.) ainsi que les modalités de tarification (paiement en une fois, abonnement, paiement pour l'accès en véhicules motorisés alors que l'accès piéton est gratuit, etc.) (BOI-TVA-LIQ-30-20-50 n° 30).

Par ailleurs, sont également susceptibles de bénéficier du taux de 10 % prévu par l'article 279, b nonies du CGI les biens ou services qui présentent un **caractère accessoire** par rapport à l'admission à l'exposition, au site ou à l'installation (n° 89720). Dans le cas contraire, ce taux n'est pas applicable même si les biens et services présentent un lien avec une exposition, un site ou une installation (nos 89730 s.).

89720 **Biens ou services accessoires à l'admission** Les fournitures de biens ou de services qui présentent un caractère accessoire à l'admission à l'exposition, au site ou à l'installation relèvent du **taux** intermédiaire applicable aux droits d'admission.

Sont notamment considérés comme **accessoires** les éléments qui ne constituent pas, pour la clientèle, une fin en soi mais le moyen de bénéficier dans les meilleures conditions des activités se déroulant au sein de l'exposition, du site ou de l'installation. Il peut en être ainsi lorsque des biens ou services sont **directement liés** à ces activités et ne peuvent être utilisés que dans le seul cadre de celles-ci, ces éléments pouvant être inclus dans le **prix** de l'admission ou être proposés en contrepartie d'un supplément (BOI-TVA-LIQ-30-20-50 n° 50).

EXEMPLES

Mises à disposition :
– d'informations (**plans, règles d'utilisation ou de sécurité**) en lien avec l'exposition, le site ou l'installation ou d'un **audioguide** ;
– d'**équipements ou** de **matériels** (tels que des combinaisons et des pistolets laser dans le cadre de l'accès à un « laser game ») **nécessaires ou utiles** pour bénéficier de l'exposition, du site ou de l'installation, quel que soit leur coût tant que leur utilisation est limitée au site ou à l'installation en cause ;
– d'un **guide ou** d'un **accompagnateur** pour les activités de l'exposition, du site ou de l'installation ;
– d'**équipements améliorant les conditions d'accès** à l'exposition, au site ou à l'installation même si elle fait l'objet d'un paiement distinct (vestiaire ou parking réservé à la clientèle).

Biens ou services ne constituant pas des droits d'admission En revanche, ne constituent pas des droits d'admission (et ne relèvent pas du taux de 10 % prévu par l'article 279, b nonies du CGI), les **ventes** de biens ainsi que les opérations de **location ou** de **mise à disposition de biens** qui ne peuvent **pas** être regardées comme **accessoires** aux droits d'admission (n° 89720), même si ces biens et services présentent un lien ou sont proposés dans le cadre d'une exposition, d'un site ou d'une installation (BOI-TVA-LIQ-30-20-50 n° 40). **89730**

EXEMPLES

Ne constituent pas des droits d'admission les sommes versées en contrepartie :
– de l'achat, dans le cadre d'une exposition, de livres relatifs à la thématique de l'exposition ou des objets souvenirs ;
– de l'achat d'une photo prise lors de l'utilisation d'une attraction dans laquelle les participants sont photographiés et ont la possibilité d'acquérir la photo ;
– de la mise à disposition et de l'installation de diverses attractions proposées par un professionnel du divertissement au domicile du client, par exemple dans le cadre d'un événement festif (anniversaire, mariage, etc.).

Par ailleurs, la circonstance qu'une prestation de services soit réalisée **au sein d'une exposition, d'un site ou d'une installation,** ou qu'elle conduise à accéder à une exposition, un site ou une installation, **ne suffit pas** à la qualifier de droits d'admission. **89740**

Tel est en particulier le cas lorsque l'**admission** à l'exposition, au site ou à l'installation n'est que l'**accessoire d'une prestation ayant un autre objet** (BOI-TVA-LIQ-30-20-50 n° 40).

EXEMPLES

Ne constituent pas, **notamment,** des droits d'admission (sauf s'ils présentent un caractère accessoire à l'admission : n° 89720).
1. Les prestations de transport (notamment l'utilisation des engins de remontée mécanique ou les funiculaires des domaines skiables).
2. Les prestations d'hébergement (notamment l'accès aux terrains de camping, aux emplacements pour caravanes ou mobil-homes, etc.) et de restauration, y compris les traiteurs (voir également à cet égard la jurisprudence du Conseil d'État qui a considéré que l'accès au complexe aquatique d'un village de vacances constituait l'accessoire de la prestation d'hébergement : n° 92015).
3. Les sommes versées pour assister à un cours ou une leçon dans le cadre d'une prestation d'enseignement.
4. Les services d'un guide ou d'un accompagnateur pour une visite ou une activité.
5. La location de salles ou châteaux afin d'y d'organiser des événements (mariages, anniversaires, etc.) même si l'événement implique diverses activités de nature ludique.
6. Les prestations de soins, même si elles sont délivrées au sein d'établissements spécialisés.

CARACTÈRE CULTUREL, LUDIQUE, ÉDUCATIF OU PROFESSIONNEL

Le caractère culturel, ludique, éducatif ou professionnel de l'exposition, du site ou de l'installation est apprécié au regard de la **nature objective de l'activité** ou des activités qui s'y déroulent et de la **finalité recherchée,** indépendamment des conditions économiques ou juridiques de l'exploitation. **89760**

L'identification du caractère de cette activité ou de ces activités doit donc ressortir de l'objet et de la finalité des éléments matériels de l'exposition, du site ou de l'installation.

EXEMPLE

Les bains-douches, thermes, hammams, saunas, bains d'immersion, dont l'objet est la détente, l'hygiène ou les soins du corps, ne sont pas des installations à caractère culturel, ludique, éducatif ou professionnel.

Il suffit que les activités en cause présentent l'**un des caractères** culturel, ludique, éducatif ou professionnel, rien ne s'opposant à ce que plusieurs d'entre eux soient réunis pour une même activité.

En outre, lorsque **plusieurs activités** se déroulent **au sein d'une même exposition,** d'un même site ou d'une même installation, il n'est pas nécessaire que ces activités partagent toutes le même caractère (BOI-TVA-LIQ-30-20-50 n° 60).

89765 Relèvent **notamment** du taux intermédiaire prévu par le premier alinéa de l'article 279, b nonies du CGI les droits d'admission (au sens défini au n°s 89710 s.) des visiteurs aux expositions, sites et installations ci-dessous (BOI-TVA-LIQ-30-20-50 n° 70) :

- **musées,** autres **expositions** d'œuvres ou d'objets présentant un intérêt culturel, ludique ou éducatif, sites patrimoniaux, monuments et bâtiments historiques (sous réserve que les droits d'entrée ne soient pas exonérés de TVA : voir n° 89635) ;
- **grottes** (sous réserve que les droits d'entrée ne soient pas exonérés de TVA : voir également n° 89635), **parcs et jardins** botaniques, **plages,** sites et réserves naturels protégés ou non ;
- **installations** industrielles (usines, mines, etc.), commerciales ou agricoles, engins ou véhicules (navires et bateaux, aéronefs, etc.) **proposés à la visite,** visites de **fermes pédagogiques** ;
- attractions de tout type, notamment les **manèges** mécaniques, secs ou aquatiques (manèges enfantins, grandes roues, chenilles, aéro-trampoline, etc.) ou à sensation forte (montagnes russes, tours de chute, « bûches », etc.), **parcours scéniques** (trains fantômes, palais du rire, etc.), **labyrinthes** (palais des glaces, labyrinthes végétaux, etc.), **structures gonflables** (« montagnes d'air », « montagnes molles », « châteaux gonflables », etc.), **installations de jeux** (piscines à boules, animaux sur ressorts, balançoires, toboggans, tourniquets, structures à grimper en bois ou en métal, ponts suspendus, etc.), y compris de **jeux aquatiques** (pataugeoires, toboggans, etc.) ;
- sites et installations de **jeux de tirs ou d'adresse** (tirs à la carabine, « pêche aux canards » ou assimilée, chamboule-tout, lancer de haches et autres jeux de lancer, parcours de minigolf, etc.) lorsque ces jeux ne peuvent être qualifiés d'activités sportives et que l'installation ne peut être qualifiée d'appareil automatique ;
- **circuits** de **petites motos, « quads », mini-karts,** voiturettes électriques ou à pédales, buggies, bateaux électriques, engins tamponnants, aquabulles, etc.) lorsque la conduite de ces engins ne peut être qualifiée d'activité sportive (en revanche, la mise à disposition ou la location de tels engins ne relève pas en principe du taux intermédiaire : voir n° 89730) ;
- espaces aménagés pour le **parcours acrobatique en hauteur** (arbres, montagnes, etc.), installations autres que sportives dédiées à la recherche de sensations fortes (**tyroliennes,** installations de **saut à l'élastique,** notamment les tremplins ou les grues, ou installations de luge d'été, etc.) ;
- autres espaces spécialement aménagés pour la pratique de jeux (jeux d'évasion ou « **escape game** », jeux de laser ou « **laser game** », **paintball,** jeux d'hyperréalité virtuelle, jeux de rôle grandeur nature, etc.) ;
- zones comprenant principalement des sites et installations tels que ceux listés ci-dessus et quelle que soit leur dénomination (**parcs de loisir,** parcs d'attractions, parcs à thème, **parcs aquatiques,** parcs d'animation pédagogiques, **complexes de loisir,** fêtes foraines, parcs à spectacles, etc.), sous réserve que les activités non éligibles au taux de 10 %, notamment les activités sportives, présentent un caractère accessoire (voir n°s 90050 s.) ;
- pistes de danse, **discothèques** et salles spécialement aménagées pour certaines activités ludiques (**karaoké, jeux de société,** etc.) ;
- **foires, salons, congrès, expositions, festivals,** qu'ils soient destinés au grand public ou à caractère professionnel et sous réserve que leur objet principal ne soit pas la fourniture de spectacles.

C. Jeux et divertissements soumis au taux normal

1. Exploitation d'appareils automatiques

Le produit de l'exploitation des appareils automatiques est passible de la TVA. Sont notamment visés les appareils automatiques (tels que billards électriques, jeux vidéo, simulateurs, flippers, baby-foot, tables de hockey pneumatique ou « air hockey », jeux de fléchettes, jukebox, boxers, etc.), installés dans les lieux publics, qui procurent un spectacle, une audition, un jeu ou un divertissement et qui sont pourvus d'un dispositif mécanique, électrique ou autre permettant leur mise en marche, leur fonctionnement ou leur arrêt. **89800**

BASE D'IMPOSITION

La base d'imposition à la TVA est constituée par la **recette totale** provenant de chaque appareil sans que puisse être distraite de cette base la **remise** éventuellement versée au **dépositaire** (BOI-TVA-BASE-10-20-40-10 n° 360). La remise (ou redevance) versée au dépositaire est elle-même imposable à la TVA (n° 89860). **89810**

EXIGIBILITÉ

L'exploitation des appareils automatiques constituant une prestation de services, la TVA est exigible lors de l'**encaissement** qui, matériellement, intervient lors du **relevé des caisses** de ces appareils (BOI-TVA-BASE-20-20 n° 220 ; CE 21-3-2008 n° 286007 : RJF 6/08 n° 705). **89820**

TAUX

L'article 279, b nonies-al. 2 du CGI prévoit que le taux intermédiaire de 10 % ne s'applique pas aux sommes payées pour utiliser des appareils automatiques, quelles que soient les modalités de versement ou de tarification (au moyen d'un monnayeur, sous la forme de droit d'accès à une salle dédiée contenant ces appareils, etc.). Ainsi, ces sommes relèvent du **taux normal,** même lorsqu'elles peuvent être assimilées à des droits d'admission (BOI-TVA-LIQ-30-20-50 n° 120). **89830**

Toutefois, les recettes procurées par les **appareils automatiques assimilés à des loteries foraines** bénéficient, on le rappelle, du **taux intermédiaire** dans les conditions exposées au n° 89670.

Les **recettes** procurées par les appareils automatiques **incluant la TVA,** il convient en pratique, pour retrouver la base d'imposition hors taxe, d'appliquer à ces recettes brutes le **coefficient** de conversion correspondant (n° 40105).

Remarque : S'agissant du taux applicable lorsque un parc (ou un site) propose des activités soumises à des taux de TVA différents, voir n°s 90050 s.

OBLIGATIONS DÉCLARATIVES

Les exploitants d'appareils automatiques doivent se conformer à toutes les obligations déclaratives incombant aux redevables de la TVA (comptabilisation, déclaration des opérations effectuées, paiement de la taxe au service des impôts des entreprises). **89840**

FACTURATION

Exploitation directe des appareils automatiques Au titre de l'exploitation directe de leurs appareils (par exemple, appareils « placés » dans des établissements de ventes à consommer sur place ou appareils exploités « en kermesse »), les exploitants ne sont pas soumis à l'obligation de facturation. Par contre, cette obligation doit être respectée lorsque l'exploitation prend la forme d'une **mise en location** des appareils (D. adm. 3 E-2213 n° 17, non reprise au Bofip mais dont la solution conserve sa valeur). **89850**

Appareils placés chez des dépositaires Lorsque les appareils automatiques sont placés chez des dépositaires, ces derniers reçoivent une partie de la recette en contrepartie de la mise à disposition de leurs locaux. **89860**

À ce titre, les **dépositaires** doivent établir, à l'intention des déposants, des factures mentionnant la TVA. Mais il est admis que ces factures soient constituées par les **fiches de caisse** établies par les exploitants, à la condition que ces fiches soient **aménagées** de telle sorte :

– qu'apparaissent distinctement le montant de la recette brute par appareil et le montant de la somme versée au dépositaire, ainsi que le montant et le taux de la TVA correspondante ;

– que ces indications soient portées dans un cadre spécial où figurent la raison sociale, l'adresse du dépositaire et sa signature.

L'**original** de ce document est conservé par l'exploitant, la **copie** est remise au dépositaire (D. adm. 3 E-2213 n° 17, non reprise au Bofip mais dont la solution nous paraît conserver sa valeur).

2. Installations et équipements sportifs

89900 L'article 279, b nonies-al. 2 du CGI prévoit que le **taux** intermédiaire ne s'applique pas aux sommes payées pour utiliser des installations ou des équipements sportifs dont l'objet est d'être utilisés pour la pratique d'une activité sportive, au sens de la TVA, même si celle-ci présente un caractère culturel, ludique, éducatif ou professionnel. Les droits d'admission à ces installations et équipements relèvent donc du taux normal (voir toutefois n° 75080 s'agissant de certaines activités équestres qui relèvent du taux de 5,5 %).

Le caractère sportif est apprécié à partir des **caractéristiques objectives de l'installation** ou de l'équipement et non de l'usage réel qui en est fait par le public.

EXEMPLE

Afin de déterminer si un espace aquatique se prête à la pratique d'activités sportives ou uniquement à l'exercice d'activités ludiques, il sera tenu compte de la possibilité qu'il soit divisé en lignes d'eau, de la présence de plots, des dimensions et de sa forme rectangulaire ou, inversement, de l'existence d'aménagements ludiques (cascades, vagues, toboggans, etc.) ou de bassins d'une forme ou de dimensions qui les rendent impropres à la pratique du sport et les destinent à la détente.

Sont en revanche **sans incidence** sur la **qualification d'activité sportive** le lieu des installations ou des équipements (parcs, jardins, etc.), les modalités d'exercice de l'activité sportive (dans un cadre organisé ou non, de manière régulière ou occasionnelle, etc.), le niveau auquel elle est susceptible d'être pratiquée ou la finalité poursuivie par la clientèle (recherche de performance, entretien physique, divertissement, développement de l'esprit d'équipe, etc.), la compatibilité des installations et équipements avec le sport de compétition ainsi que la non-classification de l'activité en tant que discipline olympique ou l'absence d'une fédération bénéficiant d'un agrément (BOI-TVA-LIQ-30-20-50 n° 100).

> **Précisions** La circonstance que des installations soient exclusivement utilisées dans un contexte récréatif ou de loisir n'est pas de nature à remettre en cause l'application du taux normal, l'**existence d'un caractère ludique** étant commun à de nombreuses disciplines sportives. En outre, le fait que ces installations ne soient pas soumises aux **obligations déclaratives** prévues aux articles L 312-2, R 312-2 et R 312-3 du Code du sport pour les **équipements sportifs** est également sans incidence sur la qualification d'activité sportive au sens de la TVA (Rép. de la Verpillière : AN 12-10-2021 n° 38577).

89905 Sont ainsi **notamment** soumises au taux normal les sommes payées pour utiliser (BOI-TVA-LIQ-30-20-50 n° 110) :

– les **stades, piscines, gymnases,** terrains de sports collectifs (y compris les terrains d'airsoft) et de sports de raquettes (y compris pour une pratique individuelle contre des murs) ainsi que les installations dédiées à la pratique de la gymnastique, de la culture physique ou de la musculation ;

– les circuits, aménagements et appareils permettant la **pratique des sports mécaniques,** des sports recourant à des cycles, des sports nautiques (notamment les téléskis nautiques), des sports aériens et des sports avec animaux ;

– les circuits de **randonnée, d'escalade ou de spéléologie,** les **patinoires** et autres pistes et sites aménagés pour les sports de glisse (ski alpin ou de fond, snowboard, skateboard, etc.) ou les sports de glace ;

– les espaces aménagés pour la pratique des sports de précision (**terrains de golf** ou **de pétanque, pistes de bowling,** aires de tir à l'arc, etc.), ou pour la pratique des **arts martiaux** ou des sports de combat.

> **Précisions a.** Les **sports dits « cérébraux »** (belote, bridge, dames, échecs, go, poker, modélisme, jeux de société, etc.), pour lesquels la composante physique est négligeable, ne constituent pas des activités sportives (CJUE 26-10-2017 aff. 90/16 : RJF 1/18 n° 123). Ces sports présentant un caractère ludique, l'accès à des sites où le visiteur peut les pratiquer relève du taux de 10 % en application de l'article 279, b nonies-al. 1 du CGI (nos 89700 s.) (BOI précité n° 100).
>
> **b.** Les droits acquittés pour la **visite d'un stade** ne constituent pas des sommes versées pour l'utilisation d'une installation sportive et relèvent du taux de 10 % dans les conditions exposées aux nos 89700 s. (BOI précité n° 110).
>
> **c.** En ce qui concerne :
>
> – les piscines et les centres aquatiques exploités par des organismes publics, voir n° 10430 ;
>
> – les droits d'entrée encaissés par les organisateurs de réunions sportives, voir n° 88930.
>
> **d.** S'agissant du taux applicable lorsqu'un parc (ou un site) propose des activités soumises à des taux de TVA différents, voir nos 90050 s.

D. Expositions, sites et installations proposant des activités soumises à des taux différents

Les droits d'admission à un parc (ou un site, quelle que soit sa dénomination) peuvent permettre l'accès des visiteurs à une grande diversité d'activités, d'installations et d'appareils, lesquels sont susceptibles, selon leurs caractéristiques propres, de relever du taux réduit (n° 89640), du taux intermédiaire (nos 89660 s.) ou du taux normal (nos 89800 s.). **90050**

Lorsque de tels droits d'admission consistent en un **prix forfaitaire,** c'est-à-dire dont le montant est indépendant des activités réellement réalisées par le client au sein du parc, ils doivent être considérés comme une **opération unique,** relevant d'un seul et même **taux** de TVA. **90060**

Afin de déterminer le taux qui sera applicable à l'intégralité du prix acquitté, il convient de procéder en **deux étapes** :

1° Identifier, parmi l'ensemble des **éléments** auxquels le consommateur peut accéder, ceux qui sont **accessoires.** Il s'agit, selon l'administration, des éléments qui ne constituent pas, pour les clients, une fin en soi mais le moyen de bénéficier dans de meilleures conditions des autres prestations, ou qui présentent un intérêt limité au sein de l'ensemble de l'offre.

Cette identification doit être réalisée dans le cadre d'une appréciation d'ensemble du point de vue d'un consommateur moyen en tenant compte de l'**importance qualitative et quantitative** de ces éléments ainsi que de l'ensemble des circonstances dans lesquelles l'opération se déroule. Il y a lieu de tenir compte, en particulier, de la **conception du parc** en cause résultant de ses caractéristiques objectives (différents types d'infrastructures proposés, leur aménagement, leur nombre et leur importance par rapport à la globalité du parc). Par conséquent, l'importance relative des différentes activités doit être appréciée en priorité au regard des capacités d'accueil plutôt que de la fréquentation effective. Il peut également être tenu compte de la **valeur économique** des différentes activités pour le consommateur, telle qu'elle ressort des prix de marché s'ils sont disponibles ou, à défaut, des coûts de revient ;

2° Retenir le **taux le plus élevé** parmi les éléments qui ne peuvent être considérés comme accessoires (BOI-TVA-LIQ-30-20-50 nos 140 et 150).

EXEMPLE

Une salle de jeux pour enfants donne accès, en contrepartie d'un montant de 10 € HT par heure, à diverses activités qui comprennent à la fois des jeux de type piscine à bulle, balançoires ou toboggans relevant du taux de 10 % mais également divers appareils automatiques utilisables sans surcoût (baby-foot, flippers, etc.) relevant du taux normal et un terrarium relevant du taux de 5,5 %. Si, à la suite d'une analyse de l'importance respective de ces trois catégories d'activités, seule la troisième est considérée comme accessoire, le taux normal s'appliquera au montant de 10 €. En revanche, si seuls les appareils automatiques peuvent être considérés comme accessoires, le taux réduit de 10 % s'appliquera.

Lorsque, pour accéder à certaines activités particulières du parc, le visiteur acquitte des **sommes additionnelles aux droits d'admission,** ces dernières doivent, lorsqu'elles ne peuvent **pas** être considérées comme **accessoires** (au sens défini aux n° 89720), être regardées comme des opérations indépendantes de l'accès au parc, et suivent donc leur régime propre. Elles sont notamment susceptibles, selon leurs caractéristiques, de relever d'un **taux** différent de celui de l'accès au parc (BOI-TVA-LIQ-30-20-50 n° 160). **90070**

En revanche, si l'activité en cause est **accessoire,** elle relève du taux applicable à l'accès au parc.

SECTION 4 TÉLÉVISION – AUDIOVISUEL

Nous allons analyser les particularités du régime de TVA des entreprises du secteur télévision-audiovisuel en examinant successivement : **90100**

– les services de télévision dits « **télévisions privées** » (nos 90110 s.) ;

– les règles de TVA applicables aux **contrats de coproduction et de préachat de droits de diffusion** (nos 90210 s.) ;

– les **mises à disposition** de **programmes de télévision** (n° 90270).

A. Services de télévision

90110 En application de l'article 279, b octies du CGI, le **taux intermédiaire** s'applique aux **abonnements** à des services de télévision (dits « **télévisions privées** »).

DÉFINITION DES SERVICES DE TÉLÉVISION

90120 Les services de télévision s'entendent, au sens de l'article 2 modifié de la loi 86-1067 du 30 septembre 1986, de « tout **service de communication** au public **par voie électronique** destiné à être **reçu simultanément par l'ensemble du public** ou par une catégorie de public et dont le programme principal est composé d'une suite ordonnée d'**émissions** comportant des **images et** des **sons** ».

Cette définition est applicable quel que soit le réseau de communications électroniques utilisé pour la diffusion du service de télévision.

90125 Les services de médias audiovisuels à la demande, qui comprennent les services de **vidéo à la demande** et les services de **rattrapage,** qui ne sont pas destinés à être reçus simultanément par le public (services en différé) et qui ne sont pas composés d'une suite ordonnée d'émissions, ne constituent pas des services de télévision au sens des dispositions citées au n° 90120 et ne sont donc pas éligibles au taux intermédiaire (BOI-TVA-LIQ-30-20-100 n° 60).

Ces services doivent ainsi être soumis au taux normal.

ABONNEMENT AUX SERVICES DE TÉLÉVISION

90140 Lorsque l'abonnement aux services de télévision est **commercialisé seul,** c'est-à-dire qu'il est possible de bénéficier du service **sans être tenu de souscrire un autre service** ou d'acheter un autre produit, il doit être considéré comme une prestation unique éligible au taux intermédiaire (BOI-TVA-LIQ-30-20-100 n° 90).

90150 En ce qui concerne la base d'imposition à retenir pour l'application du taux intermédiaire s'agissant des services de télévision qui font partie d'une **offre d'abonnement numérique** comprenant plusieurs services, dont au moins un service de télécommunication, un service de radiodiffusion ou de télévision ou un service électronique, voir nos 36820 s.

SOLUTIONS PARTICULIÈRES

90170 **Services de télévision dans les établissements hospitaliers** Dans certains cas, des sociétés de gestion privées servent d'interface entre les télédistributeurs et les patients hospitalisés afin de permettre à ces derniers de recevoir des services de télévision payants. Dans une telle hypothèse, l'**abonnement collectif** souscrit par les sociétés en cause auprès des télédistributeurs peut être soumis au taux intermédiaire (Rép. Gaultier : AN 16-6-2009 n° 41881, non reprise au Bofip).

Selon la CAA de Paris dont l'analyse est validée par le Conseil d'État, l'activité qui consiste à **fournir** aux patients des établissements hospitaliers l'**accès à des chaînes de télévision** par l'intermédiaire de **postes installés à titre permanent** dans les chambres relève de la **vente de services de télévision** (et non de la location de téléviseurs). Les sociétés qui exercent une telle activité remplissent les conditions pour bénéficier du taux de 10 % prévu par l'article 279, b octies du CGI (CAA Paris 29-1-2020 nos 18PA03731 et 18PA03732 : RJF 7/20 n° 592 ; CE (na) 16-2-2021 nos 439758 et 439759 : RJF 5/21 n° 471). Se fondant sur la jurisprudence de la CJUE relative aux opérations complexes uniques (nos 1270 s.), la cour juge en effet que les prestations en cause constituent une **opération unique** de vente de services de télévision, et ce même si certains des bouquets vendus comprennent exclusivement des chaînes habituellement disponibles à titre gratuit et que les téléviseurs en cause permettent en outre l'accès à certains services de l'hôpital et peuvent être utilisés pour la lecture de contenus figurant sur des supports extérieurs ou pour l'accès à internet. La location des postes de télévision est indissociable de la prestation principale de fourniture de services de télévision puisque les patients décidant d'utiliser leur propre poste de télévision pour éviter d'acquitter les frais d'abonnement ne peuvent pas avoir accès aux chaînes de la télévision, même gratuites (l'accès à ces services relevant de la seule société concessionnaire).

Remarque : Cette solution nous paraît transposable dans le cas d'un établissement hospitalier mettant lui-même directement à la disposition de ses patients des services de télévision payants.

> **Précisions** La **doctrine administrative** (issue de la réponse Gaultier précitée), qui considère au contraire que seule la refacturation de l'abonnement aux services de télévision peut bénéficier du taux de 10 % (la location de matériel demeurant soumise au taux qui lui est propre) et qu'en l'absence d'une telle refacturation, la prestation s'analyse en une location de matériel soumise au taux normal de la TVA, n'est plus en phase avec cette jurisprudence.

Services de télévision locale L'article 279, j du CGI soumet au taux intermédiaire les **rémunérations** versées par les collectivités territoriales et leurs groupements pour la mise en œuvre d'un **contrat d'objectifs et de moyens** correspondant à l'édition d'un service de télévision locale. 90175

B. Coproductions d'œuvres audiovisuelles autres que cinématographiques

Les œuvres audiovisuelles autres que cinématographiques peuvent être coproduites par plusieurs entreprises de production audiovisuelle. Ces entreprises concluent généralement avec les services de télévision des contrats de coproduction et de préachat de droits de diffusion. Les règles applicables à ces coproductions et aux participations financières versées par les services de télévision sont les suivantes. 90210

CESSIONS DE DROITS PATRIMONIAUX

L'article 279, g du CGI, qui soumet au taux intermédiaire les cessions des droits patrimoniaux reconnus par la loi aux auteurs des œuvres de l'esprit, s'applique notamment aux œuvres audiovisuelles. 90220

Les recettes procurées par les cessions de ces droits sont donc soumises au **taux intermédiaire,** que le cédant soit une personne physique ou morale, que cette personne soit l'auteur lui-même ou agisse en qualité de cessionnaire des droits et quelle que soit la nature de l'activité exercée par le bénéficiaire de la cession (producteurs ou coproducteurs d'œuvres audiovisuelles, distributeurs, chaînes de télévision, éditeurs de cassettes, etc.).

Les **cessions successives** des droits patrimoniaux des auteurs portant sur des œuvres audiovisuelles relèvent donc du taux intermédiaire. Ainsi, les cessions de droits de diffusion, définis ci-dessus, d'une œuvre audiovisuelle en vue de sa télédiffusion relèvent du taux intermédiaire.

En revanche, les **cessions de droits patrimoniaux autres que ceux reconnus par la loi** aux auteurs et aux artistes-interprètes relèvent du taux normal. Tel est le cas des droits dits « voisins » des **producteurs de vidéogrammes.** Il est toutefois admis que le taux intermédiaire s'applique à la totalité du prix réclamé au client dès lors que l'objet essentiel de l'opération est la cession de droits d'auteur et que les droits des producteurs de vidéogrammes ne font pas l'objet d'une facturation distincte (BOI-TVA-LIQ-30-20-100 n° 300 ; sur le taux applicable aux cessions de droits portant sur des œuvres de l'esprit, voir toutefois la solution retenue par le Conseil d'État au n° 87270).

Remarque : Il est rappelé que le taux normal s'applique en tout état de cause aux cessions de droits portant sur les films pornographiques ou d'incitation à la violence ou sur des œuvres du même genre diffusées sur support vidéographique (nos 88650 s.).

PARTICIPATIONS FINANCIÈRES DES COPRODUCTEURS

Les participations financières versées par les producteurs, en exécution de contrats de coproduction ou par les services de télévision en tant que part producteur ou coproducteur en exécution de contrats de coproduction et de préachat de droits de diffusion, ne sont pas soumises à la TVA lorsque le contrat prévoit que les **droits** portant sur l'œuvre audiovisuelle seront la **copropriété des coproducteurs.** 90230

Lorsque ces sommes s'analysent en un **apport en capital,** en un **apport en compte courant** ou en un **prêt** effectué au profit de l'entreprise de production principale (producteur délégué), elles ne sont également pas passibles de la TVA.

En revanche, si ces sommes rémunèrent un service rendu par cette entreprise, elles doivent être soumises à la TVA selon le taux applicable aux opérations dont elles constituent la contrepartie.

Les « **apports en industrie** » constitués par les prestations de services effectuées par les coproducteurs dans le cadre de la réalisation de l'œuvre audiovisuelle ne sont pas soumis à la TVA dans les mêmes conditions que les participations financières (BOI-TVA-CHAMP-10-10-80 nos 100 à 130).

RECETTES D'EXPLOITATION DE L'ŒUVRE AUDIOVISUELLE

Les recettes de la coproduction résultent essentiellement de la commercialisation de l'œuvre audiovisuelle en vue de diffusions télévisuelles en France et à l'étranger. Elles comprennent : 90240

– la « **part antenne** », qui permet à son acquéreur de diffuser l'œuvre audiovisuelle en exclusivité au cours d'une période déterminée. Elle s'analyse comme une cession de droits de diffusion et relève du taux intermédiaire dans les conditions exposées au n° 90220 ;

– la **commercialisation ultérieure** de l'œuvre, en dehors de cette période d'exclusivité, qui donne également lieu à des cessions de droits de diffusion relevant du taux intermédiaire (BOI-TVA-CHAMP-10-10-80 nº 140 ; sur le taux applicable aux cessions de droits portant sur des œuvres de l'esprit, voir toutefois la solution retenue par le Conseil d'État au nº 87270).

Ces recettes sont soumises à la TVA chez les coproducteurs ou le producteur délégué et les **droits à déduction** sont déterminés selon un des trois dispositifs applicables aux coproductions cinématographiques décrits aux nºs 88270 s.

Il est rappelé que la non-imposition des **apports en coproduction** dans les conditions définies au nº 90230 n'affecte pas les droits à déduction des coproducteurs (BOI précité nºs 150 et 160).

C. Mise à disposition de programmes de télévision

90270 L'article 279, g du CGI soumet au taux intermédiaire les cessions des droits patrimoniaux reconnus par la loi aux auteurs des œuvres de l'esprit et aux artistes-interprètes. Les cessions d'autres droits patrimoniaux relèvent du taux normal.

Un programme de télévision se définit comme la suite des émissions diffusées par un service de communication audiovisuelle entre l'ouverture et la fermeture de l'antenne. Il est **susceptible de comprendre des émissions dépourvues d'originalité** et des **œuvres audiovisuelles.**

Les programmes de télévision ne figurent pas en tant que tels, contrairement aux œuvres audiovisuelles, au nombre des œuvres de l'esprit protégées par le droit d'auteur aux termes de l'article L 112-2 du Code de la propriété intellectuelle. Cela étant, en vertu des articles L 216-1 et L 217-1 du même Code, ces programmes sont **protégés par des droits voisins** en ce qui concerne notamment leur télédiffusion.

Les sommes perçues par l'éditeur (exemple : une chaîne de télévision thématique) en vertu d'un contrat de mise à disposition de programmes au distributeur de services de télévision (exemple : un câblo-opérateur) sont donc soumises au **taux normal** de la TVA (BOI-TVA-LIQ-30-20-100 nº 310).

Remarque : L'administration applique ainsi aux mises à disposition de programmes de télévision la doctrine selon laquelle les cessions de droits patrimoniaux autres que ceux reconnus par la loi aux auteurs et aux artistes-interprètes (cas des droits voisins) relèvent du taux normal de TVA (nº 90220).

CHAPITRE 12 RÉGIME DE L'OR

SOMMAIRE

L'or est susceptible de faire l'objet de **deux usages** distincts : il peut être acquis à des fins d'investissement (**or d'investissement ou monétaire**) et servir de garantie dans certaines transactions commerciales, ou être acquis à des fins industrielles (**or industriel**) comme intrant de production, par exemple dans l'industrie électronique. **90600**

Les règles applicables aux opérations relatives à l'or diffèrent selon qu'il s'agit d'or d'investissement (nos 90620 s.) ou d'or industriel (nos 91150 s.).

SECTION 1 RÉGIME DE L'OR D'INVESTISSEMENT

Les opérations portant sur l'or d'investissement sont soumises, en matière de TVA, à un régime particulier prévu aux articles 298 sexdecies A à 298 sexdecies E du CGI. Ce régime particulier repose sur un principe d'exonération des opérations portant sur l'or d'investissement, assorti d'un droit à déduction spécifique et de possibilités de taxation sur option en faveur de certains opérateurs. **90620**

Le régime particulier s'applique quelle que soit la qualité de l'opérateur. Est donc concerné **tout assujetti** effectuant des opérations visées par le régime particulier, **qu'il soit ou non un professionnel du commerce des valeurs et de l'argent** ou une personne qui en fait son activité principale. **90625**

On rappelle, toutefois, que les ventes de lingots d'or acquis par un assujetti à titre de simple placement constituent des opérations se situant hors du champ d'application de la TVA (n° 1640), de même que les ventes d'or monétaire que des particuliers effectuent dans le cadre de la gestion de leur patrimoine (n° 1570, précision a). Ces opérations ne sont donc pas concernées par le régime décrit aux nos 90650 s.

I. DÉFINITION DE L'OR D'INVESTISSEMENT

La définition de l'or d'investissement, donnée par l'article 298 sexdecies A, 2 du CGI, **tient compte de la pureté et de la forme** sous laquelle est représenté l'or. Elle distingue, d'une part, les barres, lingots et plaquettes et, d'autre part, les pièces. Les titres, certificats ou prêts représentatifs d'or d'investissement relèvent de l'une ou l'autre de ces catégories selon les caractéristiques du produit sous-jacent (BOI-TVA-SECT-30-10 n° 30). **90650**

BARRES, LINGOTS OU PLAQUETTES

90660 Est considéré comme de l'or d'investissement l'or sous forme de barres, de lingots ou de plaquettes d'un poids supérieur à un gramme et dont le degré de pureté est égal ou supérieur à **995 millièmes.**

Ce critère de pureté est présumé satisfait lorsque l'or répond aux caractéristiques de **marquage** (insculpation) **ou** de **certification** (bulletin d'essai) qui attestent un degré de pureté au moins égal à 995 millièmes.

À défaut de marquage ou de certification, l'acquéreur ou l'importateur doit produire les **éléments justifiant de la pureté** de l'or pour bénéficier du régime particulier.

S'agissant du critère de forme est considéré comme or d'investissement l'or présenté en barres, lingots ou plaquettes d'un poids supérieur à un gramme qui répondent aux **formes** conformes aux normes commerciales qui sont **admises sur les marchés internationaux de l'or.**

Entrent dans cette définition de l'or d'investissement les barres, lingots et plaquettes d'or répondant au critère de pureté défini ci-dessus qui correspondent notamment aux poids usuels admis sur les marchés, mentionnés dans le tableau ci-après (BOI-TVA-SECT-30-10 nos 40 à 60) :

Unité	Poids
Kilogramme	12,5 kg et 1 kg
Gramme	500, 250, 100, 50, 20, 10, 5 et 2,5 g
Once (1 once = 31,1035 g)	100, 10, 5, 1, ½ et ¼
Tael (1 tael = 1,193 once)	10, 5 et 1
Tola (10 tolas = 3,75 onces)	10

PIÈCES D'OR

90670 Sont considérées comme de l'or d'investissement les pièces en or qui présentent un degré de pureté égal ou supérieur à **900 millièmes** et qui répondent, en outre, aux trois conditions cumulatives suivantes :

- avoir été **frappées après 1800** ;
- avoir, ou avoir eu, **cours légal** dans leur pays d'origine ;
- avoir un **prix de vente** n'excédant pas de plus de 80 % la valeur de l'or qu'elles contiennent.

À titre de règle pratique, la Commission européenne publie chaque année avant le 1er décembre une **liste des pièces** devant être considérées comme de l'or d'investissement pendant l'année suivante. Cette liste a été publiée au JOUE C 446 du 3 novembre 2021 pour l'année 2022. Les pièces en or qui ne figurent pas sur cette liste peuvent néanmoins bénéficier du régime particulier dès lors qu'elles remplissent les critères énoncés ci-dessus (BOI-TVA-SECT-30-10 nos 70 à 100).

> **Précisions** Les pièces qui ne répondent pas à la définition de l'or d'investissement sont susceptibles de relever du régime des **objets de collection** (nos 78000 s.) ou de bénéficier de l'exonération prévue pour les monnaies qui sont des **moyens de paiement légaux** (n° 76650).

II. PRINCIPE D'EXONÉRATION

LIVRAISONS, ACQUISITIONS INTRACOMMUNAUTAIRES ET IMPORTATIONS

90800 Les **livraisons** (internes, intracommunautaires ou à l'exportation), les **acquisitions intracommunautaires et** les **importations** d'or d'investissement sous toutes les formes admises à la définition de cet or sont exonérées de TVA en vertu de l'article 298 sexdecies A, 1-a du CGI.

90825 Conformément à l'article 298 sexdecies A, 1-a du CGI, les **opérations portant sur les titres et produits dérivés** qui confèrent un droit de créance ou de propriété sur l'or d'investissement auquel ils se rapportent sont traitées comme des livraisons de biens et sont donc, par principe, exonérées de TVA.

À cet égard relèvent expressément du régime particulier applicable à l'or d'investissement :

- les transactions portant sur de l'or d'investissement représenté sous la forme de **certificats,** que cet or soit ou non alloué ou négocié sur des **comptes-or** y compris les **prêts** et les swaps sur l'or, qui donnent au détenteur un droit de propriété ou de créance sur cet or ;
- les opérations sur de l'or d'investissement consistant en des **contrats futurs** ou forward dès lors que ces derniers confèrent au bénéficiaire un droit de propriété ou de créance sur l'or (BOI-TVA-SECT-30-10 nos 110 et 120).

En ce qui concerne les **contrats d'options** qui confèrent à leur titulaire le droit d'acheter ou de vendre à une échéance donnée une quantité d'or déterminée à un prix convenu, voir n° 90850.

PRESTATIONS DES INTERMÉDIAIRES TRANSPARENTS

Les prestations de services rendues par les assujettis qui interviennent au nom et pour le compte d'autrui (**intermédiaires transparents**) dans les opérations visées aux n°s 90800 s. sont également exonérées de TVA en vertu de l'article 298 sexdecies A, 1-b du CGI. **90840**

> **Précisions** Lorsque l'intermédiaire agit en son nom propre pour le compte de son client (**intermédiaire opaque**), il est réputé acheteur-revendeur des biens ou des services pour lesquels il intervient (n° 83340). Par suite, dans cette situation, l'opération d'entremise dans une livraison d'or d'investissement s'analyse en deux ventes successives (par exemple, vente par le fournisseur à l'intermédiaire et vente par l'intermédiaire à son mandant) qui, en l'absence d'option pour la taxation, sont exonérées de la TVA en application de l'article 298 sexdecies A, 1-a du CGI (BOI-TVA-SECT-30-10 n° 160).

AUTRES OPÉRATIONS

Les autres opérations portant sur l'or d'investissement ne sont pas concernées par le régime particulier. Il s'agit essentiellement des **prestations de services à caractère financier.** Tel est le cas, notamment, des négociations portant sur des contrats d'option qui ne transmettent pas un droit de créance sur l'or physique, mais confèrent à leur titulaire le droit d'acheter ou de vendre à une échéance donnée une quantité d'or déterminée à un prix convenu (BOI-TVA-SECT-30-10 n° 110). **90850**

Ces prestations sont susceptibles de bénéficier de l'exonération prévue par l'article 261 C, 1°-g du CGI (qui vise les opérations relatives à l'or autre que l'or à usage industriel) lorsqu'elles sont réalisées par des professionnels du commerce des valeurs et de l'argent (établissements de crédit, prestataires de services d'investissement, changeurs, escompteurs et remisiers) ou toute autre personne qui effectue à titre principal des opérations de nature bancaire ou financière, sans possibilité d'option pour l'imposition à la TVA (CGI art. 260 C, 11°).

Il est rappelé que des textes particuliers (CGI art. 262, II-12° , 262 ter, II-2° et 291, II-4°) exonèrent également les **livraisons d'or aux instituts d'émission** (n° 22720) ainsi que les **acquisitions intracommunautaires et** les **importations** d'or par ces mêmes instituts (n°s 19825 et 22250). **90855**

III. OPTION POUR LA TAXATION

Certains opérateurs ont la possibilité de soumettre volontairement à la TVA certaines de leurs opérations. **90900**

A. Champ d'application de l'option

ASSUJETTIS PRODUISANT OU TRANSFORMANT DE L'OR

Les assujettis qui produisent de l'or d'investissement (**exploitation aurifère**) ou qui transforment de l'or en or d'investissement (**fondeurs, affineurs**) peuvent, sur option prévue par l'article 298 sexdecies B, 1 du CGI, soumettre à la TVA les **livraisons d'or d'investissement** (sous toutes ses formes y compris les pièces d'or) réalisées **au profit d'un autre assujetti** (BOI-TVA-SECT-30-10 n°s 170 et 180). **90910**

En revanche, les **livraisons** d'or d'investissement **à des non-assujettis,** les **acquisitions intracommunautaires et** les **importations** d'or d'investissement ne peuvent pas donner lieu à option et sont donc toujours exonérées de TVA (BOI-TVA-SECT-30-10 n°s 190 et 270). **90915**

> **Précisions** L'option exercée par le vendeur dans un autre État membre au titre de sa livraison intracommunautaire n'a pas pour effet de rendre taxable l'acquisition intracommunautaire correspondante qui demeure, en tout état de cause, exonérée (sans possibilité d'option).

LIVRAISONS D'OR D'INVESTISSEMENT DESTINÉ À UN USAGE INDUSTRIEL

Les assujettis qui réalisent habituellement des livraisons d'or d'investissement destiné à un usage industriel peuvent, sur option prévue par l'article 298 sexdecies B, 2 du CGI, soumettre à la TVA les **livraisons à un autre assujetti** qui portent sur l'or d'investissement sous la forme **de barres, lingots ou plaquettes** mentionnés au n° 90660. Les livraisons de pièces d'or ne peuvent donc pas donner lieu à option. **90930**

Pour pouvoir exercer l'option, les assujettis doivent donc être en mesure de démontrer qu'ils vendent **habituellement** de l'or d'investissement destiné à des fins industrielles (BOI-TVA-SECT-30-10 nos 200 et 210).

> Précisions Les **banques et** les **établissements financiers** ne sont pas exclus de ce dispositif d'option. Toutefois, pour exercer l'option, ces établissements doivent démontrer l'usage industriel de l'or d'investissement qu'ils vendent. À cet égard, l'activité statutaire de l'acquéreur ou une attestation de ce dernier constituent des éléments suffisants (BOI précité n° 200).

PRESTATIONS DES INTERMÉDIAIRES TRANSPARENTS

90940 Les assujettis qui interviennent au nom et pour le compte d'autrui (intermédiaires transparents) dans des livraisons, des acquisitions intracommunautaires ou des importations d'or d'investissement peuvent, sur option prévue par l'article 298 sexdecies B, 3 du CGI, soumettre leur prestation à la TVA lorsque l'**opération dans laquelle ils s'entremettent** est **elle-même** soumise **à la TVA sur option** (cas visés aux nos 90910 et 90930). Il appartient à l'intermédiaire d'apporter la **preuve** que la livraison a été elle-même soumise à la taxe. À cet égard, la **copie de la facture** sur laquelle figure la mention requise constitue un élément suffisant (BOI-TVA-SECT-30-10 n° 230).

Les **intermédiaires** transparents **intervenant à l'achat** dans des **opérations transfrontalières** ne peuvent pas soumettre leur prestation à la TVA sur option, dès lors que l'opération réalisée par le mandant est une acquisition intracommunautaire ou une importation qui ne peut, elle-même, donner lieu à option (voir n° 90915).

B. Modalités de l'option

90960 L'option pour la taxation peut être exercée pour chaque livraison ou prestation de services (**option au coup par coup**).

Cette option ponctuelle, qui ne nécessite aucune formalité particulière auprès de l'administration, est **exercée** directement **sur la facture** en y portant la **mention** « Application des articles 348 à 351 de la directive 2006/112/CE du 28 novembre 2006 ».

En l'absence de cette mention sur la facture, l'option est réputée ne pas avoir été exercée (CGI art. 298 sexdecies B, 4 ; BOI-TVA-SECT-30-10 n° 240).

C. Conséquences de l'option

90980 L'exercice de l'option pour la taxation a pour effet de soumettre l'opération concernée au **régime général de la TVA.** Le fait générateur, l'exigibilité, le taux de la taxe et les droits à déduction sont donc déterminés dans les conditions habituelles.

Il en va de même pour la base d'imposition, qui est ainsi constituée pour les livraisons par le prix total de la transaction (et non par le profit brut) même en cas de dématérialisation de l'or (BOI-TVA-SECT-30-10 n° 310).

> Précisions **a.** Les livraisons d'or d'investissement pour lesquelles l'option a été exercée sont susceptibles de bénéficier des exonérations prévues pour les **exportations** (nos 22400 s.) **et** les **livraisons intracommunautaires** (nos 20280 s.). On rappelle que, dans ce dernier cas, l'acquisition intracommunautaire correspondante demeure soumise au régime particulier (exonération sans possibilité d'option : n° 90915, précisions).

b. Les prestations de services des **intermédiaires transparents** pour lesquelles l'option a été exercée peuvent bénéficier de l'exonération visée au n° 26700 lorsqu'elles se rapportent à des exportations d'or d'investissement.

90985 Une particularité est cependant prévue en ce qui concerne le **redevable** de la **taxe due au titre des livraisons** d'or d'investissement imposées sur option : la taxe exigible à ce titre doit en effet, en vertu de l'article 298 sexdecies D du CGI, être acquittée par le destinataire.

Le vendeur est toutefois solidairement tenu au paiement de la taxe.

> Précisions La **taxe** ne doit donc **pas** être **facturée par le vendeur.**
Le client assujetti doit ainsi acquitter la TVA exigible au titre de la vente d'or d'investissement chaque fois que son fournisseur aura porté sur la facture la mention spécifique qui indique que la vente est soumise à la TVA sur option (n° 90960) (BOI-TVA-SECT-30-10 n° 320).

IV. DROIT À DÉDUCTION

LIVRAISONS D'OR EXONÉRÉES

Lorsque l'option n'a pas été exercée, les livraisons d'or d'investissement, bien qu'exonérées, ouvrent un **droit à déduction spécifique.** 91020

Il convient de distinguer la situation commune à tous les assujettis effectuant des livraisons d'or d'investissement et celle des assujettis produisant de l'or d'investissement ou transformant de l'or en or d'investissement.

Ventes d'or d'investissement Les assujettis qui réalisent des livraisons d'or d'investissement exonérées peuvent, en vertu de l'article 298 sexdecies C, 1 du CGI, déduire la TVA qui a grevé : 91030

- leurs **achats d'or d'investissement** lorsque ces achats ont été **soumis à la taxe** sur option du vendeur (nos 90900 s.) ;
- leurs achats d'or autre que d'investissement (**achats d'or industriel**) lorsque cet or a été acquis ou importé en vue de sa transformation en or d'investissement ;
- les **prestations de services** ayant pour objet un **changement de forme, de poids ou de pureté** de l'or, y compris l'or d'investissement (par exemple, fonte de barres en lingots ou affinage d'or industriel).

Dans ces trois situations, le droit à déduction spécifique ne concerne pas la taxe ayant grevé les **autres frais généraux** de l'entreprise (BOI-TVA-SECT-30-10 n° 350).

Assujettis produisant de l'or d'investissement ou transformant de l'or en or d'investissement Lorsqu'ils réalisent des livraisons d'or d'investissement exonérées, les assujettis qui produisent de l'or d'investissement ou qui transforment de l'or en or d'investissement (fondeurs et affineurs, principalement) peuvent, en vertu de l'article 298 sexdecies C, 2 du CGI, déduire, outre la taxe visée au n° 91030, la TVA qu'ils ont supportée au titre des livraisons, des acquisitions intracommunautaires et des importations des **biens ou** des **services directement liés à la production ou à la transformation de cet or.** 91040

Notamment, ces opérateurs peuvent déduire la taxe ayant grevé les matériels et équipements utilisés dans le cadre des opérations de production (engins de terrassement, etc.) ou de transformation (fours, etc.). En revanche, la taxe afférente aux **autres frais généraux** de l'entreprise n'est pas déductible (BOI-TVA-SECT-30-10 n° 370).

LIVRAISONS D'OR IMPOSÉES SUR OPTION

Les livraisons d'or d'investissement et les prestations d'entremise soumises à la TVA sur option ouvrent droit à déduction dans les **conditions habituelles** (n° 90980). 91050

V. OBLIGATIONS

Les assujettis qui réalisent des opérations portant sur l'or d'investissement sont soumis à des obligations spécifiques. 91080

COMPTABILISATION DISTINCTE DES OPÉRATIONS PORTANT SUR L'OR D'INVESTISSEMENT

Les assujettis doivent, en vertu de l'article 298 sexdecies E, 3 du CGI, comptabiliser distinctement les opérations portant sur l'or d'investissement **en** les **distinguant** selon qu'elles sont **exonérées ou** ont fait l'objet de l'**option.** Les opérateurs peuvent donc être conduits, selon le cas, à distinguer sur le plan comptable trois catégories d'opérations : celles ne portant pas sur l'or d'investissement ; les livraisons d'or d'investissement pour lesquelles l'option a été exercée ; les autres opérations portant sur de l'or d'investissement (BOI-TVA-SECT-30-10 n° 390). 91090

> **> Précisions** Cette distinction comptable emporte les **mêmes effets que** des **secteurs distincts** d'activité pour l'exercice du droit à déduction, étant rappelé que les livraisons exonérées d'or d'investissement ouvrent un droit à déduction spécifique (voir nos 91020 s.) (BOI précité).

IDENTIFICATION DES CLIENTS

Les **assujettis qui achètent et revendent de l'or d'investissement** doivent, en vertu de l'article 298 sexdecies E, 1 du CGI, **conserver** pendant six ans à l'appui de leur comptabilité les documents permettant d'identifier leurs clients pour toutes les opérations d'un **montant** égal ou **supérieur à 15 000 €.** 91100

Le 2 de l'article 298 sexdecies E précité précise que lorsqu'ils sont astreints à la tenue du **registre** prévu à l'article 537 du CGI, les assujettis peuvent répondre à l'obligation d'identification susvisée par la production dudit registre.

FACTURATION

91110 S'agissant des **ventes d'or d'investissement soumises sur option à la TVA,** le vendeur doit, nous l'avons vu au nº 90960, porter sur la facture qu'il délivre la mention formalisant son choix pour l'option, mais doit s'abstenir de mentionner la TVA exigible sur la facture (nº 90985).

91115 Lorsqu'elles sont **exonérées,** les opérations concernées (nºs 90800 s.) ne bénéficient **pas** de la **dispense de facturation** mentionnée au nº 45865.

En outre, pour que les **ventes de pièces d'or** puissent bénéficier de l'exonération, l'article 98 B de l'annexe III au CGI impose au **vendeur** de **mentionner sur les factures** correspondantes :

- la dénomination des pièces ;
- l'année et le pays de leur émission ;
- leur poids en or ;
- et le cours de l'or fin sur le marché libre au jour de la livraison.

Toutefois, les deux dernières mentions ne sont pas exigées lorsque les **pièces** cédées **figurent** sur la **liste annuelle** visée au nº 90670 (BOI-TVA-SECT-30-10 nº 430).

> **> Précisions** En cas de **vente par lots de pièces** d'or d'investissement **figurant sur la liste annuelle** :
> – lorsqu'un assujetti vend plusieurs pièces d'or d'investissement d'une même catégorie, frappées la même année, et figurant sur la liste annuelle publiée par l'administration, l'indication de l'année d'émission vaut pour l'ensemble des pièces de cette catégorie ;
> – lorsqu'un assujetti vend un lot de pièces d'or d'investissement d'une même catégorie dont les années d'émission sont différentes, il est admis à titre de simplification que la facture mentionne, pour cette catégorie, uniquement l'année d'émission de la pièce la plus ancienne (BOI précité).

SECTION 2 RÉGIME DE L'OR INDUSTRIEL

91150 L'or qui ne répond **pas** aux **spécifications de l'or d'investissement** exposées aux nºs 90650 s. doit être considéré comme de l'**or industriel.**

Les opérations portant sur l'or industriel sont soumises à la **TVA** dans les conditions de **droit commun,** sous réserve de la **particularité** signalée au nº 91160.

91160 Pour les **livraisons à un autre assujetti** d'or industriel sous forme de **matière première ou** de **produits semi-ouvrés** d'une pureté égale ou supérieure à 325 millièmes, le redevable de la taxe est, en vertu de l'article 283, 2 quater du CGI, le **destinataire.** Toutefois, le vendeur est solidairement tenu au paiement de la taxe.

L'or sous forme de matière première est constitué par l'or à l'état de minerai, l'or natif, l'or brut en masses, lingots, grenailles, poudre, y compris sous la forme d'alliage et les sels d'or.

Les produits semi-finis sont les produits utilisés dans le secteur de la bijouterie tels que l'or en feuilles, plaques, laminés, planés ou chaînes (BOI-TVA-SECT-30-20 nºs 1 à 20).

> **> Précisions** Selon la CJUE, le degré de pureté en or du bien concerné est décisif pour déterminer si une livraison d'or sous forme de matière première ou de produits semi-ouvrés relève du mécanisme d'autoliquidation prévu par l'article 198, 2 de la directive TVA (transposé en droit interne par l'article 283, 2 quater du CGI). Par suite entre dans le champ d'application de ce dispositif la livraison de **lingots constitués d'un alliage grossier et aléatoire** obtenu à partir de la fusion de débris et divers objets métalliques dont la **teneur en or** est supérieure à 325 millièmes (CJUE 26-5-2016 aff. 550/14 : RJF 8-9/16 nº 781).

CHAPITRE 13

LOCATIONS MEUBLÉES À USAGE D'HABITATION

SOMMAIRE

Les locations occasionnelles, permanentes ou saisonnières de logements meublés ou garnis à usage d'habitation sont **en principe exonérées** de TVA (CGI art. 261 D, 4°-al. 1). **91500**

Cette règle générale comporte toutefois des **exceptions.** En effet, l'exonération ne s'applique pas aux prestations hôtelières ou parahôtelières fournies dans des établissements d'hébergement qui font l'objet d'une exploitation professionnelle.

En outre, conformément à l'article 260 D du CGI, toutes les locations de locaux dont la destination finale est le logement meublé sont soumises au même régime de TVA que la prestation d'hébergement (taxation ou exonération).

Enfin, le régime de TVA des résidences de tourisme classées comporte certaines particularités qui justifient qu'il soit étudié séparément.

Nous serons donc amenés à exposer :

– dans une première section, le régime applicable à la **généralité des locations meublées** (c'est-à-dire autres que celles effectuées dans les résidences de tourisme classées) (nos 91600 s.) ;

– et dans une seconde section, le régime des **résidences de tourisme classées** (nos 92500 s.).

> **Précisions a. Absence d'option.** Les locations meublées à usage d'habitation exonérées ne peuvent pas faire l'objet d'une option pour le paiement volontaire de la TVA (BOI-TVA-CHAMP-10-10-50-20 n° 1). Cette interdiction n'est pas contraire au droit communautaire puisque l'article 137, 1-d de la directive TVA autorise les États membres à accorder le droit d'opter pour la taxation, sans pour autant les y contraindre.

b. **Contribution annuelle sur les revenus locatifs (CRL).** Lorsqu'ils sont exonérés de TVA en application de l'article 261 D, 4° du CGI ou lorsqu'ils bénéficient de la franchise en base (nos 47600 s.), les loueurs en meublé sont redevables de la CRL s'il s'agit de **personnes morales** passibles de l'impôt sur les sociétés, d'organismes sans but lucratif, de personnes morales non imposables ou de sociétés de personnes (et assimilées) dont un membre au moins est soumis à l'impôt sur les sociétés dans les conditions de droit commun et si les locaux sont situés dans des immeubles achevés depuis 15 ans au moins (CGI art. 234 nonies à 234 quindecies).

SECTION 1

GÉNÉRALITÉ DES LOCATIONS MEUBLÉES

91600 Nous allons exposer le régime de TVA applicable aux locations meublées **autres que** celles effectuées dans les **résidences de tourisme classées,** en distinguant :
- le champ d'application du régime des loueurs en meublé (nos 91650 s.) ;
- le taux applicable aux prestations d'hébergement imposables (nos 91930 s.) ;
- et les droits à déduction des loueurs (nos 92350 s.).

Remarque : Les obligations **déclaratives et comptables** des loueurs en meublé imposables sont, à titre général, les **mêmes que celles des autres redevables** de la TVA et dépendent du régime d'imposition dont ils relèvent (voir, à cet égard, nos 47600 s. et 47750 s. les limites des régimes d'imposition applicables aux loueurs en meublé).

A. Champ d'application du régime des loueurs en meublé

91650 Après avoir défini les locations en meublé exonérées (nos 91670 s.) et celles qui sont imposables (nos 91770 s.), nous nous arrêterons sur le cas particulier des locations de locaux nus ou meublés dont la destination finale est le logement meublé (locations indirectes : nos 91860 s.).

a. Locations exonérées

91670 L'article 261 D, 4° du CGI exonère les locations de logements **meublés ou garnis à usage d'habitation.** L'imposition de ces locations est donc l'exception (BOI-TVA-CHAMP-30-10-50 n° 100).

LOCAUX CONCERNÉS

91680 Les logements meublés ou garnis s'entendent des **locaux** qui sont destinés à l'**habitation** et qui comportent les **éléments mobiliers** ayant pour effet de leur conférer un minimum d'habitabilité.

En revanche, la location à l'heure, à la journée, à la semaine ou au mois de **roulottes, camping-cars,** péniches, **bateaux,** etc., s'analyse comme une location de biens meubles corporels obligatoirement imposable à la TVA au taux normal (BOI-TVA-CHAMP-30-10-50 n° 110).

91690 **Locations de caravanes et installations assimilées** La fourniture de **caravanes,** tentes, **mobile homes** et d'**habitations légères de loisirs** assimilés à des installations fixes, spécialement aménagés et exclusivement réservés à l'habitation doit être considérée comme une fourniture de logement imposable à la TVA au taux normal (BOI-TVA-LIQ-30-20-10-30 n° 10). Cette activité peut toutefois être soumise au taux intermédiaire dans les **campings classés** (nos 92030 s.).

91700 **Locations concomitantes d'un local et de meubles** La location par **deux baux** notariés à la même personne, d'une part, de **locaux d'habitation** et, d'autre part, des **meubles** garnissant ces locaux constitue une location meublée (CE 29-6-1964 n° 36349). De même, une **société A** qui **donne à bail des locaux nus** les loue en réalité meublés, dès lors que les meubles sont **donnés en location** concomitamment **par une société B** qui appartient au **même groupe,** est composée des mêmes associés, a son siège à la même adresse, et que la société A perçoit l'intégralité des loyers provenant des deux types de location (CE 26-6-1992 n° 73462 : RJF 8-9/92 n° 1217).

En ce qui concerne le cas d'un locataire ayant la **jouissance des meubles contenus dans l'immeuble,** voir n° 3715.

Locations de parkings En ce qui concerne le régime des locations d'emplacements pour le stationnement des véhicules étroitement liées à des locations de logements meublés exonérées, voir nos 3875 s. 91710

CONDITIONS DE LA LOCATION

L'exonération s'applique quel que soit le **montant** des loyers perçus (BOI-TVA-CHAMP-30-10-50 n° 140). 91720

Selon l'administration, la fourniture de certaines **prestations annexes** (petit déjeuner, nettoyage, fourniture de linge, etc.), telles que celles définies aux nos 91800 s., n'empêche pas l'exonération de la fourniture de logement proprement dite. Ces prestations annexes demeurent imposables au taux qui leur est propre (taux normal de manière générale) dans les conditions de droit commun dès lors qu'elles ne sont **pas** habituellement **incluses dans le prix de location** d'un logement meublé, sous réserve du bénéfice de la franchise en base prévue par l'article 293 B du CGI (nos 47600 s.). En revanche, lorsque ces prestations annexes sont **incluses dans le prix** de location du logement meublé, elles ne doivent pas être soumises à la TVA. 91725

Lorsque les prestations annexes sont fournies dans les conditions fixées à l'article 261 D, 4°-b du CGI, l'opération est considérée dans son ensemble comme relevant d'une **activité hôtelière ou parahôtelière** et devient imposable (voir nos 91800 s.) (BOI-TVA-CHAMP-30-10-50 n° 120).

Remarque : Sur les critères permettant de déterminer si l'on est en présence d'une opération unique ou d'opérations dissociables, voir nos 1270 s.

Le **caractère occasionnel, permanent** ou **saisonnier** de l'activité, la **périodicité** de la location (nuit, semaine, mois ou année) sont sans influence sur la situation au regard de la TVA (BOI-TVA-CHAMP-30-10-50 n° 130). 91730

Remarque : Selon la CJUE, la durée de l'hébergement constitue un critère de distinction approprié entre l'hébergement dans le secteur hôtelier (taxable) et la location de pièces d'habitation (exonérée) dans la mesure où l'hébergement hôtelier se distingue de la location meublée par, entre autres critères, la durée du séjour (lequel est souvent bref dans un hôtel) (CJUE 12-2-1998 aff. 346/95 : RJF 4/98 n° 522).

PERSONNES CONCERNÉES

Sont notamment exonérés : 91740

– les **particuliers** qui louent en meublé, de manière occasionnelle ou permanente, une résidence secondaire, un logement touristique ou une partie de leur résidence principale, **sans** offrir, au minimum, un ensemble de **services** assimilables aux services hôteliers, dans les conditions exposées aux nos 91800 s. ;

– les **entreprises** qui mettent à la disposition de leur **personnel** un logement meublé moyennant une rémunération. Le fait que le personnel soit affecté ou non à la surveillance, à la sécurité ou au gardiennage des locaux est sans incidence (BOI-TVA-CHAMP-30-10-50 n° 120).

> **Précisions** Les prestations d'hébergement rendues par une association qui gère une **maison d'enfants à caractère social** et qui, à ce titre, **prend en charge** des **enfants placés** par les services de l'aide sociale, **notamment** en assurant leur **hébergement,** ne peuvent être assimilées à une activité de location meublée. En conséquence, l'exonération de l'article 261 D, 4° du CGI ne leur est pas applicable (CE 13-7-2007 n° 282054 : RJF 11/07 n° 1233).

b. Locations imposables

Il résulte de l'article 261 D, 4°-a et b du CGI que l'exonération ne s'applique pas aux **prestations hôtelières ou parahôtelières** fournies **dans des établissements d'hébergement** qui font l'**objet d'une exploitation professionnelle.** 91770

Sont ainsi imposables les prestations d'hébergement fournies :

– dans les **hôtels** et les **résidences de tourisme classés** ;

– dans les **villages de vacances classés ou agréés** ;

– ainsi que les prestations d'hébergement fournies dans des conditions proches de l'hôtellerie (**parahôtellerie** : voir nos 91800 s.).

En raison de sa spécificité, le régime de TVA des **résidences de tourisme classées** fait l'objet d'une étude distincte exposée aux nos 92500 s.

Remarques : **1.** Les dispositions ci-dessus ne remettent pas en cause l'exonération de TVA prévue à l'article 261, 7-1°-b du CGI qui s'applique de plein droit aux **associations et organismes sans but lucratif** exerçant une activité d'hébergement lorsque les critères de non-lucrativité décrits aux nos 11180 s. sont satisfaits.

2. Les locations passibles de la TVA en application de l'article 261 D, 4° du CGI peuvent échapper à la taxe lorsque l'exploitant bénéficie de la **franchise en base** (n°s 47600 s.).

HÔTELS DE TOURISME CLASSÉS

91780 Un hôtel de tourisme est un établissement commercial d'hébergement offrant des chambres ou des appartements meublés à une clientèle qui effectue un séjour à la journée, à la semaine ou au mois mais qui, sauf exception, n'y élit pas domicile. Il est dit « hôtel saisonnier » lorsque sa durée d'ouverture n'excède pas neuf mois par an en une ou plusieurs périodes.

Tous les **établissements hôteliers** qui ont fait l'objet d'un classement dans les conditions fixées par la réglementation du tourisme sont soumis à la TVA dans les conditions de droit commun.

La procédure de classement des hôtels est définie par les articles L 311-6 et D 311-4 et suivants du Code du tourisme.

VILLAGES DE VACANCES CLASSÉS OU AGRÉÉS

91790 L'exonération de TVA prévue à l'article 261 D, 4° du CGI ne s'applique pas, en vertu du a dudit article, aux prestations d'hébergement fournies dans les villages de vacances classés ou agréés.

La procédure de classement de ces établissements est définie par les articles L 325-1 et D 325-4 et suivants du Code du tourisme.

PARAHÔTELLERIE

91800 L'activité des exploitants qui offrent des **prestations parahôtelières** est imposable à la TVA.

En effet, selon l'article 261 D, 4°-b du CGI, l'exonération prévue pour les locations meublées ne s'applique pas aux prestations de mise à disposition d'un local meublé ou garni effectuées à titre onéreux et de manière habituelle, lorsque, outre l'hébergement, l'exploitant (ou son mandataire) offre dans des conditions similaires à celles proposées par les établissements hôteliers professionnels, au moins **trois** des **prestations** suivantes : le petit déjeuner, le nettoyage régulier des locaux, la fourniture de linge de maison et la réception, même non personnalisée, de la clientèle.

Remarque : Sont susceptibles d'être imposés sur la base de ces critères, notamment, les **maisons de retraite,** les **résidences pour étudiants,** les **gîtes ruraux,** les chambres d'hôtes, les maisons ou appartements meublés.

91810 **Critères d'imposition** L'activité parahôtelière est caractérisée par l'**offre** en sus de l'hébergement **d'au moins trois des services suivants** parmi les quatre qui sont cités au b du 4° de l'article 261 D du CGI :

– l'exploitant dispose des moyens nécessaires pour être en mesure, si besoin, de fournir le **petit déjeuner** à l'ensemble des locataires. Celui-ci doit être fourni selon les usages professionnels, c'est-à-dire, au choix de l'exploitant, soit dans les chambres ou appartements, soit dans un local aménagé permettant la consommation sur place des denrées, situé dans l'immeuble ou l'ensemble immobilier ;

– le **nettoyage des locaux** est effectué de manière **régulière.** Cette condition est considérée comme établie lorsque, bien que ne fournissant pas effectivement un service régulier de nettoyage, l'exploitant dispose des moyens lui permettant de proposer un tel service au client durant son séjour, selon une périodicité régulière. En revanche, elle doit être considérée comme non satisfaite si l'exploitant se contente d'un nettoyage au début et en fin de séjour (CE (na) 22-4-2022 n° 454330 : RJF 7/22 n° 635) ;

– l'exploitant dispose des moyens nécessaires pour être en mesure de **fournir** pendant le séjour le **linge de maison** à l'ensemble des locataires ;

– l'exploitant dispose durant la période de location des moyens nécessaires pour être en mesure de proposer un service de **réception même non personnalisé de la clientèle.** Cet accueil peut être confié à un mandataire qui l'assure en un lieu unique différent du local lui-même.

EXEMPLE

Un mandataire assure un service d'accueil, situé à l'entrée d'un village, d'un local meublé situé dans ce village.

De la même façon, un système d'accueil électronique suffit.

Enfin, le local meublé doit **comporter** tous les **éléments mobiliers indispensables** pour une occupation normale par le locataire. Il n'est en revanche **pas exigé** que l'exploitant soit immatriculé au **registre du commerce et des sociétés** (BOI-TVA-CHAMP-10-10-50-20 n° 40).

Ces services peuvent, le cas échéant, être réalisés par des tiers mandatés par l'exploitant (voir n°s 91825 s.).

> **Précisions** La condition relative au **nettoyage régulier des locaux** doit être considérée comme remplie par un exploitant qui se contente d'un nettoyage au début et en fin de séjour dès lors qu'il dispose des moyens lui permettant de proposer un service de nettoyage selon une périodicité régulière (Rép. Martinez : AN 27-3-2012 n° 119779, non reprise au Bofip mais dont la solution nous paraît conserver sa valeur). La possibilité de proposer une telle prestation n'est pas établie par la seule production de factures ne faisant état d'aucun nettoyage supplémentaire autre que celui réalisé le jour de l'arrivée et la veille du départ (CE (na) 22-4-2022 n° 454330 précité).

Pour être imposables à la TVA, les prestations d'hébergement définies au n° 91810 doivent être effectuées **à titre onéreux et de manière habituelle** (réalisation répétée de prestations de locations). **91815**

Le caractère onéreux de la mise à disposition d'un local garni ou meublé suppose que cette mise à disposition s'effectue moyennant le paiement d'un loyer. Cela étant, lorsque le **loyer** n'est **pas en relation avec l'avantage reçu,** le bailleur ne peut pas être réputé exercer une activité économique imposable à la TVA. L'opération de location se trouve ainsi placée hors du champ d'application de la TVA et elle ne peut donc pas autoriser l'ouverture d'un droit à déduction au titre des dépenses exposées pour sa réalisation (n°s 5200 s.).

Notion d'exploitant L'exploitant est celui qui **assume** personnellement tous **les risques** de l'entreprise et qui est **responsable vis-à-vis des clients,** ce qui implique qu'il agisse en son nom propre à leur égard. **91825**

Le recours à un intermédiaire agissant au nom et pour le compte de l'exploitant à l'égard des clients (**mandataire**) ne fait pas perdre au mandant sa qualité d'exploitant.

En revanche, si le mandataire ou le simple prestataire de services chargé de la gestion de l'établissement assume en fait les risques de l'exploitation ou agit en son nom propre à l'égard de la clientèle, il est considéré comme l'exploitant réel de l'établissement (BOI-TVA-CHAMP-10-10-50-20 n° 50).

L'exploitant qui fait **appel à un tiers pour l'exécution** de tout ou partie **des prestations** (traiteur, entreprise de nettoyage) est redevable de la TVA dès lors qu'il est seul responsable vis-à-vis des clients de la prestation hôtelière et qu'il en perçoit directement la totalité du prix au moyen d'une note établie sous son nom commercial (BOI précité n° 50 ; en ce sens également, CE 20-11-2017 n° 392740 : RJF 2/18 n° 155).

Dans le cas contraire, c'est-à-dire lorsque des professionnels distincts assurent chacun sous leur responsabilité la fourniture de logements meublés ou garnis à usage d'habitation, d'une part, et tout ou partie des prestations annexes, d'autre part, la fourniture de logement meublé est exonérée de la TVA.

On peut considérer en pratique que le fait pour un exploitant d'offrir les services visés au n° 91810 rend imposables toutes les locations meublées qu'il consent dans le même immeuble ou ensemble immobilier (BOI précité n° 50).

La cour administrative d'appel de Nantes a jugé, pour sa part, que doit être regardé comme effectuant des prestations de mise à disposition de locaux meublés assorties de services hôteliers exclues du champ de l'exonération de la TVA en application de l'article 261 D, 4°-b du CGI le **propriétaire d'un appartement** qui, **n'offrant pas sous son propre nom** de telles prestations à ses locataires, en confie l'accomplissement à un **tiers mandataire,** nonobstant la circonstance que le contrat le liant à ce dernier prévoit que celui-ci dispose des pouvoirs les plus larges pour organiser la gestion des biens qui lui sont confiés et que les produits perçus de la location ne sont pas ceux de l'exploitation de son bien, mais résultent d'une répartition du résultat d'exploitation global de l'immeuble (CAA Nantes 28-6-2004 n° 01-1232 : RJF 3/05 n° 227). **91830**

c. Locations indirectes

Afin que les investisseurs concernés ne puissent « choisir » leur régime d'imposition en créant ou en utilisant une structure intermédiaire, l'article 260 D du CGI prévoit que la **location** de locaux nus ou meublés **dont la destination finale est le logement meublé** est toujours considérée comme une opération de fourniture de logement meublé. **91860**

Toutefois, l'article 261 D, 4°-c du CGI dispose que l'exonération ne s'applique pas aux locations de locaux nus, meublés ou garnis consenties à l'exploitant d'un établissement d'hébergement qui remplit les conditions fixées au a ou au b de ce même article (n° 91870), à l'exclusion de celles consenties à l'exploitant d'un **logement-foyer** mentionné à l'article L 633-1 du Code de la construction et de l'habitation dont l'activité n'ouvre pas droit à déduction (n° 91880).

Ces dispositions emportent les conséquences suivantes.

LOCATIONS IMPOSABLES

91870 En application de l'article 261 D, 4°-c du CGI, toutes les **locations de locaux** nus, meublés ou garnis consenties **à des exploitants d'établissements d'hébergement** à caractère hôtelier visés au a ou b du même article (mentionnés au n° 91770) sont taxables **de plein droit à la TVA** (à l'exclusion de celles consenties à l'exploitant d'un logement-foyer dont l'activité n'ouvre pas droit à déduction : n° 91880).

Conformément à l'article 260 D du même Code, ces locations sont assimilées à des fournitures de logement meublé, notamment pour l'application du taux intermédiaire (n° 91980).

Par ailleurs, elles doivent être taxées **quelles que soient** les **exonérations de TVA** dont pourraient bénéficier, **à un autre titre,** les **preneurs** pour leurs propres opérations (BOI-TVA-CHAMP-10-10-50-20 n° 100).

EXEMPLE

Le preneur est une association bénéficiant de l'exonération prévue par l'article 261, 7-1° du CGI.

De même, le dispositif s'applique lorsque le **preneur** est **non assujetti** à la TVA dans les conditions prévues par les dispositions de l'article 256 B du CGI (BOI précité n° 100).

EXEMPLE

Un centre communal d'action sociale.

LOCATIONS EXONÉRÉES

91880 Conformément aux principes exposés au n° 91860, les locations de locaux nus, meublés ou garnis sont exonérées de plein droit de la TVA, sans possibilité d'option :

– d'une part, lorsqu'elles sont consenties pour les besoins d'une **activité exonérée de fourniture de logement meublé** ou garni à usage d'habitation ;

– d'autre part, lorsqu'elles sont consenties à des **exploitants de logements-foyers** dont l'activité n'ouvre pas droit à déduction. Sont concernés les établissements destinés au logement collectif à titre de résidence principale de personnes dans des immeubles comportant à la fois des locaux privatifs meublés ou non et des locaux communs affectés à la vie collective, à condition toutefois que les sommes qu'ils perçoivent au titre de leur propre **activité de location** soient elles-mêmes **exonérées** de TVA **ou** placées **hors du champ d'application** de cette taxe. Le fait que l'activité de l'exploitant ouvre droit à déduction ou non est apprécié par immeuble ou ensemble d'immeubles formant un secteur distinct d'activité (BOI-TVA-CHAMP-10-10-50-20 n° 110).

> **Précisions** La **location à des cliniques,** qui sont par nature des établissements de santé, de locaux nus acquis par une société par voie de crédit-bail ne peut **pas** être regardée comme consentie à l'exploitant d'un **établissement d'hébergement** au sens de l'article 261 D, 4°-b du CGI. Cette location est donc exonérée de TVA (CAA Versailles 17-12-2019 n°s 18VE00863 et 18VE02573 : RJF 6/20 n° 527).

B. Taux applicable aux prestations d'hébergement imposables

91930 Le taux intermédiaire est en principe applicable aux prestations d'hébergement soumises à la TVA (CGI art. 279, a). Toutefois, la fourniture de logement dans les maisons de retraite, les établissements accueillant des personnes handicapées, les logements-foyers, les foyers de jeunes travailleurs, les centres de réadaptation professionnelle et les centres d'accueil, ainsi que dans certaines résidences hôtelières à vocation sociale bénéficie du taux réduit de 5,5 % (CGI art. 278-0 bis, C).

Nous examinerons successivement :

– les prestations d'hébergement soumises au taux intermédiaire (n°s 91950 s.) ;

– les prestations d'hébergement soumises au taux normal (n°s 92100 s.) ;

– le cas particulier des prestations fournies dans les maisons de retraite, les établissements accueillant des handicapés, les logements-foyers, certains établissements sociaux et médico-sociaux et certaines résidences hôtelières à vocation sociale, soumises au taux réduit (n°s 92150 s.).

Signalons que le taux intermédiaire s'applique également à la location d'aires d'accueil ou de terrains de passage des gens du voyage (n° 42540).

1. PRESTATIONS D'HÉBERGEMENT SOUMISES AU TAUX INTERMÉDIAIRE

Le taux intermédiaire s'applique aux prestations fournies par les établissements d'hébergement (nos 91970 s.) et dans les campings classés (nos 92030 s.). **91950**

a. Prestations fournies par les établissements d'hébergement

ÉTABLISSEMENTS D'HÉBERGEMENT SOUMIS AU TAUX INTERMÉDIAIRE

Le taux intermédiaire bénéficie aux établissements suivants, pour autant qu'ils soient imposables en application de l'article 261 D, 4° du CGI : **91970**

– les établissements visés au n° 91770 (hôtels et résidences de tourisme classés, villages de vacances classés ou agréés, établissements parahôteliers) ;

– les gîtes ruraux (CE 12-11-1990 n° 74261 : RJF 1/91 n° 46) ;

– les auberges rurales, les colonies de vacances et centres de nature (Inst. 3 C-8-78, non reprise au Bofip mais dont la solution conserve selon nous sa valeur) ;

– les classes de neige et les gîtes pour enfants (Rép. Haesebroeck : AN 3-2-1979 n° 1447, non reprise au Bofip mais dont la solution conserve selon nous sa valeur).

En ce qui concerne les campings classés, voir nos 92030 s.

LOCATIONS EN MEUBLÉ INDIRECTES

Par l'effet de l'article 260 D du CGI, c'est le **taux de la prestation d'hébergement** (le taux intermédiaire, s'agissant des établissements d'hébergement) qui s'applique aux locations imposables de locaux nus ou meublés dont la destination finale est le logement en meublé (en ce sens, BOI-TVA-LIQ-30-20-10-10 n° 60). **91980**

Ainsi, le propriétaire de locaux nus, meublés ou garnis, qui les loue à l'exploitant d'un **établissement d'hébergement** imposable à la TVA à ce titre, est lui-même imposable à la TVA au taux intermédiaire (Rép. Valleix : AN 17-2-1992 n° 51059, non reprise au Bofip mais qui conserve sa valeur).

> **Précisions a.** Selon l'administration, si la location porte **également** sur des locaux utilisés à usage de **restaurant,** les recettes de location correspondantes sont normalement passibles du taux normal de la taxe. Il appartient au bailleur de **ventiler** le loyer correspondant à chacun des deux établissements (hébergement et restauration) loués. À défaut, la taxe est due au taux le plus élevé, soit, au cas particulier, le taux normal (en ce sens, Lettre SLF du 14-10-1983 ; sur les critères permettant de déterminer si l'on est en présence d'une opération unique ou d'opérations dissociables, voir nos 1270 s.).
> **b.** Selon le Conseil d'État, la **location de centres de vacances,** composés de plusieurs bâtiments et d'importantes infrastructures comme des terrains de sport ou des piscines, est **assimilée** dans son ensemble **à une location meublée,** dès lors que ces prestations, sans facturation distincte de celle de l'hébergement, ne constituent pas une fin en soi pour la clientèle et qu'elles ne sont pas séparables de la prestation principale de logement et de nourriture à laquelle elles se rattachent et dont elles doivent suivre le traitement fiscal en tant que prestations accessoires (CE 30-12-2009 n° 301077 : RJF 4/10 n° 342).

OPÉRATIONS SOUMISES AU TAUX INTERMÉDIAIRE

Fourniture de logement Lorsque la fourniture de logement est imposable à la TVA au taux intermédiaire, celui-ci s'applique au **prix de location** des chambres, studios, appartements, villas et caravanes statiques meublés (BOI-TVA-LIQ-30-20-10-10 n° 40). **91990**

Pension et demi-pension Le taux applicable à la pension et demi-pension hôtelière (et, de manière plus générale, aux services de restauration proposés par les établissements d'hébergement) est le taux intermédiaire, à l'exclusion des ventes de **boissons alcooliques** soumises au taux normal (voir nos 42590 s.). **92000**

Prestations annexes Tous les services annexes **facturés en sus** (téléphone, télévision, petit déjeuner, blanchissage, garage pour automobiles, soins de coiffure ou de beauté, droit d'usage d'installations sportives, etc.), toutes les **ventes** (cartes postales, bibelots, etc.) ainsi que les **recettes annexes** (publicité, locations de vitrines, location de chevaux, etc.) doivent être soumis à la TVA au taux qui leur est propre (BOI-TVA-LIQ-30-20-10-10 n° 50). **92010**

Il en est de même, selon l'administration, des prestations incluses dans un **séjour à prix forfaitaire** (BOI précité n° 80).

Remarque : Cette interprétation doit être nuancée, des prestations offertes en sus de l'hébergement pouvant en effet, selon la jurisprudence, être considérées comme **accessoires** de celui-ci et suivre le même sort fiscal (voir n° 92015).

92015 Faisant application de la **jurisprudence** de la CJUE (désormais reprise à l'article 257 ter du CGI : nos 1270 s.), selon laquelle une prestation doit être regardée comme une prestation accessoire, partageant le sort fiscal de la prestation principale, lorsqu'elle ne constitue pas pour la clientèle une fin en soi, mais le moyen de bénéficier dans les meilleures conditions du service principal, le Conseil d'État a jugé que l'accès à un vaste **complexe aquatique** à finalité ludique pour la clientèle qui séjourne dans un village de vacances, **accessoire à la prestation d'hébergement,** peut bénéficier du taux intermédiaire de la TVA (CE 24-6-2015 n° 365849 : RJF 10/15 n° 779). En l'espèce, la Haute Assemblée a relevé que l'accès au complexe était **compris dans le prix du séjour,** que les clients n'avaient pas la faculté de refuser d'acquérir l'accès à ce complexe, alors même qu'il ne pouvait jamais être garanti compte tenu de sa capacité d'accueil, que ces installations aquatiques ne contribuaient qu'à hauteur de 10 % à la formation du prix de revient des hébergements et ne réunissaient qu'une faible partie de la soixantaine d'activités proposées dans le domaine, et que la fréquentation du complexe ne constituait ni nécessairement un critère déterminant du choix de séjourner dans un village de vacances, ni une pratique systématique lors du séjour.

Certaines cours ont également accordé, sur le fondement du même principe, le bénéfice du taux intermédiaire aux prestations annexes suivantes :

– prestations de mise à disposition de la clientèle par un hôtelier, **sans facturation distincte** de celle de l'hébergement, d'une **piscine,** d'un **sauna,** d'**appareils de musculation** et de **salles de séminaires** (CAA Lyon 1-4-2004 n° 98-53 : RJF 7/05 n° 676) ;

– dans le cadre de formules de « **séjours tout compris** », prestations d'accès aux **équipements sportifs,** aux **espaces de détente** et de bien-être et aux **mini-clubs.** En revanche, il a été jugé que les **prestations d'animation sportive ou en soirée** demeuraient soumises au taux normal (CAA Versailles 5-4-2011 n° 09VE04193 : RJF 10/11 n° 1040).

b. Prestations fournies dans les campings classés

92030 L'article 279, a du CGI, soumet à la TVA au taux intermédiaire la fourniture de logement dans les campings classés.

EXPLOITANTS DE TERRAINS DE CAMPING CLASSÉS

92040 La fourniture de **caravanes,** tentes, **mobile homes** et d'**habitations légères de loisirs** assimilés à des installations fixes, spécialement aménagés et exclusivement réservés à l'habitation, est, on le rappelle, considérée comme une fourniture de logement imposable à la TVA au taux normal (n° 91690). Elle peut toutefois être soumise au **taux intermédiaire** si les **conditions** suivantes sont remplies :

– les biens mis à disposition par l'exploitant pour assurer ses prestations d'hébergement doivent être **spécialement aménagés** pour un usage d'habitation. Le fait que ces biens comportent ou non des moyens de mobilité reste sans influence dès lors que le locataire les utilise comme des installations fixes et ne peut les déplacer ;

– le terrain de camping doit être **classé** dans les conditions prévues par la réglementation en vigueur (BOI-TVA-LIQ-30-20-10-30 n° 10).

92045 Les **associations** qui exploitent un terrain de camping sont soumises, lorsqu'elles ne bénéficient pas de l'exonération prévue à l'article 261, 7-1° du CGI, au taux intermédiaire au titre de la **fourniture de logement** dans les terrains de camping classés dans les conditions prévues à l'article 279, a du même Code (n° 92040). S'agissant du taux applicable aux **prestations annexes** telles que la restauration ou la pratique d'activités sportives, voir nos 92010 s.

ORGANISATEURS DE VOYAGES

92050 Des organisateurs de voyages prennent en location auprès d'un exploitant de camping des emplacements sur lesquels ils installent des tentes, caravanes, mobile homes ou habitations légères de loisirs qui leur appartiennent en vue de les mettre à la disposition de leurs clients.

Dans cette situation, l'organisateur de voyages peut soumettre à la TVA au taux intermédiaire la prestation d'hébergement si l'exploitant du terrain de camping où sont installés les moyens d'hébergement remplit les **conditions** de classement (BOI-TVA-LIQ-30-20-10-30 n° 40).

2. PRESTATIONS D'HÉBERGEMENT SOUMISES AU TAUX NORMAL

92100 Sont passibles du taux normal les fournitures de logement en meublé ou garni fournies par les établissements qui ne constituent pas des établissements d'hébergement au sens de l'article 279, a du CGI (n° 91970). Il s'agit :

– d'une part, des **caravanes** automotrices ou non (autres que celles visées au n° 92040, qui relèvent du taux intermédiaire), des roulottes hippomobiles, des navires de plaisance habitables affectés à la navigation en rivière (house-boats) qui doivent être considérés comme des **exploitations de nature mobilière** (n° 91680) ;

– et, d'autre part, des **établissements qui n'ont pas pour objet principal la fourniture de logement** (exemple : établissements de soins, à l'exclusion des maisons de retraite, des établissements accueillant des personnes handicapées, des logements-foyers, de certains établissements sociaux et médico-sociaux et de certaines résidences hôtelières à vocation sociale : n°s 92150 s.) (BOI-TVA-LIQ-20-20 n° 230 ; dans le même sens s'agissant de l'application du taux normal à la location de locaux nus à une clinique, CAA Versailles 17-12-2019 n°s 18VE00863 et 18VE02573 : RJF 6/20 n° 527).

Remarques : **1.** La doctrine exposée ci-dessus, qui exclut du bénéfice du taux intermédiaire les prestations d'hébergement fournies par les établissements n'ayant pas pour objet principal la fourniture de logement, est confortée par l'arrêt du Conseil d'État analysé au n° 92105.

2. S'agissant du taux applicable aux prestations de **services annexes** (exemple : téléphone, vestiaire, garage, locations d'emplacements, nettoyage de vêtements, soins de beauté, de manucure, de coiffure, etc.) ou aux **ventes accessoires** (souvenirs, cartes postales, etc.), voir n°s 92010 s. On rappelle à cet égard que les **ventes à consommer sur place** de produits alimentaires (hors boissons alcooliques) relèvent du taux intermédiaire (n°s 42590 s.).

Les **prestations d'hébergement** fournies par les **résidences avec services aux visiteurs** des personnes qu'elles hébergent n'entrent pas, lorsqu'elles sont imposables, dans le champ des prévisions de l'article 279, a du CGI, lesquelles ne visent que les prestations d'hébergement fournies par les établissements hôteliers ou les entreprises ayant une fonction similaire, au nombre desquelles ne sont pas les résidences avec services, dont l'accès est réservé aux résidents et à leurs visiteurs (CE 22-5-2002 n° 226954 : RJF 8-9/02 n° 922). C'est donc le taux normal qui s'applique à ces prestations d'hébergement, de même qu'à celles fournies aux résidents, dès lors que les résidences avec services ne sont pas au nombre des établissements hôteliers ou parahôteliers (voir toutefois n° 92160 s'agissant des résidences services pour personnes âgées). **92105**

Remarque : En revanche, les prestations de restauration sur place fournies par ces résidences aux visiteurs bénéficient du taux intermédiaire en vertu de l'article 279, m du CGI (n°s 42590 s.).

3. PRESTATIONS FOURNIES DANS LES MAISONS DE RETRAITE ET DANS CERTAINS ÉTABLISSEMENTS À VOCATION SOCIALE OU MÉDICO-SOCIALE

En application de l'article 278-0 bis, C du CGI, sont soumises au taux réduit de 5,5 % la fourniture de logement et de nourriture dans les maisons de retraite, les établissements accueillant des handicapés, les logements-foyers et certains établissements sociaux et médico-sociaux, ainsi que les prestations d'hébergement et d'accompagnement social rendues dans certaines résidences hôtelières à vocation sociale. Ce taux s'applique également à la fourniture de prestations exclusivement liées, d'une part, à l'état de dépendance des personnes âgées et, d'autre part, aux besoins d'aide des personnes handicapées, hébergées dans ces établissements et qui sont dans l'incapacité d'accomplir les gestes essentiels de la vie quotidienne. **92150**

a. Prestations fournies dans les maisons de retraite

ÉTABLISSEMENTS CONCERNÉS

L'application du taux réduit ne concerne, selon l'**administration,** que les **établissements privés à but lucratif** hébergeant des personnes âgées (maisons de retraite, logements-foyers, etc.) qui ont été dûment **autorisés** en application de l'article L 312-1 du **Code de l'action sociale et des familles.** Sont ainsi exclues du bénéfice du taux réduit les **résidences pour personnes âgées,** notamment les résidences en copropriété ou les résidences locatives sans prise en charge collective, non soumises à l'article L 312-1 du CASF (BOI-TVA-LIQ-30-20-10-10 n° 110). **92160**

Le **Conseil d'État** considère, quant à lui, indépendamment de toute question de délivrance ou non d'une autorisation, que les maisons de retraite s'entendent des établissements sociaux ou médico-sociaux destinés à l'hébergement des personnes âgées et mentionnés au 6° de l'article L 312-1, I du CASF et qui sont régis par les dispositions de ce Code (CE 18-3-2019 n° 409652 : RJF 6/19 n° 532).

Les établissements d'hébergement pour personnes âgées peuvent donc bénéficier du taux réduit en application de la jurisprudence du Conseil d'État même lorsque, telles les **résidences services,** ils n'ont pas été dûment autorisés en vertu de l'article L 312-1 du CASF, dans la mesure où ils peuvent être regardés comme des établissements sociaux ou médico-sociaux destinés à l'hébergement des personnes âgées au sens dudit Code.

FOURNITURE DE LOGEMENT ET DE NOURRITURE

92170 Le logement et la nourriture fournis dans les **établissements privés à but lucratif** hébergeant des personnes âgées visés au n° 92160 sont soumis au taux réduit (CGI art. 278-0 bis, C).

Il est toutefois rappelé que l'hébergement n'est soumis à la TVA que si l'exploitant remplit les conditions prévues à l'article 261 D, 4°-b du CGI (nos 91800 s.).

> **Précisions** Le taux de 5,5 % s'applique non seulement aux **repas fournis aux pensionnaires** des établissements visés par le C de l'article 278-0 bis du CGI mais également aux **prestations** de restauration rendues par les **sociétés de restauration collective** à ces mêmes établissements pour leurs pensionnaires. En revanche, la fourniture de **nourriture à destination du personnel** de ces établissements est soumise au taux intermédiaire (BOI-TVA-LIQ-30-20-10-10 n° 30).

PRESTATIONS LIÉES À L'ÉTAT DE DÉPENDANCE DES PERSONNES ÂGÉES

92180 Aux termes de l'article 278-0 bis, C du CGI, le taux réduit s'applique également aux prestations exclusivement liées à l'état de dépendance des personnes âgées hébergées dans les maisons de retraite et qui sont dans l'incapacité d'accomplir les gestes essentiels de la vie quotidienne.

92185 La **notion de dépendance** est définie comme le besoin, pour ces personnes, de recourir à un tiers pour accomplir les actes essentiels de la vie courante comme s'habiller, se déplacer, manger, faire sa toilette (BOI-TVA-LIQ-30-20-10-10 n° 120).

92190 Les établissements d'hébergement de personnes âgées sont tenus, en application de l'article L 342-2 du Code de l'action sociale et des familles, de faire figurer dans le **contrat de séjour** la liste des services offerts à leurs clients, leur prix ainsi que ceux dont le client entend bénéficier durant son séjour.

Selon l'administration, lorsqu'un **prix forfaitaire** (prix de journée global, forfait dépendance, etc.) dont les éléments constitutifs sont décrits dans le contrat de séjour est réclamé aux résidents, les établissements doivent ventiler en comptabilité le prix total des prestations incluses dans ce forfait selon le taux de TVA applicable. À défaut d'avoir procédé à cette ventilation, ils sont soumis au taux normal sur l'ensemble des sommes réclamées à ce titre à leurs pensionnaires (BOI-TVA-LIQ-30-20-10-10 n° 130).

Remarque : Sur les critères permettant de déterminer si l'on est en présence d'une opération unique ou d'opérations dissociables, voir nos 1270 s.

AUTRES OPÉRATIONS

92200 Les **soins** dispensés par les établissements d'hébergement pour personnes âgées autorisés sont exonérés de TVA lorsqu'ils sont **pris en charge** par l'assurance maladie sous forme du **forfait annuel global de soins** (nos 10000 s.).

92205 Selon l'administration, les recettes provenant des **services autres** que ceux visés aux nos 92170 à 92200 sont soumises au taux normal de la TVA, qu'elles soient ou non comprises dans le tarif journalier de l'établissement. Il en est ainsi notamment des services suivants : soins médicaux et paramédicaux dispensés par le personnel salarié de l'établissement, à l'exclusion de ceux couverts par le forfait global annuel de soins exonéré de TVA et des prestations exclusivement liées à l'état de dépendance des pensionnaires ; blanchissage du linge personnel ; soins esthétiques ; droit d'usage d'installations sportives ; frais de téléphone ; locations de téléviseurs, coffres-forts ; prestations offertes à des personnes autres que les pensionnaires (à l'exception de la fourniture de logement et des prestations de restauration, qui sont soumises au taux intermédiaire) (BOI-TVA-LIQ-30-20-10-10 n° 150).

Dans le même sens, le Conseil d'État a considéré qu'il résulte de la lettre même du texte de l'article 278-0 bis, C du CGI que les prestations rendues à des résidents d'un établissement d'hébergement pour personnes âgées dépendantes (autres que la fourniture de logement et de nourriture, et les soins rémunérés par un forfait annuel global) ne sont éligibles au taux réduit que si ces prestations sont effectivement rendues à des personnes dépendantes, au sens défini au n° 92185, et sont exclusivement liées à l'état de dépendance de ces personnes. Ainsi jugé que ne peuvent être soumises au taux de 5,5 % les prestations de blanchisserie des effets personnels et les prestations d'aide à l'hygiène corporelle à des personnes âgées résidentes autonomes pour les actes essentiels de la vie courante (CE 20-10-2014 n° 367433 : RJF 1/15 n° 17).

Remarque : Sur les critères permettant de déterminer si l'on est en présence d'une opération unique ou d'opérations dissociables soumises à leur régime propre, voir nos 1270 s.

> **Précisions** On rappelle que les soins dispensés par les médecins, les **infirmiers** et les autres membres des professions médicales et paramédicales réglementées **exerçant à titre libéral** au sein de l'établissement sont exonérés de TVA en application de l'article 261, 4-1° du CGI (nos 9050 s.).

Les **ventes de biens** réalisées par les établissements d'hébergement pour personnes âgées relèvent du taux qui leur est propre (par exemple : fourniture de couches taxable au taux normal) (BOI-TVA-LIQ-30-20-10-10 n° 160 ; voir la remarque mentionnée au n° 92205). 92210

LOCATIONS INDIRECTES

Les **résidences destinées à l'hébergement des personnes âgées dépendantes** au sein des établissements spécialisés (Ehpad) comportent, outre les infrastructures dédiées à l'hébergement proprement dit, d'autres locaux tels que les locaux servant à dispenser les soins, salle de restauration, cuisine, salle de convivialité, tisanerie. Compte tenu des dispositions combinées des articles 260 D du CGI et 261 D, 4°-a ou b du même Code (nos 91860 s.), la location de l'ensemble de ces locaux à l'exploitant de l'établissement est soumise à la TVA (en ce sens, BOI-TVA-LIQ-30-20-10-10 n° 60). 92220

Les **locaux destinés à l'hébergement proprement dit** ainsi que les **locaux d'accueil,** les **parties communes et** les **locaux administratifs** qui ne produisent pas d'autres recettes par eux-mêmes que les loyers acquittés par les clients au titre de l'hébergement en meublé sont soumis au taux réduit (Rép. Victoria : AN 20-12-2005 n° 76984, non reprise au Bofip mais dont la solution nous paraît conserver sa valeur).

La location à l'exploitant de l'établissement d'**autres locaux** affectés à des services exonérés ou à des prestations soumises au taux normal (soumis à la TVA sur option lorsqu'ils sont loués nus : nos 4100 s. ou à la taxe de plein droit lorsqu'ils sont aménagés : nos 3250 s.) pourrait également bénéficier du taux réduit s'il est établi, au regard des critères des opérations complexes (voir nos 1270 s.), que la location de ces locaux constitue une opération accessoire et n'est pas séparable de la prestation principale de logement et de nourriture à laquelle elle se rattache (voir, en ce sens, l'arrêt CE 30-12-2009 n° 301077 analysé au n° 91980, précision b).

> **Précisions** Sur ce dernier point, la **doctrine administrative** (non reprise au Bofip) ainsi que certains juges du fond s'écartent de la jurisprudence susvisée en considérant que le taux normal reste applicable à la location de ces autres locaux, quand bien même l'exploitant de l'établissement bénéficierait du taux réduit ou serait exonéré de TVA au titre des services rendus dans ces locaux, et qu'il appartient au bailleur de ventiler les loyers perçus entre les locaux soumis au taux réduit et ceux soumis au taux normal (Rép. Victoria précitée ; CAA Versailles 26-3-2019 n° 17VE002251 : RJF 8-9/19 n° 775).

b. Prestations fournies dans les établissements accueillant des handicapés

ÉTABLISSEMENTS CONCERNÉS

Selon l'administration, les dispositions de l'article 278-0 bis, C du CGI concernent en pratique les seuls **établissements privés à but lucratif** hébergeant des personnes handicapées et qui sont **visés** à l'article L 312-1, I-7° du Code de l'action sociale et des familles. 92230

Les résidences non visées par l'article L 312-1, I-7° précité accueillant des personnes handicapées sont exclues du champ d'application du bénéfice du taux réduit (BOI-TVA-LIQ-30-20-10-10 n° 170).

FOURNITURE DE LOGEMENT ET DE NOURRITURE

Le logement et la nourriture fournis dans les établissements éligibles sont soumis au taux réduit (CGI art. 278-0 bis, C). 92240

Il est toutefois rappelé que l'hébergement n'est soumis à la TVA que si l'exploitant remplit les conditions prévues à l'article 261 D, 4°-b du CGI (nos 91800 s.).

La fourniture de logement au profit des personnes extérieures à l'établissement bénéficie également du taux réduit selon les mêmes conditions (BOI-TVA-LIQ-30-20-10-10 n° 180).

> **Précisions** Les **prestations de restauration** fournies à des personnes extérieures à l'établissement sont quant à elles soumises au taux intermédiaire (BOI précité n° 210). S'agissant des prestations de restauration, voir également n° 92170, précisions.

PRESTATIONS LIÉES AUX BESOINS D'AIDE DES PERSONNES HANDICAPÉES

Aux termes de l'article 278-0 bis, C du CGI, le taux réduit s'applique également aux prestations exclusivement liées aux besoins d'aide des personnes handicapées hébergées dans les établissements éligibles et qui sont dans l'incapacité d'accomplir les gestes essentiels de la vie quotidienne. 92250

Il s'agit des services rendus aux résidents pour accomplir les actes essentiels de la vie courante comme s'habiller, se déplacer, manger, faire sa toilette (BOI-TVA-LIQ-30-20-10-10 n° 190).

AUTRES OPÉRATIONS

92260 Selon l'administration, sont soumises au **taux normal,** qu'elles soient ou non comprises dans le tarif journalier de l'établissement, les recettes provenant des autres prestations réalisées par les établissements concernés.

Il s'agit **notamment** des services divers (blanchissage du linge personnel, soins esthétiques, frais de téléphone, etc.), des locations de téléviseurs, coffres-forts, etc. (BOI-TVA-LIQ-30-20-10-10 n° 200).

Remarque : Sur les critères permettant de déterminer si l'on est en présence d'une opération unique ou d'opérations dissociables, voir nos 1270 s.

> **Précisions** On rappelle que les soins dispensés par les médecins, les **infirmiers** et les autres membres des professions médicales et paramédicales réglementées **exerçant à titre libéral** au sein de l'établissement sont exonérés de TVA en application de l'article 261, 4-1° du CGI (nos 9050 s.).

92265 Les **ventes de biens** réalisées par les établissements d'hébergement accueillant des personnes handicapées relèvent du taux qui leur est propre (par exemple : fourniture de couches taxable au taux normal ; ventes de boissons alcooliques à la buvette taxables au taux normal ; ventes de boissons non alcooliques et de friandises à la buvette taxables au taux intermédiaire) (BOI-TVA-LIQ-30-20-10-10 n° 210).

Voir la remarque au n° 92260.

92270 Selon l'administration, lorsqu'un **prix forfaitaire** (prix de journée global, etc.) dont les éléments constitutifs sont décrits dans le contrat de séjour est réclamé aux résidents, les établissements doivent **ventiler** sous leur responsabilité en comptabilité le prix total des prestations incluses dans ce forfait selon le taux de TVA applicable. À défaut d'avoir procédé à cette ventilation, le taux normal s'applique à l'ensemble des sommes réclamées à ce titre à leurs pensionnaires (BOI-TVA-LIQ-30-20-10-10 n° 220).

Voir la remarque au n° 92260.

c. Prestations fournies dans les logements-foyers et certains établissements sociaux et médico-sociaux

ÉTABLISSEMENTS CONCERNÉS

92280 L'application du taux réduit concerne les **établissements privés à but lucratif** suivants :

– les **logements-foyers** mentionnés à l'article L 633-1 du Code de la construction et de l'habitation. Il s'agit d'établissements conventionnés à l'aide personnalisée au logement (APL) et dédiés au logement collectif à titre de résidence principale pour les personnes âgées, personnes handicapées, jeunes travailleurs, étudiants, travailleurs migrants ou personnes défavorisées ;

– les établissements visés au b du 5° et aux 8° et 10° de l'article L 312-1, I du Code de l'action sociale et des familles. Il s'agit des **centres d'accueil** et des **centres d'hébergement d'urgence** de demandeurs d'asile et des **foyers de jeunes travailleurs** (BOI-TVA-LIQ-30-20-10-10 n° 230), ainsi que des **établissements** de réadaptation, de préorientation et de **rééducation professionnelle** mentionnés aux articles R 5213-2 et R 5213-9 du Code du travail.

OPÉRATIONS CONCERNÉES

92285 Le **logement et** la **nourriture** fournis dans les établissements éligibles sont soumis au taux réduit (CGI art. 278-0 bis, C).

Il est toutefois rappelé que l'hébergement n'est soumis à la TVA que si l'exploitant remplit les conditions prévues à l'article 261 D, 4°-b du CGI (nos 91800 s.).

S'agissant des prestations de restauration, voir également n° 92170, précisions.

92290 Aux termes de l'article 278-0 bis, C du CGI, le taux réduit s'applique également aux **prestations liées** à l'état de **dépendance** des personnes âgées (nos 92180 s.) **ou** aux **besoins d'aide** des personnes handicapées (n° 92250) rendues, le cas échéant, aux personnes hébergées dans les établissements visés au n° 92280 (BOI-TVA-LIQ-30-20-10-10 n° 240).

d. Prestations fournies dans certaines résidences hôtelières à vocation sociale

92300 Les prestations d'hébergement et d'accompagnement social rendues par les résidences hôtelières à vocation sociale qui s'engagent à réserver 80 % des logements de la résidence à des publics particulièrement fragiles sont soumises au taux réduit de la TVA en application de l'article 278-0 bis, C du CGI.

ÉTABLISSEMENTS CONCERNÉS

Les résidences hôtelières à vocation sociale mentionnées à l'article L 631-11 du Code de la construction et de l'habitation sont des établissements commerciaux d'hébergement **agréés** par le représentant de l'État dans le département d'implantation, dans les conditions définies aux articles R 631-8-1 à R 631-26-1 du même Code. Elles sont constituées d'un ensemble de logements meublés, offerts en location pour une occupation à la journée, à la semaine ou au mois à une clientèle qui peut éventuellement l'occuper à titre de résidence principale. 92305

Parmi ces résidences, sont **seules éligibles** au taux de 5,5 %, en application de l'article 278-0 bis, C du CGI, les résidences hôtelières à vocation sociale mentionnées au troisième alinéa de l'article L 631-11 du CCH, dénommées **résidences d'intérêt général,** qui s'engagent à réserver plus de 80 % des logements de la résidence :

– à des personnes désignées par le représentant de l'État dans le département ;

– ou à des personnes ou familles éprouvant des difficultés particulières, en raison de l'inadaptation de leurs ressources ou de leurs conditions d'existence (CCH art. L 301-1, II) ;

– ou à des personnes sans abri ou en détresse (CASF art. L 345-2) ;

– ou à des demandeurs d'asile (Code de l'entrée et du séjour des étrangers et du droit d'asile art. L 552-1) (BOI-TVA-LIQ-30-20-10-10 n° 260).

OPÉRATIONS CONCERNÉES

Le taux réduit de TVA s'applique aux prestations d'**hébergement et** d'**accompagnement social** rendues à toutes les **personnes hébergées** dans les résidences hôtelières à vocation sociale d'intérêt général, quelle que soit la **qualité du prestataire,** dans les conditions précisées dans l'agrément (BOI-TVA-LIQ-30-20-10-10 n° 270). 92310

> **Précisions a.** L'hébergement fourni par les résidences hôtelières à vocation sociale est de plein droit soumis à la TVA, dès lors que l'article R 631-20 du CCH subordonne la délivrance de l'agrément de ces résidences à la possibilité, pour l'exploitant, de proposer au moins trois des quatre prestations parahôtelières prévues à l'article 261 D, 4°-b du CGI (nos 91800 s.).

b. Les prestations de **restauration** fournies par les résidences d'intérêt général, de même que les prestations d'**hébergement** et de restauration fournies par les **résidences hôtelières à vocation sociale autres** que celles visées au troisième alinéa de l'article L 631-11 du CCH, demeurent soumises au taux intermédiaire en application de l'article 279, m du CGI (nos 42590 s.) et 279, a du même Code (nos 91970 s.).

C. Droits à déduction

Les bailleurs et exploitants qui sont redevables de la TVA peuvent exercer, dans les conditions de **droit commun,** la déduction de la taxe grevant les dépenses qu'ils supportent pour la réalisation de leur activité de loueur en meublé soumise à la TVA. 92350

SECTORISATION

Conformément à l'article 209, I-al. 2 de l'annexe II au CGI, les entreprises ou les personnes qui exercent des **activités** soumises à la **TVA et** qui donnent en **location** des locaux nus, meublés ou garnis à usage d'habitation **exonérées,** sont tenues de comptabiliser ces opérations dans le cadre d'un secteur distinct d'activité (nos 54570 s.). 92360

En revanche, dans le cas où ces **locations** sont **imposables,** l'obligation de constituer un secteur distinct n'est pas exigée.

EXEMPLE

Une **entreprise** qui met à la disposition de son personnel un logement meublé à usage d'habitation moyennant une rémunération est tenue de constituer des secteurs distincts dès lors que cette activité est obligatoirement exonérée (n° 91740).
Ce logement n'ouvre pas droit à déduction car il ne peut bénéficier de la dérogation admise par l'article 206, IV-2-2° de l'annexe II au CGI en faveur des logements, nus ou meublés, mis gratuitement à la disposition du personnel affecté à la surveillance, à la sécurité et au gardiennage (nos 53620 s.).

DÉBUT D'ASSUJETTISSEMENT

Les personnes devenant assujetties à la TVA de plein droit dès lors qu'elles fournissent une prestation d'hébergement à caractère hôtelier ou parahôtelier sont susceptibles de bénéficier 92370 d'un droit à déduction résultant de la régularisation motivée par un **changement d'utilisation** des biens au regard du droit à déduction (biens devenant utilisés pour la réalisation d'opérations ouvrant droit à déduction) (CGI art. 207, III-1-4° : nos 62475 s.).

CESSATION D'ASSUJETTISSEMENT

92380 Lorsque les conditions de l'imposition des prestations d'hébergement à caractère hôtelier ne sont plus remplies, les locations de locaux nus, meublés ou garnis cessent d'être soumises à la TVA. L'exploitant des locaux et, le cas échéant, le bailleur doivent alors procéder aux **régularisations** prévues par l'article 207, III-1-4° et 5° de l'annexe II au CGI dans les conditions de droit commun (nos 62600 s.).

> **> Précisions** Une **vacance temporaire de locaux** (même d'une durée de plus de deux ans) indépendante de la volonté du bailleur ne peut être considérée comme une cessation d'activité entraînant les régularisations de l'article 207 susvisé dès lors qu'est établie l'intention du loueur de continuer à exercer une activité de location soumise à la TVA (en ce sens, CAA Bordeaux 25-6-2019 n° 17BX02526 : RJF 11/19 n° 1033 à propos de locations de locaux nus à des établissements d'hébergement parahôteliers ; voir également la doctrine et la jurisprudence de la CJUE analysées au n° 4510 concernant les locations de locaux nus soumis à la TVA sur option).

SECTION 2 RÉSIDENCES DE TOURISME CLASSÉES

92500 Aux termes des articles D 321-1 et D 321-2 du Code du tourisme, la résidence de tourisme est un établissement commercial d'hébergement classé, faisant l'objet d'une exploitation permanente ou saisonnière. Elle est constituée d'un ou plusieurs bâtiments d'habitation regroupant des locaux d'habitation meublés et des locaux à usage collectif. Les locaux d'habitation meublés sont proposés à une clientèle touristique pour une occupation à la journée, à la semaine ou au mois.

Elle peut être placée sous le statut de copropriété des immeubles bâtis fixé par la loi 65-557 du 10 juillet 1965 modifiée ou, sous certaines conditions, sous le régime des sociétés d'attribution d'immeubles en jouissance à temps partagé défini par la loi 86-18 du 6 janvier 1986.

92505 L'article 261 D, 4° du CGI exonère de la TVA, sans possibilité d'option, les locations de logements meublés ou garnis à usage d'habitation (nos 91670 s.). Cette **exonération** s'applique, en principe, aux locations effectuées dans les **résidences de tourisme** quel que soit leur statut (propriétaire unique, copropriété, attribution par fractions divises). Toutefois, elle n'est **pas applicable** :

a. En application des règles régissant l'**ensemble des locations meublées,** lorsque la résidence de tourisme offre des prestations parahôtelières répondant aux conditions fixées au b de l'article 261 D, 4° du CGI (voir nos 91800 s.).

b. En application du **régime propre des résidences de tourisme,** lorsque la résidence de tourisme est classée et que son exploitation répond aux conditions fixées par le a de l'article 261 D, 4° du CGI (nos 92550 s.).

L'exonération est par ailleurs écartée en ce qui concerne les **locations** de locaux nus, meublés ou garnis **consenties par** le ou **les propriétaires des locaux** à l'exploitant de la résidence de tourisme classée lorsque l'exploitation répond aux conditions du a ou du b de l'article 261 D, 4° du CGI (nos 91860 s.) (BOI-TVA-CHAMP-10-10-50-20 n° 140).

92510 Nous examinerons successivement :

- le régime d'imposition propre aux résidences de tourisme classées (nos 92550 s.) ;
- le taux applicable aux prestations d'hébergement fournies dans ces résidences (n° 92780) ;
- la cessation de l'imposition des locations consenties dans ces résidences (nos 92820 s.) ;
- et les droits à déduction (n° 92950).

En ce qui concerne les obligations des redevables, voir la remarque au n° 91600.

A. Régime d'imposition propre aux résidences de tourisme classées

L'**exonération** des locations de logements meublés ou garnis à usage d'habitation peut être **écartée sous certaines conditions** propres aux résidences de tourisme classées. En effet, l'article 261 D, 4°-a du CGI prévoit que l'exonération ne s'applique pas aux prestations d'hébergement fournies dans « les résidences de tourisme classées lorsque ces dernières sont destinées à l'hébergement des touristes et qu'elles sont louées par un contrat d'une durée d'au moins neuf ans à un ou plusieurs exploitants qui ont souscrit un engagement de promotion touristique à l'étranger dans les conditions fixées par un décret en Conseil d'État ». **92550**

Ces conditions, détaillées aux nos 92560 s., doivent être réunies **simultanément** pour que la TVA soit applicable.

a. Classement

Pour être imposable à la TVA sur le fondement du a de l'article 261 D, 4° du CGI, la résidence de tourisme doit être classée. La **décision** de classement est prise dans les conditions fixées par les articles D 321-3 et suivants du Code du tourisme. **92560**

b. Hébergement des touristes

La résidence de tourisme classée doit être **affectée à l'hébergement des touristes.** Cette condition est en principe remplie dès lors que la résidence de tourisme a fait l'objet d'une décision de classement. **92600**

Néanmoins, nonobstant leur classement, certaines résidences de tourisme accueillent une **clientèle non touristique.** Si cet accueil est effectué de manière habituelle et dans des conditions (durée des séjours, qualité des résidents, par exemple : étudiants, stagiaires, travailleurs saisonniers...) qui excluent tout caractère touristique, l'activité de la résidence de tourisme cesse de relever des dispositions spécifiques de l'article 261 D, 4°-a du CGI et s'analyse comme une activité de location de logements meublés ou garnis à usage d'habitation exonérée de TVA (BOI-TVA-CHAMP-10-10-50-20 n° 160).

Dans certaines résidences de tourisme classées dotées des statuts de la copropriété ou sous le régime des sociétés d'attribution d'immeubles en jouissance partagée, les **copropriétaires** ou les associés des sociétés d'attribution se réservent des périodes de **séjour** dans les locaux qu'ils donnent en location à l'exploitant de la résidence de tourisme. Le régime d'imposition à la TVA reste applicable à ces résidences dans les conditions suivantes : **92605**

- les copropriétaires ou les associés des sociétés d'attribution acquittent à l'exploitant de la résidence, qui doit le soumettre à la TVA, le **prix** normal de leurs **séjours** (pour l'administration le prix du séjour est considéré comme normal s'il est au moins égal à 75 % du prix public) ;
- les droits de séjour des copropriétaires ou des associés des sociétés d'attribution n'excèdent pas pour leur totalité 182 jours dans une année (BOI-TVA-CHAMP-10-10-50-20 n° 170).

> **> Précisions** Dans le cas où le règlement du prix des séjours dû par le copropriétaire ou l'associé de la société d'attribution à l'exploitant de la résidence est effectué par **compensation avec les loyers** que l'exploitant doit au même propriétaire ou multipropriétaire au titre de la location des locaux, c'est la valeur totale de chacune des deux opérations qui doit être soumise à la TVA (BOI précité).

c. Contrat de location d'au moins neuf ans

Selon l'article 261 D, 4°-a du CGI, les prestations d'hébergement fournies dans des résidences de tourisme classées sont imposables si celles-ci sont louées, par un **contrat** d'une durée d'**au moins neuf ans,** à **un ou plusieurs exploitants.** **92640**

Remarque : Une convention qui se borne à indiquer qu'elle demeure valable tant qu'elle n'est pas révoquée ou dénoncée par l'une ou l'autre des parties ne remplit pas la **condition de durée** posée par la loi (CAA Nancy 29-1-1991 n° 549 : RJF 6/91 n° 783).

RÉSIDENCE APPARTENANT À UN PROPRIÉTAIRE UNIQUE

Lorsque le **propriétaire** unique et l'exploitant de la résidence sont des **personnes** physiques ou morales **distinctes,** il doit exister entre ces deux personnes un contrat de location d'une durée au moins égale à neuf ans. **92650**

Lorsque le **propriétaire** unique d'une résidence de tourisme est **également l'exploitant,** la condition de location par un contrat d'une durée d'au moins neuf ans est sans objet et doit être considérée comme remplie. Il en est de même lorsque le propriétaire unique exploite sous son nom et sous sa responsabilité commerciale la résidence de tourisme classée par l'intermédiaire d'un **mandataire** agissant pour son compte en vertu d'un contrat de mandat (BOI-TVA-CHAMP-10-10-50-20 n° 180).

RÉSIDENCE EN COPROPRIÉTÉ OU EN ATTRIBUTION D'IMMEUBLE EN JOUISSANCE À TEMPS PARTAGÉ

92660 Les copropriétaires ou les associés des sociétés d'attribution de résidences de tourisme classées dotées des statuts de la copropriété ou de l'attribution par fractions divises doivent avoir conclu avec l'exploitant de la résidence un **contrat de location** d'une durée d'au moins neuf ans.

Cette condition légale s'apprécie strictement. L'activité de l'exploitant de la résidence de tourisme classée doit être regardée comme une fourniture de logements meublés à usage d'habitation exonérée de la TVA lorsque ses relations avec les copropriétaires ou les associés des sociétés d'attribution des locaux sont simplement régies par un contrat de **mandat.**

Il en est de même lorsque les copropriétaires et les multipropriétaires procèdent eux-mêmes à la location, y compris à des touristes, de ces logements meublés ou garnis à usage d'habitation (BOI-TVA-CHAMP-10-10-50-20 n° 190).

Remarque : On relèvera que c'est ici une condition posée pour l'imposition, et non pour une exonération, qui est appréciée strictement.

92665 Il résulte des termes de l'article 261 D, 4°-a du CGI que l'assujettissement à la TVA ne concerne que les résidences de tourisme qui font en **totalité** l'objet d'un contrat de **location** d'une durée d'au moins neuf ans.

En pratique, compte tenu des normes qui sont retenues pour le classement des résidences de tourisme, l'imposition à la TVA est retenue lorsque les locaux faisant l'objet d'un contrat de location de neuf ans sont situés dans un même immeuble ou ensemble immobilier classé et qu'ils représentent une capacité d'accueil d'**au moins 100 lits** (ou en moyenne 25 appartements).

Par ailleurs, l'administration admet que le régime d'imposition à la TVA ne soit pas remis en cause lorsque **70 % au moins des locaux** qui composent l'immeuble ou l'ensemble immobilier ayant obtenu le classement font l'objet d'un tel contrat de location. Certains anciens hôtels, d'une capacité d'accueil inférieure à 100 lits, ont pu être classés en résidence à titre dérogatoire. Dans ce cas, la totalité des locaux doit faire l'objet d'un contrat de location de neuf ans (BOI-TVA-CHAMP-10-10-50-20 n° 200).

d. Engagement de promotion touristique à l'étranger

92700 Pour que le régime d'imposition à la TVA défini au a de l'article 261 D, 4° du CGI s'applique, l'exploitant de la résidence de tourisme classée doit souscrire auprès de l'administration un engagement de promotion touristique à l'étranger. Cet engagement doit être souscrit dans tous les cas, y compris lorsque le **propriétaire exploite lui-même** ou par l'intermédiaire d'un mandataire la résidence de tourisme.

Les conditions dans lesquelles l'**exploitant** de la résidence de tourisme ou son **mandataire** souscrit l'engagement et réalise les dépenses de promotion touristique sont fixées par les articles 176 et 177 de l'annexe II au CGI.

NATURE DE L'ENGAGEMENT

92710 L'exploitant de la résidence doit, en vertu de l'article 176 de l'annexe II au CGI, s'engager pendant les **24 premiers mois** d'exploitation :

– soit à dépenser une somme au moins égale à 1,5 % des recettes d'exploitation perçues au titre de la résidence pour la **recherche de la clientèle étrangère.** Cette condition s'apprécie résidence par résidence ;

– soit à conclure avec des organisateurs de voyages ou de séjours des **contrats** de mise à disposition, tels que 20 % au moins des unités d'hébergement de la résidence soient réservés à des touristes étrangers.

Le respect de cet engagement s'apprécie à l'expiration de la période de référence (n° 92850) (BOI-TVA-CHAMP-10-10-50-20 n° 220).

92720 **Dépenses de recherche de la clientèle étrangère** Pour l'application de l'engagement, ces dépenses s'entendent de toutes celles engagées pour assurer la venue d'une clientèle étrangère dans l'ensemble de la résidence.

Sont notamment concernées :

– les dépenses engagées pour implanter des bureaux de représentation à l'étranger ;

– les dépenses de publicité par annonces ou brochures dans les publications diffusées à l'étranger ;
– les cotisations ou participations versées à des organismes ayant pour vocation la promotion touristique à l'étranger (BOI-TVA-CHAMP-10-10-50-20 n° 230).

Conclusion de contrats avec des organisateurs de voyages français ou étrangers Dans cette hypothèse, un pourcentage minimum de 20 % des lits de la résidence de tourisme concernée doit, sur les deux premières années d'exploitation, avoir fait l'objet de contrats avec des organisateurs de voyages (ou d'autres intermédiaires, etc.) en vue d'une occupation par des touristes étrangers. **92730**

Il n'est pas exigé que les contrats de mise à disposition soient des contrats fermes. Il peut s'agir de simples contrats de contingentement qui permettent à l'agent de voyages de rétrocéder à l'exploitant à une certaine date des lits « invendus » aux étrangers (BOI-TVA-CHAMP-10-10-50-20 n° 240).

MODALITÉS DE CONCLUSION DE L'ENGAGEMENT

L'engagement est souscrit par **l'exploitant** de la résidence. Il est formulé sur papier libre adressé avant le début de l'exploitation de la résidence au service des impôts compétent (CGI ann. II art. 176). **92740**
L'engagement consiste en une **simple déclaration** rédigée sur le modèle suivant : « Je soussigné, M. ..., gestionnaire de la société..., exploitant de la résidence de tourisme classée... m'engage à réaliser la promotion touristique à l'étranger prévue par l'article 176 de l'annexe II au CGI. »

Une **copie** de l'attestation d'engagement adressée au service des impôts est remise par l'exploitant **aux propriétaires** de telle sorte que ces derniers puissent justifier de l'application de la TVA aux locations qu'ils consentent (BOI-TVA-CHAMP-10-10-50-20 n° 250).

B. Taux

En application de l'article 279, a du CGI, le **taux intermédiaire** est applicable à la **fourniture de logement** dans les résidences de tourisme classées. **92780**

C. Cessation de l'imposition

Lorsque l'ensemble ou simplement l'une des **conditions** prévues au a de l'article 261 D, 4° du CGI (nos 92550 s.) ne sont **plus remplies,** les locations de locaux meublés ou garnis à usage d'habitation effectuées dans les résidences de tourisme sont replacées sous le régime d'**exonération** défini au 4° de ce même article (sous réserve de la situation décrite au n° 92505, a). Cette exonération s'applique alors : **92820**

– aux locations effectuées par l'**exploitant** de la résidence de tourisme aux touristes, mais les **autres prestations** rendues (par exemple : nettoyage quotidien, blanchissage du linge personnel, etc.) restent soumises à la TVA ;
– aux locations effectuées par le **loueur des locaux** (propriétaire, copropriétaire ou multipropriétaire) à l'exploitant de la résidence de tourisme (BOI-TVA-CHAMP-10-10-50-20 n° 260).

a. Cas de cessation de l'imposition

L'imposition à la TVA des locations effectuées dans les résidences de tourisme classées est appelée à cesser dans les situations suivantes : **92830**

– **déclassement** de la résidence de tourisme ;
– **non-affectation** de la résidence de tourisme **à l'hébergement de touristes** ou **diminution de la capacité d'accueil** (ces points ont été examinés aux nos 92600 et 92665) ;
– **interruption du contrat** initial de location de neuf ans (n° 92840) ;
– **inexécution de l'engagement** de promotion touristique à l'étranger (n° 92850).

Les deux dernières hypothèses ont fait l'objet des précisions suivantes de la part de l'administration.

INTERRUPTION DU CONTRAT INITIAL DE LOCATION DE NEUF ANS

L'interruption du contrat de location peut être le fait du bailleur (propriétaire, copropriétaire ou multipropriétaire) ou du preneur des locaux, exploitant de la résidence. **92840**

Si elle est le fait du **preneur,** cette interruption est sans incidence lorsque le nouveau preneur poursuit les engagements du précédent.

Pour le **bailleur,** plusieurs situations sont à distinguer.

En cas de décès du bailleur, de cession ou de donation des locaux, l'interruption reste également sans incidence sur l'imposition à la TVA si les ayants droit, le cessionnaire ou le donataire reprennent sans interruption à leur compte les obligations du bailleur, soit dans le cadre d'un nouveau contrat, soit en laissant le contrat initial conclu avec l'exploitant de la résidence de tourisme poursuivre ses effets jusqu'à son terme (BOI-TVA-CHAMP-10-10-50-20 n° 300).

Dans les autres cas, c'est-à-dire lorsque le local n'est plus donné en location à l'exploitant, le bailleur cesse d'être imposé à la TVA et se retrouve placé sous le régime d'exonération des loueurs en meublé.

INEXÉCUTION DE L'ENGAGEMENT DE PROMOTION TOURISTIQUE À L'ÉTRANGER

92850 Le respect de l'engagement s'apprécie au terme des deux premières années d'exploitation. L'exploitant de la résidence de tourisme doit **justifier** auprès du service des impôts qu'il a rempli son engagement en produisant, dans un délai de trois mois suivant cette période, un état récapitulatif des dépenses qu'il a engagées ou des contrats conclus (CGI ann. II art. 177).

À défaut, le bailleur cesse d'être imposé à la TVA et se retrouve placé sous le régime d'exonération des loueurs en meublé.

b. Conséquences sur les droits à déduction de la cessation de l'imposition

92880 Lorsqu'une résidence de tourisme cesse d'être exploitée dans des conditions qui impliquent l'imposition à la TVA des locations consenties dans ces résidences, elle relève d'une activité de **location meublée exonérée** de la TVA sauf si elle remplit les conditions mentionnées au n° 92505, a (BOI-TVA-CHAMP-10-10-50-20 n° 320).

92890 En cas de **cessation de l'imposition** à la TVA des locations consenties dans les résidences de tourisme (voir les différents cas cités au n° 92830), le redevable doit, dans les conditions de droit commun, opérer les **régularisations globales** prévues par l'article 207, III-1-4° et 5° de l'annexe II au CGI lorsqu'un bien cesse d'être utilisé à la réalisation d'opérations ouvrant droit à déduction ou lorsqu'il cesse d'être utilisé à la réalisation d'opérations imposables (n°s 62600 s.).

Toutefois, il n'y a pas lieu de procéder à ces régularisations si le propriétaire continue d'affecter son bien immobilier à une activité locative soumise à la TVA, suite à la conclusion d'un **nouveau bail avec un nouvel exploitant** respectant les conditions d'imposition prévues par le a ou le b de l'article 261 D, 4° du CGI (n° 92505). Il en va de même si le propriétaire décide de **louer lui-même son bien** immobilier dans le cadre d'une activité hôtelière ou parahôtelière.

Enfin, si le **propriétaire cède son immeuble** à un **acquéreur** qui l'**affectera** également **à une activité locative soumise à la TVA,** cette cession peut bénéficier des dispositions de l'article 257 bis du CGI concernant les transmissions d'une universalité totale ou partielle (nos 15360 s.). Le cédant est alors dispensé du reversement de la TVA antérieurement déduite qui serait normalement exigible dans l'hypothèse où la cession de l'immeuble ne serait plus passible de la TVA (en ce sens, notamment, Rép. Carvounas : Sén. 21-3-2013 n° 3890).

D. Droits à déduction

92950 Les copropriétaires ou multipropriétaires de locaux situés dans les résidences de tourisme classées peuvent récupérer, dans les conditions de **droit commun,** la TVA afférente à l'ensemble des biens et services acquis pour les besoins de leur activité imposable. Le **crédit** de TVA éventuel non imputable peut faire l'objet d'un remboursement dans les conditions habituelles.

CHAPITRE 14

DÉPARTEMENTS D'OUTRE-MER

SOMMAIRE

La **TVA** est **applicable,** dans les mêmes conditions qu'en France continentale, dans les départements de la **Guadeloupe,** de la **Martinique** et de **La Réunion.** En revanche, elle n'est « provisoirement » **pas applicable** dans les départements de la **Guyane** et de **Mayotte** (n° 93420, précision a). **93400**

Les **relations entre la métropole et les départements d'outre-mer** (DOM) obéissent à des règles de territorialité particulières (nos 93420 s.).

Par ailleurs, des **dispositions spécifiques aux DOM** sont notamment prévues en matière d'exonérations et de taux (nos 93680 s.).

> Précisions a. Les départements d'outre-mer sont **exclus du champ d'application de la directive TVA** conformément à son article 6.
b. Les **autres collectivités d'outre-mer** (Wallis-et-Futuna, Saint-Pierre-et-Miquelon, Saint-Martin et Saint-Barthélemy, la Polynésie française, la Nouvelle-Calédonie et les îles et territoires composant les Terres australes et antarctiques françaises) ne constituent pas des DOM. Au regard de la TVA, elles sont donc hors du champ d'application territorial de la TVA française et considérées comme des territoires tiers à l'UE.
c. En dehors des spécificités examinées aux nos 93420 s. et 93680 s., les règles de TVA applicables dans les DOM sont en principe les mêmes que celles applicables en métropole. Ainsi, les entreprises établies dans les DOM doivent, comme les entreprises établies en métropole, souscrire leurs **déclarations de TVA** par voie électronique (télédéclaration) et s'acquitter, par la même voie, du paiement de la taxe due (télérèglement) (n° 48140). Pour les entreprises qui exercent des activités imposables, soit en métropole et dans les DOM où la TVA est applicable, soit dans plusieurs de ces départements, la déclaration de TVA doit regrouper l'ensemble de leurs opérations réalisées en métropole et dans les DOM (en ce sens, BOI-TVA-GEO-20-40 nos 250 à 270).
d. De même, le régime des **déductions** obéit dans les DOM à l'ensemble des règles prévues pour la métropole (nos 50500 s.).
À noter que les assujettis établis à la Martinique, à la Guadeloupe ou à La Réunion ne sont pas considérés comme des « étrangers » au regard de la **procédure spéciale de remboursement** de la TVA exposée aux nos 31350 s. En revanche, les « assujettis » établis en Guyane ou à Mayotte peuvent être concernés par cette procédure.

SECTION 1 TERRITORIALITÉ

93420 En vertu de l'article 294, 2 du CGI, les départements d'outre-mer sont, pour l'application de la TVA, considérés comme des **territoires d'exportation** par rapport à la France métropolitaine et par rapport aux autres États membres de l'UE ou aux pays tiers.

Les DOM constituent également des territoires d'exportation les uns par rapport aux autres, sauf en ce qui concerne les relations entre la Guadeloupe et la Martinique (ces deux derniers départements constituant un marché unique).

Nous allons examiner les conséquences de ces règles de territorialité en ce qui concerne :
- les livraisons de biens (nos 93430 s.) ;
- les prestations de services (nos 93470 s.).

> **Précisions** **a.** Aux termes de l'article 294, 1 du CGI, la TVA n'est provisoirement pas applicable dans les départements de la **Guyane** et de **Mayotte,** et ces départements sont considérés comme territoires d'exportation. En conséquence :
> – la TVA n'est perçue ni à l'intérieur des départements de la Guyane et de Mayotte ni à l'importation dans ces départements ;
> – les produits expédiés de la France métropolitaine (ou de la Guadeloupe, de la Martinique ou de La Réunion) vers la Guyane ou vers Mayotte bénéficient de l'exonération afférente aux exportations (BOI-TVA-GEO-20 nos 10 et 40).
> **b.** Les dispositions relatives aux **échanges intracommunautaires** (y compris celles relatives aux ventes à distance intracommunautaires de biens et au guichet unique « OSS-UE ») ne sont pas applicables dans les échanges entre les DOM et la France métropolitaine ou les autres États membres de l'UE (BOI-TVA-GEO-20 n° 30). Les entreprises fiscalement établies dans ces départements n'ont donc pas, en principe, de **numéro individuel d'identification** (sauf exception en matière d'importation : voir n° 93440).

A. Livraisons de biens

EXPORTATIONS

93430 Bénéficient de l'exonération prévue en matière d'**exportation** (CGI art. 294, 2) :
- l'expédition ou le transport d'un bien de la France métropolitaine à destination d'un DOM ;
- l'expédition ou le transport d'un bien de la Guadeloupe ou de la Martinique à destination de la France métropolitaine, d'un autre État membre de l'UE ou d'un pays tiers, des départements de la Guyane, de Mayotte ou de La Réunion ;
- l'expédition ou le transport d'un bien de La Réunion à destination de la France métropolitaine, d'un autre État membre de l'UE ou d'un pays tiers, des départements de la Guadeloupe, de la Guyane, de Mayotte ou de la Martinique.

IMPORTATIONS

93440 Sont considérées comme **importation** d'un bien (CGI art. 294, 3) :
- l'entrée en France métropolitaine d'un bien originaire ou en provenance des DOM ;
- l'entrée en Guadeloupe ou en Martinique d'un bien originaire ou en provenance de la France métropolitaine, d'un autre État membre de l'UE ou d'un pays tiers, des départements de la Guyane, de Mayotte ou de La Réunion ;
- l'entrée à La Réunion d'un bien originaire ou en provenance de la France métropolitaine, d'un autre État membre de l'UE ou d'un pays tiers, des départements de la Guadeloupe, de la Guyane, de Mayotte ou de la Martinique.

La **TVA due à l'importation** par les assujettis et les non-assujettis identifiés à la TVA est **perçue** par les services de la DGFiP à l'entrée en métropole ou dans le département d'outre-mer concerné (sauf en Guyane et à Mayotte où la TVA, on le rappelle, n'est pas applicable) et par le service des douanes lorsque le redevable est une personne non assujettie et non identifiée (voir nos 22000 s.).

Remarque : Les assujettis redevables de la TVA pour des importations doivent être **identifiés** par un numéro individuel (n° 44410).

93442 **Ventes à distance** Une livraison de biens au **départ de métropole,** d'un autre État membre de l'UE ou encore d'un pays ou territoire tiers à l'UE et à destination d'une personne non assujettie dans l'un de ces départements d'outre-mer n'est pas qualifiée de vente à distance de biens. En outre, les règles de redevabilité spécifiques aux interfaces électroniques (nos 23590 s.) ne sont pas applicables aux livraisons de biens localisées dans ces collectivités.

Conformément à l'article 296 quater du CGI, ne sont pas non plus applicables en Guadeloupe, à La Réunion et en Martinique les dispositions de l'article 298 sexdecies H du CGI relatives au guichet unique « IOSS ».

En revanche, une livraison de biens **en partance de l'un de ces territoires** et à destination d'un consommateur final situé en métropole est susceptible d'être qualifiée de **VAD-BI** si elle en respecte les conditions (BOI-TVA-GEO-20-40 nos 67 et 69).

REMARQUES

1. L'ensemble des **règles générales** relatives aux exportations et importations exposées aux **93445**
nos 21870 s. et 22400 s. est, en principe, applicable aux échanges commerciaux de marchandises entre la métropole et les DOM et entre les DOM (à l'exception des échanges entre la Guadeloupe et la Martinique).

2. Il est rappelé que l'**octroi de mer** n'est pas compris dans la base d'imposition de la TVA (nos 22010 et 35400).

3. En ce qui concerne les **publications françaises** vendues au numéro en provenance ou à destination des DOM, voir nos 85580 s.

B. Prestations de services

S'agissant des prestations de services, il convient de distinguer : **93470**

- les relations entre les DOM et la métropole (ou les DOM entre eux) (nos 93480 s.) ;
- les relations entre les DOM et les autres pays (no 93560).

1. RELATIONS ENTRE DOM ET MÉTROPOLE

Le lieu des prestations de services réalisées par des prestataires établis dans les DOM ou de celles **93480**
dont les assujettis qui y sont établis sont preneurs est déterminé en fonction des **critères retenus** aux articles 259 à 259 D du CGI (nos 24100 s.) aux fins de définir le taux applicable aux opérations (en ce sens, BOI-TVA-GEO-20-40 no 40).

Par conséquent, les prestations sont, sauf exception, soumises à la TVA aux taux métropolitains lorsque ce lieu se situe en métropole ou aux taux prévus par l'article 296, 1° du CGI (taux DOM : nos 93860 s.) lorsqu'il se situe dans les départements de la Martinique, de la Guadeloupe ou de La Réunion (en ce sens, BOI précité no 110). Lorsque ce lieu se situe en Guyane ou à Mayotte, la prestation n'est pas soumise à la TVA.

Sous réserve des exonérations prévues notamment par l'article 262 du CGI (nos 26400 s.), les **93485**
principes définis au no 93480 conduisent à distinguer successivement :

- les prestations fournies à un assujetti (relations « B to B ») (nos 93500 s.) ;
- les prestations fournies à un non-assujetti (relations « B to C ») (nos 93530 s.).

En ce qui concerne les agents de voyages organisant des voyages à destination des DOM, voir no 83865, précision b ; s'agissant des prestations facturées à la succursale située dans un DOM d'une société membre d'un assujetti unique, voir no 1720, précision a.

PRESTATIONS FOURNIES À UN ASSUJETTI (RELATIONS « B TO B »)

Prestations relevant de la règle générale de territorialité En principe, les **93500**
prestations relevant de la règle générale de territorialité applicable dans les relations « B to B » (prévue par l'article 259, 1° du CGI : nos 24500 s.) sont :

- imposables aux taux visés aux nos 93860 s. (**taux DOM**) lorsque le preneur assujetti est établi en Martinique, en Guadeloupe ou à La Réunion, quel que soit le lieu d'établissement du prestataire (métropole ou DOM, y compris la Guyane et Mayotte) ;
- imposables aux **taux métropolitains** lorsque le preneur assujetti est établi en métropole, quel que soit le DOM où est établi le prestataire (Martinique, Guadeloupe, La Réunion, Guyane ou Mayotte) ;
- **non imposables** lorsque le preneur assujetti est établi en Guyane ou à Mayotte, quel que soit le lieu d'établissement du prestataire (métropole ou DOM).

EXEMPLES

1. Un assujetti établi en métropole fournit un service de conseil à un assujetti établi :
– à la Martinique. Le taux applicable est celui en vigueur en Martinique et la taxe doit être acquittée par le prestataire (n° 93510) ;
– en Guyane. La prestation n'est pas imposable.
2. Un assujetti établi à La Réunion fournit une prestation de publicité à un assujetti établi :
– en métropole. Le taux applicable est le taux métropolitain et la taxe doit être acquittée par le prestataire (n° 93510) ;
– à Mayotte. La prestation n'est pas imposable.

93505 Toutefois, l'administration admet que **certaines prestations** de services, qui relèvent du principe général de l'article 259, 1° du CGI, soient soumises à la TVA au **taux applicable au lieu de leur exécution,** et non pas au lieu d'établissement du preneur, lorsque les prestataires et preneurs assujettis sont établis en France (en métropole ou dans les DOM). Sont limitativement concernés : le **transport de biens autre qu'intracommunautaire** ; les **prestations accessoires** aux transports autres que les transports intracommunautaires de biens, telles que le chargement, déchargement, manutention et activités similaires ; les **travaux et expertises sur biens meubles corporels** (BOI-TVA-GEO-20-40 n° 140).

EXEMPLES

1. Le service de transport de biens d'un point à un autre de la Martinique réalisé par un assujetti établi en Martinique fourni à un preneur établi en métropole est soumis au taux applicable en Martinique. Le service de déchargement réalisé au profit du même preneur par un autre prestataire établi en Martinique suit le même régime.
2. Le service d'expertise réalisé sur un véhicule automobile accidenté à La Réunion fourni à une société d'assurance établie en métropole est soumis au taux applicable à La Réunion.
3. La prestation de dépannage sur un véhicule automobile tombé en panne en Guyane délivrée à une société d'assurance établie en métropole auprès de laquelle le propriétaire du véhicule dépanné a souscrit une garantie d'assistance dépannage n'est pas soumise à la TVA.

93510 Quel que soit le lieu d'imposition (métropole ou DOM), la taxe doit être **acquittée par** le prestataire (en ce sens, BOI-TVA-GEO-20-40 n° 230). En effet, les dispositifs d'autoliquidation prévus aux articles 283-0 et suivants du CGI ne sont pas applicables aux prestations réalisées dans le cadre des relations entre métropole et DOM (BOI précité n° 30).

93515 Le régime d'imposition défini aux n°s 93500 s. est résumé dans le **tableau** ci-dessous.

Lieu d'établissement du preneur	Lieu d'établissement du prestataire		
	Métropole	Martinique, Guadeloupe, La Réunion	Guyane, Mayotte
Métropole	Taux métropolitains [1 et 2]	Taux métropolitains [1 et 2]	Taux métropolitains [1 et 2]
Martinique, Guadeloupe, La Réunion	Taux DOM [2]	Taux DOM [2]	Taux DOM [2]
Guyane, Mayotte	Pas d'imposition	Pas d'imposition	Pas d'imposition

[1] Taux DOM s'il s'agit d'un transport de biens autre qu'intracommunautaire, de prestations accessoires audit transport ou de travaux et expertises sur biens meubles corporels dont le lieu d'exécution est en Martinique, en Guadeloupe ou à La Réunion (n° 93505).
[2] Pas d'imposition s'il s'agit d'un transport de biens autre qu'intracommunautaire, de prestations accessoires audit transport ou de travaux et expertises sur biens meubles corporels dont le lieu d'exécution est en Guyane ou à Mayotte (n° 93505).
Remarque : Taux DOM = Taux prévus par l'article 296, 1° du CGI (n°s 93860 s.).

93520 **Remarques** : Comme mentionné au n° 93420, précision b, les opérateurs établis dans les DOM ne possèdent pas, en principe, de **numéro d'identification** à la TVA. Il en résulte les conséquences suivantes :

– pour les prestations fournies à un preneur assujetti établi dans un DOM, le prestataire doit apporter la **preuve de la qualité d'assujetti** du preneur par tous moyens ;

– les **personnes morales non assujetties** établies dans les DOM ne peuvent jamais avoir la qualité d'assujetti au regard des règles de territorialité ;

– les prestataires établis dans un DOM n'ont pas à souscrire de **déclaration européenne des services** au titre des prestations qu'ils effectuent (n°s 24680 s.).

Prestations relevant des règles particulières de territorialité Les prestations relevant des règles particulières de territorialité décrites aux nos 24900 s. et 25300 s. sont soumises aux taux métropolitains ou aux taux visés aux nos 93860 s. (taux DOM) selon que le lieu de la prestation, déterminé selon ces règles particulières, se situe en métropole ou dans les DOM. Dans le cas où la prestation se situe en Guyane ou à Mayotte, la TVA n'est pas applicable. 93525

PRESTATIONS FOURNIES À UN NON-ASSUJETTI (RELATIONS « B TO C »)

Prestations relevant de la règle générale de territorialité Les prestations relevant de la règle générale de territorialité applicable dans les relations « B to C » (prévue par l'article 259, 2° du CGI : nos 24750 s.) sont : 93530

- imposables aux taux visés aux nos 93860 s. (**taux DOM**) lorsque le prestataire est établi en Martinique, en Guadeloupe ou à La Réunion, quel que soit le lieu d'établissement du preneur non assujetti (métropole ou DOM, y compris la Guyane et Mayotte) ;
- imposables aux **taux métropolitains** lorsque le prestataire est établi en métropole, quel que soit le lieu d'établissement du preneur non assujetti (métropole ou DOM, y compris la Guyane et Mayotte) ;
- **non imposables** lorsque le prestataire est établi en Guyane ou à Mayotte, quel que soit le lieu d'établissement du preneur non assujetti (métropole ou DOM).

EXEMPLE

Une prestation d'exécution testamentaire est fournie à une personne non assujettie établie à la Guadeloupe par un assujetti établi :
- à la Martinique. Le taux applicable est celui en vigueur dans les DOM ;
- en métropole. Le taux applicable est le taux métropolitain ;
- en Guyane. La prestation n'est pas imposable.

Le régime d'imposition décrit au no 93530 est résumé dans le **tableau** ci-dessous. 93535

Lieu d'établissement du preneur	Lieu d'établissement du prestataire		
	Métropole	Martinique, Guadeloupe, La Réunion	Guyane, Mayotte
Métropole	Taux métropolitains	Taux DOM	Pas d'imposition
Martinique, Guadeloupe, La Réunion	Taux métropolitains	Taux DOM	Pas d'imposition
Guyane, Mayotte	Taux métropolitains	Taux DOM	Pas d'imposition
Remarque : Taux DOM = Taux prévus par l'article 296, 1° du CGI (nos 93860 s.).			

Prestations relevant des règles particulières de territorialité Les prestations relevant des règles particulières de territorialité décrites aux nos 24900 s. et 25400 s. sont, en **principe,** soumises aux taux métropolitains ou aux taux visés aux nos 93860 s. (taux DOM) selon que le **lieu de la prestation,** déterminé selon ces règles particulières, se situe en métropole ou dans les DOM. Dans le cas où la prestation se situe en Guyane ou à Mayotte, la TVA n'est pas applicable. 93540

Pour les prestations de services listées à l'article 259 B du CGI (**prestations « immatérielles »** : nos 25750 s.), une mesure de tolérance est toutefois prévue : il est ainsi admis que ces prestations soient imposées au taux applicable du **lieu d'établissement** ou de résidence **du preneur** non assujetti en métropole ou dans un DOM lorsqu'elles sont fournies par des prestataires établis en France. Lorsque ce lieu est situé en Guyane ou à Mayotte, la prestation n'est pas soumise à la taxe (BOI-TVA-GEO-20-40 nos 210 et 220).

EXEMPLE

Un assujetti établi en métropole fournit un service de conseil à une personne non assujettie établie :
- à La Réunion. Le taux applicable est celui en vigueur dans les DOM ;
- à Mayotte. La prestation n'est pas imposable.

2. RELATIONS ENTRE DOM ET ÉTATS MEMBRES DE L'UE OU PAYS TIERS

93560 En ce qui concerne les relations des DOM avec les autres États membres de l'UE ou les pays tiers, le lieu des prestations de services est déterminé dans les mêmes conditions que dans les relations entre la métropole et ces autres États membres ou pays tiers. Lorsque la prestation de services est imposable dans un DOM, le taux applicable est celui en vigueur dans le DOM (BOI-TVA-GEO-20-40 nos 90 et 100).

L'application de ces principes appelle les précisions suivantes s'agissant des prestations relevant de la règle générale du « B to B » :

1. Lorsque le prestataire est **établi dans un autre État membre de l'UE ou dans un pays tiers** et que le preneur est un assujetti établi dans un DOM (autre que la Guyane ou Mayotte), le **mécanisme d'autoliquidation** de la taxe par le preneur assujetti prévu par l'article 283, 2 du CGI (n° 24630) s'applique (en ce sens, Lettre DLF du 30-10-2009). Pour autant, le prestataire établi dans un autre État membre n'est pas tenu au dépôt de l'état récapitulatif des services (dénommé « **déclaration européenne des services** » en France).

2. De même, lorsque le **prestataire** est **établi dans un DOM** (y compris la Guyane et Mayotte) et que le preneur est un assujetti établi dans un autre État membre, ce dernier doit **autoliquider** la taxe dans son État, mais le prestataire n'est pas tenu au dépôt d'une déclaration européenne des services (en ce sens, Lettre DLF précitée ; BOI-TVA-DECLA-20-20-40 n° 140).

EXEMPLE

Un assujetti établi en Belgique fournit un service de conseil à un assujetti établi à la Martinique. En application de l'article 259, 1° du CGI, le service est taxable en Martinique, au taux applicable dans ce DOM. Le preneur assujetti doit autoliquider la taxe.

SECTION 2

DISPOSITIONS PARTICULIÈRES AUX DOM

93680 Les DOM bénéficient de dispositions particulières, généralement favorables, en ce qui concerne :

- les exonérations (nos 93690 s.) ;
- les taux de TVA (nos 93860 s.) ;
- les opérations portant sur les tabacs manufacturés (n° 94290).

> Précisions Les assujettis établis en Guadeloupe, en Martinique ou à La Réunion ont pu bénéficier, à titre expérimental, d'un **dispositif dérogatoire de franchise en base** institué par l'article 135 de la loi 2017-256 du 28 février 2017 lorsque leur chiffre d'affaires hors taxe de l'année civile précédente (N – 1) n'excédait pas les **seuils majorés** suivants : **100 000 ou 110 000 €** (mais à condition, dans ce dernier cas, que le chiffre d'affaires N – 2 n'excède pas 100 000 €) pour les assujettis dont le commerce principal est de vendre des marchandises, objets, fournitures et denrées à emporter ou à consommer sur place ou de fournir le logement et **50 000 ou 60 000 €** (mais à condition, dans ce dernier cas, que le chiffre d'affaires de la pénultième année, soit N – 2, n'excède pas 50 000 €) pour les autres activités de prestations de services (CGI art. 293 B, I-dernier al.). Les autres dispositions relatives à la franchise de droit commun s'appliquaient dans les mêmes conditions qu'en métropole. Ce dispositif s'est appliqué **jusqu'au 31 décembre 2022** (Loi 2021-1900 du 30-12-2021 art. 33).
Depuis le **1er janvier 2023,** les seuils majorés ci-dessus ne peuvent plus servir de référence pour l'application de la franchise en base de TVA. Par conséquent, à cette date, les assujettis établis dans ces départements d'outre-mer doivent, comme les assujettis établis en métropole, comparer leurs chiffres d'affaires réalisés en 2021 et en 2022 aux **seuils de droit commun** de la franchise mentionnés au n° 47600 pour déterminer s'ils peuvent bénéficier de la franchise en base en 2023.

A. Exonérations particulières

93690 L'article 295 du CGI exonère de la TVA un certain nombre d'opérations réalisées dans les départements de la Guadeloupe, de la Martinique et de La Réunion.

Ces régimes d'exonération, exposés aux nos 93700 s., sont propres à ces départements.

1. TRANSPORTS MARITIMES

Les transports maritimes **de personnes et de marchandises** effectués **dans les limites** de chacun des départements **de la Guadeloupe, de la Martinique et de La Réunion** sont exonérés de TVA, en application de l'article 295, 1-1° du CGI. 93700

> Précisions a. Les **transports aériens ou maritimes,** de personnes ou de marchandises, **en provenance ou à destination de la métropole, des autres DOM ou des autres collectivités d'outre-mer,** sont exonérés comme les transports internationaux (voir nos 27000 s.).
Toutefois, dans le cadre du **marché unique des Antilles,** les transports aériens de marchandises entre la Guadeloupe et la Martinique sont taxables pour la distance parcourue dans ces départements ; les transports maritimes de marchandises effectués entre ces deux départements sont en revanche exonérés (BOI-TVA-GEO-20-20 n° 140).
Par ailleurs, les transports aériens de voyageurs et de marchandises réalisés à partir de la Guadeloupe à destination de ses proches dépendances (la **Désirade, Marie-Galante** et les **Saintes**) et inversement sont exonérés en application d'une décision ministérielle du 11 mai 1971. Les transports maritimes de voyageurs et de marchandises réalisés à partir de la Guadeloupe à destination de ses proches dépendances et inversement sont exonérés en application de l'article 295, 1-1° du CGI (BOI-TVA-GEO-20-20 nos 150 et 160).
b. Les **croisières et excursions maritimes** réalisées dans les DOM dans lesquelles les divers services proposés aux passagers – tels que l'hébergement, la restauration ou les visites de sites – ne sont que l'accessoire de la prestation de transport peuvent bénéficier dans leur globalité de l'exonération prévue à l'article 295, 1-1° du CGI (Rép. Manscour : AN 2-11-2004 n° 45095, non reprise au Bofip mais dont la solution nous paraît conserver sa valeur).

2. MATIÈRES PREMIÈRES ET PRODUITS IMPORTÉS OU DE FABRICATION LOCALE

L'article 295, 1-2° et 5° du CGI prévoit des exonérations spécifiques au profit de certaines opérations portant sur des produits déterminés. 93720

VENTES ET IMPORTATIONS DE RIZ À LA RÉUNION

Dans le département de La Réunion, les ventes et les importations de riz sont exonérées en vertu des dispositions de l'article 295, 1-2° du CGI. 93730

AUTRES OPÉRATIONS EXONÉRÉES

Selon l'article 295, 1-5° du CGI, sont exonérées de la TVA dans les trois départements d'outre-mer où la TVA est applicable : 93740

a. Les **importations** de matières premières et produits dont la liste est fixée par arrêtés ministériels ;

b. Les **ventes et livraisons à soi-même** des produits de fabrication locale analogues à ceux dont l'importation dans ces DOM est exemptée ;

c. La **livraison en l'état** de biens importés en exonération de la taxe conformément au a ci-dessus.

Produits exonérés L'exonération prévue par l'article 295, 1-5° du CGI concerne : 93750

– d'une part, les **matériels d'équipement** destinés à l'**industrie hôtelière et touristique** dont la liste est fixée par l'article 50 undecies, 1 de l'annexe IV au CGI ;

– d'autre part, les **produits, matériaux de construction, engrais et outillages industriels et agricoles** énumérés à l'article 50 duodecies, I et II de l'annexe IV au CGI.

Ces **listes** sont reproduites dans notre Code pratique fiscal Francis Lefebvre.

Conditions de l'exonération **Matériels d'équipement destinés à l'industrie hôtelière et touristique.** Pour bénéficier de l'exonération, les matériels concernés, dont la liste figure à l'article 50 undecies, 1 de l'annexe IV au CGI, doivent être utilisés dans son exploitation : 93760

– par une **entreprise** relevant de l'industrie hôtelière et touristique : hôtel, hôtel-restaurant, pension de famille, restaurant, café-restaurant, auberge, café, bar, buvette, salon de thé, casino, exploitation de piscine, de parc d'attractions, de golf, de tennis, de navigation de plaisance, de jeux divers ;

– ou par des **associations de tourisme,** de camping et de caravaning, des foyers, des camps et colonies de vacances, des auberges de jeunesse, des gîtes ruraux, des gîtes urbains et des maisons familiales (BOI-TVA-GEO-20-20 n° 20).

93765 Pour bénéficier de l'exonération, les **importateurs** doivent, selon l'article 50 undecies, 3 de l'annexe IV au CGI :

1° En faire la **demande** sur la déclaration d'importation.

2° Déposer à l'appui de la déclaration d'importation une **attestation** en double exemplaire indiquant les nom, prénoms, profession ou raison sociale et adresse du destinataire, ainsi que la nature, la quantité et la valeur des produits importés.

Cette attestation doit porter l'**engagement,** pour le cas où les produits ne recevraient pas l'affectation justifiant l'exonération de la TVA, d'acquitter au service des impôts la taxe devenue exigible, sans préjudice des pénalités prévues aux articles 1727, 1729, 1731 et 1784 à 1786 du CGI.

L'exonération dont sont susceptibles de bénéficier les voitures pour le transport des personnes comportant un minimum de sept places assises, reprises sous le n° Ex 87-03 du tarif des droits de douane d'importation, est subordonnée à l'affectation exclusive de ces véhicules au service de la clientèle et limitée en outre à un véhicule par hôtel de 20 à 100 chambres et à deux véhicules par hôtel de plus de 100 chambres (CGI ann. IV art. 50 undecies, 2).

93770 **Produits, matériaux de construction, engrais et outillages industriels et agricoles.** Le fait pour un produit de figurer sur la liste établie par l'article 50 duodecies de l'annexe IV au CGI ouvre, à lui seul, pour ledit produit, droit à l'exonération de la taxe. La franchise de ces produits n'est donc subordonnée à aucune justification d'emploi.

Il est observé que certains matériaux et outillages figurent dans l'article précité sous leur position au tarif des douanes assortie d'une mention telle que « destinés à la construction » ou « à usage industriel ou agricole ». L'exonération s'applique alors aux articles compris dans cette position et qui, en raison de leur nature, sont **normalement utilisés** dans la construction immobilière ou comme outillage professionnel, quel que soit d'ailleurs l'usage qui en est fait dans tel cas particulier (BOI-TVA-GEO-20-20 n°s 50 et 60).

93775 **Opérations exonérées** L'exonération s'applique uniquement aux opérations visées au n° 93740. Même si elles portent sur des produits visés par l'article 295, 1-5° du CGI, les **prestations de services** ne peuvent pas bénéficier de cette mesure (Rép. Lauret : Sén. 4-1-2001 n° 19745, non reprise au Bofip mais dont la solution conserve sa valeur).

> **Précisions** **a.** Les **producteurs et importateurs de matières premières** et de produits visés à l'article 295, 1-5° du CGI qui **en assurent l'installation** sont imposables sur l'ensemble du prix facturé (y compris donc le prix des fournitures et matériaux) si l'installation constitue un **travail immobilier** (CE 27-7-2001 n° 216193 : RJF 11/01 n° 1371 ; CE 12-1-2018 n° 384395 : RJF 4/18 n° 363).
>
> **b.** En revanche, selon la cour administrative d'appel de Bordeaux, les **ventes de pièces détachées** éligibles à l'exonération n'ont pas à être taxées alors même qu'elles sont réalisées à l'occasion d'une opération de **réparation ou d'entretien d'un véhicule** (CAA Bordeaux 31-12-2014 n° 13BX00675 : RJF 6/15 n° 479).

3. LOCATIONS DE COURTE DURÉE DE NAVIRES DE GRANDE PLAISANCE EN GUADELOUPE ET À LA MARTINIQUE

93800 L'article 295, 1-7° du CGI **exonère** les affrètements et **locations de courte durée** (c'est-à-dire qui n'excèdent pas 90 jours) de navires de grande plaisance lorsque les **conditions** suivantes sont remplies :

– il doit s'agir de **navires de plaisance** d'une **longueur de coque** supérieure à 24 mètres et dont la **jauge brute** est inférieure à 3 000 au sens de la réglementation maritime publiée par le ministère de la transition écologique et solidaire. Les navires concernés sont ceux qui répondent aux spécifications de la division 242 de la réglementation des navires de plaisance professionnelle en mer ;

– ces navires doivent être **mis à disposition à partir des départements de Guadeloupe ou de Martinique** ;

– la location ou l'affrètement doit avoir pour objet la réalisation de **voyages d'agrément en dehors des eaux territoriales** (BOI-TVA-GEO-20-20 n° 240).

4. AUTRES EXONÉRATIONS

PRODUITS ÉNERGÉTIQUES ET ASSIMILÉS

93810 L'article 295, 1-6° du CGI exonère de la TVA les **livraisons, importations,** services d'**intermédiation** et prestations de travail à **façon** portant sur les produits énergétiques et assimilés, autres que les charbons et les gaz naturels, réalisés en Guadeloupe, en Martinique ou à La Réunion. Cette exonération s'applique donc notamment aux **produits pétroliers.**

BIENS IMPORTÉS DANS DES ENVOIS DE FAIBLE VALEUR

L'importation en Guadeloupe, à La Réunion ou à la Martinique de biens compris dans un **envoi d'une valeur** intrinsèque **n'excédant pas 22 €** est exonérée (CGI ann. IV art. 50 octies, 5°). **93815**

VENTES DE BIENS AUX TOURISTES EFFECTUANT UNE CROISIÈRE MARITIME

L'article 41 septies de la loi 2004-639 du 2-7-2004 (dans sa rédaction issue de l'article 78 de la loi 2019-1479 du 28-12-2019) exonère de TVA les **livraisons de biens au détail** (à l'exclusion donc des prestations de services et des ventes à consommer sur place) réalisées par des **vendeurs autorisés** dans les communes de **Guadeloupe ou** de **Martinique** disposant d'un port d'accueil de navires de croisière touristique, auprès de **particuliers** n'ayant pas leur domicile ou leur résidence habituelle dans ces départements et effectuant une croisière touristique maritime qui emportent ces biens **dans leurs bagages personnels** hors de ces départements (exemples : vêtements, articles de maroquinerie, appareils de photographie, articles de voyage et de sport, articles de décoration, parfums et produits de beauté, etc.). Aucune **valeur minimale d'achat** des marchandises n'est exigée. **93820**

Cette **exonération** n'est **pas applicable** aux livraisons de tabacs manufacturés, aux livraisons de biens pour lesquels la sortie du territoire de Guadeloupe ou de Martinique est prohibée et aux livraisons qui, compte tenu de la nature des biens ou des quantités livrées, ne sont pas destinées aux besoins propres d'un particulier.

> Précisions **a.** Bien qu'exonérées, ces opérations ouvrent **droit à déduction** dans les mêmes conditions que si elles étaient soumises à la TVA (n° 52900). Par conséquent, les vendeurs autorisés à appliquer cette exonération peuvent déduire la TVA ayant grevé l'achat des marchandises concernées et en obtenir, le cas échéant, le remboursement dans les conditions de droit commun.

b. Cette exonération, dont la date d'**entrée en vigueur** doit être fixée par décret, est instituée pour une durée temporaire **jusqu'au 31 décembre 2023** (Loi 2019-1479 susvisée art. 78, III). À noter à cet égard que le II de l'article 78 précité indique qu'un rapport dressant le bilan de ce dispositif de ventes hors taxe permettra, le moment venu, de déterminer si ce dispositif doit ou non être maintenu.

ENTREPRISES HÔTELIÈRES

L'exonération totale ou partielle prévue en faveur des entreprises hôtelières établies en Guadeloupe, en Martinique ou à La Réunion, sous réserve de l'agrément prévu par l'article 26, 2 de la loi 66-10 du 6 janvier 1966 (ancien article 295, 3 du CGI), demeure applicable aux entreprises **qui ont bénéficié de cet agrément avant le 1er janvier 1971** (Loi 70-1199 du 21-12-1970 art. 66, I-3 ; BOI-TVA-GEO-20-20 n° 180). **93830**

B. Taux

Les taux applicables dans les DOM sont en principe **inférieurs** à ceux applicables en métropole, qu'il s'agisse des taux principaux ou des taux particuliers. **93860**

Nous récapitulons dans le tableau ci-après les **taux** applicables dans les DOM et les **coefficients de conversion** correspondants (coefficients à utiliser pour obtenir le chiffre d'affaires hors taxe à partir du chiffre d'affaires taxe comprise). **93865**

	Taux	Coefficient de conversion
Taux normal	8,5 %	0,921
Taux réduit	2,1 %	0,979
Publications de presse et services de presse en ligne (nos 84660 s.)	1,05 %	0,989
140 premières représentations théâtrales ou de cirque (nos 88960 s.)	1,05 %	0,989
Ventes d'animaux de boucherie et de charcuterie à des non-redevables (nos 71570 s.)	1,75 %	0,982

Ces taux s'appliquent à des bases d'imposition hors TVA et octroi de mer (nos 22010 et 35400).

Le **champ d'application** respectif des **taux normal et réduit** applicables dans les DOM est déterminé selon les règles applicables en France métropolitaine. Il convient donc de se reporter, à cet égard, aux indications données aux nos 40250, 40300 s. et 41550 s. Le taux réduit de 2,1 % applicable dans les DOM s'applique à tous les produits ou services relevant en métropole du taux réduit ou du taux intermédiaire.

> **Précisions** **a.** En application de l'article 296 ter du CGI, dans les départements de la Guadeloupe, de la Martinique et de La Réunion, la TVA est également perçue au taux réduit de 2,1 % pour :
> – les travaux de construction et les ventes de **logements** évolutifs **sociaux** ;
> – les livraisons à soi-même ainsi que les ventes et apports de terrains à bâtir et de logements neufs lorsque ces opérations sont financées à l'aide d'un prêt aidé ou d'une subvention accordés dans les conditions prévues aux articles R 372-1 et D 372-20 à D 372-24 du Code de la construction et de l'habitation ou à l'article 244 quater X du CGI.
> Il est par ailleurs admis que les livraisons à soi-même de **travaux de réhabilitation** et d'entretien de logements locatifs sociaux bénéficient, dans ces départements, du taux de 2,1 % lorsque certaines conditions sont réunies (BOI-TVA-IMM-20-10-20-10 nos 460 à 500).
> Enfin, les opérations relatives à certains **logements locatifs du secteur intermédiaire** visées à l'article 279-0 bis A du CGI (no 68315) sont également soumises au taux de 2,1 % lorsqu'elles sont réalisées dans ces départements (BOI-TVA-IMM-30 no 200).
> **b.** Les **médicaments** et les **produits sanguins** sont soumis au taux de 2,1 % tant en métropole que dans les DOM.

C. Opérations portant sur les tabacs manufacturés

94290 Dans les départements de la Guadeloupe, de la Martinique et de La Réunion, les tabacs manufacturés sont soumis à la TVA dans les conditions ci-après.

Les **échanges entre la France métropolitaine et chacun de ces DOM** sont assimilés à des opérations d'importation ou d'exportation (CGI art. 294, 2 et 3).

La TVA est **exigible** au taux normal soit à l'importation, soit à l'issue de la fabrication, c'est-à-dire à la sortie des tabacs manufacturés des établissements de production (BOI-TVA-GEO-20-50 nos 20 et 30).

Les **marges commerciales** postérieures à la fabrication ou à l'importation sont en revanche exclues de la TVA (CGI art. 298 sexdecies).

Selon l'**administration,** il résulte de ces dernières dispositions que les **négociants** grossistes, dépositaires, détaillants ou débitants qui opèrent la **distribution** des tabacs ne doivent pas être recherchés en paiement de la TVA mais, corrélativement, ils ne peuvent prétendre à **aucun droit à déduction** (BOI précité nos 10 et 40).

Le **Conseil d'État** considère au contraire que les opérations portant sur les tabacs manufacturés sont, à chacun des stades du circuit de commercialisation, soumises à la TVA dans les conditions de droit commun. L'exclusion de la TVA des **marges commerciales des négociants** constitue une **exclusion de l'assiette** taxable et non une exclusion du champ d'application de la TVA. Les négociants sont donc **fondés à déduire** la taxe ayant grevé les biens et services ayant concouru à la réalisation de leurs opérations (CE 6-11-2002 no 212630 : RJF 1/03 no 30). Il résulte également de ces dispositions que l'assiette de la TVA afférente aux ventes de tabacs manufacturés par les **importateurs de tabacs** aux distributeurs locaux est constituée par le seul prix de revient à l'importation des tabacs revendus. La fraction perçue en outre-mer de l'accise sur les tabacs mentionnée à l'article L 314-1 du CIBS (remplaçant, depuis le 1-1-2022, le droit de consommation prévu à l'ancien article 575 E du CGI), exigible à l'importation, doit donc être incluse dans l'assiette de la TVA (no 22010) (CE (na) 28-3-2022 no 455197 : RJF 6/22 no 537).

CHAPITRE 15 CORSE

SOMMAIRE

La TVA est, en principe, applicable en Corse (départements de la Corse-du-Sud et de la Haute-Corse) dans les mêmes conditions que sur le territoire de la France continentale. Toutefois, afin d'atténuer les inconvénients de l'insularité et de faciliter le développement économique de la Corse, deux mesures sont prévues en matière de TVA : **94600**

- un **allégement de l'imposition** de certains produits ou services ;
- une exonération des **transports** entre la France continentale et la Corse.

En ce qui concerne le **régime particulier de remboursement forfaitaire** applicable aux ventes de vins par les viticulteurs corses, voir n° 73105.

SECTION 1 ALLÉGEMENTS D'IMPOSITION

Certains **produits livrés** en Corse et certains **services exécutés** en Corse bénéficient d'un allégement d'imposition du fait de l'application de **taux légaux spécifiques,** au nombre de quatre, allant de 0,9 à 13 %, conformément aux dispositions de l'article 297 du CGI. **94620**

Ces taux s'appliquent également aux **importations** et **acquisitions intracommunautaires** en Corse ainsi qu'aux **expéditions** des produits concernés de France continentale à destination de la Corse.

Bien entendu, les **taux en vigueur en France continentale** trouvent à s'appliquer aux biens livrés et aux services exécutés en Corse qui ne bénéficient pas de tels allégements.

Le tableau ci-dessous récapitule les **quatre taux** spécifiques prévus en Corse ainsi que les **coefficients de conversion** permettant d'obtenir le prix hors taxe en partant du prix TVA comprise. **94625**

Taux (%)	Coefficient de conversion
0,9	0,991
2,1	0,979
10	0,909
13	0,884

94630 L'article 297, I-2 du CGI visant les expéditions de France continentale à destination de la Corse, les allégements d'imposition doivent être accordés non seulement aux **ventes** faites par des entreprises continentales à des acheteurs corses aux conditions de livraison **« franco-domicile »,** mais aussi :

– aux ventes **« franco-quai port d'embarquement »** ;

– aux ventes **« départ »,** lorsque le vendeur se charge, pour le compte de l'acheteur, du transport jusqu'à destination en Corse ;

– et aux ventes **« départ »** de produits et de matériels (viandes, gros matériels agricoles notamment) dont l'acheteur corse prend lui-même livraison sur le continent à condition qu'il remette à son fournisseur une **attestation** certifiant que les produits et matériels sont destinés à être expédiés vers la Corse par ses soins (BOI-TVA-GEO-10-10 n° 20).

Cette dernière condition n'est réalisée que si l'attestation est délivrée lors de la **livraison** des marchandises (CE 13-5-1991 n° 77657 : RJF 7/91 n° 926).

I. TAUX DE 0,9 %

94640 En vertu de l'article 297, I-1-1° du CGI, le taux de 0,9 % s'applique en Corse aux opérations visées aux articles 281 quater et 281 sexies du CGI, c'est-à-dire respectivement aux **premières représentations théâtrales et de cirque** (nos 88960 s.) et aux ventes d'**animaux vivants de boucherie et de charcuterie** à des non-redevables (nos 71570 s.).

II. TAUX DE 2,1 %

94670 La TVA est perçue dans les départements de la Corse au taux de 2,1 % pour les opérations visées aux 1° et 3° du A de l'article 278-0 bis du CGI et à l'article 278 bis du CGI portant sur des produits livrés en Corse et pour les prestations de services visées aux B, C, E à H de l'article 278-0 bis précité et aux a à b nonies de l'article 279 du CGI (CGI art. 297, I-1-2°).

Relèvent **notamment** du taux de 2,1 % les ventes de denrées alimentaires destinées à la consommation humaine (autres que celles visées au n° 94790) ou animale, de produits normalement destinés à être utilisés dans la préparation de ces denrées ou normalement utilisés pour les compléter ou les remplacer, de produits d'un type normalement destiné à être utilisé dans la production agricole (produits d'origine agricole non transformés, engrais, etc.), de produits de l'horticulture et de la floriculture d'ornement n'ayant subi aucune transformation et de livres, ainsi que certaines prestations de services (transports de voyageurs, fourniture de logement, fourniture de repas dans les cantines scolaires, fourniture de repas dans les cantines d'entreprises à l'exclusion des boissons alcooliques : voir n° 94680, droits d'entrée dans les salles de cinéma, abonnements relatifs aux livraisons d'électricité d'une puissance maximale inférieure ou égale à 36 kilovoltampères, d'énergie calorifique et de gaz naturel combustible distribué par réseaux, etc.).

Le taux de 2,1 % s'applique aussi aux médicaments remboursables ou soumis à autorisation temporaire et aux publications de presse et à la presse en ligne, mais cela n'est pas propre à la Corse (respectivement nos 41600 s. et 85460 s.).

> **> Précisions** Le taux de 2,1 % concerne également les opérations visées par l'article 298 octies du CGI, c'est-à-dire les **travaux de composition et d'impression** portant sur des écrits périodiques et les **fournitures d'éléments d'information** faites par les agences de presse (BOI-TVA-GEO-10-10 n° 90).

94675 **Remarque** : Le taux de 2,1 % applicable en Corse en vertu de l'article 297, I-1-2° du CGI concerne pour l'essentiel les opérations soumises au **taux réduit ou** au **taux intermédiaire** sur le continent.

Cependant, certaines opérations restent soumises au taux applicable sur le continent (taux réduit ou taux intermédiaire), et notamment les opérations suivantes : opérations portant sur les appareillages et les équipements pour handicapés, les médicaments non remboursables, les produits de protection hygiénique féminine et les préservatifs, les œuvres d'art ; travaux portant sur des locaux d'habitation achevés depuis plus de 2 ans et travaux d'amélioration de la qualité énergétique de ces locaux ; cessions de droits d'auteur (sauf les cessions de droits patrimoniaux portant sur les œuvres cinématographiques représentées au cours de séances à caractère non commercial ou dans le cadre de festivals de cinéma qui relèvent du taux de 2,1 %) ; ventes et apports de terrains destinés au logement social ; ventes (et certains apports) ainsi que les livraisons à soi-même de logements sociaux et de certains travaux de réhabilitation et d'entretien portant sur ces logements, constructions de logements intermédiaires.

FOURNITURE DE REPAS DANS LES CANTINES D'ENTREPRISES

Il résulte des dispositions combinées des articles 279, a bis et 297, I-1-2° du CGI que le taux de 2,10 % s'applique aux recettes provenant de la fourniture des repas dans les cantines d'entreprises et administratives perçues tant par les organismes **gestionnaires** des cantines que par les **prestataires extérieurs** (sociétés de restauration collective, traiteurs collectifs), sous réserve que les **conditions** suivantes soient remplies (à défaut, le taux de 10 % s'applique : n° 94790) : **94680**

– l'objet de la cantine consiste à fournir de façon habituelle des **repas au personnel** qui doit être en mesure de justifier de son appartenance à l'entreprise ;

– la cantine est **gérée** par le comité social et économique (CSE) ou par l'employeur ou par une association ou par un groupement de CSE ou d'employeurs ;

– les repas sont fournis dans les **locaux** dont le gestionnaire de la cantine a la libre disposition et doivent être servis par le personnel du gestionnaire de la cantine ou du fournisseur extérieur ;

– le **prix des repas** est sensiblement inférieur à celui pratiqué, pour des prestations similaires, par les restaurants ouverts au public, situés dans la même localité que la cantine ou à défaut, dans les communes environnantes ;

– les opérations réalisées dans le cadre de la cantine doivent faire l'objet d'une **comptabilisation distincte** par le gestionnaire ;

– dans le cas où il fait appel à un **prestataire extérieur,** le gestionnaire de la cantine doit conclure avec ce dernier un contrat prévoyant les conditions de la fourniture des repas. Le prestataire doit en principe déposer un exemplaire de ce **contrat** auprès du service des impôts dans le mois de sa signature, mais il est admis que la conservation du document à la disposition de l'administration par le prestataire extérieur suffit (CGI ann. III art. 85 bis ; BOI-TVA-GEO-10-10 n°s 71 à 85).

> **Précisions** Il convient d'entendre par **repas,** les mets et denrées ainsi que les boissons autres que les boissons alcooliques servis à l'occasion des déjeuners et des dîners ou, sous réserve que la prestation soit justifiée par les conditions de travail (horaires décalés, travail posté, astreintes particulières), de petits déjeuners et de collations (BOI précité n° 76). Les ventes de **boissons alcooliques** relèvent du taux de 10 % comme les autres ventes à consommer sur place de ces boissons (n° 94790).

III. TAUX DE 10 %

Outre les opérations relevant comme sur le continent du taux intermédiaire (n° 94675), bénéficient en Corse du taux de 10 % les travaux immobiliers et les opérations de construction, les ventes de certains matériels agricoles, les fournitures de logement, les ventes à consommer sur place de boissons alcooliques et les ventes d'électricité en basse tension (CGI art. 297, I-1-5°). **94700**

A. Travaux immobiliers

Le taux de 10 % s'applique aux travaux immobiliers (autres que les travaux d'amélioration de la qualité énergétique des locaux à usage d'habitation étudiés aux n°s 41500 s. qui bénéficient, comme sur le continent, du taux de 5,5 % : n° 94675) et aux opérations visées à l'article 257, I du CGI, c'est-à-dire soumises à la **TVA immobilière** (opérations concourant à la production ou à la livraison d'immeubles : n°s 67500 s., à l'exception de celles réalisées dans le cadre du logement social, qui bénéficient du taux de 5,5 % : n°s 68300, 68690 et 69000). **94710**

> **Précisions** **a.** Le taux de 10 % s'applique également aux opérations de **construction de logements intermédiaires** (CGI art. 297, I-1-5°-f), mais cela n'est pas propre à la Corse puisque ces opérations bénéficient également sur le continent du taux intermédiaire (CGI art. 279-0 bis A : n°s 68315 et 68690).
> **b.** Peuvent bénéficier du taux de 10 % les **travaux,** réalisés en Corse, **de démaquisage, de défrichement et de défonçage** des terrains nécessitant l'intervention d'une entreprise spécialisée dotée d'un matériel important (bulldozers, machines à défoncer le sol, etc.) et qui aboutissent à une modification notable du relief existant (BOI-TVA-GEO-10-10 n° 120).

Bénéficient du taux de 10 % les **ventes de matériaux de construction** aux entrepreneurs de travaux immobiliers et négociants installés en Corse qui justifient de l'impossibilité d'imputer en totalité la TVA déductible. **94715**

Les entrepreneurs qui remplissent ces conditions doivent adresser une demande circonstanciée au directeur départemental des finances publiques. L'**autorisation** qui leur est accordée de bénéficier de cette taxation est valable jusqu'au 31 décembre de l'année en cours. Elle est renouvelable annuellement (BOI-TVA-GEO-10-10 nos 140 à 170).

B. Ventes de matériels agricoles

94740 La TVA est perçue au taux de 10 % en ce qui concerne les ventes de matériels agricoles livrés en Corse dont la liste est fixée par l'article 50 duodecies A, 1 de l'annexe IV au CGI (n° 94745).

Ce taux s'applique aux ventes faites par des entreprises installées en Corse ou en France métropolitaine et portant sur des matériels **livrés en Corse** aux exploitants agricoles, quelle que soit la forme juridique de l'entreprise, ainsi qu'aux revendeurs établis dans les départements de la Corse (BOI-TVA-GEO-10-10 n° 210).

Le bénéfice de l'allégement d'imposition est subordonné à l'**affectation** permanente des matériels **aux besoins de l'exploitation** agricole (CGI ann. IV art. 50 duodecies A, 2).

94745 Peuvent bénéficier de l'allégement d'imposition les matériels agricoles suivants :

- **tracteurs** agricoles, voitures automobiles conçues pour le transport exclusif des marchandises et remorques susceptibles d'être attelées à ces véhicules ;
- **matériels à traction animale ou mécanique** utilisés pour la préparation des surfaces cultivées, la fertilisation, les semis et plantations, l'entretien des cultures et les récoltes ;
- matériels de **traitement antiparasitaire** ;
- matériels mécaniques de **manutention** et matériels de **conservation** des produits agricoles (autres que les bâches) ;
- matériels d'**irrigation,** à l'exception des tuyaux d'arrosage en matière souple ;
- matériels nécessaires à l'**élevage** du bétail (à l'exclusion des fils, piquets et accumulateurs utilisés pour l'électrification des clôtures), à l'**aviculture** et à l'**apiculture** ;
- matériels utilisés pour la **préparation des aliments du bétail** ;
- matériels de **laiterie, vinification** et **cidrerie,** matériels utilisés pour l'élaboration des **jus de fruits** ;
- **moteurs** à explosion et à combustion interne, moteurs électriques de plus de 10 kg et groupes électrogènes, **générateurs** à air chaud à usage agricole et matériels de ventilation ;
- certaines pièces et roues de **rechange.**

> **› Précisions** **a.** Les **constructions démontables** livrées à l'état complet telles que hangars, étables ou clapiers sont comprises dans la liste des matériels bénéficiaires (BOI-TVA-GEO-10-10 n° 200).
> **b.** Le terme « **matériel de conservation** » recouvre les matériels utilisés exclusivement à cet usage. Les matériels qui seraient utilisés concurremment à la conservation et au conditionnement des produits en vue de la vente (bouteilles de verre pour le conditionnement des vins, par exemple) ne sont pas concernés (BOI précité).

94750 Sont **exclues** du bénéfice de la taxation particulière les **opérations** portant sur :

- les cabines de tracteurs agricoles vendues ou importées isolément ;
- les pneumatiques destinés à équiper les tracteurs et autres véhicules visés à l'article 50 duodecies A, 1-a de l'annexe IV au CGI ;
- les calibreuses de fruits et légumes (BOI-TVA-GEO-10-10 n° 200).

Ces matériels doivent donc être soumis à la TVA dans les conditions de droit commun.

C. Fourniture de logement

94770 Le taux de 10 % s'applique aux fournitures de logement en meublé ou garni autres que celles visées aux articles 278-0 bis, C et 279, a du CGI (bénéficiant en Corse, on l'a vu, du taux de 2,1 % : n° 94670). Il s'agit des opérations de fourniture de logement relevant du taux normal sur le continent. Sont essentiellement concernées les prestations d'hébergement fournies par les **établissements** qui n'ont **pas** pour **objet principal la fourniture de logement.**

Doivent en principe être imposés à la TVA au taux qui leur est propre les **services annexes** facturés en sus de l'hébergement (téléphone, télévision, blanchissage, garage pour automobile, etc.), les **ventes d'objets** (cartes postales, bibelots) et les **recettes annexes** (publicité, location de salles et de vitrines, locations de chevaux, etc.) (BOI-TVA-GEO-10-10 n° 240 ; sur les critères permettant de déterminer si l'on est en présence d'une opération unique ou d'opérations dissociables, voir nos 1270 s.).

D. Ventes à consommer sur place de boissons alcooliques

Le taux de 10 % est applicable aux ventes à consommer sur place de **boissons alcooliques** effectuées par les débitants de boissons, restaurateurs ... (BOI-TVA-GEO-10-10 n° 100 ; sur la définition des boissons alcooliques, voir n° 40500). 94790

Les ventes à consommer sur place de **produits alimentaires et/ou de boissons non alcooliques** réalisées en Corse relèvent également du taux de 10 %, comme sur le continent (CGI art. 279, m : nos 42590 s. ; BOI précité). Il en va de même des **ventes à emporter** ou à livrer de **produits alimentaires préparés en vue d'une consommation immédiate** réalisées en Corse, à l'exclusion de celles relatives aux boissons alcooliques (qui relèvent du taux normal) (CGI art. 279, n : voir nos 41950 s.).

> **Précisions** Il est rappelé que la fourniture de repas dans les **cantines d'entreprises** peut bénéficier en Corse du taux de 2,1 % (n° 94680), à l'exclusion des boissons alcooliques qui relèvent du taux de 10 %. Le taux de 2,1 % s'applique également pour la fourniture de repas dans les **cantines scolaires** (n° 94670).

E. Ventes d'électricité effectuées en basse tension

Les ventes d'électricité effectuées en basse tension dans les départements de la Corse, y compris la partie « abonnement » des factures relatives aux livraisons d'électricité d'une puissance maximale supérieure à 36 kilovoltampères, bénéficient de la taxation particulière au taux de 10 % (CGI art. 297, I-1-5°-e ; BOI-TVA-GEO-10-10 n° 250). 94810

S'agissant des abonnements relatifs aux livraisons d'électricité d'une puissance maximale inférieure ou égale à 36 kVA, voir n° 94670.

IV. TAUX DE 13 %

Le taux de 13 % s'applique aux ventes de **produits pétroliers** (nos 81850 s.) livrés en Corse (CGI art. 297, I-1-6°-b). 94840

S'agissant des abonnements relatifs aux livraisons de **gaz naturel** distribué par réseau, voir n° 94670.

SECTION 2

TRANSPORTS ENTRE LA FRANCE CONTINENTALE ET LA CORSE

Les transports de marchandises ou de voyageurs entre la France continentale et la Corse sont exonérés de TVA pour la **partie du trajet située en dehors du territoire continental** (CGI art. 262, II-11°). 94900

Remarques : **1.** Cette exonération est applicable aux seules **prestations** de transport **imposables en France** (Lettre DLF du 30-10-2009). Sur la territorialité des prestations de transport, voir nos 27000 s.

2. Le **trafic ferroviaire des colis postaux** entre la France continentale et la Corse, qui est considéré comme trafic international au regard de la réglementation postale, est exonéré de la TVA (BOI-TVA-CHAMP-20-60-20 n° 260 ; BOI-TVA-GEO-10-20 n° 50).

Les **transports maritimes de marchandises ou de voyageurs** en provenance ou à destination de la Corse échappent totalement à la TVA. 94905

Les **transports aériens** ne sont soumis à la TVA qu'à raison du trajet effectué au-dessus de la France continentale (BOI-TVA-GEO-10-20 nos 20 et 30).

Les transports maritimes ou aériens entre la France continentale et la Corse qui ne sont pas imposables à la TVA pour la partie du trajet effectuée en dehors du continent ouvrent droit à **déduction,** par imputation ou remboursement (CGI art. 271, V-c).

EXEMPLE

Un commissionnaire de transport établi en France prend en charge le transport d'une marchandise de Paris à Corte. Il fait exécuter le transport par la SNCF jusqu'à Marseille, puis par une compagnie maritime de Marseille à Bastia et enfin par un transporteur routier de Bastia à Corte. Il n'est redevable de la TVA qu'à raison du transport jusqu'à Marseille et peut opérer la déduction de la taxe qui lui est facturée par la SNCF et par le transporteur corse.

Remarque : Il est à noter que les **transports publics** aériens et maritimes de voyageurs en provenance ou à destination de la Corse sont soumis à des **taxes spécifiques,** à savoir une majoration de la taxe sur le transport aérien de passagers (CIBS art. L 422-29) et une taxe sur le transport maritime de passagers (CIBS art. L 423-57 s.).

> Précisions Les prestations de **restauration à bord** mises à disposition de **passagers de navires** constituent pour les clients une fin en soi et ne peuvent être regardées comme des prestations accessoires susceptibles de bénéficier du régime d'exonération applicable aux transports de passagers entre la France continentale et la Corse, dès lors, d'une part, que le coût de ces prestations n'est jamais compris dans le prix de la prestation de transport mais fait l'objet d'une facturation distincte à raison des choix de chaque client parmi les offres proposées et, d'autre part, que ces services de restauration, auxquels les passagers, qui ne sont pas soumis à une obligation d'achat de ces services et sont autorisés à consommer les vivres qu'ils emportent à bord, peuvent sans difficulté, compte tenu de la durée des trajets entre le continent et la Corse, se dispenser de recourir, doivent être regardés comme destinés seulement à agrémenter le voyage (CE 24-4-2019 n° 418912 : RJF 7/19 n° 646).

94910 Conformément aux dispositions de l'article 262, II-7° du CGI, les **prestations de services** effectuées pour les **besoins directs des bateaux** désignés au 2° du même article (soit, notamment, des navires de commerce maritime affectés à la navigation en haute mer) sont exonérées de TVA, mais ouvrent droit à déduction (nos 29300 s.). Ce régime est susceptible de s'appliquer aux prestations rendues dans les ports pour les besoins des transports maritimes entre la France continentale et la Corse (BOI-TVA-GEO-10-20 n° 60).

94915 Les **déménagements** en provenance ou à destination de la Corse suivent le même régime que celui prévu pour les transports entre la France continentale et la Corse (BOI-TVA-GEO-10-20 n° 40).

EXEMPLE

Une entreprise A effectue un déménagement de Lyon à Sartène. Le transport est exécuté par la SNCF jusqu'à Marseille et par une compagnie maritime de Marseille à Ajaccio. Les dernières opérations sont confiées à une entreprise B installée en Corse.

L'entreprise A est redevable de la TVA au taux normal sur :

– les opérations d'emballage et de chargement à Lyon ;
– le transport de Lyon à Marseille ;
– les opérations de déballage et de mise en place à Sartène.

Elle n'est pas soumise à la TVA pour sa rémunération afférente au transport maritime et au transport réalisé en Corse, mais elle peut déduire l'intégralité de la taxe facturée par l'entreprise B et les autres entreprises sous-traitantes.

Table alphabétique

Les chiffres renvoient aux paragraphes. La mention « s. » signifie que l'étude de la question se prolonge sur le ou les numéros suivants. En ce qui concerne les abréviations utilisées, voir la liste figurant en tête de l'ouvrage.

A

B

C

F

H

I

N

O

P

S

T

PEFC
PEFC/04-31-0658

Certifié PEFC
Ce produit est issu de forêts gérées durablement, de sources recyclées et contrôlées
www.pefc-france.org

36893-615 (I) – PrL 50 g – MY (LC)
Achevé d´imprimer en novembre 2022 sur les presses de C.H.BECK
Dépôt légal : novembre 2022
Imprimé en Allemagne